2015

北京教育年鉴

□ 北京市教育委员会

□ 华艺出版社

图书在版编目（CIP）数据

北京教育年鉴．2015/北京市教委编．—北京：华艺出版社，2015.12
ISBN 978-7-80252-575-7

Ⅰ.①北… Ⅱ.①北… Ⅲ.①教育事业—北京市—2015—年鉴 Ⅳ.①G527.1—54

中国版本图书馆 CIP 数据核字（2015）第 295655 号

北京教育年鉴（2015）

责任编辑：梅雨　　**封面装帧设计：**张慈中
彩图设计：汪玥　　**英文翻译：**吴抒阳

华艺出版社出版发行
（北京市海淀区北四环中路 229 号海泰大厦 10 层）
邮　编　100083
印　刷　北京强华印刷厂

开　本　889×1194　1/大 16　　2015 年 12 月第 1 版
印　张　49.5　　2015 年 12 月第 1 次印刷
印　数　1—2，000 册　　**字　数：**1450 千字

ISBN 978-7-80252-575-7
国内定价　200 元

北京教育年鉴编纂委员会
（2015）

编 辑 说 明

一、《北京教育年鉴》是一部大型专业性资料工具书。在中共北京市委教育工委、北京市教委领导下，由北京教育年鉴编纂委员会（北京教育年鉴编辑部）主持编纂。

二、本年鉴以文章和条目为基本体裁，条目为主，使用规范的语体文、记述体，直陈其事，文字力求言简意赅。文前配有彩色图片，文内配有彩色随文图片，文后附有主题词索引、单位名称索引和人名索引。

三、本年鉴从 1997 年开始逐年编纂。当年出版的年鉴，记述上一年内北京教育事业各个方面发生的新情况，为领导决策提供依据，为教育规划发展提供资料，为国内外各方面人士了解、研究北京教育事业提供最新的信息。

四、本年鉴除记述北京市属教育部门情况外，对北京行政区划内中央部委所属各级各类教育单位的情况也全面记述，力求反映北京教育事业全貌。

五、2015 卷年鉴按教育管理、教育教学、教育服务支撑三大系统布局结构，采用分类编纂法，设北京教育总述、大事记、专文与纪实、综合管理、教育督导、学前教育、基础教育、普通高等教育、职业与成人教育、民办教育、德育体育美育、科学研究、师资建设、学生管理、招生与考试、交流与合作、区县教育、社会团体、市教委直属单位、调研与报告、统计表、附录 22 个类目，各类目下的条目以事件发生时间为序排列。

六、2015 卷年鉴对部分类目进行调整。将北京教育总述提升至第一个类目，收录“2014 年北京教育事业综述”和“2014 年北京教育事业发展简况”内容，便于读者更方便地了解北京教育事业改革发展的综合情况。将原设置于北京教育总述类目内的大事记升级为一级类目。将调研与报告移后，放置于统计表之前，收录北京教育典型情况、重大问题和热点社会现象的调查研究报告。

七、专文与纪实收录专论文章、特稿和专题报道，以及北京市领导和北京市教委领导上年度有关教育的重要讲话。本卷收录《2014 北京基础教育改革》。

八、本年鉴附录部分通过图表记述北京行政区划内教育事业发展基本情况，便于读者查询相关信息。

九、本年鉴收录单位在收录时限内更名的，以原名称为正名，新名称用括号附在正名后。由于版面限制，年鉴中党政机关单位名称原则上使用规范简称，具体见附录《部分党政机关全称简称对照表》。

十、本年鉴收录北京各级教育行政部门主要负责人名录，所列均以 2014 年内任职为限，其中任免情况分别予以注明。

十一、本年鉴收录的文章和条目均由各级教育行政部门和各级各类教育单位专人提供，并经部门和单位主要负责人审核。北京市教育事业统计资料由北京市教委发展规划处提供。

十二、本年鉴记述货币名称中，人民币直书“元”，其他货币采用通用名称。

十三、本年鉴涉及各项年度数据以 2014 年 12 月 31 日为统计口径，其他非年度数据以统计部门或业务主管部门的统计口径为准。

十四、本年鉴反映 2014 年 1 月 1 日至 12 月 31 日期间情况（部分内容依据实际情况时限向前略有延伸）。

Editor's Remarks

1. Beijing Education Yearbook is a large scale specialized reference book. Under the instructions of Education Commission of Beijing Municipal Committee of CPC and Beijing Municipal Education Committee, it is Compiling Committee of Beijing Education Yearbook (Beijing Education Yearbook Editorial Office) who is responsible for compiling this book.

2. With articles and entries as the basic literature type, this yearbook is mainly consists of entries. It uses narratives, making efforts to be brief and to the point. There are color pictures before and in the articles. There are index at the back of the article.

3. This Yearbook has been keeping published annually since 1997. Each yearbook records previous year's new incidents and events happened in Beijing educational system, which offers both references for decision making and information for educational planning and development. In addition, it also helps people from both home and abroad to understand and doing research about the status quo of Beijing education.

4. This Yearbook embodies the panorama of Beijing education situation, including not only those educational departments directly under Beijing Municipal, but also all level all kinds of educational sections of different districts under central education ministry.

5. The 2015 Education Yearbook was compiled by categories, which has Education Management, Education Schooling and Education Service three major sections. Specifically, this yearbook contains 22 categories, chronologically including generality of Beijing education, major events, special articles and on-the-spot reports, comprehensive administration, education supervision, preschool education, basic education, higher education, vocational and adult education, private education, moral physical and aesthetic education, scientific research, the construction of teaching staff, student management, enrolling and testing, communication and cooperation, district and county education, social groups, institution directly under municipal commission of education, research and report, statistics and appendix.

6. The 2015 Education Yearbook makes adjustments to some categories. The categories of "Generality of Beijing Education" is promoted to the first one and furthermore, some categories such as "The summary on 2014 Beijing Education" and "The brief introduction on 2014 Beijing Education development" are included in order to provide more comprehensive information on the reform and development of 2014 Beijing's education for the readers. The categories of "Major events" is newly added and it is promoted from a subordinated categories under "Generality of Beijing Education" to a primary categories. The categories "research and report" is moved back, putting before the "statistics", which records the research reports on some typical cases of Beijing education, major problems and hot social phenomena.

7. The Special Articles and On - the - spot Reports section records monographs, special articles, features and important addresses given by municipal officials and education committee officials on education last year. It includes 2014 Beijing Basic Education Reform.

8. The Appendix Section uses chart to indicate the basic educational development of Beijing different districts for the readers' convenience.

9. In this Yearbook, those working units included which have changed their names during the editing period would still be referred to as their primitive names with the new names in the following brackets. Due to layout limitations, abbreviations are used in referring to party and government institutions in the yearbook. Details could be found in the Appendix Full name & Abbreviation table of some party and government offices.

10. This Yearbook contains a name - list of chief leaders of Beijing Educational Administrative sections at various levels, all of whom held office in 2014 and the appointment and dismissal are noted separately.

11. All the articles and entries in this yearbook are provided by specialized staff from all types of educational administrative sections and examined carefully by their managers and people in charge. The Statistical Materials of Beijing Education is provided by Development Planning Department of Beijing Municipal Education Committee.

12. In terms of the currency in this yearbook, RMB is referred to as Yuan and the common names are used in referring to other currencies.

13. Every annual statistic involved in this yearbook takes the statistical criteria of 31st December 2014 as standard and other non annual statistics take the ones from statistical or operating departments as standard.

14. This Yearbook describes educational happenings between 1st January 2014 and 31st December 2014. Some of its content may dated back a minor deal according to its practical circumstance.

领导关怀

5月30日，习近平到北京市海淀区民族小学参加庆祝“六一”国际儿童节活动

（鞠鹏　摄）

7月4日，刘延东（左一）参观清华大学附属中学学生创客空间

（海淀教委　提供）

9月10日，郭金龙（右一）会见首都教育战线先进教育工作者

（新闻中心　提供）

10月18日，王安顺（右二）视察北京市昌平职业学校APEC会议志愿服务训练 （吕巍 摄）

5月20日，苟仲文（左一）在第二届北京市中小学班主任基本功培训与展示活动总结会上，为获奖教师颁奖 （丁柏明 摄）

6月4日，杨晓超（左三）调研北京市第八中学怡海分校 （丰台教委 提供）

改革创新

① 5月16日，首都医科大学与首都铁路卫生学校护理专门人才一体化培养实验班签约（首铁卫 提供）

②9月28日，朝阳区实验小学与密云镇中心小学一体化办学签约仪式（密云教委 提供）

③ 4月18日，2014年“幼升小”和“小升初”政策正式发布，在北京教育考试院召开新闻通气会，“共建生”这一入学方式在文件中正式取消（丁柏明 摄）

④5月6日，北京高等学校、社会力量参与小学体育、美育发展工作启动，北京舞蹈学院教师到西城区红莲小学教学生舞蹈（新闻中心 提供）

①

②

③

④

①

②

③

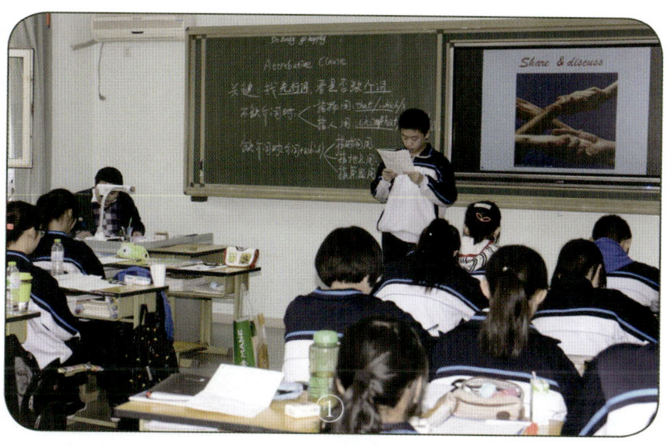

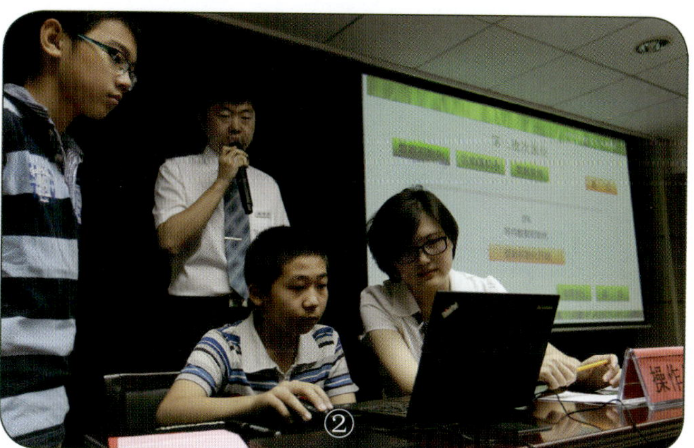

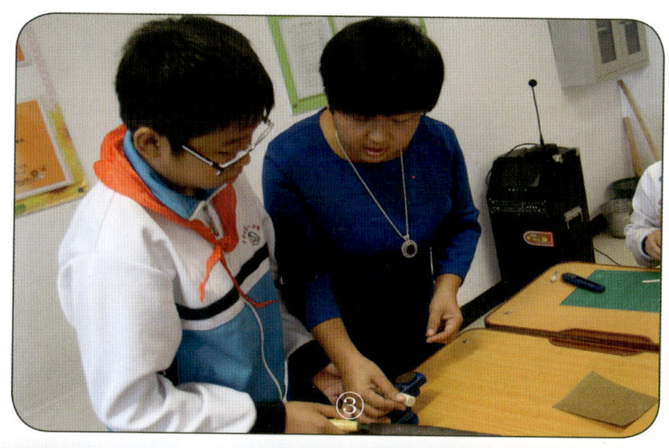

①1至12月，北京市第十九中学推广“有效教学法”（海淀教委 提供）

②6月13日，东城区教委邀请两名小学生来到小升初电脑派位现场，监督参与派位全程 （刘毅 摄）

③9月28日，平谷区第一小学扎实开展课堂教学改革 （郑东颜 摄）

④11月28日，北京大学附属小学召开学科课程建设学术研讨会 （海淀教委 提供）

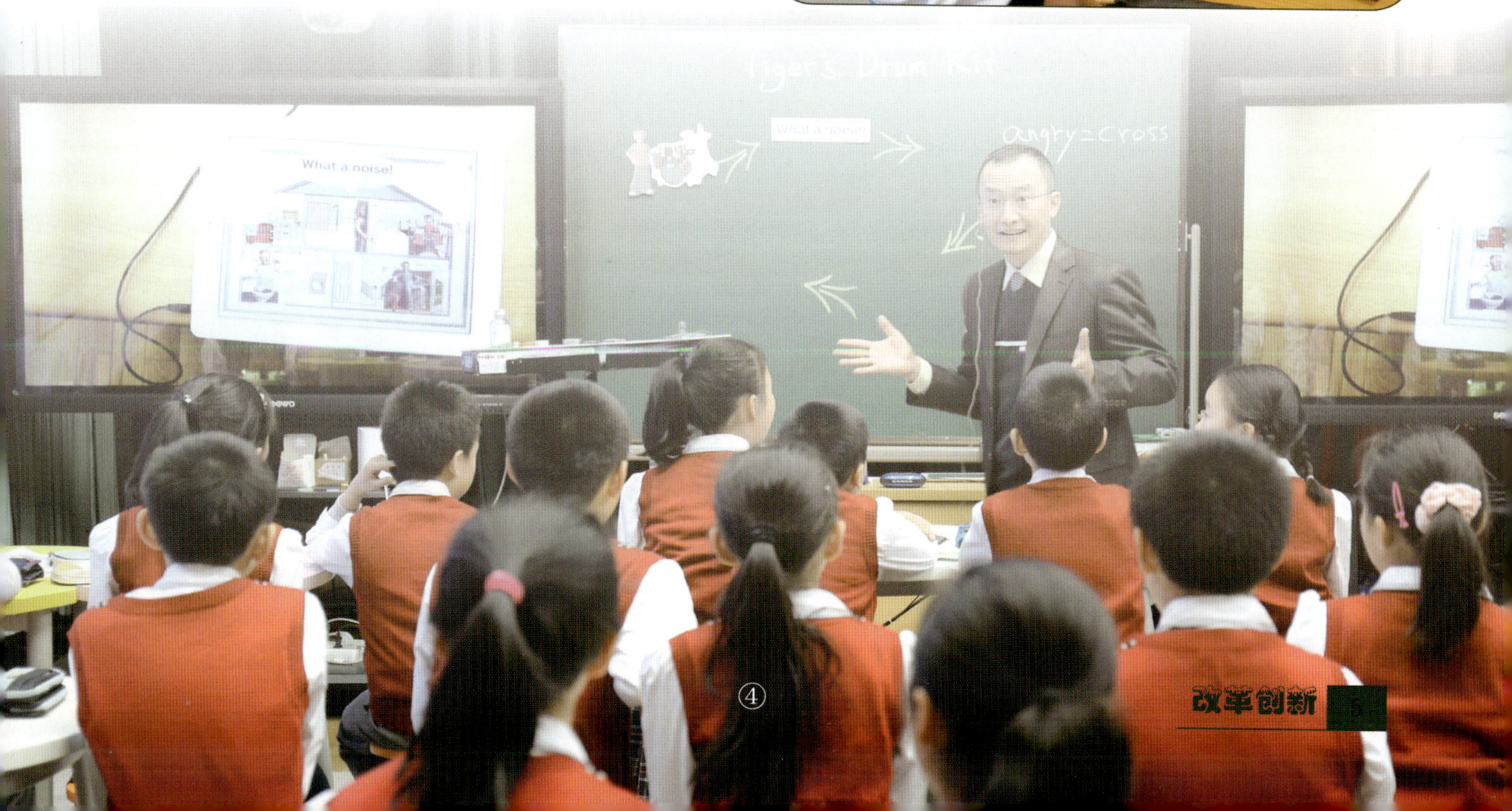

④

7月19至24日，北京信息科技大学机器人“Water”队在第18届Robo Cup机器人世界杯比赛获多个奖项　（信息科大　提供）

3月27至30日，北京师范大学附属中学学生项目“打印文档追踪系统的研究与实现”获得第34届北京青少年科技创新大赛科技创新成果（中学项目）一等奖　（赵昕　摄）

8月15日，北京工业大学重大工程结构抗震与减震控制团队获得国家自然科学基金创新研究群体资助　（北工大　提供）

10月1日，东城区学生志愿者在国庆65周年游园会现场服务　　（刘毅　摄）

10月22日，北京京北职业技术学院志愿者清洁公交站亭（京北职院　提供）

11月12日，中国科学院大学学生参加APEC会议志愿者服务　　（齐琛　摄）

9月25日，北京市黄庄职业高中扶老助残岗的志愿者在毛主席纪念堂帮助老人扶轮椅　　（舒燕军　摄）

人才培养

——学前教育

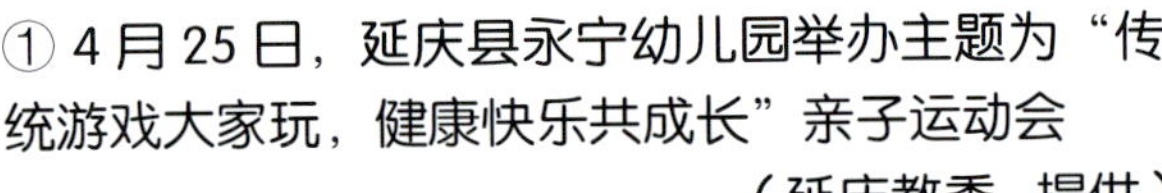

① 4 月 25 日，延庆县永宁幼儿园举办主题为“传统游戏大家玩，健康快乐共成长”亲子运动会（延庆教委　提供）

② 4 月 28 日，东城区东四五条幼儿园举办雷锋精神代代相传活动（丁柏明　摄）

③ 5 月 12 至 13 日，北京师范大学实验幼儿园奥林分园举办安全进校园活动（海淀教委　提供）

④ 4 月 3 日，顺义区尹家府中心幼儿园开展亲子种植活动（李艳　摄）

① 5 月 30 日，北京洁如幼儿园举办中、大班亲子运动会 （王冰 摄）

② 5 月，顺义区宏城幼儿园大班以“我要上学了”为主题，开展系列活动 （王忠 摄）

③ 9 月 17 日，丰台区芳庄第三幼儿园开展“爱祖国，爱科学，追梦中国”开放性主题活动 （刘毓 摄）

④ 4 月 19 日，昌平区工业幼儿园开展“亲子放飞，快乐体验”放风筝活动 （孟庆军 摄）

一 中小学教育

德 育

4月，首都中学生开展培育和践行社会主义核心价值观“四个一”活动——走进中国人民抗日战争纪念馆　　　（市教委基教一处　提供）

6月10日，丰台区第一小学开展禁毒教育进课堂活动，学生在了解禁毒知识
（丰台教委　提供）

2月28日，北京学生活动管理中心举办“弘扬民俗文化，传承中华文明”主题教育活动
（学生活动中心　提供）

9月3日，丰台区举行“铭记历史勇担责，激扬青春献祖国”中学生十八岁成人仪式　　　（丰台教委　提供）

智育

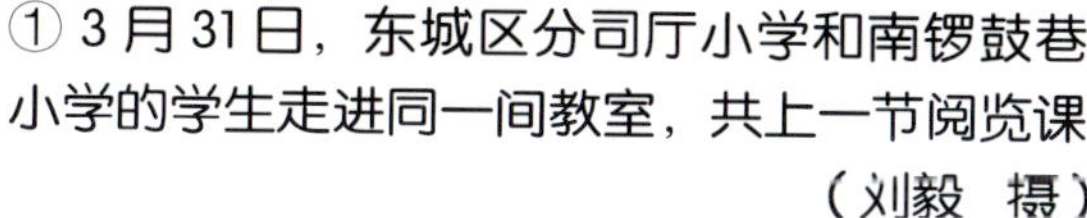

①3月31日，东城区分司厅小学和南锣鼓巷小学的学生走进同一间教室，共上一节阅览课（刘毅　摄）

②5月21日，海淀区中关村第一小学开展“新学堂自主教学”研究周活动（海淀教委　提供）

③10月8至10日，延庆县第二小学举办全国“智慧课堂”展示交流活动（李秀华　摄）

④10月31日，海淀区中关村第一小学举办首届“儿童与数学”全国小学数学教学研讨会（海淀教委　提供）

①9月，北京市第五十六中学利用网络教学，实现翻转课堂 （铁磊 摄）
②5月24日，中国人民大学附属小学学生参加世界DI创新思维大赛获得冠军 （海淀教委 提供）
③11月22至23日，北京学生机器人智能大赛EX机器人工程挑战赛赛场 （学生活动中心 提供）
④3月17日，北京市太平路中学举办小学生“体验日”活动 （丁柏明 摄）

体育

① 4月11日，北京市第十二中学应对雾霾创编“加油”操 （丁柏明 摄）

② 4月30日，北京第二实验小学永定分校举办首届课程运动会 （门头沟教委 提供）

③ 9月，北京大学附属中学初中部开设围棋课程 （海淀教委 提供）

④ 11月29日，“小学生踢足球”校园足球训练营开营仪式举行 （丁柏明 摄）

美育

7月13日，北京市少年宫组员表演舞蹈《麦田童话》（学生活动中心　提供）

9月2日，西城区陶然亭小学学生迎来新学期第一节京剧课（闫芳芳　摄）

12月2日，北京市二十一世纪国际学校承办海淀区戏剧教学现场会（海淀教委　提供）

11月16至22日，海淀区中关村第一小学原创京剧课本剧《龙宫借宝》《铁杵磨成针》《雏凤凌空》获得第五届“国戏杯”学生戏曲大赛集体项目3项一等奖（海淀教委　提供）

3月2日，西城区教委组织中小学生走进街道、社区，开展学雷锋、献爱心社会公益活动 （丁柏明 摄）

9月30日，丰台区翠林小学举办“旧物换新书”义卖活动 （丰台教委 提供）

7月25至27日，北京学生活动管理中心举办夜游植物园夏令营活动 （学生活动中心 提供）

—— 民族教育

9月26日，东城区教委举办第八届中小学民族团结教育周总结与展示活动

（东城教委　提供）

6月26日，东城区回民实验小学举办“传民族美德，做星光少年”主题活动　（丁柏明　摄）

9月28日，北京市回民中学举办北京市民族团结教育示范学校中小学生“践行社会主义核心价值观”大型笔会

（新闻中心　提供）

11月6日，中国人民大学附属小学召开首届小小民族趣味运动会　（海淀教委　提供）

特殊教育

3月4至20日，延庆县特殊教育中心开展第一轮推门听课活动　　（周英杰　摄）

4月30日，东城区培智学校举办“消防安全进校园”活动　　（鲁秋生　摄）

4月8日，北京市第一六六中学举行帮扶残障学生教育实验课　　（丁柏明　摄）

—职业教育

6 月 25 日，北京市商业学校学生在进行技能训练　　　　（史燕林　摄）

9 月，北京市电气工程学校在北京市中等职业学校技能比赛中获奖　　（赵伟刚　摄）

4 月 29 日，北京市大兴区第二职业学校举办第三届学生技能竞赛　　（杨书旺　摄）

4 月 25 日，北京农业职业学院学生在建筑施工企业顶岗实训　　（杨林林　摄）

10 月 14 日，北京电子科技职业学院学生参加中国大学生方程式赛车比赛　　（王秀婷　摄）

6 月，2014 年全国职业院校技能大赛中药比赛赛场　　（丁柏明　摄）

—— 高等教育

①7月8日，2014年首都大学生记者团启动仪式在中国人民抗日战争纪念馆举行（丁柏明　摄）

②10月24日，华北电力大学学生自主策划运营“绿色电力”公益项目获2014创行世界杯全球总冠军（王振华　摄）

③12月11日，中国石油大学（北京）进行采气树法兰密封检测试验（石油大学　提供）

④6月26日，中国农业科学院研究生院举行2014届毕业典礼（王仕龙　摄）

6月10日，北京工业大学学生男篮获第16届中国大学生篮球赛（CUBA）全国第四名　　（北工大　提供）

10月25日，中国农业科学院研究生院举行2014年师生运动会　　（王仕龙　摄）

5月10日，2014年北京理工大学第一届国防生军事体育运动会队列展示　　（徐思君　摄）

1月30日，中国传媒大学合唱团亮相2014年中央电视台春节联欢晚会　（传媒大学　提供）

12月19日，中央戏剧学院上演教学实习剧目《回郎·叹》　（中戏　提供）

7月30日，首都经济贸易大学学生合唱团在第12届中国国际合唱节获得铜奖　（李伟　摄）

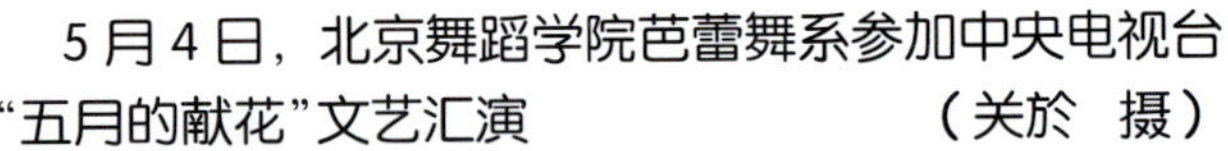

5月4日，北京舞蹈学院芭蕾舞系参加中央电视台“五月的献花”文艺汇演　（关於　摄）

人才强教

10月29日，北京市特级教师李玉英（左一）走进丰台区第一幼儿园进行教育实践课程指导

（易明延　摄）

2月，门头沟区幼儿园成立市级骨干教师冯艳飞青年教师工作室

（门头沟教委　提供）

11月25日，西城区三义里第二幼儿园开展青年教师大练兵活动　（夏春燕　摄）

5月5日，顺义区尹家府中心幼儿园开展“推进式”教师展示课活动　（李艳　摄）

3至10月，北京学生活动管理中心开展教师植物专业培训

（学生活动中心 提供）

7月，2014年北京市特级教师评选进行现场答辩

（人才交流中心 提供）

9月9日，东城区教师研修中心特级教师郑克强（左二）为北京市第五十四中学学生辅导化学 （刘毅 摄）

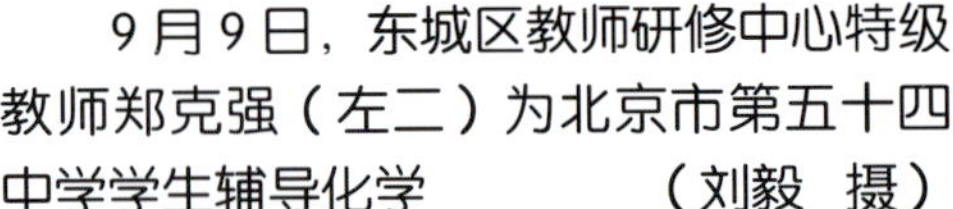

12月24日，海淀区召开陈延军教育教学实践研讨会

（海淀教委 提供）

6月17至19日，北京市大兴区第一职业学校举办教师技能大赛（刘向东 摄）

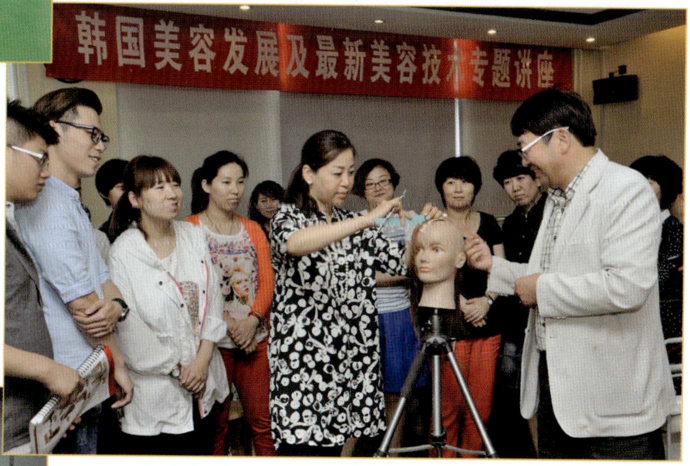

6月23日，北京市中等职业学校美容美发专业教师代表参加在北京市黄庄职业高中举办的国际交流活动（舒燕军 摄）

11月7至8日，北京市实美职业学校教师马跃参加2014年全国职业院校现代制造及自动化技术教师专业技能大赛（马跃 摄）

11月17日，平谷区第一职业学校举办机械专业教师技能竞赛（刘东升 摄）

7月，北京舞蹈学院教师尤先来（左一）获北京高校优秀共产党员称号

（杜恒涛　摄）

9月，中国地质大学（北京）黄文辉教授（左四）获北京市第十届高等学校教学名师奖　（李媛媛　摄）

9月2日，北京交通大学李德才教授（右二）获评2014年全国模范教师　（张先睿　摄）

学校建设

①

②

③

④

① 2月，北京市第五幼儿园附属实验园正式开园 （马智萌 摄）
② 9月18日，海淀区北部新区实验幼儿园凯盛分园开园 （海淀教委 提供）
③ 10月8日，北京市六一幼儿院西三旗分园开园 （海淀教委 提供）
④ 10月6日，北京市第十二中学校史馆建成开馆 （丰台教委 提供）
⑤ 9月1日，门头沟区大峪第一小学竣工并交付使用 （门头沟教委 提供）

⑤

① 4月3日，北京农业职业学院南区图书馆新馆建成并投入使用　　（肖兵　摄）
② 9月1日，北京市自动化工程学校新建教学图书馆综合楼投入使用　　（杨嘉麟　摄）
③ 11月15日，北京政法职业学院大兴新校区落成　　（政法职院　提供）
④ 10月13日，北京现代职业技术学院新校区落成并投入使用　　（现代职院　提供）

④

① 10月24日，北京工业大学艺术设计学院工程、第四教学楼工程通过竣工验收，并获得2013～2014年度北京市建筑（结构）长城杯奖（北工大 提供）

② 12月10日，中国矿业大学（北京）体育训练馆改造工程竣工并启用（矿大 提供）

③ 12月15日，北京农学院实验楼竣工并投入使用（陈勇 摄）

交流合作

4至5月，清华大学附属中学与两所美国中学签署友好合作协议

（海淀教委 提供）

12月，北京市二十一世纪国际学校与美国纽约州立大学奥斯威戈（Oswego）分校结为友好校

（海淀教委 提供）

9月10日，北京市教育委员会与布宜诺斯艾利斯市教育局友好合作备忘录签字仪式 （丁柏明 摄）

① 4 月，北京市国际教育交流中心举办 2014 北京友好城市汉语教师培训班
（国际教育交流中心　提供）

② 5 月 27 日，北京市十一学校召开中美学生文化交流研讨会　（海淀教委　提供）

③ 10 月 31 日，北京市二十一世纪国际学校举办英国文化节系列活动　（海淀教委　提供）

④ 10 月 27 日，北京国际职业教育学校学生向韩国军浦电子商务高中学生展示“点钞功夫”　（王蔓莉　摄）

7月7日，斯里兰卡总统夫人施兰蒂·拉贾帕克萨到东城区东华门幼儿园参观访问　（董京京　摄）

10月30日，联合国副秘书长瓦莱丽·阿莫斯到中国传媒大学参观访问　　（传媒大学　提供）

4月10日，丹麦女王访问中国科学院大学
（杨天鹏　摄）

目　录

编辑说明

北京教育总述

2014 年北京教育事业综述 …………………………… (3)
2014 年北京教育事业发展简况 ……………………… (5)

大事记

2014 年北京教育大事记 ……………………………… (9)

专文与纪实

2014 北京基础教育改革 ……………………………… (19)

综合管理

综述 …………………………………………………… (25)
总类
召开基础教育领导干部工作会议 …………………… (26)
召开市属高校群众路线教育实践活动总结会 ……… (27)
召开高校领导干部会议暨党建工作会议 …………… (27)
苟仲文调研高校支持中小学特色办学情况 ………… (27)
发布义务教育阶段入学工作的意见 ………………… (27)
线联平做客“市民对话一把手” …………………… (27)
刘延东考察地大和林大 ……………………………… (28)
推进义务教育阶段减负工作 ………………………… (28)
习近平考察北大 ……………………………………… (28)
中小学特色体育美育工作正式启动 ………………… (28)
开辟中高职本科衔接办学新模式 …………………… (28)
习近平参加海淀民族小学主题队日活动 …………… (28)
王安顺检查高考工作 ………………………………… (29)
高校创办附中附小 …………………………………… (29)
启动外籍教师参与中小学英语教学改革项目 ……… (29)
完成市教委行政办公楼回迁工作 …………………… (29)
召开培育和践行社会主义核心价值观部署会 ……… (30)
设立高等学校、社会力量参与中小学体育、
　美育发展专项经费 ………………………………… (30)
拉萨北京实验中学建成开学 ………………………… (30)
袁贵仁调研秋季开学工作 …………………………… (30)
习近平看望北师大师生 ……………………………… (30)
修订空气重污染应急预案 …………………………… (31)
组织开展首个烈士纪念日活动 ……………………… (31)
中小学教师资格需注册 ……………………………… (31)
举办“部长进校园”形势报告会 …………………… (31)
举办十八届四中全会精神专题报告会 ……………… (31)
完成 APEC 服务任务 ………………………………… (31)
郭金龙调研部属高校 ………………………………… (31)
构建北京教育新地图 ………………………………… (32)
开展政府信息公开工作 ……………………………… (32)
受理全程办事代理制事项 9208 件 ………………… (32)
按期办结人大代表建议和政协提案 ………………… (32)
加强决策意见征询和民主协商 ……………………… (32)
受理群众信访事项 1930 件 ………………………… (32)
规范政务网站管理 …………………………………… (32)
加强电子政务系统管理、支撑服务工作 …………… (32)
政策法规
概况 …………………………………………………… (33)
印发两委一室工作要点 ……………………………… (33)

制定市属高校章程建设计划 …………………………（33）
印发教育系统法制宣传教育工作要点 ………………（33）
印发教育法治工作要点 ………………………………（33）
完成“好建议”评选工作 ……………………………（34）
修订两委一室调查研究工作制度 ……………………（34）
修订两委一室委托课题管理办法 ……………………（34）
修订行政规范性文件备案管理办法 …………………（34）
43人通过行政执法资格考试 …………………………（34）
开展守法心得撰写大赛 ………………………………（34）
开展教育行政处罚权力清单编制工作 ………………（34）
首届教师法律知识竞赛落幕 …………………………（34）
举办教育系统法治教育成果展示活动 ………………（34）
举办“国家宪法日”主题教育活动 …………………（35）
完成终身学习促进条例立法调研工作 ………………（35）

组织干部工作

概况 ……………………………………………………（35）
召开高校党校协作组年会 ……………………………（35）
完成干部年度考核 ……………………………………（35）
开展党建和思想政治工作先进评选 …………………（35）
召开高校组织部长会议 ………………………………（36）
举办高校基层党组织负责人培训班 …………………（36）
开展高校党建研究会换届工作 ………………………（36）
党员到社区报到为群众服务 …………………………（36）
开展机关处级干部竞争上岗 …………………………（36）
举办高校组织部长培训班 ……………………………（36）
表彰先进党组织 ………………………………………（36）
开展“西部之光”和“博士服务团”工作 …………（36）
召开高校组织部长片组会议 …………………………（37）
召开党员领导干部专题民主生活会 …………………（37）
发展高校党员30209人 ………………………………（37）
8所学校完成党委纪委换届工作 ……………………（37）
投入1250万元开展学生党员先锋工程 ……………（37）
开展高校领导班子调配工作 …………………………（37）
开展上级干部调训任务 ………………………………（37）
举办各类干部专题培训 ………………………………（37）
落实干部监督管理措施 ………………………………（37）
完成干部选派挂职工作 ………………………………（37）
完成“人才京郊行”人员选派 ………………………（37）

宣传与思想教育

概况 ……………………………………………………（38）
举办两次师生座谈会 …………………………………（38）
召开高校宣传教育工作会议 …………………………（38）
举办高校党委理论中心组秘书专题培训班 …………（38）
开展师生思想政治状况滚动调查 ……………………（38）
开展高校青年教师社会调研成果申报评选 …………（39）
研究生思想政治理论课研究会成立 …………………（39）
举办思想政治理论教学改革论坛 ……………………（39）
实施高校中青年思政理论课教师择优资助计划 ……（39）
组织社会主义核心价值观教学展示活动 ……………（39）
举办思想政治课新上岗教师培训班 …………………（39）
高校形势与政策教育研究会成立 ……………………（39）
组织教师到革命老区学习考察 ………………………（40）
举办大学生记者团纪念抗日战争集体采访 …………（40）
举办千名中小学生走进报社活动 ……………………（40）
举办高校社会主义核心价值观专题培训班 …………（40）
开展高校与新闻单位“千人计划”互聘工作 ………（40）
开展高校“最美北京人”师生宣讲团巡讲 …………（40）
举办第四届首都大学生创意集市 ……………………（40）
高职德育研究会成立 …………………………………（40）
召开《中国精神教育读本》座谈会 …………………（40）
召开高校学习十八届四中全会精神座谈会 …………（41）
向高校新生赠送《大学生》杂志 ……………………（41）
评选思想政治理论课学生社会实践优秀论文 ………（41）
举行首都大学生创新创意成果展 ……………………（41）
举办践行社会主义核心价值观专题教学论坛 ………（41）
举办培育和践行社会主义核心价值观文艺汇演 ……（41）
举办优秀班集体创建评选活动 ………………………（41）
举办宣传思想工作专题培训班 ………………………（42）
举办高校红色“1＋1”展示评审会 …………………（42）
组织教育改革系列新闻发布会 ………………………（42）

统一战线与群众工作

概况 ……………………………………………………（42）
召开高校统战部长会议 ………………………………（42）
为经济社会发展建言献策 ……………………………（42）
举办高校统战大讲堂系列讲座 ………………………（42）
举办宗教工作专题研修班 ……………………………（43）
举办两期高校党外代表人士高级研修班 ……………（43）
召开维族学生服务教育管理座谈会 …………………（43）
召开统战工作调研座谈会 ……………………………（43）
召开民盟、民进市委对口联系座谈会 ………………（43）
举办高校统战干部暑期培训班 ………………………（43）
召开高校新老统战部长座谈会 ………………………（43）
举办高校民主党派负责人研讨会 ……………………（44）
首都女教授协会召开第五次代表大会 ………………（44）

纪检·监察

概况 ……………………………………………………（44）
开展硕士招生考试巡视检查 …………………………（44）
召开党风廉政建设工作会议 …………………………（44）
举办高校纪检监察领导干部培训班 …………………（44）
检查硕士招生复试录取工作 …………………………（44）
举办专题学习报告会 …………………………………（45）
严明义务教育入学工作纪律 …………………………（45）
召开治理教育乱收费局际联席会议 …………………（45）
举办高校职务犯罪警示教育巡展 ……………………（45）
规范教育收费工作 ……………………………………（45）
举办高校纪检监察信访案件工作培训班 ……………（45）
开展“三转”工作调研 ………………………………（45）
召开“三转”工作研讨会 ……………………………（45）

开展 2014 年秋季教育收费检查 …………………… (46)
召开市属高校硕士招生监督检查培训会 …………… (46)
检查高校硕士招生工作 ……………………………… (46)
梳理处室廉政风险防控管理职权目录 ……………… (46)
开展党风廉政建设责任制检查 ……………………… (46)
完成群众路线教育活动专项整改任务 ……………… (46)

发展规划

概况 ……………………………………………………… (47)
提高优质高中招生“名额分配”比例 ……………… (47)
批准北京新圆明职业学院更名 ……………………… (47)
北京吉利大学升格为本科普通高校 ………………… (47)
明确教育领域不宜发展产业目录 …………………… (47)
市属高校研究生招生继续保持适度增长 …………… (47)
市属成人高等教育招生规模略有减少 ……………… (48)
市属高校稳定招生规模 ……………………………… (48)
高考录取比例继续超过 80% ………………………… (48)
开展高职自主招生试点 ……………………………… (48)
高级中等学校招生 87880 人 ………………………… (48)
开展农村专项招生工作 ……………………………… (48)
完成年度教育事业统计工作 ………………………… (48)

财务

概况 ……………………………………………………… (48)
完成决算工作 ………………………………………… (48)
预决算公开 …………………………………………… (48)
开展国有资产产权登记 ……………………………… (48)
完成 57 个教育项目绩效评价工作 ………………… (49)
开展会计人员继续教育培训 ………………………… (49)
建立中小学教师绩效奖励激励机制 ………………… (49)
调整市属高校定额标准 ……………………………… (49)
调整市属中职定额标准 ……………………………… (49)
调整市属中小学及特殊教育学校定额标准 ………… (49)
组织预算编制工作 …………………………………… (49)
组织预算项目评审 …………………………………… (49)
组织高校经费专项检查 ……………………………… (49)
组织大型仪器设备使用及资源共享专项检查 ……… (50)
开展市对区县教育引导性资金审计工作 …………… (50)
编制高校会计核算手册 ……………………………… (50)

审计

概况 ……………………………………………………… (50)
召开教育系统审计工作会议 ………………………… (50)
完成 3 人经济责任审计 ……………………………… (50)
完成 9 所市属高校预算执行与决算审计 …………… (51)
举办教育系统审计机构负责人学习研讨会 ………… (51)
曹永模获内部审计先进工作者称号 ………………… (51)
召开内部审计与内部控制的关系交流座谈会 ……… (51)
召开直属单位内部审计工作业务培训会 …………… (51)
完成直属单位预算执行审计 ………………………… (51)
召开教育系统内部审计业务会 ……………………… (52)
继续实施一项目过程审计 …………………………… (52)
完成基建修缮工程项目审计 2477 项 ……………… (52)

基本建设

概况 ……………………………………………………… (52)
组织在施基本建设项目安全和质量巡查 …………… (52)
完成暑期校园环境改造工程 ………………………… (52)
建立健全中小学校舍安全保障长效机制 …………… (52)
开展全市教育系统安全专项检查 …………………… (52)
完成市本级基建投资 15 亿元 ……………………… (53)
批复中小学三年行动计划建设项目 57 个 ………… (53)
批复市属高校 2010～2012 建设实施规划
项目 55 个 …………………………………………… (53)

后勤管理

概况 ……………………………………………………… (53)
举办节约型学校建设成果展 ………………………… (53)
举办节约型学校建设专题培训 ……………………… (53)
举办高校后勤服务及用品展 ………………………… (53)
举办中小学校园营养师培训班 ……………………… (54)
召开平衡膳食校园健康促进行动启动会 …………… (54)
召开高校学生公寓标准化培训会 …………………… (54)
举办节约型学校建设论坛 …………………………… (54)
节能减排应用平台启用 ……………………………… (54)
召开高校食堂标准化培训会 ………………………… (54)
召开高校校园快递服务工作推进会 ………………… (54)
完成第二批节约型示范学校年检 …………………… (54)
完成平抑资金统计及拨付工作 ……………………… (55)
召开高校标准化物业培训会 ………………………… (55)
推进阳光校园光伏屋顶工程 ………………………… (55)
市教育系统食品安全检测网络启动 ………………… (55)
“农校对接”直供基地增至 132 个 ………………… (55)

安全稳定工作

概况 ……………………………………………………… (55)
召开年度安全稳定工作会议 ………………………… (55)
向 13 所高校颁发“平安校园”铭牌 ……………… (55)
全国中小学安全教育日活动启动 …………………… (56)
开展“平安校园”创建检查验收工作 ……………… (56)
投保校方责任险及无过失责任险 1243.26 万元 …… (56)
配发小学生交通安全帽 ……………………………… (56)
印制《大学生反邪教知识手册》 …………………… (56)
完成敏感节点和重大活动专项维稳 ………………… (56)
开展重大事项社会稳定风险评估 …………………… (56)
排查化解涉校矛盾纠纷 ……………………………… (56)

离退休干部与关心下一代工作

概况 ……………………………………………………… (57)
召开北京教育系统老干部工作会 …………………… (57)
召开思政课教学信息员工作座谈会 ………………… (57)
召开关心下一代工作会议 …………………………… (57)
举办关工委骨干培训班 ……………………………… (57)
举办高校离退休干部党支部书记培训班 …………… (57)

举办高校离退休干部羽毛球赛 ……………………… (57)
举办健身项目展示活动 ……………………………… (57)
举办老教育工作者文艺演出 ………………………… (58)
举办主题教育读书活动演讲比赛 …………………… (58)
举办高校离退休工作队伍建设专题研修班 ………… (58)
开展“德育漫谈”征文活动 ………………………… (58)
举办教育系统老同志创意作品展 …………………… (58)
举办北京高校老干部大讲堂 ………………………… (58)
召开职业院校关工委工作研讨会 …………………… (58)
举办理想信念教育五老报告会 ……………………… (58)
开展军训服装捐赠活动 ……………………………… (58)
机关离退休干部党总支换届 ………………………… (59)

机关党建

概况 ………………………………………………… (59)
开展主题党日系列活动 ……………………………… (59)
加强机关文化建设 …………………………………… (59)
开展爱心捐助活动 …………………………………… (59)
举办两委机关系统党务工作培训班 ………………… (59)
举办职工运动会及系列健身活动 …………………… (59)
组织开展“机关大讲堂”系列讲座 ………………… (60)
举办处级以下干部培训班 …………………………… (60)
发放学习资料引导党员干部自学 …………………… (60)
开展“送温暖”活动 ………………………………… (60)
加强机关纪检工作 …………………………………… (60)
推进党建工作研究 …………………………………… (60)
开展群众路线教育整改落实自查工作 ……………… (60)
推进群众路线教育整改落实 ………………………… (60)

语言文字工作

概况 ………………………………………………… (61)
召开年度工作会议 …………………………………… (61)
纪念通用语言文字法规定实施十周年 ……………… (61)
成立语言生活状况年度报告编委会 ………………… (61)
设立1个语言文字研究基地 ………………………… (62)
建立市普通话培训测试专家团队 …………………… (62)
北京市普通话培训测试专家团队名单
（第一批） ……………………………………… (62)
开展普通话水平测试视导工作 ……………………… (62)
启动中小学教师普通话水平提升培训工作 ………… (62)
中职学前教育专业学生普通话水平免费测试 ……… (62)
举办语言文字测试员资格考核培训班 ……………… (62)
语言资源有声数据库北京库通过验收 ……………… (62)
召开年度市语言文字工作干部培训会 ……………… (63)
外经贸大学语言文字测试分中心成立 ……………… (63)
举办语言文字培训测试学术研讨会 ………………… (63)
开展汉字应用水平测试试点工作 …………………… (63)
举办小学成语知识竞赛 ……………………………… (63)
30所学校成为语言文字规范化示范校 ……………… (63)
第八批北京市语言文字规范化示范校名单 ………… (63)
完成北京语言文化资源普查前期调查工作 ………… (64)

中共北京市委教育工作委员会

书记、副书记、委员 ………………………………… (64)

北京市教育委员会

主任、副主任、委员 ………………………………… (64)

中共北京市委教育工作委员会
北京市教育委员会

处室负责人 …………………………………………… (64)

中共北京市纪律检查委员会教育工作委员会

书记、副书记 ………………………………………… (64)

教育督导

综述 ……………………………………………… (67)

总类

召开申请全国义务教育发展基本均衡区县
评估会 …………………………………………… (68)
召开教育督导干部工作会议 ………………………… (68)
召开中小学生综合素质督导监测研讨会 …………… (68)
召开特约教育督导工作座谈会 ……………………… (68)
发布责任督学挂牌督导工作的实施意见 …………… (68)
专题培训职业教育督学 ……………………………… (69)
召开教育督导与评价研讨会 ………………………… (69)
召开中小学校责任督学挂牌督导工作现场会 ……… (69)
召开21世纪核心能力培训会 ……………………… (69)
开展督学培训 ………………………………………… (69)
开展学前教育工作满意度调查研究 ………………… (69)

督导检查

完成学前教育首轮专项督导 ………………………… (70)
开展职业学校督导 …………………………………… (70)
开展社区教育和成人教育随访督导 ………………… (70)
专项督导中职实训基地 ……………………………… (70)
督导检查行业委办局职业教育执法情况 …………… (70)
综合督导中职学校 …………………………………… (70)
专项督导中职校企合作情况 ………………………… (71)
督导检查区县教育执法情况 ………………………… (71)
专项督导中职德育工作 ……………………………… (71)
专项督导中职教师队伍 ……………………………… (71)

督导调研

通报教育工作满意度调查结果 ……………………… (71)
实施学校外部评价实验 ……………………………… (71)
督导调研高职院校 …………………………………… (71)
召开职业教育校企合作座谈会 ……………………… (72)
召开学生综合素质评价工作基地校建设
研讨会 …………………………………………… (72)
召开区县特殊教育工作督导调研座谈会 …………… (72)
开展民办高校督导评价研究 ………………………… (72)
召开国际学生评价项目通识培训会 ………………… (72)

北京市人民政府教育督导室
主任、副主任 …… (72)
北京市人民政府教育督导室
处室负责人 …… (72)

学前教育

综述 …… (75)
总类
开展幼儿园级类和早教基地验收 …… (76)
启动教师团队交流活动 …… (76)
示范园和农村乡镇中心园及薄弱园“手拉手” …… (76)
西城与昌平开展“手拉手”活动 …… (76)
培训学前教育系统信息员 …… (76)
组织园长师德培训 …… (76)
举办后勤园长培训 …… (76)
调研无证幼儿园现状 …… (76)
投入3.88亿元加大扶持公办园 …… (76)
组织学前教育信息技术应用作品评选 …… (76)
调研学前特殊教育资源教室 …… (77)
举办幼儿园卫生保健培训 …… (77)
10所幼儿园入选早教示范基地 …… (77)
第十批北京市社区儿童早期教育示范基地名单 …… (77)
实施社区学前教育服务中心项目 …… (77)
投入4.20亿元补贴非教育部门公办园生均经费 …… (77)
投入2.18亿元改扩建村办幼儿园 …… (77)
编制学前教育第二期三年行动计划 …… (77)
组织《3～6岁儿童学习与发展指南》培训 …… (77)
幼儿园
·北京市东城区东华门幼儿园·
概况 …… (78)
获得北京市“三八红旗集体”称号 …… (78)
斯里兰卡总统夫人到访 …… (78)
帮扶2所外地幼儿园 …… (78)
开展重阳节敬老活动 …… (78)
举办建园90周年展示交流活动 …… (78)
·北京市第五幼儿园·
概况 …… (78)
附属实验园开园 …… (79)
开展师德月主题活动 …… (79)
组织“消防安全进校园”主题活动 …… (79)
举办建园60周年展示活动 …… (79)
·北京市东城区崇文第三幼儿园·
概况 …… (79)
举办幼儿肖像摄影展 …… (79)
园所改造工程竣工 …… (79)
出版《幼儿园四季带量食谱》 …… (79)
开展民间体育游戏活动 …… (79)
·北京市西城区槐柏幼儿园·
概况 …… (80)
出版园本研究丛书 …… (80)
承担名师培育挂职见习活动 …… (80)
开展教师多样化学习培训 …… (80)
·北京市西城区三教寺幼儿园·
概况 …… (80)
组织“我是小明星”主题活动 …… (80)
音乐喷水池工程竣工 …… (80)
组织“我和图书做朋友”主题活动 …… (80)
举办教学成果展示活动 …… (80)
·北京市宣武回民幼儿园·
概况 …… (81)
举办庆“六一”科普体育节活动 …… (81)
举办师德故事分享活动 …… (81)
组织迎新年戏剧节活动 …… (81)
·北京市西城区棉花胡同幼儿园·
概况 …… (81)
开展“三好”系列活动 …… (81)
组织童谣传唱活动 …… (81)
举办DIY新年手工庙会活动 …… (81)
·北京市朝阳区枣营幼儿园·
概况 …… (81)
举办主题图书日活动 …… (82)
组织首届“六一”原创艺术节 …… (82)
改造操场和厨房 …… (82)
组织“图书分享会”活动 …… (82)
·北京市朝阳区三里屯幼儿园·
概况 …… (82)
成立家长教师协会 …… (82)
录制幼儿体操光盘 …… (82)
举办首届“我是小铁人”活动 …… (82)
·北京师范大学实验幼儿园·
概况 …… (82)
举办安全进校园活动 …… (82)
聘任管理干部 …… (83)
举办户外玩教具展评 …… (83)
举办运动健康日活动 …… (83)
举办校园文化建设观摩活动 …… (83)
·北京市海淀区四季青镇常青幼儿园·
概况 …… (83)
开展消防疏散演练 …… (83)
38名教职工办理医保卡 …… (83)
开展教师自制玩具评选活动 …… (83)
实行幼儿离园分时段刷卡措施 …… (83)

开展保育教研活动 …………………………………… (84)

·北京市六一幼儿院·

概况 …………………………………… (84)

举办3次消防演习 …………………………………… (84)

举办开锄节活动 …………………………………… (84)

完成硬件设施改造工程 …………………………………… (84)

西三旗分园开园 …………………………………… (84)

举办幼儿跳绳比赛 …………………………………… (84)

·北京市丰台区第一幼儿园·

概况 …………………………………… (84)

评为北京市“三八”红旗集体 …………………………………… (85)

与挪威卑尔根大学学院进行教育文化交流 ………… (85)

接待内蒙古地区园长交流观摩 …………………………………… (85)

·北京市丰台区芳庄第三幼儿园·

概况 …………………………………… (85)

与通州教工幼儿园“手拉手” …………………………………… (85)

组织开放性主题系列活动 …………………………………… (85)

出版《探索的脚步》 …………………………………… (85)

出版《蕙质兰心做阳光教育》 …………………………………… (85)

·中国人民解放军总后勤部六一幼儿园·

概况 …………………………………… (85)

组织“学军”活动 …………………………………… (85)

改善职工就餐环境 …………………………………… (85)

开展教师爱园教育活动 …………………………………… (86)

组织数学教育交流研讨活动 …………………………………… (86)

·北京市石景山区幼儿园·

概况 …………………………………… (86)

修订园所制度 …………………………………… (86)

支教大台幼儿园 …………………………………… (86)

引入幼儿云家园互动平台 …………………………………… (86)

分园开园 …………………………………… (86)

·北京市石景山区实验幼儿园·

概况 …………………………………… (86)

启动智能安全刷卡系统 …………………………………… (86)

开展全园食育研究 …………………………………… (86)

分园投入使用 …………………………………… (86)

修订管理制度 …………………………………… (86)

·北京市门头沟区幼儿园·

概况 …………………………………… (87)

冯艳飞青年教师工作室成立 …………………………………… (87)

举办第一届幼儿创造力大赛 …………………………………… (87)

开办分园 …………………………………… (87)

举办第五届读书节 …………………………………… (87)

·北京市房山区良乡第二幼儿园·

概况 …………………………………… (87)

开展校园文化建设 …………………………………… (87)

开展特色课程研究 …………………………………… (87)

组织师德教育活动 …………………………………… (88)

举办新年灯笼制作展评活动 …………………………………… (88)

·北京市通州区新城东里幼儿园·

概况 …………………………………… (88)

组织“学习故事”培训 …………………………………… (88)

举办奥尔夫经验交流会 …………………………………… (88)

组织幼儿体能测试 …………………………………… (88)

幼儿自制面点 …………………………………… (88)

·北京市顺义区宏城幼儿园·

概况 …………………………………… (88)

组织教师弹唱技能培训 …………………………………… (88)

组织亲子制作比赛活动 …………………………………… (89)

增设自主课程 …………………………………… (89)

装修改造工程竣工 …………………………………… (89)

组织师德月系列活动 …………………………………… (89)

打造楼道文化 …………………………………… (89)

·北京市顺义区仁和中心幼儿园·

概况 …………………………………… (89)

组织阅读活动 …………………………………… (89)

启动“小小种植园”课程 …………………………………… (89)

举办首届教师故事表演比赛 …………………………………… (89)

·北京市顺义区尹家府中心幼儿园·

概况 …………………………………… (89)

提升教师专业能力 …………………………………… (90)

组织园本教研 …………………………………… (90)

加强户外环境创设 …………………………………… (90)

采取多种评价方式评价教师 …………………………………… (90)

大孙各庄分园迁新址 …………………………………… (90)

·北京市大兴区第七幼儿园·

概况 …………………………………… (90)

向教师赠书 …………………………………… (90)

开展幼小衔接交流活动 …………………………………… (90)

开展班级环境创设观摩研讨活动 …………………………………… (90)

·北京市大兴区黄村镇第一中心幼儿园·

概况 …………………………………… (90)

举办“我为孩子讲故事”比赛 …………………………………… (91)

刘村分园开展家长半日开放活动 …………………………………… (91)

举办消防安全培训 …………………………………… (91)

·北京市昌平区教工幼儿园·

概况 …………………………………… (91)

召开教研活动总结会 …………………………………… (91)

举办青年教师教学评优活动 …………………………………… (91)

开展幼儿体育运动器材展示活动 …………………………………… (91)

开展教师自制玩教具展示活动 …………………………………… (91)

接受昌平区全面实施素质教育综合督导 ………… (91)

·北京市昌平区工业幼儿园·

概况 …………………………………… (92)

成为校园公益武术教学基地 …………………………………… (92)

开展走进昌平图书馆活动 …………………………………… (92)

接受区级示范园验收工作 …………………………… (92)
开展家长武术健身活动 ……………………………… (92)
开展幼儿击剑体验活动 ……………………………… (92)
·北京市昌平区回龙观镇中心幼儿园·
概况 ………………………………………………… (92)
开展科学种植活动 ………………………………… (92)
开播幼儿广播 ……………………………………… (92)
组织科技游园会活动 ……………………………… (92)
开展多样化游戏小组活动 ………………………… (92)
自然体验馆投入使用 ……………………………… (93)
·北京市怀柔区第二幼儿园·
概况 ………………………………………………… (93)
开展劳动最光荣社会实践活动 …………………… (93)
举办第一届风筝节 ………………………………… (93)
组织预防踩踏演练 ………………………………… (93)
举办亲子阅读专题讲座 …………………………… (93)
开展0～3岁早期教育活动 ………………………… (93)
·北京市怀柔区第三幼儿园·
概况 ………………………………………………… (93)
举办春季亲子运动会 ……………………………… (93)
开展课堂教学评优活动 …………………………… (94)
组织幼儿体操评比 ………………………………… (94)
举办幼儿歌唱比赛 ………………………………… (94)
·北京市平谷区第一幼儿园·
概况 ………………………………………………… (94)
展评幼儿器械操 …………………………………… (94)
开展消防演习 ……………………………………… (94)
组织骨干教师半日评优活动 ……………………… (94)
·北京市平谷区第二幼儿园·
概况 ………………………………………………… (94)
迁原址办园 ………………………………………… (94)
开展关爱残疾人教育 ……………………………… (94)
实施幼儿接送卡制度 ……………………………… (95)
开展幼小衔接系列活动 …………………………… (95)
实行“雁阵”教师培养模式 ……………………… (95)
·北京市平谷区第三幼儿园·
概况 ………………………………………………… (95)
彰显园所特色 ……………………………………… (95)
推行“唯实”教育教学模式 ……………………… (95)
开展幼儿自主启蒙特色教育 ……………………… (95)
开展“爱家乡”系列活动 ………………………… (95)
·北京市密云县第二幼儿园·
概况 ………………………………………………… (96)
举办教师基本功竞赛 ……………………………… (96)
举办家长半日开放活动 …………………………… (96)
开展家长进课堂活动 ……………………………… (96)
·北京市密云县第三幼儿园·
概况 ………………………………………………… (96)
开展早教入户指导 ………………………………… (96)
开展玩教具制作比赛 ……………………………… (96)
举办奥尔夫音乐展示活动 ………………………… (96)
组织师幼亲子绘画剪纸赛 ………………………… (96)
举办亲子环保时装秀 ……………………………… (96)
·北京市密云县第四幼儿园·
概况 ………………………………………………… (96)
开设幼儿艺术体育课程 …………………………… (97)
开展劳动体验活动 ………………………………… (97)
展示优秀园本教研活动 …………………………… (97)
组织早教进社区活动 ……………………………… (97)
·北京市延庆县第一幼儿园·
概况 ………………………………………………… (97)
快乐小喇叭开播 …………………………………… (97)
卓文彬健康工作室启动 …………………………… (97)
增扩教学班 ………………………………………… (97)
开通幼儿食谱博客和园所微信公众平台 ………… (97)
建立幼儿电子档案 ………………………………… (97)
·北京市延庆县第二幼儿园·
概况 ………………………………………………… (97)
开展早教进社区志愿宣传活动 …………………… (98)
开展集体阅读活动 ………………………………… (98)
举办开放式家长学校活动 ………………………… (98)
成立幼儿艺术社团 ………………………………… (98)
·北京市延庆县第三幼儿园·
概况 ………………………………………………… (98)
成立骨干教师社团小组 …………………………… (98)
创设角色体验区 …………………………………… (98)
成立围裙故事团 …………………………………… (98)
评选星级教师 ……………………………………… (98)
自制玩教具获奖 …………………………………… (98)
开展童心盼冬奥活动 ……………………………… (98)

基础教育

综述 ……………………………………………… (101)
总类
探索城乡教育一体化项目结题 …………………… (102)
评审第二批数字校园实验校 ……………………… (102)
召开数字学校寒假活动总结会 …………………… (102)
组织数字学校微课课程摄制工作 ………………… (102)
数字学校启动25所研究基地学校建设 …………… (102)
举办关注中小衔接交流研讨活动 ………………… (102)
市区教科研部门参与初中校发展工作启动 ……… (103)
启动第三批中小学校章建设 ……………………… (103)
举办北京青少年翱翔科学论坛 …………………… (103)
继续监测义务教育阶段教学质量 ………………… (103)

数字学校网上夏令营启动 ……………………（103）
再增20所城乡一体化学校 ……………………（103）
2014年城乡新区一体化输入输出学校 …………（103）
召开在线教育服务工作会 ……………………（104）
优质高中部分招生计划分配到初中校 …………（104）
引入民办教育机构开展委托办学 ………………（104）
大兴与海淀区开展教育合作 ……………………（104）
印发基础教育部分学科教学改进意见 …………（104）
三区联合展示文化建设成果 ……………………（104）
基础教育课程改革总结交流会召开 ……………（104）
组织两区参加全国义务教育质量监测 …………（105）
召开高校支持附属中学附属小学建设工作
推进会 ………………………………………（105）
改造入学服务平台 ……………………………（105）
推进数字化教学资源共享与交换工作 …………（105）

小学教育

概况 ……………………………………………（105）
印发小学生综合素质评价方案 …………………（105）
召开小学“减负”交流研讨会 …………………（105）
北方工大与石景山4所小学签约合作 …………（106）
成立中关村二小创新人才培养协作体 …………（106）
两区与教育学院合建附属小学 …………………（106）
门头沟大峪一小建校100周年 …………………（106）
民办教育机构参与小学英语学科教改工作
启动 …………………………………………（106）
修订《北京市实施〈小学管理规程〉意见》 ……（106）

小学

·北京市东城区史家胡同小学·
概况 ……………………………………………（106）
接受“入盟入带一贯制”颁牌 …………………（107）
签约共建法制教育基地 …………………………（107）
交流和谐课程建设 ………………………………（107）
·北京市东城区府学胡同小学·
概况 ……………………………………………（107）
府学优质教育资源带挂牌 ………………………（107）
参加全国科普日北京主场活动 …………………（107）
参加墨西哥总统访华迎宾仪式 …………………（107）
获全国啦啦操比赛冠军 …………………………（107）
·北京光明小学·
概况 ……………………………………………（107）
入选全国首批中小学优秀传统文化教学研究
基地学校 ……………………………………（108）
开设校区特色课程与公共课程 …………………（108）
提升教师素养 ……………………………………（108）
举办首次光明教育接待日活动 …………………（108）
·北京市西城区师范学校附属小学·
概况 ……………………………………………（108）
与中国音乐学院签署合作协议 …………………（108）
接收新校区 ………………………………………（108）
访问美国友好学校 ………………………………（108）
举办首届教育集团运动会 ………………………（108）
·北京市西城区育民小学·
概况 ……………………………………………（109）
举办文体活动 ……………………………………（109）
开展特色教学互动式观摩交流活动 ……………（109）
青龙桥小学并入 …………………………………（109）
开展家长进校办讲座活动 ………………………（109）
·北京市西城区阜成门外第一小学·
概况 ……………………………………………（109）
成立首届校级家长委员会 ………………………（109）
与美国小学开展互访 ……………………………（109）
开展音乐教育新体系实验 ………………………（109）
开展文化智慧分享活动 …………………………（109）
·北京市朝阳区白家庄小学·
概况 ……………………………………………（110）
形成一校五址办学规模 …………………………（110）
召开祖雪媛校长办学思想研讨会 ………………（110）
校外科技实践基地揭牌 …………………………（110）
举办首届国际摄影节 ……………………………（110）
学生电视台成立 …………………………………（110）
·北京市朝阳区定福庄第二小学
（中国传媒大学附属小学）·
概况 ……………………………………………（110）
更名为中国传媒大学附属小学 …………………（110）
举办建校60周年民乐专场音乐会 ………………（110）
参加三项全国科技竞赛并获奖 …………………（111）
·北京市朝阳区呼家楼中心小学·
概况 ……………………………………………（111）
举办阅读专题讲座 ………………………………（111）
举办首届青青阅读节 ……………………………（111）
被命名为小学生古生物少年科考队 ……………（111）
举办第五届孝文化活动 …………………………（111）
·北京市朝阳区新升小学·
概况 ……………………………………………（111）
举办“家长讲堂” ………………………………（111）
举办“我的教育微幸福”师德演讲活动 ………（111）
举办“生命教育”校本课程开发培训 …………（111）
·北京市朝阳区望京南湖东园学校·
概况 ……………………………………………（112）
开展教师在线实践社区活动 ……………………（112）
举办首届篮球友谊赛 ……………………………（112）
邀请专家指导教学 ………………………………（112）
·北京市丰台区丰台第一小学·
概况 ……………………………………………（112）
开展拒绝毒品主题教育活动 ……………………（112）
获得第五届“国戏杯”学生戏曲大赛一等奖 ……（112）

开展读书主题活动 …… (112)
·北京市丰台区丰台第五小学·
概况 …… (113)
与校长面对面 …… (113)
举办科普大课堂进校园活动 …… (113)
成立“小海燕管乐团” …… (113)
·北京市丰台区师范学校附属小学·
概况 …… (113)
合和艺术团赴维也纳金色大厅演出 …… (113)
举办教职工创编操和电子书大赛 …… (113)
举办 iPad 绘画、音乐创作比赛 …… (114)
举行 2014 课外文艺活动汇报演出 …… (114)
·北京市石景山区实验小学·
概况 …… (114)
开办绿色教育讲堂 …… (114)
组织融合教育研讨 …… (114)
学科专家到校指导 …… (114)
开展台湾主题教育月活动 …… (114)
·北京大学附属小学·
概况 …… (114)
机器人校本教材出版 …… (114)
成立校长工作室 …… (114)
召开学科课程建设研讨会 …… (114)
3 名教师被评为特级教师 …… (115)
·中国人民大学附属小学·
概况 …… (115)
举办 60 周年校庆系列活动 …… (115)
获世界 DI 创新思维赛总冠军 …… (115)
开展红色之旅毕业课程 …… (115)
举办 3 场主题活动 …… (116)
举办“七彩教育同盟”成果汇报会 …… (116)
·清华大学附属小学·
概况 …… (116)
举办两场文体活动 …… (116)
开展名家进校园活动 …… (116)
清华附小昌平学校开学 …… (116)
获国家教学成果一等奖 …… (116)
启动教育扶贫在线学习共同体 …… (117)
·北京师范大学实验小学·
概况 …… (117)
选派教师赴境外培训 …… (117)
聘请中科院院士任特聘教师 …… (117)
举办班主任沙龙系列活动 …… (117)
开展学科整合活动 …… (117)
·北京市海淀区中关村第一小学·
概况 …… (117)
开展“新学堂自主教学”研究 …… (118)
参加“国戏杯”比赛夺冠 …… (118)
举办第 10 届读书节 …… (118)
·北京市海淀区中关村第二小学·
概况 …… (118)
开展“安全自护”系列教育活动 …… (118)
创编室内健身操 …… (118)
召开英语教学研讨会 …… (118)
·北京市门头沟区大峪第一小学·
概况 …… (119)
举办首届校园文化节 …… (119)
新校园建成使用 …… (119)
大峪一小迁建工程竣工 …… (119)
构建特色课程文化 …… (119)
·中国人民大学附属小学京西分校·
概况 …… (119)
开设校庆主题课程 …… (119)
组织首届毕业生教育 …… (119)
促进城乡教育一体化 …… (119)
·北京第二实验小学永定分校·
概况 …… (119)
举办首届综合素质课程运动会 …… (120)
评选感动校园人物 …… (120)
赴台艺术交流 …… (120)
·北京市房山区良乡第三小学·
概况 …… (120)
举办形体健康培训 …… (120)
开展数字校园项目培训 …… (120)
考查学生语文口语能力 …… (120)
建设服务型课堂 …… (120)
·北京市房山区良乡第四小学·
概况 …… (120)
举办社区体育节 …… (120)
举行新生开笔礼 …… (120)
校园硬件建设完成 …… (121)
·北京市史家胡同小学通州分校·
概况 …… (121)
与 3 校开展手拉手教研交流 …… (121)
举办第五届“欣悦杯”教学评优 …… (121)
开设 72 项校本课程 …… (121)
成为特级教师工作站基地校 …… (121)
·北京市通州区张家湾镇中心小学·
概况 …… (121)
组建校园篮球队 …… (122)
设计建成校园主题文化墙 …… (122)
认定校内星级值勤员 …… (122)
启动核心价值观主题教育活动 …… (122)
·北京小学通州分校·
概况 …… (122)
成立校羽毛球队 …… (122)

增设12门校本课程 …… (122)
组织跨区联手教研 …… (122)
举办校园活力英语节 …… (122)
·北京市顺义区东风小学·
概况 …… (122)
召开年级质量分析会 …… (123)
参加全国青少年航空航天模型设计总决赛 …… (123)
成立枫韵文学社 …… (123)
·北京市顺义区石园小学·
概况 …… (123)
千方百计让学生学起来 …… (123)
开展多项课外活动 …… (123)
“小种植小养殖生命课程”启动 …… (123)
·北京市顺义区西辛小学教育集团·
概况 …… (124)
挂牌“葛兰语言艺术培训学校” …… (124)
开展“开学第一课”入学礼活动 …… (124)
集团实行校长领导下矩形事业部制管理 …… (124)
优化课程实施促进幸福成长 …… (124)
·北京市顺义区天竺中心小学校·
概况 …… (124)
开展学生才艺展示系列活动 …… (124)
研究课题获国家级教学成果奖二等奖 …… (124)
开展卫生知识进校园活动 …… (125)
举办教师读书演讲活动 …… (125)
·北京市昌平区昌盛园小学·
概况 …… (125)
总结表彰师徒评优课 …… (125)
举办《三国演义》读书会展演活动 …… (125)
录播视频会议工程建成使用 …… (125)
·北京市昌平区城北中心小学·
概况 …… (125)
召开青年教师培养工程启动仪式 …… (125)
举办中年级科普剧比赛 …… (125)
开展“五思”课堂研讨活动 …… (125)
举办小主持人比赛 …… (126)
举办第25届艺术节 …… (126)
开展模拟邮局体验活动 …… (126)
·北京市昌平区南口镇小学·
概况 …… (126)
召开学习习惯培养经验交流会 …… (126)
开展综合素质提升工程活动 …… (126)
成立任立平班主任工作室 …… (126)
·北京市昌平第二实验小学·
概况 …… (126)
一校两址办学 …… (127)
开展“生本课堂”同课异构活动 …… (127)
举办第五届校园艺术节 …… (127)
·北京市大兴区滨河小学·
概况 …… (127)
走进大皮营劳动实践基地 …… (127)
邀请天文馆“科普大篷车”走进学校 …… (127)
举办首届读书节展示活动 …… (127)
举办法制安全教育专题讲座 …… (127)
·北京市大兴区旧宫镇第二中心小学·
概况 …… (127)
开展两次社会大课堂活动 …… (127)
开展少年军校训练 …… (127)
评比展示手抄报 …… (128)
展示快乐课程阶段成果 …… (128)
·北京市怀柔区第一小学·
概况 …… (128)
与两校签订合作协议 …… (128)
设定“阳光课堂”评价指标 …… (128)
举办主题演讲比赛 …… (128)
纪念册《童年记忆》出版 …… (128)
·北京市怀柔区第三小学·
概况 …… (128)
首次组织观鸟兴趣活动 …… (128)
设计发放《快乐阅读手册》 …… (128)
举办爱眼日主题系列活动 …… (129)
举办学区联合教研活动 …… (129)
·北京市平谷区第一小学·
概况 …… (129)
举办城管进校园活动 …… (129)
开展我的中国梦读书活动 …… (129)
提高学生体质健康水平 …… (129)
开展课堂教学改革 …… (129)
·北京市平谷区第三小学·
概况 …… (129)
民族文化润童心 …… (130)
体验社会角色 …… (130)
开展多种活动提高学生责任意识 …… (130)
·北京市平谷区第九小学·
概况 …… (130)
创新教育教学方法 …… (130)
国安教练入驻郊区学校 …… (130)
安全体验教室入驻校园 …… (130)
·北京市密云县第二小学·
概况 …… (130)
与中国音协管乐协会签约 …… (130)
青少年涉台教育基地成立 …… (131)
开展南水北调工程宣传教育 …… (131)
·北京市密云县太师屯镇中心小学·
概况 …… (131)
组织开展社会大课堂实践活动 …… (131)

与东城少年宫联合举办活动 …………………… (131)
成立3个学生书社 …………………………… (131)
·北京市密云县新城子镇中心小学·
概况 ………………………………………… (131)
组织任课教师限时备课 ……………………… (131)
召开师德主题研讨会 ………………………… (131)
开展法制专题教育 …………………………… (131)
·北京市延庆县第一小学·
概况 ………………………………………… (132)
美国教练指导篮球训练 ……………………… (132)
举办校园读书节 ……………………………… (132)
推进微课程建设 ……………………………… (132)
展示美术特色教学 …………………………… (132)
交流学科减负成果 …………………………… (132)
·北京市延庆县第二小学·
概况 ………………………………………… (132)
召开学生评价体系建设研讨会 ……………… (132)
开展课堂教学评优 …………………………… (132)
举办微生物专题讲座 ………………………… (133)
与7所学校签订合作协议 …………………… (133)
举办冬奥进校园主题系列活动 ……………… (133)
·北京市延庆县第四小学·
概况 ………………………………………… (133)
推进智慧课堂建设 …………………………… (133)
开展深化小组合作课堂系列活动 …………… (133)
体育场改造工程完工 ………………………… (133)
·北京市燕山前进第二小学·
概况 ………………………………………… (133)
构建情智型生命课堂 ………………………… (134)
命名为波音少年航校 ………………………… (134)
开展环保科普活动 …………………………… (134)

中学教育

概况 ………………………………………… (134)
北师大与四区县签约合作办学 ……………… (134)
成立人文与社会科学领域创新人才培养
　协作体 …………………………………… (134)
人大附中数学与信息科学领域创新人才培养
　协作体成立 ……………………………… (134)
三校联合推行走班教学模式 ………………… (135)
清华附中与丰台区教委签署合作办学协议 ……… (135)
加强普通高中开放式重点实验室建设和管理 …… (135)
市级支持开放式重点实验室建设学校 ………… (135)
人大附中召开超常儿童发展与教育研讨会 ……… (136)
民办教育机构参与中学学科教学改革工作启动 … (136)
首都师大附中庆祝建校100周年 …………… (136)

中学

·北京市第二中学·
概况 ………………………………………… (136)
参加市青少年科技创新大赛 ………………… (136)
钮小桦获全国五一劳动奖章和全国教育系统
　先进个人称号 …………………………… (137)
首部校园纪实性青春情态励志电影首映 ……… (137)
选修课改为必选和自选两类 ………………… (137)
实行教师走班制教学 ………………………… (137)
3个高端专业教室投入使用 ………………… (137)
·北京市第五十中学·
概况 ………………………………………… (137)
展示“活力”课程 …………………………… (137)
组织启行营地工作坊活动 …………………… (138)
举办首届班主任基本功大赛 ………………… (138)
与加拿大但丁中学签署姊妹校合作协议 ……… (138)
·北京市第一六六中学·
概况 ………………………………………… (138)
成为冷泉港实验室独家合作伙伴 …………… (138)
参加丹麦青年科学家竞赛获中国代表团
　最高奖项 ………………………………… (138)
与故宫博物院签约合作 ……………………… (139)
同校尉小学开展九年一贯制试点合作 ……… (139)
庆祝建校150周年 ………………………… (139)
·北京市广渠门中学·
概况 ………………………………………… (139)
举办“校园·青春·榜样”颁奖典礼 ………… (139)
党员教师赴河北康保县支教 ………………… (140)
庆祝建校60周年 …………………………… (140)
·北京汇文中学·
概况 ………………………………………… (140)
学科竞赛成绩优异 …………………………… (140)
获得多项科技竞赛奖 ………………………… (140)
开展口述史资料在课堂教学中的应用研究 …… (140)
开展家长职业介绍日活动 …………………… (141)
自主课程实践工作形成体系 ………………… (141)
·北京市第四中学·
概况 ………………………………………… (141)
演出英文音乐剧 ……………………………… (141)
韩茂富铜像揭幕 ……………………………… (141)
两名学生获“明天小小科学家”一等奖 ……… (141)
举办高中数学教学研讨会 …………………… (141)
校本课程获基础教育课程建设优秀成果 ……… (141)
·北京市第八中学·
概况 ………………………………………… (142)
成立创新人才培养协作体 …………………… (142)
学生在国家大剧院演出歌剧《卡门》 ………… (142)
举办首届AP课程教师培训 ………………… (142)
首届“素质班”升入高中 …………………… (142)
与美国学校结为友好校 ……………………… (142)
少儿班学制延至5年 ………………………… (142)

高中校本选修课程结课 …………………………（142）
·北京市第十五中学·
概况 …………………………（143）
举办第十届心理文化节 …………………………（143）
南口学校开学 …………………………（143）
梅森素数开放式重点实验室揭牌 …………………………（143）
成立贵阳分校 …………………………（143）
·北京市第三十五中学·
概况 …………………………（143）
召开第十届教学工作会 …………………………（144）
学生获市长奖 …………………………（144）
开展修学旅行系列活动 …………………………（144）
承办中国六校联盟活动 …………………………（144）
·北京市育才学校·
概况 …………………………（144）
学生入选少年科学院小院士 …………………………（144）
获市中小学科学建议奖 …………………………（144）
设太平街校区 …………………………（144）
《桥》报出版 …………………………（145）
获全国小学生手球锦标赛冠军 …………………………（145）
·北京师范大学附属实验中学·
概况 …………………………（145）
学生获得两项国际科技比赛奖项 …………………………（145）
举办青春期教育主题讲座 …………………………（145）
启动分类走班授课制度 …………………………（145）
举办学法指导现场会 …………………………（145）
·北京师范大学附属中学·
概况 …………………………（145）
与澳大利亚博文中学签署友好校协议 …………………………（145）
举办首次集团校活动 …………………………（146）
走近苯丙酮尿症 …………………………（146）
·北京市陈经纶中学·
概况 …………………………（146）
学生列席区政协会议 …………………………（146）
参加多项科技类比赛获奖 …………………………（146）
成立嘉铭分校西校区 …………………………（146）
开展初高中跨学段联合教研活动 …………………………（146）
编创室内“抗雾霾操” …………………………（146）
获环球自然日全球赛金牌 …………………………（147）
实施特级教师工作室“五个一”工程 …………………………（147）
·北京青年政治学院附属中学·
概况 …………………………（147）
举办首届国际青少年美术、书法、摄影
大赛展 …………………………（147）
科技社团再获全国一等奖 …………………………（147）
开展“银杏杯”教学研讨会 …………………………（147）
实施大美术教育课程 …………………………（147）
成立心理教研组 …………………………（147）
获市年鉴综合质量评比教育类一等奖 …………………………（147）
获非物质文化遗产传承教育博物馆称号 …………………………（148）
·北京第二外国语学院附属中学·
概况 …………………………（148）
生态教学大楼启用 …………………………（148）
获评北京市节能减排教育示范基地 …………………………（148）
展示外语实验班成果 …………………………（148）
举办体育明星进校园活动 …………………………（148）
·北京市第十中学·
概况 …………………………（148）
举办“喜迎古尔邦，共庆文化节”活动 …………………………（148）
内高部举办教育教学开放日 …………………………（149）
走进北师大体验哈佛大学课程 …………………………（149）
·北京市第十二中学·
概况 …………………………（149）
成立诺贝尔科研实践活动班 …………………………（149）
创编“加油”室内健身操 …………………………（149）
获得汉听大赛北京站决赛冠军 …………………………（149）
建立萃智科技创新研学中心 …………………………（149）
建立化学创新实验中心 …………………………（149）
校史馆开馆 …………………………（149）
举行建校80周年庆祝活动 …………………………（149）
·北京市第十八中学·
概况 …………………………（150）
与芬兰学校建立校际合作关系 …………………………（150）
承办方庄教育集群首届科技节 …………………………（150）
区域化办学的尝试及集群化数字化发展
项目验收 …………………………（150）
·北京市第九中学·
概况 …………………………（150）
国家级体育赛事获奖 …………………………（151）
首届高中新疆班学生毕业 …………………………（151）
与清华共建虚拟实验室 …………………………（151）
美国专家来校指导 …………………………（151）
物理学科实验室建成 …………………………（151）
举办学科整合活动 …………………………（151）
·北京市苹果园中学
（首都师范大学附属苹果园中学）·
概况 …………………………（151）
创建志愿者爱心小屋 …………………………（151）
更名为首师大苹果园中学 …………………………（151）
召开生涯规划教育现场会 …………………………（152）
与武汉学校签署合作协议 …………………………（152）
·北京景山学校远洋分校·
概况 …………………………（152）
展示选修课学习成果 …………………………（152）
组织课堂观察研讨 …………………………（152）
开设学生绿色救治通道 …………………………（152）

·北京市第一〇一中学·
概况 …… (152)
学生获科技发明奖 …… (152)
怀柔校区建成招生 …… (153)
增加分层走班教学学科 …… (153)
获世界啦啦操亚太冠军 …… (153)
开展核心价值观主题班会评比 …… (153)
·北京市八一中学（北京市八一学校）·
概况 …… (153)
颁发首届“聂荣臻奖学金” …… (153)
更名为八一学校 …… (154)
承办全国航天科普大赛 …… (154)
编发初高中新版《学生手册》 …… (154)
高中部资优班开设素养专题课 …… (154)
与新加坡学校签署合作协议 …… (154)
获国际青少年发明展金银奖 …… (154)
与体育公司签署足球培训协议 …… (154)
·北京市十一学校·
概况 …… (154)
与顺义国际学校建立合作关系 …… (155)
举办推荐教改经验新闻发布会 …… (155)
召开中美学生文化交流研讨会 …… (155)
获丘成桐中学科学奖优胜奖 …… (155)
·北京大学附属中学·
概况 …… (155)
开展“18＋2”课程 …… (155)
校园管理服务中心成立 …… (155)
获首届国家教学成果奖 …… (156)
改革语文英语课程 …… (156)
高中部完善组织课程结构 …… (156)
李冬梅入选全国优秀教师 …… (156)
初中俱乐部课程化 …… (156)
启动文化魔方面面观 …… (156)
启用新教学管理平台 …… (156)
·清华大学附属中学·
概况 …… (156)
与两所美国中学签署合作协议 …… (157)
举办大学先修课程教师培训 …… (157)
开设大学先修课程 …… (157)
举办首次中学挑战极限学习过程活动 …… (157)
成立班主任工作室 …… (157)
刘延东参加毕业50周年活动 …… (157)
·中国人民大学附属中学·
概况 …… (157)
“双师教学”试点成效明显 …… (158)
人大附中翠微学校成立 …… (158)
胥晓宇获物理奥林匹克竞赛金牌 …… (158)
获首届国家教学成果一等奖 …… (158)
获全国社会扶贫先进集体称号 …… (158)
·北京理工大学附属中学·
概况 …… (158)
车道沟小学并入理工大附中 …… (159)
获市青少年科技创新赛金银奖 …… (159)
新增“十优少先队员”奖项 …… (159)
两获北京市棒球比赛冠军 …… (159)
学生参加各类科技比赛获奖 …… (159)
小学部首次开设外教课 …… (159)
举办科技嘉年华活动 …… (159)
·首都师范大学附属中学·
概况 …… (159)
承办首师大二附中 …… (160)
官方微信平台开通 …… (160)
教育集团成员校同步上课 …… (160)
中美合作班创立House管理模式 …… (160)
制定“四三二一”综合改革实验方案 …… (160)
·北京市大峪中学分校·
概况 …… (160)
举办首届创新人才培养论坛 …… (160)
举办第15届校园艺术节 …… (161)
新学期校本课程开课 …… (161)
组织微课堂教学展示研讨 …… (161)
·北京市王平中学·
概况 …… (161)
开展跨区域协作体交流 …… (161)
与百强企业共建实践课程 …… (161)
组织市级作文教学展示 …… (161)
召开教学模式改革研讨会 …… (161)
·北京市房山区良乡第二中学·
概况 …… (161)
开设家长讲堂 …… (161)
开展环保主题教育活动 …… (162)
举办中华诗文背诵比赛 …… (162)
·北京市房山区长沟中学·
概况 …… (162)
评选首届校园“最美”学生 …… (162)
与工美附中签约城乡一体化建设 …… (162)
举办首届体育艺术节 …… (162)
举办消防安全疏散演练 …… (162)
·北京市通州区潞河中学·
概况 …… (162)
开设道德讲堂 …… (163)
开展初中联盟校教研活动 …… (163)
承办北师大内蒙古高研班活动 …… (163)
·北京市通州区运河中学·
概况 …… (163)
首次举办区域冬令营 …… (163)

展示学生艺术教育成果 …………………………… (163)
出版教育文集和校本教材 ………………………… (163)
举办教师专业成长主题讲座 ……………………… (164)
·北京中加学校·
概况 …………………………………………………… (164)
参加国际中学生模拟联合国会议 ………………… (164)
获国际计算机竞赛满分成绩 ……………………… (164)
开发学校智能手机应用程序 ……………………… (164)
与国外高校机构签署合作协议 …………………… (164)
参加全国劳技创新作品赛获奖 …………………… (164)
·北京市顺义区第一中学·
概况 …………………………………………………… (164)
艺术处进行走班分科课堂教学改革 ……………… (164)
举办全国自我教育理论学术研讨会 ……………… (165)
召开联盟校小学初中高中德育工作衔接实践
研究项目研讨会 ………………………………… (165)
举办"思辨·青春"首届校园辩论赛 ……………… (165)
参加国学经典师资研习营 ………………………… (165)
举办"四步互助"研修系列活动 …………………… (165)
·北京市顺义区杨镇第一中学·
概况 …………………………………………………… (165)
获得多项国家级体育比赛奖项 …………………… (165)
完善"253"高效课堂 ………………………………… (165)
获得多项市级比赛奖项 …………………………… (166)
完成校园基础设施建设 …………………………… (166)
·北京市顺义牛栏山第一中学·
概况 …………………………………………………… (166)
评为全国未成年人生态道德教育示范学校 ……… (166)
参加"小院士"课题评选获奖 ……………………… (166)
成立"名师堂" ……………………………………… (166)
举办首届校园文化艺术节 ………………………… (166)
艺术社团获多项国家奖项 ………………………… (167)
完成学校基础设施建设 …………………………… (167)
牛栏山一中实验学校小学部招生 ………………… (167)
IT 育英实验班开班 ………………………………… (167)
成立赛艇和皮划艇队 ……………………………… (167)
建成心理健康中心 ………………………………… (167)
·北京市昌平区第一中学·
概况 …………………………………………………… (167)
举办英语好声音朗诵比赛 ………………………… (168)
征集家训、家规 ……………………………………… (168)
成立家长教师协会 ………………………………… (168)
京北分子与细胞生物学实验室投入使用 ………… (168)
·北京市昌平区第二中学·
概况 …………………………………………………… (168)
举办首届硬笔书法比赛 …………………………… (168)
首期"英才班"结业 ………………………………… (168)
举办辩论赛 …………………………………………… (168)
·北京市昌平区南口学校·
概况 …………………………………………………… (168)
参加青少年机器人竞赛 …………………………… (169)
召开教研工作总结交流会 ………………………… (169)
举办板书设计与评比 ……………………………… (169)
召开研究性学习课堂教学研讨会 ………………… (169)
·北京市大兴区第一中学·
概况 …………………………………………………… (169)
学生论坛开讲 ………………………………………… (169)
开设名家大讲堂 …………………………………… (169)
校本课程开课 ………………………………………… (169)
启动图书漂流活动 ………………………………… (170)
举办普法报告会 …………………………………… (170)
创新人才培养团队走进公安大学现场探案 ……… (170)
·北京市大兴区兴华中学·
概况 …………………………………………………… (170)
邀请名校教师进校指导 …………………………… (170)
举办教学设计比赛 ………………………………… (170)
举行青年教师专业知识测试 ……………………… (170)
举办校园艺术节 …………………………………… (170)
·北京市第二中学亦庄学校·
概况 …………………………………………………… (171)
改革假期作业形式 ………………………………… (171)
建成"3D 打印"创新实验室 ……………………… (171)
加入二中教育集团 ………………………………… (171)
公益教育纳入国际部校本课程 …………………… (171)
建成新区首家几何机器人 MSEA 课程研发
基地 ……………………………………………… (171)
举办 3 次中青年教师沙龙 ………………………… (171)
·北京市怀柔区第一中学·
概况 …………………………………………………… (171)
举办首届主题读书活动 …………………………… (172)
举办中科院院士讲座 ……………………………… (172)
召开创新实践课改研讨会 ………………………… (172)
·北京市怀柔区第五中学·
概况 …………………………………………………… (172)
开展感恩教育主题活动 …………………………… (172)
与昌平五中跨区交流 ……………………………… (172)
推出市级品德学科研究课 ………………………… (172)
·北京市怀柔区庙城学校·
概况 …………………………………………………… (172)
与大兴二小开展课例交流 ………………………… (173)
开展家校共育主题活动 …………………………… (173)
推出骨干教师示范课 ……………………………… (173)
举办教师校本培训 ………………………………… (173)
·北京市平谷中学·
概况 …………………………………………………… (173)
培训心理小助手 …………………………………… (173)

举办“创客”体验活动 …………………………… (173)
入选全国啦啦操实验学校 ………………………… (173)
·北京师范大学附属平谷中学
（北京市平谷区第五中学）·
概况 …………………………………………………… (173)
更名为平谷区第五中学 …………………………… (174)
入选中小学语言文字规范化示范校 …………… (174)
开展原创话剧展演活动 …………………………… (174)
·北京绿谷小香玉艺术学校·
概况 …………………………………………………… (174)
打造“阳光体育”工程 …………………………… (174)
竞选校长助理 ……………………………………… (174)
举办“名师课堂”暨艺术节活动 ……………… (174)
举办学生二胡音乐会 ……………………………… (175)
书法名家进课堂 …………………………………… (175)
·北京市密云县第二中学·
概况 …………………………………………………… (175)
与美国学校互访交流 ……………………………… (175)
举办教职工校园论坛 ……………………………… (175)
编印建校 70 周年纪念图册 ……………………… (175)
·首都师范大学附属密云中学·
概况 …………………………………………………… (175)
规范教师职称管理 ………………………………… (175)
举办第五届体育节 ………………………………… (175)
承办全国体育联盟现场会 ………………………… (175)
投资 3280 万元用于硬件设施建设 ……………… (176)
·北京市密云县水库中学·
概况 …………………………………………………… (176)
开展公益志愿者服务 ……………………………… (176)
创建绿色教育 ……………………………………… (176)
邀请家长代表进校园 ……………………………… (176)
建设校园文化环境 ………………………………… (176)
·北京市密云县古北口中学·
概况 …………………………………………………… (176)
组织学生课外活动 ………………………………… (176)
开展山区校连片教研 ……………………………… (177)
展示学科素养教育成果 …………………………… (177)
组织校级评优课 …………………………………… (177)
·北京市延庆县第一中学·
概况 …………………………………………………… (177)
签署校企合作协议 ………………………………… (177)
开展新校训教育活动 ……………………………… (177)
综合楼竣工 ………………………………………… (177)
加入八一学校创新人才培养协作体 …………… (177)
·北京市延庆县第四中学·
概况 …………………………………………………… (177)
加强校本课程建设 ………………………………… (177)
开放智慧课堂 ……………………………………… (178)
组织互助课堂教学模式系列活动 ……………… (178)
组织同课异构活动 ………………………………… (178)
·北京市延庆县十一学校
（北京市育英学校延庆分校）·
概况 …………………………………………………… (178)
专家指导体育健康工作 …………………………… (178)
加挂育英学校延庆分校校牌 …………………… (178)
召开十二五课题结题会 …………………………… (178)
·北京师范大学燕化附属中学·
概况 …………………………………………………… (179)
开设班级特色校本课程 …………………………… (179)
首次组织学生知识竞赛 …………………………… (179)
成立青年教师专业发展工作室 ………………… (179)
首届西藏内高班学生毕业 ………………………… (179)
·北京房山区燕山前进中学·
概况 …………………………………………………… (179)
开设课外活动课程 ………………………………… (179)
举办食品安全知识讲座 …………………………… (179)
召开青蓝工程拜师会 ……………………………… (179)
开展中国梦系列诵读活动 ………………………… (179)

民族教育

概况 …………………………………………………… (180)
举办“和谐杯”创意设计大赛 ………………… (180)
举办小学教师语文教学观摩活动 ……………… (180)
举办中小学生大型笔会 …………………………… (180)
举办民族团结教育进课堂教学大赛总结
表彰会 ……………………………………………… (180)
举办内地新疆高中班“三史”教育培训班 …… (180)
编印《民族团结教育培训读本》 ……………… (180)
实施民族教育学校建设工程 …………………… (180)
提高内地民族班生均经费标准 ………………… (180)

民族教育学校

·北京市东城区回民小学·
概况 …………………………………………………… (181)
举行文化节主题活动 ……………………………… (181)
举办校本教研活动 ………………………………… (181)
开展民族团结教育月活动 ………………………… (181)
举办“大篷车进校园”活动 …………………… (181)
·北京市东城区回民实验小学·
概况 …………………………………………………… (181)
与中戏签约合作 …………………………………… (181)
举办践行社会主义核心价值观主题演出季 …… (181)
承办区民族周活动 ………………………………… (182)
·北京市回民学校·
概况 …………………………………………………… (182)
古籍专家鉴定学校线装书册 …………………… (182)
组建笃学班 ………………………………………… (182)
成为奥林匹克教育学校体育后备人才培养基地 … (182)

承办北京市民运会比赛工作 …………………… (182)
成立班主任工作研究室暨首席班主任工作室 …… (182)
·北京市民族学校·
概况 …………………… (182)
开展师德教育系列活动 …………………… (182)
举办民族团结教育成果展示 …………………… (183)
获全国校园朗诵诗大赛三等奖 …………………… (183)
·北京西藏中学·
概况 …………………… (183)
举办校本教材推介会 …………………… (183)
组织爱心捐赠活动 …………………… (183)
发放华育奖助学金 …………………… (183)
·中央民族大学附属中学·
概况 …………………… (183)
成立民大附中校友会 …………………… (183)
组织教师赴民族地区支教 …………………… (183)
皓泰圆梦创新实验班开课 …………………… (184)
与广西民族高中签订合作协议 …………………… (184)
成立田琳校长工作室 …………………… (184)
·北京市海淀区民族小学·
概况 …………………… (184)
与 4 所大学合作办学 …………………… (184)
举办学生专场音乐会 …………………… (184)
开展师带徒展示课交流活动 …………………… (184)
参加爱国主义教育活动 …………………… (184)
开展古诗文考级活动 …………………… (184)
·北京市昌平区西贯市回民小学·
概　况 …………………… (185)
召开民族团结主题班会 …………………… (185)
开展走进中华民族园活动 …………………… (185)
参加市少数民族运动会 …………………… (185)
·北京市怀柔区长哨营满族中学·
概况 …………………… (185)
组织班主任培训 …………………… (185)
开展学生习惯养成系列活动 …………………… (185)
举办安全法制体验活动 …………………… (185)
特殊教育
概况 …………………… (186)
举办首届特殊教育学校学生才艺大赛 …………………… (186)
举办特教学校学生书画手工作品展 …………………… (186)
评选随班就读课堂教学录像课 …………………… (186)
东城举办“静听花开”残疾学生艺术作品展 …… (186)
评选特殊教育及融合教育优秀案例 …………………… (186)
特殊教育学校
·北京市东城区特殊教育学校·
概况 …………………… (186)
与北京国职“普特融合” …………………… (186)
举办“做智慧教师”系列培训 …………………… (187)
开展义卖活动 …………………… (187)
举办校第十届特奥会 …………………… (187)
·北京市东城区培智中心学校·
概况 …………………… (187)
培智学生走进普通小学课堂 …………………… (187)
课外实践活动注重“亲子时光” …………………… (187)
开展“消防安全进校园”活动 …………………… (187)
师生赴台湾参观交流 …………………… (187)
拍卖培智学生艺术作品 …………………… (187)
·北京市宣武培智学校·
概况 …………………… (187)
召开融合教育沟通会 …………………… (188)
与最美乡村女教师座谈交流 …………………… (188)
开展师德教育活动 …………………… (188)
·北京市丰台区培智中心学校·
概况 …………………… (188)
举办新学年招生咨询活动 …………………… (188)
新校址改扩建工程完工 …………………… (188)
挂牌丰台区特殊教育支持中心 …………………… (188)
·北京市石景山区培智中心学校·
概况 …………………… (188)
举办教师专业知识系列讲座 …………………… (188)
为学生上门送教 …………………… (189)
接待香港学校交流访问 …………………… (189)
组织开展融合教育 …………………… (189)
·北京市盲人学校·
概况 …………………… (189)
成立职教专业建设指导委员会 …………………… (189)
参加全国体育比赛并获奖 …………………… (189)
参加全国教学技能比赛获奖 …………………… (189)
举办市级融合教育交流会 …………………… (189)
庆祝建校 140 周年 …………………… (189)
·北京市第三聋人学校
（北京市健翔学校）·
概况 …………………… (190)
开展教师培训工作 …………………… (190)
开展招生就业实习工作 …………………… (190)
开设 17 门兴趣课程 …………………… (190)
实施培智高中新课程结构教学模式 …………………… (190)
·北京市海淀区培智中心学校·
概况 …………………… (190)
举办诗歌诵读展示活动 …………………… (190)
教育名家丛书《大爱无碍》出版 …………………… (191)
召开自闭症教育研讨会 …………………… (191)
举办学生书画作品展 …………………… (191)
·北京市门头沟区特殊教育学校·
概况 …………………… (191)
召开首次家长会 …………………… (191)

开展普特融合教育活动 …… (191)
组织教师进行职业体验 …… (191)
新校园建成 …… (191)
·北京市通州区培智学校
北京市通州区特殊教育中心·
概况 …… (191)
召开家长委员会研讨会 …… (192)
开展随班就读教研 …… (192)
·北京市顺义区特殊教育学校·
概况 …… (192)
启动综合课程改革 …… (192)
开展第四届体育艺术节 …… (192)
启动“爱心洗车场”校本课程 …… (192)
举行“清风竹韵”拜师大会 …… (192)
台湾专家指导康复教学 …… (192)
举办教学故事演讲比赛 …… (192)
·北京市昌平区特殊儿童教育学校·
概况 …… (192)
开展手拉手联谊活动 …… (193)
举办才艺展示活动 …… (193)
校园改造工程完工 …… (193)
召开个别化教育综合研讨会 …… (193)
·北京市大兴区特殊教育中心·
概况 …… (193)
开展交互智能平板培训 …… (193)
举办“大手拉小手，共度儿童节”活动 …… (193)
送教上门 …… (193)
举行第16届特奥运动会 …… (193)
召开孤独症儿童培训总结会 …… (193)
·北京市怀柔区培智学校·
概况 …… (193)
开设手工制作课程 …… (194)
新教学楼投入使用 …… (194)
举办教学成果展示 …… (194)
与密云特教学校合作教研 …… (194)
举办家长开放日 …… (194)
·北京市延庆县特殊教育中心·
概况 …… (194)
巡回指导家访工作 …… (194)
举办特奥运动会 …… (194)
参加融合教育活动 …… (194)

普通高等教育

综述 …… (197)
总类
两部委签署共建外交学院协议 …… (198)
14所高校入选国家级虚拟仿真实验教学中心 …… (198)
首批国家级虚拟仿真实验教学中心名单(北京) …… (198)
4所高校学报入选教育部高校哲学社会科学学报名栏 …… (198)
市政府与文化部共建戏曲学院 …… (198)
5所高校被认定为首批市文化创意产业人才培养基地 …… (198)
召开大学生创新实践活动总结表彰会 …… (198)
教育部与能源企业共建石油大学 …… (199)
中国建设领域卓越工程师教育联盟成立 …… (199)
试点建立3个北京学院 …… (199)
6所高校入选首批农林人才培养计划 …… (199)
第一批卓越农林人才教育培养计划改革试点项目 …… (199)
建设社会急需特色专业 …… (199)
两高校联合举办国际柔性与印刷电子大会 …… (200)
中国女子高等院校联盟成立 …… (200)
批准教育教学改革项目立项 …… (200)
2014年度北京高等学校教育教学改革立项项目（重点） …… (200)
高校大学英语教育发展中心成立 …… (200)
北京市教育系统食品安全检测网络启动 …… (201)
召开首都特色行业院校改革与发展论坛 …… (201)
学位与研究生教育
新增41个硕士专业学位点 …… (201)
新增硕士专业学位授权点名单 …… (201)
24篇博士论文获评全国优秀博士学位论文 …… (202)
2013年全国优秀博士学位论文名单（北京） …… (202)
教育部制定博士硕士学位论文抽检办法 …… (202)
创建大数据分析硕士培养创新平台 …… (202)
市教委召开研究生工作会议 …… (202)
5所高校入选全国示范性工程专业学位研究生联合培养基地 …… (203)
教育部制定中医专业学位设置方案 …… (203)
本专科教育
北京高校新增本科专业63个 …… (203)
2013年度教育部备案或批准设置高等学校本科专业（北京 不含民办） …… (203)
北京14所高校18门课程入选教育部第五批精品视频公开课 …… (204)
第五批“精品视频公开课”（北京） …… (204)
北京14所高校30门课程入选教育部第六批精品视频公开课 …… (204)
第六批“精品视频公开课”名单（北京） …… (204)
成立专业群专家组织 …… (205)
普通高等学校
·北京大学·
概况 …… (205)

米歇尔·奥巴马来访并发表演讲 …………………… (206)
实施教授茶座项目 ………………………………… (206)
与三省签订合作协议 ……………………………… (206)
发布微电影《星空日记》 ………………………… (206)
新太阳学生中心落成 ……………………………… (206)
汤一介逝世 ………………………………………… (206)
期刊网发布 ………………………………………… (206)
学校章程经核准发布 ……………………………… (206)
成立生态城市联合实验室 ………………………… (206)
举办北大斯坦福论坛 ……………………………… (207)
丁伟岳逝世 ………………………………………… (207)
摇滚音乐剧《元培校长》首演 …………………… (207)
实施综合改革 ……………………………………… (207)
国际医院开业 ……………………………………… (207)
田余庆逝世 ………………………………………… (207)
庆祝研究生院成立30周年 ……………………… (207)

·中国人民大学·

概况 ………………………………………………… (207)
成立两个研究院 …………………………………… (208)
许崇德逝世 ………………………………………… (208)
举办公共外交与国家形象论坛 …………………… (208)
与九三学社签订合作协议 ………………………… (208)
周诚逝世 …………………………………………… (208)
启动大数据分析硕士培养协同创新平台 ………… (208)
签约派出百名海归挂职计划首批人员 …………… (208)
方立天逝世 ………………………………………… (209)
与中国电信签订合作协议 ………………………… (209)
举办国际货币论坛 ………………………………… (209)
首次发布反腐败研究报告 ………………………… (209)
成立普通法中心 …………………………………… (209)
举办世界汉学大会 ………………………………… (209)
郑杭生逝世 ………………………………………… (209)
举办中国宏观经济论坛 …………………………… (209)
举办中国人文社会科学论坛 ……………………… (209)
纪念马列主义发展史研究所成立50周年 ………… (210)
成立高校应急管理师队伍 ………………………… (210)
夏甄陶逝世 ………………………………………… (210)
颁发第三届吴玉章人文社会科学终身成就奖 …… (210)

·清华大学·

概况 ………………………………………………… (210)
蒙民伟科技大楼启用 ……………………………… (210)
15项科技成果获国家科技奖 ……………………… (210)
沈德忠逝世 ………………………………………… (211)
成立在线教育研究中心 …………………………… (211)
创建交叉创新中心 ………………………………… (211)
签订成立深圳学院协议 …………………………… (211)
成立新雅书院 ……………………………………… (211)
学校章程经核准发布 ……………………………… (211)
召开一流大学建设系列研讨会 …………………… (211)
实施综合改革 ……………………………………… (211)
举办诺贝尔奖获得者讲座 ………………………… (211)
与10个地方政府和国企签订合作协议 …………… (211)
成立7个研究机构 ………………………………… (212)
在顶级学术期刊上发表多篇论文 ………………… (212)

·北京交通大学·

概况 ………………………………………………… (213)
新增两项中外合作办学申报项目 ………………… (213)
原创话剧《茅以升》公演 ………………………… (213)
科技大厦竣工启用 ………………………………… (214)
新增3个省部级科研平台 ………………………… (214)
庆祝研究生院成立十周年 ………………………… (214)
与巴西大学共建孔子学院 ………………………… (214)
召开物流信息及服务科学国际会议 ……………… (214)
李德才获全国模范教师称号 ……………………… (214)
与威海市签订合作协议 …………………………… (214)
召开国际压电和电波理论及器件应用研讨会 …… (214)
城市轨道交通英文国际刊创刊 …………………… (215)
成立6个内设机构 ………………………………… (215)

·北京工业大学·

概况 ………………………………………………… (215)
新增1个市哲社基地 ……………………………… (215)
与两所高校签约合作 ……………………………… (215)
与市环境保护局签订合作协议 …………………… (215)
成立5个研究院 …………………………………… (216)
创办樊恭烋学院 …………………………………… (216)
主持设计独立自由勋章雕塑 ……………………… (216)
成立实验学校 ……………………………………… (216)
制定教师职业道德与行为规范 …………………… (216)
博士生获国际壳体与空间结构半谷奖 …………… (216)
首次在国际顶级化学学术期刊发表论文 ………… (216)
举办大学工程教育与教学国际研讨会 …………… (217)
成立航天器系统与动力学国际联合实验室 ……… (217)
设立任福田交通奖学金 …………………………… (217)
成立微电子学院 …………………………………… (217)
完善校院两级学术委员会建设 …………………… (217)

·北京航空航天大学·

概况 ………………………………………………… (217)
5项成果获国家科技奖 …………………………… (218)
与空军航空医学研究所签订合作协议 …………… (218)
曹传钧逝世 ………………………………………… (218)
成立理、工、文科研究生培养委员会 …………… (218)
卫星导航应用国家工程研究中心通过评估 ……… (218)
举办北航大讲堂 …………………………………… (218)
与空军总医院签订合作协议 ……………………… (219)
成立航空发动机研究院 …………………………… (219)
智慧综合交通协同创新平台入选首批交通部协同创新平台 ……………………………………… (219)
沙河综合体育馆试运行 …………………………… (219)

成立智能技术与机器人联合研究中心 ……………（219）
与江西省签订合作协议 ……………………………（219）
致真大厦投入运行 …………………………………（219）
与法国国立民航大学签订合作协议 ………………（219）
举办国际暑期学校 …………………………………（219）
与莫斯科鲍曼技术大学签署学生交换协议 ………（219）
与墨西哥国立自治大学签订合作协议 ……………（220）
公共实验楼投入试运行 ……………………………（220）
学校章程经核准发布 ………………………………（220）
与德国达姆施塔特工业大学签订合作协议 ………（220）
·北京理工大学·
概况 ………………………………………………（220）
获5项国家科技奖 …………………………………（221）
与两市一区签订合作协议 …………………………（221）
举办国防生军事体育运动会 ………………………（221）
共建中国轻工业数据智能实验室 …………………（221）
与俄罗斯高校及深圳市签订合作协议 ……………（221）
正式开展数字迎新工作 ……………………………（221）
北京电动车辆协同创新中心获得认定 ……………（222）
学校章程获教育部核准 ……………………………（222）
与延安大学续签对口支援协议 ……………………（222）
·北京科技大学·
概况 ………………………………………………（222）
与国家纳米科学中心签订合作协议 ………………（223）
孔子学院揭牌 ………………………………………（223）
庆祝研究生院建院30周年 …………………………（223）
肖纪美逝世 …………………………………………（223）
举办工程教育国际化论坛 …………………………（223）
魏寿昆逝世 …………………………………………（223）
钢铁共性技术协同创新中心通过教育部认定 ……（223）
与首钢京唐公司签订合作协议 ……………………（224）
举办8期材料名师讲坛 ……………………………（224）
举办理学之美讲坛 …………………………………（224）
·北方工业大学·
概况 ………………………………………………（224）
与3所院校签订合作协议 …………………………（225）
后勤集团食品化验室投入使用 ……………………（225）
举办东北亚设计大会 ………………………………（225）
举办学生“Y计划”主题教育活动 ………………（225）
与3家企业签订合作协议 …………………………（225）
新增1个北京市重点实验室 ………………………（225）
举办校友会成立大会 ………………………………（225）
教师获法国市长荣誉奖章 …………………………（225）
获两项省部级科技进步奖 …………………………（225）
·北京化工大学·
概况 ………………………………………………（225）
召开第十次党代会 …………………………………（226）
两中心获评国家级示范中心 ………………………（226）
成立国际软物质研究中心 …………………………（226）
成立科学技术发展研究院 …………………………（226）
举办化工制药与生物工程类专业教育研讨会 ……（226）
新增两个博士后流动站 ……………………………（227）
9名博士生首次获评校长奖学金 …………………（227）
·北京工商大学·
概况 ………………………………………………（227）
召开中国食品安全电子商务高层研讨会 …………（227）
召开国际商务与中国的复兴研讨会 ………………（227）
新增3个硕士专业学位授权点 ……………………（228）
新增1个博士后科研流动站 ………………………（228）
发布中国上市公司会计投资者保护指数 …………（228）
中外合作办学项目获教育部批准 …………………（228）
首次举行集中式期中考试 …………………………（228）
举办首都现代服务业发展论坛 ……………………（228）
·北京服装学院·
概况 ………………………………………………（228）
举办中国时尚产业O2O与大数据论坛 ……………（229）
与14所京内外高中签订生源基地协议 ……………（229）
与纽约市立大学布鲁克林学院签订合作协议 ……（229）
举办国际艺术教育创新论坛 ………………………（229）
举办中国国际大学生时装周高峰论坛 ……………（229）
与外经贸大学开展暑期合作项目 …………………（229）
与榆林市签订合作协议 ……………………………（229）
发布新校训 …………………………………………（229）
举办建校55周年校友返校日活动 …………………（229）
举办新媒体与智慧商业论坛 ………………………（229）
·北京邮电大学·
概况 ………………………………………………（230）
成立可信网络通信协同创新中心 …………………（230）
举办大学生创新实践成果展示交流会 ……………（230）
成立研究生培养指导委员会 ………………………（230）
灾备技术国家工程实验室通过验收 ………………（230）
举办中外合作办学教育教学论坛 …………………（230）
与延庆县签订合作协议 ……………………………（230）
·北京印刷学院·
概况 ………………………………………………（231）
召开双代会 …………………………………………（231）
与罗彻斯特理工学院签署合作协议 ………………（231）
国家绿色印刷包装产业协同创新基地获批 ………（231）
四川地区校外实践教育基地揭牌 …………………（231）
召开专业学位研究生教育改革座谈会 ……………（231）
与青岛出版集团签署合作协议 ……………………（231）
成立数字出版与传媒研究院 ………………………（231）
主办数字出版与数字印刷新业态学术
　研讨会 ……………………………………………（232）
首获国家级教学成果奖 ……………………………（232）
举办博士后学术创新论坛 …………………………（232）

·北京建筑大学·

概况 …………………………………………（232）

举办中国绿色建筑产业专家论坛 …………（232）

举行中国高等建筑教育高峰论坛 …………（232）

召开海峡两岸信息科学与技术学术交流会议 ……（233）

召开文化遗产保护规划理论及实践学术研讨会 …………（233）

新图书馆开馆 ……………………………（233）

·北京石油化工学院·

概况 …………………………………………（233）

一中心入选国家级虚拟仿真实验教学中心 ………（233）

建立石化学生微信平台 ……………………（233）

公布新的教师职务晋升聘任办法 …………（233）

召开第三次党代会 …………………………（234）

实施新生引航工程 …………………………（234）

成立中关村能源装备产业技术研究院 ………（234）

颁布辅导员系列教师职务晋升聘任办法 ………（234）

举办十讲名师讲堂 …………………………（234）

·北京电子科技学院·

概况 …………………………………………（234）

召开新形势下密码安全防护技术研讨会 ………（234）

开展教学探索与实践活动总结会 …………（234）

举办人文素质与公文写作比赛 ……………（235）

修订2014版本科培养方案 ………………（235）

发布“一训三风”文字释义 ………………（235）

·中国农业大学·

概况 …………………………………………（235）

主持完成的4个项目获得国家科技奖 ………（235）

与市农委签订合作协议 ……………………（236）

举办植物生产系统的光能利用效率国际研讨会 …………（236）

学校章程经核准发布 ………………………（236）

成立中国土地政策与法律研究中心 ………（236）

纪念陈延熙诞辰百年 ………………………（236）

曾士迈逝世 …………………………………（236）

·北京农学院·

概况 …………………………………………（236）

制定创业六条 ………………………………（237）

发行绿色生活特刊 …………………………（237）

万亩林场开园 ………………………………（237）

召开第三次党代会 …………………………（237）

新增市重点实验室 …………………………（237）

·北京林业大学·

概况 …………………………………………（238）

签订7份产学研合作协议 …………………（238）

10个专业（类）入选卓越农林人才培养改革试点项目 …………（238）

制定综合改革方案 …………………………（238）

·北京协和医学院（中国医学科学院）·

概况 …………………………………………（238）

8项成果获中华医学科技奖 ………………（239）

召开标准化病人应用国际研讨会 …………（239）

组建创新药物先进技术与产业化协同创新中心 …………（239）

举办慢病防控与卫生体系改革高层论坛 ……（239）

·首都医科大学·

概况 …………………………………………（239）

获得国家科学技术进步二等奖两项 ………（240）

新增两所附属医院 …………………………（240）

与加拿大卡尔加里大学签订合作协议 ………（240）

设立首脑医疗基金 …………………………（240）

成立北京医学中心 …………………………（240）

与市科委共建脑重大疾病防治协同创新中心 ……（240）

举办诺贝尔奖科学家讲坛 …………………（240）

举办中英肿瘤论坛 …………………………（240）

·北京中医药大学·

概况 …………………………………………（240）

成立国学院暨中医药文化研究院 …………（241）

成立两个中心 ………………………………（241）

与圣彼得堡市签订合作协议 ………………（241）

召开中医国际传播研讨会 …………………（241）

第四临床医学院挂牌开诊 …………………（241）

召开全国中医药院校招生与就业工作研讨会 ……（242）

签署中澳中医合作协议 ……………………（242）

英文期刊创刊出版 …………………………（242）

·北京师范大学·

概况 …………………………………………（242）

获第三届中国出版政府奖 …………………（242）

建成数据中心机房 …………………………（243）

设立明远哥伦比亚大学师范学院项目 ………（243）

综合减灾与风险防范国际研讨会召开 ………（243）

举办中国当代文化的价值凝聚与国际传播路径国际论坛 …………（243）

成立小学教育研究中心 ……………………（243）

特选交换课程项目开班 ……………………（243）

黄祖洽逝世 …………………………………（243）

女子橄榄球队足球队夺冠 …………………（243）

成立EDP中心 ………………………………（243）

设立中国启功教师奖 ………………………（243）

召开物联网国际研讨会 ……………………（244）

入选国家2011协同创新中心 ………………（244）

成立统计学院 ………………………………（244）

共建新闻传播学院 …………………………（244）

学校章程核准发布 …………………………（244）

·首都师范大学·

概况 …………………………………………（244）

成立中国与拉丁美洲古代文明比较研究所 ……… (245)
举办思想政治教育论坛 ……… (245)
举办高等教育领域职务犯罪警示教育展 ……… (245)
召开北京高校实验室信息化建设研讨会 ……… (245)
召开创新与城市发展研讨会 ……… (245)
举办大学文化论坛 ……… (245)
举行建校60周年纪念大会 ……… (245)
举办学前教育论坛 ……… (245)
举办教科书研究高峰论坛 ……… (245)
· 首都体育学院 ·
概况 ……… (245)
新建两个实践基地 ……… (246)
与国家体育总局竞技体育司签约 ……… (246)
举办7次蓟门讲坛 ……… (246)
举办中国休闲体育论坛 ……… (246)
举办高校体育教育专业学生基本功大赛 ……… (246)
举办4次国培计划培训班 ……… (246)
举办体育产业风暴论坛 ……… (246)
· 北京外国语大学 ·
概况 ……… (246)
举办首届学生就业力大赛 ……… (247)
成立国际新闻与传播学院 ……… (247)
举办孔子学院中方院长论坛 ……… (247)
成立中国外语测评中心 ……… (247)
与市公安局签订合作协议 ……… (247)
成立国家语言能力发展研究中心 ……… (247)
成立全球史研究院 ……… (247)
· 北京第二外国语学院 ·
概况 ……… (247)
学生宿舍楼工程竣工 ……… (248)
举办中国旅游创业高峰论坛 ……… (248)
酒店管理学院实行本科生导师制 ……… (248)
开办人文素养大课堂 ……… (248)
发布学风教风表述语 ……… (248)
庆祝建校50周年 ……… (248)
举办中外文化交流对话活动 ……… (248)
签约成立白俄罗斯研究室 ……… (248)
举办主题公园与文化旅游发展论坛 ……… (248)
· 北京语言大学 ·
概况 ……… (249)
举办国际学生职业论坛 ……… (249)
召开第八次党代会 ……… (249)
接待8名外国政要 ……… (249)
举行中阿语言文化论坛 ……… (249)
发布春夏季中国报纸十大流行语 ……… (250)
开设汉语国际教育高级讲习班 ……… (250)
完成中国语言资源有声数据库北京库建设 ……… (250)
举办中国语言资源国际学术研讨会 ……… (250)
完成学部制机构调整 ……… (250)
举办大学教学改革发展论坛 ……… (250)
召开学术委员会 ……… (250)
举办首届全国意大利语演讲比赛 ……… (250)
与51所国外高校签订62份合作协议 ……… (250)
· 中国传媒大学 ·
概况 ……… (250)
高晓虹获全国三八红旗手称号 ……… (251)
校友会成立 ……… (251)
举办国际高端传媒学术期刊主编论坛 ……… (251)
获批1个市重点实验室 ……… (251)
庆祝建校60周年 ……… (251)
成立国际传媒教育学院 ……… (251)
· 中央财经大学 ·
概况 ……… (251)
与市地税局签订合作协议 ……… (252)
成立中国财政数据中心 ……… (252)
成立互联网商务金融研究院 ……… (252)
成立公私合作伙伴关系研究实验室 ……… (252)
召开食品安全风险交流研讨会 ……… (252)
举办银行业服务绿色化国际研讨会 ……… (252)
与上海市嘉定区签订合作协议 ……… (252)
举办亚太经济与金融论坛 ……… (253)
举办税收筹划与法律高峰论坛 ……… (253)
· 对外经济贸易大学 ·
概况 ……… (253)
召开双代会 ……… (253)
召开首届中国管理会计教育研讨会 ……… (253)
通过综合改革方案 ……… (253)
与人民网签订合作协议 ……… (253)
召开亚太自由贸易研讨会 ……… (253)
举办北京洪堡论坛 ……… (254)
举办中东欧国家金融和银行官员研修班 ……… (254)
与中国电信集团签订合作协议 ……… (254)
· 北京物资学院 ·
概况 ……… (254)
召开第二次党代会 ……… (254)
现代物流研究基地获评优秀基地 ……… (254)
举办音乐会 ……… (254)
主办中美物流教育与研究合作论坛 ……… (255)
举办期货论坛 ……… (255)
举办流通现代化论坛 ……… (255)
原创话剧《杨洪璋》首演 ……… (255)
· 首都经济贸易大学 ·
概况 ……… (255)
授牌五单位为首批学生实践基地 ……… (255)
与英国南安普顿大学签约合作 ……… (255)
成立中国流通研究院 ……… (256)

成立教育基金会 …………………………………… (256)
召开中美经贸发展论坛 …………………………… (256)
与中建一局共建产学研基地 ……………………… (256)
与邯郸学院签订合作协议 ………………………… (256)
主办首都土地利用与住房保障论坛 ……………… (256)
举办特大城市治理发展高层论坛 ………………… (256)
·外交学院·
概况 ………………………………………………… (256)
第四届董事会成立 ………………………………… (256)
举办中日韩合作媒体交流会 ……………………… (257)
召开教职工工会会员代表大会 …………………… (257)
举办公共外交地方高校论坛 ……………………… (257)
举办外交青年论坛 ………………………………… (257)
制定综合改革与发展规划 ………………………… (257)
举办丁肇中专题讲座 ……………………………… (257)
颁发梁洁华奖学金 ………………………………… (257)
召开全球国际关系理论与中国学派研讨会 ……… (257)
举办韩国国会议长郑义和演讲会 ………………… (257)
成立中国外交理论与实践协同创新中心 ………… (257)
召开一带一路与亚洲命运共同体研讨会 ………… (257)
举办多期援外培训班 ……………………………… (258)
·中国人民公安大学·
概况 ………………………………………………… (258)
召开“双代会” …………………………………… (258)
成立学生心理健康中心 …………………………… (258)
举办反恐怖工作面临的挑战与应对研讨会 ……… (258)
成立公安民警教育训练研究中心 ………………… (258)
接待国际刑警组织执委会主席访问 ……………… (258)
成立反恐怖学院 …………………………………… (259)
首期西藏公安机关少数民族民警培训班结业 …… (259)
与北京铁路局签署校局合作协议 ………………… (259)
举办全国涉外警务理论与实践创新研讨会 ……… (259)
举办第100期警督晋升警监警衔培训班 ………… (259)
举办泰国高级执法官员研修班 …………………… (259)
举办中国警界明日之星论坛 ……………………… (259)
举办公安技术一级学科建设研讨会 ……………… (259)
与南通市公安局签署合作协议 …………………… (259)
举办民警依法使用武器警械研讨会 ……………… (259)
·国际关系学院·
概况 ………………………………………………… (259)
主办公共市场与政府采购论坛 …………………… (260)
与以色列嘉利利国际管理学院签署合作协议 …… (260)
举办全国大学生政府采购论坛 …………………… (260)
设立教学实践基地 ………………………………… (260)
召开第25次学生代表大会 ………………………… (260)
举办中国国际关系青年学者论坛 ………………… (260)
与朝阳区法院共建实践教学基地 ………………… (260)
召开中国崛起与新型大国关系学术研讨会 ……… (260)
举办模拟联合国大会 ……………………………… (260)
召开中非合作的新拓展研讨会 …………………… (261)
举办建校65周年校史展 …………………………… (261)
召开第四次党代会 ………………………………… (261)
·北京体育大学·
概况 ………………………………………………… (261)
举办共话篮球活动 ………………………………… (261)
举办奥运明星励志巡讲 …………………………… (261)
举办交流音乐会 …………………………………… (262)
入选部级科技查新工作站 ………………………… (262)
开展中国足球志愿服务项目 ……………………… (262)
参加119个各级各类比赛 ………………………… (262)
·中央音乐学院·
概况 ………………………………………………… (262)
举办协奏曲音乐季活动 …………………………… (262)
举办北京国际巴洛克音乐节 ……………………… (262)
举办北京现代音乐节 ……………………………… (262)
成立娃哈哈室内乐团 ……………………………… (263)
青年交响乐团欧洲巡演 …………………………… (263)
举办钢琴艺术节 …………………………………… (263)
举办北京国际电影音乐节 ………………………… (263)
举办小提琴音乐节 ………………………………… (263)
举办‘汉能’英才艺术实践支持计划汇报音乐会 ………………………………………………… (263)
·中国音乐学院·
概况 ………………………………………………… (263)
建立民族音乐研究教学实践基地 ………………… (264)
少数民族音乐研究结项 …………………………… (264)
成立中国传统音乐文化传承与传播研究中心 …… (264)
与美国两所高校签订合作协议 …………………… (264)
举办许敬行从教60年报告会 ……………………… (264)
《马可选集》首发 ………………………………… (264)
召开全国音乐口述史学术研讨会 ………………… (265)
举办建院50周年系列活动 ………………………… (265)
召开罗忠镕90华诞暨当代音乐创作学术研讨会 ………………………………………………… (265)
举办蝶梦飞竹扬琴艺术团成立十周年音乐会 …… (265)
·中央美术学院·
概况 ………………………………………………… (265)
举办木雕艺术展 …………………………………… (266)
与荷兰签订美术馆交流培训协议 ………………… (266)
举办全国高校花鸟画教学研讨会 ………………… (266)
接受郑野夫版画作品捐赠 ………………………… (266)
举办冯法祀艺术回顾展 …………………………… (266)
举办王同仁作品展 ………………………………… (266)
成立实验艺术学院 ………………………………… (266)
举办丹麦文化季 …………………………………… (266)
举办蒋兆和诞辰110周年纪念特展 ……………… (266)
与德国梅森集团签署战略合作协议 ……………… (266)

举办董希文百年诞辰纪念展 …………………… (266)
成立新一届学术委员会 …………………… (267)
·中央戏剧学院·
概况 …………………… (267)
举办戏剧小品大赛 …………………… (267)
与巴黎第八大学签约合作 …………………… (267)
举办法国电影展 …………………… (267)
举办世界戏剧教育大会 …………………… (267)
与两所韩国院校签订合作协议 …………………… (268)
演出契诃夫经典剧目 …………………… (268)
举办亚洲传统戏剧工作室 …………………… (268)
举办台词学术会议 …………………… (268)
签订双学位项目协议 …………………… (268)
·中国戏曲学院·
概况 …………………… (268)
《梁祝》公演 …………………… (268)
举办艺术管理教育年会 …………………… (268)
召开中国戏曲导演与作曲创作关系研讨会 …………………… (269)
纪念富连成社创办 110 周年 …………………… (269)
·北京电影学院·
概况 …………………… (269)
获柏林电影节两项大奖 …………………… (269)
召开理事会成立大会 …………………… (269)
举办电影科技论坛 …………………… (269)
与辛辛那提大学签订合作协议 …………………… (269)
电影制片厂举办创作发布签约仪式 …………………… (269)
与加拿大培训中心签约 …………………… (269)
与新加坡传媒学院签订合作协议 …………………… (270)
校史教育进思想政治理论必修课 …………………… (270)
举办电影教育学术沙龙 …………………… (270)
与天津武清签约合作 …………………… (270)
举办全国电影学青年学者论坛 …………………… (270)
举办电影教育国际论坛 …………………… (270)
·北京舞蹈学院·
概况 …………………… (270)
排演玛莎格莱姆经典剧目 …………………… (270)
举办全国少儿舞蹈展演 …………………… (270)
庆祝建校 60 周年 …………………… (271)
举办北京国际舞蹈院校芭蕾舞邀请赛 …………………… (271)
举办舞蹈教育的现状与发展论坛 …………………… (271)
召开中国艺术人类学国际学术研讨会 …………………… (271)
与 11 所国际合作院校续约签约 …………………… (271)
·中央民族大学·
概况 …………………… (271)
召开世界民族冲突与治理创新研讨会 …………………… (271)
开展维吾尔语一对一辅导活动 …………………… (271)
举办第十届心理文化节 …………………… (272)
举办全国少数民族女专家研修班 …………………… (272)
完善研究生科研创新制度建设 …………………… (272)
举办辅导员职业能力大赛 …………………… (272)
高校博物馆与学生价值观培养教育论坛召开 …………………… (272)
举办中国少数民族科技成就和精英展 …………………… (272)
与土耳其高校签订合作协议 …………………… (272)
学校章程经核准发布 …………………… (272)
举办研究生学术文化节 …………………… (272)
召开城市社会学前沿研究暨学科建设研讨会 …………………… (272)
·中国政法大学·
概况 …………………… (272)
成立实验教学中心 …………………… (273)
建立司法案例卷宗电子阅览室 …………………… (273)
与英国诺丁汉特伦特大学签约合作 …………………… (273)
遴选首批法大智库团队 …………………… (273)
数字法大和法大云盘上线 …………………… (273)
共建光明新闻传播学院 …………………… (273)
完成研究生课程大纲编纂 …………………… (273)
与奥地利格拉茨大学签署合作协议 …………………… (274)
制定思想政治理论课质量标准 …………………… (274)
完成研究生历届学位论文选题分析 …………………… (274)
·华北电力大学·
概况 …………………… (274)
两项科技成果获国家科技奖 …………………… (274)
与浪潮集团签署合作协议 …………………… (275)
举办国际太阳电池技术及应用研讨会 …………………… (275)
两个国家重点实验室通过验收 …………………… (275)
电力系统仿真实验室揭牌 …………………… (275)
沈有昌逝世 …………………… (275)
与珠海市政府共建珠海研究院 …………………… (275)
与鸿帆控股有限公司签署合作协议 …………………… (275)
成立环境研究院 …………………… (276)
·中华女子学院·
概况 …………………… (276)
召开第三次学生代表大会 …………………… (276)
举办柯达伊音乐教育教学研讨会 …………………… (276)
举办芝加哥大学女大学生交流团学生论坛 …………………… (276)
举办家庭政策与妇女发展论坛 …………………… (276)
举办家庭、社区与儿童发展国际研讨会 …………………… (276)
举行女大学生就业创业论坛 …………………… (276)
召开妇女维权理论与实务研讨会 …………………… (277)
举办 3 次大使论坛 …………………… (277)
·北京信息科技大学·
概况 …………………… (277)
计算机学院试行大类招生 …………………… (277)
与 6 所国外高校签约合作 …………………… (277)
召开第二次党代会 …………………… (277)
完成首批工科类专业评估工作 …………………… (278)
举办首届大学生心理情景剧汇演 …………………… (278)

小营校区气膜体育馆竣工 …………………………（278）
签订3个校外合作协议 …………………………（278）

·中国矿业大学（北京）·

概况 …………………………（278）
获全国百篇优秀博士学位论文 …………………………（278）
举办研究生学术文化节 …………………………（279）
成立中国生产力学院 …………………………（279）
举办院士人生观专场报告会 …………………………（279）
演出话剧《乌龙山伯爵》 …………………………（279）
召开国际能源研讨会 …………………………（279）
召开国际软岩理论与技术研讨会 …………………………（279）
与两家企业签订合作协议 …………………………（279）
召开国际土地复垦与生态修复研讨会 …………………………（279）
主办国际采矿岩层控制会议 …………………………（279）
体育训练馆改造工程竣工 …………………………（279）
举办煤炭行业青年科学家论坛 …………………………（279）

·中国石油大学（北京）·

概况 …………………………（280）
与俄罗斯卢克石油公司签署合作协议 …………………………（280）
举办首届国际海洋钻井平台设计大赛 …………………………（280）
举办北美油气投资与技术国际论坛 …………………………（280）
与中国船舶重工集团签订合作协议 …………………………（280）
就业创业技能训练基地揭牌 …………………………（280）
新增1个市重点实验室 …………………………（281）
新增力学博士后科研流动站 …………………………（281）
获批首个国家自然科学基金重大项目 …………………………（281）
研究生教学楼实验办公综合楼竣工 …………………………（281）

·中国地质大学（北京）·

概况 …………………………（281）
与华油能源集团签订合作协议 …………………………（281）
周口店实习基地建立60周年 …………………………（282）
新增1个北京市重点实验室 …………………………（282）
召开中国大地测量和地球物理学学术大会 …………………………（282）
举办海峡两岸土壤及地下水污染调查与整治研讨会 …………………………（282）
召开页岩气国际学术研讨会 …………………………（282）
召开第五届教代会暨第十三届工代会 …………………………（282）
获批国家级虚拟仿真实验教学中心 …………………………（282）

·北京联合大学·

概况 …………………………（282）
举办人力资源培训 …………………………（283）
与慈文传媒集团签订战略合作协议 …………………………（283）
与西双版纳州签订合作协议 …………………………（283）
召开台湾政局与两岸关系学术研讨会 …………………………（283）
召开新型城镇化与传统文化研讨会 …………………………（283）
与甘肃陇南市签署合作协议 …………………………（283）
与故宫博物院签订合作协议 …………………………（283）
建立国家智慧旅游重点实验室 …………………………（283）
出版校志 …………………………（283）
成立旅游大数据协同创新中心 …………………………（283）

·中国青年政治学院·

概况 …………………………（283）
与市团委签订合作协议 …………………………（284）
召开民法典编纂经验研讨会 …………………………（284）
更改英文校名 …………………………（284）
举办流动人口聚集区社区服务中心发展论坛 …………………………（284）
举办青年工作院校发展论坛 …………………………（284）
举办媒体转型与卓越新闻人才培养模式创新论坛 …………………………（284）

·首钢工学院·

概况 …………………………（284）
修订学术委员会章程 …………………………（284）
成立动漫制作实训基地 …………………………（284）
1项教改课题获教育部行指委立项批准 …………………………（284）
发布校歌校徽校旗 …………………………（284）

·中国劳动关系学院·

概况 …………………………（285）
出版多部学术论丛 …………………………（285）
与多家单位签订实践教学基地协议 …………………………（285）
开展实践教学活动 …………………………（285）
与民生银行签订合作协议 …………………………（285）

·中国科学院大学·

概况 …………………………（285）
与泰国公务员委员会续签合作协议 …………………………（286）
中丹项目首届硕士研究生获得学位 …………………………（286）
首次招收本科生 …………………………（286）
与3所国外高校签订联合培养博士生协议 …………………………（286）
接收首台自主研发场发射枪扫描电镜 …………………………（286）

·中国社会科学院研究生院·

概况 …………………………（286）
与农工民主党建立合作关系 …………………………（287）
召开温济泽新闻与教育思想研讨会 …………………………（287）
非洲国家经济与社会发展总统顾问研讨班开班 …………………………（287）
召开全球能源安全智库会议 …………………………（287）
实施中芬社会工作博士联合培养计划 …………………………（287）
召开能源安全热点问题研讨会 …………………………（287）

·中国农业科学院研究生院·

概况 …………………………（287）
成立首批院所共建教研室 …………………………（288）
与塔里木大学签订合作协议 …………………………（288）
举办新生学术道德专题讲座 …………………………（288）
与两所国外高校签订合作协议 …………………………（288）
召开研究生两代会 …………………………（288）
纪念研究生院成立35周年 …………………………（288）
数字校园建设一期项目竣工 …………………………（288）

职业与成人教育

综述 …… (291)
总类
继续开展“3+2”中高职衔接办学改革试验 …… (292)
都市农业和现代服务业两个职业教育集团成立 …… (292)
公布职高综合高中班改革试点学校和专业 …… (292)
入选全国职业教育先进 …… (292)
京北现代职业教育体系建设联盟成立 …… (292)
获黄炎培职业教育奖 …… (293)
组织参加全国职业院校技能大赛 …… (293)
全国职业院校技能大赛中职组一等奖（北京） …… (293)
全国职业院校技能大赛高职组一等奖（北京） …… (293)
全国职业院校技能大赛中国优秀传统技艺表演赛优秀表演奖（北京） …… (294)
四区县职教联盟举办教学评比 …… (294)
召开贯彻全国职教工作会议精神专场宣讲会 …… (294)
职业院校22项成果获国家教学成果奖 …… (294)
举办中德美职业教育培训校企合作体制机制建设研讨会 …… (294)
开展职业院校汽修专业德国教学模式改革试验 …… (294)
举办职高学生专业技能比赛 …… (294)
组织参加全国职业院校信息化教学比赛 …… (295)
职业教育与大型企业高端对话 …… (295)
召开职业院校信息化教学和技能大赛交流研讨会 …… (295)
职成教育工作总结部署会召开 …… (295)
高等职业教育
物流职业院校校际联盟成立 …… (295)
举办市高职院校技能大赛 …… (295)
北京市高职院校技能大赛竞赛项目及承办学校 …… (295)
完成北京高职教育质量报告 …… (296)
交通职教集团校企合作共建城轨实训基地 …… (296)
两校入选全国职业院校就业竞争力示范校 …… (296)
高等职业学校
·北京工业职业技术学院·
概况 …… (296)
完成专业结构调整及布局优化 …… (297)
完成校办企业改制 …… (297)
聘请法律顾问 …… (297)
探索高职培养新模式 …… (297)
建立三级竞赛模式 …… (297)
与城建亚泰公司深度合作 …… (297)
完成社会培训7400余人次 …… (297)
·北京信息职业技术学院·
概况 …… (297)
首次招收“有条件注册入学”学生 …… (298)
成立就业创业校外指导专家委员会 …… (298)
承办电子设备装接工技能竞赛 …… (298)
首次招收埃及学历留学生 …… (298)
两项成果获国家级教学成果二等奖 …… (298)
庆祝建校60周年 …… (298)
承接APEC会议辅警安检任务 …… (298)
举办首届微课设计与制作竞赛 …… (298)
举办全国职业院校信息化教学能力提升培训万里行活动 …… (299)
·北京电子科技职业学院·
概况 …… (299)
完成技师培训鉴定 …… (299)
签署共建科研创新实践基地协议 …… (299)
课程入选国家优质数字教育资源 …… (299)
联合定向培养士官生 …… (299)
召开第一次学生代表大会 …… (299)
与3所院校签署合作协议 …… (299)
与企业及开发区签订合作协议 …… (300)
启动人才储备调剂中心 …… (300)
启动国家数字化学习资源中心分中心 …… (300)
学生通过ABB机器人应用能力资格认证 …… (300)
举办青年教师教学基本功比赛 …… (300)
设立科研服务平台 …… (300)
开展开发区首席技师研修项目 …… (300)
为本科学生开展项目教学 …… (301)
·北京京北职业技术学院·
概况 …… (301)
课堂搬到车展现场 …… (301)
举办首届养老护理员技能大赛 …… (301)
组建6支志愿服务队服务APEC会议 …… (301)
三方联动开展社区康复活动 …… (301)
通过民政行业养老护理员职业技能鉴定培训基地验收 …… (301)
·北京交通职业技术学院·
概况 …… (302)
学生社会实践基地挂牌 …… (302)
成立首个国旗班 …… (302)
获全国工程算量大赛总冠军 …… (302)
开展第一批教育教学能力测评工作 …… (302)
·北京青年政治学院·
概况 …… (302)

与蓝地公司签订校企合作协议 …………………… (302)
举办中华美德教育行动师资培训班 ……………… (303)
教师获评全国优秀 ……………………………… (303)
与中国贸促会北京分会共建实习基地 …………… (303)
与朝阳区教委及所属中职学校签约合作 ………… (303)
承办北京中青年社科理论人才“百人工程”
学者论坛 ……………………………………… (303)
完成北京市社工培训任务 ……………………… (303)
完成各类党政团干部培训 102 个班次 …………… (303)
· 北京农业职业学院 ·
概况 ……………………………………………… (303)
成为现代农村经济管理自考专业主考
院校 …………………………………………… (304)
学生压花作品首获国际金奖 …………………… (304)
撤并文秘法律系 ………………………………… (304)
制定梨生产技术规程地方标准 ………………… (304)
两项北京市农业技术试验示范项目结题 ………… (304)
建成图书馆新馆和气膜体育馆 ………………… (304)
与两所国外院校签署合作框架协议 …………… (304)
新增两个项目进驻大学生创业基地 …………… (304)
开展农艺入户工程 ……………………………… (305)
首次利用语言学科平台进行英语考试 ………… (305)
开展第十批科技骨干挂职服务工作 …………… (305)
首批留学生入学报到 …………………………… (305)
首获国家级教学成果一等奖 …………………… (305)
启动“课堂无手机”教育管理活动 …………… (305)
成立两个研究中心 ……………………………… (305)
举办首个奶牛养殖人才定向培养班 …………… (306)
新建、改造 12 个实训室 ………………………… (306)
· 北京政法职业学院 ·
概况 ……………………………………………… (306)
首获国家级教学成果奖 ………………………… (306)
与国家职业汉语能力测试中心签约合作 ……… (306)
举办安保专业国际双证书班 …………………… (306)
获全国速录技能大赛 14 枚金牌 ………………… (306)
大兴新校区启用 ………………………………… (307)
学报获全国高校优秀社科期刊奖 ……………… (307)
· 北京财贸职业学院 ·
概况 ……………………………………………… (307)
党总支换届 ……………………………………… (307)
《北京流通软实力》出版 ………………………… (307)
开展内部控制体系建设 ………………………… (307)
发起成立京商流通战略研究院 ………………… (307)
首设企业奖教金 ………………………………… (307)
启动首批课程 E 化教学改革 …………………… (308)
4 支团队获评北京高校大学生创业优秀
团队 …………………………………………… (308)
实行两级管理体制改革 ………………………… (308)
推进“研学结合”课程建设 …………………… (308)
· 北京戏曲艺术职业学院 ·
概况 ……………………………………………… (308)
群英幼儿园“北戏生源基地”挂牌 …………… (308)
《中华美德故事汇》演出 ………………………… (308)
成为中戏教学实践基地和生源基地 …………… (309)
北戏书馆开馆 …………………………………… (309)
与门头沟黑山小学结对共建 …………………… (309)
参加全国戏曲比赛获奖 ………………………… (309)
联合举办中央芭蕾舞团学员班 ………………… (309)
原创少儿京剧获校园戏剧奖 …………………… (309)
· 北京现代职业技术学院 ·
概况 ……………………………………………… (309)
建成数字资源教学一体化平台 ………………… (309)
完成校区搬迁 …………………………………… (310)
完成实训基地调整建设 ………………………… (310)
· 北京经济管理职业学院 ·
概况 ……………………………………………… (310)
校企合作建设人才培养基地 …………………… (310)
获全国机器人大赛一等奖 ……………………… (310)
加入商贸职教集团会计专业联盟 ……………… (310)
颁发首届华夏奖助学金 ………………………… (311)
· 北京劳动保障职业学院 ·
概况 ……………………………………………… (311)
与北方工大签订专接本合作协议 ……………… (311)
人力资源工作站揭牌 …………………………… (311)
国家骨干校建设项目通过验收 ………………… (311)
国家级高技能人才培训基地建设项目
通过验收 ……………………………………… (311)
· 北京社会管理职业学院 ·
概况 ……………………………………………… (312)
举办全国首届墓地管理员职业技能竞赛 ……… (312)
成立教学督导室 ………………………………… (312)
成果获职业教育国家级教学成果一等奖 ……… (312)
成立 9 个院内研究中心 ………………………… (312)
举办养老服务职业教育与产业对话活动 ……… (312)
完成民政职业技能鉴定 13360 人次 …………… (312)
举办 69 期民政干部培训班 …………………… (312)
开展养老护理员远程培训 ……………………… (313)
专业建设及科研工作成绩显著 ………………… (313)
· 北京体育职业学院 ·
概况 ……………………………………………… (313)
参加首届全国高等体育职业院校学生技能
大赛获佳绩 …………………………………… (313)
应届毕业生 100%就业 …………………………… (313)
完成计算机教室更新改造 ……………………… (313)
开展教师“能力本位课程改造” ……………… (313)
完成移动交互式数字教材制作 ………………… (313)
建造多功能电子教学实验室 …………………… (313)

·北京交通运输职业学院·

概况 …… (313)

3个校企合作订单班首次开班 …… (314)

开展"劳模进职校"系列活动 …… (314)

首届中德汽车职教项目学生毕业 …… (314)

调整机构设置及职责 …… (314)

实施5项教学及管理规定 …… (314)

完成职业培训13845人次、鉴定考核62257人次 …… (315)

·北京卫生职业学院·

概况 …… (315)

举办首届校园主持人大赛 …… (315)

13家医院成为学院教学医院 …… (315)

完成首次自主招生工作 …… (315)

首次举办"说专业"活动 …… (315)

设立红丝带奖学金 …… (315)

举办首届专业技能大赛 …… (315)

召开首届学术年会 …… (315)

制定人才培养方案 …… (316)

开展新生心理健康普查 …… (316)

中等职业教育

概况 …… (316)

新增26个中职专业 …… (316)

参加全国中职学校文明风采竞赛获奖 …… (316)

第二轮中职工作过程导向课程改革结束 …… (316)

举办市中职学校技能比赛 …… (316)

北京市中等职业学校技能比赛项目及承办单位 …… (317)

6所首批国家中职示范校通过国家验收 …… (317)

开展市级中职学校信息化教学比赛 …… (317)

8所第二批国家中职示范校通过市级验收 …… (317)

中职示范校建设工作交流会召开 …… (317)

国家重点中等职业学校

·中央音乐学院附属中等音乐学校·

概况 …… (318)

举办校友艺术节 …… (318)

设立奖学金制器乐比赛 …… (318)

举办学生音乐会 …… (318)

参加CCTV钢琴小提琴大赛获奖 …… (318)

参加国际青少年管乐比赛获奖 …… (318)

举办民乐学科教师音乐会 …… (318)

设立附中奖教金 …… (318)

·北京市什刹海体育运动学校·

概况 …… (319)

与天安门分局机动大队团委共建 …… (319)

首次开办WQST青少年全素质教育夏令营 …… (319)

获得三项世界比赛冠军 …… (319)

举办科普大讲堂活动 …… (319)

接待6批境外代表团 …… (319)

获17项全国比赛冠军 …… (319)

·北京市商务科技学校·

概况 …… (319)

物流实训基地通过使用效益评估 …… (320)

获得全国物流教学成果一等奖 …… (320)

固化行为养成教育成果 …… (320)

·北京水利水电学校·

概况 …… (320)

首次实现中高职衔接 …… (320)

与自来水集团和排水集团签约合作 …… (320)

加强基础设施建设 …… (320)

加深校企合作力度 …… (320)

开设第二课堂 …… (321)

·北京城市建设学校·

概况 …… (321)

"3+2"中高职衔接专业正式招生 …… (321)

重修建筑工程施工专业实训基地装备标准 …… (321)

举办技能竞赛月活动 …… (321)

提升为行业服务能力 …… (321)

·北京市自动化工程学校·

概况 …… (321)

学生获世界PowerMILL技能大赛冠军 …… (321)

首个志愿者服务班成立 …… (322)

新教学图书馆综合楼投入使用 …… (322)

举办庆祝建校50周年系列活动 …… (322)

·北京金隅科技学校·

概况 …… (322)

召开养老护理员培训项目研讨会 …… (322)

宏基电脑金隅学校服务站挂牌营业 …… (322)

金隅水泥中央控制室操作员培训班开班 …… (322)

·北京市园林学校·

概况 …… (322)

首次启动空气重污染应急预案 …… (323)

开展"道德大讲堂"主题教育活动 …… (323)

举办首届校园文化日活动 …… (323)

为全市园林绿化资源普查提供服务 …… (323)

·北京市商业学校·

概况 …… (323)

与联想集团合作培养信息化人才 …… (323)

服装体验店开业 …… (323)

北京祥龙大学揭牌 …… (324)

·北京铁路电气化学校·

概况 …… (324)

召开第九次团代会 …… (324)

召开第七次党员大会 …… (324)

学生志愿者服务地铁票制票价改革一线 …… (324)

·北京商贸学校·
概况 …… (324)
新增两个“3+2”专业 …… (324)
承办市中职学校电子商务专业技能大赛 …… (324)
庆祝建校50周年 …… (325)
·北京市供销学校·
概况 …… (325)
设立房山校区 …… (325)
通过职业技能公共实训示范基地验收 …… (325)
完成培训和鉴定2万人次 …… (325)
创办42个学生社团 …… (325)
·中国音乐学院附属中等音乐专科学校·
概况 …… (325)
庆祝建校50周年 …… (325)
参加全国青少年民族乐器演奏比赛 …… (326)
师生编演《悲惨世界》音乐剧 …… (326)
参加首届全国琵琶比赛获奖 …… (326)
与新疆艺术学院附中签约合作 …… (326)
·北京国际职业教育学校·
概况 …… (326)
与中央音乐学院鼎石实验学校签约 …… (326)
举办中外合作办学18周年成果展 …… (327)
综合高中试点班正式开班 …… (327)
影视表演专业正式开班 …… (327)
与北京饭店签约合作 …… (327)
·北京现代职业学校·
概况 …… (327)
学生宣讲班级文化 …… (327)
中职学校数字化研究课题结题 …… (327)
送专题讲座到社区 …… (327)
探索特色德育活动新模式 …… (328)
·北京市外事学校·
概况 …… (328)
创新举办“职业体验乐园” …… (328)
开展北京地铁人员培训 …… (328)
北址行政楼加固改造竣工 …… (328)
开设“3+2”中高职衔接班 …… (328)
发布新书《国宝大师郭文彬》 …… (328)
首届专科生毕业 …… (328)
金融专业停止招生 …… (328)
·北京市实美职业学校·
概况 …… (328)
李援瑛名师工作室成立 …… (329)
在亚洲国际标准舞锦标赛中获4个第一 …… (329)
包揽市青少年台球比赛前八名 …… (329)
贵阳分校揭牌 …… (329)
·北京市财会学校·
概况 …… (329)
承办两项职业技能竞赛 …… (329)
接待汇文一小师生开展职业课程体验活动 …… (329)
参加全国中职金融专业技能大赛获奖 …… (330)
·北京市实验职业学校·
概况 …… (330)
签订校企合作办学协议 …… (330)
专业教师研修项目结业 …… (330)
签订中高职衔接合作办学协议 …… (330)
召开中外媒体印刷校际合作技术交流会 …… (330)
开展提升专业素养学生特色活动 …… (330)
·北京市求实职业学校·
概况 …… (330)
举办“千课下基层进社区”开放日活动 …… (331)
举办社区“E帆风顺”老年培训班 …… (331)
探索“园校互动”教研新模式 …… (331)
获日语国际辩论大会第一名 …… (331)
·北京市劲松职业高中·
概况 …… (331)
获韩国国际美容健康大赛金奖 …… (331)
教师获评全国模范教师 …… (331)
参加企业实践活动 …… (332)
·北京市电气工程学校·
概况 …… (332)
成立权福苗名班主任工作室 …… (332)
与贵阳开阳县职业学校合作办学 …… (332)
召开企业专家聘任暨专业建设研讨会 …… (332)
·北京市丰台区职业教育中心学校·
概况 …… (332)
丰台区中小学职业体验中心成立 …… (332)
参加国际机器人比赛获佳绩 …… (332)
北京翔联国际就业训练基地揭牌 …… (333)
·北京市黄庄职业高中·
概况 …… (333)
职能培训进社区 …… (333)
成立大师工作室 …… (333)
举办京式旗袍非遗传承拜师会 …… (333)
开展质量目标监测 …… (333)
名师团队走进黔西南 …… (333)
“时尚生活网”上线 …… (333)
·北京市昌平职业学校·
概况 …… (333)
学生校园创业实践基地开业 …… (334)
召开综合高中启动暨教学顾问聘任大会 …… (334)
首获全国职业院校信息化课堂教学比赛一等奖 …… (334)
完成APEC会议国宴志愿服务 …… (334)
自主培育的菊花品种获全国金奖 …… (334)
举办教学改革论坛 …… (334)
举办师生教育教学成果展 …… (334)

·北京市大兴区第一职业学校·
概况 …… (334)
开展农民培训 …… (335)
女足六战全胜夺得桂冠 …… (335)
举办学生技能展示活动和教师技能大赛 …… (335)
创新园林专业实训形式 …… (335)
19 名学生获市政府奖学金 …… (335)
·北京市怀柔区职业学校·
概况 …… (335)
创建健身操队 …… (335)
与北京商鲲教育集团联合办学 …… (336)
加大校企合作及订单培养力度 …… (336)
农民科技教育实训基地授牌 …… (336)
·北京市平谷区第一职业学校·
概况 …… (336)
开展灯彩农民培训课程开发 …… (336)
高职班升学率 100% …… (336)
开办综合高中班 …… (336)
开设首届机械专业中高职衔接班 …… (336)
·密云县职业学校·
概况 …… (336)
开办成人业余专科班 …… (337)
校企合作举办技能竞赛 …… (337)
农村低收入群体技能培训班结业 …… (337)
高职自主招生录取率 100% …… (337)
完成农民技能培训超市乡镇级验收 …… (337)
·延庆县第一职业学校·
概况 …… (337)
确定汽修专业中高职衔接人才培养方案 …… (338)
学前教育专业实习实训基地揭牌 …… (338)
与长城润滑油养护中心签订合作协议 …… (338)
举办乌兰察布市职业学校骨干教师培训 …… (338)
举办乡村民俗旅游系列培训 …… (338)
成人高等教育
概况 …… (338)
首都农民工大学生助推计划开学 …… (338)
51 个远程教育校外学习中心评估合格 …… (338)
举办首届高校继续教育大学生计算机应用竞赛 …… (338)
开放学习国际论坛举办 …… (339)
2014 中国国际远程教育大会召开 …… (339)
“学分银行计划”完成第九级招生 …… (339)
独立建制成人高等学校
·国家开放大学·
概况 …… (339)
10 门课程入选国家级精品资源共享课 …… (339)
滨海新区实验学院挂牌成立 …… (340)
确立第二批 37 家学习成果认证试点单位 …… (340)
学生获全国自强模范称号 …… (340)
举办 14 期办学体系骨干教师研修班 …… (340)
试点实施“新型产业工人培养和发展助力计划” …… (340)
海洋学院揭牌成立 …… (340)
获批开展新型职业农民远程中等职业教育 …… (340)
老年开放大学门户网站与微信公众号上线 …… (341)
庆祝“教育部‘一村一名大学生计划’”试点十周年 …… (341)
建设 123 门网络核心课程 …… (341)
新建 1722 门五分钟课程 …… (341)
·北京教育学院·
概况 …… (341)
启动年度“绿色耕耘”培训项目 …… (341)
开展城区教师“专业促进”培训 …… (341)
完成机构调整和岗位聘任工作 …… (341)
承办关心下一代教育示范基地校长教师研修班 …… (342)
成立学前教育学院 …… (342)
成为第二批专业技术人员继续教育基地 …… (342)
“最美乡村教师”进院研修 …… (342)
开展北京市理科教师实验教学专题培训 …… (342)
挪威阜尔根大学学院学前教育考察交流项目开班 …… (342)
入选首批全国社会扶贫先进集体 …… (342)
举办原北京实验大学建校 30 周年成果汇报会 …… (343)
塞浦路斯大学孔子学院揭牌 …… (343)
承办外省市教师校长培训 …… (343)
·北京开放大学·
概况 …… (343)
举办全系统骨干教师培训班 …… (343)
联合举办地平线报告全球中文首发仪式 …… (343)
完成小学数学教师网络研修项目 …… (344)
为 94 岁学生颁发荣誉毕业证书 …… (344)
·北京宣武红旗业余大学·
概况 …… (344)
举办传统企业电子商务培训 …… (344)
首次聘任客座教授 …… (344)
召开学习型社区建设工作推进培训会 …… (344)
与复兴商业城签署校企合作协议 …… (344)
首次举办微课系列培训 …… (344)
·北京市总工会职工大学·
概况 …… (344)
完成“素质工程网”及“网上学习超市”升级改造 …… (345)
开展 3 个素质工程新项目 …… (345)
发放首都职工数字图书阅览卡 …… (345)
首次公开招标科研课题立项 …… (345)

开发3门新教材 …………………………………… (345)
承办技术工人职业培训 ……………………………… (345)
培训工会干部10628人 ……………………………… (345)

·北京市西城经济科学大学
（北京市西城区社区学院）·

概况 ………………………………………………… (346)
举办首都职工素质教育工程培训班 ………………… (346)
新增及撤销专业 ……………………………………… (346)
与和合谷签订精英人才培训协议 …………………… (346)
改善校园基础设施 …………………………………… (346)
新增42家市民终身学习成果认证点 ………………… (346)
开设42门社区教育课程 ……………………………… (346)
实施58个培训项目 …………………………………… (347)

农村成人教育

延庆建立乡村旅游培训基地 ………………………… (347)
怀柔举办首届农民文艺中专班毕业汇演 …………… (347)
怀柔举办山区农民生态环境涵养培训 ……………… (347)
门头沟实施新型职业农民培育工程 ………………… (347)
延庆老年教育向农村延伸 …………………………… (347)
市文化驻乡工程经验总结会召开 …………………… (347)
怀柔推进农村实用人才培养 ………………………… (347)
加强新型职业农民培训力度 ………………………… (347)

学习型城市建设

100人入选首都市民学习之星 ……………………… (348)
认定密云县为学习型城市工作先进区 ……………… (348)
第十届全民终身学习活动周举办 …………………… (348)
发布市民终身学习移动化应用暨京学网
移动版 ……………………………………………… (348)
认定市建设学习型城市工作示范区 ………………… (348)

民办教育

综述 ………………………………………………… (351)

民办教育管理

顺义民办教育联合会开展公益活动 ………………… (352)
3所独立学院4个专业获得学士学位授予权 ……… (352)
通州交流民办幼儿园管理工作经验 ………………… (352)
新圆明职院更名为艺术传媒职院 …………………… (352)
京商学院揭牌 ………………………………………… (352)
昌平召开民办园年度考核总结现场会 ……………… (352)
调查行业党建基础情况 ……………………………… (352)
招生简章和广告备案 ………………………………… (352)
举办5所独立院校联合招聘会 ……………………… (352)
延庆启动公办园与民办园交流活动 ………………… (353)
吉利大学升格更名 …………………………………… (353)
两校联合举办毕业设计作品联展 …………………… (353)
公布办学状况评估与年检工作结果 ………………… (353)
2012～2013学年民办高等学校及其他民办高等
教育机构办学状况评估及年度检查结果 ………… (353)
民办高校年度工作会召开 …………………………… (354)
怀柔清理整顿非公办幼儿园和教育培训机构 ……… (354)
评选民办教育园丁奖 ………………………………… (354)
北京旅游专修学院更名 ……………………………… (354)
区县民办教育管理工作会召开 ……………………… (354)
举办民办高校辅导员培训班 ………………………… (354)
密云完成民办园年度考核 …………………………… (354)
顺义完成民办园年度考核 …………………………… (354)
石景山交流民办园工作 ……………………………… (354)
开展民办高等教育机构办学状况年检 ……………… (354)
民办教育系统安全稳定工作会召开 ………………… (355)
投入3571万元奖补普惠性民办园 ………………… (355)

民办高等学校

·北京城市学院·

概况 ………………………………………………… (355)
成立中药师承教育学科基地 ………………………… (355)
新增3个硕士学位专业点 …………………………… (355)
成立两个研究所 ……………………………………… (355)
庆祝建校30周年 …………………………………… (355)
签署5个战略合作协议 ……………………………… (356)

·北京北大方正软件技术学院·

概况 ………………………………………………… (356)
民航商务数字化实训室落成 ………………………… (356)
签署3个校企合作协议 ……………………………… (356)
获两个全国一等奖 …………………………………… (356)
开发3个数字交互学习应用 ………………………… (356)
举办护理技能大赛 …………………………………… (356)
举办财金知识大赛 …………………………………… (357)

·北京经贸职业学院·

概况 ………………………………………………… (357)
举办首届信息化教学设计竞赛 ……………………… (357)
举办英语演讲比赛 …………………………………… (357)
举办首届心理健康节 ………………………………… (357)
签署校企合作协议 …………………………………… (357)

·北京经济技术职业学院·

概况 ………………………………………………… (357)
完成首次高职自主招生 ……………………………… (357)
大学生骨干培训班开班 ……………………………… (357)
举办班主任（辅导员）技能大赛 …………………… (357)

·北京汇佳职业学院·

概况 ………………………………………………… (357)
成立汇佳中兴电信学院 ……………………………… (358)
举办系列校园活动 …………………………………… (358)
举办“微课”教学比赛 ……………………………… (358)
举办教学质量月活动 ………………………………… (358)
获大学生游戏设计大赛一等奖 ……………………… (358)

· 北京吉利大学（北京吉利学院）·
概况 ……………………………………………………… (358)
吉利集团捐赠汽车和发动机 ………………………… (358)
设立“校园环境日” ………………………………… (358)
签订校企合作共赢协议 ……………………………… (359)
推进导师制改革 ……………………………………… (359)
成立 3 个研究中心 …………………………………… (359)
· 首都师范大学科德学院 ·
概况 ……………………………………………………… (359)
参加北京大学生艺术节并获奖 ……………………… (359)
庆祝建校 10 周年 …………………………………… (359)
召开教学工作会议 …………………………………… (359)
· 北京工商大学嘉华学院 ·
概况 ……………………………………………………… (359)
开展海外课堂实践活动 ……………………………… (360)
庆祝建校 10 周年 …………………………………… (360)
签订校企合作协议 …………………………………… (360)
实习实践基地签约授牌 ……………………………… (360)
· 北京科技职业学院 ·
概况 ……………………………………………………… (360)
首次开展高职自主招生 ……………………………… (360)
实行“两中心”试点 ………………………………… (360)
签订校企合作协议 …………………………………… (360)
附设幼儿园招生 ……………………………………… (361)
首用燃气供暖 ………………………………………… (361)
363 名学生获素质测评加分 ………………………… (361)
· 北京培黎职业学院 ·
概况 ……………………………………………………… (361)
“3+2”中高职衔接试点项目获批 ………………… (361)
签署 3 项校际合作协议 ……………………………… (361)
试点分类教学改革 …………………………………… (361)
举办首届艺术创意设计大赛 ………………………… (361)
开设“青春护照”课程 ……………………………… (362)
开通教师在线学习中心 ……………………………… (362)
开设大学生服务与实践教育课程 …………………… (362)
开创实习实训新模式 ………………………………… (362)
幼教实训基地建成并投入使用 ……………………… (362)
· 北京邮电大学世纪学院 ·
概况 ……………………………………………………… (362)
校园搬迁至延庆康庄 ………………………………… (362)
与芬兰高校签署姊妹院校协议 ……………………… (362)
获批首个市重点实验室 ……………………………… (363)
与延庆县政府签订合作协议 ………………………… (363)
首次试点“无手机课堂” …………………………… (363)
· 北京工业大学耿丹学院 ·
概况 ……………………………………………………… (363)
新增两个本科专业 …………………………………… (363)
合办民生银行班 ……………………………………… (363)
首批“3+1”课程学生获中英双学位 ……………… (363)
首次开展暑期校外调研 ……………………………… (363)
实施新生引航工程 …………………………………… (363)
召开首届党委选举大会 ……………………………… (364)
· 北京新圆明职业学院
（北京艺术传媒职业学院）·
概况 ……………………………………………………… (364)
举办春季田径运动会 ………………………………… (364)
召开教学工作会议 …………………………………… (364)
开设民族地区播种班 ………………………………… (364)
· 北京第二外国语学院中瑞酒店管理学院 ·
概况 ……………………………………………………… (364)
设立王府半岛酒店奖学金 …………………………… (364)
赴瑞士洛桑酒店管理学院学习交流 ………………… (364)
酒店业研究中心成立 ………………………………… (364)
校园警务工作站投入使用 …………………………… (364)
发布教职工行为规范与礼仪记分办法 ……………… (365)
探索全英语服务教学实践模式 ……………………… (365)
“交流吧”实验室投入使用 ………………………… (365)
食品制作课程改革 …………………………………… (365)
“学生法庭”评议学生违纪 ………………………… (365)

民办高等教育机构

· 北京人文大学 ·
概况 ……………………………………………………… (365)
成立国际舞蹈学院 …………………………………… (365)
获批发展促进项目资金 ……………………………… (365)
庆祝建校 30 周年 …………………………………… (365)
投资 1200 万元改善办学条件 ……………………… (366)
· 北京工商管理专修学院 ·
概况 ……………………………………………………… (366)
面部指纹打卡机安装使用 …………………………… (366)
签署 12 项合作协议 ………………………………… (366)
商务综合模拟实验室通过验收 ……………………… (366)
调整机构设置 ………………………………………… (366)
转变招生模式 ………………………………………… (366)
· 中国信息大学 ·
概况 ……………………………………………………… (366)
建立专业带头人负责制 ……………………………… (366)
建立动漫后期实验室 ………………………………… (367)
建立电子商务平台系统 ……………………………… (367)
· 现代管理大学 ·
概况 ……………………………………………………… (367)
完成校园环境建设和改造工程 ……………………… (367)
乘务培训模拟舱落成 ………………………………… (367)
工科实训中心竣工 …………………………………… (367)
举办教师基本功大赛 ………………………………… (367)
· 北京八维研修学院 ·
概况 ……………………………………………………… (367)

成立云计算学院 …… (367)
获发展促进资金 120 万元 …… (367)
举办 187 场家庭智慧公益讲座 …… (368)
·北京现代音乐研修学院·
概况 …… (368)
召开毕业生暨艺术人才推介会 …… (368)
参加两项全国比赛获奖 …… (368)
举办年度课程课件比赛 …… (368)
获群众舞蹈大赛金奖 …… (368)
成为职业资格定点培训机构 …… (368)
举办爵士鼓教育发展论坛 …… (368)
·北京北大资源研修学院·
概况 …… (368)
获批两个民办促进项目 …… (368)
两名教师获第八届园丁奖 …… (369)
举办第二届校园拍卖会 …… (369)
·北京文理研修学院·
概况 …… (369)
召开航空服务专业学科建设研讨会 …… (369)
举办空乘人员专场招聘会 …… (369)
举办航空服务专业职业形象展示竞赛 …… (369)
·北京演艺专修学院·
概况 …… (369)
义务支教打工子弟学校 …… (369)
参加韩国高校音乐节 …… (369)
话剧《水仙》获戏剧奥林匹克奖 …… (369)
民办中小学幼儿园
·北京市丰台区红黄蓝多元智能实验幼儿园·
概况 …… (370)
召开首次教职工代表选举大会 …… (370)
召开幼儿体能测试观摩交流会 …… (370)
展示红黄蓝体系教育科研活动 …… (370)
·北京市昌平区幸福童年双语幼儿园·
概况 …… (370)
参加全国青少年儿童书画摄影征文艺术展 …… (370)
检查评比区域环境创设 …… (370)
举办低碳环保小制作展 …… (370)
·北京市大兴区十一建华实验幼儿园·
概况 …… (370)
开展花灯评选活动 …… (371)
“青蓝组合”师徒结对 …… (371)
庆祝建园五周年 …… (371)
·北京第二实验小学怡海分校·
概况 …… (371)
召开教学工作研讨会 …… (371)
成为首批通讯社学校 …… (371)
展示办学情况 …… (371)
·北京市第八中学怡海分校·
概况 …… (371)
举办研究型教学讲座 …… (371)
学习翻转课堂 …… (371)
举办文明礼仪大赛 …… (371)
·北京市海嘉双语学校·
概况 …… (372)
举办中国年庆祝活动 …… (372)
举办中文阅读活动 …… (372)
新中学楼开放 …… (372)
开展阻止校园欺辱宣讲活动 …… (372)
·北京市新英才学校·
概况 …… (372)
评选感动校园十大人物 …… (372)
赴美国学习营学习 …… (372)
举办新书发布会 …… (372)
参加中小学外国学生多元文化节 …… (372)
·北京王府学校·
概况 …… (373)
举办首届科学嘉年华活动 …… (373)
举办高一英语辩论赛 …… (373)
发行移动教学期刊 …… (373)
·北京市私立汇佳学校·
概况 …… (373)
气膜运动馆完工 …… (373)
探索语言 A 教学方式 …… (373)
用 PYP 教育理念开展管乐教学 …… (373)
举办五年级学习成果展 …… (373)
举办 2014MYP 个人设计展 …… (374)
举办野外生存探险活动 …… (374)
·北京市中芯学校·
概况 …… (374)
举办首届创意大赛 …… (374)
举办系列环保主题活动 …… (374)
举办英语夏令营 …… (374)

德育体育美育

综述 …… (377)
德育
·德育工作·
启动家庭教育公共服务项目 …… (378)
举办第二届中学生社会实践挑战赛 …… (378)
举办数字德育网上冬令营和夏令营 …… (378)
启动小学主题宣传暨网络媒体进校园活动 …… (378)
举办“世界地球日”宣传周活动 …… (378)
认定首批 104 所学校文化建设示范校 …… (379)

举办首届社会大课堂学习成果评选展示活动 …… (379)
召开市中小学学校文化示范校建设项目现场会 … (379)
举办优秀学生事迹报告会 …………………………… (379)
举办七彩蝶大型公益活动 …………………………… (379)
中小学培育和践行社会主义核心价值观 ………… (379)
高校培育和践行社会主义核心价值观 …………… (380)
优秀少儿影片和连环画进校园 ………………… (380)
举办博物馆与学生价值观培养论坛 …………… (380)
启动中小学“四个一”活动 …………………… (380)
举办首届全国中学生朗诵大会 ………………… (380)
举办“理论名家讲堂” ………………………… (381)
举办中小学生低碳环保系列教育活动 ………… (381)
举办中学生节能减排知识大赛 ………………… (381)
举办毒品预防专题教育培训交流活动 ………… (381)
召开中小学阅读指导活动总结表彰会 ………… (381)
举办博物馆之春活动 ………………………… (381)
召开中华优秀传统文化教育交流研讨会 ……… (381)
开展节水主题系列活动 ……………………… (381)

・专门教育・

概况 …………………………………………………… (381)
海淀寄读学校与北师大签订合作协议 ………… (381)
举办办学经验交流活动 ……………………… (382)
召开学生教育个案分享交流会 ……………… (382)
举办专门学校学科教学设计评优总结交流会 …… (382)

体育卫生

・体育・

举办阳光体育中小学生乒乓球比赛 ………… (382)
举办金帆杯中学生排球比赛 ………………… (382)
举办金帆杯中学生篮球比赛 ………………… (382)
举办金帆杯中学生足球比赛 ………………… (382)
举办阳光体育中小学生长跑比赛 …………… (383)
举办高校田径运动会 ………………………… (383)
汇佳职院承办高校健身健美大赛暨教育论坛 …… (383)
人大附中承办国际中学生足球赛 …………… (383)
参加全国学生运动会 ………………………… (383)
举办阳光体育中小学生排球联赛 …………… (383)
举办中小学生篮球联赛 ……………………… (383)
举办和谐杯中小学生乒乓球联赛 …………… (383)
举办阳光体育中学生田径运动会 …………… (384)
举办中小学生国家体质健康标准测试赛 ……… (384)
举办中小学生足球联赛 ……………………… (384)
举办足球在校园小足球节 …………………… (384)
承办中国中学生篮球联赛北京赛区比赛 ……… (384)
举办中小学生健美操比赛 …………………… (384)

・国防教育・

举办3场国防教育规范化培训 ………………… (384)
东城举办国防教育一日体验活动 …………… (384)
启动海洋意识教育年主题系列活动 ………… (385)
举办高校学生兵棋推演竞赛 ………………… (385)
举办军事定向越野公园联赛 ………………… (385)
耿丹学院成立国防教育协会 ………………… (385)
开设高校军训学生“特训营” ……………… (385)
海淀国防教育读本首发 ……………………… (385)
召开高校国防教育论文报告会 ……………… (385)
举办职业院校国防教育主题演讲 …………… (385)

・学校卫生・

发布《北京市中小学生健康膳食指引》 ………… (385)
印发中小学心理健康教育工作纲要（修订） …… (385)
召开心理素质教育工作会 …………………… (386)
开展健康科普讲座活动 ……………………… (386)
开展中小学生视力不良预警工作 …………… (386)
举办心理健康教育观摩交流周 ……………… (386)
首都大学生心理援助中心成立 ……………… (386)
应用学生体质健康标准测试数据管理与
　报送系统 …………………………………… (386)

艺术与校外教育

・艺术教育・

确定21个北京阳光少年艺术团分团 ……………… (386)
召开中小学素质教育舞蹈课教学实践工作会 …… (386)
举办学生艺术节 ……………………………… (387)
举办北京国际青少年艺术周 ………………… (387)
清华附小承办首届儿童阅读论坛 …………… (387)
市教育学会举办儿童书画大赛 ……………… (387)
举办民族艺术进校园活动 …………………… (387)
展示艺术院校教育成果 ……………………… (387)
举办纪念红军长征80周年活动 ……………… (387)
举办首都学生演出季活动 …………………… (388)

・科技活动・

举办“感悟翱翔”分享论坛 ………………… (388)
214所学校入选中小学科技教育示范校 ……… (388)
举办市青少年科技创新赛 …………………… (388)
10人获第12届“市长奖” ………………… (388)
第12届北京青少年科技创新市长奖 ………… (388)
召开“科学探案与创新人才培养”专题
　研讨会 ……………………………………… (388)
北师大实验中学学生获国际科学与工程大奖赛
　一等奖 ……………………………………… (388)
举办青少年翱翔科学论坛分论坛 …………… (389)
举办科技文化夏令营 ………………………… (389)
参加全国青少年科技创新大赛并获奖 ……… (389)
第29届全国青少年创新大赛青少年创新成果
　竞赛项目一等奖（北京） ………………… (389)
第29届全国青少年科技创新大赛青少年科技
　实践活动一等奖（北京） ………………… (390)
参加全国中小学信息技术创新
　与实践评选活动 …………………………… (390)

举办学生科技节 …………………………………… (390)
24 人获明天小小科学家奖 ………………………… (390)
举办学生机器人智能大赛 ………………………… (390)
举办中小学生科学建议奖活动 …………………… (390)
第六届北京市中小学生科学建议奖获奖名单 …… (391)
• 校外教育 •
举办中小学生环保主题演讲比赛 ………………… (391)
评选校外教育理论与实践研究论文 ……………… (391)
启动阳光少年活动 ………………………………… (391)
举办青少年自然科学知识挑战赛 ………………… (391)
北京教科院举办首届小学生绿色创新
挑战赛 ………………………………………… (391)
举办暑期“圆梦蒲公英”主题活动 ……………… (391)
举办老舍文学作品诵读活动 ……………………… (391)
举办第四届中学生模拟联合国大会 ……………… (392)
评选 42 个青少年学生校外活动基地 …………… (392)
2014 年北京市青少年学生校外活动基地 ……… (392)
举办师生电脑作品评选 …………………………… (392)
表彰中小学生金银帆奖 …………………………… (392)
第 28 届北京市中小学生金帆奖 ………………… (392)
表彰校外教育先进 ………………………………… (392)
建设 47 个乡镇校外活动站 ……………………… (392)

科学研究

综述 ……………………………………………………… (395)
总类
24 项成果获得国家科技奖 ………………………… (396)
2013 年度国家自然科学奖二等奖
（北京　第一完成单位） ……………………… (396)
2013 年度国家技术发明奖一等奖
（北京　第一完成单位） ……………………… (396)
2013 年度国家技术发明奖二等奖
（北京　第一完成单位） ……………………… (396)
2013 年度国家科技进步奖一等奖
（北京　第一完成单位） ……………………… (396)
2013 年度国家科技进步奖创新团队奖
（北京） ……………………………………………… (396)
2013 年度国家科技进步奖二等奖
（北京　第一完成单位） ……………………… (396)
73 个项目获得教育部科技奖 …………………… (397)
2013 年度教育部自然科学奖一等奖
（北京　第一完成单位） ……………………… (397)
2013 年度教育部技术发明奖一等奖
（北京　第一完成单位） ……………………… (397)
2013 年度教育部科技进步奖一等奖
（北京　第一完成单位　通用项目） ………… (397)
52 个项目获得市科学技术奖 …………………… (397)
北京市科学技术奖一等奖
（北京高校　第一完成单位） ………………… (397)
32 个项目入选提升计划项目 …………………… (397)
2015 年度市属高校创新能力提升计划
科技类入选项目 ……………………………… (398)
2015 年度市属高校创新能力提升计划人文
社科艺术类入选项目 ………………………… (398)
公布高校实验教学示范中心验收结果 ………… (398)
制定市属高校 2011 计划实施方案 …………… (398)
127 个项目获得国家级教学成果奖 …………… (398)
2014 年国家级教学成果奖（基教类）
（北京　第一完成人所在单位） ……………… (398)
2014 年国家级教学成果奖（职教类）
（北京　第一完成人所在单位） ……………… (399)
2014 年国家级教学成果奖（高教类）
（北京　第一完成人所在单位） ……………… (399)
实施中央在京高校重大成果转化项目 ………… (399)
开展市属高校科技评价改革试点 ……………… (399)
168 个项目获哲学社会科学优秀成果奖 ……… (399)
4 个项目入选年度高校十大科技进展 ………… (399)
高校特色教育资源库新增 47 个主题资源包 … (400)
增列 5 个哲学社会科学研究基地 ……………… (400)
486 个项目入选 2015 科研计划项目 ………… (400)
2015 年度科技发展计划重点项目 …………… (400)
2015 年度人文社会科学研究计划重点项目 … (400)
科研成果
清华战国竹简（肆）成果发布 ………………… (401)
北航卫星导航接收机 IC 芯片组研制通过验收 … (401)
北工商重要食品香料绿色制备技术获奖 ……… (401)
十五中物理实验装置获专利 …………………… (401)
农职院甘薯加工研究项目通过验收 …………… (401)
农职院糯玉米研究项目通过验收 ……………… (402)
清华成功实施国内首例冷冻消融手术 ………… (402)
北航月宫一号完成首次长期多人密闭试验 …… (402)
北师大发布义务教育阶段学校积极心理
环境指数 ……………………………………… (402)
法大发布《我国青少年法制教育调查报告》 … (402)
民大主持完成生物多样性技术规定 …………… (402)
北大方正偶形骨骼系统获专利证书 …………… (402)
协和医学院经心尖 TAVI 临床试验成功 ……… (402)
协和医学院发布《中国心血管病报告 2013》 … (403)
北医三院完成 3D 打印脊椎植入手术 ………… (403)
地大发现一种新矿物 …………………………… (403)
北方工大科研项目通过有色金属工业协会
成果鉴定 ……………………………………… (403)
北工大发布《2014 年北京社会建设分析报告》 … (403)
清华可充电脑起搏器获产品注册 ……………… (403)
北医三院 MALBAC 全基因组扩增测序试管
婴儿诞生 ……………………………………… (403)

地大在板块俯冲过程中 Mg 同位素地球化学行为研究中取得进展 ……………… (403)
石化学院焊接机器人技术取得新突破 ……………… (403)
清华灵巧通信试验卫星实现低轨移动通信卫星重要突破 ……………… (404)
清华高温气冷堆核电站项目取得突破 ……………… (404)
清华暗物质研究取得重要成果 ……………… (404)
人大发布两项指数 ……………… (404)
法大发布法治政府蓝皮书和中国法治政府评估报告 ……………… (404)
清华首例单原子层纳米锗片制备 ……………… (404)
首医大附属安贞医院全国最大房颤患者队列建立 ……………… (404)
北科大单层白光 OLED 器件制备 ……………… (404)

教育科学研究

举办学科考试评价与课堂教学改革论坛 ……………… (405)
191 项课题入选市教育科学规划课题 ……………… (405)
召开高中特色试验成果推广会 ……………… (405)
召开本草资源课程转化与实践项目结题研讨会 ……………… (405)
召开基础教育热点、重点问题研讨会 ……………… (405)
召开"十二五"教育科学规划重点课题研讨会 ……………… (405)
推进中小学德育内容、方法和机制创新项目结题 ……………… (406)
16 项课题入选全国教育科学规划课题 ……………… (406)

教育教学研究

召开物理学科特级教师工作教学研讨会 ……………… (406)
召开地方教材精品化建设研讨会 ……………… (406)
召开初中教师教学基本功培训与展示活动总结表彰会 ……………… (406)
召开数学教学研讨总结会 ……………… (406)
举办历史教学录像课展示及教学交流研讨会 ……………… (406)
举办秋季教材培训活动 ……………… (407)
举办北京市学前教研工作现场展评 ……………… (407)
举办中小学生涯教育培训会 ……………… (407)
举办中职工作过程导向课改交流展示会 ……………… (407)
举办高中化学教学研讨活动 ……………… (407)
评选优秀校外教育活动资料 ……………… (407)
举办中小学课堂教学设计征集与评选 ……………… (407)
召开北京市初三数学复习研讨会 ……………… (407)
举办新课程物理学科课堂教学现场会 ……………… (407)
举办新课程高中英语课堂有效性研究活动 ……………… (408)
召开第二届中小学地方教材建设经验交流会 ……………… (408)
举办校外声乐和舞蹈教学观摩活动 ……………… (408)
编制体育优秀教学案例集 ……………… (408)
举办习作教学大赛 ……………… (408)
召开市区校联动促进学校内涵式发展研讨会 ……………… (408)
课外活动计划实施情况追踪调研结题 ……………… (408)
开展首届中小学体育教师技能展示与比赛 ……………… (408)
举办首届高中物理研究性学习实践活动 ……………… (409)
举办高职高专思政课微课教学比赛 ……………… (409)
召开小学教师教学基本功培训会 ……………… (409)
举办小学英语教材培训系列教学专题讲座 ……………… (409)
召开首届"儿童与数学"全国小学数学教育研讨会 ……………… (409)
举办课堂教学交流活动 ……………… (409)
举办名著阅读现场会活动 ……………… (409)
召开基教教材改革实验工作总结会 ……………… (409)
召开生涯课程教材实验现场会 ……………… (410)
举办语文研讨交流活动 ……………… (410)
召开区县教科研人员第七届学术年会 ……………… (410)
举办市中小幼教育教学视频评优 ……………… (410)
召开读写有效结合研讨会 ……………… (410)
召开小学书法录像课评比颁奖总结大会 ……………… (410)
召开小学音乐非物质文化遗产教学研讨会 ……………… (410)
举办中学物理实验研究与展示活动 ……………… (410)

师资建设

综述 ……………… (413)

总类

评选市级学科带头人和骨干教师 ……………… (414)
23 人入选创新人才推进计划 ……………… (414)
2013 年度中青年科技创新领军人才名单（北京） ……………… (414)
召开中小学首批正高级教师座谈会 ……………… (414)
23 人入选市享受政府特殊津贴名单 ……………… (414)
招聘农村中小学音、体、美教师 353 人 ……………… (414)
召开高校青年教师社会实践基地工作会 ……………… (414)
92 人获评市高校教学名师 ……………… (415)
启动中小学名校长、幼儿园名园长发展工程 ……………… (415)
评选北京高校十佳辅导员 ……………… (415)
组织高校青年教师挂职锻炼 ……………… (415)
41 人入选全国优秀教师 ……………… (415)
全国优秀教师（北京） ……………… (415)
5 人入选全国优秀教育工作者 ……………… (415)
全国优秀教育工作者（北京） ……………… (416)
5 人入选全国中小学优秀班主任 ……………… (416)
全国中小学优秀班主任（北京） ……………… (416)
3 人入选全国中小学优秀德育课教师 ……………… (416)
3 人入选全国中小学优秀德育工作者 ……………… (416)
2 人入选全国高校优秀辅导员 ……………… (416)
1 人入选全国高校优秀思想政治理论课教师 ……………… (416)
2 人入选全国高校优秀思想政治教育工作者 ……………… (416)
17 人入选全国模范教师 ……………… (416)

全国模范教师（北京） ……………………………（416）
2 人入选全国教育系统先进工作者 ………………（416）
14 个单位获全国教育系统先进集体 ………………（416）
全国教育系统先进集体（北京） …………………（417）
新增 30 个博士后科研流动站 ………………………（417）
2014 年新设博士后科研流动站（北京） …………（417）
印发高校学风建设实施细则 ………………………（417）
召开庆祝教师节座谈会 ……………………………（417）
公布 2015 年度高层次人才及创新团队资助
名单 ……………………………………………（417）
2015 年度市属高等学校高层次人才引进
计划资助名单 …………………………………（417）
2015 年度北京市属高等学校特聘教授
计划资助名单 …………………………………（417）
2015 年度北京市属高等学校长城学者培养
计划资助名单 …………………………………（418）
2015 年度北京市属高等学校青年拔尖人才
培育计划资助名单 ……………………………（418）
2015 年度北京市属高等学校创新团队建设
提升计划资助名单 ……………………………（418）
召开“紫禁杯”优秀班主任表彰会 ………………（418）
制定中小学教师资格注册实施细则 ………………（419）
制定中小学教师信息技术应用能力提升
意见 ……………………………………………（419）
召开立德树人与班级文化创新研讨会 ……………（419）
北京市特级教师协会成立 …………………………（419）
举办校外教育机构教师专业评展 …………………（419）
7 个社团成立 ………………………………………（419）
8 个社团完成换届工作 ……………………………（419）
建设北京教育资源网 ………………………………（419）
安置军转干部 55 人 ………………………………（419）
投入 5.098 亿元开展人才培养 ……………………（419）

师资管理

开展音体美幼教师培训 ……………………………（420）
举办 13 期哲学社会科学骨干研修班 ………………（420）
市级学科带头人及骨干教师培训项目开班 ………（420）
举办首届初中教师实验技能培训与展示活动 ……（420）
开展中小学法制骨干教师培训 ……………………（420）
召开中小学班主任基本功培训与展示活动
总结会 …………………………………………（420）
促进农村学校体育教育培训者培训结业 …………（421）
举办中小学领导干部学习贯彻核心价值观
培训班 …………………………………………（421）
中小学百名“种子教师”培训班开班 ……………（421）
增建 5 个市校外教师培训基地 ……………………（421）
举办中小学实验员研修实训班 ……………………（421）
举办中小学心理健康教研队伍培训会 ……………（421）
开展中小学教师学习贯彻核心价值观专题
培训 ……………………………………………（421）
开展乡镇校外活动站师资培训 ……………………（421）
高校思政课骨干教师访学研修结业 ………………（422）
启动城乡一体化学校专项培训 ……………………（422）
举办“国培计划”示范性培训项目 ………………（422）
第二期中小学名校长工作室结业 …………………（422）
97 人进入教师发展研修基地学习 …………………（422）
举办边远地区校长助力工程培训 …………………（422）
承办“国培计划”中西部农村短期集中培训 ……（422）
举办中小学图书馆员培训班 ………………………（423）
组织中小学校长异地名校跟岗访学 ………………（423）
第二批中小学名师发展工程启动 …………………（423）
开展特级教师京郊培训行动 ………………………（423）
召开如何成为一名好班主任学术研讨会 …………（423）
举办创新人才培养骨干教师培训会 ………………（423）
举办中小学校长和幼儿园园长培训 ………………（423）
设立 36 个中小学教师培训项目 …………………（423）
开展幼儿园教师培训 ………………………………（423）

职称评定与资格认定

组织中小学、幼儿园教师资格认定考试 …………（424）
认定教师资格 15977 人 ……………………………（424）
中专教师 83 人晋升专业技术职称 …………………（424）
印发中小学教师资格考试改革试点意见 …………（424）
高校教师 257 人晋升专业技术职务 ………………（424）

学生管理

综述 ……………………………………………（427）

总类

共建北京高校大学生创业园（良乡）签约 ………（428）
16 人入选市优秀学生 ………………………………（428）
2013～2014 年度北京市优秀学生 …………………（428）
修订中小学校学生学籍管理办法 …………………（428）
聘用科研项目助理 175 人 …………………………（428）
确定首批高校示范性创业中心建设校 ……………（428）
2014 年北京地区高校示范性创业中心
建设校 …………………………………………（428）

学籍管理

召开成人高等教育学籍学历管理工作培训会 ……（429）
完成成人高等教育新生学籍电子注册 ……………（429）
召开普通高等教育学籍学历管理工作培训会 ……（429）
完成普通中等专业教育学历证书电子注册 ………（429）
完成本专科毕业生学历证书电子注册 ……………（429）
完成成人高等教育学历证书电子注册 ……………（429）
完成网络高等教育学历证书电子注册 ……………（429）
完成研究生教育毕业生学历证书电子注册 ………（429）
完成本专科新生学籍电子注册 ……………………（429）
完成网络高等教育新生学籍电子注册 ……………（429）

完成研究生教育新生学籍电子注册 ………………（429）
完成普通中等专业教育新生学籍电子注册 ………（429）
召开高校学籍学历管理工作会 ……………………（429）
毕业与就业
召开就业质量报告编制工作培训会 ………………（429）
召开两个毕业就业培训会 …………………………（429）
召开高校毕业生就业推进会 ………………………（430）
召开高校毕业生就业工作会 ………………………（430）
支持高校大学生创业团队 …………………………（430）
高等教育培养毕业生 223450 人 …………………（430）
研讨毕业生就业工作 ………………………………（430）
召开毕业生就业工作会 ……………………………（430）
核发高校毕业生自主创业证 ………………………（430）
举办双选会 123 场 …………………………………（430）
编制发布毕业生就业质量年度报告 ………………（430）
征兵工作
启动首都高校大学生征兵工作 ……………………（431）
组织退役大学生专场招聘会 ………………………（431）
部署夏秋季征兵工作 ………………………………（431）
2013 年度高校征兵工作先进单位名单 ……………（431）
完成夏秋季征兵任务 ………………………………（431）
奖贷助学
奖学金表彰大会召开 ………………………………（431）
发放宏志奖学金 ……………………………………（431）
开通新生入学绿色通道 ……………………………（431）
召开研究生新资助政策座谈会 ……………………（432）
印发国家助学贷款风险补偿金管理办法 …………（432）
2100 人获爱心成就未来助学资助 …………………（432）
完成资助资金足额拨付 ……………………………（432）
北京市市属普通高等学校奖学金助学金发放情况 ……（432）

招生与考试

综述 ……………………………………………（435）
总类
首次开展有条件注册入学试点工作 ………………（436）
招考委年度首次委员会议召开 ……………………（436）
完成高职升本科试点工作 …………………………（436）
首次实施平行志愿组方式填报高考志愿 …………（436）
召开教育考试招生电视电话会议 …………………（436）
召开高考入闱命题动员会 …………………………（436）
落实高考安全保障措施 ……………………………（436）
中招首次开展名额分配录取 ………………………（437）
高招录取工作接受教育部督查 ……………………（437）
开展职业高中综合高中班试点工作 ………………（437）
开辟八年制中高职本科衔接办学新模式 …………（437）
变更硕士研究生考生时间及名称 …………………（437）
承办全国部分城市中招工作研讨会 ………………（437）
高级中等学校招生
概况 …………………………………………………（437）
审核考生照顾加分资格 ……………………………（437）
完成中考体育现场考试 ……………………………（437）
完成中招志愿填报 …………………………………（438）
完成中招文化课考试 ………………………………（438）
召开中考统一评卷标准报告会 ……………………（438）
完成提前招生专业加试及录取审批 ………………（438）
完成中招录取工作 …………………………………（438）
完成外省考生审核和户口迁京工作 ………………（438）
高中毕业会考
概况 …………………………………………………（438）
完成春季高中会考及评卷工作 ……………………（438）
完成夏季高中会考及评卷工作 ……………………（439）
完成 2015 年春季高中会考网报工作 ………………（439）
完成 2015 年春季报名报考工作 ……………………（439）
颁发高中会考合格证 ………………………………（439）
普通高等学校招生
概况 …………………………………………………（439）
完成高水平运动员体育测试 ………………………（439）
完成报考体育专业考生测试 ………………………（439）
完成外语口试工作 …………………………………（439）
举办等级运动员统一测试 …………………………（439）
完成高校招生计划汇总工作 ………………………（439）
完成高等学校招生考试及阅卷 ……………………（440）
确定普通高校最低录取控制分数线 ………………（440）
完成高招录取 ………………………………………（440）
完成 2015 年高考报名 ………………………………（440）
研究生招生
概况 …………………………………………………（440）
举行 2014 年硕士研究生统一入学考试 ……………（440）
举行同等学力申请硕士学位全国统考 ……………（440）
完成硕士研究生录取工作 …………………………（441）
完成博士生录取工作 ………………………………（441）
完成硕士生报名工作 ………………………………（441）
举行在职攻读硕士学位全国联考 …………………（441）
举行 2015 年硕士研究生统一入学考试 ……………（441）
成人高等学校招生
概况 …………………………………………………（441）
完成上半年成人本科学士学位英语考试 …………（441）
完成成人高校招生考试报名工作 …………………（442）
完成下半年成人本科学士学位英语考试 …………（442）
完成成人高校招生统考及阅卷工作 ………………（442）
完成成人高校招生计划编制工作 …………………（442）
划定成人高校招生录取最低控制分数线 …………（442）
完成成人高校招生录取工作 ………………………（442）

高等教育自学考试
概况 …… (442)
4 月自学考试结束 …… (442)
举行两次计算机应用基础考试 …… (443)
举行两次自学考试非学历证书考试 …… (443)
完成 10 月高等教育自学考试 …… (443)
自学考试 7188 人毕业 …… (443)
社会考试
概况 …… (443)
举行北京英语口语证书考试 …… (443)
举行全国计算机等级考试 …… (443)
开展高考英语听说机考试测 …… (443)
举行中国书画等级考试 …… (443)
举行全国计算机应用技术证书考试 …… (444)
举行全国青少年计算机考试 …… (444)
中外合作考试
概况 …… (444)
举办中英合作英语口语等级考试 …… (444)
举办英国剑桥英语教学能力证书考试 …… (444)
举办各种英语培训班 …… (444)
社会委托考试
概况 …… (444)
主办北京地区全国英语等级考试 …… (444)
承办国家公派留学人员全国外语水平考试 …… (444)
主办北京地区全国大学英语四、六级考试 …… (444)

交流与合作

综述 …… (447)
总类
北大授予连战名誉教授 …… (448)
参加两次国际教育展 …… (448)
中医药大学授予土库曼斯坦总统名誉教授 …… (448)
北外接待葡萄牙总统卡瓦科·席尔瓦 …… (448)
举办北京市民讲外语游园会 …… (448)
与文化部外联局签署文化交流协议 …… (448)
北大接待丹麦首相来访 …… (448)
北大授予俄联邦委员会主席名誉教授 …… (448)
举办首都学生外语展示系列活动 …… (449)
人民大学接待捷克总统泽曼访问 …… (449)
参加多次教育推介会 …… (449)
举办“问候全世界”中小学生多语种进校园活动 …… (449)
清华大学接待五国领导人访问 …… (449)
国际交流与合作
·中外合作办学·
批准 1 个中外合作办学机构 …… (449)
批准 1 个非学历中外合作办学项目 …… (449)
两所高校获批境外办学 …… (449)
批准两个职业高中中外合作办学项目 …… (449)
批准 6 个高职中外合作办学项目 …… (450)
批准 13 个高中中外合作办学项目 …… (450)
终止 3 个中外合作办学机构 …… (450)
获批 4 个高校中外合作办学项目 …… (450)
·友好往来·
举办国际学生北京夏令营 …… (450)
举办中华文化小使者交流项目 …… (450)
组织高中生赴美国交换实习 …… (450)
外交学院承办东盟地区论坛预防性外交培训班 …… (450)
举办北京—首尔青少年体育友好交流大会 …… (451)
举办首届北京—世宗青少年艺术交流活动 …… (451)
举办“北京—华盛顿友好城市 30 周年”闭幕演出 …… (451)
地大执行“中非 20＋20 合作计划”项目 …… (451)
举办国际学生北京家庭寄宿文化体验营活动 …… (451)
·外国学生教育与管理·
举办高校外国留学生汉语辩论赛 …… (451)
举办中小学外国学生多元文化节 …… (451)
开设留学生中国国情大课堂 …… (451)
完善来华留学课程体系建设 …… (452)
加大外国留学生奖学金支持力度 …… (452)
91 名留学生获中国政府奖学金 …… (452)
·国际汉语教育·
开展对外汉语专业学生教学实习 …… (452)
新增孔子学院 7 所及孔子课堂 1 个 …… (452)
协助高校完成孔子学院奖学金审核 …… (452)
举办驻华使馆官员汉语学习课堂 …… (452)
举办境外汉语教师培训 …… (452)
实施境外汉语教师资格考试 …… (452)
·引智培训及因公派出·
教育学院举办教育系统境外培训成果展示 …… (452)
实施高校学生境外学习奖学金项目 …… (453)
75 人获准公派出国留学 …… (453)
规范因公出国（境）管理 …… (453)
聘请外国文教专家 5100 人次 …… (453)
港澳台侨交流与合作
中关村一小举办海峡两岸教师论坛 …… (453)
北戏举办两岸京苗剧艺研习营 …… (453)
首医大开展“寰宇暑期实习计划” …… (453)
举办海峡两岸优质高中长城夏令营 …… (453)
举办京港澳学生交流夏令营 …… (453)
举办京澳中学生科技合作交流活动 …… (454)
举办北京高校港澳台侨学生迎新联欢会 …… (454)
举办海峡两岸教育论坛 …… (454)

区域交流与合作

首经贸发布2014京津冀蓝皮书 …………………… (454)
与三省市签订优质资源共享协议 ………………… (454)
举办京沪民办高校国际商务专业教师技能竞赛 ………………………………………… (454)
汇文中学举办京港渝三校学生研究性学习交流展示 …………………………………… (454)
召开华北地区高校德育研讨会 …………………… (454)
物资学院成立京津冀物流一体化研究中心 ……… (454)
首期京苏粤浙中小学卓越教师高级研修班开班 ………………………………………… (454)
市少年宫举办首届大美·三北美术作品展览 ………………………………………… (455)
交通运输职院成立京津沪冀交通职教集团化办学联盟 ……………………………………… (455)
经管职院举办京津冀协同发展论坛 ……………… (455)
中医药大学举办京津冀中医药管理论坛 ………… (455)

对口支援

北师大大兴附中青海学生结业 …………………… (455)
开展37个教育援助项目 ………………………… (455)
商业学校对口帮扶保山中职教育 ………………… (455)
电科职院与玉树职校开展对口合作 ……………… (455)
教育学院培训中南海爱心学校小学数学骨干教师 ……………………………………… (456)
与南水北调水源区教育对口协作 ………………… (456)
首届“美疆班”学生及家长访京 ………………… (456)
教育学院对新疆、甘肃、西藏、四川开展援助性培训 …………………………………… (456)
举办民族团结夏令营 …………………………… (456)
拉萨中小学生夏令营开营 ……………………… (456)
开通北京教育对口支援与合作网 ………………… (456)
交通运输职院完成六盘山片区教师挂职锻炼工作 ……………………………………… (457)
交通职教集团对口帮扶丽江 …………………… (457)
地大对口扶贫青海化隆县干部培训班开班 ……… (457)
密云职校对口支援竹溪县职校 …………………… (457)
21对北京—和田中小学幼儿园结对交流 ………… (457)
首师大培训十堰市中职学校骨干教师 …………… (457)
举办西藏自治区语委干部培训班 ………………… (457)
首师大举办南水北调对口协作地区培训 ………… (457)
北京—河南教育协作项目启动 ………………… (457)
北京教科院赴什邡支教 ………………………… (458)
开展“民族一家亲”活动 ……………………… (458)
开展受援地干部教师培训 ……………………… (458)
加大北京干部教师支教力度 …………………… (458)
加强与受援地区交流交融 ……………………… (458)
做好在京内地和田、玉树班工作 ………………… (458)
完成高校定向有关地区招生计划 ………………… (458)
支持受援地学校硬件设施建设 ………………… (458)

区县教育

东城区

·总类·

实施教育综合改革 ……………………………… (461)
举办新闻发言人培训 …………………………… (461)
成立学区工作委员会 …………………………… (461)
实施高校支持基础教育计划 …………………… (461)
开展反恐防暴培训 ……………………………… (461)
干部教师交流轮岗 ……………………………… (461)
举办首届师德师风建设月 ……………………… (461)
学区配备法律顾问 ……………………………… (462)
举办民族团结教育周 …………………………… (462)
举办爱国主题教育活动 ………………………… (462)
举办“百名院士进校园”活动 ………………… (462)
召开学年教育工作会 …………………………… (462)
成立国际教育交流中心 ………………………… (462)
创编核心价值观童谣 …………………………… (462)

·学前教育·

概况 ……………………………………………… (463)
召开社区婴幼儿早教工作会 …………………… (463)
开展园所文化建设观摩 ………………………… (463)
评选优秀教育案例 ……………………………… (463)
开展特教基地调研 ……………………………… (463)
举办示范园开放活动 …………………………… (463)
举办学前教育论坛 ……………………………… (463)
启动名园托管街道园办园模式 ………………… (463)

·基础教育·

概况 ……………………………………………… (463)
展示“蓝天工程”课程研发成果 ……………… (464)
分析初高三年级教学质量 ……………………… (464)
召开金帆艺术团工作会 ………………………… (464)
完成109所学校卫生视导 ……………………… (464)
开通职业体验营选课平台 ……………………… (464)
举办“走进学校”系列活动 …………………… (464)
召开毒品预防工作会 …………………………… (464)
举办环保演讲比赛 ……………………………… (464)
举办小导游大赛 ………………………………… (465)
广渠门中学与花市小学实施九年一贯制办学 …… (465)
启动综合评价工作 ……………………………… (465)
启动在线教育服务 ……………………………… (465)
开展经典诵读活动 ……………………………… (465)
举办海洋石油实践活动 ………………………… (465)
举办邮票绘画比赛 ……………………………… (465)
举办小壮壮训练营 ……………………………… (465)
上好爱国主义第一课 …………………………… (465)

首次举办舞蹈学科教研活动 …………………… (465)
展示少先队活动课 …………………… (466)
开展教与学系列研讨活动 …………………… (466)
展示校园文化建设成果 …………………… (466)
京剧走进小学课堂 …………………… (466)
举办德育论坛 …………………… (466)
举办校长美育论坛 …………………… (466)
·职业与成人教育·
概况 …………………… (466)
展示社区艺术教育骨干培训成果 …………………… (466)
实施“农民工大学生助推计划” …………………… (466)
召开职普融通工作会 …………………… (467)
启动李刚名师工作室 …………………… (467)
举办公共基础课程教学竞赛 …………………… (467)
举办全民终身学习活动周 …………………… (467)
召开专业论证工作会 …………………… (467)
·教育督导·
概况 …………………… (467)
召开挂牌督学工作会 …………………… (467)
举办责任督学培训 …………………… (467)
开展减负专项督导 …………………… (467)
召开义务教育均衡发展工作现场会 …………………… (468)
开展全面实施素质教育综合督导 …………………… (468)
西城区
·总类·
教育系统导师团启动 …………………… (468)
召开教育集团工作会 …………………… (468)
完善义务教育阶段入学办法 …………………… (468)
高校支持西城区小学发展项目签约 …………………… (468)
参加市运会开幕式表演 …………………… (469)
召开西城区教育工作会议 …………………… (469)
高等学校支持小学体育美育发展 …………………… (469)
校外教育成果显著 …………………… (469)
强化教师队伍建设 …………………… (469)
教育综合改革取得新突破 …………………… (469)
助学工程涵盖全区中小学生 …………………… (469)
红十字会工作取得成效 …………………… (469)
·学前教育·
概况 …………………… (470)
召开学前教育工作计划部署会 …………………… (470)
完成市级示范幼儿园年度考核 …………………… (470)
举办幼儿园儿童营养厨艺赛 …………………… (470)
举办柳茹园长办园思想研讨会 …………………… (470)
撤销两所幼儿园 …………………… (470)
新增两所幼儿园 …………………… (470)
·基础教育·
概况 …………………… (471)
举办西城区基础教育改革论坛 …………………… (471)
北京青少年科技创新大赛创佳绩 …………………… (471)
专项调研毕业年级课堂教学质量 …………………… (471)
召开高中建设工作会 …………………… (471)
全国天文奥林匹克竞赛获奖 …………………… (471)
举办“我爱地球妈妈”环保演讲比赛 …………………… (471)
中考升学率97.28% …………………… (472)
总结“西城杯”小学课堂教学评优工作 …………………… (472)
教研部门重点帮扶中学 …………………… (472)
与北师大合作举办二龙路中学 …………………… (472)
完成新任教师岗前培训 …………………… (472)
开展武术进校园活动 …………………… (472)
完成高考招生工作 …………………… (472)
高考取得优异成绩 …………………… (472)
总结中小学班主任基本功培训工作 …………………… (472)
举办做责任小公民中学生论坛 …………………… (473)
全国中小学音乐课观摩获奖 …………………… (473)
推进文化建设示范校创建 …………………… (473)
·职业与成人教育·
概况 …………………… (473)
成立企业专家工作室 …………………… (473)
召开学习型城区建设工作专家研讨会 …………………… (473)
召开学习型城市工作示范区推进会 …………………… (473)
社区教育实验项目重点课题结题 …………………… (473)
推进市民终身学习服务基地建设会 …………………… (473)
完成高职班单独招生工作 …………………… (474)
举办市民学习周 …………………… (474)
高自考受理报名28689人次 …………………… (474)
完成成人高校招生工作 …………………… (474)
·教育督导·
概况 …………………… (474)
启动中小学校责任督学挂牌督导 …………………… (474)
完成义务教育均衡发展公众满意度调查 …………………… (474)
区人大追踪督导意见落实情况 …………………… (474)
接受北京市全面实施素质教育综合督导 …………………… (474)
开展“减负”督导监测 …………………… (475)
综合督导全面实施素质教育工作 …………………… (475)
开展非学历民办教育培训机构督导 …………………… (475)
开展社区教育学校督导 …………………… (475)
综合督导街道办事处 …………………… (475)
开展督学培训 …………………… (475)
朝阳区
·总类·
认定教育人才及先进单位 …………………… (475)
表彰教育年度人物 …………………… (475)
区教委开通微信公众号 …………………… (476)
启用教育科研管理平台 …………………… (476)
举办首届中学生汉字听写比赛 …………………… (476)
获北京市“三八”红旗奖 …………………… (476)

与中国传媒大学签署合作协议 …………………… (476)
举办奥林匹克教育活动 …………………… (476)
举办特级教师工作室走进朝阳活动 …………………… (476)
举办中学生社团嘉年华活动 …………………… (476)
3所学校入选非物质文化遗产传承教育示范校 …… (476)
获得全国先进称号 …………………… (476)
青少年涉台教育基地校授牌 …………………… (476)
区教委与5所高校签约合作 …………………… (476)
国家级教学成果评选获奖 …………………… (477)
市级学科带头人学科研究室启动 …………………… (477)
分流安置自办学校学生 …………………… (477)
举办课程建设与学生发展论坛 …………………… (477)
10所学校与贵阳合作 …………………… (477)
完成节约型示范校年检 …………………… (477)
成立教育网络电视中心 …………………… (477)
获评教育工会先进单位 …………………… (477)
试运行校园安全信息化平台 …………………… (477)
集中整治自办学校托幼场所 …………………… (477)
完成民办学校行政许可工作 …………………… (477)
・学前教育・
概况 …………………… (478)
获北京市"最优环境建设奖" …………………… (478)
评估民办幼儿园教育质量 …………………… (478)
检查幼儿园食品药品安全工作 …………………… (478)
加强幼儿园级类建设 …………………… (478)
做好分层分岗培训 …………………… (478)
・基础教育・
概况 …………………… (478)
规范小学初中入学流程 …………………… (478)
举办骨干教师国际化素养提升专项培训 …………………… (478)
监测全区学生体质健康 …………………… (479)
召开送教上门工作会 …………………… (479)
召开民族团结教育现场 …………………… (479)
研发自办学校协管员管理模块 …………………… (479)
完成师生心理健康测评 …………………… (479)
完成学校卫生工作视导 …………………… (479)
召开中小学城乡发展共同体成果交流会 …………………… (479)
组建"1+9"小学英语教育联盟 …………………… (479)
实施"外教课程派送"项目 …………………… (479)
成立二外附属学校合作理事会 …………………… (479)
表彰特色原创优质课资源 …………………… (480)
入选非物质文化遗产传承教育博物馆 …………………… (480)
展示志愿服务主题教育成果 …………………… (480)
白家庄小学举办国际摄影节 …………………… (480)
开展特级教师导师团下校指导工作 …………………… (480)
・职业与成人教育・
概况 …………………… (480)
实施"3+2"中高职衔接改革 …………………… (480)
试点综合高中班 …………………… (480)
实施"双百一普及"工程 …………………… (480)
获全国职业技能大赛金牌 …………………… (480)
举办第二届国际老年教育论坛 …………………… (481)
举办厨艺新星电视赛 …………………… (481)
实施"双百一普及"工程 …………………… (481)
举办社区教育综合展示 …………………… (481)
多途径推进社区教育工作 …………………… (481)
・教育督导・
概况 …………………… (481)
推进责任督学挂牌督导工作 …………………… (481)
召开教育督导工作会 …………………… (481)
召开督政兼职督学工作会 …………………… (481)
开展公办幼儿园管理工作专项督导 …………………… (481)
总结义务教育均衡发展随访督导工作 …………………… (481)
推进诊断式督导 …………………… (482)
验收第三批素质教育示范校 …………………… (482)
启动职业高中学校素质教育督导评价 …………………… (482)
召开2014年责任督学工作总结会 …………………… (482)
接受北京市全面实施素质教育综合督导 …………………… (482)
丰台区
・总类・
实施中小学课外活动计划 …………………… (482)
评选师德先进 …………………… (482)
骨干教师津贴实行动态管理 …………………… (483)
推进方庄教育集群建设 …………………… (483)
引进优质教育资源 …………………… (483)
举办微团课比赛 …………………… (483)
评选"魅力少先队" …………………… (483)
发放随班就读教师岗位补助 …………………… (483)
启动集团化办学模式研究 …………………… (483)
新建4个教育集群 …………………… (483)
举办"知行合一"中学生风采展示 …………………… (483)
评选教育创新工程 …………………… (484)
倡导学生及家长绿色出行 …………………… (484)
全面启动教育综合改革 …………………… (484)
多种措施扩大优质资源 …………………… (484)
10所学校更名或撤并 …………………… (484)
・学前教育・
概况 …………………… (484)
12所园环境创设获奖 …………………… (484)
举办幼教研室现场展示活动 …………………… (484)
新增2所一级一类幼儿园 …………………… (484)
交流幼儿健康教育科研经验 …………………… (485)
新增4个早教示范基地 …………………… (485)
举办中德学前教育论坛 …………………… (485)
新增4名特级教师 …………………… (485)
・基础教育・
概况 …………………… (485)

民办教育研修班结业 …………………………… (485)
初中教师基本功展示获奖 ……………………… (485)
普及“红领巾舞动中国梦”集体舞 ……………… (485)
总结基础教育课程教材改革实验项目 ………… (486)
举办小学英语文艺汇演 ………………………… (486)
召开高中任选模块教学现场会 ………………… (486)
国际理解教育研究项目结题 …………………… (486)
召开“博物馆之春”观摩研讨会 ……………… (486)
公开选拔实验学校校长 ………………………… (486)
召开“身边好党员”事迹宣讲会 ……………… (486)
创建学校文化建设示范校 ……………………… (486)
举办中学生十八岁成人仪式 …………………… (487)
佟麟阁中学揭牌 ………………………………… (487)
举办综合素质评价手册使用培训 ……………… (487)
举办中学教学干部基本功展示会 ……………… (487)
·职业与成人教育·
概况 ……………………………………………… (487)
召开中职教学工作研讨会 ……………………… (487)
举办创建学习型组织专题培训 ………………… (487)
评选首都市民学习之星 ………………………… (488)
召开学习型城区建设现场会 …………………… (488)
成立建设学习型城区工作领导小组 …………… (488)
首次举办职业发展辅导师培训班 ……………… (488)
设立中小学生职业体验中心 …………………… (488)
举办第十届全民终身学习活动周 ……………… (488)
合作建立翔联国际就业训练基地 ……………… (488)
开展“建设美丽丰台”主题活动 ……………… (488)
·教育督导·
概况 ……………………………………………… (488)
全面落实责任督学挂牌工作 …………………… (488)
建立责任督学资源库 …………………………… (488)
完成民办幼儿园全面实施素质教育综合督导 …… (489)
完成义务教育学校绩效考核 …………………… (489)
开展第四次中小学满意度调查 ………………… (489)
督导监测减轻学生过重课业负担 ……………… (489)
接受特殊教育督导评价 ………………………… (489)
石景山区
·总类·
引进市区优质教育资源 ………………………… (489)
召开教育科研大会 ……………………………… (489)
推进核心价值观教育 …………………………… (490)
推进绿色教育发展实验区建设 ………………… (490)
创建国家安全教育示范基地 …………………… (490)
三方教育联合会换届 …………………………… (490)
构建区域优质教育新地图 ……………………… (490)
多渠道加强教育人才队伍建设 ………………… (490)
加强师德建设 …………………………………… (490)
完成十项教育实事 ……………………………… (491)
推进平安校园建设 ……………………………… (491)
·学前教育·
概况 ……………………………………………… (491)
总结教师成长工作室工作 ……………………… (491)
举办园长教师专题培训 ………………………… (491)
验收大地金苹果幼儿园 ………………………… (491)
幼儿园环境创设评优获奖 ……………………… (491)
举办萌芽杯评比 ………………………………… (491)
研讨绿色活动课程实践活动 …………………… (492)
举办玩教具配备培训 …………………………… (492)
·基础教育·
概况 ……………………………………………… (492)
举办第八届教育教学研讨月 …………………… (492)
举办国学经典诵读活动 ………………………… (492)
颁布中小学文化建设方案 ……………………… (492)
召开初中教师基本功表彰会 …………………… (492)
举办“四联展” ………………………………… (492)
督导评估可持续发展教育 ……………………… (492)
举办第五届武林大会 …………………………… (493)
召开学习方式变革研讨会 ……………………… (493)
承办全市课程建设研讨会 ……………………… (493)
实施特殊教育学生“双学籍” ………………… (493)
举办教学设计与课堂教学大赛 ………………… (493)
召开三级课程建设现场会 ……………………… (493)
·职业与成人教育·
概况 ……………………………………………… (493)
参加毛主席纪念堂志愿服务 …………………… (494)
承办京西杯技能大赛 …………………………… (494)
区业大出版教材 6 部 …………………………… (494)
·教育督导·
概况 ……………………………………………… (494)
推进中小学挂牌责任督导 ……………………… (494)
研制素质教育评价指标体系 …………………… (494)
督导随访幼儿园 ………………………………… (494)
组建督政督学队伍 ……………………………… (495)
督导随访民办培训机构 4 所 …………………… (495)
完成 2 家单位复查回访 ………………………… (495)
开展人民满意学校调查 ………………………… (495)
综合督导民办培训学校 ………………………… (495)
汇编素质教育评价方案 ………………………… (495)
督导随访街道办事处 …………………………… (495)
接受素质教育综合督导 ………………………… (495)
综合督导中小学 2 所 …………………………… (495)
海淀区
·总类·
成立学生餐协会 ………………………………… (496)
推进英语学习社区项目 ………………………… (496)
举办基础教育国际化校长论坛 ………………… (496)

获 8 项国家级教学成果奖 …………………………（496）
与驻区高校签订合作协议 …………………………（496）
入选学校管理标准实验区 …………………………（496）
召开教师节表彰会 …………………………（497）
敬德书院落成 …………………………（497）
创建全国文明城区 …………………………（497）
“十二五”规划课题结题率 95% …………………………（497）
·学前教育·
概况 …………………………（497）
召开新任园长挂职交流汇报会 …………………………（497）
两园通过早教基地评估验收 …………………………（497）
北部新区实验园凯盛分园开园 …………………………（497）
开展多种专题选修培训 …………………………（497）
总结业务园长教研培训工作 …………………………（498）
发布第二期三年行动计划 …………………………（498）
召开学前教育工作会 …………………………（498）
新增入园学位 2000 个 …………………………（498）
·基础教育·
概况 …………………………（498）
举办传统文化培训 …………………………（498）
调整中小学校布局 …………………………（499）
落实减负增效工作 …………………………（499）
召开九年一贯制研讨会 …………………………（499）
五一小学整体改建工程完工 …………………………（499）
召开人大附小教育家办学实践研讨会 …………………………（499）
理工大附中承办理工大附小 …………………………（499）
中高考再获好成绩 …………………………（499）
小学招生负增长 …………………………（500）
开发三套中小学地方教材 …………………………（500）
调整小升初和中招入学政策 …………………………（500）
新建 3 所中小学 …………………………（500）
召开中小学科技教育会 …………………………（500）
召开五一小学教育家办学实践研讨会 …………………………（500）
举办清华附中教育家办学实践研讨会 …………………………（500）
召开小学教育工作会 …………………………（501）
召开陈延军教育教学实践研讨会 …………………………（501）
·职业与成人教育·
概况 …………………………（501）
完成职业学校教师培训项目 …………………………（501）
举办主题班会活动设计比赛 …………………………（501）
中职满意度测评课题结题 …………………………（501）
完成骨干教师研修培训 …………………………（501）
承办职高信息技术比赛 …………………………（501）
6 人当选首都市民学习之星 …………………………（502）
成立海淀区职业教育集团 …………………………（502）
职成学校开展送教下乡活动 …………………………（502）
·教育督导·
概况 …………………………（502）
召开教育督导工作座谈会 …………………………（502）
召开教育督导工作会 …………………………（502）
研讨幼儿园素质教育评价工作 …………………………（502）
开展督学专家走进校园活动 …………………………（502）
举办挂牌督学系列培训 …………………………（502）
聘任 225 名兼职督学 …………………………（503）
完成学校满意度调查数据采集 …………………………（503）
市区合作培训兼职督学 …………………………（503）
接受实施素质教育情况综合督导 …………………………（503）
门头沟区
·总类·
开展主题教育实践活动 …………………………（503）
绘制教育新地图 …………………………（503）
少年宫新剧场投入使用 …………………………（504）
完成 2013 年财政决算 …………………………（504）
开展安全教育月活动 …………………………（504）
举办“六一”庆祝演出 …………………………（504）
启动智慧教育项目 …………………………（504）
举办工会主席持证上岗培训 …………………………（504）
培育和践行社会主义核心价值观 …………………………（504）
召开庆祝教师节大会 …………………………（504）
举办成语英雄大会 …………………………（504）
举办促进教育变革论坛 …………………………（505）
7 人获评特级教师 …………………………（505）
实施教师人事制度改革 …………………………（505）
推进教科研和研训一体改革 …………………………（505）
·学前教育·
概况 …………………………（505）
第三所政府委托办园开园 …………………………（505）
举办学前教育双优评比 …………………………（505）
开展分级分类验收工作 …………………………（505）
8 所幼儿园入选早教示范基地 …………………………（505）
举办学前教研展示活动 …………………………（505）
举办绘本资源培训 …………………………（506）
公办园与民办园教师双向交流 …………………………（506）
成立学前领域课程研究共同体 …………………………（506）
·基础教育·
概况 …………………………（506）
召开名师工作站中期总结会 …………………………（506）
推行课外活动计划 …………………………（506）
举办中小学生篮球足球比赛 …………………………（507）
召开优秀学生表彰交流会 …………………………（507）
举办中学德育观摩交流周 …………………………（507）
规范小学初中入学工作 …………………………（507）
雁翅教育基地翻建工程竣工 …………………………（507）
评比表彰主题班会 …………………………（507）
召开综合素质评价活动研讨会 …………………………（507）
举行优质学习学术研讨会 …………………………（507）

中高考成绩大幅提升 …………………………… (507)
举办首届心理健康教学基本功比赛 ……………… (507)
举办小学语文知识竞赛 …………………………… (508)
奖励阳光体育联赛优秀 …………………………… (508)
编写教育基地活动菜单 …………………………… (508)
成立班主任工作室 ………………………………… (508)
召开创新人才培养现场会 ………………………… (508)
推进学校文化建设 ………………………………… (508)
召开四校研讨活动 ………………………………… (508)
召开改革发展实施方案答辩会 …………………… (508)
中小学配备健身房 ………………………………… (509)
实施体育导师制 …………………………………… (509)
·职业与成人教育·
概况 ………………………………………………… (509)
参与京西职教交流协作组 ………………………… (509)
推广芽苗菜种植培训 ……………………………… (509)
实施进社区下农村工程 …………………………… (509)
北京市山谷学校成立 ……………………………… (509)
组建职成教服务集团 ……………………………… (509)
开展中小学生职业技能体验 ……………………… (509)
开办老年电大 ……………………………………… (509)
实施新市民综合素质提升工程 …………………… (509)
·教育督导·
概况 ………………………………………………… (510)
中小学实现挂牌督导 ……………………………… (510)
召开责任督学挂牌督导工作会 …………………… (510)
学前教育接受市督导检查 ………………………… (510)
完成教育满意度调查 ……………………………… (510)
制定教育督导评价方案 …………………………… (510)
接受北京市教育督导评估 ………………………… (510)
房山区
·总类·
总结与固安县合作经验 …………………………… (511)
吴正宪通过特需人才考核评议 …………………… (511)
召开机关工作会 …………………………………… (511)
开展维权进校园活动 ……………………………… (511)
开展“传承雷锋精神”主题教育 ………………… (511)
召开教育思想体系研讨会 ………………………… (511)
聘请法律顾问 ……………………………………… (511)
与四中合作办学 …………………………………… (512)
召开第30个教师节庆祝大会 ……………………… (512)
召开教育合作座谈会 ……………………………… (512)
召开教育事业统计工作会 ………………………… (512)
推进教育强区建设 ………………………………… (512)
开展对口教育合作 ………………………………… (512)
·学前教育·
概况 ………………………………………………… (512)
举办园长工作室培训 ……………………………… (512)
召开学前教育工作会 ……………………………… (512)
举办园长跟岗培训 ………………………………… (513)
召开无证小规模幼儿园整顿工作会 ……………… (513)
·基础教育·
概况 ………………………………………………… (513)
召开小学教育教学工作会 ………………………… (513)
推进体育工作三年行动计划 ……………………… (513)
举办优化教法展示交流活动 ……………………… (513)
表彰“扶残助学送教上门”先进 ………………… (513)
启动“十二五”公共必修课培训 ………………… (514)
强化中小学春游安全管理 ………………………… (514)
召开中小学艺术教育工作会 ……………………… (514)
举办“同在阳光下”主题教育实践活动 ………… (514)
确保高考顺利实施 ………………………………… (514)
举办中小学生篮球赛 ……………………………… (514)
召开中高考表彰会 ………………………………… (514)
召开中小学建设三年行动计划推进会 …………… (515)
举办“扶残助学”师资培训 ……………………… (515)
多项举措促进体育考试公平 ……………………… (515)
·职业与成人教育·
概况 ………………………………………………… (515)
召开职成教工作会 ………………………………… (515)
推进职业教育取得新发展 ………………………… (515)
提升成人教育服务区域经济社会发展能力 ……… (516)
职高毕业生就业率超95% ………………………… (516)
广泛开展各类社会培训 …………………………… (516)
·教育督导·
概况 ………………………………………………… (516)
召开均衡发展达标区县验收工作会 ……………… (516)
召开教育督导工作会 ……………………………… (516)
完成素质教育综合督导评价工作 ………………… (516)
完成乡镇教育和成人学校综合督导评价 ………… (517)
完成2014年国家义务教育质量监测 ……………… (517)
通州区
·总类·
表彰信息工作先进 ………………………………… (517)
签署教育文化合作框架协议 ……………………… (517)
道德讲堂举办教师专场 …………………………… (517)
召开教师节庆祝大会 ……………………………… (517)
与英国教学质量监控协会战略合作 ……………… (518)
京蒙学校结对发展 ………………………………… (518)
表彰美德少年 ……………………………………… (518)
举办师德主题教育活动 …………………………… (518)
·学前教育·
概况 ………………………………………………… (518)
举办园长管理能力提升培训班 …………………… (518)

开放观摩优秀民办园 …………………………… (518)
4 条措施推行早期教育服务 …………………………… (518)
启动幼儿园“手拉手”活动 …………………………… (518)
接管配套学前教育设施 …………………………… (519)
成立运河娃足球队 …………………………… (519)
幼儿园转岗培训结业 …………………………… (519)
·基础教育·
概况 …………………………… (519)
启动教育高端引领培养工程 …………………………… (519)
举办小记者培训班 …………………………… (519)
运用 4 种方法学古文 …………………………… (519)
举办春华杯课堂教学评优活动 …………………………… (519)
举办民族学校传统体育运动会 …………………………… (520)
召开学校卫生工作会 …………………………… (520)
举办争做阳光教师演讲比赛 …………………………… (520)
调研中小学国学教育 …………………………… (520)
举办新童谣推广活动 …………………………… (520)
张家湾镇开发校外教育基地 …………………………… (520)
普及家校合作软件系统 …………………………… (520)
举办学生中心教学法培训 …………………………… (520)
贡院小学投入使用 …………………………… (520)
新建两所中小学 …………………………… (520)
中韩学生互访交流 …………………………… (521)
马驹桥镇发放小学生乘车补助 …………………………… (521)
召开教育管理思想研讨会 …………………………… (521)
举办中小学体育节暨活动展示 …………………………… (521)
通州二中校史馆建成 …………………………… (521)
举办成语文化龙门阵竞赛 …………………………… (521)
永乐店中学新校舍落成 …………………………… (521)
展示文化示范校创建成果 …………………………… (521)
·职业与成人教育·
概况 …………………………… (522)
认定 10 所区级示范标准村校 …………………………… (522)
举办食品制作培训班 …………………………… (522)
联合举办本专科班 …………………………… (522)
表彰学习型城区先进 …………………………… (522)
举办京剧表演项目培训 …………………………… (522)
张家湾成人学校易址新建 …………………………… (522)
举办面点主食制作培训 …………………………… (522)
表彰能力竞赛获奖教师 …………………………… (522)
举办校本研究专题研修 …………………………… (522)
举办第十届学习周 …………………………… (523)
·教育督导·
概况 …………………………… (523)
培训专兼职督学 …………………………… (523)
完成素质教育责任目标实地督导 …………………………… (523)
召开责任督学挂牌督导交流会 …………………………… (523)
开展高中德育工作督导调研 …………………………… (523)
接受北京市实施素质教育督导 …………………………… (523)

顺义区

·总类·
制定教育改革任务分解表 …………………………… (524)
两次开展民办学校安全检查 …………………………… (524)
召开教育科研总结表彰会 …………………………… (524)
召开综合治理工作会 …………………………… (524)
配发少先队辅导员工作用书 …………………………… (524)
教育资产管理服务中心运行 …………………………… (524)
启动继续教育公共必修课培训 …………………………… (525)
为使用液化气学校加装安全辅助设施 …………………………… (525)
孔凡艳获全国五一劳动奖章 …………………………… (525)
完成民办学校综合考评 …………………………… (525)
严禁教师违规收受礼品 …………………………… (525)
教育学院顺义分院挂牌 …………………………… (525)
召开教师节庆祝大会 …………………………… (525)
强化政策支持民办教育 …………………………… (525)
修订安全稳定工作领导任期责任书 …………………………… (525)
·学前教育·
概况 …………………………… (526)
细化幼儿园招生工作 …………………………… (526)
举办厨师培训班 …………………………… (526)
清理取缔私办园 …………………………… (526)
自制玩教具活动获奖 …………………………… (526)
推进幼儿园职工之家建设 …………………………… (526)
优化资源配置增强学位供给 …………………………… (526)
推进村办园建设与管理 …………………………… (526)
·基础教育·
概况 …………………………… (527)
全市初中教师基本功展示获佳绩 …………………………… (527)
全国中学生田径锦标赛获佳绩 …………………………… (527)
建立课外活动兼职教师库 …………………………… (527)
举办校外教师基本功比赛 …………………………… (527)
举办小学心理健康教育主题研讨会 …………………………… (527)
中国合唱协会与两所小学签约 …………………………… (528)
举办班校车安全管理培训 …………………………… (528)
参加首届全国校园集体舞展示 …………………………… (528)
全国学生运动会创佳绩 …………………………… (528)
举办生本教育专题研讨活动 …………………………… (528)
召开家校协同现场会 …………………………… (528)
推进中小学建设三年行动计划 …………………………… (528)
多方位保障特殊学生教育权利 …………………………… (528)
落实中小岗位安全职责 …………………………… (528)
小学发放助学金 4 万元 …………………………… (528)
·职业与成人教育·
概况 …………………………… (529)
试点“3+2”中高职衔接改革 …………………………… (529)
试点职高综合高中班改革 …………………………… (529)
电大顺义分校迁址 …………………………… (529)

开展“三爱三节”主题征文比赛 …………………（529）
顺义电大开展社会化培训 ……………………………（529）
顺义汽职高采取措施提高学生就业质量 …………（529）
·教育督导·
概况 …………………………………………………（529）
完成教育职责履职考核 ……………………………（530）
接受北京市学前教育专项督导 ……………………（530）
完成义务教育均衡发展专项督导 …………………（530）
举办月末大讲堂 ……………………………………（530）
开展职成教育专项督导 ……………………………（530）
召开责任督学挂牌督导现场会 ……………………（530）
专项督导减轻学生过重课业负担工作 ……………（530）
接受北京市全面实施素质教育综合督导 ………………………………………………（530）
召开科研课题结题评审会 …………………………（531）
提高督政实效 ………………………………………（531）
昌平区
·总类·
4所名校开办分校 …………………………………（531）
成立小学招生办公室 ………………………………（531）
举办“最美北京人”百姓宣讲活动 ………………（531）
完成年度教师资格认定工作 ………………………（531）
举办校本教研月 ……………………………………（531）
细化非京籍子女入学审核流程 ……………………（532）
落实高校创建附中附小工作 ………………………（532）
路书芳被评为全国优秀教师 ………………………（532）
推进名校长培养工程 ………………………………（532）
启动“十二五”公共必修课培训 …………………（532）
推进综合素质提升工程 ……………………………（532）
召开史志工作会 ……………………………………（532）
公开招聘工作人员 …………………………………（532）
完成15所学校校长经济责任审计 …………………（532）
·学前教育·
概况 …………………………………………………（532）
开展区级教研活动 …………………………………（532）
开展未经审批幼儿园分级定类检查 ………………（533）
与西城区签署“手拉手”协议 ……………………（533）
举办学前教育宣传月 ………………………………（533）
成立3所镇中心幼儿园 ……………………………（533）
评审第五批区级示范园 ……………………………（533）
组织教育案例评选活动 ……………………………（533）
·基础教育·
概况 …………………………………………………（533）
教师专著出版发行 …………………………………（533）
回龙观中学与美国中学合作办学 …………………（534）
化学新课程实施成果获奖 …………………………（534）
举办“十二五”骨干教师高研班 …………………（534）
北体大支持小学体育特色发展 ……………………（534）
南邵小学举办太极功夫扇比赛 ……………………（534）
召开艺术教育工作现场会 …………………………（534）
昌平四中成立小学部 ………………………………（534）
成立阳坊书画院 ……………………………………（534）
昌平实验中学小学部招生 …………………………（534）
召开邵红英班主任工作研讨会 ……………………（534）
中招录取2759人 ……………………………………（535）
编写《花钹大鼓》校本教材 ………………………（535）
十五中南口学校投入使用 …………………………（535）
育翔小学回龙观学校投入使用 ……………………（535）
北师大昌平附属学校投入使用 ……………………（535）
成立马池口书画院 …………………………………（535）
展示学校特色建设 …………………………………（535）
创新网络教研模式 …………………………………（535）
召开劳动技术教学现场会 …………………………（536）
·职业与成人教育·
概况 …………………………………………………（536）
举办市民教育大讲堂培训 …………………………（536）
举办社区工作者培训班 ……………………………（536）
开设综合高中班试点 ………………………………（536）
举办合作社社长能力建设培训班 …………………（536）
举办民俗美食技能赛 ………………………………（536）
完成市民学习资源调研 ……………………………（536）
·教育督导·
概况 …………………………………………………（536）
召开挂牌督导工作培训会 …………………………（537）
召开督学工作会 ……………………………………（537）
督导镇街教育工作 …………………………………（537）
召开特约督导员聘任会 ……………………………（537）
接受社区教育随访督导 ……………………………（537）
接受素质教育市级综合督导检查 …………………（537）
大兴区
·总类·
印刷学院支持小学艺术教育培训 …………………（538）
入选国家级农村职成教示范县 ……………………（538）
评选“双百优秀” …………………………………（538）
与教育学院、北京教科院合作办学 ………………（538）
开展跨区联合教研活动 ……………………………（538）
举办教育科研周 ……………………………………（538）
签订民办教育行业工资集体合同 …………………（538）
·学前教育·
概况 …………………………………………………（539）
召开学前教育工作会 ………………………………（539）
召开学习与发展共同体工作会 ……………………（539）
幼儿园环境创设评优活动获奖 ……………………（539）
完成公办园年度考核和分园达标工作 ……………（539）
北臧村镇马村分园成立 ……………………………（539）
成立青云店第二中心园 ……………………………（539）

黄村第三幼儿园分园开园 …………………………(539)
魏善庄镇第一中心园迁入新址 ……………………(539)
召开教师基本功培训会 ……………………………(539)
完成教师基本功考核达标 …………………………(540)
完成民办园教学管理年度考核 ……………………(540)
·基础教育·
概况 ………………………………………………(540)
召开科研骨干教师工作会 …………………………(540)
举办小学英语教师语音知识与技能培训 …………(540)
举办中学生志愿服务论坛 …………………………(540)
成立王燕春特级教师工作室 ………………………(540)
举办美术教师美术鉴赏培训 ………………………(540)
召开社会大课堂实践活动展示会 …………………(541)
举办特色联盟校互动交流活动 ……………………(541)
推广社区警务微博 …………………………………(541)
举办“读懂课堂”小学数学教研活动 ……………(541)
联合举办青少年科普剧比赛 ………………………(541)
举办少先队活动课现场说课比赛 …………………(541)
举办体育教师足球项目培训班 ……………………(541)
成立名辅导员工作室 ………………………………(541)
中考录取 3617 人 …………………………………(542)
举办英语骨干教师高端培训 ………………………(542)
举办新教师岗前集中培训 …………………………(542)
中小学双向视频会议系统一期工程
竣工 ……………………………………………(542)
举办高中教师暑期培训 ……………………………(542)
举办领导干部听评课活动 …………………………(542)
举办中小学骨干班主任培训会 ……………………(542)
举办民办小学教师培训 ……………………………(542)
举办中小学生戏剧节 ………………………………(542)
完成科研视导工作 …………………………………(542)
成立科研主任工作室 ………………………………(542)
完成数字校园建设工作 ……………………………(543)
·职业与成人教育·
概况 ………………………………………………(543)
举办职业学校教师征文活动 ………………………(543)
开展党员教师 1+1 活动 …………………………(543)
举办职教公开课开放周 ……………………………(543)
开展职教集团安全生产培训 ………………………(543)
举办教师基本功培训 ………………………………(543)
举办全民终身学习活动周 …………………………(543)
举办首届“京西杯”职业技能竞赛 ………………(543)
举办优秀毕业生及企业文化报告会 ………………(544)
·教育督导·
概况 ………………………………………………(544)
召开责任督学挂牌督导工作培训会 ………………(544)
召开教育督导工作会 ………………………………(544)
接受北京市素质教育综合督导及教育执法
检查 ……………………………………………(544)

怀柔区

·总类·
完成教育经费统计工作 ……………………………(545)
公开招聘 116 名教师 ………………………………(545)
举办“与榜样对话与梦想同行”活动 ……………(545)
制定非本市户籍适龄儿童少年入学意见 …………(545)
试行学区制 …………………………………………(545)
崔海明被评为全国模范教师 ………………………(545)
邓莲菊被评为全国优秀教师 ………………………(546)
推行人事制度改革试点工作 ………………………(546)
三位一体着力提升教育服务水平 …………………(546)
转变视导机制促进教学质量提高 …………………(546)
实行校级干部任期制 ………………………………(546)
·学前教育·
概况 ………………………………………………(546)
召开综合实践课程现场会 …………………………(546)
完成 9 所乡镇幼儿园固定资产移交工作 …………(546)
举办新教师集中培训 ………………………………(546)
新建第四幼儿园 ……………………………………(547)
召开幼儿园安全工作会 ……………………………(547)
开展首席研究员现场研训活动 ……………………(547)
与中科院合作办园 …………………………………(547)
推进小规模幼儿园建设 ……………………………(547)
强化部门办园民办幼儿园管理 ……………………(547)
推进学前教育三年行动计划 ………………………(547)
·基础教育·
概况 ………………………………………………(547)
礼仪教育覆盖全区中小学 …………………………(548)
举办学生艺术节戏剧专场比赛 ……………………(548)
与美国中小学合作交流 ……………………………(548)
举办义务教育入学服务平台培训 …………………(548)
召开首大附属学校合作共同体研讨会 ……………(548)
投石车全国竞赛获奖 ………………………………(548)
语文特级教师怀柔支教 ……………………………(548)
部署“三大球”基层网点校工作 …………………(548)
雁栖学校初中部停止招生 …………………………(549)
推广正确姿势提示桌垫 ……………………………(549)
健康食堂挂牌 ………………………………………(549)
九渡河中心小学汇报合作办学成果 ………………(549)
验收首批标准化平安校园 …………………………(549)
获全国观摩课一等奖 ………………………………(549)
召开综合素质提升工程研讨会 ……………………(549)
举办首届中小学生观鸟比赛 ………………………(549)
实行视力不良分级管理 ……………………………(550)
加强校外活动站建设 ………………………………(550)
·职业与成人教育·
概况 ………………………………………………(550)
召开特色教材建设研讨会 …………………………(550)

举办汽车运用与维修技能大赛 …………………… (550)
举办职业学校教师基本功大赛 …………………… (550)
承办京北职教联盟信息化说课比赛 ……………… (550)
完成自考成考工作 ………………………………… (550)
农民科技教育实训基地授牌 ……………………… (550)
多举措助推职业教育新发展 ……………………… (551)
开展农村富余劳动力转移培训 …………………… (551)
·教育督导·
概况 ………………………………………………… (551)
接受学前教育专项督导评价 ……………………… (551)
部署基本办学条件专项督导工作 ………………… (551)
接受全市素质教育督导检查 ……………………… (551)
召开综合督导专项工作培训会 …………………… (551)
完成全面实施素质教育综合督导试评 …………… (552)

平谷区

·总类·
举办“深化课改我为先”主题论坛 ……………… (552)
召开校外教育联席会 ……………………………… (552)
成立名教师名班主任工作室 ……………………… (552)
表彰“十大美德少年” …………………………… (552)
召开教师节表彰大会 ……………………………… (552)
国安俱乐部支持小学体育发展 …………………… (553)
“最美教师”宣讲团走进学校 …………………… (553)
·学前教育·
概况 ………………………………………………… (553)
检查民办幼儿园 …………………………………… (553)
召开张福伶办园思想交流会 ……………………… (553)
名校长工作室成员走进平谷三园 ………………… (553)
启动名园长工作室 ………………………………… (553)
举办“进名校听建议”交流活动 ………………… (553)
举办幼儿园优秀教育活动课展示 ………………… (554)
·基础教育·
概况 ………………………………………………… (554)
邀请刘永胜校长作报告 …………………………… (554)
总结小学第五届教师评优课活动 ………………… (554)
召开课堂教学改革工作联席会 …………………… (554)
举办环保主题演讲比赛 …………………………… (554)
刘永胜指导语文课堂教学 ………………………… (555)
承办劳技学科市级教研活动 ……………………… (555)
举办小学读书节 …………………………………… (555)
举办体育教师专业技能展示赛 …………………… (555)
举办说课标说教材展示活动 ……………………… (555)
吴正宪举办讲座 …………………………………… (555)
邀请市教研员教学视导 …………………………… (555)
实行教研员蹲点包校制度 ………………………… (555)
举办骨干教师脱产研修班 ………………………… (555)
召开中小学科技教师培训会 ……………………… (555)
召开综合素质评价典型经验交流会 ……………… (556)
举办“走进平谷五中”现场展示活动 …………… (556)
举办小学教学现场实操培训 ……………………… (556)
·职业与成人教育·
概况 ………………………………………………… (556)
首批百姓文艺中专班开班 ………………………… (556)
推广阳台无土芽苗菜种植技术 …………………… (556)
1208 人报名成人高考 …………………………… (556)
完成高等教育自学考试组考 ……………………… (556)
举办第十届全民终身学习活动 …………………… (556)
评估验收学习型乡镇（街道） …………………… (556)
验收示范性镇村成人学校 ………………………… (557)
·教育督导·
概况 ………………………………………………… (557)
召开义务教育均衡发展督导验收
动员会 ……………………………………………… (557)
成立教育改革咨询小组 …………………………… (557)
召开责任督学工作会 ……………………………… (557)

密云县

·总类·
举办讲奉献见行动志愿服务月 …………………… (557)
与中国合唱协会合作 ……………………………… (557)
开展消防标识进校园活动 ………………………… (558)
乡村少年宫数量郊区县第一 ……………………… (558)
启动市县一体化办学 ……………………………… (558)
与湖北省竹溪县“手拉手”结对 ………………… (558)
启动阳光教师工程社团建设 ……………………… (558)
机关档案室被评为市级优秀单位 ………………… (558)
首都优秀教师京郊行走进密云 …………………… (558)
总结艺术教育实验县工作 ………………………… (558)
体质健康测试团体总分八连冠 …………………… (558)
七个加强做好校园安全工作管理 ………………… (558)
·学前教育·
概况 ………………………………………………… (559)
举办园长论坛 ……………………………………… (559)
5 所幼儿园通过级类验收 ………………………… (559)
举办儿童学习与发展指南培训 …………………… (559)
评选幼儿室内外自制玩具 ………………………… (559)
举办幼儿体育节 …………………………………… (559)
举办幼儿早期阅读观摩研讨活动 ………………… (559)
开展学前教研工作展评活动 ……………………… (559)
推进幼儿园文化建设 ……………………………… (559)
展示优秀园本教研成果 …………………………… (559)
举办幼教文化建设现场活动 ……………………… (560)
·基础教育·
概况 ………………………………………………… (560)
召开导师制工作表彰会 …………………………… (560)
举办“父母学院”项目培训会 …………………… (560)
举办小学校长论坛 ………………………………… (560)

配备18辆寄宿制学校生活用车 …………………… (560)
举办第四期中学班主任专题研修 ……………… (560)
举办中俄艺术团国际文化交流 ………………… (560)
举办我的成长之路主题演讲比赛 ……………… (560)
举办中小学班主任研修论坛 …………………… (560)
交流小学校长研究工作室工作 ………………… (560)
编写学生教育计划书 …………………………… (561)
举办小学教学管理论坛 ………………………… (561)
成立小作家协会 ………………………………… (561)
第一期小学语文名师工作室结题 ……………… (561)
建立吴正宪教育思想推广基地 ………………… (561)
密云七中与育英学校签约 ……………………… (561)
成立教科院小学名师工作站 …………………… (561)
举办小主持人大赛 ……………………………… (561)
·职业与成人教育·
概况 ……………………………………………… (561)
举办农民中专班 ………………………………… (562)
构建市民学习服务体系 ………………………… (562)
聘任建设学习型密云专家 ……………………… (562)
入选创建学习型城市工作先进县 ……………… (562)
举办第十届全民终身学习活动周 ……………… (562)
举办纵横汉字输入法技能比赛 ………………… (562)
·教育督导·
概况 ……………………………………………… (562)
开展学校教育工作满意度调查 ………………… (562)
完成64所责任督学挂牌工作 ………………… (562)
接受北京市素质教育综合督导 ………………… (562)
监测义务教育阶段学生课业负担 ……………… (563)
延庆县
·总类·
评选师德标兵 …………………………………… (563)
召开年鉴工作交流会 …………………………… (563)
贺艳霞获首都劳动奖章 ………………………… (563)
举办首期业余党团校集训 ……………………… (563)
召开教师节庆祝大会 …………………………… (563)
修订骨干教师管理办法 ………………………… (563)
举办最美教师宣讲活动 ………………………… (563)
成立学生体质健康监测和分析中心 …………… (564)
设备购置总投资7199万元 …………………… (564)
招聘68人补充师资队伍 ……………………… (564)
57人参加教师交流工作 ……………………… (564)
4人被评为市级特级教师 ……………………… (564)
实现教育经费三个增长 ………………………… (564)
·学前教育·
概况 ……………………………………………… (564)
规范幼儿园卫生保健工作 ……………………… (564)
成立“宝宝电视台” …………………………… (564)
建立“手拉手”捆绑发展园 …………………… (564)
学前教研展评活动走进延庆 …………………… (565)
举办艺术领域工作室展示 ……………………… (565)
举办优秀园所现场观摩展示 …………………… (565)
新建两所公办幼儿园 …………………………… (565)
首个“妈咪屋”建成 …………………………… (565)
举办拉手区县教师交流 ………………………… (565)
延庆六幼和回龙观中心园拉手帮带 …………… (565)
·基础教育·
概况 ……………………………………………… (565)
推进小学教育综合改革 ………………………… (566)
召开中学教学质量分析会 ……………………… (566)
举办中学美术教师剪纸专项培训 ……………… (566)
聘请专家指导中高考备考 ……………………… (566)
评选学科基地校 ………………………………… (566)
表彰优秀班主任 ………………………………… (566)
举办于淼教学特色研讨会 ……………………… (566)
政府出资启动中小学课外活动 ………………… (567)
现代教育大讲堂走进延庆 ……………………… (567)
召开杨金雪课堂教学研讨会 …………………… (567)
举办走进学校系列活动 ………………………… (567)
首次立项市级经费资助课题 …………………… (567)
成立农业科普示范基地 ………………………… (567)
举办“成语英雄”赛 …………………………… (567)
撤销6所小学建制 ……………………………… (567)
高考录取率和本科录取率创历史新高 ………… (567)
城乡一体化学校揭牌 …………………………… (568)
规范中学办学行为 ……………………………… (568)
成立三个专家工作室 …………………………… (568)
承办市级通用技术教学现场会 ………………… (568)
推广“名师在线教育服务” …………………… (568)
成立家教讲师团 ………………………………… (568)
全市课程辅助资源评选获奖 …………………… (568)
创建规范化食堂 ………………………………… (568)
召开郭丽花教学研讨会 ………………………… (569)
三所小学联合举办教研活动 …………………… (569)
中小学互动教研系统投入使用 ………………… (569)
完成中小学校修缮工程 ………………………… (569)
·职业与成人教育·
概况 ……………………………………………… (569)
入选全国社区教育示范区 ……………………… (569)
电大延庆分校更名 ……………………………… (569)
召开乡镇成人教育工作会 ……………………… (569)
举办全民读书日 ………………………………… (569)
完成成人考试工作 ……………………………… (570)
举办市民外语培训 ……………………………… (570)
召开成人教育工作现场会 ……………………… (570)
学习卡转换商场会员卡 ………………………… (570)
举办全民终身学习活动周 ……………………… (570)
评选学习型先进 ………………………………… (570)

·教育督导·
概况 …… (570)
中小学责任督学挂牌 …… (570)
聘任16名兼职督学 …… (571)
接受市学前教育专项督导 …… (571)
接受北京市素质教育综合督导检查 …… (571)
教育督导与评价课题研究结题 …… (571)
燕山地区
概况 …… (571)
召开基础教育教学工作会 …… (571)
召开校外教育工作督导评价反馈会 …… (572)
召开校外教育工作会 …… (572)
召开督学工作会 …… (572)
举办学生艺术节 …… (572)
接受学前教育专项督导评价 …… (572)
开展减负工作督导随访 …… (572)
召开党风廉政工作会 …… (572)
召开挂牌督导工作汇报会 …… (572)
与房山区开展幼儿园交流合作 …… (572)
开展体育专项督导 …… (573)
成立靳卫华戏剧工作室 …… (573)
举办第二届班主任基本功展示 …… (573)
两园晋升一级一类园 …… (573)
开展教育法律法规执行情况督导检查 …… (573)
召开庆祝教师节表彰大会 …… (573)
中小学素质教育实践基地揭牌 …… (573)
举办中小学生田径运动会 …… (573)
召开小学生综合素质评价培训会 …… (573)
举办科技节 …… (574)
召开廉洁文化进校园现场会 …… (574)
举办“燕翔杯”青年教师优课赛 …… (574)
召开学前教育工作会 …… (574)
老年大学举办运动会 …… (574)
表彰“美德青少年” …… (574)
接受北京市素质教育综合督导 …… (574)
召开中小学生课外活动现场会 …… (574)
社会团体
学术团体
·北京市教育学会·
概况 …… (577)
组织参加中小学机器人教学展示活动 …… (577)
增设5个研究分会 …… (577)
调研北大附中走班教学 …… (577)
发起“伴随成长”公益项目 …… (577)
编写百节体育教学名师优秀教学案例集 …… (577)
召开教育科研课题总结会 …… (578)
培训小学科学教师实验技能 …… (578)
评选学生喜爱的班主任 …… (578)
出版《中小学课堂教学实施美育案例精选》 …… (578)
·北京市职业技术教育学会·
概况 …… (578)
创建学会网站 …… (578)
评审第九届科教研成果 …… (578)
签署3项合作协议 …… (578)
编印职教信息和职教研究刊物 …… (578)
完成分支机构换届调整 …… (578)
群众团体
·北京民办教育协会·
概况 …… (579)
组织大学生赴美国社会实践 …… (579)
公益援助两批失学学员 …… (579)
组织三次民办学校教师出国考察 …… (579)
举办中小学课程改革与教学创新研讨会 …… (579)
举办京华明星教师大赛 …… (580)
开展民办教育培训业情况调查 …… (580)
建立农民工子弟学校心理疏导工作体系 …… (580)
组织开展“公益行”系列活动 …… (580)
申报政府购买服务项目 …… (580)
·北京市学前儿童保教工作者协会·
概况 …… (580)
举办提升幼儿园办园品质专题培训 …… (580)
开展健康食品进幼儿园系列活动 …… (580)
召开纪念陈剑戈诞辰100周年座谈会 …… (581)
编印《做有故事的幼儿教师》 …… (581)
举办幼儿园保健医培训 …… (581)
举办五场幼儿园文化建设报告会 …… (581)
·北京老教育工作者总会·
概况 …… (581)
召开会刊新编委和通讯员工作会议 …… (581)
召开助力青少年校外教育工作现场会 …… (581)
编印优秀三型事迹专刊 …… (581)
·北京校外教育协会·
概况 …… (581)
开展校外教育理论与实践研讨 …… (582)
举办3项校外教育活动 …… (582)
编印北京阳光少年活动指南 …… (582)
展示校外教育创新成果 …… (582)
举办校外教师摄影培训 …… (582)
建设北京校外教育网 …… (582)
·北京高校国防教育协会·
概况 …… (582)
召开五届三次会员代表大会 …… (582)
成立两个分支机构 …… (582)

组织国防教育考察活动 …………………………… (583)
举办国旗仪仗队检阅式 …………………………… (583)
·北京教学仪器设备协会
（北京教育装备行业协会）·
概况 …………………………………………………… (583)
举办北京教育装备展示会 ………………………… (583)
组织参加中国教育装备展示会 …………………… (583)
捐赠 10 套多媒体教学设备 ……………………… (583)
·北京市红十字会·
概况 …………………………………………………… (584)
探索人道法（EHL）项目启动 …………………… (584)
举办学雷锋系列活动 ……………………………… (584)
举办首都高校红十字会高峰论坛 ………………… (584)
北理工举办“正视多元性取向”讲座 …………… (584)
举办世界红十字日外展活动 ……………………… (584)
举办首都高校红十字知识竞赛 …………………… (585)
举办首都高校献血捐髓经验交流活动 …………… (585)
表彰红十字先进 …………………………………… (585)
举办首都红十字青少年工作总结交流活动 ……… (585)
法大学生成为第 200 例造血干细胞捐献者 ……… (585)
举办世界艾滋病日系列宣传活动 ………………… (585)
·北京市民族教育学会·
概况 …………………………………………………… (585)
入选首都民族团结进步先进集体 ………………… (585)
开展整合中华民族园教育资源活动 ……………… (586)
举办面塑技艺培训班 ……………………………… (586)
召开丝绸之路会议 ………………………………… (586)
举办民族团结教育指导纲要培训暨经验
交流会 ……………………………………………… (586)
召开中国伊朗丝绸之路研讨会 …………………… (586)

市教委直属单位

·北京教育科学研究院·
概况 …………………………………………………… (589)
召开上半年教研工作会 …………………………… (589)
举办中小学德育专家大讲堂活动 ………………… (589)
举办节约型学校建设成果展 ……………………… (589)
《教育快报》改版 ………………………………… (589)
举办节约型学校建设专题培训 …………………… (589)
召开深化首都教育领域综合改革座谈会 ………… (589)
召开学术年会 ……………………………………… (589)
开展区县教学视导 ………………………………… (589)
举办首届北京教育论坛 …………………………… (589)
召开“学校影响力 2014”大会 ………………… (590)
成立国际教育信息中心 …………………………… (590)
完成两委课题结题鉴定和验收 …………………… (590)
出版北京教育发展研究报告 ……………………… (590)
·北京教育考试院·
概况 …………………………………………………… (590)
召开中招工作布置会 ……………………………… (590)
编印中考参考资料 ………………………………… (590)
举办高招网上咨询活动 …………………………… (590)
举办中招网络及电话咨询活动 …………………… (590)
获国家级教学成果二等奖 ………………………… (590)
召开中考命题座谈会 ……………………………… (591)
完成自主会考试卷评价 …………………………… (591)
·北京教育音像报刊总社·
概况 …………………………………………………… (591)
策划教育新地图 …………………………………… (591)
开播《身边的好学校》 …………………………… (591)
开展庆祝教师节公益活动 ………………………… (591)
举办 4 场办学实践研讨会 ………………………… (592)
召开庆祝记者节暨编辑经营业务表彰会 ………… (592)
举办现代教育大讲堂系列讲座 …………………… (592)
完成市教委法规处 2014 年专项 ………………… (592)
开展学校普法宣传 ………………………………… (592)
·北京市教工休养院·
概况 …………………………………………………… (592)
召开第一届职工代表大会 ………………………… (592)
调整非事业编制职工工资待遇 …………………… (592)
召开年度总结表彰大会 …………………………… (593)
城镇规划占用 1.41 万平方米面积 ……………… (593)
调整内部机构 ……………………………………… (593)
调整项目价格 ……………………………………… (593)
投入 1900 万元完成 18 项基础设施建设 ……… (593)
拓展经营思路 ……………………………………… (593)
·北京市校办产业管理中心·
概况 …………………………………………………… (593)
完成工会换届选举 ………………………………… (594)
组织两期校企管理活动 …………………………… (594)
调研部分高校校办企业 …………………………… (594)
完成校办企业内控审计评价工作 ………………… (594)
建设信息网及成果推广平台 ……………………… (594)
完成产权登记工作 ………………………………… (594)
完成国有资产管理工作 …………………………… (594)
完成 2013 年普通高校校办产业统计工作 ……… (594)
完成 2013 年度部门决算 ………………………… (594)
·北京教育网络和信息中心·
概况 …………………………………………………… (595)
承办 6 项市级信息类比赛活动 …………………… (595)
升级改造入学服务平台 …………………………… (595)
组织参加多项信息类活动 ………………………… (595)
举办北京教育信息技术高峰论坛 ………………… (596)
完成信息技术保障及电子政务系统移接 ………… (596)

数字校园应用服务推进 …………………………… (596)
运维管理教育信息网及高校城域网骨干节点 …………………………………………… (596)
完成基础设施维护管理 …………………………… (596)
完成骨干光纤维护管理 …………………………… (596)
完成日常技术支持及运维电子政务系统 ………… (596)
完成市教委门户网站运维保障工作 ……………… (597)
·北京教育综合服务中心·
概况 ……………………………………………… (597)
完成2013年职称备案工作 ……………………… (597)
完成学位信息报送工作 ………………………… (597)
承担专业技术人员职称评审工作 ……………… (597)
承担教育热线和政务公开工作 ………………… (597)
·北京市教育系统人才交流服务中心·
概况 ……………………………………………… (597)
完成直属单位及农村中小学公开招聘工作 ……………………………………… (597)
举办大学生原创设计大赛 ……………………… (598)
开展毕业生就业市场建设 ……………………… (598)
拓宽信息宣传服务模式 ………………………… (598)
开展高校就业工作人员专业化培训 …………… (598)
开展教育系统人事干部专业化培训 …………… (598)
开展就业困难毕业生就业帮扶工作 …………… (598)
开展就业指导网上咨询服务 …………………… (598)
建设大学生创业孵化网络 ……………………… (598)
·北京市国际教育交流中心
北京市汉语国际推广中心·
概况 ……………………………………………… (598)
组织三次夏令营 ………………………………… (599)
举办镜头中的北京摄影大赛 …………………… (599)
组织对外汉语培训 ……………………………… (599)
完成汉语国际推广项目调研报告 ……………… (599)
实施国际语言环境建设项目 …………………… (599)
维护北京汉语网 ………………………………… (600)
建设留学北京一站式服务平台 ………………… (600)
组织境外教育展及推介会 ……………………… (600)
·北京学生活动管理中心
北京市少年宫·
概况 ……………………………………………… (600)
接待参观学习134次 …………………………… (600)
开展多项实践体验活动 ………………………… (601)
举办12次主题教育活动 ………………………… (601)
筹备大学生艺术展演项目工作 ………………… (601)
举办3次培训会 ………………………………… (601)
启用动物标本展厅 ……………………………… (601)
举办两次嘉年华活动 …………………………… (601)
举办庆祝“六一”系列活动 …………………… (602)
举办科普进校园进社区活动 …………………… (602)
承办5项市级科技类校外教育活动 …………… (602)
新增二维码标识植物标牌 ……………………… (602)
举办“飞叠杯”邀请赛 ………………………… (602)
获“环球自然日”全球赛一等奖 ……………… (602)
举办多次夏令营 ………………………………… (602)
庆祝佰笛手风琴乐团成立十周年 ……………… (602)
成立党委和工会 ………………………………… (603)
成立“童心联盟”社团 ………………………… (603)
承办14项市级体育比赛 ………………………… (603)
主办12项体育比赛 ……………………………… (603)
承办5项市级艺术类活动 ……………………… (603)
承办高雅、民族艺术进校园活动 ……………… (603)
组织12项国际文化艺术交流活动 ……………… (603)
开展多次教师学习交流活动 …………………… (604)
·北京市教育技术设备中心·
概况 ……………………………………………… (604)
举办小学科学教师实验技能培训 ……………… (604)
举办第四届“书香燕京”读书活动 …………… (604)
承担检查监督开放式重点实验室 ……………… (604)
组织参加全国幼儿园优秀自制玩教具展评 …… (604)
出版《北京市中小学图书馆基本藏书目录》 …… (604)
召开物联网实验室建设与应用研讨会 ………… (604)
组织多种研修实训活动 ………………………… (604)
抽检评估多项教育装备 ………………………… (605)
完善规章制度 …………………………………… (605)
承担食品安全快速检测仪招标采购项目 ……… (605)
·北京教育老干部活动中心·
概况 ……………………………………………… (605)
投资722万元开展基础设施建设 ……………… (605)
举办老教育工作者门球赛 ……………………… (605)
举办保健咨询义诊活动 ………………………… (605)
举办北京高校离退休干部工作人员培训班 …… (605)
组织摄影兴趣队采风 …………………………… (606)
组织重阳节健步走活动 ………………………… (606)
举办老同志创意作品展 ………………………… (606)
·北京高校房地产开发总公司·
概况 ……………………………………………… (606)
中标石景山区事业单位物业服务政府采购定点单位 ……………………………………… (606)
接管设备中心物业服务政府采购项目 ………… (606)
接管老年活动中心物业服务项目 ……………… (606)
通过质量管理体系认证 ………………………… (606)
清算北京高校西奥电梯销售有限公司 ………… (606)
改造育新花园70号楼 …………………………… (606)
·北京市学生资助事务管理中心·
概况 ……………………………………………… (606)
开展“助学圆梦”系列宣传活动 ……………… (607)
专题调研国家助学贷款工作 …………………… (607)

完成资助工作理论研究 …………………………… (607)
加强信息化建设 …………………………………… (607)
·北京教育志编纂委员会办公室·
概况 ………………………………………………… (607)
组织博物馆筹建工作调研 ………………………… (607)
开发志鉴编辑管理系统 …………………………… (607)
电子资料库投入使用 ……………………………… (607)
2013卷年鉴获市级特等奖 ………………………… (607)
出版《北京教育年鉴》(2014) …………………… (608)
《北京教育史》获奖 ……………………………… (608)
组织二轮教育志初稿撰写工作 …………………… (608)
编写博物馆规章制度讨论稿 ……………………… (608)
收集教育文物资料1500件 ………………………… (608)
拍摄“京师撷录”专题片 ………………………… (608)
·北京教育新闻中心·
概况 ………………………………………………… (608)
建立“四位一体”宣传模式 ……………………… (608)
开展系列“命题式”专题采访 …………………… (609)
与媒体合作拓展宣传平台 ………………………… (609)
开通“首都教委”微信公众号 …………………… (609)
运维网络舆论引导工作平台 ……………………… (609)
·北京学校后勤事务中心·
概况 ………………………………………………… (609)
完成学生装生产企业推荐工作 …………………… (609)
组织开展多项专业化培训 ………………………… (609)
完成高校学生公寓食堂统计工作 ………………… (610)
配发小学生交通安全帽 …………………………… (610)
完成食堂价格平抑资金统计及拨付工作 ………… (610)
发放《中小学岗位安全工作指导手册》 ………… (610)
开展安全问卷调查 ………………………………… (610)
调查“三防”建设情况 …………………………… (610)
投保校方责任保险及无过失责任险 ……………… (610)
加大食品安全检测力度 …………………………… (610)
完成农校对接工作 ………………………………… (610)
统计学生装征订数量 ……………………………… (610)

调研与报告

2014年教育法律法规执行情况督导检查报告 …… (613)
关于本市2014年教育经费执行情况的公告 ……… (615)
北京市九年一贯制办学模式研究报告 …………… (616)
北京市高等教育内涵式发展状况研究 …………… (621)
北京地区普通高等学校重点实验室建设情况
调研报告 …………………………………………… (629)

统计表

2014～2015学年度北京教育事业统计资料 ……… (641)

附 录

学前教育
第八批北京市示范幼儿园与农村乡镇中心园
及薄弱园“手拉手”单位 ……………………… (651)
基础教育
2014年高中阶段可面向全市招收体育艺术
科技特长生的学校 ……………………………… (651)
2014年高中阶段可面向本区县招收体育艺术
科技特长生的学校 ……………………………… (654)
职业与成人教育
2014年有条件注册入学招生高职院校与
招生计划表 ……………………………………… (655)
第五批首都市民学习之星 ………………………… (656)
2014年职高综合高中班改革试点项目 …………… (657)
2014年现代远程教育试点高校在京校外学习
中心检查评估合格单位 ………………………… (657)
德育体育美育
北京高等学校、社会力量支持中小学体育、美育
特色发展工作结对名单 ………………………… (658)
北京市首批中小学学校文化建设示范校 ………… (660)
北京阳光少年艺术团分团 ………………………… (661)
北京市中小学科技教育示范学校 ………………… (661)
第28届北京市中小学生银帆奖 …………………… (663)
2014年北京市中小学生科学建议奖提名奖 ……… (664)
北京奥林匹克教育学校体育后备人才
培养基地 ………………………………………… (664)
北京奥林匹克教育学校体育后备人才
培养基地(筹备) ………………………………… (664)
其他
2014年北京市教育支援与合作工作项目 ………… (664)
部分党政机关全称简称对照表 …………………… (666)

索引

CONTENTS

EDITOR'S REMARKS

GENERALITY OF BEIJING EDUCATION

Summary of Beijing Education Development in 2014 .... (3)
Brief Introduction of Beijing Education in 2014 .... (5)

MAJOR EVENTS

Major Events of Beijing Education in 2014 .... (9)

SPECIAL ARTICLES AND ON - THE - SPOT REPORTS

2014 Beijing elementary education revolution .... (19)

COMPREHENSIVE ADMINISTRATION

SUMMARY .... (25)
OVERALL WORKS
A working conference for elementary education leading cadres was held .... (26)
Xian Lianping was invited to take part in an activity named "Citizens talking to top leaders" ...... (27)
Liu Yandong visited China University of Geosciences and Beijing Forestry University .... (28)
President Xi Jinping visited Peking University .... (28)
President Xi Jinping visited young pioneers' theme day activity in haidian District Minzu Primary School .... (28)
A conference aiming to nurture and implement the "Core Socialist Values" was held .... (30)
Yuan Guiren investigated and researched on the school opening works of the Fall Semester .... (30)
President Xi Jinping visited the professors and students in BUN .... (30)
RULES AND REGULATIONS
Introduction .... (33)
A plan on the institutes of higher education constitution establishment was formulated .... (33)
The management solutions on administrative regulating documents was revised .... (34)
The first teachers Law knowledge competition came to a close .... (34)
ORGANIZATION OF CADRE'S WORKS
Introduction .... (35)
The annual assessment for cadres was completed .... (35)
Party members served the public in the community .... (36)
The exchanging work of institute leaders of high education was completed .... (37)
PUBLICITY AND IDEOLOGICAL EDUCATION
Introduction .... (38)
A conference on higher education institutes publicizing education works was held .... (38)

A group interview was held by college journalists to commemorate the War of Resistance Against Japan ······ (40)
A symposium on the book "China's spiritual education" was held ······ (40)
UNITED APPLIES AND PEOPLE'S WORKS
Introduction ······ (42)
A research class on religion works was opened ······ (43)
A symposium on ethnic minority Wei students service education management was held ······ (43)
DISCIPLINE INSPECTION & SUPERVISION
Introduction ······ (44)
The admission work on the second - round examination for graduates was inspected ······ (44)
The disciplines on entrance work for compulsory education was strictly observed ······ (45)
A specific rectifying task on mass line educational activities was completed ······ (46)
DEVELOPMENT AND PROGRAMME
Introduction ······ (47)
FINANCIAL AFFAIRS
Introduction ······ (48)
An evaluation work on the performance of 57 educational projects was completed ······ (49)
A specialized inspection on the usage of large - scale devices and resources sharing was organized ······ (50)
AUDITING WORK
Introduction ······ (50)
An auditing work conference was held within the education system ······ (50)
2477 auditing works on the infrastructure renovation project was completed ······ (52)
FUNDAMENTAL CONSTRUCTION
Introduction ······ (52)
Campus renovation work was completed during summer holidays ······ (52)
1. 5 billion of investment was achieved for municipal fundamental construction ······ (53)
55 planning construction projects of Beijing higher education institutes from 2010 to 2012 were authorized ······ (53)
LOGISTICS ADMINISTRATION
Introduction ······ (53)
A conference aiming to boost a balanced - diet in campus was held ······ (54)
A training conference on standardizing school accommodation in higher education institutes was held ······ (54)
SAFETY WORK
Introduction ······ (55)
The annual work conference on safety and stability was held ······ (55)
The handbook named "college students oppose the cult" was printed ······ (56)
THE RETIRED CARE FOR THE NEXT GENERATION
Introduction ······ (57)
A work conference on concerns for the next generation work was held ······ (57)
PARTY BUILDING IN GOVERNMENT ORGAN
Introduction ······ (59)
A series of lectures named "Official organ's lecture room" was conducted ······ (59)
A self - inspection work on the mass line education rectification and reform was conducted ······ (60)
LANGUAGE WORK
Introduction ······ (61)
The 10th year of the implementation of The law on the standard spoken and written Chinese language was commemorated ······ (61)
Beijing linguistic audio database was checked and accepted ······ (62)
THE PARTY COMMITTEE OF BEIJING MUNICIPAL EDUCATION COMMITTEE
Secretary, deputy secretary, members ······ (64)
BEIJING MUNICIPAL COMMISSION OF EDUCATION
Director, deputy director, members ······ (64)
THE PARTY COMMITTEE OF BEIJING MUNICIPAL EDUCATION DISCIPLINE BEIJING MUNICIPAL COMMISSION OF EDUCATION
Head of the department ······ (64)
BEIJING DISCIPLINE INSPECTION COMMITTEE OF CPC EDUCATION WORK COMMITTEE
Secretary, deputy secretary ······ (64)

EDUCATION SUPERVISION

SUMMARY ······ (67)
OVERALL WORKS
A symposium on supervision and monitor of quality - oriented education for primary and secondary school students was held ······ (68)

A training conference on the core abilities for the 21st century was held ······ (69)

SUPERVISION AND INSPECTION

The cooperation between secondary vocational schools and school - run corporations was specific supervised ······ (70)

INVESTIGATION AND RESEARCH

The result of a satisfaction survey on education works was announced ······ (71)

BEIJING MUNICIPAL GOVERNMENT EDUCATION SUPERVISION DEPARTMENT

Director, deputy director ······ (72)

BEIJING MUNICIPAL GOVERNMENT EDUCATION SUPERVISION DEPARTMENT

Head of the department ······ (72)

PRESCHOOL EDUCATION

SUMMARY ······ (75)

OVERALL WORKS

An appraisal work on kindergarten rankings and early education bases was conducted ······ (76)

4. 20 million was subsidized to the average education expenditure in the kindergartens run by non - education department ······ (77)

2. 18 million was invested in rebuilding and extending the kindergartens in the rural area ······ (77)

KINDERGARTENS

· *BEIJING DONGHUAMEN KINDERGARTEN OF DONGCHENG DISTRICT* ·

introduction ······ (78)

· *BEIJING NO. 5 KINDERGARTEN* ·

Introduction ······ (78)

· *BEJING CHONGWEN NO. 3 KINDERGARTEN OF DONGCHENG DISTRICT* ·

Introduction ······ (79)

· *BEIJING HUAIBAI KINDERGARTEN OF XICHENG DISTRICT* ·

Introduction ······ (80)

· *BEIJING SANJIAOSI KINDERGARTEN OF XICHENG DISTRICT* ·

Introduction ······ (80)

· *BEIJING XUANWU HUI NATIONALTY KINDERGARTEN* ·

Introduction ······ (81)

· *BEIJING COTTON ALLEY KINDERGARTEN OF XICHENG DISTRICT* ·

Introduction ······ (81)

· *BEIJING ZAOYING KINDERGARTEN OF CHAOYANG DISTRICT* ·

Introduction ······ (81)

· *BEIJING SANLITUN KINDERGARTEN OF CHAOYANG DISTRICT* ·

Introduction ······ (82)

· *EXPERIMENTAL KINDERGARTEN OF BNU* ·

Introduction ······ (82)

· *BEIJING SIJIQING TOWN EVERGREEN KINDERGARTEN OF HAIDIAN DISTRICT* ·

Introduction ······ (83)

· *BEIJING LIUYI KINDERGARTEN* ·

Introduction ······ (84)

· *BEIJING NO. 1 KINDERGARTEN OF FENGTAI DISTRICT* ·

Introduction ······ (84)

· *BEIJING FANGZHUANG NO. 3 KINDERGARTEN OF FENGTAI DISTRICT* ·

Introduction ······ (85)

· *LIUYI KINDERGARTEN OF THE GENERAL LOGISTICS DEPARTMENT* ·

Introduction ······ (85)

· *BEIJING KINDERGARTEN OF SHIJINGSHAN DISTRICT* ·

Introduction ······ (86)

· *BEIJING EXPERIMENTAL KINDERGARTEN OF SHIJINGSHAN DISTRICT* ·

Introduction ······ (86)

· *BEIJING KINDERGARTEN OF MENTOUGOU DISTRICT* ·

Introduction ······ (87)

· *BEIJING LIANGXIANG NO. 2 KINDERGARTEN OF FANGSHAN DISTRICT* ·

Introduction ······ (87)

· *BEIJING DONGLI KINDERGARTEN OF TONGZHOU NEW CITY* ·

Introduction ······ (88)

· *BEIJING HONGCHENG KINDERGARTEN OF SHUNYI DISTRICT* ·

Introduction ······ (88)

· *BEIJING RENHE CENTER KINDERGARTEN OF SHUNYI DISTRICT* ·

Introduction ······ (89)

· *BEIJING YINJIAFU CENTER KINDERGARTEN OF SHUNYI DISTRICT* ·
Introduction .... (89)
· *BEIJING NO. 7 KINDERGARTEN OF DAXING DISTRICT* ·
Introduction .... (90)
· *BEIJING HUANGCUN TOWN NO. 1 CENTER KINDERGARTEN IN DAXING DISTRICT* ·
Introduction .... (90)
· *BEIJING JIAOGONG KINDERGARTEN OF CHANGPING DISTRICT* ·
Introduction .... (91)
· *BEIJING INDUSTRIAL KINDERGARTEN OF CHANGPING DISTRICT* ·
Introduction .... (92)
· *BEIJING HUILONGGUAN TOWN CENTER KINDERGARTEN OF CHANGPING DISTRICT* ·
Introduction .... (92)
· *BEIJING NO. 2 KINDERGARTEN OF HUAIROU DISTRICT* ·
Introduction .... (93)
· *BEIJING NO. 3 KINDERGARTEN OF HUAIROU DISTRICT* ·
Introduction .... (93)
· *BEIJING NO. 1 KINDERGARTEN OF PINGGU DISTRICT* ·
Introduction .... (94)
· *BEIJING NO. 2 KINDERGARTEN OF PINGGU DISTRICT* ·
Introduction .... (94)
· *BEIJING NO. 3 KINDERGARTEN OF PINGGU DISTRICT* ·
Introduction .... (95)
· *BEIJING NO. 2 KINDERGARTEN OF MIYUN COUNTY* ·
Introduction .... (96)
· *BEIJING NO. 3 KINDERGARTEN OF MIYUN COUNTY* ·
Introduction .... (96)
· *BEIJING NO. 4 KINDERGARTEN OF MIYUN COUNTY* ·
Introduction .... (96)
· *BEIJING NO. 1 KINDERGARTEN OF YANQING COUNTY* ·
Introduction .... (97)
· *BEIJING NO. 2 KINDERGARTEN OF YANQING COUNTY* ·
Introduction .... (97)
· *BEIJING NO. 3 KINDERGARTEN OF YANQING COUNTY* ·
Introduction .... (98)

BASIC EDUCATION

SUMMARY .... (101)
OVERALL WORKS
25 research bases of school construction were established by digital schools .... (102)
The 3rd batch of school regulations construction work for primary and secondary schools was started .... (103)
20 integrated schools of urban and rural areas were established .... (103)
PRIMARY SCHOOL EDUCATION
Introduction .... (105)
The overall quality evaluation plan for primary school students were printed and distributed .... (105)
The work of private - run education organizations involving in English subject revolution for primary schools was started .... (106)
PRIMARY SCHOOLS
· *BEIJING SHIJIA ALLEY PRIMARY SCHOOL OF DONGCHENG DISTRICT* ·
Introduction .... (106)
· *BEIJING FUXUE ALLEY PRIMARY SCHOOL OF DONGCHENG DISTRICT* ·
Introduction .... (107)
· *BEIJING GUANGMING PRIMARY SCHOOL* ·
Introduction .... (107)
· *BEIJING XICHENG DISTRICT NORMAL SCHOOL ATTACHED ELEMENTARY SCHOOL* ·
Introduction .... (108)
· *BEIJING YUMIN PRIMARY SCHOOL OF XICHENG DISTRICT* ·
Introduction .... (109)
· *BEIJING FUCHENG MENWAI NO. 1 PRIMARY SCHOOL OF XICHENG DISTRICT* ·
Introduction .... (109)
· *BEIJING BAIJIAZHUANG PRIMARY SCHOOL OF CHAOYANG DISTRICT* ·
Introduction .... (110)

· BEIJING DINGFUZHUANG NO. 2 PRIMARY SCHOOL OF CHAOYANG DISTRICT (AFFILIATED PRIMARY SCHOOL TO COMMUNICATION UNIVERSITY OF CHINA) ·

Introduction ………………………………………… (110)

· BEIJING HUJIALOU CENTRAL PRIMARY SCHOOL IN CHAOYANG DISTRICT ·

Introduction ………………………………………… (111)

· BEIJING XINSHENG PRIMARY SCHOOL IN CHAOYANG DISTRICT ·

Introduction ………………………………………… (111)

· BEIJING WANGJING NANHU DONGYUAN PRIMARY SCHOOL OF CHAOYANG DISTRICT ·

Introduction ………………………………………… (112)

· BEIJING FENGTAI NO. 1 PRIMARY SCHOOL OF FENGTAI DISTRICT ·

Introduction ………………………………………… (112)

· BEIJING FENGTAI NO. 5 PRIMARY SCHOOL OF FENGTAI DISTRICT ·

Introduction ………………………………………… (113)

· BEIJING PRIMARY SCHOOL AFFILIATED TO FENGTAI NORMAL SCHOOL ·

Introduction ………………………………………… (113)

· BEIJING EXPERIMENTAL PRIMARY SCHOOL OF SHIJINGSHAN DISTRICT ·

Introduction ………………………………………… (114)

· PRIMARY SCHOOL ATTACHED TO PEKING UNIVERSITY ·

Introduction ………………………………………… (114)

· PRIMARY SCHOOL ATTACHED TO RENMIN UNIVERSITY OF CHINA ·

Introduction ………………………………………… (115)

· PRIMARY SCHOOL ATTACHED TO TSINGHUA UNIVERSITY ·

Introduction ………………………………………… (116)

· BNU EXPERIMENTAL PRIMARY SCHOOL ·

Introduction ………………………………………… (117)

· BEIJING ZHONGGUANCUN NO. 1 PRIMARY SCHOOL OF HAIDIAN DISTRICT ·

Introduction ………………………………………… (117)

· BEIJING ZHONGGUANCUN NO. 2 PRIMARY SCHOOL OF HAIDIAN DISTRICT ·

Introduction ………………………………………… (118)

· BEIJING DAYU NO. 1 PRIMARY SCHOOL OF MENTOUGOU DISTRICT ·

Introduction ………………………………………… (119)

· JINGXI BRANCH OF AFFILIATED PRIMARY SCHOOL TO RENMIN UNIVERSITY OF CHINA ·

Introduction ………………………………………… (119)

· YONGDING BRANCH OF BEIJING NO. 2 EXPERIMENTAL PRIMARY SCHOOL ·

Introduction ………………………………………… (120)

· BEIJING LIANGXIANG NO. 3 PRIMARY SCHOOL OF FANGSHAN DISTRICT ·

Introduction ………………………………………… (120)

· BEIJING LIANGXIANG NO. 4 PRIMARY SCHOOL OF FANGSHAN DISTRICT ·

Introduction ………………………………………… (121)

· TONGZHOU BRANCH OF BEIJING SHIJIA ALLEY PRIMARY SCHOOL ·

Introduction ………………………………………… (121)

· BEIJING ZHANGJIAWAN TOWN CENTRAL PRIMARY SCHOOL OF TONGZHOU DISTRICT ·

Introduction ………………………………………… (121)

· TONGZHOU BRANCH OF BEIJING PRIMARY SCHOOL ·

Introduction ………………………………………… (122)

· BEIJING DONGFENG PRIMARY SCHOOL OF SHUNYI DISTRICT ·

Introduction ………………………………………… (122)

· BEIJING SHIYUAN PRIMARY SCHOOL OF SHUNYI DISTRICT ·

Introduction ………………………………………… (123)

· BEIJING XIXIN PRIMARY SCHOOL OF SHUNYI DISTRICT EDUCATIONAL GROUP ·

Introduction ………………………………………… (124)

· BEIJING TIANZHU CENTRAL PRIMARY SCHOOL OF SHUNYI DISTRICT ·

Introduction ………………………………………… (124)

· BEIJING CHANGSHENGYUAN PRIMARY SCHOOL OF CHANGPING DISTRICT ·

Introduction ………………………………………… (125)

· BEIJING CHENGBEI CENTRAL PRIMARY SCHOOL OF CHANGPING DISTRICT ·

Introduction ………………………………………… (125)

· BEIJING NANKOU TOWN PRIMARY SCHOOL OF CHANGPING DISTRICT ·

Introduction ………………………………………… (126)

· *BEIJING NO. 2 EXPERIMENTAL PRIMARY SCHOOL OF CHANGPING DISTRICT* ·
Introduction ………………………………………… (126)
· *BEIJING BINHE PRIMARY SCHOOL OF DAXING DISTRICT* ·
Introduction ………………………………………… (127)
· *BEIJING JIUGONG TOWN NO. 2 CENTRAL PRIMARY SCHOOL OF DAXING DISTRICT* ·
Introduction ………………………………………… (127)
· *BEIJING NO. 1 PRIMARY SCHOOL OF HUAIROU DISTRICT* ·
Introduction ………………………………………… (128)
· *BEIJING NO. 3 PRIMARY SCHOOL OF HUAIROU DISTRICT* ·
Introduction ………………………………………… (128)
· *BEIJING NO. 1 PRIMARY SCHOOL OF PINGGU DISTRICT* ·
Introduction ………………………………………… (129)
· *BEIJING NO. 3 PRIMARY SCHOOL OF PINGGU DISTRICT* ·
Introduction ………………………………………… (129)
· *BEIJING NO. 9 PRIMARY SCHOOL OF PINGGU DISTRICT* ·
Introduction ………………………………………… (130)
· *BEIJING NO. 2 PRIMARY SCHOOL OF MIYUN COUNTY* ·
Introduction ………………………………………… (130)
· *BEIJING TAISHITUN TOWN CENTRAL PRIMARY SCHOOL OF MIYUN COUNTY* ·
Introduction ………………………………………… (131)
· *BEIJING XINCHENGZI TOWN CENTRAL PRIMARY SCHOOL OF MIYUN COUNTY* ·
Introduction ………………………………………… (131)
· *BEIJING NO. 1 PRIMARY SCHOOL OF YANQING COUNTY* ·
Introduction ………………………………………… (132)
· *BEIJING NO. 2 PRIMARY SCHOOL OF YANQING COUNTY* ·
Introduction ………………………………………… (132)
· *BEIJING NO. 4 PRIMARY SCHOOL OF YANQING COUNTY* ·
Introduction ………………………………………… (133)
· *BEIJING YANSHAN QIANJIN NO. 2 PRIMARY SCHOOL* ·
Introduction ………………………………………… (133)

MIDDLE SCHOOL EDUCATION

Introduction ………………………………………… (134)
Establishment of humanities and social science innovation personnel training cooperation ……… (134)
The construction and management for regular high schools open key laboratories were enhanced ……………………………………… (135)

GENERAL MIDDLE SCHOOLS

· *BEIJING NO. 2 MIDDLE SCHOOL* ·
Introduction ………………………………………… (136)
· *BEIJING NO. 50 MIDDLE SCHOOL* ·
Introduction ………………………………………… (137)
· *BEIJING NO. 166 MIDDLE SCHOOL* ·
Introduction ………………………………………… (138)
· *BEIJING GUANGQUMEN MIDDLE SCHOOL* ·
Introduction ………………………………………… (139)
· *BEIJING HUIWEN MIDDLE SCHOOL* ·
Introduction ………………………………………… (140)
· *BEIJING NO. 4 MIDDLE SCHOOL* ·
Introduction ………………………………………… (141)
· *BEIJING NO. 8 MIDDLE SCHOOL* ·
Introduction ………………………………………… (142)
· *BEIJING NO. 15 MIDDLE SCHOOL* ·
Introduction ………………………………………… (143)
· *BEIJING NO. 35 MIDDLE SCHOOL* ·
Introduction ………………………………………… (143)
· *BEIJING YUCAI SCHOOL* ·
Introduction ………………………………………… (144)
· *BEIJING EXPERIMENTAL MIDDLE SCHOOL AFFILIATED TO BNU* ·
Introduction ………………………………………… (145)
· *BEIJING MIDDLE SCHOOL AFFILIATED TO BNU* ·
Introduction ………………………………………… (145)
· *BEIJING CHENJINGLUN MIDDLE SCHOOL* ·
Introduction ………………………………………… (146)
· *THE MIDDLE SCHOOL AFFILIATED TO BEIJING YOUTH POLITICS COLLEGE* ·
Introduction ………………………………………… (147)
· *THE MIDDLE SCHOOL AFFILIATED TO BEIJING INTERNATIONAL STUDIES UNIVERSITY* ·
Introduction ………………………………………… (148)
· *BEIJING NO. 10 MIDDLE SCHOOL* ·
Introduction ………………………………………… (148)
· *BEIJING NO. 12 MIDDLE SCHOOL* ·
Introduction ………………………………………… (149)
· *BEIJING NO. 18 MIDDLE SCHOOL* ·
Introduction ………………………………………… (150)

· *BEIJING NO. 9 MIDDLE SCHOOL* ·
Introduction ………………………………………… (150)
· *BEIJING PINGGUOYUAN MIDDLE SCHOOL(PINGGUOYUAN MIDDLE SCHOOL AFFILIATED TO CAPITAL NORMAL UNIVERISTY)* ·
Introduction ………………………………………… (151)
· *BEIJING JINGSHAN SCHOOL YUANYANG BRANCH* ·
Introduction ………………………………………… (152)
· *BEIJING NO. 101 MIDDLE SCHOOL* ·
Introduction ………………………………………… (152)
· *BEIJING BAYI MIDDLE SCHOOL (BEIJING BAYI SCHOOL)* ·
Introduction ………………………………………… (153)
· *BEIJING NATIONAL DAY SCHOOL* ·
Introduction ………………………………………… (154)
· *THE AFFILIATED HIGH SCHOOL OF PEKING UNIVERSITY* ·
Introduction ………………………………………… (155)
· *TSINGHUA UNIVERSITY HIGH SCHOOL* ·
Introduction ………………………………………… (156)
· *THE HIGH SCHOOL AFFILIATED TO RENMIN UNIVERSITY OF CHINA* ·
Introduction ………………………………………… (157)
· *THE AFFILIATED HIGH SCHOOL OF BEIJING INSTITUTE OF TECHNOLOGY* ·
Introduction ………………………………………… (158)
· *CAPITAL NORMAL UNIVERSITY HIGH SCHOOL* ·
Introduction ………………………………………… (159)
· *BEIJING DAYU MIDDLE SCHOOL BRANCH CAMPUS* ·
Introduction ………………………………………… (160)
· *BEIJING WANGPING MIDDLE SCHOOL* ·
Introduction ………………………………………… (161)
· *BEIJING LIANGXIANG NO. 2 MIDDLE SCHOOL OF FANGSHAN DISTRICT* ·
Introduction ………………………………………… (161)
· *BEIJING CHANGGOU MIDDLE SCHOOL OF FANGSHAN DISTRICT* ·
Introduction ………………………………………… (162)
· *BEIJING LUHE HIGH SCHOOL OF TONGZHOU DISTRICT* ·
Introduction ………………………………………… (162)
· *BEIJING YUNHE HIGH SCHOOL OF TONGZHOU DISTRICT* ·
Introduction ………………………………………… (163)
· *BEIJING CONCORD COLLEGE OF SINO -CANADA* ·
Introduction ………………………………………… (164)
· *BEIJING NO. 1 MIDDLE SCHOOL OF SHUNYI DISTRICT* ·
Introduction ………………………………………… (164)
· *BEIJING YANG TOWN NO. 1 MIDDLE SCHOOL OF SHUNYI DISTRICT* ·
Introduction ………………………………………… (165)
· *BEIJING NIULANSHAN NO. 1 MIDDLE SCHOOL OF SHUNYI* ·
Introduction ………………………………………… (166)
· *BEIJING NO. 1 MIDDLE SCHOOL OF CHANGPING DISTRICT* ·
Introduction ………………………………………… (167)
· *BEIJING NO. 2 MIDDLE SCHOOL OF CHANGPING DISTRICT* ·
Introduction ………………………………………… (168)
· *BEIJING NANKOU SCHOOL OF CHANGPING DISTRICT* ·
Introduction ………………………………………… (168)
· *BEIJING NO. 1 MIDDLE SCHOOL OF DAXING DISTRICT* ·
Introduction ………………………………………… (169)
· *BEIJING XINGHUA MIDDLE SCHOOL OF DAXING DISTRICT* ·
Introduction ………………………………………… (1170)
· *YIZHUANG CAMPUS OF BEIJING NO. 2 MIDDLE SCHOOL* ·
Introduction ………………………………………… (171)
· *BEIJING NO. 1 MIDDLE SCHOOL OF HUAIROU DISTRICT* ·
Introduction ………………………………………… (171)
· *BEIJING NO. 5 MIDDLE SCHOOL OF HUAIROU DISTRICT* ·
Introduction ………………………………………… (172)
· *BEIJING MIAOCHENG SCHOOL OF HUAIROU DISTRICT* ·
Introduction ………………………………………… (172)
· *BEIJING PINGGU MIDDLE SCHOOL* ·
Introduction ………………………………………… (173)
· *PINGGU MIDDLE SCHOOL AFFILIATED TO BNU(BEIJING NO. 5 MIDDLE SCHOOL OF PINGGU DISTRICT)* ·
Introduction ………………………………………… (173)

· *BEIJING GREEN - VALLEY XIAOXIANGYU ART SCHOOL* ·
Introduction ………………………………………… (174)
· *BEIJING NO. 2 MIDDLE SCHOOL OF MIYUN COUNTY* ·
Introduction ………………………………………… (175)
· *MIYUN MIDDLE SCHOOL AFFILIATED TO CAPITAL NORMAL UNIVERSITY* ·
Introduction ………………………………………… (175)
· *BEIJING SHUIKU MIDDLE SCHOOL OF MIYUN COUNTY* ·
Introduction ………………………………………… (176)
· *BEIJING GUBEIKOU MIDDLE SCHOOL OF MIYUN COUNTY* ·
Introduction ………………………………………… (176)
· *BEIJING NO. 1 MIDDLE SCHOOL OF YANQING COUNTY* ·
Introduction ………………………………………… (177)
· *BEIJING NO. 4 MIDDLE SCHOOL OF YANQING COUNTY* ·
Introduction ………………………………………… (177)
· *BEIJING NATIONAL DAY SCHOOL OF YANQING COUNTY(YANQING BRANCH OF BEIJING YUYING SCHOOL)* ·
Introduction ………………………………………… (178)
· *YANHUA MIDDLE SCHOOL AFFILIATED TO BUN* ·
Introduction ………………………………………… (179)
· *BEIJING YANSHAN QIANJIN MIDDLE SCHOOL OF FANGSHAN DISTRICT* ·
Introduction ………………………………………… (179)
NATIONAL EDUCATION
Introduction ………………………………………… (180)
A Chinese subject teaching demonstration activity was held ………………………………… (180)
A training class on three major Chinese historical books for Xinjiang high school classes in mainland China was established ……………………………… (180)
NATIONAL EDUCATION SCHOOLS
· *BEIJING HUI NATIONALITY PRIMARY SCHOOL OF DONGCHENG DISTRICT* ·
Introduction ………………………………………… (181)
· *BEIJING HUI NATIONALITY EXPERIMENTAL PRIMARY SCHOOL OF DONGCHENG DISTRICT* ·
Introduction ………………………………………… (181)
· *BEIJING HUI NATIONALITY SCHOOL* ·
Introduction ………………………………………… (182)
· *THE NATIONAL SCHOOL OF BEIJING* ·
Introduction ………………………………………… (182)
· *TIBET MIDDLE SCHOOL OF BEIJING* ·
Introduction ………………………………………… (183)
· *HIGH SCHOOL ATTACHED TO MINZU UNIVERSITY OF CHINA* ·
Introduction ………………………………………… (183)
· *BEIJING HAIDIAN NATIONAL PRIMARY SCHOOL* ·
Introduction ………………………………………… (184)
· *BEIJING HUI NATIONALITY PRIMARY SCHOOL OF XIGUAN CITY, CHANGPING DISTRICT* ·
Introduction ………………………………………… (185)
· *CHANGSHAOYING MANCHU NATIONALITY MIDDLE SCHOOL OF HUAIROU DISTRICT* ·
Introduction ………………………………………… (185)
SPECIAL EDUCATION
Introduction ………………………………………… (186)
SPECIAL EDUCATION SCHOOLS
· *BEIJING SPECIAL EDUCATION SCHOOL OF DONGCHENG DISTRICT* ·
Introduction ………………………………………… (186)
· *BEIJING PEIZHI CENTRALIZED SCHOOL OF DONGCHENG DISTRICT* ·
Introduction ………………………………………… (187)
· *BEIJING XUANWU PEIZHI SCHOOL* ·
Introduction ………………………………………… (187)
· *BEIJING PEIZHI CENTRALIZED SCHOOL OF FENGTAI DISTRICT* ·
Introduction ………………………………………… (188)
· *BEIJING PEIZHI CENTRALIZED SCHOOL OF SHIJINGSHAN DISTRICT* ·
Introduction ………………………………………… (188)
· *BEIJING SCHOOL FOR THE BLIND* ·
Introduction ………………………………………… (189)
· *BEIJING NO. 3 SCHOOL FOR THE DEAF (BEIJING JIANXIANG SCHOOL)* ·
Introduction ………………………………………… (190)
· *BEIJING PEIZHI CENTRALIZED SCHOOL OF HAIDIAN DISTRICT* ·
Introduction ………………………………………… (190)
· *BEIJING SPECIAL EDUCATION SCHOOL OF MENTOUGOU DISTRICT* ·
Introduction ………………………………………… (191)

· *BEIJING PEIZHI SCHOOL OF TONGZHOU DISTRICT(BEIJING SPECIAL EDUCATION CENTER OF TONGZHOU DISTRICT)* ·
Introduction …… (191)
· *BEIJING SPECIAL EDUCATION SCHOOL OF SHUNYI DISTRICT* ·
Introduction …… (192)
· *BEIJING SPECIAL CHILDREN EDUCATION SCHOOL OF CHANGPING DISTRICT* ·
Introduction …… (192)
· *BEIJING SPECIAL EDUCATION SCHOOL OF DAXING DISTRICT* ·
Introduction …… (193)
· *BEIJING PEIZHI SCHOOL OF HUAIROU DISTRICT* ·
Introduction …… (193)
· *BEIJING SPECIAL EDUCATION SCHOOL OF YANQING COUNTY* ·
Introduction …… (194)

HIGHER EDUCATION

SUMMARY …… (197)
OVERALL WORKS
China construction - area outstanding engineers education alliance was established …… (199)
The society urgently - needed unique majors were built …… (199)
DEGREES AND POSTGRADUATE EDUCATION
41 spots issuing postgraduate degrees were newly added …… (201)
The Ministry of Education formulated a spot - check method of the dissertations for postgraduate degrees and the Ph. D …… (202)
UNDERGRADUATE AND VOCATIONAL EDUCATION
The specialist experts organization was founded …… (205)
HIGHER EDUCATION INSTITUTES
· *PEKING UNIVERSITY* ·
Introduction …… (205)
Michelle Obama visited Peking University and gave a speech …… (206)
A Stanford Forum was held in Peking University …… (207)
· *RENMIN UNIVERSITY OF CHINA* ·
Introduction …… (207)
A forum on public diplomacy and national images was held …… (208)
The first batch of overseas graduates holding a temporary job position was signed …… (208)
The world sinology meeting was held …… (209)
· *TSINGHUA UNIVERSITY* ·
Introduction …… (210)
A series of symposium on top - notch universities construction was held …… (211)
Lectures given by Nobel Prize winners were held …… (211)
Cooperation agreements were signed with 10 local government and state - owned companies …… (211)
· *BEIJING JIAOTONG UNIVERSITY* ·
Introduction …… (213)
Two application projects of Sino - foreign cooperative education were newly added …… (213)
The Confucius Institute was founded together with Brazil University …… (214)
· *BEIJING UNIVERSITY OF TECHNOLOGY* ·
Introduction …… (215)
Cooperation agreements was signed with two universities …… (215)
An essay was published in a world top chemistry journal for the first time …… (216)
An international seminar on college engineering education and teaching was held …… (217)
· *BEIJING UNIVERSITY OF AERONAUTICS AND ASTRONAUTICS* ·
Introduction …… (217)
An cooperation agreement was signed with ENAC …… (219)
An cooperation agreement was signed with Universidad National Autonomy México …… (220)
The school regulation was examined and approved …… (220)
· *BEIJING INSTITUTE OF TECHNOLOGY* ·
Introduction …… (220)
· *UNIVERSITY OF SCIENCE AND TECHNOLOGY BEIJING* ·
Introduction …… (222)
· *NORTH CHINA UNIVERSITY OF TECHNOLOGY* ·
Introduction …… (224)
· *BEIJING UNIVERSITY OF CHEMICAL TECHNOLOGY* ·
Introduction …… (225)

· *BEIJING TECHNOLOGY AND BUSINESS UNIVERSITY* ·
Introduction ………………………………………… (227)
· *BEIJING INSTITUTE OF FASHION TECHNOLOGY* ·
Introduction ………………………………………… (228)
An cooperation agreement was signed with Brooklyn college, NYU ………………………… (229)
An international art education and innovation forum was held ………………………………… (229)
· *BEIJING UNIVERSITY OF POSTS AND TELECOMMUNICATIONS* ·
Introduction ………………………………………… (230)
· *BEIJING INSTITUTE OF GRAPHIC COMMUNICATION* ·
Introduction ………………………………………… (231)
An cooperation agreement was signed with Rochester Institute of Technology ……………… (231)
· *BEIJING UNIVERSITY OF CIVIL ENGINEERING AND ARCHITECTURE* ·
Introduction ………………………………………… (232)
· *BEIJING INSTITUTE OF PETROCHEMICAL TECHNOLOGY* ·
Introduction ………………………………………… (233)
· *BEIJING ELECTRONIC SCIENCE AND TECHNOLOGY INSTITUTE* ·
Introduction ………………………………………… (234)
· *CHINA AGRICULTURE UNIVERSITY* ·
Introduction ………………………………………… (235)
· *BEIJING UNIVERSITY OF AGRICULTURE* ·
Introduction ………………………………………… (236)
· *BEIJING FORESTRY UNIVERSITY* ·
Introduction ………………………………………… (238)
· *BEIJING UNION MEDICAL COLLEGE* ·
Introduction ………………………………………… (238)
· *CAPITAL MEDICAL UNIVERSITY* ·
Introduction ………………………………………… (239)
An cooperation agreement with signed with University of Calgary ……………………… (240)
A Nobel Prize Scientists Lecture Room was held ………………………………………… (240)
· *BEIJING UNIVERSITY OF CHINESE MEDICINE* ·
Introduction ………………………………………… (240)
A cooperation agreement was signed with St Petersburg ……………………………… (241)
· *BEIJING NORMAL UNIVERSITY* ·
Introduction ………………………………………… (242)
· *CAPITAL NORMAL UNIVERSITY* ·
Introduction ………………………………………… (244)
· *CAPITAL INSTITUTE OF PHYSICAL EDUCATION* ·
Introduction ………………………………………… (245)
· *BEIJING FOREIGN STUDIES UNIVERSITY* ·
Introduction ………………………………………… (246)
· *BEIJING INTERNATIONAL STUDIES UNIVERSITY* ·
Introduction ………………………………………… (247)
An activity of Sino - foreign cultural exchange conversation was held ………………………… (248)
A Belarus research laboratory was established …… (248)
· *BEIJING LANGUAGE AND CULTURE UNIVERSITY* ·
Introduction ………………………………………… (249)
A Sino - Arabic linguistic culture forum was held ………………………………………… (249)
62 cooperation agreements were signed with 51 overseas higher education institutes …… (250)
· *COMMUNICATION UNIVERSITY OF CHINA* ·
Introduction ………………………………………… (250)
· *CENTRAL UNIVERSITY OF FINANCE AND ECONOMICS* ·
Introduction ………………………………………… (251)
An Asia - pacific economic and financial forum was held ………………………………… (253)
· *UNIVERSITY OF INTERNATIONAL BUSINESS AND ECONOMICS* ·
Introduction ………………………………………… (253)
An Asia - Pacific free trade seminar was held …… (253)
A research class for financial and banking officials in Middle and East European countries was established ………………………… (254)
· *BEIJING WUZI UNIVERSITY* ·
Introduction ………………………………………… (254)
A cooperative forum of Sino - US logistics education and research was held ………………… (255)
· *CAPITAL UNIVERSITY OF ECONOMICS AND BUSINESS* ·
Introduction ………………………………………… (255)
A cooperation agreement with signed with Southampton University(UK) …………………… (255)
· *CHINA FOREIGN AFFAIRS UNIVERSITY* ·
Introduction ………………………………………… (256)
An exchange conference for the media between China, Japan and South Korea was held ………… (257)

A diplomatic youth forum was held ······ (257)
A seminar on global public relations theory and Sino logical schools was held ······ (257)
A speech was given by Zheng Yihe, the chief congressman in South Korea ······ (257)
A seminar on "The belt and road initiatives" and "Asian community of common destiny" was held ······ (257)
More than one training classes in aid to foreign countries were held ······ (258)
· CHINESE PEOPLE'S PUBLIC SECURITY UNIVERSITY ·
Introduction ······ (258)
A research class for senior executive officials from Thailand was held ······ (259)
· UNIVERSITY OF INTERNATIONAL RELATIONS ·
Introduction ······ (259)
A cooperation agreement was signed with Galilee International Management Institute ······ (260)
A seminar on Sino - African new cooperative expansion was held ······ (261)
· BEIJING SPORT UNIVERSITY ·
Introduction ······ (261)
· CENTRAL CONSERVATORY OF MUSIC ·
Introduction ······ (262)
International Baroque Music Festival was held in Beijing ······ (262)
· CHINA CONSERVATORY ·
Introduction ······ (263)
Cooperation agreements were signed with 2 higher education institutes in US ······ (264)
· CHINA CENTRAL ACADEMY OF FINE ARTS ·
Introduction ······ (265)
An art gallery exchange and training agreement with signed with Holland ······ (266)
· THE CENTRAL ACADEMY OF DRAMA ·
Introduction ······ (267)
A cooperation agreement was signed with Paris No. 8 University ······ (267)
· THE NATIONAL ACADEMY OF CHINESE THEATER ARTS ·
Introduction ······ (268)
· BEIJING FILM ACADEMY ·
Introduction ······ (269)
Two awards won in Berlin International Film Festival ······ (269)
A cooperation agreement was signed with University of Cincinnati ······ (269)
A signing ceremony for produce release was held by Beijing Film Studio ······ (269)
· BEIJING DANCE ACADEMY ·
Introduction ······ (270)
· MINZU UNIVERSITY OF CHINA ·
Introduction ······ (271)
A seminar on global ethnic conflicts and innovative solutions was held ······ (271)
A cooperation agreement was signed with higher education institutes in Turkey ······ (272)
· CHINA UNIVERSITY OF POLITICAL SCIENCE AND LAW ·
Introduction ······ (272)
A cooperation agreement with signed with Nottingham Trent University (UK) ······ (273)
The first think tank of CHINA UNIVERSITY OF POLITICAL SCIENCE AND LAW was selected ······ (273)
· NORTH CHINA ELECTRIC POWER UNIVERSITY ·
Introduction ······ (274)
· CHINA WOMEN'S UNIVERSITY ·
Introduction ······ (276)
An international seminar on household, community and children development was held ······ (276)
· BEIJING INFORMATION SCIENCE & TECHNOLOGY UNIVERSITY ·
Introduction ······ (277)
· CHINA UNIVERSITY OF MINING AND TECHNOLOGY (BEIJING) ·
Introduction ······ (278)
International energy seminar was held ······ (279)
· UNIVERSITY OF PETROLEUM (BEIJING) ·
Introduction ······ (280)
A cooperation agreement was signed with OAO Lukoil Holdings (Russia) ······ (280)
An international forum on North America petrol - gas investment and technology was held ······ (280)
· CHINA UNIVERSITY OF GEOSCIENCES (BEIJING) ·
Introduction ······ (281)
A research and remedial seminar on soil and groundwater pollution in both mainland China and Taiwan was held ······ (282)

• *BEIJING UNION UNIVERSITY* •
Introduction ············ (282)
• *CHINA YOUTH UNIVERSITY FOR POLITICAL SCIENCES* •
Introduction ············ (283)
• *SHOUGANG INSTITUTE OF TECHNOLOGY* •
Introduction ············ (284)
• *CHINA INSTITUTE OF INDUSTRIAL RELATIONS* •
Introduction ············ (285)
• *GRADUATE UNIVERSITY OF CHINESE ACADEMY OF SCIENCES* •
Introduction ············ (285)
A cooperative agreement on cultivating Ph. D students was signed with 3 overseas universities ············ (286)
• *GRADUATE SCHOOL, THE CHINESE ACADEMY OF SOCIAL SCIENCES* •
Introduction ············ (286)
A global energy security think tank conference was held ············ (287)
• *GRADUATE SCHOOL, THE CHINESE ACADEMY OF AGRICULTURAL SCIENCES* •
Introduction ············ (287)
A cooperation agreement with signed with Tarim University ············ (288)

VOCATIONAL AND ADULT EDUCATION

SUMMARY ············ (291)
OVERALL WORKS
Implementation of 3+2 Convergence Model Between Secondary Vocational School and Higher Vocational Colleges was continued ············ (292)
2 vocational education groups of urban agriculture and modern service industry were founded ············ (292)
A seminar on Chinese, German, American vocational education training and school - run enterprises system construction was held ············ (294)
A reforming experiment of adopting German teaching mode for automotive repair major was conducted ············ (294)
An exchange seminar on information teaching and skills competition of vocational institutes was held ············ (295)
A summary meeting of vocational education works was held ············ (295)
HIGHER VOCATIONAL EDUCATION
An ally between logistics vocational institutes was founded ············ (295)
The quality report on Beijing higher vocational education was completed ············ (296)
HIGHER VOCATIONAL SCHOOLS
• *BEIJING POLYTECHNIC COLLEGE* •
Introduction ············ (296)
• *BEIJING INFORMATION TECHNOLOGY COLLEGE* •
Introduction ············ (297)
• *BEIJING VOCATIONAL COLLEGE OF ELECTRONIC SCIENCES* •
Introduction ············ (299)
• *NORTHERN BEIJING VOCATIONAL EDUCATION INSTITUTE* •
Introduction ············ (301)
• *BEIJING JIAOTONG VOCATIONAL TECHNICAL COLLEGE* •
Introduction ············ (302)
• *BEIJING YOUTH POLITICS COLLEGE* •
Introduction ············ (302)
• *BEIJING VOCATIONAL COLLEGE OF AGRICULTURE* •
Introduction ············ (303)
• *BEIJING COLLEGE OF POLITICS AND LAW* •
Introduction ············ (306)
• *BEIJING VOCATIONAL COLLEGE OF FINANCE AND COMMERCE* •
Introduction ············ (307)
• *BEIJING VOCATIONAL INSTITUTE OF LOCAL OPERA AND ARTS* •
Introduction ············ (308)
• *BEIJING MODERN VOCATIONAL AND TECHNICAL COLLEGE* •
Introduction ············ (309)
• *BEIJING INSTITUTE OF ECONOMIC MANAGEMENT* •
Introduction ············ (310)
• *BEIJING VOCATIONAL COLLEGE OF LABOUR AND SOCIAL SECURITY* •
Introduction ············ (311)

• *BEIJING SOCIAL ADMINISTRATION VOCATIONAL COLLEGE* •
Introduction ………… (312)
• *BEIJING COLLEGE OF SPORTS* •
Introduction ………… (313)
• *BEIJING VOCATIONAL COLLEGE OF TRANSPORTATION* •
Introduction ………… (313)
• *BEIJING HEALTH VOCATIONAL COLLEGE* •
Introduction ………… (315)
SECONDARY VOCATIONAL EDUCATION
Introduction ………… (316)
The first batch of 6 national secondary vocational demonstrative institutes have passed the acceptance test ………… (317)
A information teaching competition for municipal secondary vocational institutes was conducted ………… (317)
NATIONAL KEY SECONDARY VOCATIONAL SCHOOLS
• *SECONDARY MUSIC SCHOOL ATTACHED TO CENTRAL CONSERVATORY OF MUSIC* •
Introduction ………… (318)
• *BEIJING SHICHAHAI SPORTS SCHOOL* •
Introduction ………… (319)
• *BEIJING COMMERCE AND TECHNOLOGY SCHOOL* •
Introduction ………… (319)
• *BEIJING WATER CONSERVANCY SCHOOL* •
Introduction ………… (320)
• *BEIJING URBAN CONSTRUCTION COLLEGE* •
Introduction ………… (321)
• *BEIJING AUTOMATIC ENGINEERING SCHOOL* •
Introduction ………… (321)
• *BEIJING JINYU POLYTECHNIC SCHOOL* •
Introduction ………… (322)
• *BEIJING LANDSCAPE ARCHITECTURE SCHOOL* •
Introduction ………… (322)
• *BEIJING BUSINESS SCHOOL* •
Introduction ………… (323)
• *BEIJING RAILWAY ELECTRIFICATION SCHOO* •
LIntroduction ………… (324)
• *BEIJING COMMERCE AND TRADE SCHOOL* •
Introduction ………… (324)
• *BEIJING MUNICIPAL SUPPLY AND MARKETING INSTITUTE* •
Introduction ………… (325)
• *MIDDLE SCHOOL ATTACHED TO CHINA CONSERVATORY* •
Introduction ………… (325)
• *BEIJING INTERNATIONAL VOCATIONAL EDUCATION SCHOOL* •
Introduction ………… (326)
• *BEIJING MODERN VOCATIONAL SCHOOL* •
Introduction ………… (327)
• *BEIJING FOREIGN AFFAIRS SCHOOL* •
Introduction ………… (328)
• *BEIJING SHIMEI VOCATIONAL SCHOOL* •
Introduction ………… (328)
• *BEIJING FINANCE AND ACCOUNTING SCHOOL* •
Introduction ………… (329)
• *BEIJING EXPERIMENTAL VOCATIONAL SCHOOL* •
Introduction ………… (330)
• *BEIJING QIUSHI VOCATIONAL SCHOOL* •
Introduction ………… (330)
• *BEIJING JINSONG VOCATIONAL HIGH SCHOOL* •
Introduction ………… (331)
• *BEIJING ELECTRIC ENGINEERING SCHOOL* •
Introduction ………… (332)
• *BEIJING VOCATIONAL EDUCATION CENTER SCHOOL OF FENGTAI DISTRICT* •
Introduction ………… (332)
• *BEIJING HUANGZHUANG VOCATIONAL HIGH SCHOOL* •
Introduction ………… (333)
• *BEIJING VOCATIONAL SCHOOL OF CHANGPING DISTRIC* •
Introduction ………… (333)

· *BEIJING VOCATIONAL SCHOOL OF CHANGPING DISTRICT* ·
Introduction ……………………………………… (334)
· *BEIJING VOCATIONAL SCHOOL OF HUAIROU DISTRICT* ·
Introduction ……………………………………… (335)
· *BEIJING NO. 1 VOCATIONAL SCHOOL OF PINGGU DISTRICT* ·
Introduction ……………………………………… (336)
· *BEIJING VOCATIONAL SCHOOL OF MIYUN COUNTY* ·
Introduction ……………………………………… (336)
· *BEIJING NO. 1 VOCATIONAL SCHOOL OF YANQING COUNTY* ·
Introduction ……………………………………… (337)
ADULT HIGHER EDUCATION
Introduction ……………………………………… (338)
A helping plan for migrant workers in Beijing going to college was started ……………………… (338)
INDEPENDENT ADULT HIGHER COLLEGES
· *THE OPEN UNIVERSITY OF CHINA* ·
Introduction ……………………………………… (339)
· *BEIJING INSTITUTE OF EDUCATION* ·
Introduction ……………………………………… (341)
· *BEIJING OPEN UNIVERSITY* ·
Introduction ……………………………………… (343)
· *BEIJING XUANWU HONGQI SPARE - TIME UNIVERSITY* ·
Introduction ……………………………………… (344)
· *BEIJING FEDERATION OF TRADE UNIONS COLLEGE* ·
Introduction ……………………………………… (344)
· *BEIJING XICHENG COLLEGE OF ECONOMIC SCIENCE (BEIJING COMMUNITY COLLEGE OF XICHENG DISTRICT)* ·
Introduction ……………………………………… (346)
RURAL ADULT EDUCATION
New type of vocational farmers' education project was put into effect ………………………… (347)
The experience summary conference on bringing culture to rural area in Beijing was held ……………………………………………… (347)
LEARNING CITY BUILDING
The 10th National Life - long Learning Week was held ……………………………………………… (348)
A demonstration zone of building a learning city was confirmed ……………………………… (348)

PRIVATE EDUCATION

SUMMARY ……………………………………… (351)
PRIVATE EDUCATION MANAGEMENT
A joined job fair of 5 private schools was held ……………………………………………… (352)
Beijing Geely University was promoted and changed its name ………………………………… (353)
The work result on school - running evaluation and annual inspection was announced ……………………………………… (353)
The annual work conference of private higher education institutes was held …………………… (354)
35. 71 million Yuan was awarded to inclusive private kindergartens ……………………………… (355)
PRIVATE COLLEGES AND UNIVERSITIES
· *BEIJING CITY UNIVERSITY* ·
Introduction ……………………………………… (355)
· *PEKING UNIVERSITY FOUNDER TECHNOLOGY COLLEGE* ·
Introduction ……………………………………… (356)
· *BEIJING PROFESSIONAL BUSINISS INSTITUTE* ·
Introduction ……………………………………… (357)
· *BEIJING INSTITUTE OF ECONOMICS AND TECHNOLOGY* ·
Introduction ……………………………………… (357)
· *BEIJING HUIJIA VOCATIONAL COLLEGE* ·
Introduction ……………………………………… (357)
· *BEIJING GEELY UNIVERSITY* ·
Introduction ……………………………………… (358)
· *KEDE COLLEGE OF CAPITAL NORMAL UNIVERSITY* ·
Introduction ……………………………………… (359)
· *CANVARD COLLEGE, BEIJING TECHNOLOGY & BUSINESS UNIVERSITY* ·
Introduction ……………………………………… (360)
· *UNIVERSITY FOR SCIENCE AND TECHNOLOGY, BEIJING* ·
Introduction ……………………………………… (361)
· *BEIJING BAILIE UNIVERSITY* ·
Introduction ……………………………………… (361)
· *CENTURY COLLEGE, BEIJING UNIVERSITY OF POSTS AND TELECOMMNICATION* ·
Introduction ……………………………………… (362)

· *GENGDAN INSTITUTE OF BEIJING UNIVERSITY OF TECHNOLOGY* ·
Introduction ……………………………………… (363)
· *BEIJING NEW YUANMING COLLEGE (BEIJING VOCATIONAL COLLEGE AND ART & MEDIA)* ·
Introduction ……………………………………… (364)
· *BEIJING HOSPITALITY INSTITUTE, BEIJING INTERNATIONAL STUDIES UNIVERSITY* ·
Introduction ……………………………………… (365)
PRIVATE HIGHER EDUCATION INSTITUTES
· *BEIJING RENWEN UNIVERSITY* ·
Introduction ……………………………………… (365)
· *BEIJING UNIVERSITY FOR BUSINESS ADMINISTRATION* ·
Introduction ……………………………………… (366)
· *CHINA UNIVERSITY OF INFORMATION ENGINEERING* ·
Introduction ……………………………………… (366)
· *UNIVERSITY OF MODERN ADMINISTRATION* ·
Introduction ……………………………………… (367)
· *BEIJING BAWAY INSTITUTE* ·
Introduction ……………………………………… (367)
· *BEIJING CONTEMPORARY MUSIC ACADEMY* ·
Introduction ……………………………………… (368)
· *PEKING UNIVERSITY SOURCE COLLEGE* ·
Introduction ……………………………………… (368)
· *BEIJING UNIVERSITY OF ARTS AND SCIENCE* ·
Introduction ……………………………………… (369)
· *BEIJING INSTITUTE OF PERFORMING ARTS* ·
Introduction ……………………………………… (369)
PRIVATE PRIMARY/SECONDARY SCHOOLS AND KINDERGARTENS
· *BEIJING RED - YELLOW - BLUE DIVERSIFIED EXPERIMENTAL KINDERGARTEN OF FENGTAI DISTRICT* ·
Introduction ……………………………………… (370)
· *BEIJING HAPPY CHILDHOOD BILINGUAL KINDERGARTEN OF CHANGPING DISTRICT* ·
Introduction ……………………………………… (370)
· *BEIJING SHIYI - JIANHUA EXPERIMENTAL KINDERGARTEN OF DAXING DISTRICT* ·
Introduction ……………………………………… (370)
· *YIHAI BRANCH OF BEIJING NO. 2 EXPERIMENTAL PRIMARY SCHOOL* ·
Introduction ……………………………………… (371)
· *YIHAI BRANCH OF BEIJING NO. 8 SECONDARY SCHOOL* ·
Introduction ……………………………………… (371)
· *BEIJING HAIJIA BILINGUAL ACADEMY* ·
Introduction ……………………………………… (372)
· *BEIJING NEW TALENT ACADEMY* ·
Introduction ……………………………………… (372)
· *BEIJING ROYAL SCHOOL* ·
Introduction ……………………………………… (373)
· *BEIJING HUIJIA PRIVATE SCHOOL* ·
Introduction ……………………………………… (373)
· *BEIJING ZHONGXIN SCHOOL* ·
Introduction ……………………………………… (374)

MORAL PHYSICAL AND AESTHETIC EDUCATION

SUMMARY ……………………………………… (377)
MORAL EDUCATION
· *MORAL EDUCATION WORKS* ·
An activity named "Global Earth Day" publicity week was held ……………………………………… (378)
The first batch of 104 schools as demonstration schools on cultural construction was confirmed ……………………………………… (379)
An on - the - spot meeting on cultural demonstration school construction of municipal primary and secondary school was held ……………………… (379)
· *SPECIALIZED EDUCATION* ·
Introduction ……………………………………… (381)
A case - study meeting on individual student's education was held ……………………………… (382)
PHYSICAL EDUCATION AND HYGIENE
· *PHYSICAL EDUCATION* ·
Higher education institutes' athletics meeting was held ……………………………………… (383)
Primary and secondary school students' physique test competition was held ……………………… (384)
· *NATIONAL DEFENSE EDUCATION* ·
A series of activities with the theme on marine awareness education was started ………………… (385)

An essay report meeting on higher education institutes' national defense education was held .... (385)
· SCHOOL HYGIENE ·
Beijing primary and secondary school students' healthy diet guide was issued .... (385)
The demonstration and exchange week on psychological health education was held .... (386)
Capital college students' psychological aid center was founded .... (386)
ARTS AND EXTRACURRICULAR EDUCATION
· ART EDUCATION ·
An International teenagers' art week was held in Beijing .... (387)
An activity of bringing ethnic arts into school was held .... (387)
· SCIENCE AND TECHNOLOGY ACTIVITIES ·
A summer camp on science, technology and arts was held .... (389)
A science and technology festival was held for students .... (390)
· EXTRACURRICULAR EDUCATION ·
A challenge competition for teenagers on natural science knowledge was held .... (391)
The 4th Model United Nations conference for secondary school students was held .... (392)
42 teenage students extracurricular activity base were selected .... (392)

SCIENTIFIC RESEARCH

SUMMARY .... (395)
OVERALL WORKS
127 projects won the national - level teaching award .... (398)
168 projects won the Philosophy and social science best achievement award .... (399)
SCIENTIFIC ACHIEVEMENTS
Peking University third hospital has completed a 3D - print spine transplant .... (403)
A new mineral material was discovered by China University of Geosciences .... (403)
Tsinghua University's computer - charged pacemaker received its register .... (403)
An IVF baby using MALBAC technique was born in Peking University Third hospital .... (403)
China University of Political science and Law issued the Blue book of rule of law and Assessment report of government by law in China .... (404)
Beijing Anzhen Hospital Affiliated to Capital Medical University has founded China's largest auricular fibrillation patients' group .... (404)
EDUCATION SCIENCE RESEARCH
A seminar on the 12th Five Year Plan education and science core model topics was held .... (405)
16 topics were selected into the national education and science model topics .... (406)
EDUCATION AND TEACHING RESEARCH
A summary and commendation conference on middle school teachers' basic teaching skills training and presentation was held .... (406)
The first talent show and competition for primary and secondary schools' PE teachers was held .... (408)
A lecture with a teaching theme on primary schools' English teaching materials training was held .... (409)
A work summary conference on elementary teaching materials' reform and experiments was held .... (409)

THE CONSTRUCTION OF TEACHING STAFF

SUMMARY .... (413)
OVERALL WORKS
A forum for the first batch of primary and secondary school senior teachers was held .... (414)
353 people were employed as primary and secondary schools' music, physical education and fine art teachers in rural area .... (414)
An advance conference for young teachers in higher education institutes on social practice bases was held .... (414)
A development project for famous principals in primary and secondary schools and famous headmasters in kindergartens was started .... (415)
17 people won the title of national model teachers .... (416)

Detailed rules on higher education institutes' academic atmosphere construction was printed and issued ………… (417)
A promotion suggestion on primary and secondary school teachers' application ability of information technology was formulated ………… (419)
Beijing special - grade senior teachers association was founded ………… (419)
50.98 billion Yuan was invested in cultivating talented people ………… (419)
TEACHING STAFF MANAGEMENT
A specialized training for integrated schools of urban and rural area was started ………… (422)
TECHNICAL TITLE AND QUALIFICATION ASSESSMENT
A qualification assessment test for kindergarten, primary and secondary school teachers was organized ………… (424)
A suggestion for primary and secondary school teachers on the reform of the teaching qualification test ………… (424)

STUDENT MANAGEMENT

SUMMARY ………… (427)
OVERALL WORKS
The management method of primary and secondary school students' roll was revised ………… (428)
The first batch of demonstrative career - building higher education schools was confirmed ………… (428)
STUDENTS' ROLL MANAGEMENT
A work conference on higher education institutes' students' roll and diploma management was held ………… (429)
GRADUATION AND JOB HUNTING
223,450 people were cultivated by higher education ………… (430)
123 dual - selection job fairs were held ………… (430)
CONSCRIPTION WORKS
The conscription work for Beijing college students was started ………… (431)
STUDENT SCHOLARSHIPS AND LOANS
The management solution of national students' loan risk compensation was printed and issued ………… (431)

ENROLLING AND TESTING

SUMMARY ………… (435)
OVERALL WORKS
Admission quota distribution for high school enrollment was put into effect for the first time ………… (437)
A new 3+3+2 Convergence Education Model among Secondary Vocational School, Higher Vocational Colleges and higher education institutes was created ………… (437)
ENROLLMENT OF SENIOR MIDDLE SCHOOLS
Introduction ………… (437)
Admission work for high schools was accomplished ………… (438)
UNIFIED TESTS OF GRADUATION OF SENILR HIGH SCHOOL
Introduction ………… (438)
The online application work for 2015 spring high school general examination was completed ………… (439)
The pass certificate for high school general examination was issued ………… (439)
ENROLLMENT OF HIGHER EDUCATION INSTITUTES
Introduction ………… (439)
The foreign language speaking test was completed ………… (439)
POSTGRADUATES' ENROLLMENT
Introduction ………… (440)
The 2014 unified entrance examination for the postgraduate students was held ………… (440)
ENROLLMENT OF ADULT COLLEGE STUDENTS
Introduction ………… (441)
The English test (June - December) for adult undergraduates was completed ………… (442)
HIGHER EDUCATION SELF - TAUGHT EXAMINATION
Introduction ………… (442)
7188 people graduated after passing the self - taught examination ………… (443)
SOCIAL EXAMINATION
Introduction ………… (443)
Beijing oral English certificate examination was held ………… (443)
An Internet - based test for English listening and speaking in college entrance examination was started ………… (443)

CHINA - FOREIGN COOPERATIVE EXAMINATION
Introduction …… (444)
The Sino - UK oral English test for different rankings was held …… (444)
Cambridge English teaching qualification test was held …… (444)
SOCIAL AUTHORIZED EXAMINATION
Introduction …… (444)
WSK - PETS5 was undertaken …… (444)
Beijing CET 4 and CET 6 was held …… (444)
Public English Test System was held in Beijing …… (444)

COMMUNICATION AND COOPERATION

SUMMARY …… (447)
OVERALL WORKS
Mr. Lian Zhan was given a title of honorary professor from Peking University …… (448)
The president of Turkmenistan was given a title of honorary professor from Beijing University of Chinese medicine …… (448)
Portuguese president Cavaco Silva was warmly received by Beijing Foreign Studies University …… (448)
A garden party encouraging local citizens speaking foreign languages was thrown …… (448)
Denmark prime minister was warmly received by Peking University …… (448)
The Russian Iron woman Matvienko was given a title of honorary professor from Peking University …… (448)
The leaders of the five countries visited Tsinghua University …… (449)
INTERNATIONAL EXCHANGE AND COOPERATION
· *SINO - FOREIGN COOPERATION IN RUNNING SCHOOLS* ·
One Sino - foreign concord education institute was authorized …… (449)
1 Sino - foreign Project of running a school together without granting a certificate was authorized …… (449)
2 higher education institutes were authorized to run overseas schools …… (449)
2 vocational schools' Sino - foreign projects of running schools together were authorized …… (449)
6 senior vocational schools' Sino - foreign projects of running schools together were authorized …… (450)
13 senior high schools' Sino - foreign projects of running schools together were authorized …… (450)
3 Sino - foreign concord education institutes were terminated …… (450)
4 higher education institutes' Sino - foreign projects of running schools together were authorized …… (450)
· *FRIENDLY COMMUNICATION* ·
A summer camp for International students was held in Beijing …… (450)
An exchange program for high school students to go to US was organized …… (450)
A project of Chinese culture's little envoy was held …… (450)
A preventive diplomatic training class for ASEAN was undertaken by China Foreign Affairs University …… (450)
A Beijing - Soul Juvenile Physical Education Friendly Communication Meeting was held …… (451)
A Beijing - Sejong Juvenile Art exchange activity was held …… (451)
A closing ceremony for "Beijing - Washington Friendly city's 30th anniversary" was held …… (451)
A project of Sino - Africa 20+20 cooperation was conducted by China University of Geosciences …… (451)
· *FOREIGN STUDENTS EDUCATION AND MANAGEMENT* ·
A Chinese debate competition for foreign students in higher education institutes was held …… (451)
A diversifying art festival for primary and secondary schools' foreign students was held …… (451)
A lecture for foreign students on Chinese national conditions was established …… (451)
The course system construction for foreign students studying in China was improved …… (452)
The scholarship for overseas students was increased …… (452)
91 overseas students received the Chinese government scholarship …… (452)

· *INTERNATIONAL EDUCATION OF CHINESE LANGUAGE* ·
A teaching internship for students who major in TCFL(Teaching Chinese as a Foreign Language) was conducted ······ (452)
7 Confucius Institutes and 1 Confucius classes were newly added ······ (452)
A training for overseas Chinese teachers was held ······ (452)
A qualification test for teaching Chinese overseas was put into effect ······ (452)
· *TALENTS TRAINING AND GOVERNMENT-SPONSORED STUDY ABROAD* ·
A scholarship for college students studying abroad was set up ······ (453)
75 people were authorized to study abroad on government scholarship ······ (453)
5,100 foreign culture and education experts were invited and employed ······ (453)
COMMUNICATION AND COOPERATION WITH HONG KONG, MACAO AND TAIWAN
A teachers' forum for teachers of both mainland China and Taiwan was held ······ (453)
A Great-Wall summer camp for high school of good quality across the Taiwan Strait was held ······ (453)
A communication summer camp for Beijing, HK and Macao students was held ······ (453)
A science & technology cooperation and communication activity for Beijing & Macao secondary school students was held ······ (454)
A welcome party for new students from Hong Kong, Macao and Taiwan was held ······ (454)
An education forum for both mainland China and Taiwan was held ······ (454)
REGIONAL COMMUNICATION AND COOPERATION
2014 Bluebook of Beijing-Tianjin-Hebei was published by Capital University of Economics and Business ······ (454)
A school ally of transportation education in Beijing, Tianjin, Shanghai and Hebei was established ······ (455)
PARTNER ASSISTANCE
37 education assistance projects were accomplished ······ (455)
Students and parents from "Meijiang Class" visited Beijing for the first time ······ (456)
21 pairs of kindergartens, primary and secondary schools in Beijing and Hetian were paired up to exchange ······ (457)
A "56 ethnic groups are a family" activity was conducted ······ (458)

DISTRICT AND COUNTY EDUCATION

DONGCHENG DISTRICT
· *OVERALL WORKS* ·
Comprehensive Education reform was conducted ······ (461)
An anti-terrorism and anti-riot training was held ······ (461)
An education week on national unity was held ······ (462)
· *PRESCHOOL EDUCATION* ·
Introduction ······ (463)
An early education work meeting for infants and preschool children was held ······ (463)
· *ELEMENTARY EDUCATION* ·
Introduction ······ (463)
An aesthetic education forum for school principals was held ······ (466)
· *VOCATIONAL AND ADULT EDUCATION* ·
Introduction ······ (466)
· *EDUCATION SUPERVISION* ·
Introduction ······ (467)
A specific supervision on reducing study pressure was conducted ······ (467)
XICHENG DISTRICT
· *OVERALL WORKS* ·
The project of higher education institutes supporting the development of primary schools in Xicheng District was signed an agreement ······ (468)
· *PRESCHOOL EDUCATION* ·
Introduction ······ (470)
A kindergarten healthy-diet for children cooking competition was held ······ (470)
· *ELEMENTARY EDUCATION* ·
Introduction ······ (471)
The "I love our mother Earth" speaking competition on environmental protection was held ······ (471)
· *VOCATIONAL AND ADULT EDUCATION* ·
Introduction ······ (473)

A base - building meeting for citizens on lifelong learning was promoted …………………… (473)
• EDUCATION SUPERVISION •
Introduction ………………………………………… (474)
Quality education work was overall supervised and completely implemented …………………… (475)
CHAOYANG DISTRICT
• OVERALL WORKS •
The Olympic education activity was held ………… (476)
• PRESCHOOL EDUCATION •
Introduction ………………………………………… (478)
Won a prize of Beijing's best environmental construction ………………………………………… (478)
Kindergartens' food and medicine security was inspected ………………………………………… (478)
• ELEMENTARY EDUCATION •
Introduction ………………………………………… (478)
A "1+9" primary school English education ally was established ……………………………… (479)
• VOCATIONAL AND ADULT EDUCATION •
Introduction ………………………………………… (480)
The 2nd International senior education forum was held ……………………………………… (481)
• EDUCATION SUPERVISION •
Introduction ………………………………………… (481)
A specific supervision on public kindergartens' management work was conducted ………………… (481)
FENGTAI DISTRICT
• OVERALL WORKS •
The mode of group developing plan on running schools was adopted ……………………………… (483)
• PRESCHOOL EDUCATION •
Introduction ………………………………………… (484)
A Sino - Germany preschool education forum was held ………………………………………… (485)
• ELEMENTARY EDUCATION •
Introduction ………………………………………… (485)
An experimental project of the teaching materials' reform for elementary education was summarized ………………………………………… (486)
• VOCATIONAL AND ADULT EDUCATION •
Introduction ………………………………………… (487)
A training class for tutors on career development was held for the first time ………………………………………… (488)
• EDUCATION SUPERVISION •
Introduction ………………………………………… (488)
A supervision and evaluation on special education was accepted ……………………………… (489)
SHIJINGSHAN DISTRICT
• OVERALL WORKS •
A demonstration base for national security education was built ………………………………… (490)
• PRESCHOOL EDUCATION •
Introduction ………………………………………… (491)
An equipment training on teaching aids was held ………………………………………… (492)
• ELEMENTARY EDUCATION •
Introduction ………………………………………… (492)
A dramatic reading activity of Chinese classic literature was held ………………………… (492)
• VOCATIONAL AND ADULT EDUCATION •
Introduction ………………………………………… (493)
• EDUCATION SUPERVISION •
Introduction ………………………………………… (494)
The quality education evaluation target system was developed ……………………………… (494)
HAIDIAN DISTRICT
• OVERALL WORKS •
A project of English learning community was promoted ……………………………………… (496)
• PRESCHOOL EDUCATION •
Introduction ………………………………………… (497)
2000 vacancies for kindergarten admission were newly added ……………………………………… (498)
• ELEMENTARY EDUCATION •
Introduction ………………………………………… (498)
The policies of entering middle school and the high school entrance examination was adjusted ……………………………………… (500)
• VOCATIONAL AND ADULT EDUCATION •
Introduction ………………………………………… (501)
The satisfaction test for junior vocational schools was closed ……………………………… (501)
• EDUCATION SUPERVISION •
Introduction225 part - time study supervisors were employed ……………………………………… (503)
MENTOUGOU DISTRICT
• OVERALL WORKS •
Draw a new map of Education …………………… (503)
• PRESCHOOL EDUCATION •
Introduction ………………………………………… (505)
Preschool education curriculum established research community ……………………………… (506)
• ELEMENTARY EDUCATION •
Introduction ………………………………………… (506)
The 1st psychological health teaching basic skills competition was held …………………… (507)

· *VOCATIONAL AND ADULT EDUCATION* ·

Introduction ………… (509)

A new project on improving citizens' overall quality was conducted ………… (509)

· *EDUCATION SUPERVISION* ·

Introduction ………… (510)

FANGSHAN DISTRICT

· *OVERALL WORKS* ·

Cooperation with Beijing NO. 4 High School ………… (512)

· *PRESCHOOL EDUCATION* ·

Introduction ………… (512)

A work studio training for kindergarten head teachers was held ………… (512)

· *ELEMENTARY EDUCATION* ·

Introduction ………… (513)

A communication activity of optimized teaching methods presentation was held ………… (513)

· *VOCATIONAL AND ADULT EDUCATION* ·

Introduction ………… (515)

The economic and social developing ability of adult education service regions was increased ………… (516)

· *EDUCATION SUPERVISION* ·

Introduction ………… (516)

A acceptance appraisal work conference on balanced development of up to standard districts and counties was held ………… (516)

TONGZHOU DISTRICT

· *OVERALL WORKS* ·

A strategic cooperation was reached with AQCET ………… (518)

· *PRESCHOOL EDUCATION* ·

Introduction ………… (518)

A "hand - in - hand" activity for kindergartens was started ………… (518)

· *ELEMENTARY EDUCATION* ·

Introduction ………… (519)

An exchange program was conducted for Chinese and South Korean students ………… (521)

· *VOCATIONAL AND ADULT EDUCATION* ·

Introduction ………… (522)

A training for Peking opera performance was held ………… (522)

· *EDUCATION SUPERVISION* ·

Introduction ………… (523)

The supervision on Beijing's implementation of quality education was accepted ………… (523)

SHUNYI DISTRICT

· *OVERALL WORKS* ·

The private - run education was supported with a strengthened policy ………… (525)

· *PRESCHOOL EDUCATION* ·

Introduction ………… (526)

The construction and management of village - run kindergartens was promoted ………… (526)

· *ELEMENTARY EDUCATION* ·

Introduction ………… (527)

Home - school collaboration on - the - spot meeting was held ………… (528)

· *VOCATIONAL AND ADULT EDUCATION* ·

Introduction ………… (529)

The "3+2" Convergence Model Between Secondary Vocational School and Higher Vocational Colleges was on trial ………… (529)

· *EDUCATION SUPERVISION* ·

Introduction ………… (529)

An overall supervision on Beijing's implementation of quality education at all levels was accepted ………… (530)

CHANGPING DISTRICT

· *OVERALL WORKS* ·

A school entrance checking process for non - local children was further clarified ………… (532)

· *PRESCHOOL EDUCATION* ·

Introduction ………… (532)

A teaching and research activity between different districts was held ………… (532)

A publicity month on preschool education was held ………… (533)

· *ELEMENTARY EDUCATION* ·

Introduction ………… (533)

Huilongguan High School formed an alliance of running schools with American high schools ………… (534)

· *VOCATIONAL AND ADULT EDUCATION* ·

Introduction ………… (536)

A lecture on citizen education was held ………… (536)

· *EDUCATION SUPERVISION* ·

Introduction ………… (536)

DAXING DISTRICT

· *OVERALL WORKS* ·

An inter - regional jointly teaching and research activity was held ………… (538)

• PRESCHOOL EDUCATION •
Introduction .... (539)
• ELEMENTARY EDUCATION •
Introduction .... (540)
A training for primary school English teachers on English pronunciation knowledge and skills was held .... (540)
A high - end training for core English teachers was held .... (540)
• VOCATIONAL AND ADULT EDUCATION •
Introduction .... (543)
An activity week on lifelong learning for the entire nation was held .... (543)
• EDUCATION SUPERVISION •
Introduction .... (544)
A work training conference for school inspector and supervisors was held .... (544)
HUAIROU DISTRICT
• OVERALL WORKS •
A trial work on personnel system was pushed .... (546)
• PRESCHOOL EDUCATION •
Introduction .... (546)
• ELEMENTARY SCHOOLS •
Introduction .... (547)
Cooperation and communications were had with American primary and secondary schools .... (548)
• VOCATIONAL AND ADULT EDUCATION •
Introduction .... (550)
• EDUCATION SUPERVISION •
Introduction .... (551)
The supervision and inspection of municipal quality education was accepted .... (551)
PINGGU DISTRICT
• OVERALL WORKS •
A work studio for famous teachers and in - charge teachers was established .... (551)
• PRESCHOOL EDUCATION •
Introduction .... (553)
A class presentation of kindergartens' top - quality activities was held .... (554)
• ELEMENTARY EDUCATION •
Introduction .... (554)
An experience - sharing conference on commenting the typical examples of overall quality education was held .... (556)
• VOCATIONAL AND ADULT EDUCATION •
Introduction .... (556)
The 10th entire nation lifelong learning activity was held .... (556)
• EDUCATION SUPERVISION •
Introduction .... (557)
MIYUN COUNTY
• OVERALL WORKS •
An activity of bringing the fire fighting logos into schools was conducted .... (558)
• PRESCHOOL EDUCATION •
Introduction .... (559)
Kindergartens' cultural construction was promoted .... (559)
• ELEMENTARY EDUCATION •
Introduction .... (560)
A project training conference on "Parents college" was held .... (560)
An International art communication activity for Chinese and Russian art troupes was held .... (560)
• VOCATIONAL AND ADULT EDUCATION •
Introduction .... (561)
A secondary vocational education class was held for peasants .... (562)
• EDUCATION SUPERVISION •
Introduction .... (562)
The burden of schoolwork during compulsory education phase was monitored .... (563)
YANQING DISTRICT
• OVERALL WORKS •
Backbone teachers management approach revised .... (563)
• PRESCHOOL EDUCATION •
Introduction .... (564)
Kindergartens' hygiene and health work was standardized .... (564)
• ELEMENTARY EDUCATION •
Introduction .... (565)
An opening ceremony for the integrated school of urban and rural areas was held .... (568)
• VOCATIONAL AND ADULT EDUCATION •
Introduction .... (569)
The Reading Day for the entire nation was held .... (569)
• EDUCATION SUPERVISION •
Introduction .... (570)
16 part - time school inspectors were employed .... (571)
YANSHAN DISTRICT
Introduction .... (571)

An on - the - spot meeting on primary and secondary school students' extracurricular activities was held ······ (574)

SOCIAL GROUPS

ACADEMIC ASSOCIATION

• *BEIJING EDUCATION ASSOCIATION* •

Introduction ······ (577)

Students' favorite in - charge teachers were selected ······ (578)

• *BEIJING SOCIETY VOCATIONAL AND TECHNICAL EDUCATION* •

Introduction ······ (578)

3 cooperation projects were signed ······ (578)

MASS GROUP

• *BEIJING ASSOCIATION OF NON - GOVERNMENT EDUCATION* •

Introduction ······ (579)

3 study tours to go abroad for non - government school teachers were organized ······ (579)

• *BEIJING PRESCHOOL EDUCATORS ASSOCIATION* •

Introduction ······ (580)

Be a preschool teacher with stories was edited and printed ······ (581)

Kindergartens' health training was held ······ (581)

• *BEIJING ASSOCIATION OF RETIRED TEACHERS* •

Introduction ······ (581)

• *BEIJING EXTRACURRICULAR EDUCATION ASSOCIATION* •

Introduction ······ (583)

Extracurricular education's innovative achievements were presented ······ (582)

• *BEIJING UNIVERSITY NATIONAL DEFENSE EDUCATION ASSOCIATION* •

Introduction ······ (583)

A national defense education study tour was organized ······ (583)

• *BEIJING EDUCATIONAL INSTRUMENT & EQUIPMENT ASSOCIATION (BEIJING EDUCATIONAL EQUIPMENT INDUSTRY ASSOCIATION)* •

Introduction ······ (583)

• *BEIJING RED CROSS* •

Introduction ······ (584)

Red Cross summit forum for capital higher education institutes was held successfully ······ (584)

Presentation activities of World Red Cross Day were held ······ (584)

A work summary and communication activity for capital Red Cross teenagers was held ······ (585)

A series of publicity activities on World AIDS Day were held ······ (585)

• *BEIJING NATIONAL EDUCATION ASSOCIATION* •

Introduction ······ (585)

A symposium on China - Iran Silk Road was held ······ (586)

INSTITUTION DIRECTLY UNDER MUNICIPAL COMMISSION OF EDUCATION

• *BEIJING ACADEMY OF EDUCATIONAL SCIENCES* •

Introduction ······ (589)

The 1st Beijing Education Forum was held ······ (589)

Beijing education development research report was published ······ (590)

• *BEIJING EDUCATION EXAMINATIONS AUTHORITY* •

Introduction ······ (590)

An internet and telephone consulting activity for high school admission was held ······ (590)

• *BEIJING EDUCATION MEDIA GROUP* •

Introduction ······ (591)

A program named Surrounding Good schools was on air ······ (591)

• *BEIJING TEACHERS AND ADMINISTRATION STAFF SANATORIUM* •

Introduction ······ (592)

19 million Yuan was invested into constructing 18 infrastructures ······ (593)

• *BEIJING SCHOOL - RUN INDUSTRY MANAGEMENT CENTER* •

Introduction ······ (593)

A platform was built for information network and achievements popularization ······ (594)

• *BEIJING EDUCATIONAL NETWORK AND INFORMATION CENTER* •

Introduction ······ (594)

IT operation management education information website and higher education institutes' metropolitan area network core node …………… (596)

· BEIJING EDUCATION COMBINED SERVICE CENTER ·

Introduction …………………………………………… (597)

· BEIJING CITY EDUCATIONAL SYSTEM TALENT EXCHANGE AND SERVICE CENTER ·

Introduction …………………………………………… (597)

· BEIJING INTERNATIONAL EDUCATION EXCHANGE CENTER(BEIJING CENTER FOR INTERNATIONAL CHINESE EDUCATION) ·

Introduction …………………………………………… (598)

A training on teaching Chinese as a foreign language was organized …………………………… (599)

A research report on global popularization of Chinese language was completed ………………… (599)

· BEIJING STUDENT ACTIVITY MANAGEMENT CENTER (CHILDREN'S PALACE OF BEIJING) ·

Introduction …………………………………………… (600)

An activity of science popularization into schools and community was held ………………………… (602)

· BEIJING EDUCATION TECHNOLOGY EQUIPMENT CENTER ·

Introduction …………………………………………… (604)

· BEIJING EDUCATIONAL SENIOR CADRES ACTIVITIES CENTER ·

Introduction …………………………………………… (605)

A working personnel training class for Beijing higher education institutes' retired cadres was held …………………………………… (605)

· BEIJING UNIVERSITY REAL ESTATE DEVELOPMENT CORPORATION ·

Introduction …………………………………………… (606)

Senior activity center's property management service was taken over …………………………… (606)

· BEIJING CENTER FOR STUDENT ASSISTANT AFFAIRS ADMINISTRATION ·

Introduction …………………………………………… (606)

A specialized research was on the work of college national student loan ……………………… (607)

· BEIJING COMPILING COMMITTEE OF EDUCATION LOG ·

Introduction …………………………………………… (607)

Beijing Education History won an award ………… (608)

· BEIJING EDUCATION NEWS CENTER ·

Introduction …………………………………………… (608)

A Wechat public account named "Capital Education Committee" was opened …………………………… (609)

· BEIJING EDUCATION NEWS CENTER ·

Introduction …………………………………………… (609)

The transportation safety helmet for primary school students were distributed ………………… (609)

A statistical and allocating work of stabilizing the prices in dining halls was completed ………… (610)

RESEARCH AND REPORTS

2014 supervision and inspection report on Education law and regulations implementation situation …………………………………………… (613)

A public announcement on the implementation status of Beijing 2014 educational funds ………… (615)

A research report on Beijing 9 - year consistent education mode …………………………………… (616)

Beijing higher education connotation development situation research ………………………………… (621)

A research report on key laboratories' construction in Beijing regular higher education institutes …… (629)

STATISTICS

The Statistics Material of Beijing Education from 2014 to 2015 ……………………………………… (641)

APPENDIX

PRESCHOOL EDUCATION

The 8th batch of "hand - in - hand" units among Beijing demonstration kindergartens, rural & town central kindergartens and less qualified kindergartens …………………………… (651)

BASIC EDUCATION

High schools with a privilege to recruit students exceptionally skilled in sports, arts and scientific technologies from urban area in 2014 ………………………………………… (651)

High schools with a privilege to recruit students exceptionally skilled in sports, arts and scientific technologies from rural area in 2014 ………………………………………… (654)

VOCATIONAL AND ADULT EDUCATION

2014 qualified vocational schools for registration and recruitment & admission planning form ······ (655)
The 5th batch of the capital citizen learning star ······ (656)
An experimental project on the reform of the comprehensive classes in vocational high schools in 2014 ······ (657)
2014 Beijing modern distance - learning experimental schools with a qualification of passing after - school learning center evaluation ······ (657)

MORAL, PHYSICAL AND AESTHETIC EDUCATION

A pair - up list of Beijing higher education institutes and social forces supporting primary and secondary schools' physical and aesthetic education development work ······ (658)
The 1st batch of primary and secondary demonstration schools on school cultural construction in Beijing ······ (660)
A branch troupe attached to Beijing upbeat youth art troupe ······ (661)
Beijing demonstration schools of primary and secondary scientific technology education ······ (661)
The 28th "Silver sail" award for primary and secondary school students in Beijing ······ (663)
2014 nominated award of scientific suggestion for Beijing primary and secondary school students ······ (664)
A cultivation base for reserved sports talents in Beijing Olympic education school ······ (664)
A cultivation base for reserved sports talents in Beijing Olympic education school (preparation) ······ (664)

MISCELLANIES

Work projects of Beijing education support and cooperation in 2014 ······ (664)
A full name v. s. abbreviation list of partial party and government departments ······ (666)

INDEXES

北京教育总述

2014年北京教育事业综述

2014年，北京教育系统在市委市政府领导下，全面推进各项工作顺利开展。

大力培育和践行社会主义核心价值观。按照中央和市委要求，加大宣传教育力度，使社会主义核心价值观24个字在校园处处可见、人人知晓、入脑入心。制定高校和中小学两个培育和践行社会主义核心价值观实施意见，指导学校将核心价值观融入教育教学全过程。实施“一十百千”工程，积极开展“四个一”活动，每个学生在中小学学习期间都将至少参加一次天安门广场升旗仪式，分别走进一次国家博物馆、首都博物馆、抗日战争纪念馆。8月31日，“四个一”活动在天安门广场率先启动。同时，进一步完善中小学社会大课堂建设应用机制，加强社会大课堂实践教学，开展中小学连环画阅读、优秀少儿电影展映和核心价值观新童谣创作、传唱等活动。在北京高校深入开展社会主义核心价值观宣传教育，面向高校思想政治理论课教师设立专项课题、开展社会主义核心价值观教学专题轮训及教学技能比赛。

着力构建深入实施素质教育的长效机制。持续推进中小学体育工作三年行动计划，开展体育教师专业技能展示活动和高校阳光体育联赛优胜评估工作，促进青少年身心健康成长。深化艺术教育课程改革，开展北京国际青少年艺术周、科学家讲校园、海洋意识教育年等活动，提升青少年审美情趣和人文素养。实施课外活动计划，通过政府购买服务等方式，从下午3点半到5点，在全市义务教育阶段学生中开展体育、艺术、科技等丰富多彩的活动，每周不少于3天，每天不低于1小时，具体时间由区县和学校自行制定，学生自愿参加，满足部分学生参加课后活动的需求。整体优化基础教育三级课程体系，研究制订中小学语文、英语以及初中物理、化学等学科教学改进意见，积极推动教育教学“减负增效”。制定进一步规范义务教育阶段教学行为的意见，着力构建学生课业负担监测公告、专项督导检查、社会监督、评价表彰等减负工作长效机制。

取得义务教育免试就近入学新突破。取消“共建”入学方式，进一步规范特长生入学工作。实行计划管理，首次启用全市统一的小学入学服务系统和初中入学服务系统，教育行政部门依据权限进行查询和监控，各区县公布学校的服务片区，做到每名孩子和每所学校公开透明。加强学籍管理，依据入学服务系统建立新生学籍，杜绝入学过程中的二次流动。制定印发15条禁令，教育管理部门领导干部带头遵守，乱收费、占坑班、点招生等违反就近免试入学原则的利益链被斩断。规范在京暂住证、在京实际住所居住证明、在京务工就业证明、全家户口薄、户口所在地乡镇开具的没有监护条件的证明“五证”审核，坚持精细化、人性化管理，做好咨询解答和矛盾化解工作，保证符合条件的义务教育阶段随迁子女入学。从入学结果最新统计数据看，小学就近入学比例93.7%，初中就近入学比例76.82%，比上年都有所提高。

稳步推进考试招生制度改革。通过中高考考试招生制度改革，积极引导基础教育坚持育人为本，减轻学生过重课业负担，推进素质教育，为更多的学生提供公平接受高等教育的机会。在高招改革方面：在保持政策基本稳定的同时，重点实施4项改革措施，一是本科一、二、三批志愿设置由小平行调整为平行志愿组方式，降低考生志愿填报风险；二是调整照顾加分政策，减少项目，降低分值；三是加快推进职业院校分类招考，26所高职院校参加自主招生，2所院校试点有条件注册入学。

2014年北京市中小学生第八届《国家学生体质健康标准》测试赛

四是首次开展随迁子女在京参加高职招生工作，114 名非京籍学生在京参加高职招生。在中招改革方面：普通高中全面取消招收择校生；全市 83 所优质高中 30%的招生名额按比例分配到区域内所有初中校，从过去点对点的“扶贫式”分配，转变为面向全体初三考生的“普惠制”定向投放，引导初中生源的均衡分布。在中高考命题改革方面：调整优化试题结构，依据课程标准，科学、合理确定考试内容和难度，引导义务教育和高中教育的教学改革。

持续改善学前教育公共服务。加大公办园建设力度，实施幼儿园条件达标改造工程，涉及 204 所幼儿园 1296 个班级。加强村办园建设，解决农村及城乡结合部地区儿童入园问题，不断完善三级学前教育服务网络。启动社区学前教育服务中心项目，缓解城中心地区入园难问题。加强师资培养工作，实施园长教师培养培训工程，累计培训 5000 人次。坚持开展分级分类验收工作，推动幼儿园提升办园质量。启动北京市民办幼儿园办学状况评估试点，促进民办幼儿园合法、规范办园。完成未注册幼儿园办园状况调研工作，研究制定未注册幼儿园的管理服务措施。

多措并举扩大基础教育优质资源。坚持“双增量改革”思路，以优质均衡发展为目标，以优质教育资源的重组和整合为杠杆，精心绘制北京教育新地图。一是横向联手增加优质资源。通过对外引进名校办分校、城乡一体化学校；整合区域教育资源，采取“学区制”“一校多址”“教育集团”“教育集群”“协作区”“联盟组团”等方式，实现增量推进，存量盘活，拉动区域优质教育资源广覆盖。二是纵向贯通培育优质资源。通过新建九年一贯制学校、九年一贯对口直升、优质高中名额分配等方式，纵向拓展入学新通道，提速普通校成长为新优质校的进程。三是统筹协调拓展优质资源。20 所高校和 7 个高水平艺术团体支持 140 所小学体育美育特色发展，来自北京舞蹈学院、国家大剧院等高校专家和艺术家成为对口学校的“编外教师”，参与小学文化建设、课堂教学、社团发展、教师培养等工作。还有 23 所高校对接海淀、朝阳、丰台、昌平 4 个人口聚集区，创办 25 所附小、附中。高校、社会培训机构支持中小学英语学科建设。聘请外籍教师走进普通中小学校。数百名“副教授级”以上的优秀教科研人员支持 17 所普通初中校教学，引导更多的老百姓选择家门口的好学校。四是数字学校共享优质资源。推进全市 100 所中小学“数字校园”实验校建设。加强北京数字学校（BDS）平台优化升级，开发数字化课程资源累计达到 15000 多节。面向普通初中校学生开展名师在线学业辅导、作文辅导和学业水平诊断测试，8 万名初一新生将免费接收语数外学科信息推送。

不断深化职业教育改革试验。研究制定落实国务院关于加快发展现代职业教育决定的实施意见，统筹谋划首都现代职业教育体系建设。研究制定《北京市高精尖技术技能人才计划》，加大高技能人才培养力度。扩大中高职衔接试验的范围和规模，由原来的 18 个专业扩大到 50 个，完善中高职课程衔接一体化人才培养方案。开展职普融通综合高中改革实验，在 14 所职业高中的 24 个重点专业试办综合高中班。推进集团化办学，组建农业职业教育集团和祥龙职业教育集团。研究制定职业教育数字校园示范校建设标准，启动数字化实训基地和信息化教学示范课程建设，不断完善工学结合、校企合作、顶岗实习的人才培养模式。在 2014 年全国职业院校技能比赛中，北京教育系统获得一等奖 43 个，一等奖数和获奖总数较上年分别提高 22%和 16%，均创历史最佳成绩，继续保持在全国职教系统的领先地位。稳步推进学习型城市建设，完成《北京市终身学习促进条例》立法调研和起草准备工作，进一步加强市民终身学习平台和学习型组织建设，加强示范性社区学院培育。

创新推动高等教育质量提升。深化市属高校与中央高校合作共建，深入推动北京学院建设，首批 50 名学生进入北航北京学院访学。加强高校课程建设合作，着力打造面向北京地区的高校开放共享课程平台。创新市属高校人才培养机制，加强实践教学和产学研结合、国内外联合研究生培养基地建设，加强校地合作。制定《北京市属高等学校“2011 计划”实施方案》，加强北京实验室和北京市哲学社会科学研究基地建设，促进以高校为主体、需求为导向、产学研深度融合的创新体系建设。落实“京校十条”，实施市属高校创新能力提升计划和中央在京高校重大成果转化项目，研究制定科研评价机制改革试点方案，加快推进高等学校科技成果转化和科技协同创新。

北京光明小学金帆舞蹈团成立十周年专场演出

提升大学生就业创业工作水平。加大毕业生就业创业的政策支持和经费投入力度，为毕业生创业提供免费场地，北京地区各高校提供就业岗位 38.9 万个，截至 10 月 31 日，2014 届北京地区高校毕业生共有 22.3 万人，落实就业去向 21.6 万人，总体就业率 96.63%。对家庭经济困难、少数民族毕业生就业进行“一对一”帮扶，1.8 万名困难群体毕业生就业率为 97.15%，高于全员平均就业率。

探索改进民办高校评估和年检方式。推进分类管理，简化指标体系，分别制定适用于不同类型学校的三套年检考核要点，建立年检与日常监管互为补充的工作机制。充分运用民办高校办学状况评估和年检结果，首次公布不合格学校名单，取消其招生资格；对坚持内涵发展、规范办学、特色明显的学校给予支持，从正面引导民办学校规范办学、内涵发展。

积极打造高素质专业化教师队伍。注重加强师德建设，开展8期中小学校长、支部书记、骨干教师专题培训，加大优秀教师典型宣传力度，引导广大教师模范践行核心价值观，积极投身教育改革。倡导并成立北京市特级教师协会，为全市特级教师提供一个展示才华、推广成果、研修提高、持续发展的平台，更好地发挥特级教师的示范引领和辐射作用。实施市属高校高层次人才引进与培养三年行动计划、创新团队建设与教师职业发展计划，加大高层次人才引进、培养和资助力度。建立青年教师研修基地，实施青年英才计划，加强高校青年教师队伍建设。继续实施职业院校教师素质提高工程，依托全市15个培训基地，共计培训4万人次。实施名师发展工程、名校长工作室、远郊区县教育合作项目等10余个项目，加强中小学教师培训。大力补充农村中小学小学科教师，设立农村特级教师特设岗位和特级教师评选专项指标，通过政策倾斜鼓励优秀教师投身农村教育。注重提升教师工作积极性，从市级教育经费中拿出6亿元用于增加教师绩效工资总额，用于支持和奖励教师参与集团化、学区化办学，教育教学改革以及教师交流等重点工作。

（聂荣）

2014年北京教育事业发展简况

一、基本情况

（一）基础教育

北京市共有普通中学643所，比去年增加5所，其中：高中306所（其中示范性普通高中68所），比去年增加15所，初中337所，比去年减少10所；小学1040所，比去年减少53所。

基础教育在校学生130.55万人，比去年增加1.81万人。其中：普通高中17.76万人，比去年减少1.00万人，普通高中在校生中本市户籍15.90万人，比去年减少0.73万人，非本市户籍1.86万人，比去年减少0.28万人；初中30.68万人，比去年减少0.38万人，初中在校生中本市户籍20.45万人，比去年减少0.26万人，非本市户籍10.23万人，比去年减少0.11万人；小学82.12万人，比去年增加3.19万人，小学在校生中本市户籍45.27万人，比去年增加3.30万人，非本市户籍36.85万人，比去年减少0.11万人。

北京市有幼儿园1426所，比去年增加42所；特殊教育学校22所；工读学校6所。

幼儿园在园幼儿36.50万人，特殊教育学校在校生7742人，工读学校在校生600人。

（二）中等职业教育

北京市共有中等职业学校123所，其中：中等专业学校31所，成人中专11所，职业高中52所，技工学校29所。

中等职业学校在校学生16.71万人，比去年减少4.15万人。其中：中等专业学校5.13万人，比去年减少0.50万人；成人中专学校4.06万人，比去年减少1.93万人；职业高中在校生3.42万人，比去年减少1.51万人；技工学校4.11万人，比去年减少0.21万人。

（三）研究生教育

北京市有56所普通高校和80个科研机构培养研究生，共有在学研究生27.44万人，比去年增加0.88万人。其中博士生7.63万人，比去年增加0.41万人；硕士生19.82万人，比去年增加0.47万人。招收研究生9.28万人，比去年增加0.14万人。在56所普通高校中，中央部委所属高校35所，研究生在校生22.64万人，招生7.62万人；21所市属高校（含民办高校），研究生在校生3.08万人，招生1.09万人。

（四）普通本专科教育

8月31日，东城区灯市口小学、北池子小学、东高房小学优质资源带迎来了首批一年级新生

北京市共有普通高等学校89所，普通本专科在校生59.46万人，比去年增加0.54万人；其中市属普通高校54所（含民办高校），普通本专科在校生28.65万人，比去年增加0.14万人。全市普通高校本专科招生16.01万人，比去年减少0.30万人。

（五）成人教育

北京市共有独立设置成人高校19所，成人高等学历教育在校生23.76万人（含普通高校举办的函授、业余、脱产班在校生21.72万人），招生8.83万人（含普通高校举办的函授、业余、脱产班招生8.04万人）。

培训机构3634所，注册学生254.88万人。

（六）民办教育情况

北京市有民办普通高校15所，民办其他高等教育机构69所，民办中学84所，民办中等职业学校23所，民办小学65所，民办幼儿园532所。

二、教育资源状况

（一）北京市高等教育设施情况

单位：万平方米

		学校产权占地面积	学校产权校舍面积	学校产权教室	学校产权图书馆面积
普通高校	计	4132	3521	335	141
	市属	1622	1004	176	51
成人高校		130	94	25	5
民办高等教育机构		60	47	14	2

续表

		学校产权实验实习场地面积	学校产权学生宿舍面积	学校产权在建校舍面积	非学校产权独立使用占地面积	非学校产权独立使用校舍
普通高校	计	537	801	298	1900	188
	市属	171	285	87	1133	138
成人高校		6	14	0	2	1
民办高等教育机构		1	15	0	197	131

（二）北京市高等教育设备情况（学校产权）

		固定资产（万元）	教科仪器（万元）	图书（万册）
普通高校	计	13016753	4534855	10992
	市属	3760502	1370023	3936
成人高校		288955	36295	222
民办高等教育机构		129375	23507	257

续表

		教学用计算机（台）	教室（间）	网络多媒体教室数（个）
普通高校	计	686971	17983	12148
	市属	234881	9883	6244
成人高校		288955	1089	719
民办高等教育机构		18387	680	116

注：表（一）、表（二）中市属普通高校办学条件包含民办普通高校数据。

（三）北京市基础教育设施情况

单位：万平方米

	占地面积	校舍建筑面积	教室面积	实验室面积	图书室面积
普通中学	2294.57	1261.76	277.78	79.19	34.20
小学	1416.97	682.74	251.52	20.70	16.08

（四）北京市基础教育设备情况

	固定资产（万元）	仪器设备（万元）	计算机（台）	图书（万册）	电子图书（GB）
普通中学	2584304.91	632953.62	259716	2815.43	181053.84
小学	1446027.35	505411.83	219446	2673.76	166480.37

（五）师资队伍状况

北京市小学教职工5.81万人，其中专任教师4.94万人，生师比为14.4∶1；普通中学教职工8.22万人，其中专任教师6.10万人，生师比为9.0∶1。普通高校教职工14.07万人，其中专任教师6.75万人。

（张桓）

（本栏责任编校　华蕾　张晓兰）

大事记

2014年北京教育大事记

1月

3日　外交部与教育部签署共建外交学院协议。根据协议，两部委建立协调机制，在政策扶持、经费保障、学科建设、科学研究、人才培养、干部培训、师资队伍建设等方面加大对该校支持力度。

4至6日　北京地区2014年全国硕士研究生统一入学考试举行。应试考生98940人，比上年减少8920人。6月，北京市2014年硕士研究生录取工作完成，除军队院校以外，北京145个高等学校、科研机构共招收硕士生74815人，比上年增加896人。

8至10日　2014年北京市春季高中会考举行。114791人报考388992科次，其中，普通在校生113476人、职技类考生1276人、社会类考生39人。

10日　北京高校24项成果（通用项目）以第一完成单位（人）获得2013年度国家科学技术奖。其中，3所高校8个项目获得国家自然科学奖二等奖；1所学校1个项目获得国家技术发明奖一等奖，5所高校8个项目获得国家技术发明奖二等奖；1所高校1个团队获得国家科学技术进步奖创新团队奖，3所高校5个项目获得国家科学技术进步奖二等奖。该奖项由国务院设立，共评选出自然科学奖一等奖1项、二等奖53项；技术发明奖一等奖1项、二等奖54项；科学技术进步奖特等奖1项、一等奖13项、创新团队奖3个、二等奖120项。

20日　2014年寒假北京市基础教育领导干部工作会议召开。

21日　市教委在48所中高等职业院校（包括高职学校16所、中职学校32所）50个专业继续开展“3＋2”中高等职业教育衔接办学试验及相关招生考试试点。至9月，50个试点专业共招生1975人。

24日　市委教育工委召开市属高校党的群众路线教育实践活动工作总结会。

29日　教育部公布2013年度高等学校科学研究优秀成果奖（科学技术）名单，北京高校73个项目以第一完成单位（人）获奖。其中，6所高校15个项目获得自然科学奖一等奖、7所高校18个项目获得自然科学奖二等奖；4所高校6个项目获得技术发明奖一等奖、7所学校7个项目获得技术发明奖二等奖；10所高校13个项目获得科技进步奖一等奖、11所高校14个项目获得科技进步奖二等奖。

是月　北京航空航天大学和中国航天科工信息技术研究院联合完成的原国防科工委重大专项“卫星导航接收机IC芯片组研制及其产业化”项目通过验收。项目中，北航教授团队攻克双系统兼容卫星导航接收机芯片及OEM主机板的关键技术，形成具有自主知识产权的双系统兼容导航核心产品，项目在研的八年中发表相关论文100余篇，申请获批国家发明专利56项。

△　北京14所高校教学中心入选国家级虚拟仿真实验教学中心。

至3月　市教委开展幼儿园级类验收工作，14所幼儿园的办园条件和保教质量达到一级一类标准，7所达到一级标准、5所达到二级标准、11所达到三级标准。

2月

4日　北京航空航天大学原校长曹传钧在北京逝世，享年92岁。曹传钧是新中国著名的航空航天教育家和火箭发动机专家，中国液体火箭发动机和涡轮喷气发动机教育事业的开拓者之一。

17日　市教委公布《关于做好2014年高级中等学校考试招生工作的意见》，要求在首都功能核心区和城市功能拓展区开展优质高中部分招生计划分配工作，以优质高中为单位，将本校2014年统一招生计划的30%分配到区域内初中校。城市发展新区和生态涵养区可根据实际情况参照执行。7月14至19日，北京教育考试院完成2014年北京市高级中等学校招生名额分配录取审核工作。将各优质高中当年总招生计划的30%（名额）分配给本区域的各初中校。本年名额分配计划招生7370人，录取考生7281人。

18日　市委组织部、市委宣传部、市委教育工委、市教委召开2014年北京高校领导干部会议暨北京高校党建工作会议。

26日　北京市在北京劳动保障职业学院和北京信息职业技术学院开展有条件注册入学试点工作。

北京信息职业技术学院有条件注册入学报名现场

27 日　第四届北京市学位委员会第二次会议审议通过 3 所独立学院 4 个专业获得学士学位授予权。获得授予权专业分别是北京工业大学耿丹学院数字媒体艺术专业、北京第二外国语学院中瑞酒店管理学院英语专业、首都师范大学科德学院播音与主持专业和摄影专业。有效期 3 年。

3 月

3 日　中国人民大学荣誉一级教授、博士研究生导师许崇德因病在北京逝世，享年 85 岁。许崇德是法学家、政治学家、法学教育家，新中国宪法学奠基人之一。

6 日　市教委、市农委印发《关于同意成立北京都市农业职业教育集团的批复》，同意北京农业职业学院牵头组建北京都市农业职业教育集团。集团于 4 月 19 日举办成立仪式，包括北京市农业知名企业、相关院校、科研机构、行业协（学）会、出版单位以及新闻媒体等 58 家成员单位。

10 日　市教委公布 2014 年职业高中综合高中班改革试点学校和专业，在 14 个区县 14 所职业高中的 24 个重点专业试办综合高中班。

△　市委教育工委、市教委、市教育督导室印发《北京市市属高校章程建设计划（2014～2015 年）》，要求至 2015 年底，市政府及其有关部门、区县政府及其有关部门举办的 53 所高等学校，分 5 批次完成章程制定及核准。

13 日　市教委公布 2013 年幼儿园、中小学、中等职业学校市级学科教学带头人、骨干教师和农村骨干教师名单。416 人被评为学科教学带头人，2005 人被评为骨干教师，219 人被评为农村骨干教师。

14 日　北京 8 所高校 24 篇论文获评 2013 年全国优秀博士学位论文。该评选由国务院学位委员会和教育部主持，共评出全国优秀博士学位论文 100 篇。

17 日　经市政府批准，教育部备案，北京新圆明职业学院更名为北京艺术传媒职业学院。学校更名后仍为民办普通高等职业学校，其办学性质、办学层次不变，办学方向为培养艺术实用型人才。

18 日　市政府办公厅转发《北京市教育委员北京市人民政府教育督导室〈关于做好中小学校责任督学挂牌督导工作的实施意见（试行）〉的通知》，确立中小学校责任督学挂牌督导制度，明确区县政府及市政府有关部门贯彻落实北京市关于中小学责任督学挂牌督导工作的具体部署。

△　市卫计委和市教委联合发布《北京市中小学生健康膳食指引》，纠正当前中小学生不尽合理的膳食结构，提升学生身体素质。

20 日　市政府和文化部签署共建中国戏曲学院协议，实行“中央与地方共建、以地方管理为主”的机制。

△　科技部公布 2013 年度创新人才推进计划入选名单，北京地区高校 23 人入选创新人才推进计划中青年科技领军人才名单。

25 日　北京高校 52 个项目以第一完成单位（人）获得北京市科学技术奖，其中，3 所高校 6 个项目获得科学技术奖一等奖、9 所学校 15 个项目获得科学技术奖二等奖、13 所学校 31 个项目获得科学技术奖三等奖。该奖项由市委、市政府主持颁发。

26 日　市教委召开北京市中小学首批正高级教师座谈会。首批 18 名中小学正高级教师以及各区县教委相关负责人参加会议。北京市中小学首次评选出的 18 名正高级教师，涉及语文、数学、物理、地理、体育、学前教育、政治及教育管理 8 个学科，人员分布在中学、小学、幼儿园、教研机构等教育教学单位，一线教学和教研岗位工作的中小学教师占 82%。

北京市中小学首批正高级教师座谈会

27 日　市教委公布第八批示范幼儿园和农村乡镇中心园及薄弱园“手拉手”名单。共有 32 对幼儿园结成“手拉手”协作关系，并签署协议书，协议有效期 2 年。

27 至 30 日　市科协、市教委、市科委、市知识产权局和房山区政府联合举办第 34 届北京青少年科技创新大赛。

30 日　市委组织部、市人力社保局公布 2014 年度北京市享受政府特殊津贴人员名单，14 所学校（单位）的 23 人入选。

△　市教委公布第 12 届北京青少年科技创新市长奖评选结果，10 人获奖。该评选由市教委、市科委和市科协共同组织。

是月　北京市完成 2014 年度高职自主招生考试试点工作，26 所高职院校参加自主招生改革试点，报名 8820 人，计划招生 7305 人，实际录取 8195 人。

4 月

4 日　北京 14 所高校 18 门课程入选教育部第五批精品视频公开课。该评选由教育部主办，共有 121 门课程入选。

5 日　清华大学教授，中国工程院院士沈德忠在京逝世，享年 73 岁。沈德忠是人工晶体学家，首次研制出国际上最大的 KN 单畴晶体，曾获国家科技进步奖一等奖，担任第九至十一届全国政协委员。

10 日　北京数字学校研究基地建设启动会在北京市第五中学召开，宣布建立首批 25 个北京数字学校研究基地、成立北京数字学校大型开放式网络课程（MOOCs）联盟。

△　苟仲文调研高校支持中小学特色办学情况。在中国传媒大学附属小学和朝阳区垂杨柳中心小学（金都校区）实地查看并了解两所学校特色办学及与高校结对合作情况。

12 至 13 日　北京市完成 2014 年普通高校招生外语

口试工作。考点设在北京外国语大学、北京语言大学、中国传媒大学、对外经济贸易大学、首都师范大学、北京第二外国语学院，共有考生 42499 人参加口试。

16 日 市教委印发《北京市中小学心理健康教育工作纲要（修订）》，明确中小学心理健康教育的目标。

18 日 市教委印发《关于 2014 年义务教育阶段入学工作的意见》，首次实行严格的计划管理，取消共建入学方式，全面落实免试就近入学要求。首次统一使用小学和初中入学服务系统，将每名学生入学途径和方式全程记录，教育行政部门依据权限进行查询和监控。

22 日 教育部与中国石油天然气集团公司、中国石油化工集团公司、中国海洋石油总公司、神华集团有限责任公司、陕西延长石油（集团）有限责任公司签署共建石油大学协议。

△ 市教委主任线联平做客北京城市广播“市民对话一把手”栏目。

23 日 北京科技大学教授、中国科学院院士肖纪美在北京逝世，享年 94 岁。肖纪美是冶金和材料学家、教育家，在合金钢、环境断裂等领域做出开创性的贡献。

△ 清华大学第一附属医院心脏中心为一顽固性室上性心动过速患儿成功实施冷冻消融手术。此手术属国内首例，为儿童由希氏束旁旁路导致的快速性心律失常治疗做出探索。

24 日 市教委召开“科学探案与创新人才培养”专题研讨会。会议宣布成立由中国公安大学牵头的“科学探案”创新人才培养协作体，同时举行由北京教育科学研究院、公安大学、中科院软件所共同建立的“科学探秘”联合创新实验室揭牌仪式。

25 日 教育部、国家发改委、财政部、人力社保部、农业部和国务院扶贫办联合发文表彰全国职业教育先进单位和先进个人，北京市 4 个单位和 5 名个人入选。

29 日 刘延东分别考察中国地质大学（北京）和北京林业大学。

30 日 市教委、市教育督导室联合发布《关于进一步规范义务教育阶段教学行为的意见》，进一步加大减负工作力度。

△ 市教委印发《关于认定首批中小学学校文化建设示范校的通知》，认定 104 所学校为北京市首批中小学学校文化建设示范校。该项工作于上年 10 月启动。

是月 北京市完成选拔高等职业教育（专科层次）优秀应届毕业生进入本科阶段继续学习的试点工作。43 所高校推荐的 4729 名专科毕业生参加“高职升本科”文化课考试。全市共有 13 所高校参加招生，计划招生 2659 人，实际录取 2628 人。

△ 市教委认定 16 人为 2013～2014 年度北京市优秀学生。

5 月

4 日 习近平到北京大学考察，代表党中央，向全国各族青年致以节日问候。

△ 经教育部批准，北京吉利大学升格为本科高校并更名为北京吉利学院，吉利大学建制撤销。9 月 15 日，学校举行新校名门牌石和新校徽揭幕仪式，正式更名为北京吉利学院。

北京吉利学院

6 日 市教委印发《北京市中小学校学生学籍管理办法》，共 10 章 49 条，对接中小学招生入学政策变化，修订完善原有学籍管理办法。办法自 6 月 10 日起施行。

△ 市教委启动北京高等学校、社会力量支持中小学体育、美育特色发展工作。9 月 1 日起，在义务教育阶段 140 所小学实施。北京 20 所高校以及国家大剧院、中央芭蕾舞团等 7 个艺术团体，通过小学文化建设、课堂教学、社团发展、教师培养、理论研究五个方面，全方位、立体化支持小学体育和美育的发展，参与首都基础教育办学。4 月 10 日，市教委印发关于高等学校、社会力量支持中小学体育美育特色发展工作的通知。

7 日 市教委印发《北京市小学生综合素质评价方案（试行）》。小学生综合素质评价实施全员、全方位、全过程评价，促进学生全面而有个性地发展，为学生终身发展奠定基础。方案自 9 月 1 日起试行。

12 至 17 日 北京市完成 2014 年考生填报高考志愿工作。本年将本科一、二、三批志愿的设置从“小平行志愿方式”调整为“平行志愿组方式”，将志愿院校数由原来的 4 所学校增至 5 所学校。

15 日 中国人民大学荣誉一级教授家周诚因病在北京逝世，享年 87 岁。周诚是杰出的农业经济教育家，新中国土地经济学科奠基人，人民大学农业经济学科主要创始人，农业经济专业第一位博士生导师。

15 至 18 日 市教委举办首都高等学校第 52 届学生田径运动会。

16 日 北京市、区教科研部门参与初中校发展启动会在北京教育学院丰台分院附属学校召开。北京教育学院等 11 家教科研部门对口支持 6 个城区 17 所初中校发展。

19 日 经市教委决定，首都医科大学与首都铁路电气化学校 2014 年起联合举办护理专门人才一体化培养实验班。实验班由两校共同拟定一体化培养方案，以首医大为主联合培养。学制按照“3＋3＋2”模式，初中毕业生参加中招考试录取，开辟中职、高职、本科八年制一体化培养新模式。首批在京招生2个班，共70人。

△　市教委公布2012～2013学年民办高等学校及其他民办高等教育机构办学状况评估及年度检查结果。66所学校达到评估和年检合格标准、12所学校基本合格、3所学校暂缓通过、3所学校不合格。

20日　2014年北京市高级中等学校统一招生考试体育现场考试举行，共有81087名初中毕业生参加考试。

△　北京航空航天大学“月宫一号”成功完成中国首次长期多人高闭合度集成试验，实验持续105天。“月宫一号”是中国第一个、世界上第三个空间基地生命保障基地综合实验装置，它的建立使中国在再生生命保障领域的研究水平处于国际先进水平，对保障中国载人登月、月球基地及火星探测等航天计划进行具有重大意义。

25日　北京地区2014年同等学力人员申请硕士学位外国语水平和学科综合水平全国统一考试举行，3.9万余人参加考试。

30日　市教委举办北京市首届特殊教育学校学生才艺大赛。

△　习近平来到北京市海淀区民族小学参加学校少先队主题队日活动，了解学生学习和课余活动、特别是学校开展多种活动积极引导学生培育和践行社会主义核心价值观方面的情况。

31日至6月27日　北京市职业学校代表团参加全国职业院校技能比赛，获得一等奖43个（高职组24个、中职组19个，包括一等奖第一名7个），二等奖54个（高职组29个、中职组25个），三等奖71个（高职组28个、中职组43个）。

是月　市教委完成第16届普通高中宏志奖学金评选工作。共资助3414名学生、每人金额800元。

△　市属高校32个项目入选创新能力提升计划资助项目，其中，科技类项目24个、人文社会科学艺术类项目8个。

至10月　市教委调研无证幼儿园现状，采用实地走访、调查问卷的形式，分析无证幼儿园的存在原因，制定“审批一批、规范一批、取缔一批”的分步骤治理方案。

至11月　市教委公布第六届北京市中小学生科学建议奖名单，评出科学建议奖10项、科学建议奖提名奖10项。

6月

4日　教育部办公厅、人力社保部办公厅和财政部办公厅联合公布“国家中等职业教育改革发展示范学校建设计划”第一批项目学校验收结果，北京市6所学校通过验收。分别是北京市昌平职业学校、北京金隅科技学校、北京市商业学校、北京铁路电气化学校、北京商贸学校和北京一轻高级技术学校。

6日　市教委、市发改委、市财政局、市审计局、市新闻出版广电局联合制定《关于2014年北京市进一步规范教育收费工作的意见》，明确2014年北京市规范教育收费工作主要任务。

7日　王安顺到北京教育考试院和北京市第六十五中学检查高考工作并慰问一线考务人员。

7至8日　2014年北京市普通高等学校招生考试在17个考区举行，60389名考生参加考试。23日，北京市招生考试委员会2014年第二次会议确定北京市普通高校招生各批次录取最低控制分数线，本科一批录取最低控制分数线：文科565分、理科543分；本科二批录取最低控制分数线：文科507分、理科495分；本科三批录取最低控制分数线：文科458分、理科466分。艺术类本科录取控制分数线：文科329分、理科321分。专科面试参考线（三科总分）文科150分、理科150分；体育教育、社会体育、休闲体育专业成绩70分，文化课成绩文科350分、理科350分。高职单招分数线150分；艺术高职分数线105分。7月6日至8月10日，北京市完成2014年全国高等学校招生录取工作，其中，统考统招部分计划招生52216人，实际录取54083人；高职单独考试招生部分计划招生1182人，实际录取1012人。高考升学率达到83.87%。

北京市第二中学考点

11至19日　北京教育科学研究院、北京青少年科技创新学院主办第六届北京青少年翱翔科学论坛。论坛分为人文与社会科学、数学与信息科学、物理与地球科学、化学与生命科学四个分论坛。

24至26日　2014年北京市完成高级中等学校招生文化课考试，89307人参加考试。7月12日至8月29日，北京教育考试院完成2014年度北京市高级中等学校招生录取工作。

△　2014年北京市夏季高中会考举行，共有64441人参加考试，其中，在校生63253人、职技类考生1174人、社会类考生14人，共报考135320科次。

27日　市教委启动高校创办附中附小项目，旨在充分发挥首都高校在师资、学科、科研、管理等方面的教育资源优势，力图通过3至5年的共同建设，创建一批教育质量良好，办学特色鲜明，具有一定社会影响力，高校教师员工和群众满意的优质中小学。23所在京高校分别与海淀、朝阳、昌平、丰台4个区县教委签署合作协议，共建设39所附中附小。项目惠及近5万名中小学生。

30日　北京科技大学创建者之一魏寿昆教授在北京逝世，享年107岁。魏寿昆是冶金学家、教育家，中国冶金物理化学学科的奠基人之一，中国科学院院士。

7月

3日　市教委印发关于加强北京市普通高中开放式重点实验室建设和管理的通知，公布市级支持开放式重点实验室建设学校名单，同时印发《北京市普通高中开放式重点实验室建设与管理办法》。

7日　市教委公布第十届北京市高等学校教学名师奖名单，92名教师入选。

△　市教委公布2014年教育部现代远程教育试点高校在京校外学习中心等检查评估结果。北京51个校外学习中心检查评估结果为合格；3个学习中心因主办校调整办学布局等原因，予以撤销；1个学习中心暂缓通过，根据主办校整改情况再行复评。

△　中国人民大学一级教授方立天因病医治无效在北京逝世，享年82岁。方立天是哲学史家、宗教学家。

16日　北京协和医学院阜外心血管病医院召开经心尖TAVI临床试验成功发布会，宣布该院在微创心脏瓣膜外科领域再获突破，采用中国自主创新研发的植入瓣膜，成功为两名高龄患者实施“经心尖微创主动脉瓣植入术（TAVI）”。此次使用的经心尖主动脉瓣膜植入系统是中国自主研发的、具有世界范围内的知识产权的系统。

21日、10月20日和7月17日　北京理工大学北京学院、中国农业大学北京学院和北京航空航天大学北京学院分别开班。

28日至8月2日　北京代表团参加全国第12届学生运动会，以673分，16枚金牌、12枚银牌和12枚铜牌获团体总分第二名，位居奖牌榜第二名，并获体育道德风尚奖。

是月　市教委启动外籍教师参与中小学英语教学改革项目，为期3年。市教委委托11所在京高校协助近200所中小学聘请外籍教师。

△　市教委与市人力社保局审核批准18所高校聘用2014届研究生毕业生担任科研助理。共聘用毕业生175人，其中，博士生9人、硕士生166人。

至7月　市级财政投入3.88亿元扶持公办幼儿园。扶持对象包括教育部门办园、其他部门办园、企事业单位办园、新建改扩建和办园条件达标项目街道办园，涉及15个区县204所幼儿园1296个班级。

8月

20至22日　市教委机关办公场所由奥运大厦回迁至和平门办公楼。

21至26日　北京代表队参加第29届全国青少年科技创新大赛，13个项目获青少年创新成果竞赛项目一等奖、4个项目获科技辅导员创新项目一等奖、31个项目获各类专项奖、7个项目获少年儿童科学幻想绘画一等奖、5个项目获优秀科技实践活动一等奖，6个单位获优秀组织奖。

25至29日　市教委、市人力社保局、市财政局联合检查验收北京市第二批8所国家中等职业教育改革发展示范学校建设计划项目，全部通过验收。

29日　教育部公布2014全国优秀教师、全国优秀教育工作者、全国优秀班主任等名单。其中，北京41人入选全国优秀教师、20人入选全国优秀教育工作者、5人入选全国优秀班主任、3人入选全国中小学优秀德育课教师、3人入选全国中小学优秀德育工作者、2人入选全国高校优秀辅导员、1人入选全国高校优秀思想政治理论课教师、2人入选全国高校优秀思想政治教育工作者。

△　“北京市中小学培育和践行社会主义核心价值观暨北京市教育机关领导干部联系中小学工作部署会”和“北京高校培育和践行社会主义核心价值观工作部署会”分别在北京会议中心召开。会议分别公布北京中小学、高校培育和践行社会主义核心价值观实施意见。

北京高校培育和践行社会主义核心价值观工作部署会

是月　北京大学第三医院完成世界首例3D打印脊椎植入手术。该段3D打印的脊椎骨是模仿孩子的原始脊椎形状，用钛粉制作而成，比传统的骨替代物更加安全和经久耐用，且不需要胶水和螺丝。

9月

1日　袁贵仁分别到北京市十一学校一分校调研学校开学准备工作以及课程设置安排、校园安全等情况。

△　拉萨北京实验中学建成开学。

△　2014年新增20所城乡一体化学校开学招生。本年，市级投入6.15亿元，继续支持建设20所城乡一体化学校，其中，4所九年一贯制学校。20所学校新增学位6540人，总学位达到35980个。

△　市教委、市财政局联合印发《北京市属高等学校“2011计划”实施方案》。“2011计划”4年一个周期，设立领导机构及专家咨询委员会，并设立专项资金。

2日　人社部、教育部公布全国模范教师、全国教育系统先进工作者和全国教育系统先进集体名单，北京17人当选全国模范教师、2人当选全国教育系统先进工作者，14个单位入选全国教育系统先进集体。

4日 教育部公布2014年国家级教学成果奖获奖名单，北京学校及教育单位127项成果以第一完成单位（人）获得国家级教学成果奖。其中，基础教育类获奖39个，包括特等奖1个、一等奖8个、二等奖30个；职业教育类22个，包括一等奖6个、二等奖16个；高等教育类66个，包括一等奖11个、二等奖55个。全国共有5项成果获特等奖、148项成果获一等奖、1167项成果获二等奖。

△ 市委教育工委、市教委联合印发《北京市属高等学校学风建设实施细则（暂行）》。

5日和11日 市教委召开两次民办教育机构参与中学学科教学改革专题会。6个民办教育机构与城六区20所中学对接，以专题课、辅导课和综合实践活动类课程等形式支持初中学科教学。此项工作为期3年，覆盖学生1.2万人。

7日 北京师范大学教授、中国科学院资深院士黄祖洽因病在北京逝世，享年90岁。黄祖洽是理论物理学家、核物理学家、教育家，中国氢弹研制的探路先锋和中国核武器物理问题研究的主要负责人之一，曾获国家自然科学奖一等奖。

9日 习近平来到北京师范大学看望教师学生，并向全国广大教师和教育工作者致以节日敬礼和祝贺。

△ 北京大学资深教授汤一介因病医治无效在北京逝世，享年88岁。汤一介是著名哲学家、哲学史家、哲学教育家，长期从事中国哲学、中国文化研究，成就卓著，被誉为“国学泰斗”，晚年全身心主持中国重大学术文化项目《儒藏》编纂工程。

10日 中国地质大学（北京）发现的一种新矿物获得国际矿物学会矿物分类及新矿物命名委员会（IMA－CNMNC）批准（批准号IMA2014－053）。该新矿物发现于云南省华坪县境内一半风化碱性花岗岩中，是一种以半金属碲和钨、钾构成的全新成分和新结构的新矿物，这是首次在世界上发现该成分及结构的矿物，是目前唯一一种K—Te—W的天然矿物。该新矿物以其特殊的成分命名为碲钨矿（Tewite）。

△ 市委市政府召开庆祝教师节座谈会。

11日 北京旅游专修学院更名为北京航空旅游专修学院。经市教委变更名称的批复，同意变更校名，办学类型、办学层次等不变。北京航空旅游专修学院是市教委批准的专门培养航空服务管理高技能人才的民办院校。

15日 市教委印发新修订的《空气重污染应急预案（试行）》，增加不同空气重污染预警级别应采取的应急措施。

16日 市科委、清华大学联合举办北京市重大科技成果“清华可充电脑起搏器”发布会。发布会介绍，可充电脑起搏器获得国家食品药品监督管理局颁发的医疗器械产品注册证，使中国成为第二个掌握该技术的国家。

19日 北京大学第三医院世界首例经MALBAC（multiple annealing and looping－based amplification cycles）基因组扩增高通量测序进行单基因遗传病筛查的试管婴儿诞生。

22日 北京6所高校相关专业入选第一批卓越农林人才教育培养计划改革试点项目。该项目由教育部、农业部、国家林业局共同组织实施。

25日 市教委印发2015年度北京市属高等学校高层次人才引进与培养及创新团队建设计划资助名单。新评市属高等学校高层次人才引进计划3人、特聘教授22人、长城学者27人、青年拔尖人才102人、创新团队7个。

是月 北京市2014年博士生录取工作完成，北京高等学校、科研机构（不含解放军在京单位）共招收博士生21617人，比上年增加422人。

△ 市教委启动北京市中小学生“四个一”活动，要求每名学生在中小学学习期间至少参加一次天安门广场升旗仪式，分别走进一次国家博物馆、首都博物馆、抗日战争纪念馆。

△ 市教委开展中小学生视力不良预警工作。制定《北京市中小学生视力不良警示工作方案》，确定工作目标，安排职责分工。

△ 市教委正式启动民办教育机构参与小学英语学科教学改革工作。11所民办教育机构按计划选派200余名教师，进入东城区、西城区、朝阳区、海淀区、丰台区、石景山区52所小学，通过学科教学、专题辅导、社团活动、课程开发、课件共享、师资培训等方式，提高学校英语教学质量及整体办学水平。此项工作为期3年，惠及学生4.7万人。

△ 市教委引入民办教育机构开展委托办学。围绕“一校对口，辐射周边”的思路，指导通州、昌平、大兴、平谷4个区各1所学校，与学大等4个民办教育机构对接，通过学科教学、专题辅导、课程开发、课件共享、师资培训、介入管理等方式开展委托办学，以此带动郊区县学校教学质量及整体办学水平提升，进一步加强优质教育资源向郊区县输送。此项工作为期3年，覆盖学生1400人。

△ 北京市属成人高等教育招生规模较上年有所减少。市属成人高等教育实际招生28562人，比上年减少6.8%。

△ 市委教育工委、市教委组织开展首个“烈士纪念日”各项纪念活动。十二届全国常委会第十次会议于8月31日通过关于设立烈士纪念日的决议，以法律形式将9月30日设立烈士纪念日，并规定每年9月30日国家举办纪念烈士活动。

△ 北京市开展农村专项招生工作。首都师范大学，首都经济贸易大学、北京建筑大学3所市属高校首批开展农村专项计划，面向首都城市功能新区或生态涵养区农业户籍考生。计划招生30人，实际招生30人。

10月

14日 市教委召开学习贯彻习近平总书记教师节重要讲话精神——北京市第27届中小学“紫禁杯”优秀班主任暨第2届“学生喜爱的班主任”表彰会。会议表彰400名“紫禁杯”优秀班主任和200名“学生喜爱的班主任”。

16日 市教委印发《关于北京市中小学教师资格考

试改革试点工作的意见》，于2015年9月1日起施行。市教委同时印发《关于中小学教师资格考试改革前参加考试的部分人员过渡的办法》。

△ 市教委印发《北京市中小学教师资格定期注册制度实施细则（试行）》。细则明确，教师资格定期注册是对教师入职后从教资格的定期核查；中小学教师资格实行5年一周期的定期注册；定期注册不合格或逾期不注册的人员，不得从事教育教学工作。该细则自2006年1月1日起施行。

17日 市教委公布2014年北京地区高校示范性创业中心建设校名单，确定首批北京地区高校示范性创业中心建设校24所。

17日和21日 "部长进校园"首都大学生形势政策报告会分别在中国地质大学（北京）和中国人民大学举行。国家海洋局局长刘赐贵、国家统计局局长马建堂作报告。

25日 北京市第十届全民终身学习活动周拉开序幕。活动表彰积极参与全民终身学习活动中涌现出的优秀首都市民学习之星100人；发布"京学网"移动版学习平台。

25至26日 北京市成人高校招生全国统一考试举行。11月26日，经报请市招生考试委员会批准，北京市成人高校招生录取的最低控制分数线为：高中起点专科，文史外语类：137分；艺术类：98分；理工类：138分；体育类：115分。高中起点本科，文史外语类：181分；艺术类：128分；理工类：145分；体育类：136分。专科起点升本科，文史中医类：169分；艺术类：136分；理工类：105分；经济管理类：102分；法学类：165分；教育学类：131分；农学类：124分；医学类：163分。

26日 清华大学研制的灵巧通信试验卫星实现中国首颗低轨移动通信卫星的重要突破。灵巧通信试验卫星于9月4日在酒泉卫星发射中心成功搭载发射，随后开展大量的卫星在轨测试试验，成功实现手持卫星终端通话、手持卫星终端与手机通话、互联网数据传输、电磁频谱监测定位等业务。

29日 第14届"明天小小科学家"颁奖活动在北京市十一学校举办，中国人民大学附属中学李一锦获"明天小小科学家"称号；北京代表队5人获一等奖、10人获二等奖、8人获三等奖。活动由中国科学技术协会、中国科学院、中国工程院、国家自然科学基金委员会和香港周凯旋基金会共同主办。

31日 市教委印发《关于实施北京市中小学教师信息技术应用能力提升工程的意见》。

是月 市教委建成47个乡镇校外活动站，并为乡镇校外活动站举行颁牌仪式。

△ 清华大学负责的国家科技重大专项高温气冷堆核电站项目取得多项突破。8月，高温气冷堆核电站的核心装备主氦风机工程样机通过鉴定。9月，高温气冷堆核电站的核心设备蒸汽发生器完成首套螺旋盘管组件的安装、高温气冷堆核电站的燃料来源——中国首条具有完全自主知识产权的商用球形燃料元件生产线主设备安装完成。10月，高温气冷堆核电站一回路的重要设备控制棒驱动机构顺利完成1∶1热态工程验证试验、高温气冷堆工艺热最重要的应用领域——核能制氢关键技术相继完成连续稳定运行实验。

11月

1至3日 市教委组织职业院校教师参加2014年全国职业院校信息化教学比赛，北京代表队获得一等奖15个（中职组6个、高职组9个），二等奖7个（中职组4个、高职组3个），三等奖2个（中职组1个、高职组1个），团体总成绩居全国第二，市教委获最佳组织奖。

9日 中国人民大学一级教授郑杭生因病医治无效在北京逝世，享年79岁。郑杭生是新时期中国社会学学科的重要奠基人，人民大学社会学学科奠基人、社会运行学派的开创者，社会学家、教育家。

9至10日 北京市组织学生服务于亚太经合组织（APEC）第22次领导人非正式会议。2200名学生承担水立方晚宴的迎宾方阵、民族盛装方阵、竖琴演奏和未来之舟演出等任务；1200名学生完成国宾（领导人）机场迎送献花环节和组织少年儿童参加欢迎仪式。

11日 北京大学教授、中国科学院院士丁伟岳因病医治无效在北京逝世，享年70岁。丁伟岳曾担任第九至十一届全国政协委员。

△ 清华大学主导的暗物质研究获得10GeV以下能区点电极高纯锗探测器暗物质实验的最灵敏实验结果。该研究在利用相同的探测技术确定性地排除美国CoGeNT实验组几年前给出的暗物质存在区域，是具有国际先进水平的暗物质探测灵敏度测量结果，对当前暗物质理论发展具有重要意义。

18日 市校外联席会议办公室命名第四批北京市青少年学生校外活动基地，中国园林博物馆、中山公园等42个单位入选。

19日 市教委印发《关于实施教育部〈小学管理规程〉的意见》，自12月19日起施行。

21日 北京市第二批中小学名师发展工程启动，为期两年。

24日 市教委和市发改委联合主办2014年度北京市中学生节能减排知识大赛决赛。

北京市中学生节能减排知识大赛决赛

25日和27日　郭金龙分别到清华大学和北京航空航天大学调研。

27日　市教委组织西城区和房山区参加全国义务教育阶段数学学习质量和体育健康状况及其影响因素监测。监测共抽取抽选西城区和房山区各12所小学和8所中学参加，每所学校抽取32名五年级学生或九年级学生参加监测。

△　市财政局、市教委印发《北京市国家助学贷款风险补偿金管理办法》，自公布之日起30日后施行。

12月

2日　北京教育系统168个项目获得北京市第13届哲学社会科学优秀成果奖。其中，高等学校获奖166项，包括特等奖4项、一等奖37项、二等奖125项。

△　北京市教育系统食品安全检测网络在中国农业大学启动。该检测网络是市教委以保证各级各类学校师生就餐安全、卫生营养，维护师生切身利益和保护师生身体健康为出发点、落脚点，强化从原料采购到餐桌消费全过程食品安全管理而建立的安全监测评价体系。

4日　市教委印发《关于同意成立北京现代服务业职业教育集团的批复》，同意北京市商业学校牵头，联合北京财贸职业学院、北京劳动保障职业学院和中华女子学院等18所院校及北京祥龙博瑞汽车服务有限公司、北京一商集团有限责任公司和中国大饭店等48家行业企业和科研院所，共同组建北京现代服务业职业教育集团。集团于12月18日揭牌。

6日　北京市特级教师协会成立并召开第一届会员大会。

12日　中国人民大学荣誉一级教授夏甄陶因病医治无效在北京逝世，享年84岁。夏甄陶主要从事马克思主义哲学，特别是认识论方面的教学和研究工作，是中国马克思主义认识论研究的主要开拓者和奠基者。

△　市教委举行第28届北京市中小学生金银帆奖颁奖典礼，159人被授予金银帆奖，其中，金帆奖20人、银帆奖139人。

△　市教委表彰北京市校外教育先进集体和先进个人，50个单位入选北京市校外教育先进集体，80人当选先进个人。

16日　首都大学生心理援助中心在首都医科大学附属安定医院成立。中心面向北京高校推进建立24小时的首都大学生“绿色就诊通道”，开通“首都大学生心理援助业务合作与指导专线”。

17日　市教委公布第十批北京市社区儿童早期教育示范基地名单，10所幼儿园入选。

25日　北京大学资深教授、著名历史学家田余庆因病在北京逝世，享年91岁。田余庆主要教学及研究领域为中国古代史，在秦汉史与魏晋南北朝史研究方面贡献尤其卓著。

27至29日　北京地区2015年全国硕士研究生招生考试举行。应试考生91179人，比上年减少7761人。11月，2015年全国硕士研究生招生考试时间调整，由原来的当年（招生年度）的1月改为上年年底即2014年12月举行。同时，从2015年起，“全国硕士研究生统一入学考试”变更为“全国硕士研究生招生考试”。

31日　中国农业大学教授、中国工程院资深院士曾士迈因病在北京逝世，享年88岁。曾士迈是植物病理学家、农业教育家，长期从事农业教育和农业病虫害防治理论和技术的研究工作，是中国植物病害流行学创始人之一。

是月　市教委举办首都学生演出季活动。演出包括15场器乐、合唱专场演出。东城、朝阳、延庆等9个区县32所学校4000人参加演出。

本年

是年　清华大学在世界上首次成功制备出单原子层纳米铑片。研究团队利用弱配体聚乙烯吡咯烷酮（PVP）稳定的甲醛还原金属铑，成功制备出世界上第一例单原子层厚度的纳米金属铑片，球差电镜和同步辐射研究均证实这一新颖的单原子层金属结构。该项研究进展为进一步推动金属纳米与团簇、丰富发展重金属元素的化学成键理论研究具有重要意义。

△　市级财政投入2.18亿元改扩建村办幼儿园。拟新建、扩建82所村办园，实际新建、扩建74所村办园，有8所因土地规划、用地争议等停建或调整。该项目结束后，预计可增1万个学位。

△　市教委、市社科规划办在高等学校批准建立5个“北京市哲学社会科学研究基地”。新建研究基地包括北京工业大学“首都工程教育发展研究基地”、北京交通大学“北京物流信息化与服务科学研究基地”、中央财经大学“互联网与首都经济发展研究基地”、北京舞蹈学院“民族舞蹈文化研究基地”、北京印刷学院“北京文化安全研究基地”。至此，北京市哲学社会科学研究基地增至51个。

△　市教委继续实施普惠性民办幼儿园奖励补贴政策，调动社会力量办园积极性。市级财政共投入3571万元，对全市177所幼儿园进行奖励补贴，覆盖4万余名在园儿童。

△　市教委构建北京教育新地图。

（本栏责任编校　华蕾　张晓兰）

专文与纪实

2014北京基础教育改革

北京市教育委员会

2014年，北京市深入贯彻落实教育中长期规划纲要，着眼于人民群众对“上好学”的热切期盼，深化教育领域综合改革，推动建立现代化教育治理体系，努力办好人民满意的教育。

一、总体目标

加强顶层设计，坚持整体统筹，针对人民群众关注的“择校热”“减负难”等热点难点问题，以基础教育综合改革为重点，以考试招生改革为突破口，坚持“数量质量双增”改革路径，着力推进教育领域综合改革，以改革促公平、提质量、增活力。

着力以“两个杠杆”撬动“两个突破”，即：以优质教育资源的重组和整合为杠杆，撬动公平与均衡问题的突破，构建以优质、公平、均衡为鲜明特征的“北京教育新地图”，推动解决无序择校顽症；以入学改革和考试评价改革为杠杆，撬动素质教育与减负问题的突破，带动首都基础教育在更高的起点上实现新发展。

二、措施与成效

（一）重组扩大优质教育资源，增量推进改革。

1. 横向联合：大幅增加优质资源供给总量。

在市级统筹推动下，各区县立足本区域功能定位，因地制宜，制定深化教育综合改革的时间表和路线图，以扩大和重组优质教育资源为突破，推出了具有鲜明区域特色的“教育新地图”。

作为首都功能核心区的东城区、西城区，在教育优质资源供给的方式，两区主要选择了内部盘活优化结构，扩大优质资源覆盖，破解择校难题。

东城区在原有八大学区基础上，今年实施六大路径融通“学有优教”。这六大路径包括：深度联盟制、建立九年一贯制学校、构建优质教育资源带、托管制、小班教育、教育信息化等，跨学校、通学段，推进全面优质品牌化。东城区提出的目标是：2014年增加优质校33所、扩大学位6450个，2020年优质校覆盖率近100%。东城区在深度联盟校中，创造性地运用“大校年级组制”：将一所优质校与一所薄弱校联盟结对，实现软硬件优质资源“大通道”；同时力推“初中双优建设工程”，即：优质初中（示范高中初中部）扩大招生比例，带动辐射周边普通初中校，通过实施深度联盟一体化管理提升普通初中校办学品质；优先发展初中（“老二类”初中）实施精品特色战略，通过控制办学规模、实施小班化教育，30%优质高中指标到校等措施，快速实现全面优质品牌化。新增初中优质教育学位1690个，同比上年增长42.68%。一七七中学与一七一中学、国子监中学与五中分校、龙潭中学与广渠门中学，都是今年新推出的深度联盟一体化管理学校，统一招生、统筹师资、统一教研、同址上课。这类学校成为学生及家长们欢迎的家门口好学校。

西城区推出了以街道行政区划为基础的11个学区，有序扩大教育集团规模。通过新增和调整，使教育集团总数达到15个，涵盖69所中小学。完成4个新建校32个改扩建工程70多个装修改造项目，重点对基础相对薄弱的学校进行建设和改造，进一步提升学校教育教学设施设备水平，使全区中小学硬件设施达到均衡。西城区将长安小学、天宁寺小学等19所普通小学，并入实验二小、北京小学等11所名校，通过集团化办学的辐射效应，大幅提升优质学位供给。例如，宏庙小学、实验一小前门分校回流报名的学生明显增多，家长们看好这两所学校的重要原因，是他们已成为北师大实验中学集团、北师大附中教育集团的成员校。

作为城市功能拓展区的朝阳区、海淀区、丰台区、石景山区，担负着拓展外向经济服务、大力发展高端产业的区域功能，对优质教育布局的需求迫切。朝阳区根据10大功能区定位优质教育分布，其中，CBD功能区所布设的优质校达37所，占比近40%。丰台区、石景山区与西城区、海淀区相邻，着力在结合带上布点留生源，把好学校办到学生家门口。海淀区在2014年初提出，年内新增1万个优质学位，其中，中部、南部地区是优质学位增量供给的重点。例如，车道沟小学并入北京理工大附中建一所新的九年一贯制学校；首师大附中承办首师大二附中；二零六中学和群英小学合并为九年一贯制学校由十一学校承办，更名为十一学校一分校；人大附中和十一学校与中部、南部部分学校建立深度联盟。仅中部和南部地区就增加7200个优质学位。

作为城市发展新区的通州区、顺义区、大兴区、昌平区、房山区，需承接中心城区疏散的人口和功能，也承担着上百个教育改扩建项目。三年内的学校改扩建项目，在顺义区达到61个，新增优质学位2.4万余个；在大兴区有54个，新增学位4.3万余个；在房山区有14个，新增学位近万个。通州区抓住城市副中心的发展契机，将引入人大附中、首师大附中、景山学校、二中、五中5所示范高中校校区，形成“3+5”优质高中新格局。

作为生态涵养发展区的门头沟区、平谷区、怀柔区、密云县、延庆县，依据城区、川区、山区的人口与经济发展需要，其共同的举措是有所侧重分类布设资源点，引进名校、快速提升本土教育质量。门头沟区三年内规划调整65所学校，引进10所优质校，城区与山区学校结对发展，构建基础教育优质教育群。平谷区引进市区优质名校资源，打造区域内横向教育联盟，各学段成立课改实验校，实现联盟教研基地校全覆盖。怀柔区与西城区签订战略合作协议，每一所学校对接西城区优质校。密云县建立了城区教育联合体、城乡联谊校、特色校联盟三大团体，探索城乡学校抱团发展。延庆县构建城区和山区学校深度合作的横向教育联盟。

各区县都把提供优质教育供给放在改革首位，采取了“存量盘活，增量推进”的方式，三种模式打出扩大优质资源的“组合拳”，不仅扩大了优质资源的辐射面，也生成了新的研训资源，教师专业发展从本校到跨校乃至跨区，成为引领学校内涵发展的增长点。一是“外引模式”：引进外省市、城区名校。除了东城区、西城区、海淀区三区是内部优化、少有引进之外，其他所有区县都采用了“外引模式”。这包括引进名校办分校、城乡一体化学校、引进高校资源办分校等。市级推动的65所城乡一体化办学，丰台区、大兴区、昌平区、房山区分别有6所；朝阳区有7所，外加近年从外省市和城区引进的16所名校，朝阳区已有23所引进名校。二是“本土整合模式”：成为资源共享、教师交流的载体。这包括东城区的“学区制”，西城区的“教育集团”，海淀区的“一校多址”，丰台区、房山区的“教育集群”，大兴区、延庆县的“协作区”，顺义区的“联盟组团”等，核心是一条主线——打开每所学校大门，在区域统筹下建立共享共研的新平台。通过软性的研修一体，为硬性的教师县管校用、干部教师交流轮岗奠基，实现硬措施软着陆。三是“跨区合作模式”：穿越区际边界的深度合作。石景山区与北师大合作继续研发“绿色教育”理念和模式；通州区与东城区、北师大签订战略合作协议，将在师生交流、跨区选课和战略研究、质量监测等方面开展实质性合作；怀柔区、延庆县继续与城区优质校“手拉手”，怀柔区所有学校与西城区优质校对接。

2．纵向连贯：学段衔接，校际生源均衡配置。

在纵向上，打通学段，将优质教育资源连贯布局，均衡配置生源，也是各区县重组扩大优质教育资源、满足社会多样化需求的另一个重要举措。主要包括两种方式：

一是建设一体化的九年一贯制学校。小学毕业后直升本校初中，不仅省去了家长们“小升初”选校派位的麻烦，而且由于学校在管理上、文化上的一脉相承，有利于学生很快适应初中生活。例如，东城区青年湖小学成为一七一中学小学部，海淀区车道沟小学并入理工大附中成为附中小学部。学校接手小学后，能较好地依托中学原有优质资源，发挥示范带动作用，开展小学部教师的教科研培训，推进中小衔接的改革。这一改革普遍受到家长们的关注，并入优质中学的小学成为今年入学阶段学生及家长们的选择之一。

二是大力推进九年一贯对口直升改革。作为破解择校难题的重要途径，九年一贯对口直升改革2014年在东城区、西城区、海淀区等城区迈出了突破性的步伐。

东城区新景小学、崇文小学、花市小学对口广渠门中学，今年新增花市小学；光明小学、板厂小学对口龙潭中学；体育馆路小学对口五十中；培新小学、永生小学对口一零九中学；天坛南里小学、天坛东里小学、精忠街小学对口十一中；前门小学、金台小学、一一五小学部对口九十六中；定安里小学、宝华里小学、一师附小、景泰小学对口五十中分校；革新里小学、光明城南分校对口一一四中学；北官厅校区直升景山学校；一中小学部直升一中；艺美小学部分直升工美附中；文汇小学部分直升文汇中学。这一举措很好地发挥了生源导向作用，例如，在花市小学，2014年报名人数超过招生计划的50%，吸引大量京籍学生回流。

西城区推出多所优质初中，对口10多所普通小学。这些小学2014年入学的一年级学生，从2015年起，有30%毕业生直升对应初中，以后逐年递增10%，直到2020年，100%的学生都对口直升相应优质初中。从2014年9月开始，原北京市西城区二龙路中学由北师大实验中学正式承办，更名为“北师大实验二龙路中学”，与实验中学实行一体化管理。西城区一些学校由于过去片内生源招不够，大部分学生流向周边学校，生源不稳定。今年学区划片调整后出现可喜的学生“回流”现象，京籍生源数量迅速上升。西城区划定学区、扩大组建教育集团的方式受到家长们的认可。

海淀区把布局重点放在中部、南部。车道沟小学并入北京理工大附中，建一所新的九年一贯制学校；首师大附中承办首师大二附中；二零六中学和群英小学合并为九年一贯制学校，由十一学校承办，更名为十一学校一分校，2014年有92%的小学毕业生直升本校中学部；翠微中学、卫国中学合并，由人大附中承办，更名为人大附中翠微学校。

九年一贯对口直升的新模式，从近期看，是为家长提供了中小衔接的“快车道”，丰富了入学选择，引导学生在家门口“上好学”；从长期看，将会发挥优质高中文化引领作用，激活普通初中办学的内在活力，提速普通校成长为新优质校的进程，最终受益的是越来越多的学生。

三是融通职教、高教探索“3+3+2”护理本科实验班。2014年中考之前，北京市探索一体化培养“不经高考读本科”的实验班——首都医科大学与首都铁路卫生学校联办“护理专门人才一体化培养实验班”。本市户籍初中毕业生中考总分达到460分以上，愿从事护理专业工作的，就可报考此班，经过8年一贯制“3+3+2”分段培养模式，依次经历中专、高职和本科培养三个阶段，符合毕业和学位要求的学生将以护理本科毕业，并获得学士学位。这项高招改革实验，着眼于整合卫生专业中等教育和高等教育资源，提高北京市护理专业人才培养能力和培养质量，探索应用型人才一体化培养新模式，为一批具有鲜明职业取向、较高文化素养的初三毕业生直接进入职业教育、本科高等教育打开大门，开辟了中专、高职、本科一体化培养的绿色通道。

3．资源融通：联动扩展基础教育内外优质资源。

一是首次整合高校和社会力量等优质资源参与小学体育美育教育。北京市首次推出20所高校及社会机构与全市140所小学签约助力体育美育特色发展，以政府购买社会服务的形式，广聚高校和社会优质资源，不求所有，但求所用，直接“植入”课程改革、课外活动、文化建设的核心领域，推动首都基础教育治理体系的创新。新学年，来自北京舞蹈学院、国家大剧院、中央芭蕾舞团、北京京剧院、北京体育大学、国安足球俱乐部等高校专家和国家一流艺术家以及体育名家，成为对口学校的“编外教师”，参与小学文化建设、课堂教学、社团发展等工作，全方位支持小学体育和美育发展，并确保体育与艺术课程每周总课时量达到10课时以上。2014年重点从一年级新生开始，采取滚动方式至2020年，并逐步普惠到小学其他年级。从 2014 年小学入学报名的情况看，国家大剧院支持的东城区校尉胡同小学、西城区的自忠小学，北京舞蹈学院支持的西城区红莲小学等多所普通小学，备受家长关注。期待在未来两三年间，一批新型的体育、美育特色优质校不断涌现。

二是首次大面积推进高校建设附属中学、小学。高校创办附中附小项目 2014 年 6 月正式启动，中国农业大学、北京科技大学等 23 所在京高校分别与海淀、朝阳、昌平、丰台 4 个区教委签署合作协议，共建设 39 所附中、附小，惠及近 5 万名中小学生。高校发挥师资、学科、科研、管理等方面的教育资源优势，在提升办学理念、加强品牌建设、优化学校管理、开发特色课程等方面引领和带动附中、附小发展。项目启动以来，高校和附校结合实际，主动对接需求，在师资培养、课程建设等多个方面开展了实质性合作并取得了阶段性成效。例如，首经贸与首经贸附中，从人才培养的角度，深入合作，通过合作实现情感认同和管理认同，最终实现在融合中支持，在务实中共赢。北京外国语大学与万寿路小学、万寿路中学达成合作意向，在合作中注重战略规划，构建“三校统筹十二年一体化国际化人才培养新模式”。北京农学院与北京农学院附小通过深入挖掘高校资源优势，结合北京新颁布的部分学科教学改进意见，重点构建附小“七彩课程体系”，实施“阳光教育”。北京化工大学与北京化工大学附属中学在合作中注重顶层设计，通过区域统筹，实现组织变革，成立合作办学理事会，共谋附中发展。一方面，高校通过建设附中、附小的形式支持中小学发展，另一方面，充分发挥高校外教资源丰富的优势，市教委委托北京外国语大学等 11 所高校协助中小学聘请外籍教师参与英语教学改革。

三是首次将市、区教科研部门与普通初中校结盟。2014 年 5 月，启动市区教科研部门支持中学发展项目，整合基础教育内部优质资源，市区两级 11 个教科研部门结对支持城六区 17 所中学。9 月新学期开学，市区两级教研部门协调联动，选派百余名骨干教研员和管理人员到项目学校，以一线兼课、师傅带徒、名师工作室、上示范课和输出管理等方式全面支持项目学校发展。

（二）加大义务教育入学方式改革，破解择校难题。

1. 首次统一使用小学和初中入学服务系统。

新的信息化平台将每一名学生入学途径和方式全程记录，教育行政部门依据权限进行查询和监控；形成各区县入学方式二维表、柱状图，全市所有小学、初中每所学校入学情况均可通过图表呈现。市教委依据入学数据库，对全市所有中小学入学进行监控，形成热力图。同时加强学籍管理，北京市中小学管理信息系统将依据小学和初中入学服务系统建立新生学籍，遏止二次流动。

2. 首次实行严格的计划管理。

市教委统一部署，要求各区县加强入学需求前瞻预测，按照学龄人口数量、小学毕业生数量和中小学校办学规模等制定小学、初中招生计划并报市教委备案，向社会公布学校的服务片区，各学校未经批准不得擅自调整招生计划。同时，进一步规范特长生入学工作。除市教委批准的可招收体育、艺术和科技特长生的学校原则上面向本区县招收特长生以外，其他学校一律不得以特长生的名义招收学生；招生学校要向社会公布特长生招生计划。今后还将逐步减少特长生招生学校和招生比例。

3. 提高电脑派位入学比例。

2014 年各区县全面扩大优质校服务片区，提高电脑派位入学比例，切实保障符合条件的适龄儿童免试就近入学。从入学结果最新统计数据看，小学就近入学比例 92.26%，初中就近入学比例 77.64%，比上年均有所提高。例如，东城区实际升学人数为 7150 人，4846 人参加电脑派位，约占升学总人数的 67.78%；优质初中校拿出更多优质学位用于电脑派位，其中通过大派位（含对口入学）进入优质教育资源初中校比例达到 73.36%，比上年增加 45.8%；包括特长生在内，小学生进入优质教育资源初中校比例达 85%以上。西城区实际升学人数 8546 人，共有 4343 名学生参加学区派位，占升学总人数的 50.82%。学区派位加上推荐派位，77%的应届小学毕业生通过电脑随机派位入学，参加学区派位的小学应届毕业生升入优质初中的人数达到三分之一。海淀区 2014 年小学毕业生约 20800 人，12 个学区的学生派位全覆盖。2014 年通过电脑派位、对口直升方式，就近入学的学生比例达到 83%，比上年提高 10 个百分点。

从全市义务教育阶段入学结果看，以增量推进为特点的教育综合改革，创生了北京市区域“教育地图”优质资源的新布局，最大限度地整合、优化资源，大幅提高优质教育公共服务供给总量，为破解择校难题，提高义务教育就近入学比例奠定了扎实基础。

4. 精细化做好符合条件的随迁子女入学工作。

2014 年，本着与来京务工人员服务管理制度、人口调控和城市安全管理的要求相适应的原则，在教育资源相对紧张的情况下，北京市努力为来京务工人员随迁子女提供安全、达标的学习生活环境，并进一步规范进城务工人员在京暂住证、住所居住证明等材料的审核，坚持精细化、人性化管理，做好咨询解答工作和矛盾化解工作。多次通过媒体和网络宣传政策，介绍教育部基础教育一司《关于做好无学籍流动学生管理工作的通知》中“学生在流入地必须先具备入学资格，入学后才能建立学籍；在不合格学校就读的，不能建立学籍；没有学籍回户籍地就读的，户籍地学校必须依法接收并建立学籍”的要求，随迁子女入学工作总体平稳有序。

5. 加强制度管理和监督检查。

市委教育工委、市教委根据教育部、国家发改委等文件精神，制定印发《关于印发〈在义务教育阶段入学工作中严明纪律的若干规定〉的通知》，对义务教育阶段免试就近入学、规范教育收费、治理教育乱收费等提出明确要求，提出十五条严禁，包括：严禁区县、有关单位和学校以任何名义收取与入学挂钩的费用，切实解决“以钱择校”问题；教育行政部门和公办学校均不得采取考试方式选拔学生，不得举办或参与举办各种培训班选拔生源，坚决杜绝“以分择生”的行为；抵制入学过程中打招呼、递条子等不正之风，坚决杜绝说情请托、权学交易等“以权入学”的不良行为；严禁学校违规提前招生和点招学生；严禁初中校违规在小学非毕业年级招生；严禁在义务教育阶段“掐尖”招生等。

《通知》同时要求，教育系统的党员干部和教职员工要严格遵守本规定，切实做到令行禁止，尤其是各级领导干部要做出表率。各区县、各学校要健全责任落实和倒查追责的有效机制，按照“谁主管、谁负责”和“管行业必须管行风”的原则，建立起主要领导负总责，分管领导具体负责，一级抓一级，层层抓落实的入学工作责任体系。对于违反相关规定的行为，发现一起，查处一起，责令整改，视情节轻重，给予相关人员批评教育、组织处理；构成违纪的，根据有关规定，给予党政纪处分，同时追究相关部门的监管责任；涉嫌犯罪的，移送司法机关处理。

（三）以中招改革为突破，生源均衡拉动校际均衡。

1. 优质高中名额分配普惠式投放。

2014年起，北京市优质高中名额分配不再“推优”，取消“共建生”，完全实行按成绩录取；全市的83所优质高中，拿出统招计划30%的名额，定向分配到区域内所有初中校。在2014年的中招志愿填报中，新增“名额分配志愿”一项，和原来的统招志愿一起填写，即所有初三考生将比往年增加一次志愿分配的机会，进入示范高中。过去的名额分配只针对薄弱初中，而2014年首次面向所有初中，名额分配已从过去的点对点“扶贫式”，转变为“普惠制”投放。2014年北京市共有83所优质高中参加名额分配招生，招生计划7370人，其中，面向优质高中所属初中计划2505人，面向其他初中（以下简称普通初中）4865人，分别占名额分配计划的34%和66%。最终录取考生7281人，完成招生计划的98.8%。其中，录取优质高中所属初中考生2477人，录取普通初中考生4804人。

2. 严格执行中招计划，取消择校和二次流动。

北京市2014年对于中招工作的纪律要求更为严格，全面取消择校生、严格执行招生计划，不得随意增加计划。过去中招统招结束后，不少高中校都会向教育行政部门单独申请补录计划，一定程度干扰了招生秩序。随着中小学学籍管理力度的进一步加大，今年中招名额分配计划增至30%，对于中招计划的执行力度提出了更高要求。二次流动的问题得以有效遏制。由于市教育考试部门在各区县培训时已对此进行预判及明确警示，要求学校不得指导学生填报“死档”，未被录取的考生只能统一参加中招补录，非补录名单中的高中校不得录取“死档”考生，其中多数高中校都是民办学校。今年中招未被任何志愿学校录取的“死档”学生为2332人，相比上年减少近一半。严格统招计划的规定，让一些往年忙碌焦虑的校长们“清净”下来，能有更多精力进行暑期学习调研，规划新学年的发展。

（四）在线教育提供优质多元的个性化服务。

2014年暑期，北京市依托“北京数字学校”，组织全市教科研、教育传媒、信息技术等多个专业部门千余名优秀教师，为学生开辟了全新的学习空间，首次推出了基础教育在线服务新平台，包含学习信息推送、在线作文辅导、名师在线三个专题项目，让学生足不出户，就能获得网上“云课堂”个性化学习的全新体验。

“学习信息推送”平台涵盖语文、数学、化学和物理学科，开通了主题网站、APP、微信（免登录版本）等多种推送渠道，并覆盖到有线电视平台，实现学生学习信息个性化推送。截至年底，项目组共推送学习信息：数学、语文、英语和物理各七期，包括9.5万字、632幅图片、88个视音频，将市区级骨干教师的教学智慧送到区县，将中高考改革信息和学科改进意见传播给一线教师，最终让学生受益。“在线作文辅导”平台组织了全市330名有丰富教学经验的语文教师帮助学生利用闲暇时间学习名师网络写作课程，指导习作，近8000名学生提交有效作文27189篇1495万字，教师批阅评语达397万字，该平台逐渐成为学生练习写作、学习交流和展示才华的舞台。“名师在线”平台包括“在线答疑”及“学业诊断”两个功能，为全市初一、初三的20余万名学生提供数学、英语两个学科的在线服务。由600多名市区级骨干、学科带头人组成的答疑教师团队，随时解决学生学业问题。学生参与“学业诊断”累计达60.23万人次，参与“在线答疑”提问10.49万题，解答率100%。学生实时提问，教师即时在线解答，实现了不论学生在哪个区县哪所学校，都可以享受到北京市优秀名师的个性化辅导。

从传统的课本教材、课堂教学、校园活动，到时空开放的在线教育服务，标志着首都基础教育在供给内容和方式上的多样化、信息化，推动实现基本公共教育服务的管理创新。

三、挑战与对策

2015年，是“十二五”规划的收官之年。北京市“入园难”“择校热”虽有所缓解，但要满足人民群众“上好学”的需求还有一定距离，需要进一步建立和完善与首都政治、经济、文化相适应，与京津冀发展总体规划相适应的现代化教育治理体系。

2015年是教育综合改革纵深推进的一年，全市教育工作将按照中央和市委市政府决策部署，巩固成果、深化改革、扩展领域、协同共进，着力提高教育质量，大力促进教育公平，全面完成“十二五”规划各项任务，进一步提升首都教育现代化水平，为把北京建设成为国际一流的和谐宜居之都提供人才和智力支持。基础教育改革将进一步强化开放性、综合性，进一步关注学生发展需求，逐步推进基础教育均衡与质量从机会公平到实际发生的过程公平转化，惠及每一名学生和教育工作者。

（本栏责任编校　华蕾）

综合管理

综 述

2014 年，北京教育系统在市委市政府领导下，全面推进各项工作顺利开展。

创新教育管理模式。深入开展联系中小学校工作。8 月起，市教委建立教育机关领导干部联系中小学校制度，市委教育工委、市教委、市教育督导室领导以及市区两级教育系统副处级（含）以上 350 名干部组成 18 个工作组，开展联系 200 所中小学活动，定期深入学校，走进课堂、走近师生，了解学校发展状况，征求学校意见建议，指导学校做好培育和践行社会主义核心价值观、宣传基础教育改革政策等工作，收集第一阶段学校所反映问题 200 余个、意见建议 50 余条，根据区县职责和各处室职责进行任务分解，并请市委教育工委、市教委、市教育督导室相关处室和各区县教育相关科室推动落实，工作初见成效。

不断加大教育改革发展保障力度。深化教育经费管理体制改革，健全各类教育定额标准体系，优化投入结构。尊重教育自身规律，研究适合学校办学实际的“七公经费”预算管理方式，健全市对区县转移支付制度。严格规范教育经费使用，全面启动教育系统内部控制体系建设，开展“滥用行政权力干预科研经费”专项调查与整治等工作。重点对 9 所市属高校和 24 家直属单位开展预算执行情况审计，促进完善内部控制，规范财务预算管理，进一步提高教育经费使用绩效。积极满足教育发展基本设施建设需求。全力推进中小学建设三年行动计划，竣工项目 96 个，新增学位 8 万个。投资 3 亿元实施“扩大优质资源、改善校园环境”暑期改造工程，惠及 162 所学校。高质量实施市属高校三年建设规划，市属高校生均校舍面积增加 5 平方米，达到 32 平方米。进一步加大学校后勤保障力度。为本市所有高校、部分中等职业学校和区县教委配发 200 台食品安全检测仪，防范和控制学校食堂食品安全隐患。实施高校学生食堂价格平抑资金和农校对接直供基地仓储物流补贴，发布《北京市中小学生健康膳食指引》。从搭平台、育习惯、建设施等方面大力推进节约型校园建设。在过去三年内完成全市 643 所中小学校食堂的新建、改扩建和设备更新工作。积极推进京津冀教育协同发展及首都教育功能疏解，编制北京市教育领域新增产业的禁止和限制目录，研究推进项目合作、人员交流、规划统筹、共建“三区一园”（大学新区、研发新区、创业园区、高职园）等京津冀教育协同发展的具体思路和举措。

扎实推进依法治教。着力规范行政行为，落实国务院取消和调整的行政审批项目要求，严格履行法定职责，加大重要规范性文件草案等进行合法性审查的工作力度，预防和降低教育行政管理工作和机关事务运行的法律风险。加快推进现代学校制度建设，启动中小学校依法治校实施意见的前期准备，加强对区县依法治校的工作指导。加快推进高校章程建设，进一步推动高校健全完善内部治理结构，深入推进管办评分离，完成第一批 5 所试点高校的章程初审工作。推进教育系统法治宣传教育，开展“12·4”国家宪法日主题教育活动，全面展示教育系统“法律进课堂”工作成果，推广模拟法庭教育模式，保证每名中小学生每学期接受 1 次模拟法庭教育，让学生体会法律就在身边，法律保护成长。

出色完成服务 APEC 的各项任务。按照“精心组织，高质量地完成各项任务”的总体要求，组织 2200 余名学生承担 11 月 10 日水立方晚宴的迎宾方阵、民族盛装方阵、竖琴演奏和未来之舟演出等任务，配合市外办选拔 1200 名学生完成国宾（领导人）机场迎送献花环节和组织少年儿童参加欢迎仪式。市教委将服务 APEC 工作任务与立德树人紧密结合，激发首都学生的主人翁责任感，向世界充分展示首都青少年的风采。此外，教育对外交流与合作工作进一步规范涉外教育服务，针对自费出国留学中介服务机构资格认定和监管、外籍人员子女学校管理、国际学生招收和培养等做出制度安排，推进外事管理重心向区县下移，加强与港澳台地区的教育交流合作，提升汉语推广工作的质量和水平，优化孔子学院建设布局。

教育公共服务水平不断提升。依法依规做好政府信息公开，建立回应重大事件和热点问题的信息公开机制，全年主动公开政府信息 293 条。发挥好新闻发言人、媒体报道在政策宣传方面的作用，精心组织重大教育改革政策的发布和解读，针对老百姓关心的教育改革问题主动发声，新媒体平台——北京市教委政务微博上线后，发布政策及服务类信息 4500 余条，粉丝数量超过 104 万人。承担市政府实事和折子工程、群众路线实践活动整改任务、京津冀一体化任务共 39 项，全部按计划完成。全年承办人大建议、政协提案 213 件，满意率 100%。96391 首都教育咨询服务热线解答群众咨询、投诉、建议超过 8.1 万件，办理市纠风办政风行风转办件 109 件，群众满意率达 98%。信访部门受理群众信访事项 1930 件，接待集体访 124 批次 3487 人次，60 多名非京籍家长连续 38 天到教委机关集体上访，市教委依法依规接待处置，确保幼升小入学秩序平稳有序。

扎实做好统战和离退休老干部工作。开展北京高校“心桥工程”优秀工作项目及先进党外代表人士推荐评选工作，先后举办“高校统战大讲堂”、党外代表人士高级研修班，140 余名“长江学者”“杰出青年”“千人计划”等人员参加学习。组织“北京高校老干部大讲堂”，举办 10 期高校离退休干部党支部书记培训班。开展“与党同心，与祖国同行——同心共筑中国梦”“老少共话中国梦”主题教育征文活动、全国五好小公民主题教育读书等主题活动。

直属单位积极发挥服务保障作用。市教委各直属直管单位作为全市教育系统的重要组成部分，为全市教育工作的平稳有序推进做出积极贡献。北京市西藏中学、北京盲人学校、北京铁路电气化学校等中专学校注重人才培养，教育教学质量稳步提高。北京教育新闻中心、北京市国际教育交流中心、北京学生活动管理中心等单位延伸教育行政部门的部分管理职能，直接服务于各级各类学校、教师和学生，业务保障作用不断增强。北京市教工休养院、北京教育网络和信息中心、北京教育综合服务中心、北京教育志编纂委员会办公室等单位，坚持标准注重细节，服务意识不断强化。

语言文字工作注重将常规工作与开拓创新相结合，依法加强语言文字社会应用的监管和服务。与相关行业共同建立“市民阅读能力研发中心”作为市语委研究基地，针对师范教育专业学生，开展普通话测试前免费培训，惠及1万余名学生。启动市民语言文化阅读书系的研究编纂，加强对社区语言文化建设工作的指导。

积极发挥党建工作在教育改革发展中的领导核心作用。加强教育综合改革统筹规划，成立深化教育综合改革领导小组。建立市区教育机关领导干部联系中小学制度，积极发挥各级党组织和党员干部在推进教育综合改革中的重要作用。深入开展“铸魂”工程、思想引领工程、高校青年马克思主义者培养计划，举办“部长进校园”“理论名家讲堂”等理论学习活动。加强讲座讲堂管理和重点人教育管控，完善网络舆情引导干预机制。整体推进领导班子和干部队伍建设。切实抓好领导班子和领导干部选配工作，继续推进干部挂职、轮岗和交流任职，大力加强干部培训和实践锻炼，全年共举办12个培训班次，直接培训干部1000余人次。全年调配北京高校校级领导干部131人次，其中，市属高校任职35人次，免职32人次；双管高校任职41人次，免职23人次。进一步加强两委机关和直属单位干部队伍建设，对机关同一岗位任满5年的处长、副处长共7人进行交流轮岗。进一步改进市委教育工委、市教委机关竞争上岗的范围和方式，全年共任免机关处级干部38人次，其中，任职19人次、免职19人次，共涉及24人，其中，提拔任职7人。

增强基层组织建设活力。组织做好群众路线教育实践活动总结和深化整改工作，开展第七次北京市党的建设和思想政治工作先进普通高等学校评选工作，开展北京高校先进基层党组织、优秀共产党员和优秀党务工作者评比表彰工作，共评选北京高校先进基层党组织30个、优秀共产党员100人、优秀党务工作者30人。大力推广“成才表率”“服务先锋”“党员责任区”“助学零距离”等活动，拨付1200余万元用于推进北京高校学生党员先锋工程。开展第二批中小学党建示范点创建工作，启动微党课、“三个好”网上展播活动。继续实施新生引航工程、基层聚力工程，扎实推进学业辅导工作，实施市属高校优秀中青年骨干教师择优资助计划，继续支持8个“名师工作室”建设，全年累计培训辅导员1800余人次。

切实加强作风建设。将落实八项规定情况列入2014年党风廉政建设和反腐败工作主要任务和督查工作重点。严肃查处违纪违法案件，共处置问题线索433件，谈话函询29人，共初核案例292件，立案15件，涉及20人，结案14件，处分20人。

持续深入改进机关作风。做好群众路线教育实践活动后续整改落实工作，倡导机关系统内部党组织结成27个共建对子，推进党员进社区开展志愿服务1000余人次。紧密结合首都教育改革重点和发展难点问题，举办10次机关大讲堂专题学习，培训达1000余人次。以“弘扬传统，展现风采”为主题，开展纪念建党93周年“七一”主题党日系列活动，表彰先进党支部和优秀党员。切实加强机关文化建设，以职工活动室、阅览室建设为抓手，以职工运动会、日常性文体兴趣小组为载体，逐步打造有教育特色的机关文化。

（聂荣）

【召开基础教育领导干部工作会议】 1月20日，2014年寒假北京市基础教育领导干部工作会议召开。会议听取基础教育工作报告。杨晓超参加会议并讲话。会议指出，2013年全市基础教育系统深入贯彻落实党的十八大和十八届三中全会精神，紧紧围绕深化基础教育领域综合改革，取得三个方面的进展。一是大力推进立德树人，在提高人才培养水平方面取得新突破；二是全面落实政府责任，在促进教育公平方面取得新进展；三是以党的群众路线教育实践活动为契机，切实改进工作作风，在深化教育改革方面做出新探索。会议分析当前首都基础教育发展面临的问题，并明确2014年基础教育的工作思路是，坚持社会主义办学方向，全面贯彻党的教育方针，坚持立德树人，加强社会主义核心价值体系教育；把解决制约教育科学发展的重点问题和人民群众关心的热点问题作为工作的出发点和落脚点，在推进义务教育均衡发展、切实减轻学生课业负担等工作上取得突破，务求实效；加快推进教育治理体系和治理能力现代化，力争到 2020 年建成公平、优质、创新、开放的首都基础教育，为每一个学生提供适合的教育，为学生的终身发展和幸福生活奠定坚实基础。会议就进一步深化首都基础教育综合改革提出三点要求。一要认真研判形势，凝聚思想共识，坚定不移地推进首都基础教育领域综合改革。二要重视顶层设计，抓住关键环节，有的放矢地推进首都基础教育领域综合改革。三要立足当前工作，迅速行动起来，形成推进首都基础教育领域综合改革的良好局面。会议要求对布置的全市改革任务及 2014 年工作计划逐一落实、责任到人。两委一室有关处室，市教委直属、直管单位负责人以及各区县主管区县长、区县教育系统领导，中小学校长、幼儿园园长代表，部分人大代表、政协委员 200 余人参加会议。

（张晓兰）

【召开市属高校群众路线教育实践活动总结会】 1 月 24 日，市委教育工委召开市属高校党的群众路线教育实践活动工作总结会。会议对市属高校教育实践活动进行总结，对下一步工作做部署。会议认为市属高校教育实践活动取得 4 方面显著成效，一是认真开展学习教育，党员干部群众观念和宗旨意识明显增强；二是深度聚焦“四风”，工作作风明显改进；三是以整风精神开展批评和自我批评，领导班子凝聚力明显增强；四是扎实推进整改落实，学校事业发展的动力更加强劲。活动积累六方面经验，一是坚持把加强领导、从严要求贯穿始终，二是坚持把领导带头贯穿始终，三是坚持把学习教育贯穿始终，四是坚持把“开门搞活动”贯穿始终，五是坚持把问题导向贯穿始终，六是坚持把制度建设贯穿始终。苟仲文参加会议并讲话，他肯定市属高校教育实践活动，强调要深入贯彻落实党的群众路线，推动高校党的作风建设常态化、长效化。会上，北京联合大学、北京信息科技大学、首都体育学院 3 所高校介绍开展教育实践活动的做法和经验。市委教育工委党的群众路线教育实践活动领导小组及办公室、市委党的群众路线教育实践活动领导小组办公室第三联络组、市委第 30～33 督导组成员及 31 所高校党委书记、主管书记、教育实践活动领导小组办公室主任 130 人参加会议。2 月底，30 所市属高校全部按要求完成总结工作。至年底，市委教育工委组织首都医科大学、北方工业大学、北京经济管理职业学院 3 所高校接受市委党的群众路线教育实践活动领导小组从严从实深化整改工作抽查。组织北方工业大学、北京印刷学院、北京工业大学、北京建筑大学、首都医科大学 5 所高校的 75 名代表参加全市党的群众路线教育实践活动测评会。

（窦海超）

【召开高校领导干部会议暨党建工作会议】 2 月 18 日，市委组织部、市

委宣传部、市委教育工委、市教委组织召开 2014 年北京高校领导干部会议暨北京高校党建工作会议。会议以“深入学习贯彻中央和市委有关会议精神，加强北京高校宣传思想工作”为主题，总结 2013 年北京高等教育工作，部署 2014 年工作。苟仲文参加会议并讲话。他强调各高校要深刻认识做好北京高校宣传思想工作的重要性和紧迫性，大力加强高校意识形态工作，深入开展中国特色社会主义和中国梦宣传教育。以基层党组织建设为基础，为宣传思想工作提供有力保障。以提升质量为目标，不断推进师生思想政治工作。以提升舆论引导能力为着力点，为首都教育改革发展营造良好氛围。会议要求各高校要站在全局的高度，认真贯彻落实中央和市委、市政府的决策部署，以立德树人为根本任务，适应新的形势变化，破解热点难点问题，扎实推进教育领域综合改革。把培育和践行社会主义核心价值观融入师生教育全过程，切实提升宣传思想工作成效。市委常委、宣传部部长李伟围绕当前意识形态工作面临的形势与任务作专题报告。北京各高校党委书记、校长等共 270 余人参加会议。

（李骥）

【苟仲文调研高校支持中小学特色办学情况】 4 月 10 日，苟仲文调研高校支持中小学特色办学情况。他在中国传媒大学附属小学和朝阳区垂杨柳中心小学（金都校区）实地查看并了解两所学校特色办学及与高校结对合作情况。苟仲文指出，根据当前中小学发展现状，北京市采取“130 所高校支持中小学开展特色办学”举措，旨在通过政府向高校购买优质教育资源，提升中小学办学质量，提高百姓对周边中小学校满意度，为北京市教育优质均衡发展，为学生素质全面发展，为学校办学水平及效益提升开辟一条全新渠道。各学校要领会此项工作深远意义，充分利用政府搭建这一平台，推动学校办学再上新台阶。市教委相关领导、朝阳区委主管教育领导及相关人员陪同调研。

（李景）

【发布义务教育阶段入学工作的意见】 4 月 18 日，市教委印发《关于 2014 年义务教育阶段入学工作的意见》。意见明确指导思想，完善工作原则，细化入学条件及方式。首次统一使用小学和初中入学服务系统，将每名学生入学途径和方式全程记录，教育行政部门依据权限进行查询和监控。首次实行严格的计划管理，取消共建入学方式，全面落实免试就近入学要求，得到社会各界的认可和支持。从入学结果统计数据看，2014 年小学就近入学比例 92.26%，初中就近入学比例 77.64%，比上年都有明显提高。

（周晓宇）

【线联平做客“市民对话一把手”】

4 月 22 日，市教委主任线联平做客北京城市广播“市民对话一把手”栏目。线联平介绍北京在深化教育领域综合改革方面的思路和举措，并通过电话、短信和微访谈等方式就优质教育资源均衡、打造北京教育新地图，以及义务教育阶段入学、中高考改革等群众关心的话题，与听众交流。

（赵国伟）

【刘延东考察地大和林大】 4 月 29 日，刘延东分别考察中国地质大学（北京）和北京林业大学。刘延东参观两校标本馆、学生综合服务中心、就业服务中心等，观摩大学生创新创意体验活动，并与师生交谈。她强调高校要立足本校实际，深化综合改革，加快建立现代大学制度，力争早日实现建设世界一流大学的目标，为我国教育改革、科技进步和经济社会发展做出更大贡献。国务院有关部门、教育部、国土资源部和国家林业局等有关负责人陪同考察。

（李骥　高斌　李媛媛）

【推进义务教育阶段减负工作】 4 月 30 日，市教委、市政府教育督导室联合印发《关于进一步规范义务教育阶段教学行为的意见》，进一步加大减负工作力度。意见聚焦规范日常教学行为，对关键环节分别提出规范性要求。明确“规范教学管理”“规范作业教辅”“规范考试测试”“规范评价评选”4 大项 20 条要求，并对 2013 年出台的减负文件进行补充、强化和细化。市教委搭建展示、交流平台，注重宣传、推广区县和学校落实减负文件、推动减负工作的先进经验。4 月 29 日，在海淀区民族小学召开以“系统减负、科学减负、差异减负、恰负高效”为主题的减轻小学生过重课业负担对策研讨会；5 月 9 日，在北京育才学校组织召开以“智慧课堂，科学减负，促进发展”为主题的北京市小学“减负”交流研讨暨育才学校现场会。

（陈德时　向婕婕）

【习近平考察北大】 5 月 4 日，习近平到北京大学考察。习近平首先代表党中央，向全国各族青年致以节日问候。随后，他来到北大人文学苑，观看人文社科成果展，向该校教师了解人文社科学科发展情况；参观北大生物动态光学成像中心，观看多媒体演示，勉励科研人员刻苦攻关、勇于创新；欣赏正在举行的“青春中国梦，赤忱五四情——北京大学纪念五四运动 95 周年青春诗会”师生们的朗诵，并与他们握手交谈。在北大英杰交流中心，习近平参加师生座谈会，听取该校领导和师生代表的发言，并发表重要讲话。他指出，广大青年对五四运动的最好纪念，就是在党的领导下，勇做走在时代前列的奋进者、开拓者、奉献者，同全国各族人民一道，担负起历史重任，让五四精神放射出更加夺目的时代光芒。他强调，每个时代都有每个时代的精神，每个时代都有每个时代的价值观念。青年的价值取向决定了未来整个社会的价值取向，而青年又处在价值观形成和确立的时期，抓好这一时期的价值观养成十分重要。这就像穿衣服扣扣子一样，如果第一粒扣子扣错了，剩余的扣子都会扣错。人生的扣子从一开始就要扣好。王沪宁、刘延东、李源潮、栗战书、郭金龙和中央有关部门负责人参加活动。

（李骥　马化祥）

【中小学特色体育美育工作正式启动】

5 月 6 日，市教委启动北京高等学校、社会力量支持中小学体育、美育特色发展工作。该工作以在西城区红莲小学举行的北京舞蹈学院与所支持的 13 所小学签署合作协议为启动标志。荀仲文在签约仪式上讲话。市教委相关领导，各高校、区县教委及小学代表 70 余人参加签约仪式。该项工作自 9 月 1 日起，在义务教育阶段 140 所小学实施，重点从一年级新生开始，采取滚动方式至 2020 年，并逐步普惠到小学其他年级。北京 20 所高校以及国家大剧院、中央芭蕾舞团等 7 个艺术团体，通过小学文化建设、课堂教学、社团发展、教师培养、理论研究五个方面，全方位、立体化支持小学体育和美育的发展，参与首都基础教育办学。4 月 10 日，市教委印发《关于高等学校、社会力量支持中小学体育、美育特色发展工作的通知》。

（刘弦　徐春生）

【开辟中高职本科衔接办学新模式】 5 月 19 日，经市教委决定，首都医科大学与首都铁路电气化学校于 2014 年起联合举办护理专门人才一体化培养实验班。该实验班首批在京招生 2 个班，共 70 人。由两校共同拟定一体化培养方案，以首医大为主联合培养。实验班学制按照“3＋3＋2”模式，初中毕业生参加中招考试录取，实行 8 年本科一体化培养。全部完成学业的合格学生颁发首医大本科学历证书，符合首医大学士学位授予权的学生，授予首医大学士学位。学费按照分段标准收取。报考考生须具有本市正式户籍，同时参加 2014 年高级中等学校招生考试；身体条件符合首医大护理本科专业提出的体检标准。考生参加中考中招提前招生批次录取，面试合格考生按照从高分到低分的规则顺序录取；实验班设置最低中考控制线 460 分。护理专门人才一体化培养实验班是整合中高职、本科优质资源，创新本科实用技能人才新的培养模式，也是中等教育与高等教育进行高层次专门人才一体化联合培养的积极探索。

（王于英　华蕾）

【习近平参加海淀民族小学主题队日活动】 5 月 30 日，习近平来到北京市海淀区民族小学，参加学校少先队主题队日活动，同时了解学生们学习和课余活动、特别是学校开展多种活

动积极引导学生培育和践行社会主义核心价值观方面的情况。他向全国广大少年儿童祝贺节日，参加民族小学“红领巾相约中国梦——今天我入队，争当好队员”主题队日活动，参观学校文化长廊展示的学生书法、绘画、手抄报等作品，同时参观该校“少数民族文化展”、学生书法写作和朗读课。习近平主持召开座谈会，听取学生代表和教师、家长、少先队辅导员、校外辅导员代表就当好少先队员、加强德育教育、搞好家校互动等问题的认识和体会，并就学生理想和志向、少先队辅导员的工作、德育主任的设置、校外辅导员工作机制、家长和学校关系等方面的情况同大家深入讨论。他指出中华民族要继续前进，就必须根据时代条件，继承和弘扬我们的民族精神和民族优秀文化，特别是包含其中的传统美德。我们倡导的社会主义核心价值观，体现了古圣先贤的思想，体现了仁人志士的夙愿，体现了革命先烈的理想，也寄托着各族人民对美好生活的向往，要在全国人民中培育和弘扬，特别要注重从少年儿童抓起。习近平强调，让社会主义核心价值观在少年儿童中培育起来，家庭、学校、少先队组织和全社会都有责任。家长要时时处处给孩子做榜样，用正确行动、正确思想、正确方法教育引导孩子。要注意观察孩子的思想动态和行为变化，善于从点滴小事中教会孩子欣赏真善美、远离假丑恶。学校要把德育放在更加重要的位置，全面加强校风、师德建设，根据少年儿童特点循循善诱、春风化雨，努力做到每一堂课不仅传播知识、而且传授美德，每一次活动不仅健康身心、而且陶冶性情。少先队要坚持开展组织教育、自主教育、实践活动，把广大少年儿童团结好、教育好、带领好。全社会都要了解少年儿童、尊重少年儿童、关心少年儿童、服务少年儿童，为少年儿童提供良好社会环境。对损害少年儿童权益、破坏少年儿童身心健康的言行，要坚决防止和依法打击。王沪宁、刘延东、李源潮、栗战书、郭金龙以及共青团中央、全国妇联、教育部、北京市相关人员陪同参加活动。

（李骥　王力志　宋亚甫）

【王安顺检查高考工作】　6月7日，王安顺到北京教育考试院和北京市第六十五中学检查高考工作并看望慰问一线考务人员。王安顺到北京教育考试院听取市教委汇报，通过远程电子巡查系统察看考点分布、试卷分送和考生入场情况，并与海淀区、怀柔区负责人现场通话。他到六十五中查看保密室、监控室、医务室和考生存包处并向服务考点工作的警务、教务、医务人员致以感谢和慰问。王安顺对全市高考的准备工作给予肯定，要求坚持真抓实干、严谨细致的工作作风，确保高考安全平稳顺利进行。苟仲文、杨晓超陪同参加检查。

（李骥）

【高校创办附中附小】　6月27日，市

教委启动高校创办附中附小项目。项目旨在充分发挥首都高校在师资、学科、科研、管理等方面的教育资源优势，力图通过3至5年的共同建设，创建一批教育质量良好，办学特色鲜明，具有一定社会影响力，高校教师员工和群众满意的优质中小学。中国农业大学、北京科技大学等23所在京高校分别与海淀、朝阳、昌平、丰台4个区县教委签署合作协议，共建设39所附中附小。其中，加强建设已有的附中附小14所，以高校名义创办附中附小25所。项目惠及近5万名中小学生。

（陈德时）

【启动外籍教师参与中小学英语教学改革项目】　7月，市教委启动外籍教师参与中小学英语教学改革项目。项目为期3年，市教委委托11所在京高校协助近200所中小学聘请外籍教师。外籍教师以带班授课，开展英语角、英语社团等课外活动，开发英语校本课程，参与教师培训等方式，带动参与项目的中小学深化课程教学改革，提高英语师资水平，切实改进英语教学方式和学习方式，着力培养学生英语的听说综合应用能力，以英语教学特色带动学校整体办学水平提升。至年底，首批25所项目学校全部具备聘请外籍教师资质，11所学校有外籍教师入校。

（向妓妓）

【完成市教委行政办公楼回迁工作】　8月20至22日，市教委机关办公场所由奥运大厦回迁至和平门办公楼。此次搬迁工作共回迁办公人员280人，包括25个机关处室和两委机关服务中心、北京教育综合服务中心、北京教育网络和信息中心等部门。市教委和平门办公楼于2012年4月开始改造，2014年8月1日竣工验收。项目占地面积7500平方米，地上8层、地下2层，总建筑面积24917平方米，包括办公室91间、会议室12间，同时包括地下车库、安防监控室、地下人防设施设备用房及其他用房，共计158间。档案室作为首个回迁部门，同步实现实体档案及电子数据与软件系统的安全迁移和档案实体与在线利用档案数据工作日衔接不间断服务。新档案室按照特殊用房的功能设计要求，拥有档案柜410组，实体档案展柜9组，引进恒湿机3台、档案防磁柜2个，满足档案库房增容和相应技术设备的配置，达到档案库房保管要求和电子档案的安全存储要求。至年底，市教委机关年度档案增加929卷；新增电子原文数据档案4901份。销毁1999年5169件共计4万页档案；完成2000年2416件共计2万页纸质档案数字化扫描。制成历年各类学校发展变化趋势图等档案编研成果10个；加工电子书7本。全年提

供档案利用710件次。

（吴雅星 王薇）

【召开培育和践行社会主义核心价值观部署会】 8月29日，“北京市中小学培育和践行社会主义核心价值观暨北京市教育机关领导干部联系中小学工作部署会”和“北京高校培育和践行社会主义核心价值观工作部署会”分别在北京会议中心召开。会议分别公布北京中小学、高校培育和践行社会主义核心价值观实施意见。其中，中小学实施意见要求充分认识培育和践行社会主义核心价值观的重要意义，切实将习近平总书记提出的“记住要求、心有榜样、从小做起、接受帮助”16字要求落到实处。要求用通俗易懂的方式让学生记住社会主义核心价值观的基本内容和实践要求；发挥课堂教学主渠道作用，使中小学生逐步理解社会主义核心价值观的丰富内涵，准确把握培育和践行社会主义核心价值观的具体要求；教育引导中小学生传承中华优秀传统文化；进一步加强学校文化建设，注重学校文化熏陶浸润。同时通过运用英雄人物和先进人物，发挥教师示范引领作用，树立同伴榜样等方式典型引路。意见要求强化实践体验，要求加强指导服务，推进协作育人。意见同时提出实施校外教育“一十百千工程”。高校实施意见阐明培育和践行社会主义核心价值观的重要意义、指导思想和基本原则；要求高校全面加强社会主义核心价值观宣传教育，并把培育和践行社会主义核心价值观融入教育教学全过程。同时广泛开展培养社会主义核心价值观的教育实践活动，具体包括开展“中国梦”主题教育活动、开展道德实践活动、开展志愿服务活动、开展中华优秀传统文化教育活动、开展校风校纪校容建设活动等。意见同时要求充分发挥党员干部和教职员工的示范引领作用。两委一室及区县教育单位相关人员，部分中小学校校长，各高校党委书记、主管宣传和学生工作的校领导分别参加会议。

（王星星 李强）

【设立高等学校、社会力量参与中小学体育、美育发展专项经费】 8月，市教委设立高等学校、社会力量参与中小学体育、美育发展专项经费。经费主要帮助北京试点实施高等学校、社会力量参与中小学体育、美育发展工作，重点支持高校、社会力量机构帮助对口支持中小学开展体美教育教学活动，学生课外、校外实践活动，学生社团、文体活动；组织志愿者、专家开展教学实践活动；教师培训；校园文化建设；体育、美育校本课程建设，体育、美育理论研究。具体支出内容包括：劳务费、专家咨询费、会议费、培训费、印刷费、委托业务费、咨询费、租赁费、观看演出和比赛的票务费、专用材料费、出租车费等本市市内交通费、车辆租赁费、午餐费、出版费。经费由市级财政承担，经费支持标准为5000元/生/年，2014年市级支持经费1.49亿元。

（徐达）

【拉萨北京实验中学建成开学】 9月1日，拉萨北京实验中学建成开学。新学校占地面积133333平方米，建筑面积47000平方米，有教学大楼1幢、综合楼1幢、学生宿舍楼8幢、400米田径场1个，室内体育馆1个。学校设高中部和初中部，拥有班级53个，在校学生2527人，生源基本上来自拉萨七县农牧区。拥有教职工268人。该学校由北京市级财政投资2.5亿元按照北京示范完全中学标准建设。至年底，北京市教委选派52名优秀校长教师赶赴拉萨北京实验中学全面接管教学与管理工作，示范引领当地教育教学，努力探索促进拉萨教育改革发展、办群众家门口“内地西藏班”的新途径。这种“成建制”援藏模式试行以来成效明显，得到多方肯定。

（付浩奎 张晓白 张晓兰）

【袁贵仁调研秋季开学工作】 9月1日，袁贵仁到北京市十一学校一分校调研学校开学准备工作以及课程设置安排、校园安全等情况。他现场观摩开学第一课，实地考察学科功能教室，参观师生科学探究活动，就小升初就近入学、学生课业负担等情况进行调研，并与北京教育系统师生和家长代表座谈。袁贵仁对北京市在推进基础教育综合改革过程中制定实施的各项改革举措给予充分肯定和高度评价，对北京在解决义务教育均衡发展方面取得的显著成效表示满意，强调北京基础教育综合改革要坚持既定的改革方向和正确举措，并不断深化、巩固和完善。苟仲文以及教育部、市教委有关负责人参加调研。十一学校一分校由原北京市第二零六中学与海淀区群英小学2014年3月合并成立，是海淀区依托优质教育资源，按照名校办分校的模式新建的一所九年一贯制学校。

（李骥）

【习近平看望北师大师生】 9月9日，

习近平来到北京师范大学看望教师学生，并向全国广大教师和教育工作者致以节日敬礼和祝贺。习近平参观该校举办的“尊师重教、筑梦未来——庆祝第三十个教师节主题展”；走进心理学院团队行为、学习困难评估、学习能力提升等实验室，了解学校心理学科发展以及在灾后心理重建、航天员选拔、南极科考等领域转化运用心理学的情况；与来到该校参与“国培计划”培训的50名小学骨干语文教师交流，了解当地办学情况和他们在北京学习生活情况。习近平在该校英东学术会堂会见在北师大任教的院士、资深教授代表，并与该校师生代表座谈。座谈会上，习近平听取北师大教师和学生教育教学、学生辅导和在校学习的情况并发表重要讲话。他指出，教育是提高人民综合素质、促进人的全面发展的重要途径，是民族振兴、社会进步的重要基石，是对中华民族伟大复兴具有决定性意义的事业。教师是人类历史上最古老的职业之一，也是最伟大、最神圣的职业之一。他强调，做好老师，要有“理想信念、道德情操、扎实学识、仁爱之心”。各级党委和政府要从战略高度来认识教师工作的极端重要性，把加强教师队伍建设作为基础工作来抓，满腔热情关心教师，改善教师待遇，关心教师健康，维护教师权益，使教师成为最受社会尊重的职业。要加强教师教育体系建设，加大对师范院校的支持力度，不断提高教师培养培训的质量。要让全社会广泛了解教师工作的重要性和特殊性，让尊师重教蔚然成风。王沪宁、刘延东、栗战书、郭金龙和中央有关部门负责人陪同考察。

（李骥　白媛）

【修订空气重污染应急预案】 9月15日，市教委印发新修订的《北京市教育委员会空气重污染应急预案（试行）》。新预案增加不同空气重污染预警级别应采取的应急措施。文件规定空气重污染预警四级（蓝色）时，小学、幼儿园减少户外活动。预警三级（黄色）时，小学、幼儿园避免户外活动；中学减少体育课等户外活动。预警二级（橙色）时，小学、幼儿园停止户外活动；中学停止室外体育课、早操、课间操、课外体育活动、业余训练；停止校级、区县级、市级组织的体育考试和运动会，并延期举行。在持续橙色预警期间，允许中小学校根据区域空气质量状况和学生、家长的要求，经市、区县教委批准后弹性安排教学活动。预警一级（红色）时，中小学、幼儿园停课，停止露天体育比赛活动。停课期间，中小学、幼儿园应按照"停课不停学"的原则，通过网络、通讯等途径与家长和学生保持联系，提出可参考的合理化学习建议；教师要合理调整教学方式，灵活安排学习内容，指导学生充分利用北京数字学校、北京市中小学数字德育网等网络平台和数字化资源开展自主学习。提示家长在家对孩子进行生活和安全教育。预案同时明确适用范围、预警发布与解除程序、市教委各处室及区县教委职责和应急领导小组成员。

（姜华）

【组织开展首个烈士纪念日活动】 9月，市委教育工委、市教委组织开展首个"烈士纪念日"各项纪念活动。苟仲文及两委领导看望慰问教育系统的烈士遗属、离退休老同志，组织793名大中小学生于9月30日上午到天安门广场参加向人民英雄纪念碑敬献花篮仪式。十二届全国常委会第十次会议于8月31日通过关于设立烈士纪念日的决议，以法律形式将9月30日设立为烈士纪念日，并规定每年9月30日国家举行纪念烈士活动。

（李骥）

【中小学教师资格需注册】 10月16日，市教委印发《北京市中小学教师资格定期注册制度实施细则（试行）》。细则明确，教师资格定期注册是对教师入职后从教资格的定期核查；中小学教师资格实行5年一周期的定期注册；定期注册不合格或逾期不注册的人员，不得从事教育教学工作。细则同时规定注册条件、注册程序和罚则。该细则自2016年1月1日起施行。

（张晓兰）

【举办"部长进校园"形势报告会】

10月17日和10月21日，"部长进校园"首都大学生形势政策报告会分别在中国地质大学（北京）和中国人民大学举行。其中，地质大学报告会邀请国家海洋局局长刘赐贵作关于当前我国海洋形势的报告。报告围绕海洋的基本情况、当前的海洋形势、建设海洋强国的若干思考等问题，介绍海洋对人类的资源价值和海洋的秩序管理，深入分析我国海洋面临的国内外形势和域外的权益保护，并就如何在认知海洋、利用海洋、生态海洋、管控海洋、和谐海洋等五个方面建设海洋强国作阐述。人民大学报告会邀请国家统计局局长马建堂就中国政府统计的基本架构、公众关注的几个主要统计指标、建设现代化服务型统计等作介绍和解读。指出建设现代化服务型统计是当前政府统计改革发展的总体方向，政府统计部门将尽可能地开放更多的统计数据，满足各类统计需求，打造服务型统计。报告结束后，主讲人就一些热点问题与首都高校学生进行交流。各高校学生代表共计900人次参加报告会。

（赵国伟）

【举办十八届四中全会精神专题报告会】 10月27日，市委教育工委、市教委、市教育督导室举行十八届四中全会精神专题报告会。报告会邀请中国社会科学院学部委员李林作专题辅导报告。该报告对全会公报进行系统解读，深入阐述十八届四中全会和《中共中央关于全面推进依法治国若干重大问题的决定》的重大意义，系统梳理该决定的主要内容，分析主要特点和看点，重点介绍学习贯彻的方法论，提出全面推进依法治国需要思考和研究的问题。刘建主持报告会并讲话，她强调两委一室及直属单位的领导干部要深入学习十八届四中全会精神，进一步增强对全面推进依法治国重要性的认识，牢固树立依法行政意识，把思想和行动统一到中央关于全面推进依法治国重大决策部署上来，把握方向，积极探索，为推进首都教育改革发展贡献力量。两委一室机关干部、直属单位党政主要负责人共130余人参加学习。

（朱迎）

【完成APEC服务任务】 11月9至10日，北京市组织学生服务于亚太经合组织（APEC）第22次领导人非正式会议。2200名学生承担水立方晚宴的迎宾方阵、民族盛装方阵、竖琴演奏和未来之舟演出等任务；选拔1200名学生完成国宾（领导人）机场迎送献花环节和组织少年儿童参加欢迎仪式。该项工作按"精心组织，高质量地完成各项任务"的总体要求，将服务APEC工作任务与立德树人紧密结合，激发首都学生的主人翁责任感，向世界充分展示首都青少年的风采。

（聂荣）

【郭金龙调研部属高校】 11月25日和27日，郭金龙分别到清华大学和北京航空航天大学调研。郭金龙参观清华大学生命科学学院、宇航技术研究中心、环境学院和航空航天大学沙河校区，了解两校科技创新工作。他强调，贯彻落实习近平考察北京时的重要讲话精神，加快建设科技创新中心，既是首都责任所在，更是内在发展要

求。北京要与包括清华大学在内的在京高校加强合作，携手推进协同创新，积极服务首都“四个中心”的战略定位，加快推进全国科技创新中心建设，为创新型国家建设做出新的更大贡献。市有关部门负责人参加调研。

（李骥　田贵双）

【构建北京教育新地图】　至年底，市教委构建北京教育新地图。市教委通过政府购买服务推出“课后三点半活动”、采用义务教育入学服务系统、开展外教对口支援中小学学科建设、启动高校及社会机构参与小学体育、美育建设等方式扩大优质教育资源的总量和共享范围。在市级整体统筹下，各区县通过学区制、联盟校、教育集团、教育集群等方式，增加优质学位，横向扩展优质教育资源；通过新建九年一贯制学校、九年一贯对口直升等方式，纵向拓展入学新通道，缓解择校热。“北京教育新地图”2013年底启动，旨在推动各区县重新规划区域教育资源布局，盘活存量、激活增量，扩大优质教育资源供给能力。

（苏金柱　张晓兰）

【开展政府信息公开工作】　至年底，市教委继续健全完善政府信息公开相关工作制度，按规定公开政府信息。市教委主动公开政府信息347条（包括行政规范性文件18条），全文电子化率100％。受理依申请公开事项20件，均按程序予以答复，其中，已经公开7项，同意公开6项，非本机关信息3项，未制作3项，非政府信息1项。接受公众咨询79373人次。没有针对市教委政府信息公开工作的行政诉讼和行政复议案件以及申诉案（信访、投诉）。

（钱进军）

【受理全程办事代理制事项9208件】　至年底，市教委受理行政许可类全程办事代理制事项9208件。其中，高等职业院校更名1件；民办高校举办者变更1件，民办高等教育机构名称变更1件；中外合作办学项目11件，包括高中7件、高职3件、非学历机构1件；春季中小学地方教材审批6件（初审4件，重新送审1件，审定1件），秋季中小学地方教材审批6件（初审4件，重新送审2件）；春季受理教师资格申请6040人，认定通过4929人；秋季受理教师资格申请3142人，认定通过2633人。经清理并承接教育部下放的4项行政许可事项，市教委保留行政许可事项14项。

（钱进军）

【按期办结人大代表建议和政协提案】　至年底，市教委全部按期办结市委市政府交办的建议和提案共214件。其中，人大代表建议92件，政协提案122件。建议提案主要涉及教育综合改革、教育公平、师资队伍建设、学生身心健康、人才培养和教育教学质量提升等方面。代表委员对市教委承办的214件建议提案答复意见满意、同意或认可率达到99％。

（付浩奎）

【加强决策意见征询和民主协商】　至年底，市教委积极搭建平台加强教育决策意见征询、民主监督和民主协商。市教委加大向人大、政协通报教育工作情况的力度，加强决策前的意见征询和民主协商，争取代表委员对首都教育工作的理解、支持和帮助。积极支持代表委员依法履职，先后14次安排代表委员参加座谈会或实地调研，主动通报教育工作情况、教育综合改革发展情况、教师队伍建设情况、学前教育三年行动计划完成情况、中小学考试招生改革情况和推动义务教育均衡发展情况，组织代表委员前往学校调研、视察高招现场。

（付浩奎）

【受理群众信访事项1930件】　至年底，市教委信访部门受理群众信访事项1930件。其中，办理来信836件，接待来访573批次（接待集体访124批次3487人次）。与2013年相比，受理总量基本持平，但接待集体访批次增长62％，人次增长2.7倍。96391首都教育咨询服务热线解答群众咨询、投诉、建议超过8.1万件，接听总量比2013年上升14％，其中，热线接到的群众诉求类问题806件，比2013年略有下降。办理市纠风办政风行风转办件109件，比2013年增长40％，已办结101件，群众满意率达98％。市教委妥善化解和处置非京籍家长反映子女幼升小问题、北京黄浦大学维族学生反映毕业证认定问题、中考家长反映加分政策不合理问题，以及京籍高考高分学生家长反映录取问题等。通过加强信访舆情分析、工作预警研判、加大委领导批阅群众来信和接访下访工作力度等措施，群众诉求表达渠道进一步畅通，从源头上预防和减少信访问题发生取得初步成效。市教委同时加强对群众来信来访的梳理分析，针对一线接访情况，先后8次提出信访预警报告，提出完善政策措施的相关意见建议，为决策提供参考。

（聂荣）

【规范政务网站管理】　至年底，市教委规范政务网站管理，保障网站安全运行。市教委门户网站严格按照《关于做好党政机关网站开办审核、资格复核和网站标识管理工作的通知》要求，规范相关工作的申报、审核工作，并强化网站运维管理，完成政务网站系统升级，提升网站支撑服务水平。市教委门户网站2014全年可利用率为100％，网站页面响应时间平均小于25毫秒。截至11月底，页面浏览量总计723万余次，访问者IP数总计157万余次。同时规范信息发布工作，制定《视频新闻网上发布管理办法》，规范信息发布程序，明确信息发布流程。全年发布视频新闻73条。严格执行《市教委门户网站信息发布工作管理办法》，坚持业务信息与政务信息公开相结合，认真梳理对外公开发布事项，准确发布、及时更新，自觉接受社会公众监督。全年网站内容更新300余条。

（聂荣）

【加强电子政务系统管理、支撑服务工作】　至年底，市教委加强电子政务系统管理、支撑服务工作。实现各类公文流转1082次，发布全市教育系统出国考察团组公示信息49条；

档案系统新增录入2460条；通过文件传输系统共享信息30条，印发各类应急、重要通知28个；领导决策平台更新内容27条。组织支撑教育部视频会议13次，参会人员1000余人次；组织市政府应急视频会议49次，其中，例会43次，突发应急工作会6次。

（聂荣）

政策法规

【概况】 2014年，市委教育工委、市教委围绕教育中心工作和首都教育改革发展的重点热点难点问题，加强和推进政策研究与法治工作。研究起草市委《关于认真学习贯彻党的十八届三中全会精神全面深化改革的决定》第43条“深化教育领域综合改革”草稿。牵头研制《首都教育综合改革实施意见》、落实市委十一届四次全会重要教育举措实施规划（2014～2020年）、2014年教育综合改革工作计划、2014年市委科技教育改革专项小组会议议题计划（9项）、全面深化改革试点工作（13项）。完成《北京市终身学习促进条例》立法调研与研制工作。完成《残疾人教育条例》等33件法律法规文件的意见征询工作。修订《北京市教育委员会行政规范性文件备案管理办法》，编制2014年市教委行政规范性文件目录，报送备案19项。同时完成市教委和区县教委的行政处罚事项梳理和权力清单编制工作。对重要草案、行政事项、合同等进行合法性审查89项。全年报送汇报材料69篇，编辑《教育决策参考》32期。修订两委《调查研究工作制度》和《委托课题管理办法（试行）》。印发《北京市教育科学“十二五”规划2014年度课题指南》，统筹立项机关调研课题99项，其中，委级课题47项、处级课题52项。2014年，市委教育工委、市教委再次荣获全市调研工作先进单位。制定并严格实施《北京市教育委员会行政案件办理工作程序规定》。履行法定职责，办理学生申诉案件5件，教师申诉案件1件，行政复议案件4件，作为行政复议被申请人案件2件，行政诉讼应诉案件1件。组织行政执法资格公共法律知识和教育专业知识考试，有43人考试合格取得执法资格与执法证。至此，市教委具有执法资格人员达到93人。制定《北京市市属高等学校章程建设计划（2014～2015年）》。完成《市属高校章程制定试点研究》和《大学章程文本评析——以教育部首批核准的六所大学章程为例》两个课题项目。建立北京市属高等学校章程建设联席会议制度。完成北京工业大学等第一批5所试点高校章程初审工作。市委教育工委、市教委开展中小学依法治校达标评估指标体系课题研究。编写《法治与校园》校园普法刊物4期，共发放80余万册供全市中小学生学习阅读。编发《中小学模拟法庭教育指导手册》2000余册，分级别评出172个优秀模拟法庭教育课例。年内，市委教育工委、市教委组织小学生开展“学法律、助成长”学法守法心得撰写大赛，北京高校第二届普法微视频征集，中小学、幼儿园教师法律知识竞赛等活动，并组织全市中小学法治教育骨干教师第三期培训班，编制中小学、幼儿园教师法律基础知识读本。

（杨俊）

【印发两委一室工作要点】 2月8日，市委教育工委、市教委、市教育督导室印发2014年工作要点。文件明确2014年全市教育工作的总体要求，从加强教育系统党的建设，为深化教育综合改革提供坚强保证；深化教育综合改革，持续增强首都教育发展活力；推进人才培养模式改革，全面提升学生综合素质；不断完善首都教育体系，整体提高教育发展质量；努力促进教育公平，切实增强教育公共服务能力；强化教育督导，积极促进首都教育健康发展六个方面部署2014年的重点工作。

（黄灵燕）

【制定市属高校章程建设计划】 3月10日，市委教育工委、市教委、市教育督导室印发《北京市市属高校章程建设计划（2014～2015年）》。文件明确市属高校制定和报送章程及高校章程核准工作。要求到2015年底，市政府及其有关部门、区县政府及其有关部门举办的53所高等学校，分5批次完成章程制定及核准。各高校章程须报市教委初审，经过集中评议、反馈说明、公开征求意见等程序最终批复通过。市教委要求各高校加强组织领导、各有关部门加强调研指导，同时加强章程核准后的执行机制建设。

（薛闻喆）

【印发教育系统法制宣传教育工作要点】 3月14日，市委教育工委、市教委、市教育督导室印发《2014年北京教育系统法制宣传教育工作要点》。文件明确2014年法制宣传教育工作的总体要求，从加强中小学生公民意识教育，提高大学生运用法律知识分析、解决实际问题的意识和能力，提升职业学校学生法律意识和法制素养，加强各级领导干部法治观念和法治思维，提升公务员依法行政能力，加强教师依法执教能力建设，不断创新法治教育方式，丰富青少年法制教育资源，提高法制宣传教育工作科学化水平，充分发挥法制宣传教育工作在依法治教中的基础性作用10个方面部署北京教育系统法制宣传重点工作。

（朱迎）

【印发教育法治工作要点】 3月17日，市教委印发2014年教育法治工作要点。2014年教育法治工作提出要着力提高制度建设质量，着力增强工作规范化水平，全面协调推进依法治教工作。文件从加大法制教育培训力度、积极做好教育立法调研、进一步加强规范性文件合法性审查和备案监督、清理规范教育行政审批项目、落实完善行政执法责任制、加强法制工作规范化建设、做好行政复议和行政诉讼应诉工作、健全依法治校指导评价机制、大力开展学校章程建设、依法主动公开政务信息、深入开展校园普法、加强工作组织领导12个方面部署2014年教育法治重点工作。

（马乐）

【完成“好建议”评选工作】 3月30日，市委教育工委、市教委、市教育督导室2013年“好建议”评审工作完成。活动旨在加强两委一室机关干部队伍建设，提高机关干部学习能力和研究能力。共征集“好建议”90项，其中，45项“好建议”获奖，包括，一等奖4项、二等奖9项、三等奖14项、优秀奖18项。获奖建议中10项“好建议”首次纳入市教委办公室督办工作。

（黄灵燕）

【修订两委一室调查研究工作制度】 4月17日，市委教育工委、市教委、市教育督导室印发《调查研究工作制度》。新修订的制度旨在落实中央和市委市政府关于转变工作作风、改进调查研究工作的新要求，总结经验，进一步加强和改进机关调研工作。此次修订突出该制度作为两委一室规范调研工作的制度性文件的特征；增加两委贯彻落实中央八项规定和《关于改进工作作风、密切联系群众的实施办法》中有关调研工作的规定，强调要提高调研工作实效。同时强调“调研工作分工负责、加强统筹”的原则，提出调研工作实行分工负责制，领导带头，全员参与。

（黄灵燕）

【修订两委一室委托课题管理办法】 4月17日，市委教育工委、市教委、市教育督导室印发新修订的《委托课题管理办法》。新办法进一步明确管理对象；明确委托课题责任分工，注重发挥联系处室和联系人的作用；更加注重理顺程序，强化时间节点，提高工作效率，确保委托课题能按期完成；增加关于课题变更应履行程序的规定和对违反本规定的处理办法。

（黄灵燕）

【修订行政规范性文件备案管理办法】 5月30日，《北京市教育委员会行政规范性文件备案管理办法》修订完成并印发。新办法旨在进一步完善规范性文件审核和备案工作机制和制度建设，确保规范性文件的合法性。办法根据市政府法制办关于规范性文件管理的新要求，结合市教委委内规范性文件审核备案工作现状以及存在的问题，进一步明确市教委行政规范性文件备案的范围，规范性文件报送备案处室的职责，规范性文件制定、审查、备案工作的内部管理流程，强化备案工作责任。新办法于2014年6月6日开始执行。

（李群伟）

【43人通过行政执法资格考试】 7月17日，市委教育工委、市教委、市教育督导室43名公务员通过行政执法资格考试。考试包括行政执法资格公共法律知识和教育专业知识两门笔试，参考43人成绩全部合格。经市政府法制办确认，通过考试人员全部取得行政执法资格证。至此，市教委具有执法资格的人数已达93人，超过总人数的50%。

（马乐）

【开展守法心得撰写大赛】 7至9月，市委教育工委、市教委组织开展全市中小学生守法心得撰写大赛。比赛以“学法律，助成长——做讲法制守秩序的小公民”为主题，面向全市中小学生、职业高中学生，分设小学组、中学组两个组别。作品内容可涉及学生受教育权、未成年人保护、预防未成年人犯罪等与学生学习生活、家庭生活、社会生活相关各方面，可交流基本法律知识的学习体会，也可畅谈对生活中涉及交通安全、自护自卫、抚养监护等方面法律故事的思考和认识。要求作品采用电子稿件形式提交。经过区县初审、专家评审，最终小学组62篇作品、中学组90篇作品分获一、二、三等奖，13个区县教委获优秀组织奖。

（朱迎）

【开展教育行政处罚权力清单编制工作】 10月30日，市教委和区县教委完成行政处罚事项梳理和权力清单编制工作。该项工作是根据市委关于梳理行政处罚权力事项、编制行政处罚权力清单的工作要求而开展。新权力清单进一步明确行政处罚权力事项的依据、主体、职权和运行流程，确定市和区县教委行政处罚职权52项，包括涉及市和区县政府的行政处罚职权16项。

（马乐）

【首届教师法律知识竞赛落幕】 11月

28日，北京市首届中小学、幼儿园教师法律知识竞赛现场决赛在丰台区青少年影剧院举行。经过必答、抢答、案例分析等环节，丰台区、东城区和海淀区教委代表队分获前三名。首届中小学、幼儿园教师法律知识竞赛于2014年9月启动，秉承“学为人师，行为世范，教育人生，与法同行”的指导思想，努力在广大教师中大力弘扬宪法意识，培育社会主义核心价值观。该活动历时3个月，分为网络答题、复赛笔试和现场决赛三个阶段，共计2190所中小学、幼儿园的96874名教师参与学法答题。活动期间发放《北京市中小学、幼儿园教师法律基础知识》手册。

（朱迎）

【举办教育系统法治教育成果展示活动】 12月3日，“弘扬宪法精神，构建法治校园”——“12·4”国家宪法日主题教育活动暨北京教育系统法治教育成果展示活动在清华大学大礼堂举办。活动全面总结全年“法律进校园”工作成果，拉开北京教育系统开展国家宪法日系列教育活动的序幕。活动中，来自西城区三里河第三小学、国际关系学院、清华大学等学校的学生，通过童谣、相声、微视频等方式集中展示2014年北京市各级学校的法制教育情况。活动现场播放《2014年北京教育系统法制教育重点工作回顾》短片，与会领导为全市中小学生“学法律助成长”学法心得撰写大赛一等奖获奖代表、2014年全市大学生法治微视频大赛一等奖和优秀组织奖获奖个人及单位颁奖。活动由市委教育工委、市教委主办，北京教育音像报刊总社承办，清华大学协办。教育部、司法部，市人大、市委教育工委、市教委、市司法局领导及各高校、各区县委教工委、区县教委负责人，高校、中小学师生代表近600人参加活动。

（朱迎 黄佳熹）

【举办“国家宪法日”主题教育活动】

12月4日，首个国家宪法日主题教育活动在北京景山学校举行。活动中，与会领导与师生同唱国歌，参加特别升旗仪式，齐声诵读《宪法》。活动邀请中国法学会张文显、中国人民大学韩大元、十八大代表佟丽华3名法律专家，分别从宪法精神、宪法原则和宪法实践角度解读宪法。袁贵仁、苟仲文参加活动并讲话。袁贵仁指出，各级教育部门和学校要从教材编写、课程安排、教学评价等方面，抓紧完善宪法和法制教育的保障机制，研究将宪法内容纳入升学考试的办法，进一步突出宪法教育在学校教育中的重要地位，形成以“国家宪法日”为标志的学校宪法教育制度。苟仲文在会上强调，全市各级政府和教育行政等部门、各级各类学校要认真落实教育部深入开展宪法学习宣传教育活动的部署和要求，围绕主题，上下联动，认真组织和开展好“五个一”等学习活动，积极探索多样化的教育方式和途径，尽快建立和完善学校宪法教育长效机制，让宪法精神和法治观念深入学生心中，使主动学法、自觉守法、忠实崇法、坚定护法成为每名学生的精神追求和自觉行动。活动由教育部主办，市教委承办，北京景山学校协办。教育部、司法部，市委教育工委、市教委、市司法局领导及部分中小学校长代表和北京景山学校400余名师生参加活动。

（朱迎）

【完成终身学习促进条例立法调研工作】 至年底，市教委组织开展北京市终身学习促进条例立法调研工作。市教委政策研究与法制工作处、职业教育与成人教育处共同委托北京师范大学首都学习型社会研究院，通过“《北京市终身学习促进条例》课题”形式开展此次立法调研。课题组通过文献研究、实地调研、召开座谈会等方式，完成《北京市终身学习促进条例论证报告》《北京市终身学习立法调查研究报告》《北京市终身学习立法比较研究报告》三篇课题研究成果。

（李群伟）

组织干部工作

【概况】 2014年，党的关系隶属于北京市委、归口市委教育工委管理的高等院校和事业单位共有60个，校级党委60个，院（系）级党委553个、党总支547个，党支部14440个（包括直属党支部423个）。高校系统共有共产党员269196人，占高校系统总人数的27.81%，其中，一线教师党员31815人，占一线教师总人数比例57.55%（包括教授党员7292人，占比59.01%；副教授党员10981人，占比56.68%）；大学生党员151239人，占大学生总人数的20.48%（其中，研究生党员103337人，占研究生总人数的46.62%，本科生党员47082人，占本科生总人数的10.14%）。全年发展党员30209人，包括发展大学生党员29362人。全年调配北京高校校级领导干部184人次，其中，双管高校108人次，市属高校76人次；调配党政正职领导干部40人，其中，双管高校10人，市属高校30人。完成14人次领导干部试用期满考察或跟踪考察工作。本年，市属高校领导班子平均年龄52.1岁，50岁以下的占37.7%；具有研究生学历75.4%、具有正高职称66.2%、女性占22.7%。共收到高校领导干部理论学习文章495篇，上交率90%。在市委教育工委评选中，10篇论文获一等奖、20篇获二等奖、40篇获三等奖，6个单位获优秀组织奖。

（窦海超 刘永栓）

【召开高校党校协作组年会】 1月10日，北京高校党校协作组2013年年会在北京科技大学召开。会议邀请北京师范大学、中国地质大学（北京）和北京石油化工学院围绕高校党校工作做交流发言。表彰第三届北京高校入党积极分子“精品一课”和优秀组织单位，开通“北京高校大学生入党积极分子学习与考试系统”网站。刘建参加会议并讲话。北京高校党校协作组成员单位代表130人参加会议。北京高校党校协作组于4月就“大学生入党积极分子学习与考试系统”开展专门培训，各高校党校负责人及系统管理人员130人参加培训。北京高校党校协作组六个片组于11月分别召开片会，讨论“北京高校入党积极分子在线学习和考试系统”的使用情况、成效、存在的问题，改进的意见及建议，以及如何贯彻中央《2014～2018年全国党员教育培训工作规划》精神，更好地发挥高校党校在党员教育培训中的作用。

（窦海超）

【完成干部年度考核】 1至3月，市委教育工委完成上年度市属高校领导班子和领导干部、两委机关和直属单位处级干部年度考核工作。其中，30所市属高校共有269名校级领导干部参加年度考核，经过民主测评、学校党委研究、上级组织认定，最终核定52人考核等次为优秀，4人记三等功，51人嘉奖。两委一室机关116人参加处级干部年度考核，其中，24人考核等次被评为优秀、92人被评为称职；7人获得三等功奖励，23人获得嘉奖。

（刘永栓）

【开展党建和思想政治工作先进评选】 1至4月，市委教育工委开展第七次北京市党建和思想政治工作先进普通高等学校评选。考察组通过入校考察、党委书记（校长）陈述和答辩、评审委员会投票、公示并征求意见、向市委汇报先进校评选情况等环节，认定北京大学、清华大学、北京航空航天大学、北京工业大学、北京建筑大学为“北京市党的建设和思想政治工作先进普通高等学校”，市财政奖励每校80万元；认定中国石油大学（北京）、中央音乐学院、北京电影学院、北京联合大学、北京城市学院5所高校获“北京市党的建设和思想政治工作先进普通高等学校”提名奖，市财政每校奖励20万元。评选结束后，考察组组长分别到参评高校反馈入校考察情况。

（窦海超）

【召开高校组织部长会议】 3月5日，

2014年北京高校组织部长会议召开。会议总结2013年北京高校组织工作，部署2014年工作。刘建参加会议并讲话。会上指出，2013年北京高校组织系统深入学习十八届三中全会和习近平总书记系列重要讲话精神，扎实开展党的群众路线教育实践活动，制定《北京高校党的建设2013～2017年工作规划》，启动实施学生党员先锋工程。2014年高校组织部门面临的重要课题是“如何在深化改革中找准位置、做好服务”。会议要求，今后高校组织工作要强化理论武装，围绕学校改革发展需要选好干部、配强班子，加强干部教育培训，从严管理干部，切实提高干部思想政治素质和办学治校能力。以加强服务型党组织建设为重点，进一步加强基层党组织和党员队伍建设。做好党管人才工作，坚持从严要求、突出公道正派，加强组织部门自身建设。会上，与会人员观看《强基固本、改革创新——2013年北京高校组织工作总结》视频。会议印发《2014年北京高校组织工作要点》《2014年北京高校学生党员先锋工程实施计划》等文件材料。各高校主管书记、组织部长130人参加会议。

（窦海超）

【举办高校基层党组织负责人培训班】 4至8月，市委教育工委举办北京高校基层党组织负责人相关培训。4月26至27日、4月28至30日和8月19至24日，举办第十、十一、十二期北京高校基层党组织负责人示范培训班，来自60所高校的200名学生党支部书记和180名教师党支部书记参加培训；5月20至24日、7月19至24日，分别举办北京高校优秀党校干部和优秀学生党支部书记井冈山培训班。来自60所高校的41名党校干部参加培训。

（窦海超）

【开展高校党建研究会换届工作】 5月29日，北京高校党建工作论坛暨北京高校党建研究会第九次会员大会在清华大学召开。会议审议通过第八届理事会工作报告和财务工作报告，表彰北京党建研究工作领域取得突出成绩的单位和个人，选举清华大学党委书记陈旭为第九届理事会会长，北京大学党委副书记于鸿君等9人为副会长，清华大学党委常委李一兵为秘书长。会议同时选出常务理事29人、理事65人。市委教育工委、市党建研究会、《前线》杂志社等单位领导，研究会各成员单位理事，高校党委书记、副书记、组织部长等共140人参加会议。

（窦海超）

【党员到社区报到为群众服务】 5月29日，市委教育工委在清华大学召开在职党员到社区报到为群众服务工作部署会。会议印发《关于做好在职党员到社区报到为群众服务工作的通知》，明确参与范围、报到形式、时间安排。要求党的关系隶属于北京市委、归口市委教育工委管理的高校中党组织关系在学校且居住地在北京市的在职党员，采取组织报道与个人报道相结合的方式到社区报道并为社区服务。刘建参加会议并做工作动员部署。60所高校党委组织部长、副部长参加会议。至7月17日，60所高校全部完成在职党员和所在党组织到社区报到、与社区党组织对接工作。

（窦海超）

【开展机关处级干部竞争上岗】 5至7月，市委教育工委、市教委在机关处室范围内组织开展8个处级职位的竞争上岗工作。经过报名、资格审查、民主推荐、面试、组织考察、讨论决定、任前公示环节，顺利完成竞争上岗工作。本次竞争上岗共44人报名，18人进入面试，8人正式任职。

（刘永栓）

【举办高校组织部长培训班】 6月11至13日，市委教育工委举办2014年北京高校组织部长培训班。刘建作开班动员和专题报告。培训班同时邀请市委组织部副部长闫成，市教委主任线联平分别以《新时期组工干部的基本素养》和《首都高等教育改革与发展》为题作专题报告。邀请北京联合大学、北京航空航天大学等学校代表作交流发言。来自57所高校和事业单位的组织部长参加培训。

（窦海超）

【表彰先进党组织】 6月26日，北京高校纪念中国共产党成立93周年表彰大会召开。大会授予北京大学等5所高校为“北京市党建和思想政治工作先进普通高等学校”，授予中国石油大学（北京）等5所高校“北京市党建和思想政治工作先进普通高等学校提名奖”，授予北京大学精神卫生研究所党委等30个基层党组织为“北京高校先进基层党组织”，授予陈鹏等100名共产党员为“北京高校优秀共产党员”，授予吴艳红等30名党务工作者为“北京高校优秀党务工作者”。苟仲文参加会议并讲话。市委教育工委领导，各高校党委书记、主管副书记和组织部长，以及获奖单位负责人、获奖个人共计300余人参加大会。

（窦海超）

【开展“西部之光”和“博士服务团”工作】 8月和9月，市委教育工委分别组织完成“西部之光”和“博士服务团”人员交流选拔工作。首都师范大学、首都医科大学、中国音乐学院3所市属高校接收3名来自贵州等西部省份的青年学者开展研修活动。北京石油化工学院、北方工业大学、北京教育学院、首都师范大学四所高校共选派4名优秀处级干部或教师参加第15批博士服务团人员选派工作，分别前往贵州安顺市、宁夏中卫市、海南省白沙县和云南等地挂职一年。

（刘永栓）

【召开高校组织部长片组会议】 9月24至25日，市委教育工委组织召开北京高校党委组织部长片组交流研讨会。会议分四个片组分别召开。与会人员分别就“实施‘学生党员先锋工程’进展情况、主要做法、成效、存在的问题及下一步打算”和“各高校贯彻落实《党政领导干部选拔任用工作条例》情况及遇到的问题”两个议题交流研讨。各高校组织部长60人参加会议。

（窦海超）

【召开党员领导干部专题民主生活会】 11至12月，北京30所市属高校和两委22家直属单位分别召开党员领导干部专题民主生活会。民主生活会以“严格党内生活，严守党的纪律，深化作风建设”为主题，重点围绕认真贯彻中央八项规定精神和市委十五条实施意见、坚决反对“四风”、持续抓好整改落实等内容开展。市委教育工委配合市委4个指导组对市属高校年度民主生活会督促指导，并成立3个指导组对直属单位民主生活会督导检查。

（刘永栓）

【发展高校党员30209人】 至年底，北京高校全年共发展党员30209人。包括学生党员29362人（本科生19858人、研究生8757人）；管理干部225人；教师171人；其他专业技术人员321人。市委教育工委按照2014年北京高校大学生党员发展指导数，举办北京高校学习贯彻《中国共产党发展党员工作细则》培训班，印发《北京高校发展党员工作程序》，并对《中国共产党发展党员工作细则》贯彻实施情况开展专项检查。

（窦海超）

【8所学校完成党委纪委换届工作】 至年底，北京8所高校完成党委换届工作，选举产生新一届党的委员会和纪律检查委员会。8所高校分别是北京化工大学（1月完成换届）、北京物资学院（1月完成换届）、北京语言大学（4月完成换届）、北京信息科技大学（4月完成换届）、北京农学院（6月完成换届）、北京石油化工学院（7月完成换届）、北京外国语大学（12月完成换届）、国际关系学院（12月完成换届）。

（窦海超）

【投入1250万元开展学生党员先锋工程】 至年底，市财政投入12501720元用于各高校开展学生党员先锋工程。经费主要用于《2014年北京高校学生党员先锋工程实施计划》中各项任务落实。在各高校上报的基础上，市委教育工委于4月整理编辑并印发《北京高校学生党员先锋工程实施方案摘要》，11月，印发《北京高校学生党员先锋工程2014年度上半年实施情况摘要》。

（窦海超）

【开展高校领导班子调配工作】 至年底，市委教育工委开展高校校级领导干部调配工作。调配北京高校校级领导干部184人次，其中，双管高校108人次、市属高校76人次；调配党政正职领导干部40人，其中，双管高校10人、市属高校30人。同时完成14人次领导干部试用期满考察或跟踪考察工作。

（刘永栓）

【开展上级干部调训任务】 至年底，市委教育工委协调组织上级干部调训任务。组织协调9名校级领导干部参加中央党校、国家行政学院举办的培训班次，39名校级领导干部、6名后备干部参加市委组织部举办的主体班次，4名校级领导干部、4名中青年干部参加国家教育行政学院举办的培训班次学习。推荐5名校级干部参加市委组织部境外培训班。

（刘永栓）

【举办各类干部专题培训】 至年底，市委教育工委共举办各类干部专题培训8次。分别为高校局级领导干部“学习贯彻习近平总书记系列讲话精神”轮训班，高校局级领导干部学习习近平总书记系列讲话精神暨十八届三中全会精神培训班，市属高校正职领导干部研讨班，市属艺术高校新任处级干部培训班，2014年北京高校组织部长培训班，市属高校新任副校级领导干部研讨班，市属高校教学系统处级干部培训班，2014年两委一室挂职、借调干部培训班，在京高校正职领导干部学习贯彻党的十八届四中全会精神专题培训班。同时，组织两委一室机关全体干部和直属单位处级干部，分别完成北京干部教育网处级以上50学时、科级以下80学时的学习任务。

（刘永栓）

【落实干部监督管理措施】 至年底，市委教育工委落实中央和北京干部监督管理各项措施。组织完成两委机关和市属高校出国（境）管理自查、配偶已移居国（境）外的国家工作人员任职岗位调整、处级领导干部报告个人有关事项录入与抽查核实、领导干部在企业兼职规范清理、退（离）休干部在社会团体兼职规范清理、党员领导干部非正常死亡调查、领导干部参加高收费社会化培训清理整顿等重点工作任务。完成30所市属高校269名校级干部、两委17名局级干部、206名机关及直属单位处级干部的报告个人有关事项工作。完成3所高校领导的离任经济责任审计、经济责任审计工作。

（刘永栓）

【完成干部选派挂职工作】 至年底，市委教育工委完成干部选派挂职相关工作。从北京高校选调24名处级干部到中央部委、发达省市、艰苦边远地区挂职锻炼。组织两委机关干部基层锻炼和参加援助项目，选派1人到街道挂职，1人到巴东挂职，1人援助青海玉树，2人援助新疆。继续做好京津冀高校互派干部挂职工作，完成2013年挂职干部考核工作和2014年挂职干部选派工作，从市属高校选派1名处级干部到河北大学挂职锻炼，接收河北高校3名处级干部到市属高校挂职锻炼。

（刘永栓）

【完成“人才京郊行”人员选派】 至年底，市委教育工委完成“人才京郊行”人员选派工作。市委教育工委分别从清华大学、中国人民大学、北京理工大学、首都经济贸易大学、北京工商大学、首都师范大学、北京农学院、北京物资学院、北京教育学院、北京教育科学研究院选派10名青年干部和教师，到丰台区、顺义区、大兴区、平谷区、延庆县等区县挂职一年。

（刘永栓）

宣传与思想教育

【概况】　2014年，市委教育工委宣传教育工作深入学习贯彻党的十八大，十八届三中、四中全会和习近平总书记系列讲话精神，落实全国宣传思想工作会议、第二十二次全国高校党建会议和全市宣传思想工作会议部署，围绕“两个巩固”“立德树人”的根本任务，着力提升思想理论建设和意识形态工作水平，着力提升人才培养质量和师生思想政治素质，着力提升新闻宣传和舆论引导能力。深入开展“最美北京人”主题宣讲，全市各高校成立校级宣讲团13个，选拔校级宣讲员200人，组织开展宣讲活动414场，直接覆盖师生67000余人次。开展红色“1＋1”学生党支部共建活动，1000余个学生支部与学校、农村、社区等基层支部结对。开展学生基层组织创建工作，近300个班级参加“我的班级我的家”优秀班集体市级创建活动。组织首届北京高校心理素质教育教学技能比赛，开办9期专业技能培训班。组织191名博士生、博士后到北京市开展挂职锻炼。依托北京航空航天大学、中央民族大学、北京工业大学等高校，建设9个市级辅导员培训研修基地，开展新上岗培训和专题培训，全年累计培训1200余人次。专门划拨200万元经费，支持一线专职辅导员开展课题研究，帮助提高研究能力和工作水平。首次开展北京高校青年教师社会调研成果评选，共资助200个优秀调研题目。组织300余名高校宣传思想工作干部和青年教师赴井冈山、昆山参加学习实践。分别为158个北京高校青年教师社会实践基地提供2万元建设经费。继续推进高校哲学社会科学教学科研骨干研修，通过理论学习、实践教学和自主学习，全年举办各类专题培训班13期，累计培训1500余人次。

（刘娟）

【举办两次师生座谈会】　2月18日和5月30日，市委教育工委、市教委分别举办两次师生座谈会。其中，北京高校学习贯彻习近平总书记给大学生村官张广秀复信精神座谈会上，两委相关领导传达复信内容，指出复信表达总书记对大学生村官的亲切关怀、充分肯定和殷切期望，是指引大学生村官奋发有为的励志书、干事创业的指明灯。与会在职大学生村官代表、在校学生代表分别发言。北京高校大学生村官和师生代表共30余人参加座谈会。北京高校维吾尔族学生座谈会旨在贯彻落实第二次中央新疆工作座谈会精神，了解在京高校维族大学生的学习、生活状况。来自清华大学、北京交通大学等高校的维族学生代表严厉谴责近来发生的暴力恐怖事件，希望通过采取防恐反恐措施、加强民族团结教育和提高民众防范意识教育等举措，提高少数民族群众的教育程度，使各民族群众共同防范打击暴力恐怖活动。同时感谢就读高校给予的生活资助和学业支持，并表示毕业后将回到家乡、建设新疆，为促进民族团结、维护社会和谐做出贡献。北京部分高校维族大学生代表、学生工作部门负责人近30人参加座谈会。

（于海）

【召开高校宣传教育工作会议】　2月

21日，2014年北京高校宣传教育工作会议召开。会议总结2013年北京高校宣传教育工作，对2014年高校宣教工作进行要点解读和具体部署。会议强调2014年北京高校宣传教育工作要围绕“两个巩固”“立德树人”的根本任务，着力提升思想理论建设和意识形态工作水平，着力提升人才培养质量和师生思想政治素质，着力提升新闻宣传和舆论引导能力，为首都高等教育改革发展稳定提供强有力的思想基础、政治保证和舆论支持；主要任务包括深化理论学习教育、加强意识形态工作、培育践行社会主义核心价值观、深化中国梦宣传教育活动、推进思想政治理论课教学改革、提升大学生思想政治教育质量、健全大学生指导服务体系、强化教师思想政治工作效果、提升新闻宣传和舆论引导水平、推进网络宣传思想工作、加强宣传思想工作队伍建设、提高宣传思想工作科学水平等。会议邀请北京师范大学、中国农业大学、北京交通大学、中央财经大学、北京工业大学代表作经验交流发言。会议颁发2012～2013年北京高校党的建设和思想政治工作优秀成果、创新成果奖，其中，一等奖4项，二等奖12项，三等奖25项。62所高校主管宣传、学生、理论课工作的校领导，宣传部长、学工部长、研工部长和理论课负责人330人参加会议。

（刘娟）

【举办高校党委理论中心组秘书专题培训班】　4月10至11日，市委教育工委举办北京高校学习习近平总书记系列讲话精神暨党委理论中心组秘书专题培训班。与会人员听取《学习习近平总书记讲话精神——推进国家治理现代化》《切实加强高校思想理论建设》等多个专题辅导报告，深入学习中央和市委关于学习习近平总书记系列讲话精神的安排和党委中心组理论学习的要求。各高校70名党委宣传部长、副部长和中心组秘书参加培训。

（杜建峰）

【开展师生思想政治状况滚动调查】　4月，市委教育工委组织14所高校开展2014年师生思想政治状况滚动调查。调查采取问卷调查与座谈、访谈相结合的方式，主要涉及师生的政治认识、价值观念、学习生活、就业状况以及对教育工作的看法等方面。调查表明，北京高校师生思想政治状况总体积极、健康、向上，高度认同中国特色社会主义理论体系，充分信任以习近平为总书记的党中央，关心涉及国家主权、民族利益以及影响世界格局的国内外大事，对实现中华民族伟大复兴的“中国梦”充满信心。

（于海）

【开展高校青年教师社会调研成果申报评选】 4月，市委教育工委启动2014年北京高校青年教师社会调研成果申报工作。根据相关要求，各高校青年教师，可结合学科、专业和特长，围绕国家特别是首都经济社会发展重点、热点、难点问题，深入首都农村、街道、社区、企业等基层一线，开展社会调研。调研成果不少于5000字，要求有问卷、有调查、有数据、有分析、有建议，符合调研报告学术规范。至年底，共有46所高校申报优秀项目252篇，评出一等奖100个、二等奖100个，同时，根据各高校申报的数量、质量及开展有关工作的具体情况，评出申报先进校15所。

（刘娟）

【研究生思想政治理论课研究会成立】 5月31日，北京市高等教育学会研究生思想政治理论课研究会成立大会暨北京高校研究生思想政治理论课教学研讨会在中国人民大学召开。研究会旨在加强北京市高校研究生思想政治教育工作者之间的合作与交流，更好地汇聚北京市高校研究生思想政治教育工作者的集体智慧，共同提升北京高校研究生思想政治教育工作的水平，引领北京高校研究生思想政治教育工作的不断发展。研究会将探索在全面深化改革、实现中国梦的伟大进程中，如何进一步发挥思想政治教育立德树人的作用，以帮助研究生深入学习和掌握马克思主义基本理论，树立正确的世界观、人生观和价值观，提高运用马克思主义的立场、观点和方法分析解决问题的能力。教育部社科司、市委教育工委、中国人民大学、北京市高等教育学会领导及来自全市50余所高校的马克思主义学院负责人和研究生思想政治理论课教育教学负责人共100余人参加成立大会。

（于海）

【举办思想政治理论教学改革论坛】 6月12日，“首都高校思想政治理论课专题教学改革论坛”在北京联合大学举办。论坛邀请联合大学、中国人民大学、北京师范大学教授分别以《思政课问题导入式专题教学改革的探索与拓展》《思政课专题教学实践与思考》《问题导向的思政课分众教学模式探索与创新》为题作大会专题发言；与会专家、学者围绕问题导入式教学的内在逻辑关系、专题教学下的实践教学、专题教学方法创新与应用等问题交流探讨。论坛由市委教育工委主办，教育部社科司、市委教育工委领导及来自北京大学、中国人民大学、北京师范大学等37所高校的70余名思想政治理论课专家、学者参加论坛。

（杜建峰）

【实施高校中青年思政理论课教师择优资助计划】 6月16日，市委教育工委召开市属高校优秀中青年思想政治理论课教师择优资助计划工作部署会。根据相关要求，市委教育工委对入选“北京市属高校优秀中青年思想政治理论课教师择优资助计划”的教师，以思想政治理论课专项任务项目形式资助经费18万元，同时每人配备一名思想政治理论课全国知名专家担任导师。计划要求导师负责指导入选者开展教学、科研工作，市委教育工委对入选者加大政策、资金扶持力度，优先推荐入选者参评参报各级各类课题、荣誉，为入选者创造在全市平台的讲学、报告和学术交流机会。要求入选者每年12月将研究进展情况、理论学习情况、工作实践情况、个人成长发展情况形成报告报市委教育工委。首批入选择优资助计划的8名教师及其指导教师参加部署会。

（杜建峰）

【组织社会主义核心价值观教学展示活动】 6至8月，市委教育工委组织北京高校思想政治理论课社会主义核心价值观教学展示活动。共有来自29所高校的50余名思想政治理论课教师参加活动。经评定，首都经济贸易大学成林萍等10人获“北京高校思想政治理论课教学能手”称号，其中，中国人民大学汪亭友、北京理工大学季雨、中央财经大学邢国忠、北京大学王久高4人代表北京参加全国展示活动，荣获“全国高校思想政治理论课教学能手”称号。

（杜建峰）

【举办思想政治课新上岗教师培训班】 7月7日至8月1日，2014年北京市思想政治理论课新上岗教师培训班在市委党校及江西省委党校井冈山基地举行。此次培训内容包括思想政治理论素质、思政理论课建设和师德教育、科研基础能力训练、教学法和基本技能训练、异地教学五大模块。培训结束后，考核合格的教师获得上岗资格证书并持证上岗。培训由市委教育工委主办，北京师范大学熊晓琳新上岗教师研修培训工作室承办。全市40余所高校的54名新上岗教师参加培训。

（杜建峰）

【高校形势与政策教育研究会成立】 7月9日，北京高校形势与政策教育研究会成立大会暨北京高校形势与政策教育教学研讨会在北京科技大学召开。会议通过首届形式与政策教育研究会理事会名单，选举北京科技大学马克思主义学院院长彭庆红任首届理事长。会议同时介绍协会工作思路及下一步工作计划。成立大会后，与会人员参加“北京高校形势与政策教育教学研讨会”，来自北京理工大学、北京师范大学、北京航空航天大学等单位的专家学者分享所在学校形势与政策教育教学的做法、经验，探讨当前高校形势与政策教育教学的状况、问题与对策，提出整体推进北京高校形势与政策教育教学工作的措施与办法。来自全市50余所高校的形势与政策教育主管部门负责人和形势与政策教育教学骨干教师120余人参加会议。北京形势与政策教育研究会为学术性社会团体，由市委教育工委、北京市高等教育学会联合推动成立，旨在结合《形势与政策》课程特点和大学生的思想实际，对课程的教学内容、方式、方法等进行交流、研讨以及开展相关的学术研究，切实提高教学效果，服务首都大学生思想政治教育。研究会于8月26日举办北京高校形势与政策教育教学研讨会暨2014年暑期备课会，启动跨北京高校的《形势与政策》课精彩报告征集及名师（专家）推荐工作，探索高校形势与政策教学资源共享机制。来自北京大学、清华大学、中国人民大学等50

余所高校的形势与政策教育主管部门负责人和形势与政策教育教学骨干教师以及媒体代表110余人参加会议。

（杜建峰）

【组织教师到革命老区学习考察】　7月11至18日、8月15至22日，市委教育工委实施“铸魂工程”，分别组织高校教师赴昆山浦东干部学院、井冈山江西干部学院开展集中理论学习和社会实践。此次学习和社会实践旨在进一步加强高校青年教师思想政治工作。活动通过参观中共一大会址、井冈山革命烈士陵园、黄洋界哨口、毛主席故居等革命历史遗址和昆山工业园区、上海洋山深水港等改革开放前沿以及集中听课、交流讨论方式，帮助青年教师深入了解中国国情，深化革命传统和理想信念教育，进一步坚定教师对中国特色社会主义的道路自信、理论自信和制度自信。北京高校思想政治工作教师240人参加活动。

（杜建峰）

【举办大学生记者团纪念抗日战争集体采访】　7月13至18日，市委教育工委组织开展“追寻红色记忆，践行核心价值”——首都大学生记者团纪念抗日战争集体采访活动。此次活动旨在弘扬和践行社会主义核心价值观，纪念中国人民抗日战争暨世界反法西斯战争胜利69周年，来自北京高校的50余名高校大学生记者在山西省内部分革命老区及抗战纪念地开展采访。人民网开通官方网站和官方微博进行报道，首都教育新闻网搭建专题网页并开通微信公众号，定期发布关于记者团的相关信息。各参与活动的高校学生记者的优秀文字、视频和图片作品可在各校校园网和校内电视台播放。

（赵国伟）

【举办千名中小学生走进报社活动】　7月，市委教育工委、市教委、北京日报报业集团共同举办第二届“千名中小学生走进报社”活动。本届活动共分四期，每期一天，分别于7月7日、15日、22日和24日举办。北京中小学学生代表200余人分别参观北京日报采编中心，与编辑记者座谈，参观印务中心报纸印刷流程等。

（赵国伟）

【举办高校社会主义核心价值观专题培训班】　9月25至28日，市委教育工

委举办北京高校社会主义核心价值观专题培训班。培训班旨在推进北京高校深入开展社会主义核心价值观宣传教育工作。培训中，刘建作高校学生党建工作专题辅导报告，详细解读《中国共产党发展党员工作细则》的主要内容和要求。郑萼结合社会主义核心价值观培育践行和宣传教育工作，部署2014年度下半年宣传思想工作和大学生思想政治教育工作。培训班同时邀请清华大学教授刘书林、中国社科院研究员辛向阳分别作意识形态工作和社会主义核心价值观学习专题报告。与会人员分组交流学习体会和工作经验。全市60余所高校的宣传部长、学工部长、研工部长、思想政治理论课部门负责人共230人分两批参加培训。

（杜建峰）

【开展高校与新闻单位“千人计划”互聘工作】　9月，北京5所高校与8家新闻单位完成“千人计划”人员互聘工作。根据双方意愿，最终确定首都体育学院兰馨、北京工商大学吴玉玲、北京联合大学惠东坡、北京印刷学院胡学亮4名教师到新闻单位挂职，北京青年报牛金荣、中国青年报李新玲、中央人民广播电台吴朝晖、北京人民广播电台牛力、中央电视台驻北京站站长范俊、京华时报周民、北京晨报阎志强、人民文学出版社审温哲8名编辑记者到学校授课。为期一年。按照中宣部、教育部有关文件要求，自2014年秋季开学开始，高等学校与新闻单位从业人员互聘“千人计划”将覆盖到开设新闻学本科专业的所有普通本科学校。

（赵国伟）

【开展高校“最美北京人”师生宣讲团巡讲】　10月8至14日，北京高校“最美北京人”师生宣讲团举办9场宣讲活动。宣讲团一行13人，走进北京出版集团、北京演艺集团、东城区龙潭街道等单位，结合亲身经历和自身感受，讲述一个个动人故事并与听众互动交流。

（王星星）

【举办第四届首都大学生创意集市】

10月17日，“第四届首都大学生创意集市”在北京服装学院举行。来自北京大学、北京师范大学，中央美术学院等36所高校的120个创意展位参加展出。活动共评出40名大学生作为“首都大学生创意之星”，其代表作品参展第九届北京国际文化创意产业博览会。苟仲文、线联平参观创意集市现场。

（杜建峰）

【高职德育研究会成立】　10月21日，北京高职德育研究会成立大会在北京财贸职业学院举行。大会通过首届理事会建议名单，北京财贸职业学院为该协会会长单位，其党委书记韩宪洲当选为首届会长。会议同时表决产生副会长5人，秘书长1人。北京高职德育研究会作为学术性社会团体，由市委教育工委、北京市高等教育学会联合推动成立，旨在加强北京高职院校德育工作者之间的合作与交流，更好地汇聚集体智慧，共同提升高职院校德育工作水平，促进德育工作的科学发展。市委教育工委、高等教育学会负责人及全市20余所高职院校分管领导和学生工作系统负责人100余人参加会议。

（杜建峰）

【召开《中国精神教育读本》座谈会】
10月24日，《中国精神教育读本》座

谈会在北京师范大学召开。与会专家介绍撰写读本的过程及心得体会，师生代表介绍学习体会，并结合自身实际，对弘扬中国精神、培育和践行社会主义核心价值观交流探讨。与会师生一致认为，该书集思想性、理论性、通俗性于一体，是理解中国精神、中国梦和社会主义核心价值观的重要书籍。市委教育工委领导，北京高校理论专家、宣教工作队伍、师生代表共30人参加座谈会。《中国精神教育读本》由人民出版社出版，深入阐释中国精神的科学内涵，全面阐释新民主主义革命、社会主义革命和建设、改革开放三个历史时期的中国精神的形成背景、基本内容、具体体现和价值蕴涵，分析实现中国梦与弘扬中国精神的内在关系，提出在弘扬践行中国精神中培育践行社会主义核心价值观的路径选择。该书由市委教育工委于2013至2014年组织清华大学教授吴潜涛等人编写，免费向北京高校师生发放。市委教育工委于10月25日邀请该书第一作者、清华大学教授吴潜涛，在北京师范大学为600名高校师生解读《读本》、讲述中国精神的内涵和意义。《中国精神教育读本》座谈会，正式拉开北京高校中国精神教育实践活动的序幕。北京高校中国精神教育实践活动计划于2014年10月开展，2016年6月结束，以“传承弘扬中国精神、凝聚强大中国力量、立志践行中国梦想”为主旨，通过将中国精神融入课堂、组建高校师生中国精神宣讲团，开展课外观摩实践、校园文化活动、先进评选等方式传承弘扬中国精神，开展社会主义核心价值观学习。

（于海）

【召开高校学习十八届四中全会精神座谈会】 10月27日，市委教育工委召开北京高校学习贯彻党的十八届四中全会精神座谈会。会议由刘建主持，苟仲文参加会议并讲话。他强调，各高校要把学习好、宣传好、贯彻好此次全会精神作为重大政治任务来抓，高度重视、精心组织，使广大党员干部和师生员工人人领会、个个熟知。贯彻落实全会精神，建设社会主义法治国家，对首都高等教育而言，就是要大力推进依法治教、依法治校。两委一室领导及中国人民大学、清华大学、北京工业大学等14所高校负责人共20余人参加会议。

（于海）

【向高校新生赠送《大学生》杂志】 10月31日，市委教育工委向首都高校新生赠送《大学生》杂志启动仪式在北京理工大学举行。市委宣传部、市委教育工委相关负责人参加仪式并讲话。《大学生》是一份全面报道大学生活，为大学生成长、成才提供前瞻性服务的综合性期刊。该刊计划今年赠送总价值72万元的5000套全年《大学生》杂志，首都高校12000余个新生宿舍获赠，占高校新生宿舍数量一半左右。

（于海）

【评选思想政治理论课学生社会实践优秀论文】 11月15日，2014年北京高校思想政治理论课学生社会实践优秀论文、优秀组织奖、优秀指导教师评审会召开。全市共有40所高校提交160篇社会实践论文。经专家评审，北京师范大学熊晓琳指导、王晓宁等撰写的《河南省新型农村合作医疗现状考察调研报告》等8篇论文获得特等奖，北京科技大学左鹏指导、詹涵等撰写的《90后产业工人生存现状调查研究报告》等14篇论文获得一等奖，北京大学韩英红指导、牛建华等撰写的《高校思想政治理论课听课实效调研与教学改革探究——以北京大学医学部为例》等31篇论文获得二等奖，北京航空航天大学高俊梅等10名教师获优秀指导教师奖，北京工业大学等13所高校获优秀组织奖。

（杜建峰）

【举行首都大学生创新创意成果展】 12月10至14日，第九届首都大学生创新创意成果展在中国国际展览中心举行。来自全市40余所高校的1000余件作品参展，涵盖北京市重点发展的创意文化产业的各个类别，包括服装设计、工业设计、智能产品等。活动同时评出“创意之星”金奖1个、银奖5个、铜奖15个。

（杜建峰）

【举办践行社会主义核心价值观专题教学论坛】 12月13日，市委教育工委在中国人民大学举办“北京高校思想政治理论课培育和践行社会主义核心价值观专题教学论坛”。论坛邀请北京大学、中国人民大学、北京师范大学马克思主义学院3名专家学者围绕社会主义核心价值观相关问题作专题报告，邀请中国人民大学汪亭友、北京大学王久高、北京理工大学季雨、中央财经大学邢国忠4名教师，分别对社会主义核心价值观教学的一些重点、难点、热点问题做教学展示。论坛同时举办马克思主义基本原理概论课、毛泽东思想和中国特色社会主义理论体系概论课、中国近现代史纲要课、思想道德修养与法律基础课四个分论坛，与会人员分别结合思想政治理论课的教材内容及教学实践交流研讨。该论坛由市委教育工委主办，中国人民大学马克思主义学院和北京高校思想政治理论课名师工作室王易工作室承办，共征集论文40余篇。教育部社科司、市教育工委相关负责人及50余所高校的130余名专家、学者、教师参加论坛。

（杜建峰）

【举办培育和践行社会主义核心价值观文艺汇演】 12月17日，首都高校培育和践行社会主义核心价值观文艺作品编创展演在中国戏曲学院举行。展演活动以习近平对广大青年树立和培育社会主义核心价值观的要求为主线，分为勤学篇、修德篇、明辨篇、笃实篇四个篇章，引导当代青年学生从现在做起，从自己做起，扣好“人生的第一粒扣子”，使社会主义核心价值观内化为精神追求，外化为自觉行动。市委宣传部、市委教育工委相关负责人及部分高校师生代表500余人观看演出。

（宋岳镇）

【举办优秀班集体创建评选活动】 12月17日，2014年北京高校“我的班级我的家”优秀班集体创建评选活动现场答辩在北京林业大学举办。经过前期学校推荐、网络展示、专家评审等环节，共有25个优秀班集体参加答辩。现场答辩包括视频展示、提问作答两个环节，经过角逐，清华大学汽车系兵器1班等10个班级获得“十佳示范班集体”称号，中国传媒大学理工学部2012级电子信息工程2班等15个班级获得“优秀示范班集体”称号。

（王星星）

【举办宣传思想工作专题培训班】 12月17至19日，市委教育工委举办北京高校宣传思想工作专题培训班。培训班围绕学习《新时期高校宣传思想工作实用读本》展开，邀请教育部社科司徐艳国为培训班学员作专题报告。与会学员围绕“当前国内主要错误思潮及其意识形态安全的影响”、大学文化建设、教师思想政治工作、师德建设等十余个宣传思想工作专题开展集中学习交流研讨，为学好用好《新时期高校宣传思想工作实用读本》、推进新时期高校宣传思想工作发挥积极作用。北京市共计50余所高等学校的220名一线宣传思想工作教师参加培训。

（杜建峰）

【举办高校红色“1+1”展示评审会】 12月18日，2014年北京高校红色“1+1”示范活动展示评审会在北京科技大学举行。活动以“践行核心价值观，永葆党员先进性”为主题，25个高校学生党支部以视频形式展示共建活动成果。经过专家评审，北京化工大学理学院本科生2011级应化第一党支部等10个党支部获得一等奖。市委组织部、宣传部，市委教育工委、市委农村工委、首都文明办部门领导，各高校主管部门负责人、学生党支部代表、媒体代表共200余人参加评审会。2014年，北京高校把社会主义核心价值观的宣传教育与基层党建相结合，引导广大青年学生投身农村、社区、部队、企业等基层建设，全年共有1000余支高等学校学生党支部与农村、社区、部队、企业等基层党支部共建。

（于海）

【组织教育改革系列新闻发布会】 至年底，市委教育工委、市教委组织重大政策新闻发布会、通气会20场。两委围绕中心工作，组织重大教育改革政策的发布和解读，主要包括高考改革、义务教育阶段入学政策改革等发布会、通气会20场，集体采访活动50余次。新闻发布活动强化重大政策宣传的预热和互动，与媒体开展多层次多方位沟通，争取社会各界对改革政策的准确理解、客观把握和全力支持。

（赵国伟）

统一战线与群众工作

【概况】 2014年，北京高校统战工作以邓小平理论、“三个代表”重要思想和科学发展观为指导，认真学习贯彻党的十八大，十八届三中、四中全会和习近平总书记系列重要讲话精神，深入开展社会主义核心价值观学习实践活动，全面加强党外代表人士队伍建设，不断提高高校统一战线工作科学化水平。统战工作得到中央和市委统战部的充分肯定，市委教育工委被授予2014年度北京市统一战线理论研究和调查研究优秀组织单位，“加强教育培训，推进高校党外人士队伍建设取得新成效”的有关经验入选《北京市统战工作经验交流材料汇编》，调研课题“北京高校党外高级知识分子思想状况调研”“北京高校高层次党外代表人士成长路径研究”均获得北京市统一战线理论研究和调查研究优秀成果一等奖。北京高校现有党外高级知识分子1.77余万人，有民主党派基层组织324个，党派成员8099人，处级以上党外干部1095人，38所高校配备41名党外校级领导干部；拥有全国政协委员123人，包括党外人士94人，占76.4%；拥有市政协委员115人，包括党外人士92人，占80%。

（张健）

【召开高校统战部长会议】 2月26至

27日，市委教育工委召开2014年北京高校统战部长会议。会议总结2013年北京高校统战工作，部署2014年任务，传达十八届三中全会和全国统战部长会议、北京市统战部长会议精神。会议邀请北京大学、北京航空航天大学、北京工业大学、首都经济贸易大学分别作经验交流发言。会议同时举办北京高校统战干部培训班，邀请全国台湾研究会王在希、中央社会主义学院周宁、国际关系学院孙志明分别以《新形势下台湾局势及两岸关系新变化》《做好新形势下民族宗教工作》《当前国际形势和中国的外交策略》为题作辅导报告。各高校统战工作主管书记、党委统战部部长130余人参加会议和培训。

（相京）

【为经济社会发展建言献策】 3月3至15日，北京高校的党外全国人大代表、全国政协委员100余人参加全国人大和全国政协会议。与会人员认真履行职责，积极参政议政，围绕“教育领域综合改革”“高校智库作用”“安全生产”“生态环境”“人口”等多方面问题积极发表意见，为国家和学校发展建言献策，切实履行人大代表、政协委员的职责。

（相京）

【举办高校统战大讲堂系列讲座】 3

月21日，市委教育工委在北京大学举办“北京高校统战大讲堂”启动仪式暨首场报告会。首场报告会邀请全

国政协常委、经济学家林毅夫作专题报告。报告分析2008年国际金融危机发生以来世界经济的复苏情况，解读当前中国面临的经济形势和改革发展任务。“北京高校统战大讲堂”由市委教育工委主办，相关高校承办，旨在贯彻党的统战工作方针、更好地满足广大统战成员和统战干部学习需求。至年底，大讲堂共举办5场，北京高校党外人士、统战干部1000余人次参加学习。新华网、中国广播网、凤凰财经网等数十家媒体予以报道，收到良好的社会反响。

（相京）

【举办宗教工作专题研修班】　3月24日至4月11日，市委教育工委举办第五期北京高校哲学社会科学教学科研骨干宗教工作专题研修班。研修班集中学习2周，通过听取专题报告、研讨交流、分组讨论等形式，学习马克思主义宗教观、抵御和防范校园渗透等内容。研修班要求学员完成结业报告或论文1份。各高校哲学社会科学骨干教师，组织、宣传、统战、保卫等部门工作人员，以及院系党总支书记、辅导员等共计89人参加学习。

（何腾蛟）

【举办两期高校党外代表人士高级研修班】　4月和10月，北京举办两期

高校党外代表人士高级研修班。研修班理论学习为期一周，邀请全国政协副主席、民革中央常务副主席齐续春，中央统战部副部长陈喜庆，致工党中央副主席杨邦杰等专家、领导，围绕政治、经济、文化等重点热点问题，就习近平总书记执政理念与风格、党的十八届三中四中全会精神、中国经济形势与发展前景、周边安全环境与软实力建设、党外代表人士队伍建设做专题报告，学员们围绕党外代表人士“如何提高参政议政能力”“党外高层次代表人士成长规律与体会”内容进行分组讨论和大会交流发言。理论学习后，研修班分别组织两期学员赴贵州毕节开展社会服务，赴重庆开展革命传统教育、统战理论与实践教育。研修班由市委教育工委，中央统战部一局、六局等单位联合举办，两期研修班共招收学员132人，包括长江学者13人、千人计划1人、973首席科学家9人、二级教授10人、国家杰出青年科学基金项目负责人22人，国家“百千万”人才工程3人，全国及北京市人大代表、政协委员21人、副校长5人。

（相京）

【召开维族学生服务教育管理座谈会】　6月10日，市委教育工委举办北京高校维族学生服务教育管理工作座谈会。与会人员围绕当前维族学生的思想及学习状况、维族学生服务教育管理工作主要做法、经验及存在的问题进行交流，并就进一步做好相关工作提出意见建议。各高校学工部长、统战部长22人参加座谈会。

（相京）

【召开统战工作调研座谈会】　6月17日，市委教育工委在中国地质大学（北京）召开北京高校统战工作调研座谈会。会议邀请北京大学、清华大学、中国人民大学、北京航空航天大学、中国地质大学（北京）、中国政法大学、首都师范大学、首都医科大学统战部长介绍各自学校近年来统战工作的主要成绩及经验体会、存在的困难和问题，并就进一步加强和改进北京高校统战工作提出意见建议。高校统战部长共10人参加会议。

（相京）

【召开民盟、民进市委对口联系座谈会】　7月14日，市委教育工委、市教委在北京师范大学召开与民盟、民进市委对口联系座谈会。会议通报近期教育改革发展主要情况。苟仲文参加会议并讲话。他强调，首都教育改革进入攻坚期和深水区，任务十分繁重。这些问题的解决，需要包括民盟、民进在内的各方力量集思广益、建言献策，共同做好各项改革措施的设计与实施，确保改革取得实效。在

今后的工作中，教育系统将继续深入贯彻落实党的十八大、十八届三中全会精神和习近平总书记系列重要讲话精神，充分发挥民盟、民进在推进协商民主中的重要作用，把对口联系这项制度坚持好，不断完善双向互动工作机制，定期听取民主党派的意见建议，增加沟通，增进共识，以实际行动推动统一战线和多党合作事业发展，推动首都教育事业科学发展。民盟、民进北京市委，市委统战部、市委教育工委、市教委领导及相关人员参加座谈会。市委教育工委、市教委2004年与民盟、民进北京市委建立对口联系机制。10年来，对口联系机制不断完善，协商民主水平不断提高，促进党和政府教育工作决策的科学化、民主化。

（相京）

【举办高校统战干部暑期培训班】　8月26至28日，市委教育工委举办2014年北京高校统战干部暑期培训班。培训班邀请中央统战部、全国港澳研究会相关人员分别围绕“民主党派工作需要把握的重点问题”“学习贯彻第二次新疆工作会议精神，做好新时期民族宗教工作”以及“台湾和香港有关问题”作专题报告。市委统战部和市委教育工委就推进北京高校知联会建设、北京高校统战史料编纂工作、下半年重点任务进行工作部署。培训班同时组织各高校统战课题研究成果分享和会议分组讨论。各高校统战部门负责人及专职统战干部100余人参加培训会。

（相京）

【召开高校新老统战部长座谈会】　9月18至19日，市委教育工委召开北京高校新老统战部长座谈会。会议围绕统战工作科学化、规范化主题，就

进一步做好高校统战工作等问题交流讨论。清华大学、北京大学、北京工业大学等高校10名老统战部长以及16名新上任的统战部长参加会议。

（相京）

【举办高校民主党派负责人研讨会】 9月23至25日，市委教育工委举办2014年北京高校民主党派校级组织负责人研讨会。研讨会邀请致公党中央副主席杨邦杰、中央社会主义学院教授李金河、北京大学马克思主义学院教授郭建宁分别围绕“民主党派如何做好参政议政工作”“建设中国特色社会主义参政党”“积极培育和践行社会主义核心价值观”作专题报告。针对报告内容和各高校关于民主党派基层组织建设、参政议政和服务社会等内容进行分组讨论。九三学社北京大学第二委员会昌晓红、民进清华大学委员会杨金龙和高振江分别作大会经验交流。40余所高校民主党派校级组织负责人及部分高校统战部长100余人参加会议。

（相京）

【首都女教授协会召开第五次代表大会】 11月26日，首都女教授协会在中华女子学院报告厅召开第五次会员代表大会。会议审议并通过协会第四届理事会工作报告、财务报告和第四届监事会工作报告和新修订的《首都女教授协会章程》，选举产生新一届理事会和监事会成员，其中，孙祁祥代表北京大学当选会长，何海燕代表北京理工大学当选常务副会长，张丽琍代表中华女子学院当选副会长兼秘书长，马鸿韬代表北京体育大学当选监事长。第五届理事会、监事会同时投票选举出副会长9人、常务理事13人、副监事长1人。市妇联、市委教育工委领导及协会68家理事单位近200名会员代表参加会议。

（相京）

【概况】 2014年，北京高校纪检监察机构共有60个。纪检监察专兼职干部611人，包括大学及以上学历601人，占98.36%；35岁及以下干部57人，占9.33%；56岁及以上干部109人，占17.84%；女性干部245人，占40.1%。全年，北京高校纪检监察部门新立案15件，结案14件，处分20人。北京市教育系统纪检监察机构共受理群众信访举报601件次，包括市教育纪工委直接核实57件次。

（彭印）

【开展硕士招生考试巡视检查】 1月4日，市教育纪工委对北京科技大学、中国科学院大学硕士研究生招生考试情况进行现场巡视检查。检查组通过听取学校考务工作安排情况汇报、巡视考试现场、查看相关材料等方式了解学校考务安排工作及监察工作情况。巡视情况表明，两所学校高度重视招生考试工作，能够认真贯彻执行国家招生政策、法规及《教育部办公厅关于做好2014年硕士学位研究生招生考试执法监察工作的通知》要求，积极协调本单位教务、后勤、保卫以及管片内的公安、交通等有关部门，努力做好考试环境整治和试题、答卷运送保管等安全保障工作。各考点结合实际情况，对监考人员进行系统的业务培训。考试期间，各考点采取多种有效措施，严肃考风考纪，确保考试安全，考点周边环境、秩序良好，考试实施顺利。

（张华）

【召开党风廉政建设工作会议】 3月

26日，北京教育系统党风廉政建设工作会议召开。会议总结上年系统党风廉政建设和反腐败工作情况，强调本年主要工作。具体包括深入贯彻落实中央决策部署，加强反腐败体制创新和制度保障；深入落实中央八项规定，加强纪律建设和作风建设；促进教育公平，切实解决群众反映强烈的突出问题；严肃查办违纪违法案件，以零容忍的态度惩治腐败；加大改革创新力度，扎实推进体现教育特点的惩治和预防腐败体系建设。杨晓超要求教育系统认真学习习近平总书记重要讲话精神，深刻领会、切实贯彻落实，严格落实党风廉政建设责任制，以严明的纪律保障教育改革发展，坚决维护好党的政治、组织各项纪律，深化领导干部作风和师德师风建设，坚决纠正考试招生方面的不正之风，落实好中央惩治和预防腐败体系规划。市委教育工委、市教委、市政府教育督导室领导，各高校、各区县、各直属单位党政负责人等360人参加会议。

（彭印）

【举办高校纪检监察领导干部培训班】 3月31日，市教育纪工委举办北京高校纪检监察领导干部培训班。培训包括纪检监察工作概论、查办案件的程序和方法、党的十八大以来党风廉政建设和反腐败斗争的新部署新举措、廉洁教育理论与实践、纪检监察干部心理调适等课程。培训期间，学员结合工作实际进行交流讨论。各高校纪委、各区县教育纪工委相关负责人80人参加培训。

（彭印）

【检查硕士招生复试录取工作】 4月10至11日，市教育纪工委对北京电影学院、中国政法大学硕士研究生招生复试工作进行实地监督检查。检查组实地检查电影学院表演学院、美术系、电影学系的硕士研究生复试工作的预备和组织情况，现场巡视中国政法大学研究生复试情况，并与两所学校的相关领导和部门负责人就招生工作如何结合校情采取实际措施加大监督力度，确保学院硕士生招生工作的透明、公平、公正和公开，以及纪检监察部门如何强化对研究生招生工作的监督，采取多种途径强化关键环节执法监察，努力营造风清气正的研究生招生考试环境等问题进行座谈与交流。检查组对学院重视纪检监察工作、规范研究生招生考试的做法表示肯定，指出研究生招生工作要充分发挥纪检监察的作用，建立“一案双查”制度，明确相关部门及责任人的主体责任、监督责任，杜绝不正之风滋生蔓延；落实教育部、北京市关于研究生招生考试监察工作的规章制度，建立健全风险防范制度、回避制度和安全保密制度。学院纪检监察部门应探索学校纪检监察工作发挥作用的长效机制，按照“管理科学、责任明确”的原则，继续健全纪检监察工作体系。北京教育考试院、市教委监察相关负责人参加检查工作。

（张华）

【举办专题学习报告会】 4月28日，

市教育纪工委、北京教育纪检监察研究会组织召开2014年北京市教育纪检监察工作会暨教育纪检监察工作研究会年会。会议组织参会人员学习十八届三中全会、十八届中纪委三次全会精神，总结上年研究会工作情况，明确本年度教育系统纪检监察工作的主要任务。主要任务包括突出重点，加强监督执纪；促进教育公平，切实解决招生、教育收费和群众反映强烈的突出问题；高度重视信访件的办理工作；切实抓好查办案件工作；着力推进“三转”工作。全市教育系统纪检监察干部200人参会。

（彭印）

【严明义务教育入学工作纪律】 5月14日，市委教育工委、市教委印发《在义务教育阶段入学工作中严明纪律的若干规定》。规定从15个方面对义务教育阶段入学工作提出纪律要求，包括严禁区县、单位和学校以任何名义收取与入学挂钩的费用；严禁学校自行组织招生和变更计划招生；教育行政部门和学校不得违规以任何名义举办选拔学生的活动；严禁学校违规提前招生和点招学生；不得将各种竞赛成绩、奥数考试成绩、奖励、证书等作为学生入学的依据；严禁初中校违规在小学非毕业年级招生；不得允许培训机构到校进行各种测试和招生；除市教委批准的可招收体育、艺术和科技特长生的学校外、其他学校一律不得以特长生的名义招收学生；严禁公办学校通过民办学校选拔学生；初中校不得违规接收未正常办理入学和学籍登记手续的学生；不得违规接收二次流动学生；严禁以捐资助学、借读等任何名义变相择校乱收费；严禁学校在入学工作中让学生家长以参加民办培训机构补课的名义把钱交到培训机构；学校在入学工作中不得让学生家长为学校解决相关问题；严禁学校在新生入学后违规向学生家长收取相关费用或物品；教育系统广大党员干部和教职员工要严格遵守党员领导干部廉洁从政若干准则，严守纪律，切实做到令行禁止，各级领导干部要做出表率。

（张华）

【召开治理教育乱收费局际联席会议】 5月16日，北京治理教育乱收费局际联席会第一次会议在市教委召开。会议听取2013年北京市规范教育收费工作的情况汇报，审议《2014年规范教育收费治理教育乱收费工作的实施意见》。经过讨论，会议通过该意见，明确2014年北京规范教育收费工作的主要任务。市发展改革委、市发展改革委物价检查所、市财政局、市审计局、市新闻出版局、市教委相关领导及市治理办成员单位、市教委相关处室负责人参加会议。

（张华）

【举办高校职务犯罪警示教育巡展】 5月，市教育纪工委举办高等教育领域职务犯罪警示教育展巡展。纪工委选取全国高校在科研经费、基建工程、招生就业、物资采购、财务管理、校办企业、学术诚信七个腐败易发高发领域的35个典型案例，制作40块展板解剖讲解。展览共在60所高校巡回展出。

（彭印）

【规范教育收费工作】 6月6日，市教委、市发改委、市财政局、市审计局、市新闻出版广电局联合制定《关于2014年北京市进一步规范教育收费工作的意见》。意见明确2014年市规范教育收费工作主要任务是：进一步巩固多年来取得的治理成果，继续严格落实各项收费政策和管理措施。重点内容包括严格治理义务教育阶段择校乱收费；坚决治理中小学补课乱收费；坚决治理公办高中违规招生及乱收费行为；进一步规范高校招生及收费行为；加强对幼儿园收费行为的监管。主要措施和要求一是强化责任机制，形成治理工作合力；二是加强财务管理，严格财经纪律；三是加强监督检查，加大案件查办和责任追究力度；四是严明工作纪律，加强治理工作队伍建设。

（张华）

【举办高校纪检监察信访案件工作培训班】 6月15日，市教育纪工委举办北京高校纪检监察信访案件工作培训班。培训包括纪检监察工作概论、中纪委三次全会精神学习辅导、信访举报工作概论、纪检监察机关谈话和策略与方法、案件审理工作及其典型案例分析、案件检查的理论与实践、情绪管理与心理减压课程。各高校纪委、各区县教育纪工委相关负责人共80人参加培训。

（彭印）

【开展“三转”工作调研】 6至7月，市教育纪工委开展“三转”工作调研。调研组先后到中央财经大学、北京大学、中国人民大学等高校，通过听取报告、交流座谈方式，了解各学校落实中央纪委“转职能、转方式、转作风”工作要求情况。各高校分别介绍落实“三转”工作的做法、工作特色、工作体会和困惑以及下一步的计划与建议，并就相关问题与纪工委进行交流探讨。

（彭印）

【召开“三转”工作研讨会】 8月25至26日，市教育纪工委组织召开2014年北京高校纪检监察“三转”工作研讨会。会议以“‘转职能、转方式、转作风’与廉政风险防控管理‘三个体系’建设”为主题，邀请北京大学、中央财经大学、中央民族大学、北京航空航天大学、首都师范大学五所高校分别介绍经验做法和工作思路，并进行分组讨论。60所高校纪委书记参加会议。

（彭印）

【开展2014年秋季教育收费检查】 9月3至30日，北京市治理教育乱收费联席会议办公室组织开展2014年秋季教育收费检查。检查包括自查自纠和专项督查两个阶段。自查自纠阶段中，全市普教系统16个区县和燕山教委，先后组织1423所中小学、幼儿园开展教育收费自查，自查率100%。在自查的基础上，各区县先后组织71个检查组对74所高中、131所初中、173所小学、122所幼儿园进行抽查，抽查率35.1%。查出违规问题15个，涉及金额40.261万元，清退违规收费金额33.31万元。各高校先后组织1946个部门自查，在自查的基础上，各高校组织98个检查组对874个部门的收费情况进行检查，查出违规问题4个。在专项督查阶段，市治理办从市纪委党风政风室、市发展改革委、市财政局、市审计局、市新闻出版局、市教委等部门抽调25人，组成4个督查组，分别对东城、西城、朝阳、海淀、丰台、石景山、门头沟、顺义、昌平、大兴、怀柔、燕山12个区的44所中小学、幼儿园（包括高中15所、初中15所、小学8所、幼儿园6所）和中国音乐学院、首都师范大学、首都医科大学、北京科技大学、对外经济贸易大学、中央财经大学6所高校，贯彻落实“关于2013年、2014年北京市进一步规范教育收费工作的意见”的情况进行督查。检查组发现部分教育单位存在超标准收费、代收费管理不规范、违规收取教辅材料费等60余个问题。市治理办及时督促区县、学校、幼儿园和相关部门进行整改。

（张华）

【召开市属高校硕士招生监督检查培训会】 10月9日，市教委召开市属高校硕士研究生监督检查工作部署及培训会。会议从检查目的、工作安排、检查方式和内容等方面介绍部署2014年市属高校硕士学位研究生招生监督检查工作，并结合教育部文件精神，就硕士研究生招生监督工作的主要内容进行培训。会议强调，2014年市属高校硕士学位研究生招生监督检查工作尚属首次，希望各有关高校纪委高度重视。通过检查，进一步做好“监督、执纪、问责”中的监督工作，同时从四个方面提出具体要求：一是抓住招生关键环节的监督，明确检查重点。二是坚决不搞形式主义，不听汇报，只进行实质性的监督检查。三是通过检查，积累经验，给业务部门提出完善意见，确保招生工作规范、有序。四是加强学习，检查人员要把政策和业务弄清楚，搞明白，再检查，起到真正监督作用。会议印发《北京市2014年普通高等学校研究生招生工作文件汇编》《2014年北京市属高校研究生招生监督检查培训提纲》等参考资料。各市属高校纪委书记和监察室主任参加会议。

（张华）

【检查高校硕士招生工作】 11月13日至12月4日，市教育纪工委、市教委检查6所市属高校硕士研究生招生工作。此次检查采用抽样方式，检查6所具有代表性的市属高校，分别为北京工业大学（211高校）、北京工商大学（经济综合类高校）、北京服装学院（行业特色高校）、北京印刷学院（行业特色高校）、中国戏曲学院（艺术类院校）和北京城市学院（民办高校）。检查组检查各学校的研究生招生硬件建设、制度建设以及制度落实情况。结果表明北京市属高校研究生招生总体平稳有序、公平公正，但随着研究生招生数量的增加以及学科领域门类日益复杂，在自命题试题管理和复试方面存在一些新问题：一是在自命题和自命题印制等方面缺乏有效的管理和监督；二是在初试入场检查方面大部分高校针对高科技作弊设备的检查过程还不够严格；三是在成绩评阅方面缺乏有效的核对和监督的环节；四是在初试试卷管理方面所有高校还未按要求进行扫描，制作数据光盘；五是在复试环节部分市属高校的面试现场没有录像，导致复试缺乏有效的监督；六是在推荐免试方面部分高校还未按规定将研究生的推荐和接收工作分开，导致接收阶段复试工作走过场甚至没有；七是在纪检监察方面有些高校对研究生招生的关键风险点还把握不好，监督不够。

（张华）

【梳理处室廉政风险防控管理职权目录】 12月29日，市委教育工委、市教委印发《关于重新梳理处室廉政风险防控管理职权目录的通知》。通知要求两委机关处室对其2013年编制的处室“职权目录”重新进行梳理、修改。各处室要从自身职能出发，参照“三定方案”（定编、定岗、定责）编制职权目录。有行政审批或许可、非行政审批类事项的处室要将相关事项编制到目录中；对职权名称、主要内容、风险表现形式的表述不合理、不准确的处室要进行斟酌后重新修改填报；随着工作职能的变化，出现新风险点的处室，要将新的风险点列入职权目录。

（张华）

【开展党风廉政建设责任制检查】 12

月，市委教育工委、市教委党风廉政建设领导小组办公室组织开展党风廉政建设责任制检查。此次检查组织5个检查组，在60所高校党风廉政建设责任制落实情况自查基础上，对北京工业大学、北京舞蹈学院等10所高校入校检查。检查组通过听取汇报、召开座谈会和查阅资料等方式，重点检查“两个责任”落实情况，主要内容涉及党委主体责任和纪委监督责任共18个方面。检查组肯定各高校所取得的进展和成绩，同时认为各学校在“两个责任”落实方面存在不足和薄弱环节，为各高校提出意见和建议。

（彭印）

【完成群众路线教育活动专项整改任务】 至年底，市教委监察部门完成群众路线教育实践活动专项整治工作承担的整改任务。在“整治各种评比、达标、表彰活动偏多、偏繁”的问题中，两委共保留8项评比达标表彰项目，活动偏多、偏繁的问题已经得到有效解决，相关部门能够按照公布的项目名称和周期组织开展评比达标表彰活动，自觉接受社会监督，没有增加新的项目。在“治理利用职务插手教材教辅选用、基建工程、校办企业、招标采购等领域”的问题时，两委从2013年12月到2014年2月，通过制定工作方案、组织基层自查、开展抽查、召开座谈会、走访调研等方式，认真查找管理中存在的不规范、不合理的方面以及区县、学校在具体操作中存在的问题，共梳理出7个方面问题共计26项。针对查找出的问题，研究制定整改措施29条，且整改措施全部落实到位，专项治理取得初步成果。在治理滥用行政权力干预职称评定、科研经费使用、研究生名额分配等学术资源配置的问题时，市教委制定并上报《关于教育系统违规收费或变相收费问题专项整治工作方案》。通过对市教委、各高校、各区县教委及中小学校、幼儿园经常性检查、专项检查、重点督查、直接查办等形式，加大督促检查和处理力度。截至12月31日，共清退违规收费金额218.1484万元，处理责任人56人，其中，对3名公办学校领导进行诫勉谈话，对1名校长进行廉政提醒，撤销1名教学点负责人，通报15人次，取消36人次在职教师当年评优、评奖、晋升等资格。

（张华）

【概况】　2014年，市教委发展规划方面重点完成以下工作。一是加强规划统筹引领。启动北京市“十三五”教育规划编制工作；按照全市整体部署，积极推进教育京津冀一体化工作；完成《北京市新增产业的禁止和限制目录（2014年版）》教育部分内容及教育领域备答口径材料的研究编制工作。配合市政府拟定京津冀协同发展战略有关协议的教育部分内容并积极推动落实，拟定《市教委2014～2017年推进京津冀教育领域协同发展重点工作任务分工》。二是全面推进教育领域综合改革。根据市委市政府的统一部署和要求，在认真仔细梳理首都各级各类教育存量的基础上，提出首都教育领域非首都核心功能疏解的思路措施，形成教育领域非首都核心功能的疏解工作意见。主要包括：控制市属高校招生规模、重新定位已在高教园区建设新校区高校的原校区功能、疏解城市核心区的高校、控制在京中央高校规模、严控民办高校的设立和办学规模、试点推动部分市属高校向郊区疏解、严格规范义务教育入学管理七个方面的重点工作。三是学校设置工作。帮助协调完成北京吉利大学升格为北京吉利学院，北京新圆明职业学院更名为北京艺术传媒职业学院相关工作。根据十二届全国人大常务委员会第三次会议对《民办教育促进法》做出的修改意见，取消民办高等职业学校变更校长的核准事项。按照《北京市新增产业的禁止和限制目录（2014年版）》要求，严格执行在北京市区域内不再扩大中等职业学校、高等学校办学规模；不再新增占地面积；不再新设立中等职业学校和高等学校。四是各级各类教育事业发展计划工作。做好高级中等教育、普通高等教育、研究生教育事业的计划管理工作和成人高等教育招生计划管理工作。五是完成教育事业相关统计工作。

（姚林修）

【提高优质高中招生“名额分配”比例】　2月17日，市教委公布《关于做好2014年高级中等学校考试招生工作的意见》。意见要求在首都功能核心区和城市功能拓展区开展优质高中部分招生计划分配工作，以优质高中为单位，将本校2014年统一招生计划的30%分配到区域内初中校。城市发展新区和生态涵养区可根据本区县实际情况参照执行。至5月，全市共有83所优质高中参加名额分配招生，招生计划7370人，其中，面向优质高中所属初中计划2505人，面向其他初中计划4865人，分别占“名额分配”计划的34%和66%。

（姚转珍）

【批准北京新圆明职业学院更名】　3月17日，经市政府批准，教育部备案，北京新圆明职业学院更名为北京艺术传媒职业学院。学校更名后仍为民办普通高等职业学校，其办学性质、办学层次不变。

（丁建）

【北京吉利大学升格为本科普通高校】　5月4日，经教育部批准，北京吉利大学升格为本科高校并更名为北京吉利学院。北京吉利学院在原北京吉利大学基础上建立，同时撤销北京吉利大学的建制。北京吉利学院系本科层次的民办普通高校，同时继续保留专科层次高等职业教育。首批开始招生的本科专业包括车辆工程、机械设计制造及其自动化、计算机科学与技术、市场营销、物流管理、英语。

（丁建）

【明确教育领域不宜发展产业目录】　7月21日，市政府印发《北京市新增产业的禁止和限制目录（2014版）》。市教委根据市委市政府的统一部署和要求，围绕调整疏解非首都功能大局，从占地多、聚人多两个维度出发，明确教育领域不宜发展的产业目录内容：不再扩大中等职业学校教育办学规模，不再新设立中等职业学校，中等职业学校不再新增占地面积；不再扩大高等教育办学规模，不再新设立普通高等学校，高等教育学校不再新增占地面积；不再扩大普通高等学校成人教育、网络教育、自考助学的面授教育规模，不再新增招收京外生源的成人教育机构和办学功能。

（孙运科）

【市属高校研究生招生继续保持适度增长】　至9月，北京市属高校完成年度研究生招生录取工作，研究生招生规模继续保持适度增长。市属高校实际录取研究生 10853 人，比上年增长 2.8%，其中，博士 777 人，比上年增长 1.2%；硕士 10076 人，比去年增长 2.9%。按照教育部安排，本年市属高等学校研究生招生计划 11264 人，其中，博士生招生 778 人，硕士生招生 10486 人；全日制专业学位硕士招生 5041 人。市属高校承担“少数民族高层次骨干人才”研究生培养任务，招生规模共计 180 人，其中，博士研究生 10 人、硕士研究生 170 人。

（卜薇）

【市属成人高等教育招生规模略有减少】　至 9 月，北京市属成人高等教育招生规模较去年有所减少。市属成人高等教育实际招生 28562 人，比上年下降 6.8%，其中，本科（含高中起点本科和专科起点本科）实际招生 12494 人，比上年下降 2.6%；专科（高职）实际招生 16068 人，比上年下降 9.8%。

（卜薇）

【市属高校稳定招生规模】　至 9 月，北京市属高校普通高等教育招生规模总体稳定。市属高校普通高等教育计划招生 84107 人，实际招生 80989 人，比上年下降 3.4%。其中，本科招生 49036，比上年下降 0.25%；高职招生 31953，比上年下降 7.9%。

（张桓）

【高考录取比例继续超过 80%】　至 9 月，北京完成高考录取工作，升学率继续保持在 80%以上。北京地区参加统考人数 64484 人，比上年减少 2884 人。全国高校在京计划招生 52216 人，实际录取 54083 人。升学率 83.9%。

（张桓）

【开展高职自主招生试点】　至 9 月，北京市继续推进高等职业教育自主招生试点工作并开展有条件注册入学工作。按照“积极推进、适度扩展、规范程序、稳妥操作”的基本思路，将试点院校由 18 所扩大到 26 所，新增院校分别是北京吉利学院、北京科技经营管理学院、北京经贸职业学院、北京经济技术职业学院、北京科技职业学院、北京艺术传媒职业学院、北京卫生职业学院和首都经济贸易大学密云分校。计划招生总计 7105 人。同时在北京信息职业技术学院和北京劳动保障职业学院两所高职院校开展有条件注册入学试点工作，注册入学计划招生 200 人。

（张桓）

【高级中等学校招生 87880 人】　至 9 月，北京市各类高级中等学校招生 87880 人。其中，普通高中招生 55184 人、中专学校招生 12319 人、职业高中招生 5585 人、技工学校招生 14792 人。

（姚转珍）

【开展农村专项招生工作】　至 9 月，北京市开展农村专项招生工作。首都师范大学、首都经济贸易大学、北京建筑大学 3 所市属高校首批开展农村专项计划。计划面向首都城市功能新区或生态涵养区农业户籍考生。计划招生 30 人，实际招生 30 人。

（张桓）

【完成年度教育事业统计工作】　至年底，市教委完成年度教育事业统计工作。完成 2013 学年度北京市教育事业统计信息编辑和发布，编辑、印刷《北京市教育事业统计资料（2013～2014 学年度）》。公布 2013～2014 学年度北京市教育事业统计数据。完成 2013 年度教育事业统计工作质量评估，表彰 2013 年在教育事业统计工作中表现突出、成绩显著的集体和个人。北京教育系统 50 个优秀集体和 50 名优秀个人获得奖励。市教委配合市统计局做好市宏观经济与社会发展基础数据库一期工程的运行维护工作；配合市交通委开展第五次北京城市交通综合调查之教育领域的调查；配合市教育督导室完成义务教育均衡验收工作相关数据的质量评估和监测工作。

（姚林修　赵琦　孙运科）

【概况】　2014 年，市教委财务工作按照市委、市政府确定的教育重点投入方向，加大投入、优化结构、转变职能、简政放权、加强监管。2014 年全年财政拨款预算 351.84 亿元，其中，市本级预算单位 197.97 亿元、市对区县教育经费补助 153.87 亿元。完成 2013 年全国教育经费统计汇总工作。2014 年，市教委本级及所属预算单位 60 个，其中，行政单位 1 个（市教委本级）、事业单位 59 个。事业单位包括 25 所市属高等院校、11 所中等职业学校、23 个直属单位（北京教学植物园并入北京学生活动管理中心）。

（孔凡娟）

【完成决算工作】　1 至 2 月，市教委完成所属预算单位 2013 年决算数据审核、汇总、上报工作。决算数据包括市教委机关事业及所属 60 个事业单位（含 25 所市属高等院校、11 所中等专业学校、24 个直属单位）。数据显示，2013 年决算全年收入 2721902.94 万元，财政拨款 2351962.45 万元；支出 2502689.08 万元。市教委于 8 月印发关于 2013 年度部门决算的批复，批复各预算单位 2013 年度部门决算。

（李奇）

【预决算公开】　3 至 11 月，市教委完成相关财务预算公开工作。市教委 3 月公开 2014 年“三公经费”和部门预算，8 月公开 2013 年“三公经费”和部门决算。市教委制定相关公开文件，严格把关，加强数据材料审核，确保公开数据真实可靠。

（李奇）

【开展国有资产产权登记】　4 月 23 日，市教委印发《北京市教育委员会关于开展 2014 年所属预算单位及单位所办企业国有资产产权登记工作的通知》，开展国有资产产权登记工作。此次产权登记工作面向 2013 年 12 月 31 日前经市机构编制管理部门批准成立，占有、使用国有资产，具有独立法人资格且财务独立核算的事业单位及其所办企业，包括事业单位 95 个，单位所办企业 34 个。要求各单位配备精干人员，认真开展资产清查，切实摸清“家底”，保证资产存量数据准确，要主动全面反映房屋土地等资产产权情况、对外投资、出租出借等资产管理情况，确保产权登记及披露事项的真实、完整、准确。经过动员培训、单位自查、市教委审核上报、市财政部门审计审核等，各单位进一步提高产权管理的意识；梳理、清理历史遗留问题；明晰资产账务、强化资产管理基础性工作。

（时阳）

【完成57个教育项目绩效评价工作】 4至7月，市教委完成57个教育项目绩效评价工作。其中，25所市属高校的信息化建设、人才强教深化计划项目25个；32个中专直属单位的信息化建设、直属单位业务发展等项目32个。经过会议考评，共评出市属高校优秀项目6个，良好项目19个；中专直属单位优秀项目7个，良好项目22个，一般项目3个。市教委2013年度部门整体支出绩效经专家组考评，综合得分为93.46分，绩效评价结果为优秀。

（李高远）

【开展会计人员继续教育培训】 6月4日和11日，市教委财务处开展两期教育系统会计人员继续教育培训。培训旨在帮助各单位进一步完善内控制度，完善风险管理体系，掌握事业单位会计改革和行政事业单位内控构建的相关政策，加强廉政风险防控机制建设。培训邀请市财政局相关业务处室和上海立信会计学院专家就行政事业单位内部控制制度、教育经费预算绩效管理、高等学校会计制度和中小学会计制度进行解读和培训。共有来自60个单位的845人参加培训。

（刘伟）

【建立中小学教师绩效奖励激励机制】 6月27日，市教委、市人力社保局、市财政局联合印发《关于建立我市中小学教师绩效奖励激励机制的实施方案》。文件指出，自2014年1月1日起，面向市、区县教育系统所属中小学的正式在编教职工建立中小学教师绩效奖励激励机制。文件明确在现有中小学教师绩效工资实施基础上，按照各区县学生数量、教师数量以及生师比等因素，确定绩效奖励激励机制所需资金总量。由市人力社保局调整各区县教师绩效工资总额；为支持教育领域综合改革，2014年经费由市级财政给予支持。绩效奖励激励机制按照“多劳多得，优绩优酬”的原则，重点向承担教育改革发展任务重，为促进教育均衡发展、提高学生综合素质付出努力的一线教师、骨干教师和做出突出成绩的教师倾斜，主要用于支持集团化、学区化办学和办学特色学校以及教师在小学课后班管理和中学社团活动辅导、中小学生个性化学习辅导、教育教学改革、教师交流与支教等工作中的奖励。市教委、市人力社保局、市财政局同时印发《北京市中小学教师绩效奖励激励机制项目管理办法》。经核算，2014年所需经费共计6.02亿元，由市级财政给予支持。

（徐达）

【调整市属高校定额标准】 9月，北京市调整市属高等学校基本支出预算定额标准。一是完善学科生均综合定额体系，建立研究生学科定额。二是健全人才培养质量定额，优化基本支出与项目支出结构。三是设立学生资助定额类型。与原定额相比，新定额下一般院校生均财政拨款平均增加9100元，独立设置艺术类院校平均增加13000元，独立设置高职院校平均增加9900元，北京联合大学特殊教育学院平均增加20000元。新标准自2015财年起施行。

（李奇）

【调整市属中职定额标准】 9月，北京市调整市属中职学校基本支出预算定额标准。一是调整学科综合定额，对公用经费定额按照原定额正常增长因素中的物价指数、大型设备增加引起的维护费增长进行调整，同时，在原定额实训基地维持经费和外聘教师经费的基础上增加双师型教师培养经费因素。二是增加人才培养质量提高经费定额，其中，综合素质提升经费生均500元、就业经费生均400元。三是增加独立设置艺术学校学生毕业创作经费，标准为300万元/校。四是调整退休人员经费，人均增加3660元。新标准自2015财年起施行。

（孔凡娟）

【调整市属中小学及特殊教育学校定额标准】 9月，北京市调整市属中小学及特殊教育学校基本支出预算定额标准。一是根据绩效工资和人员工资增长幅度调整人员经费定额。二是将义务教育阶段学生课外活动经费、校园文化建设经费和民族中学学生生活补助费与课外活动费，加入原公用经费定额，并根据物价指数调整公用经费。三是调整退休人员经费，人均增加3660元，并对特殊教育学校的退休人员经费采取倾斜性政策，通过调整系数方式北京西藏中学、北京市盲人学校等学校提高退休人员经费，系数定为1.19。新标准自2015财年起施行。

（孔凡娟）

【组织预算编制工作】 10至12月，市教委完成所属预算单位及市对区县教育补助2015年预算的审核、汇总、上报工作。预算数据包括市教委机关事业及所属59个事业单位（含25所市属高等院校、11所中等专业学校、23个直属单位）。2015全年预算收入2464326.97万元，包括财政拨款2041457.55万元；全年支出2464326.97万元。市对区县教育补助1431025万元。

（李奇　徐达）

【组织预算项目评审】 11月，市教委开展2015年预算评审工作。本年市教委项目预算评审试行三级评审方式，分别为财政评审、市教委部门评审和市属高校单位评审。部门评审共涉及21个项目类别1311个项目，评审金额24.12亿元。2015年市教委部门评审工作按照市财政局要求，结合历年部门评审工作，制定市教委2015年部门预算项目评审工作方案和实施细则，细化评审方案，使评审结果更具科学性。对于信息化建设项目的评审工作，市教委提前与市财政局、市经信委沟通，三方共同制定评审方案，加快评审进度。至2014年12月末，市教委2015年预算评审工作全部完成。

（李高远）

【组织高校经费专项检查】 11至12月，市教委会同市财政局组织开展高校经费专项检查。此次检查委托第三方中介机构，对25所市属高等学校的2013、2014年基本经费定额中安排的教学质量、科研水平提高经费和2014年基础设施改造定额管理项目、促进人才综合改革项目经费开展检查，涉及金额33.43亿元。市教委印发各高校专项检查报告一份，督促学校按规范足额执行预算；形成汇总专项检查报告，并印发市教委委内相关业务处室，为下一步工作开展提供参考材料。

（李奇）

【组织大型仪器设备使用及资源共享专项检查】 12月1至24日，市教委对市属高校大型仪器设备使用及资源共享情况开展专项检查。此次检查主要针对25所市属高等学校2011年1月1日至2013年12月31日购买的单价在人民币40万元（含）以上的仪器设备。经调查统计，拥有大型仪器设备的市属高校共17所，累计拥有仪器设备486台件（套）。检查组抽查仪器设备390台件（套），抽查比例为80.25%，主要检查设备制度和管理平台建设、使用效益及问题。经过现场询问和实地检查，检查组认为：大型仪器设备使用与共享能够有效避免设备的重复购置；本次检查的17所市属学校，均制定大型仪器设备使用与共享的基本管理制度，设备指定专门或兼职负责人管理，目前已取得一定的经济效益，在一定程度上促进教学队伍建设。此次检查摸清使用和管理现状，为推进资源共享、大型设备租赁费、使用费出资入股等工作奠定基础。

（时阳）

【开展市对区县教育引导性资金审计工作】 12月10至30日，市教委开展2013、2014年市对区县教育引导性资金审计工作。工作依照《市对区县教育引导性资金管理暂行办法》和有关财政财务管理制度及相关政策法规，委托北京中咨新世纪会计师事务所对16个区县和燕山地区2013年、2014年部分市对区县教育引导性资金的管理使用情况进行审计调查。审计总计703100万元。审计发现，部分区县存在引导性资金结余过大、使用管理不规范的现象。市教委要求相关区县针对存在问题进行整改落实。

（徐达）

【编制高校会计核算手册】 12月，市教委印发《北京市属高等学校会计核算手册》。新手册是为贯彻落实财政部《关于印发〈高等学校会计制度〉的通知》要求，规范会计核算，顺利完成新旧会计制度转换而编制。手册详细论述会计核算的基本要求，项目编码及部门编码规则，会计科目设置和使用说明。对主要会计业务作举例说明。手册同时附有会计科目编码表、新旧会计科目对照表、支出类会计科目设置及核算内容说明、内部机构及项目支出核算分类归集的指导意见和有关新旧会计制度衔接问题的说明。

（李奇）

审计

【概况】 2014年，北京市教育系统内部审计机构73个，包括独立设置机构34个；内部审计人员566人，包括专职审计人员144人。全年完成审计项目6185项，其中，财务收支审计478项，预算执行与决算审计94项，基本建设项目审计98项，修缮项目审计2379项，经济责任审计393项，经济效益审计10项，专项资金审计667项，其他项目审计2066项。审计资金共计943.45亿元。查出有问题资金17449.63万元，其中，财务处理不当资金12314.24万元，损失浪费资金291.35万元，违纪违规资金4844.04万元。促进增收节支29076.36万元。经济案件1件，涉案资金346万元。完成审计调查项目152项，提交审计调查报告113篇。完成科研立项3项，撰写论文49篇，公开发表15篇，同时结合日常审计工作掌握的第一手材料，先后完成《北京市属高校内部审计规范化的调研》《如何提升教育内部审计质量的调研》两篇调研报告。

（李新影）

【召开教育系统审计工作会议】 3月

19日，市教委召开北京市教育系统审计工作会。会议主要任务是贯彻2014年北京市审计工作电视电话会议精神，总结2013年教育内部审计工作，布置2014年教育内部审计任务。会议听取《加强内部审计，为深化首都教育综合改革护航》工作报告，肯定2013年北京市教育系统内部审计工作，并对2014年全市教育系统内部审计工作提出三点具体要求：一、认清形势，树立大局意识，进一步提高做好内部审计工作的自觉性。“一把手”要切实履行内部审计工作的职责，真抓实管；内审人员要努力提高业务素养和审计质量；各部门和相关人员要自觉配合审计工作。二、围绕中心，进一步加大内部审计力度。全面开展预算执行与决算审计，加强建设工程与修缮项目的审计，深化领导干部经济责任审计，积极探索开展管理审计。三、注重实效，继续推动审计结果利用；加大后续审计和跟踪检查力度；对性质严重的违规违纪问题要进行责任追究；加强内部审计信息公开和沟通。各区县教委、市属高校、直属单位的主要领导和审计机构负责人等150人参加会议。

（李新影）

【完成3人经济责任审计】 3至5月、9至12月，根据市委教育工委干部处提请，市教委审计部门先后完成对北京经济管理职业学院、北京市盲人学校、北京舞蹈学院3家单位有关领导干部的经济责任审计。审计部门向市委教育工委干部部门提交审计结果报告，同时针对被审单位存在的财务管理方面问题出具审计意见书，提出整改要求。审计总金额 14.19 亿元，发现有问题资金 2683.51 万元，提出审计意见与建议 29 条。

（张未）

【完成 9 所市属高校预算执行与决算审计】 5 至 7 月，市教委完成 9 所市属

高校 2013 年度预算执行与决算情况的审计。此次审计委托 9 家会计师事务所，具体审计学校包括首都医科大学、北京信息科技大学、北京工业职业技术学院、中国戏曲学院及其附属中等职业学校、北京电影学院、中国音乐学院及其附属中等音乐专科学校、北京第二外国语学院、北京物资学院、北京青年政治学院。市教委要求各被审计单位提高认识，及时提供审计组所需资料和必要的工作条件，指派专人负责联系沟通。审计组在全面检查学校 2013 年预算管理、预算执行与财务决算情况的基础上，重点检查科研项目执行情况、“三公经费”使用情况、工资管理情况、年末预算结余结转资金及其管理情况。此次审计总金额 125.98 亿元，发现有问题资金 2915.49 万元，提出审计意见与建议 131 条。

（张未　穆鑫然）

【举办教育系统审计机构负责人学习研讨会】 6 月，市教委举办“2014 年北京市教育系统内部审计机构负责人学习研讨会”。学习研讨会本着贴近审计业务实际和学以致用的原则，聘请有关方面的教授和专家，专题讲解 2013 年新修订的《中国内部审计准则》，以及《高等学校会计制度》《中小学校会计制度》，促进各单位内部审计机构负责人和业务骨干系统地了解新准则的架构，进一步理解和掌握内部审计新的实务标准，同时为在内部审计实际工作中正确判断有关会计方面的业务处理提供评价标准。会议就 2014 年上半年开展的内部审计工作情况开展分组交流，讨论教育系统内部审计工作中的一些共性问题。各区县教委、市属高校、直管直属单位内部审计负责人和内部审计骨干近 100 人参加本次学习研讨。

（李新影）

【曹永模获内部审计先进工作者称号】 9 月 29 日，市教委审计处曹永模被授予“2011 年至 2013 年全国内部审计先进工作者”荣誉称号。曹永模，男，1955 年 3 月出生，安徽来安人；中共党员；2001 年任职审计处处长；高级会计师。先后获得 2005 至 2007 年“北京市内部审计先进工作者”，2008 至 2010 年“北京市内部审计先进工作者”，2008 至 2010 年“全国内部审计先进工作者”称号。该评选由中国内部审计协会举办，共授予 292 家单位“内部审计先进集体”称号，授予 298 人“内部审计先进工作者”称号。

（李新影）

【召开内部审计与内部控制的关系交流座谈会】 9 月，市教委召开“内部审计与内部控制的关系”交流座谈会。会议旨在以《行政事业单位内部控制规范（试行）》实施为契机，在内部控制审计融入各类常规审计之中的“结合式审计”的基础上，积极探索开展单位整体内部控制审计。与会者普遍认为：一、要正确处理好开展内部控制审计与其他常规审计的关系。即把内部控制审计与预算执行审计、领导干部经济责任审计、基建修缮工程审计等各类审计结合起来，在实施各类具体审计项目中加大对内部控制的检查力度，关注单位有关内部控制设计的合理性和运行的有效性。二、开展内部控制审计要适应行业特点、突出审计重点。教育系统的各级内部审计机构要对有关内部控制制度的设计和运行情况进行检查和评价。重点是对工程建设、项目经费管理、科研经费支出和“三公经费”开支等相关内部控制的审计监督。三、促进单位不断完善内部控制，加强风险防控，规范经济活动，保障事业健康发展，实现各项工作目标。部分市属高校审计处长和区县教委审计科长参加此次座谈会。

（李新影）

【召开直属单位内部审计工作业务培训会】 9 月，市教委审计部门召开下半年“24 家直属单位 2014 年预算执行审计”和一名高校领导的经济责任审计等两项审计工作布置和业务培训会。会议介绍两项审计工作的基本情况。同时围绕审计工作目标，结合委托审计的现状，邀请专家分别以“如何撰写内部审计报告”和“预算执行中的财务制度”为题，介绍比较内部审计报告与社会审计报告区别、内部审计报告编制的要求、内部审计报告的规范格式和内部审计报告常见的问题，解读《北京市市级教育基本支出预算管理办法》和《北京市市级项目支出预算管理办法》以及“中央八项规定”出台以来新的一系列财务制度，并针对“公务卡”的使用、现金的提取和使用、差旅费、公务机票、会议费、培训费、公务接待费、外宾接待费等有关管理规定进行业务培训，并提出具体审计要求。被审计单位的主管领导和财务负责人 50 余人参加工作布置会；接受委托的 9 家会计师事务所的 60 名审计人员参加业务培训。

（李新影）

【完成直属单位预算执行审计】 9 至 12 月，市教委完成 24 家直属单位 1 至 8 月预算执行审计工作。此次审计单位包括北京教育考试院、北京市校办产业管理中心、北京市自动化工程学校、北京教育学院、北京市环境与艺术学校、北京教育志编纂委员会办公室、北京教育科学研究院、北京市商务科技学校、北京教育老干部活动中心、北京教育音像报刊总社、北京学生活动管理中心、北京市国际教育交流中心、北京开放大学、北京西藏中学、首都体育学院附属竞技体育学校、北京市教工休养院、首都师范大学附属中学、首都师范大学附属育新学校、北京教育综合服务中心、北京市学生资助事务管理中心、北京城市建设学校、北京教育网络和信息中心、北京教育系统人才交流服务中心、北京铁路电气化学校共 24 家直

属单位。审计组在全面检查各单位2014年1至8月预算编制、预算管理、预算执行情况的基础上，重点检查因公出国（境）费、公务用车购置及运行维护费、公务接待费、培训费、会议费、差旅费、印刷费的使用情况。审计总金额17.28亿元，发现有问题资金2713.66万元，提出审计意见与建议197条。

（张未）

【召开教育系统内部审计业务会】 12月，市教委召开教育系统内部审计业务会。会议通报下半年市教委内部审计工作的开展情况及审计发现的主要问题，向被审计的24家直属单位和1所市属高校印发《审计意见书》，提出整改要求；并希望各单位能引以为戒、认真对照，加强自身管理、强化内部审计，防止或纠正类似问题。会议同时对2014年度各单位开展内部审计工作总结进行布置。各区县教委、市属高等学校和市教委直属单位的审计机构负责人参加此次会议。

（李新影）

【继续实施一项目过程审计】 至年底，市教委继续对“市教委新建教育系统综合服务中心”项目实施过程审计。市教委在2013年审计基础上，继续与中介机构合作，对该项目先后完成审计事项50个，内容涉及“室外电气工程施工合同”等合同（协议）、2014年有关进度款和精装修等支付、工程洽商，以及“抗倍特板卫生间隔断”等相关材料认价。审计提出审计意见和建议72条；关于工程洽商，审减金额388.96万元。此次审计帮助规范工程管理、防范经济风险、维护单位利益。

（李新影）

【完成基建修缮工程项目审计2477项】 至年底，北京市教育系统完成基建修缮项目审计2477项，送审金额376268.88万元，审减金额30321.47万元，审减率8.06%。其中，自审项目送审金额11826.65万元，审减金额664.83万元，审减率5.62%；委托中介机构审计送审金额364442.23万元，审减金额29656.64万元，审减率8.14%。

（李新影）

基本建设

【概况】 2014年，北京市各级各类学校基本建设完成投资694747.9万元。其中，国家投资679414.9万元（中央安排740万元、北京市地方安排428995.4万元、区县安排249679.5万元）、自筹资金15333万元。在施建筑面积2163580平方米，包括本年新开工面积810800平方米。竣工建筑面积1086040平方米，其中，教学及辅助用房715139平方米，行政办公用房46134平方米，生活服务用房269315平方米，其他用房55452平方米。本年新增固定资产290434.6万元。

（黄莹莹）

【组织在施基本建设项目安全和质量巡查】 6月和10月，市教委联合市住房城乡建设委、市建设工程质量监督总站对部分在施基本建设项目开展安全和质量巡查。此次巡查重点检查在施项目建设单位、监理单位和施工单位的项目管理、建筑质量、安全风险、诚信系统和合同履约情况，共检查市属高等学校项目6个、区县教委中小学项目12个。检查组认为全市教育系统基本建设管理工作符合本市对基本建设项目管理的相关规范、规定要求，整体管理保持较高水准，建设项目质量、安全措施到位，合同履约执行到位，全系统未出现重大施工安全事故。

（马骏）

【完成暑期校园环境改造工程】 7至9月，部分名校办分校和高校合作办学学校暑期校园环境改造工程完成。工程重点对校舍装修、校园文化、校园市政等进行改造。完成改造名校办分校学校112所、项目160个，惠及学生约7万人；完成改造高校合作办学学校50所、项目109个，惠及学生近6万人。

（黄莹莹）

【建立健全中小学校舍安全保障长效机制】 8月26日，市政府转发《市教委等部门关于建立北京市中小学校舍安全保障长效机制的意见》。文件明确工作目标、覆盖范围和工作原则、主要内容、工作要求和报装措施。提出中小学校舍安全保障创效机制主要包括建立校舍安全年检制度、健全校舍安全预警机制、完善校舍信息化管理制度、建立校舍安全信息通报制度、完善校舍安全隐患排除机制、严格工程项目管理制度。该意见由市教委、市发展改革委、市监察局等15个单位共同制定，并附《建立北京市中小学校舍安全保障长效机制责任分工附件》。

（张逊）

【开展全市教育系统安全专项检查】

12月，市委教育工委、市教委、市教育督导室对各区县教委、高等学校、中等职业学校和市教委直属单位开展安全大检查工作。此次检查旨在全面做好全市教育系统安全工作，汲取“清华附中12·29事故”教训。重点对在建工地施工安全、校园防火安全、交通安全、饮食安全、防滑冰溺水及节假日学生活动安全方面进行检查。要求各区县、学校、单位加强领导，提高安全意识，深刻汲取“清华附中12·29事故”教训，积极履行安全管理责任，主要领导要结合自身实际，有针对性地制定检查工作方案，及时消除安全隐患。同时要求各学校、单位主要负责人要切实负起责任，认真开展调查摸底，要在完成安全大检查和整改工作的基础上，及时梳理总结安全管理工作中的漏洞和盲区，防患于未然。12月29日，清华大学附属中学一在建工地发生脚手架坍塌事故，事故造成10人死亡、4人受伤。

（马骏）

【完成市本级基建投资15亿元】 至年底，市本级学校和单位共完成基本建设投资15亿元。其中，市政府固定资产投资3.6亿元、市财政教育经费安排11.4亿元。市教委所属高校和单位共有26个在建项目，总建筑面积650302平方米。其中，竣工验收项目14个，总建筑面积313578平方米，分别为北京财贸职业学院大学生公寓11987平方米、北京印刷学院学生集体宿舍10742平方米、北京工业大学艺术设计学院48825平方米、北京工业大学第四教学楼25910平方米、首都体育学院实验综合楼27138平方米、首都师范大学南校区学生活动中心6948平方米、北京农学院实验楼17999平方米、北京建筑大学新校区二期学生公寓34870平方米、首都师范大学南校区理科教学楼24268平方米、北京工业职业技术学院图书科技楼19500平方米、首都经济贸易大学第二学生食堂5996平方米、北京第二外国语学院教学科研楼27080平方米、北方工业大学学生十一公寓31538平方米、北京联合大学文理学院第二教学楼20777平方米。续建项目6个，总建筑面积216955平方米；本年度新开工项目6个，总建筑面积119769平方米。

（王虹）

【批复中小学三年行动计划建设项目57个】 至年底，市教委批复中小学三年行动计划市级支持项目专项建设任务书57个。57个建设项目总建筑面积145万平方米，计划总投资88亿元，其中，市级支持资金42亿元，已下达6.9亿元。至2014年12月，中小学三年行动计划共完成审批项目220个，总建筑面积417.7万平方米，计划总投资216亿元。其中，市级资金支持项目127个，建筑面积288万平方米，计划总投资167.7亿元，市级投资92.3亿元。全市已开工项目138个，其中，新建、改扩建项目92个，接收小区配套中小学校46个，实现新增学位13万余个。

（黄莹莹）

【批复市属高校2010～2012建设实施规划项目55个】 至年底，市教委完成批复《市属高校2010～2012年建设实施规划》项目55个。《市属高校2010～2012年建设实施规划》涉及21所市属高校、60个建设项目（含57个校园单体和3个新校区），总建筑面积200万平方米。2014年，市教委已批复立项项目55个（含53个校内单体项目，2个新校区项目），总投资约84.4亿元。53个校内单体项目建筑面积约130万平方米，总投资约60亿元，其中，市政府资金44.6亿元（包括市政府固定资产投资8.6亿元，市财政教育经费36亿元）。另有3个项目待报立项，2个项目因规划调整暂不实施。

（王虹）

后勤管理

【概况】 2014年，北京市学校后勤工作紧密围绕《北京市中长期教育改革和发展规划纲要》《北京市“十二五”教育改革和发展规划》，以改革创新的精神，着力解决热点难点问题；以创建“平安校园”为抓手，维护校园安全，保障校园秩序；以师生需求为导向，不断改善后勤服务校园民生项目；以服务为宗旨，为学校改革发展稳定提供有力的后勤保障，努力提升首都教育后勤治理体系和治理能力现代化管理水平。

（常勇）

【举办节约型学校建设成果展】 3月20至22日，北京市教育系统节约型学校建设成果展示会暨节约型学校建设论坛在北京展览馆举办。在建设成果展中，11所中小学校、幼儿园和10所高校通过展板展示节约型学校的建设情况，同时展出节约型学校相关出版成果和师生自制的节能减排教学教具、工艺品、科技创新作品等。期间举办北京市教育系统节约型学校建设论坛，3所高校和2所中小学代表作交流发言，分别介绍学校节能减排的具体实践案例。各区县教委、幼儿园、中小学，各高等学校代表共计300人参加论坛并参观节能减排的专题展览。

（李华勇　王鹏）

【举办节约型学校建设专题培训】 4月10至11日、10月28至29日，市教委举办两期节约型学校建设专题培训。培训面向各高校、区县教委行政管理人员，中小学、幼儿园、中等职业学校校（园）长、后勤骨干、教师骨干。培训内容包括新型城镇化与校园生态文明建设、北京空气环境PM2.5污染与控制、公共机构节能对策、合同能源管理与公共机构节能、关于北京市“十三五”规划的研究编制的总体设想、校园节水知识、开发非传统水源、扩大再生水利用。两次累计培训600余人次。

（李华勇　王鹏）

【举办高校后勤服务及用品展】 4月18日，北京高校后勤服务及用品展示活动在北京工业大学举行。此次展览除展示传统的学生公寓床上和其他用品外，新增物业服务企业和设施设备，涵盖物业信息化、智能化管理系统、节能设备设施、安全管理设施设备等。共有18家学生公寓床上用品企业、18

家学生公寓设施用品相关企业、16家物业服务企业参展。50所高校400余名代表参加活动。北京高校后勤服务及用品展示活动已连续举办13年，旨在方便北京高校后勤选用社会服务企业及其产品，为优质社会企业与学校搭建供需平台，确保学校采购公寓和物业用品的质量与安全。

（刘文杰）

【举办中小学校园营养师培训班】 4月、6月和10月，市教委分别举办三期“北京市中小学校园营养师培训班”。此次培训委托北京营养师协会组织开展，旨在科学引导和有效改善本市中小学生营养健康状况和饮食行为习惯，推进关注学生营养的良好环境的构建。培训班面向各中小学主管副校长、后勤主任、校医、卫生教师、食堂后勤人员，主要普及中小学校学生营养管理及营养膳食教育相关内容。来自16个区县的672人次先后参加培训。

（杨晖）

【召开平衡膳食校园健康促进行动启动会】 5月20日，市卫计委、市教

委联合召开“营”在校园——北京市平衡膳食校园健康促进行动启动会。会议解读《“营”在校园——北京市平衡膳食校园健康促进行动工作方案》，通报北京市中小学生膳食营养与健康状况调查结果，对北京市中小学生校园平衡膳食健康促进行动监测方案进行培训。会议介绍教育部门学生营养餐管理等相关工作情况并安排下一步工作，强调一是要提高认识，切实贯彻落实行动方案各项工作；二是各部门要履行职责、密切配合、形成合力，共同推进平衡膳食校园行动；三是要注意动员全社会力量参与行动，共同营造关注学生平衡膳食的社会氛围。启动会同时发布《北京市中小学健康膳食指引》。该书邀请多名儿童青少年营养专家参与编写，提出中小学生健康膳食原则，应对青少年肥胖等健康问题。此书面向部分学校免费发放。各区县卫生、教育行政部门，疾控机构，中小学卫生保健所的主管领导和相关负责人以及部分平衡膳食校园行动专家参加启动会。“营”在校园项目针对少年儿童因膳食结构不合理造成的肥胖等健康问题，开展健康教育、主题活动、专业指导等工作，引导学生形成健康饮食习惯，改善营养健康状况。

（杨晖）

【召开高校学生公寓标准化培训会】 5月22至23日，北京高校学生公寓标准化建设和安全管理培训会召开。此次培训主要包括“高校标准化学生公寓建设和学生公寓安全管理”“北京高校学生公寓空调安装及日常管理”等内容。培训同时安排两次涉及电子灭火设备实操、高层公寓坠降、逃生等学生公寓消防实操体验课。各高校学生公寓负责人、高校引入的社会物业企业负责人共计190余人参加本次培训会。

（刘文杰）

【举办节约型学校建设论坛】 6月24日、9月25日，节约型学校建设高校校长论坛与中小学、幼儿园校长（园长）论坛分别在北京师范大学和北京市育英学校举办。两次论坛围绕“推动节约型学校建设”这一主题，邀请中国科学院大气物理所王跃思研究员作关于大气PM2.5与霾污染专题报告，并分别邀请4所高校校长和3所中小学、幼儿园校（园）长作经验交流。国务院机关事务管理局、市教委、市发改委等单位负责人及各高校、中小学、幼儿园的校领导和主管负责人共500余人次参加论坛。

（李华勇　王鹏）

【节能减排应用平台启用】 7月1日，北京市教育系统节能减排应用平台正式启用。该平台登录网址为http://jnjp.bjedu.cn，包括世界银行新能源支持项目、节约型示范学校建设、上报数据等14个栏目和模块。主要功能包括开展国家和本市各项节能减排、低碳环保政策法规的宣传教育工作；开展区县之间、学校之间和广大师生的交流与沟通；开展校企之间的交流与合作，推动新技术、新设备使用；通过在线监测和人工填报相结合的方式，实现对教育系统所有用能单位的水、电、气、热、油、煤等用能数据采集与监控。其中，数据填报工作要求各单位专人负责，区县教委每年上、下半年各上报一次，各高校和市教委直属直管单位每季度上报一次，填报内容包括学校区县、名称、教师人数等15项基本数据和38项能耗使用情况。

（李华勇　王鹏）

【召开高校食堂标准化培训会】 10月21至23日，市教委召开高校食堂标准化培训会。培训会分两期举办，主要就高校标准化食堂建设、高校食堂成本核算、高校清真餐饮管理以及当前形势下办好高校食堂等内容进行专题培训。各高校后勤工作相关负责人、餐饮中心负责人、食堂经理等共700余人参加培训。

（刘文杰）

【召开高校校园快递服务工作推进会】 10月24日，市教委、市商委、市邮政局在北京化工大学联合召开北京市高校校园快递服务工作推进会。会议邀请清华大学、北京化工大学作校园快递管理典型经验交流发言，化工大学第三方快递企业“永嘉易站”介绍校园快递委托管理服务方案和运营经验，“校园100”介绍智能快递箱校园服务经验，“城市100”介绍校园共同配送快递服务经验。会上，顺丰快递代表物流快递企业表态发言。与会人员同时参观北京化工大学“永嘉易站”快递服务网点。来自54所高校后勤负责人、各区县邮政管理局负责人、部分快递企业代表共200余人参加会议。

（刘文杰）

【完成第二批节约型示范学校年检】 10月，市教委完成第二批北京市节约型示范学校年检工作。此次年检参照《北京市节约型中小学校考核评价办法》，主要检查第二批北京市节约型示范学校（2011年市教委批准并授牌的学校）近三年开展节约型示范学校建设基本情况及新思路、新经验、新成果等特色工作。评估组通过听取汇

报、现场质询，认定第二批节约型示范学校均通过年检验收。

（常勇　王鹏）

【完成平抑资金统计及拨付工作】 10至12月，市教委完成北京高校学生食堂价格平抑资金2013至2014学年度管理使用情况的统计及2014至2015学年度的拨付工作。根据统计结果，2013至2014学年度，平抑资金补贴覆盖中央在京高校、市属高校以及民办高校共94所，惠及在校学生81.88万人。94所高校财政拨款部分总金额1.23亿元，学校自筹部分总金额1.44亿元，平抑资金总金额共2.67亿元。

（郭迎庆　崔莲莲）

【召开高校标准化物业培训会】 11月18至19日，市教委举办北京高校标准化物业培训会。会议介绍创建标准化物业的必要性，实现的条件和途径。邀请中国石油大学、中央财经大学、中国人民公安大学、北京建筑大学作经验介绍。会议同时通报《北京高校公寓、物业服务项目及费用评估标准草案》（2015版），并听取修改意见。来自60所高校的240名物业管理干部参加培训。

（刘文杰）

【推进阳光校园光伏屋顶工程】 11月27日，市发改委、市教委联合召开项目协调会，推进阳光校园光伏屋顶工程。会议就出台工作推进方案、建立协调监督机制、完善市区级领导小组、调整安装范围、确保施工维护安全、调动学校积极性、电费收取等问题展开讨论。决定适时召开各区县发改委、教委负责人参加的项目协调会，整体推进该项工作。市发改委、市教委领导及相关处室负责人参加会议。

（李华勇　常勇）

【市教育系统食品安全检测网络启动】

12月2日，北京市教育系统食品安全检测网络启动。检测网络由市教育系统食品安全中心检测室和配备到各校的食品检测仪构成。安全中心检测室设在中国农业大学食品与工程学院，受市教委领导。市教委、市食药局为本市所有高校、部分中等职业学校和区县教委食品安全业务部门配发223台食品安全快速检测仪，并配套出台检测设备使用管理办法，要求各检测单位对学校食堂的饭菜细菌总数等常规微生物、原材料农药残留及餐具表面细菌总数等进行检测，并实时上报市教育中心检测室，中心检测室实时接收、统计、汇总、分析检测数据，动态监测全市教育系统的食品安全状况，防范学校食品安全隐患。

（常勇　朱雯雯）

【“农校对接”直供基地增至132个】 至年底，北京高校食堂原材料扩大“农校对接”规模。市教委补贴“农校对接”仓储物流费用1800万，参与“农校对接”高校增至84所，比2013年增加3所；直供基地增至132个，比2013年增加77个。“农校对接”生均年采购额最高达到885元，全年直供基地采购和运输量6.54万吨，为高校节约采购资金5200万元。2014年，全市“农校对接”直供基地采购和传统“伙联采”采购总量7.9万吨，交易总额4.3亿元。同时全面实现“网上下单、订货”，采购数据时时滚动更新。

（刘文杰）

安全稳定工作

【概况】 2014年，市委教育工委、市教委和各高校围绕全市工作大局和首都教育改革发展中心任务，认真贯彻落实党的十八大和十八届三中全会精神，以扎实推进“平安校园”创建工作为主线，以完善体系机制为保障，以强化基层基础建设为支撑，着力维护高校意识形态领域稳定，着力预防化解各类涉校矛盾纠纷，着力推动解决校园及周边突出安全隐患，努力创建和谐稳定的校园及周边环境，实现首都高校系统持续稳定。

（韩婷婷）

【召开年度安全稳定工作会议】 2月28日，首都综治委校园及周边治安综

合治理专项组全体扩大会议暨首都高校安全稳定工作会议在北京会议中心召开。会议总结2013年首都教育系统综治维稳工作，全面部署2014年校园及周边治安综合治理工作和首都高校安全稳定工作。要求各区县、高校开展校园安全隐患及周边突出问题排查整治工作，针对排查出来的问题，分类建立工作台账，逐一明确化解、整治工作责任。充分发挥专项组统筹协调作用，协调综治、公安、工商、城管、卫生、文化、交管、消防等相关部门持续整治校园周边隐患问题。专项组各成员单位主管领导、专项组办公室成员，各区（县）专项组组长及办公室主任，各高校主管安全稳定工作领导、保卫部门和学生工作部门负责人，部分民办高等教育机构负责人等400余人参加会议。会议印发《2014年首都校园及周边治安综合治理工作要点》《2014年首都高校安全稳定工作要点》《2014年首都高校维护安全稳定工作任务书》以及关于开展涉校矛盾纠纷、校园及周边安全隐患排查整治等工作的通知。

（韩婷婷）

【向13所高校颁发“平安校园”铭牌】 2月28日，市委教育工委向第二批13所通过“平安校园”检查验收的高校颁发“平安校园”铭牌。13

所高校包括北京理工大学、北京科技大学、华北电力大学、北京外国语大学、中国政法大学、中央美术学院、中央民族大学、北京信息科技大学、北京建筑大学、首都经济贸易大学、首都体育学院、北京农学院、北京财贸职业学院。市委教育工委同时向第一批获“平安校园”示范校称号的16所学校颁发“平安校园示范校”铭牌。16所学校分别为北京大学、北京林业大学、北京工业大学、首都师范大学、北京航空航天大学、北京科技大学、北京交通大学、华北电力大学、国际关系学院、北京信息科技大学、北京建筑大学、首都体育学院、北京农学院、北京青年政治学院、北京工业职业技术学院、北京财贸职业学院。根据相关规定，市财政分别向上述学校拨付“平安校园”创建专项引导资金和示范校专项引导资金共计1450万元。

（韩婷婷）

【全国中小学安全教育日活动启动】 3月31日，第十九个全国中小学安全教育日活动启动仪式在北京市海淀区上地实验小学举行。活动以“强化安全意识，提升安全素养”为主题，与会各主办单位领导通过视频方式观摩北京、云南、辽宁等地中小学校同步开展的应急疏散演练。活动同时启动国家教育资源公共服务平台中小学生安全教育频道和第二届全国中小学生安全知识网络竞赛，发布《安全校车》系列电影科教片。全国中小学生安全教育形象大使李冰冰通过短片向全国中小学生发出安全倡议。公安部、交通运输部、国家卫计委等主办单位和西子奥的斯电梯有限公司、开明出版社等企业向全国中小学生赠送图书、光盘、画册等安全教育资源。上地实验小学在启动仪式后举办安全教育嘉年华活动。此次活动由教育部、公安部、交通运输部、国家卫生计生委、国家质检总局、国家安监总局、国家林业局、共青团中央、全国少工委、国务院妇儿工委办公室、中国地震局、中国气象局、国务院应急办、北京市政府共同举办。北京市基础教育系统以此为契机，开展多种形式的宣传教育活动。

（程增科　战先政）

【开展“平安校园”创建检查验收工作】 6月5至12日，11月18日至12月26日，市委教育工委分两批对19所高校“平安校园”创建工作开展入校检查验收。检查组听取各学校“平安校园”创建工作报告，查阅创建工作支撑材料并提出指导意见，实地查看走访各学校安全监控中心、学生公寓、食堂等部门和设施，并与相关部门负责人及教师、学生座谈交流。经过检查，检查组认为19所高校对“平安校园”创建工作普遍高度重视，党政主要领导亲自动员部署，工作推进扎实有力，条件与经费保障充足，全校上下共同参与，形成浓厚的创建氛围，取得良好的创建成效，建议全部通过检查验收。年内，市委教育工委于3月19日至4月3日，分四批组织召开33所未验收高校“平安校园”创建工作座谈会，建立市委教育工委安全稳定工作处干部联系学校制度，指导各高校务实推进创建工作。9月16日至11月2日，组成调研工作组对18所高校走访调研，指导督促各校进一步深化创建工作。

（韩婷婷）

【投保校方责任险及无过失责任险1243.26万元】 9月，市教委2014～2015学年度为中小学学生及幼儿园幼儿投保校方责任保险及附加无过失责任保险共计1243.26万元。其中，为130.8万公办中小学学生及幼儿园幼儿投保校方责任保险，共计保费654.03万元；为117.8万公办中小学学生投保无过失责任保险，共计保费589.23万元。校方责任险及无过失责任险有效转移办学风险，保障学校、家长及学生的合法权益。

（程增科　战先政）

【配发小学生交通安全帽】 9月，市教委为全市新入学一年级小学生配发小学生夜光型交通安全帽（小黄帽）。市财政投入资金760万元，共配发安全帽19万套。同时，市教委以小黄帽路队制工作为载体，广泛开展多种形式的交通安全教育，保障小学生道路交通安全。

（程增科　战先政）

【印制《大学生反邪教知识手册》】 12月，市委教育工委印制《大学生反邪教知识手册》和《大学生安全知识手册》。两本手册旨在为各高校深入开展大学生安全教育给予有力支持，切实提高大学生的安全意识和自救、自护、救人的素质及能力，增强广大师生识别和防范邪教侵蚀的能力。年内，市委教育工委指导各高校开展防范和处理邪教警示教育专题活动，抵御和防范邪教向高校渗透侵蚀。

（韩婷婷）

【完成敏感节点和重大活动专项维稳】 至年底，市委教育工委、市教委完成敏感节点和重大活动专项维稳。两委抓住形势研判、工作部署、督导检查、应急处置四个关键环节，推动高校进一步固化并完善敏感期工作机制和网格化、等级化校园综合防控体系，圆满完成各重要敏感节点以及全国“两会”、国庆65周年、APEC会议等重大活动的安保维稳工作。

（韩婷婷）

【开展重大事项社会稳定风险评估】 至年底，市委教育工委、市教委开展重大事项社会稳定风险评估。两委组织协调相关处室对推进义务教育均衡发展问题、高考招生改革方案等问题开展风险评估。通过座谈、调研等方式，为重大决策提供风险预警及方案，保障两委重大决策项目顺利实施。

（韩婷婷）

【排查化解涉校矛盾纠纷】 至年底，市委教育工委组织各高校开展涉校矛盾纠纷排查化解专项行动。市委教育工委动态更新市、校两级工作台账，排查市级涉校矛盾纠纷19起，逐一落实化解稳控措施。市委教育工委5至12月，召开多次专题协调会，推进解决北京科技大学管庄校区合作办学问题、北京黄埔大学违规招生办学、非京籍群体子女幼升小群体上访等一批突出矛盾纠纷，取得积极成效。

（韩婷婷）

离退休干部与关心下一代工作

【**概况**】　2014年，北京市属高校，市委教育工委、市教委机关及直属单位共有离休干部1068人，平均年龄85.3岁。其中，中共党员906人；第二次国内革命战争时期参加革命工作的2人；抗战时期参加革命工作的170人；解放战争时期参加革命工作的896人。退休干部17303人，其中，中共党员9889人。离退休干部分党委8个，党总支28个，党支部468个。拥有老干部活动站（室）60个，建筑面积1.67万平方米。全年，北京高校共举办离退休老同志学习班、读书班401期，1.27万人次参加；举办各类情况通报会、报告会619场，4.03万人次参加；组织外出参观233批，1.33万人次参加。年内共走访慰问老同志2.53万人次，发放慰问金1655万元；为1300名离休干部和4700名退休干部发放困难补助共计1097万元。

（杨旭）

【**召开北京教育系统老干部工作会**】　2月21日，市委教育工委、市教委召开北京教育系统老干部工作会。会议总结2013年教育系统老干部工作，部署2014年工作任务，强调要在全面深化改革中落实好老干部政治待遇和生活待遇，加强离退休干部思想政治建设和党支部建设，充分发挥老同志优势作用，不断提升离退休工作科学化水平。北京师范大学党委、北京物资学院离退休工作处、对外经济贸易大学离退休分党委退休第二党支部、首都医科大学宣武医院老党员志愿服务团队分别作交流发言。北京高校离退休工作主管领导和部门负责人140人参加会议。

（杨旭）

【**召开思政课教学信息员工作座谈会**】　3月18日，市委教育工委召开北京高校思想政治理论课教学信息员工作座谈会。会议通报高校思想政治理论课建设工作情况和2014年重点工作，听取信息员对进一步加强和改进首都高校思想政治理论课建设的意见建议。市委教育工委、北京教育系统关工委领导，40余名高校思政课教学信息员参加座谈会。至年底，43名思政课信息员共上报教学信息反馈表841份，累计随堂听课841门次、1837课时，覆盖700余名主讲教师，为思想政治理论课建设发挥积极作用。

（张兴华）

【**召开关心下一代工作会议**】　3月25日，2014年北京教育系统关心下一代工作会议召开。会议总结关工委2013年工作，部署2014年工作，表彰“关心下一代优秀主题教育活动”和优秀信息单位。清华大学关工委、北京科技大学关工委和平谷区委教育工委作经验交流发言。教育部关工委、市关工委、市委教育工委、市教委、北京教育系统关工委领导，关工委委员及各高校、区县、高职中专院校关工委负责人200余人参加会议。

（张兴华）

【**举办关工委骨干培训班**】　4月17日，北京教育系统关工委举办骨干培训班。培训班邀请北京师范大学教授王炳林作题为《学习领会习近平总书记系列重要讲话精神》的专题辅导报告。报告从实现中华民族伟大复兴中国梦的战略目标、建设中国特色社会主义的战略任务、全面深化改革的前进动力、坚持和完善党的领导的根本保障、开辟国际战略新境界的外部环境五个方面，系统解读习近平总书记系列讲话精神。各高校、区县、高职中专院校关工委负责人、高校特邀党建组织员和思想政治理论课教学信息员200余人参加培训班。

（张兴华）

【**举办高校离退休干部党支部书记培训班**】　4至12月，市委教育工委、北京教育老干部党校举办8期北京高校离退休干部党支部书记培训班。培训班邀请北京各高校、市委党校等单位有关专家学者，深入解读党的十三届三中、四中全会，习近平总书记系列重要讲话精神和社会主义核心价值观，并作关于中国经济形势、我国外交政策、北京高校离退休干部党建工作等专题报告，帮助离退休干部党支部书记提高认识、统一思想，提高离退休干部党建工作水平。培训班分别由北京航空航天大学、北京化工大学等8所高校承办。来自北京各高校的550余名离退休干部党支部书记参加培训。

（杨旭）

【**举办高校离退休干部羽毛球赛**】　5月20日，北京高校离退休干部工作人员羽毛球比赛在北京外国语大学羽毛球馆举办。经过紧张激烈的角逐，首都体育大学和首都师范大学联队夺冠，对外经济贸易大学获得亚军，北京邮电大学、中国农业大学获得第三名。来自清华大学、中国农业大学等18所高校近100名离退休工作人员参加比赛。

（方伯）

【**举办健身项目展示活动**】　5月28日，市委教育工委、市教委在中国农业大学体育馆开展北京高校老同志健身风采展示活动。活动以“与健康相伴、与祖国同行”为主题，来自清华大学、北京工业大学等28所高校的千余名高校老同志表演健身操、太极拳、广场舞等适合老年人开展的健身项目。经评选，中国农业大学、清华大学、北京舞蹈学院等10个单位获得最佳表演奖，北京财贸职业技术学院、北方工业大学、北京理工大学等18个单位获得康乐展示奖。

（杨旭　张浩）

【举办老教育工作者文艺演出】　6月

17至19日，市委教育工委、市教委举办三场北京老教育工作者文艺演出。活动以“与党同心、与祖国同行”为主题，旨在展示北京教育系统离退休干部积极健康的生活状态和乐观向上的精神风貌。来自44所高校及16个区县的近3千名离退休教育工作者表演合唱、舞蹈、诗歌朗诵等节目60个。

（杨旭　李守德　张浩）

【举办主题教育读书活动演讲比赛】

6月22日，“美丽中国，我的中国梦”主题教育读书演讲比赛举行。经各区县选拔推荐，30名中小学生参加中学组、小学组演讲比赛。比赛中，参赛选手把“美丽中国，我的中国梦”读书活动后的感想用演讲的形式展现，通过展示自己心底的梦诠释出“中国梦”的美好意义。相关专家对演讲开展点评和现场培训。比赛分别评出一、二、三等奖各一名。比赛由北京教育系统关工委主办、门头沟区教育系统关工委承办。教育部关工委、北京教育系统关工委领导，各区县教育关工委负责人和中小学生代表400余人观看比赛。全市有20余万中小学生参加“美丽中国，我的中国梦”读书活动。

（张兴华）

【举办高校离退休工作队伍建设专题研修班】　7月14至18日，市委教育工委举办北京高校离退休干部工作人才队伍建设专题研讨班。研讨班邀请清华大学、全国老龄工作委员会、民政部的专家学者及相关负责人就中国社会问题、老龄事业发展、社区建设，以及中华传统文化等方面内容进行授课，帮助高校离退休工作人员更新知识，开阔视野，提升站位。研讨班由清华大学承办，45所北京高校的近70名离退休工作部门负责人和业务骨干参加培训。

（杨旭）

【开展“德育漫谈”征文活动】　9月，北京教育系统关工委“德育漫谈”征文活动结束。活动历经五个月，共收征文55篇。征文内容紧密结合当前大学生思想实际，为大学生思想政治教育建言献策，为大学生在思想上解疑释惑。经专家评审，评出一等奖6个、二等奖9个、三等奖16个。部分优秀征文在《北京教育（德育）》等刊物发表。

（张兴华）

【举办教育系统老同志创意作品展】

10月17日至11月17日，市委教育工委、市教委举办“创意生活、共筑梦想”北京教育系统老同志庆祝建国65周年创意作品展。展览要求参展作品构思新颖，能够体现出老同志的个人创意和审美品位，展现出北京教育系统老同志丰富的想象力和生动的艺术表现力。来自37所北京高校和区县教育系统离退休干部的近千件作品参加展出，共有3000余人次前往参观。

（杨旭　张浩）

【举办北京高校老干部大讲堂】　10月21日和11月25日，市委教育工委

分别在北京地质大学和北京航空航天大学举办“北京高校老干部大讲堂”。大讲堂分别邀请北京师范大学王炳林和国家创新与发展战略研究会吴建民作《培育与践行社会主义核心价值观》《准确认识今天的世界》专题报告。各高校局级离退休干部、离退休干部党支部书记、理论学习骨干共计450人参加大讲堂。

（杨旭）

【召开职业院校关工委工作研讨会】

11月19至20日，北京职业院校关工委工作研讨会召开。北京农业职业学院关工委、北京市商业学校关工委、北京财贸职业学院关工委和北京铁路电气化学校党委作大会发言。会议邀请教育部关工委常务副主任王富作题为《职业院校关工委建设和发展情况》辅导报告。教育部关工委、北京教育系统关工委及全市高职中专院校党委和关工委负责人参加会议。

（张兴华）

【举办理想信念教育五老报告会】

11月23日，北京教育系统关工委、北京大学关工委共同举办理想信念教育五老报告会。报告会邀请北京大学教授黄宗良为大学生和关工委老同志作“中华民族的复兴与理想信念”报告，以详实数据和事例展示我国取得的巨大发展和伟大成就。来自首都高校的关工委老同志、思政课信息员和大学生代表约400人参加报告会。

（张兴华）

【开展军训服装捐赠活动】　11月27日，北京高校关工委军训服装捐赠仪式在河北省承德地区举行。北京大学、清华大学等25所高校关工委老同志和大学生携手开展活动，共募集军训服装12400余套，全部捐赠给贫

困地区学生。北京教育系统关工委、河北省教育关工委领导，高校关工委老同志和大学生代表，受赠地区师生代表约200人参加捐赠仪式。

（张兴华）

【机关离退休干部党总支换届】　12月23日，市委教育工委、市教委机关离退休干部党总支召开换届大会。会议选举产生新一届党总支委员会。两委机关离退休干部党员138人参加大会。会后，党总支召开第一次委员全会，选举王宇红为新一届离退休干部党总支书记，张彪、马亚莉为党总支副书记。

（杨旭）

【概况】　2014年，市委教育工委市教委机关党的工作大力加强学习宣传教育，组织深入学习宣传习近平北京调研讲话精神，举办机关处级以下干部专题培训班。扎实推进组织建设，组织开展纪念建党93周年“七一”主题党日活动。完善践行群众路线长效机制，启动党员进社区活动，与所在街道社区进行组织对接。开展巾帼建功活动，市教委财务处获市“三八”红旗集体荣誉称号，北京西藏中学张梅获“三八”红旗奖章荣誉称号。全面推进和谐机关建设，举办“参与，运动，健康，快乐”为主题的两委机关系统第三届职工运动会。以市教委回迁和平门为契机，加强职工之家建设，发挥兴趣小组等的作用，不断提升机关文化建设水平。

（王栋）

【开展主题党日系列活动】　6至7月，

市委教育工委市教委机关党委开展纪念建党93周年“七一”主题党日系列活动。活动以“弘扬传统、展现风采”为主题，召开“七一”表彰大会，评选表彰先进基层党组织20个、优秀党务工作者18人、优秀共产党员107人。组织党员、积极分子和群众献爱心捐款11.8万余元，拨付1.54万元党费慰问困难党员16人。组织机关系统200余名党员观看大型文献纪录片《战友》，并推动直属党组织开展党课宣讲、理论学习、红色基地参观等党日活动，提升党组织的凝聚力。机关党委以庆祝建党93周年为契机，开展直属党组织结对共建活动，结成共建对子27个，实现直属党组织100%全覆盖。

（刘晓明　刘锦霞）

【加强机关文化建设】　8至12月，市委教育工委市教委机关党委研究制定《两委机关文化建设实施方案》，并以市教委回迁和平门办公楼为契机加强机关文化建设。《两委机关文化建设实施方案》以培育和践行社会主义核心价值观为引领，进一步凝练机关文化精神，凝聚改革发展共识。市教委以回迁和平门办公为契机，及时在办公楼公共区域配备歌德电子借阅机、人民日报阅报栏和电子传媒信息发布系统，开展“书香共享”图书捐赠活动，积极推动职工活动室和图书阅览室建设，加快机关文化宣传区建设，形成具有首都教育特色的机关环境文化。

（邹美凤）

【开展爱心捐助活动】　10月，市委教育工委市教委直属机关工会组织干部职工开展“爱在西城冬衣送暖”捐助活动。活动共捐款11550元，捐赠棉衣物121件。直属机关工会获赠西长安街街道办事处“慈善爱心单位”锦旗。

（邹美凤）

【举办两委机关系统党务工作培训班】　11月27至28日，市委教育工委市教委

机关党委举办两委机关系统党务工作培训班。培训班邀请市纪委、市直机关工委、市网信办、中国劳动关系学院等相关部门领导和专家围绕《中国共产党党和国家机关基层组织工作条例》及北京市实施办法的贯彻落实、党风廉政建设、发展党员工作细则解读、职工之家建设和团组织如何发挥作用等方面进行专题辅导，配发《党务工作基本流程》《基层党组织工作法规实用一本通》等学习材料。两委机关党委委员、纪委委员、工会委员、团委委员，机关处室党支部支委，直属单位党务干部近120人参加培训。

（张晓兰　刘晓明）

【举办职工运动会及系列健身活动】

至年底，市委教育工委市教委直属机关工会举办两委机关系统第三届职工运动会并开展系列职工健身活动。运动会以“参与运动健康快乐”为主题，涵盖定向越野、乒乓球、羽毛球、篮球、足球等项目，运动会同时举办系列健康讲座。机关及直属单位2500人次参加运动会。机关工会2014年举办春秋两季定向越野健身活动、元旦迎新年健步走活动、中青年

踢毽比赛和跳绳比赛等活动，累计700人次参加。

（刘晓明 邹美凤）

【组织开展“机关大讲堂”系列讲座】 至年底，市委教育工委市教委机关党委共组织14场机关大讲堂专题学习。大讲堂邀请相关专家，围绕全面深化教育领域综合改革、学习习近平北京调研讲话、全国两会精神、加快推进京津冀一体化战略、遵守《保密法》保守国家秘密、全面推进依法治国、中央经济工作会议精神解读作专题报告。两委一室领导班子成员、机关全体党员干部、直属单位主要负责人共2000人次参加学习。

（刘晓明）

【举办处级以下干部培训班】 至年底，市委教育工委市教委机关党委共举办4期机关处级以下干部学习培训班。处级以下干部培训班分别从理论、经济、法治、外交四个方面组织党员干部深入学习党的十八届三中全会精神。共220人次参加学习。

（刘晓明）

【发放学习资料引导党员干部自学】 至年底，市委教育工委市教委机关党委结合时政热点购买发放学习资料，推动党支部集体学习和党员自学。全年共发放《之江新语》《习近平总书记系列重要讲话读本》《习近平谈治国理政》《习近平关于教育工作重要论述摘编》《文化强国之路》《中国共产党党内法规选编（2007～2012）》《党政领导干部廉政新规图解》《中国共产党和国家机关基层组织工作条例》《中共中央关于全面推进依法治国若干重大问题的决定》等学习材料3000余册。发放十八届三中、四中全会和中央经济工作会议精神等学习光盘100余张，编发学习总书记讲话精神、十八届四中全会精神、党员领导干部专题民主生活会学习摘编6期。

（刘锦震）

【开展“送温暖”活动】 至年底，市委教育工委市教委直属机关工会统筹资源为干部职工送温暖。在元旦、春节期间投入38946元慰问经济困难或家有突发事件的干部教师职工8人，慰问两委机关和直属单位劳模27人、援疆援藏干部6人、统战人士6人。投入14600元慰问职工生病及家属去世，积极办理职工重大疾病保险、在职女职工特殊疾病保险，及时帮助2人办理保险赔付51684元。“三八”妇女节组织女职工40人开展服饰文化体验活动；“六一”儿童节投入10710元开展职工子女慰问，组织100余名职工子女参加蓝天儿童城职业体验活动；暑假期间组织职工子女暑期夏令营活动。组织机关和直属单位20余名单身青年参加交友联谊活动，投入4400余元开展职工新婚和生子慰问。投入25227元为职工办理2014年公园年票。暑期组织123名机关干部及家属休养。

（刘晓明 邹美凤）

【加强机关纪检工作】 至年底，市委教育工委市教委机关纪委采取系列措施，加强机关及直属单位党风廉政建设。机关纪委分别在春节、中秋放假前组织召开会议强调廉政纪律，加大廉政文化宣传力度，引导党员干部筑牢反腐倡廉的思想防线。于11月组织开展直属单位贯彻落实党风廉政建设责任制情况自查，把反腐倡廉各项任务落到实处。同时加强两委机关系统领导干部问题线索的集中管理和规范处置，防止线索失控、失管和案源流失，全年向市教育纪工委上报信访举报线索3条；加强两委机关系统信访办理工作，全年初步核实信访举报6件，转办7件，进行诫勉谈话4人次，正式答复4件。

（刘晓明 刘锦震）

【推进党建工作研究】 至年底，市委教育工委市教委机关党委推进党建工作研究。完善调研机制，开展针对机关建设的意见建议征集活动，及时了解机关干部职工实际需求。深入探究机关党委、纪委、工会、共青团工作的特点和规律，开展工作研究，形成《服务民生，找准抓手，建设阵地，打造品牌——关于建设服务型机关党组织的探索与思考》《夯实基础，健全机制，提升水平——基层党组织规范化建设的探索与思考》等调研报告。

（刘锦震）

【开展群众路线教育整改落实自查工作】 至年底，市委教育工委市教委机关党委组织党的群众路线教育实践活动整改落实自查工作。年初，召开两委党的群众路线教育实践活动总结

大会，全面总结活动成果，部署后期整改落实、建章立制、巩固成果各项工作。全年先后3次组织责任处室和相关直属单位认真对照整改落实方案、专项整治项目和上下联动整改项目，深入开展集中自查，推进各项工作落到实处。年底，结合领导班子专题民主生活会，按照深化“四风”整治、巩固和拓展群众路线教育实践活动成果的要求，再次对两委整改落实情况进行全面自查，确保把各项整改工作落到实处。

（刘锦震）

【推进群众路线教育整改落实】 至年底，市委教育工委市教委机关党委配合并组织推进两委党的群众路线教育实践活动整改落实工作，各项整改任务基本完成。两委领导班子召开系列专题会，制定整改落实方案，分工负责并细化整改措施。各级党组织坚决落实党建工作责任制，机关各处室和各直属单位逐项落实整改任务，扎实完成预期目标。在教育领域综合改革方面，两委成立深化教育领域综合改革领导小组，设置改革调研小组、9个专项小组及改革专家咨询组，机关党委协助专题研究推进中高考改革、义务教育优质均衡发展、减负等人民群众反映强烈的热点难点问题的解决。同时稳步推进考试招生制度改革，实行义务教育免试就近入学，精心绘制北京教育新地图，保障教育资源均衡配置，大力促进教育公平。在制度建设方面，两委全年共废止文件8个，保留22个，修订14个，新建5个。同时完善调研机制，开展38项委级课题和55项处级课题的调研。落实完善委领导信访接待日制度，两委领导参与协调和接访下访78批次，其中，协调接待集体访32批次385人次，妥善化解和处置非京籍家长子女幼升小等

问题。坚持简政放权，对原有 13 项行政许可事项和 25 项非行政许可审批事项进行全面梳理，保留行政许可事项 14 项、非行政许可审批事项 3 项。清理文件、简报、内部刊物，提高信息报送质量，全年制发公文比上年同期减少近 100 件，坚持使用电子政务内网传输文件，全年上报信息 123 期，向市委市政府上报调研报告 15 份，被市委市政府刊物采用 89 条，被国办刊物采用 10 条，完成中办和教育部专题约稿 8 个，获国办领导批示 2 次，获中央领导批示 2 次。开展机关领导干部联系中小学工作，市、区教育机关处级以上干部分成 18 个工作组，深入全市 200 余所中小学调研指导工作，帮助基层解决难题。

（刘晓明　刘锦震）

语言文字工作

【概况】 2014 年，北京市语言文字工作认真贯彻党的十八大及中央全会关于语言文字工作的精神，着力落实《国家中长期语言文字事业改革和发展规划纲要》和本市实施意见，积极响应《世界语言大会苏州共识》，注重提升广大青少年学生语言文化素养和全社会语言规范意识，促进社会语言生活的和谐，工作取得新进展新成绩。推进法制建设，成功举办《北京市实施〈国家通用语言文字法〉若干规定》颁布十周年纪念活动暨“第二届中国汉字听写大会北京市选拔赛”，与教育督导室联合研究制定中小学语言文字工作纳入素质教育综合督导评价的工作方案；强化宣传教育，举办高校和市级机关公务员语言文字规范标准和语言文化建设培训班，圆满完成对西藏语言文字工作干部的培训工作，组织“第十七届推广普通话宣传周”相关活动，成功组织全市小学生成语文化知识和才艺竞赛活动；组织示范创建，赴区县开展语言文字规范化示范创建工作调研，认定第八批北京市语言文字规范化示范校 30 所，开展“书法家进校园”活动，指导规范汉字书写教育特色校推广工作；开展应用科研，完成“中国语言资源有声数据库北京库”国家语委的项目验收，指导完成多个课题研究项目和若干行业语言文化建设标准，不断加强研究团队和学科建设；完善信息化建设，巩固“北京语言文字网”“北京语言文字测试网”和各区县语言文字网站建设成果，指导和督促《基于社会经济统计的北京语言产业数据库》《面向基础教育和社会公众的通用规范汉字听说读写辅助训练系统（第一期）》的开发研制；加强测试工作，成功举办“12 省市语言文字水平测试工作学术研讨会”，完成第 12 期普通话水平测试员资格考核培训工作，出版《新编普通话水平测试应试指南》，并建立普通话培训测试 20 人专家团队，组建 20 人视导员团队，全年完成普通话水平测试 8 万余人次，汉字应用水平测试 1.7 万人，均创历史新高。

（邓鸿）

【召开年度工作会议】 3 月 5 日，市语委办召开 2014 年度工作会议。会议从法制建设、宣传教育、示范创建、测试工作、应用科研、信息化建设方面总结 2013 年全市语言文字及测试中心工作，部署和安排本年度语言文字工作。同时围绕信息宣传、信息化推进工作的落实情况对各区县语委办进行点评，并对新一年的信息宣传工作提出具体要求。相关负责人就即将开展的“第二届中国汉字听写大会北京市选拔赛暨《北京市实施〈中华人民共和国国家通用语言文字法〉若干规定》十周年纪念活动”的赛事安排和评分标准等问题进行说明和解读。部分区县语委负责人，各区县语委办、各测试分中心和研究中心负责人 50 余人参加会议。

（邓鸿）

【纪念通用语言文字法规定实施十周年】 3 月 30 日，市语委组织第二届“中国汉字听写大会”北京选拔赛暨《北京市实施〈国家通用语言文字法〉若干规定》十周年纪念活动。活动通过汉字听写大赛、校园情景剧展演、漫画诗配画作品展示等形式，纪念《北京市实施〈中华人民共和国国家通用语言文字法〉若干规定》施行十周年。经过学校初赛、区县预赛，各区县分别推荐 1 个学校代表队参加全市汉字听写决赛，推荐 1 个校园情景剧节目和 4 幅漫画诗词配画作品参加展演展示。经过角逐，北京市第十二中学参赛队取得听写比赛第一名并代表北京参加“第二届中国汉字听写大会”全国决赛，北京市第八十中学两名学生代表港澳台籍学生直接参加全国决赛。海淀区教师进修学校附属实验学校参赛队获得校园情景剧比赛一等奖，西城区第十五中学、华中师大一附中朝阳学校、丰台区第十二中学选送作品获得漫画比赛 等奖，西城区徐悲鸿中学、石景山区京源中学、北京师范大学附属平谷中学选送作品获得诗配画比赛一等奖。

（邓鸿）

【成立语言生活状况年度报告编委会】 4 月 17 日，市语委办在北京师范大学召开《北京语言生活状况年度报告》编委会成立暨 2014 年度选题论证会。该编委会主要职责是组织专家研究整理北京地区年度语言生活状况并编纂出版《北京语言生活状况年度报告》，设主任 1 人，由市教委委员李奕担任，副主任 2 人，由语委办、北京语言大学等相关人员担任。编委会同时聘任语言文字专家学者 2 人担任顾问。《北京语言生活状况年度报告》是我国首部城市语言生活状况报告，主要突出北京特色。报告对北京地区的各种语言活动跟踪调查与研究，获取相关的实态数据，并通过分析数据所反映的语言规律和语言面貌，阐释其形成的深层原因，为制定科学的语言文字政策服务。报告计划每年出版一期。该报告为市语委委托项目，由北京师范大学文学院副院长王立军教授担任主编。选题论证会听取与会专家对选题的意见和建议，确定2014年报告的主要内容。

（邓鸿）

【设立1个语言文字研究基地】 4月29日，市语委研究基地北京华文学院语言文化传播研究中心揭牌成立。成立仪式上，市语委办宣读北京市语委关于在北京华文学院设立研究基地和成立北京华文学院语言文化传播研究中心的批复，并对中心即将开展的工作提出具体要求和建议。语言文化传播研究中心负责人汇报该中心近期拟开展的主要工作，包括认真贯彻执行国家语言文字工作的方针政策，搞好北京华文学院的语言文化建设；协助市语委，推进语言文字测试工作在华文教育领域的全面展开；加强学院科研队伍与市语委之间的沟通协作，促进国家语言文字应用科研工作。市语委办、华文学院等单位相关人员40人参加成立仪式。

（邓鸿）

【建立市普通话培训测试专家团队】 5月20日，市语言文字测试中心公布首批普通话培训测试专家团队名单。此举旨在为中小学教师普通话水平提升培训、师范专业学生测前培训等专项工作提供师资条件；为加强全市普通话培训测试工作的业务指导和质量监督，提高培训测试的质量和效率，提升业务能力和水平提供人才支撑和智力保障。专家团队由杜敏等20名经验丰富、教学和研究能力较强的国家级普通话水平测试员组成。

（邓鸿）

北京市普通话培训测试
专家团队名单（第一批）

杜敏　北京人民广播电台
杜琪方　北京市语言文字工作委员会办公室
范燕生　北京市语言文字测试中心专家委员会
韩向国　北京市通州区漷县镇中心小学
胡洁　首都师范大学
李红芸　首都师范大学
兰竞彦　首都师范大学
刘琨　北京市东城区教师研修中心
刘征　北京市海淀区语言文字工作委员会办公室
齐军华　北京市语言文字测试中心
孙银新　北京师范大学
汪大昌　首都师范大学
王济民　首钢技师学院
王薇　北京人民广播电台
许小颖　北京师范大学
杨丽彬　北京电子科技职业学院
杨晓麟　北京联合大学
易敏　北京师范大学
赵晴　北京市语言文字测试中心
周海兵　北京市东城区教师研修中心

（邓鸿）

【开展普通话水平测试视导工作】 5月21日，市语委印发《关于开展普通话水平测试视导工作的通知》。文件明确聘任袁钟瑞等20人担任北京市首批普通话水平测试工作视导员。根据规定，视导员将按照国家语委测试中心的工作要求，开展普通话水平测试工作的巡视督查和调查研究，目的是加强本市普通话水平测试工作的指导、监管和服务，促进普通话水平测试及管理工作的科学发展。

（邓鸿）

【启动中小学教师普通话水平提升培训工作】 5月23日，市教委、市语委办联合印发《关于2014年中小学教师普通话水平提升培训工作的通知》，启动中小学教师普通话水平提升工作。该项工作拟在四年内分期分批提升中小学教师普通话水平等级，培训对象为本市普通话水平未达一级乙等的中小学语文教师及未达二级甲等的其他学科教师。2014年计划培训2400名教师，其中，东城区700人、西城区700人、朝阳区1000人。培训采取集中培训的方式，每批次培训2天。内容包括普通话语音知识及训练，北京话、方言与普通话的辨正及训练，教师的朗诵艺术训练及语言魅力提升，普通话水平测试专题训练及上机练习四个模块，每个教学模块授课3学时。其他区县于今后三年内陆续安排。

（邓鸿）

【中职学前教育专业学生普通话水平免费测试】 6月4日，市语委印发《关于中等职业学校学前教育专业学生普通话水平测前培训工作的通知》。文件规定，为提高中等职业学校学前教育专业学生的普通话水平和测试成绩，自2014年起面向本市中等职业学校学前教育专业在校学生开展免费的测前培训和测试工作。测前培训工作由北京教育科学研究院培训中心负责组织实施；测试工作由市语言文字测试中心按市语委关于普通话水平测试的规定负责统一管理、监督与指导，学校所在区县的语言文字测试分中心负责具体实施。

（邓鸿）

【举办语言文字测试员资格考核培训班】 7月15至23日，市语言文字测试中心举办第十二期北京市普通话水平测试员资格考核培训班。该班围绕普通话的基础理论知识、普通话水平测试的理论与实践、计算机辅助普通话水平测试等内容做专题培训。23名参训学员参加包括汉语拼音测试、普通话水平测试和综合能力测试三项考核，20人通过考核并获得北京市普通话水平测试员资格。至此，本市测试员人数共计593人。

（邓鸿）

【语言资源有声数据库北京库通过验收】 7月29日，中国语言资源有声数据库北京库调查工作通过验收。北京库建设工作坚持“政府主导、学者承担、社会参与”工作模式，旨在调查收集北京地区汉语方言和普通话的实态、有声语料，并进行科学整理、加工和有效保存。该项目由北京语言大学教授曹志耘主持，于2012年5月启动。课题组各调查团队按照中国语言资源有声数据库调查规范的要求，对北京市的西城（城区代表点）、怀柔、平谷、延庆、昌平、房山、门头沟、密云8个区县调查点的方言常用语音词汇语法现象、日常话语、地方普通话等进行实地调查，并采用先进的摄录设备和技术进行录音摄像，得到一份时间相同、内容对应的北京方言和地方普通话有声语料。全部调查、摄录和整理工作于2014年6月完成。专家组确认项目通过验收并指出，中国语言资源有声数据库北京库建设工作，对于推广普通话，保存北京方言和文化，促进首都以及全国的文化建设具有特殊意义，是北京市重要的语言文化工程。

（邓鸿）

【召开年度市语言文字工作干部培训会】　11月26至27日，市语委召开2014年度语言文字工作干部培训会。培训会邀请北京语言大学、北京师范大学、中国语文现代化学会等单位领导专家，分别以《语言能力与语言规划》《汉字文化与国家通用语言文字规范》《提高语言素养与提升语言能力》《党政机关公文写作条例规范解读》《语言文化建设的理论与实践》为题进行授课。市语委办为每名学员提供20余种学习资料，内容丰富，涵盖语言文字工作的各个方面。来自市语委各成员单位、各区县语委、各语言文字测试分支机构及近50所高校的语言文字工作相关岗位的180人参加此次培训。

（邓鸿）

【外经贸大学语言文字测试分中心成立】　11月27日，对外经济贸易大学语言文字测试分中心成立。成立仪式上，市语委代表宣读批准“对外经济贸易大学语言文字测试分中心”成立文件并为测试分中心揭牌。该中心主要职责是在市语言文字测试中心的业务指导下，开展相关语言文字测试工作，为广大师生服务，并在测试、培训及其科研等方面发挥优势，努力推动学校语言文字工作进步和发展。外经贸大学语言文字测试分中心是本市第38个语言文字测试分支机构。

（邓鸿）

【举办语言文字培训测试学术研讨会】　12月11日，市语委办、市语言文字测试中心举办十二省市语言文字培训测试工作学术研讨会。测试中心以此纪念其成立五周年。会上，该中心汇报其成立以来在机构建设、队伍建设、业务工作、科研工作及工作理念等方面情况，与会人员围绕普通话水平测试发展历程与展望、普通话培训测试的科学化规范化信息化、汉字应用水平的培训测试及管理、计算机辅助测试及管理、汉语能力测试试点、面向方言区和跨文化的语言文字培训与测试、视障人士普通话水平测试、中小学生普通话水平测试、汉语国际传播议题深入研讨。教育部、国家语委普通话与文字应用培训测试中心、市教委、首都师范大学相关人员及北京、上海、安徽等12个省、市、自治区语委办及语言文字培训测试机构的负责人、专家近100人参加研讨会。

（邓鸿）

【开展汉字应用水平测试试点工作】　12月13日，北京开展2014年汉字应用水平测试试点工作。该测试在9个区县、9所高校共设立29个考点，共16147人报名参测，较2013年增加6952人。汉字应用水平测试是教育部、国家语委为提高国民通用语言文字应用能力组织研制的国家级标准化测试项目。该测试项目由国家语委普通话与文字应用培训测试中心根据最新颁布的《通用规范汉字表》和2007年以来汉字应用水平测试试点情况，按照新修订的《汉字应用水平等级及测试大纲》开展命题制卷、制定评分标准、设计等级证书、研制成绩评定系统工作。2014年，北京、上海、天津、湖南4个省市先后开展试点。

（邓鸿）

【举办小学成语知识竞赛】　12月20日，市教委、市语委在北京市朝阳师范学校附属小学举行小学成语文化知识才艺竞赛活动决赛。比赛以《汉语成语小词典》为依据，各区县16支代表队参加笔试考查、现场抢答、成语故事讲述、经典诗文诵读和软笔书法展示等竞赛环节。经过角逐，西城区代表队获得团体特等奖，顺义区、通州区代表队获得团体一等奖，东城区、海淀区、朝阳区代表队获得团体二等奖，其余10个区代表队获得团体三等奖。全市16个区县200余名师生参加活动。

（邓鸿）

【30所学校成为语言文字规范化示范校】　12月26日，市教委、市语委认定30所学校为北京市语言文字规范化示范校。通过各学校自主申报、市语委调研走访、专家组评审等程序，共认定东城区和平里第三小学等30所学校为第八批北京市语言文字规范化示范校。

（邓鸿）

第八批北京市语言文字规范化示范校名单

东城区

北京市东城区和平里第三小学

北京市东城区青年湖小学

西城区

北京育才学校

北京市西城区育翔小学

朝阳区

北京师范大学朝阳附属中学

北京市团结湖第三中学

北京市朝阳师范学校附属小学

北京市朝阳区芳草地国际学校富力分校

北京第二外国语学院附属小学

海淀区

北京市中关村中学

北京市海淀区教师进修学校附属实验学校

北京市海淀区双榆树中心小学

丰台区

北京市丰台区西罗园第五小学

北京市丰台区西罗园第六小学

石景山区

北京市古城中学

通州区

北京教育科学研究院通州区第一实验小学

北京市通州区永顺镇中心小学

大兴区

北京市大兴区社区学院

北京市大兴区采育镇第三中心小学

房山区

北京市房山区良乡第二中学

北京市房山区第二职业高中

北京市燕山向阳小学

门头沟区

北京市大峪中学分校

昌平区

北京市昌平区第四中学

北京市昌平区回龙观第二小学

顺义区

北京市顺义牛栏山第一中学

平谷区

北京市平谷区第五中学

怀柔区

北京市怀柔区第三小学

密云县

北京市密云县第四小学

延庆县

北京市延庆县八里庄中心小学

（邓鸿）

【完成北京语言文化资源普查前期调查工作】 至年底，市语委、市文化局、市文物局、市地方志办联合完成“北京市语言文化资源普查”前期调查工作。调查工作选择最了解本街道和本村组的当地人作为调查对象，进行实地调查和填写普查问卷方式展开，共发出问卷530份，收回问卷530份。经过问卷统计整理显示，本市境内现存京剧、太平秧歌等8种地方戏曲，单弦、北京琴书等15种曲艺形式，民谣、吟诵8种与生活、劳动相关的口传文化，数来宝、拉洋片等4种与商业活动有关的口传文化，佛经诵读、祈雨两种与宗教活动相关的口传文化，还有数量众多民间传说和神话故事，有庙会、节会50余个，楹联、碑刻资源6200余处。调查组计划于2015年上半年根据口传文化濒危程度以及以前的记录保存情况，对部分口传文化及包括楹联和碑刻资源进行实地采录，并编制数据库。此次调查工作于8月正式启动，共有市文化局、市非遗办、市文物局、市地方志办，各区县语委、文委、方志办的102人参加调查。

（邓鸿）

中共北京市委教育工作委员会
书记、副书记、委员

书　　记 苟仲文

常务副书记 刘建（11月免）　张雪（11月任）

副 书 记 线联平　唐立军　郑萼（4月任）　刘勇（1月免）

委　　员 罗洁　郑萼（4月免）　何劲松　郑登文　叶茂林　李中水（3月免）　王文生　陈江华（9月任）

北京市教育委员会
主任、副主任、委员

主　任 线联平

副主任 郑萼（4月免）　付志峰　何劲松　郑登文　叶茂林

委　员 罗洁　王定东　王文生　李奕　黄侃　张永凯

中共北京市委教育工作委员会
北京市教育委员会
处室负责人

市委教育工委（市教委）办公室主任 葛巨众

市教委（市委教育工委）办公室主任 张永凯（5月免）　周彤（5月任）

政策研究与法制工作处处长 熊红（7月免）

机关党委办公室主任 王栋

机关工会专职副主席 刘晓明

离退休工作处处长 张健（6月免）　刘新军（6月任）

组织处处长 李丽辉（6月任）

干部处处长 陈江华（兼）

宣教处处长 王达品

统一战线与群众工作处处长 张健

基层联络处处长 易容

安全稳定工作处处长 卢向红

发展规划处处长 周彤（5月免）　姚林修（6月任）

人事处处长 吴武

财务处处长 李艳春

基本建设处处长 刘占军（5月免）　张龙（5月任）

学前教育处处长 张小红

基础教育一处处长 张凤华

基础教育二处处长 李奕（兼，6月免）　徐建姝（6月任）

职业教育与成人教育处处长 王东江（5月任）

高等教育处处长 黄侃（兼）

学生处处长 沈聪伟

科学技术与研究生工作处处长 赵清

体育卫生与艺术教育处处长 王东江（5月免）　王军（6月任）

国际合作与交流处处长 邱晓平（11月免）

学校后勤处处长 张龙（5月免）　刘占军（5月任）

审计处处长 曹永模

民办教育处处长 李开发（3月免）　韩宝来（6月任）

语言文字工作处处长 贺宏志

北京市监察局驻北京市教育委员会监察处处长 陈清浦（11月免）

中共北京市纪律检查委员会
教育工作委员会
书记、副书记

书　记 王文生

副书记 郑立波　陈清浦（11月免）　滕继辉（9月任）

（本栏责任编校　张晓兰）

教育督导

2014年，北京市人民政府教育督导室立足教育督导重点任务，在创新督导工作机制、完善教育督导制度、推进教育督导专业化发展等方面不断取得新的进展，全面推进各项教育督导工作顺利开展，全力保障首都教育科学、健康发展。

统筹全市教育督导工作，积极推进教育督导改革

积极探索，深入开展教育督导改革研究。围绕“现代教育治理与教育督导改革”主题，成功召开第六次教育督导评价研讨会，探索构建管办评分离的教育治理体系，提升教育治理能力，促进教育综合改革和发展，促进教育督导区域交流与合作，提升北京教育督导的品牌影响力。

积极推进义务教育均衡发展达标区县国家级评估筹备工作，有效推进义务教育均衡发展。成立义务教育均衡发展督导评估领导小组和筹备工作组，印发《关于做好国家级义务教育均衡发展达标区县验收工作的通知》，重新调整并修订《北京市区县人民政府落实义务教育均衡发展责任情况督导评估办法（试行）》，统一部署北京市迎接国家级义务教育均衡达标区县验收工作。组织市教委各相关处室处长、部分区县教委主任、督导室主任赴天津学习交流。制定公众满意度调查实施方案，组织16个区县进行公众满意度调查。

把握重点，全面加强教育督导工作，保障首都教育科学健康发展

坚持依法治教，着力开展教育法规执行情况督导检查。在各区县全面自查教育法律法规执行情况的基础上，对西城、海淀、大兴、平谷和怀柔五区开展实地督导检查。根据相关法律法规确定针对行业（企业）执法检查的重点内容，依据《北京市行业委办局履行职业教育职责情况督导评估试行方案》，对北京市水务局和北京汽车工业控股有限责任公司进行随访指导和实地检查。结合2013年对地铁行业职工培训提出的建议，对北京地铁总公司进行回访，检查整改落实情况。研究撰写《北京市2014年教育法律法规执行情况督导检查报告》。

完成对各区县全面实施素质教育工作的综合督导评价，保障素质教育全面实施。印发《北京市区县政府、教委、学校（教育机构）全面实施素质教育综合督导评价方案》，开展第四轮区县政府全面实施素质教育工作的综合督导评价。与日常教育督导工作相结合，与教育机关干部联系中小学校工作相结合，在素质教育综合督导中突出培育和践行社会主义核心价值观和基础教育综合改革两项内容，开展义务教育基本均衡、基础教育综合改革、减负工作及扩大优质教育资源情况调查研究，总体把握区县和学校推进基础教育综合改革的情况，研究撰写《北京市区县全面实施素质教育情况督导报告》，为教育决策提供支持信息。依据新修订的综合督导指标体系，选取北京国际艺术学校和北京京北职业技术学院开展综合督导。

继续开展专项督导，助力专项教育工作健康发展。完成对门头沟区、密云县、顺义区、怀柔区、平谷区、延庆县和燕山办事处学前教育工作的专项督导，结束对所有区县学前教育工作的首轮专项督导，撰写北京市区县学前教育督导报告，为研究制定第二个学前教育三年行动计划提供及时性信息支撑。开展职业教育专项督导，探索“量体裁衣”式的新的督导工作模式，尝试督导成果的延伸。依据区县特殊教育工作评价指标体系，完成对丰台区特殊教育工作的专项督导。

完善经常性督导方式，提升教育公共服务的时效性。强化市级统筹与指导，为每所学校制作“责任督学标牌”，为所有督学统一印制工作证和《北京市责任督学挂牌督导指南》，规范挂牌督导工作。组织召开“北京市推进挂牌督学工作现场会”，积极宣传推动挂牌督导工作。参加全国挂牌督导现场会并作经验介绍。进一步完善社区教育、成人教育的经常性督导工作，对昌平区的社区教育和农民培训工作进行经常性督导。

继续开展教育发展状况的督导监测，探索构建督导监测体系。推进义务教育中小学生综合素质监测工作，完成“学生非智力因素发展水平监测”“中小学生课业负担监测”和“学生幸福感现状调查”等监测与分析工作，并形成三个研究报告。组织开展义务教育实施情况督导监测工作，组织召开义务教育实施情况监测数据填报工作动员布置及培训会，组织有关专家抽查、核实各区县监测统计报表。继续开展学前教育发展状况督导监测工作并研究撰写《北京市区县学前教育发展状况督导监测报告》。

加强教育督导基础工作，促进教育督导专业化发展

加强教育督导工作研究，推进教育督导基础建设。继续加强“探索有效履行教育督导职能的体制机制”和“研究制定北京市义务教育阶段中小学生综合素质督导评价方案”等国家教育体制改革试点项目的实施。围绕中小学教师评价标准研究、北京市教师队伍建设情况督导评价制度、标准和工具的研究、北京市中小学校责任督学挂牌实践研究、学校诊断性评价研究等重点课题，加强调研和教育督导基础建设。开展教育督导信息化建设研究，顶层设计教育督导信息化工作。开展特殊教育督导调研，研究撰写《北京市特殊教育工作督导调研报告》。认真开展教育工作群众满意度入户调查，探索开展义务教育阶段入学工作情况电话调查，研究撰写《2014年北京市区县教育工作满意度调查报告》《2014年北京市义务教育阶段入学现状调查报告》。

继续加强教育督导培训，促进督导队伍专业化发展。依托北京市督学研修中心，举办“北京督学大讲堂”，组织新任督学的岗位培训和专职督学轮训，对教育督导评价工作业务技能

进行专题培训；开设督导室主任高级研修班。建设和维护北京市督学专业发展数据库、培训课程库、案例库等，完善督学培训体系，促进教育督导队伍专业化发展。委托北京教育科学研究院邀请苏格兰皇家督学约翰·莱尔德博士（Dr. John Laird）对市区两级职成教育兼职督学和全市职业院校校内督导人员开展专题培训。

努力做好教育机关领导干部联系中小学校工作

积极筹备建立教育机关领导干部联系中小学校制度。起草《关于建立教育机关领导干部联系中小学校制度的意见》和《北京市教育机关领导干部联系中小学校实施方案》，编印《北京市教育机关领导干部联系中小学校工作手册》，做好全市教育机关处级以上领导干部联系中小学工作安排；协助工委办公室组织召开北京市中小学培育和践行社会主义核心价值观暨北京市教育机关领导干部联系中小学工作部署会。

努力做好教育机关领导干部联系中小学校工作领导小组办公室日常工作。主动发挥职能作用，明确联系工作办公室在沟通协调、联络指导等方面的工作职责，建立信息交流、工作汇报等方面的工作制度，编印工作简报，组织联系工作例会，努力推进联系工作的有效开展；梳理各联系组第一阶段所反映的200余个问题、50余条意见建议，并以工委办公室名义分别印发给区县教育两委和相关处室，确保各项工作的有效运转。

（李强）

总　类

【召开申请全国义务教育发展基本均衡区县评估会】 2月20日，市教育督导室召开北京市申请全国义务教育发展基本均衡区县评估认定研讨会。会议汇报16个区县落实政府推进义务教育均衡发展责任、办学条件达标、综合差异系数和人民满意度情况，介绍北京市申报国家级评估认定的准备情况。国务院教育督导委员会办公室、市教委、市教育督导室领导，区县教育督导室负责人参加会议。北京市义务教育均衡发展推进难度大、困难多，但通过政府加大投入和基础教育综合改革，取得明显成效。北京市为迎接全国义务教育发展基本均衡区县评估做好充足准备。

（张士佐）

【召开教育督导干部工作会议】 2月21日，市教育督导室召开2014年教育督导领导干部会议。会议介绍北京市基础教育综合改革的思路，针对改革中存在的择校、减负、公平等问题，采取治理择校乱和推进考试改革等措施，减轻义务教育阶段学生课业负担过重的问题。东城、朝阳、海淀、顺义、房山5个区县根据本区县的教育和督导工作情况作典型发言。市教委、市教育督导室、区县教育督导室相关人员参加会议。

（杨江林）

【召开中小学生综合素质督导监测研讨会】 2月25日，市教育督导室召开北京市中小学生综合素质督导监测研讨会。会议分别邀请国家教育督导室、市教委领导解读国家基础教育质量监测、说明北京市基础教育综合改革情况，包括解读国家基础教育质量监测学科领域、监测周期、结果呈现与运用；说明北京市开展基础教育的现状和改革的基本方法和基本主线，并学习《深化教育督导改革转变教育管理方式的意见》文件。市教育督导室及各区县教育督导室相关人员参加会议。

（张士佐）

【召开特约教育督导工作座谈会】 3月5日，市教育督导室召开北京市特约教育督导工作座谈会。会议通报上年教育工作及教育督导工作总体情况，介绍本年全市教育工作及教育督导工作的基本思路和重点工作。特约教育督导员结合自身专业特长，针对首都教育工作中的重点、热点和难点问题表达对首都教育工作的关心和关注，提出意见和建议。市教育督导室、市特约教育督导员及相关处室负责人参加会议。

（李强）

【发布责任督学挂牌督导工作的实施意见】 3月18日，市政府办公厅发布《北京市人民政府办公厅转发〈北京市教育委员北京市人民政府教育督导室关于做好中小学校责任督学挂牌督导工作的实施意见（试行）〉的通知》。通知确立中小学校责任督学挂牌督导制度，明确区县政府及市政府有关部门贯彻落实北京市关于中小学责任督学挂牌督导工作的具体部署，进一步规范中小学校经常性督导工作，切实促进中小学校规范办学行为，促进学生健康成长和发展。年内，市教育督导室采取一些措施，做好责任督学工作。1月16日，市教育督导室举办“2014北京市督学大讲堂”第一讲，专题培训中小学校责任督学挂牌督导工作。8月28日，向各区县和责任督学免费发放《北京市中小学校责任督学挂牌督导指南》，指南分四个部分，第一部分是政策解读，主要从理论、政策方面，梳理督导工作各个环节，阐述如何落实挂牌督导工作；第二部分为实践案例，综合借鉴部分区县先进做法，为挂牌督导工作提供参考；第三部分为政策文件，汇集教育督导、教育行政管理等与挂牌督导相关的政策性文件，第四部分为国外督导评价介绍，简要介绍英国、法国、美国和日本的教育督导做法。

（李强）

【专题培训职业教育督学】　6月10至11日，市教育督导室举办职业教育督学专题培训会。培训邀请苏格兰皇家督学约翰·莱尔德博士（Dr. John Laird），以职业教育为例，讲解苏格兰教育督导体系、督导评价的工具和方法，以及职业院校内部质量管理等内容，了解苏格兰提高学校教育教学质量的督导经验和工作模式。市区两级专兼职督学和全市职业院校校内督导人员200人参加学习。培训委托北京教育科学研究院举办。

（龙梅）

【召开教育督导与评价研讨会】　6月

18日，市教委召开北京2014教育督导与评价研讨会。会议围绕“现代教育治理与教育督导改革”主题，听取《深化教育督导改革，推进教育治理体系和治理能力现代化》主题报告，阐释北京市在现代教育治理与教育督导改革方面的认识与实践。会议围绕“现代教育治理与教育督导改革”主题，研讨教育治理与教育督导改革领域内的重点、热点话题。教育部副部长刘利民、北京市副市长杨晓超参加会议并致辞，国务院教育督导委员会办公室、市教育督导室领导，以及来自30个省市教育督导部门领导、督学，部分教育专家等200人参加会议。会议由北京市国际教育交流中心、北京工业大学承办。

（李强）

【召开中小学校责任督学挂牌督导工作现场会】　9月11日，市教委召开

北京市中小学校责任督学挂牌督导工作现场会。会议总结中小学责任督学挂牌督导工作，交流挂牌督导工作经验，部署下半年挂牌督导工作。会议印发《关于开展义务教育阶段减轻学生过重课业负担督导监测的通知》。来自市、区教育督导部门的领导、督学，部分教育专家等300人参加会议。1月16日，市教育督导室举办“2014北京市督学大讲堂”第一讲，对中小学校责任督学挂牌督导工作进行专题培训。3月18日，市教育督导室印发《市政府办公厅转发〈市教委市教育督导室关于做好中小学校责任督学挂牌督导工作的实施意见（试行）〉的通知》文件，确立中小学校责任督学挂牌督导制度，明确区县政府及市政府有关部门落实北京市关于中小学责任督学挂牌督导工作的具体部署。8月28日，市教育督导室向各区县和责任督学免费发放《北京市中小学校责任督学挂牌督导指南》。

（李强　张士佐）

【召开21世纪核心能力培训会】　10

月17至19日，市教育督导与教育质量评价研究中心召开21世纪核心能力培训会。会议以“于课程教学中培养和评价21世纪核心能力”为主题，邀请培生教育集团专家，采用小组互动方式，培训学员的学习机会、学习环境、学习活动，改善学习群体中的沟通能力。来自10个区县的20所中小学校科研人员和教师共计80人参加会议。

（卢笛）

【开展督学培训】　11月21日，市教育督导室举办的2014年北京市督学培训项目开班。培训共有4个培训类别，即区县教育督导室主任高级研修（180学时）、专职督学轮训（200学时）、新任督学培训（100学时）和责任督学专题培训（60学时）。区县督导室主任、专职督学、新任督学和责任督学共154名学员参加培训。

（李强　刘琳）

【开展学前教育工作满意度调查研究】

至年底，市教育督导室开展学前教育工作满意度调查研究工作。该工作依托北京市区县教育工作群众满意度入户调查平台，对各区县及燕山地区的幼儿园幼儿及其家长进行随机抽样入户问卷调查。调查结果显示：2014年幼儿及家长对各区县教育工作均持比较满意的态度，对区县教育工作的满意度水平整体较高，对幼儿园的安全状况、幼儿的心理健康状况、幼儿的身体健康状况、幼儿是否喜欢上幼儿园、幼儿的思想道德状况、幼儿园收费规范状况六个方面满意度最高。调查工作由市教育督导室委托北京教育科学研究院教育督导与教育质量评价研究中心、北京市统计信息咨询中心完成，始于2009年，已连续开展6年。

（李强）

督　导　检　查

【完成学前教育首轮专项督导】　3月

12日至4月2日，市教育督导室完成6个区县和燕山办事处学前教育三年行动计划完成情况的专项督导。市教育督导室组织成立学前教育督导组，查阅各区县学前教育档案资料，召开21场不同层次的座谈会，实地考察42所不同类型幼儿园，问卷调查幼儿园教师400人、学生家长600人，并监测和分析学前教育发展状况，以多种方式全面了解区县学前教育三年行动计划落实情况。专项督导的6个区县分别为门头沟、顺义、平谷、怀柔、密云、延庆。至此，市教育督导室完成对所有区县学前教育工作的首轮专项督导。

（李强）

【开展职业学校督导】　4至12月，市教

育督导室开展职业学校系列督导工作。督评专家组依据修订版“北京市职业院校全面实施素质教育综合督导指标体系”，对北京市国际艺术学校、北京工业职业技术学院、北京电子科技职业学院、北京京北职业技术学院4所学校进行综合督导。督评专家组对3所学校进行专项督导，包括北京铁路电气化学校实施校企合作专项、北京市实美职业学校德育工作专项、北京现代职业学校教师队伍建设专项。对北京市商务科技学校实训基地督导，了解学校的实训基地布局结构、使用效率和实践教学体系的创建及基地对接企业生产技术、支撑学生实践能力培养和产业升级的情况，并针对如何进一步提高基地使用的教学效益、社会效益和经济效益方面给予指导性意见。

（马千里　陈琦璐）

【开展社区教育和成人教育随访督导】

5月28日，市教育督导室开展昌平区社区教育、成人教育随访督导。督导评价专家组依据《北京市区（县）政府社区教育工作督导评价指标体系（试行）》，了解区县终身学习服务体系建设、学习型组织建设和终身学习制度建设情况，从组织管理、政策规划、条件保障、工作成效、特色创新、经验与问题等方面，督导评价昌平区的社区教育和农民培训工作，推动昌平区相关工作开展。

（陈琦璐）

【专项督导中职实训基地】　6月26日，市教育督导室专项督导中等职业学校实训基地。督导室组建督评专家组，对北京市商务科技学校实施实习

实训基地使用效益的专项督导，了解学校的实训基地布局结构、使用效率和实践教学体系的创建以及基地对接企业生产技术、支撑学生实践能力培养和产业升级的情况，并从如何进一步提高基地使用的教学效益、社会效益和经济效益方面给出指导性意见。

（陈琦璐）

【督导检查行业委办局职业教育执法情况】　9月26日和10月29日，市教育督导室实地检查北京市水务局和北京汽车集团有限公司的职业教育和职工培训工作情况。督导室组建教育执法检查组，根据《中华人民共和国职业教育法》及《北京市实施〈中华人民共和国职业教育法〉办法》等有关法律和继续教育的相关规定，结合行业（企业）的发展实际，依据《北京市行业委办局履行职业教育职责情况督导评估试行方案》，采取听领导汇报、实地考察和座谈会等方式开展检查。结果显示被督导单位较好地落实相关教育法律职责，做到融合资源，为职工搭建平台，开展多工种多等级的职业教育与培训。保障职工接受职业教育的权利，将职业教育工作落在实处，促进企业技能人才队伍结构的合理配置。

（龙梅）

【综合督导中职学校】　10月16至17日，市教育督导室综合督导北京市国际艺术学校。督导检查依据新修订的“北京市职业院校全面实施素质教育综合督导指标体系”，通过听取学校自评汇报，考察学校校内练功厅和校园环境，随堂听课，与企业、教师、学生代表座谈，观摩学生技能展示、查阅档案材料等方式开展检查。结果显示学校坚持以培养德艺双馨艺术人才为办学宗旨，瞄准中国中等艺术教育的最高水平，不断提高教学质

量，积极推进特色建设，不断深化教育教学改革，为创建艺术职业教育品牌做出有益的实践与探索。督导组建议学校根据文化大发展相关政策要求，进一步加强师资队伍建设，全面提升信息化水平，以立足首都，服务全国，影响世界为更高目标，争取各方支持，凝聚全校师生合力，在办学条件与规模、办学层次和水平、服务社会能力和传播中华传统文化软实力上更上一层楼。

（马千里）

【专项督导中职校企合作情况】 11月3日，市教育督导室专项督导中等职业学校校企合作情况。督导评价组采取与学校合作开展评估的方式，听取校长自评报告，召开企业代表和教师代表座谈会，察看校园环境、设施设备，查阅相关档案资料，了解北京铁路电气化学校实施校企合作深度融合情况，提炼工作优势和特色经验。

（马千里）

【督导检查区县教育执法情况】 11月19日至12月17日，市教育督导室督导检查区县教育执法情况。督导室组成教育执法检查组，根据《中华人民共和国职业教育法》和《北京市实施〈职业教育法〉办法》等有关法律和继续教育的相关规定，分别对平谷区、怀柔区、大兴区、西城区、海淀区的教育法律法规执行情况进行实地督导检查。督导检查组通过听取汇报、查阅资料、召开座谈会、下校考察等方式，经过研究讨论，形成督导检查意见。执法检查采取市教育督导室督导检查与区县政府自查相结合、全市普遍督导检查与重点区县实地督导检查相结合、对区县政府督导检查与到基层学校实际考察印证相结合的做法。

（张士佐　龙梅）

【专项督导中职德育工作】 12月11日，市教育督导室专项督导北京市实美职业学校德育工作。督导工作与西城区教育督导室合作开展，组建联合督导组，重点督导学校培育和践行社会主义核心价值观，加强和改进未成年人思想道德建设、加强学校文化建设的目标、任务和工作质量。

（马千里）

【专项督导中职教师队伍】 12月25日，市教育督导室专项督导北京现代职业学校教师队伍建设情况。督导工作与东城区教育督导室合作开展，组建联合督导组，重点督导学校在创新师资管理机制、提高师德素养和业务能力，构建高素质“双师型”师资队伍从而为职教改革发展提供强有力支撑的工作情况，有力推进学校师资队伍建设向纵深发展。

（马千里）

【通报教育工作满意度调查结果】 3月5日，市教委、市教育督导室召开北京市素质教育综合督导评价动员会暨教育工作满意度入户调查结果通报会。会议听取北京市素质教育综合督导评价动员报告，结合“立足教育改革和发展的实际全面修订《北京市区县政府、教委、学校（教育机构）全面实施素质教育评价方案》，保持方案与时俱进”的基本要求，解读素质教育评价方案。会议通报上年教育工作满意度入户调查结果，结果显示，学生家长对各区县教育工作均持比较满意的态度；各学段家长对区县教育工作的满意度逐年提高，学生的综合素质发展状况等方面得到家长的高度认可；家长对政府履行职责的满意度有所提高，但“社会资源用于学生教育状况”“学校周边环境”与家长的教育期望值相比仍有一定差距；规范性管理行为违规现象仍然一定程度的存在。市教育督导室、市教委领导，北京教育科学研究院及各区县教育督导室60人参加会议。

（杨江林）

【实施学校外部评价实验】 3月20日，

市教育督导与教育质量评价研究中心对首都师范大学附属中学实施学校外部评价实验。专家团队听取各学科课程28节，访谈学校中层干部12人、学科组长11人、任课教师28人和部分学生，并向学校反馈外部评价总体意见。该评价实验是利用专家资源在学校内部评价的基础上对其进行客观诊断，是为学校发展提供依据的实验活动。

（卢笛）

【督导调研高职院校】 4至10月，

市教育督导室督导调研两所高等职业院校。实地督导调研北京工业职业技术学院和北京电子科技职业学院，重点了解集团化办学、中高职衔接、职教人才培养的体系建设等情况，修订完善高职督导工作方案。督导室于11月25日组织督评专家组，综合督导北京京北职业技术学院全面实施素质教育的情况。

（马千里）

【召开职业教育校企合作座谈会】 5月22至29日，市教育督导室召开5场职业教育专题座谈会。座谈会分别为中专、技校、职业高中、高等职业院校和民办高校校企合作座谈会。会议了解学校校企合作开展情况、取得的经验和遇到的问题，征求学校对市区政府政策制定、修改及完善的意见建议。市教育督导室在座谈会基础上完成《北京市职业教育校企合作研究报告》。

（陈琦璐）

【召开学生综合素质评价工作基地校建设研讨会】 11月6日，教科院召开学生综合素质评价工作基地校建设研讨会。会议观摩马驹桥学校评价主题研究课，交流与研讨基地校建设经验，宣传通州区在学生综合素质评价工作基地校建设方面的典型经验。各区县教科所所长、科研人员以及各区县部分中小学校的学生综合素质评价工作负责人100人参加会议。

（卢笛）

【召开区县特殊教育工作督导调研座谈会】 12月5日，市教育督导室召开区县特殊教育工作督导调研座谈会。东城区教委等10个区县教委分别汇报本区推进特殊教育发展，特别是在经费投入、硬件建设、教师队伍建设等方面的情况，存在的困难或问题，以及对特殊教育工作的意见建议。市教委、市教育督导室相关处室和市特殊教育中心人员参加会议。

（李强）

【开展民办高校督导评价研究】 12

月16日，市教育督导室召开民办高校、独立学院有关办学及管理情况的座谈会。会议研讨民办高校发展面临的新机遇和新挑战、学校的发展规划和对策，以及影响民办高校办学水平的主要因素。结合前期问卷调查和实地考察情况，督导室完成《民办高等院校督导评价调研报告》，针对民办高校普遍存在的外部政策环境、经费投入、师资队伍、硬件条件、自身办学规范性和特色等问题，从督导的原则、定位、内容和指标等方面提出建议。来自民办高校50名领导及相关人员参加座谈会。

（陈琦璐）

【召开国际学生评价项目通识培训会】 12月19至20日，市教委召开国际学生评价项目（PISA）通识培训会暨测评领域培训会。会上，上海市教育科学研究院介绍上海参加PISA的经验；教育部考试中心评价研发中心介绍PISA的概况、研究结果及PISA2015与信息时代的教育和评价；房山区教委介绍房山参加PISA测试的背景、意义及房山使用PISA结果促进教育教学改进的经验。会议由北京教科院承办。来自各区县600人参加会议。

（卢笛）

北京市人民政府教育督导室主任、副主任

主　　任　唐立军

副 主 任　刘莉　关国珍　张军（7月免）

北京市人民政府教育督导室处室负责人

综合处处长　杨江林

督导一处处长　张士佐

督导二处处长　龙梅

（本栏责任编校　邱小培　王子辰）

学前教育

2014 年，全市有各类幼儿园（所）1922 所，其中，分园 496 所、新建幼儿园 59 所、改扩建幼儿园 204 所、新扩建村办园 74 所。公办性质幼儿园占比 60%以上；在园幼儿总数 364954 人，比上年增加 16273 人，同比增长 4.45%。各类幼儿园共有教职工 57950 人，比上年增加 4901 人，同比增长 8.45%。其中，专任教师 31692 人，比上年增加 2886 人，同比增长 9.10%。

2014 年，北京市学前教育工作在实施第一期学前教育三年行动计划的基础上，以“保存量、增总量、提质量、解难题、促发展”为目标，开展系列工作。

继续实施各类奖励补贴政策，提高社会力量办园积极性。一是在实施幼儿园收费标准的前提下，继续对非教育部门公办性质幼儿园实施生均定额补贴政策，弥补园所办园成本。2014 年，市级财政共投入 4.20 亿元，对 430 所幼儿园进行生均补贴，覆盖 11 万名在园儿童。二是在执行普惠优质标准的基础上，继续对普惠性民办幼儿园实施奖励补贴政策，鼓励该类园所面向社会提供优质普惠学前教育服务。2014 年，市级财政共投入 3571 万元对 177 所幼儿园进行奖励补贴，覆盖 4 万名在园儿童。

继续实施新建、改扩建工程，扩大学前教育资源总量。一是继续实施村办园建设项目，努力满足农村地区及城乡结合部地区儿童入园需求。2014 年，市级财政共计投入 2.18 亿元，拟新建、扩建 82 所村办园，实际新建、扩建 74 所村办园，有 8 所幼儿园因土地规划、用地争议等停建或调整。该项目结束后，预计可增 1 万个学位。二是对未纳入一期行动计划达标改造项目的公办性质幼儿园，继续实施达标改造工程，在土地资源受限的情况下，进一步改善公办性质幼儿园育人环境、提升园所招生能力。2014 年，市级财政投入 3.88 亿元，改建、扩建 204 所幼儿园、1296 个班级。

开展全员专业培训，提高教师团队的整体水平。一是通过召开全市园长师德培训会、退休园长欢送交流会，实施幼儿园文化建设培训项目、蒙台梭利中国本土化园长培训试点项目、幼儿园园长国际领导力培训项目等活动，加强幼儿园带头人能力建设。二是通过实施幼儿园新任教师培训、民办幼儿园骨干教师培训、村办园教师培训、幼儿园语言教育教师培训、幼儿园科学教育教师培训、幼儿园教师课程领导力培训等项目，按照分层、分类和重点结合的方式，扎实做好幼儿园教师的在职继续教育培训工作。三是针对近年来培训薄弱环节，结合基层一线工作需要，实施幼儿园保健医培训、幼儿园后勤园长培训和幼儿园信息员培训等项目，分批逐步提高幼儿园后勤人员和保健医、信息员素质能力，提升幼儿园保教服务水平。四是实施 3～6 岁儿童学习与发展指南培训、幼儿体能健康评价教研员培训项目，针对幼儿园五大领域课程实施与评价、幼儿体能健康检测与评价等内容，系统提升教研员指导幼儿园保教活动能力。市级财政投入 1100 万元，累计培训 6000 人次。

开展幼儿园办园质量验收工作，提升幼儿园保教质量。2014 年，市级验收组对昌平、顺义、燕山、延庆 4 个区县申报的 14 所幼儿园进行检查验收，对门头沟、海淀、燕山、密云 4 个区县 6 个社区早教基地进行验收；指导区县验收组对密云、通州、平谷等 6 个区县 23 所申报级类的幼儿园进行检查验收。37 所申报园中有 14 所达到一级一类园标准，7 所达到一级园标准，5 所达到二级园标准，11 所达到三级园标准。验收工作坚持检查与视导相结合、重在视导的原则，发挥帮助幼儿园明确发展方向、提升办园条件和保教质量、帮助提高区县管理干部业务能力的积极作用。

开展调研工作，解决突出问题。一是调研无证幼儿园办园情况。通过实地走访、问卷调查等方式，摸底调研无证幼儿园的举办现状，基本掌握无证办园的园所数量、举办规模、园所条件及人员资质等情况，并全面分析和梳理无证园存在的原因。在此基础上，牵头研究和起草无证园治理方案，通过征求市相关委办局、各区县分管区领导和区县教委意见建议，召开无证园治理联席工作会，逐步形成“审批一批、规范一批、取缔一批”的分步治理方案。二是市教委对 81 个特教基地深入调研，听取区县及幼儿园工作汇报，实地查看园所资源教室的建设情况及特殊儿童的发展情况，系统梳理幼儿园在开展特殊教育方面的经验及存在问题，为下一步做好特殊儿童融合教育打下基础。三是在前期工作积奠的基础上，分别在朝阳区、海淀区和丰台区的 9 所民办幼儿园进行试点评估工作，系统梳理民办园办园经验与问题，指导民办园关注保教质量，力促民办园合法规范办园。通过试点评估，完成民办园办学状况评估试行办法起草工作。四是在土地资源受限的情况下，为给未能入园的在京适龄儿童及家庭提供多种形式的学前教育服务，与市财政局沟通协商，实施依托现有优质学前教育资源举办社区学前教育服务中心项目。本年，市级财政投入 5500 万元，对 10 个区县 21 所试点幼儿园进行经费扶持。至年底，试点园所中 11 所完成工作。

编制全市学前教育第二期三年行动计划，力促学前教育健康持续发展。在实施第一期学前教育三年行动计划的基础上，结合当前全市学前教育发展问题与需求及全市经济社会发展水平与规划，编制《北京市学前教育二期三年行动计划》，2015 至 2017 年逐年增加学位 4 万个、5 万个和 6 万个，入园率不低于 95%，并采取现代化信息手段，为在京未入园儿童及家庭提供学前教育指导服务。

（张小红　郭春彦）

【开展幼儿园级类和早教基地验收】1至3月，市教委开展幼儿园级类验收工作。级类验收采取听园长汇报、观看办园条件和班级半日活动、查阅档案资料、工作指导及评价意见反馈工作程序，检查验收54所幼儿园，包括昌平、顺义、燕山、延庆4个区县13所幼儿园，密云、通州、平谷、西城、海淀、丰台、朝阳、房山、石景山9个区县41所幼儿园，其中，申报一级园38所、二级园5所、三级园11所。经检查验收，14所幼儿园的办园条件和保教质量达到一级一类标准，7所达到一级标准，5所达到二级标准，11所达到三级标准。

（王洪兰）

【启动教师团队交流活动】3月11日，市教委在北京空军育翔蓝天幼儿园举行教师团队交流活动签约仪式。活动包括两项内容，第一项是北京市示范园与农村乡镇中心园“手拉手”活动，双方互派干部、教师定期到对方园学习交流，示范幼儿园对乡镇中心园及薄弱园的各项教学活动给予重点指导，并讲授示范课，定期组织园本培训、教学研究和教育科研活动，开展教师继续教育。第二项是北京市公办幼儿园与民办幼儿园干部教师双向交流试点活动，通过派驻公办教师的方式引导和支持民办幼儿园提供普惠性服务。各区县推荐本区域内1所优质公办园和1所正规注册民办园，两所幼儿园结成对口交流单位。推荐的优质公办园派出1～3名市级或区级骨干教师深入到对口民办园担任教师或者业务园长、教研组长等工作，负责组织幼儿一日生活、业务管理或教研活动，供民办园教师研究、学习与观摩，民办园派出1名业务园长或保教主任到对口公办园担任业务园长助理，见习公办园保教工作、教学研究等活动，双方对口挂职时间为连续1个月。干部教师挂职交流期间，均需在挂职园所组织一次幼儿主题教育活动或保教管理、教学研究等公开课，区县教委行政及教研人员参与指导并点评。3月28日，印发《北京市教育委员会关于开展公办幼儿园与民办幼儿园干部教师双向交流试点活动的通知》，进一步明确交流活动的重要意义、工作规范和要求，加强对交流工作的监控指导。

（彭兴蕊　王永刚）

【示范园和农村乡镇中心园及薄弱园“手拉手”】3月27日，市教委公布第八批示范幼儿园和农村乡镇中心园及薄弱园“手拉手”名单。共有32对幼儿园结成“手拉手”协作关系，并签署协议书。双方本着优势互补、资源共享、互助互利、共同提高的原则，制定支教计划，互派干部、教师定期到对方园学习交流。示范幼儿园对乡镇中心园及薄弱园的各项教学活动给予重点指导，并讲授示范课。协议有效期2年。

（王洪兰）

【西城与昌平开展“手拉手”活动】4月14日，西城区教委与昌平区教委12所幼儿园举办“手拉手”结对活动。结对幼儿园包括昌平区滨河幼儿园与西城区的中国儿童中心实验幼儿园、昌平区十三陵镇中心园与西城区的果子市幼儿园、昌平区延寿镇中心园与西城区的新京畿道幼儿园、昌平区沙河镇第二幼儿园与西城区的公安部幼儿园、昌平区的95820部队幼儿园与西城区的中办警卫局幼儿园、昌平区的天一宝贝幼儿园与西城区的广电银河艺术幼儿园。结对幼儿园相互介绍各幼儿园的办园理念、办园特色、队伍培养、课程建设、园所文化，并将根据双方需求制定“手拉手”活动方案。市教委、昌平区教委、西城区教委相关负责人及两区“手拉手”幼儿园园长共计20人参加活动。

（王丽萍）

【培训学前教育系统信息员】4月，市教委举办北京市学前教育系统信息员培训。培训目的是提高幼儿园信息化水平，做好教育部第二期学前教育信息管理系统启动相关工作。培训内容包括教育部信息管理系统的应用及相关的信息技术知识。全市学前教育行政管理人员及各幼儿园信息员2000人参与培训。

（郭春彦）

【组织园长师德培训】5月9日，市教委组织园长师德师风培训。培训重申幼儿园师德规范，宣读师德宣言，7名园长做师德承诺发言。各级各类幼儿园园长1500余人参加培训。

（郭春彦）

【举办后勤园长培训】5至6月，市教委组织各级各类幼儿园后勤园长培训。培训结合实践就“园长谈——我心目中的后勤园长”“谈怎样做好本职工作”“如何抓好幼儿园后勤工作”“膳食营养及营养计算”开展培训，内容具有针对性和实效性。培训配备并印发《幼儿园安全工作》（上、下册）一书、幼儿园安全挂图及点读笔600余套；编印《2014年北京市幼儿园后勤园长培训手册》，具体指导幼儿园后勤工作。培训分2期，600人参加学习，出勤率100%。

（李国荣）

【调研无证幼儿园现状】5至10月，市教委调研无证幼儿园现状。调研采用实地走访、调查问卷的形式，分析无证幼儿园的存在原因，制定“审批一批、规范一批、取缔一批”的分步骤治理方案。

（孙艳云）

【投入3.88亿元加大扶持公办园】至7月，市级财政投入3.88亿元扶持公办幼儿园。扶持对象包括教育部门办园、其他部门办园、企事业单位办园、新建改扩建和办园条件达标项目街道办园，涉及15个区县204所幼儿园1296个班级。

（吕萍）

【组织学前教育信息技术应用作品评选】10至11月，北京教育网络和信息中心组织学前教育信息技术应用作品评选活动。10月，北京教育网络和信息中心组织北京市幼儿园参加第八届全国幼儿园信息技术应用作品评选活动，提交作品407件，全部获奖。其中，一等奖93件、二等奖150件、三等奖164件，比赛由中国教育技术协会中小学专业委员会举办。11月21日，北京市电化教育研究会学前教育技术委员会第七届年会在丰台区第一幼儿园召开，表彰北京市第七届学前教育技术作品评选活动（“四优联评”）获奖者。110所幼儿园的1760件教师作品参评，评出获奖作品1628件。其中，一等奖292件、二等奖589件、三等奖747件，比赛由北京教育网络和信息中心承办。

（潘东庭　王永刚）

【调研学前特殊教育资源教室】 10至11月，市教委分三组调研16个区县的81个特教基地工作开展情况。调研组听取区县及幼儿园汇报，实地查看园所资源教室的建设情况及特殊儿童的发展情况，了解幼儿园在开展特殊教育方面的经验及存在的问题，撰写调研报告。调研全面了解特教基地的运行情况，尤其是特殊教育师资短缺、待遇有待提高等问题，并提出相应解决办法。

（王洪兰）

【举办幼儿园卫生保健培训】 11至12月，市教委完成幼儿园保健医培训。培训邀请北京市妇幼保健院优秀一线保健医、健康领域研究专家等5人，就“幼儿园体育活动的管理与实践”“如何合理安排幼儿一日生活”“如何开展幼儿园健康教育”“儿童膳食管理及营养计算”“分级分类验收标准解读及要求”开展培训，内容贴近保健医工作实际，具有较强的指导性，得到参训人员好评。全市幼儿园保健人员1000人参加学习。

（李国荣）

【10所幼儿园入选早教示范基地】 12月17日，市教委公布第十批北京市社区儿童早期教育示范基地名单。经幼儿园申报、区县教委核准和市教委组织评审等程序，认定丰台区蒲黄榆第二幼儿园等10所幼儿园为北京市社区儿童早期教育示范基地。至此，全市共有社区儿童早教示范基地351个。社区儿童早期教育示范基地将幼儿园内的亲子教育活动全部转入社区，本着“因地制宜、多种形式，面向家庭、服务社区，关注弱者、提供帮助，寓教于乐、促进发展”的原则开展社区早期教育工作。

（王洪兰　华蕾）

第十批北京市社区儿童早期教育示范基地名单

丰台区蒲黄榆第二幼儿园
丰台区方庄第六幼儿园
丰台区高娃钢琴幼儿园
丰台区实验幼儿园
海淀区富力桃园幼儿园
海淀区核工业第二研究设计院幼儿园
门头沟区大台中心小学附属幼儿园
密云县第七幼儿园
密云县穆家峪镇中心幼儿园
燕山向阳幼儿园

（王永刚）

【实施社区学前教育服务中心项目】 至12月，市教委、市财政局实施社区学前教育服务中心项目。该项目以优质学前教育机构为依托，以政府购买服务的方式建设与运行，采取名园办分址、分部的形式承办，主要接收3～6岁未入园儿童进行学前教育，同时兼顾满足社区儿童及家长需求，提供灵活多样学前教育服务与指导的公益普惠性教育活动场所。服务中心项目启动所需经费由市、区两级财政共担。市财政安排经费，在场地租赁、装修改造、设施设备方面给予补助，支持和引导项目实施，所需经费纳入市级财政年度预算。区县结合实际需求和财力情况安排项目补充经费，纳入区县年度财政预算。场地租赁费严格用于场地租赁；装修改造设备费主要用于租用场地的改造、装修及设施设备购置，其中，购置玩教具、图书所使用的经费应不低于补助经费总支出的10%。服务中心装修、改造及设备购置由承办单位提出需求，区县教委根据相关规定进行管理和采购。至年底，11所幼儿园完成项目工程主体建设工作。

（彭兴蕊）

【投入4.20亿元补贴非教育部门公办园生均经费】 至年底，市教委继续对非教育部门公办性质幼儿园实施生均定额补贴政策，弥补该类园所办园成本。市级财政共计投入约4.20亿元，对430所幼儿园进行生均补贴，覆盖11万名在园儿童。

（吕萍）

【投入2.18亿元改扩建村办幼儿园】 至年底，市级财政投入2.18亿元改扩建村办幼儿园。拟新建、扩建82所村办园，实际新建、扩建74所村办园，有8所因土地规划、用地争议等停建或调整。该项目结束后，预计可增1万个学位。

（彭兴蕊）

【编制学前教育第二期三年行动计划】 至年底，市教委编制《北京市学前教育二期三年行动计划》。在实施第一期学前教育三年行动计划的基础上，全市学前教育第二期三年行动计划的主要目标仍是继续坚持“政府主导、社会参与，保证基本、广泛覆盖，公益普惠、优质多样，合理分担、保障运行，保教结合、科学育儿，依托社区、就近就便”的原则。2015至2017年，逐年增加学位4万个、5万个、6万个。满足户籍适龄儿童入园需求，学前3年学位供给实现全覆盖，入园率保持95%以上；不断提高常住适龄儿童入园比例；对未入园的在京儿童及其家庭，采取现代化信息技术平台等多种方式提供学前教育指导服务。并将在加大政府投入的基础上，继续巩固成果、完善制度、创新机制、增强保障，通过保存量、增总量、调结构、健机制、保学位、提质量，不断满足百姓公益普惠的学前教育服务需求。3年内将通过启动第二期学前教育三年行动计划中的10个重点项目，实施四大保障措施确保学前教育事业健康发展。

（张小红　郭春彦　孙艳云）

【组织《3～6岁儿童学习与发展指南》培训】 至年底，市教委继续组织《3～6岁儿童学习与发展指南》培训。组建市级学习共同体，总体推进学习工作，采取全员培训、专项培训等方式开展。16个区县将《3～6岁儿童学习与发展指南》的贯彻落实与日常教研管理相结合，在教育实践中全面落实指南精神。6月，市教委举办《3～6岁儿童学习与发展指南》学习推进研讨会，7所幼儿园就如何贯彻落实指南发言，全市学前教育教研员、园长及教师1000人参与培训。

（郭春彦）

幼　儿　园

北京市东城区东华门幼儿园

【概况】　2014年，北京市东城区东华门幼儿园为教育部门办园类别，为日托制，分本部和小班部两地办学。本部占地面积0.27万平方米，校舍建筑面积0.34万平方米；小班部占地面积0.08万平方米，校舍建筑面积0.08万平方米。全年教育经费投入730.41万元。固定资产总值769.18万元，图书室藏书0.70万册。本部拥有幼儿多功能厅、幼儿图书馆和幼儿艺术教室等专用教室5个，普通教室8个；小班部普通教室4个。教室内设有液晶电视、便携式计算机和多媒体设备等教学设施。学校信息化经费投入1.20万元，校园网出口总带宽100Mbps，数字资源量500GB。教职工65人，其中，教师51人，专科及以上学历50人，中级及以上职称25人。保健医4人，均为专科及以上学历，包括中级及以上职称2人。开设教学班12个，其中，小班6个、中班3个、大班3个。幼儿入园122人、离园148人、在园391人。网址：58.134.1.40/dcjy/dhmyey/Index.asp。

（刘悦）

【获得北京市“三八红旗集体”称号】　3月，东华门幼儿园获得北京市妇女联合会、北京市总工会、北京市人力资源和社会保障局颁发的“北京市三八红旗集体”称号。东华门幼儿园连续多年获得首都文明单位、继续教育先进集体、北京市幼儿园环境创设评优活动“最优环境建设奖”、北京市示范园与农村乡镇中心园“手拉手”活动突出贡献奖、东城区托幼机构卫生保健工作先进集体等多项殊荣，“十一五”课题成果获北京市第六届教育科学研究成果基础教育专项奖、东城区基础教育教学优秀成果二等奖等多项重要奖项。东华门幼儿园在行为课程促进幼儿园课程建设、课程改革、教师教育行为的转变、教师队伍成长等方面的实践研究，为幼教工作起到了积极的引领示范推动作用。

（王莲欣）

【斯里兰卡总统夫人到访】　7月7日，斯里兰卡总统夫人施兰迪·拉贾帕克萨一行25人来园参观访问。施兰迪·拉贾帕克萨听取幼儿园基本情况、办园特色、教育理念及幼儿在园学习生活情况介绍，参观幼儿园园所、班级活动室及特色教室等，观看幼儿舞蹈表演，观摩幼儿区域活动并参与幼儿活动，幼儿为其送上亲手制作的小礼物。

（董京京）

【帮扶2所外地幼儿园】　7月和11月，东华门幼儿园分别与湖北郧县幼儿园、腾冲县腾越镇洞山幼儿园签订帮扶协议。7月，与郧县幼儿园签订为期7年的对口支援协议，是“南水北调对口支援”任务之一。11月，与腾越镇洞山幼儿园建立长期“手拉手”联系，促进教育资源的交流与合作。该园从三个方面开展帮扶工作：幼儿教育方面，实施幼儿“手拉手”共进、德育渗透；教育教学方面，开展教育科研交流、高层经验交流；校园建设方面，捐赠幼小衔接方面书籍、课本，在现代化教学方面提供支持，在校园硬件建设方面出谋划策。

（董京京）

【开展重阳节敬老活动】　9月28至29日，东华门幼儿园开展重阳节敬老活动。中大班幼儿在教师带领下给爷爷奶奶制作祝福卡片、爱心卡片和服务卡片，表达对爷爷奶奶的问候和祝福，并以给老人捶背、干家务等实际行动关爱老人。小班幼儿在教师的帮助下，用橡皮泥捏制重阳糕，感受节日民俗。

（董欣）

【举办建园90周年展示交流活动】　12月17日，东华门幼儿园举办建园90周年展示交流活动。该活动配合东城区示范园展示交流活动开展，以“践行‘生活即教育、行为即课程’理念”为主题，在幼儿园本部、小班部、“家和”社区早教中心三地同时进行。活动采取全园开放形式，邀请东城区幼儿园业务干部及教师90人来园观摩，每个班级均向参观教师开放集体教学活动、区域游戏活动，听取东华门幼儿园园所建设与发展汇报，全面了解幼儿园的园所文化、队伍建设、教育特色等情况。

（董京京）

北京市第五幼儿园

【概况】　2014年，北京市第五幼儿园为教育部门办园类别，为寄宿和日托兼收制。占地面积0.84万平方米、校舍建筑面积0.70万平方米。全年教育经费投入1704万元，其中，国家拨款1665万元、自筹经费39万元。固定资产总值1213万元。拥有多功能游戏室、宝宝书吧和创意美劳坊等专用教室7个，普通教室16个。教室内设有教学会议终端机、IPAD平板计算机和钢琴等教学设施。学校信息化经费投入157万元，校园网出口总带宽100Mbps，数字资源量240 GB。教职工168人，其中，教师121人，包括中学高级教师2人、小学高级教师45人（含1名助理研究员）、特级教师1人、市级骨干教师2人、专科及以上学历121人（含8名研究生）；保育员7人。开设16个教学班，其中，小班6个、中班5个、大班5个。幼儿入园290人、离园190人、在园595人。

（朱小娟　吕晓菲）

【附属实验园开园】 2月，五幼附属实验园正式开园。园所位于南二环永定门外中海紫御公馆南侧，占地面积2380平方米，建筑面积1900平方米，是全日制公办教育机构，与五幼总园属一园两址，可容纳8个教学班、270余名幼儿。该园是东城区教委为进一步扩大公办优质教育资源，落实“学前三年行动计划”的南城改扩建幼儿园重点项目，于2012年9月交付北京市第五幼儿园承办。2013年3月工程启动，至同年12月整体改造建设基本竣工，历时10个月。开园初期，开设3个教学班，收托幼儿90人，2014年9月增至6个班，收托幼儿182人。

（陈晶 吕晓菲）

【开展师德月主题活动】 9月，五幼开展师德活动月活动。该园分阶段组织“健康谢师恩、温情慰师心”教师节敬师活动、“知荣明耻强师德、师爱无声润童心”主题宣教活动、师德现状问题自查、“爱的力量”沙龙论坛与“该不该这样做”典型案例分析等“爱铸师魂”系列教育实践活动。28日，五幼召开“弘扬高尚师德，争做育人楷模”第八届师德月优秀教师表彰暨师德师风建设大会，表彰2013至2014年度获得各类奖项的教师，发起“正师德、树师风、甘奉献”倡议，全体干部和教职工郑重宣誓，做出师德承诺。五幼已连续八年开展9月师德建设月活动。

（吕晓菲）

【组织“消防安全进校园”主题活动】 10月30日，五幼组织“消防安全进校园”主题活动。该园邀请东城消防支队消防员来园与幼儿一起开展活动，宣传消防知识、讲解消防车功能和介绍消防工具使用。消防员打开消防车供幼儿观摩，向幼儿介绍、演示消防车中的设备，并用幻灯片讲解消防知识。幼儿戴上消防帽，穿上消防服，争当小消防员，并与消防员合影留念。该园幼儿500人参与活动。

（吕晓菲）

【举办建园60周年展示活动】 12月30日，五幼举办“梦想花开——庆祝新年师幼风采展示汇报暨建园60周年纪念活动”。活动以追忆历史、弘扬师德、传承精神、激励奋进为主旨

内涵，师幼同台表演音乐剧《DO RE MI》，舞蹈《快乐宝贝》《剪纸姑娘》和《中国功夫》，诗朗诵《风雨彩虹》等节目，用动人的艺术语言展现朝气蓬勃的精神风貌与“让每个孩子成为最好自己”的育人特色，表达对园所、对幼教事业无限的热爱与祝福。当天同时举办“童梦飞翔”主题幼儿美术作品展。来自教育部、全国妇联、北京相关单位领导，及五幼教职工、退休教师、幼儿及家长代表共计700人参加活动。五幼始建于1954年，建园初期共设6个寄宿班，收托幼儿165名；1998年首创北京市第一家体制改革试点园——五幼分园；2014年开办五幼附属实验园，现三园共设29个教学班，收托幼儿1200名。

（陈晶 尹荣）

北京市东城区崇文第三幼儿园

【概况】 2014年，北京市东城区崇文第三幼儿园为教育部门办园类别，日托制。占地面积0.40万平方米、建筑面积0.32万平方米。全年教育经费投入1166万元，均为国家拨款。固定资产总值756万元，藏书0.96万册。拥有幼儿计算机室、特殊资源教室、幼儿棋类教室和感觉统合教室4个专用教室，普通教室13个。配有计算机60台，多媒体教室座位16个。校园网出口总带宽2Mbps。教职工65人，其中，教师45人，均为专科及以上学历，包括中级及以上职称22人；保健员3人，均为中级及以上职称。开设13个教学班，其中，小班5个、中班4个、大班4个。幼儿入园135人、离园128人、在园415人。

（李晶）

【举办幼儿肖像摄影展】 5月28日，崇文三幼举办“展示风采、放飞梦想”幼儿肖像主题摄影展。该园聘请专业摄影师为全园幼儿拍摄在园生活照片，并在照片下面附注幼儿梦想，在操场展示，供家长和幼儿参观。该活动展现幼儿充满活力的激情和健康向上的精神面貌，提升幼儿与家长的艺术品味，丰富幼儿文化生活。

（李晶）

【园所改造工程竣工】 7月1日至8月15日，崇文三幼园所改造工程竣工。改造工程包括：更新东楼六间幼儿盥洗室设施，更换多功能活动室、食堂、幼儿计算机室设备，改造接待室、医务室、资料室等六间办公室地面、墙面。改造后，解决盥洗室设施陈旧漏水、食堂灶具老化、多功能活动室电路设备杂乱问题，消除园所设施设备的安全隐患，同时也为幼儿活动提供更多的空间，为教育教学提供更多的便利条件。该工程共计投入60万元，由区教委拨款。

（李晶）

【出版《幼儿园四季带量食谱》】 9月4日，崇文三幼主编的《幼儿园四季带量食谱》由中国农业出版社出版。全书共计4.35万字，889mm×1194mm开本，内容遵循“以谷为养、五果为助、五畜为益、五菜为充”的饮食原则，编写包括粥汤、面食、菜品在内的200余种符合幼儿生长发育的科学营养菜肴，配有幼儿每日每人进食量表。该书是国内第一本幼儿园专用带量食谱，是幼儿园科学营养配餐首选工具书。

（李晶）

【开展民间体育游戏活动】 11月21日，崇文三幼开展民间体育游戏活动。该园邀请国家花样跳绳运动员为幼儿表演跳绳和踢毽，幼儿学习跳绳技巧，开展互动游戏，体验传统体育游戏乐趣。该园把传统体育游戏项目融入幼儿日常的体育活动中，以年级组的形式开展跳绳、踢毽、舞龙等民间游戏活动，从而有效提升幼儿对体育活动的兴趣，提高健康水平。

（李晶）

北京市西城区槐柏幼儿园

【概况】 2014年，北京市西城区槐柏幼儿园为教育部门办园类别，日托制。占地面积0.24万平方米、校舍建筑面积0.24万平方米。全年教育经费投入868.55万元。固定资产总值590.13万元。图书室藏书0.50万册。拥有现代多功能厅音体室、美劳科技室和师幼阅览室等专用教室5个，普通教室8个。设有电视机、投影仪和电子白板等教学设施。拥有台式计算机23台、便携式计算机16台。教职工41人，其中，教师31人。教职工中专科及以上学历36人、中级职称16人、高级职称1人；保健员2人，均为专科及以上学历，包括中级职称1人、初级职称1人。开设8个教学班，其中，小班3个、中班2个、大班3个。幼儿入园78人、离园78人、在园265人。网址：www.hbkidshome.com。

（贾静嫣）

【出版园本研究丛书】 3月1日，槐柏幼儿园《以图画书故事书为载体，提高幼儿多元表达能力》一书正式出版发行。该书由北京出版集团公司、北京少年儿童出版社出版，面向全国发行，为710mm×1000mm开本，65万字。该书由园长申桂红主编，22位教师参与编写，汇集五个部分的园本研究成果，分别为园本教研论文、教研实录、教育故事、主题活动案例、领域活动案例，共计3册。本丛书是北京市教育科学“十一五”规划课题成果集，为教科研类经验丛书。

（贾静嫣）

【承担名师培育挂职见习活动】 5至12月，槐柏幼儿园承担3项培训园长、教师工作。该园承担北京师范大学2014年河南省“中原名师培育工程”3名园长的挂职见习考核活动、北京大学教育学院培养专家型园长7人挂职代培工作、首都师范大学青年教师的培养工作。活动采取学习、实践、反思、研讨、提升为一体的互动研究形式，促进双方的共同发展。活动期间，幼儿园向挂职园长、教师介绍园本研究的历程和收获，并向其赠送《以图画故事书为载体，提高幼儿多元表达能力》的园本课程丛书。

（贾静嫣）

【开展教师多样化学习培训】 9至12月，槐柏幼儿园组织教师开展多样化的培训活动。9月，举办“做快乐教师”“如何进行职业生涯规划”讲座，帮助教师制订个人三年发展规划；举办“高端课程的理念及幼儿园实施其课程的经验”讲座，结合幼儿园《以图画书为载体，提高幼儿多元表达能力》的市级规划课题展开讨论。10月，开展“学习特级教师李玉英，我和孩子共同成长的故事”专题讲座活动，开展师徒挂钩结对，培养新入职青年教师常态自主成长。12月，开展教育专业书籍PPT读书学习交流活动。每班教师阅读1本书籍，将内容提要与心得制成幻灯片展示交流。该园教师120人次参加活动。

（贾静嫣）

北京市西城区三教寺幼儿园

【概况】 2014年，北京市西城区三教寺幼儿园为教育部门办园类别，为日托制。占地面积0.52万平方米、校舍建筑面积0.52万平方米。全年教育经费投入1266万元，均为国家拨款。固定资产总值457万元。藏书0.41万册。拥有音乐、美术和小厨房等专用教室5个，普通教室12个。拥有计算机70台。学校信息化经费投入52万元，校园网出口总带宽1.20GB，数字资源量1950GB。教职工56人，其中，教师42人，包括专科及以上学历16人，中级及以上职称15人；保健员2人，均为专科学历、中级职称。开设12个教学班，其中，小班4个、中班4个、大班4个。幼儿入园150人、离园93人、在园411人。网址：1279.tuxing2010.com。

（于晓琳）

【组织“我是小明星”主题活动】 5月，三教寺幼儿园组织“我是小明星”主题系列活动。活动以园级和班级为单位开展，其中，园级活动包括创意小明星、才艺小明星、运动小明星等；班级活动包括节约小明星、拼插小明星、拓展小明星、厨艺小明星

等；同时开展亲子活动项目，家长共同参与，幼儿自主选择参加擅长的活动，促进自主、自立、多元发展。师幼及家长920人参加活动。

（于晓琳）

【音乐喷水池工程竣工】 8月15日，三教寺幼儿园完成操场“音乐喷水池”改造工程。该工程把操场部分地面改造成为音乐喷水池，在夏天为幼儿创设嬉水乐园。幼儿园每天安排不同班级在音乐喷水池游戏，并引导教师根据喷水池特点，结合幼儿的兴趣和年龄特点，设计与嬉水相关的活动及玩教具，充分发挥音乐喷水池在寓教于乐中的作用。该工程自7月施工，投入49.67万元。

（于晓琳）

【组织“我和图书做朋友”主题活动】 11月，三教寺幼儿园组织“我和图书做朋友”园级主题活动。活动包括图书交换、修补图书、爸爸妈妈讲故事、异形图书展、自制图书展、图书义卖等活动。图书义卖活动开展3次，全园12个班400余名幼儿共捐款3200元，由家长及幼儿代表送到广外街道残疾人联合会。

（于晓琳）

【举办教学成果展示活动】 12月，三教寺幼儿园举办教学成果展示月活动。活动以“我和图书做朋友”为主题，从园级活动、班级活动、现场汇报交流三方面展示。园级活动分为“图书义卖”“我的图书最特别”“亲子自制图书”三个内容。班级活动由各班进行区域游戏活动展示，设有奇趣图书馆、故事大王讲故事等游戏活动。小三、中一、大四班分别进行“蜡笔小黑”“国王的礼物”“小侦探大冒险”三个教学展示活动。现场汇报交流以“我是主人，快乐发展”为

题，由园长、教师、家长三方向专家及教师进行汇报和交流。

（安昕）

北京市宣武回民幼儿园

【概况】　2014年，北京市宣武回民幼儿园为教育部门办园类别，日托制。占地面积0.46万平方米、建筑面积0.38万平方米。全年教育经费投入1442.55万元，均为国家拨款。固定资产总值669.74万元，藏书0.34万册。拥有美术室、科普苑和舞蹈室等专用教室7个，普通教室14个。拥有计算机78台，数字资源量10GB。教职工57人，其中，教师48人，均为专科及以上学历，包括中级及以上职称19人；保健员2人，均为专科及以上学历。开设14个教学班，其中，小班5个、中班4个、大班5个。幼儿入园132人、离园99人、在园417人。网址：www.bjxwhy.com。

（林巧红）

【举办庆“六一”科普体育节活动】　5月29日，宣武回幼举办“庆六一”科普、体育节活动。小班组织科普活动，开设“空气乐园”“科学宫”和“电动汽车城”等7个科普游戏区，家长和幼儿自由选择区域游戏，在动手动脑的游戏中激发幼儿好奇心，萌发幼儿爱科学、好学好问的科学精神。中大班举行“庆六一”体育节活动，中班幼儿表演《舞龙舟》《耍中幡》《跑旱船》等民族体育项目，大班幼儿表演足球操，并组织一场幼儿足球赛，幼儿园邀请国安队队员来园与幼儿一起踢足球。

（林巧红）

【举办师德故事分享活动】　12月18日，宣武回幼举办“塑美丽心灵，做最美教师”师德故事分享活动。幼儿园每位教师讲述自己的师德故事与大家分享交流。教师们的故事都来源于日常生活，真实、感人。该园重视师德建设工作，定期开展师德故事会或演讲，促进教师自我反思教育行为，不断深刻理解师德内涵，为教师树立师德榜样，促进相互学习。

（林巧红）

【组织迎新年戏剧节活动】　12月30

日，宣武回幼组织迎新年戏剧节亲子活动。教师根据幼儿年龄特点制订班级主题活动计划，鼓励幼儿选择喜欢的故事创设剧本、设计舞台背景及服装道具、制作邀请卡等，在剧目丰富、表演形式多样的活动中激发幼儿主动、大胆的创造，积极生动的表现，获得自尊、自信的感受，吸纳和传承优秀的民族文化，促进全面发展。幼儿自编、自导、自演《羊村的故事》《我有一个幸福的家》和《三打白古精》等14个戏剧节目。

（林巧红）

北京市西城区棉花胡同幼儿园

【概况】　2014年，北京市西城区棉花胡同幼儿园为教育部门办园类别，寄宿制和日托制兼收。三址办园（棉花胡同78号、育德胡同5号、西四北七条20号），占地面积0.62万平方米，校舍建筑面积0.67万平方米。全年教育经费投入3904万元，均为国家拨款。固定资产总值1378万元。图书室藏书1.20万册。拥有计算机室、音乐教室和科学教室等专用教室7个，普通教室19个。拥有计算机185台，多媒体教室座位42个。学校信息化经费投入44.37万元，校园网出口总带宽100Mbps。教职工120人，其中，教师101人，包括专科及以上学历87人，中级及以上职称38人；保健员6人，均为专科及以上学历，包括中级及以上职称3人。开设22个教学班，其中，半日班6个、小班6个、中班5个、大班5个。幼儿入园179人、离园127人、在园625人。网址：www.bjxchmy.org。

（蒋小燕）

【开展“三好”系列活动】　9月，棉幼开展“三好”系列主题活动。“三好”即“我心中的好教师、我心中的好家长，我心中的好孩子”。全园幼儿、教师、家长参与活动，把对好教师、好家长、好孩子的标准用各种形式表现出来，并通过展板的形式张贴出来，供大家评选。最后，家长、幼儿、教师共同评选、整理出该园“我心中好教师”“我心中好家长”“我心中好孩子”标准。

（张冠玮）

【组织童谣传唱活动】　11月，棉幼组织“小手拉大手，传唱新童谣”活动。家长与幼儿一起收集、创编一批突出社会主义核心价值观、思想健康、符合幼儿诵读特点的新童谣500首。教师整理儿歌，选出经典童谣刻录光盘，利用每天的过渡环节、进餐及离园前时间和幼儿一起分享、传唱自编或收集到的儿歌。同时利用幼儿园升旗活动、橱窗、展板、家长助教活动等途径，宣传展示优秀童谣，让社会主义核心价值观走进每个家庭，促进健康、文明、先进的家庭文化建设，使之融入生活的各个方面。

（王红梅　张晓艳）

【举办DIY新年手工庙会活动】　12月26日和30日，棉幼举办“DIY新年手工庙会”活动。活动发挥幼儿主动性，幼儿自制海报、确定班级制作项目、制订新年活动计划等，感受自主活动快乐。活动当天，幼儿根据自己计划，在父母配合下，逐一完成手工任务，感受新年活动快乐。

（蒋小燕）

北京市朝阳区枣营幼儿园

【概况】　2014年，北京市朝阳区枣营幼儿园为教育部门办园类别，日托制。占地面积0.26万平方米、建筑面积0.21万平方米。固定资产总值433万元。全年教育经费投入833万元，均为国家拨款。普通教室8个，设有钢琴、投影仪和照相机等教学设施。教职工37人，其中，教师32

人，包括专科及以上学历32人、中级及以上职称11人；保健员2人，包括专科学历1人。开设8个教学班，其中，小班3个、中班3个、大班2个。幼儿入园77人、离园43人、在园242人。

（闫菲）

【举办主题图书日活动】　4月4日，枣营幼儿园举办“我和妈妈的故事”主题图书日活动。幼儿和家长一起制作“我和妈妈的故事”图画书，通过全园集体分享活动、巡班交流分享活动等形式与其他班级幼儿分享交流，更深地感受妈妈的爱，并增强交往能力、沟通能力和语言表达能力。家长代表40余人应邀参加活动，分享“妈妈您最美”主题活动开展以来幼儿成长变化。

（邢娜）

【组织首届“六一”原创艺术节】　5月28至29日，枣营幼儿园举行“快乐六一、快乐成长——2014‘六一’原创艺术节”活动。该园以“妈妈您最美”“自然科学”探究等主题活动和早期阅读各项活动为载体，鼓励幼儿用自己喜欢的方式表现和创造，形成原创艺术表演，在与大家一起分享感谢、爱和收获过程中展现自我、享受过程、体验成功。

（邢娜）

【改造操场和厨房】　7月2日至8月15日，枣营幼儿园完成操场和厨房改造。由市教委专项资金投入47.69万元，为园内铺设操场塑胶场地1292平方米；由区教委专项资金投入37.07万元，更换厨房下水管道和改造电路。改造工程由北京中关村开发建设股份有限公司施工。

（许岩岩）

【组织“图书分享会”活动】　12月18至19日，枣营幼儿园组织“我喜欢、希望你也喜欢”早期阅读图书分享活动。阅读分享会分为上下半场，上半场分享活动，幼儿以班级为单位，用原创绘本表演和游戏形式，推荐班级幼儿最喜欢的图书，并互赠好书推荐卡。下半场分成分散推荐活动和区域游戏，大班幼儿分别担任图书推荐员和区域游戏志愿者，向弟弟妹妹推荐自己喜欢的图书，指导他们参与绘本游戏。外校教师50人和家长40人观摩活动。

（邢娜）

北京市朝阳区三里屯幼儿园

【概况】　2014年，北京市朝阳区三里屯幼儿园为教育部门办园类别，日托制。占地面积0.31万平方米、建筑面积0.16万平方米。固定资产总值930万元。全年教育经费投入1188万元，其中，国家拨款1187万元、自筹经费1万元。普通教室10个，设有计算机、电子白板和投影机等教学设施。教职工45人，其中，教师38人，包括专科及以上学历33人、中级及以上职称20人；保健员2人，均为专科及以上学历、中级及以上职称。开设10个教学班，其中，小班4个、中班3个、大班3个。幼儿入园94人、离园80人、在园291人。网址：www.yeyslt.com。

（冯亚娟）

【成立家长教师协会】　9月11日，三里屯幼儿园召开家长教师协会成立大会。家长教师协会取代原家长委员会，将班长和教师纳入委员会。家长教师协会作为家庭与幼儿园之间联系的桥梁和纽带，在职能上更加突出家长参与园所教育和管理工作的决策与监督作用，注重增进家园间的信息传递，整合、提升家庭和幼儿园的教育资源，形成教育合力。

（冯亚娟）

【录制幼儿体操光盘】　9至10月，三里屯幼儿园完成幼儿体操光盘录制工作。该园承担的朝阳区“十二五规划”立项课题“科学开展体育活动，促进幼儿健康发展实践研究”进入结题阶段，在物化成果整理过程中，幼儿园自行录制四季幼儿体操光盘，汇集由幼儿园一线教师创编的十余套幼儿体操，多以轻器械操为主，体现不同年龄阶段幼儿动作发展特点，操节韵律感强。

（冯亚娟）

【举办首届“我是小铁人”活动】　12月23日，三里屯幼儿园举行首届“我是小铁人”活动。活动结合幼儿年龄及身体机能发展特点，根据园所冬季体育锻炼项目，按年龄班分别设置参赛项目，小班组为拍球、双脚持续跳和十米往返跑；中班组为拍球、单脚连续跳和十米往返跑；大班组为拍球走、跳绳和十米往返跑。小班注重游戏情景创设，大班则更加突出竞赛的规则意识和竞争能力。每个年龄组最终推选出一个优胜班级并颁发获奖证书。

（冯亚娟）

北京师范大学实验幼儿园

【概况】　2014年，北京师范大学实验幼儿园为教育部门办园，日托制和寄宿制兼收。设有3个分园，分四址办学，总占地面积2.03万平方米，其中，本园0.86万平方米、牡丹分园0.53万平方米、望京分园0.34万平方米、奥林分园0.30万平方米；建筑总面积1.78万平方米，其中，本园0.67万平方米、牡丹分园0.36万平方米、望京分园0.39万平方米、奥林分园0.36万平方米。藏书5.60万册。固定资产总值2193万元，其中，新增67万元。全年教育经费投入2582万元，其中，国家拨款1051万元、自筹经费1531万元。园内设有多功能厅、音乐教室和美术教室等专用教室，设有幼儿图书借阅室、教师借阅室，各班配备电教设备。教职工433人，其中，专任教师203人、高级保育员4人、保健员18人。教师中研究生学历24人、本科学历90人、专科学历98人，小学高级职称32人。开设教学班65个，其中，婴班4个、小班13个、中班14个、大班12个、混龄班22个（包括全托班13个）。幼儿入园678人、离园548人、在园1965人。中文网址：child.bnu.edu.cn，英文网址：bnuk.english.bnu.edu.cn。

（郭美娟）

【举办安全进校园活动】　5月12至13日，北师大实验幼儿园奥林分园举办安全进校园活动。该园举办“警车进校园”活动，东坝派出所干警5人驾驶3辆不同种类的警车进园，为幼儿讲解安全知识，分别介绍巡逻警车、拘捕犯人的警车和载运警犬警车。东坝消防中队消防员4人驾驶1辆消防车进园，讲解消防安全知识，介绍消防员服装及救火工具，带领幼儿分批参观消防车，了解消防车内部构造和功能作用。奥林分园师幼350人参加活动。

（李灵子）

【聘任管理干部】 5月19日至6月18日，北师大实验幼儿园聘任管理干部。干部聘任共有18个岗位、70个职数，包括新增的发展部助理、培训部助理和人事部助理3个岗位，面向全体教职工及社会公开招聘，共计99人（教职工92人、社会人员7人）参加竞聘。申报原岗位且在民主测评中分数较高的干部由园长直接任命，申报新岗位人员统一参加公开竞聘，经过初审、全面考察，竞聘结果在全园公示。最终，18个岗位、70个职数均配齐，其中，本园教职工69人获得岗位，社会人员1人获得岗位。北师大实验幼儿园自2008年开始管理干部聘任工作，每3年一次。

（肖智泓）

【举办户外玩教具展评】 10月23日，北师大实验幼儿园牡丹分园举办户外自制玩教具展评活动。教师自制玩教具480件参加展评，以班为单位展示自制户外玩教具，对数量较多的跳、投掷、套圈类教具进行专项评比，共同探讨此类教具制作过程中目标、材质、大小、装饰等关注点。最终，参展教师共同推选12种教具为优秀玩教具。

（吴媛媛）

【举办运动健康日活动】 10月28日，

北师大实验幼儿园校本部开展首场“健康快乐动起来”运动健康日活动。活动设置22个游艺项目，包括大龙球闯关、铃铛阵、足球射门、摘星星等，所有游艺项目均由幼儿园体育教研组教师讨论并设计，各班教师布置准备。幼儿园将每周二定为运动健康日，在正常天气条件下每周开展1次。该园幼儿640人参加活动。

（鞠亮）

【举办校园文化建设观摩活动】 11月25日，北师大实验幼儿园举办校园文化建设现场观摩与交流活动。此次活动由市教委组织，全市共开放包括北师大实验幼儿园校本部园在内的10所幼儿园。活动听取“蒙养百年、倡导开新——传承百年文化铸造幼教品牌”“北师大实验幼儿园‘以儿童为本’的环境创设实践”主题报告，介绍该园校园文化建设经验。与会者参观幼儿园环境，入班实地观摩幼儿教学活动。来自全市幼儿园园长、教师85人参加活动。

（鞠亮）

北京市海淀区四季青镇常青幼儿园

【概况】 2014年，北京市海淀区四季青镇常青幼儿园占地0.75万平方米，建筑面积0.64万平方米。图书室藏书2万册，各类玩具1.28万件，有大型户外玩具爬龙、荡桥、攀岩、单杠及组合玩具5件。固定资产总值2338.25万元，全年教育经费投入746.40万元。学校信息化经费投入8.68万元，校园网出口总带宽30Mbps。园内建有形体室、科学室和绘画室等6个专用教室，配有计算机和投影仪等教学设施。教职工96人，其中，专任教师56人、保育员15人。教职工中专科及以上学历48人，小教高级职称1人、中级保育员10人。开设15个教学班，其中，大班3个、中班5个、小班7个。幼儿入园196人、离园160人、在园545人。网址：894.tuxing2010.com。

（韩玉兰）

【开展消防疏散演练】 4月3日，常青幼儿园举行消防疏散演练。活动以教学班为单位，由班级教师带领幼儿按疏散路线安全有序撤离至指定地点，演练历时4分钟。全园教师幼儿641人参加演练。为做好演练工作，该园于3月中旬补充完善疏散演练活动预案。从安全组织和班级教师两个层面进行演练前期活动准备，强化各楼层安全疏散引导员分工，要求各班级认真做好演练前幼儿安全教育工作，通过园网——“土星网”争取幼儿家长的理解与支持；安全检查小组对疏散线路进行实地考察，排查安全隐患，确保活动有序进行。

（韩玉兰）

【38名教职工办理医保卡】 4月，常青幼儿园38名教职工办理医保卡。此项工作由常青幼儿园和四季青农工商总公司共同完成，双方分别出资200余万元、700余万元，为38名农民身份教职工办理农转非招工手续，办理个人医保卡，纳入社会保障体系。

（韩玉兰）

【开展教师自制玩具评选活动】 6月

3日，常青幼儿园开展教师自制玩具评选活动。50件玩具参评，全园20个班组采用不记名投票方式，依据玩具的新颖性、艺术性、耐玩、环保、童趣、可操作性以及符合本班幼儿年龄特点等评价标准，评选出40件获奖作品。其中，青蛙跳鞋、连连跳和转转筒等19件作品获得一等奖。教师56人参加活动。

（韩玉兰）

【实行幼儿离园分时段刷卡措施】 10月21日，常青幼儿园实行分时段按班排队刷卡离园措施。该园改进家长接幼儿离园方式，制订新方案并通过“土星网”于一周前告知家长，实施当天幼儿园通过大屏幕滚动播放新方案内容，保健医在幼儿园入口处逐一叮嘱家长。新措施规定，每日下午幼儿离园时，小班家长4：40至4：50、中大班家长4：50至5：00分别按各班标牌排队刷卡接幼儿离园，其中，中班5个教学班家长分楼内楼外三条线路接幼儿离园，避免上下楼拥挤和踩踏。

（韩玉兰）

【开展保育教研活动】　11月26日，常青幼儿园开展保育教研活动。活动由保育组组织，以“培养幼儿良好行为习惯”为主要内容，采取互动观摩形式，小中大班围绕“好吃的饭菜”“保护牙齿”主题展开教研。小班保育教师利用娃娃家厨房、设计蔬菜超市、组织亲子采摘、视频制作等方法，为幼儿提供择菜、洗菜、切菜、制作蔬菜沙拉等体验，加深对蔬菜、水果的认识。中大班保育教师组织“保护牙齿”教研活动，通过活动前、活动中开展家长调查问卷，分析、了解幼儿牙齿健康现状、日常生活习惯和家长对幼儿牙齿健康的关注情况，帮助幼儿学习和了解保护牙齿的相关知识，并针对幼儿年龄特点结合教研活动，制作幼儿活动棋投放到活动区，将行为培养与幼儿游戏活动相结合。全园师幼560人参加活动。

（韩玉兰）

北京市六一幼儿院

【概况】　2014年，北京市六一幼儿院为教育部门办园类别，一院三址办学，本院寄宿制，占地面积6.73万平方米，建筑面积1.70万平方米。西山庭院和西三旗分园为全日制。西山庭院分园占地面积0.31万平方米，建筑面积0.26万平方米；西三旗分园占地面积0.43平方米，建筑面积0.34万平方米。藏书0.55万册，其中，幼儿图书0.45万册、教师用书0.10万册。各类玩具200余种，固定资产总值5561万元。全年教育经费投入7403万元，均为国家拨款。院内建有美术教室、雅各布教室、阅览室、乐高教室、计算机房和多功能厅等专用教室，配有多媒体、投影和音像等电教设备。院内设置种植园地、拓展基地游戏场地等多处幼儿活动场所。教职工96人，其中，专任教师78人，全部具有专科及以上学历，包括中学高级教师1人、小学高级教师34人、小教一级教师27人、北京市骨干教师3人。本院开设教学班21个，在园幼儿620人；西山庭院分园开设教学班7个，在园幼儿205人。西三旗分园开设教学班4个，在园幼儿80人。全年幼儿入园371人、离园280人、在园905人。网址：www.bj61.cn。

（王秋萍）

【举办3次消防演习】　3至10月，六一幼儿院举办3次消防演习活动。3月18日和10月16日，六一幼儿院组织全体教师和幼儿进行防火疏散演习，各班教师和保育员按照责任分工，带领幼儿有序撤离，遇到障碍妥善处置，提升安全逃生能力。9月24日，六一幼儿院组织室外消火栓使用演示活动，该院保安队长为中大班幼儿讲解消防知识，带领全体保安演示室外消火栓出水过程。师幼1800人次参加3次演习活动。

（王秋萍）

【举办开锄节活动】　4月9至10日，六一幼儿院举办开锄节活动。活动以“开心小农夫，快乐开锄节”为主题，幼儿表演舞蹈《春夜喜雨》和诗朗诵《我是快乐的小菜农》，由工勤人员扮演的农民、由教师扮演的科学家讲解种植知识，院长为幼儿发放种子，师幼共同在“小农庄”认领各班的土地，共同开垦种植园地。全院幼儿600人参加活动。

（王秋萍）

【完成硬件设施改造工程】　7至8月，六一幼儿院完成硬件设施改造工程。此次改造涉及本院和西山庭院分园，本院项目包括幼儿食堂、职工食堂、家属楼取暖锅炉、幼儿洗澡锅炉改天然气工程；4块幼儿活动场地、自行车棚、户外卫生间维修改造。其中，幼儿食堂调整格局，重新设计改造，并更换食堂设备；家属楼和东门传达室安防设施升级改造。西山庭院分园项目包括所有班级和公共走廊重新装修，楼顶防水改造，楼体整体粉刷。改造工程共投资828.28万元，由海淀教委投资。

（王秋萍）

【西三旗分园开园】　10月8日，六一幼儿院西三旗分园开园。该园提出“礼物教育”办园理念与文化，旨在拓展六

一幼儿院优质教育品牌，为西三旗地区引进优质教育资源，全面提升教育水平。西三旗分园占地面积4299.47平方米，室内面积3434.60平方米，户外面积2800平方米，设大、中、小3个年级，每个年级4个班，共计12个班。首批招生小班幼儿80人。“礼物教育”办园理念与文化即：在三年的幼儿园生活里，送给幼儿三份童年的礼物：健康的体魄、良好的习惯和积极的心态。

（王秋萍）

【举办幼儿跳绳比赛】　10月23日，六一幼儿院举办幼儿跳绳比赛。比赛设置入场式、热身操表演和跳绳比赛三部分，以班级为单位，设有单人跳、双人跳、花样跳等项目，各班级分别获得勇敢坚持奖、跳动风采奖、快乐锻炼奖、运动健将奖、绳艺超群奖、阳光健康奖。奖品包括板羽球、羽毛球、颠球玩具及奖状。该园大班幼儿190人参加比赛。

（王秋萍）

北京市丰台区第一幼儿园

【概况】　2014年，北京市丰台区第一幼儿园为教育部门办园类别，日托制。占地面积1.62万平方米、校舍建筑面积0.99万平方米。固定资产总值1254万元。全年教育经费投入2175万元，均为国家拨款。园内拥有美术创意教室、音乐室和绘本图书馆等专用教室14个，普通教室34个。教室内设有电视、钢琴和电子白板等教学设施。教职工112人，其中，教师90人，包括专科及以上学历80人、中级及以上职称28人；保健员6

人，均为专科及以上学历，包括中级及以上职称 5 人。开设 34 个教学班，其中，小班 14 个、中班 11 个、大班 9 个。幼儿入园 420 人、离园 375 人、在园 1136 人。网址：www.ftly.cn。

（赵秀敏）

【评为北京市“三八”红旗集体】 3 月 8 日，丰台一幼被评为北京市“三八”红旗集体。多年来，该园以和谐的校园文化建设、高效的研究团队、开放的办园思想、崇尚“一个都不能少”的教育理念，培养教职工的核心竞争力。该评选由北京市妇女联合会、北京市人力资源和社会保障局、北京市总工会联合主办。

（赵秀敏）

【与挪威卑尔根大学学院进行教育文化交流】 10 月 14 至 17 日，丰台一幼接待挪威卑尔根大学学院的学生 6 人来园文化交流。来宾与教师座谈中国与挪威的教育差异，与民族分园幼儿一起跳民族舞，与草桥分园幼儿玩挪威民间游戏，了解丰台一幼内涵式的教育理念和科学化的教育方法。

（易明延）

【接待内蒙古地区园长交流观摩】 11 月 17 至 21 日，丰台一幼接待内蒙古巴彦淖尔地区园长 15 人来园实践观摩学习。该园安排园所文化、教学管理及保健工作一体化管理等专题讲座，并组织教育科研和教研经验交流分享、教师跟班实践等活动，发挥丰台一幼示范辐射作用。

（易明延）

北京市丰台区芳庄第三幼儿园

【概况】 2014 年，北京市丰台区芳庄第三幼儿园为教育部门办园，日托制。占地面积 0.70 万平方米、校舍建筑面积 0.51 万平方米。固定资产总值 1062 万元。全年教育经费投入 1209 万元，均为国家拨款。拥有美术室、幼儿图书室等专用教室 6 个，普通教室 18 个。教室内设有多功能一体机、计算机等教学设施。教职工 72 人，其中，教师 65 人，包括专科及以上学历 49 人、中级职称 31 人、市级骨干教师 1 人；保健员 5 人，均为专科及以上学历，包括中级职称 3 人。开设 18 个教学班，其中，小班 5 个、中班 6 个、大班 7 个。幼儿入园 170 人、离园 142 人、在园 546 人。

（刘毓）

【与通州教工幼儿园“手拉手”】 6 月 26 日，芳庄三幼与通州区教工幼儿园签订“手拉手”协议。此次工作由通州区教育委员会牵头，芳庄三幼将在幼儿园管理、教育教学、卫生保健方面对通州教工幼儿园给予指导与支持。

（刘毓）

【组织开放性主题系列活动】 9 月，芳庄三幼开展“爱祖国，爱科学，追梦中国”开放性主题系列活动。9 月 17 日，芳庄三幼师幼 40 人至北京市第十八中学开展活动，十八中的地理教师在天文台上带领幼儿探索太空，化学教师给幼儿“表演”神奇的“魔术”，幼儿动手制作完成小电扇。9 月 30 日，芳庄三幼开展庆祝祖国六十五周年华诞主题活动，幼儿在浩瀚宇宙展板上签名，围绕“科学梦”，幼儿登台介绍科学月活动成果，说出自己的科学梦；大班幼儿以诗歌的形式描述《科学的种子》；与现代教育报开展“爱祖国，爱科学，追梦中国”主题活动，邀请专家为幼儿做《神奇的太空》讲座，师幼及家长 400 人参加活动。

（刘毓）

【出版《探索的脚步》】 10 月，芳庄三幼研究成果《探索的脚步》出版。该书为北京教育网络和信息中心“十二五”教育技术研究课题“现代信息技术在幼儿园数学教育活动中应用策略研究”成果，于 2012 年 1 月立项，由教育科学出版社出版发行，169mm×239mm 开本，14.70 万字。该书以现代化信息技术与幼儿园数学领域教学活动整合为途径，以幼儿集体学习活动为主要形式，通过教师的实践积累，反复研讨，在专家指导下形成小、中、大班经典课例 29 节。

（刘毓）

【出版《蕙质兰心做阳光教育》】 11 月 10 日，芳庄三幼研究成果《蕙质兰心做阳光教育》出版。该书由吉林大学出版社出版，787mm×1092 mm 开本，30 万字，分为品读・美丽事业、研读・开放的课程、赏读・幸福教师、悦读・童心世界四章。

（刘毓）

中国人民解放军总后勤部六一幼儿园

【概况】 2014 年，中国人民解放军总后勤部六一幼儿园为一级一类示范园，日托制。占地面积 2.40 万平方米，建筑面积 1.10 万平方米。固定资产总值 1043.58 万元。全年教育经费投入 1218.60 万元，其中，国家拨款 1110 万元、自筹 108.60 万元。拥有音乐教室、游戏室和幼儿礼堂 3 个专用教室，普通教室 19 个。教室内设有钢琴、电视和移动黑板等教学设施。教职工 81 人，其中，教师 52 人，包括专科学历 34 人、本科学历 18 人、中级职称 21 人；保健员 3 人，包括专科学历 2 人、本科学历 1 人。开设教学班 19 个，其中，小班 7 个、中班 6 个、大班 6 个。幼儿入园 204 人、离园 189 人、在园 630 人。

（张京）

【组织“学军”活动】 6 月 17 日，总后六一幼儿园组织中大班幼儿到总后通信连开展“学军”教育实践活动。活动包括参观军营，学习整理内务，目的是培养幼儿良好的生活自理能力，为入小学做好准备。解放军战士向幼儿讲解整理物品方法，展示分类摆放生活用品技能，幼儿体验叠军被。幼儿学得专注认真，战士讲得细致耐心。幼儿 400 人参加活动。

（张京）

【改善职工就餐环境】 8 月，六一幼儿园装修教职工食堂，改善就餐环境，装修面积 280 平方米，投入经费 22 万元，更新添置食堂专用设备 5 万元。幼儿园增设职工自助早餐，主食 5 种，副食14种。

（张京）

【开展教师爱园教育活动】　9月，总后六一幼儿园开展爱园主题教育活动。该园邀请80岁高龄的李桂娥园长讲园史，讲述在艰苦环境中老一辈幼儿教师对幼教工作的执着追求和奉献精神。幼儿园在园史教育的基础上，举行庆祝第30个教师节演讲比赛活动，从全园100多篇投稿中选出10名优秀教师代表参加演讲比赛，组织小合唱、快板书、舞蹈等节目助兴，投票评选出一等奖1人、二等奖2人、优秀奖7人。

（张京）

【组织数学教育交流研讨活动】　12月，总后六一幼儿园组织总后幼教第二协作区8所幼儿园开展幼儿数学教育交流研讨会。经各园推选，选拔7名教师参加异地教学，开展同课异构活动。教师按照统一规定的小、中、大班幼儿数学教学目标，自行设计组织数学教学活动，观摩后进行反思研讨、专家点评，提高教师设计组织幼儿数学教学的能力，帮助教师深入挖掘蕴藏在目标中的教育价值。教师50人参加活动。

（张京）

北京市石景山区幼儿园

【概况】　2014年，北京市石景山区幼儿园为教育部门办园类别，日托制。占地面积0.31万平方米，校舍建筑面积0.21万平方米，运动场地0.08万平方米。固定资产总值731.04万元。全年教育经费投入1054.58万元，其中，国家拨款855.86万元、自筹经费198.72万元。拥有科学专用教室1个，普通教室8个。计算机36台（包括分园计算机12台），藏书0.37万册，数字资源量1200GB。教职工64人，其中，专任教师43人、保健员2人。教职工中，专科学历22人、本科学历19人、研究生学历1人，中学高级职称1人、幼教高级职称13人、幼教一级职称17人、幼教二级职称1人。开设教学班8个，其中，小班4个、中班2个、大班2个。幼儿入园58人、离园30人、在园235人。网址：ly. sjsedu. cn。

（齐政珂　丛葳）

【修订园所制度】　2至6月，石景山区幼儿园完成管理制度修订工作。该园本着“完善常规，科学评价”的指导思想，进一步明确岗位职责，改进考核方法，完善《幼儿园一日生活常规》《幼儿园各岗人员工作质量考核标准》《幼儿园绩效工资方案》。

（齐政珂）

【支教大台幼儿园】　3月14日，石景山区幼儿园组织教师到门头沟大台幼儿园支教。该园教师8人通过听课评课、交流研讨等方式指导大台幼儿园的教育教学工作，并赠送园所编辑和出版的《幼儿园区域活动的实践探索》《在游戏中成长——园本研究经验集》。

（齐政珂）

【引入幼儿云家园互动平台】　3至11月，石景山区幼儿园引入“幼儿云”，建设家园互动平台。该平台借助平板计算机、手机等便捷设备，实现园所信息发布、班级信息发布、家园沟通等多种功能，搭建家园工作互动平台。

（齐政珂）

【分园开园】　11月15日，石景山区幼儿园分园开园招生。分园位于北京市公共租赁保障房项目“燕保—京原家园”，占地面积4275平方米，建筑面积3183平方米，拥有美术、音体、特教和绘本屋4个专用教室，普通教室9个。初次招收小班2个、中班1个，幼儿49人。

（吴冰冰）

北京市石景山区实验幼儿园

【概况】　2014年，北京市石景山区实验幼儿园为教育部门办园类别，日托制。园所占地面积0.82万平方米，校舍建筑面积0.64万平方米，运动场地0.26万平方米。固定资产总值150.66万元。全年教育经费投入1333万元，均为国家拨款。拥有食育教室、美术画廊2个专用教室，普通教室13个。图书室藏书0.30万册，阅览室2个，座位30个。计算机28台，园网出口总带宽100Mbps，数字资源量360GB。教职工62人，其中，专任教师50人、保健员3人。教职工中，专科学历14人，本科学历29人，硕士学历3人，幼教一级职称26人，幼教高级职称16人。开设教学班13个，其中，小班6个、中班4个、大班3个。幼儿入园172人、离园101人、在园413人。网址：syy. sjsedu. cn。

（李徽）

【启动智能安全刷卡系统】　3月10日，石景山实验幼儿园正式启用智能安全刷卡系统。该系统取代原有幼儿接送卡，要求家长持门禁卡，刷卡入园。刷卡后显示幼儿详细资料，包括姓名、班级、父母姓名、入园时间等。门禁系统具有识别真伪、自动报警功能，确保幼儿安全。

（王钰雅）

【开展全园食育研究】　3至9月，石景山实验幼儿园开展全园食育研究。该园开辟食育专用教室，每周三、四学习“健康饮食”课程，教师带领幼儿种植粮食、制作食物，熏陶饮食文化，培养动手能力和良好的进餐习惯。教师从食农教育（粮食的种植）、食物的制作、食物的学问、饮食习惯、环保和饮食文化等六个方面开展教研活动，积累食育活动优秀案例十篇，结题北京市教育学会“十二五”重点课题，完成《幼儿园饮食与营养教育的实践研究》《合理规划幼儿园体育活动，促进幼儿体质发展的实践研究》论文。

（曹艳玲）

【分园投入使用】　10月9日，石景山区实验幼儿园分园投入使用。该分园为杨庄中区的教育配套建设工程，2012年9月26日开工，2013年2月竣工，占地面积2950平方米，使用面积2360平方米，投入资金2700万元，可满足6个班、180名幼儿的入园需求。

（李徽）

【修订管理制度】　10月，石景山实验幼儿园修订规章制度。鉴于专职保育员退休、教师队伍专业人员结构变化，教师兼职保育员工作的实际情况，该园废除《保育员工作流程》

《保育员工作要求》，全体教职工审议通过《助理教师工作流程》《助理教师工作要求》，进一步修订完善《幼儿园保教工作常规》《幼儿园备课制度》《骨干教师考核评选制度》。

（李徽）

北京市门头沟区幼儿园

【概况】 2014年，北京市门头沟区幼儿园为教育部门办园类别，日托制。一园两址办学，占地面积0.63万平方米，校舍建筑面积0.38万平方米。固定资产总值796万元，全年教育经费投入439.80万元。有幼儿图书室1个，教师图书室1个，藏书2.30万册，拥有多媒体教室和音体厅等专用教室5个，普通教室13个。教室内设有电子白板、实物投影仪和计算机等教学设施；大中型玩具100余种，小型玩具360种。教职工61人，包括中级及以上职称28人、专科及以上学历45人、市级骨干教师1人、区级骨干教师4人。开设教学班16个，其中，小班6个、中班6个、大班4个。幼儿入园151人、离园121人、在园450人。

（冯艳飞）

【冯艳飞青年教师工作室成立】 2月19日，门头沟区幼儿园成立市级骨干教师“冯艳飞青年教师工作室”。工作室以绘本教学为突破口，以“抓日常、重实效”为原则，开展集体讲座、外出培训、骨干示范课观摩、与区级青年教师研修站联合活动、说课比赛、教学实践评优、好书分享、教学经验交流等活动，提高青年教师业务能力和专业水平，帮助他们在论文撰写、区级教学竞赛、课件制作等比赛中取得较好成绩。其中，国家级录像课2节获奖，区级录像课5节获奖，市区级论文评选4篇获奖，市区级课件制作11个获奖。

（冯艳飞）

【举办第一届幼儿创造力大赛】 5至12月，门头沟区幼儿园开展第一届创造力大赛。该园参加市科委“巧思法”课题，以大一班为实验班，开展“水中自救装置”和“失物追踪器”主题活动。第一届创造力大赛共收到绘画作品251幅、手工作品35件，评出一等奖48个、二等奖115个、优秀奖123个，并推荐一等奖作品参加第四届中国幼儿创造力邀请赛，“城市建筑师”“电梯高架桥”“自救轮船”三幅绘画作品获二等奖，两名教师获得“最佳指导奖”，该园获得“优秀组织奖”和“创造力示范基地”称号。

（于德彦）

【开办分园】 9月15日，门头沟区幼儿园在原大峪一小旧址开办分园。分园占地面积5510平方米，建筑面积5410.70平方米，招收小班6个，幼儿150人。分园以“精心哺育幼苗、诚心服务家长、爱心奉献社会”为目标，创设适合小班幼儿活动的教育环境，配备趣味多样的玩教具和户外大型玩具材料，开展亲子运动会、体育节、读书节、六一汇演等大型活动，以示范园的标准开展各项工作。

（于静）

【举办第五届读书节】 11月27日至12月30日，门头沟区幼儿园举办第五届“书香润童心、好书伴成长”读书节。该园创新活动内容和形式，开展幼儿故事大王比赛、欢乐书市、经典诵读赛诗会、周末图书漂流、经典故事表演、木偶戏欣赏、我的藏书大调查、悦读摄影展等活动。家园双方密切配合，160名幼儿获得“书香宝贝”称号，155个家庭获得“书香家庭”称号，16个班级获得“书香班级”称号。该园还提出“每天亲子阅读十五分钟，你会创造奇迹”的亲子读书口号，号召更多的家长关注、参与幼儿的早期阅读，同时鼓励幼儿接触优秀的儿童文学作品，引发阅读的兴趣，培养幼儿良好的阅读习惯，为幼儿的终生学习打下良好的基础。

（于德彦）

北京市房山区良乡第二幼儿园

【概况】 2014年，北京市房山区良乡第二幼儿园为教育部门办园类别，日托制。园所占地面积0.56万平方米，建筑面积0.39万平方米。图书0.42万册、玩教具295种，固定资产总值238.50万元。全年教育经费投入726万元，均为国家拨款。配备有局域网络与电子监控系统，有亲子活动室、多功能厅等专用教室，设有家长氧吧（家长阅览室），配有幼儿活动室12个、睡眠室12个。活动室内配有计算机、电子白板和投影仪等设备，室外设有大、中、小型活动器械112种。教职工66人，其中，专任教师61人、保健医2人。教师中，专科及以上学历59人，中学高级教师1人、幼儿园高级教师19人。开设教学班12个，其中，小班4个、中班5个、大班3个。幼儿入园145人、离园119人、在园465人。网址：liangxiangeryou2011.ankang06.org。

（史玉臣）

【开展校园文化建设】 6月，良乡二幼开展校园文化建设。一是以德治园，挖掘核心价值，凸显园本文化。挖掘“三xiao（笑、孝、效）”文化核心价值观，从微笑、孝敬、仿效三个点开展立德树人教育和养成教育，打造团队文化，形成价值文化。二是环境育人，精心打造环境，彰显文化特色。根据“民族民间艺术和民族文化传承”园所特色，教学楼一楼展示剪纸画，二楼展示青花瓷及家长参与制作的幼儿剪纸作品，三楼通过水墨画及脸谱凸显民族艺术特色。三是制度建设，完善规章制度，形成制度文化。制订高级教师评选方案、教师月考核及学期考核方案、绩效工资方案及各项规章制度及各岗位工作职责等，形成园所的制度文化。

（史玉臣）

【开展特色课程研究】 6月，良乡二

幼开展“民间艺术教育”特色课程研究。该园将童话故事用剪纸的形式表

现出来，形成故事墙，供幼儿欣赏、讲述；组织水墨画学习、欣赏，在中大班开设水墨画特色课程；开设瓷艺课，购置瓷泥、拉坯机，并把幼儿作品送到瓷窑烧制，增强幼儿学习兴趣与成就感，培养动手能力；开设古筝课，利用园内的古筝，选择有学习兴趣的幼儿，通过外请教师授课，培养幼儿学习古筝的兴趣，在每年“六一”儿童节、开放活动中展示才艺。

（史玉臣）

【组织师德教育活动】 9月，良乡二幼组织师德教育活动。该园开展学习社会主义核心价值观、撰写师德体会活动，收到师德体会文章66篇；分部门开展“用爱育人、用情承诺”师德承诺活动，各部门对履行职责做出庄严承诺；举办青年教师师德讲座，用师德故事教育青年教师加强自身修养，提高师德水平和教育教学能力。

（史玉臣）

【举办新年灯笼制作展评活动】 12月31日，良乡二幼举办灯笼挂起民族风——“点燃智慧之灯”活动。该园每个幼儿家庭利用各种环保材料制作灯笼，有莲花灯、火箭灯、鲤鱼嬉戏灯等。活动共征集家庭、教师制作的灯笼500余盏，评出一等奖12个、二等奖24个，在楼道和户外展示。

（史玉臣）

北京市通州区新城东里幼儿园

【概况】 2014年，北京市通州区新城东里幼儿园为教育部门办园类别，日托制。园所占地面积0.47万平方米（包括分园0.20万平方米），建筑面积0.32万平方米（包括分园0.14万平方米）。园内设有幼儿活动室、盥洗室、睡眠室、资料室、音体室，拥有多媒体、音像、校园广播、视频会议系统、户外攀岩、科技安全防护设备。藏书1896册，其中，电子图书50册。玩教具100余种，固定资产总值375万元。全年教育经费投入1393.80万元，其中，国家拨款1212.10万元，自筹经费181.70万元。教职工53人，包括专任教师44人，其中，专科及以上学历41人、市级骨干教师1人。开设12个教学班，其中，小班4个、中班4个、大班4个。幼儿入园129人、离园150人、在园381人。

（薛红梅）

【组织“学习故事”培训】 9月24日，新城东里幼儿园开展“学习故事”培训活动。该园区级骨干教师重点讲解“赋予力量和授权”“整体发展”“家庭和社区关系”等四大教育原理，“健康、归属感、贡献、沟通、探索”五大发展线索，讲解后教师研讨。“学习故事”起源于新西兰，是一种用叙事的形式对儿童学习和发展进行评价的方式。该园带班教师38人参加培训。

（薛红梅）

【举办奥尔夫经验交流会】 9月29日，新城东里幼儿园举办“奥尔夫经验交流会”。该园邀请专家与教师42人一起边说儿歌边学习柯达伊手势，用不同的手势及高度代表唱名，再跟随手势的变化直接唱出唱名的准确高度，为幼儿园教师开展奥尔夫教学活动提供理论支持。

（薛红梅）

【组织幼儿体能测试】 12月9至11日，新城东里幼儿园组织幼儿体能测试。幼儿360人参加体能测试，测试率94.49%。测试含10米往返跑、立定跳远、网球掷远、双脚持续跳、坐位体前屈、走平衡木六个项目，按优秀、良好、一般三个标准记录，优秀率31%、良好率53.50%、一般率15.50%。该园保健医对每个幼儿的测试结果进行整理、填写，并以表格的形式反馈给家长。

（薛红梅）

【幼儿自制面点】 12月25至26日，

新城东里幼儿园开展面点制作和自助餐活动。该园准备丰富的辅助材料，幼儿在铺上桌布的桌子上拿面粉、揉面、捏面，制作面点。午餐时幼儿拿着餐具，排队挑选喜爱的食物，吃到自己捏的面点很开心。自助餐活动让幼儿学习等待、谦让，促进文明用餐行为习惯的培养，提高自我服务能力。

（薛红梅）

北京市顺义区宏城幼儿园

【概况】 2014年，北京市顺义区宏城幼儿园为教育部门办园类别，日托制。园所占地面积0.47万平方米，校舍建筑面积0.37万平方米。固定资产总值1927万元。全年教育经费投入1006万元，均为国家拨款。设有电子监控系统，烟感报警装置，有幼儿图书室、图书资料室和亲子阅览室，藏书1.18万册。配有计算机、正投影和摄录像机等现代化教学设备，拥有计算机35台。学校信息化经费投入9.70万元。教室内设有电子琴、录音机和图书架等教学设施。室外设有攀岩墙，大、中、小型活动器械。教职工62人，其中，教师50人，包括大学本科以上学历32人、大学专科学历16人、中级职务28人、北京市骨干教师1人、区级学科带头人1人；专兼职保健员4人，均为大学本科学历，中级职称2人。开设教学班12个，其中，小班4个、中班4个、大班4个。幼儿入园158人、离园176人、在园429人。

（李金平）

【组织教师弹唱技能培训】 3至6月，宏城幼儿园聘请精灵花语培训机构开展教师弹唱技能培训。培训方选派专业人员对全园教师进行分层培训，把教师分为两组，一组为五年教龄以下年轻教师，另一组为五年以上有一定弹唱基础的教师，幼儿园分别针对两组人员制定不同的目标要求，并安排具体进度。通过集中培训、个别指导、自行巩固、考核检查等环节，教师掌握各年龄阶段曲目的弹唱方法。教师30人参加培训。

（李金平）

【组织亲子制作比赛活动】 4月4日，宏城幼儿园组织“亲亲一家人”主题亲子制作比赛。活动要求家长和幼儿选用生活中废旧材料，一起设计并完成制作家庭生活场景。每件作品需参加本班评选，经班级择优再推荐参加全园评选。活动调动幼儿及家长的热情，共收集采用纸盒、水瓶和泡沫等材料制作的作品130件，《快乐的瓶子家族》《星星之夜》《喵，相亲相爱》《猪宝宝》获得一等奖，另有8件作品获得二等奖、14件作品获得三等奖。

（李金平）

【增设自主课程】 4至12月，宏城幼

儿园增设自主课程。为进一步提升幼儿综合素质，在突出美术教学特色、各班每周增设一节美术活动基础上，每班每周增设一节舞蹈课，大班还增设一节体育活动。舞蹈课重点进行形体、律动基本训练，并排练一些简单的儿童舞蹈，大班体育活动重点对幼儿进行足球训练，让幼儿从小了解、热爱足球运动。

（李金平）

【装修改造工程竣工】 8月31日，宏城幼儿园室外改造、室内装修工程竣工。工程包括矿棉板吊顶、集成铝板、卷材楼地面、铝合金门窗、油漆、屋瓦面等室内外装饰装修、室外围墙及廊架改造、水电安装工程等。同时装备专业美术创意室，为班级购买水碗消毒柜并更新厨房设备。工程自7月中旬启动，投资180万元，全部为学前教育——幼儿园办园条件达标北京市专项补助资金。

（张颖　李金平）

【组织师德月系列活动】 9月，宏城幼儿园组织师德月系列活动。活动包括四项内容：“青蓝工程”拜师会，7名骨干教师与14名青年教师结为师徒，明确职责、任务；师德承诺公开会，开展师德承诺活动，明确教师工作中的十提倡、十反对，全园教职工均在承诺书上签字；敬业爱岗故事交流会，组织全体教师参与“夸夸我的好搭档”故事交流，讲述身边教师爱岗敬业感人事例，体会平凡中的伟大；欢乐聚情生日会，为员工集体庆祝生日，传递集体对教师关爱之情，营造轻松和谐工作氛围。

（李金平）

【打造楼道文化】 至年底，宏城幼儿园加强楼道文化建设。幼儿园三层楼道展示不同主题环境。三层为传统艺术展示，涉及苏州刺绣、京剧脸谱、套色剪纸、皮影、国画；二层为现代艺术展示；一层则结合小班幼儿年龄特点体现以动物为主题的装饰风格，并展示幼儿作品，有棒彩画、水粉画、水墨画、刮画、线描画以及各种手工作品等。

（李金平）

北京市顺义区
仁和中心幼儿园

【概况】 2014年，北京市顺义区仁和中心幼儿园为教育部门办园类别，日托制。占地面积0.40万平方米、校舍建筑面积0.24万平方米。全年教育经费投入473万元，均为国家拨款。固定资产总值35.30万元。藏书0.84万册。拥有音体室、教科研室和阅览室3个专用教室，普通教室8个。拥有计算机31台，多媒体教室座位90个，校园网出口总带宽100Mbps，数字资源量728GB。专任教师37人，均为专科及以上学历，包括中级及以上职称16人。开设8个教学班，其中，小班3个、中班3个、大班2个。幼儿入园119人、离园74人、在园321人。网址：shunyirenheyey.ankang06.org/space。

（屈依蕾）

【组织阅读活动】 4月22日，仁和中心幼儿园开展“书香满园·浸润童心”阅读活动。各班创设温馨、舒适的“图书角”，为幼儿准备卡通靠垫、沙发、书桌、各类书籍等，提供主动

阅读、学习、交流的场所。幼儿园专门开设“故事表演区”，结合幼儿喜欢听的故事，提供一些简单的道具，幼儿利用道具表演。幼儿园尝试让幼儿把所闻、所感、所想用绘画的形式展现出来，并展示绘画作品。开展图书制作活动，在制作中阅读，幼儿通过想象、创造、讲述，和家长、教师一起制作图画书。

（屈依蕾）

【启动“小小种植园”课程】 9月18日，仁和中心幼儿园开设“小小种植园”课程。种植园是幼儿在园生活的场景之一，各年龄班根据本班特色制作班牌，选择植物种类，让幼儿参与翻地、撒种、浇水、除草等种植过程，达到环境育人的目的。同时，作为语言特色园所，将小小种植园与语言教育相结合，以“找不同”“这样的季节我们种什么”“小小植物的作用”等主题开展谈话、集体教育、画中话等形式多样的主题活动，培养幼儿语言能力。

（屈依蕾）

【举办首届教师故事表演比赛】 12月31日，仁和中心幼儿园举办首届教师故事表演比赛。教师精心准备，表情生动多变、肢体角色语言丰富，还插入背景音乐、道具等元素，使故事更具感染力，《拔萝卜》《小猪的爱情》《自作聪明的小花猫》《没有牙齿的大老虎》获一等奖。

（屈依蕾）

北京市顺义区
尹家府中心幼儿园

【概况】 2014年，北京市顺义区尹家府中心幼儿园为教育部门办园类

别，日托制。占地面积 1.50 万平方米、校舍建筑面积 0.54 万平方米。全年教育经费投入 605.70 万元。固定资产总值 482.97 万元。拥有日托室、亲子活动室等专用教室 14 个，普通教室 12 个。教职工 86 人，其中，教师 55 人，包括专科及以上学历 53 人、中级及以上职称 19 人；保健员 2 人，包括专科学历 1 人、中级职称 1 人。开设 14 个教学班，其中，亲子班 2 个、小班 4 个、中班 4 个、大班 4 个。幼儿入园 162 人、离园 152 人、在园 438 人。

（李艳）

【提升教师专业能力】 3 月，尹家府中心幼儿园多措并举提升教师专业能力。一是加强理论知识学习，为教师定制 2014 年春季名师科技网在线学习，组织教师利用网络在线学习阅读、音乐和数学等教学活动，活动区活动，微课程等内容；为不同层次教师选书、有针对性的购买专业书籍提升理论水平和业务能力。二是聘请专业教师来园指导教师学习绘画、武术操、弹琴等技能技巧，采用面对面的学习形式，学习效果明显。

（李艳）

【组织园本教研】 4 月 3 日，尹家府中心幼儿园组织生态体验区活动园本教研。该园邀请蒲黄榆第二幼儿园园长来园指导生态体验区教研活动，介绍生态体验区活动开展情况，提出活动开展过程中的困惑和问题；专家实地观摩生态体验区活动，进一步与教师沟通交流，深入了解区域活动存在的问题，与教师面对面分析问题，帮助教师制定区前导入、区中指导、区后评价点评策略，并分享《幼儿园区域活动设计与指导》有效经验，推动园所《生态体验课程》深入开展。

（李艳）

【加强户外环境创设】 5 月，尹家府中心幼儿园加强户外环境创设工作。该园将户外环境创设纳入体验课程，充分利用各种资源，为幼儿创设多种形式的活动空间。该园整合园所资源，调整户外活动场地，增加幼儿户外休闲区、更新更换沙水区、金鱼池等；利用旧轮胎等材料美化园所环境；调动家长参与幼儿园户外环境创设积极性，增进家长对幼儿园工作的

了解与支持。

（李艳）

【采取多种评价方式评价教师】 11 月，尹家府幼儿园采取多种形式评价教师，促进教师专业能力的提高。一是优秀文章月评制，每月每名教师推荐专业文章，根据文章的实用性投票评选，获奖教师给予奖励。二是优秀活动展示制，采取研究课、录像课、自荐课、推门课相结合方式，提升教师自身素质和组织能力。三是每月岗位工作月评制，每月月末根据各岗位的不同工作性质采取自评、整体工作质量综合评价方式评选获奖者。多种评价方式将主动权交给教师，评价结果在全园大会上公布并表彰，通过园长基金代金券的方式进行奖励。

（李艳）

【大孙各庄分园迁新址】 12 月 29 日，尹家府中心幼儿园大孙各庄分园迁新址。大孙各庄分园旧址由于楼体老化、存在安全隐患，2013 年在大孙各庄镇府前街选择新址进行建设，占地面积 4960.80 平方米、校舍建筑面积 3979.21 平方米。拥有美术室等 15 个教室。

（李艳）

北京市大兴区第七幼儿园

【概况】 2014 年，北京市大兴区第七幼儿园为教育部门办园类别，日托制。占地面积 0.33 万平方米、校舍建筑面积 0.26 万平方米。固定资产总值 275.55 万元。全年经费投入 635.30 万元，均为国家拨款。普通教室 7 个，设有投影仪和电视等教学设施。教职工 46 人，其中，教师 31 人，包括专科及以上学历 27 人，中级及以上职称 9 人；保健员 2 人，均为专科及以上学历、中级及以上职称。开设 7 个教学班，其中，小班 3 个、中班 2 个、大班 2 个。幼儿入园 104 人、离园 102 人、在园 258 人。

（李京涛）

【向教师赠书】 3 月 11 日，大兴七幼开展“品书香、促师德”赠书活动。园长将《新区教师职业道德建设学习材料》《一切都是最好的安排》赠送给 40 名教师，并要求教师立足岗位、爱岗敬业、教书育人，鼓励教师用心学习，及时总结，加强沟通与交流，提高教育教学能力。

（李京涛）

【开展幼小衔接交流活动】 5 月 13 日，大兴七幼与景山小学开展“走出去，请进来”幼小衔接交流活动。活动旨在使幼儿近距离了解小学学习、生活环境。该园大班幼儿在教师带领下走进景山小学，参观学校文化走廊、钢琴教室、乐器房等设施，观看升旗仪式。邀请景山学校师生来园开展交流活动，小学生手把手指导幼儿整理书包和摆放学习用品，并互动答疑。师幼 128 人参加活动。

（李京涛）

【开展班级环境创设观摩研讨活动】 12 月 5 日，大兴七幼开展班级环境创设观摩研讨活动。观摩内容包括主题墙布置、区域活动、自然角和家园联系的环境创设等。活动旨在为教师搭建互相学习、互相探讨的平台，使之真正体会墙饰与课程、教学、幼儿以及家长之间互动的重要作用。教师 23 人参加活动。

（李京涛）

北京市大兴区黄村镇第一中心幼儿园

【概况】 2014 年，北京市大兴区黄村镇第一中心幼儿园为教育部门办园类别，日托制。占地面积 0.89 万平方米、校舍建筑面积 0.58 万平方米。固定资产总值 249 万元。全年教育经费投入 1117 万元，均为国家拨款。拥有美术和亲子阅读 2 个专用教室，普通教室 38 个。教室内设有电子白

板、计算机和钢琴等教学设施。教师102人，其中，专科及以上学历59人、中级及以上职称10人；保健医4人，其中，专科及以上学历4人、中级及以上职称1人。开设19个教学班，其中，小班7个、中班6个、大班6个。幼儿入园185人、离园175人、在园660人。

（孙国彦）

【举办“我为孩子讲故事”比赛】 3月31日，黄村一幼举办“我为孩子讲故事”比赛。23名工作3年以下青年教师分3组比赛，运用肢体语言、道具等提高讲故事效果，大班幼儿、业务园长等50人担任评委，评出“故事之星”6人，提高教师讲故事基本功。师幼172人参加活动。

（孙国彦）

【刘村分园开展家长半日开放活动】 4月30日，黄村一幼刘村分园开展“亲子同乐，追忆童年”家长半日开放活动。活动展示“民俗文化”园本课程研究成果，拉近家园距离。活动中，家长和幼儿共同参与“蔬菜创意大比拼”集体活动，其中，小班开展“蔬菜宝宝大变身”活动、中班开展“陶泥蔬菜大拼盘”活动、大班开展“出其布艺蔬菜秀”活动，同时开展丢沙包、跳皮筋、套圆圈和跳竹竿等传统民俗特色活动。师幼及家长140人参加活动。

（孙国彦）

【举办消防安全培训】 12月18日，黄村一幼举办消防安全培训。该园邀请大兴消防支队官兵来园讲座，播放重大火灾警示视频，分析火灾原因，演示消防栓的使用方法，指导教师打开消防栓的动作及注意事项，提高教职工防火防灾的安全意识，增强灭火技能。教师51人参加培训。

（孙国彦）

北京市昌平区教工幼儿园

【概况】 2014年，北京市昌平区教工幼儿园为教育部门办园类别，日托制。占地面积0.45万平方米、校舍建筑面积0.57万平方米。固定资产总值1087万元。全年教育经费投入2068万元，均为国家拨款。拥有语言、美工和计算机专用教室3个，普通教室17个（本部13个、分部4个）。教室内设有触控一体机、电子琴和多功能录音机等教学设施。教职工86人，其中，教师70人，包括专科及以上学历66人、中级及以上职称29人；保健员3人，包括专科及以上学历2人、中级及以上职称2人。北京市骨干教师1人、区级骨干教师10人、区级学科带头人4人。开设17个教学班，其中，小班8个、中班4个、大班5个。幼儿入园189人、离园126人、在园498人。网址：www.cpjgyey.com。

（褚小芹）

【召开教研活动总结会】 1月17日，教工幼儿园召开教研活动总结会。会议以案例展示和演示文稿形式总结学期内《开发主题活动，培养幼儿良好习惯的实践研究》课题开展情况。大班教研组做《利用主题活动培养幼儿遵守教育活动的常规》汇报，总结开展“我会听、我会说”集体教学活动中培养幼儿良好学习习惯的方法和策略。中班教研组做《中班幼儿良好生活习惯养成的实践研究》汇报，总结开展“我会穿衣服、我会整理衣服”活动中培养幼儿生活习惯的方法和策略。小班教研组做《培养小班幼儿良好生活习惯的实践研究》汇报，总结开展“我会洗手、我爱喝水”活动中培养幼儿良好生活习惯的方法和策略。各组之间相互提问答疑，工作室业务领导点评。干部、教师38人参加活动。

（褚小芹）

【举办青年教师教学评优活动】 3月20日，教工幼儿园举办青年教师集体教学评优活动。工作6年以下教师7人参加评优，展示课内容涉及艺术、健康、社会、语言、科学五个领域，根据内容操作性强、教学设计注重创新和活动目标直观等标准打分，小班美术课《手指画柳叶》获一等奖。干部、教师21人参加活动。

（褚小芹）

【开展幼儿体育运动器材展示活动】 4月3至4日，教工幼儿园开展幼儿体育运动器材展示活动。活动前，教师了解各年龄段幼儿的走、跑、跳、投、爬等能力的发展现状。活动中，教师借助皮球、绳子、太空车和自制的体育运动器材等组织活动，展示幼儿的走、跑、跳、平衡、钻爬、投掷能力，身体各部分的协调运动能力和幼儿肌肉力量及四肢灵活性。教师现场观摩、评价、交流，进一步了解各年龄段、各班级幼儿体能发展的现有水平，以便在后续探索研究中有针对性对体育运动器械、组织活动策略开展研究。师幼505人参加活动。

（褚小芹）

【开展教师自制玩教具展示活动】 7月13日，教工幼儿园开展教师自制玩教具展示活动。该园号召全体教师以“巧手创造环保”为主题，搜集生活中可利用的各种纸盒、纸箱和易拉罐等物品，动手动脑，用胶带、剪刀、油画棒、水彩笔等工具设计制作平面或立体的玩教具，通过教室环境布置和展板制作展示自制作品。每个教师介绍自制玩教具名称、玩法及趣味性和益智性，所有教师参观作品并评选出5件优秀作品。本次活动征集玩教具53件，评出一等奖8件、二等奖21件、三等奖5件。教师34人参加活动。

（褚小芹）

【接受昌平区全面实施素质教育综合督导】 12月5日，教工幼儿园接受昌平区全面实施素质教育综合督导。区政府教育督导室、区教委等领导一行18人组成督评小组，对该园全面实施素质教育工作进行综合督导检查。督导检查组审阅该园年度自评报告，听取《根基教育常抓不懈，素质教育花开争艳》工作报告，深入班级观看大、中、小三个年龄段的集体教育活动，观察幼儿室外阳光体育锻炼活动，实地查看幼儿园的教育、教学、安全、安防设施和环境建设，分组查阅幼儿园软硬件建设情况资料，召开部分干部、教师座谈会，结合对教师、家长开展的问卷调查结果，提出督导检查反馈意见。督导组肯定该园素质教育成果，同时要求该园进一步重视青年教师培养，形成市、区、园级骨干教师梯队，将幼儿写字姿势习惯培养与幼儿园特色结合，继续挖掘自身优势资源，为全区幼儿教育品位的提升做出新的更大贡献。

（褚小芹）

北京市昌平区工业幼儿园

【概况】　2014年，北京市昌平区工业幼儿园为教育部门办园类别，日托制。园所占地面积1万平方米，建筑面积0.89万平方米。固定资产总值1682.60万元。全年教育经费投入2470.29万元，均为国家拨款。拥有多功能活动大厅和图书室等5个专用教室，普通教室20个。教室内设有计算机、钢琴和高清触控一体机等教学设施。教职工107人，其中，专任教师67人，包括专科及以上学历61人、中级及以上职称27人、市级骨干教师1人、昌平区学科带头人3人、昌平区骨干教师9人；保健员4人，均为专科及以上学历，包括中级及以上职称1人。开设17个教学班，其中，小班7个、中班5个、大班5个。幼儿入园201人、离园231人、在园520人。网址：www.bjcpgyyey.com。

（袁媛）

【成为校园公益武术教学基地】　1月18日，工业幼儿园被认定为校园公益武术教学基地。国家教育行政学院在中国社会福利基金会武术基金启动仪式上启动校园公益武术行动，活动由中国社会福利基金会发起，活动主题为“强健中国人、同圆中国梦”。经区教委学前科推荐，根据幼儿园的教育理念及参与武术活动实践情况认定，北京市共有16所幼儿园成为公益武术教学基地，将由中国社会福利基金会选派专业武术教练走进幼儿园配合园所开展面向幼儿、家长、教师的武术教学和培训活动，弘扬民族传统文化，感受武术精髓，激发师幼对武术的兴趣。

（李迎春）

【开展走进昌平图书馆活动】　4月21至22日，工业幼儿园开展走进昌平图书馆活动。该活动是第五届“我爱阅读”读书节系列活动之一，图书馆管理人员利用照片和实地演示，为幼儿介绍图书的摆放方式和借还方法。幼儿参观成人借阅室、儿童借阅室，并在儿童阅读区进行阅读体验。师幼140人参加活动。

（张杰　袁媛）

【接受区级示范园验收工作】　10月29日，工业幼儿园接受区级示范园验收。验收组专家一行6人对该园进行半天的验收，通过听取园长工作汇报、查阅档案资料、观看园所整体环境及班级半日活动等进行全方面验收考评。验收组肯定幼儿园工作，特别是健康特色工作，并提出应不断加强家长工作及教师队伍、后备干部培养等建设性意见。

（袁媛）

【开展家长武术健身活动】　11月5日，工业幼儿园组织家长开展武术健身活动。该园聘请北京市武术运动协会少儿武术研究会武术教练来园教授“女子防身术”和“太极”，家长根据喜好和需求选择参与活动。教练利用演示、个别指导的方式，针对女子防身术演示“搂抱”、单双手被控制时的逃脱方法，针对太极运动讲解动作要领。家长结伴亲身尝试，掌握简单的防身窍门，了解太极动作来源，感受武术的博大精深。家长210人参加活动。

（张杰）

【开展幼儿击剑体验活动】　12月，工业幼儿园开展幼儿击剑体验活动。该园组织幼儿学习击剑运动基本礼仪、基本步法和招式，并进行尝试体验，丰富运动经验，提高身体协调性和灵活性。本次活动与北京欧风青少年击剑培训基地合作完成，师幼160人参加活动。

（李迎春）

北京市昌平区回龙观镇中心幼儿园

【概况】　2014年，北京市昌平区回龙观镇中心幼儿园为教育部门办园类别，日托制。占地面积0.42万平方米、校舍建筑面积0.31万平方米。固定资产总值155万元。全年教育经费投入1040万元，均为国家拨款。拥有多功能教室1个，自然体验馆1个，普通教室10个。教室内设有液晶电视、计算机和钢琴等教学设施。教职工70人，其中，教师51人。教职工中专科及以上学历65人、中级及以上职称8人、区级骨干教师6人；保健员2人，均为专科及以上学历。开设10个教学班，其中，小班3个、中班4个、大班3个。幼儿入园114人、离园91人、在园328人。网址：hlgzzxy.ankang06.org。

（佟红攀）

【开展科学种植活动】　3月27日至9月，回龙观镇中心幼儿园组织幼儿开展科学种植活动。围绕“种子发芽”主题，各年级教师组织幼儿种植，引导幼儿了解种子发芽、长大、结果的过程。种植过程中，教师与幼儿共同制作蔬菜、瓜果标志牌，带领幼儿观察种子发芽后变化、浇水、除草、施肥，共同收获劳动果实。师幼371人参加活动。

（李美琴）

【开播幼儿广播】　3月28日，回龙观镇中心幼儿园开播幼儿广播。广播分“奇妙世界”“童言故事”“知识问答”“温馨祝福”四个板块，涵盖幼儿身边的新闻趣事、班级幼儿给大家讲述故事、为当月过生日幼儿送祝福、科学知识问答互动等内容。广播稿件从教师、家长中征集，幼儿6人轮流主持，每期1人，培养幼儿倾听能力及语言表达能力，并让幼儿了解生活中科学知识。年内共播出广播10期，师幼368人参与活动。

（李美琴）

【组织科技游园会活动】　5月30日，回龙观镇中心幼儿园开展“挑战、体验、分享”科技游园会活动。活动利用园所室内外场地，班级教室开放“乐吧”生活体验活动，户外各场地开放声、光、电、水等幼儿操作体验游戏活动，多功能厅开放科学问答活动，科学种植园开放幼儿种植活动。幼儿凭“门票”入场，根据意愿选择活动内容并获得印章。组委会根据幼儿印章数量评出一、二、三等奖。幼儿及家长600人参加活动。

（李美琴）

【开展多样化游戏小组活动】　9至12月，回龙观镇中心幼儿园开展多样化小组活动。该园利用暑假邀请陶笛、舞蹈、轮滑、思维等领域专家对教师岗前培训，开设思维训练、中国舞蹈、轮滑、陶笛、水墨画等课程，幼儿根据兴趣自愿选择参与各小组活动。全园幼儿328人参加5个小组活动，每周一、三下午各开展一小时，培养幼儿身体协调能力、艺术表现与创造能力和观察探究等能力，促进幼儿兴趣全面发展。

（冯玉茹）

【自然体验馆投入使用】 10月8日，回龙观镇中心幼儿园自然体验馆投入使用。自然体验馆位于教学楼一层，使用面积150平方米，工程从7月开工，共投入资金30万元。该馆设立体验区、沙土和制作区、动植物观察区，主要让幼儿进行劳动体验、休闲体验、种植体验。劳动体验区可以让幼儿尝试剥花生和玉米粒、磨玉米面、制作糖葫芦和干果等，从中获取生活、劳动经验。沙土和制作区为幼儿提供石头、树枝、沙子、土等，在游戏中培养探究意识。动植物观察区提供各种各样的水培植物，让幼儿观察各种不同植物的根，观察用冷水和温水养殖的鱼。自然体验馆每天上下午各开放一小时，有专人指导，各班根据活动安排轮流进馆游戏。每周幼儿328人参加活动。

（佟红攀）

北京市怀柔区第二幼儿园

【概况】 2014年，北京市怀柔区第二幼儿园为教育部门办园类别，日托制。占地面积0.41万平方米，校舍建筑面积0.30万平方米。固定资产总值985.80万元。全年教育经费投入2028万元，均为国家拨款。园内设有教师电子备课室、多功能活动教室和幼儿美术活动教室，班内配有计算机、钢琴和照相机等设施。幼儿园藏书1.82万册，大小玩教具1.30万件。教职工78人，其中，专任教师70人，包括高级职称2人、中级职称31人、市级骨干教师2人、区级骨干教师8人、区级学科带头人1人；保健医2人，保健员2人。开设教学班13个，其中小班4个、中班4个、大班5个。幼儿入园148人、离园163人、在园488人。

（刘雪佳　刘雨东）

【开展劳动最光荣社会实践活动】 4月29日，怀柔二幼开展“走出幼儿园，

走向劳动第一线”社会实践活动。全园幼儿分组采访福田汽车厂工人、公安人员、邮局工作人员等，并送上小礼物。此次社会实践活动让幼儿在真实的生活情景中大胆地与人交往互动，使幼儿真正感受、体验到“劳动最光荣”的含义。该园师幼560人参加活动。

（刘雨东）

【举办第一届风筝节】 5月8日，怀柔二幼举办“筝舞蓝天，放飞快乐”第一届风筝节。活动让幼儿在“欣赏风筝、了解风筝、制作风筝、放飞风筝”的过程中，体验制作的乐趣、放飞的喜悦，开展“风筝展”“文艺汇演”“巧手风筝DIY”“风筝飞飞”等系列活动。该园师幼及家长800人参加活动。

（刘雨东）

【组织预防踩踏演练】 9月29日，怀柔二幼组织预防踩踏安全演练。第一声警报拉响，全体幼儿在教师引导下用手护住头部，安静的蹲在教室里。第二声警报后，全体幼儿在教师和安全执勤人员指导下，迅速有序的按照指定疏散路线快速撤离。校园广播循环播放提示语“一个跟着一个走”“手扶着楼梯”“不推不挤不着急”。全体师幼560人在极短的时间内全部撤离到安全地点。

（刘雨东）

【举办亲子阅读专题讲座】 10月24日，怀柔二幼举办亲子阅读专题讲座。该园邀请北京师范大学教育学院教授做《亲子悦读，快乐成长》专题讲座，向家长阐述幼儿语言能力的四个评价标准“逻辑性”“准确性”“完整性”和“艺术性”，并以绘本《给你的祝愿》《好饿的毛毛虫》等为实例解析在亲子阅读中给幼儿讲什么、怎么讲，同时引导家长构建科学育儿的模式，传播儿童阅读理念。讲座结束后安排游戏环节，家长按性别分成两组，根据绘本内容猜想故事情节，分析人物心理，以游戏的方式开展亲子阅读，将枯燥的内容转换成灵动的形式，以增加幼儿的阅读兴趣。随后，家长和幼儿在班级中开展“共读一本书”亲子阅读活动，将理论转化为行动，帮助和指导家长树立正确的家庭教育观念，了解图书对幼儿成长的重要性，提高亲子阅读的有效性。家长350人参加活动。

（缐金秋　刘雨东）

【开展0～3岁早期教育活动】 12月11日，怀柔二幼组织社区0～3岁婴幼儿来园开展亲子早期教育活动。该园通过发放邀请函的方式，邀请龙山、泉河社区0～3岁婴幼儿来园进行亲子早期教育活动，包括0～3岁婴幼儿早期教育咨询、指导家长有效开展亲子游戏、开放幼儿园户外游戏场地等，加强幼儿园示范辐射力度，同时加强幼儿园与家庭、社区的有效互动。幼儿及家长20人参加活动。

（刘雨东）

北京市怀柔区第三幼儿园

【概况】 2014年，北京市怀柔区第三幼儿园为教育部门办园类别，日托制。占地面积1.68万平方米、建筑面积0.95万平方米。固定资产总值3860万元。全年教育经费投入1920万元，均为国家拨款。拥有早教、美术和玩具图书馆（CPM）3个专用教室，音乐多功能教室1个，普通教室24个。教室内配有各类玩具、钢琴和数字白板等教学设施。教职工101人，其中，专任教师60人，包括专科及以上学历59人、中级及以上职称14人；保健医5人，包括专科及以上学历4人。开设20个教学班，其中，小班7个、中班5个、大班8个。幼儿入园159人、离园160人、在园539人。

（吴淑江）

【举办春季亲子运动会】 4月23至24日，怀柔三幼举办“我爱运动，我爱健康”大型春季亲子运动会。该活动以各年龄班为单位，通过小运动员

入场、体操表演，展示师幼精神风貌；举行亲子游戏和竞赛，体验亲子运动的乐趣；颁发奖品和纪念品，感受成功的喜悦。该园师幼及家长1000人参加活动。

（吴淑江）

【开展课堂教学评优活动】 6月16至26日，怀柔三幼开展课堂教学评优活动。该评选以各年龄班为单位，采用授课教师反思、观摩教师研讨、业务领导评议、教研组评审等方式进行。21个教学班的42名教师参加评优活动，评选出5位教师参与“北京市幼儿园户外体育游戏、故事教学视频展评活动”。

（吴淑江）

【组织幼儿体操评比】 10月23日，

怀柔三幼组织“快乐体操、健康成长”幼儿体操评比。园领导及教师代表9人担任评委，采取各年龄班集体展示、评委现场打分形式比赛，20个教学班500余名幼儿及60名教师参加比赛，小一班、中一班、大一班分获年级组第一名。

（吴淑江）

【举办幼儿歌唱比赛】 12月4日，怀柔三幼举办“童心飞扬，童声歌唱”幼儿歌唱比赛。园领导及教师代表11人组成评审小组，采取提前抽签、现场演唱、评委打分、当场公布成绩的方式比赛，20个教学班参加比赛，小三班、中一班、大五班荣获年级组第一名。

（吴淑江）

北京市平谷区第一幼儿园

【概况】 2014年，北京市平谷区第一幼儿园为教育部门办园类别，日托制。占地面积0.52万平方米，建筑面积0.53万平方米，藏书2万册，固定资产总值482.13万元。全年教育经费投入1098.29万元，均为国家拨款。学校信息化经费投入16.64万元，拥有计算机45台，校园网出口总带宽50Mbps，数字资源量50 GB，拥有图书阅览室和幼儿美工室等专用教室7个，普通教室15个。教室内均设有液晶电视、多媒体投影仪和触摸一体机等教学设施。教师74人，其中，中学高级教师1人、幼儿园高级职称38人、一级职称26人、二级职称9人、区级骨干教师7人；本科学历53人。开设教学班14个，其中，小班5个、中班4个、大班5个。幼儿入园127人、离园198人、在园431人。网址：www.bjpgyy.com。

（于海清）

【展评幼儿器械操】 4月11日，平谷一幼举行幼儿器械操评比展示活动。展评操节均为各年级教师根据各年龄段幼儿特点自编、自创，大班幼儿展示旗操，中班幼儿展示棍操，小班幼儿展示瓶操。展评以班组为单位进行，由园领导、中层干部和带班教师组成评审小组依据进退场、师幼服装和动作整齐等标准打分，各班分别荣获最佳表演奖、最佳风采奖、最佳活力奖。幼儿420人参加活动。

（于海清）

【开展消防演习】 11月5日，平谷一幼开展安全疏散消防演习。9：00拉响警报，各班教师迅速组织幼儿用湿毛巾捂住口鼻，弯腰沿紧急疏散线路有序下楼，到操场安全地带集合，教师清点人数并向总指挥报告，整个疏散活动用时2分钟。演习结束后，后勤园长给幼儿演示正确使用灭火器方法，各班组织如何拨打119、玩火危险、发生火灾怎么办等安全教育活动。师幼420人参加活动。

（于海清）

【组织骨干教师半日评优活动】 11月10至21日，平谷一幼组织骨干教师半日评优活动。为检验骨干教师科学施教能力，更好的发挥骨干教师引领作用，该园由业务园长和教研组长组成评审小组深入班级，对骨干教师的半日教育教学活动区域活动、教学活动、户外体育活动三个环节的组织情况，依据新课改理念制定的评价标准逐一量化评价。评出一等奖2人，二等奖3人。区级骨干教师7人和园级骨干教师9人参加评优。

（于海清）

北京市平谷区第二幼儿园

【概况】 2014年，北京市平谷区第二幼儿园为教育部门办园类别，日托制。园所占地面积0.40万平方米、建筑面积0.36万平方米，体育场面积1200平方米。图书1.78万册。固定资产总值751.58万元。全年教育经费投入1810万元，均为国家拨款。设有奥夫音乐室、美术室等专用教室5个，普通教室12个。教室内配有计算机、电视和钢琴等设施。教职工72人，其中，专任教师36人。教职工中专科及以上学历60人、中学高级教师2人、幼儿园高级教师43人。开设教学班12个，其中，小班5个、中班3个、大班4个。幼儿入园120人、离园130人、在园270人。

（张娟）

【迁原址办园】 1月1日，平谷二幼回迁幸福小区原址办学。2013年7月，因教学楼年限已久，平谷二幼迁往原联合大学平谷校区办学。原址进行加固改造工程，拆掉南阳台，拓建北楼道，增加幼儿活动场所，并将主楼与西教学楼相连，铺设塑胶户外活动场地，共投入1134万元，由区财政拨款。

（张娟）

【开展关爱残疾人教育】 5月15日，平谷二幼开展“争做爱心小天使，关爱残疾人”教育活动。社会领域活动中，教师带领幼儿认识残疾人标志图片，了解残疾人日的来历；健康领域活动中，幼儿观看《为我们加油》，学习残疾运动员的拼搏精神；音乐领域活动中，听唱《摘星星》《为残疾人的梦想插上飞翔的翅膀》，激发幼儿爱心；语言领域活动中，讲解《九个残疾人的励志故事》，让幼儿知道残疾人照样能做出一番大成绩，激励幼儿树立远大志向。游戏领域活动中，幼儿通过“哑巴想说话”“盲人找物”游戏体验残疾人生活的不方便，引导幼儿同情、尊重残疾人。

（张娟）

【实施幼儿接送卡制度】 5月26日，平谷二幼实施接送卡制度。家长早晚凭接送卡入园，其他时间不能进入幼儿园；有急事需接送幼儿时，凭接送卡请班级教师或保安将幼儿送至大门口；幼儿入园和离园时，每个楼道配有看护教师疏散引导。

（张娟）

【开展幼小衔接系列活动】 5至6月，平谷二幼开展幼小衔接工作。该园按照小学作息时间，适当调整大班幼儿日常活动安排，每天适量布置小制作、书写数字等简单作业，培养幼儿作业意识；组织幼儿到平谷三小参观小学校园环境和升国旗仪式，与一年级小学生一起上课，激发幼儿对小学生活的向往；开展“学做一名小学生”活动，幼儿背起小书包走进校园，体验一次“半日小学生活”；举办幼小衔接家长讲座，向家长介绍小学基本情况，解答家长困惑，分享家庭教育中培养幼儿良好学习能力、行为习惯和生活自理能力经验。大班幼儿200人参加活动。

（张娟）

【实行“雁阵”教师培养模式】 10月20日，平谷二幼实行“雁阵”教师培养模式。针对教师能力差异，将教师分为“头雁”“飞雁”“雏雁”三种类型。“头雁”由教学干部和市县骨干教师组成，“飞雁”指正在走向成熟的教师，“雏雁”指教龄三年以下教师。该园帮助“头雁”教师制定个性化研修计划，定期召开座谈会，听取学习汇报和对幼儿园工作建议，要求一学年至少做二次研讨课或观摩课，在市级或市级以上有关报刊正式发表论文2篇，发挥示范、带动和辐射作用。在“飞雁”教师中开展“教学能手”评比，举办“大赛课”活动和优秀教案评比，评选“教学能手”，为“雏燕”教师树立学习榜样。实施“雏燕”教师成长业务档案计划，以岗位练兵为基础，坚持开展集体备课、园本教研、“飞雁”教师与“雏燕”教师一帮一结对子活动和教育活动比赛。

（张娟）

北京市平谷区第三幼儿园

【概况】 2014年，北京市平谷区第三幼儿园为教育部门办园类别，日托制。园所占地面积0.63万平方米，建筑面积0.37万平方米。藏书0.60万册，固定资产总值569万元。全年教育经费投入955万元。设有美术创意室、有氧书吧阅读室2个专用教室，普通教室12个。教室配有钢琴、多功能一体触摸机等教学设施。教职工60人，包括本科学历34人、专科学历26人、区级骨干教师11人 。开设教学班12个，其中，小班4个、中班3个、大班5个。幼儿入园94人、离园150人、在园350人。网址：www.bjpgsy.com。

（宋春梅）

【彰显园所特色】 3至12月，平谷三幼开展系列主题活动彰显园所语言特色。开展“巧嘴巴说天下”系列活动，通过幽默动画配音、亲子快乐书吧、每月故事会和“金牌小记者”评选等形式，搭建幼儿展示自我舞台；创设“三结合”语言特色教育环境，即与一日生活相结合、与区域游戏相结合、与环境创设相结合；围绕“教师—幼儿—家长”开展“三研合一”语言特色教研活动，建立语言成长共同体；组织教师搜集、创编手指游戏并编录成册，积累园本特色资源；以教师提问的“梯度性、开放性和适度追问”为标准开展教学片段观摩活动，在提高教师有效提问技巧同时，培养幼儿语言表达能力。

（宋春梅）

【推行“唯实”教育教学模式】 9月，平谷三幼推行“唯实”教育教学模式。该园摒弃“面面俱到”的教案模式，倡导教师根据幼儿发展实际突出活动难点设计教案；摒弃幼儿盲从、跟风的应答方式，倡导教师鼓励幼儿在畅所欲言中异想天开。开展课堂教学实录评选活动，分享成功教学经验，就如何创设轻松的课堂环境及尊重幼儿课堂中的真实对话和讨论等进行交流。开展“如何提高教师课堂点评技巧”专题研讨活动，提高不同层面幼儿自我成长的需求；变园长“预约课”为“推门课”，提高教师常态化教学能力，杜绝为追求达标率编撰、提高数据现象。

（宋春梅）

【开展幼儿自主启蒙特色教育】 10至12月，平谷三幼开展幼儿自主启蒙特色教育。开展“我们都是小主人”系列活动，根据幼儿年龄特点设置班级爱心大使、课堂小主讲、卫生监督员等岗位，树立“人人有事做，事事有人管”的班级主角意识；组织全园幼儿体操比赛，大班幼儿20人组成评委团，现场评出并参与颁发班级最佳动作奖、精神面貌奖和秩序风尚奖；区域游戏中鼓励幼儿自己尝试设计游戏活动内容、制订执行游戏规则及记录展示活动过程，营造讨论、协商、分享氛围，激发幼儿自主探究欲望；以文字、照片、录像的形式建立幼儿成长档案和幼儿个案观察记录表，教师从生长发育、童言稚语、教师观察、艺术创作等方面记录每个幼儿成长轨迹，制订相应教育策略，促进幼儿良好个性发展。

（宋春梅）

【开展“爱家乡”系列活动】 12月，

平谷三幼开展“爱家乡”主题系列活动。开展“玩转平谷”和“我是小导游”活动，倡导家长带幼儿外出以摄影形式记录家乡美景，并制成幻灯片在班级中讲述，让幼儿感受家乡山水的神奇魅力。各班以“吃遍平谷”为主题开设特色美食课堂，每个家长自带食材和幼儿一起现场做一道家庭特色菜，全体幼儿共同分享品尝，共享家乡美味。区域活动中为幼儿提供播放机，幼儿尝试用家乡话为视频片段幽默配音，增进幼儿对地区方言特色的了解。在大班中开展“绿色平谷”主题活动，幼儿利用废旧衣服、纸盒制作环保袋送给家长，呼吁每天少用一个塑料袋，减少环境污染。

（宋春梅）

北京市密云县第二幼儿园

【概况】 2014 年，北京市密云县第二幼儿园为教育部门办园类别，日托制。占地面积 0.27 万平方米，校舍建筑面积 0.22 万平方米。全年教育经费投入 907.25 万元，均为国家拨款。固定资产总值 517.63 万元，藏书 0.47 万册。有音乐专用教室 1 个，普通教室 10 个。计算机 37 台，信息化经费投入 8.09 万元，校园网出口总带宽 100Mbps，数字资源量 112GB。教职工 52 人，其中，教师 50 人，包括专科及以上学历 48 人、中级职称 23 人；保健员 3 人，均为专科及以上学历，包括中级职称 2 人。开设 10 个教学班，其中，小班 3 个、中班 3 个、大班 4 个。幼儿入园 93 人、离园95人、在园302人。网址：2ybaby.miyunedu.net。

（孟立平）

【举办教师基本功竞赛】 3 至 4 月，密云二幼举办教师基本功竞赛。竞赛内容为儿童学习故事和教师自制室内外玩具，20 篇学习故事和 30 余件自制室内外玩具参评，其中，3 篇儿童学习故事获得一等奖，4 件自制玩教具获得一等奖。

（孟立平）

【举办家长半日开放活动】 12 月 2 日，密云二幼举办家长半日开放活动。开放内容涉及五大领域，主要有集体教育教学活动、区域活动、户外活动、生活活动、升旗活动等，该园向家长发放《半日开放活动意见反馈表》，家长满意率 100%。同时，该园开展面点花样展示活动，精心制作幼儿喜欢吃的 35 种不同花样食品，邀请家长代表观赏和品尝食品，家长对幼儿园食品表示满意。

（孟立平）

【开展家长进课堂活动】 12 月 19 日，密云二幼开展家长进课堂活动。该园邀请在交通队工作的幼儿家长上交通安全课，通过视频和图片展示讲解交通安全基本常识，认识交通标志，在游戏中学习交通规则。

（孟立平）

北京市密云县第三幼儿园

【概况】 2014 年，北京市密云县第三幼儿园为教育部门办园类别，日托制。占地面积 0.27 万平方米，校舍建筑面积 0.27 万平方米。全年教育经费投入 672.67 万元，均为国家拨款。固定资产总值 737.62 万元。藏书 2550 册，包括电子图书 637 册。有普通教室 10 个，计算机 33 台。幼儿园信息化经费投入 14.84 万元，校园网出口总带宽 100Mbps，数字资源量 637GB。教职工 56 人，其中，教师 49 人，包括专科及以上学历 43 人、中级职称 9 人、高级职称 1 人。保健员 2 人，均为专科学历。开设 10 个教学班，其中，小班 3 个、中班 3 个、大班 4 个。幼儿入园 89 人、离园131人、在园302人。网址：my3y.miyunedu.net。

（李东来）

【开展早教入户指导】 2 月 21 日，密云三幼开展早教入户指导。该园早教教师和保健医深入兴云社区、学府社区入户对 0～3 岁婴幼儿家长进行育儿知识和技能培训。早教教师向社区 0～3 岁儿童及家长发放早期教育宣传手册、0～3 岁婴幼儿发展特点与教育训练指导手册和早教免费活动卡等宣传材料；保健医为社区儿童测量身高和体重。本次共指导 17 户 0～3 岁婴幼儿家庭，以交流分享的形式，帮助家长解决育儿困惑，解答家长提出的问题。

（李东来）

【开展玩教具制作比赛】 3 月 3 至 7 日，密云三幼开展教师自制玩教具比赛。教师从主体构思、材料选择、制作方法上充分挖掘玩教具玩与教的功能，取材生活中的废旧物品制作 46 件玩教具，16 件作品分别获一、二、三等奖。

（李东来）

【举办奥尔夫音乐展示活动】 3 月 17 至 19 日，密云三幼各年龄班音乐教师分别向家长展示“奥尔夫音乐”。教师根据班级幼儿特点设计活动，注重挖掘幼儿音乐潜能，幼儿用蛙鸣筒模仿秋夜蛙声，用腕铃描绘春江细雨，用语言与拍打肢体演绎节奏，全身心地投入到音乐世界中。幼儿及家长 300 人参加活动。

（李东来）

【组织师幼亲子绘画剪纸赛】 10 月 16 日，密云三幼举办“低碳环保、共建美好家园”师幼亲子绘画、剪纸比赛活动。教师、幼儿、家长从“节约资源、低碳环保、健康阳光”等不同角度创作出体现低碳环保生活的绘画、剪纸作品，共展出 220 幅优秀作品，其中，45 件作品分获一、二、三等奖。

（李东来）

【举办亲子环保时装秀】 12月25日，

密云三幼举办“秀出风采、成就梦想，中国梦、我的梦”亲子环保时装秀。教师、幼儿和家长利用塑料袋、报纸、光碟、扑克牌等废旧材料，制成环保时装、晚礼裙和扑克牌马甲等作品，家长、幼儿伴随音乐节奏同台表演，展示幼儿园环保理念。

（李东来）

北京市密云县第四幼儿园

【概况】 2014 年，北京市密云县第四幼儿园为教育部门办园类别，日托制。占地面积 0.75 万平方米，校舍建筑面积 0.28 万平方米。全年教育经费投入 1338 万元，均为国家拨款。固定资产总值 330 万元，藏书 0.92 万册。有美劳室、玩具图书馆和早期阅读室等 4 个专用教室，普通教室 13 个。计算机 46 台。学校信息化经费投入 12 万元，校园网出口总带宽 100Mbps，数字资源量 100GB。教职工 71 人，其中，教师 64 人，包括专科及以上学历 60 人、中级职称 28 人。保健员 3 人，均为专科及以上学历，包括中级职称 1 人。开设 13 个教学班，其中，小班 5 个、中班 4 个、大班 4 个。幼儿入园 382 人、离园 122 人、在园 382 人。网址：mysy. miyunedu. net。

（周彦红）

【开设幼儿艺术体育课程】 3 月，密云四幼开设艺术体育课。该课程在综合体育、传统体育基础上开设，聘请密云青少年宫教师和北京少儿武术基金会教练对教师进行京剧武生和武术培训，全园 24 名带班教师参加培训 12 次；每周在大班开展京剧武生、少儿武术、艺术体操和腰鼓活动。

（周彦红）

【开展劳动体验活动】 4 月，密云四幼在中大班开展“小鬼当家”劳动体验活动。每班每周开展一次活动，教师组织幼儿讨论“我们是小主人，我们能做些什么使我们的环境更干净”，引导幼儿以主人翁的视角观察、发现问题，增强劳动意识，在擦拭大型玩具、整理玩具箱、收集废旧材料等活动中体会劳动的快乐，学会珍惜劳动成果，关心、关爱他人。幼儿 256 人参与活动。

（周彦红）

【展示优秀园本教研活动】 9 月 16 日，密云四幼举办优秀园本教研展示活动。活动由园本教研情况介绍、班级教师案例分享、教研组分组研讨、姐妹园教师参与交流及县学前教研室指导教师点评等五个环节构成，该园教师展示大班“腰鼓”“京剧武生”两项园本教研活动。全县幼儿教师代表 70 人参加活动。

（周彦红）

【组织早教进社区活动】 9 月 28 日，密云四幼组织早教进社区活动。该园园长带队向云秀社区、车站路南社区两个居委会赠送 430 册适合 3 岁以下儿童阅读的图书及 80 余件室内外活动玩具，充实两个社区早教基地图书收藏和玩具种类。

（周彦红）

北京市延庆县第一幼儿园

【概况】 2014 年，北京市延庆县第一幼儿园为教育部门办园类别，日托制。占地面积 0.35 万平方米、校舍建筑面积 0.50 万平方米。全年教育经费投入 1048.82 万元，均为国家拨款。固定资产 655.28 万元。藏书 0.30 万册。拥有幼儿阅览室、音体室、“宝贝当家”社会体验馆和幼儿围棋室 4 个专用教室，普通教室 13 个。拥有计算机 86 台。学校信息化经费投入 9.50 万元，校园网出口总带宽 350Mbps，数字资源量 120GB。教职工 62 人，其中，专任教师 46 人，包括专科及以上学历 42 人、中级及以上职称 14 人；保健员 3 人，其中，专科及以上学历 3 人，中级职称 1 人。开设 13 个教学班，其中，小班 5 个、中班 4 个、大班 4 个。幼儿入园 154 人、离园 154 人、在园 430 人。网址：yqyy. yqedu. com. cn。

（吴连柱）

【快乐小喇叭开播】 3 月 10 日，延庆一幼“快乐小喇叭”正式开播。大一班两名幼儿作为首批小主播播报新闻。“快乐小喇叭”是幼儿在每天离园前十分钟，各班幼儿展示才艺、播报新闻信息活动的平台。年内播报 180 期，幼儿 360 人次在“快乐小喇叭”担任播报员。

（吴连柱）

【卓文彬健康工作室启动】 4 月 16 日，延庆一幼“卓文彬健康工作室”启动。该园县级骨干教师卓文彬做题为《让孩子在适宜的运动中获得快乐发展》主题发言，围绕营造健康运动情境、提供低结构多变化运动材料、活动过程游戏化以及幼儿运动强度密度设计等方面展开；向与会教师赠送教学经验专辑。工作室由 17 人组成，本园教师 16 人，联片园骨干教师 1 人。该工作室主要研究幼儿学段户外体育游戏组织策略，帮助青年教师突破户外体育活动组织难题，实现以骨干教师带动青年教师专业发展目标。延庆县第一联片园干部、教师 60 人参加活动。

（吴连柱）

【增扩教学班】 8 月，延庆一幼南教学楼改建装修工程完工，增扩 2 个教学班，增加学位 60 个。改造工程及设备投入合计 85 万元，全部由延庆县政府投资。

（吴连柱）

【开通幼儿食谱博客和园所微信公众平台】 9 至 12 月，延庆一幼开通幼儿食谱博客和园所微信公众平台。9 月 23 日，“一幼精彩食谱”博客向全体幼儿家长开放。博客面向家长介绍幼儿阶段的科学膳食搭配和制作方法。一幼精彩食谱博客链接：yiyoushipu. blog. 163. com，截至 12 月 31 日，点击量超过三千次。12 月 17 日，延庆一幼微信公众平台“延庆一幼家园营地”面向广大家长和社会人员开放，该平台是家长学校的网络教室，家长可以全天候在平台上浏览科学育儿理念和方法。

（吴连柱）

【建立幼儿电子档案】 12 月 25 日，延庆一幼全面推行幼儿电子档案管理制度，为每名幼儿建立电子档案。电子档案内容包括幼儿基本情况、艺术作品以及在健康、语言、社会、科学、艺术等领域的综合发展状态，电子档案伴随幼儿在园的三年生活。

（吴连柱）

北京市延庆县第二幼儿园

【概况】 2014 年，北京市延庆县第二幼儿园为教育部门办园类别，日托制。占地面积 0.36 万平方米，校舍建筑面积 0.55 万平方米。全年教育经费投入 1510.20 万元，均为国家拨款。固定资产总值 1426.20 万元。藏书

4.10万册，包括电子图书2.80万册。拥有舞蹈室、艺术室和幼儿阅览室等4个专用教室，普通教室15个。拥有计算机87台，学校信息化经费投入121.10万元，校园网出口总带宽100Mbps，数字资源量600GB。教职工75人，其中，教师73人，均为专科及以上学历，中级及以上职称27人；保健员3人，均为专科及以上学历，中级职称2人。开设15个教学班，其中，小班5个、中班5个、大班5个。幼儿入园155人、离园288人、在园476人。网址：www.yq2y.com。

（王秀红）

【开展早教进社区志愿宣传活动】 3至6月，延庆二幼面向周边社区开展“早教进社区育儿知识宣传”活动。该园8名早教志愿服务者每周五下午走进社区，宣传0～3岁早教知识、指导幼儿手工制作、进行适龄幼儿入园前辅导等，共开展8次活动。延庆二幼与园所周边9个社区签订“早教进社区”协议，制定共建方案，明确社区联系人与二幼的职责与任务。社区志愿者、家长及幼儿65人次参加活动。

（王秀红）

【开展集体阅读活动】 4月23日，延庆二幼开展“快乐阅读”集体读书活动。教师共读《我与幼儿教育》一书，家长、幼儿共读优秀“绘本”图书，幼儿每人带一本书阅读，并进行图书交换；教师向家长发放推荐阅读图书目录。家长、幼儿400人参加活动。

（王秀红）

【举办开放式家长学校活动】 9至12月，延庆二幼举办开放式家长学校活动。该园向家长发放“开放学校”课程内容，家长根据自己时间、需求选择参加家长学校活动，包括小班《让孩子的童年更快乐》、中班《好习惯伴随孩子终生》、大班《给孩子一个自主的童年》和《听于丹讲教育》4期讲座。1500人次参加活动。

（王秀红）

【成立幼儿艺术社团】 10月13日，

延庆二幼大班分别成立美术、音乐、舞蹈、武术等15个“雁儿飞”艺术小社团。教师向全体幼儿做小社团活动动员宣传，幼儿根据兴趣自愿报名参加，每周五下午开展艺术社团活动。190人参加活动。

（王秀红）

北京市延庆县第三幼儿园

【概况】 2014年，北京市延庆县第三幼儿园为教育部门办园类别，日托制。占地面积0.52万平方米、校舍建筑面积0.54万平方米。全年教育经费投入1296.48万元，均为国家拨款。固定资产532.18万元。图书室藏书1.10万册。拥有幼儿阅读屋、建构屋和舞蹈室3个专用教室，普通教室15个。拥有计算机115台。学校信息化经费投入9.80万元，校园网出口总带宽350Mbps，数字资源量620GB。教职工72人，其中，专任教师54人。教职工中专科及以上学历69人、中级及以上职称20人；保健员2人，均为专科及以上学历、中级及以上职称。开设15个教学班，其中，小班5个、中班5个、大班5个。幼儿入园151人、离园145人、在园533人。网址：yq3y.yqedu.com.cn。

（贾艳丽）

【成立骨干教师社团小组】 2月21日，延庆三幼“骨干教师社团小组”成立。“骨干教师社团小组”包括环境创意、玩教具制作等6个小组。由骨干教师认领社团小组任务，开展个人专业特色研究。骨干教师12人参加社团小组。

（贾艳丽）

【创设角色体验区】 3月24日，延庆三幼中班组创设“幸福城”角色体验区。“幸福城”包括：美食坊、育婴室、医院、警察局等六大角色体验区。幼儿活动时打破班级界限参与游戏，体验不同社会角色。

（贾艳丽）

【成立围裙故事团】 4月23日，延庆三幼教师“围裙故事团”成立。教师们利用围裙制作道具，每月轮流走进15个班级巡回为幼儿讲故事。教师13人参加活动。

（贾艳丽）

【评选星级教师】 5月7日，延庆三幼开展“星级教师”评选活动。教代会结合师德考核、个人工作业绩等制定评选标准，每学期投票推选出“班长之星”“成长之星”“服务之星”和“管理之星”。上半年评选出星级教师22人。

（贾艳丽）

【自制玩教具获奖】 11月19至24日，延庆三幼在第三届“永嘉杯”全国幼儿园优秀自制玩教具展评活动中获奖。该园教师制作的玩教具“趣味编织架”和“多功能玩具箱”获得三等奖。

（贾艳丽）

【开展童心盼冬奥活动】 12月3日，延庆三幼邀请县申奥办公室和延庆电视台联合开展“童心盼冬奥、巧手绘五环”活动。该园组织大班幼儿观看延庆申冬奥专题片、绘制冬奥长卷、集体签名等活动，共同盼望北京能够申奥成功。幼儿200人参加活动。

（贾艳丽）

（本栏责任编校　王永刚）

基础教育

2014年，北京市以“办好人民满意的教育”为目标，以加快推进基础教育综合改革为重点，努力推动各项改革取得显著成效。

深化改革，办好人民满意教育。加强顶层设计，以考试招生改革为突破口，坚持“数量质量双增”改革路径，以改革促进公平、提升质量、增强活力，努力办好人民满意的教育。义务教育新地图、小学初中入学新规则、中高考命题新思路、学科教学改进新意见、教学招生工作新规范等改革措施扎实推进，取得初步成效，群众反响良好。

统筹资源，解决重点难点问题。通过盘活区域内教育资源、统筹利用教育系统资源、整合利用社会资源等措施，着力解决深化素质教育、推动优质均衡发展等问题。建设一体化学校、组建教育集团、名校办分校、教育联盟合作办学、学区化管理使优质资源总量不断扩大。高校和社会力量支持小学特色发展、英语教学，使教育短板进一步补齐。进一步建好用好社会大课堂和实践教学基地，实施课外活动计划，为学生综合素质全面提升创造良好条件。

凝心聚力，营造良好环境。在全市中小学积极培育和践行社会主义核心价值观，为全面深化教育改革提供价值遵循。充分发挥各级党组织领导核心、政治核心和战斗堡垒作用，引领广大干部教师凝聚改革发展共识，争做改革创新模范。全面加强新闻宣传工作，精心组织重大教育改革政策的发布和解读，形成吹风预热、权威发布、专家解读、公众参与为一体的宣传态势，牢牢把握改革的舆论主导权，在全社会营造理解、支持教育综合改革的良好氛围。

培育和践行社会主义核心价值观。深入学习贯彻习近平“五四”“六一”和“教师节”重要讲话精神，加大宣传教育力度，使社会主义核心价值观24字在校园处处可见、人人知晓、入脑入心。实施“一十百千”工程，进一步完善中小学社会大课堂建设应用机制，加强实践教学。

构建全面实施素质教育的长效机制。深化课程教学改革，优化基础教育三级课程体系，丰富课程教材配套资源，制定中小学语文、英语以及初中科学类学科教学改进意见，积极推动教育教学“减负增效”。制定进一步规范义务教育阶段教学行为的意见，着力构建学生课业负担监测公告、专项督导、社会监督等长效机制。

实现义务教育免试就近入学新突破。取消“共建”入学方式，进一步规范特长生入学工作。实行计划管理，首次启用全市统一的义务教育入学服务系统，做到每一个孩子和每一所学校入学工作公开透明。加强学籍管理，杜绝入学过程中的二次流动。制定下发“15条禁令”，教育部门领导干部带头遵守，乱收费、占坑班、点招生等违反免试就近入学原则的利益链被斩断。强化“五证”审核，保证符合条件的义务教育阶段随迁子女入学。对各种入学方式进行监控，形成二维表、柱状图，同时选取20所热点小学、31所热点初中进行重点监控，形成热力图。从入学结果最新统计数据看，小学就近入学比例92.26%，初中就近入学比例77.64%，比上年都有明显提高。

扩大义务教育优质资源。坚持“双增量改革”思路，以优质均衡发展为目标，以优质教育资源整合为杠杆，精心绘制“北京教育新地图”。横向联手增加优质资源：通过对外引进名校办分校、城乡一体化学校；整合区域教育资源，采取学区制、一校多址、教育集团、教育集群、协作区、联盟组团等方式，实现增量推进，存量盘活，拉动区域优质教育资源广覆盖。纵向贯通培育优质资源：通过新建九年一贯制学校、九年一贯对口直升、优质高中名额分配等方式，拓展入学新通道，助力普通校成长为新优质校。统筹拓展优质资源：23所高校对接海淀、朝阳、丰台、昌平4个人口聚集区，创办25所附小、附中。高校、社会培训机构支持中小学英语学科建设。聘请外教走进普通中小学校。数百名“副教授级”以上的优秀教科研人员支持17所普通初中校教学。以信息化促进优质资源共享：推进全市100所中小学“数字校园”建设，开发数字化课程资源累计达到15000多节。面向普通初中学校学生提供在线“名师答疑”“作文辅导”和“学业诊断”服务，为8万名初一新生免费推送语数外学习信息。

提升民族教育、特殊教育水平。实施民族教育学校建设工程，投入3500多万元，改善办学条件。内地民族班生均经费标准，从每生每年17000元提高到25060元，切实保障内地民族班学生在京享受良好教育。全面落实《学校民族团结教育指导纲要》，市教委基础教育二处被国务院授予“全国民族团结进步模范集体”荣誉称号。全面实施“中小学融合教育行动计划”，市级投入1亿元专项经费，支持16所特殊教育学校和100间资源教室建设，提高特殊教育办学条件。有5621名残疾学生在1093所普通中小学随班就读，312名重度和多重残疾学生接受送教上门服务。22所特殊教育学校3115名学生具有特殊学校和普通学校“双学籍”。北京市特殊教育质量在全国处于领先地位。

加大教育改革发展保障力度。深化教育经费管理体制改革，优化投入结构，健全市级对区县转移支付制度。全力推进中小学建设三年行动计划，竣工项目96个，新增学位8万多个。投资近3亿元实施“扩大优质资源、改善校园环境”暑期改造工程，惠及162所学校。从“搭平台、育习惯、建设施”等方面大力推进节约型校园建设。过去三年内累计投资10.20亿元，完成全市643所中小学校食堂的新建、改扩建和设备更新。

（周晓宇）

【探索城乡教育一体化项目结题】 1月10日，市教委承担的北京市“探索城乡教育一体化的有效途径”项目结题会召开。会议听取项目组代表作结题报告，指出项目围绕缩小城乡质量差距的核心，从人才培养、教育投入、人事管理、办学体制以及随迁子女教育五个维度推进实验；项目实施以来，全市统筹城乡教育投入，统筹布局规划，统筹中小学建设，稳步推进城乡一体化学校、北京数字学校等政府实事工程，设立随迁子女义务教育市级专项资金，推进教师流动；区县积极探索集团化、学区制、办学联盟、学校发展共同体等多种实践模式。房山区、密云县、丰台区教委、中国人民大学附属中学第二分校代表就项目实践成果做交流发言。来自北京教育学院、北京师范大学、首都师范大学等单位专家组成员对项目进行评议并宣读结题鉴定，认为项目实施目标明确，重点突出，研究成果丰富，实践成果初步显现，一致通过项目结题。教育部、市教委领导及有关处室负责人、各区县教委主管领导及项目负责人、北京师范大学项目组以及部分专家共60余人参加会议。“探索城乡教育一体化的有效途径”是北京市承担的国家教育体制改革项目之一，2011年市教委启动项目实施，将东城等11个区县纳入项目试点范围。3年来，项目取得的实践和理论研究成果，产生广泛的积极影响。

（向姣姣　张晓兰）

【评审第二批数字校园实验校】 1月，市教委开展第二批实验校任务书评审工作。在完成《北京市中小学数字校园实验项目评估指标体系》编制基础上，对第二批实验校的建设内容、建设方向及建设重点给予指导，并督促第二批实验校尽快完成立项招标、进入项目实施阶段。第一批29所实验校评估工作于11月完成。6月，启动第一批实验校成果征集评选活动，经专家指导，评选出40余项市级优秀成果，完成《北京市中小学数字校园成果集锦》及《中小学数字校园建设与应用实践》彩页宣传册的编制工作。

（宋洁）

【召开数字学校寒假活动总结会】 3月28日，市教委在门头沟区大峪第二小学召开北京数字学校2014寒假活动总结会。会议听取北京数字学校管理办公室负责人介绍数字学校自2012年9月1日开学以来所取得工作成果，总结2014寒假活动情况。数字学校2014年以“数字学校·快乐成长”为主题，共收到各类作品3万件，采用线上线下评审相结合方式，共评出一等奖168个、二等奖520个、三等奖1774个、参与奖31840个；优秀区县组织奖8个、优秀学校组织奖100个，特殊贡献奖2个。来自门头沟教委、东城区曙光小学、清华大学附属小学、昌平区流村中学的相关负责人分别从区县教委、学校的角度介绍数字学校的使用情况和收获。市教委，北京教育科学研究院、北京教育网络和信息中心、门头沟区教委、北京数字学校管理办公室等相关部门负责人及来自各区县教委的代表、74所中小学校的200名教师和学生参加总结会。

（裴军　张晓兰）

【组织数字学校微课课程摄制工作】 3至12月，市教委组织数字学校微课课程摄制工作。制定《北京数字学校高清课程摄制规范》，组织相应培训，全年共摄制2371个主题，7113节微课。

（周凯　马东）

【数字学校启动25所研究基地学校建设】 4月10日，北京数字学校研究基地建设启动会在北京市第五中学召开。会议宣布建立首批25个北京数字学校研究基地、成立北京数字学校大型开放式网络课程（MOOCs）联盟。会议听取北京市第五中学、北京市第二十二中学、清华大学附属中学、清华大学附属小学代表基地学校交流发言。研究基地旨在打造推动教育教学创新的优质实体平台，承载开发数字化课程和微课程资源，探索推进教与学方式变革，深入推进信息技术与教育教学实践深度融合的功能。MOOCs联盟由北京数字学校25所研究基地学校组成，主要开展基于网络环境下的课程资源和微课开发、课堂教学方式与学习方式变革、校本教研等研究工作。市教委、北京教育科学研究院领导，北京教育网络和信息中心、北京教育技术设备中心等有关部门代表，东城、西城、朝阳、海淀区教委代表以及25所基地学校代表100人参加会议。北京数字学校是2012年北京市政府实事工程，是市委市政府为满足广大市民对优质教育资源的需求，促进基础教育优质均衡发展的重大举措。它以优质教育资源为核心，精心打造供全市中小学师生和广大市民共享、共用的基础教育信息化综合服务平台，为市民免费提供数字化名师课程资源和实名网络学习空间，开展丰富多彩的网上教育教学活动。

（周凯　张晓兰）

【举办关注中小衔接交流研讨活动】 4月25日，市教委在大兴区第七中学举办“关注中小衔接，促进学校内涵发展”——走进大兴现场交流研讨活动。活动挖掘推广大兴区在推进中小衔接工作所做出的探索及取得的成绩，通过课堂教学课例展示、主题发言、案例分享等形式，总结大兴区中小学在课堂教学、课程设置、主题教育活动、家校互动、课堂教学设计和教师培训等方面的经验和做法。市教委详细解读《关于做好小学初中学段衔接工作的意见》的意义和内容，引导区县把握教育理念、教育方式、课程实施、教学方式和评价方式等关键环节，推进中小学衔接工作。市教委相关领导，各区县教委中小教科科长、初中研究分会理事长和副理事长、初中研究会会员单位校长、中小学班主任代表共计240余人参加会议。各区县教委中小教科科长、初中研究会会员单位校长、中小学班主任代表共计240人参加会议。

（韩景毅）

【市区教科研部门参与初中校发展工作启动】 5月16日，北京市、区教

科研部门参与初中校发展启动会在北京教育学院丰台分院附属学校举行。会议启动市、区教科研部门参与初中校发展工作，北京教育学院等11家教科研部门对口支持城6个区17所初中校发展，市、区教科研部门将派出优秀教研员，深入对口初中校，深入一线课堂开展教学，承担具体的授课教学任务，指导学校开展课程改革，带动提升学校的学科教研水平，同时通过师带徒的方式，促进对口学校教师队伍水平的整体提升，并辐射周边学校。会议举行教科研部门和初中校合作框架协议签字仪式，北京教育学院丰台分院、北京科技大学附属中学分别作为合作双方代表发言。协议规定，自9月1日，教科研部门派语文、数学、外语三科教研员到学校任课，并指导一门特色课程。市委常委、市委教育工委书记苟仲文参加会议并讲话，市教委领导，城六区教委、市区两级教科研部门主要负责人，教研员代表、部分初中校代表以及新闻媒体代表等80人参加会议。

（韩景毅　佟德）

【启动第三批中小学校章建设】 5月28日，市教委召开北京市中小学校章建设与学校管理改进研究项目第三批实验校启动暨交流培训会。会议听取通州区教委、史家小学、昌平五中分别发言介绍经验。第三批校章建设实验校共计123所学校，其中，小学71所、中学52所。

（陈德时）

【举办北京青少年翱翔科学论坛】 6月11至19日，北京教育科学研究院、北京青少年科技创新学院主办第六届北京青少年翱翔科学论坛。论坛分为人文与社会科学、数学与信息科学、物理与地球科学、化学与生命科学四个分论坛。来自120所生源基地的323名第六批翱翔学员，通过导师评价、基地推荐、网上评价等环节，在论坛上对255项探究作品进行汇报。青少年翱翔科学论坛作为翱翔学员培养的重要环节，在分享科研体验、加强成果交流、促进学生成长等方面发挥重要作用。中科院院士林群、谭铁牛，教育部、市教委、市科委、北京教科院等单位负责人，北京高校、科研院所、“翱翔计划”培养基地、区县教委、第六批学员及家长代表、论坛协办校的部分师生代表和大学生志愿者等2000人次参加论坛。

（张延书）

【继续监测义务教育阶段教学质量】 6月，市教委继续组织开展义务教育阶段教学质量监测工作。监测采取抽测方式，共涉及大兴、房山、通州、怀柔、密云、朝阳、丰台、石景山、昌平9个区的129所中学8515名初二学生和130所小学8419名五年级学生。监测科目涵盖五年级语文、语文口语交际、品社，初二年级语文、地理和地理实践操作。监测结果显示：北京市五/八年级语文学科、五年级品德与社会、八年级地理学科的平均学业水平均达到良好水平，且合格率均在90%以上，优秀率40%左右。与上一测试年度相比，除五年级语文合格率基本持平外，其他学科合格率均略有提高，且各学科的优秀率均有大幅度提升。

（陈德时）

【数字学校网上夏令营启动】 7月11日，北京数字学校2014网上夏令营启动仪式在东城区曙光小学举行。东城区曙光小学、东城区分司厅小学和朝阳区白家庄小学师生分别用视频、幻灯片、现场演绎等方式，介绍粘土动画、星空探索、游学京城、才艺PK、唱学英语、放眼世界、小记招募七个板块内容。夏令营基于全新升级的北京数字学校平台，统筹外交部驻外机构、高校以及各中小学研究基地校力量，通过网络（www.bdschool.cn）、有线电视高清点播、微信、手机APP等立体渠道，覆盖全市百万中小学生，为中小学生过好暑假提供优质服务。市教委，外交部等单位领导参加启动仪式。全市中小学教师学生代表以及相关单位代表50余人参加活动。

（张晓兰）

【再增20所城乡一体化学校】 9月1日，2014年新增20所城乡一体化学校开学招生。市级投入6.15亿元，继续支持建设20所城乡一体化学校，其中，4所九年一贯制学校。20所学校新增学位6540人，总学位达到35980人。2012年，北京正式启动城乡新区一体化学校建设工程，投入约2.40亿元重点建设15所学校，建设完成后，新增学位9012个。2013年，北京再建30所城乡一体化学校，投入6.18亿元，新增学位24881个。

（王雪青）

2014年城乡新区一体化输入输出学校

北京市中关村第三小学万柳新校区—北京市中关村第三小学（本校区）

清华大学附属中学朝阳学校—清华大学附属中学

北京市第十八中学西马分校—北京市第十八中学

北京市京源学校分校—北京市京源学校

北京市第八中学门头沟校区—北京市第八中学

北京市第四中学房山校区—北京市第四中学

北京市房山区长沟中学—中央工艺美院附属中学

北京市大兴区采育中学—北京市第三十五中学

北京市第二中学亦庄学校—北京市第二中学

北京市顺义区澜西园小学—北京市顺义区第一中学

潞河中学附属学校—潞河中学

首都师范大学附属中学通州校区—首都师范大学附属中学

史家小学通州分校—史家小学

北京市育才学校通州分校—北京市育才学校

清华大学附属小学回龙观学校—清华大学附属小学

未来科技城第一小学—北师大实验小

学

北京市平谷第十小学—北京第一师范学校附属小学

北京市第一〇一中学怀柔分校—北京市第一〇一中学

北京市密云镇中心小学—朝阳实验小学

延庆县第二小学—史家胡同小学

（王雪青）

【召开在线教育服务工作会】 9月12日，市教委召开在线教育服务工作会。会议介绍下半年“在线教育服务”工作安排和“学习信息推送”“在线作文辅导”“名师在线”项目相关情况。参与试点工作的教师、学生发言分享经验和收获。来自各区县教委、试点学校、北京教育音像报刊总社、北京数字学校办公室等相关单位代表150余人参加会议。“在线教育服务”项目是进一步深化基础教育领域综合改革，借助信息化手段促进基础教育优质均衡发展的一项创新举措。市教委在2014年暑期成功进行“学习信息推送”“在线作文辅导”和“名师在线”等“在线教育服务”试点，并计划逐步建立面向全体中小学生的完善的在线教育服务体系。其中，“学习信息推送”服务每两周制作一期数字化学习资源，通过北京数字学校网络平台、歌华有线电视平台、手机APP和微信平台等渠道，面向全市初一新生推送语文、数学、英语、物理四个学科的学习资料。“在线作文辅导”服务面向全市初三学生，提供写作辅导和作文批阅服务。“名师在线”项目面向全市所有初中学校初一、初三学生，提供数学、英语学业诊断和在线答疑服务。

（张晓兰　黄佳熹）

【优质高中部分招生计划分配到初中校】 至9月，市教委继续推进优质高中部分招生计划分配到初中校工作。各区县以优质高中为单位，将学校招生计划的30%分配到区域内初中学校，比例相较上年增长1倍。全市83所优质高中参加名额分配招生，招生计划7370人，实际录取考生7281人，其中，录取优质高中所属初中考生2477人、录取普通初中考生4804人，完成招生计划98.80%，基本实现招生计划30%的既定目标，且普通初中录取人数超过优质高中所属初中校，普通初中毕业生升入优质高中机会加大，政策公平性效果明显。

（张延书）

【引入民办教育机构开展委托办学】 9月，市教委引入民办教育机构开展委托办学。围绕“一校对口，辐射周边”的思路，指导通州、昌平、大兴、平谷4个区各1所学校，与学大等4所民办教育机构对接，通过学科教学、专题辅导、课程开发、课件共享、师资培训、介入管理等方式开展委托办学，以此带动郊区县学校教学质量及整体办学水平提升，进一步加强优质教育资源向郊区县输送。此项工作为期3年，覆盖学生1400人。

（陈彦舟）

【大兴与海淀区开展教育合作】 10月22日，大兴区教委与海淀区教委签署教育合作协议。两区教委签署教育合作协议，育英学校与西红门镇、兴海学校签署合作举办育英学校大兴分校协议。协议明确，育英学校与西红门镇、兴海学校合作举办育英学校大兴分校，育英学校输出办学理念，指导指导分校基本建设、学校管理、课程建设，帮助分校提升教育教学质量。兴海学校接受育英的业务指导，并充分利用优质教育资源，结合自身特点改革创新，积极组织干部、教师参加育英的学习、培训等活动。

（李蕊）

【印发基础教育部分学科教学改进意见】 10月27日，市教委印发《北京市中小学语文学科教学改进意见》《北京市中小学英语学科教学改进意见》《北京市初中科学类学科教学改进意见》。重点强调依据课程标准开展教学，培育和践行社会主义核心价值观，构建开放性的教与学模式，中小学校各学科平均应有不低于10%的课时用于开展校内外综合实践活动课程。改进意见针对当前中小学教学中存在的突出问题，创造性的提出系列举措，为促进中小学教育教学内涵发展和质量提升提供引导和保障。该意见于11月27日正式实施，依据意见，小学阶段禁止统考、统测，只记录学习习惯的养成以及参与社会活动、文体活动等学生成长情况。初中开始完整记录学业成绩，开展学生学业评价。

（张延书）

【三区联合展示文化建设成果】 11月6日，丰台、西城、大兴三区联合在丰台区纪家庙小学举办学校文化建设集中展示。会议观看纪家庙小学14门特色课程和8个社团汇报，交流丰台区纪家庙小学、大兴区榆垡中学和西城区师范学校附属小学加强学校文化建设、提升文化内涵的经验，邀请张东娇教授点评3所学校文化建设经验。会议认为，丰台、西城、大兴三区学校文化建设起点不一、方式不同、途径相异，但都是结合本区实际与特点、依据北京市学校文化建设相关要求而行动，并取得出色成绩。市教委、丰台区教委、教育学院领导和专家，以及来自丰台、西城、大兴、平谷、石景山、通州的校长代表共160人参加会议。

（黎雪）

【基础教育课程改革总结交流会召开】 11月20日，市教委召开2013～2014学年度基础教育课程改革总结交流会。会议系统梳理与总结基础教育课程教材改革实验2013～2014学年度工作，表彰一年来在课程改革中做出突出成绩的先进集体和个人，邀请朝阳区教委、东城区史家胡同小学、昌平区回龙观中学、北京市十一学校代表分别作典型发言。北京教育科学研究院就深化课改阶段的课程教材、教学改进、评价改革等核心任务进行解读。会议同时部署2014～2015学年度基础教育课程改革工作，指出市教委将以教育领域综合改革来提质课程改革，增强课改的统筹与规划，市区校三级联动，着力推进《北京市基础教育部分学科教学改进意见》的有效落实，实施“北京市中小学开放性语文学习活动计划”和“北京市初中开放性科学实践活动计划”，引导广大学校、教师依据课标进行教学，进一步加强社会主义核心价值观教育和传统文化教育，推进课程领导力建设，加强信息化建设，丰富教育资源，倡导多元、开放式学习，进一步完善教育督导及考试评价制度，以考试制度改革为杠杆，撬动教育教学难点领域。线联平参加会议并讲话。市、区县教育行政部门、教科研部门负责人，中小学校长和教师代表共500人参加会议。

（张晓兰）

【组织两区参加全国义务教育质量监测】 11月27日，市教委组织西城区和房山区参加全国义务教育阶段数学学习质量和体育健康状况及其影响因素监测。监测抽选西城区和房山区各12所小学和8所中学参加，每所学校抽取32名五年级学生或九年级学生参加监测。

（陈德时）

【召开高校支持附属中学附属小学建设工作推进会】 12月26日，市教委

召开高校支持附属中学附属小学建设工作交流推进会。会议总结高校创办附中附小工作阶段性成果，在市、区教委的统筹协调下，在京23所高校和39所附中附小坚持“优势互补、资源共享、合作共建、协同发展”的原则，通过双方真诚合作，引领和带动附中附小在提升办学理念、加强品牌建设、优化学校管理、开发特色课程、推进学科建设、深化教学研究、助力师资培养等方面进一步发展，并取得实质性进展。北京化工大学、北京外国语大学、首都经济贸易大学、北京农学院4所高校及其对接支持的附中附小，分别通过主题汇报、视频回放、座谈采访等形式，回顾合作办学的历程，展示所取得的阶段性成果。会上，首都师范大学项目研究团队，提出高校支持附中附小建设协作联盟倡议，首都师范大学副校长作专题讲座。朝阳区、海淀区、丰台区、昌平区教委主管领导及中国农业大学、北京科技大学等高校主管领导、附中附小负责人、在京新闻媒体记者共计150人参加会议。市教委于6月27日启动高校创办附中附小项目。

（陈德时　张晓兰　华蕾）

【改造入学服务平台】 至年底，市教委改造入学服务平台。系统增加非京籍适龄儿童入学证件证明材料审核系统及身份户籍信息公安验证系统。截至9月，小学入学服务平台共有168123人参加小学信息采集，其中，京籍儿童98921人，非京籍儿童69202人，非京籍审核通过比例80.31%。小学入学情况：有入学资格学生155087人，学校拟接收153282人，比例为98.84%，区县审核通过153258人，比例为98.82%。初中入学服务系统中有学生107826人，其中本市户籍65850人，非本市户籍41796人。初中学校确认接收学生104856人，其中，就近入学81407人，比例为77.64%，寄宿制入学5840人，比例为5.57%，特长生入学6425人，比例为6.13%，民办学校入学9240人，比例为8.81%，其它方式入学1944人，比例为1.85%。

（周航）

【推进数字化教学资源共享与交换工作】 至年底，市教委组织开展数字化教育资源共享与交换推进工作。3月，经过4轮研讨、十余次修订，完成《北京市基础教育资源元数据应用规范》编制。依据规范，完成北京数字学校1.30万节名师同步课程、北京中小学数字图书馆30万册图书、北京教育资源网100万条资源集、数字化电子教材200套4个市级重点资源的元数据整理与汇聚工作。完成数字化教育资源管理与共享交换平台的建设，形成“一个框、一棵树、一套接口”模式。将市级重点资源通过一个搜索框进行集成与汇总，形成资源检索与应用的集约化；搭建资源分级分类体系，形成从教材、学科到年级、章节的资源目录树，为资源进一步精准输送到课堂奠定基础；实现简单易用的一套在线服务接口，可以完成与各级系统的无缝接入，将服务延伸至不同应用场景与环境。

（吕航）

小学教育

【概况】 2014年，北京市共有小学1040所，比上年减少53所；拥有教职工58108人，专任教师49434人；在校生82.12万人，其中，北京市户籍学生45.27万人，非北京市户籍学生36.85万人；毕业生112819人，招生153249人。学校占地面积1416.96万平方米，校舍建筑面积682.74万平方米；固定资产总值共计144.60亿元，其中，仪器设备资产总值50.54亿元；拥有计算机219446台，图书馆（室）藏书2673.76万册。

（陈德时）

【印发小学生综合素质评价方案】 5月7日，市教委印发《北京市小学生综合素质评价方案（试行）》。小学生综合素质评价实施全员、全方位、全过程评价，促进学生全面而有个性地发展，为学生终身发展奠定坚实基础。评价基本原则包括发展性原则、过程性原则、激励性原则、主体多元原则。评价指标由思想道德、学业成就、身心健康、审美素养、个性发展5个一级指标构成。其中，前4项一级指标是小学生都能够达到的基础性目标，个性发展指标体现学生的兴趣爱好和特长。评价方式坚持科学多元，学生本人、教师、家长、同学、社会相关部门人员等都参与评价，以保证评价结果的有效性。评价方法运用测试考查、测量、情境测验、日常观察记录、作品分析等多种手段，依据评价指标搜集评价信息，进行科学、全面判断。评价结果记录在《小学生综合素质评价手册》中。方案自9月1日试行。

（华蕾）

【召开小学“减负”交流研讨会】 5月9日，市教委召开北京市小学“减

负”交流研讨暨育才学校现场会。会议以“智慧课堂、科学减负、促进发展”为主题，以智慧课堂为切入点，研讨如何促进“减负”有效落实，提高育人质量。市教委、教科院、教育学院、部分区县教委小学主管主任及新闻媒体记者300人参加会议。

（佟德）

【北方工大与石景山4所小学签约合作】　5月9日，北方工业大学与石景山区海特花园小学、苹果园第二小学、西黄村小学、杨庄小学分别签署“体育美育发展工作合作协议”。北方工大将与各签约学校精诚合作，充分发挥各方面资源优势，形成育人合力，实现全面提高学生素质的目标。

（王波）

【成立中关村二小创新人才培养协作体】　5月20日，北京市中关村第二小学创新人才培养协作体正式成立。协作体由中关村二小牵头，成员包括中国公安大学、东城区史家胡同小学、北京市第四中学、北京大学、清华大学、中国科学院等25所大中小学。协作体旨在以创新人才培养项目、雏鹰基地为载体，积极开展创新人才培养模式探索，通过跨区域、跨学段的相互支持与合作，顺畅高效推进基地课程的开发与实施，达到培养基础教育阶段创新人才的目的。

（张苗）

【两区与教育学院合建附属小学】　6月12日和8月27日，大兴区教委、海淀区教委分别与北京教育学院签署合作建设北京教育学院附属大兴实验小学、北京教育学院附属海淀实验小学协议。北京教育学院附属大兴实验小学，位于大兴新城南部罗奇营。教育学院依托教育科研资源和优势，选派管理人员、参与制定规划、培训教职员工、指导课题研究等，对学校进行专业指导和智力支持。北京教育学院附属海淀实验小学，原名海淀区田村中心小学，位于海淀西南部四季青学区，1949年建校。根据协议，教育学院支持该校教师专业发展和特色课程体系开发，重点发展小学语文、音乐和戏剧教育特色；拟参与学校新校园建设规划设计，优化学校整体发展战略。

（刘琳）

【门头沟大峪一小建校100周年】　9月1日，门头沟区大峪第一小学举办新校园落成典礼暨建校100周年庆祝活动。活动主题为“百年传薪火·今朝续新篇”，分为火炬传递、领导致辞、植树造园三部分。来自门头沟区委、区政府、区教委领导，以及师生、校友、社会人士1500人参加活动。大峪一小，前身为宛平县第九国民小学，1914年建校，校址位于门头沟新桥大街81号。

（吕建华）

【民办教育机构参与小学英语学科教改工作启动】　9月，市教委正式启动民办教育机构参与小学英语学科教学改革工作。11所民办教育机构按计划选派200名教师，进入东城区、西城区、朝阳区、海淀区、丰台区、石景山区52所小学，通过学科教学、专题辅导、社团活动、课程开发、课件共享、师资培训等方式，提高学校英语教学质量及整体办学水平。此项工作为期3年，惠及学生4.7万人。7月28日和8月22日，市教委两次召开专题会研讨民办教育机构参与小学英语学科教学改革，并开展摸底调研。

（陈彦舟）

【修订《北京市实施〈小学管理规程〉意见》】　11月19日，市教委印发《关于实施教育部〈小学管理规程〉的意见》。意见指出，贯彻落实《规程》是推进依法治校的必然要求，是深化教育改革的重要内容，是规范办学行为的基本体现。意见明确贯彻《规程》要坚持依法治教、规范引领、实事求是。根据教育部2010年新修订的《小学管理规程》，结合小学教育实际，意见重点就文件适用范围、落实教育部修订要求、小学修业年限、入学、班额、学籍、留级、培育和践行社会主义核心价值观、课程、教学用书、减负、评价、竞赛管理、学校内部治理、关于停课、幼小和小初衔接等方面工作内容落实规程条款提出18条具体实施要求。意见自2014年12月19日施行，1997年市教委印发《北京市实施〈小学管理规程〉的意见（试行）》同时废止。

（陈德时　向姣姣）

小　学

北京市东城区史家胡同小学

【概况】　2014年，北京市东城区史家胡同小学一校四址，即史家小学一年级部、二年级部、高年级部、育芳分部（东城区小学课程资源中心史家小学基地）。学校占地面积2.40万平方米、校舍建筑面积3.92万平方米，体育场馆面积1072平方米。图书室藏书6.82万册。固定资产总值19313.09万元。全年教育经费投入6058.27万元，全部为国家拨款6058.27万元。学校信息化经费投入627.60万元，拥有计算机1003台，多媒体教室座位3780个，校园网出口总带宽160Mbps，数字资源量2.60TB，“信息技术”课程0.5课时/周。普通教室86个，专用教室24个。教职工人300人，包括专任教师260人，其中，副高级职称31人、中级职称162人；特级教师2人、北京市骨干教师16人、北京市学科教学带头人2人；本科以上学历291人。开设教学班86个。毕业590人；招生580人；在校生3641人，包括寄宿生 38 人。网址：www.shijia.org。

（邢超）

【接受“入盟入带一贯制”颁牌】 3 月 5 日，在东城区学区制综合改革推进大会上，史家小学接受“入盟入带一贯制”颁牌，一同颁牌的学校有东城区史家胡同小学深度联盟学校、东城区史家胡同小学遂安伯校区和东城区史家国际实验学校。1 月，在东城区义务教育综合改革启动会上，该校提出推动“入盟入带一贯制”（加入深度联盟校、进入优质教育资源带、建立九年一贯制实验校）初步构想。

（邢超）

【签约共建法制教育基地】 5 月 20 日，史家小学与东城区企事业单位治安防范协会签订共建法制教育基地协议并为基地揭牌。基地设在史家小学，主要开展针对全体师生的普法、守法教育活动。学校负责提供场地、组织师生、提出需求；协会负责组织专家进校园并提供法律等方面的援助。

（邢超）

【交流和谐课程建设】 11 月 20 日，在北京市 2013～2014 学年度基础教育课程改革总结交流会上，史家小学校长作《史家小学和谐课程建设》专题发言。综述史家小学四种特色课程形态，即表现为秧田式的班级学习，旨在保护和激发学生好奇心、求知欲的课程 1.0 形态；表现为菜单式的小组合作学习，旨在促进学生学会合作、交流并提高生存能力、丰富生活品味、完善生命境界的课程 2.0 形态；表现为综合空间中的自主学习，旨在推动学生自主选择中拓展发展空间、提升发展意识、培养发展能力的课程 3.0 形态；表现为无边界空间中的多样化学习，旨在从外部打破时间、空间、内容、人际的边界，从内部突破学生思维和学习方式的边界，使学生实现对世界的整体认知和思考的课程 4.0 形态。各区县 500 人参加会议。

（邢超）

北京市东城区府学胡同小学

【概况】 2014 年，北京市东城区府学胡同小学分两址办学，分别是府学校区和香饵校区。学校占地面积 19074.17 平方米、校舍建筑面积 13513.50 平方米，运动场地面积 5300 平方米。图书馆（室）藏书 10.10 万册，订阅杂志、报刊 75 种。固定资产总值 6240 万元。全年教育经费投入 4801 万元，全部为国家拨款。学校信息化经费投入 448 万元，拥有计算机 972 台，信息技术教室座位 150 个，校园网出口总带宽 50Mbps，数字资源量 60GB，“信息技术”课程 0.5 课时/周。普通教室 66 个、专用教室 18 个。教职工 216 人，其中，高级职称 3 人、中级职称 113 人。专任教师 171 人，包括特级教师 1 人、北京市骨干教师 6 人、北京市学科教学带头人 2 人；本科以上学历 159 人。开设教学班 69 个。毕业 473 人；招生 497 人；在校生2923人。网址：www.fuxuc.com.cn。

（许银萍）

【府学优质教育资源带挂牌】 5月30

日，东城区府学优质教育资源带挂牌仪式分别在东城区美术馆后街小学、东城区什锦花园小学举行。东城区教育督导室领导、府学胡同小学校长、美术馆后街小学校长、什锦花园小学校长以及社区代表、三校干部教师参加挂牌仪式。至此，府学胡同小学作为优质教育资源带的龙头校，从统筹师资、统筹使用教育教学设施设备、统筹开展教育教学活动等方面实现学生的共同培养，推进东城教育优质均衡发展。11 月 25 日，府学优质教育资源带举行“关于学习与成长的行走”报告会，资源带各校区教师参加会议。

（许银萍 张阳）

【参加全国科普日北京主场活动】 9 月 20 日，府学胡同小学师生参加全国科普日北京主场活动。活动主题为“创新发展，全民行动”，该校师生参加“太空果实好吃吗?”“隔夜茶能喝吗?”“小小创客话国学”“魔幻绘画师”和“小小动画制作师”5 个项目的科普日展示。刘云山、刘奇葆、李源潮、郭金龙、韩启德等领导人参加活动，并与该校学生亲密互动。

（赵志伟）

【参加墨西哥总统访华迎宾仪式】 11 月 13 日，府学胡同小学学生参加习近平迎接墨西哥总统培尼亚的欢迎仪式。仪式在北京人民大会堂北大厅举行，该校 80 名学生作为少年儿童的欢迎队伍参加迎宾仪式。

（张阳）

【获全国啦啦操比赛冠军】 12 月 11

至 13 日，府学胡同小学啦啦操队参加全国啦啦操冠军赛。获得小学丙组街舞规定动作、小学丁组街舞课间啦啦操示范动作和小学乙组街舞自选动作 3 个项目冠军，获得小学乙组花球规定动作项目季军；1 名教师获得优秀教练员称号。学校被国家体育总局评为“全国啦啦操示范窗口学校”，北京市共有 3 所学校入选。比赛由教育部学生体育协会、国家体育总局体操运动管理中心主办。该校啦啦操队成立于 2009 年，共有 120 名队员。

（贾培）

北京光明小学

【概况】 2014 年，北京光明小学分三址办学，分别为光明小学南院、北院寄宿部和城南分校。占地面积 2.39 万平方米、校舍建筑面积 2.30 万平方米，运动场地面积 1.14 万平方米。图书馆（室）藏书 7040 册。固定资产总值 1128.70 万元，包括教学仪器资产值 19.81 万元。全年教育经费投入

4889.05万元，全部为国家拨款。学校信息化经费投入90万元，拥有计算机192台，多媒体教室座位1991个，校园网出口总带宽100Mbps，数字资源量5GB，“信息技术”课程1课时/周。普通教室68个，专用教室20个。教职工180人，其中，副高级职务7人、中级职称101人。专任教师151人，包括特级教师1人、北京市骨干教师4人、享受国务院专家津贴1人；本科以上学历151人。开设教学班54个。毕业313人；招生358人；在校生1987人，包括寄宿生194人，外省市借读生334人，另有外籍学生4人。网址：www.bjgmxx.com。

（卢凤霞）

【入选全国首批中小学优秀传统文化教学研究基地学校】　1月，光明小学入选“全国首批中小学优秀传统文化教学研究基地学校”。该评选由教育部基础教育二司委托中国教育学会进行，经过遴选、审核，授予全国40所学校为全国首批中小学优秀传统文化教学研究基地学校。该校加强优秀传统文化教育，探索课程改革新模式，发挥传统文化怡情、陶冶、审美的育人功能。

（卢凤霞）

【开设校区特色课程与公共课程】　3

月，光明小学探索开发公共课程和校区特色辅助课程。该校围绕“以德为先，以学生为本，健康治校”教育理念，基于学生共性素养发展需求，弘扬中国优秀传统文化，三校区开设“晨诵经典公共课程”；基于各校区特点以及学生家庭教育现状和学生发展需求调研，本校区开设“自主专注的阅读课程”，广渠校区开设“温情温暖的公园课程”，和义校区开设“眼开心开的博览课程”。

（卢凤霞）

【提升教师素养】　9月9日，光明小学举办“德与健康”教师素养提升暨第30个教师节庆祝活动。学校将书法练习列为教师素养提升项目之一，170名教师在操场上一同用毛笔书写“光明”两字，表达光明教师对光明教育的期待和勇于实践的信心。该校坚持“以德为先，以学生为本，健康治校”教育理念，从“政策法规与师德建设”“科研提升与课题研究”“实践分享与教学研究”和“素质提升与健康自我”四个方面提升教师素养。

（卢凤霞）

【举办首次光明教育接待日活动】　10

月20日，光明小学举办首次“光明教育接待日”活动。该活动聚焦有特殊需求的个性学生的成长表现及家庭教育困惑。由团队管理、班主任、行政支持、青年教师、科研室教师共27人组成9个研究服务团队，分低、中、高三个学段，与9名家长面对面沟通。通过解决最基本的学生问题，促进教师发展和学校管理科学化发展。

（卢凤霞）

北京市西城区师范学校附属小学

【概况】　2014年，北京市西城区师范学校附属小学分两址办学，分别是阳光丽景校区、六铺炕校区。校园总占地面积1.93万平方米、建筑面积1.72万平方米，体育场面积9925平方米。图书室藏书8.90万册。固定资产总值2843.26万元，包括教学仪器资产值1908.77万元。全年教育经费投入3853万元，全部为国家拨款。学校信息化经费投入14万元，校园网出口总带宽100Mbps，数字资源量500GB，“信息技术”课程2.5课时/周。普通教室60个、专用教室19个。拥有计算机452台。多媒体教室座位3062个。教职工155人，其中，高级教师5人。专任教师135人。本科及以上学历152人。开设教学班60个。毕业335人、招生414人、在校生2479人。网址：www.bjxsfx.org。

（倪菁）

【与中国音乐学院签署合作协议】　5月13日，西师附小与中国音乐学院签署合作协议。根据协议，双方主要就传承中国民族音乐文化方面开展合作。其中，中国音乐学院对西师附小开展师资培训和艺术活动指导，西师附小在中国音乐学院的指导下，成立舞蹈团、民乐团。协议有效期6年。

（倪菁）

【接收新校区】　7月，西师附小接收原西城区实验中学部分校舍所在地为新校区。新校区位于六铺炕一巷2号院，占地面积1.29万平方米、建筑面积1.39万平方米。新校区计划设51间教室，32个教学班，19间专业教室。8间办公室，可容纳50名教师办公。西城实验中学建制撤销，同时移交阳光部教学区（西城区黄寺大街23号院8号楼）给西城区育翔小学。至此，西师附小整合为一个校区。

（李庆杰）

【访问美国友好学校】　8月，西师附小58名师生访问美国泰瑞斯友好学校。访问为期12天，该校师生参观友好学校的校舍及实验室，开展篮球、武术等项目的交流展示，并与友好校师生共同上课。

（倪菁）

【举办首届教育集团运动会】　10月26日，西师附小教育集团举办首届运动会。运动会以“一起来，更精彩”为主题，开展包括跑、跳、投和亲子项目共12个大项52个小项的比赛。教育集团学生及家长共计7000人参加运动会。西师附小教育集团2014年成立，包括东街和雷锋共3个学校。集团积极组织开展活动，包括“中国梦·我的梦”新学期开学典礼、“红领巾相约中国梦”西师附小教育集团联合主题大队会等。

（温树义）

北京市西城区育民小学

【概况】 2014年，北京市西城区育民小学占地面积2.14万平方米、校舍建筑面积3.35万平方米，运动场地面积8691平方米。图书馆藏书5.37万册，订阅杂志、报刊20种。固定资产总值5606.14万元。全年教育经费投入5776.33万元，全部为国家拨款5776.34万元。学校信息化经费投入95.55万元，拥有计算机473台，多媒体教室座位3157个，校园网出口总带宽100Mbps，数字资源量500GB，“信息技术”课程1课时/周。普通教室66个、专用教室24个。教职工131人，其中，高级职称7人、中级职称78人。专任教师122人，包括特级教师1人、市级骨干教师2人、市级学科教学带头人1人。本科及以上学历105人。开设教学班66个。毕业270人、招生393人、在校生2135人。网址：www.bjymxx.com。

（权全）

【举办文体活动】 4月和12月，育民小学分别举办体育节和合唱节活动。体育节由团体操表演和田径赛项目两部分组成，团体操表演中，各年级分别表演“跳皮筋”“转手绢”“抖空竹”等节目；田竞赛项目共包括6个大项60个小项比赛。该校师生及学生家长共3500人参与活动。该校体育节每两年举办一届。合唱节以“放飞歌声给童年飞翔的翅膀”为主题，包括童年之歌、校园之歌、祖国之歌和新年之歌四个篇章，全体师生参加活动。

（权全）

【开展特色教学互动式观摩交流活动】 5月，育民小学开展特色教学互动式观摩交流活动。5个学科教师在年段展示基础上进行学科展示，并做校级特色教学展示，展示学科特色、教学设计、任务布置等课堂内容。各学科教师相互点评，针对学科特点提出建议。教师120人参加观摩交流活动。

（权全）

【青龙桥小学并入】 6月3日，育民小学举办与青龙桥小学合校仪式。西城区教委宣读两校合并的决定，合并后，青龙桥小学建制撤销，学生及教师整体并入育民小学。学校由育民小学统一管理，原青龙桥小学校区作为育民小学南址。

（权全）

【开展家长进校办讲座活动】 至6月，育民小学开展家长进校办讲座活动。活动旨在使学生在接受中长知识、开眼界，同时让家长参与学校德育教育，活化教育形式。该校六个年级共举办家长讲座13场，包括“故宫里的小动物”“认识雾霾”“日本那些事”等。

（权全）

北京市西城区阜成门外第一小学

【概况】 2014年，北京市西城区阜成门外第一小学占地面积8242平方米、建筑面积5691平方米，运动场地面积3950平方米。图书馆（室）藏书2.60万册，包括电子图书2万册。全年教育经费投入1978万元，全部为国家拨款。固定资产总值922万元，包括教学仪器资产值587.10万元。学校信息化经费投入20万元，拥有计算机255台，多媒体教室座位987个，校园网出口总带宽1000Mbps，数字资源量4000GB，“信息技术”课程0.5课时/周。普通教室25个、专用教室8个。教职工62人，其中，高级职称4人。专任教师60人，包括市级骨干教师1人，本科及以上学历57人。开设教学班25个。毕业154人、招生167人、在校生987人。网址：www.xjfchmw1x.org。

（秦莉）

【成立首届校级家长委员会】 2月24日，阜外一小成立第一届校级家长委员会并召开第一次会议。会议通报学校工作，通过校级家长委员会章程，推选校级家长委员会秘书长和副秘书长。会议同时征求班级家长对学校工作的意见和建议，形成家长委员会提案。家长委员会成员50人参加会议。

（秦莉）

【与美国小学开展互访】 2至8月，阜外一小与美国加利福尼亚州洛杉矶圣安东尼奥小学开展三次互访交流活动。2月，阜外一小12名教师赴圣安东尼奥小学进行为期8天交流访问。阜外一小教师参观该校校园环境，体验课堂教学，并与该校学生家长面对面交流，了解美国小学教学方法和理念。4月，阜外一小接待圣安东尼奥小学8名教师访问团。访问团走进课堂听课观摩、欣赏学生艺术展演、体验篮球、乒乓球等课外活动项目、参观学校校本课程教育基地。8月19至30日，阜外一小8名教师前往圣安东尼奥小学参观访问，同时开展授课交流并接受培训。该校教师讲《中国的节日》《中国结、京剧脸谱及皮影》课程，参加21世纪教育培训（21st Century Education BY ED21），学习新的教育教学理念。

（张翠宇）

【开展音乐教育新体系实验】 9月，在市教委和西城区教委牵头签署的《高校支持基础教育的合作项目》中，阜外一小与中央音乐学院音乐教育学院合作。双方共同开展《音乐教育新体系》的实验，通过班级授课及课外活动方式，开展音乐教育新体系实验。实验班级为一年级的1个班，初步设定试验时间为2年。12月26日，实验项目班的学生在国家大剧院举行节目汇报演出。

（刘国朝）

【开展文化智慧分享活动】 至年底，阜外一小开展“文化智慧分享”活动。活动在每周二下午的教师政治学习会之前，由每组轮流进行，各组教师选取不同角度的主题，并配以文字、音乐、视频等加以介绍，提出观点，交流共享。活动旨在优化阜外一小学习型组织，构建先进学校文化，启迪教师职业与人生，提升办学质量。至年底，活动共举办13次。

（刘国朝）

北京市朝阳区白家庄小学

【概况】 2014年，北京市朝阳区白家庄小学一校五址办学，白家庄小学本部北校、本部南校、望京新城校区、望京科技园校区、朝外校区。学校占地面积33922平方米、校舍建筑面积26167平方米，运动场地面积23904平方米。图书馆（室）藏书10.06万册，订阅杂志、报刊129种。固定资产总值6202万元。全年教育经费投入6338万元，其中，国家拨款6337万元、自筹经费1万元。学校信息化经费投入489万元，拥有计算机1016台，多媒体教室座位4493个，校园网出口总带宽10Mbps，“信息技术”课程0.5课时/周。普通教室97个、专用教室42个。教职工262人，其中，高级职称11人、中级职称133人。专任教师255人，包括特级教师1人、北京市骨干教师14人、北京市学科教学带头人1人；本科以上学历249人。开设教学班97个。毕业470人、招生619人、在校生3076人。网址：www.tfbx.net。

（李瑞霞）

【形成一校五址办学规模】 2月21日，原属呼家楼学区下三条中心小学正式并入白家庄小学。呼家楼学区下三条中心小学由于区域整合原因并入白家庄小学。呼家楼学区下三条中心小学建制撤销，教师33人、学生33人并入白家庄小学；校址变更为白家庄小学朝外校区。至此，白家庄小学办学规模由原来1校4址发展为5址，即白家庄小学本部北校、本部南校、望京新城校区、望京科技园校区、朝外校区。呼家楼学区下三条中心小学前身为成立于1949年的一所城市中心小学，1958年正式定名为下三条中心小学。

（张国徽）

【召开祖雪媛校长办学思想研讨会】 4月24日，白家庄小学召开祖雪媛校长可持续发展教育办学思想研讨会。会议主要围绕祖雪媛校长办学思想展开研讨，并同步展示《我们一起过端午》《好客的小主人》《走近老舍》《大家帮助大家》四组主题课程。北京可持续发展教育协会会长、北京教育学院院长，北京教育科学研究院相关部分负责人参加研讨会，来自各区县可持续发展项目学校负责人，以及来自新浪网、中国教育报、现代教育报、新京报等媒体单位200余人参与活动。29日，在2014年朝阳区庆祝五一国际劳动节暨先进事迹报告会上，祖雪媛校长荣获“首都劳动奖章”，并作为教育行业代表在大会上进行先进事迹报告。受表彰先进集体和个人以及历届劳动模范代表、基层工会干部、各行业职工等300余人参加会议。

（李瑞霞）

【校外科技实践基地揭牌】 11月5日，白家庄小学与北京市园林科学研究院联合举办“尊重环境、保护植物”校外科技实践基地揭牌仪式暨科技月开幕式。双方为该校校外科技课程实践基地揭牌，为校外科技辅导员颁发聘书并授红领巾。仪式结束后，白家庄小学师生开展首次校外科普实践活动，包括参观现代化温室、现代化播种技术、科研院区内彩叶树种、植物组培室、天敌工厂与大树实验站。今后，类似科普活动将于每年5月、11月定期举行，园林科研院的科研人员还将指导白家庄小学“探·索”科技实践社团成员开展小课题研究，并积极参加区级和市级每年科技小论文类的相关竞赛、评选活动。双方及市公园管理中心领导、白家庄小学教师、科技园校区“探·索”科技实践社团成员及三年级学生近140人、园林科研院科普教师10余人，以及北京日报、北京青年报、信报等10家媒体记者参加揭牌仪式。

（李颖）

【举办首届国际摄影节】 12月23日，白家庄小学首届国际摄影节开幕式暨揭牌仪式在望京新城校区举行。摄影节主题为“我的世界我的家”，意在引导全体学生尝试用相机记录身边美好生活，用慧眼去发现身边美好事物，用摄影方式感悟世界精彩。共计400幅摄影作品参选，主要来自学校5个校区和国际友好校，评出一等奖5个、二等奖5个、三等奖13个。

（田绯）

【学生电视台成立】 12月26日，白家庄小学学生“云鹤”电视台正式成立。电视台经过学生自主申报，班主任推荐，年级层层选拔而成。该电视台所有运营视频从采访、主持到节目编排和录像，都由学生独立完成。

（王维仪）

北京市朝阳区定福庄第二小学（中国传媒大学附属小学）

【概况】 2014年，北京市朝阳区定福庄第二小学(中国传媒大学附属小学)占地面积14729平方米、校舍建筑面积13733平方米，运动场地面积6598平方米。图书馆(室)藏书4万册，订阅杂志、报刊30种。固定资产总值2357万元。全年教育经费投入571万元，全部为国家拨款。学校信息化经费投入7万元，拥有计算机513台，多媒体教室座位2031个，校园网出口总带宽30Mbps，数字资源量20GB，“信息技术”课程0.5课时/周。普通教室30个、专用教室35个。教职工84人，其中，高级职称2人、中级职称36人。专任教师81人，包括北京市骨干教师1人；本科以上学历79人。开设教学班30个。毕业160人、招生176人、在校生1011人。网址：www.cmfx.cn。

（陈希思）

【更名为中国传媒大学附属小学】 4月1日，定福庄二小更名为中国传媒大学附属小学。学校更名根据朝阳区教委与中国传媒大学合作办学协议变更。变更后，小学中国传媒大学附属小学；高校中国传媒大学。定福庄二小地处传媒大学校园内。此次合作是进一步发挥首都高校教育资源优势和特色，深化区域高校优质教育资源合作发展的又一具体实践。

（陈希思）

【举办建校60周年民乐专场音乐会】 4月20日，传媒附小举办金帆民乐团建校60周年民乐专场音乐会。音乐会在北京音乐厅举办，演奏《中国娃》《东北风》和《黄河畅想》等曲目12首。此次活动以民乐专场音乐会形式展现传媒附小素质教育成果。传媒附小前身为始建于1954年的燃料化学工业部子弟小学，是原煤炭部、石油部、化工部三大部委的干部子弟学校；1957年变更为燃料工业东郊小学；1969年变更为定福庄第二小学；2014年4月更名为中国传媒大学附属小学。

（陈希思）

【参加三项全国科技竞赛并获奖】 7月26日至8月6日和8月11至15日，传媒附小学生分别参加全国少年电子信息与智能控制大赛、全国青少年电子制作锦标赛和全国青少年业余无线电通信锦标赛。在全国少年电子信息与智能控制大赛中，10名学生获一等奖，32名学生获得二、三等奖及优秀奖，学校获团体一等奖和优秀组织奖；在全国青少年电子制作锦标赛中，学校获团体二等奖。全国青少年业余无线电通信锦标赛，学生获得应急通信营地架设项目4枚金牌、4枚银牌、2个第四名和1个第六名，学校获该项目团体冠军。

（陈希思）

北京市朝阳区呼家楼中心小学

【概况】 2014年，北京市朝阳区呼家楼中心小学三址办学，分别为校本部、万科青青分校、呼中心西校区。学校占地面积34300平方米，其中本部校区13038.49平方米、低部校区6351平方米、青青校区14910.02平方米、校舍建筑面积190471平方米其中，本部校区6250.10平方米、低部校区4576平方米、青青校区8220.81平方米，运动场地面积12759平方米，其中，本部校区6845平方米、低部校区500平方米、青青校区5414.30平方米。图书馆（室）藏书7.40万册，订阅杂志、报刊67种。固定资产总值4997.72万元，其中本部校区1785.11万元、低部校区916.53万元、青青校区2296.08万元。全年教育经费投入1426万元，全部为国家拨款。学校信息化经费投入232万元，拥有计算机711台，多媒体教室座位2112个，校园网出口总带宽600Mbps，数字资源量150GB，“信息技术”课程0.5课时/周。普通教室63个、专用教室43个。教职工177人，其中，高级职称7人、中级职称89人。专任教师162人，包括北京市骨干教师6人；本科以上学历164人。开设教学班63个。毕业306人、招生289人、在校生2041人。网址：www.hjlxx.com。

（秦翠华）

【举办阅读专题讲座】 4月8日，呼家楼中心小学举办阅读主题讲座。邀请北京大学中文系教授曹文轩做主题为“让阅读为孩子插上想象的翅膀”的讲座，用平实语言，深入浅出地诠释“阅读与想象”联系。该校师生2041人参加学习。

（秦翠华）

【举办首届青青阅读节】 4月17日，呼家楼中心小学万科青青分校举办首届青青阅读节活动。12名身着汉服的学生和学校领导以师生共读的方式，共同开启首届阅读节。阅读节历时一个月，开展晨读、午读、班级流动图书馆、青青阅读节与书香校园活动。

（秦翠华）

【被命名为小学生古生物少年科考队】 6月12日，呼家楼中心小学科考队被中国科学院行管局和中国科学院古脊椎与古人类研究所命名为全国第一支小学生古生物少年科考队，并授予队旗。该校科考队由教师2人学生28人组成。7月，学校科考队参加中科院组织的辽西古生物野外科考活动，共采集叶肢介、狼鳍鱼、三尾拟蜉蝣等化石标本数百件。该活动是中科院特意为学校举办的专场活动，著名古生物学与地层学专家、中国科学院古脊椎动物与古人类研究所研究员汪筱林全程随团指导。

（秦翠华）

【举办第五届孝文化活动】 9月18日，呼家楼中心小学第五届孝文化活动“寻找校园最美孝心少年”正式启动。该活动结合首都文明办、北京教育音像报刊总社联合发起的“北京少年·孝心榜样”征集活动而开展，德育部门及学生、家长代表进行以“在孝文化浸润中成长”为主题的道德讲堂展示。活动历时3个月。

（秦翠华）

北京市朝阳区新升小学

【概况】 2014年，北京市朝阳区新升小学占地面积18711平方米、校舍建筑面积7750平方米，运动场地面积7900平方米。图书馆（室）藏书2.59万册，订阅杂志、报刊45种。固定资产总值2875.94万元。全年教育经费投入534.42万元，全部为国家拨款。学校信息化经费投入24.88万元，拥有计算机252台，多媒体教室座位1446个，校园网出口总带宽10Mbps，数字资源量550GB，“信息技术”课程0.5课时/周。普通教室26个、专用教室11个。教职工58人，其中，中级职称14人。专任教师56人；本科以上学历54人。开设教学班24个。毕业96人、招生95人、在校生806人。网址：www.xinshengxx.com。

（王丽华）

【举办“家长讲堂”】 2月24日，新升小学举办“家长讲堂”活动。活动邀请有专长的家长为学生开展专题讲座，弥补学校教育教学资源不足。“家长讲堂”主题内容丰富，涉及环保、安全、科普、艺术、法制、民俗等多个领域，形式多彩纷呈，内容包括书法、蔬菜的营养、篮球小知识等。至年底，家长48人结合自身职业特点和兴趣爱好开展讲座。

（宗念一）

【举办“我的教育微幸福”师德演讲活动】 3月25日，新升小学举办“我的教育微幸福”教师演讲活动。教师以“做幸福教师”为主题，结合自己的教育经历，用真实、鲜活的语言讲述自己与学生之间感人的教育故事，表达自己为人师的幸福。有的教师用“老师的微笑”表达传递正能量的幸福，有的用“我幸福我是一名人民教师”道出初为人师的幸福；有的用“我和他，一个小男孩的故事”讲述成功转化后进生的幸福；有的用“学做一名观察者”讲述与孩子真诚交流的幸福。教师57人参与活动。

（宗念一）

【举办“生命教育”校本课程开发培训】 4月28日，新升小学举办“生命教育”校本课程开发培训。学校聘请区教科所教师结合有关生命教育最新理念与实践经验，传授课程的具体方法，即以主题贯穿，体现学科跨界，整合校内外资源，让学生在完整教育情境中体验生命成长，形成完整人格。生命教育是一种全人教育，涵盖人从出生到死亡的整个过程和这一过程中所涉及到的各个方面，既关乎人的生存与生活，也关乎人的成长与发展，更关乎人的本性与价值。生命教育的核心目标在于，通过生命管理，让每个人都成为“我自己”，都能最终实现“我之为我”的生命价值，即把生命中的爱和亮点全部展现出来，为社会、为人间焕发出自己独有的美丽光彩。

（王丽华）

北京市朝阳区
望京南湖东园学校

【概况】　2014年，北京市朝阳区望京南湖东园学校占地面积20359平方米、校舍建筑面积13834平方米，运动场地面积9620平方米。图书馆（室）藏书5.50万册，订阅杂志、报刊32种。固定资产总值2513万元。全年教育经费投入817万元，其中，国家拨款815万元、自筹经费2万元。学校信息化经费投入85万元，拥有计算机356台，多媒体教室座位2580个，校园网出口总带宽2Mbps，数字资源量10GB，“信息技术”课程0.5课时/周。普通教室54个、专用教室35个。教职工133人，其中，高级职称9人、中级职称64人。专任教师118人，包括北京市骨干教师6人；本科以上学历125人。开设教学班54个。毕业192人、招生392人、在校生1601人。网址：www.nhdyxx.com.cn；www.qncxx.com。

（李宪芳）

【开展教师在线实践社区活动】　3月20日，东园小学开展“教师COP项目——教师在线实践社区”活动。教师COP项目是课堂观察的一种行为系统，它由明确观察目的、选择观察对象、确定观察行为、记录观察情况、处理观察数据、呈现观察结果等一系列不同阶段的不同行为构成。开展该活动旨在聚焦常态课堂，以课堂观察为切入点，借助数字化测量方法和技术体系，实现教学行为可视化；以数据定量分析、诊断课堂教学行为，使教师有针对性地改进教学行为。通过课堂实践与专家指导，面对面交流互动，对学校教学模式研究以及参与实验教师收获很大。

（杨增丽）

【举办首届篮球友谊赛】　3月25日，东园小学举办“东园杯”第一届篮球比赛。比赛持续三周，主题为“快乐篮球友谊赛、健康运动伴我行”。学生分年段、分不同形式进行比赛。比赛共进行32场，全校35个班级1111人次学生参加比赛。

（王立宏）

【邀请专家指导教学】　3至4月，东园小学邀请专家到校指导教学。邀请爱新觉罗·毓骏指导书法教学工作。学校于2009年开设书法课程，并由专职教师担任；2010年创编书法校本教材，带领学生运用“文房四宝”感受书法魅力，彰显学校特色教育。邀请特级教师吴正宪到校进行教学指导，她建议要把小学数学教育的中心转移到促进学生全面、和谐、可持续发展上来；教学中教师既要关注学生基础知识，基本技能掌握，更要关注学生学习方法，学习策略、学习过程以及学生情感、态度、价值观等多方面进步与发展。邀请全国特级教师进行“合作分享”课题交流研讨活动，专家听该校教师讲《立体图形的复习》课，肯定学校在合作分享课题中的研究成果，并指出今后研究方向。

（李宪芳　杨增丽　王立宏）

北京市丰台区
丰台第一小学

【概况】　2014年，北京市丰台区丰台第一小学一校三址，附带一所幼儿园。占地面积4.48万平方米、建筑面积3.18万平方米、体育场（馆）面积1.28万平方米。图书馆（室）藏书12.53万册，电子图书100GB，订阅杂志、报刊45种。固定资产总值1972.37万元。全年教育经费投入4383万元，全部为国家拨款。学校信息化经费投入200万元，多媒体教室座位4400个，校园网出口总带宽100Mbps，数字资源量600GB，“信息技术”课程0.5课时/周。普通教室78个、专用教室38个。教职工215人，包括高级职称2人、中级职称118人。专任教师204人，包括市级骨干教师2人；本科及以上学历180人。开设小学教学班78个、幼儿班3个。小学毕业514人、招生463人、在校生2895人。网址：www.ft1x.ftedu.gov.cn。

（陈力强）

【开展拒绝毒品主题教育活动】　6月10日，丰台一小开展拒绝毒品主题教育活动。此次活动以“珍爱生命，拒绝毒品——做健康向上的小公民”为主题，邀请北京市禁毒教育基地管理中心的专家进行专业知识讲解，通过参与游戏，情景表情的形式使学生认识毒品的种类以及学会自我保护的技能与方法。此次主题教育活动共有师生300余人参加。

（陈力强）

【获得第五届“国戏杯”学生戏曲大赛一等奖】　11月22至30日，丰台

一小京剧社团获得第五届“国戏杯”学生戏曲大赛一等奖。共有社员36人参加比赛，社团以“红色经典唱响梨园盛世”为主题，将现代戏曲《红色娘子军》《沙家浜》和《智取威虎山》中的4个经典片段组合为一个群体节目，进行8分钟的节目展演。比赛于11月30日在中国戏曲学院举行颁奖仪式，学校社团承担仪式上“红色经典”单元的汇报展示。

（陈力强）

【开展读书主题活动】　11至12月，丰台一小开展“悦读节”读书主题活动，活动以“书香浸润人生，艺术放飞梦想”为主题，将阅读与艺术相结

合向各年级推荐必读书目、选读书目，以“活动”促“习惯”使得全校师生以书为友，以“阅读”促“悦读”培养师生读书的兴趣。活动后，学校组织各年级师生通过讲故事、诗配画、制作读书卡、设计手抄报，编演课本剧等艺术方式展现读书心得。全校师生3000余人参加活动。

（陈力强）

北京市丰台区丰台第五小学

【概况】 2014年，北京市丰台区丰台第五小学占地面积4.70万平方米、建筑面积2.10万平方米，体育场（馆）面积1.52万平方米。图书馆（室）藏书6万册，电子图书10万册，订阅杂志、报刊47种。固定资产总值2633万元。全年教育经费投入543万元，全部由国家拨款。学校信息化经费投入38万元，拥有计算机492台，多媒体教室座位4680个，校园网出口总带宽10Mbps，数字资源量2800GB，“信息技术”课程1课时/周。普通教室83个、专用教室34个。教职工242人，包括高级职称7人、中级职称116人。专任教师219人，包括北京市骨干教师8人、北京市学科教学带头人1人，本科以上学历205人。开设教学班88个。毕业503人、招生694人、在校生3369人。网址：www.bjftwx.com。

（徐文宇）

【与校长面对面】 3至4月，丰台五小开展“与校长面对面”活动。活动通过学生自荐、班级推荐以及随机抽签的形式选拔出三至六年级的少先队员代表30余人，从学生的视角针对学校开展的活动分享感受，提出建议，对自己喜爱的活动发表见解。同时也可提出学校管理方面的各种问题，以及对老师教育教学行为的一些看法。“与校长面对面”活动是学校培养“五自”学生（自主、自信、自立、自强、自豪）系列活动之一，旨在培养学生自主参与学校管理的社会角色意识与责任感，引导学生不仅能从切身感受来观察学校的管理，更能以主人翁的身份为学校的管理与发展提出建设性的意见。该活动已连续开展两年，参与活动的学生达百余人。

（张彦）

【举办科普大课堂进校园活动】 3月13日和20日，丰台五小分别举办两次科普大课堂进校园活动。活动是学校开展创新教育的系列活动之一，旨在通过学生易于理解、接受和参与的方式，普及自然科学和社会科学知识，传播科学思想，弘扬科学精神，倡导科学方法，培养学生的科学创新意识与实践能力。科普大课堂邀请来自科普工作的专家、教授，用浅显易懂的方式把科学知识介绍给学生。全校学生通过现场参与和实况转播的方式学习课程，并在课上与专家进行互动交流。共有学生600人参加活动。

（张彦）

【成立“小海燕管乐团”】 9月18日，

丰台五小科丰校区正式成立“小海燕管乐团”。乐团成员由科丰校区与军乐团的教官结合学生的自身条件从二至四年级各班中挑选，并召开管乐团新生家长动员会。动员会提出管乐团需要家长配合工作的要求，同时乐团教官讲解团员自主训练时候的注意事项。学校管乐团新老队员共有团员100余人。

（李景怡）

北京市丰台区师范学校附属小学

【概况】 2014年，北京市丰台区师范学校附属小学占地面积8514平方米、建筑面积2460平方米，体育场面积3600平方米。图书馆藏书3.60万册，电子图书10万册。固定资产总值2741.19万元。全年教育经费投入2399.62万元，全部为国家拨款。学校信息化经费投入160万元，拥有教师计算机120台、学生计算机150台，学生用ipad平板电脑950台。笔记本电脑40台，互动教学设备46套，电子白板21套。校园网出口总带宽10Mbps，数字资源量2800GB。“信息技术”课程2课时/周。普通教室64个、专用教室11个、实验室1个。毕业生267人，招生385人，在校生1791人。开设教学班50个。教职工126人。专任教师120人，包括具有高级专业技术职务3人、中级职务74人；市级骨干教师3人；大学本科以上学历118人。网址：www.fsfx.bj.cn。

（薛燕）

【合和艺术团赴维也纳金色大厅演出】

2月3至13日，丰师附小合和艺术团管乐团赴奥地利首都维也纳进行艺术参演。57名团员在维也纳金色大厅表演《摇滚五号》《茉莉花》《一点摇摆》等曲目，其中，中国名曲《日喀则》和《茉莉花》受到好评。展演后，乐团教师参加奥方组织的中奥音乐教育研讨会，学校教师作题为《校内校外艺术教育的结合——丰师附小艺术教育成果》的主题发言。学校师生及乐团团员95人参加活动。

（曹静）

【举办教职工创编操和电子书大赛】 12月1日，丰师附小举办教职工创编操和电子书大赛。比赛以推进“阳光之家，健康附小”为内容的职工文化建设为目的，结合数字校园和体育传统校的特点，将教职工活动与教育教学相结合进行创编操和电子书比赛。经过初赛和决赛，创编操现场展示、电子书设计汇报等比赛形式，共有教师16人进入决赛。最终体育教研组荣获团体总分第一名，分校科任教研组、英语教研组分获团体总分第二、三名。此次活动共有教职工 100 余人参与活动。

（薛燕）

【举办 iPad 绘画、音乐创作比赛】 12 月 7 日，丰师附小举办四年级学生 iPad 绘画比赛及五年级学生 iPad 音乐创作比赛。比赛以“水族世界”为主题，学生通过 iPad 平板电脑中的美术软件 Drawing Box 进行创作；音乐创作比赛以“送别”和“森林狂想曲”为主题，学生通过 iPad 平板电脑中的音乐软件 garageband 进行创作。学校邀请校领导担任评委及来自六年级的学生 3 人参与评选，共评出音乐创作一等奖 2 个、二等奖 4 个、三等奖 13 个；绘画创作一等奖 5 个、二等奖 12 个、三等奖 25 个。此次活动共有学生 500 人参加。

（金媛）

【举行 2014 课外文艺活动汇报演出】 12 月 25 日，丰台附小举办 2014 课外文艺活动汇报专场演出。活动以“丰富多彩的课外活动，铸就学生全面发展”为主题，来自学校合唱、舞蹈、朗诵和合管乐团等多个课外活动社团进行《摘星星》《在阳光下》《和大山攀谈》《蒙特高湾》《皇家进行曲》等节目的成果展示。区教委及区少年宫相关领导，学校全体学生及部分家长 1800 余人参加汇报演出。

（薛燕）

北京市石景山区实验小学

【概况】 2014 年，北京市石景山区实验小学占地面积 15877 平方米、建筑面积 9810 平方米，体育场面积 5790 平方米。图书室藏书 4 万册，电子图书 5 万册。固定资产总值 5152 万元。全年教育经费投入 2410 万元，全部为国家拨款。学校信息化经费投入 211.90 万元，拥有计算机 360 台，多媒体教室座位 720 个，校园网出口总带宽 100Mbps，数字资源量 5.50TB，“信息技术”课程 6 课时/周。普通教室 36 个、专用教室 18 个、实验室 2 个。教职工 105 人，包括副高级职称 2 人、中级职称 67 人。专任教师 96 人，包括市级骨干教师 1 人；本科及以上学历 88 人。毕业 190 人；招生 242 人；在校生 1384 人，含外省市借读生 249 人。开设教学班 36 个。网址：syx. sjsedu. cn。

（栾永宏）

【开办绿色教育讲堂】 3 月 3 日至 5 月 16 日，石景山实验小学开办绿色教育讲堂。组织石景山区教科所、区中小学研修中心以及学校教师共举办讲座 4 次，主题包括“小学美术课堂是绿色教育的土壤”“提高数学动手实践的有效性，促进学生的思维发展”“提高数学动手实践的有效性，促进学生的思维发展”“小学同类文体教学有效梯度训练案例研究”。全校教师 105 人参与活动。

（赵宁）

【组织融合教育研讨】 9 月 23 日，石景山实验小学与石景山区培智中心学校联合开展融合教育研讨活动。两校商议讨论“双学籍”活动方案，交流“融合教育”开展情况，协定石景山实验小学接收培智中心学生 4 人，每月 2 次到校参加语文、音乐、舞蹈、网球、围棋课程以及课外一小时活动。教师、家长 13 人参与活动。

（王道静）

【学科专家到校指导】 10 月 9 日，石景山实验小学组织数学学科专家到校指导。邀请人民教育出版社小学数学编辑室专家介绍教材修订情况以及“数与形”教学建议，特级教师吴正宪做“灵活运用教材”教材有关专题培训。教师 52 人参加学习。

（李玉成）

【开展台湾主题教育月活动】 10 月 25 日，石景山实验小学开展“中国心·两岸行”涉台主题教育月活动。学校要求各中队“组织一次升旗仪式”“开展一次主题班会”“进行一次知识竞赛”“播放一段视频录像”，了解并介绍台湾历史、地理、风土人情等知识。全校学生 1400 人参加活动。

（杨琳）

北京大学附属小学

【概况】 2014 年，北京大学附属小学占地面积 2.71 万平方米、建筑面积 2.17 万平方米，体育场（馆）面积 6120 平方米。图书馆（室）藏书 7.29 万册，电子图书 180GB，订阅杂志、报刊 170 种。固定资产总值 2679 万元。全年教育经费投入 3961 万元，其中，国家拨款 2767 万元、自筹经费 1194 万元。多媒体教室座位 356 个，校园网出口总带宽 100Mbps，数字资源量 20TB，“信息技术”课程 1 课时/周。普通教室 59 个、专用教室 24 个。拥有计算机 466 台。教职工 171 人，其中，高级职称 8 人、中级职称 136 人。专任教师 144 人，包括、市级骨干教师 8 人、市级学科教学带头人 3 人，本科以上学历 141 人。开设教学班 59 个。毕业 449 人、招生 376 人、在校生 2180 人。网址：www. bdfx. net. cn。

（孙江红）

【机器人校本教材出版】 4 月，北大附小机器人系列校本教材之一《神奇的单片机》正式出版。该教材由北大附小校长主编，5 名教师共同编写，共计 26 章，包括点亮小彩灯、闪动的二极管、趣味小闹钟等内容。该书由北京大学出版社出版，采用 16 开本单色印刷，首次印制 3000 套（册）。北大附小五年级机器人课使用该教材。北大附小校长尹超编写的《为了爱和自由的教育》于 6 月由北京师范大学出版社出版，该书共分三章，总计 25 万字，并配以 100 余幅图片，以故事形式，撷取该校在学校民主管理中侧面和细节，反应北大附小自由开放、尊重包容的学校文化。

（何立新　庄严）

【成立校长工作室】 4 月，北大附小校长工作室成立。“名校长工作室”由海淀区委教育工委和区教委主持成立，由北大附小校长尹超担任主持人，拥有 3 名校长成员。工作室采用“师带徒”模式，传递丰富的办学经验，培养中青年校长和副校长；同时遴选中青年校级干部进入工作室重点培养。区教委每年为校长工作室提供 10 万元经费支持。

（庄严）

【召开学科课程建设研讨会】 11 月 28 日，北大附小召开学科课程建设学术研讨会。会议听取校长《从学校课程到学科课程——北京大学附属小学遨游计划项目研究报告》，观摩1节英语学科“Tiger's Drum Kit”教学课。该校语文、数学、英语学科教师代表分别介绍“博雅语文”“生长的数学”和“卓越英语”学科课程建设研究报告，与会教师与专家现场互动。北京师范大学、市教委、市教科院、海淀区教科所专家及该校教师100人参加会议。

（庄严）

【3名教师被评为特级教师】 12月，市教委、市人力社保局公布北京市中小学特级教师名单，北大附小3名教师入选。全市共有248名教师被批准为特级教师。北大附小英语学科教师范冰，1973年出生，籍贯四川；本科学历；1994年毕业于四川省乐山师范学院，1999年到北大附小工作，担任英语教学工作，带领英语团队进行“分级阅读”课题研究，出版《小学英语“学”与“玩”》等著作。数学学科教师李宁，1967年出生，籍贯北京；本科学历；1987年毕业于北京第三师范学校；1987年到北大附小工作，担任数学教学工作，带领北大附小数学团队进行“整体把握”的数学研究，出版《陪学生一起做研究》等著作。信息技术学科教师何立新，本科学历，1969年出生，籍贯北京；1990年毕业于北京第三师范学校；1990年到北大附小工作，担任信息技术教学工作，在北京市率先出版《智能机器人》校本教材，带领学生在国际、国内机器人大赛中取得优异的成绩。

（庄严）

中国人民大学附属小学

【概况】 2014年，中国人民大学附属小学占地面积2.63万平方米、建筑面积3.14万平方米，体育场（馆）面积3300平方米。图书馆藏书2.56万册，电子图书60GB。固定资产总值2728.40万元。全年教育经费投入10640.70万元，其中，国家拨款5164.50万元、自筹经费5476.20万元。学校信息化经费投入248.75万元，拥有计算机462台，多媒体教室207间，校园网出口总带宽130Mbps，数字资源量1200GB。普通教室110个、专用教室31个。银燕分校占地面积5416平方米、建筑面积3515平方米、体育场（馆）面积2184平方米。图书馆藏书30678册，电子图书10GB。固定资产总值2260.53万元。全年教育经费投入1385.42万元，学校信息化经费投入82.20万元，拥有计算机188台，多媒体教室20间，校园网出口总带宽130Mbps，数字资源量1000GB。普通教室20个、专用教室8个。两校区教职工280人，其中，副高级职称5人、中级职称128人。专任教师164人，包括本科以上学历150人，其中研究生6人；北京市学科教学带头人1人、市级骨干教师5人。开设教学班110个。毕业676人；招生812人；在校生4420人。该校拥有分校1所（银燕分校）网址：www.rdfx.net。

（关旻）

【举办60周年校庆系列活动】 1至12月，人大附小举办60周年校庆系列活动。1月5日，人大附小校长带领1月过生日的教师共25人到河北省平山县西黄泥小学，为师生送去七彩课程和学具文具。该活动作为人大附小校庆系列活动开端，2014年每个月校长带领当月过生日教师到全国“老少边穷”地区义务支教，传递人大附小七彩教育理念。9月1日，人大附小与北京电视台文艺频道共同策划实施“环保艺起来”公益活动，启动仪式与建校60周年开学典礼共同举行。公益活动旨在倡导将环保与艺术相结合，提高人们关注环保的热情。12月28日，人大附小举办校庆教师艺术展演，以“精彩之旅——七彩教师幸福逐梦”为主题，由人大附小教师自编、自导、自演，分为教育理想、教育胸怀、教育情怀、教育梦想、教育智慧、教育激情、教育责任7个篇章。该校师生860人观看演出。人大附小前身为建于1954年的中国人民大学职工子弟小学，是一所寄宿制职工子弟小学，校址位于东四六条12号。1958年校址迁往海淀区海淀路39号，随即迁往中国人民大学院内，最后坐落在蓝靛厂路18号世纪城社区。1970年文革期间，中国人民大学停课。1978年中国人民大学复校，附小正式定名为中国人民大学附属小学。

（关旻）

【获世界DI创新思维赛总冠军】 5月

24日，中国人民大学附属小学代表队参加世界DI（Destination Imagination）创新思维大赛获得冠军。比赛在美国田纳西州立大学举办，来自中国、美国、加拿大、德国和日本等国家和地区1413支大中小学生代表队2万余名学生参赛，由人大附小学生14人组成的参赛队在挑战A类机械题中获得冠军，赛后组委会收藏学校参赛道具。DI创新思维竞赛是一项国际性的培养青少年创造力的活动，由DI协会主办，每年5月在美国举办DI全球总决赛。要求参赛者根据题目自己设计活动方案、情节、制作工具，完成设计的目标。竞赛要求学生为解题而掌握大量的社会科学和自然科学知识。竞赛包括团队挑战和即兴挑战两部分，团队挑战题又分为技术与机械类；自然科学与舞台艺术类；美术、文学与戏剧类；即性创作与戏剧文学；结构与建筑设计类五大类。

（关旻）

【开展红色之旅毕业课程】 6月17至20日，人大附小开展红色之旅毕业课程。六年级毕业旅行课程为红色之旅教育，482名学生在门头沟斋堂中小学革命传统教育基地参加学习，由学生自选的项目主席及各连连长负责统筹安排，开展动手包饺子、观看红色经典影片、重走长征路五公里徒步行军、革命歌曲大赛、祭奠革命烈士等活动，最后由学生自主策划举办篝火晚会。自2004年，学校六年级毕业班每年开展毕业旅行课程，2004至2013年均前往上海毕业旅行。

（关旻）

【举办3场主题活动】　9至12月，人

大附小分别举办首届“泡泡节”“小小民族运动会”和“七彩帽子节”。首届泡泡节面向学校一年级新生，为期1周。开幕式上，担任主持的科学教师和装扮成洗衣液、洗头液、自来水、胶水、洗涤灵的学生，手拿道具现场演示泡泡液制作过程，并介绍泡泡吹得大而不易破碎的方法。在泡泡节活动中，师生共同开展玩泡泡、数泡泡、做泡泡、画泡泡节日主题课程。活动消除入学新生的陌生感和畏惧感，该校一年级师生843人参加活动。在首届小小民族趣味运动会中，每个班代表一个民族，身着各民族服装、做着本民族的标志性动作在开幕式入场，并通过参加旱地龙舟、板鞋竞速、抽陀螺、踩珍珠等趣味项目，学习民族知识、了解民族风情、感受民族文化、传承民族精神。该校学生4435人参加运动会。首届七彩帽子节在银燕分校一年级校区举行，为期1天。活动围绕“神奇的帽子，多彩的生活”主题，学生佩戴个人精心准备的帽子，采取说帽子、展帽子、唱帽子等方式，领略各种帽子风采及表达的特殊意义。该校东校区全体学生843人参加活动。

（关旻）

【举办“七彩教育同盟”成果汇报会】

11月15日，人大附小举办“七彩教育同盟”成果汇报总结会。会议回顾“七彩教育同盟”三年大事记，运用协同教学模式展示多学科整合课“龙的传人”，与会者观摩七彩同盟校教师展示20节现场课。现场课涉及9个学科，并邀请专家做点评。市委教育工委、市教委、中国人民大学、海淀区、门头沟区及来自全国11个省市教育单位相关负责人、学校教师200人参加会议。“七彩教育同盟”成立于2011年，由人大附小、密云县石城中心小学、四川省什邡市国人小学、河北省唐山市玉田县伯雍小学、石景山区树仁小学、海淀区唐家岭小学、北京林业大学附属小学7所学校组成，三年中同盟校间共进行48次教育教学活动，开展29次资源辐射活动。

（关旻）

清华大学附属小学

【概况】　2014年，清华大学附属小学占地面积3.30万平方米、建筑面积2.30万平方米、运动场地面积1.93万平方米、绿化用地面积1200平方米，主操场设有300米塑胶跑道和人工草皮足球场，拥有专业篮球场和轮滑场地。图书馆藏书10余万册，订阅报纸10种，杂志80多种。固定资产总值2368万元。全年教育经费投入4447万元，其中，国家拨款2567万元、自筹经费1880万元。学校信息化经费投入409万元，拥有计算机560台，网络多媒体教室58个，校园网出口总带宽100Mbps，数字资源量150GB。普通教室42个、专用教室19个。教职工142人，专任教师130人，其中，具有中学高级职称4人，小学高级职称77人，小学中级职称45人。专任教师全部为本科及以上学历，其中特级教师6人、市级骨干教师5人。开设教学班42个，毕业236人，招生350人，在校生1803人。该校拥有清华大学附属小学昌平学校、清华大学附属小学商务中心区实验小学一校区、清华大学附属小学商务中心区实验小学二校区共3个分校。学校网址：www.qhfx.edu.cn。

（隋敏方）

【举办两场文体活动】　4至6月，清华附小分别举办“艺术的童年之书画展”和首届足球“世界杯”联赛两场文体活动。“艺术的童年之书画展”在清华大学美术学院举办，由学生策划组织，嘉宾引导、资料袋绘画、书签制作、画展讲解均由学生自主完成，该校1至6年级学生作品1700幅参展，包括水粉画、油画、素描、书法等。首届足球“世界杯”联赛与清华附小第55届“马约翰”杯田径运动会一同开幕，全校42个班级分别代表包括中国在内的40个世界杯参赛队伍，组成84支球队。联赛历时2个月，该校学生600人参加。足球作为清华附小重点发展项目，1至6年级都开展足球活动，每周5节体育课中都包括1节足球课。

（隋敏方）

【开展名家进校园活动】　5至11月，清华附小开展名家进校园活动。活动定期邀请社会知名人士走进清华附小。吴良镛、薛其坤、王光谦、于丹、雷军、俞敏洪先后10余人走进该校，分别做“小学校大气象”“我眼中的清华附小”“给予孩子终身的竞争力”等讲座，并与该校教师、家长交流教育心得。

（隋敏方）

【清华附小昌平学校开学】　8月31日，

清华附小昌平学校开学。学校为九年一贯制学校，位于昌平区东小口镇，占地面积2.20万平方米，已建成教学楼、办公楼、宿舍楼、体育馆4幢。首届招收一年级4个班，学生共计112人。该校为清华附小与昌平区教委合作办学项目。

（隋敏方）

【获国家教学成果一等奖】　9月9日，清华附小获首届基础教育国家级教学成果一等奖。该奖项由教育部评选，是基础教育领域内由政府设立的最高级别的业务类奖励。首届共有417项成果获奖，其中，清华附小校长窦桂梅带领的语文团队教学成果《小学语文主题教学实践研究》获得一等奖。该研究针对小学语文教学中单篇教学支离破碎、目标不清及教学

方式僵化、工具性与人文性割裂等问题，以语言的学习运用为载体，实现儿童语言发展、思维提升、精神丰富的小学语文教学思想和实践模式，对全国小学教育教学综合改革发挥推动作用。

（隋敏方）

【启动教育扶贫在线学习共同体】 12月25日，清华附小伟新教育扶贫在线学习共同体启动。启动仪式上，清华大学、海淀区教委、清华附小代表为在线学习共同体揭牌，并听取附小校长窦桂梅介绍学校开展教育扶贫等社会公益活动以及伟新教育扶贫在线学习共同体具体情况。清华附小语文教师讲授1节语文课，以在线直播方式传送到全国1000多个县，当地教师实时收看该课，河南滑县清华大学教育扶贫远程教学站与授课教师在线交流互动。该共同体由清华附小和清华大学教育扶贫办公室共同打造，每周清华附小有5节课通过直播室传播到全国各地贫困地区远程教学站。清华大学远程教学站覆盖全国592个国家级贫困县中的522个，覆盖率达到88%。

（隋敏方）

北京师范大学实验小学

【概况】 2014年，北京师范大学实验小学占地面积1.38万平方米、建筑面积1.24万平方米、体育场馆面积8050平方米。图书馆藏书11.30万册，电子图书7260册，订阅杂志、报刊93种。固定资产总值4619万元，全年教育经费投入3482万元，其中，国家拨款3413万元、自筹经费69万元。多媒体教室座位2925个，校园网出口总带宽1024Mbps，数字资源量9000GB，“信息技术”课程1课时/周。普通教室40个、专用教室25个。拥有计算机301台。教职工127人，其中，高级职称8人、中级职称76人。专任教师110人，包括特级教师1人、北京市骨干教师4人、北京市学科带头人1人，本科以上学历117人。开设教学班40个。毕业288人、招生254人、在校生1687人。网址www.eps.bnu.edu.cn。

（高春芳）

【选派教师赴境外培训】 1月和8月，北师大实验小学校选派教师赴境外参加培训。选派教师12人次赴夏威夷普纳荷学校学习，涉及语文、数学、英语、体育、美术学科，教师参与社区合作伙伴研讨性学习课程，进入课堂听课，参加学校多学科教学活动和年级主题教育活动。选派语文、数学、英语、科学教师8人赴芬兰学习，在芬兰坦佩雷市3所学校学习、参观考察，与当地教师开展教学交流，共同研讨阅读、学生管理、课堂教学等问题。

（刘莹）

【聘请中科院院士任特聘教师】 2月26日，北师大实验小学聘请中国科学院院士石广玉、秦大河担任学校特聘教师。聘任仪式上，少先队员代表为2名院士献上红领巾，2名院士向学生提出要注重培养品德，长大后要报效祖国的期望。与会人员共同观看秦大河院士获得2013年度沃尔沃环境奖的视频。根据协商，院士为学校举办不定期科普讲座，为课外活动小组提供指导。北京师范大学领导、该校部分教师和少先队员代表30人参加聘任仪式。石广玉，大气物理学家，主要从事大气辐射及全球（气候）变化的理论和观测研究。秦大河，地理学家，从事冰川和极地研究，首次从理论上阐明雪的暖型、冷型和交替型密实化过程，建立定量划分标准。

（吴莉荣）

【举办班主任沙龙系列活动】 5月19日和11月25日，北师大实验小学举办班主任沙龙系列活动。活动由学校教育组组织，旨在提高青年班主任管理班级的能力，帮助解决班级中存在疑难问题。5月19日，该校邀请豆豆妈妈工作室教师开展小型班主任沙龙活动。倾听班主任在班级管理中的困惑，从理论上对问题学生进行分析并与教师探索恰当的引导方法，为解决班级问题提供依据。该校二年级班主任等5人参加活动。11月25日，该校邀请家庭教育专家为青年班主任做《说说儿童心理学》讲座。专家提出教师和家长交往中，理解是基础，沟通是桥梁，技巧是关键，介绍教师必知的儿童心理学知识，并剖析孩子成长期行为目的、个性特点和智商/情商综合能力发展目标和策略。与会者表示，培训为召开家长会提供新思路，为班级管理工作带来新方法。该校青年班主任40人参加学习。

（王崇娥）

【开展学科整合活动】 9至12月，北师大实验小学开展学科整合活动。该校六年级学生围绕烤面包主题开展活动。活动分为7大步骤，涉及7门课程，包括综合实践课学习和面；美术课结合泥塑课学习技法设计，制作小猪、小刺猬等动物造型馒头；数学课从“和面和塑形”活动引入，研究和面中面和水的比例，开展数学教学“比的认识”研究；科学课学习发酵知识，调查了解酵母在生活中的应用，并利用4节课时间，完成配料、活面、发面、塑形和烘烤等环节实践；体育健康教育课上从面包导入，计算食品中卡路里，换算运动与脂肪消耗等热量与营养的知识，引导学生合理安排饮食；英语课上，结合“烹饪”单元学习，用英语简单描述制作过程；语文课上成立烘焙坊任务闯关情境设置，引导学生介绍各自店名及自行设计LOGO，提高学生口语交际能力。最终在综合实践课上，学生自制各类糕点和邀请函，课堂上举行美味品鉴会。该校六年级学生310人参加活动。

（吴莉荣）

北京市海淀区中关村第一小学

【概况】 2014年，北京市海淀区中关村第一小学占地面积3.57万平方米、建筑面积4.19万平方米，体育场地面积400平方米。全年教育经费投入8511万元，全部由国家拨款。固定资产总值11491万元。图书馆藏书24万册，电子图书520GB，订阅杂志、报刊180种。普通教室117个、专用教室22个。拥有计算机2336台。多媒体教室座位6730个。学校信息化经费投入362万元，校园网出口总带宽12Mbps，数字资源量520GB，“信息技术”课程1课时/周。教职工311人，其中，高级职称8人、中级职称204人。专任教师301人，包括特级教师1人、北京市骨干教师12人，本科以上学历277人。开设教学班117个。毕业768人、招生743人、在校生4429人。该校拥有天秀校区、党校校区共2个分校。网址：www.zgcyx.com.cn。

（董静）

【开展“新学堂自主教学”研究】 5

月19至23日，中关村一小开展“新学堂自主教学”研究周活动。活动以“基于儿童，关注学习”为主题。期间，该校15名教师作语文、数学、英语、科学、美术、综合实践、音乐、体育8个学科17节示范课，授课过程中贯彻“六个还给”，即把学习时间还给学生、把主动权还给学生、把选择权还给学生、把体验权还给学生、把话语权还给学生、把评价权还给学生。来自北京师范大学、北京教育学院的专家及该校教师300人参加研讨活动。

（张海宏）

【参加“国戏杯”比赛夺冠】 11月16至22日，中关村一小参加第五届“国戏杯”学生戏曲大赛获得3个一等奖。中关村一小学生50余人参加8个集体项目和20个个人项目，7个集体项目入围决赛，3个获一等奖，原创京剧课本剧《铁杵磨成针》《龙宫借宝》《雏凤凌空》获得集体项目一等奖，《上天台》《夜奔》《扈家庄》《望儿楼》和《太君辞朝》5个项目获得个人项目一等奖。其中，集体节目《铁杵磨成针》《猴王闹山》和个人节目《扈家庄》应邀参加“国戏杯”颁奖晚会演出，集体节目《春草闯堂》和个人节目《夜奔》《上天台》《甘露寺》《卖水》《贵妃醉酒》应邀参加中央电视台优秀节目展演。该比赛由市教委主办，中国戏曲学院、北京学生活动管理中心承办，来自全国20个省市2000余名选手参加比赛，比赛共设个人项目和集体项目两大项。

（张海宏）

【举办第10届读书节】 12月，中关村一小举办第十届读书节。活动以“我从书中走来”为主题，为期1个月，要求学生完成“三个一”，即读一本好书，从书中选择一个喜欢的人物，装扮一个书中的人物进行演讲。学生通过同伴共读、亲子共读、个人自读等多种形式阅读，学生装扮成哈利波特、诸葛亮、灰姑娘等人物做汇报总结。全校学生参与活动。

（张海宏）

北京市海淀区中关村第二小学

【概况】 2014年，北京市海淀区中关村第二小学占地面积5.11万平方米、建筑面积5.21万平方米、体育场（馆）面积1.83万平方米。图书馆藏书11.12万册，电子图书49.34万册（3000GB），订阅杂志、报刊296种。固定资产总值15202万元，拥有计算机1287台，多媒体教室座位6080个。全年教育经费投入11465万元，全部由国家拨款。学校信息化经费投入776万元，校园网出口总带宽300Mbps，数字资源量4200GB，“信息技术”课程1课时/周。普通教室109个、专用教室35个。教职工267人，包括副高级职称7人、中级职称117人。专任教师260人，包括市级骨干教师4人、北京市学科教学带头人2人；本科及以上学历226人。开设教学班109个。毕业729人、招生758人、在校生4655人。拥有中关村、华清、百旺等分校3所。网址：www.zgcerxiao.com。

（张苗）

【开展“安全自护”系列教育活动】 9月，中关村二小开展“安全自护”主题系列教育活动。活动针对校园踩踏事故频发现象，组织学生参观海淀交警大队，邀请中国红十字基金会“马路天使”项目组讲解道路安全，邀请国航蓝天韵金凤组空乘人员进行航空安全知识讲座等。该校同时利用升旗仪式、广播、班会等时间，结合案例学习掌握自护本领。该校师生5000人次参加活动。

（张苗）

【创编室内健身操】 9月，中关村二

小创编室内健身操。室内健身操由学校体育教师集体创编，共有2套，分为瑜伽操和有氧颈椎操，其中，瑜伽操8节8分钟、有氧推颈操10节6分钟。健身操作为雾霾天气时学生室内活动方式，融趣味性和教育性于一体，精心设计动作和音乐，以规范简单的基本体操动作为主，均适合学生年龄特点、简单易学。

（张苗）

【召开英语教学研讨会】 11月20日，中关村二小召开英语教学研讨会。研讨会围绕“通过英语教育培养学生的核心素养”主题，旨在探讨以品格教育的视角看待新形势下小学英语教学的改革与发展。与会人员听取中国教科院研究员题为《通过英语教育培养学生的核心素养》的专题讲座，观摩该校教师1节英语示范课。中国教科院、北京教育学院等单位专家，海淀区、大兴区、丰台区小学英语教研员以及来自北京教育学院骨干班教师 100 人参加研讨会。

（张苗）

北京市门头沟区大峪第一小学

【概况】 2014 年，北京市门头沟区大峪第一小学占地面积 2.27 万平方米、建筑面积 1.34 万平方米，体育场面积 7911 平方米。图书馆藏书 3.45 万册。固定资产总值 1282 万元。全年教育经费投入 1966 万元，全部为国家拨款。学校信息化经费投入 15.20 万元，拥有计算机 268 台，多媒体教室座位 180 个，校园网出口总带宽 100M，数字资源量 1600GB，“信息技术”课程 2 课时/周。普通教室 26 个、专用教室 19 个。教职工 111 人，包括副高级职称 4 人、中级职称 68 人。专任教师 93 人，包括本科及以上学历 88 人。开设教学班 25 个。网址：www.58.117.146.4.com。

（高瑞红）

【举办首届校园文化节】 5 月 30 日，大峪一小举办“知行之间分享快乐”首届校园文化节。学校以“让每个孩子都是活动的参与者，让每一个孩子都体会到成功的快乐”为理念，将艺术节、读书节、校本课程展示等活动结合，邀请各班家长教师协会代表身着主题文化衫，走进校园参与管理，了解学校特色课程建设。全校师生、家长 1500 人参加活动。

（吕建华）

【新校园建成使用】 8 月 1 日，大峪一小新校园建成使用。新址位于门头沟区葡萄嘴环岛东南侧上元路，占地面积 22700 平方米、建筑面积 13391.35 平方米，建有教学楼 2 座，综合楼 1 座，普通教室 26 个、专用教室 19 个，拥有风雨操场、食堂、200 米标准跑道、五人制足球赛场等。教室均安装 75 寸触控电视及低能耗新风系统。工程自 2013 年 8 月开工，由市区两级财政投资建设，总投资 7915 万元，其中市级 4935 万元，区级 2980 万元。

（吕建华）

【大峪一小迁建工程竣工】 9 月 1 日，大峪一小迁建工程竣工并交付使用。该工程占地面积 22700 平方米，建设规模 13391.35 平方米，共 24 个班级，批复总投资 7915 万元，其中由市财政地方教育附加经费支持资金 4935 万元。大峪一小迁址后位于永定镇曹各庄定向安置房地块，进一步优化均衡配置全区优质教育资源，为门头沟南部新城发展提供教育基础设施保障。

（张晓巍）

【构建特色课程文化】 至年底，大峪一小构建学校特色课程文化体系。该校提出“和则日新”办学理念，其中，“和”代表努力实现的教育状态、“日新”是追求的教育结果。在此理念和育人目标引领下，建立“和以修能”课程体系，以国家课程为基础、以地方和校本课程为拓展、以社团课程为特长，形成身心与健康、语言与阅读、科技与思维、艺术与审美、生活与实践、人文与社会六类立体课程结构。学校共开发 36 门校本选修课程和 85 个社团课程，由教师负责开发实施、家长参与管理、学生自主选择，具有授课教师全员化、必修课程诵经典、选修课程多元化、社团课程精品化四个特点。

（高瑞红 王消冰）

中国人民大学附属小学京西分校

【概况】 2014 年，中国人民大学附属小学京西分校占地面积 1.20 万平方米、建筑面积 1.18 万平方米，体育场面积 4152 平方米。图书馆（室）藏书 2.42 万册。固定资产总值 1969.44 万元。全年教育经费投入 782.77 万元，全部为国家拨款。学校信息化经费投入 2090 万元，拥有计算机 185 台，多媒体教室座位 40 个，校园网出口总宽带 10Mbps，数字资源量 10000GB，“信息技术”课程 1 课时/周。普通教室 40 个、专用教室 9 个。教职工 36 人，包括副高级职称 1 人、中级职称 16 人。专任教师 36 人，包括特级教师 1 人；本科及以上学历 33 人。开设教学班 17 个。毕业 39 人、招生 103 人、在校生 535 人。

（郑瑞芳）

【开设校庆主题课程】 3 月 16 日，人大附小京西分校开设彩虹门校庆主题课程。课程面向全体学生，设置印象彩虹门、节日彩虹门、梦幻彩虹门、符号彩虹门和艺术彩虹门五个主题的综合课程。组织学生自主设计校庆标识、创作校园生活绘本故事等。全校教师、学生 500 人参与学习。

（赵俊强）

【组织首届毕业生教育】 4 月 21 日，人大附小京西分校组织开展首届毕业生教育系列活动。活动面向六年级毕业生，内容包括到北京市大峪中学分校体验生活，参与课堂、社团学习；到门头沟斋堂革命传统教育基地毕业旅行，自行设计方案、祭奠革命先辈、组织篝火晚会等。该校学生 39 人参加活动。

（赵俊强）

【促进城乡教育一体化】 至年底，人大附小京西分校开展工作促进城乡教育一体化进程。该校利用远程互动教室与中国人民大学附属小学互相观摩课堂教学，开展评课教研交流活动，通过信息化平台感受名校课堂文化，促进教师队伍业务建设。该校和校本部部分教师轮岗，首批 12 名教师走进人大附小校本部工作，校本部选派 15 名教师到分校教学，体现“一个法人”制度下城乡一体化办学，促进教育均衡发展。

（张凤茹）

北京第二实验小学永定分校

【概况】 2014 年，北京第二实验小学永定分校占地面积 2.73 万平方米、建筑面积 1.30 万平方米，体育馆面积 800 平方米。图书馆藏书 2.87 万册，电子图书 6 万册，订阅报刊、杂志 84 种。固定资产总值 2142.06 万元。全年教育经费投入 3534.80 万元，全部为国家拨款。学校信息化经费投入 92.17 万元，拥有计算机 452 台，多媒体教室座位 90 个，校园网出口总带宽 100Mbps，“信息技术”课程 2 课时/周。普通教室 43 个、专用教室 11 个。教职工 170 人，包括副高级职称 4 人、中级职称 86 人。专任教师

142 人，包括市级骨干教师 2 人；全部为本科及以上学历。开设教学班 39 个。毕业 197 人、招生 298 人、在校 1354 人。网址：www. ydps. net。

（宋茂盛）

【举办首届综合素质课程运动会】　4 月 30 日，实验二小永定分校举办首届综合素质课程运动会。运动会主题为“展示最好的我”，采取竞技和展示相结合的形式，设有跆拳道、乒乓球、武术等 20 余个课程竞技项目。全校教师、学生 1300 余人参加活动。

（张华）

【评选感动校园人物】　9 月 10 日，实验二小永定分校首次组织“感动校园人物”评选活动。教职工、外聘教练员、保洁人员、保安人员、餐厅工作人员均可参评，分为爱岗、爱生和爱校三个层次，评选标准包括师德高尚、爱岗敬业、关爱学生。规定从报名人员中确定 25 名候选人，通过民主投票形式，最终评出 13 名“感动校园人物”，当选人员事迹材料在校园网展示。全校干部、职工 170 人参与活动。

（张华）

【赴台艺术交流】　10 月 23 至 29 日，实验二小永定分校赴台湾开展艺术交流活动。访问团一行 30 人，与台湾新北市中山小学签署合作意向书，参加新北市艺术教育嘉年华活动，表演合唱《说唱脸谱》、京剧《卖水》、舞蹈《太平鼓》等。艺术团共参访台湾地区 5 所小学，体验课堂与校外教学的多元课程，搭建京台两地师生互动学习平台，促进两岸学生交流了解。

（张华）

北京市房山区良乡第三小学

【概况】　2014 年，北京市房山区良乡第三小学占地面积 10600 平方米、建筑面积 8785 平方米，体育场地面积 4115 平方米。图书馆藏书 2.60 万册，包括电子图书 0.12 万册，订阅杂志、报刊 20 种。固定资产总值 1500 万元。全年教育经费投入 1637 万元，全部为国家拨款。学校信息化经费投入 300 万元，拥有计算机 445 台，多媒体教室座位 1410 个，校园网出口总带宽 50Mbps，数字资源量 550GB，“信息技术”课程 20 课时/周。普通教室 31 个、专用教室 12 个。教职工 99 人，包括高级职称 2 人、中级职称 65 人。专任教师 86 人，包括特级教师 1 人、市级骨干教师 2 人；本科及以上学历 82 人。开设教学班 31 个。毕业 230 人、招生 219 人、在校生 1274 人。网址：www. lx3x. com。

（周春英）

【举办形体健康培训】　2 月 25 日，良乡三小举办形体健康培训。此次培训邀请北京教育科学研究院“形体健康”课题组专业教练，讲解并演示正确的行立坐走姿势，讲授适合室内的形体操。要求该套形体操在全校各个班级进行推广，利用室内场地对学生形体训练，并融入到课堂教学与体育活动中，以应对不良天气对学生的影响。全校体育教师、学生代表 70 人参加学习。

（周春英）

【开展数字校园项目培训】　12 月 8 日，良乡三小开展数字校园建设项目培训会。会议邀请教育信息化人员从理念与操作两个层面，解读“大数据时代”特色，信息技术为工作、生活带来的挑战、变革，利用媒体工具，搭建信息化课堂平台。学校建设目标为利用项目做好教师协同备课，改进课堂学习方式、提高课堂实效；创新校本课程，推动课程建设；优化门户网站，改变教师办公模式。全校教职工 100 人参加学习。

（周春英）

【考查学生语文口语能力】　12 月 16 至 18 日，良乡三小考查学生语文学科口语交际能力。此次工作采取“以赛代测”评价方式，按照年级特点制定口语交际评价标准，内容包括一、二年级看图说话，重在清楚表达，说明白图意即可；三至六年级依据实践活动口语交际要求与学生兴趣确定话题展开讨论，重在表达自己观点。由班主任教师给出成绩评价，各班随机抽选学生，在学校进行展示交流。全校学生 1274 人参加活动。

（周春英）

【建设服务型课堂】　至年底，良乡三小开展工作推进服务型课堂建设。学校以“尊重、互动、发展”为理念，研究“教师如何提出有效问题引发学生互动”为目的，组织专业听评课，通过常规教学活动，从“提问学生参与面、问题设计有效性、教师学法指导、教师积极评价、教学资源利用、课堂有效互动、教师关注有效生成”七个方面分组进行全学科课堂观察，关注学生的课堂学习参与深度，制定观察记录，利用每周教研时间组织讨论并及时反馈。全校教师 80 人参加活动。

（周春英）

北京市房山区良乡第四小学

【概况】　2014 年，北京市房山区良乡第四小学占地面积 11000 平方米、建筑面积 5555 平方米，体育场地面积 3010 平方米。图书馆藏书 1.50 万册，包括电子图书 100 册。固定资产总值 457 万元。全年教育经费投入 729 万元，全部为国家拨款。学校信息化经费投入 5 万元，拥有计算机 82 台，多媒体教室座位 632 个，校园网出口总带宽 20Mbs，数字资源量 100GB，“信息技术”课程 0.5 课时/周。普通教室 13 个、专用教室 7 个。教职工 40 人，包括高级职称 1 人、中级职称 19 人。专任教师 36 人；本科及以上学历 35 人。开设教学班 16 个。毕业 18 人、招生 123 人、在校生 495 人。网址：www. lxdsxx. com。

（齐利敏）

【举办社区体育节】　5 月 19 日，良乡四小举办“瑞雪春堂”社区友好体育节。活动开设学生竞技、学生特长、成人项目、亲子项目四个比赛专场，67 个比赛项目，共产生 12 项学校纪录。该校教师、学生、家长以及周边社区公司、居委会代表 961 人参加活动。

（齐利敏）

【举行新生开笔礼】　9 月 5 日，良乡四小举行新生开笔礼。该项中国传统启蒙学习仪式包括正衣冠、朱砂启智、启蒙描红、茶敬师长、启蒙教育、寄存愿景、击鼓明志 7 个环节，一年级学生 123 人参加活动。学校通

过举办开笔礼仪式，融入知聪识明、感恩立志、尊师重礼、爱国明孝、敬畏生命的儒家思想，教导学生懂得担当家庭责任和社会责任。

（齐利敏）

【校园硬件建设完成】 11月和12月，良乡四小校园硬件建设完成。11月26日，学校武术馆建成并投入使用。该武术馆占地面积430平方米，拥有专用武术地毯设施设备，由房山区教委总投资90万元，承办房山区第12届“米兰杯”中小学生武术比赛，共有31所学校681人次参加。12月16日，学校录课室建成，配有多媒体展示与播放设备及多媒体录课设备，可容纳师生35人。

（齐利敏）

北京市史家胡同小学通州分校

【概况】 2014年，北京市史家胡同小学通州分校占地面积4万平方米、建筑面积3.06万平方米、体育场（馆）面积1.76万平方米。图书馆（室）藏书4.96万册，订阅杂志、报刊15种。固定资产总值15005.53万元。全年教育经费投入4245.90万元，其中，国家拨款4240.40万元、自筹经费5.50万元。学校信息化经费投入107.75万元，拥有计算机411台，多媒体教室座位1176个，校园网出口总带宽850Mbps，数字资源量1150GB，“信息技术”课程1课时/周。普通教室48个、专用教室28个。教职工161人，包括高级职称4人、中级职称49人。专任教师147人，包括市级骨干教师5人；本科及以上学历144人。开设教学班58个。招生443人、一至六年级在校生2349人。网址：school.3xy.com.cn/School/100587。

（张爽）

【与3校开展手拉手教研交流】 3月26日，史家小学通州分校与通州区永乐店中心小学、延庆县太平庄中心小学、延庆县靳家堡中心小学共同开展“手拉手”校本教研交流活动。活动听取由该校4名教研组长、永乐店中心小学1名教研组长介绍各自校本教研经验与作法；按语文、数学、其他学科组，围绕教研活动中困惑与问题交流讨论，总结出校本教研命题要坚持“课程、学生、教法”三位一体的设计思路；课堂教学多媒体运用要照顾中、下等学生的认知能力等经验。教师42人参加活动。

（张爽）

【举办第五届“欣悦杯”教学评优】

4月9日，史家小学通州分校举办第五届“欣悦杯”教学评优表彰活动。此次活动包含课堂教学与基本功展示两方面内容，其中现场教学设计，要求全员参与，期间融入小型教学设计培训，由获通州区小学课堂教学设计一等奖教师现场授课，组织课后教学反思；基本功展示以教研组为单位，自主确定相关内容。评优自2月15日启动，学校年龄在35岁以上的非骨干教师29人，教龄在一年以上、五年以下教师34人共计63人参加，占学校一线教师49.20%。“欣悦杯”教学评优自2009年11月始办，是融课堂教学、基本功展示、校本培训一体的综合性活动。

（张爽）

【开设72项校本课程】 9月，史家小学通州分校开设72项校本课程。面向低年级开设“诗意绽放——儿童舞蹈”“快乐起飞”“神奇版画”等24门校本课程；中年级开设“图像处理”“我是快乐的键盘手”“安全急救队”等26门校本课程；高年级开设“趣味纸雕”“趣味数学”“色彩造型”等22门校本课程。课程由学生自主选择，打破班级界限，教师全员参与开发和实施。同时结合市教委“关于发展学生兴趣特长的课外一小时活动通知”精神，聘请校外专业人士跨越年级界限，以年龄段为单位，开设10至20个校外社团班进行学习。

（张爽）

【成为特级教师工作站基地校】 10月22日，史家小学通州分校成为特级教师杨广馨工作站基地校。学校按照“通州区高端引领培养工程”规划，挂牌后举办青年教师教学展示活动，来自北京市育才学校通州分校、北京市通州区贡院小学、北京市通州区东方小学以及该校4名教师进行现场说课，并由专家完成点评。其间，杨广馨介绍美术教学改革最新动态，提出要加强教学过程中学生的生成研究，注重教师示范的实效性，提出青年教师要不断提高自身美术专业素养的希望。通州区各小学美术学科市、区级和青年骨干教师50人参加活动。

（张爽）

北京市通州区张家湾镇中心小学

【概况】 2014年，北京市通州区张家湾镇中心小学下辖6所完全小学，共73个教学班，毕业310人、招生435人、在校生3660人。其中，中心校占地面积2万平方米、建筑面积1.14万平方米、体育场（馆）面积0.93万平方米。图书馆藏书4.86万册，电子图书3.60GB，订阅杂志、报刊120种。固定资产总值743.64万元。全年教育经费投入5000.70万元，其中，国家拨款4985.10万元、自筹经费15.60万元。学校信息化经费投入19.01万元，拥有计算机208台，多媒体教室座位1320个，校园网出口总带宽850Mbps，数字资源量800GB，“信息技术”课程1课时/周。普通教室34个、专用教室27个。教职工87人，包括高级职称2人、中级职称19人。专任教师54人，包括市级骨干教师1人；本科及以上学历50人。开设教学班25个。毕业112人、招生226人、在校生955人。网址：www.58.131.233.75。

（张海涛）

【组建校园篮球队】 2月，张家湾镇中心小学组建“小主人男女篮球队”。男女队各拥有12名队员，均通过三、四年级篮球普及指导，进入五年级后按身高、技能、技巧等素质综合选拔产生。篮球队由学校体育教师担任教练，分别于周三、周四下午训练两次，每次一小时。9月，该校组织首届中心小学女子篮球赛，下辖6所完小6支女子篮球队运动员115人参加比赛。

（张海涛）

【设计建成校园主题文化墙】 4月25日，张家湾镇中心小学设计建成校园“传承中华传统文化，争做张湾好少年”主题文化墙。文化墙内容包括“诸子百家”“传统文学”“琴棋书画”“传统节日”“地域文化”“北京精神”“中国之最”7个主题，设计展板83块，全长共计300米。学校总投资10万元。

（张海涛）

【认定校内星级值勤员】 5月16日，张家湾镇中心小学认定校内星级值勤员。此项工作是学校加大对“小主人志愿者”执勤管理实施激励机制，自3月第一周起，明确“一星、三星、五星”执勤员标准和不断升级的认定措施。为提高监督质量，该校在每周队员上岗前由大队辅导员对其进行30分钟针对性培训，并安排相应队员检查记录。全校学生955人参与评选，最终认定28名“一星值勤员”在升旗仪式上表彰。

（张海涛）

【启动核心价值观主题教育活动】 10月24日，张家湾镇中心小学组织“培育践行社会主义核心价值观——小主人在行动”主题教育活动启动仪式。活动由区教委小教科、张家湾镇中心小学联合主办，期间安排人员观摩学科渗透社会主义核心价值观教学课，参观学校“运河龙图解社会主义核心价值观展览”和师生绘画展、师生童谣作品展。来自市教委、北京教科院、通州区教委、区研修中心领导，以及全区各学校代表20余人参

加活动。

（张海涛）

北京小学通州分校

【概况】 2014年，北京小学通州分校占地面积2.23万平方米、建筑面积1.95万平方米、体育场（馆）面积0.71万平方米。图书馆（室）藏书3万册，订阅杂志、报刊26种。固定资产总值1064.06万元。全年教育经费投入2665.80万元，其中，国家拨款2662.90万元、自筹经费2.90万元。学校信息化经费投入116.22万元，拥有计算机211台，多媒体教室43间座位1175个，校园网出口总带宽850Mbps，数字资源量66GB，“信息技术”课程1课时/周。普通教室32个、专用教室17个。教职工105人，包括高级职称3人、中级职称37人。专任教师103人，包括市级骨干教师3人；本科及以上学历103人。开设教学班32个。招生268人、一至五年级在校生1347人。网址：bjxxtzfx.gotoip55.com。

（靳朝霞　王馨）

【成立校羽毛球队】 4月16日，北京小学通州分校学生羽毛球队成立。该羽毛球队由28人组成，成员经学校体育教研组集体研究，从二至五年级学生中遴选组成，男女生各14人。球队利用每周星期五下午时间集中训练1个小时，学校体育教师带队练习基本技术、技巧，同时聘请国家羽毛球俱乐部专业运动员担任业余教练。

（靳朝霞　王馨）

【增设12门校本课程】 5月，北京小学通州分校增设12门校本课程。新增课程包括活力英语、活力书法、植物种植与探究等，所用教材由学校校本课程教材领导小组集中审定并印刷出版。其中，《活力英语》供三至五年级使用、《活力书法》供一至五年级使用、《语文1+X作业单》供三至五年级使用、《植物种植与探究》供五年级使用。该校校本课程自2012年开始研发，至此累计开设“活力教育”课程63门。

（靳朝霞　王馨）

【组织跨区联手教研】 9月25日，北京小学通州分校与西城区进步小学共同开展跨区联手教研活动。进步小学来校，采取听课、说课、评课三个环节，作二年级语文、二年级英语、三年级音乐、中年级数学8节观摩课，相互借鉴、分享经验。两校教师80人参加活动。

（靳朝霞　王馨）

【举办校园活力英语节】 12月4至30日，北京小学通州分校举办校园“活力英语节”。此次活动由学校教科研部组织，英语教师、年级组长、行政干部担任比赛评委，其中，一、二年级学生参加“歌曲童谣比赛”，每班提供1个集体节目和1个个人节目，自主选取英文歌曲或歌谣集中展示，评出一等奖3个、二等奖4个、三等奖7个；三、四年级学生参加“英语故事大王”比赛，每个班级推荐2人参赛，评出一等奖3个、二等奖4个、三等奖7个；五年级学生参加“英语猜词大赛”，评出一等奖1个、二等奖2个、三等奖4个；全校学生参加“英语书法大赛”，一、二年级书写字母或单词、三至五年级书写英语句型或英语诗歌、故事等，评出一等奖6个、二等奖10个、三等奖12个；三至五年级学生参加“英语手抄报比赛”，每班推荐10篇作品，评出一等奖6个、二等奖10个、三等奖20个。全校学生1347人参加英语节活动。

（靳朝霞　王馨）

北京市顺义区东风小学

【概况】 2014年，北京市顺义区东风小学占地面积1.14万平方米、建筑

面积9131平方米，体育场（馆）面积6470平方米。图书馆（室）藏书3.10万册，订阅杂志、报刊286种。固定资产总值1090.40万元。全年教育经费投入3333.37万元，全部为国家拨款。学校信息化经费投入419万元，拥有计算机299台，多媒体教室座位1725个，校园网出口总带宽100Mbps，数字资源量10GB，“信息技术”课程1课时/周。普通教室34个、专用教室12个。教职工121人，包括高级职称1人、中级职称85人。专任教师120人，包括北京市骨干教师1人，本科及以上学历53人。开设教学班34个。毕业生828人、招生784人、在校生1375人。

（刘长荣　于有民）

【召开年级质量分析会】　2月22日，东风小学召开主题年级质量分析会。会议以“聚焦问题，提升质量，三线分析，创优发展”为主题，分为4个板块：一是三个学科教研组长分别针对上学期年级试卷进行分析，指出存在问题、提出改进建议；二是主管领导结合各班平均分、及格率、优秀率的三线走势情况，进行年级质量分析，使教师在数据对比中“横向比较找方向——做进步的班级；纵向比较看变化——做最好的自己”；三是语、数、英三个学科的教师进行典型教学经验分享；四是副校长进行新学期工作部署，并对参会教师提出“潜下心来研读学生、踏下心来厚实自己”的要求和目标。会议打破以往单学科质量分析的模式，使语、数、英三个学科的教师了解学生综合发展状况，便于今后采取更有效的教育教学手段，同时也使教师在反思中找到自己的优势和不足。学校干部、教师共计40余人参加。

（于有民）

【参加全国青少年航空航天模型设计总决赛】　8月2至6日，东风小学学生航模小组参加第16届“飞向北京，飞向太空”全国青少年航空航天模型教育竞赛总决赛。航模小组选出学生3人参加比赛，比赛设“美利达”遥控飞机追逐赛、“翼神”橡筋动力扑翼机竞时赛、“米奇1号”电动自由飞竞时赛、“轻骑士”橡皮筋动力滑翔机竞时赛、纸折飞机直线距

离赛、纸折飞机奥运五环赛6个项目。最终1人获得全国一等奖和优胜奖、1人获得全国二等奖和三等奖、1人获得全国三等奖。全国青少年航空航天模型教育竞赛由国家体育总局、教育部、中国科协、共青团中央、全国妇联联合举办，始于1993年，已连续举办16年，是全国青少年航空航天模型比赛中的重要赛事。

（薛海洪）

【成立枫韵文学社】　12月4日，东风小学成立枫韵文学社。文学社是学校课程建设工程之一，围绕实施体验教育，丰富校园文化生活，推行语文课程改革，培养文学新人等目标。主要组织专题培训、文学社刊和冬、夏令营等活动。

（于有民）

北京市顺义区石园小学

【概况】　2014年，北京市顺义区石园小学占地面积1.82万平方米、建筑面积8073.60平方米，体育场（馆）面积9674平方米。图书馆（室）藏书3.10万册，电子图书230册，订阅杂志、报刊85种。固定资产总值1596.30万元。全年教育经费投入3113.60万元，全部为国家拨款。学校信息化经费投入2万元，拥有计算机300余台，多媒体教室座位160个，校园网出口总带宽1Mbps，数字资源量380GB，“信息技术”课程1课时/周。普通教室48个、专用教室10个。教职工161人，包括副高级职称2人、中级职称101人。专任教师136人，包括北京市骨干教师2人，本科及以上学历127人。开设教学班51个。毕业生411人、招生416人、在校生2244人。网址：www.syxx.shy.bjedu.cn。

（朱凤齐）

【千方百计让学生学起来】　3月，石园小学开展“千方百计让学生学起来”系列活动。活动内容包括：举办小学语文学期规划单晒单活动，晒单教师从语文学期规划、单元建构、课时目标落实3个方面整体设计语文思路，建立以“一带一”或“一带多”的语文教学方式；开展集团内视导课活动，区考研中心部分教研员及石园小学教育集团三校区的相关领导对11个学科31名教师的课堂教学活动进行诊断指导，并针对课堂的具体组织、调控、教学过程中存在的问题提出改进建议。“千方百计让学生学起来”系列活动旨在落实学生观，推进课堂教学改革的方向，提高教学质量。

（张梅）

【开展多项课外活动】　3至11月，石园小学组织开展多项课外活动。组织开展“我是爱绿护绿小使者”植树节系列活动，全体师生参加活动；组织五年级学生300余人前往烈士陵园进行“颂先烈精神，扬榜样风采”清明扫墓活动；邀请来自中国地震局地理物理研究所的专家为六年级全体师生作题为《神奇美妙的南极》科普知识讲座；举办首届“扬帆杯”4至6年级学生软笔书法大赛现场书写决赛，活动共收集学生作品100余幅，评出一二三等奖各20人。

（张梅　刘岚）

【“小种植小养殖生命课程”启动】

5月26日，石园小学本部举行“小种植小养殖生命课程”启动仪式。仪式上，石园小学少先大队辅导员介绍小种植小养殖的要求，少先队员代表发起“小种植小养殖生命课程”倡议

书，倡议少先队员积极参与小植物种植和小动物饲养活动，通过观察、记录动植物的生长过程，学会科学的种植和饲养方法，与动植物交朋友，从而培养学生爱护绿色植物，爱护小动物，珍惜和尊重生命的情感。全校中队及辅导员2300多人参加启动仪式。

（张梅）

北京市顺义区西辛小学教育集团

【概况】　2014年，北京市顺义区西辛小学教育集团分三址办学，分别是东校区、西校区和仁和校区。总占地面积3.58万平方米、建筑面积1.63万平方米，体育场和体育馆面积1.31万平方米。图书馆（室）藏书8.62万册，电子图书44册，订阅杂志、报刊79种。固定资产总值5536.97万元。全年教育经费投入3824.68万元，全部为国家拨款。全年学校信息化经费投入95.07万元，拥有计算机698台，多媒体教室座位2811个，校园网出口总带宽100Mbps，数字资源量30GB，“信息技术”课程21课时/周。普通教室63个、专用教室22个。教职工197人，包括高级职称5人、中级职称122人。专任教师192人，包括北京市骨干教师4人，本科以上学历181人。开设教学班63个。毕业生383人、招生384人、在校生2389人。网址：www.xixin.bjshy.gov。

（关爱民）

【挂牌“葛兰语言艺术培训学校”】　2月26日，西辛小学挂牌“葛兰语言艺术培训学校”。葛兰朗诵艺术协会将定期派辅导教师到校授课。此次葛兰朗诵艺术团进校园活动，共有3所学校挂牌“葛兰语言艺术培训学校”，另两所分别是东风小学教育集团、石园小学教育集团。3月5日，葛兰走进西辛小学为“葛兰朗诵艺术团”的学生进行朗诵相关知识培训。葛兰，著名播音艺术家，中央人民广播电台播音指导，新中国第一代女播音员。

（关爱民）

【开展“开学第一课”入学礼活动】　9月1日，西辛小学东校区开展入学礼活动。活动结合低年级学生特点及

开学新生入学情况，组织开展以“幸福起步，快乐成长”为主题的“开学第一课”活动。活动分为3个篇章：第一篇章是一年级新生的入学礼仪式；第二篇章是家长牵着孩子的手，以班级为单位，从由七彩气球组成的象征“幸福快乐”的“成长门”走过，把孩子送到班主任老师手里，并由家长和老师分别为孩子们送出祝福；第三篇章是成长宣言，号召全体东校区学生在新学期能够快乐成长，慷慨分享，时刻感恩。活动拉近家长与学校的联系，促进新学期家校协同工作的发展。

（张凤荣　王森）

【集团实行校长领导下矩形事业部制管理】　9月，西辛小学教育集团实行校长领导下矩形事业部制管理。制度要求每位教职员工既要接受级部的管理，又要接受集团教学、科研、德育、综合服务相应部门的工作指导。实现每名教职工多种角色互为促进、互相影响、共同承担的局面。东校区为一、二年级低年级部，西校区移到电大校区，为三、四年级中年级部，仁和校区为五、六年级高年级部。2013年8月，西辛小学和仁和小学合并成为西辛小学教育集团，下设东校区、西校区和仁和校区三个校区。集团以两大部门，下设三个校区，采取自上而下的级部式管理。

（关爱民）

【优化课程实施促进幸福成长】　至年底，西辛小学教育集团以课程建设为突破口，优化课程实施促进幸福成长。坚持学生在小学六年实现至少掌握一项科技、体育、艺术技能的目标，以“积极情绪、投入、意义、成就和人际关系”五个纬度追求学校教育多元主体的多元幸福。学校利用社会资源、家长资源和本校教师在三个校区分别开展快速阅读、国学围棋、卡通漫画、数码钢琴等44门校本课程。采取集中时间开设、走班制教学。

（彭伟　刘学红）

北京市顺义区天竺中心小学校

【概况】　2014年，北京市顺义区天竺中心小学校一校两址，分别为中心校区和翠竹校区。两址总占地面积4.60万平方米、建筑面积2.14万平方米，体育场（馆）面积1.97万平方米。图书馆（室）藏书4.30万册，电子图书3086册，订阅杂志、报刊112种。固定资产总值1056.09万元。全年教育经费投入1741.84万元，全部为国家拨款。学校信息化经费投入21.75万元，拥有计算机254台，多媒体教室座位2520个，校园网出口总带宽100Mbps，数字资源量560GB，“信息技术”课程1课时/周。普通教室42个、专用教室21个。教职工82人，包括高级职称2人、中级职称49人。专任教师70人，包括北京市骨干教师2人，本科以上学历67人。开设教学班24个。毕业生134人、招生166人、在校生913人。网址：58.133.199.9。

（霍仲英）

【开展学生才艺展示系列活动】　3月31日，天竺中小利用每周一升旗时间开展“国旗伴我成长——我炫我精彩”活动。活动意在丰富校园文化生活，张扬学生个性，培养学生特长，让每个学生都体验到成功与快乐。活动要求展示内容不限，集体或个人均可，限时10分钟。学生以朗诵、乐器、舞蹈等表演的形式调节心理、锻炼胆量、增强自信心。

（李银霞）

【研究课题获国家级教学成果奖二等奖】　9月4日，教育部公布关于批准2014年国家级教学成果奖获奖项目的通知，天竺中小的“小学字源识字教学实践研究”课题获得二等奖。该项课题为北京市“十二五”规划研究课题，2013年完成开题论证。课题研究目标定位于了解汉字起源，认识

汉字久远的发展史，对悠久民族文化产生认同和热爱；激发学生学习汉字的兴趣，开发汉字天地校本课程，增强学生识字的自觉性、主动性，提高学生科学识字用字能力；结合学校数字校园和信息技术优势，为学生创设自主学习的平台。

（李冬青）

【开展卫生知识进校园活动】 9月18日，天竺中小开展卫生知识进校园活动。活动邀请来自顺义区天竺镇卫生院相关医生和专家作题为《远离烟草，从我做起》的卫生知识讲座和卫生知识宣传课，并讲解鉴别水痘与手足口病的相关知识。天竺中小师生共计793人参加活动。

（刘亚利）

【举办教师读书演讲活动】 12月12日，天竺中小举办“读书、修身、立教”教师读书演讲活动。教师在阅读的基础上撰写读书心得体会，并以教研组为单位开展组内读书沙龙活动，共推荐12名教师参加校级读书演讲展示活动。经过评审，评出一等奖4人、二等奖8人。最后，校长以《做一名学习型、研究型教师》为题总结读书活动。该活动旨在教师中营造良好的阅读氛围，分享阅读经验，提升教育智慧。

（李银霞）

北京市昌平区昌盛园小学

【概况】 2014年，北京市昌平区昌盛园小学占地面积13655.57平方米、建筑面积10455平方米，体育场面积3850平方米。图书馆藏书2.93万册，电子图书508册，订阅杂志、报刊62种。固定资产总值3764.50万元，包括教学仪器资产值1018.50万元。全年教育经费投入3002万元，全部为国家拨款。学校信息化经费投入69万元，拥有计算机380台，多媒体教室座位1801个，校园网出口总带宽20Mbps，数字资源量1000GB，“信息技术”课程1课时/周。普通教室42个、专用教室11个。教职工141人，其中，高级职称5人、中级职称84人。专任教师110人，包括特级教师1人、市级骨干教师5人、北京市学科教学带头人1人。本科及以上学历114人。开设教学班44个。毕业247人、招生318人、在校生1796人。在校生中，非京籍借读生364人。网址：www.csyedu.cn。

（金东明）

【总结表彰师徒评优课】 1月16日，昌盛园小学召开师徒评优课总结会。会议以“可持续教学模式”为主题，研讨徒弟讲课中行走模式的教学亮点、小组学习的优质训练等问题。校长从实施“一题统领—分科教研”策略角度，明确“教学模式”在各学科的常态化。总结会表彰师徒评优课获奖教师，师徒代表作典型发言。教师110人参加活动。

（周晓芳）

【举办《三国演义》读书会展演活动】 3月12日，昌盛园小学举办《三国演义》读书会展演。活动包括集体吟诵《临江仙》；猜一猜三国人物；讲述“三国人物”经典故事和表演课本剧；朗诵“三国人物”书写的古诗词；介绍《三十六计》；以“歇后语”形式温习三国故事；以“三国”内容为主题的软硬笔书法作品展示等。家长、师生124人参加活动。

（周晓芳）

【录播视频会议工程建成使用】 8月26日，昌盛园小学录播视频会议工程建成并投入使用。该工程包括视频会议系统和录播系统，应用远程传送音视频信息技术、互动交互技术、多屏拼接技术等主要技术，视频会议室40平方米，录播系统60平方米。工程于7月23日启动，共投资55万元。

（张士杰）

北京市昌平区城北中心小学

【概况】 2014年，北京市昌平区城北中心小学下辖4所学校，即中心校六街小学、完小三街小学、东关小学和西关小学。中心校共占地面积2.91万平方米、建筑面积1.78万平方米，体育场面积1.35万平方米。图书馆藏书10.33万册，电子图书1791册，订阅杂志、报刊107种。固定资产总值4466万元，包括教学仪器资产值1428万元。全年教育经费投入6337万元，其中，国家拨款6330万元、自筹经费7万元。学校信息化经费投入587万元，拥有计算机767台，多媒体教室座位4200个，校园网出口总带宽100Mbps，数字资源量614.80GB，“信息技术”课程1课时/周。普通教室107个、专用教室31个。教职工301人，其中，高级职称5人、中级职称172人。专任教师285人，包括市级骨干教师3人。本科及以上学历230人。开设教学班104个。毕业644人、招生646人、在校生4133人。在校生中，非京籍借读生1464人。网址：www.cbzxedu.com。

（王英）

【召开青年教师培养工程启动仪式】 3月11日，城北中心六街小学召开青年教师培养工程启动仪式暨六街小学“逐梦天使”青年汇成立大会。学校对新任教师、工作6年内教师、35岁及以下教师3个不同年龄段的青年教师提出新学期具体要求，明确不同发展阶段青年教师的目标。青年教师解读个人成长规划，从每日要做的事，到每周、每月、每年要做的事。学校成立六街小学“逐梦天使”青年汇，为青年教师提供研究、交流平台。教师100人参加活动。

（张雪辉）

【举办中年级科普剧比赛】 3月21日，城北中心小学举办中年级科普剧比赛活动。4所完小在预赛基础上，分别推选1个优秀剧目参加中心决赛。4个参赛剧目分别为六街小学《丰盛的晚餐》、三街小学《悟空战雾霾》、东关小学《织网巧匠》、西关小学《小狐狸生病》。学生通过表演展示科学的奥秘和科技的魅力。评委从科学主题、剧本内容、演员演技、整体效果和演出时间五方面进行评比，《悟空战雾霾》获一等奖，《织网巧匠》获二等奖，《丰盛的晚餐》和《小狐狸生病》获三等奖。师生110人参加活动。

（张晓君）

【开展“五思”课堂研讨活动】 4月23日，城北中心小学开展“五思”课堂研讨活动。六街小学教师讲授三年级《story time》，五年级《多音节形容词的比较级和最高级》展示课。教研组分别从学生参与度情况、问题设计有效度、学生自主活动时间、习题反馈效度、小组合作实效性、学案设计与有效利用以及教学目标设计与实施等方面评课，对课堂中生成性问题的处理提出建议。教师 25 人参加活动。五思即课堂容量、课堂提问、课堂讨论、拓展迁移、教学形式。

（胡长红）

【举办小主持人比赛】　6 月 6 日，城北中心小学举办小主持人比赛。比赛以“成长进行时，今天我主持”为主题，分为模拟主持和现场问答两个环节，选材包括放射源、韩国岁月号、辽宁舰等内容，涉及天文、地理、历史等领域。评委从形象气质、主持风格、主持内容和现场效果四个方面进行评选，评出金奖 4 人、银奖 6 人、铜奖 10 人，“金话筒”奖 2 人。评选“最佳口才主持人”和“最佳形象主持人”各 1 人。

（张晓君）

【举办第 25 届艺术节】　9 至 11 月，城北中心三街小学举办“清新阅读、笔墨书情”第 25 届艺术节。活动包括美术作品类、阅读书签制作、艺术表演类比赛，“走进毕加索”专题讲座，邀请家长展示才艺。艺术节形成二年级纸艺、三年级树叶画、四年级陶笛、五年级泥塑、六年级军体拳的年级特色。共有学生 966 人参加活动，其中，225 人获一等奖、345 人获二等奖、396 人获三等奖。11 月 3 日，闭幕会展示师生艺术节成果，组织游园活动，师生、部分家长 1230 人参加闭幕会。

（王颖）

【开展模拟邮局体验活动】　10月16

日，城北中心西关小学开展模拟邮局体验活动。活动以“人民邮政为人民，我是小小邮政人”为主题，听取市邮政局昌平分局讲解“校园邮政大讲堂的第一堂课——邮政的故事”，介绍邮票历史、书信正确格式等。学生参加我是小小邮政人、信件投递、邮政储蓄、订阅报刊等活动，体验邮政日常工作的实际操作流程。活动表彰获奖的“我爱祖国”绘画作品、“美丽昌平”摄影作品、“我的中国梦”书信作品，获奖学生 27 人。邮局为学校捐赠《邮政伴您生活》系列丛书 30 册。邮局工作人员、师生、家长共 251 人参加活动。

（张艳骄）

北京市昌平区南口镇小学

【概况】　2014 年，北京市昌平区南口镇小学占地面积 1.33 万平方米、建筑面积 4225 平方米，体育场面积 1070 平方米。图书室藏书 15814 万册，订阅杂志、报刊 32 种。固定资产总值 772.30 万元。全年教育经费投入 1458.05 万元，全部为国家拨款。学校信息化经费投入 190.02 万元，拥有计算机 117 台，多媒体教室座位 1000 个，校园网出口总带宽 20Mbps，数字资源量 270GB，“信息技术”课程 1 课时/周。普通教室 21 个。教职工 72 人，其中，中级职称 39 人。专任教师 65 人，包括本科及以上学历 54 人。开设教学班 21 个。毕业 102 人、招生 138 人、在校生 662 人。在校生中，包括非京籍借读生 300 人。网址：www. nkzxx. net。

（李阳）

【召开学习习惯培养经验交流会】　2 月 24 日，南口镇小学召开学习习惯培养经验交流会。三年级教研组以“如何培养学生审题习惯和使用草稿本习惯”为主题，分析学生审题现状，提出审题习惯培养方法，讲解草稿本的使用要求等。教师 34 人参加交流会。

（杜艳丽）

【开展综合素质提升工程活动】　4 月 24 至 25 日，南口镇小学开展综合素质提升工程活动。一、二年级师生 272 人，以“农业与航天科普知识”为主题，参观农业嘉年华和航天博物馆。三至五年级师生 317 人，以“走进陶瓷文化”为主题，参观顺义区神迪陶艺村。学生在理论课上，学习陶瓷的历史及制作过程；在彩绘、泥塑和拉坯实践课上，制作陶艺作品。

（王春凤）

【成立任立平班主任工作室】　5 月 22 日，南口镇小学召开“构建成长共同体助力教师专业发展”——昌平区任立平班主任研讨会。会议颁发“任立平班主任工作室”牌匾，首席班主任工作室更名为任立平班主任工作室。工作室由学校教师任立平担任首席班主任，18 名班主任自主报名参加。工作室每学期制定切实可行的研究计划，以点带面的开展“学生教育我知晓，班级文化我建构”隔周研讨教育活动。每名成员为个案生建立档案，每周上交研究记录，定期进行理论学习，撰写教育案例。该校首席班主任工作室于 2013 年 12 月正式成立。

（任立平　王春凤）

北京市昌平第二实验小学

【概况】　2014 年，北京市昌平第二实验小学一校两址，东校区设一至三年级，西校区设四至六年级。两校区共占地面积 3.09 万平方米、建筑面积 1.92 万平方米，体育场面积 582 平方米。图书馆藏书 1.74 万册，订阅杂志、报刊 36 种。固定资产总值 3527.60 万元，包括教学仪器资产值 648.72 万元。全年教育经费投 2147.41 万元，全部为国家拨款。学校信息化经费投入 45.19 万元，拥有计算机 267 台，多媒体教室座位 2284 个，校园网出口总带宽 100Mbps，数字资源量 2.56GB，“信息技术”课程 2 课时/周。普通教室 44 个、专用教室 19 个。教职工 136 人，其中，高级职称 1 人、中级职称 38 人。专任教师 110 人，包括市级骨干教师 1 人，本科以上学历 115 人。开设教学班 44 个。毕业 134 人、招生 333 人、在校生 1486 人。在校生中，非京籍借读生 583 人。网址：www. cpshyex. com。

（张彤）

【一校两址办学】 8月5日，昌平实验二小实现一校两址办学。接管原北京市铭师学校，作为学校西校区，设四至六年级，开设18个教学班，有教职工56人，在校生576人。实验二小原址为东校区，设一至三年级，开设26个教学班，有教职工80人，在校生910人。北京市铭师学校2004年建校，是一所民办学校，租用教学楼进行教学，房屋产权属昌平区教委。2014年8月昌平区教委收回房屋使用权，扩大昌平第二实验小学办学规模，接收原北京铭师实验学校学生，并入昌平实验二小，学校建制撤销。

（张彤）

【开展“生本课堂”同课异构活动】 10月30日至11月2日，昌平实验二小参加“生本课堂”同课异构活动。实验二小教师与新疆巴州石油一中教师同上《百分数的认识》一课。“生本教育”即以学生为本、以生命为本、以生长为本，最大限度调动学生学习积极性，培养学生阳光、自信、积极向上乐观的人生态度。“生本课堂”以学定教，实现自主、合作、探究的学习，让学生真正成为学习的主人。

（王建平）

【举办第五届校园艺术节】 11月6日至12月16日，昌平实验二小举办第五届学生校园艺术节。艺术节分为表演类个人项目和作品类个人项目。表演类个人项目包括器乐、声乐、戏剧、曲艺、舞蹈、朗诵6个项目；作品类个人项目有书法、绘画、工艺美术、摄影、篆刻5个项目。艺术节分为1至2年级、3至4年级、5至6年级三个组别，经初赛、复赛，评选出一等奖122人、二等奖172人、参与奖88人。学生382人参加活动。

（胡建丽）

北京市大兴区滨河小学

【概况】 2014年，北京市大兴区滨河小学占地面积7524平方米、建筑面积4520平方米、体育场馆面积3640平方米。图书馆藏书2.50万册，订阅报刊、杂志38种。固定资产总值1948.84万元。全年教育经费投入1251.36万元，全部为国家拨款。学校信息化经费投入110万元，拥有计算机206台，多媒体教室座位80个，校园网出口总带宽1000Mbps，数字资源量10GB，“信息技术”课程7课时/周。普通教室21个、专用教室8个。教职工65人，包括中级职称49人；专任教师54人，包括市级骨干教师1人，本科以上学历59人。开设教学班21个。毕业132人、招生155人、在校生781人。网址：bhxx.dxschools.cn/。

（吴爽）

【走进大皮营劳动实践基地】 4月15日，滨河小学四年级学生来到大皮营劳动教育基地体验一日实践活动。活动包括桌上足球、石膏浇铸、拉坯等实践活动。学生在基地和学校教师的组织和指导下，通过彼此合作配合，完成贴画、石膏动物等作品，并亲手制作饼干。四年级师生120人参加活动。

（高海红）

【邀请天文馆“科普大篷车”走进学校】 4月17日，滨河小学邀请北京

天文馆“科普大篷车”走进滨河小学。学生分年级在高4.30米、直径6.50米，可容纳100人的充气式天文馆内，观看时长40分钟的天象节目，介绍四季主要星座、著名亮星、星云和星团。全校学生860人参加活动。

（高海红）

【举办首届读书节展示活动】 6月20日，滨河小学举办首届读书节展示活动。活动以“携手经典浸润阳光”为主题，一年级学生表演古诗新唱，三年级学生表演《三字经》联诵节目，五年级学生表演《弟子规》。大兴区少工委、区教委相关人员及全校师生846人参加活动。

（高海红）

【举办法制安全教育专题讲座】 9月12日，滨河小学举办法制安全教育专题讲座。学校以“牵手安全，法在身边”为主题，邀请清源派出所所长及政委作题为《以青少年如何预防犯罪》的专题讲座，指导师生加强自我防范意识和自我保护意识。同时，学校聘任派出所所长为滨河小学法制副校长。

（吴爽）

北京市大兴区旧宫镇第二中心小学

【概况】 2014年，北京市大兴区旧宫镇第二中心小学分两址办学，分别为德茂校区和芳源里校区。占地面积2.31万平方米，建筑面积1.04万平方米，体育场馆面积9839平方米。图书室藏书5.15万册，订阅杂志、报刊40种。固定资产总值1916.80万元。全年教育经费投入1462.28万元，全部为国家拨款。学校信息化经费投入86.50万元，拥有计算机281台，多媒体教室座位911个，校园网出口总带宽1000Mbps，数字资源量616GB，信息技术课程1课时/周。普通教室38个，专用教室13个。教职工66人，其中，中级职称36人。专任教师53人，包括北京市学科骨干教师1人，本科以上学历53人。开设教学班25个。毕业生117人，招生168人，在校生909人。网址：jg2x.dxschools.cn/。

（邵俊霞）

【开展两次社会大课堂活动】 4月9日和10月16日，旧宫镇二小开展两次学生社会大课堂活动。学校组织学生参观中央广播电视塔，体验模拟播报新闻等活动，全校师生450人参加活动。学校组织学生来到“比如世界”，体验消防员、医生、建筑师等不同社会角色等，共有一至三年级和六年级530名学生和30名教师参加活动。

（赵洪）

【开展少年军校训练】 8月18至22日，旧宫镇第二中心小学开展少年军校训练活动。训练地点在部队军营，学生吃住训练采取军事化管理，教官

由部队士官担任。训练内容包括稍息、立正、跨立、齐步走、跑步走等基本动作。学校五、六年级340名学生和12名教师参加训练。

（赵洪）

【评比展示手抄报】 11月17日，旧宫镇二小举办手抄报展示评比活动。活动以“我锻炼，我健康”为主题，通过手抄报形式了解科学锻炼相关健康知识，培养学生自觉锻炼习惯，营造“我锻炼，我健康”的良好氛围。学生共上交作品95份，评出一等奖10个、二等奖15个、三等奖25个。

（邵俊霞）

【展示快乐课程阶段成果】 12月29

日，旧宫二小芳源里校区举办快乐课程阶段成果展示活动。活动旨在满足学生个性化发展需求，促进学生全面发展，重点培养学生在体育、艺术、科技等方面的兴趣和素养。217名学生分别通过京剧、武术、儿童画、足球等8门快乐课程进行展示。20名学生家长代表参加观摩展示活动。

（杨峰）

北京市怀柔区第一小学

【概况】 2014年，北京市怀柔区第一小学占地面积1.52万平方米、建筑面积1.02万平方米，体育场地面积8000平方米。图书馆藏书4.67万册，订阅杂志、报刊10种。固定资产总值3202.52万元。全年教育经费投入3003.17万元，全部为国家拨款。学校信息化经费投入345.70万元，多媒体教室座位2351个，校园网出口总带宽100Mbps，数字资源量800GB，“信息技术”课程1课时/周。普通教室38个、专用教室13个。拥有计算机310台。教职工161人，包括高级职称1人、中级职称108人。专任教师111人，全部为本科及以上学历。开设教学班38个。毕业297人、招生267人、在校生1677人。网址：www.bjhryx.com。

（张晓清）

【与两校签订合作协议】 2月17日和11月28日，怀柔一小与城区两所学校合作揭牌。与北京小学举办友谊校揭牌仪式，两校自2013年9月开展战略合作，在办学理念、学校管理、教育教学等方面开展合作。与东城区西中街小学“阳光教育”联盟校签约，协议规定干部、教师每学期至少组织一次交流活动，实施“师徒结对”工程，联合开展学生德育实践活动和师生体育活动，聘请东城、怀柔区体育学科教研员作为“阳光教育”联盟校体育学科指导专家。

（张晓清）

【设定“阳光课堂”评价指标】 3月12日，怀柔一小设定“阳光课堂”四个维度评价指标。指标的制定旨在深化“211”课堂教学模式研究，作为诊断和评估教师课堂教育教学行为的有效依据，围绕课堂教学核心工作，将评价维度分为“愉快即课堂”“智慧即课堂”“多元”及“高效”，由听课干部和教研员完成打分。全校干部、教师112人参与。

（张晓清）

【举办主题演讲比赛】 4月2日，怀柔一小举办“小善大爱，感动你我”主题演讲比赛。比赛采用征稿形式，围绕教师身边的人和事，共收集稿件22篇，经小组评议最终确定7人参加演讲。评委会包括怀柔区委教育工委、区教委领导，学校干部，教师7人，按照主题内容30分、语言表达20分、仪表风范20分、现场感染力10分、时间掌握10分、演讲水平与技巧10分进行打分，比赛计分采取去掉一个最低分和一个最高分，剩余分数的平均分作为参赛教师最后成绩。共评出一等奖3名、二等奖4名，并颁发奖品和证书。

（张晓清）

【纪念册《童年记忆》出版】 6月23日，怀柔一小毕业纪念册《童年记忆》出版。该书由学校干部、语文教师、班主任共同编写，分为“校长寄语”“母校靓影”“展我风采”3个板块，其中，“母校靓影”收录学校管理、阳光教师、阳光少年等；“展我风采”收录六年级班级特色设计、合影与荣誉、学生作品等。全书共计13万字，由北京齐盛清扬文化传播有限公司印制，面向297名毕业生发放。

（张晓清）

北京市怀柔区第三小学

【概况】 2014年，北京市怀柔区第三小学占地面积8086平方米、建筑面积6021平方米，体育场地面积3490平方米。图书室藏书45990册。固定资产总值2372.54万元。全年教育经费投入2676万元，全部为国家拨款。学校信息化经费投入420万元，拥有计算机326台，多媒体教室座位1880个，校园网出口总带宽10Mbps，数字资源量230GB，“信息技术”课程1课时/周。普通教室33个、专用教室6个。教职工130人，包括副高级职称2人、中级职称83人。专任教师101人，包括市级骨干教师1人；全部为本科及以上学历。开设教学班33个。毕业241人；招生279人；在校生1495人，包括外省市借读生72人。网址：hrsx.bjedu.cn。

（邢桂伶）

【首次组织观鸟兴趣活动】 4月12至13日，怀柔三小首次组织观鸟兴趣小组活动。此次活动采取家校联合、实地考察的形式，分别赴怀柔区怀沙河、怀九河、黄花城等地域观察认知鸟类，累计观测到野生鸟类40余种。该校教师、学生、家长志愿者30人参加活动。

（刘志红）

【设计发放《快乐阅读手册》】 4月，怀柔三小设计发放《快乐阅读手册》。手册凸显“润物无痕”终身学习理念，每个年级设计一种彩色封面，内容包括师长寄语、使用说明、学段必背古诗文、学段推荐书目、快乐阅读成长记录卡五个部分，师生可利用其记录相关阅读体验。学校共计发放手

册1447册。

（李春萍）

【举办爱眼日主题系列活动】 6月5日，怀柔三小举办爱眼日主题系列活动。活动分为眼保健操比赛，由12名学生担任评委，要求眼操穴位准确、手法到位、态度端正，共评出6个“护眼示范班”；举办“爱护眼睛，健康人生”主题讲座，邀请眼病防治委员会专家运用理论结合实例，从用眼卫生习惯的养成、读写姿势的掌握、眼操正确的做法、饮食运动促进用眼健康等方面，讲解爱护眼镜的重要性。全校32个班级1500名学生参加活动。

（李冬霞）

【举办学区联合教研活动】 10月10日，怀柔三小举办怀柔区小学第三学区“智慧课堂”之“生本、对话”主题联合教学研讨活动。该校教师做六年级数学“思维训练课”研究课，并组织教学设计及课后反思。随后，与会教师分组围绕主题交流研讨。第三学区学校干部、教师100人参加活动。怀柔区小学第三学区成立于9月，成员包括怀柔区第三小学、怀柔区汤河口小学、怀柔区北房小学、怀柔区茶坞小学4所学校，怀柔三小作为牵头学校，开展“智慧课堂”推进学区建设、深化交流合作等系列教研活动。

（魏金伶）

北京市平谷区第一小学

【概况】 2014年，北京市平谷区第一小学占地面积2.48万平方米、建筑面积1.27万平方米、体育场面积1.37万平方米。图书室藏书5万册，订阅杂志、报刊60种。固定资产总值1554.23万元。全年教育经费投入2026万元，全部为国家拨款。学校信息化经费投入25万元，拥有计算机519台，多媒体教室座位120个，校园网出口总带宽100Mbps（共享），数字资源量60GB，“信息技术”课程32课时/周。普通教室44个、专用教室12个、实验室1个。教职工157人，其中，副高级职称6人、中级职称112人。专任教师113人，包括市级骨干教师2人；本科以上学历114人。开设教学班43个。毕业253人、招生249人、在校生1692人。网址：58.131.101.25。

（贾建立）

【举办城管进校园活动】 2月26日，平谷一小邀请平谷城管执法监察局滨河街道执法队队员走进校园。城管人员一行10人带着展板，讲授“城管知识”课，通过图文并茂的宣传和折页，详细讲解日常生活中的一些不文明行为习惯和城市环境卫生常识，强调违反城市管理法律法规行为的危害和影响。全校师生1700人参与活动。

（景国莲）

【开展我的中国梦读书活动】 3月，平谷一小举办“美丽中国我的中国梦”主题教育读书活动。学校通过组织全体学生阅读《美丽中国·我的中国梦》主题教育读本，引导学生了解国情，正确认识国家的前途和命运，树立复兴中华的远大理想；举办“美丽中国·我的中国梦”征文比赛，发动学生讲述自己亲历亲见的“中国梦”，用文章记录和表达爱国之心、强国之愿、报国之志，强化对自身责任和使命的认识；举办“美丽中国”主题演讲、摄影比赛，通过学生的独特视角和全新创意，对充满激情、充满艰辛、充满希望的“中国梦”进行形式多样的演绎；举办“美丽中国我的中国梦”主题班会与社会实践活动，培养热爱家乡、建设家乡的情感与责任。全校1700名师生参与活动。

（景国莲）

【提高学生体质健康水平】 至年底，平谷一小采取多种措施提高学生体质健康水平。学校共有学生1693人，其中，视力不良学生835个，占全校总人数49.30%；超重和肥胖797人，占全校总人数的47.10%。学校依据问题，落实体育工作制度，每天保证一小时锻炼时间；保证体育课的强度和质量；认真有序地组织学生大课间活动；保证每周五次课间操时间和质量；保障每天两次眼睛保健操的质量。开展丰富多彩的体育活动，通过广播操、眼保健操、拔河、跳绳等比赛，激发学生参与体育活动的兴趣。学校以市、区体能测试为契机，利用早晨到校前的部分时间，组织四、五年级共620名学生开展体能训练。

（郑东颜）

【开展课堂教学改革】 至年底，平谷

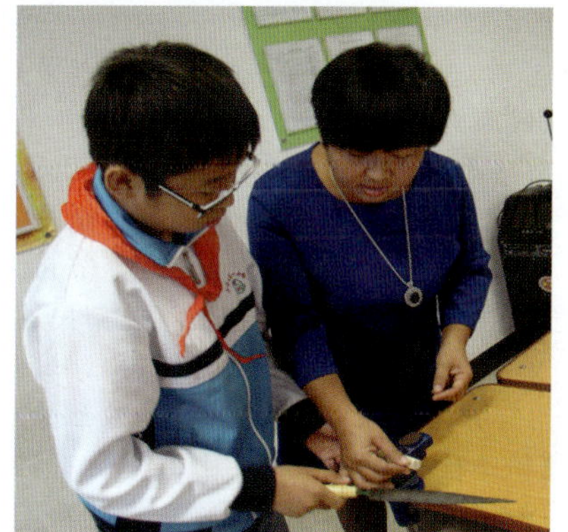

一小扎实开展课堂教学改革。学校本着“问题即课题”原则，每月初向教师推荐一篇课改文章供教师阅读，月底组织教研组内的反思交流活动；结合教师教学特点和学生情况，开展以解决问题为主的小课题研究，确定关注学生“学的方式”为研究课题；在课堂会诊、推门课、常态课研讨、教师评优课及骨干教师献课活动中，将是否落实课题研究作为评价的重要指标，使课改与校本研训活动相结合；以课改基地校为依托，开展每月一次以案例剖析为主的网上主题论坛活动，与各课改实验校共同开展课堂教学专题研究，展示课堂教学研究成果及优秀教研基地汇报交流活动，扎实开展课堂教学改革。

（郑东颜）

北京市平谷区第三小学

【概况】 2014年，北京市平谷区第三小学占地面积10750平方米、建筑面积

4580平方米、体育场(馆)面积4800平方米。图书室藏书2.60万册，电子图书100万册，订阅杂志、报刊96种。固定资产总值586万元。全年教育经费投入1103万元，全部为国家拨款。学校信息化经费投入3万元，拥有计算机104台，多媒体教室座位27个，校园网出口总带宽全区800Mbps共享，数字资源量500GB，“信息技术”课程1课时/周。普通教室30个、专用教室5个。教职工96人，其中，中级职称60人。专任教师67人，包括北京市骨干教师1人；本科以上学历82人。开设教学班26个。毕业201人、招生140人、在校生1000人。网址：www.pgdsxx.30edu.com。

（安红芳）

【民族文化润童心】 3月14日，平谷三小迎来民族文化进校园演出团队。北京市曲剧团的演员演出杂技、流行歌曲、民族戏曲、长笛等节目。学生欣赏高雅艺术的魅力，了解民族文化。全校1000人参加活动。

（安红芳）

【体验社会角色】 10月22日，平谷三小组织全体学生到儿童职业体验城市“比如世界”，体验不同“职场”工作生活。学生扮演警察、法官、飞行员等社会角色。通过学习各种职业中的技术知识和要领，获取不同数量的比如币，制作出匹萨、蛋糕、三明治等。学生既体验各种职业角色，又学会理财。该校1000人参加活动。

（安红芳）

【开展多种活动提高学生责任意识】 至年底，平谷三小开展多种活动提高学生责任意识。其中，编写以“孝”为主题的三字经，加强经典诵读、课外阅读力度，围绕三字经拓展人文伦理责任感教育。开展日行一善教育，建立学生成长记事本，要求学生在家为父母为家庭做力所能及的事情，父母签字，为学生树立“我是家庭一员理应奉献”的责任意识。班主任为学生树立“敢于负责，时时负责，处处负责”的班级干部形象，激励学生人人争做责任小楷模。针对“日行一善”，建立星级学生评价体系，把学生“日行一善”与文明班级创建相结合，利用周一总结表彰，形成学校整体责任教育整体氛围。组建“牵手爱社团”“志愿者服务队”，定期开展走进养老院献爱心、社区环境卫生清理公益服务活动，增进学生热爱家乡服务社会的责任意识。全校1000人参加活动。

（安红芳）

北京市平谷区第九小学

【概况】 2014年，北京市平谷区第九小学占地面积1.67万平方米、建筑面积6315平方米，体育场（馆）面积7000平方米。图书馆（室）藏书2.40万册，订阅杂志、报刊57种。固定资产总值868万元。全年教育经费投入2509万元，全部为国家拨款。学校信息化经费投入120万元，拥有计算机180台，多媒体教室3个，校园网出口总带宽100Mbps，数字资源量200GB，“信息技术”课程1课时/周。普通教室20个、专用教室12个、实验室3个。教职工96人，其中，高级职称3人、中级职称67人。专任教师78人，本科以上学历47人。开设教学班20个，招生104人，毕业60人，在校生502人。

（郭红梅）

【创新教育教学方法】 2月28日，平谷九小开展“快乐争章健康成长”教育教学方法。学校要求学生发挥不断进步的精神，在学习、劳动、体育、音乐等多个方面争取图章的活动，学生在某个方面表现良好就可以争取到盖图章的机会，月末再用图章在“自育自学超市”中换取学习用品。该校自育自学超市于5月9日开张。

（郭红梅）

【国安教练入驻郊区学校】 2月，平

谷九小与北京国安足球俱乐部和北京金龙足球俱乐部共同签订足球进校园协议。根据协议，两个足球俱乐部委派专业教练，利用学校大课间及放学以后时间进行专业足球训练。协议有效期六年。

（郭红梅）

【安全体验教室入驻校园】 11月9日，中国儿童少年基金会向平谷九小捐建“安全体验教室”。教室内配置涵盖消防安全、自然灾害、交通安全、社会治安等安全常识的展板，配有灭火器、绳索、电话、多媒体等自救模拟演练设施和安全应急书籍，强化学生的避灾意识，帮助提高自护、自救的能力。当日是第24届全国消防宣传日。

（郭红梅）

北京市密云县第二小学

【概况】 2014年，北京市密云县第二小学占地面积2.46万平方米、建筑面积1.31万平方米，体育场（馆）面积1.21万平方米。图书室藏书6.32万册。固定资产总值1813.93万元。全年教育经费投入3013.28万元，全部为国家拨款。学校信息化经费投入1200万元，拥有计算机523台，多媒体教室座位2500个，校园网出口总带宽1000Mbps，数字资源量340GB，“信息技术”课程1课时/周。普通教室36个，专用教室13个。教职工104人，包括高级职称4人、中级职称62人。专任教师79人，包括特级教师1人、市级骨干教师2人、北京市学科教学带头人1人；本科及以上学历78人。开设教学班36个。毕业220人、招生245人、在校生1514人。网址：myex.miyunedu.net。

（王玉如）

【与中国音协管乐协会签约】 5月14日，密云二小与中国音协管乐协会签约。协议规定，双方建立“高参小”合作项目，其中密云二小承担文化建设、场地提供，中国音协管乐协会提供学科教学、社团发展、理论研究等方面的指导与扶助，有效期6年。签约仪式在密云县巨各庄中心小

学举行，来自国内各高等学校、中国音协管乐协会、密云县代表 40 人参加活动。

（王玉如）

【青少年涉台教育基地成立】 12月8

日，密云二小举办“两岸一家亲”主题教育活动暨密云县涉台教育基地授牌仪式。仪式上，由学校校长说明活动意义，面向全校师生提出爱国兴邦希望，相关内容包括台湾历史、地理介绍及和平统一的思想。该教育基地由密云县人民政府台湾事务办公室主持，面向学校全体师生，具有宣传、教育、研究职能，组织开展征文、演讲、知识竞赛等活动。

（王玉如）

【开展南水北调工程宣传教育】 12月15日，密云二小南水北调工程普法进校园宣传教育活动启动。活动包括朗诵、展览、宣讲等。学生发出惜水、爱水、节水倡议。全体师生参与活动。

（王玉如）

北京市密云县太师屯镇中心小学

【概况】 2014 年，北京市密云县太师屯镇中心小学占地面积 18890 平方米、建筑面积 9560 平方米，体育场（馆）面积 14355 平方米。图书室藏书 3.30 万册，电子图书 150 册。固定资产总值 2080.50 万元。全年教育经费投入 4696.70 万元，全部为国家拨款。学校信息化经费投入 55 万元，拥有计算机 396 台，多媒体教室座位 1360 个，校园网出口总带宽 1000Mbps，数字资源量 1000GB，“信息技术”课程 1 课时/周。普通教室 34 个，专用教室 12 个。教职工 190 人，包括中级职称 102 人。专任教师 175 人，包括市级骨干教师 26 人；本科及以上学历 133 人。开设教学班 36 个。毕业 188 人、招生 166 人、在校生 1057 人。网址：tstxx.myedu.gov.cn。

（王士才）

【组织开展社会大课堂实践活动】 5 月 26 日至 10 月 29 日，太师屯中心小学组织开展社会大课堂实践活动。系列活动包括“走进蟹岛、做勇敢好少年”和“探寻魔法奥秘，做小小科学家”等，分成 7 个批次开展，参与教师共计 235 人次、学生 2138 人次、家长 36 人。该校总投入资金 32.90 万元。

（王士才）

【与东城少年宫联合举办活动】 6 月

19 日，太师屯中心小学与东城区少年宫联合举办活动。双方确定“双提升”“四对接”的合作思路，具体解释为理论提升、实践提升和管理、师资、活动、资源对接。活动中，东城少年宫捐赠图书 2 万册，在太师屯中心小学开设“诚信书屋”；现场指导茶艺、手风琴、二胡演奏等技能。来自东城区少年宫教师 10 余人，及该校师生 560 人参加活动。该举措是落实北京市十项惠民工程重要内容之一。

（王士才）

【成立 3 个学生书社】 9 月 1 日，太师屯中心小学 3 个学生书社成立。3 个书社为“秋香书社”“娟姐书社”“春儿书社”，分别以该校一、三、六年级组长为社长，语文教师担任辅导员，学生自主自愿加入。至年底，书社共有辅导教师 36 人、学生社员 60 人，开展活动 18 次，参与师生 1800 人次，购买图书 4000 册，向学生发放 3200 册，举办读书比赛 1 次、成果展示 1 次，开展课题研讨 3 次，撰写读书笔记 537 篇。学校投入资金 5.40 万元。

（王士才）

北京市密云县新城子镇中心小学

【概况】 2014 年，北京市密云县新城子镇中心小学占地面积 15700 平方米、建筑面积 6457 平方米，体育场（馆）面积 6000 平方米。图书室藏书 15500 册。固定资产总值 1641.1 万元。全年教育经费投入 1713.88 万元，全部为国家拨款。学校信息化经费投入 35 万元，拥有计算机 171 台，多媒体教室座位 460 个，校园网出口总带宽 1000Mbps，数字资源量 190GB，“信息技术”课程 1 课时/周班。普通教室 20 个，专用教室 9 个。教职工 67 人，包括高级职称 36 人、中级职称 31 人。专任教师 48 人，包括市级骨干教师 2 人；本科及以上学历 48 人。开设教学班 12 个。毕业 37 人、招生 43 人、在校生 264 人。网址：www.xczxx.myedu.gov.cn。

（陈超）

【组织任课教师限时备课】 2 月 27 日，新城子中心小学组织任课教师限时备课活动。活动旨在提高教师教学能力，结合学生与教材实际设计出有效教案，分为科任、语文数学两个场次进行，教学干部现场确定并公布备课内容，要求教师只可携带教材等参考书、限时完成。全校干部、教师 29 人参加活动。

（陈超）

【召开师德主题研讨会】 5 月 5 日，新城子中心小学召开“用责任托起师德”班主任主题研讨会。会议结合学校班级管理现状，组织教师研讨如何做好新形势下班主任工作，达成要注重仪表、语言、行为对学生思想的影响，要提升班级管理水平，要形成教育合力，要在班务管理中争做具有“爱心、细心、耐心、热心、慧心、宽容心”的班主任共识。全校干部、班主任教师 17 人参加会议。

（陈超）

【开展法制专题教育】 9 月 23 日和 11 月 2 日，新城子中心小学分别开展法制专题教育活动。学校邀请新城子镇派出所民警举办法制专题讲座，根据《中华人民共和国未成年人保护法》《中华人民共和国刑法》联系实际进行普法宣传，特别针对小学生交通安全以及易诱发违法犯罪的不良行为重点讲述，对交通、偷窃、打架等违法犯罪行为后果进行解读。学校举办“少年模拟法庭”教育活动，提高学生法律意识与法制观念，引导学生利用法律维护保障自身合法权益，预防青少年违法犯罪行为发生。全校五、六年级学生91人参加活动。

（陈超）

北京市延庆县第一小学

【概况】　2014年，北京市延庆县第一小学占地面积7700平方米、建筑面积8302平方米，体育场面积3000平方米。图书室藏书4.96万册。固定资产总值1626.17万元。全年教育经费投入2245.33万元，全部由国家拨款。学校信息化经费投入72.38万元，拥有计算机232台，多媒体教室座位1600个，校园网出口总带宽100Mbps，数字资源量1020GB，“信息技术”课程三至五年级1课时/周。普通教室34个、专用教室10个、实验室1个。教职工105人，包括副高级职称6人、中级职称63人。专任教师93人，包括市级骨干教师4人；全部为本科及以上学历。开设教学班34个。毕业228人、招生211人、在校生1240人。网址：www.yqxdyxx.cn。

（王建茹）

【美国教练指导篮球训练】　3月11至25日，延庆一小聘请中国哈林秀王国际英语篮球训练营的两名美国教练指导篮球训练。教练到校组织学生开展篮球训练，每周一次，为期三周，指导运球、传接球、三步上篮等技术。全校学生40人参加学习。延庆一小是北京市体育运动协会命名“小篮球启蒙教育学校”。

（王建茹）

【举办校园读书节】　4月23至25日，延庆一小举办“春暖少年梦、共沐书香情”校园读书节活动。活动分

低、中、高年级专场展示读书成果，其中，低年级主题为“做童话人物，演经典童话剧”、中年级各班集体诵读国学经典、高年级举行诗歌朗诵会，全程面向家长开放，并通过调查问卷形式征求学校管理方面意见与建议。全校学生、家长2516人参与活动。

（王建茹）

【推进微课程建设】　4月28至29日，延庆一小举办微课程专题培训。学校邀请华南师范大学博士以“微课的设计与制作”为主题，从微课与课堂录像的区别、微课的录制方式、如何录制好的微课、制作注意事项、作用与应用等方面系统介绍；分两个场次与教师专题研讨，解答其在“微课”设计与制作过程中所遇问题。全校教师158人次参与学习。学校重视微课程建设工作，9至11月，举办微课程录制评选暨研讨活动，全校教师70人参与录制、提交微课71节，教学干部分两组共选出课例20节，最后由县教育信息中心、教科研中心专家评委点评，并组织对微课程的评价标准、课程的使用问题研讨交流。

（王建茹）

【展示美术特色教学】　5月23日，延庆一小举办美术学科“落实特定质量标准”特色教学展示活动。活动期间组织二至五年级学生现场绘制简笔画，美术教研组长汇报在绘画方法指导、提升绘画质量与速度等方面措施，现场展示学生课堂简笔画练习册，播放教师录制简笔画专题课程“螃蟹”“台历”“货车”“向日葵”，每个专题时长2分钟。该校教师83人、学生21人参与活动。

（王建茹）

【交流学科减负成果】　9月19日，延庆一小组织交流英语学科“提质减负”教学成果。活动采取群集汇报、案例解析、教法讲解形式，教师从关注全体学生、如何细致研读教材、作业设计、家长沟通、激励性评价机制的建立等方面分享教研成果，与会教师结合自己学科如何推广运用经验交流发言。全校干部、教师87人参加活动。

（王建茹）

北京市延庆县第二小学

【概况】　2014年，北京市延庆县第二小学占地面积2.53万平方米、建筑面积1.82万平方米，体育场面积6863平方米。图书室藏书6.78万册。固定资产总值2075.03万元。全年教育经费投入3897.18万元，全部由国家拨款。学校信息化经费投入14.81万元，拥有计算机334台，多媒体教室座位2251个，校园网出口总带宽100Mbps，数字资源量650GB，“信息技术”课程1课时/周。普通教室38个、专用教室10个、实验室2个。教职工121人，包括副高级职称3人、中级职称62人。专任教师92人，包括市级骨干教师3人；本科及以上学历79人。开设教学班38个。毕业323人、招生261人、在校生1595人。网址：www.yqex.com.cn。

（盛敏）

【召开学生评价体系建设研讨会】　2月18日，延庆二小召开学生评价体系建设研讨会。会议研讨交流如何构建“自评”“生评”“师评”“家长评价”相结合多元评价方式；尝试采用学分制、积分制、成果制，促进学生提高学业质量；增加、创新多方面考查内容，进行多元学科素养评价，允许学生补测和多次测试，引导学生主动学习；尝试落实合格、优秀、特长三级发展目标评价结构，在校内“星光大道”为优秀毕业生制作脚模。学校干部、教师20人参加会议。

（盛敏）

【开展课堂教学评优】　3月31日至4月10日，延庆二小开展“活力杯”课堂教学评优活动。此次考评重点结合课堂观察要素，包括学生积极主动发言、充满学习热情；学生习惯良

好；学生学习材料、时间、空间得到充分保障；学生对知识的真理解，能力得到真提高；充满教学激情；课有真问题，引起学生的深度思考；有学习的反馈、评价、对学生关注度高；课堂中有学习方法的传授共八个方面。全校共有语文、数学、英语等13个学科、33节课参与评价，共评出一等奖14节、二等奖19节。

（盛敏）

【举办微生物专题讲座】 4月2日，延庆二小举办“走进微生物的世界”专题讲座。讲座邀请中国科学院微生物研究所研究员、《微生物学通报》副主编，通过使用PPT和视频方式，阐释显微镜的发明和使用、微生物的种类以及和人类的关系等知识。全校教师、学生300人参加活动。

（盛敏）

【与7所学校签订合作协议】 5至12月，延庆二小与7所姊妹校签订合作协议。该校分别与香港乐善堂刘德学校、广州市越秀区朝天小学、广州市花都区新华圆玄小学、乌鲁木齐市第八十小学、成都市石笋街小学和北京市和平里第一小学、石景山师范学校附属小学签订合作协议，结为友好姊妹校。协议内容涉及开展的合作项目包括队伍建设、教学管理、课程建设、养成教育和学生活动等。

（盛敏　高天学）

【举办冬奥进校园主题系列活动】 10月和12月，延庆二小举办冬奥进校园主题系列活动。学校举行“冬奥进校园”启动仪式。活动由延庆县教委主办，宣读“冬奥进校园”活动系列安排，县体育局代表结合北京申办2022年冬奥会进行动员。其间，1000名学生开展“强身健体、圆梦冬奥”阳光体育活动展示。全县中小学校长，以及该校干部、师生1800人参加活动。12月15日，学校组织“走进八达岭石京龙滑雪场——圆梦冬奥会”主题活动。活动安排专业教练指导学生穿滑雪鞋、滑雪板以及滑雪基本动作要领、注意事项，组织学生开展滑雪训练，并普及冬奥会相关知识。全校学生500人参加活动。

（盛敏）

北京市延庆县第四小学

【概况】 2014年，北京市延庆县第四小学占地面积3.27万平方米、建筑面积9204.30平方米，体育场（馆）面积1.66万平方米。图书馆（室）藏书5.89万册，电子图书40册。固定资产总值2192.05万元。全年教育经费投入2676.63万元，全部由国家拨款。学校信息化经费投入148.63万元，拥有计算机308台，多媒体教室座位2183个，校园网出口总带宽300Mbps，数字资源量248GB，“信息技术”课程1课时/周。普通教室38个、专用教室15个、实验室1个。教职工109人，包括副高级职称2人、中级职称68人。专任教师94人，包括市级骨干教师2人；全部为本科及以上学历。开设教学班38个。毕业212人；招生285人；在校生1453人。网址：www.yqd4xx.cn。

（段金星　崔小燕）

【推进智慧课堂建设】 2至4月，延庆四小加强工作推进智慧课堂建设。2月16日，学校开办“以生为本构建智慧课堂”专题讲座。讲座邀请特级教师高萍，运用《复试条形统计图》《统计与概率》等教学案例，解读教师在课堂中易出现的误区，围绕“把握课程内容与方法，凸显方式转变”核心阐释开放性课堂、智慧课堂的具体含义。全校干部、教师123人参加学习。

（段金星　崔小燕）

【开展深化小组合作课堂系列活动】 8月29日至9月18日，延庆四小开展“深化小组合作学习打造生态化智慧课堂”教学模式系列活动。组织原任教师和现任教师进行小组合作学习

情况有效链接，初步了解接班学生小组合作学习情况；研讨制定小组合作学习教学工作计划，确定合作学习5个规定动作，包括学生合作技能训练、合作点梳理、反思点确定、课堂有效落实、教学设计改进，各学科教师结合本学科特点进行研究、落实；举办“新教师小组合作学习教学交流”活动，听取两名教师做《小组分组和交流》和《小组展讲和评价》经验介绍；新教师提出问题和困惑，与两名教师交流；校长进行总结和指导。学校52人参加活动。

（段金星　崔小燕）

【体育场改造工程完工】 10月7日，延庆四小体育场改造工程完工。工程涉及翻新篮球场440平方米、排球场18平方米，田径跑道铺设地胶300米，体育场铺设草皮1.11万平方米。工程于7月15日开工建设，延庆县教委总投资270万元。

（段金星　崔小燕）

北京市燕山前进第二小学

【概况】 2014年，北京市燕山前进第二小学占地面积11338平方米、建筑面积7152平方米，体育场面积6550平方米。图书馆藏书3万册，电子图书500册，订阅杂志、报刊20种。固定资产总值1999.54万元。全年教育经费投入1534.50万元，全部由国家拨款。拥有计算机300台，多媒体教室座位30个，校园网出口总带宽15Mbps，数字资源量30GB，“信息技术”课程1课时/周。普通教室24个、专用教室9个。教职工55

人，包括副高级职称1人、中级职称36人。专任教师53人，包括特级教师1人、市级骨干教师2人；本科及以上学历48人。开设教学班19个。毕业118人、招生176人、在校生668人。网址：www.ysqjex.com。

（韩亚芹）

【构建情智型生命课堂】 3月，前进二小开展系列活动构建情智型生命课堂。学校举办语文研究课“看电视”展示，组织全体任课教师围绕“如何构建情智型生命课堂”主题开展课堂观察、课后交流与研讨，指导教师教学设计、教学组织、教学评价等工作，提高语文常态课教学质量。全校干部、教师52人参加活动。举办校长“冬日·童年·骆驼队”教学公开课，解释示范构建“情智型生命课堂”意义与方法，专任教师进行“常态课”跨年级、跨学科分组交流与研讨。全校干部、教师52人参加活动。

（李雪铭）

【命名为波音少年航校】 5月6日，前进二小在参加“放飞梦想2014总动员——波音公益伙伴论坛”活动中被正式命名为“波音少年航校”。前进二小是2014年度波音中国在北京17个区县遴选出先进学校之一，该校将科技教育作为一项重要传统活动，每年组织学生参加航模、纸飞机等竞赛活动。“放飞梦想”波音航空科普教育系列活动是美国波音公司（The Boeing Company）在中国区域最重要的企业——公民活动，包括航天航空知识、飞机模型制作与调试、空气动力学常识等教学内容以及航空科普教育主题项目。

（王艳莉）

【开展环保科普活动】 5月21日，前进二小组织学生开展环保科普行活动。活动由北京燕山威立雅公司与燕山教委共同主办，组织学生到房山区牛口峪污水净化厂实地参观，由专业技术人员讲解环境保护以及燕山地区污水由来与处理过程相关知识，并开展环保知识有奖问答，指导学生采集水样和观察库区环境，撰写“关于牛口峪水库水质的调查”“关于牛口峪水库生物多样性的调查”。全校教师、学生40人参加活动。

（徐连凤）

【概况】 2014年，北京市普通中学643所，比上年增加5所。其中，高级中学306所，比上年增加15所；完全中学202所，比上年增加2所；初级中学337所，比上年减少10所；九年一贯制学校102所，比上年增加9所。初中毕业9.01万人，招生10.27万人，在校生30.68万人。在校生中，北京市户籍学生20.45万人，比上年减少0.26万人。高中毕业5.78万人，招生5.52万人，在校生17.76万人。在校生中，北京市户籍学生15.90人，比上年减少0.72万人。普通中学教职工8.22万人，比上年增加0.17万人。专任教师6.10万人，比上年增加0.20万人。专任教师中，研究生学历8399人、本科学历44519人。初中专任教师32500人，比上年增加632人，学历合格率99.9%，初中生师比9.44∶1；高中专任教师21107人，比上年增加267人，学历合格率99.50%，高中生师比8.41∶1。普通中学占地面积2295万平方米，校舍建筑面积1262万平方米，固定资产总值258.43亿元，包括教学仪器设备总值63.30亿元。

（王雪青）

【北师大与四区县签约合作办学】 2月20日和26日、4月21日、6月18日，北京师范大学分别与石景山区、密云县、通州区和丰台区政府签订合作办学协议。与石景山区签署《石景山区人民政府与北京师范大学合作框架协议》《北京师范大学附属中学与石景山区合作协议》，根据协议，在石景山西部五里坨地区共建北师大附中京西校区。京西校区为公办六年制完全中学（含部分寄宿制），与北师大附中实行“一个法定代表人、一体化管理”，双方共建石景山区教育实践科研基地和干部培养基地，加强人才培养和交流，共促校地协同发展。与密云县政府续签《北京师范大学—密云县人民政府合作办学协议》，原北京密云二中分校更名为北师大密云实验中学。与通州区政府签署《通州区人民政府—北京师范大学关于教育文化发展合作框架协议》和《教育领域合作协议》，根据协议，双方在北京城市副中心背景下的通州教育发展规划及实施、品牌学校创建和校长专业成长、教育培训基地建设、教育专项培训等方面开展合作。与丰台区政府签署《丰台区人民政府与北京师范大学合作办学协议书》，根据协议，北师大利用资源优势，将原首都医科大学附属中学建设成为北京师范大学第四附属中学。

（白媛　李静）

【成立人文与社会科学领域创新人才培养协作体】 2月26日，北京市基础教育阶段人文与社会科学领域创新人才培养协作体在北京市第一〇一中学成立。该协作体由一〇一中牵头，成员包括北京大学高等人文学院、中国社科院欧洲所、北京市第四中学等34个成员单位。在市区项目领导小组和创新学院办公室统筹管理下，协作体使“翱翔计划”进一步扩大学生参与面，使更多学生受益。教育部、市教委、海淀区政府和市青少年科技创新学院、北京大学、清华大学、中国人民大学等高校专家学者以及34个协作体成员单位70人参加成立会。

（张欣）

【人大附中数学与信息科学领域创新人才培养协作体成立】 3月12日，中国人民大学附属中学召开北京市基础教育阶段创新人才培养项目数学与信息科学领域人大附中创新人才培养协作体成立大会。会议听取人大附中信息技术创新人才培养开展情况报告，讨论通过人大附中“创新人才培养协作体”章程，宣读协作体成员名单，为协作体首席顾问吴岳良和谭铁牛院士颁发聘书，同时为协作体指导专家代表颁发聘书。该协作体以人大附中翱翔计划基地校牵头，在市教委及北京青少年科技创新学院指导下，联合协作体相关高校和科研院所、基地校、生源校和著名高科技企业等，协同开展北京市基础教育阶段创新人才培养实验工作，探索跨学段、跨区域创新人才协同培养模式，发现基础教育阶段创新人才培养规律，尝试建立基础教育与高等教育纵向衔接、学校资源与社会资源横向整合的创新人才培养机制。协作体相关单位领导专家 100 人参加会议。

（邓丕来）

【三校联合推行走班教学模式】　3 月

25 日，中国人民大学附属中学、清华大学附属中学、北京大学附属中学宣布联合开展教育综合改革试点项目。三校联合成立合作研究中心，聘用美国著名中学托马斯·杰佛逊理科高中保罗·凯莫博士担任顾问，三校将在“互动教学”模式、“走班制”改革以及大学先修课等各个方面展开深度合作。此次三校联合改革的一项重点内容是共同推行“走班制”教学模式。

（华蕾　邱小培　鲁青）

【清华附中与丰台区教委签署合作办学协议】　6 月 10 日，清华大学附属中学与丰台区教委签署合作办学协议。协议响应“名校办分校、城乡一体化”号召，发挥名校辐射和引领作用。根据协议，丰台区教委委托清华附中以合作办学形式承办北京市太平桥中学和首科花园小学。承办后，太平桥中学和首科花园小学将合并为九年一贯制学校，更名为清华附中丰台学校，并保持独立建制，具有独立法人地位，区属公办中学性质不变，由清华附中校长兼任该校校长。

（高岷）

【加强普通高中开放式重点实验室建设和管理】　7 月 3 日，市教委印发关于加强北京市普通高中开放式重点实验室建设和管理的通知。通知明确各级部门职责分工，督促加紧实验室施工建设，促进实验室规范管理。通知公布市级支持开放式重点实验室建设学校名单，同时印发《北京市普通高中开放式重点实验室建设与管理办法》。管理办法分 4 章 22 条，对于实验室管理职责建设与管理考核与评估做出明确规定。市教委于 2012 年启动北京市普通高中开放式重点实验室建设工作，经两次申报评审，全市共有 57 所高中重点实验室建设方案通过专家评审，市级补助经费全部下达。高中开放式重点实验室建设是一项创新性工作，既要借鉴高校科研院所实验室的管理经验和运行模式，又要考虑高中的基础条件和高中学生的特点和能力，同时还要考虑到现有的财力支撑和社会效益。

（王雪青　华蕾）

市级支持开放式
重点实验室建设学校

东城区
　北京市东直门中学
　北京市第二中学
　北京景山学校
　北京市第一六六中学
　北京市第五中学
　北京市第十一中学
　北京汇文中学
　北京市第六十五中学
　北京市第一零九中学
　北京市第一七一中学
　北京市广渠门中学
西城区
　北京市第三十五中学
　北京市第八中学
　北京市第四中学
　北京育才学校
　北京师范大学附属中学
　北京市第十三中学
　北京师范大学附属实验中学
　北京市第十五中学
　北京市第一六一中学
　北京师范大学附属第二中学
　北京市第十四中学
　西城区外国语学校
朝阳区
　北京市第八十中学
　北京市陈经纶中学
　北京市九十四中学
　北京市日坛中学
海淀区
　清华大学附属中学
　中国人民大学附属中学
　北京市十一学校
　北京理工大学附属中学
　首都师范大学附属中学
　北京市第一〇一中学
　北京大学附属中学
　北京航空航天大学附属中学
　北方交通大学附属中学
　中央民族大兴附属中学
石景山区
　北京市京源学校
　北京市第九中学
丰台区
　北京市第十二中学
　北京丰台二中
　北京市第十八中学
　北京市第十中学
顺义区
　顺义牛栏山第一中学
　顺义区杨镇第一中学
通州区
　通州区潞河中学
昌平区
　昌平区第一中学
　昌平区第二中学
大兴区
　大兴区第一中学
房山区
　北京师范大学附属良乡中学
怀柔区
　怀柔区第一中学
延庆县
　延庆县第一中学
门头沟区
　北京市大峪中学
　首都师范大学附属中学永定分校
密云县
　密云县第二中学
平谷区
　北京市平谷中学
燕山

北京师范大学燕化附属中学

（华蕾）

【人大附中召开超常儿童发展与教育研讨会】 8月3至6日，中国人民大学附属中学主办第13届亚太地区超常儿童发展与教育国际学术研讨会。会议主题为“培养才能和创造力，铺就积极人生路”，中心议题包括超常儿童的评估与鉴别、创造力和创造力培养、超常儿童的自我调节和情绪发展、超常儿童的社会化和亲社会行为、超常教育中的教师和教师培训、超常教育项目的评估、低学业成绩与低社会经济地位的超常儿童、超常儿童的认知和神经机制、超常教育课程研发。研讨会采用特邀报告、专题报告、口头报告和张贴书面报告等形式，特邀中科院心理所、美国霍普金斯大学、人大附中、美国西储大学、普林斯顿国际数理学校等专家做报告；分会场中各国教育专家就教育问题交流与研讨。研讨会同时举办两场工作坊研修，主题分别为“创造力与创意教学”“科技论文写作”。会议由中国科学院心理研究所、创新人才教育研究会、人大附中、亚太超常儿童协会主办，创新方法研究会、北京教科院等11家单位协办。来自美国、德国、英国等15个国家，国内高校、科研院所学者以及中小学教育专家500余人参加会议。

（邓丕来）

【民办教育机构参与中学学科教学改革工作启动】 9月5和11日，市教委召开两次民办教育机构参与中学学科教学改革专题会。会议沟通交流中学教学情况，研讨工作方案，启动民办教育机构参与中学学科教学改革。6个民办教育机构与城六区20所中学对接，以专题课、辅导课和综合实践活动类课程等形式支持初中学科教学。此项工作为期3年，覆盖学生约1.20万人。

（陈彦舟）

【首都师大附中庆祝建校100周年】 10月1日，首都师大附中举办庆祝建校100周年活动。校庆典礼上，学校回顾建校百年中每个阶段的发展历程，为3名前任校领导献花并表达敬意；美国8所友好校校长、国内外师生通过视频等方式表达对学校的祝福和感恩。该校教师宣读刘延东、线联平以及其他领导和单位贺信；师生表演大型原创音乐歌舞史诗《摇篮》。有关领导、各学校代表及该校校友、师生3000余人参加活动。校庆前期，学校印制一套校庆系列丛书《百年历程》《百年回首》《杏坛群英》《春风化雨》《乐育英才》。首都师范大学附属中学1914年建校，由北洋政府西北筹边使兼西北边防军总司令徐树铮创建，时称“正志中学”，校址在宣武门外菜市口。1920年2月，学校迁至阜城门外。1920年8月，改名为私立成达中学。1937年学校迁至中南海紫光阁附近。1949年7月，学校迁至阜成门内王府仓。1952年与上义中学合并，改称北京市立第三十八中学。1954年迁入西郊八里庄北洼路，更名为北京市第四十二中学。1958年北京市政府决定学校归属北京师范学院，定名为北京师范学院附属中学。1992年北京师范学院更名为首都师范大学，遂改现名为首都师范大学附属中学。

（郭向华）

北京市第二中学

【概况】 2014年，北京市第二中学占地面积4.27万平方米、建筑面积43952平方米，运动场地面积7556平方米。图书馆藏书103078册，包括电子图书425GB，订阅杂志200种、报纸25种。固定资产总值6279.88万元。全年教育经费投入7042.27万元，其中，国家拨款4972.59万元、自筹经费2069.68万元。学校信息化经费投入100万元，拥有计算机592台，多媒体教室座位3358个，校园网出口总带宽50Mbps，数字资源量150GB，“信息技术”课程2课时/周。普通教室54个、专用教室24个、实验室31个。教职工232人，包括副高级职称107人、中级职称56人。专任教师167人，包括特级教师4人、北京市学科教学带头人3人、市级骨干教师7人；本科及以上学历216人。开设高中教学班46个。毕业424人；招生450人；在校生1308人。高中录取分数线543分（东城区），应届高考本科上线率100%。网址：www.bjn2ms.net。

（钮小桦）

【参加市青少年科技创新大赛】 3月30日，二中6名高中学生参加第34届北京青少年科技创新大赛。4个项目进入决赛，其中，“傅科摆的长期摆动研究”项目获地球空间科学一等奖，“防追尾前视雷达自动刹车控制器”“脑电波控制残疾人康复装置”项目获工程学一等奖，“基于新型导热绝缘塑料的LED球泡照明灯具的探究”项目获工程学二等奖；高三年级学生彭博获第12届“北京青少年科技创新市长奖”；学校获“十佳科技教育创新学校”和“知力”创新团队奖。该比赛以“终章·绽梦”为主题，全市196个学生项目和18个教师项目进入决赛，共有92个项目获一等奖、15个项目获国际优秀项目一等奖。

（李震）

【钮小桦获全国五一劳动奖章和全国教育系统先进个人称号】 4月28日，在庆祝“五一”国际劳动节暨全国五一劳动奖状奖章表彰大会上，二中校长钮小桦获得“全国五一劳动奖章”。全国共有1218人获全国五一劳动奖章，其中，北京教育系统4人。9月9日，钮小桦获得教育部评选的“全国教育系统先进个人”称号，并在庆祝第30个教师节暨全国教育系统先进集体和先进个人表彰大会上受到习近平和李克强接见。钮小桦，满族，1959年11月出生。1987年毕业于首都师范大学物理系。1978年到北京二中工作，2001年任二中校长。他提出“空气养人”的办学理念，建构由物质文化、课程文化、制度文化、教师文化和学生文化组成的“空气养人”实践体系和师生“全面发展、个性发展、可持续发展”的目标。带领学校以课程建设为核心特色，在高中新课程改革、校本课程开发、学科素养培育等项目上取得突破，以他领衔的研究论文获得北京市人民政府颁发的教学成果一等奖；高考成绩连年居于北京前列；学校被确定为教育部“拔尖创新人才培养”“德育体制机制改革”和“城乡一体化教育改革”实验项目学校，形成具有时代性、前瞻性、示范性和可操作性的学校发展理论，学校也因此成为北京市中小学教育创新的一面旗帜。

（李震）

【首部校园纪实性青春情态励志电影首映】 6月12日，由二中舞蹈教师自编、自导，学校金帆舞蹈团学生参演的电影《青春真好》举办首映礼。《青春真好》是全国首部校园纪实性青春情态励志电影。电影以舞蹈为主线，以青春的懵懂、困惑、叛逆、友谊、梦想为切入点，讲述3名不同家境、不同性格的中学生追逐自己舞蹈梦想的心路历程，探讨当代中学生成长过程中的心灵密码。

（李震）

【选修课改为必选和自选两类】 9月，二中调整传统选修课形式。学校将选修课分为必选选修课和自选选修课两类，强化核心课程的拓展学习。必选选修课程包括语文、英语、数学、物理4科，语文着重加强传统文化经典课程特色；英语着重加强听说训练；语文、英语两学科安排在周二下午专用课时；数学和物理两学科按照科学、实验、探究等专题拓展，根据航班、实验班和普通班的特点，分层开展有效教学，体现学科素养，安排在周三下午专用课时。周一、周四时间则是学生自选选修课和社团活动时间。

（李震）

【实行教师走班制教学】 9月，二中启动教师走班制教学。语文、英语、数学、物理、历史、地理六科教师实行走班教学形式，打破固有行政班师生关系，让学生分享不同教师的不同教学方法和特点，以均衡校内教育资源配置，深化教师专业发展和教学评价，具体采取“史、地全体教师按学段走班”和“语、英、数教师按班级顺序走班授课”两种操作方式。

（李震）

【3个高端专业教室投入使用】 9月，

二中新建3个高端专业教室投入使用。分别是4G网络与高清录播室、3G动画创意与三维艺术工作室以及英语口语考试考场。在4G网络与高清录播室里教师使用计算机、网络、移动数字终端（手机、PAD等）等移动平台为学生授课，教师、家长可以通过各种无线移动终端设备实时观看，实现课程网上同步点播，体现课堂的即时性、交互性、多媒体与个性化特征。3G动画创意与三维艺术工作室是将3D打印技术与定格动画应用于高中美术课程，学生可利用3D打印技术制作各种建筑、工业产品模型，并用于定格动画的场景搭建，体验现代媒体技术与传统造型艺术的完美融合。英语听说考试考场则是根据未来英语考试形式，进行人机一对一的口语和听力训练。

（李震）

北京市第五十中学

【概况】 2014年，北京市第五十中学占地面积2.79万平方米、建筑面积2.39万平方米，运动场地面积1.01万平方米。图书馆藏书10.12万册。固定资产总值5359.89万元，包括教学仪器资产值1621万元。全年教育经费投入5053.36万元，全部为国家拨款。普通教室58个、专用教室24个、实验室11个。学校信息化经费投入10.83万元，拥有计算机665台，多媒体教室座位2680个，校园网出口总带宽100Mbps，数字资源量4010GB，“信息技术”课程2课时/周。教职工221人，其中，高级职称73人、中级职称65人。专任教师154人，包括市级骨干教师3人、市级学科教学带头人3人；本科以上学历213人。开设教学班48个，其中，初中24个、高中24个。毕业560人，其中，初中302人、高中258人；招生524人，其中，初中304人、高中220人；在校生1526人，其中，初中881人、高中645人，包括寄宿生208人、外省市借读生170人。高中录取分数线525分（东城区），应届高考本科上线率100%。网址：www.bj50.com。

（张剑平）

【展示“活力”课程】 3月28日，五十中举办“走进五十、聚力日新”活动，展示抗震加固以来校园文化建设情况以及“活力”课程体系的构建。活动第一部分为校本课程的课堂展示，12名教师分别从科技生活系列、艺术生活系列、人文生活系列等方面展示丰富多彩的校本课程。第二部分是课程成果展示，播放课程宣传片《理想》，阐释学校“活力”课程理念；展示学校校本课程成果，包括“佳韵、涵泳、巧工”三个环节。第三部分听校长题为《让“文化立校”根植五十》报告，交流学校整体工作。最后五十中第二届学生社团文化节展示，16个社团介绍社团活动，展示青春风采。参会领导为社团优秀指导教师颁发证书。该活动是东城区教委“走进学校”系列活动一部分。市教育学院、教科院课程教材中心、东城区教委、研修学院、教科所有关专家、领导，部分区县教师代表以及东城区各校教师代表共300人参加活动。

（张剑平）

【组织启行营地工作坊活动】 4月25

至27日、10月5至7日，五十中两次组织学生到北戴河启行营地进行“学习力＋领导力”培训营会。共188名初高中学生参加活动。活动以体验式学习为主导，以服务学习为核心理念，并融入跨学科的知识和多样文化元素。活动通过中国文化、自然探索、科学技术、剧场教育四个主题工作坊展开体验学习，通过古艺插画、乐高机器人、彩陶粘土等工作坊，感受不同专业、不同文化的魅力。学生在活动中自主探索学习，培养品格、能力、创造力与社会责任感。通过让学生自己协商确认床位并整理床铺，按需取餐、减少厨余，合作搭鞋塔，互助渡过黑暗森林，共建未来桥等活动将优秀品质的培养教育融入到营地生活中。

（张剑平）

【举办首届班主任基本功大赛】 6月9日，五十中举办首届“智慧、理性、情怀”班主任基本功大赛。参赛选手就四个情景题目运用平时在区、校培训中所学到的教育理论和教育策略，结合社会形势、教育环境以及中学生思想状况进行理性分析，智慧地解决问题。比赛是班主任理论学习与实践相结合的尝试，也是班主任工作理念、方法的交流，旨在强化教育过程中理性思考和教育情怀的重要性。参赛的8名选手是经过年级组推荐和初赛而确定。赛后，评委就四个情景题以及选手的解答进行点评。

（张剑平）

【与加拿大但丁中学签署姊妹校合作协议】 11月27日，五十中接与加拿

大但丁阿利吉耶中学签署姊妹校合作协议。根据协议，双方开展冬夏令营、短期留学、师生交换学习交流、教学和管理等方面合作。但丁阿利吉耶公立中学建于1974年，位于多伦多西区，是一所由教育局和地方社区合办的公立中学。

（张剑平）

北京市第一六六中学

【概况】 2014年，北京市第一六六中学占地面积1.98万平方米、建筑面积2.47万平方米，运动场地面积6422平方米。图书馆（室）藏书10万册，包括电子图书1GB。固定资产总值5409.81万元，包括教学仪器资产值465.39万元。全年教育经费投入5898万元，其中，国家拨款5800万元、自筹经费98万元。普通教室57个、专用教室31个、实验室13个。学校信息化经费投入410万元，拥有计算机785台，多媒体教室座位2483个，校园网出口总带宽100Mbps，数字资源量22TB，“信息技术”课程28课时/周。教职工242人，其中，高级职称75人、中级职称66人。专任教师190人，包括特级教师1人、市级骨干教师2人、市级学科教学带头人2人；本科以上学历189人。开设教学班46个，其中，初中26个、高中20个。毕业524人，其中，初中318人、高中206人；招生563人，其中，初中324人、高中239人；在校生1609人，其中，初中958人、高中651人，包括寄宿生11人、外省市借读生165人。高中录取分数线525分（东城区），应届高考本科上线率100%。网址：www.bj166z.cn。

（王蕾）

【成为冷泉港实验室独家合作伙伴】 3月26日，美国冷泉港实验室DNA学习中心北京市第一六六中学国际青少年生命科学研究所在一六六中挂牌成立。一六六中成为冷泉港实验室在北京的基础教育领域独家合作伙伴。活动中，大卫·米克勒斯(David. Micklos)对冷泉港实验室DNA学习中心情况进行简单介绍，以及选择一六六中为研究所的原因。双方签署合作协议，并为国际青少年生命科学研究所揭牌、授旗。根据协议，双方在课程研发、教师培训和学生培训等方面开展合作。该研究所的成立为东城区中小学生学习国际最高端的分子生物学知识和研究方法提供机会，学生可利用寒暑假去美国冷泉港实验室学习，体会中美课程、研究方法、评价方式差异。

（朱竹）

【参加丹麦青年科学家竞赛获中国代表团最高奖项】 4月25至30日，一六六中4名学生参加丹麦青年科学家竞赛。高二年级学生李丰章凭借“利用光纤传像束的增强现实眼镜设计”获得丹麦青年科学家竞赛二等奖，是中国代表团获得的最高奖项。另有两名学生的“基于PHP语言的创意分享互助平台提米提米”获得三等奖。丹麦青年科学家竞赛由丹麦皇室担保授权国家教育部主办，丹麦青年科学家组织承办，是丹麦国家最高级别的中小学科学研究和科技创新成

果比赛。竞赛在学生科学研究项目展示的基础上，由各学科专家评委对参赛选手进行问辩，最终评出一、二、三等奖。

（朱竹）

【与故宫博物院签约合作】 6月3日，

一六六中与故宫博物院签署框架合作协议。根据协议，故宫博物院成为学校人文教育实践基地，一六六中成为故宫博物院的博物馆文化传播实践基地；双方充分发挥各自在教育、传统文化研究等方面优势，联合开展针对师生的以中华民族传统文化学习、欣赏、主题教育等为目标的教学实践课程与活动，以此促进中国优秀传统文化传播，同时更好地发挥故宫博物院公众教育、文化传播的博物馆职能。签约仪式结束后，故宫博物院院长单霁翔为该校师生作题为《把一个壮美的紫禁城完整地交给下一个六百年》讲座。

（朱竹）

【同校尉小学开展九年一贯制试点合作】 9月，一六六中联合校尉胡同小学开展九年一贯制试点。校尉小学学生毕业后可以直接升入一六六中开展初中学习。双方就教育教学、校内外资源共享、行政管理、队伍建设等方面展开合作。一贯制试点是一六六中对延长教育生态链又一次新尝试，更加优化基础教育阶段各年龄段学生教育的有效整合。此外，一六六中联合校尉胡同小学成为国家大剧院艺术教育实验学校，国家大剧院将在学校的艺术教育、学科建设、课程建设、师资培训、学生培养、教育科研等领域给予合作与支持。

（朱竹）

【庆祝建校150周年】 10月12日，一六六中举办主题为“敬业乐群，博

雅育新——北京市第一六六中学博雅教育汇报暨庆祝建校150周年系列活动”。众多校友、各界人士以及在校师生欢聚一堂，共庆学校150岁华诞。学校创建者贝满家族后人大卫·贝满（David. Bridgman）参加校庆并致辞。来自美国、加拿大、肯尼亚、老挝等国家多名国际友人也到场祝贺。当日，“生命与爱”的延伸——中非教育项目正式启动，学校与肯尼亚莎茹妮女子学校建立友好校。校史馆正式对外开放，由学生、教师志愿者担任讲解员。12日晚，“爱满流年——北京市第一六六中学艺术普及教育汇报演出暨庆祝建校150周年综艺晚会”在全国政协礼堂举办，300余名学生参加演出，其中，80%学生不是艺术特长生。10月12至17日，学校举办多门类的博学校本课程展示，如香港联合国教科文组织协会主持进行的健康智慧学校资源中心展示、英特尔公司为学校小学部一年级女学生开设的女了课程等。一六六中学前身为创建于1864年的贝满女子中学，1952年更名为北京女十二中，1971年更名为北京市第一六六中学，是北京第一所由外国人开办的女子国际学校，也是北京第一所实行“分科教学”和“班级授课制”的国际学校。

（朱竹）

北京市广渠门中学

【概况】 2014年，北京市广渠门中学占地面积20034平方米、建筑面积27813平方米，运动场地面积9600平方米。图书馆（室）藏书92953册，包括电子图书6万册。固定资产总值8795.67万元，包括教学仪器资产值735.59万元。全年教育经费投入7255.72万元，其中，国家拨款7184.28万元、自筹经费71.44万元。普通教室58个、专用教室6个、实验室9个。学校信息化经费投入14.10万元，拥有计算机590台，多媒体教室座位2500个，校园网出口总带宽110Mbps，数字资源量3300GB，“信息技术”课程2课时/周。教职工249人，其中，高级职称72人、中级职称84人。专任教师173人，包括特级教师2人、市级骨干教师7人、市级学科教学带头人1人；本科以上学历198人。开设教学班58个，其中，初中32个、高中26个。毕业525人，其中，初中286人、高中239人；招生622人，其中，初中386人、高中236人；在校生1853人，其中，初中1089人、高中764人，包括寄宿生343人、外省市借读生250人。高中录取分数线528分（东城区），应届高考本科上线率100%。网址：www.gqmms.com。

（吴臻）

【举办“校园·青春·榜样”颁奖典礼】 4月2日，广渠门中学举办以

“我的广中我的梦”为主题的第三届“校园·青春·榜样”颁奖典礼。来自首都文明办、东城区教委有关领导和该校领导、10余名家长代表以及7个班级学生在报告厅观看典礼。共7名学生获得“校园·青春·榜样”荣誉，该校第一届校园青春榜样、2013年高考东城区理科状元为特优生颁奖。“校园·青春·榜样”是该校德育品牌活动，每年以事迹报告的形式树立学生榜样，从而营造风清气正、向上向善的校园文化氛围。

（吴臻）

【党员教师赴河北康保县支教】　7月

4至6日，广渠门中学党员教师赴河北省康保县参加支教活动。共50余名来自各年级组、各处室的优秀党员和积极分子参加活动。在7月5日的支教活动启动仪式上，两地教师拜师结对并颁发拜师结对聘任书；广渠门中学领导和教师向康保县优秀学生发放电子词典等学习用品。之后，广中支教教师分为初、高中两组进入康保一中和二中，为康保学生上课，科目涉及语文、生物、物理、历史、数学、美术、体育等。活动还采用“师带徒”“一对一”模式，为康保县教师量身定制辅导项目，根据康保县教师的个人实际情况、所任学科特点、个人教学方法等进行针对性的培训和指导，双方教师根据实际情况，通过电话、视频、网络等方式，在支教活动结束后开展后续交流，让支教活动学在当下，落在实处。

（吴臻）

【庆祝建校60周年】　12月23日，广渠门中学六十年华诞星光艺术团文艺汇演在中山公园音乐堂举行。该校全体教职工、宏志班学生、花市小学部部分师生、特邀家长、校友和来宾共1000余人观看演出。演出以“因为爱”为主题，金帆管乐团、星光合唱团以及师生合唱相继演出十余个节目。12月28日，广渠门中学举办建校60周年校庆庆典活动。北京教育学院党委书记等领导以及该校师生、各兄弟学校校长和代表、海内外历届校友、离退休教师代表共2000余人参加活动。典礼上，与会领导向近20年来为学校发展做出突出贡献的获奖教师代表以及建校60年中为学校发展做出重大贡献的获奖教师代表颁奖。广渠门中学始建于1954年，是一所全日制完全中学，前身为北京市女子第15中学，2005年被批准为北京市示范性普通高中，是“华夏第一班——宏志班”发源地。

（吴臻）

北京汇文中学

【概况】　2014年，北京汇文中学占地面积5.21万平方米、建筑面积5.75万平方米，运动场地面积2.85万平方米。图书馆藏书10万册，包括电子图书751万册。固定资产总值5906.71万元，包括教学仪器资产值3151.34万元。全年教育经费投入5495万元，其中，国家拨款4885万元、自筹经费610万元。普通教室56个、专用教室39个、实验室23个。学校信息化经费投入300万元，拥有计算机888台，多媒体教室座位1900个，校园网出口总带宽100Mbps，数字资源量3500GB，“信息技术”课程1课时/周。教职工208人，其中，高级职称74人、中级职称70人。专任教师152人，包括特级教师3人、市级骨干教师4人、市级学科教学带头人1人；本科以上学历152人。开设教学班47个，其中，初中20个、高中27个。毕业463人，其中，初中225人、高中237人；招生610人，其中，初中330人、高中280人；在校生1577人，其中，初中799人、高中778人，包括寄宿生197人、外省市借读生115人。高中录取分数线532分（东城区），应届高考本科上线率100%。网址：www.huiwen.edu.cn。

（陈维嘉　王苗）

【学科竞赛成绩优异】　2至9月，汇文中学在学科竞赛中取得优异成绩。2月20至25日，在全国高中生物理创新竞赛（CYPT）暨南开大学全国中学生物理冬令营中，汇文中学代表队获得北京第二、全国第六。该校第一次参加该项比赛，全国26支（北京7支）重点中学代表队参赛。6月，高一高二学生参加第17届北京市高中数学应用竞赛，在应用论文评比中，6人获一等奖、2人获二等奖、9人获三等奖；在应用知识竞赛中，5人获一等奖、5人获二等奖、3人获三等奖。9月，在美国数学竞赛（AMC）中，6名学生成绩进入全球前5%，1人进入全球前2.5%，并取得美国数学邀请赛（AIME）决赛资格。AMC竞赛是由美国数学协会发起的重要比赛，自2006年引入中国，汇文中学是主要会员校之一，多次被评为优秀组织单位。

（王苗）

【获得多项科技竞赛奖】　3至12月，汇文中学学生获得多项科技比赛奖项。其中，3月27至29日，在第35届北京青少年科技创新大赛中，该校2篇参赛论文获一等奖、1篇获二等奖。该比赛由市科协、市教委、市科委、市知识产权局联合举办。5月，在洛杉矶举办的英特尔国际科学与工程大奖赛（Intel ISEF）上获得该年度的区域性理光（Ricoh）可持续发展奖。12月12日，1名高二学生代表中国国家航海模型队赴保加利亚参加2014年航海模型仿真项目世界锦标赛，制作的仿真模型“英王乔治五世”战列舰（1∶350）获得世界锦标赛银牌，并因此获得北京市中小学生科技类“银帆奖”。

（王苗）

【开展口述史资料在课堂教学中的应用研究】　10月31日，北京汇文中

学承办“口述史资料在课堂教学中的应用及学生家族史写作成果汇报”市级教研活动。汇文中学3名教师运用口述史资料作三节课，学校介绍汇文中学近两年口述史区级课题的研究状况和学生口述历史采访及写作活动，5名学生汇报家族史采访与写作的主要内容和感悟。首都师范大学教授等与会专家领导从不同角度点评与指导。活动由北京教育科学研究院主办，汇文中学承办。该校开展口述史资料在课堂教学中的应用，鼓励并指

导学生撰写家族史，培养学生综合能力，提升学生人文素养。教师撰写并内部印刷《北京汇文中学学生口述史文集》三册。

（王苗）

【开展家长职业介绍日活动】 11月24日至12月5日，汇文中学开展家长职业介绍日活动。在两周时间内，共有来自社会各界10名学生家长举办讲座，职业涉及新闻出版、社会科学、理财投资、航空航天、新媒体、法律及医学等领域。举办职业探索讲座，通过不同行业的家长行业介绍，使学生更深入了解各行业的特征，为自身的专业选择及择业就业提供有针对性的指导与帮助。

（王苗）

【自主课程实践工作形成体系】 至年底，汇文中学自主课程实践工作形成体系。该校自2012年申请成为北京市普通高中自主排课实验校和北京市特色学校项目建设实验基地以来，为满足“符合人才成长规律，学生全面而有个性发展”需要，努力构建“横纵结合的汇文自主课程”和“汇文学堂”等新的课程实施和管理模式。在小学和高校支持下，该校在自主课程实践方面初步形成一批较成熟的课程体系：一是开设小学与初中、初中与高中、高中与大学衔接课程。二是开设实践课程，充分利用北京市“科技后备人才早期培养计划”“翱翔计划”“雏鹰计划”等，为学有余力的高中学生提供参加高层次研究性学习的机会。三是形成一批实用技能类课程，从学校实际出发，实施国家课程校本化，开设游泳技能、生活技能、艺术修养三科必修校本课程，包括服装设计与制作、木工、机械与电子维修、3D打印、游泳、声乐等。

（王苗）

北京市第四中学

【概况】 2014年，北京市第四中学占地面积7.88万平方米、建筑面积8.54万平方米，运动场地面积3.16万平方米。图书馆（室）藏书18.82万册，包括电子图书1.218GB。全年教育经费投入14494万元，其中，国家拨款10113万元、自筹经费4381万元。固定资产总值2亿元，包括教学仪器资产值3045.70万元。拥有计算机989台，多媒体教室座位3420个，学校信息化经费投入170万元，校园网出口总带宽1100Mbps，数字资源量12058GB，“信息技术”课程4课时/周。普通教室78个、专用教室40个、实验室37个。教职工333人，其中，高级职称90人、中级职称72人。专任教师252人，包括特级教师4人、市级骨干教师6人、市级学科教学带头人2人，本科及以上学历251人。开设教学班64个，其中，初中30个、高中34个。毕业803人，其中，初中400人、高中403人；招生751人，其中，初中391人、高中360人；在校生2351人，其中，初中1191人、高中1160人，包括寄宿生443人、外省市借读生133人。高中录取分数线555分（西城区），应届高考本科上线率99.6%。网址：www.bhsf.cn。

（郭琪）

【演出英文音乐剧】 9月22日，四中

师生表演英文音乐剧《悲惨世界》。该剧由音乐教师担任制片人兼制作人，3名学生担任导演，28名初高中学生参加演出。该剧时长140分钟，由39首英文歌曲组成。剧组于3月成立。

（王砚迪）

【韩茂富铜像揭幕】 9月30日，四中教师韩茂富铜像揭幕。铜像为半身像，高2.30米，上部为韩茂富手持篮球面带微笑的塑像，下部为石基，镌刻韩老师生前所说“有来生，我还为同学们喊操”的一句话。该铜像是继刘景坤、张子锷两名教师之后，学校为普通教师树立的第三座铜像。学校以为教师塑像方式纪念教师为四中发展所作贡献，也是校园文化系列活动之一。韩茂富，1928年10月出生于北京，1949年3月在门头沟阳坡园小学任体育教师；1950年7月在北京新华中学任体育教师；1951年8月到四中任教，历任体育教师、教研组长、体卫处主任；1994年3月退休；2012年11月因病去世。1985年他被评为全国优秀体育教师，1986年被评为北京市特级教师、全国十佳体育教师。他是国家资深篮球裁判，1951年开始从事裁判工作，1979年被国际篮联评为国际篮球裁判，先后执判国际比赛259场，国内比赛数千场，1986年被评为全国优秀裁判员，先后培训国际、国家级篮球裁判数百人。韩茂富曾任第六、第七届全国人大代表、中国篮协副主席、北京市篮协副主席、西城区篮协主席。

（万珺）

【两名学生获“明天小小科学家”一等奖】 10月23至29日，在第14届“明天小小科学家”奖励活动中，四中学生刘梦琪、杨建钊分别获一等奖。刘梦琪为高二年级13班学生，研究题目是“老年人智能家庭健康服务终端的需求分析及产品设计”；杨建钊为高二年级11班学生，研究题目是“关于两种布尼亚病毒核蛋白复制复合体的结构研究”。比赛由教育部、中国科协、周凯旋基金会主办，来自全国26个省区和港澳地区的100名学生进入终评，最终确定“明天小小科学家”称号获得者3人、一等奖12人、二等奖35人和三等奖50人。

（高增）

【举办高中数学教学研讨会】 11月21日，四中举办2014年北京市高中数学教学研讨会。数学组教师开设21节公开课，围绕“数形结合”主题展开，分为三个年级共八个层次的教学。其中，高一、高二年级教学设计主线是“构造工具、提出问题、解决问题”，高三年级教学设计的主线是“回顾工具、构建系统、解决问题”。全市数学教师500人参加研讨会。

（杨凤文）

【校本课程获基础教育课程建设优秀成果】 11月，四中校本课程获2013～2014北京市基础教育课程建设

优秀成果一等奖。“身边的科学”校本课程于2008年开设，历时6年，从学生自身、周围熟悉的世界、即时发生着的科学时事出发，结合自然科学知识，使学生形成科技与社会问题联系的意识。该课程每周1节，面向初一、初二年级开设，以4人小组团队成就活动方式考核。

（刘刚）

北京市第八中学

【概况】 2014年，北京市第八中学占地面积4.26万平方米、建筑面积6.41万平方米，运动场地面积1.74万平方米。图书馆（室）藏书16.40万册，包括电子图书20GB。全年教育经费投入11431.86万元，其中，国家拨款9846.93万元、自筹经费1584.93万元。固定资产总值6790.80万元，包括教学仪器资产值4721.30万元。学校信息化经费投入519.12万元，拥有计算机930台。多媒体教室座位4828个，校园网出口总带宽1000Mbps，数字资源量500GB，“信息技术”课程2课时/周。普通教室70个、专用教室50个、实验室22个。教职工330人，其中，正高级职称1人、高级职称114人。专任教师277人，包括特级教师2人、市级学科教学带头人2人、市级骨干教师3人；本科及以上学历277人。开设教学班66个，其中，初中31个、高中35个。毕业666人，其中，初中336人、高中330人；招生823人，其中，初中420人、高中403人；在校生2295人，其中，初中1155人、高中1140人，包括寄宿生288人、外省市借读生101人。高中录取分数线550分（西城区），应届高考本科上线率100％。网址：www.no8ms.bj.cn。

（高颖）

【成立创新人才培养协作体】 4月24日，八中承办北京市基础教育阶段“创新人才培养协作体”成立大会，八中创新人才培养协作体同时成立。会议由北京教育科学研究院和北京市青少年科技创新学院主办，市教委领导肯定八中在创新人才培养方面取得的成绩，指出协作体的成立有助于深化基础教育阶段人文社会科学领域的综合改革，跨学段、跨领域的创新有赖于高校更多的指导与合作。八中介绍科技教育的“四有”（有传统、有人才、有高度、有成果）及发展规划，强调人文教育的重要意义，在人才培养中科学素养和人文素养要并重，在提升个体精神高度的同时彰显民族精神的高度和文化气魄。北京大学、清华大学等驻京高等院校的部分主管校长和科研处工作负责人，中国科学院、中国社会科学院的有关专家，各区县教委主管主任及中教科科长，“翱翔计划”培养基地、课程基地和雏鹰基地学校校长及工作负责人，以及中小学生代表等350人参加会议。北京市基础教育阶段“创新人才培养协作体”根据北京市创新人才基础教育科研项目成立，构建一种全新的长链条人才培养机制，探索创新人才培养模式和评价方式。八中创新人才培养协作体由北京市教委、北京市教科所、西城区教委、北京市第八中学以及其他兄弟院校等单位构成，主要开展搭建交流网络平台、组成创新人才培养体系工作。

（高颖）

【学生在国家大剧院演出歌剧《卡门》】 5月26日，八中金帆交响乐团和童声合唱团参加国家大剧院青少年普及音乐会特别策划的歌剧音乐会首场演出。150名学生演绎法国作曲家比才的歌剧《卡门》中的“哈巴涅拉”经典片段。此次演出是八中金帆交响乐团和合唱团联袂演出的又一个创新，是八中艺术教育不断创新发展的新成就。

（耿莉娜）

【举办首届AP课程教师培训】 6月11至12日，八中国际化教育中心举办首届美国大学预修课程（AP）教师培训。培训邀请合作校美国蒙哥马利贝尔中学的AP课程教师授课，内容包括美国蒙哥马利贝尔中学和其他美国中学如何开展AP课程、AP微积分和英语课程介绍、学生如何学习AP课程等。该培训是八中中美高中课程合作项目师资系列培训之一，北京市第十中学、北京市第一〇一中学教师参加学习。AP课程为美国大学预修课程，设立于1955年，指由美国大学理事会（The College Board）提供的在高中授课的大学课程。高中生可以选修课程，在完成课业后参加AP考试，得到一定的成绩后可以获得美国大学学分。

（周萌）

【首届“素质班”升入高中】 9月1日，八中第一届素质班升入学校高中，开始第二阶段的学习。八中智力优秀学生综合素质开发实验班（简称素质班）经市教委批准，创办于2010年，是八中在少儿班近30年成功实践的基础上进行新拔尖创新人才早期培养模式研究与实践的新举措。第一阶段学制四年，按照实验方案，在完成小学五、六年级和初中阶段的课程要求基础上，自主进行课程设置及评价；第二阶段学制三年，按照学校自主课程方案并针对素质班的育人目标进行个性化的培养。

（张春林）

【与美国学校结为友好校】 9月19日，八中与美国波士顿拉丁学校结为友好学校。根据协议，双方通过师生互访、网上交流、实地科考、共同研学等形式，开展交流合作。拉丁学校建于1635年，是美国第一所公立学校，学生成绩位列马萨诸塞州第一。

（周萌）

【少儿班学制延至5年】 9月，八中延长少儿班学制至5年。学校在完成少儿21班和素质5班招生初试、复试、试读三阶段工作基础上，延长少儿班学制，即从2014年暨少儿21班开始，学制由4年改为5年。八中少儿班，用5年学制完成小学五、六年级和初中、高中全部学业，参加全国统一高考。12月，超常教育30周年总结研究会，研讨少儿班办学经验与成果、课程建设成果、课堂教学改革经验、课题研究成果梳理与应用、毕业生追踪研究成果与规划、少儿班发展规划设计等系列专题研讨活动。

（王素英）

【高中校本选修课程结课】 12月18日，八中高中校本选修课结课。该校校本课程建设的特点是：保证数量，开课61门，确保每名学生每学期修完2门校本选修课程；引入篆刻、面塑、风筝扎制、绳结艺术、彩绘脸谱五项非物质文化项目，使校本选修课和文化传承有机结合；提高质量，学生自主学习、自主探究等成为课堂主流。高中校选修课结课标志着八中校本课程建设走向成熟阶段。

（赵鑫）

北京市第十五中学

【概况】 2014 年，北京市第十五中学分高中部、初中部两址办学，占地面积 4.32 万平方米、建筑面积 3.26 万平方米，运动场地面积 1.31 万平方米。图书馆藏书 13.50 万册。全年教育经费投入 8198.88 万元，其中，国家拨款 8085.52 万元、自筹经费 113.36 万元。固定资产总值 7560.97 万元，包括教学仪器资产值 2602.09 万元，拥有计算机 745 台，多媒体教室座位 1649 个，学校信息化经费投入 69 万元，校园网出口总带宽 1000Mbps，“信息技术”课程 2 课时/周。普通教室 68 个、专用教室 21 个、实验室 10 个。教职工 252 人，其中，高级职称 67 人、中级职称 62 人。专任教师 174 人，包括特级教师 1 人、市级骨干教师 3 人、市级学科教学带头人 1 人；本科及以上学历 174 人。开设教学班 48 个，其中，初中 24 个、高中 24 个。毕业 548 人，其中，初中 322 人、高中 226 人；招生 569 人，其中，初中 327 人、高中 242 人；在校生 1652 人，其中，初中 965 人、高中 687 人，包括外省市借读生 9 人。高中录取分数线 527 分（西城区），应届高考本科上线率 100%。网址：www.bj15.cn。

（莫晓红）

【举办第十届心理文化节】 3 月 24 至 28 日，十五中举办第十届心理文化节。文化节以“找寻生命的亮色”为主题，在积极心理学中六大美德和二十四积极品质的指引下，开展校园心理剧、素质拓展训练、表达性艺术治疗、学生讲坛、心理电影、心理测试等体验活动。文化节始于 2003 年，每年一届，十届心理文化节始终传递着简单、洁净、自由、平和的心理能量，滋养着阳光乐群、自信坚韧的十五中人的心灵。十五中心理工作秉承“立足差异，和谐成长；守护人性尊严，提升生命品质”的理念，尊重学生的身心发展规律和现实成长需求，关注学生的积极力量和优秀品质，营造为学生的幸福人生奠基的心育理念，持续推动心理文化节品牌项目，培育兼具智慧、果敢、仁爱、公正、节制和超越特质的十五中人。

（包鑫）

【南口学校开学】 9 月 1 日，十五中南口学校开学。学校位于昌平区南口镇陈庄，是在原昌平区南口学校中学部的基础上，整合区内优质师资，与十五中合作办学而成立的一所新校。管理体制采取与十五中同一法人，由十五中委派执行校长管理。学校占地面积 9.60 万平方米、建筑面积 3.20 万平方米，体育场面积 1580 平方米。教学班 20 个，有学生 720 人，教职工 200 人。

（莫晓红）

【梅森素数开放式重点实验室揭牌】

11 月 24 日，十五中“梅森素数”北京市普通高中开放式重点实验室揭牌。实验室采用搜索梅森素数的组织形式，坚持“低起点、高平台、重合作”的基本宗旨，实现跨国界、跨领域，跨年龄、跨知识背景的云科研活动，落实开放育人的理念，为国家培养创新人才探索新路。实验室建成后将联合协作校共同推进创新人才培养。实验室由博物馆、研究室、工作坊三部分构成，其中，博物馆是进行科学素养培训的场所，研究室是进行课题研究的学习交流场所，工作坊是实验室核心硬件空间。至年底，“梅森素数”实验室由市教委投资 250 万元，完成一期建设。梅森素数具有重大的理论意义和实用价值，梅森素数搜索云科研的研究方式面向世界范围内的研究者，起点低，定位高。开放式重点实验室建设是北京市普通高中学校特色发展、多样发展的重要组成部分。该校自 1997 年开设数学建模校本选修课；作为北京市青少年科技创新学院翱翔计划数学基地校，自 2008 年开始以数学建模活动为切入点探索全新的人才培养方式。

（刘佳）

【成立贵阳分校】 12 月，十五中与贵州市第三十三中学签订合作协议，成立十五中贵阳分校。该分校是在贵阳市政府、西城区政府和西城区教委的共同支持下成立的，目的是发挥十五中优质资源辐射作用。贵阳分校为全日制公办完全中学，占地面积 16034 平方米，建筑面积 10103 平方米，教职工 78 人，学生 1082 人。根据协议，贵州三十三中增挂“北京市第十五中学贵阳分校”校牌，派骨干教师到十五中学习和培训；十五中派骨干教师到贵阳分校指导教学工作。

（莫晓红）

北京市第三十五中学

【概况】 2014 年，北京市第三十五中学占地面积 5.48 万平方米、建筑面积 2.66 万平方米，运动场地面积 3.18 万平方米。图书馆（室）藏书 9.84 万册。全年教育经费投入 17039.34 万元，其中，国家拨款 15557.78 万元、自筹经费 1481.56 万元。固定资产总值 5376 万元，包括教学仪器资产值 2631 万元。拥有计算机 932 台。多媒体教室座位 2980 个。学校信息化经费投入 2250 万元，校园网出口总带宽 1000Mbps，数字资源量 2000GB，“信息技术”课程 1 课时/周。普通教室 93 个、专用教室 74 个、实验室 14 个。教职工 339 人，其中，高级职称 88 人、中级职称 84 人。专任教师 263 人，包括特级教师 1 人、市级骨干教师 1 人；本科及以上学历 263 人。开设教学班 74 个，其中，初中 36 个、高中 38 个。毕业 772 人，其中，初中 440 人、高中 332 人；招生 764 人，其中，初中 440 人、高中 324 人；在校生 2409 人，其中，初中 1386 人、高中 1023 人，包括外省市借读生 55 人。高中录取分数线 534 分（西城区），应届高考本科上线率 100%。网址：www.bj35.com。

（马洪梅）

【召开第十届教学工作会】 2 月 21 至 22 日，三十五中召开第十届教学工作会。会议分为开幕式、专家主题报告、第二批赴美培训成果分享、拔尖创新人才培养、素质教育经验成果分享、拔尖创新人才培养及云端数据处理、鲁迅书院创建构想。经过研讨，会议达成以下决议：全面深化素质教育，积极推进综合改革，努力创建现代学校：坚持育人目标的前瞻性、注重改革创新的综合性、丰富教育供给的多样性、追求教育教学的开放性、突出教育内容的全面性、构建师生学习的共同体、激发学生发展的自主性、实现优质资源的普惠性、探索学段学科的融通性、借力现代技术的信息化、推进学校教育的国际化、发挥教职员工的能动性。全体教育教学干部和教师参加会议。

（张学侠）

【学生获市长奖】 3 月 28 日，第 12 届北京青少年科技创新市长奖在第 34 届北京青少年科技创新大赛开幕式上颁发，三十五中学生刘梦瑶获得市长奖。刘梦瑶，1996 年出生，2011 年级 8 班学生，凭借“大熊猫裂齿的虚拟解剖和食性分析”项目获得第 13 届明天小小科学家一等奖，从而获得“青少年科技创新市长奖”。

（王晨旭）

【开展修学旅行系列活动】 4 至 11 月，三十五中开展修学旅行系列活动。其中，初二年级“二四制”项目班 96 人随中国科学院赴云南科学考察，探究科学知识、锻炼科学技能；高一、高二年级赴西安、太原、济南等 7 条修学旅行线路，涉及人文、科技、体能拓展等多个领域。课程设计为提高学生生活能力、团队精神、创新能力、人文情怀、公民意识、自我认知、意志品质、探究意识等各种综合素质。修学旅行后，各学部分别召开修学旅行汇报总结大会，展现学生在活动期间的所见所闻所感。

（田园）

【承办中国六校联盟活动】 10 月 30 至 31 日，三十五中承办中国高中六校联盟聚焦课堂活动暨史地政学科督导评估活动。六校联盟督导组督导和评估三十五中史地政三门学科的三年规划，并对学科发展提出意见。来自哈尔滨第三中学、海南中学、湟川中学、西北师范大学附属中学、锡山高级中学的 40 名教师参加活动。至年底，该校共去 5 个学校参与联盟 14 个学科的聚焦课堂活动，真正实现共享优质资源，携手并进；创造价值联盟，引领发展。

（杨淑英）

北京市育才学校

【概况】 2014 年，北京市育才学校占地面积 7.27 万平方米、建筑面积 4.44 万平方米，运动场地面积 2.20 万平方米。图书馆（室）藏书 14 万册，包括电子图书 0.22 万册。全年教育经费投入 9497.32 万元，其中，国家拨款 8837.43 万元、自筹经费 659.89 万元。固定资产总值 6157.56 万元，包括教学仪器资产值 2734.73 万元，拥有计算机 901 台，多媒体教室座位 5321 个，学校信息化经费投入 267.87 万元，校园网出口总带宽 30Mbps，数字资源量 360GB，“信息技术”课程 1 课时/周。普通教室 136 个、专用教室 26 个、实验室 14 个。教职工 457 人，其中，高级职称 104 人、中级职称 178 人。专任教师 336 人，包括特级教师 1 人、市级骨干教师 3 人、市级学科教学带头人 1 人；本科及以上学历 414 人。开设教学班 96 个，其中，初中 24 个、高中 24 个、小学 48 个。毕业 797 人，其中，初中 270 人、高中 246 人、小学 281 人；招生 706 人，其中，初中 297 人、高中 245 人、小学 164 人；在校生 3444 人，其中，初中 858 人、高中 731 人、小学 1855 人，包括寄宿生 253 人、外省市借读生 644 人。高中录取分数线 507 分（西城区），应届高考本科上线率 96%。网址：www.bjyucai.com。

（马卫庆）

【学生入选少年科学院小院士】 1 月 6 日，育才学校学生李明翰入选“中国少年科学院小院士”。在第九届中国少年科学院“小院士”课题研究成果全国展示交流活动中，经课题研究成果现场答辩、对话科学家现场交流、科技能力与创新能力展示交流、实地科学考察活动四个环节，二年级学生李明翰《厨余垃圾的利用》获研究项目一等奖，被授予“中国少年科学院小院士”称号。李明翰是全国年龄最小小院士，年仅 7 岁。全国共有 150 名小学生入选。活动由全国少工委、中国少年科学院主办，全国青少年科技爱好者 1000 人参加活动。

（马卫庆）

【获市中小学科学建议奖】 1 月 16 日，北京市颁发第五届北京市中小学科学建议奖活动奖项，育才学校范海轩《关于“让北京市的树坑绿起来”的建议》获北京市中小学科学建议奖。市教委设立“中小学生科学建议奖”，旨在鼓励中小学生积极组织开展科技教育活动，引导关注社会、热爱科学、积极创新，为首都北京世界城市的建设与发展建言献策。全市共 670 多份学生以个人名义申报科学建议，共评出 10 个科学建议奖（一等奖）、10 个科学建议提名奖（二等奖）。

（马卫庆）

【设太平街校区】 5 月 29 日，育才

学校设太平街校区，西城区太平街小学并入该校。该校区占地面积 3130.14 平方米，建筑面积 3269.15 平方米，设小学一至四年级 12 个班，教职工 34 人，在校生 400 人。育才学校小学一年级新生 264 人全部就读于该校区。

（马卫庆）

【《桥》报出版】 6月30日，育才学校家校合作报《桥》出版。《桥》报主要面向师生及初中部家长，版面含新闻导航、老师想对您说、名师交流、家校互动、荣誉时刻五个栏目，共设四版，每学年出版4期。该报出版旨在加强学校家长间联系，让家长多途径多角度了解学校和学生每阶段发展情况，收集家长反馈意见。

（马卫庆）

【获全国小学生手球锦标赛冠军】 7月28日，育才学校小学部女子手球队获得“中国体育彩票杯”全国小学生手球锦标赛甲组冠军。比赛分为男子甲乙和女子甲乙共4个组别，其中，要求甲组比赛选手年龄不超过13周岁，乙组比赛选手年龄不超过11周岁。来自北京、上海、安徽等省市的44所学校56支代表队共615名运动员参赛。经过角逐，该校女子手球队获得甲组冠军。比赛由国家体育总局手曲棒垒球运动管理中心主办，是国内小手球运动项目的最高级别赛事。

（马卫庆）

北京师范大学附属实验中学

【概况】 2014年，北京师范大学附属实验中学占地面积4.36万平方米、建筑面积8.09万平方米，体育场馆面积1.33万平方米。图书馆藏书14.47万册，电子图书4609册，订阅杂志543种、报纸35种。固定资产总值19412万元。全年教育经费投入13445万元，其中，国家拨款7595万元、自筹经费5850万元。学校信息化经费投入746万元，拥有计算机600台，多媒体教室座位5000个，校园网出口总带宽330Mbps，数字资源量500GB，“信息技术”课程初中1课时/周、高中2课时/周。普通教室72个、专用教室52个、实验室36个。教职工323人，包括高级职称7人、副高级职称139人、中级职称123人。专任教师241人，包括特级教师5人、市级学科教学带头人4人、市级骨干教师8人；本科及以上学历241人。开设教学班80个，其中，初中班38个、高中班42个。毕业990人，其中，初中502人、高中488人；招生865人，其中，初中525人、高中340人；在校生2879人，其中，初中1574人、高中1305人，包括住宿生287人。高中录取分数线553分（西城区），应届高考本科上线率文科100%、理科99.5%。网址：www.sdsz.com.cn。

（邢艳茹）

【学生获得两项国际科技比赛奖项】 1月20至22日和5月11至16日，北师大实验中学学生参加两项国际比赛并获奖。其中，国际部高二年级12名学生参加空间站设计大赛（亚洲区）（Asian Regional Space Settlement Design Competition）获冠军，张雅萌获DICKEDWARD领袖奖。比赛采取晋级制，要求参赛者以团队的形式参加，设计一座容纳1万人以上的太空城市，以40页的英文报告形式说明设计理念及方案。该比赛源于1983年，是一项面向全球高中生的国际比赛，每年举行一次。国际部高三年级学生万若萌参加第65届英特尔国际科学与工程大奖赛（Intel ISEF），其撰写的论文《为什么陆生植物不含高效吸收绿光的光合色素——从自然选择的角度探究含藻红蛋白的藻类未能进化为陆生植物的原因》获一等奖，奖励用自己名字命名一颗小行星。

（李波）

【举办青春期教育主题讲座】 3月21日，北师大实验中学举办青春期教育主题讲座。学校“家长教育与人才成长”课题组专家作“青春期孩子的沟通策略”主题报告，介绍青春期学生特点，列举与青春期孩子沟通的方法策略，阐述家庭青春期性教育的必要性与方法。该讲座是学校青春期主题教育系列活动之一。初二年级家长及部分家委会成员400人参加讲座。

（王国庆）

【启动分类走班授课制度】 9月4日，北师大实验中学启动分类走班授课制度。分类走班授课制度在高一年级施行，课程群组的建设分学科展开，每学科建设4～6门模块课程，每一模块课程32学时。分类走班教学分两个时间段13：40～15：10、15：25～16：55。开学初，学生从模块课程群组中自主选课，每一时间段，选择1个模块学习。高一、高二两个学年完成5个学科，共8个模块的学习，获得16学分。

（袁展）

【举办学法指导现场会】 10月28日，北师大实验中学举办学法指导现场会。会议从理论、方式、方法、时间四个层面探讨如何行之有效的解决初中生因小初衔接、课业负担、青春期成长、个性发展等因素产生的学习及成长问题。会后作语文、历史等学科课堂展示及座谈会。来自60所学校的教师200人参加现场会。

（谢微微）

北京师范大学附属中学

【概况】 2014年，北京师范大学附属中学占地面积4.39万平方米、建筑面积4.80万平方米、运动场地面积9400平方米。全年教育经费投入6053万元，其中，国家拨款4059万元、自筹经费1994万元。固定资产总值10768万元，包括教学仪器资产值2149万元。图书馆藏书17.83万册，包括电子图书644册。普通教室64个、专用教室30个、实验室22个。拥有计算机621台，多媒体教室座位224个。学校信息化经费投入约325万元，校园网出口总带宽50Mbps，数字资源量4000GB，“信息技术”课程44课时/周。教职工259人，包括高级职称117人、中级职称104人。专任教师219人，包括特级教师7人、市级骨干教师10人，市学科教学带头人2人；本科以上学历219人。开设教学班60个，其中，初中24个、高中36个。毕业623人，其中，初中299人、高中324人；招生650人，其中，初中315人、高中335人；在校生2070人，其中，初中935人、高中1135人，包括寄宿生人158人，外省市借读生165人。高中录取分数线546分（西城区），应届高考本科上线率98%（总上线率）。网址：www.bjsdfz.com。

（朱静静）

【与澳大利亚博文中学签署友好校协议】 9月19日，北师大附中与澳大利亚博文中学签订友好校协议。根据

协议，两校在校际访问、师生交流、远程教育等方面开展合作。博文中学是位于墨尔本东部的一所公立学校，学校以尊重学生成就，最大程度挖掘学生潜力，高标准塑造学生品行为教育目标，始建校于1954年，拥有2000名来自53个国家的7至12年级学生。

（徐兰）

【举办首次集团校活动】 11月5日，北师大附中教育集团举办第一次集团校活动。活动听取北师大附中校长介绍集团校整体情况，研讨集团校组织机构、理事会、专门办公室、联络员等事项。北京师范大学附属中学教育集团2014年建立，包括北师大附中，北京市第四十三中学、北京市第六十二中学、北京市第六十三中学、西城区陶然亭小学、北京第一实验小学前门分校6所学校。

（朱静静）

【走近苯丙酮尿症】 12月9日，《北京晚报》以“关注不食人间烟火的孩子”为题，报导北师大附中两名学生参加社会实践活动的情况。该校高三年级学生吴一凡和李雨欣，在北京大爱天使苯丙酮尿症（PKU）罕见病关爱中心了解到相关知识，并参与到关爱、宣传、救助中来。她们呼吁：加快普及新生儿PKU筛查，尽量早发现、早治疗；完善政策，将PKU治疗纳入医保或社保范畴。对生产PKU药品和特食的厂家给予税收优惠，减轻企业负担，降低产品价格；加强宣传，提高社会对PKU的认知度，号召社会给予关注，减轻患者家庭的压力；在学校增加PKU的相关介绍，让学生更多地了解这种疾病；动员志愿者对PKU患者进行帮助，提高全社会对PKU的关爱水平。

（付馨悦）

北京市陈经纶中学

【概况】 2014年，北京市陈经纶中学分五址办学，分别是本部校区、嘉铭分校东校区、嘉铭分校西校区、帝景分校校区、保利分校校区。学校占地面积118723.71平方米、校舍建筑面积97150.23平方米，运动场地面积51247.94平方米。图书馆（室）藏书26.21万册，包括电子图书3万册，订阅杂志、报刊674种。固定资产总值29648万元。全年教育经费投入14894万元，其中，国家拨款14735万元、自筹经费159万元。学校信息化经费投入626万元，拥有计算机2285台，多媒体教室座位9560个，校园网出口总带宽500Mbps，数字资源量3000GB，“信息技术”课程高中部2课时/周、初中部1课时/周、小学部0.5课时/周。普通教室193个、专用教室63个。教职工626人，其中，高级职称142人、中级职称222人。专任教师574人，包括特级教师9人、北京市骨干教师12人、北京市学科教学带头人6人；本科以上学历565人。开设教学班182个。毕业1292人、招生1569人、在校生5410人。网址：www.bjcjl.net。

（黄杰）

【学生列席区政协会议】 1月6日，陈经纶中学高一年级5名学生列席中国人民政治协商会议北京市朝阳区第十二届委员会第三次会议开幕式。列席会议过程中，学生认真倾听朝阳区政协主席工作报告和2013年政协提案工作总结报告，并就不明白的问题及时与教师沟通，加深对人民政协制度的感受与认知。学生列席政协会议成为此次政协开幕式一个新闻亮点，朝阳有线和朝阳报记者对参会师生进行采访。

（黄杰）

【参加多项科技类比赛获奖】 1至11月，陈经纶中学学生参加多项科技类比赛获奖。1月23至24日，嘉铭分校机器人社团和本部机器人社团15名学生组成陈经纶中学机器人代表队，参加第14届北京青少年机器人竞赛，获得4项一等奖、1项二等奖和1项三等奖。3月27至30日，在北京市第34届青少年科技创新大赛中，陈经纶中学15名学生负责的8个项目入围196个终评项目，3名学生获得金奖，12名学生获得银奖。

（黄杰）

【成立嘉铭分校西校区】 2月，陈经纶中学整合原安慧北里中学、安慧北里小学和安慧北里第二小学，成立北京市陈经纶中学嘉铭分校西校区，归属陈经纶中学嘉铭分校。按照“一个学校，一个标准；一体管理，一体打造”集团办学原则，完成嘉铭分校西校区校舍和校园文化硬件改造，实施教师一体化培训、一体化教研科研，实现优质教育资源区域共享，共同打造经纶优质教育品牌。安慧北里中学、安慧北里小学和安慧北里第二小学建制撤销。安慧北里中学前身为建于1995年的安慧北里中学学校；2014年变更为陈经纶中学嘉铭分校西校区。安慧北里小学前身为建于1994年的安慧北里小学学校；2014年变更为陈经纶中学嘉铭分校西校区。安慧北里第二小学前身为建于1994年的安慧北里第二小学学校；2014年变更为陈经纶中学嘉铭分校西校区。

（黄杰）

【开展初高中跨学段联合教研活动】 3月6日，陈经纶中学本部高中会同保利分校组织开展初高中跨学段联合教研活动。本部高中部分史地政学科骨干教师、保利分校史地政综合教研组全体教师参加教研活动。本部高中史地政学科骨干教师与保利分校史地政教师进行面对面交流与指导，保利分校史地政教师亦交流自己在初中阶段教学多方面的探索与感悟。活动旨在加强初中史地政学科建设，加强初高中课程衔接研究。

（黄杰）

【编创室内“抗雾霾操”】 4月，陈经纶中学嘉铭分校编创室内“抗雾霾操”。该分校体育教研组践行学校处方式体育课改精神，针对北京出现的持续雾霾天气，编创一套室内“抗雾霾操”。经测试，做完一套“抗雾霾操”，学生脉搏可达130次/分钟，满足必要的运动负荷要求，对学生体质锻炼有效，从而保证学生在极端天气条件下有效开展室内体育锻炼。

（黄杰）

【获环球自然日全球赛金牌】　7月23日，陈经纶中学帝景分校学生在环球自然日全球总决赛中获得展示组金牌。该校展示项目名为“应境而生”，通过学生自己制作的猛禽、鸣禽、攀禽、游禽等鸟类鸟头和鸟爪模型，充分体现鸟类外观结构对不同环境的适应特性，表现力强。环球自然日全球总决赛由环球健康与教育基金会举办，来自国内九大赛区137组中文组团队以及来自中国香港、美国加利福尼亚、夏威夷和泰国等地74组国际组团队参加比赛。

（黄杰）

【实施特级教师工作室“五个一”工程】　12月3日，陈经纶中学召开特级教师工作室“‘五个一’工程”启动大会。该校现有2个区级特级教师工作室和5个校级特级教师工作室，各学科共80名教师进入工作室学习和研究。会议宣布《陈经纶中学特级教师工作室“‘五个一’工程”工作要求》：每个工作室向每个分校至少吸纳一名成员；每学期至少开展一名骨干教师梳理活动；每学期至少指导一次较高水平研究课活动；每个工作室至少主持一个研究课题；每学期至少集中开展一次较高水平研讨活动。

（黄杰）

北京青年政治学院附属中学

【概况】　2014年，北京青年政治学院附属中学占地面积18990平方米、校舍建筑面积18768平方米，运动场地面积8684平方米。图书馆（室）藏书7.02万册，包括电子图书0.12万册，订阅杂志、报刊334种。固定资产总值3554万元。全年教育经费投入3892万元，其中，国家拨款3811万元、自筹经费81万元。学校信息化经费投入15万元，拥有计算机689台，多媒体教室座位3168个，校园网出口总带宽4Mbps，数字资源量1024GB，“信息技术”课程小学0.5课时/周、初中1课时/周、高中2课时/周。普通教室44个、专用教室44个。教职工162人，其中，高级职称27人、中级职称58人。专任教师130人，包括特级教师1人；本科以上学历128人。开设教学班42个。毕业209人、招生337人、在校生1145人。网址：www.qyfzh.com/。

（黄春丽）

【举办首届国际青少年美术、书法、摄影大赛展】　1月14日，北青院附中主办朝阳区首届国际青少年美术、书法、摄影大赛展暨2013年朝阳区中小学美术师生《迎新》作品展。活动以“毛泽东诞辰120周年”为主题，展示教师和学生作品7个画种70幅，北青院附中15幅作品入选并收录到画册中。市区相关领导及美术界专家总结2013年朝阳区美术工作并表彰2013年美术优秀教育单位，鼓励师生继续参与各级美术活动。

（蔡翀敏）

【科技社团再获全国一等奖】　5月19日，在全国科技周活动“全国青少年未来工程师博览与竞赛‘创意工程’（机关王）比赛”中，北青院附中4名学生搭建的机关作品“蝴蝶效应模拟中心”获中学组一等奖。设计作品不仅使用杠杆、滑轮、滚动、齿轮传动、动能势能的相互转换、碰撞、导电性等物理原理，还应用太阳能、水力、磁力、风能等绿色能源，结合运用课内外知识，体现知识与能力的有机配合。来自全国34支代表队参加，共决出2个一等奖、6个二等奖、8个三等奖、5个突出贡献奖。

（倪剑）

【开展“银杏杯”教学研讨会】　6月3日，北青院附中“中国梦·教育梦·我的梦”系列活动——2013至2014学年度“银杏杯”教学研讨会闭幕。此次活动小学部于3月14日启动，历时两个半月，以解决课堂真问题为主线展开；中学部从3月4日启动，历时三个月，分三个阶段展开。活动以“目标·对策·实效”为主题，以教研组为依托，骨干教师为主要参与主体，聚焦课堂质量，开展赛课研讨交流活动，各教研组在组内开展共同备课、上课、听评课的研讨活动。中小学干部教师听课总数1800节，小学部、中学部分别推荐三名教师做全校范围的展示课，体现教研组学期研究主题。研讨会上，教师们围绕主题，从亮点发现和推介，到谈参与、感悟与发展，聚焦学校发展中的实际问题，寻求推动学科建设和促进学校的内涵建设方案，一致认为：聚焦课堂，研究学情、精心设计，落实目标，追求实效，提升教师专业化成长，为学生的生命奠基，为实现教育梦想助力。

（高玮）

【实施大美术教育课程】　7月3日，北青院附中获2012～2013学年度朝阳区基础教育课程建设先进单位。学校在2010年设置的三年发展规划中将特色办学的目标明确为课程建设，成立以校长为首，中小学教学和科研干部组成的课程建设研究团队，对学校的课程建设现状分析、论证，并制定建设目标。明确课程建设方向是依托美术特色校为平台，建构十二年美术课程体系，实现从小美术升学到大美术教育的转变。2012年至今累计开发实施服装设计、版画制作、诗词与国画、陶艺雕塑、中国书法等110门选修课，课时固定在学校总课表中，每周二下午一个小时，学生依据个人兴趣爱好自由选择，实现以师生可持续发展为核心思想的大美术教育。

（高玮）

【成立心理教研组】　9月，北青院附中成立心理教研组。中小学各设1名专职心理教师，心理健康课程排入课表，周课时10节/人，编制心理健康教育校本教材，建立心理咨询室、学生心理活动室和教师放松室，开办心理社团，开展个体心理咨询服务及时有效疏通师生心结，通过心理问卷调查、团体心理辅导工作加强心理健康教育在学校教育教学管理中的作用。

（雷云）

【获市年鉴综合质量评比教育类一等奖】　10月17日，北青院附中在首届北京市年鉴综合质量评比颁奖及培训活动中获教育类一等奖。该评比由北京市地方志编纂委员会办公室和北京地方志学会年鉴工作委员会主办，全市各行业年鉴编纂单位报送的年鉴经过自查、初评、复评、终审及公示5个程序，教育类共评出特等奖1个、一等奖4个、二等奖6个、三等奖7个，《北京青年政治学院附属中学年鉴2013》是4个一等奖获得者中唯一中学年鉴。

（黄春丽）

【获非物质文化遗产传承教育博物馆称号】　11月28日，北京市联合国教科文组织协会授予北青院附中“非物质文化遗产传承教育博物馆”称号。该馆是北京市联合国教科文组织协会在北京市的第五个“非物质文化博物馆”。学校博物馆非遗作品包括北京景泰蓝画、河北白洋淀芦苇画、广西壮族织锦、天津杨柳青年画、江西景德镇瓷板画、安徽芜湖铁画、山西平遥漆画、黑龙江赫哲族鱼皮画、陕西关中皮影、陕西马勺脸谱、四川成都蜀锦、云南大理白族扎染、山东潍坊风筝、陕西宝鸡剪纸共14种320幅，出自全国各地非物质文化遗产大师之手的作品。

（佘江）

北京第二外国语学院附属中学

【概况】　2014年，北京第二外国语学院附属中学占地面积29624.56平方米、校舍建筑面积37847.70平方米，运动场地面积7152平方米。图书馆（室）藏书7.79万册，订阅杂志、报刊147种。固定资产总值2817.60万元。全年教育经费投入4867.74万元，全部为国家拨款。学校信息化经费投入12.62万元，拥有计算机608台，多媒体教室座位1718个，校园网出口总带宽30Mbps，数字资源量1024GB，“信息技术”课程高中2课时/周，初中1课时/周。普通教室36个、专用教室17个。教职工161人，其中，高级职称40人、中级职称52人。专任教师146人，包括特级教师4人；本科以上学历153人。开设教学班33个。毕业317人、招生354人、在校生1029人。网址：www.ewfz.com.cn/。

（欧新华）

【生态教学大楼启用】　2月16日，二外附中生态教学大楼正式启用。生态大楼特色在于坚持“节地（开发地下空间作为地下体育场）、节能（采用风能及太阳能光伏发电系统）、节水（中水回用、雨水回收）、节材、环保”的原则，运用多种绿色技术，除满足建筑的使用功能等常规建设要求外，特别关注环境保护和节约资源问题，使建筑本身就成为对学生进行生态教育的生动教材。该工程于2010年2月开工建设，占地面积3752平方米，地下2层、地上5层，拥有36间教室，总投资约2000万元。至3月31日，初、高中师生分三批迁入新楼。

（欧新华）

【获评北京市节能减排教育示范基地】　6月11日，二外附中在第八届中国北京国际节能环保展览会成果发布仪式上被评为“北京市节能减排教育示范基地”。该校具备开展节能减排知识传播和科技示范的良好环境，在基础设施硬件建设和数据库等软件建设方面具有较好的基础条件。全市共4家单位入选。

（欧新华）

【展示外语实验班成果】　9月28日，二外附中举办主题为“你变了，世界就变了”的“二外附中外语课程实验班成果展示暨2014级外语课程实验班启动仪式”。仪式上，学校校长使用英文总结2014年暑期赴美国国际拓展课程的学习情况，实验班学生展示研究性学习课题、朗诵著名的美国诗歌、合唱波士顿之歌《Sogood》、表演经典剧《音乐之声》，以此展示参加外语课程实验班以来获得的改变与提高。2014级新生表演萨克斯伴奏的合唱《You Are My Sunshine》。二外领导、区教委领导、学校外聘教授、部分兄弟学校校长及学生家长等1000人参加活动。

（欧新华）

【举办体育明星进校园活动】　12月9日，二外附中举行“体育明星进校园暨二外附中课外活动”启动仪式。仪式上，学校为亚特兰大奥运会羽毛球男单冠军董炯、前国家足球队核心球员高峰和北京市篮球运动会副秘书长马鸣三位体坛明星及其所带教练团队成员颁发课外活动指导教师聘书。随后3名体育明星分享他们的成长心得，参观学校新建体育馆并现场为学生们指导训练，希望学生敢于吃苦，练就过硬技术，继承和发扬人类文明体育精神。

（欧新华）

北京市第十中学

【概况】　2014年，北京市第十中学一校三址，分别是高中部、初中部及新疆班校区。总占地面积5.05万平方米、建筑面积2.31万平方米、体育场（馆）2.28万平方米。图书馆藏书4.38万册，订阅杂志209种、报纸15种。固定资产总值4660.65万元。全年教育经费投入4771.17万元，全部为国家拨款。学校信息化经费投入350万元，拥有计算机660台，校园网出口总带宽20Mbps，数字资源量1000GB，“信息技术”课程2课时/周。普通教室54个、专用教室19个、实验室14个。教职工244人，包括高级职称81人、中级职称71人。专任教师193人，包括市级骨干教师5人；本科以上学历193人。开设教学班51个，其中，初中班20个（含“内高班”2个预科班）、高中班31个（含“内高班”6个高中班）。毕业生537人，其中，初中232人、高中305人；招生442人，其中，初中214人、高中228人；在校生17899人，其中，初中683人、高中916人。网址：www.bj10z.com.cn。

（吕博）

【举办“喜迎古尔邦，共庆文化节”活动】　10月5日，十中举办“喜迎古尔邦，共庆文化节”的庆祝活动。该活动以学生社团为基础，通过舞蹈、歌曲、朗诵、乐曲的形式展现中华各民族的文化。丰台区委教育工委、教委领导出席并致辞，同时对新疆班的同学进行节日慰问。共有领导及师生360余人参加活动。

（徐从中）

【内高部举办教育教学开放日】 12月5日，十中新疆内地高中部举办以“立足民族教育，精致内高课堂”为主题的教育教学开放日活动。教师展示32节教学课、4节班会、课间操，涉及心理、语文等10门学科。共有来自农大附中、北京九中、良乡附中、大峪中学、丰台区其他学校领导、教研员、教师63人参与活动。

（徐从中）

【走进北师大体验哈佛大学课程】 12月16日，十中组织2014级青年班的教师走进北京师范大学体验来自哈佛大学教授的课程。2014级青年班由青年教师10人组成。该活动通过亲身体验哈佛课程，学习国际先进的教学理念和“同伴教学法”，开阔视野、增长见闻。“同伴教学法”旨在通过课堂教学中实现学生自主学习、合作学习、师生互动、生生互动，改变传统课堂教学手段和教学模式，使得青年教师在听课的过程中思考如何在实际教学工作中适当的引入，并发挥其作用。

（吕博）

北京市第十二中学

【概况】 2014年，北京市第十二中学占地面积9.36万平方米、建筑面积9.61万平方米、体育场（馆）面积3.42万平方米。图书馆藏书11.43万册，电子图书1万册，订阅杂志、报刊425种。固定资产总值22204.91万元。全年教育经费投入10607万元，其中，国家拨款10429万元、自筹经费178万元。学校信息化经费投入211.56万元，拥有计算机1521台，多媒体教室座位5580个，校园网出口总带宽50Mbps，数字资源量49000GB，“信息技术”课程2课时/周。普通教室102个、专用教室47个、实验室27个。教职工385人，包括高级职称165人、中级职称119人。专任教师290人，包括特级教师18人、市级骨干教师21人、北京市学科教学带头人3人；本科及以上学历345人。开设教学班77个，其中，初中班44个、高中班33个。毕业1195人，其中，初中772人（本部125人，科丰647人）、高中423人；招生883人，其中，初中525人、高中358人；在校生2996人，其中，初中1748人、高中1248人，包括寄宿生510人。高中录取分数线557分（丰台区），应届高考本科重点上线率文科97.67%、理科99.03%。网址：www.bj12hs.com.cn。

（王连东）

【成立诺贝尔科研实践活动班】 1月3日，十二中成立“2013级诺贝尔科研实践活动班”。活动班旨在为参加科研实践的学生搭建一个学习和交流平台，提供科研指导，开设“如何选择科研课题”“如何做开题报告”“如何撰写科研论文”等专题讲座，不定期召开“科研沙龙”交流参加科研实践的经验。此次共有高一年级学生29人成为首批学员，学员均是北京市“翱翔计划”学员、北京青少年科技俱乐部科研实践活动学员和北京青少年科技后备人才早期培养计划学员。

（王连东　刘波）

【创编“加油”室内健身操】 2月28日，十二中创编“加油”室内健身操。全套操共7节，从预备活动开始，从上到下依次做头部运动、肩部运动、体侧运动、全身运动和跳跃运动。每遍用时3分50秒，每次做两遍。该健身操是由学校体育教师创编，目的在于应对雾霾天气保证学生运动健康，将趣味性、易用性和运动性相结合，以规范简单的基本体操动作为主，配以动感音乐进行健身操锻炼。

（王连东　刘华）

【获得汉听大赛北京站决赛冠军】 3月30日，由十二中6人组成的丰台区代表队参加第二届“中国汉字听写大会”北京站决赛获得冠军。比赛通过答卷和听写两种笔试的形式进行十六进八和八进四的比赛、通过3轮现场听写淘汰赛的形式进行四进一的决赛，听写内容均为常用但易错字词。比赛邀请来自北京大学中文系的教授作为评委并进行点评，中央电视台对比赛进行全程跟踪报道。此项赛事由国家语委与中央电视台联合举办，共有16支区县代表队参加北京站比赛，选手平均年龄14岁。

（王连东　周国庆　康玮玮）

【建立萃智科技创新研学中心】 9月30日，十二中萃智科技创新研学中心建成并投入使用。该中心总投资560万元，建筑面积2000平方米，使用面积1600平方米，包括一个开放式的科技展馆和15个科技创新工作室，工作室有：机器人工作室、机电一体化工作室、F1赛车工作室、超导工作室、磁特性工作室、光学技术工作室、二维设计与激光雕刻工作室、三维设计与3D打印工作室、创意与发明工作室、环境化学工作室、天之问工作室、分子生物学工作室、生态与环境工作室、绿色能源工作室、脑与记忆工作室。该中心于2013年10月开工建设。

（王连东　何文轶）

【建立化学创新实验中心】 9月，十二中建立化学创新实验中心。该中心由市教委和市财政共同批准的北京市普通高中开放式重点实验室建设项目，建成并使用的仅此一家，总投资250万元，总面积522平方米，拥有三室五区，即计算化学实验室、环境化学和绿色化学实验室、主题探究实验室3个实验室，化学与生活展区、化学与技术展区、化学与材料展区、化学科学发展史展区、师生作品展区5个区。实验中心开设3种类型选修课分别是国家课程选修6《实验化学》、综合性主题研究校本课程、大学先修课程。5个展区通过图片、实物、交互式多媒体等形式展现化学发展简史、应用化学知识以及未来化学的发展、师生微实验成果，该中心为学生提供实验探究的高端平台。

（王连东　何文轶）

【校史馆开馆】 10月6日，十二中校史馆开馆剪彩。校史馆占地面积400平方米，总投资300余万元。展厅由8个单元组成，分别是序厅浮雕、第一篇章“岁月履痕”、第二篇章“励志前行”、第三篇章“风雨十年”、第四篇章“致远行健”、第五篇章“融智聚势”、第六篇章“宏图大展”和结束语。展厅将现代科技与传统工艺相结合展现十二中的发展历史和奋斗历程以及所取得的办学成就。

（王连东）

【举行建校80周年庆祝活动】 10月6日，十二中举办建校80周年庆祝活动。来自中国运载火箭技术研究院、香港大学、北京大学、清华大学、复

旦大学、人大附中、北京四中、福州一中、辽宁省实验中学等41家科研院所和大、中学校发来贺电。7月29日，十二中金帆民乐团在国家大剧院举办庆祝建校80周年暨建团30周年专场音乐会。10月3至4日，举办“校友返校日”活动，邀请1934届至2014届的2000余名校友以及退休的教师们返校参加活动。10月6日，历任老校长、领导嘉宾、师生、家长和校友代表共计500人参加活动。学校成立教育发展基金会，开辟校庆专题网站，拍摄纪录片，出版校志、校友录、纪念画册、纪念邮折，以及《精彩十二》《情系十二》等50余本系列出版物；并组织开展校史回顾演讲、校友讲堂、走访校友和老教师、校庆征文、书画展览等系列庆祝活动。十二中建立于1934年，其前身是河北省宛平县立简易师范学校，1949年改名为北京市立丰台简易师范学校，1951年7月正式更名为北京市第十二中学，现为丰台区唯一的市级重点中学，是北京市首批十四所高中示范校之一。

（王连东）

北京市第十八中学

【概况】 2014年，北京市第十八中学分3址办学，分别为北京市第十八中学、北京市第十八中学西马金润校区、北京市第十八中学附属实验小学。学校占地面积6.81万平方米、建筑面积5.79万平方米、体育场（馆）面积2.69万平方米。图书馆（室）藏书8.86万册，电子图书500GB，订阅杂志、报刊289种。固定资产总值19268万元。全年教育经费投入10133万元，其中，国家拨款10031万元、自筹经费102万元。学校信息化经费投入770万元，拥有计算机1088台，多媒体教室座位2120个，校园网出口总带宽10Mbps，数字资源量40GB，“信息技术”课程2课时/周。普通教室75个、专用教室31个、实验室16个。教职工285人，包括副高级职称64人、中级职称86人。专任教师237人，包括特级教师5人，市级骨干教师1人、北京市学科教学带头人2人；本科及以上学历257人。开设教学班74个，其中，初中班32个、高中班25个、北京市第十八中学附属实验小学17个。毕业507人，其中，初中243人、高中264人；招生499人，其中，初中281人、高中218人；在校生2238人，其中，初中934人、高中691人、北京市第十八中学附属实验小学613人，包括寄宿生250人。高中录取分数线523分（丰台区），应届高考本科上线率97.6%。网址：www.bj18.net。

（管杰）

【与芬兰学校建立校际合作关系】 4月22日，北京市第十八中学与芬兰希尔维亚（Sylva）学校建立校际合作关系。根据协议，双方开展中芬未来学校创新计划项目方面的合作，其中，中方负责提供场地，教学设备等；芬方负责设计教学项目，提供教学资源。

（付静）

【承办方庄教育集群首届科技节】 11

月22日，北京市第十八中学承办方庄教育集群第一届科技节启动仪式。方庄教育集群14所学校的500余名学生参加，比赛涉及项目有竞赛类8种、评比类4种，另外还有集群学生亲手制作的互动展品上百种。

（张琳）

【区域化办学的尝试及集群化数字化发展项目验收】 11月25日，北京市第十八中学西马金润校区召开区域化办学的尝试及其集群化数字化发展——北京市第十八中学分校城乡一体化建设项目竣工验收会。会议听取学校校长汇报区域化办学的尝试及其集群化数字化工作的理念、思路和未来规划。验收领导组经过讨论，一致认为北京市第十八中学分校城乡一体建设项目完成合同规定的各项任务，达到预期目标，同意通过竣工验收。教育部基础教育一司、市教委、北京教育网络和信息中心、丰台区教委等单位相关领导参加会议。该项目为北京市第十八中学十八中分校城乡一体化学校建设项目，于2014年6月立项。项目通过线上指导及线下实践相结合方法，研究区域化办学及其集群化数字化发展内容，得出用信息化手段推进区域集团化办学结论。

（张悦）

北京市第九中学

【概况】 2014年，北京市第九中学占地面积6.30万平方米、建筑面积1.18万平方米，体育场馆面积2.34万平方米。图书馆藏书8.23万册，电子图书1.33万册。固定资产总值1.64亿元。全年教育经费投入6217万元，全部为国家拨款。学校信息化经费投入320万元，拥有计算机647台，多媒体教室座位275个，校园网出口总带宽1000Mbps，数字资源量750GB，“信息技术”课程2课时/周。普通教室41个、专用教室34个、实验室14个。教职工183人，包括副高级职称59人、中级职称113人。专任教师130人，包括特级教师1人、北京市学科教学带头人2人、市级骨干教师5人；全部为本科及以上学历。开设教学班39个。毕业474人；招生427人；在校生1357人，包括寄宿生 484 人、外省市借读生 355 人。高中录取分数线 521 分（石景山区），应届高考本科文科上线率 100%、理科上线率 97.90%。网址：9z.sjsedu.cn/。

（吴然）

【国家级体育赛事获奖】 5 月 1 日和 12 月 5 日，九中田径队参加国家级体育比赛获奖。其中，在 2014 全国中学生田径锦标赛上获得女子 100 米栏、女子跳高、女子跳远 3 枚金牌。该比赛由教育部、中国中学生体育协会、中国田径协会举办，在四川省仁寿县第一中学举行，设置 68 个项目，来自全国 28 个省市地区 180 所学校运动队参赛。在第 12 届全国学生运动会上获得女子乙组 100 米栏、跳高 2 枚金牌。比赛由教育部、国家体育总局、共青团中央主办，在上海市举行，设置 8 个项目，来自全国 34 个省市地区运动员 6000 人参赛。

（乔慧莲）

【首届高中新疆班学生毕业】 6 月 5 日，九中举办首届内地高中新疆班学生毕业典礼。毕业生开展“鲜花送恩师”与校友共植“民族团结树”活动。该校首届高中新疆班学生 74 人，2010 年入学，完成学业预科班 1 年、高中班 3 年，全部升入本科及以上高等院校，其中，97%为本科第一批录取院校。

（乔慧莲　曹艳玲）

【与清华共建虚拟实验室】 6 月 19 日，九中与清华大学“信息化条件下北京市中小学生学习方式变革”项目组合作建立“翻转课堂实验室”。清华项目组专家观摩该校教师“地理视角分析雾霾”课堂教学，并就教学革新、课标和新技术使用、合作学习、自主提高教学模式等方面实验研究提出具体评价和指导。“清华——九中翻转课堂虚拟实验室”由九中负责管理，具有物理、化学、生物、地理、数学等实验室。

（乔慧莲　曹艳玲）

【美国专家来校指导】 6 月和 8 月，九中邀请美国专家来校培训指导。6 月 19 日，美国密苏里大学教育学院专家玛驰（Z. March）做“在数字世界中给学生提供更多学习机会”专题讲座，阐述“团队合力”“倒推循环”“分享

式学习”教学原则，以及“预测结果”“收集数据”“反馈效果”“改进体验过程”教学环节实践。全校教师 130 人参加学习。8 月 4 日，学校邀请美国惠普公司图形计算器总设计师斯普林格（G. T Springer）来校指导教研。斯普林格举办图形计算器系列讲座，介绍美国数学实验室教学应用及发展趋势，并观摩教师说课、学生作品展示和校园数学实验室。教师、学生 130 人参与活动。

（董延武）

【物理学科实验室建成】 12 月 10 日，九中“FEEL”物理学科实验室建成。“FEEL”实验室意为“I feel it. I experience it. I enjoy it. I love it!”，彰显“我感知，我体验，我享受，我热爱”宗旨，由教师负责日常管理，配有手动工具套装 10 套，电动工具套装 10 套，摄像机一台，数码相机一台，打印机一台，面向所有在校师生开放，探索“玩中学”“做中学”教学模式。实验室实施无边界教学，多学科教师联合授课，以学生动手实践为主，可随时组织体验、合作、探究性学习活动。

（曹艳玲　张今）

【举办学科整合活动】 12 月 17 日，九中举办“蓝天的救赎——聚焦雾霾”主题学科整合活动。活动中，理科课程为“驱散雾霾现蓝天——探究霾的成因与治理”，化学、数学、地理、物理、生物、语文、通用技术 7 个学科教师参与教学设计；文科课程为“人与自然和谐发展——谈北京雾霾成因与治理之路”，政治、地理、语文、历史教师共同执教；各年级学生通过诗朗诵、音乐剧、三句半等艺术形式，演绎抗击雾霾的环保理念和行动做法；学校相关负责人做“跨学科教学实验，培养富于创新精神和实践能力的人才”主题汇报。来自北京教科院专家，各区县学校代表，该校干部、师生 200 人参加活动。

（乔慧莲）

北京市苹果园中学（首都师范大学附属苹果园中学）

【概况】 2014 年，北京市苹果园中学（首都师范大学附属苹果园中学）占地面积 4.94 万平方米、建筑面积 3.18 万平方米，体育场馆面积 1.60 万平方米。图书馆（室）藏书 4.54 万册，订阅杂志、报刊 240 种。固定资产总值 7566.40 万元。全年教育经费投入 3424 万元，其中，国家拨款 3256 万元、自筹经费 168 万元。学校信息化经费投入 105740 元，拥有计算机 448 台，多媒体教室座位 42 个，校园网出口总带宽 100Mbps，数字资源量 500GB，“信息技术”课程 2 课时/周。普通教室 28 个、专用教室 12 个、实验室 10 个。教职工 144 人，包括副高级职称 45 人、中级职称 36 人。专任教师 112 人，包括北京市学科教学带头人 1 人、市级骨干教师 4 人；全部为本科及以上学历。开设教学班 26 个。毕业 287 人；招生 255 人；在校生 804 人，包括寄宿生 60 人。高中录取分数线 499 分（石景山区），应届高考本科上线率文科 87.70%、理科 67.40%。网址：www.pz.sjsedu.cn。

（王丽萍）

【创建志愿者爱心小屋】 3 月 7 日，苹果园中学与石景山西井社区首钢敬老院联合创建“温暖爱心小屋”。此次活动由该校“学雷锋小组”发起，在校初高中年级“志愿·北京”注册志愿者 800 人，每月按照校团委发布志愿者项目，定期开展内容包括：打扫卫生、搀扶散步、与老人聊天下棋等，节假日还自编自演吉他、相声、舞蹈等文艺节目。

（武月）

【更名为首师大苹果园中学】 8 月 31 日，苹果园中学更名为首都师范大学附属苹果园中学。来自石景山区政府、首都师范大学领导，学校干部、师生1600人参加揭牌仪式。依据区

政府与首都师范大学合作协议，原北京市苹果园中学、北京市苹果园中学分校合并成立首师大苹果园中学。合并后，首师大苹果园中学拥有教职工207人，包括高中部146人、初中部61人，在校生1307人，包括初中503人、高中804人，教学班42个，包括初中班20个、高中班26个，由首师大选派专家管理、指导教育教学团队，提升校办学管理水平。

（赵丽娜）

【召开生涯规划教育现场会】 9月18日，首师大学苹果园中学召开“用可实现的梦想引领学生发展”生涯规划教育现场会。会议听取“高中职业生涯规划教育促进学校发展”报告，说明学校生涯规划教育“专题课程”“主题班会”“综合实践活动”等建设情况，展示“兴趣能力伴成长”“探索职业世界，实现人生价值”“职业世界与生涯选择”生涯规划教育心理健康、地理学科课程教学和主题班会。来自北京教科院专家，区教育分院、教科所负责人16人，以及湖北省“十二五”高中校长提高班48所中学校长56人参加活动。

（白晔）

【与武汉学校签署合作协议】 11月21日，首师大苹果园中学与武汉经济技术开发区第一中学签署《建立友好学校协议书》。根据协议，首师大苹果园中学提供科研、德育心理教育经验、指导，武汉经济技术开发区一中承担互助互学机会及所需教育教学资源，涉及“教育教学科研合作”“教师引领”“资源共享”等具体内容，有效期3年。11月，武汉经济技术开发区一中干部、教师一行40人，到校观摩高一年级“做友善的使者”、高二年级“诚信”主题班会，并就学生教育和管理工作交流研讨。

（赵玉东）

北京景山学校远洋分校

【概况】 2014年，北京景山学校远洋分校占地面积3.63万平方米、建筑面积2.38万平方米，体育场馆1.35万平方米。图书室藏书2.70万册，电子图书0.20万册。固定资产总值4904.80万元。全年教育经费投入3223.80万元，其中，国家拨款3218.30万元、自筹经费5.50万元。学校信息化建设经费投入5万元，多媒体教室座位3150个，计算机567台，校园网出口总带宽100Mbps，“信息技术”课程1课时/周。普通教室54个、专用教室21个、实验室8个。教职工184人，包括副高级职称13人、中级职称40人。专任教师164人，包括特级教师1人、市级骨干教师1人；全部为本科及以上学历。开设教学班59个，其中，小学班34个、初中班18个、高中班7个。毕业317人，其中，小学184人、初中76人、高中57人；招生530人，其中，小学530人、初中184人、高中60人；在校生1919人，其中，小学1176人、初中580人、高中163人。高中录取分数线496分（石景山区）。网址：jsyy.sjsedu.cn。

（白丹）

【展示选修课学习成果】 1月3日，景山学校远洋分校组织选修课学习成果展示活动。该校开发中华传统艺术与语言、话剧剧本创作与排演、定向越野等共计18门选修课，此次汇报主要采用相声、舞蹈、合唱等形式，并邀请表演艺术家现场进行点评。全校教师、学生500人参加活动。

（任钧宁）

【组织课堂观察研讨】 3月13日，景山学校远洋分校组织课堂观察研讨。此次工作组织观摩高一年级“城市化”地理学科公开课，分为教师、学生、课程、文化四个维度，具体考察教师在教学过程中的表现、学生的投入情况、师生互动、问题设计、学生效果、课堂文化等方面情况，并对授课教师提出改进建议。全校干部、教师20人参与工作。

（卢麟）

【开设学生绿色救治通道】 5月15日，景山学校远洋分校开设“学生意外伤害及时处理绿色救治通道”。该通道是与中国中医科学院眼科医院共同建立，院内设专人负责学生电话热线，保证在校学生在遭受意外伤害后第一时间得到处理和救治。双方单位为北京市基础教育阶段创新人才培养项目——创新人才培养协作体。

（白丹）

北京市第一〇一中学

【概况】 2014年，北京市第一〇一中学占地面积21.25万平方米、建筑面积3.30万平方米，运动场地面积4.16万平方米。图书馆（室）藏书13万册。固定资产总值24865.13万元。全年教育经费投入16291.04万元，全部为国家拨款。学校信息化经费投入341.06万元，拥有计算机2683台，多媒体教室114间，校园网出口总带宽180Mbps，数字资源量2000GB，“信息技术”课程2课时/周。教职工360人，其中，高级职称110人、中级职称118人。专任教师270人，包括特级教师6人、市级骨干教师11人、市级学科教学带头人4人；本科以上学历269人。开设教学班90个，其中，初中51个、高中39个。毕业1138人，其中，初中676人、高中452人；招生1160人，其中，初中700人、高中460人；在校生3607人，其中，初中2198人、高中1409人，包括寄宿生664人、外省市借读生312人。高中录取分数线544分（海淀区），应届高考本科上线率100%。该校拥有双榆树校区、怀柔校区共2个分校。网址：www.beijing101.com。

（张欣）

【学生获科技发明奖】 3至4月，一〇一中学学生分别获科技创新市长奖和日内瓦国际发明展金奖。3月28日，该校高三年级学生施一泓获得第12届北京青少年科技创新市长奖。施一泓获奖项目为“管道循环式半导体制冷凝水装置的研制”。该项目设计并制作一种装置将空气中水蒸气冷凝成为液态水，达到温室降湿目的，同时补充灌溉用水，实现水资源回收再利用。3 月 30 日至 4 月 9 日，该校学生参加第 42 届日内瓦国际发明展获 3 项金奖。初一年级学生范熙宇、王一帆、李沛泽、董一郎“新型智能绿色植物窗帘的研制”项目、初三年级学生尹月“植物驱蚊止痒膏的制备及对蚊虫防止效果的研究”项目和高一年级学生宋文竹、高二年级学生杨辰“新型智能化叶表面 PM2.5 检测系统的研制”项目均获金奖，高二年级学生赵星“八宝景天涂层对桔子保鲜及防腐性的研究”项目获银奖。

（张欣）

【怀柔校区建成招生】 9 月 1 日，一〇一中怀柔校区首批学生入学。首届招收初一年级学生 263 人，生源全部来自怀柔区。一〇一中怀柔校区设初、高中学段，位于怀柔区雁栖经济开发区乐园大街 31 号北侧，总占地面积 65515.84 平方米。该校属公办中学性质，寄宿制学校，实行封闭式管理。一〇一中校长兼任该校区校长，并委派教学干部、骨干教师 15 人到该校区担任管理和部分教学工作。

（张欣）

【增加分层走班教学学科】 9 月 1 日，一〇一中学增加分层走班教学学科。分层教学依据不同认知发展水平学生实施适合的教学策略，因材施教，激发学生学习主动性和自觉性，促进学生个性化发展。该校在原有艺术、信息技术、体育学科分层走班教学基础上，增加分层走班教学学科，分别为高中物理和化学学科、初一年级数学和英语学科。每个层级教学班由 2 至 3 个行政班学生组成。

（张欣）

【获世界啦啦操亚太冠军】 9 月 20 至 29 日，一〇一中参加世界啦啦操亚太地区公开赛获得冠军。2014 年世界啦啦操亚太地区公开赛在澳大利亚布里斯班昆士兰州举办，比赛参赛者包括中国、澳大利亚、新西兰、马来西亚、菲律宾、美国等国 200 支代表队、3000 余名运动员。一〇一中啦啦队由体操队和啦啦操社团共 17 名学生组成，代表国家队参赛，获得冠军。比赛由世界啦啦操联合会、亚太地区啦啦操联合会主办。

（张欣）

【开展核心价值观主题班会评比】 10 月 15 至 24 日，一〇一中学开展社会主义核心价值观主题班会评比活动。10 月 15 至 17 日，初一年级围绕“诚信·友善”、初二年级围绕“文化·传承”开展系列教育活动。10 月 20 至 24 日，高一和高二年级以“公正·法治”为主题，结合习近平五四讲话精神开展主题教育活动。学校组织教师、家长及其他班学生，采取现场观摩打分评价方式，对班会进行评比。评比标准依据教育目标达成、班会方案设计、教育过程调控、学生参与程度方面进行，最终，初一 10 班“做最美的一零一人”、初二 11 班“弘扬传统文化、品味京剧国粹”、高一年级 10 班“獬（豸）之辨”等 10 个主题班会被评为特等奖。

（张欣）

北京市八一中学（北京市八一学校）

【概况】 2015 年，北京市八一中学（北京市八一学校）占地面积 13.66 万平方米、建筑面积 17.10 万平方米，体育场（馆）面积 1.97 万平方米。图书馆（室）藏书 40 万册，订阅杂志、报刊 1.60 万种。固定资产总值 39905 万元。全年教育经费投入 18897 万元，其中，国家拨款 18073 万元、自筹经费 824 万元。学校信息化经费投入 331 万元，拥有计算机 2168 台，多媒体教室座位 3560 个，校园网出口总带宽 288Mbps，数字资源量 1000GB，“信息技术”课程 2 课时/周。普通教室 89 个、专用教室 84 个、实验室 32 个。教职工 422 人，包括副高级职称 88 人、中级职称 174 人。专任教师 348 人，包括特级教师 6 人、市级骨干教师 9 人、北京市学科教学带头人 3 人；本科及以上学历 395 人。开设教学班 118 个，其中，初中班 54 个、高中班 34 个、小学班 30 个。毕业 1169 人，其中，小学 155 人，初中 637 人、高中 377 人；招生 1352 人，其中，小学 210 人，初中 707 人、高中 435 人；在校生 4362 人，其中，小学 1025 人，初中 2081 人、高中 1256 人，包括寄宿生 194 人、外省市借读生 1171 人。高中录取分数线 538 分（海淀区），应届高考本科上线率理科 99.50%、文科 97.40%。网址：www.bayims.cn。

（左秋洁）

【颁发首届“聂荣臻奖学金”】 3 月 1 日，八一中学颁发首届“聂荣臻奖学金”。该校 10 名在校生成为首届“聂荣臻奖学金”获得者。该奖学金面向上一学年区级“三好学生”、区“优秀学生干部”、区“优秀共青团员”或“五四”奖章获得及提名者的在校初二、初三、高二、高三学生（含借读生）。经过班级推荐、年级公开演讲、年级师生共同投票、年级评选小组审议、学校领导小组审核、学校公示环节，最终评选出 10 名学生获奖。此奖每年评选 1 次，每次 10 人，每人每次奖励 2000 元。聂荣臻奖学金经重庆聂荣臻研究会第 17 次理事会研究决定，以聂荣臻元帅命名，旨在激励青少年立志报国，勤奋学习，做聂荣臻精神的传人。从 2013 年开始，在聂荣臻元帅生前学习、战斗和工作过的重庆中学、北京市八一中学等 6 所中小学开展评选表彰活动。

（李红梅）

【更名为八一学校】 7月12日，八一中学更名为北京市八一学校，海淀区彩和坊小学同时并入该校。合并后，该校成为一所集小学、初中、高中于一体的学校，拥有三个校区，在校生4362人，教职工422人。1958年8月，北京军区党委决定，八一小学设初中部，校名为北京军区八一学校。1963年6月，八一学校移交北京市教育局直属领导，改名为北京市八一学校。1976年撤销小学部，校名改为北京市八一中学。

（刘静静）

【承办全国航天科普大赛】 8月5至8日，八一学校承办第二届全国航天科普大赛。该比赛由中国航天报社、中国智慧工程研究会主办，八一学校承办，比赛设月球车组装赛及月球车登陆赛，组装赛由大会统一提供车辆散件学生组装，训练培养学生识读装配图及动手制作能力；月球车登陆赛由参赛队自行设计制作车辆，要求能通过大会预设的障碍，并配合车辆登陆表演一段科普剧。竞赛期间安排航天科普讲座、学生航天作品展及航天科普体验活动。来自广东、云南、山东、山西、北京等省市500名选手参加比赛。八一学校学生在月球车登陆任务中获得初中组、高中组金奖，在月球车组装项目中12人获得一等奖。

（常树岩）

【编发初高中新版《学生手册》】 8月，

八一学校编发初高中新版《学生手册》。通过调研访谈定题、搜集完善材料、初稿编写、校稿征询，首次定稿印发。其中，初中版内容包括初识门庭、学习生活、自我成长和校园生活，采用红色封面，代表对学校传统的继承，同时充满朝阳般热情；高中版内容包括认识学校、学业指导、个人发展和校园生活，采用绿色封面，代表传承不息的八一精神，又饱含青春活力。手册采用多变版式，配有图表、照片，同时包括校园平面图、常用电话汇总、校本课程一览、高中选课指南、学习设施详解等为学生和教育教学服务的内容。该校初一、高一年级新生入学每人配发1册。

（左秋洁）

【高中部资优班开设素养专题课】 9至12月，八一学校高中部开设素养专题课。该课程面向高二年级资优班学生，每周五下午授课，课程分人文、艺术、科学与实践4个类别。课程邀请专业教师讲授音乐与美术鉴赏、经济时政专题阅读与国学细读、网络安全、生物组培等科技前沿知识，同时组织学生参观北京大学、清华大学感受名校学术氛围。该校高二年级资优班学生45人参加学习。

（向玉艳）

【与新加坡学校签署合作协议】 10月24日，八一学校与新加坡先驱初级学院签署教育合作协议。根据协议，两校将加强资源整合，创新国际教育模式，共同致力于培养具有全球化视野的国际化人才，促进教育协同发展；同时商定根据各自教学需要，假期派遣学生参加各种交流活动，开展学生干部交流活动，并分享双方在学生领导能力培养等方面经验。协议长期有效。

（王华蓓）

【获国际青少年发明展金银奖】 11

月，八一学校学生参加第66届德国纽伦堡国际青少年发明展获金银奖。该校国际部高二年级学生7人参赛，其中，5名学生的参赛项目“用淘米、洗菜污水制造‘植物营养水’系统和装置”获得金奖，该装置可将厨房污水中相对洁净的淘米水、洗菜水经分流发酵处理制成植物营养水，以备家庭花卉栽培灌溉，实现水资源的回收再利用；2名学生的参赛项目“弹出式地插设计”获得银奖。德国纽伦堡国际发明展为世界三大发明展之一，此次比赛中国共有58项发明项目参展，最终获得金奖18个、银奖20个、铜奖20个。

（何琳）

【与体育公司签署足球培训协议】 12月16日，八一学校与北京合力万盛体育发展有限公司签署合作协议书。根据协议，八一学校与合力万盛优势互补，在足球人才培养、青少年足球赛事等方面开展合作。合力万盛公司引进荷兰海牙俱乐部青训教练，培训八一学校足球各年龄梯队，提升八一学校足球运动水平。北京合力万盛国际体育发展有限公司成立于2007年，为专门从事国际体育赛事推广和经营的专业公司。该校于7月7日被国家体育总局、教育部命名为足球项目国家级传统学校。

（戴为）

北京市十一学校

【概况】 2014年，北京十一学校占地面积15.61万平方米、建筑面积16万平方米，体育场（馆）面积2.92万平方米。图书馆藏书15万册，电子图书6套，杂志、报刊90种。固定资产总值52684.30万元。固定资产总值65363.80万元。全年教育经费投入28553.70万元，全部为国家拨款。学校信息化经费投入800万元，多媒体教室座位3000个，校园网出口总带宽200Mbps，数字资源量100GB，“信息技术”课程2课时/周。普通教室301个、实验室30个。拥有计算机2547台。教职工537人，其中，高级职称156人、中级职称128人。专任教师431人，包括特级教师23人、北京市骨干教师7人、北京市学科教学带头人3人；本科以上学历485人。开设教学班1430个。毕业1320人，其中，初中722人、高中598人；招生1248人，其中，初中670人、高中578人；在校生4041人，其中，初中2235人、高中1806人，包括寄宿生1234人。高中录取分数线528分（海淀区），应届高考本科上线率100%。网址：www.bjshiyi.org.cn。

（杨雄）

【与顺义国际学校建立合作关系】 1月20日，十一学校与北京顺义国际学校签署合作备忘录。双方同意建立交流与合作机制，在教学、课程开发、学校活动等领域交流观点，深化对彼此文化及教育的理解，实现资源共享。顺义国际学校是全日制国际学校，为在京居住外籍学生提供从幼儿园至高中的教育，开设国际文凭（IB）课程。

（周斌）

【举办推荐教改经验新闻发布会】 2月27日，十一学校举行推荐教改经验新闻发布会。发布会由教育部主办，专门推荐十一学校教育改革经验。发布会指出，十一学校作为国家办学体制和高中特色发展改革试点单位，着力深化课程改革，创新人才培养模式，促进学生全面而有个性的发展，取得显著成绩，为全国提供鲜活案例和宝贵经验，值得认真总结、宣传和推广。该校高二年级学生代表蔡立德介绍在十一学校的学习经历；与会者由自愿报名学生一对一带领，参观、介绍学校变化。教育部领导，人民日报、中央电视台、新华社、光明日报等40余家媒体记者，十一学校教师、学生、家长代表100人参加发布会。十一学校2009年开始转型变革实践，探索分层教学、走班选课、取消行政班、设立学科教室、实施导师制、学生自主管理等一系列改革举措。对国家课程、地方课程校本化，构建一套分层、分类、综合、特需相结合的课程体系，共开设265门学科课程、30门综合实践课程、75门职业考察课程。此外，还有272个社团和60个学生管理岗位为学生提供多样化选择。

（杨雄）

【召开中美学生文化交流研讨会】 5月27日，十一学校召开中美学生文化交流研讨会。活动由十一大使社团和十一学校模拟联合国协会共同举办，来自该校两个社团和大学咨询中心中外师生代表参与美国“十万强计划”项目40余名大学生参加交流。研

讨会以对话交流形式进行，9名中外学生就校园文化融合、专业选择、职业规划等话题与现场师生探讨与交流，并开展自由讨论，研讨会还举办科技成果展示。“十万强计划”由美国总统奥巴马2009年11月访问中国期间宣布，2010年5月在北京正式将计划签署为双边协议。该项目计划在四年内招揽10万名美国学生到中国留学，目的在于加深美中在教育、科技和体育等领域的互动合作。“十万强计划”目标包括高中、大学以及研究生院学生。

（伊胜华）

【获丘成桐中学科学奖优胜奖】 12月13日，十一学校学生获第二届丘成桐中学科学奖优胜奖。高三年级学生王嘉琦、蔡立德、闵大桁以研究报告《简单连通图的直径估计》获得数学奖优胜奖，奖金3万元；高三年级学生王峻、胡京津、胡坤以研究报告《四种常见日晕的分析与模拟》获物理奖优胜奖，奖金3万元。丘成桐中学科学奖于2013年正式设立，下设丘成桐中学数学奖和丘成桐中学物理奖。该评选于1月启动，数学奖共有来自海内外近200所中学的400多支队伍参赛，物理奖有140所中学412支队伍参赛。所有参赛队伍中，16支来自美国、新加坡、日本等国家。评委由包括丘成桐教授在内的国内外21名著名数学家与物理学家组成，国内外百余名学者参与数学奖和物理奖的辅导及评审工作。评出数学奖金奖1人，15人分获数学奖银奖2项、铜奖5项、优胜奖3项；物理奖金奖1人，30人分获物理奖银奖1项、铜奖3项、优胜奖5项、入围奖5项。

（杨雄）

北京大学附属中学

【概况】 2014年，北京大学附属中学占地面积5.16万平方米、建筑面积2.76万平方米。在建体育馆一期建筑面积1.69万平方米，体育馆屋面运动场1.20万平方米。图书馆藏书9万册，电子图书与北大图书馆共享。固定资产总值3980.83万元。全年教育经费投入9143.14万元，其中，国家拨款6047万元、自筹经费3096.14万元。学校信息化经费投入300万元，拥有计算机966台，多媒体教室座位300个，校园网出口总带宽1Gbps，数字资源量5TB，“信息技术”课程2课时/周。普通教室77个、专用教室108个、实验室14个。教职工296人，包括副高级职称105人、中级职称82人。专任教师239人，包括特级教师11人、北京市学科教学带头人4人、市级骨干教师6人；本科及以上学历219人。开设教学班56个，其中，初中班24个、高中班32个班。毕业生559人，其中，初中222人、高中337人；招生618人，其中，初中251人、高中367人；在校生1817人，其中，初中748人、高中1069人。高中录取分数线（海淀区）544分，应届高考本科上线率100%。学校网址：www.pkuschool.edu.cn。

（王琴）

【开展“18+2”课程】 6月，北大附中开展“18+2”课程。该课程在学校道尔顿学院施行，主要增加课外体验式学习活动，即学生每学期课堂学习时间18周，另外2周根据课程主题，通过实地考察形式进行体验式学习。7至8月，开展英国莎士比亚之旅和意大利文艺复兴时期艺术文化之旅。

（王琴）

【校园管理服务中心成立】 7月1日，北大附中校园管理服务中心成立。该中心有工作人员51人，承担学校后勤保障和校园安全工作。主要工作职责为保障学校水、电、气、热、餐饮、医务、车辆、场地以及学校教学设施设备；管理保安以及物业公司；组织

学校大规模消防疏散演练等。

（王琴）

【获首届国家教学成果奖】 7月5日，北大附中获首届基础教育国家级教学成果奖。该校3名教师主持的《中学数学建模“双课堂”教与学的实践研究》项目获一等奖。该项目通过对基于网络条件下，北京四所中学数学建模课程的实践研究，取得一系列在不同水平学生中开展数学建模活动的课程模式、操作环节、资源扩展的经验和实施方案等方面成果。该奖项由教育部评选，是基础教育领域内由政府设立的最高级别的业务类奖励，该校另一项集体项目《高中学院制、书院制学生发展模式探索——构建跨年级、多元自主的校园生态》获二等奖。

（王琴）

【改革语文英语课程】 7月，北大附中以阅读为核心改革英语、语文课程。此次语文、英语学科课程改革由学校高中部课程委员会主持，语文、英语学科组教师实施、执行，涉及高一、高二两个年级。语文以“专书”的“经典阅读”方式引导学生读经典、学经典，以经、史、子、集为纲，开出系列经典阅读课程；英语以英语文学原著阅读为载体，开出基础英语、英语文学阅读、专业英语阅读等一系列课程。课程涵盖国家课程标准，参考“翻转课堂”教学模式，培养、增强学生阅读与领悟能力，强化写作、口头表达能力，培养与训练批判性思维，切实提升学生语言文学素养。

（王琴）

【高中部完善组织课程结构】 7月，北大附中高中部完善组织课程结构。该校高中部成立课程委员会四学院（行知学院、元培学院、博雅学院、道尔顿学院）、三中心（运动与健康教育中心、视觉与表演艺术中心、信息与通用技术中心）；新建以“行知、元培、博雅、道尔顿”学院和“体育、艺术、信息技术”为依托课程开发架构，组织教师规划、设计课程，以促进不同特色的课程体系研发。高一、高二学生社区共同组成7个书院，分别为格物、致知、诚意、正心、明德、至善、新民，确立书院议事会与公民教育课程，设立专职书院指导教师、继续营造书院归属、强化书院自治、传承书院文化。高三为预科部，实行“指导课＋辅导课”模式，将高三备考资源优势和学生自主学习能力相结合，充分发挥质化教学、个性化辅导、实效性诊断优势。

（王琴）

【李冬梅入选全国优秀教师】 9月9日，北大附中教师李冬梅获全国优秀教师称号。李冬梅，北大附中计算机特级教师，1982年北大毕业任教于北大附中。创建中学信息技术课堂整体教学模式，并在全国推广。先后被评为全国计算机教育先进工作者，信息技术教育全国名师，北京市优秀教师。为国家高中课标研制组核心成员，首批国培专家，长期担任海淀名师工作站导师组长，北京市学科指导专家、北京教育学院兼职教授。主持设计并主讲中央电教馆、继教网等国培课程。

（王琴）

【初中俱乐部课程化】 9月，北大附中初中部俱乐部课程化。该校初中部面向初一、初二学生开办21个俱乐部和26门选修课程，方向涉及科技、艺术、体育及社会等领域，课程旨在培养学生深入学习习惯，上课时间为每周二、周三下午15：15至16：30，以学期为时间单位自主选择，每名学生必须并只能选择一门课程，课程需持续学习两学年。

（王琴）

【启动文化魔方面面观】 11月6日，北大附中初中部文化魔方面面观正式启动。“文化魔方面面观”为该校初中第一学期综合实践课程，共计30课时，满分100分。课程要求学生以小组为单位，在文学、历史、艺术、宗教、民俗、经济、法律、自然、科技、建筑、军事、地理12个领域内自由选题，用两个月时间完成资料收集、专题阅读、开题报告、实地考察、成果呈现等任务。学校将实践课程方向选择交给学生，根据个人兴趣与爱好在年级、班级自愿结合小组，完成共同制订选题；在小组建立环节增加预考察，让学生根据北京众多博物馆中素材选择研究方向、阅读书籍、查阅资料；聘请不同领域专家针对学生论文选题举办讲座。学校初中学生748人参加学习。

（王琴）

【启用新教学管理平台】 11月，北大附中高中部启用新教学管理平台Chalk系统。该系统以教务管理为切入点，实现师生双向选课、跨学期课程管理、成绩统计与管理、随堂考勤、学生请假、评教、通知发布、教学大纲功能。系统开通至年底，用户日均登陆3.4次，建设收纳近千个教学班资料，并收到师生评价及建议反馈。Chalk系统根据学校教育教学特点及需求定制开发的管理软件，替代此前使用5年的龙创管理系统。

（王琴）

清华大学附属中学

【概况】 2014年，清华大学附属中学占地面积8.90万平方米，建筑面积8.66万平方米，体育场（馆）面积2.30万平方米。图书馆藏书12.64万册，电子图书303册，订阅杂志376种、报纸16种。固定资产总值12120万元。全年教育经费投入12820万元，其中，国家拨款5424万元、自筹经费7396万元。学校信息化经费投入240万元，拥有计算机537台，多媒体教室座位5000个，校园网出口总带宽1100Mbps，数字资源量800GB，“信息技术”课程68课时/周。普通教室110个、专用教室20个、实验室37个。教职工408人，其中，具有正高级职称1人、副高级职称133人、中级职称92人。专任教师292人，包括特级教师16人、北京市学科教学带头人4人、北京市骨干教师10人；本科及以上学历272人。开设教学班94个，其中，初中班44个、高中班50个。毕业1022人，其中，初中561人、高中461人；招生1147人，其中，初中641人、高中506人；在校生3244人，其中，初中1786人、高中1458人，包括寄宿生520人。高中录取分数线548分（海淀区），应届高考本科上线率100%。拥有清华附中朝阳学校、清华附中永丰学校、清华附中丰台学校、清华附中上地学校以及清华附中秦汉学校共5

个分校。网址：www. qhfz. edu. cn。

（高岷）

【与两所美国中学签署合作协议】 4

月18日和5月14日，清华附中分别与两所美国中学签署友好合作协议。与托马斯·杰斐逊科技高中协议期4年，双方学校除学生间互访，合作重点放在设立共同研究课题，并计划建造联合实验室，利用网络技术，双方学生共同探讨、完成创造性的实验项目，同时在课程和教师交流方面确定初步方案。与阿什维尔中学签署友好合作协议规定，阿什维尔中学协助清华附中在合作办学项目中开发和使用阿什维尔中学为其学生开设的标准课程，特别是科学和数学领域开设的课程以及其在人文和艺术领域的课程教学中采用的标准方法，为清华附中学生提供在阿什维尔中学参加夏季课程和文化活动的机会。清华附中协助阿什维尔中学开发有益于其学生、教职工和校友的文化和教育项目，并提供其在中国参加相关活动的机会。协议有效期5年。

（高岷）

【举办大学先修课程教师培训】 7月31日至8月8日，清华附中举办大学先修课程教师培训。先修课程培训由清华附中倡议并发起，培训采用讲座、研讨、教学示范、教学实践等方式，内容包括微积分、线性代数、通用学术英语三门基础学科。清华附中邀请清华大学、北京大学、北京外国语大学等参与教材编写的专家，面向在校高级教师或有三年以上工作经验硕士学历中学教师。来自全国26个省、直辖市67所首批实验学校的教师135人参加培训。中国大学先修课程旨在让学有余力的高中生及早接触大学课程内容，接受大学思维方式、学习方法的训练，让学生真正享受到最符合其能力和兴趣水平的教育，帮助其为大学学习乃至未来的职业生涯做好准备；同时也为深化高中教育教学改革，推进人才培养模式改革起到积极的促进作用。该培训项目从7月开始实施，面向全国陆续开设微积分、线性代数、通用学术英语、微观经济学、概率与统计、物理（力学）、文学写作、宏观经济学共8门课程。

（高岷）

【开设大学先修课程】 9月3日，清华附中大学先修课程——经济学开课。该课程邀请清华大学经管学院史带（C. V. Starr）经济学讲席教授李宏彬、北京大学光华管理学院经济系教授周黎安授课，每周1次。计划开课时间为2014年9月至2015年7月，为期1年，上学期讲授《微观经济学》、下学期讲授《宏观经济学》。来自中国人民大学附属中学、北京大学附属中学、清华附中、北京十一学校、北京师范大学第二附属中学5所中学6名教师及人大附中、北大附中、清华附中30名在校高中生（以高二学生为主）参加学习。

（高岷）

【举办首次中学挑战极限学习过程活动】 10月1至4日，清华附中举办首次中学生挑战极限学习过程（extreme learning process，简称XLP）。XLP分为“创客宪章”和“智能生态园”两个主题活动。XLP为团队模拟一个真实社会。主体分为挑战方和任务方，由挑战方组成的银行、市场（材料、技术）、法院、专利局、风险投资行、黑市、过程性管理者等机构为任务方创设一个真实的社会环境；任务方以团队的单元参加XLP，各成员按职能分工为行政总监、财政总监、技术总监等。全程通过数字化网络平台记录检测。清华附中学生70人参与活动。XLP是一门“跨学科系统集成设计挑战”课程，由清华大学教授顾学雍于2012年首创，课程目的是让参与的学生以开放性视野，广泛接触多个不同的学科知识，在课程参与过程中快速学习与领会一项或几项全新的科学技术知识，同时培养学生跨学科团队协作、项目控制与时间管理的能力。

（高岷）

【成立班主任工作室】 10月24日，清华附中“班主任工作室”启动并开展第一次班主任经验交流。工作室聘请学校心理室主任担任牵头人，旨在提升班主任工作水平，发挥“传、帮、带”作用，促进年轻班主任快速成长，工作室定期通过师徒结对、专题讲座、团队心理辅导、外出考察、读书小组等形式举办活动。启动会上，清华附中2名优秀班主任分别做“如何开好家长会”专题讲座，分享其班主任工作经验，学员分组讨论，交流心得体会，学校领导、教师及新任班主任37人参加活动。工作室首批招收班主任学员19人。

（高岷）

【刘延东参加毕业50周年活动】 11月30日，刘延东赴清华附中参加高中毕业50周年活动。刘延东作为清华附中校友在讲话中回顾1961至1964年在清华附中的求学经历，表示学校优良的师德校风让自己受益终身，同学们在极其艰苦条件下仍然能保持乐观向上的生活态度，拥有坚定的政治信仰和崇高的理想追求。刘延东肯定附中在课程改革、素质教育、教学科研、校园文化建设以及创新人才培养模式等教育教学探索方面取得的成果，希望继续发挥名校示范校的优势带头作用，在中国基础教育改革中发挥重要引领作用。高612班班长黄欣代表校友宣读《高612班校友给母校的一封信》，观看老照片和视频宣传片，并在当年上课的教学楼前合影留念。清华附中高612班校友、清华大学校长、国务院有关部门负责人共38人参加活动。

（高岷）

中国人民大学附属中学

【概况】 2014年，中国人民大学附属中学占地面积9.46万平方米、建筑面积10.33万平方米，体育场（馆）面积2.28万平方米。图书馆藏书16万册。普通教室130个，专用教室和实验室共68个。教职工539人，其中，具有正高级职称13人、副高级职称237人、中级职称168人；

专任教师 435 人，包括特级教师 27 人（在职 23 人，退休返聘 4 人）、北京市学科教学带头人 7 人、市级骨干教师 15 人。开设教学班 141 个，其中，初中班 60 个、高中班 81 个。在校生 5186 人，其中，初中 2333 人、高中 2853 人。高中录取分数线 554 分（海淀区）。学校网址：www.rdfz.cn。

（邓丕来）

【“双师教学”试点成效明显】 3 月，人大附中开展“双师教学”项目试点成效明显。该项目利用网络把人大附中课程同步直播到广西、重庆、内蒙古、河北、北京等省、市、区 13 所试点推广学校。人大附中选择初一年级一个班为试点班，将数学课教学内容同步录像，直播给推广学校学生。各地推广学校也选择一个或几个班作为试点，在数学课教学中使用人大附中教学录像，在人大附中教师远程主讲课程结束后，再由当地教师根据本班情况有针对性地进行辅导。同时，人大附中教师教案、习题、试题等教学资源也与试点学校共享，放在网站上供教师自由下载。项目组对试点学校期末成绩进行统计，试点班级成绩比同校其他平行班高出几十分。2013 年 8 月，国家基础教育资源共建共享联盟、人大附中、友成基金会三方共同发起“双师教学”项目，旨在促进教育均衡，让贫困地区学校享受到人大附中优质教育资源。

（邓丕来）

【人大附中翠微学校成立】 4月29日，

人大附中接受海淀区教委委托承办人大附中翠微学校。根据人大附中与海淀区教委相关协议，海淀区翠微中学与海淀区卫国中学合并为人大附中翠微学校。该校系海淀区教委所属一所全日制公办完全中学，为区教委所属独立核算全额拨款事业单位，由人大附中联合总校常务副书记、副校长，人大附中书记、副校长刘小惠出任校长，并选派 17 名干部和骨干教师到学校。人大附中翠微学校初中部即原卫国中学校址，地址为海淀区复兴路 21 号，高中部即原翠微中学校址，地址为海淀区翠微路 1 号。翠微中学始建于 1962 年，为全日制普通完全中学。卫国中学始建于 1960 年，初为一所寄宿制完全小学，学制六年，校名为卫成区子北小学，校址在万寿路罗道庄营房内。1964 年学校交由海淀区文教局领导，更名为卫国小学。1974 年开始招收初一新生，更名为卫国中学并迁至复兴路 21 号。

（邓丕来）

【胥晓宇获物理奥林匹克竞赛金牌】 7 月 13 至 21 日，人大附中学生胥晓宇获得第 45 届国际物理奥林匹克竞赛金牌。竞赛在哈萨克斯坦首都阿斯塔纳举行，共有 86 个国家和地区 374 名选手参加，金牌 43 枚。中国代表队由南开大学 4 名领队教师和 5 名全国中学生物理学竞赛中选拔的高中生组成，5 名参赛选手在竞赛中全部获得金牌，并取得团体总分第一，其中，胥晓宇个人总分第一。

（邓丕来）

【获首届国家教学成果一等奖】 9 月 9 日，人大附中教学成果《以人为本 多元开放——人大附中综合育人模式创新实践研究》获国家级教学成果一等奖。该项目通过人大附中课程体系、课堂变革、教学评价、立德树人、熔铸中外等综合育人模式创新实践研究，创建了完整的课程体系、教学评价体系、教师专业发展体系、德育文化体系等，为师生的发展搭建多元平台，师生在国际、全国、市区获得教学科研、创造发明、体育艺术等几百项大奖，学校整体教育教学质量实现优质化提升。该评选由教育部主办，48 项成果获得一等奖。

（邓丕来）

【获全国社会扶贫先进集体称号】 10 月 17 日，人大附中获全国社会扶贫先进集体称号。成为全国惟一入选全国扶贫先进集体普通中学。2002 年，人大附中在河南新密市开班郑州分校，先后派出 6 名校领导和专家常驻新密，并派出 100 余人次学校干部、骨干教师、外籍教师赴郑州分校讲学，将人大附中先进的办学理念、办学经验带到郑州分校。至 2014 年，人大附中先后通过帮扶、托管、委培等方式，与宁夏、贵州等教育薄弱地区学校合作，开展教育扶贫工作。同时在北京开展区域内托管帮扶工作，在远郊成立人大附中延庆分校，与延庆一中建立帮扶关系；市内合并接管西颐中学（人大附中分校），委托管理蓝靛厂中学（人大附中二分校），托管和承办北航附中、人大附中实验小学、人大附中翠微学校、人大附中西山学校、人大附中朝阳学校等。同时创造“国内留学”教育扶贫模式，每年接收 300 余名来自全国各地薄弱学校“留学生”。

（邓丕来）

北京理工大学附属中学

【概况】 2014 年，北京理工大学附属中学占地面积 4.20 万平方米、建筑面积 3.10 万平方米，体育场（馆）面积 1.50 万平方米。全年教育经费投入 11748.25 万元，全部为国家拨款。固定资产总值 12006.41 万元。图书馆（室）藏书 11.90 万册。拥有计算机 973 台，多媒体教室座位 2572 个。普通教室 61 个、专用教室 23 个、实验室 9 个。学校信息化经费投入 745.84 万元，校园网出口总带宽 236Mbps，数字资源量 8120GB，“信息技术”课程课时：初一、初二 1 课时/周；高一 2 课时/周。教职工 287 人，其中，高级职称 80 人、中级职称 95 人。专任教师 247 人，包括特级教师 7 人、市级骨干教师 5 人；本科以上学历 255 人。开设教学班 61 个，其中，初中 33 个、高中 28 个。毕业 802 人，其中，初中 438 人、高中 364 人；招生 850 人，其中，初中 484 人、高中 366 人；在校生 2572 人，其中，初中 1453 人、高中 1119 人。外省市借读生 249 人。高中录取分数线 534 分（海淀区），应届高考本科上线率 100%。网址：www.lgfz.com.cn。

（丁静　彭警）

【车道沟小学并入理工大附中】 3月20日，经海淀区教委研究决定将海淀区车道沟小学并入理工大学附属中学。车道沟小学建制撤销，校址作为理工大学附属中学小学部。车道沟小学1990年9月建校，是一所全日制完全小学，有5个年级，10个班，487名学生29名教职工。2014年学校占地面积7195平方米，建筑面积6853平方米，有6个年级，13个教学班，在校生455人，教职工29人，专任教师27人。

（丁静　彭譽）

【获市青少年科技创新赛金银奖】 3月27至30日，理工大附中学生在第34届北京青少年科技创新大赛决赛中获金银奖。该校高二年级学生吴蔚以工程学项目《会发声的手势语数据手套》获得金牌，高二年级学生王滢以环境科学项目《冻融作用对土壤中重金属镉的赋存形态的影响》获得银牌，两人同时获得北京理工博益创新奖，吴蔚获发明创新奖，并获3000元奖励金。另外，高二年级学生赵子涵以《拒不支付劳动报酬罪在农民工中的适用程度》、姚昕婕、尹千博以《基于GPS的园区智能导盲小车》、谢乃容、史妍昕以《对一般切花百合组织培养的激素配比浓度初步探究》研究项目同时获得创新大赛二等奖。

（王雰　彭譽）

【新增“十优少先队员”奖项】 3月，理工大附中新增“十优少先队员”奖项。该校2008年开始评选“十优学生、十优特长生”，2009年增设“十优干部”，2013年增设“十优志愿者”，每年评选一次，为学校表彰学生最高荣誉奖。车道沟小学并入后，学校在原有四大系列评选基础上，新增“十优少先队员”奖项，由小学部推荐产生。

（陆旻　彭譽）

【两获北京市棒球比赛冠军】 3月和10月，理工大附中高中棒球队两获北京市棒球比赛冠军。3月23日至4月6日，理工大附中棒球队参加北京市体育传统项目学校棒球比赛获冠军。该项比赛分为初中和高中两个组别，理工大附中代表队由40名学生组成，高中棒球队以小组第一的成绩进入交叉赛，最终以7战全胜成绩蝉联冠军，初中队获得第四名。2014年北京市体育传统项目学校棒球比赛共有11所学校15支队伍参赛。10月12日至11月1日，理工大附中高中棒球队参加北京市中学生棒球比赛，在小组赛中先后战胜十一学校等队，决赛战胜丰台实验学校，蝉联冠军。来自各区县中学19支棒球队（分初中队、高中队）参加比赛。

（丁强　彭譽）

【学生参加各类科技比赛获奖】 4至12月，理工大附中学生参加各级各类科技比赛获奖。4月16至20日，理工大附中铭星天文社3名学生入围全国中学生天文奥林匹克竞赛决赛获奖，其中，高三学生王鸿飞以观测成绩满分取得一等奖，高二年级学生吴中灏同获一等奖。7月29日至8月2日，理工大附中初三年级学生李紫嵩代表北京市参加第十五届全国中小学电脑制作活动人形全能机器人项目比赛，获得一等奖。8月14至17日，理工大附中学生参加第五届青少年机器人活动暨亚洲机器人锦标赛中国区选拔赛。由该校学生9人组成4支机器人代表队，其中，人形代表队、高中VEX代表队和初中VEX代表队均获得二等奖，高中代表队同时夺得竞赛单项大奖——最佳科技奖。12月4至7日，理工大附中学生参加“2014DI中国国际邀请赛”获达芬奇奖。该校2支代表队由少年科学院创新思维研究所14名学生组成，通过北京市赛选拔分别参加艺术类和结构类挑战题，首次获得创造力特别大奖——达芬奇奖。

（王雰　彭譽）

【小学部首次开设外教课】 9月1日，

理工大附中小学部首次开设外籍教师英语课。该校聘请有少儿教学经验1名英籍青年教师任教，教授1至6年级英语口语课，每周15节。教学内容由外教自行设计，1至3年级低年级学生，采用活动和讲故事方式，训练英语听说能力并在活动中学习词汇和句子；4至6年级学生，选择适合学生水平的话题，让学生进行角色表演等教学形式。中方英语教师辅助外教进行课堂教学，中外教共同开展学生英语课外活动。小学部前身为海淀区车道沟小学，大部分为打工子弟，英语基础薄弱。

（张铁军　彭譽）

【举办科技嘉年华活动】 11月27日，理工大附中举办科技嘉年华活动。活动由少年科学院主办，以“科技并不遥远，创意就在身边；快乐科技，梦想启航”为主题，同步在操场、实验楼、特色教室开展，包括天文馆科技大篷车展示移动天文馆，英国皇家化学学会戴伟教授做神奇的化学实验，学生体验骑机器人打马球，中科院行管局科普中心展示趣味实验；在学校物理、化学、生物实验室分别进行益智游戏、肥皂制作、鸡蛋碰撞实验。学校初一、初二及高一年级学生1500人参加活动。

（王雰　彭譽）

首都师范大学附属中学

【概况】 2014年，首都师范大学附属中学占地面积3.06万平方米、建筑面积3.98万平方米，体育场（馆）面积1.19万平方米。全年教育经费投入11684万元，其中，国家拨款8050万元、自筹经费3634万元。固定资产总值16784万元。图书馆（室）藏书8万册，电子图书3500册。拥有计算机654台，多媒体教室座位4800个。普通教室55个、专用教室23个、实验室20个。学校信息化经费投入417万元，校园网出口总带宽100Mbps，数字资源量30TB，“信息技术”课程初中2课时/周、高中1课时/周。教职工249人，其中，高级职称87人、中级职称87人。专任教师184人，包括特级教师7人、市级骨干教师4人、市级学科教学带头人2人，本科以上学历182人。开设教学班57个，其中，初中班21个、高中班36个。毕业695人，其中，初中226人、高中469人；招生759人，其中，初中293人、高中466人；在校生2011人，其中，初中860人、高中1151人。在校生中，外省市借读生149人。高中录取分数线542分（海淀区），应届高考本科上线率100%。网址：www.cnuschool.org。首都师大附中教育集团拥有7个成员单位，分别是首都师大附中、首都师大附中第一分校、首都师大二附中、首都师大附中大兴南校区、首都师大附中大兴北校区、首都师大附中昌平学校、首都师大附中永定分校。

（郭向华）

【承办首师大二附中】　3月25日，首都师大附中受海淀区教委委托承办首都师范大学第二附属中学。根据协议，首都师大二附中属公办中学性质不变，为区教委所属独立核算全额拨款事业单位；原首都师大二附中教职工人事关系仍隶属区教委；原首都师大二附中教职工考核、聘任工作原则上由首都师大附中按照国家、北京市和海淀区相关政策进行；协议有效期20年。首都师大附中依照“资源共享、集中优势、保留特色、科学整合、协同创新、优质发展”基本原则，制定教育教学总体规划，提出具体整合措施，使二附中逐步实现与首都师大附中“四个统一”，包括“统一管理、统一招生、统一教研、统一培训”。首都师大二附中始建于1964年，原为北京市花园村中学，2004年更名为首都师范大学第二附属中学。学校分初中部和高中部两个校区。初中部设在海淀区增光路50号，高中部设在海淀区彰化路8号。

（李泉）

【官方微信平台开通】　4月14日，首都师大附中官方微信平台开通运行。该平台设立12个栏目，即时发布校园活动情况、各类通知公告。师生可搜索“shoudushidafuzhong”或扫描二维码登陆关注。

（李泉）

【教育集团成员校同步上课】　5月15日16时，首都师大附中教育集团成员校同步上课。首都师大附中教师在录课教室里，执教1节初一研究课“鲁迅作品研读之‘鲁迅和他的父亲’”，同一时间，首都师大附中第一分校、首都师大二附中以及首都师大附中大兴南校区教师在学校同步观看，课后总校和各分校教师通过可切换远程屏幕，就“如何帮助学生自发地在文本之间形成有效联系”“如何真实地还原学生的阅读学习状态”讨论。首都师大附中教育集团4所成员校教师40人参加活动。首都师大附中教育集团探索“统一培养、统一教研”，启用远程视频教学系统，通过该平台实时同步传到各分校，让分校教师“面对面”与总校教师及专家交流，实现教研活动融合。

（欧阳苗）

【中美合作班创立House管理模式】　9月，首都师大附中中美合作项目班创立House（学苑）管理模式。该管理模式又称四维管理模式，即打破现有平行年级、班级管理制度，实现跨年级跨班级纵向四维管理新方式。具体为现有3个年级6个班学生分成3个House，每一个House成员由3个年级中6个班的部分成员组成。实现四维综合管理：即班主任个性化班级管理、年级同级管理、“学苑制”交叉管理和项目集中管理体系，为学生提供不同层次活动空间。在此管理模式下，学生能得到班主任细微关注，能与同级学生及时探讨，在“学苑制”交叉管理中彰显自我，并在整个项目多维度交流与沟通中体验与磨练。锻炼学生领导能力、创新能力、合作能力、沟通能力、表现能力以及统筹计划能力。

（刘超英）

【制定“四三二一”综合改革实验方案】　9月，首都师大附中制定“四三二一”教育教学综合改革实验方案并同步在全校实施。该方案内容涉及课程设置、管理体制、育人模式、运行机制等方面，主要内容包括四修课程体系、三维管理体制、两项基本原则、一个核心目标。四修课程体系即基础通修、兴趣选修、专业精修和自主研修，将“全面发展”与“学有特长”统一，达到“通修”夯实学科基础、“选修”提高综合素养、“精修”促进专业发展、“研修”形成自主能力的目的；三维管理体制包括固定班级制、分层走班制、学长学部制。保留固定班级，让学生拥有集体归属感，对学生进行精细管理和精致指导，同时开展系列化的德育课程。实行学长学部制，根据学生个性差异和发展需求设立四个学部——创新学部、理工学部、人文学部、国际学部，采取学生和学校双向选择的方式，将有共同兴趣爱好或学科专长的不同年级的学生组成团队，培养学生自主研修能力和团队合作能力，发挥学长的传帮带作用。开展分层走班教学，在基础通修阶段每个学部主要学科可设置不同层级的课程供不同学力水平的学生选择，难度差异不大学科仍按固定班级授课；两项基本原则是尊重个性差异和注重因材施教；一个核心目标是让学生在附中都能成德达才。改革的目的是把课堂还给学生，让学生真正成为学习的主人。通过量身订制的学习计划，灵动的个人课表和专属导师的悉心指导，让每名学生都能找到属于自己的学习空间，在附中快乐地成长。

（李泉）

北京市大峪中学分校

【概况】　2014年，北京市大峪中学分校占地面积1.70万平方米、建筑面积1.40万平方米，体育场馆面积7307平方米。图书馆（室）藏书5.17万册，订阅杂志、报刊144种。固定资产总值1420万元。全年教育经费投入1543.81万元，全部为国家拨款。学校信息化经费投入102万元，拥有计算机360台，多媒体教室座位330个，校园网出口总带宽100Mbps，数字资源量10GB，“信息技术”课程2课时/周。普通教室26个、专用教室18个、实验室7个。教职工99人，包括副高级职称19人、中级职称38人。专任教师80人，包括市级骨干教师3人；全部为本科及以上学历。开设初中教学班24个。毕业238人、招生265人、在校生829人。网址：58.117.141.1。

（赵斌）

【举办首届创新人才培养论坛】　1月14日，大峪中学分校举办首届创新人才培养论坛。论坛以“雏鹰展翅，科技创新”为主题，听取学校教育科研负责人介绍创新辅导的过程和方法，特级教师朱尔澄现场点评认为论坛以生为本，接地气、重实效，门头沟教委领导对该校创新人才培养工作给予肯定。干部、师生200人参加活动。

（尚永刚）

【举办第15届校园艺术节】 4至5月，大峪中学分校举办第15届文化艺术节。活动主题为“做一名合格的峪分中学生”，采取年级比赛形式，设有书画、声乐、器乐、摄影、墙报、朗诵、集体舞7个项目。全校学生588人参加比赛，48人获奖。校园文化艺术节始办于1999年，每年举办一届。

（祁海山）

【新学期校本课程开课】 9月16日，大峪中学分校新学期校本课程开课。课程设置艺术素养、情趣技能、体能素养、科学素养、人文素养、特色英语6类共计35门，由校本课程教师负责申报，教师发展中心评估，教学楼内展示介绍。在学生中开展“我的课程我做主”选课活动，班主任组织报名、全校学习。课程利用每周二下午时间，每节课时60分钟，35名任课教师中14名为外聘教师，充分利用校内外资源。

（尚永刚）

【组织微课堂教学展示研讨】 11月28日，大峪中学分校组织特级教师李卫东工作站门头沟分站微课堂教学展示研讨活动。该校语文组教师展示“夸父逐日”“俗世奇人泥人张”两节课程，通过嵌入微视频等形式，将新技术理念应用于课堂教学。与会人员对微课程发展前景给予肯定，并提出在常规教学中有机融入微视频等建议。来自北京教育科学研究院李卫东，首都师范大学、门头沟区教委领导，区教师进修学校、各中学语文教师40人参加研讨，另有来自厦门市骨干教师30人参加交流。

（尚永刚）

北京市王平中学

【概况】 2014年，北京市王平中学占地面积1.73万平方米、建筑面积9037.70平方米，体育场馆面积8026平方米。图书馆（室）藏书3万册，订阅杂志、报刊18种。固定资产总值1968.69万元。全年教育经费投入1307.67万元，全部为国家拨款。学校信息化经费投入224.30万元，拥有计算机159台，多媒体教室座位600个，校园网出口总带宽700Mbps，数字资源量35GB，“信息技术”课程1课时/周。普通教室16个、专用教室9个、实验室3个。教职工61人，包括副高级职称15人、中级职称38人。专任教师50人，包括市级骨干教师1人；全部为本科及以上学历。开设初中教学班9个。毕业95人；招生64人；在校生227人，包括寄宿生207人。网址：www.mtgwpzx.bjedu.cn。

（安志勇）

【开展跨区域协作体交流】 4月16日，王平中学开展“跨区域优质资源共享协作体”交流活动。活动邀请北京市大兴区长子营中学、北京市丰台区第七中学干部、教师到校，围绕综合教育改单方面经验做法和问题开展交流，采取座谈、参观和研讨形式，分为领导层次和教师层次进行。活动中，校长就学校综合教育改革发展思路、校本课程建设、学生社团建设、课堂教学模式、校园文化建设、住宿生管理方面分享经验；教师共同观摩该校物理公开课，研讨初三年级中考物理学科复习方法等问题。三所学校干部、教师50参加活动。

（安志勇）

【与百强企业共建实践课程】 4至11月，王平中学与世界五百强企业美国凯悦酒店集团共建文化互动实践体验课程。凯悦集团在该校建立中国区第一个“悦读廊”，配有图书2000余册以及书架、沙发、茶几、阅读桌椅等设施，具备自主阅览、主题阅读、专题沙龙等功能，课程纳入学校特色“学园”教学体系。其间，组织师生、家长代表60人到五星级柏悦酒店实地体验，凯悦酒店集团总裁兼首席执行官携企业高层主管10人来校开展“繁荣计划”文化互动交流。

（安志勇）

【组织市级作文教学展示】 5月21日，王平中学组织市级作文教学展示活动。该校教师做《初步成文》《作文评改》公开课，课程依据学生特点创设情境，带领其分段写作，并指导如何修改作文。课后，特级教师李卫东点评课例，讲解如何发挥写作课实效性问题。来自全市各区县教师120人参加交流。

（李立平）

【召开教学模式改革研讨会】 9月12日，王平中学召开教学模式改革研讨会。会议在学校骨干教师工作坊召开，围绕“如何进一步转变教师观念、改变教学方式、有效推进双主体互动五环节教学模式”展开研讨，形成骨干教师引领、学科教研组探究、课程管理中心推进、全员参与活动氛围的方式。该校着力推进课堂教学改革，将传统授课模式演变成“问题引入——互助探究——诊断评价——点拨跟进——练习巩固”双主体互动五环节教学模式，突出教师和学生的主体作用，发挥各自在课堂教学中自主性、能动性和创造性。

（李立平）

北京市房山区良乡第二中学

【概况】 2014年，北京市房山区良乡第二中学占地面积3.25万平方米、建筑面积1.79万平方米，体育场地面积1.60万平方米。图书馆藏书6.39万册，订阅杂志、报刊168种。固定资产总值4634.10万元。全年教育经费投入3953.87万元，全部为国家拨款。学校信息化经费投入69.32万元，拥有计算机366台，多媒体教室座位2280个，校园网出口总带宽64Mbps，数字资源量15.50GB，“信息技术”课程1课时/周。教职工165人，包括副高级职称35人、中级职称71人。专任教师106人，包括市级骨干教师2人、北京市学科教学带头人3人；全部为本科及以上学历。开设初中教学班37个。毕业432人；招生401人；在校生1306人，包括外省市借读生121人。网址：58.130.26.9。

（崔雪艳）

【开设家长讲堂】 3月，良乡二中开设家长讲堂。该讲堂面向初一、初二年级学生，聘请家长根据学校德育教育需要，结合家长工作领域、专业知识和特长，以教师身份在教室授课。课程内容涉及医疗、环保、传统文化等领域知识，主题有“防止青少年犯罪”“商周历史”“抗生素的使用原则”等。至年底，全校共有120名家长走进课堂、732名学生参加学习。

（崔雪艳）

【开展环保主题教育活动】 6月9日

和9月1日，良乡二中开展环保主题系列教育活动。学校组织“向污染宣战——告别校园垃圾主题活动”，校团委向师生发放环保倡议书500份，宣传环境污染的危害性，全校教师、学生123人横幅上签名承诺。学校成立“根与芽”环保社团，依托于英国剑桥大学动物学家珍妮·古道尔（JaneGoodall）倡导的“北京根与芽”小组，开展系列环境保护有关活动，带领学生关心环境、关爱动物、关怀社区。校社团成员由1名指导教师、20名学生组成，活动包括组织“跳蚤书市”、制作“垃圾分类手抄报”等。

（崔雪艳）

【举办中华诗文背诵比赛】 12月26日，良乡二中举办“中华好诗文”背诵比赛。比赛面向初二年级学生，主题为“弘扬中国传统文化”，分为“沙场点兵”“群雄逐鹿”“车轮大战”“风险闯关”“心有灵犀”五个环节进行。共有师生482人参与活动，最终60人分获最佳诗赋奖、最佳出彩奖、最佳超梦奖和最佳内涵奖。

（崔雪艳）

北京市房山区长沟中学

【概况】 2014年，北京市房山区长沟中学占地面积6.54万平方米、建筑面积1.91万平方米，体育场馆面积1824平方米。图书馆藏书3.66万册，电子图书66册，订阅杂志50种、报纸41种。固定资产总值7052万元。全年教育经费投入3469.66万元，其中，国家拨款3446.04万元、自筹经费23.62万元。学校信息化经费投入550万元，拥有计算机473台，多媒体教室座位80个，校园网出口总带宽50Mbps，数字资源量60GB，“信息技术”课程8课时/周。普通教室24个、专用教室17个、实验室10个。教职工119人，包括副高级职称23人、中级职称43人。专任教师115人，包括本科及以上学历114人。开设教学班24个，其中，初中班12个、高中班12个。毕业270人，其中，初中133人、高中137人；在校生646人，其中，初中321人、高中325人，包括寄宿生149人。高中录取分数线441分（房山区），应届高考本科上线率48.80%。网址：58.130.14.231。

（景玉霞）

【评选首届校园“最美”学生】 3月10日，长沟中学举办首届“最美”学生评选活动。活动旨在用先进人物典型事迹感染、引导青少年，带动家长努力营造良好的校风、学风以及家庭育人风气，要求参赛学生符合“有志向、讲诚信”“懂礼貌、担责任”“守规范、知感恩”标准，以学生投票评选，教师评委打分形式进行。全校教师、学生600人参加活动，最终24人获评。

（景玉霞）

【与工美附中签约城乡一体化建设】 4月4日，长沟中学与中央工艺美术学院附属中学城乡一体化建设合作签约。协议规定，按照“一个法人、一体化管理”运行管理模式，双方建立校区间干部教师定期轮岗制度。房山区通过引入优质的教育资源，在农村、城乡结合部和城市发展新区建设一批优质中小学校，加快实现基本公共教育服务均等化。

（景玉霞）

【举办首届体育艺术节】 10月17日，长沟中学举办首届“放飞的青春”体育艺术节。活动口号是“放飞青春，我参与，我锻炼，我健康，我快乐，我成长!”包括入场式、体操表演和竞技比赛三部分，设有田赛、竞赛共计14个项目。来自房山区教委，中央工艺美术学院附属中学以及该校教师、学生1700人参加活动。

（景玉霞）

【举办消防安全疏散演练】 12月5日，

长沟中学举办“安全在我心中，共创和谐校园”消防安全疏散演练活动。学校邀请法制专家开展普法宣传，指导师生消防器材的使用、临界与自卫，自救与互救，组织参与消防逃生安全演练，旨在加强检查消除火灾隐患能力、扑救初起火灾能力、组织疏散逃生能力、消防宣传教育能力“四个能力”建设，带领学生在突发事件中紧张有序、及时有效撤离事故现场。教师、学生680人参加活动。

（景玉霞）

北京市通州区潞河中学

【概况】 2014年，北京市通州区潞河中学占地面积17.06万平方米、建筑面积9.01万平方米、体育场（馆）面积3.85万平方米。图书馆藏书14.04万册，电子图书830GB，订阅杂志215种、报刊32种。固定资产总值17144.92万元。全年教育经费投入12707.30万元，其中，国家拨款12534.50万元、自筹经费172.80万元。学校信息化经费投入275.66万元，拥有计算机1275台，多媒体教室134间座位4900个，校园网出口总宽带850Mbps，数字资源量2000GB，“信息技术”课程初中1课时/周、高中2课时/周。普通教室92个、专用教室31个、实验室42个。

教职工 404 人，包括副高级职称 119 人、中级职称 96 人。专任教师 317 人，包括特级教师 11 人、市级骨干教师 13 人、北京市学科教学带头人 4 人；本科及以上学历 316 人。开设教学班 72 个，其中，初中班 26 个、高中班 46 个。毕业 827 人，其中，初中 321 人、高中 506 人。招生 923 人，其中，初中 332 人、高中 591 人。在校生 2727 人，其中，初中 1062 人、高中 1665 人，包括内地新疆高中班 466 人。高中录取分数线 543 分（通州区）。网址：www.luhe.net。

（苏培　刘柳）

【开设道德讲堂】 3 月 31 日，潞河中学开设道德讲堂。该讲堂面向初一年级学生开设，组织齐唱歌曲《学习雷锋好榜样》，教师利用视频、信件展示等形式，为学生讲述 96 岁潞河中学原校长方田古捐资助学故事，年级主任带领学生朗诵《弟子规》，要求每名学生做出道德承诺，践行学校“爱国、乐群、自律、修身”校风，干部、教师送出涵盖社会主义核心价值观主题字书签。该校初一年级学生 1062 人参加活动。

（苏培　刘柳）

【开展初中联盟校教研活动】 4 月 22 至 23 日，潞河中学组织开展初中联盟校联合教研活动。活动包括语文、英语学科教学研讨，形式包括课例研讨、专家讲座、说课评课；组织数学学科主题交流，潞河中学教师推出观摩课“平面坐标系中的几何问题”，并就初三专题复习情况进行经验分享。潞河中学初中联盟校教研活动 3 月经通州区教委认定启动，包括潞河中学、北京市通州区郎府中学、北京市通州区西集中学、北京通州区漷县中学、北京市通州区马驹桥学校、北京市育才学校通州分校、北京市通州区于家务中学、北京市通州区甘棠中学、北京市通州区潞州中学 9 所学校，相关学科教师、教研人员近百人参加活动。

（苏培）

【承办北师大内蒙古高研班活动】 9 月 24 日，潞河中学承办“内蒙古锡林郭勒盟中学骨干教师高级研修班”现场教学活动。此次活动由北京师范大学教育学部组织，分为两个部分进行，其中，第一部分听课观摩，潞河中学 43 名教师提供课例 43 节，涉及 14 个学科、初一到高三 6 个年级；第二部分校园文化环境、校史馆参观。来自骨干教师研修班成员 100 人、潞河初中联盟校教师 20 人参加活动。

（苏培）

北京市通州区运河中学

【概况】 2014 年，北京市通州区运河中学占地面积 4.59 万平方米、建筑面积 2.54 万平方米、体育场面积 2.53 万平方米。图书馆藏书 7.04 万册，订阅杂志、报刊 148 种。固定资产总值 4692.04 万元。全年教育经费投入 5618.9 万元，其中，国家拨款 5461.0 万元、自筹经费 157.9 万元。学校信息化经费投入 151.88 万元，拥有计算机 788 台，多媒体教室 69 间座位 3180 个，校园网出口总带宽 950MB，数字资源量 1825GB，“信息技术”课程初中 2 课时/周、高中 2 课时/周。普通教室 51 个、专用教室 11 个、实验室 13 个。教职工 251 人，包括副高级职称 60 人、中级职称 57 人。专任教师 194 人，包括特级教师 1 人、市级骨干教师 10 人、北京市学科教学带头人 1 人；本科及以上学历 194 人。开设教学班 51 个，其中，初中班 18 个、高中班 33 个。毕业 588 人，其中，初中 154 人、高中 434 人；招生 559 人，其中，初中 192 人、高中 367 人；在校生 1876 人，其中，初中 635 人、高中 1241 人。高中录取分数线 524 分（通州区）。网址：www.yunhe.net。

（刘凌）

【首次举办区域冬令营】 1 月 16 日，“2014 年运河小学、南关小学、玉桥小学走进运河中学冬令营”活动举行。此次冬令营由运河中学主办，主题为“走进运河，感受运河”，向参与学生介绍运河中学基本情况，教师讲授 1 节运河文化校本课程《通州传统小吃》，随后学校干部带领学生参观校园、校史展以及运河文化和科普长廊，并观看“走进运河中学”专题片以及“蓝色海洋”科教片。该活动特邀运河小学、南关小学、玉桥小学参加，共有学生 420 人参加活动。

（刘凌）

【展示学生艺术教育成果】 3 至 4 月，运河中学组织 3 次学生艺术教育成果展示活动。学校推出首届“运河最强音”校园歌手大赛，初一年级至高二年级学生 1430 人参加活动，经过初赛选拔，13 人进入决赛，演唱《父亲》《我的歌声里》《let it go》等歌曲，最终根据评委打分决出比赛一二三等奖。举办高一、高二年级学生社团话剧表演，演出《雷雨》《警察与赞美诗》《孔雀东南飞》等中外剧目。举办初中年级才艺表演，学生表演相声、舞蹈、小品等节目。全校教师、学生 1000 人参加展示活动。

（刘凌　代维）

【出版教育文集和校本教材】 5 月，运河中学论文汇编《前行的足迹——运河中学教育文集》、德育文集《润物无声、静待花开——运河中学德育工作案例选》教育成果和校本课程教材《物理与生活》与《塑造幸福人生——高中生涯规划校本教材》出版。3 部图书由中央广播电视大学出版社出版，其中，汇编与文集由学校共计投资 12.26 万元，首批各印刷 3000 册，用于对外交流、教师学习参考使用；校本教材由学校投资 6.80 万元，各印刷

5000册供学生阅读学习，并开设相应选修课和必修讲座，教材循环使用。

（刘凌）

【举办教师专业成长主题讲座】　9月24日，运河中学举办教师专业成长主题讲座。此次讲座邀请中国特色品牌学校共同体特聘专家魏书生，围绕“专业成长与职业幸福”主题，讲解教书育人的魅力，做人、做事的真谛，具有平常心的平常人的幸福，正本清源（身体松、心灵静、呼吸匀、情绪乐）等内容。来自北京市通州区潞州中学、北京市通州区张家湾中学以及该校干部、教师200人参加学习。

（刘凌）

北京中加学校

【概况】　2014年，北京中加学校占地面积7.34万平方米、建筑面积3.62万平方米，体育场（馆）面积1.70万平方米。图书馆藏书3.50万册，电子图书2万册。固定资产总值4999万元。全年教育经费投入4297万元，全部为自筹经费。学校信息化经费投入36万元，拥有计算机620台，多媒体教室座位320个，校园网出口总带宽100Mbps，数字资源量4000GB，“信息技术”课程2课时/周。普通教室40个、专用教室13个、实验室6个。教职工223人，包括副高级职称27人、中级职称29人。专任教师83人，包括特级教师2人、外籍教师25人；本科及以上学历124人。开设高中教学班23个。毕业243人、招生176人、在校生548人。网址：www.ccsc.com.cn。

（张艳）

【参加国际中学生模拟联合国会议】1月20至31日，中加学校赴美国参加耶鲁大学国际中学生模拟联合国会议。此次会议由耶鲁大学主办，来自世界25个国家和地区学生代表共1000多人参加，讨论、交流战后地区人口走私问题、人口资本流动等主题。其中，该校学生6人出席会议，高二年级学生陈姿、李镕宇以优异成绩获得英国素质发展认证中心颁发的AOPELevel3（Award of Personal Effectiveness，Level3，个人效能奖第3级）素质能力证书。

（张艳）

【获国际计算机竞赛满分成绩】　2月26日，中加学校高三年级学生张翰逸在“国际电脑竞赛”中获得75分满分成绩。此次比赛由加拿大滑铁卢大学举办，始办于1996年，通过论坛形式为高中学生提供计算机编程机会并组织评比，内容包括计算机算法的设计和实践、选择与循环结构和递归算法应用等。来自加拿大250所高中3000名学生，以及中国香港大学、清华大学选手参赛。

（张艳）

【开发学校智能手机应用程序】　3月26日，中加学校高二年级两名学生设计开发学校智能手机应用程序（BCCSC APP——中加学校APP）。该程序利用应用公园手机应用平台开发，分为学校介绍与特色项目、大学概况和学生天地与论坛模块，具有展示、互动、大学搜索和双语的功能，面向安卓和苹果系统发布和使用。

（张艳）

【与国外高校机构签署合作协议】　3月和10月，中加学校与国外高校机构签署合作协议。3月6日，学校与加拿大菲莎河谷大学举办签约仪式。仪式在加拿大不列颠哥伦比亚（BC）省举行，协议规定中加学校毕业生可直接申请菲莎河谷大学航空商务管理学士学位，并自现就读高一年级的中国与国际学生开始实施，有效期3年。10月21日，学校与首选爱尔兰（Select Ireland）公司签订合作协议。签约仪式在爱尔兰大使馆举行，根据协议，双方相互交流，利用各自优势资源，促进爱尔兰学生在中加学校学习和发展，爱尔兰学生来北京中加学校学习汉语和参加夏令营等活动。协议有效期2年。

（张艳）

【参加全国劳技创新作品赛获奖】11月6至8日，中加学校参加第七届全国中小学生劳动技术教育创新作品展评比赛获奖。该校高三年级学生作品《动漫人生》获得金奖，《画中的中华》获得银奖，1名教师获得优秀指导教师奖。此次比赛在山西省太原市举行，由中国教育科学研究院、中国教师协会、中国发明协会、中国光华科技基金会主办，由教育科学出版社、山西省发明与创新协会、中国教育协会中小学劳动技术教育专业委员会和北京卓越教育科技研究中心承办，来自全国各省市地区200余个单位3000余件作品参赛。该届比赛除评选“创新发明作品”外，还重点展示劳动技术教育优秀教学成果，增加“工艺技术”类劳技创新作品展评。

（张艳）

北京市顺义区第一中学

【概况】　2014年，北京市顺义区第一中学占地面积6.60万平方米、建筑面积5.44万平方米，体育场（馆）面积2.39万平方米。图书馆（室）藏书11万册，电子图书480册，订阅杂志、报刊370种。固定资产总值9958万元。全年教育经费投入7255万元，全部为国家拨款。学校信息化经费投入849万元，拥有计算机545台，多媒体教室座位4096个，校园网出口总带宽160Mbps，数字资源量2000GB，“信息技术”课程2课时/周。普通教室55个、专用教室30个、实验室16个。教职工289人，包括高级职称100人、中级职称85人。专任教师219人，包括特级教师7人、北京市骨干教师15人、北京市学科教学带头人2人；本科以上学历277人。开设高中教学班42个。毕业生613人；招生600人；在校生1664人，包括寄宿生1008人。高中录取分数线521分（顺义区），应届高考本科上线率81.74%。网址：www.syyz.bjedu.cn。

（何雪莲）

【艺术处进行走班分科课堂教学改革】2月10日，顺义一中艺术处进行走班分科模式课堂教学改革。音乐美术教师在学期初详细介绍自己开设的学习内容与具体要求，每班学生了解后根据自己兴趣爱好进行选课，教师根据学生选课情况将每班学生分成两个教学班进行授课。走班分科课堂为学生提供满足个性发展需要的机会，提高上课积极性。

（刘海辉　周林静）

【举办全国自我教育理论学术研讨会】 4月3至4日，全国自我教育理论学术研讨会在顺义一中召开。研讨会由中国教育学会教育管理分会自我教育委员会、中国教育学会“十二五重点课题”《在课程实施中培养学生自我教育和自我管理能力研究》课题组、顺义区教委、顺义一中联合举办。会议邀请华东师范大学教授从学生主体发展与有效教育、主体发展的内在动力与教育、主体发展的认知倾向与教育自我发展的机制与学校组织、学生发展潜能与校园文化活动等方面阐述影响学生自我教育自主发展的因素及其相互关系。与会人员就《自我教育理论框架（讨论稿）》中的自我教育本质、自我教育机制、自我教育进行、自我教育意识与能力培养途径、方法、原则6个层面展开交流研讨。来自北京、河北、河南、上海、重庆、浙江等省市干部教师代表，北京教科院、国家开放大学等专家，顺义一中教育联盟干部教师代表，顺义区中小学部分干部教师500余人参会。

（李勇　辛加伟）

【召开联盟校小学初中高中德育工作衔接实践研究项目研讨会】 4月9日，顺义一中组织召开联盟校“依托学生自主能力培养的小学、初中、高中德育工作有效衔接”实践研究项目研讨会。研讨会首先观摩高二年级《责任助力自我成长》主题班会，班主任教师针对项目研究背景、组织推进措施和现阶段研究成效进行分析交流；顺义区河南村中心小学、仁和中学和顺义一中主管学校德育工作的教师分别进行汇报。北京教科院的相关专家依次进行点评，并提出建议。研讨会共有来自顺义区教委、北京教科院相关领导和专家，仁和中学、顺义五中、河南村中小等18所联盟内中小学主管德育工作的教师和顺义一中相关教师参加会议。

（乔柏双）

【举办“思辨·青春”首届校园辩论赛】 4月22日，顺义一中举办高一年级“思辨·青春”第一届校园辩论赛。辩论赛分为两场，第一场的辩题是“人性本善还是人性本恶”，第二场的辩题是“外来文化对民族文化发展的利大于弊还是弊大于利”，每一

场比赛均分为开篇陈词、盘问、自由辩论、总结陈词、观众看法、嘉宾点评等环节。最终，高一年级学生2人获得最佳辩手称号，高一2班获得团体冠军。

（申英利）

【参加国学经典师资研习营】 7月，顺义一中教育联盟与北京四海孔子书院联合举办首届国学经典教育师资研习营。研习营为期一周，共有顺义一中联盟干部教师27人参加。研习营邀请来自中央教育行政学院的专家担任总教习，指导学员研读《十二经》经文精要；四海孔子书院院长作题为《中国传统书院教育》《认识孔子》的专题讲座；来自台湾中国文化大学的易学、针灸研究的专家为学员讲解《黄帝内经》。研习营组织学员参观国子监和孔庙。该活动是顺义一中为贯彻落实教育部《完善中华优秀传统文化教育指导纲要》精神开展的传统文化经典诵读活动。

（辛加伟）

【举办“四步互助”研修系列活动】 11月，顺义一中举办2014年“四步互助”研修系列活动。“四步互助法”意在提高教师的研修水平，提高学校教育教学质量和效益，包括：现状分析、提出问题、实践研究、总结交流。至年底，学校共安排高一年级、高二年级共17个备课组70余名教师参加研修系列活动。

（李勇　辛加伟）

北京市顺义区杨镇第一中学

【概况】 2014年，北京市顺义区杨镇第一中学占地面积26.68万平方米、建筑面积9.54万平方米，体育场（馆）面积9418平方米。图书馆（室）藏书97721万册，电子图书10GB册，订阅杂志、报刊216种。固定资产总值14503.74万元。全年教育经费投入8548.94万元，全部为国家拨款。学校信息化经费投入2500万元，拥有计算机765台，多媒体教室座位4800个，校园网出口总带宽160Mbps，数字资源量2000GB，“信息技术”课程2课时/周。普通教室79个、专用教室14个、实验室24个。教职工432人，包括高级职称157人、中级职称135人。专任教师305人，包括特级教师1人、北京市骨干教师6人、北京市学科教学带头人2人；本科以上学历409人。开设高中教学班71个。毕业生939人，招生1043人，在校生2727人，包括寄宿生2423人。高中录取分数线504分（顺义区），应届高考本科上线率68%。网址：www.bjyzyz.net。

（李洪峰）

【获得多项国家级体育比赛奖项】 5至7月，杨镇一中获得多项国家级体育比赛奖项。5月1日，参加2014年全国中学生田径锦标赛，获得金牌5枚、银牌2枚、铜牌3枚；7月14至19日，参加红双喜“六年西凤”奥星杯全国少儿乒乓球比赛，获得B组男子单打第二名、A组男子双打第三名，B组男子团体第三名，A组男子团体第五名；7月28日，参加第12届全国学生运动会，获得女子田径比赛100、200米两枚金牌。

（陈连路）

【完善“253”高效课堂】 至5月，杨

镇一中继续推进“253”高效课堂。学校接待来自昌平一中和和平街一中的教师观摩学习“253”高效课堂，实地

了解高效课堂下的各学科教学操作程序和教学特点。在“253”高效课堂教学模式中，2、5、3分别代表两个理论依据，五个操作步骤，三个实施环节。两个理论依据是建构主义理论和学习金字塔理论；五个步骤是指课堂分为自主学习、合作探究、展示交流、总结提升、检测反馈；三个教学环节指课前预习、高效课堂、课后巩固。内容包括：倡导新的学习方式，积极引导学生主动学习，提高学生自主学习、合作交流以及分析和解决问题的能力；要求教师转化角色，建立新型的师生关系，在以学生为中心、突出学生的主体地位的教学中，教师承担支持者、辅助者、合作者角色；强调以学习为中心，教师的教是为促进学生的学习，教服务于学。外在表现形式是课堂上的学生小组合作学习。

（王新生）

【获得多项市级比赛奖项】　5至8月，杨镇一中获得多项市级比赛奖项。5月11日，参加“北京奥林匹克学校体育后备人才培养基地”田径运动会，获得19枚金牌、15枚银牌、4枚铜牌，学校团体第一名；8月17至19日，参加北京市第十四届运动会，获得金牌24枚；8月19至24日，参加北京市第九届民族传统体育运动会，获得2枚金牌、1枚银牌。

（陈连路）

【完成校园基础设施建设】　至年底，

杨镇一中完成多项校园基础设施建设。完成A教学楼建设并投入使用，总建筑面积14892平方米，分为地下建筑面积2482平方米和地上建筑面积12410平方米。总投资6088万元，建设资金由市区两级承担；完成教师宿舍楼建设并投入使用，总建筑面积27966平方米，投资9855万元，由市区两级承担；完成校园一卡通工程，门禁、寄存柜、图书借阅、用餐、超市消费、考勤、公交等工作生活集于一卡。同时，学校投入使用“3个高标准”录课中心，该中心包括自动手动录播系统、学生桌椅180套、教师扶手椅300套，可同时容纳480名师生进行课堂交流展示活动。

（孙立东）

北京市顺义牛栏山第一中学

【概况】　2014年，北京市顺义牛栏山第一中学占地面积18.17万平方米、建筑面积12.09万平方米，体育场（馆）面积3.53万平方米。图书馆（室）藏书9.81万册，电子图书9万册，订阅杂志、报刊448种。固定资产总值11240.86万元。全年教育经费投入11048万元，全部为国家拨款。学校信息化经费投入810万元，拥有计算机897台，多媒体教室座位3105个，校园网出口总带宽200Mbps，数字资源量10000GB，“信息技术”课程2课时/周。普通教室69个、专用教室26个、实验室17个。教职工396人，包括高级职称133人、中级职称119人。专任教师303人，包括特级教师4人、北京市骨干教师15人、北京市学科教学带头人3人；本科以上学历362人。开设教学班49个，全部为高中班。毕业生699人，招生640人，在校生1951人，包括寄宿生1910人。高中录取分数线540分（顺义区），应届高考本科上线率96.13%。网址：www.nlsyz.com.cn/niulanshan。

（许坤）

【评为全国未成年人生态道德教育示范学校】　1月3日，牛栏山一中获评2013年度“全国未成年人生态道德教育示范学校”。该评选由中国野生动物保护协会主办，面向全国中小幼学校，以申报的形式参评。全国62所中小学校获得示范校称号。学校生命探索小组在生物教学、生命课题研究、生态道德教育等领域开展30余项研究及探索，出版《飞翔的鸟》《科技教育成果集》《鸟类科技实践活动方案》《化学与环境》书籍。

（许坤）

【参加“小院士”课题评选获奖】　1月3日，牛栏山一中师生参加第九届中国少年科学院“小院士”课题评选活动获奖。该活动由中国少年科学院主办，全国少工委、中国科学院等单位承办。共有来自全国各省市的800余件入围作品参加展评，全国共评选出120名小院士。牛栏山一中高二年级学生1人、高三年级学生2人获得“中国少年科学院小院士”称号；高一年级学生1人、高二年级学生4人获得“中国少年科学院预备小院士”称号；高一年级学生2人、高三年级学生2人获得“中国少年科学院小研究员”称号；学校教师6人获得全国优秀科技教师称号。

（许坤）

【成立“名师堂”】　2月26日，牛栏

山一中成立“名师堂”。“名师堂”是学校校长倡导并组织实施的，旨在加强教师队伍建设，通过名师熏陶、研修培训、学术交流等方式，培养教育教学骨干由“经验型”教师向“专家型”教师跨越。来自北京市数学特级教师和首都师范大学教授成为“名师堂”的首批名师，同时成立“顺义区第三期名师工作室——王燕春工作室”。该校于11月4日成立“张福彬语文教学研究工作室”。

（许坤）

【举办首届校园文化艺术节】　5月11日，牛栏山一中举办首届校园文化艺术节。该艺术节以“激扬青春，放飞梦想”为主题，采用汇报演出的形式，展现师生艺术才华。共有师生176人参演。该校“清音合唱团”“飞扬舞蹈团”“弦音民乐团”“五度室内乐团”等社团及教师表演队演出15个节目。艺术节邀请国家一级演员、空政文工团青年歌唱家到场献歌，同时举行“牛中艺术之星”颁奖仪式。

来自学校高一、高二年级师生及学生家长1000人观看演出。

（许坤）

【艺术社团获多项国家奖项】 7月，牛

栏山一中合唱团和舞蹈团获得多项国家级奖项。7月15日，“清音”合唱团参加“第五届中国魅力校园合唱节”比赛，获得合唱节一等奖和全国最佳指挥称号。比赛由中国合唱协会主办，主题为“相约多彩贵州为祖国放歌”，来自全国各地的39支大、中、小学校的合唱团参赛，比赛分小学、中学、大学、教师4个组别。7月21日，“飞扬舞蹈团”参加第二届“荷花少年”全国中学校园舞蹈展演比赛，获得校园舞蹈展演“星光少年”奖、优秀组织奖和优秀编导、优秀指导教师称号。比赛由中国舞蹈家协会主办，来自全国25个省市自治区直辖市的中小学参赛。

（许坤）

【完成学校基础设施建设】 8至11月，牛栏山一中完成多项学校基础设施建设工程。8月26日，牛栏山一中实验学校宿舍竣工。宿舍楼占地面积1418平方米，建筑面积14496平方米，为框架结构，地上9层地下1层，有学生宿舍146间、教师宿舍78间，可供1080名学生和207名教师居住。该宿舍楼于2013年10月开工，总投资5378万元；9月20日，学校完成校门改造项目。该工程于2014年6月23日开工，由政府投资332万元；11月18日，学校的校园市政工程竣工。该工程于2013年3月开工，共修建道路2486米，完成校园绿化、照明、交通、雨水、污水、供热、供气、供电、供水、消防等工程，总投资9888万元。

（许坤）

【牛栏山一中实验学校小学部招生】 9月1日，牛栏山一中实验学校小学部招生。招收四、五、六3个年级的新生入学，共开设12个教学班，学生346人，教职工83人。该小学部隶属于牛栏山一中，为民办体制寄宿小学，面向北京市招生。

（许坤）

【IT育英实验班开班】 9月1日，牛

栏山一中IT育英实验班开课。该班为学校适应时代发展和教育发展的需求，结合平板电脑（iPad）及学校建立的数字校园系统，依托中国社会科学院在该校建立的“智能科学与技术”和“智慧家庭物联网及其DIY科学探索”两个重点实验室，实施互动课堂教学，随时记录教师的教与学生的学的状况。通过数字化的教学，增强学生对IT的兴趣、提高学生IT技术素养及探究能力。通过参与IT项目的实战和管理，使学生初步具备IT项目的策划、设计、开发、测试、推广、营销以及运维管理的能力和IT文化的独立、共享、互助、开放和创业创新意识，为学生未来从事IT方面的工作和自身发展搭建良好的平台。该班学生由经过选拔的45名2014级高一新生组成，师资包括校内、校外两部分，其中校外聘请中国科学院自动化研究所、北京工业大学耿丹学院及其他合作高校研究员、教授等授课。该实验班实验周期截止到2017年8月。

（许坤）

【成立赛艇和皮划艇队】 9月17日，牛栏山一中赛艇、皮划艇队成立。该队成立目的在于全面推进素质教育、体教结合，培养综合性、全面性人才。该项目被纳入该校中长期发展规划，成为该校向国际名校迈进，向国际化发展转型的有力抓手和自主品牌。在运行过程中，该队的教学分为3个梯队：一线队伍与北京市体育局芦城体校合作，以青年赛艇、皮划艇队员为主共建培养，参加全国性中学生和青少年比赛，成为赛艇、皮划艇国少队、国少队人才储备库，并承担相应的国际大赛参赛任务；二线队伍以牛栏山一中在读学生为主进行自主培养。以赛艇运动为媒介，与国际中学名校展开校际双边、多边交流。为北京大学、清华大学、西安交大、上海交大、第四军医大学、武汉体育学院等高校输送一专多能的水上项目专业人才；三线队伍主要学习赛艇、皮划艇文化，选修相关课程，重在参与。国家体育总局领导、市体育局领导、顺义区教育委员会主任、芦城体校副校长、该校校长及教练员、运动员、学生代表100人参加成立仪式。

（许坤）

【建成心理健康中心】 12月20日，牛栏山一中心理健康中心建成。该中心建筑面积260平方米，包括教学区、放松区、辅导交流区、仪器训练区和心理阅读自助区5大功能区。中心由心理教研组负责，包括动态心理教室、静态心理教室、心理辅导室等，拥有音乐减压椅、跑步机、沙盘、沙画机、体感放松、注意力训练等心理放松与训练设备，及心理学相关的专业书籍3500册。中心可同时接纳120名师生开展心理教学、心理疏导等活动，并开设心理信箱，成立心理社团，建立“心声”心理微信平台供师生交流。

（许坤）

北京市昌平区第一中学

【概况】 2014年，北京市昌平区第一中学占地面积6.80万平方米、建筑面积5.10万平方米，运动场地面积3.56万平方米。图书馆藏书11万册。固定资产总值10334.84万元。全年教育经费7617.07万元，其中，国家拨款7376.55万元、自筹经费240.52万元。学校信息化经费投入229.59万元，拥有计算机605台，多媒体教室座位2810个，校园网出口总带宽40Mbps，“信息技术”课程2课时/周。普通教室68个，专用教室40个，实验室16个。教职工278人，包括高级职称 107（含特级 2 人）人，中级职称 62 人。专任教师 205 人，包括市级骨干教师 10 人、市级学科带头人 3 人。开设教学班 57 个，其中，初中班 18 个、高中班 39 个。毕业生 696 人，其中，初中 177 人、高中 519 人；招生 579 人，其中，初中 179 人、高中 400 人；在校生 1870 人，其中，初中 612 人，高中 1258 人。在校生中，非京籍借读生 314 人，住宿生 736 人。高中录取分数线（昌平区）491 分。网址：www. cpyz. org. cn。

（周坤）

【举办英语好声音朗诵比赛】　3 月 31 日，昌平一中举办英语好声音朗诵比赛。比赛以“Your Voice”为主题，面向高一年级学生展开。朗诵范围为所学课文中的 6 篇，每班随机抽选 2 名代表，4 名英语教师担任评委，从语言表达、流利程度、朗诵技巧、仪表形象、综合印象五方面评比。评出团体一等奖 3 个、二等奖 4 个；个人一等奖 4 人、二等奖 8 人、三等奖 5 人。

（蔡青　张爱军）

【征集家训、家规】　4 月 1 至 15 日，昌平一中开展家训、家规征集活动。活动以“文明家训家规、优秀家风故事、家庭教育经验”为主题，收集家风故事、家训家规、家庭教育经验 1080 篇，评选出 100 条文明家训家规、100 个家风故事和家庭教育经验，遴选 35 篇优秀家风故事、家训家规和家庭教育经验并汇编成册。全校师生参加活动。

（司炳卓）

【成立家长教师协会】　5 月 31 日，昌平一中成立家长教师协会。该协会对学校整体工作有知情权、建议权、监督权和参与决策权。协会成立执行委员会，负责日常工作，成员由会员代表组成，任期 1 年。协会实行集体议事制度，每学期例会 1～2 次，必要时召开临时会议，由会长召集。

（司炳卓）

【京北分子与细胞生物学实验室投入使用】　11 月 21 日，昌平一中京北分子与细胞生物学实验室投入使用。实验室占地面积 200 平方米、建筑面积 300 平方米，主要设备有 PCR 仪、凝胶成像系统、二氧化碳培养箱、超低温存储设备、纯水系统、超净设备、动物细胞微流控培养系统、荧光倒置显微镜。可以开展体外 DNA 扩增与电泳分析、动物细胞培养与连续观察、动物细胞的药物反应等实验。该实验室建设资金 250 万元，由 4 名生物教师负责，外聘 3 名中国科学院和北京师范大学教师担任顾问。首次开放培训活动聘请北京大学细胞分子生物学教授作“细胞学研究新进展”专题报告。

（周有祥）

北京市昌平区第二中学

【概况】　2014 年，北京市昌平区第二中学占地面积 8.20 万平方米、建筑面积 6.84 万平方米，体育场面积 3.69 万平方米。图书馆（室）藏书 12.20 万册，电子音像资料和课件资源共 480GB，订阅杂志、报刊 242 种。固定资产总值 9160 万元，包括教学仪器资产值 1038.4 万元。全年教育经费投入 9251 万元，其中，国家拨款 9139 万元、自筹经费 112 万元。学校信息化经费投入 95 万元，拥有计算机 1041 台，多媒体教室座位 5520 个，校园网出口总带宽 40Mbps，数字资源量 480GB，“信息技术”课程 2 课时/周。普通教室 92 个、专用教室 18 个、实验室 21 个。教职工 372 人，其中，高级职称 131 人、中级职称 97 人。专任教师 293 人，包括特级教师 9 人、市级骨干教师 5 人、市级学科教学带头人 1 人。本科及以上学历 342 人。开设教学班 88 个，其中，初中班 36 个、内高班预科班 4 个、高中班 48 个。毕业 828 人，其中，初中 373 人、高中 455 人；招生 785 人，其中，初中 316 人、高中 469 人；在校生 2667 人，其中，高中 1406 人，在校生中，非京籍借读生 847 人，寄宿生 1502 人。高中录取分数线 488 分（昌平区）。网址：www. bjcpez. net/。

（王洁睿）

【举办首届硬笔书法比赛】　3 月 24 日，昌平二中举办首届硬笔字书法比赛。比赛以“读好书，书经典，写好字”主题，分为本地组、新疆组两个组别，规定书写材料范围。经过初评、复评和终评，14 人获本地组一等奖、23 人获二等奖、25 人获三等奖；4 人获新疆组一等奖、7 人获二等奖、7 人获三等奖。学生 2500 人参加比赛。

（闫静）

【首期“英才班”结业】　4 月 21 日，

昌平二中首期“英才班”学员结业。结业式为首期学员 26 人颁发竞赛获奖证书、奖品及“英才班”结业证书。该校 2012 年与北京化工大学物理实验中心合作成立以青少年科技创新人才培养为目标的“英才班”，首批学员由该校高一、高二年级学生 30 人跨年级组成，学校设专职班主任，学生以项目引领的方式，开展创新课题研究活动，培养创新人才。该班学员共完成 7 项课题研究，其中，1 个项目获第 12 届青少年科技后备人才早期培养计划专项资金奖励资助，其他项目均在北京市及昌平区科技创新竞赛中获奖。

（张云）

【举办辩论赛】　5 月 7 日，昌平二中举办“谁与争锋”辩论赛。比赛分为 3 组，共 6 支队伍参赛，分别围绕“情在理先”与“理在情先”“成大事者不拘小节”与“细节决定成败”“愚公应该移山”与“愚公应该搬家”3 个主题辩论。经评比，高二（11）班获“团队协作奖”，高二（14）班获“最佳台风奖”，高二（11）班获“妙语连珠”奖，高二（13）班获“金话筒奖”。高一年级师生 180 人参加活动。

（郭星杰）

北京市昌平区南口学校

【概况】　2014 年，北京市昌平区南口学校占地面积 4.80 万平方米、建筑面积 1.72 万平方米，体育场面积 1.80 万平方米。图书馆藏书 7.55 万册，电子图书 36 万册，订阅杂志、报刊 109 种。固定资产总值 2097.40 万元，包括教学仪器资产值 162 万元。全年教育经费投入 4345.80 万元，其中，国家拨款 4308.27 万元、自筹经费 37.53 万元。学校信息化经费投入 145 万元，拥有计算机 366 台，多媒体教室座位 1180 个，校园网出口总带宽 30Mbps，数字资源量 7GB，“信息技术”课程 2 课时/周。普通教室 50 个、专用教室 20 个、实验室 6 个。教职工 186 人，其中，高级职称 37 人、中级职称 64 人。专任教师 130 人，包括市级骨干教师 3 人。本科以上学历 125 人。开设教学班 30 个，其中，小学班 14 个、初中班 8 个、高中班 8 个。毕业 252 人，其中，小学 61 人、初中 108 人、高中 83 人；招生 46 人，其中，小学 46 人、初中和高中停止招生；在校生 824 人，其中，小学 378 人、初中 187 人、高中 259 人，在校生中，非京籍借读生 366 人，寄宿生 120 人。网址：www.nkxx.net。

（周京玲）

【参加青少年机器人竞赛】 1 月 24 日，南口学校参加第 14 届北京青少年机器人竞赛。经过赛前测试，调试程序，运行比赛三个环节，该校 6 名学生分别获得小学、初中、高中 ASC 机器人能力挑战赛一等奖、2 名学生获得高中组足球一等奖、2 名学生获得初中组一等奖。比赛由北京市科协、北京市朝阳区政府联合举办，比赛主题为“诚心伴我成长、科技创造未来”。设机器人综合技能比赛、机器人创意比赛、机器人足球比赛、FLL 机器人工程挑战赛、VEX 机器人工程挑战赛、ASC 机器人能力挑战赛 6 个项目。来自 16 个区县和中国儿童中心、北京市青少年科技馆的 183 支参赛队伍参加比赛，492 人晋级决赛。

（高敏）

【召开教研工作总结交流会】 2 月 15 日，南口学校召开教育教学研究工作总结交流会。会议听取各学科教研组长工作总结汇报，各组以“激励课堂”为途径，以“课堂落实”为目标，以课、以研促教师发展，以丰富多彩的活动促学生发展，初步完成校本教材编写。会议通过交流达成共识：工作做到关注学生发展、关注教师发展、关注课堂改革、关注校本课程、关注团队合作。教学领导、教研组长 20 人参加会议。

（施岩）

【举办板书设计与评比】 2 月 15 日，南口学校举办青年教师“板书设计与评比”活动。29 名工作 6 年以内的青年教师参加比赛，要求限时 15 分钟，完成板书设计一份，限时 2 分钟向评委讲述板书设计思路，评委从字迹、语句、内容、特点四方面打分评比。评出一等奖 11 人。

（张瑞颖）

【召开研究性学习课堂教学研讨会】 4 月 22 日，南口学校召开昌平区中学研究性学习课堂教学研讨会。该校教师展示一节“问卷调查数据分析”研究展示课。教师以学生课题“南口学校中学生校服改进问题研究”为主线，在学生完成“提出问题、确定主题、制定研究方案、文献研究及编制、发放、回收、统计调查问卷”等研究实践的基础上，引导学生分析统计数据。从设计调查问卷的目的和编制问题的提纲入手，引导学生从数据分析中得出调查结论。昌平区 9 所中学专兼职教师 40 人参加研讨会。

（王欣）

北京市大兴区第一中学

【概况】 2014 年，北京市大兴区第一中学分两址办学，分别是兴政街 6 号和大兴新城北区。校园占地面积 7.01 万平方米、建筑面积 5.38 万平方米，体育场（馆）面积 1.29 万平方米。图书馆（室）藏书 11.70 万册，订阅杂志 220 种、报纸 204 种。固定资产总值 13791.31 万元。全年教育经费投入 7790.07 万元，全部为国家拨款。学校信息化经费投入 72.98 万元，拥有计算机 1019 台，校园网出口总带宽 1000Mbps，数字资源量 100GB，“信息技术”课程初中 1 课时/周，高中 2 课时/周。普通教室 79 个、专用教室 25 个、实验室 13 个。教职工 334 人，其中，高级职称 144 人、中级职称 120 人。专任教师 231 人，包括北京市学科教学带头人 1 人、市级骨干教师 14 人、特级教师 4 人。开设教学班 65 个，其中，初中班 28 个、高中班 37 个。毕业 842 人，其中，初中 335 人、高中 507 人；招生 821 人，其中，初中 401 人、高中 420 人；在校生 2391 人，其中，初中 1157 人、高中 1234 人，包括寄宿生 409 人。高中录取分数线 533 分（大兴区），应届高考本科上线率 97%。网址：www.dxhcyz.com.cn。

（姜士厂）

【学生论坛开讲】 5 月 27 日，大兴一中启动“迈向成功人生”学生论坛”。首次论坛听取初三年级学生交流学习慕课（MOOC）的感受。学校开展学生论坛旨在给学生搭建展示个性特长的平台。MOOC 是大型开放式网络课程，是一种在线教育形式。

（姜士厂）

【开设名家大讲堂】 9 至 10 月，大兴一中举办“杏坛飞花名家大讲堂”活动。学校邀请周恩来侄女、全国政协委员周秉德作题为《为中华之崛起》的讲座，全校初中生 1157 人参加活动；邀请老舍研究会会长、中国社科院教授作题为《老舍和他的文学世界》的讲座，学校高一年级学生 420 人参加活动；邀请北京交通大学电子信息工程学院博士作题为《互联网的未来》的讲座，学校高一年级学生 420 人参加活动；邀请北京电视台青少频道主持人作题为《我是谁》的专题讲座，学校学生 237 人参加活动。学校自 2003 年每年举办一次“杏坛飞花教学研讨会”，2014 年改为“杏坛飞花名家大讲堂”，旨在开拓学生视野，促进学生的全面发展。

（张韩妮）

【校本课程开课】 9 月 16 日，大兴一中校本课程开课。校本课程经教师申报、宣讲视频录制、学生观看宣讲视频、学生选课、学校统计申报结果确定开课科目等系列过程，共开设涵盖初、高中各学科以及书法、戏剧、篆刻等艺术科技门类 60 门校本课程。同时邀请来自中国人民公安大学、北京石油化工学院、北京印刷学院、中国戏曲学院等院校的教师进校指导。

（安新飞）

【启动图书漂流活动】 10月，大兴

一中北校区启动图书漂流活动。活动围绕“让爱心传递，让知识分享”主题，每名学生将自己最喜欢的三本书，捐献到年级走廊内的图书角漂流书屋内，学生利用课余时间把喜欢的书取走阅读，借阅时自觉登记借阅时间和所属班级、姓名，看完书后在登记本上注明还书时间和读书心得，再将书放回到图书角内，继续这本书的漂流旅程。漂流书的借阅完全由学生自主完成，随时借阅。每本书将会有一份独特的“漂流日记”。该校北校区 237 名学生全部参加活动。

（张慧娟）

【举办普法报告会】 12 月 2 日，大兴一中举办普法报告会。学校邀请来自北京大学法学院教授作题为《宪法是什么》的普法专题讲座，从第一部限制王权到宣布宪法至上的 1788 年美国联邦宪法，让学生明晰世界宪政的发展史。学校高一年级师生 410 人参加学习。

（张韩妮）

【创新人才培养团队走进公安大学现场探案】 12 月 21 日，大兴一中 30 名师生走进中国人民公安大学现场探案。公安大学教授介绍现场探案的安排，学生分组后在公安大学研究生、本科生的带领下领取刑侦器材，进入模拟犯罪现场：寻找线索、侦查推断、提取指纹。该校选报“科学探案”课程的高中学生和创新人才培养项目师生共同参加。该校于 4 月加入由公安大学牵头的“科学探案”创新人才培养协作体，秋季开学后，公安大学刑侦学院在该校开设校本课程“科学探案”。

（李翔）

北京市大兴区兴华中学

【概况】 2014 年，北京市大兴区兴华中学分两址办学，分别为本校区和仰山校区。校园占地面积 6.06 万平方米（本校面积 4.06 万平方米、仰山校区 2 万平方米），建筑面积 4.80 万平方米（本校面积 3.08 万平方米、仰山校区 1.72 万平方米），体育场馆面积 1.80 万平方米，图书馆藏书 9.72 万册。固定资产总值 8855.71 万元，拥有计算机 360 台，多媒体教室座位 2500 个。全年教育经费投入 6955.56 万元，其中，国家拨款 6802.15 万元、自筹经费 153.41 万元。学校信息化经费投入 221.02 万元，校园网出口总带宽 6Mbps，数字资源量 2046GB，“信息技术”课程 1 课时/周。普通教室 50 个、专用教室 10 个、实验室 10 个。教职工 302 人，包括高级职称 93 人、中级职称 107 人。专任教师 225 人，包括特级教师 1 人、北京市骨干教师 12 人、北京市学科教学带头人 2 人；本科及以上学历 289 人。开设教学班 50 个。毕业 622 人。招生 604 人，其中，小学 106 人，初中 158 人，高中 340 人；在校生 1672 人，包括寄宿生 825 人。高中录取分数线 522 分（大兴区），应届高考本科上线率 96.7%。网址：www.xinghua.dxschools.cn。

（郭春阳）

【邀请名校教师进校指导】 3 月 25 日和 11 月 5 日，兴华中学分别邀请来自北京市第四中学的高级教师以及北京市第八中学副校长进校开展专题讲座。四中教师为高中部全体语文教师作题为《有可奈何——聊聊语文那些事》的专题讲座；八中副校长、北京市特级教师作题为《课堂教学的若干问题》的专题讲座。共有全校教师 220 余人参加学习。

（任艳华 郭春阳）

【举办教学设计比赛】 6月17日，兴

华中学举办青年教师教学设计比赛。比赛旨在培养青年教师的教学基本功，规范教学备课，提高教材解读与运用能力。比赛分为两赛区，分别是兴华本部赛区和兴华仰山赛区，涉及涵盖小、初、高年级所有学科。比赛的试卷由学校统一制订并印刷成册，要求参赛教师在同一时间，不同赛区参加比赛。35 岁以下青年教师 121 人参加比赛，经过评审，共有教师 18 人获一等奖、22 人获二等奖、30 人获三等奖。

（任艳华）

【举行青年教师专业知识测试】 9 月 12 日，兴华中学高中部组织 35 岁以下的青年教师开展 2014～2015 学年青年教师专业知识测试。测试题目包括专业知识测试题和对高考改革的理解与思考。学校在每学年均进行专业测试，旨在针对不断出台的高考改革方案考查青年教师对高考所涉及的知识点的掌握程度。

（李亚静）

【举办校园艺术节】 10 至 12 月，兴华中学举办第五届校园艺术节。活动以“绽放青春风采，谱写梦想篇章”为主题，邀请来自北京歌舞剧团的专业演员进行开幕式表演。来自高一年级的 8 个班级带来相声、歌舞剧、小品、校园剧等节目。同时在艺术节期间，学校组织班级进行班级文化建设评比、班级风采展示、诗词大赛、微视频创作、器乐、舞蹈、唱歌、书法、绘画、摄影比赛等集体项目的比赛。学校于 2009 年举办首届校园艺术节活动，已连续举办 5 年，旨在通过活动增强班级凝聚力，促进学生各方面平衡发展。

（杨馥铭）

北京市第二中学亦庄学校

【概况】 2014年，北京市第二中学亦庄学校占地6.86万平方米、建筑面积5.50万平方。体育场占地面积1.28万平方米。图书馆藏书7.59万册。固定资产总值2746万元。全年教育经费投入4002.10万元，全部为国家拨款。学校信息化经费投入125.66万元，拥有计算机531台，多媒体教室103个，信息化设备资产125.66万元，校园网出口总带宽1G，数字资源量300GB，“信息技术”课程32课时/周。有普通教室108个、专用教室11个、实验室7个。教职工309人，包括副高级职称28人，中级职称88人。专任教师253人，包括特级教师2人，北京市骨干教师2人，北京市学科教学带头人1人；本科以上学历237人。开设教学班89个，其中，小学班50个、初中班18个、高中班10个、国际高中部11个。毕业357人，其中，小学158人、初中120人、高中51人、国际高中28人；招生700人，其中，小学385人、初中170人、高中76人、国际高中69人；在校生2736人，其中，小学1793人、初中528人、高中228人、国际高中187人，包括寄宿生384人。高中录取分数线479分，应届高考本科上线率94%。网址：www.bdaschool.com。

（侯萱）

【改革假期作业形式】 1月，二中亦庄学校改革学生假期作业形式。作业改革针对拔尖创新人才培养班的学生，将单一的学科作业改成学生假期“大礼包”形式，内容包括制定作息时间表、体育锻炼、家务劳动、参加社区服务、旅游、阅读、看电影、抄歌词、写学科小论文等。通过拔尖创新人才培养项目的各学科教师联合编辑“大礼包”的内容，旨在把课堂和社会生活有效链接，形成学校、社会、家庭三位一体的教学新形式。学校在新学期开学的第一天对“假期大礼包”的完成情况进行展示，并邀请学生家长、其他年级师生观摩展示活动。

（侯萱）

【建成“3D打印”创新实验室】 6月16日，二中亦庄学校建成“3D打印”创新实验室。该实验室拥有10台DMCube桌面式3D打印机，均由北京紫熙科技发展有限公司向该校捐赠。该校将“3D打印”作为科技特色发展的龙头项目，组织科技教师进行培训，3D打印课程纳入中学通用技术的课堂，培养学生的创新意识和应用技能。

（侯萱）

【加入二中教育集团】 8月31日，二中亦庄学校正式加入二中教育集团。二中教育集团由二中、二中分校、二中亦庄学校、二中通州分校、二中朝阳分校及二十四中组成。2011年12月，二中亦庄学校与二中合作办学，通过领导干部挂职锻炼、教师听评课、师徒结对、专题座谈、学生艺术科技活动交流等多种方式，围绕教学改革、课程建设、文化建设、特色建设、拔尖创新人才培养等多个方面进行探讨学习。8月31日，二中亦庄学校正式加入二中教育集团。学校实现一体化发展的四项突破：一是在高一年级推进自主排课、自主会考实验，实现与二中在课程、教材、作业、考试和评价方面“五个一致”；二是开启校际间师资流动，2名二中优秀青年教师到该校高中任教；三是真正实现优质资源共享，开启“走进二中”系列活动及二中名师系列讲座活动；四是校际交流纳入统一考核与管理。

（侯萱）

【公益教育纳入国际部校本课程】 9月，二中亦庄学校将公益教育纳入国际部校本课程。该校本课程旨在培养学生的公益意识和社会实践能力，开展有计划、有组织的校园公益活动，将公益教育纳入校本课程，纳入德育评价体系；规定在高中阶段，每名学生需累计完成60小时的公益活动，总计2学分，才准予毕业。国际高中部3个年级共分成9个大组，其中，高一负责学校机房环境卫生及电脑软件的安装，高二、高三年级负责实验室和图书馆的卫生、环境布置及分类摆放。

（侯萱）

【建成新区首家几何机器人MSEA课程研发基地】 11月17日，二中亦庄学校建成新区首家几何机器人MSEA课程研发基地。该基地由二中亦庄学校与北京交通大学联合打造，进一步将创建MSEA课程研发基地创新实验室和启动定点定向的师资队伍培养方案。北京交大安排教师与研究生到二中亦庄学校进行教学指导，二中亦庄学校的教师亦可到北京交大实验室参照交大研究生的培养方式，参加到机器人团队的科学研究中。几何机器人是指在外形上呈现多边形、多面体等典型几何形体特征，具有可变外形能力以及折叠、缩放功能，并可实现滚动、步行、滑行等多种移动方式的机器人。MSEA课程中的M代表数学（Mathematics），S指科学（Science），E是工程（Engineering），A则是艺术（Art）。MSEA课程可以有效培养学生严谨思维、创新精神、实践能力及美学修养。

（侯萱）

【举办3次中青年教师沙龙】 至年底，二中亦庄学校举办3次青年教师沙龙。3次沙龙活动的主题分别是“学校的办学目标和发展愿景”“学校现代化建设中教师角色定位”“班主任工作的艺术”。该活动由校长主持，定期与中青年教师代表座谈，同时邀请家长委员会代表参加，旨在搭建交流平台，共谋学校发展中的问题，共享发展成果。全校中青年教师90人参加活动。

（侯萱）

北京市怀柔区第一中学

【概况】 2014年，北京市怀柔区第一中学占地面积5.66万平方米、建筑面积3.37万平方米，体育场面积2.77万平方米。图书馆藏书8.80万册，包括电子图书 903 册，订阅杂志、报刊 163 种。固定资产总值 11587.30 万元。全年教育经费投入 6011.77 万元，全部为国家拨款。学校信息化经费投入 26.76 万元，拥有计算机 681 台，多媒体教室座位 4136 个，校园网出口总带宽 100Mbps，数字资源量 5850GB，“信息技术”课程 2 课时/周。教职工 248 人，包括副高级职称 72 人、中级职称 106 人。专任教师 189 人，包括市级骨干教师 6 人、北京市学科教学带头人 1 人；本科及以上学历 174 人。开设教学班 43 个。毕业 517 人；招生 508 人；在校生 1607 人，包括寄宿生 343 人。高中录取分数线 503 分（怀柔区），应届高考本科上线率 93.8%。网址：www.bjhryz.30edu.com。

（韩晓阔）

【举办首届主题读书活动】 4月11日，

怀柔一中举办首届“书香溢满校园，阅读点亮人生”主题读书活动。活动旨在宣传读书对人生与校园文化建设重要意义、营造校园良好读书氛围，师生代表交流读书的重要价值与方法，诵读《诗经》部分篇章，讲述《我与地坛》《妞妞》等优秀书目，并为学校古代文学知识竞赛获奖学生颁发奖状和书籍。该校高一、高二年级师生 1100 人参加活动。

（韩晓阔）

【举办中科院院士讲座】 5 月 28 日，怀柔一中举办中国科学院院士讲座。学校邀请中科院数学与系统科学研究院院士林群，围绕“发明与证明”主题，阐述中小学作为基础教育阶段，教师要引导学生利用简单概念与方法解题，并现场与师生进行互动交流。来自怀柔区教委领导，该校高一、高二年级师生 1000 人参加活动。

（韩晓阔）

【召开创新实践课改研讨会】 10 月 17 日，怀柔一中召开创新综合实践课改研讨会。会议邀请北京教育科学研究院特级教师陶礼光来校指导，针对学校综合实践活动开展情况提出建议，要建设有知识支撑的教室环境，可以充分利用黑板教育资源，分区域列出与高考相关科目知识点，为学生学习巩固使用；可试行“一日教育模式”，利用课前十分钟写字，内容涵盖中英文；建设多元化立体课程结构，抓好“学科课程特色化”与“特色教育课程化”实施。怀柔区教科研中心教研员，该校干部、教师 35 人参加活动。

（韩晓阔）

北京市怀柔区第五中学

【概况】 2014 年，北京市怀柔区第五中学占地面积 2.70 万平方米、建筑面积 1.46 万平方米，体育场馆面积 1.36 万平方米。图书馆藏书 5.21 万册，电子图书 120 册。固定资产总值 4161.42 万元。全年教育经费投入 313.68 万元，全部为国家拨款。学校信息化经费投入 77 万元，拥有计算机 420 台，多媒体教室座位 2760 个，校园网出口总带宽 10Mbps，数字资源量 500GB，“信息技术”课程 1 课时/周。普通教室 45 个、专用教室 19 个、实验室 6 个。教职工 191 人，包括副高级职称 34 人、中级职称 77 人。专任教师 138 人，包括市级骨干教师 3 人；全部为本科及以上学历。开设初中教学班 43 个。毕业 585 人、招生 436 人、在校生 1557 人。网址：hrwz.bjedu.cn/。

（赵录志）

【开展感恩教育主题活动】 4 月 15 日，怀柔五中组织开展“感恩教育大型亲子互动体验式”主题教育活动。活动邀请中国感恩教育研究学会专家，通过感恩亲子体验式互动辅导，引领学生感恩父母与师长，从小树立关爱与责任心。学校以此次教育为契机，组织开展我为长辈洗一次脚、心存感恩演讲比赛、召开感恩主题班会等系列活动。该校初一年级教师、学生、家长 600 人参与活动。

（赵录志）

【与昌平五中跨区交流】 10 月 13 至 15 日，怀柔五中与昌平区第五中学开展跨区教育交流活动。活动邀请昌平五中干部、教师一行 15 人到校合作与互动，观摩 40 名教师“学—教—练”模式高效课堂教学展示课。课后，双方就如何引导学生主动参与课堂教学、培养学生自主学习意识与能力等问题分学科研讨交流。

（赵录志）

【推出市级品德学科研究课】 10 月 23 日，怀柔五中推出市级思想品德学科研究课“阳光下最灿烂的职业”。该课程主题围绕社会主义核心价值观与课堂教学有机融合，创新课堂语言和教材，引发学生思考。专家对课程评价指出，教学过程能够体现教师对时代信息敏锐洞察力，是社会主义核心价值观融入课堂教学初步探索。来自北京教育学院专家，怀柔思想品德绿耕研修班教师 13 人参与活动。

（赵录志）

北京市怀柔区庙城学校

【概况】 2014 年，北京市怀柔区庙城学校占地面积 6.31 万平方米、建筑面积 1.64 万平方米，体育场面积 2.50 万平方米。图书馆藏书 3 万册，订阅杂志、报刊 40 种。固定资产总值 2520 万元。全年教育经费投入 3600 万元，全部为国家拨款。学校信息化经费投入 15.40 万元，拥有计算机 395 台，多媒体教室座位 1500 个，校园网出口总带宽 100Mbps，数字资源量 500GB，“信息技术”课程 1 课时/周。普通教室 53 个、专用教室 7 个、实验室 3 个。教职 224 人，包括副高级职称 15 人、中级职称 126 人。专任教师 164 人，全部为本科及以上学历。开设教学班 53 个，其中，初中班 18 个、小学班 36 个。毕业 253 人，其中，初中 71 人、小学 182 人；招生 408 人，其中，初中 173 人、小学 235 人；在校生 1576 人，其中，初中 370 人、小学 1206 人。网址：hrmcxx.bjedu.cn。

（毛计香）

【与大兴二小开展课例交流】 4月8日，庙城学校与大兴区第二小学开展"语文整体改革"实验研究中期课例交流活动。该校小学部教师10人参加，观摩"语文习作指导""自主阅读""以文代文"课例展示，两校干部、教师交流座谈，研讨新课程背景下教育教学工作理念、模式与方法，以及课堂教学困惑与教学经验等。

（陶冬青）

【开展家校共育主题活动】 4月17日，庙城学校开展"凝聚校家共识，创建阳光学校"主题活动。活动听取该校德育干部题为"凝聚校家共识，创建阳光学校"发言，号召家长积极参与创建阳光学校，与教师共同培育阳光学生；家长代表作题为《心语交流——做好家长与孩子的沟通》的典型发言，分享交流家庭教育经验；班主任结合班级实际开展家教辅导。全校共有家长1300人参加活动，收到相关文章1300篇。

（毛计香）

【推出骨干教师示范课】 4月19至

25日，庙城学校推出"有效、阳光、快乐课堂的构建"骨干教师主题示范课。活动共推出数学、语文、英语学科4名骨干教师示范课，课堂教学以提高学生综合素质为目的，以学生为主体开展自主学习、合作探究、动手操作，注重学科间科学有机的整合。课后，由教研组长、骨干教师分组安排评课，探究如何提升各类型课程讲法与学生学法。全校教师45人参与听评课。

（史文萱）

【举办教师校本培训】 10月13日，庙城学校举办教师校本培训。学校邀请北京师范大学教授顾明远，围绕教师责任、教师职业特点、教师专业化发展三个方面进行阐述，指出中小学教师责任是要为学生打好身心健康发展的基础，打好继续学习、终身学习的基础，打好走向社会的基础；教师除学科知识专业化发展，更重要的是做好学生引领者的角色转变，自身素质与业务能力随着时代发展和社会进步提高。全校教师200人参加学习。

（刘冬雪）

北京市平谷中学

【概况】 2014年，北京市平谷中学占地面积7.31万平方米、建筑面积6.60万平方米、体育场面积1.85万平方米。图书馆藏书12万册。固定资产总值60.64亿元。全年教育经费投入5869万元，其中，国家拨款5859万元、自筹经费10万元。学校信息化经费投入800万元，拥有计算机400台，多媒体教室座位192个，校园网出口总带宽50Mbps，数字资源量200GB，"信息技术"课程2课时/周。普通教室54个、专用教室9个、实验室22个。教职工323人，其中，副高级职称169人、中级职称84人。专任教师192人，包括特级教师2人、北京市级骨干教师5人、北京市学科教学带头人2人；本科以上学历303人。开设教学班45个，均为高中。毕业782人；招生588人；在校生1848人，包括寄宿生770人。高中录取分数线491分（平谷区），应届高考本科上线率83.27%。网址：pgzx.net。

（李晶 杜德胜）

【培训心理小助手】 11月5日，平谷中学举办心理健康知识讲座。培训主题为"心理健康状态的分类"，介绍心理健康状态的分类及表现、心理问题的表现和鉴别方法。各班心理委员共45人参加学习。该校在各班设置心理委员，协助心理教师做好学生心理工作。

（杜德胜）

【举办"创客"体验活动】 12月10日，平谷中学与中央电视台新科动漫频道合作举办"创客"体验活动。高一(14)班和各班科技干事共45人参

与"火星探测车"组装和竞速、障碍赛等活动，使师生了解"创客"。平谷区教委领导、中央电视台新科动漫频道、黄松峪中学、平谷六中、平谷中学科技教师参加活动。"创客"简而言之是创意转化为作品。"创客教育"是针对每名学生以培养创新精神和实践能力为核心的一种教育改革方向，与科技教育有天然的联系，是工业化大生产向桌面加工业生产方式转型在教育领域的具体体现。

（杜德胜）

【入选全国啦啦操实验学校】 12月13日，在国家体育总局第三届啦啦操校（局）长论坛会上，平谷中学入选全国啦啦实验学校。该校是北京市第一批获得"全国啦啦操实验学校"的中学。2010年，学校将啦啦操作为课间操的自选操，并在平谷区中小学生课间操评比活动中获得团体总分第一名；同年，组建啦啦操校队，队员30人。自2010年参加全国、北京市以及平谷区中小学生啦啦操、健美操各种比赛，该校先后获得第一名或一等奖10余次。

（杜德胜）

北京师范大学附属平谷中学（北京市平谷区第五中学）

【概况】 2014年，北京师范大学附属平谷中学（北京市平谷区第五中学）占地面积8.74万平方米、建筑面积4.10万平方米、体育场（馆）面积2.50万平方米。图书馆（室）藏书8.09万册，订阅杂志114种、报刊27种。固定资产总值12077万元。全年教育经费投入6587万元，其中，国家拨款6584.30万元、自筹经费2.70

万元。学校拥有计算机638台，多媒体教室座位82个，校园网出口总带宽638Mbps，数字资源量200GB，“信息技术”课程初一初二1课时/周；高一2课时/周。普通教室76个、专用教室20个、实验室16个。教职工418人，包括副高级职称113人、中级职称108人。专任教师260人，包括北京市学科教学带头人2人、市级骨干教师2人；本科及以上学历260人。开设教学班63个，其中，初中班21个、高中班42个。毕业867人，其中，初中226人、高中641人；招生647人，其中，初中158人、高中489人；在校生2256人，其中，初中615人、高中1641人。高中录取分数线460分，应届高考本科上线率61.76%。网址：www.pgfz.com.cn。

（盛景瑞）

【更名为平谷区第五中学】　3月10日，平谷区机构编制委员会办公室印发《关于区教委所属北京师范大学附属平谷中学更名的批复》，同意将“北京师范大学附属平谷中学”更名为“北京市平谷区第五中学”。单位更名后，其机构规格、隶属关系、职责任务、经费形式、事业编制、干部职数均不变。9月，学校开始悬挂北京市平谷区第五中学校牌。2013年底，区委教育工委会议决定北京师范大学附属平谷中学改名为平谷区第五中学。2000年4月30日，平谷县与北师大签署合作办学协议，2000年9月16日，北师大附属平谷中学揭牌剪彩。2000至2013年间，北师大附校中心在传播教育理念、争创示范校、青年教师基本功展示与培养、英语教师外教培训、毕业年级升学应考等方面给予平谷附属中学很大帮助，使平谷附中快速提升办学水平。其间，每年平谷区给北师大40万元合作费。2013年11月30日，平谷区政府与北师大暨北京市城乡中小学建设项目合作签约，双方共建北师大附属中学平谷分校。其中，北京师范大学附属中学平谷第一分校（马坊镇）于2013年9月1日正式开学；北京师范大学附属中学平谷第二分校计划建在夏各庄新城。

（盛景瑞）

【入选中小学语言文字规范化示范校】
12月22日，市教委、市语委认定北京市第八批语言文字规范化示范校，平谷五中入选。北京市共有30所学校入选。平谷土语与普通话在语调方面差异明显，该校绝大部分教师和全部学生是平谷人，日常交际，更习惯说平谷土语，土语是平谷地区推广普通话面临的具体困难。近年来，平谷五中加强学习，提高认识；建章立制，为推进语言文字规范化提供保障；立足教师，立足课堂，立足校园，立足活动，扎实推进学校语言文字规范化。全校师生在课堂学习和日常交流中使用普通话；教案、板书、课件、宣传栏、板报、作业等书写规范字，注意正确规范标点符号。使用普通话，规范书写汉字，作为实施素质教育的重要内容，成为学校教育教学的一项常规要求，常抓不懈。

（盛景瑞）

【开展原创话剧展演活动】　12月25日，平谷五中举办原创话剧展演。高二年级132名学生表演《男孩与苹果树》《B级人生》《忧郁王子》等13个剧目，历时4个小时。经过5名中层干部和6名语文教师现场打分，评选出13名最受欢迎的演员和最佳剧组一二三等奖。演出话剧经语文教师选拔，学生自主完善剧本、排练、并独立设计海报。该活动契合高二教材戏剧单元的学习，落实《语文新课标》对戏剧单元的要求。该活动是学校第四届书香校园读书月系列活动之一。

（盛景瑞）

北京绿谷小香玉艺术学校

【概况】　2014年，北京绿谷小香玉艺术学校是以艺术教育为主的九年一贯制学校，占地面积2.07万平方米、建筑面积1.92万平方米，体育场（馆）面积7500平方米。图书馆（室）藏书1.82万册，电子图1.82册。固定资产总值2277万元。全年教育经费投入1718万元，全部为国家拨款。学校信息化经费投入799万元，拥有计算机144台，多媒体教室座位548个，校园网出口总带宽全区800Mbps共享，数字资源量600GB，“信息技术”课程4课时/周。普通教室18个、专用教室16个、实验室4个。教职工119人，其中，高级职称14人、中级职称24人；本科以上学历102人。专任教师66人。开设教学班11个。招生70人，毕业27人（小学毕业生），在校生349人，全部为寄宿生。网址：xxyysxx.com。

（张立霞）

【打造“阳光体育”工程】　3至12月，小香玉艺术学校打造“阳光体育”工程。学校利用冬季锻炼和大课间活动时间，围绕体育健康标准开展有针对性的训练：根据学生的年龄、性别及体质状况探索适应小学生特点的体育教学活动形式；指导学生开展有计划、有目的、有规律的体育锻炼，改善学生的身体形态和机能；打破班级限制，将某项比较薄弱的全体学生编为一组进行系统训练。全校共有326人参加。

（蒋磊）

【竞选校长助理】　3月17日，小香玉艺术学校举办“我的学校我当家”竞选校长助理活动。52名学生毛遂自荐参加竞选，经过初次面试、笔试和校长面试等环节，52名学生全部当选。校长助理分成三组：演出活动社团、公益活动社团、接待活动社团。

（张桂芝　张立霞）

【举办“名师课堂”暨艺术节活动】
4月9日，小香玉艺术学校举办“名师课堂”暨第二届艺术节舞蹈专场活动。师生表演《燃烧》《飘逝的红纱》等节目。演出策划、编排及舞台、灯光、音响等环节彰显出学校“感受艺术教育，传承艺术梦想”的教学特色。“名师课堂”听取主持人崔永元的演讲。艺术节还举办舞蹈教育座谈会等活动，邀请北京舞蹈学院、中国铁路文工团等专家、教授作为艺术顾问，专家以自己多年的舞蹈表演创作经验直击课堂，帮助青年教师推动舞蹈教育事业的发展。

（王鹤菲　张立霞）

【举办学生二胡音乐会】 5月15日，

小香玉学校举办“小小二胡音乐会”。音乐会采用无伴奏纯二胡演奏的方式，学生32人脱谱演奏。音乐会是学校2012年开设二胡专业课至今的成果展示。

（张桂芝　张立霞）

【书法名家进课堂】 12月30日，小香玉艺术学校举办“少年传承中华美德”书法名家进校园活动。学校邀请书法名家杨中良、张世刚和张德林走进课堂，讲解书法源远流长的历史和无限艺术魅力，示范书法的要领，教授学生学习书法。全校师生396人参加学习。

（王迎　马平川）

北京市密云县第二中学

【概况】 2014年，北京市密云县第二中学占地面积7.63万平方米、建筑面积3.60万平方米，体育场（馆）面积2万平方米。图书室藏书10万册。固定资产总值5000万元。全年教育经费投入5000万元，全部为国家拨款。学校信息化经费投入25.80万元，计算机185台，多媒体教室座位270个，校园网出口总带宽1000Mbps，数字资源量10GB，信息技术课程2课时/周。普通教室48个、专用教室6个、实验室11个。教职工263人，包括高级职称86人、中级职称61人。专任教师165人，包括特级教师3人、市级骨干教师6人、北京市学科教学带头人2人；本科及以上学历164人。开设教学班48个。毕业617人；招生580人；在校生2000人，包括寄宿生594人。高中录取分数线517分（密云县），应届高考本科上线率99%。网址：www.bjmy2z.cn。

（杨洪军）

【与美国学校互访交流】 4至11月，密云二中与美国睿智菲尔德（Ridgefield High School）高中开展互访交流。4月，学校接待睿智菲尔德高中师生一行13人访问，活动参观校园文化环境，与学生开展学习、文体交流等活动。7月，该校师生23人赴美国回访，参观富兰克林·罗斯福纪念馆，考察耶鲁大学、纽约州立大学护理学院；11月，学校组织12名教师赴美国参与教学论坛、工作室沙龙，学习阅读教学方法。密云二中与睿智菲尔德高中2009年结成友好学校。

（杨洪军）

【举办教职工校园论坛】 12月4日，密云二中举办“学园·家园·乐园”教职工校园论坛。论坛以校园网络为平台，设有景观设计、文化建设、在线学习版块，通过发帖讨论形式，鼓励教职工行使民主权利，参与讨论学校重要规划决策的制定，交流分享职业理想、工作经验和专业学习等。

（杨洪军）

【编印建校70周年纪念图册】 至年底，密云二中编印完成《厚德博学善思笃行》建校70周年纪念图册。图册用350余幅照片回顾学校70年中“探索、发展、创新、超越”的发展历程，再现历代密云二中人的探索精神和奋斗道路，历代员工潜心教育、历届学子勤学向上的真情瞬间，记录各时段密云二中所取得的成绩。密云二中前身为建立于1944年的密云县立初级农业职业学校；1960年9月，变更为密云县第二中学。

（杨洪军）

首都师范大学附属密云中学

【概况】 2014年，首都师范大学附属密云中学占地面积53778平方米、建筑面积30244平方米，体育场（馆）面积3735平方米。图书馆藏书62605册。固定资产总值4958.51万元。全年教育经费投入4864.06万元，全部为国家拨款。学校信息化经费投入50万元，拥有计算机440台，多媒体教室座位2500个，校园出口总宽带1000Mbps，数字资源量500GB，信息技术课程2课时/周。普通教室42个、专用教室19个、实验室13个。教职工230人，包括高级职称73人、中级职称67人。专任教师164人，包括市级骨干教师4人、北京市学科教学带头人1人；本科及以上学历164人。开设教学班42个。毕业611人；招生480人；在校生1607人，包括借读生6人。高中录取分数线495分（密云县），应届高考本科上线率89.5%。网址：111.207.164.125。

（张连全）

【规范教师职称管理】 1月，首师大附属密云中学规范教师职称管理工作。学校为进一步完善学校职称评定程序，合理评价教师工作业绩，在密云县教委教师职称评定有关规定基础上，制定《中学一级职称评定量化管理办法》，包括基本原则、评定对象、评定内容和评价方法四部分，同时制定评定细则，结合教学效果、班主任工作、骨干教师、评优课、教科研成果、承担或参与学校项目研究、获奖情况等项目具体打分。学校评定时，由教师管理办公室对申报人员各项材料进行审核，以近三年期末考试和高考成绩为主要考查依据，各项考核分数乘以权重形成参评教师总成绩。

（张连全）

【举办第五届体育节】 4至5月，首师大附属密云中学举办第五届体育节活动。该活动旨在贯彻学校体育工作条例，丰富校园生活、增强学生体质，主题为“扬体育精神，展青春风采”，设置篮球对抗赛、投篮王竞标赛、拔河赛、单人跳绳、集体跳绳、踢毽子、仰卧起坐、俯卧撑、引体向上单项与集体项目。全校学生42个班级、1600人参加活动，12个班级、86人获奖。

（张连全）

【承办全国体育联盟现场会】 9月29日，首师大附属密云中学承办全国体育联盟中小学集体跑步观摩现场会。会议由全国体育联盟主办，听取该校体育工作开展情况介绍，观看密云县中小学课间学生集体跑步活动专题片并进行实地观摩。密云县教委领导以“全力抓好学校体育工作，促进学生健康幸福成长”为题，汇报全县中小学落实“每天一小时体育锻炼”、开展体育课间活动工作。来自全国体育联盟各省市、自治区教育行政主管部门领导，200余所示范校校长、体育教师300人参加活动。

（张连全）

【投资3280万元用于硬件设施建设】 至年底，首师大附属密云中学投入3280万元用于校园硬件设施建设。投入2180万元建设综合教学楼。综合教学楼利用图书阅览楼原址扩建，建筑面积5660平方米，共5层，为整体框架结构，主要用于教学、办公、图书阅览和体育器材储藏，内设有普通教室12个，以及专业录像室、中型会议室、图书室、阅览室、心理咨询室、机器人活动室、通用教室室内训练馆和容纳90人的电子阅览室。工程2013年3月24日开工建设。投资1100万元，用于供暖设施改造、地面改造、综合楼数字化建设和教室空调安装；新建生物实验基地、社团室外活动场地、学生文化长廊和文化橱窗，校园中央竖起“逐梦石”重70吨。学校还建成智能温室，建筑面积294平方米，由生物教师日常管理，室内种植有土、无土栽培花卉、蔬菜等农作物，课余时间向师生开放。安装27个集雨尊，是密云县水务局提供节能减排项目，专门截蓄楼顶雨水，用于打扫卫生、浇灌绿地等，单尊最大容积为1.2立方米，每年可集雨100吨。

（张连全）

北京市密云县水库中学

【概况】 2014年，北京市密云县水库中学占地面积6.33万平方米、建筑面积1.18万平方米，体育场（馆）面积0.76万平方米。图书室藏书2.85万册。固定资产总值2023.76万元。全年教育经费投入213.36万元，全部为国家拨款。学校信息化经费投入43.2万元，拥有计算机252台，多媒体教室座位375个，校园网出口总带宽1000Mbps，数字资源量1234GB，信息技术课程2课时/周。普通教室17个、专用教室9个、实验室5个。教职工110人，包括高级职称23人、中级职称31人。专任教师69人，包括市级骨干教师1人；本科及以上学历69人。开设教学班17个。毕业176人；招生139人；在校生464人，包括寄宿生175人。网址：www.117.115.91.1.cn。

（裴德春）

【开展公益志愿者服务】 3月5日，水库中学组织开展公益志愿者服务。该校两个志愿者服务团队分别赴密云县溪翁庄镇敬老院、京溪小区健身园开展活动，清洁健身器材、打扫敬老院卧室，与入住老年人谈心、唱歌等。全校学生450人参加活动。该校志愿者服务团队常年坚持开展公益活动，在校期间以班级为单位组成志愿者服务团队、课余时间以村队（社区）单位建立队伍，要求每个团队每年至少开展志愿服务10次。

（裴德春）

【创建绿色教育】 至年底，水库中学创建绿色教育。绿色教育理念包括“安全、规范、质量、特色”四个方面，其中，安全指为学生营造有高度安全感的生活和学习环境，规范指学校软硬件建设为学生提供现代化科学教育，质量指德智体全方位提高学校教育教学能力，特色是指学校形成自身办学教育特色。目标是形成绿色教育校园文化，培养出敢于追求、基础扎实、全面健康、可持续发展型人才。途径包括加强师生安全建设、加大教师培训力度、开展特色教育等。全校干部、教师93人参与工作。

（裴德春）

【邀请家长代表进校园】 至年底，水库中学坚持开展学生家长代表进校园活动。学校每周四安排学生家长代表走进校园，参观校内除食堂操作间等任何部门、场所或参与活动，要求家长代表每人听课3节并做好记录，专门时间与学校干部、教师沟通座谈，为教育教学工作提出意见。全年共坚持开展活动十五周，家长代表197人参与、提出建议50余条。

（裴德春）

【建设校园文化环境】 至年底，水库中学加强校园文化环境建设。其中，花园草坪绿化项目、塑胶操场翻建铺设人工草皮项目、男生宿舍楼装修项目、学生自行车停车蓬建设项目、办公楼线路改造项目，由密云县教委、镇政府、学校累计投资300万元；加强楼层、班级文化建设，要求一楼一主题、每层设分主题，其中，教学楼主题为“成才成功”、办公楼为“历史与师德”、实验楼为“用科技启迪智慧，让艺术净化灵魂”、住宿楼为“文明生活”。班级建设以学生成长为理念，开设“我们的班级体”“我的成长树”“星光灿烂”“特长园地”板块，校园文化建设总投入50万元。

（裴德春）

北京市密云县古北口中学

【概况】 2014年，北京市密云县古北口中学占地面积8700平方米、建筑面积4022平方米，体育场（馆）面积5000平方米。图书室藏书15352册。固定资产总值1037万元。全年教育经费投入744万元，全部为国家拨款。学校信息化经费投入6.80万元，拥有计算机120台，多媒体教室座位480个，校园网出口总带宽1000Mbps，数字资源量372GB，“信息技术”课程1课时/周。普通教室6个、专用教室10个、实验室3个。教职工36人，包括高级职称6人、中级职称14人。专任教师25人，包括市级骨干教师1人；本科及以上学历25人。开设教学班6个。毕业62人；招生59人；在校生178人，包括寄宿生144人。网址：mygbkzx.miyunedu.net。

（刘东宝）

【组织学生课外活动】 4月22日，古北口中学组织开展学生课外小组活动。该校根据教师与教学资源使用情况，开设学科知识拓展类、趣味兴趣类、文体艺术类3大类24个课外小组。小组活动时间定为每周二、三、四下午1小时，学生根据自身兴趣爱好选择辅导教师，每组不超过20人。

至年底，全校学生 178 人参与活动。

（刘东宝）

【开展山区校连片教研】 5 月 28 日，古北口中学开展“山区手拉手学校同课异构”连片教研活动。活动与北京市密云县高岭中学、北京市密云县不老屯中学联合举办，安排该校与高岭中学教师分别做初二年级英语“module10 unit1”同课异构课堂教学展示，县教研员、三校校长对课程完成点评，认为实践师友互助课堂模式，教学效益凸显、实现教学方式变革，推动师生共同成长、达成三维教学目标，促进学生全面发展。来自密云县教研中心教研员、三所学校校长、十部教师 18 人参加交流。

（刘东宝）

【展示学科素养教育成果】 10 月 15 日至 12 月 14 日，古北口中学展示学科素养教育成果。该校组织语文、英语、思品、地理、历史、生物 6 个学科学生素养展示活动，制定学科展示方案，安排参加人员、活动阶段安排等内容。此次活动共分为全员准备、全员展示、作品展示 3 个阶段，全校学生 178 人参加，最终 50 人获得一等奖、100 人获得二等奖。

（刘东宝）

【组织校级评优课】 12 月 8 至 19 日，古北口中学组织校级评优课活动。活动按照“古北口中学合作学习”课堂教学模式要求，面向全体专任教师，制定评优活动方案、设计活动方式，由学校评审小组依据新修订《中小学课堂评价指标》对参评教师授课情况量化打分。全校共有教师 17 人参加活动，最终 8 人获得评优课一等奖、9 人获得二等奖。

（刘东宝）

北京市延庆县第一中学

【概况】 2014 年，北京市延庆县第一中学占地面积 7.59 万平方米、建筑面积 4.20 万平方米，体育场馆面积 2.25 万平方米。图书馆藏书 6.93 万册，电子图书 20GB 册。固定资产总值 8322.65 万元。全年教育经费投入 10864.77 万元，其中，国家拨款 10806.78 万元、自筹经费 57.99 万元。学校信息化经费投入 536 万元，拥有计算机 487 台，多媒体教室座位 2720 个，校园网出口总带宽 110Mbps，数字资源量 260GB，“信息技术”课程 1 课时/周。普通教室 45 个、专用教室 29 个、实验室 11 个。教职工 261 人，包括副高级职称 94 人、中级职称 75 人。专任教师 180 人，包括特级教师 2 人、市级骨干教师 4 人、北京市学科教学带头人 2 人；全部为本科及以上学历。开设高中教学班 45 个。毕业 562 人；招生 550 人；在校生 1658 人，包括寄宿生 482 人、外省市借读生 2 人。高中录取分数线 506 分（延庆县），应届高考本科上线率文科 97.32%、理科 92.94%。网址：www.bjyqyz.com.cn。

（吴东华）

【签署校企合作协议】 6 月 4 日，延庆一中与劲牌有限公司签订劲牌慈善“阳光班”合作协议。根据协议，公司资助“阳光班”学生每人每年 3000 元，帮助“特困、特优”学生完成高中学业。学校阳光班每年招生 50 人。协议有效期 3 年。

（吴东华）

【开展新校训教育活动】 6 月 9 日，延庆一中开展新校训教育活动。活动以“知校训、懂校训、行校训”为主题，校长介绍“让自觉成为生命的品质”新校训产生背景、过程和意义，解读《延庆一中知校训、懂校训、行校训工作方案》，对校训进行释义，并要求师生践行校训。教师和学生分别从个人角度阐释对新校训的认识。

（吴东华）

【综合楼竣工】 8 月，延庆一中综合楼竣工。综合楼在原危楼基础上拆除扩建，建筑面积 1.35 万平方米，为框架建筑结构，地上 5 层。综合楼教学区以历史、文学、艺术、自然、环境和科学为主线，两侧活动大厅、楼道文化建设与图书阅览、数字校园相结合。改扩建工程始于 2012 年，总投资 5798 万元。

（吴东华）

【加入八一学校创新人才培养协作体】 12 月 25 日，延庆一中加入北京市八一学校“创新人才培养协作体”。协作体以“翱翔计划”“雏鹰计划”和“青少

年创新能力建设工程”等项目为依托，协同各成员单位共同开发课程，实施资源共享，课程融通，建立协同培养创新人才工作体系。协作体成员单位包括北京大学、清华大学等 13 个科研院所，人大附中、清华附中等 20 所中小学校。

（吴东华）

北京市延庆县第四中学

【概况】 2014 年，北京市延庆县第四中学占地面积 2.70 万平方米、建筑面积 1.36 万平方米，体育场馆面积 1.02 万平方米。图书馆藏书 5.10 万册。固定资产总值 3488.27 万元。全年教育经费投入 2844.69 万元，全部为国家拨款。学校信息化经费投入 18.74 万元，拥有计算机 376 台，多媒体教室座位 517 个，校园网出口总带宽 100Mbps，数字资源量 1750GB，“信息技术”课程 1 课时/周。普通教室 30 个、专用教室 14 个、实验室 6 个。教职工 144 人，包括副高级职称 23 人、中级职称 54 人。专任教师 95 人，包括市级骨干教师 3 人，北京市学科教学带头人 1 人；全部为本科及以上学历。开设初中教学班 30 个。毕业 481 人；招生 382 人；在校生 1319 人，包括寄宿生 43 人、外省市借读生 17 人。网址：www.bjyqsz.com。

（巴泓波）

【加强校本课程建设】 4 月 15 至 5 月 17 日，延庆四中加强校本课程建设。基础素养课程，物理、化学、生物等自然学科教学加强科研方法、科研习惯的培养。语文、历史等人文学科渗透创新意识；考察实践课程，开

设理化生实验探索课程，增加实验室对学生开放时间；专业拓展课程，开设专业拓展选修课，如科技物理、植物栽培和金工木工等课程，编写《科技活动实验》校本教材，建设无线电工作室、科技创新教室等；学科拓展课程，开设歌曲创作、动植物生命科学研究、机器人编程、课外阅读指导交流等。利用县域内生态环保产业资源，把延庆气象局、污水处理厂、硅化木石、野鸭湖湿地保护区、八达岭林场、古崖居、松山自然保护区作为科技创新教育基地和实践基地。

（巴泓波）

【开放智慧课堂】　5月14日，延庆

四中开放智慧课堂。共开放语文、数学、英语、物理、化学、历史、地理、生物、政治、音乐10学科18节教学课堂。通过教学设计、学生活动设计、驾驭课堂水平等方面诠释智慧课堂构建，教学方式改革理念。开放研修跟踪课、歌曲创作、电子技术、金工木工、植物栽培5门校本课，展现学科知识向学以致用延伸；开放4节德育主题课，关注学生身心发展。师生、家长1360人参加活动。

（巴泓波）

【组织互助课堂教学模式系列活动】

8月22日至9月25日，延庆四中组织互助课堂教学模式系列活动。组织课堂教学模式改革通识培训，邀请山东省即墨市第二十八中学教师，就语文、数学、外语、物理4学科上示范课，指导学科教师备课，举办师友考核评价及班级和谐互助文化建设专题讲座；组建互助课堂教学模式改革核心组，语文、数学、英语、物理、历史、地理6学科骨干教师10人为核心成员，确立提高学生学习成绩、减轻教师教学负担的阶段目标；组织一线教师互助课堂教学模式实操培训，以学科组为单位填写《延庆四中课改推进问卷调查》，预设互助课堂教学模式中的教学问题，商讨解决办法；组织数学、地理、历史学科汇报课6节，在教学实践中检验师友互助课堂教学模式应用情况。任课教师81人次参加系列活动。

（巴泓波）

【组织同课异构活动】　12月4至5日，延庆四中组织同课异构活动。延庆中学第二协作区的延庆四中、延庆八中、延庆三中、延庆旧县中学、延庆井庄中学教师10人参与讲课，分为英语、物理、化学、政治4学科研讨交流。讲课教师以“教师智慧设计构建智慧课堂”说课；听课教师围绕不同课堂教学模式促进学生智慧形成，提高课堂实效进行评课。教师72人次参加活动。

（巴泓波）

北京市延庆县十一学校（北京市育英学校延庆分校）

【概况】　2014年，北京市延庆县十一学校（北京市育英学校延庆分校）占地面积1.90万平方米、建筑面积1.22万平方米，体育场面积6648平方米。图书室藏书7.80万册，电子图书10G。固定资产总值3056万元。全年教育经费投入3601.46万元，全部为国家拨款。学校信息化经费投入440.73万元，拥有计算机531台，多媒体教室座位2250个，校园网出口总带宽200Mbps，数字资源量550GB，“信息技术”课程1课时/周。普通教室52个、专用教室10个、实验室7个。教职工170人，包括副高级职称32人、中级职称69人。专任教师148人，包括市级骨干教师3人；全部为本科及以上学历。开设教学班47个，其中，小学班24个、初中班23个。毕业472人，其中，小学197人、初中275人；招生443人，其中，小学166人、初中277人；在校生1805人，其中，小学964人、初中841人、借读生90人。网址：www.yqsyxx.cn。

（王满）

【专家指导体育健康工作】　2月28日，延庆十一学校邀请首都体育大学运动学科与健康学院专家指导体质健康工作。研讨“提高体育课堂教学质量、提升学生体质健康水平和科学开展体艺社团工作”，明确双方权利义务；协调体育、艺术专家到校指导体艺社团建设；组织体质健康测试专家组研究十一学校学生体质发展现状，根据实际情况制定科学有效锻炼方式方法。

（王满）

【加挂育英学校延庆分校校牌】　8月30日，延庆十一学校加挂“北京市育英学校延庆分校”校牌。育英学校与延庆十一学校以城乡一体化项目建设为基础，实施“名校办分校”。根据合作协议，育英学校校长作为分校名誉校长，输出学校办学理念，协助分校办学；逐步完善分校育人模式、课程研发与实施、校本研修、教育科研、学校文化建设5个重点项目；发挥名校引领、辐射带头作用，每年根据实际情况向分校派送管理干部和骨干任课教师，开展管理活动、授课及听课指导；规划、建设分校课程；采取多种形式，对分校教师进行全员培训等8项内容。合作期间育英学校高中每年从分校招收应届京籍、家庭困难九年级优秀毕业生不超过20人。协议有效期6年。

（王满）

【召开十二五课题结题会】　12月12

日，延庆十一学校召开“十二五”规划科研课题结题会。共4个课题结题，包括北京市教育学会课题1个，县级规划课题3个，课题研究范围涵盖义务教育阶段中小学教学，属于基础教育研究。专家就课题研究情况和结题报告提出意见和建议。课题组成员36人参加结题会。

（王满）

北京师范大学燕化附属中学

【概况】 2014年，北京师范大学燕化附属中学占地面积4.11万平方米、建筑面积2.59万平方米，体育场馆面积1.75万平方米。图书馆藏书16万册，电子图书25万册，订阅杂志、报刊100种。固定资产总值8135.79万元。全年教育经费投入2923.35万元，其中，国家拨款2874.75万元，自筹经费48.60万元。学校信息化经费投入160万元，拥有计算机450台，多媒体教室座位4900个，校园网出口总带宽8Mbps，数字资源量3000GB，“信息技术”课程2课时/周。普通教室50个、专用教室6个、实验室9个。教职工143人，包括副高级职称43人、中级职称57人。专任教师105人，包括北京市学科教学带头人1人；全部为本科及以上学历。开设高中教学班28个。毕业354人、招生313人、在校生982人。高中录取分数线428分（燕山地区），应届高考本科上线率81.70％。网址：www.bsdyhfz.cn。

（李蓓）

【开设班级特色校本课程】 3月23日，北师大燕化附中开设“班班有特色”校本课程。该校对石化科技班、理科特色班、人文特色班、艺术特色班、英语特色班、课改慕课实验班配套校本课程进行研讨，学习《关于落实“班班有特色”校本课程开发事项》，评委会审定第一批次10类校本课程，分别包括走进数学花园、生命与健康、寻根问源——身边的历史等，并进入学生课堂实践。

（李蓓）

【首次组织学生知识竞赛】 5月27日，北师大燕化附中首次组织学生综合知识竞赛。竞赛以笔试形式进行，试题知识涉及语文、数学、历史、地理学科，集综合性、趣味性，主要考察学生平时知识积累以及分析问题、解决问题的能力。该校高一年级学生40人参赛，包括藏族学生16人、汉族学生24人，最终15人获奖。

（李蓓）

【成立青年教师专业发展工作室】 6月12日，北师大燕化附中研究生团队专业发展工作座谈会暨青年教师专业发展工作室启动会召开。工作室旨在为青年教师专业化成长搭建平台，由该校教科研室负责日常管理，业务内容包括教育教学能力、班级管理、科研课题等方面，拥有成员40人。至年底，共组织校内外专家系列讲座8次、青年教师教学基本功赛、青年教师登山活动等，学校研究生团队教师40人参与。

（李蓓）

【首届西藏内高班学生毕业】 6月，

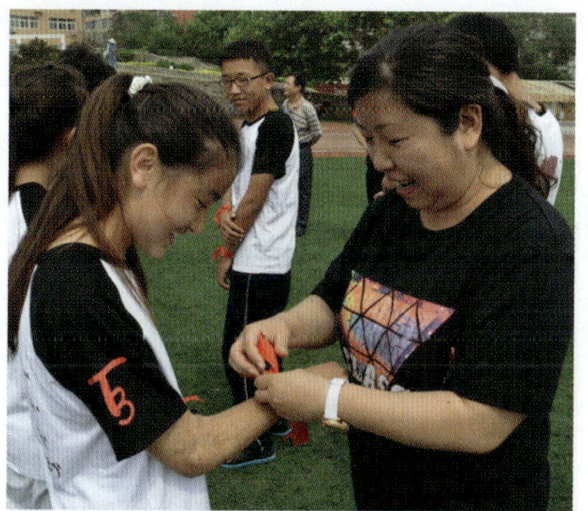

北师大燕化附中首届西藏内地高中班学生毕业。学校举办毕业生送别仪式，由教师为西藏学生授红丝带，随后举行“格桑花开在希望的原野上”毕业晚会。首届西藏内高班于2011年开办，招收学生46人，全部毕业并考入高校深造。

（李蓓）

北京房山区燕山前进中学

【概况】 2014年，北京房山区燕山前进中学占地面积1.68万平方米、建筑面积1.09万平方米，体育场馆面积6782平方米。图书馆藏书2.96万册，订阅杂志、报刊20余种。固定资产总值3545.99万元。全年教育经费投入1531.94万元，全部为国家拨款。学校信息化经费投入213.16万元，拥有计算机358台，多媒体教室座位88个，校园网出口总带宽4Mbps，数字资源量600GB，“信息技术”课程1课时/周。普通教室26个、专用教室16个、实验室6个。教职工87人，其中，副高级职称14人、中级职称46人。专任教师80人，包括市级骨干教师1人；全部为本科及以上学历。开设教学班26个。毕业151人、招生185人、在校生915人。网址：www.ysqjzx.com。

（雷蕾　任艳玲）

【开设课外活动课程】 3月7日，前进中学开设课外活动课程。课程设置包括合唱、无线电测向、跆拳道、篮球、足球、舞蹈、军乐共计10门，聘请燕山体育中心、地区少年宫等校外机构专业教练员、指导教师利用每周固定时间进行辅导。全校学生915人参加学习。

（雷蕾　任艳玲）

【举办食品安全知识讲座】 3月17日，前进中学举办食品安全健康知识讲座。此次讲座邀请北京市食品药品监督管理局局长，以科学选用食品为主题，通过互动报告形式，讲解不良饮食习惯对人体的伤害、如何科学选用食品、青少年需要注意的健康知识和日常卫生等内容。该校初二年级班主任、学生近200人参加学习。

（高彬）

【召开青蓝工程拜师会】 9月18日，前进中学召开青蓝工程拜师会。该校为每名青年教师指派一到两名教学师傅和一名班主任师傅，会上宣读师徒名单并举办拜师仪式。此次共有干部、教师80余人参加活动，结成师徒对子9个。

（戴静）

【开展中国梦系列诵读活动】 12月，

前进中学开展“中国梦·少年梦”系列古诗词吟诵活动。活动面向初二、初三年级学生并邀请部分家长现场观看，采取配乐朗诵、情境表演等形式，包括“少年中国说”朗诵比赛、“诵读中华诗词·弘扬传统文化”古诗词吟诵等。该校学生、家长500余人参加活动。

（隗艳花　林桂英）

【概况】 2014 年，北京市有民族学校 41 所，其中，民族中学 7 所，九年一贯制民族学校 2 所，民族小学 32 所；教职工总数 2382 人，其中，少数民族教职工 403 人，专任教师 1968 人；在校生 22254 人，其中，少数民族学生 6660 人。民族中学分布在西城、朝阳、海淀、门头沟、通州、大兴、怀柔 7 个区县；民族小学分布在东城、西城、朝阳、海淀、昌平、通州、顺义、大兴、房山、怀柔、密云、延庆 12 个区县。内地新疆高中班办班学校 11 所，在校生 4398 人；内地西藏班（校）4 所，在校生 1117 人；内地青海班 4 所，在校生 425 人。

（陆小红）

【举办“和谐杯”创意设计大赛】 4 至 7 月，北京市民族教育学会举办第二届“和谐杯”设计大赛。比赛以“建设伟大祖国，建设美丽家乡”为主题，通过书法、绘画、摄影、邮票创意设计等艺术形式，展现首都中小学民族团结教育成果。50 所参赛会员学校的 843 件作品参加比赛，其中，30 所小学参赛作品 535 件、20 所中学参赛作品 308 件。经专家评审，评选出一等奖 79 个、二等奖 77 个、三等奖 113 个、优秀奖 69 个，优秀指导教师 79 人。一等奖作品收录至《“和谐杯”书法、绘画、摄影、邮票创意设计大赛优秀作品集》。该赛事每两年举办一次，比赛新增邮票创意设计项目。

（王振清）

【举办小学教师语文教学观摩活动】 5 月 9 日，北京市民族教育学会举办小学教师语文教学观摩活动。活动走进北京市宣武回民小学，学习观摩学校在语文教学中进行汉字文化研究方面取得的成果。学校作题为《在实践中不断拓展汉字研究的深度与广度》的报告，与会人员参观学校配合汉字文化研究营造的校园环境，深入一年级和三年级语文课堂进行观摩学习。语文特级教师乔亚梦做现场点评。学会理事单位 80 名语文教师，以及来自新疆伊宁市回民学校、河北省石家庄市回民小学的校长和教师代表参加活动。

（陆小红）

【举办中小学生大型笔会】 9月27日，北京市民族教育学会主办北京市中小学生大型笔会。笔会以“践行社会主义核心价值观”为主题，为学生提供以文会友、相互学习交流的舞台，现场展现学生的才艺和魅力。比赛分中学、小学两组，来自“北京市民族团结教育示范学校”的 14 所小学、13 所中学的 106 名学生参加比赛，在规定的 2 个小时内共创作完成 55 件书法作品、51 件绘画作品。经专家评审，评选出一等奖 53 个、优秀奖 31 个，优秀指导教师 46 人。活动一等奖的作品均收录《“北京市中小学生大型笔会”优秀作品集》。活动由北京市回民学校承办。

（王振清）

【举办民族团结教育进课堂教学大赛总结表彰会】 10 月 17 日，北京市第二届民族教育“胜利杯”中学教师民族团结教育进课堂教学大赛总结表彰大会在北京市和平街一中举行。40 所学校的教师 130 人参加初赛。经过初评，17 所中学的教师 40 人参加说课决赛。大赛评出一等奖 17 人，二等奖 19 人，三等奖 61 人，展示课 5 人。市教委、市民委和市民族教育学会、昌平区教委等领导，获奖教师代表及和平街一中教师代表 100 人参加会议。大赛自 2013 年 10 月 24 日启动，历时一年。每两年举办一次。

（陆小红　王振清）

【举办内地新疆高中班“三史”教育培训班】 12 月 24 日，市教委提出在内地新疆高中班开设新疆“三史”课程教学安排要求。市教委举办内地新疆高中班“三史”教育培训班，新疆“三史”课程主编、新疆大学教授姜勇对课程教学基础辅导，并就如何开好“三史”教育课程交流研讨。市教委、北京市民族教育学会负责人，内地新疆高中班学校主管领导和“三史”课程教学教师 30 人参加会议。

（陆小红）

【编印《民族团结教育培训读本》】 12 月，北京市民族教育学会编印《民族团结教育培训读本》。读本编印 2000 册，发放给会员校和教师，作为宣讲民族团结教育用书。读本于 2009 年开始编写，自 2011 年试用 3 年，为适应培训的要求和新形势的需要，在征求 10 余名民族教育专家学者以及国家民委、教育部、市民委、市教委有关领导的意见后修改，增加十八大党对民族工作提出的一系列新思想、新论断、新认识；完善对“四个认同”（对伟大祖国的认同、对中华民族的认同、对中华民族文化的认同、对中国特色社会主义道路的认同）的认识；增补“正确处理民族团结问题”的内容；吸收市民族教育学会对民族团结教育研究的成果。

（王振清）

【实施民族教育学校建设工程】 至年底，市教委实施民族教育学校建设工程。市教委投入 3500 万元，改善民族学校办学条件。

（陆小红）

【提高内地民族班生均经费标准】 至年底，市教委提高内地民族班生均经费标准。标准从每生每年 17000 元提高至 25060 元，切实保障内地民族班学生在京享受良好教育。

（陆小红）

民族教育学校

北京市东城区回民小学

【概况】 2014年，北京市东城区回民小学为日托制办校类别，占地面积4426平方米、建筑面积7558平方米、体育场面积1860平方米。图书室藏书2.50万册，包括电子图书500册，订阅杂志、报刊25种。固定资产总值1300万元。全年教育经费投入3091万元，全部为国家拨款。学校信息化经费投入5.80万元，拥有计算267台，多媒体教室座位616个，校园网出口总带宽10Mbps，数字资源量500GB，“信息技术”课程20课时/周。普通教室21个、专用教室10个、实验室1个。教职工68人，其中，高级职称2人、中级职称38人。专任教师53人，包括本科以上学历49人。开设教学班21个。毕业90人；招生128人；在校生616人，其中，回族学生151人，外省市借读生103人。网址：www.dchx.org.cn。

（袁侨）

【举行文化节主题活动】 5月30日，东城回小举办“最炫民族风”第五届“文化育人、全面发展”文化节。活动分为两个阶段，第一阶段是会议部分，围绕民族环游季展开，学生乘坐民族团结列车，开向民族服饰、舞蹈和饮食等9站，每站由师生共同介绍各民族文化和历史，并与学生互动；第二阶段是“我是民族小达人”收集民族章游园会，民族章由56个民族吉祥图案组成，学生通过对民族知识的积累和了解完成不同任务，将民族章收集在争章手册上。学生通过活动提升民族团结素养。

（芦平）

【举办校本教研活动】 6月2日，东城回小举办校本教研活动。活动以年级组为单位，每组确定教研主题，每人5分钟教研交流。活动分为两部分，一是语文、数学、英语学科校本教研，二是科任学科校本教研。各学科教师相互观摩学习，并提出意见建议。

（芦平）

【开展民族团结教育月活动】 9月30

日，东城回小开展“同心共筑中国梦、民族和睦少年行”民族团结教育月活动。活动展示学生设计的原创民族章，并向全校学生讲解设计理念和思路以及代表的含义。随后，开展民族章收集游园会，学生通过答题，获得不同民族的民族章，收集在争章手册上。每名学生在游园活动中要通过平时对民族知识的积累和了解，完成不同任务，在收集民族章的过程中传承民族文化，提升民族团结素养。

（芦平）

【举办“大篷车进校园”活动】 11月19日，东城回小举办科技节活动之“大篷车进校园”——神秘的中生代活动。学生观看科技展板、实物模型，了解恐龙、化石有关科技知识；观看穹幕电影，了解宇宙的奥秘。全校学生参加活动。

（芦平）

北京市东城区回民实验小学

【概况】 2014年，北京市东城区回民实验小学占地面积3454平方米、建筑面积5227平方米，运动场地面积800平方米。图书馆（室）藏书1.40万册。固定资产总值669万元，包括教学仪器资产值289万元。全年教育经费投入2275万元，全部为国家拨款。普通教室16个、专用教室8个。拥有计算机114台，多媒体教室座位698个，校园网出口总带宽100Mbps，“信息技术”课程6课时/周。教职工54人，其中，高级职称1人、中级职称34人。专任教师40人，包括特级教师1人、北京市学科教学带头人1人；本科以上学历47人，少数民族15人。开设教学班16个。毕业54人；招生103人；在校生448人，其中，寄宿生102人，少数民族103人。网址：hmsy.net.cn。

（罗子贻）

【与中戏签约合作】 5月15日，在“中央戏剧学院参与小学体育美育发展签约仪式”上，回民实验小学与中央戏剧学院牵手合作。东城区共四所小学与中戏牵手。根据协议，中戏教师走进回民实验小学，为学生普及戏剧知识，培养学生艺术素养，将戏剧艺术课程与回民实验小学的民族艺术课程有机结合，共同打造具有民族特色的诗韵戏剧艺术特色。

（罗子贻）

【举办践行社会主义核心价值观主题演出季】 6月26日，回民实验小学

春芽剧团排演的歌舞剧《草原英雄小姐妹》正式上演。现场迎来草原英雄小姐妹龙梅和玉荣，61岁的姐姐龙梅和59岁的妹妹玉荣接受该校聘书，正式成为校外辅导员。同时，该校少先队大队被命名为“草原英雄小姐妹红旗大队”。该演出是学校“传民族美德做星光少年”2014年践行社会主义核心价值观主题演出季活动之一。演出季以“心有榜样，走近英雄，践行美德”为主线，诗韵剧团利用课余

时间编排《红旗一角的故事》《草原英雄小姐妹》《向东向西》和《洪湖赤卫队》等剧目，表达全体师生对多民族团结和谐共处、对幸福生活的珍惜和感叹。国家民委监督检查司、公安部边防局、市政府、区委相关领导和兄弟学校参加活动。

（罗子贻）

【承办区民族周活动】　9月26日，回民实验小学承办东城区第八届中小学民族团结教育周总结与展示活动。活动围绕“心向榜样同筑梦、民族和睦少年行”主题，总结东城区民族教育活动的同时，也推出全区中小学积极培育和践行社会主义核心价值观、开展主题教育活动的优秀成果，并以此启动东城区小学“童心共筑中国梦争做‘三爱’好少年”主题系列活动。活动同时回顾回民实验小学前一阶段开展的向“草原英雄小姐妹”学习寻访成果，并请与会领导为各学区授旗，分享榜样的力量，鼓励学生要让爱国精神的红色火种传承下去发扬光大。市民委、市教委、区民委、区委教育工委、区教委各级领导，以及全区中小学德育干部和学生代表500余人参加活动。

（罗子贻）

北京市回民学校

【概况】　2014年，北京市回民学校占地面积5.17万平方米、建筑面积3.43万平方米，运动场地面积1.37万平方米。图书馆藏书10万册，包括电子图书1万册。全年教育经费投入7797.18万元，其中，国家拨款7662.53万元、自筹经费134.65万元。固定资产总值2991.82万元，包括教学仪器资产值1951.14万元。拥有计算机493台。多媒体教室座位100个。学校信息化经费投入260万元，校园网出口总带宽30Mbps，数字资源量5000GB，“信息技术”课程初中1课时/周，高中2课时/周。普通教室54个、专用教室16个，实验室9个。教职工216人，其中，高级职称68人。专任教师172人（其中，少数民族48人），全部为本科以上学历。开设教学班45个，其中，初中班22个、高中班23个。毕业518人，其中，初中269人、高中249人。招生441人，其中，初中197人、高中244人，高中（西城区）录取分数线484分，应届高考本科上线率理科83.50%，文科86.80%。在校生1509人，其中，初中773人、高中736人，寄宿生630人，少数民族367人。网址：www.bjhmxx.com。

（魏征）

【古籍专家鉴定学校线装书册】　1月10日，回民学校邀请古籍专家来校鉴定图书馆藏线装书。国家博物馆、国家图书馆、首都博物馆3名古籍鉴定专家，对图书馆保存的近万册线装书进行鉴定。初步确定：《大明一统志》——明万寿堂刊本（明末翻刻内府本）、《五礼通考》——清初写刻本、《日知录》——清康熙刻本等七种古籍可列入国家珍贵古籍善本书目。

（魏征）

【组建笃学班】　1月，回民学校组建笃学班。笃学班由中青年教师组成，采取“导师制”促进成员教学及科研能力的提升。该班采用专题讲座、课堂观摩、外出考察等培训形式，满足成员不同层次的成长需求。笃学班成员16人，培训周期两年。

（魏征）

【成为奥林匹克教育学校体育后备人才培养基地】　1月，回民学校正式挂牌为北京奥林匹克教育学校体育后备人才培养基地。该评选由市教委举办，全市共29所学校入选。该校在申报女子足球项目的基础上增补男子足球项目，成为北京市唯一拥有完整组别的足球项目基地校。学校通过多方面的理论与实践研究，努力探索在足球领域中拔尖精英人才的培养途径与方法，拓宽体育精英的培养模式，多渠道培养拔尖体育人才，更好地传承和弘扬校园足球，推动学校的特色发展。

（魏征）

【承办北京市民运会比赛工作】　8月19至24日，回民学校承办北京市第九届民族传统体育运动会6个项目的比赛任务。6个项目分别是蹴球、柔力球、空竹、板鞋竞速、推铁环、棋类，共为涉赛人员提供餐饮4000人次，提供住宿500人次。

（魏征）

【成立班主任工作研究室暨首席班主任工作室】　12月8日，回民学校班主任工作研究室暨首席班主任工作室揭牌。研究室主要工作职能是引领班主任的专业成长，帮助班主任获得自身发展的源动力和职业幸福感，促进全校班主任队伍整体素质的提升。由该校西城区首席班主任梁宏光为负责人，西城区德育学科带头人和骨干教师为核心成员，校内历届紫禁杯班主任和校外优秀班主任为顾问。主要研究与推广班级管理的先进经验，思考与分析当前班主任工作中面临的问题与困惑，促进全校班主任在建班育人上有实效、带班风格上有特色、研究成果上有建树，形成具有回民学校特色的德育风格。工作室本着“身先示范、专业引领、立足本校”的原则，加强班主任队伍建设，建立并完善西城区首席班主任制度。

（魏征）

北京市民族学校

【概况】　2014年，北京市民族学校占地面积20651平方米、校舍建筑面积914762平方米，运动场地面积9300平方米。图书馆（室）藏书5万册，订阅杂志、报刊34种。固定资产总值2588万元。全年教育经费投入2142万元，其中，国家拨款2137万元、自筹经费5万元。学校信息化经费投入37万元，拥有计算机340台，多媒体教室座位1760个，校园网出口总带宽1000Mbps，数字资源量500GB，“信息技术”课程1课时/周。普通教室32个、专用教室13个。教职工100人，其中，高级职称5人、中级职称38人。专任教师81人，包括北京市骨干教师1人；本科以上学历78人。开设教学班35个。毕业163人、招生245人、在校生953人。网址：www.bjsmzxx.com。

（楚洪娟）

【开展师德教育系列活动】　3月18日，民族学校师德教育活动启动。师德教育活动以“聚焦群众路线，依法廉洁从教，促进师德提升”为主题，历时4个月，开展“依法执教”法律案例专题讲座，“在读书中学习，在学习中成长”主题读书活动，师生趣味运动会活动，“我眼中的好老师”评选表彰活动，并召开师德师风建设工作会和师德教育总结表彰会。

（楚洪娟）

【举办民族团结教育成果展示】 5月29日，民族学校举办民族团结教育成果展示暨市级民族团结教育示范校揭牌仪式。活动以“加强民族团结教育，弘扬社会主义核心价值观”为主题，市民族教育学会、朝阳区民宗办、区教委有关领导，以及区新书记培训班成员和300名家长代表参加活动。活动中，市民族教育学会会长为学校市级民族团结教育示范校揭牌；学校展示民族团结教育成果；开展民族团结教育活动师生互动；进行25节民族团结教育课堂教学展示。

（楚洪娟）

【获全国校园朗诵诗大赛三等奖】 10月28日，民族学校小学部20名学生参加“百社千校书香童年·中国梦之歌校园朗诵诗”大赛决赛及颁奖仪式。该校有2个个人项目和1个集体项目入选，最终，学校集体项目获全国三等奖。获奖项目《画家乡》。

（楚洪娟）

北京西藏中学

【概况】 2014年，北京西藏中学占地面积3.59万平方米、建筑面积2.81万平方米，体育场（馆）面积1.06万平方米。图书室藏书4.23万册，电子图书1595GB，订阅杂志、报刊310种。固定资产总值5061万元。全年教育经费投入5186万元，其中，国家拨款4977万元、自筹经费209万元。学校信息化经费投入111.60万元，拥有计算机397台，多媒体教室座位192个，校园网出口总带宽100Mbps，数字资源量3GB，“信息技术”课程2课时/周。普通教室20个、专用教室17个、实验室6个。教职工115人，包括副高级职称34人、中级职称29人。专任教师60人，包括本科及以上学历60人。开设教学班18个。毕业269人；招生263人；在校生798人，全部为少数民族学生。网址：bjxzzx. bjedu. cn。

（李旭东）

【举办校本教材推介会】 1月，西藏中学举办《内地西藏班（校）民族团结教育有效途径研究》校本教材推介会。该工作旨在贯彻市委、市政府精神，市教委、市民委统筹领导，会议主题为民族团结教育校本教材推介会，包括编写体例、编写原则和思路、编写人员、编写过程、教材使用等内容。来自市民委、西藏中学干部、教师共110人参加。《内地西藏班（校）民族团结教育有效途径研究》教材是学校民族教育工作新的尝试，分为八部分，涉及中华民族、国家统一、中华文化、民族理论、政策、援藏措施、公民与法制、内地西藏班（校）、西藏中学等内容。

（李旭东）

【组织爱心捐赠活动】 2月和6月，西藏中学组织两次爱心捐赠活动。2月27日，学校举办“关爱藏族学生首都爱心人士捐赠仪式”，社会爱心人士为800余名学生赠送藏历新年礼物。6月10日，该校举办“百社千校书香少年中国人口出版社赠书活动”，仪式上与学生分享阅读乐趣、激发读书热情，致公党机关、北京外语教学与研究出版社代表向学校捐赠英汉字典270册。全校教师、学生800人参加活动。

（李旭东）

【发放华育奖助学金】 10月，西藏中学发放华育奖助学金。仪式上，北京华育助学基金共计发放1.76万元，共资助该校20名家庭贫困优秀学生。助学基金由北京华育助学基金会筹集，市教委负责管理，发放标准为每人800至1000元，评选标准包括品学兼优等，每年发放一次。

（李旭东）

中央民族大学附属中学

【概况】 2014年，中央民族大学附属中学占地面积2.27万平方米、建筑面积2.28万平方米，体育场（馆）面积4293平方米。图书馆藏书20153册。固定资产总值7060.90万元。全年教育经费投入7049.20万元，其中，国家拨款5347.80万元、自筹经费1701.40万元。学校信息化经费投入156万元，拥有计算机260台，多媒体教室座位1700个，校园网出口总带宽25Mbps，数字资源量100GB，“信息技术”课程2课时/周。普通教室38个、专用教室20个、实验室6个。教职工135人（少数民族26人），包括副高级职称52人、中级职称59人。专任教师113人，包括特级教师2人、市级骨干教师2人；本科及以上学历126人。开设教学班38个。毕业574人；招生780人；在校生2116人，全国25个省区地区50个民族学生寄宿学习。应届高考本科上线率100%。网址：www. Mdfz. com. cn。

（孙立清）

【成立民大附中校友会】 3月28日，

民大附中校友会成立。校友会经民政部批复同意成立，其宗旨为加强国内外校友之间、校友与母校之间联系和团结，服务广大校友，发扬民大附中及前身蒙藏学校的优良传统，为中华民族的富强和祖国的统一，为母校发展做出贡献。校友会现有会员近千人，包括1941年至2014年毕业校友及该校师生，分布于全国24个民族地区。国家民委、中央民族大学、民政部相关人员和来自全国各地校友代表等500人参加成立大会。

（孙立清）

【组织教师赴民族地区支教】 6月16日，民大附中组织教师赴民族地区支教。该校组织高三年级20名教师组成3个支教团，由校领导带队分别赴贵州省雷山民族中学、吉林省通榆县蒙古族学校、民大附中海南陵水分校开展支教帮扶活动和民族团结教育活动。支教教师尊重当地民族风俗习惯，调研民族地区基础教育现状和需求，了解当地学生生长环境和文化；与当地教师进行同课异构活动，课后与当地教师开展教学交流，举办德育建设座谈会，并与贵州雷山民中签署帮扶共建协议。

（孙立清）

【皓泰圆梦创新实验班开课】 9月1日，民大附中“皓泰圆梦创新实验班”开课。“皓泰圆梦创新实验班”（皓泰是黎族语言中圆梦的意思）由民大附中及陵水分校开办，培养对象以农村和少数民族学生为主，实验班邀请北京大学、清华大学、中国人民大学、北京师范大学、北京航空航天大学、北京理工大学、中央民族大学、复旦大学、上海交通大学、同济大学10所高校共同开展“高中与高校联合培养”实验课题，联合培养创新人才。“皓泰圆梦创新实验班”对学生采取“2+1”培养模式，即每年面向海南省在中招提前批次选拔50名左右优秀学生，2年在陵水分校就读，1年在北京民大附中交流学习。实验班首批招收高一年级学生50人。

（孙立清）

【与广西民族高中签订合作协议】 11月29日，民大附中与广西民族高中签订校际合作交流协议。根据协议，民大附中将广西民族高中作为定点支教帮扶学校，每年选派骨干教师到广西民族高中开展支教活动，在教学、教研、师资培训和管理等方面给予广西民族高中帮助和指导；民大附中帮助和支持广西民族高中加入“共美教育中学联盟”，共享集团成员高中优质教育资源；广西民族高中每年选派中层领导和教师到民大附中挂职学习；两校学生文化交流。签约仪式前，民大附中校长田琳为广西民族高中作《今天怎样做教师》专题报告，与广西民族高中教师交流。

（孙立清）

【成立田琳校长工作室】 12月26日，民大附中田琳校长工作室成立。工作室由校长田琳主持，拥有成员15人，主要开展教育管理、教学科研、示范引领等工作，研究学校管理、干部能力的提升、教师专业化发展等课题，定期举办研讨、报告会等。海淀区委教育工委、区教委领导为同时成立的23个名校长（园长）工作室授牌。

（孙立清）

北京市海淀区民族小学

【概况】 2014年，北京市海淀区民族小学占地面积2.86万平方米、建筑面积1.49万平方米，体育场馆面积0.88万平方米。图书馆藏书4.47万册，订阅杂志、报刊40种。固定资产总值7237.35万元。全年教育经费投入4076.15万元，全部为国家拨款。学校信息化经费投入271.81万元，拥有计算机486台，多媒体教室座位1643个，校园网出口总宽带140Mbps，数字资源量500GB，“信息技术”课程1课时/周。普通教室39个、专用教室8个。教职工78人，包括副高级职称1人，中级职称37人。专任教师76人，包括市级骨干教师2人；本科及以上学历75人。开设教学班39个。毕业54人、招生277人、在校生1337人。网址：www.hdminzuxx.bjedu.cn。

（王振军）

【与4所大学合作办学】 6至9月，民族小学与4所大学开展合作办学项目。根据市教委推行的高等院校参与中小学校体育、美育发展的规划安排，6月28日，中国音乐学院与民族小学等10所小学举行合作办学签约仪式，并聘请青年琵琶演奏家葛咏担任学校“艺术校长”。9月1日，民族小学与首都体育学院合作，洽谈在学校开展包括武术、足球等各种体育社团活动的计划。至年底，首都体育学院共派出足球教练18人、武术教练14人、健美操教练6人每天到民族小学开展社团活动，365名学生参与活动。9月3日，北京外国语大学、北外国际教育学院与学校交流合作共建项目事宜。9月15日，首都师范大学领导到校参观调研，洽谈两校合作事宜，两校签署书法教学合作协议。首都师范大学于10月开始每周派出1名博士、20名书法硕士协助学校进行书法指导，参与书法社团建设。

（夏明霞）

【举办学生专场音乐会】 6月18日，民族小学举办学生专场音乐会。音乐会在中国音乐学院国音堂举办，主题为“奏响国乐民族情，放飞童心七彩梦”，学校“馨星”民族乐团共演出《东北音乐印象》《春舞》《正月》《节日》等10支曲目。民乐专家及该校师生900人参加活动。

（赵志敏）

【开展师带徒展示课交流活动】 9至

12月，民族小学开展师带徒展示课交流活动。活动首先举办“青蓝结对，教学相长”拜师仪式，师徒32人参加，共结成16对师徒对子。在展示课活动中，青年教师在老教师的指导下共上7个学科16节展示课，学校聘请7名学科专家进行点评。最后，学校召开“说说我们的故事”总结表彰会，总结师带徒展示课活动，并分别评选出“最佳创新奖”4名、“最佳灵动奖”6名和“最佳魅力奖”6名。

（王晶）

【参加爱国主义教育活动】 9月30日至10月1日，民族小学学生参加系列爱国主义教育活动。9月30日上午10时，民族小学少先队员41人参加向人民英雄纪念碑敬献花篮仪式。与现场3000名各界代表共唱《国歌》，并献唱歌曲《我们是共产主义接班人》。10月1日清晨，学校师生代表100人与来自西藏拉萨、青海玉树、新疆和田等百名少数民族少先队员代表参加中华人民共和国成立65周年国庆升旗仪式。上午，师生代表共同参观国旗护卫队，观看队列展示、参观荣誉室、走进国旗护卫队的宿舍，与护卫队叔叔交流。民族小学代表把与新疆、青海和玉树小朋友共同绣的红旗送给国旗护卫队。

（窦丽娜）

【开展古诗文考级活动】 11月，民族小学开展古诗文考级活动。考级活动由学校语文组组织，面向全体学生，聘请学生担任小考官，学生自愿

参加测评，每周三中午 12：30 至 1：00 进行测评并认定等级。学校语文组组织编写《乐诵经典》古诗文考级手册，包括考级方式介绍、各级备选诗文目录、诗文内容以及过级记录，并发到每个学生手中。学校学生 1337 人和全体语文教师 20 人参与活动。

（董春）

北京市昌平区西贯市回民小学

【概况】 2014 年，北京市昌平区西贯市回民小学占地面积 1.33 万平方米、建筑面积 2726 平方米，体育场面积 5396 平方米。图书室藏书 1.15 万册，电子图书 68 册，订阅杂志、报刊 23 种。固定资产总值 1410.43 万元，全年教育经费 503.54 万元，全部为国家拨款。学校信息化投入 12 万元，拥有计算机 148 台，多媒体教室座位 40 个，校园网出口总带宽 15Mbps，数字资源量 60GB，“信息技术”课程 1 课时/周。普通教室 9 个、专用教室 9 个、实验室 1 个。教职工 23 人，其中，中级职称 13 人。专任教师 22 人（回族教师 16 人），本科以上学历 19 人。开设教学班 8 个，其中，小学班 6 个、学前班 2 个。毕业 33 人，招生 31 人，在校生 200 人，包括回民学生 48 人。网址：xgs.chpedu.net。

（包雪莲）

【召开民族团结主题班会】 5 月 6 日，西贯市回民小学召开民族团结教育主题班会。班会以“相亲相爱一家人”为主题，采用小组汇报、讨论、展示、舞蹈、诗歌朗诵、歌曲演唱等形式，介绍回族知识，展示回族特色。师生 43 人参加主题班会。

（包雪莲）

【开展走进中华民族园活动】 5 月 22

日，西贯市回民小学开展走进中华民族园活动。学校在民族园举行新少先队队员入队仪式，并开展“我爱我的祖国”主题教育活动。活动包括表演蒙古族歌曲《吉祥三宝》，参观不同民族的村寨等。各班利用民族园的教育资源进行相关民族常识及民族团结教育，五年级学习蒙古族常识，感受蒙古族舞蹈。学校师生 210 人参加活动；六年级学习傣族常识，学习制作香包，体验泼水节。

（向雪莲）

【参加市少数民族运动会】 8 月 24 日，西贯市回民小学参加北京市第九届少数民族运动会。民运会以“56 个民族共圆中国梦”为主题，8 月 19 至 24 日，为期六天，共设 13 个竞赛项目和五类表演项目。13 个竞赛项目分别为：珍珠球、蹴球、毽球、陀螺、中国式摔跤、板鞋竞速、武术、绫球、夹包、推铁环、棋类、柔力球竞技、空竹；5 个表演项目分别为：太极拳、健身秧歌、健身腰鼓、健身操舞、表演自选。学校男子组 5 人、女子组 5 人，分别参加个人 100 米障碍赛、100 米竞速赛和团体 4×100 米接力赛。该校获小学女子组 100 米障碍赛第一名、小学男子组获团体 4×100 接力赛第二名。来自北京 16 区县代表团、共 6000 余人参加运动会，涵盖 23 个少数民族。

（张守军）

北京市怀柔区长哨营满族中学

【概况】 2014 年，北京市怀柔区长哨营满族中学占地面积 9396 平方米、建筑面积 5000 平方米，体育场馆面积 2560 平方米。图书馆藏书 4.70 万册，电子图书 80 册。固定资产总值 618.57 万元。全年教育经费投入 100 万元，全部为国家拨款。学校信息化经费投入 15 万元，拥有计算机 130 台，多媒体教室座位 25 个，校园网出口总带宽 100Mbps，数字资源量 100GB，“信息技术”课程 1 课时/周。普通教室 12 个、专用教室 8 个、实验室 3 个。教职工 31 人，包括副高级职称 3 人、中级职称 24 人。专任教师 22 人，包括本科及以上学历 27 人。开设初中教学班 6 个。毕业 36 人；招生 35 人；在校生 119 人，包括满族学生 67 人、寄宿生 103 人、外省市借读生 14 人。

（王敏）

【组织班主任培训】 3 月 13 日，长哨营满族中学组织班主任培训。该培训包括听取班主任宣读新学期班级工作计划，围绕班级阶梯教育进步目标的实施及改进情况分析讨论，班主任分析班级开学以来情况提出困惑、分享经验。全校干部、教师 20 人参加培训。

（王敏）

【开展学生习惯养成系列活动】 9 至 11 月，长哨营满族中学开展学生习惯养成系列活动。活动面向初一年级学生，涉及早读、课堂课间纪律、学习习惯、文明礼仪等方面习惯养成教育，通过国旗下讲话、班会课、团队活动、校园广播等形式，指导学生良好习惯的养成。该校学生共计 50 人参加活动。

（王敏）

【举办安全法制体验活动】 11 月 20 日和 12 月 30 日，长哨营满族中学举办两次安全法制体验活动。学校组织学生观看法制教育宣传片并举办法制教育专题讲座，针对中学生青春期性格急躁、自控能力较弱、法制观念淡薄等现象，通过真实案例，教育学生遵纪守法，正确认识上网、吸烟、游野泳等危害。学校邀请怀柔区安全体验馆专业教师，分班级讲授安全教育课程，指导教师和学生遇灾害事故应如何自我保护。共有教师和学生 150 人参与活动。

（王敏）

【概况】　2014年，北京市有基础教育阶段特殊教育学校20所，其中，盲校1所，聋校2所，培智学校13所，综合类学校4所。北京市共有残疾学生8788人，其中，在特教学校就读2755人，在普通中小学接受融合教育5395人，在中小学附设特教班就读156人，接受送教上门学生482人。各类残疾学生中，视力残疾学生357人，听力残疾学生874人，智力残疾学生5152人，自闭症学生685人，肢体残疾学生503人，多重残疾学生372人，其他残疾学生845人。北京市特殊教育学校共有教职工1189人，包括专业技术人员1005人；普通学校承担随班就读工作的教师21723人；专兼职资源教师551人。特教学校1005名专业技术人员中达到研究生学历的有70人，约占6.97%；本科学历822人，约占81.79%；专科及以下学历有20人，约占1.99%。

（王善峰）

【举办首届特殊教育学校学生才艺大赛】　5月30日，市教委举办北京市首届特殊教育学校学生才艺大赛。比赛以“开发学生潜能”为主题，经过赛事发布、作品征集、专家评审等环节，评选一、二、三等奖作品共190余幅。22所特殊教育学校学生参加比赛。比赛由北京市特殊教育研究会承办。

（周凯）

【举办特教学校学生书画手工作品展】　5月31日至6月4日，北京市教育学会主办“心语·心愿”北京市特殊教育学校学生书画手工作品展。展览展出北京市特殊教育学校学生书画手工作品大赛获奖的190余幅作品。展览主旨是秉承“开发学生潜能”的现代特殊教育理念，以“心语·心愿”为主题，以发现和展示特殊学生绘画潜能为主要目标，以激发学生热爱生活，感受生活美好为目的。

（陈登芳）

【评选随班就读课堂教学录像课】　6月24日，市教委举办2014年北京市随班就读课堂教学录像课评优活动。评选项目涵盖教学目标、教学过程、学习评价、个别化教育计划和教学设计等方面。2013年随班就读优秀教学设计评选一等奖获奖教师参加评选，评出随班就读优秀课堂教学一等奖8人、二等奖11人、三等奖8人。活动由北京市特殊教育中心承办。

（周凯）

【东城举办“静听花开”残疾学生艺术作品展】　12月3日，东城区特殊

教育学校和东城区培智中心学校联合举办的“静听花开”东城区残疾学生艺术作品展开幕式。展览展出绘画、书法、软陶、剪纸、布艺等形式的作品350件，由两校200余名学生参与创作。中国残联、全国妇联、中国妇女发展基金会、市残联相关人员，东城区委、区委教育工委、区教委领导参观展览。

（郭莉）

【评选特殊教育及融合教育优秀案例】　12月20日，市教委举办特殊教育及融合教育优秀案例评选活动。各区县共报送316篇特殊教育及融合教育案例参评，评选标准包括真实性、科学性、创新性、规范性和启发性等维度，评出一等奖92篇、二等奖128篇、三等奖90篇。活动由北京市特殊教育中心组举办。

（周凯）

北京市东城区特殊教育学校

【概况】　2014年，北京市东城区特殊教育学校占地面积5230平方米、建筑面积3791平方米，体育场（馆）面积2858平方米。图书馆（室）藏书2.57万册。固定资产总值1624.11万元。全年教育经费投入1053.45万元，全部为国家拨款。学校信息化经费投入30万元，拥有计算机202台，多媒体教室座位27个，校园网出口总带宽4Mbps，数字资源量200GB，“信息技术”课程2课时/周。教职工83人，其中，高级职称1人、中级职称36人。专任教师70人，本科以上学历66人。开设教学班26个，其中，义务教育阶段19个、中职班7个。毕业20人，其中，初中20人。招生33人，其中，义教22人、中职11人。在校生193人，其中，义务教育阶段146人，含听障61人、智障85人；中职班47人，含听障23人、智障24人，包括寄宿生55人。网址：www.dctj.com.cn。

（郭莉）

【与北京国职“普特融合”】　3月4日，东城特教学校烹任中职班学生与北京国际职业教育学校烹任专业学生举办“普特融合”活动。两校烹任专业预科班举行建立友谊班仪式，国职

学生进行刀工、抻面等技能展示。

（郭莉）

【举办“做智慧教师”系列培训】 3月11日，东城特教学校开展“做智慧教师”培训。培训听取北京市美育研究会会长作题为“改进学科美育，路在何方——谈加强学校美育问题”的专题讲座，围绕学校美育工作内容及如何实施美育等问题进行阐述，并就如何改进美育教学，提高学生的审美素养和人文素养的策略与教师探讨和交流。该培训是学校“做智慧教师”系列培训之一，至年底，“做智慧教师”培训共举办十余讲。

（郭莉）

【开展义卖活动】 5月16日，东城特教学校围绕“关心帮助残疾人，实现美好中国梦”主题开展义卖活动。学生义卖自己制作的布艺、西点作品，提高学生整理货物、分类、记账等多方面能力，并通过获得义卖收入体现自身价值。教师响应倡议，帮助学生获得义卖善款1000余元。30余名学生参加活动。

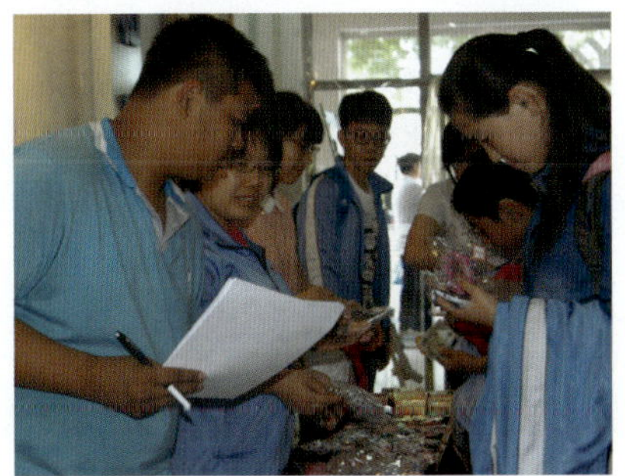

（郭莉）

【举办校第十届特奥会】 5月30日，东城特教学校举办第十届特奥会暨庆祝“六一”活动。特奥会围绕“拼搏、融合、梦想”主题，设置跑步、跳远、投准保龄球、高尔夫等十余项比赛，还表彰“最美学生”70人。民进市委服务处、民进区委以及东城区民进经济支部领导以及该校师生280余人参加活动。

（郭莉）

北京市东城区培智中心学校

【概况】 2014年，北京市东城区培智中心学校占地面积3659平方米、建筑面积3229平方米，体育场（馆）面积1009平方米。图书馆（室）藏书1219万册，订阅杂志、报刊9种。固定资产总值975.17万元。全年教育经费投入425.27万元，全部为国家拨款。学校信息化经费投入4万元，拥有计算机106台，多媒体教室座位40个，校园网出口总带宽100Mbps，数字资源量120GB，“信息技术”课程10课时/周。教职工36人。专任教师27人，本科以上学历24人。开设教学班10个。网址：www.bjdctj.com。

（王昕）

【培智学生走进普通小学课堂】 3月11日，东城培智中心校3名学生走进北京市第一〇九中学小学部，参加一年级一班的主题班会。该活动是学校在融和育人理念下制定的“融和计划”内容之一，学生从中感受普通班级课堂氛围，体会与健全学生在一起的感觉，使学生学会与他人沟通，在建立自信的同时，也让身边更多人了解学生，使学生更好地融入社会。学校与一〇九中达成意向，邀请一〇九中小学部学生参加培智学校主题班会、一起开展助残日活动等。

（王昕）

【课外实践活动注重“亲子时光”】

4月16日，东城培智中心校课外实践活动注重家长参与的“亲子时光”。该校利用下午放学之后的时间开设课外实践活动，针对学生特点进行训练。与以往训练不同的是此次活动更注重家长参与，将重点落在“共度亲子时光”上，让学生与家长一起开展多种活动，使家长进一步了解如何协助学校帮助学生提高能力。

（王昕）

【开展“消防安全进校园”活动】 4月30日，东城培智中心校开展“消防安全进校园”活动。东城消防支队干警将消防车开进学校，与师生一起开展“五一”融合活动。学校通过悬挂在校园的教育宣传图画对学生进行初步宣传，东城消防支队的消防干警教导学生使用灭火器，带领学生参观消防车，并让学生穿上消防服实际体验。学校全体师生及学生家长150人参与活动。学校遵循“融和育人”办学理念，将生活实际融入教学实践，在课堂上加大生活实际的教育，帮助智障学生树立消防安全意识，掌握消防安全知识，提高自我保护能力。

（王昕）

【师生赴台湾参观交流】 5月10至14日，东城培智中心校师生及学生家长共15人赴台湾参观交流。交流活动主要向喜憨儿烘焙餐坊学习先进的管理理念及经营模式，学习对喜憨儿就业的评估方式、管理模式，以及对家庭教养模式的指导等。同时参访自来水博物馆、喜憨儿餐厅（全部工作岗位由喜憨儿来承担）、故宫博物院等。学生在烘焙工厂制作饼干，在洗车中心为社会人士清洗车辆。

（王昕）

【拍卖培智学生艺术作品】 12月29至31日，东城培智中心校在东城区天雅珠宝城开展“同筑培智梦，共享融和情——心手相连、融和育人”学生艺术作品展拍活动。25件作品参加现场拍卖，全部来自该校智力障碍学生的日常学习成果，涉及美术、手工制作、书法等多个层面，便宜坊集团、九三学社、世纪天鼎等多年与学校多次合作的近30家单位、团体参与竞拍，共拍得爱心款项20630元，并全部捐献给孤儿院的残疾儿童。

（王昕）

北京市宣武培智学校

【概况】 2014年，北京市宣武培智学校占地面积7516平方米、建筑面积7051平方米，体育场面积2300平方米。图书馆（室）藏书999册。固定资产总值2064万元，包括教学仪器资产值990.30万元。全年教育经费投入1900万元，全部为国家拨款。普通教室20个、专用教室32个。拥有计算机87台。多媒体教室座位48

个。学校信息化经费投入285万元，校园网出口总带宽1000Mbps，数字资源量250GB，“信息技术”课程4课时/周。教职工52人。专任教师49人，市级骨干教师1人，本科及以上学历45人。开设教学班20个，其中，义务教育11个班，职业教育9个班。毕业生22人，其中，义务教育8人，职业教育14人。招生19人，其中，义务教育8人，职业教育11人。在校生161人，其中，义务教育90人，职业教育71人。智力残疾学生105人，肢体残疾（脑瘫）学生5人，精神残疾（自闭症）学生47人，多重残疾学生4人。网址：www.ischool.org.cn。

（王文洪）

【召开融合教育沟通会】　3月5日，宣武培智学校召开融合教育沟通会。会议就“打破培智学校围墙，让残障孩子能定期走进普通学校”问题交流探讨，认为走进普通学校，对培智学校学生意义重大，也是普通学校的资源，在德育教育、个案研究方面很有价值。西城区（南区）特教中心、宣武培智学校与北京第一实验小学、西城区槐柏幼儿园、北京市第四十三中学等8个幼儿园、小学、中学、职业学校的校领导8人参加会议。

（王文洪）

【与最美乡村女教师座谈交流】　8月26日，宣武培智学校与内蒙古呼和浩特武川特殊教育学校的张美丽、张秀丽两名教师座谈交流。两名教师参观学校的校园环境和基础设施，介绍目前偏远地区乡村特殊学校发展的现状、困惑和需求，希望能深入地了解和学习首都特殊学校先进的经验。该校教师就先进的听力与语言康复设备器材、教学训练的有效方法策略及怎样做好家长工作与两位教师交流探讨，并向两名教师赠送学校画册和论文集等。张美丽、张秀丽获得光明日报、中央电视台2014年度“最美乡村教师”称号。

（黄英）

【开展师德教育活动】　12月31日，宣武培智学校开展师德教育活动。活动以“愿望树的故事”为主题，以情景剧展演为主要形式，学校工会将全体会员分成年级行政组、党员小组、青年小组共7个剧组，要求以身边教师的典型故事为题编创情景剧。参加活动教师共编创《家访》《无悔的选择》《李雷与韩梅梅的故事》等7个情景剧目，从不同侧面反映学校教师的课程观以及精神面貌。该校教师52人参加活动。

（王文洪）

北京市丰台区培智中心学校

【概况】　2014年，北京市丰台区培智中心学校占地面积9003.34平方米、建筑面积7747.70平方米，体育场面积1819.92平方米。图书室藏书0.33万册。固定资产总值350.30万元。全年教育经费投入1449.07万元，全部为国家拨款。学校信息化经费投入321.60万元，多媒体教室座位10个，校园网出口总带宽100Mbps，“信息技术”课程2课时/周。普通教室10个、专用教室19个。拥有计算机150台。教职工37人，其中，高级职称1人、中级职称21人。专任教师33人，本科以上学历30人。共开设教学班7个。

（卢均峰）

【举办新学年招生咨询活动】　6月6

日，丰台培智中心学校举办新学年招生咨询活动。咨询活动组由校长、教学主任、校骨干共8人组成，向家长讲解学校的招生条件及相关政策，通过与家长一对一式的沟通、了解学生当前的状况，并对学生进行现场评估。评估后，康复教师指导家长在开学前如何有效的对学生进行训练。咨询活动共接待家长、学生30余人，共招收新生12人。

（卢均峰）

【新校址改扩建工程完工】　9月1日，丰台培智中心学校的新校址改扩建工程基本竣工。改扩建后的学校占地面积9003.34平方米、建筑面积7747.70平方米。教学楼有普通教室10个、专用教室19个，并配有图书室、心理咨询室、发泄室等。配楼有食堂、风雨操场、情景教室并铺设残疾人专用通道。同时，有师生及部分家长100余人在改扩建后的新校址上参加新学期的开学典礼仪式。

（卢均峰）

【挂牌丰台区特殊教育支持中心】
11月5日，丰台区特殊教育支持中心在丰台区培智中心学校挂牌成立。丰台区特殊教育支持中心由丰台教委直接领导，设主任1人、副主任2人、工作人员4人。该中心主要负责指导丰台区特殊教育学校和随班就读学校的特殊教育教学工作，提升本区的特殊教育发展水平。

（卢均峰）

北京市石景山区培智中心学校

【概况】　2014年，北京市石景山区培智中心学校占地面积7080平方米、建筑面积3022平方米，体育场面积1519平方米。图书室藏书1.50万册，电子图书1万册。固定资产总值940.97万元。全年教育经费投入1130.48万元，全部为国家拨款。学校信息化建设经费投入96.38万元，拥有计算机30台，多媒体教室座位30个，校园网出口总带宽1000Mbps，数字资源量200GB，“信息技术”课程7课时/周。普通教室10个、专用教室20个。教职工35人，包括副高级职称1人、中级职称14人。专任教师34人，包括本科及以上学历26人。开设教学班10个。毕业22人；招生14人；在校生92人，包括外省市借读生31人，另有智力障碍67人、精神障碍17人、言语障碍7人、多重障碍1人。网址：pzx.sjsedu.cn。

（刘昆）

【举办教师专业知识系列讲座】　1月3日至4月23日，石景山培智中心学校举办教师专业知识系列讲座。该讲座与石景山区业余大学联合举办，培训内容涉及法律、礼仪、师德建设、心理健康等知识领域，包括《实用法律知识》《礼仪知识》《赢在形象力》《压力与情绪管理》《创新思维》《高效时间管理》《中国结的编结技巧》《中国传统剪纸技巧》专题，共计16课时。干部、教师33人参加学习。

（张莉　张高英）

【为学生上门送教】　1月22日，石景山培智中心学校为学生上门送教。该校与石景山区教委、区残联共同开展工作，走访13个身有残疾的学生家庭，了解其在生活、学习中的困难，修改制定送教上门教学计划，教授语言、动作、认知等课程，并为其赠送被褥、玩具等用品。

（张莉）

【接待香港学校交流访问】　4月23日，石景山培智中心学校接待香港匡智元朗晨乐学校交流访问。该访问团包括干部、教师一行18人，听取学校基本情况、办学理念、开放办学、融合教育、课改教研等工作汇报，观摩学校融合篮球活动，香港学校认为该校硬件设施改善很大。

（张莉）

【组织开展融合教育】　5月14日至6月20日，石景山培智中心学校组织开展“融合教育”实践活动。该活动与石景山区少儿图书馆、教育学院石景山分院附属小学、万达嘉华酒店联合举办，包括关爱特殊儿童之“我们在一起，拥抱中国梦”等主题，共同参与绘画、折纸、烘焙等手工制作，与特教学生分享社会关爱。全校教师、学生96人参与活动。

（张洁）

北京市盲人学校

【概况】　2014年，北京市盲人学校为寄宿制学校，占地面积2.97万平方米、建筑面积3.14万平方米，体育场0.54万平方米。图书馆（室）藏书2.30万册，包括盲文版书0.86万册。固定资产总值5568.58万元。全年教育经费投入4533.46万元，其中，国家拨款4368.19万元、自筹经费165.27万元。学校信息化经费投入317.63万元，拥有计算机572台，多媒体教室座位108个，校园网出口总带宽100Mbps，数字资源量20000GB，“信息技术”课程42课时/周。普通教室35个、专用教室30个、实验室4个。教职工142人，包括副高级职称23人、中级职称36人。专任教师90人，包括全国优秀教师1人、北京市学科教学带头人2人、市级骨干教师1人。开设教学班25个，其中，小学班10个、初中班5个、高中班2个、职业高中班3个、成人中专班5个。毕业103人，其中，小学22人、初中27人、高中8人、成人中专36人、职业高中10人；招生76人，其中，小学10人、初中22人、高中4人、职业高中10人、成人中专30人；在校生276人，其中，小学104人、初中69人、高中12人、职业高中29人、成人中专62人。网址：mrxx.bjedu.gov.cn。

（黄小丽）

【成立职教专业建设指导委员会】　3月20日，北京盲校成立乐器修造专业（钢琴调律方向）建设指导委员会。来自中国乐器协会调律师分会、北京星海钢琴公司盲人调律服务机构负责人，学校干部、教师15人参加成立仪式。指导委员会由该校职业教育与培训科及乐器修造专业教研组负责日常管理，设主任1人、副主任1人、总顾问1人、特聘专家1人，负责对学校专任教师乐器修造专业的规划及建设，规范专业内涵、凝练专业特色、提升毕业生质量、扩大对外影响。

（李元　黄小丽）

【参加全国体育比赛并获奖】　4月和5月，北京盲校参加全国体育比赛并获奖。4月13至16日，参加2014年全国残疾人游泳锦标赛。比赛在江苏常州奥林匹克游泳跳水中心举行，该校初二年级学生周琪获得200米个人混合泳、100米仰泳第5名、100米自由泳第6名，初三年级学生张博文获得100米蛙泳、100米仰泳、400米自由泳三枚铜牌并获得体育道德风尚奖。锦标赛设置50米自由泳、50米仰泳等22个大项100个小项，共有来自全国25个省市地区代表队400余名运动员参加。5月19至29日，参加2014年全国盲人柔道、盲人足球、盲人门球锦标赛。比赛由中国残疾人联合会、国家体育总局、中国残奥委员会主办，在福建省福州市和浙江省杭州市举行，该校代表队获得盲人柔道单项3枚金牌1枚银牌、3枚铜牌，按摩二年级学生唐继春获得男子66公斤级银牌并获得体育道德风尚奖；盲人门球队获得3枚铜牌。盲人柔道锦标赛共有来自全国13支代表队93名运动员参赛；盲人足球锦标赛共有来自全国21支代表队参赛。

（曹洪涛）

【参加全国教学技能比赛获奖】　5月和11月，北京盲校教师参加全国教学技能比赛获奖。5月15至16日，在全国首届视障教育中医推拿专业教师说课比赛上，该校2名教师分别获得特等奖和一等奖。比赛由中国特殊教育学会视障分会举办、南京市盲人学校承办，决赛在南京市举行，来自全国各省市地区25所盲校（特殊教育）44名教师参加，采取课堂实录和说课视频形式，14名教师晋级决赛。11月1至3日，在“凤凰创壹杯”全国职业院校信息化教学比赛上，该校教师张慧教学设计“小肠经肩背部腧穴点穴”获得中职组一等奖。比赛由国家教育部主办，旨在推进全国中职和高职信息化研发和应用水平，共有全国37个省市地区代表队726件作品、教师1468人参加，分为市级选拔、网上初评、现场决赛三个阶段，决赛在江苏省南京市高等职业技术学校进行。

（黄小丽　齐翼）

【举办市级融合教育交流会】　11月13至14日，北京盲校举办市级融合教育交流会。此次会议由儿童乐益会、一加一残障人文化集团以及学校联合举办，邀请台湾高雄师范大学特殊教育学系教授开办“台湾地区融合教育经验交流”专题讲座，介绍台湾地区视障教育发展、视障儿童随班就读教育教学方法和评估督导，融合教育巡回指导支持体系，以及台北启明盲校视障教育资源中心相关情况。来自全市各区县特教中心教研员、特殊教育学校教师80人参加会议。

（李晶）

【庆祝建校140周年】　11月24至30日，北京盲校举办“风雨前行、百年芳华”140年校庆系列活动。期间，学校组织召开“励志、成长”校友励志讲座，“送祝福、畅未来”建校140周年学生、教师代表座谈会，“岁月如歌，谱写华章”主题师生同台展演以及“平等共享、和谐共融”特殊教育论坛。来自社会各界人士、校友、毕业生代表，以及学校干部、师生800人参加活动。北京市盲人学校1874年建校，前身为苏格兰人穆·威廉创立的“瞽叟通文馆”；1921年，更名为“北平启明瞽目院”；1954年由北京市政府接管，更名为“北京市盲童学校”；1985年更名为北京市盲人学校；2006年与北京物资储备职工中等专业学校合并，组建新的北京市盲人学校。

（黄小丽）

北京市第三聋人学校（北京市健翔学校）

【概况】　2014年，北京市第三聋人学校（北京市健翔学校）占地面积1.17万平方米、建筑面积1.28万平方米，体育场（馆）面积3000平方米。图书馆（室）藏书4.27万册。固定资产总值3979.3万元。全年教育经费投入4280万元，其中，国家拨款4276万元、自筹经费4万元。学校信息化经费投入174万元，多媒体教室座位400个，校园网出口总带宽120Mbps，数字资源量1000GB，“信息技术”课程1至2课时/周。普通教室25个、专用教室16个，实验室2个。拥有计算机260台。教职工99人，其中，高级职称13人、中级职称33人。专任教师70人，包括特级教师1人、北京市骨干教师1人，本科以上学历66人。开设教学班23个，其中，初中班6个、高中班11个。毕业46人，其中，初中29人、高中17人。招生58人，其中，初中19人、高中39人，高中录取分数线180分（海淀区）。在校生252人，其中，初中59人、高中126人，寄宿生174人。网址：www.edeaf.cn。

（陈建功）

【开展教师培训工作】　1至12月，三聋校开展教师培训工作。学校组织教师开展手语培训，邀请国家盲文与手语研究中心专家做“手语研究文献综述”讲座，学校教师59人参加培训。组织全体教师开展《中国手语》第五章自学与考核培训活动，学校教师41人参加考试并取得合格成绩。通过师徒指导、教研组研修方式，同时借助专业研究团队开展新教师培训，其中，学校“手语研究小组”8名成员，先后为5名新入职教师举办手语初级培训，共计28学时，全部考核合格。学校还开展教学技能培训、开办“骨干讲堂”系列培训、开展“培智教育”专项培训活动。

（赵艳芃）

【开展招生就业实习工作】　3至9月，三聋校做好招生就业实习工作。学校到丰台、通州、海淀福利院了解听力生源情况，共计招收新生61人，其中，招收听力障碍小学一年级学生3人、初中学生19人、高中学生11人、培智高中学生28人，学生基本来自各区县。10月，学校安排毕业班学生参加实习活动，联系铭客诚景泰蓝公司、速迈医疗科技有限公司、憨福儿福利基金会三家企事业单位，共接收该校实习就业学生12人，分别从事计算机录入、食品制作、牙冠制作等实习工作。

（杨光远）

【开设17门兴趣课程】　9月，三聋校开设17门兴趣课程。学校完善聋教育课程建设，面向全体听障学生开设围棋、手语歌、风筝制作、摄影、太极拳、语言训练等17门兴趣课程，上课时间为每日课后15：25至16：15时，授课教师由学校教师担任，围棋、风筝制作、手语歌等课程外聘3名专业人员讲授。该校听障部小学一年级至高中一年级学生160人全部参加选修课学习。

（赵艳芃）

【实施培智高中新课程结构教学模式】　9月，三聋校实施培智高中新课程结构教学模式。学校在开办培智高中教育两年经验基础上，形成以基础性课程、专业必修课程、专业选修课程为框架的新课程结构。其中，基础性课程包括实用语文、实用数学、实用英语、计算机基础、体育、美术、音乐等公共基础课程和律动、健康教育、生活适应、社会实践等康复类课程；专业必修课程根据学生能力开设彩绘、园艺养植、手工工艺制作等课程；专业选修课开设戏剧表演、中西厨艺、趣味科学、传统文化、计算机技能、书画艺术、曼陀萝等课程。2012年，根据家长和学生需要和海淀区教委要求，学校开办培智职业高中，为区内完成九年义务教育且有继续学习能力的孩子提供学习条件，2012年招收第一批智障学生17人。2014年，学校智障学生有52人，其中高三年级12人、高二年级11人、高一年级29人。

（赵艳芃）

北京市海淀区培智中心学校

【概况】　2014年，北京市海淀区培智中心学校占地面积6699平方米，建筑面积5930平方米，体育场馆面积1480平方米。图书馆（室）藏书1.43万册。固定资产总值2528.18万元。全年教育经费投入923万元，全部为国家拨款。教职工76人，专任教师73人，其中，具有初级专业技术职务33人，中级专业技术职务30人，高级专业技术职务3人，市区级骨干教师20人。普通教室16个，专用教室20个。毕业59人、招生22人、在校生293人，全部为义务教育阶段学生。开设教学班38个。网址：www.happyonline.com。

（盛利华）

【举办诗歌诵读展示活动】　3月，海淀

培智学校举办诗歌诵读展示月活动。活动围绕经典古诗词、优美散文等体裁，在全体学生中开展“我学、我说、我唱、我写”等系列活动，让学生在玩中学、在表演中做、在生活中实践，充分体现寓教于乐，让学生在

活动中掌握知识和技能的培智学校教学特点。活动以年级为单位进行集中展示，上半月“我学、我说、我唱”活动中，各班利用上午课前阅读时间和每周四下午班级活动时间，让学生诵读、吟唱选定古诗词；下半月“我写”活动中，各班利用下午学生兴趣小组开展古诗词书写活动。3月26日，学校以“走近经典诵读美文书写文化”为主题，按年级进行集中展示，诵读《游子吟》《春晓》《春》等经典诗词、散文。该校学生290人参加活动。

（盛利华）

【教育名家丛书《大爱无碍》出版】 6月1日，海淀培智学校《大爱无碍——于文与海淀区培智中心学校》正式出版。该书由北京师范大学出版社出版，共24.9万字，包括5个章节，为海淀教育名校名家丛书之一。作者于文，女，海淀区培智中心学校校长，中共党员，毕业于北京教育学院教育管理专业，中学高级教师，1989年起从事特教工作，现兼任中国教育学会特殊教育分会智力及发展专业委员会主任委员、中国残疾康复学会智力残疾专业委员会副主任委员、北京师范大学特殊教育系兼职导师、海淀区智力残疾康复指导专家、国家基础教育课程教材专家组成员。先后获全国特教园丁奖、北京市特殊教育先进个人、北京市三八红旗手、海淀区优秀共产党员、2012年度感动海淀十大文明人物、首都劳动奖章等荣誉。

（盛利华）

【召开自闭症教育研讨会】 7月4至6日，海淀培智学校召开全国自闭症儿童教育研讨会。研讨会围绕自闭症儿童的诊断及教育干预主题，邀请北京师范大学、南开大学3名教授做专题讲座，介绍脑科学研究和自闭症儿童发展的关系以及自闭症儿童早期发现、早期诊断和早期干预重要性。与会者通过学习和研讨，初步掌握对自闭症儿童进行结构化教学的要点。来自全国各特殊教育学校、海淀培智学校教师150人参加研讨会。研讨会由中国教育学会特殊教育分会智力及发展障碍学术委员会主办，海淀培智学校承办。

（盛利华）

【举办学生书画作品展】 10月24日至11月13日，海淀培智学校举办学生书画作品展。展览以“心之门爱之翼”为主题，在北京商务印书馆涵芬楼艺术馆举办，共展出学生书画作品148幅。期间，艺术家、书画爱好者、中小学生及家长3000余人观看展出。

（盛利华）

北京市门头沟区特殊教育学校

【概况】 2014年，北京市门头沟区特殊教育学校占地面积3915平方米、建筑面积3765平方米，体育场面积1700平方米。图书室藏书6000册。固定资产总值2767万元。全年教育经费投入509万元，全部为国家拨款。学校信息化经费投入293万元，拥有计算机35台，多媒体教室座位17个，校园网出口总带宽100Mbps，“信息技术”课程6课时/周。普通教室9个、专用教室15个。教职工26人，包括中级职称16人。专任教师18人；本科及以上学历18人。毕业4人、招生5人、在校生68人。

（邓小燕）

【召开首次家长会】 2月28日，门头沟特教学校召开首次学生家长会。家长会就“在家庭教育中如何指导孩子形成良好的行为习惯”问题组织专题培训，通过对学生在校生活的行为分析，列举行为矫正、习惯培养的方法，提高家庭教育的重要性。针对特殊群体学生身体的抵抗力较弱现状，邀请保健所专家举办“春季传染病防控”知识讲座。全校共有家长48人参加学习。

（陈海凤）

【开展普特融合教育活动】 5月18日，门头沟特教学校开展普特融合教育活动。活动结合第24次全国助残日，以“同行你和我共圆中国梦”为主题，与北京市门头沟区黑山小学联合开展，采取升国旗仪式、运动会等形式，包括接力跑、串珠子、过河等普教、特教融合项目。两校教师、学生200人参加活动。

（陈海凤）

【组织教师进行职业体验】 11月24日至12月5日，门头沟特教学校组织教师进行职业技能体验。活动为期两周，结合教师需求调研以及学校未来发展规划，走进门头沟区中等职业学校，开设折纸、健身操、茶艺、插花、面点五个项目现场教学。全校教师26人参加活动。

（陈海凤）

【新校园建成】 12月，门头沟特教学校新校园建设及室内装修改造工程完工。工程由市、区财政总投资2767万元，其中，基本建设1305万元、设备配置1462万元，新校园占地面积3915平方米、建筑面积3765平方米，体育场面积1700平方米。图书室藏书6000册。拥有主题教室4个、普通教室9个、专用教室15个，可容纳师生100人。

（魏宏亮）

北京市通州区培智学校 北京市通州区特殊教育中心

【概况】 2014年，北京市通州区培智学校·北京市通州区特殊教育中心占地面积1.13万平方米、建筑面积0.73万平方米、体育场面积0.28万平方米。图书馆藏书8321册，订阅杂志、报刊11种。固定资产总值2313.92万元。全年教育经费投入1257.3万元，其中，国家拨款1244.8万元、自筹经费12.50万元。学校信息化经费投入51万元，拥有计算机100台，多媒体教室座位20个，校园网出口总带宽20Mbps，数字资源量60GB，“信息技术”课程2课时/周。普通教室18个、专用教室21个。教职工62人，包括高级职称1人、副高级职称3人、中级职称26人。专任教师57人，包括北京市学科教学带头人

1人、市级骨干教师1人；本科及以上学历46人。开设教学班18个。毕业36人、招生15人、在校生119人。网址：tongzhoupeizhi. com。

（丁秋宇）

【召开家长委员会研讨会】 9月22日，通州培智学校召开家长委员会研讨会。会议交流新学期家长委员会工作，汇报上学年教学工作情况，提出新学年继续搞好校园环境、加强课程建设等工作要点以及“针对性教育”共4条建议。会上表彰通州区家长“先进个人”及“模范代表”4人。通州培智学校家长委员会1994年成立，家长代表16人参加会议。

（丁秋宇）

【开展随班就读教研】 9月和12月，通州特殊教育中心组织随班就读教研工作。特教中心召开全区小学随班就读中心教研组融合教育研讨，传达学年活动计划与要求，组织集体观看关于融合教育短片《温柔的坚持》，研讨交流达成融合教育共识，来自各校干部、教师140人参加活动。特教中心在通州区台湖镇中心小学举办通州区小学随班就读中心教研组活动，听取该校教师六年级数学观摩课“工程问题”，围绕课程与会教师就“课上怎样指导”“关注随班就读学生”等问题交流研讨。通州区小学随班就读中心教研组教研员14人参加活动。

（丁秋宇）

北京市顺义区特殊教育学校

【概况】 2014年，北京市顺义区特殊教育学校占地面积6723平方米、建筑面积3500平方米，体育场（馆）面积1003平方米。全年教育经费投入1372万元，全部为国家拨款。固定资产总值1351万元。图书馆（室）藏书0.80万册。普通教室16个、专用教室15个。拥有计算机116台。多媒体教室座位22个。学校信息化经费投入530万元，校园网出口总带宽100Mbps，数字资源量13GB，“信息技术”课程21课时/周。教职工74人，包括高级职称6人、中级职称23人。专任教师63人，包括北京市骨干教师1人，本科以上学历59人。开设教学班16个，其中，初中班5个、小学班11个。毕业生8人。小学招生16人，在校生140人，其中，小学94人、初中46人，寄宿生94人，全部为残疾学生。网址：www. tj. shyedu. cn。

（胡金侠）

【启动综合课程改革】 3月，顺义特教学校正式启动培智综合课程改革。改革把原生活语文、生活数学等学科课程合并为综合课程，实施主题教学下的综合课程，保留音乐、美术、体育3门专业性较强的学科课。班级综合课程教学和管理由教师1人变为教师2人共同承担，两名教师要合力制定学生的个别化教育计划，根据学生实际情况制定学期主题、月主题教学内容和目标，并根据教学目标对学生进行月、学期教学评估。目前课程已形成“情景化、游戏化、结构化、生活化”的综合课程教学模式，梳理出课堂教学“整体—小组—个别化—整体”教学流程和“整体—分化—统整”的教学结构。

（王向辉）

【开展第四届体育艺术节】 5月29日，顺义特教学校举办第四届体育艺术节。活动以“激扬少年，放飞梦想”为主题，设有艺术展示、亲子活动、各班特色展示、部门学生集体展示、教师风采展示5个方面。活动旨在通过文体活动提升家长与孩子的沟通能力，同时使家长们感受学生的变化与成长。活动自2010年已连续举办4年。共有师生及家长260人参加此次活动。

（王颖）

【启动“爱心洗车场”校本课程】 10月

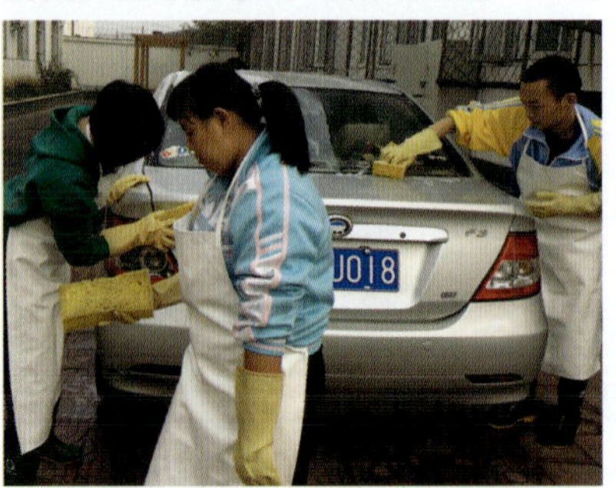

10日，顺义特教学校开辟“爱心洗车场”劳动实践基地和启动校本课程。“爱心洗车场”是学校职业部的季节性课程（冬季停止），配备适合学生操作的专业洗车工具，于每周一、二、四由3名职技教师带领学生以本校教师的车辆为教学资源进行学习实践。同时，教师针对实践活动，初步形成《汽车美容》等校本课程教材以及授课方式。

（吴靖）

【举行“清风竹韵”拜师大会】 10月11日，顺义特教学校举行“清风竹韵”拜师大会。青年教师8人和老教师7人结成师徒关系。会上，老教师代表“师傅”发言，表示会热情帮助青年教师，促进青年教师成长；青年教师代表“徒弟”表态，感谢学校和“师傅”，愿意在“师傅”的带领下，虚心学习，积极工作，成为促进学校发展的好教师。共有学校领导教师50余人参加活动。

（武红静）

【台湾专家指导康复教学】 10月20至24日，顺义特教学校邀请台湾特教专家鲍亦君教授指导融合课堂教学。鲍亦君通过上午听课、下午评课诊断，周二、周四、周五还结合课例组织教师研讨交流，分析教室环境布置、课堂教学结构、引起学生学习动机的方式方法、IEP计划的制定及会议召开等专业性活动等。全校干部、教师50余人参加指导教学。

（王向辉　武红静）

【举办教学故事演讲比赛】 12月26日，顺义特教学校举行第二届“红梅杯”我的教学故事演讲比赛。比赛经过初赛和复赛，共有教师15人进入决赛。进入决赛的教师结合多媒体技术手段，呈现《小图片大智慧》《教育就在那一瞬间》等教学故事。共有25名教师分别获得特等奖及一、二、三等奖。

（武红静）

北京市昌平区特殊儿童教育学校

【概况】 2014年，北京市昌平区特殊儿童教育学校占地面积8020平方米、建筑面积2524平方米。固定资产总值299万元。全年教育经费投入655万元，全部为国家拨款。学校信息化经费投入30万元，拥有计算机42

台，多媒体教室座位 51 个，校园网出口总带宽 5Mbps，数字资源量 100GB，“信息技术”课程 2 课时/周。普通教室 6 个、专用教室 10 个、办公室 9 个。教职工 29 人，其中，高级职称 1 人、中级职称 2 人。专任教师 17 人，本科以上学历 16 人。开设教学班 6 个。毕业 7 人、招生 8 人、在校生 39 人。网址：www. cptjxx. com。

（王玉荣）

【开展手拉手联谊活动】 3 和 5 月，

昌平特教学校开展系列手拉手联谊活动。与兴寿学校共同举办“同一片蓝天下，我们共成长”主题活动，特教学校学生参观兴寿学校教学环境，兴寿学校学生表演文艺节目，两校学生互赠礼品。双方 79 人参加活动。与昌平区工业幼儿园举办“手拉手心连心”活动，幼儿园教师观摩 3 节教学活动课，与学生互动游戏“两人三足”“抱一抱”等。

（王海涛）

【举办才艺展示活动】 5 月 20 日，昌平特教学校举办才艺展示活动。活动以“展我特长、自力成长”为主题，分为生活技能展示、现场表演、作品展示、亲子游戏 4 个项目。经评选，评出一等奖 3 个、二等奖 3 个、三等奖 3 个。家长、师生 60 人参加活动。

（李海洋）

【校园改造工程完工】 8 月 30 日，昌平特教学校完成校园改造工程。学校投入市级专项资金 39.25 万元，完成 345 平方米阳光棚建造及地面软化工程；投入市级专项资金 40 万元，塑胶铺设 2300 平方米操场基础层面。工程于 2014 年 6 月开工，总投入 79.25 万元。

（李海洋）

【召开个别化教育综合研讨会】 9 至 12 月，昌平特教学校召开个别化教育（IEP）综合研讨会。任课教师针对学生的优势、弱势、现有水平、评估结果及长短期教育目标，与家长沟通、协商、讨论，确定每个学生的个别化教育（IEP）计划。20 人参加会议。

（李海洋）

北京市大兴区特殊教育中心

【概况】 2014 年，北京市大兴区特殊教育中心占地面积 3294 平方米、建筑面积 2404 平方米、体育场馆面积 1240 平方米。图书馆（室）藏书 0.66 万册。固定资产总值 1487.10 万元。全年教育经费投入 1294.80 万元，全部为国家拨款。学校信息化经费投入 5.05 万元，拥有计算机 55 台，多媒体教室座位 9 个，校园网出口总带宽 100Mbps，数字资源量 450GB，“信息技术”课程 2 课时/周。教学班 10 个，毕业 3 人，招生 6 人，在校生 47 人（外省市 5 人），教职工 32 人，其中专任教师 24 人。

（谢盘松）

【开展交互智能平板培训】 3 月 5 日，大兴特教中心开展交互智能平板培训。培训邀请来自广州视睿科技有限公司的培训师现场展示智能平板交互式多媒体教学系统在各学科课堂教学中的应用，同教师探索各个功能键的操作和使用，并介绍网络资源获取与资源云平台收藏运用于课堂教学上的方法。特教中心全体教师参加培训。

（谢盘松）

【举办“大手拉小手，共度儿童节”活动】 5 月 30 日，大兴特教中心举行“大手拉小手，共度儿童节”活动。活动邀请学生家长陪同智障学生一起进行活动。活动分为：一中队和四中队进行亲子游戏；二中队和三中队进行“共绘一幅画”活动；六（1）中队、六（2）中队和职康站进行“同唱一首歌”活动。共有学校师生和家长 115 人参加活动。

（谢盘松）

【送教上门】 5 月 30 日，大兴特教中心送教上门工作负责人带领学校教师 3 人上门慰问残疾学生。送去“六一儿童节”礼物及对送教学生的关爱。特教中心为送教学生送去故事机和益智积木，并实地了解学生的身体状况、能力情况及家庭教育环境。

（谢盘松）

【举行第 16 届特奥运动会】 10 月 26 日，大兴特教中心举行第 16 届特奥运动会。运动会以“我参与、我能行”为主题，全体学生参加，年龄最小的 6 岁，最大的 17 岁。运动会设有足球射门、定点投篮、拍球、高尔夫等项目。中心根据学生智力程度设置比赛项目，按照不同学生运动能力进行分组，让能力相近学生在同一组别参赛。全校学生参加相关体育项目，大部分有家长陪同。

（谢盘松）

【召开孤独症儿童培训总结会】 12 月 3 日，大兴特教中心召开孤独症儿童培训总结会。会议针对来自北京联合大学特殊教育学院团队进行的孤独症教育课程体系主题讲座进行总结。为期一学年的讲座涉及“孤独症课程理论学习特征”“特殊教育班级课程建设”“课程目标教学设计”“动作训练”4 个部分。讲座从孤独症儿童特征出发进行情绪调整与人际交往的训练，以及对孤独症班进行课程设置、目标制定、教学设计等培训。总结会上特教中心安排学校教师做两节公开课。在评课过程中，联大特教学院团队从实战角度谈看法，并上升到课程讲授过程中运用哪个理论做支撑，设计环节是否合理，是否适合孤独症儿童的性格特点等内容。全校师生 35 人参加总结会。

（谢盘松）

北京市怀柔区培智学校

【概况】 2014 年，北京市怀柔区培智学校占地面积 4098 平方米、建筑面积 1776 平方米。图书馆藏书 1 万册。固定资产总值 1316.30 万元。全年教育经费投入 761.90 万元，全部为国家拨款。学校信息化经费投入 115.80 万元，拥有计算机 60 台，多媒体教室座位 10 个，校园网出口总带宽 10Mbps，数字资源量 13GB，“信息技术”课程 1 课时/周。普通教室6个、专用教室7个。教职工32人，包括中级职称13人。专任教师17人，全部为本科及以上学历。开设教学班6个。毕业9人；招生25人；在校生53人，包括听力残疾学生1人、脑瘫学生3人、智力残疾学生47人、自闭症学生2人，另有学生8人不能自理到校上课。

（任海明）

【开设手工制作课程】 3月10日，怀

柔培智学校开设“手工制作玫瑰花”活动课程。课程根据学生年龄特点、个体差异以及实际能力，具有“游戏性强、趣味性浓、安全性高”特点，利用多媒体、图片、儿歌、彩泥等，指导智障学生在活动中发现美、认识美、创造美，锻炼其手眼协调与动手操作能力。全校师生、家长12人参加活动。

（任海明）

【新教学楼投入使用】 9月1日，怀柔培智学校新教学楼投入使用。该教学楼在原址上新建，占地面积4098.25平方米、建筑面积1776.70平方米，楼宇整体为砖混结构、地上2层，拥有普通教室8个、会议室2个。工程于2011年6月开工建设，由怀柔区政府总投资382.6万元。

（任海明）

【举办教学成果展示】 11月5至15日，怀柔培智学校举办教学成果展示活动。活动主要包括生活语文、数学课程在游戏、生活中的应用；创编手指操、舌操，利用器材对学生进行康复训练；开设艺术课，指导学生学习敲鼓、演奏旋律；绘画与手工制作课程，在作品中创设故事情节。共有教师21人次参与活动。

（任海明）

【与密云特教学校合作教研】 12月16至17日，怀柔培智学校与密云县特殊教育学校联合开展自闭症学生“游戏治疗、动作治疗”教研活动。活动中，两校教师分别作“动作治疗”“游戏治疗”展示课，课后双方组织互评交流，并针对自闭症学生讨论教学研究方面经验。两校干部、教师16人参加活动。

（任海明）

【举办家长开放日】 12月23日，怀柔培智学校举办家长开放日活动。活动期间，组织家长观摩生活语文课“比尾巴”、绘画与手工课“小蝌蚪找妈妈”以及特色缺陷补偿课程，做课教师通过丰富教学形式，充分调动学生参与主动性，展现学校“以人为本、挖掘潜能、树立自信、融入社会”教育理念。全校师生、家长90人参加活动。

（任海明）

北京市延庆县特殊教育中心

【概况】 2014年，北京市延庆县特殊教育中心占地面积1.98万平方米、建筑面积0.40万平方米，体育场面积1.04万平方米。图书室藏书0.50万册，订阅杂志、报纸35种。固定资产总值662万元。全年教育经费投入542万元，全部由国家拨款。学校信息化经费投入133万元，拥有计算机41台，多媒体教室座位40个，校园网出口总带宽100Mbps，数字资源量300GB。普通教室6个、专用教室20个。教职工30人，包括中级职称18人。专任教师25人，包括本科及以上学历23人。开设教学班7个，其中，小学班4个、初中班3个。初中毕业3人；招生7人，其中，小学4人、初中3人；在校生87人，其中，小学39人、初中48人，包括寄宿生35人、外省市借读生4人。

（周英杰）

【巡回指导家访工作】 4月8日，延

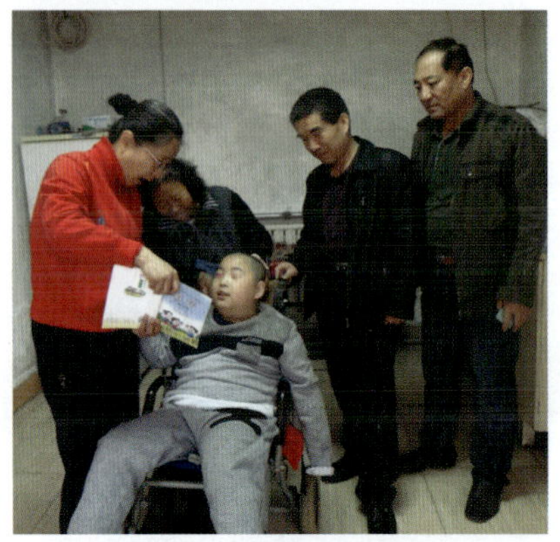

庆特教中心巡回指导家访工作。该校联合延庆县残联，面向接受送教上门重度残疾学生，巡回组指导教师走进家庭现场教学，并将教材、轮椅等学习用具和生活辅具送给送教上门学生18人。县残联和特教中心6人参加巡回指导工作。

（周英杰）

【举办特奥运动会】 5月16日，延庆特教中心举办第一届特奥运动会。运动会设单人跳绳、足球射门、打地堡、立定跳远等10个个人项目；运西瓜、水桶投球2个融合项目；捡苹果、换物接力2个团体项目。赛后评出单项一、二等奖各57个，融合项目一、二等奖各5个，集体项目一、二等奖各10个。8支代表队获得团体总分名次奖，10支代表队获得优秀组织奖，并为志愿者颁发“优秀服务奖牌”。运动员、裁判员、学生家长390人参加运动会。

（周英杰）

【参加融合教育活动】 12月8日，延庆特教中心与27所普通中小学参加融合教育活动。延庆特教中心学生按照起始年级划片范围到相应的普通中小学参加课堂教学、大课间及升旗仪式等活动。延庆特教中心派出教师到各中小学巡回指导。学生65人参加融合活动。

（周英杰）

（本栏责任编校　邱小培）

普通高等教育

2014年，北京市高等教育坚持“稳定规模，调整结构，创新体制，突出特色，提高质量，服务北京”的方针，深化教育教学改革，进一步加大教学投入，以内涵发展为核心，全面协调和促进不同层次、不同类型高校的办学质量。加强“北京高等学校高水平人才交叉培养计划”的整体规划，结合北京经济建设与社会发展的需要和北京高等教育的实际情况，遵循高等教育的基本规律，不断更新教育思想观念，加强专业建设和专业结构调整，增强学生的实践能力、就业能力和创业能力，促进高校间交流合作与资源共享，不断实现人才培养机制创新，加强高等教育与基础教育良性联动，提升北京高等教育核心竞争力、社会服务力、国际影响力，努力办好人民满意的北京高等教育。

2014年，北京共有56所普通高等学校招收研究生，共有在校生25.72万人，招收研究生8.70万人，毕业研究生7.27万人；其中，20所市属普通高校具有招收研究生资格，在校生3.06万人，招生1.08万人，毕业研究生0.89万人；民办普通高校1所，在校生134人，招生68人，毕业研究生39人。

2014年，北京共有普通高等学校89所。其中，中央高校35所，北京市属市管54所（含民办普通高校15所）。全市的普通本专科在校生共59.46万人，教职工14.07万人，普通本专科共招生14.7万人；其中市属市管高校在校生21.71万人，共招生6.18万人。

深化高等教育教学综合改革

加强专业建设，进一步推动北京高校专业群建设，推进第二批专业群组建专家委员会和教学协作委员会，两批专业群专家组织由来自43所高校的238名教授及来自知名企业和行业的28名代表组成，其中担任教育部相关教学指导委员会委员的专家共有58人，汇集北京高校相关专业建设和教学改革的高水平专家和骨干力量；布置对市属高校的38个“专业综合改革试点”项目进行中期检查的工作，梳理京津冀地区专业布局情况，综合调整京津冀地区高校专业结构，推进高校学科专业、区域布局主动适应京津冀一体化发展需要。加强课程建设，推动慕课（MOOCS）体系发展，积极开展“一校一课”建设。提升教师教学能力，市教委在英语、数学等基础课程领域开展了一系列教师培训，如“北京市大学英语教师专业化能力发展专题研修班”每年每校免费培训8人次，提高基础课程教师教学能力；开展青年教师教学观摩月活动，通过课堂教学观摩，课后国家级教学名师进行点评，并进行相互沟通交流的方式为青年教师在教学的各个环节提供参考和借鉴。

加强实践创新体系建设

积极开展校内创新实践基地、校外人才培养基地等实习创新平台的建设。2014年北京市重点建设北京大学生物医学创新实践基地等24个示范性校内创新实践基地，通过搭建学生自主实践平台，探索高校创新性人才培养有效模式，构建学生自主实践的长效机制，为培养学生的自主创新能力和创新意识营造良好的环境和氛围。投入专项经费用于大学生科研创业能力培养，2014年，北京市设置大学生学科竞赛达24项，参赛学生6万人。在市级比赛的引导下，各高校也结合各自专业特色建立相应的竞赛体系，制定配套政策，鼓励更多学生在大学期间能够参加一次大学生科技实践活动。竞赛活动的开展充分调动学生的积极性，学生利用课外时间开展自主研究，将课内所学知识有效整合，在探索过程中梳理专业知识体系，增强实践能力和团队协作精神。

推动高校协作发展

秉承“综合改革、创新机制，交叉融合、资源共享”的原则，加强宏观统筹，强化顶层设计。研究制定《北京高等学校高水平人才交叉培养计划》，通过强化北京地区高校间的合作、北京高校与（海）境外名校的合作、高校与科研院所和企事业单位的合作，实现专业学科的交叉融合和优质教育资源的充分共享，深化北京地区高校人才培养机制改革，显著增强高水平人才培养质量。试点建立北京航空航天大学北京学院、中国农业大学北京学院和北京理工大学北京学院，制订北京航空航天大学北京学院人才培养、学生选拔、教学管理方案，完成首批36名学生的遴选工作，并于9月正式开班；启动中国农业大学北京学院和北京理工大学北京学院的招生培养工作，来自6所市属高校的40余名学生进入北京学院访学。大力推动北京卓越工程师培养教育计划高校联盟建设，由中央高校牵头，组织不同类型高校组建理工、文法、农林医、艺术等门类卓越人才等培养联盟，集中优势力量，探索符合时代和社会需要的高层次领军人才培养新模式，带动市属高校开展教育教学综合改革。

完善高等教育质量保障体系

结合北京高等学校特点和高等教育教学成果奖实际，指导各高校开展北京市2014年高等教育国家级教学成果奖申报推荐工作，北京地区高校共获奖66项，其中，一等奖11项、二等奖55项。坚持“加大分析、回归常态、注重引导、有助借鉴、加强合作、形成机制”的理念，建设“高等教育质量年报制度”。《高等教育质量年报》明确北京高等教育教学质量提升工作基本要求、思路和举措，汇集各高校教学改革、质量提升的优秀成果和经验，汇总质量管理相关文件和信息数据，已经成为北京高等教育的监测器和指南针，并得到中央和兄弟省市的重视。同时，北京市紧密结合教育部专业认证、审核式评估相关工作要求，积极推动高校加强自我评估、自我监控，引入社会力量监督评价，健全政府、学校、社会多元化评估体系。

（黄侃）

【两部委签署共建外交学院协议】 1月3日，外交部与教育部签署共建外交学院协议。根据协议，两部委建立协调机制，在政策扶持、经费保障、学科建设、科学研究、人才培养、干部培训、师资队伍建设等方面加大对该校支持力度。

（阚四进）

【14所高校入选国家级虚拟仿真实验教学中心】 1月，北京14所高校入选国家级虚拟仿真实验教学中心。该评选由教育部主办，全国100所高校100个中心入选，其中，教育部直属高校50个，其他部委高校11个，军队院校3个，地方高校36个；北京14所高校14个中心入选。

（张驰）

首批国家级虚拟仿真实验教学中心名单（北京）

北京大学
　地球科学虚拟仿真实验教学中心
中国人民大学
　基于大数据文科综合训练虚拟仿真实验教学中心
清华大学
　材料科学与工程虚拟仿真实验教学中心
北京交通大学
　交通运输国家级虚拟仿真实验教学中心
北京化工大学
　化工过程虚拟仿真实验教学中心
北京邮电大学
　电子信息虚拟仿真实验教学中心
中国农业大学
　机械与农业工程虚拟仿真实验教学中心
中央美术学院
　艺术、设计与建筑虚拟仿真实验教学中心
北京航空航天大学
　航空科学技术虚拟仿真实验中心
北京理工大学
　武器系统虚拟仿真实验教学中心
中国人民公安大学
　公安执法虚拟仿真实验教学中心
北京工商大学
　经济管理虚拟仿真实验教学中心
北京工业大学
　土木工程虚拟仿真实验教学中心
北京建筑大学
　建筑全过程虚拟仿真实验教学中心
北京石油化工学院
　石化工程仿真教学与实践中心

（张驰）

【4所高校学报入选教育部高校哲学社会科学学报名栏】 2月25日，北京4所高校学报部分栏目入选教育部第三批高校哲学社会科学学报名栏。该评选由教育部主持，全国共有25部学报的25个栏目入选。其中，北京地区4所高校学报4个栏目入选，分别是中国人民公安大学主办的《中国人民公安大学学报》(社会科学版)犯罪研究栏目、中国人民大学主办的《经济理论与经济管理》经济热点栏目、中华女子学院主办的《中华女子学院学报》女性与法律栏目和北京语言大学主办的《语言教学与研究》对外汉语教学栏目。

（张驰）

【市政府与文化部共建戏曲学院】 3

月20日，市政府和文化部签署共建中国戏曲学院协议。根据协议，该院实行“中央与地方共建、以地方管理为主”的机制，支持戏曲学院发展并提供支持和保障。北京市将戏曲学院纳入非遗传承与人才培养的整体规划，支持戏曲学院参与北京市举办的各类艺术文化活动和对外文化交流活动。文化部将为戏曲学院与文化部各司局及所属戏曲院团、研究机构、社会团体搭建“产学研”桥梁和协同创新平台。

（王媛）

【5所高校被认定为首批市文化创意产业人才培养基地】 3月25日，北京5所高校被认定为首批北京市文化创意产业人才培养基地。该评选由北京市国有文化资产监督管理办公室主持评选，经过申报征集、材料初审、评审打分、实地踏勘、评审认定五个阶段，认定10个单位为第一批北京市文化创意产业人才培养基地，其中，中国传媒大学、北京电影学院、北京服装学院、北京邮电大学和中央财经大学入选。

（张驰）

【召开大学生创新实践活动总结表彰会】 4月9日，市教委在北京化工大学召开2013年北京市大学生创新实践活动总结表彰会。会议向各项竞赛获奖学生代表和北京市大学生科学研究与创业行动计划成果展示经验交流会获奖代表颁奖。获奖学生、指导教师、竞赛承办高校代表分别发言，分享参加、组织、指导北京大学生学科竞赛和大学生科学研究与创业行动成果展示与交流会的经验和感想。市教委领导，以及80余所高校的教学校长、教务处长、获奖学生代表、指导教师代表参加会议。北京市大学生创新实践活动是提高人才培养质量的重要举措之一，旨在推动高校以学生为中心，深化人才培养模式改革，大力强化实践教学，培养学生的创新精神、实践能力和创业能力，活动分为大学生学科竞赛和科学研究与创业行动计划两部分。2013年，市教委共组织数学建模、机械创新设计与计算机应用竞赛等17项学科竞赛，85所高校3万名学生参与市级竞赛、8万名学生参加校级比赛；资助6000项科学研究与创业行动计划项目，56所高校213个项目参加展示，2万名学生参加活动。

（张富宇）

【教育部与能源企业共建石油大学】 4月22日，教育部与中国石油天然气集团公司、中国石油化工集团公司、中国海洋石油总公司、神华集团有限责任公司、陕西延长石油（集团）有限责任公司签署共建石油大学协议。根据协议，教育部将支持该校继续保持办学特色，积极汲取企业和社会力量，加快向高水平大学迈进，成为世界石油石化学科领域高层次人才汇聚、优秀人才培养和高水平科学研究的重要基地，成为学术交流和文化传承创新的重要基地，成为中国石油石化工业留学生教育和人才培训的重要基地。五大能源企业集团公司将支持石油大学参与各集团公司科技攻关和国家重大科研项目的申报；支持学校的“211工程”项目建设，在石油石化主干学科建设、重点实验室建设、科研及人才培养等方面继续给予支持。

（许博）

【中国建设领域卓越工程师教育联盟成立】 7月16日，中国建设领域卓越工程师教育联盟在北京建筑大学成立。该联盟坚持“平等、自愿、协作、资源共享、协同育人、共同发展”的原则，在卓越工程师人才培养的课程体系与教学内容建设、教材建设与师资队伍培养、实习实训、研究生教育、学生就业等方面展开全方位的校企合作。同时，联盟将围绕校企合作机制的改革与探索，在校企共同制订专业人才培养标准、共同制订人才培养方案、共同实施培养过程、共同评价培养质量上加强校企之间人才联合培养的力度，进一步完善校企协同育人机制，打造具有行业特色的校企合作人才培养模式，培养面向未来建筑行业发展的新型工程技术人才。联盟首批成员由中国建设教育协会以及哈尔滨工业大学、同济大学、重庆大学、西安建筑科技大学、北京建筑大学等27所高校和中国建筑工程总公司、中国建筑设计研究院、中国冶金科工集团、中国新兴建设集团、北京建工集团等14家企业组成。联盟理事长单位为中国建设教育协会，秘书处设在北京建筑大学。

（张驰）

【试点建立3个北京学院】 7月21日、10月20日和7月17日，北京理工大学北京学院、中国农业大学北京学院和北京航空航天大学北京学院首批学生分别开班。农大北京学院依托农大食品科学与营养工程学院的优势学科和特色专业，招收“食品质量与安全”辅修专业，学生接受本科辅修专业方式培养，完成专业课程及实践教学环节中的专业课实验。学生达到培养方案要求可授予农大“食品质量与安全”辅修专业证书。首批学生30人，遴选自首都师范大学、北京工商大学、北京化工大学、北京农学院及北京联合大学，8月23日结束学习。北航北京学院开展访学项目，开设材料类、电子信息类和自动化类等9个专业，均为北航优势通用专业，为期1年。首批学生36人，为2012级本科生，遴选自北京工业大学和北京建筑大学等高校。学习期满，授予“北京航空航天大学北京学院修业”证书。北京理工大学北京学院依托大学生软件科技创新创业基地开展实践教学，并与创新创业基地各学生创新实验室负责学生沟通和双选，与北理工学生开展为期1个月的集训活动。学生学习期满可授予“北京理工大学北京学院修业”证书。首批学生20人，遴选自北京信息科技大学、北京工业大学和北方工业大学等高校。北京学院是市教委重点推动的北京高等教育建设项目之一，由中央高校牵头，依托自身专业学科优势，联合其他名校教学科研、师资团队力量共同开展建设，发挥在京中央高校对市属高校的优势带动作用，促进优质教育资源辐射到更多学生，加强北京市高校优秀学生的交流和合作，深化学校间、专业间的交叉融合，推进高校综合改革步伐。

（段磊　张驰）

【6所高校入选首批农林人才培养计划】 9月22日，北京地区6所高校相关专业入选第一批卓越农林人才教育培养计划改革试点项目。该项目由教育部、农业部、国家林业局共同组织实施，根据地方教育、农业、林业行政部门的初审意见，教育部、农业部、国家林业局共同组织专家对提交的项目实施方案进行审核并提出修改意见，确定第一批卓越农林人才教育培养计划项目试点高校99所，改革试点项目140项，其中拔尖创新型农林人才培养模式改革试点项目43项，复合应用型农林人才培养模式改革试点项目70项，实用技能型农林人才培养模式改革试点项目27项。北京地区有6所高校入选，涉及拔尖创新型和复合应用型两种人才培养模式改革试点项目类型。

（张驰）

第一批卓越农林人才教育培养计划改革试点项目

拔尖创新型人才培养模式改革试点项目类型

- 中国人民大学
  - （专业）农林经济管理
- 中国农业大学
  - （专业）农学、动物科学、农业机械化及其自动化、植物保护、农业建筑与能源工程
- 北京林业大学
  - （专业）园林、林学、水土保持与荒漠化防治、森林保护、园艺
- 北京工商大学
  - （专业）食品科学与工程、食品质量与安全

复合应用型人才培养模式改革试点项目类型

- 中国人民大学
  - （专业）农村区域发展
- 中国农业大学
  - （专业）动物医学、农业水利工程、农林经济管理、葡萄与葡萄酒工程、园艺
- 北京农学院
  - （专业）动物医学、农业水利工程、农林经济管理、葡萄与葡萄酒工程、园艺
- 北京林业大学
  - （专业）林业工程类、农林经济管理、野生动物与自然保护区管理、食品科学与工程、草业科学

（张驰）

【建设社会急需特色专业】 9至12月，北京两所高校开设社会急需特色专业。中国农业大学面向市属高校学生开设“食品质量与安全”暑期辅修专业，坚持“紧贴现实、大师指引、复合交叉”的理念，通过课堂授课、

课题研究、企业实践相结合的方式培养学生。首批来自北京农学院、首都师范大学、北京工商大学的 30 名学生入学选修。北京第二外国语学院联合中国人民大学、中国政法大学共同开办“国际知识产权管理”辅修专业，遴选来自外语和法律专业的 70 余名学生参加辅修学习，培养具有国际视野和沟通谈判能力的知识产权管理人才。至年底，北京市发挥中央高校优势带动作用，与市属高校共同研究判断北京经济社会发展趋势，建设社会急需的特色专业。

（段磊）

【两高校联合举办国际柔性与印刷电子大会】　10 月 21 至 23 日，北京工业大学和北京印刷学院主办的第五届国际柔性与印刷电子大会（International Conference on Flexible and Printed Electronics，ICFPE）在北工大召开。会议设 5 个主题，28 名学者作邀请报告，并就 10 个专题作口头报告 93 个，墙报 129 个，筛选接受论文 240 篇，其中，国内投稿 123 篇、国外投稿 99 篇，发表《工程引文索引》（EI）检索论文 40 余篇，吸引 10 家国内外相关研究机构和公司参与会议同期举办的展览。这是首次由中国主办国际柔性与印刷电子大会，中国科学院苏州纳米技术与纳米仿生研究所和化学所、全国印刷电子产业技术创新联盟等单位共同承办，共计 400 人参加会议，其中，外籍专家、学者有 150 人。

（苏雅洁　张驰）

【中国女子高等院校联盟成立】　11 月 13 日，中华女子学院联合山东女子学院、湖南女子学院共同发起成立中国女子高等院校联盟。联盟成立会议审议通过《成立中国女子高等院校联盟倡议书》《中国女子高等院校联盟章程》以及联盟第一届理事会理事长、常务副理事长、秘书长、副秘书长名单。中华女子学院成为中国女子高等院校联盟秘书长单位。女校联盟旨在为加深女子院校间人才培养、科学研究、国际交流等领域的合作提供服务及平台。

（程敏　张驰）

【批准教育教学改革项目立项】　11 月 14 日，市教委批准 2014 年度北京高等学校教育教学改革立项重点项目（含联合项目）和面上项目（含联合项目）。其中，重点项目 19 个、面上项目 267 个。项目申报经学校申请、专家评议等程序确定。北京高等学校教育教学改革立项工作开始于 2013 年 7 月 11 日，市教委决定于 2013 至 2015 年间，分年度开展北京高等学校教育教学改革立项工作，拟立项目 1200 项左右。

（赵晓琳　张驰）

2014 年度北京高等学校教育教学改革立项项目（重点）

中国人民大学
　　探索国际性人才培养的四阶段接力模式

北京交通大学
　　面向国家重点行业和区域经济发展的品牌专业建设研究与实践

北京协和医学院
　　临床医学生入学考试引入“客观结构化临床考试”的研究

北京外国语大学
　　北京外国语大学欧洲非通用语自主学习平台

中央戏剧学院
　　中小学戏剧教师人才培养模式的探索与创新

北京服装学院
　　以需求为导向，构建艺工融合人才培养模式

首都医科大学
　　系统建设临床医学专业英文教材的研究与实践

首都师范大学
　　当代国际前沿教育理念及其对北京市属高校教育国际化的借鉴

北京工业大学耿丹学院
　　民办本科院校完全学分制探索——以耿丹学院为例

首都高等工程教育中心
　　基于“卓越工程师培养计划”的建筑学专业“开放式”教学体系的综合改革研究

北京交通大学、北京师范大学、北京信息科技大学
　　“双培计划”教育模式和机制的研究与实践

北京师范大学、北京交通大学、北京航空航天大学、北京理工大学
　　北京市共享课程资源建设模式研究

北京第二外国语学院、北京联合大学、北京服装学院等 12 所高校
　　三位一体市属高校大学英语教育改革模式研究

北京师范大学、中国传媒大学、北京电影学院
　　三校一体、四年一贯、校企合作、协同育人的动漫高端人才联合培养模式研究与实践

北京印刷学院、北京石油化工学院
　　行业特色高校设立人才培养特区与建立招生培养就业联动长效机制研究

北京农学院、中国农业大学、北京林业大学、北京农业职业学院
　　北京农林院校实践基地开放共享机制研究

北京电子科技职业学院、北京培黎职业学院、北京信息职业技术学院等 7 所高校
　　北京市高职英语口语教学改革研究与实践

北京开放大学、清华大学电子商务交易技术国家工程实验室、北京航空航天大学
　　北京开放大学电子商务专业建设与资历架构模式研究

北京社会管理职业学院、北京北大方正软件技术学院、全国民政职业教育教学指导委员会
　　职业院校老年服务与管理专业人才培养模式研究

（张驰）

【高校大学英语教育发展中心成立】
11 月 18 日，北京高校大学英语教育发展中心揭牌仪式暨市属高校大学英语教学研讨会在北京第二外国语学院举行。市教委相关领导和二外校长为中心揭牌。研讨会围绕大学英语教学改革，研讨大学英语教育发展中心成立的相关事宜。来自市教委、全国大

学外语教学研究会相关领导，25所市属院校大学英语教学部门负责人等共70人参加会议。该中心为适应北京高校大学英语教育改革需要而成立，是一个政府指导下的以学校为主体的联盟组织，采取协作共商工作机制，担当市教委大学英语教育教学改革的智库。中心由市教委领导，挂靠在二外，25所市属高校成为理事单位。中心负责为北京高校大学英语教学改革提供咨询建议、规划方案、培训大学英语教师、协调团队分工合作以及建设大学英语资源库等工作，旨在发挥联动作用，引导大学英语改革朝应用性和实效性方向发展。中心聘请国内该领域知名教授作为专家，为该中心提供智力支持。

（赵晓琳　张驰）

【北京市教育系统食品安全检测网络启动】　12月2日，北京市教育系统食品安全检测网络在中国农业大学启动。该检测网络是市教委以保证各级各类学校师生就餐安全、卫生营养，维护师生切身利益和保护师生身体健康为出发点、落脚点，强化从原料采购到餐桌消费全过程食品安全管理而建立的安全监测评价体系。检测网络由市教育系统食品安全中心检测室和配备到各校的食品检测仪构成。中心检测室设在中国农业大学食品学院，受市教委领导。2013年，北京市食品安全办免费为部分高校配备98台食品检测仪，本年市教委通过申请财政资金，招标采购125台食品检测仪，发至各学校食堂。今后，各检测单位承担对学校食堂的饭菜细菌总数等常规微生物指标、原材料农药残留及餐具表面细菌总数等检测任务，实时上报中心检测室。中心实时接收、统计、汇总、分析检测数据，动态监测全市教育系统的食品安全状况，防范学校食品安全隐患。这是全国省级行政单位首次启动教育系统食品安全检测网络。

（朱雯雯）

【召开首都特色行业院校改革与发展论坛】　12月18日，市教委召开第八届首都特色行业院校改革与发展论坛。论坛围绕“教育教学改革与师资队伍建设”主题分两个阶段举行，第一阶段总结青年教师教学观摩月活动，第二阶段由与会院校领导围绕论坛主题及分议题交流研讨。与往届论坛不同，本届论坛前期首次开展为期1个月的青年教师教学观摩月活动，以“如何上好一堂课——深化教学改革背景下的青年教师培养”为主题，每所特色行业院校推荐1名青年教师讲授观摩课，市教委根据授课教师的课程内容，聘请11所高校的14名国家级、北京市级教学名师现场听课、点评指导，整个过程不搞评奖、评选，不干扰正常教学，以“原生态”的形式开展观摩课教学，带动10所特色行业院校的420名青年教师及各校的教务处、教师发展中心的积极参与。论坛教学观摩月活动定位准确、覆盖面广、针对性强，对于促进青年教师教学能力提升是一次有益的尝试。论坛听取各院校领导围绕各校特色学科建设、教学体系、师资队伍建设等经验及办学过程中遇到的瓶颈和问题交流和讨论。市教委领导结合北京高等教育改革工作进行说明，指出北京市城市战略定位与核心功能是政治、文化、国际交往与科技创新中心，在此背景下，处于转型期的北京高等教育要着重为国家和首都经济发展做创新驱动与智力支持，并就北京高等教育改革的思路、举措做报告。论坛由中国青年政治学院承办，市教委、团中央领导出席论坛并讲话，北京电子科技学院、北京体育大学、国际关系学院、外交学院、北京协和医学院、中国劳动关系学院、中国人民公安大学、中华女子学院、中央民族大学及中国青年政治学院10所特色行业院校领导、教务处处长、特邀教学名师代表及青年教师代表参加论坛。

（赵晓琳）

学位与研究生教育

【新增41个硕士专业学位点】　2月27日，北京市属高校新增41个硕士专业学位点。新增专业学位点由北京市学位委员会审批，通过硕士专业学位点审批41个；自主调整硕士专业学位授权点1个，为北京工业大学撤销国际商务硕士，增列公共管理硕士。

（侯东云）

新增硕士专业
学位授权点名单

北京工业大学
- 艺术
- 社会工作
- 教育

北方工业大学
- 工程硕士（交通运输工程）
- 工程硕士（材料工程）
- 会计

北京工商大学
- 工程硕士（食品工程）
- 新闻与传播
- 翻译

北京服装学院
- 国际商务

北京印刷学院
- 工程硕士（电子与通信工程）
- 会计
- 新闻与传播

北京建筑大学
- 工程硕士（机械工程）
- 工程硕士（工业设计工程）
- 社会工作

北京农学院
- 工程硕士（生物工程）
- 风景园林

首都医科大学
- 应用心理

首都师范大学
- 工程硕士（材料工程）

首都体育学院
- 新闻与传播

北京第二外国语学院
- 国际商务

汉语国际教育
首都经济贸易大学
工程硕士（软件工程）
公共卫生
旅游管理
翻译
中国音乐学院
教育
北京电影学院
公共管理
北京信息科技大学
工程硕士（车辆工程）
北京联合大学
金融
法律
教育
临床医学
北京城市学院
中药学
艺术
公共管理
国家行政学院
社会工作
中共中央党校
公共管理
北京国家会计学院
税务
市委党校
公共管理

（侯东云）

【24篇博士论文获评全国优秀博士学位论文】 3月14日，北京地区8所高校24篇论文获评2013年全国优秀博士学位论文。该评选由国务院学位委员会和教育部主持，2013年评选全国优秀博士学位论文100篇，全国优秀博士学位论文提名论文273篇。其中，北京地区8所高校24篇论文获评2013年全国优秀博士学位论文，17所高校46篇论文获评全国优秀博士学位论文提名论文。

（张驰）

2013年全国优秀博士学位论文名单（北京）

北京大学
《中观心论》及其古注《思择炎》对外道思想批判的研究 何欢欢
WTO争端解决机制不对称性研究——系统与结果如何向原告倾斜 陈儒丹
对听感觉运动门控自上而下调节的动物模型和神经机制 杜忆
重夸克偶素在高能对撞机上产生机制的研究 马滟青
表面等离激元纳米结构制备与近场光学表征 方哲宇
稀土单离子磁体的设计、合成与磁性 蒋尚达
太阳过渡区结构与太阳风起源的观测研究 田晖
抗病毒天然免疫信号通路调控机制研究 游富平
镁基材料的体液降解与生物相容性研究 顾雪楠
新型纳米MOS器件研究 诸葛菁
掺硼金刚石膜电极电化学氧化难降解有机污染物机理及废水处理研究 朱秀萍
清华大学—北京协和医学院（清华大学医学部）
半导体中与自旋相关的新奇量子现象 王靖
超两亲分子的可控自组装与解组装 王朝
大肠杆菌膜蛋白UraA和AdiC的结构和转运机制 鲁斐然
软物质材料的表面失稳研究 李博
端泵高重频MOPA激光器模式特性及非线性频率变换 闫兴鹏
多相磁电复合材料的研究及原型器件探索 马静
北京协和医学院（清华大学医学部）—清华大学
遗传变异与食管癌和小细胞肺癌易感性及临床疗效的全基因组关联研究 吴晨
子宫颈癌筛查方法及策略的研究 赵方辉
北京工业大学
波导耦合金属和介电材料光子晶体光谱学特征研究 冯胜飞
北京航空航天大学
碳纳米管监测复合材料微观损伤的表征方法与其机理研究 高丽敏
北京理工大学
多模式卫星接收机中的同步技术研究 武楠
北京科技大学
准一维氧化锌纳米材料的力电性能与器件基础 杨亚
北京语言大学
汉语方言声调分化研究 王莉宁

（张驰）

【教育部制定博士硕士学位论文抽检办法】 3月，国务院学位委员会、教育部制定博士硕士学位论文抽检办法。该办法规定每年将对上一学年度全国授予博士、硕士学位的论文进行抽检。博士学位论文抽检由国务院学位委员会办公室统一组织，抽检比例为10%左右，抽检论文从国家图书馆直接调取；硕士学位论文抽检由各省级学位委员会负责组织，抽检比例为5%左右。学位论文抽检结果将反馈学位授予单位，并在一定范围内采取适当形式公布。抽检结果将作为学位授权点合格评估重要指标，对“存在问题学位论文”比例较高或篇数较多的学位授予单位，责令限期整改。经整改仍无法达到要求者，视为不能保证所授学位的学术水平，将撤销学位授权。

（张驰）

【创建大数据分析硕士培养创新平台】 5月19日，中央财经大学、中国人民大学、北京大学、中国科学院大学、首都经济贸易大学共同组建大数据分析硕士培养协同创新平台。该平台是上述5所高校为应对国家需求，全面落实《关于深化研究生教育改革的意见》，发挥各自在大数据分析领域的特色和优势，依托应用统计专业硕士项目而组建的。该硕士学位由各校颁发，学历中将注明联合培养。培养方案有6门必修课，采用联合授课的方式，配备包括国家千人计划入选者、长江学者、国家杰出青年基金获得者在内的、在大数据研究和应用方面有较高造诣的教师授课。9月13日，首期实验班开班，50名学生由中央财大、人民大学、北京大学、国科大、首经贸、北京工大和首师大的应用统计硕士研究生组成。

（张驰）

【市教委召开研究生工作会议】 6月19日，市教委召开2014年度北京高校研究生教育与科研工作会议。会议就推进北京发展和管理工作提出的五点要求，分析北京经济社会发展的宏观趋势，对首都高校深化改革工作面临的机遇和挑战进行剖析，并对高校改革工作提出“解放思想、深化改革、

创新机制、服务首都”希望和要求。会议还分析高校研究生教育与科研工作的新形势、新要求，并对新阶段首都高校研究生教育与科研创新工作进行部署。北京大学、中国农业大学、北京建筑大学做典型发言，分别介绍本单位科学研究和研究生教育工作中的探索创新和先进经验。北京地区67所高校研究生教育与科研工作的主管校领导、部门负责同志及市教委相关人员参加会议。

（张驰）

【5所高校入选全国示范性工程专业学位研究生联合培养基地】 8月26日，北京5所高校5家培养基地入选首届全国示范性工程专业学位研究生联合培养基地。该评选由全国工程专业学位研究生教育指导委员会主办，全国共有28所高校的28家培养单位入选。北京地区入选单位为清华大学核电人才培养基地，联合培养单位为中国核工业集团公司、中国广东核电集团、国家核电技术有限公司；北京交通大学轨道交通专业学位研究生联合培养实践基地，联合培养单位为长春轨道客车股份有限公司；北京工业大学机械工程协同创新研究生联合培养实践基地，联合培养单位为北京北一机床股份有限公司；北京航空航天大学先进飞行器高级人才联合培养基地，联合培养单位为中国商用飞机有限责任公司、中航工业西安飞机工业（集团）公司、中航工业第一飞机设计研究院；中国石油大学（北京）北京工程师学院，联合培养单位为中国石油集团钻井工程技术研究院、中国石油集团安全环保技术研究院、中国石油化工股份有限公司石油工程技术研究院、中海油研究总院。

（张驰）

【教育部制定中医专业学位设置方案】 12月11日，教育部制定中医专业学位设置方案。该专业学位分为博士、硕士两级，含中西医结合及民族医学。中医博士专业学位英文名称为“Doctor of Chinese Medicine”，缩写为“DCM”；中医硕士专业学位英文名称为“Master of Chinese Medicine”，缩写为“MCM”；培养目标为培养目标为热爱中医药事业，具备良好的专业素质和职业道德，系统掌握中医基础理论、专业知识和临床技能，同时掌握必要的现代医疗技术，具有较强的传承学习能力、实践能力和临床研究能力，能够独立从事中医临床工作的高层次应用型专门人才；教学方式采用课程讲授、专题讲座、案例研讨、社会实践、跟师学习、专业训练和科研实践等多种形式，重视名老中医药专家经验总结与传承，激发学生自主学习能力，坚持理论与实践相结合、临床与科研相结合；培养实行导师或导师组负责制，吸纳规范化培训指导教师参与研究生培养；学位论文应结合中医临床实际选题，突出实际意义和应用价值；考核方式分为学位课程考试、临床能力考核和论文答辩三部分，考核通过者，授予中医博士或硕士专业学位；中医博士、硕士专业学位由经国家批准的中医博士或硕士专业学位研究生培养单位授予。

（张驰）

本专科教育

【北京高校新增本科专业63个】 3月13日，北京32所高校63个本科专业通过2013年度教育部备案或批准设置。获批专业中，14所市属市管高校增设20个。新增专业自2014年起开始招生。

（陈雷）

2013年度教育部备案或批准设置高等学校本科专业（北京 不含民办）

北京航空航天大学
- 统计学
- 微机电系统工程
- 安全工程

中央民族大学
- 纳米材料与技术
- 软件工程
- 环境工程

北京大学
- 文物保护技术

清华大学
- 艺术史论
- 动画
- 摄影
- 中国画
- 公共艺术
- 工艺美术
- 数字媒体艺术
- 艺术与科技
- 国际政治
- 社会学
- 心理学
- 数字媒体艺术

北京交通大学
- 统计学
- 机械电子工程
- 纳米材料与技术

北京化工大学
- 金融数学
- 数字媒体艺术

北京林业大学
- 数字媒体技术
- 产品设计

北京外国语大学
- 尼泊尔语
- 索马里语

中国传媒大学
- 音乐表演

对外经济贸易大学
- 金融数学
- 政治学与行政学
- 海关管理

中央美术学院
- 文化产业管理
- 实验艺术

中国政法大学
- 数学与应用数学

中国矿业大学（北京）
- 遥感科学与技术
- 资源勘查工程

中国地质大学（北京）

材料物理
北京体育大学
汉语国际教育
外交学院
西班牙语
中国劳动关系学院
酒店管理
中国政法大学
工商管理
中国人民公安大学
警务指挥与战术
北方工业大学
新能源科学与工程
北京工商大学
商务英语
北京建筑工程学院
机械电子工程
遥感科学与技术
工程造价
北京农学院
风景园林
首都师范大学
光电信息科学与工程
首都体育学院
舞蹈表演
北京物资学院
质量管理工程
首都经济贸易大学
投资学
中国戏曲学院
数字媒体艺术
北京信息科技大学
质量管理工程
北京联合大学
文物与博物馆学
北京警察学院
网络安全与执法

（陈雷　张驰）

【北京14所高校18门课程入选教育部第五批精品视频公开课】 4月4日，北京14所高校18门课程入选教育部第五批精品视频公开课。该评选由教育部主办，经有关高校建设和申报、教育部组织专家评审遴选，共有121门课程入选。其中，北京地区14所高校18门课程入选。

（张驰）

第五批“精品视频公开课”（北京）

北京大学
近代中国人对国家出路的早期探索（1～6讲）
王晓秋
北京交通大学
金融与生活（1～7讲）
叶蜀君
北京林业大学
土壤侵蚀原理（1～5讲）
张洪江　程金花　王云琦
北京中医药大学
中医内科学选讲（1～10讲）
赵进喜　高颖
北京师范大学
《史记》人物形象（1～5讲）
过常宝
走进经济全球化（1～6讲）
赵春明
中国传统启蒙教育（1～5讲）
徐勇
北京外国语大学
谈判学（1～6讲）
李英桃
北京语言大学
中国现当代女性文学专题（1～8讲）
李玲
对外经济贸易大学
服务的力量：营销“王道”（1～8讲）
王永贵
中央财经大学
中国税制——理论与应用（1～8讲）
刘桓　黄桦　蔡昌　杨虹　赵涛　何杨
中国人民公安大学
犯罪心理解析（1～5讲）
李玫瑾
北京体育大学
户外运动基础（1～5讲）
张健　牛志培　孙海滨
北京理工大学
语文高级素养（1～10讲）
姜楠
中国经典话剧艺术赏析（1～10讲）
邵泽辉
北京工业大学
摄影的实用性与艺术性漫谈（1～6讲）
杨晓利
中国青年政治学院
批判性思维（1～9讲）
谷振诣
北京农学院
现代农业企业发展漫谈（1～5讲）
陈娆

（张驰）

【北京14所高校30门课程入选教育部第六批精品视频公开课】 10月15日，北京14所高校30门课程入选教育部第六批精品视频公开课。该评选由教育部主办，经有关高校建设和申报、教育部组织专家评审遴选，共有137门课程和6门续拍课程入选。其中，北京14所高校30门课程和3门续拍课程入选。

（张驰）

第六批“精品视频公开课”名单（北京）

北京大学
大学生职业素养提升（1～5讲）
庄明科
政治学导论（1～6讲）
唐士其　王正毅　张清敏　王联　归泳涛
数字图书馆资源检索与利用（1～9讲）
肖珑　赵飞　刘素清　廖三三
中国人民大学
金融学与中国金融发展系列讲座（1～6讲）
张杰　王芳　何平　瞿强　张成思　宋玮
法经济学基本原理（1～5讲）
冯玉军
法学专业导论（1～8讲）
龙翼飞　胡锦光　徐阳光　杨东　冯玉军　邓矜婷　彭小龙　郑小敏　邢妹
清华大学
职业探索与大学准备（1～5讲）
金蕾莅
东西方现代艺术（1～17讲）
李睦
审美的历程（1～17讲）
帅松林
技术创业管理（1～11讲）
雷家骕　左凌烨
北京工业大学
资源环境与循环经济（1～5讲）
左铁镛　聂祚仁　程会强

科学究竟是什么（1～5 讲）
钱伟量
北京理工大学
汽车气动造型（1～5 讲）
韩建保
北京科技大学
材料类专业导论（1～8 讲）
刘国权 毛卫民 赵海雷 王戈
贾成厂 刘雅政 尚成嘉 曲选辉
北京服装学院
民族服饰设计实践（1～5 讲）
刘元风 贺阳 史丽萍 邹游
郑嵘
北京建筑大学
建筑与伦理（1～5 讲）
秦红岭
中国农业大学
伴侣动物营养学（1～5 讲）
林德贵
北京林业大学
中国人工林培育（1～6 讲）
马履一 贾黎明 苏淑钗 徐程扬
北京中医药大学
中医学专业导论（1～16 讲）
王庆国 张保春 王天芳 钟赣生
谢鸣 翟双庆 陈明 王新佩
谷晓红 高颖 裴晓华 刘雁峰
徐荣谦 赵百孝 刘长信
北京师范大学
中国语言文学专业导论（1～6 讲）
王立军 齐元涛 赵勇 李山
李怡 刘洪涛
教育学导论（1～16 讲）
石中英 刘焱 曾晓东 杨明全
周海涛 和震 肖非 余清臣
中央财经大学
财政学专业导论（1～13 讲）
马海涛 白彦锋 姜爱华 肖鹏
中央美术学院
造型基础之色彩训练（1～7 讲）
高天雄 贺羽 李荣林 康蕾
北京舞蹈学院
中国民族民间舞传统、典型组合课（男班）（1～5 讲）
潘志涛
中央民族大学
唐史五讲（1～5 讲）
李鸿宾
中国民族志·南方篇（1～6 讲）
杨筑慧
中国石油大学（北京）
能源战略与政策（1～6 讲）
董秀成
中国地质大学（北京）
观赏石（1～7 讲）
郭颖
地质学专业导论（1～14 讲）
王根厚 于炳松 陈建强 李胜荣
颜丹平 薛春纪
中国青年政治学院
一起学创业（1～28 讲）
李家华 王艳茹 刘帆
清华大学
大学生心理健康（5～18 讲）（续拍）
樊富珉
北京航空航天大学
数学大观（7～14 讲）（续拍）
李尚志
北京理工大学
信息系统与安全对抗理论（5～13 讲）（续拍）
王越 罗森林

（张驰）

【成立专业群专家组织】 12 月，市教委组织成立第二批专业群专家组织。专业群专家组织即专家委员会和教学协作委员会，在市教委领导下负责对本专业群涉及的北京高校相关本科专业的教学工作进行研究、指导、评估、服务。首批专业群专家组织于 2013 年 12 月正式成立，并形成专业群专家组组织章程。两批专业群专家组织由来自北京 43 所高校的 238 名教授及来自知名企业和行业的 28 名代表组成，其中，担任教育部相关教学指导委员会委员的专家共有 58 人，汇集北京高校相关专业建设和教学改革的高水平专家和骨干力量。2011 年底起，市教委试点启动专业群建设，至年底，分两批共成立 10 个专业群，分别是，计算机与信息类、机械类、英语类、会计类、经济与贸易类、电子信息类、工商管理类、新闻出版类、法学类、管理科学与工程类专业群。

（陈雷）

普通高等学校

北京大学

党委书记 朱善璐
校　　长 王恩哥

【概况】 2014 年，北京大学占地面积 274.11 万平方米、校舍建筑面积为 219.75 万平方米，固定资产总额 1049471.13 万元，其中，教学科研仪器设备资产为 442102.21 万元。图书馆建筑面积 67462 平方米，图书馆一般藏书 982.25 万册，电子资源 187544.95GB。信息化设备资产值 86251.3 万元，网络信息点 107317 个，校园网出口总宽带 7330Mbps，上网课程 5013 门，电子邮件系统用户 46500 个，管理信息系统数据总量 28172GB，数字资源量 187544.95GB。设 54 个直属院系。有 48 个博士学位一级学科授权点、50 个硕士学位一级学科授权点（另有 3 个未覆盖二级学科点）、120 个本科专业，18 个国家（一级）重点学科，25 个国家（二级）重点学科，3 个国家重点（培育）学科，以及 47 个博士后流动站，博士后在站人员 1097 人。有 1 个国家实验室（筹）、11 个国家重点实验室、2 个国家工程实验室、2 个国家工程研究中心、105 个省部级研究院（所、中心、重点实验室）、9 所附属医院、13 所教学医院。在职教职工 20290 人（含医学部及附属医院），其中，专任教师 6711 人。有教授 2247 人、副教授 2144 人，中国科学院、中国工程院院士 78 人，发展中国家科学院院士 20 人，“长江学者奖励计划”特聘教授和讲座教授164人，“973”项目首席科学家85人，国家杰出青年科学基金获得者204人，博士生导师2381人。毕业生21963人，其中，全日制研究生6373人（博士生1713人、硕士生4660人），普通本专科生3463人（本科生3275人、专科生188人），成人教育本科生2363人，网络教育本专科生9764人（本科生7237人、专科生2527人）。普通本专科毕业生一次就业率96.07%。招生28847人，其中，全日制研究生8041人（博士生2565人、硕士生5476人），普通教育本科生3735人，成人教育本科生3034人，网络教育本专科生14037人（本科生10700人、专科生3337人）。高考北京地区提档线理科683分，文科663分。在校生101762人，其中，全日制研究生24183人（博士生9400人、硕士生14783人），普通教育本专科生14779人（本科生14576人、专科生203人），成人教育本科生10320人，网络教育本专科生52480人（本科生41892人、专科生10588人）。留学生毕业2632人，招生3045人，在校3570人。网址：www.pku.edu.cn。

（孙启明）

【米歇尔·奥巴马来访并发表演讲】

3月22日，北大接待美国第一夫人米歇尔·奥巴马女士（Michelle Obama）来访。米歇尔围绕“海外学习和文化交流的意义与愿景”发表演讲，并与现场的10名北大学生、10名北大美国留学生及远在美国斯坦福大学的20名美国学生，通过远程视频就海外学习话题展开互动交流。她表示希望能够创造机会让更多不同阶层和社会背景的年轻人参与到海外学习中来，并通过“十万强计划“的实施，继续增加前来中国留学的美国学生的数量和多样性。

（余浚）

【实施教授茶座项目】 3月，北大实施教授茶座项目。教授茶座项目采取小班课方式，学生带着“困惑”自愿报名参加，突出问题导向，教授对学生的问题进行分类思考，强调师生互动，场景设置和情景氛围。至年底，共有16名院士和长江学者在内的知名教授先后与339名学生面对面交流，分享成长经历、共话科学精神和人文素养。

（胡少诚）

【与三省签订合作协议】 5月13日、10月17日和19日，北大与分别三省签订合作协议。与海南省政府签署省校合作协议，并与海南省共建北京大学海南海洋研究院，在人才培养、干部交流、生态环保、科技创新、成果转化等方面开展全面合作。与浙江省政府签署战略合作协议，学校将围绕浙江的战略需求和特殊优势，加强定向选调生、大学生村官等人才培养与交流工作，双方还签署共建北京大学舟山群岛新区海洋研究院等协议和产学研合作项目。与河北省政府签署战略合作协议，双方在人才交流、教育文化和医疗卫生等多领域合作协议。

（张妙妙）

【发布微电影《星空日记》】 6月5日，北大发布微电影《星空日记》。该作品是该校青春日记系列三部曲最后一部，讲述一个有“摘星”梦想的学生，梦想在青春这个舞台上和现实发生激烈碰撞的故事，展现青年人追逐梦想的过程，对梦想和青年人脑海中的“北大精神”进行诠释。三部曲分别是《女生日记》《男生日记》和《星空日记》。

（张妙妙）

【新太阳学生中心落成】 6月6日，

北大新太阳学生中心落成。该中心占地面积3418平方米，建筑面积19266平方米，集学生活动、服务、管理等功能于一身，学校学生工作部、教务部、研究生院、团委等单位入驻。该工程2011年开工。

（陈捷）

【汤一介逝世】 9月9日，北大资深教授，著名哲学家、哲学史家、哲学教育家汤一介因病医治无效，在北京逝世，享年88岁。汤一介，1927年2月16日生于天津，原籍湖北省黄梅县，1951年毕业于北大哲学系。他担任儒学研究院名誉院长，教育部哲学社会科学重大攻关项目“儒藏编纂与研究”首席专家，《儒藏》总编纂，博士生导师。汤一介长期从事中国哲学、中国文化研究，成就卓著，被誉为“国学泰斗”，晚年全身心主持中国重大学术文化项目《儒藏》编纂工程。学术专著有《郭象与魏晋玄学》《当代学者自选文库：汤一介卷》等；主编《20世纪西方哲学东渐史》丛书，第一次系统、完整地展示20世纪西方哲学东渐的百年历程。

（陈捷）

【期刊网发布】 9月10日，北大期刊网（www.oaj.pku.edu.cn）发布。该网络平台实现期刊的在线发布和展示功能；可按刊名、ISSN检索，还可对收录的期刊篇目进行全文检索。一期建设完成9种期刊的元数据建设，以及其中4种期刊从创刊号到年初的全文数据建设。

（孙启明）

【学校章程经核准发布】 9月21日，北大学校章程经教育部核准发布。该章程分为序言和正文两大部分。正文部分包括总则、职能、人员、组织机构、教学科研单位、资产财务等9章，共计56条。章程全文9300余字。

（马化祥）

【成立生态城市联合实验室】 9月26日，北大成立生态城市联合实验室。该实验室由该校与哈佛大学合办，设在北京大学校园，哈佛大学每年选派优秀学者，双方共同开展教学、科研、出版及其他学术交流。双方将组织跨学科的学术指导委员会，对各项工作的开展予以指导。通过未来5至10年的合作，两校在保持各自优势研究领域的同时，创造一批直面中国和世界城市化环境问题的研究成果，培养具有解决人类土地、社会、文化难题能力的优秀人才。该实验室是两校首次以“联合实验室”的模式开展跨学科学术科研合作，也是哈佛大学首次在海外设立此类合作研究机构。

（孙启明）

【举办北大斯坦福论坛】 10月20至21日，北大举办“北大—斯坦福”论坛。论坛以“大学与知识创新和经济发展”为主题，“大学对创新的作用及大学创新的影响因素”“高等教育国际化”“大学排名与创新性教学与研究产出的测量”和“培养创新型人才的课程设置”等四个议题，探讨大学在推动中国经济从投资驱动转向创新驱动增长方式中的作用。来自中外专家学者100人参加论坛。

（任一丁）

【丁伟岳逝世】 11月11日，北大教授，中国科学院院士丁伟岳先生因病医治无效，在北京逝世，享年70岁。丁伟岳祖籍浙江舟山，1945年4月26日出生于上海市，1968年毕业于北京大学数学力学系，1981年中国科学院数学研究所研究生毕业，1986年获博士学位。1997年当选为中国科学院院士。曾担任第九届、第十届、第十一届全国政协委员，第八届、第九届中国民主建国会中央常务委员，中国数学会副理事长，北京大学“数学及其应用”教育部重点实验室主任，中国科学院数学研究所学术委员会主任，北京大学数学研究所所长等职务。研究领域包括常微分方程，半线性椭圆形方程，调和映射和极小曲面，预定数量曲率问题，Schrodinger流，复几何中的Kahler－Einstein度量存在性等，发表学术论文40余篇。

（任一丁）

【摇滚音乐剧《元培校长》首演】 11月28日，北大原创摇滚音乐剧《元培校长》首演。该作品取材于蔡元培在北大任校长时的真实故事，讲述蔡元培“思想自由，兼容并包”精神带给北大的影响，以及他在新文化运动和五四运动中所发挥的重要作用。该剧由北大艺术学院教师导演，校舞蹈团参演，剧中主演均为艺术学院研究生。

（刘语潇）

【实施综合改革】 12月1日，北大实施综合改革。综合改革方案由国家教育体制改革领导小组批准，包括治理结构与管理体制、人才培养、科研体制、医学教育与医疗体制、师资人事制度、资源保障与配置体制、管理服务等7个方面。

（马化祥）

【国际医院开业】 12月5日，北大国际医院正开业。国际医院是北京市最大的社会资本投资的非营利性医院，由学校方正集团共同投资兴建。医院位于昌平区中关村生命科学园的北京大学医疗城内，总建筑面积44万平方米，开设63个诊疗科目。

（刘语潇）

【田余庆逝世】 12月25日，北大资深教授，著名历史学家田余庆因病在北京逝世，享年91岁。田余庆，湖南省湘阴县人，1924年2月11日生于陕西省南郑县（今汉中市）。1950年毕业于北大历史系，历任北大讲师、教授、历史系主任。并担任国务院古籍整理出版规划小组成员、国务院学位委员会第二届学科评议组成员、国务院学术委员会历史学科评议组成员等职。田余庆的主要教学及研究领域为中国古代史，在秦汉史与魏晋南北朝史研究方面贡献尤其卓著。

（武静怡）

【庆祝研究生院成立30周年】 12月30日，北大召开研究生院建院30周年庆祝座谈会。座谈会回顾研究生院30年的发展历程，介绍研究生院招生体制改革、人才培养、导师管理工作，并对该院教育综合改革情况进行介绍。来自国内高校和该校领导、师生100人参加座谈会。

（武静怡）

中国人民大学

党委书记　靳诺
校　　长　陈雨露

【概况】 2014年，中国人民大学占地面积75.77万平方米、建筑面积106.52万平方米，固定资产总值356534万元，其中，教学、科研仪器设备资产值54280万元，全年教育经费投入354916.03万元，其中，国家拨款164565.12万元、事业收入138765.43万元、其他收入51585.49万元。图书馆（新旧馆）面积5.5万平方米，藏纸质图书450.3万册，电子图书总量18173GB。拥有网络信息点35968个，校园网出口总带宽3000Mbps，电子邮件系统用户71440个，管理信息系统数据总量7410GB。设有26个学院，25个跨院系研究机构，另设有体育部、继续教育学院、培训学院、深圳研究院；开设本科专业75个，博士学位授权点125个、硕士学位授权点187个；拥有硕士学位一级学科授权点35个，博士学位一级学科授权点20个；博士后流动站19个，其中，出站73人、进站85人、在站315人。国家重点一级学科8个，国家重点二级学科8个，北京市重点一级学科5个、北京市交叉重点学科1个、北京市重点二级学科4个；教育部工程研究中心、重点实验室2个，国家级实验教学示范中心4个，国家文科基础学科人才培养和科学研究基地5个，大学生文化素质教育基地1个，教育部普通高等学校人文社会科学重点研究基地13个。在职教职工3580人，其中，专任教师1888人，包括教授611人、副教授729人；博士生导师714人、硕士生导师1397人。有国务院学位委员会委员和学科评议组成员18人，国家有突出贡献的中青年专家17人。毕业生23201人，其中，学历教育学生中全日制研究生4056人（博士生706人、硕士生2553人），普通本科生2768人，成人教育本专科生1789人（本科生1779人、专科生10人），网络教育本专科生14588人（本科生

8828人、专科生5760人）。本科毕业生就业率96.44%。招生25819人，其中，学历教育学生中全日制研究生4554人（博士生897人、硕士生3657人），普通本科生2513人，成人教育本专科生2358人（本科生1908人、专科生450人），网络教育本专科生19605人（本科生10272人、专科生9333人）。高考北京地区提档线理科666分、文科650分。在校生78706人，其中，学历教育学生中全日制研究生11894人（博士生3567人、硕士生8327人），普通本科生11497人，成人教育本专科生6825人（本科生6375人、专科生450人）；网络教育本专科学生56834人（本科生34081人、专科生22753人）。留学生毕业906人、招生959人、在校生1468人。网址：www.ruc.edu.cn。

（万静）

【成立两个研究院】 1月7日和2月

26日，人民大学分别成立数学科学研究院和公共外交研究院。数学科学研究院为学校学术特区，以应用数学为主导，以基础数学为支撑，按照"高起点，高水平，入主流"的发展方针，抓住前沿，凝聚力量，创建亮点，不断推动数学学科快速发展、提升数学学科国际性水准、创新数学学科科研和人才培养模式。公共外交研究院是国内高校首个以公共外交为研究主题的研究机构，将以公共外交为核心推动协同创新，促进高校内部学科融合，为社会各界提供公共外交咨询服务，致力打造成为中国公共外交的重要智库和公共外交领域的研究基地与培训基地。

（万静）

【许崇德逝世】 3月3日，人民大学荣誉一级教授，法学家、政治学家、法学教育家，新中国宪法学奠基人之一，博士研究生导师许崇德因病在北京逝世，享年85岁。许崇德，1929年1月15日出生，上海市青浦区（原江苏省青浦县）人。1951年毕业于复旦大学法律系，1953年中国人民大学研究生毕业后留校任教。1986年被批准为博士生导师，1991年开始享受政府特殊津贴，2005年被授予中国人民大学首批荣誉教授称号。历任宪法学教研室主任，研究生导师组组长，中国人民大学二分校校长，是中国人民大学宪法学与行政法学学科的奠基人。曾兼任中国宪法学研究会副会长、名誉会长、学术委员会主席。许崇德教授一生发表论文300余篇，出版著作70余部，代表著作有《许崇德全集》《中华人民共和国宪法史》《港澳基本法教程》等。

（万静）

【举办公共外交与国家形象论坛】 4月11日，人民大学举办"博鳌对话：公共外交与国家形象"博鳌亚洲2014年年会分论坛。论坛以"亚洲的新未来：寻找和释放新的发展动力"为主题，研讨公共外交与国家形象问题，来自国内外相关领域专家学者100人参加论坛。

（万静）

【与九三学社签订合作协议】 4月18日，人民大学与九三学社中央签订合作协议。根据协议，双方将共同推进大数据技术应用，开展舆情分析支持议政建言，并将共同建设公共政策研究中心，探索党派履职与高校科研强强联手的新模式、新路径。

（万静）

【周诚逝世】 5月15日，人民大学荣誉一级教授、著名经济学家周诚，因病在北京逝世，享年87岁。周诚，原名刘起儒，1927年10月1日出生于辽宁省义县，1948年投奔革命入华北大学；1949年留校工作；1978年后曾任中国农业经济学会理论与学科建设委员会主任、中国土地学会副理事长兼土地经济学分会会长等职，1986年被批准为博士生导师，1992年开始享受政府特殊津贴，2005年获评中国人民大学首批荣誉教授，2013年获评中国人民大学荣誉一级教授。周诚教授是杰出的农业经济教育家，新中国土地经济学科奠基人，人民大学农业经济学科主要创始人，农业经济专业第一位博士生导师。周诚主要研究领域为农业经济和土地经济，著有《土地经济学原理》《"双重经济秉性人"论》《以文载道咬文嚼义通论》等著作。

（万静）

【启动大数据分析硕士培养协同创新平台】 5月19日，人民大学正式启

动大数据分析硕士培养协同创新平台。该平台由人民大学、北京大学、中国科学院大学、中央财经大学、首都经济贸易大学5所高校与政府部门和产业界合作，由5所院校从2014年入学的应用统计专业硕士生中筛选50人组成。大数据分析硕士采用联合授课的方式，实行双导师制，包括一名校内导师，一名来自实务部门的校外导师。必修课将在中国人民大学统一授课，选修课由各院校分别开设。完成学业后，由各校颁发学位，学历中将注明联合培养。包括人民日报社、新华社、中央电视台、中国移动、中国联通、中国电信为大数据分析硕士建立实习基地，并选派有经验的专家担任校外导师。

（万静）

【签约派出百名海归挂职计划首批人员】 6月12日，人民大学签约派出"百名海归挂职计划"首批人员。首批教师都是从世界知名大学留学归国任教的中青年学者，研究领域涉及经济学、公共管理、法学、新闻学、统计学等10余个领域，将被派往国家发展和改革委员会、中国保险监督管理委员会、中国银行、神华集团等16个合作单位，分别以联合培养博士后、挂职行政岗位、受聘经济学家或研究员等形式进行实践锻炼。他们在挂职期间的研究课题和工作内容也都是与现实问题联系紧密的领域，包括反垄断与竞争政策、工资制度和劳动关系、中美投资协定谈判、新媒体环

境下的公共传播、税收法制化、人民币国际化、大数据技术、能源经济、养老保险、教育资源均衡等。首批挂职人员 30 人。

（万静）

【方立天逝世】 7 月 7 日，人民大学一级教授，哲学史家、宗教学家方立天因病医治无效，在北京逝世，享年 82 岁。方立天，1933 年 3 月 3 日生，浙江省永康县人。1950 年参加工作。1956 年入北京大学哲学系学习。1961 年到人民大学哲学系哲学史教研室任教，历任助教、讲师，1984 年被特批为教授。1987 年创建人民大学哲学系宗教学教研室，任主任。1991 年创建人民大学宗教学研究所，任所长。1999 年创建人民大学佛教与宗教学理论研究所，任所长。2009 年，创建人民大学宗教高等研究院，任院长。方立天是人民大学宗教学与中国哲学学科的重要奠基人。1992 年开始享受政府特殊津贴，2009 年被聘为中国人民大学首批一级教授。方立天出版著作 21 部，合著 18 部，文章 420 余篇，《佛教哲学》《中国佛教哲学要义》《中国佛教与传统文化》《中国文化与中国宗教》《中国古代哲学问题发展史》《论中国化马克思主义宗教观》等著作多次获奖，在学术界和社会上产生重要影响。

（万静）

【与中国电信签订合作协议】 7 月 10 日，人民大学与中国电信集团公司签订合作协议。根据协议，双方将发挥各自资源、人才和技术优势，以校企合作共建新模式为基础，在企业发展、人才培养、智慧校园等领域进行多层次和多形式的广泛合作。中国电信将为中国人民大学的信息化建设、核心基础设施建设等提供支持；该校将发挥学科优势，共同建设教学资源运营中心，推动在线教育事业的发展。双方还将在人力资源方面展开合作，适应中国电信集团的运行需要开展员工培训，同时为人民大学学生提供多样的实习和实践机会。

（万静）

【举办国际货币论坛】 7 月 20 日，人民大学举办国际货币论坛暨《人民币国际化报告》发布会。论坛以“人民币离岸市场的建设与发展”为主题，由“《人民币国际化报告 2014》发布会”和“货币金融圆桌会议—2014 年度峰会”两个单元组成，研讨“反思布雷顿森林体系：国际货币体系的历史与未来”“人民币离岸市场建设与发展”“人民币国际化与中国金融改革”问题。来自国内外政府部门、科研院所和金融机构专家学者 50 人参加论坛。

（万静）

【首次发布反腐败研究报告】 7 月 24 日，人民大学首次发布腐败研究报告《如何治理“一把手”腐败》。报告认为，腐败是一种世界性的现象，中国的腐败绝非孤例，要正确认识。鉴于党政“一把手”腐败问题突出，报告认为，限权是基础，监督是关键，激励是保障。

（万静）

【成立普通法中心】 9 月 2 日，人民大学成立普通法中心。该中心由该校与英国牛津大学合办，旨在加强中国与英国以及其他普通法国家在法律领域的合作，促进英国及其他普通法国家法律理论与实践在中国高等院校教学和研究，推进中国法律实务界与英国及其他普通法国家法律实务界的对话与合作。

（万静）

【举办世界汉学大会】 9 月 6 日，人民大学举办世界汉学大会。大会以“东学西学·四百年”为主题，设有“元典互释与东西文明：思想对话的‘中国主题’”“文化沟通与双向影响：历史钩沉的‘中国记忆’”“文化塑成与经典翻译：域外变迁的‘中国形象’”、“文化传统与制度选择：当今世界的‘中国角色’”议题，跨越传统文化和政治经济等学科，从多角度回顾东西方交流 400 多年的学术传统。刘延东、袁贵仁参加开幕式，来自 38 个国家和地区的 200 多名专家学者参加大会。

（万静）

【郑杭生逝世】 11 月 9 日，人民大学一级教授，社会学家、教育家郑杭生，因病医治无效在北京逝世，享年 79 岁。郑杭生，1936 年出生，浙江省乐清市人。1961 年于人民大学哲学系五年制哲学专业毕业后留校任教。1987 年 9 月至 1997 年 4 月任人民大学副校长。1992 年开始享受政府特殊津贴，同年被授予国家有突出贡献专家荣誉奖。2009 年获评人民大学首批一级教授。郑杭生是新时期中国社会学学科的重要奠基人，中国人民大学社会学学科奠基人、社会运行学派的开创者，曾任中国社会学会会长、北京市社会学学会会长、国务院学位委员会政治学社会学学科评议组召集人、国家哲学社会科学基金社会学学科规划和评审组组长、教育部社会学学科教学指导委员会主任委员、北京市社科联副主席、吴玉章奖金基金委员会常务副主任委员等学术职务，曾荣获全国杰出专业技术人才、首届费孝通学术成就奖、中国人民大学校长特别奖（终身成就奖）等荣誉称号或学术奖励。

（万静）

【举办中国宏观经济论坛】 11 月 22 日，人民大学举办中国宏观经济论坛。论坛发布《中国宏观经济形势分析与预测报告（2014～2015）——步入“新常态”攻坚期的中国宏观经济》，与会专家围绕报告研讨。该报告认为，2014 年是中国大改革与大调整拉开序幕的一年，也是中国宏观经济沿着“新常态”轨迹持续发展的一年；2015 年将延续 2014 年中国宏观经济运行的逻辑，使“新常态”的典型特征进一步持续。预计 2014 年 GDP 增速为 7.4%，CPI 为 2.2%；2015 年 GDP 增速将达到 7.2%，CPI 为 2.7%。

（万静）

【举办中国人文社会科学论坛】 11 月 23 日，人民大学举办中国人文社会科学论坛。论坛以“法治中国：推进国家治理体系和治理能力现代化”为主题，设有法治中国与社会治理、法治中国与传统文化、完善中国特色社会法学理论体系暨庆祝孙国华教授从教64周年等三个分论坛。来自中央有关部门、高校以及科研机构专家学者200人参加论坛。

（万静）

【纪念马列主义发展史研究所成立50周年】 11月27日，人民大学纪念马列主义发展史研究所成立50周年。活动以“马克思主义发展的历史、现实和未来”为主题，研讨“马克思主义发展史的哲学维度”“马克思主义经济学说史研究的现状与前瞻”“依法治国与国家治理现代化研究”等问题，1964年，该研究所在周恩来总理的直接关怀下建立。1996年，马列所与马克思主义理论教育研究所合并成立马克思主义学院。50年来，马列所奠定中国马克思主义的学科基础，构建马克思主义发展史二级学科，为学科的主要理论作开创性研究，产出一批高水平的科研硕果，培养一大批在马克思主义教学、研究、传播领域工作的重要领导干部和优秀骨干人才，成为中国人民大学马克思主义学科重要组成部分。

（万静）

【成立高校应急管理师队伍】 11月28日，人民大学应急志愿服务队成立。志愿服务队由32人组成，其中包括教师、校医、保安、校青年安全协会部分学生以及退伍学生兵。他们将系统学习应急管理师职业的全部课程，并参加实战演练。同时，应急志愿服务队还将通过开展开放式培训、组织体验和演练等活动的形式，面向广大师生宣传普及实用的安全知识和技能。

（万静）

【夏甄陶逝世】 12月12日，人民大学荣誉一级教授夏甄陶，因病医治无效在北京逝世，享年84岁。夏甄陶，1931年生，湖南省安化县人。1950年9月考入武汉大学哲学系，1952年转入北京大学哲学系。1954年毕业后，任北京地质学院教师、地质部政治学校教师。1975年调中国科学院哲学社会科学学部（后为中国社会科学院哲学研究所）从事哲学研究工作，后历任副研究员、研究员、博士研究生导师等职务。1985年9月调入人民大学哲学系，任教授、博士生导师。1988年获国家级有突出贡献专家称号。1992年开始享受政府特殊津贴。2009年获评人民大学荣誉教授，同年获评首批中国人民大学荣誉一级教授。曾任中国社会科学院第二届学位委员会哲学学科评议组成员和召集人，中国辩证唯物主义研究会常务理事、秘书长和副会长，认识论分会会长，中国人学学会副会长。夏甄陶主要从事马克思主义哲学，特别是认识论方面的教学和研究工作，是中国马克思主义认识论研究的主要开拓者和奠基者，培养数十名哲学硕士和博士。出版《论荀子的哲学思想》《关于目的的哲学》《认识论引论》等多部著作。

（万静）

【颁发第三届吴玉章人文社会科学终身成就奖】 12月18日，人民大学举行第三届吴玉章人文社会科学终身成就奖颁奖仪式。著名伦理学家、中国人民大学罗国杰教授，著名教育学家、北京师范大学顾明远教授，著名经济学家、中国人民大学黄达教授获奖。吴玉章人文社会科学终身成就奖是吴玉章基金委员会为表彰人文科学、社会科学领域做出卓越贡献的学者设立的专门奖项，于2012年首次颁发。该奖项面向全国，经专家提名、工作小组初选、遴选委员会遴选和基金委员会投票通过。每年表彰2至3名卓有成就的学者，每人奖励100万元奖金。该奖项已逐渐成为与“国家自然科学奖”“国家技术发明奖”“国家科技进步奖”齐名的中国人文社科领域的最高荣誉。

（万静）

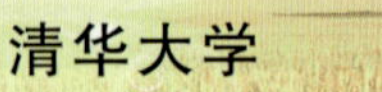

清华大学

党委书记　陈旭
校　　长　陈吉宁

【概况】 2014年，清华大学占地面积442.13万平方米，建筑面积211.49万平方米。固定资产总值1289995.08万元，其中，教学、科研仪器设备资产值458616.88万元。图书馆建筑面积5.56万平方米，藏有纸质图书441.5万册，电子图书16372.22GB。学校拥有计算机69524台，信息化设备资产32158.92万元，网络信息点数72250个，校园网出口总带宽6000Mbps，电子邮件系统用户97000个，上网课程5767门，数字资源量98500GB，管理信息系统数据总量14399GB。下设22个直属院（系）；开设本科专业74个，博士学位授权（一级学科点）48个，硕士学位授权（一级学科点）56个；博士后流动站47个，其中，博士后研究人员在站1451人。21个一级学科国家重点学科、6个二级学科国家重点学科。国家重点实验室13个。教职工9250人，其中，专任教师3333人，包括正高级1358人、副高级1436人；博士生导师2167人、硕士生导师1281人；中科院院士40人、工程院院士32人。“长江学者奖励计划”特聘教授126人、讲座教授55人。毕业生7086人，其中，学历教育学生中全日制研究生3911人（博士生1152人、硕士生2759人），普通本科生3175人；非学历教育中在职人员攻读硕士学位1083人。本科毕业生一次就业率98.1%。招生9098人，其中，学历教育学生中全日制研究生5533人（博士生1955人、硕士生3578人），普通本科生3565人；非学历教育中在职人员攻读硕士学位1563人。本年高考提档线（北京）理科651分、文科641分。在校生33246人，其中，学历教育学生中全日制研究生18974人（博士生9029人、硕士生9945人），普通本科生14272人；非学历教育中在职人员攻读硕士学位5615人。留学生毕业1858人，招生1901人，在校生3306人。网址：www.tsinghua.edu.cn。

（邓倩）

【蒙民伟科技大楼启用】 1月6日，清华大学蒙民伟科技大楼启用。该楼建筑面积4.55万平方米，分为地上10层、地下3层，作为航院、地学中心、燃烧中心、交叉信息研究院等科技团队的教学科研场所。

（邓倩）

【15项科技成果获国家科技奖】 1月10日，清华大学15项科技成果获2013年度国家科技奖。其中，国家自然科学奖5项、国家技术发明奖5项、

国家科学技术进步奖5项，作为第一单位或第一完成人所在单位获奖8项。其中，“大型结构与土体接触面力学试验系统研制及应用”项目获2013年度国家技术发明奖一等奖；“清华大学辐射成像创新团队”获国家科学技术进步奖（创新团队）；“量子通信和量子算法的物理基础研究”和“广义协调与新型自然坐标法主导的高性能有限元及结构分析系列研究”项目获国家自然科学奖二等奖；“基于行驶环境感知与控制协同的汽车智能安全新技术及应用”“下一代互联网4over6过渡技术及其应用”“基于吸收式换热的集中供热技术”和“航海陀螺仪及其制造技术”项目获国家技术发明奖二等奖。

（邓倩）

【沈德忠逝世】 4月5日，清华大学教授，人工晶体学家、中国工程院院士沈德忠在京逝世，享年73岁。沈德忠，1940年6月生于贵州贵阳，1964年毕业于四川大学物理系固体物理专业。1986至1987年多伦多大学进修光波导，1993至1994年在美国圣芭芭拉大学合作研究光折变效应。1995年当选为中国工程院院士。长期从事无机非金属晶体的探索、生长及应用等领域研究，涉及熔剂、提拉、坩埚下降、高温高压、冷坩埚等晶体生长方法，首次研制出国际上最大的KN单畴晶体。曾获得获国家科技进步一等奖。担任全国政协第九至十一届委员。

（邓倩）

【成立在线教育研究中心】 4月29日，清华大学教育部在线教育研究中心成立。该中心依托该校与哈佛大学、麻省理工学院共建的在线课程（MOOC）平台edX，面向全球开放共享课程。至年底，开设MOOC课程69门，预告课程269门，注册用户数34.2万，选课总人次77.4万。

（邓倩）

【创建交叉创新中心】 5月20日，清华大学与以色列特拉维夫大学创建交叉创新中心。中心利用两所高校科研实力及双方在各自国家教育领域的领军地位，推动学术进步和跨学科科研创新，打造面向未来的全球科技与教育创新平台，促进国际教育和科研创新开展及原创性科研成果转化，解决地区与全球重大挑战性课题。10月25日，中心举办2014秋季论坛，来自中国和以色列两国学者、创业者、投资人、政府及工业界人士参加。

（邓倩）

【签订成立深圳学院协议】 9月7日，清华大学与深圳市政府、美国伯克利加州大学签订成立深圳学院协议。根据协议，深圳学院致力于创建符合国际教育发展趋势的研究生教育，并通过清华、伯克利两校师资的投入，应对和解决全球面临的重大科技问题和社会发展问题。学院初期拟围绕纳米技术与纳米医学、低碳与新能源技术、大数据与未来互联网等方向建立跨学科研究中心，特别围绕战略性新兴产业开展科学研究和产学研合作，建立协同创新国际体系，为深圳以及中国国内的综合创新生态体系注入国际元素。学院面向全球招生，为学生提供优越的科研环境，鼓励学生在跨学科研究和国际化的氛围中培养创新性思维和创造力。

（邓倩）

【成立新雅书院】 9月27日，清华大学成立新雅书院。

该书院是该校通识教育实验区，推行住宿书院制度，所有入选学生按学科交叉和大类融合的原则安排宿舍。同时，书院将成为师生共有、共建、共享的文化场所和公共空间。

（邓倩）

【学校章程经核准发布】 10月9日，清华大学学校章程经教育部核准发布。该章程包括序言、正文两大部分，其中，正文由总则、职责和任务、学生和教职工、管理和机构、学校和社会、标识和校庆日等六大部分组成。

（邓倩）

【召开一流大学建设系列研讨会】 10月9日，清华大学召开一流大学建设系列研讨会。会议以“高等教育大众化阶段的一流大学建设”为主题，研讨学校创新创业教育体系的构建和实践等问题。9所首批获得“985工程”支持内地高校及香港大学、香港中文大学、香港科技大学负责人参加会议。

（邓倩）

【实施综合改革】 10月31日，清华大学实施综合改革。综合改革方案经国家教育体制改革领导小组批准，包括加快完善中国特色现代大学制度，深入推进人事制度改革，创新人才培养模式，健全学科发展机制和科技创新体系，改革社会服务体制机制，改革社会服务体制机制和进一步深化行政管理改革七个方面。

（邓倩）

【举办诺贝尔奖获得者讲座】 至年底，清华大学举办多场诺贝尔奖获得者讲座。该校邀请诺贝尔物理奖获得者戴维·格罗斯（David Gross）、杰拉德·特霍夫特（Gerard ’t Hooft）、罗伊·格劳伯（Roy J. Glauber）、弗朗克·韦尔切克（Frank Wilczek）、天野浩，诺贝尔经济学奖得主埃德蒙·费尔普斯（Edmund Phelps）、埃里克·马斯金（Eric Maskin），诺贝尔生理学医学奖获得者杰克·绍斯塔克（JackW. Szostak），诺贝尔化学奖得主布莱恩·科比尔卡（Brain Kobilka）分别就各自领域学术前沿问题和师生交流。

（邓倩）

【与10个地方政府和国企签订合作协议】 至年底，清华大学与10个地方政府、国企签订合作协议。与青岛市签订合作协议，双方将在战略决策咨询、科技交流合作、人才培养交流等方面开展深层次、全方位、多领域合作。与中国核工业建设集团公司签

订深化高温气冷堆技术产业推广合作协议。与厦门市签署合作协议，双方在决策咨询、科技创新与产业、两岸高校产学研、人才交流培养、人才教育培训等方面进一步合作。与河北省政府签订扩大合作协议，双方将在科技攻关、人才培训、重大战略决策咨询等领域开展合作。与广东省政府签署合作协议，双方将通过创新省校合作的体制机制、拓宽合作领域、完善保障机制，提升产学研协同创新水平，促进高科技成果在广东的转化，促进高层次人才在广东的聚集和培养。与四川省政府签署省校合作协议，双方将在战略咨询、产业发展、技术转移、教育和干部人才交流等方面加强合作。与天津市政府签署市校战略合作协议，双方将致力于建立长期战略合作关系，加强在战略咨询、产学研结合、人才引进及培养等方面的合作，促进科技成果产业化、服务区域科技创新和经济的长远发展。与人民日报社签约共建新闻与传播学院。与新疆阿克苏地区签订智力、人才合作协议。与雅砻江流域水电开发有限公司签署战略合作协议，双方将围绕建设中国锦屏地下实验室二期工程、设立雅砻江水电开发奖学金、共建清华大学研究生就业实践雅砻江流域水电开发有限公司基地、合作设立博士后科研工作站。

（邓倩）

【成立7个研究机构】　至年底，清华大学成立7个研究机构。2月27日，成立燃气轮机研究院，开展燃气轮机基础研究、应用基础研究和人才培养。4月26日，成立数据科学研究院，培养具有大数据思维和创新能力的复合型人才。5月9日，成立合肥公共安全研究院，项目一期主要建设科研实验、技术研发、标准检验、学术交流等基础设施和室外实验场。5月10日，成立国家金融研究院，挂靠在五道口金融学院，开展高水平的学术研究、政策研究及人才培养等工作，为国家金融领域的发展提供有力的决策支撑。5月29日，成立质量与可靠性研究院，开展跨学科、多层次的质量与可靠性研究。9月2日，成立两岸发展研究院，开展高水平学术交流及人才培养等工作。11月20日，成立海峡研究院。

（邓倩）

【在顶级学术期刊上发表多篇论文】
至年底，清华大学师生在国际顶级学术期刊发表多篇高水平学术论文。1月19日，医学院董晨教授研究组在《自然》发表论文，揭示Tfh细胞分化新调控机制；2月14日，医学院常智杰教授研究组论文“GdX/UBL4A Specifically Stabilizes the TC45/STAT3 Association and Promotes Dephosphorylation of STAT3 to Repress Tumorigenesis”（GdX/UBL4A通过稳定TC45/STAT3的结合促进STAT3的去磷酸化而抑制肿瘤的发生）在《分子细胞》（Molecular Cell）杂志上刊发；3月2日，医学院李海涛研究组合作文章在《自然》杂志在线发表论文，在原子水平精细阐释一种肿瘤抑制因子ZMYND11利用其串联“Bromo－ZnF－PWWP”结构域识别组蛋白变体H3.3K36me3修饰的分子机制，首次揭示出生物体内存在组蛋白变体特异的甲基化识别蛋白；4月11日，生命学院杨茂君教授研究组在《细胞研究》（Cell Research）上在线发表学术论文Structural insight into the TRIM family of ubiquitin E3 ligases（TRIM泛素连接酶家族蛋白质的结构生物学研究）；4月28日，医学院张林琦教授和生命学院王新泉教授所带领的团队在美国《科学转化医学》（Science Translational Medicine）发表题为Potent Neutralization of MERS－CoV by Human Neutralizing Monoclonal Antibodies to the Viral Spike Glycoprotein（针对中东呼吸系统综合征冠状病毒表面S蛋白的人源高效的中和抗体）的研究论文，这是国际上首次报道关于中东呼吸系统综合征冠状病毒（MERS－CoV）的人源的单克隆中和抗体；6月5日，医学院教授颜宁研究组在《自然》杂志发表论文，在世界上首次解析人源葡萄糖转运蛋白GLUT1的晶体结构，初步揭示其工作机制以及相关疾病的致病机理；6月29日，生命学院教授施一公研究组在《自然》杂志发表论文，在世界上首次揭示与阿尔茨海默症发病直接相关的人源γ分泌酶复合物的精细三维结构，为理解γ分泌酶复合物的工作机制以及阿尔茨海默症的发病机理提供重要线索；7月8日，生命学院周兵教授研究组在eLIFE在线发表名为“The metal transporter ZIP13 supplies iron into the secretory pathway in Drosophila melanogaster（人类致病基因ZIP13铁离子转运功能在果蝇中的研究）”科研论文。该论文报道定位于ER/Golgi上的金属离子转运蛋白dZIP13的重要功能是将细胞质中的铁离子转运到分泌系统供利用，ZIP13是至今鉴定出的唯一一个给分泌系统提供铁的转运蛋白，也是自ferroportin后发现的另一个铁输出蛋白（exporter），这一发现增进了人们对铁代谢的了解，同时对进一步阐述ZIP13突变引起人类遗传病SCD－EDS（Ehlers－Danlos syndrome）的致病机理有重要意义；7月9日，工程力学系、清华大学微纳米力学中心徐志平研究组在《自然－通讯》（Nature Communications）期刊发表《分子结器件的临界热功率》（The critical power to maintain thermally stable molecular junctions），揭示分子结器件中的热耗散机制，并指出维持其热稳定性的条件，为分子电子器件、热探针技术等应用设计提供参考；7月13日，化学系李隽教授研究组合作论文在《自然－化学》发表，该团队发现化学元素周期表中与碳相邻的硼元素可以形成类似富勒烯的球型结构，他们将这种40个硼原子组成的类富勒烯团簇命名为硼球烯（borospherene）；9月4日，医学院向烨研究组在《Molecular Cell》杂志上在线发表题为Structural biochemistry of a Vibrio cholerae dinucleotide cyclase reveals cyclase activity regulation by folates（霍乱弧菌环二核苷酸环化酶结构生物化学研究揭示叶酸类分子对环化酶活性的调节）研究论文，该论文揭示细胞代谢与细胞信号传导之间的内在联系，在分子层面阐明细胞代谢影响信号传导的一种新方式；10月2日，交叉信息研究院段路明教授研究组在《自然》杂志发表论文，首次在常温固态系统中实现抗噪的几何量子计算；10月15日，医学院祁海课题组在《自然》期刊发表论文，揭示机体在免疫应答中逐步增高抗体亲和力的新机制，阐明重要免疫疾病相关分子ICOSL（诱发共刺激分子配体）在这一过程中的决定性作用；10月23日，医学院倪建泉研究组在《细胞通讯》(Cell Reports) 发表题为“Enhanced Specificity and Efficiency of the CRISPR/Cas9 System with Optimized sgRNA Parameters in Drosophila”（通过优化sgRNA的参数增强CRISPR/Cas9系统在果蝇中的特异性和效率）的研究论文，研究首次系统性的研究影响sgRNA特异性和效率的因素，解决CRISPR/Cas9系统工作效率以及脱靶效应等问题；12月15日，医学院颜宁研究组与生命学院施一公研究组等机构合作在《自然》期刊发表论文，论文揭示目前已知最大离子通道Ryanodine受体RyR1的三维结构，为理解其功能提供重要线索；12月24日，深圳研究生院能源与环境材料创新团队合作论文在《科学》发表，论文揭示双金属纳米晶中不同元素的各向异性生长规律和联系，对设计和制备具有高催化活性和长寿命的合金纳米催化剂具有重要的指导意义。

（邓倩）

北京交通大学

党委书记 曹国永

校　　长 宁滨

【概况】 2014年，北京交通大学占地面积63.75万平方米，学校产权校舍建筑面积92.17万平方米。全年教育经费投入226470万元，其中，国家拨款98339万元、自筹经费128131万元。固定资产总值34.88亿元，其中，教学、科研仪器设备资产值10.64亿元。图书馆建筑面积16357平方米，藏书793.85万册，其中，纸质图书189.62万册、电子图书251.93万册。拥有计算机13253台。学校信息化经费投入2720万元，多媒体教室座位250个，信息化设备资产42984.16万元，网络信息点41600个，校园网出口总带宽3400Mbps，电子邮件系统用户88800个，上网课程1459门，数字资源量84000GB，管理信息系统数据总量8.3GB。下设14个直属院（系）；开设本科专业57个，覆盖7个学科门类和34个一级学科，有一级学科博士点20个，一级学科硕士点34个，专业学位授权点13类；博士后流动站15个，其中，博士后研究人员出站44人、进站40人和在站118人。2个一级学科国家重点学科、2个二级学科国家重点学科，5个一级学科北京市重点学科、5个二级学科北京市重点学科、2个交叉学科北京市重点学科，4个铁道部重点学科。国家重点实验室1个，国家工程实验室2个，国家工程研究中心1个。教职工2952人，其中，专任教师1790人，包括教授397人、副教授686人；博士生导师457人、硕士生导师839人；中科院院士4人、工程院院士8人。“长江学者奖励计划”特聘教授7人、国家有突出贡献专家7人、享受政府特殊津贴专家166人。外籍教师21人，其中，教授7人、副教授1人。毕业生33278人，其中，学历教育学生中全日制研究生3075人（博士生261人、硕士生2814人）、普通本专科生3826人（本科生3401人、专科生425人）、成人教育本专科生3358人（本科生2181人、专科生1177人）、网络教育本专科生22311人（本科生7331人、专科生14980人）；非计划招生高等教育学生中在职人员攻读硕士学位708人。本科毕业生就业率98.18%。招生44513人，其中，学历教育学生中全日制研究生3500人（博士生455人、硕士生3045人）、普通本专科生3905人（本科生3484人、专科生421人）、成人教育本专科生3831人（本科生2657人、专科生1174人）、网络教育本专科生32375人（本科生13358人、专科生19017人）；非计划招生高等教育学生中在职人员攻读硕士学位902人。高考北京地区提档线理科621分，文科618分。在校生105689人，其中，学历教育学生中全日制研究生10320人（博士生2593人、硕士生7727人）、普通本专科生14920人（本科生13690人、专科生1230人）、成人教育本专科生8324人（本科生6000人、专科生2324人）、网络教育本专科生64070人（本科生24407人、专科生39663人）；非计划招生高等教育学生中在职人员攻读硕士学位8055人。留学生毕业62人、招生817人、在校生750人。网址：www.bjtu.edu.cn。

（高杰）

【新增两项中外合作办学申报项目】 1月26日和10月9日，北京交大两个中外合作办学项目获教育部批准。其中，软件学院与法国计算机与新技术学院合作的中法软件工程硕士学位项目，依托软件学院多元化高水平的师资队伍，与法国计算机与新技术学院成熟的教学体系，共同培养具有国际竞争能力、与国际接轨的新型软件人才。经管学院与美国罗彻斯特理工学院合作申报的创业与创新专业硕士教育项目，将以罗彻斯特理工学院的专业师资为主、该校教师为辅进行全英文授课，首批招生人数30人，2015年秋季入学，学制一年，在北京进行一学期的学习后，学生可根据具体情况选择留在北京或前往罗彻斯特理工学院进行第二学期的学习。学生在修满规定学分后可获得罗彻斯特理工学院的硕士学位。

（高杰）

【原创话剧《茅以升》公演】 3至9

月，北京交大原创话剧《茅以升》完成校内外公演。该剧是中国科协和教育部等5部门共同主办的“共和国的

脊梁——科学大师名校宣传工程”项目之一，是该校打造的“我的中国梦”主题教育活动精品剧目。该剧由该校师生出演，立足于中华民族救亡图存和新中国民族振兴的历史背景，在采编人物真实事迹的基础上，通过多形态的艺术加工，讲述以茅以升为代表的一批科技工作者为报效祖国呕心沥血、忘我奋斗的不平凡人生，刻画茅以升一生忠于祖国、严谨治学、献身科技、精勤育人的光辉历程，弘扬茅以升先生建造生命之桥、知识之桥、人生之桥的伟大精神。该剧共演出 10 场。

（高杰）

【科技大厦竣工启用】 5 月 20 日，

北京交大科技大厦竣工并投入使用。该项目于 2011 年 11 月 9 日开工，总投资 3.2 亿元。规划用地面积 6800 平方米，总建筑面积 61800 平方米，地上 16 层，建筑面积 5 万平方米，主要使用功能为学校科研、实验、办公、会议等用房和北京 CBTC 研发中心；地下 3 层，建筑面积 1.18 万平方米，主要使用功能为设备用房、北京 CBTC 研发中心库房等。

（高杰）

【新增 3 个省部级科研平台】 6 月 10 日和 30 日，北京交大新增 3 个省部级科研平台。其中，市社科规划办、市教委同意该校设立北京物流信息化研究基地；市科委认定该校新增微细尺度流动与相变传热为北京市重点实验室、北京市轨道交通电磁兼容与卫星导航工程技术研究中心为北京市工程技术研究中心。

（高杰）

【庆祝研究生院成立十周年】 6 月，北京交大庆祝研究生院成立十周年。该校研究生教育始于 1954 年。国家恢复学位制度后，学校成为首批博士、硕士学位授予单位。1984 年成立研究生部，2000 年获准试办研究生院，2004 年 6 月经教育部批准正式建立研究生院。2012 年 11 月学校成立在职专业学位研究生教育发展中心。十年间，学校录取的全日制硕士研究生从 1663 名扩大到 3045 名、累计招收 28307 名，博士研究生从 328 名增加到 455 名、累计招收 4298 名；博士学位授予人数从 68 人增长到 271 人，硕士学位授予人数从 987 人增长到 3892 人；博士研究生指导教师数从 155 名增加到 457 名，硕士研究生指导教师数从 590 名增加到 1294 名；学校一级学科博士点由 4 个增加到 20 个，一级学科硕士点由 4 个增加到 34 个，专业学位授权由 2 类增加到 12 类。2014 年专业学位硕士研究生招生人数 899 人，在校生达 8052 人。

（高杰）

【与巴西大学共建孔子学院】 7月17

日，北京交大与巴西坎皮纳斯大学共建孔子学院。根据共建协议，该校在坎皮纳斯大学设立孔子学院，面向该校和该地区师生开展中国文化培训。同时，两校还将在合作科研、学生交换、研究生奖学金计划、葡萄牙语课程建设等方面开展深入交流与合作。

（高杰）

【召开物流信息及服务科学国际会议】 7 月 23 至 26 日，北京交大召开物流、信息及服务科学国际会议（LISS’2014）和 2014 产业经济和工业安全国际学术年会（IEIS’2014）。会议共设两个会场，分别在美国加州大学伯克利分校工学院和北京交大经济管理学院。迈阿密大学工程学院、美国工程院等 5 名特邀主讲嘉宾先后以大数据、物流和供应链创新管理、信息管理中的语义描述等研究为主题作大会演讲。会议期间共举办 9 个平行论坛，会议共收到来自全球 17 个国家和地区的学术论文 719 篇，录用 347 篇。来自全球 17 个国家和地区的 100 多名学者参加会议。

（高杰）

【李德才获全国模范教师称号】 9 月

9 日，在庆祝第 30 个教师节暨全国教育系统先进单位和先进个人表彰大会上，北京交大机电学院李德才教授获评 2014 年全国模范教师。李德才从教 20 年，一直在教学、科研第一线，是教育部“长江学者奖励计划”特聘教授、“新世纪百千万人才工程”国家级入选者、教育部“创新团队发展计划”团队负责人，曾主持包括国家一号工程项目、国家载人航天重大专项、国家自然科学基金等在内的省部级以上科研项目近 40 项，发表相关论文 150 余篇，其中被 SCI、EI、ISTP 收录文章 130 余篇次。共出版专著 4 部，其中 1 部英文专著。作为第一发明人申请专利 120 余项，美国专利 7 项，已授权专利 44 项，专利成果广泛应用于国防和国民经济建设中。以第一获奖人获国家技术发明二等奖 1 项，包括北京市科学技术一等奖在内的省部级奖 6 项。担任《机械设计》国家级双语示范课程和北京市精品课程负责人。

（高杰）

【与威海市签订合作协议】 9 月 28 日，北京交大与威海市政府签订合作协议。根据协议，双方共建北京交大威海校区。根据协议，地方政府负责办学基本条件建设，该校负责校区的运行。

（高杰）

【召开国际压电和电波理论及器件应用研讨会】 10 月 30 日至 11 月 2 日，北京交大召开国际压电和声波理论及器件应用研讨会。会议与中国科学院声学研究所合办，研讨压电理论、声波理论、压电器件设计与分析等问题，9 名专家受邀做大会主题报告，收到学术论文 160 篇。来自中、日、法等 6 个国家和地区专家学者 200 人参加会议。

（高杰）

【城市轨道交通英文国际刊创刊】 10 月 31 日，北京交大城市轨道交通英文国际期刊《Urban? RailTransit》创刊。《Urban · Rail · Transit》是一本面向城市轨道交通领域的专业学术刊物，该校和北京城建设计发展集团联合主办，每年计划出版 4 期，由德国斯普林格（Springer）出版集团作为合作出版商，采用开放获取的模式，读者可以免费访问和下载论文。

（高杰）

【成立 6 个内设机构】 至年底，北京交大成立 6 个内设机构。分别为人文社会科学处；“2011 计划”管理办公室；教师发展中心，挂靠教务处管理；东校区开发办公室，暂挂靠资产经营有限公司管理；督查办公室和信访办公室，挂靠在学校办公室，由办公室负责管理。

（高杰）

北京工业大学

党委书记 郑吉春
校　　长 郭广生

【概况】 2014 年，北京工业大学占地面积 79.39 万平方米，学校产权建筑面积 94.61 万平方米、非产权建筑面积 8.69 万平方米。全年教育经费投入 203956.65 万元，其中，国家拨款 178341.96 万元，自筹经费 25614.69 万元。固定资产总值 45.08 亿元，其中，教学科研仪器设备总值 19.48 亿元。图书馆建筑面积 2.601 万平方米，藏书 201.41 万册，电子图书 13013.36GB。学校信息化经费投入 3939.92 万元，拥有计算机 2.08 万台，多媒体教室座位 1.71 万个，信息化设备资产 6762.94 万元，网络信息点数 3.22 万个，校园网出口总带宽 1000Mbps，电子邮件系统用户 56155 个，上网课程 774 门，数字资源量 4555GB，管理信息系统数据总量 240.71TB。学校下设 32 个教学科研机构，开设本科专业 53 个；现有一级学科博士学位授权点 18 个，二级学科博士学位授权点 1 个；一级硕士学位授权点 31 个，二级硕士学位授权点 3 个；博士后流动站 18 个，其中，出站 42 人、进站 70 人、在站 160 人。国家重点学科 3 个，北京市重点学科 21 个，北京市重点建设学科 18 个。国家级产学研中心 1 个，国际合作研究中心 1 个，教育部工程研究中心 2 个，教育部重点实验室 2 个，省部共建重点实验室 3 个，教育部战略研究培育基地 1 个，北京市级科研基地 35 个，行业重点实验室 3 个。教职工 2980 人，其中，专任教师 1577 人，包括教授 325 人、副教授 626 人；博士生导师 274 人，硕士生导师 937 人（含专业学位和学术学位硕士生导师）。外籍教师 30 人，其中，教授 6 人。享受政府特殊津贴专家 27 人，院士 6 人，“长江学者奖励计划”特聘教授 8 人，国家杰出青年基金获得者 10 人，中央层面“海外高层次人才引进计划”入选者 10 人，“北京海外人才聚集工程”入选者 57 人。毕业生 7814 人，其中，学历教育学生中全日制研究生 1697 人（博士毕业生 184 人、博士结业生 1 人、硕士毕业生 1511 人、硕士结业生 1 人）；普通本科生 2948 人；成人教育本专科生 2623 人（本科生 1751 人、专科生 872 人）；非计划招生高等教育学生中在职人员攻读硕士学位 546 人。本科生就业率 97.86%，研究生就业率 98.94%。招生 7835 人，其中，学历教育学生中全日制研究生 2177 人（博士生 253 人、硕士生 1924 人），普通本科生 3484 人，成人教育本专科生 1840 人（本科生 1375 人、专科生 465 人）；非计划招生高等教育学生中在职人员攻读硕士学位 334 人。高考北京地区提档线文科 565 分、理科 579 分。在校生 28656 人，其中，学历教育学生中全日制研究生 6348 人（博士生 1072 人、硕士生 5276 人），普通本科生 13435 人，成人教育本专科生 3968 人（本科生 2996 人、专科生 972 人）；非计划招生高等教育学生中在职人员攻读硕士学位 4905 人。留学生毕业 458 人，招生 718 人，在校生 1014 人。网址：www.bjut.edu.cn。

（张力澄　苏雅洁）

【新增 1 个市哲社基地】 2 月 24 日，北工大新增 1 个北京市哲学社会科学研究基地。该评选由市哲学社会科学规划办公室、市教委主持，以该校为依托单位建设的首都工程教育发展研究基地入选。至此，依托于该校建立的北京市哲学社会科学研究基地共有 3 个。

（苏雅洁）

【与两所高校签约合作】 3 月 12 日和 11 月 26 日，北工大与分别与巴黎商业管理学校（ISC）和台湾新竹交通大学签署合作协议。与巴黎高校签署“ISC 巴黎北京校园项目”协议，自 9 月起，ISC 每年派遣 1 个班（15 至 20 人）到北工大国际学院学习 1 年中国经济相关课程，教学任务由双方共同完成，所有课程全部英文授课。与台湾新竹交通大学协议规定，北工大每年向台湾新竹交通大学派遣 20 名左右的本科生交换学习 1 年，每年派遣硕士生 20 名（含 5 名直博生）进行联合培养，获取双方学位；北工大将派遣教师前往新竹交大开展为期半年的学术访问；双方还将联合建立产学研合作实验室，在平板显示及材料，集成电路设计等领域开展合作。

（苏雅洁）

【与市环境保护局签订合作协议】 3 月 31 日，北工大与北京市环境保护局签订合作协议。根据协议，双方将充分发挥北京市市属高校在环境污染机理研究、实验室及仪器设备资源、污染控制技术研发等方面的优势，合理利用地方院校学科门类齐全、人才培养机制健全、海外高端人才聚集等优势，并充分利用市环保局各部门在环境污染治理及管理决策中具有的经验及掌握的第一手资料，以解决北京市面临的环境问题为导向，开展前瞻性基础和应用研究，为北京市环境治理、决策和管理提供科技支撑，提高北京市环境保护科学管理与决策水平。为保障合作的持续性和有效实施，双方还将建立合作工作协调小组，以规划协调合作的战略目标和具体任务，并组织实施。

（苏雅洁）

【成立5个研究院】　3至11月，北工大成立5个研究院。3月17日，成立北京古月新材料研究院，研究院是依托北工大的北京市级科研机构，承担碳纳米材料及制备技术的研究工作和碳纳米材料研究相关高层次人才的培养工作，研究院全额拨款事业编制92人，其中，处级领导职数1正3副。4月3日，成立北京科学与工程计算研究院，面向国家和北京市经济社会发展的重大需求，围绕交通、环境、医疗等相关领域的重大实际问题，开展科学与工程计算等数学领域的学科建设、科学研究及服务社会工作，推动首都区域相关产业发展。9月1日，成立科学技术发展院，通过整合校内外各种资源，形成推动科学技术研究发展、科教结合支撑人才培养与学科群建设、促进科研成果应用的新格局，体现研究型大学的科技创新引领作用。11月26日，成立北京智慧城市研究院，面向北京市经济社会发展和京津冀协同发展的重大需求，承担智慧城市的应用研究及移动互联网、物联网、大数据、智能硬件等共性关键技术研发工作，开展学科交叉融合、协同创新等工作。12月8日，成立北京知识产权学院和北京知识产权研究院，以国家和北京市知识产权战略需求为导向，服务首都全国科技创新中心建设，融合交叉学科优势，支持法学学科发展，创新知识产权人才培养模式、成果转化运用、科技管理体制和运行机制等，建设特色鲜明、开放融合的高水平教学科研机构，成为国家和北京市知识产权领域的重要基地和智库。

（苏雅洁）

【创办樊恭烋学院】　4月4日，北工大创办樊恭烋学院。该学院以原校长樊恭烋命名，是该校为进一步创新人才培养模式，推进教学方法、教学内容和学习方法改革，培养工程领域领军人才而设立的荣誉学院，是学校高等工程教育人才培养模式创新实验区。樊恭烋学院学生培养方案的规划体现“基础性、灵活性、综合性、创新性”，兼顾“个性化、卓越化、国际化”，采用“2＋2”的培养模式，前两年采用集中教学组织和管理、集中住宿管理，主要完成公共基础模块、通识教育模块、工程综合素养和创新教育内容，以及专业大类学科基础培养；后两年进入专业学习，学生可以选择学校任意工科专业（共23个）作为最终毕业专业，由各专业为樊恭烋学院学生制定单独的课程计划，包括学科基础课程群的课程选择、专业核心课程和专业课程模块的安排。樊恭烋学院学生四年的总学分在150学分左右。北工大对樊恭烋学院的支持政策有自主选择专业，自主安排修业年限，一对一导师制，选课优先权，优先使用学校优质教学资源，优先获得各类选拔资格等。2014级樊恭烋学院招收人数为30人。

（苏雅洁）

【主持设计独立自由勋章雕塑】　7月

7日，北工大主持设计“独立自由勋章”雕塑揭幕。该雕塑为纪念全民族抗战爆发77周年设计，存放于中国人民抗日战争纪念广场，由习近平、俞正声与抗战老战士和少年儿童一起揭幕。该雕塑由该校设计团队主持设计，由“独立自由勋章”浮雕中英文、装饰纹样组成，材质为锻铜贴金，长4米，宽3.2米。整座雕塑寓意中国人民为追求和平正义、捍卫民族独立自由而不畏强暴、不怕牺牲的斗争精神。

（苏雅洁）

【成立实验学校】　8月31日，北工

大成立实验学校。该实验学校由劲松三中、劲松四中合并组成，由朝阳区与北京工业大学共同对学校进行管理、指导和监督。此次合作办学，将充分发挥北工大优质教育资源优势，通过师资培训、课程建设、校本研修、选派外教等措施，提升附属实验学校师资队伍水平及整体办学质量，共同打造高水平的特色品牌学校。

（苏雅洁）

【制定教师职业道德与行为规范】　8月31日，北工大发布《北京工业大学教师职业道德与行为规范》。该规范适用于学校专业技术、管理、工勤技能等岗位的所有教职员工。包括工大精神与价值理念、教学态度与责任、研究态度与学术道德、管理与服务的态度和责任、校园生活与人际互动、服务社会与国际交往6章共63条。

（苏雅洁）

【博士生获国际壳体与空间结构半谷奖】　9月19日，北工大博士生刘人杰获国际壳体与空间结构学会（IASS）国际壳体与空间结构半谷奖（IASS Hangai Prize）。国际壳体与空间结构半谷奖是为了纪念已故著名空间结构专家Yasuhiko Hangai教授而设立的，主要奖励在壳体与空间结构的基础理论、应用技术和工程实践中的优秀青年学者与工程技术人员，本届全球共有4人荣获此项奖励。刘人杰，2007级建工学院土木工程专业本科生，2011年免试攻读硕士研究生，2013年取得硕博连读资格，山东省威海市人，指导教师薛素铎教授，凭借提出“环形交叉索桁结构”新型结构体系并对该体系几何构形理论的创新性研究获得该奖项。

（苏雅洁）

【首次在国际顶级化学学术期刊发表论文】　10月8日，北工大教师首次

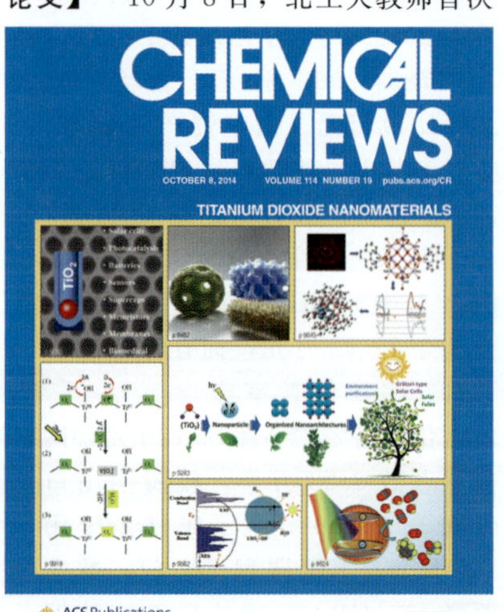

在国际顶级化学学术期刊发表论文。该校桑丽霞研究员的研究论文“TiO2 Nanoparticles as Functional Building Blocks”作为美国化学会期刊《Chemical Reviews》的封面论文之一发表（2014，Vol. 114，No. 19，pp9283－9318）。该论文研究的 TiO2 是近几十年来研究最为广泛和深入的工程材料之一，是太阳能电池、太阳燃料和环境净化研究中的热点材料。该论文着重围绕 TiO2 纳米粒子作为未来钛基功能材料的基石展开，对 TiO2 的分子—簇—纳米粒子的结构演变、纳米粒子的晶态转变、纳米晶的新型合成与表征、一维/二维/三维纳米结构构筑、纳米晶的改性及功能化等近几年最新的研究成果进行了全面综述，并特别强调飞秒时间分辨光谱技术在能量传递和驰豫及反应动力学研究中的应用，这对 TiO2 功能材料的设计和组装及其在能源和环境方面的应用发展具有重要指导作用。

（苏雅洁）

【举办大学工程教育与教学国际研讨会】 10 月 16 至 17 日，北工大与爱

尔兰国立都柏林大学联合举办经济全球化背景下的大学工程教育与教学国际研讨会。会议听取爱尔兰国立都柏林大学、法国国立工艺大、芬兰拉普拉塔工业大学、美国圣何塞州立大学、德国斯图加特应用技术大学以及该校和上海大学校长大会主题发言。会议还围绕“全球化背景下高校教学模式的转变”“大学工程教育：全球化与本土化”两个议题开展分组讨论。来自美国、德国、法国等 12 个国家的 21 所高校的大学校长、工学院院长、相关教授以及来自中国国内相关政府部门、高校、研究院所和企业的 200 人参加会议。

（苏雅洁）

【成立航天器系统与动力学国际联合实验室】 11 月 18 日，北工大成立航天器系统与动力学国际联合实验室。该实验室与中国空间技术研究院通信卫星事业部以及多伦多大学机械与工业工程系合办，在空间飞行器总体设计、通信、动力学分析与控制及多学科应用领域开展科学研究、学术交流和人才培养。利用联合实验室，可以打造国际一流科技创新平台和研究团队，推进开放的国际战略合作，发挥国际合作优势，瞄准航天器系统与动力学领域的发展前沿和工程应用，选择重点方向进行基础研究和关键技术集中攻关，为中国航空航天事业的发展提供基础支持和高端人才保障。

（苏雅洁）

【设立任福田交通奖学金】 12 月 25

日，北工大设立任福田交通奖学金。该奖学金由任福田捐赠 100 万元设立，专项用于奖励学校城市交通学院品学兼优的学生，全面支持学院人才培养和教育发展。任福田是著名道路交通工程专家，长期致力于该校交通工程学科的建设。

（苏雅洁）

【成立微电子学院】 12 月 26 日，北工大正式成立微电子学院。该学院为新型跨学科二级教学科研机构，主要职责是面向国家与区域微电子与集成电路产业发展的重大需求，围绕打造中国经济升级版和加快构建首都高精尖经济结构，融合学校电子信息学科的资源和优势，支持微电子学科发展，创新集成电路人才培养模式和运行机制等，推进政产学研用深度融合，建设特色鲜明、开放融合的高水平教学科研机构，成为国家和北京市集成电路领域的重要人才培养和科研基地。微电子学院设院长 1 人，执行院长 1 人，人员聘任以现有电子信息学科专业的教师为主、采用专兼职相结合的方式。学校原与集成电路学科专业相关的教学科研基地统一归口到微电子学院管理和建设。

（苏雅洁）

【完善校院两级学术委员会建设】 至年底，北工大加强校学术委员会建设。其中，3 月 19 日，北工大发布《北京工业大学学术委员会章程》；12 月 12 日，校学术委员会发布学术道德、教师聘任及人才引进、科学技术、学科建设与发展规划 4 个专门委员会工作规程，规范专门委员会议事的各项基本规则。9 至 12 月，学校组织各学院、教学部（研究所）学术委员会换届工作，共有 25 个学院、教学部、研究所独立组建学术委员会。

（苏雅洁）

北京航空航天大学

党委书记 胡凌云
校　　长 怀进鹏

【概况】 2014 年，北京航空航天大学占地面积 187.42 万平方米、建筑面积 170.30 万平方米。固定资产总值 642615.89 万元，其中，教学、科研仪器设备资产值 259058.05 万元。图书馆建筑面积 2.70 万平方米，藏书 278.73 万册（纸质图书），电子图书 17002GB。教育经费投入 195955.46 万元，其中，国家拨款 151345.29 万元、自筹经费 44610.17 万元。学校信息化经费投入 4300 万元，拥有计算机 30430 台，拥有网络多媒体教室 257 间，信息化设备资产 64729.85 万元，网络信息点数 46378 个，校园网出口总带宽 7400Mbps，电子邮件系统用户个数 119634 个，上网课程数 1998 门，数字资源 33501GB，管理信息系统数据总量 80GB。学校现有学院 27 个，本科专业 61 个，硕士学位授权一级学科点 38 个，硕士学位授权二级学科点（不含一级学科覆盖点）3 个，博士学位授权一级学科点 21 个，博士学位授权二级学科点（不含一级学科覆盖点）1 个。学科涵盖理、工、文等 10 个门

类。博士后流动站20个，其中，博士后研究人员出站68人、进站109人和在站256人。国家重点一级学科8个，国家重点二级学科28个、北京市重点学科10个；国家实验室1个（筹建）、国家重点实验室2个、国家级重点实验室6个，国家工程实验室1个，国家工程研究中心1个，国家工程技术研究中心1个以及省部级实验室52个。学校现有教职工3614人，其中专任教师2324人，包括专任教师中教授587人，副教授880人。博士生导师672人和硕士生导师数1328人；中科院院士5人、工程院院士15人。“长江学者奖励计划”特聘及讲座教授46人、国家有突出贡献专家30人、享受政府特殊津贴专家66人，国家杰出青年基金获得者38人，新世纪优秀人才153人；国家级教学名师奖3人，国家自然科学基金委创新研究群体6个，教育部创新团队12个，科技部创新人才推进计划重点领域创新团队5个、国家级教学团队5个，国防科技创新团队6个。毕业生32161人，其中，学历教育学生中全日制研究生3448人（博士生580人、硕士生2868人），普通本科生3297人，成人教育本专科毕业生1132人（本科生867人、专科生265人），网络教育本专科毕业生22158人（本科生7058人、专科生15100人）；非计划招生高等教育学生中在职人员攻读硕士学位2126人。本科毕业生就业率98.26%。招生39853人，其中，学历教育学生中全日制研究生4014人（博士生820人、硕士生3194人），普通本科生3849人，成人教育本专科1042人（本科生782人、专科生260人），网络教育本专科生29886人（本科生11856人、专科生18030人），非计划招生高等教育学生中在职人员攻读硕士学位1062人。北京地区高考提档线文科629分、理科645分。在校生122424人，其中，学历教育学生中全日制研究生12968人（博士生4101人、硕士生8867人），普通本科生15298人；成人教育本专科3200人（本科生2418人、专科生782人），网络教育本专科生79323人（本科生32609人、专科生46714人），非计划招生高等教育学生中在职人员攻读硕士学位11635人。留学生毕业345人，招生724人，在校生1389人。网址：www.buaa.edu.cn。

（毕娟）

【5项成果获国家科技奖】 1月10日，北航5项成果（第一完成单位）获2013年度国家科技奖。“过渡金属及其化合物纳米材料的可控合成、微结构及相关特性”和“昆虫飞行的空气动力学和飞行力学”两项目获得国家自然科学奖　等奖，“高性能谐振式传感器关键技术及其应用”和“飞机大型整体结构件测量/加工一体化关键技术及应用”两项目获得国家技术发明奖二等奖，“可靠性系统工程理论与技术”项目获得国家科技进步奖二等奖。

（毕娟）

【与空军航空医学研究所签订合作协议】 1月21日，北航与空军航空医学研究所签订合作协议。根据协议，双方在航空医学工程及特种医学方面发挥各自的优势，共建“航空医学与医学工程研究中心”，在重点学科、实验室建设、科学研究、人才培养和学术交流等多个层面合作，推动中国航空医学及医学工程的学科发展及航卫保障事业的综合能力。

（毕娟）

【曹传钧逝世】 2月4日，北航原校长，新中国著名的航空航天教育家和火箭发动机专家、中国液体火箭发动机和涡轮喷气发动机教育事业的开拓者之一，曹传钧在北京逝世，享年92岁。曹传钧，1922年3月出生于福建省福州市，1939年考入西南联大航空系，1945年毕业并留在航空系任教，随清华大学回迁，在清华大学航空系任助教、讲师。1949年3月加入中国共产党。1952年起历任原北京航空学院讲师、副教授、教授、系主任、教务长、副院长、院长，北航校长、校学术委员会主任等职，曾任中国航空学会副理事长、中国航空学会动力分会主任、《航空动力学报》主编，是国务院学位委员会第一、二届学科评议组成员。1956年北航创建火箭发动机专业，任火箭发动机教研室主任，是北航火箭发动机专业的奠基人。1958年，火箭系自主设计、研制并成功发射了中国第一枚高空探测火箭“北京二号”，任火箭发动机的总设计师。1982年至1988年先后任北京航空学院院长、北京航空航天大学校长。1989年获国家级教学成果一等奖。

（毕娟）

【成立理、工、文科研究生培养委员会】 3月4日，北航理、工、文科研究生培养委员会成立。理、工、文科三个研究生培养委员会旨在为学校研究生教育重大政策的制定提供决策支持。委员会由校学位委员会委员、相关学科责任教授和学校相关职能部门负责人组成，其构成兼顾学院和学科的分布。委员会每届任期4年，最多可以连任一届。委员会主任及副主任实行轮值制，任期1年。委员会下设秘书处，挂靠研究生院培养处。研究生教育的重大共性问题可召开三个委员会的联席会议，必要时也可邀请校内外相关专家学者参加会议。

（毕娟）

【卫星导航应用国家工程研究中心通过评估】 3月，北航卫星导航应用国家工程研究中心通过评估。该评估由国家发改委组织，每两年对通过正式核定的工程中心进行一次评价。卫星导航应用国家工程研究中心，是2004年经国家发改委批准，由中国航天科技集团航天长征火箭技术有限公司、北航、武大等单位联合组建的大型高新技术研究基地，是北航唯一的国家工程研究中心，主要从事卫星导航定位系统、无线通信、遥感和地理信息系统等技术和系统设计与集成，应用系统及产品的技术开发、技术转让、技术咨询和技术服务。北航团队以卫星导航、集成电路设计、交通信息工程及控制学科为主，近年来发表相关论文160余篇，申请获批国家发明专利96项。

（毕娟）

【举办北航大讲堂】 4月15日，北

航举办大讲堂。大讲堂邀请欧洲首位女宇航员、法国国家科学中心主席克洛迪·艾涅尔作题为《科技知识与创新》的主题演讲，演讲结合文化、科技、教育相关政策，重点阐述科学中心与科技馆的重要作用。演讲结束后，艾涅尔受聘北航名誉教授。克洛迪·艾涅尔，医学博士，现任法国国家科学中心主席、欧洲航天局成员，曾于2002至2004年担任法国科研与新技术部部长级代表，2004至2005年任欧洲事务部部长级代表。她是欧洲首位女航天员，曾在1996年和2001年两次进入太空。

（毕娟）

【与空军总医院签订合作协议】 4月16日，北航与空军总医院签订合作协议。根据协议，建立“北京航空航天大学临床医学院”和“空军总医院—北航生物医学研究院”，将依据临床发展需要，加强医学与生物力学、图像处理、精确定位、材料科学、精密仪器、微波通讯及空气动力等7个方面融合。

（毕娟）

【成立航空发动机研究院】 4月18日，北航成立北京航空发动机研究院。研究院将围绕中国航空发动机行业的紧迫需求，汇聚国内航空发动机创新要素，开展基础和关键技术研究，着力提升中国航空动力的自主设计和研发能力。研究院在基础研究专家委员会和理事会领导下开展工作，设有科技发展咨询委员会、学术委员会。研究院下设总体系统、气动热力、结构强度、自动控制、数值仿真、材料工艺等研究室和国际合作中心，各个研究室将以教育部先进航空发动机协同创新中心为主要依托，国际合作中心将积极推进对欧、对俄的战略合作。

（毕娟）

【智慧综合交通协同创新平台入选首批交通部协同创新平台】 4月，北航牵头组建的“智慧综合交通协同创新平台”获批成为首批交通运输行业以高校为主体协同创新平台。该平台由北航发起，联合北交大、清华、美国华盛顿大学、武汉理工等国内外知名高等院校，交通运输部公路科学研究院、北京四通智能交通系统集成有限公司等科技企业和行业协会，实施协同创新。该平台以交通运输领域的重点任务为导向，围绕国家推进以综合交通、智慧交通、绿色交通、平安交通为代表的“四个交通”发展要求，以解决综合交通系统重大基础科学问题为目标，重点开展综合交通信息物联感知、综合交通大数据处理、交通枢纽场面智能控制、多交通方式协同管控、综合交通系统组织与优化等方向的基础科学研究和高技术研究，通过重点科研任务驱动形成若干个跨高校、跨学术界与产业界、跨国内与国外的协同创新团队，在综合交通的人才培养、学科建设和科学研究方面取得新突破。

（毕娟）

【沙河综合体育馆试运行】 5月4日，北航沙河校区综合体育馆试运行。该体育馆兼顾体育教学、文娱活动、大型会场等作用，包括多功能馆、训练馆、游泳馆、文娱活动用房、管理用房等。沙河体育馆2012年3月开工，占地面积1.20万平方米、建筑面积1.50万平方米，框架结构、建筑层数3层，建筑高度23.90米。

（毕娟）

【成立智能技术与机器人联合研究中心】 5月7日，北航成立智能技术与机器人联合研究中心。该中心由该校与中科院重庆绿色智能技术研究院合办，重点开展工业机器人产业关键核心技术、三峡水下勘查机器人、智能无人车平台等智能机器人前沿技术创新、技术集成创新，并通过“政产学研用”的密切结合，开展工业机器人自动化生产线等智能制造装备的工程化研发和科技成果转移转化。

（毕娟）

【与江西省签订合作协议】 5月12日，北航与江西省政府签订合作协议。根据协议，江西省利用北航知识、人才与科技的优势，共同发展通用航空、新能源、新材料等重点产业，打造通用航空研发制造产业基地和人才培训基地。同时，该校分别与南昌市和景德镇市签订合作协议。

（毕娟）

【致真大厦投入运行】 6月，北航致真大厦投入试运行。该项目为北航科技园组成部分，1至3层为裙楼，主要是银行、餐饮、大堂、办公等功能，4至24层用于办公、教学、科研。大厦地下共4层，其中地下1至3层为地下车库和设备用房，地下4层为人防工程。致真大厦2012年4月开始动工，总用地规模12.18万平方米，建设用地规模22400平方米，新增建筑规模22.50万平方米，其中，地上总建筑面积16.64万平方米、地下5.85万平方米。经费投入12.78亿元。

（毕娟）

【与法国国立民航大学签订合作协议】 7月1日，北航与法国国立民航大学签订合作协议。根据协议，两校将开展全面校际合作，并于2014年秋季正式启动适航学科硕士联合培养，共同在中法两国培养航空安全领域国际化人才。

（田贵双）

【举办国际暑期学校】 7月6日，北航举办第一届国际暑期学校。暑期学校设立编码理论、自旋电子、动力系统与控制、数据挖掘、云计算、中国航空法、中国航天法、儒家思想与当代中国等20门全英文课程以供选择学习，为期4周。来自加拿大、瑞典、丹麦、西班牙、德国、苏格兰、新西兰、印度等国家大学的59名外籍学生，256名北航学生和23名北京其他高校学生参加学习。

（田贵双）

【与莫斯科鲍曼技术大学签署学生交换协议】 7月，北航与莫斯科鲍曼

技术大学签署学生交换协议。该协议涉及未来两校在本科生、研究生层面开展学生互换培养。莫斯科鲍曼技术大学在俄罗斯理工类大学中排名第一。莫斯科鲍曼技术大学与北航同属“T. I. M. E. 联盟（Top Industrial Managers for Europe）”、“中俄工科大学联盟”和“中国—俄罗斯—白俄罗斯大学联盟”，该校也是援建北航的俄罗斯高校之一。

（田贵双）

【与墨西哥国立自治大学签订合作协议】 9月，北航与墨西哥国立自治大学签订合作协议。根据协议，双方每学年选派至多3名学生到对方学校学习，学习时间为1学期或1学年，两校互免学费、互认学分。墨西哥国立自治大学（UNAM）创建于1910年，是墨西哥唯一培养出诺贝尔奖获得者的大学。在2013年QS世界大学排名中，UNAM排世界第163名，在整个拉丁美洲排名第一。

（田贵双）

【公共实验楼投入试运行】 11月，北航沙河校区公共实验楼投入运行。该项目投资37257万元，占地面积约8900平方米，总建筑面积63100平方米，框剪结构，建筑高度60米，地上10层、地下1层，以科研实验为主、公共配套设施为辅，科研试验部分主要包括国家实验室总部及航空科学技术相关的功能实验室，公共配套部分主要包括接待大厅、多功能厅、会议室、科研办公用房、人防及设备用房等，项目建成后将定位为综合性的航空科学研究实验室，满足研究生教学、实验和有关学科方向的科学研究需求。实验楼于2012年6月开工。

（田贵双）

【学校章程经核准发布】 11月，北航《北京航空航天大学章程》经教育部核准发布。该章程包括序言和正文两大部分。正文部分包括总则，举办者与学校，治理结构，教职员工，学生，资产、财务与后勤保障、校友、校友会、基金会，校庆日、校训、校徽、校歌，附则等9章，共计85条。该章程是北航构建中国特色现代大学制度、加快空天信融合特色的世界一流大学建设步伐的基本准则、重要依据和有效抓手。。

（田贵双）

【与德国达姆施塔特工业大学签订合作协议】 12月，北航与德国达姆施塔特工业大学签订合作协议。根据协议，两校将在学生交换、教师交流等方面开展合作，在学生交换项目方面，双方每学期互派3名学生赴对方学校交换学习，两校互免学费、互认学分。

（田贵双）

北京理工大学

党委书记　郭大成（9月免）
　　　　　　张炜（9月任）
校　　长　胡海岩

【概况】 2014年，北京理工大学占地面积148.93万平方米，学校产权校舍建筑面积127.14万平方米、非产权校舍建筑面积3.69万平方米。固定资产总值53.52亿元，其中，教学、科研仪器设备资产值21.35亿元。全年学校总收入382906.60万元，其中，财政拨款收入136720.33万元、自筹经费246186.27万元。学校拥有计算机22945台，信息化设备资产72854.45万元，网络信息点30000个，其中无线接入点2000个，校园网出口总带宽1600Mbps，电子邮件系统用户69305个，上网课程2688门，数字资源量2400000GB，管理信息系统数据总量125GB。学校建有中关村校区和良乡校区，建有研究生院，基础教育学院，以及19个专业学院、继续教育学院、国际教育学院、高等职业技术学院和秦皇岛分校；开设66个本科专业及覆盖10个学科；具有一级学科博士点22个，博士学位授权点97个，一级学科硕士学位授权点38个，硕士学位授权点193个，博士专业学位授权点1个，硕士专业学位授权点12个；博士后流动站19个，其中，博士后研究人员出站27人、进站47人和在站145人。一级学科国家重点学科4个、二级学科国家重点学科5个、国家重点（培育）学科3个，国防特色学科24个，一级学科省、部级重点学科13个，二级学科省、部级重点学科35个；国家重点实验室2个、国家工程实验室1个、国家工程技术研究中心1个、国防重点实验室3个，教育部重点实验室7个，北京实验室1个，北京市重点实验室14个，北京市工程技术研究中心7个，国防重点学科实验室3个，国防先进技术研究应用中心1个，教育部部门开放实验室1个，教育部研究生教育创新计划研究生开放实验室1个，国防科技工业研究生教育创新基地4个，国家大学生校外实践教育基地4个，国家级工程实践教育中心16个，国家级实验教学示范中心3个，北京市实验教学示范中心11个，工业和信息化部实验教学示范中心（建设单位）3个。教职工3536人，其中，专任教师2105人，包括教授493人、副教授856人；博士生导师114人，硕士生导师1096人，博士、硕士导师491人；中科院院士5人、工程院院士9人，发展中国家科学院院士1人，国际质量科学院院士1人。“千人计划”入选者11人、“青年千人计划”入选者6人、“长江学者奖励计划”特聘教授22人、讲座教授5人、“国家杰出青年科学基金”获得者20人、国家有突出贡献专家16人、享受政府特殊津贴专家230人。外籍教师43人，其中，教授12人、副教授1人。毕业生17759人，其中，学历教育学生中全日制研究生3462人（博士生488人、硕士生2974人）、普通本专科生3669人（本科生3298人、专科生371人）、成人教育本专科生1945人（本科生1352人、专科生593人）、网络教育本专科生7417人（本科生2798人、专科生4619人）；非计划招生高等教育学生中在职人员获取硕士学位1266人。本科毕业生就业率96.28%。招生20149人，其中，学历教育学生中全日制研究生3742人（博士生636人、硕士生3106人）、普通本专科生4132人（本科生3686人、专科生446人）、成人教育本专科生2066人（本科生1169人、专科生897人）、网络教育本专科生7959人（本科生3250人、专科生4709人）；非计划招生高等教育学生中在职人员攻读硕士学位2250人。高考北京地区提档线理工类640分，文史类 618 分。在校生 74235 人，其中，学历教育学生中全日制研究生 11116 人（博士生 3238 人、硕士生 7878 人）、普通本专科生 16182 人（本科生 14943 人、专科生 1239 人）、成人教育本专科生 5823 人（本科生 4020 人、专科生 1803 人）、网络教育本专科生 32193 人（本科生 16828 人、专科生 15365 人）；非计划招生高等教育学生中在职人员攻读硕士学位 8921 人。留学生毕业 464 人、招生 497 人、在校生 840 人。图书馆建筑面积 53599 平方米，藏书 249.70 万册，电子图书 156000GB。网址：www.bit.edu.cn。

（任峻峰）

【获 5 项国家科技奖】 1 月 10 日，理工大学在 2013 年度国家科学技术奖励大会上获 5 项国家科学技术奖。由吴嗣亮教授团队完成的“高速交会目标相对定位测量技术”项目获得国家技术发明奖一等奖，由吴锋教授团队完成的“高性能二次电池新型电极、电解质材料与相关技术”项目获得国家技术发明奖二等奖。该校参与项目分别获得国家科技进步奖一等奖 1 项，国家科技进步奖二等奖 2 项。

（任峻峰）

【与两市一区签订合作协议】 3月11

日、4 月 13 日和 12 月 16 日，理工大学分别与两市一区签订合作协议。与珠海市政府战略合作协议规定，双方在人才培养、产学研合作、共建科技创新平台等方面开展全面合作，开创校市战略合作新局面。理工大学珠海校区将进一步优化学科专业设置，加强理工科、应用型本科教育，注重培养高层次、创新型人才，开展国际合作办学，在珠海市的支持下与企业共同进行人才培养，服务地方经济社会发展；双方将在高新装备制造与光机电一体化、新能源与新能源车辆技术、电子信息与控制技术等领域加强合作，推进企业和高校组建产学研战略联盟，共建“北京理工大学国家大学科技园——珠海”。与秦皇岛市政府全面合作协议规定，双方在经济、科技、教育和人才等方面开展多领域合作，并共建产学研合作基地及科学研究、成果转化和高层次人才培养的合作平台。与海淀区政府战略合作协议规定，双方在科技、教育、人才等方面开展更深层次的合作，海淀区将紧紧围绕科技创新，积极搭建平台，以最大的诚意、最优的环境和最佳的服务促进学校科研成果的转化应用，学校作为驻区单位，继续发挥教育资源、科研实力等优势，把为区域经济社会发展服务作为学校办学的重要职能和建设一流大学的重要内容。

（任峻峰）

【举办国防生军事体育运动会】 5月，

理工大学举办首届国防生军事体育运动会。运动会共设 6 大类 15 项竞技项目，其中，“铁人三项”和“万米接力”具有浓厚部队特色。“铁人三项”要求参赛人员在完成一定数量的仰卧起坐和俯卧撑后，打背包跑完 3 公里。“万米接力”要求每个年级出 25 名选手，其中必须包含 2 名女生，每人 400 米接力跑完全程 10000 米。该校 4 个年级国防生共计 464 人参加运动会。

（任峻峰）

【共建中国轻工业数据智能实验室】 6 月 6 日，理工大学与中国轻工业联合会共建中国轻工业数据智能部级联合实验室。实验室依托该校在教学科研、人才培养等领域的优势和资源，结合中国轻工业联合会在资源、产业化及行业等方面的指导和帮助，为我国轻工业转型升级和两化融合改造服务；同时，力争在国家级项目申报、科研论文产出、专利软件著作权申请、产学研用和科技成果奖申报等方面尽快取得更多实质性的成果。

（任峻峰）

【与俄罗斯高校及深圳市签订合作协议】

8 月 11 日，理工大学与深圳市、莫斯科国立罗蒙诺索夫大学签订合作成立高等教育机构的协议。根据协议，深圳北理莫斯科大学将是一所根据中国中外合作办学条例和相关法律设立的具有独立法人资格的非营利高等教育机构，计划于 2015 年初开始进行基础建设，并将于 2016 年开始招生。新大学校长将由理工大学推荐产生，董事会主席由莫斯科国立大学推荐产生。新大学的教师一部分由莫斯科国立大学和北理工分别选派，一部分由新大学从全球招聘。新大学将采用莫斯科国立大学的人才培养模式，使用中、英、俄三种语言教学，开设经济、国际商法与金融，俄罗斯语言和文学，应用数学和信息技术，应用化学和物理，地球科学，工程，空间研究，医疗保健，管理和审计，运输和物流，艺术和文化，电视和传媒等专业。学校成立后第 1 至 5 年每年将招生 300 至 500 人，远期办学规模为 5000 人。开展本科、硕士和博士学历教育，以及非学历教育。完成专业学习的毕业生，将被授予莫斯科国立大学的毕业证书以及由新大学颁发的中国高等院校毕业证书。合作大学招生将以中国学生为主，同时招收海外学生。被合作大学录取为本科生的中国学生须先通过全国统一高考，且分数不低于本科第一批次录取分数线。

（任峻峰）

【正式开展数字迎新工作】 8 月 20 日，理工大学开展数字迎新工作。该校启动迎新网“网上预报到”系统，系统主要包括“了解北理工”和“网上预报到”两个板块，“了解北理工”板块让新生、家长和社会各界了解学校基本情况、新生生活指南和学习指导，以及获取学校发布的报到事项等信息；“网上预报到”板块以利用信息化技术平台、实现新生入学报到的“双向”数字化、人性化服务为建设目的，实现以人为本的工作理念。“双向”即一为校内各迎新相关部门提供数字化、网络化工作平台，在学生入学前最大限度的完成信息采集、处理和发布，大幅度提升工作效率；二为面向新生有效传递入学报到信息，帮助新生顺利报到，做好开学准备。数字迎新工作开展后，将学校的形象和迎新工作效率有了明显提升。该校新生全部通过使用该系统实现网上报到。

（任峻峰）

【北京电动车辆协同创新中心获得认定】 9月，理工大学牵头的“2011”计划“北京电动车辆协同创新中心”通过教育部认定。该中心以新能源汽车北京实验室为核心，由理工大学牵头，联合北汽集团公司、北京交通大学、北京工业大学等北京市电动车辆研发核心团队组建而成。2012年9月，清华大学、中科院电工所、北方车辆研究所加入协同创新中心，形成理论与技术层次明晰、学科构成合理、分工明确、核心队伍稳定的科研团队。该中心主持国家“973计划”项目6项、国家“863计划”课题34项、北京市科技项目课题62项，累计各类科研经费超过20亿元，取得系列化成果，获国家奖7项、省部级奖13项、国防奖8项；授权发明专利269项；牵头制定国家和行业标准17项，地方标准21项；出版专著和编著26本；发表《科学引文索引》(SCI) 收录论文300余篇；相关技术成果转化产值约650亿元；累计建成5个国家级实验室或实验基地，14个省部级实验室或实验基地。

（任峻峰）

【学校章程获教育部核准】 10月11日，理工大学学校章程获教育部核准。该章程包含序言、总则、举办者和学校、教职员工、学生和校友、治理结构、组织和机构、资产和经费、标识、附则等九个部分。学校将以此作为依法自主办学、实施管理和履行公共职能的基本准则和依据，并将按照建设中国特色现代大学制度的要求，完善法人治理结构，健全内部管理体制，依法治校，科学发展。

（任峻峰）

【与延安大学续签对口支援协议】 12月30日，理工大学和延安大学续签对口支援协议。根据协议，两校将在以往合作的基础上，继续在学科建设、课程建设、实验室建设、师资队伍建设、干部培养等方面从更大范围、更广领域深入开展合作。尤其是在学科建设与科研工作方面，该校将通过多种方式和途径、利用先进科研平台，为延安大学申报博士点、实现博士点零的突破提供有力支持。两校对口支援于2009年正式启动，五年来两校在教师进修与挂职锻炼、定向培养研究生、联合培养本科生、学科建设、科学研究、实验室建设、学生社会实践等诸多领域开展工作。围绕提升师资队伍水平、人才培养质量、科研服务能力和高校管理水平等方面开展对口支援。

（任峻峰）

北京科技大学

党委书记 罗维东
校　　长 张欣欣

【概况】 2014年，北京科技大学占地面积80.39万平方米（含管庄校区），建筑总面积84.49万平方米（含管庄校区）。固定资产总值305099万元，其中教科仪器设备资产值92339万元。全年教育经费投入197341万元，其中，国家拨款98135万元，自筹经费99206万元。学校由13个学院，以及研究生院、体育部、管庄校区、天津学院（独立学院）、延庆分校组成；开设有46个本科专业，覆盖工、理、管、文、经、法6个学科门类。学校现有18个一级学科博士授权点，73个博士学科点（含2个自设），121个硕士学科点（含2个自设），另有MBA（含EMBA）、MPA、法律硕士和20个领域的工程硕士专业学位授予权，16个博士后科研流动站。有国家一级重点学科4个，国家二级重点学科12个，国家重点（培育）学科1个；北京市一级重点学科3个，北京市二级重点学科18个，北京市重点交叉学科2个；一级博士授权学科18个，二级博士学位授权学科73个；一级硕士学位授权学科28个，二级硕士学位授权学科109个，另有MBA、EMBA、MPA、法律硕士和20个工程硕士点。有1个国家科学中心（筹），2个国家级重点实验室，1个国家工程（技术）研究中心，2个国家科技基础条件平台，1个国家级国际联合研究中心，30个部委级重点实验室、研究中心。教职工总数3385人，其中，专任教师1814人，正高级职称439人、副高级职称631人。专任教师中有中国科学院院士4人、中国工程院院士2人，中组部“千人计划”入选者11人，“973”首席科学家3人，国家级突出贡献专家14人，“长江学者奖励计划”特聘教授14人、讲座教授3人，国家杰出青年科学基金获得者17人，国务院学位委员会委员1人，国家学科评议组成员5人，国家“新世纪百千万人才工程国家级人选”入选14人，国家级教学名师2人，教育部“跨世纪优秀人才培养计划”入选12人，教育部“新世纪优秀人才支持计划”入选95人，享受政府特殊津贴专家312人（其中离退休243人）。外籍教师23人。毕业生14233人，其中，学历教育学生中全日制研究生2705人（博士生446人、硕士生2259人），普通本专科生3217人（本科3143人、专科生74人），成人教育本专科生3101人（本科生2088人、专科生1013人），网络教育本专科生4680人（本科生1640人、专科生3040人）；非计划招生高等教育学生中在职攻读硕士学位471人，研究生课程进修59人。招生18396人，其中学历教育学生中全日制研究生2975人（博士生529人、硕士生2446人），普通本专科生3406人（本科3326人、专科生80人），成人教育本专科生2554人（本科生1761人、专科生793人），网络教育本专科生8955人（本科生2316人、专科生6639人）；非计划招生高等教育学生中在职攻读硕士学位506人。高考北京地区提档线文科 595 分、理科 623 分。在校生 53228 人，其中，学历教育学生中全日制研究生 12339 人（博士生 2912 人、硕士生 9427 人），普通本专科生 13391 人（本科 13148 人、专科生 243 人），成人教育本专科生 6796 人（本科生 4887 人、专科生 1909 人），网络教育本专科生 18183 人（本科生 5553 人、专科生 12630 人）；非计划招生高等教育学生中在职攻读硕士学位 2519 人。留学生毕业 305 人，招生 346 人，在校生 855 人。网址：www.ustb.edu.cn。

（王田玮）

【与国家纳米科学中心签订合作协议】

3 月 13 日，北科大与国家纳米科学中心签订合作协议。根据协议，双方以纳米材料和技术专业为依托，开展本科生和研究生的联合培养工作，双方联合成立纳米材料与技术专业人才培养指导委员会及人才培养工作组，负责指导专业建设、培养方案制定、授课教师和指导教师的选聘、相关教学环节落实等工作。

（王田玮）

【孔子学院揭牌】 3 月 19 日，北科大英国德蒙福特大学孔子学院揭牌。该孔子学院与德蒙福特大学合办，主要面向该国学生开展创意技术教学和科研工作。揭牌后，该孔子学院举办第一届理事会。

（王田玮）

【庆祝研究生院建院30周年】 4月22

日，北科大召开 2014 年研究生教育工作会暨研究生院建院 30 周年纪念大会。会议回顾和总结研究生院发展历程，提出未来发展的方向和规划。该校部分老领导和研究生教学督导组部分老师，学校相关部处和学院、研究生培养单位的负责人、研究生指导教师和研究生代表等 1600 参加大会。

（王田玮）

【肖纪美逝世】 4 月 23 日，北科大教授、冶金和材料学家、教育家、中国科学院院士肖纪美在北京逝世，享年 94 岁。肖纪美，1920 年 12 月生于湖南省凤凰县，1943 年毕业于唐山交通大学，1948 年 2 月赴美国留学，1950 年 8 月获美国密苏里大学冶金学博士学位，1957 年 10 月到北京钢铁学院任教。先后任金属物理教研室主任，材料失效研究所所长，环境断裂教育部开放实验室主任。1980 年当选为中国科学院学部委员。1991 年任中国科学技术协会第四届全国委员会委员；历任中国腐蚀与防护学会、中国金属学会等多个国内学术组织的理事长及理事。1999 年至 2000 年任中国博士后科学基金会副理事长。1980 年至 1995 年担任国际性学术刊物“冶金学报”（Acta Metallurgica）及“冶金快报”（Scripta Metallurgica）编委；1999 年美国腐蚀工程师协会（NACE）授予“资深会员”称号。肖纪美在合金钢、环境断裂等领域做出开创性的贡献，获得多项国家和省部级奖励。

（王田玮）

【举办工程教育国际化论坛】 6月11

日，北科大举办 2014 工程教育国际化论坛。该论坛与美国国际教育联盟（AAFIE）、冶金行业卓越工程师培养联盟（筹）主办，采取主题报告形式，来自清华大学、北京航空航天大学以及美国国际教育联盟专家就“深入实施‘卓越计划’的措施和若干建议”“人才国际竞争力分析及教育改革与创新”“美国高等教育应对全球化的策略”等议题作主题报告。来自清华大学、北京航空航天大学、上海同济大学等高校专家学者 44 人参加论坛。

（王田玮）

【魏寿昆逝世】 6 月 30 日，北科大创建者之一、冶金学家、教育家、中国冶金物理化学学科的奠基人之一、中国科学院院士魏寿昆教授在北京逝世，享年 107 岁。魏寿昆，字镇雄，1907 年 9 月 16 日生于天津。1929 年毕业于北洋大学矿冶系，获工学学士学位，后留校任教；1935 年获德国德累斯顿工业大学化学系工学博士。1935 年至 1936 年在德国亚琛工业大学钢铁冶金研究所从事研究工作。1936 年受聘为北洋工学院矿冶系教授。1946 年至 1952 年担任北洋大学教授、系主任、工学院院长，唐山交通大学教授、系主任，天津大学副教务长。1952 年参与筹建北京钢铁学院，并先后担任教务长兼冶炼系主任、图书馆馆长、副院长等职。1956 年被教育部批准为一级教授，1980 年当选中国科学院技术科学学部委员。曾任九三学社中央常委兼文教委员会主任、中央参议委员会常委、中央顾问。魏寿昆在冶金过程理论和实践，特别是在高温活度理论、选择性氧化、固体电解质电池定氧、冶金热力学在我国特有矿产综合提取金属中的应用等领域做出开创性工作，共发表学术论文 140 篇、专著 5 部，荣获国家自然科学奖、何梁何利基金科技进步奖等多项奖励；曾任中国金属学会筹备委员会秘书长，长期担任中国金属学会、中国有色金属学会常务理事，冶金过程物理化学学会理事长，中国高等教育学会理事，日本铁钢学会名誉会员，国务院学位委员会评议组成员等。

（王田玮）

【钢铁共性技术协同创新中心通过教育部认定】 10 月 11 日，北科大“钢铁共性技术协同创新中心”通过教育部“2011 协同创新中心”认定。该中心以该校和东北大学为核心，联合宝钢、鞍钢、武钢、首钢等国内龙头企业，钢研集团、中科院金属所等研究院所，上海大学、武汉科技大学等高校共同组建，主要任务是实现“两个绿色”，即面向钢铁行业绿色转型急需，开发创新工艺和创新生产装备，实现节省资源、节能减排、环境友好、产品性能优良的钢铁生产，实现“钢铁绿色制造”；采用钢铁材料设计、洁净化制备、全流程产品质量保障等前沿技术，开发海洋、交通、能源等战略新兴产业绿色化发展急需的钢材，实现“制造绿色钢铁”。

（王田玮）

【与首钢京唐公司签订合作协议】

11月19日，北科大与首钢京唐公司签订合作协议。根据协议，双方在联合人才培养、技术开发（合作）、合作编写教材三个方面开展合作，协议内容涉及双方推进应届毕业生预就业选拔、专业技术培训与工程继续教育，共同对1个技术开发项目和1项国家支撑课题进行研究攻关，合作出版4部以介绍钢铁流程新技术为主要内容的教材。

（王田玮）

【举办8期材料名师讲坛】 至年底，北科大举办中国材料名师讲坛8讲。分别邀请英国圣安德鲁斯大学的欧文（John TS Irvine）教授、中国科学院院士陈佳洱教授、加拿大皇家学会院士比尔斯（Viola Birss）教授、东京大学岩田修一教授、新加坡国立大学冯元平教授、中国科学院院士刘忠范教授、中国工程院院士丁文江教授、中国科学院院士祝世宁教授作题为《High Temperature Fuel Cell Electrodes: New compositions, Microstructures and Systems for Efficient Utilisation of Renewable Fuels》《岁月印痕》《Novel Materials and Fabrication Strategies for Energy Conversion and Storage Applications》《Materials Design : Yesterday and Future》《First－principles design of materials for advanced technologies》《石墨烯及二维原子晶体材料——理想、现实与未来》《镁稀土材料的机遇与挑战——上海交大的实践》《“凿壁偷光、钻木取火”——诺贝尔奖关注材料研究》报告。该校教师学生共计1300余人次参加学习。

（王田玮）

【举办理学之美讲坛】 至年底，北科大创举办“理学之美”名师讲坛和青年论坛8场。名师讲坛共4讲，分别邀请瑞典皇家科学院院士（Andrew G. Ewing）教授、北京大学饶毅教授、中国科学院院士陈难先教授、万立俊教授分别作题为《电化学等手段检测神经元囊泡细胞的释放过程和机理，果蝇细胞的囊泡外排机制》《中国科学与中国青年》、《应用物理中的若干反问题》《二维纳米结构构筑的方法学研究》的报告。青年论坛4讲，分别邀请国家纳米科学中心裘晓辉教授、唐智勇教授、蒋兴宇教授，北京大学章志飞教授作题为《小尺寸、大世界——原子、分子、量子结构研究》《无机纳米粒子超结构的构建和应用”》《基于微流控和金纳米材料的生物化学分析》《Recent Progress of the Navier－Stokes Equations》的报告。该校师生1500人次参加学习。

（王田玮）

北方工业大学

党委书记 吴晚云（5月免）
谢辉（5月任）
校　　长 王晓纯

【概况】 2014年，北方工业大学占地面积30.15万平方米，学校产权校舍建筑面积39.42万平方米。2014年全年教育经费投入80261.75万元，其中，国家拨款65412.88万元，自筹经费14848.87万元。固定资产总值12.75亿元，其中，教学、科研仪器设备资产值4.82亿元。图书馆建筑面积19652平方米，藏书261.72万册，其中电子图书112.78万册。拥有计算机6928台。学校信息化经费投入2688万元，网络信息点9000个，校园网出口总带宽800Mbps，电子邮件系统用户17484个，上网课程3门。数字资源量48503GB，管理信息系统数据总量293.84GB。设有11个学院，8个教学实验中心，30个研究设计院（所）；开设43个本科专业，19个一级学科硕士授权点、57个二级学科硕士授权点、15个专业硕士学位领域、同等学力人员申请硕士学位资格，3个第二学士学位点，1个博士生培养项目。有3个国家级特色专业，5个北京市特色专业，4个北京市品牌专业，1个国家级实验教学示范中心，1个市级示范性校内创新实践基地，3个北京市重点实验室，5个北京市实验教学示范中心，拥有数量经济学、经济法学、思想政治教育、机械电子工程、检测技术与自动化装置、计算机应用技术、电力电子与电力传动7个北京市重点建设学科。教职工1379人，其中，专任教师791人。专任教师中，教授104人，副教授301人；博士生导师10人；硕士生导师471人；享受政府特殊津贴专家（在职）5人。外籍教师10人。毕业生4038人，其中，学历教育学生中全日制硕士研究生534人，普通本专科生2563人（本科2534人、第二学士学位29人），成人教育本专科生941人（本科511人、专科430人）。招生4874人，其中，学历教育学生中全日制研究生619人（博士生2人、硕士生617人），普通本专科生2828人（本科2808人、第二学士学位20人），成人教育本专科生1427人（本科生441人、专科986人）。在校生15368人，其中，学历教育学生中全日制研究生1747人（博士生4人、硕士生1743人），普通本专科生10286人（本科10659人、第二学士学位27人），成人教育本专科生3335人（本科生1515人、专科1820人）。本科毕业生就业率96.68%，高考招生北京地区提档线一本理科543分，文科539分。2014年，留学生毕业21人，招生181人，在校生614人。网址：www. ncut.

edu. cn。

（王波）

【与3所院校签订合作协议】 1至4月，北方工大与3所院校签订合作协议。其中，与北京电子科技职业学院协议规定，双方将互派骨干教师交流学习，加强实践教学研讨，并充分利用双方科研及实验条件进行实训课程教学，双方还将逐步健全沟通机制，确定人员具体落实各项工作，为今后的长期合作奠定基础。与北京政法职业学院协议规定，两校将在教师交流学习、专业建设、学生实习实践资源共享、高职与普通本科联合培养等方面开展合作。与台湾体育运动大学协议规定，双方开展体育教师交流、棒垒球特长生交换生项目。

（王波）

【后勤集团食品化验室投入使用】 5月19日，北方工大后勤集团食品化验室建成并投入使用。该实验室通过采用最新的设备检测，可以对原材料、冷荤、主食、副食中的亚硝酸盐含量、农药残留、瘦肉精、二氧化硫等项目进行理化微生物检测。

（王波）

【举办东北亚设计大会】 6月24日，

北方工大举办2014东北亚设计大会。该大会由该校与韩国汉阳大学合办，邀请国内外专家学者作关于计算机图形图像学和设计领域的主题演讲。来自国内外专家学者参加活动。会议期间，国外专家教授参观该校数字媒体实验中心的互动工作室、数字影视创作工作室和3G应用工作室。

（王波）

【举办学生“Y计划”主题教育活动】 7至12月，北方工大举办2013级全体学生“Y计划”主题教育活动。“Y计划”是北方工业大学针对高校普遍存在的大二低潮现象（俗称“大二病”）而实施的学生工作教育辅导计划，也是促使学生内力觉醒、全面提升个人成长成才动力的教育计划，主要包括“思想发动阶段”、“暑假探索”、大二第一学期实践、大二第二学期收获等四个阶段，通过自我认知、习惯养成、成果反馈等方式帮助大二学生成长成才。

（王波）

【与3家企业签订合作协议】 8至10

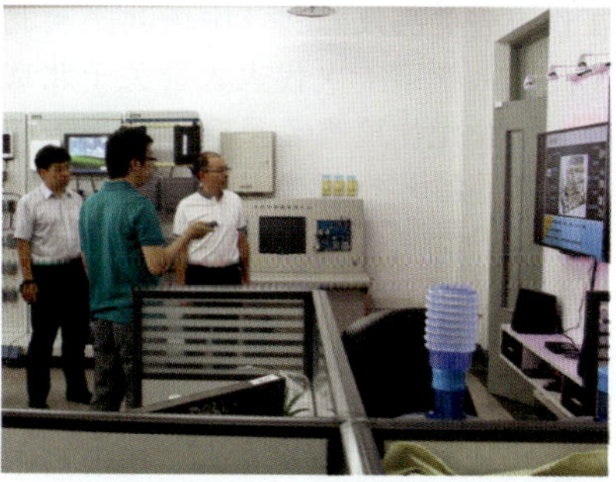

月，北方工大与3家企业签订合作协议。与迪信通集团公司联合成立物联网技术研究中心。中心将依托该校现场总线及自动化北京市重点实验室的人才和技术资源，开发系列物联网软硬件产品。与中国建筑发展有限公司开展科研合作。与中国电子工程设计院协议规定，确定每学期派出1名教师接受院方国家级建筑设计大师黄星元的业务指导。

（王波）

【新增1个北京市重点实验室】 8月29日，北方工大大规模流数据集成与分析技术北京市重点实验室通过北京市重点实验室评审。该实验室组成产、学、研联合攻关团队，旨在利用云计算、并行分析和智能服务等手段，求解智慧城市和行业信息化中的大规模数据集成共性问题，提升复杂系统集成能力。

（王波）

【举办校友会成立大会】 11月29日，

北方工大举办校友会成立大会。大会选举产生理事会、监事会，理事会选举产生会长、副会长、常务理事、秘书长，监事会选举产生监事长。

（王波）

【教师获法国市长荣誉奖章】 11月，北方工大副教授张立获法国兰斯市市长特别荣誉奖章。该荣誉以表彰张立为中法艺术交流做出的贡献。张立，1966年生于北京，当代水墨艺术家，现任该校艺术学院副教授。

（王波）

【获两项省部级科技进步奖】 12月11日，北方工大土木工程学院岩土工程科研团队获两项省部级科技进步奖。该团队“新型锚杆及其工程应用集成技术体系的研发”和“尾砂充填料浆制备新技术及智能充填系统的研发”项目，分别获得2014年度“中国有色金属工业科学技术二等奖”和“中国冶金矿山科学技术二等奖”。2002年以来，该学术团队累计获得13项省部级和国家级奖项。

（王波）

北京化工大学

党委书记　王芳
校　　长　谭天伟

【概况】 2014年，北京化工大学占地面积71.33万平方米，学校产权校舍建筑面积60.66万平方米、非产权校舍建筑面积2.6万平方米。全年教育经费投入159102万元，其中，国家拨款113917万元、事业收入39819万元、经营收入1083万元、其他收入4283万元。固定资产总值16.95亿元，其中，教学、科研仪器设备资产值7.92亿元。图书馆建筑面积18641平方米，藏书171.9万册，电子图书8752GB。拥有计算机7844台。学校多媒体教室151间，信息化设备资产13032万元，网络信息点12000个，校园网出口总带宽900Mbps，电子邮件系统用户28000个，上网课程74门，数字资源量19863GB，管理信息系统数据总量5400GB。设置12个院（系、部）；开设49个本科专业；一级学科博士点6个，博士学位授权点29个，硕士学位授权点 94 个和 5 个专业硕士学位门类及 10 个工程领域工程硕士点；博士后流动站 5 个，其中，博士后研究人员出站 17 人、进站 24 人和在站 52 人。国家一级重点学科 1 个（涵盖 5 个二级重点学科），国家二级重点学科 2 个，国家重点（培育）学科 1 个，北京市一级重点学科 3 个（涵盖 14 个二级重点学科）北京市交叉重点学科 2 个；国家重点实验室 2 个，国家级工程技术研究中心 1 个，国家工程实验室 1 个，省、部级重点实验室 10 个，省、部级工程技术研究中心 16 个。教职工 2054 人，其中，专任教师 1085 人，正副教授 702 人；博士生导师 218 人、硕士生导师 467 人；“两院”院士 6 人、“长江学者奖励计划”特聘教授 10 人、“长江学者奖励计划”讲座教授 1 人、国家“千人计划”入选人员 2 人、“全国杰出专业技术人才”获得者 1 人、“国家杰出青年基金”获得者 17 人、“中国青年女科学家奖”获得者 1 人、“百千万人才工程”国家级人选 8 人、“973”首席科学家 4 人、国家青年科技奖获得者 7 人、国家有突出贡献专家 2 人、享受政府特殊津贴专家 99 人，外籍教师 18 人。毕业生 7814 人，其中，学历教育学生中全日制研究生 1700 人（博士生 159 人、硕士生 1541 人）、普通本专科生 3522 人（本科生 3157 人、专科生 365 人）、成人教育本专科生 2592 人（本科生 1612 人、专科生 980 人）；非计划招生高等教育学生中在职人员攻读硕士学位 400 人。本科毕业生就业率 97.91%，研究生就业率 97.73%。招生 9080 人，其中，学历教育学生中全日制研究生 2059 人（博士生 202 人、硕士生 1857 人）、普通本科生 3790 人、成人教育本专科生 3221 人（本科生 1993 人、专科生 1228 人）；非计划招生高等教育学生中在职人员攻读硕士学位 140 人。高考北京地区提档线理科 594 分。在校生 28241 人，其中，学历教育学生中全日制研究生 6040 人（博士生 766 人、硕士生 5274 人）、普通本专科生 15250 人（本科生 14770 人、专科生 776 人）、成人教育本专科生 7033 人（本科生 4511 人、专科生 2522 人）；非计划招生高等教育学生中在职人员攻读硕士学位 1318 人。留学生毕业 178 人、招生 254 人、在校生 214 人。网址：www.buct.edu.cn。

（孙忠博　周晶）

【召开第十次党代会】　1 月 10 日，化工大学召开第十次党员代表大会。会议表决通过《中国共产党北京化工大学第十次代表大会关于第九届党委工作报告的决议》和《中国共产党北京化工大学第十次代表大会关于北京化工大学纪律检查委员会工作报告的决议》。会议分析学校面临的形势，确定启动化工大学“两步走”战略目标的第二步战略，到 2023 年把学校建设成为特色鲜明、在国际上有影响的高水平研究型大学的新目标；明确在实现学校目标进程中，“建设高水平研究型大学，坚定办学特色，坚持内涵发展、创新发展和开放发展，弘扬北化精神”“四位一体”的发展战略。会议部署改革创新，全面建设高水平研究型大学，加快新校区建设，完善研究型大学的支撑体系，提高党的建设科学化水平等工作。

（孙忠博　李宇鹏）

【两中心获评国家级示范中心】　2 月 19 日和 12 月 20 日，化工大学两中心获评国家级虚拟仿真实验教学示范中心。其中，化工过程虚拟仿真实验教学中心依托化学化工国家级实验教学示范中心，建设模块化、层次化、多元化的虚拟仿真实验教学体系和实验教学资源，制定和完善中心管理规章制度和应急预案，建设虚拟仿真实验网络信息平台，实现虚拟仿真实验教学资源的智能化和网络化管理，以及学生自由选择实验时间、实验内容，自主动手配置虚拟实验仪器设备、自由搭建实验器材开展实验活动。中心现有教师 62 人，其中，教授 40 人、副教授 12 人、讲师 10 人，其中院士 1 人，国家教学名师 4 人。化工安全与装备虚拟仿真实验教学中心成立于 2012 年 12 月，是中国唯一的面向过程与化工安全和加工装备设计开发的虚拟仿真实验教学中心，由化工安全仿真部、成套装备及风险控制仿真部、装备设计开发仿真部、成型加工工艺仿真部 4 个部门组成。

（孙忠博　李宇鹏）

【成立国际软物质研究中心】　4月16

日，化工大学成立国际软物质研究中心。该中心结合该校高分子材料、化工、生物等优势学科基础，开展软物质研究；同时，吸引和汇聚海内外优秀人才，引入创新管理机制和体制，通过学科交叉融合，带动学校生物、物理、环境、制药等多个学科的发展，产出具有影响力的科研成果并推动产业化应用，扩大化工大学的国际影响力。

（孙忠博　李宇鹏）

【成立科学技术发展研究院】　7 月 11 日，化工大学科学技术发展研究院成立。该研究院是学校落实国家创新驱动发展战略、深化科技体制机制改革的重要措施和推手；将统筹学校的优质科研资源，做好学校科技工作的顶层设计，实现资源共享；延伸科研管理职能，释放一线教师科研活力，全面提升学校科技创新能力和核心竞争力。

（孙忠博　李宇鹏）

【举办化工制药与生物工程类专业教育研讨会】　10 月 11 日，化工大学

举办化工、制药与生物工程类专业工程教育国际研讨会。会议研讨卓越工程人才培养（特别是化工、制药与生物工程类专业），基于企业全球化的国际联合培养以及基于工程和创新的产学研合作教育，中国“卓越工程师教育培养计划”与“华盛顿协议”国际工程专业认证体系衔接等方面内

容。会上，国内外专家分别作《行业大学和工程教育》《ABET认证的课程计划质量保证体系及其全球影响力》《40年来工程教育模式的理论与实践》主题报告。来自德国、美国、法国、加拿大和中国的高校、企业以及认证机构的专家和教师共计100人参加会议。

（孙忠博　李宇鹏）

【新增两个博士后流动站】　10月13日，化工大学新增两个博士后流动站。新增流动站为环境科学与工程和生物工程。至此，该校共有7个博士后科研流动站，涵盖27个二级学科博士点。7个博士后科研流动站分别是，化学工程与技术、环境科学与工程、材料科学与工程、动力工程及工程热物理、控制科学与工程、化学、生物工程流动站。

（孙忠博　李宇鹏）

【9名博士生首次获评校长奖学金】　10月17日，化工大学9名博士研究生获评首届学校校长奖学金。该奖学金旨在奖励在基础理论研究和学术前沿探索方面取得重大突破、在应用技术创新和工业化应用方面做出重大贡献的博士研究生，每年奖励名额不多于10名，其中基础理论研究和学术前沿探索方面不多于5名，应用技术创新和工业化应用方面不多于5名，奖励标准为每人5万元。

（孙忠博　肖勇）

北京工商大学

党委书记　孙尧东（6月免）
　　　　　谭向勇（6月任）
校　　长　谭向勇（6月免）
　　　　　孙宝国（8月任）

【概况】　2014年，北京工商大学占地面积82万平方米，其中阜成路校区21万平方米，良乡校区61万平方米，总建筑面积45.54万平方米，其中阜成路校区19.76万平方米，良乡校区25.78万平方米。固定资产总值21.29亿元。图书馆馆舍总面积24767平方米，截至目前，馆藏中外文文献254万余册，其中，纸本文献166万册，电子图书88万余册，各类数据库95个，中文报刊1660份、外文报刊96份。拥有计算机8763台。学校信息化经费投入3302万元，多媒体教室座位21117个，信息化设备资产31792万元，网络信息点21180个，校园网出口总带宽700Mbps，电子邮件系统用户14666个，上网课程156门，数字资源量18030GB，管理信息系统数据总量5094GB。学校现设10个学院、1个教学部；拥有2个国家级检测中心、1个国家级实验教学示范中心、2个北京市重点实验室、1个北京高等学校工程研究中心、3个北京市研究基地，获批3个省部级协同创新中心、3个北京市高校实验教学示范中心；学校现有“服务国家特殊需求博士人才培养项目”1个，联合培养博士学位授权点1个，硕士学位授权点一级学科16个、专业硕士学位授权点19个（其中工程硕士专业领域7个）、本科专业49个；拥有北京市重点学科4个，北京市重点建设学科6个，国家级特色专业建设点5个，北京市特色专业建设点8个，国家级本科专业综合改革试点1个，北京市专业群建设与改革试点1个，北京市专业综合改革试点3个；2014年9月，“食品科学与工程”学科获批新设博士后科研流动站。学校现有教职工1415人，其中专任教师871人。专任教师中，教授142人，副教授及其他副高级专业技术职务369人，具有博士和硕士学位的教师分别为477人和296人。现有中国工程院院士3人（含双聘院士2名），享受国务院政府特殊津贴专家8人，全国优秀教师1人，全国高校优秀骨干教师1人，新世纪百千万人才工程国家级人选2人、市级人选4人，省部级有突出贡献专家7人，教育部新世纪优秀人才2人。毕业生4483人，其中，学历教育学生中全日制研究生687人（硕士生687人）、普通本专科生2860人（本科生2860人）、成人教育本专科生936人（本科生598人、专科生338人）；非计划招生高等教育学生中在职人员攻读博士硕士学位19人（硕士生19人）。本科生一次就业率97.31%。招生4461人，其中，学历教育学生中全日制研究生802人（博士生3人、硕士生799人）、普通本专科生2892人（本科生2892人）、成人教育本专科生767人（本科生554人、专科生213人）；非计划招生高等教育学生中在职人员攻读博士硕士学位63人（硕士生63人）。高考本科北京地区提档线，理工类：一批546分，二批533分；文史类：一批567分，二批558分；艺术类综合分：682分。在校生16700人，其中，学历教育学生中全日制研究生2126人（博士生4人、硕士生2122人）、普通本专科生11728人（本科生11728人）、成人教育本专科生2846人（本科生913人、专科生1933人）；非计划招生高等教育学生中在职人员攻读博士硕士学位121人（硕士生121人）。留学生招生71人、在校生75人。网址：www.btbu.edu.cn。

（杨蓉　张晓磊）

【召开中国食品安全电子商务高层研讨会】　2月22日，工商大学召开中国食品（农产品）安全电子商务高层研讨会。研讨会由工商大学、中国食品业诚信联盟、龙宝溯源商城、诚信食品安全网共同举办。会议研讨中国食品（农产品）安全存在的问题及其发展趋势，探讨中国食品（农产品）电子商务示范园区建设，发布《2013～2014年中国食品（农产品）电子商务发展报告》，举行“中国食品（农产品）安全电子商务研究院”授牌启动仪式。商务部、农业部、国家粮食局和北京市有关部门领导，实业界、学术界专家40余人出席会议。

（杨蓉　张晓磊）

【召开国际商务与中国的复兴研讨会】

5月21至22日，工商大学召开“21世纪的国际商务与中国的复兴”国际研讨会。研讨会由美国商务管理学会主办，工商大学和天津外国语大学共同承办，由大会和分会组成。会议听取财政部朱光耀就中国经济与全球经济的关系进行主旨发言，发言介绍世界经济的发展趋势和前景，并从中国经济的现状和发展趋势、全球经济所面临的挑战两个方面进行阐述。国务院发展研究中心、京东商城、美国昆尼皮亚克大学等专家学者做专题发言。分会围绕“会计与金融主题”“营销与当代社会”“企业家与经济发展”“全球经济中的跨文化交流”“全球管理”5个主题发言。来自美国、加拿大、墨西哥等国专家学者40人和国内相关高校和研究机构专家学者20人参加会议。

（杨蓉　张晓磊）

【新增3个硕士专业学位授权点】 7月9日，工商大学新增3个硕士专业学位授权点。分别是新闻与传播、翻译和食品工程（工程硕士）硕士专业学位授权点。3个硕士专业学位授权点的获得，完成学校“十二五”的硕士专业学位授权点的任务，使学科布局更加合理，学科特色更加突出。

（杨蓉　张晓磊）

【新增1个博士后科研流动站】 9月2日，工商大学新增一个博士后流动站。该校“食品科学与工程”学科获批新设博士后科研流动站，这是该校首个博士后流动站。11月14日，该校举办举办食品科学与工程博士后科研流动站授牌仪式。

（杨蓉　张晓磊）

【发布中国上市公司会计投资者保护指数】 9月26日，工商大学举办中

国上市公司投资者保护论坛暨会计投资者保护指数（AIPI2014）发布会。论坛研讨“商经企业改革与发展问题”“投资者保护与中国会计梦”“国有企业改革与投资者保护”等问题。论坛上，该校第五次发布会计投资者保护指数，该指数研究2515家主板、中小板、创业板的公司，总体情况来看，投资者保护指数呈V型，有触底回升的态势，但投资者保护依旧不容乐观。在京高校和科研机构代表以及该校师生100人参加论坛。

（杨蓉　张晓磊）

【中外合作办学项目获教育部批准】 10月，工商大学与爱尔兰考克大学合作举办的“食品科学与工程（国际）专业本科教育项目”获得教育部批准。该项目采用国内学习四年的“4＋0”办学模式，学制4年，每年计划招生40人，双方拟于2015年开始招生，纳入国家普通高等学校招生计划。中外双方通过共同建设国际化的师资队伍，共同设计、组织和实施国际化教学、管理与质量保证体系，实行英文教学与考核。完成学业并符合工商大学与考克大学毕业与学位授予要求的学生，将分别获得工商大学的本科毕业证书和学士学位证书以及考克大学的学士学位证书。

（杨蓉　张晓磊）

【首次举行集中式期中考试】 11月

22日和23日，工商大学举行集中式期中考试。该集中考试旨在进一步加强考试管理，促使学生更加重视考试，进而大力促进考风建设。两天中共进行“大学英语（一）”“基础英语（Ⅰ）”“英语阅读与写作（Ⅰ）”“综合英语读写（一）”“高等数学（上）”等11门课程7场考试。该校大一、大二学生7000人次参加考试。

（杨蓉　张晓磊）

【举办首都现代服务业发展论坛】 12月20日，工商大学举办首都现代服务业发展论坛。论坛由工商大学和中国商业经济学会共同主办，主题是“互联网时代的战略转型与模式创新”，采用“主题演讲＋对话”的形式。北京市商务委员会、京东集团、中央财经大学专家分别作主题为“首都商贸流通业的未来发展”“电子商务的再认识”“电子商务促进经济转型和现代业发展”的演讲，分别详细阐述商务流通业在北京经济社会发展中的地位和作用、商务流通业发展现状以及电子商务与农业转型、电子商务与制造业升级、电子商务与服务业提升、互联网经济与企业商业模式创新等问题。与会专家围绕零售商O2O融合、大数据应用、按需定制、社区物流体系建设、产业链互联网化、微电商等话题进行交流互动。来自政企、高校相关专家学者、研究生150人参加论坛。

（杨蓉　张晓磊）

北京服装学院

党委书记　呼文亮（11月19日免）
院　　长　刘元凤

【概况】 2014年，北京服装学院占地面积32万平方米，学校产权校舍建筑面积22.22万平方米、非产权校舍建筑面积4.02万平方米。全年教育经费投入48208.29万元，其中，国家拨款36846.37万元、自筹经费11361.92万元。固定资产总值4.95亿元，其中，教学、科研仪器设备资产值2.69亿元。图书馆建筑面积8408平方米，藏书63.27万册，其中，纸质图书63.27万册、电子图书2174.28GB。拥有计算机4730台。学校信息化经费投入465.33万元，多媒体教室148个，信息化设备资产2823.32万元，网络信息点数6000个，校园网出口总带宽800Mbps，电子邮件系统用户数10000个，上网课程数327门，数字资源量18677.76GB，管理信息系统数据总量3000GB。下设朝阳区和平街北口樱花东街和昌平区小汤山镇北七家两个校区，设有5个二级学院、2个系、2个教学部和1个教学中心；开设28个本科专业，覆盖艺、工、文等6个学科门类，有1个博士人才培养项目，有8个一级学科硕士授权点，1个二级学科硕士点，2个专业硕士学位授权点，4个双学位专业点。1个北京市重点建设一级学科、3个北京市重点建设二级学科，5个市级科研机构，1个北京市大学科技园。有国家级特色专业建

设点4个、市级特色专业建设点6个，国家级优秀教学团队1个、市级优秀教学团队4个，国家级实验教学示范中心1个、市级实验教学示范中心2个，国家级人才培养模式创新实验区1个，国家级校外人才培养基地1个、市级校外人才培养基地3个，国家级教学成果奖1项，市级精品课程5门，北京高等教育精品教材10部，承担国家级规划教材20部。教职工758人，其中，专任教师525人，包括教授71人、副教授180人；博士生导师6人、硕士生导师180人。享受政府特殊津贴专家3人。外籍教师5人，其中，教授2人、副教授3人，短期聘用102人。毕业生1990人，其中，学历教育学生中全日制硕士研究生213人、普通本科生1415人、成人教育本专科生362人（本科生186人、专科生176人）。本科毕业生就业率95.99%。招生2299人，其中，学历教育学生中全日制研究生281人（博士生3人、硕士生278人）、普通本专生1503人、成人教育本专科生487人（本科生268人、专科生219人）；非计划招生高等教育学生中在职人员攻读硕士学位28。高考北京地区本科提档线理科495分，文科538分。在校生8458人，其中，学历教育学生中全日制研究生753人（博士生5人、硕士生748人）、普通本科生5955人、成人教育本专科生1692人（本科生962人、专科生730人）；非计划招生高等教育学生中在职人员攻读硕士学位58人。留学生毕业10人、招生179人、在校生232人。网址：www.bift.edu.cn。

（付佳）

【举办中国时尚产业O2O与大数据论坛】 3月28日，北服举办中国时尚产业O2O与大数据创新高峰论坛。论坛以“打通·落地”为主题，研讨中国时尚产业的O2O与大数据商业模式创新问题。会上，该院中国时尚产业大数据管理中心揭牌。来自商业地产、金融投资、服装服饰以及国内高校代表1000人参加论坛。

（付佳）

【与14所京内外高中签订生源基地协议】 4月12日，北服与14所京内外高中签订优质生源基地协议。根据协议，签约中学输送优秀学生到该院，实现该院与中学的有效衔接。签约中学分别是北京景山学校、北京市广渠门中学、南京市宁海中学、黑龙江省实验中学、佛山市南海区艺术高级中学、保定市美术中学、北京市第二中学、北京第六十五中学、北京陈经伦中学、北京市大峪中学、北京市昌平区第一中学、北京市昌平区第二中学、北京市昌平区前锋学校、北京市昌平区实验中学。

（付佳）

【与纽约市立大学布鲁克林学院签订合作协议】 4月21日，北服与美国纽约市立大学布鲁克林学院签订合作协议。根据协议，双方在师生交流、课程设置、合作办学等方面开展全方位合作。

（付佳）

【举办国际艺术教育创新论坛】 4月25日，北服举办2014国际艺术教育创新论坛。论坛以 为主题，研讨艺术教育资源、创新研发国际艺术教育课程体系、留学项目等问题。该院、英国诺森比亚大学、意大利米兰奢侈品学院等国内外高校专家作专题演讲。来自国内外艺术院校、媒体、艺考培训机构的艺术教育界专家100人参加研讨。

（付佳）

【举办中国国际大学生时装周高峰论坛】 4月27至28日，北服举办中国国际大学生时装周高峰论坛。论坛以“大数据时代下服装品牌的创新与提升——技术与时尚”和“大数据时代下服装品牌的创新与提升——设计未来与设计教育改革”为主题，邀请国内专家围绕主题作专题演讲。来自服装企业代表、高校教师120人参加论坛。

（付佳）

【与外经贸大学开展暑期合作项目】 7月，北服与对外经济贸易大学开展暑期合作项目。该院大一至大三年级的学生报名参加外经贸大暑期国际学校，享受院校合作的学分学费优惠（400元/学分）。学习期满，外经贸大向学生提供成绩单及成绩证明，该院学生获得学分后，学校将全额报销全部学费，所获学分可在该院进行公共选修课的学分认定。外经贸大向该院学生开放的课程共计30门，该院艺术设计学院、商学院、外语系的学生报名参加该项目的学习。

（付佳）

【与榆林市签订合作协议】 9月25日，北服与陕西省榆林市政府签订合作协议。根据协议，双方围绕发展规划、人才培训、科技研发、设立奖学金4个方面开展全面合作。该院为榆林市提供智力支持，为地方企业开展科技研发和人员培训。地方政府在该校设立榆林奖学金用于奖励品学兼优研究生。

（付佳）

【发布新校训】 10月18日，北服发布新校训“弘毅日新衣锦天下”。“弘毅”取自《论语》“士不可以不弘毅，任重而道远。”要求北服人要心胸开阔，抱负远大，坚忍不拔。“日新”取自《礼记》“苟日新，日日新，又日新。”要求北服人要不断进取，开拓创新，追求卓越，引领时尚。“衣锦天下”取自《易经》“垂衣裳而天下治”，蕴含衣被天下、衣美天下之意，表达北服人努力使中国人民、世界人民生活得更加美好、自信，以及建设美丽中国、美丽世界的愿景。

（付佳）

【举办建校55周年校友返校日活动】 10月18日，北服举办建校55周年校友返校日活动。活动由“未来即现在”国际青年设计师邀请展校友专场和校庆五十五周年文艺汇演组成，邀请展展出该院师生和校友各时期55组作品，汇演由《筚路蓝缕岁月如歌》《弦歌咏诵、薪火相传》《歌乐染绿、梦萦北服》三部分组成，全部由该校师生出演。该院校友和在校师生共计2000人次参加活动。

（付佳）

【举办新媒体与智慧商业论坛】 12月4日，北服举办新媒体与智慧商业国际论坛。论坛研讨中国崛起与挑战、互联网思维与商业模式变革、移动互联驱动下的时尚传播创新、大数据背景下服装零售业向智慧商业转型的发展与挑战，英国巴斯斯巴大学、中国传媒大学以及该院专家作专题演讲。来自政府部门、行业协会、国内高校相关领域专家学者共计300人参加论坛。

（付佳）

北京邮电大学

党委书记 王亚杰
校　　长 乔建永

【概况】 2014年，北京邮电大学占地面积79.99万平方米，建筑总面积82.65万平方米。固定资产总值206321.50万元，其中教学、科研仪器设备总值67418.74万元。图书馆建筑面积15511平方米，藏书185万册，电子图书644万册。全年教育经费总投入139111.68万元，其中，国家拨款89398.04万元、自筹经费49713.64万元。设有15个教学单位、3个研究院，并设有研究生院。有博士学位授权一级学科点7个，硕士学位授权一级学科点19个，博士学位授权二级学科点2个，硕士学位授权二级学科点3个，有7类专业硕士学位授权点，有36个本科专业，建立博士后流动站6个，博士后研究人员进站36人，出站17人，在站74人。现有一级学科国家级重点学科2个、北京市重点学科7个。设有国家重点实验室2个、国家工程实验室5个（其中2个为牵头、3个为合作）、教育部工程研究中心2个、高等学校学科创新引智基地2个、各类部级重点实验室9个和北京市国际科技合作基地5个。教职工2114人，其中，专任教师1486人；专任教师中教授226人，副教授475人；中国科学院院士1人，中国工程院院士2人（其中1人为双院士）；“长江学者奖励计划”特聘教授4人；享受政府特殊津贴专家133人。外籍教师56人（包括长期9人，短期47人），其中，教授7人，副教授8人。毕业生18305人，其中，全日制研究生2740人（博士生210人、硕士生2530人），普通本科毕业生3069人，成人教育本科生728人，网络教育本专科生10454人（本科生5153人、专科生5301人），在职研究生1314人。本科生就业率99.54%，研究生就业率100%。招生23554人，其中，全日制研究生3132人（博士生334人、硕士生2798人），普通本科生3508人（含港澳台侨9人），网络教育本专科生16268人（本科生8381人、专科生7887人），在职研究生646人。高考北京地区最低录取线理科623分（国际合作办学547分）、文科601分。在校生83273人，其中，全日制研究生9630人（博士生1402人、研究生8228人），普通本科生13970人，成人教育本专科生2300人（本科生1612人、专科生688人），网络教育本专科生48740人（本科生30141人、专科生18599人），在职研究生8633人。留学生毕业33人，招生80人，在校生315人。网址：www.bupt.edu.cn。

（吴昊）

【成立可信网络通信协同创新中心】

4月14日，北邮牵头成立可信网络通信协同创新中心。该中心与电子科技大学、解放军信息工程大学、中国电子科技集团公司、中国移动通信有限公司等协同单位共同发起，瞄准网络安全与信息化的重大需求，面向中国信息通信行业紧迫需求和学术前沿发展，通过承担基础研究和共性关键技术攻关任务，培养拔尖创新人才，建成“人才、学科、科研”三位一体的国家级可信网络通信关键技术研究中心，为实现中国由网络大国到自主研制的网络强国转变提供技术支持和人才支撑。

（吴昊）

【举办大学生创新实践成果展示交流会】 4月24日，北邮举办大学生创新实践成果展示交流会。

交流会以“我创新·我精彩”为主题，共有包括模式识别、网络应用、机电与机器人、智慧校园、移动互联、物联网、软件设计等在内的12个主题展区，举办创新论坛9场，169个项目参展，69个项目参加项目推介，大学生创新创业训练计划共立项408项。

（吴昊）

【成立研究生培养指导委员会】 5月22日，北邮成立研究生培养指导委员会。首届委员会由15名专家教授组成，主职责在于切实加强研究生培养过程的质量管理，发挥专家、教授在研究生培养工作中的咨询、指导和评议作用，进一步提高研究生的培养质量和教育管理水平。

（吴昊）

【灾备技术国家工程实验室通过验收】 6月21日，北邮灾备技术国家工程实验室通过教育部验收。专家组通过实地勘察、现场提问等环节，认为该实验室达到标准通过验收。该实验室2008年开始建设，开展数据备份技术、数据恢复技术、数据可靠性技术、灾备标准体系和灾备技术测试验证等领域研究，拥有科研人员65人，其中，高级职称48人。

（吴昊）

【举办中外合作办学教育教学论坛】 6月25至26日，北邮举办中外合作办学教育教学论坛。论坛分别以“中外合作办学质量建设：机制保障与管理创新”和“中外合作办学资源融合：专业建设与科研创新”为主题，探讨当前中外合作办学的现状和趋势。来自国内外专家学者50人参加论坛。

（吴昊）

【与延庆县签订合作协议】 11月20

日，北邮与延庆县政府签订战略合作协议。根据协议，双方将在人才培

养、科研服务、经济发展及其他领域展开合作。延庆县将主动作为，履行承诺，推动双方深入合作。该校将结合延庆县经济社会发展的实际特点，发挥智力资源和科研优势，为延庆区域经济发展提供支持。

（吴昊）

北京印刷学院

党委书记 刘超美
院　　长 王永生

【概况】 2014年，北京印刷学院占地面积21.68万平方米，学校产权建筑面积194302平方米。固定资产总值72754.81万元，其中，教学、科研仪器设备资产值34906.67万元，信息化设备资产值18018.46万元。图书馆建筑面积15170平方米，纸质藏书103.53万册，电子图书2850GB。全年教育经费投入52302.08万元，其中，国家拨款43683.18万元、自筹经费8618.90万元。学校信息化设备资产值18018.46万元，拥有计算机4002台，网络信息点7561个，电子邮件系统用户1320个，上网课程3122门，数字资源量145508GB，管理信息系统数据总量3000GB。校区设置13个院（系、部）；专科（高职）专业5个；开设本科专业26个，覆盖4个学科门类；具有硕士学位授权一级学科点7个，专业学位学科授权点5个，硕士学位授权二级学科点19个。北京市重点学科4个，北京市重点实验室（研究院、工程中心）8个，国家级特色专业2个，国家级优秀教学团队1个，北京市特色专业4个，北京市级优秀教学团队4个。教职工791人，其中，专任教师510人，包括正高级职称53人、副高级职称192人；博士生导师（兼职）23人，硕士生导师131人；中国科学院院士（兼职）1人，中国工程院院士（兼职）1人，“长江千人计划”入选者3人，“长江学者奖励计划”讲座教授1人，“长江学者奖励计划”特聘教授3人，“国家杰出青年科学基金”获得者2人，北京市高层次人才2人，北京市学术创新人才4人，北京市“长城学者”培养计划入选者3人，新世纪百千万人才工程北京市入选者（人）1人，海外高层次人才（兼职）2人。毕业生2424人，其中，普通本科生1355人，普通专科生230人，成人本科生200人，成人专科生483人，硕士研究生156人。招生2758人，其中，普通本科生1429人，普通专科生188人，成人本科生273人，成人专科生666人，硕士研究生202人。在校生8969人，其中，普通本科生5971人，普通专科生650人，成人本科生535人，成人专科生1261人，硕士研究生552人。网址：www.bigc.edu.cn。

（谢丹）

【召开双代会】 1月11日，印刷学

院召开第五届教职工代表大会暨第六届工会代表选举大会。会议通过第五届教职工代表大会暨第六届工会代表大会决议，选举产生该校第五届教代会执委会、第六届工会委员会、工会经费审查委员会和教代会工会下设的6个专门工作委员会。

（谢丹）

【与罗彻斯特理工学院签署合作协议】 1月17日，印刷学院与罗彻斯特理工学院签订合作协议。根据协议，双方将在特色学科专业建设、学生联合培养、科学研究项目等方面开展合作。

（谢丹）

【国家绿色印刷包装产业协同创新基地获批】 3月21日，印刷学院北京绿色印刷包装产业技术研究院被国家新闻出版广电总局认定为国家绿色印刷包装产业协同创新基地。该基地2011年成立，整合校内外资源，创新体制机制，推动协同创新，主动服务于新闻出版行业和首都经济社会的发展需求，取得明显成效，得到总局和北京市委市政府的充分肯定。

（谢丹）

【四川地区校外实践教育基地揭牌】 5月12日，印刷学院与四川日报报业集团印务公司正式签订合作协议。根据协议，双方共建校外实践教育基地，该基地将面向该院学生，开展相关专业实践教育活动。

（谢丹）

【召开专业学位研究生教育改革座谈会】 6月4日，印刷学院召开专业

学位研究生教育改革座谈会。会议从学校发展历程、中长期发展战略、资源配置、学科建设、人才培养机制、现代大学制度六个方面阐述当前学校面临的发展机遇与挑战，提出对学校学科建设与研究生教育发展目标与实施路径的思考。校外兼职导师分别从学校发展目标与实施路径、学科建设与规划、专业学位研究生教育等方面做专题发言。

（谢丹）

【与青岛出版集团签署合作协议】 6月8日，印刷学院与青岛出版集团签订合作协议。根据协议，校企双方按照“资源共享、优势互补、深度合作，共同发展”的原则开展全方位战略合作，实现资源优势向竞争优势和可持续发展优势的转化，促进双方的共同发展。

（谢丹）

【成立数字出版与传媒研究院】 7月

17日，印刷学院成立数字出版与传媒研究院。研究院实行项目拉动及项目管理制，人员采取岗位聘用与竞争上

岗相结合的双向流动机制。研究院与新闻出版学院协同共建，双方共享科学研究成果，共担学科建设任务，力争短期内成为中国数字出版与传媒高级人才培训中心、数字出版与传媒学术交流中心、数字出版与传媒交流合作咨询中心、服务中心以及中国数字出版与传媒领域“智库”。

（谢丹）

【主办数字出版与数字印刷新业态学术研讨会】 8月28日，印刷学院主办数字出版与数字印刷新业态发展国际学术研讨会。会议通过主旨报告、学术交流与对话的方式，分析数字出版与数字印刷的最新学术动态和科技发展趋势，探讨数字出版与数字印刷发展进程中深层次的学术研究、管理体系、人才培育等问题。来自中外出版印刷业专家学者70人参加会议。

（谢丹）

【首获国家级教学成果奖】 9月，印刷学院首获国家级教学成果奖。该院“面向行业，构建‘四位一体’的印刷出版创新人才培养模式”获二等奖。该培养模式是指在国家深化文化体制改革、推动文化大发展大繁荣、传统印刷出版产业结构调整与转型升级的背景下，针对印刷出版人才培养与行业发展需求不适应的状况，提出的政产学研用协同创新的人才培养理念，构建的以工、文、艺多学科交叉融合的课程体系为核心、以校企一体化的实践创新平台为基础、以结构优化的教师队伍为支撑、以开放多元管理机制为保障的人才培养模式。

（谢丹）

【举办博士后学术创新论坛】 10月

14日，印刷学院举办首届博士后学术创新论坛。论坛研讨如何做好博士后科研工作，论坛上，该院新入站的博士后代表作主题发言。该院博士后工作指导小组成员、新入站清华大学与北印联合培养的博士后、年龄在40周岁以下具有博士学位教师参加论坛。

（谢丹）

北京建筑大学

党委书记 钱军（10月免）
王建中（10月任）
校　　长 朱光

【概况】 2014年，北京建筑大学占地面积62.4万平方米，建筑面积49.89万平方米。固定资产总值96262万元，其中，教学、科研仪器设备总值为52975万元。全年教育经费投入72101万元，其中，国家拨款58733万元，自筹经费13368万元。图书馆建筑面积22473平方米，纸质藏书136万册，其中与住建部中国建筑文化中心共建中国建筑图书馆共享38万册，电子图书6000GB。学校信息化设备资产14337万元，拥有计算机5193台，多媒体教室140间，网络信息点13510个，校园网出口总带宽710Mbps，电子邮件系统用户1574个，上网课程522门，数字资源量9000GB。有西城、大兴2个校区，下设11个学院和3个基础教学单位。有35个本科专业，其中国家级特色专业3个，北京市特色专业7个；有1个服务国家特殊需求博士人才培养项目；12个一级学科硕士点，涵盖55个二级学科硕士点，5个专业学位授权类别点和8个工程专业学位授权领域点，1个交叉学科硕士点。有一级学科北京市重点学科3个、一级学科北京市重点建设学科2个。有22个省部级科研基地和大学科技园，其中，教育部工程研究中心1个，教育部重点实验室1个，国家测绘局重点实验室1个，北京市重点实验室4个，北京市高校工程研究中心1个，北京市工程技术研究中心4个，北京市哲学社会科学研究基地1个，北京市国际合作基地2个，北京市研究和培养基地1个，北京建筑科技一大学科技园1个。定期出版专业刊物1种。有教职工995人，其中，专任教师674人，包括教授105人、副教授315人。外籍教师5人。享受政府特殊津贴专家29人，“长江学者奖励计划”特聘教授1人，北京市百名领军人才1人，北京市留学人员创新创业特别贡献奖获得者1人，北京市有突出贡献的科学、技术、管理人才1人，长城学者3人，市级新世纪百千万人才工程入选者4人，教育部、住建部专业指导和评估委员会委员9人，省部级优秀教师、高层次人才、青年拔尖人才、青年英才、学术创新人才、科技新星等64人。毕业生2675人，其中，学历教育学生中全日制硕士研究生380人，普通本科生1594人，成人教育本专科生701人。本科毕业生一次就业率达到96.86%。招生3096人，其中，学历教育学生中全日制硕士研究生461人，博士研究生3人，普通本科生1863人，成人教育本专科生769人。高考北京地区提档线为一批理科548分，一批文科579分，二批理科495分，二批文科527分。在校生11904人，其中，学历教育学生中全日制硕士研究生1281人，博士研究生4人，普通本科生7703人，成人本专科生2916人。留学生毕业9人，招生47人，在校生83人。网址：www.bucea.edu.cn。

（李长浩）

【举办中国绿色建筑产业专家论坛】 6月5日，建筑大学举办中国绿色建筑产业专家论坛。该论坛由该校与清华大学、天津大学等9所高校合办，以“寻找绿色契机，促进产业发展”为主题，从绿色建筑设计、人才、材料、城市等角度研讨绿色建筑产业的发展问题，为我国绿色建筑产业建言献策。来自国内相关领域专家、学者共计50人参加论坛。

（李长浩）

【举行中国高等建筑教育高峰论坛】 7月16至18日，建筑大学举办首届中国高等建筑教育高峰论坛。论坛以“建设领域土建类专业卓越工程师教育”为主题，研讨卓越工程师教育培养计划通用标准实施与土建类专业标准制定、工程实践教育中心建设的探索、卓越计划质量评价研究等8个议题。来自中国建设教育协会，建设领域土建类专业卓越工程师教育培养计划实施高校的专家学者100人参加论坛。

（李长浩）

【召开海峡两岸信息科学与技术学术交流会议】 8月22至24日，建筑大学召开第八届海峡两岸信息科学与技术学术交流会议。会议由北京建筑大学、北京交通大学、淡江大学等高校合办，以“研究信息领域关键技术、创建便捷舒适的智慧城市”为主题，研讨建筑智能化、下一代网络技术、信息网络安全等领域问题，共录用中英文论文90篇。来自两岸高校专家学者100人参加论坛。该会议自2006年开始，在两岸大学中轮流举办，是海峡两岸信息学科领域的专家学者为促进学术交流、分享研究成果而举办的系列学术会议，对于加强两岸的学术交流、推动信息技术的发展发挥重要作用。

（李长浩）

【召开文化遗产保护规划理论及实践学术研讨会】 9月19日，建筑大学召开文化遗产保护规划理论及实践学术研讨会。会议由该校与中国建筑设计研究院建筑历史研究所联合主办，研讨中国文化遗产保护规划面临的机遇与挑战、经验与问题、理论与方法，以及新出现的类型等问题。来自国内相关领域专家学者共计50人参加研讨。

（李长浩）

【新图书馆开馆】 12月27日，建筑大学新图书馆开馆。新图书馆位于该校大兴校区，形体为方型建筑，高32米，长宽各70米，地上7层，地下1层，总建筑面积35025平方米，总使用面积22473平方米。图书馆空间的组成包括藏、借、阅、管四部分，共藏书136万册，读者座位数3200个，建设有报告厅、会议室、校史展览区等。该馆2009年8月开始设计，2011年11月开工建设。

（李长浩）

北京石油化工学院

党委书记 高锦宏
院　　长 郭文利

【概况】 2014年，北京石油化工学院占地面积28.67万平方米，学校产权校舍建筑面积21.22万平方米、非产权校舍建筑面积0.99万平方米。全年教育经费投入47585万元，其中，国家拨款40207万元、自筹经费7378万元。固定资产总值91901.48万元，其中，教学、科研仪器设备资产值44572.96万元。图书馆建筑面积9020平方米，藏书193.73万册，其中，纸质图书83.03万册、电子图书110.70万册。拥有计算机5301台。学校信息化经费投入859.21万元，拥有计算机5301台，多媒体教室座位10813个，信息化设备资产7562.3万元，网络信息点12697个，校园网出口总带宽700Mbps，电子邮件系统用户12651个，上网课程47门，数字资源量37808.3GB，管理信息系统数据总量842.14GB。设有清源校区（主校区）、康庄校区、燕山校区3个校区，有12个教学院（系、部）、1个思想政治教育中心、1个高水平运动队管理中心、2个研究院。开设27个专业，覆盖工、理、管、经、文五个学科。有专业硕士授权点2个。有北京市重点建设学科4个，教育部特色专业3个，北京市特色专业5个，“卓越工程师教育培养计划”试点专业8个。有国家级工程实践教育中心2个，国家级虚拟仿真实验教学中心1个，国家级大学生校外实践教育基地1个。有北京市重点实验室3个，北京市高校工程研究中心1个，北京市高校实验教学示范中心3个，北京市哲学社会科学研究基地1个。北京市人才培养与产学研基地2个，北京市校外人才培养基地5个。在编教职工794人，其中，专任教师492人，包括教授63人、副教授178人；博士生导师10人，硕士生导师67人。享受政府特殊津贴专家1人。外籍教师4人，其中，教授1人。毕业生2445人，其中，普通本科生1828人、成人教育本专科生617人（本科生285人、专科生332人）。本科毕业生就业率97.87%。招生2362人，其中，学历教育学生中全日制专业硕士研究生42人、普通本科生1802人、成人教育本专科生518人（本科生232人、专科生286人）。高考提档线，北京地区文科520分，理科504分。在校生8552人，其中，学历教育学生中全日制专业硕士研究生165人、普通本科生7166人、成人教育本专科生1221人（本科生546人、专科生675人）。留学生毕业4人，招生35人，在校生53人。网址：www.bipt.edu.cn。

（李娜娜）

【一中心入选国家级虚拟仿真实验教学中心】 2月，石化学院“石化工

程虚拟仿真实验教学中心”成为首批100个国家级虚拟仿真实验教学中心之一。中心由石化学院和北京燕山石油化工有限公司合作，历经8年建成，包括石油化工生产过程仿真实验实习车间、综合性安全生产实验培训车间、大型机组实验实习室、仿真变电站实验实习室等。中心建设坚持“虚实结合、相互补充、能实不虚”的原则，实践教学内容覆盖度较高，能满足学生专业实习实践教学的需要和企业职工培训的需求。石化学院每年到中心进行工程实践训练的学生达1300人，受益专业16个。中心还为全国其他10多所高校提供实践平台，年接待外校学生近千人。

（李娜娜）

【建立石化学生微信平台】 3月21日，石化学院开通学生工作官方微信“石化学生”。至年底，有3000名学生加入“石化学生”，结合学校重大活动，通过“石化学生”发布专题栏目183期，含新闻900条，日均5000人次阅读。

（李娜娜）

【公布新的教师职务晋升聘任办法】 4月24日，石化学院公布《北京石油化工学院教师职务晋升聘任办法》。

新办法对教师任职条件、教学与科研业绩、学术能力、破格晋升高级职务条件等作具体的规定，办法中还进一步突出对青年教师的激励导向。根据新办法，应有三分之一的晋升指标专门用于青年教师申报。

（李娜娜）

【召开第三次党代会】　7月4至6日，石化学院召开第三次党代会。党委作题为《抢抓机遇，奋发图强，为建设特色鲜明高水平应用型大学而奋斗》的工作报告。报告指出今后五年的主要任务，包括实施教育创新工程、发展研究生教育、学科转型提升工程、科研攀登工程、人才强校工程、体制创新、深化国际交流与合作、文化培育工程等。大会审议通过纪委工作报告和关于党费收缴、使用和管理情况报告。大会选举产生由21人组成的新一届党委和由7人组成的新一届纪委。会上通报党代表提案征集情况。

（李娜娜）

【实施新生引航工程】　9月3日，石化学院公布“345”新生引航工程实施计划。“345”，即确立增进新生与学校的价值认同、目标认同、社会认同三个认同目标；分大学前成长助力、入学集中教育、第一学期深入引航、第二学期持续助推四个阶段实施“引航”；以学业静修、身心阳光、素质致远、团队建设、思想引领五项计划全面助力新生无缝对接大学生活。

（李娜娜）

【成立中关村能源装备产业技术研究院】　11月2日，石化学院成立中关村能源装备产业技术研究院。该院是适应北京市国家科技创新中心定位，结合北京市重点发展“高精尖”产业需要、整合校内外资源，发挥机械工程学科科研实力，主要任务是提高石化学院协同创新能力，更好地服务首都经济社会发展。

（李娜娜）

【颁布辅导员系列教师职务晋升聘任办法】　11月27日，石化学院颁布《辅导员系列教师职务晋升聘任办法（试行）》。该办法适用于从事大学生思想政治教育的在岗专职辅导员、学生工作部门负责人及学生思想教育、心理健康教育、学风建设、学业指导、专职共青团等岗位教职人员，从思想政治条件与职业道德要求、学历资历条件与任职能力要求、业务条件等方面做出明确规定，为学生工作人员队伍专业化、职业化发展提供制度保障。

（李娜娜）

【举办十讲名师讲堂】　至年底，石化学院“名师讲堂”共开设十讲。讲堂宗旨是“服务教师、服务教学、服务科研、服务学术”。讲堂开办以来，北京师范大学教育管理学院名誉院长顾明远、美国波士顿马萨诸塞大学严文蕃等9名国内外高等教育专家先后应邀来校作报告。共有教职工400余人次听取现场报告。

（李娜娜）

北京电子科技学院

党委书记　沈永社
院　　长　陈子真

【概况】　2014年，北京电子科技学院占地面积7.93万平方米，建筑面积7.39万平方米，其中，教学行政用房建筑面积3.58万平方米、学生公寓建筑面积1.46万平方米。固定资产总值18484.06万元，教学、科研仪器设备总值9125.60万元。全年教育经费投入15378.91万元，其中，国家财政拨款11594.49万元。图书馆建筑面积4700平方米，藏书29.84万册，中文报刊527种，外文期刊41种，网上全文数据库13个，教师阅览室1个，电子阅览室2个。拥有计算机3150台，多媒体教室座位2200个，信息化设备资产7098.26万元，网络信息点1260个，校园网出口总带宽230Mbps，电子邮件系统用户总3432个，上网课程678门，数字资源量9000GB，管理信息系统数据总量90GB。下设5个系（信息安全系、电子信息工程系、计算机科学与技术系、通信工程系、管理系），2个教学部（人文社会科学教学部、基础学科教学部），开设8个本科专业（信息安全、信息与计算科学、电子信息工程、计算机科学与技术、通信工程、行政管理、信息管理与信息系统、保密管理），2个工程领域硕士专业学位授予点（电子与通信工程、计算机技术），3个联合培养硕士研究生专业（密码学、通信与信息系统、计算机应用技术）。在岗教职工335人，其中，专任教师150人，教授19人、副教授65人；博士学位59人、硕士学位117人；硕士生导师39人；16名教师享受国务院政府特殊津贴，5名教师获得“北京市教学名师”，9名教师获得“北京市优秀教师”。该校教师在研国家级课题31项，1项科研成果获省部级二等奖。毕业生585人，其中，普通本科生434人，成人教育本专科生151人（本科生111人、专科生40人）。招生490人，其中，全日制硕士研究生38人，普通本科生452人。高考北京地区提档线理科556分、文科615分。在校生2035人，其中，全日制硕士研究生116人，普通本科生1817人，成人教育本科生102人。网址：www.besti.edu.cn。

（张斌）

【召开新形势下密码安全防护技术研讨会】　2月28日，电科院召开新形势下密码安全防护技术研讨会。会议听取学校介绍密码科研工作情况和密码安全防护产品的研发使用情况，演示部分密码安全防护产品；与会代表围绕做好新形势下密码安全防护工作，进一步提高服务密码工作的能力水平进行讨论，交流经验。来自国家有关部委、各省（区、市）行业部门代表以及电科院有关部门共计100人参加会议。

（刘旭然）

【开展教学探索与实践活动总结会】　3月18日，电科院召开“好老师教学之道的探索与实践”教研活动总结会。总结会将该活动开展以来21项优秀成果进行展示、交流和评比，“从‘技巧’到‘思想’”等5项成果获得一等奖，“面向专业的课程定制”等6项成果获得二等奖。该活动2013年10月启动，活动期间，各教学团队就名师教学法、制作慕课微课、运用翻转课堂、开展混合式教学等问题开展交流研讨，对好老师的教学观念、教学艺术、教学方法等有更加深刻的认识。

（张斌）

【举办人文素质与公文写作比赛】 6月6日，电科院举行人文素质与公文写作大赛决赛。比赛内容涉及文、史、哲、艺等方面的基础知识，自然科学常识以及公文写作知识和应用技能。经过知识问答、公文辨析、人文演绎、人文探底四个环节的角逐，管理系一队获得一等奖，管理系二队、通信工程系队获得二等奖，信息安全系、计算机科学与技术系、电子信息工程系队获得三等奖。

（刘旭然）

【修订2014版本科培养方案】 6月26日，电科院完成2014版本科培养方案。学校为适应高等学校教育教学理念的发展和密码保密部门对人才培养的需求，制定信息管理与信息系统专业培养方案，修订信息安全、信息与计算科学、电子信息工程、计算机科学与技术、通信工程、行政管理、保密管理7个专业培养方案。新培养方案进一步丰富完善密码特色突出的人才培养目标和忠诚教育的培养机制，注重学习能力、实践能力、创新精神和综合素质的培养，更加贴近行业部门的用人需求。

（张斌）

【发布“一训三风”文字释义】 6月27日，电科院发布校训、校风、师风、学风释义文字表述。其中，校训为忠诚、笃学、创新、卓越，校风为严格、严谨、有序、有恒，师风为修身、博识、兢业、爱生，学风为尊师、尚德、精艺、自强。

（刘旭然）

中国农业大学

党委书记 姜沛民
校　　长 柯炳生

【概况】 2014年，中国农业大学总占地面积130万平方米、建筑面积120.91万平方米（不含校外住宅）。全年教育经费投入277036.63万元，其中，国家拨款205682.88万元、自筹经费71353.75万元。固定资产总值352527万元，其中，教学科研仪器设备总值125698.31万元。图书馆建筑面积2.12万平方米，藏书198.35万册。学校拥有计算机6310台，多媒体教室200间，信息化设备资产22401.25万元，网络信息点43843个，校园网出口总带宽3600Mbps，电子邮件系统用户28712个，上网课程956门，数字资源量10490GB，管理信息系统数据总量3310.5GB。学校分东西两个校区，设有14个学院、1个体育与艺术教学部和1个研究生院。具有一级学科数56个，一级学科博士点19个，博士学位授权点93个，硕士学位授权点169个，专业学位授权点10个，覆盖9个学科门类。学校有65个本科专业。设有博士后流动站14个，博士后研究人员出站75人，进站62人，在站176人。具有6个国家重点一级学科、6个国家重点二级学科，共覆盖24个二级学科；北京市重点学科10个。学校有3个国家重点实验室和1个国家工程实验室，72个省部级设置的实验室/（研究）中心/基地；1个国家级野外台站，6个部级野外台站。教职工2819人（在职），其中，专任教师1602人，包括教授（含研究员）577人，副教授（含副研究员）1004人；有导师1289人，其中博士生及硕士生导师729人，硕士生导师560人。中科院院士5人，工程院院士6人；“长江学者奖励计划”特聘教授19人，享受政府特殊津贴专家76人（不含退休）。外籍教师数39人，其中，教授4人，副教授6人。毕业生20499人，其中，学历教育中全日制研究生2274人（博士生644人，硕士生1630人），普通本科生3211人，成人教育本专科生5873人（本科生3127人，专科生2746人），网络教育本专科生12286人（本科生7321人，专科生4965人），非计划招生高等教育学生中在职人员攻读博士硕士学位455人（博士9人，硕士446人）。招生24145人，其中学历教育中全日制研究生2786人（博士生751人、硕士生2035人），普通本科生2828人、成人教育本专科生6098人（本科生3233人、专科生2865人），网络教育本专科生11990人（本科生5584人，专科生6406人），非计划招生高等教育学生中在职人员攻读博士硕士学位443人（博士31人，硕士412人）。高考北京地区录取线理科621分，文科594分。在校生82100人，其中，学历教育学生中全日制研究生7333人（博士生2875人，硕士生4458人），普通教育本科生11612人，成人教育本专科生14146人（本科生8345人，专科生5801人），网络教育本专科生47296人（本科生20728人，专科生26568人），非计划招生高等教育学生中在职人员攻读博士硕士学位1713人（博士生127人，硕士生1586人）。留学生毕（结）业124人，招生144人，在校生259人。网址www.cau.edu.cn。

（朱雯雯）

【主持完成的4个项目获得国家科技奖】 1月10日，农大主持完成的4个项目国家科技进步奖二等奖。4个项目分别是“干酪制造与副产物综合利用技术集成创新与产业化应用”“干旱内陆河流域考虑生态的水资源配置理论与调控技术及其应用”“保护性耕作技术”和“苹果贮藏保鲜与综合加工关键技术研究及应用”。其他由农大教师参与完成的4个项目获得国家科技进步奖或自然科学奖。

（朱雯雯）

【与市农委签订合作协议】 1月10日，农大与北京市农委及企业签订合作协议。根据协议，市农委组织市级以上农业龙头企业与该校各院所对接，围绕产业链各环节开展联合研发，解决关键技术难题，依托农业园区、企业和特色产业村，建设科研实验基地和应用示范基地，建设北京市农业信息“大数据”平台，加快促进北京农业信息化发展。共同组织面向北京农村实用人才的培训，积极培育新型农民。

（朱雯雯）

【举办植物生产系统的光能利用效率国际研讨会】 1月24至26日，农大举办首届植物生产系统的光能利用效率国际研讨会。会议研讨植物生产对光环境的反馈控制及其国内外技术动态，探讨园艺生产设施的光环境调控技术，以促进设施园艺生产的优质高效与可持续发展。来自中国、日本、荷兰等国专家学者共计100人参加研讨。

（朱雯雯）

【学校章程经核准发布】 9月3日，农大学校章程经教育部核准发布。该章程分为序言和正文两大部分。正文部分包括总则、学校与举办者、学校管理体制、学院管理体制、教职员工、学生、学校与社会、经费与资产管理、学校标识、附则10章，共计74条，全文7800余字。章程载明学校以农立校，特色兴校，围绕人类的营养与健康，以国家农业科技重大需求和国际学术前沿为目标，以农业科学、生物科学和农业工程等学科为特色和优势；载明学校内部党政、学术管理与监督体制；载明校长、教职员工和学生的权利与义务；载明学校要积极履行服务社会、文化传承与创新的责任，努力在保障国家粮食安全、食品安全和生态安全等方面做出重要贡献。核准书同时载明，章程自发布日起生效，未经法定程序不得修改。

（朱雯雯）

【成立中国土地政策与法律研究中心】 9月20日，农大成立中国土地政策与法律研究中心。该中心致力构建土地政策、经济、法律与制度的研究、教学和咨询平台，主要依托农大，由相关机构专家共同发起组建。成立仪式后，该中心举办论坛，围绕“我国农村土地制度改革：所有权、承包权与经营权的关系”的主题，解析和探讨社会新环境和改革新局面下的我国农村土地制度改革议题。

（朱雯雯）

【纪念陈延熙诞辰百年】 10月20日，农大召开陈延熙教授百年诞辰纪念会。纪念会高度评价陈延熙教授开创的微生态学理论和他在果树病理学及增产菌在促进农业上产上所做的贡献，鼓励青年教师和科研工作者教书育人、认真工作，在陈延熙教授开创的理论和事业上继续开拓创新，努力攻坚。来自国内外专家学者100人参加研讨。陈延熙（1914～1990），著名植物病理学家、教授，植物病害生物防治开拓者，长期从事植物病理领域教学、科研工作，他提出植物体自然生态系概念和微生态学理论以及据此创制的“增产菌”，成为中国植物病害生物防治的理论和应用依据，为中国植物病害防治工作作出卓越贡献。

（朱雯雯）

【曾士迈逝世】 12月31日，农大教授，植物病理学家、农业教育家，中国工程院资深院士曾士迈因病在北京逝世，享年88岁。曾士迈，1926年4月8日生于北京，1948年毕业于北京大学农学院植物病理系，长期从事农业教育和农业病虫害防治理论和技术的研究工作，是中国植物病害流行学创始人之一，倡导并开拓植保系统工程学和宏观植物病理学，曾任国务院学位委员会学科评议组召集人，农业部科技委常务委员、中国植病学会理事长、亚洲植病协会主席等职。执教近70年中，他为国家培养一大批研究生和优秀的农业科学技术骨干，1989年被授予国家级优秀教师称号；他在植物免疫学、植物病害流行学、植保系统科学和宏观植物病理学等学科领域均取得突出的成就，1995年当选中国工程院院士，2012年获中国植保学会终身成就奖。

（朱雯雯）

北京农学院

党委书记 郑文堂
院　　长 王慧敏

【概况】 2014年，北京农学院占地面积75.67万平方米，建筑面积（含学校产权建筑面积、非产权建筑面积）22.87万平方米、非产权建筑面积9.71万平方米。资产总值73296.95万元，其中教科仪器设备资产值34855.42万元。全年教育经费投入58583.16万元，其中，国家拨款45995.13万元，自筹经费12588.03万元。有计算机4350台。学校信息化经费投入1125.58万元，拥有多媒体教室座位7590个，信息化设备资产4135.82万元，网络信息点5000个，校园网出口总带宽1600Mbps，电子邮件系统用户14134个，上网课程2093门，数字资源量5120GB，管理信息系统数据总量3700GB。校区设置10个学院，4个教学部及继续教育学院。开设专业29个及覆盖学科7个；具有一级学科7个，硕士学位授权点12个和专业学位授权点14个。北京市重点学科5个。教职工1264人，其中，专任教师506人，包括教授102人、副教授

210人；有博士生导师12人和硕士生导师229人；享受政府特殊津贴专家5人；教育部高等学校教学指导委员会成员4人等国家级专家及其构成。外籍教师5人。毕业生2199人，其中，学历教育学生中全日制硕士研究生207人，普通本专科生1835人（本科生1463人、专科生372人），成人教育本专科生82人（本科生40人、专科生42人）；非计划招生高等教育学生中在职人员攻读硕士学位75人。本科毕业生就业率97.6%。招生2817人，其中，学历教育学生中全日制硕士研究生228人，普通本专科生2176人（本科生1653人、专科生523人）、成人教育本专科生230人（本科生131人、专科生99人）；非计划招生高等教育学生中在职人员攻读硕士学位183人。高考北京地区本科提档线理科501分、文科514分。在校生8905人，其中，学历教育学生中全日制硕士研究生526人，普通本专科生7469人（本科生6189人、专科生1280人），成人教育本专科生424人（本科生249人、专科生175人）；非计划招生高等教育学生中在职人员攻读硕士学位486人。有短期留学交换生23人。图书馆建筑面积15997平方米，馆藏纸质文献74.88万册、电子文献26万种。网址：www.bua.edu.cn。

（陈勇）

【制定创业六条】 3月，农学院制定

创业六条鼓励师生创业。创业六条规定，科技人员在兼职中进行的科技成果研发和转化工作，作为其职称评定的依据之一，学校新设科技成果转化岗位，评价合格人员可获得高级工程师（教授级）专业技术资格。学校设立科技园股权投资配套支持资金300万元，专业技术人员创办的新企业原则上可按照每家企业不高于15万元股权投资配套支持。学校股权退出时，按照原值加同期银行活期存款利息优先回购给创业团队。对于符合《国家大学科技园管理试行办法》中"在孵企业"条件的师生创办企业，两年内学校大学科技园免费为其提供20平方米办公用房。该规定颁布后，该院师生报名创业项目共122个，总注册资金共2781.50万元。其中教师报名46个，注册资金共1917万元；学生报名76个，注册资金共864.50万元。

（陈勇）

【发行绿色生活特刊】 4月20日，农学院校报《绿色生活特刊》面向市民发行。该特刊由校报编辑部与北青教育传媒集团及其负责运营的北京国际青年营联合编辑出版，定位于面向市民倡导健康生活方式，提供健康生活指南。特刊发挥专家资源优势，将市民关心的饮食、起居、休闲等问题与学校专业研究成果相结合，让百姓生活理念和生活方式在专业力量的指导下更加科学、更加健康。

（陈勇）

【万亩林场开园】 6月9日，农学院

北农林场开园。北农科技园林场位于怀柔区宝山镇四道河村，属于北京市重点建设的天河川沟域经济带最北端，占地面积10044亩，是结合实践教学与山区沟域经济建设，自主设计建设的集教学科研、技术孵化、科普示范、观光休闲旅游于一体的综合性实践教学基地。作为学校申报国家级大学科技园的重要组成部分，北农科技园林场自2012年3月签订土地租赁合同以来，在历经一年多的建设，一期工程全部竣工，基本具备了同时接待70名师生实践实习和召开50人规模会议的保障能力。林场分为四个区域，分别为综合服务区24亩、林下经济区820亩、生态林修复区2000亩、原始林区7200亩。

（陈勇）

【召开第三次党代会】 6月21日，

农学院召开第三次党代会。会议审议上届委员会题为《抢抓机遇，凝聚力量，改革创新，追求卓越，加快建设特色鲜明、高水平都市型现代农林大学》的工作报告，选举产生新一届党委委员、纪律检查委员会委员，并通过关于学校党委工作报告的决议和纪委工作报告的决议。会议总结前五年工作，明确今后五年学校发展的指导思想，提出一个奋斗目标、三大任务和六大举措，暨建设特色鲜明、高水平都市型现代农林大学将成为学校当前和今后一段时期的奋斗目标。追求"特色卓越"、实现"更名大学"、争创"党建先进"为三大任务。六大举措分别是，一是以人才培养为中心，全面提高都市型现代农林高等教育教学质量；二是以学科建设为引领，全面提高都市型现代农林学科发展水平；三是以服务"三农"为使命，全面提高都市型现代农林科技创新与推广转化水平；四是以师资队伍建设为根本，全面提高都市型现代农林人才队伍整体水平；五是以完善体制机制为动力，全面提高都市型现代农林大学管理科学化水平；六是以国际交流与合作为平台，全面提高都市型现代农林大学国际化办学水平。

（陈勇）

【新增市重点实验室】 6月30日，农学院奶牛营养学实验室获批2013年度北京市重点实验室。该实验室包括奶牛营养与免疫、饲料安全与新型饲料资源开发和分子营养与代谢调控3个研究方向。同日，北京农学院与中国农业大学联合申报的"北京市果树良种繁育工程技术研究中心"和与

北京勤邦生物技术有限公司联合申报的“北京市食品安全免疫快速检测工程技术研究中心”被市科委认定为北京市工程技术研究中心。

（陈勇）

北京林业大学

党委书记　吴斌
校　　长　宋维明

【概况】　2014年，北京林业大学占地面积46.88万平方米，学校产权建筑面积37.93万平方米。固定资产总值188843.09万元，其中，教学、科研仪器设备资产值60578.03万元。图书馆建筑面积2.34万平方米，藏书177.45万册。电子文献40000GB，电子资源库39种。全年教育经费投入114145万元，其中，国家拨款68762.44万元、自筹经费45382.56万元。学校信息化投入671万元，拥有计算机台9516台，多媒体教室136间，网络信息点26000个，校园网出口总带宽2G，电子邮件用户6349个，上网课程2996门，数字资源量40T，管理信息系统总量1750GB。校区设置14个院（系、部）；开设61个专业及方向覆盖8个学科门类；具有一级学科32个，博士点39个，一级学科博士学位授权点9个，一级学科硕士学位授权点18个和专业学位授权点11个；博士后流动站7个，其中，博士后研究人员出站25人、进站19人、退站2人和在站82人。学校拥有1个一级国家重点学科（涵盖7个二级学科），2个二级国家重点学科，1个国家重点（培育）学科；10个国家林业局重点学科；3个北京市一级重点学科，4个北京市二级重点学科，1个北京市交叉重点学科。建有1个国家工程实验室、1个国家工程技术研究中心、1个国家级研发中心、1个国家科技示范园、1个国家野外台站、4个教育部重点实验室、3个教育部工程技术研究中心、2个教育部科技创新团队、5个国家林业局重点实验室、5个国家林业局定位观测站、1个北京实验室、5个北京市重点实验室、3个北京市工程技术研究中心。学校现有教职工1877人，其中，专任教师1186人，包括教授262人、副教授478人；有博士生导师241人，硕士生导师652人；中国工程院院士3人，973项目首席科学家1人，“千人计划”人选1人，有长江学者5人，国家杰青4人，国家“百千万人才工程”人选5人，国家“新世纪百千万人才工程”人选4人，国家有突出贡献专家8人，省部级有突出贡献专家21人，享受政府特殊津贴专家111人，教育部“新世纪优秀人才”40人。外籍教师3人，其中，教授3人。毕业生8902人，其中，学历教育学生中全日制研究生1441人（博士生212人、学术型学位硕士804人、专业学位硕士425人），普通本科生3187人，成人教育本专科生3951人（本科生2437人、专科生1514人）；在职人员攻读硕士学位授予学位数323人。本科毕业生就业率93.15%。招生8688人，其中，学历教育学生中全日制研究生1668人（博士生265人、学术型学位硕士806人、专业学位硕士597人），普通本科生3296人、成人教育本专科生3414人（本科生2630人、专科生782人）；在职人员攻读硕士学位招生人数312人。高考北京地区文科录取线607分、理科603分。在校生31356人，其中，学历教育学生中全日制研究生4819人（博士生1136人、学术型学位硕士2446人、专业学位硕士1237人），普通本科生13235人，成人教育本专科生11711人（本科生9374人、专科生2337人）；在职人员攻读硕士学位1591人。留学生毕业12人，招生51人，在校生103人。网址：www.bjfu.edu.cn。

（高斌）

【签订7份产学研合作协议】　3至12月，北林大签订7分产学研合作协议。与亿利资源集团校企协议规定，双方在生态修复前沿技术研究、科技成果转化、人才培养和生态环境产业整合等方面开展合作；与河南省许昌市鄢陵县政府协议规定，每年由鄢陵县政府拨付研发经费100万元，支持学校“林木育种国家工程实验室”和“国家花卉工程技术研究中心”结合当地花木产业开展各项科研任务；与市园林局协议规定，成立北京园林绿化协同创新中心，在城市绿地、森林建设、自然保护与绿色产业等方面开展合作；与浙江省衢州市开化县政府协议规定，学校发挥科技智力优势，结合当地生态资源特色，全面助力开化“两美”国家东部公园建设，推动县域地方社会经济“转型跨越、绿色崛起”；与南京铱讯信息技术股份有限公司协议规定，建设“北京林业大学—南京铱迅下一代网络安全实验室”。学校还与呼伦贝尔市政府和中国生态文明研究与促进会签约合作。

（高斌　张勇）

【10个专业（类）入选卓越农林人才培养改革试点项目】　10月，北林大10个专业入选卓越农林人才教育培养计划。入选专业分别是“拔尖创新型”试点项目涉及专业有园林、林学、水土保持与荒漠化防治、森林保护和园艺，“复合应用型”试点项目涉及专业有林业工程类（木材科学与工程、林产化工）、农林经济管理、野生动物与自然保护区管理、食品科学与工程和草业科学。该计划由教育部、农业部和国家林业局联合举办。

（高斌　张勇）

【制定综合改革方案】　至12月，北林大制定综合改革方案。该方案包括目标系统、动力系统和保障系统等在内的学校全方位综合改革框架。该校各院系和行政部门参与改革。

（高斌　张勇）

北京协和医学院（中国医学科学院）

党委书记　李立明
院　　长　曾益新

【概况】　2014年，北京协和医学院占地面积87.59万平方米，建筑面积95.32万平方米。固定资产总值32962.6万元，其中，教学、科研仪器设备资产值10711.88万元。图书馆建筑面积15905平方米，纸质藏书274.9万册、电子图书400GB。全年教育经费投入45484.25万元，其中，国家拨款41537.87万元、自筹经费

3946.38 万元。学校拥有计算机 1144 台，信息化设备资产 4601.16 万元，网络信息点数 5975 个，校园网出口总带宽 960Mbps，电子邮件系统用户 1307 个，数字资源量 26776GB，管理信息系统数据总量 23.2GB。北京协和医学院与中国医学科学院实行院校合一的管理体制。院校设有 19 个研究所（以及 5 个分所）、7 所临床医院（含与北京市共建的天坛医院）、6 所学院和 1 个研究生院，具有一级学科博士点 8 个，博士学位授权点 58 个，硕士学位授权点 66 个；博士后流动站 6 个。国家一级重点学科 2 个、国家二级重点学科 8 个、国家重点（培育）学科 1 个；省部级一级重点学科 4 个、省部级二级重点学科 3 个；国家实验室 1 个，国家重点实验室 5 个，国家工程研究中心、实验室 2 个，国家工程技术研究中心 2 个，省部级研究中心、实验室 21 个。教职工 13592 人，其中，专任教师 1234 人，包括教授 769 人、副教授 342 人；博士生导师 654 人、硕士生导师 845 人；中科院院士 10 人、工程院院士 18 人。“长江学者奖励计划”特聘教授 19 人、长江学者讲座教授 3 人、中组部“千人计划”6 人、青年千人计划 8 人，国家和省部级有突出贡献专家 109 人、杰出青年基金获得者 36 人、享受政府特殊津贴专家 594 人、百千万人才工程国家级人选 51 人、教育部长江学者奖励计划创新团队 12 个、国家自然科学基金委创新团队 3 个。现有外籍教师 1 人。2014 年毕业生 1732 人，其中，学历教育学生中全日制研究生 1133 人（博士生 617 人、硕士生 516 人），普通本专科生 145 人（本科生 61 人、专科生 84 人），成人教育 454 人。本科毕业生就业率 100%。招生 2020 人，其中，学历教育学生中全日制研究生 1306 人（博士生 576 人、硕士生 730 人），普通本专科生 214 人（本科生 144 人、专科生 70 人）、成人教育本科生 500 人。高考北京地区提档线临床本科理科 675 分、护理本科理科 564 分、护理专科理科 303 分、护理专科文科 320 分。在校生 6137 人，其中，学历教育学生中全日制研究生 3862 人（博士生 1929 人、硕士生 1933 人），普通本专科生 864 人（本科生 628 人、专科生 236 人），成人教育 1411 人。网址：www.pumc.edu.cn。

（贺晶）

【8 项成果获中华医学科技奖】 1 月 8 日，协和医学院 8 项成果获中华医学科技奖。其中，提出设立全科医生特岗计划等建议被政府采纳的曾益新院士获得卫生政策奖；“遗传病致病基因和致病基因组重排的新发现”“难处理性心外异常分流介入治疗的技术创新与推广应用”“自体造血干细胞移植治疗恶性实体瘤的临床与实验研究”和“中草药活性物质快速识别与获取新型技术体系的建立及其在微量活性物质研究中的应用”4 项成果获得二等奖；“经桡动脉微创化冠心病介入诊疗技术的研究和推广应用”“结直肠癌综合治疗关键技术的优化与推广应用”和“特发性血小板减少性紫癜的精确诊断和定向干预”获得三等奖。

（潘宣）

【召开标准化病人应用国际研讨会】

8 月 8 至 9 日，协和医学院召开标准化病人应用国际研讨会。研讨会分为 SP 理论应用研讨模块与 SP 实践应用展示模块两大部分。会议邀请美国密西根大学教授做密西根大学医学课程整合经验介绍及 OSCE 和 SP 应用经验介绍。实践展示模块展示该校 SP 在八年制医学生临床前情境教学中的应用及 SP 的日常管理与考核情况。

（缪建春）

【组建创新药物先进技术与产业化协同创新中心】 3 月 20 日，协和医学院组建创新药物先进技术与产业化协同创新中心。该中心以协和医学院下属药物研究院、北京协和医院和基础所为核心单位，联合北京大学医学部、清华大学医学院、沈阳药科大学和国内药物研发龙头企业石药集团、华药集团、华润集团、天士力控股集团共同组建而成。通过搭建新平台加强中心各单位之间的合作，通过体制机制的创新，推动中国新药创制工作。

（张华）

【举办慢病防控与卫生体系改革高层论坛】 3 月 29 日，协和医学院举办慢病防控与卫生体系改革高层论坛。论坛与哈佛大学共同主办，重点讨论卫生体系改革对防控癌症和慢性病的必要性，议题涉及癌症、艾滋病及社区医疗等领域。来自卫生计生委、北大、清华、首医大以及北京各大医院、国际组织、驻华使领馆及院校各所院 500 人参会。

（江宇）

首都医科大学

党委书记　李明
校　　长　吕兆丰

【概况】 2014 年，首都医科大学学校和附属医院总占地面积 1512093 平方米，总建筑面积 2458420 平方米，其中，学校占地面积 246642 平方米，建筑面积 359206 平方米。学校和附属医院固定资产总值 2071731.92 万元，其中，学校固定资产总值 176385.95 万元。学校和附属医院教科仪器设备资产值 246410.84 万元，其中，学校教科仪器设备资产值 123400 万元。全年教育经费投入 114378.81 万元，其中，国拨 91175.32 万元，自筹 11268.65 万元，科研经费 11934.84 万元。学校和附属医院图书馆建筑面积 26240 平方米，共藏书 155.52 万册，其中，学校图书馆建筑面积 17901 平方米，藏书 83.40 万册。学校有计算机 7874 台，教室 132 间，信息化设备资产 4179.21 万元，网络信息点 12294 个，校园网出口总带宽 400Mbps，电子邮件系统用户 4862 个，上网课程 120 门，数字资源量 2890GB，管理信息系统数据总量 61440GB。设有 10 个学院和 1 个研究院，20 所临床医学院暨附属医院以及 1 个预防医学教学基地，设有 4 个专科学院和 33 个专科学系，1 个中心。开设本科专业 16 个、长学制专业 2

个。有一级学科博士学位授权点8个和一级学科硕士学位授权点11个，按照三级学科统计，有博士学位授权点59个和硕士学位授权点78个。有博士后流动站9个，出站30人、进站44人、在站85人。有国家重点学科8个、国家重点（培育）学科2个、国家临床重点专科56个（含中医）、国家中医药管理局重点学科（培育）14个、北京市一级重点学科4个、北京市交叉重点学科1个、北京市二级重点学科6个、北京市一级重点建设学科2个、北京市二级重点建设学科6个、北京地区高等学校学科群1个，有国家临床医学研究中心5个、省部共建国家重点实验室培育基地1个、教育部重点实验室4个、北京市重点实验室41个，有国家工程技术研究中心1个、教育部工程研究中心4个、北京市工程技术研究中心7个、北京市高等学校工程研究中心1个、北京市哲学社会科学研究中心1个。设有国家生命科学与技术人才培养基地、卫生部全科医学培训中心、北京市全科医学培训中心、首都卫生管理与政策研究基地、北京神经科学研究所等。学校和附属医院共有教职员工和医务人员37795人，其中，校本部1550人、附属医院36245人；有院士6人、特聘顾问11人；正高职称1974人，其中，校本部117人、附属医院1857人；副高职称3380人，其中，校本部303人、附属医院3380人；有专任教师2642人，专任教师中教授666人，其中，校本部91人、附属医院575人，专任教师中副教授1133人，其中，校本部214人、附属医院919人；有博士研究生导师439人、硕士研究生导师839人；有“长江学者奖励计划”特聘教授3人；“千人计划”创新人才长期项目2人、青年项目1人，外专“千人计划”2人；校本部和直属附属医院有国家有突出贡献专家2人、省部级有突出贡献专家20人、享受政府特殊津贴专家105人；有外籍教师6人。年内有毕业生4091人，其中，学历教育学生中全日制研究生1083人（博士生227人、硕士生856人），普通本专科生1471人（本科生863人、专科生608人），成人教育1150人（本科664人、专科生486人）；以同等学力申请博士硕士学位314人（博士生96人、硕士生218人）。招生5034人，其中，学历教育学生全日制研究生1102人（博士生251人、硕士生851人），普通本专科生1750人（本科生1049人、专科生701人），成人教育本专科生1758人（本科生1267人、专科生491人）；以同等学力申请博士硕士学位322人（博士生176人、硕士生146人）。在校生15608人，其中，学历教育学生中全日制研究生3550人（博士生769人、硕士生2781人），普通本专科生6578人（本科生4511人、专科生2067人），成人教育本专科生5004人（本科生3051人、专科生1953人）。留学生毕业73人，招生102人，在校生476人。本科毕业生就业率96.30%，高考北京地区本科一批理工最低录取分数594分。网址：www.ccmu.edu.cn。

（方海侠　王于英）

【获得国家科学技术进步二等奖两项】 1月10日，首医大两项科研成果获得国家科学技术进步二等奖。获奖项目为“痴呆与轻度认知障碍的流行病学、发病机制和诊治应用研究”和“原发性闭角型青光眼发病机制与防治体系的建立及应用”。

（王于英）

【新增两所附属医院】 1月29日和11月25日，首医大分别新增2所附属医院。北京工人疗养院（北京市西山医院、北京康复中心）成为首都医科大学附属医院；通州区潞河医院成为首医大附属医院。

（王于英）

【与加拿大卡尔加里大学签订合作协议】 5月14日，首医大与加拿大卡尔加里大学医学院签订合作协议。根据协议，双方加强在肝脏疾病、消化疾病、肾脏疾病、神经科学等领域合作，并每年定期交换学者及研究人员，前往对方机构进修或者讲学。

（王于英）

【设立首脑医疗基金】 5月15日，首医大设立首脑医疗基金。该基金与中建投资本管理（天津）有限公司合办，双方希望通过该基金，关注生命科学及生物医药领域的科技进步，创新医疗健康产业与金融资本的结合方式，促进在医学方面的预防、诊断、治疗、康复医学产业链延伸方面的全面合作。

（王于英）

【成立北京医学中心】 5月17日，首医大成立北京医学中心。该中心由该校与北京慈航投资基金管理公司合办，运用双方学科、科研、政策资源和专业技术优势，建成完备的医疗、教学、科研体系的高水平的学院型社会办医医院。

（王于英）

【与市科委共建脑重大疾病防治协同创新中心】 5月22日，首医大与北京市科学技术委员会签约共建脑重大疾病防治协同创新中心。根据协议，双方在脑重大疾病防治的科学研究、学科建设、成果转化、体制机制创新等方面进行共建。

（王于英）

【举办诺贝尔奖科学家讲坛】 6月4日，首医大举办诺贝尔奖科学家讲坛。讲坛邀请2005年诺贝尔生理或医学奖获得者罗宾·沃伦（J. Robin Warren）作专题报告。沃伦分享自己在科学研究方面的经验和见解，并就科学精神、科研兴趣等问题与在场师生进行交流和互动。首医大师生代表800人参加活动。

（王于英）

【举办中英肿瘤论坛】 6月30日，首医大举办首届中英肿瘤论坛暨肿瘤转移基础与临床研究论坛。论坛由该校与英国卡迪夫大学合办，介绍现有肿瘤侵袭和转移的临床及基础研究现状，提出肿瘤研究中的难点与瓶颈问题，探讨如何整合资源、协同创新，共同攻克研究难点，为进一步深入研究奠定基础。来自国内外专家学者300人参加论坛。

（王于英）

北京中医药大学

党委书记　吴建伟
校　　长　徐安龙

【概况】 2014年，北京中医药大学占地面积108.30万平方米（其中良乡新校区占地面积 86.90 万平方米），学校产权校舍建筑面积 20.70 万平方米。全年教育经费投入总额 67249.13 万元，其中，国家拨款 46779.02 万元、自筹经费 20470.11 万元。固定资产总价值 94154.39 万元（不含无形资产），其中教学科研仪器设备总值 29629.98 万元，本年新购置固定资产总值 3312.09 万元（含仪器设备、图书档案、文物陈列品、家具等各类固定资产，不含国医堂和无形资产）。图书馆建筑面积 15750 平方米，藏书中纸质图书 101.9 万册，电子图书 44.1 万册（其中，中医古籍线装书 3914 种 9602 函 39514 册）。信息化专项经费投入 240 万元，信息中心日常经费 200 万元，网络信息点 8990 个，校园网出口总带宽 IPv4 带宽 1000M，IPv6 带宽 1000M，电子邮件系统用户 1505 个，上网课程 963 门，数字资源量 2000GB，管理信息系统数据总量 25GB。拥有教学用计算机 1905 台。开设本科专业 10 个，其中中医学专业中包含八年制卓越班 1 个和九年制岐黄班 1 个。具有一级学科 3 个，一级学科博士点 3 个，学术博士学位授权点 41 个，专业博士学位授权点 9 个，学术硕士学位授权点 45 个和专业硕士学位授权点 12 个；博士后流动站 3 个，其中，博士后研究人员出站 10 人、进站 12 人、在站 70 人；师承博士后进站 14 人、在站 14 人。一级学科国家重点学科 2 个，二级学科国家重点学科 15 个，国家中医药管理局重点学科 48 个，一级学科北京市重点学科 2 个，二级学科北京市重点学科 8 个。重点实验室及其构成：教育部工程研究中心 2 个、教育部重点实验室 3 个、北京市科委重点实验室 2 个、北京市教委重点实验室 2 个、北京市教委工程研究中心 1 个、国家中医药管理局三级实验室 14 个；实验教学示范中心及其构成：国家级实验教学示范中心 1 个、北京市实验教学示范中心 3 个；人才培养基地及其构成：国家级教学基地 2 个、教育部人才培养模式创新实验区 1 个、国家大学生校外实践教育基地 3 个、北京市校外人才培养基地 3 个；教学团队及其构成：教育部创新团队计划 2 个、教育部、外国专家局“学科创新引智计划”项目 2 个、国家级教学团队 3 个、北京市优秀教学团队 8 个。教职工 1252 人，其中，专任教师 612 人，其中具有正高职称者 167 人，副高职称者 224 人，中级职称者 180 人，初级职称者 24 人，其余 17 人尚未定级。博士生导师 325 人、硕士生导师 575 人。教育部“长江学者奖励计划”特聘教授 3 人、国家级有突出贡献中青年专家 8 人、享受政府特殊津贴专家 89 人。外籍教师 4 人，其中，博士 2 人、本科 2 人。毕业生 8654 人，其中，学历教育学生中全日制博士生 206 人，硕士生 898 人，普通本科生 1135 人，普通专科生 144 人；成人教育本科生 472 人，专科生 420 人；网络教育本科生 2630 人，专科生 2704 人；非计划招生高等教育学生中在职人员攻读硕士学位 45 人。毕业生就业率 96.60%。招生 9061 人，其中，学历教育学生中全日制博士生 206 人，硕士生 1089 人，普通本科生 1264 人，普通专科生 146 人；成人教育本科生 541 人，专科生 588 人；网络教育本科生 2681 人，专科生 2444 人；非计划招生高等教育学生中在职人员攻读硕士学位 102 人。北京地区高考本科录取最低分数理科 577 分、文科 593 分。在校生 28480 人，其中，学历教育学生中全日制博士生 661 人，硕士生 2827 人，普通本科生 5501 人，普通专科生 484 人；成人教育本科生 1731 人，专科生 1830 人；网络教育本科生 8815 人，专科生 5984 人；非计划招生高等教育学生中在职人员攻读硕士学位 647 人。留学生毕业 178 人、招生 98 人、在校生 589 人。网址：www.bucm.edu.cn。

（王丹凤）

【成立国学院暨中医药文化研究院】

1 月 17 日，中医药大学成立国学院暨中医药文化研究院。该院是全国中医药院校中开办的第一个国学院，承担国学与中医药文化的教育、研究、传播三大任务。

（王丹凤）

【成立两个中心】 3 月 27 日，中医药大学成立两个中心。两中心分别是北京中医药发展政策研究中心和北京中医药管理干部培训中心，中心与市中医局共建，挂靠中医药大学管理学院，旨在推动首都中医药行业的发展，为提高首都中医药行业管理和科学决策水平做出积极贡献。

（王丹凤）

【与圣彼得堡市签订合作协议】 9 月 14 日，中医药大学与俄罗斯圣彼得堡市签订合作协议。根据协议，双方共建圣彼得堡中医中心，共同开展中医药医疗、教育、科研合作。

（王丹凤）

【召开中医国际传播研讨会】 9 月 23

至 24 日，中医药大学召开中医国际传播研讨会。会议听取中医药管理局、中医药大学以及来自海外的 20 名专家作报告，介绍中医药在各自国家的发展与传播历程，与会代表就中医药国际传播问题进行研讨并提出建议。来自 16 个国家和地区的 150 余名代表参加会议。

（王丹凤）

【第四临床医学院挂牌开诊】 10月20

日，中医药大学第四临床医学院在山东省枣庄市挂牌开诊。该院以枣庄市

中医医院迁建项目为平台，实现“大学出京，造福基层”战略、“高铁带动，项目拉动”战略的对接与双赢，其建设目标是成为提升中医药服务能力的基层示范基地、产学研用相结合的中医药技术创新研发基地以及中医药高层次人才培养、适用型人才培训、适宜技术推广的临床教学基地。

（王丹凤）

【召开全国中医药院校招生与就业工作研讨会】 11月2至3日，中医药大学召开全国中医药院校招生与就业工作研讨会。研讨会达成建立全国中医药高等院校招生与就业校际联盟的工作模式，申请成立全国中医药高教学会招生与就业工作研究会以及建议全国中医药院校招生与就业研究会聘请专业教育指导委员会的人员对中医药行业的招生与就业工作进行专业指导等五方面共识。来自国内20所中医药院校的校领导和相关负责人100人参加会议。

（王丹凤）

【签署中澳中医合作协议】 11月17日，中医药大学与澳大利亚西悉尼大学签订合作协议。根据协议，双方在澳洲建立“中医中心”，发挥两校优势资源，建立集中医医疗服务、教育、研究与文化交流为一体的综合平台，为提供健康服务、培养医学人才、传播中医药文化、展示和输出中国文化软实力做出贡献。

（王丹凤）

【英文期刊创刊出版】 12月19日，

中医药大学英文期刊《中医科学杂志（英文）》（Journal of Traditional Chinese Medical Sciences）创刊并正式出版。该杂志由教育部主管，北京中医药大学和清华大学出版社联合主办，国际出版集团Elsevier负责在线出版和开放获取，以“刊发中医药实验、临床和理论研究成果，反映中医科学新动态、新进展，促进中医药科技进步和国际学术交流”为办刊宗旨，为在世界科技舞台传播中医药最新科技成果提供快速准确的高水平开放窗口。杂志面向国内外发行，为季刊，主要收录原创研究类文章，内容覆盖中医、中药、针灸领域，包括各种基础和临床研究，以及综述、政策新闻和病例报告。

（王丹凤）

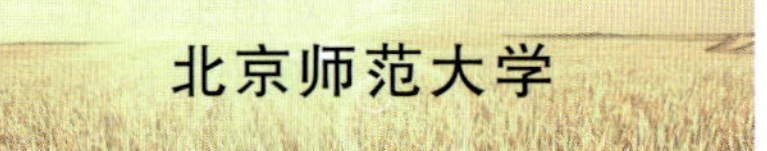

北京师范大学

党委书记 刘传生
校　　长 董奇

【概况】 2014年，北京师范大学占地面积68.76万平方米，建筑面积80.766万平方米。固定资产总值362997.61万元，其中，教学、科研仪器设备资产105593.53万元。全年教育经费投入344692万元，其中，国家拨款229058万元、自筹经费115634万元。图书馆建筑面积48.52万平方米，藏书434.21万册，电子图书2214.51GB。拥有计算机21915台，信息化设备资产38969.3万元，网络信息点33089个，电子邮箱系统用户55000个，上网课程3130门，数字资源量25023.44GB，管理信息系统数据总量118.7GB。下设1个学部、23个学院、2个系、26个研究院（所、中心）；拥有本科专业自主设置权限；开设本科专业60个；现有博士学位授权点的一级学科24个，硕士学位授权点的一级学科36个，博士学位授权点108个，硕士学位授权点153个，博士后流动站25个。一级学科国家重点学科5个、二级学科国家重点学科11个、国家重点培育学科2个；北京市一级重点学科5个、北京市二级重点学科10个、北京市交叉重点学科1个。国家重点实验室4个、教育部重点实验室9个、教育部－中国移动联合实验室1个、北京市重点实验室10个、教育部工程研究中心5个、北京市工程研究中心2个、教育部人文社会科学重点研究基地7个，代管研究机构6个，共建研究机构6个。教职工3159个，其中，专任教师1954人，包括教授696人、副教授684人；博士生导师841人、硕士生导师943人。外籍教师43人。专任教师中有博士学位的1702人，45岁以下1118人，。有两院院士8人，“千人计划”入选者13人，“长江学者奖励计划”讲座教授3人，“长江学者奖励计划”特聘教授27人。毕业生16501人，其中，学历教育学生中全日制研究生3383人（博士生614人、硕士生2769人），普通本科生2191人，成人教育本专科生4244人（本科生2872人、专科生1372人），网络教育本专科生8874人（本科生4133人、专科生4741人）；非计划招生高等教育学生中在职人员攻读硕士学位520人。普通本专科毕业生一次就业率98.08%。招生22681人，其中，学历教育学生中全日制研究生3875人（博士生805人、硕士生3070人），普通本科生2580人，成人教育本专科生3336人（本科生1976人、专科生1360人），网络教育本专科生11008人（本科生4675人、专科生6333人）；非计划招生高等教育学生中在职人员攻读硕士学位1191人。在校生61749人，其中，学历教育学生中全日制研究生12041人（博士生3524人、硕士生8517人），普通本科生9541人，成人教育本专科生9379人（本科生6478人、专科生2901人），网络教育本专科生30788人（本科生14679人、专科生16109人）；非计划招生高等教育学生中在职人员攻读硕士学位3549人。留学生毕业1620人，招生1608人，在校生1722人。网址：www.bnu.edu.cn。

（白媛）

【获第三届中国出版政府奖】 1月4日，北师大出版集团获第三届中国出版政府奖。该校出版集团获先进出版单位奖，成为获该奖项的唯一出版集团。中国出版政府奖是国家设立的新闻出版行业的最高奖，2007年首次开评，每三年评选一次。北师大出版集团自2007年成立以来，已经连续三届获得中国出版政府奖。

（白媛）

【建成数据中心机房】 1月，北师大数据中心（IDC）机房建成并投入使用。新建成的机房总面积528平方米，机柜92台，可容纳400余台通用服务器。机房按照绿色节能标准建设，实现安全、可靠、智能、高效的设计理念。新机房的建成，有利于集中开展学校服务器的“托管”、网站“落户”和数字化资源的安全存储等服务，将为学校各单位和师生提供“按需获取、集中管理、多终端使用”的IT基础设施。

（白媛）

【设立明远哥伦比亚大学师范学院项目】 4月，北师大设立明远哥伦比亚大学师范项目（明远TC项目）。该项目由该校顾明远教育研究发展基金与美国哥伦比亚大学师范学院合作设立，为期5年，在2014至2019年间，“明远基金”每年拨款5万美金，外方每年配套5万美金，资助哥伦比亚大学师范学院中国留学生和以北师大为代表的中国高校访问学者或学生，在哥伦比亚大学师范学院开展有关中国教育方面的研究与学习活动。受资助者将获得“明远研究助理”（Mingyuan Research Assistant）的称号。项目运行由哥伦比亚大学师范学院中国教育研究中心曾满超教授全权负责监管。

（白媛）

【综合减灾与风险防范国际研讨会召开】 5月8至9日，北师大承办综

合减灾与风险防范国际研讨会。会议由国家减灾委员会办公室、联合国减灾署（UNISDR）、民政部、教育部共同主办，设“各国的综合减灾经验及对联合国减灾后兵库行动纲要（HFA2）的建议”、“政府在综合防灾减灾中的作用”、“科技在综合防灾减灾中的作用”、“中国综合防灾减灾25年回顾与展望”等四个专题。会上，与会专家作“中国综合防灾减灾进展与展望”“联合国减灾后兵库行动纲要（HFA2）建议”“全球气候变化与减灾”“综合防灾减灾救灾体制机制改革探讨”主题报告。来自世界各国和联合国相关机构官员和专家学者50人参加研讨。

（白媛）

【举办中国当代文化的价值凝聚与国际传播路径国际论坛】 6月6日，北师大举办“文化‘走出去’：中国当代文化的价值凝聚与国际传播路径”国际论坛。论坛围绕“中国文化产品的定位及市场竞争力”与“全球化语境下中国文化的传播策略”的议题进行研讨。来自政府、商业界、学术界和传媒界代表300人参加活动。

（白媛）

【成立小学教育研究中心】 6月23日，北师大成立小学教育研究中心。该中心与海淀区中关村第一小学共同组建，依托双方的优质资源，联合国内外、各地区、多层次的学术资源、实践资源，搭建集教育研究、课程与教学改革、教师发展、政策咨询与服务、国内外交流与合作等于一体的开放性小学教育共同体。

（白媛）

【特选交换课程项目开班】 8月31日，北师大“北京师范大学—香港教育学院（BNU－HKIED）特选交换课程项目”开班。该项目与香港教育学院共同申请，并获得教育部对港“万人计划”支持的项目。项目自本年起，每年有20名香港教育学院的学生到北师大交换学习；从2015年开始，北师大选派20名学生赴香港教育学院交流学习。

（白媛）

【黄祖洽逝世】 9月7日，北师大教授、中国科学院资深院士、理论物理学家、核物理学家、中国氢弹研制的探路先锋和中国核武器物理问题研究的主要负责人之一、教育家黄祖洽因病在北京逝世，享年90岁。黄祖洽，1924年10月2日出生于湖南省长沙市。1950年加入中国共产党，同年清华大学理论物理研究生毕业。曾任中国原子能研究所（现为中国原子能科学研究院）副所长，核工业部第九研究院理论部副主任（后改为核工业部第九研究院九所副所长），从事原子核理论、反应堆理论及氢弹理论的研究。1980年当选为中国科学院学部委员（1993年改称院士），同年到北京师范大学任教授，先后培养博士15名，硕士4名，发表论文及专著等130余篇（种）。曾获国家自然科学一等奖、国家教委科技进步一、二等奖、何梁何利科技进步奖及北京市高等教育教学成果一等奖。

（白媛）

【女子橄榄球队足球队夺冠】 9月14日和12月21日，北师大女子橄榄球队和女子足球队夺得中国大学生锦标赛冠军。9月14日该校女子橄榄球队在决赛中战胜上届冠军中国农业大学女子橄榄球队，夺得2014年中国大学生橄榄球锦标赛冠军。12月21日，该校女子足球队以全胜战绩获得全国大学生女子足球锦标赛冠军。

（白媛）

【成立EDP中心】 9月16日，北师大成立高级经理人发展课程（Executive Development Programs，EDP）中心。该中心挂靠继续教育与教师培训学院，立足行业领域发展需求，重点实施高层管理者进修课程，培训来自各个行业领域的高层管理者，打造教育领域、行业企业领域、心理学领域、公益领域和新兴市场等领域的北师大特色EDP品牌项目群。中心将探索EDP项目专业发展“政府、企业、大学和公益”多元联动的协同创新机制，形成跨界、混合、协同创新的项目运行机制，推动北师大高端非学历项目的持续发展。

（白媛）

【设立中国启功教师奖】 9月，北师大设立中国启功教师奖。该奖项评选对象是长期工作在中国县（含县）以下农村地区基础教育一线，在教师工作岗位满30年的教师，尤其是向国家老、少、边、贫、岛等地区的基础教育一线教师进行倾斜。评选条件以“有理想信念，有道德情操，有扎实学识，有仁爱之心”为标准。该奖项

候选人可从教育部表彰的全国优秀教师中选拔产生，也可以由省级人民政府教育主管部门推荐产生，由评审委员会评定。奖金由北师大教育基金会出资，每两年评选一次，每次将评选出10名优秀教师，每名优秀教师奖励50万元。

（白媛）

【召开物联网国际研讨会】　10月17至18日，北师大召开2014年物联网国际研讨会。会议听取关于物联网和高性能计算、演化计算和畸变扰动图像复原等报告，内容涉及物联网技术国内外最新研究进展、物联网分布式计算、物联网演化计算和物联网与大数据学科交叉方向等方面。会议安排五个论文专题研讨环节，主题包括知识工程、大数据与云计算，物联网中的普适服务系统、可穿戴计算与用户体验，无线移动网络安全与移动机会网络和网络物理空间的研究前沿与物联网相关标准等。来自中国及英国、法国、西班牙等多个国家的知名专家学者60人参加会议。

（白媛）

【入选国家2011协同创新中心】　10月，北师大牵头成立的中国基础教育质量监测协同创新中心入选文化传承创新类国家“2011协同创新中心”。该中心由该校牵头，华东师范大学、东北师范大学、华中师范大学、陕西师范大学、西南大学、中国教育科学研究院、教育部考试中心、安徽科大讯飞信息科技股份有限公司参与建设，面向国家战略需要，开展基于证据的基础教育质量监测的协同创新研究，致力于打造世界一流的学术高地和实践平台，必将对完善我国基础教育质量评价体系、提升和改进我国基础教育质量发挥积极作用。

（白媛）

【成立统计学院】　11月13日，北师大统计学院成立。该院拥有一个本科专业（统计学，授理学学位）、两个学术型硕士、博士专业（经济统计学，授经济学学位；应用统计，授理学学位），同时招收应用统计专业硕士，并设有统计学博士后流动站。

（白媛）

【共建新闻传播学院】　11月27日，北师大与光明日报社共建新闻传播学院。

双方通过共建新闻传播学院理事会，探索高等学校新闻教育改革的有效途径。光明日报社将选派长期工作于媒体一线的优秀编辑记者兼任授课教师、指导教师和科研人员，充实师资力量。同时将建设好光明日报实习基地，利用好校内媒体实习平台，并积极发挥双方资源与人脉优势，建立一系列校内外实习基地，形成“1＋N”的新闻传播实习基地新格局。

（白媛）

【学校章程核准发布】　11月，北师大《北京师范大学章程》获教育部批准发布。该章程分为序言和主体两大部分。序言高度凝练学校的历史沿革、大学精神、办学特色和发展目标，展示学校悠久的办学历史和深厚的文化底蕴。主体包括7章，共83条，集中阐释学校的愿景与使命、办学自主权、办学主体、治理结构、保障体系、外部关系、重要文化标识等。章程注重体现北师大历史传承，彰显办学特色和文化内涵；注重规范学校内部治理结构，完善现代大学制度；注重体现学校改革成果，推进综合改革。

（白媛）

首都师范大学

党委书记　张雪
校　　长　宫辉力

【概况】　2014年，首都师范大学占地面积88万平方米，学校产权校舍建筑面积约77万平方米、非产权校舍建筑面积1.8万平方米。全年教育经费投入200008.74万元，其中，国家拨款162459.66万元、自筹经费37549万元。固定资产总值26.03亿元，其中，教学、科研仪器设备资产值9.57亿元。图书馆建筑面积27755平方米，藏书302.48万册，其中，纸质图书274.93万册、电子图书600.94万册。拥有计算机11388台。学校信息化经费投入2987.93万元，多媒体教室座位17326个，信息化设备资产10616万元，网络信息点数39969个，校园网出口总带宽5100Mbps，电子邮件系统用户21619个，上网课程897门，数字资源量43385.6GB，管理信息系统数据总量373GB。设置25个院（系、部）；开设55个专业及覆盖9个学科门类；具有博士学位授权一级学科17个，二级学科博士点97个，硕士学位授权一级学科26个，专业学位授权点9个；博士后流动站14个，其中，博士后研究人员出站96人、进站186人和在站90人。拥有国家重点学科4个、国家重点培育学科1个，北京市一级重点学科8个，北京市二级重点学科6个，北京市一级重点建设学科1个，北京市二级重点建设学科11个，北京市重点培育学科（一级）4个，交叉学科北京市重点学科2个。教职工2606人，其中，专任教师1557人，包括教授329人、副教授686人；博士生导师234人、硕士生导师653人。“长江学者奖励计划”特聘教授7人、国家有突出贡献专家1人、享受政府特殊津贴专家78人、“万人计划”百千万工程领军人才1人。外籍教师17人，其中，教授1人。毕业生7791人，其中，学历教育学生中全日制研究生1505人（博士生105人、硕士生1400人）、普通本专科生2455人（本科生2353人、专科生102人）、成人教育本专科生3629人（本科生2218人、专科生1411人）；非计划招生高等教育学生中在职人员攻读博士硕士学位202人。本科毕业生就业率97.91%。招生9321人，其中，学历教育学生中全日制研究生1926人（博士生151人、硕士生1775人）、普通本专科生3017人（本科生2720人、专科生297人）、成人教育本专科生4009人（本科生2776人、专科生1233人）；非计划招生高等教育学生中在职人员攻读硕士学位369人。2014年我校录取北京地区提档线本科第一批一志愿文科580分，理科557分。第一批平行志愿文科615分，理科610分。第二批文科提档线545分，理科530分。专科提前批文科提档线288分，理科284分。在校生29626人，其中，学历教育学生中全日制研究生5488人（博士生577人、硕士生4911人）、普通本专科生11122人（本科生10656人、专科生466人）、成人教育本专科生11993人（本科生7742人、专科生4251人）；非计划招生高等教育学生中在职人员攻读硕士学位1023人。留学生毕业1247人、招生1096人、在校生1352人。网址：www.cnu.edu.cn。

（张婷旖）

【成立中国与拉丁美洲古代文明比较研究所】　3月6日，首师大成立中国与拉丁美洲古代文明比较研究所。该研究所以中国古代文明史和美洲古代文明史为主要研究对象，探索中国与美洲古代文明在社会、经济、文化、宗教、人种学、语言学等方面的共同性与差异性规律。

（张婷旖）

【举办思想政治教育论坛】　4月26至27日，首师大举办2014思想政治教育高端论坛。论坛以“回顾与展望：思想政治教育学科发展30年”为主题，围绕思想政治教育基础理论、历史发展、跨文化以及交叉学科研究等方面展开，对思想政治教育学科研究的对象、历史方位、价值形态、学科规范、专业的学科支撑、研究范式、比较方法论、知识证成与价值生成等问题进行探讨。来自中国社会科学院、清华大学等40多所研究机构和高校的专家学者共计100人参加会议。

（张婷旖）

【举办高等教育领域职务犯罪警示教育展】　5月26至28日，首师大联合市教育纪工委、首都教育廉政研究中心共同举办高等教育领域职务犯罪警示教育展。展览展出全国高校发生的35件典型职务犯罪案例及党政领导干部廉政新规图解中涵盖的公务外出、公务接待、公务用车、会议活动、办公用房、个人自律等问题。展览内容涉及科研经费、基建工程、招生就业、后勤物资管理、财务管理、校办企业、学术诚信等七个腐败易发高发领域。校领导、中层干部、专业负责人、学科带头人、经营单位管理人员、重点岗位工作人员等300人参观展览。

（张婷旖）

【召开北京高校实验室信息化建设研讨会】　6月6日，首师大召开北京高校实验室信息化建设研讨会。会议就开展实验室信息化建设设计思路、系统开发、实现功能、取得绩效及未来规划等进行经验交流。教育部、市教委、实验室工作研究会以及北京各高校代表80人参加会议。

（张婷旖）

【召开创新与城市发展研讨会】　6月14至15日，首师大召开创新与发展暨首届中国创新地理学术研讨会。会议听取7个主题报告，组织8个专题学术报告会，共有60名学者进行交流，内容涉及创新产业集群、创新网络、文化创意产业、创新能力及创新空间、创新与城市化、创新都市圈、创新能力及创新空间以及创新地理的理论与方法等方面。会议同时宣读《关于成立中国地理学会创新地理专业委员会的倡议书》，并就创新地理专业委员会筹建事宜进行讨论。中国科学院、北京大学等多所国内外院校以及国家自然基金委员会、科学出版社等单位专家学者100人参加会议。

（张婷旖）

【举办大学文化论坛】　9月23日，首师大举办大学文化论坛。论坛分大学校长、学生、学者、作家艺术家四个板块，探讨“全球化时代下传统大学精神的传承”“中外大学精神的比较与对话”“现代科技与大学人文精神的融合”“大学的学术研究与公共关怀的关系”“作为专家与公共知识分子双重角色大学知识人”“大学生的理想情怀与求实精神”“中外大学生的自我定位与社会责任”七项主题。来自中国高校专家学者和该校师生100人参加活动。

（张婷旖）

【举行建校60周年纪念大会】　10月6日，首师大举办建校60周年纪念大会。会议回顾学校发展历程，展示辉煌成就。教育部、北京市教委以及高校代表以及该校校友师生2000人参加大会。

（张婷旖）

【举办学前教育论坛】　10月11至12日，首师大举办学前教育论坛。论坛以“汇聚实践智慧、促进学术交流、分享成功经验、服务学前教育”为主旨，研讨“专业标准”背景下的幼儿园教师教育改革。来自国内60余所高校和研究机构的专家、学者以及幼儿园园长300人参加会议。

（张婷旖）

【举办教科书研究高峰论坛】　12月6至7日，首师大举办教科书研究高峰论坛。论坛就基础教育课程与教材改革新趋势作专题解读，并围绕教科书发展、教科书制度、教科书功能、作用与研制进行交流。来自国内基础教育专家学者100人参加论坛。

（张婷旖）

首都体育学院

党委书记　李鸿江（6月免）
　　　　　　赵文（6月任）
院　　长　钟秉枢

【概况】　2014年，首都体育学院占地面积17.83万平方米，建筑面积12.6万平方米。固定资产总值69554.1万元，其中，教学、科研仪器设备资产值21344.32万元。图书馆建筑面积5301平方米，藏有纸质图书49.3327万册，电子图书1250GB。拥有计算机1717台，多媒体教室58间，信息化设备资产11771.37万元，网络信息点6000个，校园网出口总带宽350Mbps，电子邮件系统用户6580个，上网课程5门，数字资源量203000GB，管理信息系统数据总量1500GB。下设6个院（系）；开设本科专业12个，覆盖四个学科门类和五个一级学科，硕士学位授权一级学科点2个、二级学科点6个。教职工504人，其中，专任教师255人，包括教授32人、副教授95人；博士生导师21人、硕士生导师96人。毕业生1019人，其中，学历教育学生中全日制硕士研究生205

人，普通本科生612人，成人教育本专科生163人（本科生95人、专科生68人）；非计划招生高等教育学生中在职人员攻读硕士学位39人。本科毕业生就业率95.71%。招生1121人，其中，学历教育学生中全日制研究生220人（博士生3人、硕士生217人），普通本科生643人、成人教育本专科生194人（本科生106人、专科生88人）；非计划招生高等教育学生中在职人员攻读硕士学位64人。在校生4069人，其中，学历教育学生中全日制研究生539人（博士生7人、硕士生529人），普通本科生2549人，成人教育本专科生848人（本科生430人、专科生418人）；非计划招生高等教育学生中在职人员攻读硕士学位136。留学生毕业145人，招生180人，在校生39人。学校网址：www.cupes.edu.cn。

（李丹阳）

【新建两个实践基地】　1月10日和13日，首体院新建慈爱嘉康复培训实习基地和青松实践基地。慈爱嘉基地面向该校学生开展居家护理专业服务实习活动。青松基地面向该校学生开展养老专业护理实践实习活动。

（李丹阳）

【与国家体育总局竞技体育司签约】　3月12日，首体院与国家体育总局竞技体育司签订合作协议。根据协议，双方联合成立“备战2016年巴西里约热内卢奥运会国家队身体运动功能训练团队”，共同为各项目国家队备战2016年奥运会提供支持、加强对身体功能训练的科学研究、提升教练员执教水平。

（李丹阳）

【举办7次蓟门讲坛】　3至12月，首体院举办7次蓟门讲坛。分别邀请2013年全国师德标兵、体育教育训练学院足球教研室的马克作题为“让志愿成为一种生活习惯”的专题讲座，该院退伍复学学生代表作题为《我的军旅梦》的专题讲座，北京市团市委大学部部长张秀峰作题为《认识社会，回报社会，做一个对社会有价值的人——学习习近平总书记在北京大学师生座谈会上的讲话》的专题讲座，中国戏曲学院王九成教授作题为《体育漫画中的幽默之美》的专题报告，武警天安门国旗班第八任班长、首都高校规范化升旗仪式培训总教官赵新风做主题为《自力更生，专业报国》的讲座，北京师范大学聂振伟教授作《心灵的距离——人际关系解码》专题讲座，体育解说员韩乔生作题为“体育是什么？一个体育媒体人的感悟”的专题报告。该院师生2000人次参加学习。

（李丹阳）

【举办中国休闲体育论坛】　5月17日，首体院举办中国休闲体育北京论坛。论坛以“休闲体育专业建设与发展动态”、“休闲体育研究新进展”为主题，围绕休闲体育理论与发展方向、休闲体育与社会体育的关系、休闲体育人才培养展开讨论。来自全国体育院校及休闲体育领域专家学者100人参加论坛。

（李丹阳）

【举办高校体育教育专业学生基本功大赛】　7月16至20日，首体院举办全国高校体育教育专业学生基本功大赛。比赛分成基础理论知识类和运动技能类两部分，来自21个省区市、24所高校的数百名体育教育专业学生参赛。比赛期间还举办校长论坛，各参赛学校校长就高等体育教育专业人才培养、高等体育教育专业国内外发展比较、体育教师能力素养与学生体质促进、高等体育教育专业与全民体育等议题进行探讨。

（李丹阳）

【举办4次国培计划培训班】　9至11月，首体院共举办4次国培计划培训班。分别举办体育美育骨干教师培训项目首都体育学院高中体育班、兼职体育教师培训者班、培训团队研修班、体育美育骨干教师培训。每期培训为期10天。该院组织全国专家进行授课。来自全国各地教师的515人参加学习。

（李丹阳）

【举办体育产业风暴论坛】　12月11日，首体院举办2015体育蓝皮书研讨暨体育产业风暴论坛。论坛研讨体育产业新政、体育产业投融资、体育院校与体育创新企业等问题。来自国内外相关领域专家学者共计40人参加论坛。

（李丹阳）

北京外国语大学

党委书记　杨学义（2月免）
　　　　　　韩震（2月任）
校　　长　韩震（2月免）
　　　　　　彭龙（2月任）

【概况】　2014年，北京外国语大学大学占地面积49.21万平方米，学校产权校舍建筑面积40.31万平方米、非产权校舍建筑面积8.90万平方米。全年教育经费投入90035.74万元，其中，国家拨款45307.04万元、自筹经费44728.70万元。固定资产总值14.20亿元，其中，教学、科研仪器设备资产值1.4亿元。图书馆建筑面积24292平方米，藏书172.90万册，其中，纸质图书124.70万册、电子图书48.20万册。拥有计算机4665台。学校信息化经费投入9958.91万元，多媒体教室座位9750个，信息化设备资产7908万元，网络信息点15000个，校园网出口总带宽2120Mbps，电子邮件系统用户9418个，上网课程2244门，数字资源量65700GB，管理信息系统数据总量4000GB。设置22个院（系、部）；开设73个专业及覆盖5个学科；具有一级学科6个，一级学科博士点1个，博士学位授权点14个，硕士学位授权点38个和专业学位授权点4个；博士后流动站1个，其中，博士后研究人员出站58人、进站9人和在站29人。国家重点学科4个、北京市重点学科7个；国家重点实验室1个。教职工1294人，其中，专任教师667人，包括教授132人、副教授223人；博士生导师81人、硕士生导师240人。国家有突出贡献专家5人、享受政府特殊津贴专家106人（以及其他国家级专家及其构成）。外籍教师144人，其中，教授53人、副教授16人。毕业生4080人，其中，学历教育学生中全日制研究生740人（博士生78人、硕士生662人）、普通本科生1085人、成人教育本专科生145人（本科生99人、专科生46人）、网络教育本专科生2110人（本科生814人、专科生1296人）。本科毕业生就业率96%。招生28005人，其中，学历教育学生中全日制研究生 781 人（博士生 90 人、硕士生 691 人）、普通本科生 1279 人、成人教育本专科生 300 人（本科生 212 人、专科生 88 人）、网络教育本专科生 25645 人（本科生 7853 人、专科生 17792 人）。高考北京地区本科提档线文科 612 分，理科 633 分。在校生 58263 人，其中，学历教育学生中全日制研究生 2232 人（博士生 392 人、硕士生 1840 人）、普通本科生 4814 人、成人教育本专科生 545 人（本科生 365 人、专科生 180 人）、网络教育本专科生 50672 人（本科生 17201 人、专科生 33471 人）。留学生毕业 941 人、招生 960 人、在校生 1324 人。网址：www.bfsu.edu.cn。

（宋文超）

【举办首届学生就业力大赛】 3月20日至6月6日，北外举办“走近职场”首届学生就业力大赛。比赛覆盖全校 13 个本科院系 1100 名三年级学生，共有 505 人提交求职简历，经院系层面简历评改、单面、群面相结合的面试选拔，推荐出 63 人入选“职场训练营”。在训练营环节，通过自我认知、职业规划、求职技巧、职场礼仪、就业经验分享等主题开展 6 次团体活动，选拔出 8 名选手入围决赛。法语系学生独得全场最具人气选手和最具就业竞争力选手两项荣誉。英语学院、亚非学院、日语系获得优秀组织单位奖。来自外交部、中国银行、中央电视台等企业的人力资源负责人担任比赛评委。

（宋文超）

【成立国际新闻与传播学院】 7月7日，北外成立国际新闻与传播学院。学院前身是英语学院国际新闻与传播系，成立于 2001 年。有专职教师 14 人，包括 5 名教授、3 名副教授和 6 名讲师，具有博士学位 13 人，另有 1 名在读博士生；兼职教师共有 14 人，包括 10 名教授、1 名副教授和 3 名讲师。新闻学院 90%以上的课程用英语授课，本科毕业生可获得“新闻学学士学位”，如选修双专业课程，还可获得“新闻—英语双专业”证书。该院学生还可辅修国际关系、国际贸易、国际法律等专业作为第二学位。研究生层次与学校国家重点学科英语语言文学专业合作，培养国际新闻传播方向的硕士和博士生。本科学制为四年，硕士学制为二至三年，博士学制为三至四年。

（宋文超）

【举办孔子学院中方院长论坛】 7月31日至8月2日，北外举办孔子学院中方院长论坛。论坛探讨中方院长队伍建设，以及中方院长在孔子学院的发展中如何发挥更大的作用等问题，为未来孔子学院建设提供参考。与会者就中方院长与孔子学院发展、中方院长与岗前培训、中方院长队伍建设等问题进行研讨，为孔子学院的可持续发展献计献策。来自全国 28 所高校及文化机构的 30 名代表参加论坛。

（宋文超）

【成立中国外语测评中心】 9月29日，北外中国外语测评中心成立。中心以中国外语教育研究中心和该校全方位外语学科优势为依托，通过与国际语言测试权威专家和机构合作，开展多层次外语测试的开发、研究与服务工作。旨在研发系列外语考试，规范中国外语人才评价标准，以适应新形势下国家对外语人才培养和选拔的战略亟需。中心下设顾问委员会、指导委员会、学术委员会、研究与开发中心和运营中心，聘请国内外相关领域知名专家担任。

（宋文超）

【与市公安局签订合作协议】 11月5日，北外与北京市公安局签订多语言警务援助联动机制合作协议。根据协议，依托“北京多语言服务中心”和“110 接警中心”两个平台，该校外语志愿者将为北京一线执勤民警和报警求助的外国人提供 24 小时多语种实时翻译。

（宋文超）

【成立国家语言能力发展研究中心】 11月，北外成立国家语言能力发展研究中心。该中心同时也是国家语委的科研中心，由教育部语言文字信息管理司与该校共建共管。中心的主要任务是深入研究语言在国家政治、军事、外交、安全等领域的重要关联性及其作用，致力于国家语言能力的理论构建和现状调研，开展语言人才资源、世界各大国语言政策等方面的研究工作，为政府制定语言文字政策提供决策参考，为经济社会发展提供服务。

（宋文超）

【成立全球史研究院】 12月10日，北外全球史研究院成立。研究院涵盖历史学门类下的两个一级学科，设立学术委员会和学术咨询委员会，包括“世界史系”和“中国史系”两个专业，一个基础教研室、一个项目中心和一个多语种全球史研究数据与文献中心。研究院的重点研究全球化史和中国史，以硕士和博士研究生的教学为主，以大航海时代以来的中国与世界作为研究对象。

（宋文超）

北京第二外国语学院

党委书记　冯培

院　　长　周烈（11月免）

　　　　　　曹卫东（11月任）

【概况】 2014 年，北京第二外国语学院占地面积 21.32 万平方米，建筑面积28.47万平方米。图书馆建筑面积6869平方米，馆藏图书104.17万册，馆藏电子图书1255.6GB。固定资产总值64839.71万元，其中教科仪器设备资产值16237.18万元。全年教育经费投入48828.87万元，其中，国家拨款38167.21万元、自筹经费10661.66万元。学校拥有计算机4636台，多媒体教室240间，信息化设备资产14731.46万元，网络信息点12405个，接入互联网出口带宽1368Mbps，电子邮件系统用户1221个，上网课程563门，数字资源量8361.1GB，管理信息系统数据总量322708.6GB。下设23个院系和教学部，还设有教育技术中心、图书馆、旅游教育出版社等教学科研辅助机构及经济实体。开设27个本科专业、4个专科专业，覆盖经济学、法学、文学、管理学4个学科；具有一级学科硕士授权点4个，学术型学位硕士授权点22个，专业学位硕士授权点5个，覆盖哲学、经济学、文学、管理学4个学科。教职工916人，其中，专任教师数517人，专任教师中，教授73人、副教授186人，硕士生导师193人。外籍教师32人。毕业生2180人，其中，学历教育学生中全日制硕士研究生363人，普通本科生1489人，成人教育本专科生328人（本科生279人、专科生49人）。本专科毕业生（含二学位）一次就业率？93.16%。招生2430人，其中，学历教育学生中全日制硕士研究生468人，普通本科生1578人、成人教育本专科生384人（本科生295人、专科生89人）。高考北京地区提前批次提档线理科577分、文科598分，本一批提档线理科547分、文科573分。在校生8390人，其中，学历教育学生中全日制硕士研究生1188人，普通本科生6094人，成人教育本专科生1108人（本科生849人、专科生259人）。留学生毕业290人，招生412人，在校生670人。网址：www.bisu.edu.cn。

（王薇）

【学生宿舍楼工程竣工】 1月14日，二外学生宿舍楼及附属用房工程竣工并通过验收。新建成的学生宿舍楼建筑面积2.71万平方米，地上9层，地下2层；地上9层为学生宿舍，共计703间；地下一层为公共活动空间及行李房，地下二层为人防、学生浴室及设备用房，新楼还增加2间无障碍宿舍和9间辅导员宿舍。该项目自2012年7月18日奠基，2013年6月6日主体结构封顶。

（王薇）

【举办中国旅游创业高峰论坛】 3月1至2日，二外举办首届中国旅游创业高峰论坛。论坛研讨移动互联网与旅游业的未来，旅行社企业在2014年及今后几年的发展走向，酒店业内部创业与创新等5个议题。会上，该校发布《2013中国旅游创新创业报告》。来自全国300多家旅游创新创业企业、旅行社、酒店和该校的师生共500人参加论坛。

（王薇）

【酒店管理学院实行本科生导师制】 3月25日，二外酒店管理学院实施本科生导师制。该制度自2011级本科生起实施，要求所有专任教师都需参与导师工作，导师工作以学业指导为核心，兼顾学生思想品德教育和生活、心理等方面。学生与导师之间建立明确、固定、连续的指导与学习关系，在导师指导下制定每学期学习计划，参与导师科研工作，为学生提供实习调研机会，言传身教，注重学生的个性健康发展和职业精神、人文精神的培养。

（王薇）

【开办人文素养大课堂】 4月29日起，二外开办人文素养大课堂。大课堂开设中国茶道茶艺、影视艺术赏析和摄影艺术等7门人文素养课程，每门课程聘请业界专家讲8至12个课时，整个授课过程全程录像并最后编辑上网。至年底该院学生1000人次参加学习。

（王薇）

【发布学风教风表述语】 7月16日，二外发布学风教风表述语。学风是"融中外，兼知行"。"融中外"就是要求学生要融会中外文化，做一个有世界视野的地球人；"兼知行"要求不仅在思想上、文化上兼容并包，学生更要知行合一，做一个时代的思考者、信仰的践行人。教风是"和易以思，人文化成"。"和易以思"，就是要求教师以平和之心态、平易之情愫、循循善诱莘莘学子思考、求索时代之使命、人生之真谛。"人文化成"，就是要求教师汲取中外文明之精华，以人文传统、人文情怀教书育人，涵养和培育学生的人文素养和人文精神。

（王薇）

【庆祝建校50周年】 10月24日，二外举办校庆50周年系列活动。活动包括"50名知名校友学术报告·学术沙龙活动"；为1964至1966年来校工作或学习，并在二外离退休的331位教职员工授予"二外建校者终身服务奖章"；"五十年·灿烂"师生合唱比赛；陈毅雕像揭幕仪式等。该校师生及校友2000人次参加活动。

（王薇）

【举办中外文化交流对话活动】 10月，二外举办中外文化交流对话活动。活动以"语言的力量"为主题，研讨"语言文化与教育合作""语言交流与青年人国际化视野""语言的作用：给青年学生的建议"等多个问题。来自国内外专家、学者共计50人参加活动。

（王薇）

【签约成立白俄罗斯研究室】 10月，二外与白俄罗斯驻华大使馆签订建立白俄罗斯研究室合作协议。根据协议，双方合作建立白俄罗斯研究室，并在该研究室基础上，共同举办以文化为主题的活动和会议，联合推进科研项目的发展，交换科技文献、教材、出版物等。

（王薇）

【举办主题公园与文化旅游发展论坛】 12月13日，二外举办主题公园与文化旅游发展论坛。论坛针对国有大型企业、大型项目对地方的拉动效应与社会责任、国家文化发展大战略、北京市旅游发展的大思路，借鉴国内外主题公园发展的经验与教训，总结主题公园发展的模式，对主题公园的选址、业务组合、盈利机制、文化适应、区域效应等展开探讨，对中国特别是北京主题公园的发展提出针对性的对策建议。来自国内外专家50人参加论坛。

（王薇）

北京语言大学

党委书记 李宇明
校　　长 崔希亮

【概况】 2014年，北京语言大学占地面积约33.03万平方米，学校产权校舍建筑面积42.73万平方米。全年教育经费投入76653万元，其中，国家拨款37106万元、自筹经费39547万元。固定资产总值9.91亿元，其中教学、科研仪器设备资产值1.16亿元。图书馆建筑面积10543平方米，藏书101万册，其中，纸质图书94.40万册，电子图书5.51万册，电子期刊总量9436种。拥有计算机5575台。学校信息化经费投入2800万元，拥有多媒体教室248间，信息化设备资产10601.84万元，网络信息点13004个，校园网出口总带宽1450Mbps，电子邮件系统用户2385个，上网课程320门，数字资源量11730GB，管理信息系统数据总量205GB。设置3个学部、6个直属学院（教学部）和2个科研院所；本科专业25个，硕士专业33个，博士专业17个，学科专业覆盖文学、经济学、历史学、法学、工学、教育学和管理学等7个门类；一级学科硕士点3个，一级学科博士点2个，博士学位授权点17个，硕士学位授权点33个和专业学位授权点4个；博士后流动站数1个，其中，博士后研究人员出站3人，进站3人，在站6人。国家重点学科1个，一级学科北京市重点学科1个，二级学科北京市重点学科11个，教育部普通高等人文社会科学重点研究基地1个。共有教职工1241人，其中专任教师663人，科研机构68人，其中教授114人，副教授285人；博士生导师62人，硕士生导师266人。“长江学者奖励计划”讲座教授1人，“长江学者”特聘教授1人，享受政府特殊津贴专家40人。外籍教师81人。毕业生15586人，其中，学历教育学生中全日制研究生606人（博士生34人、硕士生572人），普通本科生941人，成人教育本专科生610人（本科生458人、专科生152人），网络教育本专科生13429人（本科生3883人、专科生9546人）。本科毕业生一次就业率93%。招生18770人，其中，学历教育学生中全日制研究生683人（博士生59人、硕士生624人），普通本科生1111人，成人教育本专科生640人（本科生497人、专科生143人），网络教育本专科生16336人（本科生4920人、专科生11416人）。高考北京提档线文科624分，理科614分。在校生46446人，其中，学历教育学生中全日制研究生2040人（博士生220人、硕士生1820人），普通本科生4369人，成人教育本专科生1402人（本科生1160人、专科生242人），网络教育本专科生38635人（本科生12638人、专科生25997人）。留学生毕（结）业5483人，授予学位414人，招生5862人，在校生7381人，其中，专科生54人，本科生1815人，硕士生292人，博士生68人。网址：www.blcu.edu.cn。

（田列朋）

【举办国际学生职业论坛】 4月1日，北语举办首届国际学生职业论坛。论坛回应留学生在华发展事业的需求，加深企业和求职者的相互了解，同时通过企业代表和优秀校友的分享，提升该校国际学生核心竞争力。来自世界知名企业精英代表、北语优秀校友代表及国际学生等200人参加。

（田列朋）

【召开第八次党代会】 4月11至13

日，北语召开第八次党代会。会议选举产生第八届中国共产党北京语言大学委员会和纪律委员会，确立建设世界一流语言大学的发展目标，构筑四大学术方针，分别是构建完整的语言教育体系，建立具有国际前沿水平的语言科学研究和语言技术研发体系，积极而稳健地发展人文社会科学以及信息科学等相关学科，开展中国学研究和国际问题研究。会议明确该校办学理念，提出今后五年重点工作任务。会议应到党代表130人，实到党代表130人。

（田列朋）

【接待8名外国政要】 4月23日至

11月9日，北语接待8名外国政要。4月23日，接待古巴高教部副部长奥贝尔特·桑丁·卡塞莱斯；30日，接待墨西哥驻华大使温立安。6月22日，接待沙特阿卜杜拉·本·阿卜杜勒·阿齐兹国王的女儿、沙特古迹和博物馆事务最高咨询委员会主席阿迪莱公主殿下和沙特阿拉伯王国驻华大使叶海亚。7月9日，接待埃塞俄比亚总统穆拉图·特肖梅，总统是北语校友，并亲笔题字“北语是中国的，也是世界的”。10月8日，接待尼日尔驻华大使伊奴萨·穆斯塔法；13日，接待突尼斯大使塔雷克·阿姆里，出席北语“我与大使面对面”活动；28日，接待斯洛文尼亚驻华大使玛丽娅·阿达尼娅女士。11月19日，接待南苏丹教育部副部长博·马库思·约尔。

（田列朋）

【举行中阿语言文化论坛】 4月26至27日，北语举办第一届中阿语言文化论坛。论坛以“国家语言政策与汉语、阿拉伯语国际教育”为主题，旨在落实教育部中非高校20+20合作计划，提高中阿双方在汉语、阿拉伯语国际教育以及国家语言政策方面的研究水平。论坛期间，该校举行国内首部《阿拉伯黄皮书（2013～2014）》的首发仪式，从政治外交、经贸金融、能源和环境、社会文教等5个角度，较全面反映2013年阿拉伯国家的热点问题和地区形势发展。来自埃及、沙特等阿拉伯国家高校的30名专家教授以及70名来自国内高等院校的师生代表出席论坛。

（田列朋）

【发布春夏季中国报纸十大流行语】 7月20日，北语发布“2014年春夏季中国报纸流行语”。“马航失联、乌克兰局势、新‘国九条’、京津冀一体化、国企改革、丝绸之路经济带、权力清单、零容忍、雪龙号、去哪儿”位列综合类十大流行语。该流行语是基于学校动态流通语料库(DCC)，利用语言信息处理技术提取，流行语的语料来源包括国内18家主流报纸1月1日至6月30日的全部文本。

（田列朋）

【开设汉语国际教育高级讲习班】 7月24日至8月2日，北语开设首期汉语国际教育高级讲习班。讲习班主旨在于为全国汉语国际教育一线教师的发展打造公益性的交流平台，为同行之间平等交流研讨打造良性互动的平台，共聘请海内外高校的19名学者授课，交流汉语国际教育领域的前沿成果，推动该学科的科学持续发展。来自全国100所高校、教育机构的130名一线汉语教师参加学习。

（田列朋）

【完成中国语言资源有声数据库北京库建设】 7月29日，北语举行中国语言资源有声数据库北京库建设项目验收会。北京库是继江苏库之后第二个全面完成建设工作的省级语言资源有声数据库，是中国语言资源有声数据库建设工作取得的重要阶段性成果。该项目于2012年5月启动，调查组对北京市西城、怀柔、平谷等8个区县调查点的方言常用语音词汇语法现象、日常话语、地方普通话等进行实地调查，并采用先进的摄录设备和技术进行录音摄像，得到了一份时间相同、内容对应的北京方言和地方普通话有声语料。全部调查、摄录和整理工作于6月完成。

（田列朋）

【举办中国语言资源国际学术研讨会】 10月11至12日，北语举办首届中国语言资源国际学术研讨会。会议研讨“语言资源调查研究的理念、方法与技术”“中国方言文化的保护与保存”，收到论文44篇。来自中国、日本、美国等国家和地区的正式代表共53人参加研讨。

（田列朋）

【完成学部制机构调整】 10月22日，北语完成学部制机构调整。调整后形成三大学部、六大直属学院（教学部）和两大科研院所的学部制结构。分别为汉语国际教育学部、外国语学部、人文社会科学部；信息科学学院、国际商学院、艺术学院、培训学院、网络教育学院、体育教学部；语言科学院、对外汉语研究中心。

（田列朋）

【举办大学教学改革发展论坛】 11月21日，北语举办“MOOC、SPOC与大学教学改革发展高峰论坛”。论坛分为“MOOC与教育思想观念分论坛”和“MOOC、SPOC的实施与案例分论坛”两场活动，通过对课程建设、教学改革、课程服务和数字化教学平台应用等内容的探讨，旨在促进中国高等教育的教学方式和教学手段的转变，通过理论探索、案例研讨、技术应用、互动交流等环节，分享先进的教学理念和实践，有利于各高校根据自身特色确立教学目标、丰富教学形式、提升教学质量。国内有关高校教育工作者共600人参加论坛。

（田列朋）

【召开学术委员会】 11月28日，北语召开学术委员选举大会。大会采取无记名投票方式，选举产生21名学术委员会委员。该校学术委员会建设工作领导小组成员，在职正、副高级专业技术职务人员等212人参加大会。

（田列朋）

【举办首届全国意大利语演讲比赛】 11月29日，北语举办首届全国意大利语演讲比赛。活动评出一、二、三等奖和“最佳风采奖”“最佳语音奖”“最具潜力新人奖”，其中北语汪诗熊同学摘得桂冠，张媛同学获得亚军。来自全国15所高校意大利语本科专业的高校代表学生60人参加比赛。

（田列朋）

【与51所国外高校签订62份合作协议】 至年底，北语与25个国家的51所大学签署各类合作协议62份。包括与美国西密歇根大学签署共建国际教育中心合作框架协议；与英国纽卡斯尔大学签署学生交流合作协议；与荷兰莱顿大学签署学生交流合作协议；与埃及苏伊士运河大学签署《中国北京语言大学与埃及苏伊士运河大学合作成立“北语—苏伊士运河学院”（简称“中埃学院”）合作协议》；与澳大利亚西澳大利亚大学签署“短期汉语进修课程合作协议”；与孟加拉格林大学签署合作备忘录等。

（田列朋）

中国传媒大学

党委书记　陈文申
校　　长　苏志武

【概况】 2014年，中国传媒大学占地面积46.36万平方米，学校产权建筑面积49.96万平方米。固定资产总值162339.88万元，其中，教学、科研仪器设备资产值54360.9万元。图书馆建筑面积43908平方米，藏书186.4万册，其中，纸质图书152.5万册、电子图书3143GB。全年教育经费投入99816.89万元，其中，国家拨款56599.92万元、自筹经费43216.97万元。网络信息点17740个，校园网出口总带宽2500Mbps，电子邮件系统用户19992个，数字资源量33720GB，管理信息系统数据总量2100.11GB。校区设置4个学部，10个学院，3个研究院，1个协同创新中心；开设83个专业及覆盖7个学科；一级学科博士点7个，博士学位授权点42个，一级学科硕士点18个，硕士学位授权点

113个和专业学位授权点8个；博士后流动站7个。国家重点学科2个、国家重点培育学科1个、北京市重点学科7个；国家级、省部级重点实验室6个；国家级、省部级研究中心（所）10个。教职工2035人，其中，专任教师1132人，包括教授297人、副教授384人；博士生导师219人、硕士生导师403人；中科院院士、工程院院士1人。“长江学者奖励计划”特聘教授2人、“长江学者奖励计划”讲座教授2人，国家级“万人计划”2人，“新世纪百千万人才工程”国家级人选3人，国家有突出贡献专家2人，享受政府特殊津贴专家74人，入选教育部“新世纪优秀人才支持计划”32人；中宣部“四个一批”人才2人，国家级教学名师奖2人，北京高校教学名师奖14人，全国优秀教师3人，北京市优秀教师33人。外籍教师25人。毕业生7058人，其中，学历教育学生中全日制研究生1654人（博士生161人、硕士生1493人），普通本专科生2507人（本科生2260人、专科生247人），成人教育本专科生2142人（本科生1901人、专科生241人），网络教育本专科生755人（本科生638人、专科生137人）。本专科毕业生就业率96%，研究生就业率97%。招生7532人，其中，学历教育学生中全日制研究生1561人（博士生165人、硕士生1396人），普通本专科生2333人（本科生2099人、专科生234人）、成人教育本专科生1817人（本科生1467人、专科生350人），网络教育本专科生1821人（本科生1218人、专科生603人）。在校生25282人，其中，学历教育学生中全日制研究生4301人（博士生732人、硕士生3569人），普通本专科生9114人（本科生8646人、专科生468人），成人教育本专科生4564人（本科生3913人、专科生651人），网络教育本专科生7303人（本科生5468人、专科生1835人）。留学生毕（结）业555人，招生505人，在校生781人。网址：www.cuc.edu.cn。

（陈莹峰）

【高晓虹获全国三八红旗手称号】 2月28日，传媒大学高晓虹教授荣获“全国三八红旗手”称号。该评选由全国妇联举办。高晓虹，新闻传播学部学部长，在校从教32年，致力于新闻传播专业领域的人才培养与教育实践，带领团队取得突出成绩，做出卓越贡献，于2012年获得“北京市三八红旗奖章”称号。

（陈莹峰）

【校友会成立】 6月21日，传媒大学校友会成立。成立大会上表决通过《中国传媒大学校友会章程》和《中国传媒大学校友会组织机构名单》。来自全国各地的校友代表近80人出席会议。

（陈莹峰）

【举办国际高端传媒学术期刊主编论坛】 6月28日，传媒大学举办首届国际高端传媒学术期刊主编论坛。论坛研讨刊物办刊理念、发展历程、办刊经验、未来方向等问题。来自美国、新加坡、中国专家学者50人参加论坛。

（陈莹峰）

【获批1个市重点实验室】 6月30日，传媒大学申报的“现代演艺技术实验室”被市科委认定为“北京市重点实验室”。现代演艺技术实验室始建于2005年，主要开展演艺装备与舞台效果呈现技术、现代演艺协同服务技术、演出资源聚合管理技术等方面的研究。实验室有科研人员50人，近5年来在现代演艺技术领域承担国家级、省部级科研项目20项，在研科研经费总额近3000万元，组织编研几十项本领域的国家与行业技术标准，发表高水平学术论文400余篇，首创“文化演出院线协同服务”概念与内涵，实现关键技术创新或系统集成，有着解决国家文化发展重大科技问题的创新思想与方法。

（陈莹峰）

【庆祝建校60周年】 9月20日，传媒大学举办建校60周年庆祝活动。北京大学校长代表各高校发表“衷心祝愿中国传媒大学再谱新篇”演讲，该校举办“白杨情·中国梦”庆祝晚会。该校各级校友、在校师生、离退休校领导和老教授以及相关国家部委、媒体机构、行业组织及兄弟院校领导1000人参加活动。

（陈莹峰）

【成立国际传媒教育学院】 9月，传媒大学成立国际传媒教育学院（ICUC）。学院是经教育部批准依托传媒高等教育国际联盟的非独立法人中外合作办学机构，并基于联盟的优质国际教育资源，采用校内和校外“1+N”模式，通过系统引进国际联盟校在艺术、新闻传播、经济管理、文法等学科领域的优势专业建立分院，并分别与学校各学部院建立联合国际化培养机制，致力于推动“现代传媒综合学科体系建设”，建设国际化传媒高等教育教学改革的实验基地和中外合作办学的示范机构。教育部此次批准在国际传媒教育学院内开设的学位包括动画、文化产业管理、视觉传达设计、戏剧影视导演、广告学专业的本科学位；传媒艺术学、广播电视、文化产业、设计艺术学、传媒艺术学、广播电视、文化产业、设计艺术学专业的硕士研究生学位。

（陈莹峰）

中央财经大学

党委书记　胡树祥
校　　长　王广谦

【概况】 2014年，中央财经大学占地面积73.52万平方米，学校产权校舍建筑面积45.08万平方米。全年教育经费投入99393.45万元，其中，国家拨款60719.52万元、自筹经费38673.93万元。固定资产总值15.04亿元，其中，教学、科研仪器设备资产值1.78亿元。图书馆建筑面积1.10万平方米，藏书557.52万册，其中，纸质图书177.52万册、电子图书380万册。拥有计算机7041台。学校信息化经费投入6663.67万元，多媒体教室座位24291个，信息化设备资产12320.32万元，网络信息点36000个，校园网出口总带宽2600Mbps，电子邮件系统用户3811个，上网课程501门，数字资源量68400GB，管理信息系统数据总量31000GB。设置31个院（系、部）；开设49个专业，覆盖9个学科；具有一级学科10个，一级学科博士点4个，博士学位授权点31个，硕士学位授权点76个和专业学位授权点13个；博士后流动站5个，其中，博士后研究人员出站6人、进站29人、在站132人。国家重点学科2个、北京市重点学科7个。教职工1645人，其中，专任教师1112人，包括教授248人、副教授404人；博士生导师177人、硕士生导师527人。“千人计划”入选者1人，“跨（新）世纪百千万人才工程国家级人选”3人，“长江学者奖励计划”特聘教授2人，“长江学者奖励计划”讲座教授4人，享受政府特殊津贴专家31人，青年拔尖人才支持计划入选者2人，教育部新世纪优秀人才计划入选者55人。外籍教师26人，其中，教授7人、副教授7人。毕业生7400人，其中，学历教育学生中全日制研究生1551人（博士生75人、硕士生1476人）、普通本科生2245人、成人教育本专科生2774人（本科生1635人、专科生1139人）；非计划招生高等教育学生中在职人员攻读硕士学位196人，研究生课程进修班634人。本科毕业生就业率95.50%。招生7591人，其中，学历教育学生中全日制研究生1872人（博士生139人、硕士生1733人）、普通本科生2509人、成人教育本专科生2094人（本科生1272人、专科生822人）；非计划招生高等教育学生中在职人员攻读硕士学位214人，研究生课程进修班902人。本年高考北京地区本科提档线文科626分、理科646分。在校生20493人，其中，学历教育学生中全日制研究生4942人（博士生667人、硕士生4275人）、普通本科生10028人、成人教育本专科生4991人（本科生3182人、专科生1809人）；非计划招生高等教育学生中在职人员攻读硕士学位532人。留学生毕业135人、招生118人、在校生326人。学历留学生毕业99人、招生41人、在校生285人。网址：www.cufe.edu.cn。

（罗茜）

【与市地税局签订合作协议】 1月14日，中央财大与市地税局签订合作协议。根据协议，双方共同建设中央财大中国财政发展协同创新中心，市地税局将提供政策支持。

（罗茜）

【成立中国财政数据中心】 1月18日，中央财大成立中国财政数据中心。该中心设文献室、数据管理办公室和云处理办公室，文献室负责实现中国财政发展协同创新中心及相关协同部门提供的全部纸质研究资料的电子化和存档，数据管理办公室负责相关研究数据的搜索、汇总与数据库化管理，云处理办公室通过信息化技术实现研究资料和研究数据的协同链接与协同搜索，实现全部研究人员的实时联动和全部研究资料数据的智能联想与精准搜索。

（罗茜）

【成立互联网商务金融研究院】 3月27日，中央财大成立中国互联网商务金融研究院。研究院由互联网、商务、金融等多领域的专家团队组成，以中央财大教授、博士研究力量为主，并联合国内外行业协会、社会团体、电商企业、金融机构等开展商业金融新模式、物流网络新布局、电商通讯新技术等多方面的研究。

（罗茜）

【成立公私合作伙伴关系研究实验室】 4月17日，中央财大成立公私合作伙伴关系研究实验室（简称PPP Lab）。实验室专家委员会成员包括来自中央财大、中国社科院财经战略研究院、财政部财科所的多名在PPP学术及实践领域专家。实验室将首先启动PPP项目既有案例分析手册的编写工作。PPP模式是政府与社会资本为提供公共产品或服务而建立的“全过程”合作关系，以授予特许经营权为基础，以利益共享和风险共担为特征，通过引入市场竞争和激励约束机制，发挥双方优势，提高公共产品或服务的质量和供给效率。

（罗茜）

【召开食品安全风险交流研讨会】 5月

13日，中央财大召开食品安全法风险交流中美研讨会。研讨会聚焦食品安全风险交流制度，从法学、心理学、管理学、新闻传播学等多学科展开，以实务、学界、媒体与非政府组织等多视角，分别就食品安全风险交流制度的构建、专家角色与风险交流、公众认知与风险交流、媒体角色与风险交流等内容展开讨论。来自中美专家学者参加会议。

（罗茜）

【举办银行业服务绿色化国际研讨会】 9月17日，中央财大举办银行业服务绿色化国际研讨会。会议围绕“巴塞尔协议III是否缺失环境风险”和“绿色供应链金融”两大议题，就银行业如何实现绿色化进行探讨。来自巴克莱银行、德意志银行、中国人民银行等中外金融机构专家学者30人参加研讨。

（罗茜）

【与上海市嘉定区签订合作协议】

10月14日，中央财大与上海市嘉定区签订合作协议。根据协议，双方将在暑期社会实践、实习、人才培养、毕

业生招聘等多方面增进合作，互利互惠，共同搭建学校与地方政府、用人单位间联系交流、协同共赢的平台。

（罗 茜）

【举办亚太经济与金融论坛】 11月

28至29日，中央财大举办亚太经济与金融论坛。论坛主题为“中国经济的崛起及其对世界的影响”，邀请澳大利亚、韩国、日本20多名专家作大会演讲。来自国内高校、科研机构、金融机构、新闻媒体的专家学者和该校师生200人参加论坛。

（罗 茜）

【举办税收筹划与法律高峰论坛】 12月26日，中央财大举办2014税收筹划与法律高峰论坛。论坛研讨国家治理与财税改革、税收筹划与经济热点等问题。来自全国各地税务机关、企业、院校、社会中介等单位的200人参会。

（罗 茜）

对外经济贸易大学

党委书记 王玲
校　　长 施建军

【概况】 2014年，对外经济贸易大学占地面积34.20万平方米，建筑面积51.02万平方米（含学校产权建筑面积和非产权建筑面积）。固定资产总值136221万元，其中，教学、科研仪器设备资产值14226万元。全年教育经费投入123491万元，其中，国家拨款55009万元、自筹经费68482万元。图书馆建筑面积24935.54平方米，藏书196.35万册，其中，纸质图书147.45万册、电子图书48.9万册。拥有计算机7008台，信息化设备资产13908.49万元，网络信息点25500个，校园网出口总带宽30500Mbps，电子邮件系统用户23640个，上网课程204门，数字资源量9000GB，管理信息系统数据总量100GB。设置19个院（系、部）；开设39个本科专业，覆盖经济学、管理学、文学、法学、理学五大学科；一级学科博士学位授予点5个，一级学科硕士学位授予点8个和专业学位授权点12个；博士后流动站4个，其中，博士后研究人员出站17人、进站22人和在站57人。有2个国家重点学科，7个北京市重点学科，1个国家重点实验室。教职工1644人，其中，专任教师997人，包括教授198人、副教授347人；博士生导师143人、硕士生导师455人；有“长江学者奖励计划”讲座教授2人、“长江学者奖励计划”特聘教授1人、“千人计划”入选者1人、享受政府特殊津贴专家34人。外籍教师32人，其中，教授10人、副教授22人。毕业生7369人，其中，学历教育学生中全日制研究生1852人（博士生113人、硕士生1739人），普通本科生2070人，成人教育本专科生1038人（本科生553人、专科生485人），网络教育本专科生2409人（本科生1254人、专科生1155人）。本科毕业生就业率98.54%。招生7869人，其中，学历教育学生中全日制研究生2112人（博士生131人、硕士生1981人），普通本科生2078人、成人教育本专科生821人（本科生383人、专科生438人），网络教育本专科生2858人（本科生1383人、专科生1475人）。北京地区高考提档线文科636分，理科652分。在校生23807人，其中，学历教育学生中全日制研究生4788人（博士生595人、硕士生4193人），普通本科生8401人，成人教育本专科生2179人（本科生1171人、专科生1008人），网络教育本专科生8439人（本科生4902人、专科生3537人）。留学生毕业590人，招生778人，在校生2510人。网址：www.uibe.edu.cn。

（曹亚红）

【召开双代会】 3月27日，外经贸大第七届教职工代表大会暨第十四届工会会员代表大会第四次会议在学校召开。会议以“凝心聚力，深化改革，共铸梦想”为主题。会上，该校领导作《深入贯彻十八届三中全会精神，进一步深化改革，为建设国际知名有特色高水平大学而努力奋斗》工作报告。该校教职工和工会会员代表参加会议。

（曹亚红）

【召开首届中国管理会计教育研讨会】

4月9日，外经贸大召开首届中国管理会计教育研讨会。会议研讨管理会计理论与实践的新问题。来自北京大学、中国人民大学、对外经济贸易大学会计教育专家60人参加研讨。

（曹亚红）

【通过综合改革方案】 7月7日，外经贸大通过综合改革方案。该方案共9大部分49条，系统设计学校人才培养、人力资源管理、科学研究与社会服务、学科建设、开放办学和国际化办学、内部治理结构和体制、资源配置和后勤保障、贸大文化与和谐校园、加强党的领导等重点领域和关键环节深化改革的指导思想、基本原则和目标任务，是学校科学发展的根本指导和重要遵循。

（曹亚红）

【与人民网签订合作协议】 8月25日，外经贸大与人民网签订合作协议。根据协议，学校与人民网共建相关栏目，在课题调研、在线教育、成果发布、数据库建设、合办活动等开展多方位合作，包括建立学生实习基地，推荐权威领域专家教授组建人民网教育专家顾问委员会，通过“校长发布”栏目介绍学校最新研究成果、招生就业等最新信息。

（曹亚红）

【召开亚太自由贸易研讨会】 9月8日，外经贸大召开亚太自由贸易研讨会（Workshop on Free Trade in the Asia－Pacific）。会议与太平洋经济合作理事会国际秘书处合办，研讨区域需求多样化情况下的亚太自贸区的作用问题。来自太平洋经济合作组织成员国专家40人参加研讨。

（曹亚红）

【举办北京洪堡论坛】　9月19至21日，外经贸大举办北京洪堡论坛。论坛与洪堡基金会合办，以“文化传统与绿色经济：技术、经济增长和绿色移动”为主题，研讨当下与绿色经济相关问题。来自中国、德国专家学者以及国内高校研究人员100人参加论坛。

（曹亚红）

【举办中东欧国家金融和银行官员研修班】　9月，外经贸大举办中东欧国家金融和银行官员研修班。该研修班由商务部主办，面向中东欧国家央行、经济部门负责人员，开设金融、经贸等课程，为期21天。来自白俄罗斯、波黑、匈牙利、波兰、塞尔维亚、斯洛文尼亚和摩尔多瓦15名司处级官员参加培训。

（曹亚红）

【与中国电信集团签订合作协议】　11月2日，外经贸大与中国电信集团签订合作协议。根据协议，双方发挥资源、人才和技术优势，以校企合作共建新模式为基础，在基础设施整合优化、人才创新孵化、高校信息化顶层设计等方面进行多层次和多形式的广泛合作。中国电信将为该校信息化建设、智慧校园项目等提供支持；该校将发挥学科优势，共同建设教学资源库，以促进在线教育事业的发展。双方还将在人力资源方面展开合作，适应中国电信集团的运行需要开展企业培训，同时为学校学生提供多样的实习和就业机会。

（曹亚红）

北京物资学院

党委书记　李石柱
院　　长　王旭东

【概况】　2014年，北京物资学院占地面积39.70万平方米，建筑面积22.47万平方米，固定资产总值43275.09万元，其中，教学、科研仪器设备资产值27312.19万元。全年教育经费投入47632.80万元，其中，国家拨款41211.66万元，事业收入6233.47万元，经营收入123.08万元，其他收入64.58万元。图书馆建筑面积12578平方米，馆藏图书105.83万册，馆藏电子图书63.73万册。学校设有经济学院、物流学院、信息学院、商学院、劳动科学与法律学院、外国语言与文化学院、思想政治理论课教学与研究部、体育教学部和继续教育学院等9个教学单位，设有26个本科专业及方向；拥有4个一级学科硕士学位授权点，2个专业硕士学位授权点；拥有2个北京市重点建设学科、2个国家级特色专业、3个北京市特色专业。建有国家级人才培养模式创新实验区、国家级高等学校实验教学示范中心、国家级及市级校外人才培养基地（3个）、北京市重点实验室、北京市哲学社会科学研究基地、北京市高校工程研究中心等教学科研机构。定期出版专业刊物1个。教职工662人，其中，专任教师403人，包括教授47人、副教授155人；硕士研究生导师107人，享受政府特殊津贴专家2人，外籍教师3人（专职2人，兼职1人）。本年度在国内外学术期刊发表论文716篇，其中，核心期刊论文396篇，《科学引文索引》（SCI）、《工程引文索引》（EI）共收录34篇。获国家实用新型专利授权29项。学校信息化建设网络信息点8000个，无线接入375个，上网课程230门，电子邮件系统用户4993个，管理信息系统数据总量2100GB，数字资源量8300GB，信息化培训500人次，信息化工作人员7人。毕业生2397人，其中，学历教育学生中全日制研究生219人，普通本科生1374人，成人教育本专科生804人（本科生260人、专科生544人），本科毕业生就业率98.71%。招生2367人，其中，学历教育学生中全日制研究生164人，普通本科生1496人，成人教育本专科生707人（本科生325人、专科生382人）。北京地区高考录取线理科520分，文科539分。在校生8111人，其中，学历教育学生中全日制研究生559人，普通本科生6017人，成人教育本专科生1535人（本科生673人、专科生862人）。留学生毕（结）业104人，招生104人，在校生73人。网址：www.bwu.edu.cn。

（艾洁）

【召开第二次党代会】　1月11日，

物资学院召开第二次党代会。会议审议通过党委《坚定信心凝聚共识解放思想改革创新为建设高水平特色型大学而奋斗》主题报告和《加强反腐倡廉建设营造风清气正环境为学校事业发展提供坚强保证》纪委工作报告。会议选举产生21名党委委员和7名纪委委员。第二届委员会选举产生9名常委会委员，选出党委书记1人、副书记1人。会议通过第二届纪律检查委员会选举结果。

（胡瑞旺）

【现代物流研究基地获评优秀基地】　5月29日，物资学院所属北京现代物流研究基地在市教委、市哲学社会科学规划办三期验收中被评为优秀基地。评审专家组对该基地做出评价为依托单位高度重视研究基地工作，研究基地充分运用学院整体科研优势和学科优势，紧密联系中国特别是北京市现代物流发展实际，开展深入研究，并争取到多项国家级课题，研究基地建设突出“智库”意识，重视基础性工作，研究基地团结国内一批热心现代物流研究的专家学者，尤其是对校内科研力量的整合取得较大进展。

（胡瑞旺）

【举办音乐会】　6月11日，物资学院举办合唱、管乐交响音乐会。该院乐团演出《村民合唱》《蒙古靴·步调》《在你身边》等9部交响乐以及打击乐合奏《行进脸谱》。该校师生以及受邀嘉宾500人观看演出。

（胡瑞旺）

【主办中美物流教育与研究合作论坛】 6 月 12 日，物资学院与美国物流协会联合主办中美物流教育与研究合作论坛。论坛以“产学结合、校企合作培养国际化物流人才”为主题，中美专家学者就两国物流教育校企合作开展情况、国际化物流与供应链专业人才培养、电子商务及物流人才培养、物流业发展趋势和面临挑战等主题发表演讲和讨论。来自中国商务部、教育部、美国驻华使馆以及物流院校、物流企业代表 100 人参加论坛。

（胡瑞旺）

【举办期货论坛】 11 月 16 日，物资学院举办期货论坛。论坛以“中国棉花期货”为主题，采用专题报告和圆桌讨论形式，探讨中国棉花期货等相关问题。来自国内期货证券、高等学校、科研机构和棉花生产流通企业的专家学者 150 人参加论坛。

（胡瑞旺）

【举办流通现代化论坛】 11 月 29 日，物资学院举办中国北京流通现代化论坛。论坛以“推进京津冀物流一体化发展”为主题，采取主题报告和讨论形式，研讨推进京津冀物流一体化发展问题。来自国内物流流通领域专家学者、京津冀物流企业、研究机构、高等院校、新闻媒体代表 200 人参加会议。

（胡瑞旺）

【原创话剧《杨洪璋》首演】 12 月

21 日，物资学院出品的大型多幕原创话剧《杨洪璋》首演。该话剧由穆建荣导演指导，由该校学生担任演员，根据该校获得全国离退休干部先进个人、全国节约之星的教师杨洪璋先进事迹创作而成，讲述杨洪璋 16 年来带领物院师生到河北省万全县帮困助学无私奉献的故事，表达“汇聚爱心，传递温暖，筑梦育人”精神内涵。相关领导、媒体代表、该校师生、兄弟院校代表、社会人士 1000 人观看演出。

（胡瑞旺）

首都经济贸易大学

党委书记　柯文进
校　　长　王稼琼

【概况】 2014 年，首都经济贸易大学占地面积 42 万平方米，学校产权校舍建筑面积 37.97 万平方米、非产权校舍建筑面积 4.55 万平方米。全年教育经费投入 94312 万元，其中，国家拨款 76009 万元、自筹经费 18303 万元。固定资产总值 11.32 亿元，其中，教学、科研仪器设备资产值 4.62 亿元。图书馆建筑面积 35724 平方米，藏纸质图书 180.81 万册、电子图书 1410GB。拥有计算机 6741 台。学校多媒体教室 177 间，信息化设备资产 16640 万元，网络信息点数 28546 个，校园网出口总带宽 2000Mbps，电子邮件系统用户数 25000 个，上网课程数 184 门，数字资源量 24300GB，管理信息系统数据总量 2048GB。设置 20 个院（系、部）；开设 41 个本科专业，6 个专科专业；一级学科博士学位点 4 个，二级学科博士学位点 18 个，一级学科硕士学位点 10 个，二级学科硕士学位点 43 个，专业硕士点 17 个；博士后科研流动站 4 个，其中，博士后研究人员出站 5 人、进站 11 人和在站 36 人。国家重点学科 1 个、省部级重点学科（一级）3 个、省部级重点学科（二级）9 个；国家级实验教学示范中心 1 个。定期出版学术刊物 4 个。教职工 1632 人，其中，专任教师 894 人，包括教授 158 人、副教授 302 人；博士生导师 54 人、硕士生导师 389 人；“海聚工程”专家 5 人；享受国家政府特殊津贴教师 78 人，其中在职 9 人；全国优秀教师 5 人，其中在职 1 人；国家教学名师 1 人，中国“千人计划”1 人。毕业生 5491 人，其中，学历教育学生中全日制研究生 884 人（博士生 25 人、硕士生 859 人）、普通本专科生 2396 人（本科生 2279 人、专科生 117 人）、成人教育本专科生 2211 人（本科生 983 人、专科生 1228 人）。本专科毕业生就业率 98.72%；研究生毕业生就业率 96.47%。招生 5223 人，其中，学历教育学生中全日制研究生 1062 人（博士生 68 人、硕士生 994 人）、普通本专科生 2601 人（本科生 2489 人、专科生 112 人）、成人教育本专科生 1560 人（本科生 931 人、专科生 629 人）。高考北京本科提档线一批一志愿文科 591 分、理科 575 分；一批二志愿文科 630 分、理工类 631 分；二批一志愿文科 562 分、理科 537 分。在校生 18082 人，其中，学历教育学生中全日制研究生 2906 人（博士生 293 人、硕士生 2613 人）、普通本专科生 10103 人（本科生 9764 人、专科生 339 人）、成人教育本专科生 5073 人（本科生 3129 人、专科生 1944 人）。留学生毕（结）业 346 人、招生 425 人、在校生 582 人。网址：www.cueb.edu.cn。

（李娟）

【授牌五单位为首批学生实践基地】 4 月 25 日，首经贸授牌五单位为首批学生实践基地。分别是北京华联综合超市股份有限公司、上海浦东发展银行北京分行、中国联通北京分公司、中化国际招标有限责任公司、北京居然之家投资控股集团有限公司大学生实践教育基地。

（李娟）

【与英国南安普顿大学签约合作】 5

月 7 日，首经贸与英国南安普顿大学签订合作协议。根据协议，双方建立两校合作机制，定期互访；两校相关学院加强科研合作交流，共同发表论文；在特大城市经济社会发展研究院

的平台上开展合作，就中国城市化进程中面临的难题，尤其是人口转变及相关社会经济问题进行研究。

（李娟）

【成立中国流通研究院】 6月8日，

首经贸成立中国流通研究院。研究院搭建产学研合作开放科研平台，广泛对接各级政府的政策研究需求，对接相关协会的行业需求，以及广大学者的学术交流和协同创新需求，围绕流通领域的重大问题，开展系列化、前瞻性、持续型的跨学科联合攻关，为北京国际商贸中心建设、京津冀协同发展以及中国特色现代流通体系构建而服务。

（李娟）

【成立教育基金会】 9月15日，首经贸成立教育基金会。该基金会为非公募基金会，由北京市教育委员会主管，其宗旨在于支持学校建设，资助学生成才，激励教师成长，服务校友发展。

（李娟）

【召开中美经贸发展论坛】 10月16日，首经贸召开中美经贸发展论坛。论坛作“从全球人口结构变迁看国际资本流动”“中国健康保障制度：进展、挑战与选择”“跨组织激励、伙伴关系与绩效：来自中国建筑业的证据”主题演讲，与会专家围绕特大城市金融发展的背景、机制和趋势进行研讨。来自中美两国专家学者100人参加研讨。

（李娟）

【与中建一局共建产学研基地】 10月24日，首经贸与中国建筑一局（集团）有限公司共建产学研共建基地。共建基地将为学生实践能力培养、探索高校学校人才培养模式和深化人才培养方案改革提供帮助，培养具有实践能力和扎实理论知识的人才，同时，基地的建立还有利于教师将科学研究与解决实际问题结合起来，进行以问题导向的研究。

（李娟）

【与邯郸学院签订合作协议】 11月28日，首经贸与邯郸学院签订合作协议。根据协议，两校在人才培养、科技创新、服务社会，文化发展等方面展开合作，并服务于京津冀一体化。

（李娟）

【主办首都土地利用与住房保障论坛】 11月29日，首经贸主办第一届首都土地利用与住房保障论坛。论坛以“京津冀协同发展下的首都土地利用与住房保障”为主题，探讨京津冀土地资源的优化配置，剖析影响京津冀土地利用协调的土地政策制度原因，关注首都住房保障问题。来自政府部门、科研机构和高校专家学者50人参加论坛。

（李娟）

【举办特大城市治理发展高层论坛】

12月6日，首经贸举办特大城市治理发展高层论坛。论坛研讨北京“大城市病”、养老服务发展、宜居治理、农民工职业流动、人防工程综合整治以及特大城市发展国际经验问题。来自政府部门，中外研究机构和高校专家学者50人参加论坛。

（李娟）

外交学院

院　　长	赵进军（7月免）
	秦亚青（7月任）
党委书记	秦亚青（11月免）
	袁南生（11月任）

【概况】 2014年，外交学院占地面积35.28万平方米，学校产权校舍建筑面积17.00平方米。全年教育经费投入20517.28万元，其中，国家拨款15448.84万元、自筹经费5068.44万元。固定资产总值2.40亿元，其中，教学、科研仪器设备资产值0.33亿元。图书馆建筑面积12977平方米，藏书75.50万册，其中，纸质图书56万册、电子图书19.50万册。拥有计算机1473台。学校信息化经费投入658万元，多媒体教室座位4394个，信息化设备资产1827.90万元，网络信息点5800个，校园网出口总带宽183Mbps，电子邮件系统用户4071个，上网课程293门，数字资源量30230GB，管理信息系统数据总量706GB。有9大教学单位，还有亚洲研究所、中国外交理论研究中心等20余个研究中心。中国国际法学会、中国国际关系学会挂靠外交学院。开设9个专业，涵盖法学（含政治学）、文学、经济学3大学科门类；具有一级学科2个，一级学科博士点1个，博士学位授权点3个，硕士学位授权点11个和专业学位授权点3个；博士后流动站1个，其中，博士后研究人员进站2人、在站3人。国家重点学科2个、北京市重点学科4个、部级重点学科4个。教职工446人，其中，专任教师204人，包括教授51人、副教授84人；博士生导师17人、硕士生导师102人。享受政府特殊津贴专家72人。外籍教师29人，其中，教授1人、副教授1人。毕业生552人，其中，学历教育学生中全日制研究生260人（博士生16人、硕士生244人）、普通本科生292人，研究生课程进修班139人。本科毕业生就业率97.60%。招生650人，其中，学历教育学生中全日制研究生293人（博士生22人、硕士生271人）、普通本科生357人。高考北京提档线文科632，理科642。在校生2184人，其中，学历教育学生中全日制研究生653人（博士生85人、硕士生568人），普通本科生1245人，研究生课程进修班144人。留学生毕业92人，招生75人，在校生142人。网址：www.cfau.edu.cn。

（阚四进）

【第四届董事会成立】 1月3日，外交学院第四届董事会成立。该院董事由政府部门和企业组成，主席由外交

部部长王毅担任。外交学院董事会于1995年5月批准成立，由企业家、学者和政府官员等来自各领域的人士组成，所筹款项主要用于支持该校的教学科研及学生社会实践活动。

（阚四进）

【举办中日韩合作媒体交流会】 3月25日，外交学院主办中日韩合作媒体交流会。会议就中日韩合作的现状与问题、中日韩三国媒体的责任以及如何进一步推动三国媒体合作，增进三国人民之间的了解与信任展开讨论。来自外交部亚洲司、中韩合作秘书处、国务院发展研究中心20余名官员和专家学者，以及来自中、日、韩三国14家媒体的新闻记者参会。

（阚四进）

【召开教职工工会会员代表大会】 4月23至25日，外交学院召开第四届教职工、工会会员代表大会。会议听取《学院工作报告》《财务、基建、后勤及校园综合治理工作报告》，审议通过《第三届教代会、工会委员会工作报告决议》和《第三届经费审查委员会工作报告决议》，选举产生第四届教代会常设主席团暨工会委员会和第四届经费审查委员会。闭幕式后，第四届教代会常设主席团暨工会委员会和第四届工会经费审查委员会召开第一次全体会议，选举出学院工会主席。

（阚四进）

【举办公共外交地方高校论坛】 6月20至22日，外交学院与察哈尔学会联合主办首届“公共外交地方——高校论坛”。论坛主题为“中国城市外交的实践”，采用案例研讨的方法，与会代表分五个小组，分别对广州、南京、扬州、温州、大连、青田、云南、西宁、上海的公共外交实践经验展开讨论。全国地方公共外交协会和高校公共外交研究机构的50名专家和学者参加论坛。

（阚四进）

【举办外交青年论坛】 8月21至22日，外交学院举办首届外交青年论坛。论坛以“全球化时代的外交转型与中国”为主题，研讨当前外交转型的背景、动力和方向，全球外交的特点等议题。来自中国、美国、日本等国家青年学者30人参加论坛。

（阚四进）

【制定综合改革与发展规划】 9月，外交学院制定《综合改革与发展规划（2014～2019）》。该规划明确该校的发展定位和总体目标，从学科建设、人才培养、科学研究、国际化、队伍建设五个方面提出未来五年的主要改革措施，从党建、体制改革、经费保障、校园基建、校园文化、组织实施六个方面提出保障落实的具体措施。

（阚四进）

【举办丁肇中专题讲座】 10月17日，

外交学院举办丁肇中专题讲座。丁肇中作题为“探索宇宙最基本的结构和宇宙的起源”报告，报告结合丁肇中在实验粒子物理领域取得的几项重大成果为线索，畅谈对基础科学研究和国际合作等诸多问题的切身体会，并介绍他参与和领导的国际空间站工作。随后，丁肇中就基础研究与实际应用的关系、如何平衡科学工作与个人生活等问题回答提问。该校师生100人参加学习。

（阚四进）

【颁发梁洁华奖学金】 11月13日，

外交学院举办首届“梁洁华奖学金”颁奖仪式。梁洁华艺术基金会主席梁洁华为40余名获奖学生颁奖。“梁洁华奖学金”设立于年初，由梁洁华捐赠100万元设立，以鼓励热爱祖国、诚实守信、遵纪守法、成绩优异的学生，每年奖励40名优秀学生，为期10年。

（阚四进）

【召开全球国际关系理论与中国学派研讨会】 12月8日，外交学院召开“全球国际关系理论与中国学派”国际学术研讨会。会议就全球国际关系理论与国际关系理论中的中国学派议题展开探讨。来自英属哥伦比亚大学、北京大学、中国社科院、外交学院等院校国际关系领域的学者50人参加研讨。

（阚四进）

【举办韩国国会议长郑义和演讲会】 12月18日，外交学院举办韩国国会议长郑义和演讲会。郑义和发表题为“中韩关系”的演讲，他高度赞扬中国取得的成就，希望与中方一道积极推进朝核问题的解决。演讲结束后，郑义和解答学生关于中韩文化交流和中韩自贸区的提问。该校师生代表100人参加学习。

（阚四进）

【成立中国外交理论与实践协同创新中心】 12月20日，外交学院牵头建设的“中国外交理论与实践协同创新中心”成立。该中心由该院牵头，协同单位包括外交部相关司局，中国国际问题研究院、上海国际问题研究院等研究机构以及吉林大学、中国政法大学、对外经济贸易大学等知名高校。中心成立后，将围绕政府部门在实践和政策方面对学术研究的需求，发挥各高校、研究机构在理论研究与实践研究方面的优势，突出特色，交叉创新，占据前沿，填补空白，努力建设成高水平学术研究平台和高端智库、高质量外交人才培养基地以及高层次的公共外交平台。

（阚四进）

【召开一带一路与亚洲命运共同体研讨会】 12月26日，外交学院召开一带一路与亚洲命运共同体研讨会。会议就“一带一路与亚洲命运共同体”的重要意义、观念基础和实践活

动，从政治安全、经济和社会人文三个方面展开探讨。来自国内外专家学者50人参加会议。

（阚四进）

【举办多期援外培训班】 至年底，外交学院举办多期援外培训班。该院受商务部、外交部委托，新开班13期援外培训项目，受训学员共计214人，来自59个国家。同时，继续完成2013年9月开班的为期一学年的“发展中国家国际关系硕士研究生项目”，学员13人。

（阚四进）

中国人民公安大学

党委书记 程琳
校　　长 程琳

【概况】 2014年，中国人民公安大学有木樨地、团河两个校区，占地面积86.47万平方米、建筑面积62.96万平方米。固定资产总值245917.57万元，其中，教科仪器设备资产总值16336.40万元。图书馆建筑面积4.34万平方米，藏书137.06万册。拥有计算机6087台（其中，教学用计算机4257台）。网络多媒体教室230间，信息化设备资产12619.65万元，网络信息点15000个，校园网出口总带宽900Mbps，电子邮件系统用户2500个，上网课程49门，数字资源量47000GB，管理信息系统数据总量15000GB。有15个教学院（系、部）；开设13个本科公安专业，覆盖法学、工学2个学科门类；有3个一级学科博士后科研流动站，在站6人。有法学、公安学、公安技术3个一级学科博士学位授权点，法学、公安学、心理学、安全科学与工程、公安技术等5个一级学科硕士学位授权点，法律、警务、安全工程和公共管理等4个专业学位硕士授权点；有公安学、公安技术2个一级学科国家重点学科，国家级特色专业点5个，北京市重点学科4个，国家级实验教学示范中心2个，省部级重点实验室2个，北京市实验教学示范中心1个。全校教职工2220人，其中，专任教师618人，包括教授111人、副教授220人；博士生导师37人、硕士生导师233人。享受国务院政府特殊津贴28人。外籍教师1人。毕业生5780人，其中，学历教育学生中全日制研究生432人（博士生21人、硕士生411人），本科生2028人（其中，二学位生552人），成人教育本专科生3320（含校外）人。本科毕业生一次就业率91.60%。招生5790人，其中学历教育学生中全日制研究生495人（博士生26人，硕士生469人），本科生2864人（其中，二学位生632人），成人教育本专科生2431（含校外）人。北京地区高考提档线文科567分，理科543分。在校（籍）生15793人，其中，学历教育学生中全日制研究生1358人（博士生86人、硕士生1272人），本科生8969人（其中二学位生1056人），成人教育本专科生5466（含校外）人。全年承办各级公安领导干部和在职民警培训班89批次，学员共计12060人；承办港澳执法研修班11期，学员217人；承办外国高级执法官员研修班4期，为55名外国执法官员提供研修服务。网址：www.ppsuc.edu.cn。

（邓杰）

【召开“双代会”】 1月20日，公安

大学召开第四届教职工代表大会暨第五届工会会员代表大会第七次全体会议。会议听取并审议《以抓铁有痕的精神全力推进质量管理年建设，努力实现建设国际一流警察大学的目标》工作报告，书面审议工会工作报告和工会经费审查委员会工作报告。121名会议代表参加会议，1000余名教职工参加大会第一次会议。

（邓杰）

【成立学生心理健康中心】 3月10日，公安大学成立学生心理健康中心。该中心主要负责学生心理健康普及教育、学生心理咨询服务、学生心理健康研究、建立危机预防与干预工作体系。学生心理健康中心挂靠在校团委，为非建制性机构。

（邓杰）

【举办反恐怖工作面临的挑战与应对研讨会】 3月21日，公安大学举办新时期反恐怖工作面临的挑战与应对研讨会。会议围绕当前国内恐怖活动的新问题、新特点与新趋势，应对当前暴力恐怖活动的新措施、新方法、新思路，反恐怖专业人才培养的需求与模式等议题，进行交流和研讨。来自公安机关、公安院校和武警系统代表，学校科研处、侦查学院、公安情报学系、国际警务执法学院等单位的干部教师和部分学生共计100人参加会议。

（邓杰）

【成立公安民警教育训练研究中心】 4月25日，公安大学成立公安民警教育训练研究中心。该中心为校属建制性机构，主要开展公安教育训练宏观政策和发展战略等理论研究，参与全国公安民警分类训练大纲和统编教材编写、评审和修订，承担公安民警各级各类考试，参与部级培训项目研究设计和课程研发以及开展教育训练考核评估体系研究等工作。

（邓杰）

【接待国际刑警组织执委会主席访问】 4月29日，公安大学接待国际刑警组织执委会主席米歇尔·巴列斯塔兹一行访问。巴列斯塔兹作“国际刑警组织在国际警务执法合作中的作用以及加强与中国合作”主题演讲，介绍国际刑警组织的运作机制，阐述在犯罪无国界化的今天各国警方加强国际执法合作的重要意义，并就国际刑警组织在反恐怖、反洗钱等方面所发挥的作用与学校师生进行互动交流。

（邓杰）

【成立反恐怖学院】　5月30日，公安大学成立反恐学院。该院是在原公安情报学系基础上，整合校内资源成立的。成立反恐怖学院旨在贯彻落实党中央和公安部党委关于加强反恐怖人才培养的指示精神，深入推进相关学科专业研究发展，打造特色鲜明的公安反恐怖专业人才培养体系，向国家培育输送大批优秀反恐怖专业人才。公安情报学系是在原中文系的基础上于2004年改建的，2005年公安情报学本科专业获得教育部批准，并于同年正式招生。经公安部批准，学校首批招收80名公安情报学反恐怖专业方向本科生。

（邓杰）

【首期西藏公安机关少数民族民警培训班结业】　6月11日，公安大学首期西藏公安机关少数民族民警专业证书班结业。该班共有少数民族学员93人，全部来自西藏公安刑侦一线，从2013年9月入校，接受为期一年的刑事科学技术专业培养，结业获得专科专业证书。

（邓杰）

【与北京铁路局签署校局合作协议】　6月26日，公安大学与北京铁路局签署校局合作协议。根据协议，双方围绕当前北京铁路局安全防范工作情况和反恐防暴形势需要，开展构建和完善北京铁路系统反恐防暴工作机制研究，协议有效期2年。

（邓杰）

【举办全国涉外警务理论与实践创新研讨会】　7月15至16日，公安大学举办新时期全国涉外警务理论与实践创新发展研讨会。会议围绕公安出入境管理工作、国际警务执法合作工作的现状与挑战、涉外警务的学科体系建设、涉外警务专业的培养目标等问题进行研讨和交流。会议向全国公安系统开展论文征集，并从中筛选优秀论文、研究报告60余篇，会后结集出版。来自全国公安机关出入境管理、公安边防检查、国际合作等部门的代表，以及部分公安院校教师90人参加会议。

（邓杰）

【举办第100期警督晋升警监警衔培训班】　9月10至23日，公安大学举办公安部第100期警督晋升警监警衔培训班。来自全国30个省、自治区、直辖市和铁道、交通、民航、林业、海关公安机关及公安部直属机关的498名学员，参加为期14天的培训学习。至年底，公安大学承办公安部第98至101期警督晋升警监培训班、第13期首任地市公安局长班、公安机关警种部门领导干部班等30余个培训班，共培训7435人次。

（邓杰）

【举办泰国高级执法官员研修班】　9月15至24日，公安大学举办泰国高级执法官员研修班。10名泰国高级执法官员参加研修。本年度，学校共举办泰国高级执法官员研修班、缅甸高级执法官员研修班、柬埔寨打击网络犯罪研修班、尼泊尔高级执法官员研修班等4期外国高级执法官员研修班，为55名外国执法官员提供研修服务。

（邓杰）

【举办中国警界明日之星论坛】　9月28至29日，公安大学举办第五届中国警界明日之星论坛。论坛以“新时期共和国预备警官的责任与使命”为主题，面向全国公安院校开展征文活动，旨在引导广大警校学子深入开展党的群众路线教育实践活动和“为何从警、如何做警、为谁用警”大讨论活动，树立“立警为公、执法为民”理念，培养“担当责任、献身使命”的高尚品质，为成为一名优秀的人民警察和忠诚的公安事业接班人奠定思想基础。征文共收到34所院校来稿351篇，其中，11篇文章获一等奖、19篇文章获二等奖、30篇文章荣获三等奖、40篇文章获优秀奖，获奖论文结集出版。来自全国30所公安院校专家50人和学生代表60人参加论坛。

（邓杰）

【举办公安技术一级学科建设研讨会】

11月24日，公安大学举办公安技术一级学科建设研讨会。会议听取题为《加强学科基础理论研究、促进公安技术创新发展》的主题报告，中国科学院、中国人民大学、四川警察学院以及该校的4名专家就公安技术一级学科建设、公安技术学科发展前沿等进行专题发言。会议分组研讨公安技术二级学科建设等相关内容。会上，该校编纂教科书《公安技术通论》首发。来自全国公安院校、地方院校、科研院所、学术团体的专家学者以及学校有关职能处室、教学院（系部）负责人和教师代表80人参加会议。

（邓杰）

【与南通市公安局签署合作协议】　12月5日，公安大学与南通市公安局签署校局合作协议。根据协议，双方在学历教育、在职培训、科学研究、队伍建设、实践教学等方面加强交流合作，建立长期稳定、优势互补、资源共享、共同发展的合作关系。协议有效期5年。

（邓杰）

【举办民警依法使用武器警械研讨会】　12月20至21日，公安大学举办全国公安民警依法使用武器警械研讨会。研讨会采用主题发言与提问研讨的形式进行，研讨民警合理合法使用武器警械问题，旨在提升公安民警应对暴力犯罪行为的技战术水平和公安民警的执法能力和素养，推动新形势下公安队伍的执法规范化建设。来自清华大学、武警学院、南京森林警察学院等高校专家学者共计40人参加会议。

（邓杰）

国际关系学院

党委书记　刘慧
院　　长　陶坚

【概况】　2014年，国际关系学院占地面积15.80万平方米，学校产权校舍建筑面积12.60万平方米。全年教育经费投入19251.01万元，其中，国家拨款16382.32万元、自筹经费2868.69万元。固定资产总值4.27亿元，其中，教学、科研仪器设备资产值 0.50 亿元。图书馆建筑面积 5925 平方米，藏书 124.54 万册，其中，纸质图书 42.86 万册、电子图书 81.68 万册。拥有计算机 1887 台。学校信息化经费投入 1212 万元，多媒体教室座位 4337 个，信息化设备资产 822 万元，网络信息点 4509 个，校园网出口总带宽 1000Mbps，电子邮件系统用户 1039 个，上网课程 15 门，数字资源量 30720GB，管理信息系统数据总量 73728GB。设置 7 个院（系、部）；开设 10 个专业，覆盖 5 个学科；具有一级学科 3 个，硕士学位授权点 15 个和专业学位授权点 4 个。北京市重点学科 1 个。教职工 361 人，其中，专任教师 158 人，包括教授 25 人、副教授 74 人；博士生导师 8 人、硕士生导师 179 人。享受政府特殊津贴专家 6 人。外籍教师 9 人。毕业生 1038 人，其中，学历教育学生中全日制硕士研究生 204 人、普通本科生 628 人、成人教育本专科生 206 人（本科生 196 人、专科生 10 人）。本科毕业生就业率 91.19%。招生 834 人，其中，学历教育学生中全日制硕士研究生 232 人、普通本科生 553 人、成人教育本专科生 49 人（本科生 36 人、专科生 13 人）。高考北京地区提档线，理科 587 分，文科 589 分。在校生 3103 人，其中，学历教育学生中全日制硕士研究生 470 人、普通本科生 2407 人、成人教育本专科生 226 人（本科生 173 人、专科生 53 人）。留学生毕业 36 人、招生 37 人、在校生 37 人。网址：www.uir.cn。

（任婉君）

【主办公共市场与政府采购论坛】 1

月 11 日，国关学院举办公共市场与政府采购论坛。论坛的主题是“深化体制改革、共谋公共市场与政府采购创新发展”，研讨公共市场与政府采购改革走向、公共市场与政府采购的实务、公共市场与政府采购的法规及政策等问题。来自国内政府部门、高等院校和科研单位的专家、学者共计 60 人参会。

（任婉君）

【与以色列嘉利利国际管理学院签署合作协议】 3 月 3 日，国关学院与以色列嘉利利国际管理学院签署合作协议。根据协议，9 月，以色列嘉利利国际管理学院将接收国关学院 1 名研究生赴以进行为期半年的实习，2014 年春季学期国关学院选派 1 名教师或管理人员及 12 名学生赴以色列进行为期 2 周的访学交流。

（任婉君）

【举办全国大学生政府采购论坛】 5

月 11 日，国关学院举办全国大学生政府采购论坛。论坛主题是“交流、完善、逐梦、展望”，全国 12 所高校的本科生、硕士生和博士生参加论坛并提交论文。来自国内政府机构专家和高校师生 160 人参加论坛。

（任婉君）

【设立教学实践基地】 5 月 16 日，国关学院与人民中国杂志社共建教学实践基地揭牌仪式。根据合作协议，双方在翻译硕士专业学位研究生教学培养、导师、实习岗位及就业等方面开展合作，共同促进高素质人才的培养。

（任婉君）

【召开第 25 次学生代表大会】 5 月 18 日，国关学院召开第 25 次学生代表大会。会议汇总整理学生代表的提案 234 件，听取并审议第 24 届学生会工作报告，选举产生新一届执行委员会委员。大会还对在此次学生代表大会提案工作中涉及学生会重要事务和差异化需求的提案以及下届学生会重点工作进行大会表决。来自全校各院（系）的 264 名代表参加大会。

（任婉君）

【举办中国国际关系青年学者论坛】

6 月 3 日，国关学院举办首届中国国际关系青年学者论坛。论坛的主题是“中国崛起与海外利益”，议题包括海外利益研究理论探索、中国海外投资与海外发展战略、公共外交与海外利益、公民海外安全与海外军事存在 4 个方面。会议期间还举行兼职研究员的聘任仪式，共有 19 名来自全国各地的优秀青年国际关系学者被聘为兼职研究员。来自清华大学、中国现代国际关系研究院等高校和科研院所的 31 名青年国际关系学者参加活动。

（任婉君）

【与朝阳区法院共建实践教学基地】 9 月 18 日，国关学院与北京市朝阳区人民法院签署实践教学基地建设合作协议。根据协议，双方共建实践教学基地，开展学生实习就业、法学实践调研、本科与研究生实践指导等合作项目。

（任婉君）

【召开中国崛起与新型大国关系学术研讨会】 10 月 28 日，国关学院召开中国崛起与新型大国关系学术研讨会。研讨会围绕“中国崛起”与“新型大国关系”两个主题展开，分别探讨大国崛起的历史与理论、中国的外交转型与崛起战略、新型大国关系与周边外交、构建新型大国关系的现状与前景 4 个方面的内容。来自中国现代国际关系研究院等国内外多所高校和学术科研机构的 30 余名学者参加会议。

（任婉君）

【举办模拟联合国大会】 11 月 28 至 30 日，国关学院举办第五届模拟联合国大会。会议共开设 4 个会场和 1 个主新闻中心，分别是 JCC（危机联动委员会）、HGA（联合国大会历史委员会）、SC（联合国安全理事会）、APEC 高官会和 MPC（主新闻中心）。

与会代表针对苏伊士运河的通航自由问题、乌克兰东部地区的停火问题、克里米亚地区的归属问题等展开激烈讨论。来自国内 31 所高校代表队共 210 人参赛。

（任婉君）

【召开中非合作的新拓展研讨会】 12 月 5 日，国关学院召开中非合作的新拓展研讨会。会议研讨中非“非传统安全”领域合作与海外利益保护研究之新思路、中非新型战略伙伴关系之新发展、中非安全形势与中非关系之新思考以及中国与法语非洲国家关系研究之新开拓 4 个专题。来自中国社会科学院等科研机构以及北京大学等高校的 20 名专家参加研讨。

（任婉君）

【举办建校65周年校史展】 12月29

日，国关学院举办建校 65 周年校史展。展览共由校史回眸、学校概况、学科师资、办学特色、科学研究、办学条件和大事记等 40 余块展板和 8 个实物展柜组成。

（任婉君）

【召开第四次党代会】 12 月 30 至 31 日，国关学院召开第四次党代会。大会选举产生中国共产党国际关系学院第 4 届委员会和纪律检查委员会，通过《中国共产党国际关系学院第四次代表大会关于党委工作报告的决议》和《中国共产党国际关系学院第四次代表大会关于纪委工作报告的决议》。

（任婉君）

北京体育大学

党委书记 杨桦
校　　长 杨桦

【概况】 2014 年，北京体育大学占地面积 75.52 万平方米、学校产权建筑面积 58.64 万平方米。固定资产总值 221496 万元，其中，教学、科研仪器设备资产值 19276 万元。图书馆建筑面积 5766 平方米，纸质图书 109 万册、电子图书 4370GB。拥有计算机 4014 台。全年教育经费投入 61445.18 万元，其中，国家拨款 42196.21 万元、自筹经费 19248.97 万元。学校信息化设备资产 10893 万元，网络信息点数 10972 个，校园网出口总带宽 1200Mbps，电子邮件系统用户 1907 个，上网课程 22 门，数字资源量 6746GB，管理信息系统数据总量 15GB。校区设置 8 个院、5 个系、2 个中等专业学校；开设本科专业 16 个，覆盖教育学、文学、理学、医学、管理学 5 个学科门类，其中，国家级特色专业建设点 3 个，北京市特色专业建设点 4 个；拥有体育学一级学科博士学位授予点 1 个，一级学科硕士学位授权点 4 个，二级学科硕士学位授予点 1 个，以及体育硕士专业学位授予点和高校师资学位授予点；体育学博士后科研流动站 1 个，其中，博士后研究人员出站 3 人、进站 3 人和在站 17 人。有国家重点学科 4 个、省部级重点学科 12 个，省部级优秀重点学科 2 个，省部级重点实验室 5 个，省部级体育哲学社会科学重点研究基地 1 个，北京市高等学校工程中心 1 个，国家级实验教学示范中心 1 个，北京市高校实验教学示范中心 2 个。在职教职工 1034 人，其中，专任教师 720 人，包括教授 144 人、副教授 177 人；博士生导师 61 人、硕士生导师 182 人。毕业生 3799 人，其中，学历教育学生中全日制研究生 624 人（博士生 99 人、硕士生 525 人），普通本科生 1882 人，成人教育本专科生 1259 人（本科生 590 人、专科生 669 人）；研究生课程进修班 34 人。本科毕业生就业率 92%。招生 4682 人，其中，学历教育学生中全日制研究生 731 人（博士生 107 人、硕士生 624 人），普通本科生 2367 人、成人教育本专科生 1456 人（本科生 678 人、专科生 778 人），非计划招生高等教育学生中在职人员攻读硕士学位 94 人，研究生课程进修班 34 人。在校生 15049 人，其中，学历教育学生中全日制研究生 2303 人（博士生 378 人、硕士生 1925 人），普通本科生 8975 人，成人教育本专科生 3327 人（本科生 1450 人、专科生 1877 人）；非计划招生高等教育学生中在职人员攻读硕士学位 318 人。全日制留学生毕业 20 人，招生 31 人，在校生 126 人。网址：www.bsu.edu.cn。

（牛文珺）

【举办共话篮球活动】 4 月 15 日，

体育大学举办中国男子篮球职业联赛（CBA）主帅与师生共话篮球活动。活动邀请 CBA2013～2014 赛季总冠军北京金隅队总教练闵鹿蕾和 CBA2013～2014 赛季亚军新疆广汇队主教练崔万军，两人在与师生交流中，畅谈执教经历与心得，分享篮球的情缘。活动中，两人对该校男篮技术和战术方面做出专业指导，解答队员提问。

（董健）

【举办奥运明星励志巡讲】 4 月 16 日和 11 月 18 日，体育大学举办“星语心愿”奥运明星励志巡讲活动。活动分别邀请原国家男子体操队队长、奥运冠军黄旭和世界皮艇冠军钟红燕作报告。黄旭鼓励学生把学到的东西在实践中发挥到极致，钟红燕告诫学生当感到迷茫时，不妨做出自己最走心的选择，然后顺着这个选择一直走下去，只要用心、用脑、持之以恒去做事，就一定会成功。

（董健）

【举办交流音乐会】 9月24日，体育大学举办交流音乐会。音乐会由该校乐团与台湾师范大学学生乐团联合演出，以“逐梦青春·情牵两岸”为主题，演出《豪勇七杰》《征程》和《客谣风情》等12部作品。两校师生2000人观看演出。

（董健）

【入选部级科技查新工作站】 11月17日，体育大学入选教育部部级科技查新工作站。该查新站为理工类查新站，成为体育领域第一个教育部部级科技查新工作站。2013年12月25日，体育大学入选教育部部级科技查新工作站筹建单位，经过一年的筹建，获批正式设立，填补体育领域部级科技查新站的空白。至年底，查新站完成科技查新285项，其中，国内查新216项、国内外查新69项，总量超上年42%。

（董健）

【开展中国足球志愿服务项目】 12月5日，体育大学开展中国足球志愿服务项目。该校与中央电视台合作，招募该校300余名足球专业的博士、硕士和本科生志愿者，经培训合格派往缺少足球专业教练的地区和学校开展足球教学活动。

（董健）

【参加119个各级各类比赛】 至年底，体育大学学生代表队参加各级各类体育比赛119个。获得第17届仁川亚洲运动会金牌19枚、银牌10枚、铜牌3枚；其他世界级比赛金牌6枚、银牌1枚、铜牌5枚；获得全国各类单项锦标赛、冠军赛金牌137枚、银牌85枚、铜牌76枚；全国大学生单项锦标赛金牌56枚、银牌23枚、铜牌26枚；首都高校大学生单项锦标赛金牌95枚、银牌45枚、铜牌37枚。

（董健）

中央音乐学院

党委书记 郭淑兰
院　　长 王次炤

【概况】 2014年，中央音乐学院占地面积6.48万平方米，建筑面积13.03万平方米。固定资产总值55723.54万元，其中教学、科研仪器设备资产值16263.5万元。全年教育经费投入47761.70万元，其中，国家拨款40583.75万元、自筹经费8212.52万元。图书馆建筑面积约4497平方米，藏书55.12万册，其中图书11.39万册，乐谱17.07万册，期刊1.63万册，音像资料25.03万件。拥有计算机1155台，多媒体教室27个，信息化设备资产4663.8万元，网络信息点数1191个，校园网出口总带宽1350Mbps，电子邮件系统用户数953个，上网课程数58门，数字资源量2200GB，管理信息系统数据总量183.35GB。设有12个教学部门，1个音乐学研究所和1所附属中等音乐学校。有一级学科博士学位授权点1个，含二级学科3个。有一级学科硕士学位授权点1个，含二级学科6个。博士后流动站1个，其中，进站2人，在站7人。教育部人文社会科学重点研究基地1个，国家级实验教学示范中心1个，北京市实验教学示范中心2个和国家人才培养模式创新实验区2个。有教职工711人，其中，专任教师422人，包括教授129人、副教授149人；博士生导师34人、硕士生导师134人。有享受政府特殊津贴专家1人。外籍教师数27人，其中，教授21人、副教授2人。毕业生1476人，其中，学历教育学生中全日制研究生174人（博士生26人、硕士生148人），普通本科生325人，网络教育本专科生977人（本科生585人、专科生392人）。本科毕业生就业率92.43%。招生1926人，其中，学历教育学生中全日制研究生190人（博士生26人、硕士生164人），普通本科生357人，网络教育本专科生1379人（本科生656人、专科生723人）。高考北京地区本科提档线音乐学专业352分，作曲与作曲技术理论专业272分，音乐表演专业272分。在校生8246人，其中，学历教育学生中全日制研究生640人（博士生97人、硕士生543人），普通本科生1534人，网络教育本专科生6072人（本科生4449人、专科生1623人）。留学生毕业23人，招生4人，在校生18人。网址：www.ccom.edu.cn。

（谢穗）

【举办协奏曲音乐季活动】 4月9日至11月26日，中央音乐学院举办首届协奏曲音乐季。该音乐季由文化部主办，以广大青少年学生为主要对象，通过政府组织、专家推荐、院团实施、社会参与的形式，以14个大类共675首推荐曲目，集中介绍和赏析外国经典音乐，项目计划分三期录制完成。该院承担项目中部分曲目的录制工作，出色完成第一期小提琴、钢琴、室内乐和第二期大提琴、艺术歌曲、俄罗斯歌曲共计264首曲目的录制，第三期协奏曲部分。音乐季期间，每个月将推出二、三场音乐会，在该院音乐厅、附中音乐厅和北京音乐厅等演出场所上演，共举办17场音乐会，演奏50首协奏曲。

（谢穗）

【举办北京国际巴洛克音乐节】 4月22至26日，中央音乐学院举办2014北京国际巴洛克音乐节。音乐节邀请波兰管风琴演奏家克日什托夫·拉塔拉（Krzysztof Lata·a）、德国巴洛克小提琴演奏家丹尼尔·霍普曼（Daniel Hauptmann）和西班牙大提琴家塞吉·鲍德拉（Sergi Boadella）等5个国家的6名艺术家，举办6场音乐会和5场大师课。其间，艺术家还分别举行管风琴、竖笛、巴洛克小提琴和维奥尔琴的大师课，与同学们面对面、一对一地进行交流。

（谢穗）

【举办北京现代音乐节】 5月16至22日，中央音乐学院举办北京现代音乐节。本届音乐节以青年为主旨，作曲家用标新立异而又个性化的音乐，打造出现代音乐的新世界，共举办2场大型交响乐音乐会、10场国际室内音乐会、2场传统音乐展演、1场混声合唱音乐会、3场大师班、1场音乐创作讲座。来自中国、德国、美国、印度尼西亚等学院派和非学院派音乐家 100 人参加活动。

（谢穗）

【成立娃哈哈室内乐团】 6 月 16 日，

中央音乐学院成立娃哈哈室内乐团。乐团与娃哈哈集团合作成立，由娃哈哈集团出资设立，每年资助中央音乐学院及附中的 75 名优秀学生，鼓励他们在室内乐表演、创作和研究等领域进行探索。乐团以理事会方式管理，双方派出各自团队出任理事，共同负责乐团演出季的策划和运营，计划每年举行约 20 场音乐会，并邀约著名作曲家创作 1 至 2 部室内乐作品。

（谢穗）

【青年交响乐团欧洲巡演】 6 月 27

日至 7 月 4 日，中央音乐学院青年交响乐团赴欧洲巡演。该乐团由该院管弦系和乐队学院部分优秀学生以及青年教师 100 人组成，在德国、瑞士举办专场演出，演奏贝多芬《第三钢琴协奏曲》（组委会特邀德国著名钢琴家奥皮兹担任钢琴独奏）、理查·施特劳斯的交响诗《英雄生涯》、谭盾《三音的交响诗》和王斐南《九天绿洲》等作品，并参加 2014 欧洲青年古典音乐节。

（谢穗）

【举办钢琴艺术节】 7 月 14 至 18 日，中央音乐学院管弦系举办首届中央音乐学院协作钢琴艺术节。艺术节包括音乐会、大师班、比赛和研讨会。协作钢琴的组合形式多样，涵盖钢琴与弦乐，钢琴与管乐，钢琴、弦乐与管乐，钢琴、管乐与打击乐，双钢琴，双钢琴与打击乐，钢琴与声乐以及声乐与室内乐等多种不同形式。其中，音乐节包括“法国与西班牙作品”“古典的荣光”“20 世纪的声音”“《冬之旅》（中文版）”“声乐与室内乐”“法兰西之夜”和“浪漫盛世”7 场演出，曲目包含不同组合形式的室内乐和艺术歌曲。艺术节期间，还举办第一届中央音乐学院钢琴室内乐比赛，近 50 人参赛。来自国内外音乐家 40 人以及该校师生 1000 人次参加活动。

（谢穗）

【举办北京国际电影音乐节】 12 月 4 至 8 日，中央音乐学院举办北京国际电影音乐节。活动内容包括 12 场大师班讲座、1 场多媒体电影音乐会、2 场电影音乐创作和 1 场大师讲堂。该院交响乐团演奏《星球大战》《辛德勒名单》《泰坦尼克》等 16 部经典电影配乐。来自国内音乐家和音乐爱好者 500 人参加活动。

（谢穗）

【举办小提琴音乐节】 12 月 12 至 18 日，中央音乐学院举办第一届中央音乐学院国际小提琴音乐节。音乐节主要分为大师课以及音乐会两个部分，邀请到奥地利维也纳音乐学院小提琴教授鲍里斯·库什尼尔、韩国延世大学小提琴教授姜东锡、比利时籍俄罗斯小提琴演奏家瓦汀·列宾（Vadim Repin）等国际大师进行演出和现场课。来自欧洲、亚洲以及本土的音乐家及学生 300 人参加活动。

（谢穗）

【举办‘汉能’英才艺术实践支持计划汇报音乐会】 12 月 16 日，中央

音乐学院举办“‘汉能’英才艺术实践支持计划”2014 汇报音乐会。参加汇报演出的主要演员是 2013 年度“英才计划”的大部分入选者，演奏门德尔松《c 小调第二号钢琴三重奏》“第一乐章”、琵琶传统乐曲《龙船》、李斯特钢琴曲《钟》、歌剧《图兰朵》）中的咏叹调“今夜无人入睡”和《茶花女》等十多部风格不同的音乐作品。2013 年，汉能控股集团有限公司在中央音乐学院教育基金会设立“中央音乐学院‘汉能’英才艺术实践基金”，专项用于“‘汉能’英才艺术实践支持计划”，旨在为优秀青年提供展示音乐才华的舞台，培养他们成为高水平、高素质、全面发展的音乐表演人才。首届获得支持的学生有附中、本科、硕士研究生共 31 人，涵盖钢琴、小提琴、中提琴等专业。

（谢穗）

中国音乐学院

党委书记　闫拓时

院　　长　赵塔里木

【概况】 2014 年，中国音乐学院占地面积 4.42 万平方米，学校产权建筑面积 4.99 万平方米。固定资产总值 63371.54 万元，其中，教学、科研仪器设备资产值 25754.85 万元。图书馆建筑面积 3351 平方米，藏书 30.90 万册，其中，纸质图书 30.90 万册、电子图书 1300GB。拥有计算机 839 台。全年教育经费投入 43227 万元，其中，国家拨款 36354 万元、自筹经费 6873 万元。学校信息化设备资产 1954.79 万元，网络信息点数 3600 个，校园网出口总带宽 85Mbps，电子邮件系统用户 2000 个，数字资源量 3723.20GB，管理信息系统数据总量 500GB。校区设置 11 个院（系、部）；开设 3 个专业及覆盖 40 个专业方向；具有一级学科 1 个，一级学科博士点 1 个，博士学位授权点 1 个，硕士学位授权点 1 个和专业学位授权点 1 个；博士后流动站 1 个，其中，博士后研究人员进站 5 人和在站 11 人；是“接受中国政府奖学金来华留学生院校”。北京市重点学科 1 个；国家级优秀教学团队 1 个，北京市优

秀教学团队4个，国家级特色专业建设点3个，教育部人才培养模式创新试验区1个，北京市人才培养模式创新试验区2个，北京市哲学社会科学研究基地1个。教职工388人，其中，专任教师235人，包括教授48人、副教授72人；博士生导师9人，硕士生导师108人，博士、硕士导师32人。国家级有突出贡献的中青年专家3人、享受政府特殊津贴专家41人、国家级教学名师2人、北京市教学名师8人、全国中青年“德艺双馨”教师3人。外籍教师11人，其中，教授9人、副教授2人。毕业生650人，其中，学历教育学生中全日制研究生103人（博士生14人、硕士生89人），普通本科生261人，成人教育本专科生286人（本科生244人、专科生42人）；非计划招生高等教育学生中在职人员攻读硕士学位16人。本科毕业生就业率91.67%。招生763人，其中，学历教育学生中全日制研究生152人（博士生19人、硕士生133人），普通本科生314人、成人教育本专科生297人（本科生273人、专科生24人）；非计划招生高等教育学生中在职人员攻读硕士学位72人。高考北京地区本科提档线音乐学专业文科380分，理科396分；作曲与作曲技术理论专业文科304分，理科297分；音乐表演专业文科279分，理科272分。在校生2368人，其中，学历教育学生中全日制研究生432人（博士生57人、硕士生375人），普通本科生1344人，成人教育本专科生592人（本科生522人、专科生70人），非计划招生高等教育学生中在职人员攻读硕士学位180人。留学生毕（结）业24人，招生27人，在校生47人。网址：www.ccmusic.edu.cn。

（田婷）

【建立民族音乐研究教学实践基地】 2月13日，中国音乐学院与云南省德宏州政府签署“中国音乐学院——云南德宏州民族音乐研究教学实践基地”合作协议书。根据协议，双方合作建立民族音乐研究教学实践基地，在音乐人才培养，民族音乐研究、创作，文化艺术实践等领域开展合作。中国音乐学院依托教学优势，支持当地音乐人才培养、师资进修等工作，定期组织师生到德宏州开展采风、科研教学活动。

（田婷）

【少数民族音乐研究结项】 3月18日，中国音乐学院举办“尼苏人文化遗存——花腰彝祭龙仪式音乐研究”结项评审会。该课题是市哲学社会科学规划项目、市教委社科计划2011年度重点项目。课题经答辩，专家组全票通过结项。专家组对该课题的研究成果给予肯定，认为该课题提供一份翔实的田野资料文本，不仅对花腰彝仪式音乐进行研究，还对尼苏人的族源、文化空间、地域环境等进行展示。该课题2011年立项，主要研究花腰彝民间信仰的形成、执行与发展，为构建花腰彝音乐体系及尼苏人文化的民族音乐志，丰富以民族民间音乐为办学定位的市重点学科——中国音乐学院民族音乐教学模式，建立、健全中国民族音乐教育体系提供理论支持。

（田婷）

【成立中国传统音乐文化传承与传播研究中心】 5月7日，中国音乐学院成立中国传统音乐文化传承与传播研究中心。该中心将建设中国民族音乐教育体系作为核心目标，以“两会、一节、一奖”，即全国高校少数民族音乐传承研讨会、全国高校区域音乐研究研讨会，北京传统音乐节及太极传统音乐奖为平台，聚集校内外学术专家，通过平台搭建、课题研究与项目实施，力争建设成具有国际影响力、致力于中国传统音乐文化传承与传播研究的专门性机构。中心隶属于中国音乐学院，由学术委员会、专家委员会、顾问委员会、办公行政部门构成，其管理采取学术委员会决策制、课题项目负责制与顾问咨询协作制相结合的制度。

（田婷）

【与美国两所高校签订合作协议】 6月3日至10月10日，中国音乐学院与美国两所高校签订合作协议。与美国乔治梅森大学就艺术管理专业“本、硕连读”教学合作项目签订协议，双方旨在进一步加深艺术管理国际交流，培养更多具有国际视野的艺术管理专业人才。与美国辛辛那提大学音乐学院签署合作协议，进一步扩大本科、研究生课程与研究方面的交流与合作，包括声乐艺术指导、钢琴及钢琴伴奏、音乐剧、小提琴、艺术管理等多个专业领域。此前两校在作曲、指挥等多个专业领域建立长期合作。

（田婷）

【举办许敬行从教60年报告会】 9月17日，中国音乐学院举办“我是魅力国音人——许敬行先生从事教育事业60年先进事迹报告会”。报告会采取报告团形式，展现一个平和儒雅、治学严谨、行不言之教、树师德楷模的先进教师形象。许敬行是中国音乐学院教授，中国音乐家协会会员，曾任中国视唱练耳、乐理学会常务理事。自1953年参加工作以来，从事音乐基础理论、视唱练耳教学长达60年，先后执教于北京艺术学院、中央音乐学院、中国音乐学院。1989年获北京市优秀教学成果奖，2005年主编视唱练耳教程（一至八级）获北京高等教育精品教材。

（田婷）

【《马可选集》首发】 9月19日，中国音乐学院举办《马可选集》首发式。《马可选集》共9卷，由音乐著作、音乐著作附册、文字著作、日记四个部分构成，由人民音乐出版社出版发行。该书编撰工作于2007年由该院牵头启动，历时8年完成。马可（1918～1976），江苏徐州市人，著名作曲家，音乐理论家和教育家。1935至1937年在河南大学化学系学习。

1940年到延安鲁迅艺术学院工作。1945年底赴东北解放区，任鲁艺文工团副团长。建国后历任中央戏剧学院歌剧系主任、中国戏曲研究院音乐室主任、中国音乐学院首届副院长、中国歌剧舞剧院院长，是全国政协委员、三届全国人大代表。马可一生完成300多首（部）音乐作品，主要作品有歌曲《南泥湾》《咱们工人有力量》，秧歌剧《周子山》《夫妻识字》，歌剧《白毛女》《小二黑结婚》，管弦乐《陕北组曲》等。专著有《冼星海传》《中国民间音乐讲话》《马可戏曲音乐文集》等。

（田婷）

【召开全国音乐口述史学术研讨会】 9月24日，中国音乐学院召开全国首届音乐口述史研讨会。会议以“音乐口述历史”为主题，共分为五个单元，分别为跨学科口述历史理论与经验交流、音乐口述历史理论研讨、音乐口述史历史学的理论研究与学科体系建构、音乐口述历史成果发布与实践经验交流以及音乐口述史总结会。会上，中国音乐学院展示近年来的口述史研究成果“国乐传承与创新丛书”和“《百年人物·李凌》大型口述历史文献片”。来自全国音乐史、音乐教育史、历史学等方面的专家学者60人参加会议。

（田婷）

【举办建院50周年系列活动】 9月，

中国音乐学院举办建院50周年系列活动。活动以“深化民族音乐教育体系建设，传承和弘扬中华优秀传统音乐文化”为主题，本着“热烈、俭朴、务实、高效”的原则，通过38场音乐会、32场学术论坛与研讨会、22场讲座、17场名师公开培训课、12场教学活动的举办，回顾学院办学历史，总结办学经验。中国音乐学院于1964年建立，是中国唯一以中国民族音乐教育和研究为主要特色，培养从事民族音乐理论研究、创作、表演和教育的高级专门人才的高等音乐学府。建院50年来，学院培养近一万名优秀专业音乐人才。

（田婷）

【召开罗忠镕90华诞暨当代音乐创作学术研讨会】 12月12日，中国音乐学院召开罗忠镕先生90华诞暨中国当代音乐创作学术研讨会。研讨会从音乐创作、艺术实践、理论研究、为人师表四个方面总结罗忠镕的艺术成就，充分肯定他的作品以及音乐创作思想对中国作曲与作曲技术理论发展所产生的深远影响。全国艺术院校、乐团专家、教授100余人参加研讨会。研讨会举行行罗忠镕学术成果《罗忠镕选集》系列丛书（第一期）首发式，包括《罗忠镕音乐作品集》《罗忠镕文集》《罗忠镕研究文选》等多部乐谱、专著、文论集等。罗忠镕，1924年出生，四川省三台县人，国立上海音乐专科学校毕业。教授，博士生导师，是著名作曲家、理论家。

（田婷）

【举办蝶梦飞竹扬琴艺术团成立十周年音乐会】 12月19日，中国音乐学院举办蝶梦飞竹扬琴艺术团成立十周年庆典音乐会。音乐会上演《将军令》《原风》《梨山花》等9个曲目，展示艺术团多年来的艺术实践和改革创新成果。蝶梦飞竹扬琴艺术团成立于2004年，由该院国乐系李玲玲教授创建并担任艺术指导，团员由学院扬琴专业青年教师和学生组成。该团作为中国首个专业扬琴组合艺术团，以弘扬和普及扬琴艺术为宗旨，成立以来多次在国内外举办专场音乐会。

（田婷）

中央美术学院

党委书记 高洪

院　　长 潘公凯（9月免）

范迪安（9月任）

【概况】 2014年，中央美术学院占地面积33.21万平方米、学校产权校舍建筑面积25.75万平方米，非产权校舍建筑面积3.18万平方米。全年教育经费投入61145.72万元，其中，国家拨款39926.17万元、学院自筹21219.55万元。学校固定资产总值126974.44万元，其中教学科研仪器设备资产值17390.06万元。图书馆建筑面积10343平方米，藏书46.27万册，其中，电子图书1000GB。拥有计算机3274台。学校信息化经费投入1150万元，多媒体教室座位2367个，信息化设备资产2608万元，网络信息点7000个，校园网出口总带宽380Mbps，电子邮件系统用户4701个，数字资源量6500GB，管理信息系统数据总量20GB。设有7个院（系），7个科研机构；开设20个本科专业，覆盖2个学科门类；具有一级学科博士授权点3个，一级学科硕士授权点6个，国家级重点学科1个，北京市重点学科2个，1个艺术硕士（MFA）专业学位硕士点，3个博士后流动站；教职工641人，其中，专任教师369人。专任教师中正高级职称106人、副高级职称133人；博士生导师32人；硕士生导师160人。“长江学者奖励计划”特聘教授1人，国家有突出贡献专家6人，享受国务院政府特殊津贴专家64人，文化部优秀专家4人，中宣部“四个一批”人才1人，教育部“新世纪人才支持计划”26人，教育部、人事部、科技部“百千万人才工程”国家级人选1人，教育部“优秀青年教师资助计划”1人，人事部全国非物质文化遗产先进工作者2人，北京市教学名师5人。外籍教师10人。毕业生1500人，其中，学历教育学生中全日制研究生322人（博士生57人，硕士生265人），普通本科学生821人，成人本专科学生357人（本科206人、专科151人）。本科毕业生就业率91.91%。招生1345人，其中，学历教育学生中全日制研究生332人（博士生48人，硕士生284人），普通本科学生832人，成人本专科学生181人（本科109人、专科72人）。在校生5214人，其中，学历教育学生中全日制研究生1034人（博士生164人，硕士生870人），普通本科学生3406人，成人本专科学生774人（本科442人、专科332人）。留学生毕业50人，招生45人，在校生173人。网址：

www.cafa.edu.cn。

（计华）

【举办木雕艺术展】　3月7日，中央美院举办“滇西奇葩——云南大理·剑川木雕艺术展”。展览展出木雕实物作品涉及30多个种类，共100多件，以明清木雕、建筑木雕、陈设性木雕、实用性木雕和旅游小件为主，体现剑川木雕民族性、原创性、艺术性和手工性的四大特点。

（计华）

【与荷兰签订美术馆交流培训协议】

3月25月，中央美院美术馆与荷兰大使馆签署中荷美术馆培训与交流项目备忘录。根据协议，合作分为两个部分，分别是交流项目和培训项目，其中，交流项目内容为中方文化艺术管理高层参访荷兰美术馆及相关艺术机构；培训项目内容为荷兰的美术馆专家为中国的美术馆从业人员提供培训，由梵高博物馆和阿姆斯特丹艺术学院的瑞华德学院共同启动，培训项目具体包含“藏品保护与管理”课程和“展览开发”课程两部分内容。

（计华）

【举办全国高校花鸟画教学研讨会】

4月15日，中央美院举办全国高等艺术院校花鸟画教学研讨会暨教师、学生作品展。研讨会以花鸟画教学的“临摹、写生、创作三位一体”这一基本课题为核心，就花鸟画教学的传统遗产、当下现状与问题、未来改革思路等方面展开研讨与交流。来自全国15所美术学院花鸟画教学的骨干教师与理论专家70人参加研讨。

（计华）

【接受郑野夫版画作品捐赠】　5月30日，中央美院接受郑野夫版画作品捐赠。该院共接受郑野夫女儿捐赠其《水灾》等作品61幅不同时期创作的作品。郑野夫是中国著名版画家，新兴木刻运动的代表人物之一，是左翼作家联盟的主要成员，20世纪三四十年代活跃在中国的版画界，代表作《水灾》《卖盐》等。

（徐新立）

【举办冯法祀艺术回顾展】　6月27日，中央美院举办“艺为人生——冯法祀百年诞辰艺术回顾展”。展览以200余件油画等作品配合文献史料，首次集中展示冯法祀不平凡的艺术经

历，反映他不同时期的研究与创作，聚焦他艺术生涯中两个重要艺术时期，即20世纪40年代抗敌演剧队时期和50年代马克西莫夫油画训练班时期的创作。

（计华）

【举办王同仁作品展】　9月1日，中央美院举办王同仁作品展。展览共展出王同仁180余副作品，全面展示他在焦墨人物画、水墨人物画、水墨动物画，以及书法等诸学科的研究和造诣。王同仁是中央美院教授，曾任中国画系水墨人物画室主任、基础教研室主任，是中国美协、书协会员，炎黄艺术馆艺委会副主任。

（计华）

【成立实验艺术学院】　9月4日，中央美院成立实验艺术学院。该院是在原造型学院实验艺术系基础上成立，设有视觉造型研究室、艺术方法研究室、社会知行研究室等7个专业基础教研室，以及表演与表现工作室、传统语言转换工作室、公共空间与社会雕塑工作室等9个导师工作室。有教师20人，其中，教授7人、副教授1人、讲师3人、助教3人，博士生导师2人、硕士研究生导师9人。各类学生120人，其中，博士研究生6人、硕士研究生47人。原实验艺术系成立于2007年，前身是2005年成立的实验艺术工作室。

（计华）

【举办丹麦文化季】　10月，中央美院举办丹麦文化季活动。文化季以“小童话·大未来”为主题，内容包括展览、音乐会、电影节、文学会、戏剧和表演艺术、建筑设计等形式，丹麦国家美术馆、丹麦西南博物馆、丹麦国家博物馆、维京船舶博物馆、丹麦国家舞蹈团等众多知名文化机构和艺术家参加活动。同日，丹麦艺术家比扬·诺格的展览《比扬·诺格：再世界》开幕，展览展出比扬·诺格从20世纪六十年代至今创作的77件作品，包括其早期在公众场所做的雕塑、装置、绘画、行为和影像等。开幕式前，比扬·诺格还特别将自己的雕塑作品《公交车站》捐赠给该院美术馆。来自国内外艺术爱好者500人次参加活动。

（计华）

【举办蒋兆和诞辰110周年纪念特展】

11月2日，中央美院举办蒋兆和诞辰110周年纪念特展。展览在国家博物馆举办，以“不尽丹心”为主题，展出蒋兆和先生不同时期的100余件代表作品。蒋兆和，生前为中央美院教授，是20世纪为中国画发展做出重要贡献的国画家和美术教育家。他创造性地拓展中国水墨人物画技法，造型严谨，表现人物内心世界深刻传神，代表作《流民图》等。

（赵晶）

【与德国梅森集团签署战略合作协议】

11月13日，中央美院与德国梅森集团签署战略合作协议。根据协议，该院通过与梅森集团举办“中国当代陶瓷艺术双年展”并设立“梅森奖”(Meissen)，建立“中德陶瓷国际巡回展”平台和系列展览项目，制定扶持青年艺术家的人才培养计划和实施办法等方式，共同推动中国与德国在陶瓷艺术领域的全方位合作。

（计华）

【举办董希文百年诞辰纪念展】　12

月 19 日，中央美院举办董希文百年诞辰纪念展。展览展出全国各地重要博物馆、美术馆的馆藏珍品及家属保存的董希文作品共计 128 件，分为“转移多师”“心系敦煌”“新中国革命历史画”“重走长征”“春到西藏”“访苏之旅”六个部分。董希文，中国著名油画家，中央美院教授，作品有《开国大典》《春到西藏》《红军过草地》等，出版有《董希文作品选集》《董希文画辑》等画册。

（计华）

【成立新一届学术委员会】　12 月 30 日，中央美院成立第 11 届学术委员会。经与会全体教授投票选举，共有 25 位教授当选第 11 届学术委员会委员。经院长提名，并经大会选举，徐冰教授担任学术委员会主任。成立大会后，新一届学术委员会召开了第一次全体会议，会议讨论通过第 11 届学术委员会常务副主任、副主任、顾问以及秘书长、副秘书长人选。

（计华）

中央戏剧学院

党委书记　刘立滨
院　　长　徐翔

【概况】　2014 年，中央戏剧学院占地面积 26 万平方米，学校产权校舍建筑面积 14.71 万平方米，非产权校舍建筑面积 0.23 万平方米。全年教育经费投入 29348.51 万元万元，其中，国家拨款 25834.55 万元、自筹经费 3513.96 万元。固定资产总值 80229.02 亿元，其中，教学、科研仪器设备资产值 19673.7 亿元。图书馆建筑面积 10547 平方米，藏书 157.66 万册，其中，纸质图书 52.95 万册、电子图书 104.71 万册。拥有计算机 613 台。学校信息化经费投入 438.08 万元，多媒体教室座位 4083 个，信息化设备资产 2643.82 万元，网络信息点 4300 个，校园网出口总带宽 610Mbps，电子邮件系统用户 443 个，数字资源量 170101.14GB，管理信息系统数据总量 760GB。设置 10 个系，2 个教学部；开设 7 个本科专业，覆盖 1 个学科；具有一级学科 2 个，一级学科博士点 2 个，博士学位授权点 2 个，硕士学位授权点 2 个和专业学位授权点 1 个；博士后流动站 1 个，其中，博士后研究人员在站 2 人。国家重点学科 1 个。教职工 400 人，其中，专任教师 244 人，包括教授 55 人、副教授 71 人；博士生导师 35 人、硕士生导师 63 人；享受政府特殊津贴专家 12 人。外籍教师 5 人。毕业生 656 人，其中，学历教育学生中全日制研究生 83 人（博士生 16 人、硕士生 67 人）、普通本专科生 565 人（本科生 309 人、专科生 256 人），非计划招生高等教育学生中在职人员攻读硕士学位 8 人。本科毕业生就业率 95.78%。招生 728 人，其中，学历教育学生中全日制研究生 113 人（博士生 22 人、硕士生 91 人）、普通本专科生 604 人（本科生 508 人、专科生 96 人），非计划招生高等教育学生中在职人员攻读硕士学位 11 人。高考本科提档线，表演专业：话剧影视表演方向、音乐剧表演方向、歌剧表演方向 230 分，京剧表演方向、京剧音乐伴奏方向 170 分，舞剧表演方向 170 分；戏剧影视导演专业：戏剧影视导演方向 415 分，戏剧教育方向 400 分，演出制作方向、影视编导方向 420 分，影视制片方向录取最低比值 0.81；戏剧影视美术设计专业：舞台设计方向、舞台绘景方向、舞台灯光方向、舞台化装方向、舞台服装方向、演艺影像设计方向 050 分；戏剧影视文学专业：戏剧创作方向、电视剧创作方向录取最低百分比 0.85；戏剧学专业：戏剧史论与批评方向录取最低百分比 0.80；播音与主持艺术专业：广播电视节目主持方向 300 分。在校生 2193 人，其中，学历教育学生中全日制研究生 335 人（博士生 64 人、硕士生 271 人）、普通本专科生 1838 人（本科生 1587 人、专科生 251 人），非计划招生高等教育学生中在职人员攻读硕士学位 20 人。留学生毕业 29 人、招生 17 人、在校生 70 人。网址：www.chntheatre.edu.cn。

（王晓辉）

【举办戏剧小品大赛】　3 月 24 日至 6 月 16 日，戏剧学院举办戏剧小品大赛。比赛以“@青春”为主题，共征集剧本 90 余部，通过视频选拔 35 部作品进入复赛，最终进入决赛作品 16 部。共评选出优秀小品奖、优秀剧本创作奖、优秀导演奖等 13 个奖项，共有 26 名学生和 8 部作品获奖。

（王晓辉）

【与巴黎第八大学签约合作】　4 月 17 日，戏剧学院与法国巴黎第八大学签订院校合作协议。根据协议，两校将开展电影艺术教学方面的合作，共同组建一支电影教学研究和学术交流的师资队伍，主要围绕中法国电影史、电影理论、电影美学、电影文化价值以及先锋电影等问题，开展一系列教学互通、学术互动、交流互访活动，共享影视教学资源，互换科研理论成果。

（王晓辉）

【举办法国电影展】　4 月 17 至 18 日，戏剧学院举办法国电影展。影展放映罗贝尔·布莱松编导的《金钱》、莱奥斯·卡拉克斯编导的《坏血》、让·保罗·拉普诺执导的《西哈诺》等 5 部经典法国影片。该学院师生 1000 人次观看影展。

（王晓辉）

【举办世界戏剧教育大会】　5 月 18 至 23 日，戏剧学院举办首届世界戏剧教育大会暨第三届亚洲戏剧院校大学生戏剧节。会议邀请 26 个国家和地区的专家学者，以“今日亚洲——21 世纪的戏剧教育”为主题，开展高端论坛与学术研讨。共有 40 余名外

国专家和70余名戏剧学院教师参加研讨会。共有来自国内外的11所艺术院校约110名学生制作、演出11台剧目参加戏剧节，评选出1个最佳剧目奖、2个优秀剧目奖和10名表演奖。活动期间，活动举办2场基调演讲、2场大师班、3场讲座和4场工作室。来自国内外院校和戏剧学院各系的师生1000人次参加活动。

（王晓辉）

【与两所韩国院校签订合作协议】 5月19日和11月13日，戏剧学院分别与韩国青云大学和韩国西京大学签订校际交流协议书。根据协议，学院与两校将本着对等原则，在教学与科研人员方面相互交流，并加强学生交流、演出交流、刊物及学术资料交换、举办国际学术会议以及其他共同感兴趣项目的合作。

（王晓辉）

【演出契诃夫经典剧目】 9月9至28

日，戏剧学院演出契诃夫经典剧目《樱桃园》。剧目排演由学院客座教授、俄罗斯导演弗拉基米尔·谢尔盖耶维奇·彼得罗夫执导，学院舞台美术系教授刘杏林担任舞美设计，表演系、导演系、音乐剧系的教师联合演出。

（王晓辉）

【举办亚洲传统戏剧工作室】 9月10至25日，戏剧学院举办联合国教科文组织戏剧教育席位"第一届亚洲传统戏剧工作室"。活动期间共举行14场中国京剧工作室、12场日本歌舞伎工作室、12场韩国唱剧工作室和12场印度梵剧工作室，分别由中国、日本、韩国和印度的5名专家主讲。来自戏剧学院、印度国立戏剧学院和韩国中央大学的54名学生分成A、B两组参与工作室，共同展示四国的传统戏剧艺术。9月23日举行第一届亚洲传统戏剧工作室的汇报演出。

（王晓辉）

【举办台词学术会议】 10月18至19

日，戏剧学院举办第一届全国话剧台词艺术与台词教学工作会议。会议开展"剧院团声音""专题发言""自由讨论"和"教学工作室展示"四个板块的内容。来自全国28所大学及剧院团的学者和学院师生150人参加会议。

（王晓辉）

【签订双学位项目协议】 12月16日，戏剧学院与俄罗斯圣彼得堡国立戏剧学院签订表演专业双学位校际交流项目合作协议。根据协议，双方合作开展表演专业本科"2+2"双学位校际交流项目，于2015年9月正式实施。该项目由两校共同制定培养方案，互认学分，学生将在中央戏剧学院和俄罗斯圣彼得堡国立戏剧学院各学习两年，成绩合格者将分别获得两校颁发的毕业和学位证书。

（王晓辉）

中国戏曲学院

党委书记 张凡（12月免）
　　　　　龚裕（12月任）
院　　长 巴图（6月任）

【概况】 2014年，中国戏曲学院占地面积8.62万平方米、总建筑面积9.50万平方米。固定资产总值67162.68万元。全年教育经费投入23185.62万元，其中，国家拨款20176.42万元、自筹经费3009.2万元。图书馆总建筑面积5723平方米，藏有纸质图书25.20万册，中文图书24.90万册，西文图书2900册，电子图书190.64GB，中文期刊399种，外文期刊98种。设有京剧系、表演系、音乐系、导演系、戏曲文学系、舞台美术系、新媒体艺术系、国际文化交流系、基础部、附中（中国戏曲学院附属中等戏曲学校）10个教学单位，有戏剧与影视学、音乐与舞蹈学2个一级学科硕士点，有艺术学理论1个二级学科硕士点，设有15个本科专业及25个专业方向。教职工414人，其中，专任教师243人。专任教师中教授38人，副教授71人；硕士生导师88人。毕业生664人。其中，学历教育学生中全日制研究生72人，普通本专科生489人，成人教育本专科生103人（本科生66人、专科生37人）。本科毕业生就业率97.17%。招生759人，其中，学历教育学生中全日制研究生138人，普通本专科生517人、成人教育本专科生104人（本科生61人、专科生43人）。在校生2582人，其中，学历教育学生中全日制研究生303人，普通本专科生2055人，成人教育本专科生175人（本科生117人、专科生58人），非计划招生高等教育学生中在职人员攻读博士硕士学位49人。留学生毕业112人，招生154人，在校158人。网址：www.nacta.edu.cn。

（王媛）

【《梁祝》公演】 4月26日，戏曲学

院创排的新编历史京剧《梁祝》在长安大戏院公演。该剧由学院教授张火丁牵头创作并领衔主演，实现剧本、唱腔、唱词、音乐、伴唱、舞美六大创新。新编《梁祝》更加突显梁祝的爱情之"美"，全剧格调更加纯粹。

（王媛）

【举办艺术管理教育年会】 11月7至9日，戏曲学院举办第九届中国艺术管理教育年会暨传统艺术的对外传

播国际高峰论坛。论坛以“传统艺术的对外传播”为主题，专题研讨艺术管理类专业的学科建设和人才培养等议题。中国艺术管理教育学会会员单位代表及其他高校艺术管理专业师生代表 300 人参加活动。

（王媛）

【召开中国戏曲导演与作曲创作关系研讨会】 12 月 14 日，戏曲学院召开中国戏曲导演与作曲创作关系研讨会。会议围绕戏曲艺术创作中导演与作曲的关系这一核心问题，研讨如何解决合作过程中的常见问题和完善双方合作方式等内容。戏曲导演与作曲领域的专家、学者经过研讨，达成“互相尊重、互相协作、互相包容”的合作共识。来自国内戏曲领域专家学者 50 人参加研讨。

（王媛）

【纪念富连成社创办 110 周年】 12

月 25 至 28 日，戏曲学院举办纪念“富连成社”创办 110 周年纪念活动。举办学术研讨会，围绕“富连成社”的发展历史和办学经验、中国戏曲教育的发展脉络与历史源流、新时期戏曲教育的展望等议题展开专题研讨，对当下戏曲高端表演人才的培养与传统戏曲艺术的传承创新进行探索。举办纪念富连成社创办 110 周年纪念演出，京剧系、表演系师生参与演出，展示戏曲人才培养的最新成果。

（王媛）

北京电影学院

党委书记　侯光明

院　　长　张会军

【概况】 2014 年，北京电影学院占地面积 9.16 万平方米，产权建筑面积 11.16 万平方米。固定资产总值 77503.80 万元，其中，教学、科研仪器设备资产值 42786.15 万元。图书馆建筑面积 2417 平方米，藏书 87.16 万册，其中，纸质图书 37.86 万册、电子图书 49.31 万册（3250GB）。全年教育经费投入 45015.26 万元，其中，国家拨款 31941.84 万元、自筹经费 13073.42 万元。学校拥有计算机 2376 台，多媒体教室座位 1710 个，信息化设备资产 615.60 万元，网络信息点 3420 个，校园网出口总带宽 IPV6 为 1000Mbps、IPV4 为 734Mbps，电子邮件系统用户 2964 个，数字资源量 8986.75GB，管理信息系统数据总量 1.0TB。校区设置 16 个院（系、部）；开设本科专业 15 个，专科专业 10 个，覆盖学科门类 3 个；具有 级学科 3 个， 级学科博士点 3 个，博士学位授权点 8 个，硕士学位授权点 8 个和专业学位授权点 2 个。博士后流动站 1。省、部级重点学科 1 个。教职工 515 人，其中，专任教师 275 人，包括教授 62 人、副教授 111 人；博士生导师 24 人、硕士生导师 131 人。享受政府特殊津贴专家 9 人。外籍教师 2 人，其中，教授 1 人、副教授 1 人。毕业生 925 人，其中，普通本科生 491 人，成人教育本专科生 279 人（本科生 181 人、专科生 98 人），学历教育学生中全日制研究生 155 人（博士生 10 人、硕士生 145 人），非计划招生高等教育学历中在职人员攻读硕士学位 [illegible] 人，电影艺术高级课程班 20 人。本科毕业生就业率 91.3%。招生 1152 人，其中，学历教育学生中普通本专科生 598 人（本科生 528 人、专科生 70 人）、成人教育本专科生 355 人（本科生 262 人、专科生 93 人），全日制研究生 199 人（博士生 23 人、硕士生 176 人）。在校生 3466 人，其中，普通本专科生 2149 人（本科生 2043 人、专科生 106 人），成人教育本专科生 707 人（本科生 497 人、专科生 210 人），学历教育学生中全日制研究生 610 人（博士生 72 人、硕士生 538 人）。留学生毕业 43 人，招生 67 人，在校生 113 人。网址：www.bfa.edu.cn。

（程麒台）

【获柏林电影节两项大奖】 2 月 16 日，电影学院师生获第 64 届柏林国际电影节两项大奖。其中，文学系教师曹保平执导的《狗 13》获得新生代单元特别提及奖，摄影学院校友曾剑摄影、导演系校友娄烨执导的《推拿》获最佳艺术贡献奖（摄影）。

（程麒台）

【召开理事会成立大会】 3 月 28 日，电影学院召开理事会成立大会。会议通过理事会章程及理事会成员建议名单，聘任理事长、副理事长、常务理事 60 人。

（程麒台）

【举办电影科技论坛】 4 月 18 至 19 日，电影学院举办电影科技论坛暨 3Tec—3D 领先技术高峰论坛。论坛由 3Tec—3D 领先技术高峰论坛、3D 高新技术设备展览、3D 影片观摩放映等 5 个部分组成，邀请国内外专家针对国内外最新 3D 制作技术、制作理念、制作标准等内容进行交流。来自国内外专家学者 50 人参加论坛。

（程麒台）

【与辛辛那提大学签订合作协议】 5 月，电影学院与美国辛辛那提大学签订合作协议。根据协议，两校将在教育、培训、科研及双方共同感兴趣的领域展开国际合作，首批合作项目涉及暑期深度体验计划和语言培训。

（程麒台）

【电影制片厂举办创作发布签约仪式】 6 月 17 日，电影学院青年电影制片厂举办创作发布会及签约仪式。[illegible]《叛徒》、章明《出门欢喜》、陈大明《无处藏身》、花箐《狭路》、德格娜《告别》、张影《老混蛋》以及曹保平、梅峰的新片等八个项目正式完成签约发布。

（程麒台）

【与加拿大培训中心签约】 6月27

日，电影学院与加拿大电影电视学院

签订合作协议。根据协议，双方在加拿大合作成立北京电影学院培训中心，加方负责提供场地招生，该院负责师资课程。

（程麒台）

【与新加坡传媒学院签订合作协议】

8月21日，电影学院与新加坡传媒学院签订合作协议。根据协议，双方合作开展影视艺术教育，学习时间一到两年，招生对象为东南亚、南亚学生，全日制教学，以中英文授课，核心专业课由电影学院提供师资，通识基础课由新方教授。

（程麒台）

【校史教育进思想政治理论必修课】 9月，电影学院校史教育纳入思想政治理论必修课。校史教育作为第一课内容对本科生进行讲授，并用小班授课的方式带领学生参观刚刚落成校史馆，以加深学生对校史的理解。通过开展校史教育，可以使学生们了解北京电影学院的辉煌历程，激发出北影人的荣耀感，也因此激励广大师生员工努力学习、努力提升自我修养，最终养成“今日我以北影为荣，明日北影以我为荣”的信念。

（程麒台）

【举办电影教育学术沙龙】 10月10日，电影学院举办电影教育学术沙龙。学术沙龙旨在通过学术的碰撞和讨论，更好地推进电影教育相关研究，为电影教育的发展提供服务。来自该校教学管理部门、国际交流学院、动画学院、表演学院、中国电影教育信息情报研究中心，以及中国电影艺术研究中心等校内、外单位的相关研究人员参加研讨。

（程麒台）

【与天津武清签约合作】 10月12日，电影学院与天津市武清区政府签订合作协议。根据协议，双方在武清区合作建设天津影视文化产业园及电影学院高职分院，总面积33.35万平方米，计划建设成为涉及文化金融、内容创造、院线联盟、版权交易、国际合作、文化旅游、大专教育等七大领域国际一流的影视文创全产业链平台。项目建成后将引入电影制片厂、影星经纪公司、影视科技实验室、影视交易平台、影视标准制定机构、影视实践培训基地、导演演员工作室、全国院线营销公司、多家创投基金等多个功能板块，完全运营后将成为全国著名影视文化产业基地。

（程麒台）

【举办全国电影学青年学者论坛】 10月30至31日，电影学院举办首届全国电影学青年学者论坛。论坛“电影与互联网：跨媒体时代电影的生存与衍变”和“中国电影第七代”问题，收到论文28篇。论坛设置电影学青年学者学术论文奖，评选金奖1篇、银奖2篇，铜奖3篇。来自北大、清华、南开等18所高校、科研机构的在读研究生、青年教师和研究者200人参加论坛。

（程麒台）

【举办电影教育国际论坛】 11月29至30日，电影学院举办首届电影教育国际论坛。论坛以研讨国内外电影学术动态、艺术教育政策、电影行业动态等问题。来自北京电影学院、北京大学、美国弗吉尼亚大学等中外院校和研究机构专家学者130人参加论坛。

（程麒台）

北京舞蹈学院

党委书记 王传亮

院　　长 郭磊（7月任）

【概况】 2014年，学校占地面积5.73万平方米，学院产权建筑面积13.45万万平方米，非产权建筑面积1.26万平方米。固定资产总值42908.97万元，共计19607台件。其中，教科仪器设备资产值19801.5万元，11633台件。学院共有台式计算机930台。全年教育经费投入36885.85万元，其中，国家拨款26841.63万元，自筹经费10044.22万元。信息化经费投入711万元。拥有业务系统30个、网络设备及服务器187台、多媒体教室座位802个、网络信息点3350个，信息化资产数量共计1343台件，总额3388.79万元，上网用户2968户，校园网出口总带宽720Mbps，电子邮件系统用户521个，数字资源量5TB，管理信息系统数据总量0.50TB。设10个系、1个教学部；开设本科专业5个，覆盖2个学科门类；具有一级学科1个，硕士学位授权点1个。北京市重点学科1个、部级重点学科1个。学院教职工总数561人，其中，专任教师358人，包括教授39人、副教授68人。博士生导师2人，硕士生导师61人。有“长江学者奖励计划”特聘教授、国家有突出贡献专家、享受政府特殊津贴专家等国家级专家3人。留学生毕业6人，招生7人，在校生15人。学院网址：www.bda.edu.cn

（段晓萌）

【排演玛莎格莱姆经典剧目】 4月28日至5月23日，舞蹈学院现代舞中心排演玛莎·格莱姆经典剧目《天使的嬉戏》和《光明三部曲第三部光明行》。该院邀请美国玛莎·格莱姆舞蹈中心首席舞者托德志·布瑞尼克（Tadej Brdnik）和舞者辛颖教授格莱姆技术课，并排演两剧目。格莱姆技术自1993年进入舞蹈学院课堂，至今发展成为学院现代舞技术训练的一门基础课程。

（段晓萌）

【举办全国少儿舞蹈展演】 6月1日，

舞蹈学院举办全国少儿舞蹈展演。展演演出来自全国各承办单位选送的中国舞、芭蕾舞、流行舞作品。全国共有90部作品参加遴选。来自国内外

艺术爱好者500人观看演出。

（段晓萌）

【庆祝建校60周年】　10月11日，

舞蹈学院召开建校60周年纪念大会。会议由主题发言和教师颁奖组成，该校领导和兄弟院校领导致贺词。来自兄弟院校、院团、海外及港澳台团体代表、优秀校友代表、学院历届老领导、离退休人员代表、在校师生代表共千余人出席纪念大会。

（段晓萌）

【举办北京国际舞蹈院校芭蕾舞邀请赛】　10月11至24日，舞蹈学院举办第五届国际舞蹈院校芭蕾舞邀请赛暨舞蹈展演。来自30余个国家及地区芭蕾选手参加比赛，通过三轮的比赛选拔，共决出“北京舞蹈学院大奖”2人、一等奖7人、二等奖7人、三等奖7人、“华夏奖”2人、“评委会特别奖”1人、“现代舞作品创作奖”2人、“现代舞作品表演奖”1人，共8个奖项，26人获奖。

（段晓萌）

【举办舞蹈教育的现状与发展论坛】

10月10至18日，舞蹈学院举办校长论坛·教授对话。该活动以“舞蹈教育的现状与发展”为主题，分为开幕式、校长论坛、教授对话和闭幕式四部分，邀请来自英国、美国、意大利等八个国家和港澳台地区的50名校长及教授参加研讨。

（段晓萌）

【召开中国艺术人类学国际学术研讨会】　11月1至2日，舞蹈学院召开中国艺术人类学国际学术研讨会。会议由该院与中国艺术人类学会、《民族艺术》杂志社合办，研讨艺术人类学理论、非遗理论与个案、舞蹈美学与舞蹈人类学、造型艺术、民俗与表演艺术问题。来自国内相关领域专家学者300人参加会议。

（段晓萌）

【与11所国际合作院校续约签约】

至年底，舞蹈学院与11所国际合作院校签订14份合作协议。与该院续约的有杨百翰大学、伦敦当代舞蹈学校、米德塞克斯大学、辛辛那提大学、罗马国家舞蹈学院、纽约州立大学珀切斯分校等院校。与该院新签约的院校有伦敦大学金史密斯学院、香港演艺学院、澳门演艺学院、尤尼泰克理工学院、奥克兰大学国家创意产业学院。

（段晓萌）

中央民族大学

党委书记　鄂义太
校　　长　陈理

【概况】　2014年，中央民族大学占地面积为38.10万平方米，另规划新校区占地面积81万平方米。校园建筑面积58.3万平方米，教学行政用房20余万平方米，资产总值26亿元。其中，教学、科研仪器设备资产共29292件，30230.13万元。全年教育经费投入125679.85万元（含附中6098.54万元），包括国家财政拨款84853.80万元（含附中4798.72万元）。图书馆建筑面积24500平方米，藏有图书2054463册，电子图书1763581余册。学校现有23个学院，覆盖10个学科门类的69个本科专业、5个一级学科博士学位授权点、25个一级学科硕士学位授权点。3个博士后流动站，国家级重点学科3个、省部级重点学科一级5个、二级17个，2个国家文科基础学科人才培养和科学研究基地，1个教育部人文社会科学重点研究基地，3个国家“985工程”哲学社会科学创新基地。有教职工2137人，其中，专任教师1197人，专任教师中教授、副教授695人，占专任教师总数的58%。“长江学者”特聘教授1人，“千人计划”特聘教授1人，“新世纪百千万人才工程”国家级人选10人，国家教学名师2人，北京市教学名师15人，教育部“新世纪优秀人才支持计划”人选55人，国家民委突出贡献专家10人，学科带头人、学术带头131人，享受国务院政府特殊津贴121人。毕业生8847人，其中学历教育学生中全日制研究生1406人（博士生191人，硕士生1215人），普通本科生2742人，成人教育4654人（本科生2612人，专科生2042人），非计划招生高等教育学生中在职人员攻读硕士学位45人。学历教育学生中全日制研究生4067人（博士生701人，硕士生3366人），普通本科生11310人，成人教育本专科生8402人（本科生4739人，专科3663人）；非计划招生高等教育学生中在职攻读硕士学位188人。在校生15737人，其中，学历教学学生中全日制研究生4067人（博士生701人，硕士生3366人），普通本科生11310人。有全日制在校生15737人，其中本科生11310人，硕士、博士研究生4067人，少数民族预科生183人（本校）；本科生（含预科生）中少数民族学生比例为54%。留学生毕业51人，招生79人，在校生177人。网址：www.muc.edu.cn。

（周翊兰）

【召开世界民族冲突与治理创新研讨会】　1月9日，民大召开“全球命运共同体”视野下的世界民族冲突与治理创新研讨会。研讨会旨在讨论当今中国的内政外交需求，提出国际民族冲突及其治理的理念和思路，探讨后冷战世界民族冲突与治理问题。来自清华大学、中国社科院民族经济与政治研究所等8所高校及科研院所的专家学者30人参加研讨。

（周翊兰）

【开展维吾尔语一对一辅导活动】　3月18日，民大维吾尔语言文学系开展“维吾尔语一对一辅导活动”。维吾尔语一对一辅导活动旨在提高零起点班学生的维吾尔语应用能力，增进学生交流，安排40名维吾尔族学生对40名维吾尔语（零起点）班的学生进行为期18周，每周三次的一对一辅导，内容包括语音、翻译、写作等。为保证活动效果，维吾尔语言文学系要求参与活动的学生对每次辅导内容进行详细的记录和5分钟左右的录音，由活动负责人进行每周一次的审核。维吾尔语（零起点）专业本科生培养是国家教育改革试点项目的重要组成部分。

（周翊兰）

【举办第十届心理文化节】 3至6月，民大举办第十届心理文化节。文化节由《给未来的丈夫和妻子》心理讲座、"心理艳阳天"班级心理主题活动、"幸福瞬间"摄影作品大赛等10个活动组成。该校师生2088人次参加活动。

（周翊兰）

【举办全国少数民族女专家研修班】

4月15日，民大举办全国少数民族女专家高级研修班。研修班采取课堂讲授、现场教学、实地考察和参观学习等形式，授课教师为该校学术带头人及教育部和北京市有关单位专家学者和知名教师。来自内蒙古等民族8省区、武陵山片区4省市、内蒙古民族大学等15所民族院校的50名学员参加研修班。

（周翊兰）

【完善研究生科研创新制度建设】 5月8日，民大完善研究生科研创新制度建设。该校制订《中央民族大学研究生科研创新项目管理办法（试行）》和《中央民族大学博士研究生自主科研项目实施办法》。办法进一步明确研究生科学创新项目和博士研究生资助科研项目的管理与操作规程，为研究生的科研创新提供更好的制度和资金支持。科研创新项目是学校为支持在籍全日制研究生开展创新性的基础研究和应用研究而设立的研究项目；博士研究生自主科研项目重点支持在校博士研究生开展探索性研究、交叉学科与新兴学科研究。

（周翊兰）

【举办辅导员职业能力大赛】 6月12日，民大举办首届辅导员职业能力大赛。比赛分为"案例分析"和"情景再现"两个环节。相关部门和院系负责人担任大赛评委，根据参赛者对问题把握的准确度、运用政策、法规解决问题的能力及与学生沟通的技巧和自身文化素养等几个方面为参赛者打分。经过评委评选，汤洁、张童童获得大赛一等奖。来自各院系的22名辅导员参加比赛。

（周翊兰）

【高校博物馆与学生价值观培养教育论坛召开】 9月22日，民大举办高校博物馆与学生价值观培养教育论坛。论坛围绕"加强博物馆与社会合作""博物馆志愿者培养"等主题进行探讨。来自中央美术学院美术馆等20家博物馆及北京市中小学社会大课堂管理办公室等10家相关单位的专家学者50人参加论坛。

（周翊兰）

【举办中国少数民族科技成就和精英展】 9月23日，民大举办中国少数民族科技成就和精英展。展览展示中国少数民族科技成就和精英，包括精英和成就两个部分，精英展介绍从中国古代至今17个民族的84名科技精英，其中，当代有中国科学院院士和中国工程院院士36人，成就展展出由少数民族精英研发科技成就。

（周翊兰）

【与土耳其高校签订合作协议】 10月28日，民大与土耳其伊勒德兹科技大学签订合作协议。根据协议，双方在教师交流、互派学生及科研方面展开合作。

（周翊兰）

【学校章程经核准发布】 11月18日，民大学校章程通过教育核准发布。该章程明确学校办学目标和根本任务，由序言、总则、学校与举办者、学校党委、校长、学术委员会、教职工代表大会与学生代表大会、由组织机构、教职工、学生、经费与资产、学校与社会、附则共计十三部分组成。

（周翊兰）

【举办研究生学术文化节】 12月12日，民大举办首届研究生学术文化节。文化节提出"诚信做人、潜心学术、德才兼备、建设良好学风"的倡议，由知行论坛、院长学术人生、导师下午茶、"博学杯"论文大赛、"学术之星"评比活动组成。该校研究生2000人次参加活动。

（周翊兰）

【召开城市社会学前沿研究暨学科建设研讨会】 12月13至14日，民大召开城市社会学前沿研究暨学科建设研讨会。会议研讨"学科建设""新型城镇化与政策转型""城市治理与社区建设""城市社会问题与公共服务""城市空间与权力""城市风貌与遗产保护""城市流动人口与嵌入式发展"问题。来自北京大学、清华大学、南开大学等50所国内高校专家学者90人参加论坛。

（周翊兰）

中国政法大学

党委书记 石亚军
校　　长 黄进

【概况】 2014年，中国政法大学占地面积40.26万平方米，学校产权校舍建筑面积46.95万平方米、非产权校舍建筑面积5390万平方米。全年教育经费投入102323.35万元，其中，国家拨款65733.52万元、自筹经费36589.83万元。固定资产总值11.32亿元，其中，教学、科研仪器设备资产值0.075亿元。图书馆建筑面积24050平方米，藏书252.5万册，其中纸质图书214.9万册、电子图书37.6万册。拥有计算机（教学）1636台。学校信息化经费投入2000万元，多媒体教室253间，信息化设备资产6730万元，网络信息点数14638个，校园网出口总带宽1600Mbps，电子邮件系统用户数4300个，上网课程数13门，数字资源量540472.8GB，管理信息系统数据总量11004GB。设置13个院（系、部）；开设19个专业，覆盖6个学科；具有一级学科13个，一级学科博士点3个，博士学位授权点31个，硕士学位授权点75个和专业学位授权点5个；博士后流动站3个，其中，博士后研究人员出站17人、进站37人和在站109人。国家重点学科1个、北京市重点学科6个；国家级法学教育实践基地1个、国家人权教育与培训基地1个、国家级司法鉴定机构1个。教职工1671人，其中，专任教师928人，包括教授288人、副教授411人；博士生导师192人、硕士生导师623人。累计“长江学者奖励计划”特聘教授1人、享受政府特殊津贴专家42人、“全国杰出资深法学家”5人，“全国十大杰出青年法学家”9人，入选国家“千人计划”1人，入选新（跨）世纪百千万人才工程2人，入选教育部“新世纪优秀人才支持计划”37人，教育部青年教师奖获得者2人，国家级教学名师奖获得者1人、宝钢优秀教师奖获得者16人，“长江学者和创新团队发展计划”创新团队1个。外籍教师76人，其中，教授31人、副教授29人。毕业生6340人，其中，学历教育学生中全日制研究生2662人（博士生533人、硕士生2129人）、普通本科生2342人、成人教育本科生1122人；非计划招生高等教育学生中在职人员攻读硕士学位214人。本科毕业生就业率96.84%。研究生课程进修班结业2069人。招生5722人，其中，学历教育学生中全日制研究生2094人（博士生245人、硕士生1849人）、普通本科生2338人、成人教育本科生1054人；非计划招生高等教育学生中在职人员攻读硕士学位236人。高考北京地区文科录取最低分620分，最高分660分；理科录取最低分634分，最高分657分。在校生26508人，其中，学历教育学生中全日制研究生6269人（博士生997人、硕士生5272人）、普通本科生8854人、成人教育本科生2259人；非计划招生高等教育学生中在职人员攻读硕士学位818人，研究生课程进修班8308人。港澳台侨毕业48人，招生101人，在校生518人。留学生毕（结）业241人，招生147人，在校生520人。网址：www.cupl.edu.cn。

（刘旭）

【成立实验教学中心】 1月17日，法大成立实验教学中心。该中心主要职责为拟订学校实验教学规划和规章制度，负责北京市、国家级实验教学示范中心、虚拟仿真实验教学中心的建设与管理工作，负责实验室的成立、变更和解散的审核和批准工作等内容。中心设副主任（副处级）职数1个，科级及科级以下管理人员编制2个。

（刘旭）

【建立司法案例卷宗电子阅览室】 1月19日，法大建立司法案例卷宗电子阅览室。电子阅览室首批上传100套案例卷宗，分为民事、刑事、行政、执行和检察院案卷5类；支持案卷类型检索、案卷所属法院、检察院检索以及案卷名检索3种检索方式。该阅览室的电子资源除可在阅览室内使用外，还允许授课教师在课堂上随时调取阅览。

（刘旭）

【与英国诺丁汉特伦特大学签约合作】 1月20日，法大与英国诺丁汉特伦特大学（Nottingham Trent University）签订合作协议。根据协议，双方合作实施本科生“3＋1”式联合培养，相互承认对方学校相关课程的学分，法大学生完成在校前三学年学习后，符合英语成绩要求的，可以在大学四年级赴诺丁汉特伦特大学修读英方培养方案要求的课程，毕业时同时获得法大和诺丁汉特伦特大学的学士学位，而且可以直接被英国诺丁汉特伦特大学录取为硕士研究生，从而实现“3＋1＋1”式的中外联合培养。

（刘旭）

【遴选首批法大智库团队】 3月21日，法大公布首批“法大智库”团队遴选结果。经校学术委员会（项目及成果评定委员会）评审认定，“司法改革与司法文明建设研究团队”等10支研究团队入选学校首批“智库”研究团队资助计划，建设期限为4年，每个智库研究团队每年获得学校20万元经费支持；“经济体制改革与金融市场体系建设研究团队”等5支研究团队入选“智库”研究团队培育计划，培育期限为2年。该校自2013年下半年启动智库建设计划，确定智库研究团队的建设以提升咨政服务能力为目标，以学校优势学科和重点研究平台为主要依托，整合校内外学术资源，培育和建设一批高水平的智库研究团队。

（刘旭）

【数字法大和法大云盘上线】 4月4日，法大“数字法大”和“法大云盘”上线。“数字法大”平台建设耗资205万元，经过近1年的建设，完成信息系统的有效对接，可以提供公共数据中心功能、统一信息门户功能、统一身份认证等功能，做到统一身份认证和单点登录，整合信息孤岛，实现资源共享、文件下发、数据汇总和数据的同步管理。“法大云盘”共160T，分为个人空间、群组社区、公共社区3个部分，能够实现文件下发、数据汇总、数据同步管理；为用户提供丰富的视频、软件等资源；支持在线点播、文件在线编辑、上传、下载等功能。

（刘旭）

【共建光明新闻传播学院】 4月29

日，法大与光明日报社共建光明新闻传播学院。根据共建协议，双方共同组成“中国政法大学光明新闻传播学院院务委员会”，负责研究决定重大事宜；双方在共建精品课程与教材、共建实习实践基地、共建国家级研究智库、共建新型研究平台、共同开展业务骨干培养与培训、共同改善学院的基础设施与办学条件共六大领域开展深度合作。5月29日，该校新闻与传播学院正式更名为光明新闻传播学院。该学院前身是2002年6月成立的人文学院新闻系和2008年7月成立的新闻与传播学院，设有新闻学本科专业，下设新闻学、传播学两个专业；拥有新闻传播学一级学科硕士学位授予权，招收法制新闻、传播法、新闻媒介管理、文化传播、商业传播5个方向的硕士研究生；拥有法学理论硕士学位授予权，下设法制新闻、传播法方向；现有专职教师26人，其中，教授5人、副教授14人，硕士生导师17人，另有兼职教授41人；现有全日制在校生346人，包括本科生249人、研究生97人。

（刘旭）

【完成研究生课程大纲编纂】 6月14日，法大完成研究生教学大纲编纂工作。纳入首批课程大纲编写范围的课程包括公共学位课程、学科方法论课程、学术型硕士研究生专业学位课程和专业限选课程，该校各二级培养单位共计提交研究生课程大纲291门。编纂的内容包括课程目标和任务、课程基本要求、课程内容和教学要求以及学时分配等方面。在课程内容设计、授课方式安排、文献阅读和研讨、回应实践需求等方面充分体现研究生培养层次上的特殊要求。课程大纲的编撰重视对研究生基本理论、学术前沿和学术思维的培养，重视对学术能力、研究能力与创新精神的培养，以理论和实践中的问题为导向，以研究生的写作能力为抓手，全面提升研究生的培养质量。

（刘旭）

【与奥地利格拉茨大学签署合作协议】

10月21日，法大与奥地利格拉茨大学签署合作协议。根据协议，两校在学生、教师和学术等三个领域展开国际交流合作。至年底，法大新签国际合作协议32份，并与国外16所大学建立正式合作关系。至此，该校共与44个国家和地区的173所大学及机构建立合作交流关系。

（刘旭）

【制定思想政治理论课质量标准】 12月，法大制定思想政治理论课质量标准。该思想政治理论课质量标准包括思想政治理论课程概述、培养目标、培养规格等10个部分，对思想政治理论课教材使用、教学班级规模、实践教学、教学方法和考核方式等进行较严格规定，尝试通过考试考核方式的改革，结合闭卷、开卷或口试等多种形式，对学生进行综合性评价，提升学生综合素质。

（刘旭）

【完成研究生历届学位论文选题分析】 12月，法大完成研究生历届学位论文选题分析工作。该项目划分为28个子项目，由各学科专业具有丰富研究生教育和指导经验的教授作为负责人牵头研究。各子项目对所包含学科专业的历届学位论文选题总体情况进行总结，结合历届学位论文选题的时代背景综合分析历届学位论文选题学术发展的基本脉络，选题规范性、创新性，论文选题对当时社会热点问题的关注度，学位论文理论性、实践性，学位论文区域性、行业性，选题的数量、比重与特色，学位论文选题体现导师、学生的价值取向与学术素养情况，学位论文选题体现学术发展趋势等若干问题；分析学位论文选题中存在的问题及成因，对所涉学科专业研究生今后学位论文选题提出建议。

（刘旭）

华北电力大学

党委书记 吴志功
校　　长 刘吉臻

【概况】 2014年，华北电力大学占地面积97.93万平方米，学校产权校舍建筑面积103.15万平方米。固定资产总值291748.15万元，其中，教学、科研仪器设备资产值52067.86万元。图书馆建筑面积36932平方米，藏书227.98万册。全年教育经费投入178787.58万元，其中，国家拨款87617.77万元，自筹经费91169.81万元。学校拥有计算机16624台，网络多媒体教室325间，信息化设备资产值21109.85万元，网络信息点24571个，校园网出口总带宽2300Mbps，电子邮件系统用户22893个，上网课程98门，数字资源量419097GB，管理信息系统数据总量20610GB。学校设有直属学院10个，教学部2个，另设有国际教育学院、研究生院、继续教育学院、艺术教育中心和工程训练中心；开设本科专业63个；拥有一级学科博士学位授权点5个和二级学科博士学位授权点30个，一级学科硕士学位授权点23个和二级学科硕士学位授权点123个；博士后科研流动站5个，其中博士后研究人员出站12人，进站9人和在站43人。学校拥有国家级重点学科2个、省部级重点学科25个，国家重点实验室1个，国家工程试验室1个、国家工程技术研究中心1个、教育部重点实验室3个、教育部工程技术研究中心1个、北京市重点实验室7个、北京市工程技术研究中心2个，另有北京市哲学社会科学研究基地1个。教职工2947人，其中，专任教师1810人，包括教授389人、副教授581人；博士生导师171人、硕士生导师838人；中国工程院院士1人、双聘院士5人。“千人计划”专家8人，国家教学名师获得者1人，“长江学者奖励计划”特聘教授5人、长江学者讲座教授2人，国家有突出贡献专家3人。获国家“杰出青年科学基金”资助人员7人，入选国家“百千万人才工程”人员9人，“973计划”首席科学家5人，教育部“新世纪优秀人才支持计划”40人。外籍教师6人，均为教授。毕业生13347人，其中，学历教育学生中全日制研究生2116人（博士生131人、硕士生1985人），普通本专科生4987人（本科生4986人，专科生1人）、成人教育本专科生4998人（本科生3327人、专科生1671人）。在职人员攻读硕士学位1246人。本科毕业生就业率97.50%。研究生就业率97.80%。招生13882人，其中，学历教育学生中全日制研究生2507人（博士生199人、硕士生2308人），普通本专科生5479人（本科生5477人，专科生2人）、成人教育本专科生4171人（本科生2804人、专科生1367人）。在职人员攻读硕士学位1725人。在校生52037人，其中，学历教育学生中全日制研究生7777人（博士生1056人、硕士生6721人）、普通本专科生21696人（本科生21690人、专科生6人），成人教育本专科生15736人（本科生10498人、专科生5238人）。在职人员获取硕士学位6828人。外国留学生毕业180人，招生198人，在校生313人。网址：www.ncepu.edu.cn。

（王振华）

【两项科技成果获国家科技奖】 1月9日，电力大学两项科技成果获得国家科学技术奖励。“大型超超临界机组自动化成套控制系统关键技术及应用”项目获国家科学技术进步奖二等奖，该项目通过自主创新，在大型超超临界机组复合建模理论与状态重构技术等方面取得重大突破，项目先后通过科技部、国家能源局、中国电机工程学会组织的项目验收和技术鉴定。“气体绝缘装备特高频局部放电监测关键技术及其应用”项目获国家技术发明奖二等奖，这也是该校建校以来首获国家技术发明奖。

（王振华）

【与浪潮集团签署合作协议】 1月13

日，电力大学与浪潮集团有限公司签署战略合作框架协议。根据协议，双方在技术领域专项科研课题研究、课题的组织实施和申报管理、科技成果转化与申报、人才培养等领域开展合作，以实现双方资源共享、共同发展，为中国能源电力信息化产业发展做出贡献。

（王振华）

【举办国际太阳电池技术及应用研讨会】 5月13至15日，电力大学与中国宇航学会、中国高科技产业化研究会共同举办国际太阳电池技术及应用研讨会。研讨会分别就太阳电池技术的发展及应用、硅太阳能电池的发展及未来前景、高效及新型太阳能电池技术、非晶硅、碲化镉等太阳能电池研究技术以及太阳能电池技术从基础研究到大规模产业化等问题进行探讨。来自高等院校、科研院所和相关企业代表参加会议。

（王振华）

【两个国家重点实验室通过验收】 8月28日和9月5日，电力大学两个重点实验室分别通过验收。生物质发电成套设备国家工程实验室建设项目接受教育部验收，通过听取汇报、现场考察、现场询问、核查文字资料、

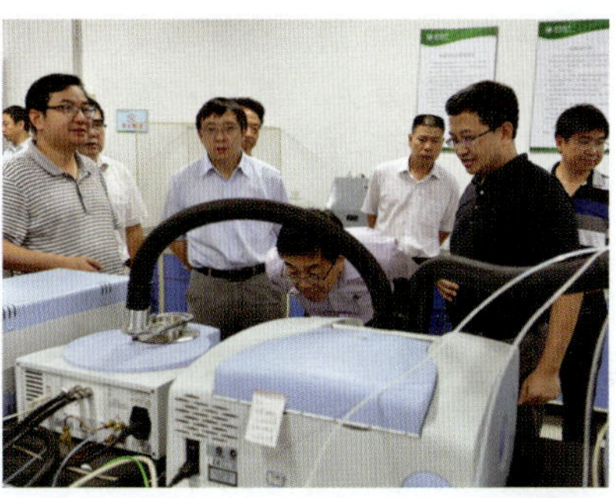

展开质询答辩等环节，专家组认为实验室项目验收材料完整、规范，符合验收要求；实验室根据项目批复要求，与会专家一致同意以优秀成绩通过验收。新能源电力系统国家重点实验室接受科技部的验收评审，通过听取实验室建设验收报告、走访实验室现场和考察实验室研究条件等方式，专家组认为实验室面向我国规模化新能源电力开发利用的重大需求，紧密围绕新能源电力系统发展中的重大科技问题，研究方向明确，目标集中，重点突出，特色鲜明。建设期间，实验室圆满完成建设计划书规定的任务，实现了建设目标，一致同意通过验收。

（王振华）

【电力系统仿真实验室揭牌】 9月16

日，电力大学与美国OTI公司共建的ETAP电力系统仿真实验室揭牌。ETAP是一款功能全面的综合型电力及电气分析计算软件，目前在业内处于全球领先水平，产品和服务涵盖全球近100个国家。该实验室的共建将使该校电气工程学科实践教学平台得到加强，电气工程专业本科生和研究生通过对ETAP这一软件的学习和掌握，将使他们在毕业后能立即在所从事的工作和领域中发挥作用。

（王振华）

【沈有昌逝世】 10月13日，电力大学教授、原华北电力大学（北京校区）校长沈有昌在北京逝世，享年78岁。沈有昌，1937年8月1日生于吉林省德惠县，1958年9月考入哈尔滨工业大学电机工程系，1961年9月随校际专业调整转入北京电力学院学习，1963年在北京电力学院毕业后留校任教，1999年12月在华北电力大学退休。沈有昌历任北京电力学院、河北电力学院电力工程系教师、党总支副书记，华北电力学院电力工程系副主任、教务处处长，1985年9月任华北电力学院副院长，1990年8月任北京水利电力经济管理学院副院长，1992年10月任北京动力经济学院副院长，1993年8月任北京动力经济学院院长，兼任北京电力管理干部学院院长，1995年8月至1996年8月任华北电力大学党委常委、副校长、北京校区校长、兼任北京电力管理干部学院院长，1996年8月至1997年10月任华北电力大学党委常委、副校长、北京校区校长，兼任北京电力管理干部学院副院长。沈有昌长期从事电力系统继电保护教学与研究，先后获得全国普通高校电力工程类专业部级优秀教材一等奖、普通高校国家级教学成果奖及河北省优秀教学成果一等奖、能源部电力修造企业科学技术进步一等奖，1993年10月享受国务院政府特殊津贴。

（王振华）

【与珠海市政府共建珠海研究院】 11月11日，电力大学与珠海市政府签订合作协议。根据协议，双方共同筹建“华北电力大学珠海研究院”，珠海市政府对研究院的发展给予政策支持；共同筹建“珠海智能电网装备制造产业园”和“物联网科技产业园”，作为学校国家大学科技园珠海分园，围绕广东省及珠海市的战略性新兴产业的发展规划，重点推进学校智能电网、物联网等领域的科研成果在珠海的转化与产业化工作。双方还依托研究院开展全方位政产学研合作。

（王振华）

【与鸿帆控股有限公司签署合作协议】 11月，电力大学与鸿帆控股有限公司签署合作协议。根据协议，双方共同支持华北电力大学珠海研究院的建设与发展，依托研究院积极开展产学研合作，联合申报、完成国家级、省部级重大项目，合作开展战略性、前瞻

性和综合性研究；联合申报与建设国家级科研平台或基地，致力于解决中国智能电网领域的重大技术问题。企业向该校教育基金会捐赠 100 万元，主要用于设立学校珠海鸿帆奖助学基金和支持该校在智能电网学科领域的发展建设与人才培养。

（王振华）

【成立环境研究院】 12 月 30 日，电力大学成立环境研究院。成立后原资源与环境研究院建制撤销。该研究院是为进一步适应国家能源环境重大需求，丰富和完善该校“大电力”学科体系，加强平台建设，凝练科学研究方向，提高人才培养质量，拓展发展空间，形成新的学科战略增长点，推进高水平特色型大学建设而组建。新成立的研究院将优化整合校内现有环境学科相关院系、科研机构资源，对现有研究平台及仪器设备等进行整体规划、统筹管理。设立联席会议制度和专家委员会等决策和咨询机构，下设若干研究所；设立办公室负责日常管理和服务工作。人员采用专职聘用与兼职聘用相结合的方式，按照不同层次和岗位实行聘用合同分类管理，建立准入和退出机制。作为跨院系、跨学科的开放性二级科研机构，环境研究院瞄准国际前沿和国家重大需求，努力建成环境领域的基础理论创新研究中心、核心技术研发中心和科技成果转化中心。

（王振华）

中华女子学院

党委书记　张李玺（7 月免）
　　　　　李明舜（7 月任）
院　　长　张李玺（7 月免）
　　　　　刘利群（7 月任）

【概况】 2014 年，中华女子学院校园占地面积 9.94 万平方米，学校产权建筑面积 10.85 万平方米，非产权建筑面积 3.43 万平方米。固定资产总值 16855 万元，其中，教学、科研仪器设备资产值 8401 万元。图书馆建筑面积 12614 平方米，藏书 99.60 万册，其中，纸质图书 59.00 万册，电子图书 40.60 册。全年教育经费投入 21703.05 万元，其中，国家拨款 17267.25 万元，自筹经费 4435.80 万元。学校信息化经费投入 3187 万元，拥有计算机 2690 台，多媒体教室座位 4993 个，信息化设备资产 4848 万元，网络信息点 4820 个，校园网出口总带宽 1100Mbps，电子邮件系统用户数 906 个，上网课程 19 门，数字资源量 20720GB，管理信息系统数据总量 60GB。校区设置七个二级学院、四系、二部。开设普通高等教育本科专业 21 个、高职专业 11 个，学科门类覆盖法、经、管、教、文、工、理、艺，具有一级学科 12 个。教职工 394 人，其中，专任教师 298 人，教师中包括教授 34 人、副教授 91 人。博士生导师 1 人和硕士生导师 27 人。享受政府特殊津贴专家 8 人。外籍教师 8 人次，其中，教授 3 人，副教授 5 人。毕业生 1749 人，普通本专科生 1472 人（本科生 1066 人、专科生 406 人），成人教育本专科生 277 人（本科生 3 人、专科生 274 人）。招生 2054 人，其中，学历教育学生中全日制硕士研究生 39 人，普通本专科生 1693 人（本科生 1137 人、专科生 556 人）、成人专科生 322 人。在校生 6942 人，其中，学历教育学生中全日制普通本专科生 6001 人（本科生 4501 人、专科生 1500 人）、成人本专科生 941 人（本科生 3 人、专科生 938 人）。留学生招生 2 人次，在校生 2 人次。学校网址为 www.cwu.edu.cn。

（程敏）

【召开第三次学生代表大会】 5 月 25 日，女子学院第三次学生代表大会召开。会议审议并通过《中华女子学院第三次学生代表大会筹备工作报告》《中华女子学院第三次学生代表大会代表资格审查报告》、关于修改《中华女子学院学生会章程（修正案）》的说明。通过差额选举，23 名学生当选第三届学生委员会委员。

（程敏）

【举办柯达伊音乐教育教学研讨会】 7 月 5 至 7 日，女子学院举办柯达伊音乐教育教学研讨会。会议以“准确歌唱、多声部能力培养（学前、小学、中学等）”为主题，分享柯达伊音乐教育教学方面的国际前沿研究成果。女子学院红帆合唱团受邀参会表演，共同探讨国外优秀音乐教育体系本土化的策略与方法。中国音协柯达伊学会、中华女子学院儿童发展与教育学院，全国 30 余家教学单位、教育机构的代表共 160 人参会。

（程敏）

【举办芝加哥大学女大学生交流团学生论坛】 9 月 15 日，女子学院与芝加哥大学女大学生举办来华文化交流团学生论坛和中国文化体验交流活动。论坛围绕中美女大学生从政过程、职场环境、妇女权益及大学文化生活等诸多方面的差异问题进行演讲和讨论。来自美国芝加哥大学及该院师生代表共 30 人参加活动。

（程敏）

【举办家庭政策与妇女发展论坛】 10 月 20 至 21 日，女子学院举办家庭政策与妇女发展专题论坛。论坛分为家庭政策的域外视野、家庭变迁与家庭政策、生育政策与生育保障、平衡工作与家庭以及育儿政策和养老政策五个单元。来自高等院校、社科研究院所、政府相关部门、各级妇联共 100 人参加活动。

（程敏）

【举办家庭、社区与儿童发展国际研讨会】 10 月 31 日至 11 月 1 日，女子学院举办“家庭、社区与儿童发展国际研讨会”。研讨会围绕“多学科视野下的家庭、社区与儿童发展”“家庭与社区促进儿童发展的政策与立法”“处境不利儿童的社会支持”议题进行报告分享和主题讨论。来自美国、法国、中国等国家专家以及来自国内 19 所高校、17 所幼教机构的代表、部分妇联干部教师和部分学生共 150 人参加研讨会。

（程敏）

【举行女大学生就业创业论坛】 12 月 2 日，女子学院举办 2014 年女大学生就业创业论坛。论坛以“草根创业新浪潮来临——女学生应当怎么做”为主题。会议举行《创业智慧》新书发布仪式。《创业智慧》收录北京市女企业家协会 12 名成功女企业家的创业经验和智慧，也是对“优秀女企业家进校园（第一季）”活动的回顾和总结。来自北京市女企业家协会的女企业家们分别以母子、夫妻和师徒的组合方式做报告。来自7所高校的师生代表，北京市女企业家协会女企业家代表以及该院师生300人参加论坛。

（程敏）

【召开妇女维权理论与实务研讨会】 12月7日，女子学院召开妇女维权理论与实务研讨会。与会者围绕妇女维权理论、妇女维权实践、妇女维权的妇联工作实践等议题展开研讨。来自中国社科院、中国政法大学、北京大学等高校科研院所的专家学者以及政府部门代表70人参加会议。

（程敏）

【举办3次大使论坛】 至年底，女子学院举办3次大使论坛。论坛邀请原联合国副秘书长沙祖康、中国首任驻南非大使资深外交家土学贤及原中国驻希腊、丹麦大使甄建国，分别作题为《我的外交生涯与国家利益》《当前国际形势与中国外交》《安徒生的故乡——丹麦》的讲座。该院师生1000人次参加论坛。

（程敏）

北京信息科技大学

党委书记　郑君礼
校　　长　柳贡慧

【概况】 2014年，北京信息科技大学占地面积33.32万平方米，学校产权建筑面积33.12万平方米、非产权建筑面积0.66万平方米。固定资产总值97275.78万元，其中，教学、科研仪器设备资产值45115.35万元。图书馆建筑面积9661平方米，纸质图书111.80万册、电子图书16901.66GB。全年教育经费投入123870.19万元，其中，国家拨款110034.24万元、自筹经费13835.95万元。学校信息化经费投入1493.57万元，拥有计算机7646台，多媒体教室137间，信息化设备资产15470.41万元，网络信息点12840个，校园网出口总带宽1700Mbps，电子邮件系统用户31246个，上网课程1165门，数字资源量72575GB，管理信息系统数据总量256GB。现有5个校区，下设12个学院、2个中心以及体育部、研究生院和继续教育学院。开设本科专业36个，覆盖工、管、理、经、文5个学科门类，其中，国家级特色专业建设点4个、北京市级特色专业建设点9个、在京第一批招生专业13个和1个类别（计算机类）；具有一级学科硕士点14个，二级学科硕士点43个，专业学位门类（工程硕士、工商管理硕士）2个、专业学位授权领域8个。拥有北京市重点学科3个、北京市重点建设学科9个；省部共建教育部重点实验室1个、北京市重点实验室5个、北京市哲学社会科学研究基地1个、原信息产业部重点实验室2个、北京市高校工程技术研究中心1个、机械工业重点建设实验室2个。教职工1369人，其中，专任教师832人，专任教师中正高级116人、副高级278人；兼职博士生导师22人、硕士生导师213人；双聘中国工程院院士3人、特聘教授2人、讲座教授3人、国家级优秀教学团队1个、教育部“创新团队发展计划”1个，新世纪百千万人才工程4人，其中，国家级人选1人、北京市3人，全国优秀教师2人、北京市优秀教师11人、北京市级优秀教学团队8个、北京市教学名师10人、北京市属高校学科首席专家岗位1个、北京市海外高层次人才2人、北京市属高校长城学者4人、北京市属高校创新团队24个、北京市属高校拔尖创新人才15人、青年拔尖人才33人、北京市人才强教计划骨干教师107人。毕业生4335人，其中，学历教育学生中全日制硕士研究生369人，普通本科生2378人，成人教育本专科生1553人（本科生429人、专科生1124人）；非计划招生高等教育学生中在职人员攻读硕士学位35人。应届本科毕业生就业率98.84%，研究生毕业生就业率98.64%。招生5413人，其中，学历教育学生中全日制硕士研究生404人，普通本科生2747人、成人教育本专科生2103人（本科生723人、专科生1380人）；非计划招生高等教育学生中在职人员攻读硕士学位159人。高考北京地区录取线一批理科543分、二批理科519分，一批文科566分、二批文科542分。在校生15602人，其中，学历教育学生中全日制硕士研究生1154人，普通本科生10556人，成人教育本专科生3768人（本科生1400人、专科生2368人）；非计划招生高等教育学生中在职人员攻读硕士学位124人。留学生毕业99人，招生180人，在校生180人。网址：www.bistu.edu.cn。

（张金晓）

【计算机学院试行大类招生】 1月16日，信息科大计算机学院试行大类招生。大类招生是学校教学改革的一项重要举措，即新生入学后1至2年按统一的培养方案培养，再分专业进行培养，使学生有更多机会选择专业方向，优化专业设置。学校确定在计算机学院2014年招生中首先试行大类招生。

（张金晓）

【与6所国外高校签约合作】 2至6月，信息科大与6所国外高校签署合作协议。与美国奥本大学蒙哥马利校区续签新的合作协议、与奥克兰大学关于为该校“2+2”双学位学生提供州内学费的合作协议；与英国剑桥大学签订科研合作协议、与温莎大学签订两校教师培训基地项目协议；与法国巴黎行政管理学院签订校际合作协议；与马来西亚林登大学签订校际合作协议。

（张金晓）

【召开第二次党代会】 4月19至20

日，信息科大召开第二次党代会。会议审议通过校党委题为《解放思想改革创新凝聚力量攻坚克难为建设高水平教学研究型大学而努力奋斗》的工作报告、纪委提交《围绕中心服务大局加强反腐倡廉建设为建设高水平教学研究型大学提供有力保障》书面工作报告。会议选举产生第二届党委委员和纪委委员。会议应出席正式代表167人，实际出席代表160人。

（张金晓）

【完成首批工科类专业评估工作】 4月27日，信息科大召开首批工科类专业评估答辩会。评估专家组由来自重点大学和知名企业的9名专家组成。首批工科类专业评估工作于2013年下半年启动，分为专业自评及报告撰写、校内研讨、专家审阅自评报告、答辩四个阶段进行。学校以工程认证指标体系为依据，构建工科类专业评估标准，推进学校人才培养模式的改革。

（张金晓）

【举办首届大学生心理情景剧汇演】

5月21日，信息科大举办首届大学生心理情景剧汇演。汇演主题为“友爱于心，善行于微”，全校10个代表队参加演出，演出通过情景剧并配合歌曲、舞蹈、快板等丰富多彩的形式向观众呈现大学生学习、生活中常见的心理困惑以及应对方式。

（张金晓）

【小营校区气膜体育馆竣工】 6月20

日，信息科大清河小营校区气膜结构体育馆及附属用房工程竣工。气膜结构体育馆于3月15日开工，位于原大学生活动中心，由占地936平方米的体育场和312平方米的附属用房构成，是集体育健身、学生服务、心理疏导、就业服务、校学生会办公及合唱与舞蹈排练等功能为一体，以服务学生为主的综合性场馆。

（张金晓）

【签订3个校外合作协议】 10至12

月，信息科大签订3个校外合作协议。与黄城根教育集团签订学生教育实践和就业实习基地合作协议书，为外国语学院学生教育实践和就业实习提供机会和平台；与云南机器三厂、长春理工大学签订校企合作协议，合作总投资2944.50万元，以解决新一代信息技术需求为目标，构建新一代信息技术科研、试制、人才培养体系；与北京雪迪龙科技股份有限公司签订校企合作协议，双方将在教学实习实践、就业实习促进、科研课题合作和员工在职学习培训等方面开展校企合作。

（张金晓）

中国矿业大学（北京）

党委书记 杨仁树（1月免）
徐孝民（1月任）
校　　长 乔建永（1月免）
杨仁树（1月任）

【概况】 2014年，中国矿业大学（北京）占地面积34万平方米，建筑面积54万平方米。固定资产总值112733万元，其中，教科仪器设备资产值22071万元。图书馆建筑面积1万平方米，藏书83万册，电子图书55万册。全年教育经费投入81012万元，其中，国家拨款47862万元，自筹经费33150万元。学校信息化经费投入1080万元，拥有计算机5133台，多媒体教室座位9783个，信息化设备资产5777万元，网络信息点20000个，校园网出口总带宽950Mbps，电子邮件系统用户12000个，数字资源量4900GB，管理信息系统数据总量16.80GB。设有研究生院和12个学院；开设本科专业62个，覆盖理、工、文、管、法、经等多个学科门类；有1个一级学科国家重点学科，8个国家重点学科、1个国家重点培育学科、21个省部级重点学科；有16个一级学科博士点，35个一级学科硕士点，69个二级学科博士点，173个二级学科硕士点，10个硕士专业学位授权点；博士后流动站14个，其中，博士后研究人员出站33人、进站23人、在站116人。建有2个国家重点实验室、1个国家工程研究中心、2个教育部工程研究中心，1个北京市重点实验室。教职工总数911人，其中，专任教师619人，包括教授150人、副教授188人；有博士生导师134人、硕士生导师212人；中国科学院院士1人，中国工程院院士6人。教师中有“长江学者奖励计划”特聘教授3人，国家杰出青年基金获得者7人，全国优秀教师2人，享受政府特殊津贴专家24人。毕业生4194人，其中，学历教育学生中全日制研究生1420人（博士生191人、硕士生1338人），普通本科生1288人，成教生1155人；非计划招生高等教育学生中在职人员攻读硕士学位222人。招生4577人，其中，学历教育学生中全日制研究生1640人（博士生261人、硕士生1379人），普通本科生1710人，成人教育本专科生594人（本科生268人、专科生326人）；非计划招生高等教育学生中在职人员攻读硕士学位633人。在校生15165人，其中，学历教育学生中全日制研究生4845人（博士生1159人、硕士生3686人），普通本科生5902人，成人教育本专科生2582人（本科生1200人、专科生1382人）；非计划招生高等教育学生中在职人员攻读硕士学位1836人。高考北京地区本科录取线理工科550分，文科566分。本科毕业生就业率96.60%，研究生就业率98.10%。留学生招生3人，在校生30人。网址：www.cumtb.edu.cn。

（苏欢）

【获全国百篇优秀博士学位论文】 3月14日，矿大流体力学专业李英骏教授指导的王立锋博士完成的《预热烧蚀瑞利——泰勒不稳定性射流状尖钉形成机制》获全国百篇优秀博士学位论文。该论文主要研究对未来新能源惯性约束聚变点火至关重要的基础问题——激光烧蚀下的流体不稳定性问题。利用开发程序，研究烧蚀流体和纯流体中 Rayleigh－Taylor 和 Kelvin－Helmholtz 不稳定性的弱非线性模耦合和非线性演化。根据射流状 Spike 的演化特征，对分解物理过程进行深入研究，理论上揭示预热烧蚀是 Kelvin－Helmholtz 不稳定性射流状 Spike 形成的直接原因。

（苏欢）

【举办研究生学术文化节】 3月21

日，矿大举办首届研究生学术文化节。文化节以“合作、融入、共赢”为原则，以研究生需求为导向，旨在提高研究生人文素养和学术创新能力，以拓展研究生学术兴趣、实践能力为核心，引领校园文化，逐步成为广大师生喜爱的品牌学术活动。

（苏欢）

【成立中国生产力学院】 4月18日，矿大成立中国生产力学院。该学院与科技部中国生产力促进中心协会联合举办，办学宗旨是以“创新、创业、创富”为理念，广泛整合职业教育资源，建立“协会＋大学＋基地”的职业教育模式，推动中国职业教育朝着专业化、网络化、规模化和产业化方向发展，培养大量专业化和有能力的专业技术人才，为中国产业转型升级提供合格的高端人力资源。

（苏欢）

【举办院士人生观专场报告会】 5月13日，矿大举办院士的人生观报告会。会议邀请中国工程院院士彭苏萍教授结合自己的求学和工作经历，讲述大学时期学习方法的重要性。彭苏萍希望学生围绕自己的目标学习，养成阅读课外书做笔记的好习惯。他强调，作为大学生，要用认知世界的角度和尺度，培养出大气人生。应认真对待生活中的每件小事，注重同学间的相互学习、相互帮助、相互关心。学习或者事业上要保持平静的内心，磨炼坚强的意志，始终思考人与人、人与自然的关系。

（苏欢）

【演出话剧《乌龙山伯爵》】 5月15

日，矿大演出话剧《乌龙山伯爵》。该话剧由该校大学生艺术团“无名火”话剧社编制、排练，讲述由一个伯爵引发乌龙故事。该校师生400人观看演出。

（苏欢）

【召开国际能源研讨会】 6月4至6日，矿大召开第33届国际能源研讨会。会议由该校与国家发展和改革委员会能源研究所联合主办，收到来自世界47个国家和地区的作者提交的高水平论文和摘要共231篇，并选取122篇论文进行大会交流。来自世界27个国家和地区的165名专家学者参加会议，其中，中国大陆学者22人。

（苏欢）

【召开国际软岩理论与技术研讨会】

6月5至7日，矿大召开2014中国国际软岩理论与技术研讨会。大会设有一个主会场和三个分会场，研讨软岩特性、软岩变形机制及软岩工程技术等议题，共收到85篇论文。来自世界数十个国家的专家学者139人参加会议。

（苏欢）

【与两家企业签订合作协议】 9月30日和10月30日，矿大分别与两家企业签订合作协议。与山西天巨重工机械有限公司签订协议，双方在人才培养、科技攻关与创新、科技成果转化与安全培训等方面加强合作。与中煤集团签订协议，规定双方建立和完善合作信用机制、合同责任机制和利益共享机制，规范运作、提高效率，推动科技成果向生产力快速转化，实现互利共赢。

（苏欢）

【召开国际土地复垦与生态修复研讨会】 10月17日，矿大召开北京国际土地复垦与生态修复研讨会。会议以“矿山土地复垦的政策、技术与实践”为主题，研讨矿山土地复垦与生态修复问题，收到论文100篇。来自国内外专家学者300人参加会议。

（苏欢）

【主办国际采矿岩层控制会议】 10月24至26日，矿大主办第33届国际采矿岩层控制会议（中国）。会议以“煤矿岩层控制理论与技术进展”为主题，研讨采矿岩层控制问题。来自10个国家专家学者300人参加会议。

（苏欢）

【体育训练馆改造工程竣工】 12月10日，矿大体育训练馆改造工程竣工启用。体育馆改造工程总建筑面积1778平方米，将大厅原单层混凝土排架结构改造为网架结构，并对原单层砌体结构毗屋、墙体等进行了加固。改造完成后，中部大厅由南向北布置1个室内篮球场地，1个排球场地，同时满足8个羽毛球场地及其他文体活动要求；原西侧辅助用房改造为1个舞蹈室及3个乒乓球室。

（苏欢）

【举办煤炭行业青年科学家论坛】 12月19日，矿大举办煤炭行业青年科学家论坛。论坛以“煤炭·青年·创新·未来”为主题，研讨煤相关的基础学科、新兴学科、交叉学科、高新尖技术等领域的前沿、热点问题。来自国内煤炭行业青年学者100人参加论坛。

（苏欢）

中国石油大学（北京）

党委书记 蒋庆哲
校　　长 张来斌

【概况】 2014年，中国石油大学（北京）占地面积36.41万平方米，建筑面积38.81万平方米。固定资产总值152414.25万元，其中，教科仪器设备资产值61619.5万元。全年教育经费投入95700万元，其中，国家拨款52337万元，占54.70%；自筹经费43363万元，占45.3%。图书馆建筑面积14994平方米，藏书103.60万册。学校拥有计算机11231台，网络多媒体教室127间，信息化设备资产值22110万元，网络信息点13000个，校园网出口总带宽1300Mbps，电子邮件系统用户数15000个，上网课程50门，数字资源量32008GB，其中电子图书776GB，管理信息系统数据总量20000GB。学校下设11个学院（部）以及提高采收率研究院、非常规天然气研究院、新能源研究院、中国能源战略研究院4个直属研究院，开设本科专业27个，拥有11个博士授权的一级学科，45个博士点，11个博士后流动站；33个硕士授权的一级学科，151个硕士点；4个专业硕士学位授予权，工程硕士授权点涵盖20个工程领域；拥有5个国家重点学科、2个国家重点（培育）学科、7个北京市重点学科。现有教职工1369人，专任教师857人；在专任教师中，具有博士学位的教师占71.50%。专任教师中有海外（境外）学习经历累计一年以上的95人。教授230人，副教授258人，其中，博士生导师193人。现有中国科学院院士3人，中国工程院院士4人，双聘院士5人，中组部"千人计划"入选者4人，"长江学者"特聘教授9人，国家杰出青年基金获得者11人，国家"973"项目首席科学家5人，国务院学位委员会学科评议组成员4人，国家级教学名师1人，全国优秀教师4人，入选"新（跨）世纪百千万人才工程"国家级人选8人，入选教育部"新世纪优秀人才支持计划"34人，教育部"长江学者和创新团队发展计划"创新团队3个，国家级教学团队3个，北京市优秀教学团队6个。聘用外籍教师10人，其中，教授3人。毕业生14218人，其中，学历教育学生中全日制研究生1801人（博士生194人、硕士生1607人），普通本科生1689人，成人教育本专科生2776人（本科生1365人、专科生1411人），网络教育本专科生7952人（本科生4963人、专科生2989人）；非计划招生高等教育学生中在职人员攻读硕士学位416人。本科一次就业率为97.18%，研究生一次就业率为98.33%。招生15598人，其中，学历教育学生中全日制研究生2239人（博士生268人、硕士生1971人），普通本科生1972人，成人教育本专科生1852人（本科生1023人、专科生829人），网络教育本专科生9535人（本科生2998人、专科生6537人）。高考北京地区录取线理科类565，文史类543。在校生38207人，其中，学历教育学生中全日制研究生6559人（博士生1084人、硕士生5475人），普通本科生7663人，成人教育本专科生4843人（本科生2584人、专科生2259人），网络教育本专科生19142人（本科生8116人、专科生11026人）。留学生毕业81人，招生176人，在校生672人。网址：www.cup.edu.cn。

（许博）

【与俄罗斯卢克石油公司签署合作协议】 3月31日，石油大学与俄罗斯卢克石油公司（LUKOIL）签署合作协议。根据协议，卢克石油公司将为该校赴俄学生安排短期实习，帮助其完成毕业论文，派遣俄语教师到学校开展俄语教育，石油大学将资助俄罗斯学生参加该校暑期夏令营和石油工程大赛。

（许博）

【举办首届国际海洋钻井平台设计大赛】 5月16至17日，石油大学举办首届国际海洋钻井平台设计大赛。来自国内外10余所高校的14支队伍进行平台的设计和制作，并进行承重测试。评审专家对参赛作品进行现场评比，就平台创新性、科学性、实用性对模型进行点评，钻井平台的模型载重多者获胜。上海交通大学凭借载重100公斤的成绩获得冠军。

（许博）

【举办北美油气投资与技术国际论坛】 6月8日，石油大学举办首届北美油气投资与技术国际论坛。论坛以"布局能源，行稳致远"为主题。油气评估专家、资深法律与金融人士、已投资企业以及项目合作方代表通过解读北美油气投资的操作策略，剖析有关案例、分享风险控制途径，帮助参会代表全方位了解投资北美油气产业。会议还就企业关心的热点问题进行访谈对话交流。来自加拿大和美国油气咨询服务公司、中国进出口银行及国内多家民营企业、投资公司的相关负责人60人参加会议。

（许博）

【与中国船舶重工集团签订合作协议】 6月12日，石油大学与中国船舶重工集团签订协议。根据协议，校企双方针对"水下采油树研发及产业化"和"水下采油树配套工具"等研发项目开展科研合作，合同金额2068万元。双方共同组成科研队伍，协作完成国家重大科研项目，定期开展科技交流。学校作为企业的人才培养基地，将为企业培养高层次海洋工程装备等领域专业技术人才。企业将充分发挥自身在加工制造、市场营销等方面的优势，参与建设该校与中船重工702研究所共建的"海洋能源联合研究院"。

（许博）

【就业创业技能训练基地揭牌】 6月

19 日，石油大学大学生就业创业技能训练基地“青年文明号”揭牌。青年文明号是以青年为主体，在生产、经营、管理和服务中创建的，体现高度职业文明，创造一流工作成绩的青年集体、青年岗位和青年工程。自 1994 年，共青团中央在全国开展创建青年文明号活动。

（许博）

【新增 1 个市重点实验室】 6 月 30 日，石油大学油气光学探测技术实验室被认定为北京市重点实验室。该实验室依托理学院和地球物理与信息工程学院建设，前身为 2007 年 9 月学校批准建设的校级科研实验平台光传感与光探测实验室，现任主任为理学院教授赵昆。该实验室以引领创新为目标，围绕北京市战略发展和石油石化行业需求，开展油气物质光学性质的应用基础研究以及光学方法在油气领域应用的重大关键技术、前瞻性技术研究，利用光学新技术解决成品油气性能预测、油气管道输运泄漏检测、大气污染监测、多相流体分析、油气储层表征等关键技术难题，研究开发性能稳定、耐腐蚀、耐高温、耐高压、快速响应、高灵敏度的非制冷光探测器件以及满足油气实时监测需要的新型光学传感与测控装备，基于 MEMS、NEMS 技术实现探测系统的微型化、智能化，形成具有自主知识产权的油气光学探测方法与技术。

（许博）

【新增力学博士后科研流动站】 10 月，石油大学获准新设力学博士后科研流动站。该流动站面向全国招收研究人员。新设博士后科研流动站申报工作自 2 月正式启动。至此，该校拥有 11 个博士后科研流动站，涵盖该校所有博士学位授予权的一级学科。

（许博）

【获批首个国家自然科学基金重大项目】 11 月 13 日，石油大学获批首个国家自然科学基金重大项目。该项目是“页岩油气高效开发基础理论”，执行期限至 2019 年。项目汇聚中国页岩气开发研究领域的主要研究力量，包括中国石油大学（华东）、西南石油大学、东北石油大学、中国石化石油工程技术研究院，通过多学科交叉融合，将聚焦页岩油气开发中涉及的关键科学问题，揭示多重耦合作用下页岩储层井筒失稳与伤害机理，探索井工厂模式下多缝应力干扰特征及缝网扩展机制，创新应力与流动耦合的页岩油气藏多尺度多相流动模拟理论与方法，形成页岩油气产能预测、水平井钻完井一体化和缝网体长效压裂理论，构建页岩油气高效开发的原创性科学理论体系。

（许博）

【研究生教学楼实验办公综合楼竣工】 12 月 3 日和 30 日，石油大学研究生教学（逸夫）楼、实验办公楼分别竣工。研究生教学（逸夫）楼总建筑面积 1.01 万平方米，地下一层、地上六层，高度 24 米，内设多媒体教室、艺术类教室、录播室等教室和功能用房。该工程于 2013 年 5 月 10 日正式开工。实验办公综合楼总建筑面积 7.20 万平方米，高度 60 米，由两座 15 层塔楼及 4 层裙房组成，主要用途为办公、科研及校史陈列、档案馆、数字石油博物馆等用房。该工程于 2012 年 10 月 26 日开工。

（许博）

中国地质大学（北京）

党委书记　王鸿冰

校　　长　邓军

【概况】 2014 年，中国地质大学（北京）占地面积 52.58 万平方米，学校产权校舍建筑面积 57.29 万平方米。固定资产总值 15.02 亿元，其中，教学、科研仪器设备资产值 5.22 亿元。图书馆藏书 90.23 万册。拥有计算机 8767 台。多媒体教室座位 114 个，信息化设备资产 15671.2 万元，网络信息点 13000 个，校园网出口总带宽 2000Mbps，电子邮件系统用户 18899 个，上网课程 274 门，数字资源量 52100GB，管理信息系统数据总量 21GB。设置 17 个院（系、部）；开设 38 个本科专业；具有硕士一级学科 25 个，一级学科博士点 13 个，博士学位授权点 59 个，硕士学位授权 117 个；博士后流动站 12 个。2 个国家一级重点学科、涵盖 8 个国家二级重点学科、省部级重点学科 16 个；国家重点实验室 2 个，国家工程研究中心 1 个。校内教职工 1313 人，其中，专任教师 940 人，包括教授 205 人、副教授 301 人；博士生导师 171 人、硕士生导师 353 人；中科院院士 10 人。“长江学者奖励计划”特聘教授 2 人、“千人计划”入选者 4 人、“国家杰出青年科学基金”获得者 7 人。外籍教师 9 人。毕业生 28322 人，其中，学历教育学生中全日制研究生 1765 人（博士生 308 人、硕士生 1457 人）、普通本科生 2040 人、成人教育本专科生 3567 人（本科生 2110 人、专科生 1457 人）、网络教育本专科生 20665 人（本科生 4993 人、专科生 15672 人）；非计划招生高等教育学生中在职人员攻读硕士学位 285 人。本科毕业生就业率 94.61%。招生 37417 人，其中，学历教育学生中全日制研究生 2125 人（博士生 367 人、硕士生 1758 人）、普通本科生 2086 人、成人教育本专科生 4164 人（本科生 2392 人、专科生 1772 人）、网络教育本专科生 28414 人（本科生 9837 人、专科生 18577 人）；非计划招生高等教育学生中在职人员攻读硕士学位 628 人。在校生 97461 人，其中，学历教育学生中全日制研究生 6574 人（博士生 1620 人、硕士生 4954 人）、普通本科生 8464 人、成人教育本专科生 11573 人（本科生 7311 人、专科生 4262 人）、网络教育本专科生 68427 人（本科生 22938 人、专科生 45489 人）；非计划招生高等教育学生中在职人员攻读硕士学位 2423 人。留学生毕业 14 人、招生 29 人、在校生 80 人。网址：www.cugb.edu.cn。

（李媛媛）

【与华油能源集团签订合作协议】 6

月 19 日，地大与华油能源集团签订合作协议。双方建立战略合作关系，

成立实体性的研究中心推进双方在共同优势领域共赢，提升非常规油气资源勘探开发领域的研发能力，促进石油地质与工程领域的人才培养。

（李媛媛）

【周口店实习基地建立60周年】 7月24日，地大召开地质类野外实践教学基地建设研讨会庆祝周口店实习基地建立60周年。地大京汉两校300人参加活动。周口店实践教学基地1954年建立，60年来先后有近50名两院院士执教，从这里走出数以万计的地学人才。长期以来，地大依托周口店实习基地，扎实开展以“练思想、练作风、练本领”为主要内容的“三练”教育，着力培养学生的优良品德、朴实作风和过硬本领；瞄准地学发展前缘，把野外实践教学和科学研究深度融合，做到寓教于研、研中有教、优研优教，教学科研协同发展取得良好的成效；结合首都北京的城市功能定位，充分发挥独特的区域优势和地质优势，把周口店实习基地建设成为具有广泛知名度和影响力的国际地学交流中心。

（李媛媛）

【新增1个北京市重点实验室】 9月，地大新增1个北京市重点实验室。经专家审阅申报材料、会议评审、现场考查和公示，该校非金属矿物与固废资源材料化利用北京市重点实验室通过评审，被市科委会认定为2013年度北京市重点实验室。该实验室是以非金属矿及固废等资源材料化综合利用为目的，运用矿物学、岩石学、晶体学、材料科学与工程、环境科学与工程及有关学科的新理论、新方法和新技术，针对资源综合利用、固废处理、节能减排、循环经济等战略需求，对非金属矿物、珠宝材料及固废资源的组成、结构和物化性能、材料化综合利用、环境修复材料的开发等关键问题进行研究，解决北京市及中国经济可持续发展中相关的科学与技术问题，提高非金属矿物和固废资源材料化综合利用的研究应用水平。

（李媛媛）

【召开中国大地测量和地球物理学学术大会】 10月25至26日，地大召开第一届中国大地测量和地球物理学学术大会。会议主题为“从全球变化

到未来地球”，由4个特邀报告与43个分会场专题交流报告组成，注重学科交叉发展，希望在促进CNC－IUGG的发展以及结合国际科学理事会（ICSU）发起的“未来地球”（Future Earth）计划等方面有所贡献。会议设立优秀学生论文奖，评出10篇优秀论文。来自中科院、清华大学、香港中文大学等科研院所和高校专家学者2000人参加会议。

（李媛媛）

【举办海峡两岸土壤及地下水污染调查与整治研讨会】 11月4至7日，地大召开海峡两岸土壤及地下水污染调查与整治研讨会。会议研讨土壤及地下水监测与调查技术应用与案例、土壤及地下水污染防治及修复技术研发和应用、土壤及地下水污染防治政策、制度及法律法规问题，包括6场大会报告、53场专题报告和讨论以及北京顺义地区污染场地整治现场考察。来自海峡两岸高校、科研院所、环境保护与治理单位专家学者和学生120人参加研讨会。该会议2002年在台北召开，前六届为每两年一次，从第七届开始，每年一次，由两岸轮流主办。

（李媛媛）

【召开页岩气国际学术研讨会】 12月6至7日，地大召开页岩气国际学术研讨会。会议围绕“页岩气资源、环境与技术”主题，就中国页岩气勘探开发中的技术实践和理论方法展开交流研讨。金之钧院士和康玉柱院士分别作题为“通过创新缩短学习曲线”“中国页岩气勘探进展与建议”的报告。来自国内外220家研究机构、高校专家学者、专业技术人员和师生400人参加会议。

（李媛媛）

【召开第五届教代会暨第十三届工代会】 12月27日，地大召开第五届教职工代表大会暨第十三届工会会员

代表大会。会议表决产生第五届教职工代表大会执委会，选举产生第十三届工会委员会，征求代表对《中国地质大学（北京）章程》的意见。会议听取并审议通过《求真务实、锐意进取、加快推进高水平研究型大学建设步伐》工作报告。

（李媛媛）

【获批国家级虚拟仿真实验教学中心】 12月，地大能源地质与评价虚拟仿真实验教学中心获批成为国家级虚拟仿真实验教学中心。该中心以能源地质与评价教学中现实存在的模型化、虚拟再现的程序化、虚实结合的关联化等原型创建为特色，以地质过程再现、富集机理虚拟、工程平台仿真等基础教学为目的，形成“仿真地质游”“漫步油气藏”“鸟瞰虚拟井”“翱翔非常规”等一系列原发构想、原创构架和虚拟仿真软件。地质历史定量化、多种矿产关联化、机理过程具体化、抽象形变现实化、地下流体可视化、工程技术现实化、课堂教学虚拟化、教学资源信息化等虚拟化实验教学成为实验室建设与发展的重要方向。

（李媛媛）

北京联合大学

党委书记 徐永利
校　　长 卢振洋

【概况】 2014年，北京联合大学占地面积40.67万平方米，学校产权校舍建筑面积46.40万平方米、非产权校舍建筑面积15.41万平方米。全年教育经费投入158170.10万元，其中，国家拨款135211.10万元、自筹经费22959万元。固定资产总值

16.52 亿元，其中，教学、科研仪器设备资产值 7.43 亿元。图书馆建筑面积 1.70 万平方米，纸质图书 243.57 万册、电子图书 10000GB。拥有计算机 21432 台。学校信息化经费投入 2608.63 万元，多媒体教室 397 个，信息化设备资产 30837 万元，网络信息点 18400 个，校园网出口总带宽 4600Mbps，电子邮件系统用户 14700 个，上网课程 5950 门，数字资源量 221353GB，管理信息系统数据总量 281.11GB。设置 14 个学院、5 个直属教学部；开设 67 个专业，覆盖 10 个学科门类；具有一级学科硕士点 5 个，硕士学位授权点 6 个和专业学位授权点 4 个。北京市重点建设学科 6 个。教职工 3045 人，其中，专任教师 1631 人，包括教授 194 人、副教授 610 人；博士生导师 13 人、硕士生导师 235 人。长期外籍教师 11 人，其中，教授 2 人、副教授 2 人。毕业生 9089 人，其中，学历教育学生中全日制研究生 39 人、普通本专科生 7361 人（本科生 5733 人、专科生 1628 人）、成人教育本专科生 1689 人（本科生 585 人、专科生 1104 人）。本（专）科毕业生就业率 95.70%。招生 9373 人，其中，学历教育学生中全日制硕士研究生 97 人、普通本专科生 7106 人（本科生 5827 人、专科生 1279 人）、成人教育本专科生 2170 人（本科生 757 人、专科生 1413 人）。2014 年在京二批本科提档线为文史 507 分、理工 495 分；在京普通高职提档线为 150 分，单招高职提档线为 105 分。在校生 30895 人，其中，学历教育学生中全日制硕士研究生 216 人、普通本专科生 25545 人（本科生 20554 人、专科生 4991 人）、成人教育本专科生 5134 人（本科生 1875 人、专科生 3259 人）。留学生毕业 685 人、招生 859 人、在校生 1131 人。网址：www.buu.edu.cn。

（何小莉）

【举办人力资源培训】 1 月 3 日，联合大学与市人力社保局完成人力资源联合培训。该培训以“推进人事制度改革，创新人才管理模式”为主题，自 2013 年 12 月 6 日，共计 6 期，内容包括事业单位改革、高层次人才引进、接收应届毕业生等 6 个方面。北京市属高校 800 余名人事管理干部参加培训。

（何小莉）

【与慈文传媒集团签订战略合作协议】 1 月 14 日，联合大学与慈文传媒集团股份有限公司签订合作协议。根据协议，双方在学科专业建设、人才培养、师资队伍等方面开展合作，并开展科研与产业结合尝试、搭建社会服务平台。企业为学校提供就业岗位、实习实训机会和物质支持，学校为企业发展提供智力支持。该校校长和学校相关部门负责人以及企业代表参加签约仪式。

（何小莉）

【与西双版纳州签订合作协议】 4 月 14 日，联合大学与云南省西双版纳州人民政府签订合作协议。根据协议，双方共同建立学生实习基地，开展本科和研究生培养、旅游人才培训、师资培训等人才培养，以及旅游和科技方面的帮扶。

（何小莉）

【召开台湾政局与两岸关系学术研讨会】 6 月 6 至 7 日，联合大学召开台湾政局与两岸关系学术研讨会。会议研讨“台湾的反服贸运动及其影响”“未来民进党两岸路线调整”“2014 台湾七合一选举”“大一中框架”问题。来自海峡两岸专家学者 60 人参加会议。

（何小莉）

【召开新型城镇化与传统文化研讨会】 6 月 13 至 14 日，联合大学召开新型城镇化与传统文化研讨会。会议以“新型城镇化与传统文化”为主题，研讨城镇化对传统文化影响、传统文化在新型城镇化中获得可持续发展并为城镇化做出自己的贡献、新型城镇化从传统文化中汲取营养以更好地实现自己的目标等问题，收到会议论文 38 篇。来自国内 40 多家单位专家学者和该校师生 100 人参加会议。

（何小莉）

【与甘肃陇南市签署合作协议】 8 月 4 至 6 日，联合大学与甘肃陇南市签署合作协议。根据协议，双方合作开展乡村旅游、新农村建设、城镇化、人才培训等方面合作。

（何小莉）

【与故宫博物院签订合作协议】 9 月 17 日，联合大学与故宫博物院签订合作协议。根据协议，学校与故宫博物院发挥各自的资源优势，在校外实践基地、教育教学改革、学生实习、双导师制、人员教育培训、科研与发掘等方面开展产学研领域的合作。

（何小莉）

【建立国家智慧旅游重点实验室】 9 月 23 日，联合大学获批建立国家智慧旅游重点实验室。该实验室由国家旅游局批准建设，重点围绕中国智慧旅游发展的实际需要，在智慧旅游发展模式、技术标准以及智慧旅游管理、服务和营销等方面取得具有前瞻性、引领性的理论及技术成果，为支撑中国智慧旅游可持续健康发展发挥积极作用。

（何小莉）

【出版校志】 10 月，《北京联合大学志（2001～2010）》出版。该志书历时 3 年编纂，客观地记述 2001 至 2010 年联合大学发展历程，分为学校篇和学院篇两部分，全书近 90 万字，分为 18 个部分，由北京大学出版社正式出版发行。

（何小莉）

【成立旅游大数据协同创新中心】 11 月 18 日，联合大学成立旅游大数据协同创新中心。该中心由该校旅游学院与 IBM 公司联合打造，是国内首个旅游大数据协同创新平台，将应用 IBM 全球领先的大数据处理与分析技术，整合多方旅游信息及资源、面向国内外及业界开放，推动中国旅游信息化领域内学术研究、支撑旅游公共信息服务、促进传统旅游产业升级和旅游信息化专业人才培养共同发展。

（何小莉）

中国青年政治学院

院　　长 秦宜智（兼）
党委书记 倪邦文

【概况】 2014 年，中国青年政治学院占地面积 113220 平方米，建筑面积 172938 平方米。固定资产总值 17724.68 万元，其中教学科研仪器设备资产总值6122.79万元。全年教育经费投入23208.47万元，其中，国拨16561.71万元，自筹经费10045.29万元。图书馆建筑面积11000平方米，藏书总额67.68万册。设有16个教学机构，包括4个教学中心（部）、9个院系、继续教育学院（在全国5个省区设有5个教学点）、轮训部、国际教育交流学院等3个教学培训机构。开设13个本科专业。现有6个一级学科硕士授权点，有19个学术型硕士研究生专业，5个专业型硕士学位专业。教职工605人，其中，专任教师342人，专任教师中，教授44人、副教授124人，有硕士生导师126人，享受政府特殊津贴专家2人。招收学生总数3029人。毕业生学生总数1899人。毕业生2725人，其中，学历教育学生中全日制研究生247人，普通本科生1070人，成人教育本专科1408人（本科462人、专科生946人）。招生2299人，其中，学历教育学生中全日制研究生276人，普通本科1103人，成人教育本专科920人（本科生246人、专科生674人）。在校生7406人，其中，学历教育学生中全日制研究生744人，普通本科生4324人，成人教育本专科2338人（本科1017人、专科生1321人）。留学生招生216人，在校生201人。本科毕业生就业率91.44%，高考提档线文科581分，理科563分。留学生招生118人，在校生154人。网址www.cyu.edu.cn。

（葛丹青）

【与市团委签订合作协议】　3月8日，中青院与北京市团委签订合作协议。根据协议，双发将在社会工作学术研究、专业社工人才培养等方面展开合作。市团委将以社区青年汇为实训基地，以中青院为培训基地，开展学术研究、现场指导、专业社工人才建设、人才储备等工作。

（葛丹青）

【召开民法典编纂经验研讨会】　5月17至18日，中青院召开民法典编纂欧洲经验国际学术研讨会。会议以“民法典编纂的域外经验：欧洲司法趋同的现状和前景”为主题，研讨民法典编纂的相关问题。来自欧洲和中国专家学者50人参加研讨。

（葛丹青）

【更改英文校名】　5月22日，中青院更改英文校名。新改校名为China Youth University of Political Studies，其含义为，一所处于全国层次、主要以青年和政治类学科为特色的大学，缩写为“CYUPS”。

（葛丹青）

【举办流动人口聚集区社区服务中心发展论坛】　5月10日，中青院举办流动人口聚集区社区服务中心发展论坛。论坛探讨聚集区社区服务中心建设、人员培养、服务重点等问题。来自社区服务中心、高校、学术科研单位专家学者和工作人员共计110人参加活动。

（葛丹青）

【举办青年工作院校发展论坛】　6月20至21日，中青院举办中国青年工作院校发展论坛。论坛结合团属院校发展问题，研讨团校建设、学生培养、社会服务等内容。来自全国60所省市团属院校理事、教师代表120人参加会议。

（葛丹青）

【举办媒体转型与卓越新闻人才培养模式创新论坛】　11月29日，中青院举办媒体转型与卓越新闻人才培养模式创新论坛。论坛以“新融合，新思维，新发展”为主题，研讨媒体转型的新变化、新问题和培养人才的新方法、新模式。来自美国、中国专家学者100人参加论坛。

（葛丹青）

首钢工学院

院　　长　白新（兼）
党委书记　黄吴兵

【概况】　2014年，首钢工学院占地面积16.75万平方米，建筑面积9.12万平方米。固定资产总值7279万元，其中，教科仪器设备资产值4203万元。全年教育经费投入4859.7万元（无国家拨款）。图书馆建筑面积6400平方米，藏书33.4万册，电子图书600GB。信息化经费投入28.60万元，拥有计算机816台，多媒体教室座位6025个，信息化资产1392万元，网络信息点5000个，校园网出口总带宽102Mbps，电子邮件系统用户600个，上网课程362门，数字资源量7227GB，管理信息系统数据总量360GB。设有5个系部和1个继续教育学院，开设高职专业30个、成人专科专业7个、成人专升本科专业3个，有普通本科学士学位授予资格专业6个（1996年后未招生）。教职工总数283人，其中，专任教师199人，包括教授、副教授67人。毕业生1557人，其中，普通专科生1068人，成人教育本专科生489人（本科生107人、专科生382人）。北京地区高考提档线文科150分、理科150分。毕业生就业率99.60%。招生1265人，其中，普通专科生906人，成人教育本专科生359人（本科生35人、专科生324人）。在校生4063人，其中，普通专科生3193人，成人教育本专科生870人（本科生115人、专科生755人）。网址：www.sgit.edu.cn。

（徐励　李文华）

【修订学术委员会章程】　6月26日，首钢工学院修订学术委员会章程。新章程依据教育部新颁布的《高等学校学术委员会规程》，涉及职责权限、运行制度、议事决策方式等。

（徐励）

【成立动漫制作实训基地】　11月19日，首钢工学院成立动漫制作实训基地。该基地与北京引力高科教育集团共建，双方依托基地在学生实习实训、学生就业推荐、课程建设、师资队伍建设、实训基地建设等方面开展合作。

（徐励）

【1项教改课题获教育部行指委立项批准】　11月26日，首钢工学院1项教改课题获教育部行指委立项批准。课题建设内容分为“冶金技术、金属材料及热处理技术、材料成型与控制技术、炭素加工技术、工业分析与检验”五个模块，每个模块编写不少于10个案例，能够覆盖冶金材料类高职层次专业培养目标的教学需要。

（徐励）

【发布校歌校徽校旗】　至年底，首钢工学院发布校歌校徽校旗。校歌为《奔向明天的辉煌》。校徽以“首钢”

的汉语拼音字头“SG”和汉字“工”为设计元素，变形为相合的手形，建筑、结构、钢铁体块、六边螺帽结合汉字“工”，校旗底色为代表工学和科技的蓝色，旗面中部镶嵌学校中、英文名称与校徽。

（徐励）

中国劳动关系学院

党委书记 颜辉（6月免）
屈增国（6月任）
院　　长 李德齐

【概况】 2014年，中国劳动关系学院占地面积42.08万平方米，学校产权建筑面积19.06万平方米、非产权建筑面积6.03万平方米。固定资产总值5.3亿元，其中，教学、科研仪器设备资产值1.34亿元。图书馆建筑面积9800平方米，藏书75.36万册，新增藏书2.68万册；共订购期刊950种，报纸70种，电子图书1247936种，包括本地镜像图书24.63万种，远程图书100.16万种，随书光盘4968片；电子期刊数据库9个，期刊种类1.96万种；其他类型数据库14个，试用及开放获取数据库20余个。教学经费1178.74万元，科研经费430万元，学生经费918.54万元。建设经费150万元，本科教学工程400万元，设备购置费600万元。学校信息化经费投入3810万元，拥有计算机3900台，多媒体教室座位7580个，信息化设备资产1730万元，网络信息点11370个，校园网出口总带宽990Mbps，电子邮件系统用户612个，上网课程数2门，数字资源量8000GB，管理信息系统数据总量410GB。校区设置11个院（系、部）；开设16个专业及覆盖6个学科；具有一级学科6个，专业学位授权点1个。教职工476人，其中，专任教师280人，包括教授29人，副教授93人；硕士生导师29人；享受政府特殊津贴专家10人。毕业生2122人，其中，普通本专科生1815人（本科生1202人、专科生613人），成人教育本专科生523人（专科是396，本科是127）。本科毕业生就业率95.81%。招生2687人，其中，学历教育学生中全日制硕士研究生38人、普通本专科生2106人（本科生1258人，专科可生848人）；成人教育本专科生543人（本科生192人、专科生251人）。北京地区高考提档线本科理科495分、文科527分，专科理科155分、文科161分。在校生7643人，其中，学历教育学生中全日制硕士研究生66人，普通本专科生6301人（本科生4663人、专科生1638人），成人教育本专科生1276人（本科生558人、专科生718人），专业硕士66人。网址：www.ciir.edu.cn。

（焦媛媛）

【出版多部学术论丛】 至年底，劳关学院出版多部学术著作。出版学术论丛3部，青年学者文库3部，“十二五”规划教材7部，组织翻译劳动关系前沿译丛4部；中国工会？劳动关系研究（2014）1部；中国劳动关系学院学者论丛《劳动与发展（2014）》1部。

（焦媛媛）

【与多家单位签订实践教学基地协议】 至年底，劳关学院与多家与多家单位签订实践教学基地协议。该院与部队续签协议，相互成为思想政治教育实践基地和理论学习实践活动基地；与中国职工音响出版社、北京市总工会、北京市海淀区劳动人事争议仲裁院等机构签署协议，成为学校校外实践基地。至此，学校共与51家机构与企业签署实习基地协议，教学实习基地的建立为学院学生提供实践教学、实习、实训的平台，推动学院本专科教育的发展。

（焦媛媛）

【开展实践教学活动】 至年底，劳关学院开展多项实践教学活动。学院组织完成数学建模、模拟法庭大赛、大学生人文知识竞赛等学科竞赛活动，完成“企业综合模拟仿真实训”课程建设、涿州校区人力资源、安全防护等实验室的建设工作。对北京校区现有的实验设备（包括计算机、多媒体设备）等进行改造。完成13年教育部国家大学生创新创业训练项目的结项工作，14年创新创业项目申报工作。

（焦媛媛）

【与民生银行签订合作协议】 至年底，劳关学院与民生银行电子银行部签订合作协议。根据协议，双方发挥校企优势，利用学校优质教育资源为企业和社会培养更多高素质、高技能的应用型人才，同时也为学生实习、实训、就业提供更大空间，并加强实验教学、入职员工心理辅导等方面的项目合作。

（焦媛媛）

中国科学院大学

院　　长 白春礼（4月免）
丁仲礼（4月任）
党委书记 邓勇

【概况】 2014年，中国科学院大学由京内4个校区、京外5个教育基地和分布全国的117个研究所组成。泉路校区面积11.83万平方米，雁栖湖校区面积312.14万平方米，中关村校区面积5.81万平方米，奥运村校区面积3.98万平方米。有博士学位授权一级学科点39个，分布在教育学、理学、工学、农学、医学、管理学6个学科门类；硕士学位授权一级学科53个，分布在哲学、经济学、法学、教育学、文学、理学、工学、农学、医学、管理学10个学科门类，覆盖了54个一级学科。本科专业6个，分别是：数学与应用数学、物理学、化学、生物科学、材料科学与工程、计算机科学与技术。国科大还拥有工程、工商管理、应用统计、应用心理、翻译、农业推广、药学、工程管理8类专业学位授权点，及169个博士后流动站。研究生指导教师10063名，其中，博士生导师5995名；两院院士276人；海外高层次人才引进计划（千人计划）入选者230人；国家杰出青年科学基金项目（杰青）获得者689人；长江学者奖励计划（长江学者）31人。分布在各研究所的3个国家实验室、85个国家重点实验室、163个中国科学院重点实验室、41个国家工程研究中心（实验室）。校部直属院系中心教师539人；研究所教师1241人；外聘教师554

人。全日制研究生毕业 9193 人（博士生 5081 人、硕士生 4112 人），其中来华留学研究生毕业 57 人；授予工程硕士专业学位 190 人，授予工商管理硕士（MBA）专业学位 5 人。招收全日制研究生 13660 人（博士生 6114 人、硕士生 7546 人），其中，招收来华留学研究生 342 人。在职工程硕士专业学位研究生 549 人（工程硕士 527 人，工商管理硕士 22 人），非计划在职研究生同等学力硕士 51 人。录取本科生 332 人。在校研究生 42824 人（博士生 21314 人、硕士生 21510 人）；在校本科生 332 人；在校留学生研究生 666 人（博士生 505 人、硕士生 161 人）。在职人员攻读研究生学位 2323 人（博士生 71 人、硕士生 2252 人）。学校教育云建设经费 625.2 万元，教育信息化系统运维经费 149.1 万元；数字资源建设投入 201.2 万元，其中图书馆信息化建设 90 万元。图书馆提供的电子文献资源有中文电子期刊 20313 种、中文电子图书 166 万册、中文学位论文 215 万余篇。外文期刊 17272 种、外文电子图书 36756 册、外文电子工具书 864 册、外文学位论文 41 万余篇。网址：www.ucas.edu.cn。

（张怡然）

【与泰国公务员委员会续签合作协议】

4 月 10 日，国科大与泰国公务员委员会续签合作协议。根据协议，双方设立“国科大—泰国皇家政府奖学金”，以资助泰国学生在国科大攻读硕士和博士学位，协议有效期 3 年。至年底，共有 12 名泰国学生通过该项目资助来校学习，已毕业 1 人。

（夏雨）

【中丹项目首届硕士研究生获得学位】 8 月 5 日，国科大中丹项目首届硕士研究生获得学位。共有 17 名丹麦学生通过学位答辩，获得国科大及丹麦

合作大学的双硕士学位；41 名中国学生通过丹麦学位答辩获得丹方合作大学的硕士学位。

（张怡然）

【首次招收本科生】 8 月 27 日，国科大首次招收本科生。共招生 360 人，其中，北京、江苏、陕西、四川采用综合评价录取 100 名学生；浙江、云南、湖南、山东、河南、辽宁六省采用统考招生，通过高考成绩录取学生 202 名学生；另有 30 名学生面向招生区域内贫困地区招收“奋飞计划”考生。同时，国科大与北京理工大学联合招收 28 名数理基础实验班学生。招生专业涵盖数学与应用数学、物理学、化学、生物科学、材料科学与工程及计算机科学与技术。

（张怡然）

【与 3 所国外高校签订联合培养博士生协议】 10 月 15 日、21 日和 30 日，国科大分别与 3 所国外高校签订联合培养博士生协议。与芬兰拉普兰塔理工大学协议规定，双方首先在能源工程、环境工程等领域开展教师、学生交流及联合培养博士生项目。与英国阿伯丁大学协议规定，联合培养博士生计划首先在生命科学等领域展开，国科大学生赴阿伯丁免除学习期间的学费，阿伯丁大学负责提供免费住宿条件和医疗保险。与澳大利亚国立大学协议规定，双方联合培养博士生项目将在两校优势学科领域展开，此外双方还将开展教师、学生交流活动，组织学术研讨会，进行合作研究。

（张怡然）

【接收首台自主研发场发射枪扫描电镜】 12 月 10 日，国科大接收首台自主研发场发射枪扫描电镜。该场发射枪扫描电镜配备于“电子显微技术”联合实验室，用于开展　领域研究。该电镜历时 20 年研发而成。

（李佳君）

中国社会科学院研究生院

院　　长　黄晓勇
党委书记　张政文

【概况】 中国社会科学院研究生院占地面积 40.84 万平方米、建筑面积 7.034 万平方米。图书馆建筑面积为 1.07 万平方米，藏书总额 37.6 万册。其中，中文图书 28.1 万册，外文图书 4.5 万册，中文期刊 4 万册，外文期刊 1 万册。固定资产值 13427 万元，其中，教科仪器设备资产值 3383 万元。教育经费投入 30027.31 万元，其中，财政拨款 19068.30 万元，自筹 10959.01 万元。一级学科博士学位授权点 15 个、硕士学位授权点 17 个，二级学科博士学位授权点 103 个（含自主设置博士学位授权点 13 个）、硕士学位授权点 109 个（含自主设置硕士学位授权点 13 个），还有公共管理硕士、工商管理硕士、法学硕士、社会工作硕士、金融硕士、税务硕士、文物和博物馆硕士 7 个专业学位授权点。有北京市重点学科 5 个。在职教职工 133 人，其中，专任教师 15 人（其中教授 4 人、副教授 6 人），国家有突出贡献专家 1 人，享受国务院政府特殊津贴专家 3 人，外籍教师 2 人。院所属的 40 个教学系有指导教师 1374 人，其中，博士生导师 547 人，硕士生导师 827 人。共授予学位 1276 人，其中，科学学位研究生 532 人（获博士学位研究生 281 人、硕士学位研究生 251 人），专业学位硕士研究生 681 人，以同等学力申请学位 63 人。非学历教育研究生课程进修班结业 767 人。毕业生就业率 83.3%。招生 1173 人，其中，科学学位研究生 615 人（博士生 435 人，硕士生 180 人），专业学位研究生 558 人（工商管理硕士 151 人，公共管理硕士 70 人，社会工作硕士 45 人，税务硕士 43 人，金融硕士 64 人，文物与博物馆硕士 39 人，法律硕士 146 人）。非学历教育研究生课程进修班招生 801 人。在校研究生 2982 人，其中，科学学位研究生 1753 人（博士生 1254 人，硕士生 499 人），专业学位研究

生 1229 人。非学历教育研究生课程进修班在校生 2229 人。港澳台研究生毕业 4 人，招生 5 人，在校生 60 人。外国留学研究生毕业 6 人，招生 7 人，在校生 36 人。

（周兴君）

【与农工民主党建立合作关系】　3 月

13 日，社科院研究生院与农工民主党签订合作协议。根据协议，双方本着“资源共享，优势互补，突出重点，务求实效”的原则，共同推动人才联合培养战略计划的实施，共建人才培养基地，推进新型交叉学科管理学体系创新与建设。

（周兴君）

【召开温济泽新闻与教育思想研讨会】　4 月 18 日，社科院研究生院召开温济泽新闻与教育思想研讨会。会议回顾温济泽生平，研讨温济泽教学思想，会议认为温济泽是研究生院名副其实的创始者与奠基人，他对共产主义崇高理想和革命信念的执著鼓舞和激励着一代又一代研究生院广大师生不懈奋斗。

（周兴君）

【非洲国家经济与社会发展总统顾问研讨班开班】　6 月 6 日，社科院研

究生院承办非洲国家经济与社会发展总统顾问研讨班开班。来自 7 个非洲国家的 12 名学院参加为期 10 天的研讨班。该院自 2009 年以来成功举办 9 期援外项目，在研修班学习和考察过程中，各国官员对中国的发展有更深入、更直观、更全面的了解，取得较好的效果。

（周兴君）

【召开全球能源安全智库会议】　6 月 16 日，社科院研究生院召开全球能源安全智库会议。会议围绕世界能源安全形势、亚太能源安全、清洁燃料、雾霾治理与清洁能源以及能源跨国投资等议题进行交流和讨论。会上，该院发布《世界能源发展报告 2014》。来自中国、美国、土库曼斯坦、印度、以色列、日本、阿塞拜疆、加拿大以及国际能源署专家学者 50 人参加会议。

（周兴君）

【实施中芬社会工作博士联合培养计划】　9 月 20 至 27 日，社科院研究生院实施中芬社会工作博士联合培养计划。该院 8 名博士生赴芬兰赫尔辛基大学参加为期一周的博士生课程模块学习与讨论，双方围绕中芬社会工作理论、社会工作方法、老年社会工作、儿童社会工作等领域的专业化和实务经验方面进行模块学习与研讨，并进行跨民族研究，同时将参观芬兰老年与儿童社会服务机构，汲取芬兰老年社会工作和儿童保护领域方面的实务经验。

（周兴君）

【召开能源安全热点问题研讨会】　10 月 31 日，社科院研究生院召开中国能源安全热点问题研讨会。会议就乌克兰危机与中国的能源对外合作、中国的能源生产与消费革命、中国的能源结构调整，以及美国的页岩气革命等热点展开讨论，为中国能源安全战略提出对策和建议。会上，该院发布由院长黄晓勇主编的著作《中国的能源安全》。来自国内外专家学者 20 参加研讨。

（周兴君）

中国农业科学院研究生院

院　　长　李家洋（兼）
党委书记　韩惠鹏

【概况】　2014 年，中国农业科学院研究生院占地面积 1.5 万平方米，建筑面积 4.3 万平方米，固定资产总值 8406 万元，其中，教学科研仪器设备 2456 台（套），设备总值 5440 万元。全年教育经费投入 12155 万元，其中，国家拨款 8961 万元，自筹经费 3194 万元。国家农业图书馆建筑面积 31936 平米，藏文献 210 万余册、33 万余种国内外图书，订购中外文科技期刊 4100 余种，其中 1100 余种外文期刊是全国的孤本，拥有 100 多种国内外农业及生物科学电子数据库。该院研究生教育以其分布在全国 18 个省（市、自治区）的 40 个研究所为依托，涉及农学、理学、工学、管理学 4 大门类，涵盖了 17 个一级学科，有 10 个博士学位一级学科学位授权点、53 个二级学科博士学位授权点；13 个硕士学位一级学科学位授权点，65 个二级学科硕士学位授权点；另外还有 2 个专业学位授权资格。有中国农业领域仅有的农作物基因资源与基因改良国家重大科学工程和国家农业生物安全科学中心，6 个国家重点实验室，32 个农业部重点开放实验室，52 个中国农业科学院重点开放实验室；16 个国家农作物、畜禽改良中心，1 个分中心；5 个国家重点野外科学观测试验站，24 个农业部野外台站；5 个国家工程技术研究中心，5 个国家工程实验室和工程研究中心；3 个国家质检中心，35 个部级质检中心；1 座国家农作物种质资源长期库，10 座中期库，12 座国家农作物圃。现有专业技术人员 5573 人，其中正高级专业技术人员 978 人，副高级专业技术人员 1552 人，中国科学院院士 2 人，中国工程院院士 9 人，“千人计划”入选者 8 人，国家特支计划（“万人计划”）入选者 8 人，中央联系的高级专家（含退休人员）39 人，人社部“百千万人才工程”国家级人选 56 人，享受国务院政府特殊津贴专家 120 人，科技部“创新人才推进计划”入选者 14 人 5 团队，中国青年科技奖获得者 15 人，全国杰出专业技术人才 3 人，中华农业英才奖获得者 7 人，农业科研杰出人才 41 人，专业技术二级岗位专家 98 人，“青年英才计划”入选者和候选人 109 人。有导师 1580 人，其中博士生导师 530 人。全日制研究生毕业 808 人，其中

博士 182 人，硕士 626 人，就业率 95.17%，在京区科研单位中位居前列；授予学位 1091 人，其中博士 201 人，学术型硕士 491 人，全日制专业学位硕士 145 人，非全日制专业学位硕士 245 人，同等学力 9 人。全日制研究生总计招生 965 人，招收硕士生 710 人，博士生 255 人；专业学位录取新生 334 人，其中农业推广硕士 303 人，兽医硕士 31 人。留学生招生 60 人，毕业 39 人。现有在校生 4400 余人，其中全日制在校生 2904 人，专业学位研究生 1400 余人，留学生 155 人。网址：www.gscaas.net.cn。

（王仕龙）

【成立首批院所共建教研室】 2 月 26 日，农科院研究生院成立院所共建教研室。首批作物学等 10 个教研室挂牌成立，教研室实行研究生院和研究所共建共管、双重领导，业务上研究生院管理，研究生院提供经费保障，研究所纳入年度考核，是中国农业科学院科教融合的新平台，是“院所结合，两段式培养”办学模式内涵的新发展。

（王仕龙）

【与塔里木大学签订合作协议】 5 月 27 日，农科院研究生院与新疆塔里木大学签订合作协议。根据协议，双方联合培养专业学位硕士研究生，并在学科建设、人才培养等方面展开合作。

（王仕龙）

【举办新生学术道德专题讲座】 9 月 3 日，农科院研究生院举办新生学术道德专题讲座。讲座面向全体新生，邀请中国科学院大学马石庄教授作题为《感性的人与能动的实践》的学术道德专题报告，从“未见胜负的论战、人生观挥之不去、新生代困惑依旧、人生的感悟与实践”四个部分展开，结合自己的亲身经历，告诫学生要做到知行合一、德才兼备，坚持实事求是的科学精神和严谨务实的治学态度，争做学术道德的先行者。

（王仕龙）

【与两所国外高校签订合作协议】 9 月 15 日和 12 月 1 日，农科院研究生院分别与两所国外高校签订合作协议。与新西兰林肯大学签订联合培养博士协议；与兰瓦赫宁根大学签订联合培养博士人才协议，并开展共同申报科研课题、组织研讨会、开设专业讲座和撰写英语论文等活动。

（王仕龙）

【召开研究生两代会】 9 月 21 日，农科院研究生院召开共青团第 20 次、研究生第 30 次代表大会。由研究生院各班级民主选举产生的正式代表 248 人、候选人组成的列席代表 22 人参加大会。会议审议第 19 届团委和第 29 届研究生会工作报告，选举产生 12 名第 20 届团委会委员，17 名第 30 届研究生会委员，其中，博士分会 4 人。会议针对学生关心的食堂餐饮、宿舍管理、教学科研等方面问题进行详细的解答，并针对学生关心的热点问题提出解决方案和完成期限。

（王仕龙）

【纪念研究生院成立 35 周年】 11 月 30 日，农科院研究生院召开研究生院周年暨研究生教育改革与发展研讨会。会议听取题为《提高质量为核心，推进研究生教育综合改革》的报告，从研究生院概况、改革背景、改革思路与目标及改革内容四个方面展开，并着重从加强学科建设、深化招生改革、创新培养模式、加强师资队伍建设、完善教育监督评价、研究生奖助体系、扩大合作办学、强化服务意识 8 个方面详细介绍改革措施。来自国内农业领域科研单位和高校专家学者 50 人参加会议。

（王仕龙）

【数字校园建设一期项目竣工】 12 月，农科院研究生院研究生教育一体化数字校园平台建设项目一期醒目竣工。项目布置完成 50 个地面远程视频教室，在北京研究生院、兰州兽医研究所、杭州水稻所、哈尔滨兽医研究所建立 4 个数据中心，采用先进的视频播放云技术，利用自适应视频分层架构，高效利用网络资源，提供远程实时授课服务，初步实现异地同步课堂教学和视频会议功能。该项目于 2013 年 4 月启动。

（王仕龙）

（本栏责任编校　张驰）

职业与成人教育

2014年，北京市职业教育与成人教育工作以贯彻落实全国职业教育工作会议精神和《国务院关于加快发展现代职业教育的决定》，深化职成教育综合改革、加快构建现代职业教育体系为重点，健全终身学习服务体系，推动首都职业教育转型升级、内涵发展，加快学习型城市建设。

职业教育工作

北京市职业教育工作以转型升级、提质增效、内涵发展、聚焦高端为指导，加强政策顶层设计，推进职教综合改革。

高等职业教育方面，加强高职教育改革试点，提升高职人才专业能力。完成《北京高等教育质量报告(高职2013)》。积极推进高等职业院校教育考试招生制度改革，在北京劳动保障职业学院和北京信息职业技术学院首次开展有条件注册入学试点工作。北京电子科技职业学院与招商物流北京公司联合成立经济管理类专业校企合作模式校际联盟，建立全国范围内职业院校网点分布与招商局物流集团网点分布相匹配的集群式合作模式。北京交通职业教育集团在北京交通运输职业学院通过校企合作方式建设城市轨道交通实训基地，是国内建设规模最大、涵盖专业最全、装备水平最高的轨道交通类实训基地。本年，举办高职院校技能比赛，决出一等奖128个、二等奖209个、三等奖306个，并从中选拔优秀学生参加全国职业院校技能大赛，获得一等奖24个、二等奖29个、三等奖28个。北京信息职业技术学院和北京财贸职业学院两所院校获得2014年“全国职业院校就业竞争力示范校”称号。

中等职业教育方面，继续坚持内涵发展，推进综合改革。一是研究制定《北京市贯彻落实国务院关于加快发展现代职业教育决定的实施意见》《北京市教育委员会关于高端技术技能人才贯通培养计划》和《北京市教育委员会关于实施中职学生职业素养提升工程的意见》等一系列顶层设计政策文件。二是搭建人才培养立交桥，通过推进职普融通、开展综合高中改革实验、扩大“3+2”中高职衔接试验等形式，构建有北京特色的现代职教体系。三是深化校企合作，大力推进集团化办学，新组建北京都市农业和现代服务业职业教育集团。四是深入推进课程改革，提升职业教育教学质量。五是增强办学基础能力，第二批8所国家级示范校顺利通过中期验收。六是注重职教信息化建设，启动数字化实训基地和信息化教学示范课程建设，组织教师信息化应用能力教学比赛，在全国比赛中获一等奖6个、二等奖4个、三等奖1个，市教委获最佳组织奖。七是强化综合素质培养，通过举办技能大赛、文明风采竞赛等活动促进学生全面发展。举办中职学校技能比赛，决出一等奖107个、二等奖185个、三等奖279个，并从中选拔学生参加全国职业院校技能大赛，获得一等奖19个、二等奖25个、三等奖43个。参加全国文明风采竞赛获一等奖4个、二等奖10个、三等奖12个、优秀奖66个。

成人教育工作

北京市成人高等教育质量进一步提高，51个教育部现代远程教育校外学习中心评估合格。以“科技引领未来学习——教育变革时代的战略选择”为主题的2014中国国际远程教育大会在京召开，会议聚焦信息技术发展、相关领域科技成果以及“慕课”将会对中国传统教育领域产生的冲击，探讨中国教育的应对之法。以“开放学习：重塑教育的机会、质量和成本”为主题的开放学习国际论坛在国家会议中心举办，世界银行、美国新媒体联盟以及中国、美国、澳大利亚等国教育领域的嘉宾参加论坛并分享观点与实践案例。年内，首都农民工大学生助推计划第三批新生开学，涉及近百个企事业单位。北京市总工会职工大学“学分银行计划”项目完成第九级招生。

北京市农村成人教育工作，适应新农村和城镇化建设需求，进一步加强职业农民的培训力度。协助国家级新型职业农民教育培养重大课题研究组，完成北京市新型职业农民课题的研究。实施农村成人教育教材建设项目，推出一批具有鲜明农村特色的培训教材。开展成人学校领导干部和专职教师培训，加强成人学校兼职教师管理，筹建北京市农民教育培训“讲师团”，制定“讲师团”管理、考评、奖励办法。继续实施“文化助乡”“送教下乡”等工程，开展“技能+基础”农村成人中等学历教育和农村社区教育，提高农村劳动者素质，满足农民群众对精神文化生活的需求。

学习型城市建设工作

北京学习型城市建设工作以加强政策法制研究，健全学习服务体系为重点，完成《北京市终身学习促进条例》立法调研和起草准备工作，举办学习型城市骨干队伍培训及专家培训，提高工作队伍的整体素质和能力。指导区县做好学习型城市示范区、先进区建设，完成对房山区学习型城市工作示范区的评估，以及对密云县学习型城市工作先进区的评估。进一步整合北京地区的学习服务资源，完善市民终身学习平台，开通“京学网”学习平台，使全市学习服务资源向市民开放。继续加强学习成果认证制度建设。以数字化存储、认证、兑换为手段，推动有条件的区县或学校，建设实现个人学习与终身学习的信息存储、学分认证、学分积累、学分兑换、学习信用管理等功能的公益性市民终身学习成果认证系统。评选出第五批100名首都市民学习之星，成功举办第十届全民终身学习活动周。进一步加强示范性社区学院建设，印发《北京示范性社区学院建设指标体系》，重点培育3至4个示范性社区学院，并带动全市的社区学院建设，为区域内的市民提供更为优质的学习服务。

（黄侃　杨颉　张树刚）

【继续开展“3＋2”中高职衔接办学改革试验】 1月21日，市教委继续开展“3＋2”中高等职业教育衔接办学试验及相关招生考试试点。该试验旨在落实北京市承担的国家教育体制改革试点项目“关于构建人才成长立交桥”改革任务，本年在全市48所中高等职业院校（包括高职学校16所、中职学校32所）50个专业开展衔接办学试点，探索构建现代职业教育体系。4月23至25日，市教委组织行业企业、教育和人力社保部门、教学管理和科研等方面专家，在合作专业团队答辩汇报基础上，对32个新增试点专业衔接办学人才培养方案进行研讨论证，指导试点学校修改完善人才培养方案。同期，市教委组织前两批18个试点专业团队开展工作交流和总结工作，指导北京电子科技职业学院和北京金隅科技学校、北京财贸职业学院和北京市商业学校2个试点专业团队，精雕细磨一体化人才培养方案，制定完善核心课程标准，整合调整衔接课程内容。至9月，50个试点专业共完成招生1975人。

（张兰）

【都市农业和现代服务业两个职业教育集团成立】 3月6日和12月4日，

北京都市农业职业教育集团和北京现代服务业职业教育集团分别批复成立。3月6日，市教委、市农委印发《关于同意成立北京都市农业职业教育集团的批复》，同意北京农业职业学院牵头组建北京都市农业职业教育集团。该集团于4月19日正式成立，包括北京市农业知名企业、相关院校、科研机构、行业协（学）会、出版单位以及新闻媒体等58家成员单位；集团设建设指导委员会和理事会，秘书处设在农职院；同时，下设园林园艺、动物科学、食品安全、农村经济与服务、现代农业工程和农民教育培训6个专业委员会。12月4日，市教委印发《关于同意成立北京现代服务业职业教育集团的批复》，同意北京市商业学校牵头，联合北京财贸职业学院、北京劳动保障职业学院和中华女子学院等18所院校及北京祥龙博瑞汽车服务有限公司、北京一商集团有限责任公司和中国大饭店等48家行业企业和科研院所，共同组建北京现代服务业职业教育集团。该集团于12月18日揭牌。两个职教集团开展学校之间、校企之间的交流与合作，形成资源共享、课程融通、优势互补、良性互动的产学研共同体，围绕北京都市农业和现代服务业发展以及高水平技术技能人才培养需求，推动专业设置与产业需求对接、课程内容与职业标准对接、教学过程与生产过程对接、毕业证书与职业资格证书对接、职业教育与终身学习对接，创新人才培养模式，提高人才培养质量，提升职业教育对于首都经济社会发展的服务能力。

（张兰　肖兵　徐敏）

【公布职高综合高中班改革试点学校和专业】 3月10日，市教委公布2014年职高综合高中班改革试点学校和专业。为加强职业教育与普通教育的融通与协调发展，构建人才培养立交桥，市教委决定于2014年在职业高中开展综合高中班改革试点工作，计划在14个区县14所职业高中的24个重点专业试办综合高中班。综合高中班实行职教科、中教科双重管理；中教科（高中科）要将综合高中班纳入教学管理，综合高中班普通高中课程和教学安排要符合国家有关普通高中课程设置方案及相关课程标准，修满相关规定学分；职教科要将综合高中班专业课程教学纳入教学管理，在专业课程设置、通用技术课和综合实践活动等课程安排及专业教学方面给予指导。综合高中班学籍纳入区县中学学籍管理部门统一管理；综合高中班学生按照市教委统一要求参加全市统一高中毕业会考。

（胡雨）

【入选全国职业教育先进】 4月25日，教育部、发改委、财政部、人力社保部、农业部和国务院扶贫办联合发文表彰全国职业教育先进单位和先进个人，北京市4个单位和5名个人入选。4个单位分别是北京市昌平职业学校、北京市商业学校、北京电子科技职业学院生物工程学院和北京财贸职业学院立信会计学院；5人分别是北京铁路电气化学校胡定军、北京市信息管理学校韩立凡、北京工业职业技术学院建筑工程系王强、北京汇佳职业学院王雁（女）和北京一轻高级技术学校常明。该评选由各省区市人民政府有关部门评审推荐，并经上述六部门审定，决定授予298家单位“全国职业教育先进单位”称号，授予299人“全国职业教育先进个人”称号。

（胡雨）

【京北现代职业教育体系建设联盟成立】 4月30日，昌平区、怀柔区、延庆县、密云县四区县职业学校成立京北现代职业教育体系建设联盟。市教委、北京教科院、市职教学会等相关单位领导及四区县教委相关领导和学校代表60余人参加成立大会。会议宣布《京北现代职教体系建设联盟实施方案》，四区县教委领导签订联盟意向协议书。京北现代职业教育体系建设联盟以科学发展观为指导，以探索现代职业教育体系建设为核心，以加强内涵建设、提高教育质量为重点，按照“自愿参加、促进发展、面向全体、成本共担、成绩共认”原则，广泛开展教育、教学、科研等交流评比活动，搭建教师交流学习平台，全面提高教师业务能力和教学水平。

（胡雨　缘金秋　王开丽）

【获黄炎培职业教育奖】 5月6日，

由中华职业教育社和中国职业技术教育学会共同举办的第四届黄炎培职业教育奖颁奖大会在北京举行，北京市职业院校及教师获奖。北京铁路电气化学校和北京交通运输职业学院获“黄炎培优秀学校奖”，北京信息职业技术学院院长武马群、北京市求实职业学校校长林安杰和北京电子信息高级技工学校校长刘建平获“黄炎培杰出校长奖”，北京市商业学校教师陈济、北京青年政治学院教师老青、北京市劲松职业高中教师向军、北京市外事学校教师汪珊珊、北京市应用高级技工学校教师邓宁和北京市财会学校教师王汝梅获“黄炎培杰出教师奖”，北京教育科学研究院职业教育与成人教育教学研究中心主任柳燕君获“黄炎培优秀理论研究奖”。该评选活动从2013年12月开始，经过逐级审核推荐，产生各奖项候选名单，经全国职业教育领域著名专家、学者组成的评审委员会进行认真审核评议，并向社会公示后，评选出“黄炎培优秀学校奖”59所，“黄炎培杰出校长奖”80人，“黄炎培杰出教师奖”110人，“黄炎培优秀理论研究奖”8人，“黄炎培杰出贡献奖”1人。

（胡雨　胡以伦　董征）

【组织参加全国职业院校技能大赛】

5月31日至6月27日，北京市职业学校代表团参加全国职业院校技能大赛。代表团由52所职业院校405名中高职学生组成，获得一等奖43个（高职组24个、中职组19个，包括一等奖第一名7个），二等奖54个（高职组29个、中职组25个），三等奖71个（高职组28个、中职组43个），获奖总数达到168个，一等奖数和获奖总数比上年分别提高22%和16%，均创历史最佳成绩。此外，6所学校作品获得全国职业院校技能大赛中国优秀传统技艺表演赛优秀表演奖。比赛由教育部联合科技部、工信部、人力社保部等30家部委、单位共同举办，共设加工制造、财经商贸、交通运输、旅游服务、农林牧渔、土木水利、信息技术、文化艺术、医药卫生、资源环境12个专业类别95个比赛项目，参赛选手逾万人。8月19日，教育部公布获奖名单。

（吕轮超　胡雨　张富宇）

全国职业院校技能大赛
中职组一等奖（北京）

城市轨道交通车辆运用与检修（团体）
　北京铁路电气化学校
　　王昊　魏鹏宇　王凯
网络搭建及应用（团体）
　北京市信息管理学校
　　刘鹏飞　杨梦宇
车身修复（钣金）
　北京市昌平职业学校　曹子昂
中餐宴会摆台
　北京市外事学校　万思含
中餐烹饪（热菜）
　北京市丰台区职业教育中心学校
　　杨坤
中餐烹饪（面点）
　北京市昌平职业学校　孟庆燕
中餐烹饪（冷拼与雕刻）
　北京市劲松职业高中　郭亚鹏
模特服装表演
　北京国际职业教育学校
　　关美琳　彭思雨
平面模特展示
　北京国际职业教育学校　李书瑶
新娘化妆、盘发整体造型
　北京市商务管理学校　王晓燕
　北京市黄庄职业高中　林玲
　北京市实美职业学校　李晶
艺术专业技能
　北京舞蹈学院附属中等舞蹈学校
　　魏仲洋　廖欣恋　张翰　周栩
键盘乐器演奏
　中央音乐学院附属中等音乐学校
　　王充　姜哲瑜

（吕轮超）

全国职业院校技能大赛
高职组一等奖（北京）

电子产品芯片级检测维修与数据恢复（团体）
　北京工业职业技术学院
　　郭祥林　王兆聪
动漫制作
　北京北大方正软件职业技术学院
　　李鹏程　刘泓良
基站建设维护及数据网组建（团体）
　北京工业职业技术学院
　　张辉　王晓红　刘艳飞
计算机网络应用（团体）
　北京工业职业技术学院
　　王旭东　刘庆辉　刘振
嵌入式应用开发（团体）
　北京电子科技职业学院
　　钟婉婷　江城　廖方鹤
　北京政法职业学院
　　郭育猛　林涛　王贺
移动互联技术应用（团体）
　北京政法职业学院
　　程雷　刘帅　张汐
移动互联网应用软件开发（团体）
　北京北大方正软件职业技术学院
　　杨俊　刘青川　丁贵平
云安全技术应用（团体）
　北京青年政治学院
　　李小雨　万欣航　李磊
　北京工业职业技术学院
　　高明辉　付桐　周旭升
报关技能（团体）
　北京劳动保障职业学院
　　李英　钱玉洁　吴京京
城市轨道交通运营与维护（团体）
　北京交通运输职业学院
　　李明亮　邵冰镇　孙晓尧
汽车故障诊断（团体）
　北京交通运输职业学院
　　尹志奇　姜长旭　代金山
　北京电子科技职业学院
　　高鹏　刘木宇　任清凯
汽车检测与维修综合技能（团体）
　北京交通运输职业学院

尹志奇　罗朝　姜长旭　代金山

鸡新城疫抗体水平测定（团体）

北京农业职业学院

王怀印　陈刚

文秘速录专业技能（团体）

北京政法职业学院

韩睿萌　孟董娜　杨雨婷

赵静怡

北京工业职业技术学院

王静雯　宋旭爽　隗非凡

赵思琦

中国舞表演

北京戏曲艺术职业学院

路艺伟

键盘乐器演奏

北京戏曲艺术职业学院

张茜

三维建模数字化设计与制造（团体）

北京工业职业技术学院

孙志强　赵志扬

数控机床装调、维修与升级改造（团体）

北京电子科技职业学院

曹生志　景凡　冉桂林

1∶500数字测图（团体）

北京工业职业技术学院

马艳红　毛宗超　陶盟　张月

（胡雨）

全国职业院校技能大赛
中国优秀传统技艺表演赛
优秀表演奖（北京）

中国音乐学院附属中等音乐专科学校

民族吹打乐《龙腾虎跃》

中央音乐学院附属中等音乐学校

琵琶齐奏《阳春白雪》

北京舞蹈学院附属中等舞蹈学校

中国古典舞《嵩山晨曲》

北京市国际艺术学校

杂技集体篸竹《俏花旦》

北京戏曲艺术职业学院

京剧《京剧风采（选段）》

中国戏曲学院附属中等戏曲学校

京剧《真善美》

（胡雨）

【四区县职教联盟举办教学评比】　5月和8月，昌平区教委两次举办昌平区、怀柔区、密云县、延庆县“四区县职教联盟”教学评比。5月23日，举办“四区县职教联盟”教师说课比赛。昌平区、怀柔区、密云县、延庆县20名教师参加比赛，经过专家听课评比，评选出一等奖4人、二等奖8人、三等奖8人。12月8至11日，举办“四区县职教联盟”教师课堂教学评比活动。16名教师参加现场说课教学，专家经过试听、评分、合议等环节，评选出一等奖4人、二等奖4人、三等奖8人。

（王颖）

【召开贯彻全国职教工作会议精神专场宣讲会】　6月24日，市教委组织召开北京市学习贯彻全国职业教育工作会议精神座谈会。全市部分区县教委主任、市政府有关委办局领导、中高等职业院校校长、成人高校校长等参加座谈。7月21日，市教委邀请教育部职成司司长就全国职业教育工作会议精神及《国务院关于加快发展现代职业教育的决定》进行宣讲，全市各区县教委主任、中高等职业院校校长、教科研机构及市政府有关委办局领导200余人参加学习。通过座谈会和宣讲会，深入学习全国职业教育工作会议和习近平等中央领导人关于加快发展现代职业教育的批示和讲话精神，进一步统一思想，凝聚合力，增强办好首都职业教育的信心。

（项明）

【职业院校22项成果获国家教学成果奖】　9月4日，教育部公布2014年国家级教学成果奖获奖项目，北京市职业院校22项成果获奖（中职8项、高职14项）。其中，一等奖6项（中职3项、高职3项），二等奖16项（中职5项、高职11项）。该评选由教育部举办，分基教类、职教类和高教类，其中，职教类评出特等奖1项、一等奖50项、二等奖400项。

（胡雨）

【举办中德美职业教育培训校企合作体制机制建设研讨会】　10月17日，

2014年中、德、美职业教育培训校企合作体制机制建设研讨会在北京劳动保障职业学院举办。会议分享中国加快发展现代职业教育的思路、京劳职院的校企合作实践经验、德国巴符州和格平根地区校企合作开展职业教育情况、德国双元制职业教育培训体制与国际合作关系网络、中国企业和教育院校合作案例等内容，与会人员就国际职业培训合作、中外职业教育培训体系的差异以及校、企、协在职业培训中所扮演的角色等问题进行交流。来自市教委、市商委、市人力社保局、德国格平根商业学校、清华大学、北京敦煌禾光信息技术有限公司、中国对外贸易经济合作企业协会等单位代表以及北京市兄弟职业院校和京劳职院专兼职教师共180余人参加研讨会。

（黄志远）

【开展职业院校汽修专业德国教学模式改革试验】　10月，市教委与德国巴符州教育部合作启动职业教育“汽车维修机电一体化专业‘素质本位’教学发展试验班”（简称“HuGo模式”实验）项目。该项目计划用3年时间，在北京市7所中、高等职业院校以汽车维修专业为载体，建立职业技能与职业素养高度融合的教学模式，重点解决理念落地的课堂教学实施问题。10月29至30日开展首期培训，德国巴符州项目首席专家雨果（HuGo）到北京与各项目学校领导及专业负责人就项目理念、课程、教学及实施计划进行沟通和交流。

（项明）

【举办职高学生专业技能比赛】　10至11月，京西地区中等职业教育交流协作组举办首届“京西杯”职业高中学生专业技能比赛。比赛面向京西协作组内各区县所有职业高中在校学生。比赛分为预赛和决赛两个阶段，预赛由京西协作组内各区县自行组织开展，决赛赛项分别由京西协作组内各区县教研部门组织实施。比赛共设八大类专业比赛项目，其中，西城区、北京市财会学校承担财经类项目比赛，海淀区、北京市信息管理学校承担信息技术类项目比赛，丰台区职业教育中心学校承担学前类、烹饪类项目比赛，石景山区、北京市黄庄职业高中承担美容美发类项目比赛，大兴区第一职业学校承担动漫类项目比赛，大兴区第二职业学校承担物流类项目比赛，房山区第二职业高中承担汽修类项目比赛。

（胡雨）

【组织参加全国职业院校信息化教学比赛】 11月1至3日，市教委组织职业院校教师参加2014年全国职业院校信息化教学比赛。该比赛由教育部主办，中职组设信息化教学设计、信息化课堂教学和信息化实训教学3个比赛项目，高职组设信息化教学设计、信息化课堂教学、网络课程3个比赛项目。全国共有37个代表队1468名教师参加比赛，参赛作品726件。经过预赛、决赛，北京市代表队获得一等奖15个（中职组6个、高职组9个），二等奖7个（中职组4个、高职组3个），三等奖2个（中职组1个、高职组1个），团体总成绩居全国第二，北京市教委获最佳组织奖。

（项明 张富宇）

【职业教育与大型企业高端对话】 11月28日，市教委组织职业教育与大型企业高端对话活动。有关区县教委和电子信息职教集团中的6所高职院校、18所中职学校以及北京教育科学研究院、中国职业技术教育学会、中国职业技术教育网等单位代表一行50人，走进联想集团全球研发中心，围绕“推进首都职业教育与产业深度融合”主题，交流高端技术技能人才培养、职教集团与高端企业集团建立新型合作关系、搭建政校企行多元深入合作的有效平台等内容。该活动是市教委举办的深化首都重点行业产业领域产教融合的系列活动之一。10月11日、12月22日，市教委先后组织走进“用友新道”和走进“北大方正”两个高端对话活动。

（张兰）

【召开职业院校信息化教学和技能大赛交流研讨会】 12月1日，市教委召开2014年北京市职业院校信息化教学和技能大赛交流研讨会。大会表彰2014年北京市职业院校技能比赛优秀组织单位、特殊贡献单位，以及在全国和市级比赛中获得优异成绩的教师和学生。学校、企业、技能比赛获奖学生、信息化教学比赛获奖教师代表交流经验体会。交流研讨会同期，进行北京市职业院校技能比赛展和全国信息化教学大赛一等奖作品展。会议由北京教育科学研究院承办。北京市中、高职院校代表200余人参加会议。

（禹治斌）

【职成教育工作总结部署会召开】 12月15日，北京市职成教育工作总结部署会在怀柔区职业学校召开。市教委相关负责人及11个区县教委相关负责人参加会议。会议围绕国务院关于加快发展现代职业教育的决定和现代职业教育体系建设规划，结合各区域实际，对北京市职业教育发展现状、面临挑战和今后如何推进职业教育改革发展等问题进行讨论，会议内容包括建立职教师资培养基地，打造一所职教示范学校，提高职教师资专业水平；制定高职院校与普通高校协同发展计划，建立京津冀职教发展协同机制，开展联合招生、专业联合开发、合作研发、统一校企合作的共享平台，教师资源共享、共同培养等。

（缐金秋 王腾飞）

高等职业教育

【物流职业院校校际联盟成立】 3月29日，北京电子科技职业学院与招商物流北京公司联合成立“北京电子科技职业学院—招商局物流集团”经济管理类专业校企合作模式校际联盟。双方共同承办物流职业院校校际联盟研讨会，会议讨论并通过校际联盟章程，并决定以教科研合作共建共享和校园商贸流通平台两个实体项目作为初期工作任务。该联盟旨在充分发挥参与各方的资源优势，积极开发招商物流现有物流实体资源、管理及运营体系的教育及培训功能，建立全国范围内职业院校网点分布与招商局物流集团网点分布相匹配的集群式合作模式，即共同研讨联盟建设及教学方案，共同采取合适的合作形式共建人才培养体系，共同使用以招商物流网络为载体的物流及相关经济管理类专业人才培养平台和教学教研成果，并在此平台基础上推动经济管理类职业教育产学研一体化进程。北京联合大学、北京城市学院、北京农业职业学院、河南交通职业技术学院、上海工会管理职业学院等10余所院校以及招商物流北京公司、上海公司、湖南公司等单位代表参加会议。

（王琴 王秀婷）

【举办市高职院校技能大赛】 5月10至18日，市教委举办2014年北京市高等职业院校技能大赛。共有来自28所院校438支参赛队伍参加34个项目（42个分项）比赛，共决出一等奖128个、二等奖209个、三等奖306个，同时评出优秀指导教师87人、优秀组织工作者38人、优秀组织奖15个。

（胡雨）

北京市高职院校
技能大赛竞赛项目
及承办学校

市场营销技能
　北京财贸职业学院
会计技能
　北京财贸职业学院
电子产品芯片级检测维修与数据恢复
　北京工业职业技术学院
动漫
　北京北大方正软件职业技术学院
基站建设维护及数据网组建
　北京工业职业技术学院
计算机网络应用
　北京信息职业技术学院
嵌入式应用开发
　北京电子科技职业学院
三网融合与网络优化
　北京信息职业技术学院
移动互联技术应用

北京信息职业技术学院

移动互联网应用软件开发

北京北大方正软件职业技术学院

云安全技术应用

北京工业职业技术学院

智能电子产品系统工程实施

北京信息职业技术学院

报关技能

北京劳动保障职业学院

城市轨道交通运营与维护

北京交通运输职业学院

汽车检测与维修

北京电子科技职业学院

汽车营销

北京交通职业技术学院

导游服务

北京京北职业技术学院

中餐主题宴会设计

北京财贸职业学院

鸡新城疫抗体水平测定

北京农业职业学院

农机维修

北京农业职业学院

园林景观设计

北京农业职业学院

植物组织培养

北京农业职业学院

中华茶艺技能

北京农业职业学院

水环境监测与治理技术

北京电子科技职业学院

工程造价基本技能

北京经济管理职业学院

文秘速录专业技能

北京政法职业学院

英语口语

北京青年政治学院

护理技能

北京卫生职业学院

艺术专业技能

北京戏曲艺术职业学院

机械设备装调与控制技术

北京工业职业技术学院

三维建模数字化设计与制造

北京工业职业技术学院

数控机床装调、维修与升级改造

北京电子科技职业学院

注塑模具CAD/CAE与主要零件加工

北京工业职业技术学院

测绘

北京工业职业技术学院

（胡雨）

【完成北京高职教育质量报告】 7月，市教委和北京教育科学研究院共同研制完成《北京高等教育质量报告（高职2013）》。报告从学生发展、教育教学改革、政府履责、社会服务以及问题与展望等方面对2013年北京高等职业教育质量建设情况进行总结分析，并收录10篇专题项目总结和26篇高职院校质量报告。

（孙毅颖）

【交通职教集团校企合作共建城轨实训基地】 9月12日，北京交通职业教育集团校企合作共建城市轨道交通实训基地在北京交通运输职业学院落成。该实训基地是在市财政专项资金支持下，通过职教集团内校企深层次合作，按照企业真实生产流程和岗位要求建设的实训基地，室内部分包括自动售检票（AFC）、综控、钳工、轨行、屏蔽门、驾驶、运行控制（OCC）、供电、模驾、运营、机电、沙盘、火灾报警（FAS）、环境控制（BAS）、电气共15个实训区域，不仅能够承担学历教育，还能承担行业企业培训、值岗训练、应急演练、考核与职业鉴定、技能大赛等工作，是国内建设规模最大、涵盖专业最全、装备水平最高的轨道交通类实训基地。

（苑媛）

【两校入选全国职业院校就业竞争力示范校】 11月25日，北京市两所高职院校获得2014年“全国职业院校就业竞争力示范校”称号。分别是北京信息职业技术学院和北京财贸职业学院。10月，中国青年报社、全国高职高专校长联席会议、全国职业院校宣传部长联席会议发布通知，进行第二届“全国职业院校就业竞争力示范校”推荐，至11月中旬报名截止，共有来自全国23个省区83所院校参与报名。经过组委会初步筛选，共选出40所入围院校，经过5名评委会专家专业评审后，最终产生30所获选院校，并在11月23至25日全国职业院校宣传部长联席会议年会全体大会上进行表彰。

（李岩）

高等职业学校

北京工业职业技术学院

党委书记 王伟

院　　长 陈建民

【概况】 2014年，北京工业职业技术学院占地面积24.01万平方米，产权校舍建筑面积16.80万平方米。全年教育经费投入34229.98万元，其中，国家拨款30440.67万元、自筹经费3789.31万元。固定资产总值63602.48万元，其中，教学、科研仪器设备总值44817.77万元。图书馆建筑面积5868平方米，藏有纸质图书57.70万册、电子图书4152GB。拥有计算机4694台，多媒体教室211间。学校信息化经费投入616.48万元，信息化设备资产11010.92万元，网络信息点3484个，校园网出口总带宽610Mbps，电子邮件系统用户547个，上网课程101门，数字资源量4414GB，管理信息系统数据总量62.40GB。设有4个二级学院和3个系部，开设高职专业33个，包括国家级重点专业5个、北京市重点专业7个。教职工494人，其中，专任教师354人，包括教授及教授级高级工程师30人，副教授及高级工程师以上145人；博士25人，硕士259人；“双师型”教师212人。聘请校外教师122人。毕业生2457人，其中，高职生1751人、中职生560人、成人教育专科生146人。毕业生一次就业率99.42%，一次签约率 85.21%。招生 2167 人，其中，高职生 1694 人、中职生 273 人、成人教育专科生 200 人。高考北京地区提档线文科 150 分、理科 156 分，单考单招 170 分。在校生 6734 人，其中，高职生 4882 人、中职生 1276 人、成人教育专科生 576 人。网址：www.bgy.org.cn。

（谢光辉　白旭东）

【完成专业结构调整及布局优化】 2 月底，北工职院完成专业结构调整及布局优化工作。该校分别组建机电工程学院、电气与信息工程学院、建筑与测绘工程学院、基础教育学院、经济管理系、文法系、思想政治理论课教学部，其中，机电工程学院所含专业门类包括机械类、自动化类、汽车类；电气与信息工程学院所含专业门类为电气类、电子信息类、计算机类；建筑与测绘工程学院所含学科门类为土建类、测绘类；经济管理系所含专业门类为经济类、管理类；文法系所含专业大类为语言文学类、法学类；基础教育学院负责全校公共基础课教学和初中后学生前两年的集中教育与管理；思想政治理论课教学部负责做好思想政治理论课及职业基本素养等课程的教学、课程建设、教学研究等工作。

（谢光辉　白旭东）

【完成校办企业改制】 9 月底，北工职院完成校办企业北京市煤炭矿用机电设备技术开发公司改制。企业名称变更为北京市煤炭矿用机电设备技术开发有限公司，经济性质由全民所有制改制为有限公司。改制后，北煤机电成立董事会、监事会，建立现代企业制度，北煤机电成为自主经营、自负盈亏、自我约束、自我发展的市场竞争主体，企业竞争力提高。

（谢光辉　白旭东）

【聘请法律顾问】 10 月 24 日，北工职院举行法律顾问聘任仪式，聘请两名法律顾问。两名法律顾问是该校法律专业教师，职责是为学校重大决策提供更专业的法律意见，为学校有关规章制度与合同等法律文书提供更及时的法律审查，为解决与学校相关的经济、人事、劳动等民事、行政纠纷提供更全面的法律对策和服务。聘请法律顾问是学校推进依法治校，维护学校和师生合法权益的现实需要。

（谢光辉　白旭东）

【探索高职培养新模式】 12 月 30 日，北工职院与首都师范大学附属中学联合召开北京市高端技术技能人才贯通培养计划研讨会。经过研讨，双方达成共识，首师大附中将派相关领导和骨干教师来北工职院，对高端技术技能人才贯通培养模式进行帮助与指导；双方共同努力，相互配合，圆满完成高端技术技能人才贯通培养模式的探索任务，在高等职业教育办学领域探索出一条新路，引领职业教育改革与未来。

（谢光辉　白旭东）

【建立三级竞赛模式】 至 12 月，北工职院建立校级、市级、国家级三级竞赛模式。竞赛分学生技能竞赛和教师教学比赛。该校自上年度 9 月份开始组织学生技能竞赛，并从中挑选优秀学生参加市级和国家级技能竞赛。5 月 31 日至 6 月 27 日，该校学生获得全国职业院校技能大赛高职组一等奖 7 项、二等奖 4 项、三等奖 4 项，一等奖数量在全国高职院校中排名第一。该校自 3 月开始组织校级教师信息化教学比赛，并组织优秀教师参加全国职业院校信息化教学大赛，共获得一等奖 7 项、二等奖 1 项、三等奖 1 项，一等奖数量连续三年全国第一。此外，该校还获得国家级教学成果奖一等奖 1 项、二等奖 1 项，实现重大突破。

（谢光辉　白旭东）

【与城建亚泰公司深度合作】 至年底，北工职院与北京城建亚泰建设集团有限公司建立深度校企合作关系。双方共同制定专业人才培养方案，共建“产、学、研”合作平台，同时设立“城建亚泰定向班”和“城建亚泰奖学金”。3 月，第一批“城建亚泰订单班”15 名学生已入职。

（谢光辉　白旭东）

【完成社会培训 7400 余人次】 至年底，北工职院共完成社会培训 7400 余人次。该校充分发挥国家级安全培训机构和北京市矿山安全生产培训基地作用，坚持开展各类安全培训。依托设在该校的北京市职业院校“建筑类专业教师培训基地”和“新教师入职培训基地”，组织北京市职业院校师资培训；与北京军区、石景山区委区政府共同实施“强军育才工程”，推进军地融合式发展，继续为驻区部队现役士兵免费开展职业技能培训。

（谢光辉　白旭东）

北京信息职业技术学院

党委书记　武马群
院　　长　武马群

【概况】 2014 年，北京信息职业技术学院占地面积 20.21 万平方米，产权校舍建筑面积 21.80 万平方米、非产权校舍建筑面积 0.14 万平方米。全年教育经费投入 37158 万元，其中，国家拨款 32579 万元、自筹经费 782 万元，预算外经费 3797 万元。固定资产总值 87697.75 万元，其中，教学、科研仪器设备总值 36897 万元。图书馆建筑面积 3686 平方米，藏有纸质图书 58.10 万册、电子图书 4353.10GB。拥有计算机 11221 台，网络多媒体教室 175 间。信息化设备资产 23262 万元，网络信息点 8143 个，校园网出口总带宽 800Mbps，电子邮件系统用户 13707 个，上网课程 243 门，数字资源量 5394.10GB，管理信息系统数据总量 5000GB。设有 3 个校区，9 个教学系和通用能力教学部、专业部、基础部，3 个研究中心，设置 5 个专业群，34 个专业。教职工 940 人，其中，专任教师 418 人，包括教授及教授级高级工程师 10 人，副教授及高级工程师以上 116 人；博士 14 人，硕士 227 人；“双师型”教师 261 人。聘请校外教师 118 人。毕业生 2827 人，其中，高职生 1974 人，中职生 449 人，成人教育专科生 404 人。毕业生一次就业率 99.13%，一次签约率 99.18%。招生 2662 人，其中，高职生 1958 人，中职生 282 人，成人教育专科生 422 人。高考北京地区提档线文科 150 分、理科 150 分，单考单招 150 分。在校生 7553 人，其中，高职生 5539 人、中职生 1011 人，成人教育专科生 1003 人。网址：www.bitc.edu.cn。

（李岩）

【首次招收“有条件注册入学”学生】 3 月 16 日，信息职院开展“有条件注册入学”招生试点工作现场报名。当天符合该院机电类、电子类、计算机类、汽车类四大类报名条件的学生共计 632 人，经审核最终录取 630 人。“有条件注册入学”是市教委落实教育部关于考试招生制度改革有关精神，在北京试行的一种高等职业院校招生录取新模式。考生根据学院提出的注册入学条件和要求，结合自身实际情况，向学院提出注册入学申请，学院按照学生报名情况，依据学院相关规定确定拟录取结果，经有关部门批准后，学生不需考试，直接录取。该院为本年北京市两所高职院校“有条件注册登记入学”招生试点学校之一。

（李岩）

【成立就业创业校外指导专家委员会】 4 月 10 日，信息职院召开就业创业校外指导专家聘任仪式暨首次会议。会议选举专家委员会主任、常务副主任及秘书长，选聘 7 人担任该院首批就业创业校外指导专家，专家均为著名高校大学生就业指导工作人员、大型企事业单位人力资源部门领导及大型民营企业负责人。委员会旨在为该院学生就业工作问诊把脉，建言献策，同时帮助学院开展大学生职业生涯规划辅导和就业指导讲座，加强科学就业观教育，进一步提高学生就业质量。

（李岩）

【承办电子设备装接工技能竞赛】 7

月 12 至 14 日，信息职院承办 2014 年中国技能大赛——电子设备装接工职业技能竞赛暨第 43 届世界技能大赛电子技术项目行业选拔赛。来自全国 20 余个省市高职高专、技工院校、电子行业共计 62 名选手参加比赛。大赛参照第 42 届世界技能大赛电子技术项目竞赛标准命题，分为硬件设计、装配模块、维修模块及嵌入式模块四大部分，共决出一等奖 5 人、二等奖 10 人。比赛由人力资源和社会保障部主办。

（李岩　尹立俊）

【首次招收埃及学历留学生】 9 月 25

日，信息职院举办首批埃及学历留学生开学典礼。这是该院首次招收埃及学历留学生，共 25 人。按照该院与埃及 MEK 慈善基金会签署的留学生教育合作项目协议规定，由埃及 MEK 慈善基金会和信息职院共同提供支持和帮助，埃及 MEK 慈善基金会选派 25 名埃及优秀高中毕业生到该院机电工程系学习“机电一体化技术”专业课程，学习期限 4 年（第一年汉语学习，后三年专业课程学习），完成学习任务且成绩合格，即可获得该院普通高等职业教育毕业证书。

（李岩　尹立俊）

【两项成果获国家级教学成果二等奖】 9 月，信息职院两项成果获职业教育国家级教学成果二等奖。分别为“基于 ISO9000 质量管理体系标准的高等职业教育教学质量管理与保障体系研究与实践”与“能力模型开发与通用能力教育”。本年职业教育国家级教学成果奖重点奖励具有创新性和推广应用效果好的成果，该院组织推荐的两项成果都是针对目前职业教育教学改革与实践中存在的问题提出解决办法，具有创新性和应用推广效果的项目。

（李岩）

【庆祝建校 60 周年】 10 月，信息职院庆祝建校 60 周年。学院举办校级老领导座谈会、离休老干部座谈会、

建校 60 周年庆祝大会和“加快发展现代职业教育，深化产教融合、校企合作”学术报告会等系列活动。同时，开展纪念建校 60 周年征文与摄影比赛，制作校庆宣传画册，制作部门集体影像册，开辟网上校友通讯录，并以网络版校史展形式留存学院 60 年发展历程中的点滴印迹，集中展现学院建校 60 年来教育教学改革成果和卓越风采。信息职院创建于 1954 年，前身是新中国成立初期第二机械工业部在北京市酒仙桥电子工业区建立的华北第四工业学校；1956 年更名为北京无线电工业学校；1999 年北京无线电工业学校与北京成人电子信息大学两校合并组建北京信息职业技术学院；2003 年与北京市计算机工业学校、北京市电子工业学校三校共同组成新的北京信息职业技术学院。60 年办学历程历经新中国成立初期的中等专业技术教育阶段，改革开放初期的恢复、兴建、成长阶段以及跨入新世纪的高等职业教育发展阶段，为首都经济建设培养大批电子技术人才。

（李岩　尹立俊）

【承接 APEC 会议辅警安检任务】 11 月 5 至 11 日，信息职院承接 2014 年北京亚太经合组织（APEC）会议辅警安检任务。会议包含领导人非正式会议、部长级会议、高官会议等。该院 215 名女生参与辅警安检工作，上勤 1280 次，在 42 个岗位昼夜坚守，共完成安检人员 250961 人次。这是该院继 2008 年北京奥运会安检工作后，再次承接辅警安检任务。

（李岩）

【举办首届微课设计与制作竞赛】 11 月 26 日，信息职院举办首届“微课设计与制作”竞赛。比赛面向全体教师，参赛课程为该院开设的所有课程。共

提交参赛作品60件，经专家评审组评选，决出一等奖7件、二等奖13件、三等奖20件。微课是针对某个知识点、技能点或教学环节（如任务、活动、专题、实验等），针对教学中常见、典型、有代表性的问题或内容进行设计，满足学生个性化自主高效学习的新型在线视频学习资源。

（李岩）

【举办全国职业院校信息化教学能力提升培训万里行活动】 至12月，信息职院完成2014年全国职业院校信息化教学能力提升培训万里行活动。活动共举办21期培训，途经江苏、海南等14个省市自治区及新疆生产建设兵团，累计参与培训院校16所，直接培训近6000名骨干教师。该活动由教育部职业院校信息化教学指导委员会主办、信息职院承办，首期培训班于2月19日在北京举办。

（李岩）

北京电子科技职业学院

党委书记 赵　文（6月免）
　　　　　张雅君（8月任）
院　　长 王海平

【概况】 2014年，北京电子科技职业学院占地面积53.32万平方米，产权校舍建筑面积37.45万平方米。全年教育经费投入65336.10万元，其中，国家拨款59104.83万元、自筹经费6231.27万元。固定资产总值123160.26万元，其中，教学、科研仪器设备总值64846.98万元。图书馆建筑面积27014平方米，藏有纸质图书105.23万册、电子图书115万册。拥有计算机10738台，多媒体教室座位12600个。学校信息化经费投入890万元，信息化设备资产21335.17万元，网络信息点17150个，校园网出口总宽带250Mbps，电子邮件系统用户1193个，上网课程457门，数字资源量62284GB，管理信息系统数据总量282.40GB。设有6个校区，25个系部，48个专业。教职工1008人，其中，专任教师579人，包括教授及教授级高级工程师25人，副教授及高级工程师以上233人；博士32人，硕士114人；“双师型”教师377人。聘请校外教师161人。毕业生3551人，其中，高职生2224人、中职生1252人、成人教育专科生75人。毕业生一次就业率96.81%，一次签约率87.23%。招生3573人，其中，高职生2576人、中职生920人、成人教育专科生77人。高考北京地区提档线文科189分、理科152分，单考单招151分。在校生9781人，其中，高职生6121人、中职生3452人、成人教育专科生208人。网址：www.dky.bjedu.cn。

（王琴）

【完成技师培训鉴定】 1月23日，电科职院完成北京奔驰汽车有限公司汽车类三个工种职业资格鉴定。奔驰公司60名员工参加测试，48人取得相应工种国家二级（技师）职业资格证。这是该校首次承接国家二级（技师）层次的职业资格培训及鉴定工作。2013年7月，该校根据协议为奔驰公司60名员工举办汽车冲压工、汽车涂装工和汽车焊装工三个工种国家二级（技师）职业资格培训班，培训内容包括理论培训、实操训练、理论考试、实操考试、论文答辩等，并组织学员参加上述三个工种的国家二级（技师）资格鉴定，取证率80%。

（王琴）

【签署共建科研创新实践基地协议】 3月18日，电科职院与中国劳动保障科学研究院签署《共建中国劳动保障科学研究院科研创新实践基地协议》。根据协议，双方在农民工职业能力建设与就业、高职院校学生职业生涯规划、应用型高级技能人才培养模式研究与实践、科研手段共享等方面进行交流合作，并形成稳定、长期合作机制，促进高职院校与研究机构互惠互利，合作共赢。协议期3年。

（王琴）

【课程入选国家优质数字教育资源】 3月，电科职院两门网络课程入选2013年国家优质数字教育资源。该校共组织上报20门数字教育资源，其中，“机械制图与CAD—2网络课程”与“S7—300控制系统集成”两门网络课程入选，并分别获得7万元和5万元上线资源资助。2013年9月，教育部办公厅印发关于开展2013年度优质数字教育资源征集活动的通知，其中，职业教育类资源包括职业教育网络课程100门、数字教材100种、虚拟仿真教学软件50套。

（王琴）

【联合定向培养士官生】 5月13日，电科职院与中国人民解放军第二炮兵部队签署高素质高技能型士官人才培养战略合作协议。根据协议，电科职院为部队定向培养军地通用士官，通过高考面向北京、山东、湖南、重庆、陕西、甘肃地区招收定向培养士官生200人，学制三年，毕业后取得专科学历，补充到士官岗位服役，拓宽部队专业技术士官来源。该校是首个获得北京市定向培养直招士官资格的高职院校。

（王琴　王秀婷）

【召开第一次学生代表大会】 5月24日，电科职院召开第一次学生代表大会。会议听取并审议电科职院第一届学生会工作报告，分组讨论大会选举办法及委员候选人名单，并选举产生第一届学生委员会，21名学生当选第一届委员会委员。之后，召开第一次学生委员会全委会，选举产生校学生会第一届主席团，5名学生当选主席团成员。

（王琴　王秀婷）

【与3所院校签署合作协议】 5至10

月，电科职院与3所院校签署合作协议。与台湾南开科技大学签署友好合作框架协议，就开展两岸师生交流培训达成一致意见；与韩国朝鲜大学签订学生交流协议，两校互派交换学生，主要模式为“2.5＋0.5＋2”专接本项目，即电科职院生物工程学院学生在校内完成2.5年的专业课程学习后，赴韩国朝鲜大学进行为期0.5年的交换生学习项目，学习韩语并完

成为期半年的毕业设计，语言测试合格后可直接插班到韩国朝鲜大学本科班，完成两年本科学习，并获得本科毕业证书；与芬兰赫尔辛基职业学院签署第三期师生交流合作协议，继续开展师生互派交流学习。

（王琴　王秀婷）

【与企业及开发区签订合作协议】 6月4日和9月29日，电科职院分别与成都环龙智能系统设备有限公司和北京经济技术开发区人力资源中心、北京海外学人中心开发区分中心签署合作协议。根据协议，学校与环龙公司在汽车产品研发、工业机器人使用培训、师资培训、人才储备等方面开展交流合作。与开发区人力资源中心和海外学人中心开发区分中心签署《信息资源共享共建战略合作协议》，双方共建平台，共享资源，学校图书馆向开发区企业提供海量信息资源和多种信息服务，海外学人中心开发区分中心组织开发区30家具有影响力的企业向学校图书馆提供第一手行业资讯，发挥双方优势，推动企业与学校产学研结合。

（王琴　王秀婷）

【启动人才储备调剂中心】 10月9日，电科职院举办“北京经济技术开发区人才储备调剂中心”启动式暨2015届北京市职业院校毕业生信息发布活动。该校与开发区在启动式上签署“人才储备调剂中心”合作协议。建设“人才储备调剂中心”旨在与大兴区、开发区共同建立长效就业信息服务机制，为开发区企业提供人力资源服务。北京高校毕业生就业指导中心、北京经济技术开发区管委会等单位领导，电科职院领导、师生代表，以及北京12所高职院校代表、开发区13家企业代表参加启动式。之后，该校举办2015届北京市职业院校毕业生信息发布活动，共发布19所北京市高职院校加工制造类、电子信息类、金融会计类、艺术设计类和社会服务类专业2.10万名毕业生信息。

（王琴　王秀婷）

【启动国家数字化学习资源中心分中心】 10月23日，电科职院举办“国家数字化学习资源中心北京电子科技职业学院分中心”启动式暨“微课程开发与应用高级研修班”开班活动。电科职院与国家数字化学习资源中心签署合作协议，该校师生可享用中心提供的1410门课程资源（含310门实体编目课程及1100门URL编目课程）、450个教育视频资源和65个多媒体获奖课件以及协议期内每年不低于100门的新增课程数字化学习资源，还可在协议期免费使用中心的教学空间、备课平台和学习平台等。来自国家数字化学习资源中心、北京经济技术开发区、市教委、北京建筑大学等高校及电科职院领导等90余人参加启动仪式。之后，来自全国各地70余名学员参加“微课程开发与应用高级研修班”课程学习。

（王琴　王秀婷）

【学生通过ABB机器人应用能力资格认证】 10月23至24日，电科职院组织学生参加“ABB机器人基础应用能力认证”资格考试。汽车技术系选拔33名学生参加考试，全部通过并获得上海ABB工程有限公司颁发的“ABB机器人基础应用能力认证”资格证书。该校2011年9月与上海ABB工程有限公司ABB机器人校企合作项目部签署校企合作协议，建立ABB机器人培训中心。双方于2014年联合推出此项资格考试，对学生在ABB工业机器人使用、操作、编程调试及基础维护等方面进行职业能力认证，为在校生取得企业职业资格认证提供机会。

（王琴　王秀婷）

【举办青年教师教学基本功比赛】 10月25日，电科职院举办第四届青年教师教学基本功比赛决赛。从各二级教学单位选拔的25名教师参赛，经过现场授课、评审等环节，产生一等奖3人、二等奖6人、三等奖9人。比赛聘请北京师范大学、北京科技大学、北京化工大学教授及学校相关人员组成专家评审组，确保比赛的学术性及结果公正公平。比赛从5月开始，共246名青年教师参加初赛。

（王琴）

【设立科研服务平台】 10月28日，电科职院“首都科技条件平台开发区工作站北京电子科技职业学院分平台”暨“科技创新与成果转化服务中心”成立。学校与北京经济技术开发区嘉捷集团、北京中航智科技有限公司、北京汇科众惠医药科技有限公司、北京莱比德模具科技股份有限公司4家企业签署科研合作协议。科技创新与成果转化服务中心是学校所承担的高等职业教育综合改革试验区项目的一项建设成果，将通过分平台和中心建设搭建学校教科研团队和企业科技研发工作人员沟通交流的桥梁，为进一步落实校企合作、为企业科研创新提供服务。北京经济技术开发区管委会、科技局、北京科学技术委员会、市教委科研处、首都科技条件平台开发区工作站等部门领导及企业代表、电科职院领导、教师110人参加大会。

（王琴）

【开展开发区首席技师研修项目】 11月29日，电科职院正式启动北京经济技术开发区首席技师研修项目，并组织第一次集中研修。来自SMC（中国）有限公司、北京奔驰汽车有限公司、北京中安特科技有限公司、航天长征火箭技术有限公司、北京金辰西维科安全印务有限公司50余名首席技师工作室团队成员参加集中研修。该校聘请清华大学机械系教授授课，内容为3D打印技术的产生、发展和应用等。北京经济技术开发区人力社保局为推动开发区首席技师工作室建设，落实名师带徒制度，委托电科职院承担该项目。研修时间为期一年，研修内容包括基础理论、工程基础和专业技术三个模块。

（王琴）

【为本科学生开展项目教学】 11至12月，电科职院为本科学生开展项目教学。学校与北京亦庄生物医药园、北京卫诺恩酶制剂有限公司合作，面向北京工商大学理学院160名本科生，分3个批次开展“生物技术综合实践项目”教学。教学内容为发酵罐使用、质粒DNA提取、分离纯化与鉴定、蛋白酶活测定等学习模块，教师团队由电科职院生物工程学院专业教师与企业专家共同组建，实践场地在北京亦庄生物医药园的中试产业平台。

（王琴）

北京京北职业技术学院

党委书记 王恩成
院　　长 王玉山

【概况】 2014年，北京京北职业技术学院占地面积12.40万平方米，产权校舍建筑面积6.20万平方米。全年教育经费投入7542.44万元，其中，国家拨款6608.20万元、自筹经费934.24万元。固定资产总值21578.07万元，其中，教学、科研仪器设备总值3374.29万元。图书馆建筑面积8685平方米，藏有纸质图书55万册、电子图书120500GB。拥有计算机828台，多媒体教室座位3840个。学校信息化经费投入696.60万元，信息化设备资产1916.70万元，网络信息点720个，校园网出口总带宽100Mbps，电子邮件系统用户60个，上网课程2门，管理信息系统数据总量20GB。拥有14个职业技能培训鉴定（考试）站点资质，设有四系三中心，开设9类13个高职专业。教职工218人，其中，专任教师123人，包括教授及教授级高级工程师2人，副教授及高级工程师以上42人；博士后2人，硕士87人；“双师型”教师44人。聘请校外教师23人。毕业生1080人，其中，高职生610人、成人教育专科生470人。毕业生一次就业率98.83%。招生1016人，其中，高职生644人、成人教育专科生322人、五年制学生50人。高考北京地区提档线文科150分、理科150分。在校生3436人，其中，高职生1965人、成人教育专科生1306人、五年制学生165人。网址：www.jbzy.com.cn。

（张洁）

【课堂搬到车展现场】 4月21日，京北职院管理工程系会展策划与管理专业2013级学生在2014年北京车展现场上专业课，“把课堂搬到车展现场”。会展专业教师对此次教学实践进行精心设计：参观前，为学生准备学习页、工作页等学习材料，做好参观准备；参观过程中，会展专业教师就展会组织、展台设计、现场服务等方面进行介绍；参观后，会展专业师生共同进行总结。此举是会展专业教学改革的一次新尝试。

（张洁）

【举办首届养老护理员技能大赛】 5月12日，京北职院体育艺术与健康系社区康复专业举办首届养老护理员技能大赛。大赛历时一个月，共31名学生报名。大赛本着“以赛促爱、以赛促学、以赛促培、以赛促练”原则，通过生活照料（饮食照料、排泄照料、睡眠照料、清洁照料），基础护理（用药照料、冷热照料、临终关怀），康复护理（康乐活动保护、功能训练）三个模块进行展示。经过初赛和决赛环节，最终19人获奖。决赛期间，北京寸草春晖养老院院长、朝阳区将府庄园敬老院院长、北京市十三陵老年公寓总经理、怀柔区满怀柔情养老院副院长以及学院领导到现场指导。

（张洁）

【组建6支志愿服务队服务APEC会议】 9至12月，京北职院领导下的非营利性社会团体北京怀柔京北社会工作事务所组建“环境清洁志愿服务队”“会议宣传志愿服务队”“文明劝导志愿服务队”“治安防控、应急处理志愿服务队”“心理疏导志愿服务队”和“会议咨询引导志愿服务队”6支志愿服务队为APEC会议服务。6支队伍经过培训，于10月29号开始对学院周边小中富乐村口、怀柔劳动大厦、怀柔大中富乐村口、怀柔妇幼保健院等6个站亭开展服务APEC会议志愿服务工作。在APEC会议前期重点时间段内，开展社会治安防控、环境整治、交通协管、大气治理、文明劝导、心理疏导等服务活动，并在周边环境建立应急动员机制，以应对突发意外情况与事件。该项活动也是京北社工事务所发起的“展青春风采，献公益爱心”——高校社团“走进社区，服务百姓”系列志愿服务活动之一。共50余名志愿者参加活动。

（张洁）

【三方联动开展社区康复活动】 10月

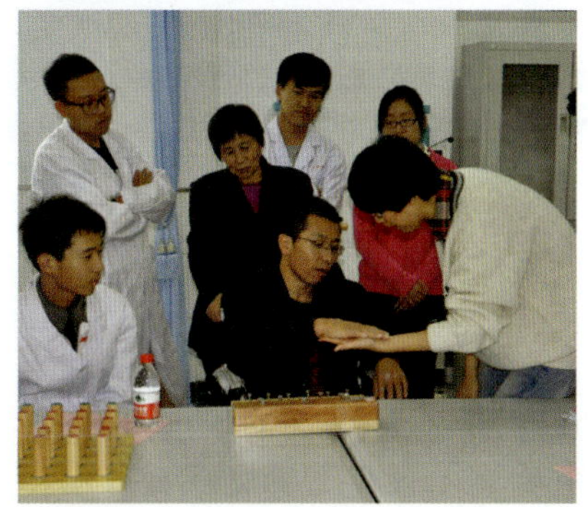

14日，高校、社区、社工事务所三方联动开展的社区康复活动在京北职院社区康复专业实训室举行。该活动以“心系社区、服务百姓”为主题，合作三方签署合作意向书。学院体育艺术与健康系社区康复专业师生与迎宾路社区推荐的服务对象代表——残疾人苏志廷现场交流并对其身体状况进行初步诊断，双方确定服务意向。此项活动是由北京怀柔京北社会工作事务所牵线联系，促成京北职院体育艺术与健康系同怀柔区龙山街道迎宾路社区居委会结成对子，共同开展针对社区残疾人士的康复训练，促进社区残疾居民尽快恢复身体健康，回归社会，解脱家属负担。活动开展旨在体现社会温暖、构建和谐社区、促进文明怀柔建设。

（张洁）

【通过民政行业养老护理员职业技能鉴定培训基地验收】 12月31日，京北职院民政行业养老护理员职业技能鉴定培训基地通过验收。民政部职业技能鉴定指导中心对该校民政行业养老护理员职业技能鉴定培训基地进行实地考察和现场讨论，认为学院依托体艺系社区康复专业举办养老护理员职业技能鉴定培训基地是必要的，准备是充分的，建议尽快制订计划，尽早开展工作。

（张洁）

北京交通职业技术学院

党委书记　杨保红（1月免）
　　　　　李卫东（1月任）
院　　长　杨保红（2月免）
　　　　　林海波（2月任）

【概况】　2014年，北京交通职业技术学院占地面积203761平方米，产权校舍建筑面积97012平方米。全年教育经费投入8113.30万元，其中，国家拨款6621.15万元、自筹经费1492.15万元。固定资产总值14351.30万元，其中，教学、科研仪器设备总值3827.16万元。图书馆建筑面积2979平方米，藏有纸质图书14.05万册、电子图书13万册。拥有计算机1080台，多媒体教室座位5135个。学校信息化经费投入255.79万元，信息化设备资产988.89万元，网络信息点1640个，校园网出口总带宽100Mbps，上网课程30门，数字资源量1342GB，管理信息系统数据总量32GB。设有路桥系、汽车系、管理系、轨道交通系和基础部“四系一部”，开设15个专业。教职工255人，其中，专任教师106人，包括教授及教授级高级工程师3人，副教授及高级工程师以上29人；博士2人，硕士69人；“双师型”教师31人。聘请校外教师57人。毕业生648人。毕业生一次就业率97.69%，一次签约率81.30%。招生750人。高考北京地区提档线文科150分、理科150分。在校生2161人。网址：www.jtxy.com.cn。

（陈晓燕）

【学生社会实践基地挂牌】　9月，交通职院与地铁南邵站区签订共建协议并举行“学生社会实践基地”授牌仪式。双方约定，学生社会实践基地建立后，学院轨道交通专业学生定期在站内开展志愿活动，引导乘客刷卡进站，协助站内工作人员做好其他服务，以此培养学生服务意识，增强学生沟通、交流能力。双方力求通力合作进行优质资源整合，丰富教育手段，强化宣传效果，提升社会影响力。

（李萍）

【成立首个国旗班】　10月17日，交

通职院首个国旗班成立。学院自5月开始招募国旗班学生，经过层层筛选，共24人入选，均为2013级学生。国旗班以升旗、降旗、爱旗为职责，承担学院大型活动和定期举行的升旗仪式等任务。至年底，共组织2次大规模升旗仪式，每次有3000余名师生参加。组建国旗班是为更好地开展国防教育、提升学生整体素质，增强学生爱国意识和奉献精神。

（寇玉林　董帅）

【获全国工程算量大赛总冠军】　11月1日，交通职院7人组成3支代表队参加第七届全国中高等院校“广联达杯”工程算量大赛获得总冠军以及6个单项一等奖和4个单项冠军。该大赛由中国建设教育协会主办，住建部高等学校工程管理学科专业指导委员会、广联达软件股份有限公司承办，全国共有275所院校600余支队伍2000余名学生参赛，包括钢筋算量、土建算量、清单计价、给排水、电气安装算量等赛项。

（郝焱）

【开展第一批教育教学能力测评工作】　11月，交通职院开展第一批教师教育教学能力测评工作。工作共分三批进行，主要是为促进学院教师转变职教理念，提升教师教育教学能力，全面深入推进“行动导向、能力本位、项目化改造为目标”课程改革。测评包括书面材料审核和现场测评两个环节，其中，现场测评包括说课、讲课和研讨三部分，根据每个环节评分，总分85分以上为优秀，60分以上为合格。第一批测评工作共有13名教师参加，3人优秀，8人合格，2人因材料审核不合格未通过测评。

（陈薇薇）

北京青年政治学院

党委书记　楚国清
院　　长　梁绿琦

【概况】　2014年，北京青年政治学院占地面积46363.60平方米，产权校舍建筑面积40756.67平方米、非产权校舍建筑面积22551.26平方米。全年教育经费投入21002.47万元，其中，国家拨款19038.05万元、自筹经费1964.42万元。固定资产总值29345.91万元，其中，教学、科研仪器设备总值12059.65万元。图书馆建筑面积2640平方米，藏有纸质图书45.92万册、电子图书38.75万册。拥有计算机3451台，多媒体教室座位3488个。学校信息化经费投入213.70万元，信息化设备资产6929.98万元，网络信息点4210个，校园网出口总带宽550Mbps，电子邮件系统用户603个，上网课程652门，数字资源量40274GB，管理信息系统数据总量13450GB。设有2个校区，11个系部，7个研究中心，22个专业。教职工332人，其中，专任教师245人，包括教授及教授级高级工程师19人，副教授及高级工程师以上91人；博士37人，硕士134人；“双师型”教师168人。聘请校外教师75人。毕业生1296人，其中，高职生1215人，成人教育专科生81人。毕业生一次就业率98.80%，一次签约率86.45%。招生1276人，其中，高职生1212人，成人教育专科生64人。高考北京地区提档线文科160分、理科166分。在校生4053人，其中，高职生3888人，成人教育专科生165人。网址：www.bjypc.edu.cn。

（黄冬冬）

【与蓝地公司签订校企合作协议】　7

月2日，北青院与蓝地一族服饰有限

公司签订校外实训基地合作协议。协议涵盖顶岗实习和就业等方面内容。根据协议，学院学生可到企业顶岗实习，包括市场推广方案策划、厂店建设策划、品牌市场调研等，通过实战提高学生综合能力。

（黄冬冬）

【举办中华美德教育行动师资培训班】 7月2至10日，北青院主管的北京东方道德研究所与香港中文大学新亚书院联合举办第12期“中华美德教育行动师资培训班”。本年开始，由香港著名慈善家田家炳命名的基金会开始赞助此项培训，专门开设“中华美德教育行动”小学师资培训班，共招收学员91人，加上内地带队教师及新亚书院参与管理的教师和学生志愿者，培训班总人数超过百人，是历年来规模最大的一期师资培训班。

（黄冬冬）

【教师获评全国优秀】 8月29日，教育部发布表彰全国优秀教师和全国优秀教育工作者的决定，北青院教师韩凤荣获得“全国优秀教师”和“全国高校优秀思想政治工作者”称号。该评选由教育部举办，共评出全国优秀教师1800人、全国高校优秀思想政治工作者35人。9月9日，在人民大会堂受到习近平等中央领导人接见。韩凤荣，女，1963年8月生于吉林省德惠市，1989年进入北青院担任思政课教师工作。她二十余年如一日，坚守在思政课教学第一线，敬业守责、热爱学生，不断提升业务水平，积极参与社会服务，2006年、2013年被评为北青院优秀教师，2008年被评为北青院优秀班主任，2013年被评为北京市优秀教师，2014年获得“北京市师德先进个人”称号。

（黄冬冬）

【与中国贸促会北京分会共建实习基地】 10月16日，北青院与中国国际贸易促进委员会北京市分会签署共建教学科研实习基地框架协议。双方分别就干部人才队伍建设、学生教育培养及事业发展达成协议，通过互派干部和教师加强人才队伍建设，通过设立实习（实训）基地、研究基地开展教学科研合作，通过志愿服务促进双方事业发展。

（黄冬冬）

【与朝阳区教委及所属中职学校签约合作】 11月19日，北青院与朝阳区教委及所属3所中职学校签署职业教育合作协议。北青院与朝阳区教委签署《职业教育合作框架协议书》，分别与北京市电气工程学校、北京市劲松职业高中和北京市求实职业学校签署《合作办学协议书》。根据协议，北青院与3所中职学校开展专业设置、培训服务、课程衔接、资源共享等方面合作，实现优势互补、互惠互利、共同发展。此举是北青院开展中、高等职业教育合作初步尝试。

（黄冬冬）

【承办北京中青年社科理论人才“百人工程”学者论坛】 12月20日，北青院承办第八届北京中青年社科理论人才“百人工程”学者论坛。论坛聚焦社会主义核心价值观，以深入贯彻党的十八大、十八届三中、四中全会和习近平总书记系列重要讲话精神为指导，围绕“社会主义核心价值观：构筑共有精神家园，实现中华民族伟大复兴”主题开展，切实推进首都高校、社科界弘扬和践行社会主义核心价值观中重大理论和现实问题的研究，为着力建设中华民族共有精神家园、实现中华民族伟大复兴的中国梦提供强大思想动力和精神支撑。论坛由市委宣传部、市社科联合会、市哲学社会科学规划办公室联合主办，在北京会议中心举行。市委宣传部、市社科联、市哲学社会科学规划办公室领导，以及来自首都各高校的“百人工程”学者和师生代表130余人参加论坛。北京电视台、《北京日报》等首都各大媒体到会并予以报道。

（黄冬冬）

【完成北京市社工培训任务】 至年底，北青院完成“北京市万名社区工作者培训计划”工作。该培训计划由北京市社会建设领导工作小组办公室与北青院共同举办，于2012年12月2日启动，北青院作为北京市首家挂牌的“北京市社区工作者培训基地”，共完成56个班次15943人次的培训任务。

（黄冬冬）

【完成各类党政团干部培训102个班次】 至年底，北青院共组织承办各类培训102个班次，培训21000余人

次。其中，承接团市委培训17个班次、2723人次，包括区县局级新任职团干部培训班、北京市团干部学习十八届四中全会精神暨党性教育专题培训班、全市中小学少先队大队辅导员培训、北京青年社会组织骨干训练营、大学生英才学校等。为北京相关区县、机关、企事业单位开展各类培训，组织培训30余个班次，3000余人次。同时为青海、贵州、兰州市等省市干部和湖南、上海、山东、江西、广东等地团青骨干开展培训，如西宁市人大代表履职能力提升研修班、西宁市委党校师资和管理人员研修班等。

（黄冬冬）

北京农业职业学院

党委书记 崔砚青
院　　长 杜晓林

【概况】 2014年，北京农业职业学院占地面积81.22万平方米，产权校舍建筑面积36.09万平方米。全年教育经费投入52302.66万元，其中，国家拨款47222.70万元、自筹经费5079.96万元。固定资产总值55243万元，其中，教学、科研仪器设备总值10304万元。图书馆建筑面积6113平方米，藏有纸质图书42.92万册、电子图书4204GB。拥有计算机2995台，多媒体教室165间。学校信息化设备资产3069万元，网络信息点4000个，校园网出口总带宽530Mbps，电子邮件系统用户920个，上网课程58门，数字资源量8000GB，管理信息系统数据总量100GB。设有9个系部以及国际教育学院、机电工程学院和继续教育学

院，开设 39 个高职专业。教职工 858 人，其中，专任教师 410 人，包括教授及教授级高级工程师 22 人，副教授及高级工程师以上 127 人；博士 28 人，硕士 112 人；“双师型”教师 319 人。聘请校外教师 164 人。毕业生 1828 人，其中，高职生 1368 人，中职生 299 人，成人教育专科生 161 人。毕业生一次就业率 97.67%，一次签约率 64%。招生 1677 人，其中，高职生 1396 人，中职生 190 人，成人教育专科生 91 人。高考北京地区提档线文科 150 分、理科 150 分，单考单招 150 分。在校生 5276 人，其中，高职生 4062 人，中职生 792 人，成人教育专科生 422 人。网址：www.bvca.edu.cn。

（肖兵）

【成为现代农村经济管理自考专业主考院校】 1 月 9 日，农职院与北京教育考试院达成北京市高等教育自学考试主考校工作协议，该院成为现代农村经济管理（合作社方向）自考专业主考院校。教育考试院向农职院校考试委员、专业考试委员和课程考试委员颁发聘书并进行自考大纲编写培训。4 月 26 至 27 日，该专业自学考试首次开考，考核“农村合作社建设与管理”和“农村企事业会计”两门课程，95 名考生报名，81 人参加考核，参考率 85%。

（李薇　王艳四）

【学生压花作品首获国际金奖】 1 月，农职院园艺系环境艺术设计专业学生李慧宇的压花作品《猫头鹰花园》获 2014 国际压花协会研讨会暨压花比赛金奖。比赛于美国加利福尼亚州举行，包括“遥远的地方”（Faraway Places）、“梦幻花园”（Dream Garden）等四个比赛类型，来自美国、英国、中国大陆、中国台湾等十余个国家和地区压花专家和爱好者参赛。农职院园艺系推荐 10 名学生参赛，《猫头鹰花园》获得“梦幻花园”类型第一名。李慧宇，女，1994 年 6 月生于辽宁省阜新市，2012 年进入农职院学习环境艺术设计专业。

（陈明莉　刘宪东）

【撤并文秘法律系】 3 月，农职院撤并文秘法律系，其下法律文秘专业、文秘专业划转至财会金融系，会展策划与管理专业划转至现代服务管理系。文秘法律系成立于 2006 年 3 月，初设法律文秘、文秘两个高职专业，教职工 13 人；2012 年开设会展策划与管理高职专业，教职工 16 人，其中，专任教师 11 人，包括教授 1 人、副教授 3 人。该系在校内建有速录实训室、现代办公实训室，有海淀区档案馆、北京恒有源科技发展有限公司等多家校外实训基地。文秘法律系在校生最高达 353 人，2006 至 2014 年共计培养毕业生 855 人。

（肖兵）

【制定梨生产技术规程地方标准】 3 月，农职院园艺系教师起草的《有机食品——梨生产技术规程》北京市地方标准颁布。该标准由市质量监督局于 2012 年立项，农职院作为第一起草单位会同中国农业大学等单位历经 2 年完成编制，于 7 月 1 日正式施行。该标准属于北京市地方标准（标准号：DB11/T 1085—2014），适用于北京地区有机梨果品的生产，规定有机梨（白梨、秋子梨、砂梨和西洋梨）生产的产地环境、生产技术、污染控制、水土保持和生物多样性保护、采收和分级、包装、标识、贮藏和运输及管理体系等方面要求。该标准的颁布实施为北京市的梨标准化生产及产业技术升级提供技术支撑。

（高照全　刘宪东）

【两项北京市农业技术试验示范项目结题】 4 月 2 日，农职院教师承担的北京市农业技术试验示范项目“生物防治技术在都市农业中的应用推广”和“特色糯玉米新品种选育”结题。“生物防治技术在都市农业中的应用推广”项目运用甜菜夜蛾病毒和 BT 复配制剂防治夜蛾类害虫，用花绒寄甲、川硬皮肿腿蜂联合防治桑天牛，解决释放天敌的时间、数量和方法等关键技术，使虫口减退率达到 100%，肿腿蜂和花绒寄甲防治桃红颈天牛的虫口减退率分别达到 64.50%和 61.50%；项目在大兴、房山等 6 个区县建立试验示范点 535 亩，技术辐射面积 2135 亩，培训农民累计 3413 人次。“特色糯玉米新品种选育”项目在以往 6 年的研究基础上，搜集 144 份糯玉米种质资源，选育出“N26－11×N24－10”糯玉米组合，参加 2013 年北京市糯玉米区域试验。该组合具有早熟、外观品质优良、适口性好等特点。同时，项目选出较稳定糯玉米自交系 3 个，可为育种单位提供优良品种资源。

（刘宪东　王晓梅）

【建成图书馆新馆和气膜体育馆】 4

月 3 日和 5 月 8 日，农职院南校区图书馆新馆和北校区气膜体育馆分别建成并启用。图书馆新馆建筑面积 6700 平方米，基建投资 1910 万元，馆藏纸质图书 21.80 万册、电子图书 4200GB。馆内按学科划分设置人文社科、农业科学（种植类）、农业科学（养殖类）、食品科学、工科、外文类及工具书阅览室，同时设有学术报告厅、教授书屋、教师阅览室、学术研讨室、密集书库、师生作品展室、参考咨询室、学生服务室以及教师著作教材库。图书馆利用无线射频技术实现自助借还、图书定位、架位导航功能，借助校园一卡通实现自动化门禁管理，利用桌面虚拟化管理系统提高设备维护效率。北校区体育馆工程于 2013 年 11 月开工，总占地面积 2600 平方米，其中，气膜场地 1400 平方米，包括 4 块标准羽毛球场地、1 个标准篮球场地和 4 个乒乓球场地，显著改善师生体育活动条件。

（汤云　王凌云）

【与两所国外院校签署合作框架协议】 4 月，农职院接待俄罗斯、英国、西班牙三所国外院校来访，达成两项合作框架协议。农职院同俄罗斯滨海国立农业科学院协议约定合作开展学生专业技能训练，与英国贝辛斯托克技术学院协议约定开展教师交流互换项目；此外，同西班牙阿尔梅利亚大学就开展科研合作达成共识。

（付宁花）

【新增两个项目进驻大学生创业基地】 5 月 5 日，农职院畜牧兽医系大学生创业基地新增土鳖虫、红鼠蛇两个学生养殖创业体验项目。项目均由相关专业在校学生负责管理，其中，土鳖虫是中国传统名贵中药材，具有化瘀止痛、败毒理伤、接骨续筋等功效，与其配伍的中药达200余种；红鼠蛇是爬宠市场上广受欢迎品种。至此，该基地进驻项目增至6个。

（沈杰）

【开展农艺入户工程】 5月，农职院

下属市农广校开展的“有机蔬菜家里种”农艺入户工程完成第一期试点。项目得到市农业局支持，于2013年11月在门头沟军庄镇军庄村开展试点，引导农户在家中种植各类芽苗菜，促进农民增收。农艺入户工程是指在各级政府部门支持下，通过市农广校四级网络办学体系与农业技术推广体系有机融合，实施教师、媒体资源、人才培养进村入户，开办现代农艺专业中专班，开展家庭种植设备开发制作、家庭有机蔬菜种植、家庭花卉养护、家庭果树盆栽系列教育活动，推广家庭现代农艺开发技能，建设家庭小农场，培养家庭“农艺师”，使他们成为家庭种植产业带头人，实现“创业致富在农家、家庭美化在农家、健康生活在农家、文明和谐在农家”目标。

（马雪雁）

【首次利用语言学科平台进行英语考试】 6月，农职院基础部首次利用校园网语言学科平台完成6个分层班级的期末英语考试工作。该平台由自由学习模块、标准化考试模块、公共资源库模块组成，其中，自由学习模块包括媒体点播、听力训练、口语训练、写作训练、阅读训练等，能够满足学生AB级、四六级和专升本等不同层次的英语学习需求；标准化考试模块主要用于试卷组织；公共资源库模块主要用于数字化英语教学资源库建设。引入语言学科平台、建设公共英语课程数字资源库以及推进公共英语课程信息化教学改革是农职院英语教学改革重点内容，该院现有平台80个点位使用权。

（张红）

【开展第十批科技骨干挂职服务工作】 7月3日，农职院启动第十批科技骨干挂职服务工作。在历年服务远郊区县基础上，重点拓展与北京都市农业职业教育集团内企事业单位合作，并与大兴区挂职科技副镇长工作相结合。此次共派出15人，其中，挂职职教集团成员单位8人、大兴科技副镇长4人、房山和门头沟远郊区县3人。农职院于2005年启动首批科技骨干挂职服务，十年来全院共有20个专业系部、综合部门的125名专业技术人员总计206人次深入13个郊区100余个乡镇、街道办、合作社、农业企事业单位，持续开展智力资源与区域发展融合互动式的服务工作，形成“滴灌式”“孵化式”“链条式”等服务模式和“五个一”挂职服务机制。

（邓志峰　刘丹）

【首批留学生入学报到】 9月5日，农职院首批留学生入学报到。首批18名留学生分别来自俄罗斯、哈萨克斯坦、吉尔吉斯斯坦等国家和地区，就读国际教育学院国际贸易专业，学制5年。该专业培养具有良好职业道德和综合职业能力，熟悉国际商务环境，能够熟练使用汉语参与进出口活动，具有在国外生活和学习能力，具备专业必备的基本理论和专门知识，具有国际社会需求的从事外贸销售和基本单据处理能力的专业人才。

（朱翠红）

【首获国家级教学成果一等奖】 9月，农职院首获国家级教学成果一等奖、二等奖各1项。在教育部2014年国家级教学成果评选中，农职院申报的“都市型现代农业高技能人才培养改革与实践”项目获职业教育类教学成果一等奖、“基于‘从田间到餐桌’全程质量控制食品专业人才培养的实训基地建设与实践创新”项目获二等奖。农职院依托国家示范性高等职业院校建设项目，于2008年启动“都市型现代农业高技能人才培养改革与实践”项目，形成具有都市型农业特点的专业体系，进行中高职教育“3+2”模式衔接、高职教育和普通高等教育对接模式改革试验，探索现代职业教育体系建设途径；创新形成“植物生长周期循环”等三个农业职业教育特点鲜明的人才培养模式；建设2门国家级、10门北京市级精品课程，公开出版210部高职高专教材；建成北京市优秀教学团队4个、北京市专业创新团队3个；培养农业部行业名师3人、北京市教学名师6人；毕业生就业率连续4年98%以上。

（肖兵）

【启动“课堂无手机”教育管理活动】 10月13日，农职院启动“课堂无手机”教育管理活动。学院召开专题会研究部署活动实施细则，向各系部学办负责人进行详细部署；为每个班级制作发放“手机保管袋”，要求每个班级安排一名学生干部负责管理，确保取、放手机安全有序；要求学生上课前自觉将手机调成静音或关机状态，集中放入“手机保管袋”中，课后再取回，确保课堂教学秩序不受干扰，师生全身心投入课堂教学和学习，提高教学效果。央视新闻频道、《新京报》对活动进行报道。

（吴迪　关婷）

【成立两个研究中心】 11月5日，

农职院兰花研究中心、马术运动实践教学活动中心成立。兰花研究中心为非独立法人机构，挂靠中国植物学会兰花分会，受学院及分会双重领导；中心面向中国兰花产业发展需求，在兰花新品种繁育与产业化栽培技术相关领域开展科技项目研发，推动产业

化；中心同时还将为2015年第四届中国兰花大会提供服务和支持。马术运动中心是学院顺应北京都市农业职业教育发展形势，为更好地满足相关专业实践教学需要而成立的，建有马术运动场、马厩等设施，同时面向社会各届马术运动爱好者开放。

（肖兵）

【举办首个奶牛养殖人才定向培养班】 12月23日，农职院首个奶牛养殖人才定向培养班开班。该培训班与首农集团北京首农畜牧发展有限公司合作举办，学院根据公司人力资源规划，首批从畜牧兽医系二年级学生中选录约30人组成订单班；双方共同确定人才培养方案，并在师资、技术、设备等方面充分发挥各自优势，采取多种形式教学，有针对性地完成学生在校培养。培养期满后，成绩合格者进入公司就业。

（于凤芝）

【新建、改造12个实训室】 至12月，农职院2014年12个实训室建设项目全部通过验收。12个项目中有4个为新建项目，分别是会展策划与管理专业实训室、工程建设造价与招投标实训室、高清多通道录播实训室以及金融理财综合实训中心，另有8个为升级改造项目。项目建成后，农职院校内实训室达172个，实践教学条件得到进一步提升。

（张满清　王晶）

北京政法职业学院

党委书记　张景荪（8月免）
　　　　　　郑振远（8月任）
院　　长　张景荪

【概况】 2014年，北京政法职业学院占地面积35.70万平方米，产权校舍建筑面积13.60万平方米。全年教育经费投入22314.45万元，其中，国家拨款19744.17万元、自筹经费2570.28万元。固定资产总值23816.18万元，其中，教学、科研仪器设备总值9986.14万元。图书馆建筑面积1.34万平方米，藏有纸质图书49.49万册、电子图书169.70TB。拥有计算机3086台。学校信息化设备资产4034.55万元，网络信息点2066个，校园网出口总带宽350Mbps，电子邮件系统用户862个，上网课程135门，数字资源量169785.30GB，管理信息系统数据总量14189.39GB。设有5系1部、9个研究所、7个教辅机构和2个培训机构，开设23个专业。教职工409人，其中，专任教师201人，包括教授及教授级高级工程师10人，副教授及高级工程师以上50人；博士19人，硕士136人；“双师型”教师100人。聘请校外教师48人。毕业生1153人，其中，普通高职生797人、五年制高职生356人。毕业生一次就业率98.71%。招生1126人，其中，普通专科生586人、对口招收中职生259人、五年制高职生281人。高考北京地区统招文史类最低150分、统招理工类最低150分。在校生4151人，其中，普通高职生3327人、中职生824人。网址：www.bcpl.cn。

（李治建）

【首获国家级教学成果奖】 9月4日，教育部公布2014年国家级教学成果奖名单，政法职院“政法高职‘立德明法、重能强技’实践育人模式探索创新”项目获得职业教育二等奖，这是该院首次获得国家级教学成果奖。该项目以破解政法高职实践育人的模式、路径、方法、载体，解决校内生产性实训及学生操作性、技能性培养等制约政法高职发展的瓶颈性问题入手，创建独具政法特色的“立德明法、重能强技”实践育人模式。其实现路径是“双双结合、三递进、三联动”：“双双结合”即法律职业素养与法律职业技能“双主线”并重培养相结合、学校教育与职场培训“双主体”并重培养相结合；“三递进”即按照高素质技能型人才成长规律，实施“体验认知—仿真模拟—顶岗实战”三段递进实践教学；“三联动”即一、二、三课堂相互衔接联动、教学与学生工作相互联动，促进学生个性全面发展。教学成果奖是中国关于教育教学研究方面最高奖项，2014年，国家首次把教学成果奖分为基础教育、职业教育和高等教育三大类，职业教育第一次被单列为国家级教学成果奖的一种类型。2月，该成果获得全国司法职业教育教学指导委员会2014年司法职业教学成果奖一等奖。

（李治建）

【与国家职业汉语能力测试中心签约合作】 9月28日，政法职院与国家职业汉语能力测试中心举行国家职业汉语能力证书考试政法职院考点签约仪式。根据协议，政法职院成为国家职业汉语能力测试（简称ZHC）考点，负责组织、实施职业汉语能力证书考试。ZHC是人力社保部职业技能鉴定中心为开发、培育劳动者的核心技能，提高劳动者职业汉语能力，满足语言能力评价方面的社会需求，于2003年组织国内语言学、语言教学、心理学和教育测量等方面专家开发的国家级汉语能力测试项目。

（李治建）

【举办安保专业国际双证书班】 10月10日，政法职院中澳合作国际安保与风险管理双证书班开班。该班是与澳大利亚康普利斯教育学院合作举办的安全保卫高等专科教育项目，于3月26日经市教委批复同意。班级首期招生16人，学生在政法职院学习3年，经政法职院和澳大利亚康普利斯教育学院考核合格可取得学院颁发的高等职业教育毕业证书和澳大利亚康普利斯教育学院颁发的职业教育文凭CPP50611安保及风险管理文凭证书。这是中国安保培训历史上首次开办国际双证书班。

（李治建）

【获全国速录技能大赛14枚金牌】 10月23至24日，政法职院代表队在全国第三届文秘·速录职业技能竞赛暨通往布达佩斯中国资格赛上获得高职组速录技能大赛个人单项14枚金牌、18枚银牌、16枚铜牌，以及“高职组最佳团体奖”和“文秘速录最佳团体奖”。此外，4名学生参加本科高职组的文秘综合技能竞赛项目比赛，获得2个一等奖、2个二等奖和5个最佳奖。该比赛由人力社保部国家职业技能鉴定专家委员会秘书专业委员会、中国职业技术教育学会教学工作委员会文秘公关专业教学研究会和中国中文信息学会速记专业委员会联合举办，分文秘和速录两大部同时分别进行，设有高职组、中职组、社会组和职业组，是国际信息与通信处理联合会（国际速联）官方认可的唯一资格赛，选手将获得参加2015年国际速联在匈牙利首都布达佩斯举办的第50届国际速联大赛资格。

（李治建）

【大兴新校区启用】 11月15日，政法职院搬迁入住大兴新校区。新校区改扩建工程项目1号建筑教学主楼自2012年9月17日正式破土动工，新校园总建筑面积10.36万平方米，其中，主体工程包括教学科研及附属用房44641平方米，学生公寓楼5栋3.70万平方米，学生食堂8342平方米；附属工程有标准田径运动场、排球场及绿化、道路等辅助设施。新校园为全体师生营造舒适现代的校园环境，夯实学院硬件设施，极大地改善和提升学院办学条件。

（李治建）

【学报获全国高校优秀社科期刊奖】 12月17日，政法职院学报获第五届“全国高校优秀社科期刊奖”。第五届全国高等学校文科学报评奖活动由全国高等学校文科学报研究会组织，北京地区共15家期刊获奖。

（李治建）

北京财贸职业学院

党委书记 韩宪洲
院　　长 王成荣

【概况】 2015年，北京财贸职业学院占地面积26.82万平方米，产权校舍建筑面积14.23万平方米。全年教育经费投入32876.32万元，其中，国家拨款26560.68万元、自筹经费6315.64万元。固定资产总值50094.47万元，其中，教学、科研仪器设备总值20089.29万元。图书馆建筑面积12461平方米，藏有纸质图书73.16万册、电子图书60万册。拥有计算机6030台，多媒体教室131间。学校信息化经费投入1791.33万元，信息化设备资产14228.51万元，网络信息点13084个，校园网出口总带宽610Mbps，电子邮件系统用户6826个，上网课程141门，数字资源量19512.20GB，管理信息系统数据总量2483.41GB。设有3个校区，9个教学系部和二级学院，开设23个高职教育专业、1个中专教育专业、4个成人教育专业。教职工557人，其中，专任教师315人，包括教授及教授级高级工程师6人，副教授及高级工程师以上100人；博士24人，硕士188人；“双师型”教师222人。聘请校外教师100人。毕业生2162人，其中，高职生1821人、中专生95人、成人教育专科生246人。毕业生一次就业率99.40%，一次签约率73.20%。招生1817人，其中，高职生1624人、中专生129人、成人教育专科生64人。在校生5938人，其中，高职生5420人、中专生344人、成人教育专科生174人。网址：www.bjczy.edu.cn。

（殷红）

【党总支换届】 1月2至16日，财贸职院完成第三届党总支换届选举工作。新设机关第四联合党总支，党总支数量增至15个；明确系（院）部主管学生工作的副主任（院长）担任党总支副书记；离退休党总支委员会增设生活委员。经过学习动员、酝酿推荐候选人、确定初步人选、确定预备人选、党员大会选举、党委批复等工作环节，最终产生党总支书记15人、副书记15人、总支委员43人。

（殷红）

【《北京流通软实力》出版】 5月8日，财贸职院《北京流通软实力》由中国经济出版社出版。该书是国内首部专题研究流通软实力的著作，借助软实力理论，创新性提出流通软实力概念，比较分析部分国际城市流通软实力，探讨消费、支付、法律、语言、文化等外部环境与流通软实力发展之间的关系，研究流通产业中服务、品牌、文化等软实力现象，研究相关行业、街区、企业的软实力建设与发展，揭示提高流通软实力之于北京城市建设和发展的意义。该书由“首都流通现代化平台”负责人领衔，院内外25名教师参与课题研究及相关工作。“首都流通现代化平台”是市教委在该院建立的北京地方高校科技创新平台之一。该院作为平台承担单位，长期以来致力于北京流通理论创新与实践创新研究，已出版《北京流通现代化》《北京国际商贸中心建设研究》等一批有影响的学术著作。

（殷红）

【开展内部控制体系建设】 5月21日，财贸职院启动内部控制体系建设工作。该院制定《内部控制体系建设工作方案》，成立内部控制领导小组，确立财务处为牵头部门，党办、行政办、资产管理处、人事处、教务处等11个部门为责任部门，并对各实施部门职责进行明确。10月31日，完成并公示涵盖业务流程、权限指引和风险控制矩阵三项内容的《北京财贸职业学院内部控制规范手册（试行）》。至年底，该院完成单位层面控制体系及业务层面（预算管理、收支管理、资产管理、资金管理、合同管理、建设项目管理）控制体系建设。

（殷红）

【发起成立京商流通战略研究院】 7月5日，财贸职院发起成立北京京商流通战略研究院。该研究院与中商商业经济研究中心、北京博厦行房地产信息咨询有限公司共同举办，以助力北京世界城市建设和国际商贸中心建设为目标，坚持“市场导向、微观导向、问题导向”三大导向，以“开放办院、市场机制、品牌战略”为思路，为民办非盈利组织。

（殷红　黄有恒）

【首设企业奖教金】 9月9日，财贸职院制定《企业奖教金评选办法（试行）》，首次设立专项奖教基金“用友新道奖教金”和“首善·卓越奖教金”。两项企业奖教金由学院战略合作伙伴一次性捐赠的资金作为奖励基金，每年提取上年度基金利息，并以学院配套补贴的方式进行筹集。其中，“用友新道奖教金”由用友新道科技有限公司捐助，面向全院在校企合作技术研发中做出突出贡献的教学、科研人员，每年奖励2人，每人奖励5000元；“首善·卓越奖教金”由北京市烟草专卖局（公司）和北京二商集团有限责任公司捐助，面向全院教师和科研人员，每年奖励5人，每人奖励5000元。企业奖教金每年评选一次，经个人申请、部门推荐、学院评审三个环节产生。

（殷红）

【启动首批课程E化教学改革】 9月19日，财贸职院确立首批13个课程E化教学改革项目立项。项目建设采取学院检查验收、系（院）部管理、项目负责人制的团队建设方式，每个项目组建不少于3人的建设团队，其中，专业课程要求有企业专家或行业一线技术人员参与。每个项目根据不同课时标准，给予10至21万元专项建设经费，用于课程研究、数字化视频和网络资源开发建设。项目按照“结构化课程、碎片化资源”建设要求，借鉴慕课建设理念，采取以学院为主体的课程开发模式，同时支持项目负责人在信息技术层面寻求企业合作，形成高职教育线上、线下混合教学或全程线上教学模式的理论与实践研究成果。项目建设成果属于教师职务作品，全部版权归学院。首批项目研究周期一年。

（殷红）

【4支团队获评北京高校大学生创业优秀团队】 9月22日，财贸职院4支创业团队被评为“北京高校大学生创业优秀团队”，获得专项资助40万元。该评选由市教委组织，共选出103支优秀创业团队。该院自2005年开始开展就业创业课程体系建设和创业教育，形成集课程标准、师资培养、教学资源以及课程管理于一体的校本课程体系和“课程、大赛、孵化”三位一体的创业教育模式。该院学生作品《两岸水吧创业方案》和《纤指百态美甲坊创业计划书》在2014年“挑战杯——彩虹人生”全国职业院校创新创效创业大赛中获得一等奖，《尖果餐饮有限公司创办计划书》在该项赛事中获得二等奖；《Peekaboo森女小屋》在第九届全国高职高专“发明杯”大学生创新创业大赛中获得二等奖。

（殷红）

【实行两级管理体制改革】 10月9日，财贸职院制定《北京财贸职业学院深化两级管理改革实施办法（试行）》，实行两级管理改革。该院根据学院统一领导、事务分级管理原则，按照“简政放权、责权对等、目标管理”改革思路，下移管理重心，优化资源配置，赋予二级单位事业发展权、管理权、人事权、财务权和资产权。该院按照专业类别和办学需求设置二级单位，二级单位承担独立的教学、科研、社会服务职能，实行经济核算；学院对二级单位实行宏观管理、领导协调和监督检查。首批在4个单位开展试点。该院同时制定《北京财贸职业学院单位（部门）考核办法》，首次对二级单位（部门）实施年度绩效考核，考核共分为基础工作、重点工作、协同工作、创新工作四部分。

（殷红）

【推进“研学结合”课程建设】 至年底，财贸职院持续推进“研学结合”课程建设。该院按照“培训、改革、实践”三位一体模式进一步深化课程改革。2门课程建成国家级精品资源共享课程；2个国家级专业教学资源库项目通过验收；34本教材入选第一批“十二五”职业教育国家规划教材，在全国高职院校中排名第三；9本教材被评为市级精品教材。

（殷红）

北京戏曲艺术职业学院

党委书记　刘宝华

院　　长　刘侗

【概况】 2014年，北京戏曲艺术职业学院占地面积2.71万平方米，产权校舍建筑面积3.10万平方米。全年教育经费投入10968万元，其中，国家拨款9342万元、自筹经费394万元，预算外845万元，其他单位拨款收入387万元。固定资产总值19080万元，其中，教学、科研仪器设备总值2006.70万元。图书馆建筑面积1998平方米，藏有纸质图书16.18万册、电子图书8.77万册。拥有计算机397台，多媒体教室座位40个。学校信息化经费投入235万元，信息化设备资产726.68万元，网络信息点1000个，校园网出口总带宽100Mbps，数字资源量40000GB，管理信息系统数据总量1.50GB。设有7个教学系部，1个艺术研究中心，1个中型剧场。开设6类专业18个专业方向。教职工357人，包括正高职称12人，副高职称29人；博士8人，硕士83人；兼职教师37人。毕业生252人，其中，高职生150人，中职生102人。毕业生一次就业率84.70%。招生281人，其中，高职生149人，中职生132人。高考北京地区艺术类提档线文科105分、理科126分。在校生1217人，其中，高职生489人，中职生728人。网址：www.bjxx.com.cn。

（杨楠）

【群英幼儿园“北戏生源基地”挂牌】 2月26日，北戏在群英幼儿园举行生源基地挂牌仪式。建立生源基地是学院为解决京剧人才储备不足而摸索出的一条新路，是北戏“六个一工程”特色办学重要体现。北戏将提供优秀师资力量，从传统戏曲艺术指导、音乐、舞蹈、美术等多种艺术形式方面帮助幼儿园搞好学前艺术教育活动，并为幼儿园提供“少儿戏剧场”平台，为孩子们演出提供广阔舞台。

（杨楠）

【《中华美德故事汇》演出】 3月8

日、20日和29日，北戏少儿戏剧场上演《中华美德故事汇》系列演出。《中华美德故事汇》系列演出是市文化局和首都精神文明建设委员会办公室倡导推动的，由北戏创排，以“学道德模范、诵中华经典、做有德之人”为主题，旨在弘扬中华美德，深化推进未成年人思想道德建设的舞台艺术创作工作。北戏根据首都文明办组织编写的《中华美德故事》系列丛书，精选“草原英雄小姐妹”等12个古代和近当代故事，创排演出京剧专场、评剧专场和综艺专场三台剧目。京剧专场包括京剧《荀灌娘》《苏武牧羊》《赤桑镇》和《草原小姐妹》；评剧专场包括《孔融让梨》《雷锋》《一杯茶》和《长霞》；综艺专场包括音乐剧《一个真实的故事》，话剧《希望》《北京欢迎你》和舞剧《八女投江》。《中华美德故事汇》系列演出集中展现爱国奉献、助人为乐、敬业守法、爱护环境、孝悌礼让、英勇斗争等优良中华美德。

（杨楠）

【成为中戏教学实践基地和生源基地】

4月17日，中国戏曲学院·北京戏曲艺术职业学院教学实践基地、生源基地授牌仪式在北戏少儿戏剧场二楼新闻发布厅举行。市文化局党组书记与中戏党委书记共同为实践基地、生源基地揭牌。根据协议，两校将在教学实习实践活动、京剧艺术教育发展创新研究、教学科研等方面开展合作。

（杨楠）

【北戏书馆开馆】　6月1日，“北戏书馆”开馆暨“北京评书”传承基地授牌。北戏书馆以北京评书传承基地为基础运营，每周六推出北京评书演出，演出由连丽如先生的弟子带领学院学生表演。建立“北戏书馆”是北戏保护和传承中华艺术瑰宝的又一次努力尝试，书馆的建立促进北京评书后备人才培养，传承和保护这一国家级非物质文化遗产。

（杨楠）

【与门头沟黑山小学结对共建】　7月3日，北戏在门头沟区举办的“走群众路线，促城乡共建”城乡文化结对共建活动签约仪式上与门头沟黑山小学结成共建单位。未来三年，学院将发挥自身优势，在普及民族艺术、培训文艺骨干等方面为黑山小学提供支持与帮助，丰富第二课堂活动，促进精神文明建设。

（杨楠）

【参加全国戏曲比赛获奖】　8月15至20日，北戏参加文化部举办的“文华艺术院校奖——第二届全国青少年戏曲比赛”获奖。该院共12名选手进入决赛，分别参加京剧、评剧、河北梆子等5个组别比赛，最终夺得一金、一银、七铜的好成绩，总获奖数占大赛全部奖项四分之一，是比赛中获奖最多的院校，学院同时获得优秀组织奖。另外，该校京剧系2名选手在CCTV第二届“学京赛”中获得中专组金奖；京剧系、地方戏曲戏6名选手参加第18届“中国少儿戏曲小梅花”评选活动获得五金一银，同时，5人获得戏曲“小梅花”金花称号、3人获得“小梅花”十佳称号。

（杨楠）

【联合举办中央芭蕾舞团学员班】　9月24日，北戏与中央芭蕾舞团联合招收“芭蕾专业——中央芭蕾舞团学员班”签约。学院与中央芭蕾舞团就为中国芭蕾事业培养后备艺术人才事宜达成战略共识，确定从2015年开始联合招收中专芭蕾舞专业学生，学生毕业后，中央芭蕾舞团将择优录用优秀学员直接进团工作。

（杨楠）

【原创少儿京剧获校园戏剧奖】　11月12日，由中国文联、教育部、上海市政府联合主办的第四届中国校园戏剧节闭幕，北戏原创少儿京剧《少年马连良》获得戏剧节最高奖项“校园戏剧奖”。其中，小“少马”饰演者获得“校园戏剧之星”称号，学院获得优秀组织奖。该剧取材于著名京剧表演家、马派老生创始人、北戏第二任校长马连良先生少年时代在喜连成（后改名富连成）科班求艺学戏的故事。11月21日，该剧作为第七届中国京剧艺术节助演剧目，在天津津湾大剧院上演。

（杨楠）

北京现代职业技术学院

党委书记	丁久库（9月免）
	秦士友（9月任）
院　　长	杨凤辉（10月免）
	秦士友（10月任）

【概况】　2014年，北京现代职业技术学院完成校区搬迁，由原校区顺义区裕龙花园三街搬至顺义区杨镇三街木燕路。原校区占地面积13.03万平方米，产权校舍建筑面积7.28万平方米；新校区占地面积31万平方米，产权校舍建筑面积13.70万平方米。全年教育经费投入6079.65万元，其中，国家拨款4944万元、自筹经费1135.65万元。固定资产总值1.73亿元，其中，教学、科研仪器设备总值5113.53万元。图书馆建筑面积8476平方米，藏有纸质图书17.07万册、电子图书1000GB。拥有计算机1108台，多媒体教室座位4800个。学校信息化设备资产1500万元，网络信息点2000个，校园网出口总带宽100Mbps，数字资源量1000GB，管理信息系统数据总量190GB。设有汽车工程系、机电工程系、经济管理系和基础部，开设14个专业，建有航空服务、汽车、现代制造、电子科技、现代服务、都市农业6栋理实教学一体化实训楼。教职工226人，其中，专任教师137人，包括教授2人、副教授12人；博士7人、硕士51人。毕业生468人。毕业生一次就业率95%。招生519人（含五年一贯制学生40人）。高考北京地区提档线文科150分、理科150分。在校生1729人。网址：www.moderncollege.com.cn。

（李跃谦）

【建成数字资源教学一体化平台】　6月，现代职院完成数字资源教学一体化平台建设。平台主要包括数字化资源总库管理平台、专业教学资源库管理平台、课程中心建设平台、个性化学习空间四大管理系统。数字化资源总库管理平台是底层资源库，为专业教学资源库、课程中心建设平台、个性化网络学习空间提供源素材，具有资源管理、资源检索、学习交流等功能；专业教学资源库管理平台为专业建设提供专业级资源，主要包括专业建设库、技能大赛库和职业资格考试库等，教师可引用资源总库资源到本专业，也可上传自己的资源；课程中心建设平台为课程建设提供课程级资源，用于建设精品课程和网络课程，主要包括工学结合课程、工学结合优质课程、精品资源共享课程、精品视频公开课程、公共必修课和顶岗实习管理平台等；个性化网络学习空间以学习者为中心，各类学习者能在基于网络的学习情境下自主式、协作式学习，包括个人资源中心、资源上传、资源推荐、网上退课选课、课程学习、学习互动管理等管理子系统。平台实现资源统一标准化管理，避免重复建设和各自为政，实现优质教学资源共享。至6月底，平台资源已有9个模块、1423条资源、14个专业资源库、70门课程、2门公开课程。

（李跃谦）

【完成校区搬迁】 10月13日，现代职院完成校区搬迁。该校由原校区顺义区裕龙花园三街搬至顺义区杨镇三街木燕路。新校区于2012年4月开工建设，占地面积31万平方米，总建筑面积13.70万平方米，建有教学办公综合楼1栋，现代服务、电子科技、汽车、现代制造、都市农业、航空服务实训楼6栋，图书馆、报告厅、食堂各1栋，以及学生公寓楼6栋，共16个单体建筑，总投资共8.80亿元。

（李跃谦　李建生）

【完成实训基地调整建设】 至12月，现代职院完成实训基地调整建设。调整建设自10月校区搬迁后开始进行。新校区建有六栋实训楼，均为独立建筑，分别设计为现代服务、航空服务、电子科技、汽车、都市农业、现代制造六大项类。根据学院统一规划，1号实训楼内建设酒店服务实训基地、艺术实训基地、会展实训基地，2号实训楼内建设物流实训基地、民航商务实训基地，3号实训楼内建设电气自动化实训基地、机电一体化实训基地，4号实训楼内建设汽车实训基地，5号实训楼内建设普通加工实训基地，6号实训楼内建设数控加工实训基地、模具实训基地；实训基地总数达11个，总使用面积4万余平方米，实训设备总数达2000台套、总价值4545万元。至年底，各实训基地均完成设备安装调试，投入正常教学实训运行。调整建设中，除完成老校区原有设备重新安装外，还新增相关设备，包括：增加自动化生产线（FMS，即柔性制造系统），实现全仿真企业生产线；建立工业机器人维修实训室；加工制造类实训基地面积扩大至4000平方米，新增普通车床30套、普通铣床12套、磨床6套、数控车床7套、立式加工中心2套，新建焊接实训室120平方米。新增设备均为目前国内相关行业高端设备，与北京现代汽车公司、北京第一机床厂等知名企业实际生产设备相一致。

（李跃谦）

北京经济管理职业学院

党委书记　项进
院　　长　姚光业

【概况】 2014年，北京经济管理职业学院占地面积85.80万平方米，产权校舍建筑面积13.21万平方米、非产权校舍建筑面积4777平方米。全年教育经费投入24702.64万元，其中，国家拨款20971.94万元、自筹经费3730.70万元。固定资产总值28567.77万元，其中，教学、科研仪器设备总值6527.94万元。图书馆建筑面积8317.60平方米，藏有纸质图书80.29万册、电子图书5100万册。拥有计算机3286台。学校信息化经费投入1019.40万元，信息化设备资产7772.69万元，网络信息点5830个，校园网出口总带宽360Mbps，电子邮件系统用户1093个，上网课程149门，数字资源量18300GB，管理信息系统数据总量21.50GB。设有2个校区，2个系部，18个专业，1个高职研究所。教职工546人，其中，专任教师189人，包括教授及教授级高级工程师18人，副教授及高级工程师以上77人；博士15人，硕士109人；“双师型”教师60人。聘请校外教师33人。毕业生1288人，其中，高职生1092人、成人教育专科生196人。毕业生一次就业率97.05%，一次签约率76.92%。招生1455人，其中，高职生1200人、成人教育专科生255人。高考北京地区提档线文科150分、理科150分，单考单招150分。在校生3765人，其中，高职生3340人、成人教育专科生425人。网址：www.biem.edu.cn。

（刘益宏）

【校企合作建设人才培养基地】 5月15日，经管职院与北京外企人力资源服务有限公司（FESCO）签署校企人才联合培养基地建设协议。根据协议，学院为公司提供人才培养、委托培养、课程进修、咨询服务和信息交流等方面的优先服务，公司为学员提供集中的实习实训场地或场所，负责对学院实习实训的教师和学生进行安全教育等工作，并在订单培养、教学改革、实习实训、毕业生就业等方面开展深入合作。

（刘益宏）

【获全国机器人大赛一等奖】 11月1至2日，经管职院参加“2014第四届中国教育机器人大赛”全国总决赛获奖。该校工程技术学院3名指导教师和201206271班机电一体化专业5名学生组队参赛，经过四个月的机器人组装、控制方案论证和程序调试，该校“睿翼队”和“启航队”分别获得“机器人智能搬运比赛”和“机器人游中国比赛”两个项目全国一等奖。该比赛由中国自动化学会机器人竞赛工作委员会和中国人工智能学会智能机器人专业委员会共同主办，设有教育机器人智能搬运竞赛、小型物流系统等10大项目，来自全国46所高等院校、253支参赛队伍共500余名选手参加比赛。

（刘益宏）

【加入商贸职教集团会计专业联盟】 12月6日，北京商贸职业教育集团会计专业联盟成立，经管职院会计学院加入该联盟。会计专业联盟秉承“资源共享、优势互补、互惠互利、共同发展”宗旨，坚持“政府推动、合法合规、权责利对等、互惠共赢、骨干带动”原则，为北京服务业、企业发展提供多样化教育服务和人力智力支持，全方位提升会计职业教育服务北京世界城市发展战略的贡献力。北京市16所高、中职院校和6家企业及行业协会共计22家单位成为联盟首批成员。

（刘益宏）

【颁发首届华夏奖助学金】 12月17日，经管职院工程技术学院宝石专业颁发首届华夏奖学金、助学金。16名学生获得一、二、三等奖学金和助学金，共5000元。该专业于2013年与华夏典当行签订联合培养协议，并特为宝石专业学生设立华夏奖、助学金，这是协议签订以来首次颁奖。

（刘益宏）

北京劳动保障职业学院

党委书记 李宗泽
院　　长 李继延

【概况】 2014年，北京劳动保障职业学院占地面积21.53万平方米，产权校舍建筑面积12.53万平方米。全年教育经费投入15762.16万元，其中，国家拨款12965.28万元、自筹经费2796.88万元。固定资产总值43242万元，其中，教学、科研仪器设备总值12570万元。图书馆建筑面积7105平方米，藏有纸质图书38.51万册、电子图书25.90万册。拥有计算机2250台，网络多媒体教室146间。学校信息化经费投入540.18万元，信息化设备资产202万元，网络信息点2192个，校园网出口总带宽360Mbps，电子邮件系统用户300个，上网课程64门，数字资源量1000GB，管理信息系统数据总量240GB。设有2个校区，设置机电工程系、工商管理系、劳动经济管理系、安全工程系，基础部和实训中心。教职工236人，其中，专任教师184人，包括教授及教授级高级工程师6人，副教授及高级工程师以上61人；博士22人，硕士82人；“双师型”教师126人。聘请校外教师279人。毕业生1511人，其中，高职生993人，成人教育专科生518人。毕业生一次就业率98.41%。招生1769人，其中，高职生1074人，成人教育专科生695人。高考北京地区提档线文科150分、理科150分，单考单招150分。在校生5156人，其中，高职生3138人，成人教育专科生2018人。网址：www.bvclss.cn。

（黄志远）

【与北方工大签订专接本合作协议】 3月12日，京劳职院与北方工业大学就城市管理与监察（城市设施安全技术）专业“3+2”专接本合作事宜签订长期合作框架协议。根据协议，双方建立高层沟通机制，实施高职与普通本科对接培养，在师资队伍建设、专业建设、教学实习实训基地共用等方面开展合作。

（黄志远）

【人力资源工作站揭牌】 3月24日，

京劳职院与北京市人才服务中心“基地嵌入式”人力资源工作站揭牌。工作站设在北京市人才服务中心、北京市劳动服务管理中心、丰台区人力资源和社会保障局，是为深化“政校企行”四方联动的校企合作机制，将教师企业实践、学生实习实训等环节深度嵌入行业企业内部，对接行业企业需求，为行业企业提供多种服务。学院可利用人力资源工作站这一平台，实现专业与产业、人才培养规格与岗位任职要求、课程与职业岗位典型工作任务的无缝对接，为首都人力资源服务行业企业输送更多有用的高端技能型人才。

（黄志远）

【国家骨干校建设项目通过验收】 4月29至30日，京劳职院通过“国家示范性高等职业院校建设计划”国家级骨干高职院校建设项目验收。由教育部、北京市、上海市、湖南省高职教育领域7名专家组成专家组，听取项目建设总结汇报，查看有关材料，询问相关问题，现场检查重点建设专业，实地检验实训基地建设情况。经审议，专家认为学校完成项目建设任务，提升办学整体实力，在教学质量、管理水平、办学效益和辐射能力尤其是办学体制机制创新和校企合作制度建设方面成效显著，具有示范推广意义，一致同意通过验收。

（黄志远）

【国家级高技能人才培训基地建设项目通过验收】 11月19日，京劳职院国家级高技能人才培训基地建设项目通过验收。市人力社保局、北京市工业技师学院等单位领导专家6人组成联合检查组进院验收。专家组听取项目完成情况、项目建设成效、项目建设亮点与特色、项目建设资金执行情况、发展与思考等方面说明报告，对学院培训基地建设成果及支撑材料进行验收检查并评分，形成验收检查意见。该校于2012年被人力社保部和财政部批准建设国家级高技能人才培训基地，建设周期两年。两年来，学院在5个专业7个工种的高技能人才培养模式、课程设置、教材开发、师资队伍、实训装备、校企合作能力提升、技能评价等方面全面完成或超额完成规划建设内容，制定高技能人才培训方案16个；开发培训课程包58个；编写培训教材56本；培养专业带头人和骨干教师20人，基地专兼职教师队伍总人数103人；新（扩）建专业实训室14个；签订校企合作协议50份，校企共建实训中心、技师工作室6个、企业实践基地9个；培训各类高技能人才4699人，包括技师、高级技师800余人。通过两年建设，学院项目建设聚焦重点专业岗位，构建完备的高技能人才培训体系；密切校企合作关系，全面提升高技能人才培训能力；发挥示范引领作用，拓展培训领域，提升基地服务能力。

（黄志远）

北京社会管理职业学院

党委书记 邹文开
院　　长 邹文开

【概况】 2014年，北京社会管理职业学院占地面积60.39万平方米，产权校舍建筑面积8.97万平方米。全年教育经费投入14030.24万元，其中，国家拨款8946万元、自筹经费5084.24万元。固定资产总值25322.08万元，其中，教学、科研仪器设备总值4894.09万元。图书馆建筑面积8948平方米，藏有纸质图书23.34万册、电子图书9万册。拥有计算机1176台，多媒体教室座位3494个。学校信息化经费投入850万元，信息化设备资产1715.46万元，网络信息点1500个，校园网出口总带宽320Mbps，电子邮件系统用户3599个，上网课程116门，数字资源量4000GB，管理信息系统数据总量500GB。设有2个校区，7个系，开设17个专业和专业方向，12个研究中心。教职工320人，其中，专任教师152人，包括教授及教授级高级工程师13人，副教授及高级工程师以上47人；博士29人，硕士171人；“双师型”教师116人。聘请校外教师36人。毕业生766人，全部为高职生。毕业生一次就业率92.42%。招生1446人，其中，高职生1358人，成人教育专科生88人。高考北京地区提档线文科150分、理科150分。在校生3405人，其中，高职生3242人，成人教育专科生163人。网址：www.bcsa.edu.cn。

（张冼）

【举办全国首届墓地管理员职业技能竞赛】 4月，社职院举办第三届全国民政行业职业技能竞赛暨全国首届墓地管理员职业技能竞赛、第五届全国职业院校民政（殡葬类）职业技能竞赛。比赛由民政部、人力社保部主办，社职院承办，是新中国成立以来首次举办国家级墓地管理员职业技能竞赛。来自全国24个省区市代表队79名行业选手、86名院校选手参赛，共产生特等奖3个、一等奖12个、二等奖20个、三等奖44个；6支代表队获得团体奖，其中，北京市获一等奖，上海市、湖南省获二等奖。

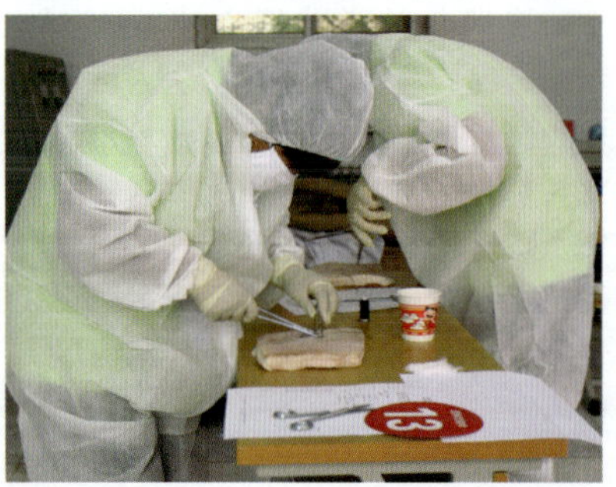

（张冼）

【成立教学督导室】 7月，社职院成立教学督导室。教学督导室设主任1人、副主任1人、职员3人，以教学及教学管理工作为中心，对教学和管理等各项工作开展检查、督促、指导、评议和研究，为学院教育教学工作建言献策。

（张冼）

【成果获职业教育国家级教学成果一等奖】 9月4日，社职院报送的研究成果“创建生命文化课程体系，提升殡葬专业人才培养质量”获得2014年职业教育国家级教学成果一等奖，实现该校国家级教研成果奖项“零”的突破。该课题以殡葬人才培养过程中存在的招生难、实践性课程教学难、培养学生从业殡葬的职业崇尚感难、就业难等“四难”导致的人才培养质量问题为研究重点，从生命“全人”的视角建构生命关怀、生命死亡与生命纪念的生命文化理论课程，创建“始业教学—专业教学—就业教学”和“进入职业—预定职业—成为准职员”的“三业三职”人才培养模式，确立神圣而尊严的殡葬从业价值观，学生对口就业率从23%提升至90%以上，对中国殡葬教学改革实践有着重大示范作用。

（张冼）

【成立9个院内研究中心】 11月，社职院开展首批院内研究中心建设工作。该校设立康复辅具研究中心、儿童社会工作资源中心、儿童社会工作研究中心、物业管理与服务研究中心、社会组织研究中心、现代养老产业与人才研究中心、生命文化研究中心、应用英语教育研究中心和青年问题与发展研究中心共9个院内研究中心，通过内部挖掘，整合科研力量，加强政策研究、学科建设、人才培养等方面研究，全面提升科研综合实力。

（张冼）

【举办养老服务职业教育与产业对话活动】 12月，社职院举办2014年全国养老服务职业教育与产业对话活动。活动由教育部、民政部主管，中国高等教育学会、全国民政教育教学指导委员会、中国养老产业和教育联盟主办，社职院承办。活动通过主题演讲、直面对话、国际视野以及毕业生供需见面会等方式，从理论研讨、国内外交流和学生就业等环节实现养老服务“产教深度融合”，在完善创新老年服务教育机制、校企对接、教育国际化等方面发挥主导和引领作用。来自全国近30个省份150余家养老教育机构、养老服务机构和相关部门、媒体330余人参加活动。

（张冼）

【完成民政职业技能鉴定13360人次】 至年底，社职院完成民政职业技能鉴定13360人次。该校依托民政部职业技能鉴定指导中心，在全国31个省区市开展11项民政行业职业技能鉴定工作，共鉴定13360人次。自2010年以来，该校民政职业技能鉴定总人数突破13万。

（张冼）

【举办69期民政干部培训班】 至年底，社职院依托民政部培训中心举办69期民政干部培训班。培训项目主要包括承接中组部和民政部委托的街道社区基层党组织书记专题示范培训、新疆民政干部培训、民政部直属机关组织委员培训等高端培训班，以及依托福彩公益项目和政府购买服务项目开展的养老机构管理人员示范培训、社工介入培训、标准化培训、社会工作培训、师资培训和社会服务人才能力建设培训等示范性培训项目。共有

7600 余人次参加学习。

（张冼）

【开展养老护理员远程培训】 至年底，社职院依托远程教育中心开展养老护理员远程培训。该校发挥远程教育培训职能，与北京、贵州、甘肃等 21 个省区市签署远程教育培训项目合作协议，上线学习人数达 15686 人，其中，9949 名养老护理员完成远程培训并通过考试。

（张冼）

【专业建设及科研工作成绩显著】 至年底，社职院专业建设及科研工作取得显著成绩。该校依托全国民政职业教育教学指导委员会秘书处职能，发起成立彩票、社会工作两个专业教学指导委员会；与北京市昌平卫生学校制定老年服务与管理专业“3＋2”中高职衔接试点方案；承担民政部、教育部等部门委托课题、项目 22 项；发表论文、科研报告 149 篇，编写教材 14 部；编写出版《全国社会工作政策汇编（2006～2013）》；11 篇论文在 2014 年民政论坛上获奖，2 项课题报告在 2014 年社会组织建设与管理部级课题中获奖；“老年服务与管理专业人才培养模式研究与实践”和“学生素质养成研究与实践”两项课题获批 2014 年度北京高等学校教育教学改革立项。

（张冼）

北京体育职业学院

党委书记　徐建中
院　　长　徐建中

【概况】 2014 年，北京体育职业学院占地面积 8 万平方米，产权校舍建筑面积 6.55 万平方米。全年教育经费投入 3920 万元，其中，国家拨款 3764 万元、自筹经费 156 万元。固定资产总值 39977 万元，其中，教学、科研仪器设备总值 6504 万元。图书馆建筑面积 300 平方米，藏有纸质图书 14.60 万册、电子图书 48.42 万册。拥有计算机 317 台，多媒体教室座位 904 个。学校信息化经费投入 38.84 万元，信息化设备资产 41.15 万元，网络信息点 318 个，校园网出口总带宽 100Mbps，数字资源量 2421GB，管理信息系统数据总量 9GB。设有 3 个校区，5 个系部，5 个专业。教职工 163 人，其中，专任教师 83 人，包括教授及教授级高级工程师 1 人、副高级职称 33 人；博士 2 人，硕士 32 人；“双师型”教师 9 人。聘请校外教师 22 人。毕业生 239 人，其中，高职生 96 人、中职生 143 人。毕业生一次就业率 100%，一次签约率 49%。招生 203 人，其中，高职生 61 人、中职生 142 人。自主招生最低分数线 244 分。在校生 605 人，其中，高职生 150 人、中职生 455 人。网址：www.bjtzhy.org。

（刘静暄）

【参加首届全国高等体育职业院校学生技能大赛获佳绩】 7 月 14 至 15 日，北京体职院代表队参加首届全国高等体育职业院校学生职业技能大赛获得“健身指导技能”项目团体二等奖。该大赛由国家体育总局科教司、全国体育职业教育教学指导委员会主办，是全国体育职业院校首次举办学生职业技能大赛。来自全国各省区市体育高职院校 15 个代表团、41 支参赛队 300 余名选手参赛。

（解犁）

【应届毕业生 100%就业】 至 8 月 30 日，北京体职院 2014 届毕业生 100%就业。该校 2014 届高职毕业生共 96 人，全部就业，就业率 100%，签约率 50%，比上年增长 100%。

（李辉）

【完成计算机教室更新改造】 8 月，北京体职院完成计算机教室更新改造工作。更新后的机房拥有先进的联想虚拟云终端系统（LVCC）“云架构”数字化校园理念（云教室只需维护两台服务器，机器的开关键在教师手中），具有维护方便、便于管理等特点，并且云端资源可以随机分配，能够满足教学特殊需求。

（杨玉玲　徐国锋）

【开展教师“能力本位课程改造”】 9 月至年底，北京体职院在“高等职业教育教师教学能力”培训基础上开展教师“能力本位课程改造”设计能力提升与应用推广工作。“能力本位课程改造”是指突出课程能力的目标，能力要以项目任务加以训练，课程的考核评价也要以学生能力的提高进行设计，经过集体学习、交流研讨和成果展示活动，增强教师对运动员学生综合能力培养的教改理念，课程设计能力得到提升。

（刘阳）

【完成移动交互式数字教材制作】 11 月，北京体职院利用“高等职业学校提升专业服务产业发展能力”项目资金完成“体育基础英语”和“实用体能训练方法”两门课程的移动交互式数字教材制作工作。该教材依据学生情景化、动态化、形象化的自主学习需求，将传统纸质教材内容重新进行富媒体编排设计和交互设计，面向平板电脑进行全新设计呈现，为学生提供丰富的、可扩展的、精致化的全新教材学习体验，也为该校开展运动员远程教育打下基础。

（杨玉玲）

【建造多功能电子教学实验室】 至年

底，北京体职院建成多功能电子教学实验室。新实验室不再局限于传统、单一的以 windows 视窗系统为主的计算机教学，而将目前主流的苹果系统和安卓系统也加入教学体系中，使之成为各个学科的教学工具，除计算机课外，还能够满足英语、运动人体科学、运动训练等多门课程教学需求。

（杨玉玲　徐国锋）

北京交通运输职业学院

党委书记　李怡民
院　　长　刘小明（6 月免）
　　　　　　周正宇（6 月任）

【概况】 2014 年，北京交通运输职业学院占地面积 32.64 万平方米，产权校舍建筑面积17.52万平方米、非产权校舍建筑面积0.37万平方米。全年教育经费投入25225.65万元，其中，国家拨款21637.87万元、自筹经费3587.78万元。固定资产总值31233.31万元，其中，教学、科研仪器设备总值12029.79万元。图书馆建筑面积5882平方米，藏有纸质图书38.65万册、电子图书470GB。拥有计算机1597台，多媒体教室座位8862个。学校信息化经费投入108.68万元，信息化设备资产1826.48万元，网络信息点3318个，无线信息点65个，校园网出口总带宽120Mbps，电子邮件系统用户500个，数字资源量500GB，管理信息系统数据总量10000GB。设有6个校区，10个系部，12个专业。教职工412人，其中，专任教师288人，包括教授及教授级高级工程师1人，副教授及高级工程师以上69人；博士5人，硕士94人；“双师型”教师50人。聘请校外教师26人。毕业生2057人，其中，高职生557人、中职生1500人。毕业生一次就业率99.46%，一次签约率60%。招生1744人，其中，高职生1208人、中职生536人。高考北京地区提档线文科150分、理科150分。在校生5146人，其中，高职生3276人、中职生1870人。网址：www.bjjt.edu.cn。

（苑媛）

【3个校企合作订单班首次开班】 2

月24日、3月和10月29日，交通运输职院3个校企合作订单班首次开班。其中，北京地铁线路公司订单班首班共41名学生，开班后在11个教学周内完成地铁道岔、地铁无缝线路、地铁线路、地铁线路工规技规、地铁线路检修、地铁概论6门课程，课程6名主讲教师均来自北京地铁线路公司，包括2名高级工程师、2名高级技师和2名工程师，考核合格学生毕业后即可成为地铁线路公司正式员工。保时捷订单班首班共21名学生，均为学院即将升入三年级的学生；该班依据学院与保时捷（中国）汽车销售有限公司《保时捷品质实习生项目合作协议》组建，根据该协议，学院每年组建保时捷订单班，培养保时捷中国基础级资质认证技师，保时捷中心为项目毕业生提供全职工作机会，毕业生正式加入保时捷中心6个月后即可自动获得保时捷全球认证维修技师铜级资格。“学徒制”城市轨道交通教学实验班首班共34名学生，该班与北京地铁运营有限责任公司合作开办，区别于一般职业教育培养学生业务操作“常规技能”，该班侧重培养学生“非常规业务”处理方法与分析能力，重点培养地铁运营车站核心技术岗位综控员对“异常情况”和“突发事件”的处理能力，通过“校企交互”学习，强化“企业实践”，实现学校与企业岗位无缝对接，使学生知识、技能水平达到地铁综控员（中级工）标准。

（苑媛　李卓）

【开展“劳模进职校”系列活动】 5

月23日至6月26日，交通运输职院开展“劳模进职校”系列主题教育活动。该校承办教育部、中华全国总工会“劳模进职校”启动仪式暨首场报告会，来自北京交通行业3名全国劳模——北京公共交通控股（集团）有限公司“李素丽服务热线”负责人李素丽、北京市地铁运营有限公司车辆一公司电客司机张晓雨、北京祥龙博瑞汽车服务（集团）有限公司总工程师魏俊强以亲身经历，向在场师生讲述人生感悟与从业心得，为学生们树立职业榜样，激发学生学习热情与职业精神。学校邀请北京市交通行业6名劳动模范、先进典型分别在大兴、海淀、通州三校区举办“劳模事迹”宣讲报告会。学校先后分四批聘请李素丽等9名劳模宣讲员担任学院校外德育导师、辅导员。学校团委向师生发出“弘扬劳模精神，创造多彩青春”倡议，号召大家学习劳模，弘扬劳模精神；崇尚劳动，尊重劳动人民；投身劳动，创造幸福人生。

（苑媛　李志鸿）

【首届中德汽车职教项目学生毕业】

12月12日，交通运输职院首届中德汽车职业教育项目（SGAVE）30名学生完成所有教学任务毕业。学生取得毕业证书和德国手工业协会颁发的技能等级证书。SGAVE项目由教育部主持，旨在促进中国高职院校与德国五大汽车厂商、德国经济技术合作协会（GIZ）共同开展人才培养相关工作，在全国遴选25所院校参加，该校是首批入选的五所院校之一。7月29至31日，该校4名教师通过SGAVE项目教师结业考试，获得SGAVE项目教师资格证书。

（苑媛）

【调整机构设置及职责】　至年底，交通运输职院调整教学、管理机构及职责。学校将道路桥梁工程管理教研室更名为道路桥梁工程管理系，下设工程技术项目组、工程管理项目组、工程检测技术研发中心项目组；成立学院名师工作室作为学院教学系统常设教辅机构，具体职责包括选聘校外行业企业专家学者，担任学院客座教授，参与学院教学研究、专题讲座、理论创新、技术研发与推广、技能培训、师带徒等工作，协调组织校内副高级以上师资力量，协助教研督导室参与听课、评课、教育、教学、教研方案评审等工作，参与青年教师培养、培训工作，总结、提炼、推广先进办学理念、教学经验、教学方法，助力学院教学质量的提高；调整原总务处、后勤服务中心机构及职责，撤销总务处，成立基建办公室，承担原总务处基建项目管理职能；原总务处固定资产管理、综合治理责任区、医疗卫生、传染病预防控制等职能并入后勤服务中心部门职责。

（苑媛）

【实施5项教学及管理规定】　至年底，交通运输职院实施5项教学及管理规定。学校印发《关于在空气重污染情况下暂停室外教学活动的规定（试行）》，确定空气重污染各预警等级下的教学应对规则，规范教学活动；印发《工程货物服务类采购项目管理办法（试行）》，规范学院采购项目管理工作；印发《大兴海淀校区教职工考勤管理办法（试行）》，规范学院教职工管理工作，其他校区结合工作实际，可参照执行；印发《教职工学历（位）进修管理办法（试行）》，鼓励教职工参加学历（位）进修，细化明确教职工进修申请及费用报销条件及程序，加强学院教职工队伍建设；印发《教师考核办法（试行）》，针对学院专任教师，建立院系二级考核机构，考核内容由教师职业道德与所承担工作两方面构成，考核指标分别围绕工作量、工作能力及工作效果三个维度建立，重点考核工作实绩。

（苑媛）

【完成职业培训 13845 人次、鉴定考核 62257 人次】 至年底，交通运输职院开展面向交通、公路、房地产行业的职业培训、鉴定考核工作，共完成各类职业培训 13845 人次，技能鉴定、考核 62257 人次。培训和鉴定项目包括营业性普通货物运输驾驶员、道路危险货物运输驾驶员、道路运输危险货物押运员、汽车维修质量检验员、停车管理员、租赁企业管理人员等。

（苑媛）

北京卫生职业学院

党委书记 董维春

【概况】 2014 年，北京卫生职业学院占地面积 13.35 万平方米，产权校舍建筑面积 9.34 万平方米、非产权校舍建筑面积 0.21 万平方米。全年教育经费投入 24368.94 万元，其中，国家拨款 21802.54 万元、自筹经费 28.01 万元、经营收入和预算外收入 2538.39 万元。固定资产总值 23564.38 万元，其中，教学、科研仪器设备总值 8693.50 万元。图书馆建筑面积 1204 平方米，藏有纸质图书 44.70 万册。拥有计算机 2620 台，网络多媒体教室 145 间。学校网络信息点 3196 个，校园网出口总带宽 90Mbps，电子邮件系统用户 1000 个，上网课程 30 门，数字资源量 10607.60GB，管理信息系统数据总量 115GB。设有 3 个院区，开设 7 个高职专业、11 个中职专业。教职工 636 人，其中，专任教师 270 人，包括副教授及高级讲师 94 人；博士 2 人，硕士 50 人；“双师型”教师 83 人。聘请校外教师 60 人。招生 1578 人，其中，高职生 491 人、普通中职生 1087 人。高考北京地区提档线文科 269 分、理科 254 分。在校生 6962 人，其中，高职生 1170 人、普通中职生 5629 人、成人中专全日制学生 163 人。网址：www.bjwszyxy.com。

（邢怡）

【举办首届校园主持人大赛】 1 月 7 日，卫生职院举办首届校园主持人大赛。经过新闻播报、才艺展示和模拟主持三轮比试，18 人胜出，被聘为学院电视台主持人，并颁发聘书。

（邢怡）

【13 家医院成为学院教学医院】 2 月 27 日，市卫计委批复 13 家医院为卫生职院教学医院。分别是北京安贞医院、北京胸科医院、北京儿童医院、北京友谊医院、北京同仁医院、北京中医医院、北京世纪坛医院、北京朝阳医院、北京妇产医院、北京积水潭医院、北京回龙观医院、北京老年医院、首都儿科研究所附属儿童医院。学院于 5 月召开首届教学医院工作会，制定《北京卫生职业学院教学医院与实习基地管理暂行规定》，明确双方责任，规范管理，保证临床教学质量。至 9 月，13 家教学医院全部挂牌。

（邢怡）

【完成首次自主招生工作】 3 月 19 日，卫生职院全面启动首次自主招生工作。根据护理专业特点和入学需要制定录取标准，采取笔试和复试形式对考生进行综合测评，以“公平公正，公开透明，择优录取，接受监督”为原则最终录取 50 人。

（邢怡）

【首次举办“说专业”活动】 5 月 7 日，卫生职院首次举办“说专业”活动。该校医学影像技术、护理、药学、中药、医学检验技术和康复治疗技术 6 个高职专业负责人依次汇报本专业人才培养方案制定情况。“说专业”活动重点从专业调研是否能满足职业岗位群的确立及职业能力分析的需求，主要工作领域、典型工作任务与能力的分析是否到位、课程设置与课程体系的搭建是否能够实现职业岗位能力的培养，人才培养模式和路径是否能够保证培养目标的实现三个层面对各专业人才培养方案进行评价。通过“说专业”活动使各专业更好地解决在校期间培养的专业人才与需求脱节或不对接问题，促进教育教学改革成果转化。

（邢怡）

【设立红丝带奖学金】 5 月 9 日，卫生职院设立红丝带奖学金。该校优秀毕业生代表，第 44 届南丁格尔奖章获得者、北京地坛医院红丝带之家护士长王克荣将她获得的 10000 元奖励捐给学院，并以此为基金设立“王克荣红丝带奖学金”，用于奖励护理专业优秀学生，以促进学院护理教育发展，进一步弘扬南丁格尔精神。奖学金每年五月发放一次，每次奖励一名优秀学生，奖金 1000 元。

（邢怡）

【举办首届专业技能大赛】 5 月，卫生职院举办第一届专业技能大赛。大赛分赛区、分中高职组开展，以高职三年制学生为重点，中高职学生共同参加。大赛包括药学（剂）、医学检验技术、医学生物技术、医学影像技术等 10 个专业 20 个比赛项目，比赛内容体现课程内容与职业标准对接、教学过程与生产过程对接。共 1700 余人报名参赛，决出一等奖 59 人、二等奖 93 人、三等奖 140 人。

（邢怡）

【召开首届学术年会】 9 月 10 日，卫生职院召开首届学术年会。会上对

2013年度129篇院外发表论文作者及获奖论文作者进行表彰，14名论文获奖教师代表与现场教师进行学术交流。学术交流按照德育工作和育人工作、管理育人和服务育人、专业建设和教学改革三个单元进行，交流现场学术气氛活跃。

（邢怡）

【制定人才培养方案】　9月18日，卫生职院印发《北京卫生职业学院专业人才培养方案（2014版）》。此项工作历经专业调研、专业建设指导委员会论证、学院学术委员会审批等多个阶段，科学地制定2014版高职护理、药学、中药、医学影像技术、医学检验技术和康复治疗技术专业三年制和五年制12个专业人才培养方案。专业人才培养方案中明确就业面向、培养目标及规格、职业资格证书、毕业条件、课程体系、教学进程安排、保障及措施等。

（邢怡）

【开展新生心理健康普查】　10月23日，卫生职院全面启动2014级新生心理健康普查工作。心理健康普查以班级为单位，专兼职心理咨询师负责测试工作，使用“90项症状清单（SCL－90）”和“大学生心理健康调查表（UPI）”心理测试量表。通过心理健康普查，为学生建立心理档案，科学全面地了解学生心理健康状况，对学生可能存在的心理问题做到及早发现，对部分需要帮助的学生及时提供必要的心理辅导，给予心理援助，促进学生健康成长。

（邢怡）

中等职业教育

【概况】　2014年，北京市共有中等职业学校116所，其中，普通中等专业学校31所，成人中等专业学校11所，职业高中52所，技工学校22所。普通中等专业学校毕业生16394人，招生12319人，在校生51296人；教职工3614人，包括专任教师2002人；占地面积154.82万平方米，学校产权校舍建筑面积93.13万平方米；固定资产总值238905.97万元，其中，教学、实习仪器设备资产70101.11万元。成人中等专业学校毕业生33778人，招生11861人，在校生40568人；教职工565人，包括专任教师308人；占地面积23.43万平方米，学校产权校舍建筑面积12.26万平方米；固定资产总值13090.90万元，其中，教学、实习仪器设备资产3602.20万元。职业高中毕业生16792人，招生5585人，在校生34155人；教职工7495人，包括专任教师4889人；占地面积266.52万平方米，学校产权校舍建筑面积142.67万平方米；固定资产总值313805.99万元，其中，教学、实习仪器设备资产121771.29万元。中等职业学校全年面向社会开展各类职业培训800万人次。

（吕轮超　胡雨）

【新增26个中职专业】　2月8日，市教委同意部分中等职业学校2014年新增专业备案。市教委组织专家评议部分中等职业学校申报的2014年新增专业（技能方向），经研究，同意北京水利水电学校“生态环境保护”等18所学校26个专业（技能方向）备案，从2014年起列入招生计划。

（项明）

【参加全国中职学校文明风采竞赛获奖】　3至11月，市教委组织参加全国第11届中等职业学校“文明风采”竞赛活动。共1.20万名中职学校学生参加校级初赛，初赛作品11326份；复赛参赛学校43所，参赛学生6964人次，提交作品6228份，共有5117名学生获奖，获奖率74.78%。选送100份优秀作品参加全国大赛，共92份作品获奖，其中，一等奖4个、二等奖10个、三等奖12个、优秀奖66个。

（吕轮超）

【第二轮中职工作过程导向课程改革结束】　4月28日，市教委召开北京市中等职业学校“工作过程导向”课程改革总结交流大会。会议从课程改革的基本情况、改革特点、改革成果和成效三个方面全面总结课程改革全过程，指出课程改革是教育创新的永恒主题，提出继续探索北京模式的职业教育课程改革。会议现场对企业专家、毕业生、区县和学校领导进行现场专题访谈，一线教师进行现场课堂教学展示，从课程开发、课程实施、课改成效等三个方面展示和交流课程改革成果，分享课程改革成功经验。北京市第二轮课程体系整体改革——“北京市中等职业学校以工作过程为导向的课程改革”自2008年启动，成为推动北京职业教育改革发展的重要突破口和有效手段，为创新人才培养模式，有效提高教学质量，促进职业学校内涵发展起到重要作用。课程改革包括课程开发、课程实施、课程评价和课程管理的改革，实行“行政推动、企业参与、教研引领、教师主体”工作机制，通过教育行政部门和教研部门结合，学校与企业结合，教师与行业企业专家、课程专家结合，以项目的形式开展。此次课改在17个专业全面系统地建立“以工作过程为导向”的中职课程体系，并研制出一套工作过程导向的课程开发方法，编写《课程开发指导手册》；开发17个专业教学指导方案和232门专业核心课程标准，自编讲义500余本，在32所学校的41个试点专业、80个教学班进行教学实验。各实验学校还制定与学校课程改革相配套的教师课堂教学评价标准以及相关的教学管理制度。课程改革提高学生学习兴趣，经过对改革学校调查显示：80%以上学生对所学课程产生兴趣，85%以上学生乐于此种教学方式，90%以上学生能够胜任岗位工作；所学与所用的吻合度超过70%；用人单位对学生综合评价的满意度超过90%。

（张兰）

【举办市中职学校技能比赛】　4月，市教委举办2014年北京市中等职业学

校技能比赛暨全国职业院校技能大赛北京地区预赛。比赛设 11 个专业大类 67 个赛项，为历届比赛最多。60 余所中职学校近万名学生参加校级比赛，1149 名学生参加市级比赛，共决出一等奖 107 个、二等奖 185 个、三等奖 279 个。同时，从获奖选手中选拔 171 名中职学生代表北京市参加全国职业院校技能大赛，获得一等奖 19 个、二等奖 25 个、三等奖 43 个。

（吕轮超　袁业建）

北京市中等职业学校
技能比赛项目及承办单位

农林技术（4 项）
　北京市园林学校
建筑工程技术（5 项）
　北京城市建设学校
新能源技术（1 项）
　北京电子科技职业学院自动化工程学院
电工电子技术（其中 2 项）
　北京电子科技职业学院自动化工程学院
电工电子技术（其中 4 项）
　北京市电气工程学校
现代制造技术（8 项）
　北京金隅科技学校
机器人技术（1 项）
　北京信息职业技术学院
电梯维修技术（1 项）
　北京铁路电气化学校
现代制造技术（1 项）
　北京铁路电气化学校
电气运行与控制（1 项）
　北京铁路电气化学校
城市轨道交通技术（1 项）
　北京铁路电气化学校
汽车运用与维修技术（5 项）
　北京交通运输职业学院
汽车营销（1 项）
　北京交通运输职业学院
计算机应用技术（8 项）
　北京市信息管理学校
电子商务技术（1 项）
　北京商贸学校
现代物流技术（4 项）
　北京市商务科技学校
会计（2 项）
　北京市商业学校
酒店服务（2 项）
　北京市外事学校
烹饪（4 项）
　北京市劲松职业高中
服装设计制作技术（2 项）
　北京电子科技职业学院艺术设计学院
模特表演（2 项）
　北京国际职业教育学校
职业英语（2 项）
　北京市财会学校
艺术表演（2 项）
　北京舞蹈学院附属中等舞蹈学校
　中央音乐学院附属中等音乐学校
美容美发技术（3 项）
　北京市实美职业学校
医药卫生技术（护理技能 1 项）
　首都铁路卫生学校
医药卫生技术（中药传统技能 1 项）
　北京市实验职业学校

（胡雨）

【6 所首批国家中职示范校通过国家验收】　6 月 4 日，教育部办公厅、人力社保部办公厅和财政部办公厅联合发文公布“国家中等职业教育改革发展示范学校建设计划”第一批项目学校验收结果，北京市 6 所学校通过验收。分别是北京市昌平职业学校、北京金隅科技学校、北京市商业学校、北京铁路电气化学校、北京商贸学校和北京一轻高级技术学校。在学校总结自查、省级验收检查基础上，教育部、人力社保部、财政部组织专家对首批项目学校进行综合评议和现场抽查，在综合考虑省级验收情况和专家组意见基础上，全国共 251 所项目学校通过验收，正式确定为“国家中等职业教育改革发展示范学校”，其中，北京市 6 所。

（胡雨）

【开展市级中职学校信息化教学比赛】
6 月 5 至 6 日，市教委组织开展 2014 年北京市中等职业学校信息化教学比赛暨全国职业院校信息化教学大赛选拔赛。来自 26 所学校 90 份作品参加信息化教学设计、信息化实训教学两个项目的现场比赛和信息化课堂教学的课堂录像比赛。经过专家组评选，评出一等奖 10 份、二等奖 19 份、三等奖 27 份，其中，11 份作品获得全国大赛参赛资格，5 所学校获评优秀组织奖。

（项明）

【8 所第二批国家中职示范校通过市级验收】　8 月 25 至 29 日，市教委、市人力社保局、市财政局组织成立专家组对北京市第二批 8 所“国家中等职业教育改革发展示范学校建设计划”项目学校进行入校检查验收。在项目学校自查、总结基础上，专家组经过书面评审、实地检查、综合评议和经费检查等程序，8 所项目学校圆满完成建设任务，全部通过验收。该项验收根据教育部办公厅、人力社保部办公厅、财政部办公厅《关于开展国家中等职业教育改革发展示范学校建设计划第二批项目学校验收工作的通知》开展。

（余俊）

【中职示范校建设工作交流会召开】
11 月 20 日，北京市“国家中等职业教育改革发展示范校”建设工作交流会召开。会议由市教委职成处、北京教科院职成所联合举办，北京市黄庄职业高中承办，目的是为第二、三批示范校搭建相互学习交流平台，推进北京市示范校建设向更高水平发展。8 所第二批示范校作专题经验介绍，7 所第三批示范校负责人汇报建设概况、进程和存在问题。北京教科院领导点评指导第三批示范校建设工作。市教委职成处、北京教科院职成所、石景山区教委负责人以及 15 所第二、三批北京市“国家中等职业教育改革发展示范学校建设计划”项目学校负责人共 65 人参加会议。

（文昌敏）

国家重点中等职业学校

中央音乐学院附属中等音乐学校

【概况】 2014年，中央音乐学院附属中等音乐学校占地面积1.46万平方米，产权建筑面积2.95万平方米。全年教育经费投入4211万元，其中，国家拨款3311万元、改善办学条件专项款900万元。固定资产总值41473万元，其中，教学、科研仪器设备总值840万元。图书馆建筑面积915平方米，藏有纸质图书1.51万册。拥有计算机226台，多媒体教室37间。学校有网络信息点555个，校园网出口总带宽100Mbps，数字资源量800GB。开设9个专业，包括钢琴、小提琴和民乐等5个六年制专业。拥有中国少年交响乐团、少年民族管弦乐团、少年室内乐团、少年合唱团、少年管乐团和四季室内乐团。附属小学是附中六年制中专学历教育之外“学前预科班”，学制3年。教职工132人，包括专任教师97人、教辅人员35人。专任教师中研究生及以上学历67人，本科及以上学历占教师总数100%；高级专业技术职务8人、中级37人。聘请校外教师136人。毕业生221人。招生129人，其中，京籍学生23人。在校生867人（初中部505人、高中部362人），其中，京籍学生132人。网址：fuzhong.ccom.edu.cn。

（秦萌）

【举办校友艺术节】 5月27日至6月11日，中央音乐学院附中举办第二届校友艺术节。与2013年举办的第一届校友艺术节相比，此届活动形式更为多样，包括13场音乐会、12场大师课、7场讲座以及“奖学金制”校内器乐比赛等；参与阵容更大，参演主体除一部分在校优秀师生外，还云集一批远道而来、活跃在世界舞台

上的知名校友，如德国科隆国家歌剧院终身大提琴首席田博年、美国圣地亚哥乐团大提琴终身首席赵耀、苏黎世国家歌剧院乐团首席王晓明以及法国迪欧迪玛弦乐四重奏第一小提琴赵云鹏等。

（秦萌）

【设立奖学金制器乐比赛】 6月，中

央音乐学院附中设立奖学金制器乐比赛。设立该比赛旨在全面发展优秀专业人才，鼓励学生积极性。民乐学科、室内乐学科、管乐学科于6月举办校内器乐比赛，钢琴专业、小中大贝提琴专业于2015年举行，相关专业隔年举办。

（秦萌）

【举办学生音乐会】 9月27日，“韵舞丝绸路”学生音乐会在中央音乐学院附中举办。来自香港陪侨中学、庇里罗士女子中学和圣公会林护纪念中学3所学校中乐团80余名师生到该校进行交流演出。双方乐团共演奏《丝路驼铃》《长城随想曲》等经典曲目14首，加强大陆和香港两地学生友谊。

（秦萌）

【参加CCTV钢琴小提琴大赛获奖】 10月17日，2014年中央电视台（CCTV）钢琴、小提琴大赛落幕，中央音乐学院附中学生取得优异成绩。该赛事钢琴、小提琴分设专业青少年组和专业成年组两个组别，初一年级钢琴专业1名学生和高一年级钢琴专业1名学生包揽专业组两枚金奖，另有2名学生分别获得小提琴少年组第二名和青年组第二名。比赛由中央电视台音乐频道于2008年创办，每3年举办一次，影响力大，蜚声国内外。

（秦萌）

【参加国际青少年管乐比赛获奖】 11月1日，圣彼得堡第九届穆拉文斯基国际青少年管乐比赛落幕，中央音乐学院附中管乐选手7人晋级3个组别决赛并全部获奖。包括木管A组决赛第一名1人、第二名2人；木管B组第二名2人、第三名1人；铜管B组第三名1人。另有2人获优秀伴奏奖，1人获全场最佳伴奏奖，5人获优秀指导教师奖。该比赛由欧洲青少年比赛联盟和俄罗斯文化部主办，是世界范围内最大的青少年国际A级管乐比赛，每4年举行一次。比赛加预选赛共4轮，决赛由交响乐队协奏。此次比赛共有11个国家120名选手参赛，汇集欧洲和亚洲最顶尖的青少年管乐学生。

（秦萌）

【举办民乐学科教师音乐会】 12月17日，“师范，示范”中央音乐学院附中民乐学科教师专场音乐会举行。民乐学科6名骨干教师和5名青年教师为大家演奏，展示民乐学科教师演奏功底以及各个教师在不同发展阶段所取得的成果。

（秦萌）

【设立附中奖教金】 12月，中央音乐学院附中设立“附中奖教金”。该奖教金是延续2008年设立的“黄源澧奖教金”。“黄源澧奖教金”运行资金于2013年全部用完，而奖励形式应继续延续，由附中出资自本年起建立“附中奖教金”，以奖励教学成果突出的优秀教师。首届奖教金共有17名教师获奖。

（秦萌）

北京市什刹海体育运动学校

【概况】　2014年，北京市什刹海体育运动学校占地面积3.37万平方米，产权校舍建筑面积47442平方米、非产权校舍建筑面积1966平方米。全年经费投入9339.94万元。固定资产总值20628.96万元（含基建），其中，教学、科研仪器设备总值1426.10万元。图书馆建筑面积136平方米，藏有纸质图书6.46万册。拥有计算机200台，多媒体教室座位150个。学校信息化经费投入54.90万元，网络信息点600个，校园网出口总带宽20Mbps，上网课程1门，数字资源量30GB。开设武术、跆拳道、击剑、乒乓球等9个运动项目，7个运动班，7个运动队。教职工352人（含一线运动员），包括专任教练98人、教师23人、教辅人员3人。专任教师教练中具有研究生学历14人，本科及以上学历占教师总数100%；副高级专业技术职务29人、中级45人。聘请校外教师7人。运动班向一线运动队输送正编运动员1人、协议运动员22人。在校生680人。运动员年龄6至30岁。网址：www.bjschtx.com。

（严丽芬）

【与天安门分局机动大队团委共建】
5月4日，什刹海体校与天安门分局机动大队团委达成共建协议。双方本着“双方互动、资源共享、合作共建”原则，建立长期、稳定、全面的友好合作关系，议定该校在健身培训、运动保健、运动场地等方面为天安门分局机动大队提供指导与帮助，天安门分局机动大队在周边单位参观、法制宣传、安全教育等方面给予协调与帮助。

（严丽芬）

【首次开办WQST青少年全素质教育夏令营】　7月14至20日，什刹海体校首次开办WQST青少年全素质教育夏令营。校内外106名学生参加活动，全部为户外课程，包括野外做饭、露营、高空挑战、农事活动等，让学生亲自动手以团队配合的方式完成各种项目挑战，课程完成后再通过

教师引导让学生自己总结分享成功经验，改“先知后行”为“先行后知”，加深学生在实践中的体会，培养学生勇敢正直的品格。WQST训练营体系由健康（Wholesome）、素质（Quality）、安全（Safety）、感恩（Thank）四个核心元素组成。

（严丽芬）

【获得三项世界比赛冠军】　8至9月，什刹海体校北京队专业运动员在世界性比赛中获得3枚金牌。其中，张楠在8月25至31日丹麦举行的2014年世界羽毛球锦标赛和9月19日至10月4日韩国举行的亚运会上均获得混合双打冠军；漆双双和包子龙在9月24至27日悉尼举行的2014澳大利亚羽毛球公开赛上获得男子双打冠军。张楠，女，1990年生于北京市，2001年就读于什刹海体校，2004年入选北京羽毛球队。漆双双，1991年3月生于江苏，2006年到什刹海体校学习羽毛球专业，2008年入选北京羽毛球队。包子龙，1990年11月生于内蒙古，2000年到什刹海体校学习羽毛球专业，2006年入选北京羽毛球队。

（严丽芬）

【举办科普大讲堂活动】　12月11日，什刹海体校举办科普大讲堂活动。活动邀请北京交通大学教授作题为《几何机器人》讲座，详尽讲解国内与国际上主流机器人的应用，现场展示部分机器人实物，讲解机器人在消防救援、野外探险和国防安全方面发挥的作用。该校300余名学生参加学习。

（严丽芬）

【接待6批境外代表团】　至年底，什刹海体校共接待6批境外官方代表团来校参观访问。包括萨摩亚议长拉乌利·福西·施密特一行9人、俄罗斯副总理特鲁特涅夫一行8人、国际

奥委会名誉委员高斯帕一行3人，以及美国国会议员助手团、特立尼达和多巴哥体育团、中非新闻交流团。

（严丽芬）

【获17项全国比赛冠军】　至年底，什刹海体校北京队专业运动员在全国比赛中共夺得17枚金牌。包括全国男子拳击冠军赛、锦标赛男子64公斤级冠军，全国女子拳击冠军赛64公斤级冠军；全国跆拳道锦标赛女子62公斤级、49公斤级冠军；全国跆拳道冠军赛女子73公斤级、男子80公斤级、68公斤级、58公斤级冠军；全国武术套路冠军赛男子长拳、男子刀术、女子太极剑冠军；全国武术套路锦标赛男子长拳冠军；全国武术套路冠军赛（传统项目）女子八卦拳、女子42式太极拳、女子陈式太极拳、女子螳螂拳冠军。

（严丽芬）

北京市商务科技学校

【概况】　2014年，北京市商务科技学校占地面积4.80万平方米，产权校舍建筑面积2.13万平方米、非产权校舍建筑面积2.68万平方米。全年教育经费投入4801.77万元，其中，国家拨款4528.31万元、自筹经费273.46万元。固定资产总值10951.74万元，其中，教学、科研仪器设备总值4779万元。图书馆建筑面积680平方米，藏有纸质图书12.95万册、电子图书11.54万册。拥有计算机734台，多媒体教室座位2911个。学校信息化经费投入94.08万元，网络信息点1298个，校园网出口总带宽20Mbps，上网课程4门，数字资源量150GB。设有4个校区，5个系部，开设7个专业，31个教学

班。教职工 129 人，包括专任教师 66 人、教辅人员 17 人。专任教师中具有研究生学历 17 人，本科及以上学历占教师总数 100%；高级专业技术职务 27 人、中级 28 人；“双师型”教师 36 人。聘请校外教师 25 人。毕业生 250 人，就业率 96.65%，职业资格证书取证率 100%。招生 70 人，其中，京籍学生 60 人。在校生 505 人，其中，京籍学生 435 人。网址：www.swkj.org.cn。

（王靖）

【物流实训基地通过使用效益评估】 6 月 20 日，商务科技学校物流实训基地通过北京市职业教育实训基地使用效益评估。市教委领导及评估专家一行 9 人到学校物流实训基地进行评估。物流基地“充分满足校内教学、培训需求，教学效益显著；充分发挥市级共享型基地作用，社会效益显著；充分发挥基地作用，为物流行业培训做出突出贡献”的成绩与优势得到评估组领导与专家充分肯定。

（杨秀茹　苏虹）

【获得全国物流教学成果一等奖】 11 月 13 日，商务科技学校“校企合作的物流实训基地建设”课题获全国物流职业教育教学指导委员会 2014 年度教育教学成果一等奖。物流专业行指委组织专家对全国 151 份教学成果材料进行初评、网评和会评三轮评审，共评出一等奖 15 项。

（杨秀茹　苏虹）

【固化行为养成教育成果】 12 月，

商务科技学校固化行为养成教育成果。该校关于分年级、分专业的中职学生行为养成教育体系构建与实施的研究顺利完成，最终形成中专三个年级的系列学生行为养成规范系统，配套六本学生行为养成教育手册。同时，学校确立学生行为养成教育的中心教育地位，无论是课堂教学还是学生活动都紧紧围绕学生行为养成教育领域，多途径实施行为养成教育。学生行为养成教育体系有效促进学校素质教育的全面落实，为学生健康发展、可持续发展和终身发展服务。

（蒋瑞玉）

北京水利水电学校

【概况】 2014 年，北京水利水电学校占地面积 3.88 万平方米，产权校舍建筑面积 2.28 万平方米。全年教育经费投入 4985.88 万元，全部为国家拨款。固定资产总值 6251.28 万元，其中，教学、科研仪器设备总值 3118.58 万元。图书馆建筑面积 3242 平方米，藏有纸质图书 8.66 万册。拥有计算机 508 台，多媒体教室座位 1440 个。学校信息化经费投入 235.31 万元，网络信息点 546 个，校园网出口总带宽 100Mbps，上网课程 63 门，数字资源量 240GB。设有 4 个系部，开设 11 个专业，38 个教学班。教职工 155 人，包括专任教师 80 人、教辅人员 10 人。专任教师中具有研究生学历 8 人，本科及以上学历占教师总数 100%；高级专业技术职务 27 人、中级 35 人；“双师型”教师 36 人。聘请校外教师 13 人。毕业生 393 人，就业率 96%，职业资格证书取证率 86.13%。招生 306 人，其中，京籍学生 264 人。在校生 1238 人，其中，京籍学生 1184 人。网址：www.slsdschool.com。

（鲍晓）

【首次实现中高职衔接】 7 月，水电学校水利工程施工技术专业首次实现“3＋2”中高职衔接。根据水务行业对技能型人才的需求，学校与多家高职院校沟通中高职衔接工作，经市教委批准，与北京农业职业学院实现中高职衔接。同时，学校积极走访调研北京农职院、北京农学院、北京电子科技学院、北京城市建设学校等院校，寻求合作机会，在人才培养模式、核心课程设置与课程开发等方面不断加强与高等院校合作。上半年，学校加入北京都市农业职业教育集团，为学校与职业院校间交流和校企合作、校校合作提供平台，也为学校继续拓展中高职衔接工作奠定基础。

（鲍晓）

【与自来水集团和排水集团签约合作】

9 月 10 日，水电学校分别与北京市自来水集团有限责任公司和北京市排水集团有限责任公司签订校企合作协议。根据协议，学校与两大集团以“冠名班”“订单培养”和“顶岗实习”等方式进行合作，并计划在未来几年继续拓展合作专业，深化校企合作。

（鲍晓　李法良）

【加强基础设施建设】 至年底，水电学校加强基础设施建设。该校先后完成生态循环水务实训室建设、数字化校园建设、计算机更新、建材实训室建设、中水站改造等十余项专项建设工作。其中，生态循环水务实训室占地面积 360 平方米，投资 360 万元，拥有仿真模型、生光电智能机和演示物理沙盘等实训设备。建材实训室占地面积 85 平方米，投资 38.65 万元，拥有万能材料实验机、混凝土压力机和钢筋弯曲机等实训设备，可满足混凝土实验、钢筋实验等方面实训任务要求。此外，学校实训楼建设工程于 5 月正式开工，并于 11 月通过市发改委组织的实训楼工程进展情况专项稽查。

（鲍晓）

【加深校企合作力度】 至年底，水电学校进一步加深校企合作力度。该校先后安排 33 名教师到南水北调办、北京市排水集团、北京市自来水集团等 18 个企事业单位实践锻炼；利用寒暑假安排教师 77 人次参加现代教学理念、现代教学技术等内容的市内外进修、交流培训；邀请多名水工、建筑专业相关企业专家到校进行专题讲座、座谈；加强与企业、专家沟通交流，商谈专业设置与学生培养方向、顶岗实习学生接收等相关事宜。

（鲍晓）

【开设第二课堂】　至年底，水电学校组织动画制作、水质监测、机械设计、电子制作等 9 项第二课堂活动。其中，计算机网络中心开设“动画制作”第二课堂，各辅导教师发挥各自优势通力合作，精心设计辅导内容，将“生态文明”主题、“生命安全”主题与 Flash 软件应用紧密结合。共组织活动 10 次，70 余人次参与，指导学生完成作品 16 份。

（鲍晓）

北京城市建设学校

【概况】　2014 年，北京城市建设学校占地面积 2.91 万平方米，产权校舍建筑面积 2.28 万平方米。全年教育经费投入 4110.27 万元，其中，国家拨款 3314.31 万元、自筹经费 795.96 万元。固定资产总值 27571.22 万元，其中，教学、科研仪器设备总值 2228.94 万元。图书馆建筑面积 240 平方米，藏有纸质图书 4.94 万册。拥有计算机 550 台，多媒体教室座位 410 个。学校网络信息点 223 个，校园网出口总带宽 40Mbps，上网课程 2 门，数字资源量 30GB。全日制中专开设 8 个专业，32 个教学班；成人大专开设 7 个专业，23 个教学班；成人中专开设 6 个专业。教职工 109 人，包括专任教师 74 人、教辅人员 0 人。专任教师中具有研究生学历 19 人，本科及以上学历占教师总数 100%；高级专业技术职务 24 人、中级 41 人；“双师型”教师 26 人。聘请校外教师 54 人。毕业生 636 人，其中，全日制中专生 348 人、成人大专生 177 人、成人中专生 52 人、北京电大市建职大工作站 59 人。毕业生就业率 100%，职业资格证书取证率 90%。招生 439 人，其中，全日制中专生 213 人、成人大专生 117 人、成人中专生 74 人、北京电大市建职大工作站 35 人；京籍学生 206 人。在校生 2334 人，其中，全日制中专生 966 人、成人大专生 638 人、成人中专生 338 人、北京电大市建职大工作站 392 人；京籍学生 1287 人。全年为市建筑行业从业人员开展岗位培训、技能鉴定考核 5000 人次。网址：www.bccs.cn。

（周晓凌）

【“3＋2”中高职衔接专业正式招生】　7 月，城建学校“楼宇智能化设备安装与运行”专业与北京农业职业学院合作办学的“3＋2”中高职衔接改革试点班正式招生。本年招生 15 人。学校与农职院密切配合，研究制定整体性衔接培养方案，加强专业培养目标、课程设置、课程内容的统筹和衔接，切实优化该专业人才培养过程，共同完成楼宇智能化高技能人才系统培养。

（周晓凌）

【重修建筑工程施工专业实训基地装备标准】　10 至 12 月，城建学校重新修订的《北京市建筑工程施工专业实训基地装备标准》通过市教委论证。该项目根据北京市经济社会发展和产业转型升级对中等职业教育技术技能人才培养规格要求，结合北京市中职学校实施新一轮工作过程导向课程改革实际制定，将为北京市中等职业学校实训基地建设提供参考，为各级行政部门制定政策和财政投入提供依据。

（周晓凌）

【举办技能竞赛月活动】　11 月 1 至

28 日，城建学校举办技能竞赛月活动。活动面向全体学生，共举办通用基础类和专业技术类比赛 22 项。28 日是学校技能竞赛日，当天组织建筑 CAD 等 14 个项目决赛，以及“通风管道的制作”竞赛、“建筑给排水安装与调试”竞赛和“小型制冷实训装置”竞赛进行实操展示，职业生涯规划和“工程字书写”竞赛进行优秀作品展览。竞赛共 289 人次获奖。

（周晓凌）

【提升为行业服务能力】　至年底，城建学校提升为行业服务能力。完成建筑业各级各类培训 3500 余人次；开展各级各类岗位现场审核 17 次，审核人数 1.80 万人次；完成近 1500 人次的实验员、测量员实操考试任务；完成各级各类考试组考工作 13 次，约 1.50 万人次。培训学校被评为北京市建设类培训机构综合办学水平优秀单位。

（周晓凌）

北京市自动化工程学校

【概况】　2014 年，北京市自动化工程学校占地面积 3.76 万平方米，产权校舍建筑面积 3.20 万平方米。全年教育经费投入 7664 万元，其中，国家拨款 7462 万元、自筹经费 202 万元。固定资产总值 12434 万元，其中，教学、科研仪器设备总值 8830 万元。图书馆建筑面积 500 平方米，藏有纸质图书 6 万册、电子图书 10 万册。拥有计算机 620 台，多媒体教室座位 2000 个。学校信息化经费投入 800 万元，网络信息点 570 个，校园网出口总带宽 70Mbps，数字资源量 1556.50GB。拥有 33 个实训教室和实验室；建有综合实训楼，包括数控人才培训基地、精密模具制造实训车间、塑料成型实训车间、数控车床实训车间、模具装配实训车间、精密测量实训室、3D 打印体验中心、零件检测工作站、数控机床机械（电气）维修调试实训室、MPS 自动化生产线实训室等，4 个专业教研室，开设 18 个专业，62 个教学班。教职工 150 人，包括专任教师 97 人、教辅人员 14 人。专任教师中具有研究生学历 18 人，本科及以上学历占教师总数 100%；高级专业技术职务 24 人、中级 39 人；“双师型”教师 29 人。聘请校外教师 30 人。毕业生 400 人，就业率 96.30%，职业资格证书取证率 86%。招生 645 人，其中，京籍学生 370 人。在校生 2465 人，其中，京籍学生 1033 人。网址：www.zdhschool.com.cn。

（李季）

【学生获世界 PowerMILL 技能大赛冠军】　1 月 20 日，自动化学校学生赵世成代表中国队参加世界 PowerMILL

技能大赛获得冠军，同时获得英国达尔康公司（DELCAM）3个月免费培训资格。该比赛由DELCAM总公司组织，在英国伯明翰举办，来自中国、韩国和日本等地8支代表队参加比赛。中国选手由DELCAM（中国）公司负责选拔，经过全国职业院校数控技能大赛层层选拔产生。PowerMILL是英国DELCAM公司出品的数控加工编程软件系统。赵世成，1995年生于内蒙古自治区赤峰市，2011年进入自动化学校机电专业学习。

（郑国毅）

【首个志愿者服务班成立】 3月10日，自动化学校首个志愿者服务班挂牌成立。该校轨道1205班组建成立志愿者服务班，学校校长和党委书记为该班授班牌，为该班学生佩戴志愿者服务胸卡。挂牌后，该班向全校发起“传承雷锋精神，参与志愿服务”活动倡议，创建和谐、文明、整洁校园，努力为学校实现跨越式发展做出更大贡献。

（柯肇萤）

【新教学图书馆综合楼投入使用】 9月10日，自动化学校新教学图书馆综合楼投入使用。该工程建筑面积1.50万平方米，地下1层、地上8层，集教学实训、图书阅览、信息化建设和办公等多种功能为一体。工程于2013年4月12日开工，2014年8月20日竣工。

（杨嘉麟）

【举办庆祝建校50周年系列活动】

10月18日，自动化学校举办建校50周年“教育教学改革创新成果展暨校友开放日”活动。活动以“传承学校文化、共创美好未来”为主题，老教师、老校友以及企业嘉宾到校参观校园文化、实训基地、社团活动、校史展、学生作品展，观看校庆纪录片，一览学校50年发展变化。活动还举办校友开放日大会，老教师、校友、企业专家、领导汇聚一堂，回顾学校发展史，介绍学校内涵建设和今日发展，坚定“创建有特色、精品型、国际性的优质特色职业学校”奋斗目标。自动化学校建于1964年，隶属于市教委，建校50年来，培养中专学历学生12692人。

（赵俊会　杨嘉麟）

北京金隅科技学校

【概况】 2014年，北京金隅科技学校占地面积11.84万平方米，产权校舍建筑面积8.37万平方米、非产权校舍建筑面积5.18万平方米。全年教育经费投入12539.22万元，其中，国家拨款11775.95万元、自筹经费763.27万元。固定资产总值25184.87万元，其中，教学、科研仪器设备总值10400.51万元。图书馆建筑面积2082.94平方米，藏有纸质图书17万册、电子图书6.30万册。拥有计算机1430台，多媒体教室座位4200个。学校信息化经费投入42万元，网络信息点1970个，校园网出口总带宽140Mbps，上网课程30门，数字资源量8400GB。设有2个校区，机械与电气工程系、材料与建筑工程系、信息与管理工程系和基础教学部“三系一部”，开设24个专业，110个教学班。教职工306人，包括专任教师162人、教辅人员23人。专任教师中具有研究生学历33人，本科及以上学历占教师总数100%；高级专业技术职务69人、中级61人；“双师型”教师115人。聘请校外教师53人。毕业生1158人，就业率99%，职业资格证书取证率100%。招生527人，其中，京籍学生289人。在校生3208人，其中，京籍学生665人。网址：www.bjjyp.org.cn。

（刘波）

【召开养老护理员培训项目研讨会】 3月18日，金隅学校召开“养老护理员职业培训项目方案制定及基地建设”研讨会。金隅集团成立金隅养老产业公司，并在金隅嘉业房地产公司牵头下启动2014年试点项目。金隅学校作为金隅集团教育培训基地，与嘉业公司达成护理员培训项目协议。学校于5月承接嘉业30人左右的护理员培训，通过为期3个月左右的教学、实训，使学员达到上岗要求。

（刘波）

【宏基电脑金隅学校服务站挂牌营业】

3月20日，金隅学校与宏基电脑有限公司合作的宏基电脑金隅学校授权服务站正式挂牌营业。学校通过发挥维修站的综合功能，为学生提供良好的实习机会，让学生参与真实的维修服务，从而更全面的学到实践技能、职业规范；企业走进学校，对学校的专业建设给予现场技术支持，对做好维修服务、培养学生专业技能和促进学校专业建设的各项工作发挥极大作用。这是学校首次引店入校。

（刘波　张涛）

【金隅水泥中央控制室操作员培训班开班】 5月26日，金隅学校承办的金隅（股份）2014年水泥中央控制室操作员培训班开班授课。培训通过理论授课、实训基地参观、召开研讨会、开展团队拓展训练等多种形式的内容安排，使培训达到圆满预期效果。来自金隅集团所属水泥板块21家单位55名学员参加培训。此次培训是金隅教育培训基地挂牌成立以来首次面向集团企业的岗位轮训。

（刘波）

北京市园林学校

【概况】 2014年，北京市园林学校占地面积7.49万平方米，产权校舍建筑面积2.38万平方米。全年教育经费投入3781.53万元，其中，国家拨款3672.69万元、自筹经费108.84

万元。固定资产总值 10928.22 万元，其中，教学、科研仪器设备总值 1666.93 万元。图书馆建筑面积 1271.70 平方米，藏有纸质图书 4.30 万册、电子图书 7 万册。拥有计算机 506 台，多媒体教室座位 762 个。学校信息化经费投入 40 万元，网络信息点 941 个，校园网出口总带宽 30Mbps，上网课程 1 门，数字资源量 655GB。设有 2 个校区，开设 8 个专业，21 个教学班。教职工 99 人，包括专任教师 61 人、教辅人员 8 人。专任教师中具有研究生学历 14 人，本科及以上学历占教师总数 98%；高级专业技术职务 17 人、中级 26 人；“双师型”教师 40 人。聘请校外教师 10 人。毕业生 128 人，就业率 97.66%，职业资格证书取证率 91.67%。招生 130 人，其中，京籍学生 130 人。在校生 523 人，其中，京籍学生 457 人。网址：www.bjlas.cn。

（赵乐乐）

【首次启动空气重污染应急预案】 2 月 21 至 26 日，园林学校首次启动空气重污染应急预案。该校参照“橙色”预警级别落实相应应急措施，包括停止“体育与健康”和“绿地养护实践”等课程室外教学 22 节，全部改为室内教学；暂停课间操、课外活动 5 次。其间教学秩序正常，无违规现象发生。

（赵乐乐）

【开展“道德大讲堂”主题教育活动】

3 月 27 日至 10 月 31 日，园林学校开展“道德大讲堂”主题教育活动。“道德大讲堂”以培育和践行社会主义核心价值观为根本，以社会公德、职业道德、家庭美德、个人品德教育为主线，以“唱一首爱国歌曲、看一部道德短片、诵一段国学经典、讲一个道德故事、做一番心灵感悟”为基本模式，共开展青年专场暨优秀毕业生事迹宣讲会、教师支部专场—最美教师宣讲会等 7 次活动，参与组织、宣讲人数 80 人，观众 900 余人次。

（赵乐乐　姜洋）

【举办首届校园文化日活动】 5 月 10 日，园林学校举办首届校园文化日活动。活动以“美丽校园、美丽园林”为主题，邀请家长及周边市民走进学校，参观学生技能作品展示，参与专业课程互动。主要安排艺术插花作品、盆景作品和树木造型修剪等 7 项展示和艺术插花制作、叶画制作和工程测量等 6 项专业课程互动体验，共吸引 100 余名家长和市民前来参观体验。

（赵乐乐）

【为全市园林绿化资源普查提供服务】

6 月 17 日至 8 月 31 日，园林学校与西城区园林绿化局开展校企合作，为北京市第八次园林绿化资源普查提供服务。该校 45 名教师和 45 名学生利用专业实训课和暑假承接西城区 15 个街道 220 个社区绿地、树种调查和数据录入工作。8 月下旬，市园林绿化局对西城区普查工作进行检查，对学校师生的普查方法、程序、标准和调查结果给予肯定和好评，同时对学校为普查工作提供的服务表示感谢和赞扬。

（赵乐乐　马春龙）

北京市商业学校

【概况】 2014 年，北京市商业学校占地面积 20.93 万平方米，产权校舍建筑面积 10.53 万平方米、非产权校舍建筑面积 1.44 万平方米。全年教育经费投入 11647.61 万元，其中，国家拨款 9942.35 万元、自筹经费 1705.26 万元。固定资产总值 24600.79 万元，其中，教学、科研仪器设备总值 7836.79 万元。图书馆建筑面积 3620 平方米，藏有纸质图书 10.02 万册、电子图书 6.44 万册。拥有计算机 3611 台，多媒体教室 130 间。学校信息化经费投入 300.12 万元，网络信息点 3100 个，校园网出口总带宽 100Mbps，上网课程 65 门，数字资源量 28498GB。设有 6 个校区，8 个系部，开设 21 个专业，113 个教学班。教职工 318 人，包括专任教师 225 人、教辅人员 18 人。专任教师中具有研究生学历 77 人，本科及以上学历占教师总数 97%；高级专业技术职务 49 人、中级 91 人；“双师型”教师 100 人。聘请校外教师 86 人。毕业生 1133 人，就业率 99%，职业资格证书取证率 100%。招生 1073 人，其中，京籍学生 561 人。在校生 4669 人，其中，京籍学生 2366 人。网址：www.bjsx.com.cn。

（徐敏）

【与联想集团合作培养信息化人才】 9 月 13 日，商业学校举办第三批“联想 IT 服务定向班”开班暨揭牌仪式。自 2012 年第一届联想班开班以来，商业学校与联想集团共同构建校企合作的“联想模式”，即企业和学校作为人才培养的“双主体”，形成校企共同开展教育教学、共同管理、共同教学、共同育人的一种新型的专业人才培养模式。通过“联想 IT 服务定向班”项目，联想先进的 IT 人才培养理念和职业发展体系与学校的职业培养体系相结合，由学校与联想（北京）有限公司通力合作，从计算机类专业挑选优秀学生，组成“联想 IT 服务定向班”，实现校企深度合作培养信息化人才。

（徐敏）

【服装体验店开业】 10 月 28 日，商

业学校“商校服装体验店”正式开

业。店铺位于学校内，是与上海希容贸易公司合作共建的校企合作实训基地。体验店融合物流、服装、商务助理等专业，以真实的市场、企业的流程和岗位要求，让多个专业互相配合，让教师、学生在真实的企业运营环境中得到体验。

（徐敏　史燕林）

【北京祥龙大学揭牌】　12月18日，

由北京祥龙资产经营有限责任公司成立、以商业学校为平台的北京祥龙大学正式揭牌。北京祥龙大学整合祥龙公司现有优质教育资源，由商业学校负责会同祥龙公司有关部门及企业，落实祥龙大学创建方案，制定大学章程，设计建设规划，开展体系建设和业务运营，开展教育教学活动。祥龙大学旨在建立以企业文化、企业战略发展为核心，运用现代科技手段，按照多元模式设立的教育机构和企业学习基地。

（徐敏　史燕林）

北京铁路电气化学校

【概况】　2014年，北京铁路电气化学校占地面积14.06万平方米、产权校舍建筑面积6.89万平方米。全年教育经费投入12998.10万元，其中，国家拨款12745.50万元、自筹经费252.60万元。固定资产总值1050.70万元，其中，教学、科研仪器设备总值5867.97万元。图书馆建筑面积2122平方米，藏有纸质图书17.75万册、电子图书8.13万册。拥有计算机734台，多媒体教室座位7605个。学校信息化经费投入777.71万元，网络信息点832个，校园网出口总带宽100Mbps，上网课程47门，数字资源量6171GB。开设14个专业，85个教学班。教职工224人，包括专任教师152人、教辅人员8人。专任教师中具有研究生学历29人，本科及以上学历占教师总数93.40%；高级专业技术职务40人、中级70人；“双师型”教师80人。聘请校外教师20人。毕业生1512人，就业率97.33%。招生1542人，其中，京籍学生606人。在校生5633人，其中，京籍学生2588人。网址：www.jtdx.com.cn。

（朱春然）

【召开第九次团代会】　4月17日，共青团北京铁路电气化学校第九次代表大会召开。团代会代表共183人参加大会。大会审议并通过工作报告决议，选举产生共青团北京铁路电气化学校第九届委员会，15人当选为共青团北京铁路电气化学校第九届委员会委员。随后，召开九届一次会议，选举产生第九届团委书记和副书记（兼职）。

（朱春然）

【召开第七次党员大会】　10月25日，京铁电校第七次党员大会召开。学校在职全体党员及老干部党员等共计113人参加大会。通过选举，7人当选为第七届党委委员。随后召开新一届党委全体会议，选举产生党委书记和党委副书记。

（朱春然）

【学生志愿者服务地铁票制票价改革一线】　12月28日，京铁电校学生

志愿者服务地铁票制票价改革一线。当日，北京市公交系统票制票价调整正式实施，北京地铁告别2元票价时代，应北京市地铁运营有限公司要求，结合学校具体情况，该校选派1350名学生担任2、8、10、13号地铁线路，18个站区、76个站点的票制票价实施保障志愿者。

（朱春然）

北京商贸学校

【概况】　2014年，北京商贸学校占地面积9.51万平方米，产权校舍建筑面积7.95万平方米。全年教育经费投入8722.03万元，其中，国家拨款8209.53万元、自筹经费512.50万元。固定资产总值24816.12万元，其中，教学、科研仪器设备总值12914万元。图书馆建筑面积3652平方米，藏有纸质图书8.56万册、电子图书22.27万册。拥有计算机2362台，多媒体教室70个，座位3150个。学校信息化经费投入378万元，网络信息点648个，校园网出口总带宽50Mbps，数字资源量19TB。设有4个系部，开设12个专业，65个教学班。教职工194人，包括专任教师81人、教辅人员29人。专任教师中具有研究生学历43人，本科及以上学历占教师总数100%；高级专业技术职务25人、中级43人；“双师型”教师52人。聘请校外教师20人。毕业生591人，就业率100%，学生技能鉴定取证率85%以上。招生343人，其中，京籍学生304人。在校生1805人，其中，京籍学生1212人。网址：www.bjsmxx.com.cn。

（原望娟）

【新增两个“3+2”专业】　2月，经市教委批准，商贸学校新增两个“3+2”中高职衔接办学改革试点专业。分别是会计专业和产品质量监督检验（食品质量监督检验专门化）专业，以满足不同层次学生需求，系统培养高技能人才。

（原望娟）

【承办市中职学校电子商务专业技能大赛】　4月25日，商贸学校承办北京市中等职业学校电子商务专业技能大赛。比赛包括知识测试、网络营销、在线交易三个模块，来自全市10所中职学校参赛，商贸学校获北京市一等奖、全国优胜奖；北京市外事学校、北京现代职业学校获北京市二等奖；北京市经济管理学校、北京国际职业教育学校、北京市商业学校获北京市三等奖。

（原望娟）

【庆祝建校 50 周年】　11 至 12 月，商贸学校举办 50 周年校庆系列活动。活动包括编辑《校庆画册》，拍摄、制作校庆专题宣传片，设计、确定校庆纪念品，创办校刊，征集老物件、老照片，布置校史陈列馆，举办座谈、研讨会，表彰荣誉教职工等。12 月 13 日，学校围绕“校企合作、工学结合——建立和探索校企之间的人才培养合作模式”主题召开庆祝建校 50 周年校企合作研讨会。来自教育部、市教委、北京教科院、市职教学会、北京开放大学、北京城市学院等单位领导、学校产学研相关单位负责人及商贸学校领导班子成员参会。商贸学校建于 1964 年，初为半工半读副食品商业学校，1992 年，二商学校与二商职大合并，更名为北京商贸学校至今，由市教委和北京二商集团双重领导。

（原望娟　苏新莉）

北京市供销学校

【概况】　2014 年，北京市供销学校占地面积 44002 平方米，产权校舍建筑面积 32289 平方米。全年教育经费投入 3256.08 万元，全部为国家拨款。固定资产总值 10899 万元，其中，教学、科研仪器设备总值 3762.08 万元。图书馆建筑面积 2642 平方米，藏有纸质图书 7.13 万册、电子图书 15 万册。拥有计算机 1068 台，多媒体教室座位 3967 个。学校信息化经费投入 302 万元，网络信息点 1000 个，校园网出口总带宽 100Mbps，上网课程 28 门，数字资源量 202GB。设有 2 个校区，5 个系部，开设 11 个专业，69 个教学班。教职工 133 人，包括专任教师 73 人、教辅人员 10 人。专任教师中具有研究生学历 15 人，本科及以上学历占教师总数 100%；高级专业技术职务 19 人、中级 34 人；“双师型”教师 45 人。毕业生 542 人，就业率 100%，职业资格证书取证率 100%。招生 681 人，其中，京籍学生 230 人。在校生 1890 人，其中，京籍学生 672 人。网址：www.bjgx.com。

（陈文军）

【设立房山校区】　7 月，供销学校设立房山校区。该校完成学历教育重心西移至房山与北京市经贸高级技术学校实现资源整合。2013 年 8 月，供销学校与经贸技校合并，经贸技校建制保留。合并后，两校相同相近行政科室及专业整合，实行处室制、系部制，设立校长办公室、党群工作办公室（包括纪委、工会）、财务处、总务处、学生处、团委、督导室、教务处（包括图书馆）、招生就业处、安全保卫处 10 个处室和基础教学部、学前教育系、交通运输系、财经商贸系、信息技术系 5 个系部，保留原经贸学校的国家技能鉴定 307 所、北京市职业技能公共实训基地、北京经贸职业技能培训学校 3 个机构。

（陈文军）

【通过职业技能公共实训示范基地验收】　11 月，供销学校通过北京市职业技能公共实训示范基地建设评估验收。该校于 2009 年 2 月获批开展职业技能公共实训示范基地建设，重点建设家用电器产品维修、演艺工程、楼宇自动控制设备安装与维护 3 个专业，面向北京市在职职工，开展相关专业培训和鉴定。

（陈文军）

【完成培训和鉴定 2 万人次】　至年底，供销学校依托北京经贸职业技能培训学校和大兴校区开展社会培训，全年共完成培训及鉴定 2 万余人次。业务主要涉及实训基地培训、本农及失业人员培训、对外社会市场培训和企业事业单位培训等，还开拓广州、杭州、西安等京外培训区域。

（陈文军）

【创办 42 个学生社团】　至年底，供销学校共创办学生社团 42 个。包括校园秩序巡逻队、礼仪队、校园电视台、广播台、供销青年报社、芳园书法社等。学生社团在校团委指导下开展工作，实行自我管理。

（陈文军）

中国音乐学院附属中等音乐专科学校

【概况】　2014 年，中国音乐学院附属中等音乐专科学校占地面积 2.64 万平方米，产权校舍建筑面积 2.27 万平方米。全年教育经费投入 3247.67 万元，全部为国家拨款。固定资产总值 10612.78 万元，其中，教学、科研仪器设备总值 3142.85 万元。图书馆建筑面积 400 平方米，藏有中文图书 18962 册、中文音像 4680 套、外文图书 4408 册、外文音像 2260 套。拥有计算机 189 台，多媒体教室座位 620 个。学校信息化经费投入 32.32 万元，网络信息点 380 个，校园网出口总带宽 10Mbps，数字资源量 320GB。开设 5 个专业学科，1 个文化课教研室，16 个教学班。设有 1 个培训中心，6 个教育培训基地（全国）。拥有中国少年民族乐团。教职工 88 人，包括专任教师 64 人、教辅人员 7 人。专任教师中具有研究生学历 29 人，本科及以上学历占教师总数 98.50%；高级专业技术职务 14 人、中级 36 人。聘请校外教师 60 人。毕业生 122 人，就业率 100%。招生 131 人，其中，京籍学生 14 人。在校生 570 人，其中，京籍学生 74 人。网址：www.msccmusic.com。

（南秀渊）

【庆祝建校 50 周年】　9 月 9 日，中国音乐学院附中举办建校 50 周年校庆系列活动启动仪式。仪式上，中国音乐学院附中第一届校友会正式成立。仪

式结束后，附中建校50周年校庆展开幕，展览占地面积800余平方米，采用图片展和实物展等形式回忆往昔岁月，展望锦绣未来。9月开始，该校陆续举办数十场讲座，邀请众多音乐界专家学者，从多个层次和角度向附中师生开展座谈，涉及民乐、声乐、理作、钢琴等各个学科。声乐学科、民乐学科、钢琴学科和管弦学科还分别举行优秀校友音乐会和优秀教学成果音乐会。10月10日，附中建校50周年纪念音乐会在中山音乐堂举行，众多知名校友演出节目为母校献礼，附中优秀毕业生和在校生代表、中国少年民族乐团和女声合唱团参与演出。现场1200余人欢聚一堂，共同观看表演。中国音乐学院附中于1964年建校，先后被授予“北京市重点中等职业学校”“国家级重点中等职业学校”称号，50年来，培养2000余名中等音乐人才，为中国音乐学院和国内外知名艺术院校输送众多专业素质优良学生，享有“民族音乐家的摇篮”美誉。

（南秀渊）

【参加全国青少年民族乐器演奏比赛】 10月17至21日，中国音乐学院附中参加第五届全国青少年民族乐器演奏比赛成绩优秀。该校民乐学科19名学生经过初赛、复赛选拔，获得5银4铜和10个演奏奖。该比赛由文化部和广西壮族自治区人民政府主办，吸引来自全国各地1093名青少年以及53个组合参赛。

（南秀渊）

【师生编演《悲惨世界》音乐剧】 10月27日，中国音乐学院附中师生自编自导自演的音乐剧《悲惨世界》演唱会版上演。该剧改编自法国作家维克多·雨果的同名著作，首次以演唱会形式在校内上演。音乐剧所有演员均由该校教师和学生担任。在排练

过程中，教师以言传身教的方式给学生树立舞台观念，真正做到舞台与讲台的结合。

（南秀渊）

【参加首届全国琵琶比赛获奖】 10月29日，中国音乐“小金钟奖”“沈肇州杯”首届全国琵琶比赛落幕，中国音乐学院附中学生获得一银一铜和三个优秀奖。该比赛由中国音乐家协会和海门市委、市政府共同主办，设高校组和专业组，共80余名选手参赛，产生专业组和高校组金奖各1人、银奖各2人、铜奖各3人、优秀奖各12人。

（南秀渊）

【与新疆艺术学院附中签约合作】

11月15日，中国音乐学院附中与新疆艺术学院附中校际合作签约仪式暨“新疆之春”联合音乐会在中山音乐堂举行。两校合作协议旨在加快两校专业建设进程，促进专业教师队伍发展，提高音乐专业教育教学质量，并针对双方业务支持机制、互动交流机制和信息共享机制达成共识。“新疆之春”联合音乐会为听众呈现《传说》《新疆之春》《阳光照耀着塔什库尔干》《心中的麦西来甫》《亚茹》《葡萄园的故事》和《木卡姆随想》7首作品，其中，5首为中国音乐学院及附中教师新创作品。演出聚集两校优秀的创作、表演、器乐专业师生70余人。

（南秀渊）

北京国际职业教育学校

【概况】 2014年，北京国际职业教育学校占地面积8.11万平方米，非产权校舍建筑面积12.85万平方米。全年教育经费投入15432.49万元，其中，国家拨款14681.37万元、自筹经费751.12万元。固定资产总值16571.46万元，其中，教学、科研仪器设备总值9621.29万元。图书馆建筑面积1612平方米，藏有纸质图书29.19万册、电子图书26.10万册。拥有计算机2742台，多媒体教室座位6065个。学校信息化经费投入50万元，网络信息点876个，校园网出口总带宽60Mbps，数字资源量5900GB。设有5个校区，拥有四大类专业群，开设15个专业，101个教学班。教职工438人，包括专任教师229人、教辅人员20人。专任教师中具有研究生学历25人，本科及以上学历占教师总数98%；高级专业技术职务78人、中级79人；“双师型”教师36人。聘请校外教师23人。毕业生726人，就业率98%，职业资格证书取证率87%。招生591人，其中，京籍学生398人。在校生2278人，其中，京籍学生1560人。网址：www.bjive.net。

（戈萌）

【与中央音乐学院鼎石实验学校签约】

3月26日，北京国职与中央音乐学院鼎石实验学校签约合作。根据协议，双方充分发挥各自资源优势，打造一个培养专业音乐人才的平台。北京国职负责办学场所及文化课教学上的协助和支持，中央音乐学院鼎石实验学校在开设艺术类专业、组建校乐团以及开展艺术类培训班等方面提供协助

和支持。合作期3年。

（刘燕　王蔓莉）

【举办中外合作办学18周年成果展】 3月27日，北京国职举办中外合作办学18周年成果展示会。展示会通过大会交流、现场参观、观摩等形式展示学校中外合作办学成果。北京国职作为北京市第一家开办中外合作办学项目以及迄今为止唯一开设英国国家高等教育文凭（BTEC HND）课程的中职学校，通过引进BTEC HND课程和教学模式，在中外合作办学体制下成功实现学分转移。中外合作办学专业学生通过4年学习，可取得相当于英国大学大专水平的证书，毕业后可直升英国多所大学继续深造，仅需1年时间即可取得学士学位，之后再读1年便可获得硕士学位，为学生创建中职高延直通车，为中外合作办学专业毕业生提供多元化的出口渠道，实现办学体制上“学历教育和非学历教育协调发展，职业教育和普通教育相互沟通，职前教育和职后教育有效衔接”。18年来，中外合作办学专业毕业生遍布世界11个国家和地区，有506人获得英国大学学士学位、150余名学生获得硕士学位、4名学生获得博士学位。

（赵役兵）

【综合高中试点班正式开班】 9月1日，北京国职学前教育专业、服装设计与工艺专业第一个北京市综合高中试点班开班。两班分别有学生17人和7人，统筹开设普通高中课程和专业课程。结合综合高中的特殊性，两个专业特别参与专题培训，相关任课教师开始跟随东城区普教研活动开展系列学习和教研活动，全面展开对新教材、新目标的学习和研究。

（韩联）

【影视表演专业正式开班】 9月1日，北京国职影视表演专业正式开班授课。首批学生17人，来自黑龙江、陕西、福建等9个地区。学校与北京新面孔模特经纪有限公司合作，聘请大幕时代（北京）文化传媒有限公司及中央音乐学院鼎石实验学校行业资深教师授课，为学生专业发展、职业定位打好坚实基础。学生在学习文化课基础上，还要接受影视表演、台词、声乐及形体等专业训练课程，进行多场实践活动，锻炼应变及临场能力，开阔视野。

（冯雪梅）

【与北京饭店签约合作】 10月23日，

北京国职与北京饭店签署战略合作框架协议。根据协议，双方在人员培训、师资共享、学生实训、专业建设等方面开展深入合作，共同打造东城区乃至北京市最大的职业教育培训实训平台。双方在互相信任、互相搭台的基础上开展最真实的教学实践，最大限度地实现“学校教技能、饭店练技能、校企双方共同育才推才”的良好互动渠道；同时，利用学校师资及实训基地资源开展北京饭店员工培训。合作期3年。

（刘燕　王蔓莉）

北京现代职业学校

【概况】 2014年，北京现代职业学校占地面积2.65万平方米，产权校舍建筑面积2.27万平方米、非产权校舍建筑面积0.19万平方米。全年教育经费投入2938.30万元，其中，国家拨款2917.26万元、自筹经费21.04万元。固定资产总值6068.30万元，其中，教学、科研仪器设备总值4117.80万元。图书馆建筑面积1190平方米，藏有纸质图书10.20万册、电子图书15万册。拥有计算机1007台，多媒体教室座位2550个。学校信息化经费投入2万元，网络信息点4000个，校园网出口总带宽100Mbps，上网课程12门，数字资源量2100GB。设有2个校区，开设9个专业，37个教学班。教职工159人，包括专任教师77人、教辅人员13人。专任教师中具有研究生学历1人，本科及以上学历占教师总数100%；高级专业技术职务52人、中级51人；“双师型”教师25人。聘请校外教师4人。毕业生322人，就业率99%，职业资格证书取证率13%。招生232人，其中，京籍学生63人。在校生798人，其中，京籍学生182人。网址：www.bjmvs.com。

（张一梅）

【学生宣讲班级文化】 4月1日，现

代职校举办由学生主讲、全体教职工聆听的“宣传班级文化、展示学生风采”汇报会。12名2011级和2012级金融、会计、生物技术、计算机专业学生汇报各自班级的班徽设计理念和班级愿景，详细讲解如何发挥设计灵感，把能够突出专业及班级特色的字母、图案及数字运用到班徽图案中，将对班集体的热爱与祝福浓缩在班徽方寸间的过程。

（张一梅　郑頔）

【中职学校数字化研究课题结题】 10月29日，现代职校“中等职业学校数字化教育教学资源建设与应用研究”项目结题。该项目2011年立项，举办数字化资源库的建设途径、师生应用方式等方面研究活动。在研究过程中，师生先后参加信息化教学设计、专业技能大赛活动，4名教师获得全国信息化教学设计大赛一、二等奖；15名学生获得“东城区中小学师生电脑作品评选活动”二等奖。

（张一梅）

【送专题讲座到社区】 10至12月，

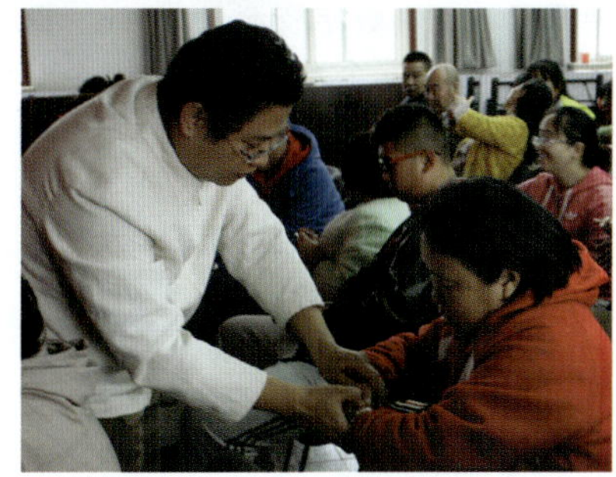

现代职校送专题讲座到社区。学校依托社区市民大课堂平台，向社区辐射优质教育资源，送专题讲座到社区，先后为永外街道居民送去“健康保健方法点滴——中医养生按摩术”“文玩葫芦把玩与赏鉴”和“加强情绪管理，创造健康快乐生活”三次专题讲座。共150人次居民聆听讲座。

（张一梅　郑皕）

【探索特色德育活动新模式】　至年底，现代职校探索特色德育活动新模式。该校班主任工作室组织召开“坚持特色办学、凝练学校文化”德育成果汇报会，4名德育管理岗位教师、干部分别汇报个人职业追求及对学生进行思想教育的事例；2名毕业班学生代表回顾参与学校各项特色活动后的变化与成长。该校还开展“颂爱国之情，赞家乡之美——说家乡故事会”主题活动，学校3个年级和来自外地的11名学生向全体教职工介绍自己家乡的美景、美食、风土人情等地域文化，抒发感恩家乡、热爱祖国之情。

（张一梅）

北京市外事学校

【概况】　2014年，北京市外事学校占地面积3.09万平方米，非产权校舍建筑面积3.28万平方米。全年教育经费投入10159万元，其中，国家拨款9713万元、自筹经费446万元。固定资产总值4707万元，其中，教学、科研（实训）仪器设备总值4016万元。图书馆建筑面积600平方米，藏有纸质图书10.50万册、电子图书12.70万册。拥有计算机1000台，多媒体教室座位596个。学校信息化经费投入687万元，网络信息点900个，校园网出口总带宽100Mbps，上网课程8门，数字资源量10TB。设有3个校区，5个系部，开设10个专业，40个教学班。教职工208人，包括专任教师180人、教辅人员28人。专任教师中具有研究生学历17人，本科及以上学历占教师总数100%；高级专业技术职务54人、中级80人；“双师型”教师46人。聘请校外教师8人。毕业生409人，就业率100%，职业资格证书取证率100%。招生202人，其中，京籍学生129人。在校生782人，其中，京籍学生535人。网址：www.bjwszg.net。

（张朝辉）

【创新举办“职业体验乐园”】　4月

27日，外事学校举办首届职业体验园活动。来自各区县初中校学生、小学乃至学龄前小朋友、社区居民在该校体验多种职业技能。体验者们与大厨零距离接触，亲手制作西点、巧克力，自己调制鸡尾酒、花式咖啡等。

（张朝辉　熊斌）

【开展北京地铁人员培训】　5月，外事学校培训中心与北京地铁一分公司签订第一笔培训订单。至年底，学校共培训2500人。其中，培训地铁新员工979人、在职员工365人、中层领导89人、管理岗位和一线员工轮训1067人。本年，培训中心为企业量身定制的“政务礼仪”“管理艺术与沟通技巧”“情绪管理及投诉处理”“人格修养”等课程受到用户高度肯定，社会效益和经济效益均取得突破性进展。

（张朝辉）

【北址行政楼加固改造竣工】　5月，外事学校位于西直门永祥胡同的北址校区行政楼（北小楼）修葺完工。该建筑始建于20世纪50年代，改造前已出现楼体外部裂缝、地面下陷，于2008年被市教委列为危险用房，停止使用，致使此楼长期闲置，给该校教育教学带来诸多不便，教师办公环境拥挤，教学场所受限，同时存在很大安全隐患。经西城区教委基建处批准，改造工程于2013年10月启动，区财政投资近千万对该建筑进行修缮改造。外观保持原有风格，内部改造为专业实训室和行政、教学办公室。

（张朝辉）

【开设“3＋2”中高职衔接班】　9月，经市教委批准，外事学校高星级饭店运营与管理专业同北京财贸职业学院旅游系酒店管理专业合作开设中高职衔接“高星级饭店运营与管理”专业“3＋2”班。该班设在酒店专业部，首届招生30人。特色课程包括调酒、咖啡、茶艺等。

（张朝辉）

【发布新书《国宝大师郭文彬》】　11月21日，外事学校举行《国宝大师郭文彬》新书发布会。该书由知识产权出版社出版发行，全书共11万字，记述郭文彬从失学少年成长为业内翘楚的成长历程。学校旨在以行业翘楚郭文彬的榜样力量教育和感染学生，将社会主义核心价值观渗透到专业人才培养当中。该校自2011年起举办“大师进校园”活动，成立“郭文彬大师工作室”。3年来，该校师生不仅学习大师技艺，探索人才培养新模式，尤其重视对于行业领军人物精神品质和职业素养的挖掘整理。

（张朝辉　熊斌）

【首届专科生毕业】　12月8日，外事学校首届连锁经营与管理专业专科班56名学生通过北京市高等教育自学考试所有专科课程考试，获得高自考专科学历。该校于2013年9月首次开办专科班，共63名学生，自2013年10月参加高自考第一门课程考试，至2014年10月底考试结束，56名学生顺利完成15门课程考试，通过率88.90%。该校教师独立完成专科教育的全部课程教学。

（张朝辉）

【金融专业停止招生】　至年底，外事学校金融专业停止招生。结合西城区经济社会发展实际和北京市整体职业教育发展目标，外事学校将继续深化教育教学改革与创新，凝练专业特色，提高人才培养质量，充分发挥示范专业的示范引领作用。该校金融专业开办于2001年，累计培养毕业生1800人。

（王娜娜）

北京市实美职业学校

【概况】　2014年，北京市实美职业学校占地面积3.59万平方米，产权校舍建筑面积 4.06 万平方米。全年教育经费投入 15061.30 万元，其中，国家拨款 14665 万元、自筹经费 396.30 万元。固定资产总值 8734 万元，其中，教学、科研仪器设备总值 5294 万元。图书馆建筑面积 722 平方米，藏有纸质图书 12.60 万册。拥有计算机 1206 台，多媒体教室座位 2340 个。学校信息化经费投入 26.18 万元，网络信息点 1006 个，校园网出口总带宽 1000Mbps，上网课程 4 门，数字资源量 350GB。设有 4 个校区，开设 19 个专业，118 个教学班。教职工 418 人，包括专任教师 337 人、教辅人员 14 人。专任教师中具有研究生学历 27 人，本科及以上学历占教师总数 97.30%；高级专业技术职务 91 人、中级 142 人；"双师型"教师 130 人。聘请校外教师 30 人。毕业生 946 人，就业率 95%，职业资格证书取证率 90%。招生 444 人，其中，京籍学生 317 人。在校生 2610 人，其中，京籍学生 1262 人。网址：www.bjsm.net。

（牛秉毅）

【李援瑛名师工作室成立】 4 月 17 日，在西城区职教首届"名师工作室"启动大会上，实美学校"李援瑛名师工作室"成立。来自西城区各职业学校和职教中心 5 名教师成为李援瑛的"徒弟"。工作室充分发挥名优教师的示范、指导、引领作用，营造人才成长环境，搭建人才成长平台，成为西城区职教骨干教师、名师、特级教师"孵化器"。李援瑛，[illegible]年生于河南洛阳，1980 年进入实美学校教授制冷与空调设备运行与维修专业，是西城区职教系统名师、北京市特级教师、市级学科带头人。

（路远）

【在亚洲国际标准舞锦标赛中获 4 个第一】 5 月 1 至 2 日，实美学校在亚洲国际标准舞第四届锦标赛中获得 4 个第一名。分别是专业院校 18 岁组第一名、专业院校 16 岁组第一名、国际公开组第一名和亚洲业余公开赛第一名。该比赛由亚洲国际标准舞联合会（ABDF）、北京市希望基金会主办，包括 18 个大项、110 个小项，分专业、业余，根据不同年龄展开比赛。6000 名选手参加比赛。

（刘忠奎）

【包揽市青少年台球比赛前八名】 6 月 29 日，实美学校台球专业包揽 2014 年北京市青少年台球比赛前八名。该比赛由北京市中小学生体育协会和实美学校联合主办，共 43 名学生参赛。比赛分为两个阶段，第一阶段为小组赛，每组 5 至 6 名选手，分为 8 组，采取 5 盘 3 胜制，取小组前两名进入淘汰赛；第二阶段为单淘汰赛，胜者晋级。经过 156 场比赛，该校台球专业包揽比赛前八名。

（孔骥）

【贵阳分校揭牌】 9 月 1 日，实美学

校与北京市西城区黄城根小学、北京市第八中学、北京市一六一中学、北京市北海幼儿园五所北京优质学校贵阳分校揭牌。其中，贵阳市女子职业学校成为实美学校贵阳分校，该校也是实美学校的友好校。揭牌仪式后，两校领导、干部、教师们按照美容美发与形象设计专业、学前教育专业、美术专业分组，就专业课程建设、师资建设、实训基地建设、学生招生与就业等一系列问题展开交流，商洽专业建设和学校发展问题。

（周京红）

北京市财会学校

【概况】 2014 年，北京市财会学校占地面积 2.35 万平方米，产权校舍建筑面积 3.12 万平方米。全年教育经费投入 6677.40 万元，全部为国家拨款。固定资产总值 5105 万元，其中，教学、科研仪器设备总值 2225 万元。图书馆建筑面积 1976 平方米，藏有纸质图书 6 万册、电子图书 10 万册。拥有计算机 814 台，多媒体教室座位 1350 个。学校信息化经费投入 510 万元，网络信息点 1256 个，校园网出口总带宽 1000Mbps，上网课程 14 门，数字资源量 1700GB。设有 2 个校区，4 个系部，开设 6 个专业，26 个教学班。教职工 136 人，包括专任教师 74 人、教辅人员 29 人。专任教师中具有研究生学历 11 人，本科及以上学历占教师总数 100%；高级专业技术职务 32 人、中级 54 人；"双师型"教师 33 人。聘请校外教师 1 人。毕业生 224 人，就业率 99%，职业资格证书取证率 100%。招生 83 人，其中，京籍学生 69 人。在校生 601 人，其中，京籍学生 387 人。网址：www.bjckxx.cn。

（马向燕）

【承办两项职业技能竞赛】 5 月 30 日和 10 月 31 日，财会学校承办两项职业技能竞赛。5 月，由市教委、北京教科院、市职教学会主办的 2014 年北京市中等职业学校职业英语技能比赛举行。比赛分为服务类和其他类两大项目，每项分别由通用英语测试、情境交流、职场应用、职业风采 4 个环节组成，27 所学校近 200 名师生参赛，共产生一等奖 6 人、二等奖 12 人、三等奖 18 人以及优秀指导教师 6 人。10 月，由京西职业教育交流协作组主办的首届"京西杯"职业高中校学生专业技能比赛西城赛区财经类项目比赛在财会学校举行。来自西城区、海淀区、丰台区、大兴区、石景山区和房山区 6 个城区 110 名选手参赛。比赛包括"传票算"和"点钞"两个项目，共产生传票项目一等奖 5 人、二等奖 10 人、三等奖 15 人，点钞项目一等奖 6 人、二等奖 12 人、三等奖 18 人，其中，财会学校包揽两个项目的一等奖第一名。

（王营）

【接待汇文一小师生开展职业课程体验活动】 7 月 8 日，财会学校接待北京市汇文第一小学 91 名师生到校开展职业课程体验活动。体验活动在学校两个校区同时进行，西便门校区主要体验课程为《日常礼仪》和《小账本绘人生》，广外校区体验课程为《神奇的货币》和《神奇的计算机》。各专业部从课程内容和形式等各方面进行创新，将专业课程知识与日常生活紧密结合，并转化为小学生可以理解和接受的语言进行讲解。通过游戏

互动式的交流体验，激发学生们学习兴趣，让小学生通过这种学习方式充分认识到职业课程并不遥远和复杂，它与生活息息相关。

（张萍）

【参加全国中职金融专业技能大赛获奖】　10月16日，财会学校4名学生组成代表队到杭州参加2014年全国中等职业学校金融专业技能大赛，获得二等奖1个、三等奖3个，以及团体二等奖。该比赛由全国金融职业教育专业指导委员会举办，包括“银行柜台业务处理”“单据录入”和“点钞”三个竞赛项目，来自全国11个省市33所中职学校200余名师生参加比赛。

（陈峰）

北京市实验职业学校

【概况】　2014年，北京市实验职业学校占地面积3.52万平方米，产权校舍建筑面积3.33万平方米。全年教育经费投入8555.88万元，全部为国家拨款。固定资产总值5460万元，其中，教学、科研仪器设备总值3454.95万元。图书馆建筑面积633平方米，藏有纸质图书9.16万册、电子图书2.58万册。拥有计算机1184台，多媒体教室座位8190个。学校信息化经费投入18.30万元，网络信息点950个，校园网出口总带宽450Mbps，上网课程12门，数字资源量697.70GB。设有4个校区，开设7个专业，39个教学班。教职工225人，包括专任教师156人、教辅人员69人。专任教师中具有研究生学历15人，本科及以上学历占教师总数98.70%；高级专业技术职务43人、中级66人；“双师型”教师65人。毕业生232人，就业率99%，职业资格证书取证率100%。招生224人，其中，京籍学生176人。在校生853人，其中，京籍学生574人。网址：www.bjsyzyxx.com.cn。

（郝昕蕊）

【签订校企合作办学协议】　1月13日，实验职校与乾恒集团北京羽亮手工制香研究工作室签订校企合作办学协议。根据合作协议，双方共同成立“北京市实验职业学校中药专业药香制作技术”项目研究中心，进行相关人才培训；成立“非物质文化遗产进校园——传统药香制作工艺”项目研究中心。双方约定在专业课程开发、教材开发、实训基地建设、师资培训、学生顶岗实习等方面开展合作，扩大专业内涵发展。两个研究中心均设在实验职校莱园街校区内。协议有效期5年。

（郝昕蕊）

【专业教师研修项目结业】　5月16日，由北京教育学院宣武分院牵头指导、实验职校承办的“院校联动、整校推进，北京市实验职业学校专业教师研修项目”召开结业总结会。此研修项目于2012年9月启动，是借鉴北京市“工作过程导向”课程开发思路和方法，以各专业的课程开发工作为载体，采用行动研究及项目运作的研修与培训模式，本着“严格管理、注重过程、研修一体、高效高质”原则开展研修工作。研修分为6大模块、6个主题、14项内容。7个专业均完成课程开发的基础调研报告，制定出职业活动表、典型职业活动表、典型职业活动分析表、核心课程一览表、专业核心技能表、教学指导方案、部分课程的课程标准、部分课程的教材编写大纲、部分课程一个单元的教材编写、教学设计等课程开发的文本材料，成果质量得到专家肯定。

（郝昕蕊　安志强）

【签订中高职衔接合作办学协议】　5月23日，实验职校学前教育专业与北京汇佳职业学院签订“3＋2”中高职衔接合作办学协议。根据协议，双方选派教师成立合作办学领导小组，负责确立“3＋2”模式下人才培养目标及课程一体化的实施。实验职校学前教育专业汇佳班学生经过在校3年学习可直接进入汇佳职业学院学习2年取得专科学历，毕业有派遣证，可获得进入公立幼儿园资格。协议有效期1年。

（郝昕蕊　姜爱茹）

【召开中外媒体印刷校际合作技术交流会】　11月18日，实验职校召开中外媒体印刷校际合作技术交流会。交流会由实验职校平面媒体印制技术专业室组织发起，实验职校领导、平媒专业室教师、法国茜纳普斯公司总经理、上海泛彩图像设备公司总经理等参加会议。会议听取上海泛彩图像设备公司专家从印刷业之现状与发展趋势、为印刷业服务的印刷教育之特点、印刷教育之发展方向三个方面作《印刷教育的发展方向》主题演讲；法国茜纳普斯公司总经理就《德国和法国媒体印刷院校的办学情况和国际校际合作交流的现状》作主题演讲。

（郝昕蕊　沈都）

【开展提升专业素养学生特色活动】

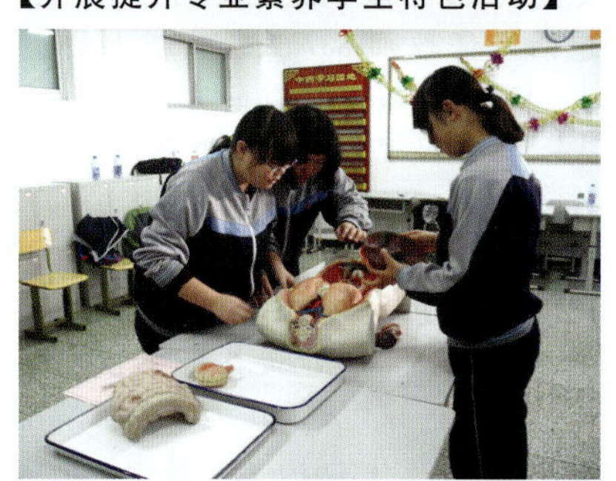

12月31日，实验职校中药专业开展“提升专业素养——我参与、我学习、我收获”主题活动。活动本着“巩固专业知识，提高专业技能，提升综合素质”主旨，围绕中药专业学生专业知识、技能的提升和综合素质的提高，设计“标本馆寻宝、中药调剂（包包）、自救互救（包扎）、人体模型拼装、穴位辨识、英语单词拼接、数独、成语接龙、颠乒乓球、不倒森林、认药贴画、猜中药”12类专业素质项目体验活动，并由各班分别认领一项活动的组织工作。活动期间，学生积极性高，各活动组气氛热烈。

（郝昕蕊　张晓媛　贾慧芳）

北京市求实职业学校

【概况】　2014年，北京市求实职业学校占地面积9.62万平方米，产权校舍建筑面积5.69万平方米、非产权校舍建筑面积0.84万平方米。全年教育经费投入11745万元，其中，国家拨款10877万元、自筹经费868万元。固定资产总值15624.07万元，其中，教学、科研仪器设备总值9733.28万元。图书馆建筑面积

1049.60 平方米，藏有纸质图书 16.69 万册、电子图书 0.96 万册。拥有计算机 3092 台，多媒体教室座位 6156 个。学校信息化经费投入 70 万元，网络信息点 2612 个，校园网出口总带宽 10Mbps，上网课程 2 门，数字资源量 1059GB。设有 6 个校区，开设 19 个专业，107 个教学班。教职工 468 人，包括专任教师 371 人、教辅人员 5 人。专任教师中具有研究生学历 21 人，本科及以上学历占教师总数 93.26%；高级专业技术职务 128 人、中级 189 人；“双师型”教师 92 人。聘请校外教师 33 人。毕业生 1455 人，就业率 100%，职业资格证书取证率 97%。招生 937 人，其中，京籍学生 292 人。在校生 3271 人，其中，京籍学生 1311 人。网址：www.bjqszx.com。

（占福林）

【举办“千课下基层进社区”开放日活动】 1 月 3 日，求实学校作为奥运会展功能区服务中心在来广营地区文化服务中心举办“千课下基层进社区”开放日活动。学校 6 个主题课程的主讲教师及相关教师和部分学生参加活动。学校针对市民需求和社区教育特点，安排《中华茶艺》《摄影基础》《如何预防中老年常见病》《健康饮食与养生》《智能手机上网》《如何科学带孩子》6 个科目，以咨询解答的方式由主讲教师直接面对市民，就大家所关心的问题进行详细解答。

（占福林）

【举办社区“E 帆风顺”老年培训班】

2 月 25 日，求实学校亚运村校区举办安慧里南社区“E 帆风顺”老年培训班。培训班学员均为该社区退休老人。学校根据老人的不同水平和需求制定相应课程，选派经验丰富的专业教师分期分批进行培训和辅导。学校团委组织学生志愿者进行现场服务和耐心指导。该培训全年共举办 16 次，912 人次参加培训。

（占福林）

【探索“园校互动”教研新模式】 3

月 11 日，求实学校安贞里校区学前教育专业教师和部分文化课教师到西坝河第三幼儿园望京分园开展首次“园校互动”教研活动。活动包括探讨幼儿园音乐剧主题的选定、教学观摩等内容，促进学前教育专业教师专业能力提升。

（占福林）

【获日语国际辩论大会第一名】 11 月 28 日，求实学校高三年级日语班一名学生在日本冈山参加“加计学园杯”第四届日语国际辩论大会总决赛获得第一名。该辩论大会是日本政府为促进国际交流于 2011 年开始创办，每年举办一次。来自 9 个国家 1600 余名大学和中专日语专业选手参赛，经过本国初赛、复赛，共计 13 名选手代表本国到日本参加总决赛

（占福林）

北京市劲松职业高中

【概况】 2014 年，北京市劲松职业高中占地面积 9.98 万平方米，非产权校舍建筑面积 10.09 万平方米。全年教育经费投入 9890 万元，全部为国家拨款。固定资产总值 9728 万元，其中，教学、科研仪器设备总值 6743 万元。图书馆建筑面积 2400 平方米，藏有纸质图书 16.30 万册、电子图书 12 万册。拥有计算机 1259 台，多媒体教室座位 3100 个。学校信息化经费投入 930 万元，网络信息点 1206 个，校园网出口总带宽 1000Mbps，上网课程 34 门，数字资源量 6000GB。设有 4 个校区，开设 12 个专业，93 个教学班。教职工 268 人，包括专任教师 188 人、教辅人员 13 人。专任教师中具有研究生学历 21 人，本科及以上学历占教师总数 100%；高级专业技术职务 64 人、中级 99 人；“双师型”教师 65 人。聘请校外教师 25 人。毕业生 972 人，就业率 98.60%，职业资格证书取证率 98.40%。招生 1004 人，其中，京籍学生 358 人。在校生 3135 人，其中，京籍学生 1392 人。网址：www.jszg.com.cn。

（黄贵霞）

【获韩国国际美容健康大赛金奖】 4

月 27 日，劲松职高两名学生获得第 22 届韩国国际美容健康大赛金奖。两名学生是该校美容美发专业赴韩国美佳美公司实习的学生，因实习工作出色，公司高层为她们补发外卡，允许她们参加第 22 届韩国国际美容健康大赛“背部经络护理”项目比赛。两名学生力克全球 16 个国家 500 名参赛选手，摘得该项目金奖。

（王金玲　黄贵霞）

【教师获评全国模范教师】 9 月 9 日，劲松职高教务处副主任向军凭借其在烹饪职业教育领域多年积累和诸多成绩，被教育部、人力社保部授予“全国模范教师”荣誉称号，并在教师节前夕作为中国职业教育战线教师代表，在人民大会堂受到习近平、刘云山、刘延东等党和国家领导人接见。向军，1967 年 11 月出生，从事中等职业教育 30 余年，积极探索职业教育教学改革，带领烹饪创新团队，以工作过程为导向，创造“行动导向情境合作学习模式”和“行动导向五化教学模式”；先后承担多项国家级、市级课题，并依托“向军名师

工作室”进行烹饪专业精品课程建设实践研究，开发8门核心烹饪专业课程，为餐饮业培养输送近万名优秀烹饪技术人才。

（王为民　黄贵霞）

【参加企业实践活动】　11月6至11日，劲松职高西餐烹饪专业学生于APEC会议期间在中国大饭店参加企业实践活动。学生进入酒店后被安排在西厨房、自助餐厅、饼房、冷菜间等相关部门工作。企业实践活动使学生亲身感受高星级酒店工作环境，以及国际高档酒店在重大外事服务工作接待中的主要工作流程，为学生今后职业发展指明方向。

（庞泽群　李婷婷）

北京市电气工程学校

【概况】　2014年，北京市电气工程学校占地面积13.36万平方米、产权校舍建筑面积9.39万平方米。全年教育经费投入21373万元，其中，国家拨款20724万元、自筹经费649万元。固定资产总值15573万元，其中，教学、科研仪器设备总值7995万元。图书馆建筑面积1912平方米，藏有纸质图书13.58万册、电子图书15万册。拥有计算机1787台，多媒体教室座位6000个。学校信息化经费投入624万元，网络信息点1289个，校园网出口总带宽100Mbps，上网课程19门，数字资源量6700GB。设有6个校区，6个系部，开设15个专业，126个教学班。教职工299人，包括专任教师205人、教辅人员20人。专任教师中具有研究生学历22人，本科及以上学历占教师总数100%；高级专业技术职务63人、中级78人；“双师型”教师90人。聘请校外教师42人。毕业生1017人，就业率100%，职业资格证书取证率99%。招生562人，其中，京籍学生317人。在校生3793人，其中，京籍学生1917人。网址：www.dqgc.com。

（王世兵　张慧荣）

【成立权福苗名班主任工作室】　5月28日，电气工程学校权福苗名班主任工作室正式成立。工作室是朝阳区职业高中首家工作室，主持人权福苗是电气工程学校高级教师，全国“五一”劳动奖章获得者、北京市“紫禁杯”班主任特等奖获得者、北京市优秀德育工作者。

（王世兵　张慧荣）

【与贵阳开阳县职业学校合作办学】

11月28日，电气工程学校与贵州省贵阳市开阳县职业技术学校签约合作办学。根据协议，两校在专业建设、课程改革和师资队伍建设等方面开展合作。两校在合作专业与模式、学生培养与课程设置、师资培养与基地建设等方面达成初步共识。

（王世兵　张慧荣　李庆）

【召开企业专家聘任暨专业建设研讨会】　12月19至20日，电气工程学

校召开企业专家聘任暨专业建设研讨会。来自外交部楼宇处茂苑物业公司、北京京港地铁公司、北京温榆河花卉有限公司等合作单位40名企业领导与技能专家参会。学校与聘请专家签署合作协议书，并为专家们颁发聘书。各专业就人才培养方案、课程设置、基地建设等方面与专家研讨，推进专业内涵发展。企业专家对接课堂教学，把企业理念与管理方法融入到专业建设与专业发展中，促成专业与企业对接、岗位标准与教学要求对接，为实现电气工程学校“学岗对接、学训合一、理实一体”教学理念奠定基础。

（王世兵　张慧荣　赵伟刚）

北京市丰台区职业教育中心学校

【概况】　2014年，北京市丰台区职业教育中心学校占地面积12.58万平方米，产权校舍建筑面积8.86万平方米。全年教育经费投入14921.89万元，其中，国家拨款14509.92万元、自筹经费411.97万元。固定资产总值20199.50万元，其中，教学、科研仪器设备总值12000万元。图书馆建筑面积760平方米，藏有纸质图书12.73万册、电子图书34万册。拥有计算机2197台，多媒体教室座位4200个。学校信息化经费投入2657.26万元，网络信息点600个，校园网出口总带宽100Mbps，上网课程17门，数字资源量24950GB。设有10个校区，20个系部，开设20个专业，125个教学班。教职工367人，包括专任教师203人、教辅人员37人。专任教师中具有研究生学历32人，本科及以上学历占教师总数97.11%；高级专业技术职务55人、中级67人；“双师型”教师104人。聘请校外教师63人。毕业生1423人，就业率98.95%，职业资格证书取证率98.24%。招生1070人，其中，京籍学生301人。在校生3627人，其中，京籍学生1378人。网址：www.ftzj.com。

（史晓光）

【丰台区中小学职业体验中心成立】　10月18日，丰台区中小学职业体验中心在丰台职教中心校成立。该中心是丰台职教中心校探索和拓展职业教育发展空间的新举措，旨在帮助中小学生进行职业探索和职业体验，引导学生学会自我设计、自我规划。学生可开展面点制作、插花艺术、废旧物品再制作等课程体验。

（史晓光）

【参加国际机器人比赛获佳绩】　11月6至9日，丰台职教中心校参加第16届国际机器人奥林匹克竞赛及国际机器人足球世界杯比赛获佳绩。该校学生代表中国队参赛，获得3个单项奖（中学组搬运赛一等奖2人、最佳技术奖1人）和1个优秀教练员奖。该比赛是由国际奥林匹克机器人委员

会和丹麦乐高教育事业公司合办的国际性机器人比赛，来自20余个国家和地区代表队1300余名选手参加比赛。

（史晓光）

【北京翔联国际就业训练基地揭牌】 12月22日，北京翔联国际就业训练基地在丰台职教中心校洋桥校区设立并揭牌。该基地采取校企合作方式，订单式培养优秀航空乘务人员。该项目填补该校航空服务专业国际空乘服务方向空白，对该校培养转型发展人才、融入首都机场空港经济区、跻身北京新机场建设、训练国内外优秀航空乘务人员奠定基础。

（史晓光）

北京市黄庄职业高中

【概况】 2015年，北京市黄庄职业高中占地面积9.06万平方米，产权校舍建筑面积7.88万平方米。全年教育经费投入12195万元，其中，国家拨款11710.40万元、自筹经费484.60万元。固定资产总值17553.18万元，其中，教学、科研仪器设备总值8579.39万元。图书馆建筑面积1600平方米，藏有纸质图书12.80万册、电子图书30万册。拥有计算机1765台，多媒体教室座位1920个。学校信息化经费投入100万元，网络信息点1572个，校园网出口总带宽1000Mbps，上网课程6门，数字资源量4096GB。设有6个校区，开设12个专业，59个教学班。教职工191人，包括专任教师92人、教辅人员19人、工人7人。专任教师中具有研究生学历14人，本科及以上学历占教师总数98.90%；高级专业技术职务27人、中级32人；“双师型”教师41人。聘请校外教师17人。毕业生590人，就业率99%，职业资格证书取证率96.66%。招生629人，其中，京籍学生114人。在校生2818人，其中，京籍学生259人。网址：www.huangzhi.net.cn。

（文昌敏）

【职能培训进社区】 3月，黄庄职高与石景山区内各街道合作开展培训活动。该校在石景山区八角杨庄南路社区、古城天翔社区等9个社区开展各类培训讲座和技能体验活动9次，选派优秀专业教师担任讲师，课程包括日式寿司与凉菜制作、西式面点制作、茶艺、美甲、服装制作等内容，参与社区群众共计345人次。

（朱瑞明）

【成立大师工作室】 4月2日和5月

9日，黄庄职高会计专业和美发与形象设计专业分别成立大师工作室。会计专业成立“曹明工作室”，由北京市悦铭缘企业管理顾问有限公司经理、该校会计专业优秀毕业生曹明担任负责人，以此提高专业教师实践能力，提升学生综合职业能力和职业素养。美发与形象设计专业成立“美发技艺大师工作室”，由北京市商业服务业“中华传统技艺技能大师”张大奎担任负责人，双方在传承和发展中华美发传统技艺、挖掘整理古典盘发造型、研发发型等方面开展合作，保护和传承中华美发技艺。

（尤凤娇　刘冰）

【举办京式旗袍非遗传承拜师会】 4月16日，黄庄职高举办京式旗袍非物质文化遗产传承拜师会。该校服装专业两名教师正式拜京式旗袍第四代传承人为师，成为京式旗袍第五代代表性传承人。

（刘冰）

【开展质量目标监测】 7至10月，黄庄职高开展质量目标监测。该校督导室组织1790名在校学生参与网上问卷调查，检查学校行政后勤服务、德育和学生管理、教学服务三方面质量目标达成情况。结果显示，学生总体满意度96.48%，较上学年度增长6.77%，超额达成预定质量目标。督导室牵头相关部门全面分析数据，出具改进就餐环境、完善体育设施等8项改进意见，指导教育质量持续改进，年内各部门制定改进措施，按计划逐步落实。

（蒋鸿雁　朱国艳）

【名师团队走进黔西南】 12月2至

6日，黄庄职高组成“名师＋专业带头人＋非遗传承人＋行业大师”8人团队赴贵州黔西南州贞丰、兴仁、兴义3所职业学校开展美容美发及服装专业教学交流活动。北京市首批职教名师和服装专业京式旗袍代表性传承人以授课形式展示学校“理实一体化教学法”等教学改革成果。活动后，8名教师被黔西南3所中职学校聘为教学顾问及指导教师。

（尤凤娇）

【“时尚生活网”上线】 12月，黄庄职高“石景山区学习品牌”——“时尚生活”项目官方网站“时尚生活网”正式上线。市民可登录网站www.shishangshenghuo.cn预约体验学习。该网站主要面向各企事业单位、机关、团体、各中小学、社区、残疾人，提供实践课程（劳技课）、技能学习等。体验课程分为美食制作、品质生活、形象设计和数码创意四大类，包括旗袍制作、服装服饰搭配、化妆美甲、中西面点制作等21门课程，旨在满足广大市民提高生活品质、提高职业技能的需求。

（朱瑞明）

北京市昌平职业学校

【概况】 2014年，北京市昌平职业学校占地面积16.87万平方米，产权校舍建筑面积10.96万平方米、非产权校舍建筑面积4.12万平方米。全年教育经费投入17513万元，均为国家拨款。固定资产总值17745万元，其中，教学、科研仪器设备总值3875万元。

图书馆建筑面积1646平方米，藏有纸质图书12万册、电子图书40万册。拥有计算机942台，多媒体教室座位5000个。学校信息化经费投入800万元，网络信息点1500个，校园网出口总带宽100Mbps，上网课程2门，数字资源量20TB。设有1个校区，6个系部，开设33个专业，110个教学班。教职工322人，包括专任教师278人、教辅人员28人。专任教师中具有研究生学历38人，本科及以上学历占教师总数100%；高级专业技术职务54人、中级56人；“双师型”教师159人。聘请校外教师54人。毕业生1183人，就业率100%，职业资格证书取证率81%。招生1058人，其中，京籍学生451人。在校生3090人，其中，京籍学生1465人。网址：www.cpvs.com.cn。

（张养忠）

【学生校园创业实践基地开业】　2月

26日，昌平职校学生校园创业实践基地“爱的味道”西饼店开业。该店铺是由昌平职校免费提供营业场地，学校烹饪专业两名2010届毕业生共同经营的一家实体店，是学校系统规划学生创业教育的体现。近年来，昌平职校高度重视引导学生创业，在就业指导课中开设创业培训专题，普及创业知识，激发学生创业热情。

（郑晓旭　吕巍）

【召开综合高中启动暨教学顾问聘任大会】　6月26日，昌平职校召开综合高中启动暨教学顾问聘任大会。会议宣布启动综合高中工作，同时聘请北京市普通高中学校语、数、英、理、化、生、政、史、地等学科9名特级教师作为学校教学顾问。会议回顾2010年以来学校特级教师带徒的历程和成效，总结经验。3月，该校被市教委批准开展综合高中改革试点，计划招生80人。

（张养忠）

【首获全国职业院校信息化课堂教学比赛一等奖】　11月3日，昌平职校教师获得2014年“凤凰创壹杯”全国职业院校信息化教学大赛中职组一等奖。这是该校在全国职业院校信息化教学大赛中首次获得一等奖。该大赛由教育部主办，共有37个代表队、1468名教师参赛。中职组设置信息化教学设计、信息化课堂教学、信息化实训教学三个赛项，共产生6个一等奖。

（马桂荣）

【完成APEC会议国宴志愿服务】　11

月10日，2014年亚太经济合作组织（APEC）领导人非正式会议在水立方举行国宴，昌平职校283名学生志愿者完成宴会服务工作。经过学校和北京首旅集团面试选拔，历经2个月的形体、体能和英语专项训练，该校志愿者被分配到传菜、盯桌、撤场、贵宾酒会等服务岗位，其中8名学生承担首脑桌的服务工作。这是该校继2008年奥运会后又一次承担大型国际礼仪服务工作。

（王雪菲　吕巍）

【自主培育的菊花品种获全国金奖】　11月16日，昌平职校园林专业师生自主培育的菊花品种“帅旗”参加第五届全国菊花擂台赛获得金奖。该比赛由市园林绿化局、公园管理中心、市发展旅游委等单位主办，由27家北京单位、15家外省市单位、20余家省市花卉协会和民间养菊高手选送的200余个菊花品种、2000余盆精品菊花参赛。经过初赛、复赛和决赛三轮评比，决出菊王1名、金奖5名、银奖10名。昌平职校菊花品种“帅旗”在初、复赛中脱颖而出，以突出的种植技艺优势和高规格的观赏价值在决赛中获得金奖。

（张文琳）

【举办教学改革论坛】　12月5日，昌平职校举办“教学改革，我想说”教学改革论坛。德育课教师结合自身教学实践分别就德育课教学和信息化教学设计发表观点；金融、航空专业教师分别讲述金融专业生产性实习的具体做法和航空服务专业落实“服务导学4A型”人才培养模式成功经验；数字影像技术专业教师分享以微电影项目进行课程整合的做法；教学和科研管理团队分别就选修课开设和国家级教学成果奖的设计畅谈自己的看法。市教委相关负责人、学校领导班子、全体教师参加论坛。

（马桂荣）

【举办师生教育教学成果展】　12月

19日，昌平职校举办第11届师生教育教学成果展。成果展以“多元课程超市，快乐学习生活”为主线，主要由课程超市、社团汇报演出、创客空间三部分组成，突出师生共同参与，共享成果。在多元课程超市中，化妆、插花和茶艺等近百门选修课参加展示。社团汇报演出以“我是昌职人”为主题，整场演出集声乐、器乐、舞蹈、曲艺等艺术形式于一体，展示学校一年来社团建设丰硕成果。学校还与正通亿和文化艺术交流有限公司、中盈创信（北京）商贸有限公司签订校企合作协议。来自北京市、昌平区委教育工委、区教委有关领导以及合作企业代表、昌平区各初中学校校长、部分学生家长参观成果展。

（冯舒芳　吕巍）

北京市大兴区第一职业学校

【概况】　2014年，北京市大兴区第一职业学校占地面积18.47万平方米，产权校舍建筑面积8.54万平方米。全年教育经费投入 11659 万元，全部为国家拨款。固定资产总值 17214.46 万元，其中，教学、科研仪器设备总值 7428.12 万元。图书馆建筑面积 1900 平方米，藏有纸质图书 8.20 万册、电子图书 1.50 万册。拥有计算机 1153 台，多媒体教室座位 1410 个。学校信息化经费投入 860 万元，网络信息点 990 个，校园网出口总带宽 100Mbps，上网课程 12 门，数字资源量 2031.50GB。设有 4 个系部，开设 8 个专业，31 个教学班。教职工 225 人，包括专任教师 150 人、教辅人员 38 人。专任教师中具有研究生学历 7 人，本科及以上学历占教师总数 76%；高级专业技术职务 67 人，中级 85 人；“双师型”教师 43 人。毕业生 338 人，就业率 90%，职业资格证书取证率 36%。招生 72 人。在校生 569 人。网址：www.dxyz.com.cn。

（李辉）

【开展农民培训】 3 月 10 日，大兴一职在长子营镇牛坊村开展农民培训。牛坊村 89 名农民接受为期 20 余天绿化工培训，经过技能鉴定后，可取得绿化工工种初级技能证书。

（李辉）

【女足六战全胜夺得桂冠】 4 月 12 日，大兴一职女足队以六战全胜的辉煌战绩获得北京市体育传统校足球比赛冠军。比赛共有 7 支队伍参加，是三年来参赛队伍最多的一次。此外，8 月 2 日，在第 12 届全国学生运动会女足决赛中，该校女足队以 5 胜 2 负战绩夺得铜牌。共 12 个省市女足代表队参加决赛阶段比赛。

（李辉）

【举办学生技能展示活动和教师技能大赛】 6 月 10 至 12 日、17 至 19 日，

大兴一职分别举办学生专业技能展示活动和专业教师技能大赛。计算机系、综合系学生参加展示活动：计算机系技能展示包括计算机网络技术、计算机应用技术和动漫游戏三个展区；综合系技能展示按照园林技术、电子商务、航空服务三个专业，以竞赛形式在各自实训场地进行。教师技能大赛在计算机系、机械系、综合系专业教师中举行：计算机系 17 名专业教师参加网络跳线制作与测试、平面广告设计、影音编辑等项目比赛；机械系汽修专业组大赛项目为轮胎动平衡检测与调试，机电专业组比赛项目为电子产品装配与调试；综合系电子商务、航空服务和园林技术三个专业教师进行网店设计、安全检查及客舱服务、插花等项目比赛。

（李辉 刘向东）

【创新园林专业实训形式】 12 月 30

日，大兴一职综合系园林专业创新实训形式。该专业实践创新成果“水培花卉展”在园林实训基地落下帷幕。该专业师生历时两个月，将金虎、千手观音、龙血树、凤梨、火鹤等进行水培培养，并在水样发根成功后进行单体造型和组合盆养造型。此外，还展出师生水养实践、造型布展的过程照片，向广大师生宣传、普及水培花卉知识与技术。园林专业通过水培实践与办展，培养学生科学严谨的试验种植专业理念以及动手操作和实践创新能力。

（李辉 刘向东）

【19 名学生获市政府奖学金】 12 月 30 日，大兴一职 19 名学生获得市政府奖学金。该校在自主申报和民主评议基础上，经学校资助领导小组评选推荐，上级批准，为 19 名学生发放北京市政府奖学金，共 3.80 万元。此外，经学校资助领导小组推荐，经博世（中国）投资有限公司和光彩基金会审核批准，确定 16 名学生获得博世助学金，其中 10 人同时获得博世奖学金。奖、助学金共 6.30 万元。该项奖、助学金是博世公司通过北京光彩教育基金会对大兴区职业学校学生提供的捐款。

（李辉）

北京市怀柔区职业学校

【概况】 2014 年，北京市怀柔区职业学校占地面积 22.68 万平方米，产权校舍建筑面积 4.99 万平方米、非产权校舍建筑面积 1.45 万平方米。全年教育经费投入 9498.96 万元，全部为国家拨款。固定资产总值 9748 万元，其中，教学、科研仪器设备总值 3300 万元。图书馆建筑面积 500 平方米，藏有纸质图书 4 万册、电子图书 8 万册。拥有计算机 450 台，多媒体教室座位 1600 个。学校信息化经费投入 340 万元，网络信息点 206 个，校园网出口总带宽 10Mbps，上网课程 5 门，数字资源量 120GB。设有 2 个校区，4 个系部，开设 16 个专业，43 个教学班。教职工 248 人，包括专任教师 175 人、教辅人员 27 人。专任教师中具有研究生学历 6 人，本科及以上学历占教师总数 98%；高级专业技术职务 83 人、中级 73 人；“双师型”教师 41 人。聘请校外教师 7 人。毕业生 412 人，就业率 100%，职业资格证书取证率 98%。招生 338 人，其中，京籍学生 308 人。在校生 2202 人，其中，京籍学生 2140 人。网址：www.bjhrzyxx.com。

（王腾飞）

【创建健身操队】 3 月，怀柔职校创

建健身操队。健身操队由 12 名队员和 1 名领队、1 名教练组成。10 月 24 至 26 日，健身操队代表北京市参加 2014

年肯德基全国青少年校园青春健身操大赛全国总决赛，获得“健身操基础套路青春魅力”二等奖和“啦啦操表演套路活力无限”二等奖。来自全国26个省、直辖市63支代表队参赛。

（王腾飞）

【与北京商鲲教育集团联合办学】 9月1日，怀柔职校与北京商鲲教育集团签订联合办学协议。根据协议，双方合办高铁服务专业，本着培养高铁服务人才的理念，采用理论教学与专业技能强化训练相结合的方式，学生先在职业学校进行专业基础课程学习，1年后进行技能强化训练，学生毕业后，由北京商鲲教育集团负责安排工作。

（王腾飞）

【加大校企合作及订单培养力度】 9月起，怀柔职校加大校企合作及订单培养力度。该校根据学校专业及企业岗位实际状况，先后与北京市委藻鉴堂老干部活动站、北京吉祥九九嘉美食广场有限公司、北京怀教网络技术服务有限公司、北京宏亭汽车部件有限公司、北汽福田多功能汽车制造厂等企业签订订单培养协议，对学校旅游服务专业、计算机网络专业和机械加工、汽车维修专业学生开展订单式培养。同时，学校改进与创新相关课程及上课方式，力求使课程设置、教学方法与企业岗位实际相对接。

（王腾飞）

【农民科技教育实训基地授牌】 11

月1日，怀柔职校农广校分校在怀柔区汤河口镇小黄塘北京北方养殖园举行“北京市农民科技教育实训基地”授牌仪式。农广校为北方养殖园、勤城农机服务合作社等6家基地颁发“北京市农民科技教育实训基地”牌匾。随后，农广校外聘教师讲授“新型职业农民培育”第一节课“鲟鱼的烹饪技术”等课程，拉开怀柔区“新型职业农民培育”序幕。该校作为“新型职业农民培育”主体部门，在“传播农业科技知识，大力培育新型职业农民”方面积极探索，充分发挥实训基地在农民教育培训中的带动辐射作用，努力培育更多新型职业农民，为怀柔区的都市型现代农业发展做贡献。

（王腾飞）

北京市平谷区第一职业学校

【概况】 2014年，北京市平谷区第一职业学校占地面积7.50万平方米，产权校舍建筑面积4.10万平方米。全年教育经费投入245.78万元，全部为国家拨款。固定资产总值7466.70万元，其中，教学、科研仪器设备总值3650.73万元。图书馆建筑面积696平方米，藏有纸质图书4万册、电子图书100万册。拥有计算机578台，多媒体教室座位1360个。学校信息化经费投入106.35万元，网络信息点1794个，校园网出口总带宽全区共享800Mbps，上网课程10门，数字资源量100GB。设有2个校区，8个教研组，开设8个专业，15个教学班。教职工183人，包括专任教师61人、教辅人员122人。专任教师中具有研究生学历1人，本科及以上学历占教师总数84.70%；高级专业技术职务50人、中级76人；“双师型”教师68人。聘请校外教师2人。毕业生50人，就业率100%，职业资格证书取证率98%。招生101人，其中，京籍学生101人。在校生295人，其中，京籍学生277人。网址：www.pgyz.cn。

（贾爱兵）

【开展灯彩农民培训课程开发】 2月，

平谷一职开展“平谷区灯彩特色村创建与培训课程开发”项目研究。项目组到四川德阳、自贡等地区进行为期8天考察，了解各地特色灯彩制作。6名教师编写《北京平谷灯彩》农民培训教材并向农民发放600余册。4月9日，在平谷区世纪广场举行灯彩展卖活动，共展出灯彩作品“玉兔迎春”“花开富贵”“骏马奔腾”等30余件。

（李翠敏　刘东升）

【高职班升学率100%】 6月7至8日，平谷一职高职班升学率100%。该班共32人，提招21人，11人参加高职考试，全部被高等院校录取，升学率达100%。

（李震生）

【开办综合高中班】 9月，平谷一职计算机和汽修两个专业开设首届综合高中班，分别招生34人、30人。综合高中班学制3年，开设普通高中和相关专业部分核心课程。次年，学生可根据自身需求选择普高学籍或职高学籍，分别参加普通高考或高职单考单招进入高等学府，职高生也可选择直接就业。

（李震生）

【开设首届机械专业中高职衔接班】 9月，平谷一职与北京劳动保障职业学院联合开设首届机械专业“3+2”中高职衔接班。该班学生在平谷一职完成中职学制3年，毕业后经考核合格，取得职高毕业证书，直接进入劳动保障职业学院学习2年高职课程。该专业面向首都机械、汽车、电子、轻工等机电产品制造行业，教授数控机床编程、操作和维修等方面基本理论和专业知识，使毕业生具备操作和维修数控机床、编制数控加工程序及使用相应软件的能力，能从事机械加工工艺编制、机电产品加工以及数控设备的装配、调试、维护、维修和管理工作。此次共招生18人。

（李震生）

密云县职业学校

【概况】 2014年，密云县职业学校占地面积13.60万平方米，产权校舍建筑面积7.20万平方米。全年教育经费投入14267万元，其中，国家拨款14195万元、自筹经费72万元。固定资产总值14679.82万元，其中，教学、科研仪器设备总值5073万元。图书馆建筑面积4155平方米，藏有纸质图书6.50万册、电子图书1700GB。拥有计算机1272台，多媒体教室座位2905个。学校信息化经费投入220万元，网络信息点1700个，校园网出口总带宽1000Mbps，上网课程12门，数字资源量3.50TB。设有3个校区，6个系部，开设13个专业，67个教学班。教职工263人，包括专任教师164人、教辅人员61人。专任教师中具有研究生学历11人，本科及以上学历占教师总数98%；高级专业技术职务60人、中级64人；“双师型”教师87人。聘请校外教师52人。毕业生681人，就业率98%，职业资格证书取证率90%。招生309人，其中，京籍学生309人。在校生1560人，其中，京籍学生1560人。网址：www.myzhiye.cn。

（陆洋林）

【开办成人业余专科班】 3月1日，密云职校2014级成人业余专科班开学。该班由北京电子科技职业学院和北京经济管理职业学院主办，开设电子商务、机电一体化、计算机、汽车检测与维修4个专业，122名学员利用业余时间到学校集中学习。学员完成3年学习并通过考核，可获得专科证书。

（陆洋林）

【校企合作举办技能竞赛】 3月20日，

密云职校客户信息服务专业与北京九五太维资讯有限公司联合举办“九五太维杯”技能竞赛。九五太维定向班1304班进行专业技能比拼，定向班1204班采取知识问答方式就“工学交替”期间所学业务知识和技能知识进行比赛，最终共24名学生获奖。12月16日，该校与九五太维公司签署新一轮校企合作协议。该校于2008年与公司签订校企共建实训基地合作协议，建成校内生产性实训基地，实现“厂中校、校中厂”，形成“在校学习—实习—就业”一体化的独特优势，企业长期派讲师参与专业核心课程教学及专业建设。2011年，客户信息服务专业被评为北京市示范专业。

（陆洋林）

【农村低收入群体技能培训班结业】

4月9日，密云职校“密云县2013年农村低收入群体技能培训”结业。密云县9个乡镇57名学员领取相应的国家级职业技能资格证书，10名学员因上课期间表现优秀受到表彰。该培训由密云县农村工作委员会牵头并提供经费，县教委和安监局协办，密云职校具体组织实施。培训历时两个月，对符合低收入条件的农民免费开展技能培训，以提升农村低收入群体转移就业能力，提高其经济收入。培训项目包括中餐烹饪、电工和焊工，教学过程中坚持理论与实操密切结合。80名学员参加培训。

（陆洋林）

【高职自主招生录取率100%】 4月18日，北京市自主招生工作结束，密云职校自主招生录取率100%。通过网上报名、到报考院校报名确认、面试、笔试、网上录取公示等环节，密云职校共377名学生参加高考，除12名学生报考本科考试外，其余365人均被专科院校录取，其中，注册入学录取189人、自主招生录取176人。

（陆洋林）

【完成农民技能培训超市乡镇级验收】 5月14日，密云职校培训部对“打造农村富余劳动力转移就业培训连锁超市”项目第二批申报的乡镇超市进行验收。学校对申报的各乡镇结合本镇

实际情况，精准开设培训项目，积极组织农民参加技能培训，并为穆家峪镇、新城子镇、古北口镇举行授牌仪式。农民技能培训超市建设是密云职校示范校建设特色项目之一，旨在依托乡镇天然优势，近距离服务农民，积极促进乡镇组织农民技能培训，充分调动农民参加培训积极性。至此，已有8个乡镇通过验收。

（陆洋林）

延庆县第一职业学校

【概况】 2014年，延庆县第一职业学校占地面积12.08万平方米，产权校舍建筑面积7.08万平方米。全年教育经费投入12730.80万元，其中，国家拨款12627.62万元、自筹经费103.18万元。固定资产总值10859.93万元，其中，教学、科研仪器设备总值3796.92万元。图书馆建筑面积1878平方米，藏有纸质图书5.20万册、电子图书4.50万册。拥有计算机748台，多媒体教室座位2200个。学校信息化经费投入219.28万元，网络信息点645个，校园网出口总带宽270Mbps，上网课程68门，数字资源量3000GB。设有5个育新系列实训基地、1个民俗旅游培训基地和1个种植养殖培训基地，开设19个专业，65个教学班。教职工271人，包括专任教师180人、教辅人员54人。专任教师中具有研究生学历7人，本科及以上学历占教师总数97.20%；高级专业技术职务93人、中级100人；“双师型”教师66人。聘请校外教师25人。毕业生685人，就业率98.70%，职业资格证书取证率93.44%。招生471人，其中，京籍学生148人。在校生2317人，

其中，京籍学生715人。网址：www.yqyz.org.cn。

（卫秀宗）

【确定汽修专业中高职衔接人才培养方案】 2月16日，延庆一职与北京培黎职业学院召开汽修专业“3+2”中高职衔接人才培养方案研讨会。两校研讨汽修专业“3+2”中高职衔接人才培养方案的培养目标、课程设置、师资配备、实训项目等方面内容，并达成一致意见，确定汽修专业“3+2”中高职衔接人才培养方案。

（卫秀宗）

【学前教育专业实习实训基地揭牌】 3月12日，延庆一职学前教育专业实习实训基地揭牌仪式在延庆县民族小学附属幼儿园举行。延庆一职与延庆县民族小学附属幼儿园本着“友好相处、资源共享、优势互补、相互协作、共同发展”原则，共同建立实训基地；民族小学附属幼儿园接收学校学前教育学生进园开展见习实习，学校定期派专业教师进园指导幼儿教育教学工作。

（卫秀宗）

【与长城润滑油养护中心签订合作协议】 3月13日，延庆一职与北京长城润滑油汽车养护中心签署“校企合作，订单培养”合作协议。根据协议，双方在学生顶岗实习、课程开发、实训室建设、专业教师培养等方面开展合作。其中，学校根据企业要求开设课程、组织实施教学、培养学生专业技能；企业派专家进校园为学生上课，并接收学生到相应岗位开展工学交替和顶岗实习等。

（卫秀宗）

【举办乌兰察布市职业学校骨干教师培训】 6月22至30日，延庆一职举办内蒙古自治区乌兰察布市职业学校学前教育专业骨干教师培训活动。来自乌兰察布市11所职业学校学前教育专业24名教师参加培训。培训采取互动研讨、观摩教学、入园参观、展示交流等方式，内容涉及信息化教学、教学能力提升、学前教育专业教师素养等。

（卫秀宗）

【举办乡村民俗旅游系列培训】 至年底，延庆一职在黄柏寺民俗旅游培训基地开展系列培训活动。来自延庆县域内10个乡镇近200名民俗户代表分期分批在基地进行培训，培训历时5个月，培训内容涵盖凉菜、热菜、面点、客房布置、接待礼仪等。此次培训最大亮点在于培训采取“请进来、全封闭、练技能、全免费”方式进行，真正让农民得实惠，为乡村旅游事业助力。

（卫秀宗）

成人高等教育

【概况】 2014年，北京市共有独立设置成人高等学校19所，学校产权占地面积129.92万平方米，学校产权校舍建筑面积94.43万平方米；固定资产总值288955.11万元，其中，教学、科研仪器设备值36294.89元。教职工3273人，其中，专任教师3230人。成人高等教育学历毕（结）业生93874人（含普通高校举办的函授、夜大学、成人脱产班学生84910人），其中，本科生52524人、专科生41350人；招生88282人（含普通高校举办的函授、夜大学、成人脱产班学生80359人），其中，本科生50160人、专科生38122人；在校生237644人（含普通高校举办的函授、夜大学、成人脱产班学生217232人），其中，本科生144158人、专科生93486人。

（胡雨）

【首都农民工大学生助推计划开学】 3月1日，北京市总工会职工大学第三批“首都农民工大学生助推计划”新生开学。通过成人高考，该计划录取农民工561人，其中，市总职大录取246人，涉及近百个企事业单位。共开设建筑工程管理、人力资源管理、工商管理、社会工作、会计电算化、市场营销6个专业，其中，会计电算化为新设专业。学员每周末上课，经过2.50年业余学习，毕业后可获得国民教育序列的专科毕业证书。该计划由北京市总工会推出，是为农民工学员提供的定制化教育项目，是由工会、行业（企业）和教育机构共同搭建的农民工教育服务平台。

（杜雅楠）

【51个远程教育校外学习中心评估合格】 7月7日，市教委公布2014年教育部现代远程教育试点高校在京校外学习中心等检查评估结果。共有教育部现代远程教育试点高校在京设立的55个校外学习中心和弘成科技发展有限公司、知金教育咨询有限公司公共服务体系数字化学习示范中心参加2014年检查评估，以市教委组织制定的评估指标体系为标准，在自查基础上，专家组进行实地检查评估，对受检学习中心逐一提出评估意见，经市教委研究确认，51个校外学习中心检查评估结果为合格；3个学习中心因主办校调整办学布局等原因，予以撤销；1个学习中心暂缓通过，根据主办校整改情况再行复评。

（陈雷）

【举办首届高校继续教育大学生计算机应用竞赛】 10月17日，市教委公布2014年北京高等学校继续教育大学生计算机应用竞赛结果。共有50所高校147支学生代表队230名选手报名参加比赛并提交有效作品。经各校选拔、全市范围初赛及决赛，16所学校获得团体一、二、三等奖，80名学生分别获得个人一、二、三等奖。经竞赛组委会特别提议，北京航空航天大学、北京理工大学等18所学校获得优秀组织奖，32 人获得竞赛突出贡献奖，33 名教师获得优秀指导教师奖。竞赛面向北京各普通高等学校成人高等学历教育、网络教育（含开放教育）、独立设置成人高等学校注册的在京在读成人高等教育学生，不区分学历层次和专业，按参赛的作品分组，分为创意类：动画短片组、视频短片组；技术类：2048 AI 组、12306 网站建设组，共 4 个组别。该比赛是市教委举办的首届北京高校继续教育大学生计算机应用竞赛，由北京航空航天大学承办，开始于 2013 年 11 月。11 月 1 日，市教委举行 2014 年北京高等学校继续教育学生计算机应用竞赛总结交流暨颁奖仪式。

（陈雷）

【开放学习国际论坛举办】　10 月 26 日，开放学习国际论坛在国家会议中心举办。该论坛由中国教育国际交流协会主办，北京开放大学承办。论坛以“开放学习：重塑教育的机会、质量和成本”为主题，包括开放学习的趋势、理念和实践，开放学习的课程开发、技术应用和教学服务，开放学习的成本效益和可持续发展等专题。

世界银行、美国新媒体联盟以及中国、美国、澳大利亚等国教育领域的嘉宾参加论坛并分享观点与实践案例。论坛对开放学习领域共享成果、建立互信、推动实践将产生影响。论坛期间，还发布美国新媒体联盟授权、北京开放大学翻译出版的《2014 地平线报告》（包括高等教育版、基础教育版、博物馆版）。

（高玉英）

【2014 中国国际远程教育大会召开】　11 月 27 至 28 日，2014 中国国际远程教育大会在京召开。会议以“科技引领未来学习——教育变革时代的战略选择”为主题，聚焦信息技术的发展、相关领域的科技成果以及逐渐为大众熟知的“慕课”将会对中国传统教育领域产生怎样的冲击，中国教育应当如何应对所带来的挑战等问题。会议由国家开放大学、全国高校现代远程教育协作组指导，《中国远程教育》杂志社主办。来自高校网院、企业大学及国家开放大学，部分省级电大、开放大学以及部分地市级电大等约 2000 人参加大会。

（孙明博）

【“学分银行计划”完成第九级招生】　至年底，北京市总工会职工大学“学分银行计划”项目完成第九级招生。本年该项目在北汽福田汽车股份有限公司等企业共录取 227 人，涉及汽车制造与装配技术、城市燃气工程技术两个专业。“学分银行计划”是市教委于 2006 年推出的高等学校教育教学改革立项项目，是采取校企合作方式开展的学历教育项目。该项目共与北京燕山石化公司、北汽福田汽车股份有限公司、北京燃气集团公司等 7 家大型企业开展过成人高等职业教育合作办学工作，共录取 2123 人，毕业 1343 人。

（杜雅楠）

独立建制成人高等学校

国家开放大学

院　　长　杨志坚
党委书记　李凌

【概况】　2014 年，国家开放大学总部占地面积 15517 平方米，产权校舍建筑面积 87542 平方米。全年教育经费投入 38403.06 万元，其中，国家拨款 5611.39 万元、自筹经费 32791.67 万元。固定资产总值 111846.11 万元，其中，教学、科研仪器设备总值 3083.89 万元。图书馆建筑面积 13920 平方米，藏有纸质图书 10.46 万册、电子图书 17874GB。拥有计算机 2204 台。学校信息化经费投入 2594.93 万元，信息化设备资产 6427.33 万元，网络信息点 4050 个，电子邮件系统用户 1321 个，上网课程 1209 门，数字资源量 20999GB，管理信息系统数据总量 2300GB。国家开放大学办学体系由总部、分部、地方学院、学习中心和行业、企业学院共同组成，包括国家开放大学、44 所分部、1748 所地市级学习中心、1713 个县级教学点。设有 7 个学科学院和实验学院、继续教育学院（培训学院）以及八一学院、总参学院、空军学院、西藏学院、残疾人教育学院，专设中国电视师范学院、中国燎原广播电视学校、中央广播电视中等专业学校。开设 124 个专业，其中，开放教育本科（专科起点）专业 27 个、专科专业 79 个、教育部“一村一名大学生计划”专业 18 个。教职工 509 人，其中，专任教师 160 人，包括副教授 96 人。毕业生 855494 人，其中，本科生 [illegible] 人，专科生 559703 人、教育部“一村一名大学生计划”学生 50494 人。招生 924065 人，其中，本科生 276109 人、专科生 609222 人、教育部“一村一名大学生计划”学生 38734 人。在籍生 3604675 人，其中，本科生 1045502 人、专科生 2385503 人、教育部“一村一名大学生计划”学生 173670 人。网址：www.ouchn.edu.cn。

（孙明博）

【10 门课程入选国家级精品资源共享课】　1 月 3 日，教育部公布第四批国家级精品资源共享课（网络教育课程）立项项目名单，国家开放大学办学体系共 10 门课程入选，占立项课程总数 12.50%。至此，国家开放大学总部及分部共有 13 门课程入选国

家级精品资源共享课。

（孙明博）

【滨海新区实验学院挂牌成立】 3月6日，国家开放大学滨海新区实验学院在天津广播电视大学挂牌成立。成立滨海新区实验学院是国家开放大学办学组织体系上一个重要制度创新，主要目的在于深化国家开放大学与天津电大全面战略合作关系，适应不同区域经济社会发展情况，探索新的教育模式、机制。滨海新区实验学院不是传统办学机构，主要面向以农民工、技工等群体为主的新型产业工人。国家开放大学将制定新型产业工人培养与发展助力计划，按照现代新型产业工人的培养、培训要求，为本区域、本行业，甚至特殊岗位技能人才的需求定向培养高级技能型人才。

（孙明博）

【确立第二批37家学习成果认证试点单位】 3月31日，国家开放大学确立第二批学习成果认证分中心（认证点）试点建设单位。北京开放大学、中国社会工作协会等37家单位入选。至此，国家开放大学共确立50家试点单位，初步建立起覆盖30个地区17个行业的学习成果认证服务体系。国家开放大学学习成果认证分中心包括区域分中心和行业分中心。区域分中心主要设在国家开放大学分部（包括各省级电大和地方开放大学），行业分中心主要设在部委行业及国家开放大学部队学院。在国家开放大学统一部署下，认证分中心开展学习成果类型调研、学习账户建立和学习成果积累与转换等基础业务。同时，区域分中心与行业分中心也将聚焦特色，区别化发展。其中，区域分中心重点探索学习成果认证服务体系的管理模式、服务模式与运行机制，建立和完善管理体制、组织架构以及相关管理办法；行业分中心重点探索行业在学习成果认证服务体系中的定位与运作模式，探索为行业组织、行业员工的继续教育和终身学习提供学习成果认证服务的方式方法和实现途径。

（孙明博）

【学生获全国自强模范称号】 5月16日，国家开放大学残疾人教育天津学院2010年春季社会工作专科专业学生蔡成在第五次全国自强模范暨助残先进集体和个人表彰大会上获得“全国自强模范”荣誉称号并受到习近平等党和国家领导人接见和慰问。该评选由全国自强模范和全国残联系统先进工作者评选表彰工作领导小组办公室举办，共评出全国自强模范166人、全国残联系统先进工作者33人。蔡成，1990年7月生于天津市，他虽然是个盲人，但他会快板，会弹吉他，会作曲，歌唱得也好。蔡成在2005年《李润杰金像奖快板新作品全国展演》中获青少年组“最佳新苗”奖；2007年参加第五届全国盲、聋、培智学校艺术汇演，其表演的小品《等待阳光》获特别奖；在2014年全国第八届残疾人文艺汇演中，其参与表演的音乐剧《乘着歌声的翅膀》获得一等奖。此外，蔡成于2009年5月获得天津市“十佳自强青少年”称号，2014年获得天津市“自强标兵”荣誉称号。2011年1月，蔡成在天津市河东区残联和家人朋友的共同帮助下创办残疾人家政服务中心。

（孙明博）

【举办14期办学体系骨干教师研修班】 5至12月，国家开放大学举办办学体系骨干教师研修班14期，培训教师1000余人。其中，举办管理干部高级研修班，20个分部省区61名新任校长和管理干部赴港研修；组织总部25名教师赴台湾空中大学、文化大学，28名教师赴美国密歇根州立大学开展为期7天的研修。从2012年开始，国家开放大学骨干教师研修班共举办34期，2432人取得结业证书。

（孙明博）

【试点实施“新型产业工人培养和发展助力计划”】 7月22日，国家开放大学印发《“新型产业工人培养和发展助力计划”试点实施方案》，启动2014年秋季“新型产业工人培养和发展助力计划”试点。实施“助力计划”旨在适应技术进步、生产方式变革，为生产和服务一线培养留得住、用得上的高素质劳动者和技术技能人才，服务企业转型升级，助力职工成长发展。通过试点，倒逼办学模式、教学模式、评价模式和服务模式改革。2014年秋季学期首批开设电子信息、设计制造、交通运输等8个大类32个专业。31个分部和4所行业学院（汽车、机械、纺织、软件）、北京实验学院和南海实验学院共325个学习中心参与招生，共计招生6635人。32个专业将实现84种证书的对接和转换。

（孙明博）

【海洋学院揭牌成立】 7月29日，国家开放大学海洋学院在青岛揭牌成立。国家开放大学海洋学院依托青岛广播电视大学设立，以青岛市海洋领域教育资源为基础，整合和利用全国海洋教育领域优质教育资源，面向相关产业从业者特别是生产和服务一线职工，开展学历与非学历继续教育，着力构建国家开放大学完整的海洋专业教学与课程体系。

（孙明博）

【获批开展新型职业农民远程中等职业教育】 9月16日，教育部批准在国家开放大学体系内开展新型职业农民远程中等职业教育。国家开放大学将在华东、华南、华北、华中、西南、东北、西北片区遴选有较强师资能力和较好实训条件的省市广播电视中专学校，综合考虑各地农业生产的自然条件、农作物种类、社会经济发展规划等地域特点，研究具体的教学计划，首批从种植、畜禽养殖、水产养殖、农业工程和经济管理5个专业类别选出若干专业方向开始试点。同时，启动新型职业农民学习平台的初期建设与需求调研等工作。

（孙明博）

【老年开放大学门户网站与微信公众号上线】 9月，国家开放大学筹建老年开放大学取得实质性进展，老年开放大学门户网站（www.lndx.edu.cn）与微信公众号“学乐堂”正式上线。门户网站和公众号秉承“教育养老，以课养心”理念，致力于老年人文化教育需求和养老服务领域人才队伍建设。网站有近300门课程，1700段视频资源。老年开放大学微信公众号“学乐堂”定期推送生活休闲、健康养生、文学艺术、历史文化等优质学习课程、趣味生活知识以及线上线下活动公告，打造老年人专属的精神家园。此外，国家开放大学制定《老年开放大学建设方案》报教育部批准，与中组部老干局、全国老龄工作委员会办公室、民政部中国社会福利协会等单位开展合作共建，已开设养老服务与管理、老年社会工作2个专业，老年开放大学筹建工作取得实质性进展。

（孙明博）

【庆祝“教育部‘一村一名大学生计划’”试点十周年】 12月18日，国家开放大学庆祝“教育部‘一村一名大学生计划’”试点十周年开展的先进单位、优秀教学成果和优秀科研成果评选活动结果揭晓。共评出57家试点工作先进单位、6项优秀教学成果和30项优秀科研成果。由国家开放大学组织实施的“教育部‘一村一名大学生计划’”试点于2004年启动，10年来，参与试点的各级电大通力合作扎实推进各项工作，取得丰硕办学成果。截至2014年10月，共开设农林牧渔大类农业技术类、农林牧渔大类林业技术类、农林牧渔大类畜牧兽医类、农林牧渔大类农林管理类、轻纺食品大类食品类5大科类16个专业120余门课程；42所省级电大及所属的1379个县级电大（教学点）参与试点工作，累计招生48万余人，毕业27万余人，为农村培养一大批新农村建设和现代农业发展带头人。涌现出一大批优秀毕业生，很多学生成为受国务院表彰的种粮售粮大户、全国农村青年创业致富带头人、全国三八红旗手、全国劳动模范、党的十七大和十八大代表、全国及各级人大代表等。

（孙明博）

【建设123门网络核心课程】 至年底，国家开放大学启动建设123门网络核心课程。其中，开发完成55门，通过验收审定19门，网络核心课程上线37门。网络核心课程是基于网络开展教学的学历教育的专业主干课程。国家开放大学于2013年3月启动网络核心课程建设工作，选择若干课程开展网络课程建设方式、网上教学模式、网络教学团队建设等专项试点工作，至2014年底共启动建设293门网络核心课程。

（孙明博）

【新建1722门五分钟课程】 至年底，国家开放大学新建1722门五分钟课程，改造5011门。至此，该校共开发1.40万门五分钟课程面向社会开放，内容涵盖人文、社科、理工、农医、艺术、健康、休闲等方面，取得良好社会效果。五分钟课程是该校为适应网络碎片化学习需要，以知识点为核心，以五分钟左右为长度，应用多种媒体技术开发的微课程。

（孙明博）

北京教育学院

党委书记　马宪平（12月免）
　　　　　　杨公鼎（12月任）
院　　长　李方

【概况】 2014年，北京教育学院占地面积5.27万平方米，产权校舍建筑面积10.03万平方米。全年教育经费投入29625万元，其中，国家拨款25722万元、自筹经费3903万元。固定资产总值28101.43万元，其中，教学、科研仪器设备总值3629.64万元。图书馆建筑面积2961.80平方米，藏有纸质图书66.57万册、电子图书1668.20GB。拥有计算机1935台，多媒体教室座位4067个。学校信息化经费投入507.63万元，信息化设备资产4841.16万元，网络信息点1400个，校园网出口总带宽200Mbps，电子邮件系统用户600个，上网课程140门，数字资源量3100GB，管理信息系统数据总量0.80GB。设有5个校区，7个二级学院，1个图书资料中心。设有19个教学系，开设21个专业，覆盖4个学科。教职工568人，其中，专任教师247人，包括教授9人、副教授89人。兼职教师64人，包括教授2人、副教授7人。毕业生1147人，其中，专科生859人、本科生288人。招生830人，其中，专科生512人、本科生318人。在校生3184人，其中，专科生2138人、本科生1046人。参加短期汉语学习的留学生674人。全年岗位培训和继续教育结业学员54487人次。网址：www.bjie.ac.cn。

（刘琳）

【启动年度“绿色耕耘”培训项目】 3月4日，2014年“绿色耕耘”大兴区中小学英语教师培训项目在教育学院开班。60名英语教师参加为期1年培训。该培训以“基于新课程理念的学科教学设计与实施能力的提升”为主题，课程类型包括集中面授、实践研修、课题研究、网络自主学习、成果汇编与交流展示。该项目其他各学科培训也陆续开班，总规模达24个学科，覆盖小学、初中、高中各学段，学员共1200人。根据教师专业发展阶段，该培训以熟练期、发展前期、“教非所学”教师为对象，提高培训实效性。

（刘琳）

【开展城区教师“专业促进”培训】 3月8日，北京市城区教师“专业促进”培训英语学科在教育学院开班。该培训以“教师专业能力的提升”为主题，为期1年。培训针对熟练期和成熟期两个层次教师设计不同的培训主题，并围绕主题的理论框架进行结构化的课程设计。培训混合实施集中学习、实践追踪、课题研究、网络与自主学习的培训方式，力图做到理论与实践兼顾、面授与网络互补、集体研讨与自主学习互促。该学科还安排为期一周共40课时“浸入式”外教集中培训。该项目其他各学科培训也陆续开班，总规模达21个学科，覆盖小学、初中、高中各学段，6个城区共有766名学员参加培训。

（刘琳）

【完成机构调整和岗位聘任工作】 3月18日至6月6日，教育学院完成三年一度的机构设置调整、处级干部聘任和教职工岗位聘任工作。调整后，院内机构共 30 个，其中，党政管理部门 14 个，教学、科研部门 9 个，上级机关设置（挂靠）部门 6 个，直属事业单位 1 个，另有面向社会独立经营的内设经济实体 5 个。新设首都基础教育人才科学研究院、教育部“国培计划”项目办公室（合作培训办公室）、信息管理与服务中心、国际合作与交流处（港澳台事务办公室）以及学前教育学院 5 个机构。聘任后，该院共有处级干部 67 人（包括正处职干部 31 人、副处职干部 34 人、非领导职务副处级干部 2 人），专任教师 247 人，管理和专业技术岗位人员 237 人。

（刘琳）

【承办关心下一代教育示范基地校长教师研修班】 4 月 13 至 19 日，教育学院承办“园丁计划”——中国关心下一代教育示范基地校长教师研修班。该研修班由中国关心下一代工作委员会和中国社会福利基金会关心下一代基金主办，中国信托慈善基金会协办。安徽、青海、新疆等 9 个省、自治区的基地校校长和骨干教师共 70 人参加培训。上述学员来自 10 个示范基地校，涉及 8 个民族。基于学员背景多元化、层次多元化和需求多元化的情况，学院确定“教育理念更新和个人发展规划能力提升”主题。培训活动包括专题讲座、观摩研讨、参观考察、自主学习、交流展示五个部分。“园丁计划”是关心下一代基金的核心项目之一，主要通过对基金所建立的各个“中国关心下一代教育示范基地”校长和教师进行培训，帮助边远山区、少数民族地区教师们更新教育教学理念，开阔视野，促进教学水平全面提升。学院于 2013 年 8 月 3 至 12 日承担该项目第一期培训任务，来自安徽、青海、甘肃等 6 个示范基地校 36 名校长和骨干教师参加培训。

（刘琳）

【成立学前教育学院】 7 月 1 日，教育学院举办学前教育学院成立仪式暨发展座谈会。学院领导及合作办学单位代表、院内外教师代表等 80 人参加会议。新成立的学前教育学院是整合原有的幼儿艺术教育、学前教育专升本和学前教育高起本三个专业力量

建立的集幼儿教师学历教育、幼儿教师和园长继续教育、师资培训研究于一体的二级学院。相关专业已有 30 年学历教育经验，幼儿园教师、园长的继续教育培训也已开展 7 年。与会领导为 11 名学前教育指导委员会专家、15 名特聘实践导师颁发聘书，向 15 所北京市幼儿园颁发“北京教育学院幼儿园学前教育实践研究基地”牌匾。中国儿童少年基金会向学前教育学院捐赠儿童创造力教室。

（刘琳）

【成为第二批专业技术人员继续教育基地】 7 月 30 日，第二批北京市专业技术人员继续教育基地评估认定工作组到教育学院实地检查工作。经过考核，2014 年起，教育学院被市人力社保局确定为第二批北京市专业技术人员继续教育基地。2020 年前，该院在市人力社保局统一规划下，承担《北京市专业技术人才知识更新工程实施方案》中提出的高级研修项目、急需紧缺人才培养培训项目、岗位培训项目等三类项目，每年完成一定的培训任务，为促进基础教育领域专业技术人员能力素质提升贡献力量。

（刘琳）

【“最美乡村教师”进院研修】 8 月

25 至 28 日，教育学院开展“最美乡村教师”走进教育学院研修活动。由中央电视台和光明日报评选出的 2014 年 11 名“最美乡村教师”参加学习。该院设计研修微课程、名师面对面、现场深交流、专家共研讨等专业培训内容。该院心理系、教育管理系教授分别从学生心理与教育、班级活动设计与班主任艺术等方面讲授微课程；北京市中小学教学一线的 3 名特级教师就数学、语文、音乐等学科的教学艺术问题介绍自己的研究与实践。该院还组织教师到北京市第十五中学南口学校参观考察，组织两名特教学校教师到宣武培智学校参观考察。“最美乡村教师”完成研修活动的同时也成为该院终身荣誉研修员，在今后学习和工作中密切联系，享受学院各类培训资源。

（刘琳）

【开展北京市理科教师实验教学专题培训】 9 月 4 日，2014 年北京市理科教师实验教学专题培训在教育学院开班。培训聚焦实验设计与操作，共 200 课时，涉及小学科学、初中物理、初中化学、初中生物、初中地理 5 个学科，共有近 180 名学员。

（刘琳）

【挪威卑尔根大学学院学前教育考察交流项目开班】 10 月 7 日，2014 年挪威卑尔根大学学院（BUC）学前教育考察交流项目在教育学院开班。培训通过专业学习、教育实习及文化考察等形式进行，为期 1 个月，共 25 名学员。该项目共举办 22 次文化体验活动，在北京市第六幼儿园、北京市海淀区恩济里幼儿园等 4 所幼儿园开展为期一周的实习活动，举办 6 场讲座和 6 个工作坊，使学员了解中国学前教育的发展动态和教育理念以及中国传统文化。该院与 BUC 联合举办中挪学前教育比较教育交流项目已有 10 年，共 5 届 175 名学生到院学习交流。

（刘琳）

【入选首批全国社会扶贫先进集体】 10 月 17 日，教育学院被国务院扶贫开发领导小组授予首批“全国社会扶贫先进集体”称号，表彰该院对内蒙古自治区中小学幼儿园教师开展培训、帮扶自治区教师队伍建设的有关工作。2011 至 2013 年间，该院受北京市对口支援和经济合作工作领导小组办公室、市教委以及内蒙古教育厅、乌兰察布市和赤峰市教育局委托，在《北京市—内蒙古自治区区域

合作框架协议》下，先后承办京蒙对口帮扶全区中小学幼儿园教师培训管理者培训、全区中小学幼儿园安全教育与管理专职人员培训以及内蒙古赤峰市、乌兰察布市中小学校长教师培训项目等 9 期培训，1164 人参训。该院整合首都优质教育资源，采取“集中培训”“送培到省”等培训方式，通过专题讲座、同课异构、实践观摩、研讨交流、成果展示等环节，为内蒙古自治区教育改革与发展、教师队伍建设做出贡献。11 月 10 至 12 日，学院组织首都高校专家和中小学名校优秀班主任为内蒙古乌兰察布市班主任培训“送教上门”。该市 120 名中小学班主任教师参加培训。

（刘琳）

【举办原北京实验大学建校 30 周年成果汇报会】 10 月 25 日，教育学院

举办原北京实验大学建校 30 周年成果汇报会。100 人参加活动。原北京实验大学建于 1984 年 7 月，是在中央纪委、北京市纪委支持下，经北京市委、市政府批准创建，由中共北京市东城区委、区政府主办，国务院 0 个部委合办的一所独立设置成人高等学校（大专），2000 年 5 月并入北京教育学院。

（刘琳）

【塞浦路斯大学孔子学院揭牌】 10

月 27 日，由教育学院和塞浦路斯大学合办的孔子学院揭牌。塞浦路斯教育与文化部部长、中国驻塞大使以及塞浦路斯大学和市委教育工委、市教委领导共同为其揭牌。100 名中塞各界嘉宾参加活动。揭牌仪式上，教育学院和塞大师生表演《论语》选段朗诵、中国传统舞蹈与歌曲。该孔子学院于 1 月招收第一批学生。3 月 12 日，教育学院首次以远程视频方式为学生讲授汉语拼音课。9 月 8 日，该院教师赴塞正式开班教授初级汉语课，共两个班，25 名学生。

（刘琳　王振先）

【承办外省市教师校长培训】 至 12 月，教育学院承办多项外省市教师校长培训项目。包括天津滨海新区教坛能手培训项目，秦皇岛市小学语文、数学骨干教师高级研修项目，福建省晋江市小学语文、数学教研员教研能力提升专项培训，延安市小学英语、语文、数学骨干教师高级研修项目，北海市教育局直属基层党组织书记研修班，黑龙江省民族中小学校长高级研修班，西安市校本研修基地校校长培训项目等，通过理论学习、教学观摩、课例研讨、专题讲座、论坛交流展示等多种形式开展。共 1000 余人参加培训。

（刘琳）

北京开放大学

党委书记　沈玉宝
院　　长　胡晓松

【概况】 2014 年，北京开放大学占地面积 2.61 万平方米，产权校舍建筑面积 5.22 万平方米。全年教育经费投入 16514 万元，其中，国家拨款 7547 万元、自筹经费 8967 万元。固定资产总值 13919.30 万元，其中，教学、科研仪器设备总值 7791 万元。图书馆建筑面积 1900 平方米，藏有纸质图书 4.51 万册、电子图书 1239.26GB。拥有计算机 1669 台，包括教学用 1326 台。学校信息化设备资产 5121.50 万元，网络信息点 3200 个，校园网出口总带宽 460Mbps，电子邮件系统用户 13069 个，上网课程 892 门，数字资源量 27255.67GB，管理信息系统数据总量 3600GB。设有 3 个校区，54 个教学单位。校本部教职工 300 人，其中，专任教师 122 人，包括教授 5 人、副教授 22 人。聘请校外教师 126 人，其中，教授 2 人、副教授 24 人。毕业生 17391 人，其中，专科生 10930 人，本科生 6461 人。招生 15099 人，其中，专科生 9329 人，本科生 5569，“一村一名大学生”计划学生 201 人。在校生 93845 人，其中，专科生 60709 人、本科生 33136 人。网址：www.bjou.org。

（高玉英）

【举办全系统骨干教师培训班】 5 月 21 至 23 日，北京开放大学举办全系统骨干教师培训班。聘请 4 名国内远程教育领域知名专家以及学校参与北京开放大学业务模式研究、设计和实践的骨干教师授课。4 名专家分别作题为“信息技术教育环境变化和远程开放教育发展”“MOOCs 的启示和挑战与开大人的自信和应对”“Web 2.0 时代继续教育教学模式变革的趋势”和“从 MOOC 课程看网络教学发展的新趋势”专题讲座，从不同视角介绍全球远程开放教育新趋势、新思想及其给全球教育变革带来的机遇与挑战，结合中国历史与现实，分析中国远程开放教育发展趋势与历史使命，中国的开放大学建设应当坚持理念自信、模式自信、质量自信，积极应对，走特色发展之路。学校主讲教师对北京开放大学教与学模式改革思路与做法、学术建设的做法与工作思路以及网络课程实施、管理与学习支持经验进行解析。系统 46 家基层教学单位 150 余名教师参加培训。

（高玉英）

【联合举办地平线报告全球中文首发仪式】 10 月 25 日，北京开放大学联合北京大学图书馆、清华大学图书馆、现代教育技术杂志社举办《2014 地平线报告（图书馆版）》全球中文首发仪式。这是首次以图书馆为主题的地平线报告发布，旨在为大学图书馆适应信息化发展趋势提供及时、前瞻的指引。自 2012 年以来，北京开放大学得到新媒体联盟正式授权，先后组织翻译出版一系列地平线报告，并作为《北京开放大学学报》增刊出

版，得到教育界决策部门、研究机构和一线实践者的认可，为中国教育界同行及时全面了解国际社会教育信息化发展、最新实践及其发展趋势提供重要参考。

（高玉英）

【完成小学数学教师网络研修项目】 10至12月，北京开放大学完成第七期北京市小学数学教师网络研修项目。共1362名一线小学数学教师参加培训，课程浏览量32.70万人次，完成4个模块108学时的网络在线学习，并提交小组研修报告和微课设计方案。该项目探索线上线下相结合的混合式的教师网络研修模式，研修过程实现基于数据分析的学情监测和学习支持服务，学习者通过学习实现对儿童数学教育和新课标的新认识，以及教育观念的变化和对教育实践的新探索。北京市小学数学教师网络研修项目自2011年启动，参训教师5000余人，覆盖京郊各区县，教师足不出户即可享受优质教育资源。第七期研修项目由北京开放大学、北京教育科学研究院、北京教育学院丰台分院、北京开放大学丰台分校、北京零度智慧科技有限公司等单位协作完成，实现优质资源的整合与共创共享。

（高玉英）

【为94岁学生颁发荣誉毕业证书】 12月12日，北京开放大学为94岁高龄学生鹿菊忠举办毕业典礼并颁发学校荣誉毕业证书。鹿菊忠于2010年秋季入学，是学校招收的年龄最大的学生。鹿菊忠从事小学教育30余年，选报学校开放教育小学教育专业。为帮助老人完成学习任务，学校多次将学习支持服务送到老人家中，为老人量身定制学习计划，根据个性化学习方案，定期与老人沟通并进行远程学习辅导。老人在家中观看学校提供的教学视频课件，用在线学习平台选课、上课，完成学习任务。

（高玉英）

北京宣武红旗业余大学

【概况】 2014年，北京宣武红旗业余大学占地面积32837平方米，产权校舍建筑面积35997平方米。全年教育经费投入2794.80万元，其中，国家拨款2709.43万元，自筹经费85.37万元。固定资产总值1402.44万元，其中，教学、科研仪器设备总值91.87万元。图书馆建筑面积300平方米，藏有纸质图书6.50万册、电子图书4800册。学校信息化经费投入87.61万元，信息化设备资产379.89万元，网络信息点600个，校园网出口总带宽110Mbps，上网课程52门，数字资源量82GB，管理信息系统数据总量108GB。设有西便门老龄大学等3个校区，设13个行政部门，5个教学系部，开设30个专业，覆盖12个学科。教职工118人，其中，专任教师60人，包括教授2人、副教授13人。兼职教师56人，包括教授6人、副教授20人。专科学历毕业生301人、招生393人、在校生902人；北京理工大学继续教育学院红大教学站毕业生110人、招生59人、在校生216人；北京交通大学继续教育学院毕业生369人、招生341人、在校生1462人；北京师范大学继续教育学院招生31人、在校生78人。全年培训7625人次。网址：www.hqdx.com。

（王晋）

【举办传统企业电子商务培训】 3月27日，西城区2014年传统企业电子商务培训在红旗业大开班。培训以提升传统企业电子商务应用能力为目的，培训内容涵盖传统企业如何开展电子商务、什么样的传统企业适合做电子商务以及传统企业与电子商务的融合等方面。来自西城区130余名传统企业代表参加培训。

（王晋）

【首次聘任客座教授】 4月16日，

红旗业大首次聘任客座教授。共聘请8名在艺术领域有造诣的专家、学者担任学校客座教授。受聘后，8名教授任职艺术系，并在每月最后一个周六为学生讲授摄影、装帧设计、书画等方面专业知识。

（王晋）

【召开学习型社区建设工作推进培训会】 4至6月，西城区2014年学习型社区建设工作推进培训会在红旗业大召开。培训内容主要包括学习型城市建设、学习型社区评估、学习型社区建设经验介绍、创建学习型先进社区等方面。来自西城区15个街道255个社区相关负责人参加培训。

（王晋）

【与复兴商业城签署校企合作协议】 7月8日，红旗业大与北京市复兴商业城签署校企合作协议。根据协议，红旗业大为复兴商业城200余名中层干部及后备人才开展培训。培训内容包括职业精神、领导管理艺术、激励与沟通、互联网技术与企业发展等方面。协议期一年。

（王晋）

【首次举办微课系列培训】 10月24日至年底，红旗业大举办“微课设计与制作”系列培训班。培训分为3期，内容包括微课基础知识、微课设计、微课软件制作等方面。来自全校83名专兼职教师参加培训。此次培训是该校开展大规模在线教育课程观念下教育教学活动方面的探索。

（王晋）

北京市总工会职工大学

【概况】 2014年，北京市总工会职工大学占地面积2.07万平方米，产权校舍建筑面积2.87万平方米。全年教育经费投入3022万元，其中，国家拨款2445万元、自筹经费577万元。固定资产总值4250万元，其中，教学、科研仪器设备总值507万元。图书馆建筑面积950平方米，藏有纸质图书66275册、电子图书5万册。拥有计算机714台，多媒体教室座位2432个。学校信息化经费投入230万元，信息化设备资产719万元，网络信息点350个，校园网出口总带宽40Mbps，电子邮件系统用户200

个，上网课程 235 门，数字资源量 52GB，管理信息系统数据总量 780GB。设有工会理论与职工教育研究所、素质工程工作部、继续教育部、职业技能培训部等教学科研机构及 9 个职能教辅部门。设有 1 个教学系，开设 21 个专业。教职工 106 人，其中，专任教师 49 人，包括教授 1 人、副教授 4 人。聘请校外教师 34 人。毕业生 612 人，其中，党校研究生班 43 人、北京电大 126 人、成人高考 443 人。招生 653 人，其中，党校研究生班 28 人、北京电大 111 人、成人高考 514 人。在校生 1818 人，其中，党校研究生班 112 人、北京电大 243 人、成人高考 1463 人。全年培训工会干部 10628 人。网址：www.ghgy.com.cn。

（杜雅楠）

【完成“素质工程网”及“网上学习超市”升级改造】　3 月 21 日，市总职大“首都职工素质工程网”及“网上学习超市”完成升级改造。素质工程网完善活动管理子系统、教务管理系统、数据库系统等业务管理系统，实现所有服务项目的网上申报和审批；网上学习超市从便于推广的角度更新域名（www.xxcs.com.cn），重新梳理网站视频课程内容，进一步简化学习流程，开发手机应用程序(APP)，开通师资网上预约功能。

（杜雅楠）

【开展 3 个素质工程新项目】　3 月，

市总职大首都职工素质建设工程指导委员会办公室正式启动科学家（专家）走进创新工作室、职工心理咨询与培训和技术工人职业培训 3 个新项目。素质工程指导委员会办公室选取北京首钢机电有限公司、中国建筑一局（集团）有限公司等 15 家有典型示范性、带有创新项目的市级职工创新工作室作为试点单位。至年底，48 名专家参与指导职工创新工作室，其中，院士 4 人、教授 5 人、研究员 5 人、教授级高级工程师 23 人、高级工程师 5 人、高级技师 6 人。创新成果涵盖现代食品加工、城市垃圾处理与环境保护、机电装备制造、汽车制造、现代建筑和电力建设等数十个领域；确定北京粮食集团、北京住总集团、北京市公园管理中心等 50 家企事业单位为职工心理咨询与培训项目实施单位；确定市总职大和北京广播电视大学房山分校两家实体学习超市为技术工人职业培训项目承办单位；全年参加培训优秀技术工人共计 1000 人，涵盖机械加工、焊工、护理等 6 个专业。

（杜雅楠）

【发放首都职工数字图书阅览卡】　6 月 5 日，市总职大首都职工素质建设工程指导委员会办公室向世界葡萄大会职工赠送 5000 册图书和 1000 张“首都职工数字图书阅览卡”。延庆县世界葡萄大会办公室、延庆县团县委、10 个工会服务站、6 家县学习型企业先进单位和 4 家学习型企业试点单位参加赠书赠卡活动。广大职工可通过图书阅览卡阅读 5 万册涵盖社科、人文、经管、文学、科技等方面的电子书，浏览百余种不断更新的电子期刊、报纸和各类工具书和年鉴等。至年底，首都职工素质图书馆先后向困难企业、困难职工累计配发图书 5 万余册，向各区县、局总公司、金融工会、教育工会等 18 家单位发放数字图书阅读卡 2 万张，新增数字图书馆用户 1 万个。

（杜雅楠）

【首次公开招标科研课题立项】　6 月 17 至 18 日，市总职大召开 2014 年科研课题立项评审会。评审会包括申报说明、答辩、评审三个环节。会议结束后，由评审委员会组长签署并公布《学院 2014 年科研课题立项最终名单》，中标单位包括全总劳动关系研究中心、北京市总工会、清华大学、北京市工会干部学院、丰台职工大学、北京汽车股份有限公司、北汽福田汽车股份有限公司等单位。这是该院首次尝试科研课题立项向其他院校、企业、机构公开招标。

（杜雅楠）

【开发 3 门新教材】　至年底，市总职大共开发《职工高效沟通技能训练》《职工法律素养》和《工会在身边》3 门新教材。3 门教材同步录制教学视频，供职工在线学习使用。至年底，该校首都职工素质建设工程通识课程专版教材达到 37 门，认定企业自主开发课程 110 门。

（杜雅楠）

【承办技术工人职业培训】　至年底，

市总职大作为“首都职工素质建设工程学习总超市”成为首批实施技术工人职业培训项目的机构。该项目通过科学确定培训专业、教学计划和培训内容，提升技术工人岗位技能水平。至年底，市总职大与北京护理学会、北京环境卫生工程集团有限公司、北京粮食集团、中国建筑第二工程局有限公司、北京爱义行汽车服务有限责任公司 5 家企事业单位合作，全年培训优秀技术工人 1000 人，涵盖护理、机械加工、焊工、汽车驾驶等 6 个专业。通过开展技术理论知识培训和实操培训，环卫集团 300 名职工参加 2014 年北京市“职工技协杯”职业技能竞赛汽车驾驶员、汽车修理工比赛，并取得国家四级职业资格证书；中建二局 100 名焊工专业的职工全部报考国家职业资格考试电焊工（中级）考试，职工焊接效率和焊接质量明显提高；京粮集团百名学员中有 6 名成长为集团技术能手。

（杜雅楠）

【培训工会干部 10628 人】　至年底，市总职大培训工会干部 10628 人。全年共举办各层次、各类别培训班 96 期，包括全市非公企业工会主席培训班、市总系统处级干部培训班、劳动争议调解员专题培训班等市总计划内培训班 51 个，6954 人；中直机关企业工会主席培训班、吉林省工会主席培训班、青海省工会干部培训班等 11

个外省市培训班，674 人。

（杜雅楠）

北京市西城经济科学大学（北京市西城区社区学院）

【概况】　2014 年，北京市西城经济科学大学（北京市西城区社区学院）占地面积 4.10 万平方米，建筑面积 4.20 万平方米（独立使用占地面积 2.10 万平方米，产权建筑面积 2.10 平方米）。全年教育经费投入 4371 万元，其中，国家拨款 3515 万元、自筹经费 856 万元。固定资产总值 1493 万元，其中，教学、科研仪器设备总值 638 万元。图书馆建筑面积 1500 平方米，藏有纸质图书 10.71 万册。拥有计算机 854 台，网络多媒体教室 36 个。学校信息化经费投入 21 万元，信息化设备资产 798 万元，网络信息点 650 个，校园网出口总带宽 30Mbps，电子邮件系统用户 170 个，上网课程 187 门，数字资源量 106GB，管理信息系统数据总量 125GB。设有 4 个校区，4 个教学系，开设 35 个专业，覆盖 10 个学科。教职工 139 人，其中，专任教师 61 人，包括副教授 21 人。毕业生 618 人。招生 628 人。在校生 1452 人。中央民族大学继续教育学院西城经科大教学站毕业生 69 人、在校生 75 人。中国传媒大学远程与继续教育学院西城经科大教学站毕业生 394 人、招生 371 人、在校生 1229 人。全年培训 30381 人次。网址：www. xcjkd. org。

（何伶）

【举办首都职工素质教育工程培训班】

5 至 12 月，西城经科大举办首都职工素质教育工程培训班。培训讲授创新与超越、自我发展与团队管理、现代职业礼仪等通用能力课程，开设 30 个班，共 1620 课时。该校 7 名教师参与授课，西城区房地产中心等 8 家企业 4167 人次参加培训。该校为 8 家企业颁发首都职工素质教育工程培训证书。本年，该校被首都职工素质建设工程指导委员会办公室评为优秀教学站点。

（何伶　张学军）

【新增及撤销专业】　6 月 20 日，西城经科大各新增和撤销 1 个专业。新增设“楼宇智能化工程技术”专业，高职专科层次，脱产学习，修业年限 2.5 年，开设 21 门课程，共 3000 学时，面向中专、技校、职高和高中毕业生等社会人员招生，培养从事楼宇自动化控制系统方案策划、施工现场管理、项目验收、设备维护等应用型技能人才。首批招生 137 人。该校“应用英语”专业因难以适应经济社会发展需求、招生困难被撤销。

（何伶）

【与和合谷签订精英人才培训协议】

6 月 23 日，西城经科大与北京和合谷餐饮管理有限公司签订精英人才培训合作协议。根据协议，学校为公司中层管理者开展领导水平与职业素质培训，开设绩效管理与沟通、管理决策分析与实务、经营模拟对抗等 12 门课程，84 学时，其中，6 门课程由学校主讲，6 门课程由外校教师、企业管理人员主讲。培训结业考核包括出勤率、考试成绩、双方综合评价，培训内容纳入西城区市民终身学习成果认证体系。首批学员 53 人参加学习并结业，颁发西城经科大培训证书。

（何伶）

【改善校园基础设施】　至年底，西城经科大改善校园基础设施。该校投资 100 万元购置便携式计算机、刷卡机（POS 机）、服务器等教学设备，用于开展社区教育教学活动；投资 26 万元对计算机机房进行更新改造；投资 24 万元对前门西大街 77 号、西直门前半壁街甲 23 号校舍进行修缮；投资 8 万元在南草场街 22 号校区大厅安装电子滚动显示屏；投资 6 万元购置借阅机，方便教职工下载图书和查阅资料。

（何伶）

【新增 42 家市民终身学习成果认证点】　至年底，西城经科大新增 42 家市民终身学习成果认证点。至此，该校拥有市民终身学习成果认证点 70 家，认证课程 17346 课时，学员刷卡 433650 人次。该校评出一级认证点 34 家、二级认证点 28 家、三级认证点 2 家，评出优秀学员 101 人；培训认证管理员 102 人；对个人学校账户存有学分的 4694 名持卡学员进行实名制商品类和学习课程类兑换服务。该校还制定《认证单位团体账户积分管理规定》《积分兑换与积分管理规定》和《认证学员个人账户积分管理与优秀认证学员评选规定》等管理制度，把持卡学员数量、认证课程数、刷卡学习人数、学分累积数量等内容作为认证点和学员学习的评选指标。

（何伶）

【开设 42 门社区教育课程】　至年底，

西城经科大开设 42 门社区教育课程。该校社区教育课程共 45 个教学班，计 1317 课时，参加学习学员 14900 人次，16 名教师参与授课。其中，新设九式太极拳、国际象棋和写意花鸟画等 6 门课程。该校为社区居民提供形式多样的教育教学活动和学习交流平台，包括为居民开展法律知识、理财方法等专题讲座活动；举办以“办好百姓身边大学，用色彩渲染美好生活”为主题的丙烯材料装饰、中国花鸟、素描写生绘画成果展，共 68 件作品参展；组织学员参观画展、参与电视台法律知识节目录制和西城区第 12 届市民学习周的社会实践活动。

（何伶）

【实施58个培训项目】 至年底，西城经科大实施58个培训项目。该校开设公务员任职培训、社区工作者培训、成人高考辅导、职称系列辅导、会计从业人员继续教育培训、民办校长培训项目等，培训面向西城区公务员、社区工作者、街道志愿者和社会从业人员，共2100课时，参加人员30381人次。该校承接社会从业人员资格项目考试18种，考生共计18179人次。

（何伶）

农村成人教育

【延庆建立乡村旅游培训基地】 4月，延庆县教委与县旅游委合作在珍珠泉村建立旅游实习培训基地。基地由延庆县第一职业学校和珍珠泉乡政府承办。延庆一职为珍珠泉乡八亩地村量身打造旅游餐饮品牌“南瓜宴”，并打造民俗旅游样板间，解决存在多年的农家客房环境布置难问题，县旅游委也以此为标杆在全县推广。至年底，培训基地举办培训10次，培训180人次。

（吴铁华）

【怀柔举办首届农民文艺中专班毕业汇演】 6月25日，怀柔区首届“农民文艺中专班”毕业汇演暨第二届“阳光工程杯农家厨艺大赛”在琉璃庙镇西台子村举行。比赛由区教委主办，琉璃庙镇政府、区文化馆、农广校怀柔区分校联合承办。怀柔区6个乡镇150名怀柔农广校首批“社会文艺”专业的农民学员参加毕业汇演，9组琉璃庙镇“阳光工程”培训学员参加厨艺大赛。该活动同时也是市农广校“文化驻乡”工程与“阳光工程”项目成果展示。怀柔农广校于2012年秋季开始借助农广校系统“文化驻乡”工程，在怀柔区琉璃庙等7个乡镇开办“社会文艺”专业农民中专班，共培养220余名农民学员。

（缐金秋　王开丽）

【怀柔举办山区农民生态环境涵养培训】 7月，怀柔社区教育中心实施市教委委托的“山区农民生态环境涵养培训”项目。该项目旨在提高山区农民环保意识，修正环保不良行为，为首都生态涵养区建设做出贡献。项目分为两个阶段，2014年7至12月为第一阶段，2015年1至6月为第二阶段。本年，项目第一阶段完成项目实施方案，制作宣传展板、宣传册页，在杨宋镇、雁栖镇、怀北镇举办生态涵养理论知识、垃圾分类、保护水源等培训12期，共1500人次参加学习。

（缐金秋）

【门头沟实施新型职业农民培育工程】 11月5日，门头沟区教委启动新型职业农民培育工程。该工程围绕“生产经营型、专业技能型、社会服务型”培养要求，实现从“办班”到“育人”的创新。本年，培养专业大户、家庭农场主、农民合作社带头人等170人，农村经纪人、全科农技员、林果“乡土专家”等30人。

（范千）

【延庆老年教育向农村延伸】 12月16日，延庆县“老年教育向农村延伸”活动在大庄科乡沙塘沟村和井庄镇北地村启动。活动举办老年人红歌红舞展示、医疗保健操培训、健康知识讲座和义诊。延庆县教委、县医院、社教中心、大庄科乡政府、井庄镇政府等领导和相关人员及两个村村民共100人参加活动。延庆县教委为弥补农村老年教育空白，以社区教育中心为主体开展“老年教育向农村延伸”活动。按照计划，社区教育中心派教师进行歌舞等相关培训，并与县医院、司法所、环保局等部门合作，对农村老人开展义诊、健康知识讲座、法律常识讲座、环保知识普及等活动。

（吴铁华）

【市文化驻乡工程经验总结会召开】 12月19日，北京市实施“文化驻乡”工程经验总结会在延庆县农广校召开。会议听取北京市农广校以“培养乡土人才播种精神文明”为主题的北京市实施“文化驻乡”工程经验做法介绍，播放两部反映北京市关于农民教育培训工作进展情况的专题片；介绍北京市“文化驻乡”工程和农民教育培训工作实施情况。会议强调，延庆是农民文艺中专班的发祥地，以延庆为试点的全国首创文艺中专班不仅是文艺培训和中专学历教育，而且是形成农民教育培训长效机制、培养乡土人才的新举措。市教委相关处室、延庆县教委、中央农广校、北京农业职业学院、北京市农广校以及县农广校等领导26人参加会议。

（吴铁华）

【怀柔推进农村实用人才培养】 至年底，怀柔社区教育中心分别与宝山寺、桥梓镇、汤河口镇三个乡镇合作推进农村实用人才培养。社区教育中心选取79户农民作为农村初级实用人才培养对象，根据不同区域产业发展特点和需要确定培养方向。其中，宝山镇25户，为手工编织；汤河口镇26户，为民俗烹饪；桥梓镇28户，为养殖和防疫技术。社区教育中心按照不同培养方向，每个镇都组织不少于15期次培训，培育出3至5名土专家，起到带动作用。培养周期完成后，培养目标达成率90%以上，户均年收入增长20%以上。

（缐金秋）

【加强新型职业农民培训力度】 至年底，市教委持续加强职业农民培训力度。为适应新农村和城镇化建设需求，市教委协助国家级新型职业农民教育培养重大课题研究组，完成北京市新型职业农民课题研究；实施农村成人教育教材建设项目，推出一批具有鲜明农村特色的培训教材；积极筹建北京市农民教育培训“讲师团”，制定“讲师团”管理、考评、奖励办法。推行房山、大兴改革创新、破解难题、推动农村成人教育工作的经验，指导其他区县开展创建工作。

（陈斌）

学习型城市建设

【**100人入选首都市民学习之星**】　4至9月，北京市建设学习型城市工作领导小组开展第五批首都市民学习之星评选。评选面向北京市辖区内常住居民，经行业系统、各区县、各高等院校、各中等职业学校在本系统或本区县、本单位内部初选，各系统、驻京各高等院校、各区县共推荐报送236人参加评选，经专家评审，最终认定100人为第五批“首都市民学习之星”，并在北京市第十届全民终身学习活动周开幕仪式上给予表彰。

（陈敬文）

【**认定密云县为学习型城市工作先进区**】　8月22至23日，北京市建设学习型城市工作领导小组办公室全面评估密云县创建学习型区县工作。评估小组听取密云县领导关于创建工作的总体汇报，深入县人民法院、果园街道、首云公司、社教中心、县第二中学五个开放单位，实地考察文化馆、青少年宫、图书馆、档案馆四个参观点，集体听取参观点工作汇报，查看学习资源开放情况，实地了解密云县创建学习型组织、建设学习型区县的成果，认定密云县为北京市创建学习型城市工作先进区。

（陈敬文）

【**第十届全民终身学习活动周举办**】　10月25日，北京市第十届全民终身学习活动周在北京市劲松职业高中常营校区拉开序幕。活动围绕“学习造就出彩人生”主题，设立中心会场、举行开幕仪式，各区县、各有关单位、驻京高等院校同时设置分会场，面向不同群体，开展主题突出、特色鲜明、形式灵活、内容丰富的学习、咨询和宣传活动。开幕式上，播放《学无止境、筑梦北京》专题片，全面展示首都学习型城市建设工作取得的丰硕成果；表彰积极参与全民终身学习活动中涌现出的优秀首都市民学习之星100人；发布“京学网”移动版学习平台。中心会场设置展览、展示区，举办职业教育成果巡展，充分展示首都职业教育服务于全民终身学习，以及市民终身学习平台展示等专题学习环节。各成员单位分别开展学习周活动，全市共有300万人参加活动。教育部职成司、中国成人教育协会、市委教育工委、市教委、市建设学习型城市工作领导小组等相关领导参加开幕式。“京学网”移动版学习平台围绕市民多样化的学习需求，突出开放性学习与系统化学习相结合的教学理念，开展首都市民学习成果的累积、转换等试点工作，将对记录市民学习全过程，激发市民学习兴趣，提升市民综合素质发挥重要作用。

（陈敬文）

【**发布市民终身学习移动化应用暨京学网移动版**】　10月25日，北京市

民终身学习移动化应用暨“京学网”移动版在北京市第十届全民终身学习活动周开幕式上发布。该应用由北京开放大学受北京市建设学习型城市工作领导小组办公室委托开发。学校在重新梳理功能、明确定位的基础上，完成北京学习网（京学网）整体规划设计。在北京市第十届全民终身学习活动周开幕式上，学校还开设北京市民终身学习移动化现场体验区，向市民发放与平台有关的宣传材料，对平台开展推介活动。前来参观的市民可亲自上网体验移动应用功能，欣赏贴近老百姓生活的高清视频课程。北京市民终身学习网依托“学习地图”功能，市民可以轻松找到所处地理位置附近的学习资源，为北京市民终身学习提供更智慧的支撑服务，使北京市民的学习从单纯的求知变为生活的方式。网站与移动版同时发布，搭建起教育资源网络端与移动终端互联桥梁，构筑“人人学习、时时学习、处处学习”学习型社会的有效平台和载体。

（高玉英）

【**认定市建设学习型城市工作示范区**】　11月27日和12月11日，北京市建设学习型城市工作领导小组分别认定房山区、顺义区为北京市建设学习型城市工作示范区。房山区委、区政府始终把学习型房山建设工作作为建设人力资源强区、促进市民全面发展、改善民生、提高创新能力和工作效能的有效途径，围绕终身教育体系、终身学习服务体系的构建和各类学习型组织的创建，形成具有房山特色的城乡教育一体化、新型市民学习服务体系和学习型组织工作体系三个示范项目。顺义区委、区政府把建设学习型城市工作示范区作为提升区域核心竞争力的战略举措，转变观念，整合学习资源，加强分类指导，统筹区域建设工作，深化顺义区建设学习型城市示范区工作。在学习型组织创建方面形成具有自身特色的“顺义模式”，摸索出“理论宣讲、动员部署、深入创建、评估验收、复评检查、持续推进”的“六步法”创建模式。

（陈敬文）

（本栏责任编校　胡雨）

民办教育

2014年，北京民办教育系统坚持“扶需扶特，促优促强”的原则，加强监管，促进民办学校规范办学，增强服务，引导民办学校内涵发展，深入推进民办高校党建工作，全力维护民办学校安全稳定。

加强引导扶持，推动转型发展

引导民办高校积极适应北京区域经济社会发展的形势变化，服务于北京市经济文化社会发展的需要，加快向职业培训、继续教育转型。组织北京民办教育领域的专家学者、协会组织和学校开展座谈，专题讨论北京民办高校的转型发展问题。深入调研探索优化民办非学历高等教育机构的管理模式，制定导向性的扶持政策引导学校转型。

一是调整完善公共财政扶持民办教育发展政策，大幅增加公共财政资助民办教育的资金额度。2014年，民办教育发展促进项目调整为重点支持服务区域经济社会发展、民办高校转型发展、校园安全保障三大项目，重点资助对象为服务于首都城市功能定位和京津冀一体化发展战略，注重内涵发展、强化办学特色的民办高校。为民办教育进一步发展争取更多的财政资金支持，全年共向民办高校发放项目资金8617.54万元，资助额度比上年增长57.2%。二是加强对项目资金使用管理的监督。对23所民办高校发展促进项目建设和资金使用情况(2011～2013年)进行专项检查。三是进一步推进落实民办学校的相关平等待遇措施。

加强规范管理，促进健康发展

一是贯彻落实行政审批制度改革的各项要求，进一步推进简政放权，规范审批行为。按照民促法修订要求取消聘任校长核准事项，探索事中事后监管措施。对保留审批事项坚持标准，完善程序，注重效率，增强服务意识，依法做好各项行政许可工作。积极推进民办教育电子平台建设的情况。二是坚持日常管理与年检、评估工作相结合，完成2012～2013学年民办高校办学状况评估及年检工作。至年底，市教委改进民办高校评估和年检方式。推进分类管理，简化指标体系，分别制定适用于不同类型学校的三套年检考核要点，建立年检与日常监管互为补充的工作机制。充分运用民办高校办学状况评估和年检结果，一方面，首次公布不合格学校名单，取消其招生资格。另一方面，对坚持内涵发展、规范办学、特色明显的学校给予支持，从正面引导民办学校规范办学、内涵发展。落实分类管理原则，加大指导力度，对学校特色办学项目进行具体指导和帮助，推动学校规范办学，特色建设。三是坚持开展招生简章、广告备案及监测工作，共进行5轮招生宣传网络监测，对存在问题的学校发放整改通知书，约谈问题较严重的学校负责人，督促学校及时整改，引导学校依法诚信招生，切实维护学生与家长的利益。四是开展民办高等学校及其他民办高等教育机构非法集资风险专项排查工作，有效防范和化解风险，维护学校资金安全及办学秩序。五是对全市民办教育培训机构开展“国学班”“戒网瘾”“行为矫正学校”摸底排查工作，了解掌握有关情况，加强对民办教育培训机构违规办学的监管力度。

加强党建工作，强化方向保障

一是深入开展群众路线教育实践活动，提供更优质的管理和服务凝聚师生，助力学生成长成才。加强民办高校基层党组织和党员队伍建设，落实党政联席会议制度，进一步加强对党务干部的培训。组织民办高校参加第二届全国民办高校党建和思想政治工作论坛，完成“北京民办高校党建工作制度体系建设研究”课题结题工作。二是以立德树人为根本，扎实做好大学生思想政治教育工作，健全青年教师思想政治工作机制。组织第四期民办高校辅导员培训班，提升民办高校辅导员素质水平。完善学生指导服务体系，拓展大学生思想政治教育的有效途径和工作领域，积极运用新媒体开展思想政治教育。三是完成调研和统计工作。完成中央组织部“高校基层党组织建设”调研工作，起草完成《北京民办高校党建工作有关情况》汇报稿，并与市委组织部共同完成《北京市民办高校党建工作调研报告》。

加强维稳安全，确保安全稳定

一是统筹协调，深入指导，推动建立完善民办高校安全工作机制。定期组织座谈交流，研判重点难点问题。二是加强隐患排查，确保校园安全。做好校园消防安全、交通安全、生产安全、饮食卫生安全工作，强化安全和法制教育，积极开展安全演练，确保校园环境安全和师生人身安全。三是制定工作预案，妥善处理突发问题。协调处理个别民办培训机构因违规办学、管理不善引发的纠纷，确保民办高校稳定和学生的正常学习秩序。四是积极做好信访工作，积极协调有关学校调查处理群众投诉问题，妥善处理矛盾纠纷。

至年底，北京市共有各级各类民办学校788所，在校生43.03万人，教职工4.86万人。其中，民办幼儿园532所，在园人数12.69万人，教职工2.40万人；民办小学65所，在校生7.15万人，教职工0.30万人；民办初中阶段教育学校21所，在校生2.60万人；民办普通高中63所，在校生1.68万人，教职工0.91万人；民办中等职业教育学校23所，在校生0.44万人，教职工0.11万人；民办高等学校15所（包括2所本科院校、5所独立学院、8所高职院校），学历本专科在校生6.83万人，非学历教育在校生2万人，教职工0.63万人；其他民办高等教育机构69所，在校生11.88万人，教职工0.49万人。在教育行政部门注册的民办职业技术培训机构1209所，注册学生114.49万人，教职工3.30万人，其中，专任教师1.23万人。

（牛晓亮）

民办教育管理

【顺义民办教育联合会开展公益活动】 1至4月，顺义区民办教育联合会发挥“枢纽型”社会组织作用，开展公益行活动。1月，组织民办学校、教育机构申报“顺义区社会组织公益行”活动，上报新英才学校“爱家乡，做保护环境的小卫士”活动、顺义区伟宁文化艺术培训中心的“热爱人民子弟兵，军学共建鱼水情”慰问演出等5个公益行活动。4月，顺义区老教协申报“退休教师献余热，倾情服务为社区”项目被评为年度优秀公益活动。

（陈艳清）

【3所独立学院4个专业获得学士学位授予权】 2月27日，第四届北京市学位委员会第二次会议审议通过3所独立学院4个专业获得学士学位授予权。获得授予权的专业分别是北京工业大学耿丹学院数字媒体艺术专业、北京第二外国语学院中瑞酒店管理学院英语专业、首都师范大学科德学院播音与主持专业和摄影专业。有效期3年。

（侯东云）

【通州交流民办幼儿园管理工作经验】 3月14日，通州区教委召开2014年民办幼儿园管理工作交流会。会议交流各民办幼儿园2013年工作成绩和2014年工作计划。区教委布置2014年全区民办幼儿园重点工作，提出各民办园逐步规范办园行为，积极提升办园质量；结合自身存在的问题和差距，强化专业理论集中学习；坚持严谨的工作态度，扎实制度管理；杜绝“小学化”现象，推进“一日生活游戏化”保育教育等。

（刘雪艳）

【新圆明职院更名为艺术传媒职院】 3月17日，经市政府批准，教育部备案，北京新圆明职业学院更名为北京艺术传媒职业学院。学校更名后办学性质、办学层次不变，办学方向为培养艺术实用型人才。新圆明职院是2007年由市政府批准设立，并经教育部备案的　所民办普通高等职业学校，举办者为北京圆明新园联合国际文化教育投资有限公司。学校提出更名，市教委认为北京市作为文化艺术之都、会展之都和国际化大都市，不仅需要文化艺术的创新型人才，也需要大量的文化艺术的实用型人才。经市教委2013年第14次主任办公会讨论通过，拟同意北京新圆明职业学院更名为北京艺术传媒职业学院的申请，并报请市政府及教育部审核。

（丁建）

【京商学院揭牌】 3月26日，“全面

深化改革，构建现代职业教育体系”座谈会暨北京城市学院京商学院成立揭牌仪式在北京商贸学校举行。京商学院由城市学院与北京二商集团根据国家职业教育规划提出的产教融合、校企合作而共建成立，商贸学校校长担任京商学院院长。9月12日，京商学院正式开学，设置城市轨道交通运营管理、金融与证券、物流管理（冷链物流方向）、市场营销（营销师）、食品营养与检测和会计（财务管理）6个专业。

（原望娟　周克）

【昌平召开民办园年度考核总结现场会】 3月27日，昌平区教委在育龙幼儿园召开2013年民办幼儿园年度考核总结现场会。会议实地观摩育龙幼儿园园所环境、半日活动；总结2013年民办园考核工作，交流育龙幼儿园、天一宝贝幼儿园典型经验。会议为13所幼儿园颁发民办园年度考核优秀单位证书。会议就如何提高园本教研实效性举办专题培训，从保证安全、提高质量、招生工作等方面对民办园提出具体要求，并部署2014年民办园年度考核工作。全区幼儿园园长及骨干教师120人参加会议。

（杜娟）

【调查行业党建基础情况】 3至5月，北京民办教育协会调查北京市民办教育领域社会组织党建基本情况。调查采取问卷调查方式，向120所北京民办学校发放《北京市民办教育领域社会组织党建基本情况调查问卷》，其中，民办高校80余所、中小学11所、幼儿园9所、培训机构20个。

（胡丽雷）

【招生简章和广告备案】 3至12月，市教委开展招生简章和广告备案工作。备案程序包括网络预审、纸质备案材料初审及复审、材料报送、材料公示、样刊搜集、招生宣传检查和院校整改检查等内容。2014年度具有招生资格的民办高校和其他民办非学历高等教育机构共81所，至11月，除不招生或不进行招生宣传的10所学校外，71所学校完成招生简章和广告备案。该工作由北京民办教育协会承办。民教协会加大对学校招生宣传的监测力度，完成105所学校招生宣传活动的网络监测及54所市教委发整改通知书后的学校整改情况的监测，完成71所学校纸质招生简章的监测，5次集中监测学校网站，多次监测校外综合性网站及学校以二级学院名义单独招生宣传的相关网站。监测时间由4月延续至8月，监测结果显示，具有招生资格且有违规宣传院校共54所。

（胡丽雷）

【举办5所独立院校联合招聘会】 4月18日，北京第二外国语学院中瑞酒店管理学院举办北京地区独立院校联合招聘会。招聘会共组织80余家单位，提供近1000个岗位，覆盖5所独立院校的各个专业，涉及工程、酒店、传媒、电信、金融、商贸、教育行业等领域。另4所学校分别是首都师范大学科德学院、北京邮电大学世纪学院、北京工业大学耿丹学院、

北京工商大学嘉华学院。

（刘勇）

【延庆启动公办园与民办园交流活动】 4月，延庆县教委启动公办幼儿园与民办幼儿园干部教师双向交流活动。延庆二幼（公办园）选派业务干部、骨干教师到红苹果艺术幼儿园（民办园）担任业务园长和教研组长，负责业务管理、教研活动，供民办园教师研究、学习与观摩；红苹果艺术幼儿园选派业务干部到延庆二幼担任业务园长助理，见习公办园保育教育工作、教学研究等活动，双方对口挂职时间为期一个月。

（高天学）

【吉利大学升格更名】 5月4日，经教育部批准，北京吉利大学升格为本科高校并更名为北京吉利学院。吉利大学建制撤销。学校全日制在校生规模暂定为1.20万人，6个招生本科专业分别是车辆工程、机械设计制造及其自动化、计算机科学与技术、市场营销、物流管理、英语。9月15日，学校举行新校名门牌石和新校徽揭幕仪式，正式更名为北京吉利学院。北京吉利大学成立于2000年，最初设有汽车学院、商学院、管理学院、财经学院、理工学院、人文学院、设计学院、艺术学院、欧美国际学院9个二级学院。

（段岚岚　孙颖）

【两校联合举办毕业设计作品联展】

5月13至23日，北京汇佳职业学院与北京科技职业学院联合举办2014届毕业设计作品联展。联展利用展板、模型和实物形式，汇佳职院展示影视动画、影视多媒体、艺术设计等学习成果，内容涉及广告设计、图形设计、VI手册设计等；北科院展出30块展板，选展绘画、书法、手工艺品等300余件毕业生作品。联展还展示两校在专业设置、课程改革、工作室教学模式探索，以及项目化教学等方面的教学改革成果。两校举办校际联谊活动始于2009年，每年举办一次。

（李旭昌　树玉森）

【公布办学状况评估与年检工作结果】 5月19日，市教委公布2012～2013学年民办高等学校及其他民办高等教育机构办学状况评估及年度检查结果。市教委委托专家组审核学校提交的办学状况自评材料及财务年度审计报告，对22所民办非学历高等教育机构组织进校考察。66所学校达到评估和年检合格标准，12所学校基本合格，3所学校暂缓通过，3所学校不合格。对于评估和年检结论为合格的学校，准予在2013～2014学年招生。对于基本合格的学校，要求在一年内限期整改，积极转型，整改期间准予招收非全日制学生，控制全日制学生规模。对于评估和年检暂缓通过的学校，要求暂停招生，明确办学定位及转型方案，限期整改。若在整改期限内达到合格要求，准予恢复招生。对于评估和年检不合格的学校，停止2013～2014学年秋季招生，办学许可证已到期的，停止办理延期手续。84所民办高等学校及其他民办高等教育机构参加评估及年检工作，包括10所民办普通高校、5所独立学院及69所民办非学历高等教育机构。

（牛晓亮）

2012～2013学年民办高等学校及其他民办高等教育机构办学状况评估及年度检查结果

一、合格学校（66所）

北京城市学院
北京吉利学院（北京吉利大学）
首都师范大学科德学院
北京工商大学嘉华学院
北京工业大学耿丹学院
北京邮电大学世纪学院
北京第二外国语学院中瑞酒店管理学院
北京北大方正软件技术学院
北京经贸职业学院
北京经济技术职业学院
北京汇佳职业学院
北京科技职业学院
北京培黎职业学院
北京艺术传媒职业学院（北京新圆明职业学院）
北京现代音乐研修学院
现代管理大学
北京民族大学
北京八维研修学院
北京人文大学
北京旅游专修学院
北京工商管理专修学院
北京北大资源研修学院
北京演艺专修学院
北京东方大学
北京明园大学
北京黄埔大学
北京应用技术大学
北京财经专修学院
北京美国英语语言学院
北京翻译研修学院
北京国际经贸研修学院
中国信息大学
北京经济研修学院
北京文理研修学院
北京建设大学
北京涉外经济专修学院
北京高等秘书研修学院
北京国际商务学院
北京华夏管理学院
北京金融学院
北京新亚研修学院
东方文化艺术学院
北京企业管理研修学院
北京中新企业管理学院
北京国际标准舞研修学院
北京影视研修学院
北京摄影函授学院
北京国际青年研修学院
中国逻辑与语言函授大学
北京军地专修学院
北京彼得·德鲁克管理研修学院
中关村创新研修学院
北京京海研修学院
中国农民大学
北京国际汉语学院
北京东方妇女老年大学
北京高等珠宝研修学院
北京机械工程师进修学院
北京长城研修学院
蒙代尔国际企业家大学
北京社会函授大学
北京心理学函授学院

中国教育国际交流研修学院
北京汉语国际推广中心
北京职业资格专修学院
中国现代教育研修中心

二、基本合格学校（12所）
北京珠宝首饰研修学院
北京华嘉专修学院
北京世贤研修学院
北京中国驻颜美容学院
北京经济技术研修学院
北京东方研修学院
北京计算机专修学院
中国管理软件学院
北京礼仪专修学院
北京瀚林职业研修学院
北京华大研修学院
北京当代艺术研修学院

三、暂缓通过学校（3所）
北京科技经营管理学院
北京盛唐研修学院
北京经济管理函授学院

四、不合格学校（3所）
北京兴华大学
国家留学基金管理委员会留学预科学院
北京卓达经济管理研修学院

（牛晓亮）

【民办高校年度工作会召开】 5月21日，市委教育工委、市教委召开2014年度北京民办高校工作会。会议总结上年民办高等教育发展情况和管理工作，分析民办高等教育面临的新形势，并研究部署下阶段重点工作。会议印发2014年民办高等教育工作要点。各民办普通高校、独立学院、民办非学历高等教育机构董（理）事长、校（院）长、书记，民办高校督导专员兼党建工作联络员，北京民办教育协会负责人等150人参加会议。

（牛晓亮）

【怀柔清理整顿非公办幼儿园和教育培训机构】 6至9月，怀柔区教委协调乡镇街道和相关部门，清理整顿非公办幼儿园和民办教育培训机构。检查涉及办学资质、安全管理和周边环境三个方面。检查发现，全区共有非正规幼儿园56所，涉及8个镇乡。其中不符合申报条件必须取缔的26所。经清理，关停非正规幼儿园22所，减少非京籍幼儿458人，非京籍教师36人。经整改可申报的30所民办幼儿园，在园幼儿1652人（京籍幼儿681人、非京籍幼儿971人），在园教师131人（京籍91人、非京籍40人）。经区教委、区公安局等部门实地考察，建议其中20所幼儿园整改后申报，剩余10所幼儿园列入第二批清理台账。

（绽金秋）

【评选民办教育园丁奖】 9月10日，

北京民办教育协会与北京教育评估院、新京报社联合举办2014年第八届北京民办教育园丁奖评选颁奖典礼。活动表彰优秀校长30人、优秀教师50人、优秀教育工作者50人，优秀教研团队20个。200余所学校600名教师参加评选，经过单位推荐、专家评选、媒体公示，评出获奖者。

（胡丽雷）

【北京旅游专修学院更名】 9月11日，北京旅游专修学院更名为北京航空旅游专修学院。经市教委变更名称的批复，同意变更校名，办学类型、办学层次等不变。北京航空旅游专修学院是市教委批准的专门培养航空服务管理高技能人才的民办院校。

（牛晓亮）

【区县民办教育管理工作会召开】 9月21日，市教委召开区县教委民办教育管理工作座谈会。会议交流各区县民办教育管理工作，分析民办教育面临的新形势、新任务，研究讨论北京市统筹各级各类民办教育发展的思路和规划。各区县教委主管民办教育主任、科室负责人等共32人参加会议。

（牛晓亮）

【举办民办高校辅导员培训班】 11月19至20日，市教委举办第四期民办高校辅导员培训班。培训班邀请专家分别就培育和践行社会主义核心价值观、大学生心理危机识别与干预、大学生职业规划与发展作专题辅导报告。培训人员结合报告内容和学校实际工作，开展交流讨论与经验分享。57所民办高校100余名辅导员参加培训。

（牛晓亮）

【密云完成民办园年度考核】 11月20日至12月2日，密云县教委、县卫生局完成12所民办幼儿园年度考核。考核组通过听汇报、实地考察、查阅资料、教师访谈等形式，全面检查幼儿园管理、保教、卫生保健等工作情况，引导幼儿园规范办园行为，加强幼儿园质量动态管理。2014年，幼儿园考核工作分层进行，县城地区由县教委、卫生局共同组织；各镇幼儿园参照县级考核工作，由所在镇中心小学负责组织。

（黄维国）

【顺义完成民办园年度考核】 12月11至18日，顺义区教委、区妇幼保健院、区民政局等部门组成考核小组，完成15所民办幼儿园年度考核。考核内容涉及依法办园、财务管理、食堂及安全、教学管理、卫生保健、工会工作六个方面。检查组通过听园长汇报，查看档案资料、财务账簿、食堂卫生、幼儿活动，以及开展教师问卷、座谈，对照“考核评价标准及细则”评审、打分。考核结果表明：各民办园能够坚持依法办园、保障教职工的合法权益，财务管理规范，办园条件逐年改善，教育教学质量有所提高，保教活动丰富多彩，卫生保健符合要求，安全保卫方案翔实、设施齐备。

（陈静）

【石景山交流民办园工作】 12月19日，石景山区教委召开民办幼儿园办学经验交流研讨会。会议以“责任、生存、发展”为主题，总结民办幼儿园年度考核工作，交流3所民办园“规范办园、提升水平，促进幼儿健康快乐成长”工作经验。区教委领导和全区民办幼儿园代表参加会议。年内，全区20所民办幼儿园接受园所管理、教育、保育工作年度考核。

（谭春林）

【开展民办高等教育机构办学状况年检】 12月29日，市委教育工委、市教委、市公安局、市卫生计生委、市食品药品监管局、市财政局、市民政局联合印发《关于开展2014年民办高等学校及其他民办高等教育机构办学状况年度检查工作的通知》。通知规定市教委批准成立或管理的具有合法有效的民办学校办学许可证、法人证书的民办普通高校、独立学院及其他民办高等教育机构均应参加年检。2014 年，年检方式进行改革，坚持简政放权的原则，根据转变政府职能、推进行政管理体制改革的要求，简化年检指标体系；坚持日常管理和年检工作相结合的原则，注重日常监管和指导，建立日常管理和年检工作相互促进、互为补充的工作机制；坚持分类指导的原则，针对民办普通高校及独立学院、民办全日制非学历高等教育机构、民办非全日制非学历高等教育机构不同类型学校的实际情况，分类提出年检考核要点，增强年检工作实效。年检工作由学校自查、专家组审核材料、专家组进校考察三个阶段组成。年检结论分为通过、暂缓通过和不通过。

（华蕾　邱小培）

【民办教育系统安全稳定工作会召开】 12 月 31 日，市教委召开北京民办教育系统安全稳定工作会。市教委主任线联平指出民办教育工作要“依法治校、准确定位、保证安全”。会议布置安全大检查工作，要求民办高校要落实依法治教、依法治校，健全完善学校法人内部治理结构，加强民主管理；按照疏解首都非核心功能的要求，找准民办教育发展的定位和空间；要特别重视安全稳定工作，各学校要认真排查隐患和漏洞，及时抓好整改，把问题消灭在萌芽状态，切实维护首都民办教育系统的安全稳定。来自民办高校督导专员、各区县教委民办教育管理工作负责人及民办高校负责人 150 人参加会议。

（牛晓亮）

【投入 3571 万元奖补普惠性民办园】 至年底，市教委继续实施普惠性民办幼儿园奖励补贴政策，调动社会力量办园积极性。市级财政共投入 3571 万元，对全市 177 所幼儿园进行奖励补贴，覆盖 4 万余名在园儿童。

（吕萍）

民办高等学校

北京城市学院

【概况】 2014 年，北京城市学院占地面积 63.33 万平方米，产权校舍建筑面积 26.12 万平方米、非产权校舍建筑面积 5.37 万平方米。全年教育经费投入 47636 万元，其中，国家拨款 696 万元、自筹经费 46940 万元。固定资产总值 68049.15 万元，其中，教学、科研仪器设备总值 11512.39 万元。图书馆建筑面积 1.34 万平方米，藏有纸质图书 129.26 万册、电子图书 141GB。拥有计算机 5633 台。多媒体教室座位 18562 个。信息化设备资产 6263.6 万元，网络信息点 2082 个，校园网出口总带宽 1250Mbps，电子邮件系统用户 1128 个，上网课程 205 门，数字资源量 63877.25GB，管理信息系统数据总量 45.7GB。拥有校内专业实训室 12126 平方米、综合实训室 9467.70 平方米，校外实训基地 149 个。设有 11 个院，开设 75 个专业，其中，本科 44 个、专科 31 个。教职工 1482 人，其中，专任教师 702 人，包括正高级职称 46 人、副高级职称 170 人。聘请校外教师 993 人，包括正高级职称 34 人、副高级职称 230 人。毕业 5512 人，其中，学历教育全日制普通本科生 3565 人、专科（高职）生 1832 人、硕士研究生 39 人，成人教育本科生 39 人、专科生 37 人。招生 5684 人，其中，学历教育全日制普通本科生 4941 人、专科（高职）生 675 人、硕士研究生 68 人。全日制学历教育高考北京地区本科第二批次提档线理科 495 分、文科 507 分；本科第三批次提档线理科 466 分、文科 458 分。在校生 21391 人，其中，学历教育全日制普通本科生 17819 人、专科（高职）生 3438 人、硕士研究生 134 人。网址：www.bcu.edu.cn。

（刘鸿瑞）

【成立中药师承教育学科基地】 5 月，城市学院中药学专业挂牌成立北京市中药师承教育学科基地。该基地经北京市中医管理局审批通过，致力于探索院校教育与师承教育相结合的创新教育模式，传承老中药专家的学术思想和丰富经验。

（刘鸿瑞）

【新增 3 个硕士学位专业点】 7 月，城市学院新增 3 个硕士学位专业点。分别为公共管理、艺术、中药 3 个专业。自 9 月起招生。至此，该校共有 4 个专业硕士学位点和 1 个项目管理硕士国际合作研究生教育点。

（刘鸿瑞）

【成立两个研究所】 7 至 9 月，城市学院成立首都城市治理与综合执法研究所和书法研究所。首都城市治理与综合执法研究所开展课题研究，承担城管执法专委会和城市管理委员会秘书处等相关工作。书法研究所与市书法界合作共同从事书法研究和教育，培养书法专业硕士研究生。

（刘鸿瑞）

【庆祝建校 30 周年】 10 月，城市学院举办建校 30 周年庆典活动。活动以“传承创新学校文化，团结凝聚发展力量”为主题，组织编纂出版校史图文集，召开学术研讨会、校友座谈会、报告会，征集校歌校标校庆主题词等相关校园文化活动。活动回顾办学历程，展示学校风采。该校成立于 1984 年，是新中国第一所公有民办体

制的新型高校，具有颁发国家承认学历资格和外国留学生招生资格，2003年升格为本科院校，2011年开展研究生教育。

（刘鸿瑞）

【签署5个战略合作协议】　至年底，城市学院与5家企业签署合作协议。签约单位分别为外语教学与研究出版社、北京地铁供电分公司、北京同仁堂有限责任公司、扬州工艺美术集团、北京华联集团，内容主要涉及人才培养、师资交流、行业研究、实习实训基地等方面的合作。

（刘鸿瑞）

北京北大方正软件技术学院

【概况】　2014年，北京北大方正软件技术学院占地面积38.66万平方米，产权建筑面积6.74万平方米、非产权建筑面积5.34万平方米。全年教育经费投入5028.70万元，其中，国家拨款351.08万元、自筹经费4677.62万元。固定资产总值17752.16万元，其中，教学、科研仪器设备总值5647.86万元。图书馆建筑面积2050万平方米，藏有纸质图书33.45万册、电子图书12.50万册。拥有计算机3674台。学校信息化经费投入18.38万元，多媒体教室座位3960个，信息化设备资产923.80万元，网络信息点数3200个，校园网出口总带宽60Mbps，电子邮件系统用户数343个，上网课程数5门，数字资源量2200GB，管理信息系统数据总量59GB。拥有校内专业实训室66个、综合实训室14个，校外实训基地96个。设有8个学院，开设24个专业。教职工252人，其中，专任教师184人，包括教授10人、副教授34人。聘请校外教师38人，包括教授7人、副教授13人。毕业630人。招生1244人。全日制学历教育高考北京地区提档线理科150分、文科150分。在校生3350人。网址：www.pfc.edu.cn。

（王遵丽）

【民航商务数字化实训室落成】　3月

24日，北大方正软件学院民航商务数字化综合实训室正式落成并投入使用。实训室包括机票系统、值机系统、安检系统和登机口4个系统，可以保证30人同时操作练习。实训室可以满足民航商务专业的学生教学实习。实训室由民办教育促进项目资金99.55万元建成。

（王遵丽）

【签署3个校企合作协议】　4至9月，北大方正软件学院与3家企业签署合作协议。与北京威力恒科技股份有限公司开展订单合作，采用“2＋1”人才培养模式，学院医用电子仪器与维护专业学生入学前两年在学校学习基础知识和相关技能，第三年进入公司实习，毕业后留在企业工作。民用航空技术分院与深圳航空有限责任公司北京分公司协议规定，深圳航空公司北京分公司位于首都机场的T3航站楼维修基地作为学院学生的校外实习基地，并优先录取学院的优秀毕业生。与中国民航大学签订飞机机电设备维修专业共建合作协议，该专业的人才培养由双方共同制定培养方案、开发课程。双方在专业申报、师资共享、教学管理、实习培训等方面展开交流与合作。中国民航大学科技园负责培训学生取得“CCAR－147CCAR－147”维修证书。

（王遵丽）

【获两个全国一等奖】　6月，北大方正软件学院获得两个全国一等奖。动漫专业3名学生分别以第一名和第四名的成绩获2014年全国职业院校技能大赛高职组“动漫制作”赛项一等奖。软件技术专业代表队获2014年全国职业院校技能大赛高职组“移动互联网应用软件开发”一等奖。

（王遵丽）

【开发3个数字交互学习应用】　9至

12月，北大方正软件学院开发3个数字交互学习应用。该应用为国家汉语国际推广领导小组办公室开发设计。9月，《舌尖上的节日》（Taste Festival）在苹果公司的应用商店（App Store）上线，是以中国传统节日和美食制作为内容和载体教授外国人学习汉语的应用。应用共选择10个中国传统节日，每个节日选取1～2道节日美食，以图文和语音的形式介绍每个节日美食的制作方法，提供美食材料清单、购买清单、笔记、分享等实用功能。12月，《中国古代科技》（Ancient Science）和《中国传统艺术》在苹果公司的应用商店（App Store）上线。《中国古代科技》介绍火药、中国建筑设计等8种中国古代科技成就，《中国传统艺术》介绍青花瓷、敦煌壁画等10种中国传统艺术成就。两个应用都包含正文、插图及配套动画短片。语音和文字提供中英文两种。

（王遵丽）

【举办护理技能大赛】　10月15日至11月19日，北大方正软件学院举办第一届院内护理技能大赛。比赛分铺备用床、无菌操作、心肺复苏、静脉输液、颁奖5个环节。比赛选手为大一、大二护理专业的学生，参赛学生被随机分为两组，在一个实验室完成操作并由3名专业教师现场打分。共评出一等奖1个、二等奖2个、三等奖3个。

（王遵丽）

【举办财金知识大赛】　12 月 22 日，北大方正软件学院举办 2014“方正证券杯”财金知识大赛总决赛暨颁奖典礼。大赛历时 1 个月，经过三个阶段五种比赛形式，6 所中职学校的 600 余名学生参赛，评出最佳团队综合实力奖、最佳会计技能奖、优秀风采奖和优秀组织奖等奖项。比赛由北大方正软件学院、北京经济管理职业学院、北京市职业技术教育学会联合主办。

（王遵丽）

北京经贸职业学院

【概况】　2014 年，北京经贸职业学院占地面积 10.57 万平方米，建筑面积 5.06 万平方米。全年教育经费投入 2744 万元，其中，国家拨款 178 万元、自筹经费 2566 万元。固定资产总值 13767 万元，其中，教学、科研仪器设备总值 1215.30 万元。临时图书馆面积 610 平方米，藏有纸质图书 24 万册。拥有计算机 843 台。多媒体教室 47 个。学校信息化经费投入 142 万元，信息化设备资产 908 万元，网络信息化点数 280 个，校园网出口总宽带 100Mbps，上网课程数 2 门，管理信息系统数据总量 4.6GB。拥有校内专业实训室 21 个、综合实训室 9 个，校外实训基地 17 个。设 5 个系和 1 个综合教育学院，开设专业 27 个，其中，高职专科 19 个，非学历教育 8 个。教职工 212 人，其中，专任教师 94 人，包括教授 6 人、副教授 27 人。毕业生 608 人，其中，学历教育全日制高职生 522 人；非学历教育学生 86 人。招生 702 人，学历教育全日制高职生 591 人；非学历教育学生 111 人。全日制学历高职教育高考北京地区提档线理科 150 分、文科 150 分。在校生 2051 人，其中，学历教育全日制普通高职生 1837 人；非学历教育学生 214 人。网址：www.csuedu.com。

（张舒拉）

【举办首届信息化教学设计竞赛】　4 月 23 日，经贸职院举办首届教师信息化教学设计竞赛。竞赛展示 7 名参赛教师计算机技术的应用能力、教学课件制作设计能力和信息化教学水平。评出一等奖 1 人、二等奖 1 人、三等奖 2 人。学校领导、机关处室、各系部教师 40 余人观摩竞赛。

（张舒拉）

【举办英语演讲比赛】　4 月 23 日，经贸职院举办第五届英语演讲比赛决赛。比赛以“我的梦，中国梦”（My Dream, Chinese Dream）为主题，分为专题演讲和即兴问答两个环节，经各教学单位初赛、复赛，18 人进入决赛。评出一等奖 1 个、二等奖 2 个、三等奖 3 个。共 60 人参加比赛。比赛是校园学生文化艺术节系列活动之一。

（张舒拉）

【举办首届心理健康节】　5 月 21 至 30 日，经贸职院举办首届心理健康节。活动以“关爱心理健康·构建和谐校园”为主题，举办“朋辈关爱，我知你心”大学生心理热点问题征文评选；组织观看《爱德华大夫》《心灵捕手》《沉默的羔羊》心理学电影并召开赏析座谈会；举办“对话内在的自我——潜意识与催眠”“想说爱你不容易　解析大学生恋爱心理”心理健康讲座等系列活动。全体师生参加活动。

（张舒拉）

【签署校企合作协议】　9 月 23 日，经贸职院与江泰保险经纪股份有限公司签署“建立保险实用型人才培养培训基地合作协议”。协议规定合作期 5 年，每年开办 1 期“江泰保险经纪班”，江泰公司第一期提供 105 万元资金开展基地建设；设立“江泰奖学金”；专业课使用江泰公司编制的 9 本系列教材，并对教师进行专业培训；学生三年级在公司进行一年的顶岗实习。毕业后公司为该班 80%以上的学生提供工作岗位。

（张舒拉）

北京经济技术职业学院

【概况】　2014 年，北京经济技术职业学院占地面积 22.37 万平方米，校舍建筑面积 8.81 万平方米。全年教育经费投入 3316.58 万元，全部自筹。固定资产总值 19768.03 万元，其中，教学、科研仪器设备总值 1700.19 万元。图书馆建筑面积 2917 平方米，藏有纸质图书 21.63 万册，电子图书 1300GB。拥有计算机 1261 台。多媒体座位 4420 个。学院信息化经费投入 57.24 万元，校园网出口总带宽 70Mbps，电子邮件系统用户数 187 个。拥有校内专业实训室 40 个、综合实训室 6 个。设有 6 个系，开设 21 个专业。教职工 187 人，其中，专任教师 102 人，包括教授 9 人、副教授 16 人。聘请校外教师 15 人，包括副教授 2 人。毕业专科（高职）生 404 人。招收专科（高职）生 589 人。在校专科（高职）生 1580 人。网址：www.bibt.edu.cn。

（闫虹）

【完成首次高职自主招生】　3 月 30 日，经济职院完成首次高等职业教育自主招生。自主招生包括 4 个专业：计算机应用技术、商务英语（学前英语）、旅游管理、金融与证券。计划面向北京生源录取 100 人，共有 124 名考生参加考试。自主招生根据《北京教育考试院关于印发 2014 年北京市高等职业教育自主招生实施办法的通知》要求进行。

（王晓东）

【大学生骨干培训班开班】　4 月 10 日，经济职院第七期大学生骨干培训班开班。培训对象为学生骨干和共青团干部，培训期 1 年，采取集中学习和分散学习两种方式，共招收 36 名学员。学员结业后，进入跟踪培养期。培训班由校团委主办。

（张琳）

【举办班主任（辅导员）技能大赛】　4 月 24 日，经济职院举办第二届班主任（辅导员）技能大赛决赛。比赛设业务知识笔试、班级活动方案设计、班级情况测试、现场脱口秀和情景模拟 5 个环节。该比赛 3 月开赛，共有班主任（辅导员）25 人参加初赛，9 人进入决赛，评出一等奖 1 人、二等奖 2 人、三等奖 3 人。

（索桂芝）

北京汇佳职业学院

【概况】　2014 年，北京汇佳职业学院占地面积 24.50 万平方米，产权建筑面积8.42万平方米。全年教育经费投入4813万元，其中，国家拨款697万元、自筹经费4116万元。固定资产总值7349.72万元，其中，教学、科研仪器设备总值2400.88万元。图书馆建筑面积5745平方米，藏有纸质图书24.15万册，电子图书160GB。拥有计算机766台，多媒体教室48个。学校信息化经费投入295万元，信息化设备资产119.66万元，网络信息点349个，校园网出口总带宽100Mbps。拥有校内实训室24个、校外实训基地42个。设有4个学院，开设11个专业。教职工214人，其中，专任教师80人，包括教授7人、副教授10人。聘请校外教师150人。毕业1000人。全日制学历教育高考北京地区提档线理科150分、文科150分。在校生2781人。网址：www.hju.net.cn。

（李旭昌）

【成立汇佳中兴电信学院】　1月13日，汇佳职院与中兴通讯股份有限公司签署校企合作协议。根据协议，学院成立“汇佳中兴电信学院”，开设城市轨道交通控制专业。中兴公司先期投入1000万元，建设专业实训室。

（李旭昌）

【举办系列校园活动】　3至12月，汇

佳职院举办系列校园活动。活动以“激扬创新精神、聚力青春梦想”为主题。体育节举办篮球赛、足球联赛、高尔夫技能比赛、健身操比赛、啦啦操比赛、趣味运动会等活动。师生2400人次参加活动。艺术节举办艺术讲座、辩论赛、合唱比赛及学前教育专业五项技能赛等14项活动。5000人次参与活动。动漫节举办涂鸦大赛、动漫人物配音大赛、3D动漫影片展播等14项活动。每项比赛评出一、二、三等奖各1名。

（李旭昌）

【举办“微课”教学比赛】　6月19日，汇佳职院举办微课教学比赛。比赛要求参赛教师自选1个教学单元或自拟主题进行教学演示，专家评审组和学生代表评审组对参赛选手从教学设计与组织、教学方法与手段、教学特色与教师风采等方面进行现场打分和点评，现场公布分数。各教学系部8名教师参加比赛，评出一、二、三等奖各1名。“微课”教学比赛是参赛教师根据自己的课程安排选取教学环节中某一知识点或专题作为选题，进行现场教学演示的教学形式。

（李旭昌）

【举办教学质量月活动】　11月，汇佳职院举办教学质量月活动。活动分组织动员、组织实施、总结交流三个阶段，细化为检查课堂教学、诊断课堂教学、研讨课堂教学等六个环节。活动期间，通过加强教学检查督导，开展教学示范课、教学专题研讨会等形式，加强教师间的学习交流，探讨教学改革思路和途径，完善教学监控体系和教学管理规章制度，规范教学秩序。

（李旭昌）

【获大学生游戏设计大赛一等奖】　12月29日，汇佳职院《新纪元杀手》获中国首届大学生游戏设计大赛“2D角色”设计类一等奖。比赛设2D角色设计、游戏Demo、最佳玩法创新等20个奖项，参赛作品来自中国、美国、加拿大等100余所高校的近500个作品。该比赛为文化部产业司指导，北京电影学院主办的游戏专业设计大赛。

（李旭昌）

北京吉利大学（北京吉利学院）

【概况】　2014年5月4日，经教育部批准北京吉利大学升格为本科高校并更名为北京吉利学院。校园占地面积66.11万平方米，建筑面积43.97万平方米。全年教育经费投入1530万元，全部为自筹经费。固定资产总值84151.89万元，其中，教学、科研仪器设备总值8043.99万元。图书馆建筑面积2.27万平方米，藏书80万册，其中，纸质图书65.42万册、电子图书15万册。学校拥有计算机4225台，网络多媒体教室788间，信息化设备资产384.55万元，网络信息点数5120个，接入互联网出口带宽1234Mbps，电子邮件系统用户数915个，上网课程21门，数字资源量800GB，管理信息系统数据总量1428GB。设有1个校区，10个二级学院，高职专业32个、本科专业6个。教职工682人，其中，专任教师311人，包括教授31人、副教授64人。聘请校外教师68人。毕业生3686人，其中，高职生1752人，非学历教育学生1934人。招生3016人，其中，高职生1371人、本科生169人，非学历教育学生1476人。全日制学历教育高考北京地区提档线理科150分、文科150分。在校生10388人，其中，高职生5101人、本科生169人，非学历教育学生5118人。网址：www.bgu.edu.cn。

（刘彦辰　孙颖）

【吉利集团捐赠汽车和发动机】　3月，

吉利大学接受吉利汽车集团捐赠的15台教学用车和26台发动机。捐赠品为在研机型，即将投放市场的新产品。15辆整车的配置均不一样，其核心零部件（底盘、动力总成、电子电器、安全系统、车身和内外饰）是与世界500强汽车零部件供应商联合开发，作为吉利同步发展的教具，为学生提供实物拆解和研究的平台。

（段岚岚　孙颖）

【设立“校园环境日”】　4月18日，吉利大学设立首个“校园环境日”。环境日的主题是“爱校·奉献”，主要清理卫生死角。按照学校环境卫生标准，检查评比并授予“校园环境日优胜杯”。“校园环境日”设在每年4月的第三个星期五，以清扫环境卫

生、打造美丽校园为主题。由校务部会同后勤服务中心牵头组织，以学校各单位为实施主体。

（段岚岚　孙颖）

【签订校企合作共赢协议】　5月30日，吉利学院与沃尔沃汽车销售（上海）有限公司签订合作协议。双方签署沃尔沃维修班、营销班的产教协同合作协议。学院受赠3辆沃尔沃汽车用于教学实验。产教协同是吉利集团和吉利学院的一项战略性举措，已实施GM1000计划、吉利学院与吉利VOLVO凯悦汽车大部件制造（张家口）有限公司签订一揽子人才培养战略协议、《GMTC高级教材》编写、吉利4S店联合培养人才等6个产教协同项目。

（于丽娜　段岚岚）

【推进导师制改革】　至年底，吉利学院采取系列措施推进导师制改革。确立以“学习导师、生活导师、学生事务导师”为核心的新型管理模式。学生的学习指导工作由学习导师负责。学习导师由专职教师或符合条件的行政人员兼任，每名学习导师负责1个自然班或25～50人合成班的学习指导工作。与学生学习、生活有关的事务性管理与服务工作由学生事务导师负责。学生事务导师必须具有本科及以上学历。每个学院根据学生人数可配备1～3名学生事务导师。学生的生活服务工作由生活导师负责。生活导师须具有高中以上学历，视具体情况，每栋学生宿舍楼配备4～5名生活导师。学校同时明确、加强教师对课堂的管理，改革教学与考试方式，建立科学、简化、高效的考核评价体系，推动教学改革创新发展。

（段岚岚　孙颖）

【成立3个研究中心】　至年底，吉利学院成立3个研究中心。分别为沙盘教学研究中心、健康产业研发中心、国际瑜伽文化研究中心。沙盘教学研究中心主要开展高校经管类专业群沙盘实战演练课程研发、沙盘实战演练教学方法等研究，有工作人员27人。健康产业研发中心主要开展企业在职人员定制式教育与培训，社区康复人才培养基地等研究，有工作人员15人。国际瑜伽文化研究中心主要开展瑜伽指导师、瑜伽教师交流计划的研究，有工作人员6人，并于8月14至15日召开国际瑜伽文化研究中心全国瑜伽指导师项目研讨会，瑜伽企业负责人及资深瑜伽教师40人参加会议。

（段岚岚　孙颖）

首都师范大学科德学院

【概况】　2014年，首都师范大学科德学院占地面积28.27万平方米、建筑面积16.62万平方米，河北易县实习实践基地99.83万平方米。全年教育经费投入21105万元，全部自筹。固定资产总值59239万元，其中，教学、科研仪器设备总值5388万元。图书馆建筑面积1.10万平方米，藏有纸质图书53.20万册，电子图书5000GB。拥有计算机1759台，多媒体教室座位数6005个。学校信息化经费投入709万元，信息化设备资产5355万元，网络信息点8235个。拥有校内实训室45个，校外实训基地100余个。设有4个学院，开设24个本科专业。教职工392人，其中，专任教师244人，包括教授37人、副教授66人。毕业856人，其中，学历教育全日制普通本科生856人。招生1033人，全日制学历教育高考北京地区提档线理科466分、文科458分，艺术类理科321分、文科329分。在校生4547人。网址：www.kdcnu.com。

（张娜）

【参加北京大学生艺术节并获奖】　3月，科德学院学生参加第四届北京大学生艺术节展演。古筝四重奏《蝴蝶泉边》获得民乐小合奏一等奖，舞蹈《绽放》获得舞蹈专场一等奖。大学生艺术节展演由市教委举办，每3年举办一届。

（张娜）

【庆祝建校10周年】　5至10月，科德学院举办建校10周年校庆活动。学校开展教学科研、校园文化、微电影活动等6个系列共30项活动。活动以“光荣·责任·梦想”为主题，依照“隆重、务实、节俭”的原则，展现学校办学特色、师资力量、软硬件环境和校园文化。全体师生参加活动。学校成立于2004年，是经教育部

批准实施本科层次学历教育的新型全日制普通高等学校。学校设有艺术设计学院、传媒学院、演艺学院、国际文化学院。

（张娜）

【召开教学工作会议】　6月16至17日，科德学院召开2014教学工作会议。会议听取题为《深化教学改革，加强教学基本建设，努力提高应用型人才培养质量》的教学工作主题报告，总结建校10年来的教学工作成果，分析教学现状，归纳存在的问题并指出解决措施。全体校领导、专职教师、教辅人员、教学督导及相关人员参加会议。

（张娜）

北京工商大学嘉华学院

【概况】　2014年，北京工商大学嘉华学院占地面积30.45万平方米，产权校舍建筑面积11.16万平方米、非产权校舍建筑面积6.53万平方米。全年教育经费投入14492.94万元，其中，国家拨款576.47万元、自筹经费13916.47万元。固定资产总值46599.29万元，其中，教学、科研仪器设备总值3849.01万元。图书馆建筑面积2882平方米，藏有纸质图书61.60万册、电子图书300万册。拥有计算机2185台。多媒体教室座位5407个。学校信息化经费投入100万元，信息化设备资产2291.23万元，网络信息点3000个，校园网出口总带宽500Mbps，上网课程20门，数字资源量500GB，管理信息系统数据总量10GB。拥有校内专业实训室13个、综合实训室11个，校外实训基

地112个。设有3系2部1中心，开设17个本科专业。教职工394人，其中，专任教师292人，包括教授37人、副教授72人。聘请校外教师38人，包括教授10人、副教授17人。毕业1203人，全部为学历教育全日制普通本科生。招生1199人，全部为学历教育全日制普通本科生。全日制学历教育高考北京地区提档线理科450分、文科438分。在校生5105人，全部为学历教育全日制普通本科生。网址：www.canvard.edu.cn。

（陈琳）

【开展海外课堂实践活动】　3月9日，

嘉华学院首批“中国青年领袖海外训练营”培训项目师生赴加拿大培训。培训内容包括领导力培训、专业拓展、亲身体验和参观游览4个模块，实行导师制管理模式，从而开发学生的领导潜质，培养人文精神，健全人格品质，拓展国际视野，提升学生的适应力、融合力、创造力、领导力，打造未来团队领军人物。培训纳入学校培养方案和实践学分管理。首批23名师生参加学习。3月21日，学校加拿大海外实践基地挂牌。至年底，该校共有7批学生赴海外名校开展实践教学活动。

（陈琳）

【庆祝建校10周年】　5月8日，嘉华学院举办建校10周年庆祝活动。活动以“十年嘉华，炫彩华章”为主题，开展校庆图片展、千人团体操、主题演讲比赛、校庆寄语签名、校友座谈会、校庆晚会等活动。全校师生参加校庆活动。该校于2004年成立，2013年，新征土地26.52万平方米。

（陈琳）

【签订校企合作协议】　6月10日，嘉华学院与中国民生银行签订校企合作协议。根据协议，民生银行作为学校就业实习实践基地。双方合办“民生银行班”，学生在学校开展银行柜台实务、银行柜台仿真业务、银行理财等专业知识的学习，在银行开展对银行的认识、入职前的培训、工作内容的培训实操和考核等相关学习，毕业后，学生可根据自己意向和银行签订三方协议或者劳动合同。

（陈琳）

【实习实践基地签约授牌】　11月25日，嘉华学院举行2014年大学生实习实践基地签约授牌仪式。学校按照企业条件和要求推荐实习生，并定期向企业了解学生实习情况。实习学生参加企业实践活动的情况，按规定计算学分或作为考核学生的内容之一。企业利用工作资源和员工工作经验，为学生免费提供实习机会和条件。至此，学院与11家企业正式建立实习实践基地关系。

（陈琳）

北京科技职业学院

【概况】　2014年，北京科技职业学院占地面积167.60万平方米，产权校舍建筑面积70.50万平方米。全年教育经费投入2228.10万元，全部自筹。固定资产总值156693万元，其中，教学、科研仪器设备总值13823.50万元。图书馆建筑面积3.60万平方米，藏书179.43万册，其中，纸质图书114.43万册、电子图书65万册。拥有计算机3200台。多媒体教室座位700个。学校信息化经费投入69万元，信息化设备资产1200万元，网络信息点数900个，校园网出口总宽带400Mbps，电子邮件系统用户数772个，上网课程5门，数字资源量4814.29GB，管理信息系统数据总量1510GB。设有沙河、八达岭两个校区，4个二级学院全部驻在沙河校区，开设20个专业。教职工363人，其中，专职教师152人，包括教授及教授级高级工程师7人、副教授及高级工程师以上22人，聘请校外教师44人。毕业及结业生1236人，其中，计划内高职生716人。招生1283人，其中，计划内高职生708人（含自主招生110人）。全日制学历教育高考北京地区提档线理科150分、文科150分。在校生3183人，其中，计划内高职生2169人。网址：www.5aaa.com。

（树玉森　王枫　李爱东）

【首次开展高职自主招生】　3月29日，北科院首次开展高等职业教育自主招生考试。自主招生涵盖5个专业：游戏软件、工程造价、会计与审计、商务英语（幼儿英语教育）等。报名155人，实际参加考试146人。经过报名、笔试、面试三个环节，实际录取新生110人。录取分数线144分，其中，商务英语（幼儿英语、幼教机构管理方向）报考及录取数占总数50%以上。

（树玉森　夏丁）

【实行“两中心”试点】　4月28日，北科院在艺术学院实行“教学中心”与“成本独立结算中心”一体化改革试点方案。方案规定，一是按全校上年运营生均成本再增8%列入预算，下拨到艺术学院账户，由其自主支出教学、科研、实习实训等所需经费；同时允许自主认领校舍及相关教学设施，并承担折旧及使用成本费；工作人员工资仍按原标准发放，但可自行裁量奖励幅度。二是要求该学院在学校统一要求下，保质保量完成教学计划、教学大纲规定的理论教学与实习实训的任务。平时学生听课率不低于93%，学年度学生保有率不低于97%，毕业率不低于98%。经过8个月试运行，考核结果表明，该学院在“良好”等级上完成“方案”规定的任务。表现在，鼓励师生报名参加“第五届中国高校美术作品学年展”“第23届时报金犊奖全球华人广告设计大赛”“第八届‘创意中国’设计及化妆大赛”，并获多项奖励，毕业生优质就业率提高11%，并有6人自主创业。此外，该学院于8月底引进48名来自内蒙古扎兰屯的艺术类中专、中职毕业生前来进修，把课堂安排在实训室，边讲边做，不但解决实习实训室闲置的问题，还通过对外培训获取创收转而支持办学。

（树玉森　梅凯）

【签订校企合作协议】　5月11日，北科院与香港唐宫饮食集团、北京大宅门餐饮集团正式签订“校企合作、订单培养”办学协议。商定由北科院国际语言文化学院为两签约单位各招酒店管理专业班一个，每班30人。协议还要求落实以下“精品”事项：每班男女生各半，在通过企业附加的面试后入学；加进企业注入的必修课150课时，由企业派行业部门主管人员来校授课；在学三年学费全部由企业承担，其间，利用寒暑假由校方组织到企业参观见习两次，并由企业免费提供食宿；毕业年度入岗实习三个月，实习期满经考核合格后正式录用。

（树玉森　李爱东）

【附设幼儿园招生】 10月8日，北科院附设“巩华·北科幼儿园”正式开园招生。共招收新生455人。该园为学院商务英语专业（幼儿教育方向）每年近百名毕业生提供实习平台，并为教职工子女就近入园提供方便。建园缘起于沙河镇南一村全部拆迁后，毗邻北科院建起巩华居民新村。为满足村民的数百名幼儿入学需求，经沙河镇政府牵线，由南一村与北科院协商，并获得昌平区教委同意，决定在北科院空置的一座新教学楼基础上改建一所大型的高规格幼儿园。该园性质为公办一类幼儿园。

（树玉森　李爱东）

【首用燃气供暖】 11月10日，北科

院使用燃气炉供暖调试成功。新建的燃气炉车间安装两台燃气锅炉，热功率7MW，燃烧室能于瞬间燃至1000℃以上，保证出水70℃以上，回收温度达45℃左右，正常有400余吨循环水载热运营。工程于2013年4月筹建，2014年9月5日完工，设施总造价1400万元。

（树玉森　李爱东）

【363名学生获素质测评加分】 12月16日，北科院363名大学生获得年终个人综合素质测评加分。加分依据集体活动中个人才艺表现的份额与水平，加分幅度在10～30分。自2009年，该校制定《北科院大学生综合素质年度考核意见》，实行期中、期末给评制度，在班级以自报公议的形式评出所获分值，年终由校团委、学工部会同基层团学组织评定每人的当年综合素质分值，毕业时将逐年形成的数据载入个人档案。2014年，该校修订考核意见，将“个人才艺”从“技能技艺表现”栏目中移出，列为单独加分栏目。该调整基于学校学生文化知识基础普遍薄弱而音体美才艺概率较高的特点实施。

（树玉森　李爱东）

北京培黎职业学院

【概况】 2014年，北京培黎职业学院占地面积49.09万平方米，产权建筑面积8.92万平方米、非产权建筑面积6.2万平方米。全年教育经费投入5097.91万元，其中，国家拨款798.19万元、自筹经费4299.72万元。固定资产总值6150.13万元，其中，教学、科研仪器设备总值1977.64万元。图书馆建筑面积0.84万平方米，藏有纸质图书29.86万册，电子图书22.09GB。拥有计算机1669台。多媒体教室座位2572个。学校信息化经费投入112.23万元，信息化设备资产1977.64万元，网络信息点2650个，校园网出口总带宽130Mbps，电子邮件系统用户4个，上网课程16门，管理信息系统数据总量125GB。拥有校内专业实训室47个、综合实训室47个，校外实训基地38个。设有7个系，开设23个专科专业。教职工371人，其中，专任教师179人，包括教授19人、副教授68人。聘请校外教师52人，其中，教授3人、副教授9人。毕业专科（高职）生885人。招生1082人，全日制学历教育高考北京地区提档线理科150分、文科150分。在校生3017人。网址：www.bjpldx.edu.cn。

（蔡蓓蓓）

【“3+2”中高职衔接试点项目获批】 1月21日，培黎职院汽车技术服务与营销专业和延庆第一职业学校汽车运用与维修专业“3+2”中高职衔接试点项目获批。双方就汽车技术服务与营销专业“3+2”的培养方案、培养目标、教学时间、课程设置、学生管理、教学质量监控、毕业条件等方面达成一致意见。该专业于9月起正式招生，首批招生18人。“3+2”衔接模式是中高职学校发挥各自优势、与行业企业密切合作，联合培养高技能人才的一种办学形式，即学生在完成3年中职教育后再接受2年高职教育，毕业后取得相应中等和高等职业教育学历证书及相关职业等级（资格）证书。

（黄贤明）

【签署3项校际合作协议】 2至12月，培黎职院签署3项校际合作协议。与台湾建国科技大学协议规定，双方交换教育和科学研究的数据、信息，并开展合作研究；开展师生交流互访。与台北城市科技大学协议规定，双方交换论文、著作、出版品及各种学术或教育资料；开展师生互访、讲学及研究。与日本日中文化艺术专门学校协议规定，双方互设海外教学、实习基地；互派学生学习实习；互派教师学习交流，共同研究、合作编写教材。日方承诺推荐取得双方毕业证书的品学兼优的学生直接进入日本高校修学研究生及博士课程。

（聂军　余晓虹）

【试点分类教学改革】 3月，培黎职院开展分类教学改革试点工作。试点工作在实用英语、计算机基础两门课程开展。实用英语课程将教学目标定为A、B甲与B乙三种，分别取得高等学校英语应用能力考试A级、B级和口语证书，逐步提高英语实际应用与交际能力，并为职业生涯规划目标是专升本的学生开设“公共英语实践”选修课。计算机基础课程根据学生计算机技能的差别，在进行正常教学的同时，为基础较差的学生开设“计算机应用技能”选修课。分类教学改革试点工作遵循高等教育教学规律和人才成长规律，做到“学以致用、因材施教”。

（王海丹）

【举办首届艺术创意设计大赛】 4月10日，培黎职院举办首届艺术创意设计大赛。比赛分为公益广告类、插画

类、环境艺术设计类、摄影摄像类 4 个类别。62 名师生提交作品 73 件，组委会按照指定命题及统一要求进行评选，经过初评、复选、决赛最终共评选出一等奖 4 个、二等奖 5 个、三等奖 12 个。

（闫树涛）

【开设“青春护照”课程】　5 月，培

黎职院开设青春护照课程。该课程通过开设主题教育活动、学科技能竞赛和志愿服务等活动，开阔学生视野，提高综合能力，发展个人兴趣。该课程贯彻落实“为每个学生提供合适的教育”教育理论，践行学院“学生成长在活动中”育人理念。

（于晓冬）

【开通教师在线学习中心】　6 月，培黎职院与教育部全国高校教师网络培训中心合作构建并开通“北京培黎职业学院教师在线学习中心”。培训方式主要通过全国高校教师网络培训系统进行，分为集中培训、在线培训和网络直播培训。学院教师通过学校建设的教师在线学习中心集体注册选课报名，对经学校有关部门推荐参加培训的教师，考评合格后可获得由“网培中心”颁发的培训结业证书，对参加培训并未获得证书的教师，学院承认其接受培训的经历，记入相关档案，并作为教师职务评聘的参考依据之一。高校教师网络培训以研讨交流先进教学理念、经验、技术和方法为主要内容，由高校教学名师奖获得者、国家精品开放课程主持人、国家级教学团队带头人等担任主讲教师。

（王博）

【开设大学生服务与实践教育课程】
9 月，培黎职院开设大学生服务与实践教育课程。该课程践行“手脑并用、创造分析”的校训精神，丰富学院人才培养方式方法，为学生提供适合的教育。课程内容包括劳作教育、志愿服务和公益活动等。通过服务与实践教育，培养学生务实与奉献精神，树立劳动无贵贱及劳动均等的观念，建立肯弯腰做事的工作生活态度。培养学生独立自主、诚实守信、团结协作、勇于奉献与忠于职守的品质，使学生能以平实负责的工作态度贡献所长、服务社会，树立正确的人生观、价值观和世界观。

（于晓冬）

【开创实习实训新模式】　11 月 13 至 21 日，培黎职院引入企业进校园的实习实训模式。新模式在计算机系实施，合作企业为北京安卓易科技有限公司。企业通过进校园参与实习实训全过程，将真实的项目案例引入实训，学生通过项目案例的全过程实施，全面学习和掌握安卓程序开发技术和职场技能。

（尤克）

【幼教实训基地建成并投入使用】
至年底，培黎职院幼教校内实训基地建成并投入使用。实训基地在 2013 年北京民办教育发展促进项目 100 万元专项资助下，新建 5 个专业实训室，模拟幼儿园活动实训室、全数字化语言实验室、琴房、形体训练室以及幼儿卫生保健实训室。至此，学院先后建立适应专业技能训练、职业技能证书考核、综合实训、课程实训需要的校内实训基地，包括形体房、音乐综合技能实训室、英语综合技能实训室、语音室等。

（韩明茗）

北京邮电大学世纪学院

【概况】　2014 年，北京邮电大学世纪学院占地面积 34.56 万平方米，产权校舍建筑面积 1.15 万平方米、非产权校舍建筑面积 15.52 万平方米。全年教育经费投入 3198.43 万元，全部自筹。固定资产总值 16582.27 万元，其中，教学、科研仪器设备总值 3831.86 万元。图书馆建筑面积 1.55 万平方米，藏有纸质图书 59 万册，电子图书 23.23GB。拥有计算机 2504 台。网络多媒体教室 106 个。学校信息化经费投入 318.9 万元，信息化设备资产 2393.54 万元，网络信息点 5000 个，校园网出口总带宽 220Mbps，电子邮件系统用户 493 个，上网课程 14 门，数字资源量 97.77GB，管理信息系统数据总量 560GB。拥有 7 个院级实验教学中心，70 个实验室；校内实训基地 5 个，校外实训基地 61 个。设有 8 个教学单位，开设 18 个本科专业。教职工 434 人，其中，专任教师 285 人，包括教授 21 人、副教授 65 人。聘请校外教师 38 人，其中，教授 2 人、副教授 5 人。毕业 1269 人，其中，学历教育全日制普通本科生 1201 人、非学历教育学生 68 人。招生 1222 人，全部为学历教育全日制普通本科生。全日制学历教育高考招生北京地区提档线理科 458 分、文科 454 分。在校生 5381 人，其中，学历教育全日制普通本科生 5227 人，非学历教育学生 154 人。网址：www.ccbupt.cn。

（杜函蔚）

【校园搬迁至延庆康庄】　1 月，世纪学院从大兴区黄村镇整体搬迁至延庆县康庄镇。学院占地面积 34.56 万平方米，建筑面积 1.15 万平方米，占地面积比原来扩大 20 万平方米。迁校址是北邮“一校四园”发展战略的重要组成部分。

（杜函蔚）

【与芬兰高校签署姊妹院校协议】　6 月 12 日，世纪学院与芬兰拉普兰应用技术大学签订姊妹院校协议。协议规定，双方在学生互换交流反馈良好的基础上开展双方院校优势专业的师

资交流，共同为教师和学生的成长创造条件，初步拟定每学期互派1～2名教师到对方学校访问交流和学习。

（杜函蔚）

【获批首个市重点实验室】 6月，世纪学院“移动媒体与文化计算实验室”获批北京市重点实验室。该实验室的认定由市科委完成。12月30日，学院举办实验室揭牌仪式，并与三家机构签订联合实验室共建协议，分别与北京牡丹电子集团有限责任公司合作成立“适屏互动展览展呈技术联合实验室”，与北京雪莲羊绒股份有限公司合作成立“传统文化基因的时尚设计应用技术联合实验室”，与新疆旅游研究院合作成立“数字旅游技术联合实验室”。

（杜函蔚）

【与延庆县政府签订合作协议】 11月20日，世纪学院与延庆县政府签署战略合作协议。根据协议，世纪学院按照优势互补、共同发展、务实高效、互利双赢的原则，为延庆县在教育服务、科研服务、人才服务、文化服务、经济发展等方面提供服务。双方在合作协议基础上建立县校战略合作联席会议制度和部门对接落实机制。

（杜函蔚）

【首次试点“无手机课堂”】 11月26日，世纪学院开展“无手机课堂”试点活动。院团委发出《践行文明修身，争创优良学风》倡议，在经济管理系2014级国际注册会计师专业试点开展“无手机课堂”。该院在试点专业上课的教室设置手机专用收纳袋，放在教室显著位置，上课前学生主动将手机关机放入专用收纳袋。

（杜函蔚）

北京工业大学耿丹学院

【概况】 2014年，北京工业大学耿丹学院占地面积32.20万平方米、建筑面积20.90万平方米。全年教育经费投入14578.79万元，包括国家拨款1009.39万元（其他款项来源）。固定资产总值8332万元，其中，教学、科研仪器设备总值2532万元。图书馆建筑面积9028平方米，藏有纸质图书60.19万册，电子图书3400GB。拥有计算机2810台，多媒体教室座位7799个，信息化设备资产2290万元，网络信息点数8300个，校园网出口总带宽310Mbps，电子邮件系统用户数6390个，数字资源量10TB，管理信息系统数据总量320GB。拥有各类实验室63个，其中，基础实验室25个、专业实验室37个、工程训练中心1个、电子阅读室1个。设有6系5部、22个本科专业。教职工583人，其中，专任教师277人。聘请校外教师86人。招生1397人。全日制学历教育高考北京地区提档线理科460分、文科455分。在校生5749人。网址：www.gengdan.edu.cn。

（管书艳）

【新增两个本科专业】 3月3日，耿丹学院新增两个本科专业。新增专业分别为汉语国际教育（文学门类）和体育经济与管理（管理门类）。汉语国际教育主要培养能在国内外各类学校从事汉语教学，在外贸机构、新闻出版单位等企事业单位从事与语言文化传播交流相关工作的中国语言文学学科应用型专业人才。体育经济与管理主要培养具备现代体育组织和企业管理的技术和能力，能在体育产业以及相关经济领域从事经营管理的应用型复合型高级专门人才。至此，学院共设置本科专业23个，已招生20个，分属工学、管理学、艺术学、文学、法学等六大学科门类。

（管书艳）

【合办民生银行班】 3月25日，耿丹学院举行与中国民生银行电子银行部校企合作暨“民生班”签约仪式。耿丹学院“民生班”设置在经济与管理系财务管理专业，分三阶段进行：第一阶段，在2011级财管专业开设相关课程，安排一定量的课时去民生银行参观实习，民生银行派教师为学生讲授银行业务知识；第二阶段，四年级上学期在专业中选70至100人，组成“民生班”到民生银行实习，民生银行派教师来学院讲授专业课程；第三阶段，实践结束后，合格者进入民生银行工作。至9月，学校与另外6家企业签署校企合作协议，分别为北京新东方学校、北京博达盈科科技有限责任公司、中国舞美学会、北京市天竺房地产开发公司、北京聚源恒业展览展示服务有限公司、北京天创科林有限公司。根据协议，校企双方共同推动学生实习就业，校企课题研究等。企业为学生提供工作发展平台、实践基地和奖学金奖励制度。

（管书艳）

【首批“3＋1”课程学生获中英双学位】 6月27日，耿丹学院举行2014届毕业典礼暨学位授予仪式。该校为第一批获得耿丹学院与英国中央兰开夏大学两校“3＋1”课程双学位的两名学生颁发学位证书。两名学生来自2010级英语专业，获英国中央兰开夏大学二等一学位，并获英国中央兰开夏大学硕士研究生课程录取通知书，于9月再次赴英国中央兰开夏大学开始硕士课程的学习。两名学生曾于2013年9月在英国中央兰开夏大学学习1年。

（管书艳）

【首次开展暑期校外调研】 7至8月，耿丹学院首次开展暑期校外调研。活动以指导教师带队，学生小组合作，自行组织策划方式开展。学生回到高中校和自己家乡调研高中生的学业生涯现状、家乡环境保护情况、家乡大学生返乡就业情况和家乡的相关就业政策4个方面的内容。要求做到“六个一”，即“一次母校行、一句谢师恩、一场座谈会、一次同学会、一份调查卷和一篇大报告”。该校百余名师生参加活动。

（管书艳）

【实施新生引航工程】 8月，耿丹学院对入学新生实施新生引航工程。新生引航工程在时间上，将入学教育前移到入学前，后推贯穿于新生第一年全程，对新生给予关注和指导；在群体上，扩大入学教育的范围，把家长作为教育对象；设立专门针对新生的通识教育课程，纳入教学计划中。构建系统的新生教育评价指标体系，从新生教育对学生身心发展、思想发展和学业发展三个维度的促进机制出发，以交叉式评价的方法，构建系统的新生教育评价指标，推进新生教育精细化。新生引航工程落实市委教育工委《关于实施新生引航工程深入开展2014级入学新生思想政治教育的通知》。

（管书艳）

【召开首届党委选举大会】 11月19日，耿丹学院召开首届党委选举大会。会议采取无记名投票方式和差额选举办法，选举产生7名新一届党委委员。9月，经北京工业大学批准，成立中国共产党北京工业大学耿丹学院委员会，撤销原耿丹学院总支部委员会。

（管书艳）

北京新圆明职业学院（北京艺术传媒职业学院）

【概况】 2014年3月17日，北京新圆明职业学院经市政府批准，教育部备案更名为北京艺术传媒职业学院。学校占地面积11.15万平方米，产权校舍建筑面积4.49万平方米、非产权校舍建筑面积5000平方米。全年教育经费投入890万元，其中，国家拨款90万元、自筹经费800万元。固定资产总值3000万元，其中，教学、科研仪器设备总值820.15万元。图书馆建筑面积0.17万平方米，藏有纸质图书15万册、电子图书20万册。拥有计算机916台。多媒体教室9个。学校信息化经费投入120万元，信息化设备资产542.90万元，网络信息点15个，校园网出口总带宽100Mbps，电子邮件系统用户200个，上网课程32门，数字资源量1000GB，管理信息系统数据总量500GB。拥有校内专业实训室10个、综合实训室6个，校内实训基地3个。设有8个院，开设13个专科专业及方向。教职工156人，其中，专任教师83人，包括教授13人、副教授20人。聘请校外教师36人，包括教授32人、副教授4人。毕业122人。全日制学历教育高考北京地区提档线理科150分、文科150分。在校生328人。网址：www.bjamu.cn。

（吴博）

【举办春季田径运动会】 4月30日，艺术传媒职院举办春季田径运动会。运动会竞赛项目设有男子组短跑、长跑、实心球等田径项目9个，女子组短跑、长跑和跳远等田径项目8个。该校师生500余人参加比赛。

（吴博）

【召开教学工作会议】 12月，艺术传媒职院召开第六届教学工作会暨2014年总结大会。会议听取《深化高职教育教学改革，持续推进人才培养模式创新，进一步加强实践教学环节，努力提高人才培养质量》报告，分析学院加强内涵建设，改善教学条件，提升教学质量的举措，并总结2014年在教学工作方面取得的成绩。全体教师参加会议。

（吴博）

【开设民族地区播种班】 至年底，艺术传媒职院开设民族地区播种班。播种班招收来自新疆和西藏的少数民族贫困学生100人，免除学费500万元，并免费提供被褥和洗漱用品，每月发放生活补助。学院在新疆和西藏建立“双语教学播种班”，资助50名家庭贫困、品学兼优的少数民族学生，每人每年生活费6000元，为期3年。

（吴博）

北京第二外国语学院中瑞酒店管理学院

【概况】 2014年，北京第二外国语学院中瑞酒店管理学院占地面积22.50万平方米、产权建筑面积9.60万平方米。全年教育经费投入10440万元，其中，国家拨款782万元、自筹经费9658万元。固定资产总值3.98亿元，其中，教学、科研仪器设备总值1824万元。图书馆建筑面积7676平方米，藏有纸质图书38.20万册，电子图书195.02GB。拥有计算机600台。多媒体教室座位4800个。学校信息化经费投入1867万元，信息化设备资产1867万元，网络信息点6000个，校园网出口总带宽600Mbps，电子邮件系统用户1万个，数字资源量8000GB，管理信息系统数据总量1.20GB。设有专业实训室5个。教职工388人，其中，专任教师213人，包括副高级以上专业技术职务73人。聘请校外教师8人，包括副高级以上专业技术职务3人。毕业生786人。招生911人。全日制学历教育高考北京地区提档线理科446分、文科438分。在校生3703人。网址：www.bhi.edu.cn。

（李辉）

【设立王府半岛酒店奖学金】 1月21日，中瑞酒店管理学院与王府半岛酒店合作设立“王府半岛酒店奖学金”。该项目计划从2010级毕业生（786人）开始实施，即从毕业生中挑选一名品学兼优并热爱王府半岛品牌的优秀毕业生，对其未来在酒店工作给予重点培养，并且由集团总部提供一年的学费作为其奖学金。

（董莉）

【赴瑞士洛桑酒店管理学院学习交流】 2月，中瑞酒店管理学院组织23名学生访问瑞士洛桑酒店管理学院。学习着装要求、商务礼仪，开展演讲、课堂展示等技巧的培训，同时以研讨、上课、旁听等形式，学习卓越客户服务、酒水饮料知识及民族风味食品、资产管理等课程。3名教师学习卓越服务的艺术、酒店筹建和市场营销的社会及知觉设计课程，并就教学方法、毕业设计、小组作业等问题与洛桑教师交流。4月，酒店管理专业3名学生转学瑞士洛桑酒店管理学院。

（胡秀英）

【酒店业研究中心成立】 4月22日，中瑞酒店管理学院成立酒店业研究中心（Hospitality Industry Research Center）。中心主要研究方向为酒店行业主要数据发布、酒店行业尚未解决又亟待解决的问题。中心有研究人员5人，包括高级专业技术职务2人。

（李双双）

【校园警务工作站投入使用】 8月29日，中瑞酒店管理学院警务工作站正式投入使用。警务工作站接受师生员工报警求助，及时处理各种治安案（事）件，开展校园及校园周边综合治

理工作，预防和减少各类安全事故的发生和校园大学生的犯罪，维护学院的治安稳定。

（曹喜松）

【发布教职工行为规范与礼仪记分办法】 9月1日，中瑞酒店管理学院制定并发布《中瑞酒店管理学院教职工行为规范与礼仪记分办法》。办法规定教职工和学生日常着装，行为方面的标准和规范。对教职工、学生行为规范违纪进行扣分（12分记分系统）。督促师生在行为规范和职业素养上及早进入“酒店工作状态”。

（刘必强）

【探索全英语服务教学实践模式】 9月，中瑞酒店管理学院探索全英语服务教学的实践教学模式。2013级酒店管理专业980人在学院教学酒店西餐厅开餐时实行全英语服务，全程使用英语与用餐客人交流，营造实用、生动、有趣的英语对话环境。

（陈菲）

【“交流吧”实验室投入使用】 9月，中瑞酒店管理学院“交流吧”实验室建成并投入使用。“交流吧”是以酒店售卖点的形式推出的新模块课程，目的是教授学生提供快速服务，了解酒店餐饮部多样化的运营，感受不同的餐饮服务和文化。该实验室的场地设计、物品摆放、产品定位以及该模块的服务流程，均由酒店管理系教师认真论证和周密设计。

（刘玉凤）

【食品制作课程改革】 至9月，中瑞

酒店管理学院改革食品制作课程。实操课程强调学生对厨房运营流程的熟悉，对中西餐菜肴的鉴赏以及对实际操作的演练与掌握，课时增至75%。原理课程强调厨房基础知识的覆盖以及帮助学生了解厨房知识架构，课程占25%。2014级新生第一批食品制作课程于9月10日完成结业考试。

（刘玉凤）

【“学生法庭”评议学生违纪】 10月23日，中瑞酒店管理学院召开“学生法庭”评议学生违纪评审会。会议评议学生在酒店实习期间与其他学生的冲突行为。“控方”由学生管理办公室和酒店系学生工作办公室相关负责人组成，“辩方”为拟受处分学生及家长。“陪审团”（评议小组）由随机抽取的6名学生委员和5名教师委员组成。评议小组对各相关部门及学生提供的材料进行核对和审查，违纪学生本人及家长现场做陈述。评议小组针对控辩双方的陈述结合相关材料提起质询，双方进行现场辩论。评议小组11名委员进行评议和投票，参照《中瑞酒店管理学院学生手册》相关条款，对该名学生的处分提出建议。70名师生旁听评审会。

（李宁）

民办高等教育机构

北京人文大学

【概况】 2014年，北京人文大学占地面积10万平方米、建筑面积4万平方米。全年教育经费投入408万元，全部自筹。固定资产总值5883万元。其中，教学、科研仪器设备总值821万元。拥有计算机426台。多媒体教室座位1224个。学校信息化设备资产805.60万元，网络信息点800个，校园网出口总带宽100Mbps，电子邮件系统用户500个，数字资源量1000GB，管理信息系统数据总量500GB。拥有校内专业实训室18个，校外实训基地11个。设有7个学院，开设35个专业。教职工99人，其中，专任教师29人、兼职教师59人。结业生589人、招生243人、在校生1740人。网址：www.bjrwdx.com。

（张秦）

【成立国际舞蹈学院】 4月，人文大学成立国际舞蹈学院。该学院主要开展国际标准舞专业的教育教学工作，学制4年。毕业后，学生通过专业考核，取得国标舞协会证书。舞蹈学院有学生91人。学生获中国上海第28届CBDF国际赛亚军、获2014中国·西安（CBDF）体育舞蹈全国公开赛团体第一名。

（张秦）

【获批发展促进项目资金】 7月，人文大学获批北京市民办教育发展促进资金项目资助40万元。学校成立项目管理小组，并投入配套资金16.22万元，用于国学院发展，进行教育实验基地建设项目规划与实施。国学院有学生94人，教师22人。

（张秦）

【庆祝建校30周年】 11月21日，人文大学举办建校30周年校庆活动。活动以“回顾历史、感恩社会、继承传统、转型发展”为主题，举办30周年庆典暨转型发展研讨会。市教委、市民政局、民教协会等相关人员及全校师生参加活动。人文大学成立于1984年，初名为北京人文函授大学；1996年，更名为北京人文大学。

（张秦）

【投资1200万元改善办学条件】　至年底，人文大学完成办学条件改善工作。学校董事会投资1200万元改善学校教学生活设施，重点整体改造供暖系统，采用燃气供暖方式；修建新校门、平整校园广场，整修与改造教学场所。

（张秦）

北京工商管理专修学院

【概况】　2014年，北京工商管理专修学院占地面积14.01万平方米、建筑面积11.90万平方米。全年教育经费投入171万元，全部自筹。固定资产总值8900万元，其中，教学、科研仪器设备总值7800万元。信息化经费投入33.10万元，信息化设备资产10.70万元，图书馆建筑面积1876.50平方米，藏有纸质图书5.80万册。拥有计算机1105台，多媒体座位5838个。网络信息点数95个，校园网出口总宽带100Mbps，电子邮件系统用户200个，上网课程25门，数字资源量30GB，管理信息系统数据总量8GB。拥有校内实训室21个，校外实训基地106个。设立3个二级学院，开设8个专业。教职工178人，其中，专兼职教师82人，教授、副教授25人。结业生1303人、招生441人、在校生1825人。网址：www.bjuba.com.cn。

（李娜）

【面部指纹打卡机安装使用】　2至4月，北工商完成面部指纹打卡机安装使用工程。安装38台面部指纹打卡机，主要对学生上下课采取面部指纹打卡，记录学生考勤情况。该措施强化对学生的精细化、规范化、信息化管理。

（李娜）

【签署12项合作协议】　3至8月，北工商签署12项合作协议。包括11项校企合作协议、1项校际合作协议。签约企业包括北京金隅八达岭温泉度假村、北京康瑞普冶金设备公司等，主要内容涉及订单培养、顶岗实习。乙方选派中高层领导担任甲方客座教授，参与甲方人才培养过程；乙方为

甲方学生顶岗实习提供相应的实习工作，根据学生的综合表现和素质，可优先选择毕业生到本单位就业。校际协议与内蒙古宁城县职业教育中心签署，根据协议，双方合办“宁城班”，北工商将宁城职教中心列入2014年秋季招生计划（40人），采用“2+3”的办学模式，即学生在宁城学习2年后转入北京学习3年，毕业后由北工商安排就业。

（李娜）

【商务综合模拟实验室通过验收】　5

月21日，北工商商务综合模拟实验室通过学院领导和相关职能处室负责人验收并投入使用。该实验室获2013年北京市民办教育发展促进项目资金60万元支持。实验室有2间，每间建筑面积70平方米，有62台计算机，1套市场营销实战沙盘，主要用于完善经济管理类专业实验实训环境。

（李娜）

【调整机构设置】　11月，北工商调整机构设置。将原9个行政处室调整为7个；撤销招生一部、二部，组建新的招生办公室；将原有国际人文学院更名为计算机学院；裁撤冗员，缩减非必需人员编制；合理规划现有办公、住宿用房，将现租用的房屋场地闲置房屋集中后，统一对外出租。制定《关于厉行节约反对浪费办法》及实施细则。

（李娜）

【转变招生模式】　11月，北工商转变招生模式。变一季招生为全年招生。学校成立市场运营部、网络营销部、直营市场部，加强市场人员培训，多途径扩大招生队伍。在原有的3个二级学院基础上增加成立软件工程学院、网络营销学院、移动通信学院、数字媒体学院4个二级学院，增设社会热门需求专业课程。

（李娜）

中国信息大学

【概况】　2014年，中国信息大学占地面积20.01万平方米，建筑面积9.09万平方米，全部为非产权建筑面积。全年教育经费投入96万元，全部自筹。固定资产总值3369万元，其中，教学、科研仪器设备总值1814万元。临时图书馆建筑面积1500平方米，藏书142.17万册，其中，纸质图书12.17万册、电子图书130万册。拥有计算机1095台。多媒体教室24个。学校信息化经费投入60万元，网络信息点1500个，校园网出口总带宽150Mbps，管理信息系统数据总量20GB。拥有实验室24个、实训基地5个。设有4个系，开设专业9个。教职工97人，其中，专任教师33人，包括教授2人、副教授6人；兼职教师22人，包括副教授8人。结业生196人、招生213人、在校生701人。网址：www.cieu.org.cn。

（黄明玥）

【建立专业带头人负责制】　6月，信息大学建立专业带头人负责制。负责制规定学校人才培养定位、课程体系、教学要求、教学质量、毕业作品指导等关键教学任务均由专业带头人负责，校级教学单位只负责审查和评定环节。所有教师均可向学校提出独立的人才培养方案，学校审核通过后，即可被任命为专业带头人。一个专业可以任命多名专业带头人，培养不同专业方向的人才。学校通过教师向学校提交研究成果、学术研究、交

流会答辩、课程设置、教学方法及毕业作品指导方案等检查专业带头人的工作，每学年做一次全面评价。至11月，学校任命专业带头人3人。

（黄明玥）

【建立动漫后期实验室】 7月，信息大学建立动漫后期实验室。实验室经由市财政民办高等教育发展引导性项目资助28.70万元、学校配套资金5万元建成，实验室建筑面积105平方米，拥有苹果工作站、数位屏、数位板和专业拍摄等仪器设备，可同时容纳30人开展动漫拍摄、动漫角色造型、动漫特效制作、动漫后期处理等实践教学。

（黄明玥）

【建立电子商务平台系统】 12月，信息大学建立电子商务平台系统。该系统面对网络营销专业和软件工程专业85名师生，通过系统平台前后台的使用完成认识电商平台，了解电商平台运营与管理的目的，应用于课堂教学、学生实践等。师生可通过在信息大学主页面登录注册获得不同的管理者授权，在系统中对电子商务平台做各种角度的分析和管理。该软件开发历时8个月，至年底，共有5名教师和80名学生免费使用。

（黄明玥）

现代管理大学

【概况】 2014年，现代管理大学占地面积32万平方米，产权校舍建筑面积8.20万平方米。全年教育经费投入946.40万元，全部自筹。固定资产总值2740.41万元，其中，教学、科研仪器设备总值1715.32万元。图书馆建筑面积0.9万平方米，藏有纸质图书11.80万册。拥有计算机1270台。多媒体教室座位2160个。网络信息点800个，校园网出口总带宽100Mbps，上网课程28门，拥有校内专业实训室11个、综合实训室5个。设有13个学院，开设7个学科门类31个专业。教职工392人，其中，专任教师185人，包括教授17人、副教授40人；兼职教师193人，包括教授4人、副教授19人。招生1560人。在校生3920人。网址：www.mau.edu.cn。

（姚晓薇 侯丽洁）

【完成校园环境建设和改造工程】 8月，现大完成校园环境建设和改造工程。校园内种植树木1.80万棵，播种草籽3.33万平方米，新建小绿园林1处，完善浇灌设备和灯光设备，配备专业绿化队伍，铺设石板路40余米，重铺沥青路，硬化校园主干道200余米，改造翻修校园景观8处并新修建一个大型停车场。

（姚晓薇）

【乘务培训模拟舱落成】 9月25日，现大B737－800/A320乘务培训模拟舱落成并交付使用。该模拟舱委托西安美联航空公司设计安装，旨在加强对学生专业技能的培训，强化学生实际操作能力。模拟舱落成将推动航空服务专业由特色化向专业化推进，标志着该校民航服务专业校内实训基地正式落成。模拟舱总投资95万元。

（姚晓薇）

【工科实训中心竣工】 10月29日，现大工科实训中心建设工程正式竣工。实训中心拥有数控加工中心、数控车床和数控铣床等设施，可以为自动化与数控专业的学生开展机械加工技术、机械设备应用与维护、数控技术应用、机电设备设计与安装及汽车检测与维修等方面的实践教学。至此，学校共建成普通机床加工、钳工、数控、数控电控及数控车床装调与维修、加工中心装调与维修6个实训室，提供实景教学场地。

（姚晓薇）

【举办教师基本功大赛】 12月2日，现大举办教师基本功大赛。比赛在各学院选拔基础上，20名教师进入校级比赛，再以教研室指定教师对教研内容进行归纳提炼，并结合教学任务以示范课形式进行决赛，经过评委现场打分，评出一等奖1人、二等奖2人、三等奖3人。

（姚晓薇）

北京八维研修学院

【概况】 2014年，北京八维研修学院占地面积2.70万平方米、建筑面积3.60万平方米。全年教育经费投入4200万元，全部自筹。固定资产总值3497.20万元，其中，教学、科研仪器设备总值1128.10万元。图书馆建筑面积6000平方米，藏有纸质图书6万册、电子图书20万册。拥有计算机4000台。多媒体教室座位120个。学校信息化经费投入201万元，信息化设备资产903万元，网络信息点数80个，校园网出口总带宽20Mbps，电子邮件系统用户数238个，数字资源量500GB，管理信息系统数据总量21GB。拥有校内专业实训室7个，校外实训基地4个。设有9个二级学院，开设14个专业。教职工317人，其中，专任教师198人，包括教授9人、副教授22人。结业生1336人、招生1768人、在校生3418人。网址：www.baway.org.cn。

（贾汉明）

【成立云计算学院】 5月，八维研修学院成立云计算学院。

学院主要培养云计算大数据技术、Java软件工程师等方面的人才，围绕互联网＋时代背景，开设云应用（Java软件工程师）、云服务（云计算大数据技术）等课程。学制2.5年，学业结束，通过毕业设计和项目答辩等考核颁发校设本科毕业证书。Java是一种可以撰写跨平台应用软件程序设计语言。Java技术具有卓越的通用性、高效性、平台移植性和安全性，广泛应用于PC、数据中心、游戏控制台、科学超级计算机、移动电话和互联网，同时拥有全球最大的开发者专业社群。

（胡群）

【获发展促进资金120万元】 9月30日，八维研修学院获得市教委2015年度北京市民办教育发展促进资金项目“移动互联网UE”实验室120万元。经费主要用于“移动互联网UE（用户体验）”实验室建设。实验室主要用于为培养移动互联网UE设计专业人才打造良好的实训环境，提高对移动互联网 UE 设计专业人才的培养效率。

（贾汉明）

【举办 187 场家庭智慧公益讲座】 至年底，八维研修学院素质教育中心举办 187 场家庭智慧公益讲座。讲座针对家庭教育中出现的问题，给予家长正确的方式引导孩子成长，内容涉及孝子是教出来的、孩子你是我的骄傲和教给家长如何教育孩子成为孝子等。共计 10 万人次参加活动，主要来自长江以北地区。

（胡群）

北京现代音乐研修学院

【概况】 2014 年，北京现代音乐研修学院占地面积 6.60 万平方米，产权校舍建筑面积 7.75 万平方米。全年教育经费投入 9000 万元，全部自筹。固定资产总值 27500 万元，其中，教学、科研仪器设备总值 7500 万元。图书馆藏有纸质图书 11.35 万册、电子图书 20 万册。拥有计算机 483 台。多媒体教室座位 1800 个。学校信息化经费投入 300 万元，信息化设备资产 670 万元，网络信息点 1687 个，校园网出口总带宽 300Mbps，电子邮件系统用户 400 个，数字资源量 4580GB，管理信息系统数据总量 13GB。拥有 350 间国际标准琴房、32 个舞蹈练功厅、8 个音频工作站、6 个视频工作站、16 个 MIDI 工作室及双排键工作室，以及影视节目制作中心、动画制作中心、电子图书馆及网络管理中心。设有 6 个系，开设 22 个专业。教职工 521 人，其中，专任教师 233 人，包括教授 10 人、副教授 8 人；兼职教师 55 人，包括教授 20 人、副教授 21 人。结业生 1349 人、招生 1392 人、在校生 5029 人。网址：www.bjcma.com。

（王金君）

【召开毕业生暨艺术人才推介会】 4 月 25 日，北音召开 2014 届毕业生暨艺术人才推介会。中粮集团、中国煤矿文工团、开心麻花、北京保利演艺经纪等全国 108 家企事业单位 818 个岗位进场招聘，现场签约毕业生 394 人。43 家用人单位与学校签订校企联盟协议。至年底，学校与 450 家用人单位签署“战略合作校企联盟”协议，打造“毕业生就业直通车”。

（王金君）

【参加两项全国比赛获奖】 4 月和 7 月，北音学生参加两项全国比赛并获奖。舞蹈学院国标舞系学生参加第五届“萨米特陶瓷杯”全国城市体育舞蹈公开赛，获职业组拉丁舞第三名。比赛由河北邯郸市体育局主办，共设职业组、专业组、业余组等 32 个组别，全国体育舞蹈专业院校和培训学校共计 78 个代表队参赛，全国近千人报名。北音“新声驾到”无伴奏人声乐团和“唱唱反调”人声乐团参加 2014 上海阿卡贝拉音乐营暨第四届全国阿卡贝拉音乐大赛，分别获得冠军、季军。

（王金君）

【举办年度课程课件比赛】 8 月 22 日，北音举办 2014 年度课程课件比赛。参赛教师在 10 分钟内重点展示课程内容、教学设计、教学互动效果及技术操作等，所讲课程涉及音乐、播音、影视、历史、政治、艺术管理等学科领域。教师 36 人参加比赛，9 人进入决赛，1 人获得一等奖。

（王金君）

【获群众舞蹈大赛金奖】 9 月 28 日，北音原创舞蹈《夜深沉》获第九届“舞动北京”群众舞蹈大赛成人组金奖。《夜深沉》曾获“第六届华北五省区市舞蹈大赛”专业青年组表演三等奖。舞蹈名称取自京剧词牌《夜深沉》，将京剧传统艺术元素与现代舞相结合，采用“反串”的表演形式，女生背靠旗，男生舞水袖。比赛由市委宣传部、市文化局主办，分少儿组、成人组、老年组和广场组。

（王金君）

【成为职业资格定点培训机构】 9 月，北音成为文化行业职业资格定点培训机构。可自主组织歌唱演员（美声唱法、民族唱法、流行唱法）、民族乐器演奏员（二胡、板胡、扬琴、琵琶、阮）、外国乐器演奏员（钢琴、弦乐、打击乐）、舞蹈演员、电影电视演员、演出监督员、艺术化妆师、DJ 技术师 8 种职业资格的培训、考前指导和考试。考核通过者获得由人力社保部统一印制，文化部艺术人才中心颁发的文化行业国家职业资格证书。该资格认定由文化部文化艺术人才中心审核批复。

（王金君）

【举办爵士鼓教育发展论坛】 10 月 17 日，北音举办第二届北京现代国际鼓手节暨爵士鼓教育发展论坛。10 余名国内外著名爵士鼓演奏大师、爵士鼓教育专家开设 12 场大师讲堂、25 堂小组课，举办 3 场现场表演。论坛由美国大使馆、爵士乐海外教育协会、功学社集团等国内外 14 家机构协办，来自全国各地的近千名爵士鼓演奏者、爱好者、学习者参加学习。

（王金君）

北京北大资源研修学院

【概况】 2014 年，北京北大资源研修学院占地面积 12.87 万平方米，建筑面积 5.80 万平方米，全部为自有产权。全年教育经费投入 1148.70 万元，全部自筹。固定资产总值 2281.03 万元，其中，教学、科研仪器设备总值 1205.45 万元。图书馆建筑面积 350 平方米，藏有纸质图书 4.75 万册。拥有计算机 564 台，多媒体教室座位 80 个，学校信息化经费投入 44 万元，信息化设备资产 199.97 万元，网络信息点 1865 个，校园网出口总带宽 300Mbps，电子邮件系统用户 103 个，上网课程 18 门，数字资源量 17.70GB，管理信息系统数据总量 190GB。拥有校内专业实训室 21 个，校外实训基地 25 个。设有 3 个学院，开设专业 19 个。教职工 155 人，其中，专任教师 14 人、兼职教师 69 人。结业生 597 人、招生 121 人、在校生 932 人。网址：www.pkurc.com。

（余家爽）

【获批两个民办促进项目】 7 月 8 日，北大资源学院获批两个民办教育促进项目。项目为文物鉴定与保护实训基地建设和校园技防系统优化改造，共获得项目资金 80 万元。其中，文物系利用专项资金进行青铜器、陶瓷器辨伪鉴定的指标体系建设工作。民办教育发展促进项目每年由市教委组织申报、审批及管理工作，按照“扶需扶特，促优促强”的原则，重点支持民办普通高等学校、独立学院公益办学、优质办学、特色办学、规范办学。

（余家爽）

【两名教师获第八届园丁奖】 9月10日，北大资源研修学院两名教师分别获得第八届“北京民办教育优秀教师”和“北京民办教育优秀工作者”称号。该项评选由北京市民办教育协会、北京教育评估院和新京报社共同主办，于7月启动，共150余所学校420余人申请参评。经过单位推荐、专家评选、媒体公示三个阶段，共评选出北京民办教育优秀校长30人，北京民办优秀教研团队奖10个，北京民办教育优秀教师、北京民办教育优秀教育工作者各50人。

（余家爽）

【举办第二届校园拍卖会】 12月26日，北大资源研修学院举办第二届校园拍卖会。拍品包括金属器、玉石器、珠宝、陶瓷器、书画等艺术品门类，共计104件。拍卖面向师生及家长，成交72件，成交额6万元。成交额用于学生社团文物研究会活动经费。校园拍卖会藏品征集、鉴定、评估、文物摄影，以及拍卖图录的编写、信息发布、拍卖预展等环节均由学生社团北大资源文物研究会独立完成。研究会采取会长负责制，下设学术部、市场部、办公室等多个部门，骨干由在校学生组成，是文物系历届学生交流的平台和学生自治的组织。

（余家爽）

北京文理研修学院

【概况】 2014年，北京文理研修学院占地面积3.47万平方米、非产权校舍建筑面积1.18万平方米。全年教育经费投入181万元，全部自筹。固定资产总值802.34万元，其中，教学、科研仪器设备总值514.07万元。图书馆藏有纸质图书5.57万册、电子图书2.80万册。拥有计算机176台。多媒体教室座位60个。学校信息化经费投入47.50万元，信息化设备资产60万元，网络信息点4个，校园网出口总带宽4Mbps，电子邮件系统用户10个，上网课程9门，数字资源量72GB，管理信息系统数据总量10GB。拥有校内专业实训室3个，校外实训基地1个。开设10个专业。教职工57人，其中，专任教师23人，包括教授3人、副教授15人。兼职教师34人，包括教授5人、副教授29人。结业生390人、招生298人、在校生585人。网址：www.bjwlxy.net。

（付蕾蕾）

【召开航空服务专业学科建设研讨会】 7月，文理研修学院召开航空服务专业学科建设研讨会。会议总结航空服务专业的成绩与问题，研讨航空服务专业现行的教学大纲及教学计划。经研讨，修订航空服务专业主干课程规划、调整航空服务专业理论课程与实训课程的学分比例，加大民航礼仪、民航形体、民航英语等实训课程的学时与考核标准。院领导及航空服务专业骨干教师参加研讨会。

（付蕾蕾）

【举办空乘人员专场招聘会】 11月24日，文理研修学院举办空乘人员专场招聘会。招聘公司为浙江长龙航空有限公司。空乘人员训练基地100名学生参加初试，45人进入复试，经面试、体检等环节，录取18人。浙江长龙航空有限公司是经中国民用航空局批准的从事航空客货运输服务的综合航空运输企业。

（付蕾蕾）

【举办航空服务专业职业形象展示竞赛】 11月28日，文理研修学院举办航空服务专业职业形象展示竞赛。活动分为展示与竞赛两部分，共10个组别。展示部分展示航空服务乘务员的微笑、站姿、蹲姿、手势引领等职业形象。竞赛部分分为民航专业英语、民航面试英语两类口语比赛。经评委打分，12人获得一等奖、24人获得二等奖、36人获得三等奖。2013级和2014级航空专业学生120人参加比赛。

（付蕾蕾）

北京演艺专修学院

【概况】 2014年，北京演艺专修学院占地面积9.31万平方米，非产权校舍建筑面积3.30万平方米。全年教育经费投入1921万元，全部自筹。固定资产总值1379万元，其中，教学、科研仪器设备总值824万元。图书馆建筑面积1200平方米，藏有纸质图书1.31万册、电子图书7.65万册。拥有计算机285台。多媒体教室座位690个。学校信息化经费投入40万元，网络信息点300个，校园网出口总带宽100Mbps，电子邮件系统用户24个，上网课程8门，管理信息系统数据总量80GB。拥有校内专业实训室4个、综合实训室5个，校外实训基地4个。设有8个院系，开设21个专业。教职工230人，其中，专任教师98人，包括教授22人、副教授27人。兼职教师82人，包括教授10人、副教授10人。结业生188人、招生801人、在校生1560人。网址：www.interart.cn。

（张侃）

【义务支教打工子弟学校】 9月5日至12月26日，演艺专修学院义务支教来京务工人员子女学校。该校师生组织“红烛行动——京郊打工子弟学校艺术教育圆梦计划”活动，在昌平区新龙学校承担艺术类课程教学和师资艺术培训，为三至六年级学生开设艺术教育课，课程包括音乐、表演、播音主持、绘画、舞蹈，每月80课时，共340课时，学校提供专业教材100本。昌平区新龙学校为来京务工人员子女学校。

（张侃）

【参加韩国高校音乐节】 10月26日，演艺专修学院师生赴韩国参加韩国国立顺天大学“Flower song”音乐节。流行声乐系1名教师获最佳人气奖，2名学生获三等奖，1名学生获鼓励奖。流行音乐学院副院长担任音乐节4名评委中唯一的中国籍评委。

（张侃）

【话剧《水仙》获戏剧奥林匹克奖】 12月27日，第九届中国话剧金狮奖和第六届戏剧奥林匹克奖颁奖，演艺专修学院教师参演的话剧《水仙》获得戏剧奥林匹克分会场展演代表剧目奖。话剧《水仙》由首任院长担任编剧兼导演，由青年教师出演的只有两个人的舞台剧。该届评选共颁发125个中国话剧金狮奖项和80个戏剧奥林匹克奖项，来自全国107个话剧艺术研究会理事单位近300人参加活动。第六届戏剧奥林匹克奖是中国首次获得戏剧奥林匹克的主办权。总部设在希腊的戏剧奥林匹克是具有国际影响的戏剧交流展演活动。

（张侃）

民办中小学幼儿园

北京市丰台区红黄蓝多元智能实验幼儿园

【概况】 2014年，北京市丰台区红黄蓝多元智能实验幼儿园为日托制民办园。占地面积3000平方米、校舍建筑面积3690平方米。全年教育经费投入1291.86万元，全部自筹。固定资产总值117.75万元。图书室藏书3413册，包括电子图书214册。拥有舞蹈、图书和美术等专用教室4个，普通教室15个。拥有计算机29台，多媒体教室座位100个。教职工83人，其中，教师44人，专科以上学历31人，中级职称以上1人；保健员3人，全部为专科以上学历。开设15个教学班，其中，托班3个、小班4个、中班5个、大班3个。幼儿入园112人、离园84人、在园416人。网址：www.rybbaby.com。

（韩雪梅）

【召开首次教职工代表选举大会】 3月14日，红黄蓝多元智能实验幼儿园召开首次教职工代表选举大会。采取差额选举方式，经监票人、唱票人和计票人的公开操作，选举行政代表3人、后勤代表3人、教师代表10人。全园83名职工参加选举。

（韩雪梅）

【召开幼儿体能测试观摩交流会】 7月3日，红黄蓝多元智能实验幼儿园召开幼儿体能测试观摩交流会。会议听取该园保健医“如何进行体能测试”介绍，观看班级各项体能测试的有效组织与指导。市、区妇幼保健院领导及50名保健医参加会议。

（韩雪梅）

【展示红黄蓝体系教育科研活动】 11月6日，红黄蓝多元智能实验幼儿园组织红黄蓝体系教育科研活动展示。活动以现场观摩形式，围绕活动来源、材料选择、教师有效指导方面进行现场教研。36名红黄蓝体系的园长、保教主任及骨干教师和15名家委会代表参加活动。

（韩雪梅）

北京市昌平区幸福童年双语幼儿园

【概况】 2014年，北京市昌平区幸福童年双语幼儿园为日托制民办园。占地面积5400平方米、校舍建筑面积3681.80平方米。全年教育经费投入90万元，全部自筹。固定资产总值570万元。拥有奥尔夫音乐教室、美术室和图书室等专用教室5个，普通教室12个。教职工73人，其中，教师39人，专科以上学历26人；保健医2人，均为专科以上学历。开设12个教学班，其中，大班4个、中班4个、小班4个。幼儿入园90人、离园77人、在园380人。网址：www.xftnyey.com.cn。

（朱化兰）

【参加全国青少年儿童书画摄影征文艺术展】 5月，幸福童年双语幼儿园组织幼儿参加第九届“飞天杯”全国青少年儿童书画摄影征文艺术展示活动。该园推荐幼儿国画、水彩画、线条画126幅作品参加美术类比赛，其中获一等奖20幅、二等奖21幅、三等奖30幅；9名教师获优秀指导奖；该园获美术特色组织奖。该活动由中国少年儿童造型艺术学会、中国美术书画院等单位联合举办。设美术、书法、摄影、征文等项目，分幼儿组、儿童组、少儿组、少年组、青年组。比赛设小艺术家一等奖15%、二等奖20%、三等奖25%、优秀奖30%。

（朱化兰）

【检查评比区域环境创设】 11月6日，幸福童年双语幼儿园开展区域环境创设检查评比。评比通过各班教师现场讲解、幼儿参与活动，展示各班区角环境创设思路、设计理念、活动目标、区角布局。评委到各班级现场打分，评比内容包括区角活动的设计、主题内容、自由墙布置、教育内涵及手工制作等，体现实用性、教育性、美观性、创造性。同时用数码相机将其拍摄下，供全园各班共享。12个教学班参加活动，评出一等奖1个、二等奖3个、三等奖5个。

（朱化兰）

【举办低碳环保小制作展】 12月2至31日，幸福童年双语幼儿园举办低碳环保小制作展。家长和幼儿共同收集生活中的废纸盒、易拉罐瓶等无毒无害的废旧物品，共同设计、制作物品800件参加展览。

（朱化兰）

北京市大兴区十一建华实验幼儿园

【概况】 2014年，北京市大兴区十一建华实验幼儿园为日托制民办园。占地面积9000平方米、建筑面积4700平方米。全年教育经费投入1092万元，其中，国家拨款10万元、自筹经费1082万元。固定资产总值210万元。拥有专用教室4个，普通教室15个。开设教学班15个，其中，小班6个、中班4个、大班5个。

教职工 82 人，包括专职教师 36 人、保育员 19 人、保健医 4 人。幼儿离园 182 人、入园 180 人、在园 479 人。

（李晓静）

【开展花灯评选活动】　2 月 19 日，十一建华幼儿园开展“我最喜爱的花灯”评选活动。评选采取幼儿和家长现场投票方式，分别选出最佳创意奖、最佳合作奖、最佳环保奖、最佳巧手奖、最佳人气奖。获奖花灯 66 个，其中，由芽芽 D 班级制作的《愤怒的小鸟》和芽芽 B 班制作的《马到成功》被评选为幼儿最喜爱花灯。

（司秀月）

【“青蓝组合”师徒结对】　3 月 20 日，十一建华幼儿园举行“青蓝组合”师徒结对仪式。师徒签署工作协议，围绕教学实践能力、班级环境创设和班级管理等内容共同探讨。19 对新老教师结为师徒。

（黄燕）

【庆祝建园五周年】　10 月 20 日，十一建华幼儿园举办建园五周年园庆活动。活动由 12 个教育活动和 1 个庆典活动组成。教育活动涉及数学、音乐、社会、语言、科学等多个领域，分为爱心义卖、幼儿园的成长历程、生日小剧场、亲子运动会、我手画我心和创意梦想家 6 项内容。活动采取小、中班幼儿家长陪同，亲子游园；大班幼儿自主游园的形式。

（吴颖）

北京第二实验小学怡海分校

【概况】　2014 年，北京第二实验小学怡海分校占地面积 7500 平方米、建筑面积 1.31 万平方米，运动场地面积 1360 平方米。全年教育经费投入 1695 万元，其中，国家拨款 955 万元、自筹经费 740 万元。固定资产总值 1085 万元。图书室藏书 2.50 万册，电子图书 1800 册。拥有计算机 102 台。多媒体教室座位 72 个，校园网出口总带宽 10Mbps，数字资源量 7000GB。信息技术课程 1 课时/周。普通教室 50 个、专用教室 11 个。教职工 155 人，其中，副高级职称 4 人、中级职称 47 人。专任教师 126 人，本科以上学历 94 人。开设教学班 46 个。毕业 211 人、招生 238 人、在校生 1133 人。网址：www. yhxx. org。

（赵红）

【召开教学工作研讨会】　2 月 25 日，实验二小怡海分校召开教学工作研讨会。会议以“让课堂教学充满活力”为主题，围绕什么是课堂活力、怎样让课堂充满活力等问题进行探讨。教师结合教学经验用实例讲解“充满活力的课堂”的内涵。教学领导及师生 20 人参加研讨会。

（陈小红）

【成为首批通讯社学校】　5 月 31 日，实验二小怡海分校成为首批中国青少年作家网通讯社学校。60 名学生被聘为小记者，15 篇学生作品刊登在中国青少年作家网。首批中国青少年作家网校园通讯社共 26 所学校。中国青少年作家网是经工信部批准，由中国当代文学研究会主管，中国当代文学研究会少年文学创作中心主办的从事青少年写作教育、文学交流、文化服务的文学类综合门户网站。

（赵红）

【展示办学情况】　12 月 2 日，实验二小怡海分校举办办学情况展示活动。活动分为学校工作汇报、教学展示和学生活动展示三部分。教师参与数学、语文、英语、外教学科的听、评课，参观学校校园文化建设，观摩课外兴趣小组活动展示。学校 20 名教师，7 个班级 400 名学生参加汇报展示活动。

（赵红）

北京市第八中学怡海分校

【概况】　2014 年，北京市第八中学怡海分校占地面积 2.48 万平方米、建筑面积 3.40 万平方米，体育场地面积 1.27 万平方米。全年教育经费投入 3050 万元，其中，国家拨款 50 万元、自筹经费 3000 万元。固定资产总值 1429 万元。图书馆藏书 3 万册，电子图书 30GB。普通教室 40 个、专用教室 8 个、实验室 13 个。拥有计算机 230 台。多媒体教室座位 1500 个。学校信息化经费投入 230 万元，校园网出口总带宽 50Mbps，数字资源量 1500GB，“信息技术”课程 2 课时/周。教职工 161 人，全部具有本科以上学历。其中，高级职称 48 人、中级职称 55 人。专任教师 111 人，北京市骨干教师 14 人、北京市学科教学带头人 4 人。开设教学班 33 个。在校生 1033 人，其中，初中 770 人、高中 263 人，非京籍学生 564 人。网址：www. yh8z. com。

（余梦）

【举办研究型教学讲座】　4 月 24 日，八中怡海分校举办“研究听课评课，激励常态教学”讲座。邀请西城区研修学院副院长作题为《新课程背景下，说课、听课、评课》的讲座。讲座分为说课和听课、评课两部分。通过分析说课五种类型、听课三个阶段，以及评课一评教学思想和教学态度、二评教学目标、三评教学方法、四评教学基本功等评价方法，研究课堂，加强教学过程性质量管控。全校教师参加学习。

（裴先杰　邱小培）

【学习翻转课堂】　11 月 24 日，八中怡海分校召开学习翻转课堂会。会议播放《认识翻转课堂》视频片段，学习翻转课堂可以按照学生学习习惯安排学习进度；通过网络及时反馈，教师可以了解学习困难学生的困难所在，做出针对性辅导；增加课堂互动交流时间等优点。学校不断研究、探索适合学生的教学方法和模式。全体教师参加会议。

（裴先杰　邱小培）

【举办文明礼仪大赛】　12 月 1 日，八

中怡海分校举办中学生文明礼仪展示大赛。比赛以“展君子风度、示淑女风范”为主题。初一年级学生通过集体式、情景式等形式用语言和行为诠

释文明礼仪的重要性，展示礼仪风范和精神面貌。初一年级、高一年级全体师生参加活动。

（蔡妮）

北京市海嘉双语学校

【概况】 2014年，北京市海嘉双语学校设幼儿园、小学部和中学部，招收年龄2.5至18岁。学校占地面积4.58万平方米、建筑面积3.44万平方米，体育场馆面积4700平方米。全年教育经费投入4173万元，全部自筹。固定资产总值6263万元。图书馆藏书7.4万册。拥有计算机300台。多媒体教室座位91个。普通教室52个，专用教室37个，实验室6个。学校信息化经费投入57万元，校园网出口总带宽50Mbps，数字资源量1024GB，“信息技术”课程0.5课时/周。教职工192人，本科以上学历148人。专任教师148人。幼儿园开设16个教学班，离园79人、招生83人、在园227人。小学部开设28个教学班，招生110人、在校336人。中学部开设教学班8个，毕业13人、招生33人、在校53人。网址：www.bibachina.org。

（张颜）

【举办中国年庆祝活动】 1月24日，

海嘉学校举办中国年庆祝活动。幼儿园部采用传统“赶集”形式庆祝新年，每名幼儿都有自己的“小摊位”，售卖“商品”，所得收益用来玩游戏或换购零食。小学部师生装扮成自己最喜欢或最熟悉的历史人物，每个班将班级装饰成一个特定的朝代，并向来自己班级参观的学生讲述朝代人物或故事。全校师生参加活动。

（张颜）

【举办中文阅读活动】 4月23日，海

嘉学校举行中文阅读活动启动仪式。仪式上，学生表演《石头汤》，家校联合会表演《上下五千年，辉煌说不完》，教师配乐朗诵《黎明升起的地方》和《世界为谁存在》。学校邀请阅读推广人指导并分享《如何做一本书》。中文阅读活动历时1个月。

（张颜）

【新中学楼开放】 8月19日，海嘉双语学校开放新中学楼。教学楼占地面积700平方米、建筑面积3600平方米，设戏剧、艺术、音乐等专用教室，设实验室、信息技术&科学教室、图书馆。新中学楼面向学生、教师员工和家长开放。

（张颜）

【开展阻止校园欺辱宣讲活动】 11月28日，海嘉双语学校开展阻止校园欺辱宣讲活动。小学部指导教师主持宣讲，内容包括明确校园欺侮的定义——校园欺侮是指重复性的有目的地恐吓他人，包括通过身体接触、口头方式、书面方式、电子传递方式实际实施或威吓将要实施的侵害，或伤害他人情感，包括对一个人或一个同龄人群的物品的破坏。教师表演情景短剧。

（张颜）

北京市新英才学校

【概况】 2014年，北京市新英才学校拥有特色双语幼儿园、小学部、中学部、剑桥中心和汉语中心，是寄宿制国际化学校，招收中外籍学生。学校占地面积12万平方米、建筑面积11.70万平方米，体育场面积4995平方米。全年教育经费投入15889万元，全部自筹。图书馆藏书5.2万册，电子图书5.5万册。固定资产总值51672万元。拥有计算机975台。多媒体教室座位115个。学校信息化经费投入1000万元，校园网出口总带宽100Mbps，数字资源量7000GB，“信息技术”课程1课时/周。普通教室115个、专用教室10个。教职工660人，其中，高级职称11人、中级职称56人；本科以上学历331人。专任教师316人。开设教学班94个。毕业423人，招生626人，在校生2192人，包括寄宿生1883人。网址：www.bjnewtalent.com。

（赫英贺）

【评选感动校园十大人物】 1月17日，新英才学校举行第三届“感动校园十大人物”颁奖典礼。十大人物包括集体3个、教职工6人、家长1人。评选定位于“感动校园”，着眼于发现平凡岗位上的不平凡者，致力于从平凡人、平凡事中发现感人至深的精神世界，挖掘催人奋进的精神力量。评选活动历时两个月，经各部门选举、推荐及师生民主投票选举等程序，确定感动校园十大人物。

（赫英贺）

【赴美国学习营学习】 6月，新英才学校高一美国班美国学习营赴美学习。学习营为期6周，其中，4周在美国高校学习核心英语，2周参观美国东西部名校和景点。18名学生和2名带队教师参加学习营活动。美国学习营是美国班国际课程的一部分。

（邱小培）

【举办新书发布会】 8月31日，新英才学校举办《走向世界的新英才(2013)》新书发布会。新书18.80万字，由清华大学出版社出版发行。该书记录学校剑桥国际中心2013届毕业生成长之路，集合11名取得世界名校录取通知书的高三毕业生的故事，阐释学校为学生规划职业生涯，制定人生目标的办学特色。书中部分主人公到发布会现场，与师生、家长互动，分享心得与经验。

（赫英贺）

【参加中小学外国学生多元文化节】 10月，新英才学校参加2014北京市中

小学外国学生多元文化节。洋娃娃曲艺团表演的曲艺说唱节目《世界梦·北京情》获文化节优秀节目展演一等奖。活动由市教委主办，这是学校第八次获得该奖项一等奖。

（赫英贺）

北京王府学校

【**概况**】　2014 年，北京王府学校为中外合作制学校，占地面积 10 万平方米、建筑面积 6.90 万平方米，体育场（馆）面积 3420 平方米。全年教育经费投入 14412.87 万元。固定资产总值 3738.63 万元。图书馆藏书 25 万册。拥有计算机 733 台。多媒体教室座位 122 个。学校信息化经费投入 583 万元，校园网出口总带宽 1080Mbps，数字资源量 29TB，“信息技术”课程 2 课时/周。普通教室 45 个、专用教室 22 个、实验室 9 个。教职工 313 人，专任教师 136 人，外籍教师 40 人，其中，高级职称 9 人、中级职称 9 人。本科以上学历 258 人。开设教学班 40 个，毕业 285 人，招生 411 人，在校生 981 人，全部为寄宿生。高中录取分数线 460 分（昌平区）。网址：www. bjroyalschool. com。

（尹秀琳）

【**举办首届科学嘉年华活动**】　4 月 8 至 10 日，王府学校举办首届科学嘉年华活动。40 个项目组 107 名学生在物理、化学和环境科学等多个学科领域进行实验、发明创造、建模展示，参展项目 36 个、演示项目 14 个。经过由化学、物理、AP 选修组等教师组成的评委测评，评出一等奖 1 人、二等奖 2 人、三等奖 3 人。

（樊雪琳　耿佳）

【**举办高一英语辩论赛**】　5 月 18 日，王府学校举办高一英语辩论赛决赛。140 名学生组成 51 支代表队参赛，每场辩论分正方、反方，分别在规定时间内完成提出论点、自由反驳和总结陈词，经过三轮淘汰赛，4 支代表队进入决赛。评委现场投币决定正、反方，分别对“人生本来就是邪恶的吗”“俄罗斯对克里米亚的占领对克里米亚自身来讲是好是坏”“为了开心快乐，你是否接收有意无知”3 个议题进行辩论。7 名外籍教师担任评委，评出冠军队 1 个，奖金 1000 元；亚军队 1 个，奖金 600 元；季军队 2 个，每队奖金 400 元；最佳辩手奖 2 人，每人奖金 200 元。赛事采用英国议会制形式，历时 2 个月。

（陈鸿雁）

【**发行移动教学期刊**】　11 至 12 月，王府学校发行移动教学期刊。期刊介绍移动教学项目的进展、对学生使用平板电脑（iPad）设备的管理等内容，征集教师在课堂上使用 iPad 教学的经验体会、软件推荐等。版面设计上采取色彩生动、图文并茂的形式；内容上甄选 iPad 教学实际案例，使期刊整体兼备较高的可读性和实用性。

（苏煜岚）

北京市私立汇佳学校

【**概况**】　2014 年，北京市私立汇佳学校设有小学部、初中部和高中部，占地面积 9.35 万平方米、建筑面积 10.48 万平方米，体育场面积 4.12 万平方米。全年教育经费投入 17000 万元，全部自筹经费。固定资产总值 2400 万元，包括教学仪器资产 1600 万元。图书馆藏有纸质图书 5.35 万册，电子图书 24.20 万册。拥有计算机 532 台。多媒体教室座位 2300 个。普通教室 3 个、专用教室 2 个、实验室 9 个。学校信息化经费投入 200 万元，校园网出口总带宽 200Mbps，数字资源量 120GB。“信息技术”课程 39 课时/周。教职工 564 人，其中，高级职称 39 人、中级职称 19 人。专业教师 327 人，本科以上学历 287 人。开设教学班 91 个，其中，小学班 38 个、初中班 22 个、高中班 31 个。毕业 541 人，其中，小学 164 人、初中 160 人、高中 217 人；招生 492 人，其中，小学 141 人、初中 156 人、高中 195 人；在校生 1921 人，其中，小学 806 人、初中 530 人、高中 585 人，包括寄宿生 1907 人。网址：www. huijia2000. com。

（李尔京）

【**气膜运动馆完工**】　2 月 24 日，汇佳学校气膜运动馆（东馆）完工并投入使用。场馆采用气膜结构，空气过滤系统可消除 PM2.5 的危害。场馆建筑面积 2520 平方米，内设 18 片羽毛球场和 1 个五人制小足球场，主要是学生体操运动课的场馆。工程于 2013 年 8 月开工，造价 578 万元。

（李尔京）

【**探索语言 A 教学方式**】　3 月，汇佳学校初中部探索语言 A 教学方式。语言 A 是国际文凭组织（IBO）中学项目（MYP）中的汉语教学（语言 A），强调听、说、读、写综合交流能力及想象力、观察力和批判式思考能力等。通过教学实践达到“提笔能文，出口成章”的目标。改革从 4 个方面进行尝试：一是设计单元主题，根据教学目标及国家新课标要求，系统规划 6～10 年级语文教学主题，确保在单元主题概念、探究问题、相互作用领域和教学目标等方面相互衔接；二是整合教学资源，根据主题需要和学生兴趣，教师提取各种版本语文教材中的古诗文诵读，中外美文佳作赏析，时效性作品阅读，让学生了解中国传统文化，拓宽国际视野；三是积极尝试探究教学，探究式教学是动态的学习过程，以学生为中心的自主学习；四是组织语言活动，语言 A 学科组开展“书香校园”活动，鼓励学生进入图书馆，创立“班级图书角”及开展“亲子阅读”读书活动。国际文凭组织（IBO）是提供所有 IB 课程、相关管理与服务的国际教育机构，MYP 是 IBO 为 11～16 岁的学生设立的项目，相当于初中生的年龄段。

（李尔京）

【**用 PYP 教育理念开展管乐教学**】　4 月，汇佳学校管乐俱乐部用国际文凭组织（IBO）小学项目（PYP）教育理念开展管乐教学。重点培养学生的合作、投入、自信、欣赏、好奇心和创新态度。小学项目（PYP）是国际文凭组织（IBO）为 3～12 岁学生设立的项目，注重全人的培养，培养学生在教室内甚至世界上成为探究者。PYP 有 6 个超学科主题，主题具有全球重要性，让学生能够使用 6 个学科的知识和技能进行探究式学习。

（李尔京）

【**举办五年级学习成果展**】　5 月 21 日，汇佳学校小学部举办五年级学习成果展。学生通过对24个不同话题的探究，展示对IB组织PYP五大课程要素（知识、概念、技能、态度和行动）的理解与掌握。五年级学生围绕“共享地球”主题，以“冲突期间或时刻，冲突各方的行动和反应都会影响到冲突的解决”为中心，展示超学科探究所取得的成果。24个学习小组分别探究人与自然、文化冲突、动物——人类的朋友等话题。学校领导、教师、学生和家长360人参观成果展。

（李尔京）

【举办2014MYP个人设计展】 6月

17日，汇佳学校初中部举办2014MYP个人设计展。展会以“思想、创意、成长”为主题，设计展包括演讲、服装走秀表演和个人设计展等。10名毕业生代表分别讲述个人设计项目的设想和体验，包括游戏《世纪争霸》，纪录片《被遗忘的战争》，文学作品《沉睡边缘》，绘画和剪纸作品等。共160名9年级毕业生参加活动。个人设计是初中部MYP项目，由即将毕业的初中生主导完成一项个人创作。

（李尔京）

【举办野外生存探险活动】 7月5日，汇佳学校举办野外生存探险活动。野外生存探险队25名中小学生登顶河北省蔚县小五台山东台。该山海拔2882米，为华北最高峰。在专业登山教练指导下，学校开设野外生存与登山穿越户外课程。首期野外生存探险队选拔四至六年级学生16人、中学生9人，负责医疗、安全、后勤保障的教师及家长等共41人参加。

（李尔京）

北京市中芯学校

【概况】 2014年，北京市中芯学校校园占地面积2.68万平方米，建筑面积2万平方米。全年教育经费投入2714.26万元，其中，国家拨款52.41万元、自筹经费2661.85万元。固定资产总值632.95万元。图书馆藏书2.97万册。学校信息化经费投入213.66万元，校园网出口总带宽74Mbps，“信息技术”课程1课时/周。拥有计算机191台。多媒体教室座位1000个。拥有实验室和音体美专用教室13个。教职工157人，专任教师123人（小学94人、初中29人）。教学班44个（小学34个、中学10个）。毕业生110人（小学72人、初中38人）、招生317人（小学241人、初中76人）、在校生1062人（小学908人、初中154人）。网址：bjsmicschool.com。

（马苗苗）

【举办首届创意大赛】 1至4月，中

芯学校举办首届“校长杯”创意大赛。比赛分为两类：A类是中芯学校校园设计，以绘画、实物模型呈现；B类是采访“不平凡的人”以影片呈现。参赛作品要求原创。共183件学生作品参赛，经过学生和教师评委评选，评选出一等奖8人、二等奖12人、三等奖26人、鼓励奖28人。

（王欢）

【举办系列环保主题活动】 3至4月，中芯学校举办系列环保主题活动。活动以“建绿色班级，树绿色责任”为主题，召开绿色环保主题班会，设计绿色班级，根据设计方案用花草美化教室；以“水与能源”为主题，开展绿色环保评选活动，由地理教师讲解世界水日和中国水资源的常识，学生以各班级为单位搜集和整理与南水北调、海水淡化、世界水日、中国节水标志、水污染及防治五个主题相关的资料，并以班级为单位进行板报创作，参加答辩、展示和分享活动。

（王欢）

【举办英语夏令营】 7至8月，中芯

学校举办两个英语夏令营。其中，第一届英语管乐夏令营招收有一定英文基础的三年级以上学生，讲解音乐知识、乐器课程、乐器表演及音乐会礼仪等内容，来自北京维斯曼音乐教学中心的中外籍教师联合授课。18名学生参加活动。与美国达拉斯浸信大学合作举办第八届外籍教师英语夏令营，为五至九年级特设篮球课程，18名美国籍教师授课，16名大学生助教协助。从幼儿园大班至9年级共设15个班，230名学生参加活动。

（白桦　马苗苗）

（本栏责任编校　邱小培　华蕾）

德育体育美育

2014年，市教委学习贯彻十八届三中全会“强化体育课和课外锻炼，促进青少年身心健康、体魄强健。改进美育教学，提高学生审美和人文素养”精神，以全面实施素质教育、增强学生体质、促进学生德智体美全面而有个性的发展作为工作重点，统筹管理学校体育、卫生与健康、艺术、科技、校外、国防教育及学生军训工作。

德育工作

推进中小学培育和践行社会主义核心价值观。研制《北京市中小学培育和践行社会主义核心价值观实施意见》，研究将培育和践行社会主义核心价值观融入教育教学全过程的具体举措和措施。制发《中小学语文学科、中小学英语学科、初中科学类学科的学科教学改进意见》，探索将社会主义核心价值观教育要求融入学科教学的有效策略，设计适宜的学习活动。开展培育和践行社会主义核心价值观“四个一”活动。根据《北京市中小学培育和践行社会主义核心价值观实施意见》要求，市教委自9月起组织学生分别参加天安门广场升国旗仪式，走进国家博物馆、首都博物馆和抗日战争纪念馆。推进优秀少儿影片和连环画进校园工作，丰富社会主义核心价值观的教育内容和实践载体。

推动社会大课堂常态应用，搭建学生实践体验平台。启动2014年走进博物馆之春活动。寒假暑期活动资讯共推出56家资源单位的90项主题活动。向学生发放北京博物馆丛书150万册。举办首届北京市中小学生社会大课堂学习成果评选展示活动。社会大课堂新资源单位发展工作。2014年10月印发《关于开展北京市中小学生社会大课堂资源单位推荐申报及退出工作的通知》，内容包括：《2015年北京市中小学生社会大课堂新资源单位申报指导意见》《北京市中小学生社会大课堂资源管理办法》《2015年北京市中小学生社会大课堂资源单位申报标准》《北京市中小学生社会大课堂市级资源单位核实退出程序》等材料。

学校体育工作

全面实施高等学校、社会力量参与小学体育、美育发展工作。由20所艺术、体育专业院校及具有艺术、体育专业的普通高校以及国家大剧院、中央芭蕾舞团、北京京剧院、中国合唱协会、中国儿童艺术剧院等8家社会力量单位，与全市140余所小学，通过在小学挂牌基地学校、特色学校、艺术家工作室、体育俱乐部等方式，全面参与小学文化建设、课堂教学、社团发展、教师培养、理论研究工作。2014年9月1日已在小学一年级正式实施，惠及近3万名学生。至2020年，逐步普惠到小学的其它年级。引入高等学校和社会力量的优质资源，发挥其在体育、美育等方面的优势和引领作用，全方位、多样化、深层次地参与小学体育、美育工作。

开展丰富多彩的阳光体育活动，加强统筹协调，提高活动实效。组织开展首都高等学校第53届学生田径运动会、阳光体育北京市第52届中学生田径运动会，通过体育活动和体育赛事检阅学校体育教学和训练工作的成果，同时让更多的学生参与体育锻炼，达到增强体质的目的。

加大体育课程改革力度，科学规划和创新教育教学内容，探索体育与品德、语文、历史、艺术等学科课程的融通。研究制定体育与健康教学质量标准，加强教学质量监测。开展第八届中小学生《国家学生体质健康标准》测试赛，促进青少年体质的提升。16个区县及燕山地区346所中小学校参加测试赛，测试人数10380人。抽测人数占所测年级总人数3.5%。

艺术教育工作

加强中小学艺术教育，完善和改进课堂教学、课外活动、校园文化建设三位一体的艺术教育推进机制，推进四个全国农村学校艺术教育实验县工作，抓好中华优秀文化艺术传承学校建设工作。

市区两级教育行政部门整合属地体育、艺术、校外教育等资源，横向联动支持小学发展。制定并印发《北京市学生金帆艺术团管理办法》和《北京市学生金鹏科技团管理办法》。组织专家组对金帆团和艺术教育特色校、金鹏科技团和科技示范校、阳光少年艺术团进行评审和认定，加强对特色学校的规范化管理。开展艺术教育品牌系列活动，全面展示艺术教育成果。组织开展第17届北京学生艺术节、第三届北京国际青少年艺术周、“青春永恒——2014北京艺术院校成果展演”等系列活动，用艺术的形式宣传社会主义核心价值体系、大力弘扬优秀的民族传统文化。

科普教育工作

充分利用社会资源，拓展科普教育渠道，广泛开展科技普及活动。与市科协共同主办第34届北京市青少年科技创新大赛，举办“快乐科技·梦想起航”第32届学生科技节，组织各区县中小学生参加全国科普周北京主场活动，开展学生机器人智能大赛等多项竞赛活动，举办“快乐科技·梦想起航”科技文化夏令营、青少年翱翔科学论坛系列活动。为学生搭建社会实践、展示才华的舞台，通过多项科技活动，增强学生的创新能力和实践动手能力。

校外教育工作

实施义务教育阶段体育、艺术“2+1项目”工程，进一步推进中小学生素质教育的全面实施，提倡通过政府“购买社会服务”的形式，充分利用每天下午3：30～5：00时间，让更多的校外教育机构和兼职辅导员、志愿者进校园组织中小学生开展丰富多彩的体育、文艺、科普等各类兴趣和社团活动。

启动2014年北京市“圆梦蒲公英”暑期主题活动，让学生度过一个快乐、愉快而又有意义的暑假。举办第四届中学生模拟联合国大会、首届全国中学生朗诵大会等系列活动，评选42个青少年学生校外活动基地，表彰校外教育先进集体和先进个人。投入2210万元作为市政府为民办实事项目，为10个远郊区县再建47家乡镇校外活动站，进一步推进校外教育的均衡发展，不断提升农村校外教育活动水平。

学校卫生工作

加强健康监测与健康教育，完善市、区、校（托幼机构）三级管理，教育、卫生、督导、专业机构、学校多方合作综合干预的防控机制，发动社会、家庭、学校全方位开展健康教育工作。

印发《北京市中小学心理健康教育工作纲要（修订）》，明确中小学心理健康教育的目标，促进学生身心和谐可持续发展。发布《北京市中小学生健康膳食指引》，呼吁家长和学校共同纠正中小学生不合理的膳食结构，提升身体素质。召开心理素质教育工作会，举办心理健康教育观摩周，成立首都大学生心理援助中心，通过各种形式的活动，进一步推进中小学生素质教育的全面实施。

国防教育工作

开展形式多样的国防教育活动，提升学生的国防意识。组织开展高校军事定向越野比赛、国防教育主题演讲、第14个全民国防日系列活动及国防知识网络知识竞赛、海洋国土观主题教育等活动。发放国防教育读本、召开高校国防教育论文报告会，提升青少年学生国防意识和国防观念。启动和实施北京市中小学国防教育示范学校评选工作。

（张志华　冯雪）

德育工作

【启动家庭教育公共服务项目】 1月，市教委启动“伴随成长·父母学院”家庭教育公共服务项目。项目面向2013年秋季入学的小学一年级学生家长，通过每周向家长手机发送彩信、微信公共账号以及北京数字学校网站同步发布的方式，免费为学生家长提供家庭教育指导和服务。自1月10日至12月12日，累计发送信息50周次，发送指导信息366万条，覆盖16个区县，166000户家庭。

（冯雪）

【举办第二届中学生社会实践挑战赛】

1月，市教委举办第二届北京市中学生社会实践挑战赛成果展示会。会上，北京市第一六六中学、北京市华夏女子中学、华中师范大学第一附属中学朝阳学校、北京市第一〇一中学、北京顺义国际学校的五个社会实践团队分享过去一年参与社会实践的经历和体会。其中，一六六中的“派乐队”多次参与校内外公益演出，累计向中国红十字会捐款上万元；华夏女子中学和华中师大一附中朝阳学校学生开展传递环保意识、弘扬传统文化活动；一〇一中项目团队为打工子弟小学捐建图书馆，延续学校支教献爱心活动；顺义国际学校学生为学校附近村子里的孩子开设武术课，传递积极健康的生活方式和阳光大气的精神风貌。活动在华中师大一附中举办，北青教育传媒中学时事报编辑部承办，来自北京教科院、中国教育学会专家现场点评学生的社会实践作品。市、区教委有关负责人参加展示会。2013第二届比赛共征集来自11个区县近百所中学的学生社会实践作品300余件，涉及社会、公益、游学等多个类别。活动评选出最佳优秀案例10个、创新奖46个。该挑战赛2012年创立，旨在激发中学生参与社会实践的积极性和热情，推动中学生社会实践活动迈向更高水平，促进中学生综合素质的提升。

（张晓兰）

【举办数字德育网上冬令营和夏令营】 1月31日至2月28日和7月12日至9月7日，市教委分别举办中小学网上冬令营和夏令营活动。市教委依托北京市中小学数字德育平台，设置中小学冬令营和夏令营专栏，以“社会实践我先行”为内容，开设时事评论抒你心声、假期生活由你点亮等栏目，开展网络互动活动。

（王昱人）

【启动小学主题宣传暨网络媒体进校园活动】 3月18日，市教委举行北京市小学“魅力学校·文化育人”主题宣传暨第三届网络媒体进校园活动启动仪式。仪式上，海淀区教委介绍实施“绽放计划”，推进“四个十”工程，指导区域内学校积淀办学文化，走内涵式发展之路的思路和做法，海淀区七一小学、中国人民大学附属中学实验小学、中国农业科学院附属小学分别介绍魅力学校创建相关情况。启动仪式后，七一小学的学生展示旗语、芭蕾、健美操等特色课程。该活动扩大优质教育覆盖面和影响力，同时展示近年来全市各区县和学校加强学校文化建设、提升文化育人功能、促进学生健康成长、全面发展成果。市委教育工委、市教委相关领导，海淀、东城、西城区教委以及部分小学的相关负责人、专家学者、媒体记者约100人参加启动仪式。

（张晓兰）

【举办“世界地球日”宣传周活动】 4月22日，第45个“世界地球日”主题宣传活动周启动仪式在北京育才学校举行。启动仪式上，来自育才学校、香港培正中学10名中学生共同发出“爱护自然、保护地球，从我做

起”的倡议。与会领导向育才学校学生代表赠送科普图书，与该校中学生共同观看地球日科普剧表演，听取《地球表面多样性》专题科普知识讲座，参观地质化石标本展示。活动由市国土资源局、市科委、市地矿局、西城区政府共同主办。“世界地球日”定于每年4月22日，是一项世界性的环境保护活动，旨在向公众宣传国土资源国情国策，促进资源开发与环境保护的协调发展，提高公众节约集约利用资源意识，普及地球科学技术知识。本年“地球日”活动以“珍惜地球资源，转变发展方式——节约集约利用国土资源，共同保护自然生态空间”为主题。

（马卫庆）

【认定首批104所学校文化建设示范校】 4月30日，市教委印发《关于认定首批中小学学校文化建设示范校的通知》。通知认定北京市第一师范学校附属小学等104所学校为北京市首批中小学学校文化建设示范校。该项工作于2013年10月启动，为落实《北京市“十二五”时期教育改革和发展规划》关于“加强校园文化建设，评选500所中小学校园文化建设示范校”的要求，计划在2013至2015年培育和推出500个中小学学校文化建设示范校。示范校经学校自评、各区县初审并推荐，由教育行政部门、相关领域专家及校长代表组成工作组，通过实地考察和听取汇报相结合的形式检查验收，最终确定入选学校名单。中小学学校文化建设是社会主义先进文化建设与发展的重要组成部分，是建设社会主义和谐社会的重要内容，也是学校内涵发展的重要环节。4月9日，市教委召开北京市中小学第二批学校文化建设示范校创建活动启动暨培训会，动员和部署第二批文化建设示范校创建活动，解读相关创建指标并明确工作要求。第二批创建活动由市、区两级共同组织开展，拟创建200所学校文化建设示范校。

（向姣姣）

【举办首届社会大课堂学习成果评选展示活动】 4月30日至12月，北京市中小学生社会大课堂管理办公室举办首届“北京市中小学生社会大课堂学习成果评选展示活动”。活动以“博物馆伴随我成长”为主题，结合博物馆之春活动，引导学生进入博物馆学习常态化、生活化、休闲化。活动共收到学生成果266项，评出金、银、铜奖219项，其中，金奖67项（小学组21项、中学组14项）；收到教师方案185项，评出一、二、三等奖152项，其中，一等奖32项。

（李滢）

【召开市中小学学校文化示范校建设项目现场会】 5月15日，市教委举办的北京市中小学学校文化示范校建设项目现场会在北京市第十八中学召开。会议听取十八中校长题为《北京市第十八中学学校文化示范校建设报告》，详细阐述学校的办学规模、办学优势和办学特色，学校历史发展阶段及理念传承，学校办学理念体系建设，学校办学实践体系建设尤其是学校课程文化建设，学校文化建设存在的问题与下一步工作计划。会后针对学校文化价值提炼、整体课程设置等问题进行交流讨论。会议邀请北京师范大学研究员、原丰台教师进修学院院长、大兴知名校长、丰台教委中教科等专家20余人参加会议。

（顾晓彬）

【举办优秀学生事迹报告会】 6月20日，市教委、市委宣传部、首都精神文明办、团市委联合举办2014年北京市优秀中学生事迹报告会。北京市陈经纶中学、北京市十一学校、北京市第六十五中学、顺义区第五中学、北京师范大学附属中学、通州区潞河中学“天使之声”青年志愿者服务队6名学生代表，分享自己在实践中为实现梦想而努力奋斗的感人事迹。市教委及主办单位领导、区县教育行政部门负责人和部分中学校长、中学生代表300人参加报告会。更多感动青春人物的事迹汇编成2014年《感动青春》书籍，发放至每所中学。

（冯雪）

【举办七彩蝶大型公益活动】 6至12月，北京市中小学生社会大课堂管理办公室举办2014北京市中小学生“走进七彩蝶乐园，畅想美丽北京梦”大型公益活动。活动期间，每周末为参与活动的师生和家长举办蝴蝶放飞活动，同时举办“蝴蝶梦·中国梦”主题演讲比赛。共计10万人次参加活动。市中小学生社会大课堂管理办公室设在北京学生活动管理中心。

（高付元）

【中小学培育和践行社会主义核心价值观】 8月29日，市教委召开北京

市中小学培育和践行社会主义核心价值观暨北京市教育机关领导干部联系中小学工作部署会。会议强调在中小学培训和践行社会主义核心价值观工作中，要注重宣传教育，引导学生记住要求；要坚持典型引路，引导学生心有榜样；要强化实践体验，引导学生从小做起，更加强指导服务，引导学生接受帮助。苟仲文参加会议并讲话，杨晓超主持会议。两委一室及区县主管教育工作领导，市级和区县教育机关处级干部，以及200所被联系中小学校的校长等近600人参加会议。9月24日，市委办公厅、市政府办公厅印发《北京市中小学培育和践行社会主义核心价值观实施意见》。意见要求切实将习近平总书记提出的“记住要求、心有榜样、从小做起、接受帮助”16字要求落到实处。要求用通俗易懂的方式让学生记住社会主义核心价值观的基本内容和实践要求；发挥课堂教学主渠道作用；教育引导中小学生传承中华优秀传统文化；进一步加强学校文化建设，注重学校文化熏陶浸润。意见要求强化实

践体验，引导学生“从我做起”“积极参加志愿服务”“知行统一”。意见同时提出实施“一十百千工程”，要求每名学生在中小学学习期间至少参加一次天安门广场升旗仪式，分别走进一次国家博物馆、首都博物馆、抗日战争纪念馆；至少参加十次集体组织的社会公益活动，观看百部优秀影视作品、阅读百本优秀图书，学习了解百位中外英雄人物、先进人物的典型事迹和优秀品格。至年底，市教委在中小学开展社会主义核心价值观教育系列活动。在小学生中开展唱响社会主义核心价值观新童谣，将学生自编的《社会主义核心价值观新童谣》印制成册发放到学校。在中学生中开展读美德故事、“发现身边的美”微电影大赛及中学生社会实践挑战赛等系列主题教育活动。活动收到小学生“读美德故事”读后感800篇，中学生微电影作品160部，学生社会实践活动材料200份。

（冯雪　张晓兰）

【高校培育和践行社会主义核心价值观】 8月29日，市委教育工委、市教委召开北京高校培育和践行社会主义核心价值观工作部署会。会议强调，高校既要加大宣传，还要把培育和践行社会主义核心价值观融入高校育人的全过程。要在践行上下功夫，切实做到人人参与、个个主体；要在创新上下功夫，拓展工作平台，创新话语体系，开展理论研究，切实做到让社会主义核心价值观喜闻乐见、入脑入心。会议听取北京大学、北京工业大学交流发言。苟仲文参加会议并讲话。两委一室相关人员及各高校党委书记、主管宣传和学生工作的校领导参加会议。与此同时，市委办公厅、市政府办公厅印发《北京高校培育和践行社会主义核心价值观实施意见》，要求高校全面加强社会主义核心价值观宣传教育，并把培育和践行社会主义核心价值观融入教育教学全过程。同时广泛开展培养社会主义核心价值观的教育实践活动，具体包括开展中国梦主题教育活动、开展道德实践活动、开展志愿服务活动、开展中华优秀传统文化教育活动、开展校风校纪校容建设活动等。

（张晓兰）

【优秀少儿影片和连环画进校园】 9

月1日，市教委开展优秀少儿影片和连环画进校园工作。首批100部影片和274册7280套（每套274册）连环画，通过北京市中小学数字德育网向中小学生推送。优秀少儿影片和连环画涵盖传统文化、红色经典、优秀人物、历史地理、科普知识等题材，把社会主义核心价值观的要求转化为学生可学、可模仿的人物形象，以鲜活的事例引导学生理解社会主义核心价值观的内涵。

（王昱人）

【举办博物馆与学生价值观培养论坛】 9月22日，北京市中小学生社会大课堂管理办公室举办“高校博物馆与学生价值观培养教育论坛”。论坛围绕各博物馆“实物教学”经验，博物馆资源与学生社会大课堂结合所面临的现状与机遇，如何发挥博物馆“第二课堂作用”展开讨论，提出将博物馆学习与课堂教学有效结合，发展博物馆教育，架构共享共生的教育生态圈建议。论坛与民族博物馆联合中国高校博物馆专业委员会等6家单位共同主办，北京大学赛克勒考古与艺术博物馆、中央美术学院美术馆、清华大学标本馆等近20家博物馆以及北京市文物局、海淀区教委等近10家相关单位参加活动。

（李滢）

【启动中小学“四个一”活动】 9月，市教委启动北京市中小学生“四个一”活动。要求每名学生在中小学学习期间至少参加一次天安门广场升旗仪式，分别走进一次国家博物馆、首都博物馆、抗日战争纪念馆。市教委制定教师培训、活动交接、评价反馈等工作制度，并委托北京教育科学研究院研发学生实践学习任务单，提供教学资源支持。市教委要求各区县和学校在参观活动中，注重事前、事中、事后的教育活动设计，采取馆前准备，馆中教育，回校交流的三阶段教学模式，有效固化教育成果。至12月，北京市所有初一年级学生10万人参加“四个一”活动。该活动依据市委办公厅、市政府办公厅印发的《北京市中小学培育和践行社会主义核心价值观实施意见》开展。

（冯雪　张晓兰）

【举办首届全国中学生朗诵大会】 10月18日，首届全国中学生朗诵大会在北京市第一〇一中学举办。大会以“雅言传承文明，经典浸润人生”为主题，分为开幕式、比赛、名家朗诵会3个板块，比赛按年龄分为初中组和高中组两个赛场，参赛选手抽签决定出场顺序，组委会邀请国内朗诵界专家5人担任评委，采取无记名打分形式裁判。来自北京、上海、山

启动中小学“四个一”活动

东、江苏、浙江、吉林等省市的18所中学的70余名中学生参加角逐。经专家评审，分别评出初中组、高中组特等奖各1个，一等奖7个、二等奖9个。此次活动由北京教育系统关工委、北京市第一〇一中学联合主办。教育部、市委教育工委、市教委、北京教育系统关工委、中国传媒大学等单位相关负责人参加活动。近300名中小学生到场学习观摩。

（张兴华　张欣）

【举办“理论名家讲堂”】　10月29日，市委教育工委举办的“理论名家讲堂”首都大学生形势政策报告会在北京工商大学召开。报告会听取国防大学教授王宝付《当前世界军事形势与中国国防现代化》报告，论述当前世界军事形势的问题及特点、世界大国在重点领域军事战略之争以及我国国防现代化面临的机遇与挑战等内容，并就一些热点问题与学生进行交流。来自北京交通大学、中央民族大学、北京舞蹈学院等高校学生代表500余人参加学习。

（赵国伟）

【举办中小学生低碳环保系列教育活动】　10至12月，市教委举办第四届北京市中小学生低碳环保系列教育活动。活动以“远离雾霾，从我做起”为主题，通过网络答题、摄影、DV及微电影作品征集、低碳环保实践营等形式，面向全市中小经学生开展活动。活动分为小学组、初中组、高中组，每组各设一、二、三等奖。该活动由北京学生活动管理中心承办。

（赵茜）

【举办中学生节能减排知识大赛】　11月24日，市教委和市发改委联合主办2014年度北京市中学生节能减排知识大赛决赛。12支代表队分别参加初中组和高中组两个组别的市级决赛，经过角逐，北京市景山学校、延庆县第八中学获得初中组一等奖；北京市第二中学、北京市第十二中学获得高中组一等奖。比赛旨在面向北京市中学生普及节能减排与可持续发展知识，宣传生态文明建设与节能减排国家行动，推进绿色北京建设，号召全体学生在节水、节能、节粮、节地、节材、环境保护方面做出自己的贡献，提高青少年节能、环保、可持续发展的社会责任感，倡导低碳的生活方式，带动社会、家庭共同关注节能减排建设。比赛分为区县选拔赛、市级预赛、市级决赛三个阶段，16个区县共推荐32所学校参加市级预赛。

（李华勇　王鹏　王咸娟）

【举办毒品预防专题教育培训交流活动】　11月28日，市教委、市禁毒办、北京教育科学研究院联合举办2014年度北京市中小学毒品预防专题教育培训交流活动。交流活动包括观摩顺义区初中高中学段获奖教师专题预防教育课、为88名市级中小学毒品预防专题教育优秀教学设计教师颁奖。各区县教委相关负责人及部分中学校长、教师代表参加活动。

（沈柳莺）

【召开中小学阅读指导活动总结表彰会】　12月23日，市教委召开第四届“书香燕京——北京市中小学阅读指导活动”总结表彰会。会议表彰优秀组织单位和征文获奖师生。各区县教育装备部门领导、获奖学校和学生代表110人参加会议。第四届“书香燕京——北京市中小学阅读指导活动”以“我爱地球”为主题，通过阅读相关书籍、撰写征文、知识竞答等方式，引导学生认知地球、热爱自然、保护环境，表达爱家园、爱环境、人与自然和谐相处的美好愿望。该活动4月23日启动，全市共有553所中小学校参与，征集师生征文69514篇。

（陶小红）

【举办博物馆之春活动】　12月28日，市教委举办第二届“博物馆之春”中小学生社会大课堂学习成果评选展示活动。活动以“博物馆伴随我成长”为主题，学生以不同方式展示走进博物馆的学习成果和收获。教育部、国家文物局有关部门负责人，各区县教委、社会大课堂办公室、中小学教师学生代表，及社会大课堂资源单位代表300人参加活动。博物馆之春活动启动于4月30日，活动向所有区县中小学校发放《走进博物馆》丛书150万册，在中小学生数字德育网发布“2014年北京市中小学生社会大课堂资源单位寒暑期活动资讯”，40万名中小学生以家庭形式走进资源单位参加活动。活动由北京市中小学生社会大课堂管理办公室承办。

（冯雪　李滢）

【召开中华优秀传统文化教育交流研讨会】　12月30日，市教委召开北京市小学中华优秀传统文化教育交流研讨会。会议总结“读美德故事，做一个有道德的人”主题实践活动成果。东城区和平里第九小学、北京第二实验小学永定分校和燕山向阳小学分别作主题报告，从学校角度交流开展主题活动的做法和经验。通州区教委作题为《弘扬传统文化、培养中华美德》的主题报告，介绍通州区教委以经典文化、节日文化和运河文化“三化”为载体开展中华优秀传统文化教育的探索与实践。各区县教委相关负责人、小学校长共260人参加会议。

（冯雪）

【开展节水主题系列活动】　至年底，市教委、市水务局共同开展2014年北京市教育系统节水主题系列活动。在中小学开展上一堂节水课、做一次节水实验、提一个节水建议的“三个一”活动；开展节水征文、方案、创意标识征集活动，共收到师生作品2400余件，经过专家评审，70篇节水征文、35个节水方案和35个节水标识获得相应奖项；开展节水先进学校与个人评选，共有66个单位和100名个人被评为市教育系统节水示范学校和先进个人；组织高校、中小学师生参加节水宣传员教育培训，参培人员均获得市节水管理中心颁发的“北京市节水宣传员”证书，并承担起节水宣传责任，带动社会、家庭和个人共同推动节水型社会建设。

（李华勇　王鹏）

专门教育

【概况】　2013年，北京市共有工读学校6所，班级40个。教职工286人，其中专任教师195人。学生入校316人，离校330人，在校600人。

（向娇娇）

【海淀寄读学校与北师大签订合作协议】　9月23日，海淀寄读学校与北京师范大学签订“青春船长入校园”

协议。协议规定，双方共同开展法律宣传活动，提高青少年守法意识，北师大为海淀寄读学校提供具有爱心、耐心，拥有丰富法律知识并能够与青少年“有默契”的“青春船长”，时刻与寄读学生保持联系，开展普法教育；寄读学校为“青春船长”提供法律宣传的时间和舞台。协议有效期1年。

（王常智）

【举办办学经验交流活动】 10月17

日，市教委举办走进海淀寄读学校展示交流活动。活动以“关注差异，办适合学生的教育”为主题，交流办学经验。海淀寄读学校展示语文、益智等四大类37门校本活动课程，并作《办适合我们学生的教育》主题报告，介绍学校发展和课程建设的情况。海淀区教委指导加强工读学校特色办学的经验。区县教委主管领导、5所专门学校校长、部分教师代表和海淀区部分普通中学德育主管领导共150人参加交流活动。

（沈柳莺　王常智）

【召开学生教育个案分享交流会】 10月31日，市教委召开专门学校学生教育个案分享交流会。会议以“关注学生差异·照亮成长之路”为主题，选取东城古城职业高级中学等6所专门学校的典型案例，研究从心理研究、班主任工作等不同岗位案例，通过学校教师的情感关怀、发现学生的特点和密切家庭亲子关系等方法，对学生生活、学业和行为规范养成等方面展开教育指导。来自16个区县及燕山教委主管领导、义务教育阶段学校代表、农村山区寄宿制学校及专门学校的代表100人参加活动。市教委从2013年正式委托首都师范大学青少年司法研究与服务中心组成专项课题组，组织和指导6所专门学校的教师开展学生教育个案研究。6所学校分别组成校级个案研究小组，由班主任、学校心理教师以及德育主任共同研究学生教育个案。

（沈柳莺）

【举办专门学校学科教学设计评优总结交流会】 11月21日，市教委和北京教育科学研究院在东城区古城高级职业中学联合举办第二届北京市专门学校学科教学设计评优总结交流会。会议表彰优秀教学设计一等奖16个、二等奖25个、三等奖30个。与会教研员与教师代表就教学中的问题进行分组交流研讨。市教委、北京教科院相关领导、教研员，北京市6所专门学校校长、主管校长、科任教师参加活动。该评选始于3月，北京市6所专门学校教师提交139篇课堂教学设计参评，经学科专家组初评、复评等环节评选出获奖作品，其中，东城区获得英语学科和文秘专业一等奖，西城区获得化学、美术、地理学科一等奖，朝阳区获得语文、音乐学科和电工专业一等奖，海淀区获得数学、物理、心理、体育学科和计算机专业一等奖，丰台区获得生物、思想品德学科一等奖，门头沟区获得综合实践学科一等奖。

（沈柳莺　沈俊楠）

体育卫生

体育

【举办阳光体育中小学生乒乓球比赛】 1月19至22日，市教委举办阳光体育2014年北京市中小学生乒乓球比赛。比赛采取第一阶段分组循环，第二阶段交叉淘汰赛制，设置男女单打、男女双打和混合双打5个项目，分高中男女、初中男女、小学男女甲乙组和小学男女非京籍等14个组别。来自15个区县的106所中小学校533人参加比赛，决出冠、亚、季军各38人，其中，西城区、海淀区成绩突出。比赛与市体育局共同主办，由北京学生活动管理中心承办，西城区教委、西城区体育局以及北京市乒乓球运动协会协办，在北京市第六十六中学举行。

（李铮）

【举办金帆杯中学生排球比赛】 1月19至22日，市教委举办阳光体育2014年金帆杯北京市中学生排球比赛。比赛设男子、女子两个组别，男子组北京景山学校、女子组北京师范大学附属实验中学分获第一名。来自4个区县10所学校的120名高中生参加活动。比赛与市体育局联合主办，由北京学生活动管理中心承办，东城区教委、东城区体育局、北京景山学校协办。

（李铮）

【举办金帆杯中学生篮球比赛】 1月19日，市教委举办2014年金帆杯北京市中学生篮球比赛。比赛采取第一阶段分组循环，第二阶段交叉淘汰赛制，设高中男子组和高中女子组两个组别。男子组前三名分别为清华大学附属中学、海淀区和密云县第二中学，女子组前三名分别为清华大学附属中学、海淀区和北京市东直门中学。该比赛与市体育局共同主办，北京学生活动管理中心承办，北京市中关村中学协办。来自11个区县的20支队伍参加比赛。

（李铮）

【举办金帆杯中学生足球比赛】 1月，市教委举办2014年金帆杯北京市中学生足球比赛。比赛设高中男女两个组别，人大附中代表队和大兴区代表队分别获高中男子组和高中女子组冠军。来自7个区县的代表队和人大附中、八一中学、大兴一职4所基地校代表队参加比赛。该赛事与市体育局联合主办，由北京学生活动管理中心承办，北京市足球运动协会、海淀区教育委员会、海淀区体育局共同协办。

（李铮）

【举办阳光体育中小学生长跑比赛】

3月15日，市教委举办阳光体育2014年北京市中小学生长跑比赛。除高中男子组为6000米赛程，其余组别赛程均为3000米，分为小学男、女组，初中男、女组和高中男、女组。丰台王佐学校获小学组团体冠军，顺义杨镇二中获初中组团体冠军，清华附中获高中组团体冠军。比赛与市体育局共同主办，北京学生活动管理中心承办，丰台区教委协办。来自13个区县83所学校的594名中小学生参加比赛。

（李铮）

【举办高校田径运动会】　5月15至18日，市教委举办首都高等学校第52届学生田径运动会。比赛设100米、5000米、跳高、跳远、十项全能等23项，分甲、乙、丙、留学生四个组别。68所首都高等学校的校领导、教师和学生共2000人参加开幕式，1508名运动员参加比赛。清华大学、北京建筑大学、北京农业职业学院、中国石油大学分别获甲组、乙组、丙组以及留学生组团体第一名。比赛与市体育局联合主办，由北京市大学生体育协会、北京建筑大学承办。

（李铮）

【汇佳职院承办高校健身健美大赛暨教育论坛】　5月24日，第11届首都高校“汇佳杯”健身健美大赛暨北京高校健美健身教育论坛在北京汇佳职业学院举办。比赛设健美60公斤级、70公斤级和健身A组、B组4个级别。比赛由总裁判长和裁判组评出各级别冠军各1名。20所首都高校，80名选手参加比赛。比赛期间举办“北京高校健美健身教育论坛”和“北京汇佳职业学院体育服务与管理专业建设研讨会”，专家探讨健美健身行业的发展现状和前景，并对该院体育服务与管理专业的建设提出意见和建议。比赛由北京市大学生体育协会健美分会主办，汇佳职院承办。

（李旭昌）

【人大附中承办国际中学生足球赛】

7月23至28日，中国人民大学附属中学承办第四届北京杯国际中学生足球赛。比赛场地在人大附中三高体育训练基地，来自亚洲、欧洲、北美20支中学生足球队参加比赛。最终，人大附中队逆转俄罗斯路其能量队获得初中组冠军；韩国高中联盟5：1胜印尼雅加达中学生队，获得高中组冠军，美国新泽西全明星队和北京海超联队分获三、四名。

（邓丕来）

【参加全国学生运动会】　7月28日至

8月2日，北京代表团参加全国第12届学生运动会。比赛设田径、游泳、篮球、排球、足球、乒乓球、健美操、武术等项目。北京代表团以673分、16枚金牌、12枚银牌和12枚铜牌获团体总分第二名，奖牌榜第二名，获体育道德风尚奖，两篇论文获全国学校体育论文报告会一等奖。代表团包括运动员、领队、教练员和团部工作人员430人。该比赛由教育部、国家体育总局、共青团中央主办，共设118枚金牌、118枚银牌、118枚铜牌。

（李铮）

【举办阳光体育中小学生排球联赛】

9月13日至10月25日，市教委举办阳光体育2014年北京市中小学生排球联赛。比赛采取第一阶段分组循环，第二阶段交叉淘汰赛制，设12个组别，北京市西城区厂桥小学、北京市西城区黄城根小学（2个组别冠军）、北京医科大学附属小学、北京市三帆中学一队、北京五十五中学、北京理工大学附属中学一队、北京师范大学第二附属中学、北京市第一七一中学、北京一〇一中学、北京市第十二中学、北京师范大学附属实验中学分获各组别第一名。来自7个区县45支代表队的596名中小学生参加比赛。该赛事由市教委、市体育局主办，北京学生活动管理中心承办，东城区教委、北京景山学校协办。

（李铮）

【举办中小学生篮球联赛】　10月12日，市教委举办2014年北京市中小学生篮球联赛。比赛采取第一阶段分组循环，第二阶段交叉淘汰赛制，设高中男子甲组、高中男子乙组、高中女子甲组、高中女子乙组、初中男子甲组、初中男子乙组、初中女子组、小学男子组、小学女子组9个组别。东城区和平里第一小学获小学女子组第一名，海淀区翠微小学获小学男子组第　名，清华大学附属中学获初中女子组第一名，北京市第四中学获初中男子甲组第一名，北京市第一七一中学获初中男子乙组第一名，北京市顺义牛栏山第一中学获高中女子乙组第一名，北京市第五中学获高中男子乙组第一名，清华大学附属中学获高中女子甲组第一名，清华大学附属中学获高中男子甲组第一名。联赛与市体育局联合主办，由北京学生活动管理中心承办，海淀区教委、海淀区体育局、北京市中关村中学协办。来自13个区县的106支代表队参加比赛。

（李铮）

【举办和谐杯中小学生乒乓球联赛】

10月13日，市教委举办北京市第八届“和谐杯”乒乓球比赛暨北京市中小学生乒乓球联赛。比赛设男子团体和女子团体两个项目，共8个组别。北京市西城区厂桥小学分别获小学男子乙组和小学女子乙组冠军，北京市海淀区万泉河小学分别获小学男子甲组和小学女子甲组冠军，北京市顺义区杨镇第二中学获初中男子组冠军，北京市三帆中学获初中女子组冠军，北京市第六十六中学分别获高中男子组和高中女子组的冠军。14个区县的54所学校114支参赛队466名学生参加乒乓球赛。比赛与市体育局联合主办，由北京学生活动管理中心、北京市社会体育管理中心承办，西城区教委协办。

（李铮）

【举办阳光体育中学生田径运动会】 10月24至26日，市教委举办阳光体育北京市第52届中学生田径运动会。比赛设高中男子组、高中女子组、初中男子组和初中女子组4个组别，每个组别设17个项目，分A（城区组）B（郊区组）两组录取名次。海淀区代表队，朝阳区代表队，东城区代表队获A组团体总分前三名；顺义区代表队，通州区代表队，大兴区代表队获B组团体总分前三名。来自16个区县768名中学生参加比赛。运动会与市体育局联合主办，北京学生活动管理中心承办，丰台区教委、丰台区体育局协办。

（李铮）

【举办中小学生国家体质健康标准测试赛】 10月25至26日、11月1至2日，北京市中小学生第八届《国家学生体质健康标准》测试赛在首都体育学院举办。16个区县及燕山地区346所中小学校参加测试赛，测试人数10380人，抽测人数占所测年级总人数的3.5%。其中，小学五年级147所，测试人数4410人；初中125所，测试人数3750人；高中74所，测试人数2220人。抽测人数分布在大、中、小3类办学规模的学校中，抽签覆盖面大，有效提高测试样本的代表性和测试结果的科学性。测试赛由市教委主办，北京教育科学研究院和首都体育学院共同承办。

（沈俊楠）

【举办中小学生足球联赛】 10至11月，市教委举办2014年北京市中小学生足球联赛。比赛采取第一阶段分组循环，第二阶段交叉淘汰赛制，设高中男子组、初中男子组、中学女子组、小学男子甲组、小学男子乙组和小学女子组等11个组别。100余支代表队参加比赛。人大附中、北京四中、八一学校（2个组别冠军）、魏善庄中学、万泉小学、大兴旧宫一小、十八中附属实验小学、清华育才实验学校、潞城镇中心小学、东小口中心小学分别获各组别冠军。比赛与市体育局联合主办，由北京学生活动管理中心承办、北京市足球运动协会、海淀区教委、人大附中三高足球俱乐部共同协办。

（李铮）

【举办足球在校园小足球节】 11月22日，市关工委、中国青少年校园足球发展计划执行委员会、市教委、市体育局联合主办北京市“欢乐足球在校园小足球节”。活动由石景山区关工委、区教育关工委承办，来自14个区县22所小学600名小学生演示“聪明的狐狸”“指尖足球”“足球高尔夫”等足球游戏。石景山区电厂路小学、景山学校远洋分校获得足球游戏展示优胜奖。足球游戏创编是在陈成达、陈家亮、张俊秀、张京天、谢鸿钧5位足坛元老的倡导下开展的。足球游戏参照国内外有关资料，由北京体育大学创编。“欢乐足球在校园”活动共选用21个足球游戏，这些游戏蕴含足球运动的一些基本技巧，又适合学生特点，按照不同年级从易到难，逐步提高，带有很强的趣味性。全国关工委、教育部、国家体育总局等领导和全市中小学生代表参加活动。

（徐继先）

举办中小学生健美操比赛

【承办中国中学生篮球联赛北京赛区比赛】 11月29日，市教委承办2014～2015赛季中国中学生篮球联赛北京赛区比赛。比赛采取第一阶段分组循环，第二阶段交叉淘汰赛制，设高中男子甲组、高中女子组、初中男子组和初中女子组4个组别。北京四中获初中男子组第一名、清华附中获初中女子组第一名、东直门中学获高中女子组第一名、北京四中获高中男子组第一名。来自7个区县的28支代表队参加比赛。该赛事由中国中学生体育协会主办，市教委承办，中国中学生体育协会篮球分会、北京学生活动管理中心、北京市中关村中学协办。

（李铮）

【举办中小学生健美操比赛】 12月13日，市教委举办2014年北京市中小学生健美操比赛。比赛采用公开示分方法，设小学组、初中组、高中组、非京籍单人操组4个组别，5个单项。来自27个中小学、校外教育机构的242名运动员参加比赛。比赛与市体育局联合主办，由北京学生活动管理中心承办，北京地坛体育馆协办。

（李铮）

国防教育

【举办3场国防教育规范化培训】 4月12至13日，北京高校国防教育协会举办3场国防教育规范化培训。北京吉利大学、北京工业大学耿丹学院、北京财贸职业学院等27所高校的188名师生，参加2014年高校学生军事定向运动专门培训。中国人民大学、北京中医药大学等40所高校的国旗仪仗队指导教师、仪仗队员150人参加国旗仪仗队培训会。北京大学、清华大学、北京林业大学等42所高校的学生183人参加“首届北京高校学生网上兵棋推演”赛前培训。

（刘兆武）

【东城举办国防教育一日体验活动】 4月23日，东城区教委在阳光青少年国防教育综合实践基地举办第二届中小学生“阳光少年爱我中华”国防体验活动。板厂小学和分司厅小学300名四年级学生和教师代表参加活动。2所学校学生在国防基地教官带领下，举行简短开营仪式，开展军事队列训练、激光模拟对决和防灾急救技能演练等体验。国防教育综合实践基地是东城区教委为学生系统开展国防教育活动建设的集国防课程学习、实践体验活动为一体的教育基地。自2013年9月免费向东城区中小学生开放，先后有8000多名中小学生在基地开展国防体验活动。

（伊传锦　李银姬）

【启动海洋意识教育年主题系列活动】 4月25日，市教委启动2014年北京学生海洋意识教育年系列活动。活动以“海洋，我们的家园”为主题，面向大中小学、中等职业学校学生。内容包括海洋知识网络竞赛、百校巡讲及展览、主题绘画摄影及模型拼装比赛等系列活动。启动仪式上，国家海洋局宣教中心向北京市学生赠送《中小学海洋意识教育教材》，北京市七一小学学生表演“我爱蓝色海洋”。该活动由海军政治部、国家海洋局宣教中心、市委宣传部、首都文明办、市委教育工委、市教委、团市委7家单位联合主办，《现代舰船》杂志社、《海洋世界》杂志社及北京高校国防教育协会共同承办。6月18日至10月20日，北京高校国防教育协会举办海洋意识国防教育展板巡展活动，内容包括海洋国际法规、海防历史和海军装备建设等，以展板形式，分别在怀柔、顺义等6所军训基地以及北京农学院、中国矿业大学（北京）等8所高校巡展。活动期间，制作2000套（10张/套）海洋意识教育知识挂图发至各区县中小学，普及海洋知识，深化海洋安全意识。

（刘科）

【举办高校学生兵棋推演竞赛】 5月10至25日，北京国防教育协会举办首届高校学生兵棋推演竞赛。经过16进8淘汰赛、8进4晋级赛、4进2半决赛和2进1决赛，中国地质大学（北京）获团体冠军，北京大学获亚军、清华大学和北京中医药大学获季军。兵棋推演是军队传统的训练方式之一，是参训各方依托兵棋系统，按照一定规则进行的模拟对抗活动。

（王和中）

【举办军事定向越野公园联赛】 5月24日和12月14日，北京国防教育协会分别在通州大运河森林公园、大兴区清源公园举办2014北京高校学生军事定向运动春、秋季公园赛。比赛设匍匐穿越电网、快速通过探雷区、勇敢穿越封锁线、侦测敌台军事科目。首都师范大学、北京科技大学、北京财贸职业学院分别获高校精英组、高校普通组、高职组总团体第一名。35所高校的1400名学生参加比赛。

（王和中）

【耿丹学院成立国防教育协会】 6月，北京工业大学耿丹学院成立国防教育协会。协会是半军事化的学生社团，下辖国旗护卫队、退役大学生社团、定向越野队等。退役大学生社团成员均为退役大学生士兵，该社团主要参与和协助教师进行学院的征兵宣传、军训、国防教育等工作。耿丹学院是北京市国防教育协会会员单位。

（管书艳）

【开设高校军训学生“特训营”】 9月19至21日，市教委开展北京高校军训学生“特训营”活动。特训营以“在军训中放飞青春梦想”为口号，设置紧急结合、披挂步兵野战装具、土工作业挖卧射掩体等科目训练。100名特训营队员选拔自国际关系学院和北京联合大学7000名新生。该活动由北京高校国防教育协会和北京昌平盛华军训基地承办。

（王德峰　徐春生）

【海淀国防教育读本首发】 9月20日，海淀区教委举办海淀区全民国防教育日活动暨《海淀区中小学国防教育读本》首发式。该读本由区教委与区人武部编写，全书12万字，分小学、初中、高中三册，旨在规范和指导全区中小学国防教育工作，全面推动国防教育进校园、进教材、进课堂，将免费发放给全区中小学生学习阅读。此书出版填补海淀区中小学生国防教育教材空白，也是北京市首批区级国防教育读本。海淀区师生500人参加首发式。

（宋亚甫）

【召开高校国防教育论文报告会】 10月26日，市教委召开2014年北京高校国防教育论文报告会。各高校组织学生围绕学校国防教育撰写文章，20所高校选拔推荐34篇国防教育文章，32人进入预赛。11月23日举办论文报告会决赛暨颁奖大会。北京语言大学学生获特等奖，北京航空航天大学、中国传媒大学、北京联合大学学生获一等奖。参赛论文选手以论文报告形式，运用幻灯片（PPT）方式，展示对国家安全、海洋意识教育、学生军训和国防教育的认识和爱国情怀。

（王和中）

【举办职业院校国防教育主题演讲】 11至12月，北京高校国防教育协会举办首届职业校园国防教育主题演讲比赛。比赛以“青春系国防，共铸强军梦”为主题，分预赛、决赛两个阶段，设置高职、中职2个组别。在预赛基础上，按照组别推荐学生1至2人参加决赛。23所职业院校的40名参赛选手进入决赛。高职组、中职组分别评出一等奖3人、二等奖5人、三等奖7人、优秀奖5人。

（王德峰）

学校卫生

【发布《北京市中小学生健康膳食指引》】 3月18日，市卫计委和市教委联合发布《北京市中小学生健康膳食指引》。该指引旨在呼吁家长和学校共同努力，纠正当前中小学生不尽合理的膳食结构，提升学生身体素质。指引内容包括北京市中小学生健康膳食原则、中小学生每日摄入的食物量（量的要求）、中小学生每日摄入的食物种类（质的要求）、不同健康状况下学生膳食指导和对家长学校餐饮管理者建议五个章节，并首次对肥胖、血脂偏高、血压偏高、血糖偏高、低体重营养不良学生和营养素缺乏学生等6类不同健康状况的学生进行系统的膳食指导。

（邱小培）

【印发中小学心理健康教育工作纲要(修订)】 4月16日，市教委印发《北京市中小学心理健康教育工作纲要（修订）》。纲要明确中小学心理健康教育的目标是提高全体学生的心理素质，培养良好的个性心理品质，充分开发学生的潜能，形成健全的人格，促进学生身心和谐可持续发展，为他们健康成长和幸福生活奠定基础。主要任务一是开展面向全体学生，全面提高学生心理素质的心理健康教育；二是发现和疏导学生的心理、行为问题；三是创设良好的心理健康教育环境。指出中小学心理健康教育的主要内容包括认识自我、学会学习、人际交往、情绪调适、生涯规划等方面。要求中小学采取多种途径和方法开展心理健康教育，注意发挥各种途径和方法的综合作用，增强心理健康教育的实效。

（冯雪）

【召开心理素质教育工作会】 4月22日，2014年北京高校心理素质教育工作会暨首都大学生心理健康节开幕式在北京航空航天大学举行。会上，“北京高校心理素质教育工作基地”单位分别作经验交流发言，北京高教学会心理咨询研究会秘书长详细分析2013年心理危机事件的案例。会议为北京大学学生心理健康教育与咨询中心等8个“北京高校心理素质教育工作基地”颁发铜牌。市委教育工委、团市委领导及各高校学工部长、研工部长、心理咨询中心主任、心理教育教师及心理社团学生骨干共270人参加会议。市委教育工委于4月初启动市级高校心理素质教育工作基地评审工作。经过高校申报、专家评审等程序，决定在北京大学、清华大学、北京师范大学、北京航空航天大学、中国农业大学、北京交通大学、首都师范大学、首都医科大学等8所学校建立北京高校心理素质教育工作基地。基地将主要承担高校心理素质教育教师、辅导员班主任、学生骨干的心理方面培训、督导、教育活动等。市委教育工委每年为每个基地提供15万元工作经费。

（于海）

【开展健康科普讲座活动】 6月，市教委开展“防近视控肥胖”专家进校园健康科普讲座活动。市教委遴选专家40人组成专家组，到中小学，借助家长会、家长学校或家长专题培训等形式，开展健康科普讲座，向家长和教师现场授课，指导学生家长及教师保护学生健康，形成家庭、学校、社会联动的学生防病工作模式。

（宋玉珍）

【开展中小学生视力不良预警工作】 9月，市教委开展中小学生视力不良预警工作。制定《北京市中小学生视力不良警示工作方案》，确定工作目标，安排职责分工。具体工作内容包括：分级开展视力不良防控效果评估、通报视力不良分析结果，开展现场督导。市、区两级教育、卫生行政部门对视力不良Ⅱ级以上警示的区县及学校重点开展督导，区县、学校对发现的问题，及时查摆原因，制定整改措施。

（宋玉珍）

【举办心理健康教育观摩交流周】 12月2至5日，市教委、北京教育科学研究院联合主办第三届北京市中小学心理健康教育观摩交流周活动。活动以“学习·成长·幸福”为主题，以走进区县的方式开展。东城（南）、海淀、昌平、大兴等区县以“学习心理”为主线，围绕中小学心理健康教育活动课的设计与实施、学生学习指导与心育管理制度、校园文化活动与心理健康教育及心理健康教育教师的专业化发展等内容，交流经验。各区县教育行政管理部门、心理健康教育教研员、教师1100人参加活动。

（冯雪　任敬华）

【首都大学生心理援助中心成立】 12月10日，首都大学生心理援助中心在首都医科大学附属安定医院成立。中心面向北京高校推进建立24小时的首都大学生“绿色就诊通道”，开通“首都大学生心理援助业务合作与指导专线”，完成首都医科大学心理素质教育工作基地的年度培训任务，针对首都大学生心理援助的重点难点问题，开展科学研究任务。

（王于英）

【应用学生体质健康标准测试数据管理与报送系统】 12月，市教委应用国家学生体质健康标准测试数据管理与报送系统。该系统实现测试结果批量上报、在线标识学校和学生状态、自动核算成绩及查看、形成各类汇总表进行测试数据成绩评价等功能，已上报11201730人，包括中职学校13088人，高校315710人。北京市中小学学校上报率100%，共采集110万个体质数据。系统实现历年体质数据导入功能，并为高中综合素质评价系统提供数据接口，保证数据准确有效。

（周航）

艺术与校外教育

艺术教育

【确定21个北京阳光少年艺术团分团】 2月26日，市教委公布阳光少年艺术团评审、复审结果。市教委组织专家组评审区县教委新申报的10个艺术团分团，复审原有15个分团。专家组经过实地检查、听取汇报、查阅档案资料，与教师座谈，观看现场表演等程序，提出评审、复审意见。根据专家组意见，经研究，确定21个分团为北京阳光少年艺术团分团。该项工作开始于2013年12月。

（华蕾）

【召开中小学素质教育舞蹈课教学实践工作会】 2月28日，市教委召开北京市中小学素质教育舞蹈课教学实践工作启动会。会议介绍最新艺术课程——教育部专项委托项目成果“素质教育舞蹈”，旨在为各学校舞蹈教师培训和课程教学实践做好扎实推进的前期工作。会议听取素质教育舞蹈课程创建人、舞蹈教育家吕艺生教授做相关理论与实践的介绍。舞蹈学院成立“北京市学校舞蹈教育研究中心”，核心职能定位就是以舞蹈学院的最新科研教学成果服务于北京市中小学的舞蹈普及教育。会议由北京舞蹈学院承办，市教委相关领导、各区县教委行政主管及参与实践工作学校的主管校领导 60 人参加会议。50 所中小学校作为素质教育舞蹈课教学实践工作在全市范围内全面铺开的实践学校。"素质教育舞蹈课"是针对当前素质教育和未来普及型艺术教育实际需要而设计的舞蹈教育课程，围绕学生观察模仿、即兴表现、交流合作、创造求新和综合融化五项能力进行培养。

（华蕾　徐春生）

【举办学生艺术节】　4 至 8 月，市教委举办北京市第 17 届学生艺术节。活动以"阳光下成长"为主题，设置合唱、戏剧（京剧、校园剧、儿童歌舞剧）、行进管乐和室内乐 4 个项目及"我爱海洋"为主题的艺术作品展示，并赴内蒙古进行交流演出。节目内容要求紧扣主题，融思想性、艺术性、观赏性为一体，突出时代特征，校园特色和学生特点，展现当代青少年学生朝气蓬勃、健康向上的精神风貌。经过学校自主申报、区县初选、市级终评等程序，合唱、戏剧项目评出一、二、三等奖，行进管乐、室内乐项目评出一、二、三等奖，金帆团组展演评出特色奖，并选出节目指导教师奖，合唱、行进管乐项目评出最佳指挥奖，戏剧项目评出最佳创作奖。

（谢丹）

【举办北京国际青少年艺术周】　5 月 5 至 10 日，市教委举办第三届北京国际青少年艺术周——行进管乐嘉年华活动。活动以"和平、友谊、青春"为主题，共举办 5 场演出，3 场行进大师课，分别听取来自美国、马来西亚和台湾的大师课。来自马来西亚、中国台湾以及北京、重庆、江西、沈阳、合肥学生 3000 人参加活动。活动与市文化局、市政府外事办、国家大剧院、东城区政府联合举办。

（刘弦）

【清华附小承办首届儿童阅读论坛】
5 月 29 日，清华大学附属小学与中国儿童文学研究会教育研究中心联合举办首届北京国际儿童阅读论坛。论坛以"国际视野下的儿童理论与教学"为主题，主会场邀请美国儿童文学专家阿里达·艾琳教授作题为《小学阶段儿童阅读想象力培养的重要性》主题报告，从认知角度分析儿童发展不同阶段心理、思维的不同特征，并以经典儿童文学作品作为案例进行分析，说明通过阅读培养儿童想象力的重要性与可操作性，揭示阅读对儿童思维、想象力等发展的重要作用。活动观摩清华附小特级教师窦桂梅执教图画书作品《大脚丫跳芭蕾》示范课，该图画书作者美国图画书作家埃米·扬点评。邀请 6 名儿童阅读教育专家开展高端对话，从各自研究的角度提出儿童阅读对基础教育的重要价值，指出儿童阅读教育应该成为政府、学校家庭携手共营的教育工程。论坛分会场展示群文阅读"声音的故事"、整本书阅读《狼王梦》《草房子》3 节公开课。论坛同时特设一线教师阅读故事沙龙交流活动。来自国内外儿童文学专家，各高等院校学者，全国各小学、幼儿园教师代表等 1000 人参加论坛。

（隋敏方）

【市教育学会举办儿童书画大赛】　5 月 31 日至 6 月 4 日，北京市教育学会举办 2014 年"春苗杯"北京市儿童书画大赛。比赛以"快乐的童年"为题，作品围绕儿童自己幸福快乐的童年，构思新颖，表现形式丰富多彩。全市 110 万名中小学生参加比赛，经过评选，分别评出一、二、三等奖，并在六一儿童节召开总结发奖大会。

（陈登芳）

【举办民族艺术进校园活动】　10 月，市教委举办民族艺术进校园活动。30 家艺术团体演出 610 余场，其中，中小学演出 433 场、高校演出 93 场、专场演出 84 场。演出涉及昆曲、芭蕾、皮影戏等多种艺术形式，覆盖 16 个区县的近千所学校。活动由市委宣传部、市文化局、市教委主办，北京学生活动管理中心承办。该活动连续举办 9 年。

（张君）

【展示艺术院校教育成果】　11 月 5 日，市委教育工委、市教委、国家大剧院联合举办"青春永恒——2014 北京艺术院校成果展演"。活动以"光荣与梦想"为主题，设 4 个篇章，诠释和表达青年学生对正确世界观、人生观、价值观的不懈追求，呈现高等学校的教育教学成果。展演由中央音乐学院、中央戏剧学院、中央民族大学、北京舞蹈学院、中国音乐学院、中国戏曲学院、解放军艺术学院 7 所院校的优秀节目组成，演出形式包括民族音乐、歌舞、戏曲等，以及融汇中西的音乐剧、现代舞等内容。活动由北京学生活动管理中心承办。

（林清）

【举办纪念红军长征 80 周年活动】
12 月 26 日，市教委举办纪念红军长征 80 周年活动。活动展示红色经典史诗《长征组歌——红军不怕远征难》，采用系统、多样的艺术形式，借

举办北京国际青少年艺术周

助红色经典，通过集中展示方式，激发青少年学生爱国热情。活动由市委教育工委、市教委主办，北京学生活动管理中心、北京交通大学承办。2100人参加活动。

（刘弦）

【举办首都学生演出季活动】 12月，市教委举办首都学生演出季活动。演出包括15场器乐、合唱专场演出。东城、朝阳、延庆等9个区县32所学校4000人参加演出。首都学生演出季由市教委主办，北京学生活动管理中心承办，是中小学艺术品牌活动之一。该活动每年举办一次，选取各中小学优秀艺术团体节目展演。

（曹璐）

科技活动

【举办“感悟翱翔”分享论坛】 1月16日，北京市青少年科技创新学院“翱翔计划”第六批学员“感悟翱翔”分享论坛在北京市广渠门中学举办。来自数学与信息科学、物理与地球科学、化学与生命科学、人文与社会科学领域16名第六批学员分享他们的“翱翔”感悟。北京教育科学研究院、中国科学院心理所、中国人民公安大学、北京市中医研究所、北京市慈善基金会等单位领导和专家，以及各培养基地校长、“翱翔计划”工作负责人、指导教师，“翱翔计划”第七批及第六批全体学员、第五批学员代表，参与雏鹰建言的部分中小学生400人参加论坛。北京市青少年科技创新学院设在北京教科院。

（张强）

【214所学校入选中小学科技教育示范校】 2月26日，市教委公布北京市中小学科技教育示范学校评选认定结果。东城区府学胡同小学、北京市第四中学等214所学校为北京市中小学科技教育示范学校称号，原北京市中小学科技教育示范学校称号同时废止。2013年4至11月，市教委对北京市中小学科技教育示范学校重新评审和认定，经学校申报、区县审核、专家组评审和认定，并经市教委2014年第三次主任办公会议审议通过，最终确定入选名单。

（华蕾）

【举办市青少年科技创新赛】 3月27至30日，市科协、市教委、市科委、市知识产权局和房山区政府联合举办第34届北京青少年科技创新大赛。比赛以“感悟与分享——我的科学梦”为主题，设封闭答辩与评审、公开展示与交流、科普报告会、中外师生论坛、专项奖颁奖典礼、优秀科技成果展示等环节。经学校推荐、区县评审，1885项学生作品参加市级初评，196个学生项目和18个教师项目进入终评答辩，按13个学科公开展示答辩，由学科专家组成评审委员会，对参评项目分类评审，现场评出优秀项目一等奖92项、二等奖109项，国际优秀项目一等奖15项，二等奖16项，10项青少年科技实践活动及83幅少年儿童科学幻想绘画参加终评展示。来自12个国家和澳门特别行政区的17支代表队外宾97人、36个国际项目的30万学生参加比赛。比赛首次设科技辅导员参与终评问辩及公开展示环节，并首次评选北京“十佳科技教育创新学校”，该奖项每三年评选一次。

（邱小培）

【10人获第12届“市长奖”】 3月30日，北京青少年科技中心公布第12届北京青少年科技创新市长奖评选结果，10人获奖。该评选由市教委、市科委和市科协共同组织。经过资格审查、初评和终评答辩，专家组从终评候选人12人中评选出获奖者10人。北京青少年科技创新市长奖于2003年设立，每年评选一届，每届评选获奖者5人。2008年起增设“市长奖”提名奖，每年评选获奖者5人。2013年每年评选市长奖10人。

（邱小培）

第12届北京青少年科技创新市长奖

万若萌	北京师范大学附属实验中学
刘宏一	北京师范大学附属实验中学
刘雨鑫	北京景山学校
刘梦瑶	北京市第三十五中学
辛昱辰	北京市第十二中学
施一泓	北京市第一〇一中学
赵若辰	中国人民大学附属中学
赵嘉圻	北京市第四中学
傅彤	中国人民大学附属中学
彭博	北京市第二中学

（邱小培）

【召开“科学探案与创新人才培养”专题研讨会】 4月24日，北京市青少年科技创新学院“科学探案与创新人才培养”专题研讨会召开。会议举办“科学探案与创新人才培养”专题研讨，“科学探秘”联合创新实验室揭牌、“科学探案”创新人才培养协作体成立仪式，以“科学探案”主题建言现场评审的“雏鹰建言行动”现场会，北京市第八中学分校创新人才培养协作体成立仪式等内容。中国科学院院士、北京青少年科技创新学院名誉院长陈佳洱，中国工程院院士刘耀、徐建国，市科委、市教委、北京教育科学研究院、中国人民公安大学、中国社科院欧洲研究所、北京教育学院、北京教育考试院、市委组织部相关领导，以及北京大学、清华大学等高校部分主管校长和科研处工作负责人，各区县教委主管主任及中教科科长，“翱翔计划”培养基地、课程基地和雏鹰基地学校校长及工作负责人，中小学生代表约350人参加会议。

（张强　张延书）

【北师大实验中学学生获国际科学与工程大奖赛一等奖】 5月11至16日，北京师范大学附属实验中学高三（12）班学生万若萌参加第65届英特尔国际科学与工程大奖赛（Intel ISEF）。她撰写的论文《为什么陆生植物不含高效吸收绿光的光合色素——从自然选择的角度探究含藻红蛋白的藻类未能进化为陆生植物的原因》获得植物学科一等奖，获得用自己的名字命名一颗小行星的奖励。这是北京代表队自第62届英特尔国际科学与工程大奖赛第二次获得一等奖。英特尔国际科学与工程大奖赛是世界上最大的中学科学研究竞赛之一。万若萌，1996年出生，籍贯北京。她从追溯植物的进化过程开始，深入到探求藻类登陆时的奥秘，该研究主要回答为什么植物进化成为绿色，而不是更高效的黑色。她搭建一个研究藻类进化过程的装置，可以用于太阳能电池制造工艺的改进，以便提高效率。

（李波）

【举办青少年翱翔科学论坛分论坛】 6月12日和19日，北京市青少年科技创新学院分别举办“第六届北京青少年翱翔科学论坛”数学与信息科学领域、化学与生命科学领域分论坛。数学与信息科学领域分论坛在陈经纶中学举办。28所学校学员56人汇报47篇探究作品，并与现场领导、专家与师生进行交流，来自北京大学、清华大学、中国科学院等25家高校、科研院所、中小学校44名专家、特级教师作为评审专家参与活动。化学与生命科学领域分论坛在北京一六六中学举办。54所生源基地学员136人汇报101项探究作品，并与现场领导、专家、师生进行交流。市教委、市科委、翱翔学员及指导教师、家长代表500人参加论坛。

（张强）

【举办科技文化夏令营】 8月1日，市教委举办第32届北京学生科技节科技文化夏令营开营式暨科学实验表演。夏令营以“快乐科技，梦想启航”为主题，为期6天。学生代表以科技节小主人的身份，参与科技制作、科学实验、国防教育知识讲座及军事心理拓展等活动。该活动由市教委、市科委、市体育局、市环保局和市科协联合举办。来自16个区县、燕山地区及百年实验学校师生代表和科技企业代表共600人参加开营仪式。

（黄鑫）

【参加全国青少年科技创新大赛并获奖】 8月21至26日，北京代表队参加第29届全国青少年科技创新大赛。其中，北京市13个项目获青少年创新成果竞赛项目一等奖、4个项目获科技辅导员创新项目一等奖、31个项目获各类专项奖、7个项目获少年儿童科学幻想绘画一等奖、5个项目获优秀科技实践活动一等奖、6个单位获优秀组织奖。专项奖中，北京市第四中学刘梦琪参赛项目“老年人家庭健康服务需求分析及智能化产品设计”获得英特尔英才奖；北方交通大学附属中学杨永健参赛项目“吸沙成孔沙漠植树机的设计开发研究”、中国人民大学附属中学李一锦参赛项目“智能组合光影系统”、北京市第一〇一中学杨辰和张凌睿参赛项目“新型智能化叶表面PM2.5检测系统的研制”获得茅以升科学技术奖；中国人民大学附属中学吕宁一参赛项目“具有自启动功能的球轮机器人平台”、北京市第二中学分校袁意舒参赛项目“迷宫漏斗等三种蜘蛛步足自残行为和再生现象初探”获得高士其科普奖获；北京市中关村中学王文琛参赛项目“超声高温雾化法制备污水处理‘磁种子’的研究”获得周培源青少年科技创新奖。比赛以“中国梦·科学梦·青春梦”为主题。共评选青少年创新成果竞赛项目奖、科技辅导员创新项目奖、专项奖、少年儿童科学幻想绘画奖、优秀科技实践活动奖、优秀组织奖（省级优秀组织单位及个人和基层赛事优秀组织单位）6个奖项。来自31个省、市、自治区，新疆生产建设兵团、军队子女学校和香港、澳门特别行政区共35个代表队的学生49人和科技辅导员203人以及来自印度、挪威等13个国家的国际代表60人参加比赛。组委会邀请第65届英特尔国际科学与工程大奖赛获奖选手7人与参赛学生交流。比赛由中国科协、教育部、科技部、环保部、体育总局、共青团中央、全国妇联、国家自然科学基金委员会共同举办。

（邱小培）

第29届全国青少年创新大赛青少年创新成果竞赛项目一等奖（北京）

北京市第八十中学
　沈文琦　万鸣枫　中华草龟（Chinemys reevesiis）芳香化酶基因（Aromatase）的扩增及其功能探究

北京市第一〇一中学
　孟炤如　张雨婷　宋佳铭　烟囱灰肥对4种玉米生长及产量的影响

清华大学附属实验学校
　苗香　餐余猪骨制多孔炭净化含铬废水及其在锂离子电池中的应用

北方交通大学附属中学
　杨永健　吸沙成孔沙漠植树机的设计开发研究

中国人民大学附属中学
　李一锦　智能组合光影系统

北京市第一〇一中学
　杨辰　张凌睿　新型智能化叶表面PM2.5检测系统的研制

北京市中关村中学
　王文琛　超声高温雾化法制备污水处理“磁种子”的研究

北京林业大学附属小学
　李斯滕　我国一种新发现入侵物种——松树蜂危害特征的精细观察

北京师范大学实验小学
　王煜桐　水解明胶对明胶凝冻强度的影响及其应用研究

北京市第五中学
　柴雨稷　韦祎　光声现象的探究及分析

举办科技文化夏令营

北京市东城区史家胡同小学

王玥琳 小井盖大问题

北京市第二中学分校

袁意舒 迷宫漏斗等三种蜘蛛步足自残行为和再生现象初探

北京市第三十五中学

崔芳浩 乳酸杆菌I5007改善动物肉质的效果和机理初探

（邱小培）

第29届全国青少年科技创新大赛青少年科技实践活动一等奖（北京）

北京市朝阳区安贞里第二小学

《节约粮食 从我做起》安贞里二小科学调查体验活动

北京市朝阳区兴隆小学

植物生长探秘

北京市东城区史家胡同小学

“节粮在我身边——零米粒行动”史家小学科技实践活动

北京市朝阳区沙板庄小学

首都博物馆探秘

北京市育才学校

“体验农耕、节约粮食”科技实践活动

（邱小培）

【参加全国中小学信息技术创新与实践评选活动】 8月，北京市师生参加第12届全国中小学信息技术创新与实践评选活动（NOC）。活动以“学习·实践·创新”为主题，共设置12个赛项，包括网络语数外、动漫、视频、物联网创新设计等，来自全国32支代表队1500人参加现场决赛。学生获奖作品45件，包括恩欧希教育信息化发明创新奖2件，一等奖10件，二等奖25件，三等奖8件。教师参加信息化整合课例、微课程、校本教研等7个赛项，获奖作品221件，其中，恩欧希教育信息化发明创新奖10件，一等奖64件，二等奖129件，三等奖18件。总结表彰会评选海淀、西城、东城等10个区县为优秀组织奖。活动由中国教育技术协会和中国发明协会共同主办，中国信息技术教育杂志社、创新时代杂志社承办。NOC活动2002年启动，举办十一届，共5.5万所学校师生4800万人参与。

（周凯）

【举办学生科技节】 8至12月，市教委、市科委、市体育局、市环保局、市科协联合举办第32届北京学生科技节。科技节以“快乐科技，梦想启航”为主题，设置“三模二电”、金鹏科技论坛、天文观测、未来工程师、青少年创新思维、机器人智能大赛等20项科技竞赛。中小学生30万人参加科技节。12月20至21日，市教委举办北京学生特色科技活动展示暨第三十二届北京学生科技节闭幕式。市、区两级校外教育单位与部分北京市中小学科技教育示范学校、部分高校及科技企业代表共57家机构300个科技互动体验项目参加展示活动。

（蒋小建）

【24人获明天小小科学家奖】 10月29日，第14届“明天小小科学家”颁奖活动在北京市十一学校举办。北京市学生24人参加终评，中国人民大学附属中学李一锦获“明天小小科学家”称号，研究项目名称为“智能组合光影系统”，并获5万元奖学金；北京队5人获一等奖、10人获二等奖、8人获三等奖。该活动共有学生669人提交申报材料，经过资格审查和初评环节，最终评选出100人参加终评，其中9人弃权，实际参加终评91人。经过44名评委会专家的研究项目问辩、综合素质考察和知识水平测试等环节的评审，共评选全国“明天小小科学家”称号获得者3人，一等奖12人、二等奖35人、三等奖41人。活动由中国科学技术协会、中国科学院、中国工程院、国家自然科学基金委员会和香港周凯旋基金会共同主办。

（邱小培）

【举办学生机器人智能大赛】 11月22至23日和12月13至14日，市教委举办第三届北京市学生机器人智能大赛。比赛以“激情创造、挑战未来”为主题，涉及小学至高中的9个年级，项目设置包括与国际接轨的FTC机器人工程挑战赛、FLL机器人挑战赛和VEX机器人工程挑战赛，以及自主研发的机器人工程挑战赛和人形机器人控球对抗赛。14个区县240所学校和校外教育机构的学生2000人，组成480支队伍报名参赛。中国人民大学附属中学和海淀区青少年活动管理中心等35支参赛队分获FTC项目一、二、三等奖，北京市大兴区第三小学和北京市第四中学等98支参赛队分获FLL项目一、二、三等奖，北京大学附属小学和北京市第八十中学等66支参赛队分获VEX项目一、二、三等奖，朝阳区青少年活动中心和昌平区第一中学等35支参赛队分获人形机器人控球对抗赛项目一、二、三等奖，北京启喑实验学校和延庆县第二中学等80支参赛队分获工程挑战赛项目一、二、三等奖。

（张峥）

【举办中小学生科学建议奖活动】 12月18日，市教委公布第六届北京市中小学生科学建议奖名单。经过复审和答辩，评出科学建议奖10项、科学建议奖提名奖10项。科学建议奖新增集体项目征集和评比。共申报635个建议项目，内容涉及城市建设与管理、社区文化建设、环境保护、公共卫生与健康、农村建设与管理等领域。活动启动于5月。

（牛文国）

举办学生科技节

第六届北京市中小学生科学建议奖获奖名单

北京光明小学

王竣懿 关于开发官方环保APP宣传垃圾分类促进资源回收的建议

北京市第十三中学

刘晓宇 关于优化北京市道路绿化隔离带的建议

北京师范大学附属实验中学分校

栾松巍 关于用科技手段解决广场舞扰民问题的建议

北京市宣武区师范学校附属第一小学

王若兮 关于北京寺庙推行使用环保香的建议

吕梦娜 关于在互联网上建立介绍北京的文化和历史的二维码档案的建议

北京市第一〇一中学

张及晨 关于推广观星农家乐的建议

北京大学附属小学

韩宇哲 王南舜 关于在北京市各大新建社区增设儿童图书馆或已有社区图书馆设立儿童图书区（角）的建议

北京市丰台区丰台第一小学

孙晓莱 关于在社区开展青少年传统文化和非物质文化遗产教育的建议

北京市顺义区牛栏山第一中学

李子涵 关于在房山区建立“石文化”博物馆的建议

刘启慧 关于国家版图意识宣传教育进社区的建议

（牛文国）

校外教育

【举办中小学生环保主题演讲比赛】 3至6月，北京市校外教育协会举办北京市2014年度中小学生环保主题演讲比赛。比赛与北京市环境保护宣传中心等单位联合主办，以“清洁空气，我能做点什么”为年度主题，参赛选手通过个人知识积累、个人实践、体验，从不同角度分享践行绿色生活方式、参与大气污染防治的做法、体会和思考。比赛分为小学组和中学组，共有43名选手分别获得一等奖、二等奖、三等奖和优秀奖。

（王媛媛）

【评选校外教育理论与实践研究论文】 3至12月，北京市青少年学生校外教育工作联席会议办公室举办第五届北京校外教育理论与实践研究论文/活动案例评选暨研讨活动。共报送论文309篇，活动案例245篇。经专家评审，142篇论文获奖，其中，一等奖27篇、二等奖44篇、三等奖71篇；活动案例110篇，其中，一等奖22篇、二等奖34篇、三等奖54篇。32家校外教育机构、15家校外教育场馆、11所学校参与活动。

（邱小培）

【启动阳光少年活动】 4月23日，市教委举行2014年北京阳光少年活动启动仪式。111家各级各类校外活动场所、校外教育机构为中小学生举办科技、文化、艺术、体育、社会实践等校外活动1834项，同时举行阳光文化、科普进校园活动，18个校外活动场所把流动天文馆、电影课堂、三味书屋等活动送到10个远郊区县的乡镇校外活动站，实现优质校外活动资源共享。参加阳光少年活动的中小学生232万人次。市校外教育联席会议办公室、市教委对活动组织单位进行评选，经专家评选，56个单位获“北京阳光少年活动优秀组织奖”。

（崔向红）

【举办青少年自然科学知识挑战赛】 6月7至15日，北京校外教育协会与北京自然博物馆共同承办第二届“环球自然日——青少年自然科学知识挑战赛”。比赛由环球健康与教育基金会和北京市科学技术研究院主办，共有北京市中小学130支代表队参加比赛，其中，表演类40支、展览类90支。经过现场专家的评审，分别在小学表演组、小学展览级、初中表演组、初中展览组中产生40项奖项。比赛推选出15支参赛队于7月23至27日赴重庆参加全球总决赛，共获得国内组一等奖3项、二等奖8项、三等奖4项。

（阴少萌）

【北京教科院举办首届小学生绿色创新挑战赛】 6月28日，北京教育科学研究院举办北京市首届小学生绿色创新挑战赛。比赛以“未来城市——绿色畅想”为主题，经绿色产品展销会、绿色产品发布会、大小CEO面对面三个环节，评出绿色创意一等奖1个、二等奖2个、三等奖3个、优秀奖6个、未来领袖奖2个。市教委、教科院、区县国际课程项目负责人、学生代表130人参加活动。该挑战赛在2013年9月开展的《我们的城市》地方课程实验基础上举办。

（武泽钰）

【举办暑期“圆梦蒲公英”主题活动】

7月13日，市教委举办2014年北京市“圆梦蒲公英”暑期主题活动暨启动仪式。刘利民、杨晓超出席活动和启动仪式。门头沟、房山、密云、延庆、平谷、怀柔等区县的中小学生400人参加启动活动。“圆梦蒲公英”暑期主题活动是为让学生度过一个快乐、愉快而又有意义的暑假而开展，校外教育机构、乡镇校外活动站及公益性博物馆、展览馆、科技馆、图书馆、体育场馆等校外活动场所，安排科学普及、参观考察、图书阅览、艺术体验、社会实践、体育竞赛等140余项活动。

（崔向红 乔超新）

【举办老舍文学作品诵读活动】 8月22日至12月27日，北京校外教育协会和北京市文物局等单位共同举办2014年老舍文学作品诵读活动。活动以“诵读老舍·感悟北京”为主题，通过中小学校组织学生开展读书、参观和朗诵表演活动，并联合发出倡议，号召全市青少年诵读经典，多读书，读好书，弘扬和传承中华民族文化，以实际行动践行社会主义核心价值观。通过学校初赛推荐、网络投票复赛和专家评委决赛评选，共有212名学生、82名指导教师以及19所学校获奖。

（王媛媛）

【举办第四届中学生模拟联合国大会】 9月13至14日，市教委举办北京市第四届中学模拟联合国大会。会议以"追求卓越·放飞梦想"（Chase for Better）为主题，设置联合国大会第一委员会、安全理事会、联合国大会第三委员会、经济与社会理事会4个常规会场、1个特殊会场。特殊会场模拟重庆谈判历史事件。来自各区县69所中学的300名高中生参会。

（冯雪）

【评选42个青少年学生校外活动基地】 11月18日，市校外联席会议办公室命名第四批北京市青少年学生校外活动基地。中国园林博物馆、中山公园等42个单位入选。该评选依据《北京市青少年学生校外活动基地管理办法》，经市校外教育工作联席会议成员单位和区县青少年学生校外教育工作联席会议办公室申报，市青少年学生校外教育工作联席会议办公室、北京校外教育协会组织评审组评选，共评出校外活动基地42个。该项工作始于2008年起，共命名4批180家校外活动基地。市校外联席会议由市委宣传部、市教委、市财政局等单位共同组成，办公室设在市教委。

（崔向红）

2014年北京市青少年学生校外活动基地

中国园林博物馆
北京市中山公园
北京人民艺术剧院戏剧博物馆
中华世纪坛艺术馆
中国海关博物馆
北京庞各庄乐平农产品产销有限公司
北京留民营观光农业有限责任公司
绿源永乐农业科技发展有限公司
北京融青生态农业有限公司
北京蓝天航空科技有限公司
房山科技活动中心
北京龙乡腾飞种植农民专业合作社联社
北京泰华芦村种植专业合作社
延庆县科学技术馆
北京汽车博物馆
北京世界花卉大观园
北京市学生军训基地安全教育体验馆
北京平福和乐农业有限公司
通州区国际种业科技园区
东城区青少年国防教育基地
东城区第一图书馆
东城区天坛青少年活动中心
朝阳区垂杨柳教辅中心
朝阳区芳草地教辅中心
朝阳区黑庄户教辅中心
朝阳区酒仙桥少年之家
朝阳区望京教辅中心
朝阳区香河园少年之家
中国蜜蜂博物馆
国家农业科技展示园
北京尚庄度假村有限公司
北京市八宝山革命公墓
北京石景山游乐园
北京首钢源景文化发展有限公司
门头沟区琉璃渠中小学劳动艺术教育基地
门头沟区斋堂中小学革命传统教育基地
北京金华运河艺术有限公司
昌平区沙河少年之家
中国北方国际射击场
平谷区果品产业试验示范基地
北京平谷国家音乐产业基地
延庆野鸭湖湿地自然保护区

（崔向红）

【举办师生电脑作品评选】 11月19日，市教委公布第15届北京市中小学师生电脑作品评选活动获奖名单。共有2881件电脑作品参加评选，其中，参评学生作品1205件、参评教师作品1676件。经过组委会评选，评选出获奖作品1810件，其中，学生获奖作品570件、教师获奖作品1158件。共有147支代表队参加机器人竞赛活动，82支代表队获奖。

（潘东庭）

【表彰中小学生金银帆奖】 12月4日，市教委举行第28届北京市中小学生金银帆奖颁奖典礼。经评选小组评选，市委教育工委、市教委两委主任办公会讨论，市教委网站公示，共158人被授予金银帆奖。其中，金帆奖20人、银帆奖138人。金银帆奖主要表彰品学兼优，在国内外科技、艺术、体育等方面重大竞赛中取得优异成绩的学生，奖项设立于1987年。

（崔向红）

第28届北京市中小学生金帆奖

北京市第五中学
戚博轩　刘昊元　焦淳
北京市第五中学分校
唐欣睿　杨昊　于梦溪
北京市第五十中学
王京怡　张冉
北京景山学校
张可盈　岳芙娜
北京师范大学附属实验中学
万若萌
清华大学附属中学
谌玥　潘熙文　孙珂筱　王少杰
中国人民大学附属中学
杨蕙钰　黄可　李佳忆　曹静瑄
北京市大兴区第一中学
关亚欣

（崔向红）

【表彰校外教育先进】 12月12日，市教委表彰北京市校外教育先进集体和先进个人。依据《关于评选表彰北京市校外教育先进集体、先进个人的通知》，市校外教育联席会议成员单位，各区县校外教育联席会议办公室、区县教委按照评选标准和工作程序申报，经市评选工作领导小组办公室初审，市评选领导小组审定，确定表彰名单。表彰北京市校外教育先进集体50个，先进个人80人。

（崔向红）

【建设47个乡镇校外活动站】 至年底，市教委建设47个乡镇校外活动站。在协同10个远郊区县教委调研基础上，确定2014年建立乡镇校外活动站的名单，并组织3次乡镇校外活动站管理人员和辅导教师培训活动，共400人参加。10月，建成47个市级乡镇校外活动站，并为乡镇校外活动站举行颁牌仪式。

（崔向红）

（本栏责任编校　邱小培）

科学研究

2014年，北京地区高校开展科研活动的单位共101个，北京地区高校及附属医院共有教学与科研人员105352人，包括科研活动人员77255人；科研经费总投入222亿元；承担研究项目89374项；发表学术论文115143篇、出版著作5707部；获省部级及以上奖励579项；现有研究机构842个，当年经费内部支出86.7亿元，年末固定资产原值170.2亿元。

科技人员及投入

北京地区69所设有理工农医类高校（含25所附属医院）共有教学与科研人员72141人，包括具有教授职称8025人，具有高级职称1870人；研究与发展人员38483人；科技经费投入共203.6亿元，包括政府资金投入134亿元，企事业单位委托投入64亿元。市属39所设有理工农医类的高校（含16所附属医院）共有教学与科研人员30701人，包括具有教授职称1414人，具有高级职称6781人；研究与发展人员12691人；科技经费投入共26亿元，包括政府资金投入10.3亿元，企事业单位委托投入6.5亿元。

科技活动

北京地区69所设有理工农医类高校（含25所附属医院）共有科研活动机构587个；开展科技课题55018项，其中，研究与发展课题49090项，R&D成果应用及科技服务课题5928项，派遣进修访问学者4678人次，接受进修访问学者4446人次；出席国际学术会议30641人次，交流论文15613篇。39所市属设有理工农医类高校（含16所附属医院）共有科研活动机构120个；开展科技课题9121项，其中，研究与发展课题8759项，R&D成果应用及科技服务课题362项；派遣进修访问学者804人次，接受进修访问学者777人次；出席国际学术会议6770人次，交流论文2322篇。

科技产出

北京地区高校共出版科技专著473部，大专院校教科书445部，编著350部；发表学术论文80966篇，包括在国外学术刊物发表29166篇；SCI收录论文（科学引文索引）22200篇、EI（工程索引）19832篇、ISTP（科技会议索引）5328篇；鉴定成果193项，获奖成果512项，包括国家级奖65项，省部级奖380项。市属高校出版科技专著184部，大专院校教科书228部，编著121部；发表学术论文17328篇，包括国外学术刊物发表4871篇；SCI收录论文（科学引文索引）3070篇、EI（工程索引）1990篇、ISTP（科技会议索引）943篇；鉴定成果5项，获奖成果69项，包括国家级6项，省部级48项。

科技推广

北京地区高校共签订技术转让合同907项，总金额9.2亿元，实际收入7.2亿元；专利出售197项，合同金额1.6亿元，实际收入1.4亿元；申请专利11490项，授权7051项，包括申请发明专利10018项，授权5823项。市属高校签订技术转让合同105项，总金额0.5亿元，实际收入0.3亿元；专利出售27项，合同金额975.6万元，实际收入323.3万元；申请专利2426项，授权1142项，包括申请发明专利2002项，授权676项。

社科人员及投入

北京地区68所设有人文社科全日制普通本科的高校共有人文社会科学活动人员33211人，包括研究与发展（R&D）人员38772人；市属高校人文社会科学活动人员11634人，包括研究与发展（R&D）人员11114人。北京地区高校共筹集人文社科研究经费18.4亿元，其中，政府资金9.8亿元，企事业单位委托经费5.8亿元，其他资金经费2.8亿元；市属高校当年筹集社科研究经费3.6亿元，包括政府资金2.5亿元，企事业单位委托经费0.9亿元。

社科活动

北京地区68所设有人文社科全日制普通本科的高校共有在研人文社科课题34356项，全年投入人员折合7906.5人年，拨入经费14.1亿元；举办学术会议1364个，参加学术会议26284人次，提交论文11038篇；受聘讲学派出3697人次，来校受聘讲学5198人次。进修学习派出2685人次，来校进修学习2793人次。合作研究课题1245项。市属高校当年在研课题8002项，当年投入人员折合2262人年，拨入经费2.2亿元；市属高校当年举办学术会议247个，参加学术会议4885人次，提交论文1846篇。受聘讲学派出1309人次，来校讲学1309人次；进修学习派出1295人次，来校进修学习732人次；合作研究课题190项。

人文社科研究成果

北京地区68所设有人文社科全日制普通本科高校共发表学术论文34177篇，出版著作2145部，获奖成果199项。市属高校发表学术论文8626篇，出版著作546部，获奖成果41项。

其他

北京地区高校及其他教育单位在国家科技奖及国家教学成果奖中表现突出。其中，北京地区高校24项成果以第一完成单位（人）获国家科技奖。3所高校8个项目获得国家自然科学奖二等奖；1所学校1个项目获得国家技术发明奖一等奖，5所高校8个项目获得国家技术发明奖二等奖；1所高校1个团队获得国家科学技术进步奖创新团队奖，3所高校5个项目获得国家科学技术进步奖二等奖。北京学校及教育单位127项成果以第一完成单位（人）获得国家级教学成果奖。其中，基教类获奖39个，包括特等奖1个、一等奖8个、二等奖30个；职教类22个，包括一等奖6个、二等奖16个；高教类66个，包括一等奖11个、二等奖55个。

（张豫　张晓兰）

【24项成果获得国家科技奖】 1月10日，在2013年度国家科学技术奖励大会上，北京高校24项成果（通用项目）以第一完成单位（人）获得国家科技奖。其中，3所高校8个项目获得国家自然科学奖二等奖；1所学校1个项目获得国家技术发明奖一等奖，5所高校8个项目获得国家技术发明奖二等奖；1所高校1个团队获得国家科学技术进步奖创新团队奖，3所高校5个项目获得国家科学技术进步奖二等奖。该奖项由国务院设立，2013年度评选出自然科学奖一等奖1项、二等奖53项；技术发明奖一等奖1项、二等奖54项；科学技术进步奖特等奖1项、一等奖13项、创新团队奖3个、二等奖120项。

（张晓兰）

2013年度国家自然科学奖二等奖
（北京 第一完成单位）

北京大学
- 凯勒几何中的典则度量和里奇流
- 基于碳氢键活化的氧化偶联
- 寡糖的合成及某些基于糖类的药物发现
- 生物计算中数据编码与模型构建理论方法研

清华大学
- 量子通信与量子算法的物理基础研究
- 广义协调与新型自然坐标法主导的高性能有

北京航空航天大学
- 过渡金属及其化合物纳米材料的可控合成、微结构及相关特性
- 昆虫飞行的空气动力学和飞行力学

（张晓兰）

2013年度国家技术发明奖一等奖
（北京 第一完成单位）

清华大学
- 大型结构与土体接触面力学试验系统研制及应用

（张晓兰）

2013年度国家技术发明奖二等奖
（北京 第一完成单位）

北京大学
- 高效微生物及其固定化脱氮技术新方法及应用

清华大学
- 基于行驶环境感知与控制协同的汽车智能安全新技术及应用
- 下一代互联网4over6过渡技术及其应用
- 基于吸收式换热的集中供热技术

北京航空航天大学
- 飞机大型整体结构件测量/加工一体化关键技术及应用
- 高性能谐振式传感器关键技术及其应用

北京理工大学
- 高性能二次电池新型电极、电解质材料与相关技术

北京邮电大学
- 信息密度非均匀下的异构无线组网新技术

（张晓兰）

2013年度国家科技进步奖一等奖
（北京 第一完成单位）

清华大学
- 罗布泊盐湖120万吨/年硫酸钾成套技术开发

（张晓兰）

2013年度国家科技进步奖创新团队奖
（北京）

清华大学
- 辐射成像创新团队

（张晓兰）

2013年度国家科技进步奖二等奖
（北京 第一完成单位）

中国农业大学
- 干酪制造与副产物综合利用技术集成创新与产业化应用
- 干旱内陆河流域考虑生态的水资源配置理论与调控技术及其应用

首都医科大学
- 痴呆与轻度认知障碍的流行病学、发病机制和诊治应用研究
- 原发性闭角型青光眼发病机制与防治体系的建立及应用

中国矿业大学（北京）
- 煤矿岩巷全断面高效掘进关键技术与装备

（张晓兰）

24项成果获得国家科技奖

【73个项目获得教育部科技奖】 1月29日，教育部公布2013年度高等学校科学研究优秀成果奖（科学技术）名单，北京高校（含附属医院）73个项目以第一完成单位（人）获奖。其中，6所高校15个项目获得自然科学奖一等奖、7所高校18个项目获得自然科学奖二等奖；4所高校6个项目获得技术发明奖一等奖、7所高校7个项目获得技术发明奖二等奖；10所高校13个项目获得科技进步奖一等奖、11所高校14个项目获得科技进步奖二等奖。该评选由教育部主办，共评出自然科学一等奖42项、二等奖73项；技术发明一等奖28项、二等奖30项；科技进步奖一等奖124项、二等奖77项；推广类二等奖8项；专利奖二等奖1项。

（张晓兰）

2013年度教育部 自然科学奖一等奖

（北京 第一完成单位）

北京大学

原子核结构的相对论多体理论研究

有机光电材料的合成、器件化及构效关系研究

药物成瘾的神经机制及干预策略研究

中国木本植物分布及其与环境关系的研究

高性能碳基纳米电子器件

清华大学

化学修饰石墨烯的可控组装与复合

超短接触反应器基础研究和过程强化

网络计算的模式及基础理论研究

机械润滑与界面行为的电磁场调控

持久性有机污染物区域污染特征与物化控制原理

北京师范大学

细胞骨架对植物细胞增殖的调节

北京化工大学

化工纳微结构材料的分子设计与定向制备

中国矿业大学（北京）

煤中矿物质富集机理

北京理工大学

分数傅里叶分析理论与方法

分布式协同控制的智能优化与稳定性

（张晓兰）

2013年度教育部 技术发明奖一等奖

（北京 第一完成单位）

清华大学

水煤浆清华炉煤气化技术及应用

微量有毒污染物快速高灵敏检测的生物传感技术及仪器

中国农业大学

玉米重要营养品质优良基因发掘与分子育种应用

北京交通大学

标识网络体系及关键技术

北京航空航天大学

虚实融合关键技术及应用

机载高精度光学陀螺捷联惯性位置姿态测量系统关键技术及应用

（张晓兰）

2013年度教育部 科技进步奖一等奖

（北京 第一完成单位 通用项目）

北京大学

基于知件的知识获取、管理和知识服务平台

网络情报挖掘与管理系统关键技术及其应用

中国石油大学（北京）

低渗砂岩油藏渗流机理及提高采收率技术

中国农业大学

大流量双吸离心泵压力脉动调控与节能关键技术及应用

中国地质大学（北京）

焦家金矿床构造—矿化网络结构及深部找矿预测

中国矿业大学（北京）

深厚表土冻结立井高强高性能混凝土井壁材料及井壁破裂机理研究

华北电力大学

大型超超临界机组自动化成套控制系统关键技术及应用

北京航空航天大学

高超声速飞行器极端热环境模拟、测试、试验技术研究与应用

北京协和医学院

提高肺动脉高压诊断和治疗水平的关键技术研究

自体造血干细胞移植治疗恶性实体瘤的临床与实验研究

女性盆底疾病的基础与临床研究

北京建筑大学

环保沥青路面新材料研发与工程应用

（张晓兰）

【52个项目获得市科学技术奖】 3月25日，在北京市科学技术奖励大会上，北京高校（含医学院附属医院）52个项目以第一完成单位（人）获得北京市科学技术奖。其中，3所高校6个项目获得科学技术奖一等奖、9所学校15个项目获得科学技术奖二等奖、13所学校31个项目获得科学技术奖三等奖。该奖项由市委、市政府主持颁发，共有233项成果获奖，其中，一等奖26项、二等奖66项、三等奖141项。

（张晓兰）

北京市科学技术奖一等奖

（北京高校 第一完成单位）

清华大学

3D视频编码与大规模网络传输技术

低分辨人脸图像的重建与人脸识别

DTMB标准国际化关键技术及应用

体全息光学相关器及其在高速图像处理中的应用

中国石油大学（北京）

深部裂缝性油气储层预测与评价新技术及工业化应用重大成效

北京理工大学

系列化纯电动专用车关键技术及产业化

（张晓兰）

【32个项目入选提升计划项目】 5月，市属高校32个项目入选创新能力提升计划资助项目。项目选拔以充分发挥北京高校服务社会、助力产业技术升级和经济结构转型为宗旨，入选项目包括高端装备、节能环保、新材料等战略性新兴产业关键核心技术研究和破解京津冀协同发展中的财政、金融、服务业发展等问题研究。经过项目申请、学校推荐、专家评审等程序，市教委2015年度市属高校创新能力提升计划共资助项目32个，其中，科技类项目24个，人文社科艺术类项目8个。

（高飞）

2015年度市属高校创新能力提升计划科技类入选项目

北京工业大学

地铁隧道裂纹快速自动检测系统

高超发动机构件激光精密焊接过程控制技术

高效硝化生物活性填料产业化研究

首都医科大学

耳鸣诊疗仪器研发

防治糖尿病血管合并症新药低分子量褐藻多糖硫酸酯的研发

北京建筑大学

建筑垃圾资源化应用技术及其产业化

高性能冷拌沥青路面关键技术研究及产业化应用

首都师范大学

大型复合材料风力发电机叶片红外检测系统及其应用

电子产品封装检测设备研发的关键技术

通用实时机器人操作系统开发及应用验证

北京印刷学院

折叠纸盒的可变信息编码与质量检测系统产业化

北京农学院

高产优质生菜产业化关键技术示范与转化

服务于京津冀协同发展的生猪产业升级关键技术创新集成与示范应用

北京服装学院

防辐射稀土/聚酰胺功能性纤维及其纺织品的产业化开发

北京信息科技大学

复合材料宽带元件及其圆弧/柱阵换能器

高速大容量分布式光纤传感及测试系统研究及产品化

消防人员自主定位导航腰带研制

北方工业大学

北京市电机系统节能关键技术研究

基于交通大数据的北京道路交通疏堵决策支持系统研发

北京工商大学

环保功能表面活性剂产业化关键技术及工艺

绿色阻燃外墙保温硬泡聚氨酯材料的产业化

北京联合大学

基于黄连素植物源农药的创制与产业化

北京石油化工学院

能源装备核心部件机器人柔性焊接关键技术及设备研发

多功能聚氨酯材料产业化

（高飞）

2015年度市属高校创新能力提升计划人文社科艺术类入选项目

北京工商大学

中关村创新示范区引领京津冀地区产业结构升级的金融支持政策设计

北京服装学院

京津冀协同发展下北京服装产业结构优化路径研究

北京物资学院

北京市商品流通管理政策法规后评估制度建设与应用

中国戏曲学院

民族戏曲舞美教育研究创新能力提升计划

首都经济贸易大学

重大劳动人事争议预防与处理机制研究

促进京津冀协同发展的财政政策研究

首都体育学院

京津冀一体化背景下校园足球发展研究

北京第二外国语学院

京津冀信息服务业协同发展模式与国际化战略研究

（高飞）

【公布高校实验教学示范中心验收结果】　7月7日，市教委公布2013年北京市高等学校实验教学示范中心验收结果。市教委针对2005～2007年评选出的62个北京市级实验教学示范中心，经各单位自评、学校验收、专家审核等程序，认定62家实验教学示范中心全部通过验收。此次验收结果将作为学校实践教学项目立项及支持的重要依据。

（张晓兰）

【制定市属高校2011计划实施方案】　9月1日，市教委、市财政局联合印发《北京市属高等学校“2011计划”实施方案》。方案明确总体目标，指出要“发挥北京高校资源优势，加快高校发展机制体制改革，探索协同创新模式，推进各方创新力量整合，形成协同创新新优势，建立一批‘协同创新中心’，培养一批拔尖创新人才，产出一批重大标志性成果”，提出重点任务是“以国家和北京重大需求为牵引，以机制体制改革为核心，以协同创新中心建设为载体，以创新资源和要素的有效汇聚为保障，转变高校创新方式，提升高校人才、学科、科研三位一体的创新能力。支持协同创新中心在突破科学前沿、推进文化传承创新、服务行业产业和区域发展方面有所作为，让北京高校成为代表本领域科学研究和人才培养水平与能力的学术高地，成为提升文化软实力、增强文化国际影响力的主力阵营，成为服务行业产业和区域发展的重要基地。”文件同时明确实施原则、实施范围和培育组建的基本要求、申报条件、认定程序、运行管理、评估检查等问题。“2011计划”四年一个周期，设立领导机构及专家咨询委员会，并设立专项资金。对于批准认定的“协同创新中心”，会根据情况和需求，给予相关政策支持。

（李善廷）

【127个项目获得国家级教学成果奖】　9月4日，教育部公布2014年国家级教学成果奖获奖名单，北京地区学校及教育单位127项成果以第一完成单位（人）获得国家级教学成果奖。其中，基教类获奖39个，包括特等奖1个、一等奖8个、二等奖30个；职教类22个，包括一等奖6个、二等奖16个；高教类66个，包括一等奖11个、二等奖55个。2014年国家级教学成果奖经国务院批准，共5项成果被评为特等奖；经教育部批准，共148项成果被评为一等奖、1167项成果被评为二等奖。

（张晓兰）

2014年国家级教学成果奖（基教类）

（北京　第一完成人所在单位）

特等奖

北京十一学校

普通高中育人模式创新及学校转型的实践研究

一等奖

清华大学附属小学

小学语文主题教学实践研究

北京市朝阳区星河实验小学

马芯兰小学数学教学法

北京师范大学附属实验中学
　高中综合文科课程研究与实践
北京市第八十中学
　创建生物情景教室促进生物教学改革
北京教育科学研究院
　提高农村教师执教能力的团队研修实践——吴正宪小学数学教师工作站的五年探索
北京市教育委员会
　“翱翔计划”：人才培养方式创新的北京模式
北京大学附属中学
　中学数学建模“双课堂”教与学的实践研究
中国人民大学附属中学
　以人为本，多元开放——人大附中综合育人模式创新实践研究

（张晓兰）

2014年国家级教学成果奖（职教类）

（北京　第一完成人所在单位）

一等奖

北京市商业学校
　中高本衔接框架下的中职电子商务职业教育教学探索与实践
　职业学校学生综合职业素养成长模式的研究与实践
北京工业职业技术学院
　高职学生“职业基本素养”培养体系的创建与实践
北京铁路电气化学校
　“双核驱动、双证融合”的订单培养模式创新与实践
北京农业职业学院
　都市型现代农业高技能人才培养改革与实践
北京社会管理职业学院
　创建生命文化课程体系提升殡葬专业人才培养质量的教学改革与实践

（张晓兰）

2014年国家级教学成果奖（高教类）

（北京　第一完成人所在单位）

一等奖

北京大学
　德育为先能力为重推进临床实践教学综合改革
　北京大学创新人才培养的实践与探索
中国人民大学
　因材施教，机制创新，卓越本科法律人才培养的探索与实践
清华大学
　通识教育与个性发展相结合——经济管理本科教育改革的理念与实践
　人才培养新质量观的认识与实践——国际化复合型工业工程人才培养十年探索
　清华计算机科学实验班：创新型学术人才培养之改革与实践
北京交通大学
　发挥行业特色大学优势，培养轨道交通拔尖创新人才
北京科技大学
　发挥材料学科优势，培养高水平创新型本科人才的探索与实践
北京建筑大学
　注重中国优秀文化传承的建筑学专业人才培养体系研究与实践
中国音乐学院
　中国民族音乐教学资源数字化建设工程
中国政法大学
　创建“即时共享协同融合学训一体”同步实践教学模式，培养卓越法律人才

（张晓兰）

【实施中央在京高校重大成果转化项目】　9月29日，市教委公布2015年度中央在京高校重大成果转化资助项目名单。经过项目申请、学校推荐、专家评审等程序，最终确定对北京理工大学的“高性能钾一次电池新材料成果转化”、北京邮电大学的“基于SDN新型WLAN组网与产业化”、清华大学的“植入式可充电‘脑起搏器＋脑电仪图’研发及产业化”、中国人民大学的“京津冀协同一体化发展研究”四个项目给予支持。市级财政总投资8100万元，项目实施周期三年。中央在京高校重大成果转化资助项目旨在充分发挥中央在京高校优质科教智力资源优势，促使中央在京高校重大成果在京实现转化和产业化，服务北京经济社会发展。

（高飞）

【开展市属高校科技评价改革试点】　11月4日，市教委印发《关于开展市属高校科技评价改革试点工作的通知》。通知强调市属高校科技评价改革试点工作要抓好贯彻落实，明确北方工业大学、北京工商大学、北京服装学院承担“科技人员分类评价改革”试点项目，首都师范大学、北京建筑大学、北京信息科技大学、北京联合大学承担“基地、平台和团队绩效评价改革”试点项目，北京工业大学、首都医科大学承担“2011协同创新中心综合评价改革”试点项目，北京工业大学、首都医科大学、首都师范大学、北京农学院、北京信息科技大学承担“以评价改革为重点的科研综合改革”试点项目。文件强调各试点高校要着重建立好分类、多元的评价体系和分类考核体，建立督促检查机制，全面布局，跟踪调研，动态了解改革中的新情况新问题，及时调整、完善改革方案。

（瞿昊）

【168个项目获哲学社会科学优秀成果奖】　12月2日，北京教育系统168个项目获得北京市第十三届哲学社会科学优秀成果奖。第十三届哲学社会科学优秀成果奖共评出获奖成果206项，其中，特等奖4项、一等奖41项、二等奖161项。教育系统获奖168项，其中，高等学校获奖166项，包括特等奖4项、一等奖37项、二等奖125项。特等奖的成果分别是中国人民大学教授张世明的《法律、资源与时空建构：1644～1945年的中国（五卷本）》、北京师范大学教授顾明远的《中国教育大百科全书（四卷本）》，郭英德的《中国散文通史（三卷本）》，首都师范大学教授赵敏俐的《中国诗歌通史（12卷本）》。市教委组织包括普通高等学校、成人高校及中小学在内的有关单位参加评选，共收到68个单位申报参评成果474项，市属高校成果首次获得特等奖。

（车庆珍）

【4个项目入选年度高校十大科技进展】　12月，教育部公布2014年度“中国高等学校十大科技进展”获奖名单，北京高校4个项目入选。获奖项目分别是北京大学主持的“单个纳米颗粒光学检测新原理研究”“网构软件理论、方法与技术”，清华大学主持的“高温气冷堆主氦风机工程样机研制”，中国石油大学（北京）主持的“复合离子液体碳四烷基化生产

高品质清洁汽油新技术”。该评选由教育部科学技术委员会组织开展，经形式审查、学部初评、主任办公（扩大）会终评和项目公示程序，9所学校主持的10个项目入选。

（张晓兰）

【高校特色教育资源库新增47个主题资源包】 至年底，北京市属高校特色教育资源库建设项目新增47个主题资源包。新建数据资源包涵盖服装、电影等8个领域。其中，北京地图、钟声漆艺、中外刺绣艺术、品牌视觉设计等14个主题资源包被评为2013年度优秀主题资源包。2014年，北京市属高校特色教育资源库建设项目不断提升资源建设的创意空间，打造精品。深入调研北京高等学校特色资源共建共享机制，完善项目管理流程和文件，完成8所高校此项目申报、中检及验收工作。其中，北京工业大学的《以特色与服务打造精品艺术设计教育资源库》入编2013年度全国教育信息化建设与应用典型案例；中国音乐学院以特色资源建设为主要内容的“中国民族音乐教学资源数字化建设工程”获得2014“国家级教学成果一等奖”。市属高校同时发表一批特色资源建设学术论文，进一步丰富高校特色资源库建设经验。

（张豫）

【增列5个哲学社会科学研究基地】 至年底，市教委、市社科规划办在高等学校批准建立5个“北京市哲学社会科学研究基地”。新建研究基地包括北京工业大学“首都工程教育发展研究基地”、北京交通大学“北京物流信息化与服务科学研究基地”、中央财经大学“互联网与首都经济发展研究基地”、北京舞蹈学院“民族舞蹈文化研究基地”、北京印刷学院“北京文化安全研究基地”。至此，北京市哲学社会科学研究基地增至51个。

（车庆珍）

【486个项目入选2015科研计划项目】 至年底，市教委完成2015年科研计划项目审批。经项目申请、学校初选推荐、市教委评审等程序，共批准31所高校的科研项目486个入选2015年科研计划项目。其中，“科技发展计划”重点项目37个、面上项目251个，“人文社会科学研究计划”重点项目28个、面上项目170个。批准项目资助经费总额6574.5万元，其中，“科技发展计划”项目经费5322.5万元，“人文社会科学研究计划”项目经费1252万元。

（车庆珍 翟昊）

2015年度科技发展计划重点项目

北京工业大学

全固态径向偏振激光锁模机理及放大技术研究

面向耐久性设计和养护维修决策的沥青路面性能衰变机理及模型研究

新型微焦点X射线管高亮度电子源研究

固相模板引导的（2＋2）光环合反应在四星烷合成中的应用研究

永磁魔环在核磁共振技术中的应用研究

SiCp/Al复合材料激光复合脉冲精密加工新方法及原理研究

城市快速路竞争与协作通行行为研究

北方工业大学

串联均衡一并联跟踪光伏阵列及其匹配技术的研究

北京工商大学

聚烷基次膦酸盐与三嗪基团协同阻燃聚合物的构效关系

食品乳化剂脂肪酸单甘酯的绿色制备及其抑菌机理研究

北京湖库藻类水华时序预测与治理决策研究

基于海量移动对象时空数据的高维运动特征估计与识别

北京服装学院

PBT/PA共混物微观相态结构调控及其纤维结构性能研究

北京印刷学院

大气压等离子体辅助原子层沉积中等离子体参数诊断及作用机制研究

基于光变半色调印刷图像的全息水印算法及技术研究

印刷装备能效评价及非均匀运动能源逆变换方法研究

基于3D打印的创意产品表面彩色化精确运动控制研究

北京建筑大学

喷淋式烟气冷凝余热回收过程热质交换与净化性能协同强化机理研究

建筑机械用柴油机液氧固化CO_2并全封闭富氧燃烧的研究

北京农学院

病毒诱导的T淋巴细胞跨内皮受阻以及中药的调控机制

钙离子信号在地被菊响应弱光胁迫中的作用机制的研究

PCV2感染猪肠粘膜免疫功能变化及其对肠道菌群影响

首都医科大学

alpha—突触核蛋白神经元释放的机制研究

北京谱系结核分枝杆菌在本地区流行特征的研究

基因工程技术合成脑源性神经营养因子用于视网膜色素变性治疗研究

常温机器灌注下劈离式肝脏移植技术研究

基于磁分离和量子点标记的铜快速灵敏检测新方法及临床应用评价

环境纳米二氧化硅对生精过程的影响及其机制研究

穹窿脑深部电刺激治疗阿尔茨海默病疗效及相关机制研究

miR—224靶向介导ADAM17调控儿童脑干胶质瘤细胞侵袭能力的机制研究

颈动脉粥样硬化斑块中乙酰肝素酶与新生血管的表达、相关性及相互作用机制的研究

首都师范大学

临界点理论与变分问题

南水北调对北京湿地生物入侵风险评价和监测预警研究

北京信息科技大学

压电微泵驱动无阀定向循环流式微机械角速度传感器的研究

适于微电网的新型统一电能质量调节器研究北京信息科技大学

分层合作博弈的端到端绿色网络体系与关键技术研究

共模抑制石英力敏谐振器集群敏感机理及应用研究

（张晓兰）

2015年度人文社会科学研究计划重点项目

北京工业大学

京津冀PM2.5排放的驱动因素及协同减排模式研究

“智慧能源”视角下大气污染治理和北京能源产业优化协同发展研究

京津冀地区碳排放权交易法律机制研究

北方工业大学

北京市对外承包工程企业外派劳务法律问题研究

北京工商大学

城乡居民医疗服务需求与医疗保险研究——以北京为例

北京市突发公共事件中的主流媒体运用与舆论引导策略研究

北京服装学院

云南境内三大佛教壁画图像体系比较研究

中国民族服饰博物馆古代纺织品研究

北京建筑大学

文化规划视角下北京建筑遗产保护模式及人文价值评价研究

北京石油化工学院

基于价格机制的北京市清洁能源协同发展研究

北京农学院

北京新型农业经营主体培育研究

北京市生态补偿法律制度研究

首都师范大学

美国对外宣传与文化外交史史料整理与研究综述

北京特殊老龄群体长期照护服务体系研究及绩效评估

北京明清宅园造景设计艺术研究

基于质量视角的北京市幼儿园教师培养模式综合改革研究

北京市中学生性别角色与体质健康的关系及干预策略研究

北京物资学院

北京市政府购买公共服务交易规范研究

首都经济贸易大学

北京高新企业实施信息化管理的风险度量和治理研究

基于人力资本的我国代际收入流动机制与公共政策研究

京津冀多中心城市网络的发育与功能优化研究

基于生产者责任延伸制的北京汽车报废回收体系构建研究

中国音乐学院

路头戏音乐编创方式研究

中国戏曲学院

中国京剧悲剧史

京剧三小戏剧目整理及喜剧性美学研究

北京电影学院

中国古典文学经典《山海经》的视觉影像化研究

北京联合大学

京津冀地区传统金属手工艺业态研究与行业信息数据库建设

北京青年政治学院

北京高校青年教师心理特征研究

（张晓兰）

【清华战国竹简（肆）成果发布】 1月7日，清华大学“清华简”第四辑整理报告《清华大学藏战国竹简（肆）》成果发布。该辑整理报告共收入《噬法》《别卦》《算表》3篇文献，是历史学、文献学、科技史等领域研究的宝贵资料。

（邓倩）

【北航卫星导航接收机IC芯片组研制通过验收】 1月，北京航空航天大学和中国航天科工信息技术研究院联合完成的原国防科工委重大专项“卫星导航接收机IC芯片组研制及其产业化”项目通过国家国防科技工业局验收。该项目完成要求的单/双频天线、射频模块、射频芯片、基带模块、基带芯片等模块以及单频双系统接收机系统研制与应用和双频双系统接收机原理样机。在该项目中，北航研究团队攻克双系统兼容卫星导航接收机芯片及OEM主机板的关键技术，形成具有自主知识产权的双系统兼容导航核心产品，项目在研的八年中发表相关论文100余篇，申请获批国家发明专利56项。

（毕娟）

【北工商重要食品香料绿色制备技术获奖】 2月24日，北京工商大学“重要食品香料绿色制备技术”研究项目获得教育部2013年度科学技术进步奖二等奖。该项目从绿色化学的角度出发对2－甲基－3－呋喃硫醇及其衍生物生产中重要中间体2－甲基－2、5－二甲氧基－2、5－二氢呋喃的制备方法进行改进，研究氧化剂三氯化铁的再生技术，还研究出面包酮制备的“一锅煮法”新工艺。三种食品香料生产工艺的改进大幅度降低原料、溶剂的使用量，提高经济性，降低生产成本，减轻对环境的污染。此技术具有操作简便、生产成本低和环境污染小的优点，分别在滕州瑞元香料有限公司和滕州悟通香料有限责任公司得到工业化应用，近两年直接产生的利税额达到4600余万元。

（杨蓉　张晓磊）

【十五中物理实验装置获专利】 2月，北京市第十五中学物理教师刘杰独立研制的多普勒效应实验装置、系统和方法被国家知识产权局授予发明专利。专利号：ZL201210141400.5。高中物理“多普勒效应”的教学中缺乏“多普勒效应”优质的实验装置，该校物理教师经过长达两年多的研究和尝试，开发出一套实用的实验装置，解决原有实验装置观看“多普勒效应”时间短的问题，同时能进行半定量研究。该套专利装置在2012年8月的全国自制教具大赛中获得一等奖，并已被教学仪器公司生产，应用于高中物理教学。

（莫晓红）

【农职院甘薯加工研究项目通过验收】 4月17日，北京农业职业学院承担的市教委计划面上项目“甘薯低温高压膨化干燥工艺技术研究与示范”通过验收。项目结合大兴区甘薯产业发展的实际需求开展技术研究和示范，总结出膨化薯片最佳工艺。同时比较甘薯经变温压差膨化前后的营养成分变化和变温压差膨化干燥、真空冷冻干燥和热风干燥三种干燥方式对甘薯片物理性质、营养成分和微观结构的影响，为甘薯膨化工艺的产业化应用提供科学依据。项目研发新技术1项、新产品1个，编写技术报告1份、技术规程1份，发表核心期刊论文3篇，培养和锻炼师资10人，培养研究生3人，带动培养高职学生5人。

（汪长钢）

【农职院糯玉米研究项目通过验收】 4月21日，北京农业职业学院食品与生物工程系承担的北京市农业科技项目“糯玉米汁加工品质安全及关键技术集成与示范”通过验收。该项目结合顺义区北郎中农工贸有限公司玉米产业发展需求，研究糯玉米汁加工工艺要点，优化工艺参数；开发糯玉米汁的产业化加工工艺并进行示范；建立糯玉米汁加工生产线1条及相应的品质控制和质量安全检测室；建立糯玉米加工原料品质控制技术规程、产品生产技术规程、产品检测规程和产品质量标准；实现产业化并顺利取得食品生产许可（QS认证）。项目带动500余农户年增收约300万元，发展糯玉米种植基地5000亩，年加工糯玉米20000吨，年产糯玉米饮料5000吨，纯利润500万元。

（王丽）

【清华成功实施国内首例冷冻消融手术】 4月23日，清华大学第一附属医院心脏中心为一顽固性室上性心动过速患儿成功实施冷冻消融手术。冷冻消融手术利用低温来实现阻断，与射频消融相比，冷冻消融对周围正常组织造成的损伤是相对可逆的。该手术是国内首例，为儿童由希氏束旁旁路导致的快速性心律失常治疗学做出探索。

（邓倩）

【北航月宫一号完成首次长期多人密闭试验】 5月20日，北京航空航天

大学“月宫一号”成功完成中国首次长期多人高闭合度集成试验。试验持续105天。试验中，3名志愿者收获粮食、蔬菜、水果和黄粉虫，在系统中自己进行加工并食用，而不可食用生物量与人的粪及食物残渣等废物一起采用所研发的生物技术处理制备类土壤基质循环技术用于植物栽培。“月宫一号”由1个综合舱和2个植物舱组成，总面积160平方米，总体积500立方米。综合舱、植物舱形成一个闭环回路生命保障系统。它是中国第一个、世界上第三个空间基地生命保障基地综合实验装置，使中国在再生生命保障领域的研究处于国际先进水平，对保障中国载人登月、月球基地及火星探测等航天计划具有重大意义。该项目2004年启动，其核心为生物再生生命保障系统（BLSS），其特点是载人飞行器进入外太空后可不再需要或很少需要地面物质支持，氧气、水和食物在系统内通过生物技术实现再生。

（毕娟）

【北师大发布义务教育阶段学校积极心理环境指数】 5月22日，北京师范大学发布义务教育阶段学校积极心理环境指数。该指数由学校中国基础教育质量监测协同创新中心主持，依据北师大首创的“义务教育阶段学校积极心理环境指数”，首次向社会公布对中国中小学校积极心理环境质量的“体检结果”，并率先提出设立“学校心理环境预警线”。基于该指数，中心建立起学校心理软环境的全国标准。参照此标准，大至各区县，小至每所学校，都可以找到自身在全国所处的具体位置、需要努力和改进的具体方向，及时发现不利于学生健康成长的风险因素，从而有针对性地判断和改善学校的心理软环境。该指数的研制为中国基础教育质量的评价和提升提供新的视角和具有很强可操作性的科学方案。

（白媛）

【法大发布《我国青少年法制教育调查报告》】 5月28日，中国政法大学发布《我国青少年法制教育调查报告》。该报告采用问卷调查、专家访谈等形式，选取广西、湖北、湖南等9个省自治区直辖市为样本，分层抽样选择其中的22个地级市、8个直辖市区县的共340余所中小学作为调研对象；调查问卷将“法治理念”细分为“民主、平等、自由、公平、正义”等多个层面的内容，并从“价值判断、行为选择、法律常识”3个评价维度入手，对青少年学生的法律意识、法治观念和综合运用法律的能力进行考察。调查报告认为，当前我国青少年法制教育已取得一定成效，基本实现法制教育常态化、规范化、系统化；青少年学生普遍形成对基础法律知识的整体认知，但在掌握程度上存在结构上的不完整，在小、初、高三阶段对某些部门法知识的掌握呈现出较大的波动性；对法律具有较强的认同感，对“平等”“自由”“法治”等意象有感性认知，但这种认知有待进一步提高；在小、初、高的不同阶段中，青少年学生运用法律的意愿反而随年龄增长而下降。

（刘旭）

【民大主持完成生物多样性技术规定】 6月3日，中央民族大学《生物多样性相关传统知识分类、调查与编目技术规定（试行）》由环境保护部发布。该规定经教育部等国家部委以及各省、自治区、直辖市环境保护厅（局）审核，作为传统知识领域的第一个国家行业标准正式实施。规定明确与生物多样性相关传统知识的分类体系、调查与编目技术规范，对于保护民族地区与生物多样性相关的传统知识、促进少数民族地方社区公平分享因利用传统知识产生的惠益具有重大意义。

（周翊兰）

【北大方正偶形骨骼系统获专利证书】 6月18日，北大方正软件学院偶形骨骼系统获国家实用新型专利证书。该系统由传媒艺术分院工业设计工作室为定格动画所设计，系统名称为小九，由头部、身体、四肢等模块组成，利用3D打印机打印出各个模块，再将其组装。传统的定格动画一般由黏土偶、木偶或混合材料的偶形骨骼制作。

（王遵丽）

【协和医学院经心尖TAVI临床试验成功】 7月16日，北京协和医学院阜外心血管病医院召开经心尖TAVI临床试验成功发布会。发布会宣布该院在微创心脏瓣膜外科领域再获突破，

由胡盛寿院士及王巍教授领衔的研究团队采用中国自主创新研发的植入瓣膜，成功为两名高龄患者实施“经心尖微创主动脉瓣植入术（TAVI）”。此次使用的经心尖主动脉瓣膜植入系统由中国自主研发，预计正式投入临床后，有望将目前30万元费用降低至10万元。

（李武奎）

【协和医学院发布《中国心血管病报告2013》】 8月8日，北京协和医学院国家心血管病中心发布《中国心血管病报告2013》。该报告从心血管病患病与死亡情况、心血管病危险因素、心血管病、心血管病社区防治和心血管病住院情况及费用5个方面，对中国目前心血管病现状进行统计和分析。报告显示，中国心血管病患病率处于持续上升阶段，目前估计全国有心血管病患者2.9亿人，每5个成年人中就有1个心血管病患者。高血压是脑卒中和冠心病发病的主要危险因素，中国有超过半数的心血管病发病与高血压相关。少年儿童高血压患病率呈持续上升趋势，超重、肥胖、糖脂代谢异常、高血压家族史、出生体重达到8斤等构成儿童患高血压的危险因素。

（高翠峰）

【北医三院完成3D打印脊椎植入手术】 8月，北京大学第三医院完成世界首例3D打印脊椎植入手术。该段3D打印的脊椎骨是模仿孩子的原始脊椎形状，用钛粉制作而成，比传统的骨替代物更加安全和经久耐用，且不需要胶水和螺丝。打印出的整个骨头里充满小洞，可让自然骨头在里面生长，从而成为永久稳定的脊椎骨，以免再次手术进行调整。

（张晓兰　刘语潇）

【地大发现一种新矿物】 9月10日，中国地质大学（北京）教授李国武发现的一种新矿物获得国际矿物学会矿物分类及新矿物命名委员会（IMA－CNMNC）批准（批准号IMA2014－053）。该新矿物发现于云南省华坪县境内一半风化碱性花岗岩中，是一种以半金属碲和钨、钾构成的全新成分和新结构的矿物，这是首次在世界上发现该成分及结构的矿物，是目前唯一一种K—Te—W的天然矿物。该新矿物以其特殊的成分命名为碲钨矿（Tewite）。

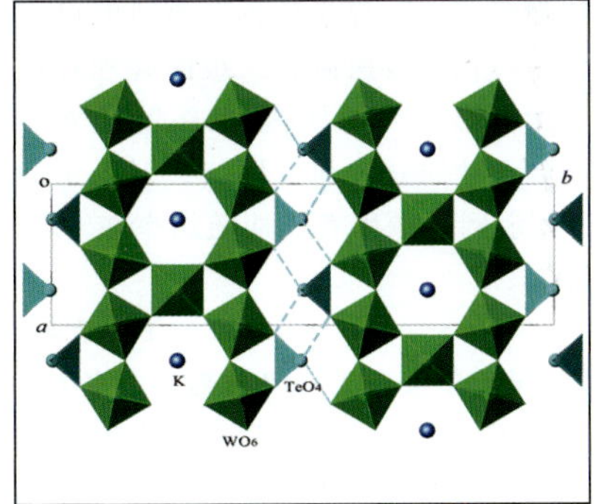

（李媛媛）

【北方工大科研项目通过有色金属工业协会成果鉴定】 9月13日，北方工业大学“新型锚杆及其工程应用集成技术体系的研发”项目通过中国有色金属工业协会鉴定。与会专家经过认真交流和质询，对该成果表示充分肯定，认为成果具有创造性，评定成果整体技术达到国际领先水平，可推广至更多领域应用。

（王波）

【北工大发布《2014年北京社会建设分析报告》】 9月16日，北京工业大学发布《2014年北京社会建设分析报告》。报告全面总结2013年北京市社会建设主要成就，分析存在的主要问题，对2014年北京社会建设的发展趋势进行展望，提出相关的对策建议。报告认为，2014年北京社会建设需要进一步创新社会管理体制，积极推进社会保障与公共服务的均衡化和人群全覆盖。该报告是继2010年第一本蓝皮书发布以来，连续发布的第五本，也是纳入“中国社会科学院创新工程学术出版项目”后的第一本蓝皮书。报告由北工大与市委社会工委、社会科学文化出版社联合发布。

（苏雅洁）

【清华可充电脑起搏器获产品注册】 9月16日，市科委、清华大学联合举办北京市重大科技成果“清华可充电脑起搏器”发布会。发布会介绍，可充电脑起搏器已获得国家食品药品监督管理局颁发的医疗器械产品注册证，使中国成为第二个掌握该技术的国家。可充电脑起搏器通过电磁耦合的方式，采用无线方法给植入体内的刺激器充电，可以延长脑起搏器的使用寿命。市科委、清华大学、北京品驰医疗设备有限公司等单位相关负责人和部分专家参加会议。

（邓倩）

【北医三院MALBAC全基因组扩增测序试管婴儿诞生】 9月19日，北京大学第三医院世界首例经MALBAC（multiple annealing and looping－based amplification cycles）基因组扩增高通量测序进行单基因遗传病筛查的试管婴儿诞生。研究人员通过辅助生殖技术，获得18枚质量好的胚胎，利用显微操作技术从中获得极少量细胞，采用单细胞基因组MALBAC扩增技术，将这些少量胚胎细胞中的DNA均匀扩增上百万倍，结合PCR技术与高通量测序技术，经过低深度测序，实现准确的、单位点的关键基因检测。并最终测定为正常胚胎。

（张晓兰　刘语潇）

【地大在板块俯冲过程中Mg同位素地球化学行为研究中取得进展】 9月，中国地质大学（北京）科学研究院在板块俯冲过程中Mg同位素地球化学行为领域研究取得重要进展。在利用Mg同位素作为深部碳循环的示踪剂过程中，研究人员探究“板块俯冲变质脱水过程是否导致Mg同位素分馏”“俯冲板块内部硅酸盐和碳酸盐相互作用是否改变两者的Mg同位素组成”两个重要问题。相关成果发表在2014年地球化学顶级刊物《Geochimica et Cosmochimica Acta》和《Nature Communications》上。

（李媛媛）

【石化学院焊接机器人技术取得新突破】 10月12日，北京石油化工学院焊接机器人技术取得新突破。该院光机电装备技术北京市重点实验室自主研发的百万兆瓦核电低压末三级环式隔板外环堆焊机器人成套设备，在哈尔滨汽轮机厂有限责任公司冷作分厂完成设备调试，正式交付并投入核电产品制造生产。该设备是哈汽集团重大横向项目“百万核电低压末三级环式隔板外环堆焊机器人成套设备”的重要研究成果之一。焊接机器人成果从立项到成功交付共历时10个月，与国外通常采用的1套关节机器人配合1套变位机的系统架构相比，环式隔板堆焊机器人成套设备制造成本更低、占用生产作业空间更小、对工件装配定位精度要求更低、焊接生产效率更高，经济效益和社会效益显著。此成果标志石化学院焊接机器人技术由核电外围设备制造向核心设备制造发展取得重大突破。

（李娜娜）

【清华灵巧通信试验卫星实现低轨移动通信卫星重要突破】 10月26日，清华大学研制的灵巧通信试验卫星实现中国首颗低轨移动通信卫星重要突破。灵巧通信试验卫星于9月4日在酒泉卫星发射中心成功搭载发射，随后开展大量的卫星在轨测试试验，成功实现手持卫星终端通话、手持卫星终端与手机通话、互联网数据传输、电磁频谱监测定位等业务。

（邓倩）

【清华高温气冷堆核电站项目取得突破】 至10月，清华大学负责的国家科技重大专项高温气冷堆核电站项目取得多项突破。8月，高温气冷堆核电站的核心装备主氦风机工程样机通过鉴定。9月，高温气冷堆核电站的核心设备蒸汽发生器完成首套螺旋盘管组件的安装、高温气冷堆核电站的燃料来源——中国首条具有完全自主知识产权的商用球形燃料元件生产线主设备安装完成。10月，高温气冷堆核电站一回路的重要设备控制棒驱动机构顺利完成1∶1热态工程验证试验。高温气冷堆工艺热最重要的应用领域——核能制氢关键技术完成连续稳定运行实验。

（邓倩）

【清华暗物质研究取得重要成果】 11月11日，清华大学主导的暗物质研究获得10GeV以下能区点电极高纯锗探测器暗物质实验的最灵敏实验结果。该研究利用相同的探测技术确定性地排除美国CoGeNT实验组几年前给出的暗物质存在区域，是具有国际先进水平的暗物质探测灵敏度测量结果，对当前暗物质理论发展具有重要意义。

（邓倩）

【人大发布两项指数】 12月13日，中国人民大学发布“中国省市文化产业发展指数（2014）”和“中国文化消费指数（2014）”。文化产业发展指数使用2013年统计数据及调研数据，以综合指数、生产力指数、影响力指数和驱动力指数作为四大指标，计算全国各省、市、自治区的文化产业发展情况，结果表明，中国区域文化产业综合发展格局基本未变，综合实力北京居首。文化消费指数在调研和数据分析的基础上，分析区域的文化消费指数，具体分为综合指数、文化消费环境、文化消费意愿等6项指标，结果显示，中国文化消费整体情况优于上年，其中，文化消费环境、文化消费意愿和文化消费水平提升较大，但文化消费满意度下降，说明居民对文化产品的质量要求更高。

（万静）

【法大发布法治政府蓝皮书和中国法治政府评估报告】 12月28日，中国政法大学发布《2013年度法治政府蓝皮书》及《中国法治政府评估报告2014》。《中国法治政府蓝皮书（2013）》共30万字，分为制度与实践、学术研究和立法、案事例与其他3个部分，分别从公共财政改革、行政立法、行政决策法制化等12个方面总结2013年法治政府建设的得与失；汇总2013年法治政府研究方面的主要成果；收录2013年法治政府建设领域的重要立法22部、重大案例7个，试图通过立法和案例的形式呈现2013年法治政府建设的成效和存在的问题。《中国法治政府评估报告（2014）》分为总报告、一级指标分报告、城市分报告3个部分，分别针对2013至2014年上半年中国法治政府的整体状况进行汇总分析；通过机构职能、组织领导、制度建设、决策、执法等9项一级指标对100个中国地方政府进行考核，同时对各地区100个被评估城市单独进行分析报告。

（刘旭）

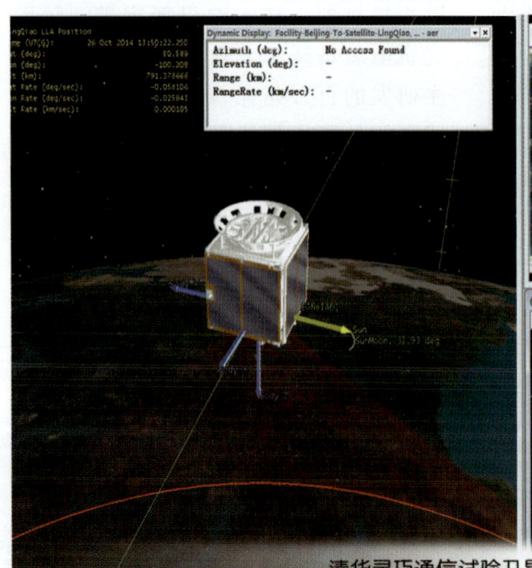

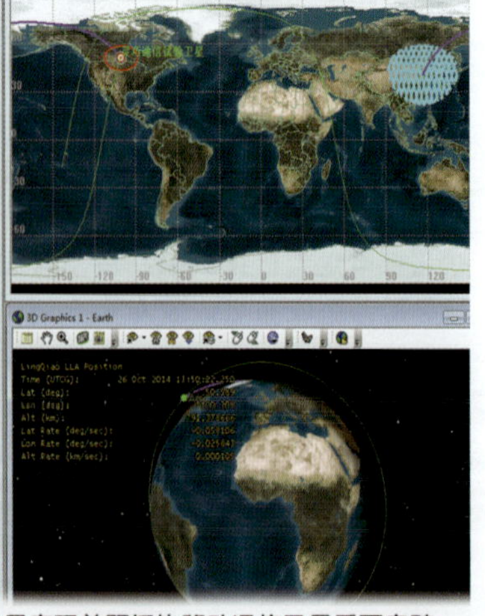

清华灵巧通信试验卫星实现首颗低轨移动通信卫星重要突破

【清华首例单原子层纳米铑片制备】 至年底，清华大学在世界上首次成功制备出单原子层纳米铑片。清华大学科研团队利用弱配体聚乙烯吡咯烷酮（PVP）稳定的甲醛还原金属铑，成功制备出世界上第一例单原子层厚度的纳米金属铑片，球差电镜和同步辐射研究均证实这一新颖的单原子层金属结构。理论研究发现，单原子层铑片中存在着一种新型的离域大化学键，有助于稳定其单层金属结构。该项研究进展为进一步推动金属纳米与团簇、丰富发展重金属元素的化学成键理论研究具有重要意义。

（邓倩）

【首医大附属安贞医院全国最大房颤患者队列建立】 至年底，首都医科大学附属北京安贞医院牵头承担的“心房颤动治疗规范与技术优化”研究取得进展。该项目建立1万例以上的房颤患者并列队列，是国内样本量最大的房颤注册登记研究，首次为制定“适合中国人心房颤动抗凝治疗最佳强度范围”提供依据。该研究已在全市包括三级医院、二级医院和社区卫生中心在内的30余家医院建立心房颤动注册登记研究网络。对入组的1万余例房颤患者长期随访率在80%以上。

（王于英）

【北科大单层白光OLED器件制备】 至年底，北京科技大学合成出聚合物白光材料和有机小分子白光材料等两类有机白光材料，并制备出单层白光OLED器件。该器件最大发光亮度大于10000cd/m2，发光效率大于30cd/A，寿命大于1500小时，色温4000～7000K。该器件可由溶液加工的方法制备，生产工艺简单，有望降低生产成本。其可溶液加工的载流子注入/传输层、器件出射光效率的改善、高反射率阴极结构选用等课题研究成果与将来主流的卷对卷生产工艺相兼容，具有很好的应用前景。

（王田伟）

教育科学研究

【举办学科考试评价与课堂教学改革论坛】 3月27至28日，北京教育科学研究院举办全市中学思想品德、思想政治学科考试评价与课堂教学改革论坛。论坛邀请教科院基础教育教学研究中心特级教师做讲座，来自8个区县教研员做大会交流发言。与会教师就思想品德开卷考试形式、考试命题的能力立意等问题交流讨论。论坛打通初中与高中、教研与教学两个通道，为市中学德育课程教研员和一线骨干教师交流学习与研讨搭建平台。来自全市各区县初中思想品德和高中思想政治学科教研员、骨干教师90人参加活动。

（沈俊楠）

【191项课题入选市教育科学规划课题】 4月21日，北京市教育规划领导小组确定191项课题入选北京市教育规划课题。规划领导小组共收到申报材料1161项，审查合格材料1140项。经评审专家评议、市教育科学规划领导小组审批，最终立项191项课题，其中，优先关注课题15项、重点课题34项、校本研究专项课题32项、青年专项课题30项、一般课题80项。

（庞立场）

【召开高中特色试验成果推广会】 4月24至25日，北京市高中特色试验成果推广会召开。会议解读《高中特色试验成果推广方案》，围绕“学校文化与育人模式、素养教育、课程与教学”主题开展分组讨论，听取《深化首都教育综合改革，我们准备好了吗?》《整体建构推进学校内涵发展》专题报告。全市各区（县）教委中教科科长、项目联系人，70所项目学校负责人、联系人及有关领导、项目组成员170余人参加会议。

（佟德）

【召开本草资源课程转化与实践项目结题研讨会】 5月22日，北京市基础教育阶段创新人才培养项目“雏鹰计划”本草资源课程转化与实践结题研讨会在北京市育才学校召开。与会人员观摩育才学校教师与北京中医研究所教师共同作的观摩课《咏桑》，参观育才学校中医药文化课程校园建设情况。经专家现场评审，一致认为该项目能够将中医与文化、哲学有机结合，在课程角度开发的比较充分，能够在协作体合作过程中做到各单位、各学校资源共享、优势互补、互惠互利，在各个学校都能够在课程资源转化方面开花结果，准予结题。来自中国科学院、北京中医药大学、市食品药品监督管理局、中国社会科学院的专家学者，北京教育科学研究院、北京青少年科技创新学院领导，以及项目各子课题的责任单位和协作体成员单位相关人员参加会议。

（马卫庆）

【召开基础教育热点、重点问题研讨会】 10月27至28日，北京市基础教育重大问题调研与政策分析项目组召开基础教育热点、重点问题研讨会。会议听取《义务教育学校管理标准（试行）解读》《减负问题思考》专题报告。与会人员围绕专题内容开展研讨，对《标准》结构、细则、实施中可能存在的困难、进一步完善等问题提出意见建议。会议由北京教育科学研究院承办。全市各区县教科所所长、研究人员、项目组成员60余人参加会议。

（佟德）

【召开“十二五”教育科学规划重点课题研讨会】 11月14日，北京教育科学研究院“十二五”教育科学规划重点课题“社会、学校、家庭协同教育研究——家长教师协会运行机制的准实验研究”课题研讨会在朝阳区安慧里中心小学召开。会议以“民主参与、多元互动、形成合力”为主题，安贞里学区介绍家长教师协会构建及运行机制建设；安慧里中心小学、朝阳区安贞里第一小学、朝阳区慧忠北里第二小学分别从校级、班级两个层面介绍家长教师协会运行机制建立与推进情况；学校家长教师协会的家长成员代表介绍参与学校教育工

召开“十二五”教育科学规划重点课题研讨会

作情况。活动由北京教科院、朝阳区教委、朝阳区教科所联合主办，朝阳区安贞里学区、安慧里中心小学承办。北京师范大学，北京教科院相关专家，朝阳区教委、教科所、家庭教育指导中心及区实验校负责人、朝阳区部分学校德育干部以及其他区县课题实验校负责人120余人参加会议。

（任敬华）

【推进中小学德育内容、方法和机制创新项目结题】 12月18日，市教委召开国家教育体制改革试点项目“推进中小学德育内容、方法和机制创新”结题会。北京教育科学研究院德育研究中心代表项目组作结题报告，海淀区、东城区、丰台区、西城区、延庆县、昌平区作为子课题承担单位代表进行项目研究与实验汇报。专家组通过听取汇报、查阅资料等环节，认为研究项目实施目标明确，重点突出，研究成果丰富，实践成果初步显现，一致通过对项目的结题鉴定。市教委相关处室、北京教科院德育研究中心项目组、区县教委领导和子项目负责人等120余人参加会议。“推进中小学德育内容、方法和机制创新”是北京市承担的国家教育体制改革项目之一。该项目于2011年启动，16个区县和燕山地区36个子项目组分别围绕“社会大课堂建设”“班主任队伍建设”“中小学德育内容体系构建”三项主要内容，结合各区县和学校实际开展研究实践。

（冯雪　张晓兰）

【16项课题入选全国教育科学规划课题】 至年底，北京市16项课题入选“全国教育科学研究‘十二五’规划2014年度课题”。该项工作由北京市教育规划领导小组办公室组织完成，共申报课题137项。经过评审与审批，16项课题获准立项。其中，国家一般课题1项、国家青年课题5项、教育部重点课题8项、教育部青年课题2项。

（庞立场）

教育教学研究

【召开物理学科特级教师工作教学研讨会】 1月10至11日，北京教育科学研究院召开北京市物理学科特级教师工作教学研讨会。会议听取《物理教研工作回顾与展望》报告和《如何做一名学生喜欢的中学物理教师》专题发言。陶昌宏物理教师工作站学员做经验交流发言。会议由北京教科院主办，来自北京师范大学第二附属中学、东城区教委、朝阳区教研中心等单位相关人员32人参加会议。

（沈俊楠）

【召开地方教材精品化建设研讨会】 3月21日，北京教育科学研究院举办2014年北京市地方教材精品化建设区县系列研讨会。会议包括门头沟地方教材《说话写话》课例展示、地方教材精品化建设解读、经验交流、学生访谈等内容。会议由北京教科院主办，门头沟区教委、门头沟区教师进修学校相关负责人，以及来自16个区县和燕山地区200余名教师参加会议。

（武泽钰）

【召开初中教师教学基本功培训与展示活动总结表彰会】 3月21日，市教委召开北京市第二届初中教师教学基本功培训与展示活动总结暨北京市第二届小学教师教学基本功培训与展示活动启动大会。会上，北京教育科学研究院就活动进行全面总结；门头沟区教委、北京市朝阳区教育研究中心、北京市广渠门中学代表分别作大会发言，介绍经验做法。两名获奖教师代表分别做发言和教学片断展示。大会同时启动北京市第二届小学教师教学基本功培训与展示活动，并对全市小学教师教学基本功培训和展示活动进行动员部署。各区县教委中小学主管领导、教研部门负责人、中小教科长和初中学校校长、教师代表200余人参加大会。北京市第二届初中教师教学基本功培训与展示活动包括准备动员、学习培训、区级展示、推荐报名和市级展示五个阶段，采取问卷调研、全员笔试和信息技术测试、市级微格教学展示三种评价形式。来自全市565所初中学校28198名教师参加笔试调研，15个学科1410名教师获得一等奖；653名教师参加市级微格教学和现代教育技术运用展示活动，经过专家评审，北京市第一零九中学鲁红等272人获得一等奖，北京市第二中学分校周萌等381人获得二等奖。

（张晓兰　沈俊楠）

【召开数学教学研讨总结会】 4月10日，北京教育科学研究院召开“教师基本功展示活动实践与思考——北京市数学教学研讨”总结会。会议以“基于数学课程理解的案例研究”为主题，展示基于校本研究的中学数学课程改革试验成果，总结北京市中学数学教师基本功展示活动的经验，提高中学数学教学设计案例研究的水平。来自全市16个区县和燕山地区200余名教师和教研员参加会议。

（沈俊楠）

【举办历史教学录像课展示及教学交流研讨会】 4月16至17日，北京教育科学研究院举办北京市历史学科教学录像课展示及教学交流研讨会。会议展示全市各区县初高中历史教师40节录像课，就初高中历史课堂教学的成果与问题交流探讨。丰台区、朝阳区、西城区、东城区、石景山区的教研员做大会交流发言。会议邀请首都师范大学、北京教育学院等单位的5名专家指导录像课评审工作，并就录像课中反映出的北京市中学历史教学问题进行点评与分析。会议由北京教科院主办，通州区教师研修学院协办。来自全市16个区县和燕山地区的初高中历史教研员50余人参加会议。

（沈俊楠）

【举办秋季教材培训活动】 4月22至28日，北京教育科学研究院举办北京市义务教育课程标准修订后跟进年级2014年秋季教材培训活动。培训面向全市使用京版教材的区县教研员和部分骨干教师，就2013年9月修订京版教材第二个年级的秋季教材修订的主要特点、重要章节的教材内容和教学方法进行培训。培训会围绕修订教材中的教学案例展示和研讨；并组织参加培训教师进行单元教学设计。培训活动分三期进行，累计培训中小学6个学科教师1500余人次。

（沈俊楠）

【举办北京市学前教研工作现场展评】 4月22日，北京教育科学研究院举办北京市学前教研工作现场展评活动。活动分为园本教研指导能力展示、行政教研指导展示、昌平区三年教研工作情况汇报、现场互动交流4个环节。在园本教研指导能力展示环节，学前教研室教研员以“关注幼儿游戏中的行为表现，提高活动中小结的有效性”为主题指导昌平区沙河第二幼儿园12名教师、3名园所业务干部开展现场教研活动。通过看录像查找教学环节中存在的优势、问题，找到相应的解决策略。在行政教研指导展示环节，沙河第二幼儿园教研组长就当大的教研活动进行反思，提出在教研活动中如何关注幼儿的表现、如何提高小结的建议。在交流互动环节，参加活动的26名市级专家、教研员、杂志社编辑肯定昌平区教研室工作扎实有效、园所与区教研室关系密切、教研室工作指导到位。北京教科院研究员、全市各区县教研员及北京学前教育杂志社编辑共26人参加活动。

（尚南）

【举办中小学生涯教育培训会】 4月23日，北京教育科学研究院举办首都中小学德育专家大讲堂暨中小学生涯教育培训会。培训以“生涯适应力——中小学生涯教育的新视角”为主题，邀请国内生涯教育领域专家侯志瑾介绍国际生涯教育研究与实践的新动向。她围绕中国十年来职业发展的变化、变化之后需要发展的能力、生涯发展理论依据以及生涯适应论中的四个维度暨生涯关注、生涯控制、生涯好奇、生涯自信进行讲解。北京教科院德育研究中心研究人员以及各区县教研部门负责人、学校生涯教育负责人、一线教师120余人参加活动。

（任敬华）

【举办中职工作过程导向课改交流展示会】 4月28日，市教委举办北京市中等职业学校工作过程导向课程改革交流展示会。会议分为总结交流展示和课改专题交流两个单元，通过企业专家、毕业生、区县和学校领导现场专题访谈，一线教师现场课堂教学展示等形式，宣传和推广课程改革，并从课程开发、课程实施、课改成效三个方面展示和交流课程改革成果，分享课程改革成功经验。会议由北京教育科学研究院承办。来自各区县教委相关负责人及全市中等职业学校校长、教学校长、专业主任和骨干教师近300人参加会议。

（禹治斌）

【举办高中化学教学研讨活动】 4月30日，北京教育科学研究院在北京市广渠门中学举办2014年北京市高中化学教学研讨暨说课展示与交流活动。活动以“促进学生化学基本观念建构的物质性质教学策略研究”为主题，16个区县和燕山地区的21名教师展示在化学基本观念指导下的物质性质教学现场说课。全市120余名教研员和一线教师参加活动。

（沈俊楠）

【评选优秀校外教育活动资料】 4至9月，北京市校外教研室举办北京市第三届校外教育活动资料评选。评选本着“质量为先、突出特色、优中选优”原则，共收到各区县报送的书画、科技和舞蹈等12类60份活动资料（含音像资料）。经评选，推荐《茶经诵读》《古诗新唱》《校内外舞蹈教学资源的整合与开发实践研究》和《硬笔书法初级教材》4本活动资料为市级推广资料。

（乔琮）

【举办中小学课堂教学设计征集与评选】 5月13至15日，北京教育科学研究院开展“2014年北京市中小学教师优秀课堂教学设计征集与评选”年度终评工作。全市28个学科的400余名教师参加现场说课与答辩，近80名学科专家评委及工作人员参加终评工作。经视频说课、现场答辩等程序，评出一等奖和二等奖。活动中，近千名教师到九华山庄会场进行现场观摩，主办方同时通过北京数字学校网站现场直播小学语文、中学数学等12个学科的教师说课与答辩，2000余名一线教师同步收看。“2014年北京市中小学教师优秀课堂教学设计征集与评选活动”于2013年9月启动，以“新教材设计”为主题，旨在进一步深化北京市基础教育课程改革，引导教师进一步学习新课程理念，转变教育教学观念，积极探索新课程教学的途径和方法。活动在北京市所有中小学学科任课教师中开展，经区县教研部门初评、北京教育科学研究院基础教育教学研究中心复评，确定活动三等奖，并推荐作品参加一、二等奖终评。

（沈俊楠）

【召开北京市初三数学复习研讨会】 5月15至16日，北京教育科学研究院举办“北京市初中数学中考复习研讨会”。研讨会上，来自怀柔区和其他区县8名初三数学教师展示复习研究课。会议交流“2014年初三年级第一次摸底测试数学学科学业分析报告”，研讨研究课的授课情况及中考数学复习方法等。北京教科院教研员以“学政治”“用理论”“重实践”三个方面为切入点，解读新时期中国教育改革政策，结合课堂教学的理论与方法进行案例分析，讲解中考一模的形式与要求。会议由怀柔区教科研中心承办。北京教科院、怀柔区教委领导，北京市各区县的初中数学教研员、教师代表140人参加会议。

（缐全秋　赵录志）

【举办新课程物理学科课堂教学现场会】 5月21日，北京教育科学研究院在北京市第二十二中学举办北京市新课程物理学科课堂教学主题现场会。会议以“实践物理探究教学、微课改变学习方式”为主题。与会人员听取“关于深化教育领域改革”报告，观摩二十二中5名教师物理展示课。展示课教师使用自己制作的微课作为课程难点的导入，设计有趣的问题情境，以实验事实为支撑，启发学生独立思考的能力，同时用物理研究方法破解物理教学中的主要问题。展示过后，物理学科的专家现场评课。市教委、北京教科院、东城区教委等单位相关人员，全市各区县中学物理教研室主任及初、高中物理骨干教师350人参加会议。

（沈俊楠）

【举办新课程高中英语课堂有效性研究活动】 5月22日，北京教育科学研究院在中国人民大学附属中学举办"北京市新课程高中英语课堂教学有效性研究"活动。活动以"文学阅读与翻转课堂的实践与思考"为主题，邀请人大附中教师程岚执教演示作家弗兰西斯·伯内特写的小说《秘密花园》现场课。现场课课堂，5名学生主持依次按照故事情节分析、人物分析、个人情感链接、语言赏析与运用等步骤组织课堂。学生通过表演作品情节、回答问题、专题讨论等环节学习《秘密花园》文章内容。现场课课堂形式提升学生听说读写能力，锻炼批评性思维和创造性思维，同时领导力、演讲能力、文学素养、人文精神也自然生成，实现由内而外的提升。活动邀请北京外国语大学教授韩宝成、清华大学附属中学英语特级教师程惠云现场评课。来自全市16个区县和燕山地区，以及郑州、苏州、深圳的部分教师近500人参加活动。

（沈俊楠）

【召开第二届中小学地方教材建设经验交流会】 5月30日，北京教育科学研究院召开第二届北京市地方教材建设经验交流会。会议对北京市地方教材管理进行系统梳理、总结并交流经验，明确在"盘活存量，慎重增量"的基础上加强对审定通过的地方教材的后期监管，以更好推进地方教材精品化建设。市教委、北京教科院相关负责人，以及来自16个区县和燕山地区的课程部门、部分学校、有关出版社相关人员300余人参加会议。

（武泽钰）

【举办校外声乐和舞蹈教学观摩活动】 5月，北京市校外教研室组织两次声乐和舞蹈项目校外教师教学观摩交流活动。活动通过示范课观摩、学生汇报表演、典型经验介绍报告、主题研讨、专家讲座与点评的形式，交流教育教学经验、展示教学成果。来自16个区县150名教师及教科研管理者参加活动。

（高红燕）

【编制体育优秀教学案例集】 5月，北京市教育学会编制《北京市百节体育教学名师优秀教学案例集》。该书包括市体育教学名师百节优秀课例光盘和文稿。课例集在展示体育教学最新成果的同时，进一步探索符合学生身心发展、形式活泼、具有实效的体育教学方法，吸引青少年养成自觉锻炼的好习惯，推动首都基础教育体育师资建设。该书发放至各区县教育科研部门及部分体育教师。

（李文鸾）

【举办习作教学大赛】 6月4至6日，北京市举办第一届习作教学大赛观摩活动。比赛以"习作教学中学生语言活动空间的释放"为主题，旨在引导学生"热爱表达、真实表达、善于表达"。来自东城、朝阳、密云等7个区县20所实验校教师20人分别做课。活动由北京教科院和中国写作学会联合主办。

（潘东辉）

【召开市区校联动促进学校内涵式发展研讨会】 6月16日，北京教育科学研究院举办"市区校联动整体推进三级课程建设促进学校内涵式发展——走进石景山区课程建设阶段研讨会"。会议围绕"促进区域和学校课程建设，加强三级课程整合，以课程为载体和依托促进创新人才培养及学校特色建设"主题，分别从研究性课程及主题节日活动展示、基础性课程和拓展性课程展示、区校汇报三个方面组织展示研讨活动。北京教科院、石景山区教委、北京教育学院等单位相关领导、教研员，各小学校长、副校长、教学主任、学科教师和其他区县领导、教师180余人参加会议。

（武泽钰）

【课外活动计划实施情况追踪调研结题】 6至12月，北京市校外教研室承担的"课外活动计划实施情况追踪"课题结题。该课题通过问卷调查、实地调研、观摩访谈等方式，调研课外活动计划实施效果。研究成果主要包括"课外活动计划"实施现状、主要经验做法、待解决问题、政策建议等方面。该课题为市教委委托课题，由市校外教研室与东城区教委、门头沟区教委、延庆县教委、丰台区教委共同完成。

（乔琮）

【开展首届中小学体育教师技能展示与比赛】 7月5日和10月17至19日，市教委举办首届中小学体育教师专业技能展示与比赛活动。活动包括运动技能展示和教学设计与说课展示。7月5日，运动技能展示活动在北京市八一学校举行。活动包括广播操、武术健身操、三大球、微格教学展示四个项目，来自全市16个区县和燕山地区的192名体育教师参加展示与比赛。各区县教育行政部门领导、一线体育教师200余人观摩比赛。海淀区教委和八一中学承办。10月17至19日，教学设计与说课活动举办。来自全市16个区县的195名

开展首届中小学体育教师技能展示与比赛

中小学体育教师参加说课比赛，200余名一线教师现场观摩。北京市中小学体育教师专业技能展示与比赛由市教委主办，北京教育科学研究院承办，计划用3年时间，完成篮球、排球、足球、田径、体操、武术和健美操7个大项的展示与比赛工作。

（沈俊楠）

【举办首届高中物理研究性学习实践活动】 7月18至19日，北京市教育技术设备中心联合北京师范大学、北京青少年科技创新学院共同举办首届北京市高中学生物理研究性学习实践活动。活动旨在贯彻落实教育综合改革的精神，推动学校物理学科研究性校本课程的开发，提高高中学生探究实验能力、交流与合作能力、运用物理原理和方法解决生活中实际问题的能力。活动内容借鉴国际青年物理学家锦标赛（IYPT）的选题和组织形式，在IYPT每年八月份公布的17道英文研究性题目中，选择其中12道题并附上中文译文。经初赛和复赛，中国人民大学附属中学、北京师范大学第二附属中学以及通州区潞河中学代表队获得一等奖。共有来自7所中学的12支代表队参加活动。

（赵文强）

【举办高职高专思政课微课教学比赛】 7至9月，市委教育工委、北京高职德育研究会举办北京高职高专院校思想政治理论课微课教学比赛。来自12所高职院校25个作品参赛。经专家评审，北京体育职业学院魏红娟等5人荣获一等奖，北京财贸职业学院刘瑾等5人荣获二等奖，首钢工学院胡茜等5人荣获三等奖，北京电子科技职业学院等4个单位荣获优秀组织奖。

（杜建峰）

【召开小学教师教学基本功培训会】 9月16日，北京教育科学研究院在北京第一实验小学召开第二届小学教师基本功培训与展示活动通识培训会。北京师范大学教授陈红兵、北京教育学院教授刘加霞以《教育心理学纲要选讲》《把握学科本质，做深度教学反思》为题，分别对参会者进行教育教学理论和教学实践及反思的培训。全市各区县教委小教科长、教研部门小学教研负责人、学校主管教学主任、小学市区级学科带头人及骨干教师代表300余人参加会议。

（沈俊楠）

【举办小学英语教材培训系列教学专题讲座】 10月17日，北京教育科学研究院、北京大学外文学院、北京出版社在北京大学附属小学联合举办“小学英语教材培训系列教学专题讲座”活动。讲座以“国际交流——语言教学中的英语文化”为主题，北京大学美籍基础教育专家凯瑟琳·狄龙（Kathryn Dillon）针对京版教材，以话题为线索，结合相关语言文化背景知识以及中美文化的比较，就如何在小学课堂中实施语言文化教学，如何评价学生的文化学习成果等内容同参会教师交流探讨。来自全市各区县150余名教师和教研员参加活动。

（沈俊楠）

【召开首届“儿童与数学”全国小学数学教育研讨会】 10月29至31日，首届“儿童与数学——2014全国小学数学教学研讨会”在北京召开。会议围绕“儿童体验与数学教学”“儿童游戏与数学教学”“儿童思维与数学教学”三个议题展开，与会人员参观中国科学院数学研究院，听取3名全国特级教师的《平均数》《9的乘法口诀》《周长的认识》3节示范课和数学教育专家的《数学真好玩》《小学生数感发展及障碍研究》两场讲座。研讨会由北京师范大学举办，分别在北京中关村第一小学和北京师范大学实验小学举办研讨活动。共有来自全国的小学数学教师600人参加研讨会。

（张海宏）

【举办课堂教学交流活动】 11月4至6日，北京市第九届“京城杯”小学课堂教学交流活动在北京大学附属小学举办。活动以“聚焦学科能力构建生态课堂”为主题，包括数学、语文、英语等学科教学交流活动，来自海淀、朝阳、东城、西城、石景山、丰台六城区小学教师展示示范课12节，吴正宪、王建平、裴娣娜等9名专家做点评。活动由北京市六城区“京城杯”小学课堂教学交流活动组委会主办，海淀区教委和北大附小承办，六城区教师及海淀区各小学教师2400余人次现场观摩。

（潘东辉）

【举办名著阅读现场会活动】 11月19日，北京教育科学研究院主办的北京市名著阅读现场会活动在中国人民大学附属中学举办。现场会围绕“走近文学经典名著，推进语文课程改革”主题，观摩“心灵的温暖——重读《四世同堂》瑞宣的心灵世界探寻”“《重返狼群》《狼图腾》的比较阅读”2节名著阅读课。阅读课用不同的教学方式，引领学生走进名著，感受作品深刻的思想内涵。现场会上，人大附中特级教师于树泉以《读书比什么都重要》为题，介绍名著阅读活动开展情况，并展示成果及经验；校长翟小宁作《经典阅读与人文素养》报告。苟仲文参加会议并讲话。市教委，各区县教委相关负责人，教师及国培计划（2014）人大附中高中语文班学员等400人参加现场会。

（邓丕来）

【召开基教教材改革实验工作总结会】

11月20日，市教委召开北京市2013—2014学年度基础教育课程改革总结交流会。会议以“聚焦关键领域——推进综合改革”为主题，听取北京市基础教育课程教材改革实验工作领导小组工作报告，宣读2013～2014年度北京市基础教育课程改革、课程建设和首届原创优质课程辅助资源评选获奖名单，与会领导向获奖代表颁奖。会议邀请朝阳区教委、东城区史家胡同小学、昌平区回龙观中学、北京十一学校代表分别以《社会主义核心价值观教育的区域整体规划与推进落实》《从“符号世界”走向“现实世界”——史家小学和谐课程建设》《融合社区资源，着力课程建设，促进师生发展》《浸入课改：唤醒与发现每一个未知的自己》为题做会议交流发言。会议同时部署下一年度工作。线联平参加会议并讲话。市教委、北京教育科学研究院、北京教育学院相关领导，北京教育考试院、北京师范大学、首都师范大学等单位相关负责人，各区县中小学主管主任、中小教科长、教科研部门负责人，中小学校长、教师代表，以及相关媒体记者600余人参加会议。

（武泽钰　张延书）

【召开生涯课程教材实验现场会】 11月25日，北京教育科学研究院在北京市第一六五中学召开市级生涯课程教材实验现场会。会议分为现场课展示、生涯戏剧展示、大会经验交流三个部分，展示北京市高中生涯课程建设的区域实验成果和方向。市教委相关领导、项目负责人，各区县子项目负责人、学校主管领导、骨干教师代表216人参加会议。

（武泽钰）

【举办语文研讨交流活动】 11月26日，北京教育科学研究院在北京小学举办"阅读课系列和表达课系列研究——北小教育集团语文研讨交流"活动。活动呈现三节观摩课，并围绕观摩课进行研讨。研讨体现阅读与表达的整合，突出语文教学的实践性和综合性。全市骨干语文教师共计400余人参加活动。

（沈俊楠）

【召开区县教科研人员第七届学术年会】 12月4至5日，北京教育科学研究院召开北京市区县教育科研人员第七届（2014）学术年会。会议听取"世界教育在想些什么、做些什么"的主题报告，开展"教育科研的方法论思考"主题培训。与会人员围绕"区域科研管理""科研促进学校发展""科研促进师生发展"三个主题交流探讨。全市各区县教科所科研人员、"科研先进校"科研工作负责人等120人参加会议。

（佟德）

【举办市中小幼教育教学视频评优】

12月5日，2014北京市中小幼教育教学视频评优结果公布。经各学校申报、专家评审，共评出一等奖21个、二等奖55个、三等奖154个。评选包括专题类、精彩一节课类、校园电视节目类、文艺类、微电影类和摄影类共6个评选项目，各区县共送交参评作品541件。

（马东　周凯）

【召开读写有效结合研讨会】 12月10日，北京教育科学研究院举办北京市读写有效结合研讨会。会上，中关村三小以低、中、高三个年级段公开课形式展示市小学语文教研室在读写结合教学方面研究的成果。读写结合教学旨在"读中悟写、读写互促、浸润式读写、多种资源整合"，让学生能在对文章的体会和感悟中找到写作的原动力，在写作中加深对文章的理解。全市各区县小学语文教研员及骨干教师300余人参加会议。

（沈俊楠）

【召开小学书法录像课评比颁奖总结大会】 12月16日，北京教育科学研究院举办"人美杯"2014北京市小学书法课堂教学录像课评比活动颁奖总结大会。活动以"普及书法教育，弘扬传统文化"为主题，全市共收到上报优秀课31节，评出一等奖10节，二等奖14节，三等奖7节。中国美术出版总社、人民美术出版社、东城区教师研修中心相关人员及专家参加会议。

（沈俊楠）

【召开小学音乐非物质文化遗产教学研讨会】 12月17日，北京教育科学研究院举办北京市小学音乐学科非物质文化遗产教学研讨会。会议聚焦非物质文化遗产在学校传承方式上的研究，观摩两节"鼓曲"校本课程，听取北京市朝阳区牌坊小学校长以《传承鼓曲艺术，打造精品课程》为主题的学校实践和研究工作汇报。中国非物质文化遗产校园传承研究课题组、北京音乐教育研究会、北京教育科学研究院、朝阳区教委、北京琴书研究会、朝阳区文化馆等单位领导及专家，北京市各区县小学专职音乐教研员、非遗传承基地校教师、朝阳区骨干教师150余人参加会议。

（沈俊楠）

【举办中学物理实验研究与展示活动】 12月28日，北京教育科学研究院举办2014年北京市中学物理教师系列实验研究与展示活动。活动为全市各个区县的78名教师搭建展示"实验探究教学创新"的平台。市教委、北京教科院、北京市物理教学专业委员会、朝阳区教委、朝阳区教研中心、北京市陈经纶中学相关负责人，以及来自全市中学物理教师400余人参加活动。北京市中学物理教师系列实验研究与展示活动已连续举办五届，历时十年，包括五轮实验研究。每一轮研究包括"学校教师组开展实验研究，区县进行培训和展示，北京市进行培训和展示"三个层次。系列实验研究在北京市营造研究实验、研究实验教学、研究实验创新、研究实验探究的良好氛围，促进教师专业成长，提高物理教师教学基本功，为具有实验才华的教师搭建展示平台。

（沈俊楠）

（本栏责任编校　张晓兰）

师资建设

2014年，北京教育人才人事工作全面贯彻党的十八大、十八届三中、四中全会精神，深入贯彻落实教育中长期规划纲要，坚持“优先建设、优势引领、优质提升、优化机制”的人才工作方针，不断深化人事制度改革，努力培养和造就师德高尚、业务精湛、结构优化、充满活力的高素质、创新型、国际化教育人才队伍，为全面推进首都教育现代化提供强有力的人才支撑。

加强高校人才队伍建设。开展第三批高校人才的选拔工作，对选拔的特聘教授、长城学者、高层次创新团队、青年拔尖人才、青年英才继续给予资助培养。选派近百名优秀青年教师到北京大学、清华大学等6所中央高校进行为期一年的研修，培养和提升市属高校青年教师的教育教学能力、科研能力。加强高校教师基础能力建设，开展多方位的教学技能培训项目，支持200多名教师参与国内、国际交流。加强职业院校教师队伍建设。依托全市15个职业院校教师培训基地，共开展32个专业教师培训项目和6个教师培训试点项目，共计完成约1万多人次的培训任务。对选拔的职教名师、专业创新团队、专业带头人、优秀青年骨干教师给予资助培养。

加强中小学、幼儿园干部教师队伍建设。围绕深化教育改革实施素质教育的中心任务，实施北京市中小学名校长、名园长、名师发展工程，对180名学员进行重点培养。组织开展省际间合作培训、专题培训、远程培训等60多项各级各类校长教师培训，培训6万多人次。加强对各类培训机构的统筹和协调力度，指导督促各培训机构在校长教师培训工作中增强针对性和实效性，为广大教师的专业发展提供平台，提升其整体素质。此外还组织开展北京市教师特级教师选拔，市级层面完成中小学、幼儿园33000余人的教师资格考试和3000余人的教师资格教育教学能力测试工作。

积极推动中小学教师资源均衡配置工作。为进一步推进义务教育学校校长教师交流轮岗工作，在征求多方意见基础上，研究起草《关于进一步推进义务教育学校干部教师交流轮岗工作指导意见》，并支持部分区县先行试点。为切实解决农村中小学音体美等小学科教师紧缺问题，继续实施公开招聘农村中小学音、体、美等学科教师行动计划，共招聘353名教师，进一步缓解农村中小学小学科教师短缺的问题。在开展北京市特级教师评选工作中，对农村地区学校教师、幼儿园教师、特殊教育教师实行倾斜政策，评选20名农村专项特级教师、23名幼教特级教师和3名特教教师，在广大教师中产生很好的反响。通过城乡联动、政策倾斜等措施，大力加强农村教师培训，采取送教下乡、专题培训等方式，实施绿色耕耘行动计划、歆语工程、特级教师京郊行、区域合作计划等培训工作，培训农村教师1万多人次，进一步提升农村教师的专业化水平。

稳步推进教育人事制度的改革。深化教育人事制度改革是加强教师队伍建设的重要措施，是全面推进素质教育的必然要求，势在必行，需要精心组织，积极稳妥地加以推进。

一是为完善并严格实施教师资格制度，健全教师管理体制，研究制定《北京市中小学教师资格考试改革试点工作的意见》和《北京市中小学教师资格定期注册制度实施细则》，并将分别于2015年和2016年开始实施。中小学教师资格考试改革强调建立国家教师资格考试标准，改进考试内容，强化职业道德、心理素养、教育教学能力和教师专业发展潜质的考核。《北京市中小学教师资格定期注册制度实施细则》强调完善并严格实施教师资格制度，健全教师管理体制，建设高素质专业化教师队伍，提高教书育人的能力和水平，

二是为不断提升教师社会地位，吸引优秀人才从教，市教委与有关部门联合研究制定并实施北京市中小学教师绩效奖励激励机制，进一步创设符合中小学特点、能够进一步调动广大教职工积极性和创造性的竞争激励机制。

三是为调动广大教师的积极性，经与有关部门协商，进一步提高中小学幼儿园教师职称结构比例，为教师职业发展提升空间。

四是认真研究中小学职称改革全面推开的有关准备工作，向各区县部署职称过渡的前期准备工作，为今年全面推开中小学职称改革工作做好准备。

五是加强师德建设。市教委与相关部门紧密配合，开展全国教育系统先进集体、全国模范教师、全国教育系统先进工作者、全国优秀教师、全国优秀教育工作者等称号的评选表彰工作。以市委市政府名义召开教师节教师座谈会。利用报纸、媒体等对优秀教师进行广泛宣传、报道。通过“师爱无尘”主题活动引导广大教师弘扬社会主义核心价值观。通过网络远程教育方式，对教师进行职业理想与道德的教育。

完成各项评选组织推荐工作。市教委根据教育部年度工作安排，组织完成北京市“全国教书育人楷模”的评选推荐工作。按照市人力社保局关于“2014年度北京市选拔享受政府特殊津贴人员”工作安排，组织市属高校完成相关申报推荐工作。在2012年度“北京市教育教学成果奖”和2013年度“北京市优秀教师”评选工作的基础上，组织北京地区各级各类教育单位参加教育部“国家级教育教学成果奖”和“全国模范教师和优秀教师”北京地区评选推荐工作，并配合教育部组织完成“全国模范、优秀教师，先进教育工作者”“国家级教育教学成果奖”项目有关证书、证章、奖金发放等工作。

（吴武）

【评选市级学科带头人和骨干教师】

3月13日，市教委公布2013年幼儿园、中小学、中等职业学校市级学科教学带头人、骨干教师和农村骨干教师名单。经市学科教学带头人和骨干教师评选委员会评审及市教委审定，批准许美琳等416人为市级学科教学带头人，张艳清等2005人为市级骨干教师，周立霞等219人为市级农村骨干教师，批准时间为2013年11月12日。市教委对市级学科教学带头人和骨干教师实行动态管理，每三年评定一次。本次评选的市级学科教学带头人、骨干教师的任期为2014年1月1日至2016年12月31日。到达退休年龄的市级学科教学带头人和骨干教师，自办理退休手续之日起终止其享受的相关待遇。

（张晓兰）

【23人入选创新人才推进计划】 3月20日，科技部公布2013年度创新人才推进计划评选结果，北京23人入选中青年科技领军人才名单。该评选由科技部组织，经申报推荐、形式审查、专家评议和公示等环节，共确定267名中青年科技创新领军人才、242名科技创新创业人才、67个重点领域创新团队和38个创新人才培养基地。北京地区高校23人入选中青年科技领军人才。另有首都医科大学附属北京安贞医院的“心律失常的临床研究和治疗器械研发创新团队”、清华大学的“薄膜材料结构与性能调控技术创新团队”入选重点领域创新团队，北京大学入选创新人才培养示范基地。创新人才推进计划是《国家中长期人才发展规划纲要》确定的一项重大人才工程，由科技部会同有关部门于2012年9月起组织实施，包括科学家工作室、中青年科技创新领军人才、科技创新创业人才、重点领域创新团队、创新人才培养示范基地5类计划。

（张晓兰）

2013年度中青年科技创新领军人才名单（北京）

北京大学

王世强　邓旭亮　史宇光　张锦　颜学庆

清华大学

陆新征　陈曦　陈巍　姜开利

北京交通大学

杨庆山　姜久春

北京航空航天大学

徐立军　曹先彬

北京理工大学

龙腾　林程　夏元清

中国农业大学

田见晖　李道亮　段留生

北京邮电大学

忻向军

首都医科大学

张罗

北京师范大学

李小雁

中国矿业大学（北京）

代世峰

（张晓兰）

【召开中小学首批正高级教师座谈会】

3月26日，市教委召开“北京市中小学首批正高级教师座谈会”。座谈会上，市教委宣读人力社保部、教育部《关于北京市中小学正高级教师职称评审结果的批复》，为李烈、王萍等18名教师颁发正高级教师职务任职资格证书。部分正高级教师代表发言交流体会，并对首都基础教育改革发展提出意见和建议。全市首批18名中小学正高级教师以及各区县教委相关负责人参加会议。北京市中小学首次评选出的18名正高级教师，涉及语文、数学、物理、地理、体育、学前教育、政治及教育管理8个学科，人员分布在中学、小学、幼儿园、教研机构等教育教学单位，一线教学和教研岗位工作的中小学教师占82%。

（张晓兰）

【23人入选市享受政府特殊津贴名单】 3月30日，市委组织部、市人力社保局公布“2014年度北京市享受政府特殊津贴人员”名单，市属教育单位23人入选。该评选面向市属国有企事业单位或本市行政区域内非公有制企事业单位中长期从事专业技术或技能工作，有良好的职业道德和敬业精神，模范履行岗位职责，为首都经济社会发展努力工作的在职人员。北京市属高校和市教委直属单位共24个单位93人申报，经两委推荐、专家评审、市政府批准，共有北京工业大学等14所学校（单位）的23人入选。

（郭宏伟）

【招聘农村中小学音、体、美教师353人】 5月，北京市统一招聘农村中小学音、体、美等学科教师353人。此次招聘面向北京地区全日制普通高校本科及以上学历应届毕业生，要求非北京生源毕业生符合进京落户条件。招聘范围包括10个远郊区县和朝阳区、海淀区、丰台区的农村地区中小学，主要招聘音乐、体育、美术、历史、地理等学科教师。招聘按照“一次考试，一次补充调剂”方式组织实施，经过报名、资格审查、笔试、面试等程序，共招聘农村中小学音、体、美等学科教师353人。

（房卫青）

【召开高校青年教师社会实践基地工作会】 6月24日，市教委召开北京

高校青年教师社会实践基地工作会。会议为第二批80家北京高校青年教师社会实践基地代表授牌，邀请北京金六环农业园、中软国际教育科技集团、北京交通大学、首都师范大学相关负责人分别代表社会实践基地和高校发言，分享本单位在开展青年教师社会实践活动方面的经验和做法，为与会单位提供借鉴。会上，正式发布修订后的《北京高校青年教师社会实践基地建设与管理办法（试行）》和《北京高校青年教师社会实践基地建设与管理补充办法》。会议由北京工业大学承办。北京高校青年教师社会实践工作协调小组成员代表、社会实践基地代表、各高校宣传部长等200余人参加会议。

（刘娟）

【92人获评市高校教学名师】 7月7日，市教委公布第十届北京市高等学校教学名师奖获奖名单。经学校推荐、课堂教学录像评价、现场教学观摩课评价、评审专家组评议、评审委员会投票、市教委审核并公示，92名教师入选。该评选由市教委主办，针对普通高校中承担本科、高职高专教学任务的专任教师，各高校现任校级领导原则上不参加评审。

（付兴峰　华蕾）

【启动中小学名校长、幼儿园名园长发展工程】 7月12日和10月16日，市教委分别召开北京市中小学名师发展工程和幼儿园名园长发展工程启动座谈会。市教委、北京教育科学研究院、北京教育学院，各区县委教工委、教委主管人事工作的书记、主任，区县教工委组织科长，以及入选名校长、名园长发展工程的名师培养对象，学术导师、实践导师80余人参加启动座谈会。座谈会同时为学术导师和实践导师颁发聘书。该工程是名校长工作室的升级，计划自2014至2020年，每两年选拔30名左右的校长和园长进行为期两年的培养。培养工作由北京教育学院承办。工程计划在全市范围内为名校长、名园长聘请教育理论、教学研究和教学实践领域中有突出成就的专家教授、校长、园长作为学术导师和实践导师，为学员制定个性化培养方案。其中，名校长发展工程首期培养中小学校长23人，幼儿园名园长发展工程首期培养幼儿园园长10人。

（鲜万标　刘琳）

【评选北京高校十佳辅导员】 7月22日，市委教育工委举办2013至2014年度“北京高校十佳辅导员”评审会。北京高校20名优秀辅导员参加此次评审会。参评教师通过视频风采展示、主题班会演讲和深度辅导情景模拟，展示辅导员工作能力和技巧。经过角逐，北京邮电大学艾克热木·艾尔肯、北京化工大学王陶冶等10人获得“北京高校十佳辅导员”称号。市委教育工委、各高校领导及思想政治教育专家、资深媒体人和往年十佳辅导员获得者以及学生代表担任评委。北京高校学工部长、研工部长、院系党委分管学生工作副书记和辅导员代表近300人观摩评审会。“北京高校十佳辅导员”评选2006年首次举办，由市委教育工委组织开展，每两年评选一次。

（王星星）

【组织高校青年教师挂职锻炼】 7月，市委组织部、市委教育工委、市教委组织博士生（后）、高校青年教师、辅导员到北京市各级党政机关和国有企事业单位挂职锻炼。其中，博士生（后）193人，高校青年教师、辅导员100人。在高校青年教师中，从事就业指导工作教师10人。挂职锻炼人员所挂职务为正处级部门或单位主要负责人助理，国有企事业单位挂任相应职务。今年首次开通挂职锻炼报名系统。

（刘娟）

【41人入选全国优秀教师】 8月29日，教育部公布2014“全国优秀教师”名单，北京市41人获得该称号。该评选面向各级各类学校专任教师，按照自下而上、逐级推荐、民主择优的方式，经单位推荐，市教委审核、公示，教育部复审、公示等程序，共有来自31个省、市、自治区及新疆生产建设兵团、解放军的1798人获得该称号。北京市顺义区石园北区幼儿园的郑燕斌等41人入选。

（郭宏伟　张晓兰）

全国优秀教师（北京）

郑燕斌　北京市顺义区石园北区幼儿园
郭琛　北京市第一幼儿园
刁荣春　北京市密云县太师屯镇中心小学
王俊红　北京市顺义区后沙峪中心小学校
邓莲菊　北京市怀柔区九渡河镇中心小学
刘文波　北京市门头沟区大峪第一小学
孙贵合　北京小学大兴分校
孙洪军　北京市平谷区夏各庄学区
李文凤　北京市房山区蒲洼乡蒲洼中心小学
李洁玲　北京小学
张龙　北京市朝阳区芳草地国际学校
路书芳　北京市昌平区流村中心小学
王苹　北京市陈经纶中学
邢军　北京市第九中学
刘丽云　北京市大兴区第一中学
许德昌　北京市第一七一中学
李冬梅　北京大学附属中学
张亚红　北京市八一中学
陈爱民　北京市昌平区第一中学
果征　北京市回民学校
赵月灵　北京市通州区潞河中学
寇富弄　首都师范大学附属丽泽中学
金英华　北京师范大学燕化附属中学
付红焱　首都铁路卫生学校
郝康平　北京金隅科技学校
魏红娟　北京市供销学校
张美荣　北京一轻高级技术学校
苗金明　北京劳动保障职业学院
周海霞　北京经贸职业学院
韩凤荣　北京青年政治学院
王易　中国人民大学
付忠广　华北电力大学
刘姗姗　北京师范大学
纪韶　首都经济贸易大学
杨卫民　北京化工大学
张招崇　中国地质大学（北京）
全鑫　北京大学
茹秀英　首都体育学院
秦红岭　北京建筑大学
唐建平　中央音乐学院
曹金珍　北京林业大学

（郭宏伟　张晓兰）

【5人入选全国优秀教育工作者】 8月29日，教育部公布2014“全国优秀教育工作者”名单，北京市20人获得该称号。该评选面向各级各类学

校和教育机构管理人员、教育行政部门干部，按照自下而上、逐级推荐、民主择优的方式，经单位推荐，市教委审核、公示，教育部复审、公示等程序，共有来自31个省、市、自治区及新疆生产建设兵团、解放军的200人获得该称号。北京市海淀区恩济里幼儿园雷海环等5人入选。

（郭宏伟　张晓兰）

全国优秀教育工作者（北京）

雷海环　北京市海淀区恩济里幼儿园
白淑兰　北京市崇文小学
李文凤　北京市史家小学通州分校
孟超英　中国农业大学
高春娣　北京工业大学

（郭宏伟　张晓兰）

【5人入选全国中小学优秀班主任】 8月29日，教育部公布2014“全国优秀班主任”名单，北京市中小学班主任5人获得该称号。该评选旨在激发广大教师和教育工作者的积极性、创造性，推动全国各级各类学校德育和思想政治教育工作再上新台阶。教育部本年度表彰“全国中小学优秀班主任”共计193人。北京市房山区蒲洼乡蒲洼中心小学班主任李文凤等5人入选。

（张晓兰）

全国中小学优秀班主任（北京）

李文凤　北京市房山区蒲洼乡蒲洼中心小学
路书芳　北京市昌平区流村中心小学
刘丽云　北京市大兴区第一中学
赵月灵　北京市通州区潞河中学
寇富弄　首都师范大学附属丽泽中学

（张晓兰）

【3人入选全国中小学优秀德育课教师】 8月29日，教育部公布2014“全国中小学优秀德育课教师”名单，北京市中小学优秀德育课教师3人获得该称号。分别是北京市密云县太师屯镇中心小学教师刁荣春、北京市门头沟区大峪第一小学教师刘文波、北京市陈经纶中学教师王苹。该评选旨在激发广大教师和教育工作者的积极性、创造性，推动全国各级各类学校德育和思想政治教育工作再上新台阶。本年共表彰“全国中小学优秀德育课教师”93人。

（张晓兰）

【3人入选全国中小学优秀德育工作者】 8月29日，教育部公布2014“全国中小学优秀德育工作者”名单，北京市中小学德育教师3人获得该称号。分别是北京师范大学燕化附属中学教师金英华、北京市平谷区夏各庄学区教师孙洪军、北京市八一中学教师张亚红。该评选旨在激发广大教师和教育工作者的积极性、创造性，推动全国各级各类学校德育和思想政治教育工作再上新台阶。本年度共表彰“全国中小学优秀德育工作者”96人。

（张晓兰）

【2人入选全国高校优秀辅导员】 8月29日，教育部公布2014“全国高校优秀辅导员”名单，北京地区高校教师2人获得该称号。分别是北京大学教师金鑫、北京师范大学教师刘姗姗。该评选旨在激发广大教师和教育工作者的积极性、创造性，推动全国各级各类学校德育和思想政治教育工作再上新台阶。本年度共表彰“全国高校优秀辅导员”31人。

（张晓兰）

【1人入选全国高校优秀思想政治理论课教师】 8月29日，教育部公布2014“全国高校优秀思想政治理论课教师”名单，中国人民大学教师王易获得该称号。该评选旨在激发广大教师和教育工作者的积极性、创造性，推动全国各级各类学校德育和思想政治教育工作再上新台阶。本年度共表彰“全国高校优秀辅导员”29人。

（张晓兰）

【2人入选全国高校优秀思想政治教育工作者】 8月29日，教育部公布2014“全国高校优秀思想政治教育工作者”名单，北京地区高校教师2人获得该称号。分别是北京青年政治学院教师韩凤荣、北京工业大学教师高春娣。该评选旨在激发广大教师和教育工作者的积极性、创造性，推动全国各级各类学校德育和思想政治教育工作再上新台阶。教育部本年度共表彰“全国高校优秀思想政治教育工作者”35人。

（张晓兰）

【17人入选全国模范教师】 9月2日，人力社保部、教育部公布“全国模范教师”名单，北京市17人获得该称号。该评选面向全国各级各类学校专任教师，经单位推荐，各级人力社保和教育部门初审、复审、公示等程序，共有来自31个省、市、自治区及新疆生产建设兵团、解放军的719名教师获得该称号。北京市昌平区机关幼儿园徐颖等17人入选。

（郭宏伟　张晓兰）

全国模范教师（北京）

徐颖　北京市昌平区机关幼儿园
褚潇　北京市北海幼儿园
张雨良　北京市延庆县大榆树中心小学
陈延军　北京师范大学实验小学
崔海明　北京市怀柔区长哨营满族乡中心小学
张勃　北京市房山区良乡第二中学
高海颜　北京市密云县新城子中学
汪艳　北京市第八中学
韩玮　北京市大峪中学
王颖　北京市顺义区特殊教育学校
李银环　北京市通州区培智学校
陈济　北京市商业学校
向军　劲松职业高中
方立天　中国人民大学
李德才　北京交通大学
吴嗣亮　北京理工大学
聂建国　清华大学

（郭宏伟　张晓兰）

【2人入选全国教育系统先进工作者】 9月2日，人力社保部、教育部公布“全国教育系统先进工作者”名单，北京市2人获得该称号。该评选面向全国各级各类学校和教育机构管理人员、教育行政部门干部等，经单位推荐，各级人力社保和教育部门初审、复审、公示等程序，共有来自31个省、市、自治区及新疆生产建设兵团、解放军的78人获得该称号。北京市第二中学校长钮小桦、首都师范大学历史学院院长郝春文入选。

（郭宏伟　张晓兰）

【14个单位获全国教育系统先进集体】 9月2日，人力社保部、教育部公布“全国教育系统先进集体”名单，北京市14个单位入选。该评选面向各级各类学校和其他教育机构，其中，高等学校（含高职）的参评对象为学校内设二级机构。经单位推荐，各级

人力社保和教育部门初审、复审、公示等程序，共有500个单位入选，其中，北京14个。

（郭宏伟　张晓兰）

全国教育系统先进集体（北京）

北京市密云县穆家峪镇中心幼儿园
北京市门头沟区大台中心小学
北京市延庆县康庄中心小学
北京小学翡翠城分校
首都师范大学附属红螺寺中学
北京市海淀区民族小学
北京市京源学校
北京金隅科技学校
北京市商业学校
北京联合大学特殊教育学院
中央民族大学党委学生工作部（学生处）
北京师范大学教育学部
北京科技大学科学技术史团队
中国传媒大学广播电视学教学团队

（郭宏伟　张晓兰）

【新增30个博士后科研流动站】 9月2日，人力社保部、全国博士后管委会印发《关于批准新设辽宁大学哲学等291个博士后科研流动站的通知》，北京地区高校新增30个博士后科研流动站。经全国博士后管委会专家组评审，人力社保部、全国博士后管委会研究决定新设辽宁大学哲学等291个博士后科研流动站，北京地区21个高校新设博士后流动站30个。

（张晓兰）

2014年新设博士后科研流动站（北京）

北京大学
　中西医结合
　护理学
　生物医学工程
中国人民大学
　物理学
清华大学
　航空宇航科学与技术
北京工业大学
　化学工程与技术
北京航空航天大学
　外国语言文学
　软件工程
　公共管理
北京科技大学
　化学
　土木工程
北京化工大学
　环境科学与工程
　生物工程
北京工商大学
　食品科学与工程
北京邮电大学
　软件工程
北京建筑大学
　建筑学
中国农业大学
　水利工程
北京林业大学
　草学
首都师范大学
　教育学
　光学工程
中国传媒大学
　设计学
首都经济贸易大学
　管理科学与工程
中国人民公安大学
　公安学
　公安技术
中央美术学院
　设计学
北京电影学院
　戏剧与影视学
中央民族大学
　哲学
　社会学
中国石油大学（北京）
　力学
中国科学院大学
　地理学

（张晓兰）

【印发高校学风建设实施细则】 9月4日，市委教育工委、市教委联合印发《北京市属高等学校学风建设实施细则（暂行）》。文件明确该细则适用于北京市属全日制普通高等学校，旨在规范高校教师、专职科研人员和学生的学术研究和教育教学活动。细则包含14条具体内容，指出高校学风建设要坚持标本兼治、综合治理的原则，完善学风建设目标责任制度，各高校应规范学术不端行为的调查程序，同时建立学术道德和学术规范教育制度、学术诚信制度、学风建设奖励和惩处制度等。细则自发布之日起施行。

（翟昊）

【召开庆祝教师节座谈会】 9月10日，

市委市政府召开庆祝教师节座谈会。座谈会邀请部分北京市获得全国教育系统表彰的先进个人代表参会。中国人民大学教授王易等10名优秀教师代表结合自身实际，就如何践行社会主义核心价值观、促进首都教育发展交流体会提出建议。王安顺参加座谈会并讲话。座谈会前，郭金龙接见与会代表并代表市委市政府向广大教师致以节日的祝贺。

（张晓兰）

【公布2015年度高层次人才及创新团队资助名单】 9月25日，市教委印发2015年度北京市属高等学校高层次人才引进与培养及创新团队建设计划资助名单。在学校推荐、专家评议基础上，经北京教育系统人才工作领导小组审定，新评市属高等学校高层次人才引进计划3人、特聘教授22人、长城学者27人、青年拔尖人才102人、创新团队7个。

（纪奇明）

2015年度市属高等学校高层次人才引进计划资助名单

北京建筑大学　齐吉琳
首都师范大学　马力耕
北京工业大学　孙再成

（纪奇明）

2015年度北京市属高等学校特聘教授计划资助名单

北方工业大学
　钱鹤
北京服装学院
　刘晓萍　Perah Perez　王德义
北京工业大学

郝吉明 翟恩地 冯宪
熊湘沅 曾庭英 魏蓬生
汪萌 温宗勇
北京建筑大学
刘会娟
北京联合大学
Law，Chun Hung Roberts（罗振雄）
北京石油化工学院
宫敬
北京舞蹈学院
David Andrew Hinton
北京印刷学院
小林範久
首都经济贸易大学
吴潜涛 董克用
首都师范大学
俞晓春 古滨河
首都医科大学
吕赛
首都师范大学
张岩 张爱武
首都体育学院
王子朴
首都医科大学
曲爱娟
中国戏曲学院
谭铁志
中国音乐学院
齐琨

（纪奇明）

2015年度北京市属高等学校长城学者培养计划资助名单

北方工业大学
刘小明 张加才
北京第二外国语学院
周长银
北京电影学院
王竞 霍廷霄
北京服装学
李从举 陈芳
北京工商大学
王斌
北京工业大学
李建荣 李悦 卓力
北京建筑大学
杨建伟
北京联合大学
杨宜 方建军
北京农学院
陈湘宁
北京石油化工学院
姚志龙 陈家庆
北京舞蹈学院
张军
北京信息科技大学
侯军岐 缪旻
首都经济贸易大学
王少国

（纪奇明）

2015年度北京市属高等学校青年拔尖人才培育计划资助名单

北方工业大学
张萌萌 王月海
北京第二外国语学院
代冰彬
北京电影学院
顾晓娟
北京服装学院
谢静 蒋效宇 陈晓华
北京工商大学
王友升 周威 王瑜
北京工业大学
朱彦旭 黄秋梅 毛圣成
张爱莉 孙少瑞 崔有为
刘俊婉 张新峰 刘晶冰
王云新 魏中华 张小轶
金保华 闫建卓 付利华
李弇 王雯宇 王朝辉
郭瑾
北京建筑大学
张雷 张华 刘扬
北京经济管理职业学院
刘颖
北京联合大学
黄汉昌 何芳 王巧玲
朱科蓉 田园 李文法
边婷婷 玄祖兴
北京农学院
阮文科 郑健 刘京国
丁轲 李蕊
北京石油化工学院
付秀丽 梁永日
北京舞蹈学院
苏娅 陈琛
北京物资学院
刘同娟 郭键
北京信息科技大学
秦雷 丁宁 范军芳
侯霞 张伟 张月霞
赵庆聪
北京印刷学院
王燕 王巍
首都经济贸易大学
李百兴 董烨然
尚华艳 李强 张小航
朱宁洁 姜红
首都师范大学
王海龙 朱玲莉 袁泉
林雨青 陶宇 李宏伟
宗成振 方海光 严冷
尹晓冬 凌燕 叶佳声
盛仙永 刘兴华 叶能胜
司冰琳
首都体育学院
徐守森 张雪琳
首都医科大学
张建亮 张玲 郑焱
曾翔俊 陈赞 余焕玲
王玉记 牛丕业 王振霖
张海霞 刘仁慧 李朝霞
薄雪峰
中国戏曲学院
王晓宁 黄迎
中国音乐学院
陈悦

（张晓兰）

2015年度北京市属高等学校创新团队建设提升计划资助名单

北京服装学院
郭强
首都医科大学
李丽英
北京农学院
冷平生
北京工业大学
尹宝才 崔素萍 石照耀
首都师范大学
张伟功

（张晓兰）

【召开“紫禁杯”优秀班主任表彰会】 10月14日，市教委召开学习贯彻习近平总书记教师节重要讲话精神——北京市第27届中小学“紫禁杯”优秀班主任暨第2届“学生喜爱的班主任”表彰会。会议表彰 400 名“紫禁杯”优秀班主任和 200 名“学生喜爱的班主任”，听取来自东城区分司厅小学、昌平区南口镇小学等 6 所学校获奖代表的大会交流发言。会议由北京市紫禁杯教育奖励基金管理委员会、北京市教育学会班主任工作研究会主办，北京教育科学研究院承办。市教委、北京市教育学会、北京市教育学会班主任工作研究会、北京市紫禁杯教育奖励基金会相关领导，以及市、区县教育行政部门领导及培训部门和德育研究室负责人、获奖教师代表、班主任杂志社全体工作人员 500 余人参加会议。

（曲怀志　王昱人）

【制定中小学教师资格注册实施细则】 10 月 16 日，市教委印发《北京市中小学教师资格定期注册制度实施细则（试行）》。细则明确，教师资格定期注册是对教师入职后从教资格的定期核查；中小学教师资格实行 5 年一周期的定期注册；定期注册不合格或逾期不注册的人员，不得从事教育教学工作。细则同时规定注册条件、注册程序和罚则。该细则自 2006 年 1 月 1 日起施行。

（张晓兰）

【制定中小学教师信息技术应用能力提升意见】 10 月 31 日，市教委印发《关于实施北京市中小学教师信息技术应用能力提升工程的意见》。该意见旨在提升市中小学教师信息技术应用能力，更新教学观念、改进教学方法、提高教学效果。文件包括 5 部分共 17 项内容，提出力争在 2017 年底完成全市中小学教师的新一轮全员培训，并在“十三五”期间探索全市中小学教师信息技术应用能力培训的常态化机制的目标。文件同时公布教师信息技术应用能力提升工程领导小组、执行办公室和专家名单。北京市中小学教师信息技术应用能力提升工程拟 2014 年正式启动试点培训。

（张晓兰）

【召开立德树人与班级文化创新研讨会】 11 月 21 至 23 日，北京教育科学研究院召开立德树人与班级文化创新研讨会暨第五届班主任工作研究室年会。会议宣读“起始年级带班策略”征文表彰决定，为新成立的 9 家班主任工作研究室授牌，并围绕“立德树人与班级文化创新”举办专题报告 12 场。来自全国各地教育行政部门领导、中小学德育干部、班主任代表 900 余人参加会议。

（曲怀志）

【北京市特级教师协会成立】 12月6日，北京市特级教师协会成立并召开第一届会员大会。该协会旨在开展学术研讨交流并促进学术研究与成果转化，重点对本市优秀中青年教师进行系统的专业培训，发挥特级教师的示范、引领和辐射作用。协会的重点工作一是进行学术研讨交流，二是促进学术研究与成果转化，三是开展教师培训，四是开展教学指导。大会通过举手表决、投票通过《北京市特级教师协会章程（草案）》《北京市特级教师协会会费标准及收取办法（草案）》等文件，选举产生理事会、监事会、会长、副会长、秘书长、监事长。市委教育工委、市教委以及各区县教委相关负责人和来自全市的 166 名特级教师会员参加大会。截至 2013 年底，北京市共有特级教师 891 人。

（刘琳　郭宏伟）

【举办校外教育机构教师专业评展】 至 12 月，北京市青少年学生校外教育工作联席会议办公室和市教委联合举办北京市校外教育机构教师专业评展。活动包括反映校外教师教育教学能力的“活动案例评选”和“专业技能风采展示”两部分。全市 758 人报名参选，经过区县初评、市级专家终评等程序，244 人获奖，其中，一等奖 48 人、二等奖 80 人、三等奖 116 人。获奖成果在北京市青少年学生校外教育工作联席会议办公室和市教委联合举办的“阳光下的别样风景——北京市校外教育成果展示活动”中展示。

（刘敏　孙宏芳）

【7 个社团成立】 至年底，北京教育系统成立 7 个社团。7 个社团分别是北京青爱教育基金会、北方工业大学校友会、首都经贸大学教育基金会、北京电子科技职业学院校友会、北京特级教师协会、北京城市学院校友会、北京市校园足球协会。其中，北京青爱教育基金会的前身是中国青少年艾滋病防治教育工程，该基金会旨在探索符合中国国情与学生年龄特点的健康教育模式，通过募集社会资金，在全国大中小学幼儿园援建“青爱小屋”，帮助学校开展艾滋病防治教育、性健康教育、心理健康教育和公益慈善理念培育，并对部分艾滋孤儿及家庭进行救助。北京特级教师协会旨在开展学术研讨交流并促进学术研究与成果转化，重点对本市优秀中青年教师进行系统的专业培训，发挥特级教师的示范、引领和辐射作用。

（郭宏伟）

【8 个社团完成换届工作】 至年底，北京教育系统 8 个社团完成换届工作。经市委教育工委审核、市教委批准，中国政法大学教育基金会、北京建筑大学基金会、中国政法大学教育基金会、北京石油大学教育基金会、北京职业教育学会、北京可持续发展教育协会、北京财贸学院校友促进教育基金会、北京建筑大学校友会完成社团换届工作。

（郭宏伟）

【建设北京教育资源网】 至年底，市教委加强北京教育资源网（北京市中小学资源平台）建设。市教委创新资源建设机制，构建每一名教师均可在网上自主选择资源的开放平台，丰富资源内容、提高资源品质，满足教师个性化需求，有效避免资源的低水平重复建设。截至 2014 年 12 月，平台拥有条目类资源 729515 个，服务频道 15 个，资源总数近 550 万条。资源网月均下载资源 1.8TB。

（周凯）

【安置军转干部 55 人】 至年底，市教委妥善安置军转干部。通过双向选择、指令派遣等方式，市教育系统相关单位安置军转干部共计 55 人。

（房卫青）

【投入 5.098 亿元开展人才培养】 至年底，市财政本级拨款 5.098 亿元开展人才培养。其中，高校拨款3.5亿元，职业院校3439万元，中小学、幼儿园教师9673.26万元，中小学校长、幼儿园园长2864万元。投入旨在保证对各类人才培养培训力度。

（纪奇明）

师资管理

【开展音体美幼教师培训】 3月16、17和22日，北京教育学院举办2014年北京市城区中小学音体美、幼儿园和郊区中小学音体美教师培训班。培训以提高学教研创能力为核心，以课堂教学质量为切入点，以教学实践问题为突破口，以才艺技能创作展示为平台，聚焦课堂，创新教学，旨在培养一批有思想特色、教学特色、专业特色的骨干教师，促进北京市中小学音体美和幼儿园教师队伍的建设。培训设有集中面授、实践研修、课题研究、网络与自主学习、交流展示等环节，采用专家讲座、案例式研讨、参与式互动、写作式指导、答疑式交流、实战式创作形式进行。此次培训为期8个月，17个班累计培训学员570人。

（刘琳）

【举办13期哲学社会科学骨干研修班】 3月17日至12月26日，市委教育工委完成2014年北京市哲学社会科学教学科研骨干研修班培训任务。全年共举办13期培训班，内容涵盖全市思想理论、高校的宗教观教学科研、网络思政、高校党委副书记及院系（总支）书记、基层宣传思想工作、思想政治理论课及新上岗思想政治理论课教师、高校辅导员、学工研工部门负责人、党校系统哲学社会科学教学科研。培训对象面向在京68所高校（含部分民办高校）及各区县委宣传部、市属社科理论单位科研骨干、党校系统哲学社会科学教学科研骨干，累计培训1658人次。

（王燕俊）

【市级学科带头人及骨干教师培训项目开班】 3月29日，北京教育学院举办2014年北京市级学科带头人及骨干教师培训班。该培训以“形成具有一定教学领导力的教学研究型骨干教师团队”为主题，旨在提高教师学科教学的研究能力和领导能力，促进他们由“教学型”教师向“教学-研究型”教师转变。培训班共设32个工作室，20个学科、800名学员参加该项目培训，为期一年。

（刘琳）

【举办首届初中教师实验技能培训与展示活动】 4月17日，市教委召开北京市首届初中教师实验技能培训与展示活动总结会。会议总结初中教师实验技能培训与展示活动情况，并表彰获奖教师。大兴区教委、西城区教育研修学院、通州区获奖实验员代表作交流发言，物理、化学、生物三个学科获奖教师和实验员代表做创新实验片断展示。各区县教育行政、教研、装备部门相关负责人及部分获奖教师、实验员代表150人参加会议。北京市首届初中教师实验技能培训与展示活动2013年启动，历时一年，包括全员培训、笔试及展示三个阶段。在对全市初中物理、化学、生物教师、实验员进行全员培训的基础上，共有5219名教师、实验员参加笔试，其中，289人获得笔试一等奖。通过笔试选拔，279名教师、实验员参加市级展示活动，其中，59人获教师组一等奖，29人获实验员组一等奖。

（陆小红）

【开展中小学法制骨干教师培训】 4

月22至25日，市教委组织开展第二期全市中小学法制教育骨干教师培训。本次培训班课程包括基本法律理论知识和学生法制教育教学实操经验推广两类。在法律基本知识课程中，培训班邀请中国政法大学法律专家就宪法与宪法意识、侵权行为与责任等法律知识专题授课，强化广大教师的宪法意识和权责统一的行为习惯。在经验推广课程中，北京市一六一中学、中国人民大学附属中学、北京大学附属中学等学校的教师，与参培教师分享学校组织教师法制培训、开展学生法制教育的实践经验。全市各中小学800名法制教育骨干教师参加培训。

（张晓兰）

【召开中小学班主任基本功培训与展示活动总结会】 5月20日，市教委

召开第二届北京市中小学班主任基本功培训与展示活动总结会。会议通过视频短片回顾本届基本功展示活动的开展过程和精彩瞬间，并为获奖教师颁奖。苟仲文参加会议并讲话。本届活动以“实践智慧、专业理性、教育情怀”为主题，培训内容主要包括班主任应知应会的基础理论、基本工作技能、基本素养与态度三个方面。活动分为校本培训、区县展示和市级展示、成果总结三个阶段。全市约4万名在岗班主任全员参与校本培训，千余名青年班主任参加区县组织的班会说课活动，200名中小学班主任参与市级展示活动。市级展示共评选出一等奖66名、二等奖62名、三等奖72名，以及“智慧奖”“魅力奖”等单项奖48名，并表彰获“优秀组织奖”的176所中小学校。全市优秀班主任代表，中小学校及市、区教育行政部

门和教研部门的负责人共300人参加会议。2013年3月，市教委委托北京教育学院开展本届培训与展示活动。

（刘琳　曲怀志）

【促进农村学校体育教育培训者培训结业】 5月25日，“促进农村学校体育教育和体育活动”项目——2014年国家级培训者培训结业。该项目由教育部教师工作司、联合国儿童基金会委托北京教育学院和首都体育学院共同开展。项目从关注中西部地区体育师资队伍建设的视角出发，旨在激发中西部地区体育教师教育热情，提升其教学能力和实践创新能力，为中西部中小学生人人享有体育与健康权利提供保障。共有来自新疆、广西、云南等地的170余名教师参加此次培训。其中，教育学院承担4个项目县的79名教育行政部门管理干部和体育骨干教师的培训任务。培训为期7天，以“懂培训、会教研、善管理”为主题，以掌握和提高教研训能力为核心，设有“亲近项目、了解需求、熟悉培训、明确任务”4个模块，通过专题研修、咖啡汇谈、体验观摩、小组研修等形式，帮助学员正确把握促进农村学校体育教育和体育活动的基本要素，提高培训者开展教学技能与专项培训的能力。培训结束后，教育学院选派专家于6月赴4个项目县对专兼职体育教师进行教学指导与授课。

（刘琳）

【举办中小学领导干部学习贯彻核心价值观培训班】 5月27至28日，北京教育学院举办首期北京市中小学副校级领导干部学习贯彻十八届三中全会精神和社会主义核心价值观专题培训班。各区（县）中小学校主管招生、教育教学工作的副校级领导干部共计550人参加培训。苟仲文参加会议并做动员讲话，同时围绕首都教育改革的现状、难题和方向及如何将培育和践行社会主义核心价值观落到实处两方面内容作专题报告。教育部基础教育一司司长就基础教育资源配置改革、考试招生改革、治理手段改革、育人方式改革、教师管理改革、督导检测改革问题作题为《新形势下我国基础教育改革与发展》的专题报告。北京师范大学、北京交通大学学者就总书记讲话精神和培育践行社会主义核心价值观等内容作专题报告。该培训班共有两期，第二期于6月5至6日举行，570余名小学副校级领导干部参加。

（刘琳）

【中小学百名“种子教师”培训班开班】 5月29日，北京教育科学研究院举办2014年首都中小学可持续发展教育百名“种子教师”培训班开班仪式。仪式上，与会领导为项目导师团专家颁发聘书。培训旨在精心培育百名具有先进教育理念与卓越领导力的专家型教师，发挥“种子教师”的导向力与示范力，提高广大教师可持续发展教育能力。项目实施主要包括集中培训、导师指导实践研究、成果交流三个阶段。教育部、北京教科院、中国可持续发展教育全国工作委员会等单位相关人员参加会议。

（王咸娟）

【增建5个市校外教师培训基地】 5月，北京市校外教研室增建5个市级校外教师培训基地。5个新基地分别是西乐教师培训基地、朗诵教师培训基地、声乐教师培训基地和教学教务管理者培训基地。2014年，市校外教研室面向全市校外教师组织专业必修课、7个专业的专业选修课培训。培训以理论传授与技能训练相结合、本市培训和外省培训相结合为形式，形成四个培训特色。一是专家引领、接轨前沿，聘请相应领域代表性专家做课程设计及授课；二是注重实践、讲练结合，强化课程的实践性和体验性；三是关注教师、因需设课；四是助力教研、协同发展，教师培训与教研相结合。至年底，共计培训1800人次。

（高红燕）

【举办中小学实验员研修实训班】 5至12月，市教委组织开展中小学实验员、教师研修实训班。该培训以提升实验技能，最大限度发挥仪器使用效益，与教育教学的深度融合作为主要目标。分别在石景山、丰台、密云、昌平、延庆5个区县举办实训班，包括中小学美术、劳技、化学、生物、物理5个学科，累计培训学员500人次，人均32学时。

（陆小红）

【举办中小学心理健康教研队伍培训会】 6月19日，北京市中小学德育大讲堂暨北京市中小学心理健康教育教研队伍的建立与培训会在北京教育科学研究院举行。会议首批聘任37名中小学心理健康教育兼职教研员并向其颁发聘书，介绍北京市中小学心理健康教育教研队伍建设整体情况，听取题为《心理和谐——心理健康教育的指导思想》的主题报告。教育部、北京师范大学、北京教育科学研究院相关领导、专家，以及各区县心理健康教育负责人、北京市首批中小学心理健康教育兼职教研员和部分心理健康教育教师近120人参加会议。

（任敬华）

【开展中小学教师学习贯彻核心价值观专题培训】 6月30日至7月15日，北京教育学院举办北京市中小学教师学习贯彻十八届三中全会精神和社会主义核心价值观专题培训。培训共分四期、每期2天，全市3000余名中小学教师参加培训。其中，首期培训630余名特级教师、市级骨干教师和市级学科带头人，邀请苟仲文作《贯彻习总书记系列重要讲话精神，以社会主义核心价值观为精神动力，不断深化首都基础教育综合改革》专题报告。来自教育部、北京师范大学、中国社会科学院有关专家就基础教育综合改革、学习贯彻习近平总书记系列重要讲话精神、培育和践行社会主义核心价值观等内容开展专题讲座。

（刘琳）

【开展乡镇校外活动站师资培训】 6月和10月，北京市校外教研室分别举办北京市乡镇校外活动站管理者和教师培训。管理者培训中，来自各区县教委“牵手实践活动”负责人、各乡镇校外活动站校长 160 人参加学习，主要内容涉及活动站政策、运行管理、教师学习。教师培训中，区县校外教研室主任、乡镇校外活动站具体负责人、城区牵手实践活动单位具体负责人、学校活动站教师 100 人参加学习，主要内容为科技、艺术、体育项目研发。

（乔琮）

【高校思政课骨干教师访学研修结业】 7月1日，市委教育工委举办 2013 年度北京高校思想政治理论课骨干教师赴北京大学、清华大学研修基地访学研修结业式。结业式上，北京大学、清华大学研修基地负责人分别做工作报告，部分研修学员代表做大会交流发言。会议同时颁发 2013 年度访学研修结业证书和优秀学员荣誉证书。2013 年度毕业学员及 2014 年度访学学员共 50 余人参加结业式。

（杜建峰）

【启动城乡一体化学校专项培训】 7月

12 日，市教委北京市城乡一体化学校专项培训工程 2014 年项目启动。该项目为期三年。培训以“聚集正能量，一体促均衡”为主题，聚集输出学校、输入学校、市级培训机构以及各方面的培训支持资源，主要支持两类学校双赢发展，特别是输入学校提升队伍水平和办学实力，定位于加强横向交流，加强案例研讨，注重理论学习，注重规律探讨。培训以问题为导向，围绕一定的主题，采用理论讲座、下校现场学习、组织论坛交流、实践追踪、网络学习等混合培训的方式进行。本年度培训项目设有包括中小学各学科的 12 个教师培训班、4 个教育干部培训班和 1 个整校推进培训班，共 530 人参加培训，教师培训共计 150 学时，干部培训共计 80 学时。12 月 18 日，该项目校长高研班和中层干部班举办一体化管理论坛暨结业典礼，40 名校长和 25 名中层干部结业。

（刘琳）

【举办“国培计划”示范性培训项目】

9 月 14 日至 10 月 23 日，北京教育学院举办“国培计划（2014）”示范项目——培训团队研修项目培训管理者班。该班分两期举办，突显“以例释理、以研促学；以境启智、以修促行；以终为始，以用促变”的培训特色。两个班分别以“教师培训师专业标准的理解与应用”和“提高教师培训质量的方法与策略”为主题，通过“破冰活动”“故事分享”“滚积雪球”“世界咖啡”“案例研修”“团队学习”和“研修沙龙”方式开展学习并完成“培训管理微创新行动计划”。两次培训各为期 10 天。27 个省（自治区、直辖市）的 47 名学员参加第一批培训，32 个省（自治区、直辖市）的 48 名学员参加第二批培训。北京教育学院另于 9 至 11 月承办多个“国培计划”中小学教师示范性培训项目，包括一线优秀教师培训技能提升研修项目初中数学学科培训（共 50 人），培训团队研修项目体育与健康班（共 50 人），体育美育骨干教师培训项目初中体育教师培训班、小学体育教师培训班、体育教研员班、小学美术教师培训班（共 550 人），中小学骨干班主任教师研修项目初中骨干班主任培训班和高校、省级培训者班（共 150 人）。

（刘琳）

【第二期中小学名校长工作室结业】 9月17 日，北京教育学院举办北京市第二期中小学名校长工作室结业与成果汇报交流会。22 名入室研究员完成研修任务。该项目于 2011 年 7 月启动，设立三个工作室，分别以“教育国际化”“学校组织变革”“学生自我发展能力培养”为主题展开研修，包括总项目层面活动和各工作室层面活动。各工作室采用名校长、学者共同领衔的工作模式，关注对重要教育问题的理论分析与实践引领，以推进学校实际工作改进和实际问题解决为目的，领导学校内部的研究团队展开校本研究。

（刘琳）

【97 人进入教师发展研修基地学习】 9月，北京市属高校教师 97 人进入教师发展研修基地学习。学员通过集中学习、导师带教、学员助教等方式，学习优秀教育教学专家的教学思想和教学科研方法，丰富教学科研实践，提升教学能力和科研能力。研修时间为期一年，分为脱产学习和半脱产学习两个阶段。市教委在北京大学、清华大学、北京师范大学、中国人民大学、北京外国语大学和北京交通大学等 6 所部属高校设立教师发展基地，至年底，累计 452 人参加基地研修。

（纪奇明）

【举办边远地区校长助力工程培训】 10 月 9 日，2014 年教育部“边远贫穷地区农村校长助力工程”培训项目在北京教育学院开班。培训以“农村校长的教学领导实践及其提升”为主题，分为铺垫与准备、集中培训、跟岗“影子学习”、学校改进设计、返岗实践五个阶段，旨在指导学员围绕当前办学实践的核心问题开展有针对性的理论研究和实践学习，并设计解决实际问题的改进方案。来自中西部 17 个省农村义务教育阶段学校的 49 名校长参加培训，培训为期 1 个月。

（刘琳）

【承办“国培计划”中西部农村短期集中培训】 10 月 13 日，“国培计划（2014）”青海省初中化学、初中生物骨干教师实验教学能力提升培训在北京教育学院开班。该培训为期 20 天，以“新课程实验教学的整体把握与能力提升”为主题，旨在通过集中学习、技能实操、实验研究等培训活动，提高教师的实验技能、实验教学设计与实施能力。89 名学员参加培训。青海省中小学教师培训由教育学院承办的还包括小学音乐、初中音乐、小学体育、小学美术等学科，于 11 至 12 月累计培训学员 160 人。2014 年，教育学院另承办中西部项目还包括新疆兵团农村骨干教师培训项目和新疆维吾尔自治区农村骨干教师培训项目，各培训学员 50 人。

（刘琳）

【举办中小学图书馆员培训班】 10 月 29 至 31 日，市教委组织开展“北京市中小学图书馆员培训班”。培训班旨在提高中小学图书馆员的业务水平和专业素质，更好地为教育教学服务。主要培训内容包括图书馆工作导论、文献编目、读者服务等。培训班同时组织全体学员赴北京市顺义牛栏山第一中学图书馆参观考察。全市 104 名新馆员参加培训。

（陆小红）

【组织中小学校长异地名校跟岗访学】 11 月 1 至 13 日，北京市中小学校长国内名校高级访问研修“异地名校跟岗访学班”在江苏开展研修活动。该研修以“搭建名校学习平台，促进校长专业发展”为主题，旨在通过“异地名校跟岗访学”，为优秀中小学校长搭建学习平台，帮助优秀校长提高胜任能力并在较高起点上成长。学员分别赴南京、无锡、常州等地的 4 所中小学校，通过听取专题报告、深入课堂、参加学校行政会议、参加教研活动、干部师生访谈形式跟岗学习。来自全市 12 个区县的 16 名中小学教学副校长参加研修。

（刘琳）

【第二批中小学名师发展工程启动】 11 月 21 日，北京教育学院启动北京市第二批中小学名师发展工程。该项目为期两年，基于教师专业发展特征和成长规律，设置四个阶梯式课程：一是学员学情剖析，由导师团、学员及其他专家共同研究名师学员情况，制定专业发展计划；二是理论课程学习，采用集体学习、团队研修、个人自学相结合形式，提高教育理论水平并确定论文选题；三是行动研究，结合论文写作制定问题解决方案，并开展研究；四是总结展示。18 名学术导师、实践导师以及教育学院基地校的小学语文、小学数学、小学美术三个学科共 22 名学员参加启动仪式。

（刘琳）

【开展特级教师京郊培训行动】 12 月 2 至 4 日，北京教育学院开展 2014 年度“鸿雁计划”——特级教师京郊培训行动。该培训旨在促进城乡教育均衡发展，由 5 名特级教师和 3 名市级学科带头人组成的培训团队在密云、延庆作为期 3 天的培训。培训学科包括中学语文、数学、外语、物理、化学、政治学科，对象为密云、延庆的全部相关学科教师。“鸿雁计划”在 2014 年度试点的基础上，将在京郊逐步全面推开。

（刘琳）

【召开如何成为一名好班主任学术研讨会】 12 月 6 至 7 日，北京教育科学研究院召开“如何成为一名好班主任学术研讨会暨班主任研究中心成立大会”。大会为班主任研究中心授牌仪式，听取《班主任应具备的 6 种素质》《班主任的责任》《班级建设要有大视野》《教育人格：班主任专业化的重心》学术报告。教育部、市教委、市教科院、武汉大学教育科学研究院、南京师范大学教育科学学院、华东师范大学基础教育改革与发展研究所相关领导、专家，市各区县教育行政部门相关负责人、中小学德育干部和班主任约 400 人参加会议。

（曲怀志）

【举办创新人才培养骨干教师培训会】

12 月 9 日，北京教育科学研究院在东城区史家胡同小学举办基础教育阶段创新人才培养骨干教师培训会。培训围绕“学生创新能力培养”，邀请台湾有关高校，市、区、校多个层面领导、专家和教师代表做主题报告，并进行交流研讨。各相关中小学教师代表 150 人参加会议。

（张强）

【举办中小学校长和幼儿园园长培训】 至年底，市教委继续开展中小学校长、幼儿园园长培训。内容涵盖任职资格培训、提高培训、高级研修和专题培训，包括中小学名校长（幼儿园名园长）发展工程、中小学校长国内名校高级访问研修、中小学骨干校长境外研修、小学中青年骨干校长专业发展研修等 20 余个培训项目，累计培训 1800 余人。

（鲜万标）

【设立 36 个中小学教师培训项目】 至年底，北京市市级层面设立并开展 36 个中小学教师培训项目。按照“面向全体、突出骨干、倾斜农村、服务急需”的培训思路，开展针对高层次人才、农村地区以及提升教师学科素养的培训。在高层次人才培养方面，继续依托北京师范大学、北京外国语大学、首都师范大学和北京教育学院，通过学术导师和实践导师的双导师制，制定个性化的培养方案，开展第一批 71 人和第二批 75 人的名师培养对象培养。依托首都师范大学开展特级教师工作室和教研员培训。在农村教师培训方面，通过跟岗研修、送教下乡和远程培训模式，对 10 个远郊区县和燕山地区的学科教师开展有针对性的培训，提升参训教师解决教育教学中遇到实际问题的能力。同时通过继续开展公共必修课、教师心理大讲堂、科学、舞蹈、体育等学科以及校外教育、特殊教育教师的培训，提升不同参训群体教师的专门素养和学科教学能力。投入经费总额近 1 亿元，累计培训教师 5 万余人。

（崔亚超）

【开展幼儿园教师培训】 至年底，北

京市开展 5 个市级层面幼儿园教师培训项目。具体包括幼儿园转岗教师培训、青年骨干教师培训、区县幼儿教师继续教育培训者培训、市级学科带头人培训和骨干教师培训。培训分别委托首都师范大学等单位组织开展，累计培训 690 人次。

（崔亚超）

职称评定与资格认定

【组织中小学、幼儿园教师资格认定考试】　3 月 23 日，市教委分别委托

北京教育学院、北京市幼教师资培训中心组织北京市 2014 年中小学和幼儿园教师资格认定考试。该考试分别面向中小学、中等职业学校及幼儿园的非师范教育类专业考生，采用闭卷笔试方式，设立教育学（幼儿教育学）和教育心理学（幼儿心理学）两个科目。考试分数均为 100 分，考试时间各 120 分钟。考试在东城区、西城区、海淀区、朝阳区、丰台区和顺义区设置 59 个考点，包括 116 个考场。共有 27319 人参加教育学、教育心理学考试，6380 人参加幼儿教育学、幼儿心理学考试。其中，中小学教师资格考试双科合格 4127 人、教育学单科合格 1716 人、教育心理学单科合格 2651 人；幼儿园教师资格考试双科合格 835 人、幼儿教育学单科合格 516 人、幼儿心理学单科合格 504 人。

（崔亚超　刘琳）

【认定教师资格15977人】　6月和11月，北京市 15977 人通过教师资格认

定。全市各级教师资格认定机构和依法接受委托的普通高等学校共受理教师资格认定申请 18055 人，通过教育教学能力测试等环节，共认定 15977 人。其中，市教委和依法接受委托的普通高等学校认定 7562 人，包括高级中学教师资格 3856 人、中等职业学校教师资格 236 人、中等职业学校实习指导教师资格 7 人、高等学校教师资格 3463 人；区县教委认定 8415 人，包括幼儿园教师资格 4609 人、小学教师资格 2423 人、初级中学教师资格 1383 人。

（崔亚超　刘琳）

【中专教师 83 人晋升专业技术职称】　10 月 11 日，北京市中等专业学校 83 人晋升专业技术职称。本年中等专业学校教师共 113 人申报晋升专业技术职称，其中，申报高级讲师 52 人、讲师 48 人、助理讲师 11 人，实验师 2 人。经教师高、中级职务评委会召开评审会议认定，共 83 人晋升专业技术职称，其中，高级讲师 35 人、讲师 35 人、助理讲师 11 人、实验师 2 人。

（陈静）

【印发中小学教师资格考试改革试点意见】　10 月 16 日，市教委印发《关于北京市中小学教师资格考试改革试点工作的意见》。意见包括指导思想和目标、考试的原则与范围、报考条件、考试内容与形式、考试组织与实施、组织管理等内容。明确中小学教师资格考试包括笔试和面试。其中，幼儿园教师资格考试笔试科目为《综合素质》和《保教知识与能力》2 个科目；小学教师资格考试笔试科目为《综合素质》和《教育教学知识与能力》2 个科目；初级中学、普通高级中学教师和中等职业学校文化课教师资格考试笔试科目为《综合素质》《教育知识与能力》和《学科知识与教学能力》3 个科目；中等职业学校专业课教师和实习指导教师资格考试笔试科目为普通高级中学的《综合素质》和《教育知识与能力》2 个科目，学科知识与教学能力的测试主要结合面试进行考查，必要时进行笔试。文件同时明确笔试一般在每年 3 月和 11 月各举行一次，面试一般在每年 5 月和 12 月各举行一次。本意见自 2015 年 9 月 1 日起施行。市教委同时印发《关于中小学教师资格考试改革前参加考试的部分人员过渡的办法》。

（张晓兰）

【高校教师 257 人晋升专业技术职务】　12 月 11 日，北京市高等学校 257 人晋升专业技术职务。本年共有 355 人申报晋升高校教师、科研（含高校教育管理研究）两个系列专业技术职务。经高校教师职务专业学术评议委员会评议审定，共 257 人晋升专业技术职务，其中，晋升正高级专业技术职务 64 人、副高级职务 169 人、中级职务 24 人。

（陈静）

（本栏责任编校　张晓兰）

学生管理

2014年，市教委坚持“完善机制、提高质量”的指导思想，创新工作思路，重点提升高校毕业生就业、学籍学历管理和大学生征兵工作质量，各项工作进展有序并取得新突破。

毕业生就业工作

完成工作任务和目标。市教委在深入落实高校毕业生就业政策同时，努力拓宽毕业生就业渠道，加强毕业生创新创业教育，注重内涵发展，总体进展平稳顺利，毕业生就业状况与上年同期基本持平，完成年初制定的工作任务和目标。

加大创业工作支持力度。制定《关于进一步提升大学生就业创业工作的意见》，加大创业工作投入力度，追加大学生创业专项资金3000万元：包括开展优秀大学生创业团队支持工作，对入选的103个创业团队分别给予10万元、20万元经费支持，共支持1270万元；开展北京地区高校示范性创业中心建设工作，对24所高校给予每校50万元经费支持，共支持1200万元；建设北京高校大学生创业园（良乡园），为毕业生创业提供免费场地支持。

加强与相关部门协作。在北京高校毕业生就业各类项目中，密切配合市人力社保局，引导鼓励更多的毕业生应聘“村官”工作；认真做好科研项目研究助理选聘工作，共有18所高校175名应届毕业生申报，相比上年有所减少；与市人力社保局、市财政局完成普通高等学校毕业生求职补贴文件的印发工作；与征兵部门通力协作，积极完成本年的大学生征兵工作；协助市委组织部做好选拔应届优秀高校毕业生到基层培养锻炼工作，共有56所高校2812名毕业生申报。

开展特色项目总结宣传工作。各高校高度重视特色项目建设，总结凝练本校项目建设成效和有示范推广价值的项目成果，32所建设高校分别提交项目总结报告和成果宣传材料，形成各具特色的项目成果，为提升北京地区就业创业质量奠定坚实基础。

开展毕业生就业调研工作。开展2014届北京地区高校毕业生就业状况问卷调查及2014年用人单位问卷调查，在进行科学统计分析的基础上，形成《2014届北京地区高校毕业生就业状况调查报告》《2014年北京地区高校毕业生用人单位调查报告》，积极推动社会需求、人才培养与就业工作的良性互动。

加强就业工作人员队伍建设。分层次、按类别开展就业队伍培训，从内容、方法和模式上提高培训质量，推动队伍专业化。全年共开展各类培训和交流活动20次，北京地区各高校1700人次参加培训。

加强毕业生就业市场建设。依托北京高校毕业生就业指导中心举办双选会112场，提供就业岗位23.10万个。同时，北京地区各高校累计为毕业生举办各类招聘会6500场，提供就业岗位38.90万个，累计供需比达到2.7：1。

实施“就业困难毕业生帮扶项目”。2014年，共计投入专项经费150万元，通过就业培训、就业资助、岗位推荐等模式予以重点帮扶，先后开展43场校园培训活动，培训学生5400人次。

多渠道开展创新创业教育。加强师资队伍建设，开设创业教育课程，2014年共有3.70万名高校毕业生接受课堂创业教育；通过创业讲座、创业沙龙、短期培训的学生人数超过2.50万人；建立创业导师库，专门挑选110名企业家（高管）作为学生创业导师，同时联手20家大学科技园，组成专家联盟，开展8次创业巡诊；26所高校开展各种形式的创业大赛，为学生提供实习实践平台。

发布毕业生就业质量年度报告。根据教育部要求，市教委发布2014年北京地区高校毕业生就业质量报告，61所高校发布本校2014届毕业生就业质量年度报告。

截至10月31日，共为90所普通高等学校、84所科研单位的22.30万名毕业生办理就业手续。其中，毕业研究生7.60万人、本科毕业生11.30万人、高职（专科）毕业生3.40万人。

学籍学历管理工作

开展政策解读、队伍建设、交流研讨、提升服务等工作，创新工作思路和举措，推进北京高校学籍学历管理工作，提升整体工作水平和质量。

完善研讨交流机制，交流各校在学籍学历管理方面的做法和经验。针对学籍学历管理工作面临的新问题，研究确定“高校学籍管理中法律风险防范及规避策略研究”“高校间跨校选课、学分互认等联合培养工作机制研究”等8个研究课题，依托10个北京高校学籍学历管理工作研讨交流组开展专题研究，并对研究成果在北京高校间进行共享，推进学籍管理工作。

高质量完成北京地区各类高等教育和普通中等专业教育学籍学历电子注册工作。2014年全年共审核注册各类高等教育学历证书50.50万本，比上年增加2.80万本。完善电子注册工作进度公示制度。继续将各高校的工作完成情况在“北京高校学籍学历服务平台”上公布，并通过短信方式告知各高校相关工作人员和负责人上网核实、查看。

奖贷助学工作

市教委落实学生资助政策，完成各项资助资金的足额拨付工作。全年北京市从学前到研究生教育的各类奖、助、贷、勤、补、免达20项，年受助学生191万人次，资金约10.75亿元，其中，中央财政5507万元、市财政75124万元、区级财政26846万元。

北京市市属高校开通新生报到绿色通道。报到新生83616人，其中，家庭经济困难新生14183人，通过绿色通道入学新生5419人。全市共为困难新生缓交学费2469万元，发放生活补贴82.90万元，提供学习生活用品价值93.90万元，报销路费11.70万元，发放手机2000部。

（沈聪伟）

【共建北京高校大学生创业园（良乡）签约】 1月20日，市教委与房山区政府签署共建北京高校大学生创业园（良乡）协议。北京高校大学生创业园（良乡）是北京市首个市级高校大学生创业实践及孵化基地，位于良乡大学城核心区域，园区总面积10000平方米，其中，5000平方米为创业办公场地。创业园主要面向北京地区普通高等教育全日制在校生、应届毕业生和毕业两年内的毕业生创办的初创企业，两年内为创业学生提供免费的创业场地和全方位创业配套服务。

（侯文磊）

【16人入选市优秀学生】 4月，市教委认定16人为2013～2014年北京市优秀学生。根据教育部和北京市关于评选省级优秀学生的有关精神，经学校和区县推荐，市教委组织初审和复审，听取市教委有关处室以及人大代表、政协委员的意见，报市教委主任办公会审议通过，并在学生本人所在学校公示无异议后，市教委认定16人为2013～2014年北京市优秀学生。

（冯雪）

2013～2014年度
北京市优秀学生

邢佩文	北京汇文中学
邢碧颖	北京市第六十五中学
孙弋雯	北京市第四中学
徐江平	北京师范大学附属中学
孙金钊	北京市陈经纶中学
邢天	北京市第八十中学
李一	北京市第一〇一中学
陈一潇	北京市第十二中学
任奕	北京师范大学良乡附属中学
张行健	顺义区第一中学
袁秀龙	首都师范大学附属红螺寺中学
赵建	延庆县第一职业学校
杨芳	北京市商业学校
刘海阔	北京卫生职业学院
宋思南	北京金隅科技学校
张雪松	首都铁路卫生学校

（冯雪）

【修订中小学校学生学籍管理办法】 5月6日，市教委印发《北京市中小学校学生学籍管理办法》。该办法贯彻教育部《中小学生学籍管理办法》，对接中小学招生入学政策变化，针对原有学籍管理办法进行修订完善。该办法共十章四十九条，包括学制、入学注册、学籍变动和信息安全等内容。该办法规定：本市中小学各学段招生实行计划管理。中小学校应严格按照教育行政部门制定的招生计划、招生办法接收学生。学籍总量依据当年中小学校招生计划确定，学籍建立及变动情况由区县教育行政部门审核，报市教育行政部门备案。该办法自2014年6月10日起施行，2010年5月24日印发的《北京市中小学校学生学籍管理办法》和2011年1月7日印发的《北京市教育委员会关于〈北京市中小学校学生学籍管理办法〉实施中有关事项的通知》同时废止。

（张延书）

【聘用科研项目助理175人】 7月，市教委与市人力社保局审核批准18所高校聘用2014届研究生毕业生担任科研助理。聘用毕业生175人，其中，博士生9人、硕士生166人。高校聘用科研项目助理工作始于2009年，普通高校和研究生培养单位在国家重大科研项目实施过程中，可聘用本校应届毕业生参与研究。聘用单位按照国家规定，与聘用的高校毕业生签订服务协议，协议期限一般为两年。聘用期间，聘用单位要向聘用的毕业生支付劳务性费用，费用标准由聘用单位按相应岗位实际情况自行确定。同时，要为聘用的高校毕业生办理养老保险、医疗保险、失业保险、工伤保险、生育保险。毕业生档案、户口保留在毕业院校。9月，市教委、市人力社保局联合召开北京市2012届科研助理落户手续办理培训会。会议讲解有关毕业生进京审批及落户工作流程。要求各高校重视落户手续办理工作，推动科研助理项目顺利开展。20所涉及科研助理工作院校的23人参加培训。

（张海涛）

【确定首批高校示范性创业中心建设校】 10月17日，市教委公布2014年北京地区高校示范性创业中心建设校名单。经过学校申报、专家评审等程序，确定首批北京地区高校示范性创业中心建设校24所。该项工作开始于9月15日，市教委印发开展北京高校示范性创业中心建设工作的通知。通知提出建设目标为通过开展示范性创业中心建设，帮助大学生创业工作开展薄弱的高校加快建设，促进基础好、具备一定条件的高校全面提高创业工作能力，力争用三年时间，建设40个示范性高校创业指导中心，整体提升大学生创业工作水平。

（张海涛　邱小培）

2014年北京地区高校
示范性创业中心建设校

北京大学
中国人民大学
清华大学
北京交通大学
北京工业大学
北京航空航天大学
北京理工大学
北京科技大学
北京化工大学
北京工商大学
北京服装学院
中国农业大学
北京林业大学
北京师范大学
首都师范大学
中国传媒大学
对外经济贸易大学
首都经济贸易大学
北京体育大学
中国戏曲学院
中国政法大学
华北电力大学
北京联合大学
北京财贸职业学院

（张海涛）

学籍管理

【召开成人高等教育学籍学历管理工作培训会】 4月22日，市教委召开2014年成人高等教育学籍学历管理工作培训会。主要培训学籍学历管理政策、平台操作方法等内容，成人高校相关人员180人参加会议。

（张道明）

【完成成人高等教育新生学籍电子注册】 4月，市教委完成成人高等教育新生学籍电子注册工作。共审核注册79所成人高等教育学校新生93906人，比上年减少16307人。其中，本科53995人、专科39911人。

（张道明）

【召开普通高等教育学籍学历管理工作培训会】 5月27日，市教委召开2014年普通高等教育学籍学历管理工作培训会。主要就学籍学历管理政策、平台操作方法进行培训，各普通高校学籍学历管理工作相关人员250人参加会议。

（张道明）

【完成普通中等专业教育学历证书电子注册】 7月，市教委完成普通中等专业教育学历证书电子注册工作。共审核注册41所普通中等专业学校毕业生学历证书15022本，比上年减少444本。其中，毕业证书14898本、结业证书124本。

（张海涛）

【完成本专科毕业生学历证书电子注册】 7月，市教委完成普通高等教育本专科毕业生学历证书电子注册工作。共审核注册91所普通高等教育学校（按教育部国标代码计算）毕业生学历证书148862本，比上年减少1194本。其中，本科113170本、专科（含高职）34684本、第二学士学位1008本。

（张道明）

【完成成人高等教育学历证书电子注册】 7月，市教委完成成人高等教育毕业生学历证书电子注册工作。共审核注册83所成人高等教育学校毕业生学历证书96349本，比上年增加569本。其中，本科53838本，专科42511本。

（张道明）

【完成网络高等教育学历证书电子注册】 7月，市教委完成网络高等教育毕业生学历证书电子注册工作。共审核注册17所高校网络教育学院毕业生学历证书178119本，比上年增加24128本。其中，本科71103本，专科107016本。

（张道明）

【完成研究生教育毕业生学历证书电子注册】 7月，市教委完成研究生教育毕业生学历证书电子注册工作。共审核注册138个研究生培养单位毕业生学历证书82374本，比上年增加4697本。其中，博士17048本，硕士65326本。

（张道明）

【完成本专科新生学籍电子注册】 11月，市教委完成普通高等教育本专科新生学籍电子注册工作。共审核注册93所普通高等教育学校（按教育部国标代码计算）新生157264人，比上年减少4064人。其中，本科121593人、专科（含高职）33661人、第二学士学位514人、预科生1496人。

（张道明）

【完成网络高等教育新生学籍电子注册】 11月，市教委完成网络高等教育新生学籍电子注册工作。共审核注册17所高校网络教育学院新生267201人，比上年减少2967人。其中，本科109204人，专科157997人。

（张道明）

【完成研究生教育新生学籍电子注册】 11月，市教委完成研究生新生学籍电子注册工作。共审核注册147个研究生培养单位新生99036人，比上年增加1080人。其中，博士21776人，硕士77260人。

（张道明）

【完成普通中等专业教育新生学籍电子注册】 11月，市教委完成普通中等专业教育新生学籍电子注册工作。共审核注册37所普通中等专业学校新生11446人，比上年减少1955人。其中，北京生源7060人。

（张海涛）

【召开高校学籍学历管理工作会】 12月9日，市教委召开2014年高校学籍学历管理工作会。会议总结2014年北京地区高校学籍学历管理工作，部署2015年工作。各高校分管学籍管理工作校领导、部门负责人，科研单位学籍管理工作负责人252人参加会议。

（张道明）

毕业与就业

【召开就业质量报告编制工作培训会】 1月9日和9月10日，市教委分别召开高校毕业生就业质量年度报告编制工作培训会。会议邀请就业领域相关专家对就业质量报告的编制和发布工作进行培训指导。来自高校的200人参加学习。

（王英辉）

【召开两个毕业就业培训会】 3月27日，市教委分别召开全国高校毕业生就业管理与监测系统培训会和各高校新入职就业中心主任培训会。各高校120名就业工作人员参加全国高校毕业生就业管理与监测系统培训会，确保就业数据及时、准确上报。各高校新入职就业中心主任培训会系统、全面讲解毕业生就业工作相关知识，提升工作能力。

（王英辉）

【召开高校毕业生就业推进会】　5月5日，市教委、市人力社保局联合召开北京市高校毕业生就业推进会。会议分析高校毕业生就业的整体形势、面临的困难，总结就业进展和工作开展情况。要求各有关单位加强领导，明确责任，重点研究解决当前毕业生就业工作中的突出矛盾和问题，特别是对有就业愿望而没有落实就业去向的毕业生进行重点帮扶，实现就业。各高校和科研单位毕业生就业工作部门、各区县人力社保局、各公共就业和人才服务机构部门、市属各主要用人单位负责人260人参加会议。

（张海涛）

【召开高校毕业生就业工作会】　6月5日，市教委召开高校毕业生就业工作会。会议通报当前毕业生就业工作进展情况，布置毕业生就业手续办理和毕业生离校工作。各普通高校、科研单位毕业生就业工作负责人和业务骨干180人参加会议。

（王英辉）

【支持高校大学生创业团队】　9月4至

29日，市教委开展支持高校大学生创业优秀团队工作。北京40所高校170个大学生创业团队参加评审。经过学校推荐、专家组评审、评审委员会审定和社会公示，共确定北京天方地圆科技有限公司等103个大学生创业优秀团队，分别给予10万元、20万元经费支持。

（张海涛　侯文磊）

【高等教育培养毕业生223450人】
至10月31日，北京地区普通高等学校、研究生培养单位共计培养毕业生223450人。其中，北京生源毕业生人

数67766人，占毕业生总数30.33%，就业人数66089人，北京生源毕业生就业率97.53%。按照毕业去向统计显示，升学31853人，出国15845人，拟继续升学518人，拟出国440人，申请暂不就业38人。扣除上述各种情况，实际参加就业人数174756人，占毕业生总数78.23%。按教育部统计口径，截至10月31日，毕业生就业率96.64%，其中，研究生96.51%、本科生96.65%、高职（专科）96.88%。北京地区各高校家庭经济困难等特殊困难毕业生约1.80万人，就业率97.15%，高于整体就业率。北京地区高校毕业生到西部地区就业约1.20万人，基层就业2.20万人。

（张海涛）

【研讨毕业生就业工作】　10月，市教委组织毕业生就业工作研讨交流组陆续召开交流研讨会。会议分析高校毕业生就业工作的困难和问题，预测2015年高校毕业生就业形势。9个交流组结合各组特点自拟专题开展讨论，并提出对做好毕业生创新创业、就业率统计（尤其是灵活就业情况）、毕业生就业工作的建议等。

（王英辉）

【召开毕业生就业工作会】　12月23日，市教委、市人力社保局联合召开北京市2015年毕业生就业工作会。会议总结2014年北京地区高校毕业生就业工作，部署2015年毕业生就业工作。会议对各高校2015年毕业生就业工作提出明确要求：一是加强毕业生就业创业工作领导；二是完善就业创业工作机制；三是强化就业指导与服务；四是加强创业教育与指导；五是做好高校毕业生就业质量年度报告发布工作。各高校和科研单位毕业生就业工作部门，各区县人力社保局，市政府各委办局、总公司，各有关单位人事部门负责人共340人参加会议。

（张海涛）

【核发高校毕业生自主创业证】　至年底，市教委完成北京高校毕业生自主创业证核发工作。北京地区各普通高等学校、研究生培养单位、独立建制成人高等学校共审核和发放“高校毕业生自主创业证”1036个。其中，普通本科740个、普通专科43个、博士43个、硕士200个、成人本科3个、成人专科7个。

（张海涛）

【举办双选会123场】　至年底，市教委

依托北京高校毕业生就业指导中心举办双选会123场。采取“增场次、高密度”模式，比上年增长19.42%，服务用人单位9940家次，提供需求岗位6.75万个，招聘需求人数27.60万个，服务参会毕业生15.90万人次。据统计，北京地区各高校累计为毕业生举办各类招聘会6500场，提供就业岗位38.90万个，累计供需比达2.7∶1。

（侯文磊）

【编制发布毕业生就业质量年度报告】
至年底，北京市教育人才交流中心协助市教委学生处完成毕业生就业质量年度报告的编制工作。面向北京地区89所高校1.70万名应届毕业生开展问卷调查，编制完成《2014年北京地区高校毕业生就业质量报告》和《2014年北京地区高校毕业生年度报告》，为市教委政策决策及各高校人才培养改革提供数据支持和决策参考。对参与调查高校的相关数据进行分析整理，向各高校反馈调查分析结果，为高校做好就业质量报告编制发布工作提供支持，并为首都师范大学等6所高校撰写学校版就业质量报告。

（侯文磊）

征兵工作

【启动首都高校大学生征兵工作】 4

月19日，市教委与市征兵办联合举行2014年首都高校大学生征兵工作启动仪式。启动仪式上，退役复学的大学生士兵、优秀现役大学生军人、已就业的退役大学生士兵代表发言，通过讲述自身在部队服役和成长的经历，引导大学生士兵在部队发挥知识优势，教育和鼓励大学生参军入伍。本年市教委通过开展多种形式的征兵宣传和咨询活动，鼓励大学生承担责任与义务。

（孙世光）

【组织退役大学生专场招聘会】 5月22日，市教委与市征兵办等相关市委办局共同组织退役大学生士兵专场招聘会。共有1728个工作岗位面向符合条件的681名退役大学生士兵。其中，事业单位岗186个，市属国有企业岗561个，非公经济组织岗981个，加上前期投放的90个公务员岗，总计实际岗位1818个。

（孙世光）

【部署夏秋季征兵工作】 6月18日，

市教委与市征兵办联合召开北京市2014年夏秋季征兵工作动员部署大会。会议总结上年征兵工作情况，部署2014年任务，并表彰上年度征兵工作先进单位，共有20所高校被北京市评为“2013年度高校征兵工作先进单位”。

（孙世光）

2013年度高校征兵
工作先进单位名单

清华大学
北京交通大学
北京科技大学
北京化工大学
北京石油化工学院
北京农学院
首都体育学院
北京体育大学
中国戏曲学院
北京工业职业技术学院
北京电子科技职业学院
中华女子学院
北京联合大学
北京城市学院
北京农业职业学院
北京政法职业学院
北京工业大学耿丹学院
北京经济管理职业学院
北京劳动保障职业学院
北京信息职业技术学院

（孙世光）

【完成夏秋季征兵任务】 至年底，市教委完成夏秋季征兵工作任务。共征集大学生2347人，其中，毕业生703人、在校生1507人、新生137人。本科及以上学历1000人，大学生占总征集比例61.76%。

（孙世光）

奖贷助学

【奖学金表彰大会召开】 3月，市教委召开北京市国家奖学金、国家励志奖学金、政府奖学金颁奖会。会议表彰2012～2013学年获得国家奖学金、国家励志奖学金、北京市政府奖学金的学生。全国学生资助管理中心、市财政局、市教委相关负责人，各区县教委、市属高校、市属中专校分管领导、学生资助部门负责人及获奖学生代表600人参加会议。

（罗芳）

【发放宏志奖学金】 5月，市教委完成第16届普通高中宏志奖学金评选工作。此次评选经过报名推荐、民主评议、材料审核、公示程序，面向普通高中在校生中城乡低保家庭、低收入家庭子女，享受社会优抚待遇家庭子女、烈士子女及经民政部门认定的其他困难家庭子女，要求在校期间品行良好、关心集体、乐于助人、学业成绩及学生综合素质评价优良。年内共计完成资助3414名学生、每人金额800元。普通高中宏志奖学金评选活动始办于1997年，每年评选一次，至此，北京市享受宏志奖学金学生共计47190人。

（王雪青）

【开通新生入学绿色通道】 8至9月，北京市市属高校开通新生入学绿色通道。入学报到新生共计83616人，其中，家庭经济困难新生14183人，通过绿色通道入学新生5419人。北京市共为困难新生缓交学费2469万元，发放生活补贴82.90万元，提供学习生活用品价值93.90万元，报销路费 11.70 万元，发放手机 2000 部。9 所市属高校为 16 名云南鲁甸地震灾区学生提供减免学费、住宿费，发放国家助学金、国家助学贷款等资助帮扶。

（罗芳）

【召开研究生新资助政策座谈会】 9 月 12 日，市教委召开研究生新资助政策座谈会。会议就奖助政策的落实交流座谈，详细了解各校奖助学金评审、认定工作操作细则的制定情况。交流工作中遇到的问题，探讨解决方法。21 所市属高校研究生管理部门负责人参加座谈会。

（罗芳）

【印发国家助学贷款风险补偿金管理办法】 11 月 27 日，市财政局、市教委印发《北京市国家助学贷款风险补偿金管理办法》。该办法为充分发挥风险补偿金的风险防控和奖励引导作用，促进国家助学贷款工作健康持续开展所制定，对国家助学贷款包括经办银行承办的校园地国家助学贷款和生源地信用助学贷款两种贷款模式的风险补偿金使用作统一规定。国家助学贷款风险补偿金实行结余奖励和亏空分担，生源地信用助学贷款风险补偿金由财政负担，校园地国家助学贷款风险补偿金由财政和学校各负担 50%。风险补偿金若超出国家助学贷款损失，超出部分由经办银行分年分批奖励给学校和区县的学生资助管理机构；若低于国家助学贷款损失，不足部分由经办银行和市财政部门各分担 50%。办法自公布之日起 30 日后施行。

（王子辰）

【2100 人获爱心成就未来助学资助】 12 月 2 日，北京市慈善协会、市委教育工委、市教委联合举办“爱心成就未来”助学款发放仪式。此次资助针对在京就读的贫困大学生，并首次将慈善助学救助范围扩展至高职学校。

25 所普通高校、5 所高职院校的 2100 名学生获得资助，资助总额 630 万元。市慈善协会、市委教育工委、市教委等单位相关领导及部分受资助学生代表 400 人参加仪式。

（王子辰）

【完成资助资金足额拨付】 至年底，市学生资助管理中心落实学生资助政策，完成各项资助资金的足额拨付工作。全年北京市从学前到研究生教育的各类奖、助、贷、勤、补、免达 20 项，年受助学生 191 万人次，资金约 10.75 亿元，其中，中央财政 5507 万元、市财政 75124 万元、区级财政 26846 万元。

（罗芳）

北京市市属普通高等学校奖学金助学金发放情况

研究生

国家奖学金 1519 万元，713 名研究生受益

学业奖学金 11856.80 万元，14479 名研究生受益

国家助学金 13636.10 万元，28958 名研究生受益

本专科生

国家奖学金 321.60 万元，402 名学生受益

国家励志奖学金 4229.50 万元，8459 名家庭经济困难品学兼优者受益

北京市国家助学金 13083.16 万元，40888 名家庭经济困难者受助

高校（含中央在京）饮水、洗澡、电话补 1582.43 万元，85536 名困难大学生（包括 63071 名中央部委院校困难学生）

校内贷款贴息平均每季度 7036 笔，229.26 万元；风险补偿金 53.71 万元，发放贷款 2749 笔

生源地贷款贴息和风险补偿金放贷 38.87 万元，68 人获贷，风险补偿金 5.83 万元，贷款贴息 8.45 万元

边远山区就业学费补偿贷款代偿 41.65 万元，70 名学生受益

服义务兵役学费补偿贷款 1971 万元，1536 名学生受益

退役士兵学费资助 16.18 万元，27 名学生受益

边远山区就业学费补偿贷款代偿 26.65 万元，42 名学生受益

中等职业教育学生

北京市政府奖学金 1011.60 万元，5058 名学生受益

国家助学金 4704.97 万元，3.70 万名学生受助

免学费资金 1.76 亿元，城乡低保、城乡低收入家庭学生、涉农专业学生、革命烈士子女、孤儿、重残人家庭子女、残疾学生以及农村学生共 8 万名学生受助

普通高中、义务教育学生

市财政高中国家助学金 899 万元，4196 人次学生受助

非教育部门及民办机构的市财政义务教育免杂费 1385.50 万元，9.20 万名学生受助

免教科书费（含循环使用教科书）16861.64 万元，114 万名学生受益

生活学习补助资金 5969.94 万元，5.37 万名学生受助

学前教育

减免保育费 559.22 万元，1000 名幼儿受助

（罗芳　王子辰）

（本栏责任编校　邱小培　王子辰）

招生与考试

2014 年，北京教育考试工作以深化考试招生制度改革为统领，共组织各类考试 248 次，涉及考生 163.1 万人次，共命制各类试题 1024 套，印制试卷 247.8 万份，答题卡 369.7 万张，发放各类证书 29 万份，为各级各类招生单位录取新生 28.8 万人。

中高考改革顺利实施效果良好。中招改革顺利推进。为进一步促进义务教育均衡发展，发挥优质资源的辐射作用，中招政策调整力度较大。名额分配比例从上年的 12%～15%进一步提高至 30%，加大一般初中学生进入优质高中的机会；继续降低文体科技特长生招生比例，全面取消普通高中招收择校生，严禁已录考生再次流动，有力地促进教育均衡和公平公正；在职业高中开展综合高中班试点，开辟“3+3+2”新模式，试点中专、高职、本科教育衔接的八年一贯制，促进普职教育融通发展；严格执行市教委新出台的“中小学学籍管理办法”，建立招生计划、实际录取和注册学籍的联动机制，严格规范中招录取。

高招改革实现预期目标。本年调整本科志愿设置，实行“平行志愿组方式”，有效降低志愿填报风险，本科一批录取率达 97%，较上年提高 7 个百分点；提前批次首次全面实施征集志愿录取，较好地解决招生院校生源不足、计划剩余的问题，也给符合条件的考生更多机会，382 人被录取；按照“减少加分项目、降低加分分值”的原则，调整高考照顾加分政策，切实维护招生公正；首次实施随迁子女在京参加高职招生考试，409 名考生提出申请，121 人符合条件，114 人报名，98 人被录取。

高考命题稳中有变、变中有新

高考北京卷特色更加鲜明。高考命题加大考试内容和形式的改革力度，各学科试题都做新的探索和调整。中考命题以“激励式”为命题理念，以发现学生的亮点和能力为目标，让不同能力水平的考生都能发挥自己的能力水平，让学生有成就感。强调对考生进行社会主义核心价值观的引领和培育，加强对中华民族优秀传统文化的考查，语文命题增加微写作，注重考察语文能力，题目灵活开放，具有鲜明的时代特征和应用功能。命题科学规范，在改革创新的同时，考试内容、题型和难度等方面保持相对稳定，发挥了良好的区分选拔功能，对学校教育课程改革、学生素质教育起到引领和导向作用，是历年来获得各方面好评最多、评价最高的一年。

新一轮中高考改革蓄势待发。启动中、高考改革方案课题研究。先后到上海、浙江等兄弟省市调研，学习借鉴兄弟省市改革经验；多次召开咨询座谈会，发放调查问卷，听取高校、区县教委、中学校长对改革的意见和建议，形成北京市中考中招、高考高招课题研究论证报告和初步改革方案框架。

筹备高中学业水平考试改革。贯彻落实高中学业水平考试实施意见，到试点省市调研，积极研究学业水平考试改革带来的相应变化，探讨命题、考试组织、成绩管理等方面的应对措施，改进现有的高中会考信息管理系统，加强与北京市中小学学籍管理系统的衔接，为实施学业水平考试改革做好各项政策和技术准备。

推进高考英语科目考试改革。与中外英语教学、研究和命题专家进行系列访谈，完成试测卷的命制以及配套的调查问卷，形成试测数据统计分析报告；初步完成改革版的英语科目《考试说明》；召开高校、中学层面的专家座谈会，对新题型可能给教学和学习带来的影响进行风险评估；组织百余名教师体验英语听说机考，并召开征求意见会，为高考英语口语考试改革打下良好的基础。

成人高考、自学考试和社会考试联动取得新进展

学习成果互认机制取得实质性突破。组织专家研究论证成人高考、自学考试和社会考试项目，探索能力水平可量化转换的认证办法，制定《学习成果认证操作手册》。社会考试项目中的北京英语口语证书考试、全国计算机等级考试、三一英语口语考试可以替代成考和自考的相关课程，三项考试综合联动改革取得新突破，为实现不同教育形式之间纵向衔接和横向沟通奠定基础。

成人高考、自学考试改革步伐加快

成人招生考试制度试点改革。严格改革流程，进行多层面调研论证，积极推进三项试点改革工作。在 4 所高校实施本校应届优秀毕业生免试推荐就读本校成人专升本的试点工作，本年共推荐免试生 446 人；在 3 所院校试行“英语口语等级考试替代专升本入学英语科目考试”的试点工作，为学生考试提供多次选择的机会；在 8 所独立设置的成人高校实施统考与职业技能测试相结合的试点工作，深化校企合作人才培养模式。

自学考试深入推进“两个工程”建设。落实加快发展现代职业教育的新要求，稳步推进以“两个工程”为代表的自学考试改革。在与市公交公司、市农委开展良好合作的基础上，不断拓宽服务领域，又与市商务委多次协商，签订合作意向书；对自学考试专业实行动态管理，设计开考 3 个职工素质工程专业，关闭 11 个陈旧专业，进一步优化专业设置；与 4 所中职学校签订在校生参加自考专科的合作协议，考生近 4000 人。

非学历考试探索发展新途径

社会化考试不断拓展新项目。初步完成承接“中小学教师资格考试”的前期准备工作；积极开展英语口语证书考试发展研究，探索新形势下可持续发展的新理念新模式；推进全国计算机等级考试的新发展，全面实施无纸化上机考试并启用新版考试系统，得到广大考点和考生的好评；三一英语口语等级考试积极配合市教委高职教改思路，向高职、中职学生群体推广。

多措并举，确保平安考试阳光招生

坚决落实教育部和市委市政府有关考试安全的各项工作要求，充分发挥市、区县两级招考委和国家教育考试局际联席会议机制作用，与公安、交通、保密、无线电等部门密切配合，增派警力加强考点维稳力量，净化考试综合环境，加大考前准备工作检查力度，加强考中全过程电子巡查监控，严厉打击各种涉考违规违纪行为。研究生考试加大防作弊设备投入，首次实现考场全覆盖，严格考生入场验证，有效地解决高科技作弊和替考问题。自学考试命题实现题库课程完全由计算机组配试卷，建立卷库和题库共存的管理模式，确保命题连续七年零事故。各项考试平稳有序，顺利实现平安考试的工作目标。坚持阳光招生工程，严格执行教育部各项招生录取政策规定，严格招生监察，实施全过程监督，确保录取阳光透明，公平公正。

（蒋来）

【首次开展有条件注册入学试点工作】 2月26日，市教委根据《关于积极推进高等职业院校教育考试招生制度改革的指导意见》，在部分高职院校首次开展有条件注册入学试点工作。参加有条件注册入学试点工作的院校是北京劳动保障职业学院和北京信息职业技术学院2所，招生计划200人。试点学校根据招生专业和培养目标，确定不同类别考生的注册条件。对于普通高中毕业生，选取3门会考成绩：其中语文和数学为必须条件，另一门依据专业要求由招生院校确定；对于中等职业学校毕业生，根据职业教育特点，提出相应的职业技能证书或其他要求。高职自主招生计划和有条件注册入学招生计划纳入各校2014年总计划数内，已录取的考生不再参加当年普通高等学校招生全国统一考试和录取。

（张晓白）

【招考委年度首次委员会议召开】 3

月20日，北京市招生考试委员会2014年第一次会议召开。会议听取2014年高招工作汇报，审议并通过《北京市2014年普通高校招生工作规定》。会议邀请副市长杨晓超参加，他提出“考试安全、招生公正”的工作要求。市政府、市招考委成员单位相关负责人参加会议。

（卢杰）

【完成高职升本科试点工作】 4月，北京市完成选拔高等职业教育（专科层次）优秀应届毕业生进入本科阶段继续学习的试点工作。43所高校推荐的4729名专科毕业生在中国劳动关系学院、北京联合大学、北京城市学院和北京工业大学通州分校4个考点参加“高职升本科”文化课考试。全市共有13所高校参加招生，计划招生2659人，实际录取2628人。

（卢杰）

【首次实施平行志愿组方式填报高考志愿】 5月12至17日，北京市完成2014年考生填报高考志愿工作。本年将本科一、二、三批志愿的设置从“小平行志愿方式”调整为“平行志愿组方式”，将志愿院校数由原来的4所学校扩大至5所学校，每批次第一志愿为2所平行的学校、第二志愿为3所平行的学校，每个志愿学校可以填报的专业数由5个调整为6个。第一志愿、第二志愿均采用平行志愿投档方式。同时，考生在参加自主选拔、艺术特长生、高水平运动员等特殊类型招生中，须将资格认定高校填报在第一志愿中的第一所学校，才能享受相关特殊类型招生政策。本年全市共有统考考生60212人完成本科志愿填报工作，单考考生2603人完成志愿填报工作。

（卢杰）

【召开教育考试招生电视电话会议】 5月15日，2014年北京市教育考试招生工作电视电话会议召开。会议部署本年高等学校招生考试工作。副市长杨晓超参加会议并提出要从维护首都社会和谐稳定的高度，充分认清考试安全工作面临的严峻形势；要以强烈的政治责任感和精益求精的工作作风，扎实做好考试招生工作的要求。会议听取市公安局、市国家保密局、市无线电管理局、对外经济贸易大学等单位负责人发言。会议主会场设在市政府，分会场设在北京教育考试院和各区县。市教委、市公安局、市国家保密局、市无线电管理局、市招考委委员、市国家教育考试局际联席会议成员单位负责人，各区县招考委委员、区县教育考试局际联席会议成员单位负责人，在京高校领导和招生办主任共计300余人参会。

（卢杰）

【召开高考入闱命题动员会】 5月17日，2014年普通高等学校招生全国统一考试北京卷命题入闱动员会在北京教育考试院召开。市委教育工委书记苟仲文对如何适应北京市教育改革发展、加强命题安全保密、促进中学素质教育实施等相关问题提出要求。来自市教委、北京教育考试院、高考命题教师以及学科负责人75人参会。

（赵海燕）

【落实高考安全保障措施】 6月1日，市政府召开北京市国家教育考试局际联席会议。会议听取北京市2014年普通高等学校招生考试准备情况的工作汇报，并逐项检查高考安全各项保障工作的落实情况。来自教育、公安、交通、供电、保密、卫生、住建委、气象、公交、城管、无线电、应急办和新闻宣传 13 个职能部门相关负责人参加会议。

（卢杰）

【中招首次开展名额分配录取】 7 月 14 至 19 日，北京教育考试院完成 2014 年北京市高级中等学校招生名额分配录取审核工作。名额分配是指将各优质高中当年总招生计划的 30%（名额）分配给本区域的各初中校，使各初中校的毕业学生都有一定比例享受到优质高中教育。各区县名额分配录取按优质高中所属初中校和其他初中校考生分别排序，择优录取。录取时，按分配给各初中校的名额和考生中考总成绩从高到低顺序提取“参加名额分配录取考生”。所有“参加名额分配录取考生”按考试总分从高到低排序，然后按考生名额分配志愿依次录取。优质高中因初中校报考人数或志愿等原因未完成的名额分配计划返回本校统一招生普通班计划。参加名额分配未被录取的考生可以参加统一招生录取。已被名额分配录取的考生，不能再参加统一招生录取，其填报的统一招生志愿自动作废，也就不可能再被外区的示范高中录取。名额分配录取不设最低分数线。本年名额分配计划招生 7370 人，录取考生 7281 人，录取率 98.79%。

（赵永生）

【高招录取工作接受教育部督查】 7 月 25 日，北京市普通高等学校招生录取现场接受教育部第四督导组的督导检查工作。督查工作重点检查北京市的招生政策执行情况以及自主选拔、艺术特长生、体育特长生、高水平运动员等特殊类型的招生情况。督查组在听取高招录取工作汇报，巡视录取工作现场，调阅招生录取有关文件资料后对北京市高招录取工作给予肯定。

（卢杰）

【开展职业高中综合高中班试点工作】 7 月，市教委首次在职业高中开展综合高中班试点工作。共有 16 所职业高中开展综合高中试点，综合高中招生计划 1052 人，占职业高中招生计划的 21%，实际录取 753 人，完成计划的 71.58%。

（赵永生）

【开辟八年制中高职本科衔接办学新模式】 7 月，北京市开辟中高职本科衔接“3＋3＋2”的新模式。试点工作在首都铁路卫生学校开展，开设护理专门人才一体化培养实验班，试点中专、高职、本科教育衔接的 8 年一贯制模式。招生计划 70 人，实际录取 70 人。这是在扩大以“3＋2”为主题的中高职衔接办学试点规模的基础上新的尝试。

（赵永生）

【变更硕士研究生考生时间及名称】 11 月 30 日，教育部考试中心召开 2015 年全国硕士研究生考试统一命题科目考务工作培训会。会上明确 2015 年全国硕士研究生招生考试时间进行调整，由原来的当年（招生年度）的 1 月份改为上年年底即 2014 年 12 月举行。同时，从 2015 年起，“全国硕士研究生统一入学考试”变更为“全国硕士研究生招生考试”。

（李青文）

【承办全国部分城市中招工作研讨会】 12 月 9 至 11 日，第 27 届全国部分城市中招工作研讨会在北京教育考试院召开。研讨会以“关于深化考试招生制度改革的实施意见”为主题，听取教育部基础教育二司负责人作题为《深化考试招生制度改革全面实施素质教育》的报告，听取北京考试院介绍北京市中考中招改革进展和相关工作情况。来自全国 17 个城市的代表 46 人参加会议。

（赵永生）

【概况】 2014 年，北京市共有初三年级学生 89307 人通过网上报考形式参加北京市高级中等学校招生考试，其中，本市户籍考生 68744 人、外省市户籍考生 20563 人，应届学生 88302 人、往届学生 1005 人。共有 83271 人进行网上报考，符合条件具有参加名额分配录取资格的考生 67434 人。本年首次增加填报名额分配志愿，41883 人填报名额分配志愿，占有名额分配录取资格考生的 62.11%。全年参加招生的各类高级中等学校有 398 所，计划招生 84299 人，其中，示范高中 74 所计划招生 26324 人，普通高中 210 所（含 16 所开设综合高中班职高学校）计划招生 27519 人，中专、技校、职高和五年高职等职技类学校 114 所计划招生 30456 人。按录取批次划分，参加提前招生学校共 124 所，招生计划 12052 人；名额分配招生学校 83 所，招生计划 7370 人；统一招生学校 365 所，招生计划 64966 人。各类高级中等学校录取新生 67764 人，完成计划招生的 80.39%，录取率 96.7%。其中，普通高中录取新生 52072 人、职技类学校录取新生 15692 人。另有补录学生 1470 人。本年共有 16 所职业高中开展综合高中班试点工作，综合高中招生计划 1052 人，占职业高中招生计划的 21%，实际录取 753 人，完成计划的 71.58%。本年为 14 所中专学校招收的外省市考生 2350 人办理审核备案手续；为招收外省市新生的中等专业学校办理外省市新生户口迁京审核手续 1264 人，占审核备案新生 53.6%。

（赵永生）

【审核考生照顾加分资格】 5 月 9 日，北京教育考试院完成中考照顾加分资格审核工作。照顾加分资格包括烈士子女考生，获得市级三好学生称号的考生，经主管部门认定的在艺术、体育、科技等方面获奖的考生，少数民族考生四大类。全市共有 15788 名考生享受各类照顾加分和优先录取资格。

（赵永生）

【完成中考体育现场考试】 5 月 20 日，2014 年北京市高级中等学校统一

招生考试体育现场考试举行。全市共有81087名初中毕业生在17个考点参加考试，男生平均分为27.81分，女生平均分为28.28分；取得满分的男生13480人，女生16496人。体育考试总分值为40分，其中，现场考试成绩30分、过程性考核成绩10分。过程性考核成绩由两部分组成：一部分是学生学习态度的考核成绩，主要考核体育课的出勤率；另一部分是平时体育课学业水平成绩，主要考核体育课堂教学目标的达成情况。两部分考核成绩相加除以2，即为学生该学期的过程性考核成绩；初三两学期成绩之和，即为考生过程性考核的总成绩。现场体育测试原始成绩与过程性考核成绩相加后再进行“四舍五入”处理，即为考生体育成绩。同时于11日，在首都体育学院进行中招体育特长生统一测试工作。全市共有考生736人参加，699人合格，合格率为94.97%。

（赵永生）

【完成中招志愿填报】　5月22至26日，2014年北京市高级中等学校统一招生报考及志愿填报工作完成。本年志愿填报首次增加名额分配志愿。参加报考的考生共82969人，占89294名报名考生的92.92%。通过资格审核可填报名额分配志愿的66707考生中有41888名考生填报名额分配志愿，占有资格考生的62.79%。

（赵永生）

【完成中招文化课考试】　6月24至26日，2014年北京市完成高级中等学校招生文化课考试。考试采用全市统一命题，分区县网上评卷的方式进行。考试科目为语文（120分）、数学（120分）、外语（120分）、物理（100分）、化学（80分）共计5个科目。考试时间为语文150分钟，数学、外语、物理120分钟，化学100分钟。全市共设考点183个，考场2845个。在参加考试的学生中有17名盲人考生使用盲卷、11名视障考生使用大字卷参加考试。

（赵永生）

【召开中考统一评卷标准报告会】　6月24至27日，北京教育考试院召开高级中等学校招生考试统一评卷标准报告会。会议听取命题组教师介绍语文、数学、外语、物理、化学5个学科的评分标准。同时，北京考试院对全市各区县评卷组负责人进行评卷培训。来自16个区县和燕山地区中考评卷的相关负责人参会。

（赵永生）

【完成提前招生专业加试及录取审批】　7月6至8日，2014年度121所提前招生高级中等学校对报考考生进行专业加试。北京教育考试院通过网上审核系统对各提前招生学校初录考生进行审核。121所提前招生学校计划招生12052人，实际录取9431人，完成计划的78.25%。

（赵永生）

【完成中招录取工作】　7月12日至8月29日，北京教育考试院完成2014年度北京市高级中等学校招生录取工作。7月12日，完成提前招生录

取审批工作，121所提前招生学校计划招生12052人，实际共录取考生9431人，完成计划的78.25%。7月14至19日，完成“名额分配”的录取审核工作，计划招生7370人，实际录取7281人，完成计划的98.79%。7月21至22日，完成统一招生录取特殊学生的录取审核工作，117所有招收特殊学生任务的普通高中学校，共录取特殊考生710人。7月26至31日，完成统一招生录取审批工作，参加统一招生学校计划招生64877人，实际录取51052人，完成计划的78.69%。8月25至29日，完成部分学校招生补录和调剂录取工作，119所有补录资格的学校录取死档考生1470人。

（赵永生）

【完成外省考生审核和户口迁京工作】　11月5日和12月2日，北京教育考试院分别完成外省考生审核备案工作和为经批准招收外省市新生的中等专业学校办理外省市新生户口迁京审核手续。其中，审核备案工作为14所中等专业学校招收的2359名外省市考生办理备案手续；户口迁京工作为1264名考生办理户口迁京手续，占审核备案新生53.6%。

（赵永生）

高中毕业会考

【概况】　2014年，北京教育考试院组织完成春季和夏季两次高中会考。两次会考分别开设语文、数学、外语、地理、历史、政治、物理、化学、生物9科文化课考试。全年参加高中会考的考生共计179223人，比上年减少15664，下降8.04%；报考527118科次，比上年减少47668人，下降8.29%。全年共颁发《北京市高中会考合格证》59123份。

（肖军）

【完成春季高中会考及评卷工作】　1月8至10日，2014年北京市春季高中会考举行。114791人报考388992科次，其中，在校生113476人、职技类考生1276人、社会类考生39人。全市共安排考点116个，考场

13489 个。此外，经市教委批准的自主会考和替代科目的学校也同期进行考试，共有 19 所自主会考学校和 27 所替代考试学校的考生 11469 人报考 26526 科次。2014 年春季全市统一会考考试期间，发现并处理违规考生 63 人。并于 1 月 18 至 23 日完成春季高中会考评卷工作，共选聘评卷教师 370 人，评阅试卷总量 39.1 万份。

（肖　军）

【完成夏季高中会考及评卷工作】　6 月 24 至 26 日，2014 年北京市夏季高中会考举行。共有 64441 人参加考试，其中，在校生 63253 人、职技类考生 1174 人、社会类考生 14 人，共报考 135320 科次。全市共设考点 102 个，考场 4683 个。此外，来自 23 所自主会考学校的考生 18906 人报考 55816 科次；29 所替代科目考试学校的 2295 人报考 3491 科次。2014 年夏季全市统一会考考试期间，发现并处理违规考生 83 人。并于 7 月 9 日完成夏季高中会考评卷工作，共选聘评卷教师 146 人，阅评试卷总量 13.5 万份。

（肖　军）

【完成 2015 年春季高中会考网报工作】　11 月 13 至 20 日，2015 年北京市春季高中会考网上报考工作完成。于 11 月 27 日完成验收各区县会考报名报考数据、自行组考、替代科目学校组考方案及免考考生等材料。

（肖　军）

【完成 2015 年春季报名报考工作】　12 月 4 日，2015 年北京市完成春季报名报考统计工作。共有 103876 人报考 360814 科次，其中，263 所学校的 102673 名普高类学生参加 9 个学科的会考、报考总科次为 357917，22 所学校的 1182 名职技类学生及 21 名社会类学生参加会考、报考总科次为 2897。共设考点 105 个，考场 12465 个。同时，有 22 所学校的 14693 人进行自行组考，26 所学校的 2205 人进行替代科目的考试。

（肖　军）

【颁发高中会考合格证】　至年底，北京教育考试院颁发 2014 年《北京市高中会考合格证》59123 份（春季 54585 份、夏季 4538 份），其中，普高类 59117 份、职技类 6 份。全市共有应届高中毕业生 66243 人参加会考，57270 人取得合格证，占毕业生总人数的 86.45％。

（肖　军）

【概况】　2014 年，全国共有 789 所高等学校在北京开展招生工作。全市共有高考报名 70517 人，录取 63307 人，高考升学率稳定在 80％以上。在统招部分中，报名人数总计 64484 人，招生计划人数总计 52216 人，实际录取新生 54083 人，比计划增加 1867 人。其中，文史类录取 15734 人，占录取总数 29.09％；理工类录取 38349 人，占录取总数 70.91％。在高职单独招生部分中，报名人数为 6033 人，计划招生人数为 1182 人，实际录取新生 1012 人，比计划减少 170 人。全市共有 26 所高职院校实施自主招生试点改革，计划招生 7305 人，实际录取 8195 人，比计划增加 890 人。

（卢　杰）

【完成高水平运动员体育测试】　3 月 29 日，北京市 2014 年高水平运动员体育测试在北京体育大学举行。测试项目为田径、篮球、排球、足球、乒乓球、游泳、健美操、武术、羽毛球、跆拳道、网球、棒球、垒球 13 个项目，418 人报名参加考试，实际测试 354 人。经认定，达到测试 A 级标准 114 人、B 级 202 人、C 级 38 人，64 人自动放弃测试。

（卢　杰）

【完成报考体育专业考生测试】　4 月

12 日，北京市 2014 年普通高等学校体育教育、社会体育、休闲体育专业测试工作在首都体育学院举行，测试项目包括田径、篮球、排球、足球、体操、艺术体操（女）、武术、游泳和乒乓球等项目，1222 人参加考试。经测试，成绩 90 分以上 37 人，80 分以上 195 人，70 分以上 391 人，70 分以下 599 人。

（卢　杰）

【完成外语口试工作】　4 月 12 至 13 日，北京市完成 2014 年普通高校招生外语口试工作。考点设在北京外国语大学、北京语言大学、中国传媒大学、对外经济贸易大学、首都师范大学、北京第二外国语学院 6 个考点进行。全市共有考生 42499 人参加外语口试。

（卢　杰）

【举办等级运动员统一测试】　4 月 19 日，北京市 2014 年等级运动员统一测试在首都体育学院进行。测试项目包括田径、游泳、足球、篮球、排球、乒乓球、羽毛球、武术、跆拳道、健美操 10 项。共有 428 人报名参加测试，实际参加测试 362 人，实测率 84.58％；缺测 66 人，缺测率 15.42％。经测试，319 人合格，合格率 88.12％；43 人不合格，不合格率 11.88％。

（卢　杰）

【完成高校招生计划汇总工作】　5 月 3 日，2014 年北京市完成普通高校招生计划汇总工作。全年在京招生高校共 789 所，计划招生 53398 人。其中统考统招计划 52216 人（不含艺术类招生计划和其他单独招生计划），高职单考单招和师资班单招计划 1182 人。在统考统招计划中，按科类分：文史类计划 15125 人，占计划总数的

28.97%；理工类计划 37091 人，占计划总数的 71.03%。按学历层次分：本科计划 36741 人，占计划总数的 70.36%；专科计划 15475 人，占计划总数的 29.64%。按学校所在地域分：在京院校招生计划 41103 人，占计划总数的 78.72%，其中在京部委院校招生计划为 5927 人，占招生计划总数的 11.35%，市属市管院校在京招生计划为 35176 人，占招生计划总数的 67.37%，外埠院校招生计划为 11113 人，占计划总数的 21.28%。

（卢杰）

【完成高等学校招生考试及阅卷】 6 月 7 至 8 日，2014 年北京市普通高等学校招生考试在 17 个考区进行。共设立考点 101 个考场 2173 个，60389 名考生参加考试。6 月 9 至 23 日，高考评卷工作在北京大学、清华大学、北京师范大学、首都师范大学、北京第二外国语学院和北京工业大学 6 个评卷点进行。共计扫描考生答题卡 36 万余张，累计评阅试卷 23 万余份，参加评卷教师共计 1177 人。

（卢杰）

【确定普通高校最低录取控制分数线】 6 月 23 日，北京市招生考试委员会 2014 年第二次会议确定北京市普通高校招生各批次录取最低控制分数线。本科一批录取最低控制分数线：文科 565 分，理科 543 分；本科二批录取最低控制分数线：文科 507 分，理科 495 分；本科三批录取最低控制分数线：文科 458 分，理科 466 分。艺术类本科录取控制分数线：文科 329 分，理科 321 分。专科面试参考线（三科总分）文科 150 分，理科 150 分；体育教育、社会体育、休闲体育专业成绩 70 分，文化课成绩文科 350 分，理科 350 分。高职单招分数线为 150 分；艺术高职分数线为 105 分。

（卢杰）

【完成高招录取】 7 月 6 日至 8 月 10 日，北京市完成 2014 年全国高等学校招生录取工作。其中，统考统招部分计划招生 52216 人，实际录取 54083 人；高职单独考试招生部分计划招生 1182 人，实际录取 1012 人，比计划减少 170 人。高考升学率达到 83.87%。全年北京市录取工作过程组织严密，操作规范，系统和数据安全，实现平安高考的工作目标。录取期间，市委常委，市教育工委、市招考委相关领导到高招录取现场进行巡视检查。

（卢杰）

【完成 2015 年高考报名】 至 11 月，北京市完成 2015 年高考报名工作。2015 年高考报名总人数为 67816 人，比上年减少 2701 人，下降 3.83%。其中，全国统考报名人数为 61436 人，比上年减少 3048 人，下降 4.73%；高职单考单招报名人数为 6380 人，比上年增加 347 人，增长 5.75%。应届生 63703 人，占报名人数的 93.94%；往届生 4113 人，占报名人数的 6.06%。男生 32582 人，占报名人数的 48.04%；女生 35234 人，占报名人数的 51.96%。城镇考生 50872 人，占报名人数的 75.01%；农村考生 16944 人，占报名人数的 24.99%。在全国统考报名人数中，文史类考生 19617 人，比上年增加 228 人，增长 1.18%；理工类考生 41819 人，比上年减少 3276 人，下降 7.26%。此外，本年北京市继续实施进城务工人员随迁子女在京参加高职招生考试政策，全市共有 342 名考生提出申请，经审核，符合条件考生 168 人，参加高考报名 163 人。

（卢杰）

研究生招生

【概况】 2014 年，北京市研究生（博士生、硕士生）招生总规模 97463 人，比上年增加 2867 人，增长 3.03%。硕士研究生招生规模为 76116 人，比上年增加 2277 人，增长 3.08%，其中，学术型规模为 43450 人，专业学位规模为 32666 人；博士生招生规模为 21347 人，比上年增加 590 人，增长 2.84%。全国报考北京 145 个硕士生招生单位的考生人数为 249937 人，比上年减少 21301 人，下降 7.85%，其中，报考学术型专业的考生为 154075 人，占 61.65%；报考专业学位的考生为 95862 人，占 38.35%。北京 80 家招生单位（不含解放军在京单位）招收博士生，报名考生共计 61868 人，比上年减少 813 人，下降 1.30%。北京硕士生单位（不含军队院校）共招收硕士生 74815 人，比上年增加 896 人，增长 1.21%。其中，招收全日制专业学位硕士生 33019 人，比上年增加 1870 人；招收博士生 21617 人，比上增加 422 人，增长 1.99%。全年北京地区非全日制攻读硕士学位全国考试报考人数 50289 人，比上年增加 2296 人，增长 4.78%，报考 69612 科次，比上年增加 276 科次，增长 0.40%。在北京地区非全日制攻读硕士学位全国考试中，新增设北京交通大学和对外经济贸易大学两个考点学校。西城区教育考试中心考点不再承担这两项考试任务，调整后北京考点增至 8 个，其他考点学校不变。同时，2015 年全国硕士研究生招生考试时间进行调整，由原来的当年（招生年度）的 1 月份改为上年年底举行，“全国硕士研究生统一入学考试”变更为“全国硕士研究生招生考试”。

（李青文）

【举行 2014 年硕士研究生统一入学考试】 1 月 4 至 6 日，北京地区 2014 年全国硕士研究生统一入学考试举行。全市共设置 57 个考点，2860 个考场。应试考生 98940 人，比上年减少 8920 人，下降 8.27%。1 月 20 至 26 日，北京教育考试院组织报考北京硕士生入学考试全国统考 11 个科目的网上评卷工作，4 个评卷点共评阅试卷约 45 万份。

（李青文）

【举行同等学力申请硕士学位全国统考】 5 月 25 日，北京地区 2014 年同等学力人员申请硕士学位外国语水平和学科综合水平全国统一考试举行。全市共设中国人民大学、北京师范大学、北京科技大学、中国地质大学（北京）、国际关系学院、北京工业大学、北京交通大学及对外经济贸易大学 8 个考点，728 个考场。考试采用入场指纹验证，有考生 3.9 万余人参加考试。3 月 1 日至 4 月 2 日，该项考试进行报名，经确认，北京市报名考生 26075 人，比上年增加 16 人，增长 0.06%。共报考 39573 科次，比上年减少 1503 科次，下降 3.66%。报考外国语水平考试考生 18230 人，比上年减少 3150 人，下降 14.73%；报考学科综合水平考试考生 21343 人，比上年增加 1647 人，增长 8.36%。

（侯东云　李青文）

【完成硕士研究生录取工作】　6 月，北京市 2014 年硕士研究生录取工作完成。除军队院校以外，北京 145 个高等学校、科研机构共招收硕士生 74815 人，比上年 73919 人增加 896 人，增长 1.21%。其中，招收全日制专业学位硕士生 33019 人，比上年 31149 人增加 1870 人，增长 6.00%。

（李青文）

【完成博士生录取工作】　9 月，北京市 2014 年博士生录取工作完成。北京高等学校、科研机构（不含解放军在京单位）共招收博士生 21617 人，比上年 21195 人增加 422 人，增长 1.99%。教育部下达招生规模 21347 人（不含少数民族骨干计划），比上年增加 590 人，增长 2.84%。

（李青文）

【完成硕士生报名工作】　10 月 10 至 31 日，2014 年全国招收攻读硕士学位研究生统一入学考试进行网上报名工作。11 月 10 至 14 日，北京市共有 57 个报考点组织考生进行现场确认，共确认考生 91153 人，比上年 99370 人（不含推免考生）减少 8217 人，下降 8.27%。其中，报考京内招生单位的考生 84398 人，占京内报名总人数的 92.59%；报考外埠 430 个招生单位的考生 6755 人，占 7.41%。2014 年，全国报考北京招生单位的考生人数为 227972 人，比上年 231959 人（不含推免考生）减少 3987 人，下降 1.72%。其中，报考学术型专业的考生 129959 人，占 57.01%；报考专业学位的考生 98013 人，占 42.99%。

（李青文）

【举行在职攻读硕士学位全国联考】　10 月 26 日，北京地区 2014 年在职人员攻读硕士学位全国联考考试举行。全市共设中国人民大学、北京师范大学、中国农业大学、中国地质大学（北京）、北京工业大学、北京科技大学、北京交通大学和对外经济贸易大学 8 个考点，819 个考场，考生 24214 人，报考 30039 科次，报考人数比上年增长 11%。6 月 20 日至 7 月 10 日，在职人员攻读硕士学位全国联考报名；7 月 11 至 14 日，5 个报名点组织考生进行现场确认，共确认考生 24213 人，比上年增加 2306 人，增长 10.53%。按照国务院学位办《关于 2014 年招收在职人员攻读硕士专业学位工作的通知》的规定，从 2016 年起，国务院学位办不再组织在职人员攻读硕士专业学位全国联考。除高级管理人员工商管理硕士外，其他类别的在职人员攻读硕士专业学位招生工作，将以非全日制研究生教育形式纳入国家招生计划和全国硕士研究生统一入学考试。

（李青文）

【举行 2015 年硕士研究生统一入学考试】　12 月 27 至 29 日，北京地区 2015 年全国硕士研究生招生考试举行。考试共设置 57 个考点，2808 个考场，应试考生 91179 人，比上年减少 7761 人，下降 7.84%。

（李青文）

成人高等学校招生

【概况】　2014 年，在京招生成人高等学校共有 88 所。其中，市属院校 46 所，部（委）及外埠院校 42 所。网上报名考生 74385 人，比上年减少 29067 人；全市报名确认考试生 69131 人，比上年减少 15403 人。其中，高中起点专科 30372 人，比上年减少 6218 人；高中起点本科 6518 人，比上年减少 2232 人；专科起点升本科 32241 人，比上年减少 6953 人。招生专业 1654 个（含单考单招专业 8 个），比上年 1716 个减少 62 个，其中，市属高校招生专业 707 个，比上年 731 个减少 24 个；部属高校招生专业 947 个，比上年 985 个减少 38 个。按专业层次分，高起专专业数 937 个，比上年 932 个增加 5 个，高起本专业数 159 个，比上年 216 个减少 57 个，专升本专业数 558 个，比上年 568 个减少 10 个。全年北京市招生计划总数为 57799 人（不含单考单招计划 1111 人），其中，高中起点专科计划 25251 人，占计划总数的 43.69%；高中起点本科计划 5531 人，占计划总数的 9.57%；专科起点升本科计划 27017 人，占计划总数的 46.74%。本次实考考生 63133 人，实际录取新生 58669 人（不含单考单招），录取率 92.93%，比上年有所增加。其中，高中起点本科及专升本专业共录取新生 32520 人、高中起点专科专业共录取新生 26149 人。单考单招录取 1111 人。上半年北京地区成人本科学士学位英语统一考试共有 94921 人报考，实考考生 66160 人，及格考生 14378 人，及格率 21.73%；缺考考生 28761 人，缺考率 30.30%。下半年北京地区成人本科学士学位英语统一考试共有 94218 人报考，实考考生 66115 人，及格考生 15826 人，及格率 23.94%；缺考考生 28103 人，缺考率 29.83%。

（陈进生）

【完成上半年成人本科学士学位英语考试】　5 月 10 日，上半年北京地区成人本科学士学位英语考试举行。共设考点 90 个、考场 3205 个，其中，本市考点46个、考场1979个；外埠考点44个、考场1226个。实考考生66160人，及格14378人，及格率21.73%；缺考考生28761人，缺考率30.30%。阅卷扫描答题卡共94921份，其中，北京考点答题卡58791份、外埠考点答题卡36130份，主观题评阅试卷共66160份。3月21日，上半年北京地区成人本科学士学位英语统一考试报名工作结束。61所院校的94921人报考，其中，北京考生58791人，占全部考生61.94%；外埠考生36130人，占全部考生的38.06%。成考考生45580人，占48.02%；电大考生19386人，占20.42%；网络学院考生29410人，占30.98%；其他考生545人，占0.58%。6月6日，发布北京地区成人本科学士学位英语统一考试考生成绩。

（陈进生）

【完成成人高校招生考试报名工作】 8月31至9月5日，北京市完成成人高校招生考试网上报名及网上缴费等相关工作。共有74385人网上报名，比上年减少29067人；9月11至15日，组织考生进行现场确认。确认考试生69131人，比上年减少15403人，下降18.22%。其中，报高起专30372人，比上年减少6218人，下降16.99%；报高起本6518人，比上年减少2232人，下降25.51%；报考专升本32241人，比上年减少6953人，下降17.74%。本市考生26501人，占所有考生的38.33%。其中高中起点10110人，专升本16391人；外埠、港澳台及军人考生为42630人，占所有考生的61.67%。其中高中起点26780人，专升本15850人。教育部学信平台验证的专升本考生共有32241人，通过验证31083人，占96.41%，未通过验证1158人，占3.59%，未通过考生确认现场签订《保证书》。

（陈进生）

【完成下半年成人本科学士学位英语考试】 9月12日，下半年北京地区成人本科学士学位英语统一考试报名工作结束。88所学校的94218人报考，其中北京考生61203人，占全部考生的64.96%；外埠考生33015人，占全部考生的35.04%。全部考生中成考考生62438人，占66.27%，电大考生17584人，占18.66%，网络学院考生14196人，占15.07%。11月1日，下半年北京地区成人本科学士学位英语考试。考试共设考点88个，考场3180个，其中，本市考点45个，考场2061个；外地考点43个，考场1119个，应考人数94218人，实考人数66115人，及格15826人，及格率为23.94%，缺考考生28103人，缺考率29.83%。其中北京考点缺考率28.0%，外埠考点缺考率33.1%。

（陈进生）

【完成成人高校招生统考及阅卷工作】 10月25至26日，北京市完成成人高校招生全国统一考试。本次考试共设17个考区，111个考点，2392个考场，确认违规考生135人，其中违纪考生36人，违纪人数比率0.06%；作弊考生99人，作弊人数比率0.16%。10月27至11月11日，该项考试阅卷工作完成。北京师范大学、首都师范大学、北京教育学院和北京开放大学4所高校共评阅19科近22.3万份试卷。11月14日，考试成绩通过北京教育考试院网站发布。

（陈进生）

【完成成人高校招生计划编制工作】 11月20日，完成北京市成人高校招生计划编制工作。根据教育部招生计划编制方式，先报名后下计划。在京招生院校88所，招生计划总数为57799人（不含单考单招计划），其中，高中起点专科计划25251人，占计划总数的43.69%，高中起点本科计划5531人，占计划总数的9.57%；专科起点升本科计划27017人，占计划总数的46.74%。单考单招计划1111人，比上年减少633人，下降36.30%。

（陈进生）

【划定成人高校招生录取最低控制分数线】 11月26日，经报请北京市招生考试委员会批准，北京市成人高校招生录取的最低控制分数线为：高中起点专科，文史外语类：137分；艺术类：98分；理工类：138分；体育类：115分。高中起点本科，文史外语类：181分；艺术类：128分；理工类：145分；体育类：136分。专科起点升本科，文史中医类：169分；艺术类：136分；理工类：105分；经济管理类：102分；法学类：165分；教育学类：131分；农学类：124分；医学类：163分。

（陈进生）

【完成成人高校招生录取工作】 12月4至19日，北京市完成成人高校招生考试录取工作。招生原始计划57799人（不含单考单招计划），共录取考生58669（不含单考单招）人，录取率约为92.9%，完成原始计划的101.5%（调整计划的99.2%）。其中，高中起点本科及专升本专业共录取新生32520人，完成原始计划99.9%（调整计划的99.1%）；高中起点专科专业共录取新生26149人，完成原始计划的103.6%（调整计划的99.3%）。单考单招共录取考生1111人。

（陈进生）

高等教育自学考试

【概况】 2014年，北京教育考试院共组织高等教育自学考试6次。共有14.9万人报考48.5万科次，注册新生2.8万人。全年开设专业总计106个，其中，专科专业57个、本科专业49个，证书项目34个，各级证书32种。全年共评阅试卷30.6万份。毕业生7188人，其中，本科毕业生4569人、专科毕业生2619人，3764人获取学士学位。

（穆松）

【4月自学考试结束】 4月19至20日、26至27日，北京市组织完成4月高等教育自学考试。共有62729名

考生报考185982科次，注册新生12689人。该项考试采用笔试的方式进行，共开考108个专业（含2个证书专业）、525门课程。考试工作在17个考区同时进行，设立考点102个、考场1594个。

（穆松）

【举行两次计算机应用基础考试】 5月10日和11月8日，北京市举行两次计算机应用基础考试。上半年考试在8个考区进行，共有2764名考生报名参加考试。下半年考试在5个考区进行，共有3934名考生报名参加考试。明年开始取消计算机应用基础考试。

（穆松）

【举行两次自学考试非学历证书考试】 5月17至18日和11月15至16日，北京市举行两次北京市高等教育自学考试非学历证书考试。上半年考试共开考65门课程，涉及18个证书，共有13283名考生报考36862科次。下半年考试共开考63门课程，涉及18个证书，共有13280名考生报考37692科次。

（穆松）

【完成10月高等教育自学考试】 10月18至19日和25至26日，北京市组织完成10月高等教育自学考试。共有59417名考生报考179469科次，注册新生12922人。该项考试采用笔试的方式进行，共开考105个专业、536门课程。自学考试工作在17个考区同时进行，设立考点82个、考场1555个。

（穆松）

【自学考试7188人毕业】 至年底，北京市高等教育自学考试共有毕业生7188人，其中，本科毕业生4569人、专科毕业生2619人，3764人获取学士学位。

（穆松）

【概况】 2014年，北京教育考试院举办5个考试项目，共组织考试14次，报考总人数124672人，比上年148243人减少23571人，下降15.90%。北京英语口语证书考试（BOEC）报考人数为17514人，比上年21722人减少4208人，下降19.37%；全国计算机等级考试（NCRE）报考人数为100604人，比上年93171人增加7433人，增长7.98%。全国计算机应用技术证书考试（NIT）报考人数为3913人，比上年4346人减少433人，下降9.96%；全国青少年计算机考试（YNIT）报考人数为341人，比上年408人减少67人，下降16.42%；中国书画等级考试（CCPT）报考人数为2301人，比上年2787人减少486人，下降17.44%。

（徐卫红）

【举行北京英语口语证书考试】 3月15日、5月17至18日、7月19日、10月18日和11月29至30日，北京教育考试院分别举办5次北京英语口语证书考试（BOEC）。该考试全程电子化管理，采用考官对考生一对一的口试形式，分为初、中、高3个级别，考试时间分别为初级5至7分钟，中级8至10分钟，高级12至15分钟。全年共报名17514人，比上年21722人减少4208人，下降19.37%。其中，初级10897人次、中级5733人次、高级884人次。共发放证书8521份，其中，初级5113份、中级3024份、高级384份。

（姜树昕）

【举行全国计算机等级考试】 3月、

9月、12月，北京教育考试院举办3次全国计算机等级考试（NCRE）。考试采用上机考试方式，分为一级、二级、三级、四级。本年根据教育部考试中心工作安排及北京市考生的需求，于12月加考一次，并协助教育部考试中心在北京林业大学完成一、二级新考试系统的测试工作。全年等级考试报名人数为100604人，比上年93171人增加7433人，增长7.98%。其中3月和9月两次常规考试报名人数为97606人，12月加考报名人数为2998人。

（周德松）

【开展高考英语听说机考试测】 5至7月，北京教育考试院开展高考英语听说机考试测。试测在北京一中、人大附中和清华大学附中朝阳学校进行，共有考生504人参加。6至7月在东城区、西城区、海淀区、通州区和延庆县的14所学校开展试测，共有考生3462人参加。试测前对40余名考务人员和系统管理员进行培训，并在试测后对试卷进行数据分析。

（姜树昕）

【举行中国书画等级考试】 5月、11月，北京教育考试院举办两次中国书画等级考试（CCPT）。该考试设书法、硬笔书法、素描、动漫画、色彩、国画人物、国画花鸟和国画山水8个科目，其中书法、硬笔书法分9个级别，素描、动漫画、色彩、国画人物、国画花鸟和国画山水分6个级别。全市共有2301人报名参加考试，其中，书法778人、硬笔书法339人、素描391人、色彩489人、动漫148人、国画山水4人、国画花鸟149人、国画人物3人，比上年2787人减少486人，下降17.44%。因APEC会议期间调休放假，经研究并报教育部考试中心批准，北京地区11月份的中国书画等级考试由原定的11月15至16日调整为11月22至23日进行。

（姜树昕）

【举行全国计算机应用技术证书考试】 6月、12月，北京教育考试院举办两次全国计算机应用技术证书考试（NIT）。该考试采用系统及题签考试方式，累计开考文字处理、电子表格和演示文稿制作等共计12个模块。全年考试报名人数3913人，比上年4346人减少433人，下降9.96%。从12月份考试开始，作业设计由全市统一评判调整为由各考点自行组织完成。

（金辉）

【举行全国青少年计算机考试】 6月、12月，北京教育考试院举办两次全国青少年计算机考试（YNIT）。该项考试采用题签考试方式，开考操作基础、文字处理和多媒体制作等11个模块。全市共有考生341人报名参加考试，比上年408人减少67人，下降16.42%。

（金辉）

【概况】 2014年，北京教育考试院举办中英合作英语口语等级考试（GESE）60场、英国剑桥英语教学能力证书考试（TKT）28场，共有5964名考生参加考试。全年组织托福、GRE考试47场，考生1635人。举办英国剑桥英语教学能力（TKT）考前培训，北京地区成人学士学位英语考试考前培训22期，1046人参加培训。

（庞博）

【举办中英合作英语口语等级考试】 至年底，北京教育考试院举办中英合作英语口语等级考试（GESE）60场。全市共有4371名考生报名参加12个级别的考试，总体通过率63.3%。

（庞博）

【举办英国剑桥英语教学能力证书考试】 至年底，北京教育考试院举办英国剑桥英语教学能力等级考试（TKT）28场。全市共有1593名考生参加5个证书的考试。其中，证书一388人、证书二330人、证书三480人、CLIL证书394人、证书五1人，所有人均获得成绩证书。

（庞博）

【举办各种英语培训班】 至年底，北京教育考试院举办英国剑桥英语教学能力（TKT）考前培训，英语口语等级考试（GESE）培训，北京地区成人学士学位英语考试考前培训共22期，1046人参加培训。

（庞博）

【概况】 2014年，北京教育考试院共完成10个考试项目30个科目59考次，总计579366人的考务组织工作；组织发放各类考试合格证书及成绩单共219148份。全年完成4个科目7套试卷的命题工作；完成试卷答题卡数据扫描524852张；组织评阅试卷（含网上评卷）1582981份；打印条形码105254枚。全年为37160名考生提供雅思考试服务。社会委托考试由北京教育考试院直属单位北京市教育考试指导中心完成。

（胡泊）

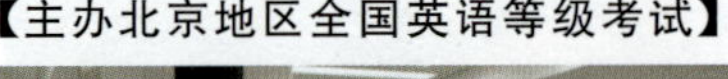
【主办北京地区全国英语等级考试】

3月、9月，北京教育考试院主办北京地区全国英语等级考试（PETS）考务组织工作。共计7114人次报名参加考试。

（胡海）

【承办国家公派留学人员全国外语水平考试】 5月、11月，北京教育考试院负责国家公派留学人员全国外语水平考试（WSK）考点考务组织工作。5月，考生共计810人；11月，考生共计812人。全年该项考试考生共计1622人。

（胡海）

【主办北京地区全国大学英语四、六级考试】 6月、12月，北京教育考试院负责北京地区全国大学英语四、六级考试（CET）考务组织工作。6月，考生共计271915人；12月，考生共计242480人。全年考生共计514395人。

（胡海）

（本栏责任编校　张晓白）

交流与合作

2014年，市教委推进首都教育对外开放，拓展国际合作领域，为首都教育系统引进资源，促进首都教育的现代化和国际化发展，提升教育外事队伍建设水平，加强对北京市教育外事工作的宏观指导和统筹协调，努力提高对外交流合作的质量和效益，在完善各项工作任务的基础上，加强决策的前瞻性和科学性，充分发挥外事工作优势，切实提高交流合作的成效，加强宏观管理，改善涉外服务，全面扩大和提升首都教育对外合作与交流水平，推动首都教育外事工作创新发展。

国际交流与合作

对外交往不断深入。2014年，市教委以优先完成教育部、市委市政府交办任务，优先执行市教委与境外友好城市教育部门协议任务，优先执行与市教委教育改革发展重点任务紧密相关的项目为原则，优化对外交往布局，通过扎实完成出访和接待任务，推动对外交往工作进一步发展。市教委全年共向29个国家和地区，派出因公出国（境）团组49个304人次；全年共接待国（境）外21个国家和地区的来访团组63个992人次。市教委主动设计，优化布局，通过完成各项出访和接待任务，加强与中央和北京市相关单位的联系，进一步拓宽国际交流渠道，为学校对外交往合作搭建平台，宣传首都教育改革和发展成果，展示北京市良好形象，促进首都建设世界城市及服务国家对外交往工作大局做出积极贡献。

圆满完成亚太经合组织会议（APEC）相关工作任务。11月7日，组织2200余名学生承担2014年亚太经合组织会议（APEC）水立方晚宴的迎宾方阵、民族盛装方阵、竖琴演奏和未来之舟演出等任务，同时配合市外办选拔1200名学生完成国宾（领导人）机场迎送献花环节和组织少年儿童参加欢迎仪式的工作。市委教育工委市教委将此项任务与立德树人、培育和践行社会主义核心价值观工作紧密结合，激发首都大学生的主人翁责任感，向世界充分展示首都青少年的风采，有力地服务中央外交全局。

积极落实教育改革核心任务。积极推动北京市教育外事系统贯彻落实首都深化教育综合改革有关举措。一是启动实施“高校聘请外籍教师支持中小学英语教学项目”，组织完成项目方案论证、高校选拔协调工作和188所中小学外专资质申报和培训工作，部分外籍教师上岗工作。二是搭建高层对外交往平台，积极推动与海外知名高校、职业院校建设海外联合培养基地，与美国马里兰大学、南加州大学、香港理工大学等知名高校就北京学生赴境外学习达成初步共识。

顺利完成“北京—华盛顿友好城市30周年”闭幕演出任务。为配合北京市与华盛顿结好30周年纪念活动于10月市教委组织由70人组成的北京学生金帆艺术团参加在美国首都华盛顿交流演出，展示首都青年学生积极向上的面貌和中国文化的独特魅力，增进两国首都之间的友好关系。

成功举办中外学生人文交流系列活动。2014年，市教委举办国际学生北京夏令营、京港澳学生交流夏令营、京澳学生科技交流夏令营、北京—首尔青少年体育交流大会、北京—世宗青少年艺术交流活动、海峡两岸优质高中北京长城夏令营以及中华文化小使者项目共7项学生交流活动。16个区县68所学校的1045名师生参加相关活动，其中，494名师生在京活动，551名师生赴外交流。学生交流品牌活动对提升北京市学生的跨文化沟通能力和首都教育的国际影响力发挥积极作用，有力推进首都学生的国际理解教育，提升人才培养水平。

积极推动来华留学内涵发展。继2011年12月颁布《留学北京行动计划》后，市教委继续全面推动该计划实施，采取多种措施扩大外国留学生规模，优化留学生结构和层次，提高留学生教育的质量和水平，促进北京来华留学事业持续健康发展。在全面推动北京高校制定本校留学生工作发展规划的基础上，市教委加大对北京市外国留学生奖学金的投入力度，推动英文授课项目建设，组织并开展丰富多彩的系列留学生品牌活动，积极支持高校创新招生模式，优化培养方式。有力推进首都教育的国际化发展，促进各高校国际化和现代化办学水平的提高，提升首都教育的国际影响力。

港澳台侨交流与合作

市教委通过组织京港澳学生交流夏令营、京澳学生科技夏令营、港澳台侨学生国情教育活动等系列品牌活动，加深港澳台侨学生对内地的了解认同，促进两岸三地交流与合作，增强首都教育在海峡两岸的影响力。与此同时，积极指导北京地区学校做好在京港澳台侨学生的管理和服务工作。

市教委继续加大对港澳台侨学生工作的指导和服务。北京市具有接收港澳台侨学生资质的高校和科研院所有56所，在京高校就读的港澳台侨学生共4456人。其中，香港学生1712人、澳门学生786人、台湾学生1917人、侨生41人。港澳台侨学生规模不断扩大，层次明显提高，管理与服务形式也不断创新。

对口支援

教育对口支援工作深入推进。2014年，北京市教育援助省份增至11个，完成援助项目37个，为受援地区培训干部教师近700人，内地民族高中班在校就读学生已达5566人，选派98名干部教师赴和田、拉萨支教，启动16个区县教委和32所结对学校与南水北调水源地教育协作，组织130名少数民族师生来京参加夏令营，继续开展“民族一家亲”活动，开通北京教育对口支援与合作网，通过优质资源共享、“手拉手”结对、教师和学生培训培养等方式，对提高受援地区教育事业发展发挥积极的促进作用。

（许株桦）

【北大授予连战名誉教授】　2月19日，北京大学授予连战名誉教授称号。连战，中国国民党荣誉主席、两岸和平发展基金会董事长，近年来为促进两岸合作交流、造福两岸做出重要贡献。

（余浚）

【参加两次国际教育展】　3月28日至4月1日和4月25日至5月2日，市教委组织参加两次国际教育展。其中，组织北京13所学校18人赴韩国首尔参加第38届韩国海外留学春季展览，共有来自中国、美国等23个国家的500余家各级院校和教育机构参展，累计观展人数超过2.5万人；组织来自10所大、中学校的12人赴马来西亚参加中国高等教育展，并赴泰国曼谷举办北京教育说明会，共有35个单位参展，包括中国各省市和港澳地区的高校31所、中学3所以及马来西亚新纪元学院，共有3000余名当地师生参观教育展。

（许株桦　邱瑀璐）

【中医药大学授予土库曼斯坦总统名誉教授】　5月13日，北京中医药大学授予土库曼斯坦总统库尔班古力·别尔德穆哈梅多夫（Gurbanguly M·likgulyyewic）别尔德穆哈梅多夫名誉教授。库尔班古力·别尔德穆哈梅多夫，男，土库曼族，1957年6月29日出生于土库曼斯坦的阿什哈巴德，1979年毕业于土库曼斯坦国立医学院，获得医学博士学位，并长期在医疗系统工作。2011年年底访华期间，在北京举行《土库曼斯坦药用植物》《土库曼斯坦——疗养胜地》和《天马飞翔》3部著作中文版的首发式。2012年3月医学著作《土库曼斯坦药用植物》又出第三册。2014年5月13日在人民大会堂举行授予土库曼斯坦总统别尔德穆哈梅多夫北京中医药大学名誉教授称号的仪式，刘延东出席并讲话。

（王丹凤）

【北外接待葡萄牙总统卡瓦科·席尔瓦】　5月16日，北京外国语大学接待葡萄牙共和国总统卡瓦科·席尔瓦访问。卡瓦科·席尔瓦出席“中葡语言文化合作交流联合体”成立仪式，为“中葡语言文化合作交流联合体”揭牌，并发表主题为“今日葡萄牙”的演讲。

（宋文超）

【举办北京市民讲外语游园会】　5月17至18日，由市外办和市教委联合主办，北京市国际教育交流中心和北京市民讲外语活动组委会办公室承办的2014年北京市民讲外语游园会——国际语言文化交流展示区活动在北京朝阳公园举行。此次活动在多语言文化节目展演的基础上，新增英语、法语、西班牙语、德语和韩语5个外语交流互动区，通过展板形式向市民介绍5个语种相关国家的语言、城市、文化等知识。共有来自北京市28所大中小学校的中外师生400余人参加活动，参与市民千余人次。

（许株桦　邱瑀璐）

【与文化部外联局签署文化交流协议】7月11日，市教委与文化部外联局签署青少年文化交流战略合作协议。协议旨在充分发挥双方的资源优势，为北京市青少年参与对外文化交流搭建平台，让更多青少年参与对外文化交流，展现中国青少年良好的精神风貌，共同弘扬优秀中国文化。根据协议，双方把推动青少年开展对外文化交流纳入各自总体战略规划和年度工作计划，积极组织实施各类重点交流项目。鼓励支持北京市优秀学生艺术团体赴国（境）外与北京友好城市开展青少年文化交流及国际竞赛活动。文化部外联局同时把北京市优秀学生艺术团体纳入国事演出名录库。

（张晓兰）

【北大接待丹麦首相来访】　9月11日，北京大学附属小学接待丹麦首相来访。丹麦首相赫勒·托宁·施密特（Helle Thorning－Schmidt）、乐高集团董事长兼CEO克努德斯托普（Jorgen Vig Knudstorp）等一行5人访问北大附小，在机器人教室与制作“游乐场之旋转木马”学生探讨构建旋转木马底座、支架、座椅及如何让旋转木马转动等问题，观看学生操作传感器、电动机、齿轮等乐高小颗粒，听取学生介绍杠杆、支点和平衡等原理。北大附小学生把现场制作的机器人作品乐高摩托车赠送给来访客人。北大附小2000年开展乐高机器人教育，并于2001年建立创新实验室。

（庄严）

【北大授予俄联邦委员会主席名誉教授】　9月23日，北京大学授予俄罗斯联邦委员会主席马特维延科（Valentina Matvienko）名誉教授仪式暨演讲会举行。演讲中，马特维延科希望北大能够与俄罗斯的教育机构开展更

举办北京市民讲外语游园会

深层次的合作，尤其在高新技术领域，为推动俄中两国经济现代化建设做出贡献。她表示将不遗余力地推动俄中两国在文化教育领域的合作。

（孙启明）

【举办首都学生外语展示系列活动】

9至12月，市教委举办第三届首都学生外语展示系列活动。该活动面向小学生、初中牛和高中生，分别以童话剧表演和中华文化外语展示的比赛形式进行。小学组参赛学校191所，涉及北京市16个区县的学校。初中组参赛学校为151所，覆盖14个区县的学校。高中组参赛学校为12个区县的98所学校。参加师生共计8500余人。与上年相比，本次活动注重考查学生用外语传播中华文化的实际应用能力。

（许株桦　邱瑀璐）

【人民大学接待捷克总统泽曼访问】 10月26日，捷克共和国总统米洛什·泽曼访问中国人民大学。访问期间，泽曼发表题为“经济转型以及捷欧与捷中在政治、文化和经济方面的经验分享”的演讲，就捷克与欧盟关系、捷中关系以及教育经历对其政治生涯的影响等话题进行交流。

（万静）

【参加多次教育推介会】 至年底，市教委组织参加多次教育推介会。推介会包括赴泰国曼谷举办北京教育说明会，共有35个单位参展，包括中国各省市和港澳地区的高校31所、中学3所以及马来西亚新纪元学院；赴哈萨克斯坦、吉尔吉斯斯坦、乌兹别克斯坦3个国家举办教育推介会，来自首都师范大学、中国传媒大学、北京市十　学校等16所学校参展，共有咨询学生3000余人，发放宣传资料万余份；赴印尼雅加达、日惹，尼泊尔加德满都3个城市举办3场北京教育推介会，共有大学8所、中小学6所参加展会，共发放各种材料5000余册，共有5000余人次咨询。

（邱瑀璐）

【举办“问候全世界”中小学生多语种进校园活动】 至年底，市教委举办“问候全世界”中小学生多语种进校园活动。

活动在6个区13所学校开设20个教学班，开展德语、法语、西班牙语3个语种的教学，参加授课的学生1200余人次。此活动通过多语种进校园推动教师配置、教学方法探索、特色教材使用、成果展示等方面的发展。

（许株桦　邱瑀璐）

【清华大学接待五国领导人访问】 至年底，清华大学共接待来自5个国家的领导人的来校访问。该校分别接待德国总理安格拉·多罗特娅·默克尔、丹麦首相赫勒·托宁·施密特、南非总统雅各布·祖马、阿富汗总统穆罕默德·阿什拉夫·加尼以及纳米比亚总理哈格·根哥布的来校访问。

（邓倩）

中外合作办学

【批准1个中外合作办学机构】 3月26日，市教委批准1个中外合作办学机构。该机构是北京新桥外国语培训学校，教育部备案的办学许可证编号为：PDE11USA12IFR20140751N。该校中方举办者为北京市朝阳区三捷外语培训学校，外方举办者为美国华盛顿语言学院。学校开设培训类课程。

（许株桦）

【批准1个非学历中外合作办学项目】 3月26日，市教委批准1个非学历中外合作办学项目。该项目是中国音乐学院与奥地利莫扎特音乐与表演艺术大学、奥地利格拉茨音乐与戏剧艺术大学和欧亚太平洋大学联盟合作举办的音乐表演专业项目（续办）。

（许株桦）

【两所高校获批境外办学】 9月和10月，两所高校获批赴境外办学。教育部批准中国传媒大学与马来西亚韩新新闻广播学院在马来西亚举办广播电视与新媒体硕士项目；市教委批准北京开放大学与香港大学专业进修学院在香港合作举办网络短期课程项目。至此，北京市共有11所学校与[illegible]个国家和地区的[illegible]所学校合作开展27个境外办学项目，2所学校在境外独立开展办学机构。境外办学机构涉及小学、初中、高中三个阶段，学历项目19个，其中，硕博项目2个、硕士项目5个、本硕项目1个、本科项目8个、大专项目2个、中专项目1个，非学历项目6个，涉及中文、中医、体育、音乐、法律新闻等20个专业。

（许株桦）

【批准两个职业高中中外合作办学项目】 至年底，市教委批准两个职业高中中外合作办学项目。批准的两个职业高中中外合作办学项目分别是：北京国际职业教育学校与新加坡天都国际学院合作举办金融事务中等职业教育课程项目（续办）；北京国际职业教育学校与新加坡天都国际学院合作举办国际商务中等职业教育课程项目（续办）。

（许株桦）

【批准6个高职中外合作办学项目】 至年底，市教委批准6个高职中外合作办学项目。6个高职中外合作办学项目分别是：北京政法职业学院与澳大利亚康普利斯教育学院合作举办安全保卫专业高等教育项目；北京信息职业技术学院与英国威根雷学院合作举办电子信息工程技术专业高职教育项目；北京信息职业技术学院与英国威根雷学院合作举办计算机网络技术专业高职教育项目（续办）；北京吉利大学与英国格鲁斯比学院合作举办工商企业管理高等专科教育项目（续办）；北京吉利大学与英国格鲁斯比学院合作举办商务英语高等专科教育项目；北京吉利大学与英国格鲁斯比学院合作举办计算机应用技术高等专科教育项目（续办）。

（许株桦）

【批准13个高中中外合作办学项目】 至年底，市教委批准13个高中中外合作办学项目。13个高中中外合作办学项目分别是：北京十一学校与澳大利亚堪培拉文法学校申请举办国际文凭课程项目；人大附中朝阳分校与英国海丁顿学校合作举办中英高中课程项目；北京市第八十中学与英国埃克赛特公学中英高中实验课程项目（续办）；北京市第八十中学与美国辅园中学合作举办中美高中课程项目（续办）；北京师范大学第二附属中学与美国华盛顿爱尔格英迪中学合作举办中美高中课程项目；北京市第三十五中学与美国凯莎通高级中学合作举办中美高中课程项目（续办）；北京市第二中学与美国索斯兰·克里斯蒂安中学合作举办中美高中课程项目（续办）；北京市第四中学与美国布利斯中学合作举办中美高中课程项目（续办）；北京大学附属中学与芬兰罗素高中合作举办中芬高中课程项目（续办）；北京市第一零一中学与美国诺福克学校合作举办中美高中课程项目（续办）；北京师范大学附属实验中学与美国新罕布什尔州都伯林高中合作举办中美高中课程项目（续办）；北京市第十二中学与美国詹尼森公立学校合作举办中美高中课程项目（续办）；北京潞河国际教育学园与英国柴郡姆中学合作举办中英高中课程项目（续办）。

（许株桦）

【终止3个中外合作办学机构】 至年底，市教委批准终止3所中外合作办学机构。3所中外合作办学机构分别是：北京教育学院玄宇艺术学院、北京金色未来幼教中心、北京中加工商专修学院。

（许株桦）

【获批4个高校中外合作办学项目】 至年底，北京市有4个高校中外合作办学项目获教育部批准。4个中外合作项目分别是：北京交通大学与美国罗彻斯特理工学院合作举办企业管理（创业与创新）硕士学位教育项目；北京化工大学与美国纽约州立大学环境科学与林业学院合作举办生物专业本科教育项目；中国传媒大学与美国密苏里哥伦比亚大学合作举办传播学专业本科教育项目；北京工商大学与爱尔兰考科大学合作举办食品科学与工程专业本科教育项目。

（许株桦）

友好往来

【举办国际学生北京夏令营】 7月12

至21日，市教委举办第四届国际学生北京夏令营。夏令营包括开闭营式、汉语体验课程、国际友谊之夜、参观游览等内容。来自24个国家和地区的880余名中外师生对中国功夫、京剧、皮影戏、剪纸、中国书画等课程开展体验式学习，并通过参观游览、美食等活动体验首都北京的特色生活。活动由北京市国际教育交流中心承办。来自市委教育工委，市教委，市财政局等相关领导出席开营式。国际营至今连续举办4年，吸引来自37个国家的4200余名师生来京交流。

（邱瑀璐）

【举办中华文化小使者交流项目】 7

月19日至8月9日，市教委举办“中华文化小使者交流项目”。全部师生分8个团组分批次赴美国、英国、加拿大和俄罗斯开展文化交流活动。交流活动的主要内容包括文艺表演、儿童博物馆宣传、营地宣传、课堂讲解、社区推广、学校交流、住宿交通交流等。来自全市15个区县35所中小学的师生336人参加活动。此次活动由北京市国际教育交流中心承办。活动旨在通过境外的展演互动活动，展示北京学生风采，提升学生对本民族文化意识的认识和民族自豪感，增强国际理解力和跨文化沟通能力，促进首都汉语国际推广工作在境外的开展。

（邱瑀璐）

【组织高中生赴美国交换实习】 至9月，北京市国际教育交流中心组织实施2014～2015年度美国高中交换生项目。来自北京市第十九中学、北京市西城外国语学校和北京市鲁迅中学等24所学校的83名学生报名参加，最终有符合项目要求的36名学生通过考试，于9月8日前陆续前往美国，分布在27所学校中进行为期1学年的学习生活。

（邱瑀璐）

【外交学院承办东盟地区论坛预防性外交培训班】 10月13至19日，外交学院承办东盟地区论坛（ARF）预防性外交培训班。培训由中国、美国和新西兰共同倡议举办，旨在培养预防性外交专业人才，提升东盟地区论坛开展预防性外交的能力建设，推动亚太地区预防性外交的发展。这是在东盟地区论坛框架下举办的首次关于预防性外交的培训项目。来自联合国培训研究院、美国和平研究院、新西兰奥塔哥大学国家和平与冲突研究中心、俄罗斯莫斯科国际关系学院、新加坡南洋理工大学、北京大学、外交学院专家学者和多名资深外交官为学员授课。来自东盟地区论坛23个成员国外交部、国防部、东盟秘书处以及驻华使馆的36名官员接受为期一周的培训。

（阚四进）

【举办北京—首尔青少年体育友好交流大会】 10月15至19日，市教委

联合首尔特别市教育厅共同举办第15届北京—首尔青少年体育友好交流大会。北京工业大学附属中学和北京市陈经纶中学的学生与首尔学生举行羽毛球和篮球项目比赛。活动自1996年启动，共举办15届，累计1100名中韩学生参与活动。该项是市教委与首尔特别市教育厅友好交流的传统项目和品牌项目。

（许株桦　邱瑀璐）

【举办首届北京—世宗青少年艺术交流活动】 10月27至31日，市教委联合韩国世宗特别自治市教育厅共同举办首届北京—世宗青少年艺术交流活动。北京市八一中学和北京市中关村中学的学生代表分别接待韩国世宗市的学生代表，交流音乐、舞蹈、武术等方面内容，体验武术、书法和沙画等课程，参观特色艺术课程教室，并在八一学校举办专场演出。共有来自中韩师生40余人参与活动。

（邱瑀璐）

【举办“北京—华盛顿友好城市30周年”闭幕演出】 10月，市教委北京学生金帆艺术团参加在美国首都华盛交流演出。演出为配合北京市与华盛顿结好30周年纪念活动举办，70名北京师生演出歌舞等节目，展示首都青年学生积极向上的面貌和中国文化的独特魅力，增进两国首都之间的友好关系。

（许株桦）

【地大执行“中非20+20合作计划”项目】 11月29日至12月13日，中国地质大学（北京）赴纳米比亚执行“中非20+20合作计划”项目开展纳米比亚北部区域水文地质调查及研究。该校与纳米比亚专家沟通讨论纳米比亚北部水文地质条件和水资源利用情况，野外调查的行程近4000公里，共采集水体样品76个，现场采集分析数据148个，完成纳米比亚北部地区的区域水文地质初步勘查，获得重要的水文地质基础资料，并结合现场分析数据，对纳米比亚北部地下水资源状况和水资源保护等问题进行初步分析，向当地有关部门提出建议。

（李媛媛）

【举办国际学生北京家庭寄宿文化体验营活动】 至年底，市教委举办外国师生参加国际学生家庭寄宿文化体验活动。接待学校为外国师生安排书法、茶艺、太极拳、手工制作、中国民乐等中国特色文化课学习，游览北京名胜古迹等活动，并安排国际学生前往中国学生家庭进行寄宿体验活动。共有来自10个国家、20余所学校的500余名外国师生参加此次体验营活动。

（邱瑀璐）

外国学生教育与管理

【举办高校外国留学生汉语辩论赛】 3至6月，市教委举办2014北京高校外国留学生汉语辩论邀请赛。比赛贯彻京津冀协同发展的要求，邀请来自北京市、天津市和河北省等24所高校的留学生参赛。比赛分为初赛和决赛，经过评比，北京语言大学获得冠军、天津师范大学获得亚军。本届辩论赛与媒体合作，共录制三期电视节目并在北京电视台青年国际频道播出。同时，通过北京网络广播电台、微信等网络媒体进行实况直播。此项比赛由北京市汉语国际推广中心承办，天津市教育委员会、河北省教育厅、北京汉语网协办，自2009年起已连续举办六届。

（邱瑀璐）

【举办中小学外国学生多元文化节】 3至12月，市教委举办2014年北京市中小学外国学生多元文化节。活动以“多元文化交流，凝聚世界梦想”为主题，组织来自不同国家和民族的在京中小学外国学生体验、感受中国文化，展现北京精神。活动包含中国文化体验系列课程，主要为在京的中小学外国学生提供茶艺、烹饪、古琴等课外选修课程，千余人次参与活动；现代北京系列体验活动组织中小学外国学生探访中华老字号——北京义利面包食品有限公司，参观“世界冠军的摇篮”——什刹海体育学校，500余人参与活动；2014北京市中小学外国学生多元文化嘉年华活动通过“庙会”的形式展现40余个项目内容。该活动由北京市国际教育交流中心承办，共有来自30余个国家的中小学外国学生3000余人次参加。

（邱瑀璐）

【开设留学生中国国情大课堂】 9至

12月，北京市国际教育交流中心举办北京市高校外国留学生中国国情大课堂活动。大课堂活动以讲座、赏析、体验等方式向留学生介绍中华文化，通过讲座介绍中国经济、文化、地理和社会生活等方面的内容；通过中国文化体验课使留学生动手亲身体验中国国画、书法、太极拳、茶艺和烹饪等中国特色文化；组织参观北京市规划展览馆、中国科学技术馆、老舍茶馆、北京市什刹海体育运动学校和三里屯社区。共有来自北京20余所高校的3500名留学生参加大课堂活动。

（邱瑀璐）

【完善来华留学课程体系建设】 至年底，市教委完善来华留学课程体系建设。建设工作包括在北京市的27所院校（部委院校21所、市属院校6所）开设400个英文授课项目，涉及166个专业。其中，博士项目86个、硕士项目173个、本科项目36个、非学历项目105个。

（许株桦）

【加大外国留学生奖学金支持力度】 至年底，北京市加大外国留学生的奖学金支持力度。北京市为吸引更多的优秀外国学生到北京留学，共投入7000万元的奖学金。自2006年北京市外国留学生奖学金设立以来，9年间共投入4.35亿元，共有3万余名留学生通过奖学金资助到北京市高校就读。

（许株桦）

【91名留学生获中国政府奖学金】 至年底，北京高校共有91名外国留学生获得中国政府奖学金全额奖学金——支持地方奖学金。经过市教委的推荐和国家留学基金委的审核同意，共有留学生91人分别在北京35所高校的56个专业学习，其中，硕士57人、博士34人。

（许株桦）

国际汉语教育

【开展对外汉语专业学生教学实习】 7月7至20日，市教委组织北京高校对外汉语专业学生赴国外开展教学实习活动。来自中国传媒大学、首都师范大学、北京语言大学、北京第二外国语学院、北京工业大学耿丹学院的60名对外汉语专业学生分别到马来西亚中小学、新加坡10余所大中小学校和培训机构参加教学实习活动。实习主要包括英语交际能力培训、赴当地中小学教学实习、总结反馈等活动内容。培训完成后40余名学生获得新加坡、马来西亚学校的工作推荐信。该活动由北京市国际教育交流中心组织。

（邱瑀璐）

【新增孔子学院7所及孔子课堂1个】 至年底，北京市新增孔子学院7所、孔子课堂1个。7所孔子学院分别为北京印刷学院承办的斯图加特媒体大学孔子学院，北京外国语大学、红河学院承办的科伦坡大学孔子学院，北京师范大学承办的塔夫茨大学孔子学院，中国政法大学承办的西印度大学凯夫希尔分校孔子学院，中国青年政治学院承办的格但斯克大学孔子学院，北京交通大学承办的坎皮纳斯州立大学孔子学院，北京城市学院承办的圣马力诺大学孔子学院。1个孔子课堂是国际广播电台承办的巴拉第大学广播孔子课堂。

（许株桦）

【协助高校完成孔子学院奖学金审核】 至年底，市教委协助首都师范大学等5所市属高校开展孔子学院奖学金宣传、招生和材料审核上报工作。全年共完成招收孔子学院奖学金生90人，其中，汉语国际教育硕士20人、汉语国际教育本科10人、一学年研修生40人、　学期研修生20人。

（许株桦）

举办境外汉语教师培训

【举办驻华使馆官员汉语学习课堂】 至年底，市教委举办驻华使馆官员汉语学习课堂。共有使馆官员265人参加学习，内容包括体验中医药、中国饮食、中国武术、中国音乐等具有中国特色的文化活动。驻华使馆官员汉语学习课堂已连续举办四届，共有来自全世界60个国家的571名驻华使馆官员参加汉语学习课堂。

（邱瑀璐）

【举办境外汉语教师培训】 至年底，市教委共举办10期境外汉语教师培训班。培训为期14天，邀请北京高校汉语教学专家担任授课教师，内容包括汉语教学理论课、实践课等课程。共有来自泰国、韩国和俄罗斯等国家汉语教师200余人参加培训。

（许株桦　邱瑀璐）

【实施境外汉语教师资格考试】 至年底，市教委举行“中小学国际汉语教师资格证书”考试。考试依据《中小学国际汉语教师资格证书标准》和《考试大纲》，在首都师范大学、北京第二外国语学院、北京国际汉语学院举行，共有汉语教师277人参加，166人获得证书。同时，首次在马来西亚举行“中小学国际汉语教师资格证书”考试，共有200名当地汉语教师参加考试。

（邱瑀璐）

引智培训及因公派出

【教育学院举办教育系统境外培训成果展示】 9月25日，北京教育学院举办北京市教育系统境外培训成果展示活动。活动回顾“十二五”时期以来，市区两级开展中小学校长、骨干教师、学科带头人的境外培训工作。来自人力社保部、国家外专局、市委教育工委相关领导，各区县教委有关负责人以及参训学员代表共120人参加展示活动。三年来，共有1040名中小学干部教师参加市区两级组织的境外培训，参训干部包括中小学正、副职校长，参训教师涵盖中小学英语、数学、物理、化学、生物、科学、艺术等学科类别。培训项目分布在美国、英国、加拿大、澳大利亚、新加坡、瑞典、芬兰等国家及香港、澳门、台湾地区，采用集中授课、“影子培训”、分享交流、学校观摩等形式，促进参训学员形成国际化视野，提高跨文化交际能力，理解东西方教育差异。回国后，许多学员在全校、全区或全市范围内，通过专题讲座、研讨交流、课堂观摩等方式，与更多的教师分享自己在教育观念和课堂行为上的变化。

（刘琳）

【实施高校学生境外学习奖学金项目】 至年底，市教委实施北京市高校学生境外学习奖学金项目。该项目共投入专项资金 1500 万元人民币，资助 20 所市属高校的 1000 名学生赴境外进行课程学习、课题研究及参加国际竞赛、学术及文化交流活动。自 2012 年实施以来，已有 3000 名学生参加此项目。该项目旨在针对在高校改革人才培养模式下，促进拔尖创新人才培养，提升高校国际化水平，加快北京教育对外开放进程。

（许株桦）

【75 人获准公派出国留学】 至年底，北京高校 75 人获得教育部批准公派出国留学。本年度共受理各类国家公派出国申请 149 人，其中，国家公派高级研究学者及访问学者（含博士后）项目申请人数为 92 人，录取 47 人；国家建设高水平大学公派研究生项目申请 28 人，录取 16 人；艺术类人才培养特别项目申请 21 人，录取 9 人；公派研究生项目申请 4 人，录取 1 人；国外合作项目申请 4 人，录取 2 人。

（许株桦）

【规范因公出国（境）管理】 至年底，市教委加强因公出国（境）管理工作。全年共派出因公出国（境）团组 49 个 304 人次，包括赴境外培训团组 4 个 35 人次。出访内容以签署合作协议、洽谈合作项目、推介北京教育、参加国际会议、国际竞赛、执行汉语国际推广任务和合作交流任务为主，培训涵盖特殊教育学校、高校学生工作方法与理念培训项目等。

（许株桦）

【聘请外国文教专家 5100 人次】 至年底，北京市 477 个教育机构聘请外国文教专家共计 5100 人次。专家主要从事高等教育、中学、小学英语教学工作。

（许株桦）

港澳台侨交流与合作

【中关村一小举办海峡两岸教师论坛】 1 月 15 日，中关村一小举办海峡两岸教师论坛。论坛以“好老师在这里”为主题，来自台湾台北市等学校的校长教师 4 人参加。与会人员介绍台湾学校教育工作及对“好老师”的理解；与一小教师分享教育教学经验并围绕“学校管理成就好教师”开展沙龙研讨。有关教育专家、中关村一小相关负责人及教师 330 人参加。

（丁凤良）

【北戏举办两岸京苗剧艺研习营】 6 月 25 日至 7 月 6 日，北京戏曲艺术职业学院举办 2014 暑期“两岸京苗剧艺研习营”。来自台湾、天津、北京的 35 名大学生参加研习营。在研习营中，学生们通过学习剧目课，加深对京剧的认识。通过培训，加强台、津、京三地文化交流，尤其加深台湾青少年对京剧的理解，使中华文化得以在岛内传承。

（杨楠）

【首医大开展“寰宇暑期实习计划”】 6 月，首都医科大学完成“香港与内地高校师生交流计划项目——首都医科大学临床见习项目”。该项目由市教委和香港中文大学共同实施，为期 4 周，共有 39 名香港中文大学学生在首都医科大学宣武医院进行“临床见习项目”的交流活动。

（于千茹）

【举办海峡两岸优质高中长城夏令营】 7 月 15 至 21 日，市教委举办海峡两岸优质高中北京长城夏令营活动。共有 61 名台湾师生和 58 名北京师生参加活动，内容涉及文化、体育、科技等相关内容，并参观北京工业大学、什刹海体校、北京国际艺术学校。活动由北京市国际教育交流中心承办。

（许株桦　邱瑀璐）

【举办京港澳学生交流夏令营】 7 月 17 至 23 日，市教委联合香港特别行政区政府教育局、澳门特别行政区教育暨青年局共同举办青春港澳行——2014 京港澳学生交流夏令营活动。活动组织北京师生参访部分港澳中学和高校，交流港澳历史、地理、风土人情及发展状况。共有北京师生 175 人、香港师生 46 人和澳门师生 56 人参加活动。活动由北京市港澳台教育

举办京港澳学生交流夏令营

交流中心承办。

（邱瑀璐）

【举办京澳中学生科技合作交流活动】 7月27至31日，市教委联合澳门教育暨青年局、澳门科学馆股份有限公司共同举办北京—澳门中学生科技合作交流活动。共有来自北京、澳门5所学校的80名师生参加科技合作交流活动。活动由北京学生活动管理中心承办，北京教育网络和信息中心提供技术支持。

（许株桦）

【举办北京高校港澳台侨学生迎新联欢会】 9月23日，市教委联合市港澳台侨学生教育管理研究会共同举办2014北京高校港澳台侨学生迎新联欢会。来自北京市12所高校的近200名演员为来自北京市27所高校的近800名港澳台侨学生进行音乐及舞蹈表演。此次迎新联欢会活动由北京师范大学承办。

（许株桦）

【举办海峡两岸教育论坛】 10月13至17日，市教委联合市台办在北京科技大学举办海峡两岸教育论坛。论坛以"追求卓越，发展共赢"为主题，探讨两岸高等教育合作与发展等问题。共有来自台湾15所高校和北京9所高校的150名师生参加论坛。

（许株桦）

【首经贸发布2014京津冀蓝皮书】 3月25日，首都经济贸易大学发布《京津冀发展报告（2014）——城市群空间优化与质量提升》。发布会上，与会专家结合蓝皮书研究成果和重要观点进行介绍与研讨。报告以"京津冀城市群空间优化与质量提升"为主题，重点围绕社会关注的热点问题，对京津冀城市群的战略地位与作用、发展现状与趋势特征、规模结构与空间布局、发展重点与制度保障等进行全面而深入的研究，并针对京津冀城市群发展中的突出问题，提出相应的对策建议。

（李娟）

【与三省市签订优质资源共享协议】 5月13日，北京市与湖南、云南、贵阳三省市优质教育资源共享合作签约仪式举行。会上，作为跨省市教育资源共享合作的主体，北京教育科学研究院分别与湖南广播电视大学、云南开放大学、贵阳市教育局签订合作框架协议。北京教科院将基于北京数字学校，与三省市在数字化优质教育课程资源开发和共享、名师网络研修活动、教育专家指导服务等方面开展合作。线联平代表北京市向湖南、云南和贵阳赠送6000个北京优质教育资源试用账号。北京市数字化优质课程资源将通过网络向三个省市辐射，当地中小学生能够方便地学习北京实验二小、史家小学、人大附中、四中等名校的名师课程。教育部、中国教育发展战略学会领导及相关省市部门单位负责人等50余人参加活动。

（张晓兰）

【举办京沪民办高校国际商务专业教师技能竞赛】 5至7月，北京民办教育协会与上海市民办教育协会共同举办2014民办高校国际商务专业教师"优师杯"双语教学技能竞赛。活动以京沪两地学校为基础，汇集13个省市21所民办高校国际商务专业教师44人参加比赛。经过初赛、决赛等环节，最后评出一等奖2人、二等奖5人、三等奖9人及优胜奖4人。

（胡丽雷）

【汇文中学举办京港渝三校学生研究性学习交流展示】 7月9至16日，北京汇文中学师生一行26人赴重庆参加"京港渝三校三地学生交流活动"。活动由汇文中学组织筹划、香港英皇书院参与、重庆彭水一中承办，旨在推动中学生研究性学习活动的展开。三校学生分为人文社科与自然科学两个分会场，宣讲展示自己精心选题、准备的研究性学习成果，课题宣讲后，三校学生进行探讨与交流，相关教师与专家也给予点评。

（王苗）

【召开华北地区高校德育研讨会】 7月18日，由市委教育工委、北京高校德育研究会主办，北京高校学生工作学会协办，北京化工大学承办的华北地区第19次高校德育研讨会在京举办。教育部思政司司长，市委教育工委副书记，北京化工大学党委书记，北京交通大学党委副书记，天津市委教育工委副书记，河北省委教育工委副书记，山西省教育厅副厅长，内蒙古自治区党委高校工委高校思想政治与学生工作部副部长等出席，来自北京、天津、河北、山西、内蒙的教育主管部门负责人、德育研究会和高校代表及部分央属、市属媒体代表共200余人参加。

（王星星）

【物资学院成立京津冀物流一体化研究中心】 7月26日，北京物资学院成立京津冀物流一体化研究中心。该中心主要任务是分析解决制约京津冀物流一体化的制度障碍，研究京津冀物流一体化发展趋势、物流系统建设、物流技术应用、降低流通成本等重大问题，为政府决策提供意见和建议，推动京津冀一体化发展国家战略实施。该中心成立当日在物资学院举办"京津冀物流一体化论坛"，8月31日，在天津举办"京津冀物流一体化座谈会"。

（胡瑞旺）

【首期京苏粤浙中小学卓越教师高级研修班开班】 10月10日，首期京苏粤浙中小学卓越教师高级研修班在南京开班。东部卓越教师发展计划——京苏粤浙中小学卓越教师高端研修项目是北京市教委、江苏省教育厅、广东省教育厅、浙江省教育厅为建设高素质、现代化教师队伍，推进立德树人、促进教育均衡而实施的一项中小学高层次人才培养联合行动。研修主题是"跨区域文化背景下的教师教学风格凝练"，研修目标定位在"让骨干教师成长为名师"。研修对象为北京、江苏、广东和浙江小学语文、数学、英语三个学科骨干教师，合计131人。北京在丰台、石景山、昌平、顺义和通州5个近郊区选派30人参加研修。培训全程安排4次集中培训，各为期1周，分别在南京、广州、杭州、北京四地进行。第二阶段培训于12月在广州进行，第三段于次年3月在浙江杭州进行，第四段于次年5月在北京进行并举办结业仪式。

（刘琳）

【市少年宫举办首届大美·三北美术作品展览】　10月25日至11月，北京市少年宫举办"大美·三北"——首届三北省会城市少年宫学员美术作品展览。展览在市少年宫开幕，汇聚华北、东北、西北3地9个省会城市少年宫学员的美术、书法作品300余幅。作品内容涉及水粉静物画、油画、版画、卡通水粉画、素描画、泥塑。展览由市少年宫发起，与天津市少年宫活动中心、内蒙古自治区呼和浩特青少年活动中心等单位共同举办。

（纪东）

【交通运输职院成立京津沪冀交通职教集团化办学联盟】　10月28至29日，北京交通运输职业学院承办京津沪交通职教集团联盟年会。会议邀请河北省交通职教集团加入联盟，将原联盟更名为京津沪冀交通职教集团化办学联盟。此举旨在京津冀一体化发展战略指导下，进一步强化联盟在交通职业人才培养培训中的作用。教育部、交通运输部、市教委、市交通委领导，以及来自京津沪冀四地的交通职教集团成员单位和北京商贸职业教育集团、北京现代制造业职业教育集团、北京都市农业职业教育集团、北京昌平职业教育集团等其他行业职教集团参加会议。7月5至9日，京津沪全国交通职业联盟2014年优秀学生交流活动在上海举行，交通运输职院12名师生与上海交通职业技术学院、天津交通职业学院师生共同参加交流活动。

（范媛　董征）

【经管职院举办京津冀协同发展论坛】　11月21日，北京经济管理职业学院与北京改革和发展研究会联合承办"2014·学术前沿论坛——京津冀协同发展"。论坛围绕"京津冀协同发展"主题，就如何建立科学长效机制、如何解决北京"大城市病"、如何跨区治理、消除环境污染等话题展开深入讨论。该论坛由北京市社会科学界联合会主办，政府相关部门、研究机构、大学院校师生以及相关领域100余人参加论坛。

（刘益宏）

【中医药大学举办京津冀中医药管理论坛】　11月25日，北京中医药大学举办京津冀中医药管理论坛。该论坛以卫生管理与政策为主题，研讨公立医院改革的相关问题。来自国家局、卫计委、京津冀三地中医局的相关领导，中医院院长及该校师生共200人参加论坛。

（王丹凤）

对口支援

【北师大大兴附中青海学生结业】　1月10日，北京师范大学大兴附属中学举办2014届青海学生结业典礼。共有高三年级69名青海学生结束为期两年半的学习生活，返回家乡参加青海当地学校的复习，准备迎接高考。7月，青海结业学生中，25人升入一类本科，23人升入二类本科，15人升入三类本科，11人升入专科。2010年，北师大大兴附中承担北京市与青海省对口支援项目青海内地高中班。2013年1月结业青海学生有34人升入一类本科，29人升入二类本科，3人升入三类本科，4人升入专科，4人复读。

（郭志兰）

【开展37个教育援助项目】　4月28日，市教委印发《2014年北京市教育支援与合作工作项目计划表》。计划表内共有教育支援与合作项目37项，包括师资培训、定向招生、硬件设施购置等内容，涉及市教委发展规划处、职成处、基教处，北京教育学院、北京教育科学研究院、首都师范大学等部门和单位。

（付浩奎）

【商业学校对口帮扶保山中职教育】　5至10月，北京市商业学校开展对口帮扶云南保山中等职业教育工作。该校承担对保山地区3批共38人次的中职学校管理干部、专业教师培训。该校支援滇西贫困山区职业教育发展，于2012年与云南保山地区职业学校的"东西部合作"项目，开展针对性的师资培训。9月11日，商业学校与云南保山联合培养的来自商业学校昌宁分校的首批36名学生抵达北京，开始在北京为期2年的学习。该校于2013年在云南保山建立分校，与保山当地4所中等职业院校联合招生、联合培养，并办旅游服务与管理、珠宝玉石加工与营销和物流服务与管理3个专业。

（徐敏）

【电科职院与玉树职校开展对口合作】　6月4日，北京电子科技职业学院与青海玉树职业技术学校签署对口支援合作协议。双方在师资队伍建设、人才培养改革、教学设施改造、资源共享等方面开展合作交流，对玉树职校提供人员、资源、技术与资金支持。青海玉树州职业技术学校是玉树州最高学府，学校占地13.70万平方米，教职工196人，全日制学生2000余人，学校有汽车驾驶、酒店管理及学前教育等实训基地，开设生态环境、导游等骨干类专业及民族服装服饰、工艺美术、藏医等特色类专业。

（王琴　王秀婷）

【教育学院培训中南海爱心学校小学数学骨干教师】 6月10至20日，北京教育学院承办2014年中南海爱心学校小学数学骨干教师培训项目。来自湖北恩施县、贵州湄潭县、青海共和县、云南香格里拉、重庆万州的中南海爱心学校教师25人参加学习。培训从教育理念、教学艺术、教育思想、学科专业内容等方面展开，旨在推动当地教育教学发展，并发挥辐射示范作用。

（刘琳）

【与南水北调水源区教育对口协作】 6月11日和12月1日，市教委分别前往湖北省和河南省水源区举行南水北调教育对口协作启动仪式。北京16个区县教委和32所学校代表共同前往，考察当地教育发展情况，对接落实有关工作。市教委协调安排32所学校做好与水源区学校开展"手拉手"结对工作；协调北京教育科学研究院为水源区提供数字化优质教育资源共享服务，在当地设立16个优质教育资源共享校；安排首都师范大学在京为水源区培训99名教师。

（付浩奎）

【首届"美疆班"学生及家长访京】 7月9至14日，美疆基金举办美疆·万向"维汉一家人，北京探亲行"公益活动。新疆克孜勒苏柯尔克孜自治州首届53名"美疆春蕾女童班"学生及家长访京，与北京资助家庭见面相聚，参观现代汽车厂，游览长城、故宫、鸟巢等风景名胜。在"维汉一家人，北京探亲行，及美疆班毕业联欢会"上，学生表演歌舞节目，表达感恩之情；双方家长也登台共同献唱。美疆·万向"维汉一家人，北京探亲行"公益活动，由万向集团出资150万元举办。"美疆春蕾女童班"是2005年美疆基金会成立后第一个项目，该班招收53名来自新疆克州贫困家庭维族女童，实行以汉语教学为主的双语寄宿制教学。每名学生有一名北京一对一资助人，基金会要求资助人完成每名学生小学、初中资助，每年1500元，同时在精神上关心被资助人的成长。

（郭宏伟）

【教育学院对新疆、甘肃、西藏、四川开展援助性培训】 7月10日至11月25日，北京教育学院对新疆和田、甘肃临夏、西藏拉萨、四川什邡开展的援助性培训项目陆续开班，共培训320人。2014年新疆和田中小学校长高级研修班于7月10日开班，为期两个月，学员为该地区30名中小学正职校长。新疆少数民族双语骨干教师培训班于9月28日开班，为期一年，来自新疆13个地州的维吾尔族、哈萨克族、柯尔克孜族等105名少数民族双语骨干教师脱产参加培训。甘肃省临夏州高中数学骨干教师培训于10月13日开班，为期一个月，共有50名学员。四川省什邡市中小学管理干部研修班于10月13日开班，为期一个半月，共有30名学员。新疆和田地区双语骨干教师培训、学科骨干教师（小学语文）培训两个项目于10月15日开班，分别为期一年和半年，该地区63名维吾尔族教师和32名汉族教师分别参加培训。西藏自治区拉萨市中学语文教研员来京研训项目于11月25日开班，为期一个月，10名教研员参加培训。

（刘琳）

举办民族团结夏令营

【举办民族团结夏令营】 7月12至19日，市教委举办2014年新疆和田中小学生民族团结夏令营。活动以"热爱祖国，感受北京"为主题，围绕爱北京·民族情、观历史·文化情、自然情·和谐梦等主题营日活动，组织营员观看升旗仪式，参观游览首都博物馆、中国科技馆、海洋馆等，与海淀民族小学交流。来自新疆和田地区的100名中小学师生参加活动。夏令营由北京市对口支援和经济合作工作领导小组新疆和田指挥部、市委教育工委、市教委主办，北京学生活动管理中心、北京市盲人学校承办。

（林清　吴文　乔超新）

【拉萨中小学生夏令营开营】 8月10至16日，市教委举办的第四届北京拉萨中小学生民族团结夏令营正式开营。夏令营以"圆梦北京放飞理想"为主题，以社会主义核心价值观为主线，每天安排不同的活动版块，涵盖京城名胜、自然奇观、科技体验、动手实践等内容。夏令营活动旨在激发营员好好学习，热爱祖国，建设祖国的热情，增进两地师生友谊。夏令营由北京学生活动管理中心承办。

（李蔓）

【开通北京教育对口支援与合作网】 9月19日，市教委开通北京教育对口支援与合作网。该网站是全国首个综合性教育对口支援与合作服务平台，突出北京教育优质课程资源和培训资源的远程共享，共有2000余节视频

课程向新疆、青海和西藏等十余个受援地区开放，并翻译制作 200 节维吾尔语和藏语课程对部分民族地区开设民族语言课程。网站共设有 20 个栏目，并对每个受援地区开设专属频道，及时发布相关信息，全面展示北京市教育对口支援与合作工作的推进成果。该网站为北京市与有关地区搭建沟通交流的平台，是北京教育对口支援与合作的新模式，为相关地区教育事业的发展提供支持。网址：http：//bjsftest.ichzh.cn。

（付浩奎）

【交通运输职院完成六盘山片区教师挂职锻炼工作】 9 至 12 月，北京交通运输职业学院完成六盘山片区教师挂职锻炼工作。该校响应交通运输部科技司《对口援助六盘山片区交通运输职业学校实施方案》，在全国交通行指委统一安排部署下，接收陕西交通职业技术学院 1 名教师挂职锻炼。该校指定 2 名教师为挂职教师提供专门指导培训，并为挂职教师制定涵盖教学规范流程、专业建设、课程改革、企业实践、实训教学、技能大赛等多角度多领域培训计划。经过为期 3 个月培训学习，该教师完成《高速公路运营管理》课程整体设计、《高速公路运营管理》单元设计、挂职培训总结、培训日记、教改论文、授课计划、公路运输与管理专业三年制人才培养方案 7 项工作成果，完成挂职锻炼工作任务。

（苑媛）

【交通职教集团对口帮扶丽江】 9 至 12 月，北京交通职教集团持续推进与云南省丽江市政府对口帮扶工作。继 2013 年接受首批 11 名丽江教师挂职培训，继续接受 9 名丽江教师挂职培训；9 月，148 名云南学生就读该集团核心校交通运输职院，集团为入学学生提供免学费、免住宿费、提供伙食补助的助学政策。10 月，在滇西边境片区区域发展和扶贫工作启动两周年之际，北京交通职业教育集团作为滇西扶贫工作典型案例，入选教育部典型案例，在教育部网站展示推广。

（苑媛）

【地大对口扶贫青海化隆县干部培训班开班】 10 月 15 至 21 日，中国地质大学（北京）对口扶贫青海省化隆县干部能力建设培训班开班。培训内容涵盖国家土地政策解读、地质灾害防治、突发事件应对、法律制度解析等方面，包括国家土地政策与改革、互联网时代突发事件的舆论引导、重大突发事件的应对机制、矿产资源法律制度解析、城乡社区地质灾害防治的基本知识、宏观经济形势分析、政务礼仪与人际交往艺术内容。来自青海化隆县的 35 名基层干部参加培训。

（李媛媛）

【密云职校对口支援竹溪县职校】 10 月 16 日，北京市密云县职业学校与湖北省十堰市竹溪县职业技术学校签订对口支援协议书。根据协议，双方本着“政府主导、社会参与”和“互利互惠、合作双赢”原则，在 2014 至 2017 三年内，从教师交流、资源建设、学生交流学习及实习就业等方面开展一对一对口协作工作。至年底，双方全面落实协议项目内容，竹溪县职业技术学校两名专业教师在密云职校参加为期一个月交流和培训。

（陆泽林）

【21 对北京—和田中小学幼儿园结对交流】 10 月 24 至 25 日，市教委召开北京—和田中小学幼儿园“手拉手”结对工作推进会。会议总结北京—和田中小学幼儿园结对交流工作阶段成果，交流各单位的经验做法，研究有关工作。市支援合作办、援疆和田指挥部、和田地区教育局、兵团第十四师教育局和北京有关区教委及 19 所结对学校参加会议并发言。会议动员部署有关区县教委及学校做好结对交流工作。共有 21 对北京—和田中小学幼儿园结对，分别是东城区与和田市幼儿园、小学、初中和高中 4 所学校及东城区—和田市诺基亚手牵手项目，西城区与和田县幼儿园、小学、初中和高中 4 所学校，朝阳区与洛浦县幼儿园、小学、初中和高中 4 所学校，海淀区与墨玉县幼儿园、小学、初中和高中 4 所学校，丰台区与农十四师幼儿园、小学、初中和高中 4 所学校。市教委共安排协调资金 258.785 万元支持结对交流活动。

（付浩奎）

【首师大培训十堰市中职学校骨干教师】 10 至 11 月，首都师范大学举办湖北省十堰市中等职业学校骨干教师。培训班分模块安排培训课程与提升型讲座、教育实习与实践、课程分析与研讨等环节。培训为期 4 周，共有来自湖北省十堰市和神农架林区的职业教育学校教学管理干部 22 人参加学习。

（张婷旖）

【举办西藏自治区语委干部培训班】 11 月 14 至 26 日，市语委在京举办援助西藏自治区语委干部培训班。培训班邀请教育部语用司、语信司有关领导及相关高校专家教授，分别就“语言文字的规范化标准化信息化建设”“依法管理和服务语言文字社会应用”等议题，解析我国语言文字工作的方针政策和新形势、新任务。同时组织学员实地考察天津市语言文字培训测试中心、北京师范大学语言文字测试分中心，赴内蒙古自治区呼和浩特市专题考察“民族教育和双语教学”开展情况，并就汉语口语水平测试、计算机辅助普通话水平测试等相关问题开展交流座谈。培训期间，下发培训辅导资料 26 种，内容涵盖语言文字工作的各个方面。来自西藏 7 个地市和 5 所高校的 30 名语言文字工作干部、教师和工作人员参加培训。

（邓鸿）

【首师大举办南水北调对口协作地区培训】 11 至 12 月，首都师范大学开展南水北调对口协作地区的骨干教师（河南、湖北省）培训班。来自河南省职业教育、中学教育和小学教育骨干教师 70 人以及神农架林区小学教育骨干教师 10 人参加学习。并于 12 月 9 日组织南水北调对口协作地区小学专业的 34 名骨干教师培训学员到海淀外国语实验学校参观交流。

（张婷旖）

【北京—河南教育协作项目启动】 12 月 1 日，南水北调北京—河南教育对口协作项目启动仪式在河南省南阳市举行。北京市与河南省南阳市、邓州市、洛阳市、三门峡市结对县（市）教育协作，6个区县教育部门及手拉手学校分别与结对县（市）教育部门及学校一对一对接。根据协议，北京市以协作项目为载体，针对水源区开展干部教师培训、开通北京数字化优质教育资源共享平台和组织开展学校"手拉手"结对交流等工作，促进水源区教育事业发展。北京市教委、河南省教育厅、南阳市市委领导及相关人员参加启动仪式。

（付浩奎）

【北京教科院赴什邡支教】　至12月，北京教育科学研究院赴什邡市开展支教讲学交流活动。支教活动以"围绕教学实践，强调教学改进"为主题，通过专题讲座、上示范课、互动交流等形式，与什邡市小学教师共同探讨教育理论和教学方法，并向什邡教师赠送2013年北京市各学科教学设计文集及课例光盘。共有来自什邡市相关学科骨干教师300人参加活动。此次支教活动是继2008年以来，北京教科院基教研中心第六次走进什邡，支援地震灾区基础教育的建设和持续发展，涉及小学语文、数学、英语、美术和科学5个学科的教研员及骨干教师。

（吴震　张晓白）

【开展"民族一家亲"活动】　至年底，市教委组织来自新疆和田中小学的师生来京参加第四届民族团结夏令营活动。此次活动以"热爱祖国，感受北京"为主题，安排北京市内地新疆、西藏、青海高中班的4所中学开展"民族一家亲"活动试点，挑选104个北京学生家庭与104名少数民族学生结对子并开展系列家庭活动，为各民族学生及家庭搭建交往平台。此项工作得到俞正声的批示和其他中央领导充分肯定。

（付浩奎）

【开展受援地干部教师培训】　至年底，市教委开展受援地干部教师培训。共安排北京教育学院和首都师范大学等单位举办14个班次的培训，4次协调有关区县教委和学校承接在京培训学员的实习挂职。在京累计为受援地区培训干部教师700余人次。

（付浩奎）

【加大北京干部教师支教力度】　至年底，市教委加大北京干部教师对口支教力度。选派51名优秀干部教师赴拉萨北京中学开展为期两年的支教工作；选派46名优秀干部教师赶赴新疆和田开展为期1年的支教工作；协调安排10名优秀教师赴陕西省宁陕县开展短期送教上门活动。

（付浩奎）

【加强与受援地区交流交融】　至年底，市教委促进北京与有关地区的交往交流交融。完成100名来自新疆和田地区的中小学师生来京参加第四届"热爱祖国，感受北京"民族团结夏令营有关工作。继续在内地新疆高中班、内地青海玉树班和内地西藏班组织开展北京家庭与少数民族学生结对子的"民族一家亲"活动。先后15次接待外省市领导干部来京考察洽谈有关工作，积极组织有关单位赶赴和田开展考察调研，建立沟通联络长效机制。

（付浩奎）

【做好在京内地和田、玉树班工作】　至年底，市教委协调做好在北京举办的内地和田高中班、内地玉树高中班和玉树中职班工作。市教委连续第四年招收100名和田高中学生来京就读；连续第二年招收80名玉树州高中生和63名玉树州中职学生来京学习；及时组织召开少数民族学生培养工作座谈会，学习宣传首都师范大学"用心用情培养新疆少数民族未就业大学生"的经验做法，加强在京内地民族班管理服务工作。

（付浩奎）

【完成高校定向有关地区招生计划】　至年底，市教委完成市属高校定向有关地区招生计划。连续四年落实市属高校定向和田增招30名应届高中毕业生计划；落实一本批次3个专业定向青海省玉树州招生计划5人。

（付浩奎）

【支持受援地学校硬件设施建设】　至年底，市教委支持受援地学校硬件设施建设。其中，选派7名北京专家赴西藏实地考察，投入5600万元为拉萨北京中学购置教学仪器设备和生活设施提供指导；协调落实二期建设资金800万元，用于支持青海省三江源民族中学教学楼建设，改善当地办学条件。

（付浩奎）

（本栏责任编校　张晓白）

区县教育

东　城　区

总　类

【实施教育综合改革】　1月15日，东城

区教委在东直门中学召开义务教育综合改革启动会。会议作《统一思想求真务实全力推进东城教育综合改革》主题报告，提出东城区推进教育综合改革工作意见，印发《东城区义务教育优质均衡发展综合改革方案》。该项改革由中小学教育优质品牌全面提升工程、初中双优学校建设工程、义务教育阶段入学政策改革以及东城区干部教师人才交流计划四个方面组成，力争在原有高位发展水平上推陈出新，办好人民满意的教育。会上，48所2014年改革任务学校签订合作协议。市教委、东城区政府有关领导，东城区教委领导和学校代表近400人参加会议。至年底，依据综合改革方案，东城区9个九年一贯制学校、4个优质教育资源带、25对深度联盟学校、2对研修合作办学学校正式挂牌。

（李银娅）

【举办新闻发言人培训】　3月27日，东城区教委举办教育系统新闻宣传工作会暨新闻发言人培训。会议表彰北京市第五中学分校等50个新闻宣传先进集体，50名先进工作者。会议总结全区教育新闻宣传工作，并解读2014年工作计划，强调新闻宣传工作要在教育综合改革的大背景下，主动

适应形势，创新工作思路，为东城教育综合改革保驾护航，集聚正能量。各基层单位新闻发言人、通讯员近300人参加培训。

（胡雅婷　李银娅）

【成立学区工作委员会】　5月7日，东城区和平里学区工作委员会成立。市教委、东城区委区政府有关领导，东城区各学区领导以及和平里学区工作委员会各委员单位代表等200人参加成立大会。会议向和平里学区工作委员会副主任、委员代表、委员单位代表颁发聘书及铜牌。会议提出，学区工作委员会主要任务是全面推进学区教育综合改革，统筹学区内校际间资源共享，促进学区内各学校优质特色发展，构建区教委、学区、社区、家庭等多元参与，共建、共治、共享的教育管理机制。和平里学区拥有中学6所，小学9所，幼儿园9所，职业教育学校1所，特殊教育学校1所，校外教育机构2所。2014年，东城区启动学区制综合改革，8个学区分别成立学区工作委员会。

（李银娅）

【实施高校支持基础教育计划】　5月9至15日，东城区和平里第一小学、美术馆后街小学、回民实验小学、东交民巷小学、青年湖小学、体育馆路小学分别与首都体育学院、中国音乐学院、中央戏剧学院和北京联合大学签署对口支援协议，共同推进基础教育工作。相关高校通过师资培训、课程建设、社团组建、活动策划、专题讲座开展合作，整体推进对口小学教育工作水平。签约小学依托高校专业优势，为学生在体育、美育特长发展上提供发展空间，加强学校体育、美育工作，增进义务教育均衡发展。

（李银娅）

【开展反恐防暴培训】　5月27日，东城区教委联合东城公安分局内保支队举办教育系统反恐防暴培训。培训针对当前国内社会治安和反恐防暴形势，邀请北京警察学院教授就突发事件处置进行专题报告。报告提出四点工作要求：一是制定严密的安全预案；二是组建好处置突发事件队伍并做好演练；三是配齐处置突发事件的装备并确保状态良好；四是做好涉及反恐防暴信息保密工作。全区教育系统保卫干部160人参加学习。

（程桂生　李银娅）

【干部教师交流轮岗】　7月16日，东城区教委召开教育系统干部、骨干教师交流轮岗启动会。市委教育工委、市教委领导和东城区有关领导，东城区教育系统交流轮岗的干部、骨干教师代表300人参加会议。会议部署干部、骨干教师交流轮岗工作，为交流轮岗干部、骨干教师代表颁发证书。干部、骨干教师代表宣誓并发言。交流轮岗工作采取“机关与基层干部双向交流轮岗，研修员与学科骨干教师双向交流轮岗，校际联盟干部教师交流轮岗，九年一贯制学校教师交流轮岗，优质教育资源带干部教师交流轮岗，学区教师培养基地交流轮岗，城乡一体化交流轮岗，建立更广泛、更灵活的人才资源共享机制”八种方式开展，全区共有1618人参与交流轮岗。

（李银娅）

【举办首届师德师风建设月】　9月9日，东城区庆祝第30个教师节暨首届“师德师风建设月”启动大会在东城区少年宫举行。会议宣布启动首届“师德师风建设月”活动，并将每年9月定为“师德师风建设月”。会议宣读加强师德师风建设工作意见，明确“师德师风建设月”分为学习教育、共同提高，宣传典型、自查自纠，建章立制、规范管理三个阶段。会议表彰“杰出校长”3人，“杰出教师”6人，“优秀校长”10人，“人民教师”21人，“优秀教师”506人，“先进教育工

作者”204人。会议就师德师风建设提出三点意见：一是要树立远大的理想；二是要铸就高尚的师德；三是要培育无私情怀。市委教育工委、市教委领导和东城区有关领导，东城区教育系统优秀干部教师代表等400人参加会议。

（李银姬）

【学区配备法律顾问】 9月16日，东

城区教育系统8个学区配备20余名“学区法律顾问”。法律顾问职责是开展校园普法，提供专业法律服务。同时，8个学区轮值主席校分别成立学区法律顾问办公室，举办学区法律顾问见面会、学区律师走进校园等普法活动。截至12月31日，学区法律顾问累计为教育系统提供法律咨询服务218件次，走访65个单位。配备学区法律顾问作为该区依法治教的一项创新举措，旨在结合学校实际情况为依法治校提供及时有效的指导和帮助，在处理重大突发事件的过程中，为学校提供法律支持。

（关英　李银姬）

【举办民族团结教育周】 9月26日，东城区教委在东城区回民实验小学举办第八届中小学民族团结教育周总结与展示活动。活动以“心向榜样”为主题，通过富有民族特色的童谣联唱、校园剧、快板剧、民族健身操、诗朗诵，展示东城区中小学生在民族团结教育周活动成果和收获。会议还回顾回民实验小学向“草原英雄小姐妹”学习的寻访成果，邀请与会领导为各学区授旗，分享榜样的力量，鼓励学生将爱国精神的红色火种传承发扬。市民委、市教委、区民委、区委教育工委、区教委各级领导，以及全区中小学德育干部和学生代表500余人参加此次活动。自2007年开始，东城区将每年9月最后一周定为中小学民族团结教育周，在区委教育工委、区教委统一安排部署下，每年一个主题，全区中小学广泛深入开展民族团结教育主题活动。

（王军　李银姬　罗子贻）

【举办爱国主题教育活动】 9月30日，东城区妇联、东城区教委在府学胡同小学联合举办“继承爱国传统，你我筑梦同行”主题实践活动。活动中，首先播放府学胡同小学制作的关于“爱国”的随机采访视频，随后学生代表结合学习传统文化、参加社区实践活动、游学等个人经历，从“弘扬传统爱祖国”“提高修养爱祖国”“科技创新爱祖国”“志愿奉献爱祖国”和“走出国门爱祖国”五个方面阐述青少年对祖国的热爱，分享社会主义核心价值观见诸日常学习、生活的感受。最后，学生齐诵《少年中国说》，表达实现中华民族伟大复兴的坚强决心。来自府学优质教育资源带四校区的学生，以及区妇联家教专家、各街道妇联主席、东城区小学德育干部等100余人参加活动。该活动是东城区小学“童心共筑中国梦，争做三爱好少年”主题系列活动之一，以“少年儿童爱祖国”为教育主题，展示府学胡同小学社会主义核心价值观主题教育活动的成果。

（王军　李银姬）

【举办“百名院士进校园”活动】

10月22日，东城区教委在五十中举办第34届中小学生科技节暨东城区青少年科学技术学院“百名院士进校园”启动仪式。仪式上，东城区聘请9名中国科学院、中国工程院资深院士为“东城区青少年科学技术学院”名誉导师并颁发证书。受聘院士将全面参与东城学校课程建设、师资培训、科研课题制定工作。第34届中小学生科技节举办三大主题活动和20余项竞赛活动。

（周末　李银姬）

【召开学年教育工作会】 10月25日，东城区教委召开2014至2015学年度教育工作会。会议作《深化改革提高质量》主旨报告，回顾该区“精品特色”战略产生背景、战略内涵和实施步骤，以及在“精品特色”战略指导下“种子教育”的具体实施步骤。提出要继续坚定不移实施教育“精品特色”战略，通过“校校精彩、人人成才、师师都是教育家”三个支撑点，立足于学校自身的特征，寻找属于学校办学形态，办各具特色、差异发展、有灵魂、有精神的教育，实现东城教育的国际化、现代化。会议作中高考质量报告，分析2014年中高考整体情况，就区域优势和存在的问题提出工作建议。会议还分别开设中学、小学、职业教育、校外教育4个分论坛。区政府、区委教工委、区教委有关领导，全区教育系统各单位代表500人参加大会。

（李银姬）

【成立国际教育交流中心】 12月19

日，东城区国际教育交流中心成立。中心将通过研发和构建国际理解课程体系，策划组织国际教育交流活动等形式，统筹国际教育资源，构建多层次、宽领域的国际教育交流与合作模式，探索基础教育国际化新途径，为东城区各级各类学校的发展服务。中心为东城区教委直属全额拨款事业单位，编制20人。

（王贞伟　李银姬）

【创编核心价值观童谣】 12月29日，东城区小学“社会主义核心价值观主题童谣书签”首发式在东城区少年宫天地剧场举行，东城区小学8个学区德育干部、教师、学生代表、童谣小作者以及西总布小学全体师生家长参加活动。活动中，8个学区童谣小作者代表向学区小学生代表赠送“童心共筑中国梦争做‘三爱’好少

年”主题系列活动童谣书签，西总布小学代表现场朗诵自己创作的童谣，推广西总布小学培育和践行社会主义核心价值观、开展主题教育活动的优秀成果。会议鼓励和肯定小学生从身边小事做起践行核心价值观、积极参与创编新童谣。6 月，东城区开展社会主义核心价值观新童谣创编活动，该区小学生创作千余篇作品，反映社会主义核心价值观“24 字”要求，反映对“三爱”“三节”教育的理解和认识。活动遴选出 30 首童谣，与小作者签署原创作品承诺书，制作成寓教于乐的手工书签，作为新年礼物送给全区小学生。

（王军　李银娅）

学前教育

【概况】　2014 年，东城区托幼园所 50 所（教育部门办园 22 所、单位自办园 14 所、集体办园 9 所、民办园 5 所），收托幼儿 13193 人。教职工 2306 人，其中，专任教师 1347 人。全区北京市示范园 16 所，市级早教示范基地 25 个。

（关英　李银娅）

【召开社区婴幼儿早教工作会】　1 月 10 日，东城区教委召开社区婴幼儿早教工作总结推进大会。会议总结早教工作成绩，提出进一步完善区域早教覆盖网络，为更多社区百姓提供科学早教指导与服务的工作要求。区教委领导和社区教育代表、早教示范基地代表参加会议。东城区市级早教示范基地 25 个。结合地域特点，东城区早教示范基地面向流动人口、散居儿童家庭开展多种形式的公益性早期教育活动。

（王克朵　李银娅）

【开展园所文化建设观摩】　4 月 11 日，东城区教委举办园所文化建设活动观摩活动。活动中，五幼等 7 所幼儿园举办文化建设开放日，面向各区县园长、教师代表开放。其中，在空军育翔幼儿园召开北京市幼儿园环境创设评优活动表彰总结交流大会暨示范园与农村乡镇中心园“手拉手”、公办幼儿园与民办幼儿园干部教师双向交流试点活动启动会。会上，崇文回民幼儿园与通州区民族幼儿园、大方家回民幼儿园与大兴采育镇第一中心幼儿园示范园签署对口交流协议，华丰幼儿园与民办园世纪贝贝幼儿园签署干部教师双向交流协议。

（王克朵　李银娅）

【评选优秀教育案例】　6 月 20 日，东城区教委召开“观察了解幼儿回归教育原点”幼儿园优秀教育案例评选表彰会。会上对 37 所幼儿园的 118 篇优秀案例进行表彰；区教师研修中心、区教育研修学院教研员对案例情况进行总结；北京市第五幼儿园、光明幼儿园、北京市第一幼儿园分别发言，分享工作经验。会议旨在部署下一阶段学习贯彻《3－6 岁儿童学习与发展指南》工作精神，进一步提高幼儿教师专业化水平。市教委、市教科院、东城区教委有关领导参加，该区幼儿园园长、业务园长和部分教师代表共计 200 人参加。

（王克朵　李银娅）

【开展特教基地调研】　10 月 16 日，东城区完成学前教育特殊教育基地运行情况调研。市教委特教专家组听取分司厅幼儿园、崇文三幼、崇文幼儿园、东四五条幼儿园、红棉花幼儿园、安乐幼儿园 6 所早教基地园的工作汇报，观摩分司厅幼儿园、崇文三幼的特教资源教室活动和特殊儿童游戏活动。调研中有关专家强调，特殊儿童与正常儿童一样，应该平等享有受教育的权利，普通幼儿园要提高重视、落实全纳理念，做好特殊儿童资源教室建设，充分体现教育的公益性和融合性。

（王克朵　李银娅）

【举办示范园开放活动】　10 月 23 日至 12 月 19 日，东城区教委举办示范园展示开放活动。其间，8 所市级示范园举办开放日活动，600 名学前教育教师参加展示交流。活动旨在进一步发挥示范园引领辐射作用，增进园所学习与交流，进一步促进全区幼儿园整体提升与发展。

（王克朵　李银娅）

【举办学前教育论坛】　10 月 25 日，东城区教委在二中举办东城教育大会学前教育论坛。论坛以“提升质量创新发展”为主题，交流 4 所幼儿园教育工作经验。会议要求，质量提升是精品特色的关键，要树立科学质量观，遵循规律，科学保教；培养高素质的干部教师队伍是精品特色的基础，要加强学习，树立典型，建章立制；构建符合幼儿水平的课程是精品特色的保障，要注重生活性、游戏性，家园共育、开门办园。市教委、区教委有关领导，全区幼儿园代表 100 人参加会议。

（王克朵　李银娅）

【启动名园托管街道园办园模式】　11 月 3 日，改造后的红湖幼儿园开园。该幼儿园是东城区首家名园托管的街道园，由北京市第五幼儿园以“平稳对接、逐步过渡”为指导思想，以“宏观管理、关键把控、有序指导、软性链接”为具体方式，实施主体托管。当年 1 月至 12 月，东城区教委组织五幼干部教师到红湖幼儿园实地调研和现场办公，就托管红湖幼儿园工程改造、托管方式等进行指导，推进工程实施。红湖幼儿园基础设施改造 10 月全部完成。

（王克朵　李银娅）

基础教育

【概况】　2014 年，东城区小学 64 所，教学班 1512 个，在校生 50845 人，教职工 4761 人，其中，专任教师 3876 人。小学入学率 100%，巩固率 100%，毕业及格率 100%。中学 43 所（初中 7 所、高中 4 所、完全中学 27 所、九年一贯制学校 2 所、十二年一贯制学校 3 所），教学班 1262 个（初中 685 个、高中 577 个），在校生 40691 人（初中 23589 人、高中 17102 人），教职工 6407 人，其中，专任教师 4559 人；初中入学率 100%，巩固率 100%。工读学校 1 所，在校生 140 人，教学班 7 个。特殊教育学校 2 所，教学班 28 个，在校生 231 人，教职工 119 人。校外教育单位 8 个，教职工 343 人。中小学教师学历合格率 100%，高级专业技术职务教师 594 人（小学 55 人、初高中 539 人）。教育部门办学校占地总面积 13174 万平方米，建筑面积

149.70万平方米，图书藏书526.70万册。全年教育经费总投入56.22亿元，其中，国家拨款53.60亿元，自筹经费2.61亿元。

（关英　李银姬）

【展示“蓝天工程”课程研发成果】 1月14日，东城区青少年课外活动指导服务中心协同东城区教师研修中心、东城区教师研修学院，在北京市规划展览馆举办区级“学校资源单位群”课程研发阶段性成果（小学段）观摩活动。与会人员分3组观摩《交通的发展与变迁》《新能源在北京》《我爱东城》体验学习课程。三节课分别聚焦品德与社会课程、科学课程及地方课程。学生置身声、光、电交织成的北京历史发展脉络和城市建设轨迹，通过教师和讲解员“双师”交替的生动讲授，观看涉及北京交通变迁、城市建设规划等珍贵的视频资料和4D影片。全区各小学主管“蓝天工程”“社会大课堂”工作的领导和学科教师代表130人参加活动。

（伊传锦　李银姬）

【分析初高三年级教学质量】 1月14日和20日，东城区研修学院分别召开2013至2014学年高三年级和初三年级质量分析会。会议分学科交流命题指导思想、考试数据分析、教学中问题与优势、下阶段复习建议，从总成绩、学科成绩、与上年同期成绩比较角度分析各项考试数据。会议就高考和中考复习重点工作提出具体建议。全区30所学校校长、教学校长（主任）、年级组长、备课组长代表、研修部门教研员、考试部门相关负责人180人参加会议。

（彭靓芳　杨学银　李银姬）

【召开金帆艺术团工作会】 1月16日，

东城区教委召开青少年文化艺术学院推进会暨金帆艺术团工作会。会议通过视频资料、工作总结、典型发言等形式，从不同侧面总结东城区青少年文化艺术学院启动三年来以及“金帆联盟”建立两年以来推进情况，为13组“优秀金帆联盟”颁发证书，为28个“民族民间传统基地校”和孟艳舞蹈工作室、许德昌合唱工作室、张玫书法工作室3个特色教师工作室颁牌，为33名东城区青少年文化艺术学院专家导师团成员和37名东城区青少年文化艺术学院专业教师导师团成员颁发聘书。区教委领导和全区中小学代表参加会议。

（周末　李银姬）

【完成109所学校卫生视导】 2月18至21日，东城区教委、区卫生局、区食品药品监督管理局联合对该区109所中小学和职业高中进行学校卫生视导。视导组通过现场检查指导、查阅档案等方式，从学校传染病预防控制、学生常见病防治、突发公共卫生事件应急管理、学生食品饮用水卫生安全及健康教育方面，对学校卫生工作进行全面检查与指导，同时就存在的问题与学校现场沟通，指导学校制定解决方案。检查结果表明各校均高度重视学校卫生工作，以“健康第一”为原则，把各项工作落实到位，全力保障师生身体健康。区中小学卫生保健所、区卫生监督所等人员参加视导工作。

（单聪　李银姬）

【开通职业体验营选课平台】 3月7日，东城区教委召开数字德育十周年总结表彰会。会议启动职业体验营网上选课平台。该平台利用东城数字德育网实现职业体验活动预约申请和学习成果汇报展示的功能。2012年，东城区教委在十余家企业率先设立东城区中小学生职业体验营，一些学校也设立自己的职业训练营。网上选课平台打破校际间壁垒，最大程度实现资源共享。同时，网上自主预约方式使学生能够根据自己兴趣爱好进行职业体验。东城区教委领导和相关课题负责人、教师代表、德育干部代表、家长教师协会代表参加会议。

（王梦娜　耿玺超　陈晨）

【举办“走进学校”系列活动】 3至11月，东城区教委举办中学教学干部“走进学校”系列活动。3月28日，活动在五十中举行。五十中汇报打造活力课堂、构建活力课程的探索与实践，展示课堂教学和学生社团活动。该校“文化立校”探索与实践通过理念文化的积淀，凸显师生共同价值目标和精神追求；通过教师文化建设，树立“立己达人”的职业价值观；通过课程文化为学生创造幸福而完整的教育生活，通过环境文化能触动师生内心情感，改变外在行为的学校整体工作。4月18日，活动在中央工艺美术学院附属中学举行，以“形神兼备，术道兼修”为主题展示该校课堂教学、特色课程、育人理念方面的创新实践。11月26日，活动在一零九中举行，以“探索创新彰显特色”为主题，展示该校管乐艺术教育特色、美术教育特色、小语种教育特色及小学部特色。

（肖菲　李银姬）

【召开毒品预防工作会】 4月10日，东城区教委召开毒品预防专题教育工作会。活动中，北京市禁毒教育基地讲解员通过讲解、观看图片和视频、问卷调查、案例分析，就“什么是毒品、毒品有哪些特征、常见的毒品种类、吸毒带来的危害，以及在现实生活中青少年如何有效预防和抵御毒品的侵袭”等知识，为初一学生讲授一堂禁毒教育课。通过“中学生毒品预防教育一堂课”，增强学生自身防范毒品意识，坚定“倡导健康生活杜绝毒品”信心。东城区禁毒教育示范学校和骨干学校相关人员近50人参加会议。

（耿玺超　李银姬）

【举办环保演讲比赛】 4月11日，东城区第18届小学生“我爱地球妈妈”演讲比赛在光明小学广渠校区举行。来自8个学区的16名小学生参加决赛。选手们以“清洁空气我能做点什么”为主题，运用所学知识阐述自己的环保理念与环保实践，并呼吁大家从我做起，从身边小事做起，改善空气质量，积极参与绿色生活行动，为建设美丽中国、美丽北京、美丽家园做出贡献。选手们的精彩表现赢得评委和现场观众的好评，来自东师附小、史家胡同小学、革新里小学、分司厅小学、和平里四小的5位同学脱颖而出，荣获比赛特等奖。

（高翔　李银姬）

【举办小导游大赛】 4月19日，东城区教委举办“东城，我为你骄傲！”第二届红领巾小导游大赛。全区50所学校200名队员和80个小导游队参加比赛。参赛队员自主收集学校相关资料、编写导游词、制作演示幻灯片，并在比赛现场以模拟校园导游的形式播放幻灯片，讲解学校办学理念、校园特色育人环境等内容。最终，活动评出十佳红领巾小导游团队10个、优秀小导游团队20个、优秀辅导奖67名、个性奖20个，另外评选出最佳风采奖、最佳导游词创意奖、最具潜力奖、最佳合作奖各10个。红领巾小导游大赛由东城区少工委和东城区少年宫联合主办。

（胥丹丹　李银姬）

【广渠门中学与花市小学实施九年一贯制办学】 4月22日，北京市广渠门中学与东城区花市小学九年一贯制改革项目揭牌启动仪式在广渠门中学举行。两校实行九年一贯制办学，目的是全面落实东城区教委关于基础教育阶段综合教育改革方案的构想。管理上遵循“条块结合，以块为主”，将共性工作放到一起统一管理，同时针对中小学教育教学工作的差别，分成中小学部分别管理。一贯制学校实行广渠门中学总校校长负责，在课程、德育、体育、科技、艺术教育方面坚持以块为主的前提下，实行垂直指导管理。实行一贯制后，花市小学更名为北京市广渠门中学花市小学部。

（吴臻）

【启动综合评价工作】 4月23日，东城区中小学教育质量综合评价改革工作启动会在五十中学举行。会议解读中小学教育质量综合评价改革政策和东城区实验工作思路。会议提出，研究制定小学、初中和高中学校教育质量综合评价指标体系，细化指标考查要点、评价标准和依据，开发评价工具并进一步修改完善。教育部2013年启动中小学教育质量综合评价改革，在全国选取30个地区作为改革实验区，东城区是其中之一。教育部、市教委和区教委有关领导，各中小学校长230余人参加会议。

（杨学银　李银姬）

【启动在线教育服务】 6月1日，东城区启动“在线教育服务”工作项目。该项目旨在通过“在线作文批阅”“学习信息推送”“名师在线答疑”三个信息化平台促进优质教育资源共享，实现义务教育均衡发展。至10月，全区初中学校不同程度地参与“在线教育服务”各项工作，二十一中、十一中分校、五十中分校、五十四中、国子监中学和龙潭中学作为首批“在线作文批阅”试点校，累计上传学生作文1200余篇，25名语文教师参加在线批阅工作。各初中学校（含完中初中部）全部组织学生下载“在线教育服务”APP，通过移动终端和固定终端等形式接收学习信息，进行在线提问。

（杨学银　李银姬）

【开展经典诵读活动】 7月4日，东城区教委举办“经典诵读”主题教育活动启动仪式。活动中，学生通过讲故事、情景剧、课本剧、合唱等形式诵读中国传统经典故事，学生代表发出“传承文化经典诵读”的倡议，号召该区少年儿童学习经典、诵读经典、传承经典。区文明办、区委教工委、区教委有关领导参加，龙潭——体育馆路学区和东花市——崇文门——前门学区共12所学校180名学生参加活动。

（高翔　李银姬）

【举办海洋石油实践活动】 7月5至12日，东城区教委在中国海洋石油工业展览馆开展“探秘海洋科技铸就蓝色梦想”实践体验活动。该展览馆设7个展区，通过幻影成像、光电板、雕塑等展示手段向中小学生展现中国海洋石油工业经历的艰苦创业、对外合作、励精图治和跨越发展的奋斗历程，讲述中国海油高效高速发展取得的辉煌成就。活动旨在扩充青少年科技文化知识，引导学生关注海洋资源，从小树立正确的海洋价值观。全区11所中小学1200余名学生参加活动。

（伊传锦　李银姬）

【举办邮票绘画比赛】 7月9日，东城区教委联合中国邮政邮票博物馆举办“我的中国梦”第六届青少年邮票绘画比赛。东城区艺美小学、校尉胡同小学、新鲜胡同小学、金台书院小学近120名学生参加比赛。学生现场作画，描绘心中的“中国梦”。最终，现场评出特等奖1人，一等奖3人，二等奖5人，三等奖10人。

（高曌　李银姬）

【举办小壮壮训练营】 7月14至19日，东城区教委举办第二届小学生“小壮壮”暑期训练营。全区130名小学四年级超重或肥胖学生参加活动。训练营为期一周，聘请专业运动公司根据每个学生身体情况和特征，开出“运动处方”，并针对家长举办健康饮食与生活习惯讲座。训练营取得预期效果，提高学生参与体育运动积极性。

（单聪　李银姬）

【上好爱国主义第一课】 8月31日至9月12日，东城区教委以走进天安门广场观看升旗作为新学年的开学第一课。11所中学3000余名初中一、二年级学生参加活动。通过现场参加升旗仪式，增强学生爱国主义意识，提升民族自豪感。

（伊传锦　李银姬）

【首次举办舞蹈学科教研活动】 9月11日，东城区中小学舞蹈学科首次教研活动在史家胡同小学举行。教研活动宣布舞蹈学科教研组成立，介绍舞蹈教研组成立的背景、意义，分析东城区舞蹈教育教学和舞蹈社团发展现状，为新任舞蹈兼职教研员颁发聘书。会议向全区舞蹈专业教师、教研员提出希望：一是能够弘扬社会主义核心价值观，推动素质教育为主线；二是细化学校舞蹈学科教学为重点，依托高校、社会力量优势，积极拓展教学内容，开发和实施具有东城特色和特点的舞蹈课程，引导和指导各中小学校创新性地开展学科舞蹈教学，发挥好课堂教学主渠道作用；三是以促进舞蹈教师成长为抓手，加快舞蹈教师专业拓展和水平。区教师研修中心、史家胡同小学干部教师，以及各中小学、校外教育机构的专、兼职舞蹈教师80人参加活动。

（李银娅）

【展示少先队活动课】 10月31日，东城区教委举办“畅想未来梦立足在今天”主题教育活动，引导少先队员开展社会主义核心价值观学习。活动中，板厂小学少先队以“小干部责任心的培养”为题展示少先队活动公开课，通过情景再现、辨析感知、解决困惑、智慧服务、体验游戏，使队员在队组织中接受教育，培养小干部自主意识、实践意识、责任意识和创新意识，提升综合素质。区教育系统关心下一代工作委员会、全国少先队工作有关专家及东城区63所学校100余名大、中队辅导员参加活动。

（胥丹丹 李银娅）

【开展教与学系列研讨活动】 10至11月，东城区教委召开“教与学”变革系列研讨会。会议主题是“新技术在日常教学中的应用”，先后召开自主合作学习方式行动研究之微课实验、即时交互技术在地理课堂教学中应用、整合资源提高课堂效率等4个研讨会，以微课研究作为突破口，整合大学、中学、研究机构和技术公司多方资源，为推进课程改革、课堂变革和课题研究提供新的思路和方法。活动中，来自汇文中学、一七一中、东直门中学和五中的15名教师举办课堂教学展示，来自全区38所中学的教学干部和学科教师400余人次参与研讨活动。

（肖菲 李银娅）

【展示校园文化建设成果】 11月6日，东城区教委在五十中举办“育教育文化塑学校精神”学校文化建设创建成果现场展示活动。活动分为3个板块。第一板块是展板展示，主题为“文以载道以文化人”，东城、朝阳、怀柔3个区县45所中小学通过展板展示各自学校文化建设情况。第二板块是课程展示，主题为“活力课程精彩生命”，五十中推出12节课，集中展示学校在实施国家课程、地方课程、校本课程和德育课程方面的成果。第三板块是交流展示，主题为“智慧互联助力成长”，光明小学怀柔分校、朝阳实验二小和五十中学分别介绍学校文化建设的构思与实践，崇文小学和五十中学学生代表以不同形式讲述学校文化引领下的健康成长经历。市教委领导，朝阳区、怀柔区、东城区教委有关领导，东城、朝阳、怀柔、平谷四个区150所中小学代表300人参加活动。

（杨学银 李银娅）

【京剧走进小学课堂】 11月28日，北京市小学综合实践课程地方教材《快乐学京剧》实验启动会暨东城区第十届小学课改培训月在史家胡同小学分校举行。会议展示京剧课堂教学、京剧示范表演和学生活动成果，推广《快乐学京剧》教学应用经验。全区各小学课程建设主管领导干部、实验校校长及任课教师120人参加会议。东城区14所小学开设京剧地方课程。《快乐学京剧》教材选取9首演唱曲目和10首欣赏曲目，以传统剧目为主，兼顾现代京剧，与京歌、京韵相结合，用多种表现形式体现思想性、艺术性和趣味性，适合小学生的年龄特点。

（王军 李银娅）

【举办德育论坛】 12月25日，东城区教委在广渠门中学举办“崇德育才铸就师魂”中学德育论坛。论坛分为校长论坛、班主任论坛和宏志教育论坛三部分。校长论坛旨在研讨新的教育形势和背景下学校德育工作的策略和发展方向，广渠门中学、文汇中学、景山学校和六十五中分别从校园文化建设、学校管理制度、学校德育队伍建设、学校德育课程构建4个方面介绍学校的做法和经验。班主任论坛上，广渠门中学、一七一中、二中、一中4名班主任报告班级管理经验体会。宏志教育论坛上，广渠门中学、宏志中学、房山中学、延庆二中分别从宏志教育的角度交流育人经验和心得体会。市教委、北京教育学院、东城区教委、重庆市沙坪坝区教育局、河北省康保县教育局有关领导，北京市各区县校长代表500人参加活动。

（耿玺超 李银娅）

【举办校长美育论坛】 12月26日，东城区教委在东直门中学召开北京市第二届中小学校长美育论坛暨东城区美育研究会年会。会议通过展示交流，提高美育工作认识，强化美育工作管理，强化学科、课程建设。会议由“艺术集市”“学科美育研究微格课程展示”“主题论坛”三部分构成。会上，13家会员学校中小学生展示书法、剪纸、泥塑等十余项传统文化特色项目，17名教师结合国家、地方、校本三级课程展示微格课程，涉及语文、数学、物理、体育等11个学科。会议还举办《中小学课堂教学实施美育案例精选》首发式。北京市中小学美育研究会会员单位代表，东城区美育研究会会员单位代表，市区有关领导近500人参加会议。

（伊传锦 李银娅）

职业与成人教育

【概况】 2014年，东城区职业高中6所（教育部门办3所、民办3所），教学班194个，在校生3870人（职业高中2973人、成人中专897人）。教职工762人，其中，专任教师387人，专任教师学历合格率100%。成人高等教育学校4所，教职工221人，其中，专任教师123人。

（关英 李银娅）

【展示社区艺术教育骨干培训成果】 1月16日，东城区教委举办首届社区艺术教育骨干培训班学习成果展示。会议通过大合唱、男生独唱、时装表演、诗朗诵、舞蹈，汇报社区艺术教育骨干学习成果。会议为优秀学员颁发荣誉证书。区委教工委、区教委有关领导，17个街道办事处代表和区职工大学负责人参加活动。该培训班2013年5月由崇文社区学院举办，设有合唱、舞蹈、朗诵、模特4个教学班。学员124名，分别来自全区17个街道的文艺社团，平均年龄60岁以上，最长者74岁。培训班以向社区输送艺术教育骨干力量为目的，促进艺术教育的辐射力和普及程度，推动社区教育艺术活动的开展。

（陈红 李银娅）

【实施“农民工大学生助推计划”】 2月21日，东城区首届“农民工大学生助推计划”新生开学典礼在东四工人文化宫举行。市、区总工会资助的326名农民工参加开学典礼，他们将在东城区职业大学开始为期两年半的学习。“农民工大学生助推计划”是市、区总工会推进首都学习型城市建设的重要举措，由市、区总工会提供学费的全额资助。

（李银姬）

【召开职普融通工作会】 3月27日，东城区教委在青蓝大厦召开2014年职普融通工作会。全区28所普通初中校、4所职业学校的校长和书记以及区教委相关科室代表参加会议。会议旨在促进职业学校与普通初中校的融合与沟通，为2014年职业学校招生工作做好准备。

（覃玉玲李银姬）

【启动李刚名师工作室】 4月10日，东城区教委举行李刚名师工作室启动仪式。工作室全体成员、4所职业学校校长和教学校长以及职教科、职教研相关人员参加会议。启动仪式上，宣读李刚名师工作室成员名单，为李刚名师工作室授牌并为工作室成员颁发聘书。李刚校长介绍工作室总体思路，工作室成员代表进行会议发言。李刚，享受国务院特殊津贴的教育专家、特级教师、中国烹饪大师、国家职业技能鉴定专家委员会中式烹调专业专家委员，“北京市人民教师”奖获得者。著有《中式烹调技艺》《中式烹饪刀工述要》《餐饮业行话俗语通释》。工作室的主要任务是通过专题培训研修和自主学习，促进和提高名教师工作室成员成为教育理论素养深厚、教育教学艺术精湛、在区内外有较大影响的教学名师。

（覃玉玲　李银姬）

【举办公共基础课程教学竞赛】 9月13日，东城区教委举办中等职业学校公共基础课程教师教学能力竞赛。来自全区4所职业学校54名选手参加语文、数学、英语、计算机基础、德育、公共艺术6个学科的比赛。比赛邀请北京市课改专家、特级教师、北京市学科带头人、骨干教师共30名专家组成评委。参赛教师按照抽取的两课时说课内容进行10分钟说课，5分钟教学片断展示，3分钟专家问询。经过评比，最终评选出一等奖18人、二等奖15人、三等奖19人。北京教科院、区教委有关专家和领导现场观摩比赛。

（覃玉玲　李银姬）

【举办全民终身学习活动周】 10月29日至11月5日，东城区举办以“学习造就出彩人生”为主题的全民终身学习活动周。活动期间，表彰17名区级市民学习之星、42名优秀市民学习指导教师；举办第10届市民棋类比赛、第5届“清风墨韵”市民书画展、第5届中老年市民计算机应用能力竞赛、第2届市民厨艺大赛4项市民学习成果交流展示活动；开展心理调适教育进社区系列活动、北京大学国子监大讲堂流动课堂活动两大学习品牌宣传活动。活动周期间，社区学院、市民学习基地、市民学习中心、各街道、社区分别开展各类学习培训和展示活动，参与活动群众46721人次。

（陈红　李银姬）

【召开专业论证工作会】 12月19日，东城区教委召开中等职业学校专业论证工作部署会。会议要求各专业在全面自查基础上，撰写自查报告并提出专业建设方案，进一步明确各专业的专业定位和培养目标，规范各专业的课程设置、师资队伍建设等。会议对专业论证工作流程进行详细说明，为各学校聘请指导专家。会议分析职业教育发展形势，要求各校要加强责任意识，盘活资源、优化结构、加强内涵建设，切实推动我区职业教育整体水平的持续提升。北京教科院、东城区教委领导，4所职业学校代表和有关职教专家70人参加会议。

（覃玉玲　李银姬）

教育督导

【概况】 2014年，北京市东城区人民政府教育督导室设有督学科、督政科、综合科，专职督学5人，见习督学2人，兼职督学54人。主要职责是代表本级人民政府主管本行政区域内的教育督导工作，依法对辖区内的教育工作进行监督、检查、评价、指导，并接受上级教育督导机构的检查指导。年内，重点完成新一届督学聘任和责任督学挂牌工作；完成对中小学减轻过重课业负担、师德师风建设、校园安全工作专项督导及对部分街道执行教育法律法规和实施素质教育职责情况督导；完成北京市政府教育督导室对东城区教育工作综合督导的迎检工作。

（李菊　李银姬）

【召开挂牌督学工作会】 3月20日，东城区教育督导室召开2014年挂牌督学工作会。会议为新一届责任督学59人颁发聘书。责任督学包括区委教育工委和区教委科级干部、区研修部门教研员、退休校长书记、督导室专职督学。全区以学区为单位成立19个督导小组，每组配备三至四名责任督学，每名责任督学负责2至3所学校，对责任区内学校进行定期督导。会议要求全区96所中小学每个校址均安装责任督学公示牌，实现区内中小学责任督学挂牌督导全覆盖。区教育督导室领导、新聘任责任督学和中小学代表160人参加会议。

（李菊　李银姬）

【举办责任督学培训】 3月24日，东城区教育督导室召开责任督学培训会。会议就挂牌督导工作进行解释和说明，印发《中小学校责任督学挂牌督导规程》《中小学校责任督学工作守则》，邀请北京市督学对新聘督学举办岗前培训。区教育督导室领导和新聘任责任督学60余人参加会议。

（李菊　李银姬）

【开展减负专项督导】 10月17至31日，东城区教育督导室对全区各中小学的减轻学生过重课业负担情况开展专项督导监测。督导工作采取听汇报、查阅资料、访谈学校干部和师生以及实地考察的方式，对“课程计划执行”“学生活动时间安排”“教学管理规范”“考试安排”“课外活动达标”的五项指标落实情况开展检查。

督导结果显示，各中小学都能够积极落实市区关于减负工作精神，工作落实基本到位。

（李菊　李银姬）

【召开义务教育均衡发展工作现场会】 12月16日，东城区教育督导室在东城区少年宫召开迎接国家级义务教育基本均衡验收工作北京市现场会。会议听取东城区政府义务教育基本均衡迎检工作进展情况汇报，观看迎检宣传片。市教育督导室对东城区开展义务教育基本均衡迎检工作给予肯定，要求各区县教委借鉴东城区经验和做法，结合实际情况、发挥自身优势，努力保证北京市全部区县一次通过验收。市教育督导室、市教委有关领导，16个区县教委主任和教育督导室主任近50人参加会议。

（李菊　李银姬）

【开展全面实施素质教育综合督导】

12月24日，市教育督导室对东城区全面实施素质教育进行综合督导。专家组由16人组成，听取东城区政府《坚定“精品特色”战略深化学区制综合改革全面提高素质教育质量》专题报告，赴大方家回民幼儿园、东四七条小学、广渠门中学、国际职业学校鼓楼校区、明城青少年活动中心、东花市街道实地考察。专家组通过座谈、查阅材料、实地考察等环节，充分了解东城区自2011年以来全面实施素质教育的工作情况，对东城区落实综合改革、实施素质教育取得的成效给予充分肯定。

（李菊　李银姬）

中共东城区委教育工委

书　　记　张京明（10月免）
冯洪荣（10月任）

东城区教育委员会

主　　任　冯洪荣

东城区政府教育督导室

主　　任　刘顺利（2013年11月免）
付葵（2013年12月任）

西　城　区

总　类

【教育系统导师团启动】 5月16日，西

城区教委召开教育系统导师团启动会。会议宣布西城区教育系统导师团成员名单，宣讲《西城区教育系统导师团工作方案》。为充分发挥退休名师的典范作用，2013年区委、区政府决定成立西城区教育系统导师团。区教委在前期调研、初选人员及征求名师意见的基础上，确定33名导师团成员。导师团成员将深入学校听课、参加教研活动、培养青年教师和骨干教师、承担校本课程的规划设计及全区统一安排的专题性讲座等，指导学校教师队伍建设。导师团专设办公室，为导师团成员开展工作提供学习交流平台、资金保障和工作津贴，并根据学校岗位需求和名师工作意向，为名师安排聘请单位。区政府、区教委领导和导师团成员参加会议。

（宁嘉瑜）

【召开教育集团工作会】 5月22日，西城区教委召开西城区教育集团工作会。会议部署教育集团工作，就西城区教育集团的构成、组织机构、运行模式、保障措施以及激励机制等做详细说明。区政府对教育集团的核心内容、组合原则做说明并提出工作要求。一是各集团校要明确近期目标，明确教育集团工作内容；二是要规划长期目标，各集团校要制定并实施好三年规划，力争三年后各集团校发生明显的变化；三是区教委要进一步加强服务和保障工作。会议要求，各集团校要以改革为动力，以积极的心态，有计划、分步骤，稳步推进教育集团工作，促进西城教育优质均衡发展。区政府、区教委领导，教育集团牵头校、成员校主要领导100人参加会议。

（宁嘉瑜）

【完善义务教育阶段入学办法】 5月，西城区进一步完善义务教育阶段入学办法，确保义务教育阶段入学工作有效推进。初中入学办法采取多种招生方式与计算机派位相结合。按照招生计划要求，采取九年一贯制直升、推荐派位入学、特长生入学、政策保障协调入学、学区派位入学、民办学校入学六种入学方式，共计录取新生8684人，其中，京籍学生6613人，非京籍学生2071人，非京籍学生比上年减少1600人。4311名学生参加学区派位入学，约占西城区升学人数的49.6%。小学入学试行以街道行政区划为基础的学区制，设置11个学区，采取“学区登记”“寄宿制”“政策保障”和“非京籍电脑派位”四种招生方式，取消“共建生”。共招收本市户口新生10373人，非京籍借读生2115人，共计招生12488人。

（刘卫东）

【高校支持西城区小学发展项目签约】 6月12日，西城区教委举行第二期“高校支持西城区小学发展”项目签约仪式。区教委领导与北京师范大学、首都师范大学、北京教育学院三所高校领衔专家、12所项目学校校长逐一签订《“高校支持西城区小学发展”项目合作协议书》，明确合作三方的权利和义务，确定三年的项目合作方向。12所项目学校是黄城根小学、西师附小、育翔小学、三里河三小、登莱小学、回民小学、中古友谊小学、进步小学、西城实验小学、新世纪实验小学、裕中小学、实验二小。项目学校引进北师大、首师大、北京教育学院专家团队，借助高校的智力支持，在实践中提升年轻校长专业能力，帮助学校开展诊断评估，促进学校可持续发展。在此前的2010年5月，西城区启动“高校支持西城区小学发展”项目，选择三里河三小、西师附小、民族团结小学等8所学校作为项目学校。

（曹琼）

【参加市运会开幕式表演】 7月27日，北京市第14届运动会开幕式在五棵松体育馆举行，西城区教委圆满完成运动会开幕式表演任务。西城区进步小学、康乐里小学、福州馆小学等17所学校共1000人参加开幕式表演。开幕式当天，学生们表演太极拳、轮滑、广播操、足球、跳绳等体育运动项目，展示西城区中小学生良好的精神风貌。

（刘瑶）

【召开西城区教育工作会议】 9月9日，

西城区政府召开教育工作会。会议作《深化教育综合改革，全面提升办学水平》工作报告，表彰霍懋征奖获得者、优秀教师、优秀教育工作者、优秀集体，实验一小校长和四中特级教师代表交流先进工作经验。市教委、区政府等领导，区属各委办局、街道办事处领导，教育系统各单位代表600人参加会议。

（宁嘉瑜）

【高等学校支持小学体育美育发展】 9月，西城区32所小学加入高等学校和社会力量支持小学体育、美育特色发展首批项目试点，为全市最多。为整合高校和社会力量资源优势，市委、市政府开展高等学校和社会力量支持小学体育、美育特色发展工作。至2020年，项目采取年级滚动方式进行。参与支持的单位为北京高校、国家艺术机构、国家艺术院团等。这些高校和社会力量将围绕文化建设、学科教学、社团发展、教师培养、理论研究五方面开展工作。

（白羽）

【校外教育成果显著】 12月12日，西城区在“阳光下的别样风景——北京市校外教育成果展示活动”中获奖。西城区校外教育机构中9个单位被授予“北京市阳光少年优秀组织奖”称号，7人被授予“北京市校外教育先进个人”称号，4个单位被授予“北京市校外教育先进集体”称号。在全市校外教师专业技能评展活动中，西城区共有9人荣获一等奖，获奖人数列全市第一；13人荣获二等奖。在中小学生金银帆奖评选中，1名学生获得金帆奖，32名学生荣获银帆奖。

（傅晓月）

【强化教师队伍建设】 至年底，西城区加强教师队伍建设，组织开展新招聘教师岗前培训，做到新任教师100%培训后上岗。完成新一届骨干教师评选工作，共评出新一届区级学科带头[illegible]立西城区教育系统“导师团”，确定导师团成员32人。完成北京市特级教师推荐评选工作，评选出29名特级教师推荐人选。完成北京市第二届班主任基本功培训与展示活动。召开骨干教师和班主任工作会，进一步激发教师工作积极性和创造性。5至6月，西城区教委在校级推荐基础上，评选出区级优秀班主任103人，在此基础上推荐班主任参评北京市“紫禁杯”优秀班主任，共获得一等奖9人，二等奖9人，其中北京师范大学第二附属中学高雪松老师获得特等奖。

（詹小雪　杨海蓉）

【教育综合改革取得新突破】 至年底，西城区教育综合改革取得新突破。西城区委教育工委、区教委成立综合改革领导小组，统筹协调重点领域改革，及时解决教育改革现实问题。一是在规划调控上，实行学区制。以街道行政区划为基础，参考原就近入学片区，将全区小学划分为11个学区，小升初划分为7个学区。统筹学区学校学位，保障原学校片区的适龄儿童入学需求，实现适龄儿童在所在学区入学，不跨学区选择学校。二是在办学模式上，进一步扩大优质教育资源。本着“做大优质校、做强中等校、做精特色校”的原则，将功能不健全学校并入优质校。对19所小学进行撤并重组。实验二小、北京小学、育民小学、黄城根小学等11所优质校分别合并19所小学。有序扩大教育集团规模，新成立17个集团，成员校70余所。试点设立北京建筑大学附属小学和7所优质中学的附属小学，7所中学附属小学的学生将有机会直升到所对应的中学就读，确定12所小学可以直升优质初中。三是在招生方式上，积极破解择校难题。本着平稳、有序、均衡的原则，调整完善西城区招生入学办法。小学在学区内就近入学；登记备案符合规定的京外户籍适龄儿童，在全区范围内分配入学。调整初中升学方式，逐步减少推荐派位和特长生人数，大幅增加优质初中校接收计算机派位学生比例。初中升学采取推荐派位、特长生入学、政策保障和大派位多种招生方式四个批次全部完成。年内，西城区参加小升初学生中通过[illegible]的77%，比上年提升20个百分点。15所示范高中初中共增加优质学位1300余个，半数学生进入优质中学，杜绝跨学区择校。

（杨海蓉）

【助学工程涵盖全区中小学生】 至年底，西城区教育减免、奖励资金2861.43万元。其中义务教育阶段2419.47万元（义务教育阶段学生减免杂费49.47万元，免收教科书费2289.32万元，其余为助学金等项目80.68万元），普通高中140.03万元，职业高中290.23元，学前教育11.7万元。

（杨海蓉）

【红十字会工作取得成效】 至年底，西城区红十字会学校工作委员会工作取得成效。区教委开展“第十五届捐资助学”活动，为困难家庭品学兼优的450名学生开展助学活动，发放救助金30万元。对24名患大病师生救助，发放救助款共计47.5万元。积极开展学生安全员及教师的应急救护培训，5239名师生获得技能证书。联合门头沟区红十字会、区红十字会学校工作委员会举办西城区玉桃园小学与门头沟区龙泉雾小学“爱与爱相映心与心相连”红十字献爱心、手拉手活动启动仪式。组织青少年参与慰问敬老院、参与社区敬老助残、参与环保行动等红十字会志愿服务。组织8所中小学，2000名学生参与“同参与身边急救共筑建和谐校园”竞赛。年内，区红十字会学校工作委员会获得2010至2014北京市红十字系统先进集体。

（姚吉磊）

学前教育

【概况】　2014年，西城区共有幼儿园69所，其中教育部门办园26所、集体办园10所、其他部门办园13所、地方企业办园2所、部队办园3所、民办园15所。全区入园幼儿5940人，离园幼儿4179人，在园幼儿16698人，比上年度增加313名。教职工2944人，其中，专任教师1649人。全区一级一类幼儿园41所，市级示范幼儿园17所，市级社区早期教育示范基地幼儿园32所。

（王丽萍）

【召开学前教育工作计划部署会】　2月26日，西城区教委召开学前教育工作计划部署会。会议总结2013年全区学前教育工作，通报市教育督导室关于西城区学前教育工作专项督导回复意见，全面分析当前学前教育工作面临的形势和任务，明确2014年至2016年学前教育工作“全面统筹、优化整合、满足需求、确保落实”总体工作思路。会议提出“合理布局、广纳人才、改革创新、部门联动”四点具体要求，同时强调落实八项规定、做好招生工作、确保安全稳定等重点工作。会议部署2014年学前工作计划。区教委领导和全区69所幼儿园代表150人参加会议。

（王丽萍）

【完成市级示范幼儿园年度考核】　3月21日至5月16日，西城区教委完成北海幼儿园、曙光幼儿园、洁民幼儿园等9所市级示范幼儿园年度考核。考核重点是帮助幼儿园查找影响可持续发展的问题，挖掘办园优势，制定发展规划，形成办园特色。考核组通过听取幼儿园自查自评报告、查看幼儿园的环境建设、观摩教学活动、与下部教师座谈、查阅档案资料，全面检查分析幼儿园的整体建设情况，帮助各幼儿园总结成绩和经验，查找问题和不足，提出改进意见。

（王丽萍）

【举办幼儿园儿童营养厨艺赛】　12月

16日，西城区教委在北京市外事学校举办西城区幼儿园儿童营养厨艺比赛决赛。比赛采取各幼儿园初赛、示范园牵头分片组织小组复赛、全区统一决赛的方式进行。经初赛和复赛评选的16个单位48名厨师参加决赛。决赛分面点作品展示、现场制作指定和自选菜品、知识问答四个比赛项目，邀请8名有关专家担任评委。最终评出全能奖8名、单项奖24名、表扬奖63名、组织奖16个单位。

（王丽萍）

【举办柳茹园长办园思想研讨会】

12月24日，西城区委教育工委、西城区教委在北海幼儿园举办柳茹园长办园思想研讨会。会上，柳茹园长作题为《倾心今天，着眼明天》主报告，从“以爱为帆，梦想从这里起航”“文化奠基，促进师幼自主发展”“上下求索，展望未来”三个方面汇报自己的办学思想和实践情况。北海幼儿园五名教师和一名家长代表以讲故事的形式，从不同角度介绍柳茹园长在管理、育人等方面的事迹。会议对北海幼儿园在柳茹办园思想引领下取得的丰硕育人成果给予高度评价。会议指出，召开柳茹园长办园思想研讨会就是要树立优秀园长典型，推广北海幼儿园成功经验，听取领导专家指导，研讨学前教育改革与发展面临的问题。西城区是优质教育资源最密集的地方，是出思想、出方法、出资源的地方，要借召开柳茹园长办园思想研讨会之机，进一步推动全区教育综合改革，实现“校校精彩、人人成功”的目标。研讨会前与会人员参观幼儿园环境建设，观看幼儿活动展示并与幼儿共同进行游戏活动。市教委、北京教育学院领导，全市各区县教委代表，全区直属单位和中小学校长代表、幼儿园园长等220人参加研讨会。

（王丽萍）

【撤销两所幼儿园】　至年底，西城区撤销月坛街道下属第四幼儿园和财政部下属北京德采幼儿园。月坛第四幼儿园建于1970年3月，办园地址西城区南礼士路46号。北京德采幼儿园建于1993年8月，办园地址西外德宝新园18号。月坛第四幼儿园2012年底决定与月坛第一幼儿园合并，北京德采幼儿园2013年底决定并入财政部幼儿园。因基础教育学校统计报表数据库当年无法撤销，故两所幼儿园2014年正式撤销。

（王丽萍）

【新增两所幼儿园】　至年底，西城区教委审批悠米幼儿园、海思幼儿园两所小规模民办幼儿园。悠米幼儿园由北京世纪金工投资有限公司主办，办园地址是西城区莲花胡同11号。办园规模是5个班100名幼儿，年内在园幼儿50人，2个班。海思幼儿园由欧阳雯举办，办园地址是西城区育新街47号清芷园北门12号楼一层。办园规模10个班250名幼儿，年内在园幼儿 52 人，2 个班。

（王丽萍）

基础教育

【概况】　2014 年，西城区小学 60 所，其中教育部门办 59 所、民办 1 所。毕业 8560 人，招生 12488 人，在校生 64464 人，在校生中北京市户籍学生 47766 人。教职工 4745 人，其中，专任教师 4524 人。小学入学率、巩固率、毕业率均为 100%。中学 51 所，其中教育部门办 49 所（含北师大办学 4 所）、民办 1 所、其他部门办 1 所。毕业 16567 人（初中 8726 人、高中 7841 人），招生 15706 人（初中 8684 人、高中 7022 人），在校生 50222 人（初中 27837 人、高中 22385 人）。在校中北京市户籍学生 43252 人（初中 21924 人、高中 21328 人）。初中入学率、巩固率、毕业及格率均为 100%，应届毕业生高考上线率（本科）90.33%。教职工 8130 人，其中，专任教师 5961 人（初中 2817 人、高中 3144 人）。特殊教育学校 3 所，结业 92 人，招生 74 人，在校生 480 人，另有小学随班就读学生 149 人，初中随班就读学生 132 人，开设教学班 53 个，教职工 224 人，其中，专任教师 197 人。校外教育单位 12 个，教职工 303 人，其中，专职辅导员 183 人。中、小学专任教师学历合格率 98.64%。中小学占地面积 208.38 万平方米、建筑面积 201.73 万平方米，图书馆（室）藏书 637.14 万册，固定资产 315294.51 万元。全年教育经费投入 742284 万元，其中，国家拨款 721438 万元、自筹经费 20846 万元。

（杨海蓉）

【举办西城区基础教育改革论坛】　1 月 18 日，西城区政府举办基础教育改革论坛。活动由区委区政府研究室和区教委承办，主讲专家有院士、社会学家、教育学家、法学家、史学家，西城区区长参加论坛活动并发表题为《西城教育之我见》的演讲。西城教育系统中小学、职业中学、幼儿园校长（园长），区教委和教研部门代表 200 人参加会议。

（王贞茶）

【北京青少年科技创新大赛创佳绩】

3 月 27 至 30 日，西城区学生在第 34 届北京青少年科技创新大赛中获得好成绩。其中，4 名学生获得北京青少年科技创新活动最高荣誉“北京青少年科技创新市长奖”。八中、三十五中、育才学校获得首届“十佳科技创新学校”称号。西城区青少年科技馆教师牛琦获得本届大赛“十佳科技教师奖”。西城区在中学生科技创新成果竞赛中获得一等奖 27 项、二等奖 39 项、三等奖 15 项。在 1 月份举行的小学生创新成果竞赛中，西城区获得一等奖 11 项、二等奖 8 项、三等奖 2 项，金牌总数再次居于全市首位。西城区代表队还获得“北大先锋辅导教师奖”“北京科技大学科技创新奖”“天文新星奖”“发明创新奖”多个专项奖项；实验二小、育才学校获得“十佳优秀科技实践活动奖”，青少年儿童科技幻想绘画评比中西城区获得一等奖 11 项、在科技教师创新竞赛中获得一等奖 6 项。

（马志洪）

【专项调研毕业年级课堂教学质量】　3 月，西城区教委专项调研毕业年级课堂教学质量。区教委领导和学科教研员，通过课堂听课、与校领导座谈等方式专项调研 15 所高中示范校高三年级工作和 4 所初中校初三工作。区教委还联合联合西城教育研修学院、教育学院宣武分院对 11 所普通高中和 3 所示范高中高三课堂教学进行全覆盖听课，全面诊断新一届毕业年级工作。通过调研，区教委全面了解毕业年级教学管理和复习备考工作现状、面临困难与问题、未来发展潜力。针对调研中问题，区教委和教研部门分别印发《对学校高三有关工作的建议》《下校听课调研的总结反馈》和《关于进一步提高高三常态课质量的意见》，对毕业年级的管理、复习备考整体策略、复习课课堂教学、优秀生培养等提出指导性建议。

（王贞茶）

【召开高中建设工作会】　4 月 14 日，西城区教委召开高中建设工作会，会议通报市、区高考报名基本情况，高考命题的变化及应对策略，并结合一模考试相关数据及下校听课情况，对高三后一阶段复习备考工作提出具体要求。会议强调重视高考备考和志愿填报工作，提出高考是“一把手”工程，校长必须全面、全程关注。区教委就高中建设工作提出重视三个方面的工作。一是关于高中建设和发展。要加强高中的多样化发展，包括校际之间的多样化和校内课程的多样化，努力实现高中和大学、高中和初中的双向衔接，强化高中校的课程、教材建设，进一步提高高中毕业率等。二是关于高中质量评价。从评价的方向和方法上，要坚持绿色评价，包括综合性评价、发展性评价和持续性评价；从评价内容上，要将教师队伍的发展水平、课程和现代学校制度建设以及会考、高考等考试情况纳入高中质量评价之中。三是高三工作，要坚持针对性、稳定性和实效性。区教委领导和全区中学校 42 人参加会议。

（王贞茶）

【全国天文奥林匹克竞赛获奖】　4 月 16 至 20 日，西城区学生参加 2014 年全国中学生天文奥赛决赛获奖。四中、八中共有 2 名选手参加决赛。经过 4 天 3 项竞赛，西城代表队获得一等奖 2 项。获奖学生将代表中国参加国际天文和天体物理学竞赛（IOAA）以及亚太天文奥赛（APAO）。来自全国各地近 100 名选手参加比赛。

（马志洪）

【举办“我爱地球妈妈”环保演讲比赛】　4 月 25 日，西城区教委在宣武回民小学举办西城区第十八届小学生“我爱地球妈妈”环保演讲比赛。比赛围绕“清洁空气我能做点什么”主题，经历稿件征集、评审、培训、演讲比赛四个阶段，最终产生一等奖 12

人，二等奖 18 人，三等奖 27 人。

（谢歆）

【中考升学率 97.28%】 6 月 24 至 26 日，西城区教育考试中心组织北京市高级中等学校招生统一升学考试。全区报考 8646 人，具有升学资格的考生 7695 人，借考考生 769 人。中考共设考点 25 个，考场 296 个。录取工作中，西城区考生提前录取 1019 人，其中示范高中 592 人、一般高中 110 人、职技类学校 317 人。统一招生录取 5345 人，其中普高 4963 人（示范高中 2307 人，一般高中 2656 人），职技类学校 382 人。未录取考生 209 人。录取总计 7474 人，升学率 97.28%。

（白冰）

【总结“西城杯”小学课堂教学评优工作】 6 月 26 日，西城区教委在宣武少年宫召开第十一届“西城杯”小学课堂教学评优活动总结会。本届“西城杯”从 2013 年 9 月开始，持续到 2014 年 5 月，历经一个学年度、跨越两个学期，在校级培训和评优的基础上，全区所有小学 471 名教师参加区级评优研讨活动，最终评选出一等奖 121 名，二等奖 165 名，三等奖 185 名。区教委、区教育研修学院相关领导，各小学校校长、主管干部及参加评优活动教师 400 人参加会议。

（曹琼）

【教研部门重点帮扶中学】 7 月 10 日，市教委调研西城区“教研部门重点帮扶中学”工作。“教研部门重点帮扶中学”工作是北京市深化教育综合改革，促进义务教育均衡发展、探索教研和教师培训方式，提高中学教育教学水平的一项改革。西城区组建由西城区教育研修学院与四十一中、北京教育学院宣武分院与宣武分院附属中学结合的“帮扶联合体”，由教研部门与学校联手，共同打造优质中学。此项工作 2014 年 9 月 1 日启动，周期为三年。通过教研员深入一线学校上课、评课、讲座及课题研究、指导兴趣小组等多种形式，帮助教师感悟教学内容、掌握学科教学方法，提高课堂实效性。帮扶以语文、数学、外语学科为重点，以化学、物理学科为辅助，兼顾初中和高中教师。西城区教育研修学院、北京教育学院宣武分院拟派中学 9 科学科室主任及教研员 38 人整体参与。

（王贞荼）

【与北师大合作举办二龙路中学】 7 月 10 日，西城区教委与北京师范大学签署合作办学协议。依据协议，双方合作举办二龙路中学，学校由北京师范大学附属实验中学实施“一体化”教育教学管理，校名改为北京师范大学二龙路中学。

（宁嘉瑜　吕永新）

【完成新任教师岗前培训】 7月11至21 日，西城区教委完成新任教师岗前培训。培训历时 11 天，采取集中培训、分学段培训和分学科培训方式进行。培训内容包括区域教育概况、职业理想与专业发展、教育教学组织管理、学科教学实践 4 大模块 15 个专题。70 名专家、优秀校长和骨干教师组成指导教师团队参与教学，来自中小学、幼儿园 520 名新任教师参加培训。开学后，新任教师还将参加学科研修跟踪培训和校本培训，整体培训 2015 年 6 月结束。

（宁嘉瑜）

【开展武术进校园活动】 9 月 22 日，“传承中华武术强健学生体魄——武术进校园系列活动之武术名家西城校园行”主题活动启动仪式在五十六中举行。活动由西城区教委、西城区体育局主办，五十六中、西城区体育总会协办。启动仪式上，与会领导向八大门派传承人颁发聘书并为 9 所推广学校颁发校本课程用书。教育部、市体育局、北体大和西城区领导参加活动。西城区是教育部确定的全国“武术进校园”工作实验区之一。根据工作总体部署，西城区提出“普及、发展、传承、提高”工作思路，并明确编写规范教材、培养骨干队伍、营造武术氛围、传承武术文化等工作任务。并确定杨氏太极、陈氏太极、花拳等 8 个拳种为西城区中小学生武术推广项目，推荐 8 个门派传承人承担武术进校园教学辅导工作。同时，策划编写《武术进校园系列教程》。该教程内容汲取各派武术特点，结合青少年身体发育特征，每个门派独立成册。

（刘瑶）

【完成高考招生工作】 9 月，西城区教育考试中心完成高考招生考试工作。全区普通高考报名人数 9214 人，其中文科 3112 人、理科 6102 人。中学应届实考 5855 人，本科上线 5289 人，上线率 90.33%。截至 10 月底，普通高考共计录取 8152 人，录取率 93.04%。本年高考报名出现四大变化。一是首次实施进城务工人员随迁子女在京参加高职招生考试政策；二是报名时间提前 20 天，由原来的 12 月初提前到 11 月中；三是报名程序增加网上提交报名申请环节，即先申请经审核再缴费，最后学校根据缴费的数据照相确认；四是部分报名体育专业的单招考生报名时纳入统一报名。本科一批、二批、三批志愿设置仍为两个顺序志愿，由“小平行志愿方式”调整为“平行志愿组方式”，即：每批次第一志愿为 2 所平行的学校，第二志愿为 3 所平行的学校。每个志愿学校可以填报专业志愿由 5 个调整为 6 个。同上年，西城区教育考试中心网站继续向考生提供“高考估分选校系统”，提供各类高校招考政策、招生规定信息和近年高校录取曲线，使填报志愿科学化。

（马华）

【高考取得优异成绩】 截至 9 月，西城区考生普通高考共计录取 8152 人，录取率 93.04%。全区共有 8898 名考生参加普通高考，其中参加全科考试 8756 人，实考考生 8638 人，本科上线 6737 人，上线率 77.99%。截至 10 月底，普通高考共计录取 8152 人，录取率为 93.04%。

（马华　杨海蓉）

【总结中小学班主任基本功培训工作】 10 月 17 日，西城区教委召开西城区中小学班主任工作会议。会议以“智慧点亮生命专业引领发展”为主题，全面总结西城区第二届中小学班主任基本功培训与展示活动，表彰在市、区级班主任基本功培训与展示活动中获奖教师，宣读《西城区首席班主任履职工作指导意见》，启动新一届首席班主任岗位履职。西城区各中小学、职业高中、特教学校的德育干部和班主任代表500人参加会议。4月11日，西城区教委与教研部门配合，在区、校两级选拔、培训的基础上，组织初、高中各4名班主任参加北京市第二届中小学班主任基本功培训和展示活动，获得一等奖6名，二等奖2名，其中4人获得单项奖中的智慧奖，3人获得魅力奖。

（王冉冉　谢歆）

【举办做责任小公民中学生论坛】

12月1日，西城区教委举办“践行核心价值观争做责任小公民”中学生论坛。论坛共征集中学生时事述评作品200余篇，社会实践报告80余篇，内容涉及志愿服务、科技创新、文化传承、社会生活调研等多个方面。论坛当天8名学生代表围绕诚信、环保、京剧文化传承等内容作现场发言，会议还以新闻播报的形式展播学生的时事述评。来自全区各中学的德育干部、青年教师和学生代表参加活动。2009年西城区开始举办中学生论坛，每年一届。

（王冉冉　谢歆）

【全国中小学音乐课观摩获奖】　12月7至14日，在“全国第七届中小学音乐现场课观摩活动”中，西城区两名教师获得一等奖。西城区3名教师代表北京市参加观摩课评选（全市共4个名额）。最终2人获得一等奖、1人获得二等奖，为西城区历届最好成绩。全国共有41节课（小学组21节课、中学组20节课）参加观摩评选。

（芦炳杉）

【推进文化建设示范校创建】　至年底，西城区教委推进中小学积极开展学校文化示范校创建工作。年内推荐十三中、鲁迅中学、育才学校、回民学校参加北京市中学文化建设示范校创建活动，并参加市级培训。推荐黄城根小学、奋斗小学、西师附小、育翔小学、康乐里小学、宣师一附小、宣武回民小学、进步小学8所小学参加北京市第二批学校文化建设示范校创建活动。11月6日与丰台区、大兴区共同举办第二批学校文化示范校展示活动，并完成校长汇报答辩活动。

（詹小雪　谢歆）

职业与成人教育

【概况】　2014年，西城区职业高中4所，毕业2083人，招生950人，在校生45306人。教职工980人，其中，专任教师740人。专任教师中高级专业技术职务591人，特级教师1人，市级骨干教师5人。学校占地面积102405万平方米、建筑面积125554万平方米。图书馆藏书368789册，固定资产总值22286万元。全区成人教育3所，开设专业74个，在校生8094人，毕业生2451人，招生2274人。成人学校占地面积8.38万平方米，总建筑面积8.70万平方米。2014年西城区社区教育和学习型城区建设工作重点推进七个示范项目建设，召开学习型城市示范区推进会，研究制定《关于西城区建设学习型城市工作示范区创新发展实施方案》，举办第十二届市民学习周活动，启动首批学习型示范社区和第五批学习型社区的评估工作，4人被评为首都学习之星。全年市民教育培训达157万人次。

（王娜娜　王珍）

【成立企业专家工作室】　1月，西城区教委成立“企业专家工作室”。首届工作室聘请16名企业负责人或行业知名专家为工作室成员。他们根据社会需求为各专业的人才培养目标、规格、课程设置和能力培养进行决策咨询、职业技能指导。

（王娜娜）

【召开学习型城区建设工作专家研讨会】　4月1日，西城区教委召开西城区学习型城区建设工作专家研讨会。会议听取有关专家对《西城区建设学习型城市工作示范区创新发展实施方案》意见和建议，研讨西城区学习型城区建设从深化改革、政府转变职能、加强示范项目规范化建设等问题。区政府强调，西城区学习型城区建设工作要整体设计有高站位，创建工作要落地有实效，示范项目要创新有生命力，把握形势做好工作。区政府、区教委领导，北京市学习型城市研究中心专家10人参加会议。

（王珍）

【召开学习型城市工作示范区推进会】　6月26日，西城区教委召开建设学习型城市工作示范区推进会暨市民教育工作会议。会议听取区政府工作报告。报告提出，西城区应继续以示范项目为依托，一是政府主导，社会参与，完善终身学习与服务体系，二是继续探索建立终身学习的“立交桥”制度，三是完善开放共享信息服务网络，四是进一步大力营造人人学习的文化氛围。会上，北师大远程教育研究所教授作《学习型城市建设的思路、现状与趋势》专题报告，六十六中教师举办“微课的设计与制作”专题讲座。会议表彰2013年学习型城区建设工作先进集体和个人。区政府、区文明办、区教委领导和各委办局、街道、学校代表参加会议。

（王珍）

【社区教育实验项目重点课题结题】　7月16日，西城区学习型城区建设领导小组、西城区学习型城区研究中心召开2014年教育部社区教育实验项目及重点课题结题会。会议就“2013至2014年全国社区教育实验项目”和教育部“职业教育政策专项课题研究”及中国成人教育协会社区教育专业委员会的“十二五”社区教育立项课题共13个项目课题进行结题审查。经专家评审鉴定，参与审查课题全部准予结题，并评选出一、二、三等奖。其中，西城经济科学大学“北京市西城区公共文明引导员素质教育课程建设的实践与探索”、西长安街社区教育学校“社区教育学校进行非物质文化遗产教育的研究”被评为一等奖。

（王珍）

【推进市民终身学习服务基地建设会】　9月23日，西城区教委在展览路街道民防宣教中心召开2014年西城区市民终身学习服务基地建设工作推进会。会议颁布《西城区市民终身学习服务基地建设促进办法（试行）》，明确服务基地的申报认定程序及工作职责。同时，总结学习服务基地优秀特色项目交流展示活动。展示活动有29个基地41个项目参加，其中13个项目荣获一等奖。天桥曲艺茶社和展览路民防宣教中心作为代表在会上发言。区教委领导和市民终身学习服务基地代表参加会议。

（王珍）

【完成高职班单独招生工作】　9月，西城区教育考试中心完成高职班单独招生工作。高职单考单招报名人数746人，其中348人参加26所高职自主招生并被提前录取；有372名考生参加师资班、高职班单独招生考试，实考人数251人，录取人数152人。截至10月底，高职班单独招生共计录取500人，录取率83.47%。

（马华）

【举办市民学习周】　11月18日，西城区教委在北京天文馆举办2014年西城区第十二届市民学习周活动开幕式举行。会议表彰2014年市民学习之星、优秀学员、市民终身学习服务基地十佳工作者，市民学习之星代表交流学习经验。会议发布西城区市民终身学习服务基地特色课程学习品牌，举行市民终身学习成果认证积分兑换仪式。会议还举办市民学习成果展，举办创建学习型学校专题培训讲座。区政府、区教委和各委办局、街道、学校代表参加会议。第十二届市民学习周主题是"快乐学习，精彩人生"。

（王珍）

【高自考受理报名28689人次】　至年底，西城区教育考试中心受理高等教育自学考试各类考试报名28689人次，67961科次，新生注册2933人。使用53（次）所中学作为考点校，组考2242场次。办理自考毕业初审1830人（专科421人、本科1409人）。年内，西城区教育考试中心自考办负责西城区范围内和全市部分专业以及非学历证书等高等教育自学考试的报名、组考、毕业审核及论文申请审核工作。全国高等教育自学考试笔试每年4月、10月考试；计算机应用基础上机考试每年5月、11月考试；高等教育非学历证书考试每年5月、11月考试。根据北京市高等教育自学考试办公室安排，从2014年开始，西城区不再承接5月计算机应用基础上机考试组考工作。

（欧阳丽）

【完成成人高校招生工作】　至年底，西城区教育考试中心完成成人高等学校招生工作。成人高校招生类型依然分为高中起点升本科、高中起点升专科和专科起点升本科三种，报名方式继续采用网上报名加现场确认的方式。全区网上报名交费5423人，参加资格确认考生5099人，比上年减少2047人。其中高中起点专科1899人，高中起点本科502人，专科起点本科2698人。报名15799科次，比上年减少6368科次。共设置成人考试考点校12所，考场181个。

（马华）

教育督导

【概况】　2014年，西城区政府教育督导室是区政府加强教育行政监督，行使教育督导职能的专门机构；代表区人民政府开展区内教育督导工作；职能是依法对区内教育工作进行监督、检查、评估、指导。年内，共有专职督学18人，兼职督学31人。年内，区教育督导室全面启动责任督学挂牌督导工作。完成13所中小学校全面实施素质教育综合督导，完成3个街道办事处履行素质教育目标责任随访督导，完成4所非学历民办教育培训机构进行综合管理督导评价，综合督导3所社区教育学校，随访督导1个教委直属单位、1个成人教育单位和2个校外教育单位4。

（王锦红）

【启动中小学校责任督学挂牌督导】　1月，西城区教育督导室制定《西城区中小学校责任督学挂牌督导工作实施方案》。该方案本着"积极探索、稳步推进、逐步完善、注重实效"原则，在全区107所中小学校全面启动责任督学挂牌督导工作，为每所学校配备挂牌督导的责任督学。实际工作中，区教育督导室将挂牌督导制度与督学责任区制度相结合、挂牌督导工作与综合督导和专项督导工作相结合，完成责任督学与学校的对接，实行责任督学电话值班制度。至年底，督导值班电话共接访电话665人次，责任督学下校了解到学校问题共计120余条。

（王锦红）

【完成义务教育均衡发展公众满意度调查】　1月，西城区教育督导室开展义务教育均衡发展公众满意度调查。该工作依据《北京市区县义务教育均衡发展满意度调查工作方案》，采用市教育督导室统一设计的问卷，抽样问卷调查部分人大代表、政协委员、义务教育学段学校校长、教师和学生家长。共发放问卷2200张，回收有效问卷2133张。经过统计分析调查问卷，形成《西城区义务教育均衡发展公众满意度调查结果统计分析报告》。

（王锦红）

【区人大追踪督导意见落实情况】　10月14日，区人大追踪调查西城区关于教学质量督导工作审议意见落实情况。区人大领导和教科文卫工作委员会代表共5人参与调查。调查组听取区教育督导室强化教育督导机构职能、完善教育督导机制建设、提高教学督导的针对性、提高督学的专业化水平四个方面汇报。调查组对督导室一年来的工作落实情况给予肯定，认为督导工作是一项基础性很强的工作，对于西城教育的发展责任重大，希望督导部门继续坚持联动督导工作机制，与教育行政部门以及教研部门共同解决教育发展过程中存在的问题。上年，区人大常委会对西城区教学质量督导工作进行检查，并于7月提出审议意见，提出明确区政府教育督导的职能地位、加强督导机构和督学队伍建设、完善教学质量专项督导评价指标体系和监控体系、进一步提升教育督导工作意见。

（王锦红）

【接受北京市全面实施素质教育综合督导】　12月10日，市教育督导室督导评价组综合督导西城区全面实施素质教育工作。督导组由市教育督导室18名领导和专家组成。督导评价组查阅档案资料，观看西城区全面实施素质教育工作专题片，听取西城区《校校精彩、人人成功》工作汇报，召开区相关委办局、教委相关科室、学校校长代表等不同层面的座谈会，到回民幼儿园、三里河第三小学、育才学校、外事学校、西城区少年宫、广安门外街道办事处进行实地考察，以多种方式全面了解本区全面实施素质教育工作情况。督导组认为，西城区政府坚持教育优先发展战略，把教育作为推进区域发展的重要工作纳入全区国民经济和社会发展规划。深化教育综合改革，优化资源配置，结构布局日趋合理，优质教育资源规模大幅度提高。全面实施素质教育，学生综合素质全面提高，工作机制日趋完善，综合改革成效明显。创新教育改革的新机制，优化教育布局的新途径，实现教育服务的新方式，为北京市的教育综合改革做出新贡献。

（王锦红）

【开展“减负”督导监测】　至年底，西城区教育督导室完成义务教育阶段59所小学和47所中学进行“减负”工作现状督导监测。通过学校自评，督学下校采集信息，全面了解学校“减负”工作，录入数据并上传至北京市义务教育阶段学校学生课业负担督导监测系统。在此基础上，区教育督导室组织督学按中、小学分别汇总统计分析监测数据以及采集的信息，形成督导监测报告。

（王锦红）

【综合督导全面实施素质教育工作】
至年底，西城区教育督导室综合督导13所中小学校全面实施素质教育工作。督导工作会同区委教育工委、区教委、教育研修学院、教育学院宣武分院、教育信息中心、教育考试中心、中小学卫生保健所和相关街道办事处进行。督导后分别召开全面实施素质教育综合评价反馈会，回复督导评价意见，充分肯定学校近三年工作中取得的主要成绩，同时指出学校工作中存在的主要问题并针对问题提出具体建议。

（王锦红）

【开展非学历民办教育培训机构督导】
至年底，西城区教育督导室继续开展非学历民办教育培训机构督导。督导涉及西城区学大培训学校、西城区新世界培训学校、西城区学而思培训学校等5所学校。督导内容涉及办学方向、办学条件、学校管理、办学绩效和办学特色五个方面。督导后回复督导评价意见，肯定学校工作成绩，指出学校存在的主要问题并针对问题提出具体建议。

（王锦红）

【开展社区教育学校督导】　至年底，西城区教育督导室依据《西城区社区教育学校工作评价指标体系》开展社区教育学校督导。督导涉及金融街社区教育学校、广安门外地区社区教育学校和陶然亭地区社区教育学校3所学校，督导内容涉及学校组织管理、教育教学、发展绩效、特色创新四个方面。督导后，督导组书面回复督导评价意见，肯定学校工作成绩，指出学校存在的主要问题并针对问题提出具体建议。

（王锦红）

【综合督导街道办事处】　至年底，西城区教育督导室依据《西城区进一步推进全面实施素质教育评价工作方案》对金融街街道办事处、广外街道办事处以及陶然亭街道办事处进行综合督导。在督导的过程中注重挖掘街道开展素质教育工作的特色和取得的成绩，同时依据评价方案和街道开展教育工作中出现的不足，提出具体工作建议。

（王锦红）

【开展督学培训】　至年底，西城区教育督导室开展多种形式督学培训活动。先后组织督学300人次参加北京市督学大讲堂、2名专职督学参加北京市专职督学轮训班、2名主任参加区县督导室主任高级研修班、5名督学参加责任督学挂牌督导专题培训班、7名督学参加新任督学培训班。此外，组织学习国家、北京市相关文件精神，组织专职督学18人次参加“聆听思想、启迪智慧”读书活动。

（王锦红）

中共西城区委教育工委

书　　记　韩星桥

西城区教育委员会

主　　任　丁大伟

西城区政府教育督导室

主　　任　牛东棋

朝　阳　区

总　类

【认定教育人才及先进单位】　1月7日，朝阳区2014年人才工作会表彰教育人才及先进单位，朝阳外国语学校校长郝又明获得“朝阳教育家”称号。此外劲松职业高中教务副主任向军被认定为“朝阳区创新人才”，北京中学校长夏青峰被认定为“朝阳区社会建设与管理人才”，北京市芳草地国际学校校长助理张龙被认定为“朝阳区优秀青年人才”，北京市朝阳区青苗国际双语学校校长莫名翰（澳大利亚籍）被认定为“朝阳区国际人才”，朝阳区教育研究中心、北京第二外国语学院附属中学、朝阳区白家庄小学、安华里第二幼儿园4家单位被评为“朝阳区人才工作先进单位”。

（王志斌）

【表彰教育年度人物】　1月16日，朝阳区教委表彰2013年度对朝阳教育事业发展做出突出贡献并产生较大影响“教育年度人物”。“教育年度人物”共14人，分别是：北京中学校长夏青峰、八十中学生杨东麟、陈经纶中学教师陈旭、安慧里中心小学教师滕桂玲、十八里店中心小学校长陈春红、朝阳师范学校附小校长齐振军、安慧里中心小学学生常远、垂杨柳中心小学教师于松建、望京实验学校校长董树莉、励步儿童英语培训学校校长吴颖、和平街一中校长陈秀珍、呼家楼中心小学校长马骏、望京实验学校教师张跃强、安贞街道办事处主任董会生。

（陈璐）

【区教委开通微信公众号】 1月30日，朝阳区教委微信公众平台“朝阳教育”正式上线，微信号“educhaoyang”。“朝阳教育”订阅号是区教委进一步有效利用新媒体，搭建新兴宣传平台有力探索，有利于宣传和展示朝阳教育发展与成果，进一步扩大朝阳教育影响力。

（陈璐）

【启用教育科研管理平台】 3月6日，朝阳区教育科学研究规划课题管理系统正式启动。该平台具有区内教育规划课题的申报、评审、诊断、结题、优秀成果推广功能。平台实现科研课题网络化管理，使科研课题管理、资源积累进一步科学、规范、高效，为行政部门科研决策提供更加全面、准确的数据信息。

（杨帆）

【举办首届中学生汉字听写比赛】 3月7日，朝阳区语委在十七中举办首届中学生汉字听写比赛。全区17所中学代表队参加比赛。八十中代表队获团体一等奖，东北师大附中朝阳学校、陈经纶分校获团体二等奖。获奖学校将参加全国第二届“中国汉字听写大会”北京赛区选拔赛。

（韩志波）

【获北京市“三八”红旗奖】 3月，朝阳区教育系统张朝晖、陈春红、张滨滨、何琳获得北京市“三八”红旗奖章。同时，朝阳区福怡苑幼儿园、朝阳区新源西里小学获得北京市“三八”红旗集体称号；何欣荣获“北京市妇联系统先进个人”称号、朝阳区水碓北里幼儿园妇委会获得“北京市妇联系统先进集体”称号。

（赵光）

【与中国传媒大学签署合作协议】 4月1日，朝阳区教委与中国传媒大学签署合作办学协议。双方在已建立良好合作关系基础上，将地处中国传媒大学校园内的朝阳区定福庄第二小学更名为“中国传媒大学附属小学”。该校将发挥中国传媒大学资源优势和特色，在学校教师特色项目培训、特色课程建设、教学资源共享等多方面深入合作，实现学校与高校优质资源的交流与共享。

（王静）

【举办奥林匹克教育活动】 4月16日，2014年北京市中小学奥林匹克教育系列活动在十八里店小学启动。活动以“奔跑、运动、成长”和“支持申办冬奥，实现中国梦想”为两大主线，整合北京市教育和体育系统青少年体育赛事资源，开展30多项奥林匹克教育系列活动。内容既包括中小学校园篮球、智力运动、民族传统体育、“我的奥林匹克”青少年体验营等传统项目，也包括足球体育教师培训、校园足球赛、“奥城杯”青少年足球冠军杯、家庭足球嘉年华等足球主题类活动。杨晓超、刘敬民、蒋效愚等参加启动仪式。活动由北京奥运城市发展促进会、市教委、市体育局、共青团北京市委主办，旨在普及青少年体育技能、提高青少年体质体能，培养青少年拼搏进取、团结协作的精神，激发中小学生参加体育锻炼的热情。

（黄阳艳）

【举办特级教师工作室走进朝阳活动】 4月22日，杨广馨特级教师工作室走进朝阳系列活动在朝阳区第二实验小学北辰福第校区拉开帷幕。活动由北京教科院主办、朝阳区教育研究中心承办，有关专家、各区县教研员等80人参加现场会。会上，北京教科院为朝阳区第二实验小学杨广馨特级教师工作室工作站颁牌，朝阳区第二实验小学36名教师现场展示多彩葫芦娃学科整合现场课。会议还邀请有关书法家举办书法名家笔会。至年底，杨广馨特级教师工作室走进朝阳系列活动共举办4次活动。

（田凤燕）

【举办中学生社团嘉年华活动】 5月4日，朝阳区教委在八十中望京高中部举办“炫彩社团行青春中国梦”朝阳区中学生社团嘉年华活动。活动由开幕式、展位展示、文体秀场、语言秀场、闭幕式等环节组成。全区中学

2200个社团、2000人参与活动。

（郭锐）

【3所学校入选非物质文化遗产传承教育示范校】 5月29日，朝阳区3所学校入选非物质文化遗产传承教育示范校。3所学校是求实职业学校、劲松职业高中、电气工程学校。第三届中国（北京）国际服务贸易交易会期间，3所学校通过专场文艺汇演、展板、学生作品等形式展示非遗教育特色和中华优秀传统文化教育成果。

（李联启）

【获得全国先进称号】 5月，北京市忠德学校英语教研组、朝阳区星河实验小学、北京市朝阳外国语学校数学教研组分别获全国工人先锋号、首都劳动奖状、北京市工人先锋号荣誉称号。祖雪媛、张滨滨、方玉平、王玉卿4名教师获首都劳动奖章。

（赵光）

【青少年涉台教育基地校授牌】 6月25日，朝阳区教委在朝阳区三里屯小学举行青少年涉台教育基地校授牌仪式。北京市望京实验学校、呼家楼中心小学、白家庄小学、安慧里中心小学、三里屯小学、北京市第九十四中学、北京市和平街第一中学7所学校被评为区级青少年涉台教育基地校。青少年涉台教育基地校主要任务是组织开展涉台教育、对台交流等活动，积极发挥基地校示范辐射作用。

（张艳荣）

【区教委与5所高校签约合作】 6月27日，在高等院校参与北京市中小学发展工作推进会上，朝阳区教委与区域内5所高校签约合作。5所高校是北京工业大学、北京化工大学、中国传媒大学、对外经济贸易大学、北京第二外国语学院。与高校合作工作将发挥高校优质教育资源优势，通过开展师资培训、课程建设、校本研修、选派外教等一系列合作项目，提升朝

阳区师资队伍水平及整体办学质量，推动朝阳区义务教育均衡发展。

（王静）

【国家级教学成果评选获奖】 7月5日，朝阳区3项成果获得首届基础教育国家级教学成果奖。其中，星河实验小学申报的“马芯兰小学数学教学法”获得首届基础教育国家级教学成果一等奖。“马芯兰小学数学教学法”是在对数学教学论、课程论和学习论三方面进行相互关联研究基础上，并通过实践验证一项教学成果。该成果主要特点是：学习时间短，课堂效率高，教学质量好，学生兴趣浓厚，基础知识扎实，思维灵活，课业负担减轻。八十中申报的“创建生物情景教室促进生物教学改革”成果同获首届基础教育国家级教学成果一等奖。该成果提出“创建生物情景教室促进生物教学改革”设计思路，把“教室”“实验室”“图书馆”功能集为一体，开发多种使用功能，旨在为学生提供丰富的学习资源，促使学生主动学习，提高科学素养。新源西里小学申报的“融合教育学校对随班就读学生支持服务方式的研究”获首届基础教育国家级教学成果二等奖。

（杨帆）

【市级学科带头人学科研究室启动】

7月9日，朝阳区教委在北京中学召开2014年学科带头人研究室工作启动会，成立学科研究室9个，学员61人。学科研究室在“名师工程”市级学科带头人研究室工作项目小组领导下，通过个人申报、单位推荐、区教委审批方式组建，涵盖中小幼职四个学段，是分学科、分学段建立的以学科主持人为主导的项目学科团队。

（唐玉霞）

【分流安置自办学校学生】 8月，朝阳区教委稳妥推进自办学校学生分流工作。至年底，妥善分流安置6所未批自办学校3105名在校学生。根据学生意向就近安置在周边公办学校和民办学校就读，确保学生上好学。

（崔蕊）

【举办课程建设与学生发展论坛】 10月15日，朝阳区教委举办“学科课程建设与学生个性化发展研究”论坛。论坛活动中，10名专家作报告，研讨学习本质、教育元点、学习力内涵、学科课程建设趋势等理论问题。清华副校长谢维和、北师大教育学部教授裴娣娜等14名高校教育专家，12所“我国未来教育发展新特征研究”项目实验校负责人及朝阳区中小学领导、教师200人参加会议。

（王月胜）

【10所学校与贵阳合作】 10月23日，在朝阳贵阳深化合作系列活动开幕式上，10所学校校长分别与贵阳市区县政府及合作学校签署合作办学协议。10所学校中，6所基础教育学校，4所非基础教育学校（3所职业教育学校、1所社区教育学校），简称“6＋4”项目。根据合作协议，贵阳市与朝阳区学校，采用开办分校、联盟校、基地校等多种形式进行深度合作和资源共享。签约后，贵阳引进朝阳区10所学校立即启动实质性推动工作，2015年9月1日开学前实现正常教学。

（王静）

【完成节约型示范校年检】 10月，朝阳区13所学校、幼儿园通过北京市节约型示范校年检示范校年检，经北京市中小学后勤管理研究会专家组现场评审，康乐园小学、平乐园小学、新源里四小、望花路小学、朝师附小、日坛小学、首大附属实验学校、北苑中学、和平街一中、东方职业学校、清友实验幼儿园、西坝河一幼、团结湖一幼通过年检。

（狄在达）

【成立教育网络电视中心】 11月18日，朝阳区教委成立朝阳区教育网络电视中心。该中心与宣教中心合署办公，具体负责朝阳区教育网络电视节目播出平台建设、播出节目制作和中心的日常运行管理。教育网络电视中心通过制作视频节目宣传朝阳区教育成就，提升教育服务社会的力度，提升朝阳教育品牌形象和影响力，为教育发展营造好良好的社会舆论氛围。

（陈洋）

【获评教育工会先进单位】 12月，在北京市教育工会召开2014年度工会工作先进评审会上，朝阳区教育工会获得北京市教育工会2014年先进单位奖。全市普教系统有4家单位获得此奖项。2014年，朝阳区教育工会以维护教职工合法权益为中心，以师德建设为重点，以教师协会建设为抓手，围绕教育教学中心工作，履行各项职能，加强自身建设，提高协调和服务能力，团结带领全区教职工积极投身教育改革和发展大局，开展“劳模进校园”和“师德巡讲”等活动。

（赵光）

【试运行校园安全信息化平台】 12月，朝阳区教委完成校园安全信息化平台一期工程建设，基本实现校园安全信息化平台相关模块的功能。平台分成事件上报、风险隐患、通知公告、学习园地和安全评估五个模块，实现全区中小学、幼儿园的数据、内容、时间、责任人和责任体系、校内外信息五个全覆盖，提升平安校园的信息化管理水平。

（吴桂全）

【集中整治自办学校托幼场所】 至年底，朝阳区教委根据区城乡结合部地区清理整治工作整体安排，稳步推进自办学校、托幼场所的清理整治工作。按照一乡一方案原则，在前期排查基础上，进一步细化乡镇自办学校（托幼场所）整治工作台账，形成工作方案，对存在严重安全隐患的自办学校（托幼场所）重点整治。区教委结合整治情况，向所有学校印发限期改正通知书，对安全隐患严重的印发责令停止办学通知书。同时，各乡政府加大查处力度，多次出动联合综治力量，加强政策宣讲，对安全隐患严重学校解除房租协议，说服劝解举办者整改，并做好稳控工作。年内共关停5所未经审批自办学校。

（孙婷婷）

【完成民办学校行政许可工作】 至年底，朝阳区教委依法完成民办学校行政许可事项68件，备案事项341件。印发责令限期整改通知书58件，责令停止办学通知书47件；妥善处理民办学校投诉201件，电话咨询等

6100件。

（孙婷婷）

学前教育

【概况】 2014年，朝阳区共有幼儿园203所。其中，教育部门办园33所，其他部门办33所，集体办28所，民办园109所，开设2374个教学班。幼儿离园15113人，入园幼儿20992人，在园62329人。教职工11980人，其中教师6314人。全区北京市示范园14所，市级早教示范基地49个，一级一类园101所。艺术作品的全新艺术空间。

（吴燕）

【获北京市“最优环境建设奖”】 1月，在市教委举办的2013年度北京市幼儿园环境创设评优活动中，水碓北里幼儿园获得“最优环境建设奖”。该园以“艺术润养心灵，快乐自信成长”为指导，结合幼儿不同阶段对美的感知与表现特点，以艺术体验馆的方式，为幼儿提供一个可感知、可操作、可共同展示艺术作品的全新艺术空间。

（吴燕）

【评估民办幼儿园教育质量】 9月，朝阳区职业教育教产合作促进中心实施民办幼儿园考核评估和跟踪指导工作。评估以“促进园所发展、促进教师专业水平提升和促进幼儿健康快乐成长”工作原则，评估项目内容以《北京市托幼园所分级分类验收标准及细则》和《北京市民办幼儿园年度考核评价标准及细则》为依据，涉及区内全部注册民办幼儿园。评估组由121名专、兼职评估专家组成。专家深入177所园所并给予一对一指导，为幼儿园提供书面评估反馈报告，并完成撰写《2014年朝阳区学前教育质量评估结果分析报告》。

（李鹏）

【检查幼儿园食品药品安全工作】 11月24至28日，朝阳区教委和区各相关委办局联合检查幼儿园食品药品安全工作。检查共涉及幼儿园609所，出动检查人员300人次、150辆车次。检查过程中指导幼儿园查找食品安全隐患，制定措施及时整改，为预防幼儿园食源性疾病和食物中毒预防提供机制保障。

（车凤鸣）

【加强幼儿园级类建设】 截至12月，朝阳区教委完成23所幼儿园级类认定工作。其中，8所幼儿园通过一级一类验收，5所幼儿园通过一级二类验收，同时结合年检，组织管理、教学、保健人员对园所进行集中视导，聚焦问题、找准方向、促进自主发展。至年底，全区一级一类园共有101所、一级二类幼儿园23所，一级以上各级各类幼儿园总数占全区幼儿园总数61%。

（郝晋）

【做好分层分岗培训】 截至12月，朝阳区教委结合幼儿教师职业发展阶段特点，开展分层分岗培训，满足教师专业发展需求。完成668名新教师入职培训，帮助新教师胜任岗位工作要求；开展400名青年教师领域培训，提升青年教师教学基本功；组织82名区骨干教师分批赴东北师大学习，更新教育理念，提高保教能力；组织园长、保教主任、教研组长等40人到上海学习新理念，体验新实践；组织28名市骨干教师赴境外学习，提升国际素养。开展各类型幼儿园保教主任专题培训，240人参加学习。

（郝晋）

基础教育

【概况】 2014年，朝阳区小学111所，教学班4108个，在校生129414人，教职工8881人，其中，专任教师8352人。小学入学率100%，巩固率100%，毕业及格率100%。中学73所（初中29所、高中1所、完全中学13所、九年一贯制学校20所、十二年一贯制学校10所），教学班2030个（初中1462个、高中568个），在校生55168人（初中39683人、高中15485人），教职工16515人，其中，专任教师14780人；初中入学率100%，巩固率100%。工读学校1所，在校生60人，教学班4个。特殊教育学校1所，教学班18个，在校生151人，教职工64人。校外教育单位1个，教职工118人。中小学教师学历合格率100%，高级专业技术职务教师2149人（小学208人、初高中1941人）。教育部门办学校占地总面积417.91万平方米，建筑面积254.57万平方米，图书藏书741万册。全年教育经费总投入567452万元，其中，国家拨款559983万元，自筹经费7469万元。

（张清军）

【规范小学初中入学流程】 1至6月，朝阳区教委制定政策，规范小学、初中入学流程。小学入学由全区统筹安排。全区分为15个学区、40个地区，符合入学条件适龄儿童对接学校服务片、学区服务片、地区服务片，实现各学区服务片无缝对接。开发并应用“开具就读证明联审程序”，保证符合在朝阳区就读条件非本市户籍适龄儿童平等接受义务教育权利。初步研发“朝阳区适龄儿童信息管理系统”，为2015年小学入学生源预测、适龄儿童报名、登记、录取等工作服务。初中入学按照单校划片和多校划片方式，统筹安排符合在朝阳区完成小学教育毕业生入学，规范有序地实现全区一组一次派位。初中入学取消共建、推优等入学方式，保留住宿学校招生和民办学校招生。开发并初步使用“朝阳区初中入学管理系统”，提升信息核对速度。新入区非本市户籍毕业年级学生实行网上联审，保证符合就读条件学生平等接受义务教育权利。与此同时全面清理、规范更新全区现有电子学籍，每学期转学工作实行全区统筹管理和安排；非本市户籍学生转学时，开具就读证明实行各委办局联审机制，实现区县自主学籍管理与市级学籍管理云平台对接和统一。

（白志坚）

【举办骨干教师国际化素养提升专项培训】 1至12月，教育学院朝阳分院对外交流培训中心举办骨干教师国际化素养提升专项培训。培训分为引进课程培训和境内行前集训＋境外培训两种方式。教育系统1186人参加培训。其中，引进课程培训邀请英国爱丁堡学院、美国波士顿大学、澳大利亚皇家墨尔本理工大学等优秀大学师资力量举办12期，培训学员682人次，参加培训教师覆盖中小幼职英语教师、教研员和双语教师。

（经琪）

【监测全区学生体质健康】 2月21日至12月25日，朝阳区教委保健所按照北京市教委和卫生局工作要求，组织3组专业人员下校开展在校学生健康体检监督检测工作。工作程序和项目严格执行市教委和卫生局规定标准。年内完成全区中小学182935名学生健康体检工作，覆盖率100%。检测结果：沙眼0.03，蛔虫0.0，贫血1.75，营养不良3.11（中度）、3.95（轻度），视力不良58.53，肥胖13.46。

（车凤鸣）

【召开送教上门工作会】 3月18日，朝阳区教委召开中学重度残疾儿童少年送教上门工作会议。会议内容包括学习教育部《特殊教育提升计划》、北京市《中小学融合教育行动计划》以及全国特殊教育工作电视电话会议精神；部署研讨朝阳区2014年送教上门工作。开展送教上门工作22所普通中学领导干部参加会议。

（李汀）

【召开民族团结教育现场】 3月27日，朝阳区教委在管庄学区兴隆小学召开朝阳区小学民族团结教育现场会。管庄学区以“学区引领，因校制宜，融合资源，增强实效”为题，介绍民族团结教育经验；瑞祥民族小学从课堂、活动、环境三大途径介绍实施民族教育经验；北京市民族学校从“一班一族”研究性学习，探索民族文化；管庄学区所属校教师、学生、家长展示现场会主题歌、民族团结教育课、民族礼仪情景剧、民族团结故事朗诵、民族乐器表演，推动全区小学民族团结教育活动。各学区、直属校、一贯制学校小学部德育干部，区小学民族团结教育示范校德育干部参加会议。

（王茜）

【研发自办学校协管员管理模块】 3月，朝阳区社会力量办学管理所研发自办学校协管员管理模块系统。该模块通过系统协管员在线提交各类表格和照片等资料，实现自办学校及家庭托幼场所基本信息、学生数据、安全隐患等数据统计，完成保存数据、公布数据、数据预览等一系列操作。该模块通过技术手段对协管员工作进行精细化管理，及时掌握协管员工作流程，并根据协管员工作流程进行汇总并按要求进行绩效评估，促进管理更加规范化、标准化。

（崔蕊）

【完成师生心理健康测评】 4月2日，朝阳区教委完成中小学师生第二次心理健康测评。测评抽取30所小学、17所初中、8所普通高中和3所职业高中的12410名学生和1041名教师进行心理健康状况测查。测查变量包括学生语文和数学学业水平、学生情绪和行为、师生关系等。测评结果显示，朝阳区学生心理健康状况好于全国常模，不同学段教师心理健康状况参差不齐，教师职业压力和情感倦怠问题凸显。该测评由朝阳区中小学生心理健康关爱工程项目组具体实施。

（经琪）

【完成学校卫生工作视导】 5月12至23日，朝阳区教委完成学校卫生工作视导工作。该工作由教委保健所、区疾控中心和社区卫生服务中心及地段医院人员组成联合视导组，每组3人，分10组下校视导。共视导学校182所、256个校址，累计入校303人次，视导覆盖率100%。视导结果：学校重视整体卫生工作，防近视控肥胖及传染病防控工作在逐步规范并且有所创新，教学环境得到明显改善；饮食饮水安全管理普遍得到重视。但个别学校存在晨午检对学生发病病状不清楚，追访不彻底，视力不良分档管理不细等情况。综合视导有效地推动学校卫生工作全面规范发展。同期，教委保健所按照年度工作计划对21所申报健康促进学校进行区级验收工作，21所学校全部通过区级验收，准备接受市级验收。

（车凤鸣）

【召开中小学城乡发展共同体成果交流会】 5月，朝阳区教委召开中小学城乡发展共同体成果交流会。会议主题是交流十七中城乡共同体学校、白家庄小学八里桥小学共同体工作成果，通过课堂教学展示、听评课，展示共同体学校“管理一体、研训一体、资源一体”工作模式。区教委领导和有关学校代表263人参加会议。十七中城乡共同体学校2011年成立，成员包括楼梓庄中学、豆各庄中学，共3所学校。白家庄小学八里桥小学共同体2011年成立，由白家庄小学、八里桥小学组成。

（张清军）

【组建“1+9”小学英语教育联盟】 6月19日，朝阳区教委举行中小学英语教学改革项目校际合作签约仪式。北京第二外国语学院中小学英语教育中心与朝阳区10所小学分别签订“中小学英语教学改革合作项目”协议，组建朝阳区“1+9”（以二外附小为中心辐射其他9所小学）小学英语教育联盟。活动初期，二外选聘20名英语专任教师、200名高年级本科生和研究生以及外国留学生、部分外籍英语教师以项目组方式到签约的10所小学开展小学英语教学教改项目工作。10所小学是传媒附小、二外附小、定福庄一小、定福庄四小、大黄庄小学、兴隆小学、半壁店小学、高碑店小学、双桥一小、双桥二小。

（王静　王薇）

【实施“外教课程派送”项目】 9月，朝阳区职业教育教产合作促进中心实施“外教课程派送”项目。该项目由教产合作促进中心遴选、引进、培训外籍教师，派送朝阳区中小学任教。截至年底，教产合作促进中心签约外教63人，他们来自英国、美国、澳大利亚等国家，其中博士学历3人，硕士学历11人，本科学历49人，10年以上工作经验9人，5至10年工作经验12人，2至5年工作经验42人。22所学校选用外籍教师63人任教英语课程。

（李鹏）

【成立二外附属学校合作理事会】 10月12日，北京第二外国语学院与二外附中、附小成立合作理事会并召开第一届理事会会议。会议审议通过理事会的成员名单及章程并提出修改意见。确定合作理事会由北京第二外国语学院选派6人，朝阳区教委选派2人，附属中学、小学选派11人组成。理事会是学校发展规划、办学特色、形成品牌监督指导机构。未来，理事会将定期召开会议，就合作项目的相关事项进行审议，以保证项目顺利实施，取得良好成效。理事会章程规定，二外向合作学校选派优秀干部和教帅，提升师资队伍，完成实验班教学任务。

（欧新华）

【表彰特色原创优质课资源】 11月27日，朝阳区教委召开首都特色原创优质课程辅助资源评选表彰大会，表彰全市评选获奖作品。首都特色原创优质课程辅助资源评选活动由北京教科院组织，区教研中心承担本区收集、评选、指导和送审工作。评审涉及小学、初中国家课程和地方课程共16个学科，资源类型包括教学素材、教学课件、学习活动方案、教学案例、微课程、教学工具和教育游戏7大类。全区共向北京市推荐595条课程资源，其中460条资源获奖，其中一等奖129条，二等奖165条。

（杨帆）

【入选非物质文化遗产传承教育博物馆】 11月28日，北京市联合国教科文组织协会授予北京青年政治学院附属中学“非物质文化遗产传承教育博物馆”称号，这是北京市联合国教科文组织协会在北京市第五个“非物质文化博物馆”。该校非遗作品包括：北京景泰蓝画、河北白洋淀芦苇画、广西壮族织锦、天津杨柳青年画、江西景德镇瓷板画、安徽芜湖铁画、山西平遥漆画、黑龙江赫哲族鱼皮画、陕西关中皮影、陕西马勺脸谱、四川成都蜀锦、云南大理白族扎染、山东潍坊风筝、陕西宝鸡剪纸，共14种320幅，全部出自全国各地非物质文化遗产大师之手。

（余江）

【展示志愿服务主题教育成果】 12月

4日，朝阳区教委在朝阳师范附属小学举办“志愿服务文明同行”主题教育展示活动。活动回顾朝阳区志愿服务活动开展情况，表彰市、区志愿服务各类获奖单位。其中，陈经纶中学志愿服务站被评为“首都学雷锋志愿服务示范站”，朝阳师范附属小学助残报摊志愿服务岗被评为“首都学雷锋志愿服务示范岗”，劲松职业高中等9个单位分别获得“首都学雷锋志愿服务岗”和“朝阳区学雷锋志愿服务岗”荣誉称号。此外，还有2486名中小学生被评为朝阳区社区文明小使者称号。展示活动通过卫星设备实现4校实时连线，5000名学生在各分会场观看直播。

（陈璐）

【白家庄小学举办国际摄影节】 12月23日，白家庄小学举办首届国际摄影节。摄影节主题是“我的世界我的家”，意在引导全体学生尝试用相机记录身边美好生活，用慧眼去发现身边美好事物，用摄影方式感悟世界精彩。学校5个校区和国际友好校共报送摄影作品400幅。

（田绯）

【开展特级教师导师团下校指导工作】 至年底，朝阳区继续进行特级教师进校园工作。特级教师导师团共走进54所中学、8个学区、5所直属小学、6所幼儿园、1个直属单位。导师团成员159人参与工作，其中，国务院津贴特级教师7人，高级讲师25人，特级教师127人。特级教师中，外区县退休特级教师55人，本区退休特级教师24人，本区在职特级教师65人，外区在职特级教师18人。

（王粟超）

职业与成人教育

【概况】 2014年，朝阳区共有职业高中4所，开设53个专业239个教学班。毕业学生3769人，招生2524人。教职工1121人，其中，专任教师739人、教辅人员382人。专任教师中，高级专业技术职务教师247人。藏书46.44万册，其中，纸质图书46.44万册。拥有计算机5719台。固定资产总值57601.5万元。职业高中占地面积33.71万平方米，建筑面积23.77万平方米。成人学校5所。其中，北京市朝阳区职工大学设有和平里、和平西街、双龙南里和首都机场4个教学区。设有4个教学系，开设36个专业。教职工121人，其中，专任教师31人。学校学历教育毕业生971人（职大341人、电大630人），在籍生5095人（职大559人、电大4536人）。非学历教育培训19669人。占地面积3.47万平方米，建筑面积1.04万平方米。社区学院1所，市民终身教育服务中心8所，街乡社区教育中心43所，社区教育学校476所。

（李联启　张宜寰）

【实施“3+2”中高职衔接改革】 1月21日，电气工程学校城市轨道交通车辆运用与检修专业、北京市电气工程学校电子信息技术专业、北京市求实学校学前教育专业被市教委批准为中高职衔接办学改革试点专业。所学校分别与北京交通运输职业学院、北京电子科技职业学院、北京汇佳职业学院合作，开展“3+2”（3年中职、2年高职）中高职衔接改革，试点一体化人才培养办学。

（李联启）

【试点综合高中班】 2月25日，朝阳区教委制定《朝阳区职业高中开展综合高中班试点工作方案》。方案明确，在劲松职高商务英语、电子商务专业，求实职业学校文秘专业，电气工程学校法律事务专业开展综合高中班试点，计划在2014年秋季招生210人。综合高中班统筹开设普通高中课程和专业课程，毕业生可报考高职院校或普通高校，也可由毕业学校择优推荐，双向选择，自主就业。

（李联启）

【实施“双百一普及”工程】 3月31日，朝阳区教委印发《朝阳区职业高中教师队伍建设“双百一普及”工程实施方案》。“双百一普及”即培养100名骨干人才和专业领军人物，引进100名行业企业专家，全体专任教师普及“双师型”，培养适应朝阳区职业教育“高端、精品、国际化”发展需要的高素质教师队伍。

（李联启）

【获全国职业技能大赛金牌】 6月11至13日，2014年全国职业技能大赛中职组烹饪比赛在扬州商务高等职业学校举行，全国36个省、市代表队456名学生参加比赛。劲松职业高中派出5名选手参加本次大赛，5名选手全部获奖，分别获得冷拼与食品雕刻项目金牌，面点项目、热菜项目和冷拼项目铜牌。同时，指导教师获得“优秀指导教师”称号。

（孙金月）

【举办第二届国际老年教育论坛】 10月25日，2014中国国际教育年会分论坛即第二届国际老年教育论坛在朝阳社区学院举行。论坛由中国教育国际交流协会、北京东方妇女老年大学、中国成人教育协会老年教育研究中心、中国下一代教育基金会“五老”关心下一代教育基金和朝阳社区学院联合主办。论坛主题是“老年教育与后职业发展”。北京东方妇女老年大学7名专家围绕论坛主题发言。来自中国、意大利、法国等国家40余名专家和代表参加会议。

（张宜寰）

【举办厨艺新星电视赛】 12月20至21日，朝阳区教委、劲松职业高中举办2014北京市中职学校厨艺新星电视大赛。来自北京市7所职业学校21名中餐烹饪专业学生比赛。比赛设冷菜、面点、热菜、共3项目，劲松职高代表队获得冷菜比赛和面点比赛第一名。比赛由市教委、市职业教育学会主办，朝阳区教委、劲松职业高中承办。

（李联启）

【实施“双百一普及”工程】 至年底，朝阳区教委实施职业高中教师队伍建设“双百一普及”工程。该工程建设目标是培养100名骨干人才和专业领军人物，引进100名行业企业专家，全体专任教师普及“双师型”，培养适应朝阳区职业教育“高端、精品、国际化”发展需要高素质教师队伍。年内，投入专项经费564万元，支持职业学校聘请188名行业、企业专家担任兼职教师；联合北师大、教育学院朝阳分院举办优秀青年教师、骨干教师、班主任培训，促进骨干教师专业化成长，25名职业学校教师被评为市学科带头人和骨干教师。

（李联启）

【举办社区教育综合展示】 至年底，朝阳区教委多种渠道开展社区教育综合展示活动。一是朝阳区社区未成年人传统文化才艺大赛，项目涉及语言、民族舞蹈、民族乐器、武术等6大类，全区约800名学生参加，评选出6类比赛一等奖29个。二是举办“青少年快乐暑期社区行”暨社区教育成果展示活动，利用学校教育资源面向社区开展亲子读书、科技教育、学农实践等6大类76项系列活动。三是举办朝阳杯社区青少年传统文化知识大赛，40所中小学14000名学生参加比赛，展示古典诗歌、诗词等传统文化知识。

（李雪）

【多途径推进社区教育工作】 至年底，朝阳区教委多途径推进社区教育工作。一是评比10个项目为第四批朝阳区市民学习品牌，5个社区教育中心为2014年朝阳区示范性社区教育中心。二是依托8个市民终身教育服务中心，开展“千课下基层进社区”为街乡送课1000课时。三是确认工大附中、首师大附属朝阳实验小学等30所学校为面向社区开展社区教育服务试点校。四是开展“好家长”评选活动，共评选出“好家长”3869人。

（李雪）

教育督导

【概况】 2014年，朝阳区政府教育督导室专职督学9人，兼职督学146人，督政兼职督学25人。主要负责对区内幼儿园、中小学、职业高中、成人教育等各类学校的办学方向、管理水平和教育质量进行监督、检查、评估和指导；对区有关委办局、街道办事处和镇政府落实教育法律法规职责和实施素质教育目标责任制落实情况进行监督检查；对区有关行政部门领导和管理教育工作情况实施督导；对教育工作中重大问题进行调查研究，提出意见和建议。

（苏纪玲）

【推进责任督学挂牌督导工作】 1月23日，朝阳区教育督导室召开全区中小学校责任督学挂牌督导工作推进会。会议讲解中小学校责任督学挂牌督导工作方案举办责任督学挂牌督导工作方法培训。至年底，全区所有中小学校实施责任督学挂牌督导。同时，以标牌形式向社会公布责任督学相关信息。全年收到家长各类咨询及投诉电话共接听电话5000个，基本实现电话有接听，咨询有解答，投诉有沟通，问题有处理。

（苏纪玲）

【召开教育督导工作会】 4月16至17日，朝阳区教育督导室召开教育督导第十五届年度工作会。会议认为，2013年工作具有系统规范、改革创新、成果显著、走在前列四个特点，并指出区教育督导工作的瓶颈及需要破解两个问题。一是责任督学承担的任务与原有知识结构能力水平的差距问题；二是挂牌督导后，督学面临来自学校、社会和自身角色转换的挑战问题。针对两个问题，会议提出三点要求：一是要加强督学队伍建设，做好学习培训工作；二是要把常规的项目督导纳入到每月的具体工作中；三是要谋划好改革创新重点项目，扎实推进工作。区教育督导室领导和专兼职督学130人参加会议。

（苏纪玲）

【召开督政兼职督学工作会】 4月23日，朝阳区教育督导室召开督政兼职督学工作会。会议通报2013年街乡、委办局督导考核工作情况，并提出2014年督导工作的思路。会议介绍2014年街乡督导考核评价工作方案，解读督导考核评价的目标、原则、内容、评价办法、工作安排及要求，研讨街道乡镇督导考核评价指标体系。区教育督导室领导和督政兼职督学15人参加会议。

（苏纪玲）

【开展公办幼儿园管理工作专项督导】 4至5月，朝阳区教育督导室完成公办幼儿园管理工作专项督导检查。督导涉及区一级二类及以下22所幼儿园，重点检查幼儿园管理工作过程与效果，具体包括计划总结、制度建设、指导工作、工作氛围、办园效益和安全管理6方面。通过督导检查，进一步规范各幼儿园管理工作，提升办园水平。

（苏纪玲）

【总结义务教育均衡发展随访督导工作】 5月23日，朝阳区教育督导室召开随访督导工作总结会。会议听取各中小学督学责任区组长，关于义务教育均衡发展随访督导工作全面，汇报学校档案材料准备、工作汇报、迎检线路设计、办学条件和资源配置自查情况。同时重点通报各学校当前在义务教育均衡发展工作中存在的问题，并提出建议。区教委、区教育督导室领导，17个中小学督学责任区组长参加会议。3月至5月，区教育督导室开展义务教育均衡发展随访督导工作，重点检查校长汇报、档案材料准备、线路与环境、办学条件数据等4方面，检查涉及小学141所（含九年一贯制和十二年一贯制学校小学部）、初中73所。

（苏纪玲）

【推进诊断式督导】　5月30日，朝阳区教育督导室召开引进学校诊断式督导专题研讨会。会议认为，诊断式督导以诊断问题为出发点，充分发挥学校主体作用。引进学校的诊断式督导一是对引进学校办学效益进行评价，要形成评价报告；二是对引进学校的督导结果要进行分析对比，找出各类校的优势；三是发现好的办学典型，推广成功经验。市教育督导室、市教育督导与教育质量评价研究中心和朝阳区教育督导室代表12人参加会议。

（苏纪玲）

【验收第三批素质教育示范校】　10月15日至11月14日，朝阳区教育督导室完成普通中学第三批素质教育示范校验收工作。验收工作采取专家论证会和实地验收两种形式进行。专家论证会听取学校示范校建设方案实施情况、示范校建设目标达成情况、学校问题改进情况等。在实地验收阶段，专家组通过听课、访谈教师学生、查看校园、查看文档，从学校基础管理、发展绩效两大方面对学校进行实地验收。全区11所学校申报，全部通过督导验收。

（苏纪玲）

【启动职业高中学校素质教育督导评价】　10月30日，朝阳区教育督导室召开职业高中学校全面实施素质教育督导评价工作启动暨培训会。会议解读本轮职业高中学校综合督导评价工作方案，明确综合督导的督导内容、工作程序、组织实施和学校自评工作要求等。对新一轮职业高中全面实施素质教育督导评价工作提出三点建议：一是要认真学习，统一思想，提高认识；二是要加强领导，精心组织，完善自评机制；第三要以查促改，规范管理，提升办学质量。会议标志着全区第二轮职业高中全面实施素质教育综合督导评价工作启动。区教委、区教育督导室领导，全区职高学校校长、职成督学责任区兼职督学共66人参加培训。

（苏纪玲）

【召开2014年责任督学工作总结会】　12月11至12日，朝阳区教育督导室召开2014年责任督学工作总结会。2014年责任督学工作总结会，会议总结朝阳区家长满意度调查、体育艺术科技和肥胖近视防控专项督导、北京市减负监测和责任督学挂牌督导四项工作。会议提出，着重谋划，抓住争创全国挂牌督导示范区建设的有利契机，全力做好新一轮全面实施素质教育督导，迎接国家义务教育均衡发展验收、做好督导信息化建设，探索引进校督导评估和民办教育督导等工作。区教育督导室领导和责任督学132人参加会议。

（苏纪玲）

【接受北京市全面实施素质教育综合督导】　12月24日，市教育督导室督导评价组综合督导检查朝阳区政府第四轮全面实施素质教育工作。督导检查通过听取政府汇报、分组座谈、查阅档案、实地考察等方式进行，区政府作全面推进素质教育工作报告。市督导评价组对朝阳区2011至2014年间全面实施素质教育的各项工作表示赞赏。

（苏纪玲）

中共朝阳区委教育工委

书　记　周炜

朝阳区教育委员会

主　任　孙其军

朝阳区政府教育督导室

主　任　王世元

丰　台　区

总　类

【实施中小学课外活动计划】　3月5日，丰台区教委召开义务教育阶段实施中小学课外活动计划工作部署会。会议解读丰台区义务教育阶段实施“中小学生课外活动计划”工作方案和开展“中小学校特色学生社团提升工程”实施方案。明确提出通过开展丰台区中小学生课外活动计划，切实减轻学生过重课业负担，满足学生个性成长和全面发展的需求，进一步促进学校素质教育全面实施，促进学校特色学生社团发展。区教委成立丰台区中小学生课外活动计划领导小组和专家组，负责课外活动计划的组织、协调和实施的监督管理，以及课外活动实施过程性指导和督导评价。区教委统筹安排生均每年400元的课外活动专项经费，主要用于学生体育、艺术、科技等活动，包括教师聘用、场地租用、低值易耗设备器材的购置，组织学生参加比赛、演出、社会实践活动等。“中小学校特色学生社团提升工程”与“中小学生课外活动计划”相互补充，区教委将投入1200万资金用于学校特色社团建设，重在打造学校品牌。区教委领导和全区中小学、教育学院丰台分院代表400人参加会议。

（程良）

【评选师德先进】　3月，丰台区教育工会评选教育系统师德先进。该评选由区教育工会主持，包括学校、片组、教育工会三级评审。全区共推选350名教师参加片组评审。经过组内评选，18个单位成为师德先进集体候选单位，16名教师成为师德标兵候选人，113名教师成为师德先进候选人。最终，评出10个师德先进集体，10个师德标兵和40个师德先进个人。

（孙桂荣）

【骨干教师津贴实行动态管理】 3月，2014年第35次区长办公会研究同意丰台区教委骨干教师津贴实行动态管理机制的请示。教育系统每年增加拨款380万元，用于骨干教师津贴和区教委统筹奖励。特级教师津贴由6000元/年提高至10000元/年、市级学科带头人由5000元/年提高至8000元/年、市骨干教师由4000元/年提高至5000元/年、区级各类骨干教师由3000元/年提高至4000元/年。教育系统绩效工资总额外资金由原来的620万元/年提高到1000万元/年。

（林宇）

【推进方庄教育集群建设】 4月17日，

丰台区教委召开方庄教育集群试验阶段推进会。会上，十八中校长代表方庄教育集群作《集群模式推进区域教育发展：方庄教育集群探索》总结报告，总结方庄教育集群工作经验，提出发展中问题。会议肯定方庄教育集群发展经验。全区公办中小学校长、幼儿园园长和家长代表等400人参加会议。方庄地区教育集群2009年酝酿、筹划，2011年5月正式建立。集群以十八中为龙头，涵盖27所中小学、幼儿园、职业学校、校外机构及优质民办教育机构。

（余琴）

【引进优质教育资源】 4月24日，丰台区政府举办扩大优质教育资源签约仪式。区政府根据市教委“加大市级优质资源整合力度，构建北京新教育地图”批示精神，与北师大、中国教科院、北京教科院、北京教育学院、清华大学附属中学签订合作协议。刘利民、苟仲文、线联平等领导参加签约仪式。依据协议，丰台区依托5家教科研机构和学校，通过托管、合作办学等方式，引进优质教育资源，建立学校集群（集团），增加优质教育学位。

（王珂）

【举办微团课比赛】 4至10月，丰台

团教工委举办丰台区中学系统微团课比赛。比赛设立微团课教案设计、课件设计、微格教学三个项目，通过培训、申报、参赛准备、协作片内互评推选、决赛等阶段，评选出一等奖1人、二等奖2人、三等奖4人。来自全区中学系统43名团干部参加比赛。

（黄菊）

【评选“魅力少先队”】 6至12月，丰台区少工委举办首届“魅力少先队”项目评选活动。经学校推荐，专家评选，19个少先队组织活动被评为“2014年建队纪念日优秀少先队主题队日活动”，26个少先队大队30个作品被评为“优秀校园媒体作品”，6个少先队大队被评为“优秀少先队雏鹰争章活动”，20个社团被评为“优秀红领巾小社团”，19个中队被评为“优秀少先队中队集体”，10个少先队大队被评为“红旗大队”称号。

（李晓季）

【发放随班就读教师岗位补助】 11月2日，丰台区教委印发《关于做好随班就读工作教师岗位补助的通知》。明确要求在实施中小学绩效奖励激励机制年度总额中提取部分资金，对从事随班就读工作的教师给予适当补贴。标准为中学每个随班就读学生每年补贴3000元，小学每个随班就读学生每年补贴2000元。

（黎雪）

【启动集团化办学模式研究】 12月3日，丰台区教委召开名校集团化办学模式研究与实践启动会。会议明确，开展名校集团化办学模式研究与实践是丰台区教委“十二五”教育规划的一项研究课题，也是教育综合改革的重要研究项目。通过名校集团化办学模式的研究与实践，将进一步推进丰台区教委教育优质均衡发展，不断满足人民群众上好学的需求。该课题区教委立项，涉及教育集团13个，校区47处，持续3年完成。区教委、区教育督导室领导，以及课题各项目校校长、课题负责人等40人参加启动会。

（王宏波）

【新建4个教育集群】 12月23日，丰

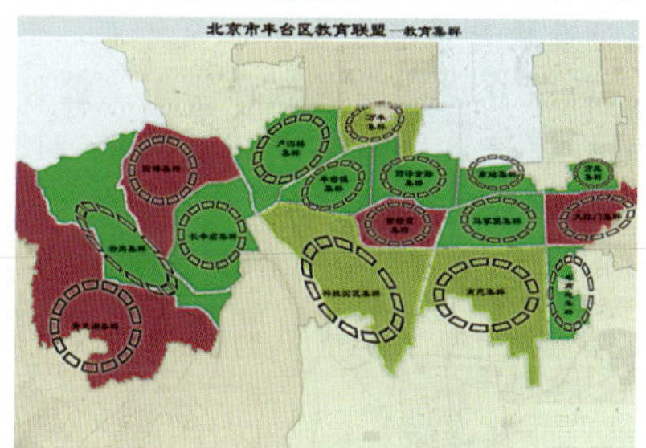

台区教委在北京教育学院附属丰台实验学校召开丰台镇、马家堡、卢沟桥、长辛店4个教育集群启动会。会议总结教育集群发展情况，并提出下一步工作思路。会议宣布4个新建集群正式成立。其中，丰台镇教育集群由首师大附属丽泽中学、丰台二中、丰台一小、丰台五小、丰台一幼等学校组成，马家堡教育集群由赵登禹学校、北京十八中西马校区、西罗园六小、嘉园一幼等学校组成，卢沟桥教育集群由教院附属丰台实验学校、大成学校、卢沟桥一小、青塔二幼等学校组成，长辛店教育集群由北京十中、长辛店一中、长辛店七小、长辛店一幼等学校组成。截至2014年底，丰台区已经建立8个教育集群。计划到2015年，还将建成万丰、大红门、南苑、丽泽金融区4个教育集群，2016年底，建成科技园区、首经贸、园博园、青龙湖等4个教育集群。届时，丰台教育集群总数将达16个，各级各类学校（校区）超过300个。

（余琴）

【举办“知行合一”中学生风采展示】 12月26日，丰台区在十八中西马校区

举办中学生“知行合一”风采展示。活动通过视频短片回顾丰台区围绕《培育和践行社会主义核心价值观指导意见》开展的系列活动。其中，3至5月全区中学开展“感动青春——寻找身边的道德榜样”活动，6月部分学校参加“东方少年中国梦征文比赛”活动，9月全区初一年级师生近万人参与市教委“四个一”活动，10月评选中学生金、银、铜质奖章，11至12月举办“瞭望杯”中学生时事论坛。活动还举办优秀学生事迹演讲和初中学生时事辩论赛。区教委、区文联、区作协、中学时事报领导，全区获奖学生代表和学校领导、家长代表200人参加活动。

（柳志英）

【评选教育创新工程】　至年底，丰台区教育工会完成教育创新工程评选。评选共收集各类申报资料213份。其中创新标兵资料51个单位133份，创新先进单位（班组）30个单位42份资料，教育创新成果31各单位38份材料。本着“公正、公平、公开”原则，经专家评审，评出创新标兵45人，教育创新单位（班组）16个，教育创新成果奖16人。

（孙桂荣）

【倡导学生及家长绿色出行】　至年底，丰台区教委依据空气重污染情况积极落实各项应急措施，倡导学生及家长绿色出行。要求学校通过广播、班会、健康课等形式对学生进行环保教育，提高学生应对空气重污染天气自我防护的意识和能力。同时学校通过短信、校讯通和致家长一封信等方式，提醒学生及家长加强防护，避免户外活动，尽量乘坐公共交通工具出行，减少机动车上路行驶，驻车时及时熄火，减少车辆原地怠速运行。据统计，接受教育系统各单位宣传教育的学生家长人数达12.6万人。

（刘洋）

【全面启动教育综合改革】　至年底，丰台区教委围绕社会关注的教育热点、难点问题，全面启动教育综合改革。年初，梳理完成丰台教委推进全面深化改革的思路和重点任务，制定重点任务推进表。9月起，建立改革任务进展情况月报制度，全面推进综合改革进程。年内启动综合改革调研工作，25个机关科室、直属单位围绕人才培养模式、办学体制、管理机制、保障机制、思想文化建设等五大专题形成43个调研课题，截至年底37个调研课题完成初稿，完成丰台区教委教育综合改革调研材料汇编（初稿）。全年收回调研报告38份，汇集问题164项、对策222条。

（马颜萍）

【多种措施扩大优质资源】　至年底，丰台区教委将“着力提高教育教学质量，优化教育资源布局”作为重点工作任务之一，多种措施扩大优质资源。区教委以“扩大规模、优化结构、提升品质、办出特色”为思路，以“总量满足社会需求、布局满足服务半径、规模满足办学需要”为目标，以“存量突出整合、增量突出规模”为原则，通过原校整合、闲置改造、新接配套等形式扩大教育规模，通过引进高校和教育研究机构办附属校（园）、引进外区优质校办分校、本区优质校（园）办分校（园）等方式，扩大优质教育资源。至年底，丰台区建成优质小学30所、优质初中18所，分别占全区公办小学数的40%和全区公办中学的48.6%。全区小学新增优质资源学位1724个、中学新增1152个，有效补充和满足群众对优质教育资源的需求。

（王宏波）

【10所学校更名或撤并】　至年底，丰台区教委调整学校布局结构，更名5所学校，撤销5所学校。其中，北京市丰台区实验学校更名为中国教育科学研究院丰台实验学校，首都医科大学附属中学更名为北京师范大学第四附属中学，北京市云岗中学更名为首都师范大学附属云岗中学，北京市丰台区丰台第一中学更名为首都经济贸易大学附属中学，北京市丰台区樊家村小学更名为首都经济贸易大学附属小学；撤销北京市丰台区太平桥中学、北京市丰台区首科花园小学，设立清华大学附属中学丰台学校（九年一贯制学校）；撤销北京市丰台区云岗第一小学、北京市丰台区云岗第二小学，设立首都师范大学附属云岗小学；撤销北京市丰台区实验小学，并入北京市丰台区丰台第五小学。

（刘洋）

学前教育

【概况】　2014年，丰台区托幼园134所，其中，教育部门办27所，集体办园31所，民办52所，其他部门办园24所。离园幼儿10895人，入园幼儿13637人，在园幼儿40401人。教职工6160人，其中，专任教师3350人；学前三年教育普及率100%。全区北京市一级一类幼儿园49所。

（陶慧贤）

【12所园环境创设获奖】　1月，在北京市幼儿园环境创设评优活动中，丰台区12所幼儿园获得多个奖项。其中，5所幼儿园获得最优环境建设奖，3所幼儿园获得人文教育模范奖，2所幼儿园获得园所环境创意奖，2所幼儿园获得低碳环保先锋奖，7人获得环境创设优秀个人奖，区教委获得优秀组织奖。全区30所幼儿园参加全市展评。

（吴文静）

【举办幼教研室现场展示活动】　4月8日，丰台区幼教研室现场展示活动在育英幼儿园举行。该活动是北京市区（县）学前教研工作展评活动之一。北京教科院、各区县教研员33人和育英幼儿园教师16人参加活动。活动中，丰台区幼教研室汇报“教研室指导育英幼儿园园本教研具体方案”，育英幼儿园展示园本教研活动。交流后，区幼教研室报告教研室总体工作思路汇报，各区县教研员交流点评丰台区幼教研室工作，肯定教研室工作思路、具体方法和教研能力。

（宗文革）

【新增2所一级一类幼儿园】　5月15日和9月18日，意馨艺术幼儿园三路居教学点、草桥幼儿园分园迎接丰台区验收组验收。两所幼儿园在园所管理、教育质量、卫生保健工作方面达到北京市一级一类幼儿园标准，被认定为市一级一类园。至此，丰台区一级一类幼儿园 49 所。

（吴文静）

【交流幼儿健康教育科研经验】　6 月 19 日，教育学院丰台分院召开“构建科学的幼儿园区本体育课程，促进幼儿体能全面发展”健康课题组“十二五”课题研究经验交流会。会议汇报课题研究进展，交流课题组实验班教师研究经验。该课题 2011 年由中国学前教育研究会立项，通过行动研究的方法进行实践研究，研究 3 至 6 岁幼儿体育发展目标、基本体操、体育游戏、体能测试方法等内容。全区 24 所一级一类幼儿园（教委办园 9 所、部队办园 4 所、机关办园 3 所、街道办园 4 所、农村办园 3 所、民办园 1 所）参加实验研究。丰台区幼儿园业务领导和骨干教师、课题组全体人员 260 人参加会议。

（范惠静）

【新增 4 个早教示范基地】　10 月 25 日，丰台区实验幼儿园、蒲黄榆第二幼儿园、方庄第六幼儿园、高娃钢琴幼儿园 4 所幼儿园经北京市验收组验收，被认定为北京市早教示范基地。至此，丰台区市级早教示范基地达到 37 个。

（吴文静）

【举办中德学前教育论坛】　11月20

至 21 日，“向基础教育倾斜——教师校长素质提升——幼儿科学教育教师培训”科学教育新理念新方法中德国际学前教育论坛在丰台区洋桥山西大厦举行。会议由市教委主办，丰台区群英幼儿园和中德智慧教育文化有限公司共同承办。会上，德国锡根职业培训学校、锡根职业学院研究员分别举办讲座，就科学教育指导方法和策略，运用案例进行具体讲解。市教委、区教委领导和德国专家，全区幼儿园代表共 35 人参加会议。

（刘洪霞）

【新增 4 名特级教师】　12 月 15 日，丰台区学前教育系统新增特级教师 4 人。经市教委、市人力资源与社会保障局评审，教育学院丰台分院刘洪霞、范惠静，丰台一幼朱继文、芳庄三幼吴东慧被认定为北京市特级教师。至此，丰台区学前教育系统特级教师实现“零突破”。

（吴文静）

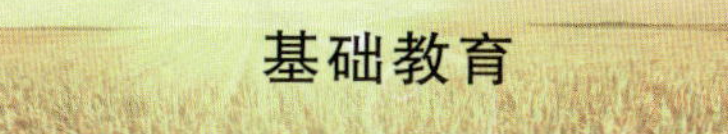

基础教育

【概况】　2014 年，丰台区小学 80 所，教学班 2032 个，毕业 10069 人，招生 12928 人，在校生 70432 人，在校生中，北京市户籍学生 27078 人；教职工 4867 人，其中，专任教师 4204 人；小学入学率 99.94％，巩固率 100％，毕业及格率 100％。中学 45 所（初中 14 所、高中 4 所、完中 12 所、一贯制学校 15 所），教学班 949 个（初中 651 个、高中 298 个），毕业 7944 人（初中 5379 人、高中 2565 人），招生 10301 人（初中 7874 人、高中 2427 人），在校生 30571 人（初中 22097 人、高中 8474 人）；在校生中，北京市户籍学生 18436 人（初中 10788 人、高中 7648 人）；初中入学率 100％，巩固率 100％，毕业合格率 98.91％，高中入学率 95.15％；教职工 5438 人，其中，专任教师 4016 人。特殊学校 1 所，12 个教学班，招生 56 人，在校生 150 人，教职工 38 人，其中，专任教师 33 人。残疾儿童入学率 91.9％，巩固率 100％，毕业率 100％。校外教育单位 4 个，教职工 271 人，其中，专任教师 207 人。全区中小学专任教师学历合格率 100％，特级教师 26 人（小学 2 人、中学 24 人），高级专业技术职务教师 1307 人（小学 82 人、初中 879 人、高中 346 人）。中小学占地面积 197.50 万平方米，建筑面积 112.44 万平方米，图书馆藏书 368.41 万册，固定资产总值 197643.52 万元。全年教育经费投入 340821 万元（含职业教育 14074.10 万元、成人教育 2088.89 万元），其中，国家拨款 336594.7 万元，自筹经费 4226.3 万元。

（陶慧贤）

【民办教育研修班结业】　1 月 12 日，丰台区教委在丰台区文化馆首次举办民办教育研修班结业暨教师风采展示活动。活动中，9 所民办学校师生表演 17 个文艺节目。37 名学员取得“丰台区民办教育机构举办者及校长领导力专业发展与素质提升研修班”结业证书，89 名学员取得“丰台区民办学校教师素质提升培训班”结业证书。民办教育研修班 2013 年举办，学制半年，来自 26 个单位教师参加学习。

（刘佳莹）

【初中教师基本功展示获奖】　3 月 21 日，市教委召开北京市第二届初中教师基本功培训与展示活动活动总结大会，丰台区获得北京市第二届初中教学基本功培训与展示活动优秀组织奖。丰台区共有 42 名选手参赛，18 名选手获得一等奖，占获奖总数的 43％；其中，18 名选手参加实验技能基本功竞赛，4 名选手获一等奖，占获奖总数的 22％。参赛教师中，英语、语文、数学学科教师成绩突出，特别是英语学科 5 名选手参赛，4 名获得一等奖。丰台区参赛教师全部为未参与过市级竞赛活动的年轻教师，来自于全区内 18 个中学，与第一届相比，教师的参与面和学校的覆盖率更高。

（余琴）

【普及“红领巾舞动中国梦”集体舞】

3至6月，丰台区少工委开展“红领巾舞动中国梦”少先队集体舞推广普及活动。该活动通过集体活动形式，培养少年儿童健康挺拔的体态，形成开朗、乐观的情感个性，展示集体良好精神风貌，增强少先队组织的凝聚力，营造共同关心青少年健康成长良好氛围。活动评出26个先进中队和70名优秀指导教师。

（亦晓秀）

【总结基础教育课程教材改革实验项目】　4月3日，丰台区基础教育课程教材改革实验项目总结会在太平桥中学召开。会议梳理总结项目研究成效，表彰2013年优秀研究成果和优秀教师，十二中、太平桥中学及丰台五小分别进行项目结题汇报。全区各中学教学干部、教师代表及太平桥中学家长委员会代表共100人参加会议。国家基础教育课程教材改革实验项目是国家教育体制改革六大项目之一，丰台区2012年开始承担该项目的区县实验工作。3年中，丰台区依据北京市总体要求，以区县科研为主导，学校参与为主体，依托全区16所市级项目试验校和9所区级项目试验校，推进项目实施。最后，教育学院丰台分院党总支书记郭刚山提出工作要求。

（余琴）

【举办小学英语文艺汇演】　4月17日，丰台区教委在丰台一小举办“2014年丰台区小学英语文艺汇演”现场展示活动。该活动为“2014年北京市小学英语文艺汇演”丰台区选拔活动。初赛以提交光盘的方式进行，共收到28个节目。经选拔，有8个节目确定为三等奖。其余的20个学校20个节目参加现场展示。20个节目中，英语剧9个，表演唱7个，动画配音4个。共312名小学生参加现场展示。经过7名评委现场评比8个节目获得一等奖，12个节目获得二等奖。5月29日，丰台区两个节目分别获得“2014年北京市小学英语文艺汇演”一、二等奖。

（李晓梅）

【召开高中任选模块教学现场会】　4月18日，丰台区教委在十二中召开高中任选模块教学现场会。现场会分为两个部分，第一部分，各四个学科组听课、评课、研讨，展示语文、化学、地理、信息技术四个学科五节课；第二部分，采取集中大会方式报告高中化学任选模块实施情况，并为12所高中校赠送《高中任选模块教学调研报告和教学指导意见汇编》。区教委、教育学院丰台分院领导和各高中校化学、地理、语文、信息技术四科教师160人参加会议。

（曾拥军）

【国际理解教育研究项目结题】　4月

29日，丰台区国际理解教育研究项目组在十二中召开项目研究结题总结表彰暨走进十二中交流会。活动主题为“创新实践　培养国际化人才”，共展示7节课例及社团活动。课例观摩结束后，区级项目负责人作《共研国际理解，共育国际学子》项目结题汇报，并表彰国际理解教育项目研究先进个人、先进集体进行表彰，为项目研究基地校授牌。会议交流十二中、首师大附属丽泽中学、芳城园小学国际理解教育实践经验。区教育督导室、区教委、北京教育学院、教育学院丰台分院领导和专家，各校国际理解教育研究项目代表参加会议。国际理解教育研究项目2011年3月由丰台区教委立项，主要研究内容包括国际理解教育分层培训、义务教育阶段地方课程实施、项目研究基地校建设、实施年度“主题展示交流周”、开展国际理解教育学科渗透，全区所有中小学均参与此项目研究，其中，基地校27所。

（孙燕）

【召开“博物馆之春”观摩研讨会】　4月30日，丰台区教委在北京汽车博物馆召开中小学生“博物馆之春”观摩研讨会。活动观摩丰台实验小学、丰台一中、丰台七中的“汽车与环保”“发动机之旅”“雷锋——一个汽车兵的故事”3节互动课程。课程基于汽车博物馆资源设计，与国家学科课程、综合实践活动、志愿服务有机结合，突出学生主动探究、与生活融合的特点。在此基础上，与会者围绕“走进博物馆，学习与休闲”主题展开研讨，北京电影博物馆、丰台一小等单位分别从课程化开发博物馆教育资源，以学校为主导用活动推动博物馆资源应用，通过学校活动推动个体、家庭走进博物馆三个方面介绍工作经验。来自全市各区县的社会大课堂工作负责人、教师及资源单位代表，共计180人参加研讨会。

（刘建）

【公开选拔实验学校校长】　6月，丰台区教委在《中国教育报》等媒体发布招聘启事，面向社会公开招聘中国教育科学研究院丰台实验学校校长。8月17日，组织通过资格审核的7名应聘人员参加笔试和面试，2名应聘人员进入组织考察环节。最终北京师范大学石家庄长安实验学校校长丁进庄脱颖而出，被聘为中国教育科学研究院丰台实验学校校长。

（杨璐）

【召开“身边好党员”事迹宣讲会】　7月1日，丰台教育系统纪念建党93周年暨“身边好党员”事迹宣讲会在十二中高中部礼堂举行。会议表彰68名“身边好党员”，5名代表进行事迹宣讲。会议还表彰2012至2014年涌现出来的20个先进基层党组织、20名优秀党务工作者和240名优秀共产党员代表。丰台区委、区委教育工委、区教委领导，基层教育单位党政干部和受表彰的先进个人、先进党组织代表近500人参加会议。丰台区委教育工委每两年开展一次党内评选表彰活动。

（刘洋）

【创建学校文化建设示范校】　7月，丰台区教委评选中小学文化建设与提升项目获奖学校，其中，中学组评出一等奖4个，二等奖7个，三等奖21个，共下拨文化建设资金1475万元。4月，丰台教委印发《2014年丰台区中小学学校文化建设与提升优秀项目评审方案》。根据方案要求，57所小学和32所中学申报学校文化建设与提升优秀项目。至年底，丰台区持续中小学文化建设，5月开展丰台区第二批“市级学校文化建设示范校”申报和评选工作，10月在长辛店学校举办“让儒雅教育之花在校园绽放”学校文化建设展示活动，12月在芳星园中学举行学校文化建设示范校市级答辩活动，东高地三小、东铁营二小、长辛店学校和芳星园中学4所学校参加答辩活动。

（余琴）

【举办中学生十八岁成人仪式】 9月3

日，丰台区教委在中国人民抗日战争纪念雕塑园举办“铭记历史勇担责，激扬青春献祖国”中学生十八岁成人仪式。活动中，即将年满十八周岁的青年学子用朗诵的方式表达他们的心声。最后由中学生代表领取他们特殊的成人礼物——丰台区学生志愿服务户口簿，同时向全区中小学生发出倡议：用好志愿服务户口簿、做好志愿服务小户主，勇担责任、凝聚力量、争当表率，在志愿服务的实践中不断成长。团中央、团市委、市志愿服务指导中心代表，丰台区委、区委教育工委、区教委领导，以及中学生、家长代表共900人参加活动。

（黄菊）

【佟麟阁中学揭牌】 9月29日，北京市佟麟阁中学揭牌暨烈士纪念日活动在原南顶中学操场举行。佟麟阁将军的女儿佟亦菲女士和儿子佟兵先生及其家人，区民政局、区教委领导、社区代表以及佟麟阁中学的全体师生参加活动。活动中，佟麟阁中学及大红门街道代表向佟麟阁将军塑像敬献花篮，佟麟阁将军的儿女为“佟麟阁中学”揭牌。佟兵老先生代表佟麟阁将军后人讲话并向学校赠送与佟麟阁将军生平相关的书籍，勉励学生学习佟麟阁将军精神。最后，学校全体学生宣读誓词。北京佟麟阁中学位于北京市丰台区南顶村，原名南顶中学，1981年建校，是一所普通公立初级中学。学校占地面积10500平方米，拥有两座教学楼，总建筑面积6936平方米。

（余琴）

【举办综合素质评价手册使用培训】 10月31日，教育学院丰台分院举办《北京市小学生综合素质评价手册》（新版）使用区级培训。培训讲解新版小学生综合素质评价手册修改内容，强调修改的重点是增加学生自评和互评，使学生充分体验进步和成长快乐。草桥小学、长辛店二小、丰台一小分别结合学校综合素质评价实例交流实践经验。区教委、北京教育学院丰台分院领导，83所小学（含一贯制学校小学部和3所民办校）教师共140人参加会议。

（王庆润）

【举办中学教学干部基本功展示会】 11月20日，丰台区教委召开中学教学干部基本功培训与展示项目总结表彰暨中学教育教学副校长专业领导力提升项目启动会。会议全面总结中学教学干部基本功培训与展示项目，奖励项目培训先进。该项目2012年9月至2014年6月依托北师大、北京教科院开展，举办教学管理文件和中学教学管理实施方案等专题培训，组织闭卷笔试、现场管理能力、才艺展示等活动。经两年培训，79人结业。项目共形成75篇教学实践论文及案例、77篇教学活动总结、77份教学活动方案设计、72份教学活动视频。会议启动“中学教育教学副校长专业领导力提升项目”，目标是通过培训进一步提高副校长的管理水平和教育教学专业影响能力、组织管理和教育教学发展决策能力、组织建设和协调控制能力。全区中学教学主管领导共80余人参加会议。

（张巧）

职业与成人教育

【概况】 2014年，丰台区职业高中5所，开设专业26个，教学班138个。毕业1502人，招生1026人，完成招生计划53.58%，在校生3789人。教职工661人，其中，专任教师415人。专任教师学历合格率90.6%，高级专业技术职务教师98人。学校占地面积125939平方米，建筑面积64973平方米，图书馆藏书108126册，电子图书314GB，固定资产总值18168.34万元。全区各级各类成人学校8所。其中，成人高校（社区学院）1所，开设28个专业，毕业349人，招生283人，在校生1099人。教职工87人，其中，专任教师66人。乡办成人学校4所，村办成人学校3所。社会力量办学单位192所，全年培训136417人，教职工7193人，其中，专任教师3168人。

（陶慧贤）

【召开中职教学工作研讨会】 1月8日，教育学院丰台分院召开公共基础课程教师教学能力竞赛总结会。会议总结丰台区参加北京市中职系统2014年公共基础课程教师教学能力竞赛工作情况，表彰预赛、决赛先进单位和获奖教师。竞赛包括中职语文、数学、英语、德育、计算机基础和公共艺术6个学科。丰台区职教中心学校共有5个校区44名教师参加比赛，共有38人获得比赛一二三等奖，其中17人被推荐参加北京市2014年中职公共基础课程教师教学能力竞赛。会议邀请朝阳区教育研究中心举办公共基础课程教学理论讲座。教育学院丰台分院领导、教研员，以及丰台职业教育中心学校兼职教研员，参赛比赛选手共25人参加会议。

（刘小强）

【举办创建学习型组织专题培训】 3月24日，丰台区学习型城区建设工作领导小组办公室举办创建学习型组织专题培训会。培训会邀请北京市学习型城区建设专家咨询委员会专家举办创建学习型组织理论的高端专题培训，邀请朝阳区亚运村街道社区交流“坚持不懈抓教育，凝心聚力促发展”创建实践经验。会议部署2014年社区教育重点工作。丰台区教委，各街道、乡镇社区教育工作领导，丰台区学习型社区先进单位代表130人参加培训会。

（林京秋）

【评选首都市民学习之星】　3月28日，丰台区启动北京市第五届首都市民学习之星评选工作。评选采取个人自荐、社会举荐、组织推荐三种形式，全区各行业系统、各街道（乡镇）、在本系统或本街道（乡镇）、本单位内部组织开展“首都市民学习之星”初选活动，各相关单位上报参评人员共24人。评审专家组最终决定推选12人参加北京市评选。经北京市建设学习型城市领导小组审核批复，丰台区5人被批准为“北京市第五届首都市民学习之星”，入选人数名列全市第二。

（林京秋）

【召开学习型城区建设现场会】　5月

13日，丰台区教委在卢沟桥街道长安新城社区召开2014年丰台区学习型城区建设现场会。会议回顾2013年丰台区学习型城区建设重点工作，表彰2013年创建学习型社区先进单位10个、达标单位6个，第四批丰台区首都市民学习之星17人，第五批丰台区首都市民学习品牌9个，“‘我心中的美丽家园’征文摄影活动优秀组织奖”11个街道，长辛店街道朱南社区和卢沟桥街道长安新城社区交流开展学习型社区创建工作先进经验。会议组织实地参观长安新城社区。区教委领导，各街道、乡镇代表，获奖单位代表共110人参加会议。

（林京秋）

【成立建设学习型城区工作领导小组】　6月16日，经区编办批复，北京市丰台区建设学习型城区工作领导小组成立。领导小组为区委议事协调机构，其主要职责是全面推进丰台区学习型城区建设工作。领导小组办公室设在区教委。

（林京秋）

【首次举办职业发展辅导师培训班】　8月，教育学院丰台分院举办首批“青少年学生职业发展辅导师”培训班。培训班为期一周40课时，聘请大专院校专家通过理论讲座、实践案例分析等方法，讲授青少年心理健康教育、中职生职业生涯辅导、职业生涯的规划与决定等内容。教育学院丰台分院教研员、职业教育中心教师60人参加培训学习。经过考核，55人取得“青少年学生职业发展辅导师”证书。

（王恩）

【设立中小学生职业体验中心】　10月18日，丰台区中小学生职业体验中心启动仪式在丰台区职业教育中心学校东校区举行。职业体验中心职业体验课程包括糕点制作、摄影、PS平面设计、财会综合技能等，是中小学生职业体验学习平台。职业体验中心以集群为单位，统一安排体验活动。首批试点集群包括方庄教育集群、北京南站教育集群。丰台区教委领导，方庄集群和北京南站集群共120名师生参加启动仪式。

（林京秋）

【举办第十届全民终身学习活动周】　11月4日，丰台区第十届全民终身学习活动周开幕式在丰台区职业教育中心学校东校区举行。开幕式通过专题片回顾学习型城区建设工作，表彰第五批丰台区首都市民学习之星、2014年丰台区“身边好人”“美丽丰台”主题活动优秀组织奖获奖单位。丰台区政府、区教委领导，各街道乡镇代表、职教中心校代表150人参加活动。活动周期间，丰台区共举办道德模范宣讲、低碳生活讲座、科普健康宣传等共15类33项活动。

（林京秋）

【合作建立翔联国际就业训练基地】　12月22日，北京翔联国际就业训练基地揭牌。基地设在丰台区职业教育中心学校洋桥校区，由翔联国际教育投资集团和丰台区职业教育中心学校合作举办。基地培训项目包括认知航空工业、空乘实践、飞行运作等。

（史晓光）

【开展“建设美丽丰台”主题活动】　至年底，丰台区教委继续开展“实施文化工程，建设美丽丰台”主题活动。在“我心中的美丽家园”征文摄影活动基础上，年内开展“身边好人美丽人生”“绿色低碳美丽生活”“说事拉理和谐之美”“我的美丽我做主”四个子项目。全区共征集文字材料101篇、照片292张、视频2个。最终评选，68人获得丰台区“身边好人美丽人生”荣誉，6个街道街乡获得“2014年美丽丰台四个子项目优秀组织奖”，编写获奖作品“美丽丰台”系列宣传丛书两册。

（林京秋）

教育督导

【概况】　2014年，丰台区政府教育督导室兼职督学13人，特约教育督导员18人，督学顾问1人，督政顾问2人。年内，督导室深化教育督导改革，着力构建督政、督学、评估监测三位一体现代教育督导体系，积极筹建丰台教育督导与教育质量评估监测中心，进一步发挥督导职能作用，促进教育科学发展。

（钟小军）

【全面落实责任督学挂牌工作】　1月28日，丰台区教育督导室召开中小学校责任督学挂牌督导工作布置会。会议宣布聘任责任督学11人，为全区113所公办中小学责任督学挂牌。为落实挂牌工作，丰台区制定《中小学校责任督学挂牌督导办法（试行）》，组织开展责任督学与学校负责人挂牌督导培训，建立责任督学联系制度、学校视导员制度，公布责任督学工作电话和专用电子邮箱。区教育督导室要求责任督学结合教育热点，以落实“体育三年行动计划”“培育和践行社会主义核心价值观”等为专题，有效开展经常性督导工作。区教育督导室和中小学代表、责任督学参加会议。

（钟小军）

【建立责任督学资源库】　3月24日，丰台区教育督导室印发《关于建立丰台区责任督学资源库的通知》，明确通过资源库，建设一支“数量充足、结构合理、素质较高”的专业化督学队伍。资源库面向教育系统现任副校级以上领导干部，或具有高级专业技术职称人员，通过自愿报名和组织推荐等形式，共选聘110人进入丰台区责任督学资源库。责任督学资源库是丰台区教委全面加强责任督学队伍建设重要举措。

（钟小军）

【完成民办幼儿园全面实施素质教育综合督导】 6月10至13日，丰台区

教育督导室完成布朗幼儿园等4所民办幼儿园全面实施素质教育工作综合督导。25名责任督学参加督导检查，7月完成督导回复意见，11月完成“丰台区幼儿园全面实施素质教育督导资料汇编”。自2011年启动幼儿园综合督导以来，丰台区4年共完成32所各级各类幼儿园综合督导。

（钟小军）

【完成义务教育学校绩效考核】 8月，丰台区教育督导室完成2014年义务教育学校绩效考核工作。考核工作与以往变化在于调整2011年考核指标体系，体育卫生分值由12分调整为27分，总分值由120分扩大到135分，体育工作占比达到20%，符合市区“体育工作三年行动计划”相关要求。在学校自评和科室评价基础上，教育督导室完成相关数据汇总，报考核领导小组决定，共评出良好等次学校中学12所，小学24所。

（钟小军）

【开展第四次中小学满意度调查】 10月19日，丰台区教育督导室发布2014年丰台区中小学满意度调查数据。这是丰台区第四次中小学满意度调查，调查内容继续以《北京市普通中小学校全面实施素质教育评价指标体系》为主要依据，包含学校管理、师资队伍、德育工作、教学工作、学校环境、教育效果六个方面，共计32个单项指标（单选封闭题）、1道开放题和8道背景信息题（家长和学生的基本情况）。问卷回收后委托北京教科院统计分析。调查回收有效问卷10664份，收集家长意见和建议7403条，全区平均得分84.9分，达到比较满意水平，且连续四年增长。调查数据说明，人民群众对丰台区教委中小学校教育满意度逐年提升。

（钟小军）

【督导监测减轻学生过重课业负担】 11月，丰台区教育督导室完成义务教育阶段学校减轻学生过重课业负担监测督导报告。监测督导报告表明：学校课程计划执行严格，学生时间安排合理，教学、考试管理规范，课外活动达标。注重深化课堂教学改革，打造高效课堂，实现源头减负。开展优化作业设计等专题研究，积极组织综合实践活动，把减负增效落到实处，全面提升学生综合素质。监测督导工作以11名挂牌督学为组长，54名责任督学分小组进行。在学校自评基础上，督导组对全区108所中小学实地检查“减负”专项工作，并为每所学校反馈督学意见。

（钟小军）

【接受特殊教育督导评价】 12月10日，丰台区教委接受市政府教育督导室全面实施素质教育暨特殊教育工作督导评价。丰台区政府汇报就履行政府职责、实施素质教育、推进义务教育均衡发展等情况。市教育督导组通过观看区域教育发展宣传片，查阅档案材料，分组座谈，实地考察，全面督导检查丰台区全面实施素质教育暨特殊教育工作。为迎接北京市督导检查，丰台区成立主管副区长任组长的工作领导小组和区人大副主任任组长的督查工作组，形成政府办牵头、区教委主责、区教育督导室协调、各单位积极参与的迎检工作机制。参与自评区属单位47个，参与座谈委办局、教委科室部门和学校负责人46人，实地考察各类学校和街道共9个单位，整理迎检档案资料311盒。

（钟小军 马颜萍）

中共丰台区委教育工委

书　记　宋金忠

丰台区教育委员会

主　任　张立新

丰台区政府教育督导室

主　任　孙涛

石景山区

总类

【引进市区优质教育资源】 2月20日，石景山区举行战略合作签约仪式，区政府与北师大、首师大，区教委与北师大附中、清华附小分别签署战略合作协议，共同促进区域教育高端绿色发展。依据协议，区政府与北师大合作，在石景山西部五里坨地区引进北师大附中优质教育资源，共建北师大附属中学京西校区。学校规模72班，为公办六年制完全中学（含部分寄宿制），2014年开始招生。区政府与首师大合作，共建首师大附属苹果园中学。石景山区教委与清华附小深度合作，金顶街第二小学作为“清华大学附属小学协作校”共同建设。中央音乐学院专业团队继续与区内爱乐实验小学等校合作推进音乐教育实验项目。

（魏莉）

【召开教育科研大会】 5月15日，

石景山区教委召开教育科研大会。会议听取区教委《扎实推进、开拓创新 促进石景山区教育事业高端绿色发展》工作报告，总结石景山区“十二五”中前期（2011至2013年）教育科研工作整体情况，部署“十二五”后期（2014至2015年）教育科研工作任务。会议表彰北京市基础教育教学成果奖评比获奖者、教育科研先进单位、优秀科研室主任、石景山区第二届教育教学成果奖获得者。获奖代表交流工作经验。区教委领导，各学校和相关单位200人参加会议。石景山区近年来教育科研工作取得突破性进展，在北京市基础教育教学成果奖评比中，获得2项一等奖、6项二等奖。

（王贤鑫）

【推进核心价值观教育】 5月，石景山区教委印发《石景山区中小学培育和践行社会主义核心价值观实施方案》。该方案从宣传、课程、文化、实践、管理、示范六方面指导学校推进社会主义核心价值观教育。方案提出，建设区级德育课程资源库，推进德育课程建设；评选最美孝心少年，创编、传唱新童谣，举办“读美德故事”主题实践、“助力梦想成就青春”主题教育活动、“四个一”实践活动，将社会主义核心价值观教育融入中小学教育全过程。

（金清苗）

【推进绿色教育发展实验区建设】 8月25日，石景山区教委联合北师大教育学部召开“石景山区绿色教育发展实验区”工作推进会。会议从基本理论、黄庄职业高中品牌学校建设项目、绿色课堂改进项目、学校文化和品牌建设项目、绿色学前项目、师德建设项目和青少年领导力培养项目七个部分总结第一阶段“石景山区绿色教育发展实验区”项目实验成果，发布2013至2014学年度石景山区中小学绿色发展指数。绿色教育发展实验区项目是石景山区教委2010年起借助北师大教育学部专家资源实施的一项区域教育综合改革实践活动。项目以尊重生命、尊重规律、尊重差异的“绿色教育”理念为引领，面向全区所有中小学校、全体中小学师生，通过建立“大学——区域——学校”协作发展模式，构建生动、活泼、民主的教育环境，以及人与自然和谐相处的生态环境，促进石景山区教育发展实现均衡化、现代化、精细化，适应人民群众不断增长的教育需求。

（王明明）

【创建国家安全教育示范基地】 9月22日，九中承办北京市首批国家安全教育示范基地启动仪式。九中、八中两所学校接受授牌，两校学生将在军事科学院、中国社科院、中国工程院军事专家讲授下，参与国家安全教育。基地由中国政策科学研究会国家安全政策委员会主导建立。该委员会是中国政策科学研究会的专业委员会，由国家民政部批准成立的，是从事国家安全战略研究的全国性学术研究机构。委员会为基地专门设计“国家总体安全”“传统安全”“政治与文化安全”等9门国家安全教育课程。至年底，国家安全政策委员会在江苏、四川、北京等地建立5个教育示范基地。

（曹艳玲）

【三方教育联合会换届】 10月31日，石景山区教委召开石景山区家长、教师、社区教育联合会大会。会议交流教育联合会工作经验，表决通过联合会提案议事、矛盾调解、家长培训、资源开发、学校开放、巡回监督、交流指导、评估评议8项工作规范，投票产生新一届教育联合会执行委员会名单。区委教育工委、区教委领导，全区各中小学校长、家长委员会会长、街道代表140人参加会议。

（金清苗）

【构建区域优质教育新地图】 至年底，石景山区教委通过合并、合作、组建教育集团等方式扩充优质教育资源辐射范围。一是扩大北京九中教育集团办学规模，佳汇中学转制为九中第二个初中部，石景山中学纳入九中教育集团。二是成立实验教育集团，包括北京市石景山区实验中学、北京市石景山区实验中学分校（原北京市蓝天二中）、北京市石景山区实验小学、北京市石景山区第二实验小学和北京市石景山区实验幼儿园。三是北京市“城乡一体化建设”项目京源学校莲石湖校区开学，首次招收一年级新生102人。四是西部地区调整教育布局，撤并天泰中学，原址引入民办中杉学校。五是依据区政府与北师大附属中学、首都师范大学、清华附小、北方工业大学合作协议，北师大附中京西分校首次招收46名高一新生，苹果园中学更名为首都师范大学附属苹果园中学，金顶街二小挂牌清华大学附属小学协作校，海特花园小学、苹果园第二小学、外语实验小学、杨庄小学挂牌“北方工业大学体育美育特色学校”。

（魏莉）

【多渠道加强教育人才队伍建设】 至年底，石景山区教委多渠道加强教育人才队伍建设。继续举办中小学校长任职资格培训班、中小学副校长提高培训班、专职书记提高培训班，选拔15名中青年校长进入5个名校长工作室研修，选派20名优秀校长参加国家、市、区级高端研修项目培训。实施第三期名校长名教师培养工程，组织新教师培训、继续教育培训、教师成长层级培训、名师培养工程培训合计5100人次。持续推进第一批35名青年硕士人才培养项目、石景山可持续发展教育专家工作室，2名教师入选北京市第二批名师培养工程。

（范璐丹　孟云）

【加强师德建设】 至年底，石景山区教委深化“绿色·生命·爱与尊重”师德教育活动。全区3名教师被评为北京市师德先进个人，1名教师被评为全国优秀教师，11名教师被评为北京市中小学紫禁杯优秀班主任（其中一等奖5名），6名教师被评为北京市学生喜爱的班主任。15名教师被评为石景山区师德标兵，69名教师被评为石景山区师德优秀教师，1所学校被评为全国教育系统先进集体，10所学校被评为石景山区师德建设先进单位，18所学校、单位被评为区级“教育先进单位”、194名教师被评为区级“优秀教育工作者”。年度人民满意学校测评中，全区整体满意率94.2%。

（金清苗　赵智红　孟云）

【完成十项教育实事】　至年底，石景山区教委牵头完成年度十项教育实事。一是扩大优质教育资源辐射范围，苹果园中学挂牌“首都师范大学附属苹果园中学”，北京师范大学附属中学京西校区9月正式开学，金顶街二小成为“清华大学附属小学协作校”。二是调研分析区域未来五年学龄人口变动趋势，制定义务教育招生制度改革方案，通过多校对口、计算机派位等方式推动实现学区内就近入学。三是接收3所配套幼儿园，至年底增加690个学前教育学位。四是批准举办2所民办普惠性幼儿园，在西部五里坨地区引进一所高起点民办学校中杉学校。五是投入市级资金2900万元用于京源学校莲石湖校区建设项目，投入市级专项资金2840万元用于景山学校远洋分校高中部改造工程，投入市区专项资金7400万元实施学校布局调整、综合维修和校园基础设施改造工程。六是安排市区专项资金1700万元，支持学校引入社会专业力量开展好课外一个半小时体育、科技、艺术教育。七是为北师大附中京西校区和京源学校莲石湖校区等学校新增50个教师编制，安排专项经费15万元推动5个名校长工作室和5个博士后工作室建设。八是安排4770万元市区专项资金用于数字化校园建设以及学校网络运行、现代教育技术整合、设备维护和技术培训等方面，进一步提升教育信息化水平。九是投入区级专项资金924万元加强平安校园建设，完善校园人防、技防、物防体系。十是安排1470万元市级专项资金支持学校校园文化建设项目。2011年起，石景山区政府开始实施年度教育实事项目。实事项目通过区政府发文方式下达、区政府督查室按时间节点督查考核。

（魏莉）

【推进平安校园建设】　至年底，石景山区教委实施校园安全巡查和安全形势月分析制度，推进平安校园建设。全年共组织安全巡查4次，安全大检查2次。对24所民办幼儿园、27所非法自办幼儿园和1所非法自办小学进行集中检查，查找督促安全隐患整改。实施“安全进校园”项目，聘请专业救援队走进16所学校举办校园安全工作培训。召开全区校园及周边综合整治联席会议及街道级联席会议，开展打通“生命通道”专项行动、“小手拉大手共创文明交通环境”等主题教育活动，推进校园安全综合治理。投入1800万元专项用于增强人防、物防、技防基础建设，完成校园视频监控系统升级改造。

（康爱农）

学前教育

【概况】　2014年，石景山区各级各类幼儿园51所（公办园19所、民办园32所），离园幼儿2766人，入园幼儿4235人，在园（班）幼儿13409人。教职工2280人，其中，专任教师1214人。幼儿园占地面积219230平方米，建筑面积125188平方米。全区市级示范园5所，一级一类幼儿园16所，市级早期教育示范基地16所，市级特殊儿童教育示范基地6所。至年底，石景山区学前教育工作围绕《石景山区学前教育全面普及工程行动计划》的目标与任务要求，推进幼儿园硬件建设，在园所管理、课程改革、队伍建设等方面加强内涵建设，巩固学前三年行动计划工作成果，依据北京市工作部署，研究制定第二期学前三年行动计划，进一步提高幼儿园保教工作质量，提升教师队伍专业化水平，促进学前教育内涵发展。

（谭春林）

【总结教师成长工作室工作】　1月3日，石景山区教委召开“十二五”教师成长工作室总结会。会议总结语言领域工作室、社会领域工作室、艺术领域工作室、阳光体育工作室工作情况，认为各工作室发挥理论与研究的优势，围绕提升教师教育观念、课程领导力、持续发展的综合能力取得明显进展。自2012年成立来，各工作室完成二批学前骨干教师的培养计划，组织各类活动40次，编著《语言领域活动经验集锦》《社会领域活动经验集锦》《艺术领域活动经验集锦》《阳光体育活动经验集锦》。区教委领导和各工作室代表参加会议。

（黎铮）

【举办园长教师专题培训】　3月18日，石景山区教委举办学前系统2014年园长、教师“用学习故事记录儿童学习”主题培训。培训围绕“促进幼儿主动发展”主题，举办《撰写儿童学习故事》专题活动，并组织撰写技能研讨交流。全区各级各类幼儿园干部、教师150人参加学习。

（黎铮）

【验收大地金苹果幼儿园】　4月18日，

石景山区教委、区妇幼保健院联合验收首钢大地金苹果幼儿园一级一类达标工作。验收组一行10人分别观摩“班级区域活动”“集体教育活动”“生活活动”“户外活动”，听取幼儿园三年来争创达标工作汇报，审查卫生保健、食品卫生管理情况。检查组肯定办园环境和队伍建设的成效，并做出指导建议。

（黎铮）

【幼儿园环境创设评优获奖】　5月26日，北京市幼儿园环境创设评优活动颁奖，石景山区幼儿园10所幼儿园和6名个人获奖。其中，6所幼儿园获得最优环境建设奖，2所幼儿园获得人文教育模范奖，2所幼儿园获得园所环境创意奖，6人被评为优秀个人。

（黎铮）

【举办萌芽杯评比】　5至11月，石景山区教委举办第十一届“萌芽杯”学前教育教学系列评比活动。其中，154人参加“录像课评优”，包括健康领域27节、语言领域25节、科学领域40节、艺术领域40节、社会领域22节；154人参加“学习《3至6岁儿童学习与发展指南》征文活动”，137人参加“幼儿学习故事评选活动”，共有281人次获奖，获奖作品结集出版《2014年石景山区学前系统第十一届“萌芽杯”教育研究系列活动优秀作品集》。

（谭春林）

【研讨绿色活动课程实践活动】 7至

12月，石景山区教委组织推进绿色活动课程实践系列研讨活动。活动中，教育学院石景山分院牵头3个小组，下园指导96次，集中研讨24次，阶段总结4次。研讨活动征集优秀教学案例编著《幼儿园活动课程案例集》，其内容逐月设计，包括节日活动、家庭生活、大自然与季节变化、体育活动、社会交往、游园，使用范围覆盖小、中、大班。

（谭春林）

【举办玩教具配备培训】 9月11日，石景山区教委举办幼儿园玩具配备专题培训。培训由区教育技术装备中心主讲，指导“美工区”“益智区”“娃娃家”“建筑区”“角色区”的玩教具配备和科学使用工作。51所幼儿园代表120人参加培训。

（谭春林）

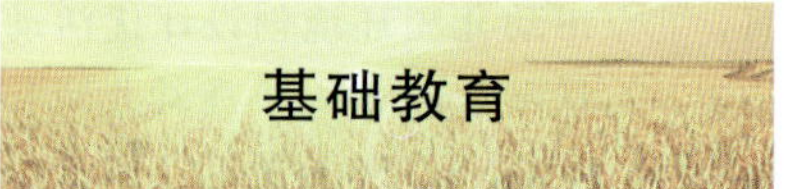

基础教育

【概况】 2014年，石景山区小学41所（其中义务教育九年一贯制、十二年一贯制学校小学部10个），毕业生3486人，招生4402人，在校生23479人，在校生中北京市户籍10699人，教学班720个；入学率100%，巩固率100%，毕业及格率100%。中学26所（初中10所、高中3所、完全中学3所、一贯制学校10所），毕业生6024人（初中3040人、高中1492人），招生4694人（初中3110人、高中1584人），在校生14715人（初中9679人、高中5036人），在校生中北京市户籍8750人（初中5111人、高中3639人）；教学班472个（初中310个、高中162个），初中入学率100%，普通高中入学率96.99%，高考上线率88.5%，高考录取率87.2%，应届高考录取率为95.2%。特殊教育学校1所，毕业21人，招生14人，在校生92人，教学班10个。残疾儿童入学率100%，巩固率100%，结业率100%；特殊教育学校教职工35人，其中，专任教师29人。校外教育单位4个，教职工185人，其中，专任教师50人。全区中小学教职工2597人，其中，专任教师1968人。小学教师学历合格率99%，初中教师合格率97%，高中教师合格率99.7%。中小学高级技术职务教师349人。全区中小学图书馆藏书1905742册。固定资产总值107366.31万元。全年教育经费投入181149.94万元，其中，国家拨款165882.25万元，自筹经费15267.69万元。

（薛强）

【举办第八届教育教学研讨月】 3月26日，石景山区教委举办第八届教育教学研讨月。启动仪式上，苹果园中学展示化学、政治等6节优质课，京源学校小学部、同文中学、苹果园中学分校分别作专题发言。研讨月推出活动234项，其中区、校活动92项，“给予课题研究的教研组组织变革研究”等科研带题授课39项，“人际关系心理理论培训”等德育心理教育活动23项，“提高基础薄弱生的写作技能”等学科教研活动80项。

（施爽）

【举办国学经典诵读活动】 4月23日，石景山区教委举办“诵国学经典，享书香诗韵”经典阅读表彰展示活动。活动中，古城二小、海特花园小学、苹果园中学分校等7校以诵读、舞蹈、歌唱等形式，展示《春韵序曲》《中华情，少年梦》《满江红》等经典阅读成果。活动还表彰一等奖节目16个，二等奖节目15个，三等奖节目19个。区教委领导和中小学代表200人参加活动。

（王贤鑫 杨红兵）

【颁布中小学文化建设方案】 5月9日，石景山区教委召开中小学文化建设培训会。会议印发《石景山区中小学校文化建设方案》，明确通过学校文化示范校创建活动，推动学校文化特色建设和学校内涵发展，促进学校办学品质提升和育人质量提高的建设目标，制定培训启动、创建展示、评估认定等实施计划，并采取加强组织领导、健全组织机构，统筹规划、分步实施、整体推进学校文化建设工作，加强工作指导和督导评估，重视先进经验的总结和传播等保障措施。会上，北京市文化建设项目总负责人举办学校文化建设理论讲座，阐述学校文化结构、学校文化驱动模型和管理策略等问题。区教委领导和中小学代表120人参加会议。

（王贤鑫）

【召开初中教师基本功表彰会】 5月15日，石景山区教委召开初中教师教学基本功总结表彰会。大会总结区、市第二届初中教师基本功培训与展示工作，表彰教师18人。会议宣布《石景山区小学教师教学基本功培训和展示活动实施方案》，启动第二届小学教师教学基本功培训和展示活动。第二届基本功培训和展示活动涉及品德与生活、品德与社会、语文、数学、英语、科学、劳动技术、信息技术、综合实践、音乐、美术、体育和书法13个学科，包括准备动员阶段、学习培训阶段、推荐报名阶段、市级展示阶段四个阶段。区教委领导和中小学学校代表100人参加会议。

（周冬）

【举办“四联展”】 5月16日至6月16日，石景山区教委与区精神文明办联合举办第28届中小幼师生“四联展”。“四联展”包括绘画、书法、篆刻、工艺四大类艺术作品，经评选，全区3155幅学生作品、467幅教师作品获奖。获奖作品全部陈列在全区9个街道108个社区的810块橱窗中宣传展示。

（王贤鑫）

【督导评估可持续发展教育】 5月17至20日，石景山区教委召开亚太可持续发展教育专家会暨石景山区可持续发展教育（ESD）督导评估会。会议听取石景山区教委《建设可持续发展教育国家试验区深入推进区域教育综合改革》报告，交流“开发完善和丰富区域课程建设”“提升校长领导力和教师专业综合素质”“构建可持续教学模式”“营造可持续发展的绿色教育环境”经验。会议还组织参观苹果园中学、六一小学，观摩数学、语文、物理、英语及综合实践课程课堂教学，展示节能减排的科技创新活动过程和成果。石景山区教委领导，加拿大、澳大利亚、瑞典、德国、日本及中国台北可持续发展教育专家共30人参加会议。

（曹艳玲）

【举办第五届武林大会】　5月30日，

石景山区教委举办2014年石景山中小学第五届武林大会。比赛由古城二小与山东莱州中华武校联合承办，设太极拳、五步拳、武术操规定项目和刀术、棍术等自选项目，全区21所中小学校700人参加比赛。武林大会2007年首次举办。至2014年，武术校本课程覆盖石景山区21所中小学、140个教学班，参与学生5000人。

（周冬）

【召开学习方式变革研讨会】　6月12日，石景山区教委召开“基于手持移动终端的云学习方式变革研究”研讨会。会议观摩六一小学四年级的英语和品德与社会两节现场课。在这两节课中，教师运用手持移动终端的各种功能进行课堂教学，学生则利用手持移动终端参与学习。现场课后，六一小学语文课题实验老师通过说课方式交流云学习方式实践体会，认为课前预习人人动、课中探究生生动、课后反馈师生动。北京教科院专家点评认为，移动课堂从物理空间、资源空间、交互空间三个方面对传统课堂进行较为全面的改造，学习材料的丰富性满足学生的个体化学习和对课程资源的选择性需求，交互学习的即时性维持学习的持续化。北京教科院专家提出课题下一步研究的两个方向，即在真实的情境和体验文化中组织学生的学习，并在维持学生学习兴趣和参与度基础上进行深度互动和有效思考，进一步促使高质量的课堂生成和高效率的课堂教学。“基于手持移动终端的云学习方式变革研究课题”由北京教科院课程教材中心立项，石景山区有4所学校参与。

（王贤鑫）

【承办全市课程建设研讨会】　6月16日，石景山区教委在石景山区实验小学北里校区召开“市区校联动整体推进三级课程建设，促进学校内涵式发展——走进石景山区课程建设阶段研讨会”。其中，研究性课程及主题节日活动，展演“华彩音乐节”“Super英语节”“激情体育节”“缤纷书画节”，区实验小学展示“基础性和拓展性课程”，内容涉及经典阅读、英语、品德、信息技术、趣味思维、心理健康、劳动课变幻折纸。会上，区实验小学语文、英语、美术3个教研团队4名教师，分别汇报校本课程开发与创新工作经验，校长全面汇报学校整体推进三级课程建设工作体会。最后，石景山区教委作《努力构建“身心健康，人格健全，自主学习，赋予创新”的绿色课程体系》主题报告。北京教科院、石景山区教委相关领导，以及石景山区教研员、小学校长、学科教师和其他区县教师代表180人参加会议。

（王贤鑫）

【实施特殊教育学生“双学籍”】　9月12至28日，石景山区教委召开石景山区中小学随班就读工作会。会议总结三年来全区的随班就读工作，表彰区特殊教育先进学校和先进工作者。会议颁布《石景山区中小学随班就读工作管理实施细则（试行）》，宣布石景山区特殊支持教育中心成立，解读《石景山区特殊教育学校学生“双学籍”制度实施方案》。“双学籍”即九年义务教育残疾儿童少年既可以接受特殊教育的专门课程学习，亦可以到普通中小学随班就读，取得双学籍身份。第一批“双学籍”学生27人，分别在6所中小学随班就读。区教委领导和全区中小学代表150人参加会议。

（周冬）

【举办教学设计与课堂教学大赛】　11至12月，石景山区教委举办中小学第12届教育教学设计与课堂教学大赛。比赛以“强化教师基本功，促进教师专业发展”为主题，旨在提升教材编排、教育教学内容开掘的设计理论和实践水平，展示学科素养风采和改革成果。全区中小学382节展示课参加评比，包括中学142节、小学240节。教育学院石景山分院组成22个学科评委组，选聘分院教研员66人、一线教师骨干21人、教育行政人员3人担任评委。经评比，评出教学设计一等奖79人、二等奖117人、三等奖119人，课堂教学一等奖80人、二等奖116人、三等奖119人。其中首钢矿山教育集团参赛教师28人，获奖率80%。

（曹艳玲）

【召开三级课程建设现场会】　12月12日，石景山区教委在九中初中部召开“传承整合体验，打造全人教育理念下的三级课程体系”主题展示活动。会议展示九中初中部10名教师的国家课程和地方课程、校本课程的研究成果，交流该校校本教材建设和三级课程体系建设经验。现场会是石景山区教委、石景山教育分院全面推进区域基础教育课程改革、提升学校三级课程建设实效性而进行的典型展示活动，来自全区中小学校的教学干部和骨干教师共100人参加活动。

（王贤鑫）

职业与成人教育

【概况】　2014年，石景山区职业高中2所。毕业生590人，招生629人，在校生2818人，59个教学班。毕业生就业率99%，职业资格证书取证率96.66%。教职工191人，其中，专任教师92人、教辅人员19人、工人7人。专任教师中本科及以上学历98.9%，高级专业技术职务27人，“双师型”教师41人。外聘教师17人。学校占地面积9.06万平方米，产权校舍建筑面积7.88万平方米，划分学历教育区、实训经营区和综合培训服务区等6个校区，开设服装设计与工艺、美容美发与形象设计和烹饪等共12个专业。全年教育经费投入12195万元，其中，国家拨款11710.4

万元、自筹经费 484.6 万元。固定资产总值 17553.18 万元。图书馆建筑面积 0.16 万平方米，藏有纸质图书 12.8 万册、电子图书 1024GB。至年底，区属成人高校有石景山区业余大学、北京开放大学石景山分校。区业大开设市场营销、广告设计与制作、幼儿艺术教育等 13 个专业，毕业 275 人，招生 529 人，在校生 1539 人。开放大学石景山分校开设法学、工商管理、行政管理等 11 个本科专业，开设会计、物业管理等 4 个专科专业，毕业 643 人，招生 767 人，在校生 3130 人。奥鹏远程学历教育开设护理学、药学、法学等 30 个本、专科专业，在校生 428 人，毕业 120 人，招生 96 人。全年短期培训计 69849 人次。区业大和开放大学石景山分校合署办学统一管理，教职工 126 人，其中，专任教师 34 人。学校划分八角、鲁谷、八大处 3 个教学区，占地总面积 1.06 万平方米，建筑总面积 2.45 万平方米。固定资产 13039.16 万元，藏有纸质图书 101678 册，电子图书 301 册。全年教育经费投入 3570 万元，其中，国家拨款 1571.95 万元。

（姜玮　张蕾）

【参加毛主席纪念堂志愿服务】　9月

24 至 10 月 8 日，黄庄职高学生 46 人入选北京市第 13 批次毛主席纪念堂服务志愿者。作为首支来自中职学校、平均年龄最小的志愿团队，黄庄职高学生志愿者承担毛主席纪念堂外围引导岗、扶老助残岗、蓝立方岗、团队预约岗、献花引导岗 5 个岗位工作，累计服务 15 天，接待团体预约 1364 个、58686 人次，外围接待 58686 人，发放宣传手册 500 册，帮扶轮椅、童车 812 部，解答瞻仰群众咨询 896 次。志愿服务结束后，18 人被评为优秀志愿者。

（文昌敏　曹艳玲）

【承办京西杯技能大赛】　10 月 25 日，黄庄职高承办北京市西部地区中等职业学校首届“京西杯”专业技能“美容美发类”赛事。比赛由职业高中校京西协作组主办，设“标准卷杠＋修剪”“男士无缝推剪造型”“新娘化妆＋盘发整体造型”“晚宴化妆”4 项。北京市西部地区 3 所中等职业学校 42 人参加比赛，26 人获奖，其中黄庄职高 13 人获奖（一等奖 3 人、二等奖 4 人、三等奖 6 人）。职业高中校京西协作组由市教委组织成立，包括海淀、丰台、西城、石景山、门头沟、房山 6 个区职业高中校，旨在加强京西各区县职业高中校际间的交流与合作。

（刘冰）

【区业大出版教材 6 部】　至年底，石景山区业余大学出版 6 部教材。分别是《纳税会计实训》《审计实训》《成本会计实训》《会计基础实训》《财务会议实训》《财务管理实训》。6 部教材由学校拥有独立版权，清华大学出版社出版。

（赵秀艳）

教育督导

【概况】　2014 年，石景山区教育督导室落实市、区“学前三年行动计划”，完成 1 所幼儿园督导随访；完成《石景山区中小学校、职业高中、特殊教育学校、幼儿园全面实施素质教育评价指标体系》修订及督导试评；研制《石景山区校外教育机构全面实施素质教育评价指标体系》，完成对社区教育督导随访；依据《石景山区民办学校办学水平综合评价方案（修订版）》，综合督导 1 校，督导随访 4 校，回访 1 校；完成全区教育执法和全面实施素质教育工作自评；完成区属 37 个相关委办局、街道办事处工作自评和领导干部考评；完成“北京市全面实施素质教育综合督导”迎检工作，完成义务教育阶段减轻学生过重课业负担督导监测任务；组织实施“石景山区义务教育均衡发展公众满意度调查”，完成《2014 年石景山区学校人民满意度调查总报告》，会同区教委完成“人民满意学校”测评工作，命名 67 所“石景山区人民满意学校”；进一步完善中小学责任督学挂牌督导工作，设置 5 个督学责任区，选聘责任督学 26 人。至年底，区教育督导室专职督学 6 人，兼职督学 20 人，责任督学 26 人。

（王桂洋）

【推进中小学挂牌责任督导】　3 月 4 日，石景山区政府教育督导室与区教委联合召开“中小学校责任督学挂牌督导工作推进会”。会议对全区中小学校责任督学挂牌督导工作进行部署，向中小学校长提出“保障工作依法运行、有序运行、优质运行、长效运行”的工作要求。会议为 13 名责任督学颁发聘书。全区中小学校划分 5 个督学责任区，各责任区设 1 名督学组长，并聘任 2 至 3 名在职的兼职督学担任责任区内各学校的责任督学。区委教工委、区教委、区政府教育督导室领导，全区中小学校校长及学校督学联系人 100 多人参加会议。9 至 10 月，区教育督导室结合实际，制定并完善挂牌督导责任督学的管理措施、考核办法、督导规程、工作守则、培训方案，编印《石景山区责任督学挂牌督导工作手册》。12 月，增聘 13 名在职教研员和学校校级领导为责任督学，对责任督学负责的学校重新进行调整。

（千文芳　荆林）

【研制素质教育评价指标体系】　3 月至 8 月 30 日，石景山区教育督导室研制幼儿园、中小学、职高、特殊教育学校等素质教育评价指标体系。依据 2014 年修订的《北京市区县政府、教委、学校（教育机构）全面实施素质教育评价方案》，教育督导室完成研制幼儿园、中小学、职高、特殊教育学校 4 部全面实施素质教育评价指标体系。各评价指标体系分别设置一至三级指标、评价要点，附信息收集方法。

（千文芳　荆林）

【督导随访幼儿园】　4 月 22 日，石景山区教育督导室依据《北京市幼儿园全面实施素质教育评价指标体系》，督导随访京源学校幼儿部。督导组听取学校领导队伍建设、保教、卫生保健、后勤工作等方面的工作汇报及幼儿部今后的发展思路介绍；观看幼儿部的集体教育活动和户外活动，查阅各项档案资料。检查后，督导组与幼儿部进行交流、反馈，肯定学校成绩，并就存在问题提出改进建议。区教委、妇幼保健中心、区一幼等单位领导参加督导随访。

（荆林）

【组建督政督学队伍】　5月7日，石景山区教育督导室召开督政兼职督学聘任会。会议宣布聘任4名处级退休领导为督政兼职督学。督政兼职督学队伍建立，为促进教育法律法规在相关部门的贯彻落实，促进区域教育优质均衡发展奠定基础。

（厉丽　刘国峰）

【督导随访民办培训机构4所】　5至10月，石景山区教育督导室督导随访区民办魔奇英语培训学校、励步儿童英语培训学校、新方向培训学校和小状元培训学校。评价组听取学校领导工作汇报、巡视教育教学环境、课堂听课、访谈干部教师、查阅管理档案等情况。并就办学相关工作，与校领导进行反馈与交流。

（厉丽　刘国峰）

【完成2家单位复查回访】　6月和7月，石景山区教育督导室完成2家单位督导复查回访。6月26日，石景山区教育督导室对中国第四纪冰川遗迹陈列馆进行综合督导一年后的复查回访，逐条检查该单位整改措施的落实情况。7月3日，区教育督导室对汇英艺术文化培训学校进行复查回访，逐条检查2013年6月对该单位综合督导后整改措施的落实情况。复查结果表明，两单位能按照整改措施认真进行整改，效果明显。

（厉丽　刘国峰）

【开展人民满意学校调查】　7月4日至11月，石景山区教育督导室、区教委联合开展“2013至2014学年度人民满意学校”问卷调查。调查单位涵盖公办幼儿园11所，小学38所（含培智中心校1所、民办校4所），初中18所（含民办校3所），高中校8所（含民办高中、职高各1所），街道社区等相关单位16个。调查对象涉及小学4至5年级，初高中、职高1至2年级学生；幼儿园孩子家长，小学1至5年级、初高中1至2年级学生家长；以及派出所、社区人员等。调查问卷5套，共发放问卷29607份，回收有效问卷29194份，问卷有效率98.61%。统计结果表明，全区人民满意学校评价满意率94.21%，其中公办校教育总体满意度从2006年的84%上升至2014年的96.5%。学校满意调查的主要项目显示：“校园安全保障”幼儿园家长满意率99.36%，小学家长满意率96.95%，中学家长满意率97.89%；“师德水平”幼儿园家长、中小学家长和学生满意率均在95%以上；“教育教学能力”中小学生满意率均在95%以上，小学家长满意率97.8%，中学家长满意率96.9%；“办学条件”家长和学生满意率均在92%以上。最终，依据调查数据评出“石景山区2014年人民满意学校”67所。

（王桂洋）

【综合督导民办培训学校】　9月26日，石景山区教育督导室综合督导区民办新国人培训学校。督导评价组听取学校领导工作汇报、巡视教育教学环境、课堂听课、召开干部教师、家长访谈、查阅档案等，了解学校办学现状。双方就办学管理、提高教育教学质量进行沟通与交流。

（厉丽　刘国峰）

【汇编素质教育评价方案】　9至10月，石景山区教育督导室汇编《石景山区政府、教委、学校（教育机构）全面实施素质教育评价方案》。其内容包括区教育执法和全面实施素质教育目标责任分解、评价指标体系，涉及区政府、教委、学校及教育机构的督导工作等。共汇集市区教育督导相关文件计10项11篇。汇编发至全区各教育单位和政府相关委办局、街道办事处。

（王桂洋）

【督导随访街道办事处】　10至11月，石景山区教育督导室督导随访街道办事处“贯彻相关教育法律法规、全面实施素质教育工作目标”完成情况。督导室一行6人听取古城街道办事处、鲁谷社区、苹果园街道办事处、广宁街道办事处和八角街道办事处5个单位汇报，查阅相关档案资料。督导组还就2014修订的《石景山区教育执法和全面实施素质教育工作目标责任分解》征询意见。

（厉丽　刘国峰）

【接受素质教育综合督导】　11月26日，石景山区政府召开迎接北京市全面实施素质教育综合督导工作会。市政府教育督导评估组观看《办好家门口的每一所学校——石景山区实施素质教育工作纪实》，听取区政府《关于全面实施素质教育工作情况》汇报。评估组一行19人分别召开区委办局、街道和学校座谈会，查阅相关档案资料，分别考察实验幼儿园、爱乐实验小学、京源学校、黄庄职业高中、青少年活动中心、八角街道办事处等单位实施素质教育情况。

（王桂洋）

【综合督导中小学2所】　12月18至24日，石景山区教育督导室依据《石景山区中小学校全面实施素质教育评价指标体系（试行）》，综合督导金顶街第四小学和同文中学。督导组听取校长汇报、巡视校园环境、观看两操、听推门课、访谈干部教师、查看档案资料，组织学生座谈等，实地考察“规划与干部队伍”“教师队伍建设”“教学工作”“德育体育心理”“校园文化”“硬件建设”，对学校近年来全面实施素质教育情况督导进行试评估。该评估为评价指标体系各个指标收集信息，为完善评价、进行新一轮综合督导提供依据。

（干文芳　李晓钧）

中共石景山区委教育工委

书　　记　叶向红

石景山区教育委员会

主　　任　郝显军

石景山区政府教育督导室

主　　任　李秀兰（3月任）

海淀区

总类

【成立学生餐协会】 1月16日，海淀区教委成立中小学学生餐协会。会议听取协会筹备组、协会会长工作报告；审议通过协会章程草案、协会机构设置等。海淀区中小学学生餐协会是由海淀区教委倡议，经区民政局核准登记的非营利性社会团体法人单位。协会将构建“安全有保证，营养有保障，口味有改良”中小学学生餐运行模式，以“聚各方之力、加强学生餐管理、规范企业行为、提升学生餐水平、确保食品安全”为宗旨。

（宋亚甫）

【推进英语学习社区项目】 4月15日，海淀区教委召开“海淀英语学习社区”项目阶段总结会。“海淀英语学习社区”项目是区政府、区教委支持的基于现代信息网络平台的语言类教学研究项目，为海淀智慧教育建设的重要组成部分，2013年1月启动。该项目借助智能交互、数据挖掘、互联互通等信息化手段，结合海淀区教学实践，研发适用于海淀区中小学英语教学的学习目标和评价标准、教学资源平台、学习平台以及测评平台，实现教师分层教学，引导学生自主学习，推进海淀区英语教学资源的优质化、均衡化，提升海淀区英语教学现代化水平。项目包括“一个标准三个平台”，即海淀区中小学英语学习目标和评价标准体系，学习平台、测评平台和教学测评资源平台。至2014年底，平台总注册71220人，其中教师958人，学生35104人，累计网站浏览次数为1550多万次，月均页面浏览超过百万次，月均独立IP访问近30万次。

（宋亚甫）

【举办基础教育国际化校长论坛】 6月20日，海淀区举办基础教育国际化校长论坛。论坛由中国教育学会、海淀区教委、海淀区教育科学研究所主办，《世界教育信息》杂志协办，八一中学承办。会议听取《着力教育综合改革，推进教育国际化实验》报告，全面介绍海淀区基础教育国际化共识、取得的基本经验和初步成果。在论坛经验分享与交流对话环节中，八一中学、清华大学附属小学、北外附属外国语学校、一〇一中学4所实验校校长做主题报告，阐述学校对开展基础教育国际化的认识。来自教育行政部门、行业协会、教育科研院所、高校、中小学幼儿园等部门200人参加论坛。

（宋亚甫）

【获8项国家级教学成果奖】 7月5日，教育部公布首届基础教育国家级教学成果奖获奖名单，海淀区8项成果获奖。其中特等奖1项，一等奖3项，二等奖4项。十一学校校长李希贵“普通高中育人模式创新及学校转型的实践研究”获得特等奖，清华附小校长窦桂梅带领的语文团队教学成果“小学语文主题教学实践研究”、人大附中“以人为本多元开放——人大附中综合育人模式创新实践研究”、北大附中张思明等主持“中学数学建模‘双课堂’教与学的实践研究”获一等奖；海淀区培智中心学校于文等“个别化教育理念下自闭症儿童课程的实践研究”、农大附中李兵等的“基于科普阅读提升中学生科学素养的策略与实践”、海淀工读学校肖建国等“基于工读学生体验成功的学业评价方法”及北大附中“高中学院制、书院制学生发展模式探索——构建跨年级、多元自主的校园生态”项目获二等奖。该奖项是基础教育领域内由政府设立的最高级别的业务类奖励。首次评选出2项特等奖，48项一等奖和367项二等奖。

（宋亚甫）

【与驻区高校签订合作协议】 8月31日，海淀区教委与12所驻区高校签订合作协议，支持海淀区中小学发展。驻区高校将以项目推进的方式，在办学理念、课程改革、师资建设等方面为24所中小学发展助力。其中，区教委与北京语言大学合作，建设石油附中和石油附小；与北京科技大学合作，建设科大附中和科大附小；与北京市邮电大学合作，建设金典小学；与北京交通大学合作，建设交大附中和交大附小；与中国地质大学合作，建设地大附中和第三实验小学；与北京林业大学合作，建设林大附小；与中国矿业大学合作，建设矿院附中和清华东路小学；与中央财经大学合作，建设农科院附小；与北京航空航天大学合作，建设北航附中和北航附小；与北京信息科技大学合作，建设清河中学和永泰小学；与中国农业大学合作，建设农大附中、农大附小和学府苑小学，合作建设后，学府苑小学更名为中国农业大学附属实验小学；与北京外国语大学合作，建设万寿寺中学和万寿寺小学，合作建设后，万寿寺中学更名为北京外国语大学附属中学，万寿寺小学更名为北京外国语大学附属小学。同时，北京外国语大学将扶持海淀区民族小学、西颐小学、双榆树第一小学在外语教学领域的发展。

（宋亚甫）

【入选学校管理标准实验区】 8月，海淀区入选《义务教育学校管理标准（试行）》全国实验区，率先开展学校管理标准实验、验证工作。《义务教育学校管理标准（试行）》由教育部制定并印发，适用于全国义务教育学校，包括六项管理职责、22项管理任务和92条管理要求。配合学校管理标准，教育部在全国遴选7个地市为管理标准实验区。

（宋亚甫）

【召开教师节表彰会】　9月10日，海淀区教委召开教师节表彰大会。会议播放专题片《立德树人》，全面回顾教师队伍建设、德育引领师生发展方面的举措和取得的成绩。2014年，海淀区共有9个单位和个人获得国家级荣誉，20名教师获得海淀区师德标兵称号。会上，海淀区民族小学、八一中学教师张亚红分别代表先进集体和个人发言，与会干部教师交流立德树人、教书育人感悟，北大附中教师宣读投身教育改革的倡议书，百名新任教师举行入职宣誓。

（宋亚甫）

【敬德书院落成】　9月28日，海淀

区教委举办海淀敬德书院落成典礼。书院位于海淀区北安河乡境内环谷园，是在中法大学旧址基础上修复的传统中式建筑院落。书院院训是“进德为本，诚敬致用”，办院宗旨为“秉承中华文化精髓、兼容古今治学之道、肩负人文教育使命、培育立身行道之人”。书院集培训和研修为一体，面向海淀中小学教师、教育教学管理人员进行传统文化培训，重点开设和探索经典研读、文化技艺、主题会讲和专题研修等四类课程。书院设有17个功能室，包括明德讲堂、禅茶厅、中和堂、以礼厅、翰墨斋、德音斋、正心堂、格物斋、慎思厅、明辨厅，提供祭拜先师孔子、阅读经典书籍、书画古琴和学习茶艺棋道等体验活动。至年底，书院共开展书院发展、考察调研、主题课程、修习体验、专题研讨活动28次，参加活动697人次。

（宋亚甫）

【创建全国文明城区】　至年底，海淀区委教育工委、区教委、区教育督导室继续开展全国文明城区创建工作。全系统紧紧围绕中心工作，以社会主义核心价值体系建设为根本，以全国文明城区新指标测评体系为标准，加强统筹协调，加快工作推进，完成各项创建任务。年内，区教委在创建全国文明城区档案迎检测评中高分通过验收，七一小学、中关村一小、海淀外国语实验学校、清华附中以及海淀寄读学校分别接受中央文明办检查组对社会主义核心价值观宣传教育、心理健康辅导等方面检查验收，信息管理学校、北京教育学院附属海淀实验小学等学校接受校园周边环境检查验收，均顺利通过。

（宋亚甫）

【“十二五”规划课题结题率95%】至年底，海淀区“十二五”区级教育科学规划在研课题904项，已结题859项，结题率达95%。年内，海淀区教委通过会议结题、通讯鉴定和集中结题鉴定分级分类推进结题工作。全年组织人大附小、理工附中等50所学校会议结题工作，召开10场校长委托课题和重点关注课题集中结题鉴定会，完成金典小学、翠微中学等20所学校82项课题的通讯鉴定工作。

（宋亚甫）

学前教育

【概况】　2014年，海淀区托幼园所155所，其中，教育部门办幼儿园13所，地方企业办园2所，事业单位办园25所，部队办园36所，集体办园22所，民办园39所，其他部门办园18所。入园幼儿20487人，在园幼儿58028人，其中外省市户籍幼儿11772人，占在园幼儿总数20%；教职工9375人，其中，专任教师4686人。全区市级示范幼儿园21所（30处园址），一级一类幼儿园70所。

（宋亚甫）

【召开新任园长挂职交流汇报会】　3月27日，海淀区教委召开新任园长挂职交流汇报会。会议印发《关于加强海淀区幼儿园新任园长挂职交流工作的通知》，明确新任园长挂职交流的工作目标，挂职交流学习人员范围和条件，挂职交流安排及工作要求等。

2013年10月，海淀第二轮新任园长挂职交流活动启动。活动通过新任园长自主选择和区教委协助相结合的方式，新任园长与示范园长结成互助对子，新任园长通过参加挂职示范园行政例会、教研管理活动，参与教学评优、环境创设指导、班级管理，提高新任园长管理水平。海淀区2012年举办第一轮新任园长岗位交流，两批共有35个单位新任园长参加。

（宋亚甫）

【两园通过早教基地评估验收】　6月30日，海淀区富力桃园幼儿园和核工业第二研究院幼儿园接受北京市早教示范基地验收评估并通过验收。验收组专家分别考察幼儿园早教基地环境，观看幼儿园社区早期教育活动，听取园长社区早期教育工作汇报，并针对早教基地组织管理、基础条件、队伍建设与功能发挥等内容，分别与干部、教师交流。验收组指出，两所幼儿园推动社区早期教育各项工作扎实有序，有效提高家长科学育儿能力，促进社区婴幼儿健康快乐成长，认定两所幼儿园为北京市早期教育示范基地。

（宋亚甫）

【北部新区实验园凯盛分园开园】　9月18日，海淀区北部新区实验幼儿园凯盛分园开园。凯盛园位于海淀区温泉镇凯盛家园小区，按照高品质、高起点办园思路，秉承主园“双色教育”特色，园内设施设备齐全，教室宽敞明亮，环境创设充满童趣。占地面积4000多平方米，计划开设12个教学班，招收360名幼儿。

（宋亚甫）

【开展多种专题选修培训】　10至12月，海淀区教委开展幼儿教师多种专题选修培训。培训课程包括现代信息技术专题培训、科学教育专题培训与科研专题培训。10月9至29日，举办"现代信息技术与幼儿园教育的专题培训"，培训共40学时，来自70所幼儿园76名教师参加。11月2至28日，举办幼儿园科学教育专项培训，全区62名骨干教师参加学习。11月14日至12月12日，举办科研专题培训，全区60名幼儿园科研工作负责人参加培训。

（宋亚甫）

【总结业务园长教研培训工作】　12月4至5日，海淀区教委召开会议总结业务园长教研培训工作。会议交流跟进式园本教研经验。专家对海淀区跟进式园本教研给予高度评价，认为该方式对教研指导路径、原则、方法具有贡献价值，能够有效提高园所园本教研的质量；跟进式教研是"研训一体"模式的有益尝试，对提高教师专业水平起到必要的作用。市、区有关专家，海淀区有关幼儿园园长、保教主任170人参加会议。

（宋亚甫）

【发布第二期三年行动计划】　12月5日，海淀区发布"海淀区二期学前教育三年行动计划（2014～2016年）"。该计划遵循"保障基本、广泛覆盖、公益普惠、优质多样"原则，继续扩大学前教育规模，提升幼儿园办园质量，多渠道、多形式发展普惠、优质、多元的学前教育。根据规划，2014至2016年重点任务是：扩大增量，优化结构；着力增加北部及城乡结合部地区学前教育资源，优化学前教育结构布局，鼓励多种形式办园，扩大公办幼儿园和普惠性民办园的覆盖率；综合考虑特殊困难家庭和残疾儿童家庭学前教育需求，优化资源配置；统筹资源，挖掘潜力，充分利用区域各类教育和社会资源发展学前教育；支持幼儿园改建、扩建增加入园学位；调动社会力量举办公办幼儿园或普惠性民办幼儿园；内涵建设，提升质量，加强幼儿园保育和教育实践的研究与指导，不断提高幼儿园教师的专业素质和教育实践能力；高起点办好新建幼儿园，推进0至3岁婴幼儿早期教育研究与实践，提升家庭科学育儿水平。

（宋亚甫）

【召开学前教育工作会】　12月5日，海淀区教委召开学前教育工作会议。会议总结第一期三年行动计划取得成果，命名10所幼儿园为新一批干部教师培训基地，表扬为实施第一期行动计划做出突出贡献先进集体，为3名退休园长颁发终身顾问奖杯，签订新任园长与示范园园长岗位交流意向书，启动市、区骨干教师与园级骨干教师结对交流。会上，3名园长交流落实"海淀区二期学前教育三年行动计划"各项措施。市、区有关领导，各类幼儿园园长和副园长400人参加会议。

（宋亚甫）

【新增入园学位2000个】　至年底，海淀区教委落实市、区政府要求，将新建、改扩建幼儿园，增加入园学位列入为民办理实事项目。至11月底，六一幼儿院西三旗分园、柳林村幼儿园、龙岗路幼儿园等7个新增项目和改扩建项目完工，其中，部分工程9月初完工并对外招生。全年新增2000个学位，在园幼儿增加1600人。

（宋亚甫）

基础教育

【概况】　2014年，海淀区小学122所（含18个一贯制学校小学部），其中区属公办小学101所，其他部门办小学9所，民办小学12所；教学班4022个，毕业20912人，招生28182人，在校生147662人；在校生中，北京市户籍学生93324人；教职工7553人，其中，专任教师7011人；小学入学率100%，巩固率100%，毕业及格率100%。中学77所（初中7所、高中3所、完中49所、九年一贯制学校6所、十二年一贯制学校12所），教学班3000个（初中1742个、高中1258个），毕业30880人（初中18187人、高中12693人），招生34887人（初中21260人、高中13627人），在校生103202人（初中61650人、高中41552人）；在校生中，北京市户籍学生78933人；初中入学率100%，巩固率100%，毕业率100%；初中毕业升学率98%，应届高考录取率92.98%；中学教职工12976人，其中，专任教师8739人（初中4941人、高中3798人）。特殊教育学校3所，开设教学班67个，结业143人，招生60人，特殊教育在校学生1276人（特殊教育学校605人、义务教育阶段随班就读学生671人）；教职工312人，其中，专任教师222人。工读教育学校1所，开设教学班15个，离校159人，入校159人，在校生315人；教职工83人，其中，专任教师69人。校外教育单位770个，有金鹏科技团8个，市级科技示范校27所，北京学生金帆艺术团31个，承办校25所，金帆书画院12个，市级艺术教育特色校36所。教职工29904人，其中，专任辅导员（教师）21572人。中小学教师学历合格率99.3%，其中，小学教师合格率99.5%，中学教师合格率99.1%。特级教师162人（在职），其中，小学18人、中学140人，职高人，幼儿园3人。高级专业技术职务教师2896人，其中，小学108人、初中1029人、高中1542人。全区中小学图书馆藏书969.7546万册。学校总占地面积534.37万平方米，总建筑面积337.66万平方米，固定资产总值98.89亿元。全年教育经费投入908.66万元，其中，国家拨款891.78万元，自筹经费16.88万元。

（尹涛　宋亚甫）

【举办传统文化培训】　1月17至18

日、2月14至16日，海淀区教委举办中小学教师传统文化培训。培训由海淀区政府、区教委与中华书局、中国国学文化艺术中心合作主办，以儒学为核心，围绕传统文化精神内涵，开展通识性培训。培训分中学班和小学班同步进行，各开设10门课，总计40学时。课程内容涉及传统文化与社会主义核心价值观、传统文化教育理论与实践探索、《四书》解读等三方面。海淀区中小学教师209人参加培训。

（宋亚甫）

【调整中小学校布局】　3至12月，海淀区教委调整中小学校布局。根据北京市统一部署，海淀区加大布局调整力度，绘制海淀教育新地图。3月25日，首师大附中受区教委委托承办首都师大二附中。3月26日，群英小学与二零六中学合并为九年一贯制学校，由十一学校承办，更名为十一学校一分校。4月30日，委托人大附中承办卫国中学和翠微中学，两校合并更名为人大附中翠微学校。5月23日，车道沟小学并入理工附中，作为理工附中的小学部，并建立九年一贯对口直升机制。同时，由理工附中承办理工附小，建立九年一贯对口直升机制，首次由区属学校承办非区属的学校。7月11日，委托交大附中承办明光中学，命名为北方交通大学附属中学分校。7月12日，将彩和坊小学并入八一中学，建立九年一贯对口直升机制，并将八一中学更名为北京市八一学校。8月9日，新成立北京市十一学校龙樾实验中学正式开工建设。9月1日，新建北京二十中学附属实验学校开学，该校是小区配套学校，由二十中承办，为一所九年一贯制学校。此外，海淀区参加市教委组织市区教科研部门直接参与学校建设工作，5月16日，海淀区教师进修学校定点帮扶北科大附中、教师进修学校附属实验学校和西山小学（学校更名为海淀区教师进修学校附属实验小学）。8月27日，区教委与北京教育学院签订协议，定点帮扶田村中心小学，并更名为北京教育学院附属海淀实验小学。12月25日，海淀区教委与北京教科院签订协议，定点帮扶育英中学。

（宋亚甫）

【落实减负增效工作】　3至12月，海淀区教委落实减负增效工作。一是召开落实减轻中小学过重课业负担工作会，贯彻落实北京市关于减轻中小学生过重课业负担的精神，印发《关于切实减轻我区中小学生过重课业负担的意见》。二是成立减负工作领导小组，建立减负工作联动和督查工作机制，行政、教研、科研等部门联动，对海淀区小学生课业状况和学业负担开展调研，加强对中小学作业的指导。三是全区范围内开展“减负增效”征文活动。四是联合区教育督导室针对中小学生减负工作开展拉网式检查，督促各学校落实减负措施。五是组织10所实验校开展“学习困难学生预警和干预”市级行动项目研究，关注学困生个体差异，探索建立个别学业指导机制。9月，市教育督导室、市教委在理工附中召开“北京市中小学减负督导监测工作现场会”，宣传推广海淀区减负经验。

（宋亚甫）

【召开九年一贯制研讨会】　4月11日，海淀区教委召开“基础教育九年一贯制研讨会暨小初高一体化课程建设与育人模式变革研究开题会”。会议以育英学校12年一体化办学实践为案例，研究九年一贯制学校办学思路与模式，总结实践经验，创新推进策略。会上区教委作《推进九年一贯制学校建设，打造中小衔接的一体化育人模式》报告，育英学校校长作《小、初、高一体化课程建设与育人模式变革研究开题报告》，教育部、北京市、海淀区教委专家及领导为43所课题校颁发课题实验校铜牌。海淀区教委领导、中小学校级干部，以及山东、河北等省市中小学代表270人参加会议。

（宋亚甫）

【五一小学整体改建工程完工】　4月，

海淀区五一小学整体改建二期工程完工。整体改建二期工程包括操场、体育馆、礼堂、食堂建设，校园“五景、三园、一道”设计建设。操场包括足球场、田径看台和300米跑道，田径看台可同时容纳1200人观看比赛。体育馆由游泳馆、形体馆、篮球馆组成，合计使用面积4500余平方米，其中，游泳池由6条25米泳道组成。食堂面积1200平方米，可同时容纳800人就餐。礼堂装备有现代化音响灯光设备，可同时容纳650人参加会议。

（卢欣宇）

【召开人大附小教育家办学实践研讨会】　5月16日，海淀区委教育工委、区教委召开人大附小教育家办学实践研讨会。会议由人大附小承办，以“幸福·梦想”为主题。会议观看人大附小专题片《师生笑着成长》，观摩情景剧《彩虹的约定》，听取人大附小校长《七彩教育之花幸福绽放》主题报告，全面阐释七彩教育办学思想与实践成果。七彩教育理念实质内涵就是依据多元智能理论，确立多样化教育目标，开发和发展学生多种潜能，构建多样化课程，满足学生多样化发展需求，促进学生多元成长，成就教师多元发展，创造学校多样化文化，筑就师生多元梦想的教育。中国人民大学、人大附中、教育部及市、区教委领导，海淀区小学校长300人参加会议。

（关旻）

【理工大附中承办理工大附小】　5月23日，理工大附中受北京理工大学委托承办理工大附小。根据协议，理工大附中采取九年一贯制模式承办理工大附小，附小毕业生对口升入理工大附中。理工大附中校长兼任附小校长，全面负责附小教育、教学活动。附小办学规模和所有权不变，办学主体不变，理工大将继续提供附小的教育教学经费、办学场地，配备设施、师资，并承担附小办学过程中相应的安全和后勤保障。区属中学（理工大附中）承办大学附属小学，在海淀区教育历史上尚属首次。

（丁静　彭謦）

【中高考再获好成绩】　6月，海淀区中高考再获好成绩。海淀区中考报考考生17489人，提前招生录取2005人，通过“名额分配”录取1229人，特长生等特招录取1551人，统招录取9174人。总分平均分、优秀率、及格率在北京市名列前茅，总分高分段优势明显，尖子生表现突出；部分普通校、北部地区学校、初中校提升明显。520分以上考生262人，占全市25.8%，500分以上考生2782人，占全市28.9%。全区中考文化课平均分449.6分，比全市平均分提高19.3分，优秀率59.4%，比全市高11.9个百分点。全区12050名考生报名高考，约占全市五分之一。考统录取考生11204人，录取率92.98%。文、理科总均分和各学科平均分均高于北京市水平，优势继续扩大。全区700分以上考生35人，占北京市55.56%。上线率再创新高，文科重点本科上线率36.43%，理科重点本科上线率59.68%。本科上线率100%的学校，文科由18所增加到25所，理科由9所增加到14所。

（宋亚甫）

【小学招生负增长】 6月，海淀区小学招生负增长。共招收小学一年级学生28182人，比上年减少1362人，在生源连续大幅度增长3年后，首次实现负增长，缓解教育资源相对不足的矛盾。年内，海淀区采取开源节流方式保证学生“有学上”。开源方面通过新建、改扩建、回租、回购校舍和实施教育应急工程，以及向民办学校购买学位等方式，增加学位供给。节流方面通过采用全市统一小学入学服务系统和学籍管理系统，严控外区县户籍适龄儿童无序流入。

（宋亚甫）

【开发三套中小学地方教材】 6至12月，海淀区教委开发三套中小学地方教材。其中，《走近圆明园》由区教委与圆明园管理处合作开发，分中学卷和小学卷2本，并配视频光盘一套。《中学生知识产权教育》过北京市初审，准予出版并在全区中学使用。教材分为智力活动与知识产权、专利保护发明创造、商标体现产品信誉、著作权激发作品创作4个单元。《心理健康》地方教材通过北京市初审，供小学三年级至高中三年级学生使用。

（宋亚甫）

【调整小升初和中招入学政策】 7月，海淀区调整初中入学政策。小升初工作呈现三大变化。一是初中入学途径取消“共建入学”，规范初中入学六种途径，分别是：特长生招生、第一次排位（即推优）、寄宿公办校招生、九年一贯制升学、第二次派位（即大派位）、民办校招生。二是调整入学途径次序。将特长生招生调整到首位。推荐分配改称为第一次派位，并调整到第二位操作。三是严格实施计划管理，建立九年一贯对口直升机制等举措，提升就近入学比例。本年在海淀参加升学的小学毕业生20800人，就近入学17272人，占总升学人数83%，比上年提高10个百分点。中招工作按照北京市文件精神，普通高中全面取消择校生，确定13所优质高中1241人招生计划分配到各初中，使相对薄弱初中学生有更多机会进入优质高中。

（宋亚甫）

【新建3所中小学】 9月1日，海淀区新建3所中小学开学。3所学校分别为北京市海淀区西翠路小学、北京市第二十中学附属实验学校、北京市中科启元学校。西翠路小学位于海淀区万寿路丙一号院，占地面积5352平方米，建筑面积4261.56平方米，23个教学班规模，年内开设1至3年级10个教学班，学生348人。二十中附属实验学校是小区配套学校，由二十中承办，实施九年一贯制教育。学校位于西三旗永泰庄路，占地面积27129平方米，校舍面积16000平方米，教职工13人，首批招收小学一年级新生151人，4个教学班。中科启元学校为民办九年一贯制学校，由中国科学院创办。学校位于中关村东路95号，占地面积19123平方米，校舍面积803平方米，教职工7人，首批招收小学一年级新生13人，1个教学班。

（宋亚甫）

【召开中小学科技教育会】 10月14

至15日，海淀区教委召开中小学科技教育大会。会议听取《海淀区中小学科技教育工作报告》，推出《海淀区中小学科技教育三年行动计划（2015—2017年）》。会上，区教委与5所高校、区科协分别签署战略合作协议，共同推动海淀中小学科技教育发展。会议明确，协调区内高新企业，把首批百家企业纳入学校科技教育“校外基地”，区内中小学生可走进企业参观，并将高科技产品带入学校进行巡展。会议还邀请美国科学家及教育专家作《美国的科技教育策略与未来趋势》《STEM教育——培养创新能力和企业家精神》及《从幼儿园到高中科学教育的重大原理及注意事项》3个主旨报告。海淀区各中小学校长、科技教育主管和科技教师400人参加会议。

（宋亚甫）

【召开五一小学教育家办学实践研讨会】 11月4日，海淀区委教工委、区教委召开五一小学教育家办学实践研讨会。会议由五一小学承办，以“本真·幸福”为主题，通过《童画》视频、“品味教育幸福”教师访谈，多角度展示五一小学师生幸福成长历程。会上，校长陈姗作《坚守本真 奠基幸福》主题报告，从“奠基教育”提出与深化，理性思考与实践创新等方面，总结其教育智慧、教育理想和教育追求。学校师生百人诵读教师独立创作的《五一赋》。市教委、海淀区政府、区人大领导，中小学书记校长及教师、学生、家长代表400人参加研讨会。

（卢欣宇）

【举办清华附中教育家办学实践研讨会】 11月27日，海淀区委教工委、

区教委举办清华附中教育家办学实践研讨会。会议听取校长王殿军《守望·求索》主题报告。报告从自身成长经历谈起，阐述学校“为未来领袖人才奠基”的培养目标。王殿军认为，清

华附中应勇于承担名校责任，服务社会。据此，清华附中开设大学先修课程，并逐步与国际中学教育接轨；开创综合素质评价积分体系，深化考试招生制度改革，改进人才选拔模式。海淀区政府、市教委、清华大学、华东师大、区教工委专家领导，海淀区中小学书记校长等300人参加研讨会。

（宋亚甫　高岷）

【召开小学教育工作会】　12月12日，海淀区教委召开小学教育工作会。会议听取《深化改革，促进海淀小学教育可持续发展》工作报告，从小学新优质资源迅猛增长、小学入学工作规范有序、课程教学改革开拓创新等方面，全面总结小学教育发展情况。4名校长发言从不同侧面展示小学教育教学工作成绩。会议要求校长要肩负重任，增强做教育工作的责任感和使命感；充分发挥学校育人主阵地的作用，坚持立德树人的办学方向；强化学校办学自主权，提升学校的管理水平。区教委领导和全区小学书记校长、教学干部和德育干部400人参加会议。

（宋亚甫）

【召开陈延军教育教学实践研讨会】

12月24日，海淀区召开陈延军教育教学实践研讨会。会议观看介绍陈延军教学生活的专题片《为儿童开启智慧之门的行者》，现场观摩陈延军20分钟微课展示《落花生》，听取陈延军《做语文教育永远的追梦人》报告。陈延军的报告回顾小学语文教学的成长历程，抒发“兢兢业业倾心教育，有滋有味教好语文”教育情怀，总结磨砺语文教学基本功、博览群书提高自身素养、努力教出小学语文风采的成长经验以及“慧性教学”实践探索。会议从语文学科教学、学科价值观和学科整合的角度，对陈延军教育教学思想和教学实践给予高度评价。海淀区、北师大、北京教科院领导，海淀区中小学教学负责人以及中小学语文骨干教师500人参加会议。陈延军，北京市特级教师，1991年北京师范大学教育系毕业，任教于北京师范大学实验小学，从事小学语文教学和科研工作33年，全国模范教师、教育部“国培计划”专家。

（宋亚甫）

职业与成人教育

【概况】　2014年，海淀区有中等职业学校11所，其中，普通中等专业学校6所，成人中等专业学校3所，职业高中2所，其他学校附设中职班6所（不计校数）。中等职业教育学校在校生11848人，其中，普通中专在校生4191人，成人中专在校生686人，职业高中在校生5218人，其他学校附设中职班在校生1753人（含工读学校和第三聋人学校附设职高班在校生187人）。中等职业学校在校生11848人，毕业3712人，招生2433人，教职工1114人，专任教师721人。其中，职业高中在校生5170人，招生756人，毕业1481人，教职工624人，专任教师443人。全区职业高中占地面积142797平方米，建筑面积158601平方米。各类民办培训机构450家，年度招生106万人，结业[illegible]万人，在校生[illegible]万人，教职工26325人，专任教师8691人。有1所社区学院，10个区级社区教育中心，6所社区学校，670家居委会教学点，社区教育志愿者3970人。全年累计开展社区教育培训111.4万人次，其中，农民实用技术培训4.8万人次，外来务工人员培训30.3万人次，下岗失业人员培训5.3万人次，老年教育培训37.1万人次，中等职业学校短期文化生活培训及岗位技术培训8.5万人次。

（宋亚甫）

【完成职业学校教师培训项目】　1至12月，海淀区教委完成职业学校教师培训项目。培训工作由区职教中心组织，共开设11个面授培训班，涉及语文、数学、英语、德育4个公共基础课培训班，计算机类、财经、艺术类、美术类、服务类5个专业课培训班以及班主任、非一线教师培训班。同时，开设史地政、服务类两个网授培训班。职业学校教师685人参加面授培训。

（梁婷丽　宋亚甫）

【举办主题班会活动设计比赛】　3至10月，海淀区教委举办职业学校主题班会教育活动设计比赛活动。活动围绕“中国梦、我的梦”主题，通过主题班会活动方案设计，促进班主任掌握相关教育政策法规、教育理论和心理学理论，提升班主任应用理论知识分析问题和解决问题能力。活动以文本形式提交设计方案，经学校选拔、申报，97份作品入围，经专家两轮集中评议，评出一等奖10名，二等奖20名，三等奖30名。

（陶慧杰　宋亚甫）

【中职满意度测评课题结题】　4月17日，“海淀区中等职业教育满意度测评”课题结题。该课题由海淀区教委、区职教中心与中国教育科学研究院联合实施。课题针对中等职业院校学生教育的行为特点，引入教育期望、质量感知、公平感知和总体满意度四个潜变量，提出海淀区中等职业教育学生满意度测评指标体系。调查问卷由38个显变量、4个潜变量组成。调查结果显示海淀区中职教育在质量感知的教师素质、教育理念等方面具备一定实力，在交通运输类和教育类专业建设取得显著成绩。

（[illegible]　宋亚甫）

【完成骨干教师研修培训】　5月，海淀区教委完成职业学校公共基础学科带头人和骨干教师系列专题研修培训。培训历时半年，共30学时，内容包含企业培训、科研能力培训和学科能力培训三个模块，采取自主学习、团队互助、经验分享等形式进行。海淀区职业学校公共基础学科学科带头人、骨干教师46人参加学习。

（杜兆珍　宋亚甫）

【承办职高信息技术比赛】　10月14日，海淀区教委承办首届“京西杯”职业高中校学生专业技能比赛信息技术类项目比赛。比赛由区教委、区职教中心、信息管理学校承办，设幻灯片设计与制作、静态网站设计与制作2个项目，京西协作组内7个区县

155名职业高中在校学生参加决赛。其中，海淀区30名学生参赛，14人获得一等奖，12人获得二等奖，3人获得三等奖。首届“京西杯”职业高中校学生专业技能比赛由京西协作组7个区县教委主办，各区县教研部门承办，分设六个赛区。

（杜兆珍　宋亚甫）

【6人当选首都市民学习之星】 11月，海淀区6人当选第五批“首都市民学习之星”。年内，海淀区开展评选海淀区“学习品牌”和“学习之星”活动，共评出20个“海淀区市民学习品牌”和100名“海淀学习之星”。在此基础上，筛选、推荐参评“首都学习之星”。

（宋亚甫）

【成立海淀区职业教育集团】 12月

26日，海淀区职业教育集团成立。集团由海淀区委、区政府统筹领导，旨在有效整合区域内职业教育资源，实现职业教育与核心区重点产业的融合发展。集团将开展现代职业教育体系建设、参与职业教育载体和创新平台建设、参与职业教育专业和课程体系改革、探索职业技术技能型人才培养模式改革、在集团内部开展部分职业教育政策试点。首批成员单位共52家，包括区人力资源和社保局等10家政府职能部门，海淀区职业技术教育中心等4个事业单位，中国教育科学研究院等4个科研院所，北京市信息管理学校等9所职业院校，北京航空航天大学等7所高等院校，中关村高新技术企业协会等6个行业组织，新浪等12个重点企业。

（宋亚甫）

【职成学校开展送教下乡活动】 至年底，海淀区职成学校开展送教下乡活动。活动由区教委组织、指导，职成学校根据农村区域发展和村民培训需求具体实施。年内，区内职成学校为农村干部居民举办培训班19个，涉及厨师技能培训、安全及素质教育培训、礼仪技能培训等，培训农村地区居民500余人。

（宋亚甫）

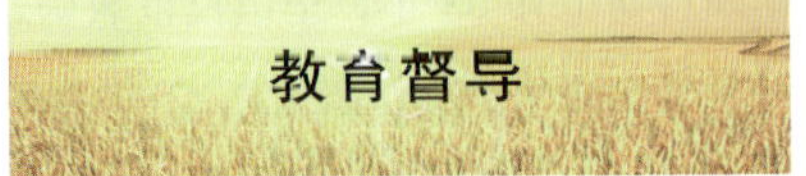

教育督导

【概况】 2014年，海淀区教育督导室完善中小学督学责任区制度，实行中小学挂牌督导。完成北京市第四轮全面实施素质教育综合督导、接受教育部对海淀中小学校挂牌督导专项督导、中小学减负专项督导等工作。完成新一届兼职督学换届工作，充实督导队伍，新聘请兼职督学225人，特约督导员3人。完成责任区挂牌督学、评价员、学校领导等不同层次人员培训。开展督学进校园献计献策活动，共走进8所小学。引入社会力量开展义务教育阶段满意度调查，探索管办评分离的途径。

（宋亚甫）

【召开教育督导工作座谈会】 2月28日，海淀区教育督导室召开教育督导工作座谈会。座谈会围绕教育督导机构改革、督学责任区建设及挂牌督导、区县开展教育质量监测等教育督导改革和发展问题讨论，并提出意见和建议。来自教育部、北大、清华、北师大、首师大专家和海淀区督学代表共10余人参加会议。

（宋亚甫）

【召开教育督导工作会】 3月7日，海淀区教育督导室召开教育督导工作会。会议听取《拓展督导范围，创新督导形式，为海淀教育发展助力》专题报告。报告总结2013年工作，对2014年七方面工作要点进行说明，分析海淀教育督导工作面临新形势，对全国义务教育均衡发展达标区县复查、完善责任督学挂牌督导、推进新一轮学校全面实施素质教育评价等工作提出要求。会议还听取督学研修团赴英国研修情况汇报。督导室专兼职督学100人参加会议。

（宋亚甫）

【研讨幼儿园素质教育评价工作】 4月17日，海淀区教育督导室召开幼儿园素质教育评价工作研讨会。会议围绕上年修改和完善幼儿园素质教育评价指标体系，以及新公布的《北京市区县政府、教委、学校（教育机构）全面实施素质教育评价方案》，讨论督导目的、幼儿发展评价、幼儿园课程等问题。督导室针对相关问题，组织督学对指标体系进行修改和调整，使评价指标体系体现海淀教育特色，起到导向作用。海淀区学前教育督学10人参加研讨。

（宋亚甫）

【开展督学专家走进校园活动】 4月

25日至5月27日，海淀区教育督导室开展海淀区小学“督学专家走进校园”系列活动。活动本着“督导为学校服务、促学校办学提升”工作思路，旨在根据学校个性化需求，开展相关问题诊断和专业指导，帮助学校解决困难，促进学校提升发展。活动先后走进双榆树一小、白水洼小学、西二旗小学、红山小学、人大附小、周家巷小学、白家疃小学、北洼路小学8所学校，参加指导工作成员包括语文、数学、英语、音乐、科学学科特级教师及挂牌督学，通过教师上课、督学专家评课，巡视校园和交流互动，与干部教师座谈，检查学校工作。有关督学及学校、学区干部教师240人次参加活动。

（宋亚甫）

【举办挂牌督学系列培训】 4至7月，海淀区教育督导室举办挂牌督学系列培训。4月9日，举办挂牌督学及新任督学培训会。培训由国家督学、十一学校校长李希贵作《学校诊断与管理改进》讲座，从基于学生的视角、致力于发现真相、着眼于化解风险、立足于促进发展、服务于优化关系五方面，讲解十一学校近年诊断评估与管理改进工作。海淀区教育督导室、区教育党校领导及专兼职督学

80人参加培训。4月23日，组织中小学挂牌督学学校安全工作专题培训。培训围绕校园及周边安全、学生交通安全等方面问题开展，中小学挂牌督学60人参加培训。5月14日，组织中小学挂牌督学专题培训。培训围绕2014年招生政策和海淀教育新地图等内容举办专题讲座，中小学挂牌督学60人参加培训。6月10日和7月3日，组织中小学挂牌督学、幼儿园新任督学开展两次专题培训。听取区教科所《学校自我评估的理论及实践》专题讲座，从理解学校自评基本内涵、掌握学校自评基本流程、掌握证据收集与分析的方法、设计学校自评实施方案四个方面进行培训；听取学校后勤管理中心《学校后勤管理工作的实践与思考》专题讲座，解读《海淀区兼职督学聘任管理办法（修订）》。中小学挂牌督学及中小幼新任督学110人次参加培训。

（宋亚甫）

【聘任225名兼职督学】 9月24日，海淀区教育督导室召开兼职督学聘任会。会议宣读聘任决定，新聘请兼职督学225人，特约督导员3人，任期3年。会议要求兼职督学恪守职责，不辱使命，以高度责任心和使命感全面完成教育督导工作任务；增强法律意识，不断提高政策水平；切实树立大局意识，强化大教育观念，积极主动地开展教育督导工作。市区有关领导及专兼职督学、特约督导员200人参加会议。

（宋亚甫）

【完成学校满意度调查数据采集】 9月29日，海淀区教委、区教育督导室完成2014年义务教育学校社会满意度调查学生数据采集工作。此项工作面向辖区内48所完全中学、11所初级中学和18所一贯制学校，共采集样本数据34921人，其中，小学学生样本1632人，小学家长样本876人，小学教师样本2300人，初中学生样本19145人，初中家长样本10358人，初中教师样本4586人，高中教师样本1054人。学生数据采集入校现场填写，学生家长和学校教师数据通过网络平台、智能终端和二维码登录填报，信息化采集方式提高数据准确性和工作效率。

（宋亚甫）

【市区合作培训兼职督学】 11月14至24日，海淀区教育督导室举办新任督学培训。该培训由北京市督学研修中心、海淀区教育督导室、海淀区中小学干部研修中心合作开展，采取分层培训模式，对新任督学基本知识与技能、资深督学督导专业性提升等方面进行有针对性培训。培训包括系列专题讲座、专家报告、辅导等，内容涉及"北京市教育督导的历史与发展""教育督导中的法律问题""教育督导技术之信息采集""教育督导技术之督导报告的撰写""教师队伍督导的理论与实践""教育督导促学校特色发展"。海淀区教育督导室领导，兼职督学200人参加学习并取得市级培训证书。

（宋亚甫）

【接受实施素质教育情况综合督导】 12月17日，海淀区接受北京市全面实施素质教育情况综合督导。督导评价组由20人组成，听取海淀区《落实教育优先发展战略，促进海淀教育全面协调可持续发展》汇报，分别召开相关委办局座谈会、教委相关科室（部门）负责人座谈会、学校（教育机构）负责人座谈会，并查阅相关资料。综合督导评价组实地检查四季青常青幼儿园等6个单位，通过听取汇报、召开座谈会、听课、查阅资料、考察校园环境等形式，全面了解海淀区实施素质教育情况。海淀区20个相关单位主管领导共100人参加会议及实地检查。督导评价组反馈意见认为，海淀区政府始终把教育放在优先发展战略地位，坚持依法行政、依法治教，加大经费投入、优化资源配置、强化干部教师队伍建设，建立区域教育改革发展的有效领导体制和运行机制，推进各级各类教育资源优质均衡发展，促进学生素质全面提高。

（宋亚甫）

中共海淀区委教育工委

书　　记　张卫光

海淀区教育委员会

主　　任　尹丽君

海淀区政府教育督导室

主　　任　尹丽君（2月免）

[illegible]

【开展主题教育实践活动】 1月3日，门头沟区"小手拉大手文明一起走"主题教育实践活动启动暨首批"八好文明新家"挂牌仪式在龙泉小学举行。活动由区教委、区文明办、团区委、区委社会工委等单位联合开展，内容包括"文明公约一起订""礼仪知识一起学""文明之家一起建""经典图书一起读""传统节日一起过""雷锋精神一起传""清洁环境一起干""文明交通岗一起站"系列活动。该活动实现一个学生带动一个家庭，一个家庭带动一个社区，用实际行为争做"文明有礼的门头沟区人"。相关委办局领导、各中小学师生代表、社区居民代表150人参加挂牌仪式。

（王艳）

【绘制教育新地图】 1月，门头沟区在全市率先发布区域教育新地图。新地图依据市教委统一要求制定推进义务教育优质均衡发展的明确的时间表和路线图，促进优质教育资源实质性扩大。为北京的生态涵养发展区，门头沟区充分考虑到城区和山区的不同特点。其中，山区保持一个镇一所小学、一所幼儿园，中学相对集中；城镇按照北部地区（棚户改造重点地区）、中部地区（行政核心区）、中南部地区（高新技术及住宅重点开发区）和南部地区（棚改安置区）的整体规划，各区域都形成从幼儿园、小学、初中、高中"一条龙"式教育服务链。根据教育新地图规划，门头沟区将适时调整小学入学划片范围和初中入学方式。

（许中山）

【少年宫新剧场投入使用】 1月，门头沟区少年宫新剧场投入使用。少年宫剧场使用面积2300平方米，座位500个，主要用于系统内外各类演出、会议、彩排等活动。至年底，承接各类会议、比赛共计52次，参与人员达17000人次。

（李晓霞）

【完成2013年财政决算】 2月，门头沟区教委完成2013年财政决算和全国教育经费报表工作。决算确认，区财政教育经费总拨款159351.6万元，比上年111337.5万元增加48014.1万元，增长43.12%。其中：教育事业费73221.1万元，基本建设拨款1369万元、教育费附加27337.9万元（区级附加6044.5万元，市级附加21293.4万元），地方教育费附加29702.1万元、离退休经费15463.3万元，科研拨款5.3万元，地方基金12252.9万元。全年预算外总收入3771.8万元，其中：事业收入3578.6万元，其他收入193.2万元。教育经费总支出134499.5万元，比上年96362.7万元，增加38136.8万元，增长39.58%。其中：人员经费支出62426.6万元，占总支出的46.41%，公用经费总支出72072.9万元，占总支出的53.59%。

（吕萍）

【开展安全教育月活动】 3月，门头沟区教委将3月定为门头沟区的安全教育月，各学校以全国中小学生安全教育日为契机，开展形式多样的安全教育活动。3月31日安全教育日当天，教育部在全国各地选取部分中小学同时开展安全疏散演练，利用电视与网络同步播放给全国的中小学生，门头沟区实验二小永定分校作为北京市唯一的分会场，全体师生参加演练。

（王冬冬）

【举办"六一"庆祝演出】 5月29日，门头沟区"健康快乐伴成长，畅想京西少年梦"六一儿童节庆祝活动在新落成的门头沟区少年宫内举办。750多名少年儿童代表与区领导共同参加活动。活动在入队仪式中展开，区领导为新少先队员代表佩戴红领巾，并向全区少年儿童致以节日的问候和祝福，希望少先队员从小立志，怀揣梦想，为国家、为家乡奉献出全部的力量。随后，领导们与少先队员共同观看文艺演出，并走进教室与多所小学的20余个学生社团互动交流。

（殷冉冉）

【启动智慧教育项目】 5月30日，

门头沟教委召开"智慧门头沟移动新教学——智慧教育应用项目启动会"。会议报告区域教育布局特点、教育均衡发展需求以及移动教研模式等项目背景，区教委与中国联通、北京盛学成长科技有限公司三方现场签署"智慧教育应用项目"合作协议，并向全系统教职员工发放移动智能学习终端3700部。学习终端存储9500节BDS名师同步课程，教师可以根据自己的需要随时随地进行学习，同时可以免费浏览门头沟教育新闻、首都教育新闻及国内外教育新闻，山区教师可以进行远程教研互动，实现与名师无缝对接。该项目与中国联通、北京盛学成长科技有限公司三方合作举办。

（赵盈春　裴军）

【举办工会主席持证上岗培训】 7月，门头沟区教育工会举办教育系统工会主席持证上岗培训班。培训班为期两天，讲授《工会法与中国工会章程内容解读》《学校教代会与职工民主管理》《基层工会如何开好教代会》等课程。来自教育系基层单位的工会主席58人参加培训，经过考核，58人取得上岗资格证。随着教育系统干部人事制度的推进，门头沟区教育系统有24个基层工会变更工会主席。为保障基层工会正常开展工作，区教育工会与市总工会职工大学培训中心联合举办该培训班。

（王国平）

【培育和践行社会主义核心价值观】 9月9日，门头沟区教委印发《门头沟区中小学培育和践行社会主义核心价值观实施方案》，以理想信念为核心，以养成良好行为习惯为重点，强化"五维联动"，实施"六项工程"，即建立市区校承接、校内外协调、家校社协作、课内外并重、知情意行统一的五维联动机制，实施人人熟知、课程渗透、主题实践、文化引领、榜样引路、协作育人等"六项工程"，全面系统构建推动全区培育和践行全区社会主义核心价值观的立体格局。年内，门头沟区先后举办"我的中国梦""三节三爱""最美少年评选"等主题教育活动，开展"门头沟少年好声音——社会主义核心价值观讲唱汇""小学生成语英雄大会"等文化活动。

（殷冉冉）

【召开庆祝教师节大会】 9月9日，门头沟区教委在区少年宫剧场召开庆祝第三十个教师节暨优秀教师、优秀教育工作者表彰大会。会上，授予171人"优秀教师""优秀教育工作者"荣誉称号，授予10人"魅力教师"荣誉称号，授予5个团队"卓越团队"荣誉称号。区委、区政府、区人大、区政协、各委办局领导及教育系统共计400人参加会议。

（许中山）

【举办成语英雄大会】 10月25日，

门头沟区语委办举办首届“门头沟区小学生成语英雄大会”。英雄大会分为笔试和现场竞赛两部分，全区22所小学158名选手参加比赛。通过笔试，12队选手参加现场竞赛，最终以淘汰赛方式最后决出优胜队。城子小学、三家店铁路小学、人大附小京西分校名列前三名。

（杜红霞）

【举办促进教育变革论坛】 12月6日，门头沟区教委和北师大联合举办“创新学习方式促进教育变革”论坛。会议观看门头沟区创新学习方式研究成果《提升思维能力构建高效课堂》宣传片，听取区教委项目研究总结报告，学习门头沟教育改革创新发展经验。会上，大峪二小、北工大实验学校、陈经纶中学嘉铭分校作典型发言，门头沟区大峪二小和大峪中学分校展示数学和语文课在运用思维训练后取得的成果。会议在区少年宫、大峪一小、首师大附中永定分校设立分会场，进行教学展示和现场点评。来自云南、陕西、河北等省市、北京其他区县约150名代表，门头沟区教师400人参加活动。2012年，门头沟区教委与北师大共同实施“运用思维规律提升师生学习力”项目，将思维规律与教师的教、学生的学有效结合起来，通过思维导图等工具，提高课堂效率，提升师生学习能力。

（邵华）

【7人获评特级教师】 12月，门头沟区7人参评北京市特级教师全部入选。至此，门头沟区特级教师16人，其中包含年内引进的外省市高级人才5人。

（范兵）

【实施教师人事制度改革】 至年底，门头沟区教委实施教师人事制度改革。改革主要任务内容是岗位重新洗牌，教师重新竞聘，优胜劣汰，激活现有用人机制，优化教职工队伍结构，建立一套符合教育系统人力资源管理特点的运行机制，促进学校优质均衡发展。其中，小学和幼儿园实施全员岗位竞聘，涉及教职工1500余人，110人平稳转岗分流到幼儿园，有效保障新建幼儿园的师资补充。针对中学教师结构性超编实际，实施学科教师轮岗培训，计划利用六年时间对全区中学教师培训一轮，年内实施首批33人轮训；优化校内绩效工资分配方案，合理拉开岗位间的校级绩效工资差距。

（许中山　李娜）

【推进教科研和研训一体改革】 至年底，门头沟区教委推进教科研和研训一体改革。改革的具体内容是以“五位一体”“五个助力”为抓手，全面履行“研究、指导、服务”的工作职能，使得进修学校综合改革成果得以落地。鼓励研修员和学校教师申报区级研究课题，开展课题研究专题培训，通过课题研究推进学校教研、科研工作，提升教师研究能力和教育能力，促进学生优质学习。研修员通过课题研究引领，实现与基层教师在课堂教学、课程建设、德育研究、教师培训等方面的共同发展。年内，本年度全区共申报181项课题。其中重大课题12项，一般课题144项，青年课题25项。

（许中山）

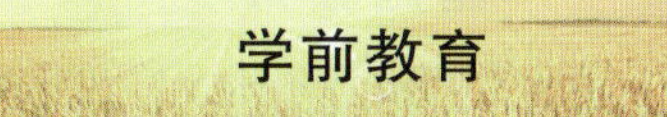

学前教育

【概况】 2014年，门头沟区有幼儿园27所，开设教学班196个。离园幼儿1099人，入园幼儿1759人，在园幼儿5241人。教职工812人，其中专任教师460人。学前三年教育普及率91.16%。全区市级示范园1所，一级园4所，北京市早教基地8所，北京市特殊教育基地4所。

（何苗）

【第三所政府委托办园开园】 2月10日，门头沟区第三所政府委托办园京师实验幼儿园开园。该幼儿园位于石门营小区，占地面积4526平方米，9个班规模，计划招收幼儿270人。幼儿园是北师大教育学部与门头沟区政府战略合作项目之一，北师大学前教育专家将定期入园指导教育教学，全面提高教师队伍水平和保教质量。园所办学目标是三年内成为一级一类幼儿园。

（何苗）

【举办学前教育双优评比】 4月18日，门头沟区教委举办年度学前“优秀教育故事、优秀教育活动”评比活动。评比活动首次设置专业教师组和非专业教师组，评选教育故事、教育活动一、二、三等奖及优秀组织奖。全区幼儿园教师85人参加评比，最终52人分获一、二、三等奖。

（何苗）

【开展分级分类验收工作】 4至12月，

门头沟区教委开展幼儿园分级分类验收工作。在验收标准培训基础上，区教委联合教研部门、区妇幼保健院专项视导和评估6所申报上级上类幼儿园。经评估，龙泉雾小学附属幼儿园晋升二级二类幼儿园。

（何苗）

【8所幼儿园入选早教示范基地】 6月5日，大台中心小学附属幼儿园入选北京市社区儿童早教示范基地，至此，门头沟区8所幼儿园入选北京市社区儿童早教示范基地。各早教基地通过面向儿童和家长开展亲子活动，面向社区全体儿童定期开放游戏活动场地，与社区合作面向家长开展育儿知识咨询、讲座等教育活动等形式，充分发挥幼儿园作为专业教育资源的优势，逐渐形成0至3岁以社区为依托的早教服务。

（何苗）

【举办学前教研展示活动】 6月17日，门头沟区教委在城子幼儿园举办学前教研展示活动。活动中，区教师进修学校以《合力推进整合功能研训导向促进发展》为题汇报门头沟区学前教研工作开展情况，城子幼儿园展示以“基于幼儿学习与发展需求的支持策略的研究”为主题的园本教研活动。活动还组织“提高主持人的教研组织能力，提高园本教研的实效性”教学研讨。北京教科院教研员点评认为，门头沟区形成由行政统筹协调、教研部门为专业指导主体的教研管理模式，分片教研与个性指导的教研工作模式符合门头沟区实际，今后应进一步加强教研指导的目标性和细致性。来自全市各区县教研员和门头沟区幼儿园代表50人参加活动。

（何苗）

【举办绘本资源培训】　9月17日，门头沟区教委举办“绘本与幼儿园课程”专题培训。培训邀请南京师范大学儿童绘本阅读研究中心研究员、早期阅读研究专家孙莉莉主讲。培训重点讲解为什么要把绘本引入幼儿园课程、要把什么样的绘本引入幼儿园课程、如何将绘本引入幼儿园课程三个方面内容，同时通过绘本示范讲读、活动案例展示，演示如何使用绘本组织阅读活动、区域游戏、主题活动。全区幼儿园教师80人参加培训。该培训是2014至2015学年度“绘本与幼儿园课程建设”系列培训活动序幕，系列培训还包括“不同类型绘本在幼儿园课程中的运用”“以绘本为主线设计幼儿园主题活动”等专题培训，通过进阶式的专题培训不断提升幼儿园教师选择、组织、活用课程资源的能力。

（何苗）

【公办园与民办园教师双向交流】　10月31日，门头沟区教委在城子幼儿园召开公办幼儿园与民办幼儿园干部教师双向交流活动启动会。作为活动试点，城子幼儿园和新世纪幼儿园园长分别介绍交流帮扶方案和学习方案。方案中明确在交流期间，两园分别派驻一名管理干部、一名骨干教师到对方园所挂职，挂职时间1个月。挂职期间，派驻管理干部在挂职学习期间要做好“四个一”工作，即：一次教学工作观摩、一次教研活动、一次专题讲座或区域活动观摩、一份交流活动总结。派驻骨干教师也要做好“四个一”工作，即：一次教育活动示范、一次专题讲座、一次示范教研活动、一份挂职工作总结。公办幼儿园与民办幼儿园双向交流活动，有助于公办园与民办园加强管理和教育经验交流，促进门头沟区学前教育均衡发展。

（何苗）

【成立学前领域课程研究共同体】　至年底，门头沟区教委制定《门头沟区学前五大领域课程研究项目实施方案（2014至2017年）》，正式组建艺术领域、科学领域、健康领域研究共同体，推进学习型团队建设。各共同体确立明确的研究主题，并制定相关领域三年研究方案，通过收集研究资料、小组观察学习、实践观摩研讨、专题培训开展研究活动。学前五大领域课程研究项目旨在引导园所以课程建设为核心推进教育教学实践，提升保教质量，促进幼儿全面发展；引导干部和教师以课程研究与实践为切入点，提升专业水平。

（何苗）

基础教育

【概况】　2014年，门头沟区小学23所，开设教学班379个，毕业1836人，招生2180人，在校生11314人，在校生中北京市户籍学生7362人；教职工1195人，其中，专任教师944人。中学14所，开设教学班235个（初中166个、高中69个），毕业2036人（初中1330人、高中706人），招生2437人（初中1720人、高中717人），在校生7191人（初中4844人、高中2347人），在校生中，北京市户籍学生5917人；初中入学率100%，巩固率93.62%，毕业及格率100%，升学率98.43%，高中应届毕业生高考录取率92.93%。教职工1266人，其中，专任教师840人。特殊教育学校1所，毕业生4人，招生12人，在校生65人，教职工25人，其中，专任教师21人。校外教育单位5个，教职工143人，其中，专任教师87人。工读学校1所，教职工34人，其中，专任教师21人。全区中小学专任教师学历合格率100%，高级技术职务教师775人（小学552人、中学223人）。中小学占地面积56.76万平方米，建筑面积31.28万平方米，图书馆藏书101.29万册，固定资产总值54425.91万元。全年教育经费总投入163123.4万元。其中，国家拨款159351.6万元，自筹资金3771.8万元。

（周文涛）

【召开名师工作站中期总结会】　1月5日，门头沟区教师进修学校召开特级教师李卫东、陶昌宏工作站门头沟分站中期总结会。会议首先回顾两个工作站一年工作历程，展示工作室研究成果集。此后分学科展示交流工作室科研成果。语文学科举办基于学生学习需求的“微课堂展示”教学研讨，来自门头沟区、大兴和平谷8名初、高中语文教师进行《邹忌讽齐王纳谏》微课堂展示。物理学科举办“基于科学探究的获奖实验创新作品展示”，5名教师展示创新实验作品。最后，北京教育学院专家从学情、教学设计、材料拓展和文言文学习点评教学展示，希望工作站“成为一个家——门头沟教师与市专家团队结成温馨的家”。门头沟区教委领导，北京教科院特级教师李卫东、陶昌宏，以及大兴、顺义区、平谷区初中语文教研员，门头沟区初高中语文、物理教师260人参加会议。特级教师李卫东、陶昌宏工作站门头沟分站2013年成立。

（邵华）

【推行课外活动计划】　3月24日，门头沟区教委印发中小学生课外活动计划实施方案，在全市率先推行课外活动计划。该计划规定中小学逐步实施“3＋X”工程，学校可在星期一至星期五下午3点半至5点之间安排课外活动，每周不少于3天，每天不低于1小时。深山区学校可适当集中时间合理安排课外活动，每周活动时间累计不少于3小时。课外活动计划分三个层次落实。一是教委统筹安排引导项目，培育区域特色；二是学校自主开展课外活动，满足多元需求；三是实施“3＋X”拓展工程，提升综合素质。其中，区教委通过政府“购买社会服务”形式，集中聘请高水平的专业师资队伍，在全区各中小学统筹安排网球、棒球、舞蹈和头脑创新思维竞赛（DI）4个区级引导项目。

（王曦）

【举办中小学生篮球足球比赛】 3月，门头沟区教委分别举办2014年门头沟区中小学生篮球、足球比赛。其中，篮球比赛由新桥路中学、大峪中学青少年体育俱乐部协办，全区20所学校30支球队500名中小学生参加比赛。足球比赛在新桥路中学、首师大附中永定分校田径场举行。全区32支球队近500人参赛，比赛设小学男子甲组、乙组，小学女子组，初中男子组、女子组，高中男子组6个组别。近年来，门头沟区各级领导重视足球运动在校园的开展，每所学校都开设有足球社团，参与足球运动的学生人数逐年增多。

（王曦）

【召开优秀学生表彰交流会】 4月10日，门头沟区教委在首师大附中永定分校召开2014年优秀中学生、单项标兵表彰交流会。包含中等职业学校在内的17所学校34名学生被评为区级优秀中学生，188名学生被评为文明礼貌、关心集体、立志勤学等单项标兵。会上4名优秀学生代表报告成长事迹。区教委领导和中小学、中职学校师生300人参加会议。

（王艳）

【举办中学德育观摩交流周】 4月22日至5月12日，门头沟区教委举办中学德育观摩交流周系列活动。活动以“德育活动课程化的探索与实践”为主题，包括中小衔接课程研讨、学科德育优秀课例展示与交流、生涯规划课程展示与交流、法制安全教育课程研讨交流四类课程研讨活动。交流周系列活动旨在以观摩、展示及交流活动为载体，推进项目研究，创新育人模式，培育特色德育课程。

（王艳）

【规范小学初中入学工作】 5月，门头沟区教委规范小学初中入学工作。结合门头沟区实际，小学实施免试就近入学，中学按照特长生、大派位、住宿生和对口直升四种方式对门头沟区适龄学生进行录取。对于门头沟区棚改区改造所带来的招生特殊情况，拆迁居民的适龄入学子女，可根据自己实际情况，选择在户口所在地就读或在棚改安置房所在的片内学校就读。门头沟区整个招生过程平稳有序。

（许中山）

【雁翅教育基地翻建工程竣工】 6月1日，雁翅中小学素质教育基地翻建工程竣工并交付使用。该工程新建建筑面积5585.84平方米，其中综合楼建筑面积2142.89平方米，宿舍楼建筑面积3442.95平方米，总投资1970万元，其中市政府固定资产投资共计278万元。

（张晓巍）

【评比表彰主题班会】 6月12日，门头沟区教委在区教师进修学校召开小学主题班会展示活动总结表彰暨培训会。会议总结小学主题班会设计与展示活动，表彰12节优秀班会。会上，获奖者以说课形式展示优秀班会设计，德育研修员从班会的价值、内驱力、境界等方面，就班会的主题确定、目标定位、内容梳理、形式选择、过程呈现、延伸提升，举办专题讲座。区教委领导和全区小学德育干部以及在职班主任200人参加会议。此前，门头沟区教委举办小学主题班会设计与展示活动，[illegible]所小学实地考察，评出12节优秀班会。

（王娜）

【召开综合素质评价活动研讨会】 6月20日，门头沟区教委在大峪中学初中部召开“我的成长之路——门头沟区2014年中学生综合素质评价成果展示与工作研讨会”。会议以班会的形式展示“成长与分享”“让快乐伴我成长”“印章背后的故事”“社团·快乐·成长”四个主题活动，听取大峪中学初中部“成长之路”素质评价卡片的设计理念，即利用学生自评、同伴评价、教师评价，促进学生综合素质不断成长。会议结合“成长之路”素质评价卡片，研讨中学生综合素质评价活动经验和有关问题。区教委领导和中学德育干部及班主任代表50人参加会议。

（王艳）

【举行优质学习学术研讨会】 7月6至8日，第一届全国技术支持下的优质学习学术研讨会在门头沟区举行。会议由首师大现代教育技术重点实验室举办，门头沟区教委承办。会议分别在门头沟区教委和甘肃省兰州市教育局设立分会场，进行现场转播。会议主题为“技术支持下的优质学习”。会议包括主题工作坊、专家讲座、现场课展示和互动论坛四个版块，邀请全国各地学者、教育工作者、一线教师及校长、教育技术学博士与硕士研究生，就有关信息技术支持下的优质学习的理论成果与实践经验进行交流研讨。来自全国13个省、自治区及直辖市220名代表参加门头沟区现场会议，230名代表参加兰州市分会场会议。

（裴军）

【中高考成绩大幅提升】 8月，门头沟区中高考成绩大幅提升。全区高考一本上线率再次超过100人，本科上线率较上年提高17个百分点%。中考高分段学生较上年提升17%，优秀率较上年提升16.8个百分点%。

（许中山）

【举办首届心理健康教学基本功比赛】 9月23日，门头沟区首届中学心理健康“春蕾杯”“百花杯”教学基本功大赛在教师进修学校举行。13名中学心理教师参加比赛，2名教师获得一等奖，5名教师获得二等奖，6名教师获得三等奖。比赛是门头沟区心理健康走向学科化的首次比赛，同时也是门头沟区中学第四届“春蕾杯”“百花杯”各学科教学基本功比赛组成部分之一。

（王艳）

【举办小学语文知识竞赛】　9月25

日，门头沟区教委在琉璃渠小学举办首届“京萌杯”语文知识竞赛。竞赛分设3至5年级个人和小组赛两个项目，竞赛内容包括口答、笔答两个环节，着重考查学生课内外积累的古诗、成语、基础知识和基本技能。来自语文主题单元研究联盟的12所学校学生参加比赛，门头沟区5所学校获得二等奖。语文主题单元研究联盟校由中国特色品牌学校共同体语文课程项目中心在2012年9月成立，来自通州、丰台、顺义和门头沟的12所学校加入联盟。

（李执）

【奖励阳光体育联赛优秀】　9月，门头沟区教委根据中小学校阳光体育联赛评估与奖励实施方案，对比赛成绩优秀学校予以资金奖励。阳光体育联赛共颁发奖金59.79万元，共38所学校获奖，最高奖励5.1万元。该政策激励学校积极参与各项体育竞赛活动，推动门头沟区学生体育竞技水平的提高。

（王曦）

【编写教育基地活动菜单】　10月11日，门头沟区教委召开“2014年中小学生综合实践体验圈运行管理研讨会”，启动教育基地活动菜单及活动纲要编写工作。经过梳理活动、专家引领、印刷校对三个阶段，全区完成形成涵盖三大领域、11个门类、53项主题、134项活动的活动菜单及活动纲要。活动菜单及活动纲要是中小学生综合实践基地课程建设落实阶段的第一步。各基地将依据自身发展规划及在门头沟区中小学生综合实践体验圈中功能定位，按照活动菜单及活动纲要开展活动。

（王曦）

【成立班主任工作室】　10月23日，门头沟区教委举行2013至2014中学

优秀班主任表彰交流活动暨青苗、名优班主任工作室成立仪式。表彰交流环节，北京市紫禁杯优秀班主任、北京市学生喜爱的班主任、北京市基本功展示活动获奖班主任等一大批优秀班主任受到表彰。工作室成立仪式上，教师进修学校宣读45名青苗班主任、24名名优班主任名单，并解读工作室方案，明确培养目标和培养计划。区教委、区进修学校领导和各中学班主任代表160人参加活动。12月，门头沟区教委成立小学班主任成长工作室。

（王艳）

【召开创新人才培养现场会】　10月

28日，门头沟区教委在新桥路中学召开创新人才培养与课程建设现场会。会议听取新桥路中学《构建以创新人才培养为核心的课程体系，促进学生全面而有个性的发展》主题发言，观摩该校国家、地方、校本三级课程共19节。在研讨交流环节，市青少年创新人才培养学院、台南大学、昆山科技大学、中华医事科技大学、台湾实践大学6名教育专家对学校创新人才培养课程体系给予高度评价。

（邵华　刁致力）

【推进学校文化建设】　10月31日，门头沟区教委召开学校文化建设推进与培训会暨大峪二小文化展示活动。会议由现场课展示、活动展示、交流培训三部分组成。会上，大峪二小以“激趣探究的课堂文化”为主题展示10节现场课，校长全面报告学校文化建设工作经验，师生展示中医导引保健操、数学研训共同体活动、学生自主社团。会议就学校精神文化、制度文化、行为文化和物质文化以及学校文化管理策略进行研讨。区教委领导、北师大专家，全区中小学代表100人参加会议。

（王娜）

【召开四校研讨活动】　12月26日，

城子小学、龙泉雾小学、琉璃渠小学、斋堂小学联合开展“以美德修身与文明同行”——培育和践行社会主义核心价值观共同体研讨活动。活动中，4所学校分别展示以“文明”为主题的校本课程和班会课，并通过现场汇报学生展示快板、古诗诵读、情景剧、模特秀及健美操等。随后，4所学校分别以访谈的形式交流各校德育工作特点，以及践行社会主义核心价值观的具体做法。区教委领导和4所学校师生、家长代表共200人参加活动。

（王娜）

【召开改革发展实施方案答辩会】　12月，门头沟区教委召开“学校三年改革发展实施方案专家答辩会”。北师大教育学部11名教授组成的专家团队，区教委领导以及全区43所中小学、幼儿园、中等职业学校和特殊教育学校的校长参加会议。会议将43所学校分为11个组，采用“1＋1＋4”的配备模式，即一名专家和一名区教委领导联系4所学校，为每名校长配备导师。会上，校长首先陈述学校三年改革发展实施方案，之后专家及区教委领导采用互动交流的形式质询、点评，提出建议。答辩重点是帮助校长诊断全面学校发展现状，明确学校办学定位。2012年，门头沟教委与北师大教育学部签署合作协议，

“学校三年改革发展实施方案”既是双方合作内容之一。

（伏建琮）

【中小学配备健身房】　12月，门头沟区教委为全区中小学配备室内健身设备，建设健身房。该批设备包括动感单车、椭圆机、腹肌板等400余套器材，同时还配备室内空气净化设施。健身房由学校专人负责管理，平时作为学生体育锻炼场地器材的补充，遇到极端天气时，运用学生室内体育锻炼。

（王曦）

【实施体育导师制】　至年底，门头沟区教委在全区中小学实施“体育导师制”。“体育导师制”即班主任和科任教师担任学生的体育锻炼导师，依据体育老师和校医根据学生体质为每一个学生开具的个性化“运动处方”，监督指导学生平时的锻炼，加强与家长沟通。“体育导师制”经过一年来的实践探索，在提升中小学体质方面取得明显成效，年内门头沟区在北京市国家学生体质健康标准测试赛中名列第三，比上年明显进步。

（许中山）

职业与成人教育

【概况】　2014年，门头沟区中等职业学校是该区唯一一所职业学校。学校开设中餐、幼儿教育、汽车运用与维修等6个专业，10个教学班，毕业340人，招生22人，在校生182人。毕业生就业率95%，职业资格证书取证率85%。教职工142人，其中，专任教师84人、教辅人员49人。专任教师中高级专业技术职务22人。学校占地面积2.23万平方米，产权校舍建筑面积1.94万平方米。固定资产总值6268.13万元，其中，教学、科研仪器设备总值2302.89万元。图书馆藏书4.46万册。全年教育经费投入3542万元，其中，国家拨款3487万元、自筹经费55万元。高等成人教育学校1所（北京广播电视大学门头沟分校），开设专业14个，学历教育在校生1500人。教职工33人，其中，专任教师16人。外聘教师57人。教育经费投入761万元，其中，国家拨款400万元、自筹经费361万元。社区学院教职工52人，其中，管理人员7人，专任教师39人，工人6人。全年教育经费投入1048.89万元。

（范千）

【参与京西职教交流协作组】　3月，海淀、西城、石景山、丰台、门头沟、房山、大兴区县自愿联合成立京西职教交流协作组。协作组促进区际之间教育教学、教育科研、教师培训、职业技能竞赛以及服务区域发展等方面的交流与合作，进一步推动区域职业教育事业创新、可持续发展。11月，门头沟区中等职业学校参加协作组首次举办的“京西杯”职业高中校学生技能竞赛，取得3个一等奖，4个二等奖，6个三等奖。

（范千）

【推广芽苗菜种植培训】　5月29日，

门头沟区教委召开“农艺入户”工程经验交流与项目推进研讨会。“农艺入户”工程由北京市农广校主办，旨在推广现代农业技术，探索新型职业农民[illegible]，满足农民需求，开拓创业致富的新思路，不断探索与尝试“农教”合作的新模式。门头沟区教委将芽苗菜无土栽培培训作为农艺入户工程的重要内容在全区推广，在4个街道7个镇开设40个培训班，培训近10000人次。同时与爨柏景区合作，在种植基础上，进行芽苗菜销售和经营芽苗宴的尝试。

（范千）

【实施进社区下农村工程】　7月3日，门头沟区社区学院艺术团管弦乐团与北京市交响乐团签订合作协议，依托市交响乐团的优质资源，实施进社区下农村工程。在北京市交响乐团专业指导和帮助下，社区学院全年在斋堂、妙峰山、王平、军庄、龙泉、永定等镇和大峪街道组织文艺演出近20场。

（范千）

【北京市山谷学校成立】　7月30日，门头沟区教委审批成立北京市山谷学校。该校为大峪中学与中星天睿教育咨询（北京）有限公司联合举办的实施中小学学历教育的十二年一贯制民办学校，填补门头沟区民办学历教育学校空缺。

（范千）

【组建职成教服务集团】　至年底，门

头沟区成立职成教育服务集团。集团全称为北京市门头沟区职成教育服务集团，由中等职业学校、社区学院、北京开放大学门头沟分校等单位组成，属于职业教育与成人教育的协作体。集团组织机构包括指导委员会、理事会、秘书处。

（范千）

【开展中小学生职业技能体验】　至年底，门头沟区教委将区职业学校建为中小学生职业体验基地，纳入区教育基地范畴。年内，区职业学校开设烹饪、茶艺、插花等6项体验课程，共接待中小学体验学生1342人，其中包括韩国及英国学生71人。

（范千）

【开办老年电大】　至年底，门头沟区教委在军庄镇、石门营新区开办老年电大。老年电大培训内容包括国画、计算机应用基础及软笔书法，年内培训137人。老年电大还与军庄镇联合举办老年电大国画作品展，展示学员培训成果。

（范千）

【实施新市民综合素质提升工程】　至年底，门头沟区市民总校开设17个市民兴趣培训班。培训班培训内容涉及绘画、摄影、书法、器乐等。全年共培训20000人次。

（范千）

教育督导

【概况】 2014年，门头沟区政府教育督导室围绕全区教育发展总体目标，深入开展教育督导工作，坚持依法督导，加强督导队伍建设，优化督导方式，完善督导工作体系，全面提高督导水平。重点确保上级工作任务的完成，及时监控热点难点问题，努力推动热点难点问题逐步解决。至年底，区教育督导室专职督学2人，兼职督学12人，责任督学8人。

（陈菊新）

【中小学实现挂牌督导】 1月25日，门头沟区教育督导室按照每5所学校配备1名督学的要求，为全区38所学校配备责任督学。该项工作在校门口公示责任督学的工作内容、照片、联系方式、邮箱。至此，门头沟区38所中小学实现100%挂牌。

（杜红霞）

【召开责任督学挂牌督导工作会】 2月20日，门头沟区教育督导室召开第一次责任督学挂牌督导工作会。会议重点解读《门头沟区人民政府教育督导室关于建立督学责任区落实中小学校挂牌督导制度的实施方案（试行）》，明确落实督学责任区挂牌督导制度的重要意义，确定挂牌督导工作的工作程序、工作任务及督学责任区考核细则，并依据工作需要对参会的责任督学及督学联系人进行相关培训。8位责任督学及门头沟区中小学校督学联系人共40人参加此次会议。

（陈菊新）

【学前教育接受市督导检查】 3月13日，市教育督导室检查验收门头沟区实施2011至2013年学前教育三年行动计划成果。督导组查看门头沟区实施学前三年行动计划以来工作材料，分别与相关委办局、教委相关科室负责人、各类型幼儿园园长座谈，实地部分幼儿园和街道办事处。督导组充分肯定门头沟区学前教育发展的成果，指出门头沟区政府能够立足实际，因地制宜发展学前教育，合理布局，统筹规划，在实现学前教育广覆盖、保基本的基础上，创新办学体制，引进优质资源，努力谋求学前教育的普惠优质。门头沟区推进学前教育三年行动计划的落实，3年来新建、改扩建幼儿园18所，增加学位2860个，入园难问题基本得到缓解；加大经费投入力度，建立幼儿园经费投入保障机制，办园条件明显得到改善，全部达标。督导组同时也指出存在的主要问题：教师数量不足，专业结构不够合理；建议加大区级财政投入力度，加大对非教育部门主办的公办性质幼儿园的扶持，完善对民办园的支持政策。

（陈菊新　何苗）

【完成教育满意度调查】 3月21日，门头沟区教育督导室完成全区教育满意度调查。调查为期3个月，采取问卷形式进行，对象以全区37所中小学的部分家长、学生为主，教师问卷作为参考。内容包括对学校教育教学工作、教师师德情况、教育行政部门引进优质资源、开展教育改革等的满意度测评和意见建议。调查共收集意见建议7548条。通过汇总分析，家长对全区综合满意度81.69分，其中家长对优质资源引进力度和效果、教师师德情况以及对学校安全工作满意度较高；对学校周边环境满意度相对较低。学生综合满意度为86.87分，其中对学校开展的教育活动满意度和班主任关心自己的程度满意度最高，对课业负担情况满意度最低。调查结果上报教育行政部门，作为改进今后工作的参考。

（陈菊新）

【制定教育督导评价方案】 6至9月，门头沟区教育督导室依据《北京市区县政府、教委、学校（教育机构）全面实施素质教育评价方案》，制定《门头沟区中小学（教育机构）全面实施素质教育督导评价方案》。新的评价方案以减轻学校负担、增强督导实效性为出发点，在体现素质教育显现出三个特点。首先，通过制定细则，引导学校建立现代教育制度，强化学校文化建设。其次，强化学校的自我评价，要求学校依据三级指标，依据国家和北京市有关教育法律法规和方针政策对照检查学校工作，对学校工作开展自评，保证学校工作不偏离国家和北京市的教育轨道。第三，督导检查强调对学校自评结果的验证和检测，在工作形式、方法、手段上给予学校更多的空间。

（陈菊新）

【接受北京市教育督导评估】 12月3日，北京市教育督导室督导检查门头沟区全面实施素质教育情况。督导组听取门头沟区政府《举全区之力锐意改革推进区域教育优质均衡发展》汇报，分别召开相关委办局、教委各科科长以及部分学校校长（园长）座谈会，查阅相关档案资料，实地考察王平中学、大台中心小学、育园小学附属幼儿园以及王平镇。督导组认为门头沟区政府高度重视全面实施素质教育综合督导工作，认真开展自评工作，资料整理规范，迎检安排周密，保证综合督导评价顺利进行。督导组对区政府认真履行教育职责、保障教育优先发展、全面贯彻党的教育方针，全面实施素质教育工作给予充分的肯定，同时，全区存在的问题提出中肯建议。

（陈菊新）

中共门头沟区委教育工委

书　记　何渊

门头沟区教育委员会

主　任　李永生

门头沟区政府教育督导室

主　任　杨玉柱

房　山　区

总　类

【总结与固安县合作经验】 1月20日，房山区教委与固安县教育局召开合作交流座谈会。与会人员观看两地合作交流合作专题片，回顾一年来结对帮扶学校深入开展合作交流情况。会议总结一年来两地合作所取得的成绩，并对未来发展合作提出希望。房山区教委、固安县教育局领导及两地帮扶学校代表参加会议。年内，两地新增12对结对帮扶学校，至此两地共有30对学校参与结对帮扶。

（姜爱林）

【吴正宪通过特需人才考核评议】 1

月[illegible]日，房山区委教育工委召开特需人才岗位聘用考核评议会，对区教委聘用特需人才吴正宪进行评议。会议听取吴正宪年度工作情况的汇报，与会人员对特需人才吴正宪的工作情况进行评价。评审委员会依据特需人才《个人工作业绩报告》，综合其岗位目标完成情况、工作履职能力、岗位作用发挥情况，提出考核评价等次。区委教育工委会同区教师进修学校根据评审委员会考核评价情况，提出综合考核评价意见，一致认为吴正宪通过区教委特需人才岗位聘用考核工作。两委领导，区委组织部、区教师进修学校相关负责人等参加会议。

（姜爱林）

【召开机关工作会】 2月12日，房山区教委召开2014年机关工作会。区教委领导班子成员及全体机关干部参加会议。会上，与会人员共同观看区教委2013年工作总结专题片，部署2014年重点工作，并对机关建设工作提出要求。一是各科室要分解工作任务，制定年度、半年度、月度及周计划，加强工作的计划性。二是监察室和办公室要以效能监察、进程督促等方式加强督察，确保各项工作按时间节点高质量完成。三是各科室要梳理并落实岗位责任，确保责任到人。四是全体工作人员要坚决摒弃“慵、懒、散”不良风气，纠正“推诿扯皮”“吃拿卡要”的不正风气，规范公务活动管理，严禁以考察、培训为名的公费旅游。五是机关干部要做勤奋学习、积极进取的表率，要做高度负责、作风优良的表率，要做努力工作、绩效突出的表率。区教委全体机关人员参加会议。

（姜爱林）

【开展维权进校园活动】 3月5日，房山区教委联合区消费者协会、琉璃河中心小学开展维权进校园活动。活动邀请消费者协会相关负责人为学生作《科学消费，伴我成长》主题教育讲座，引导学生们学习科学、现代的消费知识，树立科学、理性的消费态度和观念，增强学生对假冒伪劣产品的认知能力和维权意识，并通过“小手拉大手”，带动家庭其他成员共同参与。全校学生500人参加会议。

（姜爱林）

【开展“传承雷锋精神”主题教育】 3月，房山区团教工委联合区少工委、区教委，在全区教育系统团队组织中开展“传承雷锋精神争当文明先锋”主题活动月。全区团队组织通过开展升旗仪式、主题团队日、主题团队会等多种活动，进一步宣传和学习雷锋精神，激发出青少年像雷锋同志学习、争当文明先锋的热情。据统计，全区活动项目累计百余个。活动得到广大青少年积极响应，并取得良好的社会口碑。

（姜爱林）

【召开教育思想体系研讨会】 4月17至18日，人民日报社和房山区教委联合召开“房山区教育思想体系研讨会”。会议听取区教委关于房山区的地理情况、经济发展现状、人文历史背景及教育发展基础四个方面报告，与会人员就房山教育发展经验展开交流研讨。会议认为，近年来，房山教育发展注重思想引领，坚持以“立德树人”为基本导向，在掌握教育发展规律的基础上，结合房山教育实际，改革创新教育管理模式，全面统筹区域内教育资源，通过合理配置资源，科学布局调整，大力推进教育公平及义务教育均衡发展，努力缩小城区、城乡和校际的差距，健全幼、小、中、职、成终身教育体系，为构建学习型社会打下坚实基础，实现房山教育的科学化、均衡化、现代化的跨越性发展，并具有前瞻性、独创性、系统性、开放性、体系性等特点。通过大力发展，房山教育已走在全国农村地区前列，对全国其他区域的教育发展具有示范引领作用。人民日报社、国家行政学院、人民大学等专家，房山区教委领导和中小学代表共50余人参加会议。

（姜爱林）

【聘请法律顾问】 5月5日，房山区

教委举行聘请法律顾问签约仪式。仪式上，区教委与北京市东方律师事务所律师王文山签订聘任协议书，聘任王文山律师为房山区教委法律顾问。其职责是为机关决策提供法律保障，推进教委机关依法行政和法制化进程，切实提高教委机关依法行政水平，有效维护教育系统合法权益和良好形象。

（姜爱林）

【与四中合作办学】 8月11日，房山区

教委与北京市第四中学举行合作办学签约仪式。双方签署关于北京四中房山分校的合作协议。根据协议，双方就合作事宜达成共识，分校系隶属于房山区教委的全额拨款事业单位。房山区教委负责分校行政管理及办学经费，按照北京市中学经费标准足额核拨办学经费。四中负责分校教育教学工作，与四中本部实施“一体化管理”，即课程计划管理、教学过程管理、评价与考试管理、教研科研管理、干部教师培训等业务管理。房山区、西城区教委领导，四中、四中房山分校校长等参加签字仪式。四中房山分校位于房山区长阳镇，占地总面积57773平方米，其中，地上建筑面积45332平方米，地下建筑面积12441平方米。至年底，房山区共有34所学校与西城区学校开展全方位合作。

（姜爱林）

【召开第30个教师节庆祝大会】 9月10日，房山区召开第30个教师节庆祝大会。会议宣布“房山区委、区政府关于表彰房山教育之星、优秀校长、优秀教师、优秀德育工作者和捐资助学先进集体、先进个人的表彰决定”，表彰房山教育之星31人，房山区优秀校长10人，房山区优秀教师11人，房山区优秀德育工作者11人，捐资助学先进集体38个单位，捐赠助学先进个人50人。市教委、区政府领导，区部委办局、街道乡镇代表等参加大会。

（姜爱林）

【召开教育合作座谈会】 9月18日，房山区教委与察右中旗联合召开教育合作交流座谈会。双方教育部门先后介绍本地教育发展情况，房山区教委向察右中旗教育局捐赠设备款项20万元，用于进一步加强察右中旗少年宫的建设。察右中旗全称察哈尔右翼中旗，位于内蒙古乌兰察布市中部，是一个以蒙古族为主体，汉族占多数，蒙、回、满等10个民族聚居的半农半牧旗，旗政府所在地科布尔镇距首都北京450公里，全旗土地总面积4190平方公里。2011年，房山区教委与察右中旗建立对口帮扶联系，双方对口帮扶项目新建青少年文化宫，占地面积16513平方米，综合楼建筑面积8901平方米。

（姜爱林）

【召开教育事业统计工作会】 9月19日，房山区教委召开2014年教育事业统计工作会。区教育系统各基层单位教育事业统计人员共150余人参加培训。会议总结上一学年度教育统计工作，表彰87个先进集体和89名先进个人，举办教育统计工作报表填报和教育统计管理信息系统软件应用培训。会议要求，各基层单位要充分认识做好统计工作的重要意义，牢固树立依法统计思想。同时，要进一步加强统计工作规范化建设，有效建立健全统计工作制度及人员岗位职责。各乡镇教委要加强对辖区内各类学校的管理与指导，切实提升教育事业统计工作质量及规范化水平。区教委领导，教育单位代表200人参加会议。

（姜爱林）

【推进教育强区建设】 至年底，房山区教委多措并举深化内涵发展，稳步推进教育强区建设。一是以推进课程改革提高课堂效率为中心，加强教育教学管理，提高教学质量。二是以服务“三化两区”为目标，加强职成教育建设与管理，提高实用人才培养能力。三是以保持领先地位为目标，切实加强学前教育管理，提高保教水平。四是以推进专业发展为重点，切实加强教师队伍的管理，提高教育水平。五是以提高资金使用效益为目标，切实加强工程和财务管理，提高教学保障水平。六是以教育均衡发张为目标，推进城乡一体化学校建设，扩大优质教育资源供给。

（姜爱林）

【开展对口教育合作】 至年底，房山区教委与湖北省房县教育局多种形式开展对口教育合作。一是共同开展干部培训和挂职等形式，房山区每年接受房县2至5名校长（园长）到学校挂职锻炼、5至10名校长参加暑期党政正职集中培训，并根据需要派出各学段1至2名优秀教育管理干部到房县中小学指导教育教学管理改革。二是两地共同开展教科研和“一帮一”教研。双方每年开展1至2次教学研究和课程改革研讨会，房县每年派出5至10名教师到房山区跟岗学习。三是两地各学段确定1至2所学校，建立长期稳定的“一对一”协作关系，开展全方位的对口协作。四是通过开展中小学生“手拉手”等形式的活动，探索职技类学校学生的游学和短期培训，探索对湖北省房县特别贫困生开展年度结对帮扶活动。

（姜爱林）

学前教育

【概况】 2014年，房山区托幼园所96所，其中，教育部门办园34所，集体办园5所，其他部门办园3所，社会办园54所。园舍建筑面积257715平方米，占地面积452578平方米。离园幼儿8456人，入园幼儿9923人，在园幼儿27366人。全区幼儿园教职工4092人，其中，专任教师2600人。学前三年儿童入园率98.22%。

（姜爱林）

【举办园长工作室培训】 1月13日，房山区教委举办幼儿园园长工作室培训活动。培训活动主题是“关于幼儿园文化建设的思考与实践”，东城区教委调研员就幼儿园文化建设内涵、幼儿园文化建设结构、幼儿园文化构建举办讲座。房山区各幼儿园园长及相关负责人参加活动。

（姜爱林）

【召开学前教育工作会】 2月14日，房山区教委召开2013至2014学年度第二学期学前教育工作会。会议全面总结2013年工作，并部署2014年各项重点工作，表彰上学期晋升的7所幼儿园。会议对学前教育教学工作所取得的成绩给予充分肯定，对2014年学前教育教学工作提出要求，一是要不断提高全体学前教育工作人员的与幼儿园特点相符合的专业化管理水平；二是各幼儿园要按照统一要求，确立本园的三年行动计划；三是强化乡镇教委和幼儿园的双重责任，确保幼儿园的运行安全。区教委领导，各乡镇教育助理、幼儿园园长等共200人参加会议。

（姜爱林）

【举办园长跟岗培训】　3月，房山区教委组织幼儿园园长走进北京市第一幼儿园跟岗培训学习。在一周的培训中，听取《发展中的北京一幼》总报告，总结“一园五址、一园一品”的办园特色，听取市一幼各分园主管园长课程建设经验介绍，实地考察专用活动室，参加保健医、后勤主任业务讲座，参观校园班级环境。全区公办幼儿园园长41人参加学习。3月14日，区教委召开跟岗培训学习总结会，交流跟岗培训学习收获。

（姜爱林）

【召开无证小规模幼儿园整顿工作会】

4月23日，房山区政府召开整顿无证小规模幼儿园专题工作会。会议通报整顿小规模幼儿园情况，并解读区政府关于整顿无证小规模幼儿园工作方案。会议要求，以各乡镇（街道）为主体，由主管领导牵头，成立领导小组和工作小组，按照“审批一批，登记一批，取缔一批”的工作原则，开展拉网式检查，不留盲点，摸清底数，分出层次，督促整改。要通过整顿使无证小规模幼儿园规范有序发展，鼓励他们通过努力达到办园基本要求及标准，对通过整顿仍然达不到要求或不进行整改的，坚决予以取缔。对新申请设立的幼儿园要严格按照相关程序和要求进行申报及审查，遏制无证幼儿园再生。区公安分局、工商分局、卫生局等单位和各乡镇（街道）领导参加会议。

（姜爱林）

基础教育

【概况】　2014年，房山区小学99所，毕业6086人，招生8626人，在校生43151人，教职工3322人，其中，专任教师2876人；小学入学率100%，巩固率100%，毕业及格率100%。中学42所（初中22所、完全中学9所、高中4所、九年一贯制学校6所、十二年一贯制学校1所），毕业7754人，招生8047人，在校生24064人（初中15931人、高中8133人），教职工4120人，其中，专任教师2744人。中小学教师学历合格率100%，高级专业技术职务教师872人（小学66人、初高中806人）。中小学图书馆藏书344.5万册。全年教育经费总投入25.9亿元，其中，国家拨款25.5亿元，自筹经费0.4亿元。

（姜爱林）

【召开小学教育教学工作会】　2月13日，房山区教委召开小学2013至2014学年度第二学期教育教学工作会。会议全面总结2013年工作，部署2014年各项重点工作。会议对2014年小学教育教学工作提出要求，一是要聚精会神抓课堂效益，大力推进教育过程的均衡；二是锐意进取抓突破，为房山教育转型探路；三是集中精力抓攻坚，在质量的绿色评价领域里有所作为。区教委领导，区教师进修学校教研员，全区小学校长、副校长共200余人参加会议。

（姜爱林）

【推进体育工作三年行动计划】　2月

28日，房山区教委在良乡三中召开推进中小学校体育工作三年行动计划启动会暨2014年房山区学校体育卫生工作会。会议解读《房山区推进中小学校体育工作三年行动计划》，部署中小学生课外活动计划及重点工作。会议指出，一是要用更加宽阔的视野来正确审视体育卫生工作的极端重要性。二是要抓住要领，切实加强体育工作。会议就学校体育卫生工作提出要求，一是要增强使命感，高度重视每名学生的身体健康情况，认真对待体卫工作；二是要加强领导，做好顶层设计，抓好体育卫生工作的落实；三是要提高体育卫生工作安排的科学合理性，力求简单有效、覆盖全体师生；四是要广泛动员，倡导广大干部、教师都积极参与到体育锻炼中，为学生树立榜样，提高师生锻炼的积极性；五是要加强体育卫生工作评价与体卫工作评优、学校综合素质评价、干部考核的紧密联系；六是要加强食品安全和卫生防病工作，把道德衍生为责任意识，规范流程管理，完善应急预案、体卫工作相关机制的建设，切实提升师生的身体健康水平。区教委、区教育督导室、区体育局等领导，各乡镇教育助理，中小学校代表350人参加会议。

（姜爱林）

【举办优化教法展示交流活动】　3月14日，房山区教委举办小学教师“学习课标、研究教材、优化教法”（学、研、优）展示交流活动。会议观摩官道中心校、良乡中心校等5所小学数学、英语、语文、科学、品德与社会5个学科说课展示。区教师进修学校小教研负责人总结2013年“学、研、优”活动，并部署2014年“学、研、优”活动重点工作。会议表彰“学、研、优”活动先进学校和个人，房山二小、阎村中心校作典型交流发言。会议要求，一是要紧紧地抓住“从说向做转移”的关键环节，进一步落位课堂，切实提升教学效率。二是要紧紧地抓住与活动相适应的课堂质量评价的修订与实施，使课堂质量评价与目前开展活动的具体方法完整紧密贴合。三是要紧紧地抓住以活动为中心的管理工作的改进和提高。区教委、区教师进修学校领导，全区小学代表150人参加会议。

（姜爱林）

【表彰“扶残助学送教上门”先进】　3月19日，房山区教委召开“扶残助学送教上门”工作总结表彰大会。会

议总结 2012 至 2013 年送教上门工作，并部署下一阶段工作，表彰先进送教单位和优秀送教教师。市教委、区委教育工委、区教委、区教育工会等单位代表近百人参加会议。自 2009 年启动送教上门工作以来，房山区教委始终坚持把送教上门作为特殊教育的一项重点工作，围绕让每一个残疾儿童都能享受公平教育权利这一主题，制订科学有效的实施举措：一是构建工作管理机制，不断提升送教上门工作的规范化水平和科学化水平。二是加强指导优化师资，不断提升送教上门工作的质量和水平。三是探索送教上门工作基本策略，努力提高送教工作的实效性。2012 至 2013 年，全区共有 25 所小学，45 名教师累计为 51 名适龄重度和多重残疾儿童、少年提供共计 3534 课时的教育训练，取得良好效果。

（姜爱林）

【启动"十二五"公共必修课培训】 3 月 28 日，房山区教委召开北京市中小学教师'十二五'公共必修课培训房山区启动会。会议发放《北京市中小学教师"十二五"公共必修课培训房山区指导手册》，解读培训实施方案，为 71 名辅导教师代表颁发聘书，举办上机操作培训。房山区"教师职业理想与道德"和"学科教育心理学"两门公共必修课的 71 名辅导教师，有关学校领导 300 余人参加活动。房山区将有 6929 人参加北京市"十二五"公共必修课培训。培训以网络培训为主。

（姜爱林）

【强化中小学春游安全管理】 3 至 5 月，房山区教委采取措施强化中小学春游安全管理。一是充分利用区内现有的德育基地和旅游资源，开展形式多样的春游活动。二是严格履行申报审批手续。学校须将组织活动的申请报告上报，经教委审批后方可组织活动。三是加强集体活动车辆安全管理。要求组织春游或集体外出的学校必须与租用车辆单位签订安全责任书。四是坚持安全责任制度。校长作为第一责任人，活动中要精心安排，责任到人。五是做好宣传教育。利用广播、校会等各种途径引导学生"安全游、绿色游、知识游"。

（姜爱林）

【召开中小学艺术教育工作会】 4 月 10 日，房山区教委召开中小学艺术教育工作会。会议总结房山区中小学艺术教育工作，并部署下一阶段艺术教育重点工作。会议要求，要加强学习，从思想上自觉启动意识，提高对艺术教育重要性的认识。要着手研究艺术教育的评价办法，推进部署和检查工作，做好学校艺术教育工作方案的指导，提升管理工作水平。要结合学校实际，制定学校艺术教育工作的目标和方案，立即行动，确保艺术教育工作取得实效。区教委、区教师进修学校等领导，各中小学校长、相关负责人参加会议。

（姜爱林）

【举办"同在阳光下"主题教育实践活动】 6 月 21 日，房山区教委举办"同在阳光下快乐阅读时"主题教育实践活动。活动通过深入开展社会主义核心价值观教育，进一步增强少先队员和团员的组织归属感、光荣感，帮助家庭困难的"最美"学生参与快乐阅读活动。活动组织"最美"学生观看儿童剧《小木偶奇遇记》，观摩《西游记》评书并学画脸谱，参加科学体验活动"炫动风车"等体验活动。房山区百名家庭困难的校级"最美"学生 100 人参加活动。房山区"最美"学生活动 2014 年 2 月启动，历时 10 个月，通过校级评选、区级评选、区级展示、社会关注、榜样引领五个阶段有序开展。全区有 84 所学校，总计 6 万多名学生，10 余万名家长参与活动，活动辐射到 6 万多个家庭。

（姜爱林）

【确保高考顺利实施】 6 月，房山区教委联合相关单位多措并举确保高考顺利实施。一是区教委对全部 5 个考点进行考前全面排查和实地验收，对可能出现的问题逐一制订解决方案。二是保密局对考试中心保密室及 5 个考点保密室进行统一检查，以确保试卷绝对安全。三是公安分局成立高考安全保卫领导小组，对考点内部及周边环境、网络安全等定点、定人、定责全面进行检查落实，确保全区高考工作平安有序。四是公安交通大队专门成立高考交通疏导维护工作领导小组，对 5 个考点周边交通路线，警力部署全面进行安排，确保考试期间交通秩序良好。五是区卫生局，分别派驻一组医务人员进驻考点（专业医生 1 人，护士 1 人，司机 1 人，1 辆车）。对全区所有考生就餐环境进行巡回卫生监督检查，确保高考期间师生食品安全，饮用水安全。六是区住建委对考点周边工地逐个进行检查，重点噪声污染控制情况，全力保障高考及英语听力测试正常进行。

（姜爱林）

【举办中小学生篮球赛】 7 月 9 日，

房山区"天天尚翔·米兰杯"2014 年中小学生篮球赛闭幕。赛事由区体育局和区教委主办、良乡五中承办，设小学、初中、高中三个组别，共有 41 支学校代表队参赛。经过 5 天共计 73 场比赛的激烈角逐，长沟中心校代表队、十渡中心小学代表队分获小学男子组、女子组第一名；房山五中代表队、行宫园学校代表队分获初中男子组、女子组第一名；良乡中学代表队、北师大良乡附中代表队分获高中男子组、女子组第一名。

（姜爱林）

【召开中高考表彰会】 9 月 23 日，房山区教委召开 2014 年中高考表彰会。会议分析 2014 年中、高考质量，交流房山中学、良乡五中高考、中考工作典型经验，听取良乡附中、交道中学备考工作汇报。会议宣读 2014 年中高考工作先进集体和先进个人的表彰决定，为获奖的先进单位代表、优秀管理者代表、优秀教师代表颁奖。区教委、区教师进修学校、区考试中心、区教育信息中心负责人，全区各中学校长、教学和德育副校长及受表彰教师代表，初三、高三班主任和备课组长代表参加会议。

（姜爱林）

【召开中小学建设三年行动计划推进会】　10月16日，房山区教委召开

中小学建设三年行动计划推进会。会议就房山区中小学建设三年行动计划实施情况进行说明，各建设项目单位分别汇报各自项目实施进展情况，各职能部门就项目及手续办理相关情况进行说明。会议要求，一是要高度重视，加速推进手续办理，确保项目手续齐全。二是要积极协调，主动服务，保障项目按时开工建设。三是要把握时间节点，明确任务，按计划稳步推进工程进展。四是要加强督办，深入指导，确保各单位审批程序协调推进。五是要加强办理，提升效率，缩短相关手续办理周期。区政府领导，区教委、区发改委、区住建委等11个职能部门和良乡高教园区管委会、区山区人口迁移办公室、韩村河镇政府等8个建设项目单位领导参加会议。

（姜爱林）

【举办“扶残助学”师资培训】　10月20日，房山区教委、区教育系统关工委、区特教中心联合举办扶残助学送教上门师资培训会。培训会为期四天，全区近40名送教上门教师参加培训。培训举办特殊教育相关理论、送教上门方法策略等专题讲座，听取区特教中心2013至2014年扶残助学送教上门工作总结，并部署下一阶段工作。近年来，房山区教育系统关工委把“扶残助学送教上门”工作定为重点活动之一，组织退休教师为身体残疾程度过重不能到学校接受正常教育的儿童开展“送教上门”服务。共有59名退休的老教育工作者，为全区20个乡镇的101名学生，提供12280课时的教育训练。

（姜爱林）

【多项举措促进体育考试公平】　至年底，房山区教委多项举措促进体育考试公平。一是坚持唱读成绩，考生如果对测试成绩有疑问，可立即提出，以便及时查询。二是考生要经过考场外和考场内2次检录，考生按一定人数分组带入考场，入场后再由工作人员随机打乱组号顺序，保证测试进程的公平公正。三是体育考试考评员必须具备体育学科相关领域的专业知识和技能，具有教师资格证（体育与健康学科），且均是经领导批准后从各学校抽调选聘的教育系统内在职人员。四是所有中考体育科目考务人员在考试期间采取统一封闭式管理，暨统一住所、统一行动、统一着装。全体考务人员将通讯工具上交保管，全力避免外界对考务人员的干扰。此外，市教委监察处、房山区教委监察科及区有关部门分别派人到考点进行全程监察，各考点都将严格遵守并执行考场纪律，严禁其他人员出入考场，确保考试秩序良好。

（姜爱林）

职业与成人教育

【概况】　2014年，房山区中等职业高中4所，毕业生988人，招生165人，在校学生1374人。教职工426人，其中，专任教师291人。职业学校占地面积157465平方米，建筑面积86229平方米，固定资产总值18148.87万元。中等专业学校4所，在校生26137人，教职工671人，其中，专任教师414人，占地面积218706平方米，建筑面积151915平方米，固定资产总值38167.59万元。职业技术培训机构470所，结业生152123人，结业生157203人，教职工1085人，其中，专任教师681人，学校占地面积409981平方米，建筑面积117295平方米，固定资产总值7048万元。农村成人文化技术培训学校429所，结业生121762人，注册学生125728人，教职工227人，其中，专任教师123人，学校占地面积214618平方米，建筑面积57779平方米，固定资产总值2339.58万元。其他培训机构41所，结业生30361人，注册学生31475人，教职工858人，其中，专任教师558人，占地面积195363平方米，建筑面积59516平方米，固定资产总值4708.78万元。

（姜爱林）

【召开职成教工作会】　2月24日，房山区教委召开2014年职业教育成人教育工作会。会议总结梳理2013年职成教工作，并部署2014年重点工作。会议提出职成教工作目标。一是以服务“一区一城”新房山建设为目标，把提高劳动者素质作为职成教育发展的根本方向、根本任务；二是以提高区域创新能力为目标，提升学习型组织的创建水平，推进学习型示范区建设。会议要求，2014年职成教工作一是要努力改进中职招生制度，确保职业教育健康发展；二是要进一步提高成人教育与生产、生活的亲和度，提升服务能力；三是要落实各乡镇学习指导中心及示范项目建设，进一步整合资源、营造良好氛围，着力打造特色品牌建设，为争创学习型房山示范区作出新的贡献。区教委、区成教中心领导，全区各职业学校、社区成人学校校长，乡镇教育助理参加会议。

（姜爱林）

【推进职业教育取得新发展】　至年底，房山区教委推进职业教育取得新发展。一是加强重点专业建设，投入资金1430万元，完善建筑、计算机、物流、旅游实训基地建设，完成9门专业核心课程的编写。二是认真落实教师到企业实践制度，新增双师型教师18人，教师专业素养和教学水平进一步提升。12人参加北京市教师基本功大赛全部获得奖项，获奖人数、等级均居于全市前列；指导学生参加市级技能大赛，共有26人次获得奖项。三是深入推进中高等职业教育衔接改革，实现学前、物流2个专业中高职衔接。开展职普融通综合高中班改革试验，试办美术专业综合高中班。四

是校企合作不断深化，新增合作企业12家，总数已达108家，学校为企业输送员工139人，培训在职员工近千人，有效地服务企业的发展。

（姜爱林）

【提升成人教育服务区域经济社会发展能力】 至年底，房山区教委深化成教中心六大职能，积极打造区级综合学习服务的平台，提升成人教育服务区域经济社会发展能力。出台《成人学校教师继续教育方案》，破解乡镇成人学校发展难题；完善村校建设标准和责任体系，提高规范化管理水平和服务能力。初步构建起“资源统筹、三位一体”的新型市民学习服务体系。完成自编教材29册，其中，《南窖中幡》一书由市教科院公开发行。完成1个区级、3个市级、2个国家级课题研究项目，进一步完善区、乡、村三级教育网络课程体系。全年培养学历毕业生2565人，完成各级各类培训25.32万人次。

（姜爱林）

【职高毕业生就业率超95%】 至年底，房山区职业高中毕业生就业率超95%。其主要措施一是提高学校教学设施现代化水平，投入2000多万元建设实训基地，提供学生实践环境。二是学校与企业开展“订单式”培养，以需定学，通过开展基本功竞赛、到企业实习等形式，提高学生的业务能力。三是在就业单位选择上实施抓大放小策略，重点联系长安汽车、北汽福田、首都高速公路发展有限公司等单位，解决大部分学生就业。集中力量打造拳头专业，提高专业化水平。其中，计算机、建筑、印刷等专业达到省部级水平，就业率均达到100%，汽车修理专业达到95%。

（姜爱林）

【广泛开展各类社会培训】 至年底，房山区成教中心广泛开展各类社会培训，提升服务区域经济能力。全年开展新型农民培养基地、农村富余劳动力转移基地建设，承担农村劳动力转移培训、民俗旅游培训、星级宾馆服务人员培训等，年均培训8000余人次，为房山区产业结构调整、五大园区建设和新农村建设培养大批实用型、技能型人才。

（姜爱林）

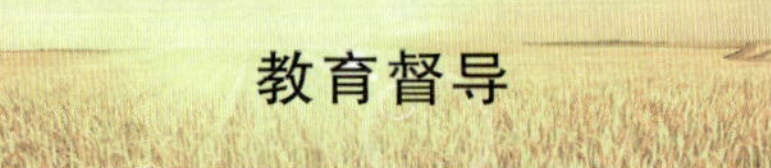

教育督导

【概况】 2014年，房山区教育督导室以科学发展观为指导，按照市、区教育工作与教育督导工作的总体部署，坚持从区域教育发展的大局出发，坚持督政与督学相结合的原则，以促进市、区有关教育改革与发展的文件精神落实为出发点，以更好地发挥教育督导监督、检查、评估、指导的保障推动作用为落脚点，通过完善并落实综合评价指导意见，切实发挥教育督导的职能作用。全年工作以综合评价工作为中心，教育督导与评价工作扎实深入开展，综合评价各个工作环节得到加强。年内，完成责任片内各单位校园周边安全检查工作，提供样本校和实践支撑，并完成初期各项报表工作和阶段性调研报告的撰写上报工作。按照市年度教育执法督导检查要求，完成政府自查报告和数据上报工作，完成义务教育均衡发展情况数据统计上报工作。

（姜爱林）

【召开均衡发展达标区县验收工作会】 4月19日，房山区教委召开迎接国家级义务教育均衡发展达标区县验收工作部署会。会议就迎接国家级义务教育均衡发展达标区县验收工作提出四点要求：一是要有担当精神，不拖不靠。二是各单位领导要亲自参与，确保验收工作顺利完成。三是要有整体观念，发现不足，及时反馈。四是要按照时间节点、高质量完成任务。区教委、区教育督导室和相关科室负责人参加会议。

（姜爱林）

【召开教育督导工作会】 9月28日，房山区教育督导室召开2014年教育督导工作会。会议就近期教育督导工作进行部署，并就做好2014年素质教育综合评价及督导评估工作、迎接北京市素质教育综合评价督导工作、完成义务教育均衡发展达标区县国家级验收的后期准备工作分别进行说明。会议表彰16个“2013年度教育工作先进乡镇”乡镇予以表彰，并为新聘任的专、兼职督学和街道（乡镇）责任督学颁发聘书。区教育督导室、区教委领导，全区各乡镇政府、街道办事处负责人，教育基层单位负责人和责任督学参加会议。

（姜爱林）

【完成素质教育综合督导评价工作】 10月9日至11月15日，房山区教育督导室完成中小学、职业学校、教辅单位2013至2014学年度全面实施素质教育综合督导评价工作。督导评价分小学组、初中组、高中组和职业学校教辅单位四组同时进行，累计督评单位共91个。督评中，督评组一行听取各单位年度重点工作、突出的工作亮点、培育和践行社会主义核心价值观、义务教育学校在均衡发展中存在的问题，以及上一学年度督评反馈建议的改进落实情况等工作汇报，实地察看学校教育活动场所和设施，观摩学生课间操、大课间和特色展示，累计共与716名教师和798名学生进行面对面交流座谈，随机听课343节，查阅一年来的档案材料，重点查看学校理念落实情况、课改推进情况、队伍建设情况、教学管理情况、班级管理情况、班级文化建设情况和学科德育落实情况等。督导评价就各项指标督评情况进行口头反馈，肯定各单位工作成绩给予充分肯定，对工作中存在的问题提出建议，帮助学校总结经验、发现问题、解决问题、改进工作，进一步促进学校健康可持续发展。

（姜爱林）

【完成乡镇教育和成人学校综合督导评价】 11月18日至12月16日，房山区人大教科文卫委、区财政局、区政府教育督导室组成联合督导检查组，完成对23个乡镇、街道年度教育工作和成人学校的综合督导评价工作。督导组听取各乡、镇长和成人学校校长的工作汇报，召开不同层次人员座谈会，通过实地察看乡镇成人学校、幼儿园、中小学办学条件和校园周边环境，检查相关档案资料，详细了解乡镇党委政府处理地区经济、社会发展与教育发展，办学管学职责的落实情况，以及各乡镇加强教育工作的领导与管理，为教育创设良好环境和多渠道筹措、使用教育投入资金情况。督导组依据督导检查评分标准，对乡镇和成人学校进行量化打分。

（姜爱林）

【完成2014年国家义务教育质量监测】

12月1日，房山区教委完成2014年国家义务教育质量监测工作。监测工作由国务院教育督导委员会办公室统一部署和协调，教育部基础教育质量监测中心具体组织实施。房山区作为北京市唯一的远郊区县，代表北京市参加2014年国家义务教育质量监测工作。质量监测中，全区共有8所初中、12所小学630名中小学生参加数学测试、学生问卷填答和体育现场测试，147名干部教师参加校长与教师问卷填答。其间，区教委选派20名责任督学、40名数学监测员和100名体育监测员组织师生按照测试流程完成所有场次的测试工作。

（姜爱林）

中共房山区委教育工委

书　记　杜成喜

房山区教育委员会

主　任　郭志族

房山区政府教育督导室

主　任　米忠诚

通　州　区

总　类

【表彰信息工作先进】 4月16日，通州区教委召开教育系统信息工作总结表彰会。会议表彰2013年度教育系统信息工作优秀单位40个、支持信息工作好领导40名和优秀信息员40名。获奖单位和优秀个人代表交流信息工作经验。会议提出要加强信息宣传工作统筹与协调，加强舆情信息的捕捉、撰写、分析，不断提升教育满意度。要加强业务学习，多练、多写、多观察、多分析，促进全区教育信息宣传综合水平全面提升。会议邀请《现代教育报》举办教育信息新闻宣传专题培训。全区中小学、幼儿园、职业学校、成人学校、直属单位信息员200人参加会议。

（刘森）

【签署教育文化合作框架协议】 4月21日，通州区政府与北京师范大学签署

教育文化发展合作协议。协议包括教育文化合作框架协议和教育领域合作子协议。签约仪式上，“北京师范大学通州培训教育基地”揭牌，通州区政府为北师大教育学部部长石中英教授颁发通州区政府教育顾问聘书。框架协议明确，双方将遵循“教育切入，以点带面，项目推动，逐步实施”的原则，充分发挥通州区在资源、政策、创新发展等方面的优势和北师大在科教、人才、文化传播等方面的优势，开展战略合作。

（李壬戌）

【道德讲堂举办教师专场】 9月5日，通州区文明办、区委教育工委、区成教中心联合举办通州区道德讲堂总堂教师专场活动。活动邀请通州著名教师举办师德讲座。其中，漷县镇中心小学教师邢东平讲述放弃市区优厚待遇、扎根农村支教的朴素情怀；张家湾镇中心小学教师刘志洪讲述在肩负家庭重担下不忘教学育人的奉献精神；通州区关心下一代工作委员会顾问罗敬义讲述潞河中学退休校长方田古捐资助学、建立“运河奖教金”感人事迹。会上，东方小学师生表演经典国学诵读节目《惜时》，培智学校教师李银环向全区教职工发出崇尚师德、敬业奉献倡议。全区教育系统优秀教师代表、学生共计300人参加活动。

（刘森）

【召开教师节庆祝大会】 9月9日，

通州区教委召开2014年庆祝教师节大会。会议表彰20名区级优秀校长、

514名区级骨干教师。区委、区政府领导和各中小学代表、教师代表650人参加会议。通州区优秀校长依据《通州区优秀校长评选和管理办法（试行）》评选，3年评选一次，区级骨干教师依据《通州区中小学、幼儿园、中等职业学校、成人学校骨干教师评选和管理办法》评选，任期为2014年9月1日至2017年8月31日。

（勾庆祥）

【与英国教学质量监控协会战略合作】

10月24日，通州教师研修中心实验学校、与英国教育教学质量监控协会签署三年战略合作协议。协议为期3年。依据协议，双方共同开展课程建设、教师培训、相关课题研究项目等方面合作。

（曹德臣）

【京蒙学校结对发展】　10月28日，通州区教委召开与内蒙古赤峰市翁牛特旗合作办学座谈会。会上17所通州学校和17所翁牛特旗学校签署结对帮扶协议。帮扶对子涵盖中学、小学、幼儿园、职业学校、校外教育机构、教师培训机构等。协议规定，结对学校在教育教学研究、教学资源共享、人员互派交流、教师教育培训、信息化建设等方面开展帮扶合作。2011年，通州区教委与内蒙古赤峰市翁牛特旗教育局建立教育对口帮扶合作关系，进行多次互访交流，其间通州区为翁牛特旗教育捐款10万元，捐赠计算机400台。

（勾庆祥）

【表彰美德少年】　12月11日，通州区文明办、区教委联合表彰通州区“中华美德故事汇——我身边的美德少年”。其中，11名小学生、11名中学生被评为“爱心少年”；11名小学生、10名中学生被评为“孝心少年”；10名小学生、11名中学生被评为“诚信少年”；10名小学生、11名中学生被评为“环保少年”；10名小学生、5名中学生被评为“节约少年”。该主题教育活动4月启动，全区中小学生近8万人参加。共设“爱心少年”“孝心少年”“诚信少年”“环保少年”“节约少年”五大主题，自下而上逐级推荐、评选，认定产生。

（闵树明）

【举办师德主题教育活动】　12月18日，通州区委教育工委、区教委、区教育工会联合召开“中国梦·教育梦·我的梦”——培育和践行社会主义核心价值观师德主题教育活动交流会。会议表彰“中国梦·教育梦·我的梦”师德主题系列教育活动获奖单位和教师，授予20所学校为“师德建设先进单位”、37名教师为“从事农村教育优秀教师”、93名教师为“千师访万家先进个人”。会上，获奖单位和个人代表交流典型经验，通州培智学校教师李银环代表通州区优秀师德群体教师，向全区教师发出培育和践行社会主义核心价值观的倡议。该项活动2月在全区教育系统启动。通州区教委领导，教育系统各基层单位行政领导、工会主席、教师代表等400人参加会议。

（郭薇）

学前教育

【概况】　2014年，通州区幼儿园136所，其中，教育部门办园46所，民办幼儿园35所，其他部门办园（含村办）55所。全区离园幼儿5612人，入园幼儿12695人，在园幼儿25455人。教职工3752人。其中，园长174人，专任教师2153人，保育员（含保健医）697人，其他728人。专任教师中，高级教师1人、一级教师73人。全区市级示范园1所，一级一类园10所，一级二类园3所，北京市早期教育示范基地8个，北京市学前儿童特殊教育示范基地3个。

（勾庆祥）

【举办园长管理能力提升培训班】　4月26日至5月11日，通州区马驹桥成人文化技术学校举办幼儿园园长管理能力提升培训班，全镇40名村集体办幼儿园园长参加学习。培训班侧重幼儿园一日生活常规与管理策略、幼儿园园所文化建设、幼儿园教育指导纲要解读、幼儿园教育活动设计、幼儿园日常管理、学前教育管理信息系统介绍，采取专家讲座和集体参观学习形式进行。

（张强）

【开放观摩优秀民办园】　4月28至30日，通州区教委组织运乔蓝天、新苗、童心3所民办幼儿园开放观摩活动，来自全区各级各类民办幼儿园的园长、保教主任及骨干教师70人参加。观摩活动期间，各园所园长交流园所管理、教育教学、环境创设、常规工作及家长工作经验，组织管理经验和管理理念进互动研讨。3所民办幼儿园为2013年度考核优秀民办园。

（刘雪艳）

【4条措施推行早期教育服务】　4月，通州区教委推出4条措施推行社区早期教育服务。一是完善社区早期教育基地各项管理制度，成立“区幼早期教育基地工作小组”，制定并完善各项管理制度，保证送教进社区的活动顺利。二是加强培训，提高教师的专业化水平。在教师文明礼仪和谈话内容等多方面提出具体要求。组织学习《北京市0至3岁婴幼儿教养方案》，丰富教师3岁以下幼儿科学教育知识。三是与社区密切合作，加强宣传，在社区发放《0至3岁家长告知书》《0至3岁散居儿童育儿需求调查问卷》，鼓励散居儿童家长参与学习。四是组织多种活动，满足家长需要。教师走进社区，开展育儿教育咨询活动。具体举措包括邀请部分0至3岁儿童及家长走进幼儿园，感受幼儿园的环境与气氛；开展亲子活动，引导家长与孩子共同参与，提高家长指导儿童游戏的能力。

（张秀华）

【启动幼儿园“手拉手”活动】　6月25日，通州区教委召开幼儿园“手拉手”活动启动会。会上，区教师研修中心宣读区教委关于开展幼儿园“手拉手”活动通知，7所市级示范园与通州区7所区域园，8所通州区市级一级一类园与16所农村中心园和民办幼儿园分别签署“手拉手”协议。协议规定双方定期组织园本培训、教研活动和教

育科研活动，有效期2年半。

（刘雪艳）

【接管配套学前教育设施】　至10月31日，通州区教委接管4处房地产配套学前教育设施，总占地面积12900平方米，总建筑面积10270平方米，总办园规模35个班。其中，位于通州新城0604街区定向安置房项目配套学前教育设施，开办华远铭悦幼儿园，办园规模12班，4200平方米，建筑面积3360平方米。位于潞苑南大街25号东亚逸品阁住宅小区配套学前教育设施，开办永顺中心幼儿园分园，办园规模6班，占地面积2700平方米，建筑面积2160平方米。位于马驹桥镇物流基地生活配套区C—13居住用地项目配套学前教育设施，开办马驹桥中心幼儿园分园，办园规模9个班，占地面积3000平方米，建筑面积2350平方米。位于通胡大街70号居住、商业项目百合湾小区配套学前教育设施，设计规模6个班，占地面积3000平方米，建筑面积2400平方米。

（张强）

[illegible]
通州区幼儿园成立该区第一个幼儿足球队——运河娃足球队，队员20名全部来自大班生。足球队聘请足球爱好者、本园专职体育教师苏齐担任教练，每周安排两次园内训练，起步从基本功抓起，传授传球、停球等动作，锻炼小队员们身体协调性、灵敏度和平衡能力。

（袁伟）

【幼儿园转岗培训结业】　11月29日，北京市第九期乡镇幼儿园转岗教师培训（通州培训班）结业暨汇报演出在区教师研修中心（分院）举行。活动分总结表彰和才艺表演两个阶段。会议为第九期转岗教师（通州培训班）颁发结业证书，表彰优秀班干部和优秀学员。40名幼儿转岗教师以舞蹈、声乐、钢琴、讲故事谈体会、手工作品展示一年来的培训成果。全区各幼儿园园长、主管培训负责人，第九期、第十期幼儿转岗教师350人参加会议。第九期乡镇幼儿园转岗教师培训（通州培训班）2013年7月开班，为期12个月，500学时，40名转岗教师参加培训。

（邓立平）

基础教育

【概况】　2014年，通州区小学83所（公办校74所、厂办校1所、民办校8所），教学班1642个。毕业7465人，招生9709人，在校生60717人，在校生中北京市户籍学生27105人。教职工4001人，其中，专任教师3542人。中学40所（完中10所、高级中学1所、初中15所、九年一贯制学校和十二年一贯制学校14所）。教学班812个（初中529个、高中283个），毕业7584人（初中4918人、高中2666人），招生8911人（初中6268人、高中2643人），在校生27166人（初中18219人、高中8947人），在校生中北京市户籍学生18680人（初中11072人、高中7608人）。教职工4654人，其中专任教师3434人。特殊教育学校1所，在校生119人。校外教育单位1个，教职工[illegible]历合格率100%，高级专业技术职务教师644人。中小学占地总面积3171329平方米，建筑总面积1385521平方米，固定资产总值55171.5万元。图书馆藏书2870782册，信息化数字资源量43134.22GB。全年中小学教育经费投入251829.5万元，其中，国家拨款239012.8万元，自筹资金12816.7万元。

（勾庆祥）

【启动教育高端引领培养工程】　1月4日，通州区教委召开“教育高端引领培养工程”启动会。会议宣读《通州区教育高端引领培养工程方案》，该工程与北京教科院合作，通过邀请特级教师和学科研究员在通州成立学科工作站，采用专家引领模式，培养、打造师德垂范、理念先进、业务精湛的通州教育精英。会议中小学11个学科工作站颁发站牌。北京教科院、通州区政府领导和教师代表500人参加会议。

（刘森）

【举办小记者培训班】　3月27日，

通州区后南仓小学举办“北青社区报”小记者培训班，经过自愿报名和班级推荐的52名小记者参加学习。培训班邀请“中国新闻奖”获得者、北京青年报社资深编辑、记者杨小光主讲。讲座内容涉及如何采集焦点、怎样抓住新闻要素等内容。

（汪多）

【运用4种方法学古文】　3至6月，通州区牛堡屯学校探索4种可行教学方法，强化学生古文学习。一是鼓励自学。帮助学生制定学习提纲，鼓励学生通过熟读、体悟、查资料等形式完成自学。二是课堂精讲。借助教参、网络、典籍、讨论等形式精心备课，注重知识拓展和情感、态度价值观的构建，课堂上讲得精细。三是随[illegible]学生对古文、古诗词掌握情况。通过师生、生生提问，促进学生温故知新，熟练掌握古文、古意。四是开展竞赛。定期开展竞赛，利用“古诗接龙”“听题背诗”等形式使学生在必答、抢答中检视自己及同学对古文的掌握情况。经教学实践，爱好古文学习的学生从2月底抽测的47%，提升到6月底的83%，提高36个百分点。

（张志强）

【举办春华杯课堂教学评优活动】　4月12日，通州区教委召开中学第六届“春华杯”课堂教学评优活动总结表彰会。第六届“春华杯”课堂教学评优活动通过学校初评、区级终评共评出一等奖15名，二等奖111名，三等奖72名。表彰会上为15名获得“春华杯”奖的教师颁发荣誉证书和奖杯。研修中心相关负责人总结第六届“春华杯”杯课堂教学评优活动。表彰会结束后，北京数字学校管理办公室和北京教科院分别作《北京数字学校，伴你快乐成长》和《从“整合”走向“融合”——技术融入教育的必要性及路径分析》专题讲座。区委教育工委、区教委、区教育督导室领导及全区中学400名干部教师和研修员参加会议。

（勾庆祥）

【举办民族学校传统体育运动会】　4月18日，通州区第七届民族学校传统体育运动会在潞河中学召开。运动会以展示各民族学校普及民族传统体育运动成果，推动全区民族传统体育运动开展为宗旨，设立小学、中学两个组别共7个项目。7支代表队300名运动员参加比赛，于家务民族中学、张家湾村民族小学分获中小学团体总分第一名。

（刘会民）

【召开学校卫生工作会】　5月20日，通州区教委召开2014年通州区学校卫生工作会暨“营在校园”启动会。会上，区疾病预防控制中心通报2013年通州区中小学卫生防病工作规划（2011至2015年）中期评估报告。与会领导为2013年11所健康促进校授牌。区疾控中心举办学生视力不良和肥胖防治方案、中小学健康指引、控烟方案、平衡膳食校园健康促进行动方案专题培训。区教委、区卫生局、区疾病预防控制中心领导和全区中小学代表120人参加会议。

（贡爱莉）

【举办争做阳光教师演讲比赛】　5月20至21日，通州区教委在中山街小学举办“争做阳光教师”演讲比赛。比赛分为中学组、小学组、幼儿园组。参赛选手围绕“中国梦·教育梦·我的梦”主题，以教育教学实践为题材，以关键事件为点，以成长轨迹为线，讲述爱岗敬业、无私奉献、开拓创新、为人师表的良好师德风范事迹。全区教育系统共82个基层单位参加比赛。该活动是区委教育工委、区教委、区教育工会联合开展的“中国梦·教育梦·我的梦”师德主题教育活动之一。

（郭薇）

【调研中小学国学教育】　5月21日，通州区政协召开国学教育调研会。会上，区教委和区教师研修中心分别汇报通州区中小学国学启蒙教育实验情况，内容涉及时间、范围、形式、意义、国学定义、使用的教材、实验方案、实验方法、实验原则、实验成效、今后发展方向。区教委从德育活动角度介绍通州区中小学国学教育情况。于家务中学、潞州中学、东方小学、中山街小学、官园小学从学校角度介绍国学启蒙教育开展情况。区教委从学校、家庭、社会多角度开展国学教育提出建议。区政协委员15人参加会议。

（刘森）

【举办新童谣推广活动】　6月6日，通州区青少年新童谣推广活动在芙蓉小学举行。活动主题是“我的‘中国梦’——做文明有礼的北京人”。活动中，芙蓉小学等12所小学、幼儿园表演新童谣文艺节目，首都文明办代表赠送2000本《优秀童谣传唱集锦》。全区中小学师生代表500人参加活动。

（刘开江）

【张家湾镇开发校外教育基地】　至6月，张家湾镇教委开发市、区、镇三级校外教育基地11处。其中，牛堡屯学校被市教委命名为北京市乡镇校外活动站，运河磁画管、鑫淼水产养殖基地、瑞正圆农庄被确定为区级校外教育基地，毛主席像章纪念馆等7家单位被确定为镇级校外教育基地。镇辖区内中、小学、幼儿园利用其校外教育基地社会教育资源，定期组织师生参加社会实践活动。

（高起刚）

【普及家校合作软件系统】　7月2日，通州区中小学卫生保健所举办小学新生家长家校合作系统“阿里师生”软件使用指导培训。培养邀请阿里巴巴（中国）有限公司负责人介绍中小学健康管理家校合作系统“阿里师生”软件研发背景和简要操作。该软件由市教委与阿里巴巴公司联合开发，旨在方便学校与家长之间的沟通，及时、准确地反映学生健康情况，利于教育行政部门对于学生各时期各种易感传染病的调查、统计、监测及控制。全区直属各小学、各乡镇中心校及九年一贯制学校卫生工作主管领导50人参加学习。

（刘森）

【举办学生中心教学法培训】　8月23至31日，通州区教委举办“学生中心教学法项目”培训班。培训借鉴“以学生为中心”的教学思想，推广以学生为中心教学法（SCL）。该教学法把学生置于教学过程的中心地位，学生的需求和个性都得到充分重视。其特点一是通过小组和独立的学习活动，探究知识培养和解决问题的能力。二是利用概念的质疑，刺激学生互动，鼓励学生通过竞争和合作进行学习。三是制作使用适用的学习资源，选择有具体学习成果的活动，评估以学生为中心的学习等。通州区28名一线教师和3名英语学科教研员参加培训。

（曹德臣）

【贡院小学投入使用】　8月31日，

易址新建的通州区贡院小学建成举行开学典礼。新校位于新城核心区新华东街北侧，占地面积34716平方米，建有教学楼、游廊、天桥等，建筑面积1.87万平方米，总造价0.9亿元。学校规模36个教学班，可容纳1440名学生就读。该小学是一所百年老校，始建于1903年，原址位于大运河西岸的贡院胡同。2010年，依据通州新城规划拆除。是年9月临时搬入北京小学通州分校办学。

（勾庆祥）

【新建两所中小学】　8月31日，通州区潞河中学附属学校落成投入使用。该校为九年一贯制学校，校园占地面积21200平方米，总建筑面积16700平方米，设计规模36个教学班，其中，小学24班，中学12班，最多可容纳1500名学生同时就读。同日，通州区金桥小学建成投入使用。学校位于通州区马驹桥镇景盛北一街29号，占地面积1.3万平方米，建筑面积1.1万平方米，主体建筑为四层教学楼，设计规模为18个教学班。年内招生6个教学班。其中一年级4个教学班140人，二年级2个教学班60人。该校2013年经区政府依马驹桥镇域规划批复设置，建设投资3000万元。

（张强）

【中韩学生互访交流】 8月，通州区

教委利用暑期组织中韩学生互访交流活动。4至10日，韩国首尔市九老区16名优秀高中生组成的青少年代表团到达通州开展交流活动。韩国学生参观北京著名景点，以及宋庄画家村、韩美林美术馆，体验中国书法、剪纸、舞蹈、武术等中国传统文化艺术，并在中国学生家庭进行一天一夜中国家庭生活体验活动。19至25日，通州区第三中学和北京二中通州分校17名优秀高中生组成的青少年代表团回访韩国首尔市九老区。其间，参观光华门广场、韩屋村等一系列文化景点及韩国表演艺术学校，同时体验韩国传统工艺品制作，并赴韩国学生家庭体验韩国家庭生活。

（刘琼）

【马驹桥镇发放小学生乘车补助】 9月20日，通州区马驹桥镇2014至2015学年第一学期小学生乘车补助发放工作完成，全镇共有1623名小学生享受到乘车补助款共计405850元。补助目的是在全镇小学暂无统一校车配置情况下减轻学生家长接送小学生往返学校的交通负担。补助标准依据学生家庭住址与就读学校距离、公共交通状况等因素综合制定，分为150元、300元、350元、400元四档。该项工作首先由镇内各所小学做好学校学生基本信息统计，随后镇教委办对数据进行整理、汇总，最后各村委会发放补助金到家长手中。2012年9月，镇内公办小学就学的小学生开始发放乘车补助。

（张强）

【召开教育管理思想研讨会】 10月13日，肖宝军教育管理思想研讨会在通州区教师研修中心举行。会议由北京市教育学会主办，区委教育工委、区教委承办。会议观看《研修一体，和谐发展》专题短片，听取肖宝军《研修一体，和谐发展》主旨发言，报告敬业、得法、敢担当三个方面教育感悟。肖宝军的学生代表和同事代表，以故事为素材展示肖宝军勤学敬业、乐群开拓、严慈并济事迹。北京教育学会、首师大、北京教育学院专家分别进行点评。各区县教育学会领导，各区县主管师训、干训领导，通州区中小学代表等500人参加会议。肖宝军1977年参加工作，先后任职于北京教育学院通州分院院长兼党总支书记、通州区教师研修中心主任，现任通州区教育学会会长。肖宝军将“课堂、课题、课程”与“教研、科研、考研”相结合，通过“中小衔接”“国学启蒙教育”等课题研究，形成“知行研修”通州模式，并逐步形成通州教育品牌。

（商学军）

【举办中小学体育节暨活动展示】 10月14日，第三届通州区阳光体育中小学生体育节开幕式暨2014年通州区阳光体育展示大会在芙蓉小学举行。会议集中展演传统体育、新兴体育、民族体育三个方面的7项阳光体育活动，区体育局为全区球类传统校赠送足球、篮球、排球850个。全区60所学校代表和17所学校700名中小学生参加活动。2013至2014学年度，全区共有86支代表队参加18项市级阳光体育比赛，56支代表队取得74项市级名次，其中获得18个一等奖或第一名。

（勾庆祥）

【通州二中校史馆建成】 10月16日，北京市通州区第二中学校史馆落成，并接待参观。校史馆设在学校西小院楼房二层，面积400平方米。展品由展板与实物两部分组成，记述建校至今110年发展轨迹。其中，展板悬挂在展厅的墙壁上，分为四部分：历史回眸（1904～1948年）、千锤百炼（1949～1978年）、扬帆竞发（1979～2001）、放飞梦想（2002～2014），共展示图片200余张，最早的图片是富善牧师19世纪末期的照片。馆中央设有实物展台，陈列119种实物200件，最早的一件物品是1904年学校创始人富善慕柯（萨拉女士）的梳妆镜。通州二中起源于1904年建校的富育女子学校。

（贾春玲）

【举办成语文化龙门阵竞赛】 10月19日，通州区语言文字委员会举办成语文化龙门阵决赛。决赛分为根据解释说成语、根据提示猜成语、成语接龙等7个环节。经比赛，东方小学代表队获得第一，并代表通州区参加北京市比赛。该活动4月开始举办，全区共有30所小学251名师生报名参加，其中学生180人。初赛通过笔试选拔4支小学代表队参加决赛。

（李秀娜）

【永乐店中学新校舍落成】 10月31日，通州区教委召开永乐店中学新校舍落成暨发展座谈会，苟仲文、线联平等领导参加会议。与会人员视察新校舍后，苟仲文等领导相继讲话。学校新校舍位于永乐店镇原校址北侧，项目总投资4.2亿元，总占地面积13.1万平方米，总建筑面积8.2万平方米，为全日制完全中学，提供初中阶段及高中阶段教育。计划办学规模为初中24班、高中60班，可容纳3660名学生就读。永乐店中学是1952年通州区创办的第一所农村中学，1978年被确定为区重点中学。2005年12月被北京市教委认定为“北京市示范性普通高中校”。为进一步扩大示范高中校办学规模，扩充高中优质教育资源，通州区委、区政府将学校新建工程列为2013年区政府重点工程。

（勾庆祥）

【展示文化示范校创建成果】 11月18日，通州区教委在通州区宋庄镇中心小学举办“学校文化在京郊”北京市第二批中小学学校文化示范校创建展示活动。参会代表参观宋庄镇中心小学校园建设，实地感受学校校园文化，并观看由宋庄镇中心小学自编自演文艺节目。密云县季庄小学、平谷

区大华山学区、顺义区后沙峪中心小学、通州区宋庄镇中心小学负责人分别作学校文化典型发言与交流。北大教育学院教授对4所学校文化建设进行点评。市教委、北大教育学院、北京教育学院，通州、顺义、密云等区县教委领导，部分区县校长共250人参加活动。

（闵树明）

职业与成人教育

【概况】 2014年，通州区职业高中3所。其中，教育部门办1所、民办2所，开设专业10类。毕业571人，招生99人，在校生818人。教职工176人，其中专任教师127人。职业高中学校（学校产权）占地总面积225808平方米，建筑总面积77098平方米，图书室藏书79272册，固定资产总值3975.13万元。成人教育单位12个，其中成人教育中心1个、区教委辖管乡镇成人学校11个，开设外语、计算机、农业技术等培训科目。教职工45人（不含外聘教师），其中专任教师25人。区教委辖属乡镇成校占地总面积150342平方米，建筑总面积41796平方米，图书馆藏书60682册，计算机1249台，固定资产总值6669.42万元。

（勾庆祥）

【认定10所区级示范标准村校】 1月7至9日，通州区教委同区教师研修中心组成2个小组，评估验收2013年村级示范成人学校。评估组按照听取汇报、查阅档案资料、教师和居民访谈、巡视校园环境、评议反馈流程评审。全区12所村级成人学校申报评审，最终认定10所区级示范村校。

（刘学萍）

【举办食品制作培训班】 3月3至15

日，通州区于家务成人文化技术学校举办回族食品制作培训班。培训为期8天计48课时。培训聘请通州南街具有多年回族小吃制作经验的老师傅和北工职业技能培训学校专业教师授课，采取集中授课、学员动手实践、教师零距离辅导的方法，学习回族特色食品油香、松肉、糖卷果、驴打滚等8种食品制作。50名回族大龄妇女报名参加学习。

（王欢）

【联合举办本专科班】 3月25日，通州区永顺成人文化技术学校与中国石油大学、北京航空航天大学牵手联合举办高起专、专升本4个学历班完成招生。其中，中国石油大学专科班28人，本科班7人，共计35人。北京航空航天大学专科班17人，本科班8人。专业设置为人力资源管理、行政管理、工商管理等20多个专业。学员通过现代远程教育学习，集中考试通过后获得相应学历证书。

（苏维进）

【表彰学习型城区先进】 4月22日，通州区教委召开建设北京市学习型城区先进区总结表彰会。会议充分肯定建设学习型城区工作，对今后学习型城区建设提出不放松、不松劲、不停止、不滞后、不满足、不放手六点希望。会议宣读《北京市建设学习型城市工作领导小组关于认定通州区为北京市建设学习型城区先进区的通知》，表彰2013年度通州区迎接北京市建设学习型城区先进区工作中做出突出贡献单位及个人。市教委、区教委和部分社区居委会社区教育工作者共400人参加会议。

（姜梦笔）

【举办京剧表演项目培训】 6至11月，通州区台湖成人文化技术学校投资3万元举办戏曲艺术、京剧表演项目培训。该培训聘请北京戏曲学院教师采取理论集中培训和分行当角色个别辅导相结合方法进行，共720学时。台湖镇社区80名居民参加学习。在培训成果展示阶段，学员举办汇报表演，评出一等奖5人，二等奖10人，三等奖30人。

（高雪梅）

【张家湾成人学校易址新建】 9月1日，通州区张家湾成人文化技术学校新校建成投入使用。新校址坐落在该镇三间房村内，用地面积4533平方米，建筑面积3944.79平方米，设普通教室4个，建有组织培养实验室、3D制衣、书法、计算机等专业教室11个。建设投资2000万元。该校原位于大高力庄校舍，2012年暑假依据通州新城规划整体搬迁。

（高起刚）

【举办面点主食制作培训】 10月13至21日，通州区漷县成人文化技术学校牵手镇社保所举办面点主食制作（非等级）培训。培训聘请区职教中心厨艺专家采取理论与实践相结合进行，内容涉及家常饼、牛肉水饺、蛋挞等近20家常主食制作方法，以及食品卫生安全规范、厨房操作安全规范等知识，共计53课时。镇域40名居民参加学习，培训中学员动手制作并品尝自己的制作成果。

（张泉）

【表彰能力竞赛获奖教师】 10月24日，通州区教委在漷县成人文化技术学校召开2014年通州区农村成人文化技术学校专任教师教育教学基本能力竞赛总结评比表彰会。会议表彰教学基本能力竞赛一、二、三等奖获奖教师，现场展示获奖教师优秀课例。全区11所成人学校校长和部分教师60人参加会议。此前，通州区选拔11名教师参加市级比赛，最终8名教师获得奖项，其中获一等奖2人、二等奖1人、三等奖5人，通州区教委获优秀组织奖。

（刘学萍）

【举办校本研究专题研修】 10月30日，通州区教师研修中心在区成人教育中心召开“提升成教中心教师校本研究素养专题研修”项目启动会。该项目历时3个学期，采用前期调研和撰写调研报告、系统培训研修、效果跟踪反馈三种形式进行，计划2015年12月结束。项目分设5个课题，分别为现代远程开放教育条件下面授导学策略研究、远程开放教育中多种媒体资源整合与优化研究、通州区青少年校外教育需求研究、现代远程开放教育学员学习状况及改进对策研究、网络虚拟教学环境下的成人学习问题及其相应对策研究。区成教中心、教育学会、教师研修中心相关领导，以及成教中心教师和教师研修中心教师参加会议。

（王金华）

【举办第十届学习周】 11月2日，通州区教委举办第十届学习周开幕式。会议表彰4家“通州区创建学习型企业先进单位”，3项“通州区市民学习品牌”，15名通州“通州区市民学习之星”。会议还表彰通州区学习型组织知识竞赛、“我的社区教育活动”征文获奖单位和个人，听取2014年首都学习之星吴玉禄等经验报告。最后，会议宣布学习周开幕。市教委、市创建学习型组织专家指导委员会、区建设学习型新城区工作领导小组等相关单位负责人以及社区居民代表300人参加会议。第十届学习周期间，通州区共举办道德讲堂讲座、成人学校项目培训、学习之星事迹报告会等8项活动。

（姜梦笔）

教育督导

【概况】 2014年，通州区政府教育督导室设1室（办公室）2科（督政、督学），共8人。另聘36名兼职督学，其中，中小学督学25人，学前教育督学11人。年内，区教育督导室按照市教育督导室总体部署，结合通州区教育发展实际，进一步完善教育督导体系，强化监督，优化指导，有效监测，科学评价，不断提升教育督导工作能力和水平。完成对11个乡镇、4个街道办事处落实素质教育责任目标考核工作；制定《通州区中小学校责任督学挂牌督导实施方案》《关于建立和完善督学责任区制度的意见》，为督学责任区配备25名兼职督学并实现责任区挂牌，实现中小学校责任督学挂牌督导工作全覆盖。编印《通州区责任督学挂牌督导工作手册》，组织开展相关业务及理论知识等相关培训，有效提高责任督学的业务素质和教育督导理论水平。完成2013至2014学年度全区教育单位全面实施素质教育年度考核工作。全区107个单位参加考核，其中39个单位被评为考核优秀。完成通州区2014年学前教育发展状况监测统计工作。完成北京市对通州区素质教育综合督导的相关工作；协助市教育督导室组织20所中小学校完成2014年通州区义务教育阶段学生学习生活状况调查工作等。

（董迎春）

【培训专兼职督学】 4月29日，通州

区教育督导室召开新任督学暨责任督学挂牌督导培训会。会议宣读兼职督学聘任决定，为11名新任兼职督学颁发聘书。会议举办挂牌督导工作职责、工作方式、工作内容、工作要求培训。区教育督导室和新任督学参加会议。

（董迎春）

【完成素质教育责任目标实地督导】 4至9月，通州区教育督导室完成对全区11个乡镇、4个街道办事处落实素质教育责任目标等情况实地督导工作。督导工作重点内容，一是依据《通州区乡镇政府落实素质教育责任目标评价体系》，督导检查各乡镇政府、街道办事处终身学习制度建设情况，辖区内各类教育和学习资源整合，服务辖区居民整体素质提高情况。二是督导乡镇政府中小学建设三年行动计划落实情况。其间，通过听取乡镇政府、街道办事处主管领导工作汇报、座谈交流，查阅相关档案材料，实地察看成人学校、社区活动中心、中小学建设工程等方式，全面了解各乡镇、街道学习型组织建设情况和中小学建设三年行动计划落实情况。检查结果表明，乡镇政府、街道办事处重视素质教育工作，一把手列入议事日程和纳入民生工程等成效明显，乡镇、街道间存在差距，学习型组织建设方面存在薄弱环节等。

（董迎春）

【召开责任督学挂牌督导交流会】 6月13日，通州区教育督导室召开责任督学挂牌督导工作会。会上，责任督学分别交流下校督导工作重点、学校反映的问题、对今后工作的想法等。区教育督导室提出，责任督学要进一步明确职责任务，加强学习，做到依法督导；要善于总结经验及学校工作亮点，为学校搭建交流展示的平台；切实落实指导与监督并重的原则，突出服务性，为学校发展出谋划策、为学校全面实施素质教育服务；实事求是反映学校情况，提出意见和建议。区教育督导室领导和专兼职督学44人参加会议。

（董迎春）

【开展高中德育工作督导调研】 7月2日，通州区教育督导室完成高中德育工作督导调研。调研围绕学校师生基本情况、学校德育工作思路、德育工作有效途径和方法等方面内容，采取召开座谈会听取学校汇报的方式进行。全区15所高中（含十二年一贯制学校）汇报学校情况。调研结果显示：德育为首得到体现，一把手重视德育工作认识得到提升，课堂教学和社区实践突出德育教育成效明显，涌现出一批德育管理工作事迹鲜明的学校中层干部等，需要探讨和提升的是高中德育工作的实效性和针对性的创新和发展。

（董迎春）

【接受北京市实施素质教育督导】

12月17日，通州区接受北京市全面

实施素质教育综合督导评价。通州通过专题片、报告等形式，向督导组汇报通州区“立足通州现实，服务城市副中心建设，落实政府责任”等六个方面具体工作。督导组还分别召开相关委办局负责人，教委相关科室负责人和学校负责人座谈会，了解各单位推进素质教育情况，并查阅档案资料。督导组分成六组实地考察张家湾镇中心幼儿园、潞县镇中心小学、北京二中通州分校、青少年活动中心、新城职业学校、台湖镇政府。督导组反馈意见认为，通州区全面实施素质教育工作认识到位、组织到位、保障扎实、有鲜明特点，特别是针对弱智儿童采取一对一“送教上门”经验值得推广。

（董迎春）

中共通州区委教育工委

书　　记　张绍武

通州区教育委员会

主　　任　张绍武

通州区政府教育督导室

主　　任　李少杰

【制定教育改革任务分解表】 1月，顺义区教委制定教育改革任务分解表。分解表确定改革主要任务是：全面推动城乡学校之间校长、教师有序流动、科学流动、合理流动，提高农村学校的管理和服务水平，促进义务教育均衡优质特色化可持续发展。坚持全面发展，加强和改进学校传统文化教育工作、体育工作和美育工作，促进青少年身心健康发展。分解表分近期和中远期任务。近期，至2016年的任务是，形成以政府办学为主体、全社会积极参与、公办教育和民办教育共同发展的格局。全面贯彻党的教育方针，坚持立德树人，通过“三爱”教育，弘扬社会主义核心价值体系。转变政府职能，理顺学校和教育管理部门的关系，实施管理创新和教育治理方式创新。加快现代职业教育体系建设，深化产教融合、校企合作，培养高素质劳动者和技能型人才。中远期的任务是，进一步完善基本公共教育服务体系，丰富基础教育、社区教育等各类资源，满足人民群众多样化入学需求等。

（贾立新）

【两次开展民办学校安全检查】 1月和7月，顺义区教委两次开展民办培训学校安全检查。检查前给每所学校印发安全通知书并要求自查；检查中就容易出现安全问题的卫生、消防、防汛、用电进行重点检查，对存在安全隐患的学校，提出明确整改意见并要求立即整改。检查组针对问题，提出具体要求：一是加强组织领导，明确责任分工，强化落实通知书的内容；二是要求各校再次对安全隐患进行全面、细致的排查，不留死角；三是如遇恶劣天气，采取停课、顺延放学时间等措施，避免安全事故的发生；四是严格学生考勤制度，加强安全教育，进行紧急避险演练。检查涉及9个乡镇、街道办事处，20所文化补习、艺术类学校。

（陈静）

【召开教育科研总结表彰会】 2月20日，顺义区教育学会召开“十二五”中期教育科研总结表彰暨新学期科研工作会。会议表彰中期教育科研项目近500项，其中一等奖90项，二等奖180项；邀请北京第二实验小学副校长华应龙作学术报告；汇报“十二五”期间教育科研开展情况，部署新学期工作；3名基层科研干部代表作典型发言。区教育学会领导、会员代表及中小学、幼儿园、职业学校科研负责人300人参加会议。

（张红梅）

【召开综合治理工作会】 2月26日，顺义区教委召开教育系统综合治理工作会。会议总结2013年工作，明确2014年综治工作重点。会议要求，结合交通、消防、“两会”等重点工作，健全和完善管理机制、防控机制、应急机制、考核机制等“四项机制”，同时做到“七个预防”，即：制度预防、观念预防、全面预防、重点预防、科学预防、人人预防和创新预防。全区100余名主管综治工作领导参加会议。

（闫志杰）

【配发少先队辅导员工作用书】 3月

13日，顺义区少工委投资2万元为全区少先队大队配发《中国少先队辅导员工作丛书》。该套辅导员工作用书由北京少先队工作学会负责编纂，全套共10册，涉及《国旗下讲话》《小干部队伍建设》《少先队根本任务活动集锦》等多个领域，涵盖全部少先队工作内容。

（赵恺）

【教育资产管理服务中心运行】 4月18日，顺义区教育资产管理服务中心正式运行。该中心为区教委所属相当正科级事业单位，经费形式为全额拨款，核定编制22人，其中科级领导职数1正2副。该中心主要职责是：负责教育系统教育技术装备、中小学实验室、图书馆和各类功能教室的标准化建设、工程维修服务和技术咨询；负责教育系统各单位的水、电、暖、房屋维护工作等；协助做好教职工公有住房修缮工作。2011年6月21日，顺义区机构编制委员会办公室批复同意区教委所属教育技术装备部更名为教育资产管理服务中心。

（郭艳芊）

【启动继续教育公共必修课培训】 4月22日，顺义区教育研究考试中心召开继续教育工作“公共必修课”启动工作会。会议总结顺义区“十二五”继续教育工作开展的整体情况，解读“公共必修课”课程设置和学习安排。会议明确，中小学继续教育“公共必修课”课程设置包括“教师职业理想与道德”和“学科教育心理学”两门课程，共计160学时。会议发放17280册学习用书，供全区8640名中小学教师学习。

（刘琦）

【为使用液化气学校加装安全辅助设施】 4至5月，顺义区教委为使用液化气学校加装安全辅助设施。加装内容为可燃气体报警联动系统，系统包括可燃气体探测器、报警装置、排风设备等。加装范围包括中小学、幼儿园、特教学校、民办学校、直属单位，涉及77家单位，共81个施工点。该工程由市教委与区市政市容委共同实施。

（徐振阳）

【孔凡艳获全国五一劳动奖章】 5月7日，顺义区总工会召开2014年首都劳动奖状、奖章和工人先锋号表彰大会，表彰教研中心教研员孔凡艳获得“全国五一劳动奖章”“首都劳动奖章”荣誉称号。孔凡艳，1966年7月出生，顺义教育研究考试中心小学教研室副主任，首届“百优全国小学名师”，全国教研工作先进个人，顺义区教育系统模范共产党员。她不断摸索语文教学和语文学习规律，主持的研究项目获得北京市教学成果一等奖，被北京大学聘为“教育部、财政部国培计划远程培训”项目课程开发及教学指导专家。作为市学科带头人、区学科首席教师，她坚持全心地指导与服务，影响带动一批教师成长为德才兼备的骨干教师，推动市、区语文教育教学改革工作。

（胡金凤）

【完成民办学校综合考评】 5月12至16日，顺义区教委完成首次民办中小学、职业学校综合考评。区教委会同公安、城管、卫生等相关部门组成检查组，检查7所民办中小学、职业学校。检查组通过查看资料、听课、师生座谈、参观校园环境等，综合测评，量化等级，在充分肯定成绩的基础上，对存在问题和不足与校方领导面对面交流，提出改进措施。此前，区教委制定《顺义区民办中小学及职业学校综合评价指标体系》，从办学思想与办学条件、学校办学行为的规范、教育教学管理、学生管理、学校安全管理、学校财务管理等多方面对民办中小学、职业学校提出明确要求。

（陈艳清）

【严禁教师违规收受礼品】 6月9日，顺义区教委印发《严禁教师违规收受学生及家长礼品礼金等行为的规定》。规定针对群众反映强烈的教师违规收受礼品礼金等问题，重点列举收受礼品礼金、接受宴请、参加由学生及家长付费的娱乐活动、让学生及家长支付或报销应由教师个人或亲属承担的费用、通过商业服务获取回扣5个方面的禁止性内容。通过严明纪律要求，教育引导广大教师要强化自我教育和约束，为全社会树立崇高的道德标杆。

（杨小平　刘琦）

【教育学院顺义分院挂牌】 8月28日，北京教育学院顺义分院挂牌仪式在区教研中心举行。顺义分院由区教研中心与北京教育学院合作举办，在区教研中心基础上加挂教育学院顺义分院牌子，主要任务是进一步提升教研中心的教育科研水平及培训职能，为全区干部教师的专业发展搭建更为广阔的平台。

（孙东昊）

【召开教师节庆祝大会】 9月9日，顺义区在杨镇一中召开2014年教师节庆祝大会。会议宣读表彰决定，授予65个单位为教育工作先进集体、29人为优秀校长、34人为优秀学科教学带头人、171人为学科带头人、119人为优秀班主任、140人为园丁新星、1204人为骨干教师、695人为优秀教育工作者。会议听取受表彰先进单位和个人经验汇报。会议指出，要坚定改革信心，站在增进人民福祉的高度看待改革，敢于冲破思想观念的障碍，促进教育公平、惠民，实现教育同经济发展和社会进步更紧密的结合。区委、区政府、区人大、区政协领导，以及全区相关单位领导，优秀教师代表500人参加会议。同日，顺义区领导分别到尹家府幼儿园、天竺中学、双兴小学等单位慰问教师。

（徐振阳）

【强化政策支持民办教育】 至年底，顺义区教委强化政策支持民办教育发展。为鼓励区域内民办教育的发展，根据相关政策争取市区两级资金，为民办学校下拨随迁子女义务教育阶段专项资金450.3万元，义务教育阶段学生杂费补贴134.39万元，课本费补贴137.34万元。投资11.8万余元为7所民办学校、15所民办幼儿园配备儿童读物和玩具。为引导民办学校做好卫生防疫工作，投资4000元为各校配备2000瓶消毒液。全年顺义区共受理并办结各种民办许可事项20件。其中审批事项7件（中小学3所、幼儿园2所、培训学校2所），变更举办者、法人、校园长12件，变更办学地址1件。与人力社保局、外事局、出入境管理中心等部门合作，完成5家机构外教资质的审核、验收工作，顺义区民办教育机构具有申请外教资质的单位达到12家。

（陈静）

【修订安全稳定工作领导任期责任书】 至年底，顺义区教委修订《安全稳定工作领导任期责任书》。修订后的责任书涉及9项主要安全管理制度，包括岗位责任制、进出校园管理、公务用车、食品卫生、住宿生管理、突发事件处置，具有要求更明确，可操作性更强的特点。该任务书由区教委与各基层单位行政负责人签订。

（单继荣）

学前教育

【概况】 2014年，顺义区幼儿园83所，其中，教育部门办园50所、集体办园18所、民办园13所、其他部门办园2所。离园幼儿5430人（教育部门办园4262人），入园幼儿7072人（教育部门办园5543人），在园幼儿19184人（教育部门办园15235人）；教职工2357人（教育部门办园1746人），其中，专任教师1311人（教育部门办园1011人）。教育部门办园专任教师学历合格率100%，市级骨干教师6人，区级学科带头人11人，区级骨干教师213人，区级园丁新星13人。全区一级一类幼儿园35所（教育部门办园33所），其中，北京市示范园7所，市级早教基地24所，均为教育部门办园。学前三年教育普及率100%，0至3岁幼儿受教育率90%以上。图书馆藏书40.78万册，校舍总占地面积364919平方米，总建筑面积188315平方米。

（李欣　周君姝）

【细化幼儿园招生工作】 5至7月，

顺义区教委服务民生细化幼儿园招生工作。一是各园成立招生小组，明确招生操作具体程序，制订实施方案。二是在服务片内所属小区（自然村）、居委会、幼儿园门口等显著位置张贴招生公告，公布招生政策、程序、咨询电话。专人接听咨询电话，解答家长疑问。三是开放园所，安排专人录入信息，为家中不具备上网条件或使用电脑有困难的家长提供帮助。四是为避免家长在招生日聚集排队，采取化整为零方式，深入社区、村委会多点同时招生；或在公告中告知家长按时段按区域到幼儿园现场报名。五是开通学前教育网络招生平台。幼儿家长在网络上登记信息，区教委根据信息数据划片招生，有效保障全区适龄幼儿合理分布、顺利入园。

（徐振阳　李淑芳）

【举办厨师培训班】 7月21日至8月

15日，顺义区教委举办幼儿园餐厅厨师中式烹调师班和中式面点师班培训班。培训班由顺义区大方职业技能培训学校承办，北京饭店、顺义区职业技能培训学校、顺鑫绿色度假村等单位高级技师授课。理论课程包括饮食营养学、饮食卫生学、面点基础知识、原料知识、原料初加工；实际操作课程以热菜烹调、面点花样制作为主，菜品和面点贴近儿童饮食特点，烹调方法多样，造型各异。全区115人参加培训，其中委托培训101人，幼儿园自费参加培训14人。

（陈民强）

【清理取缔私办园】 10月，顺义区教委配合赵全营镇政府，协同公安、工商等部门清理、取缔8所私办园。取缔工作中，区教委出具《关于取缔赵全营镇非法幼儿园问题的报告》。8所幼儿园清理取缔为顺义区取缔私办园和安置流动儿童，保障幼儿身心健康提供经验。至2014年底，顺义区未审批幼儿园187所，在园幼儿11908人，涉及全区各镇。未审批幼儿园条件简陋，设备设施不完善；教师配备人数不足，且整体素质偏低；各项制度不够完善，存在一定的安全隐患，均未到区教委提交过办学申请，没有取得办学许可，无办学资质。

（陈静）

【自制玩教具活动获奖】 11月23日，顺义区参加第三届全国幼儿园优秀自

制玩教具展评活动现场评审获奖。北京市参评作品27个获奖，顺义区6项作品获奖，其中，一等奖1项，二等奖4项，三等奖1项。活动由教育部教育装备研究与发展中心、全国妇联儿童工作部、中国学前教育研究会举办，全国31个省、自治区及直辖市的878件作品参加现场展评，共评出全国一等奖148个，二等奖300个，三等奖397个。

（李淑芳）

【推进幼儿园职工之家建设】 12月，顺义区教育工会检查44所幼儿园，指导职工之家建设工作。检查以听汇报、看资料和硬件设施、教职工问卷等形式为主，并现场进行指导。检查发现，幼儿园建家工作呈现出四个特点：一是园长对建家工作高度重视，在人员、资金等方面支持到位；二是建家档案比较规范，资料齐全；三是根据幼儿园房间少、场地小的特点，采取“见缝插针”的方式，建设教职工活动室、办公室、宿舍；四是强调将“家”建在教职工的心上，开展多种温馨的建家活动，教职工工作积极性高，向心力强。

（黄杰　胡金凤）

【优化资源配置增强学位供给】 至年底，顺义区优化教育资源配置增强学位供给能力。其中，接收三山小区、港馨B区小区配套幼儿园2所，增加学位720个；扩大西辛小学教育集团等3所小学、幼儿园招生数量；前俸伯、大胡营等12所村办园基本建设完工，预计增加学位2900个。

（徐振阳）

【推进村办园建设与管理】 至年底，顺义区稳步推进村办园建设与管理工作。一是加大建设力度。截至今年9

月，新建18所幼儿园投入使用，在职教职工213人，在园幼儿1976人。自2012年以来，先后开工建设32所，共投入资金近2.26亿元，其中市级资金1.204亿元。二是提高管理水平。为李桥镇后桥幼儿园、后沙峪镇董各庄幼儿园等5所幼儿园配备执行园长，园长由各镇中心园按程序产生，确保管理水平与质量。三是加强业务指导。部分镇中心园制定帮扶计划，与村办园结对子。区级骨干教师下园现场指导，村办园教师定期到公办园观摩，参加教育教学活动；园际间教师交互挂职学习。

（徐振阳）

基础教育

【概况】 2014年，顺义区小学45所，教学班1147个，毕业5440人，招生7517人，在校生40994人；教职工2948人，其中，专任教师2851人；小学入学率100%，巩固率100%，毕业率100%，及格率100%。中学30所（初中16所、完中2所、高中4所、九年一贯制3所、十二年一贯制学校5所），教学班771个（初中461个、高中310个）；毕业9270人（初中5218人、高中4052人），招生9449人（初中5583人、高中3866人），在校生27907人（初中16530人、高中11377人），在校生中北京市户籍21747人；初中入学率100%，巩固率100%，毕业率100%，及格率100%；高中入学率95.6%，毕业合格率85.39%，应届毕业生高考录取率95.3%；学校教职工4506人，其中，专任教师2943人（初中1548人、高中1395人）。特殊教育学校2所，开设教学班19个，结业8人、招生16人、在校生220人；教职工134人，其中，专任教师80人；残疾儿童入学率100%、巩固率100%。全区公办中小学专任教师学历合格率100%，特级教师15人（小学1人、中学14人），高级专业技术职务教师908人（小学20人、中学888人）。校舍总占地面积3060564平方米，总建筑面积1343186平方米。图书馆藏书238.96万册，固定资产总值218489.56万元，全年教育经费投入205974.12万元，其中，国家拨款204193.92万元，自筹经费1780.2万元。

（李欣　徐冉　周君姝）

【全市初中教师基本功展示获佳绩】

3月21日，顺义区教师参加北京市第二届初中教师教学基本功培训与展示活动获得好成绩。培训与展示活动分学科说课、实验技能展示、网管教师基本功展示三部分。在学科说课比赛中，顺义区41人参赛，26人获一等奖，15人获二等奖，获奖率100%，一等奖获奖率全市第三；数学、历史、体育、信息技术四学科所有参赛选手均获一等奖。在实验技能展示中，5人获一等奖，9人获二等奖。在网管教师基本功展示中，全市8人获一等奖，顺义区有3人获奖，获奖率全市第一。自2012年4月以来，顺义区坚持以训促研、全员参与的原则，分三个阶段推进各项准备工作，学科骨干教学能力得到锻炼提升。

（徐振阳）

【全国中学生田径锦标赛获佳绩】 5

月1至4日，全国中学生田径锦标赛在四川仁寿县第一中学举行，全国共有177所学校1900余名运动员参加，顺义区的牛栏山一中、顺义一中、杨镇一中派队参赛。经过4天角逐，顺义区运动员取得金牌7枚、银牌4枚、铜牌8枚。杨镇一中获得学校团体总分第二名，同时获得女子甲组团体第二名，男子乙组团体第二名。牛栏山一中获得学校团体总分第四名，同时获得女子乙组团体第四名。杨镇一中学生刘一赛以11秒77打破女子甲组100米赛会纪录，并夺得该项冠军。

（李广文）

【建立课外活动兼职教师库】 5月，顺义区教委建立中心小学课外活动校外兼职教师资源库。兼职教师主要来源于高等学校、具有资质的民办教育机构的教师，区体育局、少年宫等机构的教练员及教师，具有专业特长的运动员、教练员、艺术家，符合条件的民间艺人、志愿者等。兼职教师有两种准入方式：一是学校自主申报，区教委备案；二是区教委联合相关部门遴选。兼职教师薪酬从学校课外活动专项经费中划拨。兼职教师资源库建立后，经区教委审批，用人学校与校外兼职教师签订工作协议。

（刘美坤）

【举办校外教师基本功比赛】 5至9月，顺义区教委举办校外教师基本功评展比赛。全区42名教师参加比赛，经专家评审，7名教师获得一等奖。评展活动结束后，4名教师代表顺义区参加11月26日在东城少年宫举办的北京市校外教师评展活动。其中，获得市级评展比赛一等奖1名，二等奖1名，三等奖2名。

（刘美坤）

【举办小学心理健康教育主题研讨会】 6月6日，顺义区教委在杨镇中心小学举办小学心理健康教育主题研讨会。与会人员听取该校《培育积极心理，成就活力人生》主题报告，观看学校校本课程展示，观摩4名教师研究课。区教委领导、北京教科院等专家，全区小学干部、教师80人参加研讨会。近年杨镇中心小学积极实施课程心理教育。一是制定三级课程实施策略，形成“以5带N”的课程体系，围绕艺术、科技等五种核心素养，开发五大类40门校本课程。二是创生活力课堂，将游戏、分组研究讨论等方式引进课堂；规定教师激励性评价用语，帮助学生建立快乐向上的学习小组。三是构建积极环境，设置竞聘海报区、国学精品区、读书文化区等展示区，展示师生多方面特长，促进师生共同发展。

（孙志杰）

【中国合唱协会与两所小学签约】　6月14日，中国合唱协会与顺义区东风小学、双兴小学签署合作协议。协议规定，中国合唱协会在东风小学、双兴小学建立音乐工作室，以深度联盟方式合作，遵循“公平诚信、优势互补、互动双赢”原则，形成学校合唱艺术特色，带动顺义区小学艺术教育工作深层次、高质量发展。

（刘美坤）

【举办班校车安全管理培训】　6月17日，顺义区教委召开班校车安全管理培训会。会议组织观看《交通安全警示录》视频，邀请区交通支队安监中队从车辆安全隐患排查、驾驶员基本素养等方面举办安全行车知识培训。会议要求，杜绝各种交通违法行为，确保行车安全。区教委、区交通支队主管领导，各校车辆主管干部及班校车司机200人参加学习。

（辛郝新）

【参加首届全国校园集体舞展示】　7月21至22日，顺义区东风小学裕龙校区、石园小学、顺义二中3支校园集体舞社团代表队代表顺义区参加首届全国校园集体舞展示活动。活动由中国教育学会舞蹈教育专业委员会主办，来自全国各地30余支团队参加活动。顺义区3支代表队展现顺义区学生积极向上的青春风貌。最终，东风小学裕龙校区代表队获得全国一等奖，石园小学代表队、顺义二中代表队分别获得全国二等奖。

（刘美坤）

【全国学生运动会创佳绩】　7月28日

至8月2日，第12届全国学生运动会田径比赛在上海行知中学举行。顺义区7名学生代表北京市参加比赛，取得金牌3枚、银牌1枚、铜牌2枚，以及2个第四名，第五、七、八名各1个。顺义区学生共获得67.5分，为北京市获得团体第一名做出贡献，被市教委、市体育局、共青团北京市委授予突出贡献区县奖。

（李广文）

【举办生本教育专题研讨活动】　11月

19日，顺义区教委在高丽营学校召开生本教育专题研讨会。会议听取语文、数学、英语和品德与生活4节公开课。4节课体现前置性学习、小组交流、班级汇报、总结巩固4个基本流程，遵循根本、简单、开放原则，引领学生发散思维。会议举办《关于生本教育的学习和思考》专题报告，解读生本教育的基本理念、介绍生本课堂教学基本操作方法，以及生本教育践行典范荆志强老师的课改经验。区教委、区教育研究考试中心领导和各小学代表100人参加会议。

（贾凤兰　许冬梅）

【召开家校协同现场会】　11月19日，顺义区教委在仇家店中心小学校召开“国家体制改给背景下构建家长教师协会运行机制”主题研讨会。会议由北京教科院、顺义区教委、区教育研究考试中心联合主办。会议第一阶段开设4个分会场，其中2个是家长教师协会会议，主题是“我的梦想谁来实现”“学生要不要在家里承担家务”，1个是家长会，主题是“如何控制学生的肥胖”，1节是家长讲堂。第二阶段会议听取仇家店中心小学家校合作工作经验，提出以办人民满意的学校为出发点，以家长教师协会为平台，家校携手共同服务于学生的健康成长。首师大、北京教科院专家，以及各区县德育工作主管领导和学校代表150人参加会议。

（沈浩发）

【推进中小学建设三年行动计划】　至年底，顺义区基本完成中小学校建设三年行动计划工程。截至年末，已批复13个项目，其中，市级批复9个项目，区级批复4个项目。总建筑面积29.32万平方米，总投资18.38亿元，其中市级支持资金7.78亿元。年内，5个项目已完成，建筑面积43786平方米，占总比例的15%。

（田海洋）

【多方位保障特殊学生教育权利】　至年底，顺义区采取措施多方位保障特殊学生教育权利。一是保障经费，每年拨付50余万元作为各项活动经费。每年向承担随班就读工作教师、资源教师发放特教津贴。全额承担此类教师培训学习费用。二是确保教师质量，各校选派副主任以上干部为负责人。在评职、评优、晋级方面，条件相同情况下，优先考虑承担随班就读工作教师。2011年起，在各项评比中设立特殊教育专项。三是不断提高业务水平。区内设有资源教室10个，成立资源教室教研组，定期开展教科研活动。2014年3月成立区特殊支持教育中心，促进随班就读工作更加科学、规范。截至年末全区不同类型残障学生168人，在34所小学、17所中学随班就读，近千名干部教师参与工作。

（徐振阳）

【落实中小岗位安全职责】　至年底，顺义区教委全面落实《中小学校岗位安全工作指南》。一是综治科专门召开基层单位安全工作主管领导会，研究制定落实具体措施和监督检查办法。二是各单位以“指南”为依据，结合本单位实际，将安全责任层层分解，做到责任到人。三是组织10个安全工作中心组，检查全区120余个单位落实情况。四是开展“安全生产月”活动，召开动员部署会100余次，发放宣传教育材料近12万余张，设置宣传栏近5400余个，解答师生员工提出的问题5000余件。《中小学校岗位安全工作指南》由教育部组织有关专家在梳理研究法律法规和学校制度的基础上制定，明确学校各个岗位的安全职责任务。

（杨广田）

【小学发放助学金4万元】　至年底，顺义区继续做好小学阶段人民助学金工作，对小学阶段低保家庭子女、区集中供养孤儿及烈士子女发放人民助学金。小学阶段人民助学金执行每人每年300元的补助标准。独生子女助学金金额在此基础上上浮20%。凡属顺义籍户口且在本区小学就读的学生，本人或父母享受农村最低生活保障待遇或城市最低生活保障待遇的均可申请人民助学金；区集中供养孤儿及烈士子女也可享受人民助学金。小学阶段人民助学金每学年初进行申报，由学生向学校提出申请，经区教委审批合格后可以享受。全年顺义区共发放小学阶段人民助学金4万元，补助114名小学生。

（赵恺）

职业与成人教育

【概况】 2014年，顺义区中等职业学校7所，其中3所为附设中职班；教育部门公办2所，民办4所，其他部门教育部门公办学1所。毕业505人，招生563人，在校生1964人。中等职业学校总占地面积115183平方米，总建筑面积69841平方米，固定资产总值6880.46万元。各级各类成人学校485所。其中，成人学历教育学校4所，各层次学历教育累计招生4000余人，在校生11662人；教职工131人，其中，专任教师81人。社区学校6所，教职工均为临时外聘；农村成人教育学校（乡校及村校）445所，教职工均为临时外聘；民办成人培训学校31所，教职工均为临时外聘。

（周君妹）

【试点“3+2”中高职衔接改革】 2月，北京现代职业技术学院汽车检测与维修技术专业与顺义区汽车技术职业高中汽车运用与维修专业被北京市教委批准成为“3+2”中高职衔接试点专业。“3+2”模式即学生在完成3年中等职业教育的基础上，再接受为期2年的高等职业教育。在试点班就读的学生，前三年纳入中职学校的学籍管理，学生完成三年中职课程，发给中职毕业证书。后两年或三年纳入高职学院学籍管理，毕业时获得高职（大专）毕业证书。9月，顺义区汽车技术职业高中招收首批“3+2”中高职衔接班学生58人。12月，北京现代职业技术学院和顺义区汽车技术职业高中顺利通过市教委关于“3+2”中高职衔接办学改革试验工作的中期检查验收。

（李建生）

【试点职高综合高中班改革】 3月，北京市顺义区第一职业学校物流服务管理与管理专业被批准成为2014年职高综合高中班改革试点专业。综合高中班实行职成科、中教科双重管理，综合高中班学籍管理纳入中学学籍管理系统，综合高中班的学生通过北京市中心小学学生学籍管理系统（CMIS）建立普通高中学生学籍，并进行日常管理。综合高中班毕业生可报考高职院校或普通高校，也可由毕业学校择优推荐，双向选择，自主就业。9月，顺义区第一职业学校综合高中班招收首批学生30人。

（王乐欣）

【电大顺义分校迁址】 8月，北京广播电视大学顺义分校由原址北京市顺义区府前街贯通西路迁至北京市北京现代职业技术学院内。新址教学区使用面积1.7万平方米，比原来校区的扩大近两倍，办学条件得到充分改善。

（张静）

【开展“三爱三节”主题征文比赛】 12月，顺义区教委举办全区中等职业学校学生“三爱三节”主题征文比赛活动。活动旨在贯彻习近平总书记向全国青少年提出的“爱学习、爱劳动、爱祖国，节水、节电、节粮”的号召，有效落实立德树人根本任务。比赛共征集稿件近百篇，最终评选出一等奖8人，二等奖15人，三等奖30人。

（李建生）

【顺义电大开展社会化培训】 至年底，顺义电大社会化培训基地建设初见成效。学校分别为南彩镇机关干部和国际鲜花港中层领导干部举办2次管理干部素质能力提升培训；为北石槽诚济药业等三家企业职工举办5门课程的企业职工通用能力培训；为食药局、国税局等企事业单位和旺泉街道等社区居民以及在校生举办“职业价值观”“财税知识”“海外教育与投资”等8次公益大讲堂活动；继续开展会计从业资格培训和成人高考培训共计培训等技能培训。全年培训共计4500人次。

（张静）

【顺义汽职高采取措施提高学生就业质量】 至年底，顺义汽职高采取措施提高学生就业质量。一是学校在实习分配前，先进行实习单位意愿摸底调查，签订实习意愿协议书，力争按照学生就业的意愿安排实习工作。二是学校主动联系和甄选一些与学生所学专业对口的知名企业，向高效益、高薪岗位发展，提高分配质量。三是做好学生的就业指导工作，树立正确的择业观，理性对待就业，处理好就业期望值。四是高度重视学生实习实训期间的风险管理工作，学校拿出资金给实习学生全部上实习实训保险，有效的防范和妥善化解实习实训的责任风险。五是加强毕业生的跟踪管理工作。控制实习后的非正常离岗率。最终，安排就业学生83人，实习学生60人。分配率100%，对口率91%，流失率大幅下降，截至年末流失率5%。实习生平均月收入2600元，得到企业、家长的高度认可。

（陈丽辉）

教育督导

【概况】 2014年，顺义区政府教育督导室督学范围涉及中学26所、小学46所、幼儿园42所；督政范围涉及镇街道25个、委办局14个。全年教育督导工作以学习培训为抓手，队伍建设成为提高督导实效的支点；以责任区建设为抓手，促进均衡成为义务教育督导的重点；以督政报告书为抓手，依法治教成为督政工作切入点；以召开挂牌督导现场会为抓手，完善机制成为改进督导工作的创新点；以实施新方案为抓手，深入推进素质教育成为督导工作的根本点。完成《加强校外教育工作，全面推进素质教育——顺义区校外教育情况调研报告》《构建校外教育督导机制，促进青少年健康成长的研究》两项督导调研与科研项目（课题）。

（王跃文）

【完成教育职责履职考核】 1月13至16日，顺义区教育督导室参与全区19个镇、6个街道办事处集中绩效考核工作。该工作由区发改委牵头、各相关委办局参与。教育督导室检查内容主要是教育职责履职情况。包括校园周边环境综合治理和维护校（园）安全稳定情况、满足适龄儿童入园情况、社区教育基地建设及社区教育活动（重点是青少年校外教育）开展情况等。检查组通过查阅相关档案资料，组织辖区内校、园长问卷，调取辖区内幼儿入学情况资料等途径，广泛获取信息。检查发现，各镇、街道高度重视教育工作，加大校园维稳力度，建立长效机制，消除校园周边安全隐患。在开展社区教育工作中，创新工作模式，通过开展丰富多彩的文体活动，培养提高市民素质。全区各镇配合市政府专项配套资金，改扩建村办园19所，有效缓解当地幼儿入园难问题。

（王跃文）

【接受北京市学前教育专项督导】 3

月27日，市教育督导室专项督导顺义区学前教育发展情况。督导组由15人组成，通过区政府汇报、查看档案资料，召开相关座谈会，实地考察，深入了解顺义区学前教三年行动计划的落实情况。市教育督导室肯定顺义区落实《北京市学前教育三年行动计划（2011至2013）》各项工作，认为顺义区在学前教育方面真重视、重投入、用心管，学前教育体系健全、机制完善，为幼儿发展提供良好的教育环境。

（王跃文）

【完成义务教育均衡发展专项督导】 4至6月，顺义区教育督导室完成开展义务教育均衡发展专项督导。4月10至25日，顺义区教育督导室专兼职督学分赴6个督学责任区，依照《义务教育均衡发展专项督导方案》，对全区所有义务教育学校开展专项督导。各责任区督学全面把握督导标准，通过听取校长汇报，查看课程开设、减负情况等资料，实地查看计算机房等专室、体育器材等配备及管理使用情况，了解学校情况，对存在问题提出限期整改意见。督导结束后，教育督导室召开义务教育均衡发展专项督导工作协调会，肯定各学校在推进义务教育均衡发展过程中取得的成绩，针对硬件设备配备管理使用、学校特色不鲜明等问题，会同教育资产管理服务中心现场处理解决部分学校存在的困难。5月28日至6月11日，6个督学责任区对全区所有中小学校进行督导回访，回访重点是针对4月督导给各校回复意见书中提出的整改问题，主要看学校改进情况。

（王跃文）

【举办月末大讲堂】 5月27日，顺义

区教育督导室举办教育督导月末大讲堂。大讲堂采取讲座形式，宣讲小学入学、小升初相关政策，解读北京市《关于进一步规范义务教育阶段教学行为的意见》，交流督学工作经验。全体专兼职督学参加学习。至年底，月末大讲堂共举办4次。

（王跃文）

【开展职成教育专项督导】 6月17至18日，顺义区教育督导室协同区教委专项督导检查职成教育学校。督导组检查顺义一职、汽车职高、农广校等7所职业、成人教育学校。督导检查组通过听取校长汇报、召开师生座谈会、查看学校档案资料，重点检查加强学生管理、推进教学改革、提高学生技能等方面采取的措施、取得的成效、存在的问题及今后工作的设想等。检查组对各学校将德育与就业指导工作有机结合，树立多元人才观，发挥师生主观能动性、挖掘师生潜能，为顺义区经济社会发展做出贡献的有效做法给予肯定。

（王跃文）

【召开责任督学挂牌督导现场会】 9月11日，北京市中小学校责任督学挂牌督导现场会在顺义召开。会议听取顺义区《双轮驱动、四级组织、多措保障，护航教育发展》典型发言，报告顺义区延伸教育督导触角，及时发现和解决学校问题，推动学校端正办学思想，规范办学行为，实施素质教育，提高教育质量，实现内涵发展的举措。会上，5名顺义区责任督学运用案例，讲述实施挂牌督导“做专家、架桥梁、善协调、解民忧、讲奉献”的经验。市教育督导室、市教委、北京教育学院领导，各区县教委、教育督导室领导和责任督学、校长代表等300人参加会议。

（王跃文）

【专项督导减轻学生过重课业负担工作】 10月14至11月18日，顺义区教育督导室完成培育和践行社会主义核心价值观、减轻学生过重课业负担专项督导。督导内容包括学校培育和践行社会主义核心价值观情况，重点考查学生知晓和学校开展活动情况；学校落实区教委减轻学生过重课业负担的情况，含五个监测点，即课程计划执行情况、学生在校时间安排情况、教学管理规范情况、考试安排情况、课外活动达标情况。督导涉及全区62所学校，听取62名校长工作汇报，随机听课1480节，进行学生问卷1860份，随机访谈学生600人，查看校园文化环境建设，查阅课程表、学生作息时间表、学生教辅用书、教学进度安排、课外活动计划方案、减负制度经验等相关档案资料。督导中对一些学校减负增效经验给予肯定。

（王跃文）

【接受北京市全面实施素质教育综合督导】 12月17日，市教育督导室综合督导顺义区全面实施素质教育情况。市教育督导室听取顺义区《依法

履职办教育，提升品质惠民生》全面实施素质教育工作情况汇报，分别召开相关委办局领导、区教委相关科室（部门）负责人和学校（教育机构）主要负责人座谈会，查阅相关档案资料。实地考察港馨幼儿园、木林中心小学校、北京四中分校等 6 家单位。市教育督导室肯定顺义区把教育摆在优先发展的战略地位，形成“党以重教为先、政以兴教为本、企以助教为责、民以尊教为荣、师以从教为乐”的良好教育氛围。希望顺义区随着城市化进程的加快，积极面对人民群众对优质教育资源的强烈需求，努力办好每一所学校，让学生天性得到发挥，潜能得到开发，让每个孩子健康快乐成长。

（王跃文）

【召开科研课题结题评审会】　12 月 30 日，顺义区教育督导室组织召开“十二五”教育评价与督导科研课题结题评审会。会议在各单位上报 60 余项课题中筛选出 17 项课题参加结题评审，并邀请 6 名专家组成评审组。经听取结题汇报，专家质询，会议肯定 17 项课题研究成果，同时对部分课题存在的问题提出针对性的修改完善意见。区教育督导室领导和有关学校代表参加会议。

（王跃文）

【提高督政实效】　至年底，顺义区教育督导室采取措施提高督政实效性。一是自评与督评相结合的方式进行，指导 19 个乡镇、6 个街道和有关委办局完成教育执法自查活动，并撰写《顺义区人民政府教育法律法规执行情况自查报告》。二是突出督评工作，年初制定《顺义区督政工作报告书》，要求每个镇（街道）通过网络及时记录校园周边环境治理情况、领导联系学校情况、为辖区内教育办实事情况等，年终形成报告书，实现过程管理。

（王跃文）

中共顺义区委教育工委

书　　记　冯义国

顺义区教育委员会

主　　任　刘克祥

顺义区政府教育督导室

主　　任　李卫国

昌　平　区

总　类

【4 所名校开办分校】　1 月 1 日至 8 月 31 日，昌平区内 4 所名校开办分校。其中，首师大附属中学昌平学校建设工程占地面积 30300 平方米，总建筑面积 25043 平方米，规模为 36 个班的完全中学，总投资 10579 万元。北师大实验小学未来科技城学校建设工程，占地 19900 平方米，总建筑面积 14825 万平方米，规模为 24 个班小学，总投资 6592 万元。北师大二附中未来科技城学校建设工程，占地面积 50900 平方米，总建筑面积 35085 平方米，规模为 36 个班的完全中学，总投资 14910 万元。北师大昌平学校（小学部）建设工程，占地面积 28200 平方米，建筑面积 22046 平方米，规模为 36 个班的小学，总投资 9826 万元。

（辛颖）

【成立小学招生办公室】　4 月 24 日，昌平区教委成立昌平区小学招生办公室（简称小招办）。小招办设立在昌平职工学校院内，办公室由职工学校原食堂改造而成。小招办属于区教委临时机构，具体负责 2014 年小学入学工作。工作内容包括根据市教委统一部署，指导家长及各小学入学网上填报信息，接待家长，协调各学校把握招生政策解决招生问题。小招办与区人力社保局、区住房城乡建设委、区公安分局、区工商局联合设立审核五证窗口。

（邵立森）

【举办“最美北京人”百姓宣讲活动】　4 至 12 月，昌平区教委开展“最美北京人”百姓宣讲活动。区教委制定“昌平区教育系统‘最美北京人’百姓宣讲活动方案”，经初赛、复赛，选拔 8 名选手组建教育系统“最美北京人”百姓宣讲团，在庆“七一”大会上进行首场宣讲。百姓宣讲团先后走进工业幼儿园、昌平四中、流村中学、城关小学等基层单位巡讲 12 场，用发生在他们身边的故事诠释教师的大爱情怀。活动中，教育系统“最美北京人”百姓宣讲团被评为昌平区优秀宣讲团，宣讲员徐戈被评为北京市优秀宣讲员。

（李晶晶）

【完成年度教师资格认定工作】　5 月 11 至 14 日，10 月 12 至 14 日，昌平区完成 2014 年教师资格认定现场确认工作。其中，春季教师资格认定网上报名 933 人，其中 548 人为汇佳职业学院和昌平职业学校学前教育专业应届毕业生，直接认定幼儿园教师资格。面向社会现场确认阶段实际受理申请 346 人，335 人参加教育教学能力测试，323 人通过测试。面向社会认定总数为 [illegible] 人。秋季网上报名 57 人，现场确认实际受理申请 52 人，51 人参加教育教学能力测试，认定总数 52 人。

（任蓉）

【举办校本教研月】　5 月 21 日，昌平区教委召开校本教研月总结、交流与展示会。会议分为展示、总结、交流三个阶段。会议观摩 4 所学校学生纸模服装设计展示，以及初中英语、化学和高中语文、物理 4 个学科微格教学展示。区教师进修学校结合课例交流，以《聚焦课堂、深化研究》为题总结校本教研月活动。北京教科院领导点评认为，作为学校领导和教师应从情、智、专、博四个方面对待教学、教师和学生。全区各初高中校主管教学领导、教研组长、部分教师代表、教研员 89 人参加会议。校本教研月期间，全区共交流、展示初高中不同学科、不同课型 52 节。

（马国新）

【细化非京籍子女入学审核流程】 5月，昌平区教委细化非京籍子女入学“五证”审核流程。初审由各乡镇、街道办事处执行，初审通过后递交小学招生办公室“五证”联审小组复审，复审通过后由各乡镇、街道办事处开具非京籍儿童在京就读证明。

（邵立森）

【落实高校创建附中附小工作】 6月27日至9月25日，昌平区教委分别与四所高校达成合作意向。选取昌平五中、昌盛园小学、回龙观中学、实验小学、回龙观二小和前锋学校6所中小学与中国石油大学、华北电力大学、北京农学院和中国政法大学4所高校合建附中、附小。年内，回龙观二小挂牌“北京农学院附属小学”，昌平五中挂牌“中国石油大学附属中学”，昌盛园小学挂牌“中国石油大学附属小学”，回龙观中学挂牌“华北电力大学附属中学”，实验小学挂牌“华北电力大学附属小学”，前锋学校将于 2015 年挂牌“中国政法大学附属学校”。

（张海力　许顺新）

【路书芳被评为全国优秀教师】 9月9日，昌平区流村中心小学教师路书芳被评为全国优秀教师。路书芳 40 岁，1993 年毕业于昌平师范。毕业后回到流村中心小学任教，扎根山区教育 21 年。路书芳先后被评为昌平区骨干教师、昌平区小学教学优秀教师、昌平区学科带头人、昌平区优秀学科教师、北京市优秀教师，获昌平区教学评优一等奖、北京市紫禁杯优秀班主任二等奖等。

（杨萍）

【推进名校长培养工程】 9月19日，昌平区委教育工委、区教委召开昌平区名校长培养项目导师见面会，推进名校长培养工程。会议确定高海燕等 20 名校长进入昌平区名校长培养项目，聘请北京师范大学教育学部、北京教育学院 4 名教授为项目导师。至年底，名校长培养项目走进学校 20 余次，开展培训工作，实现培训校长的“现场教学”。在项目导师带领下，通过深度研讨、分组交流、读书分享，到大兴七中、新疆巴州石油一中、朝阳润丰等学校参加同课异构、开放日等教育教学活动，强化理论学习和自主探究意识，促进自身综合素质和管理能力快速提升。

（李海英）

【启动“十二五”公共必修课培训】 10月10日，昌平区教委召开中小学教师“十二五”公共必修课培训昌平区启动会。会议解读培训方案，阐述本次培训的意义以及组织、操作办法，并对各校继续教育负责人、系统管理员和辅导教师提出具体职责和要求。会议要求，各校培训活动要统一认识、高度重视；做好方案、完成好必选动作；统筹工作、创新培训方式的要求，使教师真正树立德高者可为师，身正者可为范的意识。昌平区各中小学、职成教和少年宫等单位负责人、“教师职业理想与道德”与“学科教育心理学”公共必修课辅导教师 220 人参加会议。

（李春林）

【推进综合素质提升工程】 10月17日，昌平区教委召开中小学生综合素质提升工程工作推进会。会议听取昌平区中小学生综合素质提升工作报告，总结 2009 年以来开展社会大课堂和实施综合素质提升工程的各项工作和成效，并针对下一阶段工作提出指导建议。会议宣布中小学生综合素质提升工程资源单位名单，颁发资源单位牌匾。会议还发放昌平区中小学生综合素质提升工程学校成果集和优秀课程资源集锦。区教委领导和全区中小学德育主管领导 120 人参加会议。

（刘庆文）

【召开史志工作会】 12月24日，昌平区教委召开 2014 年昌平区教育史志工作会。会议听取《坚定不移地做好教育史志工作，完成历史使命》工作报告，总结 2014 年史志工作并布置 2015 年史志工作，宣布 2014 年史志工作表彰决定。会议宣读《关于聘请昌平区教育史志兼职编辑的决定》，向 10 名兼职编辑颁发聘书。会议就进一步做好史志工作，提出提高思想认识、加强队伍建设、注重调查研究的要求。全区中小学、幼儿园、直属单位、民办教育机构史志工作主管领导、年鉴组稿人 220 人参加会议。

（韩玉霞）

【公开招聘工作人员】 至年底，昌平区教育系统继续面向社会公开招聘工作人员共 4 批 652 人。此外公开招聘农村中小学音、体、美等学科教师 40 人，招聘西藏籍教师 2 人，为 188 名非京生源毕业生办理进京手续，与 428 名 2014 年应届毕业生签署就业协议。

（段焕文）

【完成 15 所学校校长经济责任审计】 至年底，昌平区教委完成 15 所学校校长经济责任审计工作。审计重点包括：任期内学校财务收支真实性、合法性，任期内资产管理、使用以及债权、债务情况，任期内经费管理和使用情况等。针对审计中发现的问题，提出审计建议。

（殷文旭）

学前教育

【概况】 2014 年，昌平区幼儿园 116 所，其中，区教委直属园 6 所，学校附属园 5 所，农村镇中心园 15 所，企业或单位办园 6 所，部队办园 8 所，社区、村办园 30 所，民办园 46 所，公办幼儿园占 60%。教学班 882 个，离园幼儿 5479 人，入园幼儿 7947 人，在园幼儿 23294 人。教职工 4200 人，其中，专任教师 2198 人。专任教师中，专科以上学历 1842 人，占 83.8%。全区北京市示范幼儿园 4 所，一级一类幼儿园 23 所，市级早教基地 11 所。年内新建、改扩建 11 所幼儿园，新增学位 1350 个。

（谷长志）

【开展区级教研活动】 1月9日，昌

平区教师进修学校在崔村镇中心幼儿园举办教研活动。活动以“如何针对

目标制定习惯养成园本特色课程”为主题，采用“案例分析”方式进行。活动中，小班教师阐述课程制定的现状和问题，教研员通过“经验分享、自我反思、理论学习、经验提升”环节，帮助园所教师明确课程制定与园所特色之间建立有效对接方法。教师进修学校 5 名教研员及园所干部、教师 25 人参加活动。

（蔡军伟）

【开展未经审批幼儿园分级定类检查】 3 月 17 日至 4 月 22 日，昌平区教委开展未经审批幼儿园分级定类检查。依据《昌平区人民政府关于进一步加强区域内幼儿园安全管理与防范工作的意见》及《昌平区未经审批幼儿园自办学校安全排查定级和检查工作的实施方案》，区教委牵头组织安监、住建、消防等 9 个部门，开展全区范围内未经审批幼儿园安全定级和未批自办学校安全排查工作。共检查 19 个镇（街道）467 家未经审批幼儿园和 22 所自办学校，建立全区未经审批幼儿园安全隐患台账和定级分类台账。经核定，A 类幼儿园无、B 类 84 所、C 类 383 所。

（王蓉）

【与西城区签署“手拉手”协议】 4

月 14 日，昌平区教委在滨河幼儿园举行昌平区与西城区幼儿园“手拉手”签约仪式。经昌平区与西城区教委协调，两区 12 所幼儿园签署“手拉手”协议，建立“手拉手”结伴团队。双方将本着优势资源互补，快速发展的原则开展拉手工作，实现共同成长的目的。两区共 25 人参加签约仪式。

（杜娟　董双鸿）

【举办学前教育宣传月】 5 月 16 日，昌平区教委在滨河幼儿园启动“昌平区学前教育宣传月活动”。区教委宣读学前教育宣传月活动实施方案，针对幼儿园师德教育问题，要求各园认真开展师德教育，提高幼儿教师的职业道德素质，树立一批爱岗敬业的典范，促进幼儿健康快乐成长。启动会后，各幼儿园结合宣传月活动要求开展宣传活动，向幼儿园、家长和全社会传播正确的保教理念和科学的育儿方法，营造尊重儿童、爱护儿童，支持儿童健康成长的氛围。全区 100 余所幼儿园参加宣传月活动。

（杜娟）

【成立 3 所镇中心幼儿园】 6 月，北京市昌平区流村镇中心幼儿园、阳坊镇中心幼儿园、百善镇中心幼儿园成立。流村镇中心幼儿园为区教委所属公办幼儿园，核定区财政全额拨款事业编制 20 人，其中园长 1 人、副园长 2 人。预计 2015 年开园，规模 3 个班，计划招生 50 人。阳坊镇中心幼儿园原为昌平区阳坊中心小学附属幼儿园，经昌平区编办同意设立阳坊镇中心幼儿园，系区教委全民所有制全额拨款事业单位，经费由区教委拨付，开办资金 50 万元。幼儿园坐落在阳坊镇八口村，占地面积 6890 平方米，建筑面积 925 平方米，固定资产总值 427.24 万元。教职工 27 人，其中，专任教师 18 人，保健医 1 人。开设 6 个班，在园幼儿 132 人。百善镇中心幼儿园为区教委所属公办幼儿园，核定区财政全额拨款事业编制 30 人，其中园长 1 人，副园长 2 人。预计 2015 年开园，规模 6 个班，计划招生 180 人。

（赵冬　赵军平　邹雪）

【评审第五批区级示范园】 10 月 27 至 29 日，昌平区教委开展第五批区级示范园评审工作。通过园所自评申报、视导、考核小组实地评审，考核小组检查相关园所管理工作、队伍建设、保教工作、家园社区合作、示范作用各方面工作。经评审，全区共 19 所幼儿园入选区级示范园。

（杜娟）

【组织教育案例评选活动】 12 月，昌平区教委举办《3 至 6 岁儿童学习与发展指南》教育案例评选活动。活动通过园所初评、评审组评审以及专家组复审三个环节，按照主题鲜明、观点明确、内容真实具体、思路清晰等标准，评选全区上报的 215 篇教育案例。最终，评出一等奖 14 篇、二等奖 22 篇、三等奖 72 篇。全区共 21 所幼儿园 400 余名教师参加评选活动。

（杜娟）

基础教育

【概况】 2014 年，昌平区小学 53 所；毕业 7678 人，招生 8202 人，在校生 54049 人；小学入学率 100%，巩固率 100%，毕业率 100%。中学 52 所，毕业 7733 人（初中 4869 人、高中 2864 人），招生 7308 人（初中 5441 人、高中 1867 人），在校生 24521 人（初中 16751 人、高中 7770 人）；初中入学率 100%，巩固率 100%，毕业及格率 100%。特殊教育学校 2 所，结业 27 人，招生 19 人，在校生 108 人，开设教学班 16 个；教职工 57 人，其中，专任教师 32 人。校外教育单位 1 个，教职工 41 人，其中，专任教师 27 人。全区中小学教职工 8771 人，其中，专任教师 6942 人。中小学教师学历合格率 100%，特级教师 25 人（小学 4 人、中学 21 人），高级专业技术职务教师 919 人（小学 47 人、中学 872 人）。中小学占地总面积 332.74 万平方米，校舍建筑面积 128.27 万平方米，图书馆藏书 272.08 万册，固定资产总值 16.73 亿元。全年教育经费投入 28.73 亿元，其中，国家拨款 28.44 亿元，自筹经费 0.29 亿元。

（马鑫）

【教师专著出版发行】 1 月，昌平区小汤山中学英语教师王建兴个人专著《英语教师的四个核心能力》由北京教育出版社出版。全书包括核心能力总述、英语科研能力、实践创新能力、教育技术能力、持续发展能力、积淀芬芳智慧花六章。该书根据英语教师的工作特点和个人成长轨迹，概括出四个行之有效的核心能力：英语科研能力作为基础，教学创新能力作为动力，教育技术作为抓手，专业持续发展作为目标。图书共计 40 万字，首次印刷 500 册。著作者王建兴是北京市英语学科带头人，2015 年被评为北京市特级教师。

（李海燕）

【回龙观中学与美国中学合作办学】

4月2日，回龙观中学与美国东北卡罗莱拉中学（NECP）举办合作办学签约仪式。协议主要内容包括双方每年确定交流主题，开展教育教学交流活动；不定期组织教师互访，开展学生互访、互换活动，促进学生及家长之间交流与互动；双方互建冬、夏令营活动基地，积极参与全球课堂联盟冬、夏令营项目；利用国际互联网及邮递等方式相互通报信息、提供相关教材及资料，交流学术成果与论文。

（郝树宏）

【化学新课程实施成果获奖】 4月17至19日，昌平区教师进修学校、昌平一中、二中参加2014年暨第九届全国基础教育化学新课程实施成果交流大会获奖。活动由中国化学会化学教育专业委员会主办，共安排19节现场课比赛以及35节现场说课比赛。经评比，昌平一中化学教师阎芬“化学反应与能量变化”现场展示课获得国家级特等奖。昌平二中裴立英获得现场说课特等奖，昌平二中马亦娇获得现场说课一等奖。昌平区教师进修学校被评为全国基础教育化学新课程实施先进单位。来自全国各地的400名化学教师参加会议。

（于少华　阎芬　王红静）

【举办“十二五”骨干教师高研班】 4月29日，昌平区教委举办“十二五”第二期骨干教师高级研修班。研修班聘请北京市专家、特级教师等18人为导师，通过面授培训、导师引领、专家诊断、团队历练、个人展示多种形式开展培训。培训历时一年，培养方向为师德的楷模、育人的模范、教学的专家。研修班招收学员31人，其中，中学21人、小学10人。

（李春林）

【北体大支持小学体育特色发展】 5月16日，“北京体育大学参与小学体

育特色发展”签约仪式在昌平区回龙观第二小学举行。北体大分别和海淀区、昌平区5所小学签约，为小学体育特色发展提供全方位的帮助和指导。北体大参与的工作包括校本课程研发、课堂教学改革、教师专业培训、学生社团活动和课外活动辅导、校园文化建设，帮助学校形成特色，促进学校发展。5所小学分别是海淀区农大附小、东北旺中心小学，以及昌平区回龙观中心小学、霍营中心小学、回龙观第二小学。

（李云耘　赵飞）

【南邵小学举办太极功夫扇比赛】 5月20日，南邵中心小学举办“弘扬民族文化”太极功夫扇比赛。学校6个年级24个教学班764人参加比赛。学校10名教师组成评审小组，从学生精神饱满、口号洪亮、服装整齐、动作标准规范、节拍准确无误、班主任参加比赛、上下场有序迅速几方面进行评价，合计后评出年级第一名。

（张淑凤）

【召开艺术教育工作现场会】 5月27

日，昌平区教委在马池口中心小学召开“艺术润泽心灵，快乐伴我成长”艺术教育工作现场会。与会领导参观学校书法、美术、舞蹈、弹拨乐、吹管乐、打击乐、心理活动，观看武术操、花样跳绳、抖空竹艺术体育展示，欣赏学生书画作品。在该校艺术成果展示中，学生表演笛子独奏《扬鞭催马运粮忙》《荷塘边的歌谣》，舞蹈《好好学习天天向上》，6名专业艺术教师演奏《牧羊曲》。昌平区委、区政府、区人大、区政协以及马池口镇党委、马池口镇政府，学校师生400人参加活动。

（左红霞）

【昌平四中成立小学部】 6月14日，昌平四中成立小学部。小学部位于昌平区南郝庄村南，在原昌平二中分校基础上整合昌平区教委所属资源创建。学校占地面积35000平方米，建筑面积14000平方米。学校性质为公办学校，隶属于昌平四中。9月3日，招收小学一年级学生44人。招生范围是昌平区城南街道范围内南郝庄路南侧、京藏高速公路西侧、水南路北侧区域的本地和符合北京市义务教育接收条件的非京籍适龄儿童。

（孟小平）

【成立阳坊书画院】 6月20日，阳坊书画院成立大会在昌平区阳坊中心小学召开。书画院是昌平区文联领导下的群众性社团组织，以培养教师学习书法、美术的兴趣，提高书法、绘画表现能力和艺术鉴赏能力为主。书画院将发挥教师特长，培养艺术人才；深化素质教育，辅助书法、美术学科进行课程改革，展示书法、美术教学的成绩与特色。书画院采取集体授课、专家辅导、交流考察形式开展作品评比、讲座、展览等活动，宣传学校艺术教育成果。书画院由阳坊中心小学全体教师和部分学生、阳坊镇辖区的书画爱好者、专家、名人共计650人组成。

（段永贵）

【昌平实验中学小学部招生】 6月20日，昌平实验中学小学部招生。小学部隶属于昌平实验中学，办学地点在学校校友楼，建筑面积4000平方米。小学部设专任教师18人，开设教学班6个，招收小学一年级学生163人。招生范围是昌平科技园区周边区域的本地和符合北京市义务教育接收条件的非京籍适龄儿童。

（马红国）

【召开邵红英班主任工作研讨会】 7月10日，昌平区教委召开“家校携手静待花开”邵红英班主任工作研讨会。会议观看邵红英主题班会展示，听取邵红英主题发言，观看城关小学

团队主题活动展示。北京教育学院教授点评认为，邵红英具有真挚的教育情感、踏实的工作作风、质朴但却卓有成效的工作经验与方法。区教委向全区中小学提出要求，要求各校高度重视班主任队伍建设，促进班主任工作持续发展，努力营造“人人想做班主任，人人想当好班主任”的良好氛围。北京教科院、区委教育工委、区教委、区教育督导室领导，全区中小学校长、德育干部和优秀班主任代表700人参加会议。

（刘庆文）

【中招录取2759人】 8月，昌平区中招录取工作结束。中考考生2772人，录取2759人，升学率99.53%。其中普高1649人（示范高中731人，一般高中918人），占录取总数59.49%；中专525人，占录取总数18.94%；技校79人，占录取总数2.85%；职高370人，占录取总数13.34%；高职136人，占录取总数4.91%。另外，12人为复读生，1人出国留学。

（李冬梅）

【编写《花钹大鼓》校本教材】 8月，昌平区小汤山中学编纂完成《花钹大鼓》校本课程教材。教材共设七个单元：总述、预备知识、长行鼓、三钹起鼓、单玩意儿（上调半截）、成功之梦、汤中之星。花钹大鼓是小汤山镇后牛坊村一项传统民间艺术，2005年被列入北京市非物质文化遗产，2008年被列入国家级非物质文化遗产。该校把花钹大鼓作为校本课程的龙头，邀请后牛坊村花钹大鼓传承人高如常、郝维栋、郝旭红为顾问编写《花钹大鼓》校本课程教材，其中第六单元和第七单元由该校音乐教师创编。

（李海燕）

【十五中南口学校投入使用】 9月1日，北京市第十五中学南口学校竣工并投入使用。该校位于昌平区南口镇陈庄西，占地面积96000平方米、建筑面积32280平方米，使用面积24210平方米，新建教学楼、办公楼、综合楼等，主要建筑地上4层、局部地下1层，体育场（馆）面积1330平方米，设400米标准塑胶跑道操场。设普通教室42个、专用教室25个、实验室12个。该工程从2012年3月6日开工，总投资1.8亿元。该校由原昌平区陈庄中学和昌平区南口学校中学部组成。原昌平区陈庄中学旧址位于昌平区南口镇陈庄西，所有建筑均为平房。2011年，因实施名校办分校工程而建设新校。

（周京玲）

【育翔小学回龙观学校投入使用】 9月1日，北京育翔小学回龙观学校竣工投入使用。该校位于回龙观镇龙域南街5号。该校为昌平区教委与西城区教委合办，昌平区教委管理。学校占地面积2.68万平方米，建筑面积4.34万平方米。主要建筑有教学楼、办公楼、操场等，主要建筑地上7层，地下2层，设普通教室48个，专用教室17个，实验室2个，体育场（馆）面积5000平方米，设200米标准塑胶跑道操场。总投资10579万元。

（辛颖）

【北师大昌平附属学校投入使用】 9月12日，北京师范大学昌平附属学校落成投入使用。该校为十二年一贯制学校。学校位于沙河高教园区，占地面积70000平方米，建筑面积3900平方米，体育场（馆）面积8000平方米。建筑工程包括教学楼、实验楼、体育馆等，主体建筑地上4层。设普通教室10个、专用教室13个，实验室1个，多媒体教室10个，固定资产总值5000万元。该校由北师大和昌平区教委联合举办，学校属于公办学校、全额拨款事业单位。

（杨慧）

【成立马池口书画院】 9月26日，

昌平区马池口书画院正式成立。书画院是以马池口中心小学师生及本地区书画爱好者为主要成员的书法、绘画、摄影艺术社团组织，受昌平区文联领导，活动基地设在马池口中心小学。书画院主要活动包括聘请专家开展书法、美术、摄影等艺术讲座，举办书法、美术、摄影、手工艺制作辅导班，举行地区、学校书法、美术、摄影作品征集评比活动，参加北京市、昌平区各级各类艺术比赛，举行书画名家笔会交流。

（左红霞）

【展示学校特色建设】 9月29日，

昌平区教委召开“追逐阳光快乐成长”北京农学院附小暨回龙观第二小学学校特色建设展示活动。活动包括参观校园文化、展示健体类校本课程、观摩阳光课堂教学、大会研讨交流四部分内容。活动展示回龙观二小“阳光教育”学校特色建设工作成果，推进全区学校特色建设。会上，北京农学院、区教委为回龙观第二小学授牌，回龙观第二小学挂牌北京农学院附属小学。北京农学院、区教委领导以及全区小学校长170人参加活动。

（孙元伟　徐辉　赵飞）

【创新网络教研模式】 9至12月，昌平区教师进修学校中学生物教研组依托昌平区新资源平台探索网络教研模式。其间共进行5次教学设计研修和1次优秀说课学习。教学设计研修主要环节包括：主笔的青年教师将教学设计初稿上传到网上；骨干教师上传指导意见；青年教师上传学习收获；主笔教师上传教学设计修订稿；主笔教师上完课后上传相关资源终稿。通过一学期探索，总结网络教研具有如下优势：时间优势，避免因与上级的其他活动时间冲突而被迫取消活动；空间优势，避免教师把大量时间浪费在路途上；资源优势，骨干教师的指导意见和主笔教师的教案、课件、学案、教学实录等优质资源都保存在网上，方便以后再次使用，减少重复工作；培训优势，不仅培训青年教师，也促进骨干教师提高，骨干教师全部独立发表书面指导意见，思考更加深入。

（张榕青）

【召开劳动技术教学现场会】 10月30日，北京市小学劳动技术学科教学现场会在昌平区兴寿学校举行。会议主题为“如何培养技术素养，提升学生创新性设计能力的研究”。会上，兴寿学校交流“开发实践校本课程促进学生全面发展”经验，兴寿学校教师展示“基础造型组合与应用”衍纸造型展示课，并举办“衍纸制作”专业技能培训。北京教科院教研员、各区县小学劳动技术教研员和骨干教师、昌平区小学劳动技术教师95人参加活动。

（张洪春）

职业与成人教育

【概况】 2014年，昌平区职业高中3所，毕业1183人，招生1058人，在校生3090人。教职工322人，其中，专任教师278人。学校占地面积16.87万平方米、建筑面积10.96万平方米、使用面积15.10万平方米。图书馆藏书52万册，电子图书40万册。各级各类成人学校2所。其中，昌平区成人教育中心学历班开设专业18个，短期培训项目有13个，社会化考试项目3个。学历教育毕业生1265人，招生1043人，在校生3063人；短期培训2410人；组织各级各类社会化考试6771人；“市民教育大讲堂”培训18530人次。教职工72人，包括专业技术人员54人，高级专业技术职务15人；学校占地面积7500平方米，建筑面积6800平方米，使用面积5300平方米；图书室藏书7200册，订阅报刊22种180份。

（王颖）

【举办市民教育大讲堂培训】 1至11月，昌平区教委举办“城乡市民教育大讲堂培训”活动。培训范围包括全区20个镇街的30个行政村和50个社区，昌平职业学校、成教中心、社区学院3所学校参与培训，培训课程内容有手工艺制作、广场舞、剪纸、计算机、果树种植等。活动共培训市

民22146人次。

（王颖　樊妍）

【举办社区工作者培训班】 4月16至18日，4月23至25日，昌平区社区学院与昌平区社工委分两批举办社区工作者培训班。培训聘请社工委领导和北京高校教授讲课，培训内容涉及社区建设理论与实践、昌平区情与社区工作实例分析等。昌平区社区居委会代表600人参加培训。

（巩建文）

【开设综合高中班试点】 4月，昌平区教委在昌平职业学校实施综合高中试点。试点班工作首先在计算机动漫与游戏制作专业和学前教育2个专业开展，每个试点班计划招生40人，共80人。截至9月底，实际招生71人。综合高中学制3年，统筹开设普通高中课程和专业课程。学生在学校组织下可参加全市普通高中会考，成绩合格者发给普通高中会考证书。毕业生可报考高职院校或普通高校，也可由毕业学校择优推荐，双向选择，自主就业。3月，学校被北京市教委批准进行综合高中改革试点，计划招收80名普高学生。

（王颖　张养忠）

【举办合作社社长能力建设培训班】 12月2日，昌平区农广校举办合作社社长能力建设培训班。培训邀请国家级创业培训师和农职院教授、昌平区农业技术专家共同授课，内容包括农业创业能力评估、创业方向选择、农业产业市场调研等，涵盖农业创业全部要素。培训为期7天，昌平区农民专业合作社社长和有志创业的年轻农民80人参加培训。培训是新型职业农民培育工程项目之一。

（张玉娥）

【举办民俗美食技能赛】 12月16日，

昌平区教委举办“新农杯”民俗美食技能比赛。比赛面向山区民俗村，兴寿镇、延寿镇、崔村镇、十三陵镇、南口镇、阳坊镇、流村镇7镇分别选派1至2个代表队参赛，每个参赛队限报2人。比赛内容为农家院民俗宴制作，包括热菜2道（1荤、1素）、凉菜1道、特色主食1道。比赛设置最佳特色美食奖、集体奖、组织奖。十三陵镇上口村（热菜：马武扣肉）、延寿镇湖门村（凉菜：芹菜土豆丝）、十三陵镇康陵村（主食：春饼）分别获得最佳特色美食一等奖。

（王颖　樊妍）

【完成市民学习资源调研】 至年底，昌平区社区学院调研昌平区村史馆。调查走访昌平区北七家镇郑各庄村、城南街道、东小口镇单家村、马池口镇畲昝屯村、十三陵镇长陵村和康陵村，收集整理6个村史馆的学习资源和对市民开放的学习信息。调研活动收集整理各类学习资源图片资料30余张，完成《昌平区市民学习资源调研报告》。

（韩继英）

教育督导

【概况】 2014年，昌平区教育督导室坚持督政与督学相结合、以督学为主的工作思路，组织开展教育执法检查、第二轮镇街教育工作评价；完成迎接北京市社区教育工作和全面实施素质教育督导检查；继续推进全国义务教育发展基本均衡区县国家认定迎检筹备工作。加强督学队伍建设，调

整责任区督学48人，聘任12名民办学校（园所）校长（园长）为特约教育督导员，负责全区73所已批民办校（园所）经常性督导工作。召开全面实施素质教育综合督导第四轮启动大会，制定五年督导规划和新的督评实施细则，完成本年度对18所中小学校、4所幼儿园的区级综合督导计划。贯彻落实挂牌督导工作，建立分工明确、运转顺畅的“问题解决工作机制”，为全区80所义务教育学校悬挂“责任督学公示牌”。加强督学责任区建设，落实经常性督导工作要求，60名督学及特约教育督导员全年下校督导检查共计272校次、829人次。年内，教育督导室设副主任2人，专职督学2人。

（陈敏）

【召开挂牌督导工作培训会】 2月13日，昌平区教育督导室召开挂牌督导工作培训会议。组织专兼职督学集体学习《挂牌责任督学办理群众来信来电工作提示》，印发机关科室“问题协调员”、中小学校“问题联络员”和“挂牌督导员”工作通讯录以及相关政策学习资料，讲解挂牌督导工作的管理体制、工作机制、服务流程和工作标准，以及七个方面注意事项，并提出明确要求。挂牌责任督学和督导室专职督学13人参加培训。

（陈敏）

【召开督学工作会】 2月28日，昌平区教育督导室召开督学工作会。会议宣布《关于补充调整第三届兼职督学安排的通知》，新增补3名兼职督学。结合督学责任区需要，第三届兼职督学整体编入12个督学责任区督导组，每组4名督学，在组长领导下开展经常性督导和挂牌督导工作。会议对全年教育督导工作提出四项要求：一是适应当前教育督导改革和形势的变化，进一步转变观念、提高认识；二是定准位置、发挥作用，认真履行区政府督学的职责；三是正确处理好综合督导、专项督导和经常性督导之间的关系，形成既分工负责又相互配合的良好工作格局；四是加强督学责任区的管理，把挂牌督导作为了解片区内学校各项工作情况的晴雨表和指南针，支持、服务和保障挂牌督学开展工作。第三届兼职督学48人参加会议。

（陈敏）

【督导镇街教育工作】 2月，昌平区教育督导室开展镇街教育工作督导评价。区教育督导室组织8名专兼职督学，分成2组检查评价全区5个街道办事处、15个镇政府履行关心支持教育工作档案材料。督导评价共涉及12项一级评价指标、25项二级评价指标。经过对各镇街所提交档案资料“实绩摘录”和横向比较，最后进行量化评价和成绩汇总。最终授予7个镇“昌平区关心支持教育工作先进单位”称号，授予27人“昌平区关心支持教育工作先进个人”称号。

（苏凤兰）

【召开特约督导员聘任会】 5月16日，昌平区教育督导室召开第三届特约教育督导员聘任工作会。会议宣布第三届特约教育督导员聘任决定，为12名特约教育督导员颁发聘书。会议要求各位特约教育督导员积极转换角色定位，把握好工作方向；针对民办学校（园所）实际，从点滴做起，稳步推进，注重实效；在促进民办教育发展的同时，促进民办教育与公办教育的相互学习与借鉴，促进区域内教育质量的整体提升。会上对民办学校（幼儿园）经常性督导工作进行具体部署，安排下半年督导工作。昌平区教育督导室领导和特约教育督导员、民办中小学校（幼儿园）代表共16人参加会议。

（陈敏）

【接受社区教育随访督导】 5月28日，

市教育督导室随访督导昌平区社区教育工作。督导组观看回龙观镇社区教育工作展示短片和昌平区农村教育培训短片，听取昌平区社区教育工作报告，查阅相关档案资料，考察昌平职业学校基地内的首都市民终身学习服务基地和北七家镇成人学校，召开居民（村民）座谈会，全面了解昌平区社区教育工作总体情况。督导组认为，昌平区委、区政府高度重视社区教育，社区教育成绩明显。昌平区委教育工委、区教委、区教育督导室、相关镇街、委办局负责人40人参加随访督导活动。

（苏凤兰　陈敏）

【接受素质教育市级综合督导检查】

11月19日，市教委、市教育督导室督导检查昌平区全面实施素质教育工作情况。督导组听取昌平区政府《政府统筹部门联动营造全面实施素质教育良好氛围》工作报告。报告总结回顾2011年以来昌平教育工作的发展变化、办学成绩和工作经验。综合督导检查组还分别召开政府部门领导、区教委科室领导、基层学校校长座谈会，查阅区政府组成部门和区教委工作档案，实地考察滨河幼儿园、崔村中心小学、南邵中学、职业学校、少年宫和城北街道办事处创新园社区。督导组肯定昌平区基础教育工作成绩，对昌平区整体教育质量逐步提高、职业教育继续位居全国首位表示肯定。督导组就政府部门优先发展教育、镇街政府关心支持教育工作向昌平区政府14个委办局提出要求和希望。

（钱正秒）

中共昌平区委教育工委

书　记　隋彦玲

昌平区教育委员会

主　任　李成旺

昌平区政府教育督导室

主　任　刘淑华

大兴区

总类

【印刷学院支持小学艺术教育培训】 5月8日，北京印刷学院与大兴6所小学签约，支持小学专业艺术教育。6所小学是大兴一小、大兴六小、大兴七小、北印附小、滨河小学、枣园小学。该活动标志大兴区利用高等学校力量参与小学体育、美育发展工作正式启动。按照市教委统一部署，9月1日起，参与签约的6所小学一年级新生，将接受由北京印刷学院的专业艺术教育培训。

（孙会波）

【入选国家级农村职成教示范县】 5月26日，大兴区入选首批国家级农村职业教育和成人教育示范县。该评选由教育部主持，全国59个县入选。大兴区自2009年被教育部列为“全国新型农民培训联系点”以来，区委、区政府高度关注职成教育发展，加强城乡统筹，促进城乡均衡发展；加强教育内部统筹，促进基础教育、学前教育、职业教育、成人教育、社区教育均衡发展。在发展职成教育工作中，以“服务求生存，创新谋发展”为方针，不断推进“政府推动、部门联动、校企互动、项目带动”运行机制建设，努力构筑信息、基地、两支队伍的区镇村（街道社区）三级教育培训网络服务平台，开发利用职成教育资源，探索出一条适应大兴的职成教育发展之路。

（宋薇）

【评选“双百优秀”】 6月10日，大兴区教育工会组织百名优秀教师、百名优秀班主任、十佳教师、十佳班主任、十佳校长评选。优秀教师评选条件是：忠诚党的教育事业，教育教学理论知识丰富，具有高尚的师德风范，热爱、尊重学生，得到家长、社会广泛认可，参加工作满三年。优秀班主任评选条件：热爱学生，严谨笃学，班级管理成绩突出，班级文化建设形成特色，深受家长、学生认可，担任班主任工作三年以上。十佳教师及十佳班主任分别在审核认定的优秀教师和优秀班主任中产生。十佳校长评选条件是：认真贯彻执行党的教育方针政策，办学理念先进，形成团结协作的领导团队，教育质量突出，校园文化特色鲜明，担任正职满三年。评选程序为个单位推荐人选、工会牵头考评、教委网上公示将名单。最终评选出优秀教师、优秀班主任各100人，十佳教师、十佳班主任、十佳校长各10人。

（刘春梅）

【与教育学院、北京教科院合作办学】

6月12日，大兴区教委与北京教育学院、北京教育科学研究院签署合作办学协议。首期合作期限为6年，北京教育学院、北京教育科学学院将充分发挥自身资源优势，成立合作办学工作领导小组和专家指导委员会，从选派管理人员、参与制定发展规划、培训干部教师、指导课题研究等方面对大兴实验小学进行专业指导和智力支持，并将学校作为教育教学科研实践基地。大兴区教委从办学经费、设施设备、干部教师选拔配备及业务指导、评价方面给予倾斜政策和支持。双方共同努力，将合作项目学校办成北京市知名、区域一流、具有实验性质、特色鲜明的学校。市委教育工委、北京教育学院、北京教科院、大兴区委、区教委领导参加签字仪式。

（孙会波　赵文君）

【开展跨区联合教研活动】 6月27日，大兴教师进修学校与密云教师进修学校和密云二中在大兴三中联合开展化学教研活动。教研活动交流大兴和密云教研工作，汇报大兴三中、密云二中教研现状和经验。会议观摩密云二中“原电池复习”、大兴三中“水溶液的离子平衡复习”两节教学展示课。并由特级教师结合两堂课教学举办“一节课的评价标准”培训。两区县化学教师和工作室成员50人参加活动。

（逯秀滨）

【举办教育科研周】 10月30日，大兴区2014教育科研周开幕式在北师大大兴附中举行。北京教科院、区教委领导，全区中小科研主任和教师代表160人开幕式。会上，区教委对科研工作提出指导性建议：一是加强基础性问题的研究；二是加强热难点问题的研究；三是加强群体研究；四是继续充实、丰富科研周活动的内容和形式。本届科研周历时五天，共设七个分会场，分别举办市区课题研究成果、学校科研室建设经验的展示、交流、研讨活动。

（王芳）

【签订民办教育行业工资集体合同】

12月11日，大兴区教委举办民办教育行业工资集体协商签约仪式。39所民办校（园）签订《大兴区民办教育行业工资集体合同确认书》，签订率95%。集体合同内容涉及：工资分配制度和工资水平、工资发放时间和支付办法及保险福利等相关内容。

（宋长勇）

学前教育

【概况】 2014 年，大兴区各类幼儿园 71 所，其中公办幼儿园 41 所（教委直属幼儿园 14 所、镇中心幼儿园 27 所），部队企业园 3 所，民办幼儿园 27 所。在园幼儿 24965 人（外省市幼儿 8263 人）。小学附设学前班 19 个。离园幼儿 7351 人，入园幼儿 9188 人，在园幼儿 24965 人。教职工 2636 人，其中专任教师 1537 人。学前教育普及率 92.5%。全区北京市一级一类幼儿园 15 所（北京市示范幼儿园 4 所）、一级二类幼儿园 17 所、二级二类幼儿园 10 所，北京市社区早期教育基地 7 所。全区幼儿园校舍面积 165305 平方米，占地面积 307261 平方米，运动场占地面积 94115 平方米；图书室藏书 45730 册。

（王海艳）

【召开学前教育工作会】 2 月 20 日，大兴区教委召开大兴新区 2014 年学前教育工作会。会议作《凝心聚力，务本求实，开拓创新，再谱新区学前教育华彩乐章》工作报告，部署 2014 年重点工作；表彰 2013 年工作中先进单位和个人。会议对学前教育工作提出三点希望和要求：一是继续加强干部教师队伍建设；二是继续加强园本课程建设；三是继续加强安全管理工作。区委教育工委、区教委、区教育督导室领导，全区各镇教委办主任，各类型幼儿园园长、书记 150 人参加会议。

（徐敏）

【召开学习与发展共同体工作会】 3

月 28 日，大兴区教委召开幼儿园学习与发展共同体工作会暨蔡秀萍园长、薛娟教师工作室启动会。会议宣布成立大兴区幼儿园学习与发展共同体、蔡秀萍园长工作室和薛娟教师工作室，宣读学习与发展共同体和园长工作室活动方案，为共同体和工作室负责园长颁发聘书。区教委、区教育工会领导和各类型幼儿园园长 90 人参加活动。大兴区幼儿园学习与发展共同体由全区各类型幼儿园园长组成，共分为 6 个组，每个共同体聘请一名教育专家或知名园长作为顾问。共同体本着“共学、共研、共享”的原则，促进园际之间在园所管理、教育教学、队伍建设、教育科研等方面的互助共享，促进新区学前教育实现资源共享、优势互补、均衡发展、共同提高。

（徐敏）

【幼儿园环境创设评优活动获奖】 4 月 11 日，大兴区园长代表参加北京市幼儿园环境创设评优活动表彰总结交流大会。会上，大兴 13 个单位获“北京市环境创设最优环境建设奖”、5 个单位获“北京市环境创设人文教育模范奖”、5 个单位获“北京市环境创设园所环境创奖”、7 个单位获“北京市环境创设低碳环保先锋奖”、区教委获“优秀组织奖”、23 人获评“优秀个人”。同时，大兴八幼与榆垡镇第一中心幼儿园成为第八批北京市示范幼儿园与农村乡镇中心园“手拉手”园所，大兴七幼与大兴区十一建华实验幼儿园签署双向交流试点活动协议。

（徐敏）

【完成公办园年度考核和分园达标工作】 6 至 7 月，大兴区教委、区教师进修学校完成 43 所公办园年度考核和分园达标工作。年度考核内容涉及教学、管理、卫生保健等 45 项指标。经听课、查阅资料、了解教学工作情况，最终量化打分，43 所公办园及分园年度考核的教育教学工作全部达标。

（刘玉华）

【北臧村镇马村分园成立】 9 月 1 日，北臧村镇中心幼儿园马村分园成立。该园所占地面积 5000 平方米，共设 6 个教学班，可容纳幼儿 180 人。年内开设 3 个教学班，入园幼儿 90 人，教职工 13 人。

（侯金芳）

【成立青云店第二中心园】 9月1日，青云店镇第二中心幼儿园挂牌成立。

该园为公办幼儿园，占地面积 6711 平方米、校舍建筑面积 2591 平方米，普通教室 17 个。幼儿园实行日托制，年内开设 24 个教学班，其中小班 8 个，中班 8 个，大班 8 个，在园幼儿 625 人，教职工 142 人，其中专任教师 60 人，保育员 30 人。

（宋晖）

【黄村第三幼儿园分园开园】 10 月 8 日，黄村第三幼儿园分园开园。分园拥有多功能厅、美术活动室等专用教室 2 个，普通教室 10 个。年内开设 5 个教学班，小班 2 个，中班 2 个，大班 1 个，共有幼儿 156 人。

（高亚）

【魏善庄镇第一中心园迁入新址】

10 月 8 日，魏善庄镇第一中心幼儿园迁入新址。幼儿园原址在魏善庄镇第一中心小学内。现址为魏善庄镇卫生院对面。新建园占地面积 8905.91 平方米，校舍建筑面积 4965.08 平方米、绿地面积 2070 平方米。室外活动场地 1360 平方米。年内，幼儿园开设 7 个班级，在园幼儿 221 人，教职工 39 人，其中，教师 14 人。

（张敬　王影）

【召开教师基本功培训会】 10 月 15 日，大兴区教师进修学校召开幼儿园教师基本功培训会。会议介绍健康领域、社会领域和语言领域的核心价值及知识要点，解读《幼儿园教师指导纲要》和《3至6岁儿童学习与发展指南》核心理念。会议重点传授新的教育观念，促进教师专业水平的提升。全区幼儿园业务园长、保教主任和部分教师100人参加培训会。

（刘玉华）

【完成教师基本功考核达标】 10月25日，大兴区教师进修学校完成学前教育教师基本功考核。考试采取闭卷考试，考试时间两小时，考试内容以《3至6岁儿童发展指南》为主。全区幼儿园877名教师参加考试，达标689人。

（刘玉华）

【完成民办园教学管理年度考核】 12月1至9日，大兴区教师进修学校完成民办幼儿园年度考核活动。依据《北京市民办幼儿园年度考核评价标准及细则》相关内容，通过查看班级活动，听取园长自查工作汇报、查看相关档案资料、现场反馈，考核组对民办园进行认真、全面细致的考察。26所民办园接受考核并全部达标。

（刘玉华）

基础教育

【概况】 大兴区小学65所，教学班1613个，毕业7012人，招生10671人，在校生56199人，在校生中北京市户籍学生25581人；小学入学率100%，巩固率100%，毕业及格率100%；教职工3556人，其中专任教师3340人，教师学历合格率99.62%。特殊教育学校1所，教学班10个，毕业生3人，招生6人，在校生91人，教职工31人，其中专任教师24人；残疾儿童入学率99%，巩固率99%。2014年，中学43所（初中22所、完中11所、九年一贯制学校7所、十二年一贯制学校3所）；教学班844个（初中570个、高中274个）；毕业生9296人（初中5709人、高中3587人）；招生8629人（初中6220人、高中2409人）；在校生27195人（初中18239人、高中8956人），在校生中北京市户籍学生19372人；初中入学率100%，巩固率99.94%，毕业及格率100%；高中入学率53.64%，毕业及格率91.25%，应届高考录取率96.81%；教职工4994人，其中，专任教师3513人（初中2442人、高中1071人）。校外教育单位1个，教职工88人，其中专任教师84人。教师进修学校1所，教职工198人，其中专任教师191人。全区中小学教师学历合格率99.71%，其中，小学教师学历合格率99.62%，初中教师学历合格率99.78%。特级教师18人（小学3人、中学15人）；市级学科带头人23人、市级骨干教师148人；区级学科带头人及骨干教师1598人。高级专业技术职务教师1264人（小学44人、中学1220人）。全区中小学校舍面积1242197平方米，建筑面积124297平方米，运动场面积910516平方米，藏有图书312.86万册，拥有31961台计算机。全区中小学全年教育经费共投入249792.28万元，其中，国家拨款249379.73万元，自筹经费412.55万元。

（王海艳）

【召开科研骨干教师工作会】 2月28日，大兴区教师进修学校召开2014年度大兴区科研骨干教师工作会。会议总结骨干教师2013年度学习、研究工作，分析骨干教师在作用发挥和自身专业发展两方面存在的具体问题，对2014年科研骨干教师的工作提出四点要求。一是要以研究的态度对待常规工作，工作中呈现新方式，获得新成果；二是积极开展课题研究，通过课题研究发展自我并带动其他教师发展；三是积极争取机会为他人服务；四是加强理论学习，提高自身研究素质。会议交流8名科研骨干工作经验。全区各校29名区级科研骨干教师参加会议。

（魏希芬）

【举办小学英语教师语音知识与技能培训】 3月5日，大兴区教师进修学校举办小学英语教师语音知识与技能培训活动。活动邀请北京大学燕翎教授主讲，讲解一年级下教材对话、韵文语音知识，解答开学两周以来语音教学中问题。会议还邀请北京出版社责任编辑举办讲座。全区英语教师代表80人参加培训。

（高新明）

【举办中学生志愿服务论坛】 3月18日，大兴区教育团工委在大兴一职举办中学生志愿服务论坛。北京市五星级优秀志愿者常志复以志愿活动经历为线索作论坛主报告。常志复志愿服务50余年，曾参加奥运会、园博会、世博会等志愿服务，获得市级荣誉10余项。大兴一职、北京二中亦庄学校、大兴一中等校优秀志愿者代表交流志愿服务故事。会上，区教育团工委表彰志愿服务活动优秀志愿者，发布“邻里守望”和“市花进我家”两个区级志愿服务项目，并号召各学校积极参与。全区各中学团委书记和优秀志愿者代表参加活动。

（王忠武）

【成立王燕春特级教师工作室】 3月25日，大兴区“王燕春特级教师工作室”揭牌仪式在区教师进修学校举行。会议宣布聘请区教师进修学校教研员吕占福为工作室指导教师，工作室成员包括导师1人，指导教师1人，成员5人，共7人。工作室的主要任务是提升一线教师教学能力，打造名师队伍。会议希望各位成员能够研究探索解决数学教学中存在问题，不断提升自身的业务水平，快速成为数学学科的骨干教师、带头人、名教师，并带动和影响大兴区教师队伍整体素质的提高。会上，王燕春举办“浅谈教师专业发展”讲座，并要求本学期工作室成员每人做一节课、完成一个课例和写一个小论文。区教师进修学校领导和工作室成员15人参加会议。

（逯秀滨）

【举办美术教师美术鉴赏培训】 4月1日，大兴区教委启动中小学美术教师美术鉴赏培训。培训根据中小学教学要求的不同，分为中学班和小学班，分别讲授中外美术史、“欣赏评述”领域教学策略研究、关于自然美欣赏的思考等理论知识。同时，培训以中国国家博物馆为主阵地，开拓美术鉴赏第二课堂，提高美术鉴赏能力。截至6月17日，中小学两个培训班均完成40课时培训任务，共培训中小学美术教师60人。

（贾富华）

【召开社会大课堂实践活动展示会】

4月3日，大兴区教委召开“走进中国印刷博物馆”实践活动展示会。会议由“学校大课堂工作研讨会”和“学生实践成果现场展示”两部分构成。研讨会上，大兴三中等学校大课堂负责人介绍大课堂与德育、教学及学生综合素质评价整合，大课堂课程化建设等经验成果。成果展示中，学生以小组为单位，结合学科知识，借助演讲、微话剧、绘图等形式展现“走进印刷博物馆”活动收获。区教委领导、全区中学德育干部和中小学生代表共90人参加会议。

（房芳）

【举办特色联盟校互动交流活动】 4月18日，北京市“高中特色实验”项目“教学方式”专题特色联盟校互动交流活动在大兴五中举行。会上，一七一中以《继承发展系统思考构建特色自主高效课堂教学模式》为题，交流该校“有层次无淘汰”教学文化实践经验，平谷六中、延庆五中、大兴五中汇报项目研究情况。会议希望联盟校加强交流，做到点面结合，以特色建设为平台，进一步推动学校内涵发展，不断提高教育教学质量。“教学方式”专题特色联盟校由一七一中、平谷六中、延庆五中、大兴五中四所学校组成。

（徐英巍）

【推广社区警务微博】 4月25日，大兴区教委与区公安分局联合在大兴区青少年法制教育基地（孙村中学）举办“首都网络安全日”暨社区警务微博宣传推广活动。活动宣讲首都网络安全日设立背景，介绍社区警务微博基本情况，为大兴区青少年网络安全教育基地揭牌。区委宣传部、区公安分局、区教委等领导和孙村中学师生代表350人参加活动。

（孙志超）

【举办“读懂课堂”小学数学教研活动】 4月30日，大兴区教委联合区教师进修学校在大兴区第五小学举办“读懂学生读懂课堂”小学数学教研活动。活动观摩中关村二小和大兴五小结合教育部重点课题“读懂中小学生数学学习过程的方法研究”的两节现场课。课后授课老师分别汇报设计思路，北师大有关专家进行课后点评。会议提出，加强市、区教师互通交流，进一步促进教育城乡一体化建设。该活动是北师大与大兴区教委关于教育城乡一体化建设合作项目的教研活动之一，北师大专家和区教委领导，大兴区数学骨干教师120人参加活动。

（董翠娟）

【联合举办青少年科普剧比赛】 5月7

日，大兴区少工委与大兴区图书馆联合举办青少年科普剧比赛。活动在大兴区图书馆多功能厅举行，9所学校百余名小学生参加比赛。此次科普剧比赛不设主题、不限定表演形式，内容涉及雾霾治理、身心健康、绿色生态等各方面科学知识，体现新区青少年对自然、科技与人类生活的关注与思考。经过评比，大兴区第五小学北校区的《熊猫营救》获一等奖，代表大兴区参加北京市决赛。

（李伟）

【举办少先队活动课现场说课比赛】

5月8日，大兴区少工委举办少先队活动课现场说课比赛。活动在大兴三小举行，组片区内初评后的一等奖获得者19人分两组参加比赛。参赛选手分别针对少先队活动课中岗位锻炼、学习队章、阳光体育、学习榜样4个主题选取其一进行课后说课，通过活动主题、活动目的、活动内容、活动形式、活动过程与步骤、活动评价与激励手段、活动反思八个方面进行阐述，其中运用授课过程中大量视频和照片来体现队员在少先队活动课中的参与广度和深度，以及活动效果。最终经过评委现场评价，结合6个片区的初评结果，对全区上报的74节课进行评定，评出一等奖10节、二等奖14节，三等奖50节。

（李伟）

【举办体育教师足球项目培训班】 6

月16日，由中国青少年校园足球发展计划执行委员会、大兴区教委、大兴区关心下一代工作委员会联合举办的“世界级教练——大兴区中小学体育教师足球项目培训班”在大兴一职举行开班仪式。培训为期4天，内容涉及足球游戏、足球生活技能、足球入门知识等。培训邀请荷兰皇家足球协会足球学院欧联A级教练员、皮特·德容、荷兰阿贾克斯业余队主教练巴特任教。大兴区49名中小学体育教师参加培训。

（李晶）

【成立名辅导员工作室】 6月17日，大兴区名辅导员工作室成立。成立会宣读《大兴区名辅导员工作室活动方案》。名辅导员工作室主要任务和职责是注重在少先队专业知识和特色活动方面的引领，促进优秀辅导员的专业化成长；培养10名左右师德好、业务精、能力强、善创新的优秀辅导员；探索总结优秀辅导员的培养机制、途径和方法；发挥优秀辅导员的示范、引领作用。名辅导员工作室导师由区内有影响力的优秀辅导员、少先队工作专家21人组成。

（李伟）

【中考录取3617人】 6月，大兴区报名参加中考考生4866人，其中借考考生1206人。全市补录工作结束后，全区中考录取考生总数3617人，占有资格考生总数98.85%。其中：示范性高中882人，一般高中1571人，中专346人，技校387人，职高117人，五年制高职314人。

（宋善奎）

【举办英语骨干教师高端培训】 7月7至18日，大兴区教委举办中小学英语骨干教师高端培训。培训邀请美国波士顿常青藤教育机构8名教育学家主讲，内容涉及国外教育教学理论、英语口语、英语教学技巧等。培训分设中、小学两个班，大兴区中小学英语骨干教师62人参加培训。

（贯富华）

【举办新教师岗前集中培训】 8月22至25日，大兴区教师进修学校举办2014年中小学新教师岗前集中培训。培训旨在促使中小学新任教师进入教师角色，适应岗位需求，提高专业素养。培训分集中学习和分散培训两部分，其中，集中学习40课时，校内分散培训80课时，培训内容包括政策法规、教师专业成长、教师职业修养、教学专业素养。全区226名中小学新教师全部参加培训活动。

（贯富华）

【中小学双向视频会议系统一期工程竣工】 8月25日，大兴区中小学双向视频会议系统一期工程竣工。该具有单双远程视频会议、分片会议、远程互动教学和远程教研功能。工程配套设备主要有高清视频会议系统、65吋液晶电视、高清摄像机及其配件。项目将分两期完成，一期工程于6月5日公开招标，7月12日动工，为全区69个教育单位安装双向视频会议系统，总投资1109万元。二期工程建设2015年初启动，计划增加100个教育单位，投资总额1400万元。预计2015年3月投入使用。

（王文军）

【举办高中教师暑期培训】 8月25至27日，大兴教师进修学校在首师大大兴附中和大兴八中组织高考暑期学科培训活动。培训由区高中教研员分析2014年高考试题，对2015年高考提出备考建议。各科邀请高考阅卷教师交流高考评分标准。全区高考9个学科教师900人参加培训。

（逯秀滨）

【举办领导干部听评课活动】 9月18日，大兴教师进修学校在大兴十小举办“聚焦小中衔接领导干部听评课”活动。活动展示两节现场课，邀请北师大教授对两节课点评。活动中，区教委就中小衔接工作指出，领导干部要重视小学、初中衔接工作，加强义务教育阶段人才培养的系统性、整体性和协同性。教委领导，全区中小代表300人参加活动。

（宁书平）

【举办中小学骨干班主任培训会】 9月23日，大兴教师进修学校举办中小学骨干班主任培训会。培训邀请《班主任》杂志社以《研究记录学生成长故事，享受精彩教育人生》为题，介绍教育案例的撰写目的及要求，阐述如何在教育工作中主动积累素材，怎样进行科研选题。全区中小学骨干班主任200人参加培训。

（柳立新）

【举办民办小学教师培训】 10月18日，大兴教师进修学校举办2014年民办小学新任教师和骨干教师首次培训。活动培训对象是全区民办学校骨干教师和新教师。培训遴选高校教授、市级专家、市区优秀教研员和一线骨干教师授课，骨干教师培训以“基于学生发展的学与教方式的变革”为主题，新教师培训以“教师专业素养和教学能力提升”为主题，结合民办教师需求分专题、分学科、分层次进行“理论研修、实践研修、自主研修”三个模块的培训。截至12月26日，民办小学语文、数学、英语三个学科的新教师和骨干教师培训班分别完成128课时的培训任务，107名学员全部结业。

（贯富华）

【举办中小学生戏剧节】 11月13至14日，大兴区教委在大兴区少年宫举办中小学生戏剧节。全区51个参赛队400人参加活动。戏剧节包括儿童歌舞剧、京剧、校园剧比赛。比赛结束后，专家评委们对参赛队进行点评，分小学、中学评出各剧种比赛最好成绩。

（刘秀梅）

【完成科研视导工作】 11月25日、28日，12月2日、3日，大兴区教师进修学校科研室完成本学期学校科研室视导工作。视导的学校通过自主申报、区教师进修学校选定的方式确定，共计25所。督导组走进被视导学校，查阅学校相关资料、与课题组交流课题研究进展情况、听学校科研工作汇报，就相关内容进行交流和研讨，最后进行视导小结，提出具体指导和建议。至此，区教师进修学校完成“十二五”本区全部中学学校科研视导工作。

（王芳）

【成立科研主任工作室】 12月26日，大兴区教师进修学校科研室成立科研主任工作室。科研主任工作室主要任务是成员间相互学习、相互帮助，共同提高课题研究与科研管理能力。由区科研室主任负责工作室的课程设计及组织管理，导师由聘请的市区课题研究或科研管理的专家担任，成员1年一批，首期成员22人。

（李盛琦）

【完成数字校园建设工作】 12月30日，大兴教师进修学校信息中心完成2014年度“大兴区数字校园建设”工作。该建设项目共10个，总计执行经费3774.6万元。主要项目包括第二批数字校园实验学校项目、数字校园数据互操作集群项目、数字校园特色应用建设项目、教师研修网建设项目、数字化教育教学资源建设项目、平板电脑一对一教学实验项目、数字校园基础架构升级完善项目、网络阅卷和成绩统计系统建设项目、中小学生体制健康数据管理系统建设项目、社会大课堂网站改版项目。

（李勇）

职业与成人教育

【概况】 2014年，大兴区中等职业学校10所，其中教育部门办职业学校2所，非教育部门办4所（民办）。毕业1215人，招生167人，在校生7706人。学生就业率98%，参加高考录取率100%。教职工488人，其中专任教师336人，学历合格率93%，高级专业技术职务教师115人。职业学校图书馆藏书101842册，校舍占地面积295069平方米。2014年，大兴区各级各类成人学校531所，其中成人综合院校（社区学院）1所，开设专业39个，在校生3224人，招生665人，毕业638人；教职工101人，其中，专任教师78人；高级专业技术职务教师10人。镇成人学校14所，村成人学校516所。成人学历教育招生1236人，毕业1064人，在校生4581人；开展农民种养殖技术和转移技能培训12536人；企业职工培训17248人；安全培训40852人；外来农民工培训5512人。社会力量办学126所，在校生48720人。全区成人学校图书馆藏书16283册，校舍占地面积15.09万平方米。

（王海艳）

【举办职业学校教师征文活动】 3月10日至4月28日，大兴区教师进修学校开展“职业学校教师必备的人文素养”征文活动。活动要求以师德为先、学生为本、能力为重、终身学习为基本理念，总结开展教育教学实践、提升专业发展水平体会和经验。征文首先在学校内研讨交流、评比，优秀征文参加区级评选。经学校推荐，46篇论文参加区级评选，最后评出一等奖11人，二等奖22人。

（王秋萍）

【开展党员教师1+1活动】 3月11至12日，大兴区教师进修学校与职业学校市级骨干教师开展党员1+1教研伙伴活动。进修学校教研员深入学校，通过与各校学科带头人、骨干教师座谈，了解骨干教师在一线教育教学和自身学习提高方面的需求。在调研的基础上，教研员与市级骨干教师共同确定名师教学讲坛讲座的选题。经研讨，大兴一职市级数学骨干教师确定讲座主题为“在课堂教学中信息化教学手段的评价”，大兴二职机电专业市级骨干教师确定专业课教学实训实习的主题，大兴一职机电专业市级骨干教师确定主题是“对中职校专业骨干教师发展的思考”。此外，教研伙伴活动还协助学校骨干教师确定献优课主题。

（王宁）

【举办职教公开课开放周】 4月8至17日，大兴教师进修学校举办职业学校公开课开放周活动。活动历时两周，大兴一职、大兴二职的动漫专业、机电专业、计算机专业等8个专业29名专业课教师参加展示活动。活动中展示的公开课由学校选拔推荐，具有专业特点和引领示范作用。课后教研员与任课教师通过网络交流，并向学校反馈听课意见。

（王秋萍）

【开展职教集团安全生产培训】 5至6月，大兴职教集团协同大兴二职和相关街道办事处完成三期企业安全生产培训工作。其中，观音寺街道下属企业本草芳源药业有限公司培训155人，观音寺街道企业法人培训264人，兴丰街道办事处法人及安全员培训105人。培训内容针对高温、多雨季节，重点讲授企业用电、防火、饮食方面防患措施。

（杨海波）

【举办教师基本功培训】 9月26日，大兴区教师进修学校举办职业学校数学、语文、英语、德育、计算机五大基础学科教师基本功培训。培训讲解说课竞赛的内容、要求、现场展示评价标准等问题，通过教学设计片段和说课录像展示说明教学设计方法手段、教学目标设定和教学内容选择等问题。集体学习后，各学科组织学习研讨。全区职业学校教师40人参加活动。

（王秋萍）

【举办全民终身学习活动周】 10月

27日至11月6日，大兴区创建学习型城区领导小组办公室举办第十届“全民终身学习活动周”。活动以“让学习成就魅力人生”为主题。学习周期间，全区在14个镇和5个街道设立活动会场。通过开放网络、走进社区、工程带动、科研引领等形式，共展示学习型成果作品498件，发放学习教材、宣传手册等材料11.8万册，举办培训讲座185次。活动周参与总人数6万人次。

（宋薇）

【举办首届“京西杯”职业技能竞赛】 11月15日，大兴区教委在大兴一职举办首届“京西杯”动漫类职业技能竞赛。比赛设有数字影音后期制作、二维动画制作、平面广告设计、漫画制作4个项目。聘请北京众友联拓科技有限公司等公司专业技术人员作为评委。来自西城、海淀等6个区县8所学校82名学生参加比赛。大兴区13

名参赛学生获奖，其中，4 人获一等奖，8 人获二等奖，1 人获三等奖。

（宋薇　赵文君）

【举办优秀毕业生及企业文化报告会】 12 月 11 日，大兴二职举办优秀毕业生及企业文化报告会。学校邀请优秀毕业生主讲。报告以毕业生亲身求学、求职、从业和成长历程阐述只有依靠"勤奋、学习、坚持"，才能不断突破和完善自己的道理。报告根据企业实际详细讲解企业需要什么样的员工，如何成为一名优秀企业员工等问题。报告还从企业角度，通过面试及员工工作案例告诉学生任何一个企业选择员工的标准就是"能力"。不管是面试时简单的书写能力，还是在工作岗位上的动手实操能力，都是企业考察内容。230 名师生听取报告会。

（史玉玲）

教育督导

【概况】 2014 年，大兴区政府教育督导室进一步完善督学、督政、监测三位一体的教育督导体系。深化教育督导改革，推进责任督学挂牌督导与督学责任区建设，加强督导队伍建设，研究制定督学管理办法，不断提高督导工作规范化、专业化水平。督政方面，认真做好义务教育发展基本均衡县（市、区）国家督导检查迎检筹备工作；高质量完成迎接市政府教育督导室对大兴区全面实施素质教育综合督导及教育执法检查工作；加强对地方政府履行教育职责的监督检查，完成 14 个镇政府、5 个街道办事处履行教育情况的督导考核。督学方面，坚持综合督导与专项督导、经常性督导相结合。完成 20 所小学实施素质教育综合督导，完成 48 所小学、37 所中学、37 所幼儿园落实"学生每天在校一小时体育活动时间"实效性和安全工作专项督导。完善中小学校责任督学挂牌督导制度，聘请 14 个镇教育助理、3 位退休的校长、书记为责任督学，实现中小学责任督学挂牌督导全覆盖，推进学校规范办学行为。队伍建设方面，加强学习型、研究型团队建设，分层次参加区县教育督导室主任研修班、责任督学培训班、新任督学培训班系列培训，并与房山区教育督导室进行学习交流，督导队伍的综合素质和专业化水平进一步提高。

（王建春）

【召开责任督学挂牌督导工作培训会】 3 月 4 日，大兴区政府教育督导室召开责任督学挂牌督导工作培训会。会议解读"中小学校责任督学挂牌督导工作实施意见"和"大兴区教育督导室 2014 年工作计划"，向挂牌责任督学提出三点要求：一是要求责任督学加强学习，明确工作职责，为大兴区教育发展做出新贡献。二是要求责任督学深入学校，了解督学责任区各所学校基本情况，做到底数清、情况明，主动落实督学责任，规范责任区内学校办学行为。三是责任督学在督导过程中发现问题要积极研究探讨，与督导室办公室勤沟通、勤交流，形成督导工作合力，更好地发挥教育督导作用。大兴区 14 个镇和 5 个街道办事处挂牌责任督学参加培训会议。

（王建春）

【召开教育督导工作会】 3 月 21 日，大兴区政府教育督导室召开 2014 年教育督导工作会。会议印发《大兴区人民政府教育督导室 2014 年工作计划》《关于中小学校责任督导挂牌督导工作实施意见》《关于中小学、幼儿园安全工作专项督导办法》《关于中小学落实"学生每天在校一小时体育活动时间"实效性专项督导办法》和《关于对中小学全面实施素质教育情况进行综合督导评价的办法》。会议明确 2014 年督导工作内容、形式和目的，并提出三点要求：一是各单位要高度重视，认真领会、贯彻落实会议精神。二是各单位要做好自查，通过自查，发现问题并研究制定整改措施。三是各单位要正确对待督导工作，通过督导迎检进一步规范促进学校工作。区教委、区教育督导室领导，全区各中学、小学、幼儿园代表参加会议。

（王建春）

【接受北京市素质教育综合督导及教育执法检查】 12 月 3 日，北京市素质教育综合督导组综合督导大兴区全面实施素质教育及教育法律法规执行情况。督导检查重点内容，一是贯彻执行义务教育相关法律法规和规范性文件情况，二是检查贯彻《北京市实施〈职业教育法〉办法》执行情况，职业教育纳入区"十二五"经济社会发展规划和教育发展规划情况，职业教育教师培养和培训工作情况，教育费附加用于发展职业教育情况。督导组观看大兴区全面实施素质教育工作宣传片《花开未来意正浓》，听取大兴区《坚持教育优先发展构建宜居宜业和谐新区》工作汇报。督导组分为三组分别与大兴区各相关委办局领导、教委各科室领导和部分学校领导座谈。督导组还实地检查有关街道、学校实际工作情况。督导组在回复意见中充分肯定我区素质教育及教育法律法规执行情况，肯定区政府高度重视教育工作，坚持以德树人，切实把教育摆在优先发展的地位，制定教育发展规划，确保各级各类教育的协调发展；建立教育履职督评制度，加大教育投入力度，加强教育资金使用制度，确保教育健康发展；重视干部教师队伍建设，两支队伍整体水平显著提高。实施"外引内培"战略，推进城乡新区一体化学校建设；全面深化教育教学改革，学生综合素质得到普遍提高。

（王建春）

中共大兴区委教育工委

书　　记　荣俊艳

大兴区教育委员会

主　　任　荣俊艳

大兴区政府教育督导室

主　　任　李广成

怀柔区

总类

【完成教育经费统计工作】　2月，怀柔区教委与区财政局、区发改委合作完成教育经费统计工作，将教育经费综合报表、重大项目表及区统计分析报告全部按要求上报市教委。据本次全国教育经费数据统计，2013年区财政性教育经费共投入20.27亿元，比上年增长12.6%，占区财政预算支出的23.82%，比上年预算增加0.01个百分点。

（缐金秋　李永军）

【公开招聘116名教师】　3至5月，怀柔区教委公开招聘中学、幼儿园教师。教师公开招聘工作包括报名、笔试、面试等环节，考官全部为第三方聘请的市级学科带头人、高级教师、特级教师等专家。在招聘条件方面，学历要求提高：幼儿园大专及以上学历，初高中非师范类要求一类本科及以上学历。准入资格提高：2013年毕业生还应具有相应岗位的教师资格证。381人报名应聘，初审合格270人，复审合格195人参加笔试。笔试成绩合格考生按1∶3比例确定面试人选。初中、高中各学科面试以微格教学形式进行，校医岗采用结构化面试方式进行，幼儿园岗位面试由微格教学和才艺展示两部分组成。最终招聘教师116人，其中，初高中幼儿园普通教师公开招聘73人，音体美教师招聘22人，非京籍引进人才18人，会计3人。

（缐金秋　夏海燕）

【举办“与榜样对话与梦想同行”活动】　4月25日，怀柔团区委、区教委举行“与榜样对话，与梦想同行”主题教育大队活动，邀请奥运冠军邓亚萍一行9人走进光明小学怀柔分校，和学校师生一起活动。活动中，

奥运冠军和海归精英为学生讲述成长故事，介绍中外文化的差异，鼓励同学们奋发学习，立志成才。怀柔区团区委、区教委、相关乡镇政府领导和师生参加活动。6月24日和10月17日，“与榜样对话，与梦想同行”主题教育大队活动分别在怀柔镇中心小学分校张各长小学和宝山镇中、小学举行。

（缐金秋　李春燕）

【制定非本市户籍适龄儿童少年入学意见】　5月，怀柔区教委制定《怀柔区非本市户籍适龄儿童少年接受义务教育证明证件材料审核工作的意见》。意见规定，非本市户籍的适龄儿童少年，因父母或其他法定监护人在本区工作或居住需要在本区接受义务教育的，审核申请人须提供本人在京务工就业证明、在京实际住所居住证明、全家户口簿、在京暂住证、户籍所在地街道办事处或镇乡人民政府出具的在当地没有监护条件的证明等相关材料。最终由街道办事处或镇乡人民政府反馈审核结果。审核申请人居住地所在街道办事处或镇乡人民政府在受理当日内，告知审核申请人审核结果，并在学龄人口信息采集系统上或初中入学服务上进行确认审核。通过审核后的适龄儿童方可完成信息采集并打印信息采集表，携带信息采集表到区教委确定的学校联系就读。

（缐金秋）

【试行学区制】　9月，怀柔区委教育工委、区教委印发《关于在教育系统试行学区制建设的意见》，在全区教育系统试行学区制。学区制建设按照“统一规划、优势互补、分步推进、整体提高”原则，将43所中小学校划分为11个学区，包括5个中学学区和6个小学学区。各学区设立牵头学校，实行“城镇”带“山区”模式，将城区校、平原校和山区校“捆绑”在一起，使各学区内学校在发展规划、学校文化、办学特色、德育工作、教学管理、教育科研、师资力量方面协作探索、共建共享、交流合作，不断缩小校际办学差距，促进城乡学校共同发展。学区试行一项制度，建立三个中心。“一项制度”是指各学区要建立校长联席会议制度。由于学区属非行政性组织，不具备法人资格。学区内成员学校隶属关系不变、法人不变、编制独立。校长联席会议为学区管理的领导机构，由学区内学校校长（一贯制学校可由书记或副校长）组成，首届学区主任由牵头校校长担任，每届任期两年。任期中，学区内各学校校长统一学区核心理念，制定学区各项规章制度、发展计划、工作目标、工作计划，科学安排学区内教学资源，实现课程计划、教学计划、教学进度、教研活动、监测和评价、教师培训、教育设施统筹，做到学区优质资源共享。“三个中心”指建立教学研究与管理中心、德育研究与管理中心及设施设备资源管理中心。学区制的意义在于优化教育配置，通过建立统一的管理中心合理配置学区内各学校间教育教学场地、设施、活动资源等，最重要的是共享优质教师资源。

（缐金秋）

【崔海明被评为全国模范教师】　9月，

怀柔区长哨营满族乡中心小学体育教

师崔海明被评为全国模范教师。崔海明参加工作24年来把“老老实实做人，踏踏实实的工作，兢兢业业的奉献”作为从教的准则，在平凡工作岗位上潜心钻研、精心施教、形成特色。他培养的学生18年来连续获得怀柔区长跑团体第一名，并且保持着男女个人第一名及怀柔区男子1500米，女子800米、1500米的记录。训练的队员中4人达到国家二级运动员标准，为高一级体育院校输送近百名长跑人才，2人获得全国冠军。崔海明先后被评互为怀柔区骨干教师、北京市体育骨干教师、怀柔区体育学科教学带头人、北京市小学规模化建设工程先进个人、北京市优秀教师。

（缐金秋）

【邓莲菊被评为全国优秀教师】 9月，怀柔区九渡河镇中心小学教师邓莲菊被教育部评为全国优秀教师。邓莲菊以“爱心献给孩子，诚心送给家长，信心留给自己”作为座右铭。从教16年，担任班主任15年，所带的班级多次被评为先进班集体。她热爱教育事业，有爱心，有耐心，具有良好的思想品质。邓莲菊被推选为感动九小的十大人物和最美教师，曾获得怀柔区教学质量标兵、怀柔区优秀班主任、怀柔区优秀共产党员、北京市优秀教师。

（缐金秋）

【推行人事制度改革试点工作】 至年底，怀柔区教育系统推行人事制度改革试点工作。改革遵循分类分步试点推进、人力资源整合、合理流动三大原则，先以部分条件相对成熟的小学作为人事制度改革的试点，激活选人用人机制，促进教师的转岗和分流，实现教师在学校间的合理配置。区教委要求超编单位通过自然减员、转岗分流等办法，逐步调整超编人员。缺编单位的岗位空缺，通过公开招聘、调入等方法，达到规定的结构比例，完善城镇、平原、山区学校师资配置。改革工作以桥梓镇中心小学和渤海镇中心小学为试点学校，要求试点单位完善岗位设置方案，按编设岗、岗位竞聘、超编人员转岗分流，并优化校级绩效工资分配方案。年内，桥梓镇中心小学分流11名教师到桥梓镇中心幼儿园，3名教师分流到宝山镇中心小学；渤海镇中心小学分流14名教师到渤海镇中心幼儿园。

（缐金秋）

【三位一体着力提升教育服务水平】 至年底，怀柔区教委多措并举提高教育服务水平。一是做好教育布局规划。有序推进两河小学、实验二小怀柔分校、杨宋中学、庙城学校等建设项目，加紧实施怀柔三小、实验小学、怀柔镇中心小学、五中等改扩建工程，各项工程完工后可新增学位5980个。二是确保学区制建设实效。引导推动5个中学学区和6个小学学区在发展规划、德育教学、师资力量等方面开展交流合作，积极统筹教育资源，提高连片教育活动质量。三是全面发展各类教育，理顺农村学前教育管理体制，开展大众化农民培训工作，加大特殊教育投入力度，稳步推进学前教育、成人与职业教育、特殊教育发展。

（缐金秋　郑文童）

【转变视导机制促进教学质量提高】 至年底，怀柔区教委建立课堂教学视导机制，实行视导工作“三步走，四结合”。第一步，鼓励领导干部进班听评常态课；第二步，将示范课、研究课（或讲座）带进学校；第三步，积极组织针对教育教学中的普遍性问题开展区级研究活动。“四结合”即：视导工作与薄弱学校的实际相结合；视导工作与学校中的薄弱学科实际相结合；视导工作与典型教师的课堂教学实际相结合；视导工作与发挥市区骨干教师的辐射带头作用相结合。此外，区教委加大教学改革试点校建设，切实推动课堂改革深入开展。

（缐金秋　夏海燕）

【实行校级干部任期制】 至年底，怀柔区委教育工委实施校级干部任期制。所谓校级干部任期制，即一个任期3年，原则上一个岗位干满2个任期，在同一岗位任满9年须轮岗。一个任期结束后，区委教育工委将结合教育督导工作对校长进行考察，结果作为评价和提升干部的重要依据。实行任期责任制后，区委教育工委加大对党政正职的考核力度，考核内容包括思想素质、管理水平、教学业绩、廉政办学等四方面。根据考察结果，教委把每年绩效工资里的“灵活部分”倾向于表现优秀的校长。

（缐金秋）

学前教育

【概况】 2014年，怀柔区幼儿园52所，开设教学班297个，离园幼儿3085人，入园幼儿3276人，在园幼儿8642人。教职工1153人，其中专任教师663人。全区学前三年教育普及率100%，北京市示范性幼儿园2所，北京市一级一类园7所，一级二类0所，二级一类园0所、二级二类园13所，北京市社区儿童早期教育示范基地5个。

（缐金秋）

【召开综合实践课程现场会】 1月9日，怀柔区教委在杨宋镇中心幼儿园举办“亲近自然快乐成长”综合实践课程阶段小结现场会。活动分为入班观摩教学活动、活动后反思研讨、园长体会交流、教师代表汇报收获、讲座培训五个环节。活动旨在推动全区全面开展“亲近自然、快乐成长”综合实践课程的研究，最终使幼儿在快乐的童年中获得健康快乐的发展。首师大学前教育学院教师培训中心专家，九渡河、怀北、庙城幼儿园代表，杨宋幼儿园全体教师40人参加活动。

（缐金秋　周海玉）

【完成9所乡镇幼儿园固定资产移交工作】 2月，怀柔区教委完成新独立的9所乡镇幼儿园固定资产移交工作。根据怀柔区机构编制办公室《关于9所中心幼儿园独立建制的批复》，2013年12月，区教委将怀柔镇中心小学、杨宋镇中心小学等9所乡镇小学固定资产无偿调拨至对应的9所新独立乡镇幼儿园。截至2014年2月7日，固定资产移交手续已全部上交财政部门，固定资产无偿调拨涉及资金2121.17万元。

（缐金秋　刘移石）

【举办新教师集中培训】 4月17日，怀柔区教科研中心在怀柔一幼举办入职3至5年教师集中见习培训活动。培训听取一幼园长汇报、参观园所环境创设、观摩活动区活动、参加五大领域集体教学活动现场研训活动、观摩幼儿体操和户外活动。培训配合北京市 3 至 5 年幼儿教师培训项目开展。全区各级各类公办幼儿园的 40 名入职 3 至 5 年教师参加培训。

（缐金秋）

【新建第四幼儿园】 4 月，怀柔区第四幼儿园工程开工。幼儿园位于怀柔区迎宾北路 11 号，建筑总面积 12290 平方米，投资 4814 万元，全部为政府投资，主体结构三层，局部四层，25 个教室及配套设施，建成后可解决 750 名幼儿入园。至年底项目完成建筑主体结构。

（缐金秋）

【召开幼儿园安全工作会】 5月5日，

怀柔区教委组织召开幼儿园安全工作会。会议重点解析近期有关伤害儿童事件，同时针全区 2014 年安全工作提出具体要求。一是加强师德建设，杜绝虐待幼儿现象的发生；二是要完善幼儿园设施设备，保证园内安全；三是坚持来客登记制度，严保入园关；四是坚持晨午检制度，防止传染病发生；五是要精心组织教育教学活动，确保幼儿活动安全。此外，加大全区幼儿园安全排查力度，做到排查隐患到位，落实整改到位，安全投入到位。怀柔区公办园园长、民办园园长及个体园园长 40 人参加会议。

（缐金秋　黄楚婷）

【开展首席研究员现场研训活动】 5 月 8 日，怀柔区教委、区教科研中心在渤海镇中心幼儿园开展“亲近自然，快乐成长”综合实践课程教研员首席研究课——农村幼儿园干部教师专业成长现场研训活动。教研员以《栗树林里有什么》为例展示综合活动和艺术领域绘画研究课，指导教师在走进大自然的科学探究过程中，发展幼儿探究能力。首师大学前教育学院幼教师资培训中心相关教师、区教科研中心领导及怀柔区部分幼儿园园长、保教主任 60 人参加活动。2012 年，怀柔区实施教研员“接地气、做首席”培训，该活动是研修员“开天目、接地气、做首席”三段式培训之一，教研员到基层学校举办做首席示范课活动，将研究示范、培训合为一体。

（缐金秋　韩爱萍）

【与中科院合作办园】 5 月 29 日，怀柔区教委与中科院行政管理局和师睿学达文化发展有限公司签署合作办园协议。协议明确，三方合作举办柏泉庄园、驸马庄、新贤街小区配套幼儿园，怀柔区教委将借助中国科学院行政管理局和师睿学达（北京）文化发展有限公司的办园实力、办园经验，把柏泉庄园、驸马庄经适房 2 所小区配套幼儿园办成高质量的园所。至年底，怀柔区柏泉庄园、驸马庄经适房、新贤街 3 所小区配套幼儿园全部开园。

（缐金秋　付东红）

【推进小规模幼儿园建设】 10 月 15 日，怀柔区教委召开推进小规模幼儿园建设工作会。会议听取整改力度大的幼儿园汇报，为 20 所先期预备审批园所交流工作经验。会议就民办园提高质量、校园安全、申报审批等 6 个方面提出具体要求。会议组织参观怀北铁路家属幼儿园、雁栖镇春华秋实幼儿园、庙城镇快乐宝贝幼儿园和南关幼儿园。怀柔区教委领导和待审批幼儿园园长 30 人参加会议。

（缐金秋）

【强化部门办园民办幼儿园管理】 11 月 5 日，怀柔区教委召开部门办园、民办幼儿园工作会。会议通报怀柔区部门办园及民办幼儿园发展情况，总结近期民办幼儿园级类验收、年度考核、园所安全、收费工作，就进一步推进全区学前教育全面发展，向各部门办园、民办幼儿园提出四点要求。一是要做好幼儿园维稳工作，确保幼儿园教师生命安全；二是要做好教师的教育、管理、聘任工作；三是要规范教学管理、防止小学化、成人化；四是要做好幼儿园财务管理工作。会议强调，区教委加大部门、民办幼儿园管理力度，完善落实年检制度，监督指导园所开展好教育保育活动，不断提高幼儿园办园质量，促进全区学前教育事业的全面发展。全区 20 所相关幼儿园负责人参加会议。

（缐金秋　黄楚婷）

【推进学前教育三年行动计划】 至年底，怀柔区学前教育三年行动计划新建和改建 12 个项目。其中，渤海镇中心园工程已竣工交付使用；汤河口镇中心园主体工程已完工，正在进行室内外装修；第四幼儿园正在进行主体施工；桥梓中心幼儿园正在进行施工图审查工作；宝山中心幼儿园已取得市国土资源局农转用批复，正在进行施工监理招标；北房中心幼儿园已取得初步设计概算批复，正在办理土地划拨手续；长哨营中心幼儿园初步设计概算已获市发改委立项批复；雁栖镇中心幼儿园、庙城镇中心幼儿园正在进行设计招标，怀北镇幼儿园正在抽取设计招标代理单位，准备进行设计招标；喇叭沟门满族乡中心幼儿园正在办理规划条件审批手续，准备设计招标工作；杨宋镇中心幼儿园已获市发改委立项批复，正在准备招投标相关手续。12 所新建、改扩建幼儿园总建筑规模约 5.3 万平方米，建成后可解决 3540 个学位。

（缐金秋　付东红）

基础教育

【概况】 2014 年，怀柔区小学 24 所，教学班 463 个，毕业 2533 人，招生 3043 人，在校生 16500 人，在校生中北京市户籍学生 11031 人；教职工 1815 人，其中，专任教师 1299 人。小学入学率 100%，巩固率 100%，毕业及格率 100%。中学 23 所（初中 14 所、高中 4 所、九年一贯制学校 4 所、完全中学 1 所），教学班 376 个（初中 256 个、高中 120 个），毕业 3470 人（初中 2176 人、高中 1294 人），招生 3742 人（初中 2293 人、高中 1449 人），在校生 11140 人（初中 6756 人、高中 4384 人），在校生中北京市户籍学生 9126 人（初中 5078 人、高中 4048 人）；教职工 2561 人，其中，专任教师 1421 人。初中入学率 100%，巩固率

100%，毕业及格率100%；高中入学率73%，毕业及格率78.91%。特殊教育学校1所，开设教学班6个，毕业9人，招生25人，在校生61人；教职工32人，其中，专任教师17人。残疾儿童入学率100%，巩固率100%，结业率100%。校外教育单位1个，教职工49人，其中专任教师39人。中小学专任教师学历合格率，小学100%、初中98.6%、高中98.8%，高级专业技术职务教师286人（小学3人、初中123人、高中160人）。特级教师7人（幼儿园1人、小学2人、中学4人）。全区中小学藏书1041090册，校舍总占地面积1069232平方米，总建筑面积579807平方米，固定资产总值122503.85万元。全年教育经费投入99924.9万元，均为国拨。

（缐金秋）

【礼仪教育覆盖全区中小学】　3月4日，怀柔区教委和区文明办开展“尚礼怀柔——倡合宜责任、学雷芳精神、做美德少年”主题教育活动。倡导全区中小学学生从身边点滴做起，争当文明有礼怀柔人，向世界展示怀柔热情好客、文明礼貌的良好形象。活动中区文明办为师生捐赠书籍《尚礼怀柔》3.5万册。区教委要求各少先队以队课形式组织少先队员认真学习手册内容，掌握手册知识。该活动要求各学校以“学习培养APEC国际礼仪”为主题召开主题活动，师生们用朗诵、情景剧、演唱等方式，普及APEC会议知识，增强文明东道主意识；利用少先队活动阵地，布置APEC文明礼仪中队角；开展APEC文明礼仪主题黑板报评选；APEC文明礼仪主题红领巾广播等。

（缐金秋）

【举办学生艺术节戏剧专场比赛】　3月28日，怀柔区第17届学生艺术节戏剧专场比赛在学生活动管理中心举行。比赛分为小学组、初中组和高中组，比赛项目包括儿童歌舞剧、校园剧和京剧。全区37所学校300人参加比赛，分小组评出一二三等奖。

（缐金秋　吴颖）

【与美国中小学合作交流】　4月15日，怀柔区中小学与美国加州洛杉矶联合学区第五学区签订教育交流合作意向书。签约仪式上，怀柔二中、怀柔三中、怀柔五中、光明小学怀柔分校、怀柔三小、怀柔实验小学分别与第五学区学校正式签订教育交流合作意向书。双方通过领导互访、师生交流、资源共享等形式开展教育合作工作。美国加州洛杉矶联合学区第五学区执行长官胡安、美中文化教育协会、区教委领导参加签约仪式。

（缐金秋　夏海燕）

【举办义务教育入学服务平台培训】　4月28日，怀柔区教委2014年义务教育入学服务平台培训会。区教委部署2014年小学信息采集宣传及招生相关工作，分层对乡镇、小学招生工作主管领导、学籍管理员、网管员进行小学入学系统平台使用培训。会议要求各部门：要高度重视，抓紧熟练掌握系统使用；要严格程序，确保每项操作均有痕迹记录，保证操作流程阳光透明；要精益求精，要求学校设置专人负责，做好服务家长工作；要严格时限，及时反馈信息，确保全区小学招生工作顺利进行。本年北京市首次启用统一的小学入学服务系统。该系统首次将学生的信息采集、入学的过程，以及学籍的生成进行同口径对接，每一个学生的入学属性和痕迹都全程记录，整个环节可监控可记录。全区14个乡镇2个街道以及各小学招生工作主管领导、学籍管理员、网管员100人参加培训。

（缐金秋　孙荣菊）

【召开首大附属学校合作共同体研讨会】　4月29日，首都师范大学附属学校合作共同体在怀柔区红螺寺中学召开“立德树人，特色发展——首师大附属红螺寺中学教育思想”研讨会。会议组织参观红螺寺中学校园环境、活动设施及教育展览，听取该校学校整体情况介绍，了解学校“开放办学，多样发展，人本治校，文化润校，民主理校，以德树人，科研兴校，特色强校”办学理念，观摩红螺寺中学音乐、美术、物理等6节特色课。会议肯定红螺寺中学特色教育取得的成绩，并就红螺寺中学办学理念、发展特色等组织研讨。首师大专家，全国首师大附属学校校长、教师30人参加会议。

（缐金秋　代淑芬）

【投石车全国竞赛获奖】　5月17至24

日，怀柔第四中学和实验小学学生参加全国青少年未来工程师博览与竞赛活动投石车项目竞赛获奖。怀柔四中和实验小学8名学生代表北京市参赛，经现场制作和现场比赛两个环节，在27支代表队中，怀柔区4组选手包揽中、小学组两个组别的第一名和第二名。此前，在5月10至11日北京市青少年未来工程师竞赛活动中，这8名学生分别获得投石车项目中学组的第一名、第二名和小学组的第一名、第二名。

（缐金秋　杨海舰）

【语文特级教师怀柔支教】　5月19日，“怀柔区小学语文课堂教学改革研讨会暨北京市小学语文特级教师怀柔支教一日行”活动在光明小学怀柔分校举行。活动中，市教委、北京教科院、北京市小学语文特级教师等组成的特级教师团队观摩怀柔区10名小学骨干教师发展工作室成员的教学展示，并现场评课、讲座，为教师解答问题。区教委领导和各小学骨干教师等240人参加活动。

（缐金秋　朱凌霞）

【部署“三大球”基层网点校工作】　5月21日，怀柔区教委联合区体育局组织召开2014年“三大球”基层网点校工作部署会。会议报告2014年“三大球”基层网点校工作背景要求，表彰2013年市级体育场地对外开放优秀校、市级体育先进传统校、青少年体育俱乐部等优秀单位。会议针对基层网点校工作提出三点要求，一是加强领导，明确责任，做好“三大球”网点校建设；二是实事求是，分步推进，学校做好项目训练五年规划；三是保障到位，合理运用经费，保障训练顺利进行。会议明确，区教委制定配套资金和设施设备投入方案，严格把控资金专款专用。基层网点校要做好项目规划，坚持科学训练，保证训练时间、层次、形成学校梯队建设，积极参加国家级、市级各项比赛并加大经费支持。区体育局、区教委领导和直属中小学校长20人参加会议。

（缐金秋　李佳骏）

【雁栖学校初中部停止招生】　5月，怀柔区雁栖学校初中部停止招生。根据怀柔区教委2014年义务教育阶段入学工作的意见，雁栖学校停招七年级新生。雁栖学校具有本市户口的应届六年级毕业生就近到北京市第一〇一中学怀柔分校入学。初中部现有八、九年级在校长生237人，其中京籍学生90人，非京籍学生147人。初中部教师9人分流一〇一中学怀柔分校任教，61人留在雁栖学校初中部。2016年雁栖学校初中部撤销。

（缐金秋）

【推广正确姿势提示桌垫】　6月8日，怀柔区中小学卫生保健所为全区小学生配备正确姿势提示桌垫。桌垫分为“小学生1至2年级”和“小学生3至6年级”版本。“小学生1至2年级”配汉语拼音，方便低年级学生阅读和使用，桌垫通过图文并茂方式讲解正确的坐姿和读写姿势，还对各种不良姿势进行提示。该桌垫便于携带，可在学校和家庭同时使用，随时提醒学生保持良好的坐姿和读写姿势。近年来，怀柔区小学生视力不良患病率呈上升趋势，2013至2014学年，小学生近视检出率37.93%，小学一年级近视检出率26.79%。正确姿势提示桌垫的有效利用，无疑为培养小学生良好的坐姿和读写姿势，预防视力不良的发生奠定良好基础。

（缐金秋　夏海燕）

【健康食堂挂牌】　6月14日，怀柔区疾控中心复验教育系统4家“健康食堂”，并为“健康食堂”挂牌。4家“健康食堂”分别是怀柔一中、怀柔红螺寺中学、怀北学校、渤海小学食堂。2013年4月，4所学校食堂通过市级验收被认定为“健康食堂”。“健康食堂”旨在通过健康知识宣传、改善烹饪技术等手段，提高师生健康饮食的意识，促进健康生活方式的养成。

（缐金秋　郑文童）

【九渡河中心小学汇报合作办学成果】

6月27日，怀柔区九渡河镇中心小学与史家胡同小学联合举行合作办学成果汇报活动。会议观看两校合作发展汇报专题片，观赏九渡河镇中心小学腰鼓、跳皮筋、抖空竹表演，以及现场制作的数字油画、摄影、剪纸、石头画等艺术作品，听取该校5名教师赴史家小学学习情况汇报。会上，两校校长对进一步深化合作办学提出设想，表示将在区教委和镇政府的支持下，进一步明确深化合作办学的目标和任务，不断积累丰富合作办学经验，为带动两地教育的均衡发展打下良好基础。怀柔区政府领导、史家胡同小学校长、怀柔区教委及九渡河镇政府相关领导，九渡河镇中心小学师生400人参加会议。

（缐金秋　陈海丰）

【验收首批标准化平安校园】　8月27日，怀柔区教委完成首批“平安校园标准化”申报校验收工作。验收工作历时10天，区教委协同区公安分局内保大队、交通支队、消防支队、食药局、区教育督导室部分专兼职督学根据评审细则组成10个评审专家小组，检查验收20所申报校。验收过程中，各申报校高度重视，仔细分析考核指标，认真进行准备，有效达到以评促改，以评促建的目的。验收结果为1所学校优秀，6所学校达标，其余学校在安全硬件和软件建设中都有提高。怀柔区平安校园标准化评估标准规定，到2016年全区所有学校都要通过达标验收。

（缐金秋　于凯）

【获全国观摩课一等奖】　9月21至25日，第四届全国少数民族地区中小学英语教学与教师发展研讨会在甘肃省兰州市举行。怀柔区长哨营满族中学教师王丽华（怀柔三中支教教师）代表北京市参加全国教学观摩课初中组比赛，获得观摩课全国一等奖，同时获得展评课全国一等奖；长哨营满族中学教师王彦获得展评课全国一等奖，喇叭沟门满族中学教师赵嘉获得展评课全国二等奖；同时，怀柔区3名教师获得观摩课优秀指导教师奖。研讨会由国家基础教育实验中心外语教育研究中心主办，甘肃省教育科学研究所协办，英语辅导报社北京研发中心、考试与评价杂志社承办。教育部领导，全国少数民族地区英语教研员、英语教师1000人参加会议。

（缐金秋　郝静）

【召开综合素质提升工程研讨会】
10月11日，怀柔区教委在怀柔三中召开“全面统筹，阶梯发展，提升素质”中小学综合素质提升工程研讨会。会议观摩怀柔三中学生实践活动作品和学生实践活动成果集展示，听取三中《丰富育人实践活动助力学生梦想起飞》暨社会大课堂活动经验汇报。会议肯定怀柔三中在综合素质提升工程方面取得的丰硕成果，在强化文化引领、紧跟教育改革步伐、加强课程开发研究、注重实践成果积累等方面，谋划学生综合素质提升工作的新思路、新形式、新办法。怀柔区教委领导，全体初中校代表，部分学生和家长共200人参加会议。

（缐金秋）

【举办首届中小学生观鸟比赛】　10

月17日，怀柔区教委举办首届中小学生观鸟比赛。15所中小学81名学生参加比赛。比赛3人一组，由一名评委带队。选手们用高倍望远镜观察自然环境中的野生鸟，记录鸟的外形姿态、取食方式、迁徙特点和栖息环境等，通过鸟类图鉴鉴别鸟的种类，并统计鸟类的数量。比赛中，选手们共观测到红嘴蓝鹊、青头潜鸭、斑嘴鸭等31种鸟，选手们还观察到在怀柔水库很少出现的鸟类绿鹭和鸬鹚。最终，怀柔三中等5所学校以其观察鸟类的种类多、描述清晰而获得中小学组一等奖。中小学生观鸟比赛是怀柔区学生科技节赛事之一。

（缐金秋　吴颖）

【实行视力不良分级管理】 12月15日，怀柔区保健所举办全区中小学校视力不良分级警示培训会。为进一步做好视力不良防控工作，保健所对全区中小学生视力不良进行分级管理，根据健康体检视力不良检出情况对学校进行分级评估并提出警示。经评定，全区年度视力不良增长幅度在1至3个百分点以内，为Ⅰ级黄色警示的学校有11所；增长幅度在3至5个百分点以内，为Ⅱ级橙色警示的学校有8所；增长幅度在5个百分点以上，为Ⅲ级红色警示的学校有10所。保健所要求学校对各年级视力不良检出情况进行分级评估并提出警示，对有视力下降趋势和轻度近视学生进行分档管理。针对学生视力变化，进行早期干预，建立学校、学生和家长的联动工作机制，共同做好中小学生近视防控工作。怀柔区教委领导及全区中小学主管教育校长及保健医生110余人参加分级警示培训会。

（缐金秋　郑京晶）

【加强校外活动站建设】 至年底，怀柔区教委分别在深山区、浅山区、较大平原地区、城乡交接部成立8个乡镇校外活动站，初步建立乡镇校外活动站示范网络。8个乡镇校外活动站分别是汤河口校外活动站、渤海校外活动站、长哨营校外活动站、九渡河校外活动站、实验小学校外活动站、杨宋校外活动站、宝山小学校外活动站、庙城学校校外活动站。此外，新建雁栖、怀北、北房中学校外活动站。年内，8个乡镇校外活动站被命名为市级乡镇校外活动站，渤海小学、九渡河小学、实验小学、长哨营小学校外活动站被命名为乡村学校少年宫。2015年，怀柔区拟建喇叭沟门、琉璃庙、桥梓镇校外活动站，形成乡镇校外活动站网络布局全覆盖。

（缐金秋）

职业与成人教育

【概况】 2014年，怀柔区职业高中2所，毕业423人，招生92人，在校生1747人，教职工450人，其中，专任教师244人。各级各类成人教育学校381所，其中，镇乡成人文化技术培训学校14所，教职工51人，其中，专任教师36人，村级成人文化技术培训学校298所，教职工367人，其中，专任教师317人；社会力量办学83所，教职工1500人，其中，专任教师429人。农村成人文化技术培训学校占地面积31700平方米，建筑面积30450平方米，固定资产总值1788万元；社会力量办学占地面积34650平方米，建筑面积29800平方米，固定资产总值410万元。怀柔区社区教育中心是怀柔区教育系统成人教育管理与培训机构，教职工22人，兼职教师35人，占地面积11300平方米，建筑面积8210平方米。

（缐金秋）

【召开特色教材建设研讨会】 1月18日，怀柔区农广校召开“与怀柔旅游相结合改革农民教育培训方式与课程开发项目”特色教材建设研讨会。会议邀请区旅游委等专家讨论该校“与怀柔旅游相结合改革农民教育培训方式与课程开发”项目成果，就学校自编的特色教材《怀柔民俗旅游接待实用指南》提出指导性建议。区旅游委、区教委领导和学校项目组成员15人参加会议。

（缐金秋）

【举办汽车运用与维修技能大赛】 3

月27日，怀柔区汽车运用与维修技能大赛在区职业学校举行。比赛分为理论考试和实操考试，其中，实操设定机修团体赛、机修个人赛、汽车空调、车身修复、车身涂装5个赛项，比赛过程严格按照市赛标准进行，共有30人次获得各项奖励。获奖选手将代表怀柔区参加4月举行的市级技能大赛。怀柔区教委、区教科研中心，北京交通运输职业学院等领导参加技能大赛启动仪式。

（缐金秋）

【举办职业学校教师基本功大赛】 4至12月，怀柔区教育工会举办2014年怀柔区高中教师教学基本功赛。比赛分初赛和决赛两个阶段，包括笔试、现代教育技术运用和现场微格教学展示三项。职校教师113人参加比赛。最终评选出一等奖8人，二等奖10人，三等奖13人。

（缐金秋　彭海芳）

【承办京北职教联盟信息化说课比赛】 5月26日，京北职教联盟信息化说课比赛在怀柔区职业学校举行。比赛评委由市职教专家组和怀柔、昌平、延庆、密云四区县职业学校的教研主任组成，各联盟校各均派5名代表参赛。说课内容涉及汽修、旅游、德育、语文、数学、英语、物理、信息、计算机、园林等10个学科。最终比赛评选出一等奖4人，二等奖8人，三等奖8人。赛后，市职教专家对比赛进行点评，认为比赛展示近年来各区县职业教育的先进理念、鲜明特色和优秀成果，对各职业学校整体教学水平的提高起到促进作用。市职教专家，怀柔、昌平、延庆、密云四区县教委相关领导及怀柔职业学校教职工80人观摩赛课活动。

（缐金秋）

【完成自考成考工作】 10月26日，怀柔区考试中心完成2014年全国高等教育自学考试、成人高考工作。本期自考考点设在怀柔三中，报考共计776科次；成人高考考点设在怀柔五中，报考115考场，报考923人。

（缐金秋）

【农民科技教育实训基地授牌】 10月31日，怀柔农广校在怀柔区汤河口镇小黄塘北京北方养殖园举行“北京市农民科技教育实训基地”授牌仪式，为北方养殖园渤海群兴种养殖专业合作社等6家有特色有规模的企业颁发“北京市农民科技教育实训基地”牌匾，同时，基地负责人被聘为基地主任。活动中，区职业学校、农广校外聘教师讲授“新型职业农民培育”第一节课“鲟鱼的烹饪技术”等课程。市农委、农职学院、市农广校等有关领导及职业农民代表等70人参加活动。

（缐金秋　王开丽）

【多举措助推职业教育新发展】　至年底，怀柔区教委多措并举助推职业教育新发展，加大人才培养力度，提高劳动者素质。一是以提高学生实操能力为重点，加大课程设置改革力度，实行模块教学，加大实践课的课时比例，推进“工作过程化，以典型任务为导向”的专业教学改革。二是与昌平、密云、延庆结成京北四区县现代职教体系建设联盟，共同探索现代职业教育体系建设。三是重视教科研，各级课题取得新进展。市级立项课题4个，区级课题5个，校级课题6个，实现市级课题申报新突破。四是推行“双证书”制度。推进学生在取得学历证书的同时获取职业资格证书工作，统一组织参加劳动部门组织的职业资格考核，确保学生初级工比例达到100%，中高级工比例达到50%以上。

（缐金秋　郑文童）

【开展农村富余劳动力转移培训】
至年底，怀柔社区教育中心承担怀柔区农村富余劳动力转移培训工作。在前期调研基础上，根据各镇乡不同需求，共开设8个培训班，包括中式烹调师、计算机操作员、手工编织三个工种。在培训过程中，按照相关要求规范操作每个环节，做到培训数据与平台电子档案同步。年内累计培训401人，其中356人参加职业资格鉴定，合格率在60%以上，就业率100%。怀柔社区教育中心从2006年开始承担怀柔区农村富余劳动力转移培训工作。

（缐金秋）

教育督导

【概况】　2014年，怀柔区政府教育督导室切实发挥教育督导“监督、检查、评估、指导”的作用，履行督导职能，为全区教育事业均衡、优质、可持续发展提供有力的监督和保障。改进工作作风，落实《中小学校责任督学挂牌督导办法》，制定《怀柔区中小学校责任督学挂牌督导实施意见》，加强挂牌督导运行机制和制度的建设，开展督学责任区经常性督导工作。积极组织协调，迎接北京市学前教育专项督导，并顺利通过验收。制定《怀柔区教委、区督导室关于贯彻市颁新评价方案，加强全区中小学校、职业学校、幼儿园、特殊教育学校、校外教育机构全面实施素质教育综合督导评价工作的实施意见》，做好《怀柔区全面实施素质教育评价方案》试评工作，为综合督导评价打下坚实的基础。完成国家级义务教育均衡发展迎检验收申报工作，就检查情况提出整改意见。开展镇乡教育工作督导检查工作，加大依法行政、依法治教力度。完成“十二五”督导科研课题的指导、结题及评选工作，抓好督导队伍建设，做好兼职督学续聘和补聘工作。

（缐金秋）

【接受学前教育专项督导评价】　3月20日，市教育督导室学前教育专项督导评价组督导评价怀柔区学前教育发展情况和学前教育三年行动计划落实。督导组查阅学前教育工作档案资料，分三组召开相关委办局、部分幼儿园园长代表、教委机关科室座谈会，就公办幼儿园建设、学前教育经费投入、学前教育教师队伍建设等方面进行交流。会议结束后，督导组分别到怀柔二幼、总装幼儿园、华嘉幼儿园、秋实幼儿园等实地考察。督导组充分肯定怀柔区落实学前教育三年行动计划的各项工作。

（缐金秋）

【部署基本办学条件专项督导工作】
7月4日，怀柔区教育督导室召开迎接农村义务教育学校基本办学条件专项督导部署会。会议传达《市教委、市政府教育督导室关于开展农村义务教育学校基本办学条件专项督导的通知》精神，部署怀柔区具体安排并提出工作要求：一是高度重视，灵活检查形式。充分结合挂牌督导的工作性质与形式，运用多种方式进行检查，收集真实、全面的数据；二是突出重点，关键问题与学校要明确沟通。对于检查中涉及的D级危房、食堂需求、突出安全隐患等问题，要与学校进行沟通，明确标准；三是建立台账，做好数据登统与存留。严格按要求开展检查，认真做好学校自查台账和责任督学检查台账的留存；四是按时完成，保证顺利、高效完成工作。要求7月11日前，各校挂牌督学完成实地督导检查，并填写记录表。区教育督导室领导和农村学校挂牌督学30人参加会议。

（缐金秋）

【接受全市素质教育督导检查】　11月

26日，市教育督导室督导评估怀柔区实施素质教育及教育法律法规执行情况。怀柔区政府从制度保障、经费投入、资源配置、教育管理和改革、教育特色五个方面向专家组汇报怀柔区全面实施素质教育工作。督导肯定怀柔区实施素质教育的创新做法和改革经验。随后，督导组分三组召开相关委办局、学校代表、教委机关科室座谈会，并查阅怀柔区实施素质教育及教育法律法规执行情况的档案材料，实地检查怀柔区职业学校等6个单位素质教育实施情况。怀柔区政府、区教育督导室及、部分学校代表60人参加督导活动。

（缐金秋）

【召开综合督导专项工作培训会】
12月31日，怀柔区教育督导室召开综合督导专项工作培训会。培训会邀请具有多年督导经验的兼职督学作《关于对教育督导评价的认识》报告。结合第一轮素质教育综合督导试评工作中发现的问题，讲解教育督导的意义、督导的基本形式与原则，说明督导信息采集方式、分类方法，分析如何具体落实督导工作、被督导人员心理现象等问题。怀柔区教育督导室专兼职督学 30 人参加培训。

（缐金秋 赵冬梅）

【完成全面实施素质教育综合督导试评】 至年底，怀柔区教育督导室完成对全区各类学校（教育机构）全面实施素质教育综合督导试评工作。督导室结合本区实际，制定《怀柔区全面实施素质教育督导评价实施细则》，与区教委组成中学、小学、幼儿园、职业学校、教育机构 5 个督导组，分两轮完成对全区各类学校（教育机构）全面实施素质教育综合督导试评工作。督导工作全面检查学校发展规划、两支队伍建设、各项工作管理、发展绩效，在总结学校办学成绩和经验的基础上，发现、收集被督导单位对实施细则的意见与建议。

（缐金秋 赵冬梅）

中共怀柔区委教育工委

书　记　张福利

怀柔区教育委员会

主　任　李连鑫

怀柔区政府教育督导室

主　任　张福利

【举办“深化课改我为先”主题论坛】 1 月 4 日，平谷区教育研修中心举办“深化课改我为先”主题论坛活动。小学、初中、高中三个学段的教研室主任和优秀教研员代表分别做经验交流，分享自己在课改工作中的思考与探索、收获与体会。区教委指出：教研员要研究在先、指导在先、示范在先，通过教师成长及课堂变化，呈现教研员在课堂教学改革中的能力和水平；平谷区教育研修中心在 2014 年要对《平谷区“深化课改我为先”成果集锦》中呈现的课堂教学模式进行推广和完善，加大全区教师基本功培训力度，要认真进行中高考策略研究。区委教育工委、区教委领导，以及区教育研修中心全体教职工 130 人参加会议。

（张东安 吴玉仙）

【召开校外教育联席会】 3 月 19 日，

平谷区政府召开 2014 年校外教育联席会。会议总结 2013 年校外教育工作进行总结，部署 2014 年校外教育工作。会议表彰 2013 年平谷区校外教育先进集体、先进个人及 2013 年北京市乡镇校外活动站，传达《平谷区教育委员会关于在义务教育阶段推行中小学生课外活动的实施方案》。会议提出，一要创新工作机制，完善保障体系，整合资源。二要加强队伍建设，提升工作水平，强化管理。三要创新活动载体，拓展活动外延。四要加强部门协作，推进项目建设。区政府、区校外教育联席会成员单位主管领导、乡镇活动站、乡村少年宫主任参加会议。

（张东安 吴玉仙）

【成立名教师名班主任工作室】 4月

22 日，平谷区教委召开名教师名班主任工作室启动暨培训会。会议宣布成立数学、语文、英语、物理、政治、历史共 6 个名教师工作室，成立 1 个名班主任工作室。工作室的主要任务是加强师资队伍建设，提高师资队伍整体素质，采取全方位、多途径的培养措施，充分发挥名工作室的辐射作用，努力培养一批具有高尚师德、良好的心理素质、精湛的教学技艺，并能熟练掌握和运用教育科研成果，不断完善、发展自我的教师队伍。会议向工作室主持人颁发工作室牌匾，就工作室提出三点希望：一是强化名师工作室责任意识，以教师发展为己任。二是要珍惜研究机会，努力提升名师工作室成员的个人专业素质，充分发挥名师引领、示范辐射作用。三是平谷区教育研修中心要加强对名师工作室的日常管理、考核评价，促进名师自主发展。会议还举办“师德为先、学生为本、能力为重、终身学习”专题培训，重点强调要树立高尚师德、掌握专业知识、提高专业能力。区教委领导，全区中小学校长、幼儿园代表和工作室成员 200 人参加会议。

（张东安 吴玉仙）

【表彰“十大美德少年”】 5 月 23 日，平谷区第一届“十大美德少年”授奖大会在绿谷小香玉艺术学校举行。该评选由区文明办、区委教工委、区教委、团区委、区妇联联合主办，旨在用榜样的力量激励广大未成年人崇尚先进、见贤思齐，更好地传承和弘扬中华民族传统美德，推进全区未成年人思想道德建设。活动自 2013 年 9 月份启动，经过班级评选、学校推荐、学生投票、网络投票和主办单位评审，最终确定 10 名同学为平谷区第一届“十大美德少年”，10 名同学获平谷区第一届“十大美德少年提名奖”。

（张东安 吴玉仙）

【召开教师节表彰大会】 9 月 10 日，平谷区委、区政府召开 2014 年教师节庆祝表彰大会。会议表彰 10 个教育工作先进集体、20名优秀教育工作者、100名优秀教师。区委书记向全区广大教师和教育工作者致以节日的问候和崇高的敬意，就全区教育事业发展提出三点意见：教育是最大的民心工程，区委、区政府始终将教育摆在战略优先发展地位，投入有力度，教改有效果，教师有干劲，全区教育事业保持良好发展态势。平谷教育还存在优秀生源外流、高考含金量低、教育满意率低的问题，全区教育工作者要以差距为动力，重塑教育信心。办好教育的核心目标是提高质量，关键是创名校、选名师、育英才。平谷区领导，各乡镇、街道、委办局主管教育领导，教育系统干部教师代表800人参加会议。

（张东安　吴玉仙）

【国安俱乐部支持小学体育发展】 9月15日，北京国安足球俱乐部参与北京市小学体育特色教育工作启动仪式在平谷八小举行。会议为平谷八小、平谷九小、金海湖二小、大兴庄学区、南独乐河学区颁发“北京市体育特色发展示范学校”牌匾，向5所小学赠送纪念足球，国安队球员与平谷八小学生表演趣味对抗赛。根据国安足球俱乐部和平谷区签署的体育特色发展工作项目合作协议，北京国安足球俱乐部在2014年9月至2020年6月间在六个方面与5所小学深入合作：利用体育课和课外活动时间对现在一年级所有学生进行训练；培养和树立校园足球文化；培训在校体育教师；把足球课程纳入学校课程设置和课外活动当中；通过足球项目的开展带动小学范围内其他体育运动项目的发展；利用国安俱乐部的青训体系搭建校园足球体系，完善现有的校园足球联赛工作。市教委、国安足球俱乐部、区教委领导和平谷八小师生等500人参加启动仪式。

（张东安　吴玉仙）

【“最美教师”宣讲团走进学校】 9月17至19日，平谷区教工委组织“最美教师”宣讲团走进学校巡讲。宣讲团先后走进大华山中学、山东庄学区和平谷区教育研修中心进行宣讲，10名宣讲员以“把学生放在心上，做最美人民教师”为主题，倾情讲述教育系统干部教师忠诚教育事业、树立职业理想、履行职业责任的感人故事。全系统各单位600人听取报告。

（张东安　吴玉仙）

学前教育

【概况】 2014年，平谷区幼儿园62所，其中，教育部门办5所，集体办园37所，民办园20所。园所占地面积151814平方米。离园幼儿2828人，入园幼儿2891人，在园幼儿8393人。教职工1225人，其中，专任教师629人。学前三年教育普及率99%。全区北京市示范幼儿园4所，一级一类幼儿园4所，一级二类幼儿园5所。

（张东安　吴玉仙）

【检查民办幼儿园】 3月，平谷区教委完成全区19所民办幼儿园年度检查。检查组由区教委综治科、学前科、纪检监察科、平谷区教育研修中心和区妇幼保健院相关人员组成，检查主要依据《平谷区教育委员会关于民办幼儿园年检及考核意见》。经查结果显示：19所民办幼儿园全部认定合格。

（张东安　吴玉仙）

【召开张福伶办园思想交流会】 4月

24日，平谷区教委举办张福伶园长办园思想研讨会暨交流培训活动。与会人员共同观摩南独乐河幼儿园幼儿户外体育活动和班级环境创设，听取南独乐河幼儿园园长张福伶专题报告，以及峪口一区、大兴庄学区、平谷二园典型发言，平谷二小、平谷三园、平谷五园校（园）长现场进行点评。会议就学校如何形成独特的办学思想指出，一是需要不断反思与追问、二是有举措和载体、三是需要实践与落实、四是有成效和成果、五是不断发展与创新。会议结合小幼衔接工作重点强调，各小学、幼儿园要加强沟通与联系，相互借鉴与融通，进一步促进小幼一体化管理。全区各学区（直属小学）校长、幼儿园园长、区教育研修中心相关人员100人参加活动。

（张东安　吴玉仙）

【名校长工作室成员走进平谷三园】 5月7日，平谷区教委组织开展刘永胜名校（园）长工作室成员走进平谷三园指导教学。原北京光明小学校长刘永胜携名校（园）长工作室成员及第二批拟验收特色幼儿园园长等20余人参观幼儿园室内外及班级环境创设，听取园长关于幼儿自主自信教育建设方案汇报刘永胜。结合园所办园理念、特色定位等内容，对4所第二批特色幼儿园申报单位特色建设实施方案进行逐一点评和针对性指导。

（张东安　吴玉仙）

【启动名园长工作室】 9月4日，平谷

区教委举办“名园长工作室”启动仪式。区教委领导为工作室颁发“北京市平谷区名园长工作室”铜牌，向名园长工作室主持人、北京市第四幼儿园园长吴欣萍颁发“平谷区人民政府教育顾问”聘书。平谷二园园长代表“名园长工作室”成员发言，表示要积极认真参加活动，不断提升自身素养，促进幼儿园保教工作发展。启动仪式后，工作室成员听取吴欣萍园长幼儿园管理专题讲座，共同研讨工作室工作思路和工作内容。12名园长工作室成员及部分乡镇幼教主任共20人参加活动。

（张东安　吴玉仙）

【举办“进名校听建议”交流活动】 9月23日和10月9日，平谷区教委组织市立园园长、乡镇幼教主任40余人，先后到王辛庄第二学区、平谷六小观摩学校文化建设特色和校本课

程，与小学教师共同探讨幼小衔接工作重点。活动中，双方在培养幼儿倾听、坐姿、握笔、阅读等习惯的养成、时间意识的培养、语言理解能力的提高等方面达成共识。区教委提出，要通过训练、培养、评价、激励养成习惯，将幼小衔接落到实处；各小学、幼儿园要加强沟通与联系，做到零距离接触、无缝隙衔接，相互借鉴与融通，进一步促进小幼一体化管理；校园文化要体现丰富内涵，注重宣讲和解读，达到“我知道，我宣讲、我运用，我创新”的最终目标。

（张东安　吴玉仙）

【举办幼儿园优秀教育活动课展示】　12 月 4 日，平谷区教委举办幼儿园优秀教育活动展示。活动中，平谷一园、乐政务幼儿园、平谷二园三名教师分别展示数学、剪纸、科学活动课。区教委就幼儿园活动课提出，要以幼儿发展为核心，促进幼儿个性发展；要从物质文化、制度文化、行为文化、精神文化、活动文化、课程文化方面凸显园所特色，提升园所文化品质。区教委领导、市立园园长、乡镇幼教主任、名师工作室成员 100 人参加活动。

（张东安　吴玉仙）

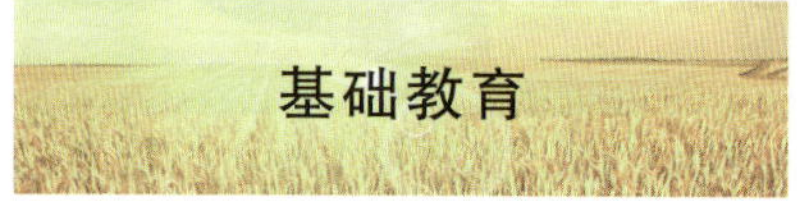

【概况】　2014 年，平谷区小学 42 所，教学班 551 个，毕业 2427 人，招生 3179 人，在校生 16686 人，在校生中北京市户籍学生 13205 人；教职工 2185 人，其中，专任教师 1555 人；小学入学率 100%，巩固率 100%，毕业及格率 100%。中学 20 所（初中 13 所、完中 4 所、九年一贯制 2 所、高级中学 1 所），教学班 364 个（初中 229 个、高中 135 个），毕业 4461 人（初中 2399 人、高中 2062 人），招生 3772 人（初中 2118 人、高中 1654 人），在校学生 11992（初中 6754 人、高中 5238 人）。在校生中，非本市户籍学生 557 人，按本市户籍对待的非本市学生 12 人；初中入学率 100%，巩固率 100%，毕业及格率 100%；高中入学率 71.8%，应届毕业生高考录取率 64.9%。教职工 3241 人，其中，专任教师 1610 人（初中 1070 人、高中 540 人）。特殊教育学校 1 所，开设教学班 17 个，在校生 150 人，毕业 9 人。教职工 67 人，其中，专任教师 45 人；残疾儿童入学率 100%，巩固 100%率，结业 100%率。全区中学教师学历合格率 97.6%，小学教师学历合格率 97.9%；特级教师 5 人（小学 1 人、中学 4 人），高级专业技术职务教师 1223 人（小学 69 人、中学 1154 人）。中小学校舍总占地面积 140.30 万平方米，总建筑面积 42.85 万平方米，固定资产总值 9.29 亿元。全年教育经费投入 19.36 亿元，其中，国家拨款 19.3 亿元，自筹经费 0.06 亿元。

（张东安　吴玉仙）

【邀请刘永胜校长作报告】　3月5日，

平谷区教委邀请原光明小学校长刘永胜作“学校文化建设的思考”专题报告。刘永胜校长从“办一所有文化的学校”“什么是学校文化”“学校文化的解读”“关于学校环境文化建设”四个方面，理论联系实际，对学校文化建设进行解读。区委教育工委、区教委，各中小学、幼儿园代表 240 人听取报告。

（张东安　吴玉仙）

【总结小学第五届教师评优课活动】　3 月 13 日，平谷区教委召开平谷区第五届小学教师评优课总结会。会议重点由语文、数学、英语、科学、品德与社会、随班就读 6 位教研员以课例点评式、案例分析式和与会人员总结评优课活动的特点和成绩。评优课自 2013 年 10 月 21 日开始，分现场评优课和录像评优课两种形式，历时一个月，共有 354 名干部教师参赛。经评议，评出一等奖 122 名，二等奖 146 名，三等奖 86 名。区教委肯定评优课总结会的工作形式，就小学课程教学提出，强化监督和管理，坚守课程落实和减负规定；深化研究和实践，落实达标校、过关课标准；加强培训和考核，抓实实物投影、鸿合软件、信息化载体的应用。区教委、区教育研修中心领导，各学区（直属小学）教育负责人、获奖教师代表 250 人参加会议。

（张东安　吴玉仙）

【召开课堂教学改革工作联席会】　3 月 31 日，平谷区教委召开第一次课堂教学改革工作联席会。会议听取课改工作进展汇报情况，研讨课改推进过程中存在的问题。会议指出，启动新一轮课堂教学改革主要目的是促进学校管理水平得到提高，教师专业素养进一步提升，学生课业负担切实得到减轻，最终实现教师乐教、学生乐学，让大多数教师和学生体验到成功的快乐。会议认为，课改启动两年来，成效显著，下一步要重点做好以下几项工作：课改工作要从行政推动转向专业引领，平谷区教育研修中心负总责；课改要由形似转向神似，最终形成不同风格的教学特色；充分发现课改中的问题，分别针对主要矛盾和矛盾的主要方面、共性问题和个性问题研究制定解决办法；要在学校、教师、教研员等不同层面树立榜样和标杆，发挥示范引领作用；备课是体现教师创造性劳动的重要环节，倡导教师先独立备课，在此基础上加强交流合作；教研员要多教给教师“点金术”，多教给教师规律性的知识和技巧；要注重学生全面发展，通过丰富多彩的课内外活动加强学生意志品质和道德素质的培养；区教委进一步研究制定深化课改的方案。区教委领导和全区中小学校长、教研员 90 人参加会议。

（张东安　吴玉仙）

【举办环保主题演讲比赛】　4 月 6 日，平谷区教委、区环保局共同举办 2014 年平谷区中小学生环保主题演讲比赛。比赛分为中学组和小学组，小学演讲主题为“我爱地球妈妈”，中学演讲主题为“清洁空气，我能做点什么”。选手们通过形象、生动的多媒体展演，选择低碳出行、植树、绿色餐饮及可持续再循环利用等内容进行精彩演讲，展示学生从我做起，从身边小事做起，以实际行动参与并倡导人们建设幸福平谷、美丽家园。比赛共评出一等奖10名，二等奖18名，三等奖27名。

（张东安　吴玉仙）

【刘永胜指导语文课堂教学】 4月9日，刘永胜名校长工作室在山东庄学区开展“以语文学科为突破口进行课堂教学策略的研究”研讨活动。与会人员观摩山东庄学区教师四年级语文课《语言的魅力》，进行互动交流并由教研员进行点评。刘永胜校长对语文课进行点评，对如何听评课进行指导，并就区域课堂教学改革，特别是语文课堂教学提出建议。会议提出，要处理好教师主导、学生主体的关系，工具性与人文性的关系；要加强学生综合素质的培养；要把区域课改模式、教研室学科教学流程与学校独特的教学特色有机融合起来；要体现语文学科的特点和价值。区教委领导，名校长工作室成员、教育研修中心语文教研员等40人参加活动。

（张东安　吴玉仙）

【承办劳技学科市级教研活动】 4月15日，北京市小学劳技“培养学生技术素养研究”教学展示交流活动在平谷四小举行。活动由北京教科院主办、平谷区教育研修中心和平谷四小承办，是平谷区首次承办全市劳技学科教学研究活动。活动中，平谷四小、平谷九小、夏各庄学区三名教师进行课堂教学展示和说课，各区县教研员和听课教师对三节课进行研讨交流并提出建议。各区县劳技教研员、平谷区教育研修中心相关人员及小学劳技学科教师共130人参加活动。

（张东安　吴玉仙）

【举办小学读书节】 4月22日，平谷区

教委举行“平谷区小学第五届读书节”暨走进平谷四小现场观摩活动。与会人员共同观摩三节阅读活动指导课，听取山东庄学区专题经验介绍。会议表彰第五届读书节6所“书香校园”、10名“推动读书活动人物”、60名“书香教师”、50个“书香班级”、100个“书香家庭”及200名“书香少年”。区教委、区教育研修中心领导，各小学代表和获奖集体、个人代表110人参加活动。

（张东安　吴玉仙）

【举办体育教师专业技能展示赛】 6月4至5日，平谷区教委举办首届中小学体育教师专业技能展示与比赛。比赛内容分为团体和个人两部分，团体技能比赛项目为广播操和武术操，个人技能比赛项目为广播操、武术健身操、三大球技能展示、微格教学展示。49所中小学的190名体育教师参加比赛。

（张东安　吴玉仙）

【举办说课标说教材展示活动】 6月5日，平谷区教委举办小学教师基本功培训暨说课标、说教材展示活动。会上，平谷区语文骨干教师、数学骨干教师分别进行现场说课标、说教材展示，刘永胜结合活动阐述说课标、说教材活动的重要意义、重点内容及注意事项。房山区教研室交流介绍房山区“学习课标、研究教材、优化教法”活动经验。会议指出，说课标、说教材活动要扎实抓好课标、教材、教学设计、课堂教学四个环节；要优化自主培训、教研员指导、督导评价、展示交流推进策略；要构建小教科、教研室、基地校、学校四位一体联动机制。区教委、区教育研修中心领导，各学区（直属小学）校长、学科骨干教师260人参加活动。

（张东安　吴玉仙）

【吴正宪举办讲座】 6月25日，平谷区教育研修中心小学数学名师工作室邀请吴正宪举办培训。吴正宪以“教师是什么，数学教师的任务是什么”为主题，结合自己及北京市吴正宪工作站成员的成长经历，建议教师要做孩子一生中重要的朋友，做孩子成长道路上的引路人，要以“传授知识，启迪智慧，完善人格”为教学目标，以求真求实的工作态度，教好数学基础，教出数学味道，教出数学境界，更教出数学的人文精神，做到“人课合一”。全区小学数学名师工作室成员、各小学数学教研组长及数学任课教师100多人听取讲座。

（张东安　吴玉仙）

【邀请市教研员教学视导】 9月22至24日，平谷区教育研修中心邀请北京教科院教研员教学视导。65名教研员参加活动，听课视导平谷区18所小学的13个学科、14所中学的14个学科。共听课153节，评出A类课62节，B类课91节，并分学段反馈听课意见。

（张东安　吴玉仙）

【实行教研员蹲点包校制度】 9月，平谷区教育研修中心实行教研员蹲点包校制度来提高课堂实效性。教研员以“调研、引领、帮扶、改进”为主题，定期深入蹲点指导校，对课堂教学进行“把脉会诊”，面对面进行交流和研究本学科新课程标准及教材内容，了解学校实际情况及课堂教学中教师对教材的处理能力、对课堂的把握能力和学生的课堂学习情况等。中小幼全体教研员共确定蹲点指导校52所，指导教师207人。

（张东安　吴玉仙）

【举办骨干教师脱产研修班】 10月9日，平谷区中小学中青年骨教师脱产研修班在平谷区教育研修中心正式开班。研修班由区教育研修中心与首师大基础教育发展研究院合作举办，研修期限为1年，研修学时120学时，学员88人，其中，中学学员45人，小学学员43人。研修班坚持“首师大高端引领为主，自主研修为辅”的原则，采取集中与分散相结合、专题讲座和交流研讨相结合的方式，就教育实践中遇到的难点和热点问题，通过名校观摩、拓展体验、案例分析、专题讨论，并以研修作业、研究论文、学习体会或专题形成最终成果。

（张东安　吴玉仙）

【召开中小学科技教师培训会】 10月13日，平谷区青少年活动中心召开全区中小学科技教师培训会。邀请首师大科技园姚新哲老师就科技创意（模型构建）竞赛活动的开展进行讲解和演示，科学促进协会专家腾保华就“科学建议”金点子征集活动进行

专项培训。全区47名中小学科技教师参加培训。

（张东安　吴玉仙）

【召开综合素质评价典型经验交流会】 10月22日，平谷区教育研修中心召开北京市2013至2014学年度中小学综合素质评价平谷区典型经验交流会。会议听取平谷区中小学综合素质评价工作总结汇报，表彰先进单位和先进个人，听取4个综合素质评价先进集体代表和2名先进个人代表经验报告。会议就中小学综合素质评价工作提出三点要求：一是要高度认识综合素质评价工作的重要性，更多地从如何促进学生全面发展、实施素质教育、提高学生感受幸福、创造幸福、为学生一生幸福奠定基础的角度去思考。二是要将学生综合素质评价工作纳入学校教育教学全过程。三是要将学生综合素质评价工作作为一项能带给学生快乐的事情，促进学生成长，助力幸福教育，助力课程改革。区教委领导，全区中小学代表200余人参加会议。

（张东安　吴玉仙）

【举办“走进平谷五中”现场展示活动】 11月26日，平谷区教委召开“走进平谷五中”现场展示交流活动。与会人员随机听取推门课和校本课，观看课间操，听取平谷五中校长《构建多元开放课程，促进学校特色发展》主题课程建设汇报和学校憩园文学社工作汇报。会议认为，平谷五中开设适合学校特点的校本课程形成气象。会议就全区教学改革和课程建设提出，教育改革要遵守诸多底线：开齐开足课程的底线；在校时间底线，初中在校集中上课时间不超过8小时；学生作业量底线；考试次数有底线；每个学生必须参加一门校本课程的底线。区教委、区教育研修中心领导，各中学代表250人参加活动。

（张东安　吴玉仙）

【举办小学教学现场实操培训】 12月2日，平谷区教育研修中心在大兴庄学区举办小学课堂教学观察专题报告及现场实操培训。会议签约刘永胜“浅谈课堂教学观察”主题报告，观摩大兴庄学区二年级语文课《奇妙的歌手》，进行课堂教学观察实操训练。会议就课堂教学提出两点意见：关注实物展台、鸿合软件等信息技术的实效性应用，促进信息技术与学科教学深度融合。关注学生全员参与的动笔写、动口说，在练习的效度、目标的达成度方面有突破，切实夯实并着力“四会”落实。刘永胜名校长工作室成员、各学区（直属小学）校长、区教育研修中心教研员等100人参加活动。

（张东安　吴玉仙）

职业与成人教育

【概况】 2014年，平谷区职业教育学校1所，设置专业10个，开设教学班12个。毕业106人，招生35人，在校生228人。教职工185人，其中，专任教师80人。学校占地面积49949平方米，建筑面积33269平方米，固定资产总值7514.57万元。各级各类成人学校276所，开设专业18个。毕业927人，招生1951人，在校生3632人。教职工723人，其中，专任教师361人。成人学校占地面积597767平方米，建筑面积90423平方米，固定资产总值9365.5万元。

（张东安　吴玉仙）

【首批百姓文艺中专班开班】 4月2

日，平谷区首批百姓文艺中专班开班。文艺中专班学制2年，共160课时，主要开设舞蹈、声乐、化妆等十几项文艺课和基础课，考核合格后颁发中专毕业证书。首届共招收学员1309人，超出原定招生计划30%。主要开设器乐、舞蹈、声乐、化妆、计算机等十几项文艺课和基础课，学制2年，共160课时，考核合格后发中专毕业证书。市文化局、市农工委、市教委等领导，乡镇社教办主任、文化站站长、主管镇长及部分学员代表共270人参加开班典礼。

（张东安　吴玉仙）

【推广阳台无土芽苗菜种植技术】 6月，平谷区农广校启动“阳台菜园惠民心”工程，全面推广无土芽苗菜种植技术。首先，选派专业教师到大兴区永兴科技芽苗菜种植中心学习，全面掌握无土芽苗菜种植技术。然后深入社区和有关单位进行无土芽苗菜现场专题培训，到世纪广场宣传推广普及种植芽苗菜，提倡“一家一菜园，安全更健康”的“家庭菜园快乐种植法”，发放芽苗菜宣传材料800份。

（张东安　吴玉仙）

【1208人报名成人高考】 10月25至26日，平谷区2014年全国成人高考结束。全区共有1208人报名参加考试。其中，高中起点专科考生550人，高中起点本科考生49人，专科起点本科考生609人。共安排平谷二中和平谷三中两个考点。至12月，成人高考共录取1069人。

（张东安　吴玉仙）

【完成高等教育自学考试组考】 10月26日，平谷区2014年下半年高等教育自学考试结束。考试分18至19日和25至26日两个时间段，全区共有118人参加366科次的考试。考试全程启用手机屏蔽器和作弊克。考试期间，市教育考试院领导到考点巡视。考试结果，通过34人65科次。

（张东安　吴玉仙）

【举办第十届全民终身学习活动】 11月3日至10日，平谷区举办第十届全民终身学习活动。活动以“学习造就出彩人生”为主题。全区各单位、各部门举办共享大讲堂、送书下乡、学习培训等各种活动。据不完全统计，活动周期间，共开展主题宣传65次，印发宣传资料30000份，开展读书征文活动3次，举办专题讲座30余场，开展学习型组织创建研讨会10余次，开展各类培训8500人次。

（张东安　吴玉仙）

【评估验收学习型乡镇（街道）】 11月25日，平谷区教委开展学习型乡镇（街道）评估验收工作。验收小组听取乡镇主要领导所作的自评报告及自评分说明，实地察看乡镇学习培训的硬件设施建设情况，查阅3年来的档案资料。通过深入细致的评估验收，峪口镇被认定为区级学习型乡镇。至此，全区已有17个乡镇（街道）通过评估被认定为区级学习型乡镇，大华山和王辛庄2个乡镇还通过市级验收被认定为市级学习型乡镇。

（张东安　吴玉仙）

【验收示范性镇村成人学校】 12月10日，平谷区教委完成2014年示范性镇、村成人学校评估验收工作结束。区教委依据《关于示范性镇（乡）成人学校（社区教育中心）办学标准》和《平谷区示范性村成人学校评估标准》，评估验收马坊镇成人学校和13所村校。评估组听取成人学校校长关于学校建设、组织机构、教育培训等有关情况的汇报；查看学校三年来的档案材料，实地考察学校硬件建设，并就学校评估情况进行意见反馈。经过评估马坊镇成人学校被认定为区级示范性镇成人学校，13所村成人学校被认定为区级示范性村成人学校。至此，全区创建市级示范性镇成人学校7所，占全区乡镇总数的39%；区级示范性镇成人学校10所，占全区乡镇总数的56%；区级示范性村成人学校145所，占全区村成人学校总数的56%。

（张东安　吴玉仙）

教育督导

【概况】 2014年，平谷区政府教育督导室设主任1人，专职督学5人。年内，督导室加强教育督导队伍建设，提高督导人员专业化水平，补充聘任兼职督学20人。成立督导检查组，深入16个乡镇、2个街道办事处进行督导检查。在原有减负工作督导制度的基础上，结合市区教委、市教育督导室工作要求，制定《平谷区教育督导室关于减负提质工作督导检查方案》，把学校减负提质工作的督导评价，纳入教育督导工作体系。完成全区市立幼儿园、中小学校、职业高中、特教中心责任督学挂牌工作，实现责任督学挂牌全覆盖。

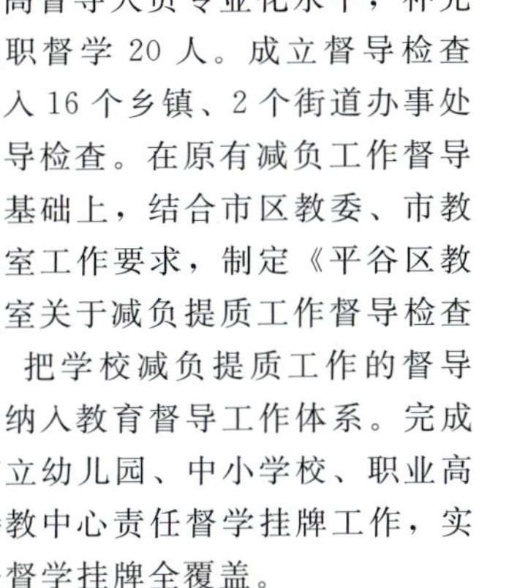

（张东安　吴玉仙）

【召开义务教育均衡发展督导验收动员会】 4月8日，平谷区教育督导室、平谷区教委召开迎接国家义务教育均衡发展区县督导验收动员会。会议结合上级相关文件和区域教育实际，针对档案整理、学校汇报材料、实地考察准备等项工作做出具体部署，要求学校明确任务，对办学条件数据进行整理完善，并做好教学设备的清理补充工作。会议强调：一要高度重视，把迎接国家级义务教育均衡发展区县督导作为当前最重要任务来完成，要以校长为第一责任人成立领导小组，责成专人负责。二要严格要求，精心精细、齐心协力做好迎检工作，确保全区义务教育均衡发展督导验收工作顺利完成。区教育督导室、区教委领导，全区中小学校代表70人参加会议。

（张东安　吴玉仙）

【成立教育改革咨询小组】 9月18日，平谷区教育督导室成立"平谷区教育改革咨询小组"。咨询小组主要职责是对教育改革重点项目进行跟踪调研，搜集学生、家长及社会对教育改革等方面的意见建议，针对存在的问题提出改进意见。为区教委制定实施教育改革相关政策，提供实践层面的依据，使教育改革能更好地促进教育的发展。教育改革咨询小组由11名退休的教育系统优秀工作者组成。

（张东安　吴玉仙）

【召开责任督学工作会】 10月14日，平谷区教育督导室召开责任督学工作会。会议部署责任督学挂牌督导工作。会议要求责任督学严格按照督学责任区分工，单独入校或组成督导小组共同对相关学校进行督导。认真详细地做好督导记录并写好总结。程序规范、科学指导、客观公正地做好督导检查工作。25名专职督学、责任督学参加会议。

（张东安　吴玉仙）

中共平谷区委教育工委

书　　记　李正

平谷区教育委员会

主　　任　徐素芝

平谷区政府教育督导室

主　　任　王福胜

密　　云　　县

总　类

【举办讲奉献见行动志愿服务月】 3月5日，密云县教委团工委在全县中小学组织开展"讲奉献见行动"主题志愿服务月活动。其间，学生志愿者到校园周边社区、村队捡拾垃圾，擦拭健身器材；到校园周边社区、村队慰问孤寡老人，为老人表演节目；发放防雾霾宣传材料，并开展防治雾霾专题社会调研；学生与家长联合开展绿地认领、绘制楼门黑板报等志愿服务活动；小学控烟小队开展劝阻吸烟者戒烟、捡拾烟头等活动；结合文明交通主题，向过往路人分发交通安全知识宣传单。全县共有7967名中小学生参与活动。

（黄维国）

【与中国合唱协会合作】 5月14日，

密云县与中国合唱协会、中国音协管乐学会签署合作协议。依据协议，中国合唱协会在巨各庄中心小学设立孟大鹏工作室，管乐协会在密云二小设立管乐名师工作室、在密云一小设立

管乐教育实践基地，带动全县小学艺术教育工作深层次、高质量发展。该活动是落实市教委关于高等学校、社会力量参与中小学体育、美育发展工作的具体内容之一。

（黄维国）

【开展消防标识进校园活动】　8月1日，密云县教委、县消防支队联合在密云二中开展消防标识进校园活动。活动中，县消防支队警官向各中小学消防安全工作负责人介绍消防标识标准化工作的意义、消防标识种类及设置标准，带领大家实地参观密云二中的消防安全设施设备、消防标识设置等情况，要求各中小学按照北京市公安消防总队《关于加强社会单位消防标识标准化管理工作的通知》要求，全面开展消防标识进校园工作。密云县教委、县消防支队领导和全校师生参加活动。

（黄维国）

【乡村少年宫数量郊区县第一】　9月23日，在中央专项彩票公益金支持的“北京市2014年全国乡村学校少年宫启动暨培训活动”中，密云县檀营小学、巨各庄中心小学被评为“全国乡村学校少年宫”。该项活动2011年组织实施以来，密云已有5所学校被评为“全国乡村学校少年宫”，数量位列北京市郊区县第一名。

（黄维国）

【启动市县一体化办学】　9月28日，密云县教委举行朝阳区实验小学与密云镇中心小学一体化办学签约仪式，两校正式实施“一个法人，一体化管理”模式。密云县、朝阳区教委希望学校抓住机遇、准确定位，完善管理机制，加强师资培养，全面提高办学水平，将朝阳区实验小学密云分校建设成为北京市名校。至此，密云县已有2所学校参与城乡一体化学校建设项目。

（黄维国）

【与湖北省竹溪县“手拉手”结对】　10月12日，北交大附中密云分校、密云县职业学校分别与竹溪县实验中学、竹溪县职业技术学校签署对口协作项目协议，全面启动“手拉手”结对活动。双方就师生互动交流、教育资源建设等方面工作达成共识，建立协作双方领导定期互访、专业师资对口培训、互派学生学习交流的协作机制。至年底，竹溪县选派1名干部、4名教师在密云县学习交流。

（黄维国）

【启动阳光教师工程社团建设】　11月17日，密云县教委系统“阳光心理”社团启动仪式在密云二小举行。“阳光心理”社团由县教育工会主办，成员8人，主要任务是通过心理辅导活动，减轻教师心理负担，缓解教师心理压力。县教育工会就社团工作提出四点要求：一是扎实推进“阳光教师”工程，抓好教职工心理健康工作，把工会建成教职工从心里真正想要的“家”；二是把服务教职工做到实处，成为教职工的“娘家人”；三是积极落实《中小学教师师德建设三年行动计划》，以实际行动践行社会主义核心价值观；四是坚持为打造高素质教师队伍服务，为实现“三个走在前列”目标做出贡献。启动仪式结束后，专家团队分别到一小、二小、三小、四小、季庄小学举办心理健康讲座。

（黄维国）

【机关档案室被评为市级优秀单位】　11月27日，密云县档案局测评县教委机关档案工作“市级优秀单位”创建工作。经实地查看档案资料，听取县教委档案工作自检报告，测评小组认为教委机关具备“市级优秀单位”评选条件。最终，县档案局代表市档案局授予县教委机关档案室“市级优秀单位”称号。

（黄维国）

【首都优秀教师京郊行走进密云】　12月2日，“首都优秀教师京郊行”活动在密云举行。该活动由市教委处、市教育学院组织，密云县教委和教师培训中心、教研中心承办。活动中，5名首都优秀教师分别在北交大附中密云分校、密云五中、育英学校密云分校开展为期两天的送教活动。共分学科举行10个专题讲座、做示范课6节、说课8节、指导备课6节、听评课23节。

（黄维国）

【总结艺术教育实验县工作】　12月10日，密云县教委召开全国艺术教育实验县工作会。会议汇报各成员校实验工作，并就下一步工作的组织实施进行研讨。县教委提出，坚持课内外相结合的原则，全面推进实验县工作，实现艺术教育学生有发展、教师有收获、学校有成果。县教委领导和全县中小学代表106人参加会议。2013年底，密云县入选全国农村学校艺术教育实验县，47所学校列为实验学校。该工作由教育部组织发起，旨在推进农村学校艺术教育在新的历史起点上科学发展，让广大农村学生享受公平优质的艺术教育，全国共126个实验区县之一。

（黄维国）

【体质健康测试团体总分八连冠】　12月，市教委公布2014年北京市中小学生体质健康测试赛结果，密云县小学组、初中组、高中组均为总分第一名，蝉联八届《国家学生体质健康标准》测试赛团体总分冠军。近年来，密云县坚持“育人为本，健康第一”，不断加大学校体育工作力度，全面提升学生身体素质。一是改善体育教学条件，全县中小学全部建成塑胶操场；二是强化体育师资培养，体育教师专业对口率达到100%；三是规范体育课程管理，体育课、课间操、眼保健操列入作息时间表，严禁挤占；四是加大体质监测力度，所有学校配齐体质监测设备，每年定期监测；五是全面推行集体跑步，2008年起，每天下午开展半小时集体跑步活动；六是构建家校共育机制，提高对体育工作的重视程度。

（黄维国）

【七个加强做好校园安全工作管理】　至年底，密云县教委“七个加强”做好校园安全工作管理。一是加强安全教育，教育师生防汛、防溺水、防雷电、防地震灾害、防中暑、防食品中毒，注意交通安全，正确使用各种电器；二是加强应急演练，明确逃生路线，提高师生逃生自救能力；三是加强安全检查，对水、电、暖、体育器械、消防器材、技防器材及伙房设施、专用教室等重点部位进行检查，发现问题及时整改；四是加强门卫管理，要求学校门口做到人防、物防、技防，做好来往人员和车辆询问与登记工作；五是加强值班制度，学校干部、教师每天放学对教室、办公室、宿舍进行检查，上下学时间到校门口护导，集会、做操时教师跟队；六是加强寄宿生管理，宿管教师夜间不能睡觉，随时关注学生安全，严防安全隐患；七是加强监控系统管理，监控室教师严禁脱岗，保证设备24小时正常运行，认真做好监控记录。

（黄维国）

学前教育

【概况】 2014年，密云县幼儿园68所，其中，教育部门办园49所，集体办园2所，地方企业办园3所，民办园14所，幼儿班408个，比上年增加17个。幼儿园离园幼儿3636人，入园幼儿3564人，在园幼儿10343人。教职工1742人，其中，专任教师920人，幼儿园占地面积241264平方米，园舍建筑面积133969平方米。全县北京市示范园1所，市级早教示范基地22个，一级一类幼儿园19所。

（黄维国）

【举办园长论坛】 1月10日，密云县教委举办幼儿园园长论坛暨2013至2014学年第一学期工作交流会。会上，第八幼儿园、太师屯幼儿园、信远阳光幼儿园园长报告园所管理工作，40名园长分四组围绕“科学管理，优质发展”主题展开。密云县教委领导和40名幼儿园园长参加会议。

（黄维国）

【5所幼儿园通过级类验收】 1月10日，蓝天宇峰蔡家洼幼儿园、冯家峪中心幼儿园、西田各庄中心幼儿园通过北京市级类园综合评定，被认定为市级一级一类、一级二类、二级二类幼儿园。小博士幼儿园、文硕幼儿园通过市级早期教育示范基地验收。至此，密云县共有市级示范园1所，级类园33所，其中，一级一类19所，北京市早期教育示范基地22个。

（黄维国）

【举办儿童学习与发展指南培训】 3月6日，密云县教委启动幼儿园贯彻落实《3至6岁儿童学习与发展指南》系列培训。首场培训“学习故事的方式记录儿童的学习”在北交大附中密云分校举行。惠灵顿维多利亚大学教育博士周菁结合新西兰幼教课程和核心理念，为密云县幼儿教师讲解学习故事的含义、学习故事应关注的内容，以及如何用“学习故事”的视角理解和支持儿童的学习三方面内容，帮助教师更新教育观念、扩展教育视野。县教委领导、教研中心学前教研室教研员以及各幼儿园业务干部、骨干教师383人参加培训。至年底，系列培训共举办7场。

（黄维国）

【评选幼儿室内外自制玩具】 4月29日，密云县教委举办幼儿园室内外自制玩具展示。该活动展示室内外自制玩具展评获奖作品，推广低投入、高质量自制玩具，推广各园所游戏活动经验，搭建教师相互学习、借鉴的平台。此前，密云县教委举办室内外自制玩具展评活动，从上报的59件作品中，评选出一等奖6件、二等奖9件、三等奖12件。

（黄维国）

【举办幼儿体育节】 4月30日，密云

县第二届幼儿体育节闭幕。体育节为期一个月，其间，各幼儿园围绕“快乐、阳光、运动、健康”活动主题，面向全体幼儿、教职工及家长开展亲子运动会、师幼操评比、幼儿远足、民间体育游戏、户外玩教具制作评比、幼儿体育节绘画展、家长体育节摄影比赛，确保幼儿每天2小时户外活动和1小时体育或体能活动时间，进一步完善健康领域课程，实现幼儿健康快乐发展，教职工、家长积极参与，共同增强体质，快乐生活的目标。

（黄维国）

【举办幼儿早期阅读观摩研讨活动】 5月15日，密云县教委在第六幼儿园举办早期阅读观摩研讨活动。第六幼儿园、大城子镇中心幼儿园分别作展示课，并介绍课程设计思路；教研中心教研员完成点评，从教育科研、实践两方面提出改进意见与建议，要求早期阅读实验园把课题做实、做细，不断激发幼儿阅读兴趣，促使幼儿养成良好阅读习惯。密云县教委领导，教研中心教研员、早期阅读课题负责人、部分骨干教师共85人参加活动。

（黄维国）

【开展学前教研工作展评活动】 6月

17日，北京市学前教研工作展评活动走进密云。活动观摩密云县第三幼儿园音乐教育活动《可爱的小鸡》，并现场进行教学研讨。北京教科院教研员对活动进行点评。北京教科院、县教委以及各区县学前教研室主任、教研员、第三幼儿园干部教师175人参加活动。2013年，市教委印发《关于进一步加强北京市学前教育教研工作的指导性意见》，明确市、区（县）、园三级教研工作职责以及教研机构（幼儿园教研组）和教研员（业务园长、教研组长）考核标准，北京教科院面向各区县开展“2014年北京市区县学前教研工作展评”。

（黄维国）

【推进幼儿园文化建设】 7月，密云县教委采取系列举措推进幼儿园文化建设。一是制定《关于加强幼儿园文化建设的指导意见》；二是举办专家讲座；三是开启市内名校、名园文化之旅；四是深入幼儿园实地指导。至年底，县教委先后组织各幼儿园园长听取北师大教授等6名专家讲座，组织赴育英学校等13所市内文化建设优质园参观学习。

（黄维国）

【展示优秀园本教研成果】 9月19日，密云县教委在密云三园、四园、五园、六园开展优秀园本教研展示活动。活动展示密云县优秀园本教研评选成果。全县40所幼儿园参加优秀园本教研评选活动，评出一等奖3

个、二等奖6个、三等奖8个。活动中，县教委就下一步工作做出部署：一是建立园本教研长效机制，不断加强园本教研工作探索与实践；二是园本教研活动要把握幼儿年龄特点和学习特点，做到以幼儿为本，遵循幼儿自身发展规律；三是业务干部要不断提升专业能力和水平，在园本教研工作中起到主导作用；四是以园本教研为依托，构建园本课程，形成园所文化。全县各幼儿园业务干部248人次参加活动。

（黄维国）

【举办幼教文化建设现场活动】　11月25日，北京市幼儿园文化建设观摩活动走进密云县第八幼儿园。海淀、丰台、通州等7区县园长代表参加活动，观摩并研讨幼儿园制度文化、物质文化、精神文化、行为文化四个方面问题。11月，市教委启动幼儿园文化建设培训工作，分为专家讲座、名校考察、幼儿园观摩三个板块。密云第八幼儿园是市教委选定的10所文化建设优质园之一，面向全市开放。

（黄维国）

基础教育

【概况】　2014年，密云县小学40所（含少数民族学校4所），其中寄宿制学校16所，教学班611个，比上年增加8个；小学毕业3091人，招生3835人，在校生21319人；教职工2023人，其中，专任教师1482人，占教职工总数73.3%。中学23所（初中18所、高中3所、完全中学2所），教学班448个（初中296个、高中152个），在校生15284人（初中9386人、高中5898人），教职工3373人，其中，专任教师2336人；初中入学率100%，巩固率100%。特殊教育学校1所，教学班12个，在校生145人，教职工48人。校外教育单位1个，教职工44人。中小学教师学历合格率100%。教育部门办学校占地总面积189.68万平方米，建筑面积68.88万平方米，图书藏书206.55万册。全年教育经费总投入203713.96万元（全部为国家拨款）。

（黄维国）

【召开导师制工作表彰会】　1月2日，密云县教委召开学生成长导师制工作总结暨优秀导师表彰会。会议全面总结2013年学生成长导师制工作，太师庄中学、河南寨中学、东邵渠中学、密云二中、北师大密云实验中学5所学校分别就本校导师制工作的特色和亮点作典型发言，密云二中、十里堡中学、北交大附中密云分校、密云五中四位获得《我与学生的故事》教育案例一等奖的优秀导师代表，交流指导学生学习经验。区教委领导和全县中学代表108人参加会议。

（黄维国）

【举办“父母学院”项目培训会】　1月6日，密云县教委召开“伴随成长父母学院”培训会。会议宣讲项目实施意义，结合家长学校工作，向一年级学生家长、班主任做好项目介绍、宣传和动员，促进家、校、社协同教育机制的不断完善。全县27所小学德育干部54人参加培训。“伴随成长，父母学院”家庭教育公共服务项目由市教委与市教育学会联合实施，面向全市2013年秋季入学的一年级学生家长开放。该项目通过每周向家长的手机上发送彩信、微信公共账号以及北京数字学校网站同步发布的方式，免费为学生家长提供家庭教育指导和服务。项目遵循“政府提供公共服务，家长自愿参加”的原则，内容包括《本周温馨提示》《我在长大》《身心和智能》《优秀做父母》《亲子共成长》《成长面面观》《营养和保健》七个板块的内容。

（黄维国）

【举办小学校长论坛】　2月11日，密云县教委举办2014年小学校长论坛。论坛以课程改革和课堂教学改革为主题，旨在分享先进教育理念、提升校长课程领导能力。全县27所小学及聋人学校校长59人听取报告。

（黄维国）

【配备18辆寄宿制学校生活用车】　2月26日，密云县教委投资419.4万元为18所寄宿制学校配备15辆生活用车。生活用车主要用于教师外出培训、进修以及住宿生生活必需品运输等。县教委对车辆安全管理、规范使用提出明确要求，确保学校生活用车安全高效使用。

（黄维国）

【举办第四期中学班主任专题研修】　3月11日，密云“十二五”时期第四期中学班主任专题研修班结业式在北交大附中密云分校举行。本期研修采取以校为组、互助学习的研修方式，共计60学时。结业式上，5名学员代表分别从自我管理、互助小组建设等角度，展示班级文化建设的实践成果。34名参训学员及其所在校领导参加结业式。

（黄维国）

【举办中俄艺术团国际文化交流】　3月26日，俄罗斯伊尔库茨克市青少年宫和大兴、密云青少年学员在密云青少年宫举办国际文化交流活动。87名俄罗斯学员和153名学员中国学生表演歌舞等节目，共同与游戏活动。该活动是第五届中俄青少年艺术团国际文化交流节内容之一。

（黄维国）

【举办我的成长之路主题演讲比赛】　4月26日，密云县教委组织2011年入职的81名教师参加“我的成长之路”主题演讲比赛。参赛教师讲述他们对教育事业的追求以及对未来职业生涯的憧憬与展望，展现新时代教师应有的精神风貌和必备的职业素质。活动是密云县“新教师基本功”系列展示活动之一，另有152名2013年入职教师将于5月17日参加“写字、绘画测试与教学片断展示”活动。

（黄维国）

【举办中小学班主任研修论坛】　5月22日，密云县教委在季庄小学举办“创新研修模式，助推专业成长”2014年密云县中小学班主任研修论坛。活动举办现场报告会和班级文化建设微论坛。现场报告会上，季庄小学、南菜园小学分别展示3节现场班会；班级文化建设微论坛上，巨各庄中学等校的4名班主任交流班级文化建设经验。县教委领导、全县中小学校长84人参加活动。

（黄维国）

【交流小学校长研究工作室工作】　5月29日，密云县“携手同行——小学校长研究工作室”组织开展课题研究进展情况汇报交流活动。工作室成员及其研究团队从学校研究专题进展情况、存在困惑与需求、今后研究方向等方面进行汇报交流。全县小学校长及相关人员共35人参加活动。

（黄维国）

【编写学生教育计划书】　5月，密云县教委编写“社会大课堂学生教育计划书”共3册，分别是《古北口学生教育计划书》《桃园仙谷学生教育计划书》《北京张裕爱斐堡生态农业庄园学生教育计划书》。计划书应北京教科院、市社会大课堂办公室委托，密云县教研中心组织编写，重点介绍古北口、桃园仙谷、张裕爱斐堡生态农业庄园三家市级社会大课堂资源单位社会大课堂学生教育计划。计划书共10万字，向全市中小学发放。

（黄维国）

【举办小学教学管理论坛】　9月11日，密云县教委在石城中心小学举行首场小学教学管理论坛。论坛以“分享与成长”为主题，分为“阅读与表达工程、课堂教学研究、学生激励与评价、减负提质与学生发展”四部分，10名山区小学副校长根据本校实际情况，阐述学校办学理念、做法、效果及思考，交流各自在教学管理工作中的经验与心得，相互借鉴，共同提高学校教育教学管理水平。县教委领导和全县小学校长73人参加活动。

（黄维国）

【成立小作家协会】　9月13日，密云县委宣传部、县教委、县文联、县作协共同在北交大附中密云分校举办“东方少年中国梦”密云县小作家协会成立仪式。会议向“密云县小作家协会”授牌，为市级小作家协会会员代表颁发会员证。会议还举行拜师仪式，密云县小作家与密云作家结成对子。“密云县小作家协会”由市级小作家协会会员27人，县级会员50人共77人组成。协会将以发现、培训青少年文学人才为主要目标，以老作家“传、帮、带”为基本形式，通过开展采风、组织文学沙龙、阅读写作辅导等丰富多彩的活动，帮助小会员们开阔视野，提高文学艺术修养和创作水平。市文联、北京作协、密云县委等领导，会员代表、作文指导教师及学生家长近200人参加会议。

（黄维国）

【第一期小学语文名师工作室结题】　9月13日，密云县教委在教研中心举办“2011至2014期小学语文名师工作室”结业结题暨“2014至2017期小学语文市级骨干名师工作室”成立仪式。密云县“2011至2014期小学语文名师工作室”2011年8月下旬成立并启动课题研究，历时三年，完成“集中引领研究”“指导独立实践、系统总结与全面展示和推广研究成果”两大研修科目。至2013年底，“小语工作室”中市级骨干教师由3人增至7人，全县小语学科市级学科带头人、骨干教师由9人增至16人；截至2014年8月，编著出版专题研究成果与教师成长路径著作4部，总计157.2万字。

（黄维国）

【建立吴正宪教育思想推广基地】　9

月29日，密云县教委召开“密云县吴正宪儿童数学教育思想推广研究基地”启动大会。会议宣布6所学校为吴正宪儿童数学教育思想推广基地，15名教师为研修团队核心组成员，35人为研修团队成员。会议明确，吴正宪儿童数学教育思想推广实行“基地校为重点、核心组为中心、研究小组为依托，总站指导、分站实施、校校互动”研修机制。会上，吴正宪举办建站首场讲座。县教委、北京教科院领导，全县各小学校长、副校长、数学骨干教师187人参加活动。

（黄维国）

【密云七中与育英学校签约】　10月

22日，密云县教委与海淀区教委签约，将密云县第七中学改建为北京市育英学校密云分校。根据协议，双方拟定首轮合作期限为六年。育英学校将选派优秀干部教师到密云校区开展教育教学工作，统筹密云校区基本建设、学校管理，向密云校区输出先进办学理念，帮助密云校区提升教育教学质量；密云校区每年选派干部和骨干教师到育英学校挂职培训，实现优质教育资源共享，共同打造密云品牌特色学校。

（黄维国）

【成立教科院小学名师工作站】　12月5日，北京教科院基础教育教学研究中心小学名师（语文、数学、英语、体育）工作站在穆家峪小学成立。北京教科院基础教育教学研究中心和县教委领导为工作站揭牌，希望工作站建成北京教科院基础教育教学研究中心与穆家峪小学交流的平台，建成北京教科院基础教育教学研究中心实验基地，建成穆家峪小学教师展示自我、发展自我的平台。

（黄维国）

【举办小主持人大赛】　12月，密云县教委团工委、信息中心联合举办第六届“校园金话筒”小主持人大赛。全县38所中小学55支代表队参加比赛。比赛全面考察选手组织编稿能力、应急思辨能力、逻辑思维能力、语言表达能力，要求选手现场抽签确定采访对象，独立确定采访主题，借助网络限时策划访谈提纲，并进行现场采访，摄像教师当场上报摄像视频或录像带。最终，比赛评出一等奖5个，二等奖7个，三等奖10个。

（黄维国）

职业与成人教育

【概况】　2014年，密云县中等职业学校1所，分为3个校区，设职业高中和成人非全日制中专两种办学类型。职业高中开设15个专业，成人非全日制中专共开设2个专业。职高毕业生681人、招生309人、在校学生1510人，成人中专毕业生29人、招生34人、在校学生123人。教职工263人，其中，专任教师164人。专任教师中高级职务42人。职业学校占地面积136047平方米，校舍建筑面积58965平方米。全县各类成人学校376所，年培训14万人次。学历教育开设专业18个，毕业1160人，招生856人，在校生2672人。教职工128人，其中，专任教师71人。成人学校占地面积131100平方米，固定资产总值1122万元。

（黄维国）

【举办农民中专班】 3月5日，密云县农广校在北庄镇举办农民中专班暨阳光工程培训班开班典礼。培训首次采用农民中专班与阳光工程培训班相结合的方式进行，学员经过两年学习，考核合格者可获得中专学历证书和阳光工程培训结业证书。

（黄维国）

【构建市民学习服务体系】 3月，密云县教委和有关部门协调构建市民学习服务体系。一是县文化馆、图书馆、档案馆等机构联合构建文体教育场地面向市民开放，提供丰厚学习资源；二是举办“密云县情展览”活动，对市民和中小学生进行爱国主义教育，每年接待社区居民和中小学生2000人次；三是“开展共建活动”“将中小学校文体教育资源”服务社区居民；四是在县社区教育中心、青少年宫、密云二小等单位建立社区市民学校，进一步提升社区教育水平。

（黄维国）

【聘任建设学习型密云专家】 5月13日，密云县学习办召开建设学习型密云专家聘任会。会议宣读成立建设学习型密云专家顾问团的决定，为顾问团专家颁发聘书。会上，顾问团专家举办学习型区县开放点、参观点创建工作辅导讲座。学习型密云专家顾问团共聘请专家9人，全部具有市级学习型组织专家资格，主要负责普及学习型组织理论、培训学习型组织创建骨干力量、指导示范学习型组织创建及档案资料收集整理等工作。

（黄维国）

【入选创建学习型城市工作先进县】 9月23日，北京市建设学习型城市工作领导小组认定密云县为北京市创建学习型城市工作先进县。密云县创建工作成绩显著，主要体现在三个方面：一是领导重视创建，组织措施得力；二是优先发展教育，基础作用突出；三是创新工作机制，彰显密云特色。希望密云县认真总结创建工作经验，积极探索创建学习型城市先进县的新途径、新模式，进一步加强学习型社会理论研究，构建终身教育和终身学习服务体系，为建设绿色国际休闲之都、推进首都学习型城市建设作出新贡献。

（黄维国）

【举办第十届全民终身学习活动周】 10月24日，密云县学习办在鼓楼街道举行第十届全民终身学习周启动式。会议表彰县法院、密云二中等4个学习品牌和17名学习之星。会上，市民代表宣读终身学习倡议书，引领广大市民积极参与全民终身学习活动。密云县委宣传部、教委、社会工委、学习办、工会、鼓楼街道领导和市民代表180人参加启动式。学习周主题是“全民终身学习，创造出彩人生”，包括报告会、培训会、培训、演出4类活动。

（黄维国）

【举办纵横汉字输入法技能比赛】 12月20日，密云县社区教育中心举办密云县2014年纵横汉字输入法技能比赛。60余名来自各镇、街及职业学校的选手参加输入法和词语接龙两个环节的比赛。经过激烈角逐，25名等选手分获一、二、三等奖。优秀选手将代表密云县参加2015年北京市纵横汉字输入法技能比赛。

（黄维国）

教育督导

【概况】 2014年，密云县教育督导室根据教育改革和教育督导工作的新任务、新要求，结合县域实际，认真开展督政、督学、监测等各项教育督导工作。选聘新一届责任督学26名，实现64所中小学挂牌督导工作全覆盖，同时积极推进责任督学挂牌督导工作体制、机制建设，制定并完善相关配套制度；与北京教科院合作完成2014年社会公众对教育工作满意度调查；协同县教委完成新一轮素质教育综合督导评价工作。年内，密云县教育督导室共有工作人员5人，其中主任1人，副主任1人，科级督学2人，科员1人，兼职责任督学21人。

（黄维国）

【开展学校教育工作满意度调查】 5月6日，密云县教委与北京教科院签署《密云县学校教育工作满意度调查合同书》，正式启动学校教育工作满意度调查工作。北京教科院将从2014年开始协助密云县全面了解学生家长对学校、幼儿园教育工作满意度状况，并对调查数据进行科学分析，查找教育工作中存在的问题，将社会评价作为对学校评价的重要参考，为密云县教委教育决策提供参考依据。年内，满意度调查工作包括学校管理、师资队伍、德育工作、教学工作、学校环境、教育效果六个方面。调查采用电话方式进行，涉及各类学校、单位78个，调查抽样样本5988人。经统计，各类学校满意度的综合得分89.9分，其中，幼儿园综合得分91.5分，小学综合得分89.8分，普通中学综合得分89.3分，职业高中综合得分89.4分，特殊教育学校得分93.0分。

（黄维国）

【完成64所责任督学挂牌工作】 5月20日，密云县完成64所中小学责任督学挂牌工作。该项工作首批聘任24名镇、街教委副主任、直属单位负责人担任责任督学，实现全县中小学校责任督学挂牌督导全覆盖。责任督学主要职责是密切联系学校、教师、学生及家长，收集学生和家长反映的问题，对责任学校开展经常性督导。为解决教育问题、制定教育决策提供服务。年内，密云县将制定《中小学校责任督学挂牌督导办法》实施方案，逐步完善责任督学挂牌督导体制、机制，加快转变教育管理职能，强化对学校的监督和指导，进一步提升教育工作社会满意度。

（黄维国）

【接受北京市素质教育综合督导】 11月19日，市教育督导室综合督导密云县全面实施素质教育情况。督导组观看密云县全面实施素质教育工作宣传片，听取县政府关于全面实施素质教育情况的自评报告，从政策法规、经费保障、队伍建设、教育教学管理等方面分三组同相关委办局、教委科室、学校（教育机构）负责人座谈，并详细查阅档案资料。督导组分六组进行实地考察，听取工作汇报、与教师代表座谈、查阅档案资料、对师生进行问卷调查。经全面考核，督导组认为密云县高度重视教育工作，立足县域实际，以建设“首都农村教育现代化实验区”为契机，规划调整教育布局；保障教育经费投入；营造良好教育环境；优化教育资源配置；规范教育教学管理；推进素质教育全面实施。在加强学校体育工作、增强学生体质方面成效显著，为全市树立榜样。

（黄维国）

【监测义务教育阶段学生课业负担】 12月19日，密云县教育督导室召开全县中小学责任督学工作会，布置2014至2015学年义务教育阶段减轻学生过重课业负担督导监测工作。会议解读市教育督导室《关于开展义务教育阶段减轻学生过重课业负担的指标体系和监测标准》等文件精神，研讨并通过密云县义务教育阶段学校学生“减负”工作程序和评价标准。密云县将结合县域教育工作实际，探索符合地域特点的学生“减负”督导工作体制、机制，坚持依法行政，更好地推动义务教育阶段各项工作的贯彻落实，办好人民满意的教育。督导监测工作将于2015年春季结束。

（黄维国）

中共密云县委教育工委

书　　记　张文亮

密云县教育委员会

主　　任　杨华利

密云县政府教育督导室

主　　任　王树生

延　庆　县

总　类

【评选师德标兵】 3至5月，延庆县教委开展“追求教育梦想，做人民满意教师”师德标兵评选活动。68个基层单位民主推荐师德先进个人140人。依据“优中选优，群众公认”原则，评审工作组初步评选师德标兵候选人23人。经过单位评议、个人自述和现场答辩等环节，评委根据选手成绩和申报材料综合评判，评出师德标兵10人、师德标兵提名奖13人。

（张美丽）

【召开年鉴工作交流会】 4月17日和12月30日，延庆教育宣传中心两次召开年鉴工作交流会。会议分析2014卷年鉴编纂工作问题，交流各单位组稿人年鉴编纂工作经验。会议要求年鉴工作要及时记录、及时跟踪，做到全面准确客观地反映学校教育教学工作。县教委机关、中小学代表50人次参加会议。

（赵文新）

【贺艳霞获首都劳动奖章】 5月28日，延庆县总工会为延庆二小教师贺艳霞颁发首都劳动奖章，并鼓励获奖者再接再厉，再创佳绩。至此，延庆县仅有5人获得首都劳动奖章，贺艳霞是教育系统中第一人。贺艳霞，北京市语文骨干教师，北京市特优紫禁杯班主任，延庆名师，多次荣获延庆县优秀教师和延庆县师德标兵等称号，多项课例、教育案例、论文等荣获国家级和市级一等奖。

（高天学）

【举办首期业余党团校集训】 7月5至10日，延庆县委组织部、团县委、延庆县委教育工委联合举办第一期中学生业余党校暨少年先锋团校暑期集训活动。活动结合学员年龄特点和认知情况，组织参观导弹十三营，听取国防科技知识讲座，同国防科工局月球探测工程指挥中心专家交流，进行拓展训练，强化团队合作意识，增强主人翁责任感和未来首都建设者使命感。全县21所中学优秀学生代表121人参加集训活动。

（张美丽）

【召开教师节庆祝大会】 9月10日，延庆县教委召开教师节庆祝大会，表彰县教育系统先进个人154人。其中，延庆县优秀教师107人，延庆县优秀教育工作者47人，此外，表彰先进单位10个。先进个人评选范围包括各中小学、幼儿园、职（成）学校、教科研机构、校外教育机构和其他教育机构中从事教育教学、科学研究、管理服务工作并取得显著成绩教师和教育工作者，重点是教育教学一线教师。

（张美丽）

【修订骨干教师管理办法】 9月，延庆县教委新修订骨干教师、学科带头人评选及管理办法。管理办法明确骨干教师职责：承担学区层面及以上范围示范课、研究课等教学任务；开展师徒帮带活动，提升青年教师教育教学能力；建立全县课堂开放日机制，为县内教师交流、学习搭建平台；为特级教师及市级学科带头人成立名师工作室，通过专项课题研究、教材研讨、教学经验交流等方式，引领县内具有发展潜质优秀教师向更高层次发展；鼓励骨干教师跨校兼课，融通使用，充分发挥骨干教师示范引领和辐射带动作用。

（张美丽）

【举办最美教师宣讲活动】 9至12月，延庆县教育系统举办8场“最美教师”宣讲活动。10名宣讲团成员从不同角度汇报教育系统基层领导干部、一线优秀教师投身教育教学改革工作先进事迹。25所学校共有教师3000人听讲。2013年11月县教育工会组织举办“践行师德规范，做人民满意教师”青年教师师德演讲比赛，从参赛教师77人中评选出10人组建宣讲团，分为2组分别下校进行巡回宣讲。

（张美丽）

【成立学生体质健康监测和分析中心】 11月19日，延庆县学生体质健康监测和分析中心在县中小学生卫生保健站挂牌成立。该中心主要职能是对学校体质健康测试工作进行视导检查，指导学校自主完成学生体质健康测试工作，对测试情况进行检查评估，对上报数据进行汇总分析，完成国家和北京市体质健康测试数据的上报审核工作。

（赵文新）

【设备购置总投资7199万元】 至年底，延庆县教育系统完成教育教学设施设备配备工程，全年总投资7199万元。主要涉及落实校办条件达标、改善师生生活条件、数字校园建设、信息化设备、机房改造及广播和音响系统改造。其中，为29所学校生活用车更新；为44个单位购置计算机及多媒体设备；为40所中小学幼儿园购置家具、玩具；为9所中小学购置食堂设备；为24所中小学黑板改造；配置40个单位摄录编办公设备；为中小学互动教研系统安装；为新课程资源中心升级。

（赵文新）

【招聘68人补充师资队伍】 至年底，

延庆县教育系统以择优招聘方式补充师资队伍。招聘工作坚持“四严格”（严格条件、严格审核、严格程序、严格标准）。共录用教师68人，其中本市户籍46人、京外户籍22人；录用教师中，高中教师17人、初中教师5人、小学教师5人、幼儿教师39人、直属单位教师2人。

（张美丽）

【57人参加教师交流工作】 至年底，延庆县教育系统57人参加教师交流工作，交流教师中，48人作为城区学校派出教师到对口川、山区任教，其中市级骨干教师1人、县级骨干教师18人，9人从农村学校到县城学校、幼儿园挂职培训。延庆县教委2010年6月出台《中小学幼儿园教师交流工作意见》，建立城乡互动教师双向交流制度：每所城区初中、小学和幼儿园每年选派校级以上骨干教师3至5人（至少有1人是县级以上骨干教师）交流到对口山、川区学校任教并承担指导青年教师任务、参与教育教学研究工作，农村学校每年选派具有培养潜质教师1至2人到城区学校任教。自2010年，县城学校、幼儿园共选派全职交流教师186人、兼职交流教师21人到农村学校任教，其中市级骨干教师6人、县级骨干教师66人；农村学校共选派教师74人到县城挂职培养。

（张美丽）

【4人被评为市级特级教师】 至年底，延庆县教师4人被评为北京市特级教师。至此延庆县共有市级特级教师8人。年内，延庆县7人（幼儿园1人、小学1人、中学4人、职成教1人）入选市级学科带头人，59人（幼儿园6人、小学21人、中学30人、职成教2人）入选市级骨干教师，23人（小学21人、中学2人）入选市级农村中小学骨干教师。此外，评选县级骨干教师625人，其中幼儿园76人、小学230人、中学273人，职成教46人（中等职业学校40人、成人学校6人）。

（张美丽）

【实现教育经费三个增长】 至年底，延庆县实现教育经费三个增长。本年延庆县财政经常性收入271376万元，比上年的268264万元增加3112万元，增长1.16%。预算内教育拨款77579.2万元，比上年的76062.9万元增加1516.3万元，增长1.99%，高于财政经常性收入的增长幅度。其中，义务教育预算内教育拨款47326.86万元，比上年的44216.85万元增加3110.01万元，增长7%，高于财政经常性收入的增长幅度。同时，全县各类生均预算内教育事业费和生均预算内公用经费继续增长。

（赵文新）

学前教育

【概况】 2014年，延庆县托幼园所56所，其中直属园9所，乡镇中心园和校办园27所，民办园19所，集体办园1所。教学班240个，离园2267人，入园3049人，在园幼儿6501人。教职工845人，其中，专任教师578人。幼儿入园率91%。6月18日，延庆六幼通过北京市一级一类幼儿园验收。至年底，全县有北京市示范园3所、一级一类幼儿园8所、一级二类园6所，北京市社区儿童早期教育示范基地13所。

（高天学）

【规范幼儿园卫生保健工作】 3月17日，延庆县教委对全县幼儿园卫生保健工作及用药行为进行检查和清查，并采取多项措施加以规范。一是要求各幼儿园卫生保健工作设立专属保健室，保健医不得有为幼儿开药、治疗等医疗行为，不为在园幼儿开任何药品。二是对所有家长进行带药告知并签订幼儿带药安全协议书，禁止带无处方药、消炎药、保健类药等药品。三是建立班级教师责任人制度，幼儿服药责任人为各班教师，每次给幼儿服药前核对家长填写的服药记录表和医院处方，服药后填写服药时间和主管教师姓名，服药后药品包装袋保留3天。四是幼儿在园生病或突发病情及时告知家长或第一时间带幼儿到正规医院就诊。经清查，全县幼儿园未发现擅自给幼儿用药行为。

（高天学）

【成立“宝宝电视台”】 4月10日，延庆一幼成立“宝宝电视台”，并开展宝宝电视台首届小主持人选拔、“童言童语”展示活动。活动由家长、幼儿自愿报名，通过选拔招募小主持人32人，其中，小班1人、中班10人、大班21人，招募家长志愿者3人。小选手观看电视台开播短片，并在“宝宝电视台”首次进行自我展示和机智抢答。

（高天学）

【建立“手拉手”捆绑发展园】 4月18日，在市教委举行的北京市示范幼儿园与农村乡镇中心园“手拉手”活动签约仪式上，延庆一幼与延庆张山营镇中心园建立“手拉手”交流关系。2009年起，延庆县实行幼儿园“1+X捆绑式发展”办学模式，即通过县教委行政手段，将4所市立园分别与川区山区幼儿园组合在一起，形成4个发展共同体，实现优质园所带动薄弱园所。本次“手拉手”活动，将进一步规范延庆一幼与延庆张山营镇中心园“捆绑”发展。

（高天学）

【学前教研展评活动走进延庆】 4月20日和5月13日，“北京市学前教研工作展评”活动走进延庆。活动分别进行大班集体教育、行政教研、园本教研现场展示等。活动中，县教委报告学前教育视导方案和现场活动指导方案，各区县教研员现场进行交流研讨，北京教科院对延庆学前教研工作取得成绩给予高度评价，认为行政教研与园本教研形成合力推动学前教育发展。北京教科院和全市各区县代表100人次参加活动。“北京市学前教研工作展评”由北京教科院主办，通过展示活动，评价北京市16个区县学前教研室教研水平及指导能力。

（高天学）

【举办艺术领域工作室展示】 6月4日，延庆县教委举办学前教育艺术领域工作室展示活动。活动在艺术领域基地园延庆二幼举行。活动中，与会人员听取工作室总结汇报、观摩集体教育活动现场、参与教研活动现场和分组研讨交流，了解艺术领域工作室开展情况及效果。北京教科院专家和全县各园所业务干部40人参加活动。

（高天学）

【举办优秀园所现场观摩展示】 6月25日，市教委在延庆二幼举行贯彻落实《3至6岁儿童学习与发展指南》走进优秀园所现场观摩展示活动。与会人员观摩延庆二幼各班室内和公共区域幼儿游戏活动，活动包括小班幼儿情境性区域游戏、中班幼儿生态创意游戏、大班幼儿生态制作坊等。在研讨会上，延庆二幼以“三个转变，让幼儿游戏更快乐更自主”为主题作专题汇报。市教委领导和全市各区县代表100人参加活动。延庆二幼是市级示范园，以“师幼快乐发展”为办园理念，以办优质学前教育为发展目标，在幼儿游戏活动方面不断创新。

（高天学）

【新建两所公办幼儿园】 9月9日和10日，延庆县第五幼儿园和康庄幼儿园（总园）两所新建公办园相继开园。延庆五幼位于延庆镇南菜园舜泽园小区，占地面积6979平方米，总建筑面积4701平方米，可容纳15个班450名幼儿学习、生活。工程2013年3月开工建设，总投资1890万元。康庄幼儿园（总园）位于康庄镇文汇街，占地面积7856.03平方米，总建筑面积3969.21平方米，可容纳12个班360名幼儿学习、生活。工程2013年3月开工建设，总投资1380.81万元。

（高天学）

【首个“妈咪屋”建成】 10月14日，市总工会调研延庆四幼“妈咪屋”建设情况。调研人员听取该园关于“妈咪屋”建设情况汇报，查看“妈咪屋”硬件设施和环境布置。市总工会和16个区县教育工会女工负责人参加调研。“妈咪屋”是专门为哺乳期教师提供的私密哺乳场所，是延庆四幼职工之家建设工作一个组成部分。“妈咪屋”设有电动吸奶器、储存母乳冰箱、供哺乳妈妈休息的沙发以及加热母乳微波炉等硬件设施。该项工作由市总工会发起，获准建立“妈咪屋”的单位将得到市总工会免费提供的全市统一“妈咪屋”铭牌，以及专用遮挡帘、母婴知识刊物、乳垫奶袋等日常用品。

（高天学）

【举办拉手区县教师交流】 10月22日，西城区骨干教师和学科带头人50余人在延庆三幼参加拉手区县教师交流活动。西城区教师通过走进班级，观摩教学教研活动、观看专题片、听取汇报等，与延庆三幼骨干教师相互交流、研讨。西城区和延庆县是教育拉手区县。此前，本延庆县干部教师多次到西城区参加科研、观摩等教学活动，西城区多名教育专家来本县开展讲座、入园指导等培训活动。

（高天学）

【延庆六幼和回龙观中心园拉手帮带】 10月24日，延庆六幼举行聘任专家顾问、与名园拉手结对仪式。仪式上，延庆六幼聘请特级教师国秀华为顾问，对该园发展进行指导。延庆六幼和昌平区回龙观镇中心幼儿园签订拉手园帮带协议书，两园六对干部教师结成师徒帮带关系。特级教师国秀华从事幼教事业30余年，是北京市幼儿艺术研究会理事、北京市优秀教育工作者，参与多项国家级、市级幼教科研课题，曾获世界学前教育组织中国委员会“西部支教突出贡献奖”。昌平区回龙观镇中心幼儿园2013年被评为北京市示范幼儿园。

（高天学）

基础教育

【概况】 2014年，延庆县小学28所（中心校24所、完小4所），教学班429个，毕业2036人、招生2252人，在校生11723人；教职工1350人，其中专任教师1235人。小学入学率100%，巩固率100%，毕业及格率100%。中学21所（初中12所、完中2所、高中2所、一贯制学校4所、体育运动学校1所），教学班330个（初中217个、高中113个）；毕业3625人（初中2376人、高中1249人），招生3346人（初中2069人、高中1277人），在校生10855人（初中6900人、高中3955人）。初中入学率100%，巩固率99.6%，毕业合格率98.66%；高中入学率（初中升学率）98.66%，毕业合格率93.44%，普通高考专科以上录取率96.10%；教职工2282人，其中，专任教师1301人。特殊教育单位1个，教学班7个（小学班4个、初中班3个），在校生87人（小学39人、初中48人），教职工30人，其中，专任教师25人，残疾儿童入学率100%。校外教育单位2个，教职工

64 人，其中，专任教师 43 人。全县中小学教师学历合格率 99.68%（小学 100%、初中 99.88%、高中 98.50%。中小学特级教师 8 人，高级专业技术职务教师 336 人（小学 8 人、初中 159 人、高中 169 人），中小学图书馆藏书 124.84 万册，校舍总占地面积 116.38 万平方米，总建筑面积 40 万平方米，固定资产总值 87883.35 万元。全年教育经费投入 153822.6 万元，全部为国家拨款。

（李晶华　郤占华）

【推进小学教育综合改革】　2 月 25 至 27 日和 9 月 25 日，延庆县教委分别在延庆八达岭中心小学、小丰营中心小学、特殊教育中心召开小学校长和幼儿园园工作思路交流会，推进教育综合改革。会上，延庆二小、延庆四小、康庄中心小学、珍珠泉中心小学、延庆二幼在分析本校办学实际基础上，结合“十二五”学校发展目标和第七轮校长任期目标，围绕“构建多彩课程，突显办学特色，提高教育质量”主题，汇报新学期工作思路。北京教科院教研员点评各单位工作思路，并结合学校课程建设举办培训。会议强调，各单位在推动教育综合改革过程中要统一思想、提高认识，从本单位实际出发，打造自己的办学特色，并使特色得以传承和发扬；在教育教学活动中要以学生健康快乐成长为出发点和落脚点，为学生以后成才奠定基础；构建多彩课程，全面提升学校办学质量。延庆县教委、县教育督导室领导和各小学、幼儿园中层以上干部 240 人参加活动。

（高天学）

【召开中学教学质量分析会】　2 月 27 日和 3 月 4 日，延庆县教委分别召开中学教学质量分析会。县教科研中心初中部和高中部研训员分别对初中三个年级和高三年级期末考试成绩进行分析，结合考试评价系统分析结果对毕业年级、非毕业年级、高考年级提出相应教学建议。会议指出，从各年级期末成绩来看，城乡学校差距缩小，但要注意个别学科整体偏低和优秀率偏低的问题。学校要通过横纵比较，科学精细分析、理性客观看待成绩，要关注在原有基础上是否有提高和在重点弱势学科上是否有突破。高中研训员要把命题思路、题型特点研究透，与延庆实际相结合，尽最大限度地缩小与北京城区的差距。延庆县教委领导和教科研中心研训员、中学校长、教学业务干部、年级组长 120 人次参加会议。

（赵文新）

【举办中学美术教师剪纸专项培训】

3 月 18 日至 6 月 12 日，延庆县教委举办中学美术教师剪纸专项培训。培训本着提高美术教师专业技能，传承民间美术文化原则，通过集中讲座、现场观摩、拓展体验、合作研究等方式，从剪纸、刻纸两方面进行专项培训。经过学习、揣摩、实践，学员创作出风景、人物、花鸟等剪纸作品，并进行展示。经过评选，评出一等奖 4 人，二等奖 6 人，三等奖 8 人。培训隶属于北京市农村中小学教师培训——远郊区县区域教育合作项目，由延庆县教委与首师大合作举办，延庆县中学美术教师 32 人参加培训。

（张美丽）

【聘请专家指导中高考备考】　3 月 22 日和 25 日，延庆县教委聘请北京西城区教育教学研修学院教研员和新东方教育科技集团教师指导中高考备考工作。西城区教研员结合 2014 年中考说明，对各学科复习备考工作提出具体建议。新东方教育科技集团两名教师各展示一节高三复习示范课，并针对本县教师需求进行备考指导。全县中考学科任课教师和高三数学、物理教师 120 人次参加活动。

（赵文新）

【评选学科基地校】　3 至 5 月，延庆县教委举办学科基地校评选。学科基地校分为学科类基地校、德育类基地校和科研类基地校三类。评选条件为：某学科类基地校，该校、该学科市县级骨干教师比例不低于 10%；德育类基地校，必须有立项市级以上德

育科研课题；科研类基地校，必须被评为县级以上科研先进单位。学科基地校实行动态管理，每两年进行一次综合考评，对实绩明显、考核成绩优秀校予以表彰，对工作开展不力或考评成绩一般校进行调整。全县 30 所学校递交申请 122 份，经评选，11 所学校被评为学科类基地校，3 所学校被评为科研类基地校，3 所学校被评为德育类基地校。

（张美丽）

【表彰优秀班主任】　4月15日，延庆县

教委召开优秀班主任表彰会。会议表彰 2013 年市级紫禁杯优秀班主任 13 人、县级“长城杯”优秀班主任 120 人，长城杯优秀德育干部 2 人。3 名优秀班主任代表交流典型经验。“八达岭长城杯”优秀班主任奖励基金由延庆县八达岭特区赞助设立，自 1991 年起，每年评选一次。八达岭特区、延庆县教委、各校主管德育领导及受表彰优秀班主任等 200 人参加会议。

（张美丽）

【举办于淼教学特色研讨会】　4 月 24 日，延庆县教委在延庆三小举办“触动心灵培育生命”于淼教学特色研讨会。研讨会上，与会人员观摩教师于淼课堂现场教学，观看于淼个人发展专题片，听取于淼《触动心灵培育生命》专题汇报。北京教科院结合于淼课堂教学，举办“语文课堂教学七问”专题讲座。延庆县教委、北京教科院、县教科研中心领导和全县小

学教学管理干部、语文骨干教师60人参加会议。于淼是延庆三小教师，县语文学科骨干教师。从教19年，她一直担任班主任和语文教学工作，曾荣获北京市紫金杯优秀班主任特等奖等多项荣誉，做市、县级研究课10余节，多次获县级评优课一等奖。

（高天学）

【政府出资启动中小学课外活动】 4月24日，延庆县教委召开延庆县推行中小学生课外活动启动大会。课外活动按照“政府主导、社会支持、学校组织、学生自愿”的原则，通过政府“购买社会服务”的形式，开展体育、文艺、科普等形式多样的社团活动。要求各学校在星期一至星期五课外时间安排活动，每周不少于3天，每天不低于1小时；开展课外活动的辅导教师通过招聘形式录用，课外活动安排要形式多样、丰富多彩。活动内容及形式应与课程方案设置、学生综合实践活动，以及“每天锻炼一小时”有机结合，必须安排30分钟以上的体育活动。

（赵文新）

【现代教育大讲堂走进延庆】 4月25日至5月16日，延庆县教委与现代教育报社联合举办“现代教育大讲堂走进延庆”系列活动。其间，11名教育专家为家长、教师举办家教方法讲座及现场指导，共举办讲座13场。现代教育大讲堂活动是“推广科学家庭教育理念”公益讲座，聘请教育专家学者作为专家团成员在北京市各区县举办巡回系列讲座，给家长提供专业、科学、实用家庭教育方法。

（张美丽）

【召开杨金雪课堂教学研讨会】 5月5日，延庆县教委在延庆二小召开“培育数学思想点亮智慧课堂——杨金雪课堂教学研讨会”。会上，与会人员观摩教师杨金雪课堂教学展示《数学思考》，特级教师吴正宪进行点评，杨金雪以及青年教师代表分别汇报课堂教学改革成果，首师大专家结合杨金雪课堂教学对与会人员举办专题培训。全县各小学教学管理干部和部分数学骨干教师60人参加活动。杨金雪是延庆二小教师，1994年毕业延庆师范学校；从教以来曾4次被评为县长城杯优秀班主任，2次被评为县优秀教师和学科优秀教师；2007年被评为北京市数学骨干教师，2012年被评为中国教育学会先进工作者，2013年被评为北京市研修工作站优秀指导教师；参加县级教师基本功比赛2次获得全能一等奖，撰写教学论文多篇获得国家、市级奖励。

（高天学）

【举办走进学校系列活动】 5月7日至10月21日，延庆县教委在延庆四中、延庆十一学校、延庆永宁中学，举办走进学校系列活动。活动以“构建智慧课堂”为主题，通过展示现场课、集中交流、教学模式专题报告等形式，展示3所学校办学理念和教学特色。县教委指出，活动突出两大亮点，一是邀请家长走进学校，参与教育教学活动，为学校发展献计献策；二是创新课堂教学模式，教师学生互动充分，智慧课堂构建显成效。县教育领导、全县各中学校长和教学业务干部、教科研中心干部以及部分学科研训员、教师代表和家长代表590人参加活动。

（赵文新）

【首次立项市级经费资助课题】 6月11日，延庆县教育系统首个市级经费资助课题“延庆县教育系统党支部书记专业发展现状调查研究”开题。课题由县教育系统“党建研究工作室”申报，北京市普教系统党建研究会立项。课题以文献研究法和问卷调查法相结合方式从中小学党支部书记角色定位、研制专业发展现状调查问卷等方面进行研究论证，推动本县教育系统党建工作科学发展，促进中小学党支部书记自身成长和专业提升。课题计划2016年3月结题。县教育系统“党建研究工作室”2013年9月成立，成员由13所中小学校、幼儿园、直属单位党支部书记、副书记组成，分成6组在全县教育系统中开展党建研究工作。

（张美丽）

【成立农业科普示范基地】 7月9日，延庆县小丰营中心小学农业科普示范基地成立并挂牌。基地由北京市农业技术推广站、延庆县种植业服务中心和延庆县农业技术推广站3个单位共同建立。共建单位定期派专业技术人员到学校指导师生农业种植，帮助学校完善现代种植的种类和设施；师生将走进市级推广站农业基地参观学习。小丰营地区以种植绿色蔬菜为主要产业，学校根据这一特点，开发《蔬菜种植与管理》校本课程，每周有专职教师为学生上课。学校筹建温室大棚供学生实际操作，购置无土栽培、水培养箱、二氧化碳发生器等设备设施，让学生学习现代种植知识。

（高天学）

【举办“成语英雄”赛】 7月14至16日，延庆县语委办举办小学生“成语英雄”大赛。全县30所学校三至五年级学生5401人经过校级预赛和县级复赛，选出8支代表队48人参加决赛。决赛分为六个环节：听写成语、听意思写成语、成语接龙、成语纠错、看图说成语、成语积累，最终评出特等奖1名，一等奖3名，二等奖4名。

（吴铁华）

【撤销6所小学建制】 7月，延庆县教委撤销延庆县南张庄中心小学和延庆县永宁镇民族小学2所中心小学建制，撤销米粮屯、王木营、下营、西五里营4所完全小学建制。南张庄中心小学1946年建校，撤校时校园占地面积16000平方米，建筑面积1900平方米，固定资产总值306.08万元，教职工18人，学生18人，撤销后学生到永宁学校就读。永宁镇民族小学1984年建校，撤校时校园占地面积8002平方米，建筑面积1653平方米，固定资产总值501万元，教职工9人，学生33人，撤销后学生到永宁学校、延庆三小就读。米粮屯、王木营、下营、西五里营4所完全小学，因缺少年级而撤销完全小学建制，改称教学点；米粮屯教学点归属大柏老中心小学，王木营教学点归属井庄中心小学，下营、西五里营教学点归属姚家营中心小学；原招生划片范围生源，可根据家长意愿自主选择到所属中心小学或教学点就读。

（高天学）

【高考录取率和本科录取率创历史新高】 8月20日，延庆县召开2014年高考总结大会，总结2014年高考工作，对优秀学生、教师和学校进行表彰。本年，延庆县文科各科平均分与上年相比均有提高，均超市各科平均分，总平均分同比提高 26.03 分，超市平均分 22.42 分，其中数学超市平均分 7.87 分。本科上线 1019 人，上线率 72.27%，同比提高 6.53 个百分点。其中一本上线 321 人，上线率 22.77%，同比提高 2.96 个百分点。全县高考录取 1579 人，录取率 96.1%，同比提高 4.5 个百分点，连续 7 年超过市录取率。其中本科录取 882 人，录取率 62.55%，同比提高 6.5 个百分点。

（赵文新）

【城乡一体化学校揭牌】　8 月 30 日，

北京育英学校延庆分校揭牌仪式在延庆十一学校举行，十一学校挂牌北京育英学校延庆分校。依据两校合作办学协议，育英学校校长作为分校名誉校长，输出学校办学理念，协助分校办学，使之成为有影响力的优质学校；育英学校将步骤实施分校育人模式、课程研发与实施、校本研修、教育科研、学校文化建设五个重点项目，发挥名校引领、辐射、带动作用；每年根据实际情况向分校派送管理干部和骨干任课教师，开展管理活动、授课及听课指导；全面规划、建设分校的课程；采用多种形式，对分校教师进行全员培训。合作协议还特别商定，为促进教育均衡发展，满足学生个性发展需求，合作期间育英学校高中每年从分校招收应届京籍、家庭困难的初三优秀毕业生不超过 20 人。合作期限 6 年。

（赵文新）

【规范中学办学行为】　9 月 18 日，延庆县教委召开规范中学办学行为工作会。会议结合办学实际对各初中校提出具体要求：一是学校要依法办学，一切教育教学活动要符合各级政策规定和具体要求；二是学校要严格执行课程安排，开齐课程开足课时；三是学校要知道教师加强对学生的教育管理，妥善处理师生矛盾、生生矛盾；四是严格执行学籍管理规定，杜绝学生“人户分离”私下流动；五是重视行为困难生教育问题，做好教育记录；六是坚持课堂教学改革，改革行动要做好前期论证、宣传沟通、质量监控等工作，以提升教学质量、促进学生成长为出发点和落脚点。会议强调，学校在办学过程中要畅通工作渠道，做好干群沟通、师生沟通、家校沟通工作，以与时俱进的精神和服务社会的理念，努力办人民满意的教育。延庆县教委领导、各初中学校教学主任、教科研中心相关教学干部 30 人参加会议。

（赵文新）

【成立三个专家工作室】　9 月 24 日，延庆县教科研中心举行德育、语文和课程建设三个专家工作室揭牌。其中，德育工作室聘请专家詹万生为导师，工作室设在延庆五中，以培养德育名校长、德育名师作为目标，促进学校德育研究和实践水平，成员为延庆二小、延庆四小等 8 所学校校长。语文工作室设在延庆一中，聘请专家张彬福为导师，工作室成员 21 人；课程建设工作室聘请专家程舟为导师，设在县教科研中心，任务是引领全县课程建设工作方向，指导县、校课程管理机制建设，推进三级课程管理与研究，成员 6 人。

（张美丽）

【承办市级通用技术教学现场会】　10 月 15 日，北京教科院在延庆一中举办“通用技术走进延庆”课堂教学案例展示观摩现场会。会上，延庆一中和延庆二中通用技术课程专业教师分别以“设计课题的确定”和“设计方案的制定”为主题，进行课堂教学展示。北京教科院领导、各区县通用技术课程教研员、教师 40 人参加活动。普通高中通用技术（GT）课程是与九年义务教育中的信息技术和劳动与技术教育相衔接，以提高学生的技术素养为主旨，以设计学习、操作学习为主要特征的基础教育课程，是国家规定的普通高中学生的必修课程。在普通高中课程结构中，通用技术是一个基础的学习领域。

（赵文新）

【推广“名师在线教育服务”】　10 月 30 日，延庆县召开“在线教育服务”应用推广工作培训会。“名师在线教育服务”是市教委集结北京优质教师资源，直接面向学生提供个性化在线学习辅导网络平台，每个学生都有机会接受来自名校名师指导。服务平台支持手机和平板电脑用户使用。名师在线包含“在线答疑”和“学业诊断”两大功能。

（张美丽）

【成立家教讲师团】　11 月 19 日，延庆县“中小学家教讲师团成立大会”在教科研中心召开。讲师团成员从全县中小学市级“紫禁杯”优秀班主任、心理骨干教师中遴选，共 10 人。家教讲师团将就科学育子、家校社合力育人等方面进行巡回演讲，推动家长学校、家长委员会工作深入开展，进一步提高全县家庭教育水平。

（张美丽）

【全市课程辅助资源评选获奖】　11 月，延庆县教师参加“2014 年北京市第一届首都特色优质原创课程辅助资源评选”获奖。全县上交课程辅助资源 427 个，获奖 312 个，其中一等奖 65 个，二等奖 103 个，三等奖 144 个。该评选自 2014 年起，采取市、区（县）两级征集评审方式，每年一次。评选范围包括教学素材、教学课件、教学案例等 7 类原创优质资源，实现“新京版教材”使用与资源配套同步。市级优秀成果获得者纳入《北京市基础教育课程改革优秀成果表彰名册》，市级二等奖以上优秀资源通过北京数字学校等渠道公开发布，全市共享。

（张美丽　孙艳春）

【创建规范化食堂】　11 至 12 月，延庆县教委开展学校食堂规范化创建工作培训。依据《延庆县学校（幼儿园）食堂管理规范化建设评价细则》，创建活动对食堂管理、食品原料采购等七个方面提出要求，包括校长将作为食品安全的第一责任人，学校食堂建立食品原材料采购索证、入库、出库验收登记制度，食品添加剂使用做到专人采购、专人管理、专柜储存、专用称量工具、专用使用记录。县教委还联合县卫生局疾病预防控制中心和县食品药品监督管理局，对食堂管理和食品安全知识进行培训。县中小学幼儿园的食堂管理员、厨师长280人次参加培训。至年底，延庆七中入选北京市中小学健康食堂，是延庆唯一一所创建试点校。

（赵文新）

【召开郭丽花教学研讨会】 12月11日，延庆县教委在延庆四小召开“依托小组合作学习、构建智慧课堂——郭丽花教学研讨会”。会上，教师郭丽花展示四年级语文教学《搭石》，并从教师、家长、学生三个层面介绍如何“依托小组合作学习、构建生态智慧课堂”。北京教育学院石景山分院教研员对郭丽花课堂教学进行点评。县教委领导，全县小学校长、教学管理干部、部分学科骨干教师80人参加活动。延庆县教委肯定延庆四小在课堂教学以及教师队伍建设方面所做工作，并就今后工作对全县提出要求。郭丽花是延庆四小教师，曾荣获紫禁杯和长城杯优秀班主任、延庆县优秀教师、县师德先进个人、“全国教育科研先进个人”、县校“骨干教师”等称号。两年来，郭丽花带领教研团队开展小组合作学习研究。

（高天学）

【三所小学联合举办教研活动】 12月18日，延庆小丰营、下屯、太平庄三所学校在小丰营中心小学联合举办“打造智慧课堂”教研活动。活动聘请北京市特级教师刘德武做一年级《位置与顺序》、四年级《小数的意义》两节指导课，聘请北京市特级教师孔祥旭围绕“精准设计教学目标，提高课堂教学实效”进行开放式教研培训。三校教师根据课堂教学及培训内容向专家请教和咨询，并进行研讨。县教研室和部分小学干部教师80人参加活动。

（高天学）

【中小学互动教研系统投入使用】 12月18日，延庆县中小学互动教研系统正式投入使用。互动教研系统在县教委、教科研中心、各中小学和幼儿园设有57个终端，计算机、智能手机等安装软件后，也可以通过网络连接到系统内，组织异地教研、科研、培训、教学、交流及会议等，实现远程参与互动和教育资源共享。

（赵文新）

【完成中小学校修缮工程】 至年底，延庆县教委投资18561.05万元，完成61个单位修缮、操场及供暖维修改造工程。其中，投资10934.96万元，完成26个单位大型修缮工程；投资703.73万元，完成25个单位太阳能工程；投资1108.97万元，完成3个单位操场改造；投资1343.79万元，完成34个单位供暖维修改造工程；投资578万元，完成6个单位消防改造工程；投资206.55万元，完成8所学校供电改造工程；投资255.64万元，完成12所学校防水维修改造工程；投资249.93万元，完成9个单位室内外地面改造工程；投资1574万元，完成44个单位校园文化建设；投资1605.48万元，完成35个单位其他项目修缮工程。

（赵文新　李雪军）

职业与成人教育

【概况】 2014年，延庆县职业高中1所，开设专业19个，教学班65个，毕业685人，招生471人，在校生2317人；教职工271人，其中，专任教师180人。学校占地面积12.08万平方米，建筑面积7.08万平方米。固定资产总值10859.93万元。全年教育经费投入12730.8万元，其中，国家拨款12627.62万元，自筹经费103.18万元。县级成人学校3所，开设专业29个，招生2081人，在校生8017人，教职工158人，其中，专任教师66人，全年学历教育毕业3739人，各类培训结业4万人次。乡镇、街道成人学校15所，村级成人学校150所，其中，市级示范性乡镇成人学校6所，市级示范村成人学校35所，全年开展各类培训活动17万人次。县级成人学校占地总面积2.28万平方米，建筑总面积2.01万平方米，固定资产总值6549.32万元。全年教育经费投入4103.94万元，其中，国家拨款3849.14万元，自筹经费254.8万元。

（吴铁华）

【入选全国社区教育示范区】 1月9日，延庆县入选第三批全国社区教育示范区。延庆县各类成人教育培训活动年培训17万人次。在全国首创的农民文艺中专班已经长效机制，成为培养乡土人才的新举措。全县成人教育工作形成“两校合一”“农民技能大赛”等成人教育和农民培养模式，与农民实际需要紧密结合，取得良好经济效益和经济效益。全国社区教育示范区由教育部评选，全国共有90个社区教育示范区。

（吴铁华）

【电大延庆分校更名】 2月17日，北京电视广播大学延庆分校式更名为北京开放大学延庆分校。更名后该校在学生入学、教学人员、学习环境、学习媒体、教学模式、课程选择、学习方法、教学理念方面全部实行开放，通过“八个开放”将优质教育资源向社会公开，保障学习者接受高等教育的基本权利，搭建多元、开放、灵活的终身学习服务平台。学校创建于1979年，2009年被中央电大评为全国示范性电视大学。学校设有经济管理、企业管理、法律、中文、文秘、财会、英语、计算机等专业25个，教学班45个，在校生2628人。

（吴铁华）

【召开乡镇成人教育工作会】 3月19日，延庆县教委召开2014年乡镇成人教育工作会。会议交流珍珠泉乡、四海镇、永宁镇、井庄镇4个乡镇2013年成人教育工作，部署2014年工作。会议肯定各乡镇围绕主导产业开展成人教育工作的经验，指出只有认真分析当地党委政府政策和区域定位，围绕关键点设计培训项目，让老百姓得到实惠，成人教育工作才能更好开展，才能得到当地政府和百姓支持。全县15个乡镇教育助理25人参加会议。

（吴铁华）

【举办全民读书日】 4月23日，延庆县

举办全民读书日活动。其间，县社教中心开展“以交换图书，交流思想，启迪智慧，净化心灵”为主题的读书日宣传活动，组织街道社区居民交换图书，分享交换和阅读带来的乐趣。县外语协会举行“迎世葡讲外语”宣传活动，县新华书店向现场居民赠送部分图书和会员卡，倡导大家多读书，读好书。县文明办、县教委、县社会工委等领导和来自县3个街道的100名社区居民参加活动。

（吴铁华）

【完成成人考试工作】 4月和10月，延庆县教委完成成人自学高考组考工作。报考人数2219人（新生317人），7024科次，实考5352科次，实考率75.4%以上，违纪6人。全年毕业生289人，其中本科117人，专科172人。8至9月，完成成人高考组考工作，报名563人，其中，高中起点升专科155人，实考率96.8%，高中起点本科33人，实考率97%，专科起点升本科375人，实考率90.4%。

（吴铁华）

【举办市民外语培训】 5月，延庆县外语协会举办“迎世葡市民外语培训”系列活动。其间，在3个街道20个社区4个乡镇村开展“了解世葡会”“葡萄酒文化”“英语日常口语”等培训，居民1300人次参加；组织100名会员参加县“迎世葡讲外语”演讲活动，评出一等奖4人、二等奖6人、三等奖6人；在县第七届全民读书日活动现场分发英语口语宣传小手册，现场教授简单英语问候语；编印《迎世葡讲外语宣传手册》，并免费发放市民。世界葡萄大会于7月29日至8月2日在延庆举行，园区位于延庆县张山营镇东部。

（吴铁华）

【召开成人教育工作现场会】 9月23日，延庆县经委在珍珠泉乡召开“走进珍珠泉”延庆县乡镇成人教育工作现场会。参会人员观看延庆县职成教育专题片《蓬勃发展职成教育》和珍珠泉乡农民教育专题片《农民培训让珍珠山水更加美丽》、听取珍珠泉乡成人学校工作汇报，参观“珍珠山水——延庆一职”成人学校民俗旅游专业实习基地，全面了解延庆县职成教育工作。会议认为：延庆县成人教育工作，形成完善的三级网络体系，也抓住人才培养这个核心；首创的“两校合一”“双师型教学”“农民技能大赛”等成人教育和农民培训模式，使农民教育培训与当地产业发展有机结合，与农民实际需求紧密结合，取得良好社会效益和经济效益。北京教科院、市农广校、延庆县教委等领导，以及全县15个乡镇主管领导、各职成学校教育助理等50人参加会议。

（吴铁华）

【学习卡转换商场会员卡】 9月25日，延庆社区教育中心举行学习卡转换启动仪式。在社教中心学习的市民，持县社教中心发放的学习卡，在延庆县世纪华联超市购物时将享受到优惠。社区教育中心开设有舞蹈、模特、电子琴等13项课程25个班，所有课程都是免费学习。社教中心为每名学员发放一张学习卡，用于考勤和学籍管理，学员到延庆县世纪华联超市购物时，所持学习卡将等同于商场会员卡，享受会员待遇，能够以优惠的价格购买到超市内大部分商品，并得到购物积分。

（吴铁华）

【举办全民终身学习活动周】 10月30日，延庆县教委举行全民终身学习活动周启动仪式。会上，县教委宣读《延庆县2014年全民终身学习活动周方案》，为学习标兵赠送书籍，来自全县各个行业5名学习标兵，以“学习造就出彩人生”为主题分别进行演讲。全县各机关、乡镇、街道和社区160人参加启动仪式。学习活动周期间，县各街道、乡镇、成员单位、创建单位、学习基地面向不同群体举行内容丰富、贴近百姓的各种学习活动。通过表彰学习典型，开展学习交流，展现学习成果等形式激发全民学习热情，营造学习氛围。

（吴铁华）

【评选学习型先进】 至年底，延庆县学习型组织指导教师深入创建单位视导检查13次，理论集中辅导3次，完成7个单位、4个社区、39个家庭的评估工作。共评选出“延庆学习之星”20人，“延庆市民学习品牌”3个，县级学习型家庭39户。大庄科乡成为县级学习型先进乡镇，至此延庆县学习型乡镇达到100%。百泉街道成为第一个县级学习型先进街道。

（吴铁华）

教育督导

【概况】 2014年，延庆县政府教育督导工作按照管办评分离的要求，积极推进教育督导管理体制改革，不断提升教育督导工作能力和水平。坚持依法督导，坚持督政与督学并重，围绕群众关注的教育热点、难点问题，积极开展教育综合督导和专项督导，各项工作任务如期完成。认真开展学前教育和全面实施素质教育工作情况自查工作，接受市教育督导室学前教育工作和全面实施素质教育工作的督导检查；根据国家和北京市工作安排，协助政府做好接受国家义务教育均衡发展达标区县督导评估认定前期统筹、指导、数据测算等工作；开展教育执法和实施素质教育自查工作，并对全县21所中小学校、幼儿园、职业学校、校外教育机构、特殊教育学校进行综合督导；完善督学责任制制度，全面推进中小学校责任督学挂牌督导；对全县51所义务教育阶段中小学校的设施设备、学生减负和“一标两率”情况及相关乡镇、委办局等的教育法律法规执行情况进行经常性督导随访；总结、分析、通报、使用市县教育工作群众满意度调查结果；完成延庆县义务教育实施与均衡发展状况、学前教育发展状况、减负监测统计工作；督导队伍不断完善；教育督导与评价课题结题。年内，延庆县人民政府教育督导室共有工作人员6人，其中主任1人，责任督学2人，借调专职督学3人。另还有29名兼职督学。

（李晶华　李树敏）

【中小学责任督学挂牌】 1月8至28日，延庆县完成义务教育阶段51所中小学（含完小）责任督学挂牌工作。该项工作由政府教育督导部门以标牌形式向社会公布责任督学督导工作相关信息，加强与学校和社会联系，加强对学校监督指导的重要举措。

挂牌督导所需责任督学由县教育督导室专职督学和兼职督学共同组成。按照延庆县中小学校布局和在校生规模等情况，以每人负责1至5所学校的标准配备责任督学。

（李晶华 李树敏）

【聘任16名兼职督学】 2月12日，延庆县教育督导室在全系统领导干部大会上为受聘兼职责任督学颁发聘任证书。受聘兼职责任督学共16人，均为各乡镇、街道的教育助理。他们受县政府教育督导部门委派到指定学校，按照规定职责，规定程序，依法对学校办学行为进行监督指导。

（李晶华 李树敏）

【接受市学前教育专项督导】 4月2日，市教育督导室对延庆县进行学前教育专项督导。督导评估组按照公办园、校办园、民办园、自办园等分成六个小组，通过听取各园长和镇长汇报、查看相关档案、召开教师座谈会、问卷调查等形式，实地考察延庆三幼、红苹果艺术幼儿园等不同类型的幼儿园。督导组认为，延庆县政府重视学前教育发展，教育部门主管、有关部门分工负责的管理体制和工作机制健全，落实学前教育三年行动计划到位；完成园所建设和新增学位目标任务，户籍适龄儿童学前三年入园率达到90%，常住适龄儿童学前三年入园率92%，公办性质幼儿园所占园所总数比例达到87.5%，基本满足学前教育发展需要；县级财政性学前教育经费在同级财政性教育经费中所占比例逐年提高；注重幼儿园保教质量监控与评价，不断提升各级各类幼儿园保教水平，家长对学前教育工作满意度较高。

（李晶华 李树敏 高天学）

【接受北京市素质教育综合督导检查】 11月26日，延庆县接受北京市素质教育综合督导检查。市素质教育综合督导检查组观看延庆县全面推进素质教育工作专题片，听取县政府全面实施素质教育工作情况汇报，并与各委办局、教委各科室、部分学校负责人分组座谈，查阅延庆县全面实施素质教育工作档案。检查组分成六组实地督导检查。督导检查是北京市政府1997年出台区县政府素质教育综合督导评价工作方案以来，对各区县政府素质教育工作进行的第四轮综合督导评价。检查组认为，延庆教育在优质、均衡、创新、开放的教育新理念指导下做出积极探索。

（李晶华 李树敏）

【教育督导与评价课题研究结题】 12月，延庆县“十二五”教育督导与评价27个市级课题全部结题。其中“以综合素质评价促进农村高中学生自主发展”“幼儿园教师师德评价的实践研究”“小学生作文多元化评价的研究”等4个课题为市级重点课题，其他23个为一般课题。延庆县中小学幼儿园25个单位参与课题研究。经有关科研专家评选，评出一等奖3个，二等奖6个。

（李晶华 李树敏）

中共延庆县委教育工委

书　记 （空缺）

延庆县教育委员会

主　任 魏旭斌

延庆县政府教育督导室

主　任 王书忠

燕 山 地 区

【概况】 2014年，燕山地区托幼园所7所，收托幼儿1512人。市立幼儿园教职工186人，其中，专任教师106人。小学7所，95个班，毕业517人，招生765人，在校生3412人。小学入学率100%，巩固率100%，毕业及格率100%。教职工291人，其中，专任教师254人。中学5所（初中校4所、高中校1所），教学班97个（初中71个、高中26个），毕业890人（初中536人、高中354人），招生821人（初中508人、高中313人），在校生3342人（初中2360人、高中982人）。初中入学率100%，巩固率100%，毕业合格率100%。高中入学率100%，毕业及格率100%，应届毕业生高考录取率100%。教职工433人，其中，专任教师366人。特教班2个，在校生44人；残疾儿童入学率94%，巩固率100%，毕业率100%。校外教育单位1个，教职工26人，其中，专任教师26人。中小学教师学历合格率100%，高级专业技术职务教师93人（小学2人、中学91人）。中小学图书馆藏书376928册，校舍总占地面积20.28万平方米，总建筑面积10.91万平方米，固定资产26134.29万元。全年教育经费投入38798万元，其中，国家拨款36303万元，自筹资金2495万元。

（白聪）

【召开基础教育教学工作会】 1月7日，燕山教委召开2013至2014学年基础教育教学工作会。会议总结2013年教学视导工作和燕山地区第二届“燕翔杯”优课大赛活动，表彰在教学、科研、培训等工作中做出突出贡献的学校和教师，其中，市、区级获奖类别近12项，200余人获奖。会议还解读《燕山教育委员会关于做好2013至2014学年度基础教育课程教材改革实验工作的意见》。燕山教委、教研中心、考试中心领导，中小学代表近百人参加会议。

（白聪）

【召开校外教育工作督导评价反馈会】 1月15日，教育督导室组织召开燕山地区2013年校外教育督导评价反馈会，燕山教委领导班子成员、相关科室负责人，校外办、少年宫领导参加会议。会上宣读《北京市人民政府教育督导室关于燕山办事处2013年校外教育工作的督导评价回复意见》，相关负责人就回复意见中的主要成绩方面进行总结，重点就问题与建议方面进行讨论研究，研究决定要制定切实可行的整改措施，通过外聘、成立工作室、骨干带动等多种措施加强教师培养力度，将科技教育在地区小学中全面铺开。

（张艳平）

【召开校外教育工作会】 1月15日，燕山办事处召开燕山地区2014年青少年校外教育工作会。会议表彰17家“燕山地区青少年校外教育先进集体”、66名“燕山地区青少年校外教育先进工作者”、38名“社会实践活动优秀辅导员”。24家校外教育联席会成员单位领导、8家校外活动场所负责人，以及各中小学校长共100人参加会议。

（刘海霞）

【召开督学工作会】 2月26日，燕山教育督导室组织召开督学工作会。会议报告教育改革形势和发展方向，结合市教育督导室2014年工作要点对地区督导工作进行整体部署。重点强调迎接市教育督导室学前教育专项督导、素质教育综合督导、责任督学挂牌督导相关工作，会议研究挂牌督导工作，要求责任督学按照挂牌督导工作要求开展工作，认真撰写督导记录，及时反馈督导工作中问题。督导室领导和全体专兼职督学参加会议。

（张艳平）

【举办学生艺术节】 2至4月，燕山教委、燕山少年宫举办燕山地区第17届学生艺术节。经学校选拔，10所学校参加合唱和校园剧集体项目展演。艺术节展演坚持现场亮分原则，确保比赛成绩公平、公正、公开；展演后请专家进行点评，指出每个节目的不足和改进方向。最终，艺术节评出一、二、三等奖项。

（刘海霞）

【接受学前教育专项督导评价】 3月

12日，市教育督导室督导评价燕山地区学前教育工作。督导组查阅资料，依据《燕山地区学前教育工作自评报告》《燕山地区学前教育工作自评报告单》以及《学前教育工作评价指标体系》，审阅燕山地区学前教育三年行动计划落实情况相关材料，督导组召开相关委办局、教委相关科室、幼儿园园长三个座谈会，听取办事处各委办局及教委相关科室关于学前教育工作职责任务落实情况的汇报，实地考察燕山幼儿园、小天使幼儿园、星城幼儿园。督导组反馈意见认为，燕山地区高度重视学前教育，充分发挥政府的主导作用，加强领导，统筹资源，合理布局，加大经费投入，完成园所建设和新增学位目标任务，办园条件明显改善，做到公益普惠，全面满足适龄儿童入园需求，学前教育三年行动计划得到有效落实，家长对幼儿园满意度连续4年逐年提高。

（张艳平）

【开展减负工作督导随访】 3月19日，燕山教育督导室随访督导羊耳峪小学减负工作。督导组听取英语、语文两节常态课，从常态教学中了解学校教学工作管理情况以及教情、学情。听课后，查看学生的作业，分别与部分教师、干部交流，了解学校日常教学开展情况。通过随访，督导组肯定学校从课堂教学入手，从教师基本功训练抓起提升教师专业素养等做法，建议学校加强校本教研，发挥骨干教师引领作用，切实提高课堂效率，减轻学生课业负担，使减负提质工作落到实处。

（张艳平）

【召开党风廉政工作会】 4月3日，燕山教委召开2014年燕山教委党风廉政工作会。会议观看反腐倡廉教育片《四风之害》，听取《凝心聚力，务实发展，开创教育系统党风廉政建设和反腐败工作新局面》报告，回顾2013年党风廉政建设和反腐败工作，布置2014年党风廉政主要工作。会议指出，要统一思想、提高认识，切实提高党风廉政建设的紧迫感和责任感；要严明党纪，纠正四风，深入落实中央八项规定。会上，燕山教委同基层单位签订党风廉政建设责任书。教委干部和中小学代表共102人参加会议。

（李静媛）

【召开挂牌督导工作汇报会】 4月23日，燕山教育督导室召开责任督学挂牌督导工作阶段情况汇报会。会上，督学反映，各学校高度重视挂牌督导工作，对责任督学发现的问题能认真对待，积极整改。督导室领导听取责任督学工作汇报，并责成督学把问题汇总及时反馈到教委，同时要求责任督学要加强学习，认真落实责任督学挂牌督导办法，进一步做好挂牌督导工作。教育督导室领导和责任督学5人参加会议。

（张艳平）

【与房山区开展幼儿园交流合作】 5月22日，房山区教委与燕山教委幼儿园交流合作活动启动仪式在房山区良乡幼儿园举行。启动仪式上，宣读《房山区教委与燕山教委关于开展幼儿园交流合作实施方案》，房山区7所幼儿园园长分别与燕山地区7所幼儿园园长签订交流合作协议书。房山区教委与燕山教委幼儿园交流合作，旨在进一步提升燕山地区幼儿园的整体办园质量与水平，促进房山区、燕山地区学前教育共同发展。燕山教委将选派幼儿园园长、业务副园长、行政副园长等干部到房山区结对幼儿园学习幼儿园建设、规范管理等先进经验；房山教委安排幼儿园在办园规划、办园行为、质量监督、综合评价方面对结对幼儿园进行指导。市教委、房山区教委、燕山教委领导，两地交流合作园代表20人参加会议。

（杜桂红）

【开展体育专项督导】 5月30日至6月5日，燕山教育督导室联合燕山体卫中心、燕山教研中心开展燕山前进中学、向阳中学、东风中学、星城中学体育工作专项督导检查。督导小组听取各校主管校长关于学生体育一小时落实情况的工作汇报，查阅相关档案资料，观看课间操，听体育课，进行“学生体育活动调查问卷”，全面了解各校体育活动一小时的落实情况，并与干部教师座谈，了解学校开展体育工作急需解决的问题。通过检查，督导组认为：各校高度重视体育工作，体育活动开展得丰富多彩，学生体育活动一小时基本得到落实，燕山督导室将对督导情况及时反馈，并监督整改落实。

（张艳平）

【成立靳卫华戏剧工作室】 6月4日，

燕山教委举行靳卫华老师戏剧工作室挂牌仪式。会上，教委领导为工作室授牌，为12名工作室成员颁发聘书。会议对地区戏剧教育工作取得成绩给予肯定，希望靳卫华老师戏剧工作室充分发挥辐射引领作用，为引领地区戏剧教育，打造地区艺术品牌奠定基础。燕山教委、燕山少年宫领导，中小学代表和工作室成员40人参加会议。靳卫华是燕山向阳小学教师，燕山少年宫副主任。靳卫创编并参演的校园剧《爸爸我想对您说》在2009年北京市第一届禁烟小品大赛中获得一等奖，创作的校园剧《低碳超人》获得北京市第二届科普短剧大赛一等奖、个人获得指导一等奖，创编的校园剧《红领巾》在2012年北京市第十六届中小学生艺术节获得一等奖。

（靳卫华）

【举办第二届班主任基本功展示】 6月9日，燕山教委召开第二届地区班主任基本功培训与展示活动总结会。会议宣读《燕山教育委员会关于第二届中小学班主任基本功培训与展示活动优秀班主任及单位的表彰决定》，获奖教师代表展示获奖课例，北师大教授举办现场培训。教委领导和中小学教师代表300人参加会议。此次基本功展示活动分为两个阶段：第一阶段为笔试阶段，全地区共160余名教师参加，全体班主任平均成绩达到优秀水平。第二阶段为面试阶段。经各中小学推荐，17名优秀教师参加地区班主任基本功展示面试环节。面试共分为3个环节：主题教育活动设计、情景答辩、魅力展示，选手由小学低年级组、小学高年级组、初中组和高中组构成。最终，活动评出一等奖4人、二等奖6人、三等奖7人。

（毕玉　王雁）

【两园晋升一级一类园】 6月27日、10月30日，小天使幼儿园、星城幼儿园分别接受北京市幼儿园分级分类验收专家组视导验收。经专家检查评审，两园通过验收晋升一级一类园。至此，燕山地区4所幼儿园晋升为北京市一级一类幼儿园，达到57%。

（杜桂红）

【开展教育法律法规执行情况督导检查】 9月2日，燕山教育督导室召开2014年教育法律法规执行情况工作部署会。会议要求教委各相关部门按照通知要求认真开展自查工作，全面梳理2013、2014两年来体育、科技、艺术及社会实践活动开展情况，要求各主管领导要高度重视此次督导检查工作，加强领导，明确职责，总结经验、查找不足、及时整改，以达到以查促建、以查促改的目的，促进地区教育的健康发展。燕山教育督导室、燕山教委校外办、体卫中心等各部门主管领导参加会议。

（张艳平）

【召开庆祝教师节表彰大会】 9月10日，燕山地区2014年庆祝教师节暨表彰大会在燕山影剧院举行。会议表彰地区优秀校长和优秀教师共70人。会议总结两年来燕山地区教育工作的成绩和经验，分析燕山教育发展面临的形势，明确未来两年燕山教育事业的发展方向，提出燕山工委、办事处将继续把教育放在优先发展的战略地位，优化资源配置，加强队伍管理，坚持内涵发展，破解群众反映的教育热点、难点问题，为深化教育改革奠定坚实基础。全国优秀教师金英华、优秀校长刘晔在大会上作典型发言。区人大、燕山工委、燕山办事处所属各二级单位代表，教育系统干部、教师等700人参加会议。

（白聪）

【中小学素质教育实践基地揭牌】 9

月25日，燕山教委在燕山职业学校举行“燕山中小学素质教育实践基地”揭牌仪式。会议宣读《北京市房山区燕山教育委员会关于命名燕山中小学素质教育实践基地的决定》，邀请小学生代表汇报参与综合实践基地活动的感受，与会领导为“燕山中小学素质教育实践基地”揭牌。燕山中小学素质教育实践基地活动项目包括陶艺、串珠、丝网花、口布折花等，每期学生活动时间为周一至周四。

（陈倩倩）

【举办中小学生田径运动会】 9月29至30日，燕山教委举办第22届中小学生田径运动会。开幕式上，东风小学、东风中学表演大型团体操，羊耳峪小学进行大鼓表演。运动会设两个组别15个比赛项目，230余名运动员参加各个项目的比赛。东风中学、前进中学分别获中学组团体总分前两名；东风小学、星城小学、前进二小分别获得小学组团体总分前三名。

（孙景泉）

【召开小学生综合素质评价培训会】 10月16日，燕山教委与教研中心联合召开燕山地区小学生综合素质评价培训会。会议邀请北京市教育督导与教育质量评价研究中心专家举办“学生综合素质评价”专题讲座，解读“北京市小学生综合素质评价方案（试行）”和《小学生综合素质评价手册》，报告学校、班主任、任课教师开展评价的方法等。教委领导和中小学代表 91 人参加学习。

（来淑英）

【举办科技节】　10 月 24 日，燕山教委在燕山影剧院举办燕山地区第三十二届科技节开幕式暨创意节目展示。活动由燕山教委主办，燕山少年宫承办，各学校、幼儿园师生代表 900 人参加活动。来自燕山教育系统 14 个表演单位 23 个节目参加现场展演。活动同时也是中央电视台少儿频道《看我 72 变》节目在燕山的海选活动，经选拔 4 个节目代表燕山登上节目录制。第三十二届科技节为期 2 个月，共设立 8 项目。

（靳卫华）

【召开廉洁文化进校园现场会】　11 月 14 日，燕山教委在星城小学召开廉洁文化进校园现场会。会议主要内容是介绍、交流燕山教委开展廉洁文化进校园工作的经验做法。燕山教委相关领导以及各中小学幼儿园代表 50 人参加会议。

（李静媛）

【举办“燕翔杯”青年教师优课赛】　11 月 18 至 20 日，燕山教委分别在燕化附中、前进中学、前进二小和向阳小学举办第二届“燕翔杯”青年教师优课大赛。大赛分高中、初中、小学三组，49 名教师参赛，涉及 14 个学科。最后，大赛评出一等奖 10 人，二等奖 13 人，三等奖 21 人名。

（来淑英）

【召开学前教育工作会】　11月19日，燕山教委召开学前教育工作大会。会议以“办好百姓身边事做好学前大文章”为主题，参观小天使幼儿园园所环境、观摩集体教育活动，观看《办好百姓身边事做好学前大文章》专题片，表彰燕山地区首届“阳光杯”幼儿教师基本功大赛获奖教师，交流优秀教师获奖经验。会议总结燕山地区学前教育三年行动计划工作，部署第二期学前教育三年行动计划。燕山办事处，各委办局负责人，燕山地区小学校长、幼儿园管理干部、骨干教师及受表彰教师 80 人参加会议。

（杜桂红）

【老年大学举办运动会】　11 月 21 日，燕山老年大学举办第二届趣味运动会，来自 13 个班的近 400 名学员，参加乒乓球、趣味保龄球、夹球接力跑等项目比赛。

（朱宗宗）

【表彰“美德青少年”】　11 月 27 日，燕山教委在向阳小学举办 2014 年燕山地区“美德青少年”表彰活动。“美德青少年”评选标准是文明有礼，自强自立，诚实守信，尽责奉献，尊老爱亲，助人为乐，德智体美劳全面发展。经班级评选、校级推荐、区级表彰等程序，68 名学生被评为 2014 年燕山地区“美德青少年”。燕山教委领导和中小学代表、获奖学生参加会议。

（王雁）

【接受北京市素质教育综合督导】　12 月 10 日，市教育督导室综合督导燕山地区进行素质教育工作。督导组由 18 人组成。督导组听取燕山办事处全面实施素质教育自查报告，分别召开相关委办分局负责人、教委相关科室负责人和学校负责人座谈会，详细了解各相关单位和部门推进素质教育的举措，并查阅档案资料。督导组分成五组实地考察燕山星城小学、东风中学、小天使幼儿园、东风街道、燕山少年宫，进一步了解相关单位素质教育的落实情况。督导组认为燕山地区高度重视教育，将教育发展作为加强社会建设、改善民生的重点来抓。依法落实政府教育职责，完善管理机制，保障教育投入，合理调整教育布局，积极营造实施素质教育的良好环境。解决学前教育“入园难”和义务教育“择校”问题，得到地区群众的高度评价。

（张艳平）

【召开中小学生课外活动现场会】　12 月 25 日，燕山教委在东风中学召开“燕山地区校外教育工作会暨推行中小学生课外活动”现场会。会议主要内容是梳理燕山地区青少年校外教育工作思路，交流校外教育工作经验，表彰校外教育先进，观看东风中学课外活动展示、艺术作品展览。东风中学课外活动主要经验是在学校“尊重生命以美育人”办学目标引领下，开启全体教师智慧，善用校内外资源，积极拓宽学生课外一小时活动项目，推进以美育人之花处处开放。市教委、北京教科院、燕山地区校外教育联席会成员单位领导，以及燕山中小学代表 150 人参加活动。

（刘海霞）

房山区燕山教育委员会

党委书记　李守业

主　　任　曾辉

房山区燕山办事处教育督导室

主　　任　张凤玲

（本栏责任编校　林业）

社会团体

第十一届首都高校
红十字会高峰论坛
北京航空航天大学红十字会
2014年4月27日
北京体育大学
中央民族大学

北京市教育学会

【概况】 2014年，北京市教育学会设办公室、财务室、《北京教育教学研究》编辑部。有常务理事21人、理事137人、学术委员会42人，下设17个区县教育学会（含燕山）和72个学科专业研究会，共有会员7.30万人。市教育学会承担市教委委托的“向基础教育倾斜——信息化建设——北京数字学校特级教师综合课程资源开发”等12个项目。举办“北京市小学科学教师实验技能培训与展示活动”“学生喜爱的班主任”评选活动；召开“国际化公民培养学科英语教育高峰论坛”等主题论坛3次，共1410人参加；召开“基于育人目标与课堂教学”等主题研讨会、报告会、现场会、座谈会9次，共3710人参加；完成“十二五”教育科研课题结题和评选工作，评出一等奖96项、二等奖124项、三等奖195项、优秀奖195项；开展科普宣传、科学知识讲座、科普活动239次，受益人群14760人；启动并实施“全国伴随成长公益项目”，截至12月，项目覆盖12个省市30个地级区县，共发送信息33期，累计发送480万条，覆盖30万人；开展北京市中小学校学科渗透美育工作现状调查，发放调查问卷3万份，收回问卷2.91万份，回收率97%。开展北京市中学生物实验教学等大型培训活动16次，共6120人参加；赴贵州、四川、内蒙古义务支教3次。

（李文鸾）

【组织参加中小学机器人教学展示活动】 4月23至26日，市教育学会组织参加“迪埃孚杯”第二届全国中小学机器人教学展示活动并获奖。市教育学会推选的东城区新鲜胡同小学和西城区北京实验二小教师获特等奖。13个省市的中小学信息技术教师26人演绎26堂机器人教学现场展评课，包括12节小学机器人展评课、12节初中机器人展评课、2节初中机器人观摩课。来自全国专家、教师50人参加活动。该活动由中国教育技术协会信息技术教育专业委员会主办。

（王振强）

【增设5个研究分会】 4至11月，市教育学会新增5个研究分会。分别为教育摄影研究分会、陶艺教育研究分会、小学数学教学研究分会、家庭文化与家长教育研究分会、教师发展研究分会。陶艺研究分会主要开展陶艺教育教学研究，培训陶艺师资、组织陶艺基本功大赛等；小学数学教学研究分会工作职责是解决一线教师在教育教学实践中遇到新困惑、新问题，满足基层学校和教师专业发展需求，成为教师业务成长指导者和服务者；教育摄影研究分会挖掘教育领域中摄影爱好者，关注学校摄影课程的开设情况；家庭文化与家长教育研究分会探索“知民情、促民生、得民心”社区教育创新模式与机制，建立协同教育家长学校模式；教师发展研究分会开展有关教师发展规律、心理健康和环境健康（家庭环境、学校环境、社会环境）方面研究和服务工作。

（李文鸾）

【调研北大附中走班教学】 5月8日和29日，市教育学会调研北京大学附属中学走班教学模式。通过听取学校介绍、对话交流、参观教学环境、观摩课堂教学，了解走班制教学改革。北大附中实行走班选课制度，学校分为元培学院、行知学院和道尔顿学院等，学生可以自主选学院、选导师、选课程和选活动，学校为学生提供多元选择的环境，学生在选择过程中，学会认识自己、思考事情、承担责任。在走班制下，学生可自主规划选择适合自己的课程，逐渐养成自定计划、自主学习的习惯。北大附中的校园生态有四个突出特点——规章制度、多元选择、全校互动、自助自主。

（鲁青）

【发起“伴随成长”公益项目】 5月15日，市教育学会发起“伴随成长”公益项目。活动以手机彩信为载体，在每周固定时间内，按照每名0～6岁幼儿不同的生长年龄，针对家长需要了解的知识，免费发送“伴随成长，每周一信”，实现最大范围上的个性化教育。至年底，项目覆盖北京、浙江等12个省市30个地级区县，共发送信息33期，累计发送480万条，覆盖人群30万人。该活动由市教育学会发起，联合中国家庭教育学会、中国下一代教育基金会、全国妇联儿童工作部共同开展。

（李文鸾）

【编写百节体育教学名师优秀教学案例集】 5月，市教育学会组织编写

发起“伴随成长”公益项目

北京市百节体育教学名师优秀教学案例集。通过收集、拍摄、编辑百节优秀体育教学观摩课，整理北京市体育教学名师百节优秀课例集，形成北京市体育教学名师百节优秀课例光盘集（光盘）和北京市体育教学名师百节优秀课例集（文稿），免费发放至各区县教育科研部门及体育教师。

（韩冰）

【召开教育科研课题总结会】 6月28日，市教育学会召开“十二五”教育科研课题工作总结会。会议回顾教育科研课题研究工作开展情况，表彰获奖成果。7个区县教育学会、2个学科研究分会获北京市教育学会“十二五”教育科研课题组织工作先进集体奖，96项课题获研究成果一等奖，124项课题获研究成果二等奖，125项课题获研究成果三等奖，125项课题获研究成果优秀奖。

（钟作慈）

【培训小学科学教师实验技能】 9月26日，市教育学会举办小学科学教师实验技能培训活动。培训涉及19个实验操作及其相关说明，昌平、平谷等区县教师94人参加基础实验操作展示，94人参加创新实验操作展示。专家对参加培训教师给予指导。16个区县教师、教研员140人参加培训。

（李莹）

【评选学生喜爱的班主任】 9月，市教育学会举办中小学“学生喜爱的班主任”评选。评选通过网上投票形式开展，参与系统投票的区域除中国大陆外，还包括美国、加拿大等30个国家，访问量20万人次，点击量1500万次，最终评选出34名北京市中小学“学生喜爱的班主任”，并将33名“学生喜爱的班主任”的事迹及故事汇集成册。

（曲怀志）

【出版《中小学课堂教学实施美育案例精选》】 12月，市教育学会编辑出版《中小学课堂教学实施美育案例精选》。该书由中国交通出版社出版发行，全书59万字。图书通过问卷调查形式，对16个区县68所中学、64所小学学科美育渗透与实践状况调研，提出改变学校学科美育工作薄弱状况的建议和措施，将美育工作纳入学校教育的全过程。学会通过调查问

卷形式开展美育调研，3万份调查问卷的结果表明，随着基础教育发展和课程改革开展，各区县在落实素质教育中逐渐树立大美育观，对美育的宗旨、内涵加深理解，在主渠道学科美育渗透的研究和实践上更加重视，加强对学科美育的系统管理。

（李胜利）

北京市职业技术教育学会

【概况】 2014年，北京市职业技术教育学会有团体会员109个，其中，高职院校19个、中专校19个、职高校35个、技工学校18个，市、区县科研与服务机构18个。有常务理事49人、理事161人，下设31个研究会和专业委员会。共有个人会员400人。

（胡以伦）

【创建学会网站】 1月，市职教学会

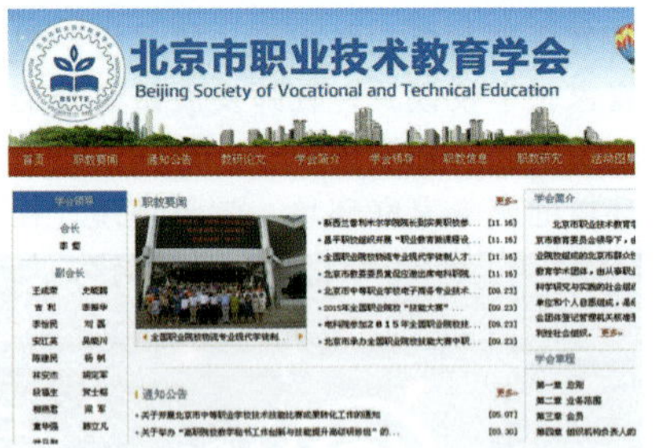

完成网站创建及运营工作。创建工作包括网站页面设计、代码编写、细节修改、后台功能完善等；日常信息发布包括网站内容的编辑、整理与发布，新闻动态、电子杂志、活动照片等栏目信息更新；网站开设微信公众号运营，会员可申请微信公众号后通过平台审核，以图文形式发布职教行业新闻动态，每周至少一篇；网站实行优化推广，包括云虚拟主机存储服务升级、网站页面静态化和百度百科外部推广等。网址：www.bjszjxh.org。

（胡以伦）

【评审第九届科教研成果】 4月，市职教学会启动第九届科教研成果评审工作。评审工作新增研究报告、公开出版的校本教材和学术专著评审项目，取消收费环节，限定申报数量，增加由各校科研部门把关择优申报的程序和公示程序。评委会共收到各项申报成果237份，包括论文109篇、研究报告89篇、教材33本、学术专著6本。评出一等奖20个、二等奖44个、三等奖48个、优秀奖25个。

（胡以伦）

【签署3项合作协议】 8月，市职教学会分别与朝阳区教委、朝阳区人才交流中心签署3个项目合作协议。分别是“学前教育专业技能大赛项目开发方案”“专家进校园（特殊人才引进）项目开发方案”及“课程专家进校园”项目实施工作。根据协议，合作方式是甲方（朝阳区教委及人才交流中心）委托乙方（北京市职教学会）提供服务；其中，学会负责组织、实施项目开发工作，成立项目开发领导小组，定期召开会议，监控项目开发进度和质量，与甲方合作协调项目开发中遇到的问题；区教委及人才交流中心负责提供项目开发费用。

（胡以伦）

【编印职教信息和职教研究刊物】 至

12月，市职教学会编印《北京职教信息》和《北京职业教育研究》。其中，《北京职教信息》编印12期，共采集刊登信息976条，图片信息287张，反映北京职业教育工作的现状与动态。《北京职业教育研究》全年出刊5期，选登133篇论文，围绕北京职业教育的特点，充分发挥研究性、交流性、桥梁性作用。

（胡以伦）

【完成分支机构换届调整】 至年底，市职教学会完成分支机构换届调整。

根据《北京市职业技术教育学会分支机构工作条例》和《北京市职业技术教育学会分支机构换届调整方案》，对原有31个分支机构进行换届调整。原有专业委员会（学科研究会、工作委员会）保留25个，合并3个，即计算机基础教学研究会、计算机教学专业委员会、动漫专业委员会3个分支机构合并为计算机教学专业委员会；取消3个，分别是文秘专业委员会、教学管理专业委员会、物业专业委员会；新增3个，分别是物联网专业委员会、电子商务专业委员会、学前教育专业委员会。至12月，市职教学会共有电子与信息技术专业委员会等6个研究会、16个专业委员会完成换届工作。

（胡以伦）

群众团体

北京民办教育协会

【概况】 2014年，北京民办教育协会有团体会员单位610个，基础教育分会、农民工子女教育分会和互联网教育分会3个分支机构。全年共编辑印发《北京民办教育信息》22期，其中，普刊18期、专刊4期。发至会员单位、相关民办教育机构及其他省市民办教育行业组织等500家，并有通讯员100人。组织专家完成82所民办高等教育机构办学状况评估检查工作；完成71所民办学校招生简章和广告备案，占应备案院校100%；组织各类活动45次；内部举办专题讲座15场次。

（胡丽雷）

【组织大学生赴美国社会实践】 3至12月，民教协会与美国国际教育交流协会合作组织暑期大学生赴美社会实践活动。活动经过英语能力测试和培训、与雇主见面定岗、办理签证等流程，组织进校讲座共计60场次，提供各类免费语言文化培训总计时长达150课时。初试报名400人，150人获得赴美实习资格，被分配到美国19个州51家知名企业，开展12周的社会实践学习活动。该活动已连续举办八届。

（胡丽雷）

【公益援助两批失学学员】 4月和8月，民教协会公益援助两批失学学员。4月，北京英特科技发展有限公司和海淀区英特培训学校负责人失联，导致英特18个在京学区的1000名学员失学。经民教协会与培训机构沟通，商讨援助方案，联合北京巨人教育集团、新东方教育科技集团（有限）公司等20家培训机构，对英特学员开展公益援助。共帮助英特学员517人复课。8月，春藤联盟（北京）教育科技有限公司向海淀区法院申请破产清算，导致学员400人学业中断。民教协会联合北京巨人教育集团等7家培训机构，在征询学员家长代表意见的基础上形成援助公告，共帮助原春藤学员281人延续课业。

（胡丽雷）

【组织三次民办学校教师出国考察】 5至12月，民教协会组织三次民办学校师生出国考察调研。分别为5月11至31日，民教协会组织11所民办高校管理干部22人赴美国旧金山州立大学培训学习，内容包括美国高校教育政策、美国高等教育体系及现状、美国高校的国际合作等16个单元。9月15至25日，组织15所民办高校董事长22人赴英国考察高等教育发展状况，学习英国高校运行机制、专业建设、课程设置及校长、教师在学校发展中的角色定位，并洽谈硕士预科项目、国际课程班及师生交流等方面的合作。9月16至28日，组织18所中学校长30人赴美国考察基础教育并开展国际教育交流，参访波士顿阿岗昆地区高中、韦伯拉汉·莫森学校、旧金山莱夫奥克学校、旧金山基督兄弟高中等单位，观摩课堂教学。

（胡丽雷）

【举办中小学课程改革与教学创新研讨会】 9月21日，民教协会举办的中小学课程改革与教学创新研讨会在北京市二十一世纪国际学校召开。会

组织大学生赴美国社会实践

议研究中小学课程改革与教育创新方法，考察二十一世纪国际学校各学部、年级，在实例中研讨选课走班制、导师制，创建小班高效课堂，实行过程评价，自主研发校本教材，构建国际化课程体系等教育改革。来自北京、湖南、江苏等16省市百余人参加研讨会。

（胡丽雷）

【举办京华明星教师大赛】　9至11月，民教协会联合《京华时报》共同举办2014年“京华明星教师大赛”。比赛面向北京地区民办教育培训机构和幼儿园、早教机构，共设置学科教学（文）、学科教学（理）、少儿英语、学前教育4个组别。经过初审、复赛和决赛，评出一、二、三等奖各3人。共有100家民办机构参加比赛。

（胡丽雷）

【开展民办教育培训业情况调查】　10月，民教协会承担的市教委委托课题“北京市民办教育培训业情况调研”结题。该课题通过座谈（访谈）、经验总结、案例分析等方式开展调研工作，调研旨在掌握培训教育机构发展现状，研究培训教育机构监测评价及发展定位，增强北京“按照建设全国文化中心要求、发展教育领域新兴服务业”。调查结果已分析汇总成《北京民办教育培训业数据统计手册》。课题于2013年7月9日立项，经费12万元。

（胡丽雷）

【建立农民工子弟学校心理疏导工作体系】　至年底，民教协会实施“一校一团队，实现全覆盖——建立农民工子弟学校心理疏导工作体系”项目。该项目为63所学校的500名教师提供学生心理辅导培训。通过对教师进行培训，在农民工子弟学校建立学生心理疏导教师团队，提升农民工子弟学校教师对外地来京务工人员子女心理问题的发现与干预能力，为农民工子弟学校的学生建立一套以促进学生心理健康为目的“重发展、重预防”的心理疏导模式，帮助外地来京务工人员子女建立良好的心理状态，积极融入、适应现有城市生活。

（胡丽雷）

【组织开展“公益行”系列活动】

至年底，民教协会组织开展“公益行”系列活动。活动包括组织和策划“情系留守，爱暖童心”“丰台区五小义工服务”“关爱空巢老人志愿服务活动”“师生送温暖，走进隆化”“感恩自然”等29项环保公益活动。活动内容以群众需求为导向，以服务百姓为目的，包含扶老助残、心理疏导、支教助学、就业帮扶、生态环保、社会救助等公益活动，共举办各种活动100余次，服务人群超过10万人次。

（胡丽雷）

举办京华明星教师大赛

【申报政府购买服务项目】　至年底，民教协会组织申报北京市2014年政府购买社会组织服务项目。获得批准的22个项目，包括“汇聚行业力量，照亮儿童中国梦——弱势群体儿童帮扶红烛行动”、北京城市学院申报的“实地农民信息化普及及服务项目”等服务项目。

（胡丽雷）

北京市学前儿童保教工作者协会

【概况】　2014年，北京市学前儿童保教工作者协会有会员单位269个，其中，从业保教工作者10686人、个人会员158人、理事65人。全年组织开展幼儿园园长、教师、保健人员专业培训；传承张雪门先生幼儿园行为课程系列活动；组织开展健康食品进幼儿园及幼儿园文化建设系列活动，会员单位保教工作者4800人参加活动。

（简尔贤）

【举办提升幼儿园办园品质专题培训】　4月20日，保教协会举办两期“提升幼儿园办园品质专题培训”。培训结合幼儿园在参加分级分类验收中遇到的问题，逐条分析、讲解，使学员掌握有效管理的措施与方法。组织学员参观北京航空航天大学幼儿园、海淀区美和园幼儿园两所北京市示范幼儿园，听取园长办园理念和经验介绍；参观教育环境创设；观摩班级教育活动。400人参加学习。

（简尔贤）

【开展健康食品进幼儿园系列活动】　5月，保教协会开展健康食品进幼儿园系列活动。学会为帮助会员单位解决儿童家长普遍关心的食品安全问题，联合北京保护健康协会开展传播营养健康理念的系列活动，包括组织幼儿园园长考察有机食材生产基地；开展食品安全与健康知识讲座；为幼儿园配送健康食材等。百余所幼儿园参加系列活动。

（简尔贤）

【召开纪念陈剑戈诞辰100周年座谈会】 9月25日，保教协会召开纪念陈剑戈诞辰100周年座谈会。会议缅怀陈剑戈为保教事业做出的贡献，追思和学习她的品格。30人参加座谈会。陈剑戈，女，原名陈玉英，1914年出生，山西省五台县人，保教协会创始人。

（简尔贤）

【编印《做有故事的幼儿教师》】 9月，保教协会编辑出版《做有故事的幼儿教师——张雪门幼儿园行为课程教育案例研究》。该书收录获得张雪门幼儿园行为课程优秀教育案例一等奖的72篇教育案例，共印制1200册，免费发放给各园教师学习参考。1至6月，保教协会收集教育案例400篇，经园际间交流和专家评审，共评选出优秀教育案例350篇，其中，一等奖72篇、二等奖106篇、三等奖172篇。10月25日，保教协会召开“张雪门幼儿园行为课程实践研究汇报会”，并为获奖教师颁奖。

（简尔贤）

【举办幼儿园保健医培训】 至年底，保教协会举办幼儿园保健医培训。培训邀请市妇幼保健专家，讲解幼儿园卫生保健管理办法和幼儿园卫生工作细则。该培训项目是市教委委托项目，并获得市财政专项资金48万元。年内，幼儿园保健医培训共举办4期，累计免费培训各类托幼机构保健人员1000余人。同时，编印《2014年北京市幼儿园保健医培训手册》，免费向学员提供。

（简尔贤）

【举办五场幼儿园文化建设报告会】 至年底，保教协会举办五场推动幼儿园文化建设专题报告会。报告会分别邀请北京师范大学于丹、北京史家胡同小学原校长卓立等举办5场专题报告会，内容涉及如何传承中华文化经典、校园文化建设涵盖的范围、如何创建有品位的校园文化和优秀校园文化典型案例分享等。学会还组织幼儿园文化环境创设观摩交流活动。共有2000人参加报告会。

（简尔贤）

北京老教育工作者总会

【概况】 2014年，北京老教育工作者总会有团体会员单位42个，比上年增加1个。东城区老教协南区、北区各1个。北京林业大学分会、燕山分会退出，增加北京音像报刊总社协会、北京教育校办产业协会；共有会员113783人，比上年增加3787人。举办庆祝新中国成立65周年文艺演出3场，召开四届六次理事会、会长工作会、会刊编委和通讯员工作会、助力青少年校外教育工作现场会，编辑印发优秀“三型”事迹专刊共计1000册。

（李守德）

【召开会刊新编委和通讯员工作会议】 3月27日，老教总会召开《老教育工作者之友》新编委和通讯员工作会议。会议总结上年会刊工作，提出本年会刊的工作思路，调整编委名单，并对与会的通讯员提出建议。共有55人参加会议。

（李守德）

举办五场幼儿园文化建设报告会

【召开助力青少年校外教育工作现场会】 11月14日，老教总会召开发挥

老教师优势和作用助力校外教育工作现场会。会议介绍发挥老教师优势和作用助力全区校外教育工作的收效与体会。3所学校的校长分别以发挥老教师作用助推育人目标实现、发挥老教师作用助学校特色发展、社会教育携“五老”学生成长谱新篇为题，介绍各自做法和工作经验。来自区县、高校的协会会长、基层分会负责人、优秀文化社团负责人和代表共103人参加现场会。

（李守德）

【编印优秀三型事迹专刊】 12月29日，老教总会编印出版优秀“三型”事迹专刊。专刊收录69篇先进事迹材料，包括优秀“三型”分会、“三型”文化社团、“三型”先进个人事迹，编印1000册，免费发放给各协会、分会和社团，其中10篇为宣讲材料。三型，即学习型、服务型、创新型，2008年由老教总会提出。

（李守德）

北京校外教育协会

【概况】 2014年，北京校外教育协会有会员单位216个，常务理事单位35个，理事单位81个。其中，校外教育机构72个，场馆47个，社会企事业单位39个，学校及乡镇校外活动站58个。组织开展第九届北京阳光少年活动、第五届北京校外教育理论与实践研究征文暨研讨活动，组织会员单位专项培训活动和交流活动等。全年组织 111 个会员单位开展活动 1834 项，共有学生 232 万人参加活动。

（王媛媛）

【开展校外教育理论与实践研讨】 3 至 11 月，校外教育协会举办第五届北京校外教育理论与实践研究论文/活动案例评选暨研讨活动。32 家校外教育机构、15 家校外教育场馆、11 所学校共报送论文 309 篇、活动案例 346 篇，经评选，143 篇论文、110 篇活动案例分获一、二、三等奖。

（王媛媛）

【举办 3 项校外教育活动】 3 至 11 月，校外教育协会举办 3 项校外教育活动。其中，与北京市环境保护宣传中心等单位联合举办北京市 2014 年度中小学生环保主题演讲比赛。决赛分为小学组和中学组两个组别，来自各区县的选手 43 人分获一、二、三等奖和优秀奖；举办第九届（2014）北京阳光少年系列比赛活动，以“我的课外校外生活”为主题，600 所中小学校、61 家会员单位 1.20 万人参加活动；举办 2014 年北京阳光少年微电影比赛，9 个区县 28 个学校/校外机构报送作品 45 部。经评选，23 部作品获奖。

（王媛媛 阴少萌）

【编印北京阳光少年活动指南】 4 月，校外教育协会编印《2014 年北京阳光少年活动指南》。指南根据 111 家单位组织开展的 156 项活动形式，分为实践体验、竞技比赛、展示表演、讲座参观、夏（冬）令营、综合活动 6 个类别。印刷 1000 册，免费发放至各区县。

（阴少萌）

【展示校外教育创新成果】 5 月 20 日，校外教育协会在清华大学附属中学永丰学校启动北京市校外教育创新活动成果展示。活动利用海淀区课外活动计划全区统一行动日的契机，在现场展示 16 个区县和燕山地区 41 块展板，分别从区县校外教育整体发展情况、校外教育机构发展情况以及远郊区县乡镇校外活动站发展情况等方面，展示近两年各区县校外教育创新发展的成果。教育部、市教委及海淀区教委领导，两院院士，会员单位代表，以及海淀区师生共计 2000 人参加活动。

（王媛媛）

【举办校外教师摄影培训】 6 月 23 至 24 日，校外教育协会举办校外教师摄影培训。培训班邀请摄影专家作摄影讲座，参观麋鹿苑、门头沟灵溪中小学生生态教育基地并完成现场照片拍摄和点评。来自国家博物馆、北京气象科普馆等会员单位教师共计 70 人参加培训。

（王媛媛）

【建设北京校外教育网】 至年底，校外教育协会建设北京校外教育网站。校外教育网站与技术支持方共同进行网站栏目的优化，根据专项工作开辟微电影比赛专区、金银帆奖评审专区等栏目。会员单位信息员 143 人，通过网站平台和协会 QQ 平台加强沟通。网站全年审核并发布相关信息 1731 条。

（王媛媛）

北京高校国防教育协会

【概况】 2014 年，北京高校国防教育协会有高校会员单位 66 个、相关企业会员单位 16 个、有会员理事单位 82 个。成立职业教育分会和国旗教育分会 2 个分支机构。

（王德峰）

【召开五届三次会员代表大会】 3 月 29 日，国防教育协会召开五届三次会员代表大会。会议听取上年工作总结和本年工作要点，审议通过上年监事会工作报告及相关事宜，表彰 2013 年北京高校国防教育先进单位和个人，通报 2014 年理事长扩大会审议通过的关于成立国旗教育分会和职业教育分会等 4 个决定。来自 60 个会员单位的会员代表 115 人参加会议。

（王德峰）

【成立两个分支机构】 3 月 29 日，国防教育协会成立北京高校国防教育协会职业教育分会和北京高校国防教育协会国旗教育分会两个分支机构。6 月 12 日和 9 月 20 日分别召开分会成立大会暨一届一次会员代表大会。选举产生班子组成人员，明确机构成

举办3项校外教育活动

员任职分工；审议通过分会管理规定和会员单位缴纳会费标准，部署2014年分会工作。

（王德峰）

【组织国防教育考察活动】 6月5至

6日，国防教育协会组织国防教育考察活动。考察围绕提高专武干部的国防教育意识，实地参观滨海航母军事主题公园及平津战役纪念馆等国家国防教育示范基地。会员单位主管国防教育的校领导、专武干部及教师56人参加活动。

（王德峰）

【举办国旗仪仗队检阅式】 9月20日，国防教育协会在北京化工大学举办第五届北京高校国旗仪仗队检阅式。北京林业大学、北京农学院等16所高校国旗仪仗队进行升降国旗示范表演，展现高校大学生的训练成果和精神风貌。首都30所高校的700名师生参加活动。9月20日是全民国防教育日。

（王德峰）

北京教学仪器设备协会（北京教育装备行业协会）

【概况】 2014年，北京教学仪器设备协会（北京教育装备行业协会）有会员单位199个，比上年新增19个。举办第26届北京教育装备展示会、组织北京企业参加第66届、67届中国教育装备展示会、向包头市学校捐赠多媒体设备等活动。

（赵文强）

【举办北京教育装备展示会】 3月20至22日，教育装备行业协会举办第25届北京教育装备展示会。展示会在北京展览馆举行，展览面积2万平方米，参展企业200家，展位600个。展示会以展示推广先进教育装备与技术为出发点，以打造精品和品牌展会为目标，紧贴学校设备采购特点和用户需求，全方位展现全国从事教育装备生产、研发和贸易的企业的实力和特色。来自全国10余个省市高等教育、基础教育、学前教育、职业教育四个领域的装备管理人员和教师前来参观、交流，参观人数3万人次。展示会专门设立《北京市高中办学条件标准细则》拟新增仪器展区，展示满足高中课程改革急需、符合国家和行业标准的优质产品。展会同期举办北京高等职业院校征文活动颁奖仪式暨高职院校信息化建设论坛，北京市中小学信息化建设论坛，北京市中小学学科实验室建设论坛；高校仪器设备采购座谈交流会，北京地区高校图书馆建设座谈交流会及全国首届高职院校图书馆论坛发布会。展示活动与北京市高等教育学会联合主办。

（赵文强）

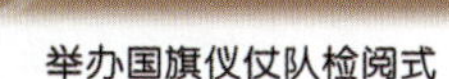
举办国旗仪仗队检阅式

【组织参加中国教育装备展示会】 4月25至27日和10月18至20日，教育装备行业协会分别组织北京市教育装备企业参加第66届和67届中国教育装备展示会。在66届展示会上，组织63家教育装备企业参加，设立351个展位（包括特展展位165个），涵盖各级各类教育所需仪器、设备、教具等百余种产品。在67届展示会上，组织55家教育装备企业参加，设立301个展位（包括特展展位197个）。展示会期间还举办第二届全国中小学实验教学说课活动，北京汇文中学、北京市第六十六中学和北京市西城区半步桥小学3名教师参加比赛，均获得一等奖。

（赵文强）

【捐赠10套多媒体教学设备】 11月

18日，教育装备行业协会向内蒙古包头铁路第七中学捐赠10套多媒体教学设备。每套设备包含电子白板、投影机、电脑、视频展示台和多媒体中控讲台。设备分别由北京教育装备行业协会、北京市密云县教育技术装备部、北京蓝格亚特教具有限公司、北京益德佳源办公设备有限公司和北京鸿合盛世数字媒体技术有限公司捐赠。

（赵文强）

北京市红十字会

【概况】 2014年，北京市红十字会有学校红十字会基层组织1641个，其中，高等院校89所、中等专业学校27所、中小学1525所。红十字青少年会员78.56万人，教职工会员3.50万人，12个区县建会率100%。与市教委合作，在托幼机构和中小学举办6次普及培训，中小学师生3000人掌握应急避险技能。12个区县红十字会共组织应急演练76次，参与人数6.60万人次。造血干细胞全年共开展宣传讲座47场，4000余人参与。其中，捐献者、志愿者讲师42人次在28所高校开展造血干细胞知识宣传，大学生2470人参加。讲座次数比上年增长67%，累计招募造血干细胞捐献志愿者3819人。同时，与血液中心合作开展17次高校集体采样，共有1171人报名留样，成为造血干细胞捐献志愿者。支出款物7864.74万元，用于北京、陕西、青海、云南、贵州、西藏、宁夏、新疆助学、助老、助困等活动。拨付小天使基金、阳光天使基金项目救助款71万元，救助白血病患儿28人和先心病患儿8人。先后向区县红十字会、打工子弟学校等单位发放价值177.09万元的救助物资。

（李胜华）

【探索人道法（EHL）项目启动】 1月18至21日，市红十字会举办探索人道法（EHL）项目培训班。培训从人道视角、对武装冲突的限制、人道法在行动、确保正义和应对武装冲突的后果5个单元，讲解“探索人道法”项目内容和使用方法。来自项目学校的教师以及北京5个区县教委代表40人参加学习。培训由红十字国际委员会和中国红十字会总会主办，培训班的举办标志探索人道法（EHL）项目正式在北京启动。探索人道法项目是特别为13至18岁的青少年设计的教育项目，时限2年，旨在通过探讨和学习，使他们了解国际人道法的基本原则，尊重人的生命和尊严，体验人道的力量。探索人道法项目的开发工作始于1999年，2004年登陆中国。至年底，市红十字会举办探索人道法项目系列活动，举办2014年探索人道法项目推进会暨现场观摩会、探索人道法北京项目研讨会暨观摩课、2014年探索人道法项目本地化讲义评定会等。

（李胜华）

【举办学雷锋系列活动】 3月3日，市红十字会在宣武师范第一附属小学启动2014年首都红十字组织学雷锋系列活动。红十字青少年代表以“当道德模范，增博爱情怀，做人道之人”为主题，向全市青少年学生发出“尊重师长、善待他人，爱祖国、爱北京，从自己做起、从身边做起、我与蓝天有约，积极参加学雷锋公益活动”倡议。第17任雷锋班副班长李峰威寄语全市青少年，要坚持不懈学雷锋，在建设美丽中国、美丽北京的行动中，不遗余力的发挥正能量。以“学习雷锋，践行友善”为主题的2014年首都红十字组织学雷锋系列活动就此拉开帷幕。市红十字会相继举办首都学雷锋志愿服务示范站成果展示、学雷锋红十字志愿服务、“好人刘学军”典型形象宣传、2014年“献血捐髓”高校行等系列活动。

（李胜华）

举办学雷锋系列活动

【举办首都高校红十字会高峰论坛】 4月27日，北京航空航天大学红十字会举办第11届首都高校红十字会高峰论坛。论坛以“凝聚共识，多元发展，人人参与——红十字青少年在公益发展中的角色和定位”为主题，听取星光志愿者协会创始人所作报告，交流志愿服务学生代表经验，访谈校园公益发展现状与问题。55所高校红十字青少年领袖参加论坛。

（马帅杰）

【北理工举办“正视多元性取向”讲座】 5月9日，北京理工大学红十字会学生分会举办“正视多元性取向”讲座。讲座由LGBT人群（即女同、男同、双性恋、跨性别人群）志愿者为主讲人，通过分享他们最真实的生活状态和心路历程，推进社会共识、理解和接纳边缘人群，倡导社会的包容与平等，使“我们都一样”和人道、博爱、奉献的精神深入人心。北理工从2012年开始每年举办该讲座。

（张霁月）

【举办世界红十字日外展活动】 5月11日，北京10所高校联合举办世界红十字日主题外展活动。活动以“三叶随风爱相聚”为主题，通过三歌声传递心声、拥抱爱·触摸爱、记录爱、大爱无声、回到爱最开始的地方、各大高校合影留念6项活动，展现“人道、博爱、奉献”的红十字精神。10所高校分别为：中央财经大学、北京航空航天大学、华北电力大学、首都师范大学、外交学院、中国人民公安大学、中央民族大学、中国农业大学、中国矿业大学（北京）、中华女子学院。

（李胜华）

【举办首都高校红十字知识竞赛】　5月25日，市红十字会举办第三届首都高校红十字知识竞赛。比赛以“唱响主题曲，共筑中国梦”为主题，分为预赛和决赛两部分。预赛分为4个赛场，分别设在中央民族大学、北京建筑大学、北京科技大学和北京中医药大学，各赛区共10支代表队进入决赛。决赛设立有问必答、眼疾手快、争分夺秒、勇往直前和实际操作5个环节，最终，北京航空航天大学、中国人民公安大学和中央民族大学3所高校代表队分别获冠、亚、季军。比赛评出7个优胜奖，4个最佳组织奖。来自北京30所高校的红十字会骨干百余人现场观看比赛。

（李胜华　赵子健　马帅杰）

【举办首都高校献血捐髓经验交流活动】　6月15日，市红十字会举办首

都高校献血捐髓经验交流活动。活动听取中国政法大学、北京科技大学分别代表获得2012～2013年度首都无偿献血工作先进集体和个人及造血干细胞捐献者代表，讲述学校红十字会支持、动员和鼓励青年学生造血干细胞捐髓和无偿献血的故事，分享参与献血捐髓志愿服务心得体会。北京骨髓库有11万库容，其中，大学生捐献占45%，实现捐献的187例干细胞捐献者中，50%捐献者来自大学生，2014年实现捐献者21人。活动由中国红十字会主办，来自北京31所高校的师生代表、无偿献血工作先进集体代表、先进个人代表和血液方面的专家近200人参加活动。

（李胜华　王家莹）

【表彰红十字先进】　11月5日，市红十字会举办首都红十字青少年总结表彰会。会议表彰2013年度十佳优秀红十字青少年活动10个，优秀红十字青少年会员200人，“2013年续写雷锋日记活动”优秀日记暨先进单位58个和先进个人提名50人，2013年度高校红十字会先进集体27个、先进个人191人。会议听取先进单位代表和红十字青少年代表发言。续写雷锋日记活动自2013年3月启动，共推选优秀日记5000篇，100万字。经初审、复评和终评，评出一等优秀日记41篇（小学10篇、初中10篇、高中10篇、大学11篇），二等优秀日记82篇（小学20篇、初中20篇，高中20篇，大学22篇），三等优秀日记135篇（小学30篇，初中37篇，高中30篇，大学38篇）。

（李胜华）

【举办首都红十字青少年工作总结交流活动】　11月5至6日，市红十字会举办2014年首都红十字青少年工作总结交流活动暨专兼职干部培训班。会议听取2014年工作总结和2015年重点工作、造血干细胞工作基本情况及采集留样流程、红十字应急救护教育走进校园的情况和步骤等报告。培训邀请专家分别作题为“新媒体与红十字传播”“坚守公益岗位、实现人生价值”的讲座。来自北京60余所高等院校、近20所中等专业学校，15个区县红十字会、学校工作委员会和首都红十字青少年代表140余人参加活动。

（李胜华）

【法大学生成为第200例造血干细胞捐献者】　11月19日12时，中国政法大学研究生王金鑫成为市红十字会第200例造血干细胞捐献者。12月2日，市红十字会举办“髓爱无价、缘在路上”造血干细胞捐献宣传推广活动，为鼓励更多的热血青年以王金鑫为榜样，加入人道公益的队伍，市红十字会为其颁发捐献造血干细胞荣誉证书和红十字博爱奖章。北京15所高校、北京市造血干细胞捐献志愿者协会的社会各界代表共300余人参加。

（王家莹　李胜华）

【举办世界艾滋病日系列宣传活动】　12月1日，市红十字会、中央民族大学红十字会联合主办世界艾滋病日系列宣传活动启动仪式暨防艾话剧大赛决赛。活动围绕“以爱防艾，责无旁贷”为主题，举办话剧比赛。来自中国红十字会总会、市教委、市卫计委等单位相关领导，10余所高校600名学生参加活动。年内，市红十字会举办预防艾滋病系列活动，包括同伴教育主持人培训班（TOF）3期、青年同伴教育100期，防艾主题外展5期，防艾知识沙龙5期，直接受益人群超过3500人。各级红十字会和红十字志愿者通过多种方式开展防艾活动，全年累计发放安全套8万只，红丝带、防艾宣传折页各3万余条（册）、防艾知识速记本1万本、书签（五件套）6000套、宣传手册2万册。

（李胜华）

北京市民族教育学会

【概况】　2014年，北京市民族教育学会有会员单位135个，其中，小学65所，中学48所、大学2所、幼儿园、特殊教育学校13所、校外单位7个，个人会员166人，常务理事82人。全年开展各种活动28次，参加人数6500人次。

（王振清）

【入选首都民族团结进步先进集体】

1月6日，市民委向市民族教育学会颁发“首都民族团结进步先进集体”奖牌和证书。2013年4月23日，经市委、市政府批准，市委统战部、市人力社保局、市民委决定开展民族团结进步先进集体和先进个人评选表彰

活动。市民族教育学会是全国成立的唯一省级民族教育学会，也是全国唯一承担在学校开展民族团结教育工作的社团组织。成立5年来，以推动北京市学校民族团结教育开展为中心工作，致力于开展民族团结教育和民族艺术教育活动，在理论宣传、师资培训、教学科研、对外交流、文化传承等诸多方面成绩显著，为首都民族团结进步事业做出突出贡献。

（王振清）

【开展整合中华民族园教育资源活动】 1月13日，市民族教育学会与中华民族园联合开展整合中华民族园教育资源活动。19所中小学校师生3000人实地考察中华民族园，完成《利用中华民族园教育资源，开展学校教育活动与课堂教学》设计方案125篇。经专家评审，50篇获一等奖、47篇获二等奖、17篇获三等奖。精选51篇编辑出版《走进中华民族园教育实践指导手册》，作为全市中小学开展社会大课堂的指导用书。市教委将中华民族园纳入北京市中小学社会大课堂范围，市民族教育学会充分利用中华民族园的民族元素，有效开展民族团结教育。

（王振清）

【举办面塑技艺培训班】 3至12月，市民族教育学会在北京市第七中学举办面塑技艺教师培训班。由七中特级教师、民间艺术家俞正顺一对一地传授面塑制作技艺，协助会员学校开设新的校本课程，丰富校本课程内容。培训班共举办两期，20所学校24名教师参加学习。

（王振清）

【召开丝绸之路会议】 4月10日，市民族教育学会召开“共建丝绸之路经济带”学术报告会。会议邀请国务院发展研究中心欧亚社会发展研究所研究员作题为《学习“共建丝绸之路经济带”的体会》的讲座，从关于“丝绸之路”、关于“经济带”、关于“丝绸之路经济带”、“上海合作组织及中亚五国情况”、“我的几点建议”五方面，介绍“丝绸之路经济带”。来自70所会员校的教师参加报告会。

（王振清）

【举办民族团结教育指导纲要培训暨经验交流会】 5月23日，市民族教育学会和门头沟教委联合举办门头沟区贯彻落实《学校民族团结教育指导纲要（试行）》培训暨经验交流会。主要内容包括《学校民族团结教育指导纲要（试行）》辅导报告；听取门头沟区大峪第二小学、北京市宣武回民小学、东城区和平里第一小学开展民族团结教育经验介绍；大峪二小作数学、语文、品社、美术、班会等7节展示课；举办校园文化展览，师生表演民族歌舞。来自市民委、市教委、门头沟区民政局、门头沟区委教育工委、区教委等单位领导以及各区县小学干部、教师100人参加活动。活动由门头沟区大峪第二小学承办。

（王振清）

【召开中国伊朗丝绸之路研讨会】 6月3日，市民族教育学会召开“21世纪中国伊朗丝绸之路研讨会”。会议与伊朗伊斯兰共和国驻华大使馆、中央民族大学、北京市回民学校联合举办，听取宣读论文，回顾源远流长的中国伊朗传统友谊，展望中伊两国在重建21世纪海上丝绸之路和共建丝绸之路经济带中的美好愿景。中伊嘉宾50人参加研讨会。

（王振清）

（本栏责任编校　邱小培　汪玥）

市教委直属单位

北京教育科学研究院

【概况】 2014年，北京教育科学研究院设有研究机构16个，行政处室10个，挂靠单位4个。在职职工370人，包括高级专业技术职务173人、中级110人；具有本科以上学历345人，包括博士44人、硕士153人；享受政府特殊津贴专家3人、全国模范教师2人、全国优秀教师3人、“北京市人民教师”称号获得者1人、北京市先进工作者1人、首都劳动奖章获得者1人、北京市“五四”奖章获得者1人、北京市特级教师11人、北京市优秀教师10人、北京市中小学中青年学科教学带头人18人、北京市中小学骨干教师11人。该院主要开展教育宏观决策研究、教育教学研究、教育理论研究；加强对教育科学、教学研究的领导和管理；为政府教育行政部门宏观决策以及学校管理提供服务，为提高学校的教育教学质量提供服务。全年共承担148项重要课题和项目的研究任务，其中，各级各类规划课题17项、两委委托项目109项、自身发展项目22项，同时承担教育部、两委一室等上级部门临时性委托任务170余项。全年共有7项基础教育成果获得国家级基础教育教学成果奖，2项成果获得北京市第13届哲学社会科学优秀成果二等奖。网址：www.bjesr.cn。

（吴震）

【召开上半年教研工作会】 2月28日，北京教科院召开2014年上半年北京市教研工作会。会议解读分析《2014年北京市教研工作计划》，邀请来自怀柔区教育研究中心的初中历史、地理、生物3个学科教师作整合课程资源、三科联动、推广项目的展示汇报。同时会议明确2014年教科研工作的任务和方向。各区县教育分院院长、进修学校校长、教科研中心主任及教科院相关人员参加会议。

（沈俊楠）

【举办中小学德育专家大讲堂活动】 2月28日，北京教科院举办首都中小学德育专家大讲堂活动。活动邀请英国伦敦大学教育学院教授艾莱克斯·摩尔（Alex Moore）作题为《国际视角下的青少年公民教育理念与动向》的学术报告。来自北京师范大学的德育专家、北京教育科学研究院德育中心与可持续发展教育研究中心全体人员以及各区县德育研究人员、德育校长、骨干教师100余人参加活动。

（任敬华）

【举办节约型学校建设成果展】 3月20至22日，北京教科院举办北京市教育系统节约型学校建设成果展示会暨北京市教育系统节约型学校建设论坛。该论坛在北京展览馆举办，共有11个单位代表“基础教育”领域参加展示，10个单位代表“高等教育”领域参加展示。展示作品包括反映近年来各级各类院校节约型学校建设的工作情况以及出版成果，师生自制的节能减排教具、工艺品、科技创新作品等。教育部、市教委相关领导，各区县教委，相关幼儿园、中小学、高等学校代表300余人参观专题展览并参加论坛。

（王成娟）

【《教育快报》改版】 3月，北京教科院全面改版《教育快报》。《教育快报》为教育部、北京市以及各区县主管教育领导提供决策参考、专业信息服务。改版后的《教育快报》分为“教育决策参考”和“国际教育动态”两个版本。全年共编发“教育决策参考版”14期，“国际教育动态版”34期，其中“国际教育动态版”国外一手教育信息总量达到96.90%。

（李震英）

【举办节约型学校建设专题培训】 4月10至11日、10月28至29日，北京教科院举办两期北京教育系统节约型学校建设专题培训。培训针对全市高校，各区县教委行政管理人员，中小学、幼儿园、中等职业学校的校长、后勤骨干及教师骨干。培训涉及新型城镇化与校园生态文明建设、北京空气环境PM2.5污染与控制、公共机构节能对策、合同能源管理与公共机构节能、关于北京市“十三五”规划研究编制的总体设想、校园节水知识、开发非传统水源、扩大再生水利用等专题。培训累计600余人参加学习。

（王成娟）

【召开深化首都教育领域综合改革座谈会】 4月15日，北京教科院召开深化首都教育领域综合改革暨教育发展研究中心成立20周年座谈会。会议以“加强首都教育发展战略研究，服务首都教育领域综合改革”为主题，回顾总结教育发展研究中心成立20年来在教育宏观决策研究中服务首都教育发展方面取得的成就和面临的问题，并针对新时期如何提高教科院教育发展战略与政策研究能力、提升首都教育决策科学化水平进行研讨。来自教育部、市教委、国家教育行政学院的相关领导及专家参加座谈会。

（汤术峰）

【召开学术年会】 5月8至9日，北京教科院召开2014年学术年会。会议期间聘请来自中国教育科学研究院、中国人民大学等8名专家学者参与分会场，对158篇上交论文进行研讨及点评。经点评，评出获奖论文93篇，其中，一等奖11篇、二等奖31篇、三等奖51篇。教科院300人参加会议。

（姜继军）

【开展区县教学视导】 10月，北京教科院赴朝阳区、海淀区和密云县开展教学视导工作。走进朝阳区北京第二外国语学院附属中学、黑庄户中学、黑庄户学区听课共计122节，以“聚焦课堂研究、改进教学方式、全面提升教学质量”为主题，就课堂教学中如何聚焦课堂、改进教学方式、提高教学质量进行交流研讨；走进密云县第三中学、密云县第七中学、北方交通大学附属中学密云分校和首都师范大学附属密云中学4所学校听课、评课，并开展教学研讨和微讲座，共听课50节、讲座25场；走进北京市温泉[illegible]、海淀区教师进修学校附属实验学校和北京科技大学附属中学3所学校，以“关注课堂教学，关注学科建设”为主题开展教学研讨，听课269节。

（沈俊楠）

【举办首届北京教育论坛】 11月22至23日，北京教科院联合北京师范大学举办首届北京教育论坛。论坛以“教育现代化的理论探索与实践进展”为主题进行交流和研讨，邀请市教委、中国教育学会、国家教育发展研究中心等专家学者共40人分别作专题报告。共有来自全国教育科研院所、高等学校等46家机构的专家学者和北京市一线教育工作者200余人

参加会议。北京教育论坛是由北京教科院联合国内教育机构共同发起的年度性学术论坛，每年举办一次。

（姜继军）

【召开“学校影响力 2014”大会】 12月3至5日，北京教科院召开“学校影响力2014”大会。会议邀请专家作题为《变革时代的学校影响力》的报告，从观察的视角、管理的路径、多样的发展3个方面对影响学校发展的多方面因素展开阐释，并分析未来的关注点。同时，论坛听取东城区灯市口小学、北京市第十七中学和石景山区玉泉路小学等18所中小学代表就学校文化、教师发展、课程开发等专题发言和分论坛交流。各区县教委中小教科、教科所、150所学校300人参加会议。

（佟德）

【成立国际教育信息中心】 12月9日，北京教科院国际教育信息中心正式挂牌成立。该中心主要提供国际教育信息服务，开展专题性国际教育信息的整理和分析，承接有关国际教育的研究项目、课题和任务。该中心成立是北京教育科学研究院为顺应全球化、国际化发展趋势，满足北京市国际性城市建设需要，进一步强化国际教育信息服务的举措。中心有工作人员17人。

（李震英）

【完成两委课题结题鉴定和验收】 至年底，北京教科院完成市委教育工委、市教委委托的课题结题鉴定和验收工作。该工作通过召开两委委托课题结题鉴定会的方式，共完成49项委托课题结题验收，并完成《2013年度两委委托课题研究纪要》编辑工作。

（庞立场）

【出版北京教育发展研究报告】 至年底，北京教科院出版发行《以改革创新推动首都教育发展——北京教育发展研究报告·2014年卷》。报告主题为“以改革创新推动首都教育发展”，反映首都在推进教育现代化进程中面临的问题与挑战、机遇和努力。该书共13本60余万字，由北京教科院连续出版，是收录反映首都教育发展现状的年度综合报告。

（汤术峰）

北京教育科学研究院 院长、副院长 党委书记、副书记

院　　长　方中雄

副 院 长　吴晓川　桑锦龙　马波　褚宏启　张军（8月任）

党委书记　唐亦勤

党委副书记　熊红（8月任）

北京教育考试院

【概况】 2014年，北京教育考试院占地面积1.43万平方米、建筑面积3.25万平方米。设有20个部门，其中，综合处室5个、综合业务处室5个、业务处室6个以及直属单位4个，包括北京市教育考试指导中心、北京高等学校教育科技发展中心、北京市教育考试招生服务中心、北京考试报社。全额拨款在职人员172人，专业技术人员76人。高级职称20人，中级职称45人。全年共命制各类试题1024套，印制试卷247.80万份，答题卡369.70万张。组织各类考试248次，涉及考生163.10万人，发放各类证书29万份，为各级各类招生单位录取新生28.80万人。全年考试院网站网页点击数4.40亿次，配合处室完成27次网上报名报考工作共计考生53万余人，利用公众服务平台向社会提供162万科次成绩查询，12.30万考生录取结果查询。全年北京考试报共发行96期374万份，《中招特刊》和《高招通讯》共发行20期155万份。

（蒋来）

【召开中招工作布置会】 2月28日，北京考试院召开北京市各区县中招办、中等专业学校、高职学校和技工学校全年工作布置会及简章系统培训会。考试院部署全年工作，并对中专、技校、高职和各区县中招办的计算机工作人员进行网上申报简章工作的培训。共有来自29所中专、20所技校、11所高职学校主管校长、招办主任，16个区县和燕山地区中招办主任参加会议及培训。

（赵永生）

【编印中考参考资料】 3月17至31日，北京考试院完成2014年度中考参考资料的编印工作。参考资料包括《北京市高级中等学校招生简章（2014年）》《北京市高级中等学校招生报考指南（2014年）》和《北京市高级中等学校招生部分学校情况介绍（2014年）》三本报考资料，为8.93万名中考考生和家长了解中考中招有关政策和实施办法提供信息。

（赵永生）

【举办高招网上咨询活动】 4月13至17日和6月28日，北京考试院分别举办在京招生的本科、专科院校开展2014年全国普通高等学校招生考试网上咨询活动。咨询活动通过北京考试院网站（www.bjeea.edu.cn 和 www.bjeea.cn）举办，考生登录网站提出问题，各学校招生人员给予回答，咨询期间，网站点击数64.43万次，提出问题6946个，回答问题6705个，问题回复率96.53%。共有90余所本、专科招生院校参加咨询活动。

（卢杰）

【举办中招网络及电话咨询活动】 5月3日，北京考试院举办2014年北京市高级中等学校招生网上咨询活动。活动主会场设在北京考试院，分会场设在各区县中招办和各网上咨询学校。网上咨询期间，考生提出问题4637个，问题回答率91.61%，处理率95.12%，页面浏览量28万人次。共有考生210人和家长通过咨询热线进行咨询和收听。市教委发展规划处、基教处、职成处、体育美育处、市劳动和社会保障局职业技能培训处、市区县中招办，市体检中心的领导和专家以及296所学校工作人员参加活动。

（赵永生）

【获国家级教学成果二等奖】 9月，北京考试院承担的“大规模教育考试评价研究与实践”项目获2014年国

家级教学成果奖基础教育类二等奖。该项目由北京考试院主持，百余人参与共同完成。项目以现代教育测量理论为基础，采取定量与定性相结合的研究方法，在对北京市高考、中考和高中会考全样本数据的统计分析基础上，对各学科试题进行评价并提出命题建议、对考生水平进行客观分析并提出教学建议。项目的研究成果在全市及各区县推广应用。

（樊本富）

【召开中考命题座谈会】 12月9日，北京考试院组织召开北京市中考命题座谈会。会议由苟仲文主持，提出中考命题改革的力度要大于高考；要改换形式，与学科《教学改进意见》一致；要提高灵活性，贴近课堂和日常生活；要考查课堂表现、多年积累、技能能力和基础知识的宽度等具体要求。来自市教委、北京考试院以及命题一处相关学科负责人参会。

（赵海燕）

【完成自主会考试卷评价】 至年底，北京考试院完成自主会考试卷评价工作。考试院组织9个学科评价专家86人（次），对24所自主课程实验学校自主命制的会考试卷进行评价，完成春、夏两季自主会考试卷评价反馈报告共180份，总计36万余字。该课题组以自主会考试卷评价研究为切入点，通过分析全市会考和自主会考试卷特点，并结合命题过程中的主要因素，从而构起试卷质量评价指标体系。

（王翊）

北京教育考试院
院长、副院长
党委书记、副书记

院　　长　钱军

副 院 长　臧铁军　李鸿江　徐宝力　高福勤

党委书记　钱军

党委副书记　张泉利

北京教育音像报刊总社

【概况】 2014年，北京教育音像报刊总社下辖北京高教电子音像出版社有限责任公司和北京《健康咨询报》报社有限责任公司2个企业法人，1个事业法人《现代教育报》社，《学前教育》杂志社、《北京教育》杂志社、《中小学信息技术教育》杂志社、《中小学数学教学报》社4个出版内设机构，内设7个管理部门，在职职工203人，包括高级专业技术职务23人、中级48人。《中国教育报》北京记者站挂靠音像报刊总社。全年以“从传统纸媒向全媒体转变，从教育媒体传播向教育综合化服务转变”为中心开展工作，改版“三报三刊”搭建新媒体平台，发行量与经营收入较往年均有提升。音像出版社录制编辑节目总计时长近6000分钟，发行音像出版物14种、电子出版物10种，出版印刷市委教育工委项目1项。全年承担并落实市教委委托专项3项，完成政策法规处委托专项4项，完成“北京数字学校”项目的实施，完成“名师在线”项目工作。全年举办多场教育讲座、活动、论坛和研讨会；完成《现代教育报》《北京教育》《学前教育》《中小学信息技术教育》报刊出版许可证年度核验工作。网址：www.yxbk.com。新浪及腾讯官方微博：北京教育播报。

（房钰深）

【策划教育新地图】 1至4月，音像报刊总社联合《现代教育报》社连续推出10期“北京教育新地图”专题策划。该专题报道是市教委面向社会媒体发布新闻通稿的唯一渠道，共有编辑记者10余人分别赴16个区县实地采访，通过《现代教育报·首都教育》78个版面、20万字的报道和“教育新地图”的形式展现首都基础教育的新格局。

MODERN EDUCATION NEWS
现代教育报
首都教育
BEIJING EDUCATION
北京市优质教育资源覆盖率将大幅提升
综合改革亮出北京新教育地图

（侯旭东）

【开播《身边的好学校》】 5月5日，音像报刊总社制作的《身边的好学校》电视栏目正式播出。该栏目在北京市公交、地铁、楼宇电视播放，播出时段为每天上下班高峰期，每周1期（1所学校），片长3分钟，每周总计播出80余次。《身边的好学校》通过在全市范围内挑选教育理念先进、学校文化特色突出的中小学校，展示首都教育的新风貌和新形态。至年底，《身边的好学校》栏目共拍摄11个区县33所学校。

（郝彬）

【开展庆祝教师节公益活动】 9月6至7日，音像报刊总社组织开展北京市庆祝第30个教师节大型公益活动。此次活动以“师爱无垠——我爱·爱

开展庆祝教师节公益活动

我”为主题，重点突出活动的互动性及关注教师身心健康和职业发展，开展环湖健步走、七彩乐园、文艺表演、教师健康讲座和咨询等活动板块，整合社会资源为教师、学生及家长提供相关服务。活动突出“教师在节日奉献社会”和“教师奉献、关爱教师”两个主题，共有市民5万余人参加。新京报、信报、腾讯网、新浪网、央广网、千龙网等媒体对活动进行专版专栏宣传报道。

（郝彬）

【举办4场办学实践研讨会】 10月23日、10月25日、11月19日和12月12日，音像报刊总社举办4场办学实践研讨会。研讨会分别在草桥小学、丰台少年宫、方庄第三幼儿园和方庄第二幼儿园举办，针对“行有情之教，育有情之人”“实践、探索、思考、提升”“让每朵花儿在阳光下幸福绽放”“e翼文化、飞跃梦想”等主题开展研讨。同时，总社与北京市教育学会联合邀请教育专家入校（园）诊断，进行指导。来自中国教育电视台、《中国教育报》、人民网、新华网、中国新闻网、中国教育在线等相关媒体对活动进行报道。

（郝彬）

【召开庆祝记者节暨编辑经营业务表彰会】 11月6日，音像报刊总社召开2014年度庆祝记者节暨编辑经营业务表彰会。会议颁发年度作品奖、编辑奖、栏目奖、选题策划与实施奖、版式设计与美术设计奖5个单项奖，表彰“好编辑好记者奖”5人和“年度经营贡献奖”2人。共有总社采编、经营等人员及获奖者160人参加会议。

（侯旭东）

【举办现代教育大讲堂系列讲座】 至年底，音像报刊总社举办现代教育大讲堂系列讲座。讲座在北京市少年宫、红领巾公园举办12场，邀请来自北京师范大学副教授作题为“iPad走进孩子的生活·家长如何应对”的讲座，邀请朝阳区呼家楼学区书记、呼家楼中心小学校长、朝阳区垂杨柳中学语文教师、全国优秀班主任等为家长开展相关讲座。至年底，现代教育大讲堂家庭教育系列公益讲座共举办34场，区县巡讲22场。全市共有2万余名学生及家长参与活动。

（张建平）

【完成市教委法规处2014年专项】 至年底，音像报刊总社共承担市教委法规处专项4项，其他工作1项，均完成，并受到法规处的认可。《法治与校园》全年出版4期，办刊质量稳步提升，成为学校普法重要资料。“模拟法庭”已成为北京市中小学普法的一个特色项目。北京市青少年法制教育资源网是音像报刊总社搭建并维护的学生普法网站，2014年在全市范围内征集学生作品并进行上传。北京大学生法制微视频大赛从参赛学生人数、参赛学校数量、作品种类及作品质量上均比上届有大幅提高。北京市中小学生学法守法心得撰写大赛是今年法规处新增的一个项目。在全市范围内征集学生作品600余篇，选出获奖作品150余篇，并将获奖作品集结成册。

（黄佳熹）

开展学校普法宣传

【开展学校普法宣传】 至年底，音像报刊总社受市教委委托进行学校普法系列宣传活动。全年出版《法制与校园》4期；承办北京大学生法制微视频大赛，共收到近30所高校的近百件作品，征集的作品均上传至北京市青少年法制教育资源网；承办北京市中小学生学法守法心得撰写大赛，征集学生作品600余篇、获奖作品150余篇，并将获奖作品集结成册。同时，在中小学推行“模拟法庭”。

（黄佳熹）

北京教育音像报刊总社党委书记、社长

党委书记　狄涛（2013年11月免）
　　　　　李开发（4月任）
社　　长　狄涛（2013年11月免）
　　　　　李开发（4月任）

北京市教工休养院

【概况】 2014年，北京市教工休养院（北京育新苑宾馆）占地面积14.09万平方米，建筑面积4万平方米，绿化面积10万平方米，覆盖率70%，树种200余种。设有客房241间、574张床位，分为三人间、标准间、单人间、家庭套间、豪华套间、残疾人房间；有大中小餐厅15个，能容纳1000人就餐；有康乐项目18种，包括大中小歌厅14个、会议室11个、计算机教室7个；有员工290人，包括在职事业编制71人。全年接待总人数10.11万人，包括接待教师休养4.20万人。全年完成经营收入3774万元。网址：www.jiaogong.com。

（王彦彦）

【召开第一届职工代表大会】 1月9日，教工休养院召开第一届职工代表大会。会议分别审议并通过《北京市教工休养院2013年工作报告》《2013年财务收支情况报告》及《院办企业2013年审计报告》。各部室选举产生的49名职工代表参加会议。

（王彦彦）

【调整非事业编制职工工资待遇】 1月，教工休养院第四次调整非事业编

制职工工资待遇。一线部室非事业编制岗位工资调整为领班每天增加5元，主管每天增加8元，副经理以上人员每天增加15元，商务中心文员每天增加8元，营销部总台接待人员包月工资由3000元/月上调至3300元/月，领班由3100元/月上调至3500元/月；客房部负责人岗位工资由1元/天调至3元/天，车务部发班车人员岗位津贴由2元/次调至5元/次；非事业编制二线领班以上人员享受一线同级别岗位工资增长的一半。

（王彦彦）

【召开年度总结表彰大会】　2月20日，教工休养院召开2013年度总结表彰暨2014年工作部署会。会议从经营收入、软硬件建设、经营管理、党建工作、员工队伍等6个方面总结2013年的工作，并部署2014年工作，制定“以人为本，节约挖潜，诚信服务，持续改进，创特色保效益”22字工作总方针。同时，会议表彰“优秀员工”“微笑之星”和“先进班组”共33人。来自教工休养院相关部门的负责人参加会议。

（王彦彦）

【城镇规划占用1.41万平方米面积】　3至7月，教工休养院拨出1.41万平方米的占地面积。按照平谷区城镇规划的要求，需占用教工休养院土地1.41万平方米，占地包括东环院路代征地5670平方米、北侧租赁地3335平方米、迎宾路自有土地5100平方米。7月4日，该院与金海湖镇政府及首创嘉铭新城镇投资发展有限公司签订金海湖小镇地块开发占地补偿协议，该院实际占地面积14.09万平方米。

（王彦彦）

【调整内部机构】　9至12月，教工休养院根据工作实际调整内部机构。此次调整包括新成立后勤管理部、采购部和休养教师接待办公室；原咖啡屋和商品部合并为购物中心；撤销物资部和培训质检部。原属北京教工休养院的北京教育旅行社划归北京市国际教育交流中心管理，于12月9日办理完成交接手续。调整后该院共有12个部室和1个院办企业。

（王彦彦）

【调整项目价格】　12月，教工休养院调整项目价格。此次调整的项目包括客房和会议室价格，客房标准间由560元/间调至980元/间；三人间由720元/间调至1080元/间；四合院双人间由780元/间调至1180元/间，调整价格后均含早餐；各会议室价格调整为按半日或整日计费，取消小时计费。

（王彦彦）

【投入1900万元完成18项基础设施建设】　至12月，教工休养院投入1900万元完成18项基础设施建设。项目包括室外给水及地下热水、暖气、蒸汽管道；北餐厅室内、康乐中心服务台装修，自助餐台设备添置；客房楼阳台门、纱门、窗户及5号楼家具、地毯更新；WiFi无线网络及网球馆LED显示屏安装；人工湖排水管道更换；新建啤酒咖啡屋、职工餐厅、化粪池及笑脸广场、林下广场。

（王彦彦）

【拓展经营思路】　至年底，教工休养院拓展经营思路增加效益。一是加大营销宣传力度。利用电视、广播等现代传媒工具，新增繁华商业街地下通道灯箱广告，升级改版网站并建立微信平台发布信息，实现网络宣传、销售业务的常态化。二是推行销售奖励政策。与部室及营销员签订目标责任书，加大员工销售比例提成，以调动员工工作积极性。三是寻求新的经营增长点。与携程网、拉手网等团购网站及周边景区合作。突破固有经营项目，投资引进先进酿酒设备，新建啤酒咖啡屋并增加自制食品售卖项目。四是降低经营成本。加强节能技术改造，完成锅炉房热水系统太阳能补水改造工程。

（王彦彦）

投入1900万元完成18项基础设施建设

北京市校办产业管理中心

【概况】　2014年，北京市校办产业管理中心设办公室、国资企管部、科技成果推广部、综合事务部4个部门。有职工15人，全部在编。至年底，北京地区共有51所高校参加普通高校校办产业统计。51所高校所投资企业共996家。其中，一级企业144家、二级企业229家、三级企业623家。年末资产总计3568.54亿元；流动资产合计2169.70亿元；非流动资产合计1398.84亿元；年末负债总计2393.31亿元；流动负债合计1465.08亿元；非流动负债合计928.23亿元；所有者权益总计1175.23亿元；实收资本（股本）[illegible]亿元；未分配利润121.52亿元；归属于学校方股东的所有者权益426.31亿元。营业收入1603.23亿元，包括主营业务收入1596.94亿元；营业成本1397.91亿元，包括主营业务成本1386.53亿元；销售费用66.06亿元；管理费用78.61亿元；财务费用72.35亿元；利润总额77.74亿元；净利润57.51亿元，包括归属于学校方股东的净利润23.49亿元。现金净流量55.70亿元。财政补贴收入19.98亿元。国有资本经营预算金0.75亿元。文化产业专项资金0.74亿元。科技创新资金0.47亿元。上交国有资本收益1.76亿元。企业实际缴纳税金总额80.89亿元。当年上交学校利润金额 5.19 亿元。获授权的专利数 1821 项。登记的计算机软件及集成电路版权 588 项。获省市部委、国家级的奖项 477 项。研发费用支出 72.22 亿元。接纳学生实习 8648 人。学生累计实习 203 万小时。全年累计在培硕士研究生 548 人，在培博士研究生 119 人。至年底职工总人数 94205 人。全年接受市教委对中心及所属企业 2014 年度预算执行情况的审计；完成事业单位及所办企业国有资产产权登记工作及 2015 年度项目预算申报、评审等相关工作；完成《北京市学生装管理办法》和《北京市学生装地方质量标准》修订草案的起草工作；完成《北京市校办产业管理中心制度汇编》并首印 50 册。

（宋慧宇）

【完成工会换届选举】　5 月 5 日，校产中心召开北京市校办产业管理中心工会第二次会员（代表）大会。会议完成工会选举，并于 7 月 2 日经两委机关工会批准成立工会经费审查委员会，选出经审会委员 3 人。此次工会换届选举工作对健全工会组织、规范工会活动起到推动作用。共有 15 人参加工会换届选举工作。

（宋慧宇）

【组织两期校企管理活动】　5 月 17 日和 11 月 28 日，校产中心分别组织两期校企管理沙龙活动。活动在北京建筑大学和北京农学院举行，以“强化特色寻求突破”和“不断完善实践教学基地建设做好服务教学科研工作”为主题。活动对产业发展等相关问题进行讨论，并针对北京校办产业发展的特色进行研讨。来自全市各理事单位的代表 30 余人参加活动。

（宋慧宇）

【调研部分高校校办企业】　5至12月，校产中心组织专家组调研北京市部分高校校办产业。为筹备北京市校办产业工作会议，推动校办产业规范发展与为首都教育、经济建设发展服务能力提升，校产中心结合 2014 年度开展的校办企业内部控制评价、北京市校办产业发展规划制定等工作对华北电力大学、北京农学院等部分单位校办企业发展状况、校办产业发展中存在的问题开展工作调研。调研结果是近年来北京地区校办产业得到健康有序的发展，经济指标和社会效益都有较大提升，为首都教育改革发展、首都经济建设和社会发展做出贡献，但也存在发展和定位不平衡的问题。

（宋慧宇）

【完成校办企业内控审计评价工作】　12 月 23 日，北京市校办企业内控审计评价工作总结会召开。会议总结校办企业内控审计评价工作，听取北京大学、首都医科大学、中国传媒大学、北京交通大学、中宣育会计事务所的代表经验交流发言。市教委相关领导参加会议。校产中心编印《完善内控制度建设促进企业规范发展—北京高校校办企业党风廉政建设与风险防控工作经验汇编》和《北京校办企业内部控制审计评价工作资料汇编》对此次评价工作进行总结梳理。校办企业内控审计评价工作始于 2012 年，历时 3 年，取得实质效果，对巩固规范北京市校办产业的建设成果起到推动作用。至年底，北京市共有 61 家单位及所属的 320 余家全资和控股企业参加内控审计评价工作，包括高校企业 270 余家（全市高校全资、控股企业原 300 余家，部分企业因规模小、人员少或处于非正常经营状态，已提出申请不参加内控审计评价工作）、区县及直属直管单位企业近 50 家（市教委直属直管单位所属企业原 40 家，除去处于非正常经营状态的企业外共有 37 家参加审计评价工作）。

（宋慧宇）

【建设信息网及成果推广平台】　至年底，校产中心加强北京教育科技产业信息网及高校科技成果推广平台建设。其中，产业信息网站设立产业动态、项目推介、信息公告等栏目，旨在传播宣传科技成果推广项目、产业发展动态、企业规范化管理等与教育相关的内容，突出校办产业工作。全年网站共上传新闻 100 余条、图片 70 余张，点击量 15000 余次。网址：www.best-info.cn。科技成果推广平台组织特聘人员对高校产业的科技产品进行初步统计，并优选 150 个推介项目，汇集成书《2014 年首都高校产业信息科技成果专辑》。

（宋慧宇）

【完成产权登记工作】　至年底，校产中心完成市教委所属事业单位所办企业国有资产产权登记工作。该项工作根据市财政局部署，通过网上填报、审核，纸质材料审核，报送材料等程序，对市教委所属 36 家事业单位所办的 91 家企业进行登记工作。

（宋慧宇）

【完成国有资产管理工作】　至年底，校产中心完成国有资产管理相关工作。办理市属各单位校办企业国有资产产权变动、资产处置等 8 件次审核审批工作。该项工作涉及清产核资、股权激励、净资产处置、企业改制、产权转让、企业注销等事项，已完成 7 件次，有 1 项依据程序正在办理中。

（宋慧宇）

【完成 2013 年普通高校校办产业统计工作】　至年底，校产中心完成 2013 年北京地区普通高校校办产业统计工作。参加 2013 年度普通高校校办产业统计的高校 44 所。截至 2013 年年底，北京地区高校所投资企业的资产总额 2269.17 亿元，净资产额 792.17 亿，负债总额 1477 亿元，所有者权益总额 792.17 亿元，高校所占权益总额 292.48 亿，营业收入 1304.99 亿元，净利润 44.18 亿元，归属于学校方股东的净利润 19.62 亿元。

（宋慧宇）

【完成 2013 年度部门决算】　至年底，校产中心完成 2013 年度部门决算工作。中心受市教委委托管理所属市属高校、直属单位的企业，决算结果为截至 2013 年年底，纳入财务决算合并范围的录入总户数为 130 户，资产总额为 454317 万元，负债总额为 102420 万元，所有者权益为 351897 万元（其中，少数股东权益 0 万元，归属母公司所有者权益 351897 万元），资产负债率 22.54%；2013 年全年实现主营业务收入 161266 万元，实现利润总额 18654 万元，净利润 16233 万元。

（宋慧宇）

北京教育网络和信息中心

【概况】　2014 年，北京教育网络和信息中心设有办公室、网络与电子政务部和系统管理部等 10 个部门，有职工 133 人，在职 68 人，包括高级专业技术职务 12 人、中级 20 人。全年为市委教育工委、市教委及教育系统各相关单位提供技术服务，受理率 100%；系统管理 130 万名中小学生的学生卡账户，共发放学生证件卡 42 万张，学籍卡 29 万张。中心协助北京教育考试院及 16 个区县的信息中心完成 2014 年高考电子巡查系统网络应用保障工作；完成 16 个区县 346 所中小学 10380 名学生的体质健康测试赛检录工作；完成 2014 年北京市中专、职高校新生数据的审核备案工作，41 所中专校审核通过 11637 人、45 所职高校审核通过 4000 人；组织各区县开展第二轮教育信息化工作进展的填报工作，共填报 16 个区县及燕山地区、1384 所学校；联合北京数字学校摄制微课课程，共摄制 2371 个主题、7113 节微课，包括精品微课课程 82 个主题、246 节微课；利用市教委政务外网资源服务教育系统 80 余家单位开展 2014 和 2015 年度的信息化申报工作，并协助市教委和市经信委开展专家评审工作。中心协助市教委完成电子政务正版化检查及保密检查工作，共检查机关处室 25 个、涉密计算机设备 26 台、非涉密计算机设备 177 台，形成《市教委机关办公设备涉密检查情况报告》和《市教委机关软件安装管理台账》；排查解决各区县学校及高校用户处理基于教育网 IP 的 DDOS 攻击、端口攻击、端口扫描、列入黑名单等问题 120 余次；完成 5 个区县的汇聚节点设备的更换和万兆互联的升级改造工作；完成 25 所高校及市教委中心端高校资产网络设备、安全设备、服务器、用户终端的摸底排查；升级 CMIS 三级系统为全市统一的电子学籍管理云平台，并对 16 个区县及燕山地区进行政策解读培训及系统升级改造培训。完成北京数字学校 1.30 万节名师同步课程、北京中小学数字图书馆 30 万册图书、北京教育资源网 100 万条资源集、数字化电子教材 200 套 4 个市级重点资源的元数据整理与汇聚；建设北京教育资源网，拥有条目类资源 729515 条、服务频道 15 个、资源总数 550 万条，月均下载资源 1.80T。全年完成市级电教骨干 150 余人应用线上与线下（O2O）的现代远程教育手段培训；完成 2014 年度网管教师 4000 人的继续教育培训。全年推荐 200 余件教师作品参加第 18 届全国教育教学信息化大奖赛，129 件作品获奖，其中，一等奖 23 个、二等奖 42 个、三等奖 64 个。

（李艾晶）

【承办 6 项市级信息类比赛活动】　1 至 5 月，信息中心承办 6 项北京市信息类比赛活动。1 至 6 月举办北京市第七届“四优联选”学前教育技术作品评选活动；3 至 4 月举办北京市第 15 届师生电脑作品评选活动，共收集学生作品 1205 件、教师作品 1676 件，评出学生获奖电脑作品 570 件，其中一等奖 97 件、二等奖 185 件、三等奖 288 件，教师获奖作品 1158 件，其中一等奖 165 件、二等奖 329 件、三等奖 664 件；3 至 9 月举办北京市小学专业委员会第 15 届年会“三优”评选活动；5 至 11 月组织 2014 北京市中小幼教育教学视频评优活动，各区县共上交作品 541 件；5 月举办北京市第 15 届学生机器人竞赛活动，147 支代表队的师生 500 余人参加；至年底举办第六届 2014 年北京—澳门学生互联网交流计划——“新能源新技术改善世界”科普网站设计与交流活动。

（章祖军）

【升级改造入学服务平台】　1 至 9 月，信息中心对北京市义务教育入学服务平台进行升级改造。改造后的平台提供全市 1600 余所中小学校的介绍，整合 2014 年北京优质教育资源带分布图，增加非京籍适龄儿童入学证件证明材料审核系统及身份户籍信息公安验证系统。平台共采集 168123 人的小学信息，其中京籍儿童 98921 人、非京籍儿童 69202 人，有入学资格学生 155087 人，学校拟接收 153282 人，区县审核通过 153258 人；共采集 107826 人的中学信息，其中京籍学生 65850 人、非京籍学生 41976 人，确认接收学生 104856 人，其中就近入学 81407 人、寄宿制入学 5840 人、特长生入学 6425 人、民办学校入学 9240 人、其他方式入学 1944 人。

（周航）

【组织参加多项信息类活动】　4 至 9 月，信息中心组织参加多项信息类活动。4 月推荐师生作品 300 余件参加全国第 12 届 NOC 竞赛活动；5 至 10 月组织参加第 11 届全国校园影视评比活动，该中心拍摄的《义务讲解员薛皓天》获得金奖；5 月推荐学生作品 150 余件参加第 15 届全国中小学生电脑作品制作活动；8 月组织北京市师生参加第 12 届全国中小学师生创新与实践评选活动；9 月推荐教师作品 900 余件参加第 18 届全国教育

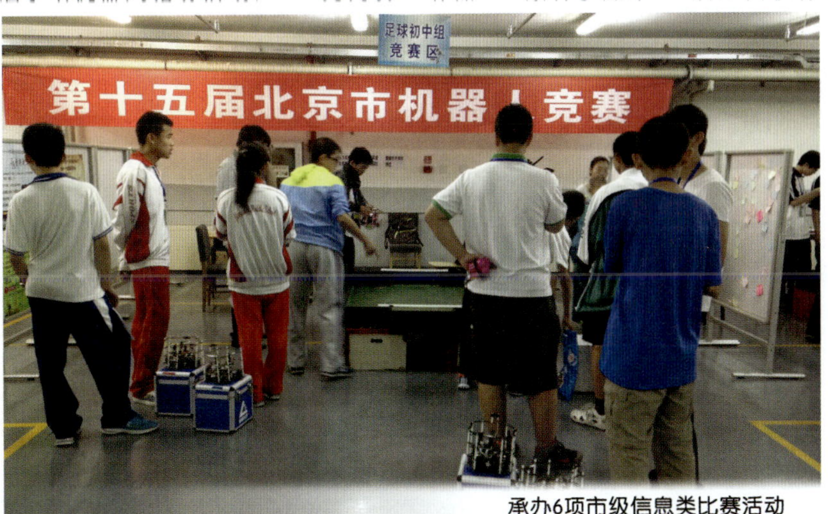

承办6项市级信息类比赛活动

教学信息化大赛。

（潘东庭）

【举办北京教育信息技术高峰论坛】
6月13至14日，信息中心举办2014年北京教育信息技术高峰论坛。论坛以“新媒体新技术教育创新应用”为主题，探讨与主题相关的北京智慧教育机器人技术、新媒体与数字学校教育创新、等级保护网络安全保障等新技术趋势问题。此次论坛分3个分论坛，其中，高校信息中心主任分论坛以“北京智慧教育行动计划与穿戴技术、3D打印技术发展”为主题、区县信息中心主任及中小学校长分论坛以“新媒体与数字学校教育创新发展”为主题、市教委直属单位分论坛以“等级保护建设和网络安全新技术”为主题。共有来自市教委、市经信委相关领导，16个区县和燕山地区信息中心主任及电教馆馆长，数字化校园试验学校校长，直属单位网络安全负责人300余人参加论坛。

（覃祖军）

【完成信息技术保障及电子政务系统移接】　至8月，信息中心完成市教委办公楼整体回迁的信息技术保障及各电子政务业务系统的迁移接入工作。中心配合市教委办公楼回迁，两次对和平门网络核心机房进行整体迁移，所有接入节点和各类应用系统均恢复正常使用；完成市教委办公网络的建设工作，共分为对外互联局域网络（外网），内部办公网络（内网）和无线网络三部分，内外网物理分离，无线网作为外网的补充和服务移动办公设备；承担机房、弱电改造及监理子项目建设完成并通过验收；完成市教委回迁的IT保障及各电子政务业务系统的迁移，完成政务外网、政务内网、组工网的接入。

（陈昊）

【数字校园应用服务推进】　12月，信息中心召开部分数字校园实验校应用服务推进培训会。重点交流分享3个应用的服务成果，分别是中心牵头搭建的北京市数字教育资源共享服务平台、校企合作开发的基于pad的课题互动教学系统以及用于教师批改作业的“作业盒子”。这些成果的分享为北京中小学校数字校园建设提供多元的思路和宝贵的经验，助力于实验

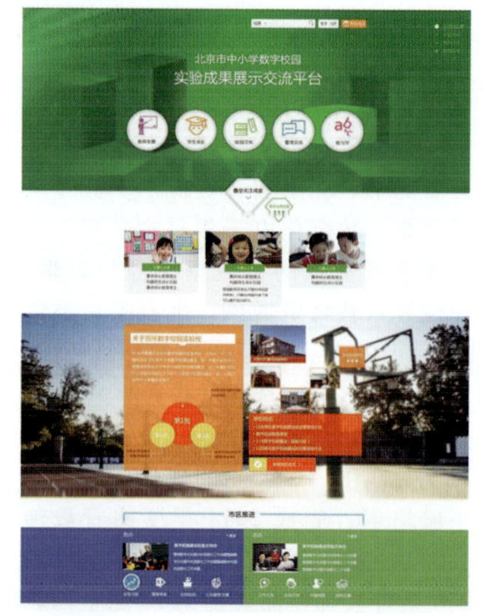

校应用服务的建设和推进。

（宋洁）

【运维管理教育信息网及高校城域网骨干节点】　至年底，信息中心完成北京教育信息网23个骨干节点及25个高校城域网节点的日常运维及改造管理工作。BJENET IDC数据机房到电信级运营商的互联网流量工作时间平均下载流量达到1.10Gbps、上传近1.80Gbps，全部时间平均下载流量近1Gbps、上传近1.39Gbps；和平门机房到联通运营商的互联网流量工作时间平均下载流量达到6.40Gbps、上传近3Gbps，全部时间平均下载流量近5.60Gbps、上传近3.60Gbps；和平门电信互联网流量工作时间平均下载5.50Gbps、平均上传7.32Gbps，全部时间平均下载流量近3.50Gbps、上传近3.40Gbps。北京教育信息网网络出口基本稳定，未出现自身原因引起的网络中断；互联网出口运行质量良好，主要出口延迟1.50ms，丢包率平均0.04%；汇聚层23个节点全年可利用率达到97.70%以上。

（陈昊）

【完成基础设施维护管理】　至年底，信息中心完成市教委教育信息网基础设施维护管理工作。运维的设备设施包括核心电信级大型路由设备25台，汇聚层网络设备55台，各类接入层网络设备120台，各类网络安全设备系统49台（套），网络上线运行的万兆、千兆等通信端口千余个；直接维护的各类机架式和刀片式服务器740余台类存储系统4套，大型精密空调9组、大型UPS3台、机房专业消防系

统1套、新风系统1套、机房整体配电系统2套；基础应用系统包括DNS系统2套，电子邮件系统1套，行为审计系统1套。

（陈昊）

【完成骨干光纤维护管理】　至年底，信息中心完成北京教育系统的骨干光纤维护管理工作。共维护光缆总长度为698公里（5125芯公里），维护抢修各区县工程43项。同时，配合市政府完成架空线入地及道路改造工程，完成市教委至平谷区教育信息网线路改造及丰台区丽泽商务区拆迁项目，完成海淀区龙翔路架空线入地工程实施等13项工程。

（陈昊）

【完成日常技术支持及运维电子政务系统】　至年底，信息中心完成市教委机关的日常技术支持及电子政务系统支撑服务工作。日常技术支持主要有电子政务技术支持、网络和计算机终端维护、会议支持等工作。全年“7×24”小时技术支持与网络维护。为市教委进行各类服务共1018次，其中会议支持99次、桌面支持816次、电子政务103次，技术支持受理率100%，一次解决率98%，剩余问题解决时间不超过4个工作日。重要电子政务服务器可用性保持99%（不包含有计划的中断维护）。电子政务系统支撑服务包括综合管理平台（OA）、档案管理系统、教育信息文件传输系统、视频会议系统、教委电子政务邮箱系统等。全年实现各类公文流转1082次、档案系统收录2460条；通过文件传输系统共享信息2条、下发各类应急重要通知28个；通过教育部视频会议系统支持北京市教育系统各级单位召开网络视频会议10次；通过市政府应急视频会议系统

组织教育相关部门支持市政府应急视频会议共 49 次；按照市教委审批流程开设新邮箱及密码重置 78 人。多次协调档案系统和 OA 接口开发及 OA 功能的扩展问题。

（陈昊）

【完成市教委门户网站运维保障工作】 至年底，信息中心完成市教委门户网站的运维保障工作。网站全年可利用率 100%，网站页面响应时间平均小于 25 毫秒，点击量 32188724 次，浏览量 7186519 次，更新网站内容 600 余条，并完成 3 个教育专题的设计、内容设置及 3 个处室的网站改版升级工作。

（陈昊）

北京教育综合服务中心

【概况】 2014 年，北京教育综合服务中心设有机构 4 个，有职工 28 人，在编 27 人。全年完成教育系统专业技术人员职称评审组织工作、高等院校及科研院所学位证书发放工作、高等院校及科研院所学位信息年报统计工作；完成市教委政府信息公开和行政许可事务性工作、首都教育咨询服务热线（96391）工作。承担北京市人民教育基金会常务理事会日常办公室管理工作。

（罗芳）

【完成 2013 年职称备案工作】 至年底，综合服务中心完成 2013 年市教委直属单位的职称评审结果备案工作。北京教育科学研究院、北京学生活动管理中心及市属中专学校等 12 个市教委直属单位参加职称评审备案的人数共 145 人，领证人数 120 人，其中，正高级职称 4 人、副高级职称 33 人、中级职称 47 人、初级职称 36 人。

（罗芳）

【完成学位信息报送工作】 至年底，综合服务中心完成学位信息报送工作。全年北京地区共有学位授予单位 145 所，其中，高校 64 所、科研单位 81 所。2013 至 2014 学年度第一学期北京地区报送学位授予信息 33927 条，其中，博士学位 2805 条、硕士学位 14953 条、学士学位 16169 条；2013 至 2014 学年度第二学期北京地区报送学位授予信息 229156 条，其中，博士学位 14337 条、硕士学位 73072 条、学士学位 141747 条。全年开展学位证书网上查询工作，并完成数据修改补报工作。

（罗芳）

【承担专业技术人员职称评审工作】 至年底，综合服务中心承担两次专业技术人员职称评审工作。其中，9 月 27 日和 10 月 11 日进行中等专业学校教师中高级专业技术职务评审工作，共评审 113 人，通过 83 人，通过率 73.45%；11 月 29 至 30 日和 12 月 11 日进行高等学校教师专业技术职务学术评议工作，共评议 355 人，通过 257 人，通过率 72.39%。全市教育系统共申报高级政工师 16 人、政工师 1 人，最终评审通过高级政工师 15 人、政工师 1 人。

（罗芳）

【承担教育热线和政务公开工作】 至年底，综合服务中心受市教委委托承担政府信息公开和行政许可事务性工作、首都教育咨询服务热线（96391）工作。全年共解答工作咨询 85853 件，其中，接听咨询电话 79373 件、网上在线问答回复问题 5643 件、市非紧急救助服务中心（12345）网络派单 837 件。与上年相比，接听电话总量上升 15.78%。市教委机关政府信息公开共整理、收集市教委机关已发文件 972 件，处理政风行风热线转办件 131 件，已办结 131 件，群众满意率达 98%。全年共受理“行政许可”举全程办事代理制事项 9208 件并按规定程序进行办理。

（罗芳）

北京市教育系统人才交流服务中心

【概况】 2014 年，北京市教育系统人才交流服务中心（北京高校毕业生就业指导中心）在职职工 75 人，包括编制内 36 人。中心设办公室、学籍与就业事务部、人事代理部、市场发展部、宣传推广部、培训交流部、研究室、创业服务部、人事业务部 9 个部门。全年服务存档单位 1034 家，管理的教师和未就业毕业生档案共计 35001 份。完成北京高校毕业生就业信息网新增用人单位注册 2294 家，提供就业岗位数 17145 个，岗位需求 135094 人，网站累计注册用人单位用户 20554 家。协助市教委完成 175 所高校和科研单位的 22 万余名 2014 届高校毕业生就业手续集中办理工作，共出具报到证 18.80 万张。举办各类场地双选会 123 场，服务用人单位近 1 万家次，提供需求岗位 6.70 万个，招聘需求人数为 27.60 万个，服务参会毕业生 16 万余人。协助市教委完成 258 人的北京市特级教师评选和 58 人的北京市特级教师重新认定工作。协助市委教育工委完成 361 名辅导员专业化培训和 190 名博士生（后）、高校青年教师和辅导员挂职锻炼的组织、管理与服务工作。协助市教委直属事业单位、区县教委完成管理岗位、教师岗位的公开招聘工作。组织北京高校就业困难及家庭经济困难毕业生 1.60 万人参加就业帮扶培训。组织北京 100 余所高校和科研单位的 1600 人的就业工作人员参加培训学习。完成市教委直属事业单位和中专学校、区县教委以及市属高校人事干部的专业化培训 3 期。编制《2014 年北京地区高校毕业生就业质量年度报告》。开展北京地区高校大学生创业优秀团队评审活动，搭建一街三园多点的大学生创业孵化网络。北京高校毕业生就业信息网：www.bjbys.net.cn；北京教育人才网：www.jyrc.com.cn。

（侯文磊）

【完成直属单位及农村中小学公开招聘工作】 3 至 10 月，人才交流中心

协助市教委完成直属事业单位及农村中小学公开招聘工作。共完成直属事业单位及农村中小学公开招聘活动 12

场，服务参考人员5266人。完成18家市教委直属事业单位91人的招聘工作，完成12个区县的287所农村中小学354名教师岗位的招聘工作。同时，该中心通过组织编写《北京市教育系统公招服务手册》，升级优化"北京市教育系统公招服务平台"，完善命题形式，规范公开招聘工作，确保公招工作公平、公正、公开。

（侯文磊）

【举办大学生原创设计大赛】 10月，人才交流中心联合中关村时尚产业创新园举办北京设计类大学生原创设计大赛。比赛共收到来自8所高校166名学生上交的参赛作品387组，经评审组评审后，选出优秀作品410件。中心于赛后邀请全国100家相关企业代表参加优秀作品展售会和颁奖活动，共完成145单交易，交易额达8.70万余元。此次活动旨在为在校大学生提供展示作品的平台，激发大学生的创业热情。

（侯文磊）

【开展毕业生就业市场建设】 至年底，人才交流中心结合校园双选会实施区域性和行业性毕业生就业市场建设项目。该项目为解决市属高校在服务京外生源就业方面存在的问题，联合清华大学、中国人民大学、北京师范大学建立京外毕业生就业分市场。主要依托名牌大学的品牌优势，共享其京外用人单位岗位信息，辐射市属高校京外生源，共组织广西、浙江、山东、新疆、上海、陕西等地用人单位进京在分市场开展招聘毕业生活动；依托行业协会和行业高校，组织全国地理信息系统、医药卫生等行业专场招聘活动，建立医药卫生行业就业分市场。同时，该中心联合北京财贸职业技术学院在通州区建立分市场。通过对以上5个分市场的建设，共举办校园联合双选会51场。从效果来看，仅医药分会场、清华分会场，平均每场参会单位97家，招聘人数1888人，参会学生2832人。

（侯文磊）

【拓宽信息宣传服务模式】 至年底，人才交流中心创新宣传模式，拓宽信息服务渠道。该中心尝试通过"微信"的形式发布各类双选会、事业单位及名企招聘、就业帮扶等信息130期，"微信"公众平台订阅号累计订阅用户达3万人。10月，微信订阅号增设"北京大学生就业之家双选会"电子会刊，取代纸质版《求职指南》。同时，中心将彩信订阅平台嵌入到微信栏目中，订阅用户数量有所增加。全年共发送《成功就业》彩信48期，阅读量达269万人。

（侯文磊）

【开展高校就业工作人员专业化培训】 至年底，人才交流中心开展系列高校就业工作人员专业化培训。中心加强针对就业指导课程一线教师的各类培训，新开发职业信息分析师、生涯规划师两个项目，共举办各层次、各类别的高校就业工作人员培训20次，为100余所高校和科研单位的1700余名就业工作人员开展培训。

（侯文磊）

【开展教育系统人事干部专业化培训】 至年底，人才交流中心开展系列教育系统人事干部专业化培训。该培训面向市教委直属直管事业单位和中专学校、市属高等学校、区县教委，共举办3期教育系统人事干部专业化培训班，累计237人参加培训学习。培训内容以事业单位人事政策改革为主线，通过解读《事业单位人事管理条例》，解析新形势下事业单位人事政策改革的发展方向，为各单位人事干部提供沟通交流的平台。

（侯文磊）

【开展就业困难毕业生就业帮扶工作】

至年底，人才交流中心开展系列就业困难毕业生的就业帮扶工作。中心整合优秀网络在线学习资源，完成与中公教育、新锦程教育和"V播堂"3家在线课程系统的对接，毕业生可通过申领在线学习卡的方式参与相关课程的在线学习。通过现场讲座和在线学习的帮扶课程，提升困难群体大学生求职竞争力。全年中心共为45所高校开展家庭经济困难及就业困难大学生就业帮扶讲座114场次，参加培训学生有1.60万余人。

（侯文磊）

【开展就业指导网上咨询服务】 至年底，人才交流中心面向高校毕业生开展就业指导网上咨询服务。中心调整优化北京毕业生就业信息网，搭建"就业创业指导专家在线咨询平台"，整合高校和用人单位力量，组建由高校就业指导人员、用人单位人力资源管理负责人以及中心骨干人员等42名专家组成的答疑团队，全年共为毕业生及时解答各类网上提问200余条，内容涉及毕业生就业手续、用人单位招聘和违约、毕业生求职面试等问题。

（侯文磊）

【建设大学生创业孵化网络】 至年底，人才交流中心搭建大学生创业孵化网络。重点加强与高校和相关机构交流，逐步搭建一街三园多点的大学生创业孵化网络，即以中关村创业大街为核心，辐射中关村园、良乡园、昌平园以及44所示范性创业中心校的北京地区高校大学生创业服务网络，为推动创业教育工作和大学生自主创业营造良好的氛围。

（侯文磊）

北京市国际教育交流中心
北京市汉语国际推广中心

【概况】 2014年，北京市国际教育交流中心（北京市汉语国际推广中心、北京市港澳台教育交流中心）有教职工29人。全年组织市委教育工委、市教委及直属单位因公出国（境）43个团组，出访国家和地区26个，服务304人；接待来自美国、加拿大和澳大利亚等8个国家和地区的9家单位47人，签署3个意向合作协议；提供护签手续及机票服务的团组19个，共计161人。全年共举办4次境外教育展和推介会，来自全市大中小学的69人参加；完成国家公派出国留学材料初审及发放录取通知工作，共收取申报材料153份、录取75人。全年累计开展 3 大类 9 项境内外师生交流活动，来自境内外的 2000 余名师生参与活动；组织北京市中小学生活动 33 次，来自全市 450 余所中小学的近万名学生参与；组织北京市高校留学生和中小学外国学生活动 80 余次，来自百余个国家的 6000 人参加活动，覆盖全市 200 所高校及中小学。全年中心开展汉语及中国文化培训，来自 62 个国家的 298 名官员参加学习；组织各类国际汉语推广培训以及 13 项对外汉语教学推广工作，涉及 2700 余人；完成国家汉办招募项目 14 个，派出 31 名志愿者赴泰国任教，2 名教师赴韩国任教；派出 5 名汉语教师赴尼泊尔的友好学校开展汉语教学工作。网址：www. biee. bjedu. cn。

（邱瑀璐）

【组织三次夏令营】 7 月 12 至 21 日，15 至 21 日及 17 至 23 日，国际教育交流中心分别举办 2014 国际学生北京夏令营、2014 台湾学生北京长城夏令营和 2014 京港澳学生交流夏令营。国际学生北京夏令营共有来自 5 大洲 24 个国家的国际师生 848 人参加活动。该活动连续举办 4 年，吸引来自 37 个国家的 4200 余名师生来京交流。台湾学生北京长城夏令营共有来自台湾的师生 61 人和北京师生 58 人参加，参观北京工业大学、什刹海体校和北京国际艺术学校。京港澳学生交流夏令营在香港、澳门举办，共有北京师生 173 人和香港、澳门师生 102 人参加，北京师生参访部分港澳中学和高校，了解港澳历史、地理、风土人情及发展状况。

（邱瑀璐）

【举办镜头中的北京摄影大赛】 至 12 月，国际教育交流中心（汉语推广中心）举办“2014 北京汉语网——镜头中的北京”摄影大赛。该活动自 1 月 1 日起，变为常态活动，作品可以随时上传，按照上传时间参与比赛。奖项设置月度评选和季度评选，月度评选由网友投票选择最喜欢的作品，每月票数最多的前三名作品将获“优秀作品奖”。季度评选采取专家评审结果及网友投票数相结合的方式，评选一、二、三等奖、最佳创意奖和最佳视觉奖。活动面向北京学校的外国留学生。至年底，共有 30 所高校、50 所有外国学生的中小学参加活动，参加活动的留学生 421 人，共上报照片 1258 幅。评出月度“优秀获奖者”45 人，季度“优秀获奖者”12 人，年度“优秀获奖者”1 人，总计 58 人，以及优秀组织单位 3 个及教师 3 人。

（邱瑀璐）

【组织对外汉语培训】 至年底，国际教育交流中心组织 4 次对外汉语培训。其中，组织来自新加坡、韩国、马来西亚、日本、印尼等 11 个国家的 200 名北京友好城市官员及汉语教师来北京参加为期 14 天的境外汉语教师培训，内容包括汉语教学理论课程和中国文化体验课程两大部分；组织来自 62 个国家的 298 名驻华使馆官员进行汉语培训，并走进大学和文化中心体验中医药、中国饮食、中国武术、中国音乐等具有中国特色的文化活动；组织全市 1500 余名教师参加汉语教学专题培训、汉语国际教育大讲堂和对外汉语教学观摩课；组织来自首都师范大学、北京第二外国语学院、北京语言大学、中国传媒大学、北京工业大学耿丹学院、国际汉语学院等学校汉语国际教育相关专业的 380 名学生进行对外汉语专业基础理论、汉语教学法、中国文化传播等方面的培训。

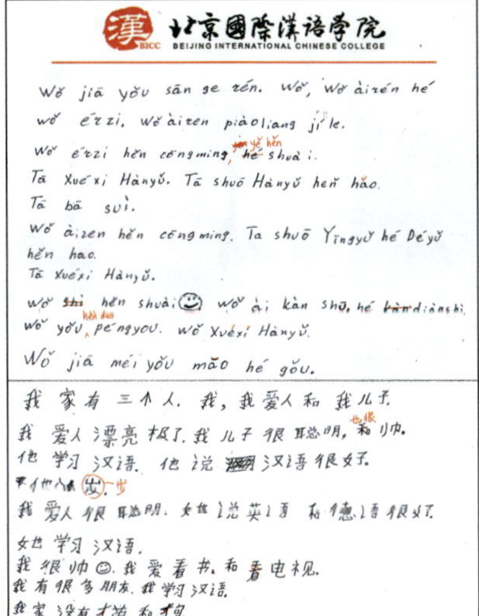

漢 BICC 北京国際漢語学院
BEIJING INTERNATIONAL CHINESE COLLEGE

Wǒ jiā yǒu sān ge rén. Wǒ, wǒ àirén hé wǒ érzi. Wǒ àiren piàoliang jí le.
Wǒ érzi hěn cōngming, ~~hé~~ yě hěn shuài.
Tā xuéxi Hànyǔ. Tā shuō Hànyǔ hěn hǎo.
Tā bā suì.
Wǒ àiren hěn cōngming. Ta shuō Yīngyǔ hé Déyǔ hěn hao.
Tā xuéxi Hànyǔ.
Wǒ ~~shi~~ hěn shuài☺ wǒ ài kàn shū, hé ~~kàn~~ diànshì.
Wǒ yǒu hěn duō péngyou. Wǒ xuéxi Hànyǔ.
Wǒ jiā méi yǒu māo hé gǒu.

我家有三个人。我，我爱人和我儿子。
我爱人漂亮极了。我儿子很聪明，~~和~~也很帅。
他学习汉语。他说汉语很好。
他八岁。
我爱人很聪明。她说英语和德语很好。
她学习汉语。
我很帅☺。我爱看书，和看电视。
我有很多朋友。我学习汉语。
我家没有猫和狗。

（邱瑀璐）

【完成汉语国际推广项目调研报告】 至年底，国际教育交流中心完成《北京市汉语国际推广调研报告》。报告共 4 万字，分为 3 个部分，针对留学生、国际汉语教师和国际汉语教材、国际汉语培训等方面内容开展调研，对北京市汉语推广的资源分布进行统计，分析优势与劣势，并提出分层计划、加强标准建设、资源统筹、搭建平台等建议。采取资料收集、问卷调查、访谈记录等方式开展调研。

（邱瑀璐）

【实施国际语言环境建设项目】 至年底，国际教育交流中心组织实施 2014 国际语言环境建设项目。内容包括组织“问候全世界”中小学生多语种培训项目，共在 6 个区 13 所学校开设 20 个教学班，开展德语、法语、西班牙语 3 个语种的教学，参加授课的学生 1200 余人。组织首都学生外语展示系列活动，通过童话剧表演和中华文化外语展示的比赛形式，小学组参赛学校为 16 个区县 191 所学校；初中组参赛学校为 14 个区县 151 所学校；高中组参赛学校为 12 个区县的 98 所学校，参加师生共计 8500 人，承办 2014 年北京外语游园会

组织三次夏令营

际语言文化交流展示区活动，新增英、法、西班牙、德和韩5个外语交流互动区，通过展板形式向市民介绍5个语种相关国家的语言、城市、文化等知识，并设置有奖竞答活动，北京市28所大中小学校的400余名中外师生参加，参与市民千余人。

（邱瑀璐）

【维护北京汉语网】 至年底，国际

教育交流中心维护北京汉语网。“培训与资源”频道新增与整理课件库，库存视频、音频、图文、文档类课件达2213个，新增发布课件488个；英语频道、韩语频道、日语频道分别发稿566篇、697篇和245篇；完成国际汉语推广、留学生生活等方面的译文、文章总计1500篇，发布文字80万字。利用汉语网全年共组织留学生及汉语教师文化沙龙24次，参与教师和留学生人数4000人；举办中国音乐学院的“中国民族器乐知多少——互动体验音乐会”，北京劲松职高的“体验中国菜的奥秘”，中国戏曲学院的“走进京剧后台”，观复博物馆的“中国陶瓷与古玉的欣赏与鉴别”等活动。北京汉语网网址：www.bjchinese.bjedu.cn。

（邱瑀璐）

【建设留学北京一站式服务平台】 至年底，国际教育交流中心建设维护留学北京一站式服务平台。利用网站发布留学服务信息2500篇，包括校外住宿信息、勤工俭学信息、留学信息资料、中文语伴及辅导资料、高校招生信息。本年增加五类信息内容，分别是艺术赏析、风俗万种、民俗文化集锦、中国哲学思想、中外文化对比。留学北京一站式服务平台主要利用网站发布相关信息，开展留学招生等服务。

（邱瑀璐）

【组织境外教育展及推介会】 至年

底，国际教育交流中心共组织4次境外教育展及教育推介会。其中，3月28日至4月1日，组织来自北京13所学校的18人赴韩国首尔参加第38届韩国海外留学春季展览，此次共有来自中国、美国等23个国家的500余家各级院校和教育机构参展，累计观展人数超过2.50万人；4月25日至5月2日，组织来自10所大、中学校的12人赴马来西亚参加中国高等教育展，并赴泰国曼谷举办北京教育说明会，共有35个单位参展；9月15至24日，组织来自首都师范大学、中国传媒大学、北京市十一学校等16所学校访问哈萨克斯坦、吉尔吉斯斯坦、乌兹别克斯坦3个国家推介会，共有咨询学生3000余人；11月14至21日，组织来自北京14所学校的20人赴印尼雅加达、日惹，尼泊尔加德满都3个城市举办3场北京教育推介会，共有大学8所、中小学6所参加展会。

（邱瑀璐）

北京学生活动管理中心 北京市少年宫

【概况】 2014年，北京学生活动管理中心（北京市少年宫、北京市青少年科技馆、北京教学植物园）占地面积14.42万平方米，建筑面积4.92万平方米。中心内设机构14个，有教职工188人，包括博士、硕士研究生学历35人，高级职称39人，特级教师2人，市级骨干教师2人，聘请兼职教师45人。中心建有北京市金鹏科技团，北京市阳光少年舞蹈团、管乐团和手风琴团；设有艺术、科技、体育类等学生课外培训项目58个，兴趣小组400余个，累计注册学员10827人，参加小组活动学员14544人；组织艺术、科技、体育和环境教育等青少年群众性活动100余项，参与人数近百万人。全年共引进植物316种，包括桫椤、珙桐、金毛狗蕨等珍稀植物，八角、两面针等经济植物以及其他观赏花草、野生蔬菜等植物，共分属57科92属。全年植物园为8所学校提供义务绿化设计咨询服务，为27所学校提供劳技实习材料3.30万份，为近郊区34所学校提供生物实验材料6.20万份。

（杨建龙　李蔓　魏红艳）

【接待参观学习134次】 2月26日至

12月5日，学生活动中心共接待参观及学习134次。中心通过网上和电话预约，接待来自全市100余所幼儿园及学校、50余个校外教育机构和社会团体134次9585人。其中，接待通州区张家湾中学、北京市第三十五中学、门头沟区城子小学、石景山电厂路小学、幸福时光陶然幼儿园等学生及学龄前儿童62次共7819人；接待北京师范大学环境教育中心、国家林业局管理干部学院、北京联合大学特殊教育学院、北京医药职工大学等院校师生15次共866人；接待西城科技馆学员及《新京报》报社等社会团体组织的亲子家庭成员7次共400人；接待教育界相关人员50次共500人。

（魏红艳）

【开展多项实践体验活动】 2至10月，

学生活动中心开展多项实践体验及游园活动。其中，开展4次科技实践体验活动，组织市少年宫学员分别赴云南考察溶洞、土林、火山、温泉等地质地貌，了解古生物知识；赴吉林省白城市通榆县，参观向海国家级自然保护区，与当地学员交流讨论；赴怀柔区长哨营满族乡中心小学开展天文观测活动2次，指导学生观测月全食、流星雨等天象奇观，并学习星空摄影技巧。举办成长体验活动共30场，包括艺术赏析、艺术体验、科技制作、植物观赏、体育活动、游戏娱乐、拓展实践等常规体验活动、主题教育活动和周末开放活动，共接待中小学生32800余人。举办“流动少年宫”系列活动，共有师生340余人参加。为庆祝“五一”劳动节、“六一”儿童节和“十一”国庆节举办以“踏青赏春花，自然嘉年华”“缤纷游戏，乐享自然”“果果总动员，国庆乐翻天”为主题的公益科普游园活动，共接待各区县中小学生及家长1.50万人。

（霍颖欣　魏红艳）

【举办12次主题教育活动】 2至12月，学生活动中心举办12次主题教育活动。活动累计参加学生4300人。其中，举办以“弘扬民俗文化，传承中华文明”为主题的民间文化进少年宫活动，内容包括现场观摩和体验剪纸、面人、吹糖人、中国结、脸谱、草编、风车等非物质文化遗产，来自北长街小学的学生400人参加；举办以“雷锋车队走进北京市少年宫”为主题的活动，来自北京市第十八中学附属小学彩虹分校的学生400人参加；4月4日举办以“听爷爷奶奶讲故事，展望祖国美好明天”为主题的清明节主题教育活动，邀请谢觉哉的儿子谢飘、毛泽东的侄女毛晓青等讲述父辈故事，来自朝阳区十八里店新升小学等校学生400人参加；举办以“践行环保，寄语未来”为主题的环保主题教育活动，来自朝阳区祁庄小学等学校的学生400人参加；举办国际植物日科普讲座，邀请专家作题为《植物与人类生活》及《植物昆虫大战》的主题科普报告，市少年宫学员及家长230人参加；开展以“关爱眼部健康减缓近视发展”为主题的爱眼日主题教育活动，进行爱眼知识讲座、宣传展、专家现场咨询等8项内容，来自东交民巷小学的师生400人参加；举办以“相约中国梦争做好队员”为主题的庆少校队建队65周年主题活动，共有新老队员代表170余人参加；开展以“体育游戏嘉年华”为主题的体育游戏风采展示活动，邀请相关专家带领学生体验魔方、九连环、华容道等10余种游戏，来自市少年宫基地校的学生300人参加；举办“安全月”主题活动4次，邀请专家为学生进行安全知识讲座及演练，指导学生掌握消防、急救、踩踏等应急避险方法，共有学生1600人参加。

（乔超新　刘凯　李然）

【筹备大学生艺术展演项目工作】 3至11月，学生活动中心筹备北京市参加全国第四届大学生艺术展演项目相关工作。内容包括北京团艺术教育论文评比，艺术作品评比和展览，艺术教育论文报告会，艺术表演类现场节目选拔等筹备工作，共选拔器乐、声乐、舞蹈、戏剧4个类别的艺术表演节目88个；绘画、书法、摄影、工艺设计、DV类的艺术作品22件；高校校长书画摄影作品2件；高校教师艺术教育科研论文22篇。经教育部对艺术表演类录像节目的评选，来自北京大学、清华大学、首都师范大学等11所高校的16个节目入选，1100名师生参加现场展演。

（吴文）

【举办3次培训会】 3至12月，学生活动中心举办3次专项培训会。其中，举办“2014年中小学生植物栽培实践活动”区县教研员培训研讨会，总结上年项目实施情况，讨论学校需求及项目发展事项，进行植物栽培理论和技术管理培训，来自10个区县的中小学科学、劳技、生物教研员30余人参加会议；开展6次教师植物专业培训，12个区县的生物、劳技、科学课教研员、教师215人参加培训。全年开展“送培训到基层”活动2次，共培训16个区县1100所中小学教师2150人。

（魏红艳）

【启用动物标本展厅】 4至8月，学生活动中心完成动物标本展厅设计、布展，并开始启用。该展厅面积140平方米，收藏鸟类、爬行类、鱼类及哺乳、两栖、软体、节肢动物等标本共240件（套），包括国家一级、二级保护动物、罕见动物标本30件。

（魏红艳）

【举办两次嘉年华活动】 5月5至9日和12月5日，学生活动中心分别举办管乐嘉年华和科普嘉年华活动。其中，承办第三届北京国际青少年艺术周[illegible]进行管乐嘉年华活动，以

举办12次主题教育活动

“和平、友谊、青春”为主题，通过舞台演出、场地吹奏、盛装巡游、培训授课等形式，邀请马来西亚、台湾地区，北京、辽宁、安徽、江西、重庆等省市的 40 支行进管乐团，学生 3000 余人参加活动；举办科普嘉年华活动，以“探索、实践、创新”为主题，举办科技项目展示、科技小制作和科技体验 3 类 8 项活动，共有中小学生 600 人参加活动。

（吴文　张文龙）

【举办庆祝“六一”系列活动】　5月31日至6月1日，学生活动中心举办庆祝“六一”儿童节系列主题活动。活动共有以“童心筑梦，快乐成长”为主题的 2014 中国青少年宫“六一”音乐会，“开启心中梦想，绽放七彩童年”主题活动，以“缤纷游戏，乐享自然”为主题的绿色北京青少年自然体验活动，以“最美好的时光”为主题的北京市少年宫阳光少年舞蹈团专场演出 4 个活动板块。来自市教委相关领导及 1800 余名青少年参加主题活动。

（乔超新）

【举办科普进校园进社区活动】　5 至 8 月，学生活动中心开展科普进校园、进社区活动。活动以科技周、科普日和科技节为契机，服务学生及社区居民 3000 余人。在东铁营第二中学举办“植物 72 变”“常用药用植物与健康”专题展览，为该校学生及周边中小学学生开展“植物拓染”“植物香包制作”“植物粘贴画”等科普体验活动，师生 800 人参加；在东铁营社区、长春园社区、浦园社区和漪园社区举办以“在自家阳台种菜”为主题的科普展览科普讲座及咨询活动，服务社区居民 1000 人；8 月，走进龙潭公园为社会公众提供科普展览咨询，开展“锤叶印花”“植物栽培”等体验活动，千余人参加活动。

（魏红艳）

【承办 5 项市级科技类校外教育活动】　5 至 12 月，学生活动中心承办 5 项市级科技类校外教育活动，共有学生 35600 余人参加。中心承办北京学生以“快乐科技，梦想启航”为主题的科技文化夏令营，参加学生 600 人；承办第四届北京市中小学生低碳环保知识竞赛，近 3 万中小学生参加；承办第六届北京市中小学生科学建议奖评选活动，征收学生有效建议 635 项；承办第三届北京市学生机器人智能大赛，全市 150 所学校 2000 余名师生参赛；承办“快乐科技，梦想启航”北京学生特色科技活动展示暨第 32 届北京学生科技节闭幕式，参与活动师生 3000 余人。

（张峥　赵茜　黄鑫）

【新增二维码标识植物标牌】　6 至 12 月，学生活动中心加强教学植物园科普服务设施建设，完成二维码解说系统专项任务。中心共为园区 1120 种植物制作带有二维码标识的植物标牌 5800 块。来访者在园区参观时，通过手机扫描挂在植物标牌中的二维码，即可获得植物根、茎、叶、花、果实等图片以及形态特征介绍等相关知识，扩充自主学习内容。

（魏红艳）

【举办“飞叠杯”邀请赛】　7月12日，学生活动中心与东城区崇文青少年科技馆、门头沟区少年宫联合举办北京市少年宫“飞叠杯”邀请赛。共有来自 4 个区县 12 所学校 800 余人参加活动。“飞叠杯”运动源于美国，被列为世界智力运动竞赛比赛项目之一，是面向北京市中小学生推广的一项智力运动游戏。该游戏使用世界统一标准制作的创新教具“飞叠杯”，应用现代拓扑学、排列组合以及规划原理，适宜不同年龄段学生。“飞叠杯”邀请赛旨在鼓励儿童好动好奇的天性，培养学生手脑及身体的协调能力、反应能力、专注力，团队合作精神、创新精神和创造意识。

（王凯）

【获“环球自然日”全球赛一等奖】　7 月 26 日，市少年宫自然探索小组学员的参赛项目《蝶样年华》获“环球自然日——青少年自然科学知识挑战活动”2014 全球总决赛一等奖。本次比赛共有来自美国、泰国、中国等多个国家和地区的 210 组参赛团队，国内组 32 组获得一等奖，44 组获得二等奖；国际组 10 组获得一等奖，20 组获得二等奖。环球自然日——青少年自然科学知识挑战活动（Global Natural History Day 简称：GNHD）是由环球健康与教育基金会（Global Health & Education Foundation）发起，用来激发中小学生的对于自然科学的兴趣，并提高其研究、分析和交往能力的课外科普教育活动。

（马宏梅）

【举办多次夏令营】　7 至 8 月，学生活动中心举办多次夏令营。其中，7 月 25 至 27 日，在教学植物园区举办 3 期“夜游植物园，博物大发现”夏令营活动。共收到学生作品 132 件，其中，观察日记 64 件，科学报告 9 件，作文 30 件，绘画 23 件，工艺品 6 件。共有营员 105 人参加迷你植物 DIY、半碗碴粥、野外露营体验、探寻夜幕下的小动物及昆虫等活动；8 月 6 至 17 日，在门头沟山区举办 4 期“小植物学家野外考察夏令营”活动，共组织植物识别、植物标本制作、巧手搭帐篷、昆虫灯光舞会、灵溪博物馆参观、虫虫总动员、开心农事体验、灵溪夜游等 10 项活动，来自 10 个区县 120 名中小学生参加。

（魏红艳）

【庆祝佰笛手风琴乐团成立十周年】　8 月 3 至 5 日，学生活动中心举办阳光少年佰笛手风琴乐团成立十周年庆祝活动。活动包括举办音乐会、研讨会，设计制作画册、徽章，征集《我与手风琴》学生绘画及作文，照片墙展示等内容。《激情与梦想》专场音乐会，通过合奏、独奏、重奏等形式，演绎《俄罗斯舞曲》《狩猎波尔卡》《西贡小姐》等中外曲目，幼儿手风琴乐团、小学生手风琴乐团和青少年手风琴乐团共计170人参演。

（丰雪　纪宇辰）

【成立党委和工会】　11月5日和12月25日，学生活动中心分别召开第一次党员大会和工会第一届委员会会议，分别成立中心党委和工会。党员会议听取《服务中心、建设队伍，为建成全市一流校外教育机构而努力奋斗》的工作报告，以无记名投票的方式选举产生第一届党委委员7人。市教委有关领导及全体在职和离退休党员以及入党积极分子、中层干部、民主党派人士等125人参加会议。

（常晶）

【成立“童心联盟”社团】　12月24日，市少年宫成立“童心联盟”社团。该社团是中小学生公益性业余社团，以“让每个小盟员相守童年快乐时光，做乐观向上开心少年”为宗旨，由市少年宫发起并作为指导单位，吸收学校作为分部，邀请各领域专家和社会知名人士作为顾问指导工作，旨在针对青少年开展成长体验活动，并体现市少年宫落实校外教育场所的公益性质。10所小学加入社团。

（乔超新）

【承办14项市级体育比赛】　至12月，学生活动中心承办由市教委和市体育总局主办的市级体育比赛14项。比赛包括北京市第52届中学生田径运动会，“金帆杯”北京市中学生篮球、足球、排球比赛，北京市中小学生篮球、足球、排球比赛，北京市中小学生乒乓球比赛、羽毛球比赛、网球比赛、棒球比赛、长跑比赛、健美操比赛，北京市第八届“和谐杯”乒乓球比赛。16个区县905所学校的中小学生7501人参与活动。

（董默轩）

【主办12项体育比赛】　至12月，学生活动中心主办12项体育比赛。中心主办阳光体育2014年9项比赛，16个区县428所学校7292人参加。比赛包括阳光体育2014年北京市中小学生踢毽比赛、跳绳比赛、街舞比

赛、体育舞蹈比赛、毽球比赛、轮滑比赛、绑腿跑比赛、躲避球比赛和阳光体育2014年北京市少年儿童跳皮筋比赛；7月23至25日，主办2014年市少年宫“棋星杯”围棋、中国象棋、国际象棋邀请赛，9个区县500余名学员参加；8月11至15日，主办2014年北京市少年宫乒乓球邀请赛，全市校外系统400余名学员参加；8月12至14日，主办第27届全国青少年宫“希望杯”棋类比赛，来自全国各地少年宫学员300余人参加。

（董默轩　李东军）

【承办5项市级艺术类活动】　至12月，学生活动中心承办市委教育工委、市教委、人民音乐出版社主办的市级艺术类活动5项。包括承办第17届北京学生艺术节活动，开展市级合唱、戏剧、行进管乐、室内乐等项目展演，参与人数10万人；承办2014年首都学生演出季活动，共举办演出15场，东城、朝阳、丰台、通州、顺义、延庆等9个区县32所学校近4000人参加，并邀请天津小白鸽童声合唱团作专场演出；承办第三届北京国际青少年艺术周暨行进管乐嘉年华活动，活动以“和平、友谊、青春”为主题，共举办5场演出和3场行进管乐大师课；承办“青春永恒——2014北京艺术院校成果展演”，共有7所艺术院校参加演出；承办纪念红军长征80周年——红色经典史诗《长征组歌》演出，编排校园舞剧《你好，北京!》。

（谢丹　刘璇　曹璐）

【承办高雅、民族艺术进校园活动】　至12月，学生活动中心承办2014年高雅艺术、民族艺术进校园活动。共组织演出680余场。其中，民族艺术进校园活动共邀请30家艺术团体，采取昆曲、曲剧、曲艺、合唱、芭蕾、管乐、现代舞、皮影戏、话剧等艺术形式，为中小学演出433场，大学演出93场，专场演出84场，活动覆盖16个区县近千所学校；高雅艺术进校园活动以现场演出与专家讲解、台上剧团演出与台下观众参与相互动，以典型片段演出与全本剧目演出相结合的形式，组织戏剧演出12场、音乐剧4场、舞蹈23场、合唱6场、乐团18场、舞剧10场。

（张君）

【组织12项国际文化艺术交流活动】　至12月，学生活动中心组织国际文化艺术交流活动12次。5至6月，市少年宫阳光少年管乐团与美国加州州立大学富勒顿管乐团、乔特·罗斯玛丽高中交响乐团举办两场交流演出活动；6月1日，与丹麦爵士乐队合作举办两场主题音乐会；7月17至26日，组织赴英国爱丁堡参加2014年

承办5项市级艺术类活动

爱丁堡国际艺术节开幕巡游和相关交流活动；7月27至31日，组织第六届京澳学生科技夏令营活动，80名京澳师生参加活动；8月14至28日，赴希腊参加第52届莱夫卡斯国际民俗艺术节；9月12日，丹麦首相访华期间，组织参加安徒生童话进入中国百年纪念展开幕式演出；10月16至30日，组织赴美国华盛顿、纽约、洛杉矶、旧金山参加北京华盛顿缔结友好城市30周年系列演出。

（陈思　吴丸）

【开展多次教师学习交流活动】　至12月，学生活动中心组织教师学习交流活动38次。活动包括艺术团队部组织手风琴教师赴上海参加音乐节研讨会，观摩俄罗斯手风琴乐团音乐会，与全国手风琴教师进行经验交流；组织舞蹈团教师赴延边地区少年宫、延边大学艺术学院舞蹈系、延边歌舞团考察、观摩，学习民间舞教法；邀请美国专家和指挥举办合唱、管乐大师课及公开排练。植物部组织教师赴兰州植物园、天水市植物园及秦州森林体验教育中心针对生态教育课程开发、展厅布展、植物分布等内容调研学习；赴贵阳陡坡塘、花溪公园、贵州植物园考察，就植被、科普、地域对植物的影响等方面进行考察，引种收集囊荷、樟树、喜树、颠茄等13种植物种子。

（陈思　魏红艳）

北京市教育技术设备中心

【概况】　2014年，北京市教育技术设备中心建筑面积3144平方米，其中，标准教学设备展示厅300平方米、办公场所2144平方米、库房700平方米。有职工40人。中心设有办公室、发展规划科、管理科、技术科。中心代市教委行使对教育技术装备的管理和对实践教学研究的职能，负责北京市中小学校实验室（专用教室）和教学仪器设备的建设、配备、管理、质量检测及技术服务。全年中心以办学条件管理系统为依托，研发北京市中小学图书管理子系统、实验教学互动管理模块；完成昌平区等部分区县劳技、生物教师与实验员等600人和全市120名图书馆员、110名资产管理员的培训工作；完成大兴一中等学校木质家具、实验室甲醛含量、校内矿石放射性含量等的抽检工作。全年开展书香燕京读书活动、北京市小学科学教师实验技能培训与展示活动；举办首届北京市高中学生物理研究性学习实践活动。中心参加西藏北京中学援建及设备采购技术参数编制工作。全年改造升级办学条件管理系统，开发“北京市中小学实验教学互动管理模块”和“北京市中小学图书馆管理子模块”。

（赵文强）

【举办小学科学教师实验技能培训】　3至12月，设备中心联合北京教育科学研究院和首都师范大学共同举办小学科学教师实验技能培训与展示活动。活动分为基本实验操作展示和创新实验操作展示两个部分，包括自制教具、实验技能、实验室管理等内容的培训。共有来自全市16个区县的相关教师200余人参加活动。

（赵文强）

【举办第四届“书香燕京”读书活动】　4月23日，设备中心举办第四届“书香燕京”读书活动。活动以“我爱地球”为主题，通过引导师生阅读学校图书馆的馆藏书籍、浏览北京市中小学数字图书馆的期刊杂志、观看视频资料，撰写关于“环保从自身做起”的心得及体会。全市共有553所学校参加，收到征文69514篇，经过评审，共评出一等奖1760篇、二等奖3768篇、三等奖6515篇。

（赵文强）

【承担检查监督开放式重点实验室】　7月3日，市教委在《北京市教育委员会关于加强北京市普通高中开放式重点实验室建设和管理的通知》中明确设备中心检查监督实验室建设的工作职责。中心组织各区县相关部门研讨开放式重点实验室建设有关工作，提出实验室建设三年工作方案，并将各项任务责任落实到人。明确开放式重点实验室管理工作职责，建立沟通合作机制，研讨实验室硬件建设进程、学校相关课程建设方案、学生受益面、评价办法等方面内容。

（赵文强）

【组织参加全国幼儿园优秀自制玩教具展评】　11月19至24日，设备中心组织参加第三届全国幼儿园优秀自制玩教具展评。中心组织27名幼儿自制玩教具的作者赴温州市参加展评，共评出一等奖6人、二等奖11人、三等奖10人。来自全国31个省（自治区、直辖市）的800余件作品参展，作品分为运动类、益智类、科学类、建构类、语言阅读类、美工类等十大类。

（赵文强）

【出版《北京市中小学图书馆基本藏书目录》】　11月，设备中心出版《北京市中小学图书馆基本藏书目录》。该目录内容按照《中国图书馆分类法》编制，覆盖A～Z的22大门类，包含文学、艺术、历史、地理、教育、自然科学、综合等图书共计8304册。该目录是中小学图书馆进行馆藏建设、优化馆藏结构、提高馆藏质量的基本依据。

（赵文强）

【召开物联网实验室建设与应用研讨会】　12月23日，设备中心组织召开北京市中小学物联网实验室建设与应用研讨会。会议主要研究如何通过物联网实验室在课堂教学中与学科教学的整合及应用方式，普及物联网知识，探讨构建智能化教学环境、丰富实验教学、拓展课外教学活动方面的作用，通过物联网实验室环境搭建和学生动手体验活动提高学生创新思维和实践能力。共有来自北京理工大学、中国传媒大学、中央民族大学、中科院自动化研究所、北京商务科技学校、潞河中学、市区基教研、装备部门及物联网实验室承建相关企业的代表30余人参加会议。

（赵文强）

【组织多种研修实训活动】　至年底，设备中心受市教委委托承担北京市中小学实验员研修实训项目。此项目以提升实验技能、最大限度发挥仪器使用效益、与教育教学的深度融合作为主要目标。全年累计培训学员600人，人均32学时，涉及中小学美术、劳技、化学、生物、物理等学科。同时，中心对全市120名图书馆员和110名资产管理员进行培训。

（赵文强）

【抽检评估多项教育装备】　至年底，设备中心抽检与评估多项教育装备。全年中心共赴 9 家生产企业现场抽取六人桌、椅子、单人童床、四层书架 4 种 36 件幼儿家具，送至国家家具及室内环境质量监督检验中心进行检测，并作为招标采购内部掌握控制的重要依据，对产品不合格企业进行约谈，限期整改；对北京市实验室建设、用电用水、通风排气、药品危险品管理等安全情况进行抽检；对新建实验室、专用教室的甲醛含量及空气有机物含量等室内环境质量、学校购置的矿石标本放射性情况进行抽检；对物理、生物两个学科共计 30 种教学仪器设备从教学适用性、教学效果、使用安全、操作可靠性 4 个方面进行评估，并经过权威机构审核认定。

（赵文强）

【完善规章制度】　至年底，设备中心完善各类规章制度。包括《北京市教育技术设备中心工作规范使用手册》《北京市教育技术设备中心党风廉政建设九条纪律》《领导干部党风廉政建设责任书》《北京市教育技术设备中心中层干部选拔聘用办法》《北京市教育技术设备中心青年队伍专业化建设工作方案》《关于进一步改进工作作风的具体措施》和“北京市教育技术设备中心学习之星”评选方案。同时，中心修订《北京市教育技术设备中心关于加强内部审计工作的意见》，北京市《高中办学条件标准细则》《幼儿园装备规范》《特殊教育学校办学条件标准细则》以及《随班就读资源教室配置目录》等与办学条件标准相关的文件，并出版《北京市中小学图书馆基本藏书目录》。

（赵文强）

【承担食品安全快速检测仪招标采购项目】　至年底，设备中心受市教委财务处及后勤处委托承担食品安全检测仪政府采购项目。项目共计采购 125 台（第一次 109 台，第二次 16 台），项目资金 2500 万元（第一次 2180 万元，第二次 320 万元），并于 4 月 15 日和 10 月 16 日进行公开招标，合计节约资金 139.6 万元。同时，设备中心聘请中国检验检疫科学研究院综合检测中心和中国农业大学食品科学与营养工程学院做产品质量检测和使用性验证以保证采购项目到货产品的质量和适用性。

（赵文强）

北京教育老干部活动中心

【概况】　2014 年，北京教育老干部活动中心有正式职工 19 人。设有办公室、活动部、生活服务部、信息宣传部 4 个部门。北京教育老干部大学和北京教育老干部党校挂靠老干部活动中心。中心建筑面积 4560 平方米，分为办公区、文体娱乐区、教学区，设有图书阅览、书画、棋牌、台球、乒乓球、茶艺、舞美、卡拉 OK、手工制作、健身房、计算机房、多媒体、音乐欣赏等厅室，日接待人达 200 余人。教学区供北京教育老干部大学面向北京教育系统离退休人员开设非学历教育课程。全年，老干部大学开设摄影、书法、绘画、英语、计算机、中医、文学欣赏、音乐欣赏 8 个专业，有在校班级 26 个，学员社团 4 个，在校学员 835 人，社团成员 104 人，参加活动达到 3 万余人，面向教育系统离退休同志组建时装、舞蹈等兴趣队 28 支，队员 800 余人，日平均活动 120 余人。

（王黎黎）

【投资 722 万元开展基础设施建设】
1 月 8 日至 8 月 28 日，老干部活动中心投资 722 万元加强基础设施建设。工程包括抗震加固及外墙粉刷等装修工作，抗震加固总面积 4459.09 平方米，包括翻建平房 8 间 121.65 平方米、东楼三层装修面积 286 平方米、餐厅装修改造 319 平方米、室外前后院地面铺砖 1695 平方米、屋面防水 529 平方米，更换室外排水管道 601 米，同时重新建设自行车棚，改造大门门头以及东楼、北楼的避风阁和门头。

（任晓莉）

【举办老教育工作者门球赛】　4 月 16 至 17 日，老干部活动中心在地坛公园门球场举办 2014 年北京老教育工作者门球赛。比赛以“与党同心、与祖国同行”为主题，采取预赛、决赛赛制，共有来自教育系统各高校、区县的 23 支代表队，200 余名运动员参加比赛。经过两天比赛，协和医学院队获第一名，顺义区教委队、中国农业大学队、北京体育大学队、清华大学队分获第二至五名，北京工商大学队和朝阳区教委队获道德风尚奖。

（张浩）

【举办保健咨询义诊活动】　7 月 8 日和 11 月 21 日，老干部活动中心分别在朝阳区教委和北京工商大学举办北京教育系统老同志保健咨询义诊活动。活动以“共圆中国梦、真情送健康”为主题，邀请来自北京积水潭医院、中国医学科学院阜外医院、首都医科大学附属北京天坛医院、北京中医药大学的 8 名专家为 100 余名离退休老同志开展疾病诊治、健康咨询等医疗服务。此次活动通过“送健康、送医疗、送服务”到高校园区是实现“走进高校、服务基层”，推进“四就近”的具体工作措施。

（张浩）

【举办北京高校离退休干部工作人员培训班】　7 月 9 至 11 日，老干部活动中心举办北京高校离退休工作人员培训班。培训班采取专家授课和分组讨论的形式，就新形势下如何做好老干部工作以及老年急救知识等进行培训和交流。来自各高校的 60 余名离退休工作人员参加培训。

（张浩）

组织摄影兴趣队采风

【组织摄影兴趣队采风】 9月12日，老干部活动中心组织摄影兴趣队外出采风。活动赴内蒙古克什克腾旗，主要通过拍摄日出、日落、草原、河床等景色交流摄影知识及经验。共有14人参加摄影兴趣队活动。

（张勉）

【组织重阳节健步走活动】 9月26日和10月21日，老干部活动中心组织两次重阳节健步走活动。其中，9月26日，中心联合北京老教育工作者协会在门头沟区门城湖公园共同举办北京老教育工作者重阳节健步走活动，有来自各高校和各区县的千余名老同志参加此次活动；10月21日，中心受市教委委托在顺义区汉石桥湿地公园组织两委机关离退休老同志重阳节健步走活动，共有两委机关离退休老同志200余人参加活动。

（张浩）

【举办老同志创意作品展】 10月17日至11月6日，老干部活动中心举办北京教育系统老同志创意作品展。展览以“创意生活，共筑梦想”为主题，有37个单位上交近千件创意作品。作品旨在展现老同志的个人创意、审美品位及想象力和艺术表现力，此次活动共有2000余人参加。

（张浩）

北京高校房地产开发总公司

【概况】 2014年，北京高校房地产开发总公司总部有正式员工42人，包括具有高级职称员工5人、中级职称14人。公司内部机构设办公室、财务部、工程部、合同预算部、资产经营部、市场开发部、贯标办、房改办，有下属北京育新物业管理公司等2家全资子公司及高房（北京）工程项目管理公司等8家参股子公司。公司具有GB/T19001—2008新版质量管理体系认证资格，为国家一级资质房地产开发企业，下属北京育新物业管理公司为国家一级资质物业服务企业。

（程西台　谭栩）

【中标石景山区事业单位物业服务政府采购定点单位】 4月15日，高校房地产总公司下属育新物业管理公司中标石景山区区级行政事业单位2014～2015年度物业服务定点政府采购项目。项目内容包括保安、保洁、设备维护等服务。

（范帆　谭栩）

【接管设备中心物业服务政府采购项目】 7月1日，高校房地产总公司下属育新物业管理公司与北京市教育技术设备中心签署物业服务合同。该项目规定自2015年7月1日起育新公司为教育技术设备中心提供综合维修、环境卫生、秩序维护、消防安全等物业服务。

（范帆　谭栩）

【接管老年活动中心物业服务项目】 9月1日，高校房地产总公司下属育新物业管理公司与北京市老年活动中心正式签订物业服务合同。该合同规定自2014年9月1日起育新公司组织专业团队为老年活动中心开展保安、保洁、老年食堂、房屋养护、设备维护等物业管理服务工作。

（范帆　谭栩）

【通过质量管理体系认证】 9月1至3日，高校房地产总公司接受华夏认证中心的外部审核。审核属于再认证审核，过程中未出现不合格项。房地产总公司通过华夏认证中心的质量管理体系认证，并收到来自华夏认证中心寄发的批准认证注册的通知书。

（程西台　谭栩）

【清算北京高校西奥电梯销售有限公司】 9月30日，高校房地产总公司完成北京高校西奥电梯销售有限公司的清算工作。该公司成立于1999年3月，由北京高校房地产开发总公司联合北京育新物业管理公司以及39个自然人共同成立。公司注册资本为120万元，为三级资质，经营范围是销售、维保电梯，是房地产总公司的辅业单位。由于公司经营状况和盈利能力较差，并根据“主辅分离”的政策，自2013年开始启动对电梯公司的清算工作，于2014年9月30日完成工商注销手续。

（程西台　谭栩）

【改造育新花园70号楼】 至12月，高校房地产总公司完成育新花园70号楼的装修改造工程。该工程总建筑面积约2400余平方米，共分改造项目和加建项目两个部分，于2014年12月10日取得建设单位、监理单位、设计单位、施工单位、勘察单位五方验收单。项目竣工后，工程移交养老机构，为社区内老年人提供各类养老服务。

（程西台　谭栩）

北京市学生资助事务管理中心

【概况】 2014年，北京市学生资助事务管理中心设有两个部门。全年中心完成各类学校学生资助有关信息汇集、统计和分析工作；监管、指导、检查区县和市属高校、市属中等职业学校学生资助工作；完成高校、中职、区县三大模块的学生资助考核指标的修订工作；完成绩效考核系统的开发工作。

（罗芳）

【开展“助学圆梦”系列宣传活动】 5至11月，市学生资助管理中心开展多项“助学圆梦”主题系列宣传活动。其中，5月，中心与《现代教育报》合作，通过专访的形式连续3期解读北京市各级各类学生资助的相关政策，并编印《北京市学生资助政策宣传手册》22万余份发放给全市初三和高三学生；8月，中心出版《诚信人生，从我做起》——北京市受助学生励志成才典型事迹丛书，并从中选取20名励志成才的典型代表，与北京教育音像报刊总社合作分赴新疆、西藏、甘肃、广西、云南、四川等地，跟踪拍摄记录学生的成长历程，制作20集电视宣传片；9月，中心开展“学生资助政策网络宣传周”活动，专题报道研究生资助新政策，节目在北京移动电视平台滚动播出；11月，中心结合奖助学金评审工作，发起首届“首都高校十大校园励志人物”评选活动。

（罗芳）

【专题调研国家助学贷款工作】 至7月，市学生资助管理中心在北京高校专题调研国家助学贷款工作。调研结合贷款申请、还贷质量和信息化建设等方面内容开展，走访高校15所。该中心在整理、汇总学校意见和建议的基础上，向市教委、市财政局提交《北京银行校园地国家助学贷款存在问题及对策建议的调研报告》。全年，国家助学贷款政策进行微调，本专科生和研究生贷款标准上限分别提高到每生每年8000元和12000元，相应的义务兵补偿代偿、退役士兵资助和边远山区就业学费代偿等工作也相继发生变动，出现许多新的情况。至年底，资助中心针对高校应届毕业生赴北京市边远山区就业代偿政策等内容开展调研工作。

（罗芳）

【完成资助工作理论研究】 至年底，市学生资助管理中心完成《2014北京市学生资助发展报告》《北京市家庭经济困难学生发展状况滚动调查》《北京市高校学生资助发展总览与前瞻性研究》三项课题的研究工作。通过课题研究，进一步探索规律，提升学生资助工作的科学化水平。

（罗芳）

【加强信息化建设】 至年底，市学生资助管理中心加强信息化建设。建设工作包括改版网站，开通官方微博及微信公共主页。此次网站改版工作旨在提升现有功能，完善助学政策宣传、新增资助活动展示、资助育人理论研究等栏目。新增资助工作交流、资助政策在线咨询与投诉等。同时，中心开通官方微博及微信公共主页，及时发布更新与学生资助相关的政策法规。微信公众号：bjxszz。网址：xszzzx. bjedu. gov. cn。

（罗芳）

北京教育志编纂委员会办公室

【概况】 2014年，北京教育志编纂委员会办公室设有编辑一室、编辑二室和综合办公室，有教职工17人，在编12人，包括高级专业技术职务3人、中级专业技术职务4人。全年《北京教育史》获得北京市第13届哲学社会科学优秀成果一等奖，收集修志资料100余万字，开展北京教育系统第二轮修志初稿撰写工作，并组织专家开展试写稿评议；编辑出版《北京教育年鉴》（2014），获得北京市首届年鉴编纂出版质量评比特等奖；编辑出版《北京教育档案文萃（成人教育）》《北京市教育委员会文件选编》（2013）、《北京教育史志丛刊》4期、《北京市教育委员会政报》6期；完成9集“故学巡礼”专题片制作，启动“京师撷录”专题片拍摄工作，编制《北京教育纪事》视频资料集（2013、2014）；征集教育文物资料1500余件，编写《中国近代高等教育文物丛书》初稿。

（王永刚）

【组织博物馆筹建工作调研】 4月和8月，教志办组织博物馆筹建工作调研。4月，组织专家学者赴河南省考察河南省博物馆、郑州市博物馆和天子驾六博物馆等博物馆，了解展馆设计理念及展品陈列方式，开拓北京教育博物馆设计思路。8月，组织博物馆筹建工作人员调研象山书院遗址、鹅湖书院和白鹿洞书院等书院博物馆，了解博物馆运维、布展等相关工作，并与有关人员座谈交流。

（王永刚）

【开发志鉴编辑管理系统】 7月，教志办开发志鉴编辑管理系统。委托北京国际招标有限公司完成北京教育史志鉴编辑管理系统开发暨办公系统升级改造招标工作，进入软件设计开发阶段。该管理系统简化编辑部责任编辑的工作环节；基于系统的数据化处理，方便主编统一管理年鉴工作，实时调控年鉴工作进度；同时，与数据库接轨，及时收录各单位提供的史志资料。

（马志鹏）

【电子资料库投入使用】 9月5日，教志办北京教育电子资料库投入使用。电子库配备高性能机架式服务器，能够胜任密集型虚拟化和可扩展数据库的应用程序；拥有16G内存和6T存储容量，能够满足大容量的数据存储需求和数据管理要求。至年底，上传书刊文献资料目录信息约7000条，文物标本目录信息约3000条，电子文档目录信息300余条，电子图片目录信息3.50万条。

（胡雨）

【2013卷年鉴获市级特等奖】 10月，

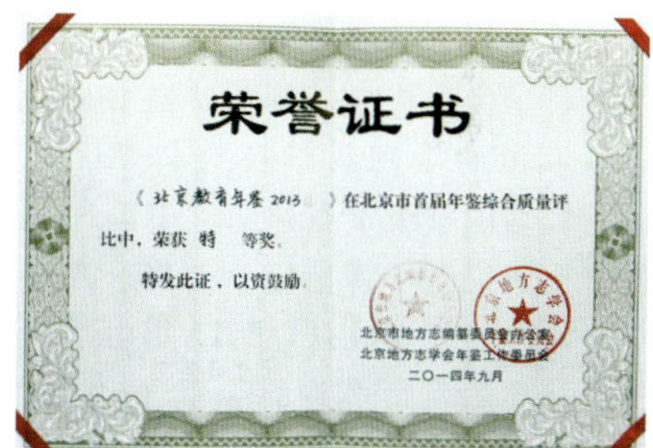

荣誉证书

《北京教育年鉴2013》在北京市首届年鉴综合质量评比中，荣获特等奖。

特发此证，以资鼓励。

北京市地方志编纂委员会办公室
北京地方志学会年鉴工作委员会
二〇一四年九月

《北京教育年鉴》（2013）获北京市首届年鉴编纂出版质量评比专业年鉴特等奖。该评比由北京市地方志编纂委员会办公室和北京地方志学会年鉴工作委员会主办，评选标准涉及框架设计、条目编写、装帧设计、编校质量、检索手段5个方面，设区县综合年鉴、专业年鉴、教育类年鉴和统计年鉴4类奖项。受主办方委托，教志办承担教育类年鉴的初评任务，收到参评高校年鉴13部、中小学年鉴6部，经过初评和终评等程序，两部年鉴获得教育类年鉴特等奖，分别是《北京工业大学年鉴2012》和《北京理工大学年鉴2012》；4部年鉴获得一等奖、6部年鉴获得二等奖、7部年鉴获得三等奖。针对评选中的问题，教志办在市地方志办公室举办的培训会上作题为《关于学校年鉴框架的几个问题》和《年鉴编纂的规范性》报告。

（华蕾　王永刚）

【出版《北京教育年鉴》（2014）】 11月，《北京教育年鉴》（2014卷）出版。编辑部共收到来自200余个一级组稿单位稿件，文字稿320余万字，图片9000余幅，按时交稿率为历年最高。经过编辑、6个校次和4次审稿，完成编纂工作，共设置22个一级目，收录文字150余万字，条目4400余条，收录图片1000余幅。出版形式为纸质图书和数据库形式的光盘，同时出版发送。

（华蕾）

【《北京教育史》获奖】 12月，《北

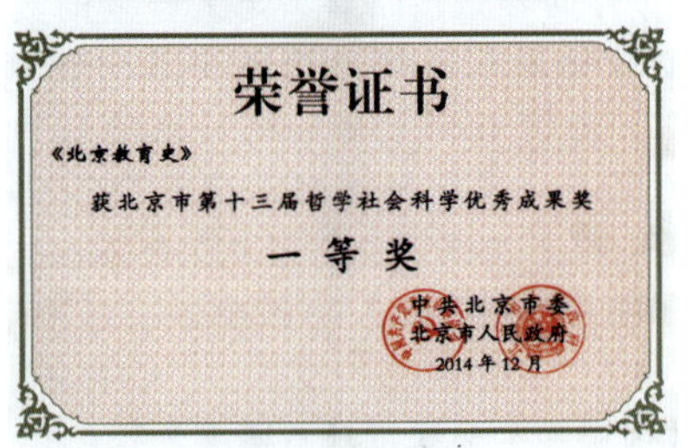

荣誉证书

《北京教育史》

获北京市第十三届哲学社会科学优秀成果奖

一等奖

中共北京市委
北京市人民政府
2014年12月

京教育史》获得北京市第13届哲学社会科学优秀成果一等奖。该书是教志办承担的全国哲学社会科学"九五"规划国家级重点课题"中国地方教育史研究"子课题——"北京教育史研究"的终端成果，2011年由学苑出版社出版发行，共十章50余万字，系统总结、梳理远古至新中国成立前的北京教育发展史，是研究北京教育史的重要参考著作。

（王永刚）

【组织二轮教育志初稿撰写工作】 至12月，教志办组织二轮教育志初稿撰写工作。1月，各篇主编完成部分章节试写稿，并开展教育系统内部评议。5月，在内部评议基础上，市地方志对《北京志·教育志》试写稿评议，给予"观点正确、资料丰富、内容较全面"的评议结果。根据市地方志的评审意见，《北京志·教育志》初稿撰写工作全面开展，至年底，完成初稿总量的80%。

（张驰）

【编写博物馆规章制度讨论稿】 至年底，教志办编写北京教育博物馆规章制度讨论稿。为规范博物馆筹建工作，经研讨和征求专家意见，教志办制定《北京教育博物馆章程》《北京教育博物馆藏品管理工作条例》和《北京教育博物馆接受捐赠管理办法》等6项制度，为博物馆筹建工作提供制度保证。

（张晓兰）

【收集教育文物资料1500件】 至年底，教志办通过购买、征集等方式征集教育文物资料1500余件。包括《皇清经解》等6种书籍，"清末水盂笔洗"等36件存世稀少且具有史料研究价值的文物资料。完成"博物馆馆藏资料购置（湖南）"的300余件教育文物的选择、登记列表、议价、专家评审、专项申请等工作。12月，赴美国龚丹图书公司挑选适合北京教育博物馆的文史资料，并登记列表。

（胡雨　王永刚）

收集教育文物资料1500件

【拍摄"京师撷录"专题片】 至年底，教志办拍摄"京师撷录"专题片。该片以人物为主题，以对北京教育做出卓越贡献的老一辈教育家、名师、名校长等为拍摄对象，通过挖掘"历史的人物、教育中的人物"，纪录他们的故事、经历、作品、成就，为北京教育留存历史资料。全年教志办实验性开展潞河中学原校长张世义、二十五中原校长刘志毅的专题片拍摄工作。

（林业）

北京教育新闻中心

【概况】 2014年，北京教育新闻中心设有办公室、策划部、舆情部、网络视频部4个职能科室，有工作人员16人，全部在编。中心围绕首都教育领域综合改革，组织教育改革政策的发布和解读，形成"吹风预热"、权威发布、专家解读、公众参与等为一体的宣传态势；开通市委官方微信平台，旨在构建立体化、广覆盖的首都教育舆论引导平台；加大先进典型宣传力度，构建典型宣传"日日有"的宣传格局，遵守"月月有主题，全年成系列"的要求，组织媒体到教育教学一线开展走基层采访活动。中心及时回应社会关切的问题，妥善处置负面舆情，增强对教育舆情的敏感性，采取有针对性措施，引导社会舆论向着有利于教育改革发展的方向发展。

（周也青）

【建立"四位一体"宣传模式】 至年底，新闻中心建立"吹风预热、权威发布、专家解读、公众参与"四位一体的宣传模式。该宣传模式包括扩宽工作思路，在改革政策发布前召开中央及市属新闻单位负责人吹风会；围绕首都教育综合改革政策的发布，召开专题新闻通气会以及中央媒体专题策划会。全年中心加大对"义务教育入学""中招名额分配""高校及社会资源单位支持小学体育、美育发展""高校建设附中附小"等改革举措的宣传力度，共刊发关于首都教育综合改革的重点宣传报道千余篇。

（周也青）

【开展系列“命题式”专题采访】　至年底，新闻中心组织重点媒体开展多次系列“命题式”专题采访活动。该项活动旨在落实宣传首都教育综合改革的工作、重大政策及重要活动，坚持“每月有主题，全年成系列”的工作原则，邀请中央及市属重点媒体组成采访小分队，深入教育一线，进行“命题式”专题采访报道。全年中心组织以“城乡一体化学校建设”“乡村少年宫”“中小学课外活动计划”等主题的主题采访近10次；围绕“青少年法制教育”“一十百千”工程、“职业技能大赛”“培育和践行社会主义核心价值观”等两委业务处室重要活动，共组织集体采访60余次；围绕“义务教育入学”“中招名额分配”等主题，策划重点报道5000余篇。

（周也青）

【与媒体合作拓展宣传平台】　至年底，新闻中心加大与媒体合作，拓展宣传平台。中心从媒体的报道风格和教育人群的阅读需求出发，将优秀典型和先进经验宣传与教育信息服务结合，开拓“市属新闻媒体合作全覆盖，中央媒体合作范围最大化”的新局面，打造“全媒体化”传播的工作模式。全年与新华社、中国青年报和中国教育报等10家平面媒体合作开设教育宣传专栏；与北京城市广播节目合作开办专题节目《教育面对面》，与北京电视台科教频道合作周播节目《非常向上》。并与中国青年报合作开设微信公众号“北京家长汇”；与北京青年报合作开设微信公众号“教育圆桌”，同时实现线上推送与线下活动相结合。全年微信公众号共推送信息178期，关注人数6万余人。

（周也青）

【开通“首都教委”微信公众号】　至年底，新闻中心在与北京青年报合作开设微信公众号“教育圆桌”的基础上，开通“首都教育”微信公众号。“首都教育”于12月正式投入使用，当月共推送图文消息53条，粉丝量超过6000。此公众号旨在提供教育综合服务，兼具服务性、互动性和资讯性，采用“一图解说”的形式对教育政策和改革成果进行形象化解读。

（周也青）

【运维网络舆论引导工作平台】　至年底，新闻中心运维管理网络舆论引导工作平台。平台旨在用网言网语对混淆视听的错误和煽动性言论进行驳斥和批判，引导正确理性的舆论走向。全年平台共新招聘高校网络发言工作人员50人，网评员119人参加网络发言工作，发出网评指令43条，网评员在各大门户网站，博客、论坛、微博等平台撰写引导文章、回帖等4621篇。

（周也青）

北京学校后勤事务中心

【概况】　2014年，北京学校后勤事务中心设有办公室、高等教育科、基础教育科和综合科，有职工13人，全部在编。全年中心完成学生装管理工作，包括组织召开2014年北京市学生装工作会议，完成2014年学生装生产企业推荐工作，组织开展对区县教委主管部门和生产企业的学生装标准培训，开展学生装征订统计工作，组织开展《北京市学生装管理办法》和《北京市学生装质量地方标准》的修订工作；会同学生装质检单位对16个区县的学生装推荐生产企业生产的学生装产品进行行业质量监督检查；完成中小学学生就餐管理工作，包括协同学校后勤处做好中小学生在校就餐管理及学生营养改善工作，开展全市中小学校学生就餐情况数据统计及分析工作，开展营养餐供餐服务单位调研、考察工作，为北京市高校食堂及学生营养餐供餐服务单位办理学生餐饮用货车通行证；完成校园安全管理工作，包括开展中小学校校园安全调研、编制《北京市中小学校园安全标准（讨论稿）》，开展“三防”建设情况调查，开展安全问卷调查及数据分析，发放《中小学岗位安全工作指导手册》，召开校园安全培训会等；完成高校后勤标准化工作，包括组织5次高校后勤食堂、公寓、物业管理标准化培训共94所学校1264人参加，组织3次来自19所学校相关人员的学习考察；完成高校食堂管理工作，包括完成高校食堂1.20亿元平抑资金的发放，采取效益统计调查、问题学校约谈、定期整改等多种措施确保资金效益，承担市教委食品安全检测仪系统的运行管理，承担农校对接基地直供的日常管理；完成节能减排工作，包括参加新增重点排放单位碳排放权交易相关工作培训会、高校用能管理监控平台建设讨论会、碳排放权交易学习班，参与北京市千名节水宣传员培训会组织工作；完成其他工作包括承担第五次北京市城市交通综合调查就学出行专项调查具体实施工作，对16个区县大中小幼学校的分校区状况开展调查，并且对城六区近80万名中小学生就学出行情况进行普查工作；完成2015年北京市教育系统食品安全检测网络的217台检测设备所需的试剂招投标工作。

（张楠）

【完成学生装生产企业推荐工作】　3月，学校后勤事务中心完成学生装生产企业的推荐工作。推荐工作根据《北京市学生装管理办法》和《北京市学生装生产企业管理办法》，通过审核区县提名的学生装生产企业材料、组织专家组对生产企业进行资质审核和现场考察后，报请市学生装领导小组批准。全年中心共推荐35家学生装生产企业。

（陈娜）

【组织开展多项专业化培训】　4至12月，学校后勤事务中心受市教委委托组织开展多项专业化培训。其中，4月17至18日，中心邀请学生装的专家对各区县学生装工作人员和学生装生产企业负责人及质检人员进行学生装生产标准培训；5月22至23日，中心组织召开北京高校学生公寓标准化建设和安全管理培训会，来自94所高校共190余人参会；10月21至23日，中心组织召开两期北京高校标准化食堂培训会，来自94所高校共700余人参会；11月18至19日，中心组织召开北京高校标准化物业培训会，并分组讨论《北京高校公寓、物业服务项目及费用评估标准草案》（2015版），来自60所高校的物业管理人员240人参会；11月24至26日，中心组织召开校园安全培训会，市教委学校后勤处、各区县教委、各中等专业学校及西藏中学相关领导参会；12月16至19日，中心组织召开食品安全检测设备培训会，来自北京地区94所高校以及16个区县和燕山地区的食品安全主管部门仪器操作人员330人参会。

（郭迎庆　刘文杰　崔莲莲）

【完成高校学生公寓食堂统计工作】 7至12月，学校后勤事务中心完成2013至2014学年度北京高校学生公寓及食堂的相关数据统计工作。2013至2014学年度94所高校有学生公寓987栋，建筑面积共777.70万平方米；学生食堂共400个，建筑面积共103.40万平方米。

（崔莲莲）

【配发小学生交通安全帽】 9月，学校后勤事务中心配合市教委发放小学生夜光型交通安全帽。该项工作共投入市财政资金760万元，中心配合市教委完成16个区县和燕山地区的安全帽采购发放工作，保证配发给每一名小学入学的新生。

（陈娜）

【完成食堂价格平抑资金统计及拨付工作】 10至12月，学校后勤事务中心完成《关于北京高校学生食堂价格平抑资金2013～2014学年度管理使用情况的报告》及2014～2015学年度北京高校学生食堂价格平抑资金的拨付工作。根据统计结果，2013～2014学年度平抑资金补贴覆盖中央在京高校、市属高校以及民办高校共94所，惠及在校学生81.88万人。94所高校财政拨款部分总金额1.23亿元，学校自筹部分总金额1.44亿元，平抑资金总金额共2.67亿元。

（郭迎庆　崔莲莲）

【发放《中小学岗位安全工作指导手册》】 11月，学校后勤事务中心为中小学校、幼儿园发放《中小学岗位安全工作指导手册》。手册共4章112节，明确学校主要岗位的安全职责，提供学校相关安全工作流程和安全工作文件范本，总结中小学校安全管理经验，明确中小学校安全管理职责，对提高中小学校安全教育和安全管理水平有指导意义。共印发2000册。

（陈鼎琪）

【开展安全问卷调查】 11至12月，学校后勤事务中心对中小学校及幼儿园开展安全情况调查。调查以问卷的形式对校长、安全管理人员、教师及学生4类人群进行调查，调查区域分为市区、市郊区结合部、郊区3类地区，内容包括安全管理人员是否经过培训、认为学校安全工作存在哪些难点、所在学校是否“安全责任制”等问题。通过研究调查问卷，了解当前北京市中小学、幼儿园校园安全管理现状，为存在的问题提供解决依据。

（陈鼎琪）

【调查“三防”建设情况】 11至12月，学校后勤事务中心调查中小学校及幼儿园的“人防、物防、技防”建设情况。通过对调查结果的整合分析，掌握中小学校及幼儿园的安全管理现状，为构建学校安全管理长效机制，完善学校安全管理制度体系，推进北京市中小学、幼儿园安全管理标准化建设提供数据支撑。

（陈鼎琪）

【投保校方责任保险及无过失责任险】 至年底，各区县教委投保2014～2015学年度校方责任保险及无过失责任险。其中，校方责任保险投保人数130.80万人，保费654万元；附加无过失保险投保人数117.80万人，保费589万元。此外，市教委所属44所中等职业学校共6.14万人全部办理校方责任保险的相关投保手续。校方责任保险和无过失责任保险为促进校园安全工作，有效转移办学风险，维护学校教育教学秩序、保障学校、家长和学生的合法权益等方面起到重要作用。

（陈娜）

【加大食品安全检测力度】 至年底，学校后勤事务中心配合市教委加大北京市教育系统食品安全检测力度。检测工作包括配合市教委为北京所有高校、部分中等职业学校和区县教委食品安全业务部门配发200台食品安全快速检测仪，并制定《北京市教育系统食品安全快速检测设备使用管理办法（试行）》；在中国农业大学食品学院设立北京市教育系统食品安全中心检测室，正式开通北京市教育系统食品安全检测网络。检测网络及配套仪器旨在实现对全市教育系统的数据采集与风险监测，及时发现和控制学校食品安全危害与隐患。

（刘文杰）

【完成农校对接工作】 至年底，学校后勤事务中心承担农校对接基地直供的日常管理工作。工作内容包括预算申请、对经费使用情况、投标合格供应商情况进行监督等工作。全年全市累计建立基地132家，中心为84所高校食堂配送原材料60715吨，支付政府补贴2200万元，同期为高校节约采购资金5200余万元。

（刘文杰）

【统计学生装征订数量】 至年底，学校后勤事务中心完成2014年学生装征订数量统计工作。按《北京市学生装管理办法》中学生装着装范围的规定，本年度中小学校共征订学生装72.80万件（套），其中，体育装63.25万件（套）、制式装6.26万件（套）、其他款3.29万件（套）。

（陈娜）

（本栏责任编校　张晓白）

调研与报告

2014年教育法律法规执行情况督导检查报告

北京市人民政府教育督导室依据《中华人民共和国义务教育法》、《中华人民共和国职业教育法》和北京市实施办法等教育法律法规精神，按照《北京市人民政府教育督导室关于开展2014年教育法律法规执行情况督导检查的通知》要求，针对区县政府统筹学校体育工作情况；学校开展体育活动情况；社会公共体育设施主动对学校提供服务的情况；区县政府统筹领导职业教育，加强职业教育教师培养培训工作情况；以及教育费附加按比例用于职业教育情况等，组织开展了各区县执行相关法律法规情况督导检查。

此次督导检查坚持区县政府普遍自查与实地重点抽查相结合，在认真研究各区县落实相关教育法律法规情况自查报告的基础上，市教育督导室与市教委联合组成督导检查组，对平谷区、怀柔区、大兴区、西城区、海淀区的教育法律法规执行情况进行了实地督导检查。督导检查组通过听取领导汇报、查阅相关资料、召开座谈会、深入学校实地考察等途径，在广泛收集信息的基础上，经过综合分析，形成2014年教育法律法规执行情况督导检查报告，现报告如下：

各区县政府坚持依法行政，履行教育管理职责，认真落实相关教育法律法规和文件的规定。通过统筹领导学校体育和职业教育工作，形成了教育部门牵头、相关部门分工负责、社会广泛参与的工作机制；社会公共体育设施主动为中小学生开展体育活动提供条件和便利；通过多种方式和途径，开展丰富多彩的体育活动，确保学校体育活动的开展，全面落实了体育活动一小时规定；注重加大职业教育改革力度，深化内涵发展，加强职业教师的培养和培训工作，注重专业教师的企业实践和双师型队伍建设；不断规范职业教育资金管理，保障了区县教育费附加按比例用于职业教育。

一、关于基础教育法律法规执行情况督导检查情况

（一）依法健全体制机制，统筹推动学校体育工作

各区县政府高度重视学校体育工作，依据教育法律法规要求，把开展丰富多彩的体育活动、增强学生体质作为实施素质教育不可或缺的重要组成部分。各区县制定了《关于加强青少年体育增强青少年体质的意见》、《推进中小学校体育工作三年行动计划》等相关文件，并将有关教育内容纳入区县“十二五”教育发展规划；建立了区县局际联席会议制度，形成了政府统筹管理、教委具体负责、相关部门参与、督导室监督检查、学校具体实施的管理体制和运行机制，保证了各项体育工作落实到位。顺义区把教育执法工作实绩列为党政干部政绩考核的重要内容，坚持做到“四优先”，即：在议事日程上优先，精力分配上优先，解决问题上优先，财政投入上优先；以及“四有”：即决策层有研究，管理层有落实，实施层有方案，监督层有考核，把全区的依法治教工作引向深入。

（二）遵循法律法规要求，确保学生体育锻炼时间和效果

1. 加强体育设施建设，保障体育活动的开展。各区县结合《北京市中小学建设三年行动计划》，不断加强体育设施建设，改善学校体育设施环境，统筹区域内体育设施资源，合理安排体育场馆及设施的使用，提高利用效率，为区域内中小学提供体育健身活动场所，为中小学开展体育锻炼活动提供更多的资源保障。根据区域功能，整合利用地上和地下空间，扩大体育场地面积。大兴区2014年投入约3500万元，对大兴一中、魏善庄中学、北京小学清城校、亦庄一小三羊完小等25所学校操场进行了全面修缮；投入约477万元补充全区学校学生体质检测设备、单杠及单双杠地垫等。

2. 制定教学质量标准，强化教学质量监测。各区县研究制定体育与健康教学质量标准，加强教学质量监测，明确校长是学校体育工作的第一责任人，确保学校体育各项工作任务的具体落实。每年召开体育教学评优课和体育教学展示活动，举行体育教师教学特点研讨会。学校严格执行国家课程计划，依据国家课程标准，合理使用国家和市级审定的教材。体育教师做好备课、上课和评价等教学工作，保证课堂教学的有效实施，科学安排体育课的运动负荷，切实增强学生的体能，努力提高体育课堂教学质量。按照个体差异和年龄特点，开发学生喜爱的运动项目，着力培养学生运动兴趣和技能，帮助学生养成终身体育锻炼的习惯。根据相关文件规定和要求，制定特殊气候条件下学生体育教学和活动方案，确保学生健康、安全地参加体育锻炼。西城区各中小学校围绕新的《体育与健康课程标准》积极开展小学小场地教学研究工作，认真落实好初中体育过程性考试工作的各项工作；科学合理的安排和提高每一节课的运动量，保证其实效性。

3. 加强体育教师业务培训，提高教师专业水平。各区县注重在实践中提升体育教师的专业水平，通过加强业务培训，指导体育教师深化体育课程与教材改革，转变教学方式，引导体育教师在体育课的趣味性、自主性、创造性、多样化上下工夫，分层分类实施，顺利完成体育课的各项任务，达到体育课既健体又育人的目的，促进教师专业水平的提升。海淀区坚持开展分层培训、特色培训、主题培训等多种形式的培训活动，做到“必修重掌握，选修重提高；室内重理论，室外重实操；高端重研讨，低端重指导；骨干重全面，青年重达标”。

4. 加强体育特色项目建设，促一小时体育活动扎实开展。体育特色发展，是促进学校体育工作开展的有效途径。各区县高度重视加强学校体育特色项目建设，组织开展丰富多彩的体育特色活动，促进一小时体育活动的扎实开展。海淀区提出“1＋X”体育发展方针，即每一所中小学应结合学校师资及场地情况突出发展一项体育特色项目兼顾其他项目；每一名学生在走出校门的时候都应该掌握1～2项体育特长，经常参与其他体育项目。西城区在做精做亮体育活动课做文章，认真落实初中和小学3～6年级3＋2的课程模式，小学1、2年级4＋1的课程模式。目前各校在体育活动课中引入多种民族体育特色项目等多种体育项目，极大地提高了学生的锻炼兴趣，取得了良好的锻炼效果。

5. 依法建立学校体育工作督导评估机制，加大督导检查力度。各区县教育督导室和教委协同配合，在学校督导评估指标体系中，将开齐开足体育课、保证学生每天一小时校园体育活动、实施《国家学生体质健康标准》等列为重点督导评估指标，对于学校落实学校体育工作起到了督促和保证作用。房山区对于不能按规定开齐开足体育课时的学校试行年终评比一票否决制。

（三）落实法律法规要求，社会公共体育设施主动为学校提供服务

市、区级社会大课堂资源单位、各种体育场馆等充分发挥自身教育资源优势，积极与学校配合，面对区域内中小学生开展了各种丰富多彩的教育实践活动，使学生能够走出课堂，亲身体验亲身感受，在社会实践中深受教育，为促进全市中小学生综合素质提高起到了积极的推动作用。朝阳区充分挖掘社会资源，成立了“朝阳区中小学社会大课堂办公室”，建构了“1个学生活动中心，6个教辅中心，16个社会教育基地”的校外教育体系。

二、关于职业教育法律法规执行情况督导检查情况

（一）立足法律法规要求，统筹规划职业教育工作

各区县政府注重顶层设计，规划职业教育工作，依照《中华人民共和国职业教育法》和《大力发展职业教育的决定》，将职业教育发展纳入区县“十二五”国民经济和社会发展规划、教育发展规划，制定了“十二五”职业教育发展规划。建立相关委办局参与的局际联席会议制度，基本形成了政府统筹主导、行业指导、企业参与、教委具体负责、督导室监督检查指导、学校具体实施的办学体制和运行机制。西城区制定了《职业教育三年行动计划》，明确了专业建设、教育教学改革、校企合作、师资队伍建设、管理水平、人才培养模式、校园文化建设和社会化培训八项任务目标，内容具体。海淀区提出职业教育发展应与产业发展同步规划，与产业建设同步实施，与技术进步同步升级的原则，从而实现区域内职业教育效益最大化，满足区域内居民和企业的需求。顺义区重在探索中高等职业教育衔接和成人教育、继续教育共存发展，协同管理、互为补充的运行模式，构建现代职业教育体系，促进职业教育规模、专业设置与区域经济和社会发展需求相适应。昌平区提出做大做强职教集团，推动职业教育多元化办学，打造职教品牌，培养大批技能型人才，满足昌平区经济和社会发展多元化人才需求的职业教育发展思路。

（二）落实教育发展规划，推进职业教育特色发展

各区县依据职业教育发展规划目标，明确职业教育发展方向，制定清晰的工作目标和实施计划，积极推进落实，着力促进职业教育办学模式与服务体系、专业设置与人才培养模式等与区域经济和社会发展需求相适应；着力打造品牌专业和国家现代化示范标志校建设，探索中高职衔接，促进学校办学规模和资源效益最大化；着力加大职业培训力度，实施多项培训工程，积极拓宽职业教育服务渠道，提升服务社会能力。丰台区、房山区注重加大职业教育改革力度，以专业建设和校企合作为重点，强化实训基地建设，积极推进产教融合，开展校企合作，推进中高职衔接，推进职业学校内涵发展，实施多项培训工程，提升了职成教服务经济社会发展的能力。大兴区明确“做精做优学历教育，做大做强职业培训”的发展思路，充分利用职教资源，着力打造“居民素质提升服务、人才资源培训实训、航空人才储备与培训”教育基地，提升了职业教育为新大兴服务的基础能力，被教育部评定为“全国社区教育示范区”。

（三）加强职业教育师资队伍建设，提升教师职业素养

各区县政府和教委高度重视职业教育教师队伍建设，多数区县专门把职业教育教师的培养和培训工作纳入“十二五”教师队伍建设规划，安排专项资金支持职业院校师资培养和培训，注重加强师德建设和培训，积极开展各类专业培训，定期举办专业课程教学评比和教学技能大赛，激励职业教师相互学习，提升教学水平。各区县注重发挥科研引领，深入开展教科研，提升教科研能力；支持专业教师国内外学习进修，增强职业能力，青年教师、骨干教师、学科带头人有更多实践交流学习机会，扎实推进骨干教师队伍建设；注重落实专业教师企业实践制度和双师型教师的职业培训和取证，双师型教师队伍建设取得成效，专业教师职业能力和专业水平稳步提高。西城区重视教师队伍内涵发展，师资培训工作规范、有相应激励机制和资金保障，通过专业培训、参与课程开发和校企合作、国际交流和推进专业教师企业实践，提升职业教育专业素质，成效显著。海淀区创新培训模式，建立职业教师培训课程体系，分层分班方式推进教师培训的科学化，注重双师型教师队伍建设，落实专业教师企业实践政策措施，依托区域内高新企业为专业教师到企业实践搭建平台，组织专业教师走进企业开展研训。顺义区加强职业院校师资培养和培训，安排教师到企业深度调研和在岗培训，要求转化成果，激励工作积极性和创新意识；组织教师继续教育和外出学习培训；推进课题研究，提升教科研能力，使职业教师的职业素养、教学能力得到提升。丰台区注重完善职教师资管理，建立评聘表彰制度，设专项经费用于职业教师培养发展，选派教师参加专业技能培训、职业资格培训和国内外考察学习，安排专业教师深入企业实践，参与生产项目，提升实践教学和实训指导能力，双师型教师比例高。怀柔区重视职教师资队伍内涵发展，从骨干教

师选拔、名师引领、双师型队伍建设、学历提升、师德建设等方面统筹师资培训，培训有阶梯、有层次、有制度保障，坚持专业教师企业实践制度，坚持培训与培养并重，理论进修与企业实践并重，实效性强。

（四）保障职教投入，依法确保教育费附加按比例用于职业教育

各区县2013～2014年依法征收教育费附加，从用于职业教育的比例来看，市级教育费附加用于职业教育的比例基本达到法律法规要求。多数区县做到了从市区两级教育费附加中安排不低于30%的经费用于支持市属重点职业学校、区县职业学校、成人文化技术学校、社区教育中心的发展建设，改善办学条件、农村劳动者培训。顺义区2013～2014年拨付区级教育费附加33942.95万元，其中用于职业教育15450万元，用作职业中心、学习化社区建设和成人学校培训，比例远高于30%。

三、存在主要问题和建议

（一）关于基础教育法律法规执行情况督导检查中发现的问题和建议

一是全市课程改革力度不够。建议加大课程改革力度，进一步增加体育课时，力争在中小学每天安排一节体育课。

二是少数区县对学校体育工作的重视程度还不够。建议区县政府加强对学校体育工作发展的统筹规划与指导，将学校体育工作纳入区政府年度工作计划和年度工作报告，提高体育工作保障水平，进一步推动学校体育工作的发展。

三是部分区县还存在锻炼场地和体育教师不足的问题。建议各区县要加大工作力度，通过购买服务等多种方式，切实解决部分学校体育场地面积不足，学生体育活动受到条件限制的问题；进一步加强体育教师队伍建设，加强培训和有效指导，进一步提升体育教师整体业务水平，保障体育教师满足体育课程开设和学生锻炼需要。

四是学生每天体育锻炼一小时的实效性不强。建议进一步落实好“中小学生每天体育锻炼一小时”各项要求，提高学生锻炼的实效性，促进学生体质提高与健康发展。

（二）关于职业教育法律法规执行情况督导检查中发现的问题和建议

一是全市加快发展现代职业教育的顶层设计与规划尚未明确。部分区县发展职业教育的动力不足，区县经济社会发展规划中的职业教育发展规划实际落实不到位。职业学校生源紧张，学校间争抢生源现象依然存在，职业教育为经济社会发展服务的效果未能得到充分发挥，社会对职业教育的认识依然存在偏差。建议从市级层面要加强对发展现代职业教育的顶层设计和规划，尽快研究制定北京市加快发展现代职业教育系列政策措施，科学规划，明确目标，统筹协调，加快落实，促进首都现代化职业教育更好更快地发展。

二是少数区县教育费附加用于职业教育比例未达标。如西城区、大兴区。建议区政府加大教育资源统筹力度，更好地落实国家和北京市关于教育费附加用于职业教育比例的有关规定，研究落实职业教育的投入机制，整合全区职业教育资源，推动职成教育更好地为区域和社会发展服务，促进区域内各级各类教育协调发展。

三是部分区县职业教育师资培养、培训力度尚需进一步加强。建议进一步加强骨干教师队伍建设，提升职业教师的技能水平，促进教师职业能力提升，完善中高级教师人才引进机制，保障教师队伍健康发展；专业教师的企业实践工作也应进一步完善，区政府和区教委应做好学校与区域内高新企事业单位的搭桥牵线工作，推进校企合作，从专业教师企业实践制度、检查管理、考勤、参与企业产品开发、成果转化和激励机制等方面扎实推进；进一步落实专业教师的相关专业职业培训、企业实践、职业技能鉴定和专业技术高端取证，切实提升“双师型”教师队伍质量。

北京市人民政府教育督导室

关于本市2014年教育经费执行情况的公告

《中华人民共和国教育法》第五十五条规定：“各级人民政府教育财政拨款的增长应当高于财政经常性收入的增长，并使按在校学生人数平均的教育费用逐步增长，保证教师工资和学生人均公用经费逐步增长”。根据北京市教育经费执行情况监测制度（试行）的规定，现将2014年北京市教育经费执行情况公告如下：

一、教育经费执行总体情况

2014年，本市地方国家财政性教育经费（包括：公共财政预算教育经费、各级政府征收用于教育的税费、企业办学中的企业拨款、校办产业和社会服务收入用于教育的经费等）968.36亿元，占全市地区生产总值21330.8亿元的4.54%，比上年降低了0.05个百分点。

根据财政部、教育部新口径，本市地方各级政府公共财政教育支出（包括公共财政预算教育事业费拨款、基建拨款、教育费附加）758.49亿元，比上年增长8.49%。财政部于2004年1月印发了《关于统一界定地方经常性收入口径的意见》（财预〔2004〕20号），对财政经常性收入口径做出了界定，按此口径调整2014年财政经常性收入3224.59亿元，比上年增长8.26%，公共财政教育支出增长比例高于财政经常性收入增长比例0.23个百分点。

2014年公共财政支出4524.67亿元，公共财政教育

支出占公共财政支出的比例为16.76%，比上年增长0.01个百分点。

二、各级教育生均公共财政预算教育事业费支出增长情况

（一）普通小学：生均公共财政预算教育事业费支出23441.78元，比上年的21727.88元增长7.89%。

（二）普通初中：生均公共财政预算教育事业费支出36507.21元，比上年的32544.37元增长12.18%。

（三）普通高中：生均公共财政预算教育事业费支出40748.25元，比上年的36763.03元增长10.84%。

（四）职业高中：生均公共财政预算教育事业费支出26292.06元，比上年的20211.24元增长30.09%。

（五）普通高等学校：生均公共财政预算教育事业费支出58548.41元，比上年的47629.14元增长22.93%。

（六）中等职业学校：生均公共财政预算教育事业费支出28765.51元，比上年的23635.72元增长21.70%。

三、各级教育生均公共财政预算公用经费支出增长情况

（一）普通小学：生均公共财政预算公用经费支出9950.95元，比上年的9938.97元增长0.12%。

（二）普通初中：生均公共财政预算公用经费支出14127.64元，比上年的13747.01元增长2.77%。

（三）普通高中：生均公共财政预算公用经费支出16716.08元，比上年的16644.28元增长0.43%。

（四）职业高中：生均公共财政预算公用经费支出7207.54元，比上年的6498.51元增长10.91%。

（五）普通高等学校：生均公共财政预算公用经费支出34710.96元，比上年的27058.65元增长28.28%。

（六）中等职业学校：生均公共财政预算公用经费支出13473.07元，比上年的11108.66元增长21.28%。

特此公告。

北京市教育委员会
北京市财政局
北京市统计局
北京市发展和改革委员会
北京市科学技术委员会

北京市九年一贯制办学模式研究报告

九年一贯制办学模式课题组在对国内外基础教育学制相关问题进行文献研究的同时，以北京市九年一贯制燕山区域实验和育英学校实验现状为重点开展调研，在把握情况、厘清思路的基础上，初步界定了九年一贯制内涵与办学模式研究的内容，总结归纳了区域和学校实验过程中的经验和问题，提出了北京市推进九年一贯制多种办学模式的政策建议，初步形成调研报告。

一、明确研究的现实意义

（一）落实十八届三中全会精神，充分认识学区制和九年一贯制在依法实施义务教育中的现实意义。

党的十八届三中全会指出，要深化教育领域综合改革，大力促进教育公平，并明确提出“义务教育免试就近入学，试行学区制和九年一贯对口招生”。从北京情况看，城市地区就近入学的比例只有60%左右，就入好学、好中选好、舍近求远、不输在起跑线已经成为不争的事实。市区政府为推进就近入学，加大投入，缩小校际间办学条件，为每名适龄儿童提供平等的受教育权利和机会，以确保教育的公平。当前，以九年一贯制学校为主体的义务教育学制在经济学意义上具有明显的效率优势和公平优势。通过小初一贯的办学模式设计，能在很大程度上改善现有教育资源分布不均匀的现状，改变为了追求优质教育资源而产生的远距离求学现状，推动就近入学，提高教育资源利用水平。

（二）深化九年一贯制学制改革，通过探索多元办学模式，推进义务教育优质均衡发展。

目前，全国有包括北京、上海、广州等地区已开始试点施行九年一贯制学制，较大程度上体现出该项制度设计的优越性。不仅有利于系统研制义务教育阶段的育人目标和任务，降低学校的运行成本，产生更大的办学效益，更重要的是通过打破学段壁垒，促使教育资源流动与整合，从对孩子终生负责的角度认识义务教育的基础性作用，推动均衡发展。在具备条件的地方实行九年一贯制，是从根本上落实现行课程方案和深化教育教学改革的重要措施，其义务性、全体性、全面性、平等性与均衡教育要求是一致的。通过研究，探索适应不同地区的多元办学模式，扩大九年一贯制覆盖面，是探索义务教育优质均衡发展的重要途径。

（三）研究九年一贯制的学校办学模式，切实发挥现有学校教育教学融通管理和实施的优势，落实素质教育。

随着经济社会的发展、城镇化进程的推进、人口出生率的不断变化，有条件实施九年一贯制的地方已经越来越多。特别是义务教育课程改革的深化，促使教育实践者充分利用九年一贯制办学模式提供的空间，持续探索区域内实现九年一贯制的有效途径，合理布局九年一贯制学校，建立相对集中、布局合理的义务教育学校格局，有效缓解小升初压力、城乡不均衡压力。从课程实施角度，深化课程管理和教育教学改革，创新义务教育教师队伍建设、管理、评价方式，在促进城乡教育一体化、提高资源利用效益等方面发挥作用，切实提高学校教育质量，提高学生综合素质。

（四）探索区域内实现九年一贯制的有效路径，破解推进中的政策障碍，提出北京市实施九年一贯制多种办

学模式的政策建议。

九年一贯制办学模式对大城市，特别是像北京这样的特大城市具有更加突出的意义。目前北京市推进九年一贯制多种办学模式上缺乏顶层设计，在教育行政管理、办学条件标准、教师队伍建设、教育教学质量评价等方面还存在诸多问题。北京市要加快九年一贯制学校的发展，必须深入研究行政管理、学校管理、育人目标、课程教材、队伍建设、质量评价等方面的政策完善问题，形成有效支撑的政策体系，服务学校内涵发展，提高义务教育综合水平。

二、确定研究的内容与方法

（一）研究内容

1. 客观界定九年一贯制办学模式的内涵和主要特征

真正意义上的九年一贯制是学生在一校一址接受完义务教育。在新的形势下，出现多种办学模式，客观上实现小学、初中联体办学，使九年义务教育成为一种连续的、系统的、整体的学制模式。其办学初衷在于对义务教育阶段的学生培养进行整体设计，分阶段实施，加强教育的衔接，更好地适应学生的身心发展的规律。它是在义务教育阶段统筹教育资源、调整教育结构的一项积极有效的改革。在实践操作中，界定九年一贯制学校办学模式的内涵和主要特征，直接影响到九年一贯制办学模式的推进和实施。

2. 充分认识北京市九年一贯制办学模式的现状

要想真正把握九年一贯制学校的办学特征、优势和发展障碍，必须深入研究这些不同构成方式的优势和问题，全面把握北京九年一贯制办学模式发展现状。通过对现状的剖析，把握九年一贯制学校建设的方向和重点，为北京市九年一贯制学校发展提供可操作性的建议。

3. 认真分析九年一贯制办学模式多元化的经验和问题

九年一贯制学校的核心任务是针对6～15岁学生实施一以贯之的素质教育，包括办学模式、管理模式、课程设置、队伍建设、教育教学实施策略、质量评价等，这些都是为实现素质教育目标而采取的相应措施与手段。通过对多种模式九年一贯制学校发展现状的研究，总结管理经验和问题，提供有效的可借鉴的实证探索思路和途径。

4. 重点研究北京市实施九年一贯制的实现路径与政策支撑

北京是全国九年一贯制学校发展相对较好的地区，拥有多样化的一贯制学校办学模式，丰富的办学案例和相对成熟的办学体系。研究北京实施九年一贯实施过程中的存在的问题和障碍，并由此借鉴国内外先进经验，提出具有针对性的推进路径和措施对于加快北京九年一贯制教学发展具有重要作用，同时也为其他地区九年一贯制的推行提供宝贵经验。本课题的研究重点在于寻找北京九年一贯制推行过程中出现的体制机制障碍，通过剖析障碍和问题，分析九年一贯制发展的内外部优势和条件，试图提出北京实施九年一贯制的实现路径和政策支撑。

（二）研究方法

该课题主要采取历史研究、文献研究、国内外比较研究、区域和学校案例研究和政策研究。文中涉及的数据是通过调查问卷调研了北京所有区县九年一贯制学校的基本信息，并对部分地区和学校的典型学校进行调研所获得的一手资料。

三、案例研究与经验提炼

目前全国九年一贯制学校发展还不平衡，上海、北京和沿海地区发展较早，且有一定基础，形成了一批具有代表性的学校，构建了一批适应义务教育和当地教育发展的九年一贯制办学模式。

（一）上海市在义务教育办学模式上已经提供实证经验

上海市义务教育学制的改革，起始于80年代。1984年长宁区建青实验学校率先进行了“九年一贯制学校的整体改革”的课题研究。随后，其他区县也开展了类似的“九年一贯、五四分段整体改革综合实验”。1995年以来，在市区普遍形成“五四格局”的基础上，上海进行了新一轮九年一贯制学校整体改革的实验研究。到目前为止，几乎每个区县都有自己的实验学校，全市约有70余所九年一贯制学校。除了实体型学校（即在一所学校内实施九年义务教育）之外，还有一批初中与小学办学对口衔接的松散型“九年一贯制”学校。上海现在是三种学制并存：即市区“五四格局”、郊区“六三”学制及部分九年一贯制。但不论是实体型还是松散型，都是以九年一贯为前提，以“五四分段”进行教育教学设计和实施的。

这类学校的研究成果和办学经验，提供了一个极宝贵的新思路：“九年一贯、五四分段”既吸取了“九年一贯”的优越性，又保留了“五四”学制的优越性，实质上对上海九年义务教育最终实现“五四”学制起到了促进作用。上海多样化的义务教育办学模式给北京提供了有益的借鉴。

启示一：解决生源高峰，做到因势利导。80年代后期是上海小学入学高峰，为解决小学校舍、教室紧张，容纳不下新生的困难，抓住整体实施“九年一贯、五四分段”的机遇，形成学制改革的思路：将小学六年级学生放入教育资源相对宽裕的中学，称之为“初中预备班”，由中学管理并承担教育教学工作，不仅有效缓解了小学入学高峰的问题，还使上海市区迅速形成了“五四格局”。

启示二：加强前瞻研究，做好顶层规划。1995年随着小学入学高峰的回落，初中入学高峰的到来，市教委领导及时组织专家组对“上海市九年义务教育的学制问题”进行了专门研究。通过数据调查、现状分析、发展预测、查阅国内外资料、试点探索、理性思辨和对策研究，形成了《关于上海市九年义务教育实行‘五四’学制的研究报告》和《关于上海市市区九年义务教育维持“五四格局”的咨询报告》。研究的结论是：上海市区应继续维持“五四格局”，并积极稳妥地做好在全市全面推行“五四”学制的准备工作；有条件的郊区县可进行“五四”学制的试点，并及时推广试点的经验，向“五四”学制过渡；上海全面进入“五四”学制的最后年限，拟定在2002年。

启示三：以课程教材为载体，构建与完善适应“五四”学制的课程教材体系。1991年上海市课程教材改革方案正式出台。方案按照九年义务教育的规定，对课程结构作九年一贯的统筹安排，小学、初中阶段不再各成体系，其课程设置与内容的划分均以“五四”学制为基础。主要措施是：确立课程结构，有机组合“五四”学制的教学内容；编制教材体系，适当增加“五四”学制的教学内涵；创设课程标准，保证“五四”学制教学的规范运作；1997年启动课程教材改革的二期工程，完善适应21世纪需求的课程教材体系；以素质教育的评价为导向，实施对“五四”学制课程教材建设和教学运作的科学调控。

启示四：以教师队伍为核心，构建与完善“五四”学制的师资培训体系。为充分发挥“五四”学制的优势，推进基础教育阶段的素质教育，上海市建立了“五四”学制的师资培训体系，主要措施是：制定适应“五四”学制的高素质的师资培训标准，实施达标学历与高一层次学历的教师进修，开展理论联系实践的教师职务培训，强化“高学历、高水平、高知名度”骨干教师的培训。

启示五：以办学模式为突破，构建与完善“五四”学制的教育管理模式。为充分发挥“五四”学制的优势，推进中小学实施素质教育，上海市除对五年制小学强化“实践、科研”的教育管理模式外，还构建与完善了四年制初级中学“条块结合”的教育管理模式、紧密型九年一贯制学校强化“条”管理的教育管理模式和松散型九年一贯制学校强化“教育联体”的教育管理模式。

启示六：以素质教育为目标，构建与完善“五四”学制的评价体系。为更好地发挥“五四”学制的优势，推进小学、初中的素质教育，上海不断完善“五四”学制的评价体系。既有对独立建制的初级中学、小学的办学评价（分基本评价和特色评价，基本评价从办学条件与办学水平两方面进行，特色评价从办学特色、教育科研与教育改革三方面进行），也有对九年一贯制学校的特殊评价，特殊评价是针对九年一贯制学校存在紧密型、松散型两种联体机制情况研制的，特殊评价从联体机制、纵向有序、条的管理三方面进行评价。

（二）北京市正在探索九年一贯制的多元办学模式

通过对北京市的问卷调研，该研究总结了九年一贯制的五类办学模式，分别是，区域整体实验九年一贯制模式、一校一址一以贯之九年一贯制模式、一校一址分段管理九年一贯制模式、一校多址中小对口九年一贯制模式和新建社区九年一贯制模式。

1. 区域整体实验九年一贯制及其特征

北京燕山地区是进行九年一贯、五四分段的实验区，实验已经坚持了数十年。其主要特点是小学与初中对口衔接、九年课程按照五四分段设置、教学研究中小学打通、教师培训中小学互补，实现了100%的就近入学率，为区域推进九年一贯制学校提供了有效借鉴。

2. 一校一址一以贯之九年一贯制学校及其特征

北京景山学校、育才学校、育英学校等在推进九年一贯制方面积累了丰富经验。这些学校的共同特点是：九年一以贯之，持续在课程教学方面改革完善，根据义务教育要求制定育人目标和教育质量标准，社会声誉较高。其中景山学校在“小学初中综合整体改革”、育才学校在“探索九年一贯制学校管理模式”、育英学校在“统整育人目标和课程设置”、育红学校在“九年义务教育德育体系研究实验”方面，提供了鲜活经验。课题组将认真总结他们的办学经验，为九年一贯制学校提供更多借鉴。

3. 一校一址分段管理九年一贯制学校及其特征

在对全市九年一贯制学校调研发现，重点调研的118所九年一贯制学校中，仅有18%的学校是真正意义上的九年一贯，而大部分名义上是九年一贯制的学校，仍实行六三分段或者五四分段的学制的分段管理。其特征是教师分开聘用、分别使用、分别管理和评价。课程教材内容未能相互打通。学生从小学到初中并未实行直升，仍可以选择等。

4. 一校多址中小对口九年一贯制学校及其特征

最典型的是以名校办分校，实现学段九年一贯相衔接，实行一校多址的“校区制”。例如，朝阳区的探索力度最大，多所学校组合成集团，由示范高中牵头，小学、初中、高中统筹发展，形成以素质教育为核心的、以学生终生发展为本的、集团内课程设置统筹安排的、人财物资源充分利用的办学格局。但是，调研也发现一校多址学校也受人数多、校址分散等因素制约，在开设校本课程和综合实践活动课程、教师集体性教研活动等方面受到限制。

另一种模式是学区制。东城区的学区制已经由最初的小学学区扩大到社区内中小学大学区，在大学区内，中小学教育资源得到共建共享。在此基础上，开始推进小学和中学对口直升，正在形成松散型的九年一贯制格局。

5. 新建社区九年一贯制学校及其特征

北京市和各个区县当前正在大力新建社区九年一贯制学校。新建社区九年一贯制学校，从学校建设规划、规模、校长教师的配置上可以更好地与社区人口规模和发展水平相适应。

四、初步研究结论

（一）九年一贯制实验已经证明有独特优势

1. 九年一贯制学校的实验在北京持续进行。

北京景山学校早在上世纪60年代开始进行九年一贯制的实验，之后育才学校、育英学校、立新学校、育红学校等一批学校先后进入实验。1986年国务院办公厅转发四部委《关于实施义务教育法若干问题的意见》中提出：我国九年义务教育的学制年限实行小学六年初中三年的六三制、或小学五年初中四年的五四制或九年一贯制。落实这一要求，北京在燕山地区进行九年一贯五四分段的实验，区域内实行了就近上初中。之后，北京市城乡上百所学校对九年一贯制办学模式进行深入探索和尝试。今年东城区实行学区制，初步形成了九年一贯制的多种办学模式，不失为缓解择校热的举措之一。

2. 九年一贯制学校办学的主要优势。

一是时间维度的一贯，有利于整体定位义务教育育人目标。这是九年一贯制的本质特征。一到九年级，一通到底，在九年义务教育年限中，连续地施行小学与初中阶段教育便于运用拓宽的时空，解决小学与初中的衔接问题。实行九年一贯教育，可以大大淡化中小学两个阶段的界限，更系统地考察每一个年级学生的学习心理、学习方法、学习习惯，完整设计九年义务教育的育人目标，为学生学习品质和个性心理有序发展创造有利的条件。

二是课程维度的一贯，有利于整体统筹教育教学设计和安排。教育部颁布的九年义务教育课程方案和学科课程标准，便于学校整体安排教育教学，特别是小学毕业生自然地由六年级升入七年级，在一定程度上解决了小学初中衔接的问题，有利于减轻学生过重的课业负担，同时有助于学校实施一以贯之的品格形成、特长培养等教育活动。

三是资源维度的一体，有助于整合资源降低学校的运作成本。实施九年一贯制后，学校可以在更广阔的空间调配和使用资源。一方面，各学科的教师可以跨中小学年级任课，能够有效减少人力资源管理费用和支出；另一方面，各种教学硬件设施设备等可以互补、套用，提高资源利用率。同时学生增多，教师增多，办学规模更大，学校资源更加集中，办学规模效应更加显现。

四是风格维度的一贯，能够更好地延续学校特色。由于学校的学科特色不尽相同，某些小学的特色项目往往到中学无法延续，少数有特长的小学生离开了小学，他们的特长也往往得不到继续发展。九年一贯制学校则能有效解决这一问题。在创建学校特色的过程中，可充分利用九年一贯制周期长具有连贯性的特点，去统筹把握，使得学校特色得以形成、巩固、发展。

五是教学品质的养成，有利于教育质量的提高。一方面是中学和小学教师能够在教学方法上取长补短，通过互相融通的课程设置，提高了教师的教学能力，进一步优化了教学效果；如在小学课本中初中阶段也会出现的部分知识加以强化，为初中学习打下扎实基础；而作为初中，对小学已经教过的知识可以不再重复去学，提高教学效率。另一方面，九年一贯制学校更注重培养学生学习的兴趣，保证了学生的“可持续发展”的冲击力和爆发力，提高了学生的综合素质。

（二）九年一贯制办学模式的核心是坚持“一贯”

经过调研分析总结，认为九年一贯制的办学模式，应当具备如下特征：一是尊重学生成长规律，育人目标层层递进。二是尊重学生认知发育规律，教育教学统筹管理，不仅是学校一贯的刚性的衔接，还有课程的内在衔接。三是尊重教师发展规律，创设教学大循环的空间，能够实现教师职业发展的一体化设计。四是尊重学段衔接规律，搭建小中自然过渡的桥梁。五是尊重办学投入规律，完善九年一贯办学标准。六是尊重经济效益规律，共建共享教育资源。七是尊重多元评价规律，实施九年一贯评价体系。

（三）北京市推进九年一贯制具有一定基础

从北京市九年一贯制学校形成的历史来看，当前北京九年一贯制学校有多种类型：一是延长式，即在原有小学建制的基础上顺势承办七至九年级教育。二是合并式，即由于地方行政区划调整变更而引发教育资源重组，在新一轮学校布局过程中，由于撤并而新组建的九年一贯制学校。三是对口式，即由两所以上分立的中小学校组建成一个新型的九年一贯制学校。四是新建式，即新建社区布局的九年一贯制，校舍与教师全新。

通过对全市118所学校深入调研发现，从办学性质看，公办学校86所，占73%，民办学校32所，占27%。从一贯制学校的组合构成方式看，一校一址的学校84所，占到71%；一校两址的16所，占14%；一校三址13所，占11%；一校四址3所，占2.5%；一校五址2所，占1.5%。从义务教育阶段学制划分看，六三分段的98所，占83%；五四分段的3所，占2.5%；九年一贯的17所，占14.5%。从入学途径看，对134所学校调研，其中小学直升的97所，占73%；小学初中对口的29所，占21%；按比例选择的8所，占6%；可见一贯制学校内直升和对口入学比例占绝对多数。从教师的职称评定方式看，除西城、朝阳、通州进入中小学教师职称序列打通评定试点外，其他区县仍沿用中学教师和小学教师职称序列评定，民办学校大部分都采用评聘分开的用人机制。

（四）北京市推进九年一贯制仍存在政策障碍

1. 在市级层面，主要表现在九年一贯制学校的行政管理体制建设相对滞后。

一是缺乏《九年一贯制办学的基本标准》。对于一贯制学校的办学条件、课程实施方案、教师管理使用、经费投入参考定额、质量检测和考试等都尚未有成熟的标准，导致在多数区县教育行政部门仍然分中小教科管理中小学，一贯制学校在具体管理过程中，或因办学标准不明确，缺乏政策依据而出现管理难题，或多头管理给学校增添很多负担。

二是缺乏《九年一贯制学校的教师标准》。九年一贯制学校总体编制标准不清晰，现实呈现结构性缺编现状，在一定程度上影响了学校的日常管理，特别是中小学教师编制比例没有打通，一定程度上抑制了教师工作积极性、主动性的发挥。

三是缺乏九年一贯制学校的有效行政管理。行政区划调整导致的学校合并等多头多级管理问题等。教育行政管理没有理顺，九年一贯制学校面临对中、小教科等科室的管理和各项检查。

四是两类学校和一类特殊群体的特别管理问题。经济落后地区、民办的九年一贯制学校建设面临比中心城区更多的困难和问题。包括教师招聘、学生入学、资金短缺等，急需教育行政管理部门出台具体的措施。目前北京市各特教学校标准不一，特教学校的九年一贯制推行还需进一步明确编制序列。流动人口子女教育要加强规范化管理。

2. 在区县层面，主要问题表现在学校招生和教师职称评定上。

一是招生存在问题。在九年一贯制学校内部，目前不能全部实现小升初完全对接，没有完全破解小升初的压力和难题。九年一贯制学校内部生源还不稳定，学生流动性很大，小学部毕业生可以参加推优及双选，没有充分保证两个学段教育教学的连续性、一贯性。

二是教师管理上，特别是尚未进行教师职称评定试点的区县存在问题。一方面教师职称评定尚未打通中小学，一贯制学校中跨学段任课教师，由于编制与所教学段不同，中学教师、小学教师在职称评聘、绩效工资拨付额度的差异等问题没有得到重视和关注，教师工作量考核和绩效工资发放方面缺乏针对一贯制学校而制定标准和给予相应的政策倾斜。

3. 学校层面，存在的问题主要表现为校长自主权和内部管理上。

校长呼吁在资源配置和教师选用等问题上扩大办学自主权。由于区域教育行政部门统得过死，学校缺乏九年一贯制学校独有的育人目标、课程模式、教育教学、教师安排、学生评价和质量标准。由于缺乏“一贯制”的管理模式，九年一贯制学校内部管理及配套制度改革难度大，中、小学间教育教学贯通难，教师使用打通难，难以实现教研一体化、课程建设一体化、日常管理一体化、学生综合评价一体化。一校多址给学校统筹管理带来一定困难。调研发现目前北京的一贯制学校存在一校多址问题，学生数多、校址分散等因素制约，无法开设更为丰富的校本课程和综合实践活动课程，满足学生多元需求，同时教师的集体性教研活动也受到限制。

五、初步建议

1. 资源配置方面

一是制定九年一贯制学校办学条件标准。在现有独立小学、独立初中的标准基础上，对九年一贯制学校的办学标准及核算方法进行明确规定。

二是研制适合九年一贯制学校需要的课程教材。九年一贯制学校的课程设置、教学计划、教材和教学特色等均与一般的小学、初中学校不同。目前，北京尚未有一套适合九年一贯制学校使用的、相对统一的教材。教育主管部门应该集中力量，加快九年一贯制教材的编撰，促进九年一贯制学校教学的打通和衔接，便于学校立足学生发展，开展有效教学，减轻学生负担，提高教育质量。

2. 人事政策方面

一是研制九年一贯制学校教师编制。目前九年一贯制学校建设过程中普遍面临的缺编问题，教育主管部门应实施针对不同类学校的编制改革。针对九年一贯制学校的建设需要适当增加人员编制。一方面，整合和增加管理编制。一贯制学校由于教师多、学生多、年级多、工作任务多，管理工作较为繁重，急需具有丰富管理经验的人才来保障学校的日常管理。另一方面应适当增加教师编制。包括平衡九年一贯制学校中学和小学教师数量、增加骨干和优秀教师等。同时，上级主管部门在教师招聘等方面应给予支持。在教师职称评定上要打通中小学分割，特别是对民办学校教师职称评定要给予支持；在人才引进方面要给予落户、子女上学便利等更多的政策支持。

二是打通九年一贯制学校教师的职称评定。积极总结中小学教师职称统一试点的经验，推进教师职称统一评定工作，建立调动教师工作积极性的政策机制，服务教师，发挥教师的职业奉献精神。

二是加强九年一贯制学校校长和教师的培训。提高九年一贯制学校管理人员和教师的教学观念和教学能力是九年一贯制学校成功的关键。教育主管部门要通过专题培训、海外学习等方式，做好对九年一贯制学校相关人员的培训。一方面要培训校长，更新观念，鼓励创新。对校长的培训要以更新观念为前提，强调九年一贯的办学目标应该回归义务教育和素质教育的本质，保证校长在办学实践中体现教育的全体性、全面性和主体性。在培训内容上，要以管理机制作为重点，使得校长们能及时吸纳最新理念，开阔视野，了解九年一贯制学校在运作和管理方面的特性，更方便地探索出具有创新精神、适合九年一贯校情的套路。另一方面要培训教师，强化“整体”“衔接”意识。实行“九年一贯制”，对教师的教育教学、专业发展和创新能力都提出了新的更高的要求，亟须建立起一整套与之相适应的一体化教师培训机制。要打破小学和初中的阶段界限，促进教师自觉改变工作习惯，优化工作方法，扩大相互交流，发扬团队意识和合作精神，积极寻求最佳的适合自己和所教学生特点的教育教学方法。同时还要不断加强教师对新知识、新技能的学习和培训，让教师都成为具有专业知识、实践技能和适应未来发展的新型的科研型教师。

3. 行政管理方面

一是降低学科类成绩在评估体系中的高比重。九年一贯制学校有其自身发展的特色，文化类学科的成绩固然重要，但学校有其分阶段目标，由于各阶段制定的侧重点不同，必然会影响到统测成绩，但这并不影响学校和学生的整体发展。如果把九年一贯制学校和一般的小学放到同一个评估平台，那么毕业班成绩的导向性一定会有所加重。因此，教育主管部门在对九年一贯制学校进行评估时，一定要减少文化类学科成绩在评价体系的比重。

二是规范各类学校组织文化类择校考试。要形成一种有效的利益平衡机制。在制定政策的过程中，最大限度地整合、平衡各种不同的要求，保证绝大多数社会成员的需要和利益在教育改革中得到反映。坚决实行义务教育阶段就近入学制度，无论是公办学校，还是民办学校，义务教育阶段不得选拔考试入学。大力推进素质教育，坚决反对给学校下达升学指标，以升学率作为评价学校标准，将很多资源向重点中学、尖子学生倾斜，牺牲一大批一般学校和学生的做法。

三是改革考试评价体系，坚持正确导向。九年一贯制学校可以取消小学毕业考试和初中招生考试，小学就近入学、划片招生。完成小学阶段教育后直接升入中学阶段，使学生在九年放大了的时空中构建自己的发展成为可能。与此相匹配，必须对九年一贯制学校的考试和评价制度进行改革，结合九年一贯制学校的实际，剖析考试的内容、形式和方法。坚持考试评价的导向性、主体性、整体性、实效性、综合性和发展性原则。在考试内容上，不仅考查学生的双基的掌握情况．而且考察其非智力因素，加大综合、分析、迁移、应用、能力在测评中的权重，注重知识的灵活运用和对学生个性与求异思维的训练；在考试方法上，要突破单一模式，实行人性化、个性化的考试，着力激发学生的考试兴趣，调动学生的积极性，让不同层次的学生都获得成功的体验对学生的评价注重过程性、激励性、鉴赏性和发展性，发挥考试评价对促进学生发展的导向性作用。

4. 评价政策方面

一是对九年一贯制学校的评估制定独有的考核标准。对九年一贯制学校的评估中，应重点围绕体现学校一贯特色的指标。既注重评估指标的完整性，又突出重点，同时采取定量与定性相结合的评价方法。要坚持就近入学、分片招生；要强调完成小学阶段教育直接升入中学阶段，不组织毕业、升学或招生考试。被评估学校应有实施九年一贯素质教育的培养目标和具体措施，有一支适应中小学联体办学的领导、管理班子，能根据中小学教育不同特点组织精要、高效的领导、管理活动；应有一套根据九年一贯要求编制的课程体系，减少原小学毕业年级与初一年级课程内容的重复。

二是对九年一贯制学校教师的考核和职称评定制定相应标准。目前教育管理部门缺乏成熟的、针对九年一贯制学校的单行评价标准。如果单独就中、小学分别进行评价，这样的评价缺少整合性，也会带来许多交叉工作。九年一贯制的办学模式只有建立在全校教职工人心“一贯制”的基础上才能最大限度地发挥其优势。因此评价标准必须打破原来“中小学”各自按编用人的框框，让教师，特别是六、七年级的教师互通。在对教师进行业务考核时，主要考虑其在所教年级的教学状况。在对教师职称评定时，要综合考虑其任教年级的跨度，鼓励小学部优秀教师到高年级任教。同时对于初中部教师到小学部任教的情况应视其等同于初中部任教。在制定标准的同时，充分考虑调整教师的心态，鼓励教师进行一贯制的尝试，打破小学部和初中部的常规界限。

5. 支持保障方面

一是制定九年一贯制学校建设规划。九年一贯制学校的发展需要政府及上级主管部门作出统筹规划，综合协调九年一贯制学校选址、招生、软硬件建设等。对九年一贯制学校的建设规模和配套设施做出合理规划，既要满足当地义务教育普及的要求，更要充分利用教学资源，保证最大限度发挥资源功效且不重复建设。一方面，要合理平衡普通小学、初中与九年一贯制学校的选址和规模关系，保证各类学校的顺利发展。另一方面，要对教师、招生范围等软件作出合理规划，设定学校发展目标，制定评价标准，保障九年一贯制顺利推进。

二是设立推进九年一贯制领导小组。九年一贯制的推进涉及多部门的协调，急需建立由上而下的推进机制。在上级管理层面上，建议教育主管部门成立九年一贯制推进工作领导小组。一方面通过领导小组协调解决小学、初中的软硬件资源整合和管理运作中出现的问题；另一方面领导小组专管，能够加强对九年一贯制体系的调查研究，提出针对性的推进方案和有效措施。在学校层面，要成立与“一贯制”相匹配的学校综合管理体系。施行一体化的行政、教育与教学管理，建立一体化垂直系统管理网络，对学校整体工作做出统一思考和部署，形成管理合力。

三是加强宣传引导。九年一贯制教学体系尽管已经有 20 多年的历史，但是对于普通民众来说，对它的认识和了解依然不够。九年一贯制教学的推广，必须加强社会宣传。一方面要在教育系统内部，提高对九年一贯制的认识，重点明确九年一贯制对于整合资源、降低运行成本、提高教学质量方面的优势，鼓励有条件的地区实施九年一贯制。另一方面，要加强社会宣传。如通过电视、网络等媒体，让更多的家长认识到除了传统的义务教育形式外，知晓九年一贯制有其独特的优势。大力宣传九年一贯制教学体系的设置内容、招生形势、培养目标等，扩大社会影响，吸引更多的学生进入九年一贯制学校入学。

四是加大对九年一贯制学校的财政支持。九年一贯制建设初期的资源整合，需要大量的财务支持。建议当地政府及上级教育主管部门建立九年一贯制学校建设专项基金，重点用于学校合并、教材编撰、老师队伍建设、科教研投入等方面。此外，专项基金也可用于九年一贯制制度建设研究、宣传等多方面，保障九年一贯制的推广和学校建设。

（承担单位：北京市教育委员会基础教育一处
执笔人：唐勇明　张云运）

北京市高等教育内涵式发展状况研究

一、研究概况

（一）研究背景和意义

高等教育的快速发展为更多的人提供了接受高等教育的机会，公众对高等教育的渴求得到了较大程度的满足。特别是 1999 年高校扩招以来，北京市高等学校办学规模一直呈扩大趋势。截至 2013 年，全市普通高等学校共有本专科在校生 58.92 万人，研究生在校生 24.92 万人，教职工 13.78 万人，专任教师 6.60 万人，学校占地面积 62678.38 亩，固定资产 281.07 亿元，教学科研仪器资产 117.39 亿元，分别是扩招前 1998 年的 2.77 倍、5.67 倍、1.66 倍、1.80 倍、1.59 倍、2.42 倍和 3.30 倍。但是，由于数量扩张过快，高校的各方面办学条件很难及时跟上，出现了诸如专业设置与社会需求矛盾、规模扩大与办学定位趋同化、师资力量相对不足，学生质量下降、就业竞争加剧等诸多问题，而且已经影响到高等教育的可持续发展和国际竞争力。为了解决高等教育外延式快速发展带来的一系列问题，国家及时调整方针政策，强调要注意提高高等教育质量，促进内涵式发展。《国家中长期教育改革和发展规划纲要（2010～2020年）》将提高教育质量作为中国高等教育改革发展最核心、最紧迫的任务。十八大报告也明确提出“全面推进高等教育内涵式发展”。为深入贯彻落实党的十八大精神和教育规划纲要，近年来，北京高等教育全面推进内涵式发展，以提高质量为核心，积极深化教育教学改革，调整改善高等教育体系，优化学科专业结构，加强教师队伍建设，创新人才培养模式，增强社会服务和文化传承能力，发展国际交流合作。2012年北京市出台了《关于进一步提高北京高等学校人才培养质量的若干意见》，为促进高等教育内涵式发展，提高教育质量提出了系统的具体实施方案。

当前，如何准确评价高等教育内涵式发展的程度和质量，引领高等教育走好内涵式发展的路子是高等教育内涵式发展中亟须解决的重要问题。虽然学术领域对高等教育内涵式发展的论述很多，但主要停留在对内涵式发展的理论认识和定性分析中，有关内涵式发展的文献报告大多是围绕内涵式发展的概念、内容、影响因素、意义和宏观对策方面，缺乏促进高等教育内涵式发展的实证研究。因此，如何针对高等教育内涵式发展情况地做出客观定量的分析评价，为高等教育内涵式发展之路提供有效支持具有重要意义。

（二）研究思路和方法

1. 研究思路

该文基于系统论的观点，从高等教育的职能出发，认为高等教育系统是由人才培养、科学研究、社会服务和文化传承与创新四个子系统组成。高等教育的内涵式发展水平由四个子系统的发展水平决定。根据各子系统特点并参考国内外相关文献，建立评价各子系统的内涵式发展指标，构建高等教育内涵式发展评价指标体系。通过构建数学模型和借助相关软件，计算2000～2012年北京市高等教育内涵式发展水平并对2013～2020年的发展情况进行预测。根据数据实验结果，对北京市过去及今后几年的内涵式发展状况进行评价并提出政策建议。

2. 研究方法

该文主要采用的研究方法有：文献研究、系统理论、熵权信息法、时间序列分析、集对分析法、灰色理论等。

二、高等教育内涵式发展评价指标体系建设

从系统论的角度看高等教育内涵式发展是一个复杂系统，这个复杂系统又由人才培养子系统、科学研究子系统、社会服务子系统和文化传承与创新子系统等构成，子系统又由许多影响要素组成。各子系统和影响要素相互联系、相互影响推动高等教育内涵式发展。系统也受到外部环境的影响，外部环境向系统输入教师、学生、经费、教育设施等资源，通过高等教育系统的职能作用，输出各类人才、科研成果、社会服务和文化传承与创新成果等。因此可从人才培养、科学研究、社会服务和文化传承与创新四个维度的内涵发展状况综合评价高等教育的内涵式发展水平（该文用发展度表示发展水平），并从这四个角度构造评价体系。

人才培养是高等教育的核心内容，也是高等教育内涵式发展的最关键因素，科学研究、社会服务、文化传承与创新都是通过人才发挥作用的。高等教育机构投入教师、经费、教育设施等资源，通过人才培养，为高等教育发挥职能提供人才支持，为社会输送各类人才。从内涵式发展的角度，评价指标应体现人才培养的规模、质量、结构和效益等要求。具体指标及意义如表1所示：

表1　人才培养子系统评价指标和权重值

指标	单位	指标意义	权重
高校经费收入	千元	是高等教育人才培养内涵式发展的经费保证。	0.294
有研究生学位教师占教师的比重	无	专任教师的结构情况，比重越大，人才培养能力越强。	0.024
师生比	无	反映了人力资源利用效率及教师负担。	0.017
新生占在校生比例	无	用以评价高等教育规模变化情况。	0.006
高级职称专任教师数	人	专任教师水平的数量化体现。	0.03
固定资产总值	万元	反映高校培养人才的基础条件和能力。	0.282
普通高校校舍建筑面积	平方米	反映高校培养人才的外在条件和基础保障能力的办学条件。	0.044
图书量	册	作为办学的重要条件是人才培养的重要支撑内容。	0.075
专任教师数	人	专任教师是人才培养的能力要素保证。	0.039
专任教师占教职工的比重	无	反映教职工队伍的结构情况。	0.006
具有研究生学位教师数	人	专任教师水平的数量化体现。	0.114
研究生占在校生比例	无	反映高等教育人才培养结构的层次性变化。	0.025
普通高校校舍占地面积	平方米	高校培养人才的条件影响因素。	0.021
校均学生规模	人	体现高校人才培养规模效益作用。	0.016
高级职称教师占专任教师的比重	无	专任教师的结构情况，比重越大，人才培养能力越强。	0.006

科学研究是高等教育内涵式发展的驱动力，是知识文化和科技成果形成，人才培养内容的更新，新兴学科的发展，交叉学科形成的支撑力量。科学研究内涵式发

展的指标体系从知识的创造、应用和推广传播的成果和效率出发构建，具体指标及意义见表2：

表2 科学研究子系统评价指标和权重值

指标	单位	指标意义	权重
专利授权数	个	反映科学研究内涵式发展的发明创新成果质量情况。	0.265
高校R&D效率	无	反映高等学校科学研究内涵式发展效益情况。	0.224
科研经费拨款	千元	是科学研究活动内涵式发展的经费保证。	0.179
科学技术R&D拨入经费	千元	对R&D的投入情况，是科学研究的重要支撑	0.105
出席国际学术会议人员	人次	反映了科技发展和国际交流的活跃程度。	0.091
生均科研仪器设备值	万元	促进科学研究人才培养内涵式发展的基础条件和保障能力。	0.037
发表科技学术论文	篇	是科学技术研究的成果体现。	0.033
专利出售总金额	千元	反映科学研究内涵式发展发明创新成果市场认可度。	0.024
科技成果获奖数	个	反映高等教育的科研成果质量。	0.019
科研经费占教育经费的比重	无	科研活动的受重视情况，反映对科学研究的正向支持程度。	0.01
高校R&D人员数	人	是高等教育机构科学研究的支持力量，反映了高校的R&D水平。	0.006
科研人员占教职工比重	无	衡量高等教育机构对科研活动的重视程度和发展的力量水平。	0.008

社会服务指高等教育发展如何更好地满足人们各种公共需求为社会提供服务。它既是高等教育存在的外部动力，又是高等教育实现自我价值的基本路径。为了反映社会服务系统发展的现状与变化情况，该系统中应包含描述性特征以及变化性特征。社会服务内涵式发展指标体系见表3：

表3 社会服务子系统评价指标和权重值

指标	单位	指标意义	权重
企事业单位委托课题经费	百元	体现高等教育机构为社会提供服务的程度和社会的认可度。	0.241
企事业单位委托课题数	个	高等教育机构向企事业单位提供知识服务，向社会开放的程度。	0.229
自考助学班学生数	人	高等教育机构通过培训活动为社会提供服务的情况。	0.146
科学研究成果应用	个	是高等教育机构科学发展成果的实际应用体现。	0.134
进修及培训	人	高等教育机构挖掘内涵，面向社会开展培训服务的情况。	0.089
技术转让合同数	个	高等学校内涵式发展成就的社会认可情况。	0.012
高等学校R&D成果应用及科技服务经费合计数	千元	用来衡量高等学校为社会提供服务的程度。	0.057
技术转让合同金额	千元	高等学校向社会提供科学技术服务的情况。	0.087
成人本专科学生数	人	反映高等教育机构开展继续教育社会服务情况。	0.004

文化传承与创新职能主要包括文化传承、文化创新和文化引领等方面，文化在人的世界观、价值观和人生观方面的影响对高等教育的人才培养、科学研究和社会服务等方面起到重要的促进和提升作用。有助于高等教育在更高层次上的发展。文化传承与创新具体指标和意义见表4：

表4 文化传承与创新子系统评价指标和权重值

指标	单位	指标意义	权重
人文社会科学类课题经费	百元	是文化传承与创新社会认可的体现。	0.207
人文社科研究与发展经费	百元	高等教育发挥文化传承与发展职能的经费保证。	0.19
人文社会科学类课题	个	是高等教育开展文化传承与创新活动的重要途径。	0.135
人文社科类获奖成果	个	是文化传承与创新的质量体现。	0.118
人文社科研究与发展人员	人	是高等教育机构文化创新的主要依靠力量。	0.078

续表

指标	单位	指标意义	权重
参加人文社科学术会议人次	人次	体现了开展文化交流促进文化传播的情况。	0.076
高校文史哲类专业在校生	人	既是文化被传承人也是将来的文化传承与创新的重要力量。	0.045
发表人文社会类学术论文	篇	是科学技术研究的成果体现。	0.035
外国留学生规模	人	反映对外开放交流的程度，是文化传播的状况反映。	0.053
高校文史哲类专任教师数	人	是文化传承与创新内涵式发展中的重要力量和指标。	0.018
人文社会科学活动人员	人	拥有的文化具有创新能力的人才数量情况。	0.005
人文社科活动人员中高级职称人员比重	无	对文化促进与发展的人员能力情况。	0.002
人文社会科学活动人员中研究生比重	无	比重越大，人员整体能力强，对文化的促进与发展能力越强。	0.028
出版人文社会类著作	部	是文化传承与创新的重要载体和形式。	0.01

三、北京市高等教育内涵式发展评价

1. 数据来源

根据历年《北京市教育事业统计资料》《高等学校科技统计资料汇编》《中国教育经费统计年鉴》《北京社会科学年鉴》得到2000～2012年的北京市高等教育内涵式发展评价指标数据。

2. 确定指标权重

熵权信息法的实质是根据各指标的观测值所提供信息量的大小来确定权重的大小，利用熵值来确定各指标权重，使评价结果更具客观性。根据各指标的历年统计数据，采用熵权信息法求出各指标权重，如表1～表4所示。

3. 内涵式发展度与结果评价

用时间序列思想对集对分析（Set Pair Analysis，SPA）进行改造。基本思路是：认为系统是由确定性和不确定性信息构成的。在时间序列条件下，描述系统内两个集合的相同、相异和相反性，进行分析和定量刻画，得到这两个集合的联系度表达式。按照时间序列的结构特征，对数据进行均匀分割，以确定数据等级，然后采用映射赋值的方式，得出各指标的发展度数据。根据熵权信息法求出的各指标的权重与各指标发展度进行加权求和得到子系统的发展度，结果如下：

（1）人才培养方面

如表5所示，2000～2005年，发展度一直在28.3至50.6的较低区间波动，其中，2001年、2002年、2004年的人才培养内涵式发展度出现下降问题，这与当时的学校扩张、学生数量增幅过快过大存在密切关系。当时高等教育提倡外延式发展，教育规模扩张迅速，对高等教育的人才培养质量造成了一定的影响；2006年国务院决定将高等教育规模扩张的增幅控制为5%左右，成为高等人才培养内涵式发展的转折点，这之后内涵式发展成了高等教育发展的主题和重心，也取得了积极成效。只用了6年时间人才培养的内涵式发展度就提升了67%，从2005年的50.6增加到2011年和2012年的84.6，并且展现了良好的发展势头。

表5　2000～2012年北京市高等教育人才培养内涵式发展度

指标	2000	2001	2002	2003	2004	2005	2006	2007	2008	2009	2010	2011	2012
高校经费收入	15	15	15	15	15	29	29	29	43	43	57	71	71
有研究生学位教师占教师比重	15	15	29	29	29	43	43	57	57	57	57	71	71
师生比	15	43	71	29	43	71	71	71	71	71	71	71	71
新生占在校生比例	15	15	29	43	57	57	71	71	71	71	71	71	71
高级职称专任教师数	15	43	29	43	57	57	57	57	71	71	71	71	71
固定资产	15	15	15	15	29	29	29	43	43	57	57	71	71
普通高校校舍建筑面积	15	15	15	29	43	43	57	57	57	71	71	71	71
图书量	15	15	15	15	15	29	29	43	43	57	71	71	71
专任教师数	15	15	15	15	29	43	57	57	71	71	71	71	71
专任教师占教职工的比重	57	15	15	29	43	57	43	43	43	43	43	71	71

续表

指标	2000	2001	2002	2003	2004	2005	2006	2007	2008	2009	2010	2011	2012
具有研究生学位教师数	15	15	15	15	29	43	43	57	57	57	57	71	71
研究生占在校生比例	15	15	15	29	29	43	43	43	57	57	71	71	71
普通高校校舍占地面积	15	15	15	43	43	57	71	71	71	57	71	71	71
校均学生规模	15	29	57	43	57	71	71	71	71	71	71	71	71
高级职称教师占教师的比重	15	71	71	71	71	71	43	43	43	29	43	29	43
人才培养子系统	28.3	26.4	25.1	40	37.4	50.6	60.5	62.5	68.1	69.6	70.6	84.6	84.6

（2）科学研究方面

如表6所示，2000～2008年内涵式发展度集中在18.9至40.6的区位中，其中，2001年、2002年、2005年、2007年和2008年都较上年有着小幅的下降，这同样受了自1999年开始的高等教育外延扩张式发展的影响；考虑到政策影响的迟滞性，2009年后，在建设创新型国家的大背景下，并随着国家高等教育内涵式发展的调整，高等教育的科学研究能力更加重视，高等教育的科学研究有了较快发展，比如高校拨入的科研经费大幅增加，科技队伍整体素质不断提升，科技R&D效率不断提高，科技成果增加较快。科学研究子系统的发展度到2012年提高到77.7，是2007年的近2倍。

表6　2000～2012年北京市高等教育科学研究内涵式发展度

	2000	2001	2002	2003	2004	2005	2006	2007	2008	2009	2010	2011	2012
获专利授权数	15	15	15	15	15	15	15	15	71	29	29	43	43
高校R&D效率	29	29	71	29	15	15	15	15	15	15	15	15	15
科研经费拨款	15	15	15	15	15	15	15	29	29	57	57	71	71
科技R&D拨入经费	15	15	15	15	15	15	15	29	43	43	57	71	71
出席国际学术会议人员	15	15	15	15	29	29	29	43	43	43	57	71	71
生均科研仪器设备值	15	15	15	15	15	15	15	29	29	29	43	57	71
发表科技学术论文	15	15	15	15	29	29	43	43	43	57	71	71	71
专利出售总金额	15	15	15	15	15	15	15	15	29	43	57	57	71
科技成果获奖数	15	15	29	29	43	29	15	57	71	43	43	57	71
科研经费占教育经费的比重	57	71	71	15	15	15	29	29	43	71	57	57	57
高校R&D人员数	29	29	43	15	15	15	15	29	29	43	43	71	71
科研人员占教职工比重	71	43	71	29	15	15	15	15	15	15	15	43	57
科学研究子系统	19.4	19.2	18.9	28.2	28.4	27.3	40.6	40.2	34.9	46	63	68	77.7

（3）社会服务方面

如表7所示，2000～2005年社会服务子系统的发展度呈现波动下降趋势，这与高等教育的整体发展环境有着紧密联系，高等教育规模扩张的大背景下，大量资源如师资、校舍、经费等都被用来应对不断增加的学历教育学生，用于为社会提供服务的资源受到限制；2006～2007年随着科学发展观指导思想的深入贯彻落实，高等教育的社会服务功能得到重视和改善，但在高等教育持续扩张的背景下还是徘徊在较低的发展度水平。2008年起，高等教育的发展扩张势头得到一段时间的控制后，并伴随着国家对社会发展领域的重视，社会服务的内涵式发展度得到快速提升，从度量指标上看，高等教育接受业务委托课题数和课题经费大大增加，科研成果的应用不断增加，高等教育为社会提供的进修培训和继续教育的数量大幅增加，社会服务的内涵式发展度也由2007年的48.9快速提高到2012年的74.3，增幅52%。

表 7　2000～2012 年北京市高等教育社会服务内涵式发展度

	2000	2001	2002	2003	2004	2005	2006	2007	2008	2009	2010	2011	2012
企事业单位委托课题经费	15	15	15	15	15	15	29	29	43	43	57	71	71
企事业单位委托课题数	15	15	15	15	15	15	29	29	29	43	43	71	71
自考助学班学生数	15	15	57	43	57	57	57	71	71	43	43	15	15
科学研究成果应用	15	29	29	57	57	71	71	57	29	15	15	15	15
进修及培训	29	15	15	15	43	29	43	43	43	57	57	71	71
技术转让合同数	43	43	57	71	29	29	15	15	43	15	15	15	15
高等学校 R&D 成果应用及科技服务经费合计数	15	15	29	43	43	57	57	57	57	43	71	71	71
技术转让合同金额	15	29	71	15	15	15	15	15	29	15	29	29	29
成人本专科学生数	15	43	71	71	15	15	43	43	43	29	15	15	15
社会服务子系统	29	28.1	20.9	33.3	31.4	19.5	46.9	48.9	52	50.5	50.3	74.3	74.3

（4）文化传承与创新方面

如表 8 所示，文化传承与创新是近几年新提出的高等教育重要职能，多年来，在高等教育的发展中对文化方面的认识重视程度显然不及其他 3 项职能。2000～2009 年，文化传承与创新子系统的发展度都在较低的水平下，并随着全社会的认识和与其他子系统的相互作用而波动性的缓慢增长；近几年，随着国家加强社会主义文化建设和文化大繁荣、大发展各项政策的实施，高等教育在文化传承与创新中的作用愈发显现，国家和社会对促进高等教育文化传承与创新各方面的人力、财力、物力等投入大大增加，从具体衡量指标上看，人文社科类学科的研究人员、发展人员和各类经费快速增加，人文社科类的研究成果数量增加较快，反映文化传播状况的参加人文社科学术会议人次也大量增加。从发展度上看，2012 年文化传承与创新的发展度是 81.3，比 2009 年的 54.2 增加了 50％的增幅。

表 8　2000～2012 年北京市高等教育文化传承与创新内涵式发展度

	2000	2001	2002	2003	2004	2005	2006	2007	2008	2009	2010	2011	2012
人文社会科学类课题经费	15	15	15	15	15	15	29	29	43	29	57	57	71
人文社科研究与发展经费	15	15	15	15	15	29	29	43	43	29	57	57	71
人文社会科学类课题数	15	15	15	15	15	29	29	43	43	29	57	43	71
人文社科类获奖成果	57	57	15	71	29	43	15	57	15	29	43	57	29
人文社科研究与发展人员	15	15	15	15	15	15	15	15	29	15	29	43	71
参加人文社科学术会议人次	15	15	15	29	15	57	57	57	43	29	43	57	57
高校人文社科类学校在校生	15	15	15	29	43	57	57	57	57	57	57	57	71
发表人文社会类学术论文	15	15	15	29	29	29	43	57	57	71	71	57	71
外国留学生规模	15	15	29	29	43	43	43	57	57	57	57	71	71
高校文史哲类专任教师数	15	15	15	29	43	43	71	71	71	71	71	57	57

续表

	2000	2001	2002	2003	2004	2005	2006	2007	2008	2009	2010	2011	2012
人文社会科学活动人员	15	15	15	29	29	29	29	29	57	57	71	71	71
人文社会科学活动人员中高级职称人员比重	15	15	29	29	57	57	57	71	71	71	71	71	71
人文社科活动人员中研究生比重	15	29	29	29	29	57	57	57	57	71	71	71	71
出版人文社会类著作	15	15	29	29	57	57	57	57	71	71	71	57	71
文化传承与创新子系统	25.7	25.7	28.8	24.2	41.8	38.8	35.2	49.6	51	54.2	68.3	68.8	81.3

（5）高等教育内涵式发展情况：

该文假定4个子系统对高等教育内涵式发展具有同等重要的作用，则取各子系统发展度的平均值得到高等教育内涵式发展度，如表9所示：

表9 2000～2012年北京市高等教育内涵式发展度

	2000	2001	2002	2003	2004	2005	2006	2007	2008	2009	2010	2011	2012
内涵式发展度	25.6	24.9	23.4	31.4	34.8	34.0	45.8	50.3	51.5	55.1	63.1	73.9	79.5

2000～2012年北京市高等教育内涵式发展度变化情况，如图1所示：

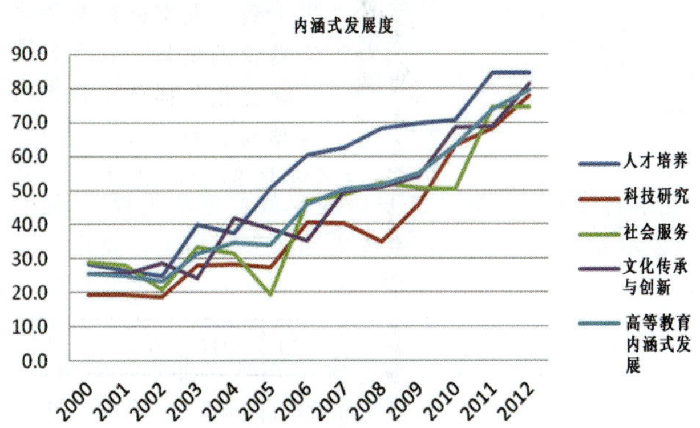

图1 2000～2012年北京市高等教育内涵式发展度变化情况

具体来说，2000～2005年北京市高等教育内涵式发展总体处于较低的波动式发展状态。这个阶段高等教育处于快速的外延式扩张发展阶段，内涵式发展水平受到制约，发展度仅实现了从25.6到34.0的缓慢增加。当时的学校扩张、学生数量增长，造成教育资源紧张，制约了人才培养质量的提高，科学研究和社会服务等职能受到影响，文化服务和创新在这个背景下也没有得到应有的重视。2006～2012年，国家改变高等教育快速扩张的策略，注重控制教育规模，提升高等教育质量，内涵式发展思想得到认识、重视和确立，北京市也出台一系列促进高等内涵式发展度的政策，内涵式发展势头良好，内涵式发展度持续快速提升，7年之间，发展度从34.0提升到79.5，增幅过倍，并且呈现了快速提高的势头。

四、2013～2020年内涵式发展趋势分析

根据2000～2012年的内涵式发展评价结果，建立基于灰色理论GM（1，1）模型的高等教育内涵式发展度预测模型，通过MATLAB2012b软件编程求2013～2020年的北京市高等教育内涵式发展评价预测值，并进行绝对残差检验、相对残差检验、平均误差检验、后验差检验和关联度分析，得到结果，见表10：

表10 2013～2020年高等教育内涵式发展度预测

	2013	2014	2015	2016	2017	2018	2019	2020
人才培养	100.64	110.52	121.47	133.5	146.73	161.27	177.24	194.8
科学研究	85.64	97.61	111.25	126.8	144.53	164.73	187.75	214.01
社会服务	82.5	91.84	102.24	113.82	126.71	141.05	157.02	174.8
文化传承与创新	88.2	98.15	109.21	121.53	135.23	150.47	167.44	186.31
高等教育	89.21	99.39	110.73	123.37	137.45	153.14	170.61	190.06

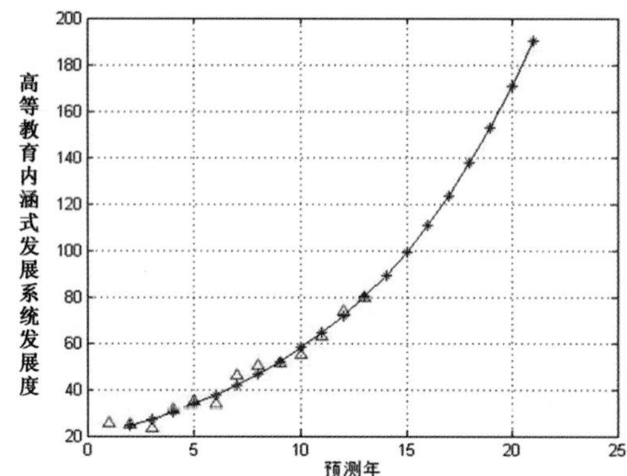

图 2　2000～2020 年高等教育内涵式发展度拟合情况

经过 2006 年以来促进内涵式发展各项政策的实施，北京市高等教育呈现了良好的内涵式发展势头。2013～2020 年的内涵式发展度预计持续提升，年均增幅为 17.4%，2020 年达到 190.06。四个方面的内涵式发展度均保持持续增长。

人才培养方面：2013～2020 年内涵式发展度预计将保持在年均 16.3%的平均幅度，2020 年达到 194.8，比 2012 年增加 130.35%。其中几个影响比较大的指标中：高校经费收入预计今后 8 年将保持年均 27%左右的增长幅度，2020 年达到 240.93 亿元；固定资产预计今后 8 年将保持年均 23%左右的增长幅度，2020 年达到 3166.29 亿元；具有研究生学历的专任教师预计今后 8 年将保持年均 13%左右的增长幅度，2020 年达到 102215 人。但是，师生比和具有高级职称专任教师占专任教师的比重呈现较小的负增长趋势，师生比 2020 年将变为 0.055 比 2012 年减少 0.005，具有高级职称专任教师占专任教师的比重 2020 年将变为 0.46，比 2012 年减少 0.09。

科学研究方面：2013～2020 年内涵式发展度预计将保持在年均 21.9%的增长幅度，2020 年达到 214.01，比 2012 年增加 175.27%。其中三个影响比较大的指标中：专利授权数和科技 R&D 拨入经费预计今后 8 年将保持年均 51.2%和 47.2%左右的增长幅度，2020 年分别达到 36000 个和 746.3 亿元；但高校 R&D 效率预计今后 8 年将保持年均 5.6%左右的下降趋势，2020 年为 0.037；另外，科研经费拨款额、科研经费占教育经费的比重、科技成果获奖数今后 8 年保持年均 11.9%、4.47%、6.6%的增加趋势。

社会服务子方面：2013～2020 年内涵式发展度预计将保持在年均 16.9%的增长幅度，2020 年达到 174.8，比 2012 年增加 135.32%。其中几个影响较大的指标中，企事业单位委托课题经费预计今后 8 年将保持年均 54.8%的增幅，2020 年达到 30.2 亿元；企事业单位委托课题经费预计今后 8 年将保持年均 54.8%的增幅，2020 年达到 30.2 亿元；自考助学班注册学生数预计今后 8 年将保持年均 39.5%的增幅，2020 年达到 33337 人；但是，高等学校技术转让合同数预计今后 8 年将呈年均 4.7%的幅度减少，2020 年为 596 个；成人本专科学生数预计今后 8 年呈年均 2.0%的幅度减少，2020 年为 22.26 万人。

文化传承与创新方面：2013～2020 年内涵式发展度预计将保持在年均 16.1%的增长幅度，2020 年达到 186.31，比 2012 年增加 129.05%。其中几个影响较大的指标中，人文社会科学研究与发展经费预计今后 8 年将保持年均 47.8%的增幅，2020 年达到 81.3 亿元；人文社会科学类课题数预计今后 8 年将保持年均 35.5%的增幅，2020 年达到 103612 个；人文、社会科学类课题经费今后 8 年将保持年均 56.8%的增幅，2020 年达到 68.9 亿元；外国留学生规模今后 8 年年均增加 13%，2020 年达到 82846 人。其他指标中，人文社科类专任教师数 2020 年预计有 15239 人，仅比 2012 年增加 0.34%。

五、促进高等教育内涵式发展的政策建议

根据对 2000～2012 年北京市高等教育内涵式发展情况分析和 2013～2020 年的内涵式发展度预测结果，从高等教育的四个职能方面提出促进北京市高等教育内涵式发展的建议：

（一）以全面提高质量为核心，促进人才培养内涵发展

树立以质量为核心的人才培养观，深刻认识人才培养质量问题是今后很长一段历史时期北京高等教育发展的重中之重。探索建立一套适合不同类型高等教育人才培养的质量标准，建立用人单位、教师、学生共同参与的教学质量评价机制，形成有利于培养学生创新能力和实践能力的培养模式。建设北京高等学校教学质量状态数据系统，形成北京高等学校教学质量监测制度。建立高等教育人才培养质量信息发布制度，定期向社会发布高校质量信息。教育经费投入、高校固定资产增加和硬件设施建设方面需要持续保持较大的增加趋势以满足人才培养的需要。不断优化高校层次结构，稳定学生规模。继续实施“北京高等学校教学质量与教学改革工程”和“北京高等学校科学技术与研究生教育创新工程”。加快人才培养模式改革，加强拔尖创新人才培养，建设一批北京市拔尖创新人才培养基地，形成优秀人才脱颖而出的有效机制。创新国际合作人才培养模式，建立中央院校、市属院校和科研院所联合培养研究生联合新机制。产学研结合，加强学生创新精神与创业能力培养，建设一批高等职业教育实习实训基地。完善大学生就业服务体系，加强就业指导，实施创业教育，提高大学生的自主创业能力。加强校园文化建设，重视大学生的心理健康教育，提高大学生的国际交流能力和社会适应能力，增强大学生社会责任感和使命感。

（二）提高科学研究能力，为创新型城市建设提供智力支撑

高等教育是国家创新体系的重要力量，也是北京发展的重要支撑力量，北京要建设国家创新中心和和实施创新驱动发展，需要高等教育有更大作为，提供更多的技术支持和知识贡献。整合高等教育机构科研资源，提升整体科研水平。北京的高等教育资源主要集中在中央院校，而市属高校的高水平人才和科研水平整体较弱，创新能力不强，研究生培养、高水平人才、科学研究平台等方面所占比例偏低，在关键核心技术、重大科技专项方面，以及城市环境、能源科学、安全健康、新型材料等基础科学研究方面都不能提供强有力的支撑，与北

京提出高端引领和创新驱动的发展要求存在明显差距。北京应当充分发挥和利用中央院校和科研机构的科技资源优势，充分调动中央院校和科研院所的积极性，参与资源、环境、交通、能源和信息等影响首都发展的重大问题和重点项目的研究，为首都现代化建设提供更多更大的支持。创新教育部和北京市共建模式，继续加大对中央院校的支持力度，为北京市培养更多高层次的优秀人才和输送更多高水平的科技成果，投入到北京的发展建设。加强中央院校和市属高校的交流与合作，联合建设一批优势互补、资源共享的重点学科群和重点实验室，联合开展高层次的人才培养和高水平的科学研究，推进高校科研体制和人才培养模式创新，提高市属高校整体水平，实现共同发展。高等教育机构的科技经费要继续保持较快的增加幅度，满足科研活动开展的要求。加强高校R&D投入产出管理，优化R&D活动流程，切实高校的R&D效率。

（三）提高社会服务能力，建设与学习型城市相适应的首都高等教育体系

整合继续教育资源，大力开展成人教育。从北京高等教育近年的发展来看，网络本专科生的人数和在职人员攻读硕士学位的人数持续攀升，反映了社会群体对知识需求的旺盛。2012年，网络本专科教育超过普通本专科教育在校生数，2013年两者的比例已为1.17∶1，在职人员攻读硕士学位的在校生数与普通研究生的比例已经接近1∶3。目前，北京普通高校承担的功能越来越多，其中承担了90.9%的成人高等教育的学生数和85.1%的网络教育的学生数。在这种情况下，应当充分发挥开放大学功能，进一步拓展和转变成人高校的职能，加强社区教育，加快建立不同类型学习成果的互认衔接制度，促进各级各类教育衔接沟通。深化教学制度改革，全面实施学分制和弹性学制，建立包括中央院校和市属高校在内的学分互认机制，全面实施跨专业、跨学科、跨学校的选课制度，为不同年龄、不同需求的学习者在不同类型、不同层次的高校进行学习提供更加便利的高等教育机会。同时，大力推进首都高校信息基础设施建设，整合中央高校和地方高校的网络教育资源，建设首都高等教育公共服务平台，为北京构建“学习之都”、满足首都市民终身学习提供服务。鼓励学校积极参与社会服务项目，依托自身资源优势，为社会提供咨询服务、科技服务和基础设施服务。实施“首都高校社区服务计划”开放学习资源，鼓励高校走向社区、融入社区，参与社区的服务和建设，繁荣社区文化。

（四）全面提高高等教育质量，必须大力推进文化传承创新

高等教育是优秀文化传承的重要载体和思想文化创新的重要源泉。围绕推动高等教育文化传承与创新内涵式发展，政府有关部门应积极出台推动文化传承的政策措施，落实市政府关于鼓励和吸引海内外优秀文化人才的优惠政策，吸引海内外高层次人才进入高等教育机构开展文化传承创新领域工作。落实首都中青年社科理论人才队伍发展计划，加强北京市哲学社会科学教学科研骨干培训工作。在高校开展文化发展“智库”建设，加强北京文化发展战略的研究。加大对文史哲等学科支持力度，增加学科经费支持，持续增加人文社会科学研究与发展的人员和经费投入，积极拓展资金来与渠道，鼓励企事业单位和各社会组织机构与高校合作开展人文社科类课题研究或委托研究。支持在高等院校设立文化创意相关专业，重点培养文化创意研发设计、营销管理和经纪人才。鼓励企业与大学、院所联合，建立一批产学研一体的文化创意人才培养基地。加强在职培训，逐步建立教育培训和岗位实践相结合的文化创意人才培养机制。加大专业人才的培养、选拔和使用，加强人文社科类专业的师资队伍建设，扩大人文社科类人才培养规模，提高专业人才培养质量。积极开展国际文化交流，了解国外文化科技发展的新趋势、新成果，展示中国高等教育风采，提升中华文化的国际影响力。加强对高校社科类活动的引导、服务和管理，为首都文化传承和繁荣发展营造良好环境。鼓励社会科学普及，健全社会科学普及服务网络，更好地为提升市民科学文化素养服务。

（承担单位：北京市教育委员会发展规划处
执笔人：孙运科）

北京地区普通高等学校
重点实验室建设情况调研报告

一、北京地区普通高等学校重点实验室基本情况

（一）立项背景和前期建设情况

为了适应北京创新型城市建设的需要，引导高校积极参与“首都二四八重大创新工程”，从2001～2010年，市教委、市科委在北京地区普通高等学校中有计划、有步骤地认定了一批“北京市重点实验室”，引导北京地区普通高等学校建立“开放、流动、联合、竞争”的实验室运行机制，培养和吸引优秀科技人才，向前沿科技领域积极探索。经过一期建设（2005年验收）、二期建设（2009年验收），北京地区普通高等学校北京市重点实验发挥自己的科技优势，为首都各个领域的现代化发展提供了重要的科技支撑。

基于第一、二期建设的良好基础，市教委、市科委继续联合实施北京地区普通高等学校北京市重点实验室第三期建设计划。纳入第三期建设计划（2010～2013 年）的北京地区普通高等学校重点实验室共有 86 家，其中：以经过第一、二期建设的 71 家重点实验室为主体，除此以外，还有 2010 年市教委、市科委新认定的 15 家“北京市重点实验室”，如北京大学城市固体废弃物资源化技术与管理实验室、北京工业大学环境与病毒肿瘤学实验室、北京信息科技大学网络文化与数字传播实验室等。见表 1。

表 1 北京地区普通高等学校北京市重点实验室第三期建设计划项目

实验室名称	依托学校	所在学科	认定年份
多媒体与智能软件技术实验室	北京工业大学	计算机科学与技术	2001
先进制造技术实验室	北京工业大学	机械工程	2001
交通工程实验室	北京工业大学	交通运输工程	2001
工程抗震与结构诊治实验室	北京工业大学	土木工程	2001
传热与能源利用实验室	北京工业大学、清华大学	动力工程热物理	2001
水质科学与水环境恢复实验室	北京工业大学	环境科学与工程	2001
环境与病毒肿瘤学实验室	北京工业大学	生物工程与新医药	2010
现场总线技术及自动化实验室	北方工业大学	控制科学与工程	2001
植物资源研究开发实验室	北京工商大学	化学工程与技术	2001
食品风味化学实验室	北京工商大学	食品科学与工程	2010
服装材料研究开发与评价实验室	北京服装学院	纺织科学与工程	2001
数字媒体与交互媒体实验室	北京服装学院	文化创意	2010
供热、供燃气、通风及空调工程实验室	北京建筑工程学院	土木工程	2001
绿色建筑与节能技术实验室	北京建筑工程学院	环保与资源综合利用	2010
传感器实验室	北京信息科技大学	电子科学技术	2001
机电系统测控实验室	北京信息科技大学	机械工程	2001
网络文化与数字传播实验室	北京信息科技大学	电子信息	2010
物流系统与技术实验室	北京物资学院	管理科学与工程	2001

续表 1

实验室名称	依托学校	所在学科	认定年份
农业应用新技术实验室	北京农学院	农业科学	2001
兽医学（中医药）实验室	北京农学院	生物工程与新医药	2006
神经再生修复研究实验室	首都医科大学	生物学/细胞生物学	2001
肝脏保护与再生调节实验室	首都医科大学	生物学/神经生物学	2001
多肽及小分子药物实验室	首都医科大学	生物工程与新医药	2005
眼科学与视觉科学实验室	首都医科大学	生物工程与新医药	2007
北京市呼吸和肺循环疾病实验室	首都医科大学	生物工程与新医药	2010
纳米光电子实验室	首都师范大学	材料科学与工程	2001
学习与认知实验室	首都师范大学	心理学	2001
资源环境与地理信息系统实验室	首都师范大学	地理学	2001
太赫兹波谱与成像实验室	首都师范大学	基础理学	2006
运动机能评定与技术分析实验室	北京体育大学、首都体育学院	生物学	2001
生物活性物质与功能食品实验室	北京联合大学	食品科学与工程	2001
信息服务工程实验室	北京联合大学	电子信息	2010
医学物理和工程实验室	北京大学	原子能科学技术	2001
空间信息集成与3S工程应用实验室	北京大学	地理学	2001
城市固体废弃物资源化技术与管理实验室	北京大学	环保与资源综合利用	2010
绿色反应工程与工艺实验室	清华大学	化学工程技术	2001
精细陶瓷实验室	清华大学	材料科学与工程	2001
蛋白质化学实验室	清华大学	生物工程与新医药	2007
膜材料与工程实验室	清华大学	新材料	2010
城市轨道交通自动化与控制实验室	北京交通大学	交通运输工程	2001

续表 2

实验室名称	依托学校	所在学科	认定年份
通讯与信息系统实验室	北京交通大学	信息与通讯工程	2001
现代信息科学与网络技术实验室	北京交通大学	计算机科学与技术	2001
物流管理与技术实验室	北京交通大学	城市社会发展	2008
网络技术实验室	北京航空航天大学	计算机科学与技术	2001
特种功能材料与薄膜技术实验室	北京航空航天大学	材料科学与工程	2001
数字化设计与制造实验室	北京航空航天大学	机械工程	2001
粉体材料研究与开发实验室	北京航空航天大学	材料科学与工程	2001
数字媒体实验室	北京航空航天大学	文化创意	2010
清洁车辆实验室	北京理工大学	机械工程	2001
智能信息技术实验室	北京理工大学	计算机科学与技术	2001
环境科学工程实验室	北京理工大学	环境科学与工程	2001
自动控制系统实验室	北京理工大学	自动控制	2001
数字表演与仿真技术实验室	北京理工大学	文化创意	2010
先进粉末冶金材料与技术实验室	北京科技大学	材料科学与工程	2001
腐蚀、磨蚀与表面技术实验室	北京科技大学	材料科学与工程	2001
新能源材料与技术实验室	北京科技大学	新材料	2005
新型高分子材料的制备与加工实验室	北京化工大学	材料科学与工程	2001
生物加工过程实验室	北京化工大学	化学工程与技术	2001
智能通信软件与多媒体实验室	北京邮电大学	计算机科学与技术	2001
网络系统与网络文化实验室	北京邮电大学	电子信息	2010
地球探测与信息技术实验室	石油大学（北京）	地理学	2001
城市油气输配技术实验室	中国石油大学（北京）	城市建设与管理	2005
作物遗传改良实验室	中国农业大学	农学	2001

续表 3

实验室名称	依托学校	所在学科	认定年份
草业科学实验室	中国农业大学	农学	2001
果树逆境生理与分子生物学实验室	中国农业大学	农学	2001
木材科学与工程实验室	北京林业大学	林业工程	2001
癌发生及预防分子机理实验室	中国协和医科大学	临床医学	2001
中医内科学实验室	北京中医药大学	中医学	2001
中药基础与新药研究实验室	北京中医药大学	中药学	2001
中药资源保护与利用北京市重点实验室	北京师范大学	生物学	2001
应用实验心理实验室	北京师范大学	心理学	2001
基因工程药物与生物技术实验室	北京师范大学	生物	2001
应用光学实验室	北京师范大学	光学	2001
环境遥感与数字城市实验室	北京师范大学	地理学	2001
教育技术学实验室	北京师范大学	电子信息	2010
刑事科学技术实验室	中国人民公安大学	公安技术类	2001
水资源与环境工程实验室	中国地质大学（北京）	环境科学与工程	2001
国土资源信息开发研究实验室	中国地质大学（北京）	地理学	2001
岩石混凝土破坏力学实验室	中国矿业大学（北京）	土木工程	2001
印刷包装材料与技术实验室	北京印刷学院	新材料	2004
数字媒体艺术实验室	北京印刷学院	文化创意	2010
高电压与电磁兼容实验室	华北电力大学	城市建设与管理	2004
能源的安全与清洁利用实验室	华北电力大学	环保与资源综合利用	2004
工业过程测控新技术与系统实验室	华北电力大学	电子信息	2008
光机电装备技术实验室	北京石油化工学院	光机电一体化	2004
数字电影技术与艺术实验室	北京电影学院	文化创意	2010

（二）第三期建设情况调研整体情况

重点实验第三期启动于2010年，为了全面了解、管理和推进北京地区普通高等学校北京市重点实验室的中期建设情况，对86个实验室开展建设情况调研。

对实验室中期建设情况进行了汇总、分析和研究，掌握了86个重点实验室中期建设进度，发现了当前还存在的问题，明确了下一步实验室建设工作的方向。调研对推动86个重点实验室顺利完成第三期计划有着积极的作用。

（三）中期建设情况概况

调研显示，实验室建设整体推进顺利，这为北京市重点实验室到2013年全面达成预定建设目标提供保证。

1. 科研条件继续改善。到2011年底，实验室面积超过20万平方米，科研仪器设备总值达20亿元，10万元以上仪器设备超过3630台（件）。与第三期建设前（2009年）相比，第三期中期各项条件指标值增长幅度都在36%～38%之间。

2. 科研经费明显增加。来自市教委、学校配套、自筹到位经费分别在1.78亿元、1.92亿元和21.63亿元以上，总计超过25.76亿元。与第三期建设前（2009年）相比，中期总经费增加212.1%。

3. 科研项目质升量增。国家级项目、市级项目、其他来源项目数达2030项、1299项和2762项，总计6014项。与第三期建设前（2009年）相比，中期科研项目合计数增加为145.2%，而国家级项目数增加138.8%，项目水平明显提高。

4. 科研产出已有丰硕成果。到2011年，三大检索发表论文达到5466篇，全国核心期刊论文5307篇，出版专著367部。获得国家奖励42项、省部级奖励183项。与第三期建设前（2009年）相比，中期专著出版数增加221.9%，增速十分明显。

5. 科研成果转化更有成效。到2011年，签订成果转化和转让合同总金额超过9.3亿元，专利申请数和授予数分别为1514件、1092件。与第三期建设前（2009年）相比，通过中期建设，上述三项指标分别增加166.3%、164.2%和212.5%。

6. 队伍建设和人才培养持续进步。到2011年，实验室正高、副高级职称科研人员分别为998人、961人，与第三期建设前（2009年）相比，分别增加26.5%、38.7%。毕业硕士、博士研究生分别达到1329人、6112人，与第三期建设前（2009年）相比，分别增加132.7%、125.9%，进步十分明显。

北京地区普通高等学校北京市重点实验室第三期建设计划中期成绩的具体情况见表2。

表2　实验室第三期建设计划中期建设情况一览表

项目	分项	第二期建设情况，截止至2009年	2010～2011年合计数	2011相对2011年增长率（%）
科研条件	实验室面积m2	148057.8	202159.05	36.5
	仪器设备总值万元	151427.6	206148.0448	36.1
	10万元以上仪器设备台件数（个）	2637	3630	37.7
科研经费（万元）	合计	82559.31	257696.1043	212.1
	市教委	8638.15	17866.68431	106.8
	学校配套	8603.11	19294.552	124.3
	自筹到位经费	58590.68	216346.386	269.3
科研项目（个）	合计	2453	6014	145.2
	国家级	850	2030	138.8
	市级	598	1299	117.2
	其他	1057	2762	161.3
科研成果	三大检索发表论文数	2174	5466	151.4
	全国核心刊物发表论文数	2573	5307	106.3
	出版专著数	114	367	221.9
	获国家奖	25	42	68
	获省部级奖	90	183	103.3

续表

项目	分项	第二期建设情况，截止至2009年	2010～2011年合计数	2011相对2011年增长率（%）
成果转化与转让	签订合同总金额（万元）	34999.87	93212.962	166.3
	专利申请总数	573	1514	164.2
	专利授予数	351	1097	212.5
队伍建设与人才培养	具有正高职称人数	789	998	26.5
	具有副高职称人数	693	961	38.7
	毕业博士	571	1329	132.7
	毕业硕士	2706	6112	125.9

二、实验室第三期建设中期进展

总体来说，北京地区普通高等学校“北京市重点实验室”第三期建设中期情况良好，在实验室条件装备、科学研究和人才培养等方面进展顺利。主要表现在以下几个方面：

（一）实验室科研平台建设顺利

根据北京地区普通高等学校北京市重点实验室第三期建设计划，不少学校对实验室建设相关的资源进行整合、优化，改善了实验环境和试验条件，实验室急需的科研用房、大型仪器设备得到改善。这为重点实验室组织重大科研提供了支撑条件。

调研显示，“北京市重点实验室”面积由2009年14.8万平方米增加到2011年20.2万平方米，增长36.5％。仪器设备总值由2009年的15.1亿元增加到2011年的20.6亿元，增长36.1％；10万元以上仪器设备台件数由2009年的2637台增加到2011年的3630台，增长37.7％。相比第三期建设前（2009年），实验室硬件条件得到了继续改善。

除了硬件改善外，86家重点实验室都大力建设和优化实验室数字化平台（网站、数据库以及专业软件系统），如北京电影学院数字电影技术与艺术实验室完善与升级了“数字3D动画互动技术与艺术研发平台”“数字动画电影逐格拍摄技术与艺术研发平台”，开发建成具有自主知识产权的“Light－stage平台”“数字虚拟影像高端研发平台”“基础视觉软硬件研究平台”。实验室环境和条件的继续改善，对实验室科研活动的开展提供良好支撑。具体情况见表3。

表3 实验室第三期建设计划中期建设情况——科研条件

项目	分项	建设前情况	建设中分年度情况		2011年比2009年	
		2009年	2010年	2011年	增量	增速（%）
科研条件	实验室面积 m^2	148057.8	190659.1	202159.1	54101.25	36.5
	仪器设备总值（万元）	151427.6	175353.2	206148	54720.48	36.1
	10万元以上仪器设备台件数（个）	2637	3188	3630	993	37.7

依托高校十分重视实验建设，一般都将重点实验室建设与重点学科建设有机结合起来。中国农业大学、清华大学等通过“985工程”和第三期“211计划”资助重点实验室建设。华北电力大学、中国石油大学等将“211工程”建设经费向实验室倾斜，或划出固定经费重点支持实验室用房的建设，或给予多项资助。北京信息科技大学把重点实验建设纳入信息科学重点学科建设之中。上述措施极大地改善了实验室的科研条件。

（二）实验室建设经费筹措有力

在各级部门、依托学校和相关单位的支持下，北京地区普通高等学校北京市86家重点实验室积极筹措实验建设经费，总经费超过25.7亿元，这有力地保障了实验室建设与发展。

调研显示，2010～2011年86家重点实验室筹措的经费构成如下：市教委共投入专项经费约1.78亿元，依托学校共配套经费约1.92亿元，实验室自筹经费21.63亿元，相对于第三期建设前（2009年）分别增加106.8％、124.3％和269.3％。实验室自筹经费能力明显增强，这将为重点实验室的可持续发展提供经费保障。具体见表4。

表 4　实验室第三期建设计划中期建设情况——科研经费

项目	分项	建设前情况	建设中分年度情况		2010～2011 年合计数	2011 年比 2009 年	
		2009 年	2010 年	2011 年		增量	增速（%）
科研经费（万元）	合计	82559.31	118852.2	138843.9	257696.1	175136.8	212.1
	市教委	8638.15	8942.456	8924.228	17866.68	9228.534	106.8
	学校配套	8603.11	9251.132	10043.42	19294.55	10691.44	124.3
	自筹到位经费	58590.68	98459.73	117886.7	216346.39	157755.7	269.3

从重点实验室提供的市教委专项经费使用情况材料来看，实验室十分注意实验室经费使用的规范性。不少实验室尽管获得专项经费不多，但拥有很强的自筹经费能力。例如：北京大学空间信息集成 3S 工程应用实验室专项经费为 42.897 万元，自筹到位经费则达 4731.1 万元；北京交通大学城市轨道交通自动化与控制实验室专项经费为 15.6 万元，自筹到位经费达到 3500 万元。相对于北京市属高校，在京部属高校自筹到位经费能力明显高出一层次。

（三）实验室承担了大量科研项目

北京市 86 家重点实验室积极响应北京城市发展和国家发展的前沿课题、基础理论，以及热点与难点问题，组织队伍开展了科技攻关。86 家重点实验室承担了各种来源的科研项目 6014 项。

调研显示，2010～2011 年 86 家重点实验室科研项目来源如下：国家级项目 2030 项、省部级项目 1299 项、其他来源项目 2762 项，相比第三期建设前（2009 年）分别增加 138.8%、117.2%和 161.3%。高水平的国家级项目数和社会来源项目数在全部项目数中所占比例都比较大，增长也比较快速。详细情况见表 5。

表 5　实验室第三期建设计划中期建设情况——科研项目

项目	分项	建设前情况	建设中分年度情况		2010～2011 年合计数	2011 年比 2009 年	
		2009 年	2010 年	2011 年		增量	增速（%）
科研项目（个）	合计	2453	2992	3022	6014	3561	145.2
	国家级	850	1031	999	2030	1180	138.8
	市级	598	661	638	1299	701	117.2
	其他	1057	1341	1421	2762	1705	161.3

在研重大项目进展情况良好。例如，北京工业大学和清华大学联合组建的传热与能源利用重点实验室，承担的国家“973 项目”课题“换热设备的场协同分析与应用”进展顺利，目前已经发展换热器传热过程优化的场协同原理、孤立系统的火积减原理等，发明了低温热源发电技术。北京大学医学物理和工程实验室承担的国家“973 项目”课题“多模态分子影像成像理论和重建算法”正在有条不紊的进行中，已经发表论文 31 篇，授权和申请发明专利已达 10 项。

（四）实验室已经取得了一批科研成果

调研显示，北京市 86 家重点实验室组织科研力量开展了科技攻关，经过科研人员的努力创新，已经取得了一批有质量的科研成果，为北京市建设创新型和中国建设创新型国家提供了科技支持。

2010～2011 年 86 家重点实验室取得的主要科技成果如下：三大检索发表论文数 5466 篇，全国核心刊物发表论文数 5307 篇，出版专著 367 部，相比第三期建设前（2009 年）分别增加 151.4%、106.3%和 221.9%；国家级奖励 42 项，省部级 183 项，相比第三期建设前（2009 年）分别增加 68%和 103.3%。详细见表 6。

表 6　实验室第三期建设计划中期建设情况——科研成果

项目	分项	建设前情况	建设中分年度情况		2010～2011 年合计数	2011 年比 2009 年	
		2009 年	2010 年	2011 年		增量	增速（%）
科研成果	三大检索发表论文数	2174	2454	3012	5466	3292	151.4

续表

项目	分项	建设前情况	建设中分年度情况		2010～2011 年合计数	2011 年比 2009 年	
		2009 年	2010 年	2011 年		增量	增速（%）
科研成果	全国核心刊物发表论文数	2573	2561	2746	5307	2734	106.3
	出版专著数	114	150	217	367	253	221.9
	获国家奖	25	21	21	42	17	68
	获省部级奖	90	84	99	183	93	103.3

尽管是第三期建设中期，但具有标志性科研成果已经凸显。2010 年，中国农业大学作物遗传改良实验室成果“小麦锈病和白粉病多样化抗源发掘、创新与利用”获教育部科技进步一等奖。2011 年北京工业大学工程抗震与结构诊治实验室成果“新型组合剪力墙及筒体结构抗震理论与技术”获得国家科技进步二等奖，该技术在北京和全国大型超高层建筑抗震设计中得到积极应用，在此基础上已经形成 4 项国家发明专利。2011 年北方工业大学现场总线技术及自动化实验室成果“机动车动态监控监管关键技术及应用”获得国家科技进步二等奖，在此基础上与大连交通部门合作开发的“交通信号控制远程托管中心系统平台”（实现了一种全新的交通信号控制和管理模式），获得了大连市科学技术进步一等奖等。可以预期，北京市重点实验室第三期建设将取得一批具有全国性影响的重大科研成果。

（五）实验室积极推动成果转化与转让

利用自身科技优势，推动北京市和全国生产力新发展是北京市重点实验室的重要使命。随着实验室科研人员创新意识和市场意识以及相关转化平台的发展，如大学科技园区、产学研结合等，北京市重点实验室成果转化与转让工作得到了大幅加强。

调研显示，实验室签订技术转让合同 9.32 亿元，相比第三期建设前（2009 年）增加迅速，增速达 166.3%。实验室强化成果转化工作，申请专利 1514 项，专利受理数 1097 项，相比第三期建设前（2009 年）分别增加了 164.2%、212.5%。详细情况见表 7。

表 7　实验室第三期建设计划中期建设情况——成果转化与转让

项目	分项	建设前情况	建设中分年度情况		2010～2011 年合计数	2011 年比 2009 年	
		2009 年	2010 年	2011 年		增量	增速（%）
成果转化与转让	签订合同总金额（万元）	34999.87	42577.3	50635.66	93212.962	58213.09	166.3
	专利申请总数	573	709	805	1514	941	164.2
	专利受理数	351	452	645	1097	746	212.5

调研显示，有很多重点实验室除了科研实验工作以外，也十分重视成果转化与转让工作。具有代表性的是：北京航空航天大学网络技术重点实验室 2 年签订成果转让合同 8968.35 万元，其发明专利技术应用于华为公司“基于高性能电信计算平台的电信业务云”的构建，自主研发的信息安全产品已销往航空、兵器、船舶等多家军工行业单位，直接经济效益逾 900 万元。清华大学绿色反应工程与工艺实验室 2 年签订成果转让合同 7660 万元，零驰放二甲醚成套技术在国内推广十多家，取得良好经济效益。北京工业大学和清华大学联合组建的传热与能源利用实验室 2 年签订成果转让合同 2501.53 万元，其中以熔盐传热蓄热技术为核心的太阳能热发电技术实现专利技术转让 990 万元。北京化工大学新型高分子材料制备与加工重点实验室 2 年申请专利 34 项，专利受理 18 项，签订成果转让合同 1390 万元；与山东玲珑轮胎有限公司合作，制备了超高性能轿车子午线轮胎（UHPT），打破了少数国外轮胎业巨头在超高性能轿车子午线轮胎这一高端技术领域的垄断。其他重点实验室在成果转化与转让都有所探索，不少取得了良好的转化成效。

（六）稳步发展研究团队并培养一批高层次人才

在依托学校的大力支持下，86 个重点实验室都建立和稳步发展自身高素质研究队伍，并积极培养创新人才。重点实验室具有正高职称人数由 2009 年 789 人增加到 2011 年 998 人，增加 26.5%；具有副高职称人数由 2009 年 693 人增加到 2011 年 961 人，增加 38.7%。培养了一批研究生，毕业博士 1329 人、毕业硕士 6112 人，相比建设前（2009 年）分别增加了 132.7%和 125.9%。具体情况见表 8。

表 8 实验室第三期建设计划中期建设情况——队伍建设与人才培养

项目	分项	建设前情况	建设中分年度情况		2010～2011 年合计数	2011 年比 2009 年	
		2009 年	2010 年	2011 年		增量	增速（%）
队伍建设与人才培养	具有正高职称人数	789	889	998	—	209	26.5
	具有副高职称人数	693	854	961	—	268	38.7
	毕业博士	571	606	723	1329	758	132.7
	毕业硕士	2706	2981	3131	6112	3406	125.9

调研显示，普遍重视队伍建设，积极提高研究人员的专业水平。例如，北京中医药大学中药基础与新药研究实验研究队伍具有年轻化和高学历明显特征，新增中青年教授 3 人，1 名青年教师入选教育部新世纪人才计划，1 名青年教师入选北京市科技新星。首都师范大学学习与认知实验室在第三期建设期间，非常重视吸引优秀中青年人才和培养现有中青年人才，有 2 名晋升为教授和博士生导师，4 名晋升为副教授，引进了 7 名博士毕业生，已选派优秀年轻人 12 人次到美国加州大学伯克利分校、麻省理工学院以及加拿大西安大略大学等 6 所国际一流大学开展合作研究，已取得显著成果。其他实验室在队伍建设和人才培养都有积极的成效，为北京市和全国培养了一大批创新人才。

三、实验室第三期建设的阶段性经验

调研显示，北京市重点实验室第三期建设顺利的阶段性经验，主要体现在：依托学校的支持是实验室建设顺利的前提，研究方向的凝练是实验室出成果的基础，标志性成果是反映实验室建设成效的重要指标，研究队伍的稳步发展是实验室建设顺利的支撑。

（一）依托学校的大力支持为实验室建设提供重要支撑

从 2001～2010 年，北京地区普通高等学校的实验室分三批经过市教委、市科委联合认定为“北京市重点实验室”后，各高校都将重点实验室纳入到学校实验室管理体系中，统一管理，制订规划，并纳入学科系列予以专项资金支持，促进实验室快速发展。依托高校对实验室的重视为实施有效运转提供雄厚的制度、经费、人员和科研条件保障，这是北京市重点实验室第三期建设的重要保障。

主要体现在如下几个方面：（1）清华大学、中国农业大学等“985 工程”高校或“211 工程”高校将重点实验室纳入这些国家工程经费资助范围，改善实验室科研条件。没有进入国家工程的学校，一般也通过将实验室纳入重点学科建设当中，给予配套经费资助。（2）学校长期发展形成的独特学科优势往往是重点实验建设的基础，例如北京信息科技大学、首都医科大学、中国农业大学、中国石油大学等为以其为依托单位的各个重点实验室的顺利建设提供了保障。

（二）凝练研究方向使实验室建设集中优势，攻坚克难

调研显示，在科研条件改善、科研经费筹措、科研项目承担、科研成果形成、成果转化与转让、队伍建设和人才培养等方面阶段性建设成效大的重点实验室，其成功经验是：瞄准重大理论与重大实现问题，凝练学科研究方向，建设专业性学术研究机构与成果转化基地。

在新型工业领域：北京石油化工学院光机电装备技术实验室围绕北京市和国家能源发展装备制造技术需求，开展特种机器人、水下焊接技术、光电检测技术和新兴能源装备及制造技术等方向的研究工作，建设具有国际先进水平的实验室。学科研究方向的凝练，为实验室的顺利建设提供了清晰的指引。光机电装备技术实验室承担完成了“863 计划”“深水海管铺设焊接工艺及设备国产化技术研究”项目，科技部认为“使我国向深海进军的步伐更加坚实的迈进了一大步”；实验室全位置智能焊接机器人系列产品在成果转化方面取得了长足进展，获得了全面推广应用。

在环境科学领域：北京理工大学环境科学工程实验室经过十年多的努力（通过一期、二期建设），获得国家和省部级科技进步奖及 10 多项国家发明专利，成为国内著名的环境科学与工程实验室。在第三期建设期间，该实验室凝练了 3 个研究方向，即绿色电池及相关材料研究、工业污染物分析与清洁技术研究、废旧电池中金属材料的资源化处理研究。依据上述研究方向，环境科学工程实验室完成了国家“973 计划”项目“新型二次电池及相关能源材料的基础研究”，承担了科技部中美合作项目“面向中美清洁能源合作的电动汽车前沿技术研究”子课题“新体系高比能动力电池及关键材料”，开发了制备高性能富锂锰基正极材料的方法与工艺。

在新一代 IT 领域：北京邮电大学智能通信软件与多媒体实验室凝练了物联网与多媒体计算、智能信息处理、移动与嵌入式计算、网络与分布式计算四个学科研究方向，建设智能通信软件与多媒体计算的学术研究机构和实用关键技术的转化基地。学科研究方向的凝练，为实验室的顺利建设提供良好的基础。建设期间，智能通信软件与多媒体实验室承担了国家“973 计划”项目“物联网体系结构的基础研究”和国家自然科学基金重点项目

"无线多媒体传感器网络设计理论与关键技术"，实验室成果"传媒业务协同处理关键技术及应用"获得中国电子学会电子信息科学技术奖一等奖。

在其他专业领域，也有一批重点实验通过学科研究方向，进一步强化自身优势，提高专业学术水平，在成果转化与转让、交流合作等方面都取得了成效。

（三）重视形成标志性成果为实验室建设提供明确的建设目标

北京市86个重点实验室都十分重视形成标志性成果。标志性成果是实验室建设高水平科研条件、组织研究队伍开展重大科研项目攻关，并积极推动理论研究成果向应用成果转化的结果。在京高校北京市重点实验室一般建设历史长，科研资源积累丰富，承接国家重大课题和社会复杂课题的能力强、机会多，一般有可能形成具有全国影响力的标示性成果。

清华大学绿色反应工程与工艺实验室建立了由7名院士参加的学术委员会，承担了国家"973计划"项目8个，国家"863计划"项目2个，国家科技支撑计划项目2个，国家自然基金重点项目2个，形成标示性成果——纳米聚团流化床反应器，这是目前国际上生产能力最大的碳纳米管制备系统。该标志性成果反映了绿色反应工程与工艺实验室建设顺利、成效显著。

北京科技大学新能源材料与技术实验室依托国家重点学科人才队伍，承担了国家级项13项，其中，国家"973计划"和"863计划"项目6项，重大科学研究计划项目2项、国家自然科学基金和国家国际科技合作项项目各1项等。新能源材料与技术实验室形成了实验室标志性成果一——直接甲醇燃料电池研究，成功制备高性能的电池用膜电极和复合质子交换膜；标志性成果二——维功能纳米材料的结构和性能调控及器件基础，该成果成功构建新型纳米原型器件。

北京市属高校重点实验室也形成了一些标志性成果。北京信息科技大学北京市传感器重点实验室主要从事传感器及其功能材料的基础理论和应用研究。建设期间，承担了国家自然基金项目5项，国防重点预研及批生产项目6项，"863计划"项目子课题1项。在2009～2011年获得专利发明20多项，其中，中、美、英发明专利授权8项。形成了标志性成果"旋转载体用硅微机械陀螺"，并结合国防应用，进行工程实用化研究，产品广泛用于坦克、舰船、车辆和机器人等移动载体的姿态控制系统。这些显示，重点实验室建设进展良好。

（四）稳步发展研究队伍，形成合理的人才梯队，为实验室建设提供智力保障

86个重点实验室均制定实验室的各项管理制度，如重点实验室管理制度、日常管理规则、仪器设备管理制度、安全责任制度、开放课题申报管理制度、技术人员岗位职责等，对重点实验室运行顺利提供重要保障。同时，重点实验室研究人员是实验室建设最有活力的力量，是推动重点实验室创新发展的智慧资源，各重点实验室成立了学术委员会，并建立稳步发展高水平的研究队伍。这是实验室开展科研攻关、产出科研成果并形成标志性成果的人才支撑。

北京市很多重点实验室为推动实验室建设，通过多年探索，逐步形成了合作研究机制，推动实验室研究队伍稳步发展。例如，华北电力大学能源的安全与清洁利用实验室正高职称人数从2009年4人发展到2011年的8人，副高职称人数从2009年2人发展到2011年的5人，实验室主任成为"973计划"首席科学家、国家杰出青年基金获得者、中科院"百人计划"获得者，先后引进了太阳能光伏和光热领域3名优秀青年学术带头人，其中，有2名2011年入选教育部新世纪优秀人才计划。除之以外，在2009～2011年建设期间，还先后从国内外著名研究机构和高校引进15名优秀的年轻博士，有1名成为北京市科技新星。研究队伍的发展提高该实验室科技攻关能力，2009～2011年共承接国家级课题14项，其中，有国家"973计划"项目、国家"863计划"项目和国家科技支撑计划项目等。

四、实验室第三期建设中存在的一些问题

总结实验室建设存在的问题，主要表现在以下几个方面。

（一）有些学校对实验室支持不足

调研显示，个别学校自北京市重点实验室认定以来，只是单纯地挂上牌子，对北京市重点实验室的建设和发展缺乏学校层面的指导和关注，没有站在全校高度整合优势资源，无论从人员上、经费上和制度上都没有给北京市重点实验室予以重点支持。依然将北京市重点实验室的建设与管理放在院系管理，类同与院系其他一般的实验室，这样做与北京市重点实验室的地位很不相符，影响了北京市重点实验室第三期建设计划的顺利实施。

（二）有些实验室建设进展不明显

个别重点实验室建设进展不明显。2年多来，无论是在实验室科研条件建设，还是在承担国家级重大课题、形成标志性成果，以及在成果转化与转让和培养高层次人才上都没有取得突破，发展势头明显落后于其他学校。这种情况要引起依托学校及实验室的高度重视。另有一些市属高校实验室2010年才被认定为北京市重点实验室，由于起步较晚，基础较为薄弱，在实验室三期建设计划实施中重点将仪器设备、队伍建设和管理制度进行建设和完善，科学研究实力在后续建设上还要进一步加强，如抓紧推进在研项目形成一些有价值的成果。

（三）实验室建设总体上呈现不平衡

由于依托学校学科基础、基础条件建设、人才引进力度、对外合作交流程度等诸多方面的影响，北京市重点实验室的发展建设呈现出很大差别。发展较好的实验室，承担了不少国家或省部级的重大项目，产生了具有一定影响力的研究成果，实验室具有较强的社会竞争力，已经成为学校科技创新和学术交流的重要基地。相对于而言，清华大学、北京大学、中国农业大学与及北京航空航天大学等在中央在京高校不论是从国家工程资助力度，还是从高校学科基础与积累而言，一般都要高于北京市属高校。因此，相比以北京市属高校为依托单位的北京市重点实验室，以中央在京高校为依托单位的北京

市重点实验室第三期建设普遍更富有成效。在北京市属高校实验室中，早期认定和建设的实验室第三期建设较好，后来认定的实验室建设见识短，进展较慢，建设质量还有差距。这些差距，还需要实验室知难而上，逐步缩小与高水平实验室之间的差距。

（四）有个别实验室自主建设能力严重不足

大多数重点实验室的建设中，市教委专项经费充分发挥引导资金的作用，只占实验室科研经费中很少的一部分，学校配套经费和实验室自筹到位经费所占比较大。以北京工业大学和清华大学双依托单位的传热与能源利用实验室为例，市教委专项经费为299.2万，学校配套经费和自筹到位经费高达4029.6万元，学校配套和实验室自筹经费是实验室可以做强和可持续发展的重要支撑，反映了这些实验室具有很强的自主建设能力。然而个别学校的实验室建设发展经费主要依赖市教委专项经费，学校配套经费和自筹到位经费几乎为零，表明实验室自主建设能力严重不足，承担国家级和其他来源项目的能力差。

五、下一步推动实验室第三期建设的建议

为了推动实验室第三期建设的顺利完成，促进北京市重点实验室的发展，提出以下几个方面的建议。

（一）依托学校要全力支持实验室建设

北京市重点实验室的建设离不开依托单位的指导和支持。各依托学校要进一步提高对重点实验室建设的认识，提升其地位和作用，将实验室的建设发展纳入到依托学校整体发展规划当中。

重点工作是：一是要理顺学校与实验室的管理关系，置于学校层面而非院系层面对此加以指导和管理，不能将实验室的管理权下放到院系中。二是突出北京市重点实验室在北京市乃至全国的学术影响力，为此整合学校内外优质学术资源。三是依托学校要指导实验室领导班子的组建，学校结合北京或国家重点学科建设，要从人员上、条件上、经费上给予实验室建设重点支持。

各依托学校和实验室领导班子应紧紧抓住实验室管理工作中存在的薄弱环节，提高认识，站在北京市重点实验室的高度，从严要求，从严部署，从严检查，从严管理。进一步规范实验室的环境建设、大型仪器设备的日常管理、开放课题的管理等。

（二）实验室建设应进一步突出形成标志性成果

实验室的建设是连续的，发展水平不同的各个实验室，都应当根据实验室现有基础和条件，进一步落实第三期建设任务。在第三期建设后两年，除了要积极承担新的科研任务外，最重大的建设任务就是保障在研重大项目取得成功。

重点工作是：一是组织好研究团队，开展科技攻关，按照任务委托单位要求完成在研重大科研项目。二是在研重大项目要攻克基础理论难，并结合实际用户应用需求，开展工程技术研究，为形成标志性成果做好准备。三是已经取得的成果要加快转化与转让，尽早形成成果推广效益并提高社会影响力。

除了以上重点工作外，实验室还要强化实验室研究人员的成果标注意识，严格科研成果管理，在科研成果上标注“×××北京市重点实验室”的字样。这是实验室建设进入后期要加强的重要工作。

（三）加强实验室科研经费筹措与管理

有一些实验室还是没有提交专项经费使用资料。在后期建设中，86个实验室都要加强市教委专项科经费和其他科研经费的管理，严格执行预算，规范支出科研经费。

与此同时，在后期建设中，各实验室要继续加强学校配套经费的落实和自筹经费的筹措工作，强化与专业部门和企业的联系，增强实验室经费自筹能力。重点工作是：一是明确市教委经费拨付与学校配套经费和自筹到位经费的关系；二是加强学校配套经费和自筹到位经费真实到位情况核实；三是对长期以来，学校配套经费和自筹到位经费一直不足的实验室，采取减少市教委专项经费拨付的约束措施。

（四）需要进一步加强对外合作与交流

86个北京市重点实验室已经进入第三期建设后期，现今很多实验室都形成了一批成果并有一批在研科研项目，对外合作与交流的目标和需求渐趋清晰。因此，在实验室建设后期，要加强与国内外同行的交流与合作。重点工作是：一是采取与高水平实验室共同申请重大项目、共同开发项目、互派研究人员等方式进行交流与合作。二是通过学术研讨，进一步凝练学科研究方向，推动在研项目形成科研成果特别是标志性成果。三是不断学习和借鉴优秀实验室的建设经验，提升实验室在本领域内的知名度，进一步扩大实验室的影响力。

（承担单位：北京市教育委员会科学技术与研究生工作处
执笔人：赵胤慧　翟昊）

（本栏责任编校　华蕾）

统计表

2014～2015学年度北京教育事业统计资料

一、综合

1-1 各级各类学校校数、教职工、专任教师情况

单位：人

	学校数（所）			教职工数			专任教师		
	2014	2013	增长%	2014	2013	增长%	2014	2013	增长%
一、高等教育	**177**	**177**	**0.00**	**148930**	**146264**	**1.82**	**71079**	**69625**	**2.09**
（一）研究生培养机构（不计校数）	(136)	(136)	0.00				(51415)	(47841)	7.47
1. 普通高校	(56)	(56)	0.00				(41648)	(38747)	7.49
2. 科研机构	(80)	(80)	0.00				(9767)	(9094)	7.40
（二）普通高等学校	89	89	0.00	140685	137825	2.08	67549	66026	2.31
1. 本科院校	64	63	1.59	127807	123923	3.13	60297	58399	3.25
其中：独立学院	5	5	0.00	2191	2136	2.57	1311	1321	-0.76
2. 专科院校	25	26	-3.85	10007	11097	-9.82	5302	5712	-7.18
其中：高等职业技术学校	24	25	-4.00	9671	10763	-10.15	5055	5473	-7.64
3. 其他机构（点）（不计校数）	5	5	0.00	2871	2805	2.35	1950	1915	1.83
（三）成人高等学校	19	19	0.00	3273	3403	-3.82	1551	1523	1.84
（四）民办的其他高等教育机构	69	69	0.00	4972	5036	-1.27	1979	2076	-4.67
二、中等教育	**766**	**757**	**1.19**	**98766**	**96012**	**2.87**	**71799**	**68175**	**5.32**
（一）高中阶段教育	429	410	4.63	98766	96012	2.87	51105	47704	7.13
1. 普通高中	306	291	5.15	82224	80511	2.13	40349	38492	4.82
2. 中等职业教育	123	119	3.36	16542	15501	6.72	10756	9212	16.76
普通中专	31	31	0.00	3614	3701	-2.35	2002	1995	0.35
成人中专	11	11	0.00	565	572	-1.22	308	313	-1.60
职业高中	52	55	-5.45	7495	7653	-2.06	4889	4872	0.35
技工学校	29	22	31.82	4868	3575	36.17	3557	2032	75.05
（二）初中阶段教育	337	347	-2.88				20694	20471	1.09
三、小学教育	**1040**	**1093**	**-4.85**	**58108**	**57832**	**0.48**	**49434**	**48726**	**1.45**
四、工读学校	**6**	**6**	**0.00**	**286**	**294**	**-2.72**	**195**	**196**	**-0.51**
五、特殊教育	**22**	**22**	**0.00**	**1278**	**1253**	**2.00**	**966**	**935**	**3.32**
六、学前教育	**1426**	**1384**	**3.03**	**57950**	**53049**	**9.24**	**31692**	**28806**	**10.02**

注：1. “()”内数据为不计校数。

2. 普通高中的教职工数中含普通初中的教职工数。

3. 2013年，教育部将中国地质大学（北京）和中国矿业大学（北京）作为分校进行统计，不单独计校数。

1-2 各级各类学历教育学生情况

单位：人

	毕业生数			招生数			在校生数		
	2014	2013	增长%	2014	2013	增长%	2014	2013	增长%
一、高等教育	**495945**	**480612**	**3.19**	**622602**	**647871**	**-3.90**	**1928977**	**1882237**	**2.48**
（一）普通本专科	147023	148689	-1.12	160056	163081	-1.85	594614	589234	0.91
专科	34129	36780	-7.21	34611	37581	-7.90	105322	107128	-1.69

续表

	毕业生数			招生数			在校生数		
	2014	2013	增长%	2014	2013	增长%	2014	2013	增长%
本科	112894	111909	0.88	125445	125500	-0.04	489292	482106	1.49
（二）成人本专科	93874	94519	0.68	88383	101654	-13.15	237644	258278	-7.99
专科	41350	42712	-3.19	38122	44571	-14.47	93486	104623	-10.64
本科	52524	51807	1.38	50160	57083	-12.13	144158	153655	-6.18
（三）网络本专科生	177606	164047	8.27	259514	268993	-3.52	735119	688577	6.76
专科	105357	99249	6.15	151248	159499	-5.17	400526	375880	6.56
本科	72249	64798	11.50	108266	109494	-1.12	334593	312697	7.00
（四）研究生	77442	73357	5.57	92776	91399	1.51	274443	265656	3.31
硕士	63355	59552	6.39	73932	73437	0.67	198161	193452	2.43
博士	14087	13805	2.04	18844	17962	4.91	76282	72204	5.65
（五）在职人员攻读硕士学位				21974	22744	-3.39	87157	80492	8.28
二、中等教育	**229640**	**240225**	**-4.41**	**202434**	**239010**	**-15.30**	**651443**	**706713**	**-7.82**
（一）高中阶段教育	139500	147852	-5.65	99741	132284	-24.60	344654	396145	-13.00
1. 普通高中	57773	58072	-0.51	55184	59983	-8.00	177554	187586	-5.35
其中：北京市户籍	53315	53837	-0.97	50787	51730	-1.82	158951	166221	-4.37
2. 中等职业教育	81727	89780	-8.97	44557	72301	-38.37	167100	208559	-19.88
普通中专	16394	17002	-3.58	12319	14029	-12.19	51296	56275	-8.85
成人中专	33778	40786	-17.18	11861	34392	-65.51	40568	59871	-32.24
职业高中	16792	17999	-6.71	5585	7162	-22.02	34155	49255	-30.66
技工学校	14763	13993	5.50	14792	16718	-11.52	41081	43158	-4.81
（二）初中阶段教育	90140	92373	-2.42	102693	106726	-3.78	306789	310568	-1.22
其中：北京市户籍	67667	71077	-4.80	65722	65697	0.04	204451	207098	-1.28
三、小学教育	**112819**	**111839**	**0.88**	**153249**	**165807**	**-7.57**	**821152**	**789276**	**4.04**
其中：北京市户籍	65555	65651	-0.15	98016	90917	7.81	452651	419693	7.85
四、工读学校	**330**	**346**	**-4.62**	**316**	**351**	**-9.97**	**600**	**748**	**-19.79**
五、特殊教育	**1997**	**1706**	**17.06**	**1110**	**1156**	**-3.98**	**7742**	**8348**	**-7.26**
六、学前教育	**96478**	**88322**	**9.23**	**133977**	**128106**	**4.58**	**364954**	**348681**	**4.67**

注：特殊教育学生中包括普通中小学随班就读的学生。

1-3 各级各类非学历教育学生情况

单位：人

	毕（结）业生数			注册学生数（人/人次）		
	2014	2013	增长%	2014	2013	增长%
一、高等教育	**734485**	**725164**	**1.29**	**658695**	**707641**	**-6.92**
（一）自考助学班	745	1770	-57.91	1928	2771	-30.42
（二）普通预科生				1652	2333	-29.19
（三）研究生课程进修班	8179	12980	-36.99	18743	14982	25.10
（四）进修及培训	725561	710414	2.13	636372	687555	-7.44
其中：资格证书培训	63882	62693	1.90	43404	70889	-38.77
岗位证书培训	184287	174968	5.33	162348	158168	2.64
二、中等教育	**2882671**	**3265745**	**-11.73**	**2580312**	**2963305**	**-12.92**
其中：资格证书培训	348287	416056	-16.29	306660	377325	-18.73
岗位证书培训	484652	786653	-38.39	454939	801191	-43.22
（一）中等职业教育	53483	63970	-16.39	31508	34447	-8.53

续表

	毕（结）业生数			注册学生数（人/人次）		
	2014	2013	增长%	2014	2013	增长%
其中：资格证书培训	21168	26451	-19.97	16506	21160	-21.99
岗位证书培训	13092	10167	28.77	7790	5086	53.17
（二）职业技术培训机构	2829188	3201775	-11.64	2548804	2928858	-12.98
其中：资格证书培训	327119	389605	-16.04	290154	356165	-18.53
岗位证书培训	471560	776486	-39.27	447149	796105	-43.83

1-4 各级民办教育基本情况

单位：人

	学校数（所）	毕业生数	招生数	在校生数	教职工数	专任教师
一、民办高等教育	**84**	**17363**	**18948**	**68451**	**11343**	**5290**
（一）民办高校	15	17363	18948	68451	6371	3311
1. 本科学生		8758	10872	42319		
2. 专科学生		8566	8008	25998		
3. 研究生		39	68	134		
（二）民办其他高等教育机构	69				4972	1979
二、民办中等教育	**107**	**14607**	**12383**	**47315**	**10317**	**6387**
（一）高中阶段教育	86	6555	3454	21229	10317	6387
1. 民办普通高中	63	4926	3000	16809	9159	5779
2. 民办中等职业教育	23	1629	454	4420	1158	608
（二）初中阶段教育	21	8052	8929	26086		
三、民办小学	**65**	**10771**	**9372**	**71512**	**3011**	**2254**
四、民办幼儿园	**532**	**31485**	**42632**	**126947**	**24012**	**11871**
另有：民办职业技术培训机构	1209	1098461		1144895	33001	12372

注：1. 民办普通高中的教职工数、专任教师数中包含民办初中阶段教育的教职工数、专任教师数。
2. 民办培训机构毕业生数为结业人次数，在校生数为注册学生数。
3. 除民办其他高等教育机构外，其他各项数据均含在普通教育系列中。

二、高等教育

2-1 高等教育分学科研究生数

单位：人

	毕业生数			招生数			在校生数		
	合计	硕士	博士	合计	硕士	博士	合计	硕士	博士
总计	**77442**	**63355**	**14087**	**92776**	**73932**	**18844**	**274443**	**198161**	**76282**
其中：女	38802	33434	5368	45253	37776	7477	128945	100349	28596
按学科分									
哲学	661	463	198	719	448	271	2299	1306	993
经济学	5380	4710	670	6466	5512	954	16376	12495	3881
法学	7479	6503	976	7967	6734	1233	22669	17808	4861
教育学	2978	2681	297	3424	3017	407	9572	7924	1648
文学	4572	4009	563	4985	4268	717	14090	11156	2934
历史学	606	444	162	771	549	222	2316	1486	830
理学	6884	3834	3050	9740	5415	4325	30949	15153	15796

续表

	毕业生数			招生数			在校生数		
	合计	硕士	博士	合计	硕士	博士	合计	硕士	博士
工学	28579	23775	4804	34438	27671	6767	107107	76954	30153
农学	2572	1960	612	3102	2375	727	8511	5848	2663
医学	4358	2835	1523	5251	3602	1649	15331	10084	5247
军事学	32	24	8	26	23	3	107	64	43
管理学	10756	9824	932	12666	11421	1245	35991	29954	6037
艺术学	2585	2293	292	3221	2897	324	9125	7929	1196
总计中：学术型学位	**54018**	**40511**	**13507**	**60595**	**42383**	**18212**	**195333**	**121232**	**74101**
专业学位	**23424**	**22844**	**580**	**32181**	**31549**	**632**	**79110**	**76929**	**2181**

2－2 普通高等学校本科、专科学生情况

单位：人

	学校数（所）		毕业生数			招生数			在校生数			预计毕业生数		
	计	其中：中央	合计	专科	本科	合计	专科	本科	合计	专科	本科	合计	专科	本科
总　计	**89**	**35**	**147023**	**34129**	**112894**	**160056**	**34611**	**125445**	**594614**	**105322**	**489292**	**158259**	**38083**	**120176**
按类型分														
本科院校	64	35	120407	10841	109566	130429	8780	121649	504689	29763	474926	128585	11878	116707
其中：独立学院	5		5193		5193	5762		5762	24331		24331	6206		6206
专科院校	25		21825	21825		24574	24574		71367	71367		24739	24739	
其中：高等职业学校	24		20610	20610		23362	23362		67479	67479		23386	23386	
其他机构（不计校数）	6	3	4791	1463	3328	5053	1257	3796	18558	4192	14366	4935	1466	3469
按性质类别分														
综合大学	5	3	18989	3648	15341	19302	1954	17348	73410	8632	64778	20244	3861	16383
理工院校	29	10	60863	14806	46057	66677	15335	51342	247669	45958	201711	66055	16649	49406
农业院校	3	1	6414	1740	4674	6400	1919	4481	23143	5342	17801	6371	1905	4466
林业院校	1	1	3187		3187	3296		3296	13235		13235	3269		3269
医药院校	4	2	2722	815	1907	3796	1408	2388	14123	3958	10165	3169	1308	1861
师范院校	2	1	4646	102	4544	5597	297	5300	20663	466	20197	4997	168	4829
语文院校	9	5	10772	2868	7904	11514	2920	8594	42853	8637	34216	11595	2915	8680
财经院校	16	2	21198	7149	14049	22414	7443	14971	83398	22903	60495	23049	7709	15340
政法院校	8	5	9504	2499	7005	11494	2959	8535	39048	8429	30619	10473	3140	7333
体育院校	3	1	2562	96	2466	3070	61	3009	11665	150	11515	2752	67	2685
艺术院校	8	3	3424	406	3018	3694	315	3379	14097	847	13250	3516	361	3155
民族院校	1	1	2742		2742	2802		2802	11310		11310	2769		2769
按举办者分														
1. 中央部门	35	35	72740	3132	69608	79067	2658	76409	307689	7885	299804	76346	3117	73229
教育部	23	23	53956	1710	52246	57022	903	56119	226068	3272	222796	56199	1440	54759
其他部门	12	12	18784	1422	17362	22045	1755	20290	81621	4613	77008	20147	1677	18470
2. 地方	39		56959	22431	34528	62109	23945	38164	218608	71439	147169	61950	25612	36338
教育部门	24		45501	10973	34528	48741	11057	37684	178667	32896	145771	48239	11901	36338
其他部门	15		11458	11458		13368	12888	480	39941	38543	1398	13711	13711	
3. 民办	15		17324	8566	8758	18880	8008	10872	68317	25998	42319	19963	9354	10609

2-3 普通高等学校教职工情况

单位：人

	校本部教职工					科研机构人员	校办企业职工	其他附设机构人员	合计
	计	专任教师	行政人员	教辅人员	工勤人员				
总计	**121835**	**67549**	**22806**	**17685**	**13795**	**7573**	**1412**	**9865**	**140685**
其中：女	58510	30355	12750	10923	4482	3137	323	6180	68150
按类型分									
本科院校	109201	60297	20120	16299	12485	7533	1339	9734	127807
其中：独立学院	2189	1311	330	155	393	2			2191
专科院校	9853	5302	2248	1136	1167	36	43	75	10007
其中：高等职业学校	9529	5055	2210	1109	1155	25	43	74	9671
其他机构	2781	1950	438	250	143	4	30	56	2871
按性质类别分									
综合大学	23292	12862	3715	3472	3243	1434	227	791	25744
理工院校	46041	26470	8469	5232	5870	3738	772	1933	52484
农业院校	4547	2535	1012	508	492	15	81	262	4905
林业院校	1762	1186	298	212	66		51	31	1844
医药院校	9347	3255	1371	4017	704	2053	14	6101	17515
师范院校	5610	3473	942	811	384	30	125		5765
语文院校	6666	4056	1421	668	521	190	30	384	7270
财经院校	10976	6443	2359	1115	1059		76	42	11094
政法院校	6521	2950	1568	899	1104	11	2	125	6659
体育院校	1631	1048	369	89	125		10	55	1696
艺术院校	3557	2074	837	510	136	56	24	64	3701
民族院校	1885	1197	445	152	91	46		77	2008
按举办者分									
1. 中央部门	82640	45466	14531	13286	9357	7379	1096	9358	100473
教育部	56685	30528	10768	8267	7122	4858	922	2957	65422
其他部门	25955	14938	3763	5019	2235	2521	174	6401	35051
2. 地方	32826	18772	6976	3888	3190	192	316	507	33841
教育部门	26400	15402	5468	3041	2489	157	287	490	27334
其他部门	6426	3370	1508	847	701	35	29	17	6507
3. 民办	6369	3311	1299	511	1248	2			6371

三、中等职业教育

3-1 中等职业学校（机构）数

单位：所

	计	中央部门	地方				民办
			计	教育部门	其他部门	地方企业	
总计	**94**	**7**	**64**	**39**	**20**	**5**	**23**
普通中等专业学校	31	6	25	8	15	2	
成人中等专业学校	11	1	9	2	4	3	1
职业高中学校	52		30	29	1		22
附设中职班（不计校数）	25	1	23	14	9		1

注：不含技工学校

3－2　中等职业学校分类型学生数

单位：人

	毕业生数		招生数			在校生数	预计毕业生数
	计	其中：获得职业资格证书	计	其中：应届毕业生			
				计	其中：初中毕业		
总计	**66964**	**37300**	**29765**	**22671**	**22336**	**126019**	**55207**
普通中专	16394	10831	12319	11892	11643	51296	15093
成人中专全日制	3051	2695	5410	4996	4977	16735	1998
成人中专非全日制	30727	10172	6451	271	271	23833	17938
职业高中	16792	13602	5585	5512	5445	34155	20178

注：不含技工学校

3－3　职业高中分区县基本情况

单位：人

	校数（所）	毕业生数	招生数	在校生数	教职工数	专任教师
总计	**52**	**16792**	**5585**	**34155**	**7495**	**4889**
东城区	5	1294	674	2973	749	381
西城区	4	1913	653	3483	995	740
朝阳区	5	2586	774	5048	1008	756
丰台区	5	1502	280	2328	661	415
石景山区	3	658	147	1371	209	106
海淀区	2	1481	756	5170	624	443
房山区	5	988	165	1374	447	307
通州区	3	571	99	818	176	127
顺义区	5	505	572	1837	306	174
昌平区	3	1564	595	3044	413	309
大兴区	6	1267	58	1174	595	379
门头沟区	1	340	22	182	143	84
怀柔区	2	423	40	1695	450	244
平谷区	1	106	35	228	185	80
密云县	1	681	309	1510	263	164
延庆县	1	913	406	1920	271	180

四、普通中学

4－1　普通中学分区县基本情况

单位：人

	学校数（所）					初中			高中			教职工数	专任教师
	合计	完全中学	高级中学	初级中学	九年一贯制学校	毕业生数	招生数	在校生数	毕业生数	招生数	在校生数		
总计	**643**	**265**	**41**	**235**	**102**	**90140**	**102693**	**306789**	**57773**	**55184**	**177554**	**82224**	**61043**
东城区	43	30	4	7	2	7368	7363	23589	5268	5414	17102	6564	4716
西城区	51	40	3	7	1	8726	8684	27837	7841	7022	22385	8130	6217
朝阳区	89	36	2	28	23	9498	13898	39252	4686	4362	15018	10905	8816
丰台区	45	15	4	14	12	5379	7874	22097	2565	2427	8474	5438	4016
石景山区	27	7	3	11	6	3040	3110	9679	1492	1584	5036	2597	1968

续表

	学校数（所）					初中			高中			教职工数	专任教师
	合计	完全中学	高级中学	初级中学	九年一贯制学校	毕业生数	招生数	在校生数	毕业生数	招生数	在校生数		
海淀区	77	61	3	7	6	18187	21260	61650	12693	13627	41552	12976	9875
门头沟区	14	2	1	9	2	1330	1720	4844	706	717	2347	1266	888
房山区	47	10	5	26	6	5721	5889	18291	2923	2979	9115	4553	3373
通州区	40	12	1	15	12	4918	6268	18219	2666	2643	8947	4654	3434
顺义区	30	7	4	16	3	5135	5582	16530	3817	3864	11377	4506	3398
昌平区	50	22	1	16	11	4869	5429	16751	2864	1867	7770	5201	3925
大兴区	43	14	0	22	7	5709	6220	18239	3587	2409	8956	4994	3879
怀柔区	23	1	4	14	4	2176	2293	6756	1294	1449	4384	2424	1614
平谷区	20	4	1	13	2	2399	2118	6754	2062	1654	5238	3241	1696
密云县	23	2	3	18		3309	2916	9386	2060	1889	5898	2493	1740
延庆县	21	2	2	12	5	2376	2069	6915	1249	1277	3955	2282	1488

五、小　　学

5－1　小学分区县基本情况

单位：人

	学校数（所）	毕业生数	招生数	在校学生数	教职工数	专任教师
总计	**1040**	**112819**	**153249**	**821152**	**58108**	**49434**
东城区	64	7721	9573	50845	4604	3719
西城区	60	8560	12488	64464	4745	4268
朝阳区	122	15309	25745	128030	8331	7680
丰台区	78	10069	12928	70432	4786	4133
石景山区	31	3486	4402	23479	1563	1378
海淀区	104	20912	28182	147662	7553	7011
门头沟区	23	1836	2180	11314	1195	896
房山区	106	6603	9391	46563	3613	2867
通州区	83	7465	9709	60717	4001	3542
顺义区	45	5493	7503	40994	2948	2396
昌平区	91	7678	8177	54049	3570	3017
大兴区	99	7581	10637	56199	4019	3410
怀柔区	24	[illegible]	3018	[illegible]	[illegible]	[illegible]
平谷区	42	2419	3179	16686	2185	1469
密云县	40	3091	3835	21319	2023	1482
延庆县	28	2063	2277	11899	1350	1060

六、工读学校

6－1　工读学校基本情况

单位：人

	学校数（所）	班数（个）	离校人数	入校人数	在校生数	教职工数	
						计	其中：专任教师
总　计	**6**	**40**	**330**	**316**	**600**	**286**	**195**
其中：女			38	70	115	74	56

七、特殊教育

7－1　特殊教育学校基本情况

单位：人

	学校数（所）	班数（个）	毕业生数	招生数	在校生数	教职工数	
						合计	其中：专任教师
总计	**22**	**327**	**1997**	**1110**	**7742**	**1278**	**966**
东城区	2	28	168	87	534	119	97
西城区	3	53	180	123	761	224	197
朝阳区	1	35	508	187	1823	64	55
丰台区	1	12	104	82	357	38	33
石景山区	1	10	64	30	201	35	29
海淀区	3	67	322	167	1276	312	222
房山区	0	7	77	74	365	0	0
通州区	1	18	98	41	280	62	57
顺义区	2	19	49	30	353	134	80
昌平区	2	16	80	44	375	57	32
大兴区	1	10	44	39	347	31	22
门头沟区	1	9	39	27	134	25	21
怀柔区	1	8	15	34	108	32	17
平谷区	1	17	41	17	235	67	45
密云县	1	12	130	61	408	48	34
延庆县	1	6	78	67	185	30	25

八、幼儿教育

8－1　幼儿园分区县基本情况

单位：人

	园数（所）	离园（班）人数	入园（班）人数	在园（班）人数	教职工数	专任教师
总计	**1426**	**96478**	**133977**	**364954**	**57950**	**31692**
东城区	50	3741	4804	13193	2306	1347
西城区	68	4179	5940	16698	2944	1649
朝阳区	203	15113	20992	62329	11980	6314
丰台区	132	10895	13637	40401	6160	3350
石景山区	48	2746	4235	13409	2185	1176
海淀区	155	14266	20487	58028	9375	4686
门头沟区	28	1363	2024	5241	812	475
房山区	103	8913	10491	28878	4278	2706
通州区	136	5612	12695	25455	3752	2153
顺义区	83	4847	8427	19184	2357	1311
昌平区	111	5636	8189	23294	4200	2198
大兴区	71	7351	9188	24965	2636	1537
怀柔区	52	3085	3276	8642	1153	663
平谷区	62	2828	2891	8393	1225	629
密云县	68	3636	3564	10343	1742	920
延庆县	56	2267	3137	6501	845	578

（孙运科　林业）

（本栏责任编校　林业）

附　录

学 前 教 育

第八批北京市示范幼儿园与农村乡镇中心园及薄弱园“手拉手”单位

示范幼儿园	对口幼儿园
东城区大方家回民幼儿园	大兴采育镇第一中心幼儿园
东城区崇文回民幼儿园	通州区民族幼儿园
西城区和平门幼儿园	通州区七零九零幼儿园
西城区民族团结幼儿园	延庆县民族小学附属幼儿园
西城区名苑幼儿园	西城区警娃艺术幼儿园
朝阳区水碓北里幼儿园	延庆县第五幼儿园
朝阳区福怡苑幼儿园	朝阳区三间房乡中心幼儿园
朝阳区亚运村第二幼儿园	朝阳区小红门乡中心幼儿园
朝阳区九龙幼儿园	朝阳区王四营乡中心幼儿园
北京航空航天大学幼儿园	北京市农林科学院幼儿园
中国人民解放军海军机关幼儿园	海淀区美华彩苑外国语幼儿园
明天幼稚集团第二幼儿园	海淀区紫竹院街道第二幼儿园
明天幼稚集团第三幼儿园	海淀区北太平庄街道威凯幼儿园
明天幼稚集团第四幼儿园	海淀区大有双语幼儿园
明天幼稚集团第五幼儿园	海淀区四季青蓝靛厂幼儿园
明天幼稚集团第六幼儿园	空军航空医学研究所附属医院幼儿园
明天幼稚集团第七幼儿园	北京馨星幼儿园
明天幼稚集团第八幼儿园	海淀区西北旺屯佃村幼儿园
明天幼稚集团第九幼儿园	海淀区苏家坨镇中心幼儿园
明天幼稚集团第十幼儿园	海淀区海淀乡中心幼儿园
中国石油集团科学技术研究院幼儿园	海淀区四季青镇巨山幼儿园
丰台区方庄第一幼儿园	丰台区南苑乡大红门幼儿园
丰台区嘉园一幼	丰台区嘉园实验艺术幼儿园
丰台区第五幼儿园	丰台区北方之星幼儿园（三环园）
大兴区第八幼儿园	大兴区榆垡镇第一中心幼儿园
昌平区回龙观镇幼儿园	北京昌平天一宝贝幼儿园
顺义区怡馨幼儿园	顺义区高丽营第三幼儿园
顺义区港馨幼儿园	顺义区杨镇第三幼儿园
密云县第四幼儿园	密云县巨各庄镇中心幼儿园
平谷区第一幼儿园	平谷区夏各庄镇中心幼儿园
平谷区第四幼儿园	平谷区王辛庄镇中心幼儿园
延庆县第一幼儿园	延庆县张山营中心园

（王永刚）

基 础 教 育

2014年高中阶段可面向全市招收体育艺术科技特长生的学校

一、体育类

东城区

北京景山学校
奥林匹克基地校　国家级传统校　排球 游泳
北京市东直门中学
奥林匹克基地校　国家级传统校　田径 篮球
北京汇文中学
奥林匹克基地校　国家级传统校　田径 游泳
北京市第二十二中学
国家级传统校　篮球 乒乓球 武术 定向运动
北京市第一七一中学
国家级传统校　田径 篮球 排球 游泳
北京市第十一中学
市级传统校　篮球
北京市第一六六中学
市级传统校　田径 篮球
北京市第二十五中学
市级传统校　篮球 乒乓球
北京市第二十七中学
市级传统校　排球
北京市第五十中学
市级传统校　田径 篮球
北京市第五十四中学
市级传统校　足球
北京市第五十五中学
市级传统校　田径 健美操 排球
北京市第五中学
市级传统校　奥林匹克基地校（筹备）　田径 篮球 乒乓球
北京市第六十五中学
市级传统校　田径 排球
北京市第二中学
市级传统校　乒乓球 篮球 健美操
北京市崇文门中学
市级传统校　田径
北京市第一中学
市级传统校　田径
北京市广渠门中学
市级传统校　篮球 排球 乒乓球
北京市龙潭中学
市级传统校　篮球

西城区

北京市第八中学
奥林匹克基地校　国家级传统校　田径 游泳
北京师范大学附属实验中学
奥林匹克基地校　国家级传统校　排球 田径 游泳
北京市第四中学
奥林匹克基地校　国家级传统校　田径 篮球 游泳
北京市第六十六中学
奥林匹克基地校　市级传统校　田径 乒乓球
北京市育才学校
奥林匹克基地校　市级传统校　篮球 棒球 垒球 手球 定向越野
北京市回民学校
奥林匹克基地校　市级传统校　田径 足球
北京师范大学第二附属中学

奥林匹克基地校 市级传统校 排球
北京市第一五九中学
市级传统校 田径 游泳 足球
北京市第四十四中学
市级传统校 篮球 乒乓球
北京市第三十五中学
市级传统校 奥林匹克基地校（筹备） 篮球
北京市铁路第二中学
市级传统校 排球
北京市第十五中学
市级传统校 田径 篮球
北京师范大学附属中学
市级传统校 田径 篮球

朝阳区

北京市第八十中学
奥林匹克基地校 国家级传统校 田径
清华大学附属中学朝阳学校
市级传统校 排球
北京第二外国语学院附属中学
市级传统校 田径
北京市第九十四中学
市级传统校 田径
北京市陈经纶中学
市级传统校 田径 篮球 游泳 健美 操棒球
北京工业大学附属中学
市级传统校 奥林匹克基地校（筹备） 田径 篮球 排球 武术
东北师范大学附属中学朝阳学校
市级传统校 篮球
北京市三里屯一中
市级传统校 奥林匹克基地校（筹备） 足球
北京市第十七中学
市级传统校 射箭

海淀区

北京市第一〇一中学
奥林匹克基地校 国家级传统校 田径 排球 健美操
清华大学附属中学
奥林匹克基地校 国家级传统校 田径 篮球 射击
中国人民大学附属中学
奥林匹克基地校 国家级传统校 足球 田径 健美操 篮球 游泳 乒乓球 武术
北京市育英学校
奥林匹克基地校 国家级传统校 游泳 篮球
北京市八一中学
奥林匹克基地校 市级传统校 田径 足球 武术 健美操 定向运动
北京市第二十中学
奥林匹克基地校 市级传统校 田径 健美操
北京市中关村中学
奥林匹克基地校 市级传统校 田径 篮球 武术
北京理工大学附属中学
国家级传统校 奥林匹克基地校（筹备） 田径 排球 棒球 垒球
首都师范大学附属中学
市级传统校 篮球
北京农业大学附属中学
市级传统校 田径
北方交通大学附属中学
市级传统校 奥林匹克基地校（筹备） 田径 篮球 棒球 垒球 羽毛球 定向运动
北京市六一中学
市级传统校 武术
首都师范大学附属育新学校
市级传统校 棒球 网球
北京市第十九中学
市级传统校 垒球 手球 定向运动
北京市立新学校
市级传统校 游泳
北京市第四十七中学
市级传统校 奥林匹克基地校（筹备） 田径 足球
北京市知春里中学
市级传统校 垒球
北京航空航天大学附属中学
市级传统校 奥林匹克基地校（筹备） 排球
北京市海淀实验中学
市级传统校 篮球

丰台区

北京市第十二中学
奥林匹克基地校 国家级传统校 田径 排球 棒球
北京市第十八中学
市级传统校 田径 篮球 乒乓球
北京市第十中学
市级传统校 田径 足球
北京市大成学校
市级传统校 棒球
北京市丰台区实验学校
市级传统校 田径 棒球 垒球
北京市首都师范大学附属丽泽中学
市级传统校 田径 篮球 跆拳道
北京市丰台区东铁匠营第一中学
市级传统校 篮球 排球 跆拳道

石景山区

北京市第九中学
奥林匹克基地校 国家级传统校 田径 篮球 艺术体操
北京市苹果园中学
市级传统校 田径 排球
北京市京源学校
市级传统校 田径 足球
北京师范大学励耘实验学校
市级传统校 排球

门头沟区

北京市大峪中学
市级传统校 田径
首都师范大学附属中学永定分校
市级传统校 田径

房山区

北京师范大学良乡附属中学
市级传统校 田径篮球
北京市房山区周口店中学
市级传统校 田径

通州区

北京市通州区潞河中学
奥林匹克基地校 国家级传统校 田径 篮球 游泳
北京市通州区运河中学

市级传统校 田径 篮球
北京市通州区第二中学
市级传统校 田径 篮球
北京市通州区第三中学
市级传统校 足球 篮球 排球
顺义区
北京市顺义区第一中学
奥林匹克基地校 国家级传统校 田径 篮球
北京市顺义牛栏山第一中学
奥林匹克基地校 市级传统校 田径 篮球 羽毛球
北京市顺义区第二中学
市级传统校 田径篮球
北京市顺义区杨镇第一中学
奥林匹克基地校 市级传统校 田径 篮球 乒乓球
北京市顺义区第九中学
市级传统校 田径 篮球
昌平区
北京市昌平区第二中学
奥林匹克基地校 国家级传统校 田径
北京市昌平区前锋学校
市级传统校 田径
北京市昌平区第一中学
市级传统校 足球 篮球
首都师范大学附属回龙观育新学校
市级传统校 排球 武术
大兴区
北京市大兴区第一中学
奥林匹克基地校 市级传统校 田径 游泳
北京市第二中学亦庄学校
市级传统校 奥林匹克基地校（筹备） 跆拳道
北京师范大学大兴附属中学
市级传统校 田径
北京市大兴区兴华中学
市级传统校 田径
怀柔区
北京市怀柔区第一中学
奥林匹克基地校 市级传统校 田径 篮球
北京市怀柔区第二中学
市级传统校 田径
北京市怀柔区第四中学
市级传统校 田径
平谷区
北京市平谷中学
市级传统校 田径 篮球 健美操
北京市平谷区第六中学
市级传统校 田径
密云县
北京市密云县第二中学
奥林匹克基地校 国家级传统校 田径 篮球
延庆县
北京市延庆县第五中学
市级传统校 田径篮球
北京市延庆县第一中学
市级传统校 田径足球
二、艺术类
东城区 12所
北京市第二中学
北京市第五中学
北京市第一七一中学
北京市第六十五中学
北京市第二十七中学
北京市第一六六中学
北京市第二十二中学
北京市东直门中学
北京汇文中学
北京景山学校
北京市广渠门中学
北京市第一零九中学
西城区 10所
北京市第四中学
北京市第三十五中学
北京市第八中学
北京市回民学校
北京育才学校
北京市第十五中学
北京市第六十六中学
北京师范大学附属实验中学
北京师范大学亚太实验学校
北京师范大学附属中学
朝阳区 3所
北京市第八十中学
北京市日坛中学
北京市陈经纶中学
海淀区 13所
清华大学附属中学
中国人民大学附属中学
北京市第一〇一中学
北京市十一学校
北京市八一中学
北京市第十九中学
北京市中关村中学
北京市育英学校
北京市育英中学
北方交通大学附属中学
北京理工大学附属中学
北京市第五十七中学
北京市海淀区教师进修学校附属实验学校
丰台区 2所
北京市第十二中学
北京市丰台区丰台第二中学
石景山区 1所
北京市第九中学
通州区 1所
北京市通州区潞河中学
昌平区 1所
北京市昌平区第二中学
三、科技类
东城区 7所
北京市第二中学
北京市第五中学
北京景山学校
北京市第一六六中学
北京市第六十五中学
北京汇文中学

北京市广渠门中学

西城区 7所

北京市第四中学

北京市第八中学

北京师范大学附属实验中学

北京师范大学第二附属中学

北京市第十五中学

北京市育才学校

北京市第一六一中学

朝阳区 3所

北京市第八十中学

北京市陈经纶中学

北京工业大学附属中学

海淀区 5所

中国人民大学附属中学

北京市第一〇一中学

北京市八一中学

北方交通大学附属中学

北京市中关村中学

丰台区 2所

北京市第十二中学

北京市第十八中学

石景山区 1所

北京市京源学校

顺义区 1所

北京市顺义牛栏山第一中学

大兴区 1所

北京师范大学大兴附属中学

怀柔区 1所

北京市怀柔区第一中学

平谷区 1所

北京市平谷区黄松峪中学

（华蕾）

2014年高中阶段可面向本区县招收体育艺术科技特长生的学校

一、体育类

朝阳区

北京市日坛中学

奥林匹克基地校（筹备） 羽毛球

昌平区

北京市昌平区前锋学校

奥林匹克基地校（筹备） 跆拳道

二、艺术类

东城区 5所

北京市第五十五中学

北京市第五十中学

北京市第二十五中学

北京市第十一中学

北京市第九十六中学

西城区 8所

北京师范大学第二附属中学

北京市第一五九中学

北京市第三中学

北京市第四十三中学

北京市华夏女子中学

北京市第一五六中学

北京市第一六一中学

北京市西城外国语学校

朝阳区 6所

北京信息工程学院附属中学

北京工业大学附属中学

清华大学附属中学朝阳学校

北京市和平街第一中学

北京青年政治学院附属中学

中国人民大学附属中学朝阳学校

海淀区 8所

北京大学附属中学

北京师范大学第三附属中学

北京市第二十中学

首都师范大学第二附属中学

北京市立新学校

首都师范大学附属中学

首都师范大学附属育新学校

北京市陶行知中学

丰台区 3所

北京市第十八中学

北京市大成学校

首都师范大学附属丽泽中学

石景山区 4所

北京市京源学校

北京市苹果园中学

北京景山学校远洋分校

北京师范大学励耘实验学校

门头沟区 4所

北京市大峪中学

首都师范大学附属中学永定分校

北京市三家店铁路中学

北京市育园中学

房山区 1所

北京师范大学良乡附属中学

通州区 2所

北京市通州区第四中学

北京市通州区第二中学

顺义区 2所

北京市顺义区第一中学

北京市顺义区杨镇第一中学

昌平区 3所

北京市昌平实验中学

北京市昌平区沙河中学

北京市昌平区前锋学校

大兴区 1所

北京市大兴区第一中学

怀柔区 3所

首都师范大学附属红螺寺中学

北京市怀柔区第三中学

北京市怀柔区第二中学

平谷区 3所

北京市平谷区第四中学

北京师范大学附属平谷中学

北京市平谷区黄松峪中学

密云县 1所

北京市密云县第二中学

延庆县 2所

北京市延庆县第一中学
北京市延庆县第五中学
三、科技类
东城区　6所
北京市第二十二中学
北京市东直门中学
北京市第一七一中学
北京市第五十五中学
北京市第十一中学
北京市第二十五中学
西城区　9所
北京师范大学附属中学
北京市第十三中学
北京市西城外国语学校
北京市铁路第二中学
北京市第三十五中学
北京市第六十三中学
北京市第六十六中学
北京市第十四中学
北京市第一五六中学
朝阳区　3所
清华大学附属中学朝阳学校
北京市和平街第一中学
北京市日坛中学
海淀区　13所
清华大学附属中学
清华大学附属中学永丰分校
北京市育英学校
北京航空航天大学附属中学
北京市温泉第二中学
北京理工大学附属中学
北京市第二十中学
北京市第十九中学
北京市十一学校
北京市第五十七中学
北京农业大学附属中学
首都师范大学附属中学
北京科技大学附属中学
丰台区　5所
北京市丰台区丰台第二中学
北京市首都师范大学附属丽泽中学
北京市云岗中学
首都医科大学附属中学
北京市航天中学
石景山区　2所
北京市古城中学
北京市苹果园中学
门头沟区　1所
北京市大峪中学
房山区　2所
北京师范大学良乡附属中学
首都师范大学附属房山中学
通州区　2所
北京市通州区潞河中学
北京市通州区第二中学
顺义区　2所
北京市顺义区第一中学
北京市顺义区杨镇第一中学
昌平区　4所
北京市昌平区第二中学
北京市昌平区前锋学校
北京市昌平实验中学
北京市昌平区南口学校
大兴区　6所
北京市大兴区第三中学
北京市大兴区第五中学
北京市大兴区第八中学
北京市大兴区第一中学
北京市第二中学亦庄学校
北京市大兴区魏善庄中学
平谷区　2所
北京市平谷中学
北京市平谷区第七中学
密云县　2所
首都师范大学附属密云中学
北京市密云县第二中学
延庆县　2所
北京市延庆县第一中学
北京市延庆县第二中学

（华蕾）

职业与成人教育

2014年有条件注册入学招生高职院校与招生计划表

北京劳动保障职业学院

老年服务与管理(健康管理与老年关怀)　三年制　40人　语文B，数学C，政治B

机电一体化技术　三年制　40人　语文C，数学B，物理B

北京信息职业技术学院

数控技术　三年制　15人

模具设计与制造（快速原型设计方向）　三年制　15人　数学B，物理B，语文C

电子商务　三年制　15人　语文B，历史B，数学C；或数学B，物理B，语文C

嵌入式技术与应用（移动互联应用开发方向）　三年制　15人

电子信息工程技术　三年制　15人

应用电子技术（广播电视网络方向）　三年制　15人　数学B，物理B，语文C

汽车技术服务与营销　三年制　15人　语文B，历史B，数学C；或数学B，物理B，语文C

汽车电子技术（新能源汽车技术方向）　三年制　15人　数学B，物理B，语文C

（华蕾）

第五批首都市民学习之星

（100人，排名不分先后）

市委宣传部：10人
陈伟　市国有文化资产监督管理办公室
申国政　市新闻出版广电局
王英会　北京市河北梆子剧团
连新元　北京人民广播电台新闻台
宋毅　北京电视台
王伟　北京人民广播电台爱家广播
丁晓　北京电视台
郝卫群　北京人民广播电台文艺台
刘和华　市国有文化资产监督管理办公室
李丹　北京电视台
市直机关工委：3人
杨守国　国家统计局北京调查总队
赵洪刚　北京出入境检验检疫局
唐亮　市第二中级人民法院
市委社工委：6人
杨柏生　市委社会工委、市社会办
戴键　中关村社会组织联合会
韩青　丰台区马家堡街道
孙育宁　闪联信息技术工程中心有限公司
高旭明　北京博龙阳光新能源高科技开发有限公司
王海青　石景山区鲁谷社区五芳园居委会
市民政局：5人
赵永生　北京楹联学会
王建明　北京城建科技促进会
高建球　北京市电信工程局有限公司
龚bindings　北京粘接学会
刘继军　北京东方丝雨渐冻人罕见病关爱中心
市科协：1人
郭耕　北京麋鹿生态实验中心
市农委：2人
康总江　北京市农林科学院
郭秀山　北京农业职业学院
市科委：1人
郭伟　北京市科技信息中心
北京首钢企业文化建设协会：2人
王建斌　首钢京唐公司炼钢部
任金鹏　北京首钢冷轧薄板有限公司
北京市自来水集团：1人
杜萌　北京市自来水集团水质监测中心
卫生部：1人
陈文祥　北京医院临床检验中心
北京市志愿服务联合会：6人
于文祥　首钢退休
何榕秋　北京海关首都机场海关
乔宇　蓓蕾护航慈善公益组织
李世儒　快板沙龙
贾金凤　寸草春晖养老院
于桂芬　密云县文学艺术界联合会
东城区：5人
吴蛀　北京市广渠门中学
张长谦　北京现代职业学校
王蕾　北京市第一六六中学
宫朝月　东城区体育馆路街道办事处
张艺军　东城区崇文门外街道文化服务中心
西城区：4人
陈冬妮　北京天文馆
刘跃新　西城区人民调解员协会
费元鸿　西城区社区教育协会
李亚芬　西城区社区教育协会月坛分会
朝阳区：3人
姜志强　北京市盈科律师事务所
马金东　朝阳区社区学院
王衍昌　朝阳区社区服务中心
海淀区：6人
曾军良　北京市立新学校
邓兴旺　未名兴旺系统作物设计前沿实验室（北京）有限公司
高宏凯　武警总医院
刘世平　吉贝克信息技术（北京）有限公司
马德富　用友新道科技有限公司公司
申万秋　北京海兰信数据科技股份有限公司公司
丰台区：5人
蒋明放　丰台区人民政府东铁匠营街道办事处
张笑男　丰台区人力社保局职业介绍服务中心
吴迪　丰台区劳动人事争议仲裁院
许英杰　丰台区丰台街道办事处退休居民
邵开元　六一八厂退休职工
石景山区：3人
龙国瑜　石景山区环保局
谢桂祥　石景山区委老干部局
徐涛　石景山区投资促进局
门头沟区：1人
马垒　门头沟区文物事业管理所
房山区：2人
仉锁忠　房山区窦店镇窦店村
王秀丽　房山区丽英手工编织协会
顺义区：4人
黄京波　顺义供电公司
王亚东　顺义仁和镇前进村
张松建　顺义区疾病预防控制中心
赵春生　北京七彩蝶创意文化有限公司
通州区：1人
吴玉禄　通州区漷县镇马务村
昌平区：1人
李秀军　昌平区南邵中心小学
大兴区：1人
王敏　北京小学大兴分校
平谷区：2人
金建平　北京绿谷蜂农蜜蜂养殖专业合作社
刘惠杰　平谷区中医医院
怀柔区：3人
车少辉　怀柔区喇叭沟门满族乡四道穴村
沈亚彤　北京市保安服务总公司怀柔分公司
李振军　怀柔区汤河口镇银河沟村
延庆县：1人
张铁军　延庆县沈家营镇前吕庄村专业种植合作社
密云县：2人
于振国　密云县十里堡镇十里堡村
付德顺　密云县北庄镇文化服务中心
燕山地区：3人

刘晔　房山区燕山星城小学
索俐　燕山石化公司退休
程林　东风街道办事处

院校：15 人
梁岩　中国医学科学院阜外心血管病医院
周兵　北京同仁医院
崔永华　北京安定医院
张淑芳　北京舞蹈学院附属中等舞蹈学校
徐义广　北京财贸职业学院
王芊　北京市商业学校
谌亚军　北京师范大学文学院
王天星　北京第二外国语学院
董德光　中国戏曲学院附属中等戏曲学校
郑晓雯　中国矿业大学（北京）
郑丽娟　北京水利水电学校
王万华　中国政法大学
赖达富　中国石油大学（北京）
李雨潋　中国石油大学（北京）校团委新闻中心
钟经华　北京联合大学特殊教育学院

（华蕾）

2014 年职高综合高中班改革试点项目

北京国际职业教育学校　服装设计与工艺　学前教育
北京市实美职业学校　美术绘画　计算机平面设计
北京市劲松职业高中　商务英语　电子商务
北京市信息管理学校　音乐　美术
北京市丰台区职业教育中心学校　影像与影视技术　会计
北京市黄庄职业高中　动漫设计与制作
北京市门头沟区中等职业学校　汽车运用与维修　学前教育
北京市房山区第二职业高中　美术
北京新城职业学校　学前教育　计算机应用
北京市顺义区第一职业学校　物流服务与管理
北京市昌平职业学校　计算机动漫与游戏制作　学前教育
北京市平谷区第一职业学校　计算机网络技术　汽车运用与维修
北京市怀柔区职业学校　计算机动漫与游戏制作　旅游服务与管理
北京市密云县职业学校　计算机平面设计

（华蕾）

2014 年现代远程教育试点高校在京校外学习中心检查评估合格单位

北京理工大学北京船舶工业管理干部学院校外学习中心
北京交通大学现代远程教育北京船舶工业管理管部学院校外学习中心
北京师范大学现代远程教育学院北京联合大学校外学习中心
中国石油大学（北京）现代远程教育北京石油化工学院校外学习中心
哈尔滨工业大学现代远程教育北京联合大学校外学习中心
中央音乐学院现代远程教育华大研修学院校外学习中心
北京师范大学现代远程教育北京政法职业学院校外学习中心
北京邮电大学现代远程教育北京电子科技职业学院校外学习中心
中国农业大学现代远程教育北京市农林科学院校外学习中心
厦门大学现代远程教育北京信息职业技术学院校外学习中心
四川大学现代远程教育北京市海淀区金航教育培训学校校外学习中心
中国传媒大学现代远程教育北京市海淀区金航教育培训学校校外学习中心
北京航空航天大学现代远程教育北京市海淀区金航教育培训学校校外学习中心
北京大学现代远程教育中央国家机关工委国青生产力促进中心校外学习中心
重庆大学现代远程教育北京东城区职工大学校外学习中心
北京大学现代远程教育中国航天科工集团公司培训中心校外学习中心
东北农业大学网络教育学院北京市供销学校校外学习中心
哈尔滨工业大学现代远程教育中国航天科工集团第二研究院教育培训中心校外学习中心
北京交通大学现代远程教育北京交通管理干部学院校外学习中心
中央音乐学院现代远程教育北京现代音乐研修学院校外学习中心
北京科技大学现代远程教育首钢工学院校外学习中心
华东师范大学现代远程教育北京教育网络和信息中心校外学习中心
山东大学现代远程教育北京启清教育咨询有限公司校外学习中心
北京科技大学现代远程教育首都联合职工大学校外学习中心
北京交通大学现代远程教育北京交通职业技术学院校外学习中心
西安电子科技大学现代远程教育北京信息工程专修学院校外学习中心
北京航空航天大学现代远程教育北京市清华同方教育培训学校校外学习中心
北京语言大学现代远程教育北京市同方教育培训学校校外学习中心
中国石油大学（华东）现代远程教育石油教育与人才研究所校外学习中心
东北师范大学现代远程教育奥鹏平谷电大校外学习中心
北京理工大学现代远程教育北京广播电视大学校外学习中心
对外经济贸易大学现代远程教育核工业研究院研究生部校外学习中心
北京邮电大学现代远程教育人力资源与社会保障部信息中心校外学习中心
西南财经大学现代远程教育北京校外学习中心
中央音乐学院现代远程教育北京演艺专修学院校外学习中心
北京理工大学现代远程教育北京宣武红旗业余大学校外学习中心
西南交通大学现代远程教育北京铁路人才交流培训中心校外学习中心
北京航空航天大学现代远程教育北京市科学技术进修学院校外学习中心
北京科技大学现代远程教育首都经济贸易大学密云分校校外学习中心
对外经济贸易大学现代远程教育北京老教协校外学习中心
中国石油大学（华东）现代远程教育北京经济管理职业学院校外学习中心
北京理工大学现代远程教育中央广播电视大学八一学院校外学习中心
对外经济贸易大学现代远程教育北京教育科学研究院培训中心校外学习中心
中国农业大学现代远程教育北京广播电视大学校外学习中心
北京航空航天大学现代远程教育奥鹏北京校外学习中心

大连理工大学现代远程教育奥鹏北京校外学习中心
东北财经大学现代远程教育奥鹏北京校外学习中心
武汉理工大学现代远程教育北京金隅科技学校校外学习中心
中国传媒大学现代远程教育北京现代音乐研修学院校外学习中心（新建）
弘成科技发展有限公司北京数字化学习示范中心（北京交通大学、东北财经大学、华南师范大学、厦门大学、吉林大学、北京语言大学）
知金教育咨询有限公司北京数字化学习示范中心（中国石油大学〈北京〉、北京大学、中国地质大学〈北京〉、北京理工大学、北京科技大学、天津大学）

（华蕾）

德育体育美育

北京高等学校、社会力量支持中小学体育、美育特色发展工作结对名单

东城区
北京服装学院
北京市东城区东四九条小学
中央工艺美院附中艺美小学
北京工业大学
北京市东城区板厂小学
北京市东城区天坛东里小学
北京联合大学
北京市东城区青年湖小学
国家大剧院
北京市东城区校尉胡同小学
首都体育学院
北京市东城区安外三条小学
北京市东城区和平里第一小学
北京市东城区体育馆路小学
中国戏曲学院
北京市东城区史家小学分校
中国音乐学院
北京市东城区美术馆后街小学
北京市东城区西中街小学
中华女子学院
北京市东城区和平里第三小学
中央戏剧学院
北京市东城区地坛小学
北京市东城区东交民巷小学
北京市东城区分司厅小学
北京市东城区回民实验小学
西城区
北京电影学院
北京市育才学校小学部
北京市西城区炭儿胡同小学
北京建筑大学
北京市西城区文兴街小学
北京京剧院
北京市西城区陶然亭小学
北京联合大学
北京市西城区北礼士路第一小学
北京市西城区厂桥小学
北京市西城区裕中小学
北京舞蹈学院
北京市西城区红莲小学
北京市西城区进步小学
北京市西城区顺城街第一小学
北京市西城区实验小学
国家大剧院
北京市西城区自忠小学
首都师范大学
北京市西城区白云路小学
北京市西城区展览路第一小学
首都体育学院
北京市西城区玉桃园小学
北京市西城区中古友谊小学
中国戏曲学院
北京小学走读部
北京市西城区福州馆小学
北京市宣武师范学校附属第一小学
中国音乐学院
北京市西城区师范学校附属小学
北京市西城区育翔小学
中央芭蕾舞团
北京市西城区半步桥小学
北京雷锋小学
北京市西城区新街口东街小学
中央民族大学
北京市西城区五路通小学
北京市宣武回民小学
中央音乐学院
北京市西城区白纸坊小学
北京市西城区阜成门外第一小学
北京市西城区青龙桥小学
北京市西城区三里河第三小学
北京市西城区康乐里小学
北京市西城区奋斗小学
朝阳区
北京服装学院
北京市朝阳区新源里第四小学
北京市朝阳区和平街中心小学
北京市樱花园实验学校
北京市朝阳区三里屯小学
北京工业大学
北京市陈经纶中学帝景分校
北京市朝阳区垂杨柳中心小学
北京市朝阳区惠新里小学
北京市朝阳区劲松第四小学
北京工业大学附属中学首成国际分部
北京工业大学附属中学小学部
中华女子学院
北京市朝阳区安苑北里小学
北京联合大学
北京市朝阳区黄胄艺术实验小学
北京市朝阳区安华里第一小学
中国传媒大学

北京市朝阳区第二实验小学
北京市朝阳区定福庄第二小学
中国音乐学院
北京市陈经纶中学嘉铭分校
北京市朝阳外国语学校
北京市朝阳区芳草地万和小学分校
北京市朝阳区慧中北里二小
北京市朝阳区慧里中心小学
中华女子学院
北京市朝阳区芳草地国际学校世纪小学
北京市朝阳区慧忠里小学
北京市朝阳区安贞里第二小学
北京市朝阳区安贞里第一小学
中央美术学院
北京市朝阳区望京南湖东园小学
北京市朝阳区花家地实验小学
北京市朝阳区望京新城南湖中园小学
北京青年政治学院附属中学
海淀区
北京电影学院
北京市海淀区学院路小学
北京医科大学附属小学
北京联合大学
北京市海淀区第三实验小学
北京体育大学
北京农业大学附属小学
北京舞蹈学院
北京市海淀区花园村第二小学
中国农业科学院附属小学
北京市海淀区北洼路小学
北京市海淀区魏公村小学
北京市海淀区万寿寺小学
首都师范大学
首都师范大学附属小学
北京市海淀区二里沟中心小学
中国人民大学
中国人民大学附属中学实验小学
中国音乐学院
北京市海淀区民族小学
中央民族大学
北京市海淀区向东小学
北京市海淀区立新学校小学
中央音乐学院
北京市海淀区羊坊店第四小学
北京电影学院
北京市海淀区今典小学
北京体育大学
北京市海淀区东北旺中心小学
丰台区
北京京剧院
北京市赵登禹学校
北京市丰台区西罗园第五小学
北京舞蹈学院
北京市丰台区翠林小学
北京市丰台区丰体时代小学
北京市丰台区卢沟桥第二小学
北京市丰台区长安新城小学
首都师范大学
北京市丰台区长辛店中心小学
中国戏曲学院
北京市丰台区首科花园小学
北京市丰台区玉林小学
北京市丰台区芳草地丽泽分校
北京市丰台区右安门第一小学
北京市西罗园学校
中央芭蕾舞团
北京市丰台区草桥小学
中央音乐学院
北京市第十八中附属小学
石景山
北方工业大学
北京市石景山区西黄村小学
北京市石景山区杨庄小学
北京市石景山区苹果园第二小学
北京市石景山区海特花园小学
中央音乐学院
北京市京源学校小学部
北京市石景山区爱乐实验小学
昌平区
北京体育大学
北京市昌平区回龙观第二小学
北京市昌平区回龙观中心小学
北京市昌平区霍营中心小学
中央戏剧学院
北京市昌平区平西府中心小学
北京市昌平区天通苑小学
北京市昌平区天通苑学校
大兴区
北京印刷学院
北京市大兴区第一小学
北京市大兴区第六小学
北京市大兴区第七小学
北京市大兴区滨河小学
北京市大兴区枣园小学
北京印刷学院附属小学
顺义区
舞蹈潘志涛名师工作室
北京市顺义区后沙峪中心小学校
中国合唱协会孟大鹏名师工作室
北京市顺义区东风小学
北京市顺义区双兴小学
通州区
中国传媒大学
北京市史家小学通州分校
北京市通州区第一实验小学
北京市通州区芙蓉小学
中国管乐学会
北京小学通州分校
密云县
舞蹈慈仁桑姆名师工作室
北京市密云县第三小学
中国管乐学会
北京市密云县第一小学
北京市密云县第二小学

中国合唱协会孟大鹏名师工作室
北京市密云县巨各庄镇中心小学
延庆县
中国合唱协会吴灵芬名师工作室
北京市延庆县下屯中心小学
中国合唱协会张以达名师工作室
北京市延庆县八里庄中心小学

（徐春生　华蕾）

北京市首批中小学学校文化建设示范校

（排名不分先后）

北京市第一师范学校附属小学
北京市东城区府学胡同小学
北京市东城区史家胡同小学
北京光明小学
北京市第二中学
北京市广渠门中学
北京第一实验小学
北京第二实验小学
北京小学
北京市西城区三里河第三小学
北京市第四中学
北京市第十五中学
北京市西城外国语学校
北京市朝阳区芳草地国际学校
北京市朝阳区白家庄小学
北京市朝阳区实验小学
北京市朝阳师范学校附属小学
北京市朝阳区呼家楼中心小学
清华大学附属小学商务中心区实验小学
北京市朝阳区星河实验小学
清华大学附属中学朝阳学校
北京市三里屯一中
北京市和平街一中
北京市第八十中学
北京市陈经纶中学
北京市海淀区翠微小学
北京市海淀区实验小学
首都师范大学附属小学
北京大学附属小学
中国人民大学附属小学
北京市海淀区五一小学
北京市海淀区中关村第一小学
北京市海淀区中关村第二小学
北京市海淀区中关村第三小学
北京市海淀区教师进修学校附属实验学校
北京市八一中学
首都师范大学附属育新学校
北京市第一〇一中学
北京市中关村中学
北京市丰台区第一小学
北京市丰台区第五小学
北京市丰台区芳古园小学
北京市丰台师范学校附属小学
北京市丰台区新发地小学
北京市第十二中学
首都师范大学附属丽泽中学
北京市京源学校
北京市第九中学
北京市石景山区实验小学
北京第二实验小学永定分校
北京市门头沟区育园小学
北京市大峪中学
北京市新桥路中学
北京市房山区北潞园学校
北京市房山区窦店中心校
北京市房山区良乡第四小学
北京市房山区良乡中心小学
北京市房山区琉璃河水泥厂学校
北京师范大学良乡附属中学
北京市房山区房山中学
北京市房山区房山第二中学
首都师范大学附属房山中学
北京教育科学研究院通州区第一实验小学
北京市史家胡同小学通州分校
北京市通州区张家湾镇中心小学
北京市通州区中山街小学
北京市通州区潞河中学
北京市通州区第二中学
北京市通州区运河中学
北京市顺义区东风小学
北京市顺义区木林中心小学
北京市顺义牛栏山第一中学
北京市顺义区杨镇第一中学
北京市昌平第二实验小学
北京市昌平区昌盛园小学
北京市昌平区城关小学
北京市昌平区回龙观中心小学
北京市昌平区第二中学
北京市昌平区第五中学
北京市昌平区回龙观中学
北京市昌平区南邵中学
北京小学翡翠城分校
北京市大兴区第二小学
北京市大兴区第七小学
北京市大兴区枣园小学
北京市大兴区庞各庄镇第二中心小学
北京市大兴区第一中学
北京市大兴区德茂中学
北京市平谷区金海湖第二小学
北京市平谷区大兴庄学区
北京师范大学附属平谷中学
北京市平谷区第三中学
北京市怀柔区实验小学
北京市怀柔区第二中学
北京市怀柔区第四中学
北京市密云县东邵渠镇中心小学
北京市密云县第二小学
北方交通大学附属中学密云分校
北京市密云县太师庄中学
北京市延庆县第一小学
北京市延庆县第三小学
北京市延庆县第三中学
北京市燕山向阳小学

北京市燕山东风中学

（华蕾）

北京阳光少年艺术团分团

北京阳光少年艺术团分团
北京市阳光少年艺术团北京市少年宫管乐团
北京市阳光少年艺术团北京市少年宫手风琴团
北京市阳光少年艺术团北京市少年宫舞蹈团
北京市阳光少年艺术团东城区少年宫合唱团
北京市阳光少年艺术团东城区少年宫管弦乐团
北京市阳光少年艺术团东城区崇文少年宫吟诵团
北京市阳光少年艺术团西城区少年宫舞蹈团
北京市阳光少年艺术团西城区宣武少年宫民乐团
北京市阳光少年艺术团西城区宣武少年宫合唱团
北京市阳光少年艺术团西城区丰盛少年宫舞蹈团
北京市阳光少年艺术团西城区德胜少年宫舞蹈团
北京市阳光少年艺术团朝阳区青少年活动中心舞蹈团
北京市阳光少年艺术团朝阳区青少年活动中心打击乐团
北京市阳光少年艺术团海淀区青少年活动管理中心管弦乐团
北京市阳光少年艺术团丰台区少年宫舞蹈团
北京市阳光少年艺术团丰台区少年宫合唱团
北京市阳光少年艺术团丰台区少年宫民乐团
北京市阳光少年艺术团大兴区少年宫合唱团
北京市阳光少年艺术团昌平区少年宫舞蹈团
北京市阳光少年艺术团密云青少年宫舞蹈团
北京市阳光少年艺术团密云青少年宫合唱团

（华蕾）

北京市中小学科技教育示范学校

东城区

北京市东城区府学胡同小学
北京第一师范学校附属小学
北京光明小学
北京市汇文第一小学
北京市东城区和平里第四小学
北京市东城区分司厅小学
北京市东城区板厂小学
北京市东城区体育馆路小学
北京市东城区东四九条小学
北京市东城区史家胡同小学
北京市东城区培新小学
北京市第十一中学
北京市第二十二中学
北京市东直门中学
北京市第五十五中学
北京市第二十五中学
北京市第一七一中学
北京市第五中学分校
北京市第一六六中学
北京市第五中学
北京景山学校
北京市第二中学
北京市第六十五中学
北京汇文中学
北京市文汇中学
北京市广渠门中学
北京市第二中学分校

西城区

北京第二实验小学
北京小学
北京市宣武师范学校附属第一小学
北京市西城区中古友谊小学
北京市西城区展览路第一小学
北京市西城区文兴街小学
北京市西城区黄城根小学
北京市西城区长安小学
北京市西城区白纸坊小学
北京市西城区阜成门外第一小学
北京市第四中学
北京市第一六一中学
北京市第八中学
北京师范大学附属实验中学
北京师范大学第二附属中学
北京市第十五中学
北京市育才学校
北京市第三十五中学
北京市西城外国语学校
北京市第十三中学
北京师范大学附属中学
北京市第一五六中学
北京市第六十六中学
北京市铁路第二中学
北京市第十四中学
北京市第六十三中学
北京市实验职业学校

朝阳区

北京市朝阳区安贞里第二小学
北京市朝阳区芳草地国际学校
北京市朝阳区芳草地国际学校远洋小学
北京市朝阳区望京新城南湖中园小学
北京市朝阳区呼家楼中心小学
北京市朝阳区三里屯小学
北京市朝阳区定福庄第二小学
北京市朝阳区劲松第四小学
北京师范大学奥林匹克花园实验小学
北京市朝阳区南磨房中心小学
北京市朝阳区团结湖小学
北京市朝阳区花家地实验小学
北京市朝阳区白家庄小学
北京市朝阳区日坛小学
北京市朝阳区新源里小学
北京市朝阳区星河实验小学
北京市望京实验学校
清华大学附属中学朝阳学校
北京市日坛中学
北京市和平街第一中学
首都师范大学附属实验学校
北京市第八十中学
北京市陈经伦中学
北京市陈经纶中学分校
北京工业大学附属中学

海淀区

北京市海淀区中关村第一小学
北京市海淀区中关村第二小学
北京市海淀区中关村第三小学

北京大学附属小学
北京理工大学附属小学
中国人民大学附属小学
北京航空航天大学附属小学
北京市海淀区五一小学
北京市中关村中学
中国人民大学附属中学
北京市第一〇一中学
北方交通大学附属中学
北京市八一中学
北京航空航天大学附属中学
北京市育英学校
清华大学附属中学
清华大学附属中学永丰学校
北京市温泉第二中学
北京理工大学附属中学
北京市第五十七中学
首都师范大学附属中学
北京市第十九中学
北京农业大学附属中学
北京市上地实验学校
北京市第二十中学
北京科技大学附属中学
北京市十一学校

丰台区

北京市丰台区西罗园第五小学
北京市丰台区纪家庙小学
北京市丰台区丰台第一小学
北京市丰台区丰台第五小学
北京市丰台区东铁匠营第一小学
北京市丰台区东高地第二小学
北京市丰台区东高地第三小学
北京市丰台区丰台第二中学
北京市首都师范大学附属丽泽中学
北京市云岗中学
首都医科大学附属中学
北京市航天中学
北京市丰台区东铁匠营第二中学
北京市第十八中学
北京市第十二中学

石景山区

北京市石景山区第二实验小学
北京市石景山区石景山中学
北京市同文中学
北京市石景山区实验中学
北京市古城中学
北京市苹果园中学
北京市京源学校

房山区（含燕山）

北京市房山区城关小学
北京市房山区城关第二小学
北京市房山区良乡第二小学
北京市房山区良乡第五小学
北京市房山区大石窝镇南尚乐中心小学
北京市燕山前进第二小学
北京市房山区房山第五中学
北京市房山第四中学
北京市房山区良乡第二中学
北京师范大学良乡附属中学
首都师范大学附属房山中学

通州区

北京教育科学研究院通州区第一实验小学
北京市通州区东方小学
北京市通州区后南仓小学
北京市通州区永顺镇中心小学
北京市通州区潞城镇中心小学
北京市通州区潞河中学
北京市通州区第二中学
北京市通州区第六中学
北京市通州区梨园中学
北京市通州区台湖学校
北京市通州区牛堡屯学校
北京市育才学校通州分校

顺义区

北京市顺义区北石槽中心小学校
北京市顺义区东风小学
北京市顺义区李桥中心小学校
北京市顺义区高丽营第二小学
北京市顺义区第一中学
北京市顺义区杨镇第一中学
北京市顺义区北石槽中学
北京市牛栏山一中实验学校
北京市顺义牛栏山第一中学

昌平区

北京市昌平区巩华中心小学
北京市昌平区阳坊中心小学
北京市昌平区昌盛园小学
北京市昌平区平西府中心小学
北京市昌平区第五中学
北京市昌平区前锋学校
北京市昌平区第二中学
北京市昌平实验中学
北京市昌平区南口学校

大兴区

北京市大兴区长子营镇第一中心小学
北京市大兴区第三小学
北京市大兴区第五小学
北京市大兴区长子营镇第二中心小学
北京市大兴区第一小学
北京市大兴区第五中学
北京市大兴区第八中学
北京市大兴区第七中学
北京市大兴区第三中学
北京市第二中学亦庄学校
北京市大兴区第一中学
北京市大兴区魏善庄中学
北京市大兴区大辛庄中学
北京师范大学大兴附属中学

门头沟区

北京市门头沟区大峪第一小学
北京市门头沟区大峪第二小学
北京市门头沟区大台中心小学
北京市大峪中学
北京第二实验小学永定分校

怀柔区
　北京市怀柔区长哨营满族乡中心小学
　北京市怀柔区第一小学
　北京市光明小学怀柔分校
　北京市怀柔区渤海镇中心小学
　北京市怀柔区庙城学校
　北京市怀柔区第一中学
平谷区
　北京市平谷区金海湖第二小学
　北京市平谷区第五小学
　北京市平谷区黄松峪中学
　北京市平谷中学
　北京市平谷区第二中学
　北京市平谷区第三中学
　北京市平谷区第七中学
密云县
　北京市密云县巨各庄镇中心小学
　北京市密云县西田各庄镇中心小学
　北京市密云县溪翁庄镇中心小学
　北京市密云县大城子中心小学
　首都师范大学附属密云中学
　北京市密云县第二中学
　北京市密云水库中学
延庆县
　北京市延庆县第二小学
　北京市延庆县小丰营中心小学
　北京市延庆县第四中学
　北京市延庆县第一中学
　北京市延庆县第二中学
　北京市延庆县第四小学

（华蕾）

第 28 届北京市中小学生银帆奖

北京市第二中学
　郭子越　彭诚　王明惠　彭博
北京市第二中学分校
　袁意舒
北京市第五中学
　柴雨稷　韦祎
北京市第一七一中学
　李韶华
北京市[illegible]附属中学
　王玥琳
北京汇文中学
　韩子翔
北京市东城区回民小学
　孙博隆
北京国际职业学校
　李书瑶
北京市第四中学
　张可名
北京市第八中学
　张成钰
北京市第三十五中学
　崔芳浩
北京市第六十六中学
　王圣迪　李嘉岳　李雯珺
北京师范大学第二附属中学
　刘恩宏　申家兴
北京师范大学附属实验中学
　侯雨杉　李啸晨　丁晓洁　刘昕　王妍　闫雨鑫
　张洛铮　季智成　赵嘉霖　马思源　张力夫
北京市西城外国语学校
　耿荟嘉　杨佳奕　王浩宇　常家齐
北京市育才学校
　张纪琛
北京第二实验小学
　田益萌　祝博涵　孙汉清　王梓垚
北京市西城区进步小学
　袁帅　陈雨婷　卢桦　马稚萱
北京市第八十中学
　万鸣枫　沈文琦　高子祺
北京市陈经纶中学
　罗羽菲　崔珍　杜家成　郝屹　苏晨瑶　余浩洋
北京工业大学附属中学
　何悦
北京市朝阳区白家庄小学
　赵中泽　张叶彤　方雅珊
北京市第二十中学
　张震
北京市八一中学
　肖宜申
北京市第一〇一中学
　杨辰　宗佳铭　张雨婷　张凌睿　孟炤如　李斯滕
　施一泓　林子轩　申雨卿　郭彬然　闵萌　陈致真
清华大学附属中学
　程凯威　崔楠　刘明轩　刘育辰　马振宇　赵柏清
　石小烨　杨晨　尹曈　周子沛　朱建华　左曈　胡天睿
清华大学附属实验学校
　苗香
北京农业大学附属中学
　龚心月　李洧吉　张昊铭
中国人民大学附属中学
　戴必玮　董伯纲　孙雨东　张昊　白岸斯　王煜桐
　李一锦
中国人民大学附属小学
　黄安黎
北京航空航天大学附属中学
　张玉麟
北方交通大学附属中学
　龙宪天宇　杨永健　寇宗樾　张予芊　任楚蒙
　刘昊　郭昊昱　高挽月
北京市清河中学
　刘竞雯
北京市中关村中学
　王文琛
北京科技大学附属中学
　陈佳鑫
北京市十一学校
　李阳
北京市海淀区中关村第一小学
　姚烨　陈清扬
北京市海淀区中关村第二小学

姚邦彦　王一朵　林鑫　李羽彤　高楚涵
北京市海淀区中关村第三小学
左婧骁　于玥　陈书逸　陈宇淇
北京市第十中学
李博文
北京市第十二中学科丰校区
陈思航
北京市丰台区东高地第三小学
王曦
北京市第九中学
李彤　刘紫萱
北京市第二中学亦庄学校
曾令芳　邓杰　冯溢新　贾一超　秦川　王依
北京市顺义区第一中学
孟一飞　徐瑞
北京市顺义区第四中学
申畅　崔炳松　王洁
北京市顺义区杨镇第一中学
马一凡　刘一赛

（华蕾）

2014年北京市中小学生科学建议奖提名奖

北京市东城区和平里第四小学
王奕萱
北京市东城区史家胡同小学
段佳一
北京市宣武区师范学校附属第一小学
司一淳
北京市海淀区育鹰小学
李田
北京市海淀区中关村第二小学
翟安可　常淇开　张润昕
北京大学附属小学
王一陈
北京市丰台区丰台第一小学
林宇琛
北京市怀柔区长哨营满族乡中心小学
雷智博　张仕贤　徐文旭

（华蕾）

北京奥林匹克教育学校体育后备人才培养基地

东城区
北京汇文中学　田径
北京景山学校　男排　游泳（新增项）
北京市东直门中学　女篮
西城区
北京市第八中学　田径
北京市回民学校　男足（新增项）女足（新增项）
北京市第四中学　男篮
北京师范大学附属实验中学　女排　游泳
北京师范大学第二附属中学　男排（新增项）
北京市第六十六中学　乒乓球
北京市育才学校　棒垒球
朝阳区
北京市第八十中学　田径　女足（新增项）
海淀区
清华大学附属中学　田径　男篮　女篮
北京市第一〇一中学　田径　女排　健美操（新增项）
北京市第二十中学　田径（新增项）
北京市育英学校　游泳
中国人民大学附属中学　男足　健美操（新增项）
北京市八一中学　男足　健美操（新增项）
北京市中关村中学　武术（新增项）
丰台区
北京市第十二中学　田径
石景山区
北京市第九中学　田径
通州区
北京市通州区潞河中学　田径
顺义区
北京市顺义牛栏山第一中学　田径
北京市顺义区第一中学　田径
北京市顺义区杨镇第一中学　田径　男篮（新增项）
昌平区
北京市昌平区第二中学　田径
大兴区
北京市大兴区第一中学　田径
北京市大兴区第一职业学校　女足
怀柔区
北京市怀柔区第一中学　田径
密云县
密云县第二中学　田径　男篮

（华蕾）

北京奥林匹克教育学校体育后备人才培养基地（筹备）

东城区	乒乓球	北京市第五中学
西城区	女篮	北京市第三十五中学
朝阳区	男足	北京市三里屯一中
	女排	北京工业大学附属中学
	羽毛球	北京市日坛中学
海淀区	男足	北京市第四十七中学
	男排	北京理工大学附属中学
	男排	北京航空航天大学附属中学
	羽毛球	北方交通大学附属中学
昌平区	跆拳道	北京市昌平区前锋学校
大兴区	跆拳道	北京市第二中学亦庄学校

（华蕾）

其　他

2014年北京市教育支援与合作工作项目

新疆少数民族中小学双语骨干教师来京培训
继续开展教育部第三期国家支援新疆汉语教师在京培训
北京教育学院　北京市盲人学校
和田双语骨干教师培训班
组织60名和田双语教师来京培训一年
北京教育学院
和田学科骨干教师培训班

组织60名和田骨干教师来京培训半年
北京教育学院
和田中小学校长培训班
组织30名和田中小学校长来京培训半年
北京教育学院
拉萨市教育人才培训班（岗位锻炼）
安排10名拉萨市教育管理干部来京开展为期3个月的交流锻炼
北京教育学院
什邡市干部教师培训班
组织什邡市30名中小学后备干部来京培训2个月
北京教育学院
甘肃省临夏州高中骨干教师培训班
组织50名临夏州高中教师来京培训1个月
北京教育学院
北京数字化优质教育资源共享服务项目
投资12万元在河南建立6个优质教育资源共享校
北京教育科学研究院
北京数字化优质教育资源共享服务项目
投入20万元在十堰市建立10个共享校
北京教育科学研究院
北京专家赴什邡市短期讲学
组织10名北京小学语文、数学、英语、科学和美术学科专家赴什邡市开展2～3天讲学交流
北京教育科学研究院
北京数字学校优质资源共享
北京数字学校针对什邡市开放1000个用户端口
北京教育科学研究院
2014年民族团结北京夏令营活动
组织和田地区“三县一市”及农十四师优秀中小学师生代表100人，来京参加暑期民族团结北京夏令营活动
北京学生活动管理中心　北京市盲人学校
玉树州中小学教师培训班
选派40名玉树州中小学骨干教师来京开展20天的培训交流
首都师范大学初教学院
玉树州中小学管理人才培训班
选派40名玉树州中小学管理干部来京开展20天的培训交流
首都师范大学初教学院
内蒙古农村牧区小学学科骨干教师培训班
组织96名内蒙古小学骨干教师来京参加30天培训
首都师范大学初教学院
内蒙古乌兰察布市学校班级管理培训班
组织50名内蒙古乌兰察布市教育管理干部来京开展为期7天的培训交流
首都师范大学京疆学院
河南对口协作地区骨干教师培训班
投入180万元组织河南对口协作地区25名小学教师、25名中学教师和20名职教教师来京培训60天
首都师范大学京疆学院
湖北省十堰市职教骨干教师培训班
投入26.4万元安排22名十堰市中职学校教务主任来京培训30天
首都师范大学京疆学院
湖北省神农架区中小学骨干教师培训班
投入24万元安排神农架区10名小学教师来京培训60天
首都师范大学京疆学院
拉萨北京中学教学仪器设备购置
投入5600万元为拉萨北京中学购置教学仪器设备
北京教育技术设备中心　北京教育网络信息中心
北京市教育对口支援工作网站建设
整合首都优质教育资源，建成北京市教育对口支援工作网，打造远程教育培训资源平台
北京教育网络信息中心
青海省三江源民族中学教学楼援建项目
会同有关方面推动援建项目尽早竣工验收，并协调落实余款200万元
市支援合作办、市教委、青海省教育厅
北京市属高等院校定向招收新疆和田地区应届高中毕业生
与新疆高校招生部门密切配合，安排北京市属高校定向招收一定数量新疆和田地区应届高中毕业生
市教委发展规划处
北京市属高等院校定向招收青海玉树州应届高中毕业生
与青海高校招生部门密切配合，安排北京市属高校定向招收一定数量青海玉树州应届高中毕业生
市教委发展规划处
选派第八批援疆教师赴疆支教
从全市选派45名优秀中小学教师赴和田支教一年
市教委人事处、有关区县教委
选派干部教师赴藏支教
选派一定数量的干部教师赴拉萨北京中学开展教育教学管理工作
市教委人事处　有关区县教委
学校“手拉手”结对
投入130万元安排北京6所中学、6所职高与河南6所中学、6所职高结对。河南每所学校选派1名干部和2名教师来京挂职60天；各校选派10名师生来京参加5天的“北京体验行”夏令营活动
市教委基础教育一处、市教委职业与成人教育处、有关区县教委
学校“手拉手”结对
投入120万元安排北京11所中学、9所职高与十堰11所中学、9所职高结对，十堰每所学校选派1名干部和2名教师来京挂职60天
市教委基础教育一处、市教委职业与成人教育处、有关区县教委
北京—新疆和田中小学校“手拉手”对口支援项目
组织北京市21所优质中小学校（幼儿园）与新疆和田21所中小学校（幼儿园）开展“手拉手”对口支援工作
东城区教委、西城区教委、朝阳区教委、海淀区教委、丰台区教委
35对中小学“手拉手”结对
组织引导北京市35所中小学与什邡市学校开展“手拉手”结对工作
有关区县教委
“民族一家亲”活动
在北京师范大学大兴附属中学、北京市昌平职业学校玉树高中班和中职班选定若干名藏族学生与本校北京汉族学生结对子并开展活动

北京师范大学大兴附属中学、北京市昌平职业学校

"民族一家亲"活动

在北京市顺义区杨镇第一中学和北京市密云县第二中学分别选定若干名内地新疆和田高中班少数民族学生与本校北京汉族学生结成对子并开展活动

北京市顺义区杨镇第一中学、北京市密云县第二中学

新疆和田地区内地高中班

继续完成100人的招生计划

市教委基础教育二处、北京市顺义区杨镇第一中学、北京市密云县第二中学

青海省玉树州内地高中班

继续从玉树应届初中毕业生中根据中考成绩择优录取80名学生来京接受三年高中教育

市教委基础教育二处、北京师范大学大兴附属中学

青海省玉树州内地中职班

继续从玉树应届初中毕业生中根据中考成绩择优录取80名学生选派来京接受三年中职教育

市教委职业与成人教育处、北京市昌平职业学校

北京专家教师赴宁陕县示范讲学

组织部分北京专家教师赴宁陕县开展讲座、听课评课等活动

北京教育科学研究院

宁陕县干部教师来京学习交流

组织部分宁陕县骨干教师和教育管理干部来京考察交流

市教委办公室

（华蕾）

部分党政机关全称简称对照表

由于篇幅有限，年鉴中党政机关及有关社会团体的名称，原则上使用规范简称。以下为部分单位全称简称对照表。

中共北京市委员会　市委
北京市人民政府　市政府
中共北京市委教育工作委员会　市委教育工委
北京市教育委员会　市教委
北京市人民政府教育督导室　市教育督导室
中共北京市委教育工作委员会、北京市教育委员会和北京市人民政府教育督导室　两委一室
北京市发展和改革委员会　市发展改革委
北京市科学技术委员会　市科委
北京市经济和信息化委员会　市经济信息化委
北京市民族事务委员会　市民委
北京市公安局　市公安局
北京市监察局　市监察局
北京市民政局　市民政局
北京市司法局　市司法局
北京市财政局　市财政局
北京市人力资源和社会保障局　市人力社保局
北京市国土资源局　市国土局
北京市环境保护局　市环保局
北京市规划委员会　市规划委
北京市住房和城乡建设委员会　市住房城乡建设委
北京市市政市容管理委员会　市市政市容委
北京市交通委员会　市交通委
北京市农村工作委员会　市农委
北京市水务局　市水务局
北京市商务委员会　市商务委
北京市旅游发展委员会　市旅游委
北京市文化局　市文化局
北京市卫生局　市卫生局
北京市人口和计划生育委员会　市人口计生委
北京市审计局　市审计局
北京市人民政府外事办公室　市政府外办
北京市社会建设工作办公室　市社会办
北京市人民政府国有资产监督管理委员会　市国资委
北京市地方税务局　市地税局
北京市工商行政管理局　市工商局
北京市质量技术监督局　市质监局
北京市安全生产监督管理局　市安全监管局
北京市广播电影电视局　市广电局
北京市新闻出版局　市新闻出版局
北京市文物局　市文物局
北京市体育局　市体育局
北京市统计局　市统计局
北京市园林绿化局　市园林绿化局
北京市金融工作局　市金融局
北京市知识产权局　市知识产权局
北京市民防局　市民防局
中国教育工会北京市委员会　市教育工会

（华蕾）

（本栏责任编校　华蕾）

索　　引

说　明：

一、本索引由主题词、单位名称和人名三部分组成。

二、索引词条均以汉语拼音顺序排列，第一字相同的，按第二字顺序排列，余类推。

三、主题词索引按类分为一、二级标题，如办学改革为一级标题，下设城乡一体化、合作办学等 14 个二级标题。

四、本索引数码标记依次为：页码、栏序、本栏自上而下条目所处位置（自然段），三部分均用“/”隔开。如：城乡一体化　102/左/1，则表示在 102 页左栏第 1 个条目内涉及“城乡一体化”的内容。

五、本索引检索具有统计意义的数字均以 2014 年 1 月 1 日至 12 月 31 日时间为限，超出时间界限的不在检索范围。

六、本索引检索范围包括各级各类教育的主体部分，即本年鉴三栏编排的部分，其中，概况、表格、名单及一览表均不在检索范围。

七、主题词索引以教育教学为中心，并按照当年出版年鉴实际内容编制。

八、单位名称索引检索到单位名称标题栏以及除本栏以外的移至其他栏目的各单位报送条目。中小学幼儿园不单独设单位名称索引，相关内容在所辖区县索引内。

九、人名索引不含外国人（外籍华人除外）。

主题词索引

办学改革

城乡一体化
102/左/1
103/右/1
119/右/3
135/左/2
150/右/1
162/中/2
178/右/2
422/左/2
558/左/3
568/左/1

合作办学
52/中/2
104/中/2
106/左/1
107/左/2
108/右/1
116/右/2
128/中/1
130/右/3
133/左/2
134/中/2
135/左/2
138/中/1
138/中/2
139/左/1
143/中/1
152/左/2
154/中/2
154/右/1
155/左/1
157/左/1
162/中/2
164/中/3
171/中/2
177/中/1
181/右/1
184/左/2
184/中/2
206/中/2
208/中/2
209/左/2
211/右/5
213/右/1
214/右/2
215/右/2
215/右/3
216/中/2
218/中/2
219/左/1
219/中/4
219/右/2
220/左/1
220/中/1
221/左/2
221/右/1
223/左/1
224/左/1
225/左/1
225/中/1
228/中/1
229/中/1
230/右/3
231/中/2
231/右/3
236/左/1
238/中/1
240/中/3
241/右/2
242/左/2
246/左/2
247/中/3
248/右/2
248/右/3
250/右/1
251/右/1
252/中/1
252/右/3
253/右/3
254/左/3
255/右/2
256/中/1
259/左/3
259/右/1
260/中/1
264/中/3
266/右/3
267/右/1
268/左/1
268/中/2
269/右/4
269/右/5
269/右/6
270/左/1
270/左/4
271/中/1
272/中/3
273/中/2
274/左/1
275/左/1
275/右/1
275/右/2
277/右/2
278/中/1
279/右/1
280/中/1
280/右/3
281/右/1
283/中/1
283/中/2
283/中/5
283/右/1
284/左/1
285/右/1
286/左/1
287/左/1
288/左/2
288/中/2
299/右/1
299/右/3
300/左/1
302/右/2
303/中/1
304/右/2
306/右/1
311/中/1
320/右/1
321/中/1
326/中/2
326/右/2
327/左/1
327/中/1
330/左/3

330/中/2
332/中/1
337/中/1
344/右/2
346/中/2
356/左/1
356/中/2
357/中/3
359/左/1
360/左/3
360/中/1
360/右/3
361/右/1
363/左/2
366/左/4
381/右/4
428/左/1
448/中/3
449/左/2
449/中/4
449/右/2
450/左/1
450/左/2
450/中/1
450/中/2
468/右/2
472/中/1
476/左/5
476/右/4
477/中/2
496/右/1
512/左/1
517/左/3
518/左/2
528/左/1
534/左/1
534/左/4
538/左/1
538/中/1
538/右/3
549/中/1
556/左/3
561/中/3
578/右/2
高校、教育科研部门参与中小学发展
29/中/2
105/左/2
110/右/3
134/中/2
160/左/1
200/左/2
318/右/4
496/右/1
499/左/1
499/右/2
532/左/2
高校教育综合改革
211/右/3
238/右/2
253/右/2
九年一贯制学校建设
139/左/2
465/左/2
499/中/1
教学管理改革
156/右/1
496/右/2
540/左/2
561/左/2
563/右/1
606/右/1
教育集团
108/右/3
160/左/3
171/中/2
292/左/2
336/左/1
468/中/2
502/左/2
随班就读和普特融合教育
114/中/2
186/右/2
188/左/1
189/左/3
189/右/2
191/中/4
194/右/3
186/右/3
191/中/4
校企合作
52/中/2
71/左/1
83/中/1
87/右/1
119/左/2
120/中/2
166/右/3
176/右/1
177/中/1
288/右/2
294/中/3
296/中/2
302/右/2
310/右/1
314/左/1
320/右/3
323/中/1
336/左/2
337/左/2
344/右/2
356/中/2
357/中/3
358/右/2
359/左/1
360/左/3
360/右/3
367/中/1
379/左/1
379/中/2
466/左/3
486/右/3
491/左/2
543/左/1
学区建设
129/左/2
461/中/1
462/左/1
545/右/1
协同创新中心
222/左/1
223/左/2
230/中/1
239/中/3
240/右/2
244/左/2
257/右/3
283/右/3
示范校建设
63/中/3
174/左/2
296/右/1
317/中/1
317/右/2
317/右/3
379/左/1
379/中/2
388/左/3
473/左/3
476/右/1
477/中/3
482/左/2
486/右/3
521/右/3
中高职衔接
292/左/1
320/中/2
321/中/1
324/右/2
328/中/4
330/中/2
336/右/3
338/左/1
361/中/2
480/右/1
529/左/2
中小幼建设三年行动计划
53/中/1
70/左/1
77/右/2
498/左/3
498/中/1
513/中/3
515/左/1
528/中/3
547/右/1

德育

爱国主义教育
165/中/1
184/右/2
241/中/1
268/左/3
268/右/1
309/中/4
462/中/1
465/右/2
466/中/1
492/中/2
498/右/1
520/中/1
522/中/4
北京精神教育
107/左/2
185/右/3
402/中/2
420/中/2
592/右/1
民族团结教育
180/中/2
180/右/2
181/中/1
182/左/1
183/左/1
185/左/2
462/左/2
479/左/3
586/右/1
人格教育
147/右/2
167/右/1
173/中/2
258/右/1
316/中/1
357/中/2
385/右/3
386/左/1
421/右/2
479/中/1
507/右/3
527/右/3
社会主义核心价值观教育
30/左/1
39/中/2
40/中/1
41/中/4
41/右/1
122/左/4
153/中/1
181/右/2
379/右/2
380/左/1
462/右/3
490/左/1
504/右/1
518/中/1
生态教育
148/中/3
385/左/1
465/中/2
484/左/2
582/右/8
604/左/1
生涯教育
80/中/1
152/左/1
157/左/2
163/右/3
298/左/2
299/中/2
321/中/3
385/右/3
407/左/3
410/左/1
488/左/4
507/左/3
优秀传统文化教育
108/左/1
162/左/2
179/右/4
283/中/4
381/右/1
498/右/1
志愿服务
98/左/1
151/右/2
176/中/1
210/左/2
262/左/3
301/中/3
322/左/1
324/中/3
334/中/2
480/左/3
494/左/1
540/右/1
557/左/3
“中国梦”教育
58/左/2
129/中/2
179/右/4
485/右/3
501/右/1
518/中/1

教学改革

高校、教科研部门参与中小学教学改革
103/左/1
483/左/3
479/右/1
减轻课业负担
28/左/2
105/右/2
132/中/3
467/右/3
475/左/1
489/中/2
499/左/2
530/右/2
563/中/1
572/中/2
教学方式改革
95/中/3
135/左/1
156/左/2
161/右/1
178/左/2
190/中/3
192/中/1
258/中/2
258/中/3
260/右/2
294/右/1
308/左/1
365/左/2
教学实效性
156/左/3
165/左/2
531/中/2
555/右/2
民办教育机构参与中小学教学改革
104/中/1
106/右/1
136/中/1
同课异构
127/左/2
177/左/1
178/中/1
外籍教师参与中小学英语教学
29/右/1
159/中/2
479/右/2
研究性学习
133/中/3
153/左/2
169/中/2
409/左/1
454/中/3
569/左/1
中小学特色体育、美育工作
28/中/2
30/左/2
106/左/1
108/右/1
81/右/1
184/中/2
469/中/1
490/中/3
538/左/1
557/右/3
综合实践
41/中/2
93/左/3
127/右/3
131/中/1
161/中/2
172/中/1
302/左/2
378/左/2
379/中/1
379/右/1
380/中/2
381/中/3
414/右/3
466/中/1
508/左/3
541/左/1
546/右/2
561/左/1
579/左/2
586/左/1

教学手段改革

翻转课堂
151/左/3
156/左/1
234/右/2
371/右/2
408/左/1
实训基地
70/中/2
246/左/1
282/左/1
284/右/2
296/中/2
303/左/3
310/左/2
320/左/1
321/中/2
336/左/3
338/左/2
362/中/3
550/右/4
实验室
135/中/1
138/右/1
143/中/2
149/右/1
151/左/3
151/中/1
168/左/4
171/中/1
198/左/2
206/右/4
217/中/1
220/左/2
221/中/2
225/左/2
225/中/2
226/中/2
230/右/2
233/右/1
237/右/2
245/中/1
251/中/3
252/中/4
273/左/1
275/左/3
275/中/1
281/左/1
282/左/2
282/右/1
283/右/2
306/左/2
313/右/2
342/右/1
356/中/1
363/左/1
365/中/1
366/中/1
367/左/1
367/中/3
398/中/1
604/中/3
604/右/3
数字校园
102/左/2
102/中/1
102/中/2
102/中/3
103/中/2
288/右/2
543/左/1
596/左/3
信息化建设
76/右/6
245/中/1
368/中/2
419/左/2
483/中/1
607/中/1

教学研究与科学研究

创新中心
211/中/1
222/左/1
223/右/2
230/中/1
239/中/3
240/右/2
244/左/2
257/右/3
283/右/4
教学成果
80/右/3
103/左/1
116/右/3
124/右/3
156/左/1
158/中/2
194/左/3
232/左/2
294/中/2
298/中/2

305/中/3
306/中/1
312/中/2
320/左/2
334/右/2
398/右/1
410/左/3
477/左/1
496/中/1
505/中/1
590/右/4
教学研究
34/左/3
108/左/1
124/右/3
166/右/1
169/左/2
178/右/3
284/右/3
320/左/2
405/左/2
406/右/1
473/右/2
497/中/1
501/右/2
531/中/1
567/中/2
571/右/1
578/左/1
590/左/3
教学展示
39/中/2
132/中/2
161/左/3
161/中/3
173/左/3
184/右/1
555/左/2
577/左/2
科学研究成果
134/右/2
155/中/1
[illegible]
209/右/3
210/中/1
218/中/1
221/左/1
225/右/2
239/中/1
240/中/1
396/左/1
397/左/1
397/右/1
399/右/1
400/左/2
401/左/1
401/左/2
401/中/1
401/右/1
401/右/2
402/左/1
402/左/2
402/左/3
402/中/1
402/中/2
402/右/1
402/右/2
402/右/3
403/左/1
403/左/2
403/左/3
403/中/1
403/中/2
403/中/3
403/右/1
403/右/2
403/右/3
404/左/1
404/左/2
404/左/3
404/中/1
404/中/2
404/右/1
404/右/2
404/右/3
420/左/2
校本教研
80/左/2
90/左/2
97/左/3
121/中/1
181/左/3
531/右/2
559/右/3

教育单位变更

高校院系所变更
39/右/2
40/右/3
62/左/1
63/左/2
205/右/1
208/左/1
209/中/2
211/左/2
211/中/3
212/左/1
215/左/2
216/左/1
217/中/3
218/右/1
219/左/2
219/中/3
226/右/1
226/右/2
230/中/1
231/右/4
234/左/3
236/中/1
240/右/1
241/中/1
241/右/1
243/中/3
243/右/2
244/左/2
244/左/3
245/左/1
247/左/3
247/中/2
247/左/1
247/右/2
251/右/1
252/中/2
252/中/3
256/左/1
257/左/3
258/右/1
259/左/1
264/中/2
266/中/2
273/左/1
276/左/1
279/左/2
283/右/4
284/右/2
292/左/2
305/右/2
312/中/3
314/右/2
324/左/1
338/中/4
364/左/1
366/中/2
教育单位变更
30/中/1
32/中/1
47/中/2
47/右/1
103/右/1
109/左/4
110/左/2
110/右/3
116/右/2
119/左/4
[illegible]
134/中/2
135/左/2
143/中/1
144/右/3
146/右/1
151/右/3
154/左/1
158/左/1
158/左/2
159/左/1
174/左/1
216/中/2
325/左/4
352/左/2
352/中/1
353/左/2
354/中/2
361/左/1
463/右/1
465/左/2
469/中/4
470/右/1
470/右/2
476/左/5
484/中/2
484/右/4
490/中/3
496/右/1
497/右/2
498/中/2
499/左/1
500/中/1
502/中/2
505/中/3
509/右/1
520/右/2
520/右/3
522/右/1
529/中/2
533/中/1
534/右/1
535/左/3
539/中/3
539/中/4
539/右/1
539/右/2
547/左/1
547/中/1
565/中/1
567/右/2
569/右/1

课程改革

高中课程改革
104/右/2
129/右/1
137/左/1
137/中/1
146/右/3
172/中/1
[illegible]
179/左/2
190/中/3
316/中/3
341/右/1
344/左/1
371/右/1
373/右/1
407/中/1
407/中/4
407/右/2
408/左/1
409/右/2
422/右/3
466/中/1
467/左/3
528/中/1
534/左/2
552/左/2
554/右/1
555/左/1
564/左/2
精品课程建设
204/左/1
204/右/1
微课程
90/左/1
102/中/2
132/中/1
161/左/3
234/右/2
298/右/2
300/中/1
341/中/2
344/右/3
358/中/1
407/右/2
409/左/2
466/左/2
473/右/1
校本课程
29/右/1
111/右/4
114/右/1
119/中/1
120/中/2
121/中/3
122/中/3
124/中/2
141/左/2
142/右/4
161/左/2
161/中/1
163/右/1
163/右/3
169/右/3
171/中/3
177/右/2
179/左/2
183/中/1
192/中/3
493/中/1
493/右/1
535/左/2
536/左/1
556/左/2
567/中/3
586/左/2
义务教育课程改革
408/右/1
466/中/1
493/中/1
493/右/1
508/中/1
527/右/3
568/中/1
579/右/1
职业教育课程改革
316/中/3
321/中/2
330/中/1
407/中/1
551/左/1

孔子学院

223/左/2
247/中/1
343/左/2
452/中/1
452/中/2

群众路线教育与党风廉政建设

党风廉政建设
27/左/1
37/左/2
60/中/2
572/右/1
594/中/1
605/左/2
规范教育收费
45/左/1
45/中/1
45/右/1
46/左/1
群众路线教育活动
26/左/1
27/左/1
36/左/1
46/右/1
46/右/3
60/中/3
259/中/2
486/中/1

人才培养

安全教育
31/左/1
50/左/1
56/中/3
83/中/3
94/中/2
127/右/1
185/右/3
319/左/2
490/中/1
504/左/3
524/左/2
541/左/3
558/右/2
610/左/4
创新人才培养
106/左/2
134/右/2
134/右/3
142/左/2
144/左/1
155/左/2
160/右/2
168/中/2
170/左/3
171/左/1
177/中/4
211/右/3
216/左/2
388/右/1
405/中/1
408/右/1
423/中/2
508/中/1
儿童早期教育
76/左/1
77/左/3
93/右/2
96/中/2
97/中/1
98/左/1
463/左/2
463/中/2
485/左/2
497/右/2
505/右/2
人才培养方案
199/左/2
292/左/1
315/中/4
316/左/1
332/中/2
338/左/1
366/右/3
幼小衔接
90/右/2
95/左/2
106/右/2
综合素质评价
72/左/2
105/中/1
386/右/2
487/中/1
507/中/4
[illegible]
571/右/1
573/右/3

师资建设

教师培训
29/右/1
30/左/2
39/右/1
104/中/1
106/右/1
108/右/1
139/左/2
142/中/2
157/左/2
184/左/2
190/左/2
216/中/2
246/中/3
297/右/1
303/左/1
338/中/2
340/中/2
341/右/1
343/右/1
407/左/1
420/左/1
420/左/3
420/中/2
421/中/2
421/右/4
422/左/2
422/中/1
422/右/3
423/中/2
423/右/1
423/右/2
452/右/2
455/中/2
455/中/3
456/左/1
456/中/2
457/右/3
458/中/1
476/右/4
478/右/2
501/中/2
515/左/2
519/左/3
534/左/4
542/中/5
555/右/4
566/中/1
578/左/2
586/左/2
599/中/1
教学技能培养
96/左/2
138/中/1
170/右/1
185/右/1
300/右/1
367/中/4
406/左/4
406/右/2
409/左/3
410/左/2
420/右/1
467/左/3
469/中/3
472/右/3
478/中/2
481/左/3
485/右/2
492/右/1
493/中/3
501/左/2
507/右/3
515/右/2

527/中/1
527/右/2
539/右/3
540/左/1
542/中/4
543/右/1
550/右/1
573/左/3
名师建设
49/左/1
80/左/3
104/左/1
105/右/1
115/左/1
121/右/1
145/左/1
147/左/2
166/右/2
174/右/3
224/左/2
224/中/1
234/中/2
300/右/3
329/左/1
333/右/1
406/左/2
414/左/1
419/中/1
419/右/1
420/左/3
421/右/3
423/左/1
423/左/3
454/左/3
465/左/4
467/左/2
468/左/2
476/中/2
477/左/2
480/中/2
483/左/1
485/中/1
490/右/1
505/左/2
506/右/1
540/右/2
545/左/2
548/右/2
552/中/1
555/中/3
561/中/1
561/右/1
563/右/1
564/中/1
568/中/1
568/右/1
577/右/3
608/右/1
名师名校长工作室
87/左/2
114/右/2
126/右/1
147/左/2
157/右/1
166/右/2
182/右/1
184/左/3
314/右/2
329/左/1
332/左/3
415/左/2
422/中/2
423/右/1
467/左/2
476/中/2
490/右/1
491/左/1
508/左/4
539/左/3
540/右/2
552/中/1
553/右/1
555/左/1
561/中/1
563/右/1
师德建设
39/右/1
42/左/1
44/中/2
71/右/2
76/右/2
79/左/2
81/左/3
88/左/1
89/左/4
90/右/1
108/中/1
111/右/3
120/左/2
131/右/3
182/右/3
188/左/3
188/右/3
461/右/3
482/右/2
490/右/2
517/右/1
518/中/1
520/左/2
534/左/3
538/左/3
541/右/2
558/中/1
563/左/1
563/右/2
优秀教师
110/左/3
476/右/2
525/左/3
538/左/3
563/左/1
563/左/3

推进教育平等及义务教育均衡发展

村办幼儿园建设
77/右/1
526/右/2
526/右/3
来京务工子女教育
102/左/1
369/右/1
525/右/1
580/左/3
农村学校建设
420/左/1
524/左/1
545/右/1
贫困生资助
45/中/2
153/右/1
177/中/1
183/中/3
217/中/2
256/左/2
257/中/3
263/左/1
311/左/1
315/右/1
318/中/1
335/中/2
364/中/3
364/右/1
431/左/3
431/中/2
431/右/2
432/左/1
432/左/2
432/左/3
432/中/1
453/左/1
528/右/3
607/左/1
607/左/2
607/左/3
推进义务教育均衡发展
68/左/1
461/中/2
465/左/4
468/左/1
472/左/3
474/右/1
476/右/4
481/右/4
516/中/2
530/中/1
557/中/1

学科建设与专业建设

博士点
227/左/1
228/左/2
281/左/2
417/左/1
硕士学位授权点
201/左/2
228/左/1
学科建设
105/左/2
139/左/2
145/中/3
146/右/2
219/中/1
231/右/4
240/右/2
259/中/3
272/右/1
369/中/1
专业建设
28/右/1
189/中/1
199/右/1
203/左/2
205/右/1
246/中/1
313/左/2
316/左/3
328/右/3
332/中/2
352/左/2
363/中/1
467/中/2
515/右/2
579/中/1

学习型城市建设

学习型活动
42/右/3
58/中/4
59/右/2
70/中/1
70/右/1
97/中/1
98/左/1
301/中/3
331/左/1
333/左/3
335/左/1
336/中/2
346/中/3
346/右/2
347/左/4
347/右/2
348/左/1
348/左/3
348/右/1
463/左/2
466/右/2
467/中/1
473/右/2
474/左/2
475/中/2
481/左/4
481/中/1
488/左/1
488/左/2
490/中/2
502/左/1
509/中/3
516/左/2
518/右/2
522/中/3
523/左/1
530/左/1
536/左/3
536/右/1
537/中/3
538/左/2
543/右/2
546/中/1
551/左/2
556/右/4
557/左/1
562/左/2
562/中/2
569/中/3
570/左/3
570/中/1
570/中/3
602/左/2
学习型组织建设
35/右/1
344/右/1
348/左/2
348/右/1
473/中/3
473/右/1
487/右/2
488/左/2
488/左/3
506/中/1
511/右/1
522/中/3
556/右/5
562/左/4
570/中/3
终身教育
35/右/1
70/中/1
128/右/3
340/左/2
346/中/2
346/右/1
348/左/1
348/左/3
348/中/1
348/右/1
467/中/1
473/左/1
473/右/3
474/左/2
481/中/1
488/中/2
511/右/1
523/中/2
543/中/1
543/右/2
556/右/4
562/中/1
570/中/2

阳光体育

174/右/1
382/左/2
382/中/2
383/左/1
383/中/3
508/左/2
521/中/2
603/左/4

招生与就业

订单（定向）培养
297/中/3
299/右/2
302/右/2
306/左/1
310/右/1
314/左/1
320/右/1
320/右/3
330/左/3
333/左/1
336/左/2
338/中/1
356/中/2
357/中/3
360/右/3
366/左/4
516/左/2
高级中等学校招生
28/右/1
47/中/1
48/中/3
104/左/2
228/中/2
437/左/1
437/中/2
437/右/2
437/右/3
437/右/4
438/中/1
438/中/2
438/中/4
472/左/1
499/右/3
507/左/2
514/左/2
515/中/1
535/左/1
542/左/1
590/右/1
590/右/3
591/左/1
小学升初中
469/中/4
500/左/3
职业（就业）指导
152/左/1
298/左/2
299/中/2
300/左/2
334/左/1
430/中/2
430/右/2
529/右/1
598/中/1
598/右/1
自主招生
48/中/2
315/中/3
337/中/2
357/右/1
360/右/1
436/左/1
474/左/1

职业学校技能培养

297/中/2
298/左/3
306/右/3
312/左/2
321/中/3
329/右/1
335/左/3
337/左/2
454/中/2
536/右/1
543/右/3

单位名称索引

B

北方工业大学
106/左/1
224/中
403/中/1
北京八维研修学院
367/中
北京北大方正软件技术学院
356/左
北京北大资源研修学院
368/右
北京财贸职业学院
40/右/3
53/左/1
55/右/2
58/右/1
292/左/1
292/左/2
292/右/1
296/右/1
307/左
328/中/4
385/左/3
409/左/2
北京城市建设学校
321/左
北京城市学院
35/右/3
46/中/1
352/中/1
[illegible]
419/右/1
436/中/1
452/中/1
580/右/1
北京大学
28/中/1
205/左
403/左/2
403/右/1
448/左/1
448/右/2
北京第二外国语学院
200/右/1
247/右
476/右/4
479/右/1
479/右/3
北京第二外国语学院中瑞酒店管理学院
352/左/2
352/右/3
364/中
北京电影学院
269/左
北京电子科技学院
234/中
北京电子科技职业学院
70/左/2
71/右/3
225/左/1
292/左/1
292/右/1
295/左/3
299/左
337/左/1
409/左/2
419/右/1
455/右/3
480/右/1
北京服装学院
40/右/2
228/右
北京高校房地产开发总公司
606/左
北京工商大学
227/左
401/中/1
北京工商大学嘉华学院
[illegible]
359/右
北京工商管理专修学院
366/左
北京工业大学
69/左/2
200/左/1
215/左
403/中/2
北京工业大学耿丹学院
352/左/2
363/左
385/中/1
北京工业职业技术学院
51/左/1
53/右/1
55/右/2
70/左/2
71/右/3
292/右/1
296/左
北京国际职业教育学校
186/右/3
324/右/3
326/右
449/右/2
北京航空航天大学
[illegible]
199/左/3
217/右
401/左/2
402/左/3
北京化工大学
54/右/2
225/右
454/中/4
北京汇佳职业学院
353/左/3
357/右
383/左/3
北京吉利大学（北京吉利学院）
47/右/1
353/左/2
358/中
北京建筑大学
199/左/2
232/中
383/左/2
北京交通大学
[illegible]
387/右/3
北京交通运输职业学院
293/左/1
296/中/2
313/右
455/中/1
457/左/1
480/右/1
北京交通职业技术学院
302/左
北京教育考试院
29/中/1
304/左/1
436/右/2
437/左/1
437/右/2
437/右/3
438/中/2
438/中/3
438/中/4
438/右/1
439/右/1
440/右/2
442/左/2
442/中/2
443/左/2
443/左/3
443/中/3
[illegible]
443/右/3
444/左/1
444/左/2
444/左/3
444/中/1
444/中/2
444/中/3
444/右/1
444/右/2
444/右/3
444/右/4
590/中
北京教育科学研究院
69/左/1
103/左/3
296/中/1
382/右/1
384/左/2
386/中/3
388/左/2
391/中/4
405/左/1
405/右/1
[illegible]
406/左/1
406/左/2
406/左/3
406/左/4
406/右/2
406/右/3
407/左/1
407/左/2
407/左/3
407/中/1
407/中/2
407/中/4
407/右/1
407/右/2
408/左/1
408/左/2
408/右/1
408/右/3
409/左/3
409/中/1
409/右/1
410/左/1
410/左/2
410/左/3
410/中/1
410/中/2
410/右/1
410/右/2
419/左/3
421/中/1
421/右/2
423/中/1
423/中/2
454/左/3
458/左/1
538/中/1
589/左
北京教育老干部活动中心
605/中
北京教育网络和信息中心
76/右/6
85/中/3
595/左
北京教育新闻中心
608/右
北京教育学院
36/右/4
37/右/3
51/右/2
103/左/1
106/左/3
341/中
415/左/2
420/右/1
420/左/3
420/右/1
421/左/1
421/左/2
421/右/3
422/中/1
422/中/2
422/右/2
422/右/3
423/左/3
423/左/4
423/右/1
424/左/1
442/中/2
450/中/1
452/右/4
455/中/2
456/左/1
456/中/2
458/中/1
468/右/2
472/左/3
483/左/3
499/左/1
525/中/2
532/左/4
538/中/1
北京教育音像报刊总社
34/右/2
111/中/4
591/左
北京教育志编纂委员会办公室
607/中
北京教育综合服务中心
597/左
北京金隅科技学校
292/左/1
317/中/1
322/中
北京京北职业技术学院
70/左/2
71/右/3
301/左
北京经济管理职业学院
27/左/1
50/右/2
310/中
337/左/1
357/左/1
455/右/1
北京经济技术职业学院
357/中
北京经贸职业学院
48/中/2
357/左
北京开放大学
51/右/2
339/左/1
340/左/2
343/中
348/中/1
442/中/2
449/中/5
509/右/2
569/右/1
北京科技大学
222/中
404/右/3
北京科技职业学院
353/左/3
360/中
北京劳动保障职业学院
48/中/2
292/左/2
294/中/3
311/左
336/右/3
436/左/1
北京理工大学
199/左/3
220/中
北京联合大学
282/右
北京林业大学
227/左
401/中/1
北京农学院
236/右
532/左/2
北京农业职业学院
58/右/1
292/左/2
295/左/3
303/右
320/中/2
321/中/1
383/左/2
401/右/2
402/左/1
北京培黎职业学院
361/中
北京青年政治学院
51/左/1
55/右/2
293/左/1
302/右
416/中/4
北京人文大学
365/左
北京商贸学校
317/中/1
324/右
352/中/1
北京社会管理职业学院
312/左
北京师范大学
30/右/1
134/中/2
242/中
402/中/1
472/中/1
北京石油化工学院
233/左
403/右/3
北京市财会学校
293/左/1
294/右/2
329/中
北京市昌平职业学校
292/右/1
317/中/1
333/右
北京市大兴区第一职业学校
334/右
北京市电气工程学校
303/中/1
332/左
480/右/1
北京市丰台区职业教育中心学校
332/右
北京市供销学校
325/左
北京市国际教育交流中心（北京市汉语国际推广中心）
[illegible]
450/中/3
450/右/1
450/右/2
451/中/3
451/右/1
451/右/2
452/左/1
453/中/2
598/右
北京市怀柔区职业学校
335/右
北京市黄庄职业高中
294/右/2
317/右/3
333/左

北京市教工休养院
592/右
北京市教育技术设备中心
409/左/1
604/左
北京市教育系统人才交流服务中心
597/中
北京市劲松职业高中
293/左/1
303/中/1
331/中
348/左/3
北京市盲人学校
189/左
北京市平谷区第一职业学校
336/中
北京市求实职业学校
293/左/1
303/中/1
330/右
北京市商务科技学校
51/右/2
70/左/2
70/中/2
319/右
北京市商业学校
58/右/1
292/左/1
292/左/2
292/右/1
293/左/1
317/中/1
323/中
324/右/3
455/中/3
北京市什刹海体育运动学校
319/左
451/右/2
北京市实美职业学校
70/左/2
71/右/1
328/右
北京市实验职业学校
330/左
北京市私立汇佳学校
373/中
北京市外事学校
293/左/1
324/右/3
328/左
470/中/2
北京市西城经济科学大学（北京市西城区社区学院）
346/左
北京市校办产业管理中心
593/右
北京市学生资助事务管理中心
606/右
北京市园林学校
322/右
北京市自动化工程学校
51/右/2
321/右
北京市总工会职工大学
338/中/3
339/右/1
344/右
北京水利水电学校
320/中
北京体育大学
261/中
534/左/4
北京体育职业学院
313/左
409/左/2
北京铁路电气化学校
51/右/2
58/右/1
70/左/2
71/左/1
292/右/1
293/左/1
317/中/1
324/左
北京外国语大学
246/右
448/中/1
北京卫生职业学院
48/中/2
315/左
北京文理研修学院
369/左
北京舞蹈学院
270/中
北京物资学院
254/左
454/右/2
北京西藏中学
183/左
北京戏曲艺术职业学院
308/中
453/左/3
北京现代音乐研修学院
368/左
北京现代职业技术学院
309/右
529/左/2
529/中/2
北京现代职业学校
70/左/2
71/右/2
324/右/3
327/中
北京协和医学院（中国医学科学院）
238/右
402/右/3
403/左/1
北京新圆明职业学院（北京艺术传媒职业学院）
47/中/2
352/左/4
364/左
北京信息科技大学
277/左
496/右/1
北京信息职业技术学院
48/中/2
293/左/1
296/右/1
297/右
436/左/1
450/左/1
北京宣武红旗业余大学
344/左
北京学生活动管理中心（北京市少年宫）
379/右/1
381/左/2
382/左/2
382/中/2
382/右/2
382/右/3
383/左/1
383/中/3
383/右/1
383/右/2
384/左/1
384/左/2
384/右/1
384/右/2
387/右/1
387/右/2
388/左/1
454/左/1
455/左/1
456/右/1
456/右/2
600/中
北京学校后勤事务中心
609/中
北京演艺专修学院
369/中
北京印刷学院
231/左
538/左/1
北京邮电大学
230/左
北京邮电大学世纪学院
362/右
北京语言大学
249/左
496/右/1
北京政法职业学院
225/左/1
306/左
450/左/1
北京中加学校
164/左
北京中医药大学
240/右
448/左/3
455/右/2

C

昌平区
29/中/2
70/中/1
76/中/2
91/左
92/左
92/中
116/右/2
125/左
125/中
126/中
126/右
167/右
168/中
168/右
185/左
192/右
229/左/2
292/右/2
294/左/1
352/中/2
370/中
373/左
373/中
531/左
朝阳区
29/中/2
81/右
[illegible]/中
110/左
110/右
111/左
111/右
112/左
146/中
147/左
148/左
182/右
183/左
216/中/3
303/中/1
475/左

D

大兴区
90/中
90/右
102/右/1
104/中/2
104/右/1
106/左/3
127/左
127/右
169/中
170/中
171/左
193/中
370/右
374/中
455/左/2
538/左
东城区
78/左
78/右
79/中
103/中/2
106/左
106/左/2
106/右/1
107/左
107/右
136/左
137/右
138/中
139/中
140/中
181/左
181/中
186/左
186/右/1
187/左
382/中/2
382/右/1
384/右/3
461/左
对外经济贸易大学
63/左/2
253/左
476/右/4

F

房山区
87/中
120/左
120/右
161/右
162/左
348/右/1
428/左/1
511/左
丰台区
29/中/2
84/右
85/左
85/右
104/右/1
106/右/1
112/中
113/左
113/中
134/中/2
135/左/2
148/右
149/左
150/左
188/中
370/左
371/左
371/中
482/左

G

国际关系学院
259/右
国家开放大学
339/左
339/中/1

H

海淀区
28/左/2
28/右/2
29/中/2
30/中/2
82/右
83/中
84/左
104/中/2
106/左/2
106/左/3
114/中
115/左
116/中
117/左
117/右
118/中
134/右/2
134/右/3
134/右/4
135/左/1
135/左/2
136/左/1
136/中/2
152/右
153/中
154/右
155/右
156/右
157/右
158/右
159/右
183/中
184/中
189/左
190/左
190/右
381/右/2
382/左/1
385/中/3
496/左
华北电力大学
274/中
怀柔区
93/左
93/右
128/左
128/右
153/左/1
171/右
172/中
172/右
185/中
193/右
294/左/1
347/左/3
347/左/4
347/右/1
354/左/2
545/左

M

门头沟区
58/左/2
87/左
102/中/1
106/中/1
119/左
119/中
119/右
160/右
161/左
191/中
347/中/1
503/左
密云县
96/左
96/中
96/右
130/右
131/左
131/右
175/左
175/中
176/左
176/右
134/中/2
294/左/1
348/左/2
354/右/1
457/中/2
557/左
密云县职业学校
336/右
457/中/2
558/左/4

P

平谷区
94/左
94/右
95/中
129/左
129/右
130/中
173/中
173/右
174/中
552/左

Q

清华大学
31/右/3
34/右/2
210/中
401/左/1
402/左/2
403/中/3
404/左/1
404/左/2
404/左/3
404/右/1
449/右/1

S

石景山区
86/左
86/中
106/左/1
106/右/1
114/左
134/中/2
150/右
151/右
152/中
188/右
354/右/3
408/右/1
489/左
首都经济贸易大学
255/中
454/左/2
首都师范大学
244/中
457/右/1
457/右/3
首都师范大学科德学院
352/左/2
352/右/3
359/中
首都体育学院
245/右
384/左/2
首都医科大学
28/右/1
239/右
386/右/1
400/右/3
453/左/4
首钢工学院
284/中
顺义区
88/右
89/中
89/右
122/右
123/中
124/左
124/右
164/右
165/中
166/中
192/左
348/右/1
352/左/1
354/右/2
372/左
372/中
524/左

T

通州区
88/左
121/左
121/右
122/中
134/中/2
162/右
163/中
164/左
191/右
352/左/3
517/左

W

外交学院
198/左/1
256/中
450/右/3

X

西城区
76/中/2
80/左
80/中
81/左
81/中
108/中
109/左
109/中
141/左
142/左
143/左
143/右
144/中
145/左
145/右
182/左
187/右
388/右/2
468/左
现代管理大学
367/左

Y

延庆县
97/中
97/右
98/中
132/左
132/右
133/中
177/左
177/右
178/中
194/中
294/左/1
347/左/2
347/中/2
347/中/3
353/左/1
363/左/2
563/左
延庆县第一职业学校
337/右
347/左/2
燕山地区
133/右
179/左
179/中
571/左

Z

中国传媒大学
110/右/3
250/右
476/左/5
476/右/4
中国地质大学（北京）
28/左/1
31/中/2
281/中
403/左/3
403/右/2
451/中/1
496/右/1
中国科学院大学
44/左/3
202/右/2
208/右/1
285/右
中国矿业大学（北京）
278/中
中国劳动关系学院
201/中/1
285/左
436/中/1
中国农业大学
29/中/2
55/中/2
199/左/3
199/右/1
235/中
中国农业科学院研究生院
287/中
中国青年政治学院
201/中/1
283/右
中国人民大学
207/右
404/中/1
416/中/2
449/中/1
中国人民公安大学
258/左
中国社会科学院研究生院
286/右
中国石油大学（北京）
280/左
中国戏曲学院
198/中/3
268/中
中国信息大学
366/右
中国音乐学院
108/右/1
263/右
中国音乐学院附属中等音乐专科学校
325/右
中国政法大学
272/右
中华女子学院
44/中/1
200/左/2
276/左
中央财经大学
251/右
496/右/1
中央美术学院
265/中
中央民族大学
271/中
402/右/1
中央戏剧学院
181/右/1
267/左
中央音乐学院
262/中
中央音乐学院附属中等音乐学校
318/左

人名索引

A

爱新觉罗·毓骏
112/中/2

B

包子龙
319/中/1

C

蔡成
340/中/1
蔡立德
155/左/2
曹传钧
218/中/3
曹明
333/中/1
曹文轩
111/中/1
陈成达
384/中/1
陈红兵
409/左/3
陈佳洱
224/左/2
388/右/1
陈家亮
384/中/1
陈剑戈
581/左/1
陈喜庆
43/左/2
陈姿
164/左/3
崔海明
545/右/2
崔永元
174/右/3

D

丁伟岳
207/左/2
丁肇中
257/中/3
董炯
148/中/3
窦桂梅
116/右/3
387/中/1
496/中/1

F

范冰
115/左/1
范海轩
144/右/2
范熙宁
152/右/3
方立天
209/左/1
冯法祀
266/左/5
冯艳飞
87/左/2

G

高峰
148/中/3
高俊梅
41/中/2
高萍
133/中/2
高晓虹
251/左/1
葛兰
124/左/2
葛咏
184/中/2
苟仲文
27/左/1
27/右/1
28/中/2
28/右/2
30/中/2
31/左/2
35/左/1
36/右/3
40/右/2
41/左/1
43/中/3
103/左/1
379/右/2
380/左/1
409/右/1
420/右/1
421/左/2
421/右/2
436/右/2
483/左/3
521/右/1
591/左/1
顾明远
173/左/4
210/中/1
234/中/2
399/右/1
顾学雍
157/中/2
郭金龙
28/中/1
28/右/2
30/右/1
31/右/3
107/中/2
417/右/1
郭丽花
569/左/1
郭文彬
328/右/1
郭英德
399/右/1

H

韩凤荣
303/左/2
韩茂富
141/中/2
韩启德
107/中/2
韩兆洲
40/右/3
韩英红
41/中/2
郝春文
416/右/1
何立新
115/左/1
贺艳霞
563/左/3
胡京津
155/中/1
胡坤
155/中/1
胡学亮
40/中/2
黄欣
157/右/2
黄祖治
243/中/4
惠东坡
40/中/2

J

季雨
39/中/2
41/中/4
姜勇
180/右/1
靳卫华
573/左/2

K

孔凡艳
525/左/3

L

兰馨
40/中/2
雷军
116/右/1
李冰冰
56/左/1
李德才
214/右/1
李冬梅
156/中/1
李丰章
138/右/3
李峰威
584/中/1
李桂娥
86/左/1
李国武
403/左/3
李宏彬
157/中/1
李慧宇
304/左/2
李克强
137/左/1
李明翰
144/右/1
李宁
115/左/1
李沛泽

152/右/3
李镕宇
164/左/3
李素丽
314/中/1
李卫东
161/左/3
161/中/3
506/右/1
李一锦
389/左/3
390/中/2
李雨欣
146/左/2
李援瑛
329/左/1
李源潮
28/中/1
28/右/2
107/中/2
李紫嵩
159/中/1
连战
448/左/1
梁宏光
182/右/1
梁洁华
257/中/4
林萍
39/中/2
林群
103/左/3
172/左/2
林毅夫
42/右/3
刘赐贵
31/中/2
刘加霞
409/左/3
刘建
31/右/1
35/中/1
36/左/1
36/中/3
36/右/2
40/中/1
41/左/1
刘杰
401/右/1
刘景坤
141/中/2
刘利民
69/左/2
391/右/1
483/左/3
刘梦琪
141/右/1
389/左/3
刘梦瑶
144/左/2
刘奇葆
107/中/2
刘书林
40/中/1
刘延东
28/左/1
28/中/1
28/右/2
30/右/1
136/中/2
157/右/2
209/中/3
331/右/2
448/左/3
刘耀
388/右/1
刘永胜
553/右/1
554/中/1
555/左/1
555/中/2
556/左/3
刘云山
107/中/2
331/右/2
龙梅
181/右/2
鹿菊忠
344/左/2
路书芳
532/左/3
吕宁一
389/左/3
罗忠镕
265/中/1
马建堂
31/中/2
马鸣
148/中/3

M

闵大桁
155/中/1

N

牛建华
41/中/2
钮小桦
137/左/1
416/右/1

P

彭博
136/右/1
彭庆红
39/右/2

Q

漆双双
319/中/1
齐续春
43/左/2
乔亚梦
180/左/3
秦大河
117/中/2
丘成桐
155/中/1
权福苗
332/左/3

R

任立平
126/右/1

S

单霁翔
139/左/1
邵红英
534/右/4
沈德忠
211/左/1
沈有昌
275/中/2
施一泓
152/右/3
石广玉
117/中/2
史妍昕
159/左/2
宋文竹
152/右/3
苏志廷
301/右/1

T

谭铁牛
103/左/3
134/右/3
汤一介
206/右/1
唐继春
189/中/2
陶礼光
172/中/1
田博年
318/左/2
田琳
184/左/2
184/左/3
田余庆
207/中/3

W

万若萌
145/中/1
388/右/2
汪亭友
39/中/2
41/中/4
汪筱林
111/中/3
王安顺
29/中/1
417/右/1
王宝付
381/左/1
王炳林
57/中/2
58/中/4
王光谦
116/右/1
王鸿飞
159/中/1
王嘉琦
155/中/1
王金鑫
585/中/3
王久高
39/中/2
41/中/4
王峻
155/中/1
王克荣
315/右/1
王文琛
389/左/3
王晓明
318/左/2
王晓宁
41/中/2
王燕春
166/右/2
540/右/2
王一帆
152/右/3
王滢
159/左/2
魏俊强
314/中/1
魏寿昆
223/右/1
魏书生
164/左/1
吴良镛
116/右/1
吴潜涛
40/右/4
吴蔚
159/左/2
吴一凡
146/左/2
吴玉玲
40/中/2
吴岳良
134/右/3
吴正宪
112/中/2
114/中/3
409/中/3
511/左/2
555/中/3
561/中/2
567/左/3
吴中灏
159/中/1

X

习近平
28/中/1
28/右/2
30/右/1
216/中/1
夏甄陶
210/左/3
线联平
27/右/3
36/右/2
40/右/2
104/右/2
355/中/1
410/右/2
454/左/3
483/左/3
521/右/2
向军
293/左/1
331/右/2
475/左/3
肖宝军
521/中/1
肖纪美
223/中/1
谢鸿钧
384/中/1
谢乃容
159/左/2
邢国忠
39/中/2
41/中/4
熊晓琳
39/右/1
41/中/2
胥晓宇
158/中/1
徐建国
388/右/1
许崇德
208/左/2
许敬行
264/右/1
薛其坤
116/右/1

Y

杨邦杰
43/左/2
44/左/1
杨辰
152/右/2
389/左/3
杨广馨
121/右/1
476/中/2
杨建钊
141/右/1
杨金雪
567/左/3
杨晓超
26/左/1
29/中/1
44/中/2
69/左/2
379/右/2
391/右/1
436/左/2
436/右/1
476/中/1
杨永健
389/左/3
杨中良
175/左/2
姚昕婕
159/左/1
尹超
114/右/1
尹千博
159/左/1
尹月
152/右/3
于丹
116/中/2
581/中/1
于淼
566/右/2
于文
191/左/1
496/中/1
俞敏洪
116/右/1
俞正顺
586/左/2
玉荣
181/右/2
袁贵仁
30/中/2
35/左/1
209/中/3
袁意舒
389/左/3
曾士迈
236/中/3
詹涵
41/中/2

Z

张博文
189/中/2
张大奎
333/中/1
张德林
175/左/2
张东娇
104/右/1
张翰逸
164/中/1
张慧
189/右/1
张京天
384/中/1
张俊秀
384/中/1
张凌睿
389/左/3
张梅
59/左/1
张美丽
188/左/2
张楠
319/中/1
张世刚
175/左/1
张世明
399/右/1
张晓雨
314/中/1
张秀丽
188/左/2
张雅萌
146/中/1
张子锷
141/中/2
赵敏俐
399/右/1
赵世成
321/右/2
赵星
152/右/3
赵耀
318/左/2
赵云鹏
318/左/2
赵子涵
159/左/1
郑萼
40/中/1
郑杭生
209/右/1
周秉德
169/右/2
周诚
208/中/3
周黎安
157/中/1
周琪
189/中/2
朱尔澄
160/右/2
卓立
581/中/1
卓文彬
97/中/4
祖雪媛
110/左/3
476/右/2
左鹏
41/中/2

（本栏责任编校　李晓秋）

版 权 声 明

编辑部地址：北京市东城区夕照寺街
东玖大厦B座802室

邮 政 编 码：100061

电 话：87194371

传 真：87194370

电 子 信 箱：szb@bjedu.gov.cn